NomosPraxis

Prof. Dr. Uwe-Dietmar Berlit | Dr. Wolfgang Conradis
Prof. Dr. Andreas Kurt Pattar [Hrsg.]

Existenzsicherungsrecht

SGB II | SGB XII | AsylbLG | Verfahrensrecht

Handbuch

3. Auflage

Dr. Irene Becker, Institut für empirische Verteilungsforschung, Riedstadt | **Prof. Dr. Uwe-Dietmar Berlit**, Vorsitzender Richter am Bundesverwaltungsgericht, Leipzig | **Prof. Dr. Renate Bieritz-Harder**, Hochschule Emden/Leer | **Prof. Dr. Arne von Boetticher**, Ernst-Abbe-Hochschule Jena | **Dr. Wolfgang Conradis**, Rechtsanwalt, Fachanwalt für Sozialrecht, Duisburg | **Prof. Dr. Dr. h.c. Eberhard Eichenhofer**, Universität Jena | **Dr. Andy Groth**, Richter am Landessozialgericht Schleswig | **Uwe Klerks**, Rechtsanwalt, Fachanwalt für Sozialrecht und Versicherungsrecht, Duisburg | **Prof. Dr. Ute Kötter**, Hochschule München | **Andreas Krampe**, Deutscher Verein für öffentliche und private Fürsorge eV, Berlin | **Prof. Dr. Gabriele Kuhn-Zuber**, Katholische Hochschule für Sozialwesen Berlin | **Prof. Dr. Johannes Münder**, vormals Technische Universität Berlin | **Thomas Ottersbach**, Richter am Landessozialgericht Essen | **Prof. Dr. Andreas Kurt Pattar**, Hochschule Kehl | **Dr. Ulrich Sartorius**, Rechtsanwalt, Fachanwalt für Arbeitsrecht und für Sozialrecht, Breisach | **Prof. Dr. Torsten Schaumberg**, Hochschule Nordhausen | **Dietrich Schoch**, Regierungsdirektor a.D., Duisburg | **Heiko Siebel-Huffmann**, Stv. Direktor des Sozialgerichts Schleswig | **Prof. Dr. Helga Spindler**, vormals Universität Duisburg-Essen | **Prof. Dr. Britta Tammen**, Hochschule Neubrandenburg | **Stephan Thie**, Richter am Landessozialgericht Berlin-Brandenburg | **Prof. Dr. Maria Wersig**, Fachhochschule Dortmund | **Dr. Antje Wrack-meyer-Schoene**, Richterin am Sozialgericht Dessau-Roßlau

Zitiervorschlag: HdBEx

Die Deutsche Nationalbibliothek verzeichnet diese Publikation in
der Deutschen Nationalbibliografie; detaillierte bibliografische
Daten sind im Internet über http://dnb.d-nb.de abrufbar.

ISBN 978-3-8487-3883-0

3. Auflage 2019

Vorwort zur 3. Auflage

Das Recht der Existenzsicherung kommt nicht zur Ruhe. Zahl und Reichweite der Änderungen sind zwar nicht mehr so hoch wie bis 2012. Unter den fast 30 Änderungsgesetzen zum SGB II seit Erscheinen der 2. Auflage waren unter anderem mit dem 8. und dem 9. SGB II-ÄndG, der Neuregelung von Ansprüchen ausländischer Personen, Akzentuierungen der Regelbedarfsermittlungsregelungen, dem Teilhabechancengesetz, dem Qualifizierungschancengesetz und dem „Starke-Familien-Gesetz" indes nach Umfang oder sachlichem Gehalt systematisch wie aus der Perspektive der betroffenen Menschen etliche gewichtige Änderungen. Allein sie geben Anlass zu einer Neuauflage.

Zu berücksichtigen sind auch die Entwicklungen in Rechtsprechung und Wissenschaft. In den großen Linien ist auch hier eine gewisse Konsolidierung vor allem in der höchstrichterlichen Rechtsprechung festzustellen; das BSG kann die SGB II-Arbeitslast inzwischen wieder mit einem Senat bewältigen. Gleichwohl stellen sich auch auf dieser Ebene immer wieder für die Praxis wichtige Grundsatzfragen, jüngst etwa mit den Judikaten zur Bestimmung des Vergleichsraums bei der Angemessenheit der Unterkunftskosten. Hinzu kommt die justizielle Bewältigung der vielfältigen Auslegungsprobleme, die sich aus der Rechtsetzung der vergangenen sechs Jahre ergeben haben; nur ein Beispiel ist die Judikatur zur vorläufigen Leistungsgewährung.

In einem Rechtsgebiet steter Veränderung wie dem Existenzsicherungsrecht steht jede zusammenhängende, umfassende Darstellung vor dem Problem, beim Erscheinen möglicherweise in Teilfragen schon wieder überholt zu sein. Dieses Risiko trifft nicht die grundlegenden Strukturprinzipien, mag deren analytische und ordnende Funktion für Gesetzgeber und Rechtsprechung in den letzten Jahren weiter an Bedeutung verloren haben. Die aktuelle sozialpolitische Debatte um eine „Abschaffung" oder „Überwindung" von Hartz IV lässt ebenfalls zumindest kurz- bis mittelfristig im Bundesgesetzblatt keine Ergebnisse erwarten, welche die Grundlagen bedarfsabhängiger und bedarfsgeprüfter Existenzsicherungssysteme radikal verändern. Bei genauerer Betrachtung handelt es sich der Sache nach meist um Vorschläge einer pfadabhängigen Weiterentwicklung des geltenden Rechts; zumindest für eine Umstellung auf eine bedingungslose Grundsicherung zeichnen sich politische Mehrheiten derzeit nicht ab. Sektoral indes sind – auch tiefergreifende – Änderungen nicht auszuschließen, möglich oder gar wahrscheinlich. Im Laufe des Jahres 2019 wird das Bundesverfassungsgericht sein Urteil zum SGB II-Sanktionensystem verkünden; es mag Auswirkungen auch auf Leistungskürzungen oder -ausschlüsse im Asylbewerberleistungs- oder Sozialhilferecht haben. Vor dem Hintergrund der aktuellen Wohnungsmarktlage wird weiterhin an einer grundlegenden Reform der Leistungen für die Kosten der Unterkunft gearbeitet. Zur Bewältigung von Altersarmut stehen Modifikationen des Renten- oder des Grundsicherungssystems zur Debatte, für Kinder und Jugendliche ist eine Kindergrundsicherung im Gespräch. Die Ungewissheit über Zeitpunkt und Reichweite dieser und weiterer möglicher Änderungen haben Herausgeber und Verlag bewogen, das Risiko einer Neuauflage jetzt einzugehen.

Themen und Struktur der Neuauflage des Handbuches folgen weitgehend der aus Sicht der Herausgeber bewährten, praxisorientierten Vorauflage. Verzichtet wurde auf das Kapitel zu „Pflegebedürftigen Menschen". Die Leistungen der Hilfe zur Pflege (§§ 61 ff. SGB XII) sind ungeachtet ihrer Auffangfunktion nach Leistungsgrund und -umfang eng verknüpft mit jenen der Pflegeversicherung und zielen zudem auf einen besonderen Bedarf, der Fragen der allgemeinen Existenzsicherung in den Hintergrund treten lässt. Im Kapitel zu „Behinderten Menschen" berücksichtigt diese Auflage auch das zum 1.1.2020 in Kraft tretende neue Recht der Eingliederungshilfe.

Die Herausgeber danken herzlich all jenen Autorinnen und Autoren, die an dieser Neuauflage nicht mehr mitarbeiten wollten oder konnten, für ihre Beiträge, die wesentlich zur positiven Aufnahme des Handbuches durch Praxis wie Wissenschaft beigetragen haben. Zugleich freuen sie sich über die hinzutretenden neuen Autorinnen und Autoren, die – praxiserfahren wie wissenschaftlich reflektiert – neue Akzente setzen. Kontinuität in der Qualität wahren die vielen Autorinnen und Autoren, die weiterhin mitwirken; Dank gebührt auch ihnen – nicht zuletzt für die Geduld, die ihnen auf dem Weg zur Neuauflage abverlangt werden musste. Das Bedauern über die auf seinen Wunsch erfolgte Aufgabe der Mitherausgeberschaft durch Ulrich Sartorius wird durch die Freude über den Eintritt von Andreas Pattar als neuer Mitherausgeber gemildert.

Die Herausgeber wollen auch mit der Neuauflage einen ebenso zuverlässigen wie in der Praxis hilfreichen Überblick über das Recht der Existenzsicherung geben – und setzen darauf, dass die vorgelegte Momentaufnahme durch die Einbettung in detailübergreifende Strukturen informatorischen Nutzen auch bei künftigen Rechtsänderungen stiftet.

Leipzig / Duisburg / Kehl im Mai 2019
Uwe Berlit, Wolfgang Conradis, Andreas Kurt Pattar

Inhaltsübersicht

Teil III/2:
Existenzsichernde Sozialleistungen

Teil III/3:
Besondere Personengruppen und Bedarfslagen

Teil IV:
Sicherung und Herstellung des Nachrangs

Verzeichnis der Bearbeiterinnen und Bearbeiter

Dr. Irene Becker, Institut für empirische Verteilungsforschung, Riedstadt (5)

Prof. Dr. Uwe-Dietmar Berlit, Vorsitzender Richter am Bundesverwaltungsgericht, Leipzig (4, 7, 11, 12, 16, 22, 23, 28, 39)

Prof. Dr. Renate Bieritz-Harder, Hochschule Emden/Leer (8, 44, 46)

Prof. Dr. Arne von Boetticher, Ernst-Abbe-Hochschule Jena (25, 45, 62)

Dr. Wolfgang Conradis, Rechtsanwalt und Fachanwalt für Sozialrecht, Duisburg (11, 32, 35, 37, 53, 55, 57, 58, 59)

Prof. Dr. Dr. h.c. Eberhard Eichenhofer, Universität Jena (1, 2, 3)

Dr. Andy Groth, Richter am Landessozialgericht Schleswig (15, 27)

Uwe Klerks, Rechtsanwalt und Fachanwalt für Sozialrecht und Versicherungsrecht, Duisburg (20, 21, 33, 41, 42, 54, 60, 61)

Prof. Dr. Ute Kötter, Hochschule München (34)

Andreas Krampe, Deutscher Verein für öffentliche und private Fürsorge eV, Berlin (38)

Prof. Dr. Gabriele Kuhn-Zuber, Katholische Hochschule für Sozialwesen Berlin (36)

Prof. Dr. Johannes Münder, vormals Technische Universität Berlin (45, 62)

Thomas Ottersbach, Richter am Landessozialgericht Essen (60, 61)

Prof. Dr. Andreas Kurt Pattar, Hochschule Kehl (10, 20, 21, 24, 40, 49)

Dr. Ulrich Sartorius, Rechtsanwalt, Fachanwalt für Arbeitsrecht und für Sozialrecht, Breisach (19, 25, 47, 52, 54, 56, 59, 63)

Prof. Dr. Torsten Schaumberg, Hochschule Nordhausen (29)

Dietrich Schoch, Regierungsdirektor a.D., Duisburg (18, 43, 50)

Heiko Siebel-Huffmann, Stv. Direktor des Sozialgerichts Schleswig (9, 26)

Prof. Dr. Helga Spindler, vormals Universität Duisburg-Essen (6, 17, 30)

Prof. Dr. Britta Tammen, Hochschule Neubrandenburg (13, 14)

Stephan Thie, Richter am Landessozialgericht Berlin-Brandenburg (29)

Prof. Dr. Maria Wersig, Fachhochschule Dortmund (18)

Dr. Antje Wrackmeyer-Schoene, Richterin am Sozialgericht Dessau-Roßlau (31, 48, 51)

Literaturverzeichnis[*]

Berchtold/Richter, Prozesse in Sozialsachen, 2. Aufl. 2016

Bieritz-Harder/Conradis/Thie, Sozialgesetzbuch XII – Sozialhilfe, Lehr- und Praxiskommentar (LPK-SGB XII), 11. Aufl. 2018

Brand, Sozialgesetzbuch III, 8. Aufl. 2018

Brühl/Hofmann, Gesetz über eine bedarfsorientierte Grundsicherung im Alter und bei Erwerbsminderung, Info-Kommentar für Lehre und Forschung (IK-GSIG), 2003

Brühl/Hofmann, Grundsicherung für Arbeitsuchende, 2004

Diering/Timme/Stähler, Sozialgesetzbuch X – Sozialverwaltungsverfahren und Sozialdatenschutz, Lehr- und Praxiskommentar (LPK-SGB X), 5. Aufl. 2019

Ehmann/Karmanski/Kuhn-Zuber, Gesamtkommentar Sozialrechtsberatung (Gesamtkommentar SRB), 2. Aufl. 2018

Eichenhofer, Sozialrecht der Europäischen Union, 5. Aufl. 2013

Eicher/Luik, SGB II, 4. Aufl. 2017

Estelmann, SGB II – Grundsicherung für Arbeitsuchende, Kommentar (Loseblatt)

Fasselt/Schellhorn, Handbuch Sozialrechtsberatung, 5. Aufl. 2017

Fichte/Plagemann/Waschull, Sozialverwaltungsverfahrensrecht, 2008

Fichtner/Wenzel, Kommentar zum SGB XII – Sozialhilfe, Asylbewerberleistungsgesetz, 4. Aufl. 2009

Fuchs, Europäisches Sozialrecht, Kommentar, 5. Aufl. 2010 und 6. Aufl. 2015

Gagel, SGB II/SGB III – Grundsicherung und Arbeitsförderung (Loseblatt)

Geiger, Leitfaden zum Arbeitslosengeld II, 8. Aufl. 2011, 13. Aufl. 2017

Griep/Renn, Pflegesozialrecht, 6. Aufl. 2016

Groth/Luik/Siebel-Huffmann, Das neue Grundsicherungsrecht, 2011

Grube, Unterhaltsvorschussgesetz, Kommentar, 2009

Grube/Wahrendorf, SGB XII, 6. Aufl. 2018

Hauck/Noftz, Sozialgesetzbuch II, Grundsicherung für Arbeitsuchende (Loseblatt)

Hauck/Noftz, Sozialgesetzbuch III, Arbeitsförderung (Loseblatt)

Hauck/Noftz, Sozialgesetzbuch X: Verwaltungsverfahren und Schutz der Sozialdaten, Zusammenarbeit der Leistungsträger und ihre Beziehungen zu Dritten (Loseblatt)

Hauck/Noftz, Sozialgesetzbuch XII, Sozialhilfe (Loseblatt)

Heiß/Born, Unterhaltsrecht. Ein Handbuch für die Praxis (Loseblatt)

Hohm, Gemeinschaftskommentar zum SGB II (GK-SGB II) (Loseblatt)

Jansen, Sozialgerichtsgesetz, Kommentar, 4. Aufl. 2012

jurisPK-SGB II, s. Schlegel/Voelzke/Radüge

jurisPK-SGB XII, s. Schlegel/Voelzke

---

[*] Aufgenommen sind nur Kommentare, Handbücher und Lehrbücher.

Kasseler Kommentar Sozialversicherungsrecht (Loseblatt)

Krahmer/Plantholz, Sozialgesetzbuch XI – Soziale Pflegeversicherung (LPK-SGB XI), 5. Aufl. 2018

Klinger/Kunkel/Pattar/Peters, Existenzsicherungsrecht, 3. Aufl. 2012

Knickrehm, Gesamtes Soziales Entschädigungsrecht, Handkommentar, 2012

Knickrehm/Kreikebohm/Waltermann, Kommentar zum Sozialrecht, 5. Aufl. 2017

Krahmer, Sozialgesetzbuch – Allgemeiner Teil, Lehr- und Praxiskommentar (LPK-SGB I), 3. Aufl. 2014

Krasney/Udsching/Groth, Handbuch des sozialgerichtlichen Verfahrens, 7. Aufl. 2016

Kretschmer/Maydell v./Schellhorn, Gemeinschaftskommentar zum Sozialgesetzbuch I (GK-SGB I) (Loseblatt)

Hänlein/Schuler, Sozialgesetzbuch V – Gesetzliche Krankenversicherung, Lehr- und Praxiskommentar (LPK-SGB V), 5. Aufl. 2016

Kunkel/Kepert/Pattar, Sozialgesetzbuch VIII – Kinder- und Jugendhilfe, Lehr- und Praxiskommentar (LPK-SGB VIII), 7. Aufl. 2018

Linhart/Adolph, SGB II/SGB XII/AsylbG (Loseblatt)

LPK-SGB I, s. Krahmer

LPK-SGB II, s. Münder

LPK-SGB V, s. Hänlein/Schuler

LPK-SGB VIII, s. Kunkel/Kepert/Pattar

LPK-SGB X, s. Diering/Timme/Stähler

LPK-SGB XI, s. Krahmer/Plantholz

LPK-SGB XII, s. Bieritz-Harder ua

Lüdtke/Berchtold, Sozialgerichtsgesetz, Handkommentar (HK-SGG), 5. Aufl. 2017

Maydell v./Ruland/Becker, Sozialrechtshandbuch (SRH), 5. Aufl. 2012 und 6. Aufl. 2018

Mergler/Zink, SGB II (Loseblatt) und SGB XII (Loseblatt)

Meyer-Ladewig/Nettesheim/von Raumer, Europäische Menschenrechtskonvention (EMRK), 4. Aufl. 2017

Meyer-Ladewig/Keller/Leitherer/Schmidt, Sozialgerichtsgesetz, Kommentar, 12. Aufl. 2017

Mrozynski, Sozialgesetzbuch I, 5. Aufl. 2014

Münder, Sozialgesetzbuch II – Grundsicherung für Arbeitsuchende, Lehr- und Praxiskommentar (LPK-SGB II), 6. Aufl. 2017

Münder/Ernst, Familienrecht. Eine sozialwissenschaftlich orientierte Darstellung, 6. Aufl. 2008

Münder/Meysen/Trenczek, Frankfurter Kommentar zum SGB VIII: Kinder- und Jugendhilfe (FK-SGB VIII), 8. Aufl. 2019

Oestreicher, SGB XII/SGB II. Sozialhilfe und Grundsicherung für Arbeitsuchende mit Asylbewerberleistungsgesetz und Erstattungsrecht des SGB X (Loseblatt)

Palandt, Bürgerliches Gesetzbuch, 77. Aufl. 2018

Plagemann, Münchener Anwaltshandbuch Sozialrecht (MAH), 5. Aufl. 2018

Rancke, Mutterschutz – Elterngeld – Elternzeit – Betreuungsgeld, Handkommentar (HK-MuSchG), 5. Aufl. 2018

Renn/Schoch/Löcher/Wendtland, Grundsicherung für Arbeitsuchende (SGB II), Das Sozialleistungsrecht für erwerbsfähige leistungsberechtigte Personen, 4. Aufl. 2018

Rothkegel, Sozialhilferecht, 2005

Schellhorn/Schellhorn/Hohm, SGB XII – Sozialhilfe, Kommentar, 19. Aufl. 2015

Schlegel/Voelzke, juris PraxisKommentar SGB XII/mit AsylbLG (jurisPK-SGB XII), 2. Aufl. 2014

Schlegel/Voelzke/Radüge, juris PraxisKommentar SGB II (jurisPK-SGB II), 4. Aufl. 2015

Schnitzler, Münchener Anwalts-Handbuch Familienrecht, 3. Aufl. 2010

Schulze/Zuleeg, Europarecht, Handbuch, 2. Aufl. 2010

Spellbrink/Eicher, Kasseler Handbuch des Arbeitsförderungsrechts, 2003

von Wulffen/Schütze, SGB X – Sozialverwaltungsverfahren und Sozialdatenschutz, Kommentar, 8. Aufl. 2014

Wannagat/Eichenhofer, Sozialgesetzbuch (Loseblatt)

Wendl/Staudigl, Das Unterhaltsrecht in der familienrichterlichen Praxis, 7. Aufl. 2008

Teil I: Der gesellschaftliche und rechtliche Rahmen der Existenzsicherung

Kapitel 1: Gesellschaftliche und gesamtwirtschaftliche Bedeutung existenzsichernder Sozialleistungen

Literaturhinweise: Atkinson, Poverty in Europe, Blackwell 1998; Bäcker ua, Sozialpolitik und soziale Lage in Deutschland, Band 1, 5. Auflage, Wiesbaden 2010, Band 2, 5. Auflage, Wiesbaden 2010; Bieritz-Harder, Menschenwürdig leben, Berlin 2001; Bundesministerium für Arbeit und Soziales (Hrsg.), Lebenslagen in Deutschland, der 5. Armuts- und Reichtumsbericht der Bundesregierung, Berlin 2017; Bundesministerium für Arbeit und Sozialordnung und Bundesarchiv (Hrsg.), Geschichte der Sozialpolitik in Deutschland seit 1945, 11 Bände, Baden-Baden, seit 2001; Castel, Die Metamorphosen der sozialen Frage, Konstanz 2000; Doege, Armut in Preußen und Bayern, München 1991; Eichenhofer, Sozialrecht, 10. Auflage, Tübingen 2017; Eichenhofer, Geschichte des Sozialstaats in Europa, München 2007; Fischer, Armut in der Geschichte, Göttingen 1982; Geremek, Geschichte der Armut, München 1988; Himmelfarb, The idea of poverty: England in the early industrial age, London 1984; Hobbes, Leviathan (1651); Hackenberg, Die Entwicklung der Sozialhilfe von der Armenfürsorge zur Arbeitsmarktpolitik, in: Schulz-Nieswandt/Schewe (Hrsg.), Sozialpolitische Trends in Deutschland in den letzten drei Dekaden, 2000, 125; Hammerschmidt, Entstehung und Entfaltung der kommunalen Sozialverwaltung von den Anfängen bis zur Weimarer Republik, in: Hagen/Hammerschmidt/Sagebiel (Hrsg.), Modernisierung der kommunalen Sozialverwaltung, 2012, 27; Hoffmann, Sicherung eines gerechten Existenzminimums im Sozialstaat, VSSR 2002, 101; Kant, Grundlegung zur Metaphysik der Sitten, Riga 1785; Huster/Boeckh/Mogge-Grotjahn (Hrsg.), Handbuch Armut und soziale Ausgrenzung, 2008; Lehner, Einkommensteuerrecht und Sozialhilferecht, Tübingen 1993; Luthe, Optimierende Sozialgestaltung, Tübingen 2001; Neumann, Menschenwürde und Existenzminimum, NVwZ 1995, 426; OECD, Growing unequal?, Paris 2008; Polanyi, The great transformation, 1944, dt. Frankfurt/Main 1977; Rohloff (Hrsg.), Geschichte der privaten Wohltätigkeit und Sozialgesetzgebung in England und Deutschland, 2015; Rosner, The economics of social policy, Cheltenham 2003; Rothkegel, Die Strukturprinzipien des Sozialhilferechts, Baden-Baden 2000; Sartorius, Das Existenzminimum im Recht, Baden-Baden 2000; Schoch, Sozialhilfe, 3. Auflage, Köln 2001; Schulte, Der Nachrang der Sozialhilfe gegenüber Möglichkeiten der Selbsthilfe und Leistungen von dritter Seite, NJW 1989, 1241; Smith, Der Wohlstand der Nationen, München 1974; Statistisches Bundesamt, Statistisches Jahrbuch, Deutschland und Internationales 2017, Wiesbaden 2017; Stendahl/Erhag/Devetzi, A European Work-First Welfare State, Göteborg 2008; Stolleis, Geschichte des Sozialrechts in Deutschland, Stuttgart 2003; Tennstedt, Sozialgeschichte der Sozialpolitik in Deutschland, Göttingen 1981; Trenk-Hinterberger, Sozialhilferecht, in: von Maydell/Ruland/Becker (Hrsg.), Sozialrechtshandbuch, 5. Auflage, Baden-Baden 2012, § 23; World Bank, Conditional Cash Transfers, Washington D.C. 2009; Zacher, Zur Anatomie des Sozialrechts, SGb 1982, 329.

A. Existenzsicherung – ältester und elementarer Zweig des Sozialrechts

1   Wie kein anderer Zweig prägt das Ziel der Existenzsicherung die Sozialstaatlichkeit. Dies hat historische wie prinzipielle Gründe. Historisch betrachtet ist die Existenzsicherung als **Armenrecht** und -pflege, **Fürsorge, Sozialhilfe** der älteste Zweig des Sozialrechts. Ferner tritt bei keinem anderen Zweig klarer der Grund und die Rechtfertigung sozialer Leistungen in Erscheinung. Die **Existenzsicherung** ist deshalb nicht nur der älteste, sondern auch der **elementare Zweig des** – jedes – **Sozialrechts**. Außerdem bestimmt die Existenzsicherung das Mindestmaß sozialer Sicherheit, jene setzt also für diese Daten.

2   Sie entstand als gemeindliche Armenpflege im ausgehenden **Mittelalter** und zu Beginn der **Neuzeit** im unmittelbaren Zusammenhang mit der Herausbildung des **Territorialstaats** und der einsetzenden und damit einhergehenden **Verstädterung**. Sie war die Antwort der Stadt und des Territorialstaates auf die im Mittelalter einsetzende ländliche und städtische Armut. Im Mittelalter wurde **Armut** freilich noch nicht als ein beklagenswertes Missgeschick, sondern als das Ideal eines von Entsagung und Demut geprägten **christlichen** Lebens verstanden, wogegen Hoffahrt und Geiz als Untugenden geächtet waren. Die sich in Mildtätigkeit und Freigiebigkeit äußernde Barmherzigkeit wurde als die für die Vergebung der Sünden förderliche und daher zu fordernde Grundhaltung der Christen erachtet.[1] Kirchliche Spitäler und Klöster, wohltätige Stiftungen und Kirchengemeinden waren Träger der Armenfürsorge.[2]

3   Gegen Ende des Mittelalters veränderte sich die gesellschaftliche Wahrnehmung von Armut. **Pest** und **Missernten** veranlassten **Wanderungs**bewegungen. Es flohen die Menschen die zunehmend als Belastung wahrgenommene **Gebietsuntertänigkeit**. In ganz Europa kamen **Wanderungsbewegungen** aus dem Land in die sich entfaltenden **Städte**, wo die Menschen Zuflucht suchten und fanden.[3] Im Zuge dieser Veränderungen setzte massenhaft die **Bettelei** ein. Im 14./15. Jahrhundert begannen die Städte, Betteln und **Landstreicherei** durch **Strafandrohung** zu unterbinden und gleichzeitig den unverschuldet Verarmten durch eigene Zuwendungen zu helfen. Die Kirchen konnten die Bedürftigen immer weniger schützen; an deren Stelle traten zunehmend weltliche Einrichtungen, namentlich Städte[4] und später Territorialstaaten. Es kam so insgesamt zur Laisierung der Spitäler und zur Säkularisierung der Sozialfürsorge.[5]

4   1530 erließ Kaiser **Karl V.** in Augsburg für das Reich eine auf Begrenzung von Bettelei und Landstreicherei zielende Verordnung; 1531 erging ein weiteres **kaiserliches Edikt**, das die ergriffenen **Initiativen der Städte** zur Schaffung der **Armenfürsorge** billigte und so verbreitete.[6] Die Gemeinden wurden dadurch zur Verfolgung arbeitsfähiger Bettler und Landstreicher ermächtigt; gleichzeitig wurden **Armenfürsorger** bestellt, **Armenämter** errichtet und gemeindliche **Armensteuern** erhoben, um damit den unverschuldet in Not und Armut Geratenen – den Kranken, Gebrechlichen, Alten, Waisen und alleinstehenden Müttern – zu helfen. Die auf diese Prinzipien beruhende **Armenpolizei und -für-**

---

1   Fischer (Lit.); Geremek (Lit.); Stolleis, in: Bundesministerium für Arbeit und Sozialordnung und Bundesarchiv (Hrsg.) (Lit.), 199, 210 ff.; Stolleis (Lit.), 13 ff.
2   W. Ribbe (Hrsg.), Geschichte Berlins, 2002 (3. Aufl.), Band 1, 228–234; Rohloff (Lit.), 28 – die sieben Werke der Barmherzigkeit (Matthäus 25, 34–46) erfüllend.
3   Eichenhofer (Lit.), Geschichte des Sozialstaats, 20 ff., 23 f.
4   Huster, Von der mittelalterlichen Armenfürsorge zu den Anfängen der Sozialstaatlichkeit, in: Huster/Boeckh/ Mogge-Gotjahn (Lit.), 243 ff.; Rohloff (Lit.), 19 ff.
5   Huster, Von der mittelalterlichen Armenfürsorge zu den Anfängen der Sozialstaatlichkeit, in: Huster/Boeckh/ Mogge-Gotjahn (Lit.), 245.
6   Geremek (Lit.), 153 ff.; Stolleis, in: Bundesministerium für Arbeit und Sozialordnung und Bundesarchiv (Hrsg.), 214; Parallelentwicklungen gab es in England, wo um 1600 unter Königin Elisabeth I. das Armenwesen als gemeindliche Aufgabe und vier Gruppen von Armen entstand: Kinder, arbeitsunfähige und arbeitsfähige Arme und Bettler (Rohloff (Lit.), 75 ff.).

sorge bildete sich gegen Ende des Mittelalters und zu Beginn der Neuzeit im Zeichen des heraufkommenden **Humanismus** in ganz Europa aus. Das Recht auf gemeindliche Armenfürsorge war in der **Zugehörigkeit zu einer Gemeinde** begründet. Ende des 17. Jahrhunderts wurde es in den meisten Staaten Europas üblich, die Bedürf- 5 tigen in eigenen gemeindlichen **Armen-, Kranken-, Waisen- oder Siechenhäusern** zu unterstützen. Die Grundlage dafür schufen die städtischen Armenpolizeiordnungen. Sie wollten eine „gute Ordnung" schaffen, die Bevölkerung zu produktiver Arbeit anhalten und damit sozial disziplinieren.[7] Es dominierte damals die Hilfe in Anstalten.[8] Von **Amsterdam** (1595/1603) ausgehend, verbreitete sich das **Arbeitshaus** als neue institutionelle Form der Armenpflege: Arbeitsfähige Arme wurden darin untergebracht und mit beschwerlichen und entehrenden Arbeiten beschäftigt in der Absicht, die Bezieher von Armenhilfe von deren Inanspruchnahme möglichst abzuschrecken. Bettelverbote kriminalisierten Vagabunden, Landstreicher und Arbeitslose – Bettlerverwahranstalten wurden gegründet, um Arme vom Müßiggang abzuhalten.[9] Die Armenfürsorge baute auf der Unterscheidung zwischen den städtischen Bürgern, die als Bedürftige ihrer teilhaftig werden sollten, und den Fremden auf, welche wiewohl arm wegen ihrer fehlenden Gemeindezugehörigkeit davon ausgenommen waren.

Im ausgehenden 18. Jahrhundert entdeckte als einer der ersten **Adam Smith**, dass die 6 hergebrachte Armenfürsorge die **Mobilität der Arbeitskräfte** – insbesondere deren Niederlassung außerhalb der Herkunftsgemeinde – erschwere.[10] Er bemängelte, es könnte „offensichtlich kein Unabhängiger, ob Lohnarbeiter oder Handwerker, durch Lehre oder Beschäftigung seinen Wohnort wechseln. Wollte daher solch ein Mann in einer anderen Gemeinde sein Brot verdienen, so war er, abgesehen von Gesundheit und Fleiß, dem Wohlwollen oder der Laune eines jeden Kirchenvorstands …, die über sein … Bleiben zu entscheiden hatten",[11] ausgeliefert. Dies machte die Niederlassung Ortsfremder von der Stellung von Sicherheiten abhängig, „die kaum jemand, der von seiner Arbeitskraft lebe, aufbringen kann."[12] Darin liege das „vielleicht größte Übel in der **englischen Wirtschaftspolitik**".[13] Im Einklang mit diesen Vorschlägen wurde 1795 die Bindung der Arbeitskräfte an die Heimat- und Herkunftsgemeinde aufgehoben und damit ein Mobilitätshindernis beseitigt.

1795 beschlossen die Friedensrichter von Berkshire in **Speenhamland**, jedem arbeitsfähigen armen Mann ein am Brotpreis ausgerichtetes Mindesteinkommen zu zahlen. 1834 wurde dieses historisch erste Experiment eines **bedingungslosen Grundeinkommens beendet**, weil es kläglich **gescheitert** war.[14] Es hatte sich nämlich herausgestellt, dass unter diesem System die **Arbeitsmoral und die Löhne verfallen** waren. An die Stelle trat 1834 ein Armengesetz, das **arbeitsfähige Arme** vom Leistungsbezug **ausschloss**, sie stattdessen in das Arbeitshaus einwies und bestimmte, dass die Armenunterstützung stets unter dem Niveau der niedrigst bezahlten Erwerbsarbeit (Lohnabstandsgebot – less eligibility test) liegen müsse.

Im **Deutschen Bund** wurden Anfang des 19. Jahrhunderts zwischen den ihm angehören- 7 den selbstständigen Staaten (zB Österreich, Preußen, Bayern, Sachsen-Gotha) **Staatsverträge** über die Absicherung bedürftiger Zuwanderer in den jeweiligen Vertragsstaaten

---

7 Stolleis (Lit.), 20 ff.
8 Fischer (Lit.), 44 ff.
9 Castel (Lit.), 86 ff., 114 ff.
10 Smith (Lit.), 1. Buch: 10. Kapitel, 2. Teil: Ungleichheiten, die ihren Grund in der Wirtschaftspolitik in Europa haben.
11 Smith (Lit.), 121 f.
12 Smith (Lit.), 122.
13 Smith (Lit.), 118 f.
14 Himmelfarb (Lit.); Polany (Lit.); Rohloff (Lit.), 119 ff.

geschlossen.[15] Innerhalb der einzelnen Staaten setzte sich jedoch im Laufe des 19. Jahrhunderts zur Sicherung der die **Bewegungs-** und wirtschaftlichen **Betätigungsfreiheit** ermöglichenden Freizügigkeit in der Armenfürsorge das Prinzip durch, dass statt der **Herkunftsgemeinde** die Wohngemeinde für die Gewährung der Armenhilfe zuständig sein solle. Zu diesem Zweck wurde der Begriff des **Unterstützungswohnsitzes** geprägt. Dieses Prinzip wurde vor dem Hintergrund einer von Hungersnöten ausgelösten sozialen Krise in den 1840er Jahren – im „Vormärz" – praktisch. Um sie zu überwinden, wurden zahlreiche Notprogramme entwickelt – auch öffentliche Arbeiten vergeben. Die Krise machte die „soziale Frage" zur politisch beherrschenden Frage. Das neue Prinzip bedeutete die Fürsorgegewährung an sämtliche Gemeindebewohner. Die Fürsorge entwickelte sich nach dem „Elberfelder System" (1852), das auf dem Quartier-, Bedürftigkeits-, Individualisierungs- und Subsidiaritätsprinzip aufgebaut wurde.[16] Das Prinzip des Unterstützungswohnsitzes setzte sich in Preußen in der Mitte des 19. Jahrhunderts durch;[17] in den anderen Teilen Deutschlands wurde es in der zweiten Hälfte des 19. Jahrhunderts und in Bayern erst 1913[18] voll verwirklicht. Landstreicherei, Bettelei, Vagabundieren, Prostitution wurden als Übertretung strafrechtlich geahndet; die solchen Tätigkeiten nachgingen, hießen „**Asoziale**". Sie wurden kriminalisiert, dh strafrechtlich verfolgt (§ 361 RStGB). Mit der Entstehung der Sozialversicherung veränderte die Fürsorge ihre Ausrichtung. Sie wurde zur Auffangeinrichtung für die durch die Sozialversicherung nicht erfassten Personen.[19] In der Weimarer Republik erging[20] als Notverordnung des Reichspräsidenten die das Fürsorgerecht erstmals reichseinheitlich standardisierende Reichsfürsorgepflicht-Verordnung (1924). Sie brachte die Unterscheidung zwischen einfacher und gehobener Fürsorge; letztere bezog sich auf die nach dem 1.Weltkrieg stark angewachsene Kriegsopferversorgung.

B. Gesellschaftliche Bedeutung der Existenzsicherung

I. Kennzeichen aller Existenzsicherung: einseitige Gewährung

8 Das Recht auf Existenzsicherung ist seit 2003/2005 durch Einführung der **Grundsicherung** im **Alter** und bei **Erwerbsminderung** (2003) und die Grundsicherung für **Arbeitsuchende** (SGB II) (2005) komplex und komplizierter geworden. Während zuvor die Aufgabe der Existenzsicherung auf die Sozialpolitik konzentriert war, nahmen in den vergangenen Jahrzehnten die Bestrebungen zu einer Auffächerung wie Ausdifferenzierung der bedürftigkeitsabhängigen Sozialleistungen zu (zu den systematischen Folgen dieser Entwicklung → Kap. 3 Rn. 12 f.). Diese Entwicklung erklärt sich aus einer stärkeren Zielgruppenorientierung einzelner Zweige der Existenzsicherung, unterschiedlichen Finanzierungsverantwortungen und gestuften, stärker auf Zielgruppen ausgerichteten Bedarfssätzen (→ Kap. 3 Rn. 13).

Das Grundmodell des Rechts der Existenzsicherung verkörpert das **Sozialhilferecht**. An ihm wird sich die weitere Darstellung beispielhaft wie beispielgebend ausrichten. Auf Sozialhilfe besteht ein **Rechtsanspruch** (§ 9 Abs. 1 SGB I; § 17 Abs. 1 SGB XII),[21] soweit

---

15 Doege (Lit.), 265 ff.; Stolleis, in: Bundesministerium für Arbeit und Sozialordnung und Bundesarchiv (Hrsg.), Bd. 1 (2001) 216 ff.; Hauser, Die Geschichte der Fürsorgegesetzgebung in Bayern, Diss LMU 1986, 153 ff.
16 Hammerschmidt (Lit.), 30.
17 Tennstedt (Lit.), 92 ff.
18 Hauser, Die Geschichte der Fürsorgegesetzgebung in Bayern, Diss LMU 1986, 181; vgl. auch die Diskussion in der Schweiz: C.A. Schmid, Internationale Armenfürsorge. Eine nationale Frage, 1915.
19 Brinkmann, Die Armenpflege in ihren Beziehungen zu den Leistungen der Sozialgesetzgebung, 1897.
20 Hammerschmidt (Lit.), 38 ff.; Huster, Von der mittelalterlichen Armenfürsorge zu den Anfängen der Sozialstaatlichkeit, in Huster/Boeckh/Mogge-Gotjahn (Lit.), 255.
21 BVerwGE 25, 307; 70, 196.

das Gesetz Pflichtleistungen vorsieht (zB § 19 Abs. 1, § 48 SGB XII). Der Anspruch entsteht, sobald dem zuständigen Träger die Voraussetzungen der Hilfebedürftigkeit bekannt werden (§ 18 Abs. 1 SGB XII). Eines Antrages bedarf es nicht; Sozialhilfe ist vielmehr **von Amts wegen** zu erbringen.[22] Anders die Grundsicherung (§ 41 Abs. 1 SGB XII); sie wird nur auf Antrag gewährt. Allerdings vermittelt ein Antrag dem Träger erst die nötige Kenntnis von den die Hilfebedürftigkeit begründenden Tatsachen (→ Kap. 10 Rn. 1 ff.). Sozialhilfe ist danach – anders als während vieler Jahrhunderte ihrer Geschichte – nicht mehr nur **gemeindliche Pflicht**, sondern begründet ein notfalls einklagbares **subjektives öffentliches Recht** des Empfängers auf die tatsächliche Gewährung der Hilfe.

Dementsprechend lautet § 9 SGB I: „Wer nicht in der Lage ist, aus eigenen Kräften seinen Lebensunterhalt zu bestreiten, oder in besonderen Lebenslagen sich selbst zu helfen, und auch von anderer Seite nicht ausreichende Hilfe erhält, hat ein Recht auf persönliche und wirtschaftliche Hilfe, die seinem besonderen Bedarf entspricht, ihn zur Selbsthilfe befähigt, die Teilnahme am Leben in der Gemeinschaft ermöglicht und die Führung eines menschenwürdigen Lebens sichert. Hierbei müssen Leistungsberechtigte nach ihren Kräften mitwirken." Daraus lassen sich Aufgabe, Arten, Voraussetzungen, Maß, Zweck und Ziel der Existenzsicherung erschließen. Ihre Aufgabe ist der Schutz der Menschen in Notlagen; sie hat zur Bestreitung des Lebensunterhalts oder Bewältigung besonderer Lebenslagen zu dienen; sie wird gewährt bei einem individuellen Unvermögen zur Selbsthilfe; deren Maß ist der individuelle Bedarf, deren Zweck ist die Hilfe zur Selbsthilfe und schließlich ist deren Ziel die Sicherung eines menschenwürdigen Lebens für jedermann.[23]

Der Anspruch auf Leistungen der Existenzsicherung ist auf die **einseitige öffentliche Gewährung** gerichtet. Im Gegensatz zur sozialen **Vorsorge** durch die Sozialversicherung ist der Anspruch also **nicht an Vor- und Gegenleistungen** in Gestalt von **Beitragszahlungen** gebunden. Anders als bei den Leistungen der **sozialen Entschädigung** – namentlich in der Kriegsopferversorgung, Gewaltopferentschädigung und unechten Unfallversicherung – begründet sich die öffentliche Einstandspflicht nicht aus einer im Interesse des **Gemeinwohls** übernommenen und erlittenen **Opferrolle**.[24] Schließlich sind die Leistungen der Sozialhilfe als die der **sozialen Förderung** (Arbeits-, Ausbildungsförderung, Rehabilitation und Teilhabe sowie Familienleistungsausgleich) auch nicht an die Vornahme spezieller Handlungen geknüpft. Sozialhilfe wird vielmehr **voraussetzungslos** und **einseitig** gewährt. Sie ist – mit dem SGB II und der Grundsicherung im Alter und bei Erwerbsminderung, welche nach § 21 SGB XII einander gleichstehen – das elementare Auffang-Netz sozialer Sicherheit; sie trägt, wen andere Netze nicht oder nicht mehr tragen (§ 1 SGB XII). In der **einseitigen** öffentlichen Gewährung unterscheidet sich die Existenzsicherung von anderen Sozialleistungen. Daraus erwächst eine **besondere rechts- und sozialpolitische Legitimationsbedürftigkeit**. 9

Nach § 1 S. 1 SGB XII ist Aufgabe der Sozialhilfe, „dem Empfänger der Hilfe die Führung eines Lebens zu ermöglichen, das der Würde des Menschen entspricht." Dieser Zusammenhang zwischen der Sozialhilfe und der für das GG zentralen Garantie der **Menschenwürde** (Art. 1 Abs. 1 GG) wurde unmittelbar nach der Aufnahme seiner Spruchpraxis durch das **Bundesverwaltungsgericht** und noch vor Inkrafttreten des BSHG hergestellt.[25] In dieser Entscheidung deutete das Gericht die Menschenwürde in der Tradition des Philosophen Immanuel Kant. Danach sei der Mensch im Recht stets 10

---

22 BVerwGE 66, 80, 92.
23 Wannagat/Eichenhofer SGB I § 9 Rn. 2 ff.
24 Eichenhofer (Lit.), Sozialrecht, Rn. 418.
25 BVerwGE 1, 159; vgl. auch BVerfGE 82, 60, 125, 175; 132, 134; dazu Lehner (Lit.).

nur als **Subjekt** zu denken. Demgemäß dürfe auch der **Sozialhilfeempfänger** nicht zum **Objekt öffentlicher Fürsorglichkeit** werden. Den Menschen als **Subjekt** denken, heißt deshalb zunächst, ihn als **Rechts- und Wirtschaftssubjekt** verstehen. Auf dieser Grundlage bedarf der Gedanke jedoch der Konkretisierung.[26] Aus der **Verknüpfung von Menschenwürde und Sozialhilfe** (eingehend dazu Kap. 8) folgt: Auch wer nicht als Wirtschaftssubjekt zu wirken vermag, hat kraft seines Menschseins ein Recht auf Befriedigung seiner Lebensbedarfe. Dieses Recht ist notfalls durch die staatlich verfasste Gemeinschaft einzulösen.

11 Im einseitigen Recht auf Hilfe durch die Allgemeinheit bestätigt und entfaltet sich der Staat als ein auf **Verwirklichung sozialer Gerechtigkeit** angelegter **Solidarverband**. Die Zugehörigkeit zu ihm wird weder durch die Staatsangehörigkeit noch – wie in der Sozialversicherung[27] – durch die Teilhabe an gemeinschaftlicher Wertschöpfung mittels produktiver Arbeit im Inland, sondern vielmehr durch einen erlaubten Aufenthalt in der deutschen Rechtsordnung begründet (§§ 23, 24 SGB XII). Die **öffentliche Einstandspflicht** erklärt sich somit aus der **Gebietshoheit eines Staates**. Dem Staat ist danach nicht nur in der Tradition von **Thomas Hobbes**[28] die Begründung des Rechtsfriedens durch Schaffung einer befriedeten sozialen Ordnung aufgegeben, sondern darüber hinaus auch die Abwendung elementarer Not: Die Sozialhilfeberechtigung folgt daher aus dem **traditionellen Ordnungsauftrag des Territorialstaats**.

II. Bedarfsdeckung

12 Der Anspruch auf soziale Existenzsicherung ist auf die **Deckung der Elementarbedarfe** des Empfängers gerichtet. Diese orientiert sich an den Lebensgewohnheiten der Gesellschaft, in welcher der bedürftige Mensch lebt.[29] Das deutsche Recht unterscheidet hergebracht die auf **Lebensunterhalt** gerichteten und in **besonderen Lebenslagen** auftretenden Elementarbedarfe (vgl. noch § 9 SGB I). Das geltende Sozialhilferecht entwickelt diese Unterscheidung fort und differenziert zwischen der Hilfe zum Lebensunterhalt (§§ 27–40 SGB XII), der Grundsicherung im Alter bei Erwerbsminderung (§§ 41–46 b SGB XII) sowie den Hilfen zur **Gesundheit** (§§ 47–52 SGB XII), Eingliederungshilfe für **behinderte** Menschen (§§ 90–98 SGB IX, bis 31.12.2019: §§ 53–60 a SGB XII), Hilfe zur **Pflege** (§§ 61–66 a SGB XII), zur Überwindung besonderer sozialer Schwierigkeiten (§§ 67–69 SGB XII) und in anderen Lebenslagen (§§ 70–74 SGB XII).

Mit der Begründung eines subjektiven Rechts auf Sozialhilfe wird eine **Ausnahme** zu dem die Wirtschafts-, Sozial- und Rechtsordnung generell prägenden Grundsatz der Eigenverantwortung markiert. Danach ist eine jede und ein jeder kraft der **allgemeinen Handlungsfreiheit** darauf verwiesen, den eigenen Lebensunterhalt und für ihre/seine Familie sowie die Bedarfsdeckung in besonderen Lebenslagen durch den Einsatz des eigenen produktiven Vermögens – regelmäßig der eigenen **Arbeitskraft** – zu bestreiten. Die/der Einzelne wird in dieser Freiheit durch die **Grundrechte** (Art. 2 Abs. 1, 9, 12, 14 GG) gestützt und zu deren Entfaltung durch die **Privatautonomie** befähigt.[30] Das Sozialhilferecht typisiert angesichts dessen die von dieser Grundregel abweichenden Ausnahmen zum jeweils eigenständigen Leistungs- und Hilfstatbestand. Aus dem **Bedarfsdeckungsgrundsatz** des Sozialhilferechts[31] folgt daher: Sozialhilfe kommt nur für Emp-

---

26 Neumann NVwZ 1995, 426; Hoffmann VSSR 2002, 101; Luthe (Lit.).
27 Vgl. §§ 3 ff. SGB IV, Art. 11 ff. VO (EG) 883/2004.
28 Hobbes (Lit.).
29 Rosner (Lit.), 285.
30 Zacher SGb 1982, 329 ff.; Schulte NJW 1989, 1241.
31 Rothkegel (Lit.), 14 ff.; Kap. 10.

fänger in Betracht, die zur Bedarfsbefriedigung weder auf eigenes produktives oder akkumuliertes Geld- oder Arbeitsvermögen noch Einkommen verwiesen werden können.

Aus der Bedarfsdeckungsfunktion von Existenzsicherung folgt neben der Anspruchsbegründung im Allgemeinen auch die Bestimmung des **zeitlichen Umfangs der Leistungen** sowie der **unbedingte Gehalt des Anspruchs.** In zeitlicher Hinsicht wird die Sozialhilfe nur für aktuelle Bedarfslagen erbracht (**Gegenwärtigkeitsprinzip**).[32] Folglich ist Sozialhilfe für die Vergangenheit grundsätzlich nicht geschuldet, insbesondere dient sie nicht der **Schuldentilgung.**[33] § 36 Abs. 1 SGB XII lässt ebenfalls eine Übernahme von Schulden nur zu Sicherung der aktuellen Bedarfsdeckung zu. **13**

Sozialhilfe ist zur Deckung des Bedarfs geschuldet, einerlei aus welchem Grund die Bedarfslage besteht und entstanden ist. Die bloße Faktizität der Bedarfslage rechtfertigt die Einstandspflicht des Sozialhilfeträgers (**Faktizitätsprinzip**)[34] – unabhängig davon, ob der Hilfeempfänger oder ein Dritter, namentlich ein vorrangig leistungspflichtiger Sozialleistungsträger, unterhaltspflichtiger Deliktsschuldner, Arbeitgeber oder Vertragspartner **pflichtvergessen** war oder schließlich der Empfänger selbst infolge **eigener Versäumnisse** in eine Notlage geraten ist. Im letztgenannten Fall ist der Empfänger der Hilfe dem Träger zum **Kostenersatz** (Kap. 41) verpflichtet. Hieraus folgt im Umkehrschluss, dass für die Entstehung des Anspruchs auf Sozialhilfe ein mögliches **Fehlverhalten des Hilfeempfängers unerheblich** ist. **14**

Das Bedarfsdeckungsprinzip erklärt ferner den **Umfang** wie die **Ausrichtung der Hilfe.** Der Umfang der Sozialhilfe ist auf das „Notwendige" beschränkt: diejenigen Leistungen, welche eine **konkrete und aktuelle Notlage abwenden.**[35] Die Hilfe soll zwar den Bedarf decken, aber auch sich darauf beschränken. Der „notwendige Lebensunterhalt" wird in §§ 27 a und 27 b SGB XII **nicht definiert,** sondern **exemplifiziert:** Ernährung, Unterkunft, Kleidung, Körperpflege, Hausrat, Heizung, persönliche Bedürfnisse des täglichen Lebens; in zumutbarem Umfange auch Beziehungen zur Umwelt und eine Teilhabe am kulturellen Leben. Geschuldet ist also das **konventionelle Existenzminimum.**[36] Dieses ist sowohl vom absoluten Existenzminimum als auch vom **angemessenen Unterhalt** zu unterscheiden. Anders als das absolute beschränkt sich das konventionelle Existenzminimum nicht auf die Sicherung des bloßen Überlebens; dieses allein wäre als **absolutes Existenzminimum** zu bestimmen. Im Unterschied zum „angemessenen Unterhalt" (§ 1610 BGB), der Reflex der Lebensstellung und Leistungsfähigkeit des Unterhaltsschuldners ist, stellt das konventionelle Existenzminimum eine allgemeine Größe dar. Sie wird von den **Lebensgewohnheiten** der letztlich leistungspflichtigen **Allgemeinheit** geprägt und bestimmt (siehe dazu Kapitel 13, 24). **15**

Als Mittel der Deckung der Elementarbedarfe stellt die Sozialhilfe nur ein Minimum bereit; sie bezweckt jedoch **nicht,** dem Empfänger die **Teilhabe am durchschnittlichen Lebensstandard** zu sichern. Die Leistungen der Sozialhilfe sollen daher zwar einerseits die **Ausgrenzung** (exclusion) des Hilfeempfängers aus dem gesellschaftlichen Leben vermeiden;[37] es ist aber andererseits auch zu verhindern, dass der Lebensstandard der/des Einzelnen bei Bezug von Sozialhilfe höher als derjenige geringverdienender Erwerbstätiger ist. **16**

Hinsichtlich der Ausrichtung von Leistungen der Sozialhilfe bestimmt § 1 S. 2 SGB XII, diese solle den Empfänger „soweit wie möglich befähigen, unabhängig von ihr zu leben; **17**

---

32 Rothkegel (Lit.), 17 f.; Trenk-Hinterberger in: Maydell/Ruland (Hrsg.), SRH § 23 Rn. 36 ff.
33 BVerwGE 35, 287, 288; 40, 343, 346; 57, 237, 239; 60, 236, 237 f.; 66, 335, 338; 68, 285, 289; 90, 154, 156; 96, 152, 154 f.; 99, 149, 156; Rothkegel (Lit.), 83 f.; eingehend dazu Kap. 10.
34 Rothkegel (Lit.), 18 f.
35 Grundlegend BVerfG 9.2.1010 – 1 BvL 1/09 ua, BVerfGE 125, 175.
36 BVerwGE 35, 178; 36, 256.
37 Atkinson (Lit.), 24; Bäcker ua (Lit.), III 8; Rosner (Lit.), 279 et sequ. Siehe dazu Kapitel 8.

Eichenhofer

darauf haben auch die Leistungsberechtigten nach ihren Kräften hinzuarbeiten". Dieser Umschreibung ist zu entnehmen, dass **Sozialhilfe** primär eine **finale Leistung** darstellt. Sie wird gewährt in der Absicht, möglichst **dauernder Sozialhilfeabhängigkeit zu begegnen.** Sozialhilfe ist also **zukunftsgerichtet** und nicht vergangenheitsbezogen. Der Sozialhilfeträger hat ferner dem Bedürftigen die Begründung einer **elementaren wirtschaftlichen Existenzgrundlage** zu ermöglichen (§ 30 BSHG/§§ 67 ff. SGB XII).[38] Dementsprechend ist wesentliche Aufgabe der Sozialhilfeträger die Beratung, Unterstützung und Aktivierung der Leistungsberechtigten (§ 11 SGB XII).

Die geforderte wie geförderte aktive Teilnahme am Leben in der Gemeinschaft umfasst auch ein gesellschaftliches Engagement (§ 11 Abs. 2 S. 2 SGB XII). Soweit die/der Einzelne zumutbar einer Tätigkeit nachgehen kann, umfasst die Unterstützung das Angebot einer Tätigkeit (§ 11 Abs. 3 S. 2 SGB XII). Sonderregelungen bestehen für erwerbsfähige Hilfebedürftige und deren Angehörige (§ 21 SGB XII iVm § 7 SGB II).

Die Grundsicherung für Arbeitsuchende soll dazu beitragen, dass Bedürftige ihren **Lebensunterhalt** unabhängig von öffentlicher Hilfe bestreiten können (§ 1 Abs. 2 SGB II). Der Anspruch auf Leistungen nach dem SGB II schließt Leistungen auf Sozialhilfe aus[39] (§ 5 Abs. 2 S. 1 SGB II/§ 21 S. 1 SGB XII). Die Träger der Leistungen nach SGB II haben erwerbsfähige Hilfebedürftige umfassend mit dem Ziel der **Eingliederung** in Arbeit zu unterstützen (§ 14 S. 1 SGB II). Es gilt dafür der Grundsatz des **Forderns** und **Förderns** (§§ 2, 14 SGB II).

III. Individualisierung

18 Die Erbringung der Sozialhilfe unterliegt dem Gebot der **Individualisierung** (§ 9 SGB XII). Die Hilfe ist also **nicht schematisierend und typisierend,** sondern auf jeden Hilfeempfänger – **individuell** – zugeschnitten zu gewähren. Angesichts weitreichender Pauschalisierungen bei Geldleistungen (§ 28 SGB XII) erlangt das Gebot eine besondere Bedeutung für soziale Dienst- (zB Heimunterbringung) oder Sachleistungen (zB behindertengerechte Ausstattung von Wohnungen). Es hat aber auch bei Geldleistungen (Gewährung der Hilfe zum Lebensunterhalt) Bedeutung. Für Obdachlose oder Alkoholabhängige können statt der vorrangig zu zahlenden Gelder (§ 10 Abs. 3 SGB XII) Nahrungsmittel in Gestalt von Wertgutscheinen gewährt werden.[40] Der Individualisierungsgrundsatz erklärt die **Höchstpersönlichkeit des Sozialhilfeanspruchs,**[41] weshalb dessen **rechtsgeschäftliche Übertrag-, Pfänd- und Verpfändbarkeit** ausgeschlossen ist (§ 17 Abs. 1 S. 2 SGB XII).

19 Die **Individualisierung** der Hilfe wird ermöglicht, weil über die Bewilligung der Sozialhilfeträger in eigenem Ermessen entscheidet (§ 17 Abs. 2 SGB XII). Der Wohnungsbedarf ist entsprechend der individuellen Bedarfslage des Hilfeempfängers zu ermitteln.[42] Der **Hilfebedarf ist der individuellen Notlage des Berechtigten konkret anzupassen.** Deshalb schuldet der Sozialhilfeträger einem behinderten Kind auch Taxifahrten in die Sonderschule, obgleich für den Schulweg ein Schulbus verfügbar ist, das Kind dem Unterricht nicht ganztägig folgen kann, der Schulbus in der Tagesmitte aber nicht verkehrt.[43]

---

38 OVG Brem 15.4.1991 – 2 BA 5/91, FEVS 42, 113 (zu § 30 BSHG): keine Förderung von Einzelmaßnahmen, sondern eine Förderung des Gesamtvorhabens.
39 Vgl. zu dieser Problematik BSG 24.5.2006 – B 11 a AL 7/05 R, BSGE 96, 242.
40 BVerwGE 72, 354.
41 Rothkegel (Lit.), S. 43; Trenk-Hinterberger in: Maydell/Ruland (Hrsg.), SRH § 23 Rn. 25 ff.
42 BVerwGE 75, 168.
43 BVerwG 10.9.1992 – 5 C 7.87, ZfSH/SGB 1993, 198.

Ferner hat der Träger den **Wünschen des Hilfeempfängers für die Gestaltung der Hilfe** 20
zu entsprechen (§ 9 Abs. 2 S. 1 SGB XII). Dieses im Sozialrecht allgemein anerkannte
Wunsch- und Wahlrecht[44] (§ 33 SGB I), prägt den Individualisierungsgrundsatz allgemein aus. Der Hilfeempfänger erlangt so ein **Teilhaberecht**: Hilfe ist nicht nur **auf**, sondern auch **mit** dem Empfänger **abzustimmen**. Daraus folgt die Befugnis zum Wohnungswechsel.[45] Die Rücksichtnahme auf Wünsche des Empfängers erhöht die **Akzeptanz der
Sicherung** und steigert so die **Effektivität der Hilfe**.

Das **Gebot der Individualisierung** der Hilfe wird jedoch durch die Anforderungen an 21
anderweitige Ziele der Sozialhilfe oder an die Wirtschaftlichkeit und Sparsamkeit der
Verwaltung **begrenzt**. Dem Wunsch auf stationäre Hilfe in Heim oder Anstalt soll daher
lediglich entsprochen werden, sofern ambulante Hilfe weder verfügbar ist noch ausreicht (§ 9 Abs. 2 S. 2 SGB XII; s. dazu → Kap. 14 Rn. 1 ff.). Denn diese fördert – mehr
als jene – die Selbstständigkeit des Empfängers, die der Sozialhilfeträger zu erhalten und
zu entfalten verpflichtet ist (§ 1 S. 2 SGB XII). Die Träger sind ferner nicht verpflichtet,
dem Wunsch nach unverhältnismäßigen Mehraufwendungen nachzukommen (§ 9
Abs. 2 S. 3 SGB XII). Daher tritt ambulante hinter stationäre Hilfe, falls jene teurer als
diese ist (s. Kap. 14). Daher besteht kein Anspruch auf Aufnahme in einen kostenpflich-
tigen privaten Sonderkindergarten, falls ein kostengünstiger öffentlicher vorhanden
ist.[46] Trotz des prinzipiell anerkannten Rechts auf Aufnahme in eine dem Bekenntnis
des Hilfeempfängers entsprechende Einrichtung (§ 9 Abs. 3 SGB XII) ist der Träger zur
Erteilung dieses Wunsches nicht verpflichtet, falls seine Verwirklichung die Kosten der
Unterbringung in einer vergleichbaren Einrichtung übertreffen würden.[47]

IV. Nachrang

Sozialhilfe ist schließlich und wesentlich eine **nachrangige = subsidiäre Hilfe** in individu- 22
eller (§ 2 Abs. 1 Hs. 1 SGB XII) wie institutioneller Hinsicht (§ 2 Abs. 1 Hs. 2, Abs. 2
SGB XII). Die Berechtigung besteht danach nicht, wenn der Hilfesuchende die ihn treffende Notlage selbst abzuwenden vermag oder dies andere, vorrangig einstandspflichtige Private oder Sozialleistungsträger schulden und vermögen.[48] Der Grundsatz des
Nachrangs hat also eine **anspruchsbegrenzende oder -ausschließende, also individual-
rechtliche**[49] wie eine **institutionelle Dimension**, weil für den Hilfesuchenden die für dessen Bedarfsdeckung vorrangig einstandspflichtigen Privaten und vorrangige Sozialleistungsträger verantwortlich bleiben. Die zwischen Privaten, vorrangigen Sozialleistungs-
und Sozialhilfeträgern bestehende Rangordnung ist der rechtsgeschäftlichen Disposition
durch den Hilfesuchenden daher prinzipiell entzogen. Soweit der Bedürftige sich also
selbst sozialhilfeabhängig macht, setzt er sich den Rückgriffsforderungen des Sozialhilfeträgers aus (§§ 103, 104 SGB XII). Verfügungen über privatrechtliche Ansprüche zum
Nachteil des Sozialhilfeträgers sind dem Rechtsinhaber versagt, weil mit der Entstehung
der Notlage kraft Gesetzes (§§ 94 SGB XII, 115 f. SGB X)[50] die konkurrierenden Ansprüche auf den Sozialhilfeträger übergehen und deshalb zu keinem Zeitpunkt der Verfügungsmacht des Gläubigers des übergegangenen Rechts unterfielen. Schließlich ist der
Verzicht des Berechtigten über Ansprüche auf vorrangige Sozialleistungen gemäß § 46
Abs. 2 S. 1 SGB I unwirksam und daher rechtlich ausgeschlossen, damit das Rangver-

---

44 Eingehend dazu → Kap. 14 Rn. 1 ff.; Wannagat/Eichenhofer SGB I § 33 Rn. 1 ff.
45 OVG Lüneburg 23.2.1990 – 4 M 10/90, FEVS 41, 363.
46 BVerwGE 75, 343.
47 BVerwGE 65, 52.
48 Vgl. umfassend Schulin NJW 1989, 1241.
49 Rothkegel (Lit.), 100; Trenk-Hinterberger, in: Maydell/Ruland (Hrsg.), SRH § 23 Rn. 20 ff.
50 Wannagat/Eichenhofer SGB X § 115 Rn. 4 ff., § 116 Rn. 2 ff.

hältnis zwischen den Sozialleistungsträgern und nicht zum Nachteil des nachrangigen Sozialhilfeträgers verändert werden kann.

23 Dennoch kommt in der Praxis **trotz vorrangiger Einstandspflicht** des Empfängers, anderer Privater oder Sozialleistungsträger der Sozialhilfeträger auf. Dies erklärt sich aus dem **Faktizitätsprinzip** (→ Rn. 15), den Regeln über die **vorläufige Zuständigkeit** des Sozialhilfebezugs nach §§ 15 SGB XII, 43 SGB I sowie der Pflicht zur Vorschussleistung nach § 42 SGB I. Aufgrund aller genannten Bestimmungen hat der Sozialhilfeträger den Bedarf des Hilfesuchenden zu decken, auch wenn der Empfänger die Bedarfslage selbst herbeigeführt hat oder diese Lage Folge der Pflichtvergessenheit vorrangig einstandspflichtiger Privater oder öffentlicher Träger ist.

24 Der **Vorrang der Eigenverantwortung vor der Fremdverantwortung** erklärt sich daraus, dass grundsätzlich jeder Erwerbsfähige zur Bestreitung seines Lebensunterhalts oder Befriedigung seines sonstigen Bedarfs auf die Erwerbsarbeit verwiesen ist (§ 2 SGB II). Des Weiteren hat jedermann seine Bedarfe aus eigenem Einkommen (§§ 82 ff. SGB XII) oder Vermögen (§§ 90 f. SGB XII) zu bestreiten und für die Selbsthilfe die verfügbaren = „bereiten Mittel"[51] einzusetzen. Der Vorrang der Eigen- vor der Fremdverantwortung drückt sich in jüngerer Zeit zunehmend in der Verknüpfung von Leistungen der Existenzsicherung an erwartbare Gegenleistungen des Hilfeempfängers aus. Dieser Denkansatz leitete die Grundsicherung für Arbeitsuchende.[52] In den lateinamerikanischen, manchen afrikanischen und asiatischen Staaten entstanden bedingte Einkommensunterstützungsleistungen an arme Eltern, die an die Bedingungen geknüpft werden, dass die Kinder sich medizinischen Untersuchungen unterziehen oder am Schulbesuch teilnehmen.[53]

25 In Ausprägung des institutionellen Nachrangs der Sozialhilfe gegenüber konkurrierenden Fremdverantwortlichkeiten bekräftigt § 2 Abs. 2 SGB XII, dass Unterhaltspflichtige und vorrangig leistungspflichtige Sozialleistungsträger nicht aus ihrer Primärverantwortlichkeit zu entlassen sind. Die Gewährung von Sozialhilfe beseitigt demnach weder die unterhaltsrechtliche Bedürftigkeit, noch tilgt sie eine privatrechtliche Schadensersatz-, arbeitsrechtliche oder sonst schuldrechtliche Entgeltzahlungspflicht noch die Pflicht vorrangiger Sozialleistungsträger. Die Sozialhilfegewährung ist in allen Fällen gegenüber den vorrangigen Einstandspflichtigen nachgeordnet. Geschieht die Sozialhilfegewähr dennoch, so trifft im Hinblick auf vorrangig einstandspflichtige Private ein **Übergang des privatrechtlichen Anspruchs** kraft Gesetzes vom Hilfeempfänger auf den Träger ein, so dass es bezüglich des vorrangigen privatrechtlichen Anspruchs zum Parteiwechsel kommt. Der Ausgleich unter den Sozialleistungsträgern geschieht nach §§ 102 ff. SGB X, folgt also den Regeln des **öffentlichen-rechtlichen Erstattungsrechts**.[54]

26 Die Nachrangigkeit der Sozialhilfe macht deren Träger – gemeinsam mit den Trägern der Grundsicherung für Arbeitsuchende – zum „Ausfallbürgen" (lender of the last resort, engl.) und die **Existenzsicherung** selbst zum „Netz unter dem sozialen Netz". Dieses soll umfassend tragen, wer aus eigenem Versäumnis, der Pflichtvergessenheit Privater oder wegen Lücken im sozialen Schutz durch die gehobenen Zweige sozialer Vorsorge, Entschädigung oder Förderung nicht angemessen geschützt wird. Deren Eigenheiten sind ein umfassender, abstrakter Begriff des Bedarfs, den der Sozialhilfeträger kategorisch zu sichern verpflichtet ist. Die **Existenzsicherung** errichtet damit eine umfassende **Auffangstellung** gegenüber jeglichem individuellen oder institutionellen Versagen ande-

---

51 Rothkegel (Lit.), 97.
52 Die insoweit internationalen Trends folgt, vgl. Stendahl/Erhag/Devetzi (Lit.).
53 World Bank (Lit.).
54 Vgl. dazu Eichenhofer, Sozialrecht, Rn. 243 ff.; eingehender Wannagat/Eichenhofer SGB X § 102 Rn. 1 ff.

rer Träger sozialer Sicherheit und begründet so eine **elementare Einstandspflicht der Allgemeinheit** für den und gegenüber dem Einzelnen.

Eine Einschränkung gegenüber der prinzipiellen Universalität der sozialhilferechtlichen 27 Zuständigkeit ergibt sich allerdings aus der **Binnendifferenzierung der sozialen Hilfe.** So ist der Elementarbedarf von in Ausbildung Stehenden durch das **Ausbildungsförderungsrecht** statt durch die allgemeine Sozialhilfe zu decken (§ 22 SGB XII), der Hilfebedarf von Kindern und Jugendlichen richtet sich nach der **Jugendhilfe,** der von Kriegsopfern nach der **Kriegsopferfürsorge** und der Bedarf von Asylbewerbern und ihnen gleichgestellten Personen (insbesondere Bürgerkriegsflüchtlinge) nach dem **Asylbewerberleistungsgesetz** anstelle des allgemeinen Sozialhilferechts (zu den Folgen vgl. → Kap. 3 Rn. 12 f.). Mit der durch das SGB II eingeführten **Grundsicherung** für **Arbeitsuchende** (§ 1 SGB II) sowie der **Grundsicherung im Alter** und bei **Erwerbsminderung** (§§ 41 ff. SGB XII) sind weitere Untergliederungen innerhalb der Sozialhilfe entstanden. Damit wird die Einheitlichkeit der Sozialhilfe aufgegeben zugunsten eines nach Gruppen differenzierenden Systems von Hilfeleistungen.

C. Gesamtwirtschaftliche Bedeutung der Existenzsicherung

Die verbreiteten Methoden der Armutsforschung basieren auf einem pluralistischen Armutsbegriff. Er beschreibt Armut als einen als „Unterversorgungslage" identifiziertes soziales Defizit mit vielfältigen Dimensionen: Einkommen, Gesundheit, Familienverhältnisse, Wohnungsversorgung und Schuldenstand. Seit Jahrzehnten wird in Deutschland eine **Zunahme der sozialen Ausgrenzung** und damit einhergehend eine **Abnahme der Verteilungsgerechtigkeit** – und zwar sowohl in West- wie Ostdeutschland – diagnostiziert.[55]

Das **Sozialbudget 2015** weist bei einem Bruttoinlandsprodukt von etwa 3,025 Billionen 29 EUR eine Sozialleistungs- wie -kostenquote von 30%[56] aus. Mithin steht ca. **ein Drittel des Volkseinkommens für Zwecke sozialer Umverteilung** zur Verfügung. Dieses untergliedert sich nach den Funktionen auf Kinder, Ehegatten, Mutterschaft und Arbeitslosigkeit auf 18%, Krankheit und Invalidität (26%), (34,3 Mrd. EUR) und Alter und Hinterbliebene (31%).[57] Die Bezieher der Hilfe zum Lebensunterhalt belief sich 2015 auf 398 Tausend Personen, davon 210 Tausend männlich und 188 Tausend weiblich.[58] Es kamen 1,026 Mio. Bezieher (500 Tausend männlich und 526 Tausend weiblich) von Grundsicherung im Alter und bei Erwerbsminderung hinzu.[59]

Im Mittelpunkt der Armutspopulation stehen ausweislich des 5. **Armuts- und Reich-** 30 **tumsberichts der Bundesregierung**[60] ein seit 1998 beobachtbaren Anstieg der Einkommensungleichheit[61] sowie der Anstieg der Anteile armer Menschen an der Gesamtbevölkerung von 11,6% (1995) auf 15,8% (2014).[62] Armutsrisiken und die Gruppe der Armen werden primär am verfügbaren Einkommen gemessen. Einkommensungleichheit ist der für Armutsmessungen maßgebliche Parameter.[63] Der Niedriglohn – beruhend auf einer unterdurchschnittlichen Beschäftigung in geringfügiger oder Teilzeitbeschäftigung – oder Arbeitslosigkeit begründen vornehmlich das Risiko der Verarmung.[64] Die Ar-

---

55 Bundesministerium für Arbeit und Soziales (Hrsg.), 5. Armuts- und Reichtumsbericht, 2017.
56 Statistisches Bundesamt, Statistisches Jahrbuch 2017, 231 (Tz. 8.0).
57 Ebd., Tz. 8.0.
58 Ebd., Tz 8.4.2.
59 Ebd., Tz. 8.4.3.
60 Bundesministerium für Arbeit und Soziales (Hrsg.), 5. Armuts- und Reichtumsbericht, 2017.
61 Ebd., 119 ff.
62 Ebd., 551.
63 Ebd., 98 ff.
64 Ebd., 95 ff.

mutsrisikoquote der Erwerbstätigen ist auf Basis des SOEP-Anteils an den Beschäftigten insgesamt zwischen 1995 von 6,6% bis 2014 auf 9,2% angestiegen. Nach der Beschäftigungsform unterschieden, stieg der Anteil der Armutsgefährdeten bei Vollzeittätigkeit von 3,9% auf 4,5% und bei Teilzeitbeschäftigung sogar von 7,6% auf 14,6% an.[65] Für das Verhältnis zwischen Alters- und Kinderarmut gilt nach wie vor, dass letztere erstere bei weitem übertrifft. Der Anteil der unter 18-jährigen Personen an der Gesamtheit der armen Bevölkerung lag 2015 bei 19,7% (2005: 19,5%), derer zwischen 18 bis unter 25 Jahren stieg seit 2005 bis 2015 von 23,3% auf 25,5%, und auch der Anteil der Personen über 65 Jahren stieg von 11,0% bis 14,6%[66].

31 Diese Entwicklung trat ein, wiewohl die Zahl der SGB II-Leistungsempfänger zwischen 2006 und 2015 von über 7,11 Millionen Menschen auf 5,84 Millionen Menschen sank und auch bei Sozialgeldbezieher ein Rückgang von 1,84 auf 1,59 Millionen Menschen zu verzeichnen war.[67] Die Gesamtausgaben für die Sozialhilfe beliefen sich auf 30,306 Mrd. EUR, davon 9,995 Mrd. EUR an Personen außerhalb von Einrichtungen und 19,635 Mrd. EUR an in Einrichtungen lebende Menschen.[68] 2016 bezogen Leistungen der Grundsicherung für Arbeitsuchende 3,267 Mio. Bedarfsgemeinschaften mit insgesamt 6,227 Mio. Menschen.[69] 2016 wurden 35,222 Mrd. EUR mit einem Durchschnittssatz von 898 EUR monatlich pro Bedarfsgemeinschaft gezahlt, darunter 13,491 Mrd. Arbeitslosengeld II, 14,237 Mrd. EUR Kosten der Unterkunft und 766 Mio. EUR als Sozialgeld.[70]

---

65 Ebd., 560 ff.
66 Ebd., 553 (Armutsrisiko auf Basis Mikrozensus).
67 Ebd., 566 ff.
68 Statistisches Bundesamt, Statistisches Jahrbuch 2017, 231, Tz. 8.4.5.
69 Ebd., Tz. 8.4.6.
70 Ebd., Tz. 8.4.7.

Kapitel 2: Völker- und europarechtliche Vorgaben an die Existenzsicherung in Deutschland

Literaturhinweise: Becker, U., Unionsbürgerschaft und soziale Rechte, ZESAR 2002, 8; Becker, U., Migration und soziale Sicherheit – die Unionsbürgerschaft im Kontext, in: Hatje/Huber (Hrsg.), Unionsbürgerschaft und soziale Rechte, Europarecht Beiheft 1/2007, 95; Bergmann/Lenz, Der Amsterdamer Vertrag, Köln 1998; David, Jurisprudence – Cour de justice des Communautés européennes – Arrêt du 20 septembre 2001 (aff. C-184/99), Rudy Grzelczyk c/ Centre public d'aide sociale d'Ottignies-Louvain-la-Neuve, 39 (2003) RTDeur, 553; Berlit, Die Regelung von Ansprüchen ausländischer Personen in der Grundsicherung für Arbeitsuchende und in der Sozialhilfe, NDV 2017, 67; Devetzi/Janda, Das Gesetz zur Regelung von Ansprüchen ausländischer Personen in der Grundsicherung für Arbeitsuchende und in der Sozialhilfe, ZESAR 2017, 197; Devetzi/Schreiber, Diskriminierungsfreier Zugang zu Sozialleistungen nur nach Maßgabe der Unionsbürger-Richtlinie?, ZESAR 2016, 15; Eichenhofer, Menschenrecht auf soziale Sicherheit, VSSR 2007, 87; ders., Der sozialrechtliche Gehalt der EMRK-Menschenrechte, in: Hohmann-Dennhardt (Hrsg.), Grundrechte und Solidarität, Festschrift für Renate Jaeger, 2011, 625; ders., Soziale Menschenrechte im Völker-, Europa- und deutschen Recht, 2012; Fuchs (Hrsg.), Europäisches Sozialrecht, Nomos-Kommentar, 6. Auflage, Baden-Baden 2015; Grgic/Mataga/Longar/Vilfan, The right to property under the European Convention on Human Rights, Human rights handbooks, No. 10, Strasbourg 2007; Greiser/Ascher, Die Leistungsausschlüsse von EU-Bürgern in SGB II und SGB XII, VSSR 2016, 61; Hailbronner, Neue Richtlinie zur Freizügigkeit der Unionsbürger, ZAR 2004, 259; Heinig, Art. 18 iVm Art. 12 EG als Schlüssel zur Teilhabe von arbeitsuchenden Unionsbürgern aus anderen Mitgliedstaaten an steuerfinanzierten Sozialleistungen in Deutschland, ZESAR 2008, 465; Hofmann/Löhr (Hrsg.), Europäisches Flüchtlings- und Einwanderungsrecht, Baden-Baden 2008; Hohnerlein, Soziale Rechte für Drittstaatsangehörige – Zugang zu Sozialleistungen aus unions- und menschenrechtlicher Perspektive, ZIAS 2016, 47; Kötter, Die Sozialhilfe im Recht der EU – immer noch eine Randexistenz oder auf dem Weg zu einem „Europäischen Sozialhilferecht", ZIAS 2016, 98; Janda, Migranten im Sozialstaat, 2012; Kunkel/Frey, Können Unionsbürger von Leistungen nach dem SGB II und XII ausgeschlossen werden?, ZfSH/SGB 2008, 387; Mangold/Pattar, Ausschluss von Leistungen für arbeitsuchende Ausländer: Notwendigkeit einer europa-, völker- und grundrechtskonformen Auslegung des § 7 Abs. 1 S. 2 SGB II, VSSR 2008, 243; Marquardt, Schutz gegen Ausweisung ausländischer Fürsorgeempfänger durch Abkommen des Europarats, NDV 1992, 20; Maydell/Ruland/Becker (Hrsg.), Sozialrechtshandbuch, 5. Auflage, Baden-Baden 2012; Meyer, (Hrsg.), Charta der Grundrechte der Europäischen Union, 3. Auflage, Baden-Baden 2011; Schreiber, Der Arbeitslosengeld-II-Anspruch von Unionsbürgern und Drittstaatsangehörigen, info also 2008, 3; Schuler, Die internationale Sozialrecht der Bundesrepublik Deutschland, Baden-Baden 1988; Schulte, Die Judikatur des Europäischen Gerichtshofs zur Abgrenzung des sachlichen Anwendungsbereichs der Verordnung (EWG) Nr. 1408/71 im Hinblick auf Sozialhilfe- und sozialhilfeähnliche Leistungen, Bonn 1994; Shaw, The Interpretation of European Citizenship, The Modern Law Review 61 (1998), 293; Strick, Ansprüche alter und neuer Unionsbürger auf Sozialhilfe und Arbeitslosengeld II, NJW 2005, 2182; Sudre, La protection des droits sociaux par la Cour européenne des droits de l'homme: un exercice de «jurisprudence-fiction»?, Revue Trimestrielle des Droits de l'Homme, 2003 (14), 755; Thym, Migrationsfolgenrecht, VVDStRL, Bd. 76 (2017), 169.

Rechtsgrundlagen:
EuGrCh; VO (EG) Nr. 883/2004; VO (EG) 2004/38;VO (EU) 1231/10; AEMR; IPwskR; ESC; EMRK

Orientierungssätze:
Das Recht auf Existenzsicherung ist international und europaweit anerkannt und geschützt. Obgleich das Recht der Existenzsicherung wesentlich auf Bundesrecht beruht, wird es durch das Völ-

ker- und Europarecht geprägt – mitunter stärker als öffentlich wahrgenommen. Es hat im universellen Völkerrecht (1), regionalen Völkervertragsrecht – namentlich dem Recht des Europarats (2) – sowie schließlich EU-Recht (3) einen Niederschlag gefunden.

A. Universelles Völkerrecht

1   Die am 10. Dezember 1948 von der Generalversammlung der **Vereinten Nationen** verabschiedete **Allgemeine Erklärung der Menschenrechte** enthält in **Artikel 25 Nr. 1** ein **Menschenrecht auf „soziale Betreuung"**: „Jeder Mensch hat Anspruch auf eine Lebenshaltung, die seine und seiner Familie Gesundheit und Wohlbefinden einschließlich Nahrung, Kleidung, Wohnung, ärztliche Betreuung und der notwendigen Leistung der sozialen Fürsorge gewährleistet; er hat das Recht auf Sicherheit und im Falle von Arbeitslosigkeit, Krankheit, Invalidität, Alter und von anderweitigem Verlust seine Unterhaltsmittel durch unverschuldete Umstände." Diese Gewährleistung war damals allerdings noch ohne Anspruch auf völkerrechtliche Verbindlichkeit; diese wurde jedoch mit dem 1966 verabschiedeten Pakt über wirtschaftliche, soziale und kulturelle Rechte geschaffen.

2   Dieses, neben dem in Art. 22 der Allgemeinen Erklärung der Menschenrechte jedem Menschen „als Mitglied der Gesellschaft" eingeräumte **Recht auf soziale Sicherheit**[1] begründet ein Menschenrecht, nämlich den Anspruch auf umfassende Sozialhilfe für die/den Bedürftige(n) und ihre/seine Familie und knüpft dieses Recht an die Bedingung einer individuell nicht zu verantwortenden sozialen Notlage. In **Art. 11 Abs. 1 des VN-Paktes für wirtschaftliche, soziale und kulturelle Rechte vom 16.12.1966**[2] erkennen die Vertragsstaaten „das Recht eines jeden auf einen angemessenen Lebensstandard für sich und seine Familie an, einschließlich ausreichende Ernährung, Bekleidung und Unterbringung." In **Art. 11 Abs. 2** desselben Paktes ist ein Recht eines jeden begründet, „vor Hunger geschützt zu sein". Im Unterschied zu der Allgemeinen Erklärung der Menschenrechte ist die **Einhaltung des Pakts rechtlich erzwingbar.** Die Mitgliedstaaten sind namentlich gehalten, diese Rechte durch ihre Institutionen zu verwirklichen.

3   Das **VN-Übereinkommen über die Rechte der Kinder vom 20.11.1989**[3] – am 21.2.1992 in Deutschland verkündet[4] – enthält im Zusammenhang mit der umfassenden Formulierung der Rechte des Kindes einzelne Garantien mit sozialrechtlichem Gehalt. Danach sind die Ansichten und Auffassungen der Kinder vor jeder sie betreffenden Entscheidung zu hören und zu respektieren. Kinder sind ferner vor jeder Diskriminierung zu schützen und gleich zu behandeln – unabhängig von ihrer Rasse, Hautfarbe, Geschlecht, Sprache, Religion, politischer und sonstiger Anschauung, nationaler, ethnischer und sozialer Herkunft, des Vermögens, einer Behinderung, der Geburt oder eines sonstigen Status des Kindes, seiner Eltern oder seines Vormunds. Für Kinder ist ein Recht auf **Überleben** und **Entwicklung** und zwar in physischer, psychosozialer und kultureller Hinsicht gewährleistet. Bei allen Entscheidungen muss das **beste Interesse der Kinder** berücksichtigt werden.

4   Im Einzelnen gewährleistet die Konvention den Schutz der Kinder vor Verwahrlosung und Misshandlung (Art. 19) und sieht einen speziellen Schutz für Flüchtlings- (Art. 22)

---

1   Eichenhofer VSSR 2007, 87; ders., Soziale Menschenrechte, 2012.
2   BGBl. II 1973, 1569.
3   BGBl. II 1992, 990.
4   BGBl. II 1992, 121.

wie Kinder mit Behinderung (Art. 23) vor. Allen Kindern ist eine angemessene Gesundheitsvorsorge zu sichern (Art. 24). Ferner sind für Kinder die Unterbringung (Art. 25), die soziale Sicherheit (Art. 26), angemessene Lebensbedingungen und Unterhalt (Art. 27), Bildung und Teilhabe an Kultur (Art. 28 f., 31) zu sichern und sie sind außerdem vor wirtschaftlicher Ausbeutung (Art. 32) zu schützen. Diese Verpflichtungen sind namentlich auch durch das deutsche Recht auf Existenzsicherung zu verwirklichen.

B. Regionales Völkervertragsrecht – Recht des Europarats

Der in Straßburg angesiedelte Europarat stellt den Zusammenschluss nahezu aller 5 europäischen Staaten[5] dar; er verfolgt das Ziel der gleichen und umfassenden Gewährleistung der Menschenrechte in den Vertragsstaaten. Das Herzstück des Schutzes der Menschenrechte ist die **Europäische Menschenrechtskonvention** vom 4.11.1950 (EMRK). Über deren Einhaltung wacht der **Europäische Gerichtshof für Menschenrechte** (EGMR). Dieser kann von den Bürgern jedes Vertragsstaates angerufen werden. Ausgehend von der Rechtssache AIREY stellte der EGMR fest, dass die in der EMRK gewährleisteten bürgerlichen und politischen Rechte auch wirtschaftliche und soziale Folgerungen hätten.[6] Er entschied ferner, dass für die Verwirklichung des Rechts auf gerichtlichen Schutz (Art. 6 Abs. 1 EMRK) staatliche Fördermaßnahmen notwendig seien. Die prozessualen Gewährleistungen einer unparteilichen Würdigung einer Rechtsstreitigkeit durch ein unabhängiges Gericht (Art. 6 EMRK) kommen auch den Parteien bei sozialversicherungsrechtlichen Streitigkeiten zugute, die als bürgerlich-rechtliche Streitigkeiten zu qualifizieren seien.[7] Sozialrechtliche Ansprüche seien auch als Eigentum nach Art. 1 des 1. Zusatzprotokolls zum EMRK geschützt.[8] Dies gelte für beitragsfinanzierte Sozialleistungsansprüche,[9] gerichtlich festgestellte Ansprüche auf Sozialleistungen, denen der Sozialleistungsträger nicht durch Berufung auf die fehlenden Einnahmen entgehen kann,[10] aber auch für Pensionsansprüche für Beamte[11] und steuerfinanzierte Leistungen zugunsten behinderter Menschen.[12] Ein völliger Entzug von Invalidenrenten im Hinblick auf ein konkurrierendes Lohneinkommen sei eine Eigentumsverletzung, wenn die Beseitigung der Leistung wegen der geringen Zahl von Empfängern keinen nennenswerten Beitrag zur Konsolidierung der Sozialversicherung leiste.[13] Das alle Menschenrechte prägende Diskriminierungsverbot (Art. 14 EMRK) belässt den Mitgliedstaaten zwar Entscheidungsspielräume bei der Gestaltung ihrer Sozialpolitik,[14] untersagt jedoch nicht objektiv begründbare Ungleichbehandlungen bei Sozialleistungen wegen des Geschlechts[15] oder des Status der Ehelichkeit.[16] Das Verbot menschenrechts-

---

5 Ausnahme: Weißrussland.
6 Vgl. zum Ganzen umfassend Eichenhofer, in: Festschrift für Jaeger, 2011, 625; EuGHMR 9.1.1979 – Application no. 6289/73 (Airey./. Ireland).
7 Vgl. EuGHMR 29.5.1986 – Application no. 8562/79 (Feldbrugge./. The Netherlands); 26.2.1993 – Application no. 13023/87 (Salesi./. Italien); 31.1.1995 – Application no. 14518/89 (Schuler-Zgraggen./. Switzerland); 9.12.1994 – Application no. 19005/91, 19006/91 (Schouten und Meldrum./. The Netherlands); 5.10.2000 – Application no. 33804/96 (Mennitto./. Italy).
8 Grgic (Lit.); Sudre (Lit.).
9 EGMR 16.9.1996 – Application no. 17371/90 (Gaygusuz./. Austria).
10 EGMR 7.5.2002 – Application no. 59498/00 (Burdov./. Russia).
11 EGMR 25.10.2005 – Application no. 69341/01 (Yuriy Romanov./. Russia.).
12 EGMR 30.9.2003 – Application no. 40892/98 (Koua Poirrez./. Frankreich); 12.4.2006 – Application no. 65731/01, 65900/01 (Stec and others./. United Kingdom).
13 EGMR 12.10.2004 – Application no. 60669/00 (Kjartan Asmundsson./. Iceland).
14 EGMR 27.3.1998 – Application no. 20458/92 (Petrovic./. Austria).
15 EGMR 11.6.2002 – Application no. 36042/97 (Willis./. United Kingdom).
16 EGMR 4.6.2002 – Application no. 34462/97 (Wessels-Bergervoet./. The Netherlands).

unwürdiger Behandlung (Art. 3 EMRK) ist auch verletzt, wenn der Staat trotz Kenntnis nicht zum Schutz verwahrloster Kinder gegen deren Eltern einschreitet.[17]

6 Eigene soziale Menschenrechte werden für die Staaten des Europarats ferner durch die **Europäische Sozialcharta vom 18.10.1961** (ESC)[18] geschaffen. Darin bekräftigen die Vertragsparteien für „jedermann das Recht auf Fürsorge, wenn er keine ausreichenden Mittel hat."[19] Im Einzelnen wird dieses Recht im **Art. 13 ESC** ausgeformt. Darin verpflichten sich die Vertragsstaaten sicherzustellen,

„1. dass jedem, der nicht über ausreichende Mittel verfügt und sich diese auch nicht selbst oder von anderen, insbesondere durch Leistungen aus einem System der sozialen Sicherheit verschaffen kann, ausreichende Unterstützung gewährt wird und im Falle der Erkrankung die Betreuung, die seine Lage erfordert,

2. dass Personen, die diese Fürsorge in Anspruch nehmen, nicht aus diesem Grund in ihren politischen sozialen Rechten beeinträchtigt werden;

3. dafür zu sorgen, dass jedermann durch zweckentsprechende öffentliche oder private Einrichtungen zur Verhütung, Behebung oder Milderung einer persönlichen oder familiären Notlage erforderliche Beratung oder persönliche Hilfe erhalten kann."

7 Diese Bestimmungen formen das Recht auf Existenzsicherung als **soziales Grundrecht** aus. Es hat Nachrang gegenüber den Leistungen der sozialen Sicherung, umfasst jedoch die Krankenbehandlung, darf nicht mit dem Verlust von bürgerlichen Rechten sanktioniert werden und ist durch Beratung zu flankieren. Über die Erfüllung dieser Pflichten wacht ein **Sachverständigenausschuss**, welcher bei Nichtbeachtung der Regeln Beanstandungen aussprechen darf. Das Ministerkomitee des Europarats kann mit Zweidrittel-Mehrheit an jeden Mitgliedstaat die nötigen Empfehlungen richten.

Das vom Europarat ausgearbeitete, multilaterale **Europäische Fürsorgeabkommen** (EFA)[20] besteht zwischen Belgien, Dänemark, Deutschland, Estland, Frankreich, Griechenland, Irland, Island, Italien, Luxemburg, Malta, den Niederlanden, Portugal, Spanien, Schweden, der Türkei und dem Vereinigten Königreich. Es verpflichtet die Staaten dazu, den Angehörigen der genannten Staaten denselben sozialhilferechtlichen Status wie den eigenen Staatsangehörigen einzuräumen, sofern sie sich in den anderen Vertragsstaaten erlaubt aufhalten. Das BSG[21] hat daraus abgeleitet, das EFA gebiete den zum SGB II-Bezug Berechtigten Staatsangehörige der Vertragsstaaten gleich zu stellen. Darauf erklärte die Bundesregierung namentlich im Hinblick auf die im SGB II normierten Leistungen im November 2011 einen Vorbehalt.[22] Weiter untersagt es eine Abschiebung der ausländischen Staatsangehörigen wegen deren Sozialhilfebedürftigkeit.[23]

C. Supranationales Recht – EG- und EU-Recht

8 Das Recht der EU findet seinen Gegenstand in der Ermöglichung des Binnenmarkts sowie den weiteren Säulen der Justiz- und Innen- sowie Außen- und Sicherheitspolitik. Der Binnenmarkt hat nicht nur eine ökonomische, sondern auch eine soziale Dimension. Art. 3 III EUV lautet: „Die Union errichtet einen Binnenmarkt. Sie wirkt auf die

---

17 EGMR 10.5.2001 – Application no. 29392/95 (Z and others./. United Kingdom).
18 In der Fassung der revidierten Europäischen Sozialcharta vom 1.7.1999.
19 Art. 1 Nr. 13 ESC.
20 BGBl. II 1956, 564.
21 BSGE 107, 66.
22 Geschäftsanweisung SGB II Nr. 8 Bundesagentur für Arbeit vom 9.3.2012; BT-Drs. 17/8699; 17/9036; zur Wirksamkeit der Einschränkung der Inländergleichbehandlung durch diesen Vorbehalt BSG 3.12.2015 – B 4 AS 43/15 R, Rn. 7 ff.
23 BVerwGE 66, 29; Marquardt NDV 1992, 20.

nachhaltige Entwicklung Europas auf der Grundlage eines ausgewogenen Wirtschaftswachstums und von Preisstabilität, eine in hohem Maße wettbewerbsfähige soziale Marktwirtschaft, die auf Vollbeschäftigung und sozialen Fortschritt abzielt ... Sie bekämpft soziale Ausgrenzung und Diskriminierungen und fördert soziale Gerechtigkeit und sozialen Schutz, die Gleichstellung von Frauen und Männern, die Solidarität zwischen den Generationen und den Schutz der Rechte des Kindes". Dies bedeutet, dass sich die EU nicht auf wirtschaftliche Aufgaben beschränkt und beschränken lässt, sondern diese vielmehr in den Dienst sozialer Ziele und Zwecke stellt. Der Binnenmarkt ist nicht Selbstzweck, sondern zielt auf soziale Zwecke wie Vollbeschäftigung und sozialen Fortschritt. Nach Art. 4 AEUV besteht eine zwischen Union und Mitgliedstaaten geteilte Zuständigkeit auf dem Gebiet der „Sozialpolitik, einschließlich der in diesem Vertrag genannten Aspekte". Darin liegt eine Verweisung auf den in Art. 153 AEUV enthaltenen sozialpolitischen Themenkatalog. Ausweislich von Art. 6 AEUV sind die anerkannten Menschenrechte Teil des EU-Rechts. Sie sind in der **Charta der Grundrechte**[24] umrissen. In Art. 21 Abs. 3 gewährleistet die Union ein Recht auf Unterstützung und Wohnung frei von jeder Diskriminierung aufgrund der Staatsangehörigkeit (Art. 21 Abs. 2).[25] Nach dem **Art. 34 Abs. 3** achtet die Union und erkennt zur Bekämpfung sozialer Ausgrenzung und Armut ein **Recht auf soziale Unterstützung**[26] und Unterstützung für die Wohnung an, die allen, die nicht über ausreichende Mittel verfügen, ein menschenwürdiges Dasein sicherstellen sollen. Des Weiteren hat jede Person ein Recht auf Zugang zu Gesundheitsvorsorge und ärztlichen Leistungen sowie zu Dienstleistungen von allgemeinem wirtschaftlichen Interesse[27] (Art. 35 f. Charta). Diese Gewährleistungen setzen in den Mitgliedstaaten ein System der Existenzsicherung als Gegebenheiten voraus.

Auf den ersten Blick scheint im Übrigen Existenzsicherung und EU-Recht wenig miteinander zu verbinden, weil **weder die Sozialhilfeträger noch die fürsorgerisch tätigen freien Träger dem EU-Wirtschaftsrecht**[28] unterliegen. Das EU-Recht hat zwar viele sozialpolitische Zuständigkeiten (vgl. Art. 153 AEUV);[29] die Sozialhilfe bleibt davon weithin **ausgespart**. Das europäische koordinierende Sozialrecht – auf Art. 48 AEUV gestützt und in der VO (EG) Nr. 883/2004 niedergelegt – statuiert **Regeln für die soziale Sicherheit**. Die **Sozialhilfe** ist davon ausdrücklich **ausgenommen** (Art. 3 Abs. 5 VO (EG) 883/2004). Zwar kennt das Europäische koordinierende Sozialrecht die beitragsunabhängigen Geldleistungen (Art. 70 VO(EG)883/2004); darunter fallen auch Leistungen mit existenzsicherndem Zuschnitt – namentlich Leistungen des SGB II.[30] In einer komplizierten und höchst umstrittenen Rechtsprechung hat der EuGH jedoch befunden, dass die in Art. 24 II Richtlinie 2004/38/EG formulierte Befugnis der Mitgliedstaaten, für bedürftige nichterwerbstätige EU-Bürger den Zugang zur Sozialhilfe zu beschränken, auch die deutschen Grundsicherungsleistungen umfasst.[31] Immerhin führt Art. 153 Abs. 1 lit. j) AEUV die Bekämpfung sozialer Ausgrenzungen als möglichen Gegenstand einer in gemeinschaftlicher Zuständigkeit von EU und Mitgliedstaaten wahrgenommenen Rechtssetzung auf.[32] Ferner waren die Sozialhilfesysteme im Rahmen der nach

9

24 Nach dem Vorschlag des Verfassungskonvents wird die Charta der Grundrechte Teil der EU-Verfassung werden: Meyer (Hrsg.) (Lit.).
25 Hohnerlein ZIAS 2016, 47 (51 ff.).
26 Meyer-Riedel (Lit.), Art. 34 Rn. 21 ff.
27 Meyer (Lit.).
28 EuGH 17.6.1997 – Rs C-70/95 (Sodemare), Slg 1997, I-3395.
29 Langer in: Bergmann/Lenz (Hrsg.) (Lit.), S. 93.
30 Leitentscheidung: EuGH 19.9.2013 – Rs C-140/12 (Brey) ECLI:EU:C:2013:565.
31 EuGH 11.11.2014 – Rs C-333/13 (Dano) ECLI:EU:C:2014:2358; 15.9.2015 – Rs C-67/14 (Alimanovic) ECLI:EU:C: 2015:597; 25.2.2016 – Rs C-299/14 (García-Nieto) ECLI:EU:C:2016:114.
32 Kötter ZIAS 2016, 98.

Art. 160 AEUV vollzogenen offenen Methode der Koordinierung Gegenstand EU – weiter Erörterung und Überprüfung sowie schließlich Standardsetzung.[33]

10 Deswegen ist auch das deutsche Sozialhilferecht den **Einflüssen des EU-Rechts** ausgesetzt. Dies folgt zunächst daraus, dass auf EU-Ebene der **Begriff „Sozialhilfe" autonom zu bestimmen ist**. Deshalb ist es nicht ausgemacht, dass sich der **EU-rechtliche** und der inländische Begriff der Sozialhilfe decken. Divergieren beide Begriffe und ist jener enger als dieser, so wäre eine Einbeziehung von Teilen deutschen Rechts der Existenzsicherung in das europäische koordinierende Sozialrecht vorstellbar. Zum anderen gibt Art. 7 Abs. II VO (EU) 492/2011 den Mitgliedsstaaten in Ausprägung der das EU-Recht generell prägenden Pflicht zur Unterbindung jeglicher Diskriminierung aufgrund der Staatsangehörigkeit (Art. 18 AEUV, 21 Abs. 2 und 3 EuGrCH) vor, Wanderarbeitnehmer bei der **Gewährung „sozialer Vergünstigungen"** nicht wegen ihrer Staatsangehörigkeit zu diskriminieren. Diese Bestimmung legt die Frage nahe: Ist die Sozialhilfe eine „soziale Vergünstigung" und – falls ja – was folgt daraus für das deutsche Recht?

11 Nach **Art. 3 Abs. 1 VO (EG) 883/2004** unterliegen die **Materien der sozialen Sicherheit** dem europäischen koordinierenden Sozialrecht. Zu diesem gehört aber **nicht die Sozialhilfe** (Art. 3 Abs. 5 VO (EG) 883/2004). Die Unterscheidung zwischen sozialer Sicherheit und Sozialhilfe richtet sich nach **EU-rechtlichen** Maßstäben, weshalb die begrifflichen Unterscheidungen einer nationalen Sozialrechtsordnung für diese Abgrenzung unmaßgeblich sind.[34] Daher sind die nach deutschem Recht systematisch der **Existenzsicherung** zugeordneten Leistungen im EU-Recht darauf zu prüfen, ob sie der **sozialen Sicherheit** zuzuordnen sind. Diese Frage stellt sich vor allem im Blick auf diejenigen Leistungen der sozialen Sicherheit, die als „beitragsunabhängige Geldleistungen" (Art. 3 Abs. 3, Art. 70 VO (EG) 883/2004) im europäischen koordinierenden Sozialrecht einen Sonderstatus innehaben. Diese werden typischerweise durch Steuern finanziert, decken einen an den Bedarfsgrößen der einzelnen Mitgliedstaaten ausgerichteten Mindestbedarf und sind nur bei fehlender anderweitiger Sicherung zu erbringen. Genügt nicht auch manch eine deutsche Existenzsicherungsleistung dieser Umschreibung? Einzelheiten ergeben sich für das deutsche Recht aus den Anhängen zur VO (EG) 883/2004, in denen einzelne Gattungen des Existenzsicherungsrechts aufgeführt sind (Unterhaltsvorschuss Anhang I und Leistungen der Grundsicherung im Alter und bei Erwerbsminderung sowie die Leistungen zur Sicherung des Lebensunterhalts in der Grundsicherung für Arbeitsuchende Anhang X).

12 Die konkrete **Abgrenzung zwischen der sozialen Sicherheit und der Sozialhilfe**[35] beruht letztlich auf der **Rechtsprechung des EuGH**. Danach werden die Leistungen der sozialen Sicherheit ohne Einzelfallbeurteilung der **persönlichen Bedürftigkeit**,[36] wie **Einkommens- und Vermögensverhältnisse** des Einzelnen[37] bei Vorliegen der gesetzlichen Voraussetzungen[38] gewährt. Dass die Leistung lediglich das Existenzminimum sichert und aus Steuermitteln finanziert wird, steht der Qualifikation als Leistung der sozialen Sicherheit nicht entgegen.[39] Als solche unterliegt sie dem europäischen koordinierenden Sozialrecht, wird aber nicht exportiert, weil sie in das soziale Umfeld des Empfängers eingebettet ist.[40]

---

33 Kötter ZIAS 2016, 98 (102–105).
34 Schuler (Lit.); Schulte, in: Maydell/Ruland/Becker (Hrsg.), SRH § 33 Rn. 49.
35 Dazu eingehend: Schulte (Lit.); vgl. auch Igl, in: Oetker/Preis, EAS B 9300, S. 22.
36 EuGH 5.5.1983 – Rs 139/82 (Piscitello), Slg 1983, 1427.
37 EuGH 27.3.1985 – Rs 249/83 (Hoeckx), Slg 1985, 973; 27.3.1985 – Rs 122/84 (Scrivner), Slg 1985, 1027.
38 EuGH 24.2.1987 – Rs 379/85 (Giletti), Slg 1987, 955; 12.5.1998 – Rs C-85/96 (Sala), Slg 1998, I-2691.
39 EuGH 5.5.1983 – Rs 139/82 (Piscitello), Slg 1983, 1427; 24.2.1987 – Rs 379/85 (Giletti), Slg 1987, 955.
40 EuGH 11.6.1998 – Rs C-297/96 (Partridge), Slg 1998, I-3467.

Auf der Grundlage dieser Unterscheidung sind einige **Materien des deutschen Existenz-** **13**
sicherungsrechts als **Sozialhilfe** und **nicht** als soziale Sicherheit zu qualifizieren. Denn
Sozialhilfe wird konkret-bedarfsbezogen statt abstrakt-risikobezogen gewährt. Subsidiarität der Hilfe (§ 2 SGB XII) und die weitreichende Anrechnung von Einkommen
und Vermögen des Empfängers oder Dritter (§§ 82 ff. SGB XII) verdeutlichen, dass der
deutsche Begriff **der Sozialhilfe mit dem EU-rechtlichen nicht übereinstimmt.** Dies erklärt sich zum einen daraus, dass die deutsche Grundsicherung den Erwerbstätigen
nach dem SGB II und die Sozialhilfe nach dem SGB XII den Nichterwerbstätigen zukommt. Das EU-Recht vollzieht diese Unterscheidung jedoch nicht nach. Außerdem ist
in der Rechtsprechung des EuGH zum Verhältnis von Europäischem koordinierendem
Sozialrecht einerseits und den Rechten aus der RL 2004/38/EG andererseits,[41] der Begriff der Sozialhilfe nach europäischem Recht mehrdeutig: es wird in Art. 3 Abs. 5 VO
(EG) Nr. 883/2004 auf die Sozialhilfe nach dem SGB XII begrenzt; dagegen kann im
Rahmen von Art. 24 Abs. 2 Richtlinie 2004/38/EG der darin verwendete Begriff der So-
zialhilfe auch auf Leistungen sozialer Sicherheit – namentlich beitragsunabhängige
Geldleistungen – erstreckt werden.

Insbesondere ist die **Grundsicherung** im Alter und bei Erwerbsminderung (§§ 41 ff.
SGB XII) und für Arbeitsuchende eine **beitragsunabhängige Geldleistung.** Das Existenz-
sicherungsrecht wird also zunehmend in den Geltungsbereich der sozialen Sicherheit
und damit das Europäische koordinierende Sozialrecht einbezogen. Zwar sind dessen
Leistungen nicht zu exportieren, aber auf sie findet das Diskriminierungsverbot (Art. 4
VO (EG) 883/2004) Anwendung. Erwägenswert erscheint ferner, ob namentlich die
Eingliederungshilfe für Behinderte im Hinblick auf einen das Existenzminimum übersteigenden **Grundfreibetrag** (§ 85 Abs. 2 SGB XII) sowie das persönliche Budget (§ 17
Abs. 2 SGB IX) als beitragsunabhängige Geldleistung (Art. 3 Abs. 3, 70 VO (EG)
883/2004) einzuordnen sind. Dass die Aufwendungen für die Eingliederungshilfen aus
Steuermitteln bestritten werden, steht dieser Entscheidung nicht entgegen, ebenso wenig
die fehlende Notifizierung der Leistung in einem Anhang.[42] Diese Qualifikation entspricht im Übrigen der Rechtsprechung des EuGH, insoweit diese wiederholt die einkommensabhängigen Leistungen an Behinderte als Leistungen der sozialen Sicherheit
qualifizierte, die allerdings grundsätzlich[43] nicht dem Exportgebot unterliegen.[44]

Im Zusammenhang mit der Freizügigkeit der Arbeitnehmer bestimmt die zu deren Ver-   **14**
wirklichung erlassene **Verordnung (EU) Nr. 492/2011,** dass Arbeitnehmer anderer Mitgliedstaaten bei der Gewährung „**sozialer Vergünstigungen**" nicht gegenüber Arbeitnehmern des die Vergünstigung gewährenden Staates benachteiligt werden dürfen. Diese
Vergünstigung muss nicht ihren Entstehungsgrund im Arbeitsverhältnis finden.[45] Vielmehr gilt jede staatliche Zuwendung als soziale Vergünstigung, welche eine abstrakte
oder konkrete Notlage der/s Einzelnen lindern soll. Es fallen darunter namentlich Leistungen an behinderte Menschen,[46] Fahrpreisermäßigungen für Einkommensschwache,[47]
zinslose Geburtsdarlehen,[48] Altersmindesteinkommen für die Eltern des Wanderarbeit-

---

41 EuGH 11.11.2014 – Rs C-333/13 (Dano) ECLI:EU:C:2014:2358; 15.9.2015 – Rs C-67/14 (Alimanovic)
     ECLI:EU:C: 2015:597; 25.2.2016 – Rs C-299/14 (García-Nieto) ECLI:EU:C:2016:114.
42 EuGH 11.6.1998 – Rs C-297/96 (Partridge), Slg 1998, I-3467.
43 EuGH 5.5.2011 – Rs C-206/10 – Blindenbeihilfe.
44 EuGH 4.11.1997 – Rs C-20/96 (Snares), Slg 1997, I-6082; 11.6.1998 – Rs C-297/96 (Partridge), Slg 1998,
     I-3467.
45 Igl, in: Oetker/Preis, EAS B 9300, S. 25 ff.; Steinmeyer, in: Fuchs (Hrsg.) (Lit.), III Rn. 2, 6 ff. zu Art. 7 II VO
     (EWG) Nr. 1612/68.
46 EuGH 11.4.1973 – Rs 76/72 (Michel S.), Slg 1973, 457; 16.12.1976 – Rs 63/76 (Inzirillo), Slg 1976, 2057.
47 EuGH 30.5.1975 – Rs 32/75 (Cristini), Slg 1975, 1085.
48 EuGH 14.1.1982 – Rs 65/81 (Reina), Slg 1982, 33.

Eichenhofer

nehmers,[49] Sozialhilfe an Studenten,[50] Ausbildungsförderung für Kinder des Wanderarbeitnehmers[51] oder das Bestattungsgeld.[52] Demgemäß hat der EuGH auch eine Zahlung des Mindesteinkommens an Bedürftige (minimex nach belgischem Recht) als soziale Vergünstigung anerkannt.[53]

15 Weil die genannten Leistungen regelmäßig die Abwendung konkreter Bedarfslagen bei abstrakt oder konkret bemessener Bedürftigkeit bezwecken, ist auch die deutsche **Sozialhilfe** als eine **soziale Vergünstigung** anzusehen, sofern sie nicht sogar namentlich als Leistung der Grundsicherung als Leistung der sozialen Sicherheit zu qualifizieren ist. Die sachliche Erstreckung des **EU-Rechts** auf die **Existenzsicherung** ist daher weitgehend klar und **unproblematisch**.

16 **Problematisch** ist jedoch die persönliche Erstreckung des EU-Rechts auf die Existenzsicherung. Immerhin ist jedoch unzweifelhaft, dass ein im Falle der Bedürftigkeit zur Sozialhilfe berechtigter **Arbeitnehmer und Selbstständiger** aus anderen EG- oder EWR-Staaten nach Art. 7 Abs. 2 VO (EU) Nr. 492/2011 in der deutschen Sozialhilfe **nicht schlechter** gestellt werden darf als ein **Deutscher**. Entsprechendes gilt für einen vormals in Deutschland als Arbeitnehmer Beschäftigten, der inzwischen arbeitslos, krank, erwerbsunfähig oder alt geworden ist, und deshalb Sozialhilfe benötigt. Entsprechendes gilt auch nach dem **EWG-Assoziationsrecht** im Hinblick auf die Türkei,[54] selbst wenn die Arbeitnehmertätigkeit nur möglich wurde, weil der Betreffende aus Mitteln aktiver Arbeitsmarktpolitik vorübergehend eine Arbeitnehmerstellung innehatte. Die Ausdehnung der Freizügigkeit auf Rentner (also vormalige Arbeitnehmer) und Studenten (also künftige Arbeitnehmer) sowie die Einbeziehung der Selbstständigen in die Personenfreiheit (Art. 49 AEUV) verdeutlichen überdies, dass im derzeitigen Verständnis der Freizügigkeit das **EU-Recht** für alle diese Personengruppen **unmittelbar Bedeutung** erlangt.

17 Mit der erstmaligen Erweiterung der Freizügigkeit auf die Nichterwerbstätigen durch die **Richtlinie EWG Nr. 90/366/EWG,**[55] die durch die Unionsbürger-Richtlinie Nr. 2004/38/EG aufgehoben, in dieser Sache aber fortgeführt wurde, gilt die besagte Freiheit für **alle EU/EWR-Bürger** – allerdings mit der **Einschränkung**, dass bei Einreise ein tatsächlicher Krankenversicherungsschutz bestehen muss und **keine Bedürftigkeit vorliegen** darf. Diese Regelung folgt einem allgemeinen Prinzip, das unausgesprochen auch die **Freizügigkeit beschränkt**. Ist Wanderungsmotiv die Erlangung der Sozialhilfe, so ist diese verwirkt (§ 23 Abs. 3 SGB XII); solche Wanderung kann nicht als Gebrauch der Freizügigkeit verstanden werden. Die Erschleichung von Sozialhilfe eines anderen Staates wird – anders gesagt – durch die Freizügigkeit ausweislich der Art. 7, 14 und 24 der Unionsbürger-Richtlinie 2004/38/EG nicht legitimiert.[56] Eine solche Disqualifizierung tritt ein, wenn der Entschluss zur Wohnsitzverlegung durch die Absicht der Sozialhilfeerlangung geprägt ist.[57] Diese Absicht wird vermutet, wenn zwischen Wohnsitzbegründung und Sozialhilfebegehren ein enger zeitlicher Zusammenhang von wenigen Tagen oder Wochen besteh.[58] Es ist international anerkannt und nicht zu beanstanden,

---

49 EuGH 6.6.1985 – Rs 157/84 (Frascogna), Slg 1985, 1739.
50 EuGH 20.9.2001 – Rs C-184/99 (Grzelczyk), Slg 2001, I-6193.
51 EuGH 21.6.1988 – Rs 39/86 (Lair), Slg 1988, 3161; 15.3.1989 – Rs 389/87 (Echternach), Slg 1989, 723; 26.2.1992 – Rs C-3/90 (Bernini), Slg 1992, I-1071; 10.3.1992 – Rs C-111/91 (Kommission./.Luxemburg), Slg 1993, I-817.
52 EuGH 23.5.1996 – Rs C-237/94 (O'Flynn), Slg 1996, I-2617.
53 EuGH 27.3.1985 – Rs 249/83 (Hoeckx), Slg 1985, 973; 27.3.1985 – Rs 122/84 (Scrivner), Slg 1985, 1027.
54 EuGH 26.11.1998 – Rs C-1/97 (Birden/Stadtgemeinde Bremen), Slg 1998, I-7747.
55 ABl. EG 1990 Nr. L 180 vom 13.7.1990, 26.
56 Eichenhofer, Internationales Sozialrecht, Rn. 594; Devetzi/Janda ZESAR 2017, 197; Janda (Lit.); Berlit NDV 2017, 67 ff.; Thym VVDStRL 76 (2017), 169 (176 ff.).
57 BSG 18.11.2014 – B 8 SO 9/13 R, BSGE 117, 261; BVerwGE 90, 212 (218).
58 LSG BW 22.6.2016 – L 2 SO 2095/16 ER-B, InfAuslR 2016, 348.

dass jede in der Absicht der Sozialhilfeerlangung vorgenommene Wohnsitzverlegung die Umziehenden von der Sozialhilfe ausschließt. Darin liegt ein unstatthaftes forum shopping. Es ist folglich ausgeschlossen, durch Wohnsitznahme die Voraussetzungen für Sozialhilfe in einem Staat bewusst herbeizuführen. Indessen dürfen Nichterwerbstätige, die sich in Wahrnehmung der Freizügigkeit in einem anderen EU-/EWR-Staat niedergelassen haben, weder wegen ihrer Staatsangehörigkeit noch wegen ihres Aufenthaltes diskriminiert (Art. 18, 45 AEUV) werden. Das deutsche Sozialhilferecht ist also im Lichte des Art. 7 Abs. 2 VO (E/U) Nr. 492/2011dahin auszulegen, dass **alle EU-/EWR-Bürger** im Sozialhilferecht **wie Inländer behandelt** werden, es sei denn, dass sie sich erwiesenermaßen einzig zum Zweck der **Erschleichung der Sozialhilfe** wegen nach Deutschland begeben haben.[59]

Die **Aufenthaltnahme** von EU-Bürgern in jedem Mitgliedstaat ist in der Richtlinie **18** 2004/38/EG[60] geregelt, welche die Aufenthaltsrechte der EU-Bürger beim Gebrauch von Freizügigkeit sichert. Diese ist nicht nur in Art. 45 AEUV, sondern darüber hinaus in der **Unionsbürgerschaft** (Art. 9 EUV, 20 AEUV) niedergelegt. Nach dieser Richtlinie steht allen EU-Bürgern ein auf drei Monate befristetes Aufenthaltsrecht in jedem Mitgliedstaat zu; ein über diesen Zeitraum hinaus gehendes Aufenthaltsrecht besteht für Erwerbstätige oder Personen, die über **ausreichende Existenzmittel** verfügen (Art. 7 I lit. a) lit. l) RL 2004/38/EG).[61]

Diese Richtlinie tritt an die Stelle ua der RL 93/96/EG,[62] die für Studenten ein Aufent- **19** haltsrecht vorsah unter der Voraussetzung, dass diese den Nachweis zureichender Existenzmittel erbringen. Dieses Recht umfasst das Recht auf Zugang zum **Universitätsstudium**.[63] Auf dieser Grundlage befand der EuGH in der Rechtssache „**Grzelczyk**", dass eine Ausweisung eines Studenten unberechtigt ist, der bei Aufenthaltsnahme über die nötigen Existenzmittel zwar verfügte, diese aber im Verlaufe des Aufenthalts einbüßte, weshalb er Sozialhilfe („**minimex**"-Leistungen nach belgischem Recht) beanspruchte.[64] Art. 14 der Richtlinie 2004/38/EG gestattet auch den Aufenthalt von EU-Bürgern, soweit diese nicht zu einer untragbaren Belastung für das Sozialhilfesystem eines Mitgliedstaates werden. Art. 10 VO (EU) Nr. 492/2011 vermittelt den Kindern von erwerbstätigen Eltern ein Aufenthaltsrecht; daraus kann auch ein Aufenthaltsrecht für Eltern werden.[65] Es leitet sich daraus ab, dass die Kinder der Fürsorge durch die Eltern bedürfen.

Diese **Rechtsprechung** wird in Art. 14 Abs. 3 RL 2004/38/EG aufgenommen – zu Recht, **20** weil der Nachweis zureichender Existenzmittel nur bei **Aufenthaltsbegründung**, nicht aber während des gesamten Aufenthalts gefordert ist. Unter den Mitgliedstaaten des Europäischen Fürsorgeabkommens[66] kommt eine Ausweisung wegen Sozialhilfebedürftigkeit nicht in Betracht.[67] Deshalb dürfen Unionsbürger das Bürgerrecht auf Aufenthalt nicht verlieren, nur weil sie auf öffentliche Unterstützung – auch dies ein soziales Bürgerrecht – angewiesen waren. Dieser Deutung entspricht, wenn der **EuGH** in der Rechtssache „Zhu und Chen"[68] aus der Unionsbürgerschaft einem Kleinkind das Recht

59 So auch schon Eichenhofer, Internationales Sozialrecht, Rn. 594.
60 Vom 29.4.2004, ABl. EU L 158 v. 30.4.2004, S. 77, berichtigt ABl. EU Nr. L 229 v. 29.6.2004, S. 35; Shaw,
61 (1998) The Modern Law Review, 293; dazu Hailbronner ZAR 2004, 259 (299).
61 Strick NJW 2005, 2182 (2183).
62 V. 29.10.1993 ABl. EG Nr. L 317 v. 18.12.1993, S. 59.
63 EuGH 7.7.2005 – Rs C-147/03, Slg 2005, I-5969 (Kommission./.Österreich).
64 EuGH 20.9.2001 – Slg 2001, I-6193 (Grzelszyk); kritisch Hailbronner NJW 2004, 2185; anders 39(2003)David RTDeur: «loin de marquer une rupture avec le passé l'arrêt Grzelszyk s'inscrit plutôt dans la continuité de la jurisprudence communautaire»; vgl. Berlit (Lit.) NDV 2017, 67 ff.; Thym (Lit.), 177 ff.
65 EuGH 17.9.2002 – Rs C-413/99, Slg 2002, I-7091 (Baumbast).
66 BGBl. II 1956, 564.
67 BSG 19.10.2010 – B 14 AS 23/10 R, SGb 2011, 458 (mit Anmerkung Eichenhofer; 463).
68 EuGH Slg 2004, I-9925 (Zhu, Chen); EuGH 8.3.2011 – Rs C-34/09 (Ruiz Zambrano).

einräumte, bei Nachweis ausreichender **Existenzmittel** auch die Betreuung durch die eigene Mutter zu erlangen, so dass jeder Drittstaaterin aufgrund der Freizügigkeit des Kindes ein **abgeleitetes** Niederlassungsrecht in jedem Mitgliedstaat zukomme.

21 Die Entscheidungen „Trojani",[69] „Collins"[70] und „Ioannidis"[71] bestätigen den in Art. 24 Abs. 1 RL 2004/38/EG formulierten **Grundsatz**, dass ein EU-Ausländer auch bei der **Arbeitsuche** in einem Mitgliedstaat nicht gegenüber den Staatsangehörigen dieses Staates benachteiligt werden darf. Danach ist namentlich eine Differenzierung unter EU-Bürgern bei der Gewährung von Sozialleistungen unstatthaft, die den Zugang zum Arbeitsmarkt erleichtern sollen (job seeker's allowance, allocation d'attente). Die Diskriminierung aufgrund der Staatsangehörigkeit ist indirekt, wenn die Sozialleistungsrechte an Studienabsolventen danach unterscheiden, in welchem Mitgliedstaat das Examen abgelegt wurde.[72] Dasselbe hat für den **wirtschaftlich nicht aktiven Unionsbürger** zu gelten.

22 Umstritten war lange Zeit, welche Bedeutung den Regeln des Europäischen koordinierenden Sozialrechts für Leistungen der Grundsicherung für Arbeitsuchende nach dem SGB II zukommt. Diese Thematik ist seit 2013 durch mehrere Entscheidungen des EuGH[73] jedenfalls insoweit geklärt, als Mitgliedstaaten nach Art. 24 Abs. 2 der Unionsbürger-Richtlinie 2004/38/EG nichterwerbstätige bedürftige EU-Ausländer aus der Berechtigung für die „Sozialhilfe" ausschließen dürfen. Diese Rechtsprechung kollidiert mit der jüngeren verfassungsgerichtlichen Rechtsprechung,[74] welche das Recht auf Existenzsicherung aus der Menschenwürde und dem Sozialstaatsprinzip (Art. 1 Abs. 1, Art. 20, 28 GG) ableitet und daraus folgert, dass weder nach der Staatsangehörigkeit noch dem Aufenthaltsstatus noch bei der Bedarfsermittlung zwischen Migranten und Alteingesessenen differenziert werden dürfe. Daraus hat das BSG[75] gefolgert, dass bedürftige EU-Bürger bei einer Aufenthaltsverfestigung im Inland, welche regelmäßig nach sechs Monaten des Inlandsaufenthalts eintrete, im Ermessensweg Sozialhilfe nach dem SGB XII beanspruchen können, falls sie den Zeitraum statthafter Arbeitsuche von sechs Monaten überschritten hätten und in Folge dessen aus der Anspruchsberechtigung von SGB II-Leistungen ausgeschlossen seien.

23 Der Deutsche Bundestag sah sich durch die Rechtsprechung des BSG zu einer Neuregelung der Anspruchsvoraussetzungen für die Sozialhilfe für EU-Bürger veranlasst. Er begründete seine Initiative einzig mit dem Bestreben einer Korrektur der Rechtsprechung des BSG vom 3.12.2015.[76] „Die Entscheidungen des BSG hätten Mehrbelastungen für Kommunen ausgelöst, die nach Ansicht der Bundesregierung über die unionsrechtlichen Vorgaben hinausgingen."[77]

Dementsprechend führte der Gesetzgeber in § 7 SGB II einen Leistungsausschluss für „Ausländerinnen und Ausländer" ein, die„ kein Aufenthaltsrecht haben, deren Aufenthaltsrecht sich allein aus dem Zweck der Arbeitsuche ergibt oder die ihr Aufenthaltsrecht allein oder neben einem Aufenthaltsrecht von einem Familienangehörigen" ableiten, soweit sie nicht ein Daueraufenthaltsrecht aufgrund gewöhnlichen Aufenthalts im Inland von fünf Jahren erlangt haben. Ferner wurde die persönliche Berechtigung von

---

69 EuGH Slg 2004, I-7573 (Trojani).
70 EuGH Slg 2004, I-2703 (Collins).
71 EuGH 15.9.2005 – Rs C-258/04, Slg 2005, I-8275 (Ioannidis).
72 EuGH 15.9.2005 – Rs C-258/04, Slg 2005, I-8275 (Ioannidis).
73 EuGH 11.11.2014 – Rs C-333/13 (Dano) ECLI:EU:C:2014:2358; 15.9.2015 – Rs C-67/14 (Alimanovic) ECLI:EU:C: 2015:597; 25.2. 2016 – Rs C-299/14 (García-Nieto) ECLI:EU:C:2016:114.
74 BVerfGE 125, 175; 132, 134.
75 BSGE 120, 135.
76 BSGE 120, 135.
77 BT-Drs. 18/10211, 1 f.

Ausländerinnen und Ausländern in der Sozialhilfe in § 23 Abs. 3 SGB XII neu gefasst. Ausgeschlossen sind danach Ausländer und ihre Familienangehörigen, die nicht wenigstens fünf Jahre ihren gewöhnlichen Aufenthalt im Inland gehabt haben, wenn „1. sie weder in der Bundesrepublik Deutschland als Arbeitnehmer oder Selbstständige freizügigkeitsberechtigt sind, für die ersten drei Monate ihres Aufenthalts, 2. sie kein Aufenthaltsrecht haben oder sich ihr Aufenthaltsrecht allein aus dem Zweck der Arbeitsuche ergibt, 3. sie ihr Aufenthaltsrecht allein oder neben einem Aufenthaltsrecht (nach Art. 10 VO (EU) Nr. 492/2011 von einem Familienangehörigen) ableiten oder 4. sie eingereist sind, um Sozialhilfe zu erlangen." Den so ausgeschlossenen Personen stehen die Daseinssicherung für längsten einen Monat bis zur erwarteten Ausreise und eine eventuelle Rückkehr in den Heimatstaat sichernde Überbrückungsleistungen zu. Die vom Gesetzgeber beschlossene Neuregelung des Rechts der Sozialhilfe und Grundsicherung im Hinblick auf EU-Bürger trat zum 1.1.2017 in Kraft.[78] Die Begrenzung auf einen Zeitraum von fünf Jahren folgt aus Art. 16 Richtlinie 2004/38/EG, wonach EU-Bürger nach dieser Frist wie Angehörige des betreffenden Staates gestellt sein müssen.[79]

---

78 Gesetz zur Regelung von Ansprüchen ausländischer Personen in der Grundsicherung für Arbeitsuchende nach dem Zweiten Buch Sozialgesetzbuch und in der Sozialhilfe nach dem Zwölften Buch Sozialgesetzbuch vom 22.12.2016 (BGBl. I, 3155); krit. Berlit (Lit.) NDV 2017, 67; Devetzki/Janda (Lit.) ZESAR 2017, 197.
79 Entsprechendes gilt für Drittstaater nach Art. 11 Richtlinie 2003/109/EG vom 25.11.2003, ABl. EG L 16/44 vom 23.1.2004: Hohnerlein ZIAS 2016, 47 (55).

Kapitel 3: Vorrangige Sozialleistungszweige

Literaturhinweise: Bundesministerium für Arbeit und Sozialordnung (Hrsg.), Bericht der Kommission zum Abbau der Arbeitslosigkeit und zur Umstrukturierung der Bundesanstalt für Arbeit, Moderne Dienstleistungen am Arbeitsmarkt, Berlin 2002; Bundesministerium für Arbeit und Soziales (Hrsg.), Lebenslagen in Deutschland. Der 5. Armuts- und Reichtumsbericht der Bundesregierung, Berlin 2017; Ditch/Barnes/Bradshaw, A Synthesis of national family policies 1994, York 1995; Eichenhofer, Sozialrecht, 8. Auflage, Tübingen 2012; Eichenhofer, Ausgleichsansprüche der Sozialleistungsträger, DVBl. 1991, 77; Eichenhofer, Dogmatik und Systematik öffentlich-rechtlicher Erstattungsansprüche und privatrechtlicher Regreßansprüche der Sozialleistungsträger, SGb 1989, 177; Fischer, Überlegungen für eine sachgerechte, konzeptionelle Weiterentwicklung des Familienleistungsausgleichs, SF 2001, 85; Gröpl, Grundgesetz, Bundesverfassungsgericht und „Kinderleistungsausgleich", StuW 2001, 150; Igl/Welti, Sozialrecht, 8. Auflage, Neuwied 2007; Maydell/Ruland/Becker (Hrsg.), Sozialrechtshandbuch, 5. Auflage, Baden-Baden 2012; Rüfner, Grundsätze einer verfassungsmäßigen und familiengerechten Ausgestaltung der Sozialhilfe – Familienregelsätze und Lohnabstand, NDV 1993, 363.

Rechtsgrundlagen:
SGB II; SGB XII; AsylbLG

Orientierungssätze:
Das deutsche Sozialrecht ist vom Subsidiaritätsprinzip geprägt: Risikovorsorge geht vor Sozialhilfe und andere Zweige der Existenzsicherung; eine weitere grundlegende Unterscheidung hängt an der Differenz von Hilfe für Personen mit dauerndem und vorübergehendem Recht auf Inlandsaufenthalt.

A. Fragestellung

1 Das deutsche **Sozialleistungssystem** wird im Sozialrecht dargestellt und entfaltet. Dieses bildet ein **gegliedertes System**. Die Existenzsicherung erfüllt darin eine Teilfunktion, sie hat namentlich nicht sämtliche sozialrechtlich zu bewältigende Probleme zu lösen. Im Gegenteil, ihr kommt vielmehr ein prinzipieller Nachrang gegenüber anderweitigen Sozialleistungssystemen zu (→ Kap. 1 Rn. 23 ff.). Der Nachrang setzt stets und notwendig **institutionell vorrangige Sozialleistungssysteme** voraus. Deren Ausgestaltung wirkt folglich mittelbar auch auf die Existenzsicherung zurück. Diese greift ein, falls anderweitige Sozialleistungssysteme nicht vorrangig berufen sind. Die aufgeworfene Frage nach den im Verhältnis zwischen der Existenzsicherung und den vorrangigen Leistungssystemen betrifft primär die **sachliche Zuständigkeit** einzelner Sozialleistungsträger. Sie zielt darauf, welche der im gegliederten System sozialer Sicherheit neben der Existenzsicherung bestehenden Sozialleistungsträger vorrangig einstehen muss.

2 Die **vorrangige** Einstandspflicht anderer Sozialleistungszweige als der Sozialhilfe erklärt sich aus **drei** Grundprinzipien des deutschen Sozialrechts:
Im gegliederten System genießt die abstrakte **Risikovorsorge** Vorrang vor der konkreten **Bedarfsdeckung**. Denn die Sozialversicherung vermittelt Vorsorge für die sozialen Risiken Alter, **Krankheit**, Pflegebedürftigkeit, Arbeitsunfall, Arbeitslosigkeit und Behinderung. Sie ist deshalb darauf ausgelegt, den Bedarf durch angemessene Leistungen abstrakt zu decken. Deren Leistungen beseitigen die Bedürftigkeit und machen damit die Einstandspflicht der Existenzsicherung **entbehrlich**.

Bei der Hilfe in besonderen Lebenslagen (Kapitel 4 bis 9 SGB XII) tritt die Sozialhilfe mit den Schutzgarantien für soziale Risiken durch die Zweige sozialer Vorsorge in **Konkurrenz**. Daher konkurrieren die Krankenhilfe mit der Krankenversicherung, die Hilfe zur Pflege mit der Pflegeversicherung. Die Eingliederungshilfe für behinderte Menschen wurde mit der Reform des SGB IX (2017) zum Teil des Behindertenrechts.

Der Vorrang eines **speziellen** Sozialleistungszweiges vor der **allgemeinen** Existenzsicherung kann sich auch daraus ergeben, dass für einzelne Gruppen von Berechtigten je gesonderte, von der allgemeinen **Existenzsicherung** losgelöste Leistungen gewährt werden – etwa für **Asylbewerber, Kriegsopfer, Studierende, Alte, Erwerbsunfähige, Arbeitsuchende** und **Jugendliche**. Für diese Personen sind durch das Asylbewerberleistungsgesetz, BVG, BaföG, SGB II oder SGB VIII – jeweils **Spezialisierungen** der Existenzsicherung – vorrangige Einstandspflichten begründet worden.

Die Problematik der institutionellen Vorrangigkeit anderer Sozialleistungsträger gegenüber der Existenzsicherung wird in unterschiedlichen sozialrechtlichen Zusammenhängen praktisch: Einmal bei der **vorrangigen Einstandspflicht** des Sozialleistungsträgers zugunsten anderer nachrangiger Träger; zum anderen bei Erstattungsansprüchen zwischen dem Sozialhilfeträger und anderen Trägern. Im Interesse rascher Bedarfsdeckung sind Sozialhilfeträger aufgrund von §§ 42 f. SGB I, 91 SGB XII zu **Vorausleistungen** verpflichtet. Des Weiteren sind die Träger nach §§ 37 f. SGB XII sowie den Regeln über die prinzipiell darlehensweise Sozialhilfe-Gewährung (§ 103 SGB XII) zur **Leistungsgewährung bei nicht bestehender oder ungeklärter Zuständigkeit** einstandspflichtig. Es kann auch vorkommen, dass Leistungen des Sozialhilfeträgers erbracht werden, sich indessen später die vorrangige Zuständigkeit eines anderen Leistungsträgers herausstellt. In allen Gestaltungen kommt es unberechtigt zu Leistungen des Trägers der Existenzsicherung anstelle eines vorrangig leistungspflichtigen anderweitigen Trägers. Die so entstehende **Diskrepanz zwischen faktischer Leistung und Leistungspflicht** wird unter den Sozialhilfeträgern nach den in §§ 102–114 SGB X enthaltenen Regeln über das **Erstattungsrecht**[1] ausgeglichen. Für einen Erstattungsanspruch des Sozialhilfeträgers wird daher die Frage nach der Vorrangigkeit der Leistungspflicht anderer Träger praktisch, weil entscheidend von der Beantwortung dieser Frage die Erstattungspflicht abhängt.

Im Folgenden soll der Vorrang einzelner Sozialleistungszweige gegenüber der Sozialhilfe gesondert für die soziale Vorsorge (II) sowie für die übrigen Zweige sozialer Sicherheit (III) erörtert werden.

B. Vorrangige Zweige sozialer Vorsorge

Das deutsche Existenzsicherungsrecht überwand 2004 die vormals geteilte Zuständigkeit zwischen Arbeitsförderung und Sozialhilfe. Während vormals im **SGB III Arbeitsförderung, Arbeitsvermittlung, Arbeitslosenversicherung** und **Arbeitslosenhilfe** geregelt waren, hatte auch die Sozialhilfe eigens Instrumente zur **Beschäftigungsförderung** und **Arbeitsmarktintegration** erwerbsfähiger Sozialhilfeempfänger entwickelt.[2] Deshalb hat der Gesetzgeber unter dem Eindruck der Vorschläge zur Verbesserung der Dienstleistungen am **Arbeitsmarkt**[3] zum Abbau der sich aus der Verdoppelung der Zuständigkeiten ergebenden Reibungsverluste eine „Zusammenlegung von Arbeitslosen- und Sozialhilfe" beschlossen. Dies bedeutete die **Einbeziehung der arbeitsfähigen Sozialhilfeberechtigten** in die Vermittlungs- und Finanzierungsverantwortung der **Arbeitsverwaltung**.

---

1 Dazu Eichenhofer DVBl. 1991, 77; SGb 1989, 177 und eingehend Wannagat/Eichenhofer §§ 102 ff. SGB X; sa Kapitel 43.
2 Eingehend dazu in den Vorauflagen Teil III Kap. 11.
3 Bundesministerium für Arbeit und Sozialordnung (Hrsg.), Moderne Dienstleistungen am Arbeitsmarkt.

Seither ist die im SGB II geregelte Grundsicherung für Arbeitsuchende Teil der Arbeitsförderung. Insoweit sie mit Arbeitsvermittlung und Eingliederung in den Arbeitsmarkt an dem Ziel der Integration der Arbeitsuchenden in die Arbeitswelt teilhat, wurde Arbeitslosengeld II als eine bedürftigkeitsabhängige Leistung als Grundsicherung geschaffen. Sie bezweckt, den Arbeitsuchenden unter Einsatz der Instrumente der Arbeitsvermittlung primär in den ersten Arbeitsmarkt einzubeziehen. Das im SGB XII geregelte Sozialhilferecht ist seither auf die nichtarbeitsfähigen Bedürftigen konzentriert; das Regelwerk über die Grundsicherung im Alter und bei Erwerbsunfähigkeit wird Teil des Existenzsicherungsrechts. Die Geldleistung für die nichtarbeitsfähige Bedürftige, die mit einem arbeitsfähigen Bedürftigen in Bedarfsgemeinschaft zusammen lebt, heißt **Sozialgeld.**

6   Eine geteilte Zuständigkeit besteht ferner zwischen den im **SGB V** geregelten Leistungen der **Krankenversicherung** und den im SGB XII vorgesehenen Leistungen der vorbeugenden **Gesundheitshilfe** (§ 47 SGB XII), Krankenhilfe (§ 48 SGB XII), Hilfe zur **Sterilisation** (§ 51 SGB XII), Hilfe zur **Familienplanung** sowie der Hilfe für Mütter und Wöchnerinnen (§ 50 SGB XII). Zwischen diesen Institutionen bestehen zwei Gattungen von Querverbindungen: Zum einen formen die den Leistungsinhalt der Krankenversicherung prägenden Bestimmungen des Krankenversicherungsrechts den Inhalt der Sozialhilfeleistungen aus (§§ 47 ff. SGB XII); der **Leistungsstandard der Krankenversicherung** gilt deshalb **auch für die Sozialhilfegewährung.** Zum anderen können Sozialhilfeträger der Pflicht zur Gewährung der genannten Leistungen der Gesundheitsvorsorge und Gesundheitsfürsorge auch genügen, indem sie eine vor Eintritt der Bedürftigkeit begründete Versicherungsmitgliedschaft in der gesetzlichen Krankenversicherung durch Beitragszahlung fortführen (§ 32 SGB XII) oder durch Übernahme von Beiträgen zu einer freiwilligen Krankenversicherung (§ 32 Abs. 2 SGB XII) für einen entsprechenden Versicherungsschutz in der gesetzlichen Krankenversicherung sorgen. In diesen Fällen erbringt der Träger der gesetzlichen Krankenversicherung die vom Sozialhilfeträger geschuldeten Leistungen. Der Sozialhilfeträger gleicht diese Last durch Übernahme der Krankenversicherungsbeiträge aus (§ 264 SGB V).

7   Hinsichtlich der **Hilfe für Behinderte** kommt es ebenfalls zur Konkurrenz zwischen der sozialen Vorsorge und der Sozialhilfe. Das **SGB IX** sieht Leistungen der **Rehabilitation vor:** medizinische Förderung und Teilhabe durch berufliche und soziale Eingliederung des behinderten Menschen. Sie sind vor allem von Trägern sozialer Vorsorge (außer der Pflegeversicherung), den Trägern sozialer Entschädigung und der Sozialhilfe zu gewähren. Daneben tritt die **Eingliederungshilfe für behinderte Menschen** (§§ 90–98 SGB IX, bis 31.12.2019: §§ 53–60 a SGB XII) sowie der **Blindenhilfe** (§ 72 SGB XII), in deren Rahmen ebenfalls Maßnahmen zur ambulanten oder stationären Behandlung, Versorgung mit Körperersatzstücken, schulische, berufsqualifizierende, beschäftigungsfördernde und soziale Indikationsleistungen gewährt werden können. Beide Gattungen von Hilfe für Behinderte, diejenige der Träger sozialer Vorsorge und sozialer Entschädigung und diejenige der Sozialhilfe stehen zueinander in einem **Rang**verhältnis. Die Leistungen sozialer Vorsorge und sozialer Entschädigung haben gegenüber Leistungen der Sozialhilfe institutionellen Vorrang. Die Rehabilitation und Teilhabemaßnahmen des vorrangigen Trägers haben gegenüber der Eingliederungs- und Behindertenhilfe durch die Sozialhilfe also **Vorrang.**

8   Ein weiteres Feld institutioneller Überschneidung besteht zwischen den Leistungen der **Pflegeversicherung** einerseits und der **Hilfe zur Pflege** andererseits. Zur Inanspruchnahme der Leistungen ambulanter und stationärer Pflege nach dem **SGB XI** sind die in der **Pflegeversicherung** Versicherten berechtigt. Diese besteht für die in der gesetzlichen oder privaten Krankenversicherung Pflicht- oder freiwillig Versicherten (vgl. §§ 20 ff., 23

SGB XI), ferner für Ehegatten, Lebenspartner und Kinder des Versicherten nach § 25 SGB XI aufgrund der Familienversicherung. Diesen Berechtigungen steht die Hilfe zur Pflege gegenüber (§§ 61 ff. SGB XII) und das persönliche Budget (§ 17 Abs. 2 SGB IX) zu. Die **Leistungsinhalte der Sozialhilfe** werden durch die Bestimmungen der **Pflegeversicherung** (§§ 61 Abs. 2, 64 SGB XII) konkretisiert. Die Sozialhilfeträger können für Sozialhilfeberechtigte Leistungsansprüche gegenüber der Pflegeversicherung zugunsten der in der Krankenversicherung Berechtigten begründen. In diesem Falle umschließt der Schutz durch die Krankenversicherung auch die Pflegeversicherung (§ 32 **Abs.** 3 **SGB XII**). Die Ansprüche aus der Pflegeversicherung gehen generell denen der Hilfe zur Pflege vor.

Im Verhältnis wechselseitiger **Ergänzung** stehen die **Rentenversicherung** (SGB VI) und **9** die **Altenhilfe** (§ 71 SGB XII). Während jene dem Versicherten ein im Verhältnis zum zurückgelegten Erwerbsleben angemessenes Alterseinkommen zu sichern bezweckt, tritt diese neben die Leistungen der Rentenversicherung. Altenhilfe soll altenspezifische Hilfe gewähren und Angebote zur sozialen Integration der älteren Menschen enthalten. Beide Aufgaben stehen nicht beziehungslos nebeneinander, sondern ergänzen einander.

Ein rechtspolitisch bemerkenswertes, indes vernachlässigtes Überschneidungsfeld be- **10** steht zwischen den **Familienleistungen** einerseits und der **Sozialhilfe** andererseits. In Anbetracht der in Deutschland weit verbreiteten Kinderarmut[4] ist zu fragen, ob dieses, der Zukunftsfähigkeit der deutschen Gesellschaft das denkbar schlechteste Zeugnis ausstellende Ergebnis Schwächen des Systems des **Familienleistungsausgleichs** enthüllt. Dieser zwar seit 1999 deutlich erhöhte und ausgebaute Ausgleich setzt sich aus **Kindergeld und Kinderfreibetrag** zusammen. Das für das erste und zweite Kind gewährte Kindergeld beträgt danach in den Jahren 2017/2018 192/4 EUR, für das dritte Kind 198/200 EUR und für das vierte und jedes weitere Kind 223/5 EUR. Eltern mit einem sehr hohen steuerpflichtigen Einkommen ist statt des Kindergeldes der Kinderfreibetrag geschuldet. Er berücksichtigt die durch Kindesunterhaltsleistungen verminderte Leistungsfähigkeit der Eltern bei der Besteuerung ihres Einkommens.[5]

Der Verarmung von Kindern würde entgegengewirkt werden, wenn – wie in Frank- **11** reich, dem Vereinigten Königreich und Irland[6] – im Sinne einer „**Kindergrundsicherung**" für Kinder sozialhilfenaher Eltern ein den Kindesbedarf umfassend deckendes Kindergeld eingeführt werden würde. Dies würde verhindern, dass die Eltern nur wegen der Bestreitung von **Kinderunterhalt** sozialhilfebedürftig werden.[7] Gerade für kinderreiche Familien muss die Bedarfsdeckung Vorrang vor sozialhilferechtlich begründeten Ansprüchen haben, damit auch das Lohnabstandsgebot gewahrt wird.[8] Dieses Ziel verlangt nach der Ausgestaltung des Familienleistungsausgleichs, der jedenfalls für Einkommensschwache die Unterhaltssicherung der Kinder durch ein **bedarfsdeckendes Kindergeld statt** durch **Sozialhilfe** gewährleistet wird. Dieses Anliegen verfolgt auch der – indes kompliziert gestaltete – **Kindergeldzuschlag** (§ 6 a BKGG). Das Starke-Familien-Gesetz[9] versucht, die Leistung auszuweiten und deren Komplikationen zu vermindern.

---

4 Bundesministerium für Arbeit und Soziales (Hrsg.) 2017 (Lit.), 100, 250 f.
5 Vgl. Eichenhofer (Lit.), Sozialrecht, Rn. 497 ff.; Schulin/Welti, Rn. 884 f.
6 Ditch/Barnes/Bradshaw (Lit.), S. 65 f.
7 Fischer SF 2001, 85 f.; Gröpl StUW 2001, 150 (165 f.).
8 Rüfner NDV 1993, 363.
9 Vom 29.4.2019, BGBl. I S. 530.

C. Subsidiarität der allgemeinen Existenzsicherung gegenüber speziellen Zweigen der Existenzsicherung

12 Neben der seit Bestehen die **Sozialhilfe** kennzeichnenden institutionellen Nachrangigkeit gegenüber den verschiedenen Zweigen sozialer Vorsorge, sozialer Entschädigung und sozialer Hilfe lässt sich seit geraumer Zeit eine Tendenz zur zunehmenden **Aus- und Binnendifferenzierung innerhalb der Existenzsicherung** feststellen. Neben die allgemeine Sozialhilfe nach dem SGB XII treten für einzelne bedürftige Gruppen gleichfalls bedürftigkeitsabhängige Sonderleistungen. Die wichtigsten Ausprägungen sind die **Kriegsopferfürsorge**[10] (§§ 25 ff. BVG), die **Ausbildungsförderung** (§ 22 SGB XII), die **Jugendhilfe** (SGB VIII), Leistungen nach Asylbewerberleistungsgesetz, die **Grundsicherung** für Arbeitsuchende in Gestalt des **Arbeitslosengeldes II** (§ 21 SGB XII), im **Alter** und bei **Erwerbsminderung** (§§ 41 ff. SGB XII). Das Rangverhältnis von allgemeiner und spezieller Existenzsicherung wird dadurch umgekehrt. Die aus der Deutung der Sozialhilfe als Ausnahmebedingung konzipierte Regelung des § 19 Abs. 2, § 21 SGB XII, wonach die Grundsicherung im Alter und bei Erwerbsminderung der Hilfe zum Lebensunterhalt allgemein und für Erwerbsfähige regelmäßig vorgehe, wird damit eher den statistischen Regelfall als eine Ausnahme be- und umschreiben.

13 Die Sonderregeln erklären sich teils aus einer **vom SGB XII abweichenden Finanzierungszuständigkeit** (Kriegsopferfürsorge, SGB II, BAföG) **oder einer abweichenden Regelungsintention** (Jugendhilfe und Grundsicherung für Arbeitsuchende) **oder** schließlich dem Bestreben, die **Sozialhilfe auf die zum Daueraufenthalt im Inland Berechtigten zu beschränken** und für diejenigen, die aufgrund ungesicherter aufenthaltsrechtlicher Grundlage einen vorübergehenden Bedarf haben, auf einer anderen Rechtsgrundlage lediglich **abgesenkte Leistungen** zukommen zu lassen.[11] Wie im Verhältnis zu den gehobenen Systemen sozialer Vorsorge, Entschädigung und Förderung, so tritt das allgemeine gegenüber den speziellen Zweigen der Existenzsicherung in den Hintergrund. Das **allgemeine** Sozialhilferecht wird damit **doppelt nachrangig**: zum einen gegenüber den **gehobenen Zweigen sozialer Vorsorge**, zum anderen aber auch gegenüber den **speziellen Zweigen der Existenzsicherung**. Sozialhilfe wird danach sowohl durch soziale Vorsorge als auch die Grundsicherung verdrängt.

---

10 Hase in: Maydell/Ruland/Becker (Hrsg.), SRH § 26 Rn. 101.
11 Kritisch dazu BVerfG 18.7.2012 – 1 BvL 10/10, 1 BvL 2/11.

Kapitel 4: Existenzsicherung und Finanzverfassung

Literaturhinweise: Berlit, Nebenfinanzausgleiche im Sozialbereich – Das Beispiel der Unterkunftskostenerstattung nach § 46 SGB II, in: Junkernheinrich ua (Hrsg.), Zwischen Reformidee und Funktionsanspruch, Berlin 2007, 327–347; Gerenkamp, Anrechnung von Einkommen und Vermögen auf das Arbeitslosengeld II – Verteilung der Geldleistungen im SGB II auf die Bundesagentur und die kommunalen Träger, ZfF 2007, 106; Hofmann-Hoeppel, Die (finanz-)verfassungsrechtliche Problematik des BSHG-Vollzugs durch kommunale Gebietskörperschaften, Berlin 1992; Hufen, Aufgabenentzug durch Aufgabenüberlastung. Verfassungsrechtliche Grenzen der Überwälzung kostenintensiver Staatsaufgaben auf die Kommunen, DÖV 1998, 276–285; Junkernheinrich, Neuverteilung der Sozialhilfelasten, Bochum 1990; Junkernheinrich, Sonderbedarfe im kommunalen Finanzausgleich, Berlin 1992; Kesper, Bundesstaatliche Finanzordnung. Grundlagen, Bestand, Reform, Baden-Baden 1998; Kitterer (Hrsg.), Sozialhilfe und Finanzausgleich, Heidelberg 1990; Korioth, Beteiligung des Bundes an den Sozialhilfekosten?, DVBl. 1993, 356–364; Lehner, Einkommensteuer und Sozialhilferecht, Tübingen 1993; Milbradt, Die Kommunalen Sozialhilfeausgaben – Das Für und Wider verschiedener Finanzierungskonzepte aus kommunaler Sicht, in: Kitterer (Hrsg.), 153–163; Mückl, Finanzverfassungsrechtlicher Schutz der kommunalen Selbstverwaltung, Stuttgart ua 1998; Remmert, Die verfassungsrechtliche Stellung der Gemeinden bei der Zuweisung überörtlicher Aufgaben durch Bundesgesetze, VerwArch 94 (2003), 459–482; Robra, Organisation der SGB II-Leistungsträger im Schnittbereich zwischen Staatsorganisations-, Finanzverfassungs- und kommunalem Selbstverwaltungsrecht, Berlin 2007; Schoch, Die finanzverfassungsrechtlichen Grundlagen der kommunalen Selbstverwaltung, in: Ehlers/Krebs, Grundfragen des Verwaltungsrechts und Kommunalrechts, Berlin/ New York 2000, 93–136; Schoch/Wieland, Finanzierungsverantwortung für gesetzgeberisch veranlasste kommunale Aufgaben, Baden-Baden 1995; Schoch/Wieland, Kommunale Aufgabenträgerschaft nach dem Grundsicherungsgesetz. Verfassungsrechtliche Anforderungen an den bundesgesetzlichen Durchgriff auf die kommunale Ebene, Stuttgart ua 2003; Schwarz, Finanzverfassung und kommunale Selbstverwaltung. Ein Beitrag zur Frage der Finanzierung kommunaler Aufgaben, Baden-Baden 1996; Ullrich, Die Neuorganisation im Bereich des SGB II, Hamburg 2012; Worms, Verwaltung der Grundsicherung für Arbeitsuchende. Aufgabenzuständigkeit und Verwaltung nach dem Grundgesetz und dem SGB II, Berlin 2012.

Rechtsgrundlagen:
GG Art. 74 Abs. 1 Nr. 7, Art. 91 e, 104 a
SGB II §§ 6 ff., 46
SGB XII §§ 3, 17

Orientierungssätze:

1. Die Finanzierungsverantwortung für Leistungen der Existenzsicherung folgt der Durchführungs-, nicht der Gesetzgebungsverantwortung. Die Träger der Grundsicherung und der Sozialhilfe haben die zur Aufgabenerfüllung notwendigen Finanzmittel aus allgemeinen Haushaltsmitteln bereitzustellen.

2. Anspruchsleistungen der Existenzsicherung stehen nicht unter einem Haushaltsvorbehalt.

3. Das Problem der Finanzierungsstrukturen der Existenzsicherung liegt in der tatsächlichen Aufgabenentwicklung und dem Funktionswandel der Hilfe zum Lebensunterhalt, auf die die allgemeinen Finanzierungsmechanismen nicht hinreichend zielgenau reagieren (können).

4. Die Grundsicherung für Arbeitsuchende (SGB II) ist nach erfasstem Personenkreis und finanziellen Aufwendungen quantitativ das grundlegende System der bedarfsorientierten Existenzsicherung.

5. Die Zusammenführung von Arbeitslosen- und Sozialhilfe in der Grundsicherung für Arbeitsuchende (SGB II) und die Eingliederung des Sozialhilferechts in das Sozialgesetzbuch (SGB XII) hat die Finanzierungsstrukturen der Sozialhilfe in besonderen Lebenslagen nicht qualitativ berührt und die sozialhilferechtliche Hilfe zum Lebensunterhalt finanzwirtschaftlich auf eine Restgröße reduziert. Sie bewirkt keine nachhaltige Entlastung der Kommunen von Sozialhilfelasten.

A. Überblick über die Finanzierungsstrukturen und -verantwortlichkeit

1 „Existenzsicherung" bezeichnet eine nachrangige, steuerfinanzierte, bedarfsorientierte und bedürftigkeitsgeprüfte Sozialleistung zur Gewährleistung eines menschenwürdigen Existenzminimums. Durch die Leistungen zur Sicherung des Lebensunterhalts (§§ 19 ff. SGB II) bzw. der Hilfe zum Lebensunterhalt (§§ 27 ff. SGB XII) und der Grundsicherung im Alter und bei Erwerbsminderung (§§ 41 ff. SGB XII) ist das soziokulturelle Existenzminimum bei Einkommensarmut und Vermögenslosigkeit zu finanzieren; dem dienen – mit Besonderheiten zur Leistungshöhe und der Art der Leistungsgewährung – auch die Leistungen nach dem Asylbewerberleistungsgesetz. Die besonderen Hilfen der Sozialhilfe (§§ 47 bis 74 SGB XII) gewährleisten in besonderen Lebenslagen die teils originäre, überwiegend ergänzende Basissicherung in Bezug auf soziale Tatbestände wie Alter, Krankheit, Invalidität, Pflegebedürftigkeit und sonstige Lebenslagen, welche die Hilfe der staatlichen Gemeinschaft rechtfertigen oder gebieten.

2 Die (monetären und nichtmonetären) Leistungen der Existenzsicherungssysteme konkretisieren das **Sozialstaatsgebot** des Grundgesetzes und gewährleisten dem Einzelnen überwiegend durch das **Grundrecht auf ein menschenwürdiges Existenzminimum**[1] abgesicherte, wenn auch nicht verfassungsunmittelbar bezifferbare Ansprüche. Für den jeweils zuständigen Leistungsträger handelt es sich dem Grunde nach überwiegend um **Pflichtaufgaben**, für welche die Finanzierung – wie auch immer – unabhängig von der Haushaltslage im Übrigen und der jeweiligen Prioritätensetzung im Vergleich mit anderen Aufgaben sicherzustellen ist. Die existenzsichernden Leistungen für den Lebensunterhalt stehen ebenso wenig wie die ergänzende Basissicherung der Sozialhilfe in besonderen Lebenslagen unter Haushaltsvorbehalt. Die Grundsätze der Wirtschaftlichkeit und Sparsamkeit greifen für die gestaltbaren Ermessensaufgaben sowie die Art und Weise der Aufgabendurchführung insbesondere bei den personenbezogenen Dienstleistungen und den Leistungen zur Eingliederung in Arbeit, nicht für die anspruchsgebundenen Transferleistungen.

3 Die **Steuerfinanzierung** stellt die soziale Basissicherung durch die Existenzsicherung auf eine breitere Finanzierungsbasis. Für ihre Finanzierung spielen Sozialversicherungsbeiträge, die bei einer Gesamtbetrachtung der Finanzierung des Sozialbudgets mit ca. 2/3 der Einnahmen zentrale Bedeutung haben,[2] oder sonstige besondere Finanzierungssysteme (zB Fonds, Umlagen) keine direkte Rolle. Die Finanzierung ist damit im Gegensatz zu den Sozialversicherungssystemen nicht unmittelbar von der Entwicklung der sozialversicherungspflichtigen Beschäftigungsverhältnisse und (wirtschafts)politischen Vorgaben für die Belastung des Faktors „Arbeit" bei der Finanzierung sozialer Sicherung abhängig. Neben der indirekten Abhängigkeit des Steueraufkommens von der wirtschaftlichen Lage bewirkt die Steuerfinanzierung aber, dass die Konkretisierung der verfassungsrechtlichen Vorgaben durch den Gesetzgeber zur Sicherung des soziokulturellen Existenzminimums im Rahmen des sozialpolitisch Gestaltbaren bei knappen Haushalten – zumal in Zeiten der Schuldenbremse – überlagert oder dominiert wird durch fi-

---

1 BVerfG 9.2.2011 – 1 BvL 1/09 ua, BVerfGE 125, 175; 18.7.2012 – 1 BvL 10/10 und 2/11, NVwZ 2012, 1024.
2 BMAS, Sozialbericht 2017, Berlin September 2017, 249 (626,3 Mrd. EUR von insgesamt 968,5 Mrd. EUR; Zuschüsse des Staates: 326,2 Mrd. EUR; sonstige Einnahmen; 16,3 Mrd. EUR).

nanzpolitische Erwägungen. Eine indirekte Koppelung mit der Einnahmenseite folgt daraus, dass das von der Einkommensbesteuerung freizustellende steuerrechtliche Existenzminimum[3] in Anlehnung an das soziokulturelle Existenzminimum bestimmt wird, das durch die Hilfen zum Lebensunterhalt zu gewährleisten ist.[4] Dieser Konnex von Sozialhilfe- und Steuerrecht war Grund für die im SGB II/SGB XII beibehaltene Verlagerung der früheren Mehrbedarfszuschläge bei Arbeit von der Bedarfs- auf die Einkommensanrechnungsseite (§ 11 b Abs. 2 SGB II/§ 82 Abs. 3 SGB XII).

Existenzsicherung durch materielle Sozialhilfe (Grundsicherung) ist eine **sozialstaatlich** **4** **notwendige öffentliche Aufgabe.** Gestaltung und Finanzierung folgen den allgemeinen Regelungen des funktionenteilenden Bundesstaates des Grundgesetzes. Art. 74 Abs. 1 Nr. 7 GG ordnet die „öffentliche Fürsorge", die ua die Sozialhilfe umfasst, der **konkurrierenden Gesetzgebung** zu. In Bezug auf die Leistungen zur Sicherung des Lebensunterhalts der Grundsicherung für Arbeitsuchende ist Kompetenztitel ebenfalls Art. 74 Abs. 1 Nr. 7 GG, weil es sich nach nationalem Recht[5] nach Grund oder Höhe nicht um eine von Vorversicherungszeiten abhängige Leistung der „Sozialversicherung einschließlich der Arbeitslosenversicherung" (Art. 74 Abs. 1 Nr. 12 GG) handelt. Es dient in Umsetzung des Grundrechts auf ein menschenwürdiges Existenzminimum der fürsorgenden Existenzsicherung. Der Bund hat durch das SGB II sowie das SGB XII und die hierzu ergangenen Rechtsverordnungen von seiner Rechtsetzungskompetenz in weitem Umfange mit Sperrwirkung gegenüber den Ländern Gebrauch gemacht. Damit beeinflusst er wesentlich die Auf- und Ausgabenaufkommen, für das die entsprechenden Mittel von den Finanzierungsverantwortlichen bereitzustellen sind. Länder und Kommunen haben hier nur geringe Spielräume, um das zu finanzierende Aufgabenvolumen im Verwaltungsvollzug zu beeinflussen.[6]

Die **Leistungsträgerschaft** und damit auch die Durchführungsverantwortung für die **5** Grundsicherung ist zwischen Bund (Bundesagentur für Arbeit) und Kommunen aufgeteilt (§ 6 SGB II); die institutionelle Sozialhilfe liegt bei den Ländern und Kommunen (Art. 84 Abs. 1 GG; §§ 3, 97 SGB XII). Nach dem zweigliedrigen Aufbau des Bundesstaates des Grundgesetzes sind dabei die Kommunen (kreisfreie Städte; Landkreise; kreisangehörige Gemeinden) finanzverfassungsrechtlich Teil der Länder. Die Zusammenarbeit in einer Gemeinsamen Einrichtung sichert nach einer Beanstandung durch das Bundesverfassungsgericht[7] Art. 91 e GG[8] ab.

Nach Art. 104 a Abs. 1 GG tragen der Bund und die Länder gesondert die Ausgaben, **6** die sich aus der Wahrnehmung ihrer Aufgaben ergeben, soweit das Grundgesetz nichts anderes bestimmt. Art. 104 a GG knüpft nach absolut herrschender Meinung[9] die **Finanzierungsverantwortung** an die **Durchführungsverantwortung** (Verwaltungskompe-

---

3 BVerfGE 82, 60 (87 ff.); 87, 153 (171).
4 Lehner 1993; Moes, Die Steuerfreiheit des Existenzminimums vor dem Bundesverfassungsgericht, Baden-Baden 2011; sa BT-Drs. 18/10220 (11. Existenzminimumbericht).
5 Zur Einordnung nach Gemeinschaftsrecht s. EuGH 4.6.2009 – C-22/08 (Vatsouras) / C-23/08 (Koupatantze), InfAuslR 2009, 265–267 = DVBl. 2009, 972–974; die jüngere EuGH-Rechtsprechung ordnet die Grundsicherungsleistungen als „besondere beitragsunabhängige Leistungen" iSd Art. 6 Abs. 1, Art. 70 VO (EU) Nr. 883/2004 und zugleich als Leistung der „Sozialhilfe" iSd Art. 24 Abs. 2 RL 2004/38/EG ein, von den materiell nicht freizügigkeitsberechtigte Unionsbürger ausgeschlossen werden dürfen (zuletzt EuGH 25.2.2016 – C-299/14 [Garcia-Nieto], InfAuslR 2016, 196); zum Ganzen auch Kötter info also 2013, 243; dies. info also 2015, 35; dies. info also 2016, 3; Schreiber NZS 2012, 647; Wallrabenstein ZESAR 2016, 349.
6 Am hohen bundesgesetzlichen Normierungsgrad setzt denn auch die Kritik an der Zuordnung zu den pflichtigen Selbstverwaltungsaufgaben an (s. etwa Hofmann-Hoeppel (Lit.), 86 ff.; Schwarz (Lit.), 193 ff.; sa StGH BW DVBl. 1994, 206), die sich bislang nicht hat durchsetzen können.
7 BVerfG 20.12.2007 – 2 BvR 2433 und 2434/04, BVerfGE 119, 331.
8 Eingefügt durch Gesetz v. 21.7.2010, BGBl. I, 944; dazu eingehend Worms 2012 (Lit.); Ullrich 2012 (Lit.); Mayen NVwZ 2011, 584.
9 S. – jeweils mwN – Hofmann-Hoeppel (Lit.), 50; Schoch/Wieland, Finanzierungsverantwortung (Lit.), 129 f.

tenz), nicht an die Gestaltungs- bzw. Gesetzgebungskompetenz an (Verwaltungskonnexität statt Gesetzeskonnexität): Nicht entscheidend ist, wer die kostenverursachende Regelung getroffen oder veranlasst hat.[10] Die Finanzierungsverantwortung für die Aufgaben der Grundsicherung liegt mithin beim Bund, soweit die Leistungen von der Bundesagentur für Arbeit erbracht werden (§ 46 Abs. 1 SGB II), und im Übrigen bei den Kommunen, wobei sich der Bund zweckgebunden an den (an sich) kommunalen Leistungen beteiligt (§ 46 Abs. 5 bis 8 SGB II).[11] Art. 91 e Abs. 2 S. 2 GG durchbricht als Art. 83 ff., 104 a GG verdrängende Sonderregelung diese strikt an die Verwaltungszuständigkeit geknüpfte Finanzierungsverantwortung und stellt für die zugelassenen kommunalen Träger (§ 6 a SGB II [sog Optionskommunen])[12] klar, dass der Bund die notwendigen Ausgaben (inkl. der Verwaltungsausgaben) trägt.[13] Für die existenzsichernden Leistungen und die auf besondere Lebenslagen bezogenen Leistungen der institutionellen Sozialhilfe stehen grundsätzlich hingegen die Länder und, weil auch insoweit die Kommunen aus der Perspektive des Grundgesetzes Teil der Länder sind, die Kommunen in der Finanzierungsverantwortung. Dies gilt sowohl für die Sachausgaben (Transferleistungen; Kosten für personenbezogene Dienstleistungen) als auch die Verwaltungsausgaben. Eine Ausnahme mit zunehmender Bedeutung[14] bilden die Leistungen der Grundsicherung im Alter und bei Erwerbsminderung, deren Nettoausgaben der Bund seit 2014 vollständig den Leistungsträgern erstattet (§ 46 a SGB XII).

7 Das Grundgesetz enthält für die Finanzierung der Sozialhilfe auch keine von Art. 104 a Abs. 1 GG abweichende besondere Bestimmung über eine Finanzierungsbeteiligung des Bundes.[15] Art. 104 a Abs. 3 GG, wonach Bundesgesetze, die Geldleistungen gewähren und von den Ländern ausgeführt werden, bestimmen können, dass die Geldleistungen ganz oder zum Teil vom Bund getragen werden, hat für die Finanzierung der Sozialhilfe praktische Bedeutung nur bei der Grundsicherung im Alter und bei Erwerbsminderung. Nach bestrittener, aber zutreffender Ansicht[16] schließt zwar der Umstand, dass Sozialhilfeleistungen auch als Sachleistungen gewährt werden können und das SGB XII/SGB II keine „reinen Geldleistungsgesetze" sind, jedenfalls für die Transferleistungen der Hilfe zum Lebensunterhalt und der Grundsicherung im Alter und bei Erwerbsminderung die Zuordnung zu den „Geldleistungen" im Sinne des Art. 104 a Abs. 3 GG nicht aus.[17] Art. 104 a Abs. 3 GG ermöglicht indes lediglich eine quotale **Kostenbeteiligung des Bundes**, schreibt sie aber nicht von Verfassungs wegen vor. Das SGB XII sieht bislang eine Kostenerstattung des Bundes nur bei der Grundsicherung im Alter und bei Erwerbsminderung vor (§ 46 a SGB XII); die vollständige Übernahme der Kosten führt insoweit zu einer Bundesauftragsverwaltung (Art. 104 a Abs. 3 Satz 2, Art. 85 GG).[18] Im Übrigen verbleibt es für die Finanzierungsverantwortung bei der allgemeinen Kostenlastverteilung des Art. 104 a Abs. 1 GG. Die Länder und Kommunen haben aus der Perspektive des Grundgesetzes die zur Finanzierung der Sozialhilfeaufgaben erforderlichen Mittel

---

10 BVerfGE 26, 338 (390); BVerwGE 44, 351 (364 f.).
11 Dazu Berlit 2007 (Lit.).
12 Zu Begriff und Stellung s. Hennecke DÖV 2012, 165; Luthe ZfF 2012, 1; sa Worms 2012 (Lit.).
13 Zu Folgeproblemen bei der Finanzkontrolle BVerfG 7.10.2014 – 2 BvR 1641/11, BVerfGE 137, 108; sa Cornils ZG 2015, 181; Hennecke VBlBW 2015, 269; Meyer NVwZ 2015, 116.
14 Bruttoausgaben 2005: 2,864 Mrd. EUR; 2014: 5,871 Mrd. EUR (Stat. Bundesamt).
15 Ausnahmen von marginaler Finanzierungsrelevanz sind allenfalls denkbar aufgrund von Vereinbarungen zwischen Bund und Ländern beim Übertritt aus dem Ausland (§ 108 Abs. 5 SGB XII), bei der Sozialhilfe für Deutsche im Ausland an der Schnittstelle zum Konsulargesetz (§ 24 Abs. 6, § 132 SGB XII) und den besonderen Hilfen an Deutsche nach Art. 116 GG (§ 133 Abs. 1 S. 3 SGB XII).
16 S. – mwN – Schoch/Wieland, Finanzierungsverantwortung (Lit.), 134 ff.
17 Art. 104 a Abs. 4 GG, der für das Zustimmungserfordernis bei Durchführungsverantwortung der Länder auch Bundesgesetze erfasst, die Pflichten der Länder zur Erbringung geldwerter Sachleistungen regeln, rechtfertigt keinen Umkehrschluss.
18 S. Hennecke Landkreis 2012, 286 (289).

aus eigenen allgemeinen Haushaltsmitteln bereitzustellen und ohne zweckgebundene oder -orientierte Einnahmen zu finanzieren.[19]
Die **Finanzverfassung des Grundgesetzes** (Art. 104 a ff. GG) sieht bei der vertikalen **8** Steuerertragsaufteilung zwischen Bund, Ländern und Gemeinden (Art. 106 GG) oder bei den Regelungen über die horizontale Steuerertragsaufteilung und dem Finanzausgleich (Art. 107 GG) keine besondere oder zielgerichtete Berücksichtigung der strukturell ungleichen Soziallasten vor; diese ist auch sonst verfassungsrechtlich nicht geboten.[20] Einfachgesetzlich wird die zweckgebundene Beteiligung an den kommunalen Leistungen für Unterkunft und Heizung (§ 46 Abs. 5 bis 8 SGB II), die finanzpolitisch bei der Einführung des SGB II eine Entlastung der Kommunen um 2,5 Mrd. EUR sicherstellen sollte, bis Ende 2019 noch um ebenfalls finanzpolitisch motivierte befristete **Bundesergänzungszuweisungen** an die ostdeutschen Flächenländer in Höhe von zunächst insgesamt 1 Mrd. EUR[21] zum Ausgleich von Sonderlasten durch die strukturelle Arbeitslosigkeit und der daraus entstehenden überproportionalen Lasten bei der Zusammenführung von Arbeitslosenhilfe und Sozialhilfe für Erwerbsfähige (§ 11 Abs. 3 a FAG) flankiert. Mit den Anforderungen, die § 10 Abs. 2 MaßstG[22] für Bereitstellung und Bemessung von Bundesergänzungszuweisungen aufstellt, sind diese – unter Revisionsvorbehalt stehenden – Bundesergänzungszuweisungen bestenfalls bei großzügiger Interpretation in Einklang zu bringen. Sie ändern auch nichts an der empirisch unzutreffenden, weil regionale Ausgabendifferenzen vernachlässigenden normativen Unterstellung der Finanzverfassung des Grundgesetzes, dass die allgemeinen Mechanismen der (vertikalen und horizontalen) Steuerertragsverteilung sowie des Finanzausgleichs gewährleisten, dass allen Akteuren eine aufgabengerechte Finanzausstattung zur Verfügung steht, aus der dann auch ohne gesonderten Ausweis die Finanzierung der Durchführung der Aufgaben der existenzsichernden Transferleistungen gewährleistet ist. Auch die zum 1.1.2020 in Kraft tretende Neufassung des Länderfinanzausgleichs[23] sieht zwar Bundesergänzungszuweisungen zum Ausgleich besonders geringer kommunaler Steuerkraft vor, die häufig, aber nicht notwendig mit überdurchschnittlichen kommunalen Sozialausgaben zusammentrifft, beschränkt sich aber auf einen Finanzkraftausgleich und enthält keinen direkt auf Sozialhilfe- bzw. Grundsicherungsaufwendungen bezogenen Ausgleichsansatz.

Zum Schutz der Kommunen enthält das Grundgesetz auch sonst keine direkten Mechanismen gegen eine finanzielle Überforderung, wie sie in sehr unterschiedlicher Ausprägung in den Verfassungen der Länder bei einer Aufgabenübertragung auf die Kommunen vorgesehen sind. Nach Art. 28 Abs. 2 S. 3 GG umfasst die Gewährleistung der kommunalen Selbstverwaltung zwar auch die Grundlagen der finanziellen Eigenverantwortung.[24] Diese „vor die Klammer" gezogene allgemeine Bestimmung zielt indes vor allem auf die Befugnis zur eigenverantwortlichen Einnahmen- und Ausgabenwirtschaft. Sie umfasst aber keine bestimmten Steuer- oder Abgabenarten oder Ertragsanteile und

---

19 S. Henneke DVBl. 2014, 1422.
20 BVerfGE 86, 148 (248 ff.); Vorstöße im Schrifttum (s. etwa Mückl, Hofmann-Hoeppel und Schoch/Wieland, Finanzierungsverantwortung (Lit.); dazu Remmert VerwArch 2003, 462 ff.; Korioth DVBl. 1993, 356 ff.), aus dem Grundgesetz einen durch den Bund umzusetzenden finanzverfassungsrechtlichen Überlastungsschutz herzuleiten, haben sich bislang in der Rechtsprechung des BVerfG nicht durchgesetzt.
21 Zum 1.1.2012 auf 800 Mio. abgeschmolzen.
22 Gesetz über verfassungskonkretisierende allgemeine Maßstäbe für die Verteilung des Umsatzsteueraufkommens, für den Finanzausgleich unter den Ländern sowie für die Gewährung von Bundesergänzungszuweisungen (Maßstäbegesetz – MaßstG) vom 9.9.2001, BGBl. 2001, 2302.
23 Gesetz zur Änderung des Grundgesetzes v. 13.7.2017, BGBl. I, 2347; Gesetz zur Neuregelung des bundesstaatlichen Finanzausgleichssystems ab dem Jahr 2020 und zur Änderung haushaltsrechtlicher Vorschriften v. 14.8.2017, BGBl. I, 3122.
24 Eingehend G. Wetzel, Die Finanzhoheit der Gemeinden. Grundlegendes Element kommunaler Selbstverwaltung, Baden-Baden 1995; sa Schwarz (Lit.), 72 ff.

ändert vor allem nichts an dem Vorrang der spezielleren finanzverfassungsrechtlichen Bestimmungen.[25] Selbst wenn hieraus ein bundesverfassungsrechtlicher Anspruch auf eine – wie auch immer bestimmte – aufgabengerechte Finanzausstattung folgte,[26] enthält Art. 28 Abs. 2 S. 3 GG jedenfalls keine Pflicht des Bundesgesetzgebers, bei einer direkten bundesgesetzlichen Übertragung von Aufgaben der Existenzsicherung zielgerichtet auch für eine Deckung der entstehenden Kosten Sorge zu tragen. Die Schutzwirkung landesverfassungsrechtlicher Konnexitätsregelungen[27] ist seit der Föderalismusreform 2006 nachhaltig dadurch gestärkt,[28] dass durch Bundesgesetz Gemeinden und Gemeindeverbänden Aufgaben nicht (mehr) übertragen werden dürfen (Art. 84 Abs. 1 S. 7 GG); die bestehenden Aufgabenübertragungen sind hiervon indes unberührt (Art. 125 a Abs. 1 GG).

10 Nach dem grundsätzlich zweistufigen Aufbau der Finanzverfassung des Grundgesetzes obliegt es vorrangig den Ländern, für eine aufgabengerechte Finanzausstattung ihrer Kommunen Rechnung zu tragen. Neben besonderen Zweckzuweisungen oder besonderen Landesprogrammen, welche die Kommunen bei der Durchführung bestimmter Aufgaben der Existenzsicherung unterstützen oder finanziell zu bestimmten Maßnahmen anreizen sollen, ist die aufgabengerechte Finanzausstattung der Kommunen in den Flächenländern Aufgabe der Gesetze über den kommunalen Finanzausgleich. Diese haben ihrerseits die unterschiedlich ausgeformten Vorgaben der Landesverfassungen[29] über die Finanzausstattung der Kommunen[30] zu beachten. In Bezug auf die von den Kommunen durchzuführenden und damit zu finanzierenden Aufgaben der Grundsicherung für Arbeitsuchende und der Sozialhilfe greifen landesverfassungsrechtliche Finanzierungsgarantien bei der Übertragung von Aufgaben auf die Kommunen durch das Land zumeist nicht, weil die Zuweisung der sachlichen Zuständigkeit an die kreisfreien Städte und Landkreise noch vor Inkrafttreten des Art. 84 Abs. 1 S. 7 GG wirksam unmittelbar kraft Bundesgesetzes (§ 6 Abs. 1 SGB II; § 3 Abs. 2, § 97 SGB XII) und nicht durch die Länder erfolgt ist. Eine Kostendeckungsverantwortung der Länder wird nach den meisten landesverfassungsrechtlichen Konnexitätsregelungen nur und erst dann ausgelöst, wenn Aufgaben neu übertragen werden und/oder die Länder abweichende Bestimmungen treffen. Dies ist der Grund dafür, dass die Länder überwiegend zwar Delegations- und Heranziehungsmöglichkeiten eröffnen, nicht aber von ihrer Befugnis zur abweichenden Bestimmung der sachlichen Zuständigkeit Gebrauch gemacht haben.

11 Die **Kommunalausgleichsgesetze der Länder** nehmen sich der finanzwirtschaftlichen Belastungen der Kommunen durch die Sozialhilfe in unterschiedlicher Weise an. Im Gegensatz zum bundesstaatlichen Finanzausgleich ist für die kommunalen Finanzausgleichsgesetze im Ansatz unbestritten, dass sie bei der Sicherung einer aufgabengerechten Finanzausstattung der einzelnen Kommunen nicht auf einen Einnahmeausgleich beschränkt sind, sondern auch die Auf- und Ausgabenseite berücksichtigen und in diesem Sinne bedarfsbezogene Gestaltungselemente enthalten dürfen.[31] Dies schließt zwar jen-

---

25 BT-Drs. 12/6000, 48; BVerwGE 106, 280 (287).

26 S. Schoch/Wieland, Finanzierungsverantwortung (Lit.), 177 ff.; Volkmann DÖV 2001, 497 ff.; Schliesky DÖV 2001, 714 ff.; dazu Remmert VerwArch 2003, 459 (478 ff.); offengelassen BVerfGE 71, 25 (36 f.); 83, 363 (386); BVerfG NVwZ 1995, 371.

27 D. Rossmüller, Schutz der kommunalen Finanzausstattung durch Verfahren, 2009; L. Levermann, Auswirkungen des strikten Konnexitätsprinzips auf das Verwaltungshandeln, 2006; Engelken, Das Konnexitätsprinzip im Landesverfassungsrecht, 2012; Kluth LKV 2009, 337; Henneke Der Landkreis 2008, 390.

28 Huber/Wollenschläger VerwArch 2009, 305; J. Knitter, Das Aufgabenübertragungsverbot des Art. 84 Abs. 1 S. 7 GG, 2008.

29 Art. 71, 73 LV BW; Art. 83 LV BY; Art. 97, 99 LV BB; Art. 72, 73 LV MV; Art. 57, 58 LV NI; Art. 78, 79 LV NW; Art. 119, 120 LV SL; Art. 87 LV SN; Art. 87, 88 LV ST; Art. 49 LV SH; Art. 91, 93 LV TH.

30 S. – jeweils mwN – Schoch/Wieland, Finanzierungsverantwortung (Lit.), 154 ff.; Hennecke Der Landkreis 2–3/2001, 120 ff.; Schoch (Lit.), 93 (101 ff.).

31 S. Junkernheinrich (Lit.), Sonderbedarfe; sa ders. (Lit.) Sozialhilfelasten.

seits der durch Landesrecht übertragenen Aufgaben, vor allem im Bereich der einrichtungsbezogenen Hilfen in besonderen Lebenslagen, eine trägergenaue (quotale oder indikatorengebundene) Erstattung der tatsächlichen Sozialhilfeaufwendungen aus. Der auch interregional unterschiedlichen Ausgabenbelastung kann aber durch Gewichtungsfaktoren bei der Verteilung der allgemeinen Schlüsselmasse oder durch gesonderte Zuweisungen Rechnung getragen werden.[32]

Die Finanzierungsverantwortung des jeweils für die Aufgabendurchführung sachlich zuständigen Trägers zwingt wegen der bundesgesetzlichen Aufgabenzuweisung unmittelbar ua an die Landkreise (§ 6 SGB II; § 3 Abs. 2 SGB XII) infolge der nur geringen Ausstattung der Landkreisebene mit eigenen Einnahmen[33] dazu, das Kommunalverfassungsrecht der Länder in den Blick zu nehmen. Die Landkreise müssen sich über die – nach Maßgabe im Detail unterschiedlich ausgestalteten Regelungen – bei den kreisangehörigen Gemeinden über die **Kreisumlage** refinanzieren. Dies eröffnet – neben den Möglichkeiten der Delegation und Heranziehung – Feinsteuerungsmöglichkeiten beim regionalen und interkommunalen Belastungsausgleich. **12**

Der Situation der Landkreise strukturell ähnlich ist die Finanzierung in Fällen, in denen bestimmte Aufgaben der (überörtlichen) Träger der Sozialhilfe nicht durch Landesbehörden wahrgenommen werden, sondern höheren Kommunalverbänden ohne eigene Steuereinnahmen zugewiesen sind.[34] Hier stehen die Träger dieser Einheit in der Verantwortung, die für die Aufgabenerfüllung erforderlichen Finanzmittel durch eine Umlagefinanzierung bereitzustellen und – bei planwidriger Ausgabenentwicklung – nachzuschießen. Die Erfüllung der gesetzlichen Sozialhilfeausgaben können auch durch diese Formen des „Outsourcing" nicht unter Finanzierungsvorbehalt gestellt werden. **13**

B. Probleme und Empirie der Finanzierungsstrukturen

Einer der Gründe für die Einführung der Grundsicherung für Arbeitsuchende war, dass sich die allgemeinen Finanzierungsstrukturen für eine Existenzsicherung vorwiegend durch die Hilfe zum Lebensunterhalt in der Sozialhilfe als probleminadäquat erwiesen hatten.[35] Neben der allgemein problematischen Einnahmesituation vieler Länder und Kommunen und der deutlich steigenden Ausgabenbelastung im Bereich der Kinder- und Jugendhilfe[36] bestanden drei Hauptprobleme, die ineinandergriffen: **14**

- die absolute Aufgaben- und damit Kostenentwicklung sowohl in der Hilfe zum Lebensunterhalt als auch in der einrichtungsbezogenen Hilfe in besonderen Lebenslagen, die ua Folge der wirtschaftlichen Lage, veränderter Familienstrukturen und der demographischen Entwicklung ist;

- die regionalen Unterschiede bei der Belastung mit Sozialhilfeaufwendungen, die insbesondere in wirtschaftlich und damit finanzschwachen Kommunen Mittel für Sozialhilfeaufwendungen binden, die dann etwa für Maßnahmen der regionalen Wirtschaftsförderung und Infrastrukturverbesserung fehlen;

---

32 S. etwa den Bedarfsansatz nach § 7 Abs. 3 FAG NI oder die Ergänzungsansätze nach Art. 3, 5 FAG BY sowie den Belastungsausgleich für die Bezirke (Art. 15 FAG BY).

33 S. – mwN – Schoch/Wieland, Finanzierungsverantwortung (Lit.), 154 ff.; sa O. Dreher, Steuereinnahmen für die Kreise, Kiel 1992.

34 S. zB die Landeswohlfahrtsverbände in Sachsen (§ 3 Abs. 1 Nr. 1 SächsLWVG), die Landschaftsverbände in Nordrhein-Westfalen (§ 5 Abs. 1 Buchstabe a) LVerbO NW) und die Bezirke in Bayern (Art. 5 Abs. 1 AGBSHG BY).

35 S. die Beiträge in Kitterer (Hrsg.) (Lit.), insbes. Milbradt, Die Kommunalen Sozialhilfeausgaben – Das Für und Wider verschiedener Finanzierungskonzepte aus kommunaler Sicht, S. 153 ff.

36 S. Karrenberg/Münstermann, Gemeindefinanzbericht 2003, Der Städtetag 9/2003, 10 (21 f., 85); sa Stat. Bundesamt, 11 Jahre Kinder- und Jugendhilfegesetz in Deutschland, Bonn 2003.

■ Veränderungen in den vorgelagerten Systemen der sozialen Sicherung, die sich wegen des Nachranges der Sozialhilfe unmittelbar auf das zu refinanzierende Ausgabenaufkommen auswirken.[37]

15 Die finanzpolitischen Folgen der Auf- und Ausgabenpolitik haben für den kommunalen Bereich die finanzwirtschaftliche Absicherung gegen eine einseitige Kostenverlagerung durch Soziallasten und hier die Umgehung der landesverfassungsrechtlichen Konnexitätsbestimmungen durch eine bundesunmittelbare, nicht konnexitätsgesicherte Aufgabenübertragung in den Vordergrund rücken lassen.[38] Das Problem eines „Aufgabenentzugs durch Aufgabenüberlastung"[39] ist für künftige Aufgabenübertragungen durch das 2006 in das Grundgesetz eingefügte Verbot des bundesgesetzlichen Aufgabenübertragungsdurchgriffs (Art. 84 Abs. 1 S. 7 GG) begrenzt worden. Unberührt hiervon bleiben Belastungen durch vom Bund bereits übertragene Aufgaben im Bereich der Existenzsicherung[40] bzw. die Intensivierung und Erweiterung bestehender Aufgaben sowie die verstärkte Nachfrage nach unveränderten Leistungen;[41] der hierdurch bewirkte zusätzliche Finanzierungsbedarf, der im zweigliedrigen Staatsaufbau des Grundgesetzes nicht vom Bund zu tragen ist, wird durch die landesverfassungsrechtlichen Finanzierungsgarantien nicht oder nur unvollkommen aufgefangen. Die langfristigen Wirkungen dieser politischen Bund-/Ländergeschäfte zulasten der Kommunen waren dabei durch Gegensteuerungsmaßnahmen, zB die Ausgliederung der Leistungen an Asylbewerber und die Pflegeversicherung nur temporär gemildert, nicht aber aufgehoben worden; finanzwirtschaftlich sind sie überdies zT durch allgemeine Mittelumschichtungen zulasten der Kommunen „gegenfinanziert" worden.

16 Die Nettoaufwendungen für die Sozialhilfe, also die Zweckausgaben der Sozialhilfe unter Abzug von Einkommen (einschließlich vorrangiger Sozialleistungen wie zB Wohngeld, Renten, Arbeitslosengeld und -hilfe) und Vermögen haben sich seit 1994 auf hohem Niveau mit insgesamt leicht steigender Tendenz „stabilisiert"; dabei sind die Entlastungen durch das zum 1.11.1993 in Kraft getretene Asylbewerberleistungsgesetz nicht berücksichtigt. Die Kostendynamik ist dabei wesentlich durch das 1995/1996 stufenweise in Kraft getretene SGB XI sowie – bei der Hilfe zum Lebensunterhalt – durch das Inkrafttreten des SGB II einerseits, die Reintegration des Grundsicherungsgesetzes als 4. Kapitel des SGB XII andererseits beeinflusst worden.

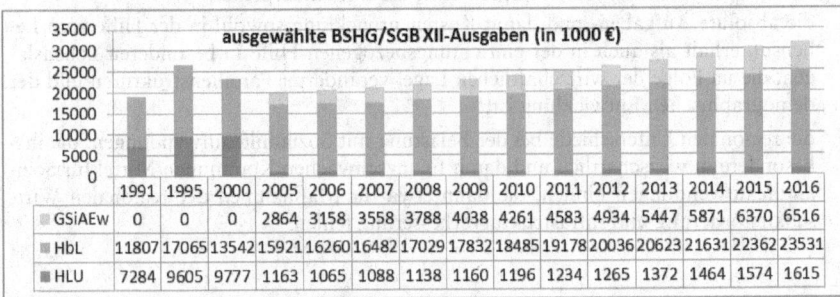

	1991	1995	2000	2005	2006	2007	2008	2009	2010	2011	2012	2013	2014	2015	2016
■ GSiAEw	0	0	0	2864	3158	3558	3788	4038	4261	4583	4934	5447	5871	6370	6516
■ HbL	11807	17065	13542	15921	16260	16482	17029	17832	18485	19178	20036	20623	21631	22362	23531
■ HLU	7284	9605	9777	1163	1065	1088	1138	1160	1196	1234	1265	1372	1464	1574	1615

Quellen: Statistisches Bundesamt, Sozialleistungen (eigene Zusammenstellung)

---

37 Dazu Kesper (Lit.), 214 ff.
38 Eingehend Schoch/Wieland, Finanzierungsverantwortung Lit.); dies., Kommunale Aufgabenträgerschaft (Lit.).
39 S. Hufen DÖV 1998, 276 ff.
40 Hiergegen gerichtete Kommunalverfassungsbeschwerden hatten keinen Erfolg.
41 Dazu etwa Henneke DVBl. 2014, 1422.

Ein vollständigeres Bild ergibt sich für die Zeit ab dem Inkrafttreten des SGB II erst, **17** wenn auch die Kostenentwicklung im SGB II-Bereich berücksichtigt wird, der weite Teile der Hilfe zum Lebensunterhalt „aufgezehrt" hat:

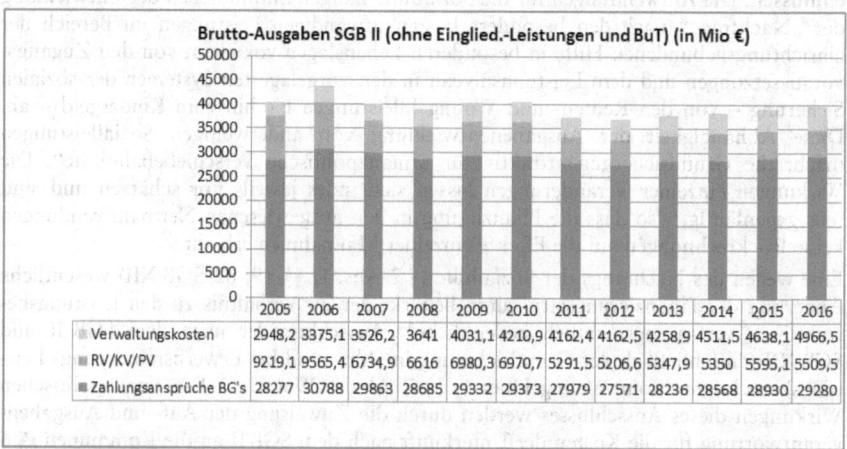

Brutto-Ausgaben SGB II (ohne Einglied.-Leistungen und BuT) (in Mio €)

	2005	2006	2007	2008	2009	2010	2011	2012	2013	2014	2015	2016
Verwaltungskosten	2948,2	3375,1	3526,2	3641	4031,1	4210,9	4162,4	4162,5	4258,9	4511,5	4638,1	4966,5
RV/KV/PV	9219,1	9565,4	6734,9	6616	6980,3	6970,7	5291,5	5206,6	5347,9	5350	5595,1	5509,5
Zahlungsansprüche BG's	28277	30788	29863	28685	29332	29373	27979	27571	28236	28568	28930	29280

Quelle: Bundesagentur für Arbeit (Statistik) (eigene Zusammenstellung)

Die regionale Streuung der Ausgaben ist sowohl bei der Sozialhilfe als auch bei der **18** Grundsicherung für Arbeitsuchende erheblich. Ursache sind dabei neben einem allgemeinen Stadt-Land-Gefälle bei den Sozialausgaben, die in den Stadtstaaten zu überdurchschnittlichen Ausgaben führen, die unterschiedliche Arbeitsmarktsituation; bei der Grundsicherung im Alter spiegeln sich regionale Unterschiede im Rentenniveau und die Probleme der langfristigen, als Folge diskontinuierlicher Erwerbsbiographien zu besorgenden Altersarmut noch nicht mit Gewicht wieder. Dazu stellt nachfolgende Tabelle exemplarisch die Bruttoaufwendungen (in EUR je Einwohner) 2016 für ausgewählte Sozialleistungen zusammen.

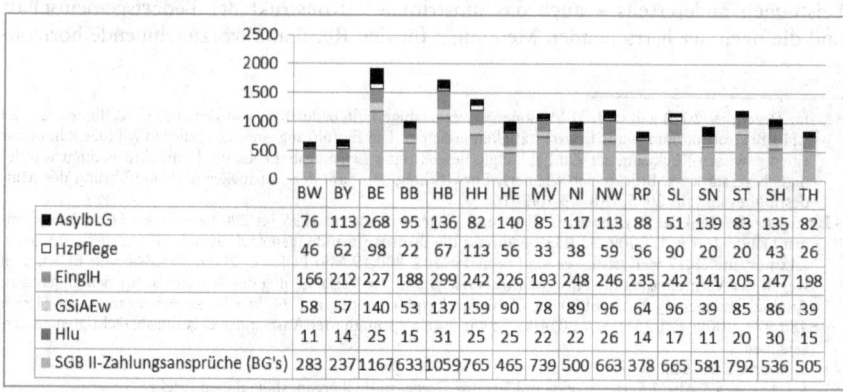

	BW	BY	BE	BB	HB	HH	HE	MV	NI	NW	RP	SL	SN	ST	SH	TH
AsylbLG	76	113	268	95	136	82	140	85	117	113	88	51	139	83	135	82
HzPflege	46	62	98	22	67	113	56	33	38	59	56	90	20	20	43	26
EinglH	166	212	227	188	299	242	226	193	248	246	235	242	141	205	247	198
GSiAEw	58	57	140	53	137	159	90	78	89	96	64	96	39	85	86	39
Hlu	11	14	25	15	31	25	25	22	22	26	14	17	11	20	30	15
SGB II-Zahlungsansprüche (BG's)	283	237	1167	633	1059	765	465	739	500	663	378	665	581	792	536	505

Quellen: Stat. Bundesamt; Bundesagentur für Arbeit (eigene Zusammenstellung)

Die Leistungen der Existenzsicherung sind **nachrangig** (§§ 2, 9 Abs. 1 SGB II; §§ 2, 19 **19** SGB XII). Bei der Grundsicherung für Arbeitsuchende hängt die Ausgabenentwicklung im Bereich der Leistungen zum Lebensunterhalt vor allem von der Arbeitsmarktlage sowie der Beschäftigungs- und Einkommensstruktur ab, die bei nicht existenzsichernden Löhnen zu einer wachsenden Zahl sog „Aufstocker" geführt haben;[42] auch die Entwicklung der Unterkunftskosten kann regional die Ausgabenentwicklung signifikant beeinflussen. Die Aufwendungen für die Sozialhilfe hängen mithin neben der Entwicklung der „Nachfrage" nach den besonders kostenaufwändigen Leistungen im Bereich der einrichtungsgebundenen Hilfe in besonderen Lebenslagen vor allem von den Zugangsvoraussetzungen und dem Leistungsniveau in den vorgelagerten Systemen der sozialen Sicherung – von den Renten- und Wohngeldleistungen bis hin zum Kindergeld – ab. Diese Abhängigkeit der Ausgabenentwicklung von anderweitigen Sozialleistungen macht die Grundsicherung attraktiv für „finanzpolitische Verschiebebahnhöfe". Die Wirkungen einzelner Veränderungen lassen sich indes jeweils nur schätzen und sind teils gegenläufig,[43] so dass die Bilanzierung in den ausgewiesenen Nettoaufwendungen keine Rückrechnungen auf die Effekte einzelner Maßnahmen erlaubt.

20 Eine wegen des Nachrangs der Sozialhilfe (§ 2 Abs. 1, §§ 19, 82 SGB XII) wesentliche Änderung der Finanzierungsstrukturen bewirkt der im Verhältnis zu den Leistungsberechtigten verfassungsrechtlich bedenkliche[44] **Ausschluss** der nach dem SGB II und SGB XII (einschließlich der Grundsicherung im Alter und bei Erwerbsminderung) Leistungsberechtigten **vom Wohngeldbezug** (§ 7 Abs. 1 WoGG).[45] Die finanzpolitischen Wirkungen dieses Ausschlusses werden durch die Zuweisung der Auf- und Ausgabenverantwortung für die Kosten der Unterkunft nach dem SGB II an die Kommunen (§ 6 S. 1 Nr. 2, § 22 SGB II) und die vorrangige Anrechnung von Einkommen und Vermögen auf die Geldleistungen der Agentur für Arbeit (§ 19 Abs. 3 S. 2 SGB II) verstärkt. Sie bewirken, dass die kommunale Ebene (nach Maßgabe der Finanzierungsbeteiligung des Bundes nach § 46 Abs. 5 bis 8 SGB II) allein für erhebliche Unterkunftskosten aufzukommen hat, während das Wohngeld zu 50 v.H. vom Bund getragen wird (§ 32 WoGG); die im Zeitverlauf erhöhte Kostenbeteiligung des Bundes, die sich langsam 50 v.H. nähert, verzerrt das Bild, weil § 46 SGB II insoweit als „Transferweg" für anderweitige Bundeskompensationen genutzt wird.[46]

21 Eine finanzpolitische Dimension hat – wegen der unterschiedlichen Finanzierungsverantwortung für den Regelbedarf zum Lebensunterhalt (§§ 20, 21, 23 Abs. 1 und 2, § 24 SGB II) einerseits und die Unterkunftskosten (§ 22 SGB II) sowie bestimmte einmalige Leistungen andererseits – auch das umstrittene[47] Konstrukt der Bedarfsgemeinschaft und die nach der herrschenden Meinung[48] für den Regelfall[49] vorzunehmende horizon-

---

42 Im Dezember 2010 gab es 4,70 Millionen erwerbsfähige Hilfebedürftige, von denen 1,37 Millionen (ca. 29 v.H.) Bruttoeinkommen aus Erwerbstätigkeit erzielten. Die Einführung eines gesetzlichen Mindestlohnes hat einen gewissen Rückgang der Zahl abhängig beschäftigter Leistungsbezieher, der konjunkturbedingt war, lediglich verstärkt; s. Bruckmeier/Wiemers, Entwicklung der Zahl der Aufstocker nach Einführung des Mindestlohns im Jahr 2015, IAB-AB 10/2016.

43 So war die Zahl der Asylbewerber (Erst- und Folgeanträge) von 1995 bis 2009 auf 19,8 v.H. zurückgegangen (1995: 166 951; 2009: 33 033), während die Bruttoaufwendungen nach dem Asylbewerberleistungsgesetz nur auf 28,17 v.H. gesunken sind (von 1995: 2 800,19 Mio EUR auf 2009: 788,844 Mio EUR), weil wegen der Verbreiterung des Anwendungsbereichs und der Verlängerung der Bezugsfrist für den Zugang zu Analogleistungen (§ 2 AsylbLG) die Zahl der Empfänger nur auf 24,79 v.H. zurückgegangen ist (1995: 488 974; 2009: 121 235). Seit 2014/15 ist wieder ein sprunghafter Anstieg der Leistungsberechtigten zu verzeichnen.

44 S. BVerfGE 27, 220.

45 § 3 Abs. 4, § 7 Abs. 1 Satz 3 WoGG mildern für Grenz- und Übergangsfälle diesen Effekt.

46 Berlit (Lit.), 327.

47 S. Armborst ArchSozArb 2008, 20; Kievel ZfF 2005, 217; Labrenz ZfF 2008, 217; Münder/Geiger NZS 2009, 593; Rosenow SGb 2008, 282.

48 BSG 7.11.2006 – B 7 b 8/06 R, FEVS 58, 259; BSG 18.6.2008 – B 14 AS 55/07 R, SozR 4–4200 § 9 Nr. 4; LSG NRW 13.6.2007 – L 20 B 6/07 AS ER.

49 Ausnahme etwa dann, wenn ein Mitglied der Bedarfsgemeinschaft nach § 7 Abs. 4 SGB II nicht leistungsberechtigt ist; sa BSG 15.4.2008 – B 14/7 b AS 58/06 R, SozR 4–4200 § 9 Nr. 5.

tale Bedarfsberechnung und die bei fortbestehendem Individualanspruch systemwidrige quotale „fiktive Bedürftigkeit" selbst nach eigenem Einkommen nicht Leistungsberechtigter (§ 9 Abs. 2 S. 3 SGB II). Bei sog Aufstockern belässt sie einen höheren Kostenanteil bei den Kommunen als die vertikale Berechnungsmethode, die – wie im SGB XII – nur den Einkommensanteil anderen Mitgliedern der Einsatzgemeinschaft zurechnet, der nicht für den eigenen Bedarf des Hilfesuchenden (einschließlich des Unterkunftsbedarfs) benötigt wird.

Der finanzverfassungsrechtliche Rahmen ist auch ein wesentlicher Grund für die nach Leistungselementen zwischen der Bundesagentur für Arbeit und den Kommunen „gespaltene" Leistungsträgerschaft (§ 6 SGB II); deren Wirkungen werden durch die vom Bundesverfassungsgericht[50] beanstandete, durch Art. 91 e GG nachträglich verfassungsgesetzlich abgesicherte „Mischverwaltung" in den **Gemeinsamen Einrichtungen** nach § 44 b (**Jobcentern**) gemildert, aber nicht aufgehoben. Die sog „Zusammenlegung" von Arbeitslosen- und Sozialhilfe zielte als Teil der Reform der Gemeindefinanzen[51] nicht zuletzt auf eine substantielle finanzielle Entlastung der kommunalen Ebene von Sozialhilfelasten, die ua mit der politischen Erwartung eines verstärkten Engagements der Kommunen bei der Betreuung minderjähriger oder behinderter Kinder sowie der häuslichen Pflege nicht erwerbsfähiger Angehöriger von Arbeitsuchenden (§ 16 a Nr. 1 SGB II) verbunden war.[52] Ausdruck dieses politischen Entlastungskompromisses ist die streitanfällige Beteiligung des Bundes an den Unterkunftskosten.[53] Die gespaltene Leistungsträgerschaft war der politische „Königsweg", um wenigstens im Ebenenvergleich Bund/ Länder bzw. Kommunen ohne weitergehende Eingriffe in die Finanzverfassung das Bebzw. Entlastungsvolumen in dem politisch gewollten Rahmen zu halten;[54] bei vollständiger Zuordnung der Leistungsträgerschaft an die eine oder die andere Ebene ist dies kaum möglich. **22**

Die vom Bundesverfassungsgericht erzwungene Neuordnung der Organisation der Leistungserbringung[55] hatte neben dem fachlichen Gesichtspunkt einer Aufgabenzuordnung, die sozialstaatlich gebotene Grundsicherung und effektive Arbeitsmarktintegration optimiert, auch die Finanzierungsfrage zu lösen. Die Einfügung von Art. 91 e GG[56] geht hier den Weg des geringsten Widerstandes und sichert mit der verfassungsgerichtlich beanstandeten Mischverwaltung auch die dahinter stehenden Finanzierungsstrukturen ab. **23**

C. Finanzierung und Refinanzierung

I. Absolutes Auf- und Ausgabenaufkommen

Als nachrangige Sozialleistung bestimmt sich das Ausgabenaufkommen, das durch den sachlich jeweils zuständigen Träger zu finanzieren ist, ua durch die Intensität, mit der **24**

---

50   BVerfG 20.12.2007 – 2 BvR 2433 und 2434/04, BVerfGE 119, 331; dazu etwa Trapp DÖV 2008, 277; Korioth DVBl. 2008, 812; Schoch DVBl. 2008, 937; Schnapp Jura 2008, 241; Lühmann NJ 2008, 145; Meyer NVwZ 2008, 275; Winkler VerwArch 2009, 509.
51   Die wesentlichen Vorarbeiten sind bezeichnenderweise in einer Arbeitsgruppe der „Kommission zur Reform der Gemeindefinanzen" (s. dazu Bericht der Arbeitsgruppe „Arbeitslosenhilfe/Sozialhilfe vom 17.4.2003 [www.arbeitnehmerkammer.de/sozialpolitik/seiten/1_politik_sohi_2003_04_17.pdf] nebst Datenanhang [www.arbeitnehmerkammer.de/sozialpolitik/seiten/1_politik_alhi_sohi_2003_04_17_anhang. pdf]) und nicht in einem sozialpolitischen Fachgremium geleistet worden.
52   Dazu – aus kommunaler Perspektive – etwa Hennecke 2004, 1; ders. ZSE 2004, 548; ders. DÖV 2005, 177.
53   Dazu Berlit 2007 (Lit.).
54   Henneke Landkreis 2004, 694; sa Robra 2007 (Lit.).
55   BVerfG 20.12.2007 – 2 BvR 2433 und 2434/04, BVerfGE 119, 331; dazu etwa Cornils ZG 2008, 184; Korioth DVBl. 2008, 812; Mempel ArchSozArb 2008, 114; Wahrendorf/Karmanski NZS 2008, 281; Winkler VerwArch 99 (2008), 509.
56   Henneke Der Landkreis 2010, 159; Nakielski SozSich 2010, 165.

Transferleistungen vom Einsatz von Einkommen und Vermögen abhängig gemacht werden und in welchem Umfange auf Unterhaltsansprüche zugegriffen wird, sowie durch die Ausgestaltung und das Niveau vorrangiger Sozialleistungen. Die zu finanzierenden Nettoaufwendungen der Existenzsicherung, also die Aufwendungen nach Abzug aller Ersatz- und Erstattungsleistungen, bleiben so hinter den Bruttoaufwendungen zurück.[57]

25 Bei der „Refinanzierung" durch den Zugriff auf Einkommen und Vermögen gibt es zwischen der Grundsicherung für Arbeitsuchende (SGB II) und der „klassischen" sozialhilferechtlichen Hilfe zum Lebensunterhalt (§§ 27 ff. SGB XII) ungeachtet einer unverkennbaren Strukturnähe in der Ausgestaltung im Detail durchaus signifikante Unterschiede. §§ 11–11 b SGB II gehen im Vergleich zur früheren Arbeitslosenhilfe von einem insgesamt strikten, nur durch eine überschaubare Zahl von Ausnahmeregelungen gemilderten Zugriff auf zufließendes Einkommen aus; der Vermögenseinsatz (§ 12 SGB II) dagegen ist deutlich moderater als im SGB XII (§ 90 SGB XII). Das SGB XII hält für den Zugriff auf Einkommen (§§ 82 ff.) und Vermögen (§ 90 f.) einschließlich der Regelungen zu den Einkommensgrenzen (§§ 85 ff.) und den Anrechnungsbeschränkungen (§§ 92 ff.), den Zugriff auf vorrangige Sozialleistungen und Ansprüche gegen nach bürgerlichem Recht Unterhaltspflichtige (§§ 93, 94) sowie mit den Kostenersatzregelungen (§§ 102 ff.) bei Veränderungen und Vereinfachungen im Detail für die existenzsichernden Leistungen dagegen an dem strikten Nachrang der materiellen Sozialhilfe fest; bei der Grundsicherung im Alter und bei Erwerbsminderung bestehen Besonderheiten (§ 43 SGB XII), die der Lebenslage oder -leistung Rechnung tragen. Die Diskrepanzen zum Arbeitslosen(hilfe)recht bei der Vermögensanrechnung waren durch die Neuabgrenzung der Personenkreise und die Absenkungen bei den Vermögensschonbeträgen gemildert, strukturell aber beibehalten worden; § 90 SGB XII weicht signifikant von § 12 SGB II ab (→ Kap. 21 Rn. 70 ff.).

26 Im Kern strukturgleich sind die Bestimmungen zum Übergang von Ansprüchen gegen Dritte (§ 33 SGB II/§§ 93, 94 SGB XII), die durch das Recht des Leistungsträgers flankiert sind, die Feststellung einer Sozialleistung zu betreiben (§ 5 Abs. 3 SGB II/§ 95 SGB XII) und die Ersatzansprüche bei qualifiziert zurechenbarer Herbeiführung von Hilfebedürftigkeit (§ 34 SGB II/§ 103 SGB XII); beim Rückgriff gegen Erben (§ 102 SGB XII) ist die entsprechende Regelung des SGB II (§ 35 SGB II [aF]) Mitte 2016[58] aus Vereinfachungsgründen ersatzlos aufgehoben worden.

II. Refinanzierung und Kostenerstattungsrecht

27 Bei der Refinanzierung von Sozialhilfeaufwendungen kommt den durch §§ 106 ff. SGB XII ergänzten bzw. modifizierten Kostenerstattungsregelungen des SGB X eine nicht unerhebliche Bedeutung zu. Der weitreichende Wegfall der Konfliktregulierung über das Spruchstellensystem und die steigende Zahl gerichtlicher Kostenerstattungsstreitigkeiten indizieren aus kommunaler Finanznot geborene intensivierte Refinanzierungsanstrengungen. Unter Finanzierungsaspekten nimmt das Kostenerstattungsrecht zwischen Trägern der Sozialhilfe eine Sonderstellung ein. Es dient nicht der Sicherung des Nachrangs der Sozialhilfe. Es zielt auf die ebenengerechte (örtlicher/überörtlicher Träger) bzw. regional treffsichere (Kostenerstattung zwischen Trägern gleicher Ebene) Zuordnung der zu finanzierenden Sozialhilfeaufwendungen. Zu Effizienz und Wirkungen dieses Refinanzierungsmechanismus fehlen gesicherte Angaben. Das SGB II sieht

---

57 Bei den Ausgaben der Sozialhilfe im Jahre 2015 betrugen die Nettoausgaben 91,5 v.H. der Bruttoausgaben.
58 9. SGB IIÄndG v. 26.7.2016, BGBl. I, 1824.

eine Kostenerstattung zwischen Grundsicherungsträgern nur bei Aufenthalt in einem Frauenhaus vor (§ 36 a SGB II).[59]

Eine dem SGB XII fremde Form der Refinanzierung kannte das SGB II mit dem 2012 aufgehobenen Eingliederungsbetrag (§ 46 Abs. 4 SGB II), der zum 1.1.2008 den früheren, ebenfalls umstrittenen „Ausgleichsbetrag"[60] abgelöst hat und Zahlungen der Bundesagentur für Arbeit aus Beitragsmitteln auf die Aufwendungen des Bundes für die Eingliederungsmaßnahmen vorgesehen hatte. Er sollte die Eingliederungsbemühungen der Bundesagentur für Arbeit als Trägerin der Arbeitsförderung und als Trägerin der Grundsicherung für Arbeitsuchende stärker verzahnen. Das BSG[61] ist der Kritik nicht gefolgt, dass der Eingliederungsbeitrag wie schon der Ausgleichsbetrag verfassungsrechtlich jedenfalls problematisch sei,[62] weil er Versicherungsleistungen außerhalb der Selbstverwaltung für arbeitsmarktbezogene Grundsicherungsleistungen verwende.

28

---

59 Zum Umfang s. BSG 23.5.2012 – B 14 AS 190/11 R; sa Hammel ZfF 2012, 245; ders. ZfF 2015, 108.
60 Adamy SozSich 2005, 2; Hoehl NZS 2007, 293; Spellbrink SozSich 2005, 59; er hatte zwischen 4,6 Mrd. EUR (2005) und 1,9 Mrd. EUR (2007) eingebracht.
61 BSG 29.2.2012 – B 12 KR 10/11 R; dazu Hoehl jurisPR-SozR 8/2013 Anm. 2.
62 S. einerseits Thie in: LPK-SGB II, 4. Aufl., § 46 Rn. 18; Knapp jurisPK-SGB II § 46 Rn. 66 ff.; Hase SozSich 2008, 25; ders. in: FS Bieback, 2010, 127; andererseits Korioth/Augsberg VSSR 2011, 1. Das BVerfG (2.8.2010 – 1 BvR 2393/08 ua, ZfSH/SGB 2010, 591) hat hiergegen gerichtete Verfassungsbeschwerden ohne Sachentscheidung zurückgewiesen.

Kapitel 5: Existenzsicherung und Armut(sforschung)

Literaturhinweise: Andreß/Krüger/Sedlacek, Armut und Lebensstandard. Zur Entwicklung des notwendigen Lebensstandards der Bevölkerung 1996 bis 2003, Forschungsprojekt im Auftrag des Bundesministeriums für Gesundheit und Soziale Sicherung (2005); Bartelheimer, Politik der Teilhabe. Ein soziologischer Beipackzettel (2007); Becker, Armut in Deutschland. Bevölkerungsgruppen unterhalb der Alg II-Grenze, Arbeitspapier Nr. 3 des Projekts „Soziale Gerechtigkeit" (2006); Becker, Gutachten über die Frage der Sicherung des Lebensunterhalts durch die Regelleistungen gemäß §§ 20, 28 SGB II sowie weitere Wirkungen des SGB II für das Hessische Landessozialgericht (2008; als Download abrufbar unter http://www.boeckler.de); Becker, Bedarfsbemessung bei Hartz IV. Zur Ableitung von Regelleistungen auf der Basis des „Hartz-IV-Urteils" des Bundesverfassungsgerichts, WISO Diskurs (2010); Becker, Regelleistungsbemessung auf der Basis des „Hartz IV-Urteils" des Bundesverfassungsgerichts und nach den normativen Vorgaben im Positionspapier der Diakonie, Projektbericht an das Diakonische Werk Evangelischer Kirchen in Mitteldeutschland e. V. (2010); Becker, Bewertung der Neuregelung des SGB II. Methodische Gesichtspunkte der Bedarfsbemessung vor dem Hintergrund des „Hartz-IV-Urteils des Bundesverfassungsgerichts, Soziale Sicherheit, Sonderheft September 2011, 7; Becker, Finanzielle Mindestsicherung und Bedürftigkeit im Alter, Zeitschrift für Sozialreform 2012, 123 (2012); Becker, Regelbedarfsbemessung: Gutachten zum Gesetzentwurf 2016 für die Diakonie Deutschland – Evangelischer Bundesverband, Riedstadt (2016); Becker (unter Mitarbeit von Tobsch), Regelbedarfe – eine methodisch konsistente Berechnung nach den normativen Vorgaben der Diakonie, Riedstadt (2016); Becker, Neuermittlung der Regelbedarfe nach altem Muster, Soziale Sicherheit Heft 12/2016, 461–466; Becker, Einkommen und Vermögen – Trend zu mehr Ungleichheit hält an, in: Forschungsverbund Sozioökonomische Berichterstattung (Hrsg.), Exklusive Teilhabe – ungenutzte Chancen, Dritter Bericht zur sozioökonomischen Entwicklung in Deutschland, Bertelsmann Verlag, https://www.wbv.de/soeb (2016); Becker, Konsumteilhabe nach Wohlstandsschichten – verbreitete Defizite, in Forschungsverbund Sozioökonomische Berichterstattung (Hrsg.), Exklusive Teilhabe – ungenutzte Chancen, Dritter Bericht zur sozioökonomischen Entwicklung in Deutschland, https://www.wbv.de/soeb (2017); Becker, Kritik am Konzept relativer Armut – berechtigt oder irreführend?, WSI-Mitteilungen Heft 2/2017, 98–107; Becker/Hauser, Anatomie der Einkommensverteilung (2003); Becker/Hauser, Dunkelziffer der Armut (2005); Becker/Hauser, Verteilungseffekte der Hartz-IV-Reform (2006); Becker/Hauser, Kindergrundsicherung, Kindergeld und Kinderzuschlag: Eine vergleichende Analyse aktueller Reformvorschläge, Arbeitspapier Nr. 7 des Projekts „Soziale Gerechtigkeit" (2010); Bruckmeier/Wiemers, A New Targeting – A New Take-Up? Non-Take-Up of Social Assistance in Germany after Social Policy Reforms, SOEP Papers on Multidisciplinary Panel Data Research 294 (2010); Bruckmeier/Pauser/Riphahn/Walwei/Wiemers, Mikroanalytische Untersuchung zur Abgrenzung und Struktur von Referenzgruppen für die Ermittlung von Regelbedarfen auf Basis der Einkommens- und Verbrauchsstichprobe 2008, Simulationsrechnungen für das Bundesministerium für Arbeit und Soziales, Endbericht. Institut für Arbeitsmarkt- und Berufsforschung (IAB), Nürnberg (2013); Bundesministerium für Arbeit und Soziales (Hrsg.), Lebenslagen in Deutschland, Der Fünfte Armuts- und Reichtumsbericht der Bundesregierung (2017); Deutscher Bundestag, Ausschuss für Arbeit und Soziales, Materialien zur öffentlichen Anhörung von Sachverständigen in Berlin am 22. November 2010, Ausschussdrucksache 17(11)309 (2010); Deutsches Institut für Wirtschaftsforschung (Grabka)/Zentrum für Europäische Wirtschaftsforschung GmbH (Westerheide)/Hauser/Becker, Integrierte Analyse der Einkommens- und Vermögensverteilung, Abschlussbericht zur Studie im Auftrag des Bundesministeriums für Arbeit und Soziales (2008); Dudel/Garbuszus/Ott/Werding, Überprüfung der bestehenden und Entwicklung neuer Verteilungsschlüssel zur Ermittlung von Regelbedarfen auf Basis der Einkommens-und Verbrauchsstichprobe 2008 (2013); Gerhardt/Habenicht/Munz, Analysen zur Einkommensarmut mit Datenquellen der amtlichen Statistik, Statistische Analysen und Studien NRW, Band 58; Grabka/Frick, Weiterhin hohes Armutsrisiko in Deutschland: Kinder und junge Erwachsene sind besonders betroffen, Wochenberichts des Deutschen Instituts für Wirtschaftsforschung (7/2010); Hauser/Becker, Verteilung der Einkommen 1999–2003, Forschungsprojekt im Auftrag des Bundesministeriums für Gesundheit und Soziale Sicherung (2005); Kerstin/Clausen, Wie teuer ist eine gesunde Ernährung für Kinder und Jugendliche? Die Lebensmittelkosten der Optimierten Mischkost als Referenz für sozialpolitische Regelleistungen, Ernährungsumschau (09/2007); Kommission der Europäischen Gemeinschaften, Schlussbericht des Zweiten Europäischen Programms zur Bekämpfung der Armut 1985–1989, (KOM(91) 29 endg.) (1991); Martens, Der Vorschlag des Paritätischen Wohlfahrtsverbandes für einen sozial gerechten Regelsatz als sozialpolitische Grundgröße. Neue Regelsatzbemessung 2006, Zum Leben zu wenig ..., hrsg. v. Paritätischen Wohlfahrtsverband – Gesamtverband (2006); Münder, Entspricht der Regierungsentwurf eines Gesetzes zur Ermittlung von Regelbedarfen und zur Änderung des Zweiten und Zwölften Buches Sozialgesetzbuch vom 20.10.2010 den verfassungsrechtlichen Anforderungen der Entscheidung des Bundesverfassungsgerichts 1 BvL 1/09 vom 9.2.2010? – Eine rechtsgutachterliche Stellungnahme, in: Spellbrink, Verfassungsrechtliche Probleme im SGB II (2011); ders., Verfassungsrechtliche Bewertung des Gesetzes zur Ermittlung von Regelbedarfen und zur Änderung des Zweiten und Zwölften Buches Sozialgesetzbuch vom 24.3.2011 – BGBl. I, 453, Soziale Sicherheit, Sonderheft September 2011, 63; Münnich/Krebs, Ausgaben für Kinder in Deutschland. Berechnungen auf der Grundlage der Einkommens- und Verbrauchsstichprobe 1998, Wirtschaft und Statistik (12/2002); Sen, Commodities and Capabilities, second impression (1999); Statistische Ämter des Bundes und der Länder, Soziale Mindestsicherung in Deutschland 2017, Wiesbaden (2019).

A. Armutsbegriffe und -abgrenzungen

I. Übersicht

Das Postulat der Sicherung des Existenzminimums jedes Bürgers und jeder Bürgerin ergibt sich aus dem Sozialstaatsgebot des deutschen Grundgesetzes (Art. 20 und 28 GG) in Verbindung mit dem in Art. 1 GG verlangten Schutz der Menschenwürde durch den Staat. Diese Rechtsauffassung wurde mit dem Urteil des BVerfG vom 9.2.2010 (BVerfG, 1 BvL 1/09) bestätigt. Dementsprechend kann auch das allgemeiner gehaltene politische Ziel der Armutsvermeidung aus den genannten Verfassungsgrundsätzen abgeleitet werden. Beide maßgeblichen Kategorien – Existenzminimum und Armutsgrenze – sind in wirtschaftlich hoch entwickelten Ländern wie Deutschland nicht auf das zum physischen Überleben Allernotwendigste beschränkt, sondern werden mit Bezug zum gesamtgesellschaftlichen Wohlstandsniveau unter dem Gesichtspunkt minimaler **Teilhabe** und der Verhinderung sozialer **Ausgrenzung** definiert. Die Konkretisierung dieser Begriffe erfordert allerdings wiederum normative Setzungen, die kontrovers diskutiert werden und je nach Kontext unterschiedlich ausfallen mit der Folge, dass zwischen einem sozialrechtlichen Armutsbegriff und soziologisch-ökonomischen bzw. sozialwissenschaftlichen Armutskonzepten grundsätzlich zu unterscheiden ist.

Das (sozialrechtliche) **Existenzminimum** ist gesetzlich definiert und damit letztlich eine **politische Armutsgrenze** – die normativ freilich im Rahmen verfassungsrechtlicher Grundsätze liegen muss –, bei deren Unterschreitung ein Rechtsanspruch auf Transferleistungen des Staates besteht. Wenn das mit SGB II und SGB XII festgelegte Leistungsniveau als Armutsgrenze interpretiert wird, sind die Empfänger/innen von Grundsicherungsleistungen bzw. Sozialhilfe nicht als arm einzustufen, sondern vielmehr der sogenannten **bekämpften Armut** zuzuordnen. Allerdings werden nicht von allen Anspruchsberechtigten die ihnen zustehenden Grundsicherungs- bzw. Sozialhilfeleistungen beantragt, und darüber hinaus sind nicht alle Antragsteller/innen erfolgreich bei der Durchsetzung ihrer Ansprüche gegenüber dem jeweiligen Leistungsträger. Mit Bezug zur gesetzlichen Armutsgrenze verbleibt also das Problem der **verdeckten** Armut als Folge der Nicht-Inanspruchnahme zustehender Leistungen, das auch als **Dunkelziffer der Armut** bezeichnet wird. Nach einer anderen Auffassung wird Armut aber generell bei Hilfebedürftigkeit angenommen, wenn also Menschen nicht aus eigener Kraft ihr soziokulturelles Existenzminimum sichern können. Diese weiter abgegrenzte **Armut nach gesetzlicher Lesart**[1] umfasst bekämpfte und verdeckte Armut.

3 Der in den Sozialwissenschaften dominierende **relative Armutsbegriff** bezieht sich nicht auf das gesetzliche Existenzminimum, sondern ist empirisch-statistisch ausgerichtet und rechtlich unverbindlich – wenn auch politisch durchaus relevant.[2] Armut wird als relatives und als mehrdimensionales Problem mit Unterversorgungslagen in verschiedenen Lebensbereichen verstanden. Dieser Begriff hat sich bereits in einem Beschluss des Europäischen Ministerrates der Europäischen Gemeinschaften vom 19.12.1984 niedergeschlagen. Demnach sind diejenigen Personen als arm anzusehen, „die über so geringe (materielle, kulturelle und soziale) Mittel verfügen, dass sie von der Lebensweise ausgeschlossen sind, die in dem Mitgliedsland, in dem sie leben, als Minimum annehmbar ist".[3] Trotz des breit angelegten Ansatzes dominiert in der Armutsforschung das Konzept der **relativen Einkommensarmut**, da in marktwirtschaftlich ausgerichteten Gesellschaften der Zugang zu Gütern und Dienstleistungen aller Lebensbereiche mit Geld erkauft oder zumindest erleichtert wird. Die Armutsgrenze ergibt sich als pauschal gesetzter Prozentsatz eines gesamtgesellschaftlichen Einkommensmittelwerts; wenn dieser unterschritten wird, besteht annahmegemäß zumindest ein hohes Armutsrisiko bzw. meist Armut im Sinne von Unterversorgung bei zentralen Bedürfnissen.[4] Neben dieser indirekten Messung von Armut über die materiellen Ressourcen, die zur Bedürfnisbefriedigung zur Verfügung stehen, wird zunehmend mit umfassenderen Konzepten versucht, die vielschichtigen Lebensumstände direkt zu berücksichtigen. So werden nach dem **Lebenslagenansatz** beispielsweise Ernährungszustand, verfügbare Bekleidung, Wohnverhältnisse, Gesundheitszustand und Zugang zu Gesundheitsleistungen, Bildungsstand und Zugang zu Bildungseinrichtungen, Erwerbsstatus und gegebenenfalls die Art des Arbeitsplatzes, soziale Absicherung und gesellschaftliche Partizipation in den Fokus genommen. Der neueren Forschung liegt als theoretischer Rahmen das **Konzept der Verwirklichungschancen** des Nobelpreisträgers Amartya Sen zugrunde. Dabei werden Verwirklichungschancen definiert als „die Möglichkeiten oder umfassenden Fähigkeiten („capabilities") von Menschen, ein Leben führen zu können, für das sie sich mit guten Gründen entscheiden konnten und das die Grundlagen der Selbstachtung nicht in Frage stellt".[5] Nach dem Sen'schen Konzept bedingen neben Ressourcen bzw. entsprechenden

---

1 Becker, Armut in Deutschland ..., S. 3 f.
2 Das Konzept der relativen Armut fließt auf nationaler Ebene in die Armuts- und Reichtumsberichterstattung der Bundesregierung, auf internationaler Ebene in die Berichte der Europäischen Kommission über „Social Protection and Social Inclusion" sowie der OECD über die Verteilungsentwicklung in den Mitgliedstaaten ein.
3 Zitiert nach Kommission der Europäischen Gemeinschaften, S. 4.
4 Das Konzept der relativen Armut unterliegt neuerdings zwar zunehmender Kritik, die allerdings zum großen Teil an nebulösen Vorstellungen von absoluter Armut mit Gefahren für das physische Überleben anknüpft oder aus einer einseitigen Argumentation folgt; vgl. dazu Becker, Kritik am Konzept relativer Armut – berechtigt oder irreführend?
5 Bundesministerium für Arbeit und Soziales, S. 615.

Becker

Rechten, die den Zugang zu Ressourcen – Einkommen, Vermögen, Bildung, Gesundheit etc – verschaffen, gesellschaftliche Umwandlungsfaktoren (Infrastruktureinrichtungen, Normen und Pflichten) sowie individuelle Umwandlungsfaktoren (Fähigkeiten) die Verwirklichungschancen von Menschen; diese „capabilities" werden je nach individuellen oder übernommenen Zielen genutzt und resultieren letztlich im jeweiligen Teilhabeergebnis („functionings").[6] In diesem Kontext wird Armut als Mangel an Verwirklichungschancen interpretiert.

Nicht nur bei dem in den Sozialwissenschaften zugrunde gelegten Armutsbegriff, sondern auch bei der politisch verfügten **Grenze des Existenzminimums** handelt es sich in Deutschland nach gegenwärtiger Gesetzeslage sowie nach Vorgaben des Bundesverfassungsgerichts[7] um ein **relatives Konzept**, das seit den 1990er Jahren mit einem **Statistikmodell** umgesetzt werden soll. Demnach habe die Regelleistungsbemessung „Stand und Entwicklung von Nettoeinkommen, Verbraucherverhalten und Lebenshaltungskosten" auf der Grundlage der „nachgewiesenen tatsächlichen Verbrauchsausgaben unterer Einkommensgruppen" zu berücksichtigen (§ 20 Abs. 1 a S. 2 SGB II iVm § 28 Abs. 2 SGB XII). Dabei soll nach der Rechtsprechung des Bundesverfassungsgerichts[8] und nach der Gesetzesformulierung (§ 20 Abs. 1 SGB II) die Regelleistung zur Sicherung des Lebensunterhalts die Kosten nicht nur von Ernährung, Kleidung, Körperpflege und Hausrat, sondern auch von weiteren Bedarfen des täglichen Lebens sowie in vertretbarem Umfang die Sicherung der Möglichkeit zur Pflege zwischenmenschlicher Beziehungen und einer Teilnahme am gesellschaftlichen, kulturellen und politischen Leben umfassen. Neben diesen als statistisches Mittel einer Referenzgruppe pauschalierten Bedarfskomponenten entsprechen die Leistungen für Unterkunft und Heizung aber den im Einzelfall anfallenden Kosten, soweit sie angemessen sind (§ 22 SGB II, § 35 SGB XII). Da also bei der Leistungsbemessung auf den faktischen Lebensstandard in der unteren Einkommensschicht der Gesellschaft rekurriert wird, ist das Existenzminimum von den gesamtgesellschaftlichen soziokulturellen Gegebenheiten abhängig und insofern ein relativer Wert.

Abgesehen von der Relativität sowohl des Existenzminimums als auch des sozialwissenschaftlichen Armutsbegriffs unterscheiden sich beide Konzepte aber wesentlich und sind für unterschiedliche Fragestellungen maßgeblich.

■ Das **Existenzminimum** ist – wegen der Berücksichtigung von individuellen Wohnkosten und (meist pauschalisierten) Mehrbedarfen in gesetzlich definierten Lebenssituationen – ein **teilindividualisierter Betrag**. Demgegenüber ist die relative Armutsgrenze eine gänzlich pauschalisierte Größe und somit als Indikator für Hilfebedürftigkeit im Einzelfall nicht geeignet; insbesondere bei überdurchschnittlichem Mietniveau wäre mit Bedarfsunterdeckungen zu rechnen, bei unterdurchschnittlichem Mietniveau käme es möglicherweise zu Unterstützungen über den Mindestbedarf hinaus – sofern die regionalen Wohnkostenunterschiede nicht durch unterschiedliche Lebenshaltungskosten in anderen Bereichen kompensiert werden.

■ Die Höhe des soziokulturellen Existenzminimums spiegelt normative Entscheidungen des Gesetzgebers – zB hinsichtlich der konkreten Umsetzung des Statistikmodells und der Art der Dynamisierung –, und zwar ohne Gewähr, dass verfassungsrechtliche Grundsätze eingehalten werden. Die Entwicklung der gesetzlichen Armutsgrenze sowie der Zahl der Hilfeempfänger/innen unterliegt insofern **systematischen Bruchstellen**, Zeitverlaufsanalysen sind nur bedingt aussagekräftig. Demgegenüber ist eine **relative Einkommensarmutsgrenze eine statistische Größe**, von poli-

---

6 Bartelheimer, S. 9 f.
7 BVerfG 9.2.2010 – 1 BvL 1/09 ua, Rn. 138, Satz 3.
8 BVerfG 9.2.2010 – 1 BvL 1/09 ua, Rn. 135.

tischen Entscheidungen nicht unmittelbar abhängig und automatisch dynamisiert. Sie eignet sich zur Beobachtung des Ausmaßes von Armut im Durchschnitt der Bevölkerung und im Zeitverlauf.

II. Datenquellen und Messkonzepte

6   Sowohl die Bemessung des Existenzminimums bzw. der gesetzlichen Armutsgrenze nach dem Statistikmodell als auch die Ableitung relativer Armutsgrenzen in den Sozialwissenschaften erfolgt auf der Basis von Haushaltsbefragungen. Trotz dieser „objektiven" bzw. statistischen Anhaltspunkte verbleiben allerdings methodische und normative Freiheitsgrade, so dass die Messkonzepte keineswegs wertneutral sind.

1. Existenzminimum

7   Als Datengrundlage der Regelsatzbemessung ist die **Einkommens- und Verbrauchsstichprobe** (EVS) gesetzlich vorgeschrieben (§ 28 Abs. 2 S. 2 SGB XII). Diese Erhebung ist Bestandteil der amtlichen Statistik und wird im Abstand von fünf Jahren durchgeführt. Die EVS ist die derzeit einzige Haushaltsbefragung, mit der neben Demografie und Einkommen auch die Ausgaben in differenzierter Weise erfasst werden. Bei der Bemessung des staatlich zu gewährleistenden Mindestbedarfs auf dieser Basis sind allerdings verfassungsrechtliche Grundsätze zu beachten, die offenbar über lange Zeit verletzt wurden (im Folgenden: „altes Recht"). Das entsprechende Urteil des Bundesverfassungsgerichts[9] hat zu einer Reform von SGB II und SGB XII geführt, die im Folgenden als „neues Recht" bezeichnet wird.

8   Eine genaue Abgrenzung der maßgeblichen Referenzgruppe ist im SGB XII nach altem Recht nicht erfolgt, es wurde lediglich auf Haushalte in unteren Einkommensgruppen verwiesen. Konkretisierungen der Regelleistungsbemessung sind auf dem Verordnungswege erfolgt, was vom Bundesverfassungsgericht gerügt wurde.[10] Dem wurde durch die Reform von SGB II und SGB XII mit der Aufnahme von Rahmenvorschriften für die Ermittlung der Regelbedarfe in § 28 SGB XII und detaillierte Ausführungen im Regelbedarfsermittlungsgesetz (RBEG) 2011 bzw. in dessen Begründung entsprochen. Die wesentlichsten, 2011 in Kraft getretenen Vorgaben, an denen im Regelbedarfsermittlungsgesetz von 2016[11] festgehalten wurde, lassen sich wie folgt zusammenfassen.

■ Als maßgebliche **Referenzhaushaltstypen** werden nach neuem Recht die Gruppe der Alleinstehenden und drei Teilgruppen der Paare mit einem Kind – abgegrenzt nach dem Kindesalter (unter 6, 6 bis 13, 14 bis 17 Jahre) – herangezogen, Erstere zur Ableitung von Erwachsenenbedarfen, die Weiteren zur Ermittlung von altersspezifischen Kindesbedarfen. Demgegenüber wurden nach altem, vom Bundesverfassungsgericht verworfenem Recht die Regelleistungen für Kinder pauschal aus der Regelleistung für Alleinstehende abgeleitet, und zwar in Höhe von 60% bis 80% des Eckregelsatzes und differenziert nach zwei, ab Juli 2009 und befristet bis Ende 2011 nach drei Altersgruppen (§ 3 Abs. 2 RSV; § 20 Abs. 3 und § 28 Abs. 1 Nr. 2 SGB II, altes Recht).

■ Die **Referenzeinkommensbereiche** der nunmehr vier Referenzhaushaltstypen sind nach neuem Recht nicht einheitlich definiert. Nach Herausnahme eines Teils der

---

9   BVerfG 9.2.2010 – 1 BvL 1/09 ua, Rn. 132.
10 BVerfG 9.2.2010 – 1 BvL 1/09 ua, Rn. 136.
11 BT-Drs. 18/10519 vom 30.11.2016.

Empfänger/innen von Leistungen der Grundsicherung bzw. Sozialhilfe[12] zwecks Vermeidung von Zirkelschlüssen[13] werden von den Alleinstehenden nur die unteren 15%, von den Paaren mit einem Kind jeweils die unteren 20% der nach ihrem Nettoeinkommen geschichteten Haushalte zugrunde gelegt (§ 4 RBEG 2011 bzw. 2016). Demgegenüber wurden nach altem Recht generell die unteren 20% des alleinigen Referenzhaushaltstyps der Alleinstehenden berücksichtigt, wobei aus dem Datensatz von 2003 (die empirische Grundlage bezog sich auf die Zeit vor der Hartz IV-Reform) vorab alle Haushalte, die überwiegend von Sozialhilfe gelebt haben, ausgeklammert wurden (§ 2 Abs. 3 RSV).

- Von den Verbrauchsausgaben der nach Haushaltstyp und Einkommensbereich definierten Referenzgruppen werden nur die durchschnittlichen Ausgaben für ausgewählte, als **regelleistungsrelevant bezeichnete Güter und Dienstleistungen** berücksichtigt. Dabei hat es mit dem neuen Recht erhebliche Veränderungen gegenüber den vorherigen Verfahren zur Durchschnittsberechnung sowie gegenüber den früheren Abgrenzungen der relevanten Güterpositionen gegeben (Begründung zum RBEG 2011 bzw. 2016, B. Besonderer Teil). Diese spiegeln teilweise eine Reaktion auf einige vom Bundesverfassungsgericht als unzulässig erkannte Berechnungsweisen, daneben aber veränderte normative Wertungen, die im Wesentlichen neue Restriktionen bei der Bedarfsabgrenzung implizieren.

- Zur Bemessung von Kindesbedarfen werden im RBEG 2011 bzw. in dessen Begründung Haushaltsausgaben mittels güterspezifischer **Verteilungsschlüssel** personell zugerechnet. Dabei erfolgt eine Orientierung an Ergebnissen der Arbeitsgruppe „Lebenshaltungsaufwendungen für Kinder", die in den 1980er Jahren vom damaligen Bundesministerium für Jugend, Familie, Frauen und Gesundheit berufen worden war.[14] Da eine neuere Studie,[15] die vom Bundesministerium für Arbeit und Soziales (BMAS) 2011 in Auftrag gegeben wurde, zu keinen konkreten Ergebnissen, die von den 2011 verwendeten Verteilungsschlüsseln abweichen, kommt, liegen diese auch dem RBEG 2016 zugrunde.

Die bisherige Praxis der Regelleistungsbemessung (altes Recht) wurde in der Armutsfor- **9** schung seit geraumer Zeit unter methodischen Aspekten kritisiert.[16] Viele dieser Einwendungen finden sich auch im Urteil des Bundesverfassungsgerichts vom 9.2.2010, aber nur einige davon wurden im RBEG 2011 sowie in den gleichartigen Vorschriften des RBEG 2016 berücksichtigt, so dass auch gegenüber dem neuen Recht **methodische und verfassungsrechtliche Bedenken** bestehen.[17] Der grundsätzliche Einwand gegenüber dem Statistikmodell, dass der **Schluss vom Ausgabeverhalten auf den Bedarf** insbesondere im unteren Einkommensbereich wegen der engen Budgetgrenze **nicht zwingend**

---

12 Nicht ausgeklammert werden Haushalte mit Erwerbseinkommen, das nicht als anzurechnendes Einkommen berücksichtigt wurde, sowie Haushalte mit anderen bisher anrechnungsfreien Einkommen (Zuschlag nach § 24 SGB II in der bis zum 31.12.2010 geltenden Fassung, Elterngeld, Eigenheimzulage); vgl. § 3 RBEG 2011.
13 Der Schluss vom Ausgabeverhalten der Hilfeempfänger/innen auf ihren Bedarf wäre zirkulär.
14 Eine kurze Darstellung der Ergebnisse der Arbeitsgruppe ist zu finden in Münnich/Krebs, S. 1086.
15 Dudel et al.
16 Vgl. in diesem Zusammenhang zB Becker, Gutachten über die Frage der Sicherung des Lebensunterhalts ..., Martens und Kerstin/Clausen.
17 Vgl. in diesem Zusammenhang ausführlich Becker, Bedarfsbemessung bei Hartz IV ..., Becker, Regelleistungsbemessung auf der Basis des „Hartz IV-Urteils" des Bundesverfassungsgerichts ..., Becker, Regelbedarfsbemessung: Gutachten zum Gesetzentwurf 2016 ..., sowie Münder.

ist,[18] ist umso bedeutender, als nach wie vor **verdeckte Armut** aus der Referenzgruppe nicht ausgeklammert wird. Damit wird der vom Bundesverfassungsgericht 2010 ausgesprochenen Verpflichtung, „bei der Auswertung künftiger Einkommens- und Verbrauchsstichproben darauf zu achten, dass Haushalte, deren Nettoeinkommen unter dem Niveau der Leistungen nach dem Sozialgesetzbuch Zweites Buch ... liegt, aus der Referenzgruppe ausgeschieden werden",[19] nicht nachgekommen. Zur Begründung wird im Entwurf des RBEG 2016[20] auf eine vom BMAS 2011 initiierte Studie[21] verwiesen, der zufolge Schätzungen der verdeckten Armut auf der Basis von Simulationsrechnungen keine valide Datengrundlage seien. Das BVerfG ist dieser Argumentation gefolgt und hat 2014 seine Forderung von 2011 insofern revidiert.[22] Aus sozialwissenschaftlicher Perspektive sind die Schlussfolgerungen, die das BMAS aus der og Studie zieht, aber nicht stringent. Denn die empirisch-statistische Methode insgesamt ist ein Schätzverfahren, dessen Qualität durch eine vorgelagerte Schätzung verdeckter Armut zwecks adäquater Gruppenabgrenzung verbessert würde. Damit wäre auch den 2014 eher allgemein gehaltenen Forderungen des BVerfG entsprochen, das Verfahren „zur Bestimmung grundrechtlich garantierter Ansprüche ... fortwährend zu überprüfen und weiter zu entwickeln" und Erkenntnisse über Gefahren der Unterdeckung des soziokulturellen Existenzminimums bei der Fortentwicklung des Rechts zu berücksichtigen bzw. Berechnungsschritte zu korrigieren.[23]

10 Aber selbst bei sachgerechter Abgrenzung der Grundgesamtheit ist das beobachtbare Konsumverhalten eines unteren Einkommensbereichs nicht vorbehaltlos zur Messung des existenziellen Bedarfs geeignet. Denn für die Referenzgruppe muss gewährleistet sein, dass das soziokulturelle Existenzminimum gedeckt ist. Dem wird nicht allein durch den Ausschluss der Anspruchsberechtigten nach dem SGB II bzw. XII entsprochen, da das aktuelle Leistungsniveau – dessen Überprüfung mit den Berechnungen bezweckt wird – möglicherweise hinter dem menschenwürdigen Existenzminimum zurückbleibt. Gegebenenfalls würden die gruppenspezifischen Durchschnittsausgaben nicht den Mindestbedarf spiegeln, sondern von existenziellen Mangellagen beeinflusst sein. Es sind also vorab Prüfkriterien zu entwickeln, die zur Einschätzung der sozialen Lage potenzieller Referenzgruppen geeignet sind.[24] Hier ist die Bezugnahme auf das Zurückbleiben von Einkommen und/oder Ausgaben hinter der gesellschaftlichen Mitte naheliegend; denn je weiter eine untere Schicht hinter den Verhältnissen in der Mittelschicht zurückbleibt, desto weniger kann ein Mindestmaß an Teilhabe angenommen werden.[25] Die Quantifizierung von Grenzwerten für die Prüfkriterien kann freilich nicht rein wissenschaftlich erfolgen, sondern obliegt dem Gesetzgeber, da hierbei normative Vorstellungen einfließen. Im Sinne des Transparenzgebots sollten die entsprechenden normativen Setzungen offen diskutiert und dargelegt werden, um auf dieser Basis empirisch zu untersuchen, welcher untere Einkommensbereich den Kriterien am ehesten entspricht. Die derzeitige Regelbedarfsbemessung entspricht diesen Anforderungen nicht. Denn die Referenzeinkommensbereiche werden ohne sachdienliche Begründung und zu-

18 Auch das BVerfG formuliert einen entsprechenden Vorbehalt, indem es ausführt, dass eine Statistik- und Verbrauchsmethode gerechtfertigt ist „unter der Prämisse, dass auch das Ausgabeverhalten unterer Einkommensgruppen der Bevölkerung zu erkennen gibt, welche Aufwendungen für das menschenwürdige Existenzminimum erforderlich sind" (BVerfG 9.2.2010 – 1 BvL 1/09, Rn. 166). Dieser Vorgabe kann im Falle von Polarisierungstendenzen durch eine Modifizierung des Einkommensbereichs, auf den mit dem Statistikmodell Bezug genommen wird, entsprochen werden.
19 BVerfG 9.2.2010 – 1 BvL 1/09 ua, Rn. 169.
20 BT-Drs. 18/9984 vom 17.10.2016, S. 33.
21 Bruckmeier et al.
22 BVerfG 23.7.2014 – 1 BvL 10/12 ua, Rn. 105.
23 Vgl. zB BVerfG 23.7.2014 – 1 BvL 10/12 ua, Rn. 79, 141.
24 In Kapitel 9 dieses Handbuchs werden diese Aspekte nicht berücksichtigt.
25 Vgl. den konkreten Vorschlag von Becker, Regelbedarfsbemessung – methodisch konsistente Berechnungen.

dem für die verschiedenen Referenzhaushaltstypen unterschiedlich gesetzt (s. o.), so dass erhebliche Zweifel an ihrer Eignung als Basis für die Berechnung des soziokulturellen Existenzminimums bestehen.[26]

Darüber hinaus **widerspricht** die Ausklammerung einzelner Ausgaben als nicht regelleistungsrelevant dem **Grundgedanken des Statistikmodells.** Dieser impliziert die Ersetzung normativer Vorgaben durch die Bezugnahme auf Durchschnittswerte unter der für den Niedrigeinkommensbereich plausiblen Annahme, dass individuelle Präferenzen für einzelne Güter- bzw. Dienstleistungsarten durch Verzicht bzw. Zurückhaltung bei anderen Kategorien realisiert und dementsprechend bei der Durchschnittsbildung kompensiert werden. Bei der Umsetzung des Statistikmodells räumt das Bundesverfassungsgericht dem Gesetzgeber zwar einen Spielraum ein und lässt wertende Entscheidungen darüber, welche Ausgaben zum Existenzminimum zählen, zu;[27] Einschränkungen der empirisch-statistischen Methode werden aus juristischer Perspektive bisher also nicht grundsätzlich ausgeschlossen. Die dabei zugrunde gelegten normativen Setzungen bedürfen aber nachvollziehbarer Begründungen und dürfen der Funktionsweise des Statistikmodells nicht zuwider laufen, so dass der **Ermessensspielraum des Gesetzgebers begrenzt** ist. So betont das Bundesverfassungsgericht 2010 in seiner Urteilsbegründung, dass der Pauschalbetrag so zu bestimmen ist, dass ein Ausgleich zwischen verschiedenen Bedarfspositionen möglich ist und der Bedürftige sein Verbrauchsverhalten so gestalten kann, dass er mit dem Festbetrag auskommt.[28] Zudem sind die zu erbringenden Leistungen an dem jeweiligen Entwicklungsstand des Gemeinwesens und den bestehenden Lebensbedingungen auszurichten. Auch 2014 hat das BVerfG gemahnt, auf Möglichkeiten des internen Ausgleichs zu achten. Dies wurde mit Verweis auf Kürzungen um etwa 25% des Konsums der Referenzgruppen wie folgt präzisiert: „Wenn in diesem Umfang herausgerechnet wird, kommt der Gesetzgeber jedoch an die Grenze dessen, was zur Sicherung des Existenzminimums verfassungsrechtlich gefordert ist. Verweist der Gesetzgeber auf einen internen Ausgleich zwischen Bedarfspositionen, auf ein Ansparen oder auch auf ein Darlehen zur Deckung existenzsichernder Bedarfe, muss er jedenfalls die finanziellen Spielräume sichern, die dies tatsächlich ermöglichen, oder anderweitig für Bedarfsdeckung sorgen."[29] Dennoch hat es das BMAS – wie bereits 2010/2011 – auch 2016 unterlassen, entsprechend dem Gebot der Transparenz die Gesamtsumme der als nicht regelbedarfsrelevant klassifizierten Güter auszuweisen. Wie in einem wissenschaftlichen Gutachten dargelegt, besteht unter theoretisch-methodischen Gesichtspunkten bei der Definition des regelbedarfsrelevanten Konsums allenfalls ein marginaler politischer Spielraum. Die aktuellen Streichungen belaufen sich aber nach wie vor auf etwa ein Viertel der Ausgaben (ohne Abteilung 4 – Ausgaben des Bereichs Wohnen) der Referenzgruppen. Dies ist aus sozialwissenschaftlicher Perspektive unhaltbar, zumal die Referenzgruppen ohnehin schon weit hinter der gesellschaftlichen Mitte zurückbleiben (deren Einkommensmittelwerte erreichen nur zwei Fünftel bzw. etwa die Hälfte des Gesamtdurchschnitts des jeweiligen Haushaltstyps).[30]

Bereits 2011 wurde von mehreren Sachverständigen die Ansicht vertreten, dass bei der damaligen Neubemessung der Regelbedarfe den vom Bundesverfassungsgericht gesetzten Schranken für Abweichungen vom Statistikmodell nicht ausreichend Rechnung getragen wurde.[31] Diese Einwendungen gelten weiterhin, da der jüngsten Regelbedarfser-

26 Vgl. zB Becker, Regelbedarfsbemessung: Gutachten zum Gesetzentwurf 2016 …, S. 9 f., sowie Becker, Neuermittlung der Regelbedarfe nach altem Muster, S. 463 f.
27 BVerfG 9.2.2010 – 1 BvL 1/09 ua, Rn. 171.
28 BVerfG 9.2.2010 – 1 BvL 1/09 ua, Rn. 205, sa Rn. 172.
29 BVerfG 23.7.2014 – 1 BvL 10/12 ua, Rn. 121.
30 Vgl. Becker, Regelbedarfsbemessung: Gutachten zum Gesetzentwurf 2016 …, S. 18 f.
31 Vgl. zB Münder, S. 26–28, und Deutscher Bundestag, Ausschuss für Arbeit und Soziales, S. 114 f.

mittlung von 2016 auf Basis der EVS 2013 das gleiche Berechnungsverfahren zugrunde liegt.[32] Sie lassen sich dahin gehend zusammenfassen, dass wegen der nach wie vor fehlenden Implementierung eines Ansatzes zur Ausklammerung verdeckter Armut sowie aus der freihändigen – also ohne sachdienliche Begründung vorgenommenen – Abgrenzung unterer Einkommensbereiche, die eine Ungleichbehandlung von Anspruchsberechtigten impliziert, Zweifel an der Verfassungskonformität der Regelungen bestehen. Darüber hinaus werden einzelne Begründungen der Einstufung von Güterpositionen als nicht regelbedarfsrelevant, die Sonderauswertungen für Teilgruppen der Referenzgruppen sowie der Gesamtumfang der Kürzungen gegenüber den Ausgaben der Referenzgruppe unter methodischen Gesichtspunkten als problematisch bzw. nicht tragfähig erachtet; auch daraus ergeben sich juristische Einwendungen gegen das RBEG.

2. Relative Armutsgrenzen in den Sozialwissenschaften

13   Für die Messung relativer Armut und insbesondere relativer Einkommensarmut werden in den Sozialwissenschaften neben den auch für die Bemessung des Existenzminimums maßgeblichen Einkommens- und Verbrauchsstichproben (EVS) als weitere hier relevante Datenquellen der amtlichen Statistik der Mikrozensus und der deutsche Beitrag zu den europäischen Statistics of Income and Living Conditions (EU-SILC, „Leben in Europa") herangezogen. Die in der Armutsforschung am häufigsten zugrunde gelegte Datenquelle ist aber das Sozio-oekonomische Panel (SOEP) des Deutschen Instituts für Wirtschaftsforschung (DIW Berlin), das als Wiederholungsbefragung auch Längsschnittanalysen – zB zur Dauer von Armutsphasen – erlaubt. Für die direkte Armutsmessung im Sinne des Lebenslagenansatzes sind zudem der Sozialwissenschaften-Bus und die Wohlfahrtssurveys geeignet.

14   Für jede der Bevölkerungsumfragen sind spezifische Vorzüge und Schwächen hinsichtlich der Repräsentativität und des thematischen Spektrums zu berücksichtigen. Für den Mikrozensus als Erhebung mit dem größten Stichprobenumfang kann von einem hohen Repräsentativitätsgrad ausgegangen werden; das Einkommen wird allerdings nur grob durch Selbsteinstufungen in vorgegebene Größenklassen erfasst. Demgegenüber werden mit EVS und EU-SILC die Einkommen vergleichsweise detailliert erhoben, aber nur begrenzte Repräsentativitätsgrade erreicht.[33] Das SOEP wiederum erweist sich als in hohem Maße repräsentativ und beinhaltet zudem differenzierte Angaben zum Einkommen sowie auch zu anderen Lebensbereichen (zB Gesundheit); die Analysemöglichkeiten sind allerdings bei speziellen Fragestellungen begrenzt wegen des vergleichsweise geringen Stichprobenumfangs – bei kleinen Gruppen mit geringen Fallzahlen ist der Fehlerspielraum erheblich – und infolge teilweise fehlender Antworten einzelner Haushaltsmitglieder.

15   Die umfassenden Konzepte der Armutsforschung, die der Mehrdimensionalität von Unterversorgungslagen entsprechen, direkte Indikatoren erfordern (Lebenslagenansatz) und/oder Aspekte der Verwirklichungschancen einbeziehen, können bisher allenfalls teilweise empirisch umgesetzt werden. Denn die Abgrenzung von Indikatoren zur Erfassung der einzelnen Lebenslagen sowie deren Gewichtung und Zusammenfassung zu einem Gesamtindikator werden kontrovers diskutiert, und die vielschichtigen Inhalte werden nicht alle gleichermaßen in einer umfassenden repräsentativen Stichprobe (gleichzeitig) erhoben. Weitere Umsetzungsprobleme betreffen die normative Ebene, da für jede Teildimension von Armut Mindeststandards definiert und die Frage der Kompensationsmöglichkeit mit anderen Teildimensionen (Ausgleich einer schlechten Versorgungslage in einem Lebensbereich durch eine gute Versorgungslage in einem anderen

---

32   Vgl. dazu ausführlich Becker, Regelbedarfsbemessung: Gutachten zum Gesetzentwurf 2016 ...
33   Vgl. Deutsches Institut für Wirtschaftsforschung et al, S. 21–25, 156–183, und Gerhardt/Habenicht/Munz.

Bereich) geklärt werden müssten.[34] Letztlich werden die Interpretation eines Indikators und die Ableitung von konkreten politischen Handlungsempfehlungen umso schwieriger, je mehr (normativ) gewichtete Teilindikatoren subsumiert werden. Vermutlich wegen dieser Probleme steht das vergleichsweise einfache und „übersichtliche" (eindimensionale) Konzept der relativen Einkommensarmut (indirekte Armutsmessung) weiterhin im Zentrum des politischen und öffentlichen Interesses. Es unterliegt neuerdings zwar zunehmender Kritik, die allerdings zum großen Teil an nebulösen Vorstellungen von absoluter Armut mit Gefahren für das physische Überleben anknüpft oder aus einer einseitigen Argumentation folgt.[35] Eine wichtige Weiterentwicklung wurde mit der integrativen Berücksichtigung von Einkommen und Vermögen bei der Setzung einer Armutsgrenze vorgelegt, die in Kombination mit schichtspezifischen Konsumausgaben und Sparmöglichkeiten vertiefende Analysen der Lebenssituation bei materieller Armut erlaubt.[36]

Aber selbst bei der eindimensionalen Messung relativer **Einkommensarmut** ergeben sich **16** methodische **Optionen mit normativen Implikationen.**

Da mit einem gegebenen Haushaltseinkommen ja nach Haushaltsgröße und -struktur unterschiedliche Lebensstandards verbunden sind, ist zunächst mittels einer **Äquivalenzskala** eine Umrechnung in einen bedarfsgewichteten, jedem Haushaltsmitglied zuzuordnenden Indikator – das Nettoäquivalenzeinkommen – erforderlich. Der neueren Armutsforschung und insbesondere der Armuts- und Reichtumsberichterstattung der Bundesregierung sowie den EU-Berichten über Sozialschutz und soziale Inklusion mit den Laeken-Indikatoren liegt die neue bzw. modifizierte OECD-Skala zugrunde. Danach wird dem Haushaltsvorstand ein Gewicht von 1 zugeordnet, während der Bedarf weiterer Haushaltsmitglieder ab 14 Jahren mit 0,5, der Bedarf von Kindern unter 14 Jahren mit 0,3 gewichtet wird. Diese normative Setzung ist allerdings keineswegs unumstritten, da der Mehrbedarf von Familien gegenüber Alleinstehenden vergleichsweise gering bemessen wird.[37] Die Division des Haushaltsnettoeinkommens durch die Summe der Äquivalenzgewichte ergibt das Nettoäquivalenzeinkommen.

Zur Ableitung der relativen Armutsgrenze ist als Bezugspunkt ein **Mittelwert** der Nettoäquivalenzeinkommen zu definieren. Während in den 1980er und 1990er Jahren häufig der Durchschnittswert – also das arithmetische Mittel – zugrunde gelegt wurde, wird neuerdings vorzugsweise der Median oder Zentralwert herangezogen. Dieser Mittelwert grenzt die untere Hälfte der nach der Höhe des Nettoäquivalenzeinkommens geordneten Bevölkerung von der oberen Hälfte der Verteilung ab; er ist dementsprechend – im Gegensatz zum Durchschnitt – nicht allein vom gesamtgesellschaftlichen Einkommensniveau, sondern auch von dessen Verteilung abhängig, was die Entwicklung von Armutsgrenze und Armutsquote durchaus beeinflussen kann.

Schließlich ist der maximale **Abstand vom Mittelwert,** bei dem Armut und soziale Ausgrenzung gerade noch nicht anzunehmen sind, festzulegen. In der Armutsforschung wird die Armuts(risiko)schwelle meist bei 60% des Median gesetzt; eher ergänzend werden teilweise die „strengeren" Grenzwerte von 50% oder gar 40% des Median zugrunde gelegt.

Auch wenn von den zahlreichen Möglichkeiten zur Konkretisierung einer relativen Einkommensarmutsgrenze in der Literatur ein zentraler Indikator dominiert – 60% des **17**

---

34 Dennoch liegen wegweisende Analysen vor, zB für die direkte Armutsmessung mit dem Lebensstandardansatz die Arbeit von Andreß/Krüger/Sedlacek.
35 Vgl. Becker, Kritik am Konzept relativer Armut – berechtigt oder irreführend?
36 Vgl. Becker, Einkommen und Vermögen ..., dies., Konsumteilhabe nach Wohlstandsschichten ...
37 Verschiedene Äquivalenzskalen und ihr Einfluss auf Maßzahlen der Einkommensverteilung werden dargestellt in Becker/Hauser, Anatomie der Einkommensverteilung, S. 175–187.

Abbildung 1: Grundsicherungsniveau (Stand: 1.1.2014) und relative Einkommensarmutsgrenzen (2014) für ausgewählte Haushaltstypen

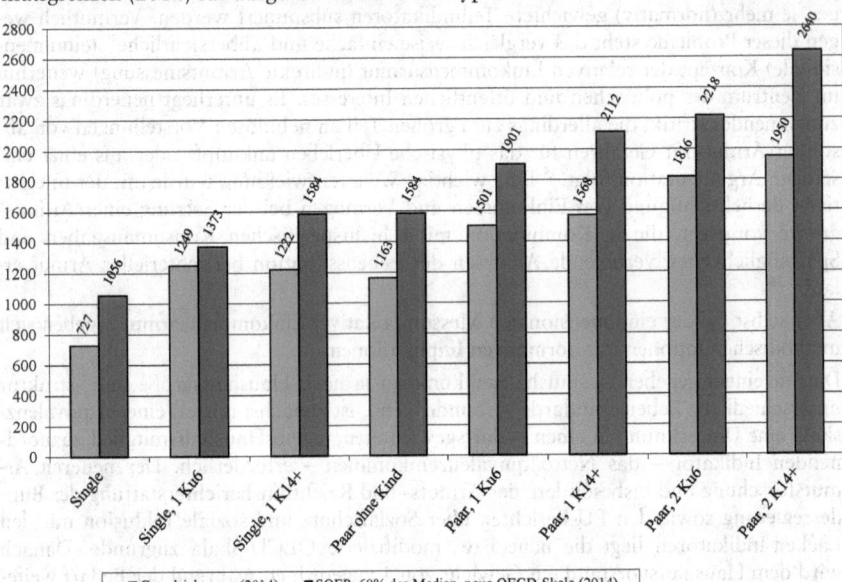

Legende: Ku6 = Kind(er) unter 6 Jahren;
K14+ = Kind(er) ab 14 Jahren.

Quellen: Bundesministerium für Arbeit und Soziales, S. 549 (SOEP 2014); Bekanntmachung über die Höhe der Regelbedarfe nach § 20 Absatz 5 des Zweiten Buches Sozialgesetzbuch für die Zeit ab 1. Januar 2014 vom 16. Oktober 2013 (BGBl. I, 3857); Statistik der Bundesagentur für Arbeit, Arbeitsmarkt in Zahlen, Grundsicherung für Arbeitsuchende nach SGB II, Wohn- und Kostensituation, Tabelle 2 b, Nürnberg, Januar 2015; eigene Berechnungen.

Median der Nettoäquivalenzeinkommen bei Verwendung der neuen OECD-Skala –, weisen die empirischen **Ergebnisse eine teilweise erhebliche Diskrepanz** auf, allerdings weniger hinsichtlich der Veränderungen im Zeitablauf als im Niveau. Dies ist auf die unterschiedlichen Datenquellen und im Detail abweichende Nettoeinkommensbegriffe, aber auch auf verschiedenartige Auswertungsroutinen – zB hinsichtlich des Umgangs mit Antwortausfällen – zurückzuführen. Die künftige Forschung steht vor der Aufgabe, die verfügbaren Datenquellen intensiv auf ihre Repräsentativität und Eignung für die jeweilige Fragestellung zu prüfen und die Datenerhebungskonzepte, Hochrechnungsverfahren und Auswertungsstrategien entsprechend weiterzuentwickeln.

III. Existenzminimum und relative Einkommensarmutsgrenze 2014 im Vergleich

18 Wie groß die Abweichungen zwischen der gesetzlichen Armutsgrenze im Sinne des soziokulturellen Existenzminimums und der relativen Armutsgrenze nach sozialwissenschaftlichem Konzept sind, zeigt Abbildung 1 beispielhaft für typisierte Familien im Jahr 2014.

Die hellen Balken bilden das Existenzminimum – einschließlich der durchschnittlichen anerkannten Kosten der Unterkunft von Bedarfsgemeinschaften mit Grundsicherungsbezug sowie der Mehrbedarfszuschläge für Alleinerziehende (§ 21 Abs. 3 SGB II) und bei Kindern einer Pauschale für das Bildungs- und Teilhabepaket[38] – ab, die dunklen Balken geben die aus der Armutsschwelle von 60% des Median der Nettoäquivalenzeinkommen resultierenden Grenzwerte wieder.[39] Das Grundsicherungsniveau von Alleinlebenden (kurz: Singles) bleibt um 31% hinter der relativen Einkommensarmutsgrenze zurück. Bei Alleinerziehenden mit einem Kind unter 6 Jahren liegen beide Beträge vergleichsweise nahe zusammen; das Existenzminimum liegt um 9% unter der relativen Armutsgrenze – eine Folge des Mehrbedarfszuschlags. Bei Alleinerziehenden mit einem Kind ab 14 Jahren macht der Rückstand des gesetzlichen Existenzminimums schon 23% aus; denn das etwas höhere Sozialgeld kann den geringeren Mehrbedarfszuschlag nicht kompensieren. Bei allen anderen Familientypen sind die Differenzen noch wesentlich größer – ein über Jahre stabiles Ergebnis. Das **Grundsicherungsniveau bleibt im Durchschnitt** also erheblich **hinter** der gängigen **relativen Einkommensarmutsgrenze zurück.**

Trotz der vergleichsweise geringen Beträge des gesetzlichen Existenzminimums zählen **19**

- nicht alle Grundsicherungsempfänger/innen zur Bevölkerung unterhalb der relativen Armutsgrenze,

- ist die **Armut nach gesetzlicher Lesart** (Hilfebedürftigkeit), die sich aus bekämpfter und verdeckter Armut zusammensetzt, **nicht gänzlich eine Teilgruppe der relativen Armut.**

Denn wegen der einerseits teilindividualisierten Grenze und entsprechend großen Streuung der faktischen Grenzwerte (Existenzminimum) und der andererseits vollständig pauschalisierten Schwelle (relative Armutsgrenze) ist keine generelle Überlappung beider Gruppen anzunehmen. Bei weit überdurchschnittlichen Kosten der Unterkunft liegt das Existenzminimum tendenziell über der relativen Armutsgrenze, so dass diese Transferempfänger/innen bzw. Personen in verdeckter Armut nicht zur pauschal abgegrenzten Armutsbevölkerung zählen. Abgesehen davon ergeben sich bei Erwerbstätigenhaushalten mit aufstockendem Arbeitslosengeld II wegen der Absetzbeträge nach § 11 b SGB II (derzeit: maximal 300 EUR, bei mindestens einem minderjährigen Kind 330 EUR), die als Kompensation eines erwerbsbedingten Mehrbedarfs angesehen werden können, höhere Transfergrenzen als in Abbildung 1 ausgewiesen; sie nähern sich der relativen Armutsgrenze mit der Folge, dass auch „Aufstocker/innen" teilweise beim Konzept der relativen Einkommensarmut nicht miterfasst werden. Hier wirkt sich der grundsätzliche Unterschied zwischen Existenzsicherung im Einzelfall und Armut(srisiko) im Durchschnitt der Bevölkerung aus.

B. Ausmaß bekämpfter und verdeckter Armut

Das Ausmaß der bekämpften Armut in der Zeit vor Aufspaltung der Existenzsicherung **20** in verschiedene Teilsysteme – also vor 2003 und insbesondere vor 2005 – findet sich in der jährlichen **Sozialhilfestatistik** des Statistischen Bundesamtes, seit 1994 (Inkrafttreten des Asylbewerberleistungsgesetzes) allerdings ohne Berücksichtigung der Hilfebedürftig-

---

38 Die Leistungen für Bildung und Teilhabe nach § 28 SGB II bzw. § 34 SGB XII, auf die nicht nur Kinder in Familien mit Bezug von Leistungen nach dem SGB II bzw. SGB XII sondern auch Familien mit Wohngeld und/oder Kinderzuschlag Anspruch haben, werden im 11. Existenzminimumsbericht (Bericht über die Höhe des steuerfrei zu stellenden Existenzminimums von Erwachsenen und Kindern für das Jahr 2018, S. 8) wie bisher mit monatlich 19 EUR angesetzt.

39 Zur Erläuterung: Aus dem SOEP Datensatz von 2015 wurde aus den erhobenen Vorjahreseinkommen ein Median der Nettoäquivalenzeinkommen von (gerundet) 1.760 EUR p. M. ermittelt; 60% dieses Werts ergeben 1.056 EUR als Armutsgrenze für Alleinstehende. Die Armutsgrenzen für Mehrpersonenhaushalte werden durch Multiplikation mit der Summe der haushaltsspezifischen Äquivalenzgewichte abgeleitet, beispielsweise für ein Paar mit einem Kind unter 14 Jahren wie folgt: 1.056 EUR * (1,0 + 0,5 + 0,3) = 1.056 EUR * 1,8 = 1.901 EUR.

Becker 69

keit der Asylbewerber. Seit Jahren hat sich die Sozialhilfequote im engeren Sinne – also der Anteil der Bezieher/innen von Hilfe zum Lebensunterhalt (HLU) außerhalb von Einrichtungen an der Bevölkerung – erhöht und erreichte Ende 2004 3,5% (trotz der neuen Grundsicherung im Alter und bei Erwerbsminderung). Kinder – und damit selbstverständlich auch Eltern bzw. insbesondere allein erziehende Elternteile – waren weit überdurchschnittlich betroffen; Ende 2004, also unmittelbar vor Inkrafttreten der Hartz IV-Reform, lebten 7,5% der Minderjährigen in Haushalten mit Bezug von HLU. Hinter diesen Zahlen verbirgt sich eine **große Streuung der Quoten von Teilgruppen** – einerseits nach Regionen, andererseits zwischen Deutschen und Migranten und Migrantinnen – trotz der Ausklammerung der Asylbewerber. Davon nicht unabhängig hat sich Arbeitslosigkeit, die stark mit einem geringen formalen Bildungsabschluss korreliert, als eine der häufigsten Ursachen des HLU-Bezugs erwiesen: in 56% der Bedarfsgemeinschaften war mindestens eine Person arbeitslos.

21 Mit Beginn des Jahres 2003 wird der Bezug von Leistungen zur Existenzsicherung infolge der gesetzlichen Neuregelungen mit verschiedenen amtlichen Statistiken erfasst. Seit der Hartz IV-Reform (2005) dokumentiert die monatliche **Statistik der Bundesagentur für Arbeit** den größten Teil der bekämpften Armut, nämlich den Bezug von Grundsicherungsleistungen erwerbsfähiger Personen und ihrer Angehörigen. Infolge der Abschaffung der Arbeitslosenhilfe bzw. ihrer Ersetzung durch das ALG II sind die in Tabelle 1 ausgewiesenen Zahlen bis 2004 mit denen ab 2005 zwar nicht unmittelbar vergleichbar, ergeben aber dennoch ein schlüssiges Bild.

22 Die gegenüber der Zahl der HLU-Beziehenden Ende 2004 **mehr als doppelt so hohe Zahl der ALG II-Empfänger/innen** Ende 2006 ist im Wesentlichen auf die in der Sozialhilfestatistik nicht erfasste Gruppe mit **Arbeitslosenhilfe** (ALH) zurückzuführen. Ende 2004 haben immerhin 2,26 Mio. Arbeitslose ALH bezogen, ihre Angehörigen wurden von keiner Statistik erfasst. Hinzu kam der Effekt erhöhter Regelleistungen infolge der Pauschalisierung von vormals „einmaligen Leistungen" der HLU – damit erhöht sich die gesetzliche Armutsgrenze entsprechend –, dem allerdings möglicherweise ein leichter Rückgang verdeckter Armut gegenüberstand.

23 Schließlich ist die bis auf 11% gestiegene SGB II-Hilfequote zumindest teilweise auf eine Problemverschärfung – nicht nur wegen zunehmender Arbeitslosigkeit, sondern auch infolge der herabgesetzten maximalen Bezugsdauer des Arbeitslosengeldes (I) sowie der Ausbreitung des Niedriglohnsektors mit der Folge zunehmender Ansprüche auf ergänzendes ALG II – zurückzuführen; daneben spiegelt sich aber auch die deutliche Anhebung des Freibetrags bei Erwerbstätigkeit zum Oktober 2005.[40] Wieder ist die Betroffenheit von Kindern weit überdurchschnittlich; für die Gruppe unter 15 Jahren ergibt sich 2006 eine Hilfequote von fast 17%. Dies resultiert insbesondere aus der prekären Situation vieler Alleinerziehender: Gut zwei Fünftel von ihnen beziehen ALG II und Sozialgeld. Der 2006 einsetzende konjunkturelle Aufschwung hat 2007 und 2008 zwar zu einer merklichen Abnahme der Zahl der ALG II-Beziehenden insgesamt geführt; diese Entwicklung hat sich aber erst verzögert und zudem verlangsamt fortgesetzt, so dass **die Empfängerzahlen auf dem weiterhin hohen Niveau** von knapp 6 Mio. liegen – die derzeit guten makroökonomischen Rahmenbedingungen kommen offenbar nicht allen gesellschaftlichen Gruppen zugute. Demgegenüber sind die Zahlen der Empfänger/innen von Regelleistungen nach dem SGB XII zwar gering, weisen aber insbesondere für die **Grundsicherung im Alter und bei Erwerbsminderung** einen sehr starken Anstieg (um gut zwei Drittel zwischen 2005 und 2017) auf – ein Indiz für ein möglicherweise wieder

---

40 Die Zahl der Erwerbstätigen mit ergänzendem Bezug von ALG II lag 2005 bei etwa 0,9 Mio., im Juli 2008 bei 1,353 Mio. Inwieweit sich hier die Anhebung der Freibeträge bei Erwerbstätigkeit zum Oktober 2005 und die damit verbundene Vergrößerung des Kreises der Anspruchsberechtigten auswirkt, ist offen.

Becker

zunehmendes Ausmaß von Altersarmut. Letztere Annahme wird gestützt durch die Entwicklung der Hilfequote der Personen an bzw. oberhalb der gesetzlichen Altersgrenze: Sie ist von 1,7% in 2003 auf 3,2% in 2017 gestiegen (tabellarisch nicht ausgewiesen), liegt also deutlich über der SGB XII-Hilfequote insgesamt.

Tabelle 1: Empfänger/innen von ausgewählten Mindestsicherungsleistungen

	Personen (Tsd.)	Hilfequoten
Sozialhilfe (HLU[1])		
Ende 2002	2.757	/
■ *darunter: Personen unter 18 Jahren*	1.016	/
Ende 2004	2.910	3,5%
■ *darunter: Personen unter 18 Jahren*	1.119	7,5%
Ende2005	81	0,1%
Ende 2009	92	/
Ende 2017	127	0,2%
Arbeitslosenhilfe Dezember 2004	2.260	4,0%
ALG II/Sozialgeld		
Ende 2006	7.283	11,0%
■ *darunter: Personen unter 15 Jahren*	1.901	16,6%
Ende 2008	6.610	10,1%
■ *darunter: Personen unter 15 Jahren*	1.739	15,4%
Ende 2017	5.975	9,1%
■ *darunter: Personen unter 15 Jahren*	1.686	14,6%
Grundsicherung im Alter und bei Erwerbsminderung		
Ende 2005	630	0,9%
■ *darunter: außerhalb von Einrichtungen*	462	
Ende 2008	768	1,1%
■ *darunter: außerhalb von Einrichtungen*	582	
Ende 2017	1.059	1,5%
■ *2015: außerhalb von Einrichtungen*	831	
Mindestsicherungsleistungen insgesamt[2]		
2006	8.071	9,8%
2014	7.357	9,1%
2017	7.588	9,2%

[1] Empfänger/innen von Hilfe zum Lebensunterhalt außerhalb von Einrichtungen, Stichtag: 31.12. des jeweiligen Jahres.
[2] Empfänger/innen von Arbeitslosengeld II/Sozialgeld nach dem SGB II, von Hilfe zum Lebensunterhalt außerhalb von Einrichtungen sowie von Grundsicherung im Alter und bei Erwerbsminderung nach dem SGB XII – jeweils ohne einmalige Leistungen –, von Regelleistungen nach dem Asylbewerberleistungsgesetz.

Quellen: Sozialhilfestatistik des Statistischen Bundesamtes (Fachserie 13, Reihe 2), verschiedene Jahre, Statistisches Jahrbuch, verschiedene Jahre (http://www.destatis.de), Sozialberichterstattung der amtlichen Statistik (https://www.destatis.de/DE/ZahlenFakten/GesellschaftStaat/Soziales/Sozialberichterstattung/Tabellen/11_MS_EmpfLeistVeraend.html und https://www-genesis.destatis.de/genesis/online/data) und Statistik der Bundesagentur für Arbeit, verschiedene Berichte und Analysen (http://www.pub.arbeitsamt.de/hst/services/statistik/detail/l.html für Zugriffe bis 2012, https://statistik.arbeitsagentur.de/Navigation/Statistik/Statistik-nach-Themen/Grundsicherung-fuer-Arbeitsuchende-SGBII/Ueberblick/Ueberblick-Nav.html für Zugriff am 14.6.2017), Statistische Ämter des Bundes und der Länder 2019.

24   Die Statistiken über Leistungsempfänger/innen geben aber nur „die halbe Wahrheit" über Armut nach gesetzlicher Lesart wieder, da Teile der Bedürftigen ihnen zustehende Leistungen nicht in Anspruch nehmen. Nach Schätzungen dieser verdeckten Armut durch Mikrosimulationen auf der Basis von Haushaltsstichproben für die Zeit vor der Hartz IV-Reform kamen auf drei HLU-Empfänger/innen mindestens zwei, eher drei weitere Berechtigte, die von ihrem Anspruch keinen Gebrauch machten (Nicht-Inanspruchnahmequote: 40% bis 50%).[41] Dabei waren einige gesellschaftliche Gruppen von verdeckter Armut besonders stark betroffen: alleinstehende Frauen, Paar-Haushalte mit erwerbstätigem Haushaltsvorstand und Altenhaushalte. Die Gründe für das Phänomen der verdeckten Armut sind vielfältig. Wesentliche Ursachen sind offenbar, dass viele Bedürftige die relevanten gesetzlichen Regelungen nicht kennen oder mit der Inanspruchnahme staatlicher Hilfeleistungen Stigmatisierungsängste verbinden.[42] Die Einführung der Grundsicherung im Alter und bei Erwerbsminderung sowie des ALG II im Zuge der Hartz IV-Reform hat daran nicht viel geändert. Auch jüngere Studien kommen zu dem Ergebnis, dass die Nicht-Inanspruchnahme zustehender Grundsicherungsleistungen bei etwa zwei Fünfteln der Anspruchsberechtigten liegt, hinsichtlich der Grundsicherung im Alter noch deutlich höher.[43]

C. Ausmaß relativer Einkommensarmut

25   Vorliegende Ergebnisse über das Ausmaß relativer Einkommensarmut unterscheiden sich teilweise beträchtlich, was hauptsächlich auf die Verschiedenartigkeit der verwendeten Datenquellen zurückzuführen ist. Die in Tabelle 2 für 2014 auf Basis des SOEP ausgewiesene Betroffenenquote von insgesamt knapp 16% fällt ähnlich aus wie die im Fünften Armuts- und Reichtumsbericht der Bundesregierung ebenfalls ausgewiesenen Vergleichswerte auf der Basis anderer Datenquellen, der zeitliche Verlauf und gruppenspezifische Quoten differieren allerdings stärker.[44] Da die Ergebnisse der amtlichen Statistik aber kürzere Zeiträume umfassen und teilweise von methodischen Besonderheiten beeinflusst sind, beschränkt sich die tabellarische Darstellung auf SOEP-Ergebnisse. Aus ähnlichen Gründen wird auch auf eine Darstellung der neuerdings verstärkt beachteten Indikatoren zur materiellen Deprivation verzichtet; mit diesem Konzept wird untersucht, inwieweit sich Personen als üblich geltende Güter und Aktivitäten nicht leisten können[45] – dabei wird vom Konzept relativer Armut abgewichen, eine differenzierende Interpretation würde den Rahmen dieses Beitrags sprengen.

26   Seit Anfang der 2000er Jahre ist die Quote relativer Einkommensarmut um gut ein Drittel auf fast 16% gestiegen. Der Abstand zwischen alten und neuen Ländern hat sich deutlich vergrößert, so dass 2014 gut ein Fünftel der Ostdeutschen gegenüber etwa einem Siebtel der Westdeutschen von weniger als 60% des Median lebte. Weit überdurchschnittlich betroffen sind Kinder, insbesondere Kinder von Alleinerziehenden, für die trotz des Ausbaus der Kindertagesbetreuung die Vereinbarkeit von Familie und Erwerbstätigkeit weiterhin besonders schwierig ist. Besonders dramatisch ist die Entwicklung für Arbeitslose verlaufen – die Armutsquote hat sich zwischen 1995 und 2014 auf 58% ungefähr verdoppelt. Hier spiegeln sich die Hartz-Reformen, insbesondere die Abschaffung der Arbeitslosenhilfe, sowie strukturelle Verschiebungen innerhalb der Grup-

---

41   Becker/Hauser, Dunkelziffer, hier S. 221.
42   Becker/Hauser, Dunkelziffer, S. 173 ff.
43   Becker/Hauser, Kindergrundsicherung, S. 137; Bruckmeier/Wiemers, S. 11; Becker, Finanzielle Mindestsicherung, S. 139; Bruckmeier/Pauser/Riphahn/Walwei/Wiemers, S. 20, 90.
44   Bundesministerium für Arbeit und Soziales, S. 549–552.
45   Bundesministerium für Arbeit und Soziales, S. 571 ff.

pe der Arbeitslosen – im Zuge der wirtschaftlichen Erholung sind zunehmend Personen mit schlechten Vermittlungschancen betroffen.

Tabelle 2: Quoten relativer Armut auf Basis des Sozio-oekonomischen Panels (SOEP) (in %)

	1995	2000	2005	2010	2011	2012	2013	2014
insgesamt	11,6	11,6	14,1	14,1	14,0	14,5	15,2	15,8
Westdeutschland	11,3	11,2	12,6	12,6	12,6	13,2	14,0	14,7
Ostdeutschland	13,1	13,4	20,6	20,7	20,9	21,1	20,6	21,1
unter 18 J.	15,2	15,1	16,7	17,5	17,3	18,5	19,7	21,1
Alleinerziehende[1]	32,0	33,9	37,1	34,7	33,8	34,2	38,0	38,4
Arbeitslose[2]	28,1	33,9	48,0	57,6	55,0	57,7	58,0	58,2
dauerhafte Armut[3]	5,0	5,7	8,2	8,1	8,0	8,4	8,3	8,9

[1] Alleinerziehende und ihre Kinder
[2] nur Personen ab 18 Jahren
[3] Als dauerhafte Armut gilt, wenn aktuell und in zwei der drei Vorjahre die Armutsgrenze unterschritten wurde.
Quelle: Bundesministerium für Arbeit und Soziales, S. 549, Berechnungen auf Basis des SOEP v 32.

Aus gesellschaftspolitischer Perspektive besonders problematisch ist der hohe und deut- **27** lich steigende Anteil **lang anhaltender Armut**. Im Jahr 1995 hatten mit 5% der Bevölkerung ca. 43% der Armutsbevölkerung auch in mindestens zwei von drei Vorjahren ein Einkommen unterhalb der Armutsgrenze, im Jahr 2014 waren es 8,9% der Bevölkerung bzw. 56% der Armutsbevölkerung. Die Gefahr von Ausgrenzungsprozessen hat damit erheblich zugenommen, das Ziel der Chancengerechtigkeit und sozialer Mobilität wird verfehlt.

Zusammenfassend bleibt festzustellen, dass die **Quote relativer Einkommensarmut** im **28** Jahr **2014 mit 15,8%** um fast sieben Prozentpunkte über der Mindestsicherungsquote (9,1%; vgl. Tabelle 1, unterster Block) (bekämpfte Armut) lag. Der Unterschied ist zum einen auf verdeckte Armut, zum anderen auf das vergleichsweise geringe Niveau des gesetzlichen Existenzminimums[46] zurückzuführen.

---

46 Vgl. die Darstellung und Kritik der freihändigen Festlegung von Referenzeinkommensbereichen und der unkontrollierten Streichung von Ausgaben in Abschnitt A.II.1. (→ Rn. 7 ff.) sowie Abbildung 1 in Abschnitt A.III. (→ Rn. 18 f.) dieses Handbuchbeitrags.

Kapitel 6: Der aktivierende Sozialstaat und sein Verhältnis zur Existenzsicherung

Literaturhinweise: von Bandemer/Hilbert, Vom expandierenden zum aktivierenden Staat, in: Blanke, Handbuch zur Verwaltungsreform 2. Aufl. Opladen 2000, 17–25; Berthold, Reformen am Arbeitsmarkt- mehr als weiße Salbe, Wirtschaftsdienst 2004, 557–560; Blanke/von Bandemer, Der „aktivierende Staat", in: Gewerkschaftliche Monatshefte 1999, 321–331; Dahme/ Wohlfahrt, Aktivierungspolitik und der Umbau des Sozialstaats, in: Dahme ua (Hrsg): Soziale Arbeit für den aktivierenden Staat, Opladen 2003, 75–100; Dingeldey, Aktivierender Wohlfahrtsstaat und sozialpolitische Steuerung, in: Aus Politik und Zeitgeschichte 2006, 3–9; Dingeldey, Der aktivierende Wohlfahrtsstaat, Frankfurt 2011; Eichenhofer, Recht des aktivierenden Wohlfahrtsstaates, Baden Baden 2013; Eichhorst/Koch/Walwei, Flexibilisierung des Arbeitsmarktes – Wunderwaffe gegen die Arbeitslosigkeit, in Wirtschaftsdienst 2004, 551–556; Empter/Frick, Beschäftigungsorientierte Sozialpolitik in Kommunen – Strategien zur Integration von Sozialhilfeempfängern in das Erwerbsleben, Gütersloh 1999; Feist, Arbeit statt Sozialhilfe: Zur Reform der Grundsicherung in Deutschland, Tübingen 2000; Funk, New Economy und die Politik des modernen Dritten Weges, Aus Politik und Zeitgeschichte (B16–17 2001), 25–31; Giddens, Der dritte Weg. Die Erneuerung der sozialen Demokratie, 2. Aufl. Frankfurt 1999; Hanesch, Arbeit statt Sozialhilfe nach US Vorbild?, KJ 2001, 384–404; Hoffmann, S., Beratung als zentrales Element der Sozialhilfe im aktivierenden Sozialstaat, NDV 2002, 86–92; Hofmann/ Griesewelle, Konsequente Umsetzung der sozialpolitischen Leitbilder, BArbBl 2008, 32–40; Jacobs, Armut als Unterversorgung?, NDV 1993, 423–429; Kersting, Politische Solidarität statt Verteilungsgerechtigkeit?, Eine Kritik egalitaristischer Sozialstaatsbegründung, in: Kersting (Hrsg.), Politische Philosophie des Sozialstaats, Weilerswist 2002, 202–256; Kingreen, Rechtliche Gehalte sozialpolitischer Schlüsselbegriffe. Vom daseinsvorsorgenden zum aktivierenden Sozialstaat. Schriftenreihe des deutschen Sozialrechtsverbands 52, 2004, 7–47; Lessenich, Der Arme in der Aktivgesellschaft – Zum sozialen Sinn des „Förderns und Forderns", WSI Mitteilungen 2003, 214–219; Opielka, Gerechtigkeit durch Sozialpolitik?, in: Aus Politik und Zeitschichte, 2006, 32–38; Peck, „Help and hassle" Mittel, Motive und Methoden lokaler Workfare-Strategien, in: Lang, S. ua (Hrsg.), Jobwunder USA – Modell für Deutschland?, Münster 1999, 192–209; Promberger, Fünf Jahre SGB II – Versuch einer Bilanz, WSI Mitteilungen 2009, 604–611; Schettkat, Beschäftigungspolitische Ambivalenz von Flexibilität, Wirtschaftsdienst 2004, 561–564; Sinn, H.W. ua, Aktivierende Sozialhilfe, ifo Schnelldienst 55 (9) 2002, 3–52; ifo-Institut für Wirtschaftsforschung; Spannagel/Seikel ua, Aktivierungspolitik und Erwerbsarmut, WSI Report Nr. 36, Juli 2017; Spindler, Hilfe zur Arbeit, Existenzsicherung und Arbeitnehmerrechte, info also 1999, 170–178; Spindler, Aktivierende Ansätze in der Sozialhilfe, in: Dahme ua (Hrsg.), Soziale Arbeit für den aktivierenden Staat, Opladen 2003 a, 225–246; Spindler, Fördern und Fordern – Auswirkungen einer sozialpolitischen Strategie auf Bürgerrechte, Autonomie und Menschenwürde, Sozialer Fortschritt 2003 b, 296–301; Spindler, Die neue Regelsatzverordnung – Das Existenzminimum stirbt in Prozentschritten, info also 2004, 147–151; Spindler, Rechtliche Rahmenbedingungen für eigenverantwortliche Lebensführung in sozialen Umbruchsituationen, Jahrbuch Arbeit, Bildung, Kultur Bd. 23/24 – Forschungsinstitut FIAB, Recklinghausen 2005/2006, 169–184; Spindler, War auch die Hartz-Reform ein Bertelsmann Projekt?, in: Wenicke/Bultmann (Hrsg.), Netzwerk der Macht – Bertelsmann, 2. Aufl. Marburg 2007, 279–311; Spindler, Arbeiten für die Grundsicherung – Schleichende Einführung von Workfare in Deutschland, Soziale Sicherheit 2008, 365–372; Spindler, Entrechtung auf verschiedenen Ebenen zum Zwecke der Aktivierung durch die Hartz-Gesetzgebung, Kritische Justiz 2010, 163–170; Trube, Vom Wohlfahrtsstaat zum Workfarestate, Sozialpolitik zwischen Neujustierung und Umstrukturierung, in: Dahme ua (Hrsg.), Soziale Arbeit für den aktivierenden Staat, Opladen 2003 a, S. 177–203; Trube, Aktivierender Sozialstaat – Programmatik, Praxis und Probleme, 2003 b, NDV 2003, 334–341; Urban, Eigenverantwortung und Aktivierung – Stützpfeiler einer neuen Wohlfahrtsarchitektur?, WSI Mitteilungen 2004, 467–473; Wohlfahrt,

Der aktivierende Sozialstaat: Konzept und Konsequenzen einer veränderten Sozialpolitik, NDV 2001, 82–86.

Rechtsgrundlagen:
SGB II §§ 1, 2, 3, 9 Abs. 2, 10, 15, 16–16 g, 20, 31–31 a, 39, 42 a Abs. 2
SGB XII §§ 10, 11, 27 a

Orientierungssätze:

1. Der aktivierende Sozialstaat strebt nach einer neuen Verantwortungsteilung zwischen Staat und Gesellschaft.

2. Dabei sieht er die Aufgabe der Existenzsicherung vor allem als Teil der Arbeitsmarktpolitik, wo er die Bürger zu mehr Eigenverantwortung aktivieren will.

3. Theoretisch greift er dabei auf sozialwissenschaftliche Konzepte, auf Modelle der Verwaltungsmodernisierung, auf ökonomische Anreizmodelle und auf einen veränderten Gerechtigkeitsbegriff zurück.

4. Praktisch orientierte er sich an den Modellprojekten der aktivierenden Sozialhilfe.

5. Im Umgang mit sozialen Dienstleistern führt der Aktivierungsansatz zu einer Abkehr vom Subsidiaritätsprinzip und einer Hinwendung zu wettbewerbsorientierten Verfahren.

6. Existenzsichernde Geldleistungen werden als passiv und abhängig machend negativ bewertet, stark pauschaliert und in ihrer Bedeutung zurückgestellt.

7. Abschaffung der Arbeitslosenhilfe, Verkürzung von Arbeitslosengeld und eine neue gemeinsame Behörde sollen die Orientierung am bisherigen Status in der Arbeitswelt aufbrechen.

8. Diese Tendenzen sind besonders im SGB II verwirklicht. Das Fordern und die Kontrolle pflichtgemäßen Verhaltens ist dort gegenüber dem Fördern überbetont. Leistungen der Eingliederung, zu denen auch die Arbeitsgelegenheiten mit Mehraufwandsentschädigung zählen, unterliegen einer wenig kalkulierbaren Ermessenssteuerung und wurden seither stetig verändert, gekürzt oder ganz eingestellt.

9. Demgegenüber wurden nach Intervention des Bundesverfassungsgerichts Geldleistungen auch teilweise wieder ergänzt und angehoben.

10. Verstärkt werden Familienmitglieder gefordert und damit aktiviert.

11. Die Zumutbarkeit trifft auf durch Deregulierung deutlich verschlechterte Arbeitsverhältnisse von geringer Dauer und mit niedriger Entlohnung.

A. Theoretische Quellen des aktivierenden Sozialstaats

Die Vorstellung vom **aktivierenden Staat** speist sich aus verschiedenen theoretischen 1 Konzepten. Zunächst ging es dabei umfassend um eine **veränderte Rolle des Staats**[1] und Verwaltungsmodernisierung. Die Vertreter des aktivierenden Staats wollten den **allzuständigen Leistungsstaat**, der sich ihrer Ansicht nach ständig selbst überforderte, geradezu „hyperaktiv"[2] und nicht mehr finanzierbar war, wieder auf seine wesentlichen Aufgaben konzentrieren und stärker die Selbstregulierungskräfte in Wirtschaft und Gesellschaft einbeziehen.[3] Die Vorstellung hat in Deutschland eine besondere Ausformung erfahren, seit sie 1999 als Leitbild für die Modernisierung des Staates in das Programm

---

1 Kingreen, S. 25; Dingeldey 2011, S. 42.
2 Kingreen, S. 19.
3 Dahme/Wohlfahrt 2003, S. 75 ff.

der rot-grünen Bundesregierung eingeflossen ist. „Das Leitbild des aktivierenden Staates nimmt diese neue Verantwortungsteilung zwischen Staat und Gesellschaft auf. Eine darauf ausgerichtete Staats- und Verwaltungsreform muss eine **neue Balance** zwischen staatlichen Pflichten und zu aktivierender **Eigeninitiative** und gesellschaftlichem Engagement herstellen".[4] Etwas zugespitzter hieß es in der Regierungserklärung von Gerhard Schröder vom 29.10.2002 (S. 10): „Der allgegenwärtige Wohlfahrtsstaat, der den Menschen die Entscheidungen abnimmt und sie durch immer mehr Bevormundung zu ihrem Glück zwingen will, ist nicht nur unbezahlbar. Er ist am Ende auch ineffizient und inhuman. Deshalb fördern wir die Eigenverantwortung und die Kräfte der Selbstorganisation in der Gesellschaft." Der aktivierende Staat war nicht als neoliberaler Minimalstaat gedacht, sondern als einer, der der Gesellschaft, ihren Individuen und auch seinen Bediensteten **fordernd und fördernd** gegenübertritt, als eine **Entwicklungsagentur** in einer konzeptionell weiterentwickelten „Bürgergesellschaft".

2   Da wo er die Verantwortung für Erbringung von Leistungen übernimmt, erwartet er auch **Gegenleistung**. Durch neue Formen der **Koproduktion** soll die Zusammenarbeit verschiedener gesellschaftlicher Akteure erreicht werden und schließlich soll er **Effektivität und Effizienz** der Wertschöpfungskette staatlich garantierter Leistung **steuern** und überwachen,[5] was durch das gleichzeitig eingeführte, betriebswirtschaftlich ausgerichtete „Neue Steuerungsmodell" erfolgen sollte. Dabei sieht er sich nicht unbedingt in der Verantwortung für die Erbringung von sozialen Leistungen, sondern versteht sich eher als **Gewährleistungsstaat**, der vor allem bei Dienstleistungen die Durchführung an andere, auch privatwirtschaftliche Leistungserbringer abgibt und nur noch steuert.[6] Dieses Konzept, das für alle staatlichen Aufgaben von der inneren Sicherheit über die Schulen und die Wirtschaftsförderung reichte, sollte auch die sozialen Leistungen des Staates erfassen, was dann zum **aktivierenden Sozialstaat** im engeren Sinne führte, der die Rente, das Gesundheitswesen, die Pflege und die Arbeitsmarktpolitik erfasste.[7]

3   Vor diesem Hintergrund ist zu verstehen, dass die **Aufgabe der Existenzsicherung** von Bedürftigen rasch darauf ausgerichtet wurde, das Individuum wieder zur **finanziellen Eigenversorgung** zu „aktivieren" und diesen Prozess intensiver zu steuern. Und weil die Eigenversorgung durch ein Arbeitseinkommen zu gewährleisten ist, wurde die Existenzsicherung als **Teil der Arbeitsmarktpolitik** aufgefasst.[8] An dieser Stelle trafen sich die Ideen des aktivierenden Sozialstaats mit den Ideen einer **aktivierenden Arbeitsmarktpolitik** und sollten auch dort den fürsorgenden Wohlfahrtsstaat ablösen.[9]

Während die kompensierenden Geldleistungen des fürsorgenden Staates vornehmlich zur Dekommodifizierung (dh Freistellung vom Zwang, die Arbeitskraft zu vermarkten) beigetragen hätten, sollten aktivierende Leistungen zur (Re-)**Kommodifizierung** (dh Erweiterung der Möglichkeiten zur Teilhabe am Arbeitsmarkt, verbunden mit dem Zwang dazu) führen, wie es den Leitbildern aus dem angloamerikanischen Bereich – dem Social Investment State (Giddens), dem Enabling State (Gilbert) und dem Workfare State (Jessop) entsprach.[10]

Dies wurde in Deutschland gleichzeitig verbunden mit einer **Deregulierung am Arbeitsmarkt**. Hier bestand für die Reformvertreter eine Verbindung zwischen Verkrustung und Überregulierung der Arbeitsverhältnisse durch arbeitsrechtliche Schutzvorschriften

---

4   Beschluss des Bundeskabinetts vom 1.12.1999: Moderner Staat – Moderne Verwaltung, Leitbild und Programm. Dazu auch Hofmann/Griesewelle 2008.
5   Von Bandemer/Hilbert 2000; Blanke/von Bandemer, S. 327.
6   Dingeldey 2011, S. 55.
7   Hofmann/Griesewelle 2008; Eichenhofer, S. 51 f.
8   Wohlfahrt, S. 84; Dahme/Wohlfahrt 2003; Lessenich 2003.
9   Dingeldey 2006, S. 3 f., 8.
10 Dingeldey 2011, S. 33.

und besitzstandsorientierter und strukturkonservativer Ausrichtung von Lohnersatzleistungen der Sozialversicherung, kurz: ein zu starker Schutz der Insider des Arbeitsmarkts verbunden mit zu hoher finanzieller Unterstützung für die Outsider.[11]

Diese Arbeitsmarktpolitik war von **angloamerikanischen Entwicklungen**, internationalen Benchmarking-Vergleichen aber auch von **ökonomischen (Anreiz-)Theorien** geprägt.   **4** Über die Verbindung zur Regierung Blair in Großbritannien wurde Antony Giddens[12] zu einem wichtigen Einflussgeber und die Clinton'sche Sozialhilfereform wirkte über das Projekt „Wisconsin Works" prägend.[13] Ein zentraler Leitsatz, das **Fördern und Fordern**, ist auf das angloamerikanische Leitbild: **help und hassle**[14] zurückzuführen, das präziser als „Helfen und Belästigen/Schikanieren" zu übersetzen wäre.[15]

Gleichzeitig beschäftigten sich viele Ökonomen mit **Workfare-Modellen**.[16] Dadurch,   **5** dass sofort eine **Gegenleistung** in Form einer öffentlichen Arbeitsgelegenheit von Bedürftigen gefordert würde, erhofften sie sich eine bessere Selektion der wirklich Bedürftigen und eine effektivere Identifizierung von Moral Hazard Verhalten. Als „**Moral Hazard**" bezeichnen vor allem Versicherungsökonomen ein Verhalten, sich in einem kollektiven (Ver-)Sicherungssystem nicht mehr individuell optimal um Verminderung und Vermeidung des gesicherten Risikos zu bemühen (Arbeitslose zB durch zu hohe „Freizeitpräferenz", zu niedrige Konzessionsbereitschaft oder Schwarzarbeit) und so das System zu überfordern.

Diese Denkrichtungen wurden wiederum durch sozialphilosophische Ansätze verstärkt,   **6** die einen **neuen Gerechtigkeitsbegriff** entwickelten: Weg von einer verteilenden Gerechtigkeit, hin zu einer Teilhabegerechtigkeit.[17] Wolfgang Kersting vertrat in zahlreichen Schriften die Auffassung, der soziale Staat habe vor allem die **Marktmöglichkeiten des Bürgers** zu sichern. Die staatlich verteilte Sozialleistung ohne Gegenleistung erzeuge nur Unselbstständigkeit und Immobilität.[18] Im neuen Gerechtigkeitsbegriff geht es statt um Geldmittel um **Chancen zur Teilhabe am Arbeitsleben**, evtl. noch erweitert um sog Befähigungsrechte und Entwicklungschancen im Sinne von Amartya Sen. Politisch drückt sich ein solcher veränderter Gerechtigkeitsbegriff etwa so aus: „Unter dem Gesichtspunkt der Teilhabe und der Chancen ist selbst schlecht bezahlte und unbequeme Erwerbsarbeit besser als transfergestützte Nichtarbeit".[19] Auch auf die soziologischen Arbeiten von Georg Simmel wurde zurückgegriffen, um die Verschiebung vom sozialen Unterstützungsrecht hin zu den **sozialen Pflichten** der Armen[20] und die Notwendigkeit einer **Gegenleistung** zu begründen.[21]

Schließlich gewann der aktivierende Ansatz über die OECD auch Einfluss auf die **euro-**   **7** **päische Beschäftigungsstrategie**, weil er als besonders kompatibel mit dem Ziel gilt, die Wettbewerbsfähigkeit des Binnenmarktes zu entfalten.[22] Obwohl die Gestaltung sozia-

---

11   Funk, S. 25, 28.
12   Giddens 1999; Dingeldey 2006, S. 5; besonders Schröder/Blair, Der Weg nach vorne für Europas Sozialdemokraten, Blätter f. dtsch. u. int. Politik 1999, 888 f.
13   Wohlfahrt, S. 82 f.; Hanesch 2001; siehe auch Empter, S. 113 f., Eichenhofer, S. 62.
14   Peck, S. 192 f.
15   Die wissenschaftlichen Verfechter dieser Politik fanden sich in Deutschland 1998 in der Benchmarking Gruppe zusammen. Es handelte sich vor allem um die Professoren Streeck (MPIfG, Max-Planck-Institut für Gesellschaftsforschung; dazu auch Lessenich 2003) und Schmid (WZB, Wissenschaftszentrum Berlin) mit ihren Mitarbeitern und Schülern. Günther Schmid brachte die Vorarbeiten 2002 als Mitglied der Hartz-Kommission in den Reformprozess ein (Spindler 2007, 282 f.).
16   Feist 2000; Sinn 2002.
17   Hofmann/Griesewelle, S. 35.
18   Kersting 2002; dazu auch Opielka 2006.
19   SPD Generalsekretär O. Scholz, FAZ 22.7.2003, 3.
20   Lessenich 2003.
21   Jakobs 1993.
22   Eichenhofer 2013, S. 19; Dingeldey 2011, S. 357.

ler Fürsorgesysteme nach wie vor bei den Nationalstaaten liegt, diffundierten durch verschiedene Leitlinien im Gefolge der Lissabon-Strategie zu einer europäischen Beschäftigungspolitik seit 2000 im Rahmen der offenen Koordinierung Elemente des aktivierenden Staates in unterschiedlicher Weise in die europäischen Sozialstaaten. Der konkrete Einfluss auf die nationalstaatliche Politik ist allerdings umstritten,[23] so dass es zu weitgehend sein dürfte, den aktivierenden Wohlfahrtsstaat ohne eindeutige rechtliche Grundlagen bereits als institutionelle Ausgestaltung des Europäischen Sozialmodells zu bezeichnen.[24]

8   Als Unterform der aktivierenden Arbeitsmarktpolitik in Deutschland hatte sich Mitte der 90er Jahre die **aktivierende Sozialhilfe** herausgebildet.[25] Ausgehend davon, dass Sozialhilfe auch zur Überwindung der sie begründenden Lebenslagen beitragen sollte (§ 17 BSHG), wurde die Hilfen zur Arbeit (§ 19 BSHG) in vielen Modellprojekten von der individuellen Hilfe in aktivierende Hilfen umgebaut.[26] Dabei kam den Projekten zugute, dass Sozialhilfe **kommunal und dezentral organisiert** war und **lokale Beschäftigungsträger** und **Wohlfahrtsverbände** nach örtlichen Bedürfnissen eingebunden werden konnten, was von vielen in diesem Politikfeld als unverzichtbare Voraussetzung für aktivierende Politik gesehen wurde. Und man konnte nur in der Sozialhilfe mit der **Mehraufwandsbeschäftigung** eine Art rasch verfügbarer Gegenleistung erzwingen und damit Workfare-Ansätze erproben.[27]

9   Letztlich bewirkten diese heterogenen Quellen, dass sich in den Ansätzen des aktivierenden Sozialstaats demokratietheoretische Überlegungen, marktliberale Ideen, konservative, bevormundende Gemeinschaftsideale und bürgerschaftliche Emanzipationsvorstellungen auf unübersichtliche Weise miteinander verkoppelten[28] und Widersprüche nicht geklärt wurden. Auf den Einfluss der Steuerungsbedürfnisse der Verwaltung und der Sozialhilfe-Modellprojekte geht letztlich die starke Ausrichtung auf behördliche Effizienzkriterien und den Bedarf nach unkontrollierter Gestaltungsfreiheit für die Behörde zurück, was den theoretisch auch vorhandenen Elementen eines ermunternden, ermöglichenden und zivilgesellschaftlich orientierten Staates in Deutschland keine Entfaltungsmöglichkeiten gab. Uneingestanden blieb auch der (zumindest subversive) Liberalismus,[29] der sich aus dem Zusammenwirken der Einzelelemente, vor allem der gleichzeitig vorangetrieben Deregulierung der Arbeitsverhältnisse ergab.

So kann der schillernde Begriff des aktivierenden Sozialstaats letztlich auch als fröhlich-frische Werbeparole erscheinen,[30] die ein in der Umsetzung weniger ansehnliches Produkt verkaufen soll.

B. Verhältnis des aktivierenden Sozialstaats zum vorhandenen System der Existenzsicherung

10 Dieses neue Sozialstaatskonzept traf auf das bisherige System der Existenzsicherung, das ja durchaus auch Verantwortungsteilung im Rahmen von vielfältigen Mitwirkungspflichten und auch gegenüber sozialen Verbänden ein Nachrang- bzw. **Subsidiaritätsprinzip** kannte.[31]

---

23 Dingeldey 2011, S. 361.
24 AA Eichenhofer 2013, S. 26.
25 Spindler 2003 a, S. 225 ff.; 2003 b; Promberger 2009, S. 607 f.
26 Empter 1999; Spindler 1999; Trube 2003 a, S. 185 f.; Hoffmann 2002, 86 f.
27 Spindler 2007, S. 285 f.; 2008, S. 365 f.
28 Trube 2003 b.
29 Urban 2004.
30 Kingreen 2004, S. 7.
31 Promberger 2009, S. 608 f.

Deshalb bezogen sich die Vertreter des aktivierenden Staats zu Beginn auch noch auf die **christliche Soziallehre**.[32] Allerdings sahen sie ihre Vorstellungen in der bisherigen Entwicklung nicht verwirklicht und grenzten sich zunehmend deutlicher davon ab. Denn das in Deutschland gewachsene Subsidiaritätsprinzip begrenze in Wirklichkeit die staatliche Initiative und das habe zu **ungesteuerten Entwicklungen** geführt, die sich der öffentlichen Lenkung entzögen.[33] Die historisch gewachsene Formen der Kooperation habe zu Verkrustung und **kartellähnlicher Verfestigung** geführt.[34] Im neuen Modell geht die **Initiative** zur gesellschaftlichen Aktivität nicht mehr vom Bürger oder von gesellschaftlichen Vereinigungen, sondern **vom Staat aus** und wird von ihm gezielt gesteuert, ohne dass er die Leistung wie bisher auch selbst erbringen muss. Die beste und **effizienteste Steuerung** erhoffte man sich **durch** wettbewerbsimitierende **Vergabebeziehungen**. Dies führte zu einem grundlegend veränderten Umgang mit den sozialen Dienstleistern, wobei grundsätzlich die soziale Dienstleistung ein stärkeres Gewicht bekommen sollte.[35]

Weitaus stärker wirkte sich der veränderte Standpunkt in der Bewertung der Rechtsansprüche auf **Geldleistungen zur Existenzsicherung** aus, die wegen der **Bedarfsorientierung** auch als wesentlicher Bestandteil der bisher herrschenden **Verteilungsgerechtigkeit** und des fürsorgenden Wohlfahrtsstaats[36] identifiziert wurden. Sie stehen im Gegensatz oder zumindest in einem starken Spannungsfeld zur angestrebten Kommodifizierung und Existenzsicherung durch Arbeit. Den aktivierenden Leistungen wurden sie begrifflich als „**passive Leistungen**" gegenübergestellt, was jeder weiteren **negativen Bewertung** existenzsichernder Geldleistungen Tür und Tor öffnete. Begriffe wie „passive **Alimentierung**", „**Abhängigkeit**" vom staatlichen Geldtropf", „**Entmündigung**", „staatliche Hängematte", bis hin zur „**Verführung** Minderjähriger zum staatlich alimentierten Nichtstun" tauchten ab da regelmäßig auf[37] bis hin zu der ständig wiederkehrenden politischen Klage, derartige Gelder würden sowieso nur für Alkohol und minderwertige Konsumgüter verwendet. Die Gefahr bei dieser Begrifflichkeit ist, das Zerrbild einer passiven Gesellschaft zu entwerfen, die von einem aktivierenden Staat aus ihrem Dornröschenschlaf erweckt werden muss,[38] bzw. das Zerrbild vom Arbeitslosen, der wahlweise passiv und völlig lebensuntüchtig oder aktiv und erfahren, aber unwillig gegenüber notwendigen Veränderungen ist.

Solchermaßen eingestimmt wurde schon in den Modellprojekten zur aktivierenden Sozialhilfe versucht, die Auszahlung möglichst lange hinauszuzögern bzw. statt Geld Maßnahmen anzubieten und erst nach deren Annahme die existenzsichernde Geldzahlung gegenleistungsähnlich folgen zu lassen, was bereits einer **Rechtsverweigerung** bezüglich des Anspruchs gleichkam.[39] Begleitet war das von expliziter Kritik daran, Ansprüche auf Geldleistungen überhaupt noch korrekt bewilligen und auszahlen zu müssen.[40] Möglichst niedrige Annahmequoten von Erstanträgen galt als ein Erfolgsfaktor aktivierender Sozialhilfe.[41] Die sowohl in der Arbeitslosenhilfe als auch in der Sozialhilfe abgestuft bestehende Erwerbsobliegenheit wurde dagegen immer weiter ausgeweitet auf die Kontrolle ausreichender Suchbemühungen und die Verpflichtung, Trainings-, Bewerbungs- und Beschäftigungsmaßnahmen aller Art zu besuchen.

---

32 Trube 2003 b, S. 335.
33 V. Bandemer/Hilbert 2000, 20.
34 Kingreen 2004, 33.
35 Trube 2003 a, S. 188 f.
36 Dingeldey 2006, S. 4.
37 Spindler 2006, S. 173 mwN.
38 Kingreen 2004, S. 27.
39 Spindler 1999, S. 170 f.
40 Spindler 2006, S. 174 mwN; Trube 2003 a, S. 185 f.
41 Hoffmann 2002.

13   Hinzu kam die von einer Mehrheit von Ökonomen durchgängig vertretene Bewertung, die bisherigen **Geldleistungen seien zu hoch** im Vergleich zu den angestrebten Niedriglöhnen,[42] was zu einer „Sozialhilfefalle" führe, die kontraproduktiv für die aktive Suche nach Arbeit sei. Es wird sogar vertreten, dass eine wesentliche Ursache für den **Anstieg der Arbeitslosigkeit** zwischen 1970 und der Zeit vor der Hartz-Reform in der Höhe der Lohnersatzraten von Arbeitslosengeld, Arbeitslosenhilfe und Sozialhilfe gelegen habe.[43] Generell gilt aus diesem Blickwinkel eine möglichst niedrige Höhe als kommodifizierend und eine weitgehende Pauschalierung von Geldleistungen als besonders förderlich für die Entwicklung von persönlicher Eigenverantwortung (neben der Vereinfachung für die Verwaltung).

14   Seit 2004 hat sich das SGB II, das den Schwerpunkt der neuen arbeitsmarktorientierten Aktivierung regelt, vielfach verändert.[44] Im Vergleich zu andern europäischen Staaten ist aber **keine kohärente Aktivierungsstrategie** zu erkennen,[45] was auf die in Deutschland sehr hohe Vetospieler- und Mitregentendichte (etwa durch den Bundesrat und die Gerichtsbarkeit einschließlich des Bundesverfassungsgerichts) zurückgeführt wird.[46]

Bei den **Geldleistungen** war anfangs besonders bei den Regelsätzen auf eine abschließende weitgehende Pauschalierung gesetzt und eine abweichende Festlegung der Bedarfe ausgeschlossen worden (§ 3 Abs. 3 S. 2 SGB II, aufgehoben Ende 2010). Das hat sie zu Beginn nominal erhöht, was aber nur der Umstrukturierung geschuldet war, während einzelne Bedarfselemente bereits gegenüber der Sozialhilfe abgesenkt wurden.[47] Im Verlauf einer grundlegenden Entscheidung des BVerfG vom 9.2.2010 kam es **wieder zu Leistungserhöhungen**, wie etwa bei den Regelsätzen der Regelbedarfsstufe 5 ab 2009, und ab 2011 bei den Fortschreibungen der Regelsätze (§ 28 a SGB XII) und – individualisierender – beim Mehrbedarf für dezentrale Warmwasserversorgung und für unabweisbare laufende Bedarfe (§ 21 Abs. 6 und 7 SGB II), bei der abweichenden Erbringung von Leistungen und bei den Leistungen für Bildung und Teilhabe (neue Unterabschnitte 3 und 4). Gleichzeitig wurden aber auch Anrechnungs- und Verfahrensvorschriften verschärft.

15   Die bei der Einführung des Gesetzes ursprünglich versprochenen „aktiven" **Leistungen zur Eingliederung** in Arbeit wurden neu geordnet, weitergehend in das Ermessen der Behörde gestellt und die dafür bereitstehenden Finanzmittel umgeschichtet. Tatsächlich führte das zu einem durchgängigen **Rückgang dieser Maßnahmen**,[48] was die Hoffnung auf Befähigung, die teilweise auch mit dem Aktivierungskonzept verbunden waren, enttäuschte. Der **Anreiz** zur Aufnahme niedrig entlohnter Tätigkeit wird durch einen wenigstens seit Ende 2005 stabilen, aber nur mäßig hohen Erwerbstätigenfreibetrag sichergestellt (seit 2011 neu eingeordnet in § 11 b Abs. 3 SGB II), während der 2014 einge-

---

42 Sinn 2002; Berthold 2004 und fast alle Empfehlungen der wirtschaftlichen Beiräte.
43 Vgl. Boss, Zur Entwicklung des Anspruchslohns in Deutschland, Working Paper 1463, Institut für Weltwirtschaft Kiel, 2008.
44 Einen Überblick über die zahllosen Gesetzesänderungen mit widersprüchlichen Tendenzen verschafft Münder in: LPK-SGB II, 6. Aufl. 2017, Einleitung.
45 Dingeldey 2011, S. 443 erklärt, „die nahezu eklektizistische Umsetzung von nur einzelnen Elementen des Aktivierungsparadigmas" aus der „fehlenden „Nähe" des konservativ- korporatistischen Wohlfahrtsstaatenmodells zu einer der Aktivierungsvarianten". Ob eine systematischere Umsetzung zu besseren Ergebnissen für Betroffenen und Gesellschaft führen würde, ist damit nicht gesagt.
46 Dingeldey 2011, S. 416 f.
47 Spindler 2004, S. 147 f.
48 Dingeldey 2011, S. 300 f.; Spannagel ua 2017; einen Überblick gibt die Kommentierte Infographik: Teilnehmer in ausgewählten arbeitsmarktpolitischen Instrumenten 2006–2016, www.sozialpolitik.aktuell.de, wobei die Teilnehmerzahl aus dem Rechtskreis des SGB II noch stärker zurückgegangen ist, als die Gesamtdarstellung zeigt. Aufgeschlüsselt für die Weiterbildung die Graphik: Teilnehmende an Aus- und Weiterbildungsmaßnahmen nach Rechtskreisen, www.o-ton-arbeitsmarkt.de vom 22. August 2017, wo von den insgesamt rückläufigen Maßnahmen 2016 nur noch 23,1 % für Teilnehmer aus dem SGB II zur Verfügung standen.

Spindler

führte Mindestlohn wegen der Ausnahme für Langzeitarbeitslose (§ 22 Abs. 4 MiLoG) die Zumutbarkeit schlecht entlohnte Arbeit anzunehmen, nicht entschärft hat. So liegt in Deutschland der Hauptgestaltungsbereich der aktivierenden Behörde in der durch Sanktionsmöglichkeiten flankierten Vermittlung in **niedrig entlohnte, oft befristete Teilzeit- und Leiharbeit**, was dann selbst bei ansteigender Beschäftigungsquote zu einer im europäischen Vergleich signifikanten Zunahme von Erwerbsarmut führt,[49] die die Existenzsicherung trotz Rekommodifizierung beeinträchtigt.

Letztlich ist auch die Entscheidung, die von Arbeitslosen akzeptierte Leistung der **Ar-** **16** **beitslosenhilfe abzuschaffen** und das lange Ringen um die **Organisation der Jobcenter**,[50] Ausdruck der politischen Aktivierungsvorstellungen. Nach den Skizzen der Hartz Kommission[51] und auch nach den späteren Stellungnahmen von Peter Hartz hätte die Arbeitslosenhilfe ja erhalten bleiben und nur aktivierender verwaltet werden sollen. Daher rührt auch noch der Begriff „Arbeitslosengeld II".

Aber weil sie prozentual noch auf den früheren, individuellen Lohn bezogen war, war ihre Abschaffung ein wichtiger Schritt, um die Orientierung des Arbeitslosen an seinem bisherigen Status in der Arbeitswelt so nachhaltig wie möglich aufzubrechen und ihn zu neuer (minderwertigerer) Beschäftigung zu aktivieren. Dies wurde verstärkt durch die viel einschneidendere Änderung, den **Arbeitslosengeldanspruch** der älteren Arbeitslosen **zu verkürzen** und darauf zu achten, dass **kein Erwerb neuer Anwartschaften** in der Beschäftigungsförderung mehr stattfinden konnte.[52] Zusätzlich wurde die **Rahmenfrist** als Voraussetzung für den Erwerb eines Versicherungsanspruchs (§ 143 SGB III) um ein Drittel **verkürzt**, was Künstler und unständig Beschäftigte herausfallen ließ.[53] Überdies hat der Gesetzgeber fast alle der in § 124 Abs. 3 SGB III (in der Fassung bis 2005) aufgelisteten Tätigkeiten gestrichen, die nicht in die Rahmenfirst eingerechnet wurden und damit den Leistungsanspruch länger sicherten. Schließlich wurde im SGB III die gesetzlichen Voraussetzungen für Sperrzeiten und das hierdurch bewirkte Erlöschen des Anspruchs verschärft. Besser als in der Arbeitslosenhilfe hatten zudem die dezentralen Beschäftigungsprojekte der **Sozialhilfeträger** mit dem **Instrument der Mehraufwandsbeschäftigung** deutlich gemacht, dass die **Kommunen** als Konkurrenten zur zentralen Arbeitsmarktpolitik aus **finanziellem Eigeninteresse** und wegen regionaler Verflechtungen mit Wohlfahrtsverbänden aktiver im Erschließen von Beschäftigungsfeldern waren, die **weniger rechtlicher Bindung im Sozial- und Arbeitsrecht** unterlagen.[54]

Die versprochene „**Leistung aus einer Hand**" sollte nicht den bürokratischen Aufwand für Arbeitslose mindern, sondern die **Aktivierung besser steuern** lassen und auch institutionell deutlich machen, dass insoweit Arbeitserfahrung und ehemaliger Status keine Unterscheidung gegenüber ehemaligen Sozialhilfebeziehern mehr begründen.

Auch die Ersetzung des Begriffs des „Arbeitslosen" durch den des „**Arbeitsuchenden**" ist ein semantischer Ausdruck der Aktivierungsidee.

---

49 Spannagel ua, S. 7.
50 Bis hin zur teilweisen politischen Präferenz, die Kommunen als bisher reine Sozialhilfeträger mit dieser Aufgabe zu betrauen.
51 Moderne Dienstleistungen am Arbeitsmarkt, Bericht der Kommission Modul 6, 125 f., August 2002.
52 Spindler 2006, S. 172.
53 Die auf die vielen Proteste hin erfolgte spätere Teilrücknahme dieser Veränderungen – die Wiederverlängerung des Arbeitslosengeldbezugs für über 50-Jährige (§ 147 Abs. 2 SGB III), die Verkürzung der Anwartschaftszeit für einen Teil der kurzfristig Beschäftigten (§ 142 Abs. 2 SGB III, inzwischen wiederholt befristet bis zum 31.12.2022) sind vermutlich auch nur als befristet wirksame politische Zugeständnisse, nicht aber als langfristige Abweichungen vom Konzept zu verstehen. Bereits abgeschafft ist der am Anfang zur Beruhigung für die, die früher einen sehr hohen Arbeitslosenhilfeanspruch gehabt haben, vorgesehene befristete Zuschlag (§ 24 SGB II, in der Fassung bis 2011).
54 Spindler 2007, S. 285 f.

17 So hat man letztlich eine neue soziale Leistung geschaffen, mit der man offensichtlich die bestehenden **Rahmenbedingungen der Arbeitslosenhilfe** abschaffen und die **organisatorischen Voraussetzungen** und **Instrumente der Sozialhilfe** zur Aktivierung nutzen wollte, **ohne ihre Grundsätze und Prinzipien** übernehmen zu müssen.

C. Auswirkungen im SGB II und im SGB XII

18 **Aktivierung als Rechtsbegriff** gibt es nicht. Dennoch tauchen **Elemente der Aktivierung** implizit auf verschiedenen Ebenen der Gesetze auf: Sei es, dass Maßnahmen für die Beschäftigungsförderung neu konzipiert und bewertet werden, dass verstärkte Eigenaktivitäten zur Arbeitsuche verlangt werden, dass umfassendere Sanktionen vorgesehen sind oder dass die Eigenverantwortung im Umgang mit finanziellen Mitteln durch stärkere Pauschalierung eingefordert wird. Diese auch noch durch vielfältigen Gesetzesänderungen überlagerten Aktivierungsstrategien sind dabei oft unausgewiesen und widersprüchlich. Vor allem **im SGB II** hat sich das ausgewirkt.

I. Aktivierung im SGB II

19 Noch eher **programmatisch** ist die gleich in § 1 Abs. 2 SGB II angesprochene **Eigenverantwortung**, die sofort auf die Fähigkeit, den Lebensunterhalt zu bestreiten, verengt wird. Die Kapitelüberschrift: „**Fördern und Fordern**" versucht ebenfalls Bezug zur Idee des aktivierenden Sozialstaats herzustellen, wobei man aber schon auf den ersten Blick die Ausformulierung des **Grundsatzes des Förderns vermisst** und die weiteren Vorschriften auch nicht alle dazu passen wollen. Allenfalls wenn man die Auseinandersetzung um die Organisation des Jobcenters als Ringen um die richtige Aktivierungsstrategie begreifen will, können die §§ 6 f. SGB II unter diese Überschrift passen. Dass das „Fördern" erst in § 14 SGB II angesprochen wird und so unbestimmt bleibt, dass vielfach ein Missverhältnis von Fordern und Fördern beklagt wird, macht deutlich, dass die Aktivierung vor allem durch Forderungen erreicht werden soll.

20 Die **Abwendung vom verteilenden Versorgungsstaat** wird dadurch deutlich gemacht, dass die existenzsichernden Geldleistungen erkennbar an zweiter Stelle stehen (§ 1 Abs. 3 SGB II). Das gilt auch für § 3 Abs. 3 SGB II, wo der Gesetzgeber erkennen lässt, dass ihm Leistungen zur Sicherung des Lebensunterhalts nur Mittel zum Zweck, „lästiges Beiwerk"[55] bei der Integration in Arbeit sind.

Aber nachrangig[56] – oder gar wie in der Gesetzesbegründung als „subsidiär" bezeichnet – sind sie auch wieder nicht, weil die Leistungen zur Eingliederung nur greifen sollen, soweit sie zur Beseitigung, zumindest aber zur Vermeidung von materieller Hilfebedürftigkeit erforderlich sind (§ 3 Abs. 1). Alle Leistung zur Eingliederung gibt es nur für Leistungsberechtigte nach § 7 SGB II und diese müssen materiell hilfebedürftig nach § 9 SGB II sein. Das macht es weiterhin notwendig, eben doch den Anspruch auf Geldleistung vor der Eingliederungsleistung zu prüfen und festzustellen[57], um keinen einzugliedern zu müssen, der nicht bedürftig ist. Auch was die **Hilfen zur Eingliederung** ansonsten angeht, kommt es auf deren **Erforderlichkeit zur Überwindung der Abhängigkeit von passiven Leistungen** an (§ 3 Abs. 1, mit kleinen, im Ermessensbereich liegenden Ausnahmen in § 16 b Abs. 1 S. 2 und § 16 g) und nicht auf Möglichkeiten zur aktiven Lebensgestaltung oder zur menschenwürdigen Lebensführung.

55 Spellbrink in: Eicher/Spellbrink SGB II, 2. Aufl. 2008, § 3 Rn. 16; Kemper in der 4. Aufl. 2017, Rn. 24 meint, dieses Verhältnis habe sich allein durch den neuen § 1 Abs. 3 SGB II inzwischen verändert.
56 Stölting in Eicher/Luik SGB II, 4. Aufl. 2017, § 1 Rn. 6.
57 Kemper in Eicher/Luik SGB II, 4. Aufl. 2017, § 3 Rn. 14.

Die 2011 nach der Bundesverfassungsgerichtsentscheidung aus dem BSHG wieder aufgenommene Zielsetzung, ein Leben zu ermöglichen, das der Würde des Menschen entspricht (§ 1 Abs. 1 SGB II nF), scheint zwar eine Teilabkehr vom Aktivierungsgedanken zu sein,[58] prägt aber als allgemeiner Grundsatz bisher vielleicht die Auslegung im Einzelfall, nicht aber die Struktur und Ausrichtung des übrigen Gesetzes und der Behörde, bzw. deren Zielvereinbarungen und Kennzahlen.

Rein formal ist die Geldleistung noch „gegenleistungsfrei" konstruiert. Das heißt, wer **21** den Anspruch nach § 7 SGB II erfüllt, muss dafür noch nicht automatisch eine Gegenleistung durch öffentliche Arbeitsgelegenheiten erbringen, wie in einem Alternativentwurf, der sich konsequenter an Workfare-Modellen orientiert, bereits ausgeführt.[59]

Insbesondere die weitgehende **Pauschalierung der Geldleistung** im Gegensatz zu der in der früheren Sozialhilfe entwickelten Individualisierung entsprach dem Modell des **eigenverantwortlichen Wirtschaftens**, ist aber inzwischen durch weitere Leistungen ergänzt worden (→ Rn. 14). Typisch für die verstärkt eingeforderte Eigenverantwortung ist auch, dass unabweisbare Bedarfe, die theoretisch von der Regelleistung umfasst sind, nur noch als Darlehen mit Rückzahlungsverpflichtung auch während des laufenden Bezugs erbracht werden (§ 24 Abs. 1 iVm § 42 a Abs. 2 SGB II; etwas milder § 37 SGB XII). Umgekehrt wird **das erforderliche Ansparen** aus dem Regelsatz durch einen Freibetrag von 750 Euro pro Person **geschützt** (§ 12 Abs. 2 Nr. 4 SGB II).

Dieses Modell würde eigentlich eine besonders sorgfältige Bedarfsermittlung und zeitnahe Berücksichtigung von steigenden Lebenshaltungskosten voraussetzen, um der eigenverantwortlichen Mittelverwaltung einen Raum zu geben. Doppelt schwer wiegt deshalb, wenn die Mittel zu niedrig angesetzt werden (wozu aber die ökonomischen Berater ständig raten) und unzureichend und fehlerhaft verwaltet werden.

Auch die ausdrückliche **Einbeziehung aller Familienmitglieder** über 15 Jahren in die Ak- **22** tivierungsanforderung (§ 1 Abs. 2 S. 1, § 2 SGB II) ist neu. Anders als in § 18 Abs. 3 BSHG und § 11 Abs. 4 S. 4 SGB XII sind auch bei der Zumutbarkeit nicht mehr Pflichten zur Führung des Haushalts zu berücksichtigen. Anders als in § 25 Abs. 3 BSHG sind bei Sanktionen unterhaltsberechtigte Angehörige nicht mehr vor den Auswirkungen auf ihre Existenzsicherung geschützt. Damit werden selbst minderjährige Kinder in die Mithaftung für Pflichtverletzungen ihrer Eltern genommen.[60]

Den Höhepunkt fand dieses Konzept in der ebenfalls neuen Regelung für Mitglieder einer Bedarfsgemeinschaft, die persönlich durch ihr Einkommen nicht bedürftig waren. Damit auch sie dem Grundsatz des Forderns und der Aktivierung unterworfen sind, wurden sie in § 9 Abs. 2 S. 3 iVm § 9 Abs. 1 SGB II aF **fiktiv zu Bedürftigen** erklärt.[61] Die Neufassung des § 9 Abs. 1 SGB II zum 1.1.2011 scheint diese Auslegung in Frage zu stellen, was der Gesetzgeber in der Begründung aber ausdrücklich ablehnt. In der Bedarfsgemeinschaft werde die Hilfebedürftigkeit nach wie vor abweichend von Abs. 1 geregelt.[62]

Deutlich schärfer wirken sich die **Mitwirkungspflichten** sowohl im Grundsatz des For- **23** derns, § 2 SGB II, als auch bei der Eingliederungsvereinbarung (EGV), § 15 SGB II, aus. Obwohl die **Zumutbarkeits**regeln für die Aufnahme von Arbeit (§ 10 SGB II) denen aus der Sozialhilfe sehr ähnlich geblieben sind, wird jetzt die **Bewusstmachung und Kontrolle pflichtgemäßen Verhaltens stärker betont** als früher. Selbst die EGV unterlag lange

---

58 So Stölting in: Eicher/Luik SGB II, 4. Aufl. 2017, § 1 Rn. 7.
59 Vergl. Gesetzentwurf Existenzgrundlagengesetz EEG, BT-Drs. 15/1523 vom 8.9.2003.
60 Und das durchaus gewollt, damit nicht „Arbeitslose die Familie als Schutzschild gegen Leistungskürzungen" nutzen. Ministerpräsident Koch, 2006.
61 Zu den Kernproblemen: Mecke in: Eicher/Luik SGB II, 4. Aufl. 2017, § 9 Rn. 44 ff.
62 BT-Drs. 17/3404, 93.

wie die anderen Eingliederungsleistungen dem Grundsatz des Forderns und der Sanktionsdrohung (§ 31 Abs. 1 S. 1 Ziff. 1 a SGB II aF). Erst seit 2011 bleibt die Weigerung, eine EGV abzuschließen, sanktionslos. Das änderte nichts daran, dass bis 2015 immer noch mehr als 10% der ausgesprochenen Sanktionen wegen Verstoß gegen die in der EGV genannten Pflichten verhängt werden, was darauf schließen lässt, dass hier doch nicht unbedingt ein konsensuales Vorgehen bevorzugt wird. Ansonsten betreffen über ¾ der fast eine Million Sanktionen Meldeversäumnisse. Was diese erstaunliche Zahl mit dem Aktivierungskonzept zu tun hat, ist bisher nicht erforscht. Zudem wurde ab 1.1.2009 die aufschiebende Wirkung des Widerspruchs gegen Eingliederungs- und Sanktionsbescheide abgeschafft (§ 39 SGB II), was die Mitgestaltungsmöglichkeiten des Betroffenen stark beeinträchtigt.

24 Gewollt war auch, dass diese Verschärfung auf eine gleichzeitig stattfindende **Deregulierung am Arbeitsmarkt** traf, die sich in der Flucht aus der Tarifbindung, dem Aufbau unzureichend geregelter Leiharbeit, der Ausweitung des Niedriglohn- und Teilzeitarbeitsbereichs und der prekären Selbstständigkeit ausdrückt.[63] Hiermit entfernte sich der deutsche Gesetzgeber auch noch von der **Aktivierungsvorstellung des britischen Vorbilds**, wo zwar auch die Pflichten betont wurden, aber verbunden sind mit der Entwicklung rasch steigender Mindestlöhne und der Akzeptanz von Selbsthilfe und ehrenamtlicher Tätigkeit.[64] Auch die nicht besonders hohe Quote der Vermittlung in bedarfsdeckende Beschäftigung wird in den Kennzahlen nach 48 a SGB II nur ungenau und unvollständig gemessen, obwohl zB gerade die Dauer der vermittelten Beschäftigung für die Beurteilung von Aktivierung wichtig wäre. So führten zB 2016 im Rechtskreis des SGB II 35,9% der Vermittlungen in Leiharbeit, wobei fast die Hälfte der Tätigkeiten nur drei Monate und weitere 30% maximal ein Jahr dauerten, was aber nur durch eine parlamentarische Anfrage zu erfahren war.[65] Das hat in Deutschland statt Inklusion die materielle Exklusion verschärft[66] und gerade **kein verlässliches System der Existenzsicherung** jenseits der staatlichen Transferleistungen entstehen lassen.

25 Die Gestaltung der zahlreichen **Leistungen zur Eingliederung**, der sog **aktiven Leistungen**, ist erkennbar von dem Ziel dominiert, eine möglichst **flexible Steuerung** zu ermöglichen. Statt Ansprüche auf bestimmte Leistungen auszuformulieren, wurden diese Leistungen seit der ersten Fassung nur durch eine extrem knappe Gesetzesverweisung in § 16 Abs. 1 SGB II aF aufgezählt und unterliegen **hinsichtlich der Auswahl dem Ermessen** des persönlichen Ansprechpartners. Eine Vorschrift, die bezüglich der **Begründung der Auswahl** dem § 35 Abs. 1 S. 3 SGB X entsprechen würde, wurde nicht ausdrücklich aufgenommen, was das Missverständnis fördert, im Aktivierungsprozess nicht mehr den Grundsätzen für Sozialleistungen (§ 33 SGB I) oder der pflichtgemäßen Ermessensausübung (§ 39 SGB I) unterworfen zu sein. Der Zielkonflikt mit dem **Vorbehalt des Gesetzes**, nach dem sich nicht nur Belastungen, sondern auch Begünstigungen grundsätzlich aus dem Gesetz ergeben sollen, wird dadurch verstärkt.[67] Mit dem Gesetz zur Neuausrichtung der arbeitsmarktpolitischen Instrumente[68] wurden zB nicht nur die Ar-

---

63 Dazu auch Urban 2004, 469; Eichhorst ua, 2004; kritisch Schettkat 2004. Zu den Problemen, die sich daraus ergeben haben: Waltermann, Reformen im Niedriglohnsektor. Konzeptionelle Anforderungen aus der Sicht der Wissenschaft, SGb 2011, 305 f.; Spannagel ua 2017.
64 Giddens 1999, 128 f.
65 Jede dritte Vermittlung der Arbeitsagentur führt in Leiharbeit, www.o-ton-arbeitsmarkt.de vom 23. Mai 2017. Für den Rechtskreis des SGB III galt praktisch dasselbe. Zur Qualität und Dauer der vermittelten Arbeit gibt es selten Daten. Nach den IAB Kurzberichten 28/2009 und 14/2011 dauert aber knapp die Hälfte der vermittelten Arbeiten weniger als sechs Monate und erbringt keinen bedarfsdeckenden Lohn.
66 Trube 2003 b, 336.
67 Stölting in: Eicher/Luik SGB II, 4. Aufl. 2017, § 1 Rn. 4. Noch ausführlicher dazu Spellbrink in der 2. Aufl. 2008 § 1 Rn. 2.
68 BGBl. I, 2008, S. 2917.

Spindler

beitsbeschaffungsmaßnahmen als Instrument für das SGB II wieder **abgeschafft**, sondern auch durch den Verweis auf das **Vermittlungsbudget** in § 44 SGB III viele bisher einzeln benannte Mobilitätshilfen für die Berechtigten intransparent zusammengefasst. Ausdrückliche Mitwirkungsgrundsätze, wie das Wunsch- und Wahlrecht oder etwa die Berücksichtigung der Neigung, wie sie in anderen Systemen zur Berufsförderung selbstverständlich sind, wurden nach wie vor nicht aufgenommen. Jede weitere „Instrumentenreform" schafft mehr Unübersichtlichkeit für die Leistungsberechtigten. Verschärft wird die mangelnde Mitwirkungsmöglichkeit für den Betroffenen noch dadurch, dass er alle aktiven Förderleistungen nur unter Darlegung eines wichtigen Grundes ablehnen darf, ohne dass Sanktionen folgen (§ 31 Abs. 1 SGB II). Gerade im Bereich der Dienstleistungen, aber auch bei den Leistungsvoraussetzungen und im Verfahren ist ein stetiger Prozess der Entrechtung zum Zweck der Aktivierung zu beobachten.[69]

Die umfangreichste Veränderung hat sich bei den Arbeitsgelegenheiten ergeben, die ursprünglich eine deutlichere nicht nur unterschwellige **Gegenleistungsorientierung** hatten. Die **Arbeitsgelegenheiten mit Mehraufwandsentschädigung** nach § 16 d SGB II waren aus dem BSHG übernommen worden und waren dort als Hilfe zur Arbeit neben geförderter Arbeit in der Vertragsvariante vorgesehen (§ 19 Abs. 2 BSHG). Weil sich diese Beschäftigungen ohne großen eigenen Personalkostenaufwand einrichten lassen und sogar immer notwendiger sind, je mehr reguläres Personal eingespart wird, können sie rasch mit der zu beanspruchenden Geldleistung verknüpft werden. Außer den Trainingsmaßnahmen war dies deshalb auch die einzige aktive Leistung, die sich im Vergleich zur früheren Sozialhilfepraxis von ca. 150.000 Stellen auf zeitweilig ca. 290.000 Stellen fast verdoppelt hat, während die als echte Gegenleistungsverhältnisse ausgestalteten, geförderten Arbeitsverträge in der Entgeltvariante seit 2012 abgeschafft wurden.[70] Die Entwicklung wurde aber aus unterschiedlichen Gründen von vielen, auch vom Bundesrechnungshof, kritisch beurteilt.[71]

Es gab allerdings im SGB II eine Reihe von Vorschriften, die noch eine deutlichere **Gegenleistungskomponente** enthielten Es handelte sich dabei einmal um das **Sofortangebot** (§ 15 a SGB II aF, eingefügt durch das SGB II-Fortentwicklungsgesetz zum 1.8.2006), das ua bei Selbstständigen, Niedrigverdienern, Hausfrauen, Künstlern oder Absolventen höherer Ausbildung greifen sollte, die direkt Arbeitslosengeld II beantragen müssen.

Viel wichtiger war die Sondervorschrift für Jugendliche und **junge Erwachsene unter 25 Jahren**, die unverzüglich nach Antragstellung in eine Arbeit, Ausbildung oder in eine Arbeitsgelegenheit zu vermitteln waren (§ 3 Abs. 2 SGB II aF). Das alles war kein Recht auf eine besonders rasche Hilfestellung, sondern führte, weil mangels der gesuchten Arbeit oder Ausbildung meist *nur* die Arbeitsgelegenheit greifbar war, zu einer sofortigen Beschäftigungspflicht, die zudem mehr auf rasche Berufseinmündung (§ 3 Abs. 1 S. 3 SGB II) als auf optimale Qualifizierung ausgerichtet war und keine Perspektiven für die berufliche Zukunft bot. Ein gleicher Mechanismus ist für die **über 58-Jährigen** ab 1.1.2008 installiert worden (§ 3 Abs. 2 a SGB II aF), die dadurch noch nicht einmal ihre Rentenanwartschaften erhöhen konnten.

Alle drei Vorschriften sind weggefallen und ab 1.8.2016 durch die Neufassung von § 3 Abs. 2 SGB II ersetzt, die nur noch eine unverzügliche Leistung zur Eingliederung vorsieht, wobei die Arbeitsgelegenheit noch eine von vielen Möglichkeiten ist. Damit ist auch die workfareartige Wirkung und der beobachtete Abschreckungseffekt von Sofort-

26

---

69 Spindler 2010, S. 163 f.
70 Spindler 2008, S. 365 f.; Geförderte Personen in Arbeitsgelegenheiten 2005–2016, Kommentierte Infographik, www.sozialpolitik.aktuell.de. Demgegenüber hat sich die Entgeltvariante, die in der Sozialhilfe noch bei ebenfalls ca. 150.000 Stellen lag, nur 2009 einmal auf 93.142 Stellen erhöht.
71 Thie in: LPK-SGB II, 6. Aufl. 2017, § 16 d Rn. 2.

angeboten[72] weggefallen. Faktisch waren die Arbeitsgelegenheiten schon 2016 auf ca. 80.000 zurückgegangen. Das ist wieder ein kaum diskutierter, aber deutlicher Wandel in der Aktivierungsstrategie (→ Rn. 14 f.).[73] Es ist aber auch keine Ausweitung der bisherigen Sofortangebote auf weitere Personenkreise, weil die Vorschrift in die Leistungsgrundsätze verlegt worden ist. Diese Leistungen können aber nunmehr erst nach einer Potentialanalyse beginnen (§ 15 Abs. 1 SGB II nF),[74] was übereilten Sofortmaßnahmen entgegensteht.

27 Aber es ist nicht nur die Kürzung, es ist die **einseitige Ausrichtung der aktiven Leistungen** auf eine Eingliederungsquote, die noch nicht einmal bei der Vermittlung erreicht wird, die mangelnde Mitsprachemöglichkeit verbunden mit vielfältigen Sanktionsdrohungen und sofortiger Kürzung des Regelbedarfs um 100% bei den unter 25-Jährigen (§ 31 a Abs. 2 SGB II), die den **Aktivierungsangeboten** ein besonders **repressives und unattraktives Gepräge** geben, was zumindest den Ideen vom ermunternden und befähigenden Staat nicht entspricht und die **Existenzsicherung** immer wieder mehr oder weniger **in Frage stellt**. Alleine von im Ermessen stehenden, ergänzenden Sach- oder geldwerten Leistungen, die auch nur auf ausdrücklichen Antrag gewährt werden, § 31 a Abs. 3 SGB II, ist dann das Überleben abhängig.

II. Aktivierung im SGB XII

28 Auch wenn mangels der vorausgesetzten Erwerbsfähigkeit das im SGB II entwickelte Aktivierungskonzept im SGB XII nicht angewendet werden kann und auf umfassende Maßnahmen zur Beschäftigungsförderung verzichtet wird, greift das Konzept in einer milderen Form auch auf die **verbliebene Sozialhilfe** über.

Dazu wird im § 1 SGB XII die **Selbsthilfe und Kooperationspflicht** der Hilfeberechtigten stärker betont, aber das Ziel, ein menschenwürdiges Leben zu ermöglichen, nicht verändert.

Die **Regelleistung** ist zwar **stärker pauschaliert** als im BSHG, ermöglicht aber in bestimmten Fällen noch **individuelle Abweichungen** (§ 27 a Abs. 4 SGB XII).

Insbesondere die **Dienstleistungen** unterliegen noch dem **Individualisierungsprinzip** des § 9 SGB XII, das grundsätzlich den Gestaltungsmöglichkeiten des Hilfebeziehers mehr Raum gibt. Die **Beratung und Unterstützung** ist in §§ 10, 11 SGB XII weiter gefasst als im SGB II.

Zwar findet sich vor allem im § 11 Abs. 3 SGB XII eine stärkere Betonung der Aktivierung, ohne jedoch „in die Hypertrophie des Forderns und Förderns zu verfallen".[75] Ob sich das nach der umstrittenen BSG-Rechtsprechung, nach der Zuwanderer aus EU Staaten nach 6 Monaten Aufenthalt einen Anspruch auf Sozialhilfe haben, obwohl sie erwerbsfähig sind,[76] halten lassen würde, muss bezweifelt werden.

Verbunden mit den umfassenderen Beratungs- und Unterstützungspflichten ist hier eine ausgewogene Balance gefunden, die jedoch in der Umsetzung darunter leidet, dass sie bei der überwiegenden Masse der Hilfebedürftigen, die dem SGB II zugewiesen sind, durch andere Angebote verdrängt werden. Ausgeschlossen sind die Hilfeangebote nach § 11 SGB XII zwar nicht durch § 21 SGB XII (dazu Kapitel 17), trotzdem sollen sie nach umstrittener Meinung nicht für potenziell SGB II-Berechtigte in Frage kommen.

---

72 Kemper in Eicher/Luik SGB II, 4. Aufl. 2017, § 3 Rn. 14.
73 Vgl. Geförderte Personen in Arbeitsgelegenheiten (Anm. 70).
74 Kemper in Eicher/Luik SGB II, 4. Aufl. 2017, § 3 Rn. 72.
75 Berlit in: LPK-SGB XII, 11. Aufl. 2018, § 11 Rn. 2.
76 Beginnend mit BSG Urt. v. 3.12.2015 – B 4 AS 44/15 R.

Teil II: Strukturprinzipien des Rechts der existenzsichernden Sozialleistungen

Kapitel 7: Strukturprinzipien des Rechts der existenzsichernden Sozialleistungen

Literaturhinweise: Dillmann/Danat, „Neue Besen kehren gut" – eine Bestandsaufnahme von fünf Jahren Rechtsprechung des Bundessozialgerichts zur Sozialhilfe, ZfF 2009, 241; Gerlach, „Gelebt ist gelebt!" – Abschied auf Raten von einem Strukturprinzip der Sozialhilfe, ZfF 2008, 193; Grube, „Keine Hilfe für die Vergangenheit" – im SGB II und SGB XII, Sozialrecht aktuell 2010, 11; Hilkert, Arbeitsverwaltung und Selbsthilfe im aktivierenden Sozialstaat, Wiesbaden 2015; Hörmann, Rechtsprobleme des Grundrechts auf Gewährleistung eines menschenwürdigen Existenzminimums, Hamburg 2013; Krohn, Keine Sozialhilfe für die Vergangenheit. Ein „Strukturprinzip" vor und nach der Sozialhilfereform, Berlin 2014; Rothkegel, Ist die Rechtsprechung des Bundesverwaltungsgerichts zur Sozialhilfe durch Hartz IV überholt?, SGb 2006, 74; Rothkegel (Hrsg.), Sozialhilferecht, 1. Aufl. 2005; Schütte-Leifels, Die Grundsätze der Sozialhilfe nach der Reform, Stuttgart 2007; Siefert, Sozialhilfeträger als Mädchen für alles? Wie steht es mit dem „Nachranggrundsatz", ZfSH/SGB 2016, 661; Wahrendorf, Die Fortgeltung der „Strukturprinzipien" im SGB XII und ihre Durchbrechung durch das SGB II, in: FS 50 Jahre Sozialhilfe, Berlin 2012, 117; Waibel, Die Grundsicherung für Arbeitsuchende, im Alter und bei Erwerbsminderung als besonderer Leistungstypus der Sozialhilfe, ZfF 2005, 49.

Rechtsgrundlagen:
GG Art. 1 Abs. 1, Art. 20 Abs. 1
SGB II §§ 1, 2, 3, 5, 9, 11 ff., 19 ff., 31, 32, 33 bis 35
SGB XII §§ 1, 2, 9, 17, 18, 21, 27 ff., 30 ff., 82 ff., 90

Orientierungssätze:

1. Die Strukturprinzipien des Rechts der existenzsichernden Sozialleistungen beschreiben die rechtlichen Gestaltungsgrundsätze für die Grundsicherungsleistungen. Sie haben die Funktion, Leitlinien für den Umgang mit dem gesetzten Recht zu verdeutlichen, Orientierung über die Kasuistik des jeweils entschiedenen Einzelfalls hinaus zu verschaffen und so zu mehr Rechtssicherheit und Klarheit beizutragen.

2. Strukturprinzipien sind keine „Supranormen", die neben oder über dem gesetzten Recht stehen; sie beruhen auf dem Nachvollzug gesetzlicher Vorgaben und Regelungen und sind diesen nachgeordnet. In den Grenzen, die insbes. das Grundrecht auf ein menschenwürdiges Existenzminimum zieht, stehen sie zur Disposition des demokratisch legitimierten Gesetzgebers.

3. Die Strukturprinzipien entfalten ihren eigentlichen Sinngehalt erst in einem Zusammenspiel wechselseitiger Ergänzung und Beschränkung und bedürfen zu ihrer Verwirklichung der Konkretisierung durch Unterprinzipien und Einzelwertungen.

4. Die Strukturprinzipien des Grundsicherungsrechts können als pointierte Zusammenfassung in einsichts- und anschlussfähiger Weise der auch (sozialpolitischen) Kernideen der Grundsicherung zur Schaffung und Stärkung gesellschaftlicher Akzeptanz des Systems existenzsichernder Sozialleistungen beitragen. Sie können Akzeptanz aber nicht garantieren und beschreiben keinen unverbrüchlichen gesellschaftlichen Grundkonsens, der immun gegen populistische Forderungen nach Senkung des Leistungsniveaus wäre.

5. Die Strukturprinzipien des Grundsicherungsrechts sind bezogen auf das Grundrecht auf ein menschenwürdiges Existenzminimum (Art. 1 Abs. 1 GG iVm Art. 20 Abs. 1 GG). Sie konturieren Grund und Grenze der staatlichen Einstandspflicht für das Existenzminimum und sind im Recht der Grundsicherung (SGB II; SGB XII) im Detail nicht identisch ausgeformt.

6. Zu den Strukturprinzipien rechnen der Bedarfsdeckungsgrundsatz, der Gegenwärtigkeitsgrundsatz, der Nachranggrundsatz, der den Selbsthilfegrundsatz mit umfasst, das Faktizitätsprinzip, der Individualisierungs- bzw. Einzelfallgrundsatz sowie – im Sozialhilferecht – der Kenntnisgrundsatz.

A. Notwendigkeit und Nutzen einer Beschäftigung mit Strukturprinzipien

1 „Die ‚Strukturprinzipien des Sozialhilferechts' erscheinen als ein Stück Dogmatik des besonderen Verwaltungsrechts, entwickelt durch die Rechtsprechung vor allem des Bundesverwaltungsgerichts". So hat Rothkegel in der Erstauflage dieses Werkes[1] Programm und Funktion der Strukturprinzipien des Sozialhilferechts umschrieben. Die Strukturprinzipien des Sozialhilferechts bezeichnen hiernach die rechtlichen Gestaltungsgrundsätze für die Leistung von Sozialhilfe und wirken damit zugleich als Leitlinien für Rechtsauslegung und -anwendung; im Rahmen der aus dem Menschenwürdegrundsatz in Verbindung mit dem Sozialstaatsprinzip folgenden Maßgaben stehen sie zur Disposition des Gesetzgebers. Sie streben an, im Rahmen der Rechtswissenschaften als praktischer Disziplin zur begrifflich-systematischen Durchdringung des geltenden Rechts beizutragen, die Geltungs-, Anwendungs- und Realisierungsvoraussetzungen dieses Rechts auch und gerade vor dem Hintergrund der sozialen Realität, auf die es bezogen ist, in den Blick zu nehmen und die Rechtspraxis und Rechtsfortbildung anzuleiten, indem sie versuchen, auf die hiermit notwendig verbundenen Wertungsfragen rational begründbare Antworten anzubieten.

2 Mit dem Inkrafttreten der Grundsicherung für Arbeitsuchende und dem Übergang der Rechtswegzuständigkeit von der Verwaltungs- auf die Sozialgerichtsbarkeit besteht Überprüfungsbedarf. Die Grundsicherung für Arbeitsuchende greift zwar in erheblichem Maß auf Regelungsansätze der (formellen) Sozialhilfe zurück. Sie mischt sie aber hier in nicht unbeträchtlichem Umfange auch mit Normierungselementen aus dem Recht der Arbeitslosenhilfe und fügt neue, eigenständige Regelungen hinzu. Die „Jurisdiktionshoheit" der Sozialgerichtsbarkeit stellt die Frage nach Kontinuität und Brüchen in der Rechtsprechung.[2] Die Strukturprinzipien können jedenfalls nicht mehr als das geronnene, dogmatisch geordnete Substrat der Rechtserkenntnisse des für das Rechtsgebiet zuständigen obersten Bundesgerichtes beschrieben werden.

---

1 Rothkegel, in: ders. (Hrsg.), Sozialhilferecht, Teil II Kap. 1 Rn. 1; eingehend bereits ders., Strukturprinzipien der Sozialhilfe, Baden-Baden 2000.
2 Dazu Berlit SchlHA 2008, 370 (374).

Die Aufteilung der Regelungen zu existenzsichernden Sozialleistungen auf die drei   3
Grundsäulen³ „Grundsicherung für Arbeitsuchende", „Sozialhilfe (Hilfe zum Lebensunterhalt)" und „Grundsicherung im Alter und bei Erwerbsminderung", die bei den im
Grundsatz vergleichbaren Regelungsansätzen im Detail doch bewertungserhebliche Unterschiede aufweisen, erschwert zudem, für alle Grundsicherungssysteme noch gleichermaßen geltende Leitlinien herauszuarbeiten; das aus der Sozialhilfe hervorgegangene
Sonderleistungssystem des AsylbLG für Asylbewerber und ausreisepflichtige Ausländer
ist ungeachtet seiner verfassungsrechtlichen Fundierung im Grundrecht auf Existenzsi-
cherung⁴ von vornherein nicht systembildend und bildet ein Leistungssystem mit bewusst abgesenkten, allenfalls begrenzt von Strukturprinzipien geprägten Leistungen.⁵
Die von den Strukturprinzipien in Anspruch genommene Funktion, Leitlinien für den
Umgang mit dem gesetzten Recht zu verdeutlichen, Orientierung über die Kasuistik des
jeweils entschiedenen Einzelfalls hinaus zu verschaffen und so zu mehr Rechtssicherheit
und Klarheit beizutragen, verbleibt ihnen aber auch dann, wenn der hierzu unstrittig
befugte, demokratisch legitimierte Gesetzgeber im gesetzten Recht Strukturprinzipien
ausformt, umformt, variiert oder gar punktuell aufgibt. Letztere tragen dann dazu bei,
Reichweite und Konsequenzen solcher Änderungen klarer zu bestimmen.

Bei aller – auch berechtigter – Kritik an der gesetzgebungstechnischen Qualität der Re-   4
gelungen im Detail kann nicht unterstellt werden, dass der Gesetzgeber mit der Verselbstständigung der Grundsicherung für Arbeitsuchende und der Integration des Sozialhilferechts in das Sozialgesetzbuch ohne sozialpolitische und rechtsdogmatische Leit-
gedanken tätig geworden sei. Selbst soweit sie nicht die bisherigen Strukturprinzipien
des Sozialhilferechts übernehmen, rechtfertigt die Ordnungs- und Orientierungsfunkti-
on der Dogmatik die weitere Beschäftigung mit den „Strukturprinzipien" des Rechts
der existenzsichernden Sozialleistungen.⁶

B. Begriff der „Strukturprinzipien"

I. Allgemeines

Die „Strukturprinzipien" des Sozialhilferechts haben es unternommen, die rechtsdog-   5
matischen Grundlagen und Leitlinien für die Auslegung und Anwendung des Sozialhilferechts zu verdeutlichen und „auf den Begriff" zu bringen. Als analytische Kategorien
mit durchaus wissenschaftlichem Anspruch waren sie bezogen auf praktische Probleme
der Rechtsentwicklung und Rechtsanwendung. Als Beitrag zur Dogmatik des besonderen Verwaltungs- und nun Sozialrechts mittlerer Reichweite hat der Begriff des „Strukturprinzips" nicht den Anspruch, die theoretischen Grundlagen von Rechtsmethodik
und juristischer Argumentation voranzutreiben. Die methodologischen Auseinanderset-

---

3 Nur am Rande erwähnt werden soll das Asylbewerberleistungsgesetz, das als besonderes Sozialhilfesystem
auf geringerem Leistungsniveau ua deswegen Besonderheiten aufweist, weil es – normativ – gerade nicht auf
(dauerhafte) Integrationsteilhabe an der Gesellschaft ausgerichtet ist, sondern die Basissicherung – vermeintlich – lediglich übergangsweise im Bundesgebiet lebender Personen bildet; zur berechtigten, verfassungsgerichtlich bekräftigten (BVerfG 18.7.2012 – 1 BvL 10/10 und 2/11, NVwZ 2012, 1024) Kritik an dieser Konzeption → Kap. 34 Rn. 56.
4 BVerfG 18.7.2012 – 1 BvL 10/10, 1 BvL 2/11, BVerfGE 132, 134.
5 Eingehend zu den Leistungen an Asylsuchende → Kap. 34 Rn. 58 ff.
6 Differenzierter Krohn (Stichwort „Strukturprinzipien der Sozialhilfe", in: Deutscher Verein [Hrsg.], Fachlexikon der sozialen Arbeit, 8. Aufl. 2017, 887 f.), den die Strukturprinzipien normative Kraft in dem Sinne ab-
spricht, als sie dem Recht nicht vorgelagert seien, im Übrigen aber von ihrer Fortgeltung auch unter der neu-
en Rechtslage ausgeht.

zungen um die Herleitung und Funktion von „Prinzipien" und ihre Umsetzung in Regeln[7] ist daher nicht zu vertiefen. Es sind jedoch Anleihen gemacht worden.

6 Die Strukturprinzipien beschreiben auf mittlerem Abstraktionsniveau die Leitvorstellungen und „Konstitutionsprinzipien", die dem Recht der existenzsichernden Sozialleistungen unterliegen. Sie stehen nicht neben oder über dem kodifizierten Recht. Sie gründen auf ihm. Die Strukturprinzipien beruhen auf dem Nachvollzug gesetzlicher Vorgaben und Regelungen, sie sind keine Erfindung des Richterrechts. Dies folgt schon aus der Gesetzesbindung der Rechtsprechung (Art. 20 Abs. 3 GG). Sie ist für den Sozialleistungsbereich durch den ausdrücklichen, einfachgesetzlichen Vorbehalt des Gesetzes (§ 31 SGB I) besonders ausgeprägt: Rechte und Pflichten dürfen hiernach nur begründet, festgestellt, geändert oder aufgehoben werden, soweit ein Gesetz es vorschreibt oder zulässt. Ausgangs- und Bezugspunkt der Strukturprinzipien ist daher das **kodifizierte Recht** der existenzsichernden Sozialleistungen. Für den rechtspolitischen oder -praktischen Diskurs können sie indes die Argumentationslast verschieben und bei Modifikationen einzelner Strukturprinzipien oder einem Neuarrangement ihrer wechselseitigen Zuordnung Rechtfertigungs- und Begründungslasten auslösen.

7 Die Strukturprinzipien selbst und ihre Ausformungen stehen zur **Disposition des Gesetzgebers**. Er bestimmt – im Rahmen der verfassungsrechtlichen Vorgaben – über Grund und Reichweite der Grundsätze, kann sie variieren, einschränken oder gänzlich aufgeben. Die (nachvollziehende) dogmatische Aufbereitung und Bündelung der Leitvorstellungen in Strukturprinzipien hat derartige Änderungen aufzugreifen und ggf. durch Anpassung der Dogmatik ebenso nachzuvollziehen wie dies die Rechtsprechung als Folge ihrer Bindung an Gesetz und Recht (Art. 20 Abs. 3 GG) zu tun hat.

8 Als Elemente rechtsdogmatischer Durchdringung des Gebiets der existenzsichernden Sozialleistungen und damit eines Teilbereichs der Rechtsordnung haben die Strukturprinzipien notwendig ein gewisses **Abstraktionsniveau**. Auch für sie gilt die für die allgemeinen Prinzipien einer Rechtsordnung getroffene Feststellung: Sie gelten nicht ohne Ausnahme, können zueinander in Gegensatz oder Widerspruch treten, erheben nicht den Anspruch der Ausschließlichkeit, entfalten ihren eigentlichen Sinngehalt erst in einem Zusammenspiel wechselseitiger Ergänzung und Beschränkung und bedürfen zu ihrer Verwirklichung der Konkretisierung durch Unterprinzipien und Einzelwertungen.[8] Dies belässt den Strukturprinzipien auch die notwendige Offenheit für die dogmatische Verarbeitung von modifizierenden Änderungen des Gesetzgebers und bewahrt sie vor der Gefahr ihrer „Versteinerung". Denn wie jedes dogmatische System kann sich eine von solchen „Strukturprinzipien" beherrschte Rechtsmaterie zu einem selbstregelnden und sich konservierend selbsterhaltenden System entwickeln. Durch ständige Verfeinerung können „Strukturprinzipien" ein „Eigenleben" entfalten, der gegenüber Fragen nach ihrer Notwendigkeit und ihrem Gehalt ebenso in den Hintergrund treten können wie das Bewusstsein der Gesetzesabhängigkeit ihrer Geltung und Inhalte sowie ihrer ständigen Konkretisierungsbedürftigkeit unter Berücksichtigung einer sich wandelnden gesellschaftlichen Realität, deren Gestaltung und Ordnung Recht dient.

II. Herleitung der Strukturprinzipien

9 Als methodisch-analytische Leitbegriffe haben die Strukturprinzipien auch eine beschreibende Dimension. Sie beschränken sich aber nicht darauf, den Regelungsgehalt

---

7 Dazu etwa Alexy, Theorie der Grundrechte, 1. Aufl., Frankfurt/M. 1986; ders., Juristische Begründung, System und Kohärenz, in: O. Behrends ua (Hrsg.), Rechtsdogmatik und praktische Vernunft, 1990, 577; Sieckmann, Recht als normatives System. Die Prinzipientheorie des Rechts, Baden-Baden 2009; ders. JZ 2009, 557; Poscher RW 2010, 349.
8 So Canaris, Systemdenken und Systembegriff in der Jurisprudenz, Berlin 1969, 52 f.

einzelner Normen des gesetzten Rechts (nachvollziehend) zu beschreiben. Die Strukturprinzipien wollen die Leitprinzipien und Grundsätze beschreiben, die hinter den Einzelregelungen stehen. Sie sind bei einer Bindung an diese nicht logisch zwingend aus dem
kodifizierten Recht abzuleiten. Sie versuchen aber, den Grundgedanken, der hinter verschiedenen Einzelregelungen steht, systematisch zu abstrahieren und so die jeweiligen
Wertungen, Regelungsvorstellungen und Zielsetzungen (möglichst) widerspruchsfrei zu
verdeutlichen. In diesem Sinne sind Strukturprinzipien Anstoß und Leitlinie für eine systematische Auslegung, die den (gemeinsamen) Sinn und Zweck der anzuwendenden Regelungen zur Geltung bringt. Bei einer Einzelnormen übergreifenden Perspektive enthalten die Strukturprinzipien einen „Systemgedanken", aus dem für die Auslegung Erkenntnisse auch für solche Normen zu gewinnen sind, deren Gehalt und Zweck bei isolierter Betrachtung unklar sind. Im methodischen Ansatz gründen die Strukturprinzipi-
en nicht auf einer ontologischen Vorstellung vom positivrechtlich unverfügbaren „Wesen" der Sozialhilfe oder der Grundsicherung, die unabhängig vom gesetzten Recht und
seiner richterrechtlichen Fortbildung und Ausdifferenzierung ist; sie bleiben Konstrukte,
die wissenschaftlich begründungsbedürftig bleiben und sich insoweit der Kritik stellen
müssen.

Die Zeit großer, in sich stimmiger Kodifikationen ohne innere Brüche und Widersprü- 10
che ist vorbei. Das Recht der existenzsichernden Sozialleistungen ist – wie andere Zweige des Sozialrechts auch – durch ständige, mehr oder minder weit reichende Gesetzesänderungen geprägt, durch die der Gesetzgeber auf neue Probleme reagiert, bisherige Fragen nach geänderten rechts- oder sozialpolitischen Vorstellungen neu ordnet oder
Rechtsprechung kodifiziert bzw. korrigieren möchte; allein das zum 1.1.2005 in Kraft
getretene SGB II ist seit seiner Verkündung Ende 2003[9] bis Ende 2018 durch über 80
Änderungsgesetze unterschiedlicher Reichweite betroffen worden.[10] Das (notwendige)
Abstraktionsniveau der Strukturprinzipien stellt sicher, dass sie nicht durch jede einzelne Rechtsänderung berührt werden. Der Dogmatik ist allein aufgegeben, ihr eigenes Be-
harrungsvermögen gegenüber Änderungen zu überwinden und jeweils zu prüfen, ob
Gesetzesänderungen Strukturprinzipien bestätigen, ändern, modifizieren oder gar aufge-
ben. Da dem Gesetzgeber diese Prinzipien bekannt sind, indiziert es nicht dogmatische
Resistenz, wenn hierfür klare Anhaltspunkte gefordert werden.

Strukturprinzipien bilden **keine „Suprarechtsordnung"**. Sie sind dem kodifizierten 11
Recht nachgeordnet.[11] Grundlage und Richtschnur der Rechtsanwendung und Auslegung ist das Gesetz. Strukturprinzipien sind nicht geeignet, explizite gesetzliche Regelungen in ihr Gegenteil zu verkehren.[12] Dies ist im dogmatischen Ansatz unbestritten.
Differenzierter Betrachtung bedarf die Frage, ob die Strukturprinzipien des Sozialhilferechts als Besonderheiten des Sozialhilferechts aufgrund von § 37 SGB I Anwendungsvorrang vor den Regelungen des Ersten und des Zehnten Buches Sozialgesetzbuch genießen. Hiervon ist die Rechtsprechung des Bundesverwaltungsgerichts ausgegangen.[13]
Dass die hieraus vom Bundesverwaltungsgericht[14] etwa gezogene Konsequenz, im Sozialhilferecht sei für die Leistungserbringung § 44 SGB X nicht anzuwenden, schon vor

9 Art. 1 des Gesetzes vom 24.12.2003, BGBl. I, 2954.
10 Zur Rechtsentwicklung bis Mitte 2017 s. Münder in: LPK-SGB II Einl. Rn. 22 ff., 28.
11 Krohn, Stichwort „Strukturprinzipien der Sozialhilfe", in: Deutscher Verein (Hrsg.), Fachlexikon der sozialen Arbeit, 8. Aufl. 2017, 887 f.
12 So zu Recht BSG 17.6.2008 – B 8 AY 5/07 R, FEVS 60, 248.
13 Vgl. zB BVerwG 10.5.1979 – 5 C 79.77, BVerwGE 58, 68 (69 f.) (Vererblichkeit des Pflegegeldanspruchs);
19.6.1980 – 5 C 26.79, BVerwGE 60, 236 (238) (Gegenwärtigkeitsprinzip); 8.7.1982 – 5 C 96.81,
BVerwGE 66, 90.
14 S. BVerwG 15.12.1983 – 5 C 65/82, BVerwGE 68, 285; 13.11.2003 – 5 C 26.02, info also 2004, 261; sa
Rothkegel ZfSH/SGB 2002, 8.

dem durchaus kritisierten[15] Rechtsprechungswandel nach Übergang der Rechtswegzuständigkeit[16] nicht unumstritten war, belegt, dass es auch um die Frage der Reichweite eines Strukturprinzips geht. Dem vorgelagert ist die Auslegungsfrage, ob sich isd § 37 S. 1 SGB I „Abweichendes" nur aus ausdrücklichen Sonderregelungen ergeben kann oder hierfür auch Strukturprinzipien bzw. allgemeine, aus dem Normgefüge eines besonderen Teils abgeleitete Grundgedanken ausreichen. Wird diese Möglichkeit dem Grunde nach anerkannt,[17] ist es dann nur eine Frage der Auslegung, ob und mit welchem Inhalt ein Buch oder Teil des SGB durch besondere Strukturprinzipien gekennzeichnet ist, aus denen „Abweichendes" folgt.

12 In der Ausformung, welche die Strukturprinzipien durch die Rechtsprechung des Bundesverwaltungsgerichts erlangt hatten, haben sie keinen selbstständigen, vom Gesetz losgelösten anspruchsbegründenden oder anspruchsvernichtenden Gehalt mit Rechtssatzqualität in Anspruch genommen.[18] Auch soweit aufgrund der Strukturprinzipien bestimmte Regelungen des SGB I/SGB X nicht zur Anwendung gelangen sollten, beruhte dies nicht auf einer richter(recht)lichen Rechtsquelle, sondern auf einer richterlichen Rechtserkenntnis, die dies aus dem Normgefüge eines besonderen Teils des SGB hergeleitet hatte. Rechtsquellencharakter – gar mit Bindungsanspruch für die Instanzgerichte – ist auch sonst für die Strukturprinzipien nicht behauptet worden. Bedeutung und Wirkung haben sie durch ihre Überzeugungskraft oder doch dadurch erlangt, dass sie zu zumindest akzeptableren Auslegungsergebnissen geführt haben.

III. Vermittlungsfunktion der Strukturprinzipien

13 Steuerfinanzierte Leistungen zur Existenzsicherung sind dem Grunde nach verfassungsrechtlich geboten. Sozialstaatsprinzip und Menschenwürdegrundsatz gebieten staatliche Hilfe und Unterstützung für Personen, die aus eigenen Kräften und Mitteln ihre physische Existenz nicht sicherstellen können.[19] Art und Umfang der staatlichen Sicherung der Mindestvoraussetzungen für ein menschenwürdiges Dasein sind an dieser Stelle nicht weiter zu vertiefen. Das von Verfassungs wegen geforderte, „verfassungsfeste" Existenzminimum muss aber nicht mit dem grundsicherungsrechtlichen Leistungsniveau identisch sein.[20] Die – 2012 allerdings als verfassungswidrig beanstandeten[21] – insgesamt abgesenkten Leistungen nach dem Asylbewerberleistungsgesetz (aF), die sozialhilferechtliche Unterscheidung zwischen dem notwendigen und dem unerlässlichen Lebensunterhalt sowie die innerhalb des AsylbLG nochmals abgesenkten Leistungen für die meisten Gruppen ausreisepflichtiger Ausländer (§ 1 a AsylbLG) bis hin zum voll-

---

15 Hochheim NZS 2009, 24.
16 S. nunmehr BSG 26.8.2008 – B 8 SO 26/07 R, FEVS 60, 350 (SGB XII); 16.10.2007 – B 8/9 b SO 8/96 R, FEVS 59, 337 (SGB XII); 17.6.2008 – B 8 AY 5/07 R, FEVS 60, 248 (AsylbLG); 19.3.2008 – B 11 b AS 23/06 R, SozR 4–4200 § 24 Nr. 3 (SGB II); 7.5.2009 – B 14 AS 3/09 B, (SGB XII); dazu auch Pattar NZS 2010, 7; Heinz WzS 2008, 105; Gerlach ZfF 2008, 193; zur partiellen Renaissance im AsylbLG (fortbestehender bzw. nicht unterbrochener Leistungsbezug) s. aber BSG 20.12.2012 – B 7 AY 4/11 R; 26.6.2013 – B 7 AY 3/12 R; 22.6.2013 – B 7 AY 2/16 B, das eine Übertragung in den Rechtskreis des SGB II ausdrücklich ablehnt; BSG 4.4.2017 – B 4 AS 6/16 R; 17.6.2010 – B 14 AS 46/09.
17 S. etwa Richter in: LPK-SGB I, 3. Aufl., § 37 Rn. 8; Reyels in: jurisPK-SGB I § 37 Rn. 27; Fastabend in: Hauck/Noftz SGB I § 37 Rn. 9; Mrozynski SGB I, 5. Aufl. 2014, § 37 Rn. 8 ff.; BSG 14.10.1992 – 14a/6 RKa 3/91, SozR 3–1300 § 63 Nr. 4; 12.5.1993 – 6 RKa 8/92, SozR 3–2500 § 15 Nr. 3; 23.7.2015 – B 2 U 15/14 R, SozR 4–2700 § 175 Nr. 1.
18 Insoweit beseitigt die „Neuorientierung in der Rechtsprechung des BSG" (so Mrozynski SGB I, 5. Aufl. 2014, § 37 Rn. 16 ff.) Missverständnisse.
19 BVerfGE 125; 175; s. bereits BVerfGE 40, 121 (133); 45, 187 (228); 82, 60 (80); 87, 153 (169); 99, 246 (259 f.).
20 S. Rothkegel, 1. Aufl., Teil III Kap. 1; → Kap. 8 Rn. 4 ff.; BVerfG 9.2.2010 – 1 BvL 1/09 ua, BVerfGE 125, 175.
21 BVerfG 18.7.2012 – 1 BvL 10/10, 1 BvL 2/11, NVwZ 2012, 1024; sa → Kap. 34 Rn. 56.

ständigen Leistungsausschluss für materiell nicht bleibeberechtigte EU-Bürger in SGB II und SGB XII[22] in Korrektur gefestigter BSG-Rechtsprechung unterstreichen, dass auch im Bereich des soziokulturellen Existenzminimums noch Raum für sozialpolitische Gestaltungsentscheidungen des demokratisch legitimierten Gesetzgebers bei der Festlegung des Leistungsniveaus besteht bzw. in Anspruch genommen wird.

Die Grundsicherungsleistungen sind indes auch in dem verfassungsrechtlich geforderten Umfang wegen ihrer Vorleistungsunabhängigkeit, der Finanzierung aus Steuermitteln und ihres (derzeit) quantitativ beachtlichen Umfanges neben der rechtlichen Anerkennung auch auf gesellschaftliche Akzeptanz angewiesen. Ihre auch integrierende, armutsbedingter Ausgrenzung und Desintegration entgegenwirkende Funktion kann Grundsicherung nur erfüllen, wenn einerseits Zugangsbedingungen und Leistungsniveau so ausgestaltet sind, dass ihre Inanspruchnahme nicht zur Stigmatisierung führt,[23] sie andererseits aber auch als sozial „gerechtfertigte" Inanspruchnahme gesellschaftlicher Solidarität aus Gründen sozialer Not gesehen wird. Dies unterstreichen nachhaltig die periodisch geführten Diskussionen über den Missbrauch steuerfinanzierter Sozialleistungen[24] und ihr vermeintlich anreiz- und damit integrationsfeindliches Leistungsniveau.[25] Die Schwierigkeiten der politischen Vermittlung vorleistungsunabhängiger, bedarfssichernder Grundsicherung[26] in einer erwerbsorientierten und -zentrierten Gesellschaft nehmen zu, je mehr sich ungesicherte Arbeitsverhältnisse, geringfügige Arbeit bzw. Teilzeitbeschäftigungsverhältnisse und ein Niedriglohnsektor ausbreiten, in dem auch bei vollschichtiger Erwerbsteilnahme nur Einkommen unter der Bedarfsgrenze erzielt werden können. **14**

Vor diesem Hintergrund können die Strukturprinzipien des Grundsicherungsrechts zur Schaffung und Stärkung gesellschaftlicher Akzeptanz des Systems existenzsichernder Sozialleistungen beitragen, indem sachlich Kerngehalte des Leistungssystems prägnant auf den Begriff gebracht werden. Die pointierte Zusammenfassung in einsichts- und anschlussfähiger Weise der auch (sozialpolitischen) Kernideen der Grundsicherung kann Akzeptanz, die von vielfältigen Faktoren auch und gerade außerrechtlicher, gesellschaftlicher Art abhängt und mit zunehmender Entsolidarisierung, Fragmentierung und Individualisierung tendenziell schwindet, nicht garantieren und beschreibt keinen unverbrüchlichen gesellschaftlichen Grundkonsens, der immun gegen populistische Forderungen nach Senkung des Leistungsniveaus wäre. **15**

IV. Übersicht über einzelne Strukturprinzipien

Die Strukturprinzipien des Rechts der existenzsichernden Leistungen sind bezogen auf das Grundrecht auf ein menschenwürdiges Existenzminimum (Art. 1 Abs. 1 GG iVm **16**

---

22 G. v. 22.12.2016, BGBl. I, 3155; dazu Berlit NDV 2017, 67; Greiner/Kock NZS 2017, 201; Devetzli/Janda ZESAR 2017, 197. Zur vorgelagerten „Rechtsprechungsgeschichte", die durch das Gesetz korrigiert worden ist, s. Greiser/Ascher VSSR 2016, 61.
23 Zur Sozialhilfe als stigmatisierend empfundener Leistung s. Fichtner ZfF 1999, 111; Neumann NVwZ 1995, 426 (430).
24 Krit. dazu R. Roth, Sozialhilfemissbrauch. Wer missbraucht eigentlich wen?, Frankfurt/M. 2004; D. Wogawa, Missbrauch im Sozialstaat. Eine Analyse des Missbrauchsarguments im politischen Diskurs, Wiesbaden 2000; Löffler ArchSozArb 2002, 22; sa Schleicher, Rechtsmissbrauch bei der Ausübung des Grundrechts auf Existenzsicherung, Bern 1998.
25 In der flüchtlingsrechtlichen Debatte kommt insoweit auch der vermeintliche „Pulleffekt" hinzu; dazu Isensee, Menschenwürde: Rettungsinsel in der Flüchtlingsflut?, in: Depenheuer/Grabenwarter (Hrsg.), Der Staat in der Flüchtlingskrise, 2016, 231.
26 Zur umfangreichen Debatte um ein „bedingungsloses Grundeinkommen" s. etwa Ruh, Bedingungsloses Grundeinkommen – Anstiftung zu einer neuen Lebensform, Zürich 2016; Butterwegge, Armut, 2. Aufl. Köln 2017; Reuter, Das bedingungslose Grundeinkommen als liberaler Entwurf, Wiesbaden 2016; Opielka, in: Denkschrift 60 Jahre BSG, 2015, 735.

Art. 20 Abs. 1 GG).[27] Sie konturieren Grund und Grenze der staatlichen Einstandspflicht für das Existenzminimum und sind im Recht der Grundsicherung (SGB II; SGB XII) im Detail nicht identisch ausgeformt.[28]

1. Bedarfsdeckungsgrundsatz

17 Der Bedarfsdeckungsgrundsatz[29] (Kap. 9) bezieht sich verfassungsrechtlich unmittelbar auf dieses Grundrecht. Er garantiert nicht allein die (absolute) physische Existenz, sondern auch ein gewisses Maß an gesellschaftlicher Entfaltung und Teilhabe und zielt so auch auf einen gewissen Schutz vor materiell bedingter gesellschaftlicher Ausgrenzung und Stigmatisierung.[30] Er fordert, dass das Leistungsniveau so an dem Bedarf (im Sinne der Sicherung eines soziokulturellen Existenzminimums) auszurichten ist, dass dessen vollständige Deckung gewährleistet ist; er ist insoweit aber auch auf den notwendigen Lebensunterhalt beschränkt. Diese leistungsbegrenzende Dimension des Bedarfsdeckungsgrundsatzes, der eine Orientierung an den durchschnittlichen Lebensverhältnissen als Vergleichsmaßstab und allzumal die Berücksichtigung nicht erforderlicher „Luxusaufwendungen" ausschließt, hat aber auch eine integrierende Sicherungsfunktion: Er gewährleistet auch den vom sozialen Abstieg bedrohten Personen ein Leistungsniveau, das jedenfalls das physiologische Existenzminimum[31] und damit das „nackte Überleben" sichert, und darüber hinaus ein für ein menschenwürdiges Dasein in der Gesellschaft vorauszusetzendes Mindestmaß an gesellschaftlicher Teilhabe gewährleistet (soziokulturelles Existenzminimum; eingehend dazu → Kap. 9 Rn. 8, 17 ff.).

18 Die Beschränkung der Leistungen auf solche zur Bewältigung einer aktuellen Notlage gewährleisten auch die inhaltliche Ausformung des Bedarfsdeckungsgrundsatzes. Normativ folgt aus dem **Menschenwürdekern des Bedarfsdeckungsgrundsatzes**, dass den grundsicherungsrechtlichen Leistungsverpflichtungen der Leistungsträger subjektive öffentliche Rechte des Einzelnen auf (bedarfsdeckende) Leistung gegenüberstehen müssen.[32] Ein Hilfebedürftiger darf nicht auf **freiwillige Leistungen des Staates oder Dritter** verwiesen werden, deren Erbringung nicht durch ein subjektives Recht des Hilfebedürftigen gewährleistet ist.[33] Der Gesetzgeber kann aber über die Form der Bedarfsdeckung und daher auch darüber bestimmen, ob sich der Leistungsanspruch auf Geld- oder Sachleistungen richtet, und er kann bei hinreichend gesicherter Bedarfsdeckung innerhalb gewisser Grenzen auch auf pauschalierende Leistungen mit Abgeltungswirkung setzen.

2. Gegenwärtigkeitsgrundsatz

19 Der **Gegenwärtigkeitsgrundsatz** ist eine Ausformung des Bedarfsdeckungsgrundsatzes. Seine wichtigste Funktion hat er darin, dass ein anzuerkennender grundsicherungsrechtlicher Bedarf zeitnah zu decken ist: „Der elementare Lebensbedarf der Leistungsberech-

---

27 BVerfG 9.2.2010 – 1 BvL 1/09 ua, BVerfGE 125, 175; 18.7.2012 – 1 BvL 10/10, 1 BvL 2/11; dazu Merold, Freiheit durch den Staat, Hamburg 2016; Hörmann, Rechtsprobleme des Grundrechts auf Gewährleistung eines menschenwürdigen Existenzminimums, Hamburg 2013.

28 Sa Waibel ZfF 2005, 49; zum Vergleich der Leistungssysteme sa Kunkel ZfF 2011, 241; zu den Grundsätzen des (materiellen) Sozialhilferechts sa die Kommentierungen zu § 9 SGB I, statt vieler s. nur Mrozynski SGB I, 5. Aufl. 2014, § 9 Rn. 38 ff.; Hochheim in Hauck/Noftz SGB I § 9 Rn. 15 ff.

29 Dazu Schütte-Leifels (Lit.), 95 ff.

30 Luthe/Dittmar SGb 2004, 272.

31 S. BSG 22.4.2008 – B 1 KR 10/07 R, SozR 4–2500 § 62 Nr. 6, das den Gestaltungsspielraum des Gesetzgebers bereits jenseits des zur physischen Existenz unerlässlichen, „physischen Existenzminimums" beginnen lässt und es ihm jenseits der Bestimmung des „physischen Existenzminimums" freistellt, in welchem Umfang soziale Hilfe unter Berücksichtigung der vorhandenen Mittel und anderer gleichrangiger Staatsaufgaben gewährt werden kann und soll.

32 Seit BVerwG 24.6.1954 – V C 78.54, BVerwGE 1, 159.

33 BVerfG 18.7.2012 – 1 BvL 10/10, 1 BvL 2/11, Rn. 91.

tigten ist in dem Augenblick zu befriedigen, in dem er entsteht.["34] Grundsicherungsleistungen setzen damit eine gegenwärtige Notlage voraus,[35] die – so sie besteht – dann auch bewältigt werden muss und ohne Beeinträchtigung des menschenwürdigen Existenzminimums im Regelfall[36] keinen Aufschub der Hilfe duldet.

Das Gegenwärtigkeits- bzw. Aktualitätsprinzip ist indes mehrdimensional.[37] Seiner leistungsbegründenden Funktion kann eine leistungsbegrenzende Dimension korrespondieren, wenn die aktuelle Notlage – wie auch immer – „überlebt" worden ist, ein ehemals bestehender Bedarf durch Zeitablauf endgültig entfallen oder auf andere Weise gedeckt worden ist oder gesetzlich zustehende Leistungen – aus welchen Gründen auch immer – rechtswidrig vorenthalten worden sind. In dieser Dimension der spezifischen „Zeitgebundenheit" der Grundsicherung trifft der Gegenwärtigkeitsgrundsatz auf andere Rechtsgrundsätze und Verfassungsprinzipien (zB das Rechtsstaatsprinzip, insbes. bei Säumnis des Leistungsträgers, oder das Gebot effektiven Rechtsschutzes).[38] Sie schränken seine Reichweite bei Anwendung zulasten der Leistungsberechtigten ein[39] und schließen es aus, schlechthin „keine Leistungen für die Vergangenheit"[40] zu gewähren. Der Streit um die Reichweite des Gegenwärtigkeitsprinzips und seine Grenzen bezieht sich vor allem auf diese Dimension, in denen die Zeitidentität von Bedürftigkeit und (ursprünglichem) Bedarf nicht (mehr) besteht.[41]

3. Nachranggrundsatz

Der Nachranggrundsatz (§ 2 SGB II; § 2 SGB XII; Kap. 11) verdeutlicht, dass es bei den Grundsicherungsleistungen nicht um ein voraussetzungsloses Bürgergeld oder Grundeinkommen[42] geht, sondern vor ihrer Inanspruchnahme alle anderen (zumutbaren) Möglichkeiten der Existenzsicherung auszuschöpfen sind. Er ist in besonderem Maß ausgestaltungsbedürftig, weil der grundsicherungsrelevante Bedarf zu decken ist, der Menschenwürdegrundsatz den Einzelnen aber davor bewahrt, vor der Inanspruchnahme staatlicher Leistungen alle tatsächlich denkbaren, also auch normativ unzumutbare Selbsthilfeaktivitäten zu entfalten,[43] sich jeglicher „Reserven" im vermögensrechtlichen Bereich zu begeben oder gar – wie der Leistungsausschluss für materiell nicht freizügigkeitsberechtigte EU-Bürger (§ 7 Abs. 2 Satz 2 SGB II/§ 23 Abs. 3 SGB XII) und die für

20

21

---

34 BVerfG 18.7.2012 – 1 BvL 10/10, 1 BvL 2/11, Rn. 125.
35 Sa BSG 29.9.2009 – B 8 SO 17/08 R, FEVS 61, 376; 10.11.2011 – B 8 SO 12/10 R.
36 Gewisse – auch zeitliche – „Puffer" ergeben sich daraus, dass zur Bedarfsdeckung tatsächlich einsetzbares Einkommen oder Vermögen zur Verfügung steht, das nach den Regeln zum Einkommens- und Vermögenseinsatz anrechnungsfrei gestellt ist.
37 Pattar NZS 2010, 7.
38 BVerwGE 58, 68 (74); 90, 154 (156); 90, 160 (162); 94, 127 (133).
39 BSG 16.10.2007 – B 8/9 b SO 8/06, FEVS 59, 337; 29.9.2009 – B 8 SO 16/08 R, FEVS 61, 376; 30.6.2016 – B 5 RE 1/15 R, SozR 4–1300 § 48 Nr. 33 (Rn. 33).
40 So noch Rothkegel, in: ders. (Hrsg.), Sozialhilferecht, Teil II Kap. 5 „Keine Sozialhilfe für die Vergangenheit"; eingehend Krohn 2014 (Lit.); Grube Sozialrecht aktuell 2010, 11.
41 Zum Streit um die Anwendbarkeit des § 44 SGB X sa → Kap. 55 Rn. 14 ff.; Hochheim NZS 2009, 24; dens. NZS 2010, 302; Pattar NZS 2010, 7. Das BSG hat im Übrigen seine Rechtsprechung zur umfassenden Anwendung des § 44 SGB X im Sozialhilferecht in der Folgezeit unter Hinweis auf „Besonderheiten des Sozialhilferechts" insbes. für den endgültigen Bedarfswegfall nicht unerheblich relativiert (BSG 29.9.2009 – B 8 SO 16/08 R, FEVS 61, 376; sa oben → Rn. 11; zum Grundsatz „Keine Sozialhilfe für die Vergangenheit" und den schon in der verwaltungsgerichtlichen Judikatur anerkannten Ausnahmen sa Schütte-Leifels (Lit.), 285 ff.
42 Zu solchen Ansätzen s. etwa Spellbrink JZ 2007, 28; Blaschke/Otto/Scheppers (Hrsg.), Grundeinkommen: Geschichte - Modelle - Debatten, Berlin 2010; F. Neumann, Gerechtigkeit und Grundeinkommen: eine gerechtigkeitstheoretische Analyse ausgewählter Grundeinkommensmodelle, Berlin/Münster 2009; Opielka, Gesellschaft für alle: Was das Grundeinkommen bewirkt, Hamburg 2008; Lessenich, Das Grundeinkommen in der gesellschaftspolitischen Debatte, Bonn 2009; zur neueren Debatte sa oben → Rn. 14.
43 Anschaulich die von Rixen (SGb 2005, 509) aufgeworfene Frage nach der Zumutbarkeit sexualitätsbezogener Dienstleistungen.

ausreisepflichtige Ausländer nochmals abgesenkten Leistungen für ausreisepflichtige Ausländer (§ 1 a AsylbLG) voraussetzen – das Verlassen des Bundesgebietes als Selbsthilfeoption werten.[44] Die ausdifferenzierten Regelungen zum Einsatz von Einkommen und Vermögen, zum Einsatz der eigenen Arbeitskraft, zum Verweis auf vorrangige Leistungen Dritter (Sozialleistungen; Angehörige), in dem sich auch ein institutioneller Nachrang[45] verbirgt, formen dabei den Nachranggrundsatz aus und sind nicht als dessen Durchbrechung zu missdeuten. Als Abweichungen von einem als absolut gedachten Nachranggrundsatz erinnern sie daran, dass die verschiedenen Strukturprinzipien in ihrer Wechselwirkung gesehen werden müssen und nicht isoliert gedacht werden können.

22 Konkretisiert wird der Nachranggrundsatz durch den **Selbsthilfegrundsatz.**[46] Er zielt in Anerkennung der aus der Menschenwürde folgenden Subjektstellung des einzelnen Hilfesuchenden darauf, „die der Personenwürde des Menschen innewohnende Tendenz zur Entfaltung der eigenen Kräfte"[47] zu unterstützen, anzuregen, aber auch abzufordern; dies hat schon vor der Verbreitung des Schlagworts von „Fordern und Fördern" im Rahmen eines Konzepts des aktivierenden Sozialstaates die Sozialhilfe als Hilfe zur Selbsthilfe gekennzeichnet.[48] Er rechtfertigt auch leistungsrechtliche Reaktionen bei Nichterfüllung zumutbarer Selbsthilfeobliegenheiten (§ 31 ff. SGB II[49]/§ 39 SGB XII/ §§ 60 ff. SGB I), für deren Ausgestaltung in Bezug auf die Art, Dauer, Höhe und Flexibilität der Leistungseinschränkung bis zur Grenze des physiologischen Existenzminimums dem Gesetzgeber ein nicht unerheblicher Gestaltungsspielraum zukommt, bei dem auch Art und Intensität der Obliegenheitsverletzung sowie die Reichweite der zumutbar abzuverlangenden Selbsthilfeaktivitäten zu berücksichtigen sind.

23 Wegen ihrer Ausgestaltungsbedürftigkeit können die Einweisungsnormen zum Nachrang- und Selbsthilfegrundsatz (§ 2 SGB II; § 2 SGB XII) unmittelbare Wirkung nur entfalten, soweit sich aus den spezielleren Regelungen nichts Abweichendes ergibt. Auch dann folgt aus der Verknüpfung zum Bedarfsdeckungsgrundsatz, dem Gegenwärtigkeitsgrundsatz und dem Faktizitätsprinzip, dass auf vorrangige Leistungen Dritter oder andere Selbsthilfeaktivitäten nur verwiesen werden darf, soweit sie geeignet sind, den Bedarf auch tatsächlich zeitnah decken zu können („bereite Mittel").

4. Faktizitätsprinzip

24 Mit dem Bedarfsdeckungsgrundsatz und dem Gegenwärtigkeitsprinzip eng verknüpft ist das **Faktizitätsprinzip,** nach dem es für die Leistungsgewährung nicht auf die – möglicherweise durch eigenes Fehlverhalten selbst verschuldeten – Gründe, sondern nur die Tatsache einer gegenwärtigen Hilfebedürftigkeit ankommt. Es mag größere Vermittlungsprobleme aufwerfen, weil bei „selbstverschuldeter" Hilfebedürftigkeit irgendeine Form von Obliegenheitsverletzung vorangegangen sein muss und damit die abverlangte Selbsthilfe nicht funktioniert hat. Sie werden dadurch relativiert, dass in Fällen qualifiziert zurechenbarer Herbeiführung der Hilfebedürftigkeit die Leistungen zeitweilig ab-

---

44 Dazu Thym NZS 2016, 441; Berlit NDV 2017, 67.
45 Oder auch institutionelle Subsidiarität; dazu Schütte-Leifels (Lit.), 250 ff.; zu den Grenzen im Verhältnis SGB II/SGB XII s. Siefert ZfSH/SGB 2016, 661, die den Nachranggrundsatz im Sinne eines übergeordneten Prinzips im Sozialhilferecht für entbehrlich, wenn nicht gar mit dessen ausdifferenzierten System für unvereinbar hält.
46 Dazu eingehend Schütte-Leifels (Lit.), 208 ff.; Hilkert (Lit.).
47 BVerwG 26.1.1966 – V C 88.64, BVerwGE 23, 149 (153).
48 § 1 Abs. 2 S. 2 BSHG bestimmte seit seinem Inkrafttreten: „Die Hilfe soll ihn soweit wie möglich befähigen, unabhängig von ihr zu leben; hierbei muss er nach seinen Kräften mitwirken".
49 Dazu Berlit info also 2013, 195; das BVerfG wird zu dieser umstrittenen Frage aufgrund einer Vorlage des SG Gotha (2.8.2016 – S 15 AS 5157/14) im Sommer/Herbst 2019 sein Urteil verkünden.

zusenken (§§ 31 a, 32 SGB II/§ 26 Abs. 1 SGB XII) und die zur Behebung der Notlage gewährten Leistungen zu ersetzen sind (§ 34 SGB II/§ 103 SGB XII).

5. Individualisierungs- bzw. Einzelfallgrundsatz

Der **Individualisierungsgrundsatz**[50] als Ausformung des Bedarfsdeckungsgrundsatzes   **25** kommt vor allem in den Bereichen zum Tragen, in denen die normativ prinzipiell gleiche Würde aller zusätzliche oder besondere Leistungen verlangt, und anerkennt, dass es der Existenzsicherung als Basissicherungssystem um die konkrete Lebenssituation eines jeden einzelnen Menschen in seiner Besonderheit und eine hierauf zugeschnittene Hilfe geht; dies zieht einer abgeltenden Leistungspauschalierung Grenzen. Damit soll der **Individualisierungs- bzw. Einzelfallgrundsatz**, nach der sich Art, Form und Maß der Leistungen nach der Besonderheit des Einzelfalles richten (§ 9 SGB XII), im Ansatz eine bedarfsgerechte, passgenaue Leistungsgewährung sicherstellen. Die autonomiefördernde und damit menschenwürdebezogene Dimension des Individualisierungsgrundsatzes zeigt sich im sozialhilferechtlichen Wunsch- und Wahlrecht (§ 9 Abs. 2 SGB XII; Kap. 14). Der Selbstverwirklichung nach eigenen Vorstellungen werden indes durch die Berücksichtigung nur angemessener Wünsche und den Mehrkostenvorbehalt (§ 9 Abs. 2 SGB XII) recht enge Grenzen gesetzt.

Im Recht der Grundsicherung für Arbeitsuchende ist der Individualisierungsgrundsatz   **26** bei den Transferleistungen zugunsten pauschalierender Leistungsgewährung weitgehend zurückgedrängt. Für **gruppenspezifisch typisierbare Sonderbedarfslagen** kennt das SGB II indes mit den Mehrbedarfsleistungen (§ 21 SGB II) und den begrenzten Möglichkeiten zur abweichenden Erbringung von Leistungen (§ 24 SGB II) eine Berücksichtigung individueller Sonderbedarfslagen. Bei den Kosten der Unterkunft wird im Rahmen einer auf die Angemessenheit gedeckelten Leistungsgewährung der Individualisierungsgrundsatz dadurch verwirklicht, dass an die tatsächlichen Unterkunftskosten angeknüpft wird und bei der Bedarfsbemessung wohnraumbezogenen Sonderbedarfen (zB bei Behinderung) Rechnung zu tragen ist. In der Grundsicherung für Arbeitsuchende steht der Individualisierungsgrundsatz nach dem Normprogramm, nicht notwendig in der Realität mit der „passgenauen", auf die Persönlichkeit des Leistungsberechtigten abgestimmten Leistungserbringung, die auch das soziale Umfeld und die soziale Lebenssituation berücksichtigt, bei den Leistungen zur Eingliederung in Arbeit im Vordergrund (§ 3 Abs. 1 S. 2, §§ 14, 15 SGB II).

Nicht mehr dem Individualisierungsgrundsatz zuzuordnen sind die **Stufungen bei der**   **27** **Regelbedarfsbemessung** (§ 8 RBEG; § 20 SGB II). Im dogmatischen Ansatz[51] sind sie Ausfluss des Bedarfsdeckungsgrundsatzes und des aus dem Gleichbehandlungsgebot folgenden Differenzierungsgebots in Fällen empirisch feststellbarer wesentlicher Unterschiede der Bedarfslagen.

6. Kenntnisgrundsatz vs. Antragsprinzip

Im Sozialhilferecht setzen die Leistungen regelmäßig[52] ein, sobald einem Träger der So-   **28** zialhilfe oder einer von ihm beauftragten Stelle bekannt wird, dass die Voraussetzungen für die Leistung vorliegen (**Kenntnisgrundsatz**) (§ 18 Abs. 1 SGB XII).[53] Die erforderliche Kenntnis kann durch einen **Leistungsantrag**[54] oder durch **Hinweise Dritter** (zB

---

50 Dazu eingehend Schütte-Leifels (Lit.), 104 ff.
51 Hiermit wird keine Aussage über die Auskömmlichkeit der Regelbedarfssätze und die Sachgerechtigkeit der Regelbedarfsstufen getroffen.
52 Ausgenommen sind die antragsabhängigen Leistungen nach dem Kapitel 4.
53 Sa Mrozynski ZfSH/SGB 2007, 463; Cosieru in: jurisPK-SGB XII § 18 Rn. 22.
54 Cosieru in: jurisPK-SGB XII § 18 Rn. 25 ff.

Nachbarn, Allgemeiner Sozialdienst) vermittelt werden und besteht bereits dann, wenn nach den verfügbaren Informationen die Notwendigkeit einer Leistungsgewährung dargetan oder sonstwie hinreichend erkennbar ist; es müssen nicht alle Leistungsvoraussetzungen bereits offenbart oder gar festgestellt sein. Der Kenntnisgrundsatz soll einen **niedrigschwelligen Zugang** zu den existenzsichernden Sozialhilfeleistungen gewährleisten und so auch einen Beitrag zur Minderung verdeckter Armut leisten. Bei hinreichenden Anhaltspunkten auf eine Bedarfslage ist der Sozialhilfeträger – im Rahmen der erst dann zu aktivierenden Mitwirkungsobliegenheiten – nach dem Amtsermittlungsgrundsatz (§ 20 SGB X) verpflichtet, die (mögliche) Bedarfslage weiter aufzuklären (aufsuchende Hilfe) und Leistungen zumindest anzubieten. Zu der grundgesetzlich geschützten Autonomie des Einzelnen gehört aber auch, ihm an sich zustehende (ergänzende) Leistungen abzulehnen; aus dem Kenntnisgrundsatz folgt keine Befugnis zur „aufgedrängten Hilfe".

29 Die erforderliche **Kenntnis** kann auch gegenüber einem **nicht zuständigen Sozialhilfeträger** bestehen (§ 18 Abs. 2 SGB XII). Nach einst noch strikterer Rechtsprechung ist inzwischen[55] anerkannt, dass § 16 Abs. 2 SGB I für das Sozialhilferecht uneingeschränkt gilt und für das „rückwirkende" Einsetzen der Sozialhilfe die Erkennbarkeit eines konkreten Bedarfs durch eine unzuständige Stelle ausreicht. Der Kenntnisgrundsatz soll vorrangig ein rechtzeitiges Eingreifen des Sozialhilfeträgers von Amts wegen gewährleisten, nicht den Leistungsberechtigten von Leistungen für die Vergangenheit ausschließen.

30 Die Grundsicherung im Alter und bei Erwerbsminderung (§ 44 SGB XII) und für Arbeitsuchende (§ 37 Abs. 1 SGB II) erfordern dagegen einen besonderen **Antrag auf Leistungen.** Der nicht formgebundene[56] SGB II-Antrag (Erstantrag oder Fortbewilligungsantrag) hat eine verfahrenseinleitende Funktion, indem er den SGB II-Leistungsträger verpflichtet, das Bestehen des Leistungsanspruchs zu prüfen und zu bescheiden,[57] und in diesem Sinne „Türöffnerfunktion" für den Bewilligungszeitraum in der Regel sechs Monaten.[58] Er hat aber für die Leistungsgewährung eine **konstitutive Wirkung**, die auf den jeweiligen Bewilligungszeitraum begrenzt ist;[59] hierin setzt sich der vom BSG ansonsten ausdrücklich verworfene[60] BSHG-Ansatz fort,[61] dass diese Grundsicherungsleistungen im Ansatz Notlagenhilfe, keine „rentengleiche Dauerleistung" mit Versorgungscharakter bilden.[62]

V. Strukturprinzipien in der Rechtsprechung der Sozialgerichtsbarkeit

31 Die **Strukturprinzipien des Sozialhilferechts** waren mit dem Übergang der Rechtswegzuständigkeit auf die Sozialgerichtsbarkeit zumindest in die Diskussion geraten.[63] Zwei Ebenen sind zu unterscheiden. Zum einen stellt sich die Frage nach Funktion, Notwendigkeit und Nutzen von Strukturprinzipien im Recht der existenzsichernden Sozialleistungen.[64] Zum anderen ist zu klären, ob/in welchem Umfange die zum Recht der Sozi-

---

55 BVerwG 18.5.1995 – 5 C 1.93, BVerwGE 98, 248; BSG 26.8.2008 – B 8/9 b SO 18/07 R, FEVS 60, 385.
56 BSG 28.10.2009 – B 14 AS 56/08 R, FEVS 61, 486.
57 BSG 30.9.2008 – B 4 AS 29/07 R, BSGE 101, 291; 22.3.2010 – B 4 AS 62/09 R, SozR 4-4200 § 22 Nr. 38.
58 BSG 16.5.2012 – B 4 AS 166/11 R.
59 BSG 16.5.2012 – B 4 AS 166/11 R.
60 BSG 2.2.2010 – B 8 SO 20/08 R, FEVS 61, 534; 10.10.2011 – B 8 SO 12/10 R; 2.2.2012 – B 8 SO 5/10 R, NJW 2012, 2540.
61 S. BVerwG 18.1.1979 – 5 C 4.78, BVerwGE 57, 237 (239); 16.1.1986 – 5 C 36.84, Buchholz 436.0 § 39 BSHG Nr. 5.
62 BSG 18.1.2011 – B 4 AS 99/10 R, FEVS 63, 193.
63 Überblick – zum SGB XII – bei Dillmann/Dannat ZfF 2009, 241; sa Wahrendorf (Lit.), 117 (123), der den „Prinzipienstreit" für nicht zielführend hält und den Übergang von den „Strukturprinzipien" zu den „Programmsätzen" des SGB XII konstatiert.
64 Dazu Spellbrink SGb 2005, 477 einerseits, Rothkegel SGb 2006, 74 andererseits.

alhilfe entwickelten Strukturprinzipien durch die Ausdifferenzierung der existenzsichernden Sozialleistungen durch weitere Strukturprinzipien ergänzt, grundlegend modifiziert, für Teilbereiche unterschiedlich ausgeformt oder aufgegeben worden sind.

Das **BSG** hat – vor allem in zum Recht der Sozialhilfe ergangenen Entscheidungen[65]   **32** und in Entscheidungen zur Anwendung des § 44 SGB X[66] – das Konzept der Strukturprinzipien in Frage gestellt.[67] Es hat betont, dass die vom Bundesverwaltungsgericht entwickelten „sogenannten **Strukturprinzipien keine ‚Supranormen'** darstellen",[68] welche die Anwendung von Bestimmungen des SGB I/SGB X als „abweichende Regelung" iSd § 37 Abs. 1 SGB I ausschließen könnten[69] oder dafür genutzt werden dürften, explizite gesetzliche Regelungen in ihr Gegenteil zu verkehren,[70] und teils bewusst davon abgesehen, für die Prüfung von Regelungen des SGB II auf die bisherigen Strukturprinzipien zurückzugreifen.

Die BSG-Kritik trifft nicht Funktion und dogmatischen Nutzen der Entwicklung von   **33** Strukturprinzipien existenzsichernder Sozialleistungen, sondern allenfalls konkrete Ausformungen oder Folgerungen. Dass Strukturprinzipien aus den jeweils maßgeblichen Normen zu entwickeln sind, ist zutreffend,[71] stellt Möglichkeit und Bedarf nach ihnen aber gerade nicht in Frage. Die an Gesetz und Recht gebundene Rechtsprechung hat bei der Gesetzesauslegung und -anwendung methodisch angeleitet vorzugehen. Die Strukturprinzipien passen sich in eine derart methodisch angeleitete Rechtsanwendung ein, indem sie – in den Grenzen, die der Wortlaut zieht – eine systematische bzw. Sinn und Zweck der Regelungen erfassende oder konkretisierende Auslegung anleiten. Die dogmatische Verdichtung der Auslegungsansätze und hierbei genutzter Sachargumente zu Strukturprinzipien legt die Gründe und Hintergründe der einzelfallbezogenen Kasuistik offen. Mehr Transparenz und Rationalität der (höchstrichterlichen) Rechtsprechung bedeutet keine „normative Hybris"; sie erleichtert vielmehr den rationalen Diskurs der offenen Gesellschaft der Sozialrechtsinterpreten. Ihrer Konzeption nach stehen die Strukturprinzipien auch zwischen Gesetz und einzelfallbezogener Rechtserkenntnis, nicht zwischen Gesetz und Verfassung. Die Vorstellung einer Rechtsauslegung, die ohne rationalitätsverbürgende Zwischenstufen und Leitvorstellungen auskommt, ist methodisch unterkomplex und blendet die Herausforderungen aus, die gerade das SGB II der Rechtsprechung stellt.[72] Eine ihrer notwendig auch rechtsgestaltenden Aufgaben[73] bewusste, in der Sache und im Zeitverlauf (halbwegs) konsistente Rechtsprechung ist für den Prozess der einzelfallbezogenen Rechtskonkretisierung notwendig auf Zwischenstufen und Metaregeln angewiesen. Es kann nur darum gehen, ob sie im Verborgenen bleiben oder

---

65 BSG 9.12.2008 – B 8/9 b SO 10/07 R, FEVS 60, 517 (Strukturprinzip „keine Leistungen für die Vergangenheit").
66 BSG 7.5.2009 – B 14 AS 3/09 B; 26.8.2008 – B 8 SO 26/07 R, FEVS 60, 350; 16.10.2007 – B 8/9 b SO 8/06 R, FEVS 59, 337; 29.9.2009 – B 8 SO 16/08 R, FEVS 61, 376; dazu etwa Bogum info also 2010, 108; Wahrendorf (Lit.), 117; Heinz ZfF 2012, 25; krit. Hochheim NZS 2009, 24 (dagegen Pattar NZS 2010, 7); Hochheim NZS 2010, 302; Eicher/Luik SGB II § 3 Rn. 6.
67 Sa BSG 17.6.2010 – B 14 AS 46/09 R, FEVS 62, 293.
68 BSG 16.10.2007 – B 8/9 b SO 8/06, SozR 4–1300 § 44 Nr. 11; 26.8.2008 – B 8 SO 26/07 R, FEVS 60, 350.
69 Für eine auf das gesetzte Recht abstellende Argumentation interessant ist, dass im Rahmen der Begründung dann an anderer Stelle der „eigenständige materiellrechtliche Wert" ausdrücklicher gesetzlicher Regelungen (§ 5 BSHG/§ 18 SGB XII) in Zweifel gezogen wird.
70 BSG 17.6.2008 – B 8 AY 5/07 R, FEVS 60, 248: die dort herangezogene Rechtsprechung des BVerwG hatte sich indes nicht zur Anwendung des § 44 SGB X, dessen entsprechende Anwendung § 9 Abs. 3 AsylbLG anordnet, verhalten.
71 Zu Recht auch Wahrendorf (Lit.), 122.
72 Dazu auch Spellbrink info also 2009, 99.
73 Dazu eingehend M. Reinhardt, Konsistente Jurisdiktion. Grundlegung einer verfassungsrechtlichen Theorie der rechtsgestaltenden Rechtsprechung, Tübingen 1997.

– und sei es unter der Bezeichnung „Strukturprinzipien"[74] verdichtet – offen gelegt werden.

VI. Bereich der existenzsichernden Sozialleistungen

34 Für die Beschreibung im Kern gemeinsamer Strukturprinzipien des Rechts der existenzsichernden Sozialleistungen ist noch zu bestimmen, in welchen Leistungssystemen sie einen sinnvollen Beitrag zur Rechtsfindung leisten können. Es sind die Grundsicherung für Arbeitsuchende (SGB II), die sozialhilferechtliche Hilfe zum Lebensunterhalt (§§ 27 ff. SGB XII) sowie die Grundsicherung im Alter und bei Erwerbsminderung (§§ 41 ff. SGB XII). Einer anderen Funktionslogik folgen Versicherungsleistungen (Renten, Arbeitslosengeld I), die auf dem Prinzip der Vorsorge beruhen, regelmäßig ohne Bedürftigkeitsprüfung auskommen und Vorleistungen in Form von Beiträgen erfordern, auch wenn hier Elemente sozialer Fürsorge und aufstockender Mindest- oder doch Zusatzabsicherung zu finden sind. Leistungen der sozialen Entschädigung (zB für Opfer von Gewalttaten, Kriegsbeschädigte, Impfgeschädigte) dienen dem Ausgleich bei bestimmten Schädigungen, mögen Leistungen hier auch der Sicherung des Lebensunterhaltes dienen. Die auf einzelne Bedarfe (zB Wohnen und Unterkunft [WoGG]) oder die Sicherung des Lebensunterhaltes in besonderen Lebenssituationen (zB Ausbildung [BAföG; AFBG]; Berufsausbildung [§§ 56 ff. SGB III] oder Rehabilitation) bezogene soziale Förderung ist auf ergänzende Unterstützung, aber nicht notwendig auf Bedarfsdeckung angelegt; die Leistungen können existenzsichernde Funktion haben (und – wie für bestimmte Gruppen von Auszubildenden – auch beanspruchen), bleiben aber auf die jeweilige Sondergruppe bedürftiger Personen beschränkt und sind den Leistungsvoraussetzungen nach mit besonderen Förderzwecken verknüpft. Die wirtschaftliche Jugendhilfe (§ 39 SGB VIII) stellt als Annexleistung den Bedarf für außerhalb des Elternhauses betreute Kinder und Jugendliche nicht als Selbstzweck sicher, sondern soll die erforderlichen Rahmenbedingungen für eine erfolgreiche Durchführung der Jugendhilfemaßnahmen schaffen. Nicht vertieft werden soll das Asylbewerberleistungsgesetz als Sonderleistungssystem mit jedenfalls vormals[75] verfassungswidrig[76] abgesenkten Leistungen für Ausländer mit ungesichertem Aufenthaltsstatus; es lebt von der Ausnahme von anderweitig gesetzten Standards, ohne sich selbst systembildende Kraft beizumessen. Bei dem Kinder(geld)zuschlag (§ 6 a BKGG) handelt es sich nicht um ein eigenständiges Leistungssystem, sondern um eine der Grundsicherung vorgelagerte Leistung, deren Höhe sich nach SGB II-Grundsätzen bemisst.

35 Kernelement der existenzsichernden Transferleistungen bildet mithin die zwar nicht voraussetzungslose, aber von Vorleistungen unabhängige und in diesem Sinne einseitige Gewährung von Leistungen, die als Selbst- und Hauptzweck nachrangig in dem erforderlichen Umfange einen anderweitig nicht gedeckten, grundlegenden Bedarf decken und so die wirtschaftliche Grundlage für die Führung eines menschenwürdigen Daseins schaffen soll (Bedürftigkeitsabhängigkeit und Bedarfsbezogenheit). Die Steuerfinanzierung dieser Leistungen ist nicht begriffsnotwendig; sie folgt aus dem Umstand, dass nach Zweck und Zugangsbedingungen anderweitige Finanzierungsquellen, zB (Sozialversicherungs-)Beiträge, nicht zur Verfügung stehen.

---

74 In seinem Urteil vom 22.9.2009 – B 8 SO 23/08 R, zieht das BSG nicht näher bezeichnete „allgemeine Grundsätze des Sozialhilferechts" heran.
75 Zu der – vom BSG (12.5.2017 – B 7 AY 1/16 R) bei verfassungskonformer Auslegung verneinten – Verfassungswidrigkeit jedenfalls der abgesenkten Leistungen nach § 1 a AsylBLG s. Voigt Asylmagazin 2017, 436.
76 BVerfG 18.7.2012 – 1 BvL 10/10, 1 BvL 2/11, NVwZ 2012, 1024; sa – statt vieler – Görisch NZS 2011, 646; → Kap. 34 Rn. 56.

Kapitel 8: Menschenwürde und Existenzsicherung

Literaturhinweise: Borchert, Die Menschenwürde ist unverbindlich, SGb 2015, 655; Dau, Das Verbot der Ausgrenzung einzelner Bevölkerungsgruppen – Existenzminimum und Arbeitslosengeld II, NZS 2005, 225; Eichenhofer, Menschenwürde durch den Sozialstaat – für alle Menschen?, SGb 2012, 565; Hoerster, Zur Bedeutung des Prinzips der Menschenwürde, Jus 1983, 93; Kanalan, Sanktionen im Sozialleistungsrecht: Zur Verfassungswidrigkeit der Leistungseinschränkungen nach dem Asylbewerberleistungsgesetz, ZFSH/SGB 2018, 247; Kempny/Krüger, Menschenwürde jenseits des Abwehrrechts, SGb 2013, 384; Leisner, Existenzsicherung im öffentlichen Recht, Tübingen 2007; Lenze, Ist die Debatte um die Gewährung eines menschenwürdigen Existenzminimums beendet?, ZFSH/SGB 2014, 745; Merold, Verfassungsrechtliche Prüfung der Sanktionsregelungen nach §§ 31 ff. SGB II, SGb 2016, 440; Neskovic/Erdem, Für eine verfassungsrechtliche Diskussion über die Menschenwürde von Hartz IV-Betroffenen, SGb 2012, 326; Neskovic/Erdem, Zur Verfassungswidrigkeit von Sanktionen bei Hartz IV, SGb 2012, 134; Neumann, Das medizinische Existenzminimum zwischen Sozialhilfe und Krankenversicherung, RsDE 68 (2009), 1; Neumann, Menschenwürde und Existenzminimum, NVwZ 1995, 426; Rixen, Was folgt aus der Folgerichtigkeit? „Hartz IV" auf dem Prüfstand des Bundesverfassungsgerichts, SGb 2010, 240; Rothkegel, Rechtliche Prinzipien der Sicherung des Lebensunterhalts nach SGB II, SGB XII und AsylbLG, ZFSH/SGB 2005, 391; Sartorius, Das Existenzminimum im Recht, 2000; Soria, Das Recht auf Sicherung des Existenzminimums, JZ 2005, 644; Spellbrink, Ist Hartz IV bedarfsdeckend? Verfassungsrechtliche Probleme der Regelleistung gem. § 20 SGB II, Archiv für Wissenschaft und Praxis der sozialen Arbeit, 2008, 4; Šušnjar/Greiser, Das Grundrecht auf Gewährleistung eines menschenwürdigen Existenzminimums, ZFSH/SGB 2018, 256; Wallerath, Zur Dogmatik eines Rechts auf Sicherung des Existenzminimums, JZ 2008, 157.

Rechtsgrundlagen:
GG Art. 1 Abs. 1
GG Art. 20 Abs. 1

Orientierungssätze:
1. Der Gesetzgeber unterliegt einer verfassungsrechtlichen Verpflichtung aus Art. 1 Abs. 1 iVm Art. 20 Abs. 1 GG zur Gewährleistung eines Existenzminimums, das über die Sicherung der physischen Existenz hinausgeht. Eine Ausnahme hiervon kann nur für Krisenzeiten gelten, in denen gleichermaßen die Existenz aller Gesellschaftsmitglieder wegen fehlender Ressourcen bedroht ist.
2. Aus Art. 1 Abs. 1 iVm Art. 20 Abs. 1 GG lassen sich keine konkreten Maßgaben zur konkreten Bezifferung des sozio-kulturellen Existenzminimums ableiten. Insofern ist dem Gesetzgeber ein Beurteilungsspielraum eingeräumt.
3. Aus dem Sozialstaatprinzip des Art. 20 Abs. 1 GG iVm Art. 1 Abs. 1 GG lässt sich jedoch hinsichtlich der Ausgestaltung der Leistung die Verpflichtung ableiten, die Hilfe so zu gestalten, dass die Hilfeempfänger(innen) sich trotz ihrer Abhängigkeit als Rechtssubjekte erfahren, weiterhin, dass sie mit der Hilfe ein Minimum an Möglichkeiten erhalten, ihre Grundrechte auch tatsächlich wahrnehmen und ausüben zu können, und dass sie sich schließlich – vermittelt durch die Hilfe – von dieser unabhängig zu machen vermögen.

A. Die Pflicht des Staates zur Sicherstellung eines „menschenwürdigen Lebens" als Ausfluss des Sozialstaatsprinzips des Art. 20 Abs. 1 GG

I. Die Interventionspflicht des Staates

1 Art. 20 Abs. 1 GG schreibt mit dem **Sozialstaatsprinzip** sowohl die Ermächtigung wie auch die Verpflichtung des Gesetzgebers fest, ordnend wie korrigierend in die Gesellschaft einzugreifen. Darüber besteht heute weitgehend Konsens. Hin und wieder wird gefordert, aus dem Sozialstaatsprinzip konkrete Maßgaben für den Gesetzgeber abzuleiten. Solchem Verlangen nach einer Konkretisierung wird jedoch unter Hinweis auf das in Art. 20 Abs. 1 GG enthaltene Demokratieprinzip der Vorbehalt des politisch Gewollten und der Vorbehalt des finanziell Möglichen entgegengehalten.[1] Der Vorbehalt des politisch Gewollten gilt aber dann nicht mehr, wenn es um die Existenzsicherung derjenigen geht, die weder mit eigenen Mitteln noch durch die Hilfe Dritter ihren Lebensunterhalt zu bestreiten vermögen. Und der Vorbehalt des finanziell Möglichen gilt hier nur, soweit die Existenz aller Gesellschaftsmitglieder gleichermaßen wegen fehlender Ressourcen bedroht ist.

2 Bereits mit Beginn der Entstehung der Sozialstaatsidee taucht – gewissermaßen als deren Minimalinhalt – die Verpflichtung des Staates zur Sicherung eines Existenzminimums auf. So begegnet in der Dokumentation der Jahresversammlung des Deutschen Vereins von 1905 folgende Äußerung: „Der moderne Staat (erachte) es als seine soziale Pflicht, denjenigen Mitgliedern der Gesellschaft, welche innerhalb der staatlich anerkannten und geschützten Wirtschaftsordnung ihre Existenz nicht finden können, vermittels der obligatorischen öffentlichen Armenpflege wenigstens die notdürftigsten Lebensbedingungen zu gewährleisten."[2] Dieser Grundgedanke einer Verpflichtung des Staates zur Sicherung eines Existenzminimums wurde Ende des 19. Jahrhunderts von Julius Ofner auch mit dem Demokratieprinzip in Verbindung gebracht: „Die Demokratie (verlange) grundsätzlich den Sozialstaat, einen Organismus, der dem Rechtsstaat ähnelt, sich aber nicht wie dieser darauf beschränkt, das Mein und Dein zu erhalten, während er dessen Bildung dem Spiel der Gewalt und des Zufalls überlässt, sondern die gerechte, auf Gleichheit aller fußende Verteilung von Vorteilen und Lasten in ihrer Gesamtheit zum Gegenstand seiner Fürsorge nimmt."[3] Aus humanitären Gründen müsse jedem – unterschiedslos das Existenzminimum gesichert werden. Dies sei ein grundlegendes Kennzeichen der Idee vom sozialen Staat.[4] Die Weimarer Reichsverfassung nahm diesen Gedanken auf und verankerte im Art. 151 WRV, der Grundsätze für die Ordnung des Wirtschaftslebens enthielt, das Ziel, ein „menschenwürdiges Dasein für alle" zu sichern. Die Verbindung von Sozialstaatsprinzip und Demokratieprinzip – allerdings unter Einbeziehung des Art. 1 Abs. 1 GG (→ Rn. 5 ff.) – begegnet auch in der Entscheidung des Bundesverwaltungsgerichts vom 24.6.1954. Das Gericht formuliert: „Mit dem Gedanken des demokratischen Staates (Art. 20) wäre es unvereinbar, dass zahlreiche Bürger, die als Wähler die Staatsgewalt mitgestalten, ihr gleichzeitig hinsichtlich

---

1 Vgl. ua Neumann, Sozialstaatsprinzip und Grundrechtsdogmatik, DVBl. 1997, 92 f.
2 Buehl, in: Schriften des deutschen Vereins für Armenpflege und Wohltätigkeit, Heft 75 (1905), 92; vgl. auch Münsterberg, Generalbericht über die 25jährige Tätigkeit des Deutschen Vereins für Armenpflege und Wohltätigkeit, in: Schriften des Deutschen Vereins für Armenpflege und Wohltätigkeit, Heft 75 (1905), 11 (15).
3 Ofner, Studien zur sozialen Jurisprudenz, 1894, S. 76.
4 Ofner (Fn. 3), S. 77 f.

ihrer Existenz ohne eigenes Recht gegenüberständen."[5] Mit Blick auf die spezifisch deutsche Entwicklung und Ausgestaltung des Sozialstaatsgedankens bleibt festzuhalten: Die Existenzsicherung für diejenigen, die entweder aus der speziellen, an das Arbeitsleben anknüpfenden Sicherung ganz herausfallen oder die von diesen Sicherungssystemen keine existenzsichernden Leistungen zu erwarten haben, ist Teil der Idee vom sozialen Staat.

Auch aus den Entscheidungen des Bundesverfassungsgerichts lässt sich erkennen, dass   3
der Sozialstaat des Grundgesetzes als ein Staat gesehen wird, zu dessen selbstverständlichen Pflichten die Fürsorge für Hilfsbedürftige ganz allgemein gehört.[6] Dies kann als Minimalgehalt des Sozialstaatsprinzips des Grundgesetzes bezeichnet werden.

II. Kriterien für die Bemessung des Existenzminimums aus dem Sozialstaatsprinzip?

Nach deutlich überwiegender Ansicht gibt es hinsichtlich der Bemessung des Existenz-   4
minimums eine unterste Grenze, bei der der Vorbehalt des politisch Gewollten nicht mehr greift. Das Bundessozialgericht hat zur Markierung dieser Grenze den Begriff des „physischen Existenzminimums" aufgenommen, der sich auf die Sicherung des „nackten Überlebens" bezieht.[7] Ein so verstandenes Minimum an Bedarfsmitteln, das vor dem Verhungern und Erfrieren und damit vor einem „Umkommen im Elend" schützen sollte, war Maßstab der preußischen und norddeutschen Armengesetzgebung in der zweiten Hälfte des 19. Jahrhunderts. Der Blick in die Geschichte der Armenfürsorge zeigt aber, dass auch das Ziel der Sicherung des „nackten Überlebens" zu Auseinandersetzungen hinsichtlich der genauen Bezifferung des Existenzminimums führen konnte.[8] Müsste man heute die Untergrenze des „physischen Existenzminimums" genau beziffern, wären ähnliche Streitigkeiten zu erwarten.[9] Noch schwieriger ist es jedoch, allein unter Rückgriff auf das Sozialstaatsprinzip zu bestimmen, wie weit die Verpflichtung des Staates zur Sicherstellung der Existenz über die rein physische Existenzsicherung hinausreicht.

Der Idee vom sozialen Staat liegt die Vorstellung zugrunde, dass jeder Einzelne als dem   5
Grunde nach gleichwertiger Teil der Gesellschaft angesehen werden muss. Indem mit der Idee vom sozialen Staat von Anfang an der Gedanke verbunden war, allen Gliedern der Gesellschaft ein „menschenwürdiges Leben" zu ermöglichen, kann die vorbehaltlose Verpflichtung des Staates zur Existenzsicherung nicht bei der Sicherung der physischen Existenz enden. Die Verpflichtung richte sich auf die Sicherstellung eines „sozio-

---

5 Vgl. BVerwG 24.6.1954 – V C 78.54, BVerwGE 1, 159 (161 f.); vgl. auch Wallerath, Zur Dogmatik eines Rechts auf Sicherung des Existenzminimums, JZ 2008, 157 (159).
6 Vgl. bereits BVerfG 18.6.1975 – 1 BvL 4/74, BVerfGE 40, 121 (133); 12.10.1976 – 1 BvL 9/74, BVerfGE 43, 13 (19), 9.2.2010 – 1 BvL 1/09 ua, BVerfGE 125, 175, vgl. ua Bull, Sozialstaat – Krise oder Dissenz, in: Brenner/Huber/Möstel, Der Staat des Grundgesetzes – Kontinuität und Wandel, in: FS für Peter Badura, 2004, 57 (61); Isensee, Menschenwürde: die säkulare Gesellschaft auf der Suche nach dem Absoluten, AöR 2006, 173 (213).
7 Vgl. BSG 22.4.2008 – B 1 KR 10/07, Rn. 31: Allerdings nicht allein unter Berufung auf das Sozialstaatsprinzip, sondern unter Einbeziehung des Art. 1 Abs. 1 und Art. 2 Abs. 2 GG. Zu diesem Urteil vgl. Neumann RsDE 68 (2009), 1 (3). Zu ähnlichen Markierungen einer Untergrenze vgl. ua Soria JZ 2005, 644 (648); Sommermann in: Mangoldt/Klein/Starck, GG, Band 2, 5. Aufl. 2005, Art. 20 Rn. 120 ff.; Höfling in: Sachs/Battis, 5. Aufl. 2009, Art. 1 Rn. 25.
8 Vgl. hierzu näher Bieritz-Harder, Menschenwürdig leben, Ein Beitrag zum Lohnabstandsgebot des Bundessozialhilfegesetzes, seiner Geschichte und verfassungsrechtlichen Problematik, 2001, S. 108 ff.
9 Kritisch zum sogenannten „physischen Existenzminimum" Riehle, Notwendige Existenzbedingungen oder Existenzminimum, ZfSH/SGB 2006, 643 (643 f.).

kulturellen Existenzminimums".[10] Mit dem Begriff des „sozio-kulturellen Existenzminimums" lassen sich allerdings Inhalt und Umfang eines solchen Existenzminimums kaum eindeutig fassen. Er ist lediglich dazu geeignet darauf zu verweisen, dass der Mensch nicht auf eine rein physische Existenz reduziert werden darf. Das Bundesverfassungsgericht vermeidet in seinen Entscheidungen die Verwendung dieses Begriffs. Es umschreibt die Verpflichtung des Staates zur Sicherung eines Existenzminimums wie folgt: Die Verpflichtung erstrecke „sich nur auf die unbedingt erforderlichen Mittel zur Sicherung sowohl der physischen Existenz als auch zur Sicherung eines Mindestmaßes an Teilhabe am gesellschaftlichen, kulturellen und politischen Leben."[11] Allerdings lassen sich aus dem Sozialstaatprinzip des Art. 20 Abs. 1 GG keine näheren Kriterien zur Bemessung eines Existenzminimums entnehmen.[12] Es herrscht die einhellige Ansicht, dem Gesetzgeber stehe bei der Realisierung der sich aus dem Sozialstaatprinzip ergebenden Pflichten ein weiter Gestaltungsspielraum zu.[13]

B. Art. 1 Abs. 1 GG iVm dem Sozialstaatsprinzip des Art. 20 Abs. 1 GG

6   Wenn Literatur und Rechtsprechung die Frage erörtern, ob der Gesetzgeber verpflichtet sei, das Existenzminimum durch soziale Hilfeleistungen zu sichern, so wird dabei eine Linie ausgezogen, die vom Art. 1 Abs. 1 GG zum Sozialstaatsprinzip des Art. 20 Abs. 1 GG führt.[14] Wenn aber, wie dargelegt, bereits dem Sozialstaatsprinzip eine Pflicht des Gesetzgebers zur Sicherstellung eines Existenzminimums entnommen werden kann, stellt sich die Frage, auf welche Weise ein Rekurs auf Art. 1 Abs. 1 GG dem noch etwas hinzuzufügen vermöchte, bzw. ob sich hier möglicherweise nähere Maßgaben für die Festlegung des sozio-kulturellen Existenzminimums ableiten lassen.

I. Die Rechtsprechung des Bundesverfassungsgerichts

7   In seiner Entscheidung vom 9.2.2010[15] postuliert das Bundesverfassungsgericht ein Grundrecht auf die Gewährleistung eines Existenzminimums, das für die Sicherung der „physische(n) Existenz und für ein Mindestmaß an Teilhabe am gesellschaftlichen, kulturellen und politischen Leben unerlässlich" ist. Seine rechtliche Grundlage habe dieses Grundrecht in Art. 1 Abs. 1 GG (in Verbindung mit dem Sozialstaatsprinzip). Der Staat

---

10 Vgl. auch Soria JZ 2005, 644 (648 u. 652); Enders relativiert eine solche Verpflichtung als ein Element des Verfassungsgewohnheitsrechts, das nicht von der Ewigkeitsklausel des Art. 79 Abs. 3 GG erfasst ist, vgl. Enders, Sozialstaatlichkeit im Spannungsfeld von Eigenverantwortung und Fürsorge, VVDStRL 64 (2005), 7 (40 mit Fn. 128); Wiederin verweigert dem gesamten Grundsatz der Sozialstaatlichkeit die Ewigkeitsgarantie des Art. 79 Abs. 3 GG, vgl. Wiederin, Sozialstaatlichkeit im Spannungsfeld von Eigenverantwortung und Fürsorge, VVDStRL 64 (2005), 53 (74 f.).

11 BVerfG 27.7.2016 – 1 BvR 371/11, Rn. 37 mit Verweis auf seine Entscheidungen zum „menschenwürdigen Existenzminimum v. 23.7.2014 – 1 BvL 10/12 ua, E 137, 34 (72), zum Asylbewerberleistungsgesetz v. 18.7.2012 – 1 BvL 10/10, 1 BvL 2/11, E 132, 134 und zum „Hartz IV-Regelsatz" v. 9.2.2010 – 1 BvL 1/09 ua, E 125, 175.

12 Vgl. ua Leisner, Existenzsicherung im öffentlichen Recht, S. 156 ff. mit Verweis auf Zacher, Das soziale Staatsziel, in: HdbStR II, 3. Aufl. 2004, § 28 Rn. 43 ff.

13 Vgl. ua Leisner, Existenzsicherung im öffentlichen Recht, 2007, S. 156 ff. mit Verweis auf Zacher, Das soziale Staatsziel, in: HdbStR II, 3. Aufl. 2004, § 28 Rn. 43 ff; BVerfG 18.6.1975 – 1 BvL 4/74, BVerfGE 40, 121 (133); 13.1.1982 – 1 BvR 848, 1047/77, 916, 1307/78, 350/79 und 475, 902, 965, 1177, 1238, 1461, 60, BVerfGE 59, 231 (263); BSG 22.4.2008 – B 1 KR 10/07 R, SozR 4–2500 § 62 Nr. 6, Rn. 32 und 45; Zacher, Das soziale Staatsziel, in: HdbStR II, 3. Aufl. 2004, § 28 Rn. 25; Gröscher in: Dreier, Grundgesetz, 2. Aufl. 2006, Art. 20 (Sozialstaat) Rn. 56; Hofmann in: Schmidt-Bleibtreu/Hofmann/Hopfauf, Grundgesetz, 11. Aufl. 2008, Art. 20 Rn. 29.

14 Enders begründet eine solche Verpflichtung nur mit dem Sozialstaatsgrundsatz, vgl. Enders VVDStRL 64 (2005), 7 (40 mit Fn. 128).

15 BVerfG 9.2.2010 – 1 BvL 1/09 ua, BVerfGE 125, 175.

müsse, so das Gericht, „die Menschenwürde auch positiv schützen".[16] Warum und wie die Menschenwürde, die doch nach anderen Entscheidungen des Bundesverfassungsgerichts als unverlierbar zu denken ist und auch nicht durch ein menschenunwürdiges Dasein minimiert werden kann, durch die Gewährung eines Existenzminimums geschützt werden kann und muss, wird in dieser Entscheidung nicht näher erläutert.

Art. 1 Abs. 1 GG begründe, so das Bundesverfassungsgericht, den Rechtsanspruch, **8** Art. 20 Abs. 1 GG enthalte einen verfassungsrechtlichen „Auftrag, ein menschenwürdiges Existenzminimum tatsächlich zu sichern."[17] Der Bezug auf Art. 20 Abs. 1 GG macht deutlich, dass sich der Rechtsanspruch gegen den Gesetzgeber richtet.[18] Denn die Ausgestaltung des Sozialstaats erfolgt durch konkretisierende gesetzliche Regelungen des Gesetzgebers. In der genannten Normenkette kommt Art. 1 Abs. 1 GG die Funktion der Stärkung der Rechtsposition hilfebedürftiger Personen zu. Dieser vom Gesetzgeber zu beachtende **Rechtsanspruch** von hilfebedürftigen Menschen **verbietet eine willkürliche Festsetzung** von Existenzminima, wenn der Staat iSd Art. 20 Abs. 1 GG ausgestaltend tätig wird. Hinsichtlich der Ausgestaltung habe der Gesetzgeber zwar einen weiten Gestaltungsspielraum. Das Bundesverfassungsgericht verlangt aber in seiner Entscheidung v. 9.2.2010, dass der Gesetzgeber nachvollziehbar begründen können muss, wie die festgesetzten konkreten Leistungen ermittelt werden und zustande kommen. Der Gesetzgeber muss auch begründen können, dass die zur Deckung des Existenzminimums festgesetzten Leistungen der gegenwärtigen Lebensrealität in der Bundesrepublik tatsächlich entsprechen. Grundlagen und Methoden der Leistungsbemessung müssen transparent und überprüfbar sein (taugliches Berechnungsverfahren, vollständige Ermittlung der Tatsachen, stringentes Befolgen der Regeln des gewählten Verfahrens).[19] In seiner Entscheidung zum Asylbewerberleistungsgesetz v. 18.7.2012 ergänzt das Bundesverfassungsgericht seine Ausführungen: Für den Fall, dass der Gesetzgeber unterschiedliche Existenzminima für verschiedene Personengruppen festlegen will (zB für Asylbewerber), müssen auch diese Leistungsbeträge auf die konkrete Bedarfe bezogen sein und dürfen nicht losgelöst von Bedarfen lediglich pauschal festgesetzt werden. Auch mit Blick auf die Sicherung des Existenzminimums von Asylbewerbern sind die Lebensverhältnisse in der Bundesrepublik Deutschland maßgebend.[20]

Die Entscheidung des Bundesverfassungsgerichts v. 23.7.2014[21] wird in der Literatur **9** zum Teil als Abkehr von der Entscheidung v. 9.2.2010 gewertet.[22] Genau besehen setzt die Entscheidung aus dem Jahr 2014 aber die mit dem Urteil aus dem Jahr 2010 begonnene Linie der Entscheidungen zum verfassungsrechtlich garantierten Existenzminimum fort. Es betont nur einen anderen Aspekt. Während in der Entscheidung v. 9.2.2010 der Akzent auf der Begrenzung des Gestaltungsspielraums des Gesetzgebers lag (Wahl eines geeigneten Verfahrens zur Ermittlung des Existenzminimums, zeit- u. realitätsgerechte Erfassung der sozialen Wirklichkeit),[23] fokussiert die Entscheidung von 2014 den Gestaltungsspielraum des Gesetzgebers innerhalb der gezogenen Grenzen. Das Grundgesetz verpflichte den Gesetzgeber nicht, alle nur denkbaren Faktoren einzubeziehen und

---

16 BVerfG 9.2.2010 – 1 BvL 1/09 ua, Rn. 133; vgl. auch BVerfG 18.7.2012 – 1 BvL 10/10, 1 BvL 2/11, E 132, 134, Rn. 88 f.
17 Vgl. Nachweise ua Leisner, Existenzsicherung im öffentlichen Recht, 2007, S. 156 ff. mit Verweis auf Zacher, Das soziale Staatsziel, in: HdbStR II, 3. Aufl. 2004, § 28 Rn. 43 ff.
18 Vgl. hierzu Kempny/Krüger SGb 2013, 384.
19 BVerfG 9.2.2010 – 1 BvL 1/09 ua, SGb 2010, 227 (230); vgl. hierzu insbs. Anmerkung Rixen SGb 2010, 240.
20 Vgl. BVerfG 18.7.2012 – 1 BvL 10/10, 1 BvL 2/11, E 132, 134; eingehend Kanalan ZFSH/SGB 2018, 247.
21 1 BvL 10/12 ua, BVerfGE 137, 34.
22 Vgl. Borchert SGb 2015, 655.
23 BVerfG 9.2.2010 – 1 BvL 1/09 ua, SGb 2010, 227 (230).

auf diese Weise „eine optimale Bestimmung des Existenzminimums vorzunehmen."[24] Die Wahl eines Verfahrens aus verschiedenen möglichen Verfahren zur Festlegung eines konkreten Existenzminimums sei Sache der Politik und des politischen Kompromisses. Bereits in der Entscheidung v. 9.2.2010 hob das Bundesverfassungsgericht hervor, dass die konkrete Erfassung des Existenzminimums „von den gesellschaftlichen Anschauungen über das für ein menschenwürdiges Dasein Erforderliche" abhänge. Das Bundesverfassungsgericht führte weiter aus: „Die hierbei erforderlichen Wertungen kommen dem parlamentarischen Gesetzgeber zu."[25] Wenn im Parlament unterschiedliche Anschauungen über das Existenzminim bestehen, bleibt keine andere Wahl, als den Weg über einen Kompromiss zu nehmen. In der Entscheidung aus dem Jahr 2014 betont das Bundesverfassungsgericht deshalb die eingeschränkte Prüfungskompetenz des Gerichts als Folge des Gestaltungsspielraums des Gesetzgebers. Nur das Ergebnis zähle: Die von Art. 20 Abs. 1 GG geforderte Sicherstellung des Existenzminimums dürfe nicht verfehlt werden. Die gefundenen politischen Kompromisse müssen ebenfalls sachlich begründet werden, können und dürfen nicht zu willkürlichen Leistungsfestsetzungen führen. Die gesetzlichen Regelungen müssen „Vorkehrungen gegen (…) Risiken der Unterdeckung" enthalten. Die Überprüfung durch das Bundesverfassungsgericht beschränke sich dementsprechend auf eine Evidenzkontrolle und damit allein auf die Frage, ob die im Streit stehenden Leistungsbeträge **„offenkundig"** unzureichend seien, das Existenzminimum zu decken.[26] Welche inhaltlichen Maßstäbe anzulegen sind, um entscheiden zu können, ob die festgesetzten Leistungen offenkundig unzureichend sind oder ob im Einzelfall eine Unterdeckung vorliegt, lässt das Bundesverfassungsgericht offen.[27]

10 Gegenwärtig ist ein konkretes Normenkontrollverfahren zur Frage der **Verfassungsmäßigkeit der Sanktionenregelung** des SGB II beim Bundesverfassungsgericht anhängig.[28] Das Verfahren wurde durch eine Vorlage des Sozialgerichts Gotha v. 2.8.2016 eingeleitet.[29] Das Sozialgericht Gotha ist der Überzeugung, dass eine Absenkung der SGB II-Leistungssätze durch die Sanktionsregelung des § 31 a SGB II verfassungswidrig sei. Das „menschenwürdige Existenzminimum", auf dessen Gewährleistung ein Rechtsanspruch bestehe, lasse sich nach Ansicht des Sozialgerichts Gotha „nicht in einen (physischen) ‚Kernbereich' und einen darüber hinaus gehenden (soziokulturellen) ‚Randbereich' aufteilen."[30] Die pauschalen Kürzungen im Wege der Sanktion führen damit zur Unterschreitung des verfassungsrechtlich garantierten Existenzminimums. Es bestehe kein Zusammenhang zwischen den pauschalen Absenkungen und dem existenznotwendigen Bedarf, der mit den noch verbliebenen Leistungen gedeckt werden könne.[31] Nach anderer Ansicht stellen die Sanktionsregelungen lediglich eine verfassungsmäßige Beschränkung des Anspruchs auf Gewährung eines Existenzminimums aus Art. 1 Abs. 1 GG iVm Art. 20 Abs. 1 GG dar.[32]

II. Die Sicherung eines „menschenwürdigen Lebens" und Art. 1 Abs. 1 GG

11 Art. 1 Abs. 1 GG lautet: „Die Würde des Menschen ist unantastbar. Sie zu achten und zu schützen ist Verpflichtung aller staatlicher Gewalt." Nach der Rechtsprechung des

---

24 BVerfG 23.7.2014 – 1 BvL 10/12 ua, Rn. 78.
25 BVerfG 9.2.2010 – 1 BvL 1/09 ua, SGb 2010, 227 (230).
26 Vgl. BVerfG 23.7.2014 – 1 BvL 10/12 ua, E 137, 34 (72 ff.).
27 Zur Kritik vgl. Borchert SGb 2015, 655; Lenze ZFSH/SGB 2014, 745; Neskovic/Erdem SGb 2012, 134 (137).
28 Aktenzeichen 1 BvL 7/16.
29 Aktenzeichen S 15 AS 5157/14.
30 S 15 AS 5157/14, juris Rn. 165.
31 Vgl. S 15 AS 5157/14, juris Rn. 178 u. 187 mit Verweis auf Neskovic/Erdem SGb 2012, 134 (139) u. 326.
32 Vgl. Merold SGb 2016, 440 (444).

Bundesverfassungsgerichts kommt diese Würde einem jeden in jeder Situation und ohne weitere Voraussetzungen zu: „Jeder besitzt sie, ohne Rücksicht auf seine Eigenschaften, seine Leistungen und seinen sozialen Status [...] Selbst durch ‚unwürdiges' Verhalten geht sie nicht verloren. Sie kann keinem Menschen genommen werden."[33]

Die Rechtsprechung und ein großer Teil der Literatur beziehen sich mit dem Postulat **12** einer Verpflichtung des Gesetzgebers zur Sicherung eines menschenwürdigen Lebens auf die Verpflichtung des Staates aus Art. 1 Abs. 1 S. 2, 2. Alt. GG, wo der Staat verpflichtet wird, die Würde des Menschen zu schützen.[34] Wenn man die Menschenwürde gemäß der Rechtsprechung des Bundesverfassungsgerichts als unverlierbar betrachtet, kann man sie auch nicht dadurch verlieren, dass man ein „menschenunwürdiges" Leben führt.[35] Insofern ist folgende Begründung nicht nachvollziehbar: Der Staat müsse für die Sicherstellung eines menschenwürdigen Lebens sorgen, da andernfalls die Menschenwürde der Hilfebedürftigen beschädigt werden könnte.[36]

In der Literatur begegnet zwar auch der Versuch, die Verpflichtung des Staates zur Ge- **13** währleistung eines Existenzminimums mit der vom Bundesverfassungsgericht aus Art. 1 Abs. 1 iVm Art. 2 Abs. 2 GG hergeleiteten staatlichen Verpflichtung zum Schutz des menschlichen Lebens zu begründen.[37] Lebenssicherung sei nicht nur zu verstehen als physische Existenzsicherung, sondern auch als Sicherung eines menschenwürdigen Lebens.[38] Aber auch dieser Argumentation steht der Wortlaut des Art. 1 Abs. 1 S. 2 2. Alt. GG entgegen. Dort ist von der Pflicht des Staates zum Schutz der Würde des Menschen die Rede. Deshalb gilt auch hier das oben unter → Rn. 12 Ausgeführte.

Mit Blick auf Art. 1 Abs. 1 GG wäre es treffender, an Art. 1 Abs. 1 S. 2 1. Alt. GG anzu- **14** knüpfen, an die Pflicht des Staates, die Würde des Menschen zu achten. Dennoch führt auch der Blick auf Art. 1 Abs. 1 S. 2 1. Alt. GG mit der Bezugnahme auf das „menschenwürdige Leben" zwecks näherer Festlegung des zu sichernden Existenzminimums kaum weiter als der Bezug auf das Sozialstaatsprinzip (→ Rn. 4 f.).[39] Denn darüber, was zu den Voraussetzungen und Bedingungen eines menschenwürdigen Lebens gehört, kann es je nach Perspektive unterschiedliche Antworten geben. In der Vergangenheit führte dieser Sachverhalt im Bereich des Sozialhilferechts zu Gerichtsentscheidungen, in denen im konkreten Fall ein bestimmter Haushaltsgegenstand oder ein bestimmtes Spielzeug zur Mindestvoraussetzung für ein menschenwürdiges Leben erklärt wurde – Entscheidungen, die selten zu überzeugen vermochten. Bereits die Fürsorgepraxis des

---

33 BVerfG 20.10.1992 – 1 BvR 698/89, BVerfGE 87, 209 (228); vgl. auch 12.11.1997 – 1 BvR 479/92 und 307/94, BVerfGE 96, 375 (399); 24.12.1986 – 2 BvR 1146/85, BVerfGE 72, 105 (115); 28.6.1983 – 2 BvR 539, 612/80, BVerfGE 64, 261 (284); 21.6.1977 – 1 BvL 14/76, BVerfGE 45, 187 (228).

34 So auch BVerfG v. 18.7.2012 – 1 BvL 10/10, 1 BvL 2/11, E 132, 134. Kritisch mit Blick auf das Ziel der Sicherung eines „menschenwürdigen" Lebens wegen der Ideologieanfälligkeit des Begriffs: Gröscher in: Dreier, Grundgesetz, 2. Aufl. Art. 20 (Sozialstaat) Rn. 27; grundsätzlich kritisch Dreier, in: ders. Grundgesetz, 2. Aufl. 2006, Art. 1 Rn. 169.

35 Auf dieses Paradoxon weist auch Wallerath hin und führt dann weiter aus, es gehe um die „Chance, Achtung und Selbstachtung zu erfahren", vgl. Wallerath, Zur Dogmatik eines Rechts auf Sicherung des Existenzminimums, JZ 2008, 157 (161) mit Verweis auf BVerfGE 100, 271 (284) u. 103, 293 (306).

36 Zum Teil wird die Leistung eines Existenzminimums mit dem Schutz der Missachtung durch Dritte begründet, oder positiv ausgedrückt, mit der „Garantie der Achtung der Menschenwürde durch Dritte", vgl. Starck in: Mangoldt/Klein/Starck GG Art. 1 Rn. 40 f.

37 Vgl. Sartorius (Lit.), 64 mit Verweis auf die Entscheidung des Bundesverfassungsgerichts zur Neuregelung des Schwangerschaftsabbruchs v. 28.5.1993 (BVerfE 88, 203).

38 Vgl. Sartorius (Lit.), 64.

39 Zum Teil wird der Inhalt der Handlungspflicht mit Blick auf Art. 1 Abs. 1 GG enger gesehen (Verpflichtung zur Sicherung des physiologisch Notwendigen) als der aus dem Sozialstaatsprinzip folgende (Verpflichtung zur Sicherung eines soziokulturellen Existenzminimums), vgl. Soria JZ 2005, 644 (647 f.). Davy sieht – unter Einbeziehung des Art. 1 Abs. 1 GG – einen breiten Konsens, „den Mindeststandard deutlich unterhalb des Standards des BEHG anzusetzen"; er bezieht diesen „primär auf die Dimension Nahrung, Kleidung, Obdach", vgl. Davy, Soziale Gleichheit: Voraussetzung oder Aufgabe der Verfassung, VVStRL 68 (2009), 122 (145).

19. Jahrhunderts betonte, dem Bedürftigen müsse mit Blick auf Art und Umfang der Hilfe ein menschenwürdiges Leben ermöglicht werden. Am Ende der Weimarer Republik konnte der Verweis auf das durch Hilfeleistungen zu sichernde „menschenwürdige Leben" sogar mit negativer Tendenz, mit dem Ziel einer äußersten Minimierung aller Lebensmöglichkeiten, verwendet werden: Als „menschenwürdiges Leben" galt ein Standard, der einem normalen, vollwertigen Mitglied der Gesellschaft eigentlich nicht mehr zugemutet werden konnte.[40] Vor diesem Hintergrund erscheint der Begriff des „menschenwürdigen Lebens" für die Frage der Einbindung des Art. 1 Abs. 1 GG im vorliegenden Zusammenhang wenig hilfreich.

III. Art. 1 Abs. 1 S. 2 1. Alt. GG

15   Nach der Rechtsprechung des Bundesverfassungsgerichts enthält die Menschenwürde einen Achtungsanspruch. Nach Art. 1 Abs. 1 S. 2 1. Alt. GG hat der Staat die Würde des Menschen und – daraus folgend – den darin zum Ausdruck kommenden Achtungsanspruch jedes Menschen zu achten. Art. 2 Abs. 2 GG bezieht sich auf Art. 1 Abs. 1 GG und verweist auf die Grundrechte als Realisierung des Grundsatzes des Art. 1 Abs. 1. Der Achtungsanspruch, der einem Menschen gegenüber dem Staat zukommt, drückt sich somit darin aus, dass jeder Mensch vom Staat grundsätzlich als Rechtssubjekt anzuerkennen ist.

16   Die Pflicht des Staates, jeden einzelnen als Rechtssubjekt zu achten, begründet grundsätzlich noch keine eigenständigen Leistungspflichten. Mit Blick auf die Leistung eines Existenzminimums postuliert das Bundesverfassungsgericht ein Grundrecht „dem Grunde nach".[41] Das heißt: Der Gesetzgeber hat keinen Entscheidungsspielraum, wenn es um die Frage geht, ob überhaupt existenzsichernde Leistungen vorgesehen werden sollen. Wenn nun der Gesetzgeber tätig wird, muss dieses Handeln bestimmt sein von der in Art. 1 Abs. 1 S. 2 1. Alt. GG gesetzten Achtungspflicht gegenüber den jeweils Betroffenen. Das bedeutet: Neben Gemeinwohlzwecken müssen die Lebens- und Freiheitsinteressen der Betroffenen maßgebliche Kriterien für die Bestimmung eines zu gewährenden Existenzminimums sein.

17   Die betroffenen Personen sind zwar durch den Mangel an materiellen Möglichkeiten in ihrer formalen Rechtsstellung nicht berührt, aber in ihrer faktischen Rechtsstellung zum Teil erheblich beeinträchtigt. Das zu gewährende Existenzminimum muss so gestaltet sein, dass es dem Einzelnen möglich wird, seine faktische Rechtsstellung zu verbessern und sich letzten Endes aus den Beschränkungen zu lösen, die sich für ihn aus der Abhängigkeit von der Nothilfe des Staates ergeben.

18   Um die konkreten Grenzen für die Hilfe – nach unten wie nach oben – festlegen zu können, muss der Gesetzgeber von der formalen Gleichheit der Hilfsbedürftigen im Verhältnis zu allen anderen ausgehen. Dieser Aspekt der Gleichheit ist bereits im Art. 1 Abs. 1 GG enthalten und im Art. 3 GG konkretisiert. Das heißt konkret: Es darf nicht nur danach gefragt werden, was für die besondere Gruppe der Hilfebedürftigen als gerade noch ausreichend angesehen werden kann. Fragt man nämlich so, besteht die Gefahr, dass ein Existenzminimum festgelegt wird, das für alle anderen als inakzeptabel erscheint. Die Frage muss vielmehr lauten: Welches Minimum an materiellen Voraussetzungen wird in der Gesellschaft als notwendig angesehen, um ein noch zumutbares Minimum an Lebens- und Freiheitsinteressen zu verwirklichen?

19   Dies kommt einer Orientierung am sogenannten Fähigkeitenansatz nahe: Danach ist es von grundlegender Bedeutung, dass Menschen ihre Fähigkeiten ausbilden können. Des-

---

40   Vgl. Reyer, Alte Eugenik und Wohlfahrtspflege, 1991, S. 140.
41   BVerfG 9.2.2010 – 1 BvL 1/09 ua, E 125, 175, Rn. 138.

Bieritz-Harder

halb müsse danach gefragt werden, was ein Mensch benötige, um seine „Fähigkeiten allein und aus eigener Kraft weiterentwickeln" zu können.[42] Auf diese Weise ließe sich auch das abgenutzte Schlagwort der „Hilfe zur Selbsthilfe" mit Leben füllen.

Vor dem Hintergrund des Art. 1 GG kommt somit dem Verfahren, das der Gesetzgeber   20
zur Festlegung des Existenzminimums wählt, eine entscheidende Bedeutung zu. Dies betont auch das Bundesverfassungsgericht in seinen Entscheidungen jüngeren Datums (→
Rn. 7 ff.).[43]

Mit Blick auf hilfebedürftige Kinder und Jugendliche tritt die Achtungspflicht hinter die   21
darüber hinausgehende Schutzpflicht des Staates (Art. 1 Abs. 1 S. 2 2. Alt. iVm Art. 6
Abs. 2 S. 2 GG) zurück (→ Rn. 17).

IV. Die Schutzpflicht des Art. 1 Abs. 1 S. 2 2. Alt. GG

Für den Fall, dass der Gesetzgeber Hilfebedürftige ganz ohne Hilfe ließe, wäre neben   22
der Achtungspflicht ohne Zweifel auch die Schutzpflicht des Art. 1 Abs. 1 S. 2 2. Alt.
GG betroffen. In Konkretisierung dieser Schutzpflicht hat das Bundesverfassungsgericht
in seiner Rechtsprechung die Pflicht des Staates zum Schutz von Leben und Gesundheit
entwickelt. Darüber hinaus ist aber zu berücksichtigen, dass Hilfesuchende durch das
Fehlen jeglicher staatlicher Fürsorge faktisch in Gefahr gerieten, Arbeitsverhältnisse einzugehen, die einer Selbstversklavung gleich kämen. Das gilt auch für den Fall, dass der
Gesetzgeber ein Existenzminimum festlegt, das weit unter dem allgemein noch als zumutbar akzeptierten Mindestmaß liegt. Insofern erfordert der in Art. 1 Abs. 1 verankerte Grundsatz „Menschenwürde" wiederum den Sozialstaat, den Gesetzgeber zur Verankerung sozialer Rechte verpflichtet.[44]

Nach Ansicht des Bundesverfassungsgericht vermögen „andere Grundrechte, wie zum   23
Beispiel Art. 3 Abs. 1 GG oder Art. 6 GG, (...) für die Bemessung des Existenzminimums im Sozialrecht keine weiteren Maßstäbe zu setzen".[45] Dennoch gewinnt mit Blick
auf Kinder und Jugendliche die in Art. 6 Abs. 2 S. 2 GG konkretisierte Schutzpflicht Bedeutung. Nach der Entscheidung des Verfassungsgebers in Art. 6 Abs. 2 S. 1 GG ist die
Pflege und Erziehung der Kinder in erster Linie den Eltern überantwortet. Diese Verantwortung umfasst die Sorge um deren leibliche und seelische Entwicklung. Die Pflege
und Erziehung der Kinder muss darauf zielen, diese mit wachsendem Alter in die Lage
zu versetzen, ihre Freiheitsrechte eigenständig wahrzunehmen und sich selbst als
Rechtssubjekte innerhalb des staatlichen Verbandes erkennen zu können. Dass mit
Blick auf Kinder und Jugendliche dem Bereich der Bildung dabei eine entscheidende Bedeutung zukommt, wird wohl kaum jemand bestreiten wollen.[46]

Gemäß Art. 6 Abs. 2 S. 2 GG ist der Staat verpflichtet, über die Ausübung des Erzie-   24
hungsrechts der Eltern zu wachen. Wenn die Eltern ihrer Erziehungsverantwortung
nicht nachkommen, ist der Staat verpflichtet zu intervenieren. Dabei ist zu unterschei-

---

42 Vgl. Riehle ZfSH/SGB 2006, 643 (647), mit Verweis auf Nussbaum, Langfristige Fürsorge und soziale Gerechtigkeit, DZPHil, 51 (2003), 179 ff.
43 Vgl. BVerfG 27.7.2016 – 1 BvR 371/11, Rn. 37 mit Verweis auf seine Entscheidungen zum „menschenwürdigen Existenzminimum v. 23.7.2014 – 1 BvL 10/12 ua, E 137, 34 (72), zum Asylbewerberleistungsgesetz
v. 18.7.2012 – 1 BvL 10/10, 1 BvL 2/11, E 132, 134 und zum „Hartz IV-Regelsatz" v. 9.2.2010 – 1 BvL
1/09 ua, E 125, 175. Vgl. auch BSG 27.1.2009 – B 14 AS 5/08, Rn. 29 c; zu weitergehenden Anforderungen
an ein Verfahren vgl. HessLSG 29.10.2008 – L 6 AS 336/07 – VIII; vgl. auch Rothkegel ZfSH/SGB 2005,
391 (396 f.); Dau NZS 2005, 225 (228).
44 Vgl. Eichenhofer SGb 2012, 565 (566).
45 BVerfG 9.2.2010 – 1 BvL 1/09 ua, E 125, 175, Rn. 145.
46 Vgl. HessLSG 29.10.2008 – L 6 AS 336/07, C 5 a; BSG 27.1.2009 – B 14 AS 5/08 Rn. 36; vgl. auch Leisner,
Existenzsicherung im öffentlichen Recht, S. 156 ff. mit Verweis auf BVerfG 1.11.1998 – 2 BvR 1075, 1226,
980/91, BVerfGE 99, 216 (242).

Bieritz-Harder

den: Verfügen die Eltern tatsächlich über die materiellen Möglichkeiten, ihren Erziehungspflichten gegenüber ihren Kindern nachzukommen, tun dies aber nicht, so wird der Staat in diesem Fall auf andere Weise intervenieren müssen als dann, wenn den Eltern das Minimum an materiellen Mitteln nicht zur Verfügung steht, um ihrer Erziehungspflicht im Interesse des Kindes tatsächlich nachkommen zu können. Aber auch hier gilt: Es müssen konkrete Vorstellungen darüber bestehen, was mindestens erforderlich ist, um eine Entwicklung der Kinder zu befördern, die diese befähigt, im Erwachsenenalter eigenständig und unabhängig ihre Rechte wahrnehmen und als mündige Bürger Verantwortung in der Gesellschaft übernehmen zu können.[47]

25 Das Bundesverfassungsgericht hat es bereits 1998 folgendermaßen formuliert: „Bei der Quantifizierung (des) Bedarfs sind ... die allgemeinen Kosten" zu berücksichtigen, „die Eltern aufzubringen haben, um dem Kind eine Entwicklung zu ermöglichen, die es zu einem verantwortlichen Leben in der Gesellschaft befähigt".[48] In seiner Entscheidung vom 9.2.2010 bemängelt das Bundesverfassungsgericht: Das Verfahren zur Berechnung der Regelsätze (bezieht sich auf das Verfahren vor Inkrafttreten des Regelbedarfsermittlungsgesetzes) leide „an einem völligen Ermittlungsausfall im Hinblick auf den kinderspezifischen Bedarf".[49] Ein Existenzminimum für Kinder und Jugendliche, das den großen Bereich des Bedarfs an Bildung unberücksichtigt lässt bzw. nur am Rande berücksichtigt, wird der Schutzpflicht des Art. 6 Abs. 2 S. 2 GG iVm Art. 1 Abs. 1 S. 2, 2. Alt. GG nicht gerecht.[50]

---

47 Vgl. hierzu auch Jean d'Heur, Verfassungsrechtliche Schutzgebote zum Wohl des Kindes und staatliche Interventionspflichten aus der Garantienorm des Art. 6 Abs. 2 S. 2 GG, 1993, S. 98; HessLSG 29.10.2008 – L AS 336/07 – C 1.
48 BVerfG 10.11.1998 – 2 BvR 1075, 1226, 980/91, BVerfGE 99, 216 (242).
49 BVerfG 9.2.2010 – 1 BvL 1/09 ua, E 125, 175, Rn. 146.
50 Vgl. auch Dau NZS 2005, 225 (230).

Bieritz-Harder

Kapitel 9: Der Bedarfsdeckungsgrundsatz

Literaturhinweise: Becker, Bewertung der Neuregelungen des SGB II. Methodische Gesichtspunkte der Bedarfsbemessung vor dem Hintergrund des „Hartz-IV-Urteils" des Bundesverfassungsgerichts – Gutachten für die Hans-Böckler-Stiftung, SozSich 2011, Sonderheft, 7; dies., Existenzsicherung und Armut(sforschung) in Berlit/Conradis/Pattar (Hrsg.) Existenzsicherungsrecht, 3. Auflage, 2019, Kapitel 5; Berlit, Entlastung durch Regulierung und Pauschalierung? Zu Novellierungsvorschlägen beim Recht der Unterkunftskosten, ArchsozArb 2010, Nr. 1, 84; ders., Paukenschlag mit Kompromisscharakter – zum SGB II-Regelleistungsurteil des Bundesverfassungsgerichts vom 9. Februar 2010, KJ 2010, 145; ders., Sicherung einheitlicher Unterkunftskostengewährung durch Rechtsprechung (insb. des BSG) und kommunale Vielfalt?, info also 2010, 195; Eichenhofer, Sozialrechtliche Grenzen der Privatautonomie, VSSR 1991, 185; Eichenhofer, Sozialrechtlicher Gehalt der Menschenwürde, in: Gröschner/Lembcke (Hrsg.), Das Dogma der Unantastbarkeit. Eine Auseinandersetzung mit dem Absolutheitsanspruch der Würde, S. 215; Heinig, Der Sozialstaat im Dienste der Freiheit, Tübingen 2008; Mrozynski, Zur Wandlung der Obdachlosenhilfe von einer polizeilichen Aufgabe der Gefahrenabwehr zu einer Aufgabe der Sozialhilfe, ZfSH/SGB 1996, 461; Münder, Entspricht der Regierungsentwurf eines Gesetzes zur Ermittlung von Regelbedarfen und zur Änderung des Zweiten und Zwölften Buches Sozialgesetzbuch vom 20.10.2010 den verfassungsrechtlichen Anforderungen der Entscheidung des Bundesverfassungsgerichts 1 BvL 1/09 vom 9.2.2010? – Eine rechtsgutachtliche Stellungnahme, in: Spellbrink (Hrsg.), Verfassungsrechtliche Probleme im SGB II, 2011, 15; Münnich/Krebs, Ausgaben für Kinder in Deutschland, WiSta 2002, 1080–1100; Der Paritätische – Paritätische Forschungsstelle, Expertise Regelbedarfe 2018, Herleitung und Bestimmung der Regelbedarfe in der Grundsicherung, 2018; Rothkegel, Hartz-IV-Regelsätze und gesellschaftliche Teilhabe – die geplanten Änderungen im Lichte des Urteils des Bundesverfassungsgerichts, ZFSH/SGB 2011, 69; Schnath, Das neue Grundrecht auf Gewährleistung eines menschenwürdigen Existenzminimums – Ein rechtspolitischer Ausblick nach dem Urteil des Bundesverfassungsgerichts vom 9.2.2010, NZS 2010, 297.

Rechtsgrundlagen:
GG Art. 1, 20
RBEG §§ 1 ff.
SGB II §§ 19, 20 bis 27
SGB XII §§ 27, 27 bis 29, 30 bis 33

Orientierungssätze:

1. Der Bedarfsdeckungsgrundsatz gebietet die Versorgung der Bedürftigen mit den Sachen und Mitteln, die zur Deckung der Existenzgrundlage erforderlich sind.

2. Regelbedarfe sind bei der Bedarfsdeckung das „freie" Budget des Hilfeberechtigten. Die Verringerung der einmaligen Leistungen in ein insgesamt höheres Budget stärkt die Verwendungsautonomie der Leistungsempfänger.

3. Die verfassungskonforme Ausgestaltung der Regelbedarfe ist ein zentraler Baustein für die Bedarfsdeckung im Fürsorgerecht. Der Gesetzgeber hat mit der Regelbedarfsneubemessung den Anforderungen des Bundesverfassungsgerichts erfüllt.

4. Der Bedarfsdeckungsgrundsatz beruht auf der Verpflichtung des Staates zum Schutz der Menschenwürde und wird durch den Gesetzgeber ausgefüllt. Mit existenzsichernden Leistungen soll die Teilhabe an gesellschaftlichen Entwicklungen erreicht werden.

5. Auch bei schuldhafter Herbeiführung der Hilfebedürftigkeit muss das zum Leben Unerlässliche gewährleistet sein. Abstriche bei der soziokulturellen Teilhabe sind zulässig.

6. Der Gesetzgeber ist nicht verpflichtet, vorbehaltlos Leistungen zur Sicherung des Lebensunterhalts zu gewähren. Die Verpflichtung zu Eigenbemühungen zur Überwindung der Hilfebedürftigkeit entspricht dem Menschenbild in einer arbeitszentrierten Gesellschaft.

7. Darlehen sind für die lückenlose Gewährleistung der Bedarfsdeckung unerlässlich, um Notlagen bei Aufrechterhaltung des generellen Systems zu überbrücken.

A. Allgemeines

1 Der **Bedarfsdeckungsgrundsatz** gehört zu den **Strukturprinzipien** der existenzsichernden Leistungen (s. Kapitel 7). Der Bedarfsdeckungsgrundsatz gewährleistet mit dem Leistungsrecht, dass die durch den Gesetzgeber konkretisierten Bedarfe gedeckt sind. Neben der Höhe der zu sichernden Bedarfe besitzt der Bedarfsdeckungsgrundsatz eine zeitliche Komponente. Die Bedarfe sind durch den Leistungserbringer im Zeitpunkt ihres Entstehens zu decken. Ein Verweis auf vorrangige Leistungssysteme ist nur dann zulässig, wenn hierdurch ebenso die Existenzgrundlage gesichert werden kann.

Der Bedarfsdeckungsgrundsatz gebietet lediglich die Existenzgrundlage zu sichern. Er **2** stellt keine Anforderungen daran, wie der Bedarf zu decken ist. Dies kann durch **Sach-**, **Dienst-** oder durch **Geldleistung** erfolgen.[1] Es besteht kein verfassungsrechtlicher Anspruch auf eine Geldleistung. Sie hat den Vorteil des flexiblen und autonomen Einsatzes für den Leistungsempfänger. Aus dem Bedarfsdeckungsgrundsatz ergibt sich die Anforderung an die Ausgestaltung des Leistungssystems als eine finale Betrachtung hinsichtlich der Befriedigung der gesetzlich definierten bzw. verfassungsrechtlich verankerten Bedarfe. Der Bedarfsdeckungsgrundsatz findet mit seinen Anforderungen an die Ausgestaltung von Leistungen dort seine Grenze, wo der Gesetzgeber über das verfassungsrechtlich Geschuldete hinaus Regelungen trifft, mit denen er bestimmte Ziele verfolgt (zB Anreize für die Ausübung einer Erwerbstätigkeit, einer pflegerischen Tätigkeit, Auslandseinsätze der Bundeswehr, Freiwilligendienste).

Die **Geldleistung** hat zahlreiche Vorteile für Leistungsempfänger und -träger. Sie ist **3** leichter zu administrieren und ist auf dem Markt allgemein akzeptiert. Schwierigkeiten, wie etwa bei Gutscheinen, hinsichtlich der Teilbarkeit oder der teilweisen Einlösung bestehen ebenso wenig wie die Verfügbarkeit von Akzeptanzstellen und die abschließende Abrechnung. Zutreffend hat sich das Geld als herrschendes Mittel zum Erwerb von Waren und Dienstleistungen herausgebildet. Zudem kann auch keine Diskriminierung aufgrund des generellen Charakters des allgemeinen Zahlungsmittels erfolgen.

Der Bedarfsdeckungsgrundsatz in seiner konkreten Ausgestaltung ergibt sich aus der **4** Verknüpfung der Vorschriften über die **Leistungshöhe** und die **Art der Leistungsgewährung**. Er hat seine verfassungsrechtliche Grundlage im Schutz der Menschenwürde als staatliche Schutzpflicht. Nicht zu irgendeinem Zeitpunkt sind Leistungen zu gewähren, sondern im Zeitpunkt der Entstehung muss sogleich eine Befriedigung erfolgen.

Dem Bedarfsdeckungsgrundsatz kommt zudem eine limitierende Funktion zu. Die Leis- **5** tungen sind nicht vorbehaltlos zu gewähren. Wird der gesetzlich definierte Bedarf auf andere Weise gedeckt, muss der Leistungsträger diesen Bedarf nicht ein zweites Mal decken. Hierbei kommt es nicht auf die Art und Weise an, wie der Bedarf gedeckt wird. Auch durch Naturalien oder durch Bereitstellung von Sachleistungen kann ein Teil des Benötigten befriedigt werden.[2] In den Fällen muss dieser Bedarf nicht ein weiteres Mal über den pauschalierten Regelbedarf durch eine vollständige Leistungserbringung abgedeckt werden.

I. Bedarfsdeckungsgrundsatz als Teil der Strukturprinzipien

Der Bedarfsdeckungsgrundsatz gehörte zu den von der Verwaltungsgerichtsbarkeit ent- **6** wickelten Strukturprinzipien des Sozialhilferechts.[3] Der Bedarfsdeckungsgrundsatz als Ausdruck staatlicher Schutzpflichten reicht jedoch nicht so weit, als dem Einzelnen die Hilfeleistung aufgenötigt würde. Ein solches Verständnis wäre mit dem Menschenbild als autonom handelndes Subjekt nicht in Einklang zu bringen.[4] Ein **Verzicht** nach § 46 Abs. 1 SGB I ist ebenso möglich wie das Absehen von Anträgen. Ausdruck der Menschenwürde ist nicht nur die staatliche Schutzpflicht zur Wahrung der Menschenwürde, sondern auch die Autonomie der Leistungsberechtigten. Zu der Handlungsautonomie gehört es gegebenenfalls auch mit weniger auskommen zu wollen, als über staatliche Fürsorgesysteme zu erzielen wäre. Diese Autonomie verhindert, dass ein Bürger Objekt einer staatlichen Armenfürsorge würde.[5]

---

1 BVerfG 9.2.2010 – 1 BvL 1/09, Rn. 138.
2 BSG 11.12.2007 – B 8/9 b SO 21/06 R.
3 Zuletzt BVerwGE 108, 47 (53) zu § 93 BSHG.
4 Eichenhofer VSSR 1991, 185.
5 Mrozynski ZfSH/SGB 1996, 461 (465 ff.).

Siebel-Huffmann

7 Der Bedarfsdeckungsgrundsatz hat seine **verfassungsrechtliche Absicherung** in Art. 1 Abs. 1 GG, dem Schutz der Menschenwürde, iVm dem Sozialstaatsprinzip des Art. 20 Abs. 1 GG. Das Grundrecht auf Gewährleistung eines menschenwürdigen Existenzminimums ergibt sich aus Art. 1 Abs. 1 GG und führt im Hinblick auf die Fürsorgesysteme iVm Art. 20 Abs. 1 GG dazu, dass die gesetzlichen Fürsorgesysteme derart ausgestaltet sein müssen, dass **subjektivrechtliche Ansprüche** dahin gehend bestehen, damit in dem Bedarfsmoment der fürsorgerechtliche Bedarf gedeckt ist.[6] Andere Grundrechte oder staatliche Gestaltungsansprüche vermögen keine weiteren Maßstäbe für die Ausgestaltung der Leistungen setzen.[7] Im modernen Rechtsstaat korreliert mit dem Sicherungsanspruch ein Anspruch auf normbezogene Ausgestaltung durch den Parlamentsgesetzgeber. Der Bürger muss einen subjektivrechtlichen Anspruch auf Leistungen besitzen. Der Bedarfsdeckungsgrundsatz dient der Erfüllung der gesetzlichen Leitideen, der Führung eines Lebens, welches der Würde des Menschen entspricht.[8] Insofern ist der Leistungsberechtigte ein **Rechteinhaber** auf staatliche Leistungen und nicht Objekt einer ordnungsrechtlichen Armenfürsorge.

8 Durch die existenzsichernden Leistungssysteme soll **gesellschaftliche Inklusion** erreicht werden. Hierzu dient bei den erwerbsfähigen Leistungsberechtigten die gestufte Heranführung an den Arbeitsmarkt über ein differenziertes Instrumentarium gem. §§ 15 ff. SGB II. Bei behinderten, häufig nicht erwerbsfähigen Leistungsberechtigten erfolgt dies über die Eingliederungshilfe gem. §§ 53 ff. SGB XII bzw. §§ 49 ff. SGB IX ab dem Jahr 2020, mit der die Teilhabe am Leben in der Gemeinschaft und am Arbeitsleben erreicht werden soll. Zugleich wird die Teilhabe am gesellschaftlichen Leben auch durch die Anerkennung von Teilhabeleistungen in dem Regelbedarf als sozio-kulturelles Existenzminimum berücksichtigt. Ausgaben für Freizeit- und Kulturdienstleistungen hat der Gesetzgeber bei der Regelbedarfsermittlung berücksichtigt. Dies sind Ausgaben für Nachrichtenübermittlung, für Freizeit, Kultur und Unterhaltung. Hierin anerkennt der Gesetzgeber das natürliche Bedürfnis des Menschen zur Teilhabe und Kommunikation.

II. Faktizitätsprinzip

9 Die Ursachen für die Bedürftigkeit, bzw. die Notlage, bleiben auf der primären Leistungsseite im Wesentlichen ausgeblendet. Es kommt für die Leistungsberechtigung einzig und allein darauf an, ob jemand mit dem aktuellen Einkommen und Vermögen seinen Lebensunterhalt sichern kann.[9] Mit dem **Faktizitätsprinzip** wird der verfassungsrechtliche Anspruch, die Menschenwürde unabhängig von der Ursache der Bedürftigkeit zu schützen, erfüllt. Die im Prinzip verschuldensunabhängige Leistungsgewährung wird eingeschränkt, wenn grob fahrlässig oder vorsätzlich die Hilfebedürftigkeit herbeigeführt oder unwirtschaftliches Verhalten nach Belehrung fortgeführt wird. Nach § 31 Abs. 2 SGB II iVm § 31 a SGB II erfolgt dann eine Sanktionierung im Umfang von 30 vH des Regelbedarfs für die Dauer von drei Monaten. Die Folgen der schulhaften Herbeiführung erfolgen auf der sekundären Ebene, den Regressansprüchen nach § 34 bis § 34 c SGB II, die neben der Sanktion zur Anwendung kommen können. Ebenso erhält gem. § 41 Abs. 4 SGB XII keine Grundsicherung im Alter und bei Erwerbsminderung, wer in den letzten zehn Jahren die Bedürftigkeit vorsätzlich oder grob fahrlässig herbeigeführt hat. Dann besteht lediglich ein subsidiärer Anspruch auf Hilfe zum Lebensunterhalt nach dem 3. Kapitel des SGB XII, der sich nach den Leistungsvoraussetzungen, aber nicht der Höhe nach unterscheidet. Das Verhältnis von staatlichem Sicherstellungs-

---

6 BVerfG 12.5.2005 – 1 BvR 569/05, Rn. 19; BVerfG 18.7.2012 – 1 BvL 10/10, 1 BvL 2/11.
7 BVerfG 5.3.2018 – 1 BvR 2926/14, Rn. 19; BVerfG 18.7.2012 – 1 BvL 10/10, 1 BvL 2/11.
8 § 1 Abs. 1 SGB II, § 1 S. 1 SGB XII.
9 BSG 10.9.2013 – B 4 AS 89/12 R; BVerwG 11.9.1968 – C 5 32.68, BVerwGE 35, 360 (362).

auftrag zum Schutz der Menschenwürde und der reduzierten Leistungsgewährung kombiniert mit einem aufrechenbaren Schadensersatzanspruch im laufenden Bezug ist nicht frei von Spannungen, insbesondere dann, wenn die verminderte Leistung ein Dauerzustand wäre.

III. Individualisierungsgrundsatz

Der Individualisierungsgrundsatz beschreibt die Pflicht, den konkret existenzsichernden   10
Bedarf des Einzelnen, auch den Minderjähriger, zur Kenntnis zu nehmen und die erforderlichen Leistungen, ggf. zusammen mit anderen Sozialleistungsträgern, zu sichern. Die Besonderheiten des Einzelfalls gehen den Pauschalierungserfordernissen der Verwaltung vor. Insofern ist eine Härteklausel bzw. eine abweichende Bedarfsdeckung in den Leistungssystemen notwendig, um diese Feinjustierung vornehmen zu können.[10] Das Bundesverfassungsgericht betont in seiner Leitentscheidung zum Regelbedarf vom 9. Februar 2010 die Reichweite des Schutzes der Menschenwürde in einem System mit pauschalierten Leistungen. Danach muss es mit der Summe der Durchschnittsausgaben möglich sein, seinen normalen Lebensunterhalt zu bestreiten.[11] Für einzelne Ausgabenspitzen reicht die Möglichkeit einer Darlehensgewährung. Dies ist bei dauerhaft erheblich **abweichenden Bedarfslagen** nicht mehr der Fall.[12] Insoweit bedarf es wegen der Individualisierung des Leistungsanspruchs einer Härtefall- oder Öffnungsklausel.[13] In der Grundsicherung für Arbeitsuchende ist dies mit der Härtefallklausel gem. § 21 Abs. 6 SGB II erfüllt. In der Sozialhilfe ist eine Anpassung an abweichende Bedarfslagen in § 27a Abs. 4 S. 1 SGB XII geregelt. Typisierend abweichende Bedarfslagen werden über die Mehrbedarfszuschläge gedeckt (s. hierzu Kapitel 25). In diesen Fällen geht der Gesetzgeber von typisierbaren abweichenden Bedarfslagen aus.

Der Individualisierungsgrundsatz hat neben der Berücksichtigung individueller Bedarfs-   11
lagen auch eine prozedurale Komponente. Der Anspruch auf existenzsichernde Leistungen ist höchst persönlicher Natur. Der Anspruch auf Sozialhilfe kann grundsätzlich weder übertragen, verpfändet noch gepfändet werden, § 42 Abs. 4 SGB II und § 17 Abs. 1 S. 2 SGB XII.

Der Anspruch eines jeden Leistungsberechtigten ist prozedural mit einem **subjektiv-**   12
rechtlichen Anspruch ausgestaltet und ergänzt den materiellrechtlichen Anspruch mit einem subjektiven Recht.[14] Ob dies zwangsläufig für Minderjährige in einer Familienumgebung mit einem subjektiv-rechtlichen Anspruch einhergehen muss, ist zu hinterfragen, da die wirtschaftliche und damit gelebte Realität in Familien ohnehin von dem rechtlichen Konstrukt abweicht. Es sind regelmäßig die Personensorgeberechtigten, die alle Ansprüche realisieren und durch entsprechende Verwendung den Bedarf der Minderjährigen befriedigen. Die Sicherung des steuerlichen Existenzminimums von Minderjährigen erfolgt durch die Einräumung von Ansprüchen derjenigen, die die konkrete Sorge ausüben.[15] Im gegenwärtigen Leistungsrecht korrespondieren die Bedarfe mit **individuellen Leistungsansprüchen**. Unabhängig vom Alter bestehen individuelle Leistungsansprüche, die bei nicht voll Geschäftsfähigen durch die gesetzlichen oder gerichtlich bestellten Vertreter geltend zu machen sind. Die Kehrseite des höchstpersönlichen Charakters der Leistungen ist, dass vorleistende Dritte aus eigenem Recht ebenso wenig einen Anspruch geltend machen können, wie die Erben. Der Schutz des Leistungsbe-

10 BVerfG 9.2.2010 – 1 BvL 1/09, Rn. 204 ff.
11 BVerfG 9.2.2010 – 1 BvL 1/09, Rn. 205.
12 BVerfG 9.2.2010 – 1 BvL 1/09, Rn. 207.
13 BVerfG 9.2.2010 – 1 BvL 1/09, Rn. 209.
14 Zum BSHG BVerwG 17.12.2003 – 5 C 25.02; BSG 7.11.2006 – B 7 b AS 8/06 R.
15 BVerfGE 82, 60 (85).

rechtigten vor dem Zugriff Dritter schränkt auch den selbstbestimmten Umgang mit der Leistung ein. Die ursprüngliche Rechtsprechungslinie des Bundesverwaltungsgerichts, nach dem eine Vererblichkeit der Ansprüche verneint wurde,[16] wurde durch das Gebot der Effektivität der Rechtsgewährung modifiziert.[17] Für die Hilfe zur Pflege und in Einrichtungen hat der Gesetzgeber in § 19 Abs. 6 SGB XII Regelungen eines Anspruchsübergangs nach dem Tod des Leistungsbegehrenden auf die vorleistende Einrichtung als Reaktion auf die Rechtsprechung des Bundesverwaltungsgerichts normiert. Als Umkehrschluss kann daraus gefolgert werden, dass gerade kein Anspruchsübergang für die übrigen Sozialhilfeleistungen gewollt ist. Eine Ausweitung der Möglichkeit des Leistungsübergangs wäre zudem kritisch zu betrachten. Eine **Vererblichkeit** von Leistungsansprüchen widerspricht zunächst dem Charakter von existenzsichernden Leistungen. Sollen Erben mittels **Überprüfungsanträgen** nachträglich Leistungen erhalten? Dies hat das Bundessozialgericht aus systematischen Gründen für Leistungen verneint, die gegenüber dem Berechtigten zu dessen Lebzeiten bestandskräftig festgestellt waren, bei denen der potenziell weitergehende Anspruch nach § 19 Abs. 6 SGB XII auf die Einrichtung übergegangen waren.[18] Soll einem Vermieter ein subjektiv-rechtlicher Anspruch auf Auszahlung des Leistungsanspruchs auf Kosten der Unterkunft von dem Leistungsempfänger ggf. per Allgemeiner Geschäftsbedingung im Mietvertrag aufgrund einer Abtretung des Anspruchs eingeräumt werden? Das Konzept der fehlenden Übertragbarkeit ist auch vor dem Hintergrund des Bedarfsdeckungsgrundsatzes vorzugswürdig.

13 Eine Ausnahme vom Individualisierungsgrundsatz stellt die Möglichkeit des Leistungsträgers dar, Darlehen gem. § 42 a Abs. 1 S. 2 SGB II an ein oder mehrere Mitglieder der Bedarfsgemeinschaft zu erbringen. Mit dieser Erbringungsoption hat der Leistungsträger den Handlungsspielraum, die Anzahl der **Rückzahlungsschuldner** zu steuern. Diese Kompetenz zur Ausweitung der Schuldnerzahl kann dann gerechtfertigt sein, wenn der Gegenstand des Darlehens der Bedarfsdeckung aller Darlehensnehmer dient (zB Mietkaution). Würde der Leistungsträger für alle Mitglieder der Bedarfsgemeinschaft ein Darlehen gewähren, das lediglich für die Befriedigung eines Mitglieds benötigt wird, verstieße dies gegen den Individualisierungsgrundsatz.

14 Die bedarfsorientierte Seite des Individualisierungsgrundsatzes steht in einem Spannungsverhältnis mit den Erfordernissen eines administrierbaren Systems. Nicht jedes Detail des berücksichtigungsfähigen Bedarfs kann der Leistungsträger ermitteln. Der Gesetzgeber ist befugt, typische Bedarfslagen zusammen zu fassen, wie dies mit dem Regelbedarf geschehen ist. Das Bundesverfassungsgericht hat zudem die Implementierung der Aufwendungen für die einmaligen Leistungen in das pauschalierende System gebilligt.[19]

IV. Finalitätsbetrachtung

15 Die rechtliche Interpretation der gesetzlichen Vorschriften über die Leistungsgewährung muss sich daran orientieren, dass zum Zeitpunkt der Betrachtung effektiv das Existenzminimum des Einzelnen gedeckt ist. Der **staatliche Schutzauftrag** für die Menschenwürde kann nicht rückwirkend erfüllt werden. Weder Verpflegung noch Obdachsicherung und auch nicht der Gesundheitsschutz kann rückwirkend wiederhergestellt werden. Dies hat zahlreiche Konsequenzen. Auf der leistungsrechtlichen Ebene sind dies die Auswirkungen bei der Anrechnung von Einkommen, Vermögen oder Forderungen bzw. der Verweis auf vorrangige Leistungssysteme. Die Subsidiarität existenzsichernder Leis-

---

16 BVerwGE 58, 6 (73).
17 BVerwGE 96, 18.
18 BSG 23.7.2015 – B 8 SO 15/14 R und B 8 SO 4/14 R.
19 BVerfG 9.10.2010 – 1 BvL 1/09, Rn. 150.

tungen kann nur dann gelten, wenn andere Mittel für den Lebensunterhalt einsetzbar sind. Nicht **bereite Mittel** können ebenso wenig die Existenz sichern, wie schuldhaft zu früh verbrauchte. Damit ist indes keine Aussage darüber getroffen, ob die Leistungen (erneut) als Zuschuss oder als Darlehen zu erbringen sind. Auch ein rückzahlbares Darlehen, wie beispielsweise für nicht zum Lebensunterhalt aktuell einsetzbares Vermögen wegen bestehender Verwertungshindernisse, kann den Lebensunterhalt sichern.[20]

Die Finalität der Betrachtung gilt ebenso für das gerichtliche Verfahren. Einstweiliger **16** Rechtschutz ist lückenlos und zeitnah zu gewähren.[21] Im Verfahren auf Erlass einer einstweiligen Anordnung gem. § 86 b Abs. 2 SGG ist ggf. Beweis über zentrale Fragen der Leistungsgewährung zeitnah zu erheben. Der Schutzauftrag aus Art. 1 Abs. 1 GG wird insoweit um das Gebot des effektiven Rechtschutzes aus Art. 19 Abs. 4 GG aufgeladen.

B. Der existenzsicherungsrechtliche Bedarf

Der sozialhilferechtliche Bedarf hat eine verfassungsrechtliche Verankerung in der staat- **17** lichen Pflicht zum **Schutz der Menschenwürde**, die der **einfachgesetzlichen Ausgestaltung** bedarf. Das Bundesverfassungsgericht zählt zu dem existenznotwendigen Bedarf einerseits die physische Existenz des Menschen und andererseits die Möglichkeit zur Pflege zwischenmenschlicher Beziehungen und daher ein Mindestmaß an Teilhabe am gesellschaftlichen, kulturellen und politischen Leben.[22] Das **physische Existenzminimum** umfasst Ernährung, Kleidung, Hausrat, Unterkunft, Heizung, Energie und Gesundheit.[23] Das Bundesverfassungsgericht nimmt bei der Definition des physischen Existenzminimums den Schutz und Erhalt der menschlichen Gesundheit in Bezug. Die Sicherung des Obdachs und die Beheizung der Wohnung dienen ebenso der Gesunderhaltung des Hilfebedürftigen wie auch die Versorgung mit Nahrung, Kleidung und Versorgung bei Erkrankung. Dies korreliert mit dem Schutzbereich aus Art. 2 Abs. 2 GG.

Das verfassungsrechtlich garantierte Existenzminimum geht weiter als die reine Siche- **18** rung des physischen Existenzminimums. Zum **Wesen des Menschen** gehört neben der physischen Existenz auch die soziale Interaktion zu weiteren Mitgliedern der Gesellschaft.[24] Insoweit lässt sich das Existenzminimum nicht auf das nackte Überleben beschränken.[25] Für die Ausgestaltung des sozialen Existenzminimums besteht ein weiter Gestaltungsspielraum.[26] Ein noch weiterer Gestaltungsspielraum besteht freilich für den Gesetzgeber, wenn er über einen ermittelten Bedarf hinausgehende Leistungen gewährt, um Anreize zu setzen oder bestimmten Gruppen größere Handlungsspielräume zu ermöglichen. So besteht keine Pflicht des Gesetzgebers Einkommensfreibeträge oder pauschalierte Mehrbedarfe (zB bei Alleinerziehung) vorzusehen.

Der hilferechtliche Bedarf ist insoweit von verschiedenen Aspekten beeinflusst: Verfas- **19** sungsrechtliche Vorgaben, Erfassen des einzelnen Hilfebedürftigen in seiner konkreten Bedarfslage sowie normative Ausgestaltung durch den Gesetzgeber. Die vier Säulen des hilferechtlichen Bedarfes müssen gedeckt sein: die **Sicherung des Obdachs**, der **Gesundheitsschutz**, die **Sicherung der physischen Existenz** durch die Ernährung und Bekleidung sowie die Möglichkeit der **Pflege von Beziehungen zur Umwelt**. Im Rahmen des legislativen Gestaltens müssen die typischen Bedarfslagen abgedeckt sein. Zur vollständigen

---

20 § 24 Abs. 5 SGB II, BSG 23.5.2012 – B 14 AS 100/11 R.
21 BVerfG 12.5.2005 – 1 BvR 569/05.
22 BVerfG 9.2.2010 – 1 BvL 1/09.
23 BVerfGE 120, 125 (155); BVerfG 9.2.2010 – 1 BvL 1/09, Rn. 135.
24 Eichenhofer in: Gröschner/Lembcke (Hrsg.), S. 215, 218 ff.
25 BVerfGE 35, 178 (180).
26 BVerfG 9.2.2010 – 1 BvL 1/09, Rn. 136.

Deckung des individuellen Bedarfs müssen (typisierende) Mehrbedarfe, einmalige Leistungen und Öffnungsklauseln den Regelbedarf ergänzen.

20 Bei der **Vielgestaltigkeit des Lebens** ist es dem Gesetzgeber zudem nicht möglich, alle Besonderheiten des Einzelfalls bereits im Gesetzgebungsakt zu bedenken. Daher bedarf es einer Öffnungsklausel, die abweichende Bedarfslagen berücksichtigt.[27] Die leistungsrechtliche Absicherung der Bedarfslage muss im Ergebnis die Sicherung des existenznotwendigen Bedarfes gewährleisten. Nicht zwingend erforderlich ist, dass diese innerhalb eines Gesetzessystems erfolgt.[28] Auch im Zusammenspiel mit anderen Leistungssystemen kann die verfassungsrechtlich gebotene Sicherung des Existenzminimums erreicht werden. Es bedarf daher auch keiner **Härtefallklausel** in jedem Leistungsgesetz, soweit die Leistungen nicht für abschließend erklärt werden.

21 Eine besondere verfassungsrechtliche Bedeutung kommt insofern § 73 SGB XII zu. Tatbestandlich eher vage formuliert: Leistungen können auch in sonstigen Lebenslagen erbracht werden, wenn sie den Einsatz öffentlicher Mittel rechtfertigen. Die Vorschrift deckt die Bedarfslagen ab, die der Gesetzgeber in seinen Regelungssystemen übersehen hat oder die für ihn nicht erkennbar waren.[29] Nach § 2 Abs. 1 SGB XII ist die Sozialhilfe als subsidiäres System ausgestaltet, so dass die Regelung tatsächlich ein letztes Auffangnetz darstellt. Gäbe es sie nicht, müssten in besonderen Konstellationen verfassungsunmittelbare Ansprüche konstruiert werden.[30]

22 Zwischen der Art des Bedarfes und der Art der Leistungserbringung besteht ein Zusammenhang. Der Gesetzgeber besitzt dabei einen erheblichen Gestaltungsspielraum, ob die Leistung als **Geld-, Sach-, Dienstleistung** oder auf andere Weise erbracht wird.[31] Der Vorteil der Geldleistung gegenüber Sach- und Dienstleistung besteht für den Leistungsberechtigten in der autonomen Verwendungsmöglichkeit. Allerdings besteht auch die Gefahr einer Verwendung der Mittel für Zwecke, die nicht dem Lebensunterhalt dienen. In den Fällen muss der Leistungsträger erneut den Bedarf decken, wenn auch nur als Darlehen, da der notwendige Lebensunterhalt zu sichern ist.

I. Sicherstellung durch Sach-, Dienst- oder Geldleistung

23 Sicherzustellen ist, dass der Bedarf gedeckt wird. Vielfach hat sich der Gesetzgeber für einen Geldleistungsanspruch entschieden. Die Leistungen zur Sicherung des Lebensunterhaltes nach dem Zweiten und Zwölften Buch SGB sind im Regelfall als Geldleistungen ausgestaltet.[32] Dies ist im Regelfall auch sachgerecht, da dies einer **freiheitsorientierten Gestaltung**, die aus den Grundrechten herrührt, dem Leistungsrecht entspricht.[33] Über die Geldleistung kann der Empfänger autonomer verfügen und individuellen Akzenten genügen.

24 Die Leistungen für Bildung und Teilhabe werden teilweise in Form von Sach- und Dienstleistungen erbracht, wozu der Gesetzgeber **personalisierte Gutscheine** bzw. **Direktzahlungen** an den Anbieter versteht.[34] Die Leistungen richten sich gemäß § 9 Abs. 1 SGB XII nach den Besonderheiten des Einzelfalls. Damit geht das Zwölfte Buch in der

---

27 § 21 Abs. 6 SGB II, § 27 a Abs. 4 SGB XII, § 73 SGB XII.
28 AA zur Härteklausel BVerfG 9.2.2010 – 1 BvL 1/09, Rn. 207.
29 Berlit in: LPK-SGB XII § 73 Rn. 1.
30 LSG BW 27.5.2014 – L 2 SO 1431/14, Rn. 25.
31 BVerfG 9.2.2010 – 1 BvL 1/09, Rn. 138.
32 § 4 SGB II nennt als Leistungsformen den Dienst-, Geld- und Sachleistung. Aus dem Umkehrschluss des § 24 Abs. 2 SGB II, wonach bei unwirtschaftlichem Verhalten Sachleistungen erbracht werden können, kann gefordert werden, dass der Regelfall der Geldleistungsanspruch ist.
33 Heinig, S. 171 ff.
34 § 29 Abs. 1 S. 1 für die Schulausflüge, Klassenfahrten, die Lernförderung, die Mittagsverpflegung sowie die Vereinsbeiträge.

Feinsteuerung über die Gestaltung der Leistungsverhältnisse des Zweiten Buches hinaus. Eine ergänzende Flankierung der regelhaften Geldleistungen ist auch noch die persönliche Unterstützung, wie sie insbesondere in § 67 SGB XII zum Ausdruck kommt. Diese Leistungen sind insbesondere für den Personenkreis relevant, der in der sozialen Interaktion und Kommunikation auf Hemmnisse stößt, um beispielsweise gesetzliche Leistungsansprüche zu realisieren oder die Anmietung von Wohnraum zu bewältigen.

Nach § 10 Abs. 3 S. 1 SGB XII hat die **Geldleistung** in der Sozialhilfe Vorrang vor der Sachleistung, soweit einzelne Vorschriften nicht Anderes bestimmen. Dieser Vorrang besteht nicht, wenn mit Gutscheinen oder Sachleistungen das Ziel erheblich besser oder wirtschaftlicher erreicht werden kann oder die Leistungsberechtigten es wünschen.[35]   **25**

Für die Bedarfsdeckung steht eine an der **Befriedigung des Bedarfs** orientierte Sichtweise im Vordergrund. Es ist nicht zwingend erforderlich, dass sie ohne Beteiligung Dritter ermöglicht wird. Für die Reinigung der Kleidung ist es beispielsweise nicht erheblich, ob die Waschmaschine im Eigentum des Hilfeberechtigten steht oder ob eine Nutzungsmöglichkeit bei einem Dritten, zB Vermieter, besteht.   **26**

Die Deckung des hilferechtlichen Bedarfes durch Geld beinhaltet eine Vielzahl von Chancen und Möglichkeiten für den Hilfeberechtigten, die bei der Sach- oder Dienstleistung nicht bestehen. Mithilfe des Geldes ist es dem Hilfebedürftigen möglich, innerhalb von Gestaltungsspielräumen das Geld entsprechend eigener **Prioritäten** einzusetzen. Darüber hinaus hat Geld als Zahlungsmittel den Vorteil, dass einzelne Beträge teilweise und überall akzeptiert werden. Es ermöglicht zudem eine Beschaffung der alltäglichen Güter ohne sich als Transferleistungsbezieher offenbaren zu müssen.   **27**

Damit unterscheidet sich die Geldleistung von dem **Gutschein**. Der Gutschein ist regelhaft nur für einen spezifischen Zweck nutzbar. Die Teilbarkeit und die Teilabrechnung von Gutscheinen kann ebenso schwierig sein wie die Akzeptanz. Es bedarf einer hinreichenden Anzahl von Akzeptanzstellen, damit ein Gutschein eingesetzt werden kann. Fehlt es an der erreichbaren Akzeptanzstelle für die Nutzung eines Gutscheins, wird der hilferechtliche Bedarf nicht gedeckt und es findet eine Unterdeckung statt. Hingegen führt die Sachleistung regelhaft wie die Geldleistung zur Bedarfsdeckung. Bei der **Sachleistungsgewährung** wird der notwendige existenzsichernde Gegenstand bzw. die erforderliche Ware zur Verfügung gestellt. Dadurch ist der Teilbedarf gedeckt. Bei der Dienstleistung besteht ebenso wie bei dem Gutschein die Notwendigkeit, dass sie für den Hilfebedürftigen erreichbar ist. Ist sie nicht erreichbar, besteht für den Hilfebedürftigen das Problem der Bedarfsunterdeckung.   **28**

II. Nachrang- und Selbsthilfegrundsatz als Ausdruck der Menschenwürde

Der existenznotwendige Bedarf muss nicht von dem Gesetzgeber voraussetzungslos gewährleistet werden. Das Fürsorgerecht vermittelt einen **Ausgleich** zwischen den in der Gesellschaft Leistungsfähigen und Leistungsstarken und denjenigen, die aufgrund ihrer persönlichen Situation nicht in der Lage sind, ihren notwendigen Lebensunterhalt aus eigenen Kräften und Mitteln zu bestreiten. Der Gesetzgeber als verfasstes Organ der Allgemeinheit fordert Obliegenheiten von demjenigen, der Leistungen begehrt. Es wird von dem Leistungsberechtigten erwartet, dass er alle zumutbaren Möglichkeiten zur Beendigung oder Verringerung der Hilfebedürftigkeit ausschöpft.[36] Die gelebte und staatlich vermittelte innergesellschaftliche Solidarität soll durch die Begrenzung der Inanspruchnahme erhalten bleiben.   **29**

---

35 Zum Wunsch- und Wahlrecht diesbezüglich siehe Kapitel 14.
36 § 2 Abs. 1 SGB II, § 2 Abs. 1 SGB XII; BSG 12.12.2013 – B 14 AS 90/12 R, Rn. 54.

30   Im Rechtskreis des SGB II liegt ein Schwerpunkt bei der **Aktivierung der eigenen Arbeitskraft**, um mithilfe einer entgeltlichen Beschäftigung oder einer ertragreichen Selbstständigkeit die Mittel zu erwirtschaften, mit denen die Hilfebedürftigkeit überwunden wird. Auch dienen die Sanktionen im erwerbsarbeitszentrierten Leistungssystem des SGB II der Herstellung des langfristigen Ziels, über den Einsatz der eigenen Arbeitskraft unabhängig von der staatlichen Fürsorge zu werden. Diese Hinführung zur Unabhängigkeit von der „Alimentation" durch die Allgemeinheit ist auch Ausdruck der menschenwürdigen Ausgestaltung des Leistungssystems.

C. Pauschalierung vs. Einzelbeihilfen

31   Für einen hohen Grad der Bedarfsdeckung bedarf es einer **wohltarierten Ausgestaltung** des Leistungssystems. Ein System, das der Vielgestaltigkeit von persönlichen Ansprüchen und Fähigkeiten in jedem Einzelfall gerecht wird, kann es kaum geben. Um eine hohe Bedarfsdeckungsquote zu erreichen, muss bei der Ausgestaltung einerseits das Verwaltungsverfahren mit seinen ganz eigenen Hürden, die Struktur der Leistungsansprüche und die Vielgestaltigkeit bei den individuellen Fähigkeiten der um Leistung Nachsuchenden in den Blick genommen werden. Der Zielkonflikt besteht zwischen einer perfekten Bedarfsdeckung im Einzelfall mit einer individuell zugeschnittenen Leistung, die die normierten Bedarfe durchgehend erfüllen. Andererseits soll das Leistungssystem zur Autonomie nicht nur befähigen, sondern eine Verwendungsfreiheit als solche eröffnen.

I. Weichenstellungen

32   Vor der **Ermittlung** des Regelbedarfs ist gemessen an dem Personenkreis der Leistungsberechtigten, der Anzahl der Leistungsberechtigten und der Struktur des Leistungssystems zu erwägen, wie ein Leistungssystem auszugestalten ist. Auf der ersten Ebene sind die Bedarfslagen zu definieren, die als existenzsichernd anzuerkennen sind und überhaupt geeignet sind, um in eine Pauschale Eingang zu finden. Infrage kommen vor allem Konsumgüter, die zu relativ gleichen Preisen bundesweit beschafft werden können und die in annähernd gleichem Umfang von dem Personenkreis benötigt werden. Sowohl laufende Konsumgüter oder Dienstleistungen (zB Nahrung, Telekommunikation, Besuch von Kulturveranstaltungen) sind hierfür geeignet, wie auch langlebige Gebrauchsgegenstände.[37]

33   Auf der zweiten Ebene ist die Frage zu beantworten, ob viele oder wenige Einzelleistungen für **spezifische Bedarfslagen** bzw. ein hohes oder geringes „freies" Budget gewährt werden soll. Mit Budget ist in diesem Zusammenhang die Gesamtleistung gemeint, die sich aus den Teilkomponenten zusammensetzt und für deren Verwendung keine gesonderten Verwendungsnachweise zu erbringen sind. Diese strukturellen Entscheidungen begünstigen und benachteiligen unterschiedliche Personengruppen von Leistungsbeziehern aufgrund ihrer jeweiligen Fähigkeiten und Bedürfnisse.

II. Hohe Pauschalleistung – wenige Einzelleistungen

34   Ein **hohes Budget**, welches viele Teilbedarfe zusammenfasst und infolgedessen geringe zusätzliche Leistungen gewährt, ist für diejenigen Leistungsempfänger günstig, die wenig informiert und im Umgang mit Behörden ungeübt sind. Gesonderte Leistungen sind in dem Fall nur wenige zu beantragen. Die Leistungsempfänger müssen neben den Informationen für den Ausgangsantrag über keine zusätzlichen Informationen verfügen.

---

37   Kritisch hierzu Becker wegen der Datenvalidität, SozSich extra 09/2011, 10 (29 ff.).

Der **Informationsaufwand** bei dem Leistungsbegehrenden ist am geringsten, wenn nur ein Antrag bei einem Träger zu stellen ist und der Leistungsträger für die Bearbeitung des Grundantrags alle notwendigen Informationen von Amts wegen anfordert. Der Informationsaufwand wird höher, wenn zahlreiche Einzelleistungen gesondert zu beantragen sind und diese dabei noch spezifische Voraussetzungen besitzen. Der individuelle Informationsaufwand des Leistungsberechtigten wird über eine weitgehende Pauschalierung für den Leistungsberechtigten geringgehalten. Informationsdefizite führen aufgrund der Amtsermittlungstätigkeit des Leistungsträgers bei einer Globalleistung nicht zu einer Bedarfsunterdeckung, da die notwendigen Informationen für eine Leistungsgewährung ohnehin abgefragt werden.[38] Eine Ergänzung durch Darlehen kann Bedarfsspitzen auffangen. Ein ausdifferenziertes System an **Mehr-, Sonder- und Einmalbedarfen** produziert hohe **Informationskosten** bei den Leistungsempfängern und auch bei den Mitarbeiterinnen und Mitarbeitern der Leistungsträger. Hohe Informationskosten reduzieren die **Inanspruchnahmequote** der Leistungen. An die Vollzugsdefizite bei der Gewährung der zahlreichen einmaligen Leistungen nach dem Bundessozialhilfegesetz ist zu erinnern.[39] Ein ausdifferenziertes System an Einmalleistungen führt zu einer hohen Bedarfsunterdeckung, da wegen des zu hohen Informationsaufwandes eine Vielzahl zu beanspruchender Leistungen nicht abgerufen oder gewährt werden. Der Amtsermittlungsgrundsatz sowie die Beratungspflicht des Leistungsträgers reduzierte die Quote der nicht gewährten Leistungen nur geringfügig. Eine Beratung und Information setzt eine detaillierte Kenntnis des konkreten Leistungsfalls voraus. Für die vom Gesetzgeber beabsichtigte Bedarfsdeckung ist ein solches System nicht geeignet. Eine überwiegende Pauschalierung begrenzt auch den Verwaltungsaufwand für die Leistungsträger.

III. Geringe Pauschalleistung – viele Einzelleistungen

Der Gegenentwurf zu einer **hohen Pauschalleistung** wäre die an einer vordergründig optimalen Bedarfsdeckung ausgerichtete Zielsteuerung. Der konkret individuelle Bedarf des Leistungsberechtigten wäre durch viele Sondertatbestände zu decken. Eine Folge hiervon wäre eine geringe Pauschalleistung, flankiert durch viele Sondertatbestände. Ein derart ausgerichtetes Leistungssystem wäre eher für Haushalte geeignet, die einen hohen Informationsgrad und die nötigen Ressourcen für Verwaltungsgänge besitzen. Dies sind insbesondere ehemalige Mittelschichthaushalte, die über die hinreichenden Fähigkeiten in der Kommunikation mit Behörden verfügen. **35**

Allein auf die **Beratungspflicht** der Behörden gem. § 14 SGB I abzustellen, um den Bedarfsdeckungsgrad zu erhöhen, reicht hier nicht aus. Zum einen ist es wenig hilfreich, wenn die Behörde blindlings ohne konkreten Anlass über sämtliche mögliche Ansprüche informiert. Anderseits könnte kaum ein Leistungsempfänger eine derartige Vielzahl von Informationen verarbeiten. Daneben treten berechtigte **Auslegungsfragen** hinsichtlich der Bewertung von Sachverhalten und Tatbeständen. Indes könnten von einer solchen kleinteiligen Ausgestaltung des Leistungssystems diejenigen profitieren, die Schwierigkeiten im Umgang mit der Budgetleistung haben. Hierzu gehörten sicherlich Personen, für die eine Betreuung in Vermögensangelegenheiten eingerichtet ist. Die Minderinanspruchnahme möglicher Leistungen dürfte indes weit über diesen Personenkreis hinaus gehen. Für eine bundesweit gleichförmige Anwendung mit einer hohen gleichmäßigen Bedarfsdeckung ist ein solches System nicht geeignet. **36**

---

38 Allgemein zu Informationskosten Schäfer/Ott, Lehrbuch der ökonomischen Analyse des Zivilrechts, 3. Aufl., S. 466.
39 Bereits kritisch zur Möglichkeit durch die Länder, die Landesregierungen mit der Erstellung der Maßstäbe zu betreuen, Deutscher Verein, NDV 1993, 208; krit. zur Verwaltungspraxis auch Hofmann in: LPK-BSHG, 5. Aufl., § 21 Rn. 13.

IV. Optimiertes System von wenigen Einzelleistungen und hoher Pauschalleistung

37 Ein praxistaugliches System sucht bei leitmotivischer Berücksichtigung des Bedarfsdeckungsgrundsatzes nach dem **Optimum in der Ausgestaltung** des Leistungssystems, die einerseits möglichst hohe Pauschalierungen erreicht und andererseits auch eine möglichst hohe Bedarfsdeckung anstrebt. Dieses hilferechtliche **Pareto-Optimum** ist mit naturwissenschaftlicher Schärfe lediglich theoretisch denkbar. Daher sollte ein am Bedarfsdeckungsgrundsatz orientiertes System ein hohes Maß an **Pauschalierung** anstreben, um eine hohe **Verwendungsautonomie** einerseits und geringe **Vollzugsdefizite** andererseits zu erreichen. Für sehr untypische Lebenslagen, bei denen der konkrete Bedarf nicht über eine Pauschale befriedigt werden kann (zB Erstausstattung) oder bei einer politischen Wertentscheidung für eine besondere Zielsteuerung (zB Mehraufwand bei Schwangerschaft, Mittagsverpflegung in Schulen) sind spezifische Leistungstatbestände vorzuhalten. Die Zielsteuerung kann in einer Verhaltenssteuerung liegen, wie bei der Übernahme der Mitgliedsbeiträge in Vereinen nach § 28 Abs. 7 SGB II. Hierdurch soll gesellschaftliche Inklusion durch Wahrnehmung der Angebote über ein Gutscheinsystem erreicht werden.[40]

38 Indizien für die Ermittlung von sich aufdrängenden **Sondertatbeständen** sind solche Bedarfslagen, die in der Einkommens- und Verbrauchsstichprobe nur bei sehr wenigen Haushalten in der Referenzgruppe auftreten und individuell hohe Kosten verursachen. Hierzu zählen die Zuzahlungen bei der Anschaffung orthopädischer Schuhe, Haushaltserstausstattung, Schwangerschaftsbekleidung oder Säuglingserstausstattung.[41] In diese Kategorie fallen ebenfalls die Mehrbedarfe wegen Krankheitskost, Schwangerschaft, Alleinerziehung[42] oder wegen anderer besonderer anzuerkennender Bedarfslagen.[43] Bei den Mehrbedarfen bei Alleinerziehung ist unklar, welcher abstrakte oder konkrete Mehraufwand gedeckt werden soll. Empirische Anhaltspunkte für einen höheren Bedarf liegen bislang nicht vor.[44]

1. Kritik an der Justierung

39 Gelegentlich wird aus statistischen Gründen eine Auskopplung langlebiger Gebrauchsgüter (Fahrrad, Waschmaschine, Fernseher, Kühlschrank) gefordert, auch wenn sie bei der Mehrzahl der Leistungsbezieher anfallen.[45] Geringe Fallzahlen (25 bis 100) in der Einkommens- und Verbrauchsstichprobe (EVS) sollen nach der Kritik auf die Grenzen des Statistikmodells hindeuten.[46] Diese Argumentation berücksichtigt nicht die Eigenart der langlebigen Gebrauchsgüter. Zu erwarten ist aufgrund der Langlebigkeit eine geringe Fallzahl innerhalb des Anschreibejahrs der EVS. Bei einer Lebensdauer von 15 Jahren bei einer Waschmaschine dürfen in der Referenzgruppe nur ca. 6% eine entsprechende Ausgabe tätigen. Werden darüber hinaus Sachzuwendungen wie Geschenke berücksichtigt, dürfte der Anteil noch darunter liegen. Die „geringen" Fallzahlen belegen also nicht die Grenzen des Statistikmodells, sondern bestätigen ein zu erwartendes Er-

---

40 BT-Drs. 17/3404, 106, wonach es Ziel der Leistung sei, Kinder und Jugendliche stärker als bisher in die Vereins- und Gemeinschaftsstrukturen zu integrieren.
41 § 24 Abs. 3 SGB II bzw. § 1 Abs. 1 SGB XII.
42 Für den Mehrbedarf wegen Alleinerziehung gibt es keinen empirischen Befund. Im Gegenteil: Die Daten der Einkommens- und Verbrauchsstichprobe lassen eine Tendenz zu einem geringeren regelbedarfsrelevanten Konsum erkennen.
43 § 21 SGB II bzw. § 30 SGB XII.
44 Im Gegenteil: Würden die Haushalte der Alleinerziehenden im Rahmen der Sonderauswertungen der EVS ebenfalls berücksichtigt, würde sowohl der Erwachsenen- wie auch der Kinderregelbedarf sinken. Dies lässt auf ein geringeres Wohlfahrtsniveau schließen.
45 Becker SozSich extra 09/2011, 10 (29 ff.).
46 Becker SozSich extra 09/2011, 10 (29 ff.); Gutachten zum Gesetzentwurf 2016 für Diakonie Deutschland, S. 11.

gebnis. Die von *Becker* gezogene Schlussforderung, die Anschaffung von elektrischen Haushaltsgroßgeräten als einmalige Leistungen wieder einzuführen,[47] wirft zudem weitere Gerechtigkeitsfragen auf. Weshalb sollen dann nicht auch Möbel, Unterhaltungselektronik, innerdeutsche Reisen, Konfirmation, Kommunion, Jugendweihe, Handykauf und die Anschaffung von Fahrrädern ebenfalls gesondert gewährt werden? Die statistischen Bedenken müssten hier ebenfalls zutreffen. Gegen eine solche Neuausrichtung der Leistungssysteme spricht freilich wiederum die Verringerung des Budgets und Abhängigkeit des Leistungsempfängers von Informationen. Durch die Flankierung mittels Darlehen wird eine tatsächliche Bedarfsdeckung erreicht. Diese Verringerung des Auszahlungsbetrags zur Rückzahlung des Darlehens stellt die Kehrseite der erfolgten „außerordentlichen" Leistungsgewährung dar.

Die gegenwärtige Struktur der Fürsorgesysteme SGB II und XII setzt ihren Schwerpunkt **40** bei einem **Globalantrag** mit einer **hohen Pauschalierung** der Leistung und wenigen **Sonderleistungstatbeständen**. Die unterkunftsbezogenen Kosten, die Krankenkostzulage, die Erstausstattungen und die gravierend dauerhaft abweichenden Bedarfslagen sind als konkreter Bedarf ausgestaltet. Der Regelbedarf wird im Wesentlichen als Pauschalleistung gewährt.[48] Hierdurch wird der Informationsaufwand hinsichtlich der Leistungsvoraussetzungen tendenziell gering gehalten und der gesetzlich definierte Bedarf wird zu einem hohen Grad gedeckt.

2. Höhere Leistungssteuerung bei Kindern und Jugendlichen

Für Kinder und Jugendliche existieren einige Sondertatbestände für den Bereich der Bil- **41** dung und Teilhabe (s. Kapitel 27). Über das Leistungssystem sollen **Teilhabeprozesse** der Integration Kinder und Jugendlicher aus einkommensschwachen Haushalten erreicht werden.[49] Nach Auffassung des Gesetzgebers besitzen Bildung und Teilhabe einen solchen Stellenwert für die Entwicklung von Kindern und Jugendlichen, dass die Leistungen gesondert und nicht als Teil des Regelbedarfs gewährt werden.[50] Über die spezifischen Leistungen kann das Fürsorgesystem zudem auf die Vielfalt der föderalen Strukturen und Angebote im Bildungsbereich bedarfsdeckend reagieren.[51]

Mit den einzelnen, den spezifischen Bedarf deckenden Leistungen wird auch der Ein- **42** wand obsolet, die Bedarfsermittlung für Kinder für den Bildungsbedarf würde strukturell unterschätzt, da auf das **Konsumverhalten** einer **bildungsfernen Schicht** rekurriert werde.[52] Soweit die Bedarfe nicht konkret ermittelt werden konnten, ist der Gesetzgeber über die empirisch über die Einkommens- und Verbrauchsstichprobe ermittelten Werte hinausgegangen.[53] Durch die auf den individuellen Bedarf ausgerichteten Leistungen für Bildung und Teilhabe erfolgt eine Loslösung vom Durchschnittskonsum in der Referenzgruppe. Es erfolgt eine Leistung anhand des individuellen Bedarfs bei Schülerbeförderungskosten, Mensaessen, Schulausflügen, Klassenfahrten und Lernförderung. In den übrigen Fällen (Schulausstattung, Teilhabe) liegen die Leistungen über den Beträgen, die durch die EVS ermittelt wurden.[54] Die Kehrseite von der höheren Bedarfsdeckung durch einzelne Leistungstatbestände ist die Zweckbindung der Mittel. Sie ste-

---

47 Becker SozSich extra 09/2011, 10 (29 ff.).
48 Bei Bedarfsdeckung durch Sachzuwendungen besteht nach § 27 a Abs. 4 SGB XII die Möglichkeit der abweichenden Festsetzung des Bedarfs.
49 BT-Drs. 17/3404, 43.
50 BT-Drs. 17/3404, 104 ff.
51 Berlit KJ 2010, 161.
52 Ua Frommann NDV 2004, 246 ff.; Lenze allgemein zum Bezug auf untere Einkommensschichten, WSI-Mitteilungen 10/2010.
53 BT-Drs. 17/3982, 4.
54 BT-Drs. 17/3982, 4.

hen den Haushalten nicht als frei einsetzbares Budget zur Verfügung. Hierdurch wird die Verwendungsautonomie eingeschränkt.

D. Die einzelnen Teile der Bedarfsdeckung

I. Unterkunft

43 Zur Bedarfsdeckung bedarf es der **Sicherung des Obdachs**. Hierbei steht die Übernahme der tatsächlichen Unterkunftskosten nach § 22 Abs. 1 SGB II, § 35 SGB XII, § 42 a SGB XII an vorderster Stelle. Die Unterkunftskosten unterscheiden sich strukturell von den anderen Bedarfen zur Sicherung des Lebensunterhalts.[55] Die regionalen Einflussfaktoren haben einen deutlich höheren Stellenwert. Die Siedlungsstruktur hat ebenso Auswirkungen auf verfügbaren Wohnraum und dessen Preisgestaltung wie auch ordnungsrechtliche Einflüsse. So geht mit einer Verpflichtung der gewerblichen Vermieter zur Bestandssanierung[56] eine Veränderung der Unterkunftskosten einher.

44 Im Fall der Unangemessenheit erfolgt ein leistungsrechtliches Übergangsszenario, welches dem Hilfebedürftigen ermöglicht, in einem zumutbaren Rahmen die **Unterkunftskosten** auf ein angemessenes Niveau zu senken.[57] Hier zeigt sich die begrenzende Funktion des Bedarfsdeckungsgrundsatzes. Es wird nur dasjenige geleistet, was zur Sicherung der Existenz notwendig ist. Eine Besitzstandswahrung erfolgt nicht. Dies ist auch verfassungsrechtlich nicht geboten. Nach der Diktion des Bundesverfassungsgerichts erstreckt sich der verfassungsrechtliche Leistungsanspruch nur auf dasjenige, das unbedingt zur Aufrechterhaltung eines menschenwürdigen Daseins erforderlich ist.[58] Der Bedarf an Obdach wird auch durch die Übernahme von Schulden gedeckt, wenn dies zur Absicherung der Unterkunft gerechtfertigt ist, § 22 Abs. 8 SGB II. Der Bedarfsdeckungsgrundsatz ist insoweit wiederum eng mit dem **Faktizitätsgrundsatz** und dem **Gegenwärtigkeitsprinzip** verknüpft. Es kommt nicht darauf an, wie die Bedarfslage entstanden ist, sondern zum Zeitpunkt der Betrachtung ist der Bedarf zu decken. Die Beschaffung der Unterkunft kann durch Übernahme der Mietkaution und Umzugskosten flankiert werden. Betriebskostennachforderungen für die bewohnte Unterkunft sind auch während des Leistungsbezugs zu übernehmen.[59] Die Interpretation der Vorschriften über die Sicherung der Unterkunft ist entsprechend dem Gegenwärtigkeitsprinzip daran ausgerichtet, wie der aktuelle Bedarf an Obdach dauerhaft gesichert werden kann. Unterkunftsbezogene Schulden können nach § 22 Abs. 8 SGB II übernommen werden, wenn dies der dauerhaften Unterkunftssicherung dient.[60]

45 Flankiert werden die Leistungsansprüche für Unterkunft und Heizung durch die Art der Leistungsgewährung. Auf Verlangen des Leistungsberechtigten ist der unterkunftsbezogene Anteil der Leistung nach § 22 Abs. 7 S. 1 SGB II bzw. § 35 Abs. 1 S. 3 SGB XII direkt an den Vermieter zu zahlen. Dieser Leistungsteil soll an den Vermieter gezahlt werden, wenn die zweckentsprechende Verwendung der Mittel nicht sichergestellt ist. Über die Regelungen zur Leistungsgewährung wird die Obdachsicherung vertiefend sichergestellt, um Störungen im Mietverhältnis zu reduzieren. Die Regelungen über die Auskehrung von Leistungsbestandteilen ergänzen insoweit den Bedarfsdeckungsgrundsatz, um künftige (mögliche) Störungen bei der Bedarfsdeckung zu minimieren.[61]

---

55 Berlit ArchSozArb 2010, 84 ff.
56 § 10 ENEV.
57 Berlit info also 2010, 195.
58 BVerfG 9.2.2010 – 1 BvL 1/09 Rn. 135.
59 BSG 22.3.2010 – B 4 AS 62/09 R.
60 LSG Bln-Bbg 22.3.2007 – L 28 B 269/07 ER.
61 Krauß in: Hauck/Noftz SGB II § 22 Rn. 319.

II. Regelbedarf zur Sicherung des Lebensunterhalts

Der **Regelbedarf** umfasst gem. § 20 Abs. 1 SGB II Ernährung, Kleidung, Körperpflege, **46** Hausrat, Haushaltsenergie sowie die persönlichen Bedürfnisse des täglichen Lebens. Der Regelbedarf ist mit dem Gesetz zur Ermittlung der Regelbedarfe nach § 28 des Zwölften Buches Sozialgesetzbuch (Regelbedarfs-Ermittlungsgesetz – RBEG)[62] festgesetzt worden.[63] Der Regelbedarf vereinigt eine Vielzahl von Einzelkomponenten, die der Gesetzgeber als notwendigen Lebensunterhalt ansieht, und fasst diese Teilaspekte des anerkannten Bedarfs zu einem Globalbedarf, dem Regelbedarf, zusammen. Der altersabhängig bemessene Regelbedarf geht in dem Umfang in die Bedarfsberechnung ein, wie er gesetzlich definiert ist. In der Grundsicherung für Arbeitsuchende (SGB II) besteht keine Öffnungsklausel für eine individuelle abweichende Bedarfsbemessung. Anders ist es in der Hilfe zum Lebensunterhalt (3. Kap. SGB XII) und der Grundsicherung im Alter und bei Erwerbsminderung (4. Kap. SGB XII). Die Leistungen können dort stärker nach dem tatsächlichen Bedarf bemessen werden. Nach § 27 a Abs. 3 S. 1 SGB XII ist ein Regelsatz als Pauschalbetrag zu gewähren, über dessen Verwendung der Hilfebedürftige selbst und frei entscheidet. Darüber hinaus besteht nach § 27 a Abs. 4 SGB XII die **Anpassungsmöglichkeit** für den Regelbedarf, wenn er sich im Einzelfall erheblich anders darstellt. Dies kann durch eine Deckung des Bedarfs durch Dritte sein oder durch einen erheblich höheren Bedarf. Insofern begrenzt die Regelung des § 27 a Abs. 4 SGB XII eine mögliche **Bedarfsüberdeckung**.[64] Indes beschränkt der Sozialhilfesenat des Bundessozialgerichts die geringere Bedarfsfestsetzung auf die Fälle, in denen ein Bedarf durch eine andere Sozialleistung gedeckt wird.[65] Die dauerhaft überdurchschnittlichen Bedarfe werden über die Härteklausel in der Grundsicherung für Arbeitsuchende nach § 21 Abs. 6 SGB II gedeckt, im SGB XII aufgrund der Möglichkeit der abweichenden Bedarfsfestsetzung gemäß § 27 a Abs. 4 SGB XII. Insofern ist auf diesem Weg auch beim Arbeitslosengeld II zumindest die abweichende Bedarfsdeckung nach oben gewährleistet, so dass keine Unterdeckung erfolgen kann.

Eine Limitierung der **Bedarfsüberdeckung** hat das Bundessozialgericht in seiner Entscheidung zur Anrechnung der Krankenhausverpflegung abgelehnt, indem es die Anrechnung eines Wertes für den Sachbezug abgelehnt hat.[66] Insoweit ist zu konstatieren, dass die Senate der Grundsicherung für Arbeitsuchende eher eine versicherungsrechtliche, stärker pauschalierende Interpretation des Zweiten Buches Gesetzbuch verfolgen. Die rechtliche Einordnung der Krankenhausverpflegung als eine bedarfsdeckende Leistung wäre über die Interpretation der Reichweite der Hilfebedürftigkeit nach § 9 Abs. 1 SGB II aufgrund der bis 31.12.2016 geltenden Rechts ebenso möglich gewesen, wie die Anrechnung als Einkommen. Gleiches gilt für die Rechtsprechung zur Anrechnung von Darlehen.[67] Auch ein Darlehen kann den hilferechtlichen Bedarf zum Zeitpunkt seines Entstehens decken. Dem Beginn des Leistungsverhältnisses wird ebenso eine erhebliche Bedeutung für die Abgrenzung zwischen Einkommen und Vermögen zugemessen.[68] So sollte am 26. März zugeflossenes Überbrückungsgeld trotz des Monatsprinzips in § 41 Abs. 1 SGB II sowie der Anrechnungsregel des § 11 Abs. 3 SGB II, wonach Einnahmen in dem Monat als Einkommen anzurechnen sind, in dem sie zufließen, (geschontes) Vermögen darstellen, weil der Antrag auf Leistungen am 28. März gestellt wurde. Durch

47

62 Vom 24.3.2011, BGBl. I, 453; geändert d. G. v. 22.12.2016, BGBl. I S. 3159.
63 Zur Ermittlung und zum Gegenstand der Regelbedarfe siehe Kapitel 24..
64 Falterbaum in: Hauck/Noftz SGB XII § 27 a Rn. 59.
65 BSG 11.12.2007 – B 8/9 b SO 21/06 R.
66 BSG 18.6.2008 – B 14 AS 22/07 R, wobei der Senat fragwürdig auf die Notwendigkeit einer Regelung in der ALG II-V abstellt, um eine Einkommensanrechnung nach § 11 Abs. 1 S. 1 SGB II vorzunehmen.
67 BSG 17.6.2010 – B 14 AS 46/09 R.
68 BSG 6.10.2011 – B 14 AS 94/10 R, Rn. 15.

die inzwischen – seit 2011 – geregelte Rückwirkung des Antrags auf den 1. des Monats nach § 37 Abs. 2 S. 2 SGB II sind entsprechende Gestaltungen des Leistungsverhältnisses nicht mehr möglich. Als Kehrseite wird eine Einnahme nach Begründung des Leistungsverhältnisses auch solange verteilt, bis sie aufgebraucht ist.[69] Dass eine solche Auslegung nicht zwingend ist, ergibt ein Vergleich zur Rechtsprechung des Sozialhilfesenats, der die tatsächliche Bedarfsdeckung stärker in den Vordergrund stellt. So reduziert das über die Eingliederungshilfe gewährte Mittagessen den tatsächlichen Regelbedarf, der abweichend festzusetzen ist.[70] Um eine Bedarfsdeckung im Übrigen zu gewährleisten, erfolgt keine Anrechnung mit dem Wert als Sachbezug über die Einkommensanrechnung. Es erfolgt eine abweichende Regelbedarfsbemessung nach § 27a Abs. 4 SGB XII. Eine weitergehende Anrechnung als Sachbezug hätte die Deckung der übrigen Bedarfe gefährdet und ist zudem nach § 2 Abs. 1 S. 2 VO zu § 82 SGB XII ausgeschlossen, da der notwendige Lebensunterhalt sicherzustellen ist.

1. Regelbedarfsbemessung zur Bedarfsdeckung

48   Dem Regelbedarf kommt eine zentrale Stellung in den die Existenz sichernden Leistungssystemen des Arbeitslosengeldes II bzw. Sozialgeldes nach dem Zweiten Buch Sozialgesetzbuch sowie der Sozialhilfe und der Grundsicherung im Alter und bei Erwerbsminderung nach dem Zwölften Buch Sozialgesetzbuch zu. Der Regelbedarf ist eine der Bedarfspositionen, die immer bei der Leistungsbemessung zu berücksichtigen sind. Für die Sicherung der Existenz und damit der Sicherung des Lebensunterhalts ist er nicht verzichtbar.

49   Die besonderen Leistungen, die neben dem Regelbedarf für eine Bedarfsdeckung benötigt werden, haben eine spezifische Zweckrichtung. Sie sind regelmäßig, aber nicht immer, als Bedarf zu berücksichtigen. Die weiteren Bedarfspositionen sollen beispielsweise die Unterkunft finanzieren, den Mehraufwand in Zeiten der Schwangerschaft decken oder den Kauf des orthopädischen Schuhs ermöglichen. Der Regelbedarf stellt dagegen das „freie" Budget des Leistungsempfängers dar. Zugleich sollen aus dem Budget die einmaligen Anschaffungen gedeckt werden. Hinter dem Regelbedarfssatz stehen zwar spezifische Positionen mit einem dezidierten Wert, dennoch sollen mit dem Budget Mehrausgaben in einigen Positionen durch Minderausgaben gedeckt werden und nicht sogleich einen Härtefall darstellen. Es muss für einen internen Ausgleich hinreichend Spielraum vorhanden sein.

50   Anders als die besonderen Leistungen, die für einen spezifischen Bedarf wie beispielsweise für die Unterkunft oder kostenaufwändige Ernährung bestimmt sind, besteht für den Regelbedarf keine derart spezifische Zweckrichtung. Freilich soll mit ihm der notwendige Lebensunterhalt im Bedarfsmonat gedeckt werden. Zugleich sollen mit dem Regelbedarf unregelmäßig anfallende Ausgaben bestritten werden. Über das gewährte Budget ist gewährleistet, dass unregelmäßig anfallende Bedarfslagen besser ausgeglichen werden können und so die Verwendungsautonomie gestärkt ist. Für langlebige Gebrauchsgüter mit hohem Anschaffungswert besteht ein Spannungsverhältnis zum Bedarfsdeckungsgrundsatz. Das gesetzliche Postulat in § 27a Abs. 3 SGB XII, wonach die Leistungsempfänger bei der Verwendung des Regelbedarfs auch die unregelmäßig anfallenden Bedarfe berücksichtigen sollen, steht in einem Widerspruch zu den Fähigkeiten vieler Leistungsempfänger. Die Bedarfsdeckung zum Zeitpunkt der Bedarfsentstehung kann in diesen Fällen nur durch die Gewährung von Darlehen erreicht werden. Nur wenige Ausgaben mit existenzsicherndem Charakter werden nicht von dem Regelbedarf umfasst. Die hinter dem Regelbedarfsbetrag stehenden Ausgabenpositionen, die über

---

69   BSG 28.10.2009 – B 14 AS 55/08 R.
70   BSG 11.12.2007 – B 8/9 b SO 21/06 R; 9.12.2008 – B 8/9 b SO 10/07 R.

die Einkommens- und Verbrauchsstichprobe ermittelt wurden, sind ein Anhaltspunkt für den Umfang des existenznotwendigen Bedarfs.

2. Erhöhung der Regelbedarfe im Vergleich zur Inflation

Die Regelbedarfe haben sich in dem Zeitraum von 1991 bis 2009 um insgesamt 46,7% erhöht. Der Sondereffekt zum 1. Januar 2005 der Implementierung der einmaligen Bedarfe in eine erhöhte Pauschalleistung beträgt dabei 17% gegenüber dem Regelbedarf des Jahres 2004. Die Entwicklung der **Nettolöhne** entsprach in demselben Zeitraum 25,02%. Die Entwicklung des preisbereinigten Regelbedarfs für eine alleinstehende Person betrug in dem Zeitraum 11,3%.[71] Der Vergleich deutet eine parallele Steigerung der Regelbedarfe zur **Inflation** an. Die relative Parallelität ergibt sich daraus, dass die 17% Anhebung für die Implementierung nahezu aller einmaligen Leistungen im Jahr 2004 lediglich 1/6 der Gesamtleistung darstellte. Insofern ist eine stabile Bedarfsdeckung auf nahezu unverändertem Niveau gewährleistet. 51

Die Inflationsrate ist allerdings nur ein geringes Indiz, um die Kaufkraftentwicklung der Empfänger von Sozialleistungen wiederzugeben, da eine Vielzahl regelsatzfremder Faktoren in die allgemeine Inflationsrate einfließen.[72]

3. Weiterentwicklung des Systems

Mit der Neufassung der Regelbedarfe und der Einzelleistungen im Jahr 2011 ist der Gesetzgeber einen Mittelweg zwischen **Pauschalierung** und **Zielsteuerung** gegangen. Für die erwachsenen Leistungsberechtigten ist das System der ganz überwiegenden Pauschalierung beibehalten worden. Für den Kreis aller Leistungsberechtigten sind zwei neue Leistungen hinzugekommen. Hierbei handelt es sich um einen Sonderbedarf für die Anschaffung und Reparatur orthopädischer Schuhe sowie ein gesonderter Anspruch für die dezentrale Erwärmung von Warmwasser. Der Bedarf für die Aufbereitung von Warmwasser ist als Mehrbedarf ausgestaltet. 52

4. Bedarfsdeckung durch Auswahl von Haushaltstypen und deren Vergleichbarkeit

Die Auswahl des Haushaltstyps aus der Einkommens- und Verbrauchsstichprobe determiniert die Bedarfsdeckung hinsichtlich des Regelbedarfs. Aufgrund von nachfolgend skizzierten Effekten und Annahmen wird deutlich, wie sehr die Bedarfsdeckung auch von normativen Setzungen abhängig ist. Es kann weder ein zwingendes Existenzsicherungsniveau definiert werden, noch ist es aufgrund der bestehenden Erkenntnisoptionen möglich. 53

5. Auswahl der Haushaltstypen

Zur Ermittlung des Regelbedarfs von alleinstehenden Personen und Paarhaushalten ist der **Haushaltstyp** des **Einpersonenhaushalts** zugrunde gelegt worden, § 2 Nr. 1 RBEG. Die Bestimmung des Regelbedarfs Minderjähriger erfolgte gemäß § 2 Nr. 2 RBEG durch die Auswertung von „**Paarhaushalten mit einem Kind**" (Familienhaushalte) unter Berücksichtigung von Verteilungsschlüsseln, mit denen aus dem Dreipersonenhaushalt der kinderspezifische Anteil gefiltert wird. Die Haushaltstypen „**Alleinerziehende mit einem Kind**" sowie „**Paarhaushalte mit zwei oder mehr Kindern**" sind für die Ermittlung des Regelbedarfs für Kinder nicht berücksichtigt worden. 54

---

71 Zum Ganzen sozialpolitik-aktuell.de unter Bezugnahme auf BMAS, Statistisches Taschenbuch, Tabelle 1.14 und Statistisches Bundesamt.
72 https://de.statista.com/statistik/daten/studie/1046/umfrage/inflationsrate-veraenderung-des-verbraucherpreisindexes-zum-vorjahr/.

55 Bei der quantitativen und qualitativen Auswahl der Haushaltstypen werden unbeabsichtigt viele Phänomene mit berücksichtigt: Der Paarhaushalt ist im Durchschnitt in
der **Erwerbsbiographie** weiter fortgeschritten als der Alleinstehenden-Haushalt.[73] Dies
gilt indes nur für den Paarhaushalt ohne kleine Kinder. Kommt zu diesem Haushaltstyp
ein Kind hinzu, so verringert sich das verfügbare Haushaltseinkommen. Paarhaushalte
mit mehreren Kindern wiederum verfügen über weniger Familieneinkommen als Paarhaushalte mit einem älteren Kind. Haushalte von Alleinerziehenden haben sehr geringe
wirtschaftliche Spielräume. Wären Paarhaushalte mit mehreren Kindern und Haushalte
von Alleinerziehenden mit ausgewertet worden, um die Regelbedarfe von Kindern zu
bemessen, wären diese aufgrund des niedrigeren Wohlfahrtsniveaus dieser Haushalte
geringer ausgefallen.

6. Vergleich von Haushaltstypen

56 Für einen ökonomischen Vergleich von Haushaltstypen bedarf es anderer Kriterien als
beispielsweise des unteren Quintils.[74] Die Haushaltstypen befinden sich in ihrer Gesamtheit in nicht vergleichbaren biographischen Phasen. Der Haushaltstyp „Paar mit
einem Kind unter 6 Jahren" befindet sich durchschnittlich 10 Jahre vor dem Haushaltstyp Paarhaushalt mit einem Kind unter 16 Jahren. Aufgrund der geänderten erwerbs-
biographischen Situation kann nicht mit einem festen Prozentwert die jeweilige Gruppe
mit einer anderen verglichen werden. Bei einem höheren Haushaltseinkommen besteht
zugleich ein höheres Konsumniveau, das sich auch auf den regelbedarfsrelevanten Verbrauch niederschlägt.

57 Um Haushaltstypen unterschiedlicher Zusammensetzung miteinander zu vergleichen,
hätte es der Nutzung der **Engelkurve**[75] bedurft, um eine Vergleichbarkeit der Konsumniveaus zwischen dem Einpersonenhaushalt und dem Paarhaushalt herzustellen. Mithilfe der Engelkurve kann das Nachfrageverhalten eines Haushaltes in Abhängigkeit zur
Einkommensentwicklung in Bezug auf die Nahrungsmittelausgaben untersucht werden.
Mit steigendem Einkommen steigen danach die absoluten Ausgaben; jedoch sinkt der
Anteil der Nahrungsmittelausgaben am Gesamteinkommen. Um Haushaltstypen zu vergleichen, bedürfte es mithin der Definition eines Anteils der Nahrungsmittel am Haushaltseinkommen (zB 40%). Anhand eines solchen Wertes könnten verschiedene Haushaltstypen verglichen werden. Eine pauschale Betrachtung des unteren Quintils über jeden Haushaltstypus berücksichtigt nicht deren erwerbsbiographische Situation.

58 Nur bei dieser methodischen Herangehensweise kann qualitativ bewertet werden, ob
die (nach Einkommen geschichteten Haushalte nach Herausnahme der Zirkelschlusshaushalte) jeweiligen Typen vergleichbar sind. Dies betrifft namentlich die Diskussion
über die Berücksichtigung der unteren 15% der Einpersonenhaushalte und die unteren
20% der Paarhaushalte mit einem Kind.[76]

59 Unabhängig von dem Umstand, dass bei den Einpersonenhaushalten bereits die untersten 8,6% zur Vermeidung von Zirkelschlüssen gegenüber lediglich 2,3% der Paarhaushalte mit Kind ausgeschlossen wurden und bereits dieser Umstand die unterschiedliche
Behandlung rechtfertigen würde, müsste für einen tragfähigen Einwand das jeweilige
qualitative und quantitative **Wohlfahrtsniveau** ermittelt werden. Wäre das jeweilige

---

73 Münnich/Krebs WiSta 2002, 1092.
74 Die unteren 20% nach Herausnahme der Zirkelschlusshaushalte.
75 Hardes/Uhly, Grundzüge der Volkswirtschaftslehre, 9. Aufl., S. 136.
76 So aber scheinbar Rothkegel ZFSH SGB 2011, 69 (72), der eine Inkonsequenz und Widersprüchlichkeit bei
der Bemessung der Anteile an der Gesamtgruppe erkennt. Hierzu BSG 12.7.2012 – B 14 AS 153/11 R,
Rn. 37 ff.

Wohlstandsniveau des Haushaltstyps ermittelt, wäre ein Einwand der unterschiedlichen Gruppenanteilsgrößen gerechtfertigt, so er denn noch bestünde.

Schwierig wäre bei einer solchen methodischen Herangehensweise die Ermittlung des **60** **Ausgangsniveaus**, mithin dessen, was das verfassungsrechtlich garantierte Existenzminimum beinhaltet.[77] Nimmt man den Einpersonenhaushalt, den Paarhaushalt ohne Kinder, den Paarhaushalt mit einem Kind mittleren Alters usw? Nach Bestimmung des Ausgangsniveaus wäre eine Übertragung des Konsumniveaus auf die übrigen Haushaltstypen zur Ermittlung der Referenzgruppe möglich. Der geäußerten Kritik *Rothkegels* zur Auswertung der EVS 2008 zur prozentual unterschiedlichen Größe der Referenzgruppen ist unter methodischen Gesichtspunkten daher entschieden zu widersprechen.[78] Mit der prozentual größeren Gruppe bei den Paarhaushalten mit Kind gegenüber den Einpersonenhaushalten ist keine Aussage darüber getroffen, welche Gruppe ein höheres Wohlfahrtsniveau mit höheren regelbedarfsrelevanten Ausgaben besitzt. Eine solche Aussage setzt eine Kenntnis des Wohlfahrtsniveaus und dessen Verteilungshäufigkeit innerhalb der Referenzgruppe voraus. Da solche Erkenntnisse nicht vorliegen, geht der vordergründige Vergleich der prozentualen Referenzgruppengrößen zwischen den Haushaltstypen ins Leere.

7. Bedarfsdeckung im Mehrpersonenhaushalt – Skaleneffekte

Die Bedarfsdeckung in Mehrpersonenhaushalten ist hinsichtlich der Bemessung der Re- **61** gelbedarfe schwierig, da das gemeinsame Wirtschaften Einspareffekte beinhaltet. Zudem ist eine Vergleichbarkeit unterschiedlicher Haushaltstypen hinsichtlich des Niveaus des Lebensstandards kaum möglich, da eine Vielzahl weiterer Faktoren zu verzerrenden Ergebnissen führen. Eltern in Haushalten mit Kindern reduzieren den eigenen Konsum zugunsten der Kinder. Paarhaushalte haben ein höheres Durchschnittsalter gegenüber den Einpersonenhaushalten und Paarhaushalte mit Kind sind erwerbsbiographisch weiter fortgeschritten. Unbestritten bestehen Einspareffekte in Familienhaushalten (sog **Skaleneffekte**).

Eine Skala, die die Höhe der **Einspareffekte** je zusätzlicher Person im Haushalt be- **62** stimmt, ist die **OECD-Skala**, die im Wesentlichen auf Plausibilitätsüberlegungen basiert. Mit ihr wird üblicherweise das Niveau der Lebenshaltung verglichen. Gemäß der neuen OECD-Skala benötigt eine Familie, die ein Kind bekommt, zusätzlich 30% der finanziellen Mittel, die ein Alleinstehender (gleichen Lebensstandards) benötigt, um den Lebensstandard zu halten.

	Hauptbezieher des Einkommens	weitere Mitglieder älter als 14 Jahre	weitere Mitglieder jünger als 14 Jahre
neue OECD-Skala	1,0	0,5	0,3
alte OECD-Skala	1,0	0,7	0,5
ALG II/Sozialhilfe	1,0 bzw. 2 x 0,9	0,8 bzw. 0,9	0,6 bzw. 0,7

Aufgrund der OECD-Skala könnte davon ausgegangen werden, dass für zusätzliche Familienmitglieder relativ wenig weiteres Einkommen benötigt wird, um das gleiche Wohlfahrtsniveau beizubehalten. Dieser Ansatz wird auch in der **Armutsforschung** genutzt, wobei teilweise auf die alte OECD-Skala zurückgegriffen wird.

---

77 Münder in: Spellbrink (Hrsg.), Verfassungsrechtliche Probleme des SGB II, 2011, S. 31 ff.
78 Rothkegel ZFSH SGB 2011, 71.

8. Betrachtungsobjekt: Unteres Einkommensquintil

63 Der existenznotwendige Bedarf ist aus dem Ausgabeverhalten unterer Einkommensschichten zu bemessen. Bei der Regelbedarfsbemessung zur EVS 2008 ist es aufgrund des unterschiedlichen Ausschlusses der **Zirkelschlusshaushalte** bei einer Betrachtung des Ausgabeverhaltens des unteren Einkommensquintils geblieben. Bei den Einpersonenhaushalten sind zur Vermeidung von Zirkelschlüssen 8,6% des Haushaltstyps unberücksichtigt geblieben.[79] Bei den Paarhaushalten sind es 2,3%.[80] Im Vergleich dazu waren es bei der Auswertung der EVS 2003 lediglich 0,5% des Haushaltstyps. Von den verbleibenden Haushalten sind bei den Einpersonenhaushalten 15% und bei den Familienhaushalten 20% als Referenzgruppe verwendet worden, § 4 RBEG.[81]

9. Betrachtungsobjekt: Unteres Einkommensquintil EVS 2013

64 Zur Vermeidung von Zirkelschlüssen sind bei den Einpersonenhaushalten 8% der Referenzgruppe ausgeschlossen worden.[82] Bei den übrigen Haushaltstypen waren dies 1–3%.

		Einpersonen-haushalte	Haushalte von Kind nach Kindesalter in 1.000		
			< 6	6 – < 14	14 – < 18
A	Haushalte insgesamt	16.024	1.257	669	452
B	Ausgeschlossene Haushalte	1.282	37	16	4
C=A-B	Basis der Referenzhaushalte	14.742	1.220	653	448
D	Ausgeschlossene Haushalte unterhalb der Referenzgruppenobergrenze	2.206	243	130	89
E	Anteil der Haushalte unter der Referenzgruppenobergrenze	1.100	37	16	4
F=D+E		3.306	280	147	94
G=F/A		20,6%	22,3%	22%	20,8%
Grenzein-kommen		952,33	2.533,00	2.663,33	2.800,67

10. Bedarfsermittlung für Kinder und Jugendliche

65 Zur Bedarfsdeckung hat der Gesetzgeber für Kinder und Jugendliche eine eigenständige und nicht in Abhängigkeit zu dem Regelbedarf eines Erwachsenen stehende Bedarfsbemessung vorgenommen. Das Verdikt des Bundesverfassungsgerichts, „Auf keiner vertretbaren Methode zur Bestimmung des Existenzminimums eines Kindes im Alter bis zur Vollendung des 14. Lebensjahres",[83] musste der Gesetzgeber mit der Neubemessung der Regelbedarfe für Kinder und Jugendliche vermeiden. „Kinder sind keine kleinen Erwachsenen" formulierte das Gericht,[84] wobei es zugleich feststellte, dass bei älteren Kindern der empirisch festgestellte höhere Verbrauch wohl auch eine wesentliche Ursa-

---

79 BT-Drs. 17/3404, 89.
80 BT-Drs. 17/3404, 89.
81 Entgegen Münders Annahme ist gegenüber der Auswertung der EVS 2003 kein Methodenwechsel erfolgt, in: Spellbrink (Hrsg.), Verfassungsrechtliche Probleme im SGB II, S. 22 f.
82 BT-Drs. 18/9984, 33.
83 BVerfG 9.2.2010 – 1 BvL 1/09, Rn. 190 ff.
84 BVerfG 9.2.2010 – 1 BvL 1/09, Rn. 191.

che in der weiter fortgeschrittenen Erwerbsbiographie der Eltern habe.[85] Das Bundesverfassungsgericht hat keinen möglichen methodischen Ansatzpunkt für die Lösung des Erkenntnisproblems formuliert. Entscheidend sei es, die Bedarfsermittlung an „kindlichen Entwicklungsphasen auszurichten" und an dem, was „für die Persönlichkeitsentfaltung eines Kindes erforderlich" sei.[86] Während es für die Bemessung des Regelbedarfs für den Erwachsenen im Wesentlichen eine Proceduralisierung vorsieht, schwenkt das Gericht bei der Bemessung der Kinderbedarfe auf eine finale Betrachtung um. Gründe für diese unterschiedliche Maßstabsbildung sind dem Urteil nicht zu entnehmen. Ursache für die deutlichen Worte des Gerichtes scheint die eher freihändige Festlegung der beiden Altersstufen bei Einführung des Gesetzes zu 1.1.2005 gewesen zu sein.

Für eine einheitliche **Altersstufe** von Geburt bis zur Vollendung des 14. Lebensjahres **66** formuliert das Gericht eine hohe Hürde: „In besonderem Maße rechtfertigungsbedürftig wäre vor allem die Bildung einer einheitlichen Altersgruppe von Kindern bis zur Vollendung des 14. Lebensjahres gewesen, da sich der Bedarf eines schulpflichtigen Kindes in der Pubertät offensichtlich von dem Bedarf eines Säuglings oder eines Kleinkindes unterscheidet."[87] Die Bundesregierung hat zur Vorbereitung der Altersstufeneinteilung bei der Novellierung Anfang 2011 einen fachwissenschaftlichen Ansatz sowie einen statistischen Ansatz gewählt. Beide waren wenig ergiebig.

11. Einteilung der Altersstufen

Die Einteilung von Altersklassen hat sich, so das Bundesverfassungsgericht, an kindlichen **67** Entwicklungsphasen zu orientieren.[88] Die Schwierigkeit bei der Ermittlung der Bedarfe von Kindern liegt darin, dass diese keinen eigenen Haushalt führen. Sie leben im Familienverband, in dem keine exakte Aufteilung der Konsumausgaben erfolgt. Die Einkommens- und Verbrauchsstichprobe ist eine haushalts- und keine personenbezogene Verbrauchserhebung. Die Ausgaben des gesamten Haushalts werden nicht einzelnen Mitgliedern des Haushalts zugeordnet. Dies wäre aufgrund des gemeinsamen Wirtschaftens auch kaum möglich.

Die Fachwissenschaften der **Entwicklungspsychologie**, der Kinder- und Jugendhilfe, der **68** Pädiatrie, der Ökotrophologie orientieren sich weniger an Altersgrenzen als an Entwicklungsphasen, die sich stärker in Alterskorridoren bewegen. Diese Herangehensweise ist mit den Anforderungen eines massentauglichen Fürsorgesystems inkompatibel. Im Ergebnis teilen die Fachwissenschaften die Einschätzung der drei Altersstufen, bestehend aus der Kleinkindphase, die Phase bis zur Pubertät und der Jugend. Eine interdisziplinäre einheitliche Phasen- oder Stufeneinteilung gibt es nicht, zumal die Forschung selbstreferentiell innerhalb der Phasen erfolgt. Auch die statistische Auswertung von Alterscluster bestätigte die Altersstufen

- bis Vollendung des 6. Lebensjahres,
- Beginn des 7. Lebensjahres bis unter 14 Jahren sowie
- 14 Jahre bis Vollendung des 18. Lebensjahres.[89]

Ein Teil des höheren Konsums bei den Jugendlichen gegenüber den kleineren Kindern **69** beruht auf der Einkommensentwicklung der Haushalte. Der Umfang dieses Aspektes blieb unklar und wurde bei der Haushaltsauswertung nicht berücksichtigt. Die Zuordnung der Haushaltsausgaben zu den Bedarfspositionen der Kinder und Jugendlichen er-

85 BVerfG 9.2.2010 – 1 BvL 1/09, Rn. 194 unter Bezugnahme auf Münnich/Krebs WiSta 2002, 1092.
86 BVerfG 9.2.2010 – 1 BvL 1/09, Rn. 191.
87 BVerfG 9.2.2010 – 1 BvL 1/09, Rn. 196.
88 BVerfG 9.2.2010 – 1 BvL 1/09, Rn. 191 ff.
89 BT-Drs. 17/3404, 65.

folgte mithilfe von Verteilungsschlüsseln. Sie sind im Auftrag des Bundesministeriums für Familie, Senioren, Frauen und Jugend im Rahmen der Studie „Die Kosten eines Kindes" auf der Grundlage der EVS 1998 in mehrjähriger Forschungsarbeit entwickelt worden.[90] Hinter den Schlüsseln verbergen sich wertende Zuordnungen sowie wissenschaftliche Gutachten.

12. Bewertung der Reform 2011

70 Die **Regelbedarfsermittlung** leistet einen Beitrag zur Bedarfsdeckung, da die existenznotwendigen Bedarfe verfassungskonform ermittelt wurden.[91] Der Gesetzgeber vermeidet mit der Art der Ermittlung **Zirkelschlüsse** wegen verdeckter Armut. Es wird der existenznotwendige Bedarf durch die Auswertung derjenigen Haushalte ermittelt, die in der Erhebungsperiode über höhere Leistungen als das Existenzminimum verfügten. Die Entscheidung über die Größe der **Referenzgruppen** und die Art der Referenzgruppen bewegt sich in einem vertretbaren Rahmen.[92] Sie berücksichtigen vom Gesetzgeber gegebene Anreize, wie Einkommensfreibeträge und andere von der Anrechnung freigestellte Einkommen mit Augenmaß. Auch die Auswahl der Ausgabenpositionen der Haushalte in der Einkommens- und Verbrauchsstichprobe bewegt sich in einem verfassungsrechtlich vertretbaren Rahmen, der dem Gesetzgeber zuzubilligen ist. Mit der Prüfklausel in § 10 RBEG 2010 griff der Gesetzgeber Diskussionen zur Verbesserung der Methodik auf. Die Bundesregierung hat hierzu 2011 ein Forschungsprojekt beim Institut für Arbeitsmarkt- und Berufsforschung in Auftrag gegeben. Die Gutachter kommen zu dem Ergebnis, dass erhebliche Unsicherheiten bei der Bewertung bestehen und die zugrunde liegenden Simulationsrechnungen zu keinen verlässlichen Ergebnissen führten. Als Folge hiervon hat der Gesetzgeber auf die Berücksichtigung entsprechender Ansätze verzichtet.[93] Das Bundesverfassungsgericht hat die Vorgehensweise von Regierung und Gesetzgeber für verfassungsgemäß erklärt.[94] Mahnend hat es für den internen Ausgleich zwischen den Bedarfspositionen gefordert, dass genügend Spielraum innerhalb der Regelsatzbemessung verbleibt. Der Regelsatz muss so hoch bemessen sein, dass daraus auch für unregelmäßig anfallende Ausgaben Ansparungen möglich sind.[95] Das Bundesverfassungsgericht verlässt bei der so genannten Weißen Ware und den Sehhilfen den Rahmen des **Statistikmodells** ohne nähere Begründung.[96] Auch bei allen anderen Abteilungen könnte dies erfolgen. Hier akzeptiert es aber den Ansatz des Statistikmodells. Die gleichen Fragen wie bei der weißen Ware könnten bei der Anschaffung von Möbeln, Fahrrädern, Fernsehgeräten, Computern, Mobiltelefonen und zahlreichen weiteren Ausgabenpositionen gestellt werden. Ein solches System würde indes die Verwendungsautonomie der Leistungsempfänger drastisch einschränken und eine Rückkehr zu einem überwunden geglaubten, bürokratischen System der Einzelbeihilfen führen.

13. Rechtspolitische Kritik an der Regelbedarfsbemessung

71 Die **Kritik** an der Regelbedarfsbemessung ist nach der Neufassung im Jahr 2011 nicht verstummt (→ Kap. 5 Rn. 10 ff. mwN).[97] Sie richtet sich gegen die sozialpolitische Ausrichtung, das methodische Setting sowie gegen eine Vielzahl von Details. So gewährleis-

---

90 Münnich/Krebs WiSta 2002, 1080 ff.
91 BVerfG 23.7.2014 – 1 BvL 10/12, 1 BvL 12/12, 1 BvR 1691/13; BSG 12.7.2012 – B 14 AS 153/11 R.
92 BSG 12.7.2012 – B 14 AS 153/11 R, Rn. 37ff.
93 BT-Drs. 17/14282.
94 BVerfG 23.7.2014 – 1 BvL 10/12, 1 BvL 12/12, 1 BvL 1691/13.
95 BVerfG 23.7.2014 – 1 BvL 10/12, 1 BvL 12/12, 1 BvL 1691/13, Rn. 115 ff.
96 BVerfG 23.7.2014 – 1 BvL 10/12, 1 BvL 12/12, 1 BvL 1691/13, Rn. 120.
97 Irene Becker, Regelbedarfsbemessung: Gutachten zum Gesetzentwurf 2016; Expertise Regelbedarfe 2018, Paritätische Forschungsstelle.

te sie nicht die Umverteilung von Einkommen, obwohl es aus dem Sozialstaatsgebot eine Verpflichtung zum Ausgleich der sozialen Gegensätze gebe.[98] Das Bundesverfassungsgericht hingegen betont in seiner Ausgangsentscheidung, dass mit Mitteln der Allgemeinheit lediglich das Existenznotwendige zu decken sei, wobei bei der sozialen Teilhabe ein sehr großer Spielraum bestehe.[99] Zudem wird der relative Armutsbegriff, der bei 2/3 des Medianeinkommens liegt, mit dem Begriff des sozio-kulturellen Existenzminiums rechtlich unzutreffend in Bezug gesetzt.[100]

Weiterhin wird mit viel argumentativem Aufwand die Validität der Daten und die methodische Struktur der Auswertung kritisiert.[101] Danach soll die EVS weiterhin eine geeignete Datenbasis darstellen. Allerdings sollten wieder 20% der Einpersonenhaushalte als Referenzgruppe genommen werden.[102] Die Verwendung von vier Haushaltstypen, dem Einpersonenhaushalt und den Paarhaushalten mit einem Kind in jeweils drei Altersstufen, sei nicht für ein stringentes Vorgehen geeignet, da die Gemeinkosten des Familienhaushalts nicht zuverlässig ermittelt würden. Die Bemessung weiterer Erwachsener im Haushalt sei nicht fundiert und daher sei die dritte Regelbedarfsstufe nicht nachvollziehbar. Die Verteilerschlüssel müssten überarbeitet werden. Zu einem konsistenten System führe lediglich die Verwendung eines einzelnen Referenzhaushaltstypus. Die Vermeidung von Zirkelschlüsseln sei nicht hinreichend erfolgt. Haushalte unter 100 EUR Monatseinkommen hätten, da bis 100 EUR von pauschalen Werbungskosten ausgegangen werde, aus der Referenzgruppe herausgenommen werden müssen.[103] **72**

Auch sei das Phänomen der **verdeckten Armut** unzureichend gelöst worden. Die BAföG-Empfänger seien aus der Referenzgruppe herauszunehmen, da sie zur Unterschätzung der Ausgaben neigten. Auch seien Selbstständige herauszunehmen, da sie zur Überschätzung der Bedarfe neigten. Zwar sei die statistische Signifikanz bei Einpersonenhaushalten im Wesentlichen gegeben, bei langlebigen Gebrauchsgütern sei sie aber zu fehleranfällig. Bei den Familienhaushalten seien die Referenzgruppen nicht groß genug, um valide Aussagen zu liefern. Zudem folgten aus Strukturentscheidungen des Gesetzgebers, wie die Herausnahme der Mobilfunkausgaben, Verschiebungen in den Beziehungen der Gesamtausgaben der Gruppe. **73**

14. Bewertung der fachlichen Kritik

Die sozialwissenschaftliche Kritik an der Regelbedarfsbemessung ist ein Beitrag zur Fortentwicklung des Systems der Bemessung der existenzsichernden Bedarfe. Sie berücksichtigt nicht hinreichend die nach der Rechtsprechung des Bundesverfassungsgerichts bestehenden Entscheidungsspielräume des Gesetzgebers.[104] Auch ist die methodische Kritik einseitig auf Erhöhung des Regelbedarfs angelegt. Sie sucht keine Methodenverbesserung in der Breite mit gegenläufigen Aspekten und berücksichtigt nicht die Vielzahl von notwendigen normativen Weichenstellungen, die bei der Auswertung der EVS zu treffen sind. Die fachwissenschaftliche Kritik setzt ihrerseits ein eigenes, nicht demokratisch legitimiertes System dagegen. Dies wird ua daran deutlich, dass auch Bedarfspositionen, deren existenzsichernde Charaktere nicht erkennbar sind, wie zB der motorisierte Individualverkehr, vollständig berücksichtigt wird.[105] Das einseitige Bemü- **74**

---

98 Lenze in: LPK-SGB II Anh. § 20 § 1 RBEG Rn. 7; dagegen Schnath NZS 2010, 298.
99 BVerfG 9.2.2010 – 1 BvL 1/09, Rn. 138.
100 Expertise Regelbedarfe 2018, Paritätische Forschungsstelle, S. 3.
101 Insbesondere Becker SozSich Extra 09/11, 9 ff.
102 Expertise Regelbedarfe 2018, Paritätische Forschungsstelle, S. 7
103 Becker SozSich Extra 09/11, 9 ff.
104 BSG 12.7.2012 – B 14 AS 153/11 R, Rn. 42 ff.
105 Expertise Regelbedarfe 2018, Die Paritätische Forschungsstelle, S. 14.

Siebel-Huffmann

hen die Fürsorgesysteme zum Zweck der Umverteilung einzusetzen überlagert dabei den Beitrag, der zur Verbesserung und Präzisierung geleistet werden könnte.

75 Die normativen Entscheidungen beginnen bereits mit der Annahme, dass die **EVS-Daten** zutreffend sind. Bereits dies ist ebenso gewagt wie unvermeidlich. So wie eine nicht unerhebliche Anzahl von Verfahren vor den Sozialgerichten um verschwiegenes Einkommen oder nicht angegebenes Vermögen geht, ist es nahezu ausgeschlossen, dass alle Einnahmen im Rahmen der EVS angegeben werden. Weiterhin erfolgen in der **Hochrechnung** der EVS mit den Daten des **Mikrozensus** viele Wertungszusammenhänge, die lediglich ein plausibles, nicht jedoch ein wahres Bild von der Bevölkerungszusammensetzung liefern. Auch wird in der sozialwissenschaftlichen Kritik verschwiegen, dass bei „folgerichtiger" Zugrundelegung eines einzelnen Haushaltstyps für die Bemessung aller Regelbedarfsgruppen der Regelbedarf für Ein- und Zweipersonenhaushalte sinken würde. Die Nichtberücksichtigung von Haushalten Alleinerziehender bei der Bemessung des Regelbedarfs verhindert einen geringeren Bedarfssatz für Kinder.

76 Weiterhin berücksichtigt die Kritik an der Datenvalidität gerade für Familienhaushalte nicht die vom Bundesverfassungsgericht selbst gestellten Anforderungen. Wenn das Bundesverfassungsgericht eine größere Differenzierung in den Altersgruppen für Kinder und Jugendliche fordert, dann ist eine schwächere Datenbasis unvermeidlich. Es muss hingegen bei einer Auswertung der unteren Einkommensgruppen bleiben, da das Bundesverfassungsgericht die Ermittlung des lediglich Existenznotwendigen fordert. Nähme man aus dem Gesichtspunkt der Datenvalidität die komplette Gruppe der Paarhaushalte mit einem Kind als Ausgangspunkt für eine Datenauswertung, würde nicht das Existenznotwendige, sondern das Durchschnittliche ermittelt. Daher scheint die Entscheidung des Gesetzgebers auf die unteren 20% der Paarhaushalte trotz fachlicher Bedenken bei der Datenvalidität gut vertretbar.

Auch die Kritik an der Referenzgruppe (15%) der Einpersonenhaushalte ist nicht nachvollziehbar.[106] Es wird lediglich kritisiert, dass es zu einem geringeren Konsum als bei einer Referenzgruppe von 20 % kommt. Entscheidend für die Regelsatzbemessung ist nur die gewährleistete **statistische Validität**. Sie wird aber nicht ernsthaft in Zweifel gezogen.

77 Der fachliche Diskurs an der Regelbedarfsbemessung anhand des von der Bundesregierung eingeschlagenen Wegs der Auswertung der Einkommens- und Verbrauchsstichprobe offenbart das Problem und die Herausforderung der Entscheidung des Bundesverfassungsgerichts. Die Diskussion über die Verfassungsfestigkeit aus dem Blickwinkel der Entscheidung vom 9. Februar 2010 wird noch stärker als bereits in der Vergangenheit von einem kleinen Personenkreis diskutiert, der die empirischen Grundlagen der Einkommens- und Verbrauchsstichprobe und deren Auswertung im Detail kennt. Daher droht eine **Entdemokratisierung**, wenn die Abgeordneten eine Bewertung des Gesetzentwurfes nur vermittelt durch beauftragte Sachverständige vornehmen können. Der Diskurs über die folgerichtige Anwendung des Statistikmodells wird auf kleine Zirkel verlagert, denen es bereits an der demokratischen Legitimierung fehlt. Insofern droht die Frage der Interpretationshoheit über die Verfassungsmäßigkeit der Neubemessung des Regelbedarfs zum Streit von wenigen Personen zu werden, die sich äußerst intensiv mit Statistik befassen. Die Würde des Menschen sollte indes nicht zu einem Fachseminar für Statistik und Folgerichtigkeit werden. Der Gestaltungsspielraum des Gesetzgebers mit seinen normativen Wertungsentscheidungen darf kein bloßes Nachvollziehen gegenüber einem fachlich vorentwickelten Ergebnis sein.

---

106 Expertise Regelbedarfe 2018, Die Paritätische Forschungsstelle, S. 7.

Siebel-Huffmann

III. Bedarf und Bedürftigkeit

Ausgangspunkt für einen bedarfsdeckenden Leistungsanspruch ist die Definition der **78** Hilfebedürftigkeit in § 9 Abs. 1 SGB II bzw. § 19 Abs. 1 u. 2 SGB XII, wonach hilfebedürftig ist, wer seinen Lebensunterhalt nicht oder nicht ausreichend aus dem zu berücksichtigenden Einkommen oder Vermögen sichern kann und die erforderliche Hilfe nicht von anderen, insbesondere von Angehörigen oder von Trägern anderer Sozialleistungen, erhält. Damit enthält die Leistungsvoraussetzung einerseits die Definition, welche Bedarfe zu decken sind; andererseits wird die Gegenwärtigkeit der erforderlichen **Bedarfsdeckung** formuliert. Während Unterkunftskosten, Regelbedarf, Mehrbedarfe und Sonderbedarfe ebenso Berechnungsgrößen wie das einzusetzende Einkommen und Vermögen sind, orientiert sich die Definition der Hilfebedürftigkeit an der Reichweite der Bedarfsdeckung. Decken Angehörige oder Träger anderer Sozialleistungen Teile des gesetzlich definierten notwendigen Lebensunterhalts, besteht insoweit keine Hilfebedürftigkeit. Der Gesetzgeber hat mit der Ermächtigung in § 13 SGB II dem Verordnungsgeber in der Grundsicherung für Arbeitsuchende die Möglichkeit eingeräumt, bestimmte Einnahmen oder Zuwendungen nicht als Einkommen zu berücksichtigen. Von dieser Möglichkeit zur Abweichung vom Bedarfsdeckungsgrundsatz hat der Verordnungsgeber reichlich Gebrauch gemacht. So werden ua bestimmte Einnahmen der Pflegeperson, bei Soldaten der Auslandsverwendungszuschlag, weitergeleitetes Kindergeld, Verpflegung, Geldgeschenke anlässlich religiöser Feste, Einkommen aus Schülerjobs, teilweise Elterngeld sowie Einnahmen aus dem Bundesfreiwilligendienst und vergleichbarer Tätigkeiten nicht angerechnet.

Während das Bundesverfassungsgericht eine faktische Bedarfsdeckung in den Vorder- **79** grund stellt, geht der Gesetzgeber – nur – im Bereich der Grundsicherung für Arbeitsuchende einen anderen Weg. Sachzuwendungen werden mit wenigen Ausnahmen nicht mehr als Einkommen zur Bedarfsdeckung berücksichtigt.[107] Entgegen der seit dem 1. Januar 2017 geltenden Neuregelung im SGB II werden Sachbezüge im SGB XII als Einkommen weiterhin angerechnet. Nach § 82 Abs. 1 SGB XII gelten Einnahmen in Geldeswert weiterhin als Einkommen. Nach § 2 der VO zur Durchführung von § 82 SGB XII ist auf die **Sozialversicherungsentgeltverordnung** abzustellen. Im Regelfall wird der Verkaufswert zugrunde zu legen sein. Der Höhe nach wird die Anrechnung dadurch begrenzt, dass der übrige Lebensunterhalt trotz Anrechnung sicher zu stellen ist, § 2 Abs. 1 S. 2 SGB XII. Insofern wird regelmäßig eine Anrechnung maximal in Höhe des Abteilungswertes des § 5 RBEG erfolgen können.

IV. Krankenschutz

Die Pflicht des Staates aus Art. 2 Abs. 2 GG zum **Schutz der Gesundheit** für den Perso- **80** nenkreis der auf Hilfe Angewiesenen wird durch eine Pflichtversicherung, durch Krankenhilfe bzw. durch Zuschüsse zu den **Krankenversicherungsbeiträgen** gewährleistet. Der Bedarf an Krankenversorgung wird durch staatliche Leistungen gedeckt, soweit kein anderweitiger Schutz bei Erkrankung besteht. Der Gesetzgeber ist frei bei der Ausgestaltung des Schutzes bei Erkrankung. Er kann dies durch die Mitgliedschaft in der gesetzlichen Krankenversicherung gewährleisten, durch die Übernahme der Beiträge zur privaten Krankenversicherung, indem der Leistungsträger die Behandlungskosten übernimmt oder die Krankenbehandlung durch eigene Einrichtungen selbst erbringt. Eine Grenze besteht dort, wo der Krankenversicherungsschutz nur bei gleichzeitiger Verschuldung des Leistungsbeziehers ermöglicht wird. Eine solche Ausgestaltung gewährleistet den notwendigen Bedarf nicht. Das staatliche Fürsorgesystem kann kein vertrags-

---

107 BT-Drs. 18/8041, 32.

untreues Verhalten der Leistungsberechtigten für die Bedarfe erwarten, die zum Existenzminimum zählen, und zugleich keine andere Absicherung bereithalten.[108] Der notwendige Bedarf, zu dem der Schutz vor und bei Krankheit zählt, ist vollständig und nicht nur im Wesentlichen zu decken.

81 Die Versicherung von Personen im ALG-II Bezug erfolgt im Regelfall durch eine **Pflichtversicherung** nach § 5 Abs. 1 Nr. 2 a SGB V. Im Fall einer anderweitigen **Familienversicherung** nach § 10 SGB V ist diese vorrangig. Reicht das anrechenbare Einkommen für die übrigen Bedarfe, bestehend aus Regelbedarf, Mehrbedarfe und Unterkunftskosten, wird ein Zuschuss gem. § 26 Abs. 1 SGB II gewährt. Ist aufgrund eines bestehenden privaten Krankenversicherungsverhältnisses (PKV) eine Pflichtversicherung nicht möglich, werden gem. § 26 Abs. 1 SGB II die Beiträge bis zum hälftigen Basistarif gem. § 12 Abs. 1 c S. 4 VAG in der PKV und im Fall der freiwilligen Versicherung die anfallenden Beiträge übernommen.

82 In der Hilfe zum Lebensunterhalt und der Grundsicherung bei Erwerbsminderung scheint im Außenverhältnis zwischen den Leistungsempfängern und den Erbringern der **Krankendienstleistungen** ein Versicherungsverhältnis zu bestehen. Im Innenverhältnis erstattet der Sozialhilfeträger der Krankenkasse gem. § 264 Abs. 7 SGB V die Kosten. Der Bedarf an Gesundheitsversorgung wird durch die Übernahme der Kosten der Krankenbehandlung bzw. durch die Übernahme der Kosten für Krankenversicherungsschutz gewährleistet. Unterschreitet der Versicherungsschutz der privaten Krankenversicherung den der gesetzlichen Krankenversicherung kommen ergänzende Leistungen der Krankenhilfe nach §§ 47 ff. SGB XII auch für Bezieher des Arbeitslosengeldes II in Betracht. Durch die sich ergänzenden Regelungen zur Sicherung des Krankenschutzes wird der Bedarf vollständig gedeckt. Lücken in der Bedarfsdeckung können hinsichtlich des Leistungsumfangs der gesetzlichen Krankenversicherung entstehen. Hier kommen ergänzende Leistungen nach § 21 Abs. 6 SGB II über die Härteklausel in Betracht, soweit es sich um erhebliche Beträge und um dauerhaft abweichende Bedarfe handelt. In der Sozialhilfe und der Grundsicherung bei Erwerbsminderung und im Alter kommt neben der abweichenden Festsetzung des Regelbedarfs nach § 27 a Abs. 4 SGB XII für dauerhaft abweichende Bedarfe und bei einmaligen Leistungen § 73 SGB XII in Betracht.

V. Mehrbedarfe und Sonderbedarfe

83 Die **Mehrbedarfe** gem. § 21 SGB II stellen eine typisierende Normierung bestehender atypischer Bedarfslagen dar. Hierbei handelt es sich um Mehrbedarfe bei Schwangerschaft, für Alleinerziehung, bei Maßnahmen zur Eingliederung in Arbeit bei Behinderten, Krankenkost sowie die dezentrale Aufbereitung von Warmwasser. Letzterer gehört systematisch eigentlich zu den Unterkunftskosten. Im Regelfall besteht eine nachvollziehbare Begründung aus den Lebensumständen der Leistungsberechtigten für die typisierende Ausgestaltung als Mehrbedarfstatbestände. Diese typisierenden Bedarfe runden zusammen mit den Sonderbedarfen (Erstausstattung der Wohnung, bei Geburt und Schwangerschaft, Zuschuss zur Anschaffung orthopädischer Schuhe) die Sicherstellung der Existenz ab.

E. Darlehen zur notwendigen Absicherung der Bedarfsdeckung

84 Ist ein Leistungsanspruch bereits durch Zahlung erfüllt, kann der tatsächliche Bedarf dennoch ungedeckt sein. Dies kann beispielsweise in dem Fall eintreten, in dem die überwiesene Leistung mit einer Kontoüberziehung (berechtigt) verrechnet wird und

---

108 BSG 18.1.2011 – B 4 AS 108/10 R.

nicht rechtzeitig eine Abhebung erfolgte, die Waschmaschine kaputt geht, die abgehobene Leistung gestohlen oder die Jahresabrechnung des Energieversorgers fällig wird. Mit dem **Monatsprinzip** gehen die Fürsorgesysteme Grundsicherung für Arbeitsuchende und Sozialhilfe von einem gleichförmigen Bedarfsverlauf aus. Die Bedarfe werden nicht an den jeweiligen Tagen durch Teilzahlungen und den täglichen Bedarfen gedeckt. Die Leistung orientiert sich an einem regelhaften, durchschnittlichen Verlauf. Die Lebenswirklichkeit sorgt in ihren Schattierungen für einen nicht gleichförmigen Bedarfsverlauf. Hierfür sieht das Gesetz vor, dass in diesem Fall ein Darlehen zur gegenwärtigen Deckung des Bedarfes gewährt wird.[109]

Der Gesetzgeber reagiert im Fall der zweckwidrigen Verwendung der Geldleistungen unter dem Gesichtspunkt des unwirtschaftlichen Verhaltens des Hilfeberechtigten, indem er Leistungen als Sachleistung gewährt bzw. die Leistungen einschränkt.[110] Dass überhaupt Leistungen gewährt werden, stellt auch eine Ausprägung des Bedarfsdeckungsgrundsatzes dar. Der Staat gewährleistet Hilfe unabhängig vom Grund oder gar vom etwaigen Verschulden des Hilfesuchenden.

Die Gewährung von Darlehen sichert die Bedarfsdeckung ab. Die fehlenden verfügbaren finanziellen Mittel dürfen unabhängig von der Ursache nicht zu einer Unterdeckung eines anerkannten Bedarfes führen. Der Gesetzgeber ist nicht zur Doppelleistung verfassungsrechtlich verpflichtet. Die erneute Leistung als Darlehen erfolgt in Ausnutzung seines Gestaltungsspielraums und akzentuiert das **Faktizitätsprinzip**. Der Leistungsberechtigte wird über die Leistungssysteme in die Lage versetzt, seinen notwendigen, fortbestehenden Bedarf zum Zeitpunkt des Entstehens zu decken. Dies erfolgt regelhaft mithilfe vorschüssig gezahlter Leistungen. In einer Reihe von Fallgestaltungen ist nicht unbedingt ein Zuschuss erforderlich, sondern ein Darlehen ausreichend, da bereits für den Bedarf geleistet wurde und zudem eine Missbrauchsmöglichkeit eröffnet würde.[111] Die verlorene oder gestohlene Geldbörse erfordert zur Vermeidung von missbräuchlichen Sachverhaltsgestaltungen keine erneute zuschussweise Leistungsgewährung. Gleiches gilt für ungeschütztes Vermögen, dessen Veräußerung etwas Zeit benötigt, oder für die Waschmaschine, die überraschend defekt ist. In diesen Fällen reicht jeweils die Gewährung der Leistungen als Darlehen aus und kann jeweils gerechtfertigt werden. Doppelleistung für einen Bedarf als Zuschuss stellt eine Ungleichbehandlung gegenüber denjenigen dar, die mit ihrer Leistung sparsam wirtschaften. Die Gewährung von Fürsorgeleistungen bei kurzfristig nicht verwertbaren Vermögen verstieße gegen die grundlegenden Wertungen der Leistungssysteme, die der Existenzsicherung dienen sollen.

Die Fälle, für die ein Darlehen vorgesehen ist, würden bei Fehlen der Leistungen zu ungedeckten Bedarfen führen. Sie sind ein notwendiger Bestandteil des Leistungssystems, um die Existenz der Leistungsbezieher zu sichern. Bei der Ausgestaltung der Darlehensvorschriften muss der Gesetzgeber leitmotivisch beachten, dass eine Rückführung der Darlehen möglich bleibt. Bei einer regelhaften Belastung des Auszahlungsanspruches durch die Rückführung von Darlehen besteht die Gefahr der Darlehensspirale, da keine Rücklagen für die anderen unregelmäßig auftretenden Bedarfe gebildet werden können. Die Leistung als Darlehen ist gerechtfertigt, wenn es entweder kurzfristig zurückgeführt werden kann, wie dies nach der Verwertung von nicht geschütztem Vermögen der Fall ist, wenn der Leistungsberechtigte zu dem Sonderbedarf beigetragen hat, wie dies bei Verschwendung der monatlichen Zahlung der Fall ist, oder wenn er einen dauerhaften Äquivalentwert im Gegenzug erhält, wie dies bei der Mietkaution der Fall ist (→ Kap.

85

86

---

109   § 24 Abs. 1 SGB II, § 37 SGB XII.
110   Im SGB II ein Sanktionstatbestand nach § 31 Abs. 2 Nr. 2 SGB II und im SGB XII eine Einschränkung der Leistungen auf das Unerlässliche gemäß § 26 Abs. 1 Nr. 2 SGB XII.
111   Zur Manipulierbarkeit von Sozialrechtsverhältnissen, vgl. Eichenhofer VSSR 1993, 184 (186).

28 Rn. 106 ff. mwN). In der regelmäßig prekären wirtschaftlichen Situation der Leistungsbezieher können zu viele Darlehen die Verschuldungssituation perpetuieren. Die Rückzahlung der Darlehen erfolgt nach § 42 a Abs. 1 SGB II durch Aufrechnung mit der Leistung in Höhe von 10 vH des Regelbedarfs des Darlehensnehmers.

I. Besonderheiten in der Sozialhilfe und der Grundsicherung bei Erwerbsminderung und im Alter

87 Im SGB XII wird ebenso wie im SGB II der **notwendige Lebensunterhalt** sichergestellt. Der fürsorgerechtliche Bedarf, bestehend aus Gesundheitsschutz, Ernährung, Obdach sowie kultureller Teilhabe, wird durch einen Leistungsanspruch gesichert. Dass der Bedarf zu sichern ist, ergibt sich für die Hilfe zum Lebensunterhalt nach dem 3. Kapitel des Zwölften Buches aus § 27 SGB XII. Danach ist Hilfe solchen Personen zu leisten, die ihren notwendigen Lebensunterhalt nicht oder nicht ausreichend aus eigenen Kräften und Mitteln bestreiten können.

II. Limitierende Funktion des Bedarfsdeckungsgrundsatzes

88 Neben dem gesetzlichen Anspruch auf Sicherung des Existenzminimums erfolgt zugleich aber auch eine Limitierung dessen. Nicht mehr als der notwendige Bedarf ist zu decken. Das Bundesverfassungsgericht interpretiert Art. 1 Abs. 1 GG iVm Art. 20 Abs. 1 GG dahin, dass sich der verfassungsrechtliche Leistungsanspruch nur auf diejenigen Mittel erstreckt, die zur Aufrechterhaltung eines menschenwürdigen Daseins unbedingt erforderlich sind.[112] Diese verfassungsrechtliche Limitierung hat auch eine Ausprägung in den Fürsorgegrundsätzen gefunden. Nach § 9 Abs. 1 SGB II sieht der Gesetzgeber vor, dass derjenige nicht hilfebedürftig ist, der den notwendigen Lebensunterhalt aus Einkommen oder Vermögen sichern kann, sondern auch derjenige nicht hilfebedürftig ist, der die erforderliche Hilfe ua von Angehörigen oder von Trägern anderer Sozialleistungen erhält.[113]

89 Diese **Limitierung** findet sich auch im Zwölften Buch SGB. Hier ist die Limitierung auf das Existenznotwendige noch stärker ausgeprägt, da bereits bei den Berechnungsgrößen des hilferechtlichen Bedarfes eine größere Flexibilität besteht. Anders als im SGB II kann gemäß § 27 Abs. 4 SGB XII der individuelle Bedarf abweichend vom Regelsatz festgelegt werden, wenn er erheblich von einem durchschnittlichen Bedarf abweicht.

F. Teilaspekte des Bedarfsdeckungsgrundsatzes in der Rechtsprechung

90 Die versicherungsrechtlich geprägte Rechtsprechung der Senate der Grundsicherung für Arbeitsuchende des Bundessozialgerichts fokussiert bei einigen Aspekten des Leistungsrechts stärker auf den Beginn des Leistungsverhältnisses als konstitutives Element. Es erfolgt weniger eine Annäherung an das Leistungsverhältnis aus dem Blickwinkel des **Bedarfsdeckungsgrundsatzes**. So misst die Rechtsprechung des Bundessozialgerichts der Antragstellung als Beginn des Leistungsverhältnisses eine Zäsurwirkung zu. Dies ist für die Abgrenzung einer Einnahme als Einkommen oder Vermögen entscheidend.[114] Ein alternativer Ansatzpunkt wäre die stärker an dem Bedarfsdeckungsgrundsatz orientierte Auslegung entlang des Monatsprinzips gewesen. Dann wären Einnahmen als Einkommen auch dann zu berücksichtigen, wenn am Anfang des Monats eine Einnahme zugeflossen wäre und kurz danach der Leistungsantrag gestellt worden wäre. Der Gesetzge-

---

112 BVerfG 9.2.2010 – 1 BvL 1/09, Rn. 207 ff.
113 AA wohl BSG 18.6.2008 – B 14 AS 22/07 R.
114 BSG 30.7.2008 – B 14/11 b AS 17/07 R.

ber hat eine solche monatsweise Betrachtung zur Korrektur der Rechtsprechung inzwischen geregelt, indem ein Antrag gem. § 37 Abs. 2 SGB II auf den Monatsersten zurückwirkt.

Weiterhin behandelt das Bundessozialgericht in seiner Rechtsprechung Rechenpositionen als Leistungsansprüche und legt sie weniger als Bedarfspositionen aus, deren Befriedigung erreicht werden muss. So hat das Bundessozialgericht in seinen Entscheidungen zur Anrechnung der Krankenhausverpflegung den Regelbedarf als Leistungsanspruch berücksichtigt und § 9 SGB II in seinem Wortlaut dahin gehend eingeschränkt, dass es sich um Geldleistungen anderer Sozialversicherungsträger handeln muss.[115] Insofern vermengt die Rechtsprechung des Bundessozialgerichts den gesetzlich definierten Bedarf – bestehend aus den Unterkunftskosten, den Mehrbedarfen, den Bedarfen für Bildung und Teilhabe und dem Regelbedarf als einen Gesamtbedarf auf der einen Seite mit dem Leistungsanspruch auf Arbeitslosengeld II bzw. Sozialgeld. Die Rechtsprechung der Senate für Grundsicherung für Arbeitsuchende agiert insofern weniger aus der Blickwarte eines natürlichen Bedarfs, der durch Geld, aber auch durch Sachzuwendungen Dritter gedeckt werden kann, als mit Teilleistungsansprüchen, die ausschließlich aus dem Leistungsverhältnis herrühren. 91

G. Bedarfsdeckung durch Leistungsgewährung

Die **Ausgestaltung** des Leistungssystems hat sich freilich an der Zielstellung des Leistungsrechts zu orientieren. Insofern müssen die existenzsichernden Leistungen in einer Art und Weise erbracht werden, die es mit hoher Wahrscheinlichkeit gewährleisten, dass mit der Art der Erbringung der Bedarf gedeckt wird. Die Ausgestaltung eines an dem Bedarfsdeckungsgrundsatz orientierten Leistungssystems begegnet zwei zentralen Herausforderungen. Einerseits bedarf es einer verwaltungspraktikablen Lösung mit nicht täglich neuen Leistungsgewährungen und andererseits bedarf es einer Bedarfsdeckung zu jedem Zeitpunkt der Bedürftigkeit. Der Gesetzgeber hat in den Leistungssystemen des SGB II und SGB XII einen Mischweg eingeschlagen. Grundsätzlich werden Leistungen für einen Monat gewährt. Für den Bereich des SGB II ist geregelt, dass die Leistungen monatlich im Voraus erbracht werden. Die Vorleistung soll die tägliche Bedarfsdeckung zur Überwindung der Bedürftigkeit ermöglichen. Die Mittel werden zu diesem Zweck im Voraus zur Verfügung gestellt. Die Bedarfe des täglichen Lebens können ebenso wie monatlich anstehende Zahlungen (zB Unterkunft und Heizung) bestritten werden. Zum Zweck der Vereinfachung des Leistungsverhältnisses werden die Leistungen gem. § 41 Abs. 1 S. 4 SGB II für sechs Monate im Voraus bewilligt. Dieser Leistungszeitraum kann allerdings bis zu einem Jahr nach § 41 Abs. 1 S. 5 SGB II verlängert werden, wenn keine Veränderungen in den Verhältnissen erwartet werden. 92

Alternative **Gewährungsstrukturen** wären entweder schwierig durch die Träger zu administrieren oder das Budget durch die Empfänger schwieriger zu verwalten. Eine Vielzahl von Zahlungen werden zu **Monatsbeginn** fällig (zB Miete, Versicherungen, Strom). Um diese bedienen zu können, braucht der Leistungsberechtigte bereite finanzielle Mittel. Die übrigen Ausgaben zur Sicherung des Lebensunterhalts werden unregelmäßig fällig. Eine präzise Zuordnung zu vorher planbaren Ausgabezeitpunkten ist mit der denkbaren, aber kaum praktischen Ausnahme der Nahrungsmittel ohnehin nicht möglich. Der Monatszeitraum entspricht zudem dem Rhythmus im Erwerbsleben. Allerdings müssen die Leistungen vorab zur Verfügung stehen, da die Existenz nicht nachträglich gesichert werden kann. 93

---

115 BSG 18.6.2008 – B 14 AS 22/07 R.

94 In der Hilfe zum Lebensunterhalt besteht keine ausdrückliche gesetzliche Regelung darüber, für welche **Zeitabschnitte** Leistungen zu bewilligen sind. Es wird jedoch davon ausgegangen, dass es sich nach allgemeinen Rechtsgrundsätzen um eine abschnittsweise, sich monatlich wiederholende Bewilligung handelt.[116] In der Grundsicherung im Alter und bei Erwerbsminderung ist ausdrücklich geregelt, dass es zwar um eine monatsweise Betrachtung geht, indes ein Bewilligungsabschnitt von 12 Monaten gewährt wird. Hierbei wird regelmäßig davon ausgegangen, dass bei dem Personenkreis geringe Änderungen in der Bedarfs- und Bedürftigkeitsbetrachtung erfolgen.

---

116 Kreikebohm in: Kommentar zum Sozialrecht, 2. Aufl., § 45 Rn. 2.

Kapitel 10: Aktualitätsgrundsatz und Leistungen für die Vergangenheit

Literaturhinweise: von Alten, Rückwirkende Fürsorgepflicht?, ZfF 1951, 185–186; Berlit, Wirtschaftliche Hilfebedürftigkeit im SGB II in der neueren Rechtsprechung, NZS 2009, 537–547; Gerlach, „Gelebt ist gelebt!" – Abschied auf Raten von einem Strukturprinzip der Sozialhilfe? – Zur Anwendung des § 44 Abs. 1 SGB X in der Grundsicherung und in der Sozialhilfe, ZfF 2008, 193–204; Heinz, Die Aufhebung von Verwaltungsakten nach dem Sozialgesetzbuch X unter besonderer Berücksichtigung der Rechtsentwicklung im Bereich der Existenzsicherung, WzS 2008, 105–117; Heinz, Die Mehrbedarfszuschläge der Hilfe zum Lebensunterhalt nach dem SGB XII und der sozialrechtliche Herstellungsanspruch als Instrument der Korrektur fehlgeschlagener Betreuung Hilfebedürftiger, ZfF 2009, 12–19; Hochheim, Das Ende des Gegenwärtigkeitsprinzips in der Sozialhilfe? – Anmerkungen zum Urteil des BSG vom 16. 10. 2007 (B 8/9 b SO 8/06 R), NZS 2009, 24–27; Hochheim, § 44 SGB X und das Gegenwärtigkeitsprinzip in der Sozialhilfe, NZS 2010, 302–307; Kunkel, Das Grundsicherungsgesetz, ZFSH/SGB 2003, 323–333; Krohn, Keine Sozialhilfe für die Vergangenheit?, Ein „Strukturprinzip" vor und nach der Sozialhilfereform und seine Auswirkungen auf das (Sozial)verwaltungs- und (Sozial)gerichtsverfahren, Diss. jur. Berlin (HU) 2013; Mrozynski, Die Zukunft des Kenntnisgrundsatzes in der Sozialhilfe, ZFSH/SGB 2007, 463–474; Mrozynski, Einmaliger, unabweisbar gebotener und atypischer Bedarf in der Grundsicherung für Arbeitsuchende, SGb 2010, 677–683; Mrozynski, Zum Bedeutungsverlust der Abgrenzung von Dauer und Einmaligkeit bei Bedarfen in der Grundsicherung für Arbeitsuchende, ZFSH/SGB 2012, 75–82; Münder, Wünsche der Wissenschaft an die sozialgerichtliche Rechtsprechung zur Sozialhilfe, SGb 2006, 186–195; Mutschler, Aktuelle Probleme zur Überprüfung belastender Verwaltungsakte nach § 44 SGB X, WzS 2009, 193–200; Pattar, Nochmals: Das Ende des Gegenwärtigkeitsprinzips in der Sozialhilfe?, NZS 2010, 7–11; Petersen, Hilfe für nicht (mehr) Hilfebedürftige? Anmerkungen zum Urteil des Bundessozialgerichts vom 1. 6. 2010 – B 4 AS 78/09 R, ZFSH/SGB 2011, 19–22; Rothkegel, Ist die Rechtsprechung des Bundesverwaltungsgerichts zur Sozialhilfe durch Hartz IV überholt?, SGb 2006, 74–78; Waibel, Zur Anwendbarkeit des SGB X auf das SGB XII, Viertes Kapitel, ZFSH/SGB 2004, 647–654; Winter, Anmerkung zum Urteil des BSG, 28. 10. 2009 – B 14 AS 56/08 R, SGb 2010, 735–737.

Rechtsgrundlagen:

GG Art. 1 Abs. 1 iVm Art. 20 Abs. 1, Art. 19 Abs. 4

SGB I § 16

SGB II § 9 Abs. 4, § 11 Abs. 2 und 3, § 24 Abs. 1, 4 und 5, §§ 37, 40, 41, § 44 a Abs. 1 S. 7

Alg II-V § 5 a

SGB X §§ 28, 44, 48

SGB XII §§ 18, 19 Abs. 5, §§ 37, 37 a, 38, 44, 91, 116 a

AsylbLG § 9 Abs. 4

SGB IX § 108 nF

VO zu § 82 SGB XII § 3

Orientierungssätze:

1. Leistungen der Existenzsicherungssysteme müssen von Verfassungs wegen den jeweils aktuell bestehenden Bedarf decken.

2. Für aktuell noch nicht bestehende (zukünftige) und aktuell nicht mehr bestehende (vergangene) Bedarfe besteht grundsätzlich kein Leistungsanspruch.

3. Die Existenzsicherungssysteme modifizieren bei den Leistungen zur Sicherung des Lebensunterhalts nach dem Gesetzeswortlaut den strengen Aktualitätsgrundsatz durch das Monatsprinzip, die Berücksichtigung auch zukünftiger Bedarfe bei der Bestimmung des Regelbedarfs, die angeordnete Leistungsbewilligung auch für einen zukünftigen Zeitraum, die Rückwirkung des An-

trags auf den Monatsersten sowie die Berücksichtigung nicht aktuell zur Lebensunterhaltssicherung bereiter Mittel.

4. Eine (verfassungswidrige) zeitweise Unterdeckung durch die genannten Modifikationen wird durch flankierende Darlehensregelungen und die Rechtsprechung zur Nichtberücksichtigung nicht aktueller bereiter Mittel vermieden.

5. Für vergangene Zeiträume können Leistungen längstens bis zur Entstehung des Anspruchs (Antragstellung beziehungsweise Kenntniserlangung) zurück erbracht werden.

6. Im Zugunstenverfahren nach § 44 SGB X oder § 48 SGB X sowie bei der Anwendung des sozialrechtlichen Herstellungsanspruchs können im Sozialhilferecht Leistungen für vergangene Zeiträume nur insoweit erbracht werden, wie der zu deckende Bedarf im Entscheidungszeitpunkt originär oder als Surrogat noch fortbesteht. In der Grundsicherung für Arbeitsuchende steht hingegen der Restitutionsgedanke von § 44 SGB X im Vordergrund, sodass der Anspruch nicht durch zwischenzeitlich entfallene Hilfebedürftigkeit untergeht.

7. Bei den pauschalierten Bedarfen der heutigen Existenzsicherungssysteme für den Lebensunterhalt ist bei rechtswidriger Unterdeckung regelmäßig von einem Fortbestehen des Bedarfs auszugehen.

8. Bei den pauschalierten Bedarfen geht der Leistungsanspruch für die Vergangenheit sozialhilferechtlich unter, wenn die Hilfebedürftigkeit für einen Monat entfallen ist. Im Bereich der Grundsicherung für Arbeitsuchende geht der Leistungsanspruch für die Vergangenheit nicht durch zwischenzeitlichen Wegfall der Hilfebedürftigkeit unter.

9. Ansprüche auf Leistungen zur Deckung nicht pauschalierter Bedarfe können auch im Erstbewilligungsverfahren untergehen.

A. Inhalt und Dimensionen des Aktualitätsgrundsatzes

Die Leistungen der Existenzsicherungssysteme SGB II und SGB XII sollen es den jeweiligen Leistungsberechtigten ermöglichen, ein **Leben** zu führen, welches der **Würde des Menschen** entspricht (§ 1 Abs. 1 SGB II, § 1 S. 1 SGB XII). Damit sind es im Wesentlichen diese beiden Existenzsicherungssysteme, mit welchen der Gesetzgeber den aus der Menschenwürdegarantie in Art. 1 Abs. 1 GG und aus dem Sozialstaatsprinzip des Art. 20 Abs. 1 GG folgenden Anspruch jedes Menschen auf Gewährleistung eines menschenwürdigen Existenzminimums[1] konkretisiert. Sie erfüllen zugleich den in § 1 Abs. 1 S. 2 Alt. 1 SGB I niedergelegten Auftrag des Sozialgesetzbuchs, durch Sozialleistungen zur Sicherung eines menschenwürdigen Daseins beizutragen.[2] **1**

Diese Zielsetzung stellt zum einen **Anforderungen an die Ausgestaltung** der Leistungen der Existenzsicherungssysteme: Die Leistungen müssen die menschenwürdige Existenz der Betroffenen **jederzeit** und **gerade in Notfällen** sicherstellen. Angesichts der Eigenart der Leistungen als Hilfe in Notfällen können die Leistungsberechtigten nicht auf eine spätere Kompensation verwiesen werden, ohne ihr Recht auf jederzeitige Sicherung ihrer menschenwürdigen Existenz zu verletzen. Damit ist grob die erste, die **zukunftsgerichtete Dimension** des hier zu behandelnden Aktualitätsgrundsatzes oder Gegenwärtigkeitsprinzips umrissen. Sie allein ist weitgehend verfassungsrechtlich vorgeprägt und soll unter B. (→ Rn. 4 ff.) näher betrachtet werden. **2**

Spiegelbildlich zu dieser zukunftsgerichteten kennt der Aktualitätsgrundsatz aber auch noch eine **vergangenheitsbezogene Dimension**. Nach ihr richtet sich, ob und gegebenenfalls unter welchen Voraussetzungen Leistungen der Existenzsicherungssysteme auch für zurückliegende Zeiträume zu erbringen sind. Dieser Dimension, die unter Geltung des BSHG vor allem mit dem Grundsatz „Keine Sozialhilfe für die Vergangenheit" beschrieben wurde, ist der Abschnitt C. (→ Rn. 40 ff.) gewidmet. **3**

B. Die Sicherstellung der aktuellen Bedarfsdeckung

I. Verfassungsrechtliche Vorgaben: Deckung des aktuellen Bedarfs bei aktueller Hilfebedürftigkeit

Eine aktuell hilfebedürftige Person hat verfassungsrechtlich in jedem Zeitpunkt einen **Anspruch auf Deckung ihres in ihrer jeweiligen Lage aktuell bestehenden Bedarfs**.[3] Der Staat muss dabei jederzeit auch nur möglich erscheinende oder auch nur zeitweilig andauernde Menschenwürdeverletzungen verhindern.[4] **4**

---

1 BVerfG 9.2.2010 – 1 BvL 1/09, 3/09 u. 4/09, BVerfGE 125, 175–260; BVerfG 29.5.1990 – 1 BvL 20/84, 26/84 u. 4/86, BVerfGE 82, 60–105, Rn. 99 f.
2 Zu den außersozialrechtlichen Asylbewerberleistungen s. näher Kapitel 34.
3 BVerfG 12.5.2005 – 1 BvR 569/05, BVerfGK 5, 237–244, Rn. 28; BVerfG 9.2.2010 – 1 BvL 1/09, 3/09 u. 4/09, BVerfGE 125, 175, Rn. 134 aE.
4 BVerfG 12.5.2005 – 1 BvR 569/05, BVerfGK 5, 237, Rn. 26.

5 Das Erfordernis rascher, aktueller Hilfe wird an drastischen Beispielen besonders plastisch: Wer jetzt keine Mittel hat, um seine physische Existenz zu sichern, wer buchstäblich vor dem Verhungern oder Erfrieren steht, wenn er nicht sofort Nahrung, Kleidung oder Obdach bekommt, den kann der Staat nicht darauf verweisen, später hierfür einen Ausgleich zu erhalten. Vielmehr muss der Staat die Notlage rasch beheben, bevor weitere Schäden eintreten. Die Existenzsicherungssysteme müssen also dann effektive Leistungen vorsehen, wenn eine Person aktuell einen anzuerkennenden Bedarf hat, den sie mit ihren aktuell vorhandenen Mitteln nicht ausgleichen kann, dann also, wenn sie gleichzeitig (zeitidentisch) einen Bedarf hat, dessentwegen sie hilfebedürftig ist. Maßgeblich sind in diesem Zusammenhang allein der tatsächlich (faktisch) bestehende Bedarf und die tatsächlich bestehende Hilfebedürftigkeit: Es kommt weder auf die Gründe für ihr Vorliegen noch darauf an, ob der Bedarf oder die Bedürftigkeit „eigentlich", also zum Beispiel unter Berücksichtigung zwischenzeitlich verschleuderten Vermögens, noch vorhanden sein „dürfte" (**Faktizitätsgrundsatz**).

6 Verfassungsrechtlich **nicht gefordert** und als Grundsatz auch im einfachen Gesetzesrecht nicht vorgesehen ist hingegen die **Deckung aktuell nicht mehr oder noch nicht bestehender**, also vergangener oder künftiger **Bedarfe.**[5] Für **vergangene**, also nicht mehr bestehende **Bedarfe** folgt das daraus, dass eine einmal erlittene Menschenwürdeverletzung durch eine später erfolgende Leistung nicht mehr beseitigt werden kann. Um bei drastischen Beispielen zu bleiben: Der erlittene Hunger oder Frost kann durch ein nachträgliches Mehr an Nahrung oder Wärme nicht ungeschehen gemacht werden. Freilich sind nicht alle Bedarfe so strikt zeitgebunden wie in diesen drastischen Fällen: Es gibt durchaus Bedarfe, deren Befriedigung für eine gewisse Zeit ohne Menschenwürdeverletzung aufgeschoben werden kann. Für **zukünftige**, also noch nicht bestehende **Bedarfe** folgt das Fehlen eines Anspruchs daraus, dass weder das Eintreten dieser Bedarfe noch der für die Leistungsberechtigung erforderlichen Hilfebedürftigkeit sicher sind. Es ist andererseits aber verfassungsrechtlich nicht verboten, auch ohne aktuellen Bedarf rechtliche Hilfebedürftigkeit und damit eine Leistungsberechtigung anzunehmen.

II. Modifikationen der strengen Zeitidentität im einfachen Gesetzesrecht

1. Grundsatz

7 Grundsätzlich stellen auch die Leistungen der Existenzsicherungssysteme das Erfordernis der **Zeitidentität von Bedarf und Hilfebedürftigkeit** auf: Eine Leistungsberechtigung besteht nur für einen Zeitraum, in dem die Betroffenen einen vom Gesetz für diesen Zeitraum anerkannten Bedarf haben, den sie mit den im identischen Zeitraum vorhandenen Mitteln nicht decken können. Deutlich wird das für die Grundsicherung für Arbeitsuchende und die Grundsicherung im Alter und bei Erwerbsminderung an § 37 Abs. 2 S. 1 SGB II und § 44 Abs. 2 S. 2 SGB XII, wonach für Zeiten vor der Antragstellung (grundsätzlich) keine Leistungen dieser Leistungssysteme erbracht werden. Gleiches wird grundsätzlich für die künftige Eingliederungshilfe nach § 108 SGB IX (F:1.1.2020) gelten. Für die Sozialhilfe hat die Zeitidentität in § 18 SGB XII Niederschlag gefunden, wonach die Leistungen der Sozialhilfe mit Ausnahme der antragsab-

---

5 Allenfalls ließe sich vertreten, dass die vom einfachen Recht anerkannten Modifikationen des Aktualitätsgrundsatzes den unmittelbar verfassungsrechtlichen Anspruch auf Sicherung des Existenzminimums konkretisieren und insoweit ihrerseits Verfassungsrang erlangen (in diese Richtung Nešković/Erdem, Zur Verfassungswidrigkeit von Sanktionen bei Hartz IV. Zugleich eine Kritik am Bundesverfassungsgericht, SGb 2012, 134–140 und Nešković/Erdem, Für eine verfassungsrechtliche Diskussion über die Menschenwürde von Hartz IV-Betroffenen. Replik auf den Zwischenruf von Burkiczak, SGb 2012, 326–329, 329; strikt dagegen Burkiczak, Zur Verfassungswidrigkeit von Sanktionen bei Hartz IV, SGb 2012, 324–326, 325). Als verfassungsrechtliche Vorgaben werden hier jedoch nur diejenigen angesehen, die bei jedem, auch vollständig neuen System der Existenzsicherung zu berücksichtigen wären.

hängigen Grundsicherung im Alter und bei Erwerbsminderung mit dem Bekanntwerden bei einem öffentlichen Träger einsetzen. Antrag beziehungsweise Bekanntwerden lösen den konkreten Leistungsanspruch aus und aktualisieren so die staatliche Einstandspflicht.

Bei den Leistungen zur Sicherung des Lebensunterhalts – im SGB II vor allem Arbeitslosengeld II und Sozialgeld, im SGB XII Hilfe zum Lebensunterhalt und Grundsicherung im Alter und bei Erwerbsminderung – wird die strenge Zeitidentität von Bedarf und Hilfebedürftigkeit allerdings in mehrerlei Hinsicht modifiziert. **8**

2. Monatsprinzip bei Leistungen zur Sicherung des Lebensunterhalts

Bei einem ganz strengen Verständnis des Aktualitätsgrundsatzes müssten die Leistungen **9** der Existenzsicherungssysteme täglich oder in noch kürzeren Zeitabschnitten neu bestimmt werden. Aus einem solchen Verständnis des damals sogenannten Gegenwärtigkeitsprinzips erklärt sich die frühere Rechtsprechung der Gerichte der Verwaltungsgerichtsbarkeit zur Sozialhilfe, wonach der Sozialhilfefall „gleichsam täglich neu regelungsbedürftig"[6] werde. Für ein solch enges Verständnis könnte auch heute noch § 41 Abs. 1 S. 1 SGB II angeführt werden, wonach Anspruch auf Leistungen für jeden Kalendertag besteht. Im Übrigen geht das Gesetz jedoch grundsätzlich vom **Monatsprinzip** aus: Bedarf (vgl. §§ 20, 23 SGB II, § 27 a Abs. 2 S. 1 und Abs. 3 S. 1 SGB XII) und zu berücksichtigendes Einkommen (§ 11 Abs. 2 und 3 SGB II, § 3 Abs. 3 VO zu § 82 SGB XII) sind jeweils grundsätzlich monatlich zu bestimmen. Besonders deutlich wird das an § 41 Abs. 1 S. 2 und 3 SGB II, wonach ein Leistungsanspruch für einzelne Kalendertage als anteiliger Anspruch für den ganzen Monat zu berechnen ist.

3. Berücksichtigung auch (möglicher) künftiger Bedarfe im Regelbedarf

Aber auch über die bloße Anwendung des Monatsprinzips hinaus wird bei den laufen- **10** den[7] Leistungen zur Sicherung des Lebensunterhalts der Aktualitätsgrundsatz modifiziert. So sind **in den** dort jeweils zu berücksichtigenden **Regelbedarf** (§ 20 SGB II, § 27 a SGB XII) nicht nur aktuell tatsächlich bestehende Bedarfe, sondern **auch künftige,** ja sogar nur möglicherweise entstehende **Bedarfe einbezogen.** Zum Ausdruck kommt das nicht nur in der im RBEG dokumentierten Berechnungsweise des Regelbedarfs als monatlichem Durchschnittsbetrag, sondern auch in § 20 Abs. 1 S. 4 SGB II und § 27 a Abs. 3 S. 2 SGB XII, wonach die Leistungsberechtigten bei der Verwendung des Regelbedarfs unregelmäßig eintretende Bedarfe zu berücksichtigen haben. Diese Abweichung hat Einfluss darauf, ob und inwieweit Leistungen für zurückliegende Zeiträume zu gewähren sind (→ Rn. 33 ff.).

4. (Vorläufige) Leistungsbewilligung für einen künftigen Zeitraum (§ 41 Abs. 3 SGB II, § 44 Abs. 3 SGB XII)

Eine weitere Modifikation des Aktualitätsgrundsatzes mit Blick auf die Zukunft kennen **11** die Grundsicherung für Arbeitsuchende nach dem SGB II und die Grundsicherung im Alter und bei Erwerbsminderung nach dem Vierten Kapitel SGB XII: In beiden Leistungssystemen sollen die **Leistungen für einen längeren Zeitraum** – grundsätzlich zwölf Monate, in Ausnahmefällen nur sechs Monate – im Voraus **bewilligt und ausgezahlt werden.** Damit wird der im Entscheidungszeitpunkt aktuelle Bedarf – sofern keine Anhaltspunkte für Änderungen bestehen – für den gesamten Bewilligungszeitraum zu

---

6 BVerwG 30.11.1966 – V C 29.66, BVerwGE 25, 307–318, Rn. 18; ähnlich BVerwG 18.1.1979 – 5 C 4/78, BVerwGE 57, 237–240, Rn. 10.
7 Mrozynski ZFSH/SGB 2012, 75, weist freilich auf den Bedeutungsverlust der Unterscheidung zwischen laufenden und einmaligen Leistungen hin.

Grunde gelegt. Freilich ist diese Bewilligung im untechnischen Sinn vorläufig: Bei nachträglich eintretenden Änderungen kann, soll oder muss die Leistungsbewilligung nach den Regeln des Verwaltungsverfahrensrechts, insbesondere § 48 SGB X (gegebenenfalls modifiziert durch § 40 Abs. 2 Nr. 3 SGB II, § 330 Abs. 3 SGB III), an die aktuell bestehende Hilfebedürftigkeit angepasst, also aktualisiert werden. In diesem Rahmen schreibt der Gesetzgeber vor, die Existenzsicherungsleistungen als Dauerleistungen zu erbringen.

5. Rückwirkung des Antrags auf den Monatsersten (§ 37 Abs. 2 S. 2 SGB II, § 44 Abs. 2 S. 1 SGB XII, § 108 SGB IX F:1.1.2020)

12 Bei der Grundsicherung für Arbeitsuchende nach dem SGB II und bei der Grundsicherung im Alter und bei Erwerbsminderung nach dem Vierten Kapitel SGB XII sowie – eingeschränkt – bei der künftigen Eingliederungshilfe nach dem SGB IX ist schließlich ausdrücklich für einen kurzen Zeitraum eine Rückwirkung und damit eine weitere Aufweichung des Aktualitätsgrundsatzes angeordnet: Nach § 37 Abs. 2 S. 2 SGB II, § 44 Abs. 2 S. 1 SGB XII und § 108 Abs. 1 S. 2 SGB IX (F:1.1.2020) **wirkt** der für diese Leistungen erforderliche **Antrag** auf den Ersten des Antragsmonats **zurück**. Ob hiernach auch für nicht mehr aktuelle Bedarfe Leistungen zu erbringen sind, ist unter C. (→ Rn. 40 ff.) zu diskutieren.

III. Berücksichtigung nur aktuell „bereiter Mittel" bei der Bestimmung der Hilfebedürftigkeit

1. Grundsatz

13 Aus der Zielrichtung der Leistungen der Existenzsicherungssysteme auf jederzeitige Sicherung der menschenwürdigen Existenz folgt zugleich, dass eine leistungsberechtigte Person nur auf diejenigen Selbsthilfemittel – Einkommen oder Vermögen – verwiesen werden kann, die sie rechtlich und tatsächlich in diesem Moment zur Deckung ihres Bedarfs einsetzen kann, die sogenannten **bereiten Mittel**. Rechtliche Hilfebedürftigkeit und tatsächlicher Bedarf müssen also grundsätzlich auch insoweit zeitidentisch bestehen, als nur der Einsatz von zeitidentisch zum Bedarf tatsächlich vorhandenen Mitteln verlangt werden kann.

2. Tatsächliche Abweichungen im Gesetz und in der Rechtsprechung

14 Allerdings weicht das Gesetz an mehreren Stellen hiervon ab. Auch die Rechtsprechung hat eine Abweichung hiervon anerkannt.

15 So werden die Leistungsberechtigten auf die **Verwertung geldwerter Vermögensgegenstände** verwiesen (§ 12 Abs. 1 SGB II, § 90 Abs. 1 SGB XII). Als – für die Zuschussleistung – verwertbar gelten Vermögensgegenstände nach der Rechtsprechung des Bundessozialgerichts schon dann, wenn die Leistungsberechtigten sie voraussichtlich innerhalb von sechs Monaten tatsächlich für ihren Lebensunterhalt einsetzen können.[8] Diese Ausweitung des Verständnisses der bereiten Mittel dient dazu, dass überhaupt auch größere geldwerte Vermögensgegenstände berücksichtigt werden können; andernfalls wären etwa Grundstücke kaum je als Vermögensgegenstand anrechenbar.

16 Beim Einkommen bestehen eine Reihe von Abweichungen von der strengen Berücksichtigung nur zeitidentisch zum Bedarf tatsächlich bereiter Mittel.

---

8 BSG 30.8.2010 – B 4 AS 70/09 R, Rn. 16; Pattar in: Klinger/Kunkel/Pattar/Peters, Existenzsicherungsrecht, 5. Kap. Rn. 404–409.

So wird **Einkommen** auch dann für den laufenden Monat berücksichtigt, wenn es erst **17** am Ende des Monats **voraussichtlich zufließen wird** (§ 11 Abs. 2, Abs. 3 SGB II; § 3 Abs. 3 S. 1 VO zu § 82 SGB XII). Diese Abweichung dient durch die Ausrichtung auf das Monatsprinzip vor allem der Verwaltungsvereinfachung, aber auch der Gleichbehandlung der Einkommen mit unterschiedlichen Zuflusszeitpunkten im jeweiligen Bedarfsmonat.

Bei regelmäßig nur einmalig, dafür aber in größerem Umfang auftretenden Bedarfen – **18** Erstausstattungen, Reparaturen von orthopädischen Schuhen – wird in den Fällen, in denen der Lebensunterhalt im übrigen durch Einkommen oder Vermögen gedeckt ist, sogar solches **Einkommen** berücksichtigt, das Leistungsberechtigte innerhalb **eines künftigen Zeitraumes** von bis zu sechs Monaten voraussichtlich erwerben (zB § 24 Abs. 3 S. 4 SGB II, § 31 Abs. 2 S. 2 SGB XII). Diese Abweichung dient dazu, die Zufälligkeit des Auftretens dieser einmaligen, höheren Bedarfe auszugleichen.

Eine im Hinblick auf den Aktualitätsgrundsatz ganz ähnliche Wirkung[9] wie das Abstel- **19** len auf künftiges Einkommen haben Regeln, die einen aktuell bestehenden **Bedarf** zur Bestimmung der Bedürftigkeit **fiktiv auf einen längeren Zeitraum aufteilen.**[10] Dies geschieht gemäß § 5 a Nr. 2 Alg II-V für den Bedarf der Kosten für eine mehrtägige Klassenfahrt: Eine Person ist nur hilfebedürftig, soweit sie in den auf die Antragstellung folgenden sechs Monaten den fiktiven Bedarf von jeweils einem Sechstel der für die Klassenfahrt entstehenden Aufwendungen nicht aus eigenem Einkommen und Vermögen decken kann. SGB XII und BKGG kennen keine entsprechende Regelung.

Zwei Abweichungen betreffen **einmalige Einnahmen:** **20**

Zum einen werden einmalige Einnahmen, die erst während eines Monats zufließen, für **21** den Leistungen bereits ohne Berücksichtigung dieser einmaligen Einnahme gewährt worden sind, erst im Folgemonat angerechnet (§ 11 Abs. 3 S. 3 SGB II, § 82 Abs. 7 S. 1 SGB XII). Dies dient der Verwaltungsvereinfachung.

Zum zweiten werden einmalige Einnahmen in bestimmten Fällen (fiktiv) auf einen **22** Sechsmonatszeitraum aufgeteilt (§ 11 Abs. 3 S. 4 SGB II; § 82 Abs. 7 S. 2 SGB XII). In beiden Fällen kann das Problem entstehen, dass die Leistungsberechtigten die einmalige Einnahme bereits „vorzeitig" verbrauchen. Diese Fälle werden daher mit den übrigen Fällen des vorzeitigen Verbrauchs von Leistungen diskutiert (→ Rn. 35).

Auch bei selbstständig Erwerbstätigen wird nicht auf das tatsächlich im jeweiligen Mo- **23** nat vorhandene Einkommen abgestellt. Vielmehr wird in der Grundsicherung für Arbeitsuchende ein Durchschnitt über den gesamten Bewilligungszeitraum gebildet (in der Regel also über ein Jahr, § 3 Alg II-V), in der Sozialhilfe immer über ein Jahr (§ 4 VO zu § 82 SGB XII). Dieses Vorgehen dient der Verwaltungsvereinfachung.

Eine weitere Ausnahme vom Zuflussprinzip hat inzwischen das BSG anerkannt: Kinder- **24** zuschlag nach § 6 a BKGG ist stets in dem Monat als Einkommen anzurechnen, für den er zur Vermeidung von Hilfebedürftigkeit nach dem SGB II erbracht worden ist.[11] Diese

---

9 Abgesehen von dem Verwischen der Aktualität des Bedarfs hat diese Regelung darüber hinaus in den Folgemonaten Einfluss auf die Hilfebedürftigkeit hinsichtlich der Bedarfe nach § 28 Abs. 3 bis Abs. 7 SGB II, vgl. § 19 Abs. 3 S. 3 SGB II. Denkbar ist also, dass zwar für eine im Mai stattfindende Klassenfahrt keine Leistungen erbracht werden, wegen der fiktiven Verteilung des Klassenfahrtbedarfs auf die Folgemonate aber im August (teilweise) Hilfebedürftigkeit bezüglich des Schulbedarfs nach § 28 Abs. 3 SGB II entsteht. Dabei entsteht ein absurder Nebeneffekt: Der Anspruch auf eine nicht gesondert zu beantragende Leistung (nämlich den Schulbedarf nach § 28 Abs. 3 SGB II, arg. e contrario § 37 Abs. 1 S. 2 SGB II) kann davon abhängen, ob eine mangels Hilfebedürftigkeit nicht zu gewährende, aber gesondert zu beantragende Leistung (Klassenfahrt nach § 28 Abs. 2 SGB II, § 37 Abs. 1 S. 2 SGB II) beantragt wurde.
10 Nicht hierher gehört die Regelung des § 22 Abs. 2 SGB II. Dabei handelt es sich lediglich um eine Regelung zur Bestimmung der Angemessenheit zur Deckelung des dort geregelten Instandhaltungs- und Reparaturbedarfs.
11 BSG 25.10.2017 – B 14 AS 35/16 R.

Abweichung ist unter dem Gesichtspunkt der aktuellen Bedarfsdeckung unproblematisch: Eine Anrechnung abweichend vom Zuflussmonat erfolgt danach nur, wenn Kinderzuschlag nachträglich gewährt wird. In diesem Fall war der Bedarf der Leistungsberechtigten aber bereits gedeckt.

25 Bei der künftigen Eingliederungshilfe schließlich richtet sich die Beitragspflicht nicht nach der aktuellen Bedürftigkeit im Bedarfszeitraum, sondern nach dem Einkommen im Vorvorjahr (§§ 92, 135 SGB IX F:1.1.2020). Freilich ist bei einer erheblichen Abweichung dennoch auf die aktuelle Bedürftigkeit abzustellen (§ 135 SGB IX F:1.1.2020).

3. Rechtfertigung der Abweichungen durch flankierende Regelungen im SGB II

26 Alle diese Abweichungen vom strikten Aktualitätsgrundsatz mögen einen sachlichen Grund haben. Das Abstellen auch auf tatsächlich nicht – noch nicht oder nicht mehr – zur Existenzsicherung bereite Mittel kann aber nur dann gerechtfertigt sein, wenn trotzdem weiterhin jederzeit die menschenwürdige Existenz der leistungsberechtigten Personen sichergestellt ist. Der Gesetzgeber hat deshalb in SGB II und SGB XII unterschiedlich ausgestaltete flankierende Darlehensregelungen vorgesehen. Freilich sind – jedenfalls im SGB II – wegen der strengeren Anrechnung von (Bar-)Vermögen (§ 42 a Abs. 1 S. 1 SGB II) Darlehen schwerer zu erlangen als Zuschussleistungen. Dies kann daher nur dann hingenommen werden, wenn und soweit es bei den Darlehensleistungen nur um die Deckung einer kurzfristigen Notlage geht.

27 So erklärt § 9 Abs. 4 SGB II solche Personen, denen die **sofortige Verwertung von Vermögensgegenständen** (→ Rn. 15) nicht möglich oder nicht zumutbar ist, für hilfebedürftig und damit leistungsberechtigt (§ 7 Abs. 1 Nr. 3, Abs. 2 SGB II). Gleichzeitig modifiziert aber § 24 Abs. 5 SGB II die an diese Leistungsberechtigten zu erbringenden Leistungen, indem er für diesen Personenkreis die Leistungserbringung durch Darlehen zwingend vorschreibt. Diese Modifikation wird zudem durch die BSG-Rechtsprechung zur Berücksichtigung nur bereiter Mittel (→ Rn. 35 ff.) abgemildert.

28 Eine ähnliche Regelung – allerdings ohne die Fiktion der Hilfebedürftigkeit und damit als eine eigenständige Leistung zur Sicherung des Lebensunterhalts[12] – trifft § 24 Abs. 4 SGB II für diejenigen, bei denen **im Laufe des Monats voraussichtlich Einnahmen** anfallen werden (→ Rn. 17).

29 Für die Fälle, in denen **künftiges Einkommen** berücksichtigt wird (insbesondere § 24 Abs. 3 S. 4 SGB II; → Rn. 18) oder in denen der **Bedarf** zur Bestimmung der Hilfebedürftigkeit **fiktiv** auf einen künftigen Zeitraum **aufgeteilt** wird (§ 5 a Nr. 2 Alg II-V; → Rn. 19) fehlt im SGB II eine entsprechende flankierende Darlehensregelung. **Deshalb kann es in bestimmten Fällen bei direkter Anwendung des Gesetzes zu einer Unterdeckung aktuell bestehender Bedarfe kommen.** Zur Verdeutlichung ein Beispiel: Übersteigt das laufende Einkommen einer vermögenslosen Schwangeren ihre laufenden Bedarfe um monatlich 50 EUR, ist sie für einen nunmehr entstehenden Erstausstattungsbedarf (zB Schwangerschaftsbekleidung) in Höhe von 200 EUR wegen des in den folgenden sechs Monaten zu erwartenden Einkommens nicht hilfebedürftig und damit nicht leistungsberechtigt, auch wenn sie den Erstausstattungsbedarf aus ihrem aktuell vorhandenen Einkommen und Vermögen tatsächlich nicht decken kann. Der Fall ließe sich gleichermaßen mit den Aufwendungen für eine Klassenfahrt bilden.

30 Diese Situation wird von keiner der dargestellten flankierenden Anspruchsgrundlagen direkt erfasst: Der Bedarf ist nicht vom Regelbedarf umfasst, so dass § 24 Abs. 1 SGB II ausscheidet; es geht nicht um die tatsächliche Verwertung von Vermögen (§ 24 Abs. 5 SGB II) und auch nicht um noch im Bedarfsmonat zu erwartendes Einkommen (§ 24

---

12 Pattar in: Klinger/Kunkel/Pattar/Peters, Existenzsicherungsrecht, 5. Kap. Rn. 544, 611.

Pattar

Abs. 4 SGB II). Trotzdem fordert hier das Grundgesetz[13] die rasche Deckung des aktuellen Bedarfs, notfalls durch Darlehensleistungen (→ Rn. 4). Anspruchsgrundlage muss in diesen Fällen § 24 Abs. 4 SGB II in analoger oder sogar – bei Leistungen nach § 28 Abs. 2 SGB II – doppelt analoger Anwendung sein: Diese Vorschrift soll ja gerade in solchen Situationen greifen, in denen kein Leistungsanspruch besteht, weil künftiges Einkommen bei der Bestimmung der Hilfebedürftigkeit berücksichtigt wird, sie ist durch die Beschränkung auf im Bedarfsmonat erwartetes Einkommen nur unbeabsichtigt zu eng gefasst. Wie sich die BSG-Rechtsprechung zu bereiten Mitteln (→ Rn. 35 ff.) zu diesen Situationen verhält, insbesondere zu der gesetzlich vorgeschriebenen Berücksichtigung künftig zu erzielenden Einkommens, ist noch unklar.

In den Fällen, in denen einmalige Einnahmen erst im Folgemonat des Zuflusses angerechnet werden und/oder in denen sie fiktiv auf einen längeren Zeitraum verteilt werden (§ 11 Abs. 3 S. 3 und 4 SGB II, → Rn. 21 und 22), kann es ebenfalls zu Unterdeckungen kommen. Hierfür kennt das SGB II keine flankierende Regelung. Hier kommt aber die Rechtsprechung des BSG zu bereiten Mitteln zum Tragen (→ Rn. 35 ff.). **31**

Für die Fälle der Einkommensermittlung bei Selbständigen (→ Rn. 23) und in allen übrigen Fällen, in denen die Ermittlung der Selbsthilfe einen längeren Zeitraum in Anspruch nimmt, sieht § 41 a SGB II die Leistungserbringung aufgrund einer vorläufigen Entscheidung vor, die später durch eine endgültige Entscheidung zu ersetzen ist. Dabei muss das Jobcenter die vorläufige Leistung so bemessen, dass die Bedarfe der Leistungsberechtigten gedeckt sind, darf dabei aber den Erwerbstätigenfreibetrag aus § 11 b Abs. 1 S. 1 Nr. 6 SGB II bei der Entscheidung vernachlässigen (§ 41 a Abs. 2 S. 2 SGB II). **32**

4. Rechtfertigung der Abweichungen durch flankierende Regelungen im SGB XII

Auch das SGB XII kennt flankierende Regelungen. So sieht auch § 91 SGB XII – wie § 24 Abs. 5 SGB II – ein **Darlehen** für solche Personen vor, die **Vermögensgegenstände nicht sofort verwerten** können oder denen dies nicht zumutbar ist. Daneben besteht nach ganz herrschender Auffassung – trotz Fehlens einer gesetzlichen Anspruchsgrundlage – ein Anspruch auf sogenannte **erweiterte Hilfe** oder **unechte Sozialhilfe**. Die Möglichkeit, diese Leistung zu gewähren, wird daraus abgeleitet, dass § 19 Abs. 5 SGB XII diese Leistung voraussetzt.[14] Grundsätzlich ist die erweiterte Hilfe nach Ermessen zu gewähren. Ist allerdings die Hilfe nicht anders zu erlangen, kann das Ermessen auf Null reduziert sein.[15] **33**

Allgemein sind die Voraussetzungen zur Erbringung erweiterter Hilfe insbesondere dann gegeben, wenn einerseits sofortige Hilfe geboten ist, andererseits ohne eine (volle) Kostenübernahme des Trägers der Sozialhilfe die sofortige Leistungsgewährung gefährdet wäre. Zwar gehört die Gewährung von Leistungen bei zu erwartendem Einkom- **34**

---

13 Jedenfalls hat der Gesetzgeber den aus Art. 1 Abs. 1 GG und Art. 20 Abs. 1 GG folgenden Anspruch auf Sicherung des Existenzminimums soweit konkretisiert, dass die Erstausstattung bei Schwangerschaft und die Teilnahme an der Klassenfahrt dem Existenzminimum zuzurechnen sind.
14 Coseriu in: jurisPK-SGB XII § 19 Rn. 38–39; Grube in: Grube/Wahrendorf SGB XII § 19 Rn. 19–21.
15 Coseriu in: jurisPK-SGB XII § 19 Rn. 38 aE Zu Fällen der Ermessensreduzierung auf Null: LSG Nds-Brem 12.2.2015 – L 8 SO 264/14 B ER; SchlHLSG 14.2.2017 – L 9 SO 7/17 B ER. Zu den Voraussetzungen der Leistungsgewährung ausführlich SG Hamburg 25.6.2007 – S 56 SO 440/06, ZfF 2008, 229–232, Rn. 26–31 und SG Karlsruhe 29.1.2009 – S 4 SO 5201/07, ZFSH/SGB 2009, 181–185, Rn. 34–37. Rechtsprechungsnachweise bei Coseriu in: jurisPK-SGB XII § 19 Rn. 38–38.4.

menszufluss nicht zu den bislang anerkannten Fallgruppen[16] der erweiterten Hilfe. Sie muss aber wegen der gleichen Interessenlage hinzugenommen werden. Nicht möglich ist hingegen die Gewährung eines Darlehens nach § 38 SGB XII oder eines Vorschusses nach § 42 SGB I,[17] weil beide Vorschriften einen (mindestens möglichen) Leistungsanspruch voraussetzen, der in den hier besprochenen Fällen aber gerade nicht besteht.

IV. Sicherstellung der aktuellen Bedarfsdeckung: Die Rechtsprechung zu den bereiten Mitteln

35 Die laufenden Leistungen der Existenzsicherungssysteme werden regelmäßig als monatlich pauschale Geldleistungen gewährt. Nach § 20 Abs. 1 S. 3 und 4 SGB II und § 27 a Abs. 3 SGB XII entscheiden die Leistungsberechtigten eigenverantwortlich über die Verwendung der Leistung und haben dabei das Eintreten unregelmäßig anfallender Bedarfe zu berücksichtigen. Gerade bei solchen Pauschalleistungen sind Fälle denkbar, in denen **Leistungsberechtigte die Leistungen** – aus welchen Gründen auch immer – **vorzeitig verbrauchen** und dann für den Rest des Monats ihre Existenz nicht mehr sichern können. Der Extremfall könnte darin bestehen, dass eine leistungsberechtigte Person gleich am Monatsersten die gesamte gewährte Leistung ausgibt, zum Beispiel verspielt, so dass für den Rest des Monats keinerlei Mittel mehr zur Deckung der vom Regelbedarf eigentlich umfassten Bedarfe zur Verfügung stehen. Eine ähnliche Situation kann sich ergeben, wenn Leistungsberechtigte einmalige Einnahmen vor Ablauf des Sechsmonatszeitraums (§ 11 Abs. 3 S. 4 SGB II/§ 82 Abs. 7 SGB XII) verbrauchen, auf den sie rechnerisch zu verteilen sind; gleiches gilt beim vorzeitigen Verbrauch von Vermögen, soweit der Träger es ausdrücklich auf einen bestimmten Zeitraum angerechnet hat oder die leistungsberechtigte Person es – außer im Dritten Kapitel SGB XII – noch im Antragsmonat verbraucht hat. Auch in diesen Situationen greift das Grundrecht auf Sicherstellung einer menschenwürdigen Existenz aus Art. 1 Abs. 1 GG in Verbindung mit dem Sozialstaatsprinzip des Art. 20 Abs. 1 GG.[18]

36 Zur Sicherstellung der Bedarfsdeckung auch in den Zeiträumen, in denen den Leistungsberechtigten Einkommen oder Vermögen, welches nach dem Gesetzeswortlaut an sich zu berücksichtigen wäre, tatsächlich noch nicht oder nicht mehr zur Bedarfsdeckung zur Verfügung steht, hat das BSG seine Rechtsprechung zu **bereiten Mitteln** entwickelt, ursprünglich am Beispiel von Erbschaften. Hiernach dürfen Einkommen und Vermögen erst ab dem Zeitpunkt berücksichtigt werden, zu dem die Leistungsberechtigten so darauf zugreifen können, dass sie es auch zur Bedarfsdeckung einsetzen können.[19] Später hat es diese Rechtsprechung auch auf den vorzeitigen Verbrauch von Ein-

---

16 Diese sind: (1) Ein zur Leistung verpflichteter Dritter (zB die unterhaltspflichtigen Eltern eines Minderjährigen) verweigert die erforderliche Leistung; (2) ein Krankenhaus- oder Heimträger weigert sich, Leistungen an den Hilfebedürftigen ohne volle Kostenübernahme durch den Sozialhilfeträger zu erbringen; (3) die Einkommens- und Vermögensverhältnisse sind ungeklärt und es kann dem Leistungsberechtigten nicht zugemutet werden, bis zum Abschluss der Ermittlungen auf die Leistung zu verzichten. (Nachw. hierzu bei SG Hamburg 25.6.2007 – S 56 SO 440/06, ZfF 2008, 229, Rn. 30; SG Karlsruhe 29.1.2009 – S 4 SO 5201/07, ZFSH/SGB 2009, 181, Rn. 37 sowie bei Coseriu in: jurisPK-SGB XII § 19 Rn. 38).

17 AA die 1. Auflage: Rothkegel in: Rothkegel (Hrsg.), Sozialhilferecht, 2005, Teil II, Kap. 3 Rn. 13.

18 Ebenso Mrozynski SGb 2010, 677 (683) und – im Hinblick auf Vermögen – Berlit NZS 2009, 537 (540); vgl. BVerfG 12.5.2005 – 1 BvR 569/05, BVerfGK 5, 237, Rn. 28: „Diese Pflicht [zur Sicherstellung eines menschenwürdigen Lebens] besteht unabhängig von den Gründen der Hilfebedürftigkeit [...]. Hieraus folgt, dass [...], soweit es um die Beurteilung der Hilfebedürftigkeit [...] geht, nur auf die gegenwärtige Lage abgestellt werden darf."; OVG Saarl 22.9.2000 – 3 R 42/99, Rn. 45–46; BVerwG 8.2.1973 – V C 106.72, FEVS 21, 328–330.

19 St. Rspr. seit BSG 25.1.2012 – B 14 AS 101/11 R; BSG 17.2.2015 – B 14 KG 1/14 R (hierzu Tersteegen ZEV 2015, 487–488, Wendt ErbR 2016, 207–208 und – mit daraus abgeleiteten Empfehlungen zur Gestaltung von Bedürftigentestamenten – Manthey/Trilsch ZEV 2015, 618–624).

kommen[20] (und Vermögen) ausgeweitet: Einkommen und Vermögen dürfen nur so lange berücksichtigt werden, wie sie den Leistungsberechtigten so zur Verfügung stehen, dass sie tatsächlich im Anrechnungsmonat zur Bedarfsdeckung geeignet sind. Bei dieser Prüfung ist es unerheblich, aus welchen Gründen der vorzeitige Verbrauch des Einkommens oder Vermögens erfolgt ist. Dieses Ergebnis gewinnt das BSG im Wege **verfassungskonformer Auslegung** der Einkommens- und Vermögensbegriffe. Aus denselben Gründen kommt auch eine Anrechnung eines nur fiktiven Einkommens, etwa aus einer entgegen einer entsprechenden Verpflichtung von den Leistungsberechtigten nicht in Anspruch genommenen Rente, keinesfalls in Betracht.[21]

Dieser Rechtsprechung ist uneingeschränkt zu folgen: Einkommen und Vermögen dür- **37** fen erst dann und nur so lange bedürftigkeitsmindernd berücksichtigt werden, wie es den Leistungsberechtigten tatsächlich in einer Weise zur Verfügung steht, die geeignet ist, die Bedarfe zur Sicherung des Lebensunterhalts zu decken. Nur ein solches Verständnis wird dem verfassungsrechtlichen Gebot der jederzeitigen Bedarfsdeckung gerecht. Versuche, die Bedarfsdeckung mittels Darlehen über eine unmittelbare oder analoge Anwendung der Darlehensregelungen in § 24 Abs. 1 beziehungsweise § 37 SGB XII sicherzustellen, genügen – trotz der Erlassmöglichkeit in § 44 SGB II – nicht diesen Vorgaben. Die noch in der Vorauflage vertretene, gegenteilige Auffassung[22] wird ausdrücklich aufgegeben.

Noch keine BSG-Entscheidung liegt zu solchen Fällen vor, in denen die Leistungsberech- **38** tigten die tatsächlich vorhandenen Mittel **während eines laufenden Monats** vorzeitig für andere Zwecke als zur Bedarfsdeckung (zB zur Darlehenstilgung) verbraucht haben, diese aber grundsätzlich im Anrechnungsmonat für den Lebensunterhalt zur Verfügung gestanden haben. Zwar hat das BSG entschieden, dass Einkommen auch dann angerechnet werden kann, wenn es praktisch unmittelbar nach Zufluss mit einem laufenden Kontokorrentkredit verrechnet wird[23] oder wenn der Arbeitgeber einen Teil des Einkommens zur Tilgung eines Arbeitgeberdarlehens einbehält.[24] In diesen beiden Fällen war es aber jeweils so, dass der Bedarf trotz Berücksichtigung des Einkommens gedeckt war, jedenfalls dann, wenn man den Erwerbstätigenfreibetrag nach § 11 b Abs. 1 S. 1 Nr. 6, Abs. 3 SGB II außer Betracht ließ. Das BSG hat die Frage ausdrücklich offen gelassen, ob das Ergebnis der Anrechnung auch gelten soll, wenn der Bedarf ansonsten nicht (mehr) gedeckt wäre. Richtigerweise wird auch in diesen Fällen die Rechtsprechung zu den bereiten Mitteln zum Tragen kommen müssen, um die verfassungsrechtlich vorgegebene jederzeitige Bedarfsdeckung sicherzustellen.[25]

Da die Leistungsberechtigung in den Existenzsicherungssystemen grundsätzlich unab- **39** hängig von der Ursache der Hilfebedürftigkeit ist, muss auch grundsätzlich gesondert geprüft werden, ob die Leistungsträger wegen des vorzeitigen Verbrauchs einen Ersatzanspruch gegen die Leistungsberechtigten haben (§ 34 a SGB II/§ 103 SGB XII).[26] Eine

---

20 St. Rspr. seit BSG 29.11.2012 – B 14 AS 33/12 R (hierzu Berlit jurisPR-SozR 10/2013 Anm. 3; Klerks info 2014, 30–31); BSG 12.6.2013 – B 14 AS 73/12 R (hierzu Rhein [richtig wohl: Rein] NZS 2014, 116–117 u. Rein NJW-Spezial 2014, 149–150); BSG 10.9.2013 – B 4 AS 89/12 R (hierzu Berlit jurisPR-SozR 5/2014 Anm. 1 und Fügemann SGb 2014, 286–290); BSG 17.10.2013 – B 14 AS 38/12 R; BSG 12.12.2013 – B 14 AS 76/12 R; BSG 29.4.2015 – B 14 AS 10/14 R (hierzu Padé jurisPR-SozR 24/2015 Anm. 2; Doering-Striening ErbR 2015, 83–84); BSG 24.5.2017 – B 14 AS 32/16 R (hierzu Karl jurisPR-SozR 4/2018 Anm. 2; Formann NZS 2017, 913). – Ebenso bereits Berlit NZS 2009, 537 (540).
21 Deutlich BSG 19.8.2015 – B 14 AS 1/15 R; nicht nachvollziehbar in die Gegenrichtung jedoch LSG RhPf 17.8.2015 – L 3 AS 370/15 B ER.
22 Pattar in: HdBEx, 2. Aufl. 2013, Kap. 10 Rn. 29–32.
23 BSG 29.4.2015 – B 14 AS 10/14 R (hierzu Padé jurisPR-SozR 24/2015 Anm. 2).
24 BSG 24.5.2017 – B 14 AS 32/16 R (hierzu Karl jurisPR-SozR 4/2018 Anm. 2; Formann NZS 2017, 913).
25 Ähnlich bereits die Vorauflage (Rn. 30) für die Fälle, in denen das Einkommen vorzeitig verbraucht worden ist, ohne dass dies den Leistungsberechtigten zuzurechnen gewesen wäre.
26 Vgl. BSG 29.11.2012 – B 14 AS 33/12 R; BSG 12.12.2013 – B 14 AS 76/12 R.

Ausnahme besteht nur für das vierte Kapitel SGB XII: Hier ist die schuldhafte Herbei-führung der Hilfebedürftigkeit ein Leistungsausschlussgrund (§ 41 Abs. 4 SGB XII), so dass die BSG-Rechtsprechung zu den bereiten Mitteln auf die Grundsicherung im Alter und bei Erwerbsminderung nicht übertragbar ist.

C. Gewährung von Leistungen für die Vergangenheit

I. Einleitung

40 Die Geltung der bisher dargestellten, zukunftsgerichteten Dimension des Aktualitäts-grundsatzes ist im Wesentlichen unbestritten. Anders ist dies hingegen für die vergan-genheitsbezogene Dimension dieses Grundsatzes, die unter Geltung des BSHG unter den Stichworten „Keine Sozialhilfe für die Vergangenheit", „Gelebt ist gelebt" oder „In Praeteritum non vivitur" diskutiert worden war.

41 Unter Geltung des BSHG war es ganz herrschende Meinung in Rechtsprechung und Schrifttum, dass Sozialhilfeleistungen grundsätzlich nicht für die Vergangenheit, also nicht für Zeiten vor der tatsächlichen Leistungserbringung, gewährt werden konnten. Die Verwaltungsgerichtsbarkeit hatte dies vor allem aus der Zeitgebundenheit der Sozi-alhilfe – Zeitidentität zwischen Bedarf und Bedürftigkeit[27] – abgeleitet. Dieses Ergebnis begründete man damit, dass nachträglich erbrachte Sozialhilfeleistungen ihren Zweck der Sicherung einer menschenwürdigen Existenz nicht mehr erreichen könnten.[28] Um das oben gebrachte Beispiel noch einmal aufzugreifen: Der erlittene Hunger oder Frost können durch nachträglich erbrachte Leistungen nicht ungeschehen gemacht werden. Sozialhilfe sei keine Entschädigung für erlittene Hilfsbedürftigkeit;[29] die Deckung eines vergangenen Bedarfs sei deshalb begrifflich[30] oder denkgesetzlich[31] ausgeschlossen. Man ging davon aus, dass der einmal entstandene Sozialhilfeanspruch materiellrechtlich durch Zeitablauf unterging.

42 Allerdings galt dieser Grundsatz nicht ausnahmslos. Ausnahmsweise hatte die Recht-sprechung Leistungen für die Vergangenheit zugelassen, wenn es die Effektivität der ge-setzlichen Gewährleistung des Rechtsanspruchs auf Sozialhilfe überhaupt[32] oder des Rechtsschutzes[33] erforderten. Dabei setzte die erste Ausnahme eine Säumnis des Trägers der Sozialhilfe voraus. Diese lag dann vor, wenn der Träger der Sozialhilfe trotz Vorlie-gens der Leistungsvoraussetzungen keine oder zu geringe Leistungen erbrachte.[34] Die zweite Ausnahme setzte voraus, dass die leistungsberechtigte Person alle ihr zur Verfü-gung stehenden Rechtsschutzmittel – nach strenger Auffassung einschließlich der Mög-lichkeiten des einstweiligen Rechtsschutzes[35] – ergriff, um ihren Rechtsanspruch durch-

---

27 St. Rspr. seit BVerwG 3.4.1957 – V C 94.56 u. 152.56, BVerwGE 5, 27–31 (diese Entscheidung etablierte zugleich erstmals eine Ausnahme von diesem Grundsatz).

28 Sehr instruktiv OVG Saarl 22.9.2000 – 3 R 42/99, Rn. 61–67 u. 81–83; BVerwG 3.4.1957 – V C 94.56 u. 152.56, BVerwGE 5, 27; BVerwG 19.6.1980 – 5 C 26/79, BVerwGE 60, 236–240, Rn. 9–11. – Deshalb auch ablehnend zur Vererblichkeit von Sozialhilfeansprüchen BVerwG 10.5.1979 – V C 79.77, BVerwGE 58, 68–75, Rn. 16.

29 So in seiner ablehnenden Besprechung zweier Entscheidungen des HmbOVG 22.1.1951 – Bf II 366/50, FEVS 1, 21–29 und des OVG NRW 13.4.1950 – JVA 26/50 LV 286/49, FEVS 1, 13–19; von Alten ZfF 1951, 185. Die Gerichte hatten in den besprochenen Entscheidungen die Gewährung von Fürsorgeleistun-gen für die Zeit zwischen Antragstellung und Entscheidung auf § 1613 BGB analog gestützt.

30 So BVerwG 3.4.1957 – V C 94.56 u. 152.56, BVerwGE 5, 27, Rn. 23.

31 So BVerwG 22.2.1967 – V C 131.66, BVerwGE 26, 217–221, Rn. 21 (zur Kriegsopferfürsorge).

32 BVerwG 30.6.1965 – V C 29.64, BVerwGE 21, 274–281, Rn. 35; BVerwG 22.2.1967 – V C 131.66, BVerwGE 26, 217; BVerwG 15.12.1983 – 5 C 65/82, BVerwGE 68, 285–290, Rn. 10.

33 BVerwG 3.4.1957 – V C 94.56 u. 152.56, BVerwGE 5, 27; BVerwG 15.12.1983 – 5 C 65/82, BVerwGE 68, 285, Rn. 10.

34 BVerwG 15.12.1983 – 5 C 65/82, BVerwGE 68, 285, Rn. 10.

35 OVG Saarl 22.9.2000 – 3 R 42/99, Rn. 93.

zusetzen.[36] Hiernach erlosch der Leistungsanspruch für die Zeit zwischen Antragstellung beziehungsweise Bekanntwerden der Bedürftigkeit und Bewilligung der Leistung durch den Träger der Sozialhilfe[37] oder dem für seine Verurteilung durch ein Gericht maßgebenden Zeitpunkt grundsätzlich nicht.

Diese Ausnahmen griffen freilich nicht, wenn der konkrete Bedarf zwischenzeitlich endgültig weggefallen war, sei es, dass die leistungsberechtigte Person den Bedarf zurückgestellt hat oder auf Hilfe verzichtet hat (Kind nimmt nicht an Klassenfahrt teil; Person geht im Winter ohne Wintermantel; Person mit kostenaufwändigem Ernährungsbedarf ernährt sich tatsächlich nicht kostenaufwändig), sei es, dass Dritte den Bedarf endgültig gedeckt hatten[38] (Freunde oder Bekannte schenken einen Wintermantel). In diesen Fällen blieb es beim Untergang des Anspruchs. Entstanden der leistungsberechtigten Person allerdings **Aufwendungen zur Bedarfsdeckung** (Person leiht sich Geld zum Kauf eines Wintermantels[39] oder greift hierzu auf nicht zu berücksichtigendes Einkommen oder Vermögen zurück[40]), waren diese – soweit sozialhilferechtlich angemessen – quasi **als Bedarfssurrogat** zu erstatten.[41] **43**

Inwieweit diese Grundsätze auch nach der Reform der Existenzsicherungssysteme des Jahres 2005 noch gelten, ist inzwischen weithin geklärt, wenn auch nicht einheitlich für alle Existenzsicherungssysteme. Entzündet hatte sich der **Streit** um die Geltung dieses Grundsatzes zunächst an der Frage, **ob § 44 SGB X**, welcher die Rücknahme rechtswidrig zu niedriger Sozialleistungsbewilligungsentscheidungen vorschreibt, im Recht der Existenzsicherungssysteme überhaupt **anwendbar ist.**[42] Nachdem zu dieser Frage bislang die meisten höchstrichterlichen Entscheidungen getroffen worden sind, kann dieser Bereich als weitgehend geklärt angesehen werden (hierzu → Rn. 50 ff.). Noch nicht geklärt ist die Frage, inwieweit der Grundsatz „Keine Sozialhilfe für die Vergangenheit" im Erstbewilligungsverfahren (hierzu → Rn. 61 f.) oder im Rahmen eines sozialrechtlichen Herstellungsanspruchs (hierzu → Rn. 63) Geltung beanspruchen kann. **44**

II. Absolute Grenze: Antragstellung (SGB II/Viertes Kapitel SGB XII/SGB IX nF) bzw. Kenntnis (SGB XII iÜ)

Eine absolute Grenze für die Gewährung von Leistungen der Existenzsicherungssysteme für vergangene Zeiträume steht allerdings unstreitig fest: Der Zeitpunkt der ursprünglichen materiellrechtlichen **Anspruchsentstehung.**[43] **45**

Ansprüche auf Leistungen der Grundsicherung für Arbeitsuchende nach dem SGB II, solche auf Leistungen der Grundsicherung im Alter und bei Erwerbsminderung nach dem Vierten Kapitel SGB XII und solche der künftigen Eingliederungshilfe (§ 37 SGB II; §§ 41, 44 SGB XII; § 108 SGB IX nF) setzen jeweils einen **Antrag** voraus, der auf den Ersten des Antragsmonats zurückwirkt; deshalb können diese **Leistungen nicht für Zeiten vor der Antragstellung** erbracht werden (so ausdrücklich § 37 Abs. 2 S. 1 SGB II und **46**

---

36 BVerwG 15.12.1966 – V C 0193.66, FEVS 14, 361, Rn. 5.
37 Schon sehr früh HmbOVG 22.1.1951 – Bf II 366/50, FEVS 1, 21; OVG NRW 13.4.1950 – JVA 26/50 LV 286/49, FEVS 1, 13; NdsOVG 5.12.1951 – IV OVG A 148/51, FEVS 1, 42–47; BVerwG 3.4.1957 – V C 94.56 u. 152.56, BVerwGE 5, 27; BVerwG 15.12.1966 – V C 0193.66, FEVS 14, 361.
38 BVerwG 23.6.1994 – 5 C 26/92, BVerwGE 96, 152–160, Rn. 17.
39 Ähnlich der Fall BVerwG 23.6.1994 – 5 C 26/92, BVerwGE 96, 152.
40 BVerwG 5.5.1994 – 5 C 43/91, BVerwGE 96, 18–24, Rn. 14, freilich im konkreten Fall ablehnend.
41 BVerwG 22.2.1967 – V C 131.66, BVerwGE 26, 217, Rn. 23; BVerwG 23.6.1994 – 5 C 26/92, BVerwGE 96, 152, Rn. 17 m. zahlr. N.
42 Hierzu Gerlach ZfF 2008, 193; Heinz WzS 2008, 105; Heinz ZfF 2009, 12; Hochheim NZS 2009, 24; Hochheim NZS 2010, 302; Mrozynski ZFSH/SGB 2007, 463; Mrozynski ZFSH/SGB 2012, 75; Münder SGb 2006, 186; Mutschler WzS 2009, 193; Pattar NZS 2010, 7; Rothkegel SGb 2006, 74; Waibel ZFSH/SGB 2004, 647.
43 Ebenso die 1. Auflage: Rothkegel in: Rothkegel (Hrsg.), Sozialhilferecht, 2005, Teil II, Kap. 5 Rn. 10.

§ 44 Abs. 2 S. 2 SGB XII).[44] Ansprüche auf die übrigen Leistungen des SGB XII sowie auf Asylbewerberleistungen entstehen nach § 18 Abs. 1 SGB XII (analog) erst mit ihrem (unter Umständen fiktiven, § 18 Abs. 2 SGB XII) **Bekanntwerden beim Leistungsträger;** für davor liegende Zeiträume können keine Leistungen erbracht werden. Dabei kommt es nur auf das Bekanntwerden des Bedarfs und der (Möglichkeit des Bestehens von) Hilfebedürftigkeit als solcher an, nicht auf den konkreten Umfang der Hilfebedürftigkeit.[45] Deshalb besteht bei einer Änderung des Pflegebedarfs in der Hilfe zur Pflege schon vom Zeitpunkt der Änderung der Verhältnisse an ein höherer Leistungsanspruch.[46]

47 Eine Besonderheit stellt in diesem Zusammenhang § 74 SGB XII dar. Hiernach sind die angemessenen **Bestattungskosten** zu übernehmen, soweit ihre Tragung den hierzu Verpflichteten nicht zuzumuten ist. Der vom Gesetz anerkannte Bedarf besteht hier ausnahmsweise in der Übernahme einer Verbindlichkeit der leistungsberechtigten Person,[47] so dass die Leistungen auch und gerade dann erbracht werden, wenn die Bestattung bereits vor der Kenntniserlangung tatsächlich stattgefunden hat.[48] Der Anspruch selbst entsteht dennoch erst mit Kenntnis von Verbindlichkeit und Unzumutbarkeit der Tragung.

48 Als Ausnahme von dem Grundsatz „Keine Leistungen für die Vergangenheit" wird zudem der **Anspruch des Nothelfers** nach § 25 SGB XII auf Erstattung derjenigen Aufwendungen genannt, die er zur Beseitigung einer Notlage vor Kenntniserlangung durch den Träger der Sozialhilfe gemacht hat.[49] Allerdings ist zweifelhaft, ob es sich bei dieser Sonderregelung der Geschäftsführung ohne Auftrag[50] überhaupt um einen Sozialhilfeanspruch handelt.[51] Sieht man den Anspruch aber als Sozialhilfeanspruch an, so besteht jedenfalls der in § 25 SGB XII anerkannte „Bedarf" – ähnlich wie bei der Übernahme der Bestattungskosten nach § 74 SGB XII – gerade in Forderungen, die eine „an sich" leistungsberechtigte Person wegen ihrer Hilfebedürftigkeit nicht ausgleichen kann. Der Anspruch entsteht erst durch eine Antragstellung innerhalb angemessener Frist (§ 25 S. 2 SGB XII) nach Kenntniserlangung des Nothelfers von der wahrscheinlichen Hilfebedürftigkeit.[52] Damit stellen beide Ansprüche keine Ausnahmen vom Aktualitätsgrundsatz dar.

---

44 BSG 18.1.2011 – B 4 AS 99/10 R, FEVS 63, 193–198; BSG 18.1.2011 – B 4 AS 29/10 R, SozR 4–1200 § 14 Nr. 15. Zur Rückwirkung eines Antrages nach § 28 SGB X: BSG 19.10.2010 – B 14 AS 16/09 R, SozR 4–4200 § 37 Nr. 3.
45 BSG 2.2.2012 – B 8 SO 5/10 R, SozR 4–3500 § 62 Nr. 1, Rn. 17–22, unter Aufgabe der von der bisher zuständigen Verwaltungsgerichtsbarkeit aufgestellten Anforderungen an das Bekanntwerden.
46 BSG 2.2.2012 – B 8 SO 5/10 R, SozR 4–3500 § 62 Nr. 1. Ebenso (mit leichten Einschränkungen) bereits zuvor Meßling in: jurisPK-SGB XII, 1. Aufl. 2011, § 62 Rn. 26 f. sowie die online-Aktualisierungen Rn. 27.1 und 27.2 und heute Meßling in: jurisPK-SGB XII, § 62 a Rn. 24–26, auch für später hinzugetretene, gänzlich neue Krankheiten.
47 So Grube in: Grube/Wahrendorf SGB XII § 74 Rn. 4.
48 Statt vieler Grube in: Grube/Wahrendorf SGB XII § 74 Rn. 4 m. zahlr. w. Nachw.
49 Etwa die 1. Auflage: Rothkegel in: Rothkegel, Sozialhilferecht (2005), Teil II, Kap. 5 Rn. 12. Ähnlich Bieback in: Grube/Wahrendorf SGB XII § 25 Rn. 3: Abweichung vom Kenntnisgrundsatz.
50 BSG 11.6.2008 – B 8 SO 45/07 B, SozR 4–1500 § 183 Nr. 7, Rn. 9; Bieback in: Grube/Wahrendorf SGB XII § 25 Rn. 2; Waldhorst-Kahnau in: jurisPK-SGB XII, 2. Aufl. 2014, § 25 Rn. 6–9.
51 So aber das BSG (BSG 11.6.2008 – B 8 SO 45/07 B, SozR 4–1500 § 183 Nr. 7, Rn. 9) und die wohl früher hM (vgl. die Nachweise bei Piepenstock in: jurisPK-SGB XII, 1. Aufl. 2011, § 25 Rn. 7 und 41. Einschränkend jedoch die – vom Bundessozialgericht herangezogene – 1. Auflage dieses Werks: Sozialhilfeanspruch „nur in einem übertragenen Sinne" Rothkegel in: Rothkegel, Sozialhilferecht [2005], Teil II, Kap. 5 Rn. 12. Anders inzwischen auch Waldhorst-Kahnau in: jurisPK-SGB XII, 2. Aufl. 2014, § 25 Rn. 49).
52 Für diesen (sinnvollen) Fristbeginn Bieback in: Grube/Wahrendorf SGB XII § 25 Rn. 35 m. Nachw. Zum Fristbeginn und zur Bemessung der Fristdauer zudem ausführlich und mit zahlr. Nachw. Waldhorst-Kahnau in: jurisPK-SGB XII § 25 Rn. 56 und 53–55.1).

In diesem Zusammenhang ist schließlich § 19 Abs. 6 SGB XII[53] anzusprechen. Nach **49** dieser Vorschrift steht der Anspruch auf Pflegegeld oder auf Leistungen in Einrichtungen nach dem Tod der Berechtigten der leistungserbringenden Einrichtung oder der Pflegeperson zu, soweit die Leistung den Berechtigten erbracht worden wäre. Neben dem Bewirken des Anspruchsübergangs auf den Einrichtungsträger oder die Pflegeperson verhindert die Vorschrift das Erlöschen des Leistungsanspruchs beim Tod eines Berechtigten und ist damit eine Ausnahme vom Aktualitätsprinzip.

III. Zugunstenverfahren (§§ 44, 48 SGB X)[54]

1. Grundsatz

Das Bundesverwaltungsgericht hatte auf der Basis des Grundsatzes „Keine Sozialhilfe **50** für die Vergangenheit" stets die Anwendbarkeit von § 44 SGB X auf die Leistungsgewährung in der Sozialhilfe abgelehnt.[55] Seit 2005 bejaht das nunmehr zuständige Bundessozialgericht hingegen für alle Existenzsicherungssysteme grundsätzliche Anwendbarkeit.[56] Verwaltungsakte, mit denen in der Vergangenheit rechtswidrig keine oder zu niedrige Existenzsicherungsleistungen bewilligt worden waren, sind hiernach zurückzunehmen. Die zuständige Behörde muss dann nach den Regeln der besonderen Teile des SGB erneut über den für die damalige Zeit zustehenden Anspruch entscheiden. § 44 Abs. 4 SGB X, modifiziert durch § 40 Abs. 1 S. 2 SGB II, § 116 a SGB XII und § 9 Abs. 4 S. 2 AsylbLG, beschränkt dabei den Zeitraum, für den Leistungen nachzugewähren sind, auf ein Jahr. Diese Jahresfrist gilt nach der BSG-Rechtsprechung inzwischen nicht mehr nur bei der Aufhebung rechtswidriger Ablehnungsentscheidungen,[57] sondern seit einer Rechtsprechungsänderung 2016 auch für die Aufhebung rechtswidriger Aufhebungsentscheidungen.[58] Auch bei diesen Bescheiden kann die Rücknahme und Nachzahlung daher dann nicht mehr verlangt werden, wenn die Jahresfrist hinsichtlich des ursprünglichen Leistungszeitraums bereits verstrichen ist.

2. BSG zu Sozialhilfe- und Asylbewerberleistungen

Für Sozialhilfe- und Asylbewerberleistungen stellt der 8. BSG-Senat jedoch eine weitere **51** Voraussetzung auf: Der zu überprüfende Verwaltungsakt ist für ihn nicht schon dann zurückzunehmen, wenn er bei seinem Erlass rechtswidrig war. Hinzukommen muss vielmehr, dass der nachzugewährende **Bedarf** bis zum Zeitpunkt der letzten mündlichen Verhandlung originär oder als Surrogat in einer entsprechenden Belastung **fortbestanden hat**.[59] Er begründet das damit, dass die nachträgliche Leistungsgewährung sich ge-

---

53 Hierzu Coseriu, Zahlungsansprüche des Maßnahme- gegen den Sozialhilfeträger, Sozialrecht aktuell 2012, 99 (103 f.).
54 S. zum Zugunstenverfahren im Einzelnen Kapitel 55.
55 BVerwG 15.12.1983 – 5 C 65/82, BVerwGE 68, 285. – Außerhalb des Leistungsrechts der Sozialhilfe hatte es § 44 SGB X hingegen durchaus angewandt, zB BVerwG 5.11.2008 – 5 PKH 8/08, Buchholz 436.0 § 92 c BSHG Nr. 18.
56 Zum **SGB II**: BSG 7.5.2009 – B 14 AS 3/09 B; BSG 1.6.2010 – B 4 AS 78/09 R, BSGE 106, 155–159; zum **Vierten Kapitel SGB XII**: BSG 16.10.2007 – B 8/9 b SO 8/06 R, BSGE 99, 137–145; zum **AsylbLG**: BSG 17.6.2008 – B 8 AY 5/07 R, FEVS 60, 258–262; BSG 9.6.2011 – B 8 AY 1/10 R, SozR 4–1300 § 44 Nr. 22; zum **GSiG**: BSG 26.8.2008 – B 8 SO 26/07 R, FEVS 60, 350–356; zum **BSHG**: BSG 29.9.2009 – B 8 SO 16/08 R, BSGE 104, 213–219. – Für Anwendbarkeit des § 44 SGB X im Rahmen des GSiG bereits aus der Verwaltungsgerichtsbarkeit BayVGH 13.4.2005 – 12 ZB 05.262; VG Aachen 19.7.2005 – 2 K 469/04; OVG NRW 21.3.2007 – 12 A 3301/05; ähnlich Kunkel ZFSH/SGB 2003, 323 (330 f.) und Münder SGb 2006, 186 (191 f.).
57 ZB BSG 13.2.2014 – B 4 AS 19/13 R.
58 BSG 12.10.2016 – B 4 AS 37/15 R; BSG 23.2.2017 – B 4 AS 57/15 R.
59 BSG 26.8.2008 – B 8 SO 26/07 R, FEVS 60, 350, Rn. 23; BSG 29.9.2009 – B 8 SO 16/08 R, BSGE 104, 213, Rn. 21 f.; BSG 9.6.2011 – B 8 AY 1/10 R, SozR 4–1300 § 44 Nr. 22, Rn. 20; BSG 17.12.2015 – B 8 SO 24/14 R.

mäß § 44 Abs. 4 SGB X nach den besonderen Teilen des SGB richte. Für das Fortbestehen eines sozialhilferechtlichen Anspruchs komme es aber darauf an, „ob zwischenzeitlich der ursprüngliche Bedarf, der zu Unrecht nicht durch Sozialhilfeleistungen gedeckt wurde, oder die Bedürftigkeit [...] entfallen sind".[60] Wenn hiernach keinerlei Leistungen nachzugewähren seien, bestehe auch kein Interesse an einer Rücknahme.[61]

52 Inhaltlich führt der 8. Senat damit die bundesverwaltungsgerichtliche Rechtsprechung zum Untergang des Leistungsanspruchs wegen Bedarfswegfalls fort. Er modifiziert sie lediglich in einem Punkt, nämlich im Hinblick auf die pauschalierten Leistungen. Da die seit 2005 pauschalierten Leistungen der Existenzsicherungssysteme nicht nur die im jeweils aktuellen Bedarfszeitraum, sondern – über die Ansparbedarfe – auch künftige und vergangene Bedarfe mit umfassten, bestehe regelmäßig der Bedarf fort, solange Hilfebedürftigkeit im Sinne irgendeines der Existenzsicherungssysteme fortbestehe.[62] Solange das der Fall sei, könnten nachzugewährende Leistungen ihren Zweck noch erfüllen.[63]

3. BSG zu Leistungen der Grundsicherung für Arbeitsuchende

53 Von den beiden für die **Grundsicherung für Arbeitsuchende** zuständigen BSG-Senaten hat sich hierzu bislang ausdrücklich nur der 4. Senat geäußert.[64] Er betont – auch wegen Verweisungen auf das SGB III – stärker den **Restitutionsgedanken** von § 44 SGB X: Die leistungsberechtigte Person solle so gestellt werden, wie sie stünde, wenn die Verwaltung von vornherein richtig entschieden hätte. Deshalb will er über § 44 Abs. 4 SGB X, § 40 Abs. 1 S. 2 SGB II hinaus keine Einschränkungen des Nachzahlungsanspruchs anerkennen.[65]

4. Wegfall des Rücknahme- und Nachzahlungsanspruchs durch Wegfall der Hilfebedürftigkeit

54 Damit bestehen derzeit **zwei unterschiedliche Rechtsprechungsregime** für die nachträgliche Erbringung von Existenzsicherungsleistungen: Während im Bereich des SGB II ein nachträglicher Bedarfs- oder Bedürftigkeitswegfall grundsätzlich unerheblich ist, kommt es für Leistungen des SGB XII und des AsylbLG darauf an, ob der Bedarf, für den nachträglich Leistungen begehrt werden, bis zur Entscheidung über die Rücknahme noch fortbesteht. Diese Situation ist nicht nur misslich, sondern wegen der – insbesondere für Sozialgeldempfänger – eher zufälligen Zuordnung einer Person zu dem einen oder anderen Leistungssystem unter Gleichheitsgesichtspunkten **nicht** auf Dauer **hinnehmbar**. Es stellt sich also die Frage, welcher der beiden Ansätze vorzugswürdig ist.

55 Hierzu sollen zunächst die **nicht pauschalierten Bedarfe** betrachtet werden. Bei diesen leuchtet es unmittelbar ein, dass sie – sofern sie nicht als Surrogat in Form eines Erstattungsanspruchs fortbestehen[66] – nachträglich nicht mehr gedeckt werden können. Eine

---

60 BSG 29.9.2009 – B 8 SO 16/08 R, BSGE 104, 213, Rn. 21.
61 BSG 29.9.2009 – B 8 SO 16/08 R, BSGE 104, 213, Rn. 22; BSG 9.6.2011 – B 8 AY 1/10 R, SozR 4–1300 § 44 Nr. 22, Rn. 20; ebenso Pattar NZS 2010, 7 (11). – Ablehnend hingegen → Kap. 55 Rn. 31 f.
62 BSG 29.9.2009 – B 8 SO 16/08 R, BSGE 104, 213, Rn. 17–20.
63 BSG 29.9.2009 – B 8 SO 16/08 R, BSGE 104, 213, Rn. 19.
64 BSG 1.6.2010 – B 4 AS 78/09 R, BSGE 106, 155; BSG 4.4.2017 – B 4 AS 6/16 R. Allerdings weist auch die Rechtsprechung des 14. Senats in diese Richtung, etwa BSG 28.10.2009 – B 14 AS 56/08 R, FEVS 61, 486–491 (= SozR 4–4200 § 37 Nr. 1) zur verspäteten Antragstellung (krit. hierzu Petersen ZFSH/SGB 2011, 19).
65 BSG 1.6.2010 – B 4 AS 78/09 R, BSGE 106, 155, Rn. 18 f.; ebenso Aubel in: jurisPK-SGB II § 19 SGB XII Rn. 9 f. Krit. hierzu Winter SGb 2010, 735–737.
66 Das ist zB bei Bedarfen für Unterkunft und Heizung regelmäßig der Fall: Soweit die Leistungsberechtigten die Ansprüche wegen Unterkunft und Heizung, denen sie ausgesetzt sind, nicht erfüllen, bestehen die Bedarfe offensichtlich fort. Erfüllen die Leistungsberechtigten diese Ansprüche hingegen zulasten ihres Lebensunterhalts (Regelbedarfs) oder ihres geschonten Einkommens oder Vermögens, besteht insoweit ein Erstattungsanspruch als Surrogat. In dieser Hinsicht richtig daher BSG 1.6.2010 – B 4 AS 78/09 R, BSGE 106, 155.

Schülerin, die wegen einer bestandskräftigen rechtswidrigen Ablehnung der Kostenübernahme für eine Klassenfahrt nicht daran teilnimmt, oder ein Mann mit kostenaufwändigem Ernährungsbedarf, der sich nach bestandskräftiger rechtswidriger Ablehnung von Leistungen für einen solchen Bedarf zulasten seiner Gesundheit tatsächlich nicht kostenaufwändig ernährt, können nachträglich nicht mehr so gestellt werden, als hätte die Behörde von Anfang an richtig entschieden. Hier geht der **Restitutionsgedanke** des § 44 SGB X ins Leere. Der ursprüngliche Leistungsanspruch geht in diesen Fällen unter.[67]

Dieselbe Situation ist **ähnlich** auch im **Krankenversicherungsrecht** denkbar: Lehnt eine   **56**
Krankenkasse rechtswidrig eine Behandlung ab und unterlässt es die versicherte Person daraufhin, sich der Behandlung zu unterziehen, geht der Behandlungsanspruch auch ohne ausdrückliche Regelung im Gesetz unter, sobald die Person gesundet oder – hier aber § 59 SGB I – stirbt. Grund ist auch hier die Zweckverfehlung: Weil die Behandlung ihren Zweck nicht mehr erreichen kann, besteht kein Anspruch auf ihre Nachholung und ebenso wenig auf Rücknahme des ablehnenden Verwaltungsakts nach § 44 SGB X. Anders sähe es aus, hätte die versicherte Person sich die rechtswidrig verweigerte Behandlung selbst beschafft; dann hätte sie als Surrogat ihres Behandlungsanspruchs einen Erstattungsanspruch nach § 13 Abs. 3 SGB V.

Grundsätzlich **nicht anders** sind die **pauschalierten Bedarfe** zu beurteilen. Wegen ihrer   **57**
Bedarfsorientierung ist auch bei ihnen eine Zweckverfehlung denkbar. Freilich ist wegen der Pauschalierung der Zweck weiter: Sie sollen nicht nur den existenznotwendigen Bedarf des jeweiligen Bedarfsmonats, sondern anteilig auch künftige und vergangene Bedarfe decken. Weil die Leistungsberechtigten eigenverantwortlich über den Einsatz der Leistungen entscheiden, lässt sich nicht quantifizieren, welcher Anteil für den aktuellen und welcher Anteil für den künftigen Bedarf vorzusehen ist. Infolgedessen kann der Zweck der Leistung erst dann nicht mehr erreicht werden, wenn die Leistungsberechtigten mindestens einen Monat unabhängig von Hilfe leben können, wenn die Hilfebedürftigkeit also für mindestens einen Monat wegfällt. Es ist aber nicht einsichtig, warum – anders als in allen anderen Rechtsgebieten – der Leistungsanspruch fortbestehen soll, wenn die Möglichkeit weggefallen ist, den Zweck der für die Vergangenheit vorgesehenen Leistung noch zu erreichen.

Daher ist **im Ergebnis** die Auffassung des 8. Senats vorzugswürdig.[68] **Leistungen der**   **58**
Existenzsicherungssysteme einschließlich der Leistungen der Grundsicherung für Arbeitsuchende können – entgegen der Auffassung des 4. Senats – im Rahmen eines Zugunstenverfahrens für vergangene Zeiträume nur erbracht werden, wenn der **Bedarf** nach der Sach- und Rechtslage zum Zeitpunkt der letzten mündlichen Verhandlung vor einer Tatsacheninstanz **noch besteht**. Bei pauschalierten Leistungen erfordert dies **durchgängige Hilfebedürftigkeit** (nicht zwingend: Leistungsberechtigung) im Sinne von SGB II, SGB XII oder AsylbLG.

Allerdings liegt es bei in Geld bezifferbaren Leistungen zur Sicherung der Effektivität   **59**
des Rechtsschutzes (Art. 19 Abs. 4 GG) näher, anders als vom 8. Senat angenommen, nicht auf die letzte mündliche Verhandlung vor einer Tatsacheninstanz,[69] sondern auf den Zeitpunkt der letzten Behördenentscheidung abzustellen.[70]

---

67 Ebenso → Kap. 55 Rn. 30, wo Conradis auch auf die Möglichkeit einer (Fortsetzungs-)Feststellungsklage hinweist. An diesen beiden Beispielen zeigt sich zugleich, dass es für die Zweckverfehlung nicht darauf ankommen kann, ob für einen bestimmten Bedarf Sachleistungen (Gutscheine für die Klassenfahrt) oder Geldleistungen (Mehrbedarf) vorgesehen sind.
68 AA → Kap. 55 Rn. 28, 32.
69 BSG 29.9.2009 – B 8 SO 16/08 R, BSGE 104, 213, Rn. 17–20.
70 Ähnlich die frühere Rechtsprechung der Verwaltungsgerichtsbarkeit, BVerwG 23.6.1994 – 5 C 26/92, BVerwGE 96, 152, Rn. 12.

5. Geltung auch für Aufhebungen zugunsten der leistungsberechtigten Person nach § 48 SGB X

60 Soweit ersichtlich noch nicht gerichtlich entschieden, aber letztlich nicht anders zu behandeln ist die Situation, dass ein bestandskräftig gewordener Verwaltungsakt mit Dauerwirkung wegen einer **Änderung der Verhältnisse** nachträglich gemäß § 48 Abs. 1 S. 2 Nr. 1 SGB X (iVm § 40 Abs. 2 Nr. 3 SGB II, § 330 Abs. 3 SGB III bzw. § 9 Abs. 3 AsylbLG) zugunsten der leistungsberechtigten Person aufzuheben ist: § 48 Abs. 4 SGB X verweist für diese Fälle auch auf § 44 Abs. 4 SGB X, aus dem das Bundessozialgericht ja gerade die Anwendbarkeit des für die Existenzsicherungssysteme maßgeblichen Aktualitätsgrundsatzes abgeleitet hat. Auch in diesen Fällen ist die Auffassung des 8. Senats (hierzu → Rn. 54–59) vorzugswürdig.

IV. Erstbewilligung

61 Für die **erstmalige Bewilligung** einer Existenzsicherungsleistung gilt zwar theoretisch grundsätzlich nichts anderes als im Zugunstenverfahren. Allerdings **hindert** das Grundrecht auf **Gewährleistung effektiven Rechtsschutzes** (Art. 19 Abs. 4 GG) meist den Untergang des Anspruchs, auch wenn die Hilfebedürftigkeit während des Widerspruchs- oder Gerichtsverfahrens entfällt.[71]

62 Dies gilt allerdings nicht für die **nicht pauschalierten Bedarfe**: Ansprüche auf Deckung dieser Bedarfe gehen unter, soweit diese Bedarfe zum Zeitpunkt der letzten mündlichen Verhandlung vor einer Tatsacheninstanz – und sei es in Form eines Surrogats – nicht mehr bestehen. Daran ändert auch § 37 Abs. 2 S. 2 SGB II nichts, der nur eine Aussage über den Entstehungs- nicht aber den Untergangszeitpunkt des Anspruchs trifft. So können für eine am 10. des Monats stattgefundene Klassenfahrt, an welcher der grundsätzlich leistungsberechtigte Schüler nicht teilgenommen hat, trotz der in § 37 Abs. 2 S. 2 SGB II angeordneten Rückwirkung eines am 15. des Monats gestellten Antrags hierauf keine Leistungen erbracht werden, wohl aber, wenn der Schüler die Klassenfahrt mit einem Darlehen seiner Mitschülerinnen und Mitschüler vorfinanziert hat.

V. Sozialrechtlicher Herstellungsanspruch

63 Schließlich ist noch ein Blick auf den **sozialrechtlichen Herstellungsanspruch**[72] zu werfen. Das Bundesverwaltungsgericht hatte ihn für die Sozialhilfe des BSHG aus denselben Gründen wie § 44 SGB X nicht für anwendbar gehalten.[73] Aus denselben Gründen, aus denen § 44 SGB X aber auf die heutigen Existenzsicherungssysteme anwendbar ist, kann – freilich mit denselben Einschränkungen – auch der sozialrechtliche Herstellungsanspruch Anwendung finden.[74]

---

71 Deshalb insoweit richtig BSG 28.10.2009 – B 14 AS 56/08 R, FEVS 61, 486.
72 Zu diesem ausführlich Kapitel 56.
73 BVerwG 29.7.1982 – 5 B 27/82.
74 So zu Recht BSG 18.1.2011 – B 4 AS 29/10 R, SozR 4-1200 § 14 Nr. 15.

Kapitel 11: Der Nachranggrundsatz

Literaturhinweise: Brühl, Subsidiarität beim Nach- und Vorrang der Sozialhilfe und des Sozialhilferechts, in: Kreft ua, Fortschritt durch Recht, 2004; Conradis, Die Systematik der subsidiären Sozialleistungen und die Ausgestaltung des Unterhaltsregresses, 1996; Rothkegel, Die Strukturprinzipien des Sozialhilferechts, 2000; Spindler, Vorrang für den Nachrang statt Hilfe zum Lebensunterhalt, info also 2001, 63.

Rechtsgrundlagen:
SGB I § 9
SGB II §§ 2, 3 Abs. 3, 5, 17
SGB XII § 2, 5
AsylbLG §§ 7, 8

Orientierungssätze:

1. Der Nachranggrundsatz umfasst sowohl die institutionelle Subsidiarität als auch den Nachrang von Leistungen gegenüber anderen Möglichkeiten der Existenzsicherung.
2. Der Nachranggrundsatz stellt ein Strukturprinzip der existenzsichernden Leistungen im Sinne einer Leitvorstellung dar, nicht hingegen als zwingende Ausgestaltung der Leistungserbringung.
3. Die Ausgestaltung dieses Nachranges wird in den einzelnen Bestimmungen der existenzsichernden Gesetze konkretisiert. Dabei wird in vielen Regelungen der Nachrang nur eingeschränkt geregelt, zum Teil aber auch vollständig durchbrochen.
4. Der Selbsthilfegrundsatz ist eine Konkretisierung des Nachranggrundsatzes. Er bildet jedoch keine eigenständige Ausschlussregelung.

A. Allgemeines

Der **Nachranggrundsatz** – auch Subsidiaritätsprinzip genannt – der existenzsichernden 1 Leistungen gehört zu den Grundprinzipien sowohl der Systemgestaltung und -abgrenzung als auch der Leistungserbringung selbst. Die wichtigsten Dimensionen und Ausformungen des Nachranggrundsatzes sind:

- Nachrang der Leistung gegenüber anderen Möglichkeiten der Existenzsicherung;
- Auffangfunktion für Defizite anderer Sozialleistungssysteme;
- interner Nachrang innerhalb verschiedener Leistungsmöglichkeiten;
- institutionelle Subsidiarität.

Bei dem Nachrang innerhalb der verschiedenen existenzsichernden Systeme handelt es sich auch um deren Abgrenzung voneinander, nicht hingegen um einen Nachrang im Sinne des Subsidiaritätsprinzips (vgl. hierzu die Ausführungen in Kap. 12).

I. Der institutionelle Nachrang

2 Der Nachrang staatlicher Hilfe gegenüber dem Hilfeangebot nichtstaatlicher Gemeinschaften, insbesondere Trägern der freien Wohlfahrtspflege wird als institutionelle oder **organisatorische Subsidiarität** bezeichnet. Es gilt der Vorrang nichtstaatlicher Leistungsträger unter dem Vorbehalt, dass in deren Hilfeangebot Mitwirkungs- und Gestaltungsmöglichkeiten der Betroffenen integriert sind.[1] Es gilt der Gedanke, dass die kleinere, ortsnähere und von freien gesellschaftlichen Kräften getragene Einheit vor staatlicher Intervention eintreten soll, wenn sie zur Erfüllung einer Aufgabe in der Lage ist.[2] Dieses Rangverhältnis wird als Strukturprinzip angesehen und zum Teil als zwingende Regelung aus Art. 1 Abs. 1 und Art. 20 Abs. 1 GG hergeleitet und rechtfertigt, dass die freie Wohlfahrtspflege staatlich subventioniert wird.[3] § 17 Abs. 1 Satz 2 SGB II knüpft an diesen Ansatz an.

3 Diese schon in § 10 BSHG und nunmehr in § 5 SGB XII bzw. – begrenzt – in § 17 Abs. 1 Satz 2 SGB II niedergelegten Grundsätze haben sich in zwei Richtungen entwickelt. Zum einen wurden zunächst nur die Verbände der freien Wohlfahrtsverbände als vorrangige Träger erwähnt. Diese haben zwar nach wie vor eine besondere Stellung, grundsätzlich gleichberechtigt sind jedoch auch die privat-gewerblichen Träger.[4] Weiterhin hat sich – damit zusammenhängend – vor allem in Bereich der (teil-)stationären Einrichtungen eine Entwicklung von der Kooperation zum Markt, gesteuert über quasimarktförmige Vereinbarungen (§§ 75 ff. SGB XII; § 17 Abs. 2 SGB II) und partiell das Vergaberecht, entwickelt (Einzelheiten Kap. 46).

4 Für die Erbringung von **Geldleistungen** besteht der Nachrang der Sozialleistungsträger nicht (§ 5 Abs. 4 S. 2 SGB XII; § 17 Abs. 1 Satz 1 SGB II). Er ist daher bei der Gewährung von existenzsichernden Leistungen in Form von Geldleistungen dieser institutionelle Nachrang kaum von Bedeutung und hat seinen zentralen Anwendungsbereich bei der Erbringung von Leistungen nach dem 5. bis 9. Kapitel SGB XII und den auf Leistungen zur Eingliederung in Arbeit (§ 17 Abs. 1 Satz 1 SGB II; → Kap. 44 Rn. 19 ff.).

II. Auffangfunktion gegenüber anderen Systemen der sozialen Sicherung?

5 Der institutionelle Nachrang bei der Systemgestaltung betrifft die Frage, inwieweit Leistungen der Grundsicherung unzureichende Leistungen in vorgelagerten Systemen „aufstocken", um das Grundrecht auf ein menschenwürdiges Existenzminimum zu gewährleisten, oder ob sie strikt abgeschottet sind. In Bezug auf die Leistungen zur Sicherung des Lebensunterhalts sind die **drei Grundsicherungssysteme** grundsätzlich **strikt gegeneinander abgeschottet** (§ 5 Abs. 2, § 7 Abs. 1 Satz 2 Nr. 3 SGB II; § 21 SGB XII), Anderes gilt in Bezug auf bestimmte Leistungen der Sozialversicherung und der auf besondere Bedarfe bzw. Ziele gerichteten Leistungen der sozialen Unterstützung oder Förderung. Ihre Leistungen sind oft bedarfsbezogen (zB WoGG), aber in der Bemessung nicht auf (vollständige) Bedarfsdeckung angelegt. In einigen Sozialsicherungssystemen sollen die Leistungen aufgrund typisierender Betrachtung ausreichen, den Lebensunterhalt bzw. die besonderen Bedürfnisse aufgrund einer besonderen Bedarfslage zu decken. Soweit die Leistungen nicht ausreichen, ist es primär Sache des Gesetzgebers zu bestimmen, in welchem Leistungssystem die zur Deckung des Existenzminimums erforderlichen Leistungen bestimmt und abgegolten werden oder ob ergänzend existenzsichernde Leistungen der Grundsicherungssysteme, dann meist nach dem SGB XII, gewährt werden.

---

1 Rothkegel, in: Rothkegel, Sozialhilferecht, Teil II Kap. 7 Rn. 34.
2 W. Schellhorn in: Schellhorn/Schellhorn/Hohm SGB XII, 19. Aufl., § 5 Rn. 3.
3 Rothkegel, in: Rothkegel, Sozialhilferecht, Teil II Kap. 7 Rn. 31, 34.
4 Zur Entwicklung Münder in: LPK-SGB XII § 5 Rn. 4 f.

Nur ein Beispiel ist die Pflegeversicherung. Sie ist aufgrund der Höchstbeträge nicht im- **6**
mer in der Lage, die Kosten zu decken, die die Pflege erfordert, so dass ergänzende Leistungen nach § 61 ff. SGB XII erbracht werden müssen. Reichen Leistungen der Ausbildungshilfe nach dem BAföG oder der Berufsausbildungsbeihilfe nach dem SGB III für
den Lebensunterhalt nicht aus, sind in beschränktem Maß Leistungen nach § 27 SGB II
möglich (Einzelheiten Kap. 33). Hingegen ist bei der Gesundheitsversorgung nur in
Ausnahmefällen eine ergänzende Leistung nach dem SGB II oder SGB XII möglich (Kap.
31), weil der Gesetzgeber in dem zur Gesundheitsversorgung erforderlichen Umfang
(Pflicht-)Leistungen der (gesetzlichen) Krankenversicherung vorsieht und davon ausgeht, dass jedenfalls mit diesen Leistungen[5] damit auch das Existenzminimum im Bereich der Gesundheitsversorgung gedeckt wird.

III. Nachrang bei der Leistungsbewilligung

Im Nachranggrundsatz kommt zum Ausdruck, dass zur Subjektstellung eines Menschen **7**
auch gehört, in dem ihm zumutbaren Umfang Verantwortung für seine eigene Lebensgestaltung zu übernehmen, soweit es ihm möglich ist.[6] Er wurde aus der Sozialhilfe
nach dem BSHG in die existenzsichernden Leistungsgesetze übernommen. Grundsicherungsleistungen werden nicht voraussetzungslos gewährt und sind kein bedingungsloses
Grundeinkommen. Neben dem Verlangen, die eigenen Kräfte und Mittel zur Überwindung der Bedarfslage einzusetzen, und auf die Stärkung der Selbsthilfefähigkeit und -be-
reitschaft gerichteter Unterstützungsleistungen Hilfe zur Selbsthilfe (§ 1 Abs. 1, 2
SGB II; § 1 Satz 2 SGB XII; Empowerment) bedeutet der Nachranggrundsatz, dass die
Leistungen grundsätzlich **nachrangig nach anderen Leistungen**, auch Sozialleistungen,
erbracht werden.[7] Dabei wird in der Regel von dem Einzelnen verlangt, sich selbst zu
helfen, indem er neben der Überwindung der Bedarfslage selbst (vorrangig durch Erzielung bedarfsdeckenden Erwerbseinkommens) sich um anderweitige bedarfsdeckende
oder -mindernde Leistungen bemüht. Dies ist in vielfacher Weise möglich. Der Verhältnismäßigkeitsgrundsatz, aber auch die Menschenwürde ziehen hier die Grenze der Zumutbarkeit. Sie ist zuvörderst typisierend vom Gesetzgeber zu konkretisieren, der die
Begrenzung der Selbsthilfeobliegenheit differenziert geregelt und damit den Nachranggrundsatz konturiert hat.

Während der Geltung des § 5 BSHG wurde verbreitet die Auffassung vertreten, dass es **8**
sich bei dem Nachranggrundsatz um ein **Strukturprinzip der Sozialhilfe** gehandelt hat,[8]
der nicht nur in einzelnen Bestimmungen seinen Niederschlag gefunden habe, jedoch
darüber hinaus als Auslegungshilfe genutzt und auch zur Begrenzung von Leistungsansprüchen gelten würde. Diese Position wird zum Teil auch noch für die Sozialhilfe nach
dem SGB XII vertreten.[9] Etwas abgeschwächt wird der Nachranggrundsatz einerseits lediglich als Beschreibung eines hohen Abstraktionsgrades[10] oder lediglich als Rechtsan-
wendungsregel[11] verstanden. Andere Autoren lehnen die Geltung eines solchen Strukturprinzips vollständig ab.[12] Vorzugswürdig (eingehend Kap. 7) ist die hier vertretene
Einordnung als Strukturprinzip, das der gesetzlichen Ausformung bedarf und zugänglich ist.

---

5 Zu den abgesenkten Gesundheitsleistungen im AsylbLG s. § 4 AsylbLG; sa → Kap. 34 Rn. 82 ff.
6 Münder in: LPK-SGB XII Einl. Rn. 22.
7 Ausführlich zur Sozialhilfe: Armborst in: LPK-SGB XII § 2 Rn. 1 ff.
8 Besonders Rothkegel, S. 92 ff.
9 Luthe in: Hauck/Noftz SGB XII § 2 Rn. 13 f.; Schelter/Schiefer in: Oestreicher SGB XII § 2 Rn. 5.
10 Wahrendorf in: Grube/Wahrendorf SGB XII § 2 Rn. 3.
11 Armborst in: LPK-SGB XII § 2 Rn. 3.
12 Kemper in: Eicher/Luik SGB II § 3 Rn. 5 f.

B. Der Nachrang in den verschiedenen Ausformungen

9 Die Bestimmungen, die den Nachrang im Einzelnen regeln, sind in den verschiedenen Leistungsgesetzen sehr differenziert ausgestaltet. Zunächst werden die klarsten vorrangigen Selbsthilfemöglichkeiten erläutert, nämlich die Verwertung verfügbaren Vermögens sowie der Einsatz von vorhandenem Einkommen, vor allem Sozialleistungen. Sodann geht es um die Selbsthilfemöglichkeiten, die erst durch aktives Tun eine Realisierung von Einkommen ermöglichen, vor allem durch Einsatz der Arbeitskraft. Schließlich ist eine wichtige, aber auch unsichere Möglichkeit der Verwirklichung des Nachrangs die Durchsetzung von Forderungen, sowohl von Unterhaltsansprüchen als auch von sonstigen Ansprüchen. Dabei ist, wie bei allen vorrangigen Möglichkeiten der Bedarfsdeckung, Voraussetzung, dass die Mittel tatsächlich als „bereite Mittel" zur Verfügung stehen (→ Rn. 22 und Kapitel 9).

I. Vermögen

10 Vermögen muss in den verschiedenen Leistungsgesetzen unterschiedlich eingesetzt werden. Nach § 7 Abs. 1 AsylbLG muss Vermögen grundsätzlich in vollem Umfang eingesetzt werden, es gibt keinen Schonbetrag. Lediglich Schmerzensgeld ist nach § 7 Abs. 2 Nr. 4 AsylbLG[13] schon nicht als Einkommen einzusetzen; hinzu kommt die Verschonung von Vermögensgegenständen, die zur Berufsausbildung oder Erwerbstätigkeit unentbehrlich sind, und ein Freibetrag von 200 EUR je Leistungsberechtigten. Praktisch ist daher die Leistung nach dem AsylbLG gegenüber Vermögen vollständig nachrangig.

11 Im SGB II und SGB XII werden als Vermögensgegenstände von teilweise ganz erheblichem Wert ein **selbstbewohntes Haus** bzw. eine Eigentumswohnung geschützt (Einzelheiten Kap. 21). Weiterhin werden Freibeträge von Bargeld und Geldwerten eingeräumt, die im SGB XII meist geringer sind als im SGB II (→ Kap. 21 Rn. 101 ff.). Allein an solchen Vermögenswerten kann eine alleinstehende, nach dem SGB II leistungsbeziehende Person im Alter von 65 Jahren über ein Vermögen im Wert von bis zu 59.250 EUR verfügen. Hinzu kommen weitere Vermögenswerte, die nicht eingesetzt werden müssen, so nach § 12 Abs. 3 Nr. 2 SGB II ein angemessenes Kraftfahrzeug bis zum Wert von 7.500 EUR,[14] sowie weitere in § 12 SGB II und § 90 SGB XII aufgeführte Vermögenswerte. Schließlich kommt in Betracht, dass Vermögen nicht einzusetzen ist, weil dessen Verwertung offensichtlich unwirtschaftlich ist oder für den Betroffenen eine besondere Härte (§ 12 Abs. 3 Nr. 6 SGB II) oder für den Betroffenen oder den unterhaltsberechtigten Angehörigen eine Härte (§ 90 Abs. 3 SGB XII) bedeuten würde. Der Nachrang im Hinblick auf die Verwertung von Vermögen ist mithin insbesondere im SGB II sehr schwach ausgeprägt. Der Grund für diese Regelungen ist nicht nur die Absicht, dem Leistungsempfänger einen gewissen Spielraum wirtschaftlicher Bewegungsfreiheit zu erhalten, sondern auch die Annahme, dass die existenzsichernden Leistungen lediglich eine vorübergehende Hilfe darstellen und der sonst mögliche wirtschaftliche Ausverkauf den Willen zur Selbsthilfe lähmen und zu einer nachhaltigen sozialen Herabstufung führen könnte.[15]

II. Einkommen

12 Der Nachrang gegenüber Einkommen ist nur in § 7 Abs. 1 bis 3 AsylbLG dem im Sozialhilfegesetz inzwischen angenähert, bleibt aber ua hinsichtlich des Freibetrages bei Er-

---

13 Mit dieser Regelung wurde die Entscheidung des BVerfG, BVerfGE 116, 229 umgesetzt.
14 BSG 6.9.2007 – B 14/7 b AS 66/06 R, NDV-RD 2008, 77.
15 Geiger in: LPK-SGB XII § 90 Rn. 1; BSG 20.2.2014 – B 14 AS 10/13 R, SozR 4–4200 § 12 Nr. 23.

werbstätigkeit weiterhin zurück. Neben den zwingenden Absetzungsbeträgen (Steuern, Sozialversicherungsbeiträgen etc [§ 7 Abs. 3 Satz 2 AsylbLG]) sind weiterhin ausgenommen insbes. die Aufwandsentschädigungen nach § 5 Abs. 2, § 5 a AsylbLG (§ 7 Abs. 2 AsylbLG). Soweit aufgrund spezialgesetzlicher Bestimmungen eine Anrechnung nicht erfolgt, ist dies in der Regel nicht für Leistungsempfänger nach dem AsylbLG vorgesehen; eine Ausnahme befindet sich in § 13 Abs. 5 SGB XI.

Im SGB II und SGB XII werden Einkommen zwar grundsätzlich angerechnet, doch gilt **13** dies in zweifacher Hinsicht nur eingeschränkt: Zum einen werden in beiden Gesetzen eine große Anzahl von Leistungen, insbesondere Sozialleistungen nicht als Einkommen angerechnet (→ Kap. 20 Rn. 103 ff.). Dies ist sowohl in den Leistungsgesetzen (SGB II, SGB XII) selbst geregelt, aber in erheblichem Umfang auch in den einzelnen Sozialgesetzen. Ein Beispiel ist § 10 Abs. 5 BEEG, wonach ein Grundbetrag von 300 EUR nicht angerechnet wird, falls der Elternteil zuvor berufstätig war; war dies nicht der Fall, wird hingegen der Sockelbetrag in Höhe von 300 EUR in vollem Umfang als Einkommen berücksichtigt. Diese Ungleichbehandlung ist im Schrifttum mit beachtlichen Gründen – vor allem als gleichheitswidrig – kritisiert,[16] von der Rechtsprechung aber gebilligt worden.[17] Die Berücksichtigung von Einnahmen in Geldeswert ist nach § 90 Abs. 1 Satz 1 SGB XII weiterhin umfassend; § 11 Abs. 1 Satz 2 SGB II beschränkt sie auf Einnahmen im Rahmen einer Erwerbstätigkeit oder von Freiwilligendiensten.

Die grundsätzliche Verpflichtung, vorrangige Sozialleistungen in Anspruch zu nehmen, **14** ist inzwischen im SGB II ausdrücklich für drei Sonderfälle durchbrochen. Nach § 12 S. 2 Nr. 1 SGB II kann nicht auf eine Rente wegen Alters für die Zeit vor dem 63. Lebensjahr,[18] auf eine Rente wegen Alters nach Vollendung des 63. Lebensjahres kann nur nach Maßgabe der UnbilligkeitsV vom 14.4.2008 verwiesen werden. Nach § 12 S. 2 Nr. 2 SGB II werden Ansprüche auf Wohngeld und Kinderzuschlag nicht für die Dauer von drei Monaten als vorrangig angesehen, wenn in diesem Zeitraum dadurch nicht die Hilfebedürftigkeit beseitigt wird.

Zum anderen können **Absetzungen** gemacht werden, so dass ein Teil des Einkommens **15** nicht vorrangig einzusetzen ist. Hervorzuheben ist, dass im SGB II von jeglichem Einkommen ein Freibetrag von 30 EUR nach § 6 Abs. 1 Nr. 1 Alg II-VO nicht angerechnet wird; hierbei handelt es sich um eine Pauschale für Beiträge zu privaten Versicherungen, die jedoch in jedem Fall eingeräumt wird, auch wenn keine Versicherungen abgeschlossen wurden.[19] Nach § 11 b Abs. 1 S. 1 Nr. 7 SGB II können Beträge zur Erfüllung der gesetzlichen Unterhaltspflicht – ohne Beschränkung der Höhe nach – abgesetzt werden, auch wenn das Einkommen nicht pfändbar wäre.[20]

In der **Kriegsopferfürsorge** ist der Nachrang bezüglich des Einkommens abge- **16** schwächt,[21] da nach § 25 d BVG nicht das gesamte Einkommen eingesetzt werden muss, sondern dem Betroffenen ein Freibetrag vom Einkommen verbleibt.

Vom **Einkommen aus Erwerbstätigkeit** wird in den Leistungsgesetzen jeweils ein Freibe- **17** trag belassen, der dazu führt, dass ein Teil dieses Einkommens nicht vorrangig einzusetzen ist. Bei einem Einkommen von 400 EUR werden – ohne Berücksichtigung evtl. weiterer Absetzungen – 100 EUR nach § 7 Abs. 3 Satz 1 AsylbLG, 133,33 EUR nach § 82 Abs. 3 Satz 1 SGB XII sowie 160 EUR nach § 11 b Abs. 2 Satz 1, Abs. 3 Satz 2 Nr. 1

---

16 Lenze info also 2011, 3.
17 BSG 26.7.2016 – B 4 KG 2/14 R, FEVS 68, 385; sa Schneider NZS 2017, 34.
18 Vgl. Berlit info also 2007, 195.
19 BSG 7.11.2006 – B 7 b AS 18/06 R.
20 BSG 9.11.2010 – B 4 AS 78/10, BSGE 107, 106.
21 Grube in: Knickrehm, Gesamtes Soziales Entschädigungsrecht, Vor §§ 25 BVG Rn. 6.

SGB II nicht auf den Bedarf angerechnet (zu Begründung und Details dieser Absetzungen → Kap. 20 Rn. 175 ff.).

III. Unterhaltsansprüche

18 Zu den Leistungen von Angehörigen, die als vorrangige Selbsthilfemöglichkeit in § 2 Abs. 1 SGB XII genannt sind, gehören in erster Linie Unterhaltsansprüche. Auch gehört es zu der in § 2 Abs. 1 S. 1 SGB II genannten Möglichkeit, die Hilfebedürftigkeit zu mindern oder zu beenden, Unterhaltsansprüche geltend zu machen. Hierbei kann aber jeweils nur auf die Unterhaltsansprüche verwiesen werden, die in den einzelnen Bestimmungen genannt sind bzw. die auf den Sozialleistungsträger übergehen können.[22]

19 Am weitestgehend kann bei der **Hilfe zum Lebensunterhalt** nach dem 3. Kap. SGB XII auf Unterhaltsansprüche verwiesen werden. Ausgeschlossen sind Ansprüche gegen Verwandte vom zweiten Grad an, also insbesondere gegen Großeltern und Enkel (§ 94 Abs. 1 S. 3 SGB XII), weiter Unterhaltsansprüche gegen Verwandte ersten Grades einer Person, die schwanger ist oder ihr Kind bis zur Vollendung seines sechsten Lebensjahres betreut (§ 94 Abs. 1 S. 4 SGB XII). Nach § 33 SGB II[23] wird darüber hinaus nicht auf Unterhaltsansprüche von Eltern gegen ihre Kinder und von volljährigen Kindern gegen ihre Eltern, mit Ausnahme des Ausbildungsunterhalts (§ 33 Abs. 2 Nr. 2 b SGB II), verwiesen.

20 Bei der **Grundsicherung im Alter und Erwerbsminderung** sind neben Unterhaltsansprüchen gegen Ehegatten nur dann Unterhaltsansprüche gegen Kinder und Eltern einzusetzen, wenn die Unterhaltpflichtigen über ein Jahreseinkommen von mindestens 100.000 EUR verfügen. Nur wenn die Kinder (oder Eltern) tatsächlich Unterhalt leisten, ist dies als anzurechnendes Einkommen zu berücksichtigen. Aufgrund dieser Regelung in § 41 SGB XII ist die Rechtsprechung zum Unterhaltsrecht zum Ergebnis gelangt, dass die Leistung der Grundsicherung im Alter und bei Erwerbsminderung auf den Unterhaltsbedarf eines Leistungsempfängers anzurechnen ist.[24] Es besteht sogar die unterhaltsrechtliche Obliegenheit, diesen Anspruch gegen den Sozialleistungsträger geltend zu machen, um den Unterhaltpflichtigen zu entlasten.[25]

IV. Einsatz der Arbeitskraft

21 Der Einsatz der Arbeitskraft als Selbsthilfemöglichkeit wird in § 2 Abs. 1 SGB XII besonders hervorgehoben; § 2 Abs. 1 S. 2 SGB II regelt hierzu ua, dass die erwerbsfähigen Leistungsberechtigten aktiv an allen Maßnahmen zu ihrer Eingliederung teilnehmen und alles ihnen (zumutbar) Mögliche unternehmen müssen, um (bedarfsdeckende) Erwerbsarbeit zu finden, anzunehmen und zu behalten. Verwiesen werden kann nur auf zumutbare Tätigkeiten (§ 10 SGB II, sa § 11 Abs. 3 S. 4 SGB XII), und dies auch nur, wenn die Aufnahme der Arbeit nicht aus anderen Gründen unzumutbar ist (Einzelheiten → Kap. 22 Rn. 20 ff.). Damit ist zwar grundsätzlich ein Nachrang gegenüber Erwerbsarbeit gegeben. Schon im SGB III wird die praktische Realisierung des weitreichenden Nachrangs dadurch begrenzt, dass ein erheblicher Anteil der SGB II-Leistungsbezieher schon nicht erwerbsfähig ist oder aus rechtlich anerkannten, teils auch faktischen Gründen ihre Arbeitskraft nicht oder nur begrenzt einsetzen kann bzw. muss, etwa weil ihnen keine Arbeit zugemutet werden kann. In der Sozialhilfe ist die Erwerbsobliegenheit wegen der Systemabgrenzung weitgehend auf in der Durchsetzung weniger

22 Berlit in: LPK-SGB II § 2 Rn. 19; Luthe in: Hauck/Noftz SGB XII § 2 Rn. 36.
23 Kuntze ZfF 2007, 155.
24 BGH 20.12.2012 – XII ZR 84/04, FamRZ 2007, 1158, mit Anmerkung Schulz.
25 OLG Düsseldorf 31.1.2012 – 24 U 39/11, FamFR 2012, 99.

strikte Verwertung des (Rest-)Tätigkeitsvermögens beschränkt (§ 11 Abs. 3, 4 SGB XII). Im AsylbLG gilt eine uneingeschränkte Obliegenheit zum Einsatz des eigenen Arbeitsvermögens für Hilfstätigkeiten in den Einrichtungen (§ 5 Abs. 4 AsylbLG) und zur Annahme von Arbeitsgelegenheiten (§ 5 a AsylbLG); ansonsten wird eine solche Obliegenheit dadurch begrenzt, dass den Leistungsberechtigten der (legale) Zugang zum Arbeitsmarkt aus migrationspolitischen Erwägungen nicht eröffnet ist oder diese sich noch in einem Verfahrensstadium befinden, in dem faktische Hindernisse (insbes. unzureichende Sprachkenntnisse; [formale] Qualifikation) einer Arbeitsaufnahme entgegenstehen.

V. Durchsetzbare Ansprüche

Leistungen der Existenzsicherung sind auch grundsätzlich nachrangig gegenüber realisierbaren Ansprüchen, die als Vermögen oder Einkommen angerechnet werden. Hier ergeben sich aus zwei Gesichtspunkten jedoch erhebliche Einschränkungen, die beide erforderlich sind im Hinblick auf den Bedarfsdeckungsgrundsatz (Kap. 9): Zum einen muss es **zumutbar** sein, die Ansprüche durchzusetzen, zum anderen müssen sie **alsbald durchgesetzt** werden können, damit sie die Hilfebedürftigkeit mindern oder beseitigen. **22**

Der Verweis auf die Geltendmachung eines Unterhaltsanspruchs ist zulässig, wenn die Durchsetzung des Anspruchs eine geeignete, verhältnismäßige und zumutbare Möglichkeit ist.[26] Allerdings kann hierbei nicht verlangt werden, dass der Unterhaltsberechtigte dafür sorgen muss, dass der Unterhaltspflichtige leistungsfähig wird.[27] Auch muss der Verweis auf Selbsthilfemöglichkeiten den Zielen der gesetzlichen Regelung entsprechen. Daher kann von einem volljährigen Kind nicht verlangt werden, dass es die Abzweigung des Kindergeldes nach § 74 EStG beantragt, um seine Hilfebedürftigkeit zu verringern; dies widerspräche den Zielen der §§ 41 ff. SGB XII.[28] **23**

Nur wenn eine alsbaldige Deckung des Lebensbedarfes mittels der durchgesetzten Ansprüche möglich ist, kommt der Verweis auf deren Durchsetzung als vorrangige Leistung in Betracht. Andernfalls wäre eine **Bedarfsdeckung** im Bedarfszeitraum nicht möglich; dies würde dem Grundsatz der Bedarfsdeckung als Grundlage der existenzsichernden Leistungen widersprechen (Kap. 9). Daher sind bedarfsdeckende Unterhaltsleistungen nur dann vorrangig einzusetzen, wenn sie unmittelbar durchgesetzt werden können, nicht aber, wenn sie in einem langwierigen Gerichtsverfahren eingeklagt werden müssen.[29] **24**

VI. Sonstige vorrangige Selbsthilfemöglichkeiten

Der Selbsthilfegrundsatz, der sich aus § 2 Abs. 1 SGB XII und § 2 Abs. 1 SGB II ergibt (→ Kap. 7 Rn. 22), verlangt, alle Möglichkeiten auszuschöpfen, um sich selbst helfen zu können. Daher kann zur Selbsthilfe auch gehören, Ausgaben zu vermeiden, um die zur Verfügung stehenden Mittel für den Lebensunterhalt zu verwenden.[30] Dieser Nachrang gegenüber tatsächlich vorhandenen eigenen Mitteln ist vom Betroffenen auch mit Rechtsmitteln zu verfolgen, zB **Pfändungsschutz** zu beantragen, um die Reduzierung des Einkommens durch die Pfändung zu vermeiden.[31] Sofern die Ausgaben jedoch als zulässige Absetzungen vom Einkommen gesetzlich vorgesehen sind, wie zB titulierte Unterhaltsansprüche gemäß § 11 b Abs. 1 Nr. 7 SGB II, kann die Durchführung eines gericht- **25**

---

26 Ausführlich: Conradis, S. 215 ff.
27 VG Hamburg, 3.11.1998 – 13 VG 4602/98, NJW 1999, 2386.
28 BSG 26.8.2008 – B 8/9 b SO 16/07 R, FEVS 60, 346.
29 Vgl. hierzu Spindler info also 2001, 63 (65).
30 Armborst in: LPK-SGB XII § 2 Rn. 9.
31 Hierzu und zur Einrichtung eines Pfändungsschutzkontos vgl. Kapitel 52.

lichen Abänderungsverfahrens in der Regel nicht verlangt werden.[32] Dies gilt auch dann, wenn das Einkommen für den Lebensunterhalt des Unterhaltspflichtigen nicht ausreicht.[33]

26 Die Möglichkeit einer **Darlehensaufnahme** ist in der Regel keine vorrangige Selbsthilfemöglichkeit, denn ein Darlehen beseitigt nicht die Notlage, sondern verschleiert sie nur.[34] Daher muss auch ein Dispositionskredit nicht ausgeschöpft werden.[35] Auch ein tatsächlich gewährtes Darlehen kann nicht als Einkommen angerechnet werden, wenn es dazu dient, rechtswidrig verweigerte Leistungen zu ersetzen, und mit einer (wirksamen) Rückzahlungsverpflichtung verbunden ist.[36]

27 Vorrangig sind auch nicht solche Selbsthilfemöglichkeiten, die die Freiheitsrechte des Hilfesuchenden unverhältnismäßig beeinträchtigen oder für diesen als Alternative nicht zumutbar sind. Entgegen der Auffassung des OVG NRW[37] kann daher nicht abverlangt werden, eine Haftstrafe allein deswegen anzutreten, um die Sozialhilfebedürftigkeit zu vermeiden; unzumutbar ist auch der Verweis auf Selbsthilfe durch Prostitution oder andere auf den Sexualbereich bezogene Dienstleistungen.[38]

VII. Umfang und Grenzen des Nachranggrundsatzes

28 Die einzelnen Ausprägungen des Verhältnisses der existenzsichernden Leistungen zu anderen Leistungen und Selbsthilfemöglichkeiten zeigen, dass der grundsätzliche Nachrang in der Konkretisierung durch den Gesetzgeber erhebliche **Ausnahmen** aufweist. Diese Ausnahmen beziehen sich auf die Systemarchitektur selbst wie auch die Voraussetzungen und die Reichweite des Nachranges und sind von der sozialpolitischen Handlungs- und Gestaltungsfreiheit des Gesetzgebers gedeckt. Rein rechtspolitischer Natur und abzulehnen ist die teils vertretene Auffassung, der Nachranggrundsatz beschränke auch den Gesetzgeber selbst.

Abzulehnen ist auch die aus der Bedeutung des Nachranggrundsatzes hergeleitete Auffassung, dass der Gesetzgeber nicht so viele Ausnahmen treffen dürfe, dass der Nachranggrundsatz in Frage gestellt werde und der Gesetzgeber dieses Gebot zunehmend verletzt.[39] Eine solche (Selbst-)Bindung auch des Gesetzgebers lässt sich auch nicht aus § 9 S. 2 SGB I entnehmen. Unabhängig davon, ob diese Vorschrift nur für die Sozialhilfe gilt oder ob es sich um eine systematisch unbefriedigende Regelung handelt, weil die Vorschrift bei Einführung des SGB II nicht mit aufgenommen wurde,[40] oder ob selbstverständlich auch die Grundsicherung für Arbeitsuchende erfasst ist,[41] stellen die Vorschriften der §§ 3 bis 10 SGB I lediglich eine Aufzählung der sozialen Rechte dar, aus denen Ansprüche nur insoweit hergeleitet werden können, als deren Voraussetzungen und Inhalt durch die Vorschriften der Besonderen Teile des SGB im Einzelnen bestimmt sind (§ 2 Abs. 1 S. 2 SGB I); sie setzen die Ausformung durch den Gesetzgeber voraus. Umgekehrt können hieraus auch nur Konkretisierungen bzw. Einschränkungen herge-

---

32 BSG 9.11.2010 – B 4 AS 78/10 R, BSGE 107, 106.
33 SchlHLSG 23.3.2012 – L 6 AS 32/12 B ER; aA LSG LSA 9.8.2010 – L 2 AS 292/ 10 B ER, FamRZ 2011, 68.
34 So schon VGH BW 4.10.1989 – 6 S 847/89, info also 1990, 163.
35 OVG NRW 10.4.2000 – 22 B 282/00, info also 2000, 150.
36 BSG 20.12.2011 – B 4 AS 46/11 R.
37 OVG NRW 20.2.1998 – 8 A 5023/95, NDV-RD 1988, 80.
38 Böttiger in: Eicher/Luik SGB II § 10 Rn. 17, 86 ff.
39 W. Schellhorn in: Schellhorn/Schellhorn/Hohm SGB XII, 19. Aufl., § 2 Rn. 40.
40 Hänlein in: Knickrehm/Kreikebohm/Waltermann, Kommentar zum Sozialrecht, SGB I § 9 Rn. 37.
41 Seewald in: KassKomm SGB I § 9 Rn. 7.

leitet werden, als sich diese aus den Bestimmungen der Besonderen Teile, also des SGB II oder SGB XII, ergeben.[42]

Der Nachranggrundsatz ist ein Teil der verschiedenen Strukturprinzipien der existenzsi- **29** chernden Leistungen und nur im Zusammenhang mit diesen zutreffend einzuordnen (Kap. 7). Der Selbsthilfegrundsatz als Teil des Nachranggrundsatzes folgt der aus der im Menschenwürdegrundsatz gründenden Subjektstellung des Leistungsberechtigten und des Sozialstaatsgedankens.[43] Soweit Abweichungen vom Nachranggrundsatz vorgenommen werden, indem der Grundsatz abgeschwächt wird, handelt es sich zwar um Ausnahmen, die den Grundsatz des Nachrangs als Strukturprinzip bekräftigen. Diese Ausnahmen sind systematisch und auch verfassungsrechtlich wenn nicht schon geboten, so doch gerechtfertigt als Auswirkung und Konkretisierung des Bedarfsdeckungsgrundsatzes und nicht zuletzt des Menschenwürdegrundsatzes, der auch für Leistungsberechtigte ein Mindestmaß autonomer Mittelverwendung und Selbsthilfekräfte aktivierende wirtschaftliche Spielräume fordert. Der Sozialstaat des Grundgesetzes schützt vor sozialer Ausgrenzung, nicht allein die physische Existenz.

---

42 LSG NRW 20.6.2011 – L 20 SO 488/10, FEVS 63, 326; BSG 26.8.2008 – N 8/9 b SO 16/07 R, FEVS 60, 346 (348).
43 Ausführlich Rothkegel in: Rothkegel, Sozialhilferecht, Teil II Kap. 7.

Teil III: Das Leistungsrecht

Kapitel 12: Abgrenzung der existenzsichernden Leistungssysteme: Grundsicherung für Arbeitsuchende, Sozialhilfe (Hilfe zum Lebensunterhalt) und der Grundsicherung im Alter und bei Erwerbsminderung

Literaturhinweise: Friedrichsen, Die Integration des Gesetzes über eine bedarfsorientierte Grundsicherung im Alter und bei Erwerbsminderung in das SGB XII, NDV 2004, 309 (Teil 1), 347 (Teil 2); Frings, Sozialrecht für Zuwanderer, 2. Aufl. Baden-Baden 2017; Groth, Vorrang, Nachrang und Ausschluss zwischen Grundsicherung für Arbeitsuchende und Sozialhilfe, in: Fahlbusch (Hrsg.), 50 Jahre Sozialhilfe, 2012; Kunkel, Hilfen nach SGB XII und nach SGB II im Vergleich (Stand: 1.10.2011), ZfF 2011, 241; Luckey, Eheähnliche und sonstige Wohn- und Wirtschaftsgemeinschaften im Recht der Sozial- und Arbeitslosenhilfe, Neuwied 1991; Mrozynski, Grundsicherung für Arbeitsuchende, im Alter, bei voller Erwerbsminderung und die Sozialhilfereform, ZfSH/SGB 2004, 198; Renn/Schoch, Grundsicherung im Alter und bei Erwerbsminderung, 2. Aufl. Baden-Baden 2008; Rixen, Erwerbsfähigkeit als Normalität – Zum Normalisierungspotenzial eines zentralen Ordnungsbegriffs der Grundsicherung für Arbeitsuchende (SGB II), ArchSozArb 2008, 46; ders., Erwerbsfähigkeit als Schlüsselbegriff der Arbeitsmarktreform, insbesondere im SGB II, info also 2006, 153; Rothkegel, Rechtliche Prinzipien der Sicherung des Lebensunterhalts nach SGB II, SGB XII und AsylbLG, ZfSH/SGB 2005, 391; Schellhorn, Einordnung des Sozialhilferechts in das Sozialgesetzbuch – das neue SGB XII, NDV 2004, 167; Schoch, Die Grundsicherung im Alter und bei Erwerbsminderung nach der Integration in das SGB XII (Sozialhilfe), ZfF 2004, 197; ders., Zur Feststellung der Erwerbsfähigkeit nach dem SGB II und der Erwerbsminderung nach dem Vierten Kapitel SGB XII, NDV 2006, 512 (Teil 1), 545 (Teil 2); Spindler, Existenzsicherung und Hilfen für psychisch Kranke und Suchtabhängige im neuen System der Grundsicherung(en), RuP 2009, 27; Stephan, Die Ansprüche zusammenlebender Personen nach SGB II und SGB XII, Berlin 2008; Tänzer, Medizinische Kriterien der Erwerbsfähigkeitseinstufung gemäß SGB II und die Rechte der Betroffenen, ZfF 2005, 58; Waibel, Die Grundsicherung für Arbeitsuchende, im Alter und bei Erwerbsminderung als besonderer Leistungstypus der Sozialhilfe, ZfF 2005, 49.

Rechtsgrundlagen:
GG Art. 1 Abs. 1, Art. 20 Abs. 1
SGB II § 7 Abs. 1 und 5, § 8
SGB III § 22
SGB XII §§ 21, 22

Orientierungssätze:

1. Die Sicherung des Grundrechts auf ein menschenwürdiges Existenzminimum wird in einem gegliederten Leistungssystem für jeweils unterschiedliche Personengruppen durch unterschiedliche Gesetze gewährleistet.

2. Das SGB II ist das zentrale Leistungssystem. Es ist nicht auf die Sicherung erwerbsfähiger Hilfebedürftiger beschränkt, die tatsächlich Arbeit suchen. Leistungsberechtigt sind auch erwerbsfähige Leistungsberechtigte, die aktuell nicht erwerbsverpflichtet sind, und die mit ihnen in Bedarfsgemeinschaft lebenden, bedürftigen Angehörigen.

3. Nicht nach dem SGB II leistungsberechtigt und anderen Systemen zugewiesen sind insbes. Leistungsberechtigte nach dem Asylbewerberleistungsgesetz, bestimmte Gruppen von Ausländern, Personen, die wegen Krankheit oder Behinderung auf absehbare Zeit außerstande sind, auf dem allgemeinen Arbeitsmarkt erwerbstätig zu sein, Menschen, die in stationären Einrichtungen leben oder Altersrenten beziehen, sowie Auszubildende, soweit sie dem Grunde nach Zugang zu

auf Existenzsicherung angelegte Leistungen nach dem Bundesausbildungsförderungsgesetz oder der Berufsausbildungshilfe haben.

4. In Bezug auf die Sicherung des Lebensunterhalts sind SGB II und SGB XII gegeneinander abgeschirmt. Die Sozialhilfe – Hilfe zum Lebensunterhalt – steht neben der Sicherung des Existenzminimums durch das SGB II und ist nicht mehr das letzte Auffangnetz, das anderen Leistungssystemen nachgelagert ist.

5. Die Grundsicherung im Alter und bei Erwerbsminderung (§§ 41 ff. SGB XII) zielt auf die Sicherung des menschenwürdigen Existenzminimums für Personen, die wegen Alters, Krankheit oder Behinderung aus dem Erwerbsleben ausgeschieden sind.

6. Das Sonderleistungssystem des Asylbewerberleistungsgesetzes knüpft an den (ungesicherten) Aufenthaltsstatus eines Ausländers an, der sich tatsächlich im Bundesgebiet aufhält, und erfasst im Kern Personen, die sich im Asyl- oder Flüchtlingsschutzverfahren (bzw einem Folge- oder Zeitantragsverfahren) befinden oder deren Schutzgesuch abgewiesen worden ist. Sein Regelleistungsniveau ist auch nach der Neufestsetzung jedenfalls problematisch.

A. Allgemeines

I. Mehrgliedriges System existenzsichernder Leistungen

1. Vertikale Versäulung statt horizontaler Gliederung

1   Die Sicherung des Grundrechts auf ein menschenwürdiges Existenzminimum[1] wird durch ein differenziertes Leistungssystem gewährleistet. Es gibt nicht mehr das (einzige) Basissicherungssystem. Im gegliederten Leistungssystem übernehmen vielmehr verschiedene Leistungsgesetze für unterschiedliche Personengruppen diese Grundsicherungsfunktion. Im Vordergrund steht – quantitativ – die **Grundsicherung für Arbeitsuchende** (SGB II), die für erwerbsfähige Leistungsberechtigte und ihre Angehörigen ua den notwendigen Lebensunterhalt sichert, die neben der materiellen Versorgung den Akzent auf die Eingliederung erwerbsfähiger Leistungsempfänger setzt. Die **Sozialhilfe (Hilfe zum Lebensunterhalt)** als die klassische, steuerfinanzierte und bedarfsorientierte Basissicherung hat demgegenüber an Bedeutung verloren. Qualitativ weiterhin Referenzsystem für existenzsichernde Leistungen,[2] hat sie bei der allgemeinen Sicherung des notwendigen Lebensunterhalts im Rahmen der Hilfe zum Lebensunterhalt (§§ 27 ff. SGB XII) quantitativ noch die Bedeutung einer Restgröße.[3] Mittlerweile wieder formell in die Sozialhilfe integriert und von langfristig wachsender quantitativer Bedeutung ist die **Grundsicherung im Alter und bei Erwerbsminderung** (§§ 41 ff. SGB XII), die das Existenzminimum von Personen absichern soll, die dauerhaft aus dem Erwerbsleben ausgeschieden sind. Ungeachtet gewisser terminologischer Nähe besteht ein substanzieller Unterschied zwischen der rein steuerfinanzierten, bedarfsorientierten und bedürftigkeitsgeprüften Grundsicherung für Arbeitsuchende (SGB II) und dem ebenfalls arbeitsmarktbezogenen Versicherungssystem der Arbeitsförderung (SGB III).

2   Neben diesen drei Systemen der Grundsicherung hat der Gesetzgeber für besondere Personengruppen den Lebensunterhalt in (abgeschotteten) Sonderregelungen normiert. Asylbewerber und zur Ausreise verpflichtete Ausländer sind dem **Asylbewerberleistungsgesetz** unterworfen, das mit abgesenktem Leistungsniveau und weiteren Einschränkungen das Existenzminimum in längere Zeit verfassungswidriger Weise (dazu → Kap. 34 Rn. 56 ff.)[4] ohne hinreichende Begründung abweichend von dem definiert hatte, das Inländern und Ausländern mit gesichertem Aufenthaltsstatus zugebilligt wird (AsylbLG).[5] Das Ausbildungsförderungsrecht (ua BAföG;[6] Berufsausbildungsrecht [§§ 56 ff. SGB III]) regelt für Personen, die sich in bestimmten Ausbildungssituationen befinden, die zur Bedarfsdeckung erforderlichen Leistungen in typisierender Weise. In der Kinder- und Jugendhilfe bilden die zur Sicherung des Lebensunterhalts vorgesehenen Leistungen lediglich einen unselbstständigen Annex zu den erzieherischen Hilfen (→ Kap. 32 Rn. 60).

---

1   BVerfG 9.2.2010 – 1 BvL 1/09 ua, BVerfGE 125, 175; 18.7.2012 – 1 BvL 10/10 und 2/11, BVerfGE 132, 134.

2   Bekräftigt durch das Gesetz zur Ermittlung der Regelbedarfe nach § 28 des Zwölften Buches Sozialgesetzbuch (Regelbedarfs-Ermittlungsgesetz – RBEG) v. 24.3.2011, BGBl. I, 453, das zwar formell weiterhin nur für die Sozialhilfe gilt, ohne dass aber die Rationalitätsanforderungen des Bundesverfassungsgerichts für die Festsetzung der Regelleistung (§ 20 SGB II) nicht einzuhalten sind.

3   Zum Jahresende 2016 bezogen ca. 1,43 Mio Menschen Mindestsicherungsleistungen im Rahmen der Sozialhilfe nach dem SGB XII, davon ca. 133.000 außerhalb von Einrichtungen Hilfe zum Lebensunterhalt (Kap. 3 SGB XII), in Einrichtungen: ca. 241.000; ca. 1.059.000 Personen bezogen Leistungen der Grundsicherung im Alter und bei Erwerbsminderung (Kap. 4 SGB XII) (davon ca. 865.000 Menschen außerhalb von Einrichtungen); s. Statistisches Jahrbuch 2018, 243.

4   BVerfG 18.7.2012 – 1 BvL 10/10 und 2/11, BVerfGE 132, 134.

5   Zum 31.12.2017 erhielten 468.608 Menschen Personen diese Leistungen; s. www.destatis.de (Fachserie 13 Reihe 7 [2017]).

6   Nach dem BAföG wurden im Jahre 2017 ca. 225.000 Schülerinnen und Schüler und ca. 557.000 Studierende gefördert (Stat. Bundesamt, Fachserie 11 Reihe 7 [2017]).

Die heutige Struktur der Grundsicherungsleistungen geht wesentlich auf Gesetzesbe- 3
schlüsse Ende 2003 zurück, durch die die Grundsicherung für Arbeitsuchende (SGB II)
geschaffen und die bis dahin im BSHG geregelte Sozialhilfe gemeinsam mit der erst
2003 im GSiG „ausgesonderten" Grundsicherung im Alter und bei Erwerbsminderung
als SGB XII in das Sozialgesetzbuch integriert worden ist.[7] Die für die Struktur qualitativ wesentliche Änderung war die Einführung des neuen Leistungssystems des SGB II.
Sie ist häufig ungenau als Zusammenführung von Arbeitslosenhilfe und Sozialhilfe bezeichnet worden. Bei genauer Betrachtung ist die Funktion der Sozialhilfe, als grundlegendes Basissicherungssystem grundsätzlich[8] allen vorgelagerten Systemen und etwa
auch der Arbeitslosenhilfe bedarfsorientiert nachgeschaltet zu sein (horizontale, „ge-
schichtete" Gliederung existenzsichernder Leistungen), aufgehoben und durch ein verti-
kal gegliedertes System qualitativ etwa gleichwertiger Leistungen der Existenzsicherung
für jeweils bestimmte Personengruppen ersetzt worden, die nicht in einem Vorrang-
Nachrang-Verhältnis, sondern gleichrangig und selbstständig nebeneinander in einem
Ausschließlichkeitsverhältnis stehen.[9] Die sozialhilferechtliche Hilfe zum Lebensunterhalt ist insbesondere nicht mehr bestimmt oder geeignet, Bedarfs- oder Leistungslücken
in den Parallelsystemen im Sinne einer Auffangfunktion aufzufüllen; sie steht neben der
Grundsicherung für Arbeitsuchende, die (etwa) gleichen Leistungsgrundsätzen folgt. Ein
Restbestand der früheren Auffangfunktion der Sozialhilfe zeigt sich in den Fällen, in denen Personen, die an sich für die Grundsicherung im Alter und bei Erwerbsminderung
leistungsberechtigt wären, dann nach deren strikteren Regelungen Leistungen der Hilfe
zum Lebensunterhalt erhalten können, wenn sie wegen vorsätzlicher oder grob fahrlässiger Herbeiführung der Bedürftigkeit (§ 41 Abs. 3 SGB XII) keinen Anspruch auf Leistungen der Grundsicherung im Alter und bei Erwerbsminderung haben. Umgekehrt besteht kein Ausschließlichkeitsverhältnis zwischen Sozialgeld für Angehörige in einer Bedarfsgemeinschaft nach dem SGB II und Leistungen der Grundsicherung im Alter und
bei Erwerbsminderung nach dem SGB XII; während § 5 Abs. 2 Satz 1 SGB II ein Ausschließlichkeitsverhältnis normiert, regelt § 5 Abs. 2 Satz 2 SGB II ein Vorrangverhält-
nis.[10]

Durch diese Systemgliederung auf Existenzsicherung gerichteter Sozialleistungen ge- 4
winnt die zutreffende und genaue Zuordnung einer Person zu einem dieser Leistungssysteme zentrale Bedeutung. Denn Grundsicherung für Arbeitsuchende und Hilfe zum
Lebensunterhalt nach der Sozialhilfe sind gegeneinander abgeschottet (§ 5 Abs. 2
SGB II; § 21 S. 1 SGB XII). Diese Zuordnung hat weniger Bedeutung für den Umfang
der existenzsichernden Leistungen; diese sind weitgehend angepasst und stärker standardisiert worden. Gewisse sachliche Unterschiede ergeben sich schon in Bezug auf die
(wirtschaftlichen) Zugangsvoraussetzungen zu den Leistungen, die jeweils nur bei Bedürftigkeit gewährt werden, und in Einzelheiten der Leistungsgewährung (zB Antragsabhängigkeit, Gewährungsdauer). Die Systeme unterscheiden sich vor allem in dem
Umfang, in dem eigene Bemühungen verlangt und Mitwirkungsobliegenheiten auferlegt
sind, sowie in Grad und Zielrichtung des ergänzenden Einsatzes sog aktivierender Instrumente (zB Beratung, Eingliederungs- und Leistungsvereinbarungen, arbeitsmarktbezogene Förderinstrumente). Die Hoffnung, mit der Einführung der Grundsicherung für
Arbeitsuchende sog „Schnittstellen" innerhalb des gegliederten Leistungssystems (auch
im Interesse von „Leistungen aus einer Hand") zu beseitigen, war wegen der weiteren

7 Viertes Gesetz für moderne Dienstleistungen am Arbeitsmarkt v. 24.1.2003, BGBl. I, 2954 (Art. I: SGB II)
  und Gesetz zur Einordnung des Sozialhilferechts in das Sozialgesetzbuch v. 27.12.2003, BGBl. I, 3022
  (Art. 1: SGB XII).
8 Die Ausnahmen für Asylbewerber und Auszubildende kannte bereits das BSHG.
9 BSG 28.11.2018 – B 4 AS 46/17 R, Rn. 24.
10 BSG 28.11.2018 – B 4 AS 46/17 R, Rn. 25, 30.

Ausdifferenzierung des Gesamtsystems öffentlicher Fürsorge und der fortbestehenden Binnengliederung von vornherein vergeblich. Es konnte nur darum gehen, diese „Schnittstellen" sozialpolitisch und systematisch sinnvoller zu setzen.

2. Gemeinsamkeiten und Unterschiede der Leistungssysteme

5 Die drei Grundsicherungssysteme weisen bei allen Unterschieden im Detail für die Ausgestaltung für die Sicherung des soziokulturellen Existenzminimums viele **Gemeinsamkeiten** auf.[11] Sie rechtfertigen, alle drei Systeme als Teil eines Gesamtsystems öffentlicher Fürsorge[12] und in diesem Sinne **materiell als Sozialhilfe** zu verstehen.[13] Bei der Schaffung des gesonderten Leistungssystems der Grundsicherung für Arbeitsuchende, das ersatzlos auch die frühere, steuerfinanzierte Arbeitslosenhilfe abgelöst hat, sind für die Leistungen zur Sicherung des Lebensunterhalts (§§ 19 ff. SGB II) Grundgedanken des bisherigen Sozialhilferechts mit vergleichbaren Strukturelementen aufgegriffen worden; Elemente des vormaligen Arbeitslosenhilferechts finden sich vor allem bei den Leistungen zur Eingliederung in Arbeit (§§ 14 ff. SGB II) und dort der Öffnung für arbeitsmarktpolitische Förderinstrumente. Die in das SGB XII zurückgeführte (bedarfsorientierte) Grundsicherung im Alter unter Erwerbsminderung des Grundsicherungsgesetzes[14] zielte auf Verhinderung verdeckter Altersarmut und sollte (formell) einen Sozialhilfebezug vermeiden, war aber von vornherein wie die erst 2003 in Kraft getretene, gesonderte Grundsicherung im Alter insoweit eine „Sozialhilfe de luxe", als bei etwa gleichem Leistungsniveau lediglich der Rückgriff gegenüber Unterhaltsverpflichteten relativiert und der Verwaltungsvollzug durch längere Bewilligungszeiträume vereinfacht worden war.[15]

6 Die drei Grundsicherungssysteme gewähren im Bereich der Existenzsicherung **steuerfinanzierte Fürsorgeleistungen**, die unabhängig von Vorleistungen (zB Vorversicherungszeiten) darauf gerichtet sind, Hilfe in einer Bedarfslage sicherzustellen, die durch den Leistungsempfänger mit eigenen Mitteln und Kräften nicht behoben werden kann (§ 9 Abs. 1 SGB II; § 2 Abs. 1 SGB XII). Trotz der gerade im SGB II mit dem Grundsatz des Forderns (§ 2 SGB II) deutlich in den Vordergrund gerückten Selbsthilfeobliegenheiten und der Zielsetzung, die Leistungsberechtigten soweit wie möglich unabhängig von den Leistungen zu machen (§ 1 SGB XII), sind die Leistungen formell keine synallagmatische Gegenleistung für Leistungen/Aktivitäten der Hilfeempfänger.

7 Bei der Bemessung der zur Existenzsicherung bestimmten Leistungen sind die Systeme trotz aller Pauschalierung mit Unterschieden im Detail an einem (**typisierten, standardisierten**) **individuellen Bedarf** der Leistungsberechtigten orientiert. Kern ist die Bedarfsdeckung in einer aktuellen Situation. Es geht nicht um die Sicherung eines bestimmten (vormaligen) Lebensstandards oder die angemessene Entschädigung für erlittene Schäden. Zweck ist die bedarfsgerechte und -orientierte Sicherung des Lebensunterhaltes, der die Führung eines menschenwürdigen Lebens einschließlich eines Mindestmaßes an Teilhabe an der Gesellschaft gewährleistet. Dieser Orientierung an der Bedarfsgerechtigkeit korrespondiert, dass alle Systeme – wenn auch mit bewertungserheblichen Unterschieden in der Zielgenauigkeit und Flexibilität – für sich in Anspruch nehmen, den je-

---

11 Eine tabellarische Übersicht der Gemeinsamkeiten und Unterschiede gibt Kunkel ZfF 2011, 241.
12 Luthe/Dittmar, Fürsorgerecht, 2. Aufl. 2007, Rn. 4.
13 Sa Rothkegel (SGb 2006, 74) gegen Spellbrink (SGb 2005, 477); auch Waibel (ZfF 2005, 49) sieht eher einen eigenständigen Typus „Grundsicherung"; für die Anwendung des Art. 24 Abs. 2 RL 2004/38/EG sa EuGH Urt. v. 25.2.2016 – C-299/14 (Garcia-Nieto), InfAuslR 2016, 196.
14 Dazu Renn/Schoch (Lit.).
15 Zu Elementen unzureichender Existenzsicherung im GSiG ua wegen der Begrenzung des Regelsatzzuschlages für einmalige Beihilfen, der Außerachtlassung der Besonderheiten des Einzelfalles und der unzureichenden Berücksichtigung der tatsächlichen Lebenshaltungskosten im stationären Bereich sa Renn/Schoch (Lit.), Rn. 200 ff., 206.

weils anzuerkennenden notwendigen Lebensunterhalt auch tatsächlich zu decken (Bedarfsdeckungsgrundsatz; s. Kapitel 9). Das Leistungsniveau aller drei Systeme ist (mit höherer Flexibilität im Bereich der sozialhilferechtlichen Hilfe zum Lebensunterhalt) aufeinander abgestimmt. Unterschiede ergeben sich bei der Absicherung in der Kranken- und Pflegeversicherung.[16]

Die Grundsicherungsleistungen sind jeweils abhängig von der **Bedürftigkeit der Hilfesuchenden:** Diese dürfen ihren berücksichtigungsfähigen Bedarf insbesondere nicht aus eigenen Kräften und Mitteln einschließlich vorhandenen Einkommens und Vermögens decken können. Die **Subsidiarität** ist **Kern des Nachranggrundsatzes** (s. Kapitel 11). Art und Intensität des Zugriffs auf Einkommen und Vermögen weisen zwar im Detail nicht unbeträchtliche Unterschiede auf (dazu eingehend Kapitel 20). Sie zeigen sich neben dem Umfang des Vermögensschutzes und den Regeln über die Einkommensberechnung vor allem bei der Bestimmung der Hilfebedürftigkeit in einer Bedarfsgemeinschaftssituation.[17] Übereinstimmung besteht indes in der Grundstruktur, dass Einkommen und Vermögen vollständig einzusetzen ist, soweit es nicht durch Gesetz oder Rechtsverordnung ausdrücklich von der Anrechnung ausgenommen ist. Eine ähnliche Spreizung in der Ausgestaltung findet sich bei der im Ansatz übereinstimmenden Berücksichtigung von Unterhaltsansprüchen. Gemeinsam ist der Nachrang gegenüber sonstigen Formen der Selbsthilfe, der Hilfe anderer sowie den Leistungen von Trägern anderer Sozialleistungen. **8**

Ein systematischer Unterschied von praktisch allerdings geringer Reichweite liegt darin, dass die Hilfe zum Lebensunterhalt weiterhin dem **Kenntnisgrundsatz** folgt und keinen besonderen Antrag erfordert (§ 18 SGB XII), der für die Grundsicherungsleistungen als materieller Anspruchsvoraussetzung[18] zu stellen ist (§ 37 Abs. 1 SGB XII; § 41 Abs. 1 SGB XII). Für die Dauer der Gewährung sehen die Grundsicherungssysteme ungeachtet der monatsweisen Berechnung/Bemessung einen regelmäßig mehrmonatigen (nach § 41 Abs. 3 SGB II inzwischen regelmäßig zwölf Monate umfassenden) Regelbewilligungszeitraum vor, erfordern nach dessen Ablauf indes einen Folgeantrag, während die Hilfe zum Lebensunterhalt weiterhin nicht als (rentenähnliche) Dauerleistung ausgestaltet ist und strikt zeitabschnittsweise gewährt wird, bei fortbestehender Hilfebedürftigkeit aber keines Folgeantrages bedarf. **9**

Deutlich stärker als die beiden anderen Systeme betont die Grundsicherung für Arbeitsuchende die **Eigenverantwortung der Leistungsberechtigten.** Sie lässt als zentrales Ziel des Gesetzes (§ 1 Abs. 2 SGB II) die Sicherung eines menschenwürdigen Lebens (§ 1 Abs. 1 SGB II) in den Hintergrund treten; asymmetrisch und spannungsgeladen ist das Verhältnis des Grundsatzes des Forderns (§ 2 SGB II) zu dem des Förderns (§§ 14 ff. SGB II). Sie verzichtet auch auf einen ausdrücklichen Individualisierungsgrundsatz, den die Sozialhilfe betont (§ 9 Abs. 1 SGB XII), der sich aber als den Eingliederungsleistungen durch das Gebot passgenauer, auf individuelle Lebenssituation und Eingliederungsproblematik abgestimmte Hilfen (§ 3 Abs. 1 S. 2, § 15 SGB II) findet. **10**

Unterschiede, welche die „treffsichere" Zuordnung hilfebedürftiger Personen zu den Leistungssystemen erfordern, ergeben sich in der **Zuständigkeit** für die Gewährung existenzsichernder Leistungen und deren Finanzierung. Die Grundsicherung für Arbeitsuchende ist geprägt durch eine zwischen dem Bund (Bundesagentur für Arbeit) und der kommunalen Ebene gespaltene Leistungsträgerschaft (§§ 6, 6 a SGB II), bei welcher der Bund die finanzielle Hauptlast auch der Hilfe zum Lebensunterhalt trägt (§ 46 SGB II), **11**

---

16 Bis Einstellung der Übernahme von Rentenversicherungsbeiträgen im SGB II zum 31.12.2010 auch in Bezug auf eine Einbeziehung in die Rentenversicherung.
17 Dazu Korte/Thie in: LPK-SGB II § 9 Rn. 38 ff.
18 BSG 30.7.2008 – B 14/7 b AS 12/07 R; 28.10.2009 – B 14 AS 56/08 R, FEVS 61, 486; st. Rspr.

während für die Hilfe zum Lebensunterhalt in der Sozialhilfe außerhalb von Einrichtungen der (kommunale) örtliche Träger (§§ 3, 97 ff. SGB XII) die Verantwortung trägt, während der Bund inzwischen bei der Grundsicherung im Alter und bei der Erwerbsminderung im Ergebnis die Finanzverantwortung trägt (§ 46 a SGB XII). Die Systemzuordnung entscheidet mithin neben dem – auch im sozialgerichtlichen Verfahren in Anspruch zu nehmenden – Leistungsträger auch über die Finanzierungsverantwortung, die bei im Kern angeglichenem Leistungsniveau im Außenverhältnis zum Leistungsberechtigten weniger wichtig sein kann als im Innenverhältnis der Leistungsträger; für das SGB II sind daher besondere Streitschlichtungsmechanismen vorgesehen (§§ 44 a, 45 SGB II). Der in § 5 Abs. 2 Satz 2 SGB II geregelte Vorrang von Leistungen den dem 4. Kapitel SGB XII (Grundsicherung im Alter und bei Erwerbsminderung) schließt aber (ergänzende) Sozialgeldleistungen, zu denen es zB wegen der unterschiedlichen Vermögensanrechnungsregelungen kommen kann, nicht aus.[19]

II. Abgrenzungsprinzipien

12　Für die **Systemzuordnung** setzt der Gesetzgeber an (rechtlichen oder personalen) **Eigenschaften der leistungsberechtigten Personen** einschließlich ihrer spezifischen Beziehung zu anderen Personen an. Die sozialhilferechtliche **Hilfe zum Lebensunterhalt** ist in dem versäulten System dabei insoweit eine „Auffangleistung", als sie hilfebedürftigen Leistungsberechtigten gewährt wird, die nicht der Grundsicherung für Arbeitsuchende, dem Asylbewerberleistungsgesetz oder der Grundsicherung im Alter und bei Erwerbsminderung zuzuordnen sind. Kriterium der Systemzuordnung ist mithin nicht allein eine besondere Bedarfssituation einer Person. Auch bei gegebener wirtschaftlicher Hilfebedürftigkeit hängt sie davon ab, ob diese Person „Zusatzmerkmale" aufweist, die positiv Voraussetzungen der Leistungsgewährung im Rahmen der Grundsicherung für Arbeitsuchende bilden (Erwerbsfähigkeit; Zugehörigkeit zu einer bestimmten Altersgruppe; gewöhnlicher Inlandsaufenthalt; Bedarfsgemeinschaft mit leistungsberechtigter Person), oder Leistungen aufgrund bestimmter Eigenschaften (Aufenthaltsstatus; Erreichbarkeit; Ausbildungssituation; stationärer Aufenthalt; Leistungsberechtigung nach dem Asylbewerberleistungsgesetz) ausschließen (§ 7 SGB II).

13　Eine Besonderheit des SGB II ist, dass ungeachtet eines individuellen Leistungsanspruches[20] neben der primären Leistungsberechtigung der erwerbsfähigen Leistungsberechtigten (§ 7 Abs. 1 SGB II) auch Personen, die mit erwerbsfähigen Leistungsberechtigten in einer Bedarfsgemeinschaft leben, ohne selbst erwerbsfähige Leistungsberechtigte zu sein, einen insoweit **abgeleiteten** („**sekundären**") **Leistungsanspruch** haben (§ 7 Abs. 2 SGB II). Über das problematische (s. dazu Kapitel 18),[21] in der Rechtsprechung indes durchweg anerkannte[22] Rechtsinstitut der Bedarfsgemeinschaft werden so individueller Leistungsanspruch und Systemzuordnung gekoppelt, so dass die private Lebenssituation anspruchs- und pflichtenbegründende Wirkung erhält. Hieraus ergeben sich ua Schwierigkeiten für die Leistungsbemessung in den Fällen sog gemischter Bedarfsgemeinschaften[23] oder bei Einbezug bedürftiger, aber gegenüber dem erwerbsfähigen Leistungsberechtigten nicht unterhaltsberechtigter Personen in eine Bedarfsgemeinschaft.[24]

19　BSG 28.11.2018 – B 4 AS 46/17 R, Rn. 25, 30.
20　BSG 7.11.2006 – B 7 b AS 8/06 R, BSGE 97, 217 = FEVS 58, 259; 16.5.2012 – B 4 AS 164/11 R; st. Rspr.
21　Spellbrink NZS 2007, 121; Becker in: Eicher/Luik SGB II § 7 Rn. 76 ff.
22　BSG 7.11.2006 – B 7 b AS 18/06 R, FEVS 58, 271; st. Rspr.; sa BVerfG Beschl. v. 27.7.2016 – 1 BvR 371/11, BVerfGE 142, 353 (zu § 9 Abs. 2 Satz 2 SGB II); 23.7.2014 – 1 BvL 10/12, BVerfGE 137, 34 (gestufte Regelbedarfsbemessung).
23　S. etwa Rosenow SGb 2008, 282; Stephan SozSich 2009, 434; Wahrendorf Sozialrecht aktuell 2012, 50; sa BSG Urt. v. 12.12.2013 – B 14 AS 90/12 R, FEVS 65, 529; 19.8.2015 – B 14 AS 1/15 R, FEVS 67, 385.
24　Labrenz ZfF 2008, 217.

Die **Systemzuordnung** ist **grundsätzlich exklusiv.** Im Verhältnis der Leistungssysteme zu- **14** einander gilt der **Spezialitätsgrundsatz,** nicht ein Nachrangprinzip. Bei Leistungsberechtigung in einem der Systeme dem Grunde nach scheidet auch bei etwa unzureichenden Leistungen oder individuellen Leistungsausschlüssen eine ergänzende Leistung durch ein anderes Leistungssystem, insbes. die Hilfe zum Lebensunterhalt nach dem SGB XII, aus (§ 5 Abs. 2 SGB II; § 21 SGB XII). Diese vor allem von der kommunalen Ebene zur Kostenbegrenzung durchgesetzte Abschottung gilt nicht für die Sozialhilfe in unterschiedlichen Lebenslagen (§§ 47 ff. SGB XII). Dies hatte den „Ausweg" belassen, in besonderen Fällen unzureichende SGB II-Leistungen durch Hilfe in sonstigen Lebenslagen (§ 73 SGB XII) zu ergänzen (dazu → Kap. 25 Rn. 3, 46, 58);[25] mit der Einfügung einer Härteklausel in das SGB II selbst im Juni 2010 (§ 21 Abs. 6 SGB II)[26] ist die Anwendung des § 73 SGB XII im SGB II weitestgehend überflüssig geworden und auf Fälle nichtdauernder Bedarfe beschränkt.[27]

Für die **Leistungen aktiver Arbeitsförderung** verweist § 16 SGB II in erheblichem Um- **15** fang auf die im SGB III geregelten Leistungen. § 22 Abs. 4 SGB III wiederum nimmt erwerbsfähige Leistungsberechtigte auch dann, wenn sie arbeitslos sind, von zahlreichen Maßnahmen der aktiven Arbeitsförderung nach dem SGB III aus und ordnet sie so exklusiv dem SGB II-Regelkreis zu, nimmt hiervon aber erwerbsfähige Leistungsberechtigte mit einem Anspruch auf (Teil-)Arbeitslosengeld aus. Die Leistungsberechtigung nach dem SGB II dem Grunde nach kann insoweit eine graduelle Schlechterstellung bewirken, als die im SGB II in Bezug genommenen SGB III-Eingliederungsleistungen auch dann lediglich im Ermessen des SGB II-Leistungsträgers stehen, wenn nach dem SGB III ein gebundener Leistungsanspruch bestünde.

B. Grundsicherung für Arbeitsuchende

I. Überblick Zugangsvoraussetzungen

Zentralnorm für die Leistungsberechtigung im SGB II ist § 7 SGB II. Eine eigenständige, **16** nicht abgeleitete Leistungsberechtigung haben hiernach bei wirtschaftlicher Hilfebedürftigkeit – positiv – **erwerbsfähige Personen einer bestimmten Altersgruppe mit gewöhnlichem Inlandsaufenthalt** (§ 7 Abs. 1 S. 1 SGB II), die für den Leistungsträger erreichbar sind (§ 7 Abs. 4 a SGB II), soweit sie nicht – negativ – als Ausländer mit besonderem Aufenthaltsstatus oder -grund ausgenommen sind (§ 7 Abs. 1 S. 2 und 3 SGB II), in bestimmten stationären Einrichtungen untergebracht sind oder Altersrenten beziehen (§ 7 Abs. 4 SGB II).

Entgegen der Gesetzesbezeichnung ist nach § 7 Abs. 1 SGB II bereits die primäre Leis- **17** tungsberechtigung nicht auf „Arbeitsuchende" und ihre Angehörigen beschränkt. Insoweit ist die Gesetzesbezeichnung ungenau. Die **Erwerbsfähigkeit** ist objektiv an den legalen Arbeitsmarktzugang und die medizinische Fähigkeit zur Erwerbstätigkeit in bestimmtem Mindestumfang geknüpft (§ 8 Abs. 1 SGB II). Sie erfasst auch Personen, die nicht arbeitslos (§ 138 SGB III) oder für Vermittlungsbemühungen der Agentur für Arbeit verfügbar sind, weil sie (zeitweilig) berechtigterweise nicht zur Arbeitsmarktteilnahme verpflichtet sind. Bestimmte Gruppen arbeitsuchender Ausländer sind ausgeschlossen. Leistungsberechtigt sind auch vollschichtig Erwerbstätige, deren Einkommen nicht zur Deckung des Bedarfs aller Mitglieder der Bedarfsgemeinschaft ausreicht (sog Aufstocker). Von vornherein unabhängig von der Arbeitsuche ist die abgeleitete Leis-

---

25 Sa Groth (Lit.), 155 f.
26 Gesetz v. 27.5.2010, BGBl. I, 671; dazu Lauterbach ZfSH/SGB 2010, 403; Jaritz Sozialrecht aktuell 2010, 96; Klerks info also 2010, 56.
27 ZB Passbeschaffungskosten, dazu – mwN – LPK-SGB XII, 11. Aufl., § 73 Rn. 8.

tungsberechtigung der Mitglieder der Bedarfsgemeinschaft (§ 7 Abs. 3, 3 a SGB II), die mit dem Sozialgeld (§ 23 SGB II) eine auch gesondert bezeichnete Leistung erhalten.

II. Allgemeine Leistungsvoraussetzungen

1. Altersbegrenzung (§ 7 Abs. 1 S. 1 Nr. 1 SGB II)

18 Die klarste Begrenzung der originären Leistungsberechtigung ergibt sich aus der Beschränkung auf Personen, die das 15. **Lebensjahr vollendet** und die **allgemeine Rentenaltersgrenze** (§ 7 a SGB II), die ab 1.1.2012 über die Vollendung des 65. Lebensjahres hinaus stufenweise angehoben wird, noch nicht erreicht haben. Wegen der kalendertäglichen Berechnung (§ 41 Abs. 1 S. 1 SGB II) ist maßgeblich jeweils der Geburtstag. Der Beginn der Leistungsberechtigung ist abgestimmt auf das Alter, zu dem nach den Schulgesetzen der Länder frühestens die Vollzeitschulpflicht endet und eine Arbeitsmarktteilhabe dem Grunde nach in Betracht kommt.[28] Hiervon unberührt ist, dass der erfolgversprechende Besuch einer allgemeinbildenden weiterführenden Schule auch über die Schulpflicht hinaus regelmäßig als „wichtiger Grund" (§ 10 Abs. 1 Nr. 5 SGB II) der Ausübung einer Arbeit entgegensteht.[29]

19 Die **Berechnung des Lebensalters** bestimmt sich nach § 26 SGB X iVm § 187 Abs. 2 S. 2, § 188 Abs. 2 BGB. Es gilt das Geburtsdatum, das ein Leistungsberechtigter oder sein Angehöriger bei der Antragstellung erstmals angegeben hat, soweit nicht ein Schreibfehler vorliegt oder es durch Urkunden widerlegt[30] ist (§ 33 a SGB X).

2. Erwerbsfähigkeit (§ 7 Abs. 1 S. 1 Nr. 2, § 8 SGB II)

20 Für die Systemabgrenzung zentrale Bedeutung hat die persönliche Leistungsvoraussetzung der „**Erwerbsfähigkeit**" (§ 7 Abs. 1 S. 1 Nr. 2 SGB II).[31] Sie ist in § 8 SGB II näher ausgeformt und umfasst die gesundheitliche bzw. medizinische Erwerbsfähigkeit (§ 8 Abs. 1 SGB II) und – bei Ausländern – den für deutsche Staatsangehörige stets eröffneten legalen Arbeits(markt)zugang (§ 8 Abs. 2 SGB II). Neben der rechtlichen Dimension transportiert die zentrale Bedeutung, die der Erwerbsfähigkeit im SGB II beigemessen wird, die problematische Normalitätsvorstellung[32] einer Arbeitsgesellschaft, in der lebenslange Erwerbsarbeit – als Pflicht und Möglichkeit – wirtschaftliche Grundlage der Lebensführung und gelungener gesellschaftlicher Integration ist.

21 Erwerbsfähigkeit ist **nicht** identisch mit **Verfügbarkeit** (§ 138 Abs. 1 Nr. 3, Abs. 5 SGB III) als der Fähigkeit, eine versicherungspflichtige, mindestens 15 Stunden wöchentlich umfassende zumutbare Beschäftigung unter den üblichen Bedingungen des für den Leistungsberechtigten in Betracht kommenden Arbeitsmarktes auszuüben, *und* die tatsächliche Bereitschaft, eine solche Beschäftigung auch anzunehmen und auszuüben. Erwerbsfähig ist auch derjenige, der (zeitweilig) zur Arbeitsmarktteilnahme nicht verpflichtet ist, zB wegen Erziehung und Betreuung eines Kindes unter drei Jahren (§ 10 Abs. 1 Nr. 3 SGB II).

22 Als Leistungsvoraussetzung trägt der Leistungsberechtigte die Darlegungs- und ggf. materielle Beweislast für die rechtsbegründende Tatsache, dass er nach seinem (Rest-)Leistungsvermögen tatsächlich erwerbsfähig ist. Solange dies nicht im Rahmen der Ermitt-

---

28 S. etwa § 27 Abs. 1 iVm § 28 Abs. 2 SächsSchulG.
29 Armborst in: LPK-SGB II § 10 Rn. 31; Böttiger in: Eicher/Luik SGB II, 4. Aufl. 2017, § 10 Rn. 114 f.
30 Dazu etwa BSG 5.4.2001 – B 13 RJ 35/00 R, BSGE 88, 89; 19.5.2004 – B 13 RJ 26/03 R, SozR 4–1200 § 33 a Nr. 2.
31 Zu den Schnittstellen sa Palsherm, Arbeitslosigkeit, Arbeitsunfähigkeit und volle Erwerbsminderung im System von SGB III und SGB XII, in: Sozialstaat und Europa, 2016, 71.
32 Rixen ArchSozArb 2008, 46 ff.

lung von Amts wegen[33] (abschließend) geklärt ist und die Erwerbsfähigkeit (auch zwischen Leistungsträgern) im Streit steht, haben die SGB II-Leistungsträger Leistungen der Grundsicherung für Arbeitsuchende zu erbringen (§ 44 a Abs. 1 S. 7 SGB II). Dies soll verhindern, dass sich der Streit über die Erwerbsfähigkeit eines Leistungsberechtigten für diesen so auswirkt, dass er weder von den Leistungsträgern des SGB II noch denen des SGB XII Leistungen erhält.[34]

a) Gesundheitliche Erwerbsfähigkeit (§ 8 Abs. 1 SGB II)

Aus **gesundheitlicher Perspektive** ist erwerbsfähig, wer nicht wegen Krankheit oder Behinderung auf absehbare Zeit außerstande ist, unter den üblichen Bedingungen des allgemeinen Arbeitsmarktes mindestens drei Stunden täglich erwerbstätig zu sein (§ 8 Abs. 1 SGB II). Diese sprachlich nicht geglückte[35] Legaldefinition knüpft an die rentenrechtliche Regelung (§ 43 Abs. 2 S. 2 SGB VI) an,[36] ohne mit ihr identisch zu sein.[37] Sie ist auch nicht mit der Arbeitsfähigkeit im krankenversicherungsrechtlichen Sinne gleichzusetzen, die sich nach der zuletzt verrichteten oder gleichwertigen Tätigkeit richtet (§ 44 SGB V). Aus dem Leistungssystems des SGB II sollen grundsätzlich nur solche Personen ausgeschlossen sein, bei denen volle Erwerbsminderung vorliegt und deren soziale Basissicherung bei entsprechender Bedürftigkeit dann regelmäßig durch die Grundsicherung im Alter und bei Erwerbsminderung (§ 41 ff. SGB XII) erfolgen soll.

23

aa) Krankheit oder Behinderung

Für die Erwerbsfähigkeit sind nur solche **Beschränkungen** beachtlich, **die auf Krankheit oder Behinderung beruhen.** Soziale Einschränkungen oder sonstige Gründe, welche die Fähigkeit und/oder Bereitschaft zur Arbeitsmarktteilnahme beeinträchtigen, zB fehlende Sprachkenntnisse oder Analphabetismus, lassen die Erwerbsfähigkeit unberührt und können allenfalls eine Arbeitsaufnahme iSd § 10 SGB II konkret unzumutbar machen. Bloße Vorbehalte der Umwelt gegen die Auswirkungen von Krankheit oder eine Infektion, die aufgrund von Vorurteilen die Arbeitsmarktchancen (noch immer) vermindern mag (zB HIV-positiv), reichen ebenfalls nicht aus.[38]

24

Krankheit ist eine akute regelwidrige körperliche, geistige oder seelische Befindlichkeit, welche die Erwerbsfähigkeit einschränkt, gleichgültig, ob eine Behandlungsmöglichkeit oder -bedürftigkeit besteht oder Arbeitsunfähigkeit vorliegt.[39] Dieser Krankheitszustand kann physischer oder psychischer Art sein. Feststellung und Gewichtung physischer Krankheiten, welche die Erwerbsfähigkeit beeinträchtigen können, bereiten regelmäßig keine größeren Schwierigkeiten. Psychische Störungen und Erkrankungen können die Erwerbsfähigkeit beeinträchtigen, wenn sie bei gebotener Willensanstrengung aus eigener Kraft nicht überwunden werden können.[40] Sie sind abzugrenzen gegen eine (möglicherweise auch durch psychische Störungen mit beeinflusste) unzureichende Bereitschaft, erwerbstätig zu sein, eine übersteigerte Darstellung der Einschränkungen des Leistungsvermögens durch einen sich nicht mehr leistungsfähig fühlenden Leistungsberechtigten (Aggravation) oder einer bloßen Vorstellung, nicht mehr leistungsfähig zu sein („Rentenneurose"), soweit sie sich noch nicht als psychische Fehlhaltung so verfestigt hat, dass sie ein der Willenssteuerung des Betroffenen entzogenes, unabhängiges

25

---

33 LSG NRW 23.5.2007 – L 19 B 47/07 AS ER.
34 BSG 7.11.2006 – B 7 b AS 10/06 R, FEVS 58, 248.
35 Loose/Loose in: GK-SGB II § 8 Rn. 5 („redaktionelles Versehen").
36 BT-Drs. 15/1516, 52.
37 BSG 7.11.2006 – B 7 b AS 10/06 R, FEVS 58, 248.
38 BSG 8.11.1995 – 14/4 RA 93/94, SozR 3–2600 § 44 Nr. 5.
39 BSG 25.5.1961 – 5 RKn 3/60, BSGE 14, 207.
40 BSG 6.9.2001 – B 5 RJ 44/00 R; 1.7.1964 – 11/1 RA 158/61, BSGE 21, 189; stRspr.

und wirkliches Arbeitshindernis bildet.[41] Für die Beurteilung kann angeknüpft werden an die Handreichungen der Deutschen Rentenversicherungsträger,[42] die ihrerseits zurückgreifen auf von der WHO verabschiedete Klassifikationssysteme.[43] Abgrenzungsprobleme ergeben sich hier vor allem für Personen, die aufgrund ihrer Suchtmittelabhängigkeit tatsächlich nicht am Arbeitsmarkt teilnehmen können.[44]

26 Nach der Legaldefinition in § 2 Abs. 1 Satz 1 SGB IX sind Menschen mit **Behinderung** solche, die körperliche, seelische, geistige oder Sinnesbeeinträchtigungen haben, die sie in Wechselwirkung mit einstellungs- und umweltbedingten Barrieren an der gleichberechtigten Teilhabe an der Gesellschaft mit hoher Wahrscheinlichkeit länger als sechs Monate hindern können. Dies kann, muss aber nicht auf einem regelwidrigen körperlichen, geistigen oder seelischen Zustand (Krankheit) gründen.

27 Personen, die in einer **Werkstatt für behinderte Menschen** tätig sind, gelten nicht schon kraft Gesetzes als voll erwerbsgemindert (§ 43 Abs. 2 S. 3 Nr. 1 SGB VI iVm §§ 2, 3 WerkstättenVO);[45] es muss hinzukommen, dass die Person wegen Art und Schwere ihrer Behinderung tatsächlich auf dem allgemeinen Arbeitsmarkt nicht einsatzfähig ist.[46]

28 Krankheit oder Behinderung müssen für die **Beeinträchtigung der Erwerbsteilhabe** ursächlich sein („wegen"). Dies ist nicht der Fall, wenn andere Ursachen hinzutreten und die krankheits- oder behinderungsbedingten Funktionsbeeinträchtigungen nicht mehr die wesentliche Ursache für das Herabsinken der Erwerbsfähigkeit bilden.[47]

bb) Mindestens drei Stunden

29 Das qualitative und **quantitative (Rest)Leistungsvermögen** muss ausreichen, um – ohne weitere Schädigung der Gesundheit[48] – mindestens drei Stunden täglich erwerbstätig zu sein. Es gilt ein rein zeitlicher Maßstab. Leistungseinschränkungen in Bezug auf Einzeltätigkeiten innerhalb dieses Zeitraumes (zB der Ausschluss von Tätigkeiten in Nässe oder Kälte oder solchen, die besondere Fingerfertigkeit erfordern, spezielle Anforderungen an das Seh-, Hör- oder Konzentrationsvermögen stellen oder belastende Körperhaltungen bedingen; Ausschluss des Hebens oder Tragens schwerer Lasten) oder positive Anforderungen an die Tätigkeit (zB Wechsel zwischen sitzender und stehender Tätigkeit) sind grundsätzlich unerheblich.[49] Sie dürfen aber für sich allein oder in der Summierung nicht eine so ungewöhnliche Leistungseinschränkung zufolge haben, dass sie die allgemein üblichen Arbeitsmarktbedingungen verlassen;[50] ein solcher „Seltenheitsfall" kann zB bei der krankheitsbedingten Notwendigkeit zu (betriebs)unüblichen Arbeitsunterbrechungen der Fall sein, die auch nicht durch Verteilzeiten aufgefangen werden können.[51]

---

41 LSG LSA 6.6.2002 – L 2 AL 108/01, info also 2002, 352.
42 Deutsche Rentenversicherung, Leitlinie für die sozialmedizinische Beurteilung psychischer Störungen, August 2012.
43 S. eingehend Stahlmann, in: ders. ua, Recht und Praxis der Ein-Euro-Jobs, Frankfurt/M. 2006, 182 ff.; Armborst in: LPK-SGB II § 8 Rn. 9; sa VDR (Hrsg.), Abschlussbericht der Kommission zur Weiterentwicklung der Sozialmedizin in der gesetzlichen Rentenversicherung (SOMEKO), Bad Homburg 2004.
44 Spindler RuP 2009, 27 ff.; sa BSG 11.5.2000 – B 13 RJ 43/99 R.
45 AA Armborst in: LPK-SGB II § 8 Rn. 19.
46 LSG RhPf 29.9.2009 – L 3 AS 24/08; BSG 23.3.2010 – B 8 SO 17/09 R, FEVS 62, 345; sa LSG NRW 17.4.2014 – L 19 AS 485/14 B ER; SchlHLSG 18.3.2015 – L 9 SO 41/12, RdLH 2016, 24.
47 S. – zur Berufsunfähigkeitsrente – BSG 14.5.1996 – 4 RA 60/94, BSGE 78, 207.
48 BSG 27.1.1981 – 5b/5 RJ 58/79, SozR 2200 § 1247 Nr. 31.
49 BSG 1.3.1984 – 4 RJ 43/83, SozR 2200 § 1246 Nr. 117.
50 BSG 19.12.1996 – GS 2/95, SozR 3-2600 § 44 Nr. 8.
51 Zu Beispielsfällen aus der Rechtsprechung s. etwa Loose/Loose in: GK-SGB II § 8 Rn. 42 ff.; S. Blüggel in: Eicher/Luik SGB II § 8 Rn. 34 ff.

Nicht auf die Drei-Stunden-Frist anzurechnen sind die **Wegezeiten**. Die „Wegefähig- **30** keit"[52] als das Vermögen des Hilfeempfängers, einen Arbeitsplatz außerhalb der Wohnung trotz Behinderung oder Krankheit auch erreichen zu können, muss indes bestehen; dies erfordert, dass trotz einer Leistungsminderung die Fähigkeit bestehen muss, viermal täglich einen Fußweg zum Arbeitsplatz bzw. zu öffentlichen Verkehrsmitteln von mind. 500 m zurücklegen zu können,[53] wobei der Zeitaufwand hierfür 20 Minuten nicht überschreiten darf.[54]

Das Leistungsvermögen ist unabhängig von der konkreten **Arbeitsmarktlage oder Ver- 31 mittelbarkeit** zu bestimmen.[55] Bei dem Bezug einer sog „Arbeitsmarktrente" auf Zeit (§ 43 Abs. 2 S. 3, § 102 Abs. 2 SGB VI), die in der Rentenversicherung gewährt wird, wenn bei einem quantitativen Leistungsvermögen von drei bis sechs Stunden der Arbeitsmarkt verschlossen ist, weil die Vermittlung in einen geeigneten (Teilzeit-)Arbeitsplatz ausgeschlossen ist,[56] ist die Erwerbsfähigkeit nach SGB II gegeben.[57]

cc) Übliche Bedingungen des allgemeinen Arbeitsmarktes

Der allgemeine Arbeitsmarkt umschließt alle Erwerbstätigkeiten, für die zumindest in **32** einem Teilarbeitsmarkt Nachfrage und Angebot für eine marktvermittelte Tätigkeit bestehen. Auf die Qualität der Arbeit oder die erforderliche Qualifikation kommt es hierbei nicht an. Nicht umfasst sind „**Sonderarbeitsmärkte**" für Tätigkeiten außerhalb des allgemeinen Arbeitsmarktes, zum Beispiel in Werkstätten für behinderte Menschen (§§ 43 Abs. 2 S. 2 SGB VI), Arbeitshilfeplätze (§§ 54 Abs. 1 S. 1, § 68 Abs. 1 S. 1 SGB XII) oder Schonarbeitsplätze im Unternehmen oder Tätigkeiten in besonderen Situationen (zB innerhalb des Strafvollzuges).

Die **üblichen Bedingungen des Arbeitsmarktes** umfassen alle näheren Umstände von Ar- **33** beit (Lage, Dauer und Verteilung der Arbeitszeit,[58] Art und Ort der geschuldeten Arbeitsleistung, Art der Tätigkeit und die hierfür erforderlichen Qualifikationen; Pausenregelungen). Üblich sind die Bedingungen dann, wenn sie in zumindest beachtlichem Umfange tatsächlich im Arbeitsleben anzutreffen[59] und rechtlich statthaft (zB nicht durch Arbeitsschutzregelungen[60] ausgeschlossen) sind. Unter diesen üblichen Bedingungen des allgemeinen Arbeitsmarktes ist eine Erwerbstätigkeit regelmäßig dann nicht mehr möglich, wenn eine Summierung ungewöhnlicher Leistungseinschränkungen oder eine schwere spezifische Leistungsbehinderung vorliegt.[61]

dd) Nicht absehbare Zeit

Die (vollständige) krankheits- oder behinderungsbedingte Erwerbsbeeinträchtigung **34** muss auf nicht absehbare Zeit bestehen; der missglückte Gesetzeswortlaut ist insoweit redaktionell zu korrigieren.[62] Dies ist der Fall, wenn bei der gebotenen Prognose die Erwerbsfähigkeit voraussichtlich innerhalb von sechs Monaten nicht wieder – zumindest

---

52 Valgolio in: Hauck/Noftz SGB II § 8 Rn. 57; sa BSG 6.6.1986 – 5 b RJ 52/85, SozR 2200 § 1247 Nr. 47.
53 BSG 21.2.1989 – 5 RJ 61/88, SozR 2200 § 1247 Nr. 56.
54 BSG 17.12.1991 – 13/5 RJ 73/90, SozR 3–2200 § 1247 Nr. 10.
55 LSG Hmb 24.6.2016 – L 4 SO 47/14; BSG 21.12.2009 – B 14 AS 42/08 R, FEVS 62, 15.
56 BSG 14.5.1996 – 4 RA 60/94, SozR 3–2600 § 43 Nr. 13; 10.7.2002 – B 13 RJ 10/04 R.
57 BSG 21.12.2009 – B 14 AS 42/08 R, BSGE 105, 201; BayLSG 9.9.2009 – L 18 SO 52/09 B; Rixen info also 2006, 153 (157 f.); Blüggel in: Eicher/Luik SGB II, 4. Aufl. 2017, § 8 Rn. 44; Loose/Loose in: GK-SGB II § 8 Rn. 35; krit. Hackethal in: jurisPK-SGB II § 8 Rn. 23.
58 BSG 19.6.1979 – 7 RAr 12/78, SozR 4100 § 103 Nr. 23.
59 BSG 21.7.1977 – 7 RAr 132/75, SozR 4100 § 134 Nr. 3.
60 Sa – zur „Nichterwerbsfähigkeit" nach § 28 Abs. 1 S. 3 Nr. 4 SGB II bei einem 5-jährigen Kind mit Blick auf das Verbot der Kinderarbeit nach § 5 JugendarbeitsschutzG – LSG NRW 11.12.2008 – L 9 AS 34/08.
61 BSG (GS) 19.12.1996 – GS 2/95, BSGE 80, 24.
62 Blüggel in: Eicher/Luik SGB II § 8 Rn. 29 f.

teilweise – hergestellt werden kann.[63] Dabei sind Maßnahmen der medizinischen Rehabilitation (§ 26 SGB IX) mit zu berücksichtigen, die bestimmt und geeignet sind, die Gründe für die Beeinträchtigung der Erwerbsfähigkeit zu mildern oder zu beseitigen (zB Suchttherapie).

ee) Feststellungsverfahren

35 Die Feststellung, ob der Arbeitsuchende erwerbsfähig und damit leistungsberechtigt ist, trifft die BA (§ 44 a SGB II), die hierfür auch auf hinreichend aktuelle[64] ärztliche Unterlagen anderer Leistungsträger und deren medizinische Dienste zurückgreifen kann.[65] Die Feststellung einer vollen Erwerbsminderung im Rentenverfahren entfaltet für diese Feststellung keine Bindungswirkung;[66] die BA ist aber an eine gutachterliche Stellungnahme des Rentenversicherungsträgers gebunden, die im Verfahren der Feststellung der Erwerbsfähigkeit eingeholt worden ist (§ 44 a Abs. 1 S. 6 SGB II) oder hierfür bereits vorliegt (§ 44 a Abs. 1 a S. 2 SGB II).

36 Die Feststellung der Erwerbsfähigkeit bereitet im Außenverhältnis zum Leistungsberechtigten die Leistungsentscheidung lediglich vor und ist kein selbstständig angreifbarer Verwaltungsakt. Der Leistungsberechtigte ist verpflichtet, an den für die Feststellung erforderlichen Untersuchungen mitzuwirken.

b) Rechtliche Erwerbsfähigkeit bei Ausländern (§ 8 Abs. 2 SGB II)

37 Die Sonderregelung zur (normativen) **Erwerbsfähigkeit von Ausländern** ergänzt die Ausschlussbestimmungen (§ 7 Abs. 1 S. 2 SGB II) für bestimmte Ausländergruppen und setzt einen gewöhnlichen Inlandsaufenthalt voraus. Erwerbsfähigkeit ist hiernach nur anzunehmen, wenn dem Ausländer die Aufnahme einer Beschäftigung erlaubt ist oder erlaubt werden könnte (§ 8 Abs. 2 SGB II). Entscheidend ist der rechtmäßige Zugang zum (deutschen) Arbeitsmarkt.[67]

38 Umfassenden, genehmigungsfreien Zugang zum inländischen Arbeitsmarkt haben **Staatsangehörige der EU-Mitgliedstaaten** (und ihnen Gleichgestellte) (§ 1 Abs. 2 Nr. 1 AufenthG iVm FreizügG/EU), soweit ihre Freizügigkeit nicht (wie bei den zum 1.5.2004 beigetretenen Staaten) übergangsweise beschränkt war. Ausländer mit einem Aufenthaltsrecht nach dem Assoziationsabkommen EWG/Türkei haben nach Maßgabe ihres Aufenthaltsstatus und des Ersitzungsrechts einen ggf. genehmigungsfreien Arbeitsmarktzugang.[68] Drittstaatler haben legalen Zugang zum Arbeitsmarkt nur dann, wenn ihr Aufenthaltstitel sie zur Ausübung einer Erwerbstätigkeit berechtigt (§ 4 Abs. 3 AufenthG). Dies ist insbesondere bei der allgemeinen Niederlassungserlaubnis (§ 9 Abs. 1 AufenthG) und ihren besonderen Ausformungen (§§ 19, 19 a ff., 28 Abs. 2, 35 und 38 Abs. 1 S. 1 AufenthG), der Erlaubnis zum Daueraufenthalt-EG (§ 9 a AufenthG) und der (befristeten) Aufenthaltserlaubnis zum Zwecke der Erwerbstätigkeit (§§ 18 bis 20 ff. AufenthG) der Fall. Bei weiteren Aufenthaltstiteln ist jeweils im Einzelfall zu prüfen, ob und in welchem Umfange die Aufnahme einer Beschäftigung kraft Gesetzes oder im Einzelfall gestattet bzw. durch Nebenbestimmung beschränkt oder ausgeschlossen ist.[69] International Schutzberechtigte, also anerkannte Flüchtlinge und subsidiär

---

63 BSG 30.5.1984 – 5 a RKn 18/83.
64 LSG BW 26.10.2006 – L 13 AS 4113/06 ER-B.
65 Loose/Loose in: GK-SGB II § 8 Rn. 53.
66 LSG Bln-Bbg 22.8.2008 – L 20 B 947/08.
67 Überblick durch Körtek/Reidel, Arbeitsmarktzugang für Ausländer, Regensburg 2016; Deutscher Verein.
68 Eingehend Gutmann in: GK-AufenthG Art. 6 1/80 EWG/Türkei Rn. 76 ff., Art. 7 Rn. 79 ff.
69 Der Entwurf der Bundesregierung eines Fachkräfteeinwanderungsgesetzes (BR-Drs. 7/19 v. 4.1.2019) zielt insoweit auf eine grundlegende Neufassung der Abschnitte 3 und 4 des Aufenthaltsgesetzes, nach der ua Aufenthaltstitel regelmäßig den legalen Arbeitsmarktzugang eröffnen, soweit dies nicht ausdrücklich ausgeschlossen ist.

Schutzberechtigte (§ 1 Abs. 1 Nr. 2 AsylG), haben kraft Unionsrechts (Art. 26 RL 2011/95/EU) einen Inländern vergleichbaren Arbeitsmarktzugang.[70] Bei Arbeitsmarktzugang von Schutzsuchenden, die sich noch im Verfahren befinden, und bestimmten Gruppen von ausreisepflichtigen Personen greift unabhängig vom differenziert geregelten (§§ 31, 32 BeschV) Arbeitsmarktzugang[71] der Ausschluss von nach dem Asylbewerberleistungsgesetz Leistungsberechtigten.

Bei bestehender Genehmigungspflicht einer Erwerbstätigkeit unproblematisch sind die **39** Fälle, in denen die Aufnahme einer Beschäftigung tatsächlich erlaubt ist. Indes reicht aus, dass die **Aufnahme einer Beschäftigung „erlaubt werden könnte".** § 8 Abs. 2 S. 2 SGB II[72] stellt klar, dass die rechtliche Möglichkeit ausreichend ist, also die abstrakt-generelle Möglichkeit für eine Arbeitsgenehmigung oder einen entsprechenden Aufenthaltstitel,[73] und nicht zu prüfen ist, ob nach den Umständen des Einzelfalles und der jeweils maßgeblichen Arbeitsmarktlage der Ausländer eine konkrete Aussicht auf Erteilung einer Beschäftigungserlaubnis oder eines entsprechenden Aufenthaltstitels hat.[74]

3. Hilfebedürftigkeit

Die **(wirtschaftliche) „Hilfebedürftigkeit" als Leistungsvoraussetzung** formt den Nach- **40** rang der SGB II-Leistungen aus. Nach der Legaldefinition des § 9 Abs. 1 SGB II liegt Hilfebedürftigkeit vor, wenn jemand seinen Lebensunterhalt nicht aus dem zu berücksichtigenden Einkommen oder Vermögen und die erforderliche Hilfe nicht von anderen, insbesondere von Angehörigen oder anderen Sozialleistungsträgern, erhält. Diese Neufassung der Nachrangklausel[75] verzichtet darauf, schon die wirtschaftliche Hilfebedürftigkeit an das Unvermögen zu knüpfen, seinen Lebensunterhalt durch Aufnahme einer zumutbaren Arbeit zu bestreiten (so noch § 9 Abs. 1 Nr. 1 SGB II [aF]). Dies lässt die Obliegenheit unberührt, die Arbeitskraft zur Beschaffung des Lebensunterhalts für sich selbst und die in einer Bedarfsgemeinschaft lebenden Personen einzusetzen.

Unter welchen Voraussetzungen und in welchem Umfang eigenes **Einkommen oder Ver-** **41** **mögen** anzurechnen sind, regeln abschließend §§ 11 ff. SGB II (dazu Kapitel 20 und 21); eine Anrechnung, die unmittelbar auf § 9 Abs. 1 SGB II gestützt wird, scheidet aus. Hilfebedürftigkeit liegt auch vor, wenn die sofortige Verwertung von Vermögen unmöglich ist oder sie eine besondere Härte bedeutete; die Leistungen sind dann als Darlehen zu erbringen (→ Kap. 21 Rn. 19, 105). Die Anrechnung fremden Einkommens ist innerhalb einer Einsatzgemeinschaft vorgesehen, die an eine Bedarfsgemeinschaft anknüpft (§ 9 Abs. 2 SGB II);[76] hier war teils strittig, inwieweit die Einkommensanrechnung, zB in sog Stiefkinderfällen[77] oder bei nicht mehr unterhaltsberechtigten Kindern, zu rechtfertigen ist; das Bundesverfassungsgericht[78] geht davon aus, dass bei der Ermittlung der Bedürftigkeit für die Gewährung existenzsichernder Leistungen grundsätzlich unabhängig von einem Unterhaltsanspruch das Einkommen und Vermögen von Perso-

---

70 Sa Siefert ZESAR 2016, 401.
71 Strübing Asylmagazin 2015, 62; Siefert ZESAR 2016, 401; sa Weiser Asylmagazin 2012 Beilage zu Heft 10 (September 2012).
72 Eingefügt durch Gesetz v. 24.3.2011, BGBl. I, 453.
73 S. etwa BT-Drs. 15/1516, 52; Nr. 8.14 DH-BA; SG Dessau 21.7.2005 – S 9 AS 386/05 ER; LSG Bln-Bbg 27.9.2007 – L 32 B 1558/07 AS ER, FEVS 59, 212.
74 So noch – jeweils mwN – Brühl in: LPK-SGB II, 3. Aufl. (2009), § 8 Rn. 32; Blüggel in: Eicher/Spellbrink SGB II, 2. Aufl. 2009, § 8 Rn. 68 f.
75 Durch Gesetz v. 24.3.2011, BGBl. I, 453.
76 Zum Sonderfall der Drei-Generationen-Bedarfsgemeinschaft s. BSG 17.7.2014 – B 14 AS 54/13 R, BSGE 116, 200.
77 BSG 13.11.2008 – B 14 AS 2/08 R, BSGE 102, 76; 18.2.2010 – B 4 AS 5/09 R, info also 2010, 185.
78 BVerfG 27.7.2016 – 1 BvR 371/11, BVerfGE 142, 353; sa Beschl. v. 29.5.2013 – 1 BvR 1083/09, ZfSH/SGB 2013, 579.

nen berücksichtigt werden kann, von denen in der familiären Gemeinschaft zumutbar zu erwarten ist, dass sie tatsächlich füreinander einstehen und „aus einem Topf" wirtschaften. Eine Zurechnung fremden Einkommens oder Vermögens kommt auch bei Zusammenleben in einer Haushaltsgemeinschaft mit Verwandten oder Verschwägerten in Betracht, soweit dies – nach Maßgabe von § 1 Abs. 2 Alg II-V[79] – nach deren Einkommen und Vermögen erwartet werden kann.[80]

4. Gewöhnlicher Inlandsaufenthalt (§ 7 Abs. 1 S. 1 Nr. 4 SGB II)

42 Die leistungsberechtigte Person muss im Bundesgebiet ihren „gewöhnlichen Aufenthalt" haben. Es gilt die Legaldefinition des § 30 Abs. 3 S. 2 SGB I,[81] nach der jemand dort seinen gewöhnlichen Aufenthalt hat, wo er sich unter Umständen aufhält, die erkennen lassen, dass er an diesem Ort und in diesem Gebiet nicht nur vorübergehend verweilt. Regelmäßig geht es um den Schwerpunkt der Lebensbeziehungen, der gegen einen bloß vorübergehenden Aufenthalt ohne Willen zur (auch nur vorübergehenden) Niederlassung abzugrenzen ist.[82] Bei tatsächlichem Willen zur Begründung eines solchen Lebensmittelpunktes kommt es nicht auf eine bestimmte Mindestaufenthaltsdauer[83] oder die ordnungsbehördliche Meldung[84] an, der lediglich Indizwirkung zukommt. Minderjährige Kinder haben ihren gewöhnlichen Aufenthalt regelmäßig bei dem (personensorgeberechtigten) Elternteil, bei dem sie sich tatsächlich aufhalten und betreut werden.[85]

43 Ein „gewöhnlicher Aufenthalt" erfordert nicht einen (festen) Wohnsitz oder die Verfügung über eine Wohnung. Erwerbsfähige Personen ohne festen Wohnsitz (Obdachlose; Nichtsesshafte), die sich aber durchgängig im Bundesgebiet aufhalten (dürfen), verfügen über einen gewöhnlichen Inlandsaufenthalt.[86] Dies bestätigt, dass bei nicht festzustellendem gewöhnlichen Aufenthalt an einem bestimmten Ort für die Leistungsgewährung der Ort des tatsächlichen Aufenthalts zuständig ist (§ 36 Abs. 3 S. 1 SGB II). Um für diesen vom Gesetz ausweislich der Zuständigkeitsnorm ersichtlich umfassten Personenkreis die Leistungsberechtigung nicht ins Leere laufen zu lassen, muss das Erreichbarkeitserfordernis (§ 7 Abs. 4 a SGB II)[87] jedenfalls dahin modifiziert werden, dass der Leistungsberechtigte sich regelmäßig bei dem Leistungsträger selbst oder einer anerkannten Beratungs- und Betreuungseinrichtung im Zuständigkeitsbereich des Trägers meldet.[88]

44 Die einschränkenden Sonderregelungen für Ausländer (§ 7 Abs. 1 S. 2 SGB II) stellen diese nicht vom allgemeinen Erfordernis des gewöhnlichen Inlandsaufenthaltes frei.[89] Auch bei den Ausländern, die nicht schon als Leistungsberechtigte nach dem Asylbewerberleistungsgesetz ausgeschlossen sind, muss der persönliche Aufenthaltsstatus so gefestigt sein, dass er einen dauernden Inlandsaufenthalt bereits ermöglicht (zB Niederlassungserlaubnis), oder jedenfalls in dem Sinne verfestigungsoffen sein, dass nach dem maßgeblichen Aufenthaltsrecht ein nicht nur vorübergehender Inlandsaufenthalt (recht-

---

79 BSG 19.2.2009 – B 4 AS 68/09, FEVS 61, 1; 27.1.2009 – B 14 AS 6/08 R, NZS 2009, 681.
80 BSG 27.1.2009 – B 14 AS 6/08 R, NZS 2009, 681; 18.2.2010 – B 14 AS 32/08 R; 19.10.2016 – B 14 AS 53/15 R, FEVS 68, 501; zur Bemessung sa LSG Nds-Brem 19.5.2017 – L 11 AS 638/13.
81 Sa BT-Drs. 15/1516, 52.
82 LSG Bln-Bbg 24.1.2006 – L 18 B 37/06 AS ER.
83 BVerwG 18.5.2000 – 5 C 27.99, FEVS 51, 546.
84 SächsLSG 31.1.2008 – L 3 B 465/07 AS ER; BSG 24.6.1998 – B 14 KG 2/98 R, SozR 3–5870 § 2 Nr. 40.
85 BVerwG 26.9.2002 – 5 C 46.01, FEVS 54, 198.
86 Korte/Thie in: LPK-SGB II § 7 Rn. 15; A. Loose in: GK-SGB II § 7 Rn. 27.
87 Klerks info also 2014, 7; Hammel ZfSHS/SGB 2012, 69.
88 LSG Bln-Bbg 3.4.2009 – L 29 B 2228/07 AS ER.
89 LSG NRW 17.4.2008 – L 7 B 70/08 AS ER, FEVS 60, 21; LSG Nds-Brem 14.1.2008 – L 8 SO 88/07, NDV-RD 2008, 53.

mäßig) möglich ist.[90] Bei Ausländern, die nicht aus EU-Staaten kommen, bedarf es schon für den gewöhnlichen Aufenthalt[91] regelmäßig eines Aufenthaltstitels (§§ 4 ff. AufenthG), der einen rechtmäßigen Aufenthalt (auch zum Zwecke der Erwerbstätigkeit) ermöglicht und, soweit er befristet ist, offen für den Übergang in einen Daueraufenthalt ist. Dies ist inzwischen bei fast allen befristeten Aufenthaltstiteln der Fall.[92] Bei EU-Ausländern folgt deren Befugnis zum dauernden Inlandsaufenthalt regelmäßig bereits aus dem Unionsrecht.[93]

5. Abgeleitete Leistungsberechtigung der Mitglieder der Bedarfsgemeinschaft

Personen, die mit einem erwerbsfähigen Hilfeempfänger in einer Bedarfsgemeinschaft leben, haben einen **abgeleiteten Leistungsanspruch** (§ 7 Abs. 2 S. 1 SGB II), der regelmäßig nur Geldleistungen zur Sicherung des Lebensunterhalts umfasst; Dienst- oder Sachleistungen kommen nur in Betracht, wenn dadurch die Hilfebedürftigkeit der Angehörigen der Bedarfsgemeinschaft beendet oder verringert wird oder Hemmnisse bei der Eingliederung der erwerbsfähigen Leistungsberechtigten beseitigt oder vermindert werden (§ 7 Abs. 2 S. 2 SGB II). Der Leistungsanspruch auch der Mitglieder der Bedarfsgemeinschaft ist ein **individueller Einzelanspruch**,[94] kein Anspruch der Bedarfsgemeinschaft, die selbst kein handlungsfähiges Rechtssubjekt bildet. **45**

Das Rechtsinstitut der **Bedarfsgemeinschaft** (§ 7 Abs. 3, 3 a SGB II)[95] gewinnt über die akzessorische Leistungsberechtigung nicht nur für die Art und Weise der Leistungsgewährung und deren Bemessung für das SGB II entscheidende Bedeutung. Es ist die zentrale Norm für eine Systemabgrenzung. Sie ordnet auch weite Teile der aus wirtschaftlichen Gründen hilfebedürftigen Personen der Grundsicherung für Arbeitsuchende zu, die keinen (aktuellen) Bezug zum Arbeitsmarkt aufweisen. Es sind dies vor allem die in Bedarfsgemeinschaften lebenden Kinder und Jugendlichen. Der „Zuschnitt" der Bedarfsgemeinschaft (§ 7 Abs. 3 SGB II) bestimmt über Art und Reichweite sozialer Existenzsicherung auch jenseits familienrechtlicher Bindungen ohne Unterhaltspflichten.[96] Er definiert **soziale Zwangssolidargemeinschaften.** Denn Kehrseite des (sichernden) Leistungsanspruches ist regelmäßig auch die Ablehnung eines von der Bedarfsgemeinschaft unabhängigen Leistungsanspruches innerhalb des SGB II-Leistungssystems und – vor allem – einer selbstständigen Grundsicherung nach dem SGB XII. **46**

Notwendige, aber auch hinreichende Voraussetzung der abgeleiteten Leistungsberechtigung dem Grunde nach ist das **Zusammenleben mit einem erwerbsfähigen Leistungsberechtigten** in einer Bedarfsgemeinschaft. Dies erfordert ein Zusammenleben in häuslicher Gemeinschaft. Der Regelfall ist das dauernde Zusammenleben. Zur Lösung der Probleme, die sich um die Ausübung des Umgangsrechts ranken,[97] hat das BSG[98] indes die temporäre Bedarfsgemeinschaft[99] entwickelt und für die Zugehörigkeit eines Kindes zum Haushalt eines Elternteils einen dauerhaften Zustand in der Form ausreichen las- **47**

---

90 BSG 16.5.2007 – B 11 b AS 37/06 R, SozR 4–4200 § 12 Nr. 4; zur vergleichbaren Problematik im Staatsangehörigkeitsrecht sa Berlit in: GK-StAR § 10 Rn. 121 ff.
91 Der inzwischen ausdrückliche Leistungsausschluss von Ausländerinnen und Ausländern, die kein Aufenthaltsrecht haben (§ 7 Abs. 1 Satz 2 Nr. 1 Buchst. a SGB II), kommt hin; BVerwG 26.4.2016 – 1 C 9.15, BVerwGE 155, 47 (Rn. 17).
92 Sa Bast, Aufenthaltsrecht und Migrationssteuerung, Tübingen 2011.
93 §§ 1 ff. FreizügG/EU; RL 2004/38 v. 30.4.2004.
94 BSG 7.11.2006 – B 7 b AS 8/08 R, SozR 4–4200 § 22 Nr. 1; 28.11.2018 – B 4 AS 46/17 R.
95 Stephan (Lit.); Brosius-Gersdorf NZS 2007, 410; Spellbrink NZS 2007, 121.
96 BVerfG 27.7.2016 – 1 BvR 371/11, BVerfGE 142, 353.
97 S. dazu Münder NZS 2008, 617; Knickrehm Sozialrecht aktuell 2006, 159.
98 BSG 7.11.2006 – B 7 b AS 14/06 R, SozR 4–4200 § 20 Nr. 1; 2.7.2009 – B 14 AS 54/08 R, BSGE 104, 48; 12.6.2013 – B 14 AS 50/12 R, SozR 4–4200 § 7 Nr. 35; 17.2.2016 – B 4 AS 2/15 R, SozR 4–4200 § 22 Nr. 89.
99 Dern/Fuchsloch SGb 2017, 61; dies. SozSich 2015, 269.

sen, dass es mit einer gewissen Regelmäßigkeit länger als einen Tag bei einem Elternteil wohnt, also nicht nur sporadische Besuche vorliegen.[100] Dies kann zur Folge haben, dass ein Kind zu zwei verschiedenen Bedarfsgemeinschaften gehört; das Fehlen eines Wohnsitzes oder gewöhnlichen Aufenthalts im Bundesgebiet des nichterwerbsfähigen Leistungsberechtigten steht einer solchen temporären Bedarfsgemeinschaft nicht entgegen.[101] Eine solche zeitweilige Bedarfsgemeinschaft besteht auch bei Aufenthalten eines Kindes im Haushalt der Eltern, das überwiegend im Rahmen der Eingliederungshilfe in einem einer Bildungseinrichtung angeschlossenen Internat lebt und betreut wird.[102]

48 Für den abgeleiteten Leistungsanspruch nicht erforderlich ist, dass der erwerbsfähige Leistungsberechtigte, der den „Kern" der Bedarfsgemeinschaft bildet, selbst einen Anspruch auf Leistungen zur Sicherung des Lebensunterhalts hat. Dem SGB II-Leistungssystem sind daher auch die (nicht selbst erwerbsfähigen) **Kinder von Auszubildenden** zugeordnet, die wegen einer dem Grunde nach förderungsfähigen Ausbildung selbst keine Leistungen zur Sicherung des Lebensunterhaltes erhalten. Der über den erwerbsfähigen Leistungsberechtigten vermittelte akzessorische Leistungsanspruch besteht fort, wenn dieser wegen Sanktionen nach § 31 SGB II (zeitweilig) keine SGB II-Leistungen mehr enthält. Dies folgt zwar nicht schon aus dem Individualisierungsgrundsatz, der eine (Mit-)Sanktionierung jener Mitglieder der Bedarfsgemeinschaft ausschließt, die selbst nicht pflichtwidrig gehandelt haben (dazu → Kap. 23 Rn. 14); der Sanktionierte bleibt aber auch bei vollständigem Leistungswegfall dem Grunde nach Leistungsberechtigter.

49 Personen, die wegen Bezuges von Altersrenten oder Aufenthalts in einer stationären Einrichtung (§ 7 Abs. 4 SGB II) keine Leistungen nach dem SGB II erhalten (können), sind bereits dem Grunde nach vom Leistungsbezug ausgeschlossen und daher keine erwerbsfähigen Leistungsberechtigten, die den mit ihnen zusammenlebenden Personen einen Leistungsanspruch vermitteln können.[103] Personen, die vom Leistungsbezug ausgeschlossen sind, können aber Mitglieder einer durch einen anderen erwerbsfähigen Leistungsberechtigten vermittelten Bedarfsgemeinschaft sein,[104] zB bei Zusammenlebens eines Altersrentners mit einer erwerbsfähigen Leistungsberechtigten.[105] Dieses Zusammenleben in einer sog **gemischten Bedarfsgemeinschaft** hebt den Leistungsausschluss nicht auf, führt aber zu bewältigungsbedürftigen Besonderheiten bei der Leistungsberechnung in Bezug auf die jeweils zu berücksichtigenden Regelsätze, die Einkommensanrechnung und die Aufteilung der Unterkunftskosten.[106]

50 Zu den **Mitgliedern einer Bedarfsgemeinschaft** gehören im Wesentlichen (zu Einzelheiten → Kap. 18 Rn. 10 ff.) neben dem erwerbsfähigen Leistungsberechtigten (als deren Kern) die jeweiligen Ehe-, Lebens- oder Einstandspartner sowie deren jeweilige Kinder (bis zur Vollendung des 25. Lebensjahres). Bei Zusammenleben sonstiger Personen, die miteinander verwandt oder verschwägert sind, kommt statt einer Bedarfsgemeinschaft

---

100 Die „gemischte Bedarfsgemeinschaft" (dazu → Rn. 49) hingegen ist ein Problem der Leistungsbemessung nach der Systemzuordnung, nicht der Systemabgrenzung; Overdieck info also 2019, 56.

101 BSG 28.10.2014 – B 14 AS 65/13 R, BSGE 117, 186.

102 BSG 19.10.2016 – B 14 AS 40/15 R, SozR 4–1500 § 75 Nr. 24; SG Karlsruhe 27.7.2009 – S 16 AS 1115/08.

103 Becker in: Eicher/Luik SGB II § 7 Rn. 91 ff., 132.

104 Becker in: Eicher/Luik SGB II § 7 Rn. 131; sa BSG 14.4.2008 – 14/7 b AS 58/06 R, BSGE 97, 217; 16.4.2013 – B 14 AS 71/12 R, FEVS 65, 159.

105 So die Konstellation 23.11.2006 – B 11 b AS 1/06 R, SozR 4–4200 § 20 Nr. 3.

106 S. BSG 16.10.2007 – B 8/9 b SO 2/06, BSGE 99, 131 (mit Anm. Conradis jurisPR-SozR 2/2009 Anm. 1); 15.4.2008 – B 14/7 b AS 58/06 R, FEVS 60, 259 (mit Anm. Berlit jurisPR-SozR 6/2009 Anm. 1); 9.6.2011 – B 8 SO 11/10 R, FEVS 63, 294; 16.4.2013 – B 14 AS 71/12 R, FEVS 65, 159 (dazu Wahrendorf SGb 2014, 154); 12.10.2017 – B 4 AS 37/16 R, SozR 4–4200 § 20 Nr. 22; sa Berendes NZS 2008, 634; Spellbrink Sozialrecht aktuell 2008, 10; Schoch in: LPK-SGB II § 7 Rn. 89; Becker in: Eicher/Luik SGB II § 7 Rn. 133.

(§ 7 Abs. 3 SGB II) und einer hieran anknüpfenden Einstandsgemeinschaft (§ 9 Abs. 2 SGB II) nur eine Haushaltsgemeinschaft (§ 9 Abs. 5 SGB II) in Betracht.[107] Erfasst sind also neben durch Verwandtschaft vermittelten familiären Lebenszusammenhängen auch über soziale Näheverhältnisse definierte Gemeinschaften einschließlich verschiedener Formen von Stief„eltern"verhältnissen.[108] Dies setzt sich dann in der an die Bedarfsgemeinschaft anknüpfenden Einstandsgemeinschaft fort. Die anfänglich geäußerten verfassungsrechtlichen Bedenken[109] haben sich jedenfalls für den Fall nicht durchgesetzt,[110] dass nicht nachgewiesen ist, dass das Stiefkind wegen der Weigerung des Stiefelternteils tatsächlich existenzsichernde Leistungen nicht erhält.[111]

Bei **Eltern-Kind-Verhältnissen** reicht die Vermittlung durch einen der in der Haushaltsgemeinschaft lebenden Partner einer ehelichen, partnerschaftlichen oder Einstandsgemeinschaft aus, um die Zugehörigkeit zu der gesamten Bedarfsgemeinschaft zu begründen; erfasst werden Abkömmlinge aber nur, wenn sie unverheiratet sind, das 25. Lebensjahr noch nicht vollendet haben und ihren Lebensunterhalt nicht aus eigenem Einkommen oder Vermögen bestreiten können. Schon Letzteres stellt sicher, dass im Rahmen der von der Bedarfsgemeinschaft zu trennenden Einstandsgemeinschaft Kinder nicht (finanziell) für ihre Eltern haften und ihr selbst nicht zur Bedarfsdeckung erforderliches Einkommen nach grundsicherungsrechtlichen Anrechnungsregelungen zum Lebensunterhalt der Eltern einzusetzen haben. Bei anderweitiger Deckung des Lebensunterhalts kommt nur in Betracht, dass dann das Kindergeld nicht nach § 11 Abs. 1 S. 3 SGB II (vollständig) als Einkommen dem Kind zugerechnet und das nicht vom Kind benötigte Kindergeld dem kindergeldberechtigten Elternteil zugeordnet wird. **51**

Bei der Bedarfsgemeinschaft, die zwischen erwachsenen Personen (Kinder bis zur Vollendung des 25. Lebensjahres ausgenommen) besteht, stellt der Gesetzgeber auf den wechselseitigen Willen ab, Verantwortung füreinander zu tragen und füreinander einzustehen (**Verantwortungs- und Einstandsgemeinschaft**). Eine solche Gemeinschaft kann durch Eheschließung oder Begründung einer eingetragenen Lebenspartnerschaft rechtlich formalisiert sein. Sie kann aber auch durch das bloße Zusammenleben zweier Personen in einer Weise begründet werden, bei der nach verständiger Würdigung der wechselseitige Wille anzunehmen ist, füreinander einzustehen. Die frühere eheähnliche Gemeinschaft[112] ist nicht zuletzt in Reaktion auf eine vermeintliche[113] Ungleichbehandlung im Verhältnis zur lebenspartnerschaftsähnlichen Gemeinschaft zur **partnerschaftlichen bzw. Einstandsgemeinschaft** unabhängig von der Geschlechterzusammensetzung **52**

---

107 BSG 19.10.2016 – B 14 AS 53/15 R, FEVS 68, 501 (keine Bedarfsgemeinschaft bei Zusammenleben von Großelternteil und Enkelkind).
108 Schenkel ZfSH/SGB 2011, 450.
109 LSG BW 19.4.2007 – L 3 AS 1740/07 ER-B; LSG Bln-Bbg 20.12.2007 – L 10 B 1434/07 AS ER; LSG Hmb 10.12.2007 – L 5 B 383/07 ER AS; SG Duisburg 7.3.2007 – S 17 AS 60/07 ER; SG Berlin 8.1.2007 – S 103 AS 10869/06 ER, info also 2007, 121 (mit Anm. Spindler); VG Bremen 27.2.2008 – S3 K 3321/06; BayLSG 25.1.2008 – L 7 AS 72/07.
110 LSG Nds-Brem 23.1.2007 – L 13 AS 27/07 ER; LSG NRW 28.11.2007 – L 1 B 55/07 AS ER; 3.8.2007 – L 19 B 91/07 AS ER; 18.7.2007 – L 20 B 64/07 AS ER; SG Dortmund 12.11.2007 – S 32 AS 428/06; SG Leipzig 30.4.2007 – S 19 AS 2000/06 ER.
111 BSG 23.5.2013 – B 4 AS 67/11 R, FEVS 65, 250; sa LSG Nds-Brem 21.1.2008 – L 6 AS 734/07 ER; BSG 13.11.2008 – B 14 AS 2/08 R, BSGE 102, 76 (dazu BVerfG 29.5.2013 – 1 BvR 1083/09, ZfSH/SGB 2013, 579); 14.3.2012 – B 14 AS 17/11 R, BSGE 110, 204.
112 Luckey 1991 (Lit.); sa Greiser/Ottenströer ZfSH/SGB 2013, 181.
113 Die obergerichtliche Rechtsprechung hatte die Bedenken des SG Düsseldorf an einer vermeintlich gleichheitswidrigen Begünstigung partnerschaftsähnlicher Gemeinschaften (SG Düsseldorf 16.2.2005 – S 35 SO 28/05 ER, NJW 2005, 845 mit Anm. Hänlein jurisPR-SozR 9/2005 Anm. 1; sa Riehle ZfSH/SGB 2006, 272) nicht geteilt (s. etwa LSG NRW 21.4.2005 – L 9 B 06/05 SO ER; 25.5.2005 – L 9 B 18/05 AS ER; LSG Hmb 11.4.2005 – L 5 B 58/05 ER; LSG Bln-Bbg 11.8.2005 – L 5 B 51/05 AS ER; SächsLSG 14.4.2005 – L 3 B 30/05 AS ER; 1.8.2005 – L 3 B 94/05 AS-ER; HessLSG 21.7.2005 – L 7 AS 29/05 ER).

fortentwickelt[114] und für die Rechtsanwendung um eine Vermutungsregelung ergänzt worden (zu Einzelheiten → Kap. 19 Rn. 18 ff.).

III. Besondere Leistungsausschlüsse für Ausländer

53 Mit den in § 7 Abs. 1 S. 2 bis 7 SGB II für Ausländer (§ 2 Abs. 1 AufenthG) geregelten, mehrfach umgestalteten[115] **Ausnahmen von der Leistungsberechtigung** will der Gesetzgeber einer Zuwanderung in das deutsche Sozial(leistungs)system entgegenwirken. Die Regelungen flankieren einerseits die restriktive Regelung für die Gewährung von Sozialhilfe für Ausländerinnen und Ausländer (§ 23 SGB XII) und andererseits das aufenthaltsrechtliche Erfordernis, dass die Erteilung eines Aufenthaltstitels in der Regel voraussetzt, dass der Lebensunterhalt gesichert ist (§ 5 Abs. 1 Nr. 1 AufenthG). Erfasst sind **heterogene Ausländergruppen.** Der Leistungsausschluss bei Aufenthalt in den ersten drei Monaten nach der Einreise (Nr. 1) sowie bei Aufenthalt allein zur Arbeitsuche (Nr. 2 Buchst. b und c) betrifft vor allem nach dem Unionsrecht potenziell freizügigkeitsberechtigte Ausländer (EU-Bürger sowie diesen gleichgestellte Personen), die bei fehlender materieller Freizügigkeitsberechtigung auch vom Ausschluss von Personen ohne Aufenthaltsrecht erfasst sind, während der Ausschluss von Leistungsberechtigten nach dem Asylbewerberleistungsgesetz real nur Drittstaatler trifft. Die Leistungsausschlüsse der Nrn. 1 und 2 stehen ihrerseits in einem komplexen Spannungsverhältnis zum primären[116] und sekundären[117] Unionsrecht, das nach der neueren Rechtsprechung des EuGH[118] aber grundsätzlich den Leistungsausschlüssen nicht entgegensteht. Die Leistungsausschlüsse entsprechen seit Ende 2016 jenen des § 23 Abs. 3 SGB XII (zu Einzelheiten → Kap. 34 Rn. 20 ff.).

54 Diese Leistungsausschlüsse sind für betroffene Ausländer umfassend. Sie bewirken, dass ein ausgeschlossener Ausländer bereits dem Grunde nach nicht iSd § 5 Abs. 2 SGB/§ 21 Abs. 1 SGB XII nach dem SGB II leistungsberechtigt ist. Es ist dann nach § 23 SGB XII zu prüfen, ob Leistungen der Sozialhilfe (Hilfe zum Lebensunterhalt) in Betracht kommen;[119] § 21 Abs. 1 SGB XII entfaltet insoweit keine Sperrwirkung.[120]

55 Der **Leistungsausschluss** bei Aufenthalt von Personen, die nicht als Arbeitnehmer oder Selbstständige freizügigkeitsberechtigt sind, **in den ersten drei Monaten nach der Einreise (Nr. 1)** stützt sich auf die Möglichkeit des Art. 24 Abs. 2 RL 2004/38, einem Arbeitsuchenden und seinen Familienangehörigen einen Anspruch auf „Sozialhilfe" vorzuenthalten: jedenfalls seit der Neufassung des § 23 Abs. 3 SGB XII Ende 2016,[121] die eine entgegenstehende BSG-Rechtsprechung[122] korrigiert, sind für diese Ausländer auch

---

114 Gesetz v. 20.7.2006, BGBl. I, 1706; BT-Drs. 16/1410, 19.
115 Neu gefasst ua zum 1.1.2008 durch Gesetz v. 19.8.2007, BGBl. I, 1970 und grundlegend überarbeitet zum 29.12.2016 durch Gesetz v. 22.12.2016, BGBl. I, 3155.
116 Art. 39, 12 iVm Art. 18 EG.
117 Insbes. VO (EG) 883/2004 des Europäischen Parlaments und des Rates vom 29.4.2004 zur Koordinierung der Systeme der sozialen Sicherheit (ABl. EU Nr. L 166/1 v. 30.4.2004); RL 2004/38 (ABl. v. 30.4.2004 Nr. L 158, 77) (sog Unionsbürgerrichtlinie); vormals VO (EWG) Nr. 1408/71 v. 14.6.1971 (Wanderarbeitnehmer).
118 Erste Ansätze zur Klärung durch EuGH 4.6.2009 – C-22/08 und C-23/08, info also 2009, 217; dazu Schreiber info also 2009, 195; jurisPR-SozR 23/2009 Anm. 1; sa Schreiber NZS 2012, 647; aus jüngerer Zeit EuGH 11.11.2014 – C-333/13 (Dano); 15.9.2015 – C-67/14 (Alimanovic) (dazu etwa Kötter info also 2016, 3); Urt. v. 25.2.2016 – C-299/14 (Garcia-Nieto), InfAuslR 2016, 196.
119 LSG NRW 27.6.2007 – L 9 B 80/07 AS ER.
120 BSG 3.12.2015 – B 4 AS 44/15 R, FEVS 67, 481; 16.12.2015 – B 14 AS 15/14 R; 30.8.2017 – B 14 AS 31/16 R, NZS 2018, 64: st. Rspr.
121 Gesetz v. 22.12.2016, BGBl. I, 3155; zur vorgelagerten „Rechtsprechungsgeschichte" s. Greiser/Ascher VSSR 2016, 61
122 BSG 3.12.2015 – B 4 AS 44/15 R, FEVS 67, 481; 16.12.2015 – B 14 AS 15/14 R; 30.8.2017 – B 14 AS 31/16 R, NZS 2018, 64: st. Rspr.

Leistungen zur Sicherung des Lebensunterhalts ausdrücklich ausgeschlossen. Dieser Ausschluss ist unionsrechtlich möglich,[123] verfassungsrechtlich aber umstritten[124] und nur dann zu rechtfertigen, wenn das Verlassen des Bundesgebietes eine zur Bedarfsdeckung dem Unionsbürger abzuverlangende Selbsthilfemöglichkeit bildet.[125] Von diesem Leistungsausschluss von vornherein nicht umfasst sind Ausländer, die sich in Deutschland als Arbeitnehmer, Selbstständige oder aufgrund des § 2 Abs. 3 FreizügG/EU (Fortwirkung Arbeitnehmereigenschaft) aufhalten. Nicht erfasst sind weiterhin Ausländer, die sich aus völkerrechtlichen, humanitären oder politischen Gründen aufgrund eines Aufenthaltstitels nach §§ 22 bis 25 AufenthG aufhalten, also neben Flüchtlingen und subsidiär Schutzberechtigten auch Ausländer, denen ohne Schutzstatus im Rahmen humanitärer Aufnahmeprogramme, in Härtefällen oder sonst vorübergehend Schutz gewährt wird, die aus ihnen nicht zuzurechnenden Gründen nicht ausreisen können oder – nach §§ 25 a, b AufenthG – Personen, deren besondere Integrationsleistung aufenthaltsrechtlich honoriert worden ist. Der praktische Anwendungsbereich des Leistungsausschlusses wird so begrenzt.

Der umfassende Ausschluss aller Ausländer ohne Aufenthaltsrecht (Nr. 2 Buchst. a) greift die Rechtsprechung des BSG[126] auf, nach der der Leistungsausschluss bei Arbeitsuche nach § 7 Abs. 1 Satz 2 Nr. 2 SGB II (aF) erst recht nicht materiell aufenthaltsberechtigte Personen, also auch Unionsbürger ohne Freizügigkeitsberechtigung umfasst. Maßgeblich ist das materielle Aufenthaltsrecht, nicht erst die durch aufenthaltsbehördliche Feststellung (§ 7 Abs. 1 FreizügG/EU) ausgelöste Ausreisepflicht. Drittstaatsangehörige, die nicht ausnahmsweise (zeitweilig) vom Erfordernis eines Aufenthaltstitels befreit sind,[127] benötigen einen entsprechenden Aufenthaltstitel, ohne den sie ausreisepflichtig sind und das Bundesgebiet unverzüglich zu verlassen haben (§ 50 Abs. 1, 2 AufenthG); hier kann auch eine Leistungsberechtigung nach § 1 Abs. 1 AsylbLG und damit ein Leistungsausschluss nach § 7 Abs. 2 Satz 2 Nr. 3 SGB II in Betracht kommen. Neben der Vereinbarkeit mit der Rechtsprechung des Bundesverfassungsgerichts, dass die Menschenwürde (und damit auch das Grundrecht auf ein menschenwürdiges Existenzminimum) migrationspolitisch nicht zu relativieren ist,[128] ergeben sich bei Ausländern, die nicht in die Leistungsberechtigung nach dem AsylbLG gelangen, und daher Anspruch wenigstens auf die abgesenkten Leistungen nach § 1 a AsylbLG[129] haben, Gleichheitsprobleme.[130] **56**

Der (unbefristete) Leistungsausschluss bei Aufenthalt allein zur Arbeitsuche (Nr. 2 Buchst. b) knüpft für arbeitsuchende Unionsbürger ebenfalls an Art. 24 Abs. 2 RL 2004/38 an und erfasst ansonsten Drittstaatler, die sich nach Abschluss ihres Hochschulstudiums noch zur Arbeitsuche für ein Jahr in Deutschland aufhalten (dürfen) (§ 16 Abs. 4 AufenthG). Bei Unionsbürgern erfasst der Leistungsausschluss von vornherein nicht selbstständig Tätige, Aufstocker, deren Aufenthaltsrecht wegen ihrer (auch geringfügigen) Tätigkeit aus dem Arbeitnehmerstatus folgt, Bleibeberechtigte (§ 2 Abs. 3 FreizügG/EU)[131] sowie eine Reihe von weiteren Unionsbürgern, bei denen sich **57**

---

123 EuGH 25.2.2015 – C-299/14 (Garcia-Nieto).
124 Berlit NDV 2017, 67; Greiner/Kock NZS 2017, 201; Devetzli/Janda ZESAR 2017, 197.
125 Thym NZS 2016, 441.
126 BSG 3.12.2015 – B 4 AS 44/15 R, FEVS 67, 481; 16.12.2015 – B 14 AS 15/14 R; 30.8.2017 – B 14 AS 31/16 R, NZS 2018, 64: st. Rspr.
127 ZB nach §§ 15 AufenthV.
128 BVerfG 18.7.2012 – 1 BvL 10/10, 1 BvL 2/11, BVerfGE 132, 134 (Rn. 95).
129 Zu dessen Verfassungskonformität BSG 12.5.2017 – B 7 AY 1/16 R, Asylmagazin 2017, 468 (dazu Schneider NZS 2017, 875); krit. Voigt Asylmagazin 2017, 436; ders. info also 2016, 99; Brings/Oehl ZAR 2016, 22; sa Dietz DÖV 2015, 727; Hohm in: GK-AsylbLG § 1 a Rn. 27 ff.
130 Berlit NDV 2017, 67 (71).
131 Dazu BSG 13.7.2017 – B 4 AS 17/16 R.

das Aufenthaltsrecht aus einem anderen Grund (zB Einreise als Familienangehöriger) ergibt. Entscheidend ist der Rechtsgrund des Aufenthaltsrechts,[132] nicht der Umstand, dass der Ausländer (auch) Arbeit sucht oder ein anderweitig eröffnetes Aufenthaltsrecht mit dem Motiv der Arbeitsuche ausnutzt.[133] Nach der neueren Rechtsprechung des EuGH[134] ist der Ausschluss grundsätzlich mit Unionsrecht vereinbar; ob er zumindest einer einschränkenden Auslegung bedarf, die den Anwendungsbereich zB auf Fälle erstmaliger Einreise[135] beschränkt, ist noch abschließend zu klären. Wegen des in Reaktion auf die Rechtsprechung des BSG,[136] nach der der Leistungsausschluss nicht bei vom Schutzbereich erfassten Ausländern greift, unter dem 19.12.2011 von der Bundesregierung erklärten Vorbehalts zum Europäischen Fürsorgeabkommen steht dieses Abkommen dem Leistungsausschluss nicht entgegen.[137]

58 Unionsbürger mit mindestens fünfjährigem gewöhnlichen Inlandsaufenthalt sind vom Leistungsausschluss nach Satz 2 Nr. 2 ausgenommen, soweit nicht zuvor der Verlust des Freizügigkeitsrechts festgestellt worden ist (Abs. 1 Satz 4 bis 7). Die Regelungen zur Berechnung der Aufenthaltsfrist (Satz 5 und 6) nähern diese Rücknahme an die Voraussetzungen eines unionsrechtlichen, voraussetzungslosen Daueraufenthaltsrechts/EU (§ 4 a FreizügG/EU; Art. 16 ff. RL 2004/38/EG) an, ohne mit diesen identisch zu sein; nicht übernommen sind etwa die Regelungen zur vorzeitigen Entstehung des Daueraufenthaltsrechts (§ 4 a Abs. 2 FreizügG/EU).

59 Nr. 2 Buchst. c erstreckt den Leistungsausschluss auch auf Unionsbürger, die ihr Aufenthaltsrecht nach Buchstabe b aus Art. 10 VO (EU) Nr. 492/2011 ableiten, weil ihren Kindern ein entsprechendes Aufenthaltsrecht zur Teilnahme am allgemeinen Unterricht sowie an der Lehrlings- und Berufsausbildung zusteht; dieses abgeleitete Aufenthaltsrecht verlangt nach der Rechtsprechung des EuGH gerade eine materielle Freizügigkeitsberechtigung nach der Unionsbürgerrichtlinie.[138] Die in den Gesetzesmaterialien[139] postulierte Unionsrechtskonformität dieses Ausschlusses ist daher bestritten[140] und wird in der obergerichtlichen Rechtsprechung kontrovers beurteilt.[141]

60 Der (verfassungsgemäße)[142] Leistungsausschluss für **nach dem Asylbewerberleistungsgesetz Leistungsberechtigte** erfasst neben Asylbewerbern im engeren Sinne zahlreiche Gruppen von Ausländern ohne (dauerhaft) gesicherten Aufenthaltsstatus, zB Personen, die aus humanitären oder persönlichen Gründen (zeitweilig) im Bundesgebiet verbleiben dürfen, ausreisepflichtige Ausländer, auch wenn sie nicht ausreisen oder abgeschoben werden können, Ausländer, die aus völkerrechtlichen oder humanitären Gründen vor-

---

132 Für eine Auslegung, die zusätzlich auf den Zweck der Einreise abstellt, SG Berlin 24.5.2011 – S 149 AS 17644/09, InfAuslR 2011, 405.
133 S. etwa HessLSG 14.7.2011 – L 7 AS 107/11 B ER, NDV-RR 2011, 110.
134 S. EuGH 4.6.2009 – C-22/08 und C-23/08, info also 2009, 217; aus jüngerer Zeit EuGH 11.11.2014 – C-333/13 (Dano); 15.9.2015 – C-67/14 (Alimanovic); Urt. v. 25.2.2016 – C-299/14 (Garcia-Nieto), InfAuslR 2016, 196.
135 LSG Nds-Brem 25.7.2007 – L 6 AS 444/07 ER, InfAuslR 2008, 52.
136 BSG 19.10.2010 – B 14 AS 23/10 R, BSGE 107, 66.
137 BSG 3.12.2015 – B 4 AS 43/15 R, BSGE 120, 139; 13.7.2017 – 4 AS 17/16 R; st. Rspr.
138 EuGH 23.2.2010 – C-310/08 (Ibrahim); 23.2.2010 – C-480/08 (Teixeira); sa Derksen info also 2016, 257 (258).
139 BT-Drs. 18/10211, 10.
140 S. etwa Berlit NDV 2017, 67 (69); Derksen info also 2016, 257; Leopold jurisPK-SGB II § 7 Rn. 99.15, 99.16.
141 Gegen einen wirksamen Leistungsausschluss etwa LSG NRW 27.12.2016 – L 7 AS 2148/16 B ER; 26.9.2017 – L 6 380/17 (das hieraus eher nicht notwendig die Nichtanwendbarkeit folgert: LSG NRW 14.9.2017 – L 21 AS 1459/17 B ER); 14.2.2019 – L 19 AS 1104/18 (EuGH-Vorlage); SchlHLSG 17.2.2017 – L 6 AS 11/17 B ER; für eine Verfassungs- und Unionsrechtskonformität s. etwa ThürLSG 1.11.2017 – L 4 AS 1225/17 B ER; LSG Bln-Bbg 26.6.2017 – L 29 AS 2670/13.
142 BSG 13.11.2008 – B 14 AS 24/07 R, FEVS 60, 506; 21.12.2009 – B 14 AS 66/08 R, FEVS 61, 498; 2.12.2014 – B 14 AS 8/13 R, SozR 4-4200 § 7 Nr. 41.

übergehend geduldet werden, oder Bürgerkriegsflüchtlinge (§ 1 AsylbLG).[143] Der Leistungsausschluss erfasst auch Personen, die nach längerer, nicht zuzurechnender Aufenthaltsdauer und Bezug abgesenkter Leistungen nach § 2 AsylbLG Leistungen in besonderen Fällen (sog Analogleistungen) erhalten,[144] und – als persönlicher Ausschlussgrund – auch die nach dem Asylbewerberleistungsgesetz leistungsberechtigten Mitglieder einer Bedarfsgemeinschaft mit einem SGB II-Leistungsberechtigten.[145] Die ausgeschlossenen Personen erhalten auch keine Leistungen der Sozialhilfe (§ 23 Abs. 2 SGB XII).

Gegen den (unbefristeten) Leistungsausschluss, insbes. für Personen mit einer Aufenthaltserlaubnis aus humanitären Gründen nach längerem Aufenthalt und legalem Arbeitsmarktzugang, sind mit beachtlichen Gründen verfassungsrechtliche Bedenken geltend gemacht worden,[146] welche die höchstrichterliche Rechtsprechung bislang nicht als durchgreifend erachtet hat;[147] durch die Verkürzung der Vorbezugszeit für die sog Analogleistungen von zuletzt 48 auf 15 Monate haben sie an Gewicht verloren. Das Urteil des Bundesverfassungsgerichts zum Leistungsniveau im AsylbLG[148] enthält Passagen, die insoweit wohl eine Überarbeitung nahelegen (vgl. auch → Rn. 89 f.). Einer richtlinienkonformen Auslegung bedarf § 7 Abs. 1 Satz 2 Nr. 3 SGB II dagegen auch insoweit nicht, als es den Bezug von Analogleistungen betrifft.[149]

IV. Leistungsausschlüsse bei Unterbringung in einer stationären Einrichtung

Der Leistungsausschluss bei **Aufenthalt in einer stationären Einrichtung** (§ 7 Abs. 4 SGB II)[150] soll der (typischerweise) besonderen Bedarfssituation dieses Personenkreises auch in Bezug auf die Arbeitsmarktintegration Rechnung tragen. Der Leistungsausschluss soll als gesetzliche Fiktion der Erwerbsunfähigkeit ausgestaltet sein.[151] Diese Formulierung ist wegen der Legaldefinition der Erwerbsfähigkeit (§ 8 SGB II) irreführend, weil bei vielen in stationären Einrichtungen untergebrachten Personen tatsächlich aus rechtlicher und medizinischer Sicht Erwerbsfähigkeit vorliegt. Sie ist auch nicht erforderlich, um einen Ausschluss des Sozialhilfeanspruches (§ 5 Abs. 2 SGB II; § 21 SGB XII) zu vermeiden; denn dieser knüpft an einen Anspruch auf SGB II-Leistungen (dem Grunde nach) an und stellt nicht allein auf die Erwerbsfähigkeit einer Person ab.

Im SGB II gilt ein **eigenständiger, objektiver grundsicherungsrechtlicher Einrichtungsbegriff**,[152] nicht der sozialhilferechtliche Begriff der stationären Einrichtung (§ 13 SGB XII)[153] mit dem sozialhilferechtlichen Kriterium der „Übernahme der Gesamtverantwortung für die tägliche Lebensführung".[154] Kennzeichnend sind drei, sich teils

61

62

63

---

143 Am 31.12.2017 gab es im Bundesgebiet 468.608 EmpfängerInnen von Leistungen nach dem Asylbewerberleistungsgesetz (Grundleistungen: 234.324 Personen; Hilfe zum Lebensunterhalt: 233.918 Personen). Eingehend zu Details der Abgrenzung s. Hohm in: GK-AsylbLG § 1 Rn. 12 ff.
144 BSG 7.5.2009 – B 14 AS 41/07 R; aA Geiger InfAuslR 2004, 360.
145 DV NDV 2005, 264 (269); BSG 14.6.2018 – B 14 AS 28/17.
146 S. etwa Geiger InfAuslR 2004, 360; ders. info also 2005, 147.
147 BSG 13.11.2008 – B 14 AS 24/07 R, BSGE 102, 60; 16.12.2008 – B 4 AS 40/07 R; 7.5.2009 – B 14 AS 41/07 R.
148 BVerfG 18.7.2012 – 1 BvL 10/10 und 1 BvL 2/11.
149 BSG 28.5.2015 – B 7 AS 4/12 R, FEVS 67, 217.
150 Mit Wirkung zum 1.8.2006 neu gefasst; nach der bis zum 31.7.2006 geltenden Fassung kam es auch auf die Prognose an, ob der Aufenthalt in der stationären Einrichtung voraussichtlich länger als sechs Monate dauern werde.
151 So BSG 6.6.2007 – B 14/7 b AS 16/07 R, SozR 4–4200 § 7 Nr. 7 (mit Anm. Berlit jurisPR-SozR 17/2008 Anm. 1; Hannes SGb 2008, 666); 7.5.2009 – B 14 AS 16/08 R, FEVS 61, 241; Becker in: Eicher/Luik SGB II § 7 Rn. 135 f.
152 BSG 6.9.2007 – B 14/7 b AS 16/07 R, SozR 4–4200 § 7 Nr. 7; 6.9.2007 – B 14/7 b AS 60/06 R; der zu § 7 Abs. 4 SGB II (F. 2005) entwickelte funktionale Einrichtungsbegriff ist für die Rechtslage ab 1.8.2006 ausdrücklich aufgegeben worden; s. BSG 2.12.2014 – B 14 AS 35/13 R, FEVS 67, 1.
153 S. auch etwa BVerwG 24.2.1994 – 5 C 24.92, BVerwGE 95, 149.
154 Zum Streit sa Peters NDV 2006, 222; Hammel ZfSH/SGB 2006, 707; Münder/Geiger SGb 2007, 1.

überlappende Elemente,[155] nämlich die Leistungserbringung in einer Einrichtung,[156] die stationäre Erbringung von Leistungen (sa § 13 SGB XII)[157] und eine Unterbringung in der stationären Einrichtung. Notwendige Voraussetzung einer stationären Einrichtung ist, dass es sich um einen in einer besonderen Organisationsform zusammengefassten Bestand von personellen und sächlichen Mitteln unter verantwortlicher Trägerschaft handelt, der auf einen größeren, wechselnden Personenkreis zugeschnitten und auf eine gewisse Dauer angelegt ist. Dies erfordert grundsätzlich eine Unterbringung bzw. einen Aufenthalt des Leistungsberechtigten über Tag und Nacht, kann aber auch bei dezentraler Unterkunft in Wohngruppen, Wohngemeinschaften oder Trainingsgruppen vorliegen. Entscheidendes Kriterium ist die Fähigkeit zur Aufnahme einer Erwerbstätigkeit und damit die Frage, ob es dem Leistungsberechtigten aufgrund der Struktur der Einrichtung möglich ist, drei Stunden täglich (bzw. 15 Stunden wöchentlich) einer Erwerbstätigkeit auf dem allgemeinen Arbeitsmarkt nachzugehen. Die Systemzuweisung bestimmt sich mithin nicht anhand der individuellen Leistungsfähigkeit des Leistungsberechtigten, sondern ausschließlich nach der objektiven Struktur und Art der Einrichtung und nicht zuletzt der fremdbestimmten (räumlichen und zeitlichen) Einbindung des Leistungsberechtigten in die Tagesabläufe der Einrichtung.[158] Abzustellen ist auf das Behandlungskonzept und die vorgegebenen Unterbringungsbedingungen, ua auf die Befugnis des Leistungsberechtigten, die Einrichtung zu verlassen, die Terminbindung durch die Einrichtung (Behandlungs- oder sonstige Termine mit Anwesenheitspflicht), sonstige Aspekte der Kontrolle über den Tagesablauf (Meldetermine, Zeitpläne), aber auch darauf, ob die Einrichtung gerade darauf angelegt ist, den Leistungsberechtigten in das Erwerbsleben zu integrieren.[159] Dies kann zur – auf den ersten Blick paradox scheinenden[160] – Folge haben, dass ein- und dieselbe Einrichtung im institutionellen Sinne aus der Perspektive der Grundsicherung für Arbeitsuchende einmal teilstationäre, einmal nicht stationäre Einrichtung ist.

64 Dieser **an der Erwerbsintegration orientierte Begriff der stationären Einrichtung** ist ersichtlich von der Intention getragen, erwerbsfähigen Personen möglichst den Zugang zu SGB II-Leistungen offen zu halten,[161] schafft aber insbes. für Resozialisierungseinrichtungen für Menschen in besonderen Lebensverhältnissen und mit besonderen Schwierigkeiten (zB Einrichtungen der Wohnungshilfe, Übergangswohnheime für Haftentlassene oder Einrichtungen der Drogenhilfe), bei denen neben der Unterkunftsgewährung eine intensive Betreuung, Beratung und Versorgung (mit auch anleitenden und kontrollierenden Gehalten) erfolgt, in der Abgrenzung Folgeprobleme. Denn diese Einrichtungen werden regelmäßig als stationäre Einrichtungen nach dem SGB XII betrieben und finanziert, so dass der erwerbsfähige Leistungsberechtigte insoweit ohnehin keine Leistungen „aus einer Hand" erhalten kann. Das SGB II enthält auch keine § 35 SGB XII vergleichbare Regelung zur Sicherung des notwendigen Lebensunterhaltes in (stationären) Einrichtungen, die wegen der Einordnung in das Dritte Kapitel des SGB XII für dem Grunde nach dem SGB II-Leistungsberechtigte verschlossen ist, obwohl die Regelleistungen zur Sicherung des Lebensunterhaltes der Höhe nach nicht ausreichen, um den Lebensunterhalt in Einrichtungen sicherzustellen. Die auf die (Möglichkeit der) Erwerbsintegration ausgerichtete Systemabgrenzung schafft schließlich Systemgrenzen mit

---

155 S. Leopold in: jurisPK-SGB II § 7 Rn. 232; Korte/Thie in: LPK-SGB II § 7 Rn. 107; Dillmann ZfF 2015, 145.
156 BSG 13.7.2010 – B 8 SO 13/09 R, BSGE 106, 264; 5.6.2014 – B 4 AS 32/13 R, SozR 4-4200 § 7 Nr. 36.
157 BSG 5.6.2014 – B 4 AS 32/13 R, SozR 4-4200 § 7 Nr. 36.
158 BSG 5.6.2014 – B 4 AS 32/13 R, SozR 4-4200 § 7 Nr. 36: konzeptionelle Gesamtverantwortung der Einrichtung für die tägliche Lebensführung und die Integration.
159 BSG 7.5.2009 – B 14 AS 16/08 R, FEVS 61, 241.
160 Korte/Thie in: LPK-SGB II § 7 Rn. 106 f.
161 S. Specht NDV 2008, 401 (403); Korte/Thie in: LPK-SGB II § 7 Rn. 107.

wechselnder Betreuungs- und Beratungszuständigkeit in der oft prekären Situation des Übergangs in den allgemeinen Arbeitsmarkt.

Der an der Arbeitsmarktintegration anknüpfende Begriff der stationären Einrichtung **65** gilt auch für den **Aufenthalt in einer Einrichtung zum Vollzug richterlich angeordneter Freiheitsentziehung**, die – unabhängig von der voraussichtlichen Aufenthaltsdauer[162] – dem Aufenthalt in einer stationären Einrichtung gleichgestellt ist (§ 7 Abs. 4 S. 2 SGB II).[163] Dies umfasst neben Straf- und Untersuchungshaftanstalten, auch bei Vollzug richterlich angeordneter Ersatzfreiheitsstrafe[164] oder von Erzwingungshaft, sowie Einrichtungen des Maßregelvollzuges (§§ 63, 64 StGB)[165] zB die (zwangsweise angeordnete) Unterbringung in einem Krankenhaus oder einer Entziehungsanstalt nach dem Unterbringungsrecht der Länder sowie den Vollzug von **Beuge- oder Ersatzzwangshaft;**[166] nach der Rechtsprechung[167] soll der Ausschluss bereits Personen umfassen, die einer Ladung zum Haftantritt nicht nachkommen und deswegen zur Festnahme ausgeschrieben sind. Personen, die tatsächlich aus der Unterbringungseinrichtung heraus unter den üblichen Bedingungen des allgemeinen Arbeitsmarktes mindestens 15 Stunden wöchentlich erwerbstätig sind, sind von diesem Leistungsausschluss ausgenommen und ausnahmsweise Leistungsberechtigte. Für diese gesetzesunmittelbare Ausnahme vom Leistungsausschluss entscheidend ist die tatsächliche Erwerbstätigkeit, die bei Weiterbestehen im Beschäftigungsverhältnis durch Kurzerkrankungen oder Urlaub nicht unterbrochen wird. Bei bloßer Möglichkeit der Erwerbstätigkeit kommt es grundsätzlich nicht auf die Unterbringungsinstitutionen als Gesamtheit, sondern auf die konkrete Ausgestaltung der Unterbringung an. Dies gilt aber nur für stationäre Einrichtungen nach § 7 Abs. 4 Satz 1 SGB II (§ 7 Abs. 3 Satz 1 Nr. 2 SGB II [F. 2016])[168] und damit gerade nicht mehr für Aufenthalte in einer Einrichtung zum Vollzug richterlich angeordneter Freiheitsentziehung; die frühere Rechtsprechung zum Leistungsausschluss bei substantiellen Vollzugslockerungen, etwa der Verlegung in ein Freigängerhaus unter Aufnahme einer Erwerbstätigkeit,[169] greift damit nicht mehr.[170]

Stationäre Einrichtungen iSd § 7 Abs. 4 SGB II können auch **Krankenhäuser, Vorsorge-** **66** **und Rehabilitationseinrichtungen, Pflegeheime oder sonstige Heilstätten** sein. Hier kann es vielfach schon an der Erwerbsfähigkeit im medizinischen Sinne (§ 8 Abs. 1 SGB II) fehlen. Bei Krankenhäusern greift der Leistungsausschluss nicht, wenn der Aufenthalt voraussichtlich nicht länger als sechs Monate dauern wird (§ 7 Abs. 4 S. 3 Nr. 1 SGB II); auch absehbar kurzzeitige Krankenhausaufenthalte führen indes zum Leistungsaus-

---

162 S. Leopold in: jurisPK-SGB II § 7 Rn. 238.
163 Bis zur Einfügung dieser – aus Sicht des Gesetzgebers lediglich klarstellenden – Regelung war umstritten, ob/unter welchen Voraussetzungen eine Justizvollzugsanstalt und andere vergleichbare Einrichtungen stationäre Einrichtungen im Sinne des Gesetzes sind; s. etwa bejahend LSG NRW 31.8.2005 – L 19 B 48/05 AS ER, FEVS 57, 353; BayLSG 27.10.2005 – L 11 B 596/05 AS ER; verneinend LSG Nds-Brem 22.9.2005 – L 8 AS 196/05 ER, FEVS 57, 531; LSG BW 21.3.2005 – L 7 AS 1128/06 ERE-B, FEVS 58, 55; LSG MV 27.2.2007 – L 8 B 101/06; SchlHLSG 14.11.2005 – L 9 B 260/05 SO ER; sa – für Einrichtungen zur richterlich angeordneten Drogentherapie mit Freiheitsentzug – LSG NRW 8.8.2006 – L 9 B 70/06 AS ER, sowie – für Übergangseinrichtungen zur Resozialisierung – SG Altenburg 25.4.2005 – S 23 AS 514/05 ER.
164 BSG 21.6.2011 – B 4 AS 128/10 R; 24.2.2011 – B 14 AS 81/09 R, SozR 4–4200 § 7 Nr. 24; sa Groth (Lit.), 161.
165 LSH Hmb 24.1.2017 – L 4 AS 66/16.
166 Auflistung bei A. Loose in: GK-SGB II § 7 Rn. 143.
167 LSG NRW 21.8.2017 – L 7 AS 1360/17 B ER.
168 „Satz 1" eingefügt durch Gesetz v. 26.7.2016, BGBl. I, 1824.
169 BSG 7.5.2009 – B 14 AS 16/08 R, FEVS 61, 241 (Entziehungsanstalt); LSG Bln-Bbg 25.3.2009 – L 34 AS 1336/08, ZfSH/SGB 2009, 562 (Freigängerhaus); SächsLSG 7.1.2009 – L 3 B 349/08 AS ER (Freigänger); aA – wegen der ausdrücklichen und speziellen Regelung zu den Einrichtungen zum Vollzug richterlich angeordneter Freiheitsentziehungen, für die es nicht mehr darauf ankomme, ob sie nach ihrer Art die Aufnahme einer mindestens dreistündigen täglichen Erwerbsarbeit auf dem allgemeinen Arbeitsmarkt ausschlossen – BSG 21.6.2011 – B 4 AS 128/10 R; 24.2.2011 – B 14 AS 81/09 R, SozR 4–4200 § 7 Nr. 24.
170 LSG NRW 5.9.2017 – L 7 AS 1419/17 B ER.

schluss, wenn sie an eine anderweitige Unterbringung in einer stationären Einrichtung anschließen, während derer der Leistungsberechtigte SGB XII-Leistungen erhalten hatte.[171] Vom Krankenhausbegriff erfasst werden neben Einrichtungen, die der Krankenhausbehandlung oder Geburtshilfe dienen (§ 107 Abs. 1 SGB V), bei einer an Sinn und Zweck und der Entstehungsgeschichte[172] orientierten Auslegung ungeachtet der begrifflichen Unterscheidung auch Vorsorge- oder Rehabilitationseinrichtungen (§ 107 Abs. 2 SGB V).[173] Für die voraussichtliche Aufenthaltsdauer ist abzustellen auf eine Prognose, die für den Beginn des Krankenhausaufenthaltes unter Beachtung der gebotenen Sorgfalt[174] auf der Grundlage der zu diesem Zeitpunkt zugänglichen medizinischen Erkenntnisse unter Berücksichtigung aller sonstigen Umstände des Einzelfalles die voraussichtliche Behandlungs- und damit Aufenthaltsdauer bestimmt.[175] Liegt diese (voraussichtlich) über sechs Monate, besteht ab dem ersten Tag kein SGB II-Leistungsanspruch. Erweist sich eine Prognose, nach der ein kürzer als sechs Monate dauernder Aufenthalt zu erwarten war, als unzutreffend, entfällt der SGB II-Leistungsanspruch erst ab dem Zeitpunkt, zu dem klar absehbar ist, dass die Unterbringung länger als sechs Monate dauern wird;[176] für die bis dahin gewährten Leistungen bleibt der Rechtsgrund bestehen. Bei der Bestimmung der Aufenthaltsdauer sind aufeinander folgende Aufenthalte in verschiedenen Einrichtungen aufgrund ein und desselben Krankheitsereignisses zusammenzurechnen;[177] zu berücksichtigen ist auch eine nachgehende Versorgung in einer Vorsorge- oder Rehabilitationseinrichtung, bei SGB XII-Leistungsbezug auch ein vorangehender Aufenthalt in einer stationären Einrichtung.[178]

V. Leistungsausschluss bei Rentenbezug

67 Der SGB II-Leistungsanspruch entfällt (dem Grunde nach) auch bei Bezug **einer Rente wegen Alters** (§§ 35 ff. SGB VI) oder Knappschaftsausgleichsleistung oder ähnlicher Leistungen öffentlich-rechtlicher Art (§ 7 Abs. 4 S. 1 SGB II). Für die Bezieher solcher Leistungen geht der Gesetzgeber davon aus, dass sie auch schon vor Erreichen der allgemeinen Altersgrenze endgültig aus dem Erwerbsleben ausgeschieden und daher Bemühungen um eine Arbeitsmarktintegration nicht angezeigt sind. Die Regelung greift § 156 Abs. 1 S. 1 Nr. 4 SGB III auf, nach dem bei Bezug solcher Leistungen der Anspruch auf Arbeitslosengeld ruht. Der Höhe nach unzureichende Leistungen sind dann regelmäßig im Rahmen der Grundsicherung im Alter und bei Erwerbsminderung (§§ 41 ff. SGB XII) „aufzustocken".

68 Bei Bezug einer **Regelaltersrente** ist bereits der Altersrahmen (§ 7 Abs. 1 S. 1 Nr. 1, § 7 a SGB II) überschritten. Erfasst werden daher alle Arten vorgezogener Altersrenten sowie die unter engen Voraussetzungen an aus knappschaftlichen Betrieben ausgeschiedene ältere Versicherte gewährten Knappschaftsausgleichsleistungen (§ 239 SGB VI). Der Bezug einer Altersrente nach ausländischem Recht bewirkt den Leistungsausschluss, wenn diese mit einer deutschen Altersrente nach Zielsetzung und Bezugsvoraussetzungen in-

171 BSG 12.11.2015 – B 14 AS 6/15 R, FEVS 68, 1.
172 BT-Drs. 16/1410, 20; sa LSG BW 26.10.2005 – L 13 AS 4113/06 ER-B, FEVS 58, 37.
173 LSG BW 26.10.2006 – L 13 AS 4113/06 ER-B, FEVS 58, 370; LSG RhPf 19.6.2007 – L 3 ER 144/07 AS; Korte/Thie in: LPK-SGB II § 7 Rn. 108; A. Loose in: GK-SGB II § 7 Rn. 145.
174 Allgemein dazu BSG 30.8.2007 – B 10 EG 6/06 R, SGb 2008, 540.
175 BSG 6.9.2007 – B 14/7 b AS 60/06 R, FEVS 59, 344; krit. zum Prognosezeitpunkt Leopold in: jurisPK-SGB II § 7 Rn. 245.
176 Sa BT-Drs. 16/1410, 48.
177 BayLSG 16.7.2014 – L 16 AS 518/13, FEVS 66, 325; LSG NRW 3.12.2007 – L 20 AS 2/07.
178 BSG 12.11.2015 – B 14 AS 6/15 R, FEVS 68, 647.

haltlich vergleichbar[179] ist.[180] Leistungen nach dem Altersteilzeitgesetz, die einen gleitenden Übergang vom Erwerbsleben in die Altersrente ermöglichen sollen (§ 1 Abs. 1 AltTZG), sind selbst keine Altersrentenleistungen; nach Sinn und Zweck auszunehmen sind auch Teilaltersrenten (§ 42 Abs. 2 SGB VI).[181]

Der **dem Altersrentenbezug gleichgestellte Bezug öffentlich-rechtlicher Leistungen** erfasst die Altersvorsorge von Beamten und Selbstständigen, soweit sie nach Beamten- bzw. Soldatenversorgungsrecht[182] oder aus öffentlich-rechtlich organisierten Versorgungswerken[183] gewährt werden, sowie entsprechende Leistungen aus dem Ausland.[184] Auch sie müssen nach Art und Zugangsvoraussetzungen den (vorgezogenen) Altersrenten funktionsgleich sein.[185] — 69

Der **Leistungsausschluss** erfasst alle Leistungen nach dem SGB II, neben den Leistungen zum Lebensunterhalt also auch die **Eingliederungsleistungen**. Unerheblich ist die Höhe der Altersbezüge, die zum Leistungsausschluss führen. Sind sie nicht geeignet, den notwendigen Lebensunterhalt sicherzustellen, kommen Aufstockungsleistungen nach dem SGB XII in Betracht, soweit auch die dort partiell strengeren Voraussetzungen der wirtschaftlichen Hilfebedürftigkeit erfüllt sind. Beziehen von Altersbezügen, die wegen deren geringer Höhe noch zusätzlich erwerbstätig sein wollen, können die Leistungen der Arbeitslosenversicherung in Anspruch nehmen, soweit sie eine Beschäftigung als Arbeitnehmer suchen, die Arbeitslosen vorbehaltenen Leistungen nur, wenn sie auch eine versicherungspflichtige Beschäftigung suchen. Ansonsten sind sie auf die Beratung und Unterstützung des Sozialhilfeträgers verwiesen; diese umfasst bei Leistungsberechtigten, die zumutbar einer Tätigkeit nachgehen können, auch das Angebot einer Tätigkeit sowie die Vorbereitung und Begleitung der Leistungsberechtigten (§ 11 Abs. 3 S. 2 und 3 SGB XII). — 70

Der SGB II-Leistungsanspruch entfällt erst mit dem (**tatsächlichen**) **Bezug der Rente**. Der bloße Rentenantrag oder die Möglichkeit bzw. Obliegenheit, ihn zu stellen (§ 5 Abs. 3, § 12 a SGB II),[186] reichen für den Leistungsausschluss nicht aus.[187] Erwerbsfähige Leistungsberechtigte sind allerdings verpflichtet, Sozialleistungen anderer Träger in Anspruch zu nehmen und die dafür erforderlichen Anträge zu stellen;[188] dies gilt ungeachtet der damit verbundenen Einbußen[189] ab Vollendung des 63. Lebensjahres grundsätzlich auch für die vorzeitige Inanspruchnahme einer Rente wegen Alters (§ 12 a S. 2 SGB II). Ausnahmetatbestände, bei deren Vorliegen Leistungsberechtigte zur Inanspruchnahme einer vorgezogenen Altersrente nicht verpflichtet sind, regelt abschlie- — 71

179 Dazu BSG 29.10.1997 – 7 RAr 10/97, SozR 3–4100 § 142 Nr. 2; 16.5.2012 – B 4 AS 105/11 R; 7.12.2017 – B 14 AS 7/17 R (russische Altersrente); 16.5.2012 – B 4 AS 105/11 R, FEVS 64, 252 (litauische Altersrente).
180 A. Loose in: GK-SGB II § 7 Rn. 152.
181 AA Korte/Thie in: LPK-SGB II § 7 Rn. 116.
182 Einschließlich der Sonderversorgungssysteme der ehemaligen DDR; s. SächsLSG 19.1.2006 – L 3 AL 115/02 (Sonderversorgungssystem der NVA).
183 S. LSG Nds-Brem 28.11.2007 – L 11 AL 429/05, NdsRpfl. 2008, 87 (Versorgungswerk der Rechtsanwälte).
184 BSG 18.12.2008 – B 11 AL 32/07 R, Breith 2009, 946; 21.7.2009 – B 7/7 a AL 36/07 R (Altersrente nach dem schweizerischen Bundesgesetz über die berufliche Alters-, Hinterlassenen- und Invalidenvorsorge).
185 BSG 21.7.1977 – 7 RAr 45/76, SozR 4100 § 118 AFG Nr. 4.
186 S. BSG 19.8.2015 – B 14 AS 1/15 R, FEVS 67, 385; 12.6.2013 – B 14 AS 225/12 B.
187 S. aber LSG RhPf 17.8.2015 – L 3 AS 370/15 B ER, info also 2016, 123 (mit. krit. Anmerk. Franz info also 2016, 124), das bei einem Anspruch auf vorzeitigen Bezug von Altersrente die Bedürftigkeit verneint.
188 Zur Verfassungsmäßigkeit dieser Regelungen zur Sicherung des Nachrangs der Grundsicherungsleistungen s. BSG 19.8.2015 – B 14 AS 1/15 R, FEVS 67, 385.
189 Krit. dazu Berlit info also 2007, 195; sa Steffen SozSich 2007, 386; Knickrehm SozSich 2008, 192; Klerks info also 2016, 263; Wunder SozSich 2016, 77; Brussig, Eine Zwangsvorschrift und ihre Folgen – Die Pflicht zum vorzeitigen Rentenbeginn im SGB II, in: FS G. Bosch, Wiesbaden 2016, 393.

ßend[190] die UnbilligkeitsV.[191] Erforderlich zur Vermeidung, Beseitigung, Verkürzung oder Verminderung der Hilfebedürftigkeit ist die Beantragung und Inanspruchnahme einer vorzeitigen Altersrente auch in dem Fall, in dem sich die Dauer der Hilfebedürftigkeit verkürzt bzw. begrenzt oder sich die Hilfebedürftigkeit der Höhe nach verringert;[192] die (vorgezogene) Altersrente muss also nicht bedarfsdeckend sein. Auch der Leistungsträger selbst kann den Antrag stellen, wenn der Leistungsberechtigte der Aufforderung zur Antragstellung nicht nachkommt (§ 5 Abs. 3 S. 1 SGB II), auch gegen dessen Willen.[193] Für die Dauer des **Rentenbewilligungsverfahrens** sind weiterhin SGB II-Leistungen zu gewähren; dem SGB II-Leistungsträger steht bei rückwirkender Bewilligung gegen den Rententräger ein entsprechender Erstattungsanspruch zu (§§ 102 ff. SGB X). Wegen der Fälligkeit der Altersrente erst zum Monatsende (§ 118 Abs. 1 S. 1 SGB VI) können für den ersten Monat des Rentenbezuges die SGB II-Leistungen als Darlehen gewährt werden (§ 24 Abs. 4 SGB II).

VI. Leistungsausschluss bei Nichterreichbarkeit

72 Ein Leistungsanspruch entfällt auch, wenn sich ein erwerbsfähiger Leistungsberechtigter ohne Genehmigung **außerhalb des zeit- und ortsnahen Bereichs** aufhält und deswegen nicht für die Eingliederung in Arbeit zur Verfügung steht.[194] Der Gesetzgeber wollte mit dieser Regelung[195] einer missbräuchlichen Inanspruchnahme der Leistung bei einem nicht genehmigten vorübergehenden auswärtigen Aufenthalt begegnen, den er nicht hinreichend durch die Sanktionsregelungen gewährleistet sah.[196] Die Regelung ist auch nach der Neufassung 2011[197] missglückt. Indem der Anspruch auf Leistungen bei fehlender Erreichbarkeit entfällt, wird die zeit- und ortsnahe Erreichbarkeit nunmehr eine Leistungsvoraussetzung,[198] die zudem nach dem Wortlaut für die Systemabgrenzung relevant wird. Korrigiert worden ist immerhin der sachlich nicht zu rechtfertigende, unverhältnismäßige[199] Anwendungsbereich, dass alle nach dem SGB II leistungsberechtigten Personen unabhängig davon erfasst werden, ob sie selbst erwerbsfähig sind oder nicht oder sonst zum Zwecke der Arbeitsmarktintegration für den Leistungsträger ständig erreichbar sein müssen.

73 Zweck der **Erreichbarkeit** ist, dass ein Arbeitsloser für Eingliederungsbemühungen ständig zur Verfügung steht und entsprechenden Angeboten und Aufforderungen zeit- und ortsnah Folge zu leisten hat. Dieser Zweck begegnet keinen grundsätzlichen verfassungsrechtlichen Bedenken.[200] Einer teleologischen Reduktion bedarf die Vorschrift in-

---

190 BSG 19.8.2015 – B 14 AS 1/15 R, FEVS 67, 385; 23.6.2016 – B 14 AS 46/15 R, ZfSH/SGB 2016, 538.
191 VO zur Vermeidung unbilliger Härten durch Inanspruchnahme einer vorgezogenen Altersrente v. 14.4.2008 (BGBl. I, 734); die zum 1.1.2017 vorgenommenen Änderungen finden in isolierten Anfechtungsverfahren erst auf Widerspruchsverfahren Anwendung, die nach dem 1.1.2017 abgeschlossen worden sind (LSG LSA 12.4.2017 – L 5 AS 340/16 B ER, ZfSH/SGB 2017, 770).
192 BSG 23.6.2016 – B 14 AS 46/15 R, ZfSH/SGB 2016, 538; 19.8.2015 – B 14 AS 1/15 R, FEVS 67, 385.
193 BSG 9.3.2016 – B 14 AS 3/15 R, FEVS 68, 126.
194 S. dazu Hammel ZfSH/SGB 2012, 69; Klerks info also 2014, 7; s. auch die Anordnung des Verwaltungsrates der Bundesanstalt für Arbeit zur Pflicht des Arbeitslosen, Vorschlägen des Arbeitsamtes zur beruflichen Eingliederung zeit- und ortsnah Folge leisten zu können (Erreichbarkeits-Anordnung [EAO]) v. 23.10.1997 idF der ÄndAO v. 16.11.2001; als materiellrechtliche Gewährungsvoraussetzung überlagert § 7 Abs. 4 a SGB II auch den Anspruch aus § 2 Abs. 3 SGB X auf Weiterzahlung der Leistungen nach einem Zuständigkeitswechsel (so SG Augsburg 21.6.2012 – S 15 AS 664/11).
195 Eingefügt durch Gesetz v. 1.8.2006, BGBl. I, 1706.
196 BT-Drs. 16/1696, 24.
197 Gesetz v. 24.3.2011, BGBl. I, 453.
198 BSG 16.5.2012 – B 4 AS 166/11 R, FEVS 64, 205; 15.6.2016 – B 4 AS 45/15 R, SozR 4–1500 § 55 Nr. 16; sa LSG NRW 8.8.2016 – L 19 AS 1251/14.
199 Krit. etwa Winkler info also 2007, 3 (9).
200 Sa BSG 10.8.2000 – B 11 AL 101/99 R, SozR 3–4100 § 103 Nr. 23; 20.6.2001 – B 11 AL 10/01 R, SozR 3–4300 § 119 Nr. 3; 16.5.2012 – B 4 AS 166/11 R, FEVS 64, 205.

des weiterhin in Bezug auf **vollschichtig erwerbstätige Aufstocker**, die durch ihr Erwerbseinkommen zwar ihren eigenen, nicht aber den Lebensunterhalt ihrer Angehörigen sicherstellen können,[201] sowie für solche erwerbsfähigen Leistungsberechtigten, die auf absehbare Zeit (zB wegen Familien- und Betreuungspflichten) zur Aufnahme einer Arbeit nicht verpflichtet sind.[202] Bei Personen, die aufgrund ihrer besonderen Lebenslage den Anforderungen ständiger Erreichbarkeit nicht oder nur eingeschränkt nachkommen können (Wohnungslose), sind jedenfalls die Erreichbarkeitsanforderungen an die durchgängige Erreichbarkeit so auszugestalten, das auch diese Personen weiterhin Zugang zu SGB II-Leistungen haben.[203] Eine krankheitsbedingte Arbeitsunfähigkeit hebt die Obliegenheit zur Erreichbarkeit indes nicht auf,[204] die auch nicht davon abhängt, ob für den Betroffenen tatsächlich Eingliederungsmöglichkeiten gegeben sind.[205]

Sachlich greift der Leistungsausschluss nur bei einem Aufenthalt außerhalb des zeit- und ortsnahen Bereichs ohne Zustimmung[206] des persönlichen Ansprechpartners, nicht schon bei einer mehrtägigen Ortsabwesenheit innerhalb dieses Bereiches.[207] Die Bindung an den zeit- und ortsnahen Bereich soll sicherstellen, dass der Leistungsberechtigte innerhalb kurzer Frist[208] den Leistungsträger nicht nur telefonisch erreichen, sondern bei diesem persönlich erscheinen kann.[209] Für die Leistung ist **unschädlich**, wenn der Leistungsberechtigte außerhalb des zeit- und ortsnahen Bereichs einen Vorstellungs-, Beratungs- oder sonstigen Termin aus Anlass der Arbeitsuche wahrnimmt oder diesen auch ohne wichtigen Grund mit Zustimmung des Leistungsträgers[210] bis zu drei Wochen im Jahr verlässt (§ 7 Abs. 4 a S. 4 und 5 SGB II). Diese Zustimmung ist bei einem wichtigen Grund zu erteilen. Das Gesetz selbst hebt hervor die Teilnahme an einer ärztlich verordneten Maßnahme der medizinischen Vorsorge oder Rehabilitation sowie die Teilnahme an Veranstaltungen im öffentlichen Interesse (§ 7 Abs. 4 a S. 2 und 3 SGB II). **74**

Mit dem Verzicht auf die entsprechende Anwendung der Erreichbarkeitsanordnung zum 1.4.2011 hat der Gesetzgeber den „Systembruch" beseitigt, dass auf ein von einem Selbstverwaltungsorgan, das für den SGB II-Bereich keine Zuständigkeit hat, erlassenes Regelwerk verwiesen wird.[211] Noch kein Gebrauch gemacht worden ist von der Ermächtigung (§ 13 Abs. 3 SGB II), durch Rechtsverordnung nähere Bestimmungen zum zeit- und ortsnahen Bereich sowie dazu zu treffen, wie lange und unter welchen Voraus- **75**

---

201 So auch Nr. 7.124 DH-BA.

202 Korte/Thie in: LPK-SGB II § 7 Rn. 131; aA A. Loose in: GK-SGB II § 7 Rn. 164 ff.; sa LSG Bln-Bbg 15.8.2013 – L 34 AS 1030/11; LSG BW 14.7.2010 – L 3 AS 3552/09; das LSG Nds-Brem 14.11.2017 – L 7 AS 934/17 B ER lässt offen, ob § 7 Abs. 4 a SGB II bei Vorliegen von Gründen nach § 10 SGB II von vornherein unanwendbar ist oder diese nur einen „wichtigen" Grund für eine Ortsabwesenheit begründen können.

203 Sa LSG Bln-Bbg 3.4.2008 – L 29 B 2282/07 AS ER (tägliche persönliche Meldung bei Grundsicherungsträger oder zumindest anerkannter Beratungs- oder Betreuungseinrichtung); offener LSG NRW 27.3.2008 – L 7 B 315/07 AS (Erreichbarkeit über Betreuer ausreichend); LSG NRW 17.8.2015 – L 19 AS 1265/15 B ER; 11.8.2014 – L 19 AS 1341/14 B ER.

204 SächsLSG 17.10.2013 – L 3 AS 18/12 B PKH.

205 LSG Hmb 12.9.2013 – L 4 AS 391/12.

206 Umstritten ist, ob die Zustimmung zur Ortsabwesenheit als Verwaltungsakt zu qualifizieren ist; s. Leopold in: jurisPK-SGB II § 7 Rn. 723; offengelassen in SächsLSG 24.9.2015 – L 3 AS 1738/13, ZfSH/SGB 2016, 99.

207 SG Hildesheim 18.2.2009 – S 43 AS 1230/07; sa LSG NRW 12.1.2009 – L 20 B 135/08 AS.

208 Genannt wird zB eine Dauer von 75 Minuten (BayLSG 16.1.2013 – L 11 AS 583/10, info also 2014, 24; sa Korte/Thie in: LPK-SGB II § 7 Rn. 127), die im dünn besiedelten ländlichen Raum nicht durchweg ausreichen dürfte.

209 Dies umschließt die tatsächliche Erreichbarkeit unter der angegebenen Anschrift (LSG NRW 25.11.2015 – L 7 AS 834/15 B) und die Mitwirkung an der Feststellung des tatsächlichen Aufenthalts (LSG NRW 14.7.2013 – L 19 AS 452/13 B ER).

210 Der Antrag auf Zustimmung zur Ortsabwesenheit umfasst nicht den erforderlichen Weiterbewilligungsantrag; so BSG 16.5.2012 – B 4 AS 166/11 R, FEVS 64, 205.

211 Korte/Thie in: LPK-SGB II § 7 Rn. 124.

setzungen sich erwerbsfähige Leistungsberechtigte ohne Anspruchsverlust außerhalb des zeit- und ortsnahen Bereichs aufhalten dürfen. Nach vorzugswürdiger Ansicht[212] ist dem erwerbsfähigen Leistungsberechtigten **nicht** als Leistungsvoraussetzung abzuverlangen, auch die **tägliche postalische Erreichbarkeit** sicherzustellen.[213] Auf die Kenntnis der Residenzpflicht kommt es nicht schon für den Leistungswegfall, sondern erst für eine Rückforderung an.[214]

VII. Leistungsausschluss für Auszubildende

76 Der Ausschlusstatbestand für Auszubildende (§ 7 Abs. 5 SGB II) soll – wie auch in der Sozialhilfe[215] – sicherstellen, dass das SGB II **keine** (versteckte) **Ausbildungsförderung auf einer „zweiten Ebene"** wird. Sie beruht darauf, dass Ausbildungsförderung durch Sozialleistungen, die die Kosten der Ausbildung und den Lebensunterhalt umfassen, außerhalb des SGB II/SGB XII abschließend geregelt ist.[216] Das 9. SGB II-ÄndG[217] hat 2016 den Kreis der von Leistungsausschluss nicht betroffenen Auszubildenden insbes. im Bereich der Berufsausbildung und bei schulischer Ausbildung deutlich erweitert.[218]

77 Ausgeschlossen sind nur **Auszubildende** in Ausbildungen, die nach dem **Bundesausbildungsförderungsgesetz** dem Grunde nach förderungsfähig sind (§ 7 Abs. 5 Satz 1 SGB II) oder deren Bedarf sich nach bestimmten, an eine auswärtige Unterbringung anknüpfenden Tatbeständen der Berufsausbildungshilfe (§ 61 Abs. 2 und 3, § 62 Abs. 3, § 123 Abs. 1 Nr. 2 und 3, § 124 Abs. 1 Nr. 3, Abs. 3 SGB III) richtet (§ 7 Abs. 5 Satz 2 SGB II). Nach § 7 Abs. 6 SGB II sind hiervon ausgenommen Schüler, die nach § 2 Abs. 1 a BAföG von der Ausbildungsförderung ausgeschlossen sind (Nr. 1), in weitem Umfange auch Schüler an Berufsfach- oder Abendschulen (§ 12 BAföG) sowie Auszubildende in (höheren) Fachschulen, Akademien und Hochschulen (§ 13 Abs. 1 BAföG), die noch bei ihren Eltern wohnen (§ 13 Abs. 2 Nr. 1 BAföG), oder für Auszubildende an „qualifizierten" Schulen (§ 13 Abs. 1 Nr. 1, Abs. 2 Nr. 2 BAföG) (auch dann, wenn sie nicht bei den Eltern wohnen) (Nr. 2) sowie Schüler an Abendschulen, die wegen ihres Alters keinen Anspruch auf Ausbildungsförderung haben (Nr. 3). SGB II-Leistungen zum Lebensunterhalt sind nach Maßgabe des § 27 SGB II bereits dann ausgeschlossen, wenn die Ausbildung dem Grunde nach abstrakt nach dem BAföG[219] oder dem SGB III[220] förderungsfähig ist. Unerheblich ist, dass konkret keine Ausbildungsförderung gewährt wird, weil nicht alle persönlichen Leistungsvoraussetzungen vorliegen bzw. ausbildungsförderungsrechtliche Leistungsausschlüsse greifen; bei fortbestehender

---

212 Korte/Thie in: LPK-SGB II § 7 Rn. 116 f.; aA etwa A. Loose in: GK-SGB II § 7 Rn. 161.

213 So BayLSG 2.2.2012 – L 11 AS 853/09 (bei Aufenthalt im zeit- und ortsnahen Bereich); zu den damit verbundenen Problemen s. etwa Balschun in: Gagel SGB II/III § 138 SGB II Rn. 240 ff.

214 LSG NRW 14.11.2008 – L 12 B 129/08 AS.

215 S. bereits § 26 BSHG aF (dazu Schulte JA 1986, 338; Fleischmann NDV 1996, 398) und nunmehr § 22 SGB XII.

216 S. die st. Rspr. des BVerwG (s. etwa BVerwG 29.4.1982 – 5 C 54.81, Buchholz 436.0 § 26 BSHG Nr. 1; 7.6.1989 – 5 C 3.86, BVerwGE 82, 125; 14.10.1993 – 5 C 16.91, BVerwGE 94, 224; 18.7.1994 – 5 B 25.94, FEVS 45, 49), an die das BSG insoweit angeknüpft hat (BSG 6.9.2007 – B 14/7 b AS 28/06 R, SozR 4–4200 § 7 Nr. 8; 6.9.2007 – B 14/7 b AS 36/06 R, SozR 4–4200 § 7 Nr. 6).

217 G. v. 26.7.2016, BGBl. I, 1824.

218 Korte/Thie in: LPK-SGB II § 7 Rn. 134; Sehmsdorf info also 2016, 205; Geiger ZfSH/SGB 2017, 9.

219 S. etwa BSG 6.9.2007 – B 14/7 b AS 36/06 R, BSGE 99, 67; 27.9.2011 – B 4 AS 145/10 R, SozR 4–4200 § 7 Nr. 26; zum Ausschluss während des Lehramtsreferendariats s. BSG 25.1.2012 – B 14 AS 148/11 B, zum Ausschluss eines Beamtenanwärters s. BSG 19.8.2010 – B 14 AS 24/09 R, SozR 4–4200 § 7 Nr. 20.

220 BSG 30.9.2008 – B 4 AS 28/07 R, SozR 4–4200 § 7 Nr. 9; nicht ausgeschlossen war schon nach alter Rechtslage der Leistungsbezug bei Maßnahmen der beruflichen Weiterbildung; s. BSG 30.8.2010 – B 4 AS 87/09 R, SozR 4–4200 § 7 Nr. 19.

Immatrikulation muss die Ausbildung auch nicht betrieben werden.[221] Bei berufsbildenden Maßnahmen kommt es für die Einordnung als **Maßnahme der Aus- oder der Weiterbildung** allein auf die objektiven Verhältnisse (zB Ausgestaltung der Maßnahme) an, nicht die subjektiven Bewertungen des Auszubildenden.[222] SGB II-Leistungen sind nicht schon wegen der Durchführung einer Bildungsmaßnahme an einer Hochschule ausgeschlossen, wenn diese Maßnahme ausbildungsförderungsrechtlich bereits dem Grunde nach nicht förderungsfähig ist.[223] Nicht nach dem BAföG förderungsfähig ist der Vorbereitungslehrgang zur Meisterprüfung, der nach dem Gesetz zur Förderung der beruflichen Aufstiegsfortbildung (Aufstiegsfortbildungsförderungsgesetz – AFBG) gefördert wird.[224]

Leistungen zur Sicherung des Lebensunterhaltes können für die meisten Bedarfe nur in **besonderen Härtefällen** – und dann auch nur als Darlehen – geleistet werden (§ 27 Abs. 3 SGB II). Für den Begriff des „Härtefalls" ist das BSG[225] graduell „weicherer" instanzgerichtlicher Rechtsprechung[226] entgegengetreten und hat an die Rechtsprechung der Verwaltungsgerichte[227] angeknüpft. Hiernach müssen für einen Härtefall zum Nichtbezug bedarfsdeckender Leistungen im Einzelfall Umstände hinzutreten, die einen Ausschluss von der Ausbildungsförderung durch Hilfe zum Lebensunterhalt auch mit Rücksicht auf den Gesetzeszweck, die Grundsicherung/Sozialhilfe von den finanziellen Lasten einer Ausbildungsförderung freizuhalten, als übermäßig hart, dh als unzumutbar oder in hohem Maße unbillig erscheinen lassen. Nach der Unterstützungsfunktion der SGB II-Leistungen kann ein besonderer Härtefall – wie § 27 Abs. 3 Satz 2 SGB II[228] inzwischen teils ausdrücklich regelt – etwa bei Hilfebedarf unmittelbar vor der Prüfung, bei unverwartetem Wegfall die Ausbildung sichernder Mittel kurz vor dem Ausbildungsabschluss[229] oder dann anzunehmen sein, wenn eine weit fortgeschrittene und bisher kontinuierlich betriebene Ausbildung aufgrund der konkreten Umstände des Einzelfalls – zB wegen einer Behinderung oder Erkrankung – zu unterbrechen gewesen sei oder eine nicht mehr nach den Vorschriften des BAföG geförderte Ausbildung objektiv belegbar die einzige Zugangsmöglichkeit zum Arbeitsmarkt darstellt,[230] nicht aber dann, wenn die ausländerrechtlichen Voraussetzungen des BAföG nicht erfüllt werden und anderweitige berufliche Entwicklungsmöglichkeiten dem Leistungsberechtigten nicht verschlossen sind.[231] **78**

Der **Leistungsausschluss** ist auf die **Grundleistungen zum Lebensunterhalt** beschränkt. Auszubildende können Leistungen zur Eingliederung in Arbeit erhalten und beanspru- **79**

---

221 SächsLSG 29.6.2010 – L 7 AS 756/09 B ER; zur Leistungsgewährung während sog „Urlaubssemester" s. BSG 22.3.2012 – B 4 AS 102/11, NJW 2012, 2221, wonach ein Leistungsanspruch besteht, wenn der Auszubildende in dieser Zeit entweder aus organisationsrechtlichen Gründen der Hochschule nicht mehr angehört oder die organisationsrechtliche Zugehörigkeit zwar weiterhin vorliegt, er sein Studium jedoch tatsächlich nicht betreibt (aA noch – mit Blick auf Besonderheiten des Landeshochschulrechts – die Instanzrechtsprechung, s. etwa SächsLSG 28.6.2010 – L 7 AS 337/10 B ER; 11.11.2010 – L 7 AS 435/10 B ER; 30.11.2010 – L 3 AS 649/10 B ER; 20.1.2011 – L 3 AS 770/09).

222 S. auch BSG 29.1.2008 – B 7/7a AL 68/06 R; 30.8.2010 – B 4 AS 87/09 R, SozR 4–4200 § 7 Nr. 19; LSG Bln-Bbg 14.4.2008 – L 10 AS 154/08.

223 LSG LSA 3.4.2008 – L 2 AS 71/06 (Promotionsstudium); zu Zusatz-, Ergänzungs- und Aufbaustudiengängen sa SächsLSG 21.8.2008 – L 3 AS 62/06.

224 SächsLSG 31.3.2011 – L 3 AS 140/09.

225 BSG 6.9.2007 – B 14/7 b AS 36/06 R, SozR 4–4200 § 7 Nr. 6; 30.9.2008 – B 4 AS 28/07 R, ZfSH/SGB 2009, 31; 1.7.2009 – B 4 AS 67/08 R.

226 S. Berlit JBSozR 2007, 293.

227 S. etwa BVerwG 14.10.1993 – 5 C 16.91.

228 Eingefügt durch G. v. 26.7.2016, BGBl. I, 1824.

229 OVG Brem 20.8.2007 – S1 B 68/07.

230 Zur Berücksichtigung arbeitsmarktbezogener Aspekte sa BSG 30.9.2008 – B 4 AS 28/07 R, SozR 4–4200 § 7 Nr. 9.

231 BSG 6.9.2007 – B 14/7 b AS 28/06 R, SozR 4–4200 § 7 Nr. 8; 6.9.2007 – B 4 AS 28/07 R, SozR 4–4200 § 7 Nr. 9.

chen. Bei den Leistungen zum Lebensunterhalt erfasst der Ausschluss nicht besondere, ausbildungsunabhängige Bedarfslagen. Nach Maßgabe des 27 Abs. 2 SGB II kommen für sie Mehrbedarfsleistungen nach § 21 Abs. 2, 3, 5, und 6 SGB II sowie Erstausstattungsleistungen nach § 24 Abs. 3 Nr. 2 SGB II in Betracht.[232]

C. Grundsicherung im Alter und bei Erwerbsminderung

80   Die Grundsicherung im Alter und bei Erwerbsminderung[233] ist zum 1.1.2005 wieder in das (formelle) Sozialhilferecht integriert worden,[234] aus dem es mit Inkrafttreten des gesonderten Gesetzes über eine bedarfsorientierte Grundsicherung im Alter und bei Erwerbsminderung (GSiG)[235] erst zum 1.1.2003 herausgelöst worden war. Zielsetzung der als Kapitel IV (§§ 41 bis 46 a SGB XII) in das SGB XII aufgenommenen Regelungen ist, den **notwendigen Lebensunterhalt hilfebedürftiger älterer oder dauerhaft voll erwerbsgeminderter Personen** mit gewöhnlichem Inlandsaufenthalt sicherzustellen. Als besondere, neben der sozialhilferechtlichen Hilfe zum Lebensunterhalt stehende Leistung soll damit auch (weiterhin) ein Beitrag gegen verdeckte Altersarmut geleistet werden. Innerhalb des Sozialhilfegesetzes haben die Leistungen der Grundsicherung Vorrang vor der Hilfe zum Lebensunterhalt (§ 19 Abs. 2 S. 2 SGB XII). Im Übrigen gelten die Vorschriften des SGB XII auch für die Grundsicherung im Alter und bei Erwerbsminderung, soweit nicht ausdrücklich etwas anderes bestimmt ist. Die in der Praxis markantesten Unterschiede bestehen bei der Bemessung der Unterkunftsbedarfe in- und außerhalb von Einrichtungen bei Zusammenleben mit Verwandten und in Wohngemeinschaften (§ 42 Nr. 4, § 42 a SGB XII)[236] und beim Unterhaltsrückgriff (§ 43 Abs. 5 SGB XII).

81   Zielgruppe dieser Grundsicherung sind zum einen **ältere Personen**, die wegen Erreichens der **Regelaltersgrenze** (§ 41 Abs. 2 SGB XII) nicht mehr im Erwerbsleben stehen. Diese Altersgrenze ist abgestimmt mit jener, die für die SGB II-Leistungsberechtigung (§ 7 Abs. 1 Satz 1 Nr. 1, § 7 a SGB II) gilt. Insoweit sind beide Systeme trennscharf voneinander abgegrenzt. Der nach dem SGB XII leistungsberechtigte Personenkreis hat auch als Mitglied einer SGB II-Bedarfsgemeinschaft keinen Anspruch auf (ergänzendes) Sozialgeld (§ 5 Abs. 2 S. 2 SGB II). Die Grundsicherung im Alter erfasst aber nicht alle Personen, die wegen des Bezuges von Altersrenten keine SGB II-Leistungsberechtigung haben: Werden Altersleistungen iSd § 7 Abs. 4 SGB II, die den notwendigen Lebensunterhalt nicht decken, vor Erreichen der Regelaltersgrenze bezogen, kommen bei Hilfebedürftigkeit (aufstockende) Leistungen der Hilfe zum Lebensunterhalt (§§ 27 ff. SGB XII) in Betracht. Bei Inanspruchnahme nicht bedarfsdeckender vorgezogener Altersruhegeldes kann dabei dem Leistungsberechtigten wegen der grundsicherungsrechtlichen Rechtspflicht zur Antragstellung (§ 12 a SGB II) nicht nach § 26 SGB XII – die Leistung einschränkend – entgegengehalten werden, dass er einen Rentenantrag gestellt hat; aus

232   BSG 6.9.2007 – B 14/7 b AS 28/06 R, SozR 4–4200 § 7 Nr. 8; 6.9.2007 – B 14/7 b AS 36/06 R, BSGE 99, 67 (im Anschluss an BVerwG 14.10.1993 – 5 C 16.91, BVerwGE 94, 224).
233   Dazu etwa Ehmann, Grundsicherung im Alter und bei Erwerbsminderung, 3. Aufl., Frankfurt am Main 2014; Hesse/Wenzel, Was tun wenn die Rente nicht reicht?, München 2012.
234   Friedrichsen NDV 2004, 309 (Teil 1), 347 (Teil 2); Dünn/Rüb DRV 2004, 614; Schoch ZfF 2004, 197; Waibel rv 2004, 201; zu den Neuerungen durch das Gesetz zur Ermittlung von Regelbedarfen sowie zur Änderung des SGB II/SGB XII (G. v. 22.12.2016, BGBl. I, 3159) s. Schwabe ZfF 2017, 101; Rein ZfSH/SGB 2017, 371.
235   Dazu etwa Renn/Schoch (Lit.): Brühl/Hofmann, Leitfaden Grundsicherung, Frankfurt/M. 2003; dies., IK-GSiG, Frankfurt/M. 2003; Marburger, Grundsicherung im Alter und bei Erwerbsminderung, Regensburg 2002; Renn, Die „neue" Grundsicherung im Alter und bei Erwerbsminderung nach Einordnung in das SGB XII ab dem 1.1.2005, in: Brennpunkte des Sozialrechts 2003, Bochum 2003, 1–60.
236   Hahn info also 2018, 6.

demselben Grunde scheidet auch ein Kostenersatz wegen zurechenbarer Herbeiführung der Sozialhilfevoraussetzungen (§ 103 SGB XII) aus.

Sozialhilferechtliche Grundsicherung wird auch Personen gewährt, die in dem Sinne **82** **dauerhaft voll erwerbsgemindert** sind, dass sie unabhängig von der jeweiligen Arbeitsmarktlage voll erwerbsgemindert iSd § 43 Abs. 2 SGB VI sind, bei denen unwahrscheinlich ist, dass die volle Erwerbsminderung behoben werden kann, und die das 18. Lebensjahr vollendet haben (§ 41 Abs. 2 SGB XII). Dies erfasst weitgehend, aber eben nicht vollständig Personen, die wegen ihres geminderten Leistungsvermögens nach § 8 Abs. 1 SGB II nicht leistungsberechtigt sind. Nicht erfasst ist bei voller Erwerbsminderung zunächst die Altersspanne zwischen der Vollendung des 15. und des 18. Lebensjahres.

Zu der auf absehbare Zeit bestehenden Minderung der Leistungsfähigkeit muss für den **83** Grundsicherungsbezug nach dem SGB XII hinzukommen, dass unwahrscheinlich ist, dass die volle Erwerbsminderung behoben werden kann. Dieses **Zeitmoment der „dauerhaften" Erwerbsunfähigkeit** reicht über den 6-Monats-Zeitraum hinaus, der nach § 8 Abs. 1 SGB II in den Blick zu nehmen ist. Es entspricht der Voraussetzung für eine Dauerrente wegen Erwerbsminderung aus medizinischen Gründen (§ 102 Abs. 2 S. 5 SGB VI). Auch bei der Grundsicherung im Alter und bei Erwerbsminderung genügt nicht, dass die Voraussetzungen für den Bezug einer sog Arbeitsmarktrente (→ Rn. 31) vorliegen. Die dauerhafte vollständige Erwerbsminderung ist regelmäßig durch den zuständigen Träger der Rentenversicherung festzustellen (§ 45 S. 1 SGB XII). Auch bei Aufnahme in den Betreuungsbereich einer Werkstatt für behinderte Menschen ist ungeachtet des § 45 S. 3 SGB XII im Einzelfall die zusätzliche Feststellung erforderlich, dass eine Beschäftigung des behinderten Menschen nach den gegenwärtigen Fähigkeiten auf dem allgemeinen Arbeitsmarkt nicht möglich ist.[237]

Auf Grundsicherung im Alter und bei Erwerbsminderung hat keinen Anspruch, wer in **84** den letzten 10 Jahren die Bedürftigkeit vorsätzlich oder grob fahrlässig herbeigeführt hat (§ 41 Abs. 4 SGB XII), etwa durch eine zurechenbare, „sozialwidrige" Verminderung von Vermögen. Dieser vom Leistungsträger nachzuweisende[238] Leistungsausschluss modifiziert das sozialhilferechtliche Faktizitätsprinzip, nach dem sich ein Sozialhilfeanspruch regelmäßig nicht nach den Gründen der Notlage richtet und lediglich die tatsächliche Notlage des Leistungsberechtigten maßgeblich ist.[239] Dieser Anspruchsausschluss soll eine missbräuchliche Inanspruchnahme der Leistungen zB durch Personen verhindern, die ihr Vermögen verschleudert[240] oder es ohne Rücksicht auf die Notwendigkeit der Bildung von Rücklagen für das Alter verschenkt haben.[241] Die Bedarfssituation ist nicht schon allein deswegen „schuldhaft" herbeigeführt, weil vorhandenes Vermögen vor Eintritt in den Leistungsbezug zur Tilgung von Schulden verwendet worden ist[242] oder von einer gesetzlichen Möglichkeit zur Befreiung von der gesetzlichen Krankenversicherungspflicht Gebrauch gemacht worden ist.[243] Selbst dann ist der Grund für die Schuldentilgung zu berücksichtigen. Überdies hat ein zusätzliches subjektives Moment hinzuzutreten: Der (später) Leistungsberechtigte muss erkannt haben, dass er die

237 SG Stuttgart 23.9.2008 – S 15 SO 6014/08 ER, NDV-RD 2009, 23; sa SG Karlsruhe 24.4.2008 – S 1 SO 5792/07 (Teilnahme eines geistig behinderten Menschen an einer vorbereitenden Berufsbildungsmaßnahme); sa BSG 26.8.2008 – B 8/9 b SO 16/07 R, FEVS 60, 346.
238 LSG NRW 4.3.2008 – L 20 B 18/08 SO ER.
239 S. Rothkegel, Die Strukturprinzipien des Sozialhilferechts, 2000, 18; BSG 11.12.2007 – 8/9 b SO 23/06 R; 27.9.2011 – B 4 AS 202/10 R.
240 LSG BW 15.10.2014 – L 2 SO 2489/14, info also 2015, 179; sa BSG 25.8.2011 – B 8 SO 19/10 R.
241 BayVGH 21.2.2005 – C 04.2470.
242 BayLSG 23.1.2009 – L 8 B 900/07 SO.
243 LSG BW 12.12.2014 – L 2 SO 1027/14.

vorhandenen Mittel auch bei künftiger sparsamer Lebensführung nicht für eine Schuldentilgung hätte verwenden dürfen.

85 Die **Hilfebedürftigkeit** als Leistungsvoraussetzung richtet sich beim Einsatz von Einkommen und Vermögen **grundsätzlich nach den allgemeinen sozialhilferechtlichen Regelungen** (§§ 82 bis 84, 90 SGB XII; dazu eingehend → Kap. 20 Rn. 220 ff.; → Kap. 21 Rn. 70 ff.). Bei grundsicherungsberechtigten (volljährigen) Kindern ist zu beachten, dass Kindergeld, das ihnen von den hierzu nicht verpflichteten Eltern nicht weitergeleitet worden ist,[244] wegen der Volljährigkeit nicht als eigenes Einkommen zugeordnet ist; § 82 Abs. 1 S. 2 SGB XII ist auch nicht analog anzuwenden.[245]

D. Sozialhilfe (Hilfe zum Lebensunterhalt)

86 Leistungen der Hilfe zum Lebensunterhalt erhalten Personen, die ihren notwendigen Lebensunterhalt nicht oder nicht ausreichend aus eigenen Kräften und Mitteln bestreiten können (§ 19 Abs. 1, § 27 Abs. 1 SGB XII). Dieser **allgemeine Nachrang** wird im Verhältnis zur Grundsicherung für Arbeitsuchende durch § 21 S. 1 SGB XII bekräftigt, nach dem Personen, die nach dem SGB II als Erwerbsfähige oder als Angehörige leistungsberechtigt sind, keine Leistungen für den Lebensunterhalt erhalten. Dem korrespondiert die unbedingt formulierte Regelung des § 5 Abs. 2 S. 1 SGB II („... schließt Leistungen nach dem Dritten Kapitel des Zwölften Buches aus."). § 21 S. 2 SGB XII lässt für Personen, die nach dem SGB II aus wirtschaftlichen Gründen nicht hilfebedürftig sind, sonstige Hilfen zur Sicherung der Unterkunft (§ 36 SGB XII), also die Übernahme von Miet- und Energiekostenrückständen zu.

87 Das **Verhältnis zur Grundsicherung im Alter und bei Erwerbsminderung** (§§ 41 ff. SGB XII) wird über den allgemeinen Nachranggrundsatz und den **Vorrang spezieller Regelungen** gestaltet, nicht über eine Anspruchsausschlussnorm. Konsequenz ist, dass an sich grundsicherungsberechtigte Personen, die ihre Bedürftigkeit vorsätzlich oder grob fahrlässig herbeigeführt haben und deswegen keinen Anspruch auf Leistungen nach §§ 41 ff. SGB XII haben (§ 41 Abs. 4 SGB XII), nicht ins Leere fallen; sie erhalten mit der Maßgabe Leistungen der Hilfe zum Lebensunterhalt, dass diese auf das zum Lebensunterhalt Unerlässliche eingeschränkt werden soll (§ 26 Abs. 1 S. 1 Nr. 1 SGB XII).

88 Den **Nachrang zum Sonderleistungssystem des Asylbewerberleistungsgesetzes** gewährleistet § 23 Abs. 2 SGB XII, nach dem Leistungsberechtigte nach § 1 AsylbLG keine Leistungen der Sozialhilfe erhalten. Dies geht über eine Anspruchsausschlussnorm hinaus, hinter der noch ein Anspruch auf eine ermessensfehlerfreie Entscheidung über eine Leistungsgewährung stehen kann. Der Leistungsausschluss erfasst alle Leistungen nach dem SGB XII, neben der Hilfe zum Lebensunterhalt (Drittes Kapitel) insbes. auch die Grundsicherung im Alter und bei Erwerbsminderung (Viertes Kapitel), die Hilfen zur Gesundheit (Fünftes Kapitel) und die Eingliederungshilfe (Sechstes Kapitel). Die Gewährung von Leistungen in besonderen Fällen (§ 2 AsylbLG), in denen das SGB XII entsprechend anzuwenden ist (sog Analogleistungen), sind weiterhin Leistungen nach dem Asylbewerberleistungsgesetz.[246]

89 Bei **tatsächlichem Inlandsaufenthalt** ist **Ausländern**, die nicht dem Asylbewerberleistungsgesetz unterfallen, neben der Hilfe zum Lebensunterhalt Hilfe zur Pflege und von den Hilfen zur Gesundheit Hilfe bei Krankheit (§ 48 SGB XII) und Hilfe bei Schwanger-

244 Für den Fall der Weiterleitung an ein Kind, das außerhalb des Haushalts lebt, s. BSG 11.12.2007 – B 8/9 b SO 23/06 R, SozR 4–3500 § 82 Nr. 3.
245 BSG 8.2.2007 – B 9 b 5/06 R, SozR 4–3500 § 41 Nr. 1; 16.10.2007 – B 8/9 b SO 8/06 R, SozR 4–1300 § 44 Nr. 11; BSG 26.8.2008 – B 8/9 b SO 16/07 R, FEVS 60, 346.
246 Berlit AWR-Bulletin 2010, 247 (262).

schaft und Mutterschaft (§ 50 SGB XII) (§ 23 Abs. 1 S. 1 SGB XII) zu gewähren. Die weiteren Hilfen zur Gesundheit (§ 47 [vorbeugende Gesundheitshilfe], Hilfe zur Familienplanung [§ 49 SGB XII] und bei Sterilisation [§ 51 SGB XII]), die Eingliederungshilfe für behinderte Menschen (Sechstes Kapitel), die Hilfe zur Überwindung besonderer sozialer Schwierigkeiten (Achtes Kapitel) und die Hilfen in anderen Lebenslagen (Neuntes Kapitel) können bei noch nicht verfestigtem Daueraufenthalt gewährt werden, soweit dies im Einzelfall gerechtfertigt ist (§ 23 Abs. 1 S. 2 SGB XII). Bei einem durch einen entsprechenden aufenthaltstitelgestützten (voraussichtlichen) Daueraufenthalt sind Sozialhilfeleistungen wie bei einem Inländer zu gewähren (§ 23 Abs. 1 S. 3 SGB XII). Anspruchs- oder Leistungsbeschränkungen gelten nicht, soweit Unionsrecht[247] oder bi-[248] bzw. multilaterale Abkommen[249] Abweichendes regeln (§ 23 Abs. 1 S. 4 SGB XII; zu Einzelheiten s. Kapitel 34).

Ein Leistungsausschluss, der sich auch auf die Grundsicherung im Alter und bei Erwerbsminderung erstreckt, gilt für Ausländer, die mit dem **Ziel der Sozialhilfeerlangung** oder zur Arbeitsuche in das Bundesgebiet **eingereist** sind (§ 23 Abs. 3 Satz 1 Nr. 4 SGB XII) oder die kein Aufenthaltsrecht oder eine materielle EU-Freizügigkeitsberechtigung haben (§ 23 Abs. 3 Satz 1 Nr. 1 bis 3 SGB XII); insoweit sind die Regelungen seit Ende Dezember 2016[250] – einschließlich der Rückausnahme nach fünfjährigem Inlandsaufenthalt[251] – § 7 Abs. 1 Satz 2 bis 7 SGB II angeglichen. Möglich sind für höchstens einen Monat eingeschränkte Leistungen, um den Zeitraum bis zu einer Ausreise zu überbrücken (§ 23 Abs. 3 Satz 3 und 4 SGB XII), sowie – sachlich oder zeitlich – weitergehende Leistungen in besonderen Härtefällen. Der Gesetzgeber hat sich hier bewusst gegen die Auslegung der früheren Anspruchsausschlussregelung durch das BSG[252] entschieden, nach der die Einstandspflicht der öffentlichen Hand für die Gewährung des menschenwürdigen Existenzminimums auch bei Wegfall des Anspruchs auf Leistungen (§ 23 Abs. 3 SGB XII) erhalten blieb und eine ermessensfehlerfreie Entscheidung über die zum Lebensunterhalt unerlässlichen Leistungen bis zum Verlassen des Bundesgebietes gebot; sie hatte sichergestellt, dass ein Ausländer jedenfalls nicht schlechter gestellt wurde als nach § 1 a AsylbLG (analog), nach dem jedenfalls die unabweisbare gebotene Hilfe zu gewähren ist. Gegen die Neuregelung werden im Schrifttum unions- und verfassungsrechtliche Bedenken geltend gemacht,[253] die in der obergerichtlichen[254] Recht-

---

247 Insbes. RL 2004/38/EG v. 29.4.2004; sa VO (EG) Nr. 883/2004 (ABl. EG Nr. L 166 v. 30.9.2004) iVm VO (EG) Nr. 987/2009 (ABl. EG Nr. L 284 v. 30.10.2009, 1); dazu SG Berlin 26.3.2012 – S 96 AS 6145/12 ER; aA wohl LSG Bln-Bbg 29.2.2012 – L 20 AS 2347/11 B ER.
248 ZB das Abkommen zwischen der Bundesrepublik Deutschland und der Republik Österreich über Fürsorge und Jugendwohlfahrtspflege vom 17.1.1966; dazu LSG MV 7.3.2012 – L 8 B 489/10ER.
249 ZB das Europäische Fürsorgeabkommen (idF der Bekanntmachung v. 8.3.1972, BGBl. 1979 II, 1755); zur Nichtgeltung des Leistungsausschlusses nach § 7 Abs. 1 S. 2 SGB II bei Personen, die vom Schutzbereich des Europäischen Fürsorgeabkommens erfasst werden, s. BSG 19.10.2010 – B 14 AS 23/10 R. Der Ende 2011 von der Bundesregierung nachträglich zum Europäischen Fürsorgeabkommen erklärte Vorbehalt in Bezug auf das SGB II (dazu Geschäftsanweisung SGB II Nr. 8 vom 23.2.2012 – Vorbehalt gegen das Europäische Fürsorgeabkommen (EFA)) erfasst von vornherein nicht das SGB XII; das BSG hält den für den SGB II-Bereich erklärten Vorbehalt für wirksam, s. nur BSG 3.12.2015 – B 4 AS 43/15 R, SozR 4–4200 § 7 Nr. 46; 13.7.2017 – B 4 AS 17/16 R, SozR 4–4200 § 7 Nr. 54.
250 G. v. 22.12.2016, BGBl. I, 3155; → Rn. 55 f.; → Kap. 34 Rn. 48 f.
251 Zum Nachweis s. LSG Bln-Bbg 6.6.2017 – L 15 SO 112/17 B ER.
252 St. Rspr. seit BSG 3.12.2015 – B 4 AS 44/15 R, BSGE 120, 149; 16.12.2015 – B 14 AS 15/14 R, SozR 4–4200 § 7 Nr. 48; s. etwa BSG 30.8.2017 – B 14 AS 31/16 R, NZS 2018, 64.
253 S. Berlit NDV 2017, 67; Greiner/Kock NZS 2017, 201; Devetzli/Janda ZESAR 2017, 197; s.a. → Rn. 55 f.
254 AA etwa SG Speyer 17.8.2017 – S 16 AS 908/17 ER; SG Hannover 14.7.2017 – S 48 AS 1951/17 ER, ZfSH/SGB 2017, 775; sa SG Mainz 18.4.2016 – S 3 AS 149/16.

sprechung bislang nicht aufgegriffen worden sind.[255] Höchstrichterlich ist auch das Verhältnis des erweiterten Leistungsausschlusses zum Europäischen Fürsorgeabkommen[256] noch nicht abschließend geklärt.[257]

91 Eine Leistungsbeschränkung gilt für Ausländer, die sich nicht an räumliche Beschränkungen des Aufenthalts, wie er sich aus dem Aufenthaltsrecht ergibt, oder eine Wohnsitzregelung nach § 12 a AufenthG halten (§ 23 Abs. 5 SGB XII). Sie erhalten nur die nach den Umständen des Einzelfalls gebotenen Leistungen, die regelmäßig auf die Reisebeihilfe zum Ort des rechtmäßigen Aufenthalts beschränkt sind (§ 23 Abs. 5 Satz 2 SGB XII).

92 Für **Auszubildende** gilt eine § 7 Abs. 5, 6 SGB II entsprechende Ausschlussklausel (§ 22 SGB XII). Weil Personen, die einer Ausbildung nachgehen, regelmäßig ihrem Gesundheitszustand nach erwerbsfähig sind, hat diese Regelung neben § 21 SGB XII nur geringe Bedeutung. Der Gesetzgeber hat davon abgesehen, die Leistungen, die trotz des Ausschlusses eines Anspruchs auf Leistungen nach dem Dritten und Vierten Kapitel im Bereich der Hilfe zum Lebensunterhalt für Auszubildende in Betracht kommen, nach dem Vorbild des § 27 SGB II in einer gesonderten Norm zusammenzufassen.

E. Asylbewerberleistungsgesetz

93 Das **Sonderleistungssystem des Asylbewerberleistungsgesetzes** ist im Rahmen des Asylkompromisses geschaffen worden, um (vermeintliche) Anreize für den Zuzug in das Bundesgebiet zu beseitigen. Das Grundrecht auf ein menschenwürdiges Existenzminimum ist wegen seiner Herleitung aus Art. 1 Abs. 1 GG iVm Art. 20 GG ein Menschenrecht; es schützt auch den vom Asylbewerberleistungsgesetz erfassten Personenkreis. Das Bundesverfassungsgericht hatte die deutlich abgesenkten Leistungen als verfassungswidrig erkannt.[258] Mit den in der Folgezeit partiell wieder zurückgenommenen Änderungen[259] Ende 2014[260] hatte der Gesetzgeber auf diese Rechtsprechung reagiert.

94 Das Asylbewerberleistungsgesetz knüpft an den (ungesicherten) **Aufenthaltsstatus eines Ausländers** an, der sich tatsächlich im Bundesgebiet aufhält. Es erfasst im Kern Personen, die sich im Asyl- oder Flüchtlingsschutzverfahren (bzw. einem Folge- oder Zweitantragsverfahren) befinden oder deren Schutzgesuch abgewiesen worden ist, die einen (befristeten) Aufenthaltstitel nur wegen eines (Bürger)Krieges erhalten oder sonst aus

---

255 S. ThürLSG 1.11.2017 – L 4 AS 1225/17 B ER (zu § 7 Abs. 1 Satz 2 SGB II); LSG Bln-Bbg 23.102017 – L 31 AS 2007/17 B ER; LSG LSA 19.9.2017 – L 8 SO 32/17 B ER; LSG NRW 5.8.2017 – L 6 AS 783/17 B ER; 1.8.2017 – L 6 AS 575/17 B ER; 13.7.2017 – L 2 AS 890/17 B ER; BayLSG 2.8.2017 – L 8 SO 130/17 B ER; 24.4.2017 – L 8 SO 77/17 B ER; HessLSG 20.6.2017 – L 4 SO 77/17; HessLSG 20.6.2017 – L 4 SO 70/17 B ER, ZfSH/SGB 2017, 559. Teils werden indes im Eilverfahren wegen bestehender (Rest-)Zweifel vorläufige SGB II-Leistungen nach § 41 a Abs. 7 SGB II zugesprochen; s. etwa LSG Nds-Brem 16.2.2017 – L 8 SO 344/16 B ER, ZfF 2017, 262; BayLSG 24.7.2017 – L 7 AS 427/17 B ER; dagegen LSG Bln-Bbg 2.8.2017 – L 5 AS 1357/17 B ER, NZS 2017, 943; differenzierend LSG BW 26.4.2017 – L 1 AS 854/17 ER-B.

256 Zur alten Rechtslage s. BSG 19.10.2010 – B 14 AS 23/10 R, BSGE 107, 66; 20.1.2016 – B 14 AS 15/15 R (jeweils zu § 7 Abs. 1 Satz 2 SGB II).

257 Für einen Ausschluss etwa Greiser in: jurisPK-SGB II Anhang § 23 SGB XII Rn. 105; aA Grube/Wahrendorf SGB XII, 5. Aufl., § 23 Rn. 59; LSG Bln-Bbg 20.6.2017 – L 15 SO 104717 B ER; LSG LSA 7.3.2017 – L 2 AS 127/17 B ER, NJ 2017, 434.

258 S. BVerfG 18.7.2012 – 1 BvL 10/10 und 2/11, BVerfGE 132, 134; sa – mwN – Kapitel 34; Vorlagebeschluss des LSG NRW 26.7.2010 – L 20 AY 13/09, ZfSH/SGB 2010, 604; zur vorläufigen Gewährung die gesetzlich vorgesehenen Leistungen übersteigender Leistungen wegen der Verfassungswidrigkeit der Leistungssätze nach dem AsylbLG s. SG Mannheim 10.8.2011 – S 9 AY 2678/11 ER, InfAuslR 2011, 403.

259 Dazu Deibel ZfSH/SGB 2015, 704; ders. ZfSH/SGB 2016, 520; Kepert ZfSH/SGB 2016, 530; Oppermann jurisPR-SozR 7/2016 Anm. 1, 8/2016 Anm. 1, 16/2016 Anm. 1; Brings/Oehl ZAR 2016, 22; Welte ZAR 2016, 269; Voigt info also 2016, 99; Siefert jM 2016, 329.

260 G. v. 10.12.2014, BGBl. I 2014, 2187; G. v. 23.12.2014, BGBl. I, 2439; dazu etwa Kepert ZfSH/SGB 2015, 80; Deibel ZfSH/SGB 2015, 117; Birk info also 2015, 51; Nakielski SozSich 2015, 389.

bestimmten humanitären Gründen im Bundesgebiet lediglich geduldet sind sowie Personen, die vollziehbar ausreisepflichtig sind (§ 1 Abs. 1 AsylbLG). Es handelt sich durchweg um Personen, die (noch) nicht über ein gesichertes Aufenthaltsrecht verfügen und bei denen unabhängig von der tatsächlichen Entwicklung normativ davon ausgegangen wird, dass sie nur kurzzeitig im Bundesgebiet verweilen dürfen oder dieses zu verlassen haben; auch bei tatsächlich mehrjährigem Aufenthalt, dessen Ende nicht absehbar ist, kann die Leistungsberechtigung nach § 1 AsylbLG fortbestehen. Der Weg in die Sozialleistungs„normalität" des SGB II/SGB XII führt über den Aufenthaltstitel, nicht über die Aufenthaltsdauer oder sonstige Umstände.

Teil III/1: Allgemeine Leistungsgrundsätze/-voraussetzungen

Kapitel 13: Rechtsanspruch auf Existenzsicherung/Ermessen und Beurteilungsspielraum bei der Leistungsgewährung

Literaturhinweise: Borowski, Intendiertes Ermessen, DVBl. 2000, 149 ff.; Breuermann, Intendiertes Ermessen, 2002; Brohm, Ermessen und Beurteilungsspielraum im Grundrechtsbereich, JZ 1995, 369; Bullinger, Das Ermessen der öffentlichen Verwaltung, JZ 1984, 1001; Erichsen, Die sog. unbestimmten Rechtsbegriffe als Steuerungs- und Kontrollmaßgaben im Verhältnis von Gesetzgebung, Verwaltung und Rechtsprechung, DVBl. 1985, 22 ff.; Heinz, Die Ausübung pflichtgemäßen Ermessens nach dem Sozialgesetzbuch – Sozialhilfe, ZfF 2010, 121 ff.; Hill, Rechtsstaatliche Bestimmtheit oder situationsgerechte Flexibilität des Verwaltungshandelns, DÖV 1987, 885; von Mutius, Unbestimmter Rechtsbegriff und Ermessen im Verwaltungsrecht, Jura 1987, 92 ff.; Schuler-Harms, Die gerichtliche Kontrolldichte sozialrechtlicher Entscheidungen, SDSRV 62 (2012), 59 ff.; Sieckmann, Beurteilungsspielräume und richterliche Kontrollkompetenzen, DVBl 1997, 101.

Rechtsgrundlagen:
SGB I §§ 38, 39
SGB XII § 17
VwGO § 114

Orientierungssätze:
1. Sofern dem Grundsicherungs- bzw Sozialleistungsträger nicht ausdrücklich Ermessen eingeräumt ist, besteht auf die Gewährung von Leistungen der Existenzsicherung nach dem SGB II und SGB XII ein zwingender Rechtsanspruch der um Hilfe nachfragenden Person.
2. Art und Maß der Gewährung von Grundsicherung für Arbeitsuchende und Sozialhilfe stehen demgegenüber im Regelfall im Ermessen des Leistungsträgers. Da die Leistung geeignet sein muss, den individuellen Bedarf der um Hilfe nachfragenden Person zu decken, bleibt bei genauer Bestimmung des jeweiligen Bedarfs jedoch nur selten Raum für Ermessen.
3. Im Hinblick auf Sinn und Zweck der gesetzlichen Regelungen zur Existenzsicherung und auf die Rechtsprechung der letzten Jahre, die Entscheidungsfreiräume der Verwaltung bei der Auslegung unbestimmter Rechtsbegriffe zunehmend zurückhaltend beurteilt, sind Beurteilungsspielräume des Trägers der Grundsicherung für Arbeitsuchende und des Sozialhilfeträgers bei der Anwendung sozialhilferechtlicher Regelungen allenfalls in engen Grenzen anzunehmen.

A. Die Stellung der Verwaltung zwischen Gesetzesgebundenheit und Entscheidungsfreiräumen

Die Tätigkeit eines jeden Verwaltungsorgans ist nach Art. 20 Abs. 3 GG stets an Gesetz **1** und Recht gebunden. Hierbei besteht jedoch ein breites Spektrum von Möglichkeiten, wie eng die jeweiligen Vorgaben für die Verwaltung gefasst sein können. Es reicht von der **gesetzlich bestimmt gebundenen Verwaltung**, bei der praktisch keine Handlungsspielräume für das jeweils handelnde Organ gegeben sind, über die **teilweise gebundene Verwaltung**, die geringe Spielräume vorsieht, bis hin zur nur **unbestimmt gebundenen Verwaltung** bzw. zur **allgemeinen Ermessensverwaltung**, die dem agierenden Organ weite Freiräume lässt.[1] Dabei ergibt sich das Ausmaß der Bindung jeweils aus dem Inhalt der gesetzlichen Regelung, auf deren Grundlage die Verwaltung tätig wird.

Die Frage des Umfangs der Verwaltungsbindung stellt sich sowohl bei der Bestimmung **2** der Rechtsfolge bei Anwendung einer Norm (→ Rn. 3 ff.) als auch bereits auf Seiten des Tatbestandes, also bei der Entscheidung darüber, ob die Voraussetzungen einer Rechtsnorm im Einzelfall gegeben sind (→ Rn. 24 ff.).[2] In jedem Fall geht es dabei um die **Frage der Eigenständigkeit der Verwaltung und der Letztverbindlichkeit ihrer Entscheidung**. Entscheidender Aspekt ist dabei jeweils, inwieweit die Verwaltung bei der Ausfüllung und Konkretisierung gesetzlicher Vorgaben und Begriffe der **gerichtlichen Kontrolle** unterworfen ist.[3] Hieraus ergibt sich, dass von dem Ausmaß der Bindung der Verwaltung immer auch die Rechtsschutzmöglichkeit des betroffenen Bürgers gegen die Verwaltungsentscheidung abhängt. Insofern bestimmt die Frage nach Bindung bzw. Gestaltungsfreiheit der Verwaltung seine Rechtsstellung.

B. Gesetzesgebundenheit und Spielräume der Verwaltung auf der Rechtsfolgenseite

Das SGB II und das SGB XII differenzieren bei der Bestimmung von Rechtsfolgen eben- **3** so wie sonstige Leistungsgesetze zwischen sogenannten **Muss-, Soll- und Kann-Leistungen**. Diese unterscheiden sich hinsichtlich des Grades der Verpflichtung des Sozialleistungsträgers und – damit korrespondierend – hinsichtlich der Rechtsstellung des Leistungsberechtigten.

Eine Regelung zur Frage der Verwaltungsbindung und der Verbindlichkeit von Rechtsansprüchen für das Sozialhilferecht trifft § 17 SGB XII. Die Regelung hat inhaltsgleich den früheren § 4 BSHG in die Begrifflichkeit des SGB I übertragen.[4]

§ 17 Abs. 1 SGB XII legt fest, dass auf Sozialhilfe ein Anspruch besteht, soweit be- **4** stimmt wird, dass die Leistung zu erbringen ist. Sie fasst den Leitsatz einer Entscheidung des Bundesverwaltungsgerichts aus dem Jahr 1954 zur Fürsorgeunterstützung in Gesetzesform: „Soweit das Gesetz dem Träger der Fürsorge zugunsten des Bedürftigen Pflichten auferlegt, hat der Bedürftige entsprechende Rechte."[5] Damit hat der Gesetzgeber für den Regelfall die unwiderlegliche gesetzliche Vermutung aufgestellt, dass dort, wo Sozialleistungen vorgesehen sind, auch eine Anspruchsgrundlage vorhanden ist.[6]

---

1 Vgl. Schoch/Schneider/Bier/Riese VwGO Vorbemerkung § 113 Rn. 18 ff.
2 An Stelle dieses Dualismus wird im Hinblick auf das insoweit abweichende Unionsrecht sowie die angelsächsische und französische Rechtstradition ein einheitliches Modell der Abwägungskontrolle für alle Formen bestehender behördlicher Spielräume diskutiert („Ermessen im weitesten Sinne"); s. – mwN – Schoch/Schneider/Bier/Riese VwGO Vorbemerkung § 113 Rn. 21.
3 Vgl. Schoch/Schneider/Bier/Riese VwGO Vorbemerkung § 113 Rn. 21.
4 Begründung der Fraktionen SPD und BÜNDNIS 90/DIE GRÜNEN zum Entwurf eines Gesetzes zur Einordnung des Sozialhilferechts in das Sozialgesetzbuch vom 5.9.2003 (BT-Drs. 15/1514, 57).
5 BVerwG 24.6.1954 – V C 78.54, BVerwGE 1, 159.
6 Schnapp NZS 2010, 136 (138).

Die Regelung steht im Einklang mit § 38 SGB I, der als Grundsatz des Sozialleistungsrechts bestimmt, dass auf Sozialleistungen ein Anspruch besteht, soweit nicht nach den besonderen Teilen dieses Gesetzbuchs die Leistungsträger ermächtigt sind, bei der Entscheidung über die Leistung nach ihrem Ermessen zu handeln. Damit wird klargestellt, dass Sozialleistungen selbstverständlicher Ausfluss des **sozialen Rechtsstaats** sind[7] und die Erbringung von Sozialleistungen auf der Grundlage subjektiver öffentlicher Rechte (Rechtsansprüche) auf der nicht zuletzt durch den **Menschenwürdegrundsatz** (vgl. dazu eingehend Kapitel 8) geprägten „Auffassung über das Verhältnis des Menschen zum Staat"[8] beruht. Indem die Norm vom Rechtsanspruch auf Sozialleistungen als Regelfall ausgeht, enthält sie zudem eine Auslegungsbestimmung dahin gehend, dass im Zweifel auf Sozialleistungen ein Anspruch besteht und dass Ermessensleistungen im Gesetz als solche gekennzeichnet werden müssen.[9] Diese Regelung besteht nicht für das Verwaltungsrecht insgesamt, sondern wurde vom Gesetzgeber ausdrücklich aufgrund der besonderen Verhältnisse des Sozialrechts für erforderlich gehalten.[10] Die Vorschrift des § 17 Abs. 1 SGB XII hat nur deklaratorische Wirkung, da sich die konkreten Rechtsansprüche bereits aus den jeweiligen Anspruchsgrundlagen des Gesetzes ergeben. Im SGB II ist eine vergleichbare Regelung nicht enthalten. Hier gilt dementsprechend § 38 SGB I als allgemeine sozialrechtliche Vorschrift. Die Rechtslage ist somit nicht abweichend von der des SGB XII zu beurteilen.

I. Gebundene Entscheidungen – die sogenannten Muss-Leistungen

5 Strenge Gesetzesbindung für die Verwaltung ist in den Fällen der sogenannten Muss-Leistungen gegeben. Hier ist die Verwaltung in ihrem Handeln an normative Vorgaben gebunden, die ihr keine nennenswerten eigenen Entscheidungsspielräume lassen. Sofern die jeweiligen Tatbestandsvoraussetzungen im konkreten Sachverhalt vorliegen, ist der Träger der Grundsicherung für Arbeitsuchende bzw. der Sozialhilfe zur Gewährung der Leistung eindeutig verpflichtet. Dies wird zumeist mit einer Formulierung zum Ausdruck gebracht, nach der die Behörde die im Gesetz vorgesehene Rechtsfolge umsetzen **muss**, etwas zu tun **hat**, eine Leistung zu erbringen **ist** bzw. **erbracht wird**, oder auch damit, dass der betroffene Bürger einen **Anspruch** auf die in Rede stehende Handlung hat. Die um Hilfe nachfragende Person hat in diesen Fällen auf die Leistung einen zwingenden Rechtsanspruch, den sie erforderlichenfalls auch im Wege des Rechtsschutzes vor dem Sozialgericht durchsetzen kann. Ihre Rechtsstellung ist somit bei dieser Regelungsform besonders stark ausgeprägt.

6 Inwieweit die um Hilfe nachfragende Person ein konkretes Begehren im Wege des gerichtlichen Rechtsschutzes erfolgreich verfolgen kann, ist jedoch davon abhängig, ob und wieweit auch die Rechtsfolge in der Anspruchsnorm für die Verwaltung verbindlich vorgeschrieben ist. Die Verwaltungsbindung und damit die Rechtsposition des Antragstellers ist dann am stärksten ausgeprägt, wenn der in Rede stehende Rechtssatz zwingend vorschreibt, wann und in welcher Weise das zuständige Verwaltungsorgan zu handeln hat. Diese Konstellation ist im Existenzsicherungsrecht – jenseits der Regelsatzleistungen – die Ausnahme. Üblich ist demgegenüber der Fall, dass die Anspruchsnorm die Verwaltung verpflichtet, eine Leistung zu gewähren, ihr jedoch Spielräume bei der Frage einräumt, in welcher Form bzw. in welchem Maß sie dieser Verpflichtung nachkommt. Es handelt sich dann um einen **Rechtsanspruch dem Grunde nach**.[11] Dies ergibt

---

7 BVerfGE 53, 257 (289); 69, 272 (298); 72, 9 (18); 75, 78 (96); 76, 200 (235).
8 BVerwGE 1, 159 (161).
9 Seewald in: KassKomm SGB I § 38 Rn. 14.
10 BT-Drs. 7/868, 22.
11 Vgl. Krauskopf/Baier SGB I § 38 Rn. 4.

sich für das Sozialhilferecht ausdrücklich aus § 17 Abs. 2 S. 1 SGB XII, wonach über **Art und Maß der Leistungserbringung nach pflichtgemäßem Ermessen** zu entscheiden ist, soweit das Ermessen nicht ausgeschlossen wird (→ Rn. 11 ff.). Hiermit wird für den Bereich der Sozialhilfe die Regelung des § 38 SGB I, nach der im Regelfall ein Rechtsanspruch besteht und Ermessen ausdrücklich im Gesetz eingeräumt werden muss, für die Entscheidung über Art und Maß der Leistung praktisch umgekehrt. Der Zweck dieser Vorschrift liegt darin, allgemeine Prinzipien öffentlichen Verwaltungshandelns zu konkretisieren, um eine qualifizierte und zielgerechte Leistungserbringung zu gewährleisten. Die Umsetzung im Einzelnen bleibt dabei den Trägern der Sozialhilfe überlassen.[12] Im SGB II liegt eine entsprechende Regelung zur Frage der Verwaltungsbindung nicht vor. Hier stehen sämtliche Eingliederungsleistungen nach §§ 16 ff. SGB II im Entschließungs- und Auswahlermessen (dazu → Rn. 11) des zuständigen Trägers.

Für den Fall, dass ein Rechtsanspruch dem Grunde nach vorliegt, wie dies im Sozialhilferecht der Regelfall ist, gestaltet sich das Maß der rechtlichen Verbindlichkeit gleichsam in zwei Schichten: Der Rechtsanspruch als solcher ist bei Vorliegen der Tatbestandsvoraussetzungen zwingend gegeben, über Art und Maß der Hilfe kann der Sozialhilfeträger jedoch nach pflichtgemäßem Ermessen entscheiden, sofern ein Ermessen nicht gesetzlich ausgeschlossen ist.[13] Auf dieser zweiten Ebene besteht somit nur ein Anspruch auf pflichtgemäße Ermessensausübung der Verwaltung. Hiermit wird der Rechtsanspruch der um Sozialhilfe nachfragenden Person stark relativiert. Er reduziert sich auf das Recht, Hilfe zu verlangen, deren konkreter Inhalt nach pflichtgemäßem Ermessen durch den zuständigen Sozialhilfeträger bestimmt wird. Entsprechend schwach ist die Stellung des Betroffenen bei der Erzwingung der Erfüllung seines Anspruchs. Es ist jedoch zu beachten, dass das „Ob" eines Anspruchs untrennbar mit dem „Wie" der **Leistung verknüpft ist,** da die gewährte Hilfe geeignet sein muss, den jeweils individuellen Bedarf der um Hilfe nachfragenden Person zu decken. Insofern bleibt bei genauer Feststellung des Bedarfs nur selten Raum für Ermessen des zuständigen Trägers über Art und Maß der Leistungserbringung.[14] Dies zeigt sich sowohl im SGB II als auch im SGB XII besonders deutlich, wenn es um materielle Leistungen zur Sicherung des Lebensunterhalts geht, also bei Arbeitslosengeld II, Sozialgeld, Grundsicherung im Alter und bei Erwerbsminderung und der Hilfe zum Lebensunterhalt. Hier besteht auf die Leistungen bei Vorliegen der Tatbestandsvoraussetzungen ein Rechtsanspruch und auch die Höhe der Leistung ist durch die Regelungen zur Bemessung des Bedarfs und zur Anrechnung von Einkommen und Vermögen gesetzlich weitgehend[15] vorgeschrieben.[16]

II. Eingeschränktes Ermessen der Verwaltung – die sogenannten Soll-Entscheidungen

Auch bei sogenannten Soll-Leistungen ist der Verpflichtungsgrad der Verwaltung, die betreffende Leistung zu erbringen, stark ausgeprägt. „Soll" bedeutet hier „muss ..., es sei denn ...": Das Gesetz begründet für den Regelfall die Verpflichtung des zuständigen Verwaltungsorgans zur Gewährung der Leistung.[17] Nur bei Vorliegen von Umständen,

7

8

---

12 Die Begründung der Fraktionen SPD und BÜNDNIS 90/DIE GRÜNEN zum Entwurf eines Gesetzes zur Einordnung des Sozialhilferechts in das Sozialgesetzbuch vom 5.9.2003, BT-Drs. 15/1514, 57.
13 Wahrendorf in: Grube/Wahrendorf SGB XII § 17 Rn. 23.
14 Armborst in: LPK-SGB XII § 17 Rn. 4; so für das Sozialrecht allgemein Mrozynski SGB I § 38 Rn. 3.
15 Dies gilt zB nicht für die Erstausstattungs- und Härtebedarfe sowie einige Mehrbedarfe; im SGB XII kommt – regelgebunden – die Möglichkeit hinzu, die Regelleistungshöhe abweichend festzusetzen (§ 27 a Abs. 4 SGB XII).
16 Armborst in: LPK-SGB XII § 17 Rn. 9; zum Spannungsverhältnis zwischen dem Individualisierungsgrundsatz und Pauschalierungen vgl. Wahrendorf in: Grube/Wahrendorf SGB XII § 9 Rn. 10 ff.
17 Wahrendorf in: Grube/Wahrendorf SGB XII § 17 Rn. 12.

die den Fall als atypisch erscheinen lassen, darf die Behörde anders verfahren als im Gesetz vorgesehen und den atypischen Fall nach pflichtgemäßem Ermessen entscheiden.[18] Ob dem zuständigen Verwaltungsorgan Ermessen zusteht, die Leistung zu erbringen oder nicht (sog **Dispensermessen**),[19] hängt von der Auslegung der betreffenden „Soll"-Vorschrift ab. Zumeist enthält sie für den Ausnahmefall noch eine Ermächtigung, die Leistung im Sinne einer „Kann"-Leistung zu erbringen (vgl. zB § 36 Abs. 1 SGB XII). Der Regelungszweck der jeweiligen „Soll"-Vorschrift kann aber auch eine Auslegung der von ihr ausgehenden Ermessensermächtigung und -bindung dahin gehend rechtfertigen, dass außerhalb des Regelfalles eine Leistungsbewilligung nicht in Betracht kommt, sondern eine Leistung zwingend abzulehnen ist (vgl. zB § 9 Abs. 2 S. 2 SGB XII, dazu → Kap. 14 Rn. 35 ff., 63 ff.).

9 Die **Verwaltung ist dabei für das Vorliegen derartiger atypischer Ausnahmeumstände begründungs- und beweispflichtig.** Ob ein Ausnahmefall gegeben ist, ist gerichtlich in vollem Umfang überprüfbar.[20] Durch die Sollvorschrift wird der Verwaltung also ein Ermessen eingeräumt, das sich nur auf die Frage erstreckt, was in atypischen Fällen zu geschehen hat, nicht aber darauf, ob ein atypischer Ausnahmefall vorliegt.[21] Derartige Ausnahmefälle können etwa in der Unmöglichkeit der Leistungsgewährung oder in der fehlenden Erfolgsaussicht liegen.

10 Eine Soll-Vorschrift in diesem Sinne liegt dann vor, wenn der Begriff des „Soll" im Zusammenhang mit einer konkreten Leistungsnorm unter Aufführung genau festgelegter Tatbestände verwendet wird. Steht die Formulierung dagegen im Zusammenhang mit programmatischen Grundsatzvorschriften der Sozialhilfe, ohne dass eine Konkretisierung auf einen genau umschriebenen Tatbestand erfolgt, so liegt darin eine allgemeine Handlungsanweisung an die Verwaltung, die ihr einen wesentlich größeren Handlungsspielraum eröffnet und kein subjektiv-öffentliches Recht einzelner Personen begründet.[22]

III. Ermessensentscheidungen – die sogenannten Kann-Leistungen

11 Besonders ausgeprägte Spielräume hat die Verwaltung im Bereich der Ermessensleistungen (Kann-Leistungen).[23] Hier kann die **Verwaltung bei Vorliegen der gesetzlich bestimmten Tatbestandsvoraussetzungen zwischen verschiedenen Verhaltensweisen wählen.** Das Gesetz knüpft an den Tatbestand in diesen Fällen nicht eine bestimmte Rechtsfolge, sondern ermächtigt die Verwaltung zur Wahl zwischen verschiedenen möglichen Rechtsfolgen, wobei ihr entweder verschiedene Möglichkeiten oder ein bestimmter Handlungsbereich zugewiesen werden, innerhalb dessen sie sich bewegen kann. Dabei kann sich das Ermessen darauf beziehen, ob die Verwaltung überhaupt tätig wird (Entschließungsermessen) oder darauf, welche der in Frage kommenden Maßnahmen im konkreten Fall getroffen wird (Auswahlermessen).[24] Eingeräumt wird Ermessen entweder durch die Verwendung des Wortes Ermessen selbst bzw. gleichbedeutender Begriffe, oder durch Formulierungen wie **„kann", „darf", „ist berechtigt"** oder **„ist befugt"**, oder durch die ausdrückliche Einräumung von Handlungsalternativen.[25]

---

18 BVerwG 2.7.1992 – 5 C 39/90, BVerwGE 90, 275 ff. Rn. 15: „Derartige Normen sind im Regelfall für die mit ihrer Durchführung betraute Behörde rechtlich zwingend und verpflichten sie, grundsätzlich so zu verfahren, wie es im Gesetz bestimmt ist. Im Regelfall bedeutet das ‚Soll‘ ein ‚Muß‘".

19 Bullinger JZ 1984, 1001 (1006 ff.).

20 BVerwG 2.7.1992 – 5 C 39/90, BVerwGE 90, 275.

21 BSG 6.11.1985 – 10 RKg 3/84, BSGE 59, 111.

22 So etwa in Bezug auf § 12 SGB XII BeckOK SozR/Groth, 48. Ed. 1.3.2018, SGB XII § 12 Rn. 3.

23 Ausführlich zum Ermessen im Sozialrecht: Schuler-Harms (Lit.), 70 ff.

24 Maurer/Waldhoff, Allgemeines Verwaltungsrecht, 19. Aufl. (2017), 141.

25 Stelkens/Bonk/Sachs/Sachs, 9. Aufl. 2018, VwVfG § 40 Rn. 21.

Eine Regelung zur Ausübung des Ermessens enthält § 39 SGB I: Sind die Leistungsträger ermächtigt, bei der Entscheidung über Sozialleistungen nach ihrem Ermessen zu handeln, haben sie ihr **Ermessen entsprechend dem Zweck der Ermächtigung auszuüben und die gesetzlichen Grenzen des Ermessens einzuhalten.**[26] Auf pflichtgemäße Ausübung des Ermessens besteht ein Anspruch. Die pflichtgemäße Ermessensausübung setzt also immer voraus, dass das Ermessen in enger Bindung an die Ziele desjenigen Gesetzes betätigt wird, in dessen Vollzug die Verwaltung handelt. Einen Rahmen setzt auch § 33 SGB I. Hiernach sind bei der Ausgestaltung von Rechten und Pflichten die persönlichen Verhältnisse zu berücksichtigen, speziell die Bedürfnisse und die Leistungsfähigkeit des Betroffenen und die örtlichen Verhältnisse. Den Wünschen des Berechtigten soll entsprochen werden, soweit sie angemessen sind (s. dazu Kapitel 14). **12**

Eine weitere Konkretisierung trifft für den Bereich der Sozialhilfe § 17 Abs. 2 S. 2 SGB XII: Werden Leistungen aufgrund von Ermessensentscheidungen erbracht, so sind die Entscheidungen im Hinblick auf die sie tragenden Gründe und Ziele zu überprüfen und im Einzelfall gegebenenfalls abzuändern. Damit wird eine Regelung zum Wiederaufgreifen des Verfahrens getroffen.[27] Diese Ermächtigung zur Abänderung von Verwaltungsakten geht über die allgemeinen Regelungen in §§ 46–48 SGB X hinaus. Sie ermöglicht die Abänderung für den Fall, dass die ursprünglich getroffenen Einschätzungen und Prognosen sich im Nachhinein als falsch erweisen oder nicht mehr zutreffen.[28] **13**

Als mögliche **Fehler** der Verwaltung **bei der Anwendung einer Ermessensvorschrift** kommen vor allem der Ermessensnichtgebrauch bzw. die Ermessensunterschreitung (Ermessensausfall), die Ermessensüberschreitung und der Ermessensfehlgebrauch in Frage.[29] **Ermessensnichtgebrauch** bzw. **Ermessensunterschreitung** liegt vor, wenn die **Verwaltung nicht merkt, dass sie Ermessen auszuüben hat oder ihren Ermessensspielraum nicht in vollem Umfang ausschöpft.**[30] Solche Ermessensfehler können im Bereich des SGB II und des SGB XII zB darin liegen, dass übersehen wird, dass im Einzelfall Vorschüsse oder Vorleistungen erbracht werden können, oder dass die Versagung der Leistung bei unzureichender Mitwirkung nach §§ 60 ff. SGB I[31] bzw. die Frage, ob und in welchem Umfang der Sachverhalt trotz Verletzung der Mitwirkungspflicht weiter aufgeklärt werden kann und soll,[32] im Ermessen des zuständigen Trägers liegt. Ein häufiger Fehler liegt auch darin, dass die Behörde verkennt, dass sie nicht verpflichtet ist, einen rechtswidrigen begünstigenden Verwaltungsakt rückwirkend aufzuheben und eine Erstattung vom Empfänger der rechtswidrig erbrachten Leistung zu verlangen, sondern dass ihr gemäß §§ 45 Abs. 1 und 50 Abs. 3 SGB X in dieser Frage Ermessen eingeräumt ist. Ein Ermessensmangel kann auch darin liegen, dass der Leistungsträger bei einer Entscheidung über eine Leistung, die sowohl als Darlehen als auch als Zuschuss erbracht werden kann, fälschlicherweise einen Vorrang der darlehensweisen Gewährung annimmt.[33] **14**

Eine **Ermessensüberschreitung** liegt demgegenüber vor, wenn die Behörde eine Rechtsfolge wählt, die nicht mehr im Rahmen der Ermessensvorschrift liegt.[34] Ein **Ermessensfehlgebrauch** (vereinzelt auch Ermessensmissbrauch genannt)[35] ist in einer Reihe verschiedener Fallkonstellationen gegeben. Er liegt zunächst vor, wenn sich die Behörde bei **15**

---

26 Ausführlich BSG 6.12.2007 – 14/7 b AS 50/06 R, NDV-RD 2008, 93 ff. (zur Fahrtkostenerstattung im SGB II).
27 Kunkel ZfF 2004, 73 (82), der Parallelen zu § 48 SGB X zieht.
28 Knickrehm/Kreikebohm/Waltermann/Coseriu, 5. Aufl. 2017, SGB XII § 17 Rn. 8.
29 BeckOK VwVfG/Aschke, 39. Ed. 1.4.2017, VwVfG § 40 Rn. 79 ff.
30 So etwa BVerwG 13.12.1962 – III C 75.59, BVerwGE 15, 196 (199).
31 Vgl. dazu LSG BW 19.7.2007 – L 7 AS 1703/06.
32 LSG BW 15.2.2008 – L 8 AS 3380/07, FEVS 59, 559 ff.
33 Mrozynski SGB I, 5. Aufl. (2014), § 39 Rn. 39 mit Nachweisen aus der Rechtsprechung.
34 BeckOK VwVfG/Aschke, 39. Ed. 1.4.2017, VwVfG § 40 Rn. 93.
35 Die Terminologie in diesem Bereich ist uneinheitlich.

ihrer Entscheidung von anderen Erwägungen als dem Zweck der betreffenden gesetzlichen Regelung leiten lässt. Hierunter fallen sachfremde Erwägungen, zB persönliche Motive oder Willkür ebenso wie unzureichende Sachverhaltsaufklärung. Ermessensfehlgebrauch liegt auch dann vor, wenn gegen Verfassungs- und sonstige Rechtsgrundsätze verstoßen wird, so etwa gegen Grundrechte, gegen den Verhältnismäßigkeitsgrundsatz, das Sozialstaatsprinzip oder allgemeine Verwaltungsgrundsätze.[36] Für den Bereich des Sozialrechts spricht § 54 Abs. 2 SGG ausdrücklich nur zwei Ermessensfehler an, nämlich die Überschreitung der gesetzlichen Grenzen des Ermessens und die Verfehlung des Zwecks der Ermächtigung. Diesen beiden Aspekten misst auch das Bundesverwaltungsgericht für das Sozialrecht zentrale Bedeutung bei.[37]

16 In der Praxis wird die **Ermessensausübung** ebenso wie die Auslegung unbestimmter Rechtsbegriffe (→ Rn. 24 ff.) im Bereich des SGB II und des SGB XII **zumeist durch Verwaltungsvorschriften geregelt.** Für die Grundsicherung für Arbeitsuchende sind dabei die Fachlichen Weisungen der Bundesagentur für Arbeit von besonderer Bedeutung.[38] Die Weisungen werden vielfach auch von zugelassenen kommunalen Trägern nach § 6 a SGB II umgesetzt.[39] Darüber hinaus werden sowohl im Bereich des SGB II als auch des SGB XII Weisungen durch die Kommunen erlassen, etwa Richtlinien zur Angemessenheit von Unterkunftskosten nach § 22 SGB II bzw. § 35 SGB XII.

17 Verwaltungsvorschriften dienen der internen Steuerung der Verwaltungstätigkeit und haben somit verwaltungsinterne Bedeutung,[40] entfalten jedoch keine Außenwirkung[41] in dem Sinne, dass die Ermessensausübung allein deshalb als rechtmäßig zu betrachten ist, weil sie im Einklang mit den entsprechenden Richtlinien erfolgt ist. Es ist vielmehr immer auf die Besonderheiten des Einzelfalls abzustellen. Festlegungen in ermessenslenkenden Verwaltungsvorschriften müssen ihrerseits den generellen Anforderungen an eine ordnungsgemäße Ermessensausübung genügen.[42] Weisungen dürfen nicht so strikt sein, dass sie die Ausübung jeglichen Ermessens, das dem Einzelfall angepasst sein muss, ausschließen.[43] Ihre Handhabung darf nicht faktisch zu „gebundenen" Entscheidungen führen.[44] Die Ermessensausübung im konkreten Einzelfall darf also nie auf eine Richtlinienanwendung reduziert werden.[45] Auf der anderen Seite erlangen die Richtlinien jedoch praktische Bedeutung für die um Sozialhilfe nachfragende Person, da sie qua **Selbstbindung der Verwaltung** über den Gleichheitsgrundsatz nach Art. 3 Abs. 1 GG eine Verbindlichkeit nach außen erlangen.[46] Hat die Verwaltung durch eine Ermessensrichtlinie zum Ausdruck gebracht, dass sie ihr Ermessen in einer bestimmten Weise ausübt, so darf sie hiervon aufgrund von Gleichheitsgesichtspunkten nicht zulasten eines Betroffenen abweichen.[47] Auf diese Weise kann sich ein Rechtsanspruch des Betroffenen auf eine Entscheidung im Sinne der Verwaltungsrichtlinie ergeben. Von einer derartigen Selbstbindung kann nur dann in rechtmäßiger Weise abgewichen werden, wenn die Besonderheiten des Einzelfalls eine Abweichung rechtfertigen oder wenn die Verwal-

---

36 Mrozynski SGB I, 5. Aufl. (2014), § 39 Rn. 40.
37 Mrozynski SGB I, 5. Aufl. (2014), § 39 Rn. 37 f. mit Nachweisen aus der Rechtsprechung.
38 Die Weisungen werden veröffentlicht unter www.arbeitsagentur.de/veroeffentlichungen/gesetze-und-weisungen.
39 Vgl. http://www.kreise.de/__cms1/images/stories/publikationen/dlt_band_77.PDF.
40 BSG 6.12.2007 – B 14/7 b AS 50/06 R, Rn. 19, NDV-RD 2008, 93 ff.; Münder in: LPK-SGB XII Einleitung Rn. 16.
41 Mrozynski SGB I, 5. Aufl. (2014), § 39 Rn. 52.
42 BSG 6.12.2007 – B 14/7 b AS 50/06 R, NDV-RD 2008, 93 ff. (juris Rn. 19).
43 BVerwG 13.12.1962 – III C 75.59, BVerwGE 15, 196 ff. (juris Rn. 23).
44 BSG 11.11.1993 – 7 RAr 52/93, BSGE 73, 211 ff. (juris Rn. 30).
45 Mrozynski SGB I 5. Aufl. (2014) § 39 Rn. 52.
46 BSG 6.12.2007 – B 14/7 b AS 50/06 R, NDV-RD 2008, 93 ff., Rn. 19.
47 Mrozynski SGB I, 5. Aufl. (2014), § 39 Rn. 53; Armborst in: LPK-SGB XII Anhang Verfahren Rn. 29.

tung ihre Richtlinie aufhebt und damit zum Ausdruck bringt, dass sie ihre bisherige Entscheidungspraxis aufgeben möchte.[48]

In Einzelfällen kann sich der Anspruch auf eine ermessensfehlerfreie Entscheidung zu einem Anspruch auf eine bestimmte Entscheidung verdichten und damit das behördliche Ermessen „auf Null reduziert" sein. Dies ist der Fall, wenn eine Konstellation gegeben ist, in der jede andere Entscheidung außer dieser einen ermessensfehlerhaft und damit rechtswidrig wäre, zB also gegen Grundrechte oder den Verhältnismäßigkeitsgrundsatz verstieße. In diesem Fall steht dem Sozialleistungsberechtigten nicht nur das Recht auf pflichtgemäße Ermessensausübung zu, sondern er hat einen unmittelbaren Anspruch auf Gewährung der Leistung, die als einzig ermessensgerecht zu bewilligen wäre.[49] In diesem Zusammenhang kommt eine Ermessensreduzierung vor allem bei sog Kopplungsvorschriften in Betracht, die auf Tatbestandsseite einen oder mehrere unbestimmte Rechtsbegriffe enthalten und auf der Rechtsfolgenseite Ermessen einräumen. Beispiele hierfür sind § 22 Abs. 8 SGB II und § 36 Abs. 1 SGB XII, wonach Schulden übernommen werden können, wenn dies zur Sicherung der Unterkunft oder zur Behebung einer sonstigen Notlage gerechtfertigt ist. Bei derartigen Kopplungsvorschriften können in die Auslegung und konkrete Anwendung des unbestimmten Rechtsbegriffs bereits die auch für die Ausübung des Ermessens relevanten Elemente hineinspielen. Dies kann dazu führen, dass bei einer positiven Entscheidung über das Vorliegen der Tatbestandsvoraussetzungen die Rechtsfolge zwingend eintreten muss.[50] **18**

Denkbar ist auch eine **weniger weitreichende Ermessensreduzierung**, bei der zwar nicht nur eine Entscheidung als rechtmäßig betrachtet werden kann, aber von den grundsätzlich im Rahmen des Ermessens möglichen Handlungsalternativen nur wenige als ermessensfehlerfrei und damit rechtmäßig in Frage kommen. In diesem Zusammenhang spielen vor allem der Bedarfsdeckungsgrundsatz als Strukturprinzip der Sozialhilfe und der hiermit untrennbar verbundene Individualisierungsgrundsatz nach § 9 SGB XII eine zentrale Rolle (hierzu ausführlich Kapitel 9). Die Leistung muss den bestehenden Bedarf decken, wobei stets auf die individuelle Notlage abzustellen und den Besonderheiten des Einzelfalls Rechnung zu tragen ist.[51] **19**

Eine spezielle von der Rechtsprechung entwickelte Ermessensform ist das sog **gelenkte** oder **intendierte Ermessen.** Diese Rechtsfigur beruht auf der Erkenntnis, dass gesetzliche Ermessensbindungen unter Umständen auf die Erreichung eines bestimmten Ergebnisses zielen und deshalb die Ermessensausübung der Verwaltung für den Regelfall auf eine bestimmte Richtung gesetzlich festgelegt ist.[52] Diese Konstruktion stößt jedoch vielfach auf Zurückhaltung oder Ablehnung, da sich in einem solchen Fall der Erlass einer Soll-Bestimmung anbietet und die Grenze zwischen Ermessens- und Soll-Bestimmungen mit dem Begriff des intendierten Ermessens verwischt wird.[53] **20**

Wird die Behörde aufgrund einer Ermessensvorschrift tätig, so ist die **Ermessensausübung im Widerspruchsverfahren in vollem Umfang überprüfbar.** Hier wird also neben der Rechtmäßigkeit der Entscheidung auch die Zweckmäßigkeit der Ermessensausübung überprüft (§ 68 VwGO, § 78 SGG). **21**

---

48 Mrozynski SGB I, 5. Aufl. (2014), § 39 Rn. 54.
49 BSG 11.11.1993 – 7 RAr 52/93, BSGE 73, 234 ff., Rn. 26; Mrozynski SGB I, 5. Aufl. (2014), § 39 Rn. 41.
50 Ausführlich GmS – OGB 19.10.1971 – GmS-OGB 3/70, NJW 1972, 1411 (1413 f.) mit Anmerkung Kloepfer.
51 Wahrendorf in: Grube/Wahrendorf SGB XII § 9 R. 4.
52 BVerwG 5.7.1985 – 8 C 22/83, BVerwGE 72, 1 (6); 25.9.1992 – 8 C 68/90, BVerwGE 91, 82 (90); BVerwG 16.6.1997 – 3 C 22/96, NJW 1998, 2233 (2234); Borowski DVBl. 2000, 149 ff.; Breuermann Intendiertes Ermessen (2002); Rudersdorf, Das intendierte Ermessen, 2012.
53 Mit ähnlicher Begründung abgelehnt für die Entscheidung über den Übergang von Ansprüchen nach § 93 Abs. 1 SGB XII durch BayLSG 28.9.2017 – L 8 SO 219/15, ZFSH/SGB 2017, 759 ff.; Pabst VerwArch 93 (2002), 540 ff.; Stelkens/Bonk/Sachs/Sachs, 9. Aufl. 2018, VwVfG § 40 Rn. 30.

22 Demgegenüber ist die **Ermessensentscheidung in einem gerichtlichen Verfahren nur eingeschränkt überprüfbar** (§ 114 VwGO, § 54 Abs. 2 S. 2, § 131 SGG). Das Gericht prüft zunächst, ob die tatbestandlichen Voraussetzungen der in Rede stehenden Norm und damit die Voraussetzungen für eine Ermessensausübung gegeben sind. Soweit die Verwaltungsbehörde ermächtigt ist, nach ihrem Ermessen zu handeln, prüft das Gericht gemäß § 114 VwGO, ob der Verwaltungsakt oder die Ablehnung oder Unterlassung des Verwaltungsakts rechtswidrig ist, weil die gesetzlichen Grenzen des Ermessens überschritten sind oder von dem Ermessen in einer dem Zweck der Ermächtigung nicht entsprechenden Weise Gebrauch gemacht ist. Bei Überprüfung der eigentlichen Ermessensentscheidung erfolgt nur eine Rechtskontrolle, dh das **Gericht prüft nur, ob Ermessensfehler vorliegen**.[54] Eine Zweckmäßigkeitsprüfung erfolgt hingegen nicht.

23 Damit die Entscheidung der Verwaltung dahin gehend überprüft werden kann, ob das Ermessen pflichtgemäß ausgeübt wurde, ist die Behörde verpflichtet, dem betroffenen Bürger offenzulegen, aus welchen Erwägungen sich die in seinem Fall getroffene Ermessensentscheidung ergibt. Nach § 35 Abs. 1 SGB X ist ein schriftlich oder elektronisch erlassener oder bestätigter Verwaltungsakt mit einer Begründung zu versehen, wobei die **Begründung von Ermessensentscheidungen** die Gesichtspunkte erkennen lassen muss, von denen die Behörde bei der Ausübung ihres Ermessens ausgegangen ist. Die in Absatz 2 genannten Ausnahmefälle sind abschließend und eng auszulegen.[55] Beruft sich die Behörde nach § 35 Abs. 2 Nr. 2 SGB X darauf, eine Begründung sei nicht notwendig, da dem Betroffenen die Auffassung der Behörde über die Sach- und Rechtslage bereits bekannt oder auch ohne Begründung ohne Weiteres erkennbar sei, ist bezüglich der Erkennbarkeit ein strenger Maßstab anzulegen.[56] Infrage kommen etwa Ausführungen der Behörde im Anhörungsschreiben[57] oder ein Verweis auf die Begründung eines vorangegangenen Bescheids.[58] Auf die schriftliche oder elektronische Bestätigung eines mündlich erlassenen Verwaltungsakts besteht ein Anspruch nach § 33 Abs. 2 S. 2 SGB X. Die Verwaltungsbehörde kann ihre Ermessenserwägungen jedoch auch nachträglich begründen (§ 41 Abs. 1 Nr. 2 SGGB X) und den Fehler damit heilen. In der Praxis fehlt es oft an einer hinreichenden Begründung der Ermessensentscheidung.[59]

C. Spielräume der Verwaltung auf der Tatbestandsseite – Beurteilungsspielraum und Einschätzungsprärogative

24 Neben dem Ermessen, das die Rechtsfolgenseite einer Norm betrifft, können Spielräume der Verwaltung auch auf Seiten des Tatbestands bestehen, wenn es um die **Auslegung unbestimmter Rechtsbegriffe** geht. Unbestimmte Rechtsbegriffe sind Tatbestandsmerkmale, also Merkmale, die die Voraussetzungen für eine bestimmte Rechtsfolge beschreiben, die von geringer inhaltlicher Bestimmtheit und somit in besonderem Maße auslegungsbedürftig sind. Beispiele sind etwa der Begriff der „Härte" (zB § 12 Abs. 3 Nr. 6 SGB II, § 90 Abs. 3 SGB XII) oder die Entscheidung darüber, ob etwas „angemessen" oder „notwendig" (zB § 22 Abs. 1 SGB II, § 35 Abs. 2 SGB XII) ist. Hier stellt sich die Frage, ob und inwieweit die Verwaltung einen solchen Begriff letztverbindlich auslegen kann, bzw. ob ihre Auslegung und damit die Entscheidung darüber, ob die Tatbe-

---

54 Keller in Meyer-Ladewig/Keller/Leitherer/Schmidt SGG, 12. Aufl. 2017, § 54 Rn. 28 ff.
55 Knickrehm/Kreikebohm/Waltermann/Fichte, 5. Aufl. 2017, SGB X § 35 Rn. 17.
56 BSG 7.2.2012 – B 13 R 85/09 R, SozR 4–1200 § 52 Nr. 5 Rn. 73 (zur Verrechnungserklärung durch Verwaltungsakt); SchlHLSG 21.4.2015 – L 4 KA 52/13 (zur Vergütung von Dialysebehandlungen).
57 So etwa VG Hannover 14.12.2017 – 3 A 5368/15 (zur Heranziehung zu einem Kostenbeitrag).
58 VG München 25.7.2012 – M 18 K 10.6260.
59 Vgl. etwa LSG BW 15.10.2007 – L 2 SO 417507 ER-B (zur Hilfe zur Pflege); LSG NRW 6.8.2007 – L 20 B 51/07 SO ER; LSG Saarl 17.6.2015 – L 2 KR 180/14 (zur Kostenerstattung für eine Psychotherapie).

standsvoraussetzungen im konkreten Fall gegeben sind, im Streitfall im gerichtlichen Verfahren überprüft werden kann.

Unbestimmte Rechtsbegriffe sind auf strikte rechtliche Bindung der Verwaltung ausgerichtet. Das Gesetz legt die Tatbestandsvoraussetzungen oder Rechtsfolgen auch bei der Verwendung unbestimmter Rechtsbegriffe abschließend fest und fixiert damit normativ ein „richtiges" Ergebnis, das die Verwaltungsbehörde im Einzelfall zu ermitteln hat.[60] Ein Spielraum für eigene Entscheidungen fehlt ihr im Regelfall. Die **Auslegung unbestimmter Rechtsbegriffe durch die Exekutive ist somit grundsätzlich im Rahmen eines verwaltungsgerichtlichen oder sozialgerichtlichen Verfahrens in vollem Umfang überprüfbar.**[61] Dies ergibt sich insbesondere aus Art. 19 Abs. 4 GG, der dem Bürger effektiven und möglichst lückenlosen gerichtlichen Rechtsschutz gegen Rechtsverletzungen durch die Exekutive garantiert[62] und damit grundsätzlich die volle Überprüfung der behaupteten Rechtsverletzung in tatsächlicher und rechtlicher Hinsicht gewährleistet. Der Rechtsschutz muss „zu einer wirksamen Kontrolle in tatsächlicher und rechtlicher Hinsicht durch ein mit zureichender Entscheidungsmacht ausgestattetes Gericht führen".[63] Behördliche Spielräume auf der Tatbestandsseite der Norm, in welcher konkreten Form auch immer, führen zu einer Beschränkung dieser Überprüfung. Damit sind sie geeignet, die Rechtsschutzgarantie des Art. 19 Abs. 4 GG einzuengen und auszuhöhlen. **25**

In Ausnahmefällen wird jedoch ein behördlicher Freiraum (**Beurteilungsspielraum, Einschätzungsprärogative, Entscheidungsvorrang**) anerkannt, innerhalb dessen die Verwaltung eine letztverbindliche, gerichtlich inhaltlich nicht überprüfbare Auslegung unbestimmter Rechtsbegriffe oder Abwägung im Zusammenhang mit unbestimmten Rechtsbegriffen vornimmt. Teilweise wird vertreten, dass dem Sozialhilfeträger mit Rücksicht auf die besonderen Schwierigkeiten der Wertung des Tatbestandes bei der Anwendung unbestimmter Rechtsbegriffe vom Gesetzgeber ein gerichtlich nur eingeschränkt überprüfbarer Beurteilungsspielraum eingeräumt wird.[64] **26**

Derartige abschließende Entscheidungskompetenzen der Exekutive sind im Hinblick auf das Recht der Bürger auf effektiven Rechtsschutz nach Art. 19 Abs. 4 GG nur in sehr engen Grenzen anzuerkennen. Die Bereiche, in denen derartige Spielräume der Verwaltung von Rechtsprechung und Literatur anerkannt werden bzw. wurden, sind: **27**

- Prüfungs- und prüfungsähnliche Entscheidungen,[65]
- beamtenrechtliche Eignungs- und Auswahlentscheidungen,[66]
- Prognoseentscheidungen,[67] insbesondere im Wirtschafts- und Persönlichkeitsbereich sowie im Bereich von Wissenschaft und Technik,[68]

---

60 BVerwG 28.5.1965 – VII C 125.63, BVerwGE 21, 184 (186); 13.2.1970 – VII C 75.66, BVerwGE 35, 69 (73); 22.8.1985 – 3 C 49/84, BVerwGE 72, 73 (77).
61 Ständige Rechtsprechung des BVerfG seit 16.10.1957 – 1 BvL 13/56, 1 BvL 46/56, BVerfGE 7, 129 ff.
62 Vgl. etwa BVerfG 12.11.1958 – 2 BvL 4/56 ua, BVerfGE 8, 274 (326); 29.10.1975 – 2 BvR 630/73, BVerfGE 40, 272; 2.5.1984 – 2 BvR 1413/83, BVerfGE 67, 43 (58); 5.12.2001 – 2 BvR 527/99, 2 BvR 1337/00, 2 BvR 1777/00, BVerfGE 104, 220 (231); 18.7.2005 – 2 BvR 2236/04, BVerfGE 113, 273 (310).
63 BVerfG 2.5.1984 – 2 BvR 1413/83, BVerfGE 67, 43 (58).
64 Für den Bereich des BSHG W. Schellhorn/H. Schellhorn, BSHG, 16. Aufl. (2002), § 4 Rn. 61.
65 BVerwG 24.4.1959 – VII C 104.58, BVerwGE 8, 272; 14.7.1961 – VII C 25.61, BVerwGE 12, 359 (363); 7.5.1971 – VII C 51.70, BVerwGE 38, 105 (110 f.); 20.9.1984 – 7 C 57/83, BVerwGE 70, 143 (149).
66 BVerwG 26.6.1980 – 2 C 8/78, BVerwGE 60, 245; 27.11.1980 – 2 C 38/79, BVerwGE 61, 176 (185 f.); 22.9.1988 – 2 C 35/86, BVerwGE 80, 224 (225 ff.).
67 BVerwG 27.11.1981 – 7 C 57/79, NJW 1982, 1168 (1169); 6.12.1985 – 4 C 59/82, BVerwGE 72, 282; 24.8.1988 – 8 C 26/86, BVerwGE 80, 113.
68 BVerwG, 19.12.1985 – 7 C 65/82, BVerwGE 72, 300 (316 f.).

■ und wertende Entscheidungen weisungsfreier sachverständig bzw. repräsentativ besetzter Gremien,[69] darunter zB Indizierungsentscheidungen der Bundesprüfstelle für jugendgefährdende Schriften,[70] des Sachverständigenausschusses für die Bewertung von Weizensorten nach dem Saatgutverkehrsgesetz[71] und die Entscheidung des Börsenvorstands über die Zulassung als Börsenmakler.[72]

28 Die Gemeinsamkeit dieser Ausnahmefälle liegt darin, dass es sich jeweils um **Wertentscheidungen** handelt, **die aufgrund der besonderen, einmaligen Konstellation der Entscheidungsfindung oder aus sonstigen Gründen durch das Gericht nicht nachvollzogen werden können**, so dass die judikative Überprüfung an die **Funktionsgrenzen der Rechtsprechung** stößt.[73] Die Begründungen für die Belassung eines Entscheidungsfreiraums der Verwaltung unterscheiden sich bereichsspezifisch. Als Gesichtspunkte werden herangezogen:

■ die Einmaligkeit bzw. Unwiederholbarkeit einer Prüfungs- oder Entscheidungssituation,[74]

■ die Unsicherheit von Prognosen mit einer ausgehend von denselben sachlichen Fakten möglichen Vielzahl gleichermaßen als richtig oder sinnvoll erscheinender Prognoseentscheidungen, die bei der – fachlich näheren – Exekutive verbleiben sollen,[75] und schließlich

■ die besondere Eignung und Fachkunde sowie pluralistische Zusammensetzung des Entscheidungsgremiums, wobei das Gesetz vermutete Fachkenntnisse mit Elementen gesellschaftlicher Repräsentanz verbinde und so die verschiedenen Gruppen der pluralistischen Gesellschaft wirksam werden lasse, was nicht unterlaufen werden dürfe, indem ein Gericht die Wertung eines (gegebenenfalls von ihm bestellten) Sachverständigen an die Stelle der gewünschten pluralistischen Entscheidung setze.[76]

29 In den genannten Bereichen erfolgte die **gerichtliche Kontrolle von Verwaltungsentscheidungen über lange Jahre hinweg nur sehr eingeschränkt**,[77] in etwa parallel zu der Überprüfung von Ermessensentscheidungen. Überprüft wurde nur, ob Rechts- insbesondere Verfahrensvorschriften verletzt wurden, ob die Entscheidungsträger von einem unrichtigen Sachverhalt ausgegangen waren, allgemeingültige Bewertungsmaßstäbe verletzt hatten bzw. in sonstiger Weise willkürlich gehandelt hatten oder sich von sachfremden Erwägungen hatten leiten lassen.

30 In den letzten Jahrzehnten hat die Einräumung von Beurteilungsspielräumen in nahezu allen genannten Bereichen jedoch deutliche Einschränkungen erfahren.[78] Teilweise wird der Verwaltung durch das Bundesverwaltungsgericht an Stelle des Beurteilungsspielraums nur noch ein Entscheidungsvorrang bei der Abwägung bestimmter Rechtsgüter eingeräumt.[79] Hiermit wurde nicht nur ein terminologischer Wechsel vorgenommen, indem der „Beurteilungsspielraum" durch den „Entscheidungsvorrang" abgelöst wurde. Es ist vielmehr ein **deutlicher Schritt in Richtung auf eine höhere gerichtliche Kontrolldichte erfolgt**.[80]

---

69 BVerwG, 13.12.1979 – 5 C 1/79, BVerwGE 59, 213 (215 ff.); 25.6.1981 – 3 C 35/80, 62, 330 (337 ff.); 16.1.1986 – 3 C 66/84, 72, 339 (347).

70 BVerwG 16.12.1971 – I C 31.68, BVerwGE 39, 197.

71 BVerwG 25.6.1981 – 3 C 35/80, BVerwGE 62, 331; 16.1.1986 – 3 C 66/84, BVerwGE 72, 339 (347).

72 BVerwG 7.11.1985 – 5 C 29/82, BVerwGE 72, 195.

73 BVerfG 17.4.1991 – 1 BvR 419/81, 1 BvR 213/83, BVerfGE 84, 34 (50).

74 Vgl. Bullinger JZ 1984, 1001 (1004).

75 Bullinger JZ 1984, 1001 (1004): „Gestaltungsaufgabe" der öffentlichen Verwaltung.

76 BVerwG 16.12.1971 – I C 31.68, BVerwGE 39, 197 (204).

77 Zur Entwicklung der Rechtsprechung vgl. Redeker NJW 1995, 2145 f.

78 Niehues NJW 1997, 557 ff.

79 Etwa BVerwG 26.11.1992 – 7 C 20/92, BVerwGE 91, 211 (216 f.).

80 Ausführlich Tammen, Hilfe zur Erziehung zwischen Leistung und Eingriff, 2017, 219 ff.

Im Bereich der Existenzsicherung war das Bundesverwaltungsgericht in weiten Teilen **31** der ursprünglich von Ule[81] begründeten sog **Vertretbarkeitslehre** gefolgt. Hiernach ist, wenn in Grenzfällen mehrere Lösungen vertretbar sind, die von der Verwaltung getroffene Lösung als rechtmäßig anzusehen, sofern die ihr zugrunde liegenden Wertungen im Rahmen der gesetzlichen Vorgaben „vertretbar" sind.[82] Um die hiermit eingeschränkte inhaltliche Überprüfung der Verwaltungsentscheidung zu kompensieren, nimmt das Gericht eine Kontrolle des der Entscheidung zugrunde liegenden Verfahrens vor.[83]

Unter dem Aspekt der zunehmenden Zurückhaltung der Rechtsprechung gegenüber Be- **32** urteilungsspielräumen der Verwaltung in zahlreichen Rechtsbereichen erscheint das Festhalten an der „Vertretbarkeitslehre" im Sozialhilferecht nicht überzeugend. Dies gilt um so mehr auch im Hinblick auf den **Zweck des Anspruchs auf Existenzsicherung**, der darin liegt, die um Hilfe nachfragende Person aus der Objektstellung herauszuheben, in der sie sich vor Inkrafttreten des BSHG befand. Dieses Ziel kann nur eingeschränkt verwirklicht werden, wenn den um Hilfe nachsuchenden Personen bei der Durchsetzung ihrer Ansprüche nur ein auf die Fragen der Vertretbarkeit der Verwaltungsentscheidung und der korrekten Durchführung des Verfahrens reduzierter gerichtlicher Rechtsschutz gewährt wird. Insofern ist die Einräumung von Beurteilungsspielräumen im Bereich des Sozialhilferechts allenfalls in sehr engen Grenzen anzuerkennen.[84] Grundsätzlich sind die unbestimmten Rechtsbegriffe des SGB XII in vollem Umfang gerichtlich überprüfbar.[85]

Ein pauschaler Hinweis auf die besonderen Schwierigkeiten der Wertung des Tatbestan- **33** des bei der Anwendung unbestimmter Rechtsbegriffe durch den Sozialhilfeträger vermag nicht zu begründen, dass diesem vom Gesetzgeber ein gerichtlich nur eingeschränkt überprüfbarer Beurteilungsspielraum eingeräumt worden sei.[86] Es ist nicht ersichtlich, aus welchen Gründen gerade im Sozialhilferecht derartig große Schwierigkeiten bei der Rechtsanwendung bestehen, die über die Anforderungen der Verwaltung in sonstigen Rechtsgebieten hinausgehen. Ebenso wie in anderen Bereichen kann auch hier ein gerichtlich nur eingeschränkt überprüfbarer **Beurteilungsspielraum nur dann** angenommen werden, **wenn und soweit die Behörde durch das jeweilige Gesetz zur abschließenden Beurteilung ermächtigt wurde**. Sofern eine ausdrückliche gesetzliche Ermächtigung fehlt, ist dies im Wege der Auslegung der einzelnen Vorschrift festzustellen. Nur dann, wenn die Rechtsanwendung Wertentscheidungen erfordert, die aufgrund der besonderen, einmaligen Konstellation der Entscheidungsfindung oder aus sonstigen Gründen durch das Gericht nicht nachvollzogen werden können (zu den unter diesem Aspekt relevanten Faktoren → Rn. 28), ist bei einer Vorschrift von einem gerichtlich nicht voll überprüfbaren Entscheidungsfreiraum des Sozialhilfeträgers auszugehen. Dies ist jedoch die Ausnahme und kann keineswegs als Regelfall verallgemeinert werden. So ist etwa bei der Ausfüllung des unbestimmten Rechtsbegriffs der „Angemessenheit" in § 22 SGB II bzw. § 35 SGB XII kein Beurteilungsspielraum anzuerkennen.[87] Gleiches gilt im

---

81 Ule, Zur Anwendung unbestimmter Rechtsbegriffe im Verwaltungsrecht, in: Bachof ua, Gedächtnisschrift für W. Jellinek, 1955, S. 309 (314).
82 Ule, Zur Anwendung unbestimmter Rechtsbegriffe im Verwaltungsrecht, in: Bachof ua, in: Gedächtnisschrift für W. Jellinek, 1955, S. 309 (314); ders. VerwArch, Bd. 76 (1985), 1 (9 ff.).
83 BVerwG 25.11.1993 – 5 C 8/90, BVerwGE 94, 326 (331 f.).
84 Armborst in: LPK-SGB XII Anhang Verfahren Rn. 25.
85 Wahrendorf in: Grube/Wahrendorf SGB XII § 17 Rn. 48 mwN.
86 Ähnlich für die Frage von Beurteilungsspielräumen im Hinblick auf sozialpädagogische Leistungen der Jugendhilfe Trenczek JAmt 2015, 190 (191 ff.).; so aber noch W. Schellhorn/H. Schellhorn, BSHG, 16. Aufl. (2002), § 4 Rn. 61.
87 Berlit in: LPK-SGB XII § 35 Rn. 37; Schoch in: Renn/Schoch/Löcher, Grundsicherung für Arbeitsuchende, 3. Aufl. 2011; BSG 7.11.2006 – B 7 b AS 10/06 R, BSGE 97, 231 ff.; LSG Nds-Brem 5.6.2007 – L 13 SO 7/06 ER, FEVS 58, 523 ff.; BSG 4.6.2014 – B 14 AS 53/13 R, BSGE 116, 94 ff.

Rahmen von § 15 SGB XII für die Beurteilung der Frage, ob eine Notlage droht,[88] für die Einschätzung der „angemessenen Höhe" des Mehrbedarfs nach § 30 Abs. 5 SGB XII[89] sowie die Rechtfertigung der Übernahme von Energiekostenrückständen nach § 36 Abs. 1 SGB XII.[90] Wünschenswert wäre zur Steigerung der gerichtlichen Kontrolldichte eine möglichst weitgehende Konkretisierung der zahlreichen unbestimmten Rechtsbegriffe des Sozialhilferechts im Gesetz selbst.[91]

34 Bei der **Schiedsstelle** nach § 80 SGB XII handelt es sich um ein Gremium mit einer gesetzlich vorgegebenen pluralistischen Zusammensetzung. Sie ist paritätisch aus Vertretern der Träger der Einrichtungen und Vertretern der öffentlichen Träger zusammengesetzt und hat einen unparteiischen Vorsitz (→ Kap. 62 Rn. 4). Mit der Besetzung bringt das Gesetz zum Ausdruck, dass es die Mitglieder der Schiedsstelle als mit der zu regelnden Materie vertraute und zu einer vermittelnden Zusammenführung von Interessen der Beteiligten berufene Personen für geeignet hält, eine sach- und interessengerechte Lösung zu finden.[92] Insofern steht der Schiedsstelle bei der Auslegung der unbestimmten Rechtsbegriffe – insbesondere der Wirtschaftlichkeit der Einrichtung sowie dem Begriff des leistungsgerechten Entgelts – eine **Einschätzungsprärogative** zu.[93] Damit ist die gerichtliche Überprüfung von Schiedsstellenentscheidungen in der Sozialhilfe stark eingeschränkt. Überprüft werden können im Wesentlichen das der Entscheidung zugrunde liegende Verfahren und die Vertretbarkeit der Auslegung der unbestimmten Rechtsbegriffe.[94]

---

88 Armborst in: LPK-SGB XII § 15 Rn. 3; BSG 12.12.2013 – B 8 SO 24/12 R, FEVS 66, 11 ff.
89 Von Boetticher in: LPK-SGB XII § 30 Rn. 32; BSG 27.2.2008 – B 14/7 b AS 64/06 R, Rn. 24, NDV-RD 2008, 99 ff.; BSG 27.2.2008 – B 14/7 b AS 32/06 R, BSGE 100, 83 ff.
90 Berlit in: LPK-SGB XII § 36 Rn. 20.
91 So schon Roscher/Conradis in: LPK-BSHG, 6. Aufl. (2003), § 4 Rn. 17.
92 BVerwG 1.12.1998 – 5 C 17/97, NDV-RD 1999, 34 (35 f.).
93 BVerwG 1.12.1998 – 5 C 17/97, NDV-RD 1999, 34 (35 f.); 28.2.2002 – 5 C 25/01, NVwZ-RR 2003, 41 (42 [zur damaligen Regelung des § 93 Abs. 2 BSHG]); BSG 23.7.2014 – B 8 SO 3/13 R Rn. 20, BSGE 116, 233 ff.; BSG 7.10.2015 – B 8 SO 21/14 R Rn. 12, SGb 2017, 104 ff.
94 Ausführlich von Laffert, Sozialgerichtliche Kontrolle von Schiedsstellenentscheidungen, 2006; Tammen, Hilfe zur Erziehung zwischen Leistung und Eingriff, 2017, 225 ff. mwN; vgl. auch → Kap. 62 Rn. 14.

Kapitel 14: Wunsch- und Wahlrecht

Literaturhinweise: Deutsches Institut für Menschenrechte, Gleichbehandlung und die UN-Behindertenrechtskonvention in der sozialrechtlichen Praxis, Berlin 2014; Bold, Das Wunsch- und Wahlrecht im Kontext des Leistungserbringungsrechts, NZS 2014, 129 ff.; Luthe, Zu Drogeneinrichtung und offenen Angeboten, NDV 1994, 379; Neumann, Das Wunsch- und Wahlrecht des Sozialhilfeberechtigten auf Hilfe in einer Anstalt, einem Heim oder einer gleichartigen Einrichtung, RsDE 1 (1988), 1; Richter, Die Auswirkungen der UN-Behindertenrechtskonvention (BRK) auf das Deutsche (Sozial-)Rechtssystem – absehbare Veränderungen im Sozialrecht, Verständniswandel bei den Kostenträgern und bei den Betroffenen selbst, Vortrag im Rahmen der Ringvorlesung „Behinderung ohne Behinderte?! Perspektiven der Disability Studies", Universität Hamburg, 10.1.2011; Rixen, Tafeln, Suppenküchen, Kleiderkammern – Niedrigschwellige existenzsichernde Hilfen im Fokus des SGB II, SGb 2008, 501; Rixen, Das Grundrecht auf glaubenskonforme Gewährung von Sozialleistungen, DVBl. 2018, 906; Schneider, NZS-Jahresrevue 2017 – Asylbewerberleistungsgesetz, NZS 2018, 559 ff.; Schoch, Sozialhilfeanspruch und Wunschrecht des Leistungsberechtigten, ZfF 1986, 123; Welti, Die individuelle Konkretisierung von Teilhabewünschen und das Wunsch- und Wahlrecht behinderter Menschen, SGb 2003, 379; Wendt, Ambulant vor stationär: Reformbedarf für die Rechtsgrundlagen ambulanter Dienste der Eingliederungshilfe, ZFSH/SGB 2000, 195; Wiemer, Zum Artikel 19 der UN-Konvention über die Rechte der Menschen mit Behinderungen, Referat und Präsentation bei der 5. Landeskonferenz der kommunalen Angehörigenvertreter der LAG AVMB Baden-Württemberg am 6.11.2010.

Rechtsgrundlagen:

SGB I § 33 S. 2

SGB IX § 8

SGB XI § 77 Abs. 1, §§ 84 ff.

SGB XII § 9 Abs. 2 und 3, § 10 Abs. 3, § 13 Abs. 1, § 17 Abs. 2 S. 1, § 55 S. 2 Hs 2, § 63 b Abs. 4, § 64, §§ 75 ff.

AsylbLG § 1 a, § 3 Abs. 1, Abs. 2

Orientierungssätze:

1. Das Wunsch- und Wahlrecht der Leistungsberechtigten folgt aus ihrer Subjektstellung im Sozialrechtsverhältnis; es ist Katalysator für eine effektive Hilfeleistung und hat wegen seiner objektivrechtlichen Bedeutung Konsequenzen auch für die Organisation der Verwaltung der für die Existenzsicherung zuständigen Träger.

2. Ein Wunsch- und Wahlrecht kann sich nur auf eine Hilfegestaltung beziehen, die zur vollständigen Deckung des Bedarfs geeignet und notwendig ist; ist die gewählte Hilfe hierzu ohne Alternative, darf sie nicht aus Kostengründen abgelehnt werden.

3. Der Kostenvergleich im Rahmen des Mehrkostenvergleichs muss auf eine sachgerechte Vergleichsbasis bezogen sein.

4. Es hängt von der Mitwirkungspflicht aus § 1 S. 3 SGB XII bzw § 2 Abs. 1 und 2 SGB II und den gesetzlichen Wertungen des § 33 SGB I und § 9 Abs. 2 SGB XII ab, inwieweit ein Hilfebedürftiger die Voraussetzungen dafür schaffen muss, dass ihm in anderer, sei es noch geeigneterer, sei es für die Haushalte der zuständigen Träger schonenderer Weise geholfen werden kann.

5. Das behördliche Auswahlermessen kann bis auf Null reduziert sein, wenn ein Hilfeerfolg wesentlich davon abhängt, dass der Leistungsberechtigte seine Vorstellungen von der Hilfegestaltung verwirklicht sieht.

6. Sachleistungen für den Regelbedarf sind regelmäßig ausgeschlossen; Sachleistungen Dritter können aber eine Regelbedarfskürzung rechtfertigen.

7. Wer Sachleistungen benötigt, muss sich bei Sachen von längerer Gebrauchsdauer mit Gebrauchtsachen begnügen.

8. Die Freiheit der Wahl zwischen Wohnheim und Einzelwohnen ist in der Regel nur durch den Vorbehalt unverhältnismäßiger Mehrkosten eingeschränkt.

9. Das Wunsch- und Wahlrecht des Leistungsberechtigten kann sich auch darauf erstrecken, Hilfe in einer Einrichtung zu erhalten, mit deren Träger keine Vereinbarung nach §§ 75 ff. SGB XII besteht.

A. Allgemeines

1 Nach § 33 S. 2 SGB I soll den Wünschen des Berechtigten oder Verpflichteten entsprochen werden, soweit sie angemessen sind. Das hierin begründete Wunsch- und Wahlrecht stellt ein Kernelement zur Wahrung der Handlungs- und Entscheidungsfreiheit der Leistungsberechtigten dar.[1] Es verkörpert das Leitbild des aktivierenden Staats, der den mündigen Bürger in die Gestaltung des Hilfeangebots einbezieht.[2] Die hierdurch begründete Maßgeblichkeit von Hilfewünschen wird für den Bereich der Sozialhilfe durch **§ 9 Abs. 2 und 3 SGB XII** im Hinblick auf die **Hilfegestaltung** konkretisiert. Im Rahmen des **SGB II** hat der Gesetzgeber auf eine ausdrückliche Konkretisierung des Wunsch- und Wahlrechts verzichtet.[3] Damit findet in diesem Bereich mangels spezialgesetzlicher Regelung unmittelbar **§ 33 SGB I** Anwendung.[4] Das dort als Soll-Bestimmung verankerte Wunsch- und Wahlrecht ist nicht weniger verbindlich oder weniger stark ausgeprägt als die Regelung in § 9 Abs. 2 SGB XII. Aufgrund der Gleichartigkeit der Strukturprinzipien in den Leistungsbereichen des SGB II und des SGB XII sind die für das SGB XII geltenden Modalitäten des Wunsch- und Wahlrechts bei Anwendung des § 33 SGB I auf das SGB II übertragbar. Im Rahmen des SGB II findet das Recht allerdings angesichts der dortigen Leistungsbereiche weniger Spielraum zur Entfaltung. Es ist hier insbesondere bei den Leistungen zur Eingliederung in Arbeit nach §§ 14 ff. SGB II von Bedeu-

---

1 So etwa Diakonie, Positionspapier 07/2009, 8.
2 Kingreen SGB 2004, 659 (666).
3 So auch BSG 7.11.2006 – B 7 b AS 10/06 R (in Auseinandersetzung mit dem Urteil BVerwG 17.11.1994 BVerwGE 97, 110): „Das SGB II enthält demgegenüber keine § 3 Abs. 2 S. 3 BSHG (vgl. auch § 9 Abs. 2 SGB XII) entsprechende Regelung."
4 Vgl. Gagel/S. Knickrehm SGB II § 4 Rn. 11, die das Wunsch- und Wahlrecht zudem aus der Verpflichtung zur Unterstützung in § 14 S. 1 SGB II ableiten; Brünner, Archiv für Wissenschaft und Praxis der sozialen Arbeit 3/2005, 70 (73); Diakonie, Positionspapier 07/2009, 8.

tung.[5] Es ist sowohl bei der Erstellung der Eingliederungsvereinbarung als auch hinsichtlich der Modalitäten der jeweiligen Eingliederungsleistungen zu berücksichtigen.[6]

Für die **Rehabilitation und Teilhabe von Menschen mit Behinderung** enthält § 8 SGB IX **2** eine Regelung zum Wunsch- und Wahlrecht, die sich in Einzelheiten von den Vorgaben des § 9 Abs. 2 und 3 SGB XII unterscheidet.[7] Die Vorschrift ist durch das Bundesteilhabegesetz (BTHG)[8] am 1.1.2018 in Kraft getreten und übernimmt unverändert die bisherige Regelung aus § 9 SGB IX aF Nach § 7 SGB IX gelten die Vorschriften im Teil 1 des Gesetzes für die Leistungen zur Teilhabe jedoch nur, soweit sich aus den für den jeweiligen Rehabilitationsträger geltenden Leistungsgesetzen nichts Abweichendes ergibt. Eine abweichende Regelung für die Sozialhilfe trifft § 9 Abs. 2 SGB XII, so dass dieser der Vorrang zukommt.[9] Für die **Eingliederungshilfe**, die zum 1.1.2020 vollständig aus dem SGB XII in das SGB IX überführt wird, wird das Wunsch- und Wahlrecht dann in § 104 Abs. 2 SGB IX 2020 konkretisiert.[10]

Die Hilfegestaltung, auf die sich das Wunsch- und Wahlrecht bezieht, umfasst sowohl **3** **Form** und **Maß** als auch die **Art** der Hilfe.[11] Schon unter der Geltung des BSHG legte bereits der systematische Zusammenhang des § 3 Abs. 2 mit Abs. 1, in dem von „Art, Form und Maß der Sozialhilfe" die Rede ist, es nahe, auch die Hilfeart als Unterfall der „Gestaltung der Hilfe" zu verstehen. Die entgegengesetzte Ansicht, das Wunsch- und Wahlrecht beschränke sich auf Leistungsart und Umfang der Hilfe, kollidiert mit dem Verbot, dem Leistungsberechtigten Hilfemaßnahmen (zB dem Ausmaß nach unerwünschte Pflegeleistungen, Hilfe zur Pflege statt Eingliederungshilfe) aufzuzwingen. Unabhängig davon, ob die Auswahl unter verschiedenen zur Bedarfsdeckung geeigneten Hilfearten im Ermessen des Sozialhilfeträgers stehen oder nicht, ist dem Leistungsberechtigten eine solche Entscheidungsfreiheit in dem durch § 9 Abs. 2 und 3, § 13 SGB XII gezogenen Rahmen zu belassen. Von der Entscheidung des Leistungsberechtigten kann daher uU auch die **sachliche Zuständigkeit** des Trägers der Sozialhilfe abhängen. Umstritten ist, ob auch ein Wahlrecht hinsichtlich der Inanspruchnahme von Leistungen aus **verschiedenen Sozialleistungsbereichen** besteht. Das LSG Berlin-Brandenburg bejaht ein Wahlrecht von Leistungsberechtigten zwischen der Inanspruchnahme von Wohngeld und Leistungen der Grundsicherung nach § 41 SGB XII mit der Begründung, es handele sich bei dem Wohngeld nicht um eine im Verhältnis zur Sozialhilfe vorrangige Leistung.[12] Entscheidend ist hier insbesondere, ob der Nachranggrundsatz aus § 2 Abs. 1 SGB XII als eigenständige Ausschlussnorm zu betrachten ist.[13]

5 Sa LSG Bln-Bbg 28.9.2005 – L 10 B 1024/05 AS.
6 Unter diesem Aspekt kritisch gegenüber dem Zustandekommen der Eingliederungsvereinbarung als Verwaltungsakt: Diakonie, Positionspapier 07/2009, 17.
7 Luthe in: jurisPK-SGB IX, 3. Aufl. 2018, § 8 Rn. 13 ff.
8 Zur Entstehungsgeschichte vgl. Schmachtenberg NZS 2018, 337 ff.; zu den wesentlichen Änderungen durch das BTHG vgl. Kainz NZS 2017, 649 ff.
9 Luthe in: jurisPK-SGB IX, 3. Aufl. 2018, § 8 Rn. 15.
10 Ausführlich von Boetticher, Das neue Teilhaberecht 2018, 281 ff.; vgl. auch → Rn. 67.
11 Vgl. BVerwG 12.5.1971 – 5 C 5.71, Buchholz 436.30 § 4 KfürsV Nr. 3, S. 8: Wahl zwischen Erziehungsbeihilfe und Eingliederungshilfe; BVerwG 14.9.1972 – V C 62.72, BVerwGE 40, 343 (345): Wahl zwischen Ausbildungshilfe und Tuberkulosehilfe; SG Freiburg (Breisgau) 14.5.2013 – S 9 SO 5021/11, juris Rn. 25: Wahl zwischen ambulant betreutem Wohnen und stationärer Unterbringung; ebenso Roscher in: LPK-SGB XII, 11. Aufl. 2018, § 9 Rn. 28; DV G 09/05, 3; aA Luthe in: Hauck/Noftz SGB XII, 03/16, § 9 Rn. 40, 47 mwN.
12 LSG Bln-Bbg 20.4.2018 – L 15 SO 213/17 B PKH, juris Rn. 5; aA noch SG Berlin 18.12.2017 – S 145 SO 1717/17 ER.
13 LSG Bln-Bbg 20.4.2018 – L 15 SO 213/17 B PKH, juris Rn. 5; aA noch SG Berlin 18.12.2017 – S 145 SO 1717/17 ER; Luthe, jurisPR-SozR 12/2018 Anm. 1: „Damit aber wird der Nachranggrundsatz gleichsam von den Füßen auf den Kopf gestellt und die Ordnungsfunktion der Sozialhilfe als ‚Netz unter dem Netz' des Sozialleistungssystems empfindlich gestört"; zum Nachranggrundsatz s. Kapitel 11.

4 Mit der Anerkennung eines Wunsch- und Wahlrechts in Bezug auf die Gestaltung der Sozialhilfe trägt § 9 Abs. 2 und 3 SGB XII der in der **Menschenwürde** gründenden **Subjektstellung des Leistungsberechtigten** (auch) im Sozialhilfeverhältnis Rechnung.[14] „Der Bürger soll bei der Inanspruchnahme von Sozialleistungen nicht entmündigt und nicht zum Objekt behördlichen Handelns werden, sondern in seiner Eigenständigkeit weitestgehend geschützt und gestützt werden."[15] Ein „**Rückbezug des Inhalts des § 9 Abs. 2 und 3 SGB XII auf das Grundgesetz**"[16] besteht ebenfalls im Hinblick darauf, dass die Freiheit des Gesetzgebers und Befugnis der Sozialhilfeverwaltung, sich über den Willen des Leistungsberechtigten hinwegzusetzen, durch dessen **Grundrechte** eingeschränkt ist.[17] Bei der Verwirklichung von Grundrechten der Leistungsberechtigten ist das Wunsch- und Wahlrecht besonders zu beachten.[18] Es ist in seinem objektivrechtlichen Gewährleistungsgehalt zugleich ein „tragender Pfeiler des Rechtsstatus der freien Wohlfahrtspflege im Sozialstaat",[19] auch wenn es in erster Linie die **Rechtsposition des Leistungsberechtigten verstärkt.**[20]

5 Ein Wunsch- und Wahlrecht des Leistungsberechtigten ist **objektivrechtliche Bedingung** dafür, dass die Sozialhilfe ihren gesetzlichen Zweck erfüllen kann. Um Bedürftige zu erreichen, ist Sozialhilfe auf **Akzeptanz** durch ihre Adressaten angewiesen. Hierzu ist das **Verbot einer Zwangsbetreuung und Bevormundung von Hilfebedürftigen** nur ein erster Schritt. Um ihr Ziel der Unabhängigkeit des Hilfeempfängers von der Sozialhilfe zu erreichen (§ 1 S. 2 Hs. 1 SGB XII), ist mehr erforderlich, vor allem eine aktive Mitwirkung des Empfängers der Hilfe (vgl. § 1 S. 2 Hs. 2 SGB XII). Als **tendenziell stets aktivierende Zuwendung** ist Sozialhilfe – was nunmehr auch im Gesetz zum Ausdruck gelangt (§ 1 S. 3 SGB XII: „... haben die Leistungsberechtigten und die Träger der Sozialhilfe im Rahmen ihrer Rechte und Pflichten zusammenzuwirken") – auf **Kooperation** angelegt. Ein Mitspracherecht ihres Empfängers ist schon aus tatsächlichen Gründen im Interesse der **Wirksamkeit der Hilfegewährung** geboten. Bei minderjährigen Leistungsberechtigten berechtigt das Antragsrecht nach § 36 SGB I auch zur Ausübung des Wunsch- und Wahlrechts.[21] Als Bestandteil ihrer Subjektstellung ist ein Wunsch- und Wahlrecht der Leistungsberechtigten als weitestmögliche Belassung der Möglichkeit, im Rahmen der ihnen nach dem Gesetz zustehenden Mittel ihre Bedarfsdeckung frei zu gestalten,[22] daher nicht nur aus Rechtsgründen, sondern auch in tatsächlicher Hinsicht als **Katalysator für eine effektive Hilfeleistung** unverzichtbar. Insofern ist § 9 Abs. 2 SGB XII als eine bei allen Hilfeleistungen zu beachtende „**Zentralvorschrift des SGB XII**"[23] zu betrachten.

6 Die Funktion des **Wunsch- und Wahlrechts als Rechtsinstitut** wird ergänzt durch objektivrechtliche Gewährleistungspflichten der Sozialhilfeträger, zB in Bezug auf ambulante und stationäre Hilfeangebote im Sinne von § 17 Abs. 1 Nr. 2 SGB I, § 13 Abs. 1 SGB XII.

7 Aus dem Wunsch- und Wahlrecht als einem objektivrechtlichen Rechtsinstitut lassen sich ferner Forderungen in Bezug auf die **Organisation der Sozialhilfeverwaltung** herleiten: Sie muss die **Wünsche** des Leistungsberechtigten in Bezug auf Art, Form und Maß

14 S. dazu Kapitel 8.
15 OVG Hamburg 31.8.2017 – 1 Bs 190/17, juris Rn. 21.
16 Roscher in: LPK-SGB XII § 9 Rn. 20 ff.; Wahrendorf in: Grube/Wahrendorf SGB XII, 6. Aufl. 2018, § 9 Rn. 32; ähnlich SG Karlsruhe 20.5.2015 – S 1 SO 4334/14, juris Rn. 19.
17 Zur Unzulässigkeit einer „aufgedrängten" Hilfe → Kap. 7 Rn. 28.
18 SächsLSG 28.8.2008 – L 3 B 613/07 SO ER.
19 So Neumann RsDE 1 (1988), 1 (5) unter Bezugnahme auf BVerfG 18.7.1967 – 2 BvF 3/62, BVerfGE 22, 180 (209).
20 Neumann RsDE 1 (1988), 1 (20 f.).
21 Luthe in: Hauck/Noftz SGB XII, 03/16, § 9 Rn. 39.
22 Vgl. BVerwG 16.1.1986 – 5 C 72.84, BVerwGE 72, 354 (357).
23 Roscher in: LPK-SGB XII § 9 Rn. 20.

der Hilfe **von Amts wegen ermitteln**, muss auf die Möglichkeit **hinweisen**, Wünsche hinsichtlich der Hilfegestaltung zu äußern, alle in Betracht kommenden Hilfealternativen aufzeigen (vgl. § 14 SGB I, § 11 SGB XII; dazu auch → Kap. 17 Rn. 35), und muss **flexibel auf geäußerte Wünsche reagieren** können.[24] Insbesondere darf darum die Verwaltung **nicht** durch **Schematisierung und Kanonisierung ihres Arsenals an Hilfemaßnahmen** und/oder **Monopolisierung des Hilfeangebotes** bei einem oder wenigen Leistungserbringern im Einzelfall die Maßgaben des § 9 Abs. 2 S. 1 SGB XII leerlaufen lassen. Die Vorverlagerung der Auswahl von Dienstleistern nach den Regeln des Vergaberechts durch den Sozialleistungsträger dürfte daher im Regelfall unvereinbar mit dem Wunsch- und Wahlrecht der Leistungsberechtigten sein.[25]

I. Einordnung in die Strukturprinzipien des Sozialhilferechts

1. Bedarfsdeckungsgrundsatz

Als Bestandteil des Normengefüges, das gewährleisten soll, dass die Sozialhilfe ihren Zweck erreicht, stehen § 9 Abs. 2 und § 13 SGB XII im Dienst des **Bedarfsdeckungsgrundsatzes**. Indem er von seinem Wunsch- und Wahlrecht Gebrauch macht, beteiligt sich der Leistungsberechtigte an der Suche nach der (den) für ihn geeigneten Hilfemaßnahme(n). Die Einbindung des Leistungsberechtigten in die nach § 17 Abs. 2 SGB XII zu treffende Auswahlentscheidung des Trägers der Sozialhilfe trägt somit auch dem **Individualisierungsgrundsatz** Rechnung,[26] die nach Lage des Einzelfalles gebotene Bedarfsdeckung wird häufig auf diese Weise überhaupt erst möglich. **8**

Aus dem Bedarfsdeckungs- in Verbindung mit dem **Individualisierungsgrundsatz** folgt auch, dass im Rahmen der §§ 9, 13 SGB XII nur eine Hilfegestaltung – sei sie vom Leistungsberechtigten ausdrücklich gewünscht oder ihm vom Sozialhilfeträger vorgeschlagen – in den Blick zu nehmen ist, die **zur vollständigen Deckung des individuellen Bedarfs an Sozialhilfe konkret geeignet und notwendig ist;**[27] eine bloß abstrakte, potenzielle, an fiktive Bedingungen geknüpfte Eignung genügt also nicht (**Faktizitätsprinzip**). Ist der Hilfewunsch auf eine das Sozialhilfeniveau übersteigende, also eine **mehr als** in sozialhilferechtlichem Sinne **bedarfsdeckende** Leistung gerichtet, kommen daher – jedenfalls grundsätzlich[28] (Ausnahme: Kosten der Unterkunft; → Kap. 7 Rn. 26, → Kap. 9 Rn. 43 sowie ausführlich → Kap. 28 Rn. 89 ff.) – auch **nicht** etwa **Teilleistungen** der Sozialhilfe in Betracht, wenn der Bedarf selbst unteilbar ist.[29] Wird dagegen eine Leistung gewünscht, die einem unteilbaren Bedarf gilt, aber (auch nach Ausschöpfung etwaiger Selbsthilfemöglichkeiten) **nicht vollständig bedarfsdeckend** ist, kann dem Wunsch mangels Eignung (dazu → Rn. 16 ff.) der gewünschten Hilfe nicht entsprochen werden und scheiden deswegen insoweit auch Teilleistungen aus. Ist der Bedarf teilbar, hängt die Beachtlichkeit des auf das Weniger gerichteten Hilfewunsches (Hilfemaß) davon ab, ob und inwieweit auf die vollständig bedarfsdeckende Maßnahme zugunsten **9**

24 Vgl. zB Roscher in: LPK-SGB XII § 9 Rn. 26 ff.
25 Wahrendorf in: Grube/Wahrendorf SGB XII § 9 Rn. 35; Luthe jurisPR-SozR 23/2005 Anm. 6; Bachem Sozialrecht aktuell 2016, 120 f.; so für den Bereich der Jugendhilfe OVG NRW 18.3.2005 – 12 B 1931/04, ZfJ 2005, 484 f.; VG Darmstadt 29.2.2016 – 5 L 652/15.DA; aA Luthe in: Hauck/Noftz SGB XII § 9 Rn. 68; SG Düsseldorf 29.4.2016 – S 42 SO 73/16 ER, juris Rn. 33: eine mögliche Rechtsverletzung durch Ablehnung eines Wunsches, der auf einen Leistungserbringer gerichtet ist, der bei Vergabeverfahren keine Berücksichtigung gefunden hat, kann nur in jedem Einzelfall gesondert geprüft und von dem jeweils betroffenen Leistungsberechtigten geltend gemacht werden; sa Rixen DVBl. 2018, 906 (908 f.); ausführlich zum Vergaberecht zur Leistungserbringung Glahs/Rafii Sozialrecht aktuell 2016, 169 f.
26 Wahrendorf in: Grube/Wahrendorf SGB XII § 9 Rn. 32; Roscher in: LPK-SGB XII § 9 Rn. 20.
27 Roscher in: LPK-SGB XII § 9 Rn. 24.
28 S. Kapitel 1 sowie Kapitel 9.
29 Zum Ausschluss von Teilleistungen bei Einschränkungen des Wunsch- und Wahlrechts durch den Mehrkostenvorbehalt → Rn. 31.

der gewünschten Hilfealternative wirksam verzichtet werden kann, weil **Sozialhilfe niemandem aufgezwungen** werden darf.[30]

2. Individualisierungsgrundsatz

10 Bei genauer Betrachtung betrifft es häufig nicht den **Individualisierungsgrundsatz**, wenn der Leistungsberechtigte und/oder der Sozialhilfeträger (noch) zwischen Sach- und Geldleistungen wählen können;[31] denn sowohl das Wunschrecht des Leistungsberechtigten hinsichtlich der Hilfegestaltung (§ 33 S. 2 SGB I; § 9 Abs. 2 SGB XII) als auch das Ermessen des Sozialhilfeträgers hinsichtlich Form und Maß der Hilfe (§ 33 S. 1 SGB I; § 17 Abs. 2 SGB XII) setzen voraus, dass die zur Auswahl stehenden Hilfealternativen dem Individualisierungsgrundsatz gleichermaßen entsprechen (s. auch → Rn. 8 ff.). Allerdings dürfte sich aus dem Individualisierungsgrundsatz wie aus dem Grundsatz der **Menschenwürde** das **Verbot** herleiten lassen, den **Leistungsberechtigten** mit Mitteln der Sozialhilfe zu bevormunden, indem er **ungefragt auf eine bestimmte unter mehreren geeigneten Alternativen der Bedarfsdeckung festgelegt** wird.

3. Kenntnisgrundsatz

11 Wegen des – nur in der Sozialhilfe geltenden – **Kenntnisgrundsatzes** (§ 18 SGB XII) hat die Ausübung des Wunsch- und Wahlrechts zwar **keine Rückwirkung auf den Zeitpunkt der Entstehung der Notlage**. Auch aus dem Grundsatz, dass regelmäßig **keine Sozialhilfe für die Vergangenheit** geleistet wird, ergibt sich die Notwendigkeit, **Wünsche** in Bezug auf die Gestaltung der Hilfe **vor deren Einsetzen anzubringen**. Bestehen objektiv mehrere Alternativen, hängt die nach § 18 SGB XII erforderliche Kenntnis des Sozialhilfeträgers für das Einsetzen der Hilfe aber nicht davon ab, ob der Leistungsberechtigte erklärt hat, für welche dieser Alternativen er sich entscheide. Der Sozialhilfeträger muss also einerseits darauf hinwirken, dass der Hilfebedürftige eine Wahl trifft (s. auch → Rn. 34), darf aber andererseits **Hilfe nicht davon abhängig** machen, dass dies auch geschieht. Die **Ausübung des Wunsch- und Wahlrechts muss weder ausdrücklich noch gar förmlich und rechtsgeschäftlich wirksam erklärt**[32] **noch begründet**[33] werden. Kommen verschiedene Hilfealternativen in Betracht, ohne dass der Leistungsberechtigte sich zu ihnen verhalten hat, muss der Sozialleistungsträger die Wünsche des Leistungsberechtigten über die Gestaltung der Hilfe von Amts wegen ermitteln.[34] Aus der **objektivrechtlichen Bedeutung des Wunsch- und Wahlrechts** folgt, dass der Sozialhilfeträger sich, soweit wie möglich und für ihn erkennbar, in die Situation des Leistungsberechtigten versetzen muss, um die Hilfe nach dessen **mutmaßlichen Wünschen**[35] zu leisten. Auch hierbei gelten die Maßstäbe des § 9 Abs. 2 SGB XII. Bei gleicher Wirksamkeit ist von Amts wegen die für den Leistungsberechtigten hinsichtlich des Einsatzes von Einkommen und Vermögen günstigste Maßnahme zu wählen.[36]

12 Setzt der Sozialhilfeträger sich entgegen diesen rechtlichen Vorgaben für die Hilfeauswahl über den mutmaßlichen oder – sei es auch nur konkludent – erklärten Willen des Leistungsberechtigten hinweg, gerät die Hilfe in die **Nähe einer Zwangsbetreuung**. Der Sozialhilfeträger riskiert damit die Rechtswidrigkeit der Hilfemaßnahme zB mit der Folge, dass er weder nach §§ 93, 102 ff. SGB XII noch nach §§ 106 ff. SGB XII noch nach

---

30 Zur Möglichkeit von Teilleistungen auch → Rn. 31.
31 Anders zB die Betrachtungsweise von Eylert, Rechtliche Probleme der schematisierenden materiellen Sozialhilfeleistungen (Diss. 1987), 90 f.: „weitere Ausprägungen des Individualisierungsgrundsatzes".
32 Vgl. BVerwG 15.6.1970 – V C 11.70, BVerwGE 35, 287 (288 f.); Roscher in: LPK-SGB XII § 9 Rn. 26.
33 S. BVerwG 15.6.1970 – V C 11.70, BVerwGE 35, 287 (290).
34 Roscher in: LPK-SGB XII § 9 Rn. 26.
35 S. BT-Drs. 7/308, 38: „aus seiner Sicht"; Roscher in: LPK-SGB XII § 9 Rn. 21.
36 So auch Schoch ZfF 1986, 123 (125).

§§ 102 ff. SGB X Rückgriff wegen seiner Aufwendungen nehmen kann; denn dies setzt stets die Rechtmäßigkeit der Hilfegewährung voraus (vgl. § 110 Abs. 1 SGB XII).

4. Selbsthilfegrundsatz

Der **Selbsthilfegrundsatz** (§ 2 Abs. 1 SGB XII) geht dem Wunsch- und Wahlrecht des **13** Leistungsberechtigten vor. Es ist insbesondere nicht in dessen Belieben gestellt, Sozialhilfe zu beanspruchen anstatt sich zB im Wege der Durchsetzung realisierbarer Ansprüche gegen Dritte um Behebung seiner Notlage zu bemühen.[37] Ebenso kann sein Wunsch- und Wahlrecht, wenn unterschiedliche Hilfealternativen bestehen, deshalb ins Leere gehen, weil er sich auf eine **Hilfealternative** verweisen lassen muss, hinsichtlich derer er sich zB aus einsetzbarem Vermögen oder durch unentgeltliche Hilfe Dritter **selbst helfen** kann.[38]

Von erheblicher praktischer Bedeutung ist die Frage, ob und inwieweit ein Leistungsbe- **14** rechtigter sich auf für ihn wie auch für den Sozialhilfeträger **unentgeltliche Hilfeangebote Dritter** verweisen lassen muss. Vor allem das Leistungsangebot der **freien Wohlfahrtspflege** ist eine gegenüber dem Träger der Sozialhilfe anspruchsausschließende Selbsthilfemöglichkeit nur nach Maßgabe **individueller Zumutbarkeit** (dazu → Kap. 20 Rn. 121 f. sowie unten → Rn. 49). Insbesondere ist dabei zu beachten, dass nach § 84 Abs. 1 SGB XII Zuwendungen der freien Wohlfahrtspflege als Einkommen nur dann angerechnet werden dürfen, wenn daneben die Erbringung von Sozialhilfe ungerechtfertigt wäre (dazu → Rn. 49). Hierfür trägt die Behörde die Beweislast.[39] Gleiches gilt nach § 11 a Abs. 4 SGB II im Bereich der Grundsicherung für Arbeitsuchende.[40]

Bedarf es der **Mitwirkung** des Leistungsberechtigten, um zu einer geeigneteren (oder **15** auch den Sozialhilfehaushalt unverhältnismäßig weniger belastenden; dazu → Rn. 25 ff.) Hilfealternative greifen zu können, kommt es auf Inhalt und Umfang seiner Mitwirkungspflicht aus § 1 S. 2 Hs. 2 und S. 3 SGB XII (dazu auch → Kap. 1 Rn. 17, 21 sowie → Kap. 24 Rn. 18) an. Dabei spielt auch das Gewicht der **Gründe für seine Hilfewahl** eine Rolle. Im Rahmen dieser **Abwägung** sind die gesetzlichen Wertungen des § 9 Abs. 2 SGB XII zu beachten.[41]

II. Gestufte Verhältnismäßigkeitsprüfung

Die Ausübung des Wunsch- und Wahlrechts durch den Leistungsberechtigten unterliegt **16** einer **dreistufigen Verhältnismäßigkeitsprüfung**, nämlich einer Prüfung von Eignung und Notwendigkeit der gewünschten Leistung (erste und zweite Stufe), in § 9 Abs. 2 S. 1 SGB XII zusammengefasst in dem Begriff „angemessen",[42] und der Berücksichtigung eines Mehrkostenvorbehalts (dritte Stufe), der mit dem Merkmal „unverhältnismäßig" im Sinne von § 9 Abs. 2 S. 3 SGB XII verbunden ist.[43]

---

37 Vgl. BVerwG 5.5.1983 – 5 C 112.81, BVerwGE 67, 163 (166); zur Frage, ob die hilfebedürftige Person auf der Grundlage von § 2 SGB XII darauf verwiesen werden kann, Wohngeld anstelle von Sozialhilfe in Anspruch zu nehmen, vgl. LSG Bln-Bbg 20.4.2018 – L 15 SO 213/17 B PKH, juris Rn. 5; Luthe; jurisPR-SozR 12/2018 Anm. 1; zum Nachranggrundsatz s. Kapitel 11.

38 Zur Wahl zwischen ambulanter statt – unverhältnismäßig kostengünstigerer – stationärer Hilfe → Rn. 67 ff.

39 Giere in: Grube/Wahrendorf SGB XII § 84 Rn. 7; Geiger in: LPK-SGB XII § 84 Rn. 4.

40 S. Rixen SGb 2008, 501.

41 Vgl. zB BVerwG 6.8.1992 – BVerwG 5 B 97.91, Buchholz 436.0 § 2 BSHG Nr. 11: Zumutbarkeit des Bemühens um Kostensenkung durch Eintritt in eine Einrichtung; s. dazu § 13 Abs. 1 SGB XII.

42 AA: BeckOK SozR/Groth SGB XII § 9 Rn. 11 (unter nicht nachvollziehbarer Berufung auf BVerwG 17.11.1994 – 5 C 13.92, BVerwGE 97, 103 ff.): Angemessenheit des Wunsches ist regelmäßig anhand eines Kostenvergleichs zwischen den gewünschten und anderen gleich geeigneten Maßnahmen zu ermitteln.

43 Ähnlich Roscher in: LPK-SGB XII § 9 Rn. 23 ff.; Wahrendorf in: Grube/Wahrendorf SGB XII § 9 Rn. 32 ff.

1. Eignung der gewünschten Hilfe

17 Aus der Verknüpfung des Wunsch- und Wahlrechts mit dem Bedarfsdeckungs- und dem Individualisierungsgrundsatz (→ Rn. 10) folgt auf der **ersten Stufe** der Verhältnismäßigkeit, dass die gewünschte Hilfegestaltung zur Beseitigung der Notlage **geeignet** sein muss. Demgemäß kann eine Leistung, die den sozialhilferechtlichen Bedarf nicht (vollständig) deckt, regelmäßig nicht beansprucht werden,[44] weil durch sie das Ziel der Sozialhilfe nicht erreicht wird. Das Wunsch- und Wahlrecht des Leistungsberechtigten wie das Auswahlermessen des Sozialhilfeträgers sind daher grundsätzlich nur auf solche Hilfealternativen bezogen, bei denen **kein Bedarf offen bleibt.**[45] Darum kann zB, wer **stationäre Hilfe** benötigt, aber **ambulante Hilfe** wünscht, obwohl sie seinem Hilfebedarf nicht gerecht wird, vom Träger der Sozialhilfe nicht Hilfe als Geldleistung zur Finanzierung der ambulanten Hilfe verlangen (unabhängig davon, ob diese höhere oder geringere Kosten verursacht als jene).[46]

18 Welche Hilfealternativen als geeignet in Betracht kommen, ist bezogen auf den **Einzelfall** und auf die **konkret zur Auswahl stehenden Hilfeleistungen** zu beurteilen (auch → Rn. 7 ff.). Daraus, dass für ein Wunsch- und Wahlrecht nur Raum ist, wenn im konkreten Einzelfall gleichermaßen zur Bedarfsdeckung geeignete – wenn auch vielleicht qualitativ unterschiedliche – Hilfealternativen bestehen, folgt zugleich, dass § 9 Abs. 2 SGB XII nicht einschlägig ist, **wenn solche Alternativen fehlen.**[47] Daher darf eine einzig geeignete Leistung nicht wegen „unverhältnismäßiger" Höhe ihrer **Kosten** abgelehnt werden (→ Rn. 25). Zur fehlenden Eignung eines vom Leistungsträger vorgeschlagenen Alternativangebots kann zB auch die schlechte Erreichbarkeit einer Einrichtung für Familienangehörige führen, die Besuchskontakte deutlich erschweren würde.[48] Wegen des **Bedarfsdeckungsgrundsatzes** darf ein sozialhilferechtlich anzuerkennender Bedarf auch nicht aus Rücksicht auf die Kostenhöhe teilweise offen gelassen werden.[49] Die **Beweislast** für das Fehlen einer Hilfealternative im Sinne eines bereiten Mittels zur Selbsthilfe trägt der Hilfesuchende, die Beweislast für das Bestehen einer konkreten, im Vergleich zu der vom Leistungsberechtigten gewünschten Leistung zumindest gleichermaßen zur Bedarfsdeckung geeigneten, aber unverhältnismäßig kostengünstigeren Alternative trägt der Sozialhilfeträger.[50]

19 Die Eignungsprüfung erstreckt sich insbesondere auch auf das **Ziel der Sozialhilfe,** ihren Empfänger soweit wie möglich zu befähigen, **von ihr unabhängig zu leben** (§ 1 S. 2 Hs. 1 SGB XII). Die Obliegenheit des Leistungsberechtigten, hierbei nach Kräften mitzuwirken (§ 1 S. 2 Hs. 2 SGB XII), erlaubt daher nicht die Wahl einer **Leistung,** die dem Nachfragenden solche **Mitwirkung** um den Preis weiterer Abhängigkeit von Sozialhilfe **erspart.** Hier kann es uU schwierig sein, die Grenze zur Einschränkung eines Anspruchs auf die gewünschte Hilfemaßnahme nach dem **Selbsthilfegrundsatz** (§ 2 Abs. 1 SGB XII;

---

44 Vgl. zB BVerwG 14.9.1972 – V C 62.72, BVerwGE 40, 343 (346); LSG LSA 28.4.2016 – L 8 SO 4/14, zur fehlenden Eignung einer gewünschten Form der Eingliederungshilfe zur Eingliederung der Betroffenen in die Gemeinschaft.
45 Wahrendorf in: Grube/Wahrendorf SGB XII § 9 Rn. 27; s. auch → Rn. 8.
46 Zur Wahl zwischen ambulanter und stationärer Hilfe → Rn. 67 ff.
47 Vgl. zB BVerwG 2.9.1993 – 5 C 50.91, BVerwGE 94, 127 (131 f.); 30.5.1996 – 5 C 14.95, E 101, 194 (201); LSG BW 22.2.2018 – L 7 SO 3516/14, juris Rn. 61; LSG Bln-Bbg 28.9.2016 – L 15 SO 141/12, ZFSH/SGB 2017, 98 ff., juris Rn. 49; Wahrendorf in: Grube/Wahrendorf SGB XII § 9 Rn. 33; BeckOK SozR/Groth SGB XII § 9 Rn. 10.
48 LSG Bln-Bbg 1.3.2006 – L 23 B 1083/05 SO ER, FEVS 58, 60; 28.9. 2016 – L 15 SO 141/12; ähnlich BeckOK SozR/Groth SGB XII § 9 Rn. 11; allerdings LSG Bln-Bbg 13.4.2011 – L 23 SO 20/11 B ER, juris Rn. 15: Abwägung der Bedeutung der familiären Kontakte mit entstehenden Mehrkosten.
49 Vgl. BVerwG 22.10.1992 – 5 C 11.89, BVerwGE 91, 114 (116 f.); s. auch → Rn. 8 ff.
50 Ebenso Wahrendorf in: Grube/Wahrendorf SGB XII § 9 Rn. 33.

dazu → Rn. 13 ff.)[51] zu ziehen. In jedem Fall besteht eine **Beratungspflicht** des Sozialhilfeträgers, die sich auch darauf bezieht, dem Hilfesuchenden aufzuzeigen, wie er sich selbst helfen kann bzw. wie sich der Aufwand der Sozialhilfe für die benötigte Hilfeleistung senken lässt.[52]

Belange der **Verwaltungspraktikabilität** können nicht pauschal als Aspekte der „Angemessenheit" betrachtet werden.[53] Dadurch könnten Nachlässigkeiten, Schwerfälligkeit oder eine unzureichende personelle Ausstattung der Verwaltung zulasten des Hilfeberechtigten gehen.[54] Belange der Verwaltungspraktikabilität können nur unter dem Gesichtspunkt der Hilfeeignung Berücksichtigung finden. Dazu gehört nicht das Interesse an einer kostengünstigeren Hilfe;[55] Kostengesichtspunkte spielen erst im Rahmen von § 9 Abs. 2 S. 3 SGB XII – auf der dritten Stufe der Verhältnismäßigkeit – eine Rolle (dazu → Rn. 25 ff.).[56] **20**

2. Notwendigkeit der gewünschten Hilfe

Auf der **zweiten Stufe** der Verhältnismäßigkeitsprüfung ist festzustellen, ob die vom Leistungsberechtigten gewünschte Hilfe zur Behebung seiner Notlage aus sozialhilferechtlicher Sicht **notwendig** ist. Auch in diesem Zusammenhang sind die **Umstände des Einzelfalles**, insbesondere **Art und Dauer des Hilfebedarfs**, maßgeblich. Dagegen kommt es auf **Motive des Leistungsberechtigten** nicht an; sein Wunsch braucht insbesondere nicht das „Ergebnis wohlabgewogener Überlegung" zu sein:[57] Die Prüfung der „Angemessenheit" ist keine Motivforschung.[58] **21**

Notwendigkeit besteht von vornherein, wenn die gewünschte Leistung alternativlos, weil **einzige geeignete Hilfemaßnahme** ist: Was der Leistungsberechtigte aus sozialhilferechtlicher Sicht benötigt, ist ihm zu gewähren,[59] ohne dass hierzu § 9 Abs. 2 SGB XII zu bemühen ist. Dies ist eine unmittelbare Konsequenz des **Bedarfsdeckungsgrundsatzes**.[60] **22**

Ebenfalls mit Rücksicht auf den Bedarfsdeckungsgrundsatz fällt umgekehrt nicht in den Anwendungsbereich des § 9 Abs. 2 SGB XII die Wahl einer Leistung, die auf Deckung eines sozialhilferechtlich nicht anzuerkennenden Bedarfs gerichtet ist[61] oder „überschießende Hilfe" wäre, weil sie über das Ziel der Sozialhilfe hinausginge (zB mittelbare Hilfe zur Vermögensbildung durch verlorene Zuschüsse im Wege der Übernahme von Immobiliendarlehen zur Sicherung der Unterkunft; dazu → Kap. 28 Rn. 27). **23**

Fehlt die Notwendigkeit der gewünschten Hilfe, weil der Leistungsberechtigte **sich selbst helfen** kann, scheitert ein Leistungsanspruch nicht erst an § 9 Abs. 2 SGB XII, **24**

---

51 BVerwG 6.8.1992 – 5 B 97.91, Buchholz 436.0 § 2 BSHG Nr. 11, zum Verzicht auf ambulante zugunsten – unverhältnismäßig kostengünstigerer (vgl. § 3 a S. 2 BSHG) – stationärer Hilfe.
52 BVerwG 6.8.1992 – 5 B 97.91, Buchholz 436.0 § 2 BSHG Nr. 11.
53 So aber BVerwG 18.12.1980 – 5 C 23.78, FEVS 29, 265 ff., juris Rn. 12; anders wohl noch Rothkegel 1. Aufl. 2005 Kap. 14 Rn. 19; gegen eine Einschränkung des Wunsch- und Wahlrechts unter diesem Gesichtspunkt Neumann RsDE 1 (1988), 1 (8); Wahrendorf in: Grube/Wahrendorf SGB XII § 9 Rn. 34.
54 Ähnlich Igl/Giese ZFSH 1982, 65 (69).
55 Missverständlich insoweit Wahrendorf in: Grube/Wahrendorf SGB XII § 9 Rn. 34, der auf Mehraufwand für den Transport zum Ort der Leistungserbringung abstellt; zutreffend Neumann RsDE 1 (1988), 1 (9); Roscher in: LPK-SGB XII § 9 Rn. 23.
56 Roscher in: LPK-SGB XII § 9 Rn. 31; aA offenbar BeckOK SozR/Groth SGB XII § 9 Rn. 11; Müller-Grune in: jurisPK-SGB XII, 2. Aufl. 2014, § 9 Rn. 27: „klassische Kosten-Nutzen-Relation".
57 BVerwG 15.6.1970 – V C 11.70, BVerwGE 35, 287 (289).
58 Neumann RsDE 1 (1988), 1 (7).
59 So BVerwG 20.10.1994 – 5 C 28.91, BVerwGE 97, 53 (57) im Zusammenhang mit dem Gebot der Sparsamkeit im Sinne von § 93 Abs. 2 S. 2 BSHG F.1984.
60 Vgl. auch BVerwG 20.10.1994 – 5 C 28.91, BVerwGE 97, 53 (57); Wahrendorf in: Grube/Wahrendorf SGB XII § 9 Rn. 27, 33; s. dazu → Rn. 8 f.
61 Vgl. zB BVerwG 13.8.1992 – 5 C 70.88, Buchholz 436.0 § 11 BSHG Nr. 16 – Besuch der Waldorf-Schule; Wahrendorf in: Grube/Wahrendorf SGB XII § 9 Rn. 33.

sondern schon an § 2 Abs. 1 SGB XII (→ Rn. 13 ff.). Die Notwendigkeit darf dagegen nicht allein unter Hinweis auf eine aus der Sicht des Sozialhilfeträgers in Betracht kommende Hilfealternative verneint werden, wenn der Leistungsberechtigte auch insoweit hilfebedürftig wäre; denn an das Bestehen von verschiedenen (zur Bedarfsdeckung und Erreichung der Sozialhilfeziele gleichermaßen geeigneten, aber nur alternativ benötigten) Leistungsvarianten knüpft § 9 Abs. 2 SGB XII gerade an.

3. Mehrkostenvorbehalt

25 Auf der **dritten Stufe** der Verhältnismäßigkeit eines die Hilfegestaltung betreffenden Wunsches des Leistungsberechtigten steht der **Mehrkostenvorbehalt**: Der Sozialhilfeträger „soll in der Regel" Wünschen nicht entsprechen, deren Erfüllung mit unverhältnismäßigen Mehrkosten verbunden wäre (§ 9 Abs. 2 S. 3 SGB XII). Satz 3 regelt einen allgemeinen Mehrkostenvorbehalt, der bei allen Leistungsformen eingreift. Er bezieht sich nicht nur auf die Einschränkung hinsichtlich der Wahl von stationären und teilstationären im Verhältnis zu ambulanten Leistungen in Satz 2, sondern gilt auch im Verhältnis zwischen verschiedenen ambulanten Leistungen untereinander und zwischen verschiedenen stationären Leistungen untereinander.[62] Der Mehrkostenvergleich greift jedoch nur dann, wenn neben der gewünschten Hilfegestaltung noch mindestens eine weitere in Frage kommt, die dem Bedarf ebenso angemessen und für die hilfebedürftige Person auch zumutbar ist.[63] Über derartige gleich **geeignete und tatsächlich zur Verfügung stehende Alternativen** hat der Leistungsträger die um Hilfe nachfragende Person **aufzuklären**.[64] Er hat die Geeignetheit und Zumutbarkeit zu belegen,[65] um sich erfolgreich auf den Mehrkostenvorbehalt berufen zu können.

26 „**Unverhältnismäßig**" sind Mehrkosten, „wenn die hieraus folgende Mehrbelastung des Sozialhilfehaushalts zum Gewicht der vom Leistungsberechtigten angeführten Gründe für ... (seine) Wahl nicht mehr im rechten Verhältnis steht".[66] Ein rein rechnerischer Kostenvergleich genügt darum nicht, sondern es ist eine **Abwägung** unter wertender Betrachtung der individuellen Notsituation[67] vorzunehmen. Maßgeblich ist vor allem das Gewicht, das der gewünschten Hilfegestaltung im Hinblick auf die individuelle Notsituation beizumessen ist, wobei alle Besonderheiten des Einzelfalles in den Blick zu nehmen sind. Je stärker sich die gewünschte Hilfegestaltung mit dem bestehenden Bedarf deckt, um so „berechtigter" kann der Wunsch des Hilfeempfängers sein.[68] Umgekehrt sind an das Gewicht der den Wunsch rechtfertigenden Umstände desto geringere Anforderungen zu stellen, je weniger Mehrkosten damit verbunden sind.[69]

27 Wegen der Abwägungsabhängigkeit des Mehrkostenvorbehalts kann auch **keine** „Höchstspanne" gelten, innerhalb derer unabhängig von den Einzelfallumständen, insbesondere vom Gewicht der für die vom Leistungsberechtigten getroffenen Wahl sprechenden Gründe, eine Überschreitung von durchschnittlichen Kosten als stets „verhältnismäßig" anzuerkennen wäre.[70] Mehrkosten von bis zu 20% werden idR in der Praxis

---

62 LSG BW 22.2.2018 – L 7 SO 3516/14, juris Rn. 56.
63 LSG BW 2.9.2010 – L 7 SO 1357/10 ER-B, juris Rn. 9; 22.2.2018 – L 7 SO 3516/14, juris Rn. 61; Roscher in: LPK-SGB XII § 9 Rn. 32.
64 LSG Nds-Brem 20.8.2015 – L 8 SO 327/13, juris Rn. 23; LSG BW 22.2.2018 – L 7 SO 3516/14, juris Rn. 75; LSG Nds-Brem 15.1.2018 – L 8 SO 249/17 B ER, juris Rn. 30: zumindest Kenntnis des Hilfesuchenden von unverhältnismäßigen Mehrkosten erforderlich.
65 LSG BW 2.9.2010 – L 7 SO 1357/10 ER-B, juris Rn. 10; 22.2.2018 – L 7 SO 3516/14, juris Rn. 75.
66 BVerwG 17.11.1994 – 5 C 11/93, BVerwGE 97, 110 (116); 8.8.2003 – 5 B 14/03.
67 Vgl. BVerwG 17.11.1994 – 5 C 13.92, BVerwGE 97, 103 (109); s. auch BVerwG 17.11.1994 – 5 C 11.93, BVerwGE 97, 110 (116).
68 BVerwG 17.11.1994 – 5 C 13.92, BVerwGE 97, 103 (109).
69 ThürLSG 29.3.2012 – L 8 SO 1830/11 B ER, juris Rn. 18.
70 LSG Bln-Bbg 28.9. 2016 – L 15 SO 141/12, juris Rn. 49; Roscher in: LPK-SGB XII § 9 Rn. 34.

akzeptiert.[71] Seitens der Rechtsprechung sind Mehrkosten von 23% bis 29% noch als angemessen betrachtet worden.[72] Eine Überschreitung von 50%[73] bzw. jedenfalls von 75%[74] sind dagegen im Regelfall als unverhältnismäßig angesehen worden.

Die Abwägung ist nur korrekt, wenn die Kosten auf eine sachgerechte Vergleichsbasis **28** bezogen sind.[75] Dabei ist ein Kostenvergleich zwischen der gewünschten Leistung und anderen geeigneten und zumutbaren Hilfeangeboten vorzunehmen.[76] Da die **Mehrbelastung des Sozialhilfehaushalts** in die Abwägung einzustellen ist, kann ins Gewicht fallen, bei welcher Leistungsalternative die Kosten in welchem Umfang einem anderen Sozialleistungsträger zur Last fallen. Bei einem Kostenvergleich darf es daher auch berücksichtigt werden, wenn der Leistungsberechtigte die erforderliche Hilfe aus **anderen öffentlichen Mitteln als Sozialhilfemitteln** erhalten könnte und dann wirtschaftlich in der Lage wäre, die Kosten dieser Hilfeleistung selbst zu tragen bzw. einen etwa verbleibenden Restbedarf aus **eigenen Mitteln** zu decken (§ 2 Abs. 1 SGB XII).[77] Die der öffentlichen Hand hierbei in dem anderen Leistungsbereich entstehenden Kosten bleiben im Kostenvergleich unberücksichtigt.[78] Im Rahmen der anschließend an den Kostenvergleich vorzunehmenden Abwägung wird es im Hinblick auf den **Nachrang der Sozialhilfe** und in Anbetracht der **Mitwirkungspflicht des Leistungsberechtigten**, sich von Sozialhilfe unabhängig zu machen (§ 1 S. 2 Hs. 2 SGB XII; dazu auch → Rn. 19), außerordentlich schwergewichtiger Gründe auf seiner Seite bedürfen, um in Anbetracht der mit der gewünschten Leistung verbundenen „unverhältnismäßigen" Mehrkosten eine Verweisung auf die **den Sozialhilfehaushalt vollständig entlastende Bedarfsdeckungsalternative** als ihm unzumutbar erscheinen zu lassen (dazu auch → Rn. 4).

Fraglich ist, ob dies auch in Bezug auf ein **karitatives Hilfeangebot** zu gelten hat. Ähn- **29** lich wie bei der Frage, ob und inwiefern auch Zuwendungen Dritter, soweit sie nicht schon einkommenserhöhend wirken (§ 84 SGB XII), berücksichtigt werden dürfen (dazu → Kap. 20 Rn. 121 ff.), spielt auch im vorliegenden Zusammenhang bei der Abwägung eine Rolle, inwieweit dem Hilfebedürftigen die Inanspruchnahme einer solchen Hilfealternative anstelle der von ihm gewünschten Leistung der Sozialhilfe zugemutet werden kann. Dies wird nur unter weit eingeschränkteren Voraussetzungen zulässig sein als die Verweisung auf ein aus öffentlichen Mitteln anderweitig finanziertes Hilfeangebot. Eine Verweisung auf Unterstützungen, die nach §§ 82 bis 84 SGB XII oder nach anderen Gesetzen anrechnungsfrei bleiben müssen, ist unzulässig.[79]

Der Leistungsberechtigte darf nicht aus Kostengründen auf das Leistungsangebot eines **30** **anderen Sozialhilfeträgers** verwiesen werden, wenn dessen Zuständigkeit erst durch einen **Umzug des Leistungsberechtigten** begründet werden würde. Die Höhe von Mehrkosten der von ihm gewünschten Leistung muss der Leistungsberechtigte sich nur im

---

71 Wahrendorf in: Grube/Wahrendorf SGB XII § 9 Rn. 33.
72 LSG Bln-Bbg 28.9. 2016 – L 15 SO 141/12, juris Rn. 49.
73 LSG Bln-Bbg 28.9. 2016 – L 15 SO 141/12, juris Rn. 49.
74 BVerwG 11.2.1982 – 5 C 85.80, BVerwGE 65, 52, juris Rn. 18.
75 Vgl. zB BVerwG 15.6.1970 – V C 11.70, BVerwGE 35, 287 (290) betr. Regiekosten; BVerwG 11.2.1982 – 5 C 85.80, BVerwGE 65, 52 (55 f.) betr. Vergleich „bekenntnisgeprägter" mit „nicht bekenntnisgeprägten" Einrichtungen.
76 BVerwG 17.11.1994 – 5 C 13.92, NJW 1995, 2428 (2429); zur Frage, ob einem Pflegesatz, der zwischen Leistungsträger und Leistungserbringer für ein Angebot verhandelt und vereinbart worden ist, überhaupt entgegengehalten werden kann, er sei unverhältnismäßig hoch vgl. BeckOK SozR/Groth SGB XII § 9 Rn. 14; BSG 22.3.2012 – B 8 SO 1/11 R, Sozialrecht aktuell 2012, 211; LSG Bln-Bbg 28.9.2016 – L 15 SO 141/12, ZFSH/SGB 2017, 98 ff., juris Rn. 43 ff.; → Rn. 72.
77 Deshalb kann in diesem Zusammenhang auch der Unterschied von Einkommensgrenzen ausschlaggebend sein; vgl. VGH BW 14.3.1997 – 6 S 755/95, FEVS 48, 86.
78 Vgl. BVerwGE 75, 343 (348 ff.); so auch Roscher in: LPK-SGB XII § 9 Rn. 34.
79 Armborst in: LPK-SGB XII § 2 Rn. 10; sa – zu § 1 a AsylbLG – LSG Essen 7.11.2007 – L 20 B 74/07 AY, info also 2008, 181 (mit Anmerk. Berlit).

Vergleich zu Alternativen entgegenhalten lassen, durch die ihm gegenwärtig und tatsächlich geholfen würde (**Gegenwärtigkeits- und Faktizitätsprinzip**), so dass er Hilfe nicht unbedingt in der gewünschten Form benötigt. Dies setzt die Pflicht voraus, nach § 1 S. 2 Hs. 2 SGB XII „darauf hinzuarbeiten", dass Hilfe durch den bisher zuständigen Träger der Sozialhilfe und in der ihm gegenüber gewünschten Form entbehrlich wird (→ Rn. 13 ff.). Die **Mitwirkungspflicht** geht aber nicht so weit, dass ein Leistungsberechtigter im Interesse kostengünstigerer Hilfe in den Zuständigkeitsbereich eines anderen Sozialhilfeträgers umziehen muss.

31 Ob einem Wunsch auf eine mit unverhältnismäßigen Mehrkosten verbundene Hilfegestaltung wenigstens teilweise (beschränkt auf das „Verhältnismäßige") entsprochen werden kann, ist differenziert zu betrachten. Für **Teilleistungen** der Sozialhilfe ist grundsätzlich nur bei einem teilbaren Bedarf Raum (→ Rn. 9; Ausnahme: Unterkunftsbedarf, → Rn. 58 ff.). Diese Einschränkung hat allerdings für Leistungen zum Lebensunterhalt, soweit sie nunmehr für den gesamten Regelbedarf einschließlich der allermeisten einmaligen Bedarfe erbracht werden, mit der Sozialhilfereform im Jahr 2005 ganz erheblich an praktischer Bedeutung verloren: Mit der Erweiterung der Freiheit des Leistungsberechtigten, mit den ihm pauschal zur Verfügung gestellten Geldmitteln seinen Regelbedarf nach seinen eigenen Wünschen und Vorstellungen zu decken, ist es ihm seither freigestellt, seinen Bedarf auch unter unverhältnismäßigem Kostenaufwand zu decken und dies notfalls durch Konsumverzicht hinsichtlich anderer Teile des Regelbedarfs zu kompensieren. Der **Mehrkostenvorbehalt** und das mit dem Ausschluss einer Teilleistungsverpflichtung des Sozialhilfeträgers (s. dazu Kapitel 9) zusammenhängende Problem, nur „alles oder nichts" beanspruchen zu können, spielen **im Rahmen der Leistungen für den Lebensunterhalt** (hinsichtlich der Unterkunfts- und Heizungskosten ist durch § 35 SGB XII ohnehin eine Leistung in angemessenem Umfang gesetzlich ausdrücklich vorgesehen) somit praktisch **keine Rolle** mehr; denn für die in den Regelsatz einbezogenen laufenden und einmaligen Leistungen braucht ein Wunsch- und Wahlrecht nicht mehr eigens eingeräumt zu werden. Allerdings muss der Bedarf insgesamt, also unter Einbezug der eigenen Mittel des Leistungsberechtigten, gedeckt werden, da die Hilfe ansonsten ins Leere ginge. Zudem können zu erwartende hohe Folgekosten gegen eine teilweise Übernahme der insgesamt unverhältnismäßig hohen Kosten sprechen.[80]

III. Verwaltungsermessen

32 Bei der Prüfung von „Eignung", „Notwendigkeit", „Angemessenheit" und (kostenbezogener) „Verhältnismäßigkeit" der vom Leistungsberechtigten gewünschten Hilfe und mit ihr verbundener Mehrkosten besteht kein Ermessen; es geht um die voller gerichtlicher Nachprüfung unterliegende Auslegung und Anwendung **unbestimmter Rechtsbegriffe** des Gesetzestatbestandes.[81]

33 Ermessen ist dem Sozialhilfeträger (erst) auf der Rechtsfolgenseite eingeräumt (dazu → Kap. 13 Rn. 11 ff.). Dieses Ermessen beruht auf § 17 Abs. 2 S. 1 SGB XII und ist im Anwendungsbereich von **§ 9 Abs. 2 SGB XII** durch die „Soll"-Vorschrift des **Satzes 1** in dem Sinne **gebunden**, dass dem Hilfewunsch entsprochen werden **muss, es sei denn,** es ist mit Rücksicht auf Umstände, die den Fall als atypisch erscheinen lassen, eine Ableh-

---

80 Roscher in: LPK-SGB XII § 9 Rn. 36; Wahrendorf in Grube/Wahrendorf SGB XII § 9 Rn. 34; Müller-Grune in: jurisPK-SGB XII, 2. Aufl. 2014, § 9 Rn. 28.
81 Vgl. zB BVerwG 18.12.1980 – 5 C 23.78, Buchholz 436.7 BVG § 27 a Nr. 11; 14.1.1982 – 5 C 70.80, BVerwGE 64, 318 (323); SG Karlsruhe 20.5.2015 – S 1 SO 4334/14, juris Rn. 23 für den Begriff der Angemessenheit; Roscher in: LPK-SGB XII § 9 Rn. 33 für den Begriff der Unverhältnismäßigkeit.

nung gerechtfertigt.[82] Sind die Wünsche der leistungsberechtigten Person also angemessen und verursachen auch keine unverhältnismäßigen Mehrkosten, so ist ihnen im Regelfall nachzukommen.[83]

Da § 9 Abs. 2 SGB XII wegen seiner objektivrechtlichen Bedeutung nicht voraussetzt, **34** dass der Hilfebedürftige ausdrückliche Wünsche in Bezug auf die Hilfegestaltung geäußert hat, verlangt eine pflichtgemäße Ermessensausübung bei der Leistungsauswahl, dass der Sozialhilfeträger bereits die **mutmaßlichen Wünsche und Vorstellungen des Leistungsberechtigten** hinsichtlich der Leistungsgestaltung im Blick hat.[84]

Dagegen ist die **Vorschrift des Satzes 2**, wonach Wünschen nach teilstationärer oder stationärer Leistung nur entsprochen werden soll, wenn dies im Einzelfall erforderlich ist, **35** in Bezug auf die als stationär gewünschte Hilfe nicht als Ermessensvorschrift zu verstehen. Ist solche Hilfe „erforderlich", besteht darauf schon wegen des **Bedarfsdeckungsgrundsatzes** ein Rechtsanspruch.[85] Eine ambulante Hilfe ist in dem Fall nicht in gleicher Weise geeignet und kann somit vom Leistungsträger nicht als angemessene Alternative angeboten werden. **Ermessen** ist dann im Sinne des § 17 Abs. 2 S. 1 SGB XII **ausgeschlossen**. Liegen die Voraussetzungen des § 9 Abs. 2 SGB XII vor, wünscht der Leistungsberechtigte aber gleichwohl nur ambulante Hilfe, ist das Ermessen des Sozialhilfeträgers, diesem Wunsch zu entsprechen, nicht ausgeschlossen,[86] sondern nur der **Vorrang ambulanter Hilfe nach § 13 Abs. 1 S. 2 SGB XII beseitigt**.[87] Die ansonsten durch § 9 Abs. 2 S. 2 SGB XII bewirkte Ermessenseinschränkung besteht ferner nur, wenn durch die vom Sozialhilfeträger konkret angebotene Leistung der Sozialhilfebedarf „ausreichend gedeckt werden kann".

Nach **der Rechtslage des BSHG** war selbst dann, wenn die Erfüllung des Hilfewunsches **36** mit unverhältnismäßigen Mehrkosten verbunden war (dritte Stufe der Verhältnismäßigkeit), eine **wunschgemäße Hilfeleistung** nach Ermessen des Sozialhilfeträgers **möglich**;[88] denn § 3 Abs. 2 S. 3 BSHG ermächtigte bei Erfüllung seines Tatbestandes zur Ablehnung der gewünschten Hilfe, begründet aber kein Leistungsverbot („braucht … nicht zu entsprechen" ist nicht gleichbedeutend mit „darf … nicht entsprechen"). Insoweit hat sich durch die **Sozialhilfereform 2005** mit der „pleonastischen"[89] Fassung des § 9 Abs. 2 S. 3 SGB XII („soll in der Regel … nicht entsprechen") die **Rechtslage geändert:** Ein **Ermessen** zu einer gewünschten, aber im Vergleich zu einer ebenfalls bedarfsdeckenden Leistungsalternative unverhältnismäßig teureren Leistung besteht **nur in Ausnahmefällen.** Hier kann im Einzelfall die Leistung bis zur Höhe der verhältnismäßigen Vergleichskosten in Betracht kommen, wenn der Bedarf durch den ergänzenden Einsatz von Mitteln des Leistungsberechtigten oder nicht anrechenbarer Zuwendungen Dritter vollständig gedeckt werden kann.[90] In der Eingliederungshilfe gilt ein Wunsch nach der am 1.1.2020 in Kraft tretenden Regelung des § 104 Abs. 2 Nr. 2 SGB IX 2020 unwiderleglich als unangemessen, wenn und soweit die Höhe der Kosten die einer vergleichbaren Leistung vertragsgebundener Leistungserbringer unverhältnismäßig übersteigt und der Bedarf durch die vergleichbare Leistung gedeckt werden kann.[91]

---

82 Vgl. zB BVerwG 14.1.1982 – 5 C 70.80, BVerwGE 64, 318 (323).
83 Wahrendorf in Grube/Wahrendorf SGB XII, 6. Aufl. 2018, § 9 Rn. 33.
84 Ähnlich Müller-Grune in: jurisPK-SGB XII, 2. Aufl. 2014, § 9 Rn. 23; s. auch → Rn. 7.
85 Ähnlich Roscher in: LPK-SGB XII § 9 Rn. 30.
86 Zum Recht, zwischen ambulanter und stationärer Hilfe zu wählen, ausführlich → Rn. 67 ff.
87 So auch Jürgens NDV 1996, 393 (394).
88 Zu Kriterien für die Ermessensausübung s. zB W. Schellhorn/H. Schellhorn, BSHG, 16. Aufl. 2002, § 3 Rn. 26.
89 Kunkel ZfF 2004, 73 (79).
90 Roscher in: LPK-SGB XII § 9 Rn. 36.
91 Dazu Schmitt NZS 2018, 247 (254) mwN.

37 Wenn die tatbestandlichen Voraussetzungen des § 9 Abs. 2 S. 1 SGB XII nicht erfüllt sind, der auf stationäre Hilfe gerichtete Wunsch also „unangemessen", dh zur Behebung der sozialhilferechtlichen Notlage „ungeeignet" (erste Stufe der Verhältnismäßigkeit) oder „nicht notwendig" ist (zweite Stufe der Verhältnismäßigkeit), darf ihm nicht entsprochen werden; ein Ermessen, den Hilfewunsch zu erfüllen, ist dann im Sinne des „Soweit"-Satzes in § 17 Abs. 2 S. 1 SGB XII ausgeschlossen. Dies folgt auch aus den dem Bedarfsdeckungsgrundsatz gezogenen Grenzen.

38 Ist dagegen **stationäre Hilfe** im Sinne von § 9 Abs. 2 S. 2 SGB XII „nicht erforderlich", weil „der Bedarf anders ... ausreichend gedeckt werden kann", lässt S. 2, da er **kein Verbot** stationärer Hilfe begründet, Raum, nach Ermessen ausnahmsweise gleichwohl Hilfe in dieser Form zu gewähren; der **Wunsch nach stationärer Hilfe** bleibt in solchen Fällen mithin **subsidiär beachtlich**. Er kann aber schon dann ermessensgerecht abgelehnt werden, wenn seine Erfüllung mit **Mehrkosten** verbunden wäre (und zwar unabhängig davon, ob sie „unverhältnismäßig" im Sinne des Satzes 3 wären).

39 Besteht Ermessen, den Hilfewunsch zu erfüllen, findet das Recht des Leistungsberechtigten, über die Hilfegestaltung mitzuentscheiden, seine Grenze an der Auswahlfreiheit der Behörde aus § 17 Abs. 2 SGB XII. Das behördliche **Ermessen** kann, auch soweit es nicht schon nach § 9 Abs. 2 S. 1 SGB XII gebunden ist, **bis auf Null reduziert** sein, wenn ein Hilfeerfolg wesentlich davon abhängt, dass der Leistungsberechtigte seine Vorstellungen darüber, wie ihm am besten geholfen werden kann, verwirklicht sieht. In jedem Fall hat er Anspruch darauf, die Gründe für eine Ablehnung seines Hilfewunsches zu erfahren (**Begründungspflicht** nach § 35 Abs. 1 S. 3 SGB X).

40 Als zwingende Regelung, die durch den **Vorrang der ambulanten Hilfe** ein **Auswahlermessen aus § 13 SGB XII ausschließt**, ist hingegen § 13 Abs. 1 SGB XII zu verstehen. Nur wenn eine geeignete stationäre Hilfe zumutbar und eine ambulante Hilfe mit unverhältnismäßigen Mehrkosten verbunden wäre (§ 13 Abs. 1 S. 3 SGB XII), hat die ambulante Hilfe keinen Vorrang. Der Sozialhilfeträger kann dann also nach Ermessen und Maßgabe der „Zumutbarkeit" unter „angemessener" Berücksichtigung der „persönlichen, familiären und örtlichen Umstände" (§ 13 Abs. 1 S. 4 und 5 SGB XII) zwischen ambulanter und stationärer Hilfe wählen. Wie bei § 9 Abs. 2 S. 3 SGB XII macht auch der **Mehrkostenvorbehalt** nach § 13 Abs. 1 S. 3 SGB XII eine **der Ermessensausübung vorgelagerte Abwägung** der Kostenhöhe gegen das Gewicht der für den Wunsch nach ambulanter Hilfe sprechenden Gründe nötig.

41 Für den Bereich der Hilfen für **Menschen mit Behinderung** kollidiert die Regelung in § 13 Abs. 1 S. 3 SGB XII mit Art. 19 BRK. Danach erkennen die Vertragsstaaten das gleiche Recht aller Menschen mit Behinderung an, mit gleichen Wahlmöglichkeiten wie andere Menschen in der Gemeinschaft zu leben. Nach Art. 19 Buchstabe a) BRK gewährleisten die Vertragsstaaten, dass Menschen mit Behinderung gleichberechtigt die Möglichkeit haben, ihren Aufenthaltsort zu wählen und zu entscheiden, wo und mit wem sie leben, und nicht verpflichtet sind, in besonderen Wohnformen zu leben. Nach § 13 Abs. 1 S. 3 SGB XII steht hingegen das Vorrangprinzip der ambulanten Leistung massiv unter der Einschränkung der Wirtschaftlichkeit. Bei einer stationären Unterbringung gegen den Willen des Betroffenen allein aus Kostenaspekten wird das Recht auf Selbstbestimmung aus Art. 19 BRK deutlich eingeschränkt.[92] Nach der aktuellen Rechtsprechung steht jedoch Art. 19 BRK der Anwendung des Mehrkostenvorbehalts nicht entgegen. Dies wird daraus abgeleitet, dass Art. 19 BRK nicht unmittelbar anwendbar („self executing") sei. Aus der Formulierung „Die Vertragsstaaten ... treffen wirksame und geeignete Maßnahmen, um Menschen mit Behinderungen den vollen Genuss dieses

---

92 Mit dieser Begründung für die Möglichkeit einer direkten Klage vor dem Europäischen Gerichtshof für Menschenrechte: Richter 2011 (Lit.), 5.

Rechts und ihre volle Einbeziehung in die Gemeinschaft und Teilhabe an der Gemeinschaft zu erleichtern" folgern die Gerichte, die nähere Umsetzung des in Art. 19 UN-BRK eingeräumten Rechts, mit gleichen Wahlmöglichkeiten wie andere Menschen in der Gemeinschaft zu leben, solle gerade den Vertragsstaaten vorbehalten bleiben.[93] Darüber hinaus wird die Begründung subjektiver Rechtsansprüche durch Art. 19 BRK verneint, indem der Regelung eine rein abwehrrechtliche Dimension beigemessen wird.[94] Es werde lediglich eine Pflicht der Vertragsstaaten begründet, Menschen mit Behinderung nicht durch rechtliche Vorgaben an der freien Wahl des Aufenthaltsortes und der Wohnform zu hindern. Unter dem Aspekt, dass Art. 19 BRK auf eine unabhängige Lebensführung in Gestalt einer **deinstitutionalisierten Einbeziehung der Menschen mit Behinderung in die Gemeinschaft** zielt[95] und dass dieses Ziel für die allermeisten Betroffenen nur durch Inanspruchnahme von Sozialleistungen verwirklicht werden kann,[96] besteht die Gefahr, dass das Recht auf eine unabhängige Lebensführung für viele Betroffene leerläuft. Art. 19 BRK muss daher jedenfalls bei der Auslegung des unbestimmten Rechtsbegriffs der „Zumutbarkeit" in § 13 Abs. 1 S. 4 SGB XII Berücksichtigung finden.[97]

B. Einzelheiten

I. Sachleistungen, Gutscheine oder Geldleistungen?

§ 10 Abs. 1 SGB XII benennt als Leistungsformen Dienstleistungen, Geldleistungen und Sachleistungen. Von einer Sachleistung ist regelmäßig auszugehen, wenn ein **Sachleistungsbedarf** im Auftrag des Sozialhilfeträgers durch einen – privaten oder öffentlichen – **Leistungserbringer** gedeckt wird. Hauptanwendungsfall sind Leistungen für den **Lebensunterhalt** im Rahmen der Hilfe **in einer Einrichtung** sowie die Erbringung von Leistungen für den Lebensunterhalt durch ein vom Sozialhilfeträger unterhaltenes Magazin (Kleiderkammer, Möbellager der Gemeinde), selbst wenn Zugang zu seinen Beständen durch „Gutscheine", „Berechtigungsscheine" uä erfolgt. Nach der bis zum Ende des Jahres 2010 geltenden Gesetzesfassung gehörten Gutscheine ausdrücklich zu den Sachleistungen (§ 10 Abs. 3 S. 2 aF SGB XII). Diese Regelung ist mit dem RBEG vom 24.3.2011 weggefallen. Ursprünglich sollten Gutscheine ausdrücklich als weitere Leistungsform in § 10 Abs. 1 SGB XII benannt werden, um der herausgehobenen Bedeutung der Gutscheine bei der Erbringung der Leistungen für Bildung und Teilhabe Rechnung zu tragen.[98] Dazu kam es nicht, dennoch fiel der Hinweis darauf weg, dass Gutscheine zu den Sachleistungen zu zählen sind. Mangels einer eigenständigen Kategorie der Leistungserbringung kommt jedoch nur die Zuordnung zu den Sachleistungen in Frage,[99] da es sich eindeutig nicht um Dienst- oder Geldleistungen handelt. Hierfür spricht, auch,

42

---

93 LSG NRW 6.2.2014 – L 20 SO 436/13 B ER Rn. 60; LSG BW 22.2.2018 – L 7 SO 3516/14 Rn. 65 f.; aA SG Düsseldorf 7.10.2013 – S 22 SO 319/13 ER Rn. 23; Deutsches Institut für Menschenrechte 2014 (Lit.), 11 f.; Kuhn-Zuber Soziale Fortschritt 2015, 259 ff.
94 LSG LSA 3.3.2011 – L 8 SO 24/09 B ER Rn. 53; LSG NRW 6.2.2014 – L 20 SO 436/13 B ER Rn. 57; LSG BW 22.2.2018 – L 7 SO 3516/14 Rn. 67.
95 BVerfG 21.3.2016 – 1 BvR 53/14 Rn. 4; UN-Dok. A/HRC/28/37, 8 ff.
96 Vgl. UN-Dok. A/HRC/28/37, 9: "Support services are essential for enabling persons with disabilities to live independently and be included in the community; they are also an indispensable element of deinstitutionalization".
97 Deutsches Institut für Menschenrechte 2014, 12; http://www.lag-avmb-bw.de/20101106_Zum_Artikel_19_UN-BRK.pdf.
98 Begründung des Gesetzesentwurfes BT-Drs. 17/3404, 119.
99 Hammel ZfF 2015, 25: modifizierte Sachleistung; Streichsbier in: Grube/Wahrendorf SGB XII § 10 Rn. 7: begrifflich offen.

dass personalisierte Gutscheine in § 34 a Abs. 2 SGB XII den Sachleistungen zugeordnet und von Geldleistungen abgegrenzt werden.[100]

43 Überlässt der Sozialhilfeträger dem Hilfebedürftigen die Deckung seines Sachleistungsbedarfs auf dem „Markt", erbringt er hierzu eine Geldleistung. Hauptanwendungsfall ist die Beschaffung und Erhaltung einer **Wohnung**; die Hilfeform als Geldleistung hängt dabei nicht davon ab, ob die Leistung des Dritten (zB des Vermieters) durch den Hilfeempfänger (Mieter) oder durch den Sozialhilfeträger (Zahlung des Mietzinses unmittelbar an den Vermieter) vergütet wird. Wird ein Wohnungsloser zur Abwendung von Obdachlosigkeit in einer trägereigenen Notunterkunft untergebracht, liegt dagegen eine Sachleistung vor. Bei der **stationären Hilfe** hängt es vom Einzelfall ab, ob der Träger der Sozialhilfe durch **Kostenübernahme** Geldleistungen erbringt **oder eigene Einrichtungen** unterhält, in denen er die benötigte stationäre Hilfe durch Sach- und Dienstleistungen erbringt. Auch hier ändert sich die Leistungsform nicht, wenn zwischen dem Leistungsberechtigten und der Einrichtung ein die Leistungserbringung ausgestaltendes, selbstständiges Rechtsverhältnis begründet wird, so dass ein sozialhilferechtliches „Dreiecksverhältnis" (dazu → Kap. 44 Rn. 82 f.) entsteht. Da die Träger der Sozialhilfe im Allgemeinen faktisch nicht darauf eingestellt sind, Sozialhilfe in natura zu erbringen, waren **Geldleistungen de facto** schon unter der Geltung des BSHG die **Regelform der Sozialhilfe**. Für die laufende Hilfe zum Lebensunterhalt leitete das Bundesverwaltungsgericht einen entsprechenden Vorrang aus dem Würdeprinzip ab.[101]

44 Dieser Praxis wurde mit der **Sozialhilfereform 2005** Rechnung getragen,[102] indem gemäß § 10 Abs. 3 SGB XII die **Geldleistung** nunmehr auch rechtlich ausdrücklich **Vorrang vor der Sachleistung** hat, soweit nicht dieses Buch etwas anderes bestimmt oder die Sachleistung das Ziel der Sozialhilfe erheblich besser oder wirtschaftlicher erreichen kann oder die Leistungsberechtigten es wünschen.

45 Die Begründung des gesetzlichen Vorrangs der Geldleistung bewirkt, dass die Leistungsberechtigten in diesem Zusammenhang dem Angebot einer Sachleistung anstelle einer gewünschten Geldleistung **Gesichtspunkte der Wirtschaftlichkeit** entgegenhalten können: Auf eine Sachleistung (zB Bestände einer **Kleiderkammer**) müssen sie sich nur dann verweisen lassen, wenn so der Hilfebedarf „erheblich besser oder wirtschaftlicher" gedeckt werden kann als durch eine Geldleistung. Dies zwingt den Sozialhilfeträger im Konfliktfall zur **Offenlegung seiner Kosten**, wenn er zB nur durch Erteilung eines Gutscheins oder stationäre Hilfe als Sachleistung (zB in einem **kommunalen Wohnheim**) zu leisten bereit ist. Diese Konsequenz der Regelung ist sachgerecht. Sie liegt im Trend der Reformgesetzgebung, das Sozialleistungsrecht mit dem Ziel der Kostendämpfung für marktwirtschaftliche Regeln zu öffnen (dazu ausführlich Kapitel 44). **Transparenz der Leistungsgestaltung** und **Befugnisse der Leistungsberechtigten, unwirtschaftliches Verhalten der Sozialleistungsträger** geltend zu machen, kommen jenem Ziel entgegen. Dementsprechend sind die **Sozialhilfeträger im Rahmen des § 10 Abs. 3 SGB XII** für die erheblich bessere Eignung und die erheblich niedrigeren Kosten einer Sachleistung im Vergleich zu einer Geldleistung sowohl darlegungs- als auch **beweispflichtig** (s. auch Kapitel 60). Für Ermessensabwägungen genereller Art ist dagegen kein Raum.[103]

46 Aus dem **Menschenwürde-** in Verbindung mit dem **Bedarfsdeckungsgrundsatz** folgt, dass der Leistungsberechtigte selbst dann, wenn eine Sachleistung den Sozialhilfeträger nichts oder nur wenig kosten würde, jedenfalls nicht ohne Weiteres gegen seinen Willen

---

100 Ähnlich Roscher in: LPK-SGB XII § 10 Rn. 20.
101 BVerwG 16.1.1986 – 5 C 72.84, BVerwGE 72, 354.
102 Vgl. BT-Drs. 15/1514, 56.
103 Roscher in: LPK-SGB XII § 10 Rn. 22.

Tammen

auf diese Leistung verwiesen werden darf.[104] Gründe der Sparsamkeit im Umgang mit öffentlichen Haushaltmitteln müssen zurücktreten, wenn **Sachleistungen** nach der Art des Bedarfs als **unzumutbar** empfunden werden können. Die Achtung der Menschenwürde gebietet es jedoch nicht, dem Hilfeempfänger generell durch Geldleistung für einen bestimmten Bedarf freizustellen, wie er diesen Bedarf decken will: Ein Leistungsberechtigter wird nicht zum Objekt staatlicher Zuteilung gemacht und in seiner Menschenwürde verletzt, wenn er gewisse Positionen aus dem Regelbedarf als Sachleistung erhält,[105] zumal wenn ihm ein Barbetrag aus dem Regelsatz verbleibt.[106] Der **Vorrang der Geldleistung** nach § 10 Abs. 3 SGB XII beruht demzufolge nur auf einer **einfachrechtlichen Grundlage**. Ein Angebot an Gebrauchtsachen genügt darum, da das Wunschrecht aus § 9 Abs. 2 SGB XII nicht leerlaufen darf, zur Bedarfsdeckung nur, wenn die **Auswahl** nicht zu gering und eng ist.[107] Bei der Beurteilung, wie groß das Angebot des Sozialhilfeträgers an Gebrauchtsachen sein muss, damit der Leistungsberechtigte sich darauf verweisen lassen muss, ist zu berücksichtigen, dass auch Bezieher unterer Erwerbseinkommen bei der Deckung ihres Bedarfs an Sachen von nicht nur geringem Anschaffungswert nur in bescheidenem Umfang „wählerisch" sein können.

Kraft Gesetzes sind dagegen **Sachleistungen für den Regelbedarf**, insbesondere soweit es um die **Deckung der persönlichen Bedürfnisse des täglichen Lebens** geht, regelmäßig **ausgeschlossen** (Ausnahme: § 1 a Abs. 2 S. 4, § 3 Abs. 1, Abs. 2 S. 6 AsylbLG). Durch § 27 a Abs. 2 und 3 SGB XII, wonach der gesamte Bedarf des notwendigen Lebensunterhalts (Regelbedarf) außerhalb von Anstalten, Heimen und gleichartigen Einrichtungen – mit Ausnahme der zusätzlichen Bedarfe nach §§ 30 ff. SGB XII, der Bedarfe für Bildung und Teilhabe und des Unterkunfts- und Heizungsbedarfs – nach **Regelsätzen** zu decken ist, wird die Form der Sozialhilfe (§ 10 Abs. 1 SGB XII) für den Regelbedarf unter **Ausschluss des Ermessens aus § 17 Abs. 2 S. 1 SGB XII** (dazu → Kap. 13 Rn. 7, 11 ff.) schematisch auf eine Geldleistung festgelegt.[108] Der Leistungsberechtigte hat folglich regelmäßig einen **Rechtsanspruch** darauf, dass ihm **laufende Hilfe zum Lebensunterhalt in Form von Geld** gewährt wird, ihm ist die Möglichkeit zu belassen, im Rahmen der ihm nach dem Gesetz zustehenden Mittel seine Bedarfsdeckung frei zu gestalten[109] und über den Markt mit dem Tauschmittel Geld abzuwickeln.[110] Der Sozialhilfeträger darf daher für den Regelbedarf nur unter **besonderen Umständen Sachleistungen** anbieten. Dies kommt bei fortgesetztem unwirtschaftlichen Verhalten iSv § 26 Abs. 1 Nr. 1 SGB XII als milderes Mittel im Verhältnis zu einer Kürzung der Leistung in Betracht.[111] Davon ist jedoch wiederum die Bedarfsgruppe der **persönlichen Bedürfnisse des täglichen Lebens** (vgl. § 27 a Abs. 1 S. 1 SGB XII) regelmäßig **ausgenommen**; hier muss durch die Art der Hilfeleistung stets Raum für die persönliche Entscheidung des einzelnen Leistungsberechtigten gelassen werden, diese Leistungen nach seinen Bedürfnissen und Neigungen zu verteilen.[112] Das ist nur mit Geldleistungen möglich.

Infolge des „Paradigmenwechsels" der **Sozialhilfereform 2005** im Regelsatzsystem, der Einbeziehung der meisten einmaligen Leistungen in die Regelsätze, hat die Frage, ob

47

48

---

104 Zur Verweisung auf karitative Hilfeangebote → Rn. 14 sowie → Rn. 49.
105 Ähnlich unter Verweis auf die Lebensgewohnheiten gering verdienender Bevölkerungskreise LSG LSA 14.2.2007 – L 2 B 261/06 AS ER; LSG Bln-Bbg 3.4.2008 – L 19 AS 1116/06 Rn. 26; LSG Hmb 15.3.2012 – L 4 AS 40/09 Rn. 27.
106 Vgl. BVerwG 26.9.1991 – BVerwG 5 C 49.87, Buchholz 436.0 § 120 BSHG Nr. 12, S. 14.
107 Zur Beweislast s. Kapitel 60 und 61.
108 BVerwG 25.11.1993 – 5 C 8.90, BVerwGE 94, 326 (330) und – 5 N 1.92, BVerwGE 94, 335 (338 f.).
109 BVerwG 16.1.1986 – 5 C 72.84, BVerwGE 72, 354 (357).
110 Roscher in: LPK-SGB XII § 10 Rn. 22.
111 Conradis in: LPK-SGB XII § 26 Rn. 7; ähnlich Streichsbier in: Grube/Wahrendorf SGB XII § 26 Rn. 3; vgl. auch BVerwG 8.2.1973 – BVerwG 5 C 106.72, Buchholz 436.0 § 5 BSHG Nr. 2.
112 Vgl. BVerwG 18.2.1993 – 5 C 47.92, BVerwGE 92, 106 (107 f.) – Kosten einer Geburtstagsfeier; BVerwG 28.3.1996 – 5 C 32.95, BVerwGE 101, 37 (38) – freiwillige schulische Arbeitsgemeinschaft.

und unter welchen Voraussetzungen sich ein Leistungsberechtigter mit einer Sachleistung des Sozialhilfeträgers für den Lebensunterhalt begnügen muss, erheblich an praktischer Bedeutung verloren; soweit ausnahms- und zulässigerweise noch **Sachleistungen für den Regelbedarf** erbracht werden, dürfen die **Regelsatzleistungen** nach § 27a Abs. 4 S. 1 SGB XII um den Wert der Sachleistungen **gekürzt** werden.[113]

49 Auch wenn dem Hilfebedürftigen **Sachleistungen Dritter weit unter der Höhe einer Geldleistung des Sozialhilfeträgers** angeboten werden, kann dies eine Regelsatzkürzung um den Wert der angebotenen Hilfeleistung zur Folge haben, sofern es sich um eine im Sinne von § 2 Abs. 1 SGB XII **zumutbare Selbsthilfemöglichkeit** handelt (dazu → Kap. 24 Rn. 116 ff.). Dies wird bei allgemein und unentgeltlich zugänglichen **Leistungen der freien Wohlfahrtspflege**, also Hilfeangeboten, die sich nicht individuell an den betreffenden Hilfesuchenden, sondern allgemein an Bedürftige richten (zB **Suppenküchen** karitativer Einrichtungen), regelmäßig nicht der Fall sein. Mit der Gewährleistung von Sozialhilfe aufgrund eines subjektiven öffentlichen Rechtes wäre es unvereinbar, Leistungsberechtigte zur Bestreitung ihres notwendigen Lebensunterhalts in die Abhängigkeit von der Mildtätigkeit Dritter zu überführen oder sie darin zu belassen. Dies ergibt sich auch aus § 84 Abs. 1 SGB XII, wonach Zuwendungen der freien Wohlfahrtspflege außer Betracht bleiben, wenn sie nicht die Lage des Leistungsberechtigten so günstig beeinflussen, dass daneben die Gewährung von Sozialhilfe ungerechtfertigt wäre. Entscheidet sich der Leistungsberechtigte, solche Angebote nicht in Anspruch zu nehmen, muss er folglich selbst dann **keine Regelsatzkürzung** nach § 27a Abs. 4 S. 1 SGB XII hinnehmen, wenn er sich, würde ihm die Hilfe (in der Form der Sachleistung) vom Sozialhilfeträger selbst angeboten, auf sie verweisen lassen müsste (auch → Kap. 20 Rn. 121 ff.).

50 Die Rechtsprechung hat bisher daran festgehalten, dass, wer Sachleistungen der Sozialhilfe benötigt, sich bei Sachen von längerer Lebensdauer auch mit **gebrauchten Sachen** begnügen muss.[114] Daran hat sich durch die Sozialhilfereform 2005, insbesondere auch infolge des gesetzlichen Vorrangs der Geld- vor der Sachleistung, nichts geändert. Da die nach dem BSHG durch einmalige Leistungen abgedeckten Bedarfe inzwischen nahezu vollständig in die Regelbedarfe einbezogen sind, hat die Gewährung von Sachleistungen zur Abdeckung des Lebensunterhalts im SGB XII weitgehend an Bedeutung verloren (→ Rn. 47). Bei der Grundsicherung für Arbeitsuchende können die Bedarfe nach § 24 Abs. 3 Nr. 1–3 SGB II jedoch nach Abs. 2 Satz 5 als Sachleistung oder Geldleistung gewährt werden, so dass hier den Leistungsberechtigten etwa gebrauchte Möbel für die Erstausstattung der Wohnung angeboten werden können. Im SGB XII ist demgegenüber nach der derzeitigen Rechtslage auch ein Angebot Dritter an Gebrauchtsachen nur in den Blick zu nehmen, wenn der Leistungsberechtigte sich darauf einlässt und solange es unentgeltlich bzw. **für den Sozialhilfeträger erheblich wirtschaftlicher** ist als eine Geldleistung. Auch Geldleistungen müssen jedoch nicht in jedem Fall so bemessen sein, dass sie zur Beschaffung einer neuen Sache ausreichen. Nach der Rechtsprechung kann der Hilfebedürftige insbesondere auf die Anschaffung von gebrauchten Möbeln verwiesen werden, da dies den Lebensgewohnheiten gering verdienender Bevölkerungskreise entspreche.[115] Auch hinsichtlich des Bedarfs an Kleidung – insbesondere für die Erstausstattung – kann der Leistungsempfänger grundsätzlich auch auf den Kauf von gebrauchten Artikeln verwiesen werden. Das BSG führt zur Begründung an, der Kauf in

---

113 Vgl. auch BVerwG 26.9.1991 – BVerwG 5 C 61.88, Buchholz 436.0 § 120 BSHG Nr. 13, S. 19 f.
114 Vgl. BVerwG 14.3.1991 – BVerwG 5 C 70.86, Buchholz 436.0 § 4 BSHG Nr. 4 – gebrauchte, aber gereinigte Matratze; 1.10.1998 – 5 C 19.97, BVerwGE 107, 234 (238) – Waschmaschine.
115 LSG LSA 14.2.2007 – L 2 B 261/06 AS ER; LSG Bln-Bbg 3.4.2008 – L 19 AS 1116/06 Rn. 26; LSG Hmb 15.3.2012 – L 4 AS 40/09 Rn. 27.

sogenannten „Secondhand-Läden" sei in weiten Bevölkerungskreisen allgemein üblich.[116]

Nach denselben Grundsätzen beurteilt sich die Gewährung von **Waren-, Wertgutschei-** **nen**, Chipkarten und anderen unbaren Formen der Verrechnung. Es handelt sich hierbei nicht um Geldleistungen (vgl. auch schon die begriffliche Gegenüberstellung von „Leistungen in Form von Wertgutscheinen" und „Geldleistungen" in § 3 Abs. 1 und 2 AsylbLG). Bei der Beurteilung der **Zumutbarkeit** solcher Leistungen ist zu beachten, dass der Leistungsberechtigte durch ihren Bezug und ihre Verwertung nicht **als Sozial-** **hilfeempfänger stigmatisiert** werden darf. Unter diesem Gesichtspunkt begegnet es Bedenken, wenn infolge der Modalitäten des Leistungsbezugs für den Regelbedarf der Hilfeempfänger sich gleichsam täglich und gegenüber jedermann als Sozialhilfeempfänger zu erkennen geben muss.[117] Infolge der Einbeziehung der allermeisten einmaligen Bedarfe in den Regelbedarf durch die **Sozialhilfereform 2005** ist diese Gefahr allerdings deutlich verringert worden; sie besteht jetzt hauptsächlich nur noch für diejenigen, die wegen eines gegenüber dem durchschnittlichen Regelbedarf abweichenden Bedarfs (zB zur Erstausstattung für Kleidung oder die Wohnungsausstattung) Sonderleistungen benötigen. **51**

In einer ohnehin anderen Situation befinden sich **Asylbewerber**, die in Aufnahmeeinrichtungen untergebracht sind.[118] Für ihren Lebensunterhalt (mit Modifizierungen in Bezug auf Kleidungs- und Unterkunftsbedarf[119] und mit Ausnahme in Bezug auf die Deckung der persönlichen Bedürfnisse des täglichen Lebens) sind Sachleistungen durch § 3 Abs. 1 S. 2 AsylbLG („Der notwendige Bedarf an ... wird durch Sachleistungen gedeckt") zwingend vorgeschrieben (**Sachleistungsprinzip**).[120] Damit ist vom Grundsatz her sowohl ein Wunsch- und Wahlrecht hinsichtlich der Form der Hilfe zur Deckung solcher Bedarfe als auch ein Auswahlermessen des Leistungsträgers in Bezug auf **Geldleistungen ausgeschlossen**. **52**

Bis 2015 war das Sachleistungsprinzip als allgemeiner Leistungsgrundsatz im AsylbLG verankert. (Nicht nur) gegenüber dieser Regelung sind im Schrifttum **verfassungsrechtliche Bedenken** erhoben worden,[121] denen die Rechtsprechung zunächst nicht folgte.[122] Das Bundesverfassungsgericht erklärte jedoch im Jahr 2012 die Regelungen über die Leistungshöhe in § 3 AsylbLG mit dem Grundrecht auf Gewährleistung eines menschenwürdigen Existenzminimums aus Art. 1 Abs. 1 GG iVm dem Sozialstaatsprinzip des Art. 20 Abs. 1 GG für unvereinbar und verpflichtete den Gesetzgeber, unverzüglich für den Anwendungsbereich des AsylbLG eine Neuregelung zur Sicherung des menschenwürdigen Existenzminimums zu treffen.[123] Dem folgte der Gesetzgeber mit dem Gesetz zur Änderung des AsylbLG und des SGG vom 10.12.2014, mit dem die Bemessung der Leistungssätze neu geregelt wurde. Durch das Gesetz zur Verbesserung der Rechtsstellung von asylsuchenden und geduldeten Ausländern vom 23.12.2014 erfolgte die **Abschaffung des Sachleistungsprinzips bei einer Unterbringung außerhalb von Aufnahmeeinrichtungen**, womit für den betreffenden Personenkreis seit 1.3.2015 zunächst grundsätzlich auch der Vorrang der Geldleistung galt. Nach diesen Leistungsverbesserungen **53**

116 BSG 13.4.2011 – B 14 AS 53/10 R, SozR 4–4200 § 23 Nr. 12, juris Rn. 28.
117 Vgl. auch BVerwG 23.6.1994 – 5 C 16.92, BVerwG 96, 147 (148 f.) zur Pflicht des Sozialhilfeträgers zum Schutz von Sozialdaten; in diesem Sinne ebenso Hofmann in: LPK-BSHG, 6. Aufl. 2003, § 21 Rn. 26.
118 Ausführlich zum AsylbLG → Kap. 34 Rn. 55 ff.
119 Zur Wahl der Unterkunft → Rn. 58 ff.
120 Zum Sachleistungsprinzip sa Rothkegel ZAR 2011, 90.
121 Vgl. zB Hohm in: GK-AsylVfG, III-§ 2 Rn. 37 ff.; Sieveking info also 1996, 110 (115); Röseler in: Barwig/Huber/Lörcher/Schumacher (Hrsg.), Asyl nach der Änderung des Grundgesetzes (1994), S. 279 (292 ff.).
122 Etwa LSG BW 9.3.2007 – L 3 AS 3784/06; s. auch. den Rechtsprechungsüberblick bei Hohm info also 2000, 117 zu Fn. 5 ff.
123 BVerfG 18.7.2012 – 1 BvL 10/10, BVerfGE 132, 134 ff.; 1 BvL 2/11: evident unzureichend.

wurden als Reaktion auf die sog „Flüchtlingswelle" mit dem. **Asylpaket I** vom 20.10.2015 und dem **Asylpaket II** vom 11.3.2016 in rascher Folge Änderungen verabschiedet, die mit **leistungsrechtlichen Einschnitten und Restriktionen** verbunden sind.[124] Ua wurden die gerade erst angehobenen Geldleistungen wieder gesenkt und zudem sollen nach § 3 Abs. 1 S. 6 AsylbLG nun auch die Leistungen zur Deckung persönlicher **Bedürfnisse des täglichen Lebens,** für die zuvor Geldleistungen vorgesehen waren, durch **Sachleistungen** gedeckt werden, soweit dies mit vertretbarem Verwaltungsaufwand möglich ist. Nach der Begründung des Gesetzentwurfs des Asylverfahrensbeschleunigungsgesetzes (Asylpaket I) soll, „um mögliche Fehlanreize zu beseitigen, die zu ungerechtfertigten Asylanträgen führen können, ... der Bargeldbedarf in Erstaufnahmeeinrichtungen so weit wie möglich durch Sachleistungen ersetzt werden".[125] Damit ist das Sachleistungsprinzip auf das soziokulturelle Existenzminimum ausgeweitet worden.[126] Darüber hinaus wurde der Grundsatz der Geldleistung für Personen außerhalb von Aufnahmeeinrichtungen wieder relativiert. In Gemeinschaftsunterkünften im Sinne von § 53 AsylG kann der notwendige persönliche Bedarf soweit wie möglich auch durch Sachleistungen gedeckt werden (§ 3 Abs. 2 S. 6 AsylbG). Es ist zu bezweifeln, ob die betreffenden Leistungseinschränkungen noch mit den Vorgaben des Bundesverfassungsgerichts vereinbar sind.[127] Darüber hinaus wurden die Leistungsausschlusstatbestände des § 1 a AsylbLG deutlich ausgeweitet. Unter verschiedenen Voraussetzungen – ua generell für vollziehbar Ausreisepflichtige, für die ein Ausreisetermin und eine Ausreisemöglichkeit feststeht – haben Betroffene nur noch Anspruch auf ein „reduziertes physisches Leistungsminimum",[128] das ausschließlich durch Sachleistungen erbracht wird. Insbesondere der Ausschluss der Gewährung von Geldleistungen für den persönlichen notwendigen Bedarf (nach früherer Rechtslage ausdrücklich als Bargeldbedarf bezeichnet) durch Sachleistungen bewirkt eine unmittelbare Bedarfsdeckung, ohne dass der Leistungsberechtigte über eine Dispositionsmöglichkeit verfügt. Dies wird dadurch verstärkt, dass der Begriff der **Sachleistung im AsylbG enger gefasst ist als im SGB XII.** In § 3 Abs. 1 S. 7 AsylbG werden Sachleistungen von Wertgutscheinen und anderen unbaren Abrechnungen abgegrenzt.[129] Die Verwirklichung individueller Wünsche und Vorstellungen wird damit deutlich eingeschränkt. Zwingend erforderlich ist, dass bei der Gewährung der Sachleistungen der besondere Ernährungsbedarf verschiedener Personengruppen sowie religiöse oder weltanschauliche Vorstellungen der Leistungsberechtigten Berücksichtigung finden.[130]

54 Die Geltung des **Sachleistungsprinzips in der Sozialversicherung** wirkt insoweit mittelbar auf die Sozialhilfe, als Sachleistungen der Sozialversicherung bedarfsdeckend wirken und wegen des Nachrangs der Sozialhilfe (§ 2 Abs. 2 S. 1 SGB XII) zum Erlöschen von Ansprüchen auf Sozialhilfe, auch in Form von Geldleistungen, führen. Solche Leis-

---

124 Ausführlich und kritisch zu den Änderungen durch die Asylpakete I und II Schneider NZS 2018, 559 ff.; → Kap. 34 Rn. 57, 73, 97.
125 BT-Drs. 18/6185, 1 f.
126 Frerichs in: jurisPK-SGB XII, 2. Aufl. 2014, § 3 AsylbLG 1. Überarbeitung Rn. 69.1.
127 LSG NRW 11.7.2017 – L 20 AY 4/17 B; Schneider NZS 2018, 559 (560); Frerichs in: jurisPK-SGB XII, 2. Aufl. 2014, § 3 AsylbLG 1. Überarbeitung Rn. 60.1; Oppermann jurisPR-SozR 16/2016 Anm. 1.; Siefert jM 2016, 329 (331); SG Landshut 16.12.2016 – S 11 AY 74/16: grundsätzlich möglich – wenn auch schwierig –, dass Positionen, die den notwendigen persönlichen Bedarf betreffen, durch Sachleistungen gewährt werden, jedoch nur eingeschränkt mögliche Anrechnung gewährter Sachleistungen auf Geldleistungen zulässig; dagegen BayLSG 18.7.2017 – L 8 AY 18/15: „Die Differenzierung in § 2 und § 3 AsylbLG, wonach in den ersten 15 Monaten des Aufenthalts in Deutschland primär Sachleistungen und ab dem 16. Monat Geldleistungen gewährt werden, ist verfassungskonform".
128 Oppermann ZESAR 2017, 55 (59).
129 Frerichs in: jurisPK-SGB XII, 2. Aufl. 2014, § 3 AsylbLG 1. Überarbeitung Rn. 71.
130 Birk in: LPK-SGB XII AsylbG § 3 Rn. 6; ausführlich zum Grundrecht auf glaubenskonforme Gewährung von Sozialleistungen Rixen DVBl. 2018, 906 ff.

tungen (nach SGB III, V, VI, VII, IX oder XI) gelten Bedarfen, die im Rahmen des SGB XII den Kapiteln Fünf bis Neun zuzuordnen wären. Soweit hier zur **Aufstockung der Versicherungsleistungen** Raum für Leistungen der Sozialhilfe bleibt (etwa im Bereich der stationären Pflege), werden dementsprechend auch sie regelmäßig nicht als Geld-, sondern als Sachleistungen erbracht.

Für die **Hilfe zur Pflege** ist das **Sachleistungsprinzip des SGB XI** durch die Wahlmöglichkeit des Leistungsberechtigten nach § 63 b Abs. 6 SGB XII **eingeschränkt**, seine Pflege durch von ihm beschäftigte besondere Pflegekräfte sicherzustellen („Arbeitgebermodell", § 64 f Abs. 3 SGB XII).[131] Hiermit ist das Wahlrecht des Pflegebedürftigen verbunden, seine Pflege anderen Personen und Einrichtungen zu übertragen als einem durch Versorgungsvertrag im Sinne von §§ 71 ff. SGB XI zugelassenen Pflegedienst (zur Wahl der Einrichtung → Rn. 70 ff.). Nach § 77 SGB XI kann die Pflegeversicherung zwar auch Verträge mit einzelnen geeigneten Pflegekräften schließen, nach § 77 Abs. 1 Satz 4 SGB XI dürfen die Pflegekräfte in diesem Fall aber gerade kein Beschäftigungsverhältnis mit der pflegebedürftigen Person eingehen. Damit ist beim Arbeitgebermodell eine Finanzierung der Pflegekräfte über das Sachleistungsprinzip nach dem SGB XI unmöglich. Hier ist der Sozialhilfeträger gesetzlich auf eine Geldleistung festgelegt, um das Arbeitgebermodell zu ermöglichen. Oft ist das Arbeitgebermodell für den Sozialhilfeträger im Ergebnis kostengünstiger als die Vergütung der Leistungen eines zugelassenen Pflegedienstes.[132]

55

Auf diesem Weg ist die Sozialhilfereform 2005 mit der Einrichtung eines – uU trägerübergreifenden – **Persönlichen Budgets für Menschen mit Behinderung und/oder pflegebedürftige Menschen** (§§ 57,[133] 63 Abs. 3 SGB XII) noch einen Schritt weiter gegangen. Infolge eines entsprechenden **Antrags des Leistungsberechtigten** wird das **Sachleistungsprinzip der Sozialversicherung** für den unter §§ 53, 61 SGB XII fallenden Personenkreis **vollständig verdrängt.** Einzelheiten zum Persönlichen Budget sind in § 29 SGB IX geregelt. Das Persönliche Budget eröffnet nicht neue bzw. erweitert nicht bestehende Leistungsansprüche, sondern betrifft nur die Art der Leistungserbringung. Die leistungsberechtigte Person erhält eine Geldleistung, mit der sie die benötigte Unterstützung (zB im Wege des Arbeitgebermodells[134]) selbst einkaufen kann. Es gelten keine geringeren Anforderungen an die Eignung und Notwendigkeit der Leistung als im Sachleistungsmodell.[135] Die Leistung muss ebenso zielgerichtet sein; dies setzt voraus, dass die mithilfe des Budgets selbst beschaffte Leistung im Vergleich zu Leistungen, die nach den Vorgaben des Leistungserbringungsrechts im sozialrechtlichen Dreiecksverhältnis erbracht werden eine vergleichbare Qualität hat. Um dies sicherzustellen, ist nach § 29 Abs. 4 SGB IX eine Zielvereinbarung zwischen Leistungsträger und Leistungsberechtigten abzuschließen.[136]

56

Besteht ein Rechtsanspruch auf die gewährte Hilfe, so gestalten sich die Rechtsbeziehungen zur Abwicklung der Hilfeleistung zwischen Leistungsberechtigten, Leistungsträgern und Leistungsberechtigten in Form des sog **sozialrechtlichen Dreiecksverhältnisses.**[137] Leistungsberechtigter, Sozialleistungsträger und Leistungserbringer bilden das

57

---

131 S. dazu zB Krahmer/Höfer in: LPK-SGB XII, 11. Aufl. 2018, § 63 b Rn. 17 f.
132 Krahmer/Höfer in: LPK-SGB XII § 63 b Rn. 18.
133 Ab 1.1.2020 Regelung in § 105 Abs. 4 SGB IX nF.
134 Kritisch dazu Schörnig ZFSH/SGB 2018, 324 ff.
135 Vgl. LSG LSA 28.4.2016 – L 8 SO 4/14, Rn. 28: „Persönliches Budget und Dienst-, Sachleistung bzw. Erstattung nachgewiesener Kosten stehen nicht in dem Verhältnis eines ‚mehr oder weniger' zueinander, sondern unterscheiden sich grundsätzlich."
136 Ausführlich Bieritz-Harder in: LPK-SGB XII § 57 Rn. 11 ff.
137 BSG 28.10.2008 – B 8 SO 22/07 R; 2.2.2010 – B 8 SO 20/08 R; 18.3.2014 – B 8 SF 2/13 R, Rn. 6 ff.; Münder in: LPK-SGB XII Vor §§ 75 ff. Rn. 5 ff.; s. auch → Kap. 44 Rn. 82 f.; aA Rothkegel 1. Aufl. 2005 Kap. 14 Rn. 56.

Dreieck. Sie stehen jeweils in Rechtsbeziehungen zueinander, die sich wechselseitig beeinflussen.[138] Die Leistungserbringung erfolgt auf der Grundlage eines privatrechtlichen Vertrages zwischen der Einrichtung des freien Trägers und dem Leistungsberechtigten und die Kostenübernahme aufgrund öffentlich-rechtlichen Vertrages zwischen Leistungserbringer und Sozialhilfeträger. Es erfolgt eine Sachleistungsverschaffung durch Schuldbeitritt des Leistungsträgers zur Zahlungsverpflichtung des Leistungsberechtigten gegenüber dem Leistungserbringer.[139]

II. Wahl der Unterkunft

58 Sachleistungen zur Deckung von Unterkunftsbedarf sind die Ausnahme (Beispiel: Zuweisung einer kommunalen Obdachlosenunterkunft). Die Sozialhilfeverwaltung überlässt es den Leistungsberechtigten, sich eine Wohnung selbst zu beschaffen, und sichert durch **Geldleistungen** für die Unterkunfts- und Heizungskosten den Erhalt der Unterkunft. Eine Bindung oder gar ein Ausschluss des Auswahlermessens aus § 17 Abs. 2 S. 1 SGB XII ist damit aber (anders als nach § 3 AsylbLG; dazu → Rn. 66) nicht bewirkt. Der Wunsch nach einem **Wohnungswechsel** darf vom Sozialhilfeträger nicht mit der Begründung abgelehnt werden, der Leistungsberechtigte habe schon jetzt eine sozialhilferechtlich angemessene Unterkunft. Eine **Zustimmung des Sozialhilfeträgers** zu einem Wohnungswechsel selbst ist für die Übernahme angemessener Aufwendungen **nicht erforderlich**;[140] die durch § 35 Abs. 2 S. 3 SGB XII begründete **Informationspflicht** liegt allerdings auch im Interesse des Leistungsberechtigten, da sie hilft zu vermeiden, dass eine Wohnung angemietet wird, deren Kosten von der Sozialhilfe nicht voll zu übernehmen sind.[141] Das Wunschrecht aus § 9 Abs. 2 SGB XII und seine Begrenzungen erlauben dem Leistungsberechtigten einen Wohnungswechsel grundsätzlich aber selbst dann, wenn er bereits eine sozialhilferechtlich angemessene Wohnung innehat und nunmehr eine zwar **teurere, jedoch immer noch im Rahmen der Spannbreite des sozialhilferechtlich Angemessenen liegende Wohnung** als Mittelpunkt seines Lebens wählen will.[142] Allerdings wird bei einem nicht notwendigen Umzug unter Bezugnahme auf die frühere sozialhilferechtliche Rechtsprechung[143] von einem (ungeschriebenen) Mehrkostenvorbehalt ausgegangen. Danach hängt der Anspruch auf Übernahme der gesamten Unterkunftskosten auch dann, wenn sie für sich betrachtet im Rahmen des Angemessenen liegen, davon ab, ob sie im Verhältnis zur bisherigen Wohnung nach § 9 Abs. 2 S. 3 SGB XII unverhältnismäßige Mehrkosten verursachen.[144] Die Übernahme von **Umzugskosten** richtet sich hinsichtlich der Notwendigkeit ihres Umfangs und der Notwendigkeit des Umzugs gesondert nach § 9 Abs. 2 SGB XII (dazu → Rn. 62).

59 Im Rahmen des **SGB II** hat der Gesetzgeber durch das SGB II-Fortentwicklungsgesetz im Juli 2006 in § 22 Abs. 1 S. 2 SGB II die Anerkennung der Unterkunftskosten im Falle

---

138 Ausführlich mwN Jaritz/Eicher in: jurisPK-SGB XII, 2. Aufl. 2014, § 75 Rn. 30 ff.; sa Rixen DVBl. 2018, 906 (907).

139 BSG 28.10.2008 – B 8 SO 22/07 R; 2.2.2010 – B 8 SO 20/08; 18.3.2014 – B 8 SF 2/13 R, Rn. 7 f.; kritisch zum Sachleistungsprinzip unter Hinweis auf den Vorrang des Geldleistungsprinzips in der Sozialhilfe Münder in: LPK-SGB XII Vor §§ 75 ff. Rn. 2; zur Herleitung durch die Rechtsprechung vgl. Rixen DVBl. 2018, 906 (909 f.).

140 BSG 29.4.2015 – B 14 AS 6/14 R Rn. 19; allein Aufklärungs- und Warnfunktion: Berlit in: LPK-SGB XII § 35 Rn. 87; Nguyen in: jurisPK-SGB XII, 2. Aufl. 2014, § 35 Rn. 130, 131: nur erforderlich, wenn es darum geht, nach dem Umzug unangemessen hohe Unterkunftskosten zu übernehmen.

141 Vgl. BVerwG 1.10.1998 – 5 C 6.98, BVerwGE 107, 239 (241 ff.).

142 BVerwG 17.11.1994 – 5 C 11.93, BVerwGE 97, 110 (114); Berlit in: LPK-SGB XII § 35 Rn. 91; Nguyen in: jurisPK-SGB XII, 2. Aufl. 2014, § 35 Rn. 130.

143 Etwa BVerwG 17.11.1994 – 5 C 11.93, BVerwGE 97, 110 ff.

144 Berlit in: LPK-SGB XII § 35 Rn. 91; Grube in: Grube/Wahrendorf SGB XII § 35 Rn. 60 f.; unter Erörterung von Gegenargumenten Nguyen in: jurisPK-SGB XII, 2. Aufl. 2014, § 35 Rn. 130; vgl. auch Kapitel 28.

eines Umzugs auf die Höhe der bisherigen Unterkunftskosten beschränkt, sofern der **Umzug** nicht **erforderlich** war. Dies gilt auch dann, wenn sich die Unterkunftskosten nach dem Umzug immer noch in dem an sich als angemessen anerkannten Rahmen bewegen.[145] Hiermit wurde auf Entscheidungen der Rechtsprechung zum BSHG reagiert, die für die Übernahme der neuen Unterkunftskosten gerade nicht darauf abstellte, ob für den Umzug eine sozialhilferechtliche Notwendigkeit bestand, sondern nur darauf, ob der Wunsch des Hilfeempfängers zum Umzug in eine andere Wohnung mit unverhältnismäßigen Mehrkosten verbunden war.[146] Die aktuelle Regelung schränkt das Wahlrecht des Leistungsberechtigten hinsichtlich seiner Unterkunft erheblich ein und kollidiert so mit dem Recht auf **Freizügigkeit** aus Art. 11 Abs. 1 GG. Im Bestreben um eine verfassungskonforme Auslegung wird die Anwendung des § 22 Abs. 1 S. 2 SGB II von der Rechtsprechung auf den Fall beschränkt, dass der angestrebte Wohnungswechsel innerhalb desselben Vergleichsgebietes erfolgt.[147] Zudem setzt die Begrenzung der Übernahme der neuen Unterkunftskosten auf die bisherigen Aufwendungen voraus, dass zum Zeitpunkt des Umzugs zutreffend ermittelte Angemessenheitsgrenzen für die Unterkunfts- und Heizkosten bestanden.[148]

1. „Unangemessene Unterkunft"

Durch § 35 Abs. 2 S. 4 SGB XII, wonach der Träger der Sozialhilfe im Falle der Unangemessenheit von Unterkunftskosten verpflichtet ist, die „angemessenen" Aufwendungen zu übernehmen, ist die Freiheit der Wohnungswahl auf Unterkünfte ausgedehnt worden, deren **Kosten unangemessen hoch** sind. Für die Differenz gegenüber den angemessenen Aufwendungen kommt die Sozialhilfe nicht auf. Es ist Sache des Leistungsberechtigten, diese etwa aus seinem Regelbedarf oder ggf. einem Mehrbedarfszuschlag zu decken. Die Verpflichtung des Sozialhilfeträgers, jedenfalls die angemessenen Aufwendungen zu übernehmen, setzt nicht voraus, dass der Leistungsberechtigte zur dauerhaften Übernahme dieser Kosten bereit und in der Lage ist.[149] **60**

Hinsichtlich der Einschätzung der Angemessenheit der Unterkunftskosten hat sich inzwischen die **Produkttheorie** gegenüber der in der Vergangenheit teilweise befürworteten sog Kombinationstheorie[150] durchgesetzt. § 35 SGB XII und § 22 SGB II stellen ausschließlich auf die Angemessenheit der Aufwendungen für die Unterkunft ab. Es bleibt damit kein Raum für eine isolierte Betrachtung der Angemessenheit einzelner Faktoren wie etwa Wohnungsgröße, Ausstattungsstandard oder Quadratmeterpreis. Abzustellen ist vielmehr auf die **Angemessenheit der tatsächlichen Aufwendungen im Ergebnis** (Produkttheorie).[151] Es ist Aufgabe des Leistungsträgers, ein schlüssiges Konzept zur Bestimmung der angemessenen Unterkunftskosten zu entwickeln.[152] Im Bereich des **SGB II** **61**

---

145 Kritisch zur Neuregelung Berlit info also 2008, 243 ff.
146 BVerwG 17.11.1994 – 5 C 11.93, BVerwGE 97, 110 ff.
147 BSG 1.6.2010 – B 4 AS 60/09 R, BSGE 106, 147; 24.11.2011 – B 14 AS 107/10 R Rn. 13; LSG Nds-Brem 9.8.2007 – L 13 AS 121/07 ER; LSG MV 17.6.2008 – L 8 B 81/08; zust. Berlit info also 2008, 243 ff.; vgl. auch Berlit in: LPK-SGB II, 6. Aufl. 2017, § 22 Rn. 111.
148 BSG 17.2.2016 – B 4 AS 12/15 R, FEVS 68, 16 ff., juris Rn. 18.
149 BSG 7.11.2006 – B 7 B 10/06 R, BSGE 97, 231 ff., juris Rn. 25; Berlit in: LPK-SGB XII § 35 Rn. 75; Nguyen in: jurisPK-SGB XII, 2. Aufl. 2014, § 35 Rn. 130; aA LSG Bln-Bbg 18.9.2007 – L 20 B 1406/07 AS ER, FEVS 59, 229; Grube in: Grube/Wahrendorf SGB XII § 9 Rn. 34; Rothkegel in: Rothkegel, 1. Aufl. 2005, Kap. 14 Rn. 58 unter Hinweis auf erhebliche Folgekosten.
150 S. dazu ausführlich Rothkegel ZFSH/SGB 2002, 657 (665 ff.); in dieser Richtung etwa BVerwG 30.10.2002 – 5 C 11.01, FEVS 55, 121 ff.
151 Vgl. etwa BVerwG 28.4.2005 – 5 C 15/.4, NVwZ 2005, 1197 ff.; BSG 7.11.2006 – B 7 b AS 18/06 R, BSGE 97, 254 ff.; dazu Berlit jurisPR-SozR 5/2007 Anm. 1; ders. in: LPK-SGB XII § 35 Rn. 50 f. mwN; ausführlich → Kap. 28 Rn. 50.
152 Ausführlich dazu mwN Berlit in: LPK-SGB XII § 35 Rn. 52 ff.; Nguyen in: jurisPK-SGB XII, 2. Aufl. 2014, § 35 Rn. 80 ff.; → Kap. 28 Rn. 51 ff.

kommt es jedoch für den Fall eines **Umzugs,** der zur **Erhöhung der Unterkunftskosten** geführt hat, nicht nur darauf an, ob die neuen tatsächlichen Aufwendungen im Ergebnis angemessen sind, sondern nach § 22 Abs. 1 S. 2 SGB II ist Voraussetzung für ihre Anerkennung, dass der Umzug erforderlich war (→ Rn. 62).

2. Umzugskosten

62 Unabhängig davon, ob der Leistungsberechtigte in eine ebenfalls „angemessene" Wohnung umzieht oder seine Wahl auf eine sozialhilferechtlich „unangemessene" Wohnung gefallen ist, kann der Träger der Sozialhilfe die **Umzugskosten** nur dann übernehmen, wenn er zuvor nach § 35 Abs. 2 S. 5 SGB XII zustimmt. Gleiches gilt nach § 22 Abs. 6 S. 1 SGB II. Lediglich in Fällen, in denen der Sozialleistungsträger die Entscheidung über die Zustimmung treuwidrig verzögert, kann diese ausnahmsweise entbehrlich sein (ausführlich → Kap. 28 Rn. 106 ff.).

3. Wohnheim oder Einzelwohnung?

63 Wünscht der Leistungsberechtigte die Zuweisung eines **Wohnheimplatzes,** ist sein Wunsch- und Wahlrecht nur durch den Mehrkostenvorbehalt aus § 9 Abs. 2 S. 3 SGB XII eingeschränkt, **nicht** hingegen durch § **9 Abs. 2 S. 2 SGB XII** oder den Vorrang offener Hilfe nach § **13 SGB XII**; denn diese Bestimmungen betreffen, wie die Gesetzessystematik, insbesondere etwa der Hinweis auf das Vereinbarungsrecht des Zehnten Kapitels des SGB XII in § 9 Abs. 2 S. 2 SGB XII zeigt, nur stationäre Hilfe in **Einrichtungen im Sinne der §§ 75 ff. SGB XII. Wohnheime** sind **keine „Einrichtungen"** in diesem Sinne, sofern die **Unterkunftsgewährung nur Bestandteil von Hilfe zum Lebensunterhalt** im Sinne von §§ 27, 35 SGB XII **bzw. von Grundsicherungsleistungen** (§ 42 Nr. 4 SGB XII) ist; dies ist der Fall, wenn die Leistungsberechtigten in dem Heim nur wohnen, dort aber nicht im Sinne von § 13 Abs. 2 SGB XII die Pflege, Behandlung oder sonstigen nach diesem Buch erforderlichen Bedarfe oder Erziehung erhalten. Die in § 13 Abs. 2 SGB XII aufgestellte, auf den Vorrang der ambulanten Hilfe nach § 13 SGB XII bezogene Legaldefinition der „Einrichtung" im Sinne des Abs. 1 ist insoweit irreführend, als unter „sonstige nach diesem Buch zu deckende Bedarfe" auch der Unterkunftsbedarf fällt, dieser aber nicht allein dadurch in einer „Einrichtung" im Sinne des Abs. 1 „stationär" erbracht wird, dass Leistungsberechtigte in einer Einrichtung leben. Für den Bereich der Eingliederungshilfe entfällt durch die Neuregelung im Rahmen des Bundesteilhabegesetzes (BTHG) zum 1.1.2020 die Unterscheidung von Leistungen in ambulante, teilstationäre und stationäre Maßnahmen.[153]

64 Das **Auswahlermessen des Sozialhilfeträgers** aus § 17 Abs. 2 S. 1 SGB XII ist in diesen Fällen folglich, wenn keine unverhältnismäßigen Mehrkosten anfallen, aufgrund von § 9 Abs. 2 S. 1 SGB XII regelmäßig gebunden, der **Wunsch des Leistungsberechtigten, in einem Heim zu wohnen, muss in der Regel erfüllt werden.**

65 Wünscht der Leistungsberechtigte dagegen statt eines ihm vom Sozialhilfeträger angebotenen Wohnheimplatzes die Finanzierung einer **Einzelwohnung,** muss der Sozialhilfeträger auch diesem Wunsch, wenn seine Erfüllung nicht mit unverhältnismäßigen Mehrkosten im Sinne des § 9 Abs. 2 S. 3 SGB XII verbunden ist, nach S. 1 regelmäßig entsprechen. Am Mehrkostenvorbehalt wird ein solcher Hilfewunsch häufig schon deshalb nicht scheitern, weil in dem insbesondere auch Vorhaltekosten einbeziehenden Vergleich (dazu → Rn. 28) der Heimkosten mit den Kosten des Einzelwohnens die „Heimlösung" durchaus **erheblich teurer** sein kann. Steht dagegen der **Mehrkostenvorbehalt** in Rede, fällt vor allem die **Zielsetzung des § 1 S. 2 Hs. 1 SGB XII** ins Gewicht. Diesem Gesichts-

---

153 Roscher in: LPK-SGB XII § 13 Rn. 23; → Rn. 69.

punkt ist nicht erst bei der Ausübung des im Rahmen des § 9 Abs. 2 S. 3 (nur sehr eingeschränkt) verbleibenden Auswahlermessens nach § 17 Abs. 2 S. 1 SGB XII Rechnung zu tragen. Vielmehr ist schon im Rahmen der **Abwägung der Mehrkosten** des vom Leistungsberechtigten gewünschten Einzelwohnens gegenüber dem Gewicht der für diesen Wunsch und gegen eine Heimunterbringung sprechenden Gründe von Bedeutung, ob durch Einzelwohnen die **Verselbstständigung des Leistungsberechtigten** gefördert wird oder ihm im Gegenteil im Rahmen eines Wohnheims die günstigeren Voraussetzungen dafür geboten werden, dieses Ziel zu erreichen. Auch bei Personen, die nicht zum Personenkreis des § 67 SGB XII gehören, kann der Wunsch nach einer Einzelwohnung unter Umständen schon deswegen in den Hintergrund treten müssen, weil diese Hilfeform sich für sie nach ihren persönlichen Voraussetzungen gegenwärtig nicht eignet.

Asylbewerber haben keine **freie Wahl der Unterkunft.** Ihre besondere Situation und die 66 aus ihrer Notlage für die staatlichen Einrichtungen folgenden Aufgaben rechtfertigen es **befristet** (vgl. § 47 Abs. 1 S. 1, § 53 Abs. 2 AsylVfG), Asylsuchende zu verpflichten, in einer **Aufnahmeeinrichtung** und anschließend in einer **Gemeinschaftsunterkunft** zu wohnen.[154]

III. Ambulante oder stationäre Hilfe?

Mit Rücksicht auf Besonderheiten des hilfebedürftigen Personenkreises (insbesondere 67 bei Hilfebedarf nach §§ 53, 67 SGB XII) kann besondere **Sensibilität im Umgang mit einem zur Frage ambulanter oder stationärer Hilfe geäußerten Wunsch** erforderlich sein. Ist er auf **teilstationäre oder stationäre Hilfe** (Hilfe in einer Einrichtung im Sinne der §§ 75 ff. SGB XII) gerichtet, ist das Ermessen des hierfür sachlich zuständigen Sozialhilfeträgers, diesen Wunsch zu erfüllen, zwar durch § **9 Abs. 2 S. 2 SGB XII** und den Vorrang offener Hilfe nach § **13 SGB XII** eingeschränkt (dazu → Rn. 35). Der Wunsch einer Heimunterbringung kann aber ein Hinweis darauf sein, dass offene Hilfe nicht ausreicht.[155] Die Entscheidung des Leistungsberechtigten für eine stationäre Hilfeleistung hat unter dem Gesichtspunkt der „Erforderlichkeit" im Sinne von § 9 Abs. 2 S. 2 SGB XII umso größeres Gewicht, je fraglicher die Erfolgsaussicht der angebotenen, aber unerwünschten (ambulanten) und je wahrscheinlicher ein Erfolg der gewünschten (stationären) Hilfe ist; bei Ungewissheit der Beurteilung, ob **andere Hilfen nicht möglich** sind oder **nicht ausreichen,**[156] wird der Sozialhilfeträger sich nach § 9 Abs. 2 S. 2 SGB XII, sofern die „Besonderheit des Einzelfalles" dies zulässt, auf den Wunsch des Leistungsberechtigten, zumal wenn dieser sich von einer bestimmten Einrichtung Erfolg verspricht,[157] wenigstens **probeweise** einlassen müssen.

Zieht der Leistungsberechtigte dagegen anstelle angebotener stationärer Hilfe eine Hilfe 68 außerhalb von Anstalten, Heimen oder gleichartigen Einrichtungen vor (sog **offene Hilfe**),[158] steht ihm der **Vorrang** solcher Hilfe nach § **13 Abs. 1 SGB XII** zur Seite. Mit dieser Regelung reagiert der Gesetzgeber zwar auf wechselnde Disparitäten im Kostenverhältnis von ambulanten zu stationären Hilfen. Sie trägt aber nicht nur dem Interesse an einer Schonung der Sozialhilfehaushalte, sondern auch dem Gesichtspunkt Rechnung, dass die Sozialhilfe durch die Leistungsgestaltung die **Autonomie des Leistungsberechtigten** in weitest möglichem Umfang wahren muss[159] und dass Hilfepotenziale weder des Hilfeempfängers selbst noch der Gesellschaft (Familien-, Nachbarschaftshilfe, am-

---

154 Zu dem für Asylbewerber geltenden Sachleistungsprinzip s. auch → Rn. 52 ff. sowie → Kap. 34 Rn. 70.
155 So auch Schoch ZfF 1986, 123 (125).
156 Zur Beweislast vgl. Kapitel. 60 und 61.
157 Zur Wahl der Einrichtung → Rn. 70 ff.
158 Zum Bedarf an Infrastruktur für ambulant betreutes Wohnen s. Wendt ZFSH/SGB 2000, 195 (196 f.).
159 Vgl. BT-Drs. 13/3904.

bulante soziale Dienste) behindert werden dürfen.[160] Solange ambulante Hilfe möglich ist und ausreicht, ist der Hilfebedürftige wegen des Vorrangs der offenen Hilfe in seiner gewohnten häuslichen Umgebung zu belassen. Ein Ermessen, ihn auf die Möglichkeit stationärer Hilfe zu verweisen, ist für den Sozialhilfeträger erst eröffnet, wenn die ambulante Hilfe „unverhältnismäßige Mehrkosten" verursacht und stationäre Hilfe bei „angemessener" Berücksichtigung der persönlichen, familiären und örtlichen Verhältnisse (S. 2) „geeignet" und „zumutbar"[161] ist (S. 1).[162] Insoweit ist der Sozialhilfeträger darlegungspflichtig und beweisbelastet.[163] Fehlt es auch nur an einer dieser Voraussetzungen, ist der **Vorrang der offenen Hilfe** nach § 13 Abs. 1 SGB XII **zwingend.** Durch die Sozialhilfereform 2005 ist der Grundsatz „ambulant vor stationär", der bereits im Rahmen des BSHG Geltung fand, um den Grundsatz „ambulant vor teilstationär" sowie „teilstationär vor vollstationär" erweitert worden (vgl. § 13 Abs. 1 S. 2 SGB XII). Der Vorrang ambulanter Leistungen wird für die **häusliche Pflege** in § 64 SGB XII hervorgehoben. Soweit sie ausreicht, **geht sie stationärer Pflege vor.** Daneben sind jedoch § 9 Abs. 2 und § 13 Abs. 1 SGB XII anwendbar. Der Vorrang ambulanter Pflege gilt also nach § 13 Abs. 1 S. 3 SGB XII dann nicht, wenn eine stationäre Leistung zumutbar ist und durch die ambulante Pflege unverhältnismäßige Mehrkosten entstehen.[164] Bei der Frage der Zumutbarkeit muss der BRK Rechnung getragen werden.[165]

69 Durch die Gesetzesänderungen im Rahmen des **Bundesteilhabegesetzes** (BTHG) entfällt die Unterscheidung in ambulante, teilstationäre und stationäre Leistungen zum 1.1.2020 (ausführlich → Kap. 36 Rn. 4). Durch die **Personenzentrierung** der Eingliederungshilfe orientieren sich die Leistungen dann am **individuellen Bedarf und nicht mehr an einer bestimmten Einrichtungsform.**[166] Die Kriterien für die Entscheidung über den Wunsch eines Menschen mit Behinderung nach einer bestimmten Wohnform ist ab diesem Zeitpunkt in § 104 SGB IX geregelt (Leistungen nach den Besonderheiten des Einzelfalles). Nach § 104 Abs. 1 SGB IX 2020 ist neben der Art des Bedarfes, den persönlichen Verhältnissen, dem Sozialraum und den eigenen Kräften und Mitteln auch die Wohnform zu würdigen. Hier findet sich ein **Vorrang von Leistungen in eigenen Wohnungen** und **inklusiven Wohnangeboten** gegenüber Leistungen in besonderen Wohnformen. Für die Zumutbarkeitsprüfung wird eine Sonderregelung für die Wahl der Wohnform in Abs. 3 Satz 3 und 4 getroffen. Kommt danach ein Wohnen außerhalb von besonderen Wohnformen in Betracht, ist dieser Wohnform der Vorzug zu geben, wenn dies von der leistungsberechtigten Person gewünscht wird. Soweit die leistungsberechtigte Person dies wünscht, sind in diesem Fall die im Zusammenhang mit dem Wohnen stehenden Assistenzleistungen nach § 113 Abs. 2 Nr. 2 SGB IX im Bereich der Gestaltung sozialer Beziehungen und der persönlichen Lebensplanung nicht gemeinsam zu erbringen (§ 116 Abs. 2 Nr. 1 SGB IX). Unter der Voraussetzung, dass das Wohnen außerhalb besonderer Wohnformen von der leistungsberechtigten Person gewünscht wird

---

160 Zu den Gesetzeszielen s. Oestreicher/Schelter/Kunz BSHG, Stand: Okt. 1999, § 3 a Rn. 2.
161 Zur Unzumutbarkeit aufgrund der Altersstruktur der angebotenen Einrichtung und familiärer Belange (eingeschränkter Kontakt zur Mutter) vgl. SG Fulda 7.3.2018 – S 7 SO 73/16; zur Unzumutbarkeit wegen mit den übrigen Bewohnern kaum vereinbarer Interessenlagen für Beruf und Freizeit vgl. SG Düsseldorf 7.10.2013 – S 22 SO 319/13 ER Rn. 24.
162 Zu diesen Voraussetzungen, insbesondere auch zum Kostenvergleich, s. Jürgens NDV 1996, 393 (396 f.).
163 Zur Beweislast s. Kapitel 60 und 61.
164 BSG 28.2.2013 – B 8 SO 1/12 R, NVwZ-RR 2013, 723 ff. Rn. 21, wo die Prüfung des Mehrkostenvorbehalts nur deshalb abgelehnt wird, weil sich der Leistungsberechtigte noch auf den in § 3 a BSHG normierten uneingeschränkten Vorrang ambulanter vorstationärer Pflege berufen konnte; LSG Nds-Brem 26.5.2016 – L 8 SO 166/12 Rn. 36, 41; Krahmer/Höfer in LPK-SGB XII § 64 Rn. 6; Wahrendorf in: Grube/Wahrendorf SGB XII § 64 Rn. 5; BeckOK SozR/Kaiser SGB XII § 64 Rn. 3; aA Rothkegel, 1. Aufl. 2005, Kap. 14 Rn. 66; Jürgens NDV 1996, 393 (394 f.).
165 LSG Nds-Brem 26.5.2016 – L 8 SO 166/12 Rn. 36; → Rn. 41.
166 Roscher in: LPK-SGB XII § 13 Rn. 23;

und die Deckung des individuellen Bedarfs dabei sichergestellt wird, dürfte nach dieser Regelung die Gewährung einer abweichenden Leistung für die betroffene Person unzumutbar und kein Kostenvergleich mehr anzustellen sein.[167]

IV. Wahl der Einrichtung

Das Wunsch- und Wahlrecht aus § 9 Abs. 2 SGB XII umfasst auch die Freiheit, zwischen unterschiedlichen zur Bedarfsdeckung geeigneten (wenn auch hinsichtlich ihrer Qualität möglicherweise ungleichen) Einrichtungen, auch zwischen solchen **öffentlicher und freier Träger,**[168] zu wählen.[169] Das Wahlrecht bezieht sich jedoch nur auf **vorhandene Einrichtungen und Plätze;**[170] wenn keine den Wünschen des Leistungsberechtigten entsprechende Einrichtung existiert bzw. die Kapazität vorhandener Einrichtungen erschöpft ist, läuft das Wahlrecht eben leer.[171]
70

Einrichtungen, deren Inanspruchnahme im konkreten Einzelfall nicht ohne erhebliche **Unsicherheiten für den Hilfeerfolg** möglich ist, scheiden als Alternative einer Bedarfsdeckung im Sinne von § 9 Abs. 2 SGB XII aus.[172] Wenn in Bezug auf die zur Wahl stehenden Einrichtungen alle **Voraussetzungen des § 9 Abs. 2 S. 2 SGB XII erfüllt** sind, ist das Wahlrecht des Leistungsberechtigten nur noch durch den **Mehrkostenvorbehalt** nach S. 3 eingeschränkt.
71

Umstritten ist, ob dieser Vorbehalt auch für die Wahl zwischen Einrichtungen gilt, für die gleichermaßen **Vereinbarungen nach §§ 75 ff. SGB XII** bzw. **§§ 85 ff. SGB XI** getroffen wurden.[173] Dies wird teilweise unter Hinweis darauf in Frage gestellt, dass ein Sozialleistungsträger, der selbst die betreffende Vergütung vereinbart hat bzw. mit dessen Einvernehmen diese zustande gekommen ist, ihr nicht anschließend entgegenhalten könne, die Kosten seien unangemessen.[174] Für diese Position spricht, dass die vereinbarten Vergütungen bzw. Pflegesätze oder Entgelte stets den **Grundsätzen der Wirtschaftlichkeit und Sparsamkeit** Rechnung tragen müssen. Dies lässt es fraglich erscheinen, ob man das diesen Grundsätzen unterliegende Entgelt einer Einrichtung dennoch als unverhältnismäßig hoch betrachten kann. Zudem enthalten § 124 Abs. 1 SGB IX und § 84 Abs. 2 SGB XI ausdrückliche Regelungen zum **Schutz tariflicher Vergütungen** der Beschäftigten. Die Bezahlung von Gehältern bis zur Höhe tarifvertraglich vereinbarter Vergütungen sowie entsprechender Vergütungen nach kirchlichen Arbeitsrechtsregelungen kann im Rahmen der Verhandlungen nicht im externen Vergleich mit anderen Einrichtungen als unwirtschaftlich abgelehnt werden.[175] Hiermit soll verhindert werden, dass die Orientierung an Wirtschaftlichkeit und Sparsamkeit zu einem Bestreben nach möglichst billigen Angeboten führt, das zulasten der Beschäftigten geht. Dieser Schutz droht aber ins Leere zu gehen, wenn der Einrichtungsträger zwar verlangen kann, dass die tariflich bedingten Personalkosten im Entgelt in vollem Umfang Berücksichtigung
72

---

167 Von Boetticher, Das neue Teilhaberecht 2018, 284 mwN.
168 S. dazu Neumann RsDE 1 (1988), 1 (3 f.).
169 Zur Wahl zwischen Sachleistungen und selbstbeschafften Dienstleistungen bei der Hilfe zur Pflege und Eingliederungshilfe → Rn. 55 f.
170 Luthe in: Hauck/Noftz, SGB, 03/16, SGB XII § 9 Rn. 55 mwN.
171 So Neumann RsDE 1 (1988), 1 (4).
172 Vgl. BVerwG 2.9.1993 – 5 C 50.91, BVerwG 94, 127 (131).
173 Dieselbe Frage stellt sich bei Vereinbarungen nach §§ 78 b ff. SGB VIII und §§ 123 ff. SGB IX.
174 So tendenziell, im Ergebnis aber offen gelassen LSG Bln-Bbg 28.9.2016 – L 15 SO 141/12, ZFSH/SGB 2017, 98 ff., juris Rn. 43; BSG 22.3.2012 – B 8 SO 1/11 R, Sozialrecht aktuell 2012, 211: betreffende Kosten sind stets angemessen; BeckOK SozR/Groth SGB XII § 9 Rn. 14; Wahrendorf in: Grube/Wahrendorf SGB XII § 9 Rn. 39 a; aA BVerwG 30.9.1993 – 5 C 41.91, BVerwGE 94, 202 (209); Rothkegel, 1. Aufl. 2005, Kap. 14 Rn. 70: allenfalls die Angemessenheit isd Abs. 2 S. 1 ist sichergestellt, der Mehrkostenvorbehalt jedoch nicht ausgeschlossen.
175 So bereits die Rechtsprechung des BSG seit 29.1.2009 – B 3 P 7/08 R, BSGE 102, 227 ff.

finden, obwohl die Kosten der nicht tarifgebundenen Konkurrenten niedriger sind, seine Plätze aber nicht belegt werden, da den Leistungsberechtigte, die die Einrichtung in Anspruch nehmen möchten, entgegengehalten wird, es entstünden unverhältnismäßige Mehrkosten.

73 Besteht der Leistungsberechtigte hingegen darauf, die benötigte Hilfe in einer Einrichtung zu erhalten, die die **Voraussetzungen des § 9 Abs. 2 S. 2 SGB XII nicht oder nur zum Teil erfüllt**, wird bei der Ausübung des trotzdem noch verbleibenden, wenn auch auf atypische Ausnahmefälle beschränkten Ermessens zu prüfen sein, ob und in welchem Ausmaß die Prognose des Hilfeerfolgs davon abhängt, dass der Leistungsberechtigte die Hilfe so erhält, wie er sie wünscht. Da hierfür die „**Besonderheit des Einzelfalles**" maßgeblich ist und dies auch gilt, wenn **mit der gewünschten Einrichtung keine Vereinbarung** nach §§ 75 ff. SGB XII besteht (vgl. § 75 Abs. 4 S. 1 SGB XII), darf die Eignung dieser Einrichtung nicht schon deshalb verneint werden, weil sie nicht vereinbarungsgebunden ist.[176] Ebenso wenig begründet schon die abstrakte Überlegenheit von Hilfekonzept oder -methode der vom Sozialhilfeträger angebotenen Einrichtung eine Alternative, auf die der Leistungsberechtigte sich verweisen lassen muss. Entscheidend ist vielmehr insoweit deren **konkrete Eignung zur Deckung des Hilfebedarfs im konkreten Einzelfall**. Diese Eignung kann uU schon fraglich und damit die **Hilfe in der gewünschten Einrichtung erforderlich** sein, wenn der Leistungsberechtigte sich nur widerwillig mit der Auswahlentscheidung des Sozialhilfeträgers abfinden und dadurch ein Hilfeerfolg gefährdet würde. Ein **Qualitätsgefälle** im abstrakten Vergleich kann lediglich Indiz dafür sein, dass die vom Hilfeempfänger favorisierte Einrichtung seinen Hilfebedarf entgegen seiner Einschätzung nicht ausreichend decken würde. Ansonsten gibt infolge der Bindung des Auswahlermessens des Sozialhilfeträgers nach § 9 Abs. 2 S. 1 SGB XII die Auswahlentscheidung des Leistungsberechtigten den Ausschlag.

74 Gilt der Wunsch der Hilfe in einer vereinbarungsungebundenen Einrichtung, kann **sowohl § 9 Abs. 2 S. 2 SGB XII als auch § 75 Abs. 4 SGB XII** einschlägig sein. Während sich nach § 9 Abs. 2 S. 2 SGB XII richtet, ob unter welchen Voraussetzungen der Leistungsberechtigte statt ambulanter stationäre oder teilstationäre Hilfe wählen und sich hierbei auch für eine nicht vereinbarungsgebundene Einrichtung entscheiden darf, regelt § 75 Abs. 4 SGB XII, unter welchen Voraussetzungen der Träger der Sozialhilfe sich zur Leistungserbringung ausnahmsweise solcher Einrichtungen bedienen darf. Dadurch, dass „die Kosten für die Leistungen in Einrichtungen an Hilfeempfänger nur nach den Vorgaben der §§ 75 ff. SGB XII übernommen werden können",[177] ist ein **Ermessen** des Sozialhilfeträgers, dem **Wunsch nach Hilfe in einer nicht vereinbarungsgebundenen Einrichtung** unter bestimmten Voraussetzungen nachzukommen, **nicht ausgeschlossen** (vgl. § 75 Abs. 4 S. 1 SGB XII: „darf ... nur erbringen, wenn"). Ist die Hilfe „nach der Besonderheit des Einzelfalles" in einer solchen Einrichtung „geboten" (§ 9 Abs. 2 S. 2, § 75 Abs. 4 S. 1 SGB XII), ist der Sozialhilfeträger schon wegen des **Bedarfsdeckungsgrundsatzes** unter Einschränkung seines Ermessens aus § 17 Abs. 2 S. 1 SGB XII verpflichtet, dem Wunsch des Leistungsberechtigten nach Hilfe in der vom Leistungsberechtigten gewählten Einrichtung zu entsprechen, obwohl die Einrichtung nicht vereinbarungsgebunden ist. Dies kann unter Umständen schon deswegen der Fall sein, weil nur eine wunschgemäße Hilfe überhaupt Erfolg verspricht. In einer so zugespitzten Situation, in der es zur gewünschten Leistungsgestaltung **keine wirksame Hilfealternative** gibt, berechtigen weder das Fehlen einer Vereinbarung nach §§ 75 ff. SGB XII noch zB die Unvereinbarkeit des Heimentgelts mit den Grundsätzen der Wirtschaftlichkeit, Sparsamkeit oder Leistungsfähigkeit im Sinne von § 75 Abs. 3 S. 2 SGB XII den Sozialhilfeträger

---

176 Vgl. BayLSG 28.6.2018 – L 8 SO 240/15, Rn. 84.
177 BR-Drs. 452/95, 20.

dazu, die gewünschte Leistung abzulehnen. Nicht möglichste Schonung der öffentlichen Finanzen, sondern **Wirksamkeit der Hilfeleistung** steht im Vordergrund der Sozialhilfe.[178]

V. Wunsch- und Wahlrecht nach dem Tod des Leistungsberechtigten

Als Recht, in dem durch den Vorbehalt nicht unangemessener Mehrkosten gezogenen Rahmen auch über die Modalitäten der **Bestattung** zu bestimmen, **wirkt das Wunsch- und Wahlrecht aus § 9 Abs. 2 SGB XII über den Tod des Leistungsberechtigten hinaus.** Die „Gestaltung der Hilfe", auf die sich das Wunsch- und Wahlrecht bezieht, betrifft zwar nur die Hilfeleistung gegenüber dem Leistungsberechtigten, im Falle der Übernahme der Bestattungskosten auf der Grundlage von § 74 SGB XII also gegenüber dem Bestattungspflichtigen. Von dem Verstorbenen hinsichtlich seiner Bestattung getroffene **letztwillige Verfügungen** binden jedoch Erben und Vermächtnisnehmer (vgl. §§ 2192 ff. BGB) und sind, wenn dieser Personenkreis bestattungspflichtig ist,[179] in den Grenzen des Mehrkostenvorbehalts auch vom Träger der Sozialhilfe bei seiner Entscheidung über die „Erforderlichkeit" der Bestattungskosten unabhängig von der davon zu trennenden Frage nach der Zumutbarkeit der Kostentragung[180] für den Bestattungspflichtigen zu beachten. | **75**

Hat der Verstorbene sein Wunsch- und Wahlrecht in Bezug auf seine Bestattung nicht in dieser Weise gegenüber dem Bestattungspflichtigen rechtsverbindlich ausgeübt, geht es nicht etwa auf die Rechtsnachfolger des Verstorbenen über; denn der Anspruch auf Übernahme der Bestattungskosten gehört – als Geldleistungs- und Sozialhilfeanspruch sui generis[181] – nicht zum Nachlass im Sinne des § 1922 BGB und zu den einer Rechtsnachfolge im Sinne der §§ 56 ff. SGB I unterliegenden „fälligen Ansprüchen auf Geldleistungen".[182] Das **Wunsch- und Wahlrecht** ist mithin **nicht vererblich.** | **76**

Ein **Wunsch- und Wahlrecht** steht jedoch dem **Bestattungspflichtigen** aus eigenem Recht zu; denn er ist Empfänger der Hilfe nach § 74 SGB XII und deshalb auch Adressat von § 9 Abs. 2 SGB XII. Daraus folgt, dass eine schematische Handhabung der Kostenübernahme durch den Sozialhilfeträger für ein „**Armenbegräbnis**" der gesetzlich geforderten Erforderlichkeitsprüfung nicht gerecht wird. Ebenso wie die Zumutbarkeitsfrage ist vielmehr auch die Frage nach der Erforderlichkeit nach Maßgabe der **Umstände des Einzelfalles** zu beantworten (§ 9 Abs. 1 SGB XII).[183] | **77**

---

178 S. schon BVerwG 31.8.1966 – V C 185.65, BVerwGE 25, 28 (31) betr. Eingliederungshilfe; zum Kostengesichtspunkt allgemein s. Kapitel 44.
179 Zum Kreis der Bestattungspflichtigen s. zB Berlit in: LPK-SGB XII § 74 Rn. 4.
180 S. dazu die Kommentarliteratur zu § 74 SGB XII, etwa Berlit in: LPK-SGB XII § 74 Rn. 9 ff.
181 Vgl. BVerwG 5.6.1997 – 5 C 13.96, BVerwGE 105, 51 (52 ff.).
182 Zur Vererblichkeit von Sozialhilfeansprüchen → Kap. 9 Rn. 12.
183 Zur Frage der Erforderlichkeit ausführlich BSG 25.8.2011 – B 8 SO 20/10 R, BSGE 109, 61 ff.; zur Entwicklung der Rechtsprechung zu § 74 SGB XII s. Gotzen ZfF 2018, 121.

Kapitel 15: Formen der Leistungsgewährung

Literaturhinweise: Armborst, Leben auf Pump: Darlehen im SGB II, info also 2006, 58; Dern/ Groening, Warengutscheine im SGB II – aufwändig, stigmatisierend – aber besser als nichts?, info also 2017, 243; Hammel, „Am Ende bleibt der Lebensmittelgutschein", ZfF 2015, 25; Hölzer, Darlehen und Aufrechnung im SGB II nach der Gesetzesreform 2011, info also 2011, 157 und 210; Kreutz, Die Besonderheiten der personenbezogenen Dienstleistungen nach den §§ 4 Abs. 1 Nr. 1 SGB II, 10 Abs. 1, 2 SGB XII, ZFSH/SGB 2009, 323; Leopold, Die vorläufige Bewilligung von Leistungen im Rahmen des SGB II, info also 2008, 104; Nguyen, Keine monatliche Aufrechnung bei Mietkautionsdarlehen, SGb 2017, 202; Nikolaus, Aufrechnung von Mietkautionsdarlehen im Hartz-IV-Bezug, SozSich 2018, 116; Putz, Bei Darlehen für eine Mietkaution an Hartz-IV-Empfänger: Ist die gesetzlich vorgesehene Tilgung durch Aufrechnung verfassungswidrig?, SozSich 2012, 194; Rogge/Markovic, Formen der Leistungserbringung im SGB II, NDV 2013, 374; Schlette, Sozialhilfe als Darlehen – Anwendungsfälle, Rechtsnatur, Gestaltungsmöglichkeiten, ZFSH/SGB 1998, 154; Titz, Gutscheinsysteme im Sozialbereich – ein Instrument für viele Zwecke?, NDV 2011, 448.

Rechtsgrundlagen:
SGB II §§ 4, 29, 42 a
SGB XII §§ 10, 34 a

Orientierungssätze:

1. Existenzsichernde Leistungen können in Form von Geld-, Sach- oder Dienstleistungen erbracht werden. Ein Rangverhältnis zwischen den Leistungsformen ist verfassungsrechtlich nicht herzuleiten; die Entscheidung für die Form der Leistungserbringung obliegt grundsätzlich dem Gesetzgeber.

2. Weder aus § 4 Abs. 1 SGB II noch aus § 10 Abs. 1 SGB XII folgt die Befugnis der Träger, zwischen den Leistungsformen frei zu wählen. Es ist durch Auslegung der jeweiligen Anspruchsgrundlage zu ermitteln, in welcher Form der Bedarf zu decken ist. Bei den existenzsichernden Dauerleistungen wird der Geldleistung einfachgesetzlich grundsätzlich Vorrang vor Sach- und Dienstleistungen eingeräumt.

3. Gutscheine und Direktzahlungen bzw -überweisungen an Dritte sind Sonderformen der Leistungserbringung. Gutscheine sind regelmäßig den Sachleistungen zuzuordnen. Zahlungen an Dritte sind nur dann Sachleistungen, wenn der Dritte gleichsam in das System der Leistungserbringung einbezogen wird.

4. Existenzsichernde Leistungen werden regelhaft als Zuschuss erbracht. Die Gewährung von Darlehen steht in einem Spannungsverhältnis zum Bedarfsdeckungsgrundsatz, bedarf einer besonderen sachlichen Legitimation und regelmäßig einer ausdrücklichen gesetzlichen Ermächtigung.

5. Darlehen werden im fortbestehenden Leistungsverhältnis regelhaft durch Aufrechnung gegen laufende Geldleistungen zurückgeführt. Wegen der „Ansparkomponente" im Regelbedarf ist dies bei Darlehen für Regelsonderbedarfe stimmig. Bei Mietkautionsdarlehen erweist sie sich dagegen als rechtsdogmatisch und verfassungsrechtlich problembehaftet.

6. Existenzsichernde Leistungen werden im Regelfall endgültig erbracht. Im Interesse der Leistungsberechtigten an einer zügigen Bedarfsdeckung bei unklaren Einkommens- und Vermögensverhältnissen und bei entsprechender gesetzlicher Grundlage auch im Interesse der Leistungsträger an einer komplikationslosen Rückforderung überzahlter Leistungen können Leistungen auch vorläufig erbracht werden.

A. Grundsätze

I. Vielfalt und Rangverhältnis der Leistungsformen

§ 11 Satz 1 SGB I definiert als Gegenstand der sozialen Rechte die im Sozialgesetzbuch **1** vorgesehenen Dienst-, Sach- und Geldleistungen (Sozialleistungen). Die dortige Benennung aller denkbaren Erscheinungsformen von Sozialleistungen[1] dient dazu, dem Gesetzgeber bezogen auf die besonderen Teile des Sozialgesetzbuchs einen weiten Gestaltungsspielraum für die Auswahl der **effektivsten Leistungsart** zu eröffnen. Verfassungsrechtlich ist der Gesetzgeber dabei auch im Bereich der existenzsichernden Leistungen nicht auf bestimmte Leistungsformen festgelegt. Das Bundesverfassungsgericht stellt es vielmehr grundsätzlich in sein Ermessen, ob er das menschenwürdige Existenzminimum durch Geld-, Sach- oder Dienstleistungen sichert.[2]

Diesen Spielraum hat der Gesetzgeber im Bereich der existenzsichernden Leistungsgeset- **2** ze ausgeschöpft, indem er sowohl im SGB II als auch im SGB XII jeweils auf **Dienst-, Sach- und Geldleistungen** als mögliche Leistungsformen zurückgreift (§ 4 Abs. 1 SGB II/§ 10 Abs. 1 SGB XII). Dies bedeutet allerdings nicht, dass es den Leistungsträgern im Einzelfall freisteht, in welcher Form sie die unterschiedlichen Bedarfe decken.[3] Vielmehr ist durch Auslegung der jeweiligen Anspruchsgrundlagen konkret zu ermitteln, ob bestimmte Formen für die Gewährung von Leistungen vorgeschrieben sind oder ob dem Leistungsträger ein Auswahlermessen eingeräumt ist. Für viele Leistungen zur Sicherung des Lebensunterhalts ergibt sich trotz formaler Gleichrangigkeit aller in § 4 Abs. 1 SGB II genannten Leistungsformen[4] bei grammatikalischer („Arbeitslosen*geld* II") und systematischer Auslegung der einzelnen Leistungstatbestände ein materieller **Vorrang der Geldleistung vor Sach- und Dienstleistungen** (→ Rn. 9).[5] Gerade die Regelbedarfe bzw. Regelsätze, die zur pauschalierten Deckung der allgemeinen Bedarfe des

---

1 Vgl. Öndül in: jurisPK-SGB I § 11 Rn. 39.
2 BVerfG 9.2.2010 – 1 BvL 1/09 ua, BVerfGE 125, 175 Rn. 138.
3 Münder in: LPK-SGB II § 4 Rn. 8.
4 Kreutz ZFSH/SGB 2009, 323.
5 Münder in: LPK-SGB II § 4 Rn. 9.

täglichen Lebens bestimmt sind, setzen die Gewährung von Geldleistungen auch unter teleologischen Gesichtspunkten zwingend voraus. Dies gilt nicht nur wegen der darin enthaltenen „Ansparkomponente für größere Anschaffungen". Allgemein geht es darum, den leistungsberechtigten Personen substanzielle Wahlmöglichkeiten zur Befriedigung individueller Bedürfnisse zu eröffnen. Im Bereich der Sozialhilfe ist der so verstandene Vorrang der Geldleistung vor der Sachleistung anders als im SGB II ausdrücklich normiert (§ 10 Abs. 3 Satz 1 SGB XII).

II. Darlehen in existenzsichernden Leistungssystemen

3   Existenzsichernde Leistungen werden in der Regel als (verlorener) Zuschuss erbracht, sind also von ihrem Empfänger auch dann nicht zurückzuzahlen, wenn dieser seine existenzielle Notlage überwunden hat und finanziell wieder auf eigenen Füßen stehen kann.[6] Sozialhilfedarlehen werden daher gelegentlich als eine „systemfremde Ausnahmeerscheinung" angesehen.[7] Verfassungsrechtlich wäre die regelhafte Gewährung existenzsichernder Leistungen in Form von Darlehen mit dem Grundrecht auf ein menschenwürdiges Existenzminimum (Art. 1 Abs. 1 GG iVm Art. 20 Abs. 1 GG) in der Tat kaum zu vereinbaren. Aber auch den einfachgesetzlichen Zielen der geltenden Existenzsicherungssysteme, die Eigenverantwortlichkeit der Leistungsberechtigten zu stärken und zu einem von existenzsichernden Leistungen unabhängigen Leben beizutragen (§ 1 Abs. 2 Satz 1 SGB II/§ 1 Satz 2 SGB XII), würde dies diametral widersprechen. Nur darlehensweise Hilfe wäre **prekär**, weil die Rückzahlungspflicht sich als „Mühlstein (am Halse des Hilfeempfängers) für die Zukunft" erweisen und ein Leben auf eigenen Füßen verhindern kann.[8]

4   Sozialhilfedarlehen sind insbesondere am **Bedarfsdeckungsgrundsatz** zu messen: Hilfesuchende dürfen nicht unter Bezugnahme auf die Selbsthilfeobliegenheit (§ 2 Abs. 2 Satz 1, § 3 Abs. 3 SGB II bzw. § 2 Abs. 1 SGB XII) darauf verwiesen werden, ihren Bedarf durch Aufnahme von Schulden bei Dritten zu decken. Ebenso wenig verträgt es sich mit dem Bedarfsdeckungsgrundsatz, wenn der leistungsberechtigten Person als Folge der Bedarfsdeckung **Schulden gegenüber dem Leistungsträger** auferlegt und dadurch „die Bedürftigkeit nicht endgültig beseitigt, sondern nur verschleiert" würde.[9] Die Gewährung von Darlehen zur Sicherung des Lebensunterhalts kann deshalb bei systematischer und teleologischer Betrachtung des geltenden Existenzsicherungsrechts und seiner verfassungsrechtlichen Grundlagen nur die **Ausnahme** sein.

5   Darlehen über existenzsichernde Leistungen sind allerdings prinzipiell dann gerechtfertigt, wenn sie eine Grundlage und Rechtfertigung im **Bedarfsdeckungsgrundsatz** finden. Dies ist der Fall, wenn durch die Darlehensgewährung sowohl die sozialhilferechtliche Notlage beseitigt als auch die Entstehung von Vermögensvorteilen vermieden wird, die mit einer nichtrückzahlbaren Beihilfe für den Hilfeempfänger verbunden, aber sozialhilferechtlich nicht gerechtfertigt wären („**Abschöpfungsfunktion**"). Es stellt in diesem Zusammenhang ein legitimes sozialpolitisches Anliegen dar, namentlich die Vermögensbildung bzw. -mehrung, aber auch den Vermögenserhalt mithilfe steuerfinanzierter Sozialhilfemittel zu verhindern. Solche Gemengelagen ergeben sich typischerweise insbesondere dann, wenn Vermögensgegenstände zur Deckung existenzieller Bedarfe zwar grundsätzlich vorhanden, aber aktuell unverfügbar sind. Der **Nachranggrundsatz** kann eine Beschränkung auf darlehensweise Leistungsgewährung ferner dann rechtfertigen, wenn die Hilfebedürftigkeit wegen kurzfristig zu erwartender Einkommenszuflüsse von vorn-

---

6   Armborst info also 2006, 58; Leopold info also 2008, 104.
7   Schlette ZFSH/SGB 1998, 154.
8   Schlette ZFSH/SGB 1998, 154; vgl. auch BSG 7.11.2006 – B 7 b AS 14/06 R, BSGE 97, 242 (248 f.) Rn. 20.
9   Vgl. bereits BVerwG 10.5.1967 – 5 C 160.66, BVerwGE 27, 58 (69).

Groth

herein erkennbar nur vorübergehend besteht oder wenn die leistungsberechtigte Person infolge der Hilfegewährung eine gleichwertige Vermögensposition erwirbt. Für solche Situationen ordnet das geltende Recht der Grundsicherung für Arbeitsuchende (→ Rn. 27) und der Sozialhilfe (→ Rn. 52) die Gewährung von Darlehen zwingend oder fakultativ an. Angesichts des abschließenden Charakters der existenzsichernden Leistungen gerade im SGB II (vgl. § 3 Abs. 3 SGB II) sind diese ausdrücklichen **Darlehensregelungen** aber grundsätzlich **nicht erweiterungsfähig** (vgl. aber → Rn. 26).[10]

III. Exkurs: Vorläufige Deckung von Bedarfen

Neben der zuschussweisen (→ Rn. 3) stellt auch die **endgültige Bewilligung** existenzsichernder Leistungen den Regelfall dar.[11] Dennoch besteht bei existenzsichernden Leistungen – im SGB II mehr noch als im SGB XII – ein praktisches **Bedürfnis nach einer bloß vorläufigen Bewilligung** von Leistungen: Einerseits ist die Berechnung einer streng bedarfsorientierten und bedürftigkeitsabhängigen Leistung gerade bei schwankendem Einkommen und unübersichtlichen Vermögensverhältnissen **zeitintensiv**, andererseits können Grundsicherungsleistungen ihren existenzsichernden Zweck nur bei **zeitnaher Gewährung** effektiv erfüllen. **6**

Angesichts des Ausnahmecharakters vorläufiger Leistungen und wegen des **Gesetzesvorbehalts** (§ 31 SGB I) setzen vorläufige Leistungen grundsätzlich eine gesetzliche Ermächtigungsgrundlage voraus. Das gilt erst Recht, wenn aus der Vorläufigkeit – insbesondere hinsichtlich des Vertrauensschutzes bei Rückforderungen – für den Leistungsempfänger ungünstige Rechtsfolgen abgeleitet werden sollen. Dem Bedürfnis nach vorläufiger Erbringung von Leistungen wird durch eine Vielzahl von Normen unterschiedlicher Leistungsgesetze Rechnung getragen, deren Verhältnis zueinander keine klare Systematik erkennen lässt. Vorgesehen sind **Vorschüsse** (§ 42 SGB I), **vorläufige Leistungen** bei negativem Kompetenzkonflikt (§ 43 SGB I) und im SGB II (§ 41 a SGB II) sowie seit kurzem auch im Vierten Kapitel des SGB XII (§ 44 a SGB XII) **vorläufige Entscheidungen**; daneben sind **Vorwegzahlungen** richterrechtlich[12] anerkannt.[13] Diesen Formen vorläufiger Leistungen ist ein eigenständiges Kapitel gewidmet (Kapitel 51). **7**

B. Lage im SGB II

I. Leistungsformen

1. Geldleistungen

Geldleistungen sind Leistungen des jeweiligen Leistungsträgers an den Leistungsempfänger in **Geld**.[14] Für den Charakter der Geldleistung ist es unerheblich, ob das Geld dem Empfänger in barer oder unbarer Form, also etwa durch **Überweisung auf ein Konto** der leistungsberechtigten Person (→ Rn. 10) oder durch Verrechnungsscheck geleistet wird. Bei sonstigen unbaren Formen der Leistungserbringung ist entscheidend, dass die gewährte Leistung jederzeit ohne Weiteres in Geld und nicht lediglich in geldwerte Waren umgetauscht werden kann.[15] Auch **Darlehen in Geld** gehören zu den Geldleistungen. **8**

---

10 S. auch Schlette ZFSH/SGB 1998, 156.
11 Leopold info also 2008, 104.
12 BSG 28.6.1990 – 4 RA 57/89, BSGE 67, 104 Rn. 51.
13 Leopold info also 2008, 105 zählt auch die Leistungen, die die Jobcenter nach § 44 a Abs. 1 S. 7 SGB II erbringen, zu den vorläufigen Leistungen. Im Verhältnis gegenüber den leistungsberechtigten Personen werden diese Leistungen aber endgültig erbracht.
14 Kemper in: Eicher/Luik SGB II § 4 Rn. 12; Stachnow-Meyerhoff in: jurisPK-SGB II § 4 Rn. 35.
15 Groth in: GK-SGB II § 4 Rn. 28.

9 In § 4 Abs. 1 Nr. 2 SGB II werden die Geldleistungen nach den Dienstleistungen erst an zweiter Stelle genannt. Dies hat vornehmlich konzeptionelle Gründe (→ Rn. 14). Praktisch spielen die Geldleistungen gerade im Bereich der Leistungen zur Sicherung des Lebensunterhalts die herausragende Rolle.[16] **Arbeitslosengeld II und Sozialgeld (§ 19 Abs. 1, §§ 20 ff.** SGB II) werden – wie die Bezeichnungen bereits andeuten – einschließlich aller ihrer Leistungskomponenten (Regelbedarf, Bedarfe für Unterkunft und Heizung, Mehrbedarfe) grundsätzlich als Geldleistungen erbracht und dürfen nur bei entsprechender Ermächtigung (vgl. § 24 Abs. 2 SGB II) in anderer Form erbracht werden (→ Rn. 2). Im Bereich der **Regelsonderbedarfe (§ 24 Abs. 1 SGB II)** und der **einmaligen Sonderbedarfe (§ 24 Abs. 3 SGB II)** entscheidet das Jobcenter nach pflichtgemäßem Ermessen über die Gewährung als Geld- oder Sachleistung, während bei den **Leistungen für Bildung und Teilhabe (§ 19 Abs. 2, § 28 SGB II)** die Geldleistungen in den Hintergrund treten: Nur der persönliche Schulbedarf und der Bedarf für Schülerbeförderungskosten werden hier (zwingend) durch Geldleistungen gedeckt (§ 29 Abs. 1 Satz 3 SGB II); die Leistungen für Schul- und Kita-Ausflüge sowie Klassenfahrten können nach Entscheidung des kommunalen Trägers auch in Geld erbracht werden (§ 29 Abs. 1 Satz 2 SGB II). Mit dem Gesetz zur zielgenauen Stärkung von Familien und ihren Kindern durch die Neugestaltung des Kinderzuschlags und die Verbesserung der Leistungen für Bildung und Teilhabe **(Starke-Familien-Gesetz – StaFamG)** vom 29.4.2019[17] wird zum 1.8.2019 der strikte Sachleistungsvorrang im Bereich der Leistungen für Bildung und Teilhabe allerdings zugunsten eines sehr viel flexibleren Systems, das für alle Leistungen auch die Form der Geldleistung zulässt, aufgegeben (→ Kap. 27 Rn. 52).

10 Geldleistungen werden in der Grundsicherung für Arbeitsuchende grundsätzlich in **unbarer Form** erbracht; sie werden auf das im Antrag angegebene **inländische Konto bei einem Geldinstitut** überwiesen (§ 42 Abs. 3 Satz 1 SGB II). Bei Fehlen eines solchen Kontos oder in Eilfällen kommt auch eine **Barauszahlung** in Betracht. Die meisten Jobcenter halten dafür Auszahlungsautomaten bereit. Soll Geld (anders als durch Überweisung) an den Wohnsitz oder Aufenthaltsort der leistungsberechtigten Person übermittelt werden, darf der Leistungsträger die dadurch veranlassten Kosten abziehen, sofern der Empfänger nicht nachweist, dass ihm die Eröffnung eines Kontos ohne eigenes Verschulden nicht möglich ist (§ 42 Abs. 3 Satz 2 und 3 SGB II).

2. Sachleistungen

11 Sachleistungen (§ 4 Abs. 1 Nr. 3 SGB II) sind Leistungen, mithilfe derer die Deckung des sozialhilferechtlichen Bedarfs **ohne Umweg über das Geld** erfolgt.[18] Entscheidend ist, dass der leistungsberechtigten Person Sachen, Sachgesamtheiten oder andere unverkörperte Leistungen zugewendet werden oder dass die leistungsberechtigte Person sonst unmittelbar in deren Genuss kommt.[19] Für die Sachleistungsqualität ist es unerheblich, ob die Leistungen als Zuschuss (insbesondere durch Übereignung des Bedarfsdeckungsgegenstandes), leihweise oder als (Sach-)Darlehen gewährt werden. Der Leistungsträger braucht die Leistung nicht selbst zur Verfügung zu stellen. Für die Sachleistungsqualität genügt es, wenn er über Verträge mit Leistungserbringern sicherstellt, dass die leistungsberechtigte Person den Gegenstand der Leistung erhält (sozialrechtliches Dreiecksverhältnis). Dafür ist der Begriff der **Sachleistungsverschaffung** als Unterfall der Sachleistung gebräuchlich.[20]

---

16 Vgl. Münder in: LPK-SGB II § 4 Rn. 6.
17 BGBl. I, 530.
18 Münder in: LPK-SGB II § 4 Rn. 7.
19 Vgl. Kemper in: Eicher/Luik SGB II § 4 Rn. 14.
20 So zum Sozialhilferecht BSG 28.10.2008 – B 8 SO 22/07 R, BSGE 102, 1 (5) Rn. 17.

Sachleistungen spielen bei **arbeitsmarktpolitischen Instrumenten** des SGB III, die zur **12** Eingliederung in Arbeit auch im SGB II eingesetzt werden (vgl. § 16 Abs. 1 SGB II), eine Rolle. Im Bereich der unmittelbar existenzsichernden Leistungen kommt ihnen gegenüber den Geldleistungen in erster Linie eine **Reservefunktion** zu. Beim Arbeitslosengeld II und Sozialgeld werden sie nur im **Sicherungs- und Sanktionskontext** eingesetzt: Gemäß § 24 Abs. 2 SGB II kann der Leistungsträger Arbeitslosengeld II bis zur Höhe des Regelbedarfs in Form von Sachleistungen erbringen, solange sich die leistungsberechtigte Person als ungeeignet erweist, ihren Bedarf durch Geldleistungen zu decken. Auch bei sanktionsbedingter Minderung des ausgezahlten Arbeitslosengeldes II kommen „ergänzende Sachleistungen" oder „geldwerte Leistungen" in Betracht (→ Rn. 16). Im Bereich der abweichenden Leistungserbringung und bei den weiteren Leistungen haben Sachleistungen dagegen auch eine weitergehende Steuerungsfunktion.

3. Dienstleistungen

Dienstleistungen (§ 4 Abs. 1 Nr. 1 SGB II) werden gewöhnlich negativ gegen andere Formen **13** der Leistungsgewährung abgegrenzt. Erfasst werden grundsätzlich all diejenigen Leistungen des Trägers der Grundsicherung für Arbeitsuchende, die strukturell **weder Geld- noch Sachleistungen** sind.[21] In der ursprünglichen Fassung des § 4 Abs. 1 Nr. 1 SGB II[22] wurden die Information, Beratung und umfassende Unterstützung durch einen persönlichen Ansprechpartner als zentrale Dienstleistungen beschrieben („insbesondere"). Diese spezifischen Formen lassen Rückschlüsse auf den Charakter von Dienstleistungen allgemein und die nicht selten schwierige Abgrenzung zu den Sachleistungen zu: Immaterialität, fehlende Konservierbarkeit und Individualität werden als charakteristische Merkmale von Dienstleistungen herausgestellt.[23] Dienstleistungen sind aber auch unter Berücksichtigung dieser Faktoren nur die in unmittelbarer Verantwortung des Leistungsträgers erbrachten **persönlichen Hilfen und Betreuungsleistungen**,[24] während die im sozialhilferechtlichen Dreiecksverhältnis vom Träger lediglich gewährleisteten „Dienstleistungen" Dritter tendenziell Sachleistungsqualität haben.

Die hervorgehobene Stellung der in § 4 Abs. 1 SGB II zuerst genannten Dienstleistungen **14** entspricht nicht unbedingt ihrer tatsächlichen praktischen Bedeutung. Die Reihenfolge ist wohl nur damit zu erklären, dass die **Leistungen zur Eingliederung in Arbeit** für den historischen Gesetzgeber konzeptionell die größere Bedeutung hatten und deshalb systematisch vor den Leistungen zur Sicherung des Lebensunterhalts verortet worden sind. Im Rahmen der Eingliederung sollte aber das **Fallmanagement durch einen persönlichen Ansprechpartner** (§ 14 Abs. 3 SGB II) eine zentrale Funktion haben.[25]

Neben den zentralen arbeitsförderungsrechtlichen Eingliederungsleistungen – insbeson- **15** dere der Vermittlung in Ausbildung und Arbeit (§ 16 Abs. 1 SGB II iVm § 35 SGB III) – können auch die kommunalen Eingliederungsleistungen (§ 16 a SGB II) zum Teil in Form von Dienstleistungen erbracht werden.[26]

---

21 Kemper in: Eicher/Luik SGB II § 4 Rn. 6; Groth in: GK-SGB II § 4 Rn. 10; vgl. schon Spindler, Rechtliche Rahmenbedingungen der Beratung in der Sozialhilfe, NDV 2002, 357 (358).
22 Fassung des Vierten Gesetzes für moderne Dienstleistungen am Arbeitsmarkt vom 24.12.2003 (BGBl. I, 2954).
23 Kreutz ZFSH/SGB 2009, 325 f.
24 Kreutz ZFSH/SGB 2009, 323.
25 Vgl. BT-Drs. 15/1516, 51; vgl. auch Kemper in: Eicher/Luik SGB II § 4 Rn. 11; Münder in: LPK-SGB II § 4 Rn. 9; Adolph in: Linhart/Adolph § 4 SGB II Rn. 5; Rogge/Markovic NDV 2013, 375.
26 S. aber die Gesetzesbegründung (BT-Drs. 15/1516, 51), die diese Leistungen überwiegend den Sachleistungen zuordnet.

4. Misch- und Sonderformen

a) Gutscheine als „geldwerte Leistungen"

16 § 31 a Abs. 3 Satz 1 und 2 SGB II sehen bei Minderung des ausgezahlten Arbeitslosengeldes II um mehr als 30% des Regelbedarfs infolge einer Sanktion einen Ermessensanspruch auf Gewährung ergänzender Sachleistungen oder geldwerter Leistungen vor. In der Praxis werden leistungsberechtigten Personen in solchen Fällen zumeist **Lebensmittelgutscheine** – auch in digitaler Form (zB GeldKarte)[27] – ausgehändigt, die im örtlichen Einzelhandel zum Erwerb von Konsumgütern eingelöst werden können. Oft werden dabei bestimmte Produktgruppen (zB Alkohol, Zigaretten) ausgeschlossen. Auch ohne eine entsprechende gesetzliche Klarstellung im SGB II (vgl. zum SGB XII → Rn. 50) sind diese geldwerten Leistungen **qualitativ** den **Sachleistungen** (und nicht den Geldleistungen) zuzuordnen,[28] weil sie bestimmungsmäßig nicht in Geld, sondern lediglich in geldwerte Waren umgetauscht werden können.[29] Die Möglichkeit, solche Gutscheine zweckwidrig (und im Regelfall mit Wertverlust) an Dritte weiterzuverkaufen, rechtfertigt keine Qualifizierung der Leistung als Geldleistung.

b) Direktüberweisungen an empfangsberechtigte Dritte

17 Auf Antrag der leistungsberechtigten Person (§ 22 Abs. 7 Satz 1 SGB II), in bestimmten Konstellationen auch ohne oder gegen ihren Willen (§ 22 Abs. 7 Satz 2 SGB II und § 31 a Abs. 3 Satz 3 SGB II) ist bzw. soll das Arbeitslosengeld II, soweit es für die Bedarfe für Unterkunft und Heizung geleistet wird, an **Vermieter oder andere Empfangsberechtigte** (zB Versorgungsunternehmen) gezahlt werden. Wenngleich die leistungsberechtigte Person in dieser Konstellation keinen eigenen Zugriff auf das Geld erhält, bewirkt die Auszahlung an den Dritten **keine Sachleistung**.[30] Die Leistung bleibt vielmehr eine **Geldleistung an die leistungsberechtigte Person**. Der Leistungsträger wird nicht in das Vertragsverhältnis zwischen der leistungsberechtigten Person und dem Dritten eingebunden, der Dritte durch die Direktüberweisung lediglich reflexhaft begünstigt.[31] Liegen die Voraussetzungen (und Rechtsfolgen) des § 22 Abs. 7 SGB II vor, verdrängt er spezielle Regelung den § 42 Abs. 3 Satz 1 SGB II, wonach Geldleistungen grundsätzlich auf das im Antrag angegebene Konto zu überweisen sind (dazu → Rn. 10).

c) Gutscheine zur Erbringung von Leistungen für Bildung und Teilhabe

18 Zur Deckung der Bedarfe nach § 28 Abs. 2 und 5 bis 7 SGB II sieht § 29 Abs. 1 Satz 1 SGB II ua die Gewährung von Leistungen in Form **personalisierter Gutscheine** vor. Solche Gutscheine waren im ursprünglichen Entwurf des Gesetzes zur Ermittlung von Regelbedarfen und zur Änderung des Zweiten und Zwölften Buches Sozialgesetzbuch noch als eigenständige Leistungsform vorgesehen gewesen,[32] nunmehr ordnet § 29 Abs. 1 Satz 1 SGB II diese Erbringungsform den „Sach- und Dienstleistungen" zu.

19 Dennoch weist diese Erbringungsform gegenüber klassischen Sachleistungen eine **qualitative Sonderstellung** auf. Personalisierte Gutscheine (iSd § 29 Abs. 1 Satz 1 SGB II) haben mit Sachleistungen gemein, dass leistungsberechtigte Personen zur Deckung der Bedarfe selbst kein Geld in die Hand bekommen; die zweckentsprechende Verwendung der Mittel soll so sichergestellt werden.[33] Der Zahlungsverkehr wird allein zwischen

---

27 Zu Vorteilen für Leistungsträger und -berechtigte Dern/Groening info also 2017, 249 f.
28 Eingehend Hammel ZfF 2015, 255 ff.; vgl. auch Münder in: LPK-SGB II § 4 Rn. 6; Dern/Groening info also 2017, 244.
29 S. auch Kemper in: Eicher/Luik SGB II § 4 Rn. 14.
30 Berlit in: LPK-SGB II § 22 Rn. 229.
31 BGH 31.1.2018 – VIII ZR 39/17, NJW 2018, 1079 Rn. 22; Berlit in: LPK-SGB II § 22 Rn. 229 f.
32 BT-Drs. 17/3404, 8, 91.
33 Titz NDV 2011, 454; Rogge/Markovic NDV 2013, 375.

den Leistungsträgern und den Einlösestellen abgewickelt. Im Gegensatz zur klassischen Sachleistungsgewährung durch Einbeziehung Dritter im sogenannten **sozialrechtlichen Dreiecksverhältnis** erfüllt der Träger seine Leistungspflicht aber nicht erst mit der Sachzuwendung durch den Leistungserbringer; die Leistung gilt vielmehr bereits mit der Ausgabe des Gutscheins als erbracht (§ 29 Abs. 2 Satz 1 SGB II). Das Risiko der Einlösbarkeit von Gutscheinen wird zumindest teilweise auf den Empfänger verlagert, ohne dass dies grds. eine Abkehr vom Bedarfsdeckungsgrundsatz bedeutete.[34] Die Träger der Leistungen für Bildung und Teilhabe haben anders als in klassischen Sachleistungssystemen **keinen Sicherstellungsauftrag**; sie haben lediglich zu gewährleisten, dass Gutscheine bei vorhandenen geeigneten Anbietern eingelöst werden können (§ 29 Abs. 2 Satz 2 SGB II).[35] Dieser **eingeschränkte Gewährleistungsauftrag** ist dadurch zu rechtfertigen, dass die Leistungen des § 28 SGB II allein **Teilhabe an vorhandenen Strukturen** ermöglichen sollen (→ Kap. 27 Rn. 11), während die Bereitstellung der Angebotsstruktur allenfalls den Gemeinden und Gemeindeverbänden im Rahmen der Daseinsvorsorge obliegt.[36]

d) Direktzahlungen an Leistungsanbieter

Wie die personalisierten Gutscheine (dazu → Rn. 18 f.) sind auch Direktzahlungen an Anbieter von Leistungen zur Deckung der Bedarfe für Bildung und Teilhabe **besondere Formen von Sach- und Dienstleistungen** (§ 29 Abs. 1 Satz 1 SGB II). Die Leistungserbringung erfolgt auch hier – anders als bei der Direktüberweisung an Dritte (→ Rn. 17) – sachleistungsähnlich, weil der Anbieter letztlich ähnlich wie im klassischen sozialrechtlichen Dreiecksverhältnis in die Erbringung von Sozialleistungen eingebunden wird.[37]   **20**

Das **Dreiecksverhältnis** ist allerdings wie bei den personalisierten Gutscheinen **unvollkommen**, weil die Leistung bereits mit der Direktzahlung und damit ohne Rücksicht darauf, ob der Anbieter seine Leistungspflicht gegenüber der leistungsberechtigten Person tatsächlich erfüllt, als erbracht gilt (§ 29 Abs. 3 Satz 1 SGB II). Auch bei den Direktzahlungen wird so dem Umstand Rechnung getragen, dass den Leistungsträgern lediglich ein **bedingter Gewährleistungsauftrag**, nicht aber ein echter Sicherstellungsauftrag erteilt worden ist (→ Rn. 19).   **21**

5. Auswahlentscheidung

Bei einer Vielzahl von Leistungen zur Sicherung des Lebensunterhalts ist der Leistungsträger ohnehin auf die Geldleistung als allein zulässige Leistungsform festgelegt (→ Rn. 2, 9). Soweit er zwischen unterschiedlichen Leistungsformen wählen kann, hat er die Entscheidung für die eine oder andere Leistungsform nach **pflichtgemäßem Ermessen** zu treffen. Dabei ist ua der Gesichtspunkt der **Selbstbindung der Verwaltung** zu beachten. Das Auswahlermessen hinsichtlich des „Wie" der Leistungserbringung ist dann auf Null reduziert, wenn er die entsprechende Leistung immer als Geldleistung erbringt. Dem Anspruch auf Ersatz der Kosten für eine Wohnungserstausstattung (§ 24 Abs. 3 Satz 1 Nr. 1 SGB II) kann daher nicht entgegengehalten werden, dass die leistungsberechtigte Person durch die Selbstbeschaffung die Ermessensentscheidung darüber, ob die Leistung ausnahmsweise als Sachleistung gewährt werde, vereitelt habe.[38]   **22**

---

34   So aber Lenze in: LPK-SGB II § 29 Rn. 9.
35   Dazu Luik in: Eicher/Luik SGB II § 29 Rn. 25; Rogge/Markovic NDV 2013, 375.
36   Adolph in: Linhart/Adolph § 4 SGB II Rn. 23.
37   Luik in: Eicher/Luik SGB II § 29 Rn. 17; vgl. auch Lenze in: LPK-SGB II § 29 Rn. 4 f.
38   BSG 19.8.2010 – B 14 AS 10/09 R, FEVS 62, 491.

6. Folgen der Qualifizierung als Dienst-, Geld- oder Sachleistung

23 Die Qualifizierung einer bestimmten Leistung als Dienst-, Geld- oder Sachleistung ist in unterschiedlicher Hinsicht von Bedeutung. Zunächst führt die Wahl einer unzulässigen Leistungsform zur **Rechtwidrigkeit der Bewilligungsentscheidung**, gegen die der Empfänger mit dem auf Gewährung der richtigen Leistungsform gerichteten Begehren (im Regelfall: Geldleistung statt der gewährten Sachleistung) auch den Klageweg beschreiten kann. Dabei kann nicht ohne Weiteres von der **Anrechenbarkeit** des Werts einer erbrachten Sachleistung (zB nach den Grundsätzen der Leistung an Erfüllungs statt gem. § 364 BGB) auf den zustehenden Geldleistungsanspruch ausgegangen werden. Zumindest solange bspw. die Bewilligung von im Falle einer Sanktion ausgehändigten Lebensmittelgutscheinen wirksam ist (§ 39 Abs. 2 SGB X), scheidet bei Rücknahme der Sanktionsentscheidung eine Anrechnung aus.[39] Zu Unrecht erbrachte Sach- oder Dienstleistungen sind allerdings (regelmäßig nach erfolgter Aufhebung der Bewilligungsentscheidung) in Geld zu erstatten (§ 50 Abs. 1 Satz 2 SGB X); für Gutscheine regelt dies § 40 Abs. 6 Satz 1 überflüssigerweise[40] nochmals gesondert.

24 Aber auch bei rechtmäßiger Bewilligungsentscheidung kann in Zweifelsfällen die Bestimmung der Leistungsform wegen materiell- und verfahrensrechtlicher Folgewirkungen erforderlich werden. So dürfen die Träger nur gegen Ansprüche auf Geldleistungen unter den Voraussetzungen des § 43 SGB II mit eigenen Ansprüchen **aufrechnen**. Im Übrigen sind nur Ansprüche auf Geldleistungen nach Maßgabe der Bestimmungen des SGB I **verzinsbar** (§ 44 SGB I), **verrechenbar** (§ 52 SGB I), **verpfändbar** (§ 53 Abs. 2 SGB I), **pfändbar** (§ 54 Abs. 2, § 55 SGB I) und **vererbbar** (§§ 56, 58 SGB I), während die Übertragung, Verpfändung und Pfändung von Sach- und Dienstleistungen ausdrücklich ausgeschlossen wird (§ 53 Abs. 1, § 54 Abs. 1 SGB I).

25 Die maßgebliche Trennlinie verläuft hier allerdings deutlich erkennbar zwischen Geldleistungen einerseits und Sach- und Dienstleistungen andererseits, so dass die gelegentlich schwierige **Abgrenzung zwischen Sach- und Dienstleistungen** (→ Rn. 13) insbesondere im Bereich der Leistungen zur Eingliederung in Arbeit **im Regelfall verzichtbar** ist.

II. Darlehen zur Sicherung des Lebensunterhalts und zur Eingliederung in Arbeit

1. Darlehenstatbestände

26 Die Gewährung von Geld- oder Sachleistungen als Darlehen ist als **alternative Hilfeform** zu nicht rückzahlbaren Beihilfen in zahlreichen Einzelregelungen des SGB II ausdrücklich geregelt. Weitere Fälle der Darlehensgewährung sind nicht prinzipiell ausgeschlossen.[41] Die Gewährung von Sozialhilfedarlehen außerhalb **spezieller Ermächtigungsnormen** ist allerdings nur dann möglich, wenn die Leistungsgewährung als solche im Ermessen des Leistungsträgers steht.[42] Hier ist die Vergabe von Darlehen nicht ein „Weniger" gegenüber der Beihilfe, sondern „Chance, dass Leistungen überhaupt erbracht werden können, die sonst nicht erbracht würden".[43] Die als abschließend konzipierten (§ 3 Abs. 3 SGB II) existenzsichernden Leistungen des 2. Abschnitts des 3. Kapitels des SGB II haben aber schon aus verfassungsrechtlichen Gründen ganz überwiegend

---

39 BSG 12.10.2017 – B 4 AS 34/16 R, SozR 4–4200 § 31 a Nr. 2.
40 Dazu Greiser in: Eicher/Luik SGB II § 40 Rn. 132.
41 AA Bundesagentur für Arbeit, Fachliche Hinweise § 42 a.3, die Darlehen nur in den ausdrücklich gesetzlich geregelten Fällen für zulässig erachtet („Die Aufzählung ist abschließend."); dem wohl zustimmend Hengelhaupt in: Hauck/Noftz SGB II § 42 a Rn. 38.
42 Vgl. auch W. Schellhorn in: Schellhorn/Schellhorn/Hohm SGB XII § 10 Rn. 9.
43 So bereits Falterbaum, Die Übernahme der Beiträge zur Kranken-, Pflege- und Rentenversicherung durch den Sozialhilfeträger, ZFSH/SGB 1999, 643 (649) für die Übernahme von Sozialversicherungsbeiträgen nach Maßgabe des BSHG.

Zuschusscharakter. Dagegen ist im Bereich der Leistungen zur Eingliederung in Arbeit, die überwiegend Ermessensleistungen sind, ein über die gesetzlichen Fälle hinausgehender Einsatz von Darlehen etwa im Bereich der freien Förderung (§ 16 f SGB II) denkbar.

Im Bereich der Leistungen zur **Sicherung des Lebensunterhalts** ist das Darlehen für **Re-** **27** **gelsonderbedarfe** (§ 24 Abs. 1 SGB II) der wohl praktisch bedeutsamste: Ein Darlehen ist zu gewähren, soweit im Einzelfall ein vom Regelbedarf umfasster und nach den Umständen unabweisbarer (einmaliger) Bedarf nicht gedeckt werden kann. Daneben sind Darlehen für Fälle **kurzfristiger Hilfebedürftigkeit** (§ 24 Abs. 4 Satz 1 SGB II und § 27 Abs. 3 Satz 4 SGB II), bei **Unmöglichkeit oder Unzumutbarkeit einer sofortigen Vermögensverwertung** (§ 24 Abs. 5 SGB II) oder bei **vorzeitigem Verbrauch einmaliger Einnahmen** (§ 24 Abs. 4 Satz 2 SGB II), ergänzende Darlehen für notwendige **Instandhaltungsmaßnahmen** bei Eigenheimen (§ 22 Abs. 2 Satz 2 SGB II), Darlehen für **Mietkautionen** (§ 22 Abs. 6 Satz 3 SGB II) und übernommene **Schulden** (§ 22 Abs. 8 Satz 4 SGB II) sowie Härtefalldarlehen für an sich von Leistungen ausgeschlossene **Auszubildende** (§ 27 Abs. 3 Satz 1 SGB II) vorgesehen.

Im Bereich der nicht unmittelbar existenzsichernden Leistungen zur **Eingliederung in** **28** **Arbeit** sieht **§ 16 c Abs. 1 Satz 1 SGB II** für erwerbsfähige Leistungsberechtigte, die eine selbstständige Tätigkeit aufnehmen, zur Beschaffung von Sachmitteln die Gewährung von Zuschüssen oder Darlehen vor.

2. Wirtschaftliche Voraussetzungen

Nach § 42 a Abs. 1 Satz 1 SGB II werden Darlehen nur erbracht, wenn ein Bedarf weder **29** durch Vermögen nach § 12 Abs. 1 Satz 1 Nr. 1, 1 a und 4 SGB II noch auf andere Weise gedeckt werden kann. Vor der Gewährung von Darlehen sind damit grundsätzlich der Grundfreibetrag (in Höhe von mindestens 3.100 EUR) und der Freibetrag für notwendige Anschaffungen (750 EUR) aufzubrauchen. Damit stellt das Gesetz an die Gewährung von Darlehen **höhere Anforderungen** als an die regelhaft zuschussweise Gewährung von Leistungen der Grundsicherung für Arbeitsuchende. Diese Norm hat vor allem Darlehen zur Sicherung des Lebensunterhalts und in diesem Zusammenhang besonders den Regelsonderbedarf nach § 24 Abs. 1 SGB II im Blick. Der Gesetzgeber begründet die Regelung gerade mit der **Funktion der Schonvermögenstatbestände**, der leistungsberechtigten Person die finanziellen Spielräume für größere Anschaffung zu belassen,[44] setzt sich allerdings der Kritik aus, dass diese Erwägungen für andere Darlehenstatbestände nicht in gleicher Weise zutreffen.[45] Verfassungsrechtlich kann die Regelung gleichwohl allenfalls im Hinblick auf den Ansparbetrag (§ 12 Abs. 1 Satz 1 Nr. 4 SGB II) in Zweifel gezogen werden, da im Übrigen eine Pflicht zur Freistellung verwertbaren Vermögens bei steuerfinanzierten existenzsichernden Leistungen aus Art. 1 Abs. 1 GG iVm Art. 20 Abs. 1 kaum abzuleiten sein dürfte.[46] Praktische Erfahrungen zeigen, dass hinsichtlich der strengen Vermögensprüfung ohnehin **Vollzugsdefizite** bestehen.

Diese Erwägungen kommen aber nicht generell für alle Darlehensregelungen im SGB II **30** zum Tragen. Sie greifen insbesondere bei den zur **Eingliederung in Arbeit** gewährten Darlehen zu kurz. Hier geht es zumeist darum, leistungsberechtigten Personen kurzfristig zusätzliches Kapital für eine erfolgreiche Eingliederung zur Verfügung zu stellen, ohne sie zum Einsatz der eigenen Reserven zu zwingen. Auch die „Klarstellung", dass Darlehen nur an hilfebedürftige Personen gewährt werden,[47] passt für bestimmte Leistungen zur Eingliederung in Arbeit nicht (vgl. § 16 g Abs. 1 Satz 2 SGB II [aF]). Deshalb

---

44 BT-Drs. 17/3404, 116.
45 Conradis in: LPK-SGB II § 42 a Rn. 6.
46 Vgl. Bender in: Gagel SGB II/SGB III § 42 a SGB II Rn. 7; Kemper in: Eicher/Luik SGB II § 42 a Rn. 20.
47 BT-Drs. 17/3404, 116.

liegt eine teleologische Reduktion des § 42 a Abs. 1 Satz 1 SGB II nahe, wonach der vorrangige Vermögenseinsatz auf die existenzsichernden Leistungen zur Sicherung des Lebensunterhalts beschränkt wird.[48]

3. Entschließungs- und Auswahlermessen

31 Leistungen zur Sicherung des Lebensunterhalts nach dem SGB II sind ganz überwiegend gebundene Leistungen, die nicht im Ermessen der Träger stehen. Leistungen, die (auch) darlehensweise gewährt werden, stellen insoweit eine Ausnahme dar. Nur wenige dieser Leistungen sind bei Vorliegen der tatbestandlichen Voraussetzungen **zwingend als Darlehen** zu gewähren (vgl. § 24 Abs. 1 Satz 1 und Abs. 5 Satz 1 SGB II). Bei der Mehrzahl der Leistungen steht den Trägern entweder ein Entschließungs- oder auch ein (intendiertes) Auswahlermessen zu. Nur **Entschließungsermessen** in dieser Hinsicht eröffnen etwa die Vorschriften der § 22 Abs. 2 Satz 2, § 24 Abs. 4 und § 27 Abs. 3 Satz 1 SGB II. Leistungen nach diesen Vorschriften können gewährt werden (wobei sich das gesetzlich vorgesehene Ermessen allerdings bei Vorliegen der tatbestandlichen Voraussetzungen zumeist zu einer Handlungspflicht verdichtet), sind im Falle der Leistung aber zwingend (nur) als Darlehen zu gewähren. Andere Vorschriften hingegen eröffnen ein **Auswahlermessen** zwischen Zuschuss und Darlehen, wobei das Ermessen zumeist als **Soll-Ermessen** in die Richtung eines Darlehens intendiert ist (§ 22 Abs. 6 Satz 1 und 3 und Abs. 8 SGB II), so dass nur in atypischen Fällen die Gewährung einer Beihilfe in Betracht kommt.

32 Ein durchgehend stimmiges Muster, wann der Gesetzgeber die Verwaltung zur Gewährung von Darlehen verpflichtet und wann Ermessensspielräume eingeräumt werden, lässt sich nicht ausmachen. Generell treten **gebundene Leistungen** hier umso eher auf, je unabweisbarer die Leistungen zur Sicherung des menschenwürdigen Existenzminimums erforderlich sind. Dies betrifft insbesondere den Regelsonderbedarf nach § 24 Abs. 1 SGB II. **Ermessensspielräume** werden dagegen besonders im Bereich der unterkunftsbezogenen Darlehen eingeräumt; sie werden dort umso größer, je eher die Leistungsgewährung – insbesondere bei Instandhaltungsdarlehen – mit hergebrachten sozialrechtlichen Grundsätzen („Keine Vermögensbildung in der Sozialhilfe") in Konflikt tritt (§ 22 Abs. 2 Satz 2 SGB II).

33 Bei den Darlehen im Bereich der Leistungen zur Eingliederung in Arbeit sind die Ermessensspielräume allgemein größer, auch was die Auswahl zwischen Beihilfe und Darlehen anbelangt (vgl. § 16 c Abs. 1 Satz 1 SGB II).[49]

4. Darlehensnehmer

34 Darlehensnehmer können einzelne **Mitglieder von Bedarfsgemeinschaften** oder mehrere Mitglieder gemeinsam sein (§ 42 a Abs. 1 Satz 2 SGB II). Die Wahl des „Vertragspartners" steht im pflichtgemäßen Ermessen des Leistungsträgers.[50] Dabei ist die in Rede stehende materielle Leistung für die **Ermessensausübung** leitend, nicht dagegen das Bestreben des Leistungsträgers, durch Einbeziehung möglichst vieler Schuldner im Hinblick auf § 42 a Abs. 2 Satz 1 SGB II möglichst hohe Tilgungsraten zu erzielen. Geht es etwa darum, einen **individuellen Bedarf** wie den Wintermantel des Vaters einer vierköpfigen Familie nach § 24 Abs. 1 SGB II über ein Darlehen zu finanzieren, kommt nur diese einzelne Person als Darlehensnehmer in Betracht. Geht es dagegen um die Beschaf-

---

48 Ähnlich Hölzer info also 2011, 162; Harks in: jurisPK-SGB II § 16 c Rn. 13; aA Bittner in: jurisPK-SGB II § 42 a Rn. 9 ff.

49 Vgl. Harks in: jurisPK-SGB II § 16 c Rn. 15.

50 Siebel-Huffmann in: Groth/Luik/Siebel-Huffmann, Das neue Grundsicherungsrecht, § 15 Rn. 475; Bittner in: jurisPK-SGB II § 42 a Rn. 28; aA Conradis in: LPK-SGB II § 42 a Rn. 9.

fung von Gegenständen, die einen **gemeinsamen Bedarf** decken sollen (zB Kühlschrank oder Waschmaschine), kann die Einbeziehung aller Mitglieder von Bedarfsgemeinschaften ermessensgerecht sein.[51] Darlehen zur Deckung von Mietschulden (§ 22 Abs. 8 SGB II) sind gleichmäßig auf diejenigen Personen aufzuteilen, die aus dem Mietvertrag verpflichtet sind;[52] gleiches dürfte für Mietkautionsdarlehen (§ 22 Abs. 6 Satz 3 SGB II) gelten.

Ob die Darlehensnehmer **Gesamtgläubiger** des Auszahlungsanspruchs und dementsprechend auch Gesamtschuldner des Rückzahlungsanspruchs sein sollen, sagt das Gesetz nicht ausdrücklich. § 42 a Abs. 1 Satz 3 SGB II bestimmt lediglich, dass die **Rückzahlungspflicht** „die Darlehensnehmer" trifft. Die Gesetzesbegründung geht gleichwohl von einer **Gesamtschuld** aus,[53] was in den Fällen, in denen die Leistung zu Recht mehreren Darlehensnehmern mit hinreichender Bestimmtheit[54] als Gesamtgläubigern bewilligt worden ist, auch interessengerecht sein dürfte.[55] Härten ist ggf. im Rahmen der Ermessensentscheidung, welcher Darlehensnehmer in Anspruch genommen werden soll, Rechnung zu tragen.[56]   **35**

Darlehensnehmer können auch minderjährige **Kinder und Jugendliche** sein, die gesetzlich durch ihre Eltern vertreten werden (vgl. für den öffentlich-rechtlichen Vertrag jedoch §§ 1643 Abs. 1, 1822 Nr. 8 BGB).[57] Die familienrechtlichen Regelungen über die **Beschränkung der Minderjährigenhaftung** (§ 1629 a BGB) stehen dem nicht entgegen. Die Haftung für Verbindlichkeiten, die die Eltern im Rahmen ihrer gesetzlichen Vertretungsmacht mit Wirkung für das Kind begründet haben, beschränkt sich auf den Bestand des bei Eintritt der Volljährigkeit vorhandenen Vermögens des Kindes. Dies macht auch Sozialhilfedarlehen gegenüber minderjährigen leistungsberechtigten Personen nicht von vornherein unwirksam. Erst bei Eintritt der Volljährigkeit werden sich solche Darlehensnehmer auf § 1629 a BGB berufen und der Rückzahlung bis dahin noch nicht getilgter Darlehen entgegen treten können.[58] Allerdings kommen minderjährige Kinder und Jugendliche als Darlehensnehmer nur dann in Betracht, wenn sie zur Bedarfsgemeinschaft gehören (§ 7 Abs. 3 Nr. 4 SGB II) und nicht wegen ausreichendem eigenem Einkommen aus dieser herausfallen. Generell soll die Darlehensbewilligung an minderjährige Kinder jedoch auf Ausnahmen beschränkt sein und eine gesamtschuldnerische Haftung (→ Rn. 35) minderjähriger Kinder vermieden werden.[59]   **36**

Bei den **Leistungen zur Eingliederung in Arbeit** ist die Gewährung von Darlehen entgegen § 42 a Abs. 1 Satz 2 SGB II nicht auf Mitglieder von Bedarfsgemeinschaften (vgl. § 7 Abs. 3 SGB II) beschränkt, sondern kann auch Personen mit einbeziehen, die wegen zwischenzeitlichen Wegfalls der Hilfebedürftigkeit (§ 9 Abs. 1 SGB II) nicht mehr zu den leistungsberechtigten Personen iSd § 7 Abs. 1 Satz 1 SGB II gehören (→ Rn. 30).   **37**

5. Antragstellung und Bewilligung durch Verwaltungsakt und/oder Vertrag

(Nur) das Darlehen nach § 24 Abs. 1 SGB II zur Deckung von Regelsonderbedarfen setzt einen **gesonderten Antrag** voraus (§ 37 Abs. 1 Satz 2 SGB II). Für alle anderen Darlehen ist keine gesonderte Antragstellung vorgesehen; Darlehen im Bereich der Leistun-   **38**

51 Kritisch aber Conradis in: LPK-SGB II § 42 a Rn. 8.
52 BSG 18.11.2014 – B 4 AS 3/14 R, NDV-RD 2015, 36 Rn. 25.
53 BT-Drs. 17/3404, 116.
54 Dazu Kemper in: Eicher/Luik SGB II § 42 a Rn. 27; Bittner in: jurisPK-SGB II § 42 a Rn. 83.
55 Vgl. Siebel-Huffmann in: Groth/Luik/Siebel-Huffmann, Das neue Grundsicherungsrecht, § 15 Rn. 476; Bittner in: jurisPK-SGB II § 42 a Rn. 26; Hengelhaupt in: Hauck/Noftz SGB II § 42 a Rn. 124; kritisch dagegen Conradis in: LPK-SGB II § 42 a Rn. 8.
56 Hölzer info also 2011, 162.
57 Dazu Kemper in: Eicher/Luik SGB II § 42 a Rn. 26.
58 Vgl. BSG 7.7.2011 – B 14 AS 153/10 R.
59 Bundesagentur für Arbeit, Fachliche Hinweise § 42 a.7.

gen zur Sicherung des Lebensunterhalts sind vom „Globalantrag" auf Arbeitslosengeld II/Sozialgeld umfasst. Aber auch für Anträge auf Regelsonderbedarfsdarlehen ist der verfahrensrechtliche **Meistbegünstigungsgrundsatz**[60] zu beachten: Sofern eine ausdrückliche Beschränkung nicht vorliegt, ist davon auszugehen, dass die leistungsberechtigte Person über die benannte Leistung hinaus diejenige Leistung begehrt, die nach Lage des Falls ernsthaft in Betracht kommt.[61] Dies gilt auch für darlehensweise Leistungen anstelle eines an sich begehrten Zuschusses, sofern die leistungsberechtigte Person nicht ausdrücklich erklärt, nur an einem Zuschuss interessiert zu sein. Vor diesem Hintergrund verliert der ohnehin eher akademische Streit um das **Verhältnis zwischen Darlehen und Zuschuss** (wesensgleiches Minus oder Aliud) weiter an Relevanz; er ist noch für die statthafte Klageart (kombinierte Anfechtungs- und Leistungsklage oder Verpflichtungsklage) von Bedeutung,[62] hat aber wegen gleicher Sachentscheidungsvoraussetzungen letztlich keine praktischen Auswirkungen.

39 § 42 a SGB II regelt nicht, in welcher Form das Darlehen zu gewähren ist. Als Handlungsformen kommen sowohl der **Verwaltungsakt** (§ 40 Abs. 1 Satz 1 SGB II iVm § 31 Satz 1 SGB X) als auch der **öffentlich-rechtliche Vertrag** (§ 40 Abs. 1 Satz 1 SGB II iVm §§ 53 ff. SGB X) in Betracht. Dem Leistungsträger kommt ein Auswahlermessen zu.[63] Bei im laufenden Leistungsbezug aufrechenbaren Darlehen erscheint der Verwaltungsakt gegenüber dem **subordinationsrechtlichen Vertrag** (§ 40 Abs. 1 Satz 1 SGB II iVm § 53 Abs. 1 Satz 2 SGB X) als die stringentere Handlungsform, weil angesichts der zwingenden gesetzlichen Bestimmungen kein signifikanter vertraglicher Gestaltungsspielraum besteht und die (zwingende) **Aufrechnung** (→ Rn. 41) ohnehin **durch Verwaltungsakt** zu erklären ist (§ 42 a Abs. 2 Satz 2 SGB II).[64]

40 Die Darlehensgewährung kann auch **zweistufig** durch Verwaltungsakt (Bewilligungsbescheid) und Abschluss eines öffentlich-rechtlichen Vertrages nach § 53 SGB X (Begründung des Darlehensverhältnisses) erfolgen.[65] Können die Beteiligten sich über den Inhalt des Darlehensvertrages nicht einigen, darf der Grundsicherungsträger die Modalitäten des Darlehens durch einen **weiteren Verwaltungsakt** (Festsetzung der Darlehensbedingungen) einseitig regeln.

6. Tilgung, Verzinsung und Sicherheitsleistung

41 Zur **Rückzahlung von Darlehen** trifft § 42 a Abs. 2 bis 6 SGB II dezidierte Regelungen. Während des **laufenden Leistungsbezugs** sind Darlehen zwingend durch **monatliche Aufrechnung** in Höhe von 10% des maßgebenden Regelbedarfs zu tilgen (§ 42 a Abs. 2 Satz 1 SGB II), wobei das Jobcenter die **Aufrechnung durch Verwaltungsakt** zu erklären hat (§ 42 a Abs. 2 Satz 3 SGB II). Welches der „maßgebende Regelbedarf" ist, hängt entscheidend davon ab, ob gemäß § 42 a Abs. 1 Satz 2 SGB II ein einzelnes Mitglied der Bedarfsgemeinschaft Darlehensnehmer ist (entscheidend ist dann nur sein Regelbedarf), oder mehrere Darlehensnehmer gemeinsam (die Regelbedarfe sind dann entsprechend aufzuaddieren).[66] Die Neuregelung trägt der Kritik an § 23 Abs. 1 Satz 3 SGB II aF Rechnung, wonach Darlehen durch Aufrechnung bis zur Höhe von 10% der Regelleistungen aller Bedarfsgemeinschaftsmitglieder getilgt werden konnten; darin wurde eine

---

60 Dazu bereits BSG 21.7.1977 – 7 RAr 132/75, BSGE 44, 164 (167).
61 Silbermann in: Eicher/Luik SGB II § 37 Rn. 30.
62 Blüggel in: Eicher/Luik SGB II § 23 Rn. 65.
63 Hengelhaupt in: Hauck/Noftz SGB II § 42 a Rn. 62; vgl. auch Kemper in: Eicher/Luik SGB II § 42 a Rn. 12 ff.; kritisch Behrend in: jurisPK-SGB II § 24 Rn. 47.
64 Hengelhaupt in: Hauck/Noftz SGB II § 42 a Rn. 68; vgl. auch Bittner in: jurisPK-SGB II § 42 a Rn. 37.
65 Vgl. Bittner in: jurisPK-SGB II § 42 a Rn. 34 ff.
66 Hengelhaupt in: Hauck/Noftz SGB II § 42 a Rn. 181; vgl. auch Siebel-Huffmann in: Groth/Luik/Siebel-Huffmann, Das neue Grundsicherungsrecht, § 15 Rn. 477.

unzulässige Haftungserweiterung auf Dritte gesehen.[67] Nach § 42 a Abs. 2 Satz 4 SGB II unterbleibt eine Aufrechnung, soweit Leistungen zur Sicherung des Lebensunterhalts als Darlehen erbracht werden. In diesen Fällen würde die erforderliche laufende Darlehensgewährung durch die gleichzeitige anteilige Aufrechnung konterkariert werden.

Die Tilgung von Regelsonderbedarfsdarlehen durch Aufrechnung ist im Hinblick auf **42** den **Bedarfsdeckungsgrundsatz** prinzipiell kritisiert worden.[68] Verfassungsrechtlich hat das Bundesverfassungsgericht § 23 Abs. 1 SGB II aF demgegenüber nicht in Frage gestellt.[69] Da auch die Tilgung für mehrere Darlehen auf 10% des maßgebenden Regelbedarfs begrenzt ist,[70] sind unter verfassungsrechtlichen Gesichtspunkten vornehmlich Situationen problematisch (gewesen), in denen gleichzeitig eine **Aufrechnung mit anderen Forderungen** erfolgt (§ 43 SGB II) oder in denen die Aufrechnung während einer **Sanktion** (§§ 31 ff. SGB II) fortgesetzt wird. In diesem Zusammenhang erweist sich die gesetzliche Verpflichtung der Leistungsträger zur Aufrechnung (§ 42 a Abs. 2 Satz 1 SGB II) gegenüber einer Ermessensregelung als tendenziell nachteilig. Der Gesetzgeber hat diesen Bereich allerdings zum 1.8.2016 neu und insgesamt zufriedenstellend geregelt: Während schon bisher die Höhe mehrerer Aufrechnungen auch bei Zusammentreffen von Aufrechnungen nach § 43 Abs. 1 SGB II und nach § 42 a Abs. 2 SGB II auf **insgesamt 30% des maßgebenden Regelbedarfs** begrenzt war (§ 43 Abs. 2 Satz 2 SGB II; vgl. auch § 43 Abs. 3 SGB II aF),[71] ist nunmehr auch die Aufrechnung für Zeiträume nicht zulässig, in denen der Auszahlungsanspruch nach § 31 b Abs. 1 Satz 1 SGB II sanktionsbedingt um mindestens 30% des maßgebenden Regelbedarfs gemindert ist (§ 42 a Abs. 2 Satz 2 SGB II iVm § 43 Abs. 3 SGB II).

In fortwährender Kritik steht die erstmals durch § 42 a Abs. 2 SGB II angeordnete[72] **Tilgung von Mietkautionsdarlehen** (§ 22 Abs. 6 Satz 1 und 3 SGB II) durch Aufrechnung in Höhe von **10% des maßgebenden Regelbedarfs**,[73] die von der obergerichtlichen Rechtsprechung ganz überwiegend gebilligt worden ist;[74] dem hat sich zwischenzeitlich auch das BSG angeschlossen.[75] Zwar besteht für die Leistungsträger ein sachliches Bedürfnis für die Rückführung des Darlehens durch Aufrechnung, weil die Rückzahlung durch den Vermieter (vgl. dazu § 42 a Abs. 3 Satz 1 SGB II), der seinerseits mit eigenen Ansprüchen aus dem Mietverhältnis aufrechnen kann, ungewiss ist und dies tendenziell in die Risikosphäre der leistungsberechtigten Person fällt. Die rechtspolitisch und zT auch verfassungsrechtlich motivierte **Kritik**[76] ist dennoch **nachvollziehbar**. Zu berücksichtigen ist nicht nur, dass die Aufrechnung zu einer Verknappung der zur Bestreitung des Regelbedarfs bestimmten Mittel führt, obwohl die Mietkaution materiell den Bedarfen für Unterkunft zuzurechnen ist und die durchschnittlichen Ausgaben der Referenzhaushalte dafür dementsprechend nicht in die Regelbedarfsbemessung eingegangen

---

67 Armborst info also 2006, 60.
68 Armborst info also 2006, 60; vgl. auch Löschau/Marschner, Zusammenlegung von Arbeitslosen- und Sozialhilfe, Rn. 605 f.
69 BVerfG 9.2.2010 – 1 Bvl 1/09 ua, BVerfGE 125, 175 (255).
70 BT-Drs. 17/3982, 10; dazu Kemper in: Eicher/Luik SGB II § 42 a Rn. 33.
71 Zur Verfassungsmäßigkeit der 30%-Aufrechnung BSG 9.3.2016 – B 14 AS 20/15 R, BSGE 121, 55 Rn. 34 ff.
72 Vgl. zur alten Rechtslage BSG 22.3.2012 – B 4 AS 26/10 R.
73 S. bereits Conradis, Änderungen im Verfahrensrecht des SGB II – Überwiegend zulasten der Leistungsberechtigten, info also 2011, 113 (115); vgl. zuletzt Nikolaus SozSich 2018, 120 ff.; Nguyen SGb 2017, 202 ff. stellt die Anwendbarkeit des § 42 a Abs. 2 SGB II auf Mietkautionsdarlehen schon kraft einfachen Rechts grundsätzlich in Abrede.
74 Vgl. nur LSG BW 18.9.2013 – L 3 AS 5184/12; LSG NRW 11.5.2017 – L 6 AS 111/14 und 31.8.2017 – L 19 AS 787/17; LSG Bln-Bbg 13.12.2017 – L 5 AS 2612/14; aA LSG NRW 29.6.2017 – L 7 AS 607/17, info also 2018, 128 (129 f.).
75 BSG 28.11.2018 – B 14 AS 31/17 R.
76 S. insbes. Putz SozSich 2012, 194; vgl. auch Nguyen SGb 2017, 205; Nikolaus SozSich 2018, 121 f.

sind.[77] Problematisch ist auch, dass Mietkautionsdarlehen angesichts der Höhe der Darlehensvaluta über lange Zeiträume hinweg getilgt werden müssen und die Dreijahresgrenze für Aufrechnungen (§ 43 Abs. 4 Satz 2 SGB II) im Anwendungsbereich des § 42 a SGB II nicht gilt.[78] Die Aufrechnung kann so im Einzelfall zu einer nicht nur vorübergehenden Unterdeckung des soziokulturellen Existenzminimums führen. Dem soll nach Ansicht des BSG im Einzelfall durch die entsprechende Anwendung des § 43 Abs. 4 SGB II bzw. ggf. durch Erlass oder Teilerlass des Darlehens begegnet werden.[79]

44 Ansonsten tritt die **Fälligkeit** noch ungetilgter Darlehen ein, sofern der **Leistungsbezug endet** (§ 42 a Abs. 4 Satz 1 SGB II), soweit bisher **unverwertbare Vermögensgegenstände** zur Bedarfsdeckung zur Verfügung stehen oder **Mietkautionsdarlehen** vom Vermieter zurückgezahlt werden (§ 42 a Abs. 3 Satz 1 SGB II). In diesen Fällen kann der Leistungsträger grundsätzlich die volle Darlehensvaluta in einer Summe von der leistungsberechtigten Person zurückverlangen. Dafür ist er nach überwiegender Auffassung nicht auf das Instrument der Leistungsklage angewiesen; er kann den **Rückgewähranspruch durch Verwaltungsakt festsetzen.**[80] Im Interesse des Darlehensnehmers[81] verpflichten aber § 42 a Abs. 3 Satz 2 und Abs. 4 Satz 2 SGB II die Jobcenter für den Regelfall (Soll-Ermessen) darauf, mit dem Darlehensnehmer eine gesonderte **Rückzahlungsvereinbarung** unter Berücksichtigung seiner wirtschaftlichen Verhältnisse zu treffen. In den Fällen des § 42 a Abs. 3 SGB II hat das Jobcenter gleichwohl parallel zu prüfen, ob ein Billigkeitserlass nach § 44 SGB II in Betracht kommt. Anlass dafür besteht zumindest in den Fällen, in denen der Erlös aus der Verwertung des zunächst unverwertbaren Vermögensgegenstands hinter dem Gesamtbetrag der nach § 24 Abs. 5 SGB II gewährten Darlehen zurückbleibt, obwohl dieser (prognostisch) fehlerfrei bewertet worden war.

45 Einen **Sonderfall** stellen die **Härtefalldarlehen** an grundsätzlich von Leistungen zur Sicherung des Lebensunterhalts ausgeschlossene Auszubildende nach § 27 Abs. 3 Satz 1 SGB II dar: Rückzahlungsansprüche werden hier erst **nach Abschluss der Ausbildung** fällig (§ 42 a Abs. 5 Satz 1 SGB II); gleiches legt der Wortlaut auch für Überbrückungsdarlehen nach § 27 Abs. 3 Satz 4 SGB II nahe. Die kategorische Feststellung, dass die Sozialhilfe (bzw. Grundsicherung für Arbeitsuchende) kein weiteres Ausbildungsförderungssystem auf einer „zweiten Ebene" sei,[82] gerät damit einfachgesetzlich ein Wenig ins Wanken. Immerhin wäre es möglich und – zur Erreichung existenzsicherungsrechtlicher Zwecke – auch ausreichend gewesen, die Rückzahlungspflicht schon bei Wegfall der die besondere Härte begründenden Umstände entstehen zu lassen. Der Gesetzgeber darf zwar – wie im Bereich der eigentlichen Ausbildungsförderung (vgl. § 18 Abs. 3 Satz 3 BAföG) – typisierend davon ausgehen, dass die Rückzahlungsfähigkeit zumeist erst mit Ausbildungsende entsteht.[83] Geht er – ohne Rücksicht auf mögliche wesentliche Änderungen in den Einkommens- und Vermögensverhältnissen – so vor, lässt dies gleichwohl auf eine nicht ausschließlich existenzsicherungsbezogene Motivation schließen.

46 Die **Verzinsung** von Darlehen ist im SGB II weder in einer zentralen Bestimmung noch in den einzelnen Darlehenstatbeständen geregelt. Auch § 42 a SGB II, der nunmehr allgemeine Regelungen zur Vergabe und Rückführung von Darlehen trifft, enthält keine die Verzinsung betreffende Bestimmung. Die Festsetzung einer Zinsleistung durch Ver-

---

77 Hölzer info also 2011, 161; vgl. auch Hengelhaupt in: Hauck/Noftz SGB II § 42 a Rn. 168.
78 Vgl. Conradis in: LPK-SGB II § 42 a Rn. 17.
79 BSG 28.11.2018 – B 14 AS 31/17 R.
80 Hengelhaupt in: Hauck/Noftz SGB II § 42 a Rn. 237; Conradis in: LPK-SGB II § 42 a Rn. 21.
81 Vgl. BT-Drs. 17/3404, 116.
82 BVerwG 12.2.1981 – 5 C 51.80, BVerwGE 61, 352 (357); vgl. dazu auch BSG 6.9.2007 – B 14/7 b AS 36/06 R, BSGE 99, 67.
83 BT-Drs. 17/3404, 116.

Groth

waltungsakt wäre mangels gesetzlicher Ermächtigungsgrundlage **rechtswidrig.**[84] Ob eine Zinsleistung im Rahmen eines das Darlehensverhältnis konkretisierenden öffentlich-rechtlichen Vertrags vereinbart werden dürfte (§ 40 Abs. 1 Satz 1 SGB II iVm § 61 Satz 2 SGB X iVm § 488 Abs. 1 Satz 2, Abs. 2 BGB), ist zweifelhaft, zumal der Vertrag im Regelfall eher eine **subordinationsrechtliche Qualität** (§ 40 Abs. 1 Satz 1 SGB II iVm § 53 Abs. 1 Satz 2 SGB X) aufweist (→ Rn. 39; s. aber auch → Rn. 47). Zumindest wäre eine solche Vereinbarung bei fortdauerndem Leistungsbezug wegen des **Bedarfsdeckungsgrundsatzes** (→ Rn. 4 f.) und vor dem Hintergrund der **Zielsetzung des SGB II,** die leistungsberechtigten Personen zu aktivieren und ihre Eigenverantwortung zu stärken, **kontraproduktiv:** Eine Verzinsung würde die Laufzeit des Darlehens verlängern bzw. bei Einstellung der Ratenzahlungen die Verbindlichkeiten erhöhen.[85] In der Praxis der Grundsicherung für Arbeitsuchende werden Darlehen deshalb zu Recht **regelhaft zinslos** gewährt.

In den Fällen des § 42 a Abs. 4 Satz 2 SGB II allerdings kann für Zeiträume nach Beendigung des Leistungsbezugs eine Zinsabrede rechtlich zulässig und auch interessengerecht sein, weil es hier darum geht, für die Zeit nach Beendigung des Leistungsbezugs eine „wirtschaftliche Lösung" zu finden. Solche Vereinbarungen haben eher den Charakter eines **koordinationsrechtlichen Austauschvertrags** (§ 40 Abs. 1 Satz 1 SGB II iVm § 55 Abs. 1 SGB X). Die Betroffenen brauchen sich darauf zwar nicht einzulassen,[86] ohne eine vertragliche Regelung bleibt es jedoch bei der sofortigen Fälligkeit des noch ungetilgten Darlehensbetrags (§ 42 a Abs. 4 Satz 1 SGB II), den der Leistungsträger durch Verwaltungsakt zurückfordern kann (→ Rn. 44). **47**

Sicherheitsleistungen (zB Grundschuld, Hypothek, Bürgschaft) können grundsätzlich nur gefordert werden, soweit die jeweiligen Darlehensregelungen dies ausdrücklich vorsehen.[87] Dies ist nur beim ergänzenden Darlehen für **Instandhaltungsmaßnahmen** (§ 22 Abs. 2 Satz 2 SGB II) und beim Darlehen wegen **Unmöglichkeit oder Unzumutbarkeit einer sofortigen Vermögensverwertung** (§ 24 Abs. 5 Satz 2 SGB II) der Fall. In den Fällen des § 42 a Abs. 4 Satz 2 SGB II dürfte jedoch wie die Verzinsung (→ Rn. 47) auch eine Sicherheitsleistung durch Vertrag wirksam vereinbart werden können. **48**

C. Abweichungen im SGB XII und AsylbLG

I. Leistungsformen

Auch das **Sozialhilferecht** kennt als Leistungsformen Dienst-, Geld- und Sachleistungen (§ 10 Abs. 1 SGB XII). Anders als in der Grundsicherung für Arbeitsuchende besteht zwischen diesen Leistungsformen allerdings ein formales Rangverhältnis: Nach § 10 Abs. 3 SGB XII besteht ein **Vorrang der Geldleistung vor Gutscheinen oder Sachleistungen,** soweit nicht das SGB XII selbst etwas anderes bestimmt, Gutscheine oder Sachleistungen das Ziel der Sozialhilfe erheblich besser oder wirtschaftlicher erreichen können oder die Leistungsberechtigten die Gewährung von Gutscheinen oder Sachleistungen wünschen. Materielle Unterschiede gegenüber dem SGB II ergeben sich dadurch allerdings kaum. Auch in der Sozialhilfe ist durch Auslegung der einzelnen Anspruchsgrundlagen und der leistungserbringungsrechtlichen Vorschriften zu ermitteln, ob für die Erbringung der Leistungen eine besondere Form vorgeschrieben ist.[88] **49**

84 Vgl. Kemper in: Eicher/Luik SGB II § 42 a Rn. 15; Bittner in: jurisPK-SGB II § 42 a Rn. 31.
85 Hengelhaupt in: Hauck/Noftz SGB II § 42 a Rn. 78; Kemper in: Eicher/Luik SGB II § 42 a Rn. 16.
86 Conradis in: LPK-SGB II § 42 a Rn. 20; zum Rechtsschutz des Leistungsberechtigten gegen die Konditionen einer solchen Vereinbarung Hölzer info also 2011, 164.
87 Bittner in: jurisPK-SGB II § 42 a Rn. 33.
88 Vgl. BSG 28.10.2008 – B 8 SO 22/07 R, BSGE 102, 1 (6) Rn. 20.

50 Für den Bereich der Sozialhilfe war bis zum 31.12.2010 die Zugehörigkeit von **Gutscheinen** und „anderen unbaren Formen der Verrechnung" zu den Sachleistungen klargestellt (§ 10 Abs. 3 Satz 2 SGB XII aF); seither gilt in § 10 Abs. 3 SGB XII ein begriffliches Nebeneinander von Gutschein und Sachleistung, das der gestiegenen Bedeutung von Gutscheinen im Rahmen von Leistungen für Bildung und Teilhabe Rechnung tragen soll,[89] Spekulationen über die rechtliche Einordnung der – nicht in § 10 Abs. 1 SGB XII genannten – Gutscheine, die nach allgemeinen Maßstäben den **Sachleistungen** zuzuordnen sind (→ Rn. 16), aber unnötigerweise neue Nahrung gegeben hat.[90]

51 Im **Asylbewerberleistungsrecht** gibt es keine dem § 10 SGB XII entsprechende Vorschrift. Für die Grundleistungen bei der Unterbringung in Aufnahmeeinrichtungen ordnet § 3 Abs. 1 Satz 2 AsylbLG einen strikten **Vorrang von (echten) Sachleistungen** nicht nur gegenüber Geldleistungen, sondern auch gegenüber geldwerten Leistungen (insbesondere Wertgutscheinen) an (§ 3 Abs. 1 Satz 3 und 7 AsylbLG). Ähnliches gilt im Bereich der sonstigen Leistungen (§ 6 Abs. 1 Satz 2 AsylbLG). Dagegen sind Grundleistungen bei der Unterbringung außerhalb einer Aufnahmeeinrichtung vorrangig in Geld (§ 3 Abs. 2 Satz 1 AsylbLG) und nur ausnahmsweise (§ 3 Abs. 2 Satz 3–6 AsylbLG) auch durch unbare Abrechnungen, Wertgutscheine oder (andere Formen von) Sachleistungen zu gewähren. Soweit **Geldleistungen** erbracht werden, sollen diese anders als im SGB II (→ Rn. 10) nicht auf ein Konto überwiesen, sondern der leistungsberechtigten Person persönlich und damit **im Regelfall in Bargeld** ausgehändigt werden (§ 3 Abs. 6 Satz 1 AsylbLG). Für Analogleistungsberechtigte (§ 2 Abs. 1 AsylbLG) und wegen der Leistungen für Bildung und Teilhabe (§ 3 Abs. 3 AsylbLG) gilt das SGB XII entsprechend.

II. Darlehen

52 Das SGB XII enthält bezogen auf die **Hilfe zum Lebensunterhalt** den Tatbeständen des SGB II vergleichbare Regelungen zur Gewährung von Darlehen. Entsprechend der Rechtslage in der Grundsicherung für Arbeitsuchende können dem Grunde nach von Leistungen ausgeschlossene **Auszubildende** Darlehen erhalten (§ 22 Abs. 1 Satz 2 SGB XII), **Schulden** können als Darlehen (oder als Zuschuss) übernommen werden (§ 36 Abs. 1 Satz 3 SGB XII), **Mietkautionen** sollen als Darlehen erbracht werden (§ 35 Abs. 2 Satz 5 SGB XII). Gleiches gilt für **Regelsonderbedarfe** (§ 37 Abs. 1 SGB XII); sie können damit anders als im SGB II in Ausnahmefällen auch zuschussweise gewährt werden. Die Regelung über Darlehen bei **vorübergehender Notlage** (§ 38 SGB XII) ähnelt dem § 24 Abs. 4 Satz 1 SGB II, greift aber sowohl hinsichtlich der tatbestandlichen Voraussetzungen als auch hinsichtlich der Rechtsfolgen weiter. Eine Sonderregelung trifft seit 1.7.2017 § 37 a Abs. 1 Satz 1 SGB XII für Fälle, in denen einer leistungsberechtigten Person zum Monatsende erstmals eine Rente oder anderweitige Leistung (vgl. § 37 a Abs. 1 Satz 2 SGB XII) zufließt (dazu auch → Rn. 54). Eine sozialhilferechtliche Besonderheit stellt die grundsätzliche Verpflichtung zur darlehensweisen Übernahme von **Zuzahlungen** (§ 62 SGB V) für in stationären Einrichtungen lebende Leistungsberechtigte dar, die einen **Barbetrag** nach § 27 b Abs. 2 Satz 2 SGB XII erhalten (§ 37 Abs. 2 SGB XII).

53 In der **Grundsicherung im Alter und bei Erwerbsminderung** werden die unterkunftsbezogenen (§ 35 Abs. 2 Satz 5, § 36 Abs. 1 Satz 3 SGB XII) und die ergänzenden Darlehen (§§ 37 Abs. 1, 37 a Abs. 1 SGB XII) wie in der Hilfe zum Lebensunterhalt gewährt (§ 42 Nr. 4 und 5 SGB XII).

---

89 BT-Drs. 17/3404, 119; ursprünglich war im Gesetzentwurf aber auch noch die Aufnahme der Gutscheine als neue Leistungsform in § 10 Abs. 1 SGB XII vorgesehen, die später nicht realisiert worden ist; insoweit kann die (beibehaltene) Änderung des § 10 Abs. 3 SGB XII auch als redaktionelles Versehen verstanden werden.
90 Dazu Streichsbier in: Grube/Wahrendorf SGB XII § 10 Rn. 7.

Das SGB XII kommt **ohne allgemeine Regelungen zur Gewährung und Rückführung** **54** **von Darlehen** aus, wie sie § 42 a SGB II normiert. Für Darlehen nach § 37 Abs. 1 und 2 SGB XII sieht § 37 Abs. 4 SGB XII Rückzahlungsregelungen vor, die flexibler sind als diejenigen im SGB II. Für die Rückzahlung von Darlehen bei **Erstrenten** nach § 37 a Abs. 1 SGB XII trifft § 37 a Abs. 2 SGB XII eine in dieser Form einzigartige Rückzahlungsregelung, die bestimmt, dass von dem geleisteten Darlehen höchstens ein Betrag von 50% der Regelbedarfsstufe 1 zurückzuzahlen ist. Diese Form der „**Restschuldbefreiung**", die Empfänger solcher Darlehen auch gegenüber Darlehensempfängern zB nach §§ 37, 38 SGB XII privilegiert, wird mit der Vermeidung finanzieller Überforderung der weiter auf existenzsichernde Leistungen angewiesenen Darlehensempfänger begründet.[91] Modalitäten der Rückführung regelt § 37 a Abs. 2 und 3 SGB XII.

Im **Asylbewerberleistungsrecht** gibt es keine Darlehensregelungen. Für die meisten Dar- **55** lehenstatbestände hat der Gesetzgeber wegen der intendiert nur kurzfristig bestehenden Leistungsberechtigung nach § 1 AsylbLG und vor dem Hintergrund der bei längerer Vorbezugsdauer zu beanspruchenden Analogleistungen (§ 2 Abs. 1 AsylbLG) offensichtlich kein Bedürfnis gesehen.

---

91 BT-Drs. 18/10519, 23.

Kapitel 16: Eingliederungsvereinbarung und Leistungsabsprache

Literaturhinweise: Baur, Leistungsabsprache nach dem SGB XII, Sozialrecht aktuell 2006, 51; Berlit, Eingliederungsvereinbarungen nach dem SGB II – Rechtsrahmen und Rechtsschutz, Sozialrecht aktuell 2006, 41; ders., SGB-II-„Reform" ohne klares Profil – zu einigen Änderungen durch das 9. SGB-II-Änderungsgesetz, info also 2016, 195; Davilla, Die Eigenverantwortung im SGB III und SGB II. Obliegenheiten und Sanktionen zur Beendigung von Arbeitslosigkeit und Hilfebedürftigkeit, Frankfurt am Main 2011; Deutscher Verein für öffentliche und private Fürsorge (DV), Arbeitshilfe zur Wahrnehmung der Aufgaben nach §§ 11, 12 SGB XII, insbesondere bei der Hilfe in materiellen Notlagen (3. und 4. Kapitel SGB XII), NDV 2010, 197; Ebsen, Der Arbeitslose als Sozialbürger und Klient – Der Betroffene im Konzept des aktivierenden Sozialstaats, in: FS 50 Jahre Bundessozialgericht, 2004, 725; Eichenhofer, Verträge in der Arbeitsverwaltung, SGb 2004, 203; ders., Recht des aktivierenden Wohlfahrtsstaates, Baden-Baden 2013; Engelmohr, Beschäftigungs- und teilhabeorientiertes Fallmanagement im SGB XII – ein Konzept des Landkreises Kassel, NDV 2011, 373; Fetzer, Verfolgungsbetreuung. Schikanen und Verletzung der Privat- und Intimsphäre, in: Agenturschluss (Hrsg.), Schwarzbuch Hartz IV. Sozialer Angriff und Widerstand – Eine Zwischenbilanz, Berlin 2006, 31; Frings, Zum Rechtscharakter von Eingliederungsvereinbarungen nach SGB II und Leistungsabsprachen nach SGB XII, Sozialrecht aktuell 2006, 33; Fröhlich, Vertragsstrukturen der Arbeitsverwaltung, Baden-Baden 2007; Galuske, Case Management und aktivierender Sozialstaat. Kritische Anmerkungen zu einer Erfolgsgeschichte, Soziale Arbeit 2007, 409; Göckler, Beschäftigungsorientiertes Fallmanagement, 3. Aufl., Regensburg 2009; Hannes, Was gilt bei Eingliederungsvereinbarungen? Erste Urteile zu den Vereinbarungen zwischen Hartz IV-Empfängern und SGB II-Trägern, SozSich 2007, 68; Hammel, Die Eingliederungsvereinbarung nach § 15 SGB II – eine sehr umstrittene Materie, ZfSH/SGB 2007, 589; Hebeler, Die verfassungsrechtliche Einordnung der pauschalierenden Leistungsgestaltung im SGB II, SGb 2008, 8; Jährling-Rahnefeld, Der Bürger als Partner der Verwaltung – Möglichkeiten und Grenzen eines kundenorientierten Sozialverwaltungsverfahrens, VSSR 2003, 293; Klein/Kangnickel, Case Management in der Bundesagentur für Arbeit: Schnittstellenmanagement als erfolgskritischer Faktor, NDV 2004, 204; Knoblauch/Hübner, Eingliederungsvereinbarung als Handlungsform im SGB II und SGB III, NDV 2005, 277; Kocialkowski, Eingliederungsvereinbarung nach dem SGB II aus Sicht der Bundesagentur für Arbeit, Sozialrecht aktuell 2006, 38; Krahmer, Zur widersprüchlichen Konstruktion der Eingliederungsvereinbarungen nach § 15 SGB II aus rechtlicher sowie methodisch-fachlicher Sicht, NDV 2006, 507; Kretschmer, „Sozialhilfe durch Vertrag". Rechtliche Ausgestaltung und verfassungsrechtliche Bewertung der Eingliederungsvereinbarung nach dem „Hartz-IV-Gesetz", DÖV 2006, 893; ders., Das Recht der Eingliederungsvereinbarung des SGB II, Berlin 2012; Lang, Die Eingliederungsvereinbarung zwischen Autonomie und Bevormundung. Rechts- und Verfassungsfragen des SGB II, NZS 2006, 176; Lehmann-Franßen, Unangemessene Eigenbemühungen und die Nichtigkeit der Eingliederungsvereinbarung nach § 15 SGB II, NZS 2005, 519; Luthe/Timm, Die Eingliederungsvereinbarung des SGB II, SGb 2005, 261; Martini/Schenkel, Die Eingliederungsvereinbarung – ein verfassungswidriger Formenmissbrauch?, VSSR 2010, 393; Ministerium für Wirtschaft und Arbeit des Landes Nordrhein-Westfalen (Hrsg.), Case Management. Theorie und Praxis, Düsseldorf 2003; Mrozynski, Rechtsfragen der Steuerung durch die Sozialleistungsträger beim Abschluss von Verträgen mit den Leistungserbringern und bei der institutionellen Förderung, ZfSH/SGB 2011, 197; Neuffer, Beziehungsarbeit im Case Management, Soziale Arbeit 2007, 417; Pitschas, Das sozialrechtliche Verwaltungsverfahren im „aktivierenden" Sozialstaat. Verfahrensrechtliche Konsequenzen der staatlichen Verantwortungspartnerschaft mit der Bürgergesellschaft, in: M. von Wulffen/O.E. Krasney (Hrsg.), Festschrift 50 Jahre Bundessozialgericht, Köln ua 2004, 765; Pohrke-Petrovic, Case Management in der Beschäftigungsförderung. Versuch einer Annäherung an künftige Strukturen, Blätter der Wohlfahrtspflege 2004, 57; Rauch/Zellner, Die Eingliederungsvereinbarung nach § 15 SGB II, 2008; Reis, Hilfevereinbarungen in der Sozialhilfe. Zu Voraussetzungen und Struktur lebenslagenorientierter Beratung, Archiv für Wissenschaft und Praxis der sozialen Arbeit 1997, 87; Schütz/Kupka/ Koch/Kaltenborn, Eingliederungsvereinbarungen in der Praxis. Reformziele noch nicht erreicht, IAB-Kurzbericht 18/2001; Schütz ua, Vermittlung und Beratung in der Praxis. Eine Analyse von Dienstleistungsprozessen am Arbeitsmarkt, Bielefeld 2011; Schweigler, Prüfung des bestandskräftigen Eingliederungsverwaltungsakts im Sanktionsverfahren, info also 2018, 205; Shirvani, Konsensuale Instrumente im SGB II, SGb 2010, 257; Spellbrink, Eingliederungsvereinbarung nach SGB II und Leistungsabsprache nach dem SGB XII aus Sicht der Sozialgerichtsbarkeit, Sozialrecht aktuell 2006, 52; Spellbrink, Die Eingliederungsvereinbarung nach § 15 SGB II und ihre Sanktionierung, in: ders. (Hrsg.), Das SGB II in der Praxis der Sozialgerichte – Bilanz und Perspektiven, Stuttgart ua 2010, 45; Spellbrink, Sozialrecht durch Verträge?, NZS 2010, 649; Spindler, Fordern und Fördern – zur Eingliederung arbeitsuchender Arbeitsloser in den Arbeitsmarkt, ArchSozArb 2008, 70; Spindler, Vertragssimulation bei Ein-Euro-Jobs – eine Fortsetzungsgeschichte mit Dokumentation, info also 2006, 162; von Koppenfels-Spies, Kooperation unter Zwang? – Eingliederungsvereinbarungen des SGB II im Lichte des Konzepts des „aktivierenden Sozialstaats", NZS 2011, 3; Xylaki, Die Eingliederungsvereinbarung nach § 15 SGB II, Frankfurt am Main 2016.

Rechtsgrundlagen:
SGB II § 15
SGB III § 37 Abs. 2
SGB XII § 12

Orientierungssätze:

1. Die Leistungsabsprache ist das Kerninstrument aktiv kooperativer Eingliederungsbemühungen sowie Teil und Instrument eines Fall- bzw Casemanagement-Ansatzes.

2. Das SGB II beachtet nicht die Eigenlogik dieser Ansätze, insbes. den Freiwilligkeitsgrundsatz und die Hilfeorientierung auch bei Abweichungen von der Vereinbarung, und pervertiert so den Vereinbarungsgedanken. Vor allem die Möglichkeit, die Vereinbarung durch einen Verwaltungsakt zu ersetzen, birgt ein dem gleichberechtigten Zusammenwirken beim Integrationsprozess fremdes Zwangselement.

3. Von einer Eingliederungsvereinbarung kann abgesehen werden, wenn ihr Zweck, den Prozess der Eingliederung in den Arbeitsmarkt zu strukturieren und zu befördern, erkennbar nicht erreicht werden kann oder sie hierfür (aktuell) nicht erforderlich ist.

4. Die Eingliederungsvereinbarung im SGB II ist ein öffentlich-rechtlicher Vertrag besonderer Art, kein normersetzendes bzw -konkretisierendes hoheitliches Handeln sui generis.

5. Die Eingliederungsvereinbarung muss eine auf einer jedenfalls vertretbaren Problemanalyse gründende, konsistente Eingliederungs- bzw Vermittlungsstrategie verfolgen, diese tunlichst auch konkret bezeichnen und regelmäßig das bindende Angebot einer konkret beschriebenen, nach Art, Umfang und Zeitpunkt bestimmten Vertragsleistung umfassen.

6. Die dem Leistungsberechtigten abzuverlangenden Eingliederungsbemühungen dürfen den Einzelnen nicht überfordern. Nach dem Individualisierungsgrundsatz müssen sie die intellektuelle Einsichtsfähigkeit und das erkennbare Handlungsvermögen des Leistungsberechtigten beachten und die Umstände des Einzelfalles berücksichtigen.

7. Die Eingliederungsvereinbarung ist wegen der gestörten Vertragsparität bei ihrem Abschluss nach vorzugswürdiger Mindermeinung einer intensivierten Inhalts- und Rechtmäßigkeitskontrolle zu unterwerfen, die bei an die Eingliederungsvereinbarung anknüpfenden Sanktionen von Amts wegen durchzuführen ist.

8. Der Leistungsberechtigte kann bei hinreichend konkreter Bezeichnung einen Anspruch auf Erfüllung der vertraglich zugestandenen Eingliederungsleistungen haben.

9. Der Durchsetzung der in der Eingliederungsvereinbarung festgelegten Obliegenheiten des Leistungsberechtigten dient mittelbar das Sanktionenrecht (§§ 31 ff. SGB II). Eine Sanktion kann nur an eine wirksam geschlossene, nicht nichtige Eingliederungsvereinbarung bzw. einen diese ersetzenden, rechtmäßigen Verwaltungsakt anknüpfen.

10. Die Inhalte der Eingliederungsvereinbarung können einseitig durch Verwaltungsakt ersetzt werden; beide Wege zur Konkretisierung der Eingliederungsobliegenheiten sind nicht gleichrangig.
11. Die Leistungsabsprache nach dem SGB XII ist eine informelle, schriftliche Fixierung rechtlich unverbindlicher Absichtserklärungen, kein öffentlich-rechtlicher Vertrag.
12. Der Förderplan (§ 12 S. 2 SGB XII) bündelt beschreibend eine Mehrzahl gestufter, aufeinander bezogener Maßnahmen, Aktivitäten und Hilfen und die Ziele, die durch diese erreicht werden sollen. Als gesondertes Gestaltungs- und Steuerungsinstrument verwirklicht er den Individualisierungsgrundsatz, wenn die Problemdiagnose einen bestimmten Hilfebedarf ausweist.

A. Allgemeines

1 Die Eingliederungsvereinbarung (§ 15 SGB II) ist das **Kerninstrument aktiv kooperativer Eingliederungsbemühungen**. In diesem Instrument bündeln sich das Konzept von Fordern und Fördern, das Gebot passgenauer Leistungen zur Eingliederung in Arbeit sowie der Gedanke der aktiven Kooperation[1] gleichermaßen für den Eingliederungserfolg Verantwortlicher.[2] Es strukturiert den Eingliederungsprozess und koppelt die staatliche Leistungsgewähr an Gegenleistungen in Form von Kooperation, Mitwirkung und Eigenbemühungen.[3] Es ist Teil und Instrument eines Fall- bzw. Casemanagement-Ansatzes, nach dem die Leistungen und Hilfestellungen auf der Grundlage einer differenzierten Problem- und Potenzialanalyse (Profiling) im Diskurs mit dem Leistungsberechtigten individuell und passgenau abgestimmt und dann in einer für beide Seiten verbindlichen Vereinbarung festgehalten werden.

2 Der **Grundgedanke (formal) kooperativer Leistungserbringung** prägt auch die Leistungsabsprache (§ 12 SGB XII), für die der Gesetzgeber indes am Freiwilligkeitsprinzip festgehalten hat, und die hier nicht zu vertiefende Eingliederungsvereinbarung (§ 37 Abs. 2 SGB III). Das Besondere all dieser Vereinbarungen liegt in ihrer grundsätzlich bilateralen Struktur, nach der Leistungsträger und Leistungsberechtigter sich über Bereiche des Sozialrechtsverhältnisses verständigen, die nicht abschließend durch das Gesetz selbst determiniert sind. Dies unterscheidet die Eingliederungs- und Leistungsabsprache zB von dem jugendhilferechtlichen Hilfeplan (§ 36 Abs. 2 SGB VIII). Dieser hat zwar ebenfalls eine Zusammenstellung der zu gewährenden Art der Hilfe und der Leistungen zum Gegenstand und ist zusammen mit dem Personensorgeberechtigten und dem Kind oder Jugendlichen aufzustellen; er wird aber nicht bilateral „vereinbart" und dient zudem, werden andere Einrichtungen oder Träger tätig, als „institutionenübergreifendes" Instrument der Hilfekoordinierung. Entsprechendes galt für den früheren Gesamtplan

---

1 Shirvani SGb 2010, 257.
2 BT-Drs. 18/8041, 37.
3 Sa Rauch/Zellner 2008 (Lit.).

in der Eingliederungshilfe (§ 58 SGB XII [aF]), der ab 1.1.2018 im Gesamtplanverfahren (§ 141 SGB XII) aufgegangen ist.

Leistungsabsprache und – mit Abstrichen – die Eingliederungsvereinbarung sind auch **3** als Ausdruck dafür gewertet worden, dass der **Leistungsberechtigte** in seiner **Subjektstellung** ernst genommen und aktiv und mit eigenen Verfahrensrechten in die Gestaltung des Hilfeprozesses eingebunden wird;[4] die Vereinbarungsform befreie ihn aus seiner Stellung als Untertan und Objekt einseitiger staatlicher Fürsorgebestimmung. Der Gesetzgeber hat in der Tat den modernen konzeptionellen Ansatz von Fall- bzw. Case-Management[5] aufgegriffen, dass **soziale Arbeit und Integration als Prozess** zu gestalten ist, der auf einer differenzierten Analyse gründet und darauf gerichtet ist, durch professionelle Unterstützung Fähigkeit und Bereitschaft der Klientel zu selbstbestimmtem Leben zu fördern und dabei in einem gezielten, planvollen Vorgehen die individuellen Ressourcen und die im persönlichen Umfeld liegenden Potenziale optimal zu verknüpfen. Dies unterstreichen im SGB II die Einführung des persönlichen Ansprechpartners, die auch in § 37 Abs. 1 SGB III vorgesehene Potenzialanalyse und die Vorgabe, dass die „besonderen Bedürfnisse behinderter und schwerbehinderter Menschen … angemessen berücksichtigt werden". Der Eingliederungsvertrag als zentrales Planungs-, Steuerungs- und Evaluationsinstrument des Eingliederungsprozesses lässt idealtypisch Raum für eine flexible, passgenaue (§ 3 SGB II) und bedürfnisgerechte (§ 33 S. 2 SGB I) Leistungsgestaltung.[6] Bei sachgerechter Anwendung kann die Eingliederungsvereinbarung dem Individualisierungsgrundsatz dienen.

Der Case-Management-Gedanke ist indes auch schon im konzeptionellen Ansatz geeig- **4** net, die gesellschaftlichen Ursachen sozialer Probleme in individuell verantwortete Integrationsprobleme umzuwandeln und unter dem Deckmantel zu steigernder individueller Verantwortung und Autonomie gegen die Leistungsberechtigten zu wenden.[7] Die Betonung von Vernetzung und Ergebnisorientierung im umfassenden „Management" eines komplexen Eingliederungsprozesses birgt notwendig auch die Gefahr, dass die für soziale Arbeit zentrale Klientelorientierung verloren geht[8] und je nach Ausgestaltung der Rahmenbedingungen sowie Vorgaben und Kompetenz der Betreuungspersonen die den Klienten in seiner Subjektstellung ernst nehmende Betreuung umschlägt in eine „Verfolgungsbetreuung".[9]

Der Gesetzgeber hat indes – vor allem im SGB II – nicht die Eigenlogik dieser Ansätze, **5** insbes. den Freiwilligkeitsgrundsatz und die Hilfeorientierung auch bei Abweichungen von der Vereinbarung, beachtet und so den **Vereinbarungsgedanken pervertiert**. Die in Vertrags- und Verhandlungssystemen vorausgesetzte **Verhandlungssymmetrie**[10] ist nachhaltig durch die Möglichkeit des Leistungsträgers gestört, die Regelungsgegenstände der Vereinbarung durch einseitige Bestimmung festzulegen (§ 15 Abs. 3 S. 3 SGB II); der Leistungsberechtigte verhandelt „im Schatten der Macht".[11] Die notwendige Transparenz und Offenheit der Verhandlungen sowie eine Beratung, die zur Herstellung eines tragfähigen Arbeitsbündnisses zutreffend gerade auch über die möglichen Eingliederungsleistungen sowie die Rechte und Handlungsmöglichkeiten des Arbeitsuchenden

---

4 Göckler 2009 (Lit.); Eichenhofer 2013 (Lit.).
5 P. Löcherbach ua (Hrsg.), Case Management. Fall- und Systemsteuerung in der Sozialen Arbeit, 4. Aufl., 2009; W. R. Wendt/P. Löcherbach (Hrsg.), Standards und Fachlichkeit im Case Management, Heidelberg 2009; Göckler 2009 (Lit.); sa bereits Reis ArchSozArb 1997, 87.
6 Eingehend Eichenhofer 2013 (Lit.).
7 Galuske Soziale Arbeit 2007, 409.
8 Neuffer Soziale Arbeit 2007, 417.
9 S. Fetzer 2006 (Lit.).
10 Eichenhofer SGb 2004, 203 (204, 207 f.); Ebsen 2004 (Lit.); Kretschmer DÖV 2006, 893.
11 Berlit info also 2003, 195 (205).

aufklärt, stellt jedenfalls hohe, gesetzlich nicht gesicherte[12] Anforderungen an Qualität und Professionalität der Verhandlungsperson[13] auf Seiten der AA, idR also des „persönlichen Ansprechpartners"; auf Seiten des Leistungsberechtigten wird eine Handlungs- und Reflexionskompetenz vorausgesetzt, über die dieser – als Teil des zu lösenden Selbsthilfeproblems – aktuell oft gerade nicht verfügt.

6 Wegen der **Zwangselemente bei diesen Vereinbarungen** wird daher im Ansatz zu Recht geltend gemacht, dass ein Aushandeln von Verträgen nicht in ein Zwangssystem mit Rechtsansprüchen passt, und die Eingliederungsvereinbarung (§ 15 SGB II) „als Popanz der Vertragstheoretiker" bezeichnet, bei dem es sich in der Sache um hoheitliches Handeln in pseudokonsensualem Gewand handele.[14] Strittig ist allein, welche Konsequenzen aus diesem „Formenmissbrauch" des Gesetzgebers für die Stellung des Einzelnen bei der Erstellung der Eingliederungsvereinbarung, deren Einordnung sowie deren Überprüfbarkeit zu ziehen sind.

7 Die **Praxis der Eingliederungsvereinbarung** wird **nicht systematisch und umfassend evaluiert.** Für die Anfangsphase der SGB II-Umsetzung hat der Bundesrechnungshof[15] kritisiert, dass eine Eingliederungsvereinbarung vielfach nicht oder doch zu spät abgeschlossen und nach Abschluss die Integrationsempfehlungen nicht nachhaltig verfolgt worden sind; es fehle auch an den gebotenen Gesprächen mit den Leistungsberechtigten. Für die in der Folgezeit deutlich gestiegene Quote geschlossener Eingliederungsvereinbarungen[16] fehlen klare Erkenntnisse zu effektiver Integrationsorientierung und -wirkung. Forschungsergebnisse[17] weisen darauf hin, dass Ziele und Inhalte in der Eingliederungsvereinbarung weiterhin überwiegend standardisiert und nicht individuell angepasst sind oder begründet werden und zwar die Pflichten der Leistungsberechtigten konkretisiert, die Leistungen der Einrichtungen aber eher vage benannt werden. Kritisch ist auch der undifferenzierte Einsatz von Eingliederungsvereinbarungen unabhängig von der speziellen Integrations- bzw. Problemlage zu sehen.[18]

B. Die Eingliederungsvereinbarung nach § 15 Abs. 2 SGB II

I. Anwendungsvoraussetzungen/-bereich

8 § 15 SGB II gibt vor, dass die JC im Einvernehmen mit dem kommunalen Träger mit jeder erwerbsfähigen leistungsberechtigten Person die für ihre Eingliederung erforderlichen Leistungen vereinbaren soll (**Eingliederungsvereinbarung**). Das Instrument baut auf der Potentialanalyse (Abs. 1) auf. Es erfasst originär nicht Personen, die selbst nicht erwerbsfähig (§ 7 Abs. 1, § 8 SGB II) sind und Sozialgeld (§ 23 SGB II) beziehen. In Bezug auf Personen, die mit dem erwerbsfähigen Hilfebedürftigen in einer Bedarfsgemeinschaft leben, kann lediglich als ergänzender, nicht als alleiniger Teil der Eingliederungsvereinbarung vereinbart werden, welche Leistungen diese Personen erhalten; sie werden

---

12 Sa LSG NRW 16.2.2012 – L 19 AS 91/12 B ER (§ 14 S. 2 SGB II allein als objektiv-rechtliche Aufgabenzuweisung an den Leistungsträger, das kein subjektives öffentliches Recht eines Leistungsberechtigten begründet); s. bereits BSG 22.9.2009 – B 4 AS 13/09R, SozR 4–4200 § 15 Nr. 1.

13 Zu den Qualitätsstandards für das Fallmanagement sa DV NDV 2004, 149; NDV 2009, 271.

14 Spellbrink NZS 2010, 649 (653); sa ders. Sozialrecht aktuell 2006, 5; ders., Die Eingliederungsvereinbarung nach § 15 SGB II und ihre Sanktionierung, in: ders. (Hrsg.), Das SGB II in der Praxis der Sozialgerichte – Bilanz und Perspektiven, Stuttgart ua 2010, 45.

15 Bundesrechnungshof, Bericht nach § 88 BHO v. 19.5.2006 zur Durchführung der Grundsicherung für Arbeitsuche, 3, 11 ff., passim.

16 S. BMAS, Endbericht zur Evaluation der Experimentierklausel nach § 6 c SGB II, Berlin 9.12.2008, 97 f., passim.

17 Schütz ua, IAB-KB 18/2011.

18 Van den Berg ua, Was Vermittlungsfachkräfte von Eingliederungsvereinbarungen halten, IAB-Forschungsbericht 11/2014.

dadurch nicht gleichberechtigte Beteiligte der Eingliederungsvereinbarung, sondern sind hierbei lediglich zu beteiligen (§ 15 Abs. 4 SGB II).

Die Regelverpflichtung („soll") zum Abschluss einer Eingliederungsvereinbarung lässt **9** jedenfalls Raum, hiervon in **atypischen Ausnahmefällen** abzusehen. Der Eingliederungsvereinbarung geht es vor allem um die Eingliederung in Arbeit, nicht um gesellschaftliche Integration. Dies prägt die Ausnahmetatbestände vor. Von einer Eingliederungsvereinbarung kann abgesehen werden, wenn ihr Zweck, den Prozess der Eingliederung in den Arbeitsmarkt zu strukturieren und zu befördern, erkennbar nicht erreicht werden kann oder sie hierfür (aktuell) nicht erforderlich ist.[19] Dies kann zB bei Personen der Fall sein, die bereits hinreichend in das Erwerbsleben integriert sind (Aufstocker), bei denen die Hilfebedürftigkeit auch nicht durch eine Änderung im Beschäftigungsverhältnis, einen Stellenwechsel oder das Angebot von Eingliederungsmaßnahmen gesenkt oder beendet werden kann,[20] oder bei Personen, die zwar erwerbsfähig sind, denen aber zB wegen Wahrnehmung von Erziehungs- oder Betreuungsaufgaben, des Besuchs einer weiterführenden Schule oder Bildungseinrichtung (bei erwerbsfähigen Minderjährigen), die nicht schon nach § 7 Abs. 5 SGB II zum Leistungsausschluss führt, oder sonst aus wichtigem Grund (vorübergehend) eine Erwerbstätigkeit oder Eingliederungsmaßnahme nach § 10 Abs. 1 SGB II nicht zuzumuten ist. Weitere Ausnahmen kommen zB für Personen in Betracht, bei denen eine Arbeitsaufnahme unmittelbar bevorsteht, deren Erwerbsfähigkeit umstritten ist und von der AA nach § 44 a SGB II verneint worden ist,[21] bei im Rahmen von Hilfen nach §§ 67 ff. SGB XII betreuten, arbeitsmarktfernen Personen bei bestehendem Hilfeplan[22] oder Personen, die erkennbar den Inhalt der Eingliederungsvereinbarung intellektuell, zB wegen Analphabetismus, nicht erfassen können oder wegen vorübergehender Störung der Handlungs- und Geschäftsfähigkeit nicht unbeschränkt geschäftsfähig sind.

Mit der Abschaffung der bis zum 31.3.2011 vorgesehenen Sanktionierung der Weige- **10** rung, eine angebotene Leistungsvereinbarung abzuschließen, hat der Rückgriff auf den die **Eingliederungsvereinbarung ersetzenden Verwaltungsakt** (§ 15 Abs. 3 S. 3 SGB II) an Bedeutung gewonnen. Das BSG[23] hatte zunächst in der Regelverpflichtung der AA zum Abschluss einer Eingliederungsvereinbarung eine reine Verfahrensvorschrift gesehen, die das Verhalten und Vorgehen der Grundsicherungsträger steuern soll, nach Entstehungsgeschichte, systematischem Zusammenhang sowie Sinn und Zweck ein Regel-/Ausnahmeverhältnis abgelehnt und dem Grundsicherungsträger die Alternative des Erlasses eines Verwaltungsaktes schon dann eröffnet, wenn ihm dies als der besser geeignete Weg erscheint. Hintergrund war die Einordnung, dass auch die Eingliederungsvereinbarung letztlich darauf ausgerichtet sei, einseitig die Vorstellungen der Leistungsträger durchzusetzen. In der Folgezeit hat das BSG[24] einen Vorrang der konsensualen Lösung gegenüber dem hoheitlichen Handeln durch Verwaltungsakt und den besonderen Stellenwert angesprochen, den man der aktiven Mitarbeit des Leistungsberechtigten bei der gemeinsamen Ausarbeitung einer Eingliederungsvereinbarung beimisst, und eine Gleichrangigkeit der Handlungsformen Vereinbarung und Verwaltungsakt verneint. Der Eingliederungsverwaltungsakt erfordert daher in jedem Einzelfall ernsthafte und konsensorientierte Bemühungen des JC um eine (rechtmäßige) Eingliederungsvereinbarung,[25] deren

19 Berlit in: LPK-SGB II § 15 Rn. 24.
20 DH-BA 15.9 f.
21 LSG RhPf 5.7.2007 – L 3 ER 175/07 AS, FEVS 59, 25 (keine Eingliederungsvereinbarung zur Klärung der Erwerbsfähigkeit); sa HessLSG 17.10.2008 – L 7 AS 251/08 B ER.
22 Kocialkowski Sozialrecht aktuell 2006, 38, 39.
23 BSG 22.9.2009 – B 4 AS 13/09 R, SozR 4–4200 § 15 Nr. 1.
24 BSG 14.2.2013 – B 14 AS 195/11 R, SozR 4–4200 § 15 Nr. 2; 2.4.2014 – B 4 AS 26/13 R, SozR 4–4200 § 15 Nr. 3.
25 LSG RhPf 9.5.2016 – L 6 AS 181/16 BER.

Abschluss der Leistungsberechtigte ohne sachgerechten Grund verweigert/vereitelt, oder besondere Umstände, die solche Bemühungen als von Anbeginn an als sinnlos erscheinen lassen.[26] Diese vorrangigen Bemühungen sind zu dokumentieren.[27]

II. Rechtsnatur der Eingliederungsvereinbarung

11 Der Gesetzgeber hat die Eingliederungsvereinbarung nach Abs. 1 S. 1 als rechtlich bindenden, **subordinationsrechtlichen öffentlich-rechtlichen Vertrag** ausgestaltet,[28] der ein sozialrechtliches Leistungsverhältnis ausgestaltet, aber nicht begründet. Das BSG hat sich dem nach anfänglichem Zögern[29] inzwischen angeschlossen.[30] Die fehlende Vertragsabschlussfreiheit auf Seiten des Leistungsberechtigten und die fehlende Verhandlungssymmetrie[31] ändern hieran nichts. Sie setzen die Vertragsform voraus und gebieten lediglich, die Abschlussbedingungen verfassungskonform auszugestalten und die Inhaltskontrolle intensiver zu gestalten. Diese von der wohl herrschenden Ansicht bevorzugte Einordnung gründet indes nicht in einem unreflektierten Vertrags„fetischismus" oder der Bewertung, dass die Vertragsform die der Handlungssituation und Interessenlage adäquate Rechtsform ist. Sie respektiert lediglich die vom Gesetzgeber nach Entstehungsgeschichte[32] und innerer Systematik der Regelung gewählte Handlungsform. Weil Eingliederungsleistungen und Eingliederungsbemühungen des Leistungsberechtigten nicht in einem strikten, synallagmatischen Gegenseitigkeitsverhältnis stehen, ist die Vereinbarung ein sog „hinkender"[33] bzw. „unechter"[34] Austauschvertrag.[35]

12 Eine beachtliche Mindermeinung will dem Zwangscharakter der Eingliederungsvereinbarung und ihrer funktionalen Gleichwertigkeit mit dem sie ersetzenden Verwaltungsakt schon bei der Rechtsformbestimmung Rechnung tragen. Sie wertet die Eingliederungsvereinbarung als **normersetzendes bzw. -konkretisierendes hoheitliches Handeln sui generis**.[36] Die Konstruktion eines neuen, einseitigen hoheitlichen Rechtsakts jenseits des Verwaltungsakts mit unklarem dogmatischem Gehalt berücksichtigt die Atypik der Abschlussbedingungen und stellt eine Inhaltskontrolle sicher, die jener bei einem ersetzenden Verwaltungsakt entspricht. Schon hierfür ist sie indes nicht erforderlich. Der Ansatz vernachlässigt zudem die im Gesetzestext selbst verankerte Dichotomie von Vereinbarung (Abs. 2, 3 Satz 1 und 2) und Verwaltungsakt (Abs. 3 S. 3).[37]

---

26 Berlit in: LPK-SGB II § 15 Rn. 65.
27 Sa SG Köln 20.5.2016 – S 37 AS 3940/15.
28 So die weit überwiegende Meinung, s. etwa – mwN – Berlit Sozialrecht aktuell 2006, 41 f.; Davilla 2010 (Lit.), 138 ff.; Fuchsloch in: Gagel SGB II/SGB III § 15 Rn. 109 ff.; Knoblauch/Hübner NDV 2005, 277; Kretschmer 2012 (Lit.), 182 ff.; Lang NZS 2006, 176 (181); Lehmann-Franßen NZS 2005, 519; Rauch/Zellner 2008 (Lit.), 19 ff.; Shirvani SGb 2010, 257 (260); Martini/Schenkel VSSR 2010, 393 (396 ff.); DH-BA 15.4; LSG BW 19.7.2007 – L 7 AS 689/07; SächsLSG 19.6.2008 – L 3 AS 39/07; LSG NRW 21.10.2009 – L 12 AS 12/09; so nun auch für die EingliedV nach § 37 Abs. 2 SGB III SG Stade 11.1.2011 – S 16 AL 122/09 (mit Anm. Bieback in: jurisPR-SozR 14/2011 Anm. 1).
29 BSG 2.4.2014 – B 4 AS 26/13 R, SozR 4–4200 § 15 Nr. 3, SozR 4–4300 § 37 Nr. 1.
30 BSG 23.6.2016 – B 14 AS 30/15 R, SGb 2017, 415 (mit Anm. Bienert SGb 2018, 60); ebenso zur Eingliederungsvereinbarung nach § 37 SGB III BSG 4.4.2017 – B 11 AL 5/16.
31 Schweiger NZS 2002, 410 (412); v. Koppelfels-Spies NZS 2011, 1.
32 BT-Drs. 15/1516, 54.
33 S. v. Wulffen SGB X § 55 Rn. 11; Knoblauch/Hübner NDV 2005, 277 (278); Lehmann-Franßen NZS 2005, 519 (522 f.).
34 Sonnhoff in: jurisPK-SGB II § 15 Rn. 41 ff., 46; SG Reutlingen 28.2.2008 – S 2 AS 445/08 ER.
35 Rauch/Zellner 2008 (Lit.), 22 f.; HessLSG 17.10.2008 – L 7 AS 251/08 B ER; aA Luthe/Timm SGb 2005, 261.
36 S. etwa Spellbrink Sozialrecht aktuell 2006, 51 (54 f.); ders. NZS 2010, 649 (653); KSW/Knickrehm § 15 SGB II Rn. 5; sa Busse RsDE 67 (2008), 56 (Realakt).
37 Sa Sonnhoff in: jurisPK-SGB II § 15 Rn. 33.

Konsequenz der Einordnung als öffentlich-rechtlicher Vertrag ist, dass die Eingliede- 13
rungsvereinbarung die Anforderungen der §§ 53 ff. SGB X zu beachten hat,[38] soweit
§ 15 SGB II nicht Abweichendes regelt oder sich dies aus den Strukturprinzipien des jeweiligen Rechtsgebietes ergibt (§ 37 SGB I). Die Eingliederungsvereinbarung unterliegt
der Schriftform (§ 56 SGB X); sie ist schon beim Angebot einer Eingliederungsvereinbarung zu wahren.[39] Als unechter Austauschvertrag müssen Leistung und Gegenleistung
in einem angemessenen Verhältnis stehen und auf den Gesetzeszweck der Eingliederung
bezogen sein. Die Beachtung des sog Koppelungsverbotes (§ 55 Abs. 1 S. 2 SGB X) ist
bei Beschränkung auf die in § 15 Abs. 2 S. 2 genannten Vertragsinhalte regelmäßig
sichergestellt. Bei Beachtung des gesetzgeberischen Regelungskonzepts in den Inhalten
der Vereinbarung, insbes. bei individuellen, konkreten und verbindlichen Leistungsangeboten zur Eingliederung in Arbeit, welche die individuellen Verhältnisse des Leistungsberechtigten ebenso berücksichtigen wie die bisher gewonnenen Erfahrungen, als
grundsätzlich notwendiger Bestandteile einer Eingliederungsvereinbarung[40] mindert
sich auch die Gefahr eines Formenmissbrauchs.

III. Zustandekommen der Eingliederungsvereinbarung

Vor der Eingliederungsvereinbarung steht bei erwerbsfähigen Hilfebedürftigen regelmä- 14
ßig die **Potentialanalyse** (§ 15 Abs. 1 SGB II; sa § 37 Abs. 1 SGB III). Durch sie sollen die
Stärken und Schwächen des Leistungsberechtigten ermittelt werden, um so eine „passgenaue", optimal auf die jeweilige Person abgestimmte Eingliederungsstrategie vereinbaren zu können. Die Potenzialanalyse umfasst im beruflichen Bereich alle beruflich
verwertbaren Kenntnisse, Qualifikationen, die Berufserfahrung, die Aktualität der Qualifikation und Kenntnisse, Weiterbildungsaktivitäten in der Vergangenheit als Grundlage einer Einschätzung der Weiterbildungsfähigkeit und -bereitschaft, seiner Neigung,
Fähigkeit und Eignung einschließlich der persönlichen Vorlieben, Interessen und Vorstellungen zur weiteren beruflichen Tätigkeit und der Ermittlung der Möglichkeiten des
regionalen Arbeitsmarktes.[41] Die Feststellung persönlicher Merkmale darf den Bereich
der erkennbar eingliederungsrelevanten Feststellungen nicht verlassen und muss die Per-
sönlichkeitsrechte und die Menschenwürde des Leistungsberechtigten wahren; die Potenzialanalyse ist **keine** umfassende **Persönlichkeitsanalyse** oder psychiatrische Anamne-
se. Wegen der Verknüpfung mit der Eingliederungsvereinbarung, die auf der Potentialanalyse aufbauen soll, kann auf die Potentialanalyse, auf deren (qualifizierte) Durchführung[42] der Leistungsberechtigte bei typischen Fällen einen Anspruch hat, in atypischen
Fällen verzichtet werden, etwa dann, wenn nachfolgend keine Eingliederungsvereinbarung zu schließen ist.

Das BSG wertet die **Sollregelung** zum **Abschluss einer Eingliederungsvereinbarung** als 15
reine Verfahrensvorschrift; sie soll dem Leistungsberechtigten, der nach § 2 Abs. 1 S. 2
SGB II eine Eingliederungsvereinbarung abzuschließen hat, keine subjektiv-öffentlich-
rechtlichen Ansprüche auf Abschluss oder doch ernsthafte oder sachgerechte Verhandlungen der AA über deren Abschluss vermitteln.[43] Dies widerspricht dem Leitbild des
aktiven Leistungsberechtigten, der sich nachhaltig und aus Eigeninitiative um die Verringerung der Hilfebedürftigkeit müht (§ 1 Abs. 1, § 2 SGB II), reduziert den zu „akti-

---

38 S. BSG 23.6.2016 – B 14 AS 30/15 R, SGb 2017, 415.
39 HessLSG 17.10.2008 – L 7 AS 251/08.
40 BSG 23.6.2016 – B 14 AS 195/11 R, SozR 4-4200 § 15 Nr. 6; 23.6.2016 – B 14 AS 30/15 R, SGb 2017,
    415.
41 Sa BT-Drs. 14/6944, 28 (zu § 6 SGB III aF).
42 DV, Empfehlungen zum Fallmanagement im SGB II, NDV 2009, 271.
43 BSG 22.9.2009 – B 4 AS 13/09 R, SozR 4-4200 § 15 Nr. 1; insoweit nicht klar überholt durch BSG
    14.2.2013 – B 14 AS 195/11 R, SozR 4-4200 § 15 Nr. 2.

ver" Mitwirkung aufgerufenen Leistungsberechtigten auf einen Objektstatus, macht dessen Einbindung vom Wohlwollen des jeweiligen Sachbearbeiters abhängig[44] und blendet die Grundkonzeption des Gesetzgebers aus, der auf einen kooperativen Prozess der Leistungserbringung setzt.

16 Fachlich dient – idealtypisch – die Eingliederungsvereinbarung der Entwicklung und des Abgleichs der wechselseitigen Vorstellungen über die künftige **Gestaltung des Eingliederungsprozesses**, der zu erreichenden Zwischenziele, der Verständigung über die Ursachen von Eingliederungshemmnissen und den Chancen zu ihrer Beseitigung. Hieran hat der Leistungsberechtigte konstruktiv und verantwortungsbewusst, aber ohne Selbstverleugnung mitzuwirken. Diese **Verhandlungsphase** muss von dem Leistungsträger durch hinreichend qualifiziertes Personal verständigungsorientiert moderiert und strukturiert werden; als Teil des Hilfeprozesses ist sie nachvollziehbar zu dokumentieren. Der Leistungsberechtigte darf eigene Vorschläge einbringen; für die Prüfung der vom Leistungsträger vorgeschlagenen Vereinbarung sind ihm angemessene Prüf- und Bedenkzeiten einzuräumen.[45]

17 Die Eingliederungsvereinbarung kommt – als Vertrag – zustande, wenn unter Wahrung der Schriftform (§ 56 SGB X) auf einer Vertragsurkunde[46] auf den Abschluss der Vereinbarung gerichtete, **übereinstimmende Willenserklärungen des Leistungsträgers und des Leistungsberechtigten** dokumentiert werden. Mündliche Nebenabreden und Erläuterungen sind unwirksam; fehlerhafte oder irreführende Erläuterungen zum Bedeutungsgehalt der schriftlich fixierten Eingliederungsvereinbarung können aber eine Irrtumsanfechtung nach § 119 BGB rechtfertigen. Bei bestehender gemeinsamer Einrichtung wird allein das Jobcenter Vertragspartei. Das erforderliche Einvernehmen des kommunalen Trägers ist interne Mitwirkungshandlung,[47] macht diesen aber nicht zur Vertragspartei. Der Leistungsberechtigte muss unbeschränkt geschäftsfähig sein; bei minderjährigen Leistungsberechtigten erstreckt sich die allgemeine sozialrechtliche Handlungsfähigkeit (§ 11 Abs. 1 Nr. 2 SGB X) nicht auf die Vertragsabschlussbefugnis.[48] Soweit in der Eingliederungsvereinbarung Leistungen an Dritte, insbes. Arbeitgeber, zur Beschäftigungsförderung (§ 16 c SGB II), oder bei Dritten durchzuführende Maßnahmen vereinbart werden, werden diese Dritten nicht Vertragspartner der Eingliederungsvereinbarung; auch sonst ist für den Regelfall davon auszugehen, dass eigenständige Rechte und Pflichten der Dritten nicht begründet werden (sollen).

18 Die **Eingliederungsvereinbarung** ist nicht mehr nur für einen bestimmten Zeitraum (§ 15 Abs. 1 S. 4 und 5. SGB II [aF]), sondern ohne gesetzlich klar definierte Geltungsdauer abzuschließen. Sie ist aber regelmäßig, spätestens nach Ablauf von sechs Monaten gemeinsam zu überprüfen und fortzuschreiben (§ 15 Abs. 3 Satz 1 SGB II); Folgevereinbarungen haben die bisherigen Erfahrungen zu reflektieren und umzusetzen (§ 15 Abs. 3 S. 2 SGB II). Die Eingliederungsvereinbarung kann jederzeit einvernehmlich geändert oder aufgehoben werden und ist so offen für eine konsensuale Anpassung – etwa an veränderte Verhältnisse – auch vor Ablauf der Regelüberprüfungsfrist.[49] Bei wesentlicher Änderung der tatsächlichen Verhältnisse besteht ein Anpassungs- bzw. Kündi-

---

44 Sonnhoff in: jurisPK-SGB II § 15 Rn. 20.
45 LSG Bln-Bbg 28.11.2005 – L 10 B 1293/05 AS ER.
46 BVerwG 29.4.1998 – 11 C 6.97, BVerwGE 106, 345.
47 Weitergehend Sonnhoff in: jurisPK-SGB II § 15 Rn. 55 (schwebend unwirksam bis zur Herstellung des Einvernehmens).
48 Sa Knoblauch/Hübner NDV 2005, 277 (280); Berlit Sozialrecht aktuell 2006, 41 (46).
49 Berlit in: LPK-SGB II § 15 Rn. 58 ff.

gungsanspruch (§ 59 Abs. 1 S. 1 SGB X).[50] Durch die Ersetzung der Regellaufzeit durch eine Regelüberprüfungsfrist ist nicht schon durch die (möglicherweise unbefristete) Laufzeit gesichert, dass nicht an Zielen und Maßnahmen festgehalten wird, die sich als erfolglos erwiesen haben.[51] Bei Dissens zwischen Leistungsträger und Leistungsberechtigtem über die Notwendigkeit einer Fortschreibung nach Ablauf der Überprüfungsfrist ist bei unbefristeten Eingliederungsvereinbarungen oder solchen mit längerer Laufzeit jedenfalls dem Leistungsberechtigten ein von den Voraussetzungen des § 59 SGB X unabhängiges Sonderkündigungsrecht einzuräumen.[52]

IV. Inhalt der Eingliederungsvereinbarung

Die Eingliederungsvereinbarung soll das **Konzept des Forderns und Förderns einzelfall- 19 bezogen konkretisieren** und hierfür sowohl die Förderleistungen bestimmen, die der Leistungsberechtigte zur Eingliederung in Arbeit erhält (§ 15 Abs. 2 S. 2 Nr. 1 SGB II), als auch festlegen, was hierfür vom Leistungsberechtigten an wie nachzuweisenden Eingliederungsbemühungen (§ 15 Abs. 2 S. 2 Nr. 2 SGB II) gefordert wird. Als weitere mögliche Inhalte hebt das Gesetz die Leistungen an Angehörige der Bedarfsgemeinschaft (§ 15 Abs. 4 SGB II)[53] hervor. Die Aufzählung der Inhalte ist nicht abschließend; die Eingliederungsvereinbarung kann ua bestimmen, in welche Tätigkeiten oder Tätigkeitsbereiche die leistungsberechtigte Person vermittelt werden soll (§ 15 Abs. 2 S. 3 SGB II) oder sich zB auf eine weitere Konkretisierung der Erreichbarkeit (§ 7 Abs. 4 a SGB II) oder – in den durch §§ 63, 65 SGB I gezogenen Grenzen[54] – die Inanspruchnahme einer Heilbehandlung beziehen.

§ 55 Abs. 2 SGB X schließt dabei eine Vereinbarung über gesetzesunmittelbar geregelte 20 Leistungen und damit zB über die Regelleistung aus.[55] Die Förderleistungen konzentrieren sich auf die Leistungen nach §§ 16 ff. SGB II, die weit überwiegend im Ermessen der Leistungsträger stehen; sie sind an die allgemeinen Leistungsgrundsätze (§ 3 SGB II) gebunden. Bei den Mitwirkungsleistungen sind neben allgemeinen Grenzen (Zumutbarkeit und Verhältnismäßigkeit) die diese Grundsätze ausformenden Regelungen, zB Beschränkungen der Obliegenheiten zur Inanspruchnahme vorrangiger Leistungen (§ 12 a SGB II), des Einsatzes von Einkommen und Vermögen (§§ 11 ff. SGB II) oder der Zumutbarkeit von Arbeit (§ 10 SGB II) zu beachten.

Die Eingliederungsvereinbarung zielt auf eine dem Einzelfall entsprechende, am Indivi- 21 dualisierungsgrundsatz und dem Ziel möglichst passgenauer Förderung orientierte Konkretisierung der zu erbringenden Leistungen. Sie muss daher eine auf einer jedenfalls vertretbaren Problemanalyse,[56] die Bestandteil der gesetzlich vorgegebenen Potential-

---

50 BSG 6.12.2012 – B 11 AL 15/11, SozR 4–1300 § 59 Nr. 1 (für eine Kündigung durch den Leistungsträger). Für ein „Sonderkündigungsrecht" des Leistungsträgers zur Abwendung schwerer Nachteile für das Gemeinwohl (§ 59 Abs. 1 S. 2 SGB X) sind Anwendungsfälle nicht vorstellbar; die Kündigung allein aus fiskalischen Gründen (Bereitstellung projektbezogener Arbeitsplätze im Rahmen der Bürgerarbeit statt Förderung der Teilnahme an einer beruflichen Weiterbildungsmaßnahme) ist ausgeschlossen; s. SG Gießen 6.10.2011 – S 27 AS 998/11 ER, ASR 2012, 24. Der Wegfall der Hilfebedürftigkeit ist indes eine wesentliche Änderung, die eine Kündigung der Eingliederungsvereinbarung rechtfertigt; s. SächsLSG 26.5.2011 – L 3 AL 120/09, info also 2011, 262.
51 BSG 14.2.2013 – B 14 AS 195/11 R, SozR 4–4200 § 15 Nr. 2.
52 Berlit in: LPK-SGB II § 15 Rn. 56.
53 Dies erlaubt aber nicht Leistungen zur Eingliederung in Arbeit bzw. vergleichbare Leistungen an noch nicht 15 Jahre alte Sozialgeldbezieher; s. LSG Nds-Brem 9.5.2012 – L 13 AS 10/11 (im Fall: Kosten im Zusammenhang mit Bewerbungen und Aufnahmeprüfungen bei Ballettschulen). Aufgehoben worden ist die nach § 15 Abs. 3 SGB II (aF) noch vorgesehene Pflicht zum Schadensersatz bei zu vertretendem Abbruch einer Bildungsmaßnahme, die praktisch nur eine geringe Rolle gespielt hatte.
54 SG Braunschweig 11.9.2006 – S 21 AS 962/06 ER (kein Verlangen nach psychiatrischer Behandlung).
55 BSG 2.4.2014 – B 4 AS 26/13 R, SozR 4–4200 § 15 Nr. 3; 7.10.2014 – B 14 AS 55/14 B.
56 BT-Drs. 15/1516, 46.

analyse ist (§ 15 Abs. 1 S. 2 SGB II), gründende, **konsistente Eingliederungs- bzw. Vermittlungsstrategie** verfolgen,[57] diese tunlichst auch konkret bezeichnen und regelmäßig das bindende Angebot einer konkret beschriebenen, nach Art, Umfang und Zeitpunkt bestimmten Vertragsleistung umfassen.[58] Die bloße Wiederholung nach dem Gesetz möglicher Fördermaßnahmen, die unverbindliche Inaussichtstellung einer Prüfung von Maßnahmen oder rein allgemein gehaltene Verpflichtungserklärungen ohne zeitlichen Bezug reichen nicht aus.[59] Unzureichend sind auch pauschale, nicht auf die Lebens- und Erwerbssituation des leistungsberechtigten Aufstockers abgestimmte Bewerbungsbemühungen.[60] Zur allgemeinen Asymmetrie von Fordern und Fördern gehört, dass eine unzureichende Bestimmung der Eingliederungsleistungen für den Leistungsträger „sanktionslos" bleibt: Konsequenz muss dann allerdings sein, dass keine beachtliche Eingliederungs"vereinbarung" vorliegt, an die bei Nichterfüllung von dem Leistungsberechtigten nachzuweisenden Eigenbemühungen nach § 31 ff. SGB II Sanktionen anknüpfen können.[61]

22   Als **Leistungen zur Eingliederung in Arbeit** kommen die in den §§ 16 ff. SGB II ausgeformten Leistungen in Betracht (dazu Kapitel 29). Die Bestimmungsbefugnis und der Vereinbarungscharakter berechtigen die Vertragsparteien nicht zu Vereinbarungen, welche die gesetzlichen Gewährungsvoraussetzungen missachten. Eine hiernach gesetzeswidrige Vereinbarung bindet den Leistungsträger aber, soweit sie nicht nach allgemeinen Grundsätzen zur Nichtigkeit führt, und ist dann aus Vertrag selbstständige Anspruchsgrundlage.[62]

23   Die Vereinbarungen zu den vom Leistungsberechtigten zu erbringenden und **nachzuweisenden Eingliederungsbemühungen** (§ 15 Abs. 2 S. 2 Nr. 2 SGB II) formen die allgemeine Selbsthilfeobliegenheit zur Überwindung der Hilfebedürftigkeit (§ 2 SGB II) und damit den Nachranggrundsatz aus. Indem sie das umfassende Gebot, „alle Möglichkeiten" zur Überwindung der Hilfebedürftigkeit auszuschöpfen, ausfüllen, begrenzen sie zudem die dem Leistungsberechtigten abverlangten Maßnahmen und schaffen so für diesen auch Rechtssicherheit. Diese Konkretisierung hat aber neben der begrenzend entlastenden eine belastend risikoerhöhende Funktion: Bei pflichtwidriger Nichterfüllung der so konkretisierten Obliegenheiten droht die Sanktionierung (§ 31 Abs. 1 S. 1 Nr. 1 SGB II). Diese Teilfunktion rechtfertigt indes nicht, den Hauptzweck dieses Instituts und dessen Kern darin zu sehen, im Gewande einer sozialpädagogischen Showveranstaltung eine Basis für Leistungsabsenkungen zu schaffen.[63] Die richtige Kritik an der repressiven Überformung des Casemanagement-Ansatzes und des Gedankens kooperativer Leistungserbringung ändert nichts an dem bei sachgerechter Handhabung erreichbaren Nutzen.[64] Je weiter sich der Leistungsträger bei den festgelegten Eigenbemühungen vom Kernbereich der Arbeitseingliederung entfernt, desto mehr hat er das grundrechtlich geschützte Selbstbestimmungsrecht des Leistungsberechtigten zu beachten.[65]

24   Die dem Leistungsberechtigten abzuverlangenden **Eingliederungsbemühungen** dürfen den Einzelnen fordern, aber nicht überfordern. Nach dem Individualisierungsgrundsatz müssen sie die **intellektuelle Einsichtsfähigkeit und das erkennbare Handlungsvermögen**

---

57   ThürLSG 12.1.2015 – L 4 AS 1231/14 B ER, ZfSH/SGB 2015, 228.
58   BSG 23.6.2016 – B 14 AS 30/15 R, SGb 2017, 415.
59   LSG BW 22.1.2007 – L 13 AS 4160/06 ER-B; Sonnhoff in: jurisPK-SGB II § 15 Rn. 59.
60   LSG NRW 17.6.2016 – L 6 AS 951/16 B ER, info also 2017, 126 (mit Anm. Spindler).
61   BSG 23.6.2016 – B 14 AS 30/15 R, SGb 2017, 415; 23.6.2016 – B 14 AS 42/15 R, SozR 4-4200 § 15 Nr. 6 (mit Anm. Hökendorf/Wersig SGb 2017, 418).
62   LSG BW 19.7.2007 – L 7 AS 689/07; Berlit in: jurisPR-SozR 18/2007 Anm. 2.
63   So aber Spellbrink NZS 2010, 649 (653); diese Perspektive prägt das BSG-Urteil zur Ablehnung eines Anspruchs auf eine Eingliederungsvereinbarung (BSG 22.9.2009 – B 4 AS 13/09 R, SozR 4-4200 § 15 Nr. 1).
64   Dazu eingehend – wenn auch überzogen positiv – Kretschmer 2012 (Lit.).
65   LSG BW 8.11.2016 – L 9 AS 4164/15 ([keine] Verpflichtung zu Bemühungen zur Wohnungssuche).

des **Leistungsberechtigten** beachten[66] und die im Rahmen der Potentialanalyse aufzuklärenden Umstände des Einzelfalles berücksichtigen, zB die Vor- und Ausbildung des erwerbsfähigen Leistungsberechtigten, seine beruflichen Erfahrungen oder sonstige individuelle Kenntnisse und Fähigkeiten, seine Bewerbungserfahrungen, die persönliche und familiäre Situation und die Lage auf dem regionalen Arbeitsmarkt.[67] Damit unvereinbar ist die in der Praxis häufig anzutreffende schematische, von jeder Eingliederungsstrategie abgelöste Bestimmung einer Mindestzahl monatlich vorzulegender Bewerbungen.[68] Bei kostenträchtigen Eingliederungsbemühungen (zB Fahrten zu Vorstellungsterminen, Anzeigen)[69] ist schon in der Eingliederungsvereinbarung die Finanzierung (zB Fahrtkostenübernahmezusage) verbindlich[70] zu regeln,[71] für die nicht einfach auf die Mobilitätsanteile im Regelbedarf[72] oder die gesetzlich vorgesehene Möglichkeit einer Übernahme[73] verwiesen werden darf.

Eigenbemühungen sind in aller Regel Bewerbungen unter Ausschöpfung der erreichbaren Nachweise zu Arbeitsangeboten und Initiativbewerbungen, aber zB auch Verbesserungen der Sprachfähigkeiten.[74] Vereinbarte **Eigenbemühungen** sind **nach Art, Umfang, Zeit und Ort** so **zu konkretisieren**, dass die Verletzungshandlung ohne Weiteres festgestellt werden kann;[75] eventuelle Unklarheiten gehen zulasten des für die Sanktionsentscheidung zuständigen Grundsicherungsträgers.[76] Dies gilt auch für die Modalitäten des Nachweises (Umfang notwendiger Angaben; Nachweisform und -frequenz), die sachlich gerechtfertigt sein müssen;[77] geschuldet sind regelmäßig substantiierte, nachprüfbare Angaben über vorgenommene Bemühungen,[78] nicht deren Vollbeweis.[79]   **25**

Die Festlegung, welche **Leistungen Dritter** der erwerbsfähige Leistungsberechtigte zu beantragen hat (§ 15 Abs. 2 S. 2 Nr. 3 SGB II), zielt auf die Stärkung der Eigenverantwortung des erwerbsfähigen Leistungsberechtigten und setzt den Nachranggrundsatz um. Die Erreichbarkeit anderweitiger Leistungen Dritter wird vorausgesetzt, bestehende Ansprüche werden nicht erweitert. Das „Selbsteintrittsrecht" des Leistungsträgers (§ 5 Abs. 3 SGB II) bleibt unberührt.   **26**

Die Festlegung von **Leistungen an Personen, die mit dem Leistungsberechtigten in einer Bedarfsgemeinschaft leben,** zielt vor allem auf die selbst nicht erwerbsfähigen Mitglieder der Bedarfsgemeinschaft und hier die kommunalen Eingliederungsleistungen (§ 16 a SGB II), zB Schuldnerberatung, Bereitstellung von Kinderbetreuungsangeboten oder fa-   **27**

---

66 BVerwG 17.5.1995 – 5 C 20.93, BVerwGE 98, 203.
67 NdsOVG 3.7.2000 – 4 L 1967/00, info also 2001, 33; VG Hannover 18.1.1999 – 15 B 8500/98, info also 1999, 86; SG Berlin 15.1.2002 – S 51 AL 1491/00, info also 2003, 109 (zu § 119 Abs. 5 SGB III).
68 SG Berlin 12.5.2006 – S 37 AS 11713/05; Zweifel an (allzu) schematischen, die Umstände des Einzelfalls außer Betracht lassenden Festlegungen, BSG 23.6.2016 – B 14 AS 42/15 R, SozR 4–4200 § 15 Nr. 6.
69 Bei gegebenem Internetanschluss ist eine Kostenregelung für Onlinebewerbungen oder telefonische Bewerbungen regelmäßig nicht erforderlich; s. BayLSG 24.3.2016 – L 7 AS 140/16 B ER, FEVS 68, 133.
70 BSG 23.6.2016 – B 14 AS 30/15 R, SGb 2017, 415; problematisch ist, die Kostenübernahme von einem vorherigen Antrag abhängig zu machen (BayLSG 24.3.2016 – L 7 AS 140/16 B ER, FEVS 68, 133).
71 S. bereits Behrens info also 2001, 78; sa LSG Nds-Brem 4.4.2012 – L 15 AS 77/12 B ER, info also 2012, 220 (für den ersetzenden Verwaltungsakt).
72 BSG 6.12.2007 – B 14/7 b AS 50/06 R, FEVS 59, 554.
73 BSG 23.6.2016 – B 14 AS 42/15 R, SozR 4–4200 § 15 Nr. 6.
74 S. Berlit in: LPK-SGB II § 2 Rn. 26 ff.; zur generellen Zulässigkeit solcher Aufforderungen s. BSG, 20.10.2005 – B 7 a AL 18/05 R, SozR 4–4300 § 119 Nr. 3; 23.6.2016 – B 14 AS 42/15 R, SozR 4–4200 § 15 Nr. 6 (mit Anm. Hökendorf/Wersig SGb 2017, 418).
75 SächsLSG 12.11.2015 – L 7 AS 889/15 B ER, ZfSH/SGB 2016, 146; 4.9.2014 – L 7 AS 1018/14 B ER, info also 2015, 80; HessLSG 16.1.2014 – L 9 AS 846/13 B ER, FEVS 66, 20.
76 LSG NRW 18.10.2006 – L 1 B 27/06 AS ER; 9.9.2014 – L 7 AS 1220/14 B ER.
77 SG Karlsruhe 7.11.2016 – S 4 AS 3633/16 ER (keine Pflicht, Bewerbungsbemühungen einmal wöchentlich zu einer festen Uhrzeit nachzuweisen).
78 Nicht ausreichend: Stempel eines potenziellen Arbeitgebers ohne weiteren Erklärungswert; LSG Bln-Bbg 12.10.2007 – L 14 B 1548/07 AS ER.
79 Sonnhoff in: jurisPK-SGB II § 15 Rn. 98, 100.

milientherapeutischen Angeboten; mit anderen erwerbsfähigen Leistungsberechtigten der Bedarfsgemeinschaft ist eine eigene Eingliederungsvereinbarung abzuschließen. Diese Erweiterung ist nur im Konsenswege möglich. Die gesetzlich vorgesehene Beteiligung erfordert ihren förmlichen Einbezug in die Vereinbarung (§ 12 Abs. 1 Nr. 3, § 57 Abs. 1 SGB X).

V. Wirksamkeit/Überprüfung einer Eingliederungsvereinbarung

28 Die rechtliche Einordnung der Eingliederungsvereinbarung bestimmt über Art und Intensität der rechtlichen Inhaltskontrolle. Zwischen den divergierenden Ansätzen zur rechtlichen Einordnung (→ Rn. 11 ff.) besteht Übereinstimmung, dass die Eingliederungsvereinbarung schon wegen der – allerdings nicht mehr sanktionsbewehrten – Verpflichtung zum Abschluss (§ 2 Abs. 1 SGB II) und der Möglichkeit, einen ersetzenden Verwaltungsakt zu erlassen, in einem asymmetrischen Zwangskontext steht. Weil wegen der atypischen Abschlusssituation die erhöhte Richtigkeitsgewähr der Vertragsform nicht greift und auch sonst kein Grund besteht, die gerichtliche Inhaltskontrolle gegenüber einem Verwaltungsakt zu lockern,[80] ist entgegen auch der höchstrichterlichen Rechtsprechung[81] nach hier vertretener Ansicht die Eingliederungsvereinbarung einer der Überprüfung des ersetzenden Eingliederungsverwaltungsaktes entsprechenden, **intensivierten Inhalts- und Rechtmäßigkeitskontrolle** zu unterwerfen;[82] sie ist bei an die Eingliederungsvereinbarung anknüpfenden Sanktionen von Amts wegen durchzuführen. Das BSG[83] hat allerdings die Anforderungen an einen qualifizierten Verstoß[84] gegen das sog Koppelungsverbot (§ 58 Abs. 2 Nr. 4 SGB X) so bestimmt, dass im Ergebnis eine intensivierte Prüfung der Ausgewogenheit der vom Leistungsempfänger zu erbringenden Eingliederungsbemühungen und der im Gegenzug vom JC übernommenen Leistungspflichten möglich ist. Fehlerhaft ist jedenfalls eine Eingliederungsvereinbarung, die auf die Festlegung konkreter Eingliederungsleistungen verzichtet und sich auf die Verpflichtung zu Eigenbemühungen reduziert.[85]

29 Eine abgeschlossene Eingliederungsvereinbarung ist nur zu beachten, soweit sie nicht nichtig ist. Im Ansatz gelten die allgemeinen Nichtigkeitsgründe des BGB (§ 58 Abs. 1 SGB X)[86] sowie die weiteren Nichtigkeitsgründe des § 58 Abs. 2 SGB X. Zum Ausgleich der **gestörten Vertragsparität beim Abschluss der Eingliederungsvereinbarung** ist der in §§ 55, 58 Abs. 2 Nr. 4 SGB X enthaltene Rechtsgedanke entsprechend anzuwenden, dass eine Behörde ihre überlegene Position nicht ausnützen darf, um sich eine an sich unzulässige, unangemessene Gegenleistung versprechen zu lassen. Nichtigkeit ist bereits dann anzunehmen, wenn die dem Leistungsberechtigten abverlangten Eingliederungseigenbemühungen nach Art oder Umfang rechtswidrig, weil ungeeignet oder im engeren Sinne unverhältnismäßig sind; es fehlt dann an der erforderlichen Gleichgewichtigkeit von Leistung und Gegenleistung.[87]

---

80 LSG Bln-Bbg 15.7.2008 – L 14 B 568/08 AS ER; sa LSG NRW 21.11.2007 – L 20 B 10/07 AS.
81 BSG 23.6.2016 – B 14 AS 42/15 R, SozR 4–4200 § 15 Nr. 6; 23.6.2016 – B 14 AS 30/15, SGb 2017, 415.
82 Berlit Sozialrecht aktuell 2006, 41 (47 f.); Sonnhoff in: jurisPK-SGB II § 15 Rn. 34, 94.1., 110 ff.; Müller in: Hauck/Noftz SGB II § 15 Rn. 31; im Ergebnis auch Spellbrink Sozialrecht aktuell 2006, 52 (55); str. aA etwa Davilla 2011 (Lit.), 144 f.; Martini/Schenkel VSSR 2010, 393 (412 ff.); zur Anwendung des § 307 Abs. 1 BGB s. HessLSG 13.5.2015 – L 6 AS 134/14.
83 BSG 23.6.2016 – B 14 AS 30/15, SGb 2017, 415.
84 Zu diesem Erfordernis BSG 13.2.2014 – B 8 SO 11/12 R, SozR 4–3500 § 106 Nr. 1.
85 BSG 23.6.2016 – B 14 AS 42/15 R, SozR 4–4200 § 15 Nr. 6; sa LSG Hmb 20.12.2016 – L 4 AS 271/16, FEVS 68, 557 (Verstoß wegen Angebots „passgenauer" Maßnahme verneint).
86 Sonnhoff in: jurisPK-SGB II § 15 Rn. 108 ff.
87 Sa LSG RhPf 28.4.2015 – L 3 AS 99/15 B ER, ZfSH/SGB 2015, 537 (Zuweisung einer Tätigkeit im Betreuungsbereich ohne entsprechende Vorkenntnisse).

Für die Eingliederungsvereinbarung ist auch der sonst für öffentlich-rechtliche Verträge **30**
entwickelte Grundsatz zu relativieren, dass für die Nichtigkeit nach § 134 BGB ein qualifizierter, besonders schwerwiegender Gesetzesverstoß erforderlich sei.[88] Den Leistungsberechtigten belastende Vereinbarungen[89] sind vielmehr bereits dann wegen Verstoßes
gegen ein gesetzliches Verbot **nichtig, wenn sie „einfach" rechtswidrig sind**, also eine
entsprechende Regelung in einem ersetzenden Verwaltungsakt mit Erfolg angefochten
werden könnte.[90] Dies kommt zB bei mehr als marginalen Verstößen gegen die Leistungsgrundsätze des § 3 Abs. 1 SGB II oder dann in Betracht, wenn auf die Ermittlung
der einzelfallbezogenen Besonderheiten zugunsten einer schematischen Leistungsgewährung verzichtet wird, statt eines Aushandelns mit hinreichender Reaktionszeit auch für
den Leistungsberechtigten eine vorgefertigte Eingliederungsvereinbarung zur Unterzeichnung vorgelegt wird oder die ausgewählten Maßnahmen nicht passgenau und zielgerichtet darauf bezogen sind, eine Erwerbstätigkeit auf dem ersten Arbeitsmarkt oder
sonst die Eingliederung in Arbeit zu unterstützen. Zu einem ähnlichen Ergebnis führt
die im Schrifttum vertretene verfassungskonforme Auslegung einer erweiternden Auslegung der Anfechtbarkeit nach § 123 BGB.[91]

VI. Nichterfüllung der Eingliederungsvereinbarung

Die Rechtsfolge bei Nichterfüllung der in der Eingliederung getroffenen Abreden hängt **31**
davon ab, welche Seite sie nicht erfüllt und wie konkret die Vereinbarung gefasst ist.
Der Leistungsberechtigte hat, soweit die Leistungen in der Vereinbarung hinreichend
konkret bezeichnet und diese nicht nichtig sind, aus dem Vertrag in Bezug auf die vertraglich zugestandenen Eingliederungsleistungen **Erfüllungsansprüche**.[92] Die Leistungsträger haben die in der Eingliederungsvereinbarung zugesagte Betreuungs-, Eingliede-
rungs-, Vermittlungs- bzw. Qualifizierungsstrategie nach Maßgabe der getroffenen Abreden (einschließlich etwaiger Vorbehalte und einseitiger „Nachbesserungsrechte") umzusetzen, soweit sich die Sach- oder Rechtslage nicht iSd § 34 Abs. 3, § 59 SGB X wesentlich geändert hat oder es zu einer Anpassung der Eingliederungsvereinbarung
kommt. Bei zeitlich oder sachlich nicht näher konkretisierten Leistungsankündigungen,
die auch nicht als Zusicherung (§ 34 SGB X) künftiger Leistungsgewährung gedeutet
werden können,[93] allgemeinen Prüfankündigungen oder dem bloßen „Versprechen",
die gesetzlichen Aufgaben zu erfüllen, ist die Eingliederungsvereinbarung für den Leistungsberechtigten ein „Muster ohne Wert".

Bei den durch die Eingliederungsvereinbarung konkretisierten **Obliegenheiten des Leis- 32
tungsberechtigten**, bestimmte Eingliederungsbemühungen zu entfalten, geht es regelmäßig um **unvertretbare Handlungen**. Der Leistungsträger hat keinen Erfüllungsanspruch,
der durch Verwaltungszwang durchzusetzen wäre. Dies gilt auch, wenn der Leistungsberechtigte nicht die nach § 15 Abs. 2 SGB II zur Durchsetzung vorrangiger Leistungen
durch Dritte erforderlichen Anträge stellt; die Eingliederungsvereinbarung kann die
Aufforderung ersetzen, die einem Antrag durch den Leistungsträger selbst (§ 5 Abs. 3
SGB II) voranzugehen hat.

---

88 AA BSG 23.6.2016 – B 14 AS 30/15 R, BSGE 121, 261, das aber de facto die Anforderungen an einen For-
    menmissbrauch bzw. einen Verstoß gegen das sog Koppelungsverbot (§ 58 Abs. 2 Nr. 4 SGB X) senkt.
89 Der in der Verhandlungssituation überlegene Leistungsträger bedarf dieses Schutzes nicht; sa LSG BW
    19.7.2007 – L 7 AS 689/07.
90 Das BSG (23.6.2016 – 14 AS 42/15 R, SozR 4–4200 § 15 Nr. 6) sieht eine solche Gleichartigkeit bei der
    Überprüfung eines ersetzenden Eingliederungsverwaltungsakts.
91 Martini/Schenkel VSSR 2010, 393 (416).
92 BSG 6.12.2012 – B 11 AL 15/11 R, BSGE 112, 241; LSG BW 19.7.2007 – L 7 AS 689/07.
93 Dazu LSG Bln-Bbg 11.12.2012 – L 34 AS 2550/12 B ER, info also 2013, 171.

33 Der Durchsetzung der in der Eingliederungsvereinbarung festgelegten Pflichten des Leistungsberechtigten dient mittelbar das **Sanktionenrecht** (§§ 31 ff. SGB II). Die nicht durch einen wichtigen Grund gerechtfertigte Weigerung, die in der Eingliederungsvereinbarung festgelegten Pflichten zu erfüllen, ist bei entsprechender Belehrung eine Pflichtverletzung (§ 31 Abs. 1 S. 1 Nr. 1 SGB II), die durch Leistungsminderung oder -wegfall sanktioniert werden kann.[94] Eine Sanktion kann indes nur an eine **wirksam geschlossene, nicht nichtige Eingliederungsvereinbarung** anknüpfen.[95] Die Frage ist vor/bei jeder Sanktion von Amts wegen inzident zu prüfen. Sanktionsfähig ist auch nur die Nichterfüllung solcher Eingliederungsbemühungsobliegenheiten, die in der Vereinbarung nach Art, Zeitpunkt und Umfang der Erfüllung und des Nachweises[96] hinreichend bestimmt vereinbart sind.

34 Zur Rechtmäßigkeit einer wegen des Verstoßes gegen Pflichten aus einer Eingliederungsvereinbarung verhängten Sanktion ist es weiterhin erforderlich, dass die damit ausgehändigte bzw. in die Eingliederungsvereinbarung aufgenommene **Rechtsfolgenbelehrung** inhaltlich zutreffend, konkret, verständlich, richtig und vollständig ist,[97] soweit eine solche Belehrung nicht ausnahmsweise[98] durch die Kenntnis der Rechtsfolgen entbehrlich wird. Wegen der inzwischen nicht kraft Gesetzes befristeten Laufzeit einer Eingliederungsvereinbarung und der Mehrzahl der in ihr getroffenen Abreden ist besonderes Augenmerk darauf zu legen, ob die Rechtsfolgenbelehrung hinreichend konkret auf den vorgeworfenen Pflichtverstoß bezogen und noch hinreichend aktuell ist, um ihre Warnfunktion zu erfüllen.

VII. Ersetzender Verwaltungsakt

35 Kommt keine Eingliederungsvereinbarung zustande,[99] sollen die ansonsten in der Eingliederungsvereinbarung zur Eingliederung in Arbeit zu treffenden Regelungen durch Verwaltungsakt erfolgen (§ 15 Abs. 3 S. 3 SGB II).[100] Die Ersetzungsbefugnis begegnet keinen durchgreifenden verfassungsrechtlichen Bedenken.[101] Das BSG[102] ging zunächst von einer **Gleichrangigkeit des Vertrags- und des Verwaltungsaktsweges** bei der Konkretisierung der Mitwirkungsobliegenheiten aus, hat inzwischen aber einen systematischen Vorrang der Vertragsform anerkannt.[103] Ohne vorangehende, ernsthafte Verhandlungen ist der ersetzende Verwaltungsakt regelmäßig rechtwidrig,[104] soweit nicht – ausnahmsweise – Bemühungen um eine Eingliederungsvereinbarung offenkundig aussichtslos gewesen wären. Der ersetzende Verwaltungsakt ist ein „normaler", nicht in einzelne Obliegenheiten oder Leistungen teilbarer,[105] bei Rechtswidrigkeit durch Widerspruch und

---

94 Zu Einzelheiten → Kap. 23 Rn. 44 ff.; Kretschmer 2012 (Lit.), 326 ff.
95 Sonnhoff in: jurisPK-SGB II § 15 Rn. 157.
96 Eine zeitlich fixierte Nachweisverpflichtung verschiebt sich bei einer genehmigten Ortsabwesenheit und bei einer ärztlich festgestellten Arbeitsunfähigkeit auf den ersten Arbeitstag nach deren Ende: SG Hildesheim 8.10.2009 – S 26 AS 1697/09 ER.
97 LSG NRW 27.7.2010 – L 7 AS 925/10 B.
98 S. Berlit in: LPK-SGB II § 31 Rn. 73 ff.
99 Für die Zulässigkeit eines Eingliederungsverwaltungsakts auch ohne vorangehende Verhandlungen s. LSG NRW 5.3.2012 – L 19 AS 130/12 B ER, info also 2012, 218, das von einer „nicht justiziable(n) Opportunitätsentscheidung" spricht, „welchen Verfahrensweg der Grundsicherungsträger im Einzelfall einschlägt".
100 Zum ersetzenden Verwaltungsakt s. Hökendorf/Wersig info also 2015, 147.
101 SächsLSG 20.9.2016 – L 7 AS 774/16 B ER, ZfSH/SGB 2017, 108; LSG NRW 20.3.2014 – L 19 AS 373/14 B ER; ThürLSG 17.3.2016 – L 9 AS 898/15.
102 BSG 22.9.2009 – B 4 AS 13/09 R, SozR 4–4200 § 15 Nr. 1.
103 BSG 14.2.2013 – B 14 AS 195/11, SozR 4–4299 § 15 Nr. 2.
104 LSG RhPf 9.5.2016 – L 6 AS 181/16 B ER.
105 LSG RhPf 28.4.2015 – L 3 AS 99/15 B ER, ZfSH/SGB 2015, 537.

Anfechtungsklage vernichtbarer Verwaltungsakt,[106] der kraft Gesetzes sofort vollziehbar ist (§ 39 Nr. 1 SGB II);[107] seine Rücknahme nach Unanfechtbarkeit beurteilt sich nach § 40 Abs. 1 SGB II iVm § 44 SGB X. Regelungen zu Leistungen an weitere Mitglieder der Bedarfsgemeinschaft (§ 15 Abs. 4 SGB II) darf er nicht enthalten. Der Verwaltungsakt ist nur rechtmäßig, wenn er zur Sicherung der Überprüfung und Fortschreibung (§ 15 Abs. 3 Satz 1 SGB II) auf eine bestimmte, sechs Monate nicht übersteigende Dauer befristet ist;[108] die Zulassung eines Verwaltungsaktes „bis auf Weiteres"[109] gewichtet auch in Ansehung der „Entfristung" bei der Eingliederungsvereinbarung nicht hinreichend die aus der Bestandskraft eines Verwaltungsakts folgenden Anpassungsprobleme. Eingliederungsvereinbarungen ersetzende Verwaltungsakte, die hiernach zu befristen sind, erledigen sich nach Ablauf ihres Geltungszeitraums.[110] Auch die Nichterfüllung der in einem die Eingliederungsvereinbarung ersetzenden Verwaltungsakt konkretisierenden Obliegenheiten kann sanktioniert werden (§ 31 Abs. 1 S. 1 Nr. 1 SGB II). Eine bereits abgeschlossene und aktuell geltende Eingliederungsvereinbarung kann der Leistungsträger nicht einseitig durch Verwaltungsakt ändern oder ergänzen.[111] Dies gilt auch in Fällen, in denen eine Fortschreibungs- oder Ergänzungsvereinbarung im Rahmen der periodischen Überprüfung nicht zustande kommt;[112] hier ist die Eingliederungsvereinbarung zu kündigen und das Eingliederungsverhältnis insgesamt durch Verwaltungsakt neu zu gestalten, um eine rechtsschutzmindernde Formenvermischung zu vermeiden. Auch sonst dürfen bereits einmal durch Verwaltungsakt für einen bestimmten Zeitraum konkretisierte Mitwirkungsobliegenheiten nicht beliebig erweitert oder ergänzt werden.[113] Ein Eingliederungsverwaltungsakt, der für einen bestimmten Zeitraum erlassen worden ist, erledigt sich mit dessen Ablauf.[114]

C. Leistungsabsprache im Sozialhilferecht

I. Grundzüge

Die **Leistungsabsprache** (§ 12 S. 1 und 3 SGB XII) ist eine besondere Form der Beratung   **36** nach § 11 SGB XII[115] und zielt wie die Eingliederungsvereinbarung (§ 15 SGB II) konzeptionell darauf, in bilateraler Kooperation mit dem Leistungsberechtigten den Hilfeprozess zu konkretisieren und zu strukturieren sowie dessen Selbsthilfewillen zu wecken und zu kräftigen. Sie gründet in der Annahme, dass persönliche Hilfe nur in Zusammenarbeit mit den Leistungsberechtigten passgenau und erfolgreich sein kann (Koproduktion). Sie formt das Grundprinzip aus, dass zur Erreichung der Ziele der Sozialhilfe Leistungsberechtigte und Sozialträger zusammenwirken sollen (Kooperationsprinzip) (§ 1 S. 3 SGB XII). Der **Förderplan** (§ 12 S. 2 SGB XII) stellt auf komplexere Bedarfssituationen ab, in denen langfristige und/oder trägerübergreifende Hilfen, Maßnahmen

---

106 Zur vollständigen Aufhebung bereits bei teilweiser Rechtswidrigkeit, weil dann das Eingliederungskonzept nicht mehr ein in sich stimmiges Gesamtkonzept sein kann, s. LSG Nds-Brem 4.4.2012 – L 15 AS 77/12 B ER, info also 2012, 220 (mit Anm. Klerks).
107 BayLSG 9.2.2012 – L 7 AS 1025/11 B ER, NZS 2012, 313 (Ls.); LSG NRW 25.5.2011 – L 19 AS 462/11 B ER.
108 BayLSG 8.6.2017 – L 16 AS 291/17 B ER; SG Dortmund 10.1.2018 – S 27 AS 5836/17; LSG BW 15.5.2018 – L 9 AS 4118/17; LSG LSA 8.11.2018 – L 4 AS 839/17 B.
109 So LSG Nds-Brem 5.7.2018 – L 15 AS 172/18 B ER; aA – auch für die Rechtslage ab 1.8.2016 – LSG BW 15.5.2018 – L 9 AS 4118/17.
110 BayLSG 14.5.2018 – L 11 AS 162/17.
111 LSG LSA 21.3.2012 – L 5 AS 509/11 B ER; LSG Bln-Bbg 12.1.2012 – L 5 AS 2097/11 B ER, NZS 2012, 275 (Ls.).
112 AA Sonnhoff in: jurisPK-SGB II § 15 Rn. 141.3.
113 LSG BW 2.8.2011 – L 4 AS 2367/11 ER-B.
114 BSG 15.6.2016 – B 4 AS 45/15 R, SozR 4–1500 § 55 Nr. 16.
115 Arbeitshilfe DV, NDV 2010, 197 (201).

und Aktivitäten zu koordinieren sowie in eine sachliche und zeitliche Stufenfolge zu bringen sind. Als speziellere Regelung vorrangig sind der Gesamtplan in der Eingliederungshilfe (§ 58 SGB XII [aF]/§ 144 SGB XII) und bei der Hilfe zur Überwindung besonderer sozialer Schwierigkeiten (§ 68 Abs. 1 S. 2 SGB XII); Absprachen und Festlegungen im Rahmen eines trägerübergreifenden persönlichen Budgets (§ 57 SGB XII; § 19 SGB IX) gehen ebenfalls vor. Der Schwerpunkt allgemeiner Leistungsabsprachen und Förderpläne liegt daher im Bereich der Hilfe zum Lebensunterhalt.

37 Die **Leistungsabsprache** steht nicht in einem expliziten „Zwangskontext". Die Leistungsberechtigten sind zum Abschluss nicht verpflichtet, Verletzungen der Leistungsabsprache sind **nicht sanktionsbewehrt**, und der mögliche Inhalt ist „weicher" formuliert. Dies lässt breiteren Raum zur Umsetzung des fachlich-konzeptionellen Ansatzes, der wie bei der Eingliederungsvereinbarung (→ Rn. 8 ff.)[116] am Casemanagement orientiert ist. Die Gestaltung eines auf „Aktivierung" des Leistungsberechtigten gründenden, flexiblen Hilfeprozesses, der auf einer individuellen Falldiagnose beruht und in ein übergreifendes Fallmanagement einzupassen ist,[117] birgt indes wie alle dicht an der Persönlichkeit orientierten Hilfekonzepte Risiken unverhältnismäßiger Verhaltenskontrolle und unzulässiger Verhaltenssteuerung.

II. Einzelheiten

38 Die Leistungsabsprache ist eine **informelle, schriftliche Fixierung rechtlich unverbindlicher**, allenfalls moralisch verpflichtender **Absichtserklärungen**. Weil sie nicht einen anderweitig möglichen Verwaltungsakt ersetzen kann, ist sie als solche kein öffentlich-rechtlicher Vertrag[118] und soll es im Regelfall auch nicht sein. Auch sonst ist sie nicht Voraussetzung für eine rechtmäßige Leistungsgewährung. Mangels Rechtsbindungswirkung kann sie indes die Reichweite gesetzesunmittelbarer Mitwirkungsobliegenheiten (§§ 60 ff. SGB I) konkretisierend begrenzen. Der Leistungsträger kann eine Leistungsabsprache nutzen, um – dann aber einseitige – Entscheidungen über Ob, Art, Maß oder Form der Gewährung bestimmter Leistungen oder entsprechende Zusicherungen (§ 34 SGB X) zu treffen und bekanntzugeben; ob ein solcher einseitiger Rechtsbindungswille besteht, hängt von der Auslegung im Einzelfall ab. §§ 53 ff. SGB X gelten auch im Sozialhilferecht. Daher ist auch nicht auszuschließen, dass Leistungsberechtigter und Sozialhilfeträger im Einzelfall die Leistungsabsprache nutzen, um im Rahmen von Ermessensleistungen oder gestaltbarer Mitwirkungsleistungen einzelne Abreden bindend zu gestalten und als öffentlich-rechtlichen Vertrag zu vereinbaren.[119] Es muss dann aber klar erkennbar sein, dass und in Bezug auf welche Abrede ein vertraglicher Rechtsbindungswille dokumentiert wird.

39 Der **Abschluss einer Leistungsabsprache** ist für den Leistungsberechtigten **freiwillig**; bei Nichtabschluss hat er allein deswegen keine Leistungseinschränkungen (§§ 26, 39, 39 a SGB XII) zu besorgen. Der Sozialhilfeträger hat im Regelfall („soll") bei absehbar fortlaufendem Leistungsbezug auf eine solche Leistungsabsprache hinzuwirken, und zwar zeitnah zum Beginn des Leistungsbezuges. Ihn trifft jedenfalls eine objektiv-rechtliche Handlungspflicht, die Bedeutung auch in der Außenrechtsbeziehung zum Bürger hat; ungeachtet der Formlosigkeit ist im Interesse der Betreuungsqualität ein subjektives

---

116 Sa DV NDV 2004, 149.
117 Sa Engelmohr NDV 2011, 373.
118 Sa BT-Drs. 15/1514, 57; sa Hohm in: Schellhorn/Schellhorn/Hohm SGB XII, 19. Aufl. (2010), § 12 Rn. 7.
119 Sa Luthe in: Hauck/Noftz SGB XII § 12 Rn. 5 ff.

Recht auf Durchführung einer Leistungsabsprache anzuerkennen, das indes nicht auf bestimmte Leistungen/Maßnahmen gerichtet ist.[120]

Die **Inhalte einer Leistungsabsprache** sind im Gesetz nur vage umschrieben. Fester Bestandteil ist die „Festlegung" der Situation der leistungsberechtigten Person[121] als eine Analyse der Gründe für die Hilfebedürftigkeit, deren Überwindung aus eigenen Kräften dem Hilfebedürftigen nicht möglich ist, unter Feststellung der Bereiche, in denen Hilfebedarf besteht. Diese Problemanalyse hat sich am Individualisierungsgrundsatz (§ 9 Abs. 1 SGB XII) zu orientieren und auch die Wünsche des Leistungsberechtigten zur Leistungsgestaltung (§ 9 Abs. 2, 3 SGB XII) zu ermitteln. Die **gemeinsame Erarbeitung der Problemdiagnose** kann schon selbst Hilfe sein und bewirkt bei sachgerechter Durchführung im Übrigen, dass Problemsicht des Leistungsberechtigten und Maßnahmenperspektive des Leistungsträgers übereinstimmen und so die Erfolgsaussichten steigern. Der Leistungsberechtigte soll sich einer ganzheitlichen Betrachtung seiner Lebenssituation stellen.[122] Das hieran anknüpfende Aufzeigen von Wegen zur Überwindung der Notlage (zB durch räumliche Veränderungen, Rehabilitations- oder Suchthilfe, Schuldnerberatung) unter Aufzeigen von Möglichkeiten der aktiven Teilhabe in der Gemeinschaft (Maßnahmediagnose) korrespondiert dem am Ausstieg aus dem Leistungsbezug orientierten Grundansatz (§ 1 S. 2 SGB XII) und trägt dem Umstand Rechnung, dass es der Sozialhilfe immer auch darum geht, Desintegration und Vereinzelung entgegenzuwirken. **40**

Der **Förderplan** (§ 12 S. 2 SGB XII) bündelt beschreibend eine Mehrzahl gestufter, aufeinander bezogener Maßnahmen, Aktivitäten und Hilfen und die Ziele, die durch diese erreicht werden sollen. Er ist vom Sozialhilfeträger als **gesondertes Gestaltungs- und Steuerungsinstrument** zu erstellen, wenn die Problemdiagnose einen bestimmten Hilfebedarf ausweist, und dann – idealtypisch – im Konsens in die Leistungsabsprache aufzunehmen. Kommt eine Leistungsabsprache nicht zustande, ist ein aufgrund der erkennbaren Bedarfe erforderlicher Förderplan auch isoliert zu erstellen. Er zeigt dann ohne Rechtswirkungen für den Leistungsberechtigten das Förder- und Hilfeprogramm aus Sicht des Sozialhilfeträgers auf. Die Rechte des Leistungsberechtigten werden dann erst berührt, wenn in Umsetzung des Förderplanes bestimmte Mitwirkungsleistungen verlangt, bestimmte Leistungen gewährt oder von dem Leistungsberechtigten begehrte (Ermessens-)Leistungen versagt werden. Rechtsschutz ist dann im Rahmen der jeweiligen Einzelentscheidung zu gewähren. **41**

Wegen des **Prozesscharakters** auf Integration und Überwindung der Hilfebedürftigkeit gerichteter sozialer Hilfen und Maßnahmen ist eine regelmäßige Überprüfung und Fortschreibung der Leistungsabsprache vorgesehen (§ 12 S. 4 SGB XII), für die indes feste Intervalle nicht vorgegeben werden; abzustellen ist auf die Verhältnisse des Einzelfalls und den Zeit- und Wirkungshorizont der zu evaluierenden Hilfen. **42**

---

120 Sa Luthe in: Hauck/Noftz SGB XII § 12 Rn. 7; aA Hohm in: Schellhorn/Schellhorn/Hohm SGB XII, 19. Aufl., § 12 Rn. 4.
121 Zu den für eine vollständige Erfassung relevanten Dimensionen s. Arbeitshilfe DV, NDV 2010, 197 (204).
122 Arbeitshilfe DV, NDV 2010, 197 (202).

Kapitel 17: Beratung, Unterstützung und persönliche Hilfe

Literaturhinweise: Arbeitshilfe des Deutschen Vereins zur Wahrnehmung der Aufgaben nach §§ 11, 12 SGB XII, insbesondere bei der Hilfe in materiellen Notlagen, 10. März 2010 – DV 20/09 AF IIIBarabas, Beratungsrecht. Ein Leitfaden für Beratung, Therapie und Krisenintervention. 2. Aufl. Frankfurt 2003; Dern/Kreher, Doppelt besser?! – Behördliche und behördenunabhängige Beratung im SGB II-Bereich, info also 2018, 195–202 Giese/Melzer, Die Beratung in der sozialen Arbeit, Kleinere Schriften des Deutschen Vereins, Band 52, 2. Aufl. Frankfurt/M 1978; Hartmann, Beratung im Jobcenter: Defizite und Perspektiven, ArchSozArb 2014, 4–19; Heinhold, Das neue Rechtsdienstleistungsgesetz. Ein Leitfaden für die soziale Rechtsdienstleistung, Frankfurt 2008; Hoffmann, S., Beratung als zentrales Element der Sozialhilfe im aktivierenden Sozialstaat, NDV 2002, 86–92; Krahmer, Schuldnerberatung und Hartz IV. Zum Verhältnis von § 11 Abs. 5 SGB XII und § 16 Abs. 2 SGB II, ArchSozArb 2005, 24–33; Krahmer, Zweigleisig parallele Beratungsstrukturen für Langzeitarbeitslose sind notwendig, Sozialrecht aktuell 2008, 41–45; Ministerium für Arbeit und Soziales, Qualifikation und Technologie des Landes NRW (MASQT) (Hrsg.), Modellprojekt Sozialbüros, Endbericht, Düsseldorf 2000; Papenheim ua, Verwaltungsrecht für die soziale Praxis, Ein Handbuch für Sozialberufe, 25. Aufl., Kapitel F2 Ansprüche auf Information und Beratung, Frechen 2015; Sauer, Beratung im Sozialrecht, in: Fasselt/Schellhorn, Handbuch Sozialrechtsberatung, 5. Aufl. 2017, Teil III, Rn. 1–138; Schoch, Sozialrechtsberatung und Rechtsdurchsetzung, ZFSH/SGB 2006, 206–216; Schilling/Zeller, Soziale Arbeit. Geschichte, Theorie, Profession, 3. Aufl. Stuttgart 2007; Sokoll/Weinbach, Repräsentation durch institutionelle Gegenmacht, Unabhängige Beratungsstellen für Erwerbslose im Rechtskreis des SGB II, WISO direkt 24/2017; Spindler, Rechtliche Rahmenbedingungen der Beratung in der Sozialhilfe NDV 2002, 357–363 und 386–392; Spindler, Aufgaben und Inhalte sozialer Beratung in Zeiten nach Hartz, Theorie und Praxis der Sozialen Arbeit 2007, 36–42; Spindler, Zum Verhältnis der Ansprüche auf Schuldnerberatung und andere soziale Dienstleistungen nach SGB II, SGB XII und SGB VIII, info also 2008, 12–16; Weinreich, Anforderungen an eine Beratung im Rechtskreis des SGB II, SGb 2014, 427–434.

Rechtsgrundlagen:
SGB I §§ 11, 14
BSHG aF §§ 8, 17
SGB XII §§ 10, 11
SGB II §§ 1 Abs. 3, 4, 14 Abs. 2
RDG §§ 5, 6

Orientierungssätze:
1. Ansprüche auf persönliche Hilfe und Beratung waren bereits im BSHG und im SGB I umfassend entwickelt worden. Hinzu war 1993 die Beratung zur Überwindung der hilfeauslösenden Lebenslagen in § 17 BSHG getreten.
2. Die fachliche Qualität der Beratung war aber praktisch nur schwer herstellbar und kontrollierbar, zumal Beratungsgrundsätze aus der sozialen Arbeit nicht rezipiert wurden.
3. Im 2. Kapitel des SGB XII wurden die Vorläuferregelungen des BSHG weitestgehend übernommen, sodass die für die Sozialhilfe entwickelten Grundsätze fortgelten.
4. Im SGB II wird an diese Vorschriften nicht mehr angeknüpft. Mit einigen ausgewählten (Fach-)Beratungsangeboten und der Bindung des Angebots an das Hauptziel der Eingliederung in den Arbeitsmarkt, findet eine funktionale Engführung statt, die hinter das BSHG zurückfällt.
5. Wichtiger ist deshalb, Angebote nach § 14 SGB I zu verstärken , um die Beratung wenigstens zur Sicherung des Existenzminimums zu leisten. Eine Lücke bleibt bezüglich der umfassenden persönlichen Hilfen und Sozialrechtsberatung.
6. Bei der praktischen Ausgestaltung ist für die Beratung durch freie Träger das Rechtsdienstleistungsgesetz und für die Beratung durch die Behörde der Ausschluss von Interessenkollisionen zu beachten.

7. Die Wendung zum aktivierenden Sozialstaat erfordert darüber hinaus neue inhaltliche Schwerpunkte im Beratungsangebot.

A. Entwicklung der Vorschriften

I. Rechtsanspruch auf persönliche Hilfe und die Beratung im BSHG

Gesetzliche Vorschriften über Inhalte und Aufgaben persönlicher Hilfe und Beratung **1** fanden sich in Deutschland zunächst im am 31.12.2004 außer Kraft getretenen Bundessozialhilfegesetz (BSHG) und waren damit von Anfang an **Teil der bundeseinheitlichen Fürsorgegesetzgebung.** Ohne diese Vorgeschichte sind sie im aktuellen Gesetzeswerk schwer einzuordnen.

Die **persönliche Hilfe** war als Form der Sozialhilfe besonders herausgehoben und wurde **2** 1962 in § 8 Abs. 1 BSHG ausdrücklich an die erste Stelle der Aufzählung vor die Geld- und Sachleistung gestellt. Damit sollte „zum Ausdruck kommen, dass bei Vorliegen der Voraussetzungen für die Gewährung von Sozialhilfe in vielen Fällen mit der Hingabe von Geld- und Sachwerten nicht getan ist, dass vielmehr die Hilfe nur dann wirksam gewährt werden kann, wenn der Träger der Hilfe sich um den auf ihn angewiesenen Menschen kümmert und in gebotenem Umfang für seine Betreuung sorgt."[1] Als eine besondere Art der persönlichen Hilfe nannte das Gesetz die Beratung des Hilfesuchenden. Beratung war damit keine selbstständige Hilfeform des BSHG, sondern Teil der umfassender verstandenen „persönlichen Hilfe".[2]

Die persönliche Hilfe umfasste nach § 8 Abs. 2 BSHG **Beratung in Fragen der Sozialhil- 3 fe** und **Beratung in sonstigen sozialen Angelegenheiten.** Später hieß es in einer Begründung zu einer BSHG-Änderung: „Zur persönlichen Hilfe gehören die im Einzelfall erforderliche Beratung sowie **allgemeine Lebenshilfe** und **persönliche Betreuung.**"[3] Die persönliche Hilfe konnte eine Vielzahl von Erscheinungsformen haben wie zB pflegerische Hilfe, Übernahme bestimmter Tätigkeiten, Betreuung, Begleitung, Vermittlung,

1 Begründung BSHG Entwurf, BT-Dr. 3/1799, 33.
2 Giese/Melzer S. 65.
3 BT-Dr. 8/2543; Roscher in: LPK-BSHG, 5. Aufl. 1998, § 8 Rn. 7.

Anleitung, Auskunft und Ermutigung.[4] Beratung in sonstigen sozialen Angelegenheiten ging über die Beratung über Rechte und Pflichten in der Sozialhilfe weit hinaus und war der Komplexität der Fürsorgeleistung geschuldet, die in Wechselbeziehung zu vielen andern Hilfesystemen stand und steht.

4   So haben sich eine Reihe von **spezialisierten Fachberatungsangeboten** unter Geltung dieser Vorschrift entwickelt, zB seit Anfang der 1980er Jahre die soziale Schuldnerberatung.[5] Außerdem kam hinzu, dass sich im **Zusammenhang mit den Hilfen in besonderen Lebenslagen** und zwar besonders mit der Hilfe zur Überwindung besonderer sozialer Schwierigkeiten (§ 72 BSHG ehemalige „Gefährdetenhilfe") und auch der Eingliederungshilfe für Behinderte (§ 39 BSHG), soweit sie Suchtkrankheiten und Persönlichkeitsstörungen betraf, **komplexe Hilfeangebote** entwickelten (vgl. Kap. 30), die aber institutionell nie präziser abgesichert wurden.

5   Ein Problem war jedoch immer, dass dieser Beratungsanspruch zwar justiziabel war wie ein Geldanspruch, aber von den Betroffenen nicht klar umschrieben und nachhaltig eingefordert werden konnte. Denn wer artikulieren kann, welchen Rat er benötigt, der braucht im Regelfall bereits Vorkenntnisse. Weit verbreitet war deshalb die Kritik an fehlender Beratung durch die Sozialhilfeträger. Stellvertretend für viele stellte Münder schon 1988 fehlende und unzureichende Beratung über Ansprüche und fehlende Fachlichkeit, kurz ein Vollzugsdefizit bezüglich der Beratung in der Sozialhilfe fest.[6]

II. Der Anspruch auf Beratung im SGB I

6   Überlagert wurde dieser rechtliche Rahmen durch das Sozialgesetzbuch Erstes Buch von 1975, das nunmehr für alle sozialrechtlichen Bereiche galt. Hier zählt in § 11 SGB I die persönliche Hilfe genauso wie die erzieherische Hilfe allgemein zu den **sozialen Dienstleistungen** als eine Leistungsart neben den sozialen Geld- und Sachleistungen. Das SGB I trennte darüber hinaus einen individuellen **Rechtsanspruch auf Beratung** durch den zuständigen Leistungsträger von den persönlichen Hilfen und formulierte ihn übergreifend in § 14 SGB I.

7   **Beratung über Rechte und Pflichten** ist eigentlich ein Kernelement des Sozialgesetzbuchs.[7] Gerade wenn es um existenzsichernde Leistungen geht, wenn viele Rechtsbegriffe konkretisiert und ausgelegt werden müssen, war und ist eine **Rechtsverwirklichung** ohne Beratung nicht möglich. Es muss ein Zugang zu den Leistungsbereichen eröffnet werden, um sicherzustellen, dass soziale Rechte nicht nur auf dem Papier stehen, sondern möglichst weitgehend verwirklicht werden können, wie auch § 2 Abs. 2 SGB I betont.[8]

8   Die **Beratung über Rechte und Pflichten** nach § 14 SGB I enthält viele Einzelelemente. Beratung umfasst im konkreten Fall Beratung über die **Rechtslage** und alle Fragen, die zur Beurteilung von Rechten, Pflichten und Verfahrensrechten von Bedeutung sind. Sie umfasst Erläuterungen zur **Verwaltungspraxis**, Hinweise auf **absehbare Rechtsänderung** und ungeklärte Fragen, **Ratschläge über zweckmäßiges Verhalten** und Hinweise auf **naheliegende Gestaltungsmöglichkeiten**, die jeder verständige Leistungsbezieher nutzen würde. Sie sollte im Idealfall umfassend, verständlich und eindeutig sein. Zu **umstritte-**

---

4   Besonders ausführlich dazu Roscher in: LPK-BSHG, 5. Aufl. 1998, § 8 Rn. 7 f.
5   Roscher in: LPK-BSHG, 5. Aufl. 1998, § 8 Rn. 30 f. Er warnt allerdings auch davor, diesen Anspruch alleine bei der Beratung zu verorten.
6   Münder in: Zukunft der Sozialhilfe – Sozialpolitische Perspektiven nach 25 Jahren BSHG, 1988, S. 59.
7   Barabas 2003, S. 34 f.; Schoch 2007, 211 f.; Weinreich 2014, S. 427, 428.
8   Reinhardt in: LPK-SGB I, 3. Aufl. 2014, § 14 Rn. 2; Sauer Rn. 4; Barabas 2003, S. 41 f.; Papenheim 2015 Kap. F2, 2.3, 2.4; Dern/Kreher 2018, S. 195 mit aktuellem Verweis auf BGH, Urt. v. 2.8.2018 – III ZR 466/16.

nen **Rechtsfragen** darf der Träger nicht nur seine eigene Auffassung vertreten, sondern muss auf ernst zu nehmende **andere Auffassungen** und auf evtl. anhängige Verfahren hinweisen.[9] Noch pointierter ein älteres Zitat: „Beratung ist ... die – je nach **der erkennbaren Interessenlage** des Ratsuchenden, seinem **vorhanden Wissen** und seinem Bildungsstand, sowie der Schwierigkeit der Sachlage – unterschiedlich intensive Erörterung der Rechtsstellung des Ratsuchenden im Hinblick auf soziale Leistungen ... Diese Rechtsberatung soll der Bürger vom zuständigen Sozialleistungsträger so **umfassend und sorgfältig** erhalten, wie von einem **guten Anwalt**".[10] Rechte sollen bereits durch die kostenlose und fachkundige Beratung durch die einschlägigen Träger verwirklicht werden können, allerdings geht das Recht nicht soweit, optimal auf alle Lücken und Gestaltungsmöglichkeiten hingewiesen zu werden.[11]

Neben die Norm des § 14 stellte das SGB I aber auch zusätzlich die **Verpflichtung** zur **Aufklärung** und **Auskunft** in §§ 13 und 15 SGB I. Diese Vorschriften unterscheiden sich vom § 14 SGB I nicht nur, was Form, Inhalt und Adressatenkreis betrifft, sondern auch dadurch, dass diese Verpflichtung nicht zu einem Rechtsanspruch des Bürgers führt. Durch diese Differenzierung wurde aber auch präzisiert, dass Beratung eine davon zu unterscheidende Dienstleistung ist.   **9**

Zum Verhältnis des Anspruchs nach § 14 SGB I zu § 8 BSHG wurde klargestellt, dass sich der Anspruch nach dem SGB I vor allem auf Rechtsberatung beziehe, während § 8 BSHG das zwar auch bezüglich der Sozialhilfe umfasse, aber die persönliche Hilfe unverändert viel weiter reiche.[12] Die Entstehungsgeschichte des § 14 SGB I macht überdies deutlich, dass dort von Anfang an eher das Problem der Haftung wegen unrichtiger Rechtsberatung eine Rolle gespielt hat,[13] nicht so sehr das Ziel umfassender allgemeiner Lebenshilfe.   **10**

III. Beratung zur Überwindung von Hilfe auslösenden Lebenslagen

Weil dem Gesetzgeber das Beratungsziel der Überwindung von Lebenslagen, die Sozialhilfebezug erforderten, und damit die sog Auswegberatung oder Perspektivenberatung, zu kurz gekommen schien, wurde 1993 durch das Gesetz zur Umsetzung des föderalen Konsolidierungsprogramms (FKPG) § 17 BSHG ergänzt. Mit § 17 BSHG sollte die persönliche Hilfe deutlicher auf das Ziel konzentriert werden, Sozialhilfe zu überwinden und sie, wenn möglich, auch schon zu vermeiden.   **11**

Dies sollte zu der nach wie vor bestehenden Verpflichtung zur Leistungsberatung hinzutreten. Es sollte aber verstärkt und auch im vorbeugenden Sinn um die Bewältigung der Ursachen der Bedürftigkeit gehen.[14]   **12**

Für beide Bereiche galten die Regeln für die Zusammenarbeit mit der freien Wohlfahrtspflege und bezüglich des Hilfesuchenden der Individualisierungsgrundsatz und das Wunsch- und Wahlrecht, das sich gerade bei einer persönlichen Dienstleistung voll entfalten kann.[15] In § 17 Abs. 1 Satz 2 BSHG wurde dann auch erstmalig die entwickelte Kultur der Fachberatungsstellen registriert und deren Finanzierung angesprochen: „Ist die weitere Beratung durch eine Schuldnerberatungsstelle oder andere Fachberatungs-   **13**

---

9 Reinhardt in: LPK-SGB I, 3. Aufl. 2014, § 14 Rn. 6–9; Sauer Rn. 7–9; Papenheim 2015 Kap. F2, 2.7.; Weinreich 2014, S. 427, 428; zum ganzen auch Trenk-Hinterberger in: Giese SGB I, Stand Juni 2005, § 14; Barabas 2003, S. 41 f. mwN.
10 Giese/Melzer 1978, S. 63.
11 Auch Barabas 2003, S. 43 f.
12 Schellhorn in: Burdenski/Wolfhart, GK zum Sozialgesetzbuch, 2. Aufl. 1981, § 14 Rn. 47 f.
13 Reinhardt in: LPK-SGB I, 3. Aufl. 2014, § 14 Rn. 4.
14 So die Begründung in BT-Drs. 12/4401, 78.
15 Spindler 2002, S. 360 f.

stellen geboten, ist auf ihre Inanspruchnahme hinzuwirken." Angemessene Kosten dieser Stelle sollten oder konnten übernommen werden.

14 § 17 BSHG hat widersprüchliche Entwicklungen und Modellprojekte in Gang gesetzt. Die einen nahmen die Regelung zum Anlass, Verwaltungshandeln nur noch darauf zu reduzieren, rasch Vermeidung oder Überwindung der Sozialhilfebedürftigkeit zu erreichen. Auf der anderen Seite entwickelten sich auch Modelle, etwa die Sozialbüros NRW, in denen versucht wurde, die Komplexität des Beratungsgeschehens zu erfassen und die Möglichkeiten weiterer unterstützender Dienstleistungen, angefangen von der Schuldnerberatung über viele weitere Unterstützungsangebote zu realisieren und mit den Menschen tatsächlich eine verbesserte Lebensperspektive zu entwickeln.[16]

IV. Inhalt und Qualität des Angebots an Beratung

15 Inhalt und Qualität von Beratung wurden bisher vorwiegend im Zusammenhang mit der **Amtspflichtverletzung** und dem **sozialrechtlichen Herstellungsanspruch** rechtlich bewertet.[17] Das führte zu zwei Beschränkungen: einmal wurde nur ex post bei eingetretenem Schaden über Beratungsmängel **aus vergangener Beratung** entschieden und auch das nur soweit in Einzelfällen geklagt und der Nachweis der Falschberatung erbracht wurde. Ferner wurde neben der fehlenden formalrechtlichen Präzisierung des Beratungsangebots der sozialrechtliche Herstellungsanspruch **für die Sozialhilfe ganz abgelehnt**,[18] weshalb sich dazu keine Rechtsprechung entwickelte. Aber auch mit dem Anspruch auf Beratung im SGB I, der theoretisch sogar eingeklagt werden könnte, entstand zwar eine deutlichere Verpflichtung der Behörden zu Beratung, aber keine wirksame Durchsetzungsmöglichkeit für Betroffene. Einig ist man sich nur, dass eine ausdrücklich geforderte Beratung nicht abgelehnt werden darf und dass bei erkennbarem Bedarf auch ein Spontanberatungsanspruch bestehen kann,[19] nicht aber etwa ein Anspruch auf spezielle Termine oder überhaupt einen für alle Beratungsbereiche fachlich geschulten Ansprechpartner. Das ließ **keinen einheitlichen Standard** von **Beratungsangeboten** entstehen. Eine positive Bestimmung der Inhalte, Qualität und Methoden von Beratung war so nicht zu gewinnen.

16 Wichtig ist es jedoch die **Qualität der Beratung ex ante**, bevor es zu einem Fehler gekommen ist, zu **umschreiben** und die personellen Voraussetzungen dafür zu schaffen. Beratung ist eine **persönliche Dienstleistung**, die nur **im Zusammenwirken von Behörde bzw. Dritten und Bürger** erbracht werden kann. Beratung entwickelte sich unter dem Sozialgesetzbuch zu einem charakteristischen **Bestandteil sozialer Arbeit**, die in der **Kombination** von **Rechtsberatung und Lebensberatung** im modernen Staat die Integration des Einzelnen gewährleisten soll.[20] Soweit Lebensberatung geleistet wird, erfordert dies zumeist die Anwendung von **Methoden**, die in Anlehnung an psychologisch-therapeutische Verfahren entstanden sind.[21] Beratung ist jedoch **keine Therapie**, die erst zum Einsatz kommt, wenn jemand wegen schwerer Störungen sein Leben nicht mehr selbst regeln kann.

17 Beratungsangebote, die von Behörden und herangezogenen sozialen Dienstleistern gemacht werden, sind sogenannte „**Vertrauensgüter**": Sie können vom Bürger vorweg

---

16 Vgl. MASQT NRW, Düsseldorf 2000.
17 Dazu umfassend Trenk-Hinterberger in: Giese SGB I, Stand Juni 2005, § 14 Rn. 6–7; Reinhardt in: LPK-SGB I, 3. Aufl. 2014, § 14 Rn. 18 f.; Sauer 2017 Rn. 17 f., 21; Barabas 2003, S. 185 f. und hier Kap. 56.
18 Reinhardt in: LPK-SGB I, 3. Aufl. 2014, § 14 Rn. 18.
19 Reinhardt in: LPK-SGB I, 3. Aufl. 2014, § 14 Rn. 10, 14; Sauer Rn. 7–9; Weinreich 2014, S. 428, 429.
20 Dazu ausführlich: Schilling/Zeller 2007, Kapitel 5.5 Beratung als wesentliche Schlüsselkompetenz der sozialen Arbeit; Arbeitshilfe Deutscher Verein 2010.
21 Sauer/Retaiski, Stichwort Beratung, in: Fachlexikon der sozialen Arbeit, 6. Aufl. 2007, S. 106–109.

nicht qualitativ eingeschätzt werden, häufig auch nicht nach dem Kontakt. Erfolge gelungener Beratung – was zB **Existenzsicherung, Berufseinmündung** und **Stärkung der Persönlichkeit** angeht – sind erst langfristig und rückblickend zu beurteilen. Wer auf behördliche oder behördlich vermittelte Berater zurückgreifen muss, ist deshalb auf die Fachlichkeit und die Solidität der Angebote angewiesen. Im Konfliktfall und bei vermuteten Interessenkonflikten auch auf behördenunabhängige Beratung,[22] was aber die Behörde ihrer Verpflichtung, ein qualitativ anspruchsvolles Angebot selbst vorzuhalten, nicht entheben soll.

Nach dem Inkrafttreten der beiden neuen Gesetzbücher SGB II und SGB XII zum **18** 1.1.2005 ist das BSHG außer Kraft getreten. Die Regelungen, die Beratung betreffen, sind im SGB II und SGB XII ganz unterschiedlich ausgestaltet; außerdem gilt das SGB I unverändert weiter.

B. Aktuelle Ansprüche im SGB XII und SGB II

I. Beratung und persönliche Hilfe im SGB XII

1. Verortung im Gesetz

Der § 10 Abs. 2 SGB XII übernimmt im Wesentlichen den § 8 Abs. 2 BSHG in „schlan- **19** kerer Form" und führt als Dienstleistungen **Beratung in Fragen der Sozialhilfe** und die Beratung und Unterstützung in **sonstigen sozialen Angelegenheiten** auf. Die **Beratung und Unterstützung** wird im neuen § 11 SGB XII um den Begriff der **Aktivierung** ergänzt und soll damit auch den bisherigen § 17 BSHG ersetzen, was sich besonders noch im Absatz 5 niederschlägt, der sich stark an die Formulierung § 17 Abs. 1 BSHG anlehnt.

§ 11 Abs. 2 und 3 SGB XII sieht sowohl Beratung über den sozialhilferechtlichen Be- **20** darf, Beratung zur Befähigung für den Erhalt von Sozialleistungen und auch die gebotene Budgetberatung vor, als auch Beratung und Unterstützung zur Stärkung der Selbsthilfekräfte und zur aktiven Teilnahme am Leben in der Gemeinschaft.[23] Die auch schon im BSHG vorgesehenen **Fachkräfte** sollen eine Fortbildung zur Durchführung von Dienstleistungen erhalten (§ 6 SGB XII). Die weitere Regelung der Unterstützungsleistung konzentriert sich dann allerdings nur noch auf Vorschriften über **zumutbare Tätigkeit** – offenbar eine außerhalb einer arbeitsrechtlich geregelten Erwerbstätigkeit durchgeführten Art von Beschäftigung.

Diese Vorschriften beziehen sich zunächst auf diejenigen, die Leistungen nach § 19 **21** SGB XII beanspruchen können. Das sind die Grundsicherungsberechtigten nach dem Vierten Kapitel und darüber hinaus die vorübergehend nicht Erwerbsfähigen, die noch Hilfe zum Lebensunterhalt beziehen, ferner die Behinderten, Pflegebedürftigen und Personen mit besonderen sozialen Schwierigkeiten.

2. Elemente von Beratung und persönlicher Hilfe im SGB XII

Soweit die Regelung aus §§ 8, 17 BSHG übernommen worden ist, bestimmt die Ausle- **22** gung aus der Zeit des BSHG auch heute noch das Verständnis von §§ 10, 11 SGB XII.

Zunächst allgemein formuliert: Beratung ist „umfassende Beratung, bezogen auf **alle so- 23 zial (hilfe-)rechtlichen Fragen**, die für den Bürger **zur Beurteilung** seiner Rechte und Pflichten von **Bedeutung** sind oder in Zukunft von Bedeutung sein können, soweit er hieran ein **berechtigtes Interesse** hat. Beratung muss sich ... nach den **individuellen Er-**

---

22 So etwa BVerfG 11.5.2009 – 1 BvR 1517/08, zur Beratungshilfe.
23 Zum Ganzen: Berlit in: LPK-SGB XII, 11. Aufl. 2018, § 11 Rn. 3–13 und Arbeitshilfe Deutscher Verein 2010.

fordernissen richten."[24] Sie umfasst **Information, Anleitung und Rat**, wie sie genutzt werden kann, **Unterstützung, Beistand** bis hin zur **Geschäftsbesorgung** bei hilflosen Personen. Dabei geht es nicht um Eingriffe, sondern um **Herstellung der persönlichen Kompetenz**.[25]

24 Oder mehr pädagogisch definiert: Beratung soll dem Ratsuchenden helfen, die **konkreten gesetzlichen Leistungen zu erkennen** und für sich **zu nutzen**, aber sich auch mit den konkreten gesellschaftlichen **Handlungsanforderungen auseinander zu setzen** und diese im Rahmen seiner eigenen Autonomie **in das subjektive Lebenskonzept zu integrieren**.[26] Diese Umschreibungen betonen besonders die **Subjektstellung des Beratenen** und seine Autonomie in einem Prozess, in dem ja durchaus eine Aneignung des Beratungsangebots stattfindet – aber eben selbstbestimmt und freiwillig.

25 Zur Beratung gehören **Unabhängigkeit und Kompetenz** des Beraters und der Beraterin, **Vertraulichkeit** des Beratungsprozesses, **Auswahlmöglichkeiten** unter Beratungsangeboten, die **Freiwilligkeit der Annahme** des Angebots und auch das Recht, die Beratung abzubrechen, sowie eine akzeptierende Atmosphäre, die die berechtigten Interessen des Bürgers aufnimmt, und letztlich ein merkbarer, erkennbarer Nutzen des Angebots.[27] Diese Beratung ist traditionell **niedrigschwellig und ergebnisoffen**.[28] Unter Berücksichtigung von § 17 Abs. 3 SGB I müssen außerdem nach SGB XII plurale und unabhängige Angebote vorgehalten werden.[29]

26 Allerdings findet sich in Abs. 3 und vor allem Abs. 4 des § 11 SGB XII eine **neue Betonung des Aktivierungsansatzes**, der nicht so weit geht wie im SGB II und für dessen Ausgestaltung mangels gesetzgeberischem Vorbild auch noch wenig praktische Vorstellungen bestehen.

27 § 11 Abs. 5 SGB XII sieht wie schon § 17 Abs. 1 BSHG den **umfassenden Hinweis** auf weitere Beratung und Unterstützung auch durch **rechtsberatende Berufe und weitere Stellen** vor. Auch die gebotene **Einschaltung von Schuldnerberatungsstellen** und sonstigen **Fachberatungsstellen** (zB Erziehungsberatung, Suchtberatung, Mieterberatung, Migrationsberatung) soll nicht nur vermittelt, sondern durch Kostenübernahme unterstützt werden. Dabei ist auch zu berücksichtigen, dass im **Zusammenhang mit den Hilfen für Behinderte** (§ 53 SG XII) und für **Menschen mit besonderen sozialen Schwierigkeiten** (§ 67 SGB XII) **komplexe psychosoziale Angebote** zB in Verbindung mit Wohnmöglichkeiten und Gruppenangeboten möglich sind, die ganz auf die individuelle Situation abgestimmt sind.

II. Beratung im SGB II

1. Verortung im SGB II

28 Das **SGB II**, die Grundsicherung für Arbeitsuchende, umfasst zwar ebenfalls Fürsorgeleistungen zur Sicherung des Lebensunterhalts, hat aber eine andere Struktur. Es konzentriert sich auf die „moderne Dienstleistung am Arbeitsmarkt". Im Vordergrund steht

---

24 Nachweis bei Spindler 2002, S. 358.
25 Roscher in: LPK-BSHG, 5. Aufl. 1998, § 8 Rn. 7 ff.; und fortführend zur neuen Rechtslage Roscher in: LPK-SGB XII, 2. Aufl. 2008, § 10 Rn. 3 ff.; Arbeitshilfe Deutscher Verein 2010, Kap. III Strukturierung der Beratung auf Grundlage von § 11 Abs. 2 SGB XII; Berlit in: LPK-SGB XII, 11. Aufl. 2018, § 11 Rn. 3–13.
26 Spindler 2007, S. 40; ganz ausführlich: Schilling/Zeller 2007, Kap. 5.5.3. Lebensberatung.
27 Das ist praktisch eine Zusammenfassung der Kriterien, die aus dem Modellprojekt Sozialbüros entwickelt wurden, wobei der Endbericht unmissverständlich deutlich machte, dass das bei den beteiligten öffentlichen Trägern und ihren Beschäftigungsgesellschaften nicht funktioniert hat. MASQT NRW, Düsseldorf, 2000, Teil A Kap. 9 und 10; Arbeitshilfe Deutscher Verein 2010, Kap. IV Strukturierung der Unterstützung auf Grundlage von § 11 Abs. 3 SGB XII.
28 Barabas 2003, S. 46 f. mwN.
29 Krahmer 2008, S. 40, 43 f.

bei ihr die Zielsetzung, **durch Erwerbstätigkeit Hilfebedürftigkeit zu vermeiden**, beseitigen, verkürzen oder zu vermindern und die **Erwerbsfähigkeit zu erhalten**, zu verbessern oder wiederherzustellen (§§ 1 Abs. 2, 3 Abs. 1 SGB II). Dem dient auch die inzwischen eigenständig erwähnte Beratung (§ 1 Abs. 3 Nr. 1 SGB II), was allgemein die Bedeutung des § 14 SGB I verstärken kann.[30] Nach wie vor wird damit zunächst eine für ein existenzsicherndes Fürsorgegesetz starke **funktionale Engführung des Beratungsspektrums** durch **Bindung an den Hauptzweck** der Eingliederung in den Arbeitsmarkt vorgenommen.[31] Das ist aber oft nicht das einzige soziale Problem von Leistungsbeziehern. Doch ausdrückliche Vorschriften zur **persönlichen Hilfe** und **Beratung in sonstigen sozialen Angelegenheiten** sucht man vergeblich, auch wenn inzwischen die Ermöglichung menschenwürdigen Lebens in § 1 Abs. 1 SGB II aufgenommen wurde, die eigentlich mehr umfassen müsste, als nur Vermeidung von Hilfebedürftigkeit.[32]

In § 4 Abs. 1 Nr. 1 SGB II aF hieß es noch bei der Aufzählung, welche Leistungen erbracht werden: „Dienstleistungen, insbesondere durch Information, Beratung und umfassende Unterstützung durch einen persönlichen Ansprechpartner mit dem Ziel der Eingliederung in Arbeit". Mit der Neufassung des § 4 SGB II vom 1.1.2011 hat der Gesetzgeber dann auf die beispielhafte Erläuterung im Gesetz ganz verzichtet.[33] Aus der Begründung konnte man in der Zusammenschau mit § 14 S. 1 SGB II allerdings eine gesteigerte Beratungs- und Betreuungspflicht des persönlichen Ansprechpartners entnehmen.[34] Zusätzlich fand sich in der Begründung dieser Fassung die Ergänzung: „Die Beratung ist **auf das gesamte Leistungsspektrum** der Grundsicherung für Arbeitsuchende zu erstrecken. Dazu zählen insbesondere auch die Leistungen für Bildung und Teilhabe".[35] Es schien, als habe der Gesetzgeber eine umfassende Leistungsberatung im SGB II zwar vorausgesetzt, aber im Gesetz nicht mehr bereichsspezifisch regeln wollen.[36] **29**

Inzwischen hat er sich seit 1.8.2016 dafür entschieden, die Beratung als Leistung zur Eingliederung wieder zu benennen und zwar diesmal in § 14 Abs. 2 SGB II und dort Elemente von Beratung zu konkretisieren. Er zählt dazu die im SGB I getrennt aufgeführte Auskunft und den „Rat" zu Selbsthilfeobliegenheiten und Mitwirkungspflichten, zur Berechnung von Geldleistungen und zur Auswahl von Eingliederungsleistungen, was eher nach individueller Aufklärung, Erklärung oder Belehrung als nach Beratung klingt. Gegenüber dem bisherigen Verständnis von Beratung, das sich zum SGB I und vorher zum BSHG entwickelt hat, ist das eine punktuelle Hervorhebung von eigentlich selbstverständlichen Einzelelementen von Beratung und kein neues Beratungskonzept. Nach dem Wortlaut hat es als mögliche fürsorgespezifische Beratungsleistung auch nichts mit entsprechenden Leistungen in der ehemaligen und heutigen Sozialhilfe zu tun. § 14 Abs. 2 SGB II lässt sich allenfalls noch als nicht abgeschlossener Katalog von Beratungselementen verstehen, der deutlich machen soll, dass sie sich auf das gesamte Leistungsspektrum und nicht nur auf die Eingliederung beziehen sollen.[37] **30**

So bleibt nicht nur ein verbreitetes Unverständnis über die auch gesetzessystematisch misslungene Vorschrift.[38] Es bleibt auch unklar, wie dadurch das Verständnis und die Akzeptanz für die Grundsicherung für Arbeit verbessert werden könnte,[39] denn das ist allenfalls eine Folge, aber keine Aufgabe von gelungener Beratung. Mit dieser Regelung **31**

---

30 Becker, Das 9. Änderungsgesetz zum SGB, SGb 2016, 607.
31 So auch Dern/Kreher 2018, S. 196 f.
32 Weswegen diese Zielsetzung eher ein Etikett geblieben ist (→ Kap. 6 Rn. 20).
33 BT-Drs. 17/3404, 91.
34 Spellbrink in: Eicher/Spellbrink SGB II, 2. Aufl. 2008, § 4 Rn. 6–9.
35 BT-Drs. 17/3404, 91.
36 So auch hier in der 2. Auflage des Handbuchs vertreten.
37 So zB auch auf eine verständlichere Belehrung, Klerks info also 2018, 124 (125).
38 Kemper in: Eicher/Luik SGB II, 4. Aufl. 2017, § 14 Rn. 9–12; Dern/Kreher 2018, S. 196–199.
39 BT-Drs. 18/8041, 29.

ist aber auch der Auslegung, der Gesetzgeber setze im SGB II eine gesteigerte Beratungs-
und Betreuungspflicht des persönlichen Ansprechpartners voraus, der Boden entzogen.
Profitieren von ihr dürften aber Jobcentermitarbeiter, die sie nutzen wollen, um in
ihrem eng getakteten Zeitbudget mehr Raum für Klientengespräche unter zu bringen.
Ob sie dann aber angesichts der strikten Arbeitsteilung von Erstbearbeiter, Leistungssachbearbeiter, Fallmanager und manchmal noch weiteren Abteilungen[40] in der Lage
sind, „die aktiven und passiven Leistungen zu verzahnen", ist sehr fraglich, woraus sich
neue Fallgestaltungen für den sozialrechtlichen Herstellungsanspruch ergeben können,
was der Bundesrat im Vorfeld zu Recht angesprochen hat.[41]

2. Verhältnis zu § 14 SGB I

32 Diese Neuregelung führt auf alle Fälle für den Bereich des SGB II zu einer verstärkten
Bedeutung von § 14 SGB I, was die Verpflichtung zu grundlegender und umfassender
Beratung betrifft, weil die soziale Beratung im SGB II nach ihrer Begründung auch nicht
die Vorschriften des SGB I bereichsspezifisch eingrenzen will, sondern nur darauf aufbauend einzelne Elemente hervorhebt. Die Notwendigkeit einer umfassenden Beratung
über alle Rechten, Pflichten und Verfahrensregeln nach § 14 SGB I (→ Rn. 8) ergibt sich
schon daraus, dass im SGB II für knapp sechs Millionen Menschen (das sind deutlich
mehr als jemals in der Sozialhilfe) auch das Existenzminimum gesichert wird. Der persönliche Ansprechpartner (§ 14 Abs. 3 SGB II) kann sich bei Zusammenschau beider
Vorschriften nicht mehr allein auf Formulierung von Mitwirkungspflichten oder Darstellung von Maßnahmen zur Eingliederung beschränken, sondern muss umfassend zu
allen Rechten, auch denen auf Geldleistungen und zur rechtlichen Beurteilung von
Maßnahmen beraten. Genau genommen gilt das aber auch für Leistungssachbearbeiter
(wenn sie zB Überschuldung feststellen) und ganz besonders für die Erstantragsaufnah-
me, so dass die Arbeitsteilung zwischen den Mitarbeitern aufgehoben werden müsste –
auch was ihre Qualifizierung betrifft.

3. Zusätzliche Anwendbarkeit der Vorschriften des SGB XII?

33 Darüber hinaus wird eine Auffangfunktion der Sozialhilfe diskutiert, die aus verfassungsrechtlichen Gründen jedenfalls so lange geboten bleibt, als sich im SGB II durch zu
starre Begrenzungen Lücken in der Existenzsicherung ergeben, wie sich das zB in der
Rechtsprechung des BSG zum Umgangsrecht und zu Härtefällen niedergeschlagen
hat.[42]

Immerhin besteht eine Regelungslücke auch für Bereiche des § 11 SGB XII, für die im
SGB II keine entsprechenden Leistungen vorgesehen sind, etwa für den Bereich der Bud-
getberatung, der Beratung in sonstigen sozialen Angelegenheiten und der allgemeinen
Sozial- und Lebensberatung für Arbeitslose.

Wenn man die Wirkung der §§ 10, 11 SGB XII nur auf den Personenkreis des SGB XII
beschränkt, haben diese Normen für die Millionen der Erwerbsfähigen kaum mehr eine
Funktion zur Unterstützung der Existenzsicherung, die umfassend verfassungsrechtlich
geschützt ist.[43]

34 Da die Vorschriften zu Beratung und Unterstützung nicht im 3. Kapitel des SGB XII verankert sind, dessen Leistungen für SGB II-Berechtigte ausgeschlossen sind, ist es zwar
umstritten, aber durchaus konsequent, wenn die umfassendere persönliche Hilfe, auf

---

40 Hartmann 2014, S. 6 f.; Sokoll/Weinbach 2017, S. 2.
41 BR-Drs. 66/16, wobei er in seiner Begründung bestätigt, dass gegenwärtig keine individuelle Beratung erbracht wird und die personelle Ausstattung der Jobcenter dazu fehlt.
42 ZB BSG 7.11.2006 – 7 b AS 14/06 R.
43 BVerfG 9.2.12010 – 1/BvL 1/09 ua.

die auch früher alle aktuellen und potenziellen Sozialhilfebezieher einen Anspruch hatten, jetzt den SGB II-Berechtigten zur Verfügung stehen würde, soweit dort entsprechende Leistungen nicht oder nur mit anderer Zielsetzung erbracht werden. Für den Bereich der Schuldnerberatung ist das bereits ausführlich erörtert worden.[44] Das BSG hat diese begründete Auffassung allerdings bisher abgelehnt[45] (→ Kap. 30 Rn. 22), was nicht nur Niedrigverdiener benachteiligt, sondern auch SGB II-Berechtigte, die intensivere Unterstützung benötigen.

C. Einzelfragen

I. Soziale Beratung als Rechtsdienstleistung durch freie Träger

Wenn die Behörde berät, ist diese Tätigkeit, soweit sie im Rahmen ihres Aufgabenbereichs handelt, erlaubt nach § 8 Abs. 1 Ziff. 2 RDG.[46] Beratung ist jedoch auch Bestandteil der Sozialberatung freier Träger, Verbände und Selbsthilfegruppen. Weil ihnen bereits während der Geltung des BSHG eine **soziale Rechtsberatung** auch im Sinne des seit dem 1.7.2008 außer Kraft getretenen Rechtsberatungsgesetzes ermöglicht werden sollte, wurde für die Sozialhilfe durch die Vereinbarung zwischen den Trägern der freien Wohlfahrtspflege und dem Bundesministerium der Justiz von 1969 ein **möglicher Konflikt** schon weitestgehend **zugunsten eines ganzheitlichen sozialen Angebots** gelöst. „Wegen der Kompliziertheit der Rechtsbeziehungen im sozialen Bereich ist eine Rechtsberatung oft unumgänglich. Sie kann sich nicht nur auf Aufklärung über Möglichkeiten und Höhe beziehen. Sie umfasst auch Hilfe beim Formulieren von Anfragen und Schriftsätzen ...“.[47] 35

Unter der Geltung des **Rechtsdienstleistungsgesetzes**[48] sind soziale **Rechtsberatung** und **Rechtsbesorgung** als außergerichtliche Rechtsdienstleistungen neu geordnet. Soziale Rechtsberatung ist meist nicht nach § 5 RDG als **Nebenleistung**, sondern nach § 6 RDG als **unentgeltliche Rechtsdienstleistung** einzuordnen.[49] Außerdem ist geregelt, wer außer den Behörden und Wohlfahrtsverbänden zu den nach § 8 RDG **anerkannten Stellen** gehört.[50] **Außergerichtlich** bedeutet nicht nur Tätigkeit im Vorverfahren, wie interne Prüfung im Einzelfall, Vertretung gegenüber der Behörde und Widerspruchseinlegung, sondern auch im Hintergrund begleitend zum Gerichtsverfahren die fortlaufende Beratung und Hilfen bei Schriftsatzentwürfen,[51] so dass die notwendige **Unterstützung im vorläufigen Rechtsschutz** im Hinblick auf die erweiterte Vorschrift zum Sofortvollzug bei Versagung existenzsichernder Leistungen (§ 39 SGB II) geleistet werden kann. Wichtig ist in allen Fällen, dass die Dienstleistung entweder durch Volljuristen erfolgt oder aber durch sie angeleitet wird.[52] 36

---

44 SG Dortmund v. 14.6.2007 – S 41(30) SO 343/05, info also 2008, 37 f. und Krahmer 2005, S. 24 f.; Spindler 2008, S. 12–15.
45 BSG Urt. v. 13.7.2010 – B 8 SO 14/09 R.
46 Sauer 2017, Rn. 128.
47 Barabas 2003, S. 115 f. mwN; zitiert auch bei Heinhold, Rechtsberatung und Sozialarbeit, info also 2002, 12.
48 BGBl. 2007, 2840 f.
49 Sauer 2017, Rn. 118 f.; Heinhold 2008, S. 25 f.
50 Was nicht verhindert, dass es schon wieder zu Konflikten mit freien Trägern kommt: Roscher, Wie ein Jobcenter die Rechtsdienstleistung eines freien Trägers vereiteln wollte, info also 2018, 57–59.
51 Sauer 2017, Rn. 108 f., 111.
52 Zu den verschiedenen Gestaltungsmöglichkeiten: Sauer 2017, Rn. 121 f.

II. Interessengegensätze in der behördlichen Beratung

37 Beratung kann nur eine Leistung sein, die auf das Individuum, den Einzelfall abgestimmt ist. Sie setzt daher voraus, dass man sich vorher ein umfassendes Bild über die Entwicklung und den Stand der sozialen Bedarfe gemacht hat. Das erfordert einen tiefen **Einblick in die individuellen Verhältnisse, Entwicklungen und Erfahrungen. Interessen und Wünsche** müssen berücksichtigt werden. Dieser Vorgang ist von einer **Vertrauensbasis** geprägt. Er **unterscheidet sich** damit sehr grundsätzlich **von der Amtsermittlung** im Verwaltungsverfahren, was ein behördlicher Berater, ein Leistungsträger, der Beratung im eigenen Haus anbietet, seit jeher beachten muss. Diese beiden **Ermittlungsvorgänge sind nicht deckungsgleich** und haben unterschiedliche Schwerpunkte.[53] Deshalb empfiehlt es sich, Mitarbeiter für die Beratungsaufgabe freizustellen oder noch besser parallel eine externe, unabhängige Beratung zu fördern.[54] Hier deutet sich allerdings eine Kollision zwischen sozialstaatlicher Verpflichtung und einem Aktivierungsgedanken an, der staatlichen Rückzug aus diesen Bereichen anstrebt (vgl. Kap. 6).[55] Aber im SGB I findet sich für dieses Verhalten bisher keine Rechtsgrundlage.

38 Wenn **Interessengegensätze** bereits deutlich werden, muss eine von der Behörde **unabhängige Beratung** gewährleistet sein.[56] Der vorher häufig vertretenen Auffassung, die Verpflichtung zur Beratung nach § 14 SGB I schließe praktisch Beratungshilfe aus, weil man sich ja bei der Behörde beraten lassen könne,[57] werden damit deutliche Grenzen gesetzt.

39 Außerdem wird vielfach vertreten, Beratung würde praktisch durch das neue Fallmanagement im SGB II ersetzt oder könne darin aufgehen. Beratung kann sich in ein Fallmanagement an verschiedenen Stellen einordnen – muss es aber nicht. Fall-/Casemanagement ist Steuerungstechnik und auf einen längeren Entwicklungsprozess ausgerichtet, in dem Beratung nicht zwingend enthalten ist oder teilweise sogar eher Kontroll- und Rationierungsinteressen im Vordergrund stehen.[58] Die spezielle Stellung des Casemanagers im SGB II, seine vollständige Sanktions- und Steuerungsgewalt, die Effizienzkontrollen, denen er selber unterliegt, legen den Rahmen dieser Tätigkeit so einseitig fest, dass Beratung für den Bürger nur schwer zu gewährleisten ist, wenn sie dem untergeordnet wird. Wenn das Fallmanagement Beratungsangebote aufnimmt und einordnet, dann muss es auch die Eigenheiten und Voraussetzungen für Beratung respektieren.

III. Aktivierende Beratung, aufgedrängte Beratung

40 Beratung sollte sich **nicht nur auf die Rechte** erstrecken, sondern auch auf die **Pflichten.** Auch hier besteht für den behördlichen Berater Verwechslungsgefahr. Die **Aufforderung zur Mitwirkung,** gar unter Androhung einer empfindlichen Sanktion, **ist keine aktivierende Beratung** und etwas anderes, als die Beratung über den Sinn einer Mitwirkungspflicht und die Überlegung, wie die geforderten Mitwirkungshandlungen sinnvoll gestaltet werden können.[59] Unter dem Begriff der „aktivierenden Beratung" wurde die „Auswegberatung" mit der Hartz Reform vielfach in eine Richtung gedrängt, die Beratung mit Arbeitsvermittlung, Verweisung auf vorrangige Leistungen, Selbsthilfe, pauschaler Zuweisung zu Maßnahmeträgern ohne konkrete Bedarfsanalyse und Beschrei-

---

53 Spindler 2002, S. 386.
54 Spindler 2007, S. 40; Sokoll/Weinbach 2017; Krahmer 2008, S. 41 f.; Dern/Kreher 2018, S. 198 f.
55 Vgl. auch Hartmann 2014, S. 16 f., wo das Angebot durch Selbsthilfe ersetzt werden soll.
56 Für das Widerspruchsverfahren bestätigt durch BVerfG 1.5.2009 – 1 BvR 1517/08 und 6.9.2010 – 1 BvR 40/10.
57 Herbe, Subsidiarität der Beratungshilfe im Sozialrecht?, info also 2008, 204–206.
58 Mit Hinweisen auf einschlägige Literatur, Spindler 2007, S. 39.
59 Spindler 2002, S. 359 f., 386 f.

bung der Anforderungen gleichsetzt bzw. verwechselt.[60] Die sich schon früh andeutende Tendenz, auf diese Weise eine umfassende Beratung über Rechte und Pflichten zu ersetzen[61] und **Aktivierungsmaßnahmen** aller Art zur rechtlich nicht zulässigen **Vorbedingung der Aufnahme eines Antrags** auf existenzsichernde Leistungen zu machen, hat sich vielfach in der lokalen Praxis verstärkt. Diese Praxis hat nichts mit Beratung und persönlicher Hilfe zu tun, sondern allenfalls mit **aufgedrängter Beratung**, die bis auf rechtlich bedingte Ausnahmen[62] nicht zu den fachlichen Standards von Beratung gehören.[63]

IV. Inhalte von Beratung

Es soll hier kurz skizziert werden, in welchen Bereichen **zur Existenzsicherung** und gerade im Hinblick auf den **Aktivierungsgedanken** Beratung besonders wichtig ist:[64]   41

- Die verstärkte Pauschalierung in SGB II und SGB XII erfordert eine viel **intensivere Budgetberatung**, um überhaupt ein Bewusstsein über die verfügbaren Mittel zu bekommen, die früher stärker durch Einzelanträge gesteuert werden konnten. Die Entscheidung zwischen existenzsichernden Leistungen oder Beantragung ergänzender Leistungen wie Kinderzuschlag und Wohngeld ist völlig unübersichtlich geworden. Die **Verschuldung** wegen Ausweichens auf Darlehensleistungen und Kürzungen und Aufrechnungen steigt an.

- Mit der Zunahme von **Ermessensvorschriften** – das betrifft alle Eingliederungsleistungen, Umzugs- und Wohnbeschaffungskosten etc nach SGB II – wird zunehmend eine Beratung über die bestehenden Möglichkeiten im Ermessensbereich notwendig. Gerade die Beratung über Angebote, Konzeptionen und Eignung von Maßnahmen ist Voraussetzung für eine individuelle Eingliederung.

- Mit dem Zurückdrängen der Geldleistung im SGB II als Ausdruck des Aktivierungsgedankens (vgl. Kap. 6) verschärfen sich aktuelle materielle Notlagen durch Hinauszögern von Leistungen. **Beratung über Verfahrensrechte**, Annahme und Bearbeitung eines Leistungsantrags und vor allem **vorläufigen Rechtsschutz**, aber auch Vorschüsse, Einstiegsgeld oder ergänzende Sachleistungen nach § 31 a Abs. 3 SGB II wird existenznotwendiger als unter der Geltung des BSHG.

- Da außerdem die beauftragten Dienstleister (Beschäftigungs- und Fortbildungseinrichtungen, Profiler und Vermittler) in diesem Modell ebenfalls einem scharfen Kosten- und Erfolgswettbewerb unterliegen sollen, besteht die Gefahr, dass auch hier die Betroffenen vor allem über ihre Rechte nicht entsprechend beraten werden, dass der Persönlichkeitsschutz nicht gewahrt bleibt. Oft braucht man deshalb eine **unabhängige Anlaufstelle**, um einen Überblick über diese Angebote zu bekommen und Erfahrungen auszutauschen.

- Der verstärkte Druck zur Aufnahme prekärer und auch unseriöser Arbeitsangebote,[65] macht die **arbeitsrechtliche Beratung** und die über die Organisationsmöglichkeiten zur Verbesserung der Arbeitsbedingungen notwendig.

---

60 Ernüchternd die kritische Bestandsaufnahme von Gesprächsabläufen im Jobcenter, wo sich wegen der Rahmenbedingungen die Gesprächspartner ständig taktierend verhalten (müssen), Hartmann 2014, 10 f.
61 Hoffmann 2002, S. 86 f.
62 So Barabas 2003, S. 89 f. vor allem im Bereich des Strafrechts und des Jugendgerichtsgesetzes.
63 Roscher in: LPK-BSHG, 5. Aufl. 1998, § 5 Rn. 4–10, § 8 Rn. 12–16 und fortführend Roscher in: LPK-SGB XII, 8. Aufl. 2008, § 10 Rn. 9 f., MASQT NRW, Düsseldorf, 2000, Teil A Kap. 9 und 10; Barabas 2003.
64 Dazu auch Sokoll/Weinbach 2017, S. 3.
65 Etwa im Fall SG Dortmund 2.2.2009 zur Unzumutbarkeit eines sittenwidrigen Lohnangebotes, info also 2009, 121 f. und → Kap. 6 Rn. 24.

Kapitel 18: Bedarfs-, Einsatz-, Haushaltsgemeinschaft

Literaturhinweise: Brosius-Gersdorf, Bedarfsgemeinschaften im Sozialrecht, NZS 2007, 410; Dern/Fuchsloch, Temporäre Bedarfsgemeinschaft im SGB II – wie soll es weitergehen?, SGb 2017, 61; Dern/Fuchsloch, Mit dem Leiterwagen zu Papa?, Wenn ärmere Kinder nur zeitweise bei einem Elternteil leben, SozSich 2015, 269; Conradis in: Richter/Doering-Striening/Schuler/Schmitt (Hrsg.), Seniorenrecht in der anwaltlichen Praxis, 2011; Deutscher Verein für öffentliche und private Fürsorge, Empfehlungen für die Heranziehung Unterhaltspflichtiger, NDV 2002, 161; ders., Empfehlungen für die Heranziehung Unterhaltspflichtiger des Deutschen Vereins 2005, 107 ff.; ders., Erstes Positionspapier des Deutschen Vereins zur Neuausrichtung der Bedarfsgemeinschaft im SGB II, NDV 2007, 431 ff.; ders., Empfehlungen für den Einsatz von Einkommen und Vermögen in der Sozialhilfe (SGB XII), Eigenverlag 2015; ders., Empfehlungen für die Heranziehung Unterhaltspflichtiger in der Sozialhilfe 2014; Habermann-Münchow/Kruse, Zur Bedürftigkeitsprüfung in sog. Mischhaushalten – Anmerkung zum Urteil des BSG vom 9.6.2011, info also 2012, 108 ff.; Labrenz, Die Abkehr vom Prinzip der (Hilfe-)Bedürftigkeit – Zur verfassungswidrigen Konstruktion der Bedarfsgemeinschaft im SGB II, ZfF 2008, 217; Münder/Geiger, Die generelle Einstandspflicht für Partnerinkinder in der Bedarfsgemeinschaft nach § 9 Abs. 2 S. 2 SGB II, NZS 2009, 593 ff.; Schellhorn, Einordnung des Sozialhilfrechts in das Sozialgesetzbuch – das neue SGB XII, NDV 2004, 167; Schenkel, Der Stiefpartner als ‚dritter Elternteil‘ eines nicht leiblichen Kindes?, ZFSH/SGB 2011, 450 ff; Schnath, Zwischen Eltern- und Partnerliebe – Die arme Mutter! Einige (nicht nur dogmatische) Anmerkungen zum BSG, Urteil vom 13. November 2008 – B 14 AS 2/08 R, NDV 2009, 205; Schoch, Die Einsatzgemeinschaft in der Sozialhilfe, ZfSH 1985, 494 ff.; ders., Mehrfacher Bedarf in der Sozialhilfe, ZfSH/SGB 1988, 57 ff.; ders., Vorschlag für eine Neugestaltung der §§ 11 (Personenkreis), 16 (Haushaltsgemeinschaft) und 122 (eheähnliche Gemeinschaft), in: Arbeitsgruppe BSHG-Reform, Vorschläge zur Fortentwicklung des Sozialhilferechts, 1991; ders., Von der Familiennotgemeinschaft zum Einzelanspruch, in: Deutscher Verein für öffentliche und private Fürsorge, Sozialrechtswissenschaft, Sozialpolitik, soziale Praxis, Dokumentation eines Symposions zu Ehren von Dieter Giese (1995); ders., Einzelanspruch und Bedarfsgemeinschaft, NDV 2002, 8 ff.; ders., Der Sozialhilfebescheid, ZfF 2005, 241 ff.; ders., Sozialleistungsbescheid, in: Deutscher Verein für öffentliche und private Fürsorge e.V. (Hrsg.), Fachlexikon der sozialen Arbeit, 7. Aufl. 2011, S. 828 f.; Spellbrink, Die Bedarfsgemeinschaft gemäß § 7 SGB II eine Fehlkonstruktion?, NZS 2007, 121; Stephan, Die Ansprüche zusammenlebender Personen nach dem SGB II und SGB XII – Bedarfsgemeinschaft, Einsatzgemeinschaft und Haushaltsgemeinschaft, 2008; Udsching/Link, Aufhebung von Leistungsbescheiden im SGB II, SGb 2007, 513 ff.; Wenner, Verfassungsrechtlich problematische Regelungen für eheähnliche Gemeinschaften und Stiefeltern, SozSich 2006, 146 ff.; Wersig, Die Neudefinition der ‚eheähnlichen Gemeinschaft‘ im SGB II, info also 2006, 246 ff.

Rechtsgrundlagen:
GG Art. 1, 3, 20
SGB I § 33
SGB II §§ 7, 9, 10, 11, 12, 15, 31 a, 38, 60, Alg II-V
SGB XII §§ 19, 20, 26, 27, 27 a, 27 b, 39, 43, 53, 61, 85, 87, 88, 89, 90, 92, 92 a
BGB §§ 1567, 1590

Orientierungssätze:
1. Mit der Neuregelung der öffentlichen Fürsorge 2005 wurde im SGB II eine Bedarfsgemeinschaft kreiert, deren Mitgliedern ein Leistungsanspruch zuerkannt wird; zugleich werden sie dadurch selbst bei bedarfsdeckenden Mitteln zu Hilfeempfängern gemacht.
2. Für die öffentlich-rechtliche Verpflichtung zum Einsatz des Einkommens, Vermögens und der Arbeitskraft wird von der Literatur und Praxis der Begriff der Einsatzgemeinschaft verwandt.

3. Bei einer Haushaltsgemeinschaft werden widerlegbar Leistungen zugunsten des (ansonsten) Leistungsberechtigten von zusammenlebenden und wirtschaftenden Personen vermutet, soweit das nach deren Einkommen und Vermögen erwartet werden kann.

4. Jede Einzelperson hat einen selbstständigen Anspruch auf Leistungen, auch wenn sie mit anderen Personen in einer Bedarfs-, Einsatz oder Haushaltsgemeinschaft lebt.

5. Als Rechtsfolgen der Zugehörigkeit zu einer Bedarfs- und Einsatzgemeinschaft im SGB II werden deren Mitglieder dadurch an der „Hilfebedürftigkeit beteiligt", dass sie ihr Einkommen und Vermögen und ihre Arbeitskraft einsetzen müssen, Sanktionen unterliegen und einem gemeinsamen Verwaltungsverfahren unterworfen sind.

6. Aus der Zugehörigkeit zu einer Einsatzgemeinschaft des SGB XII folgt nicht die Hilfebedürftigkeit aller ihrer Mitglieder; nur soweit ihre Mittel höher sind als ihr Bedarf, wird deren Einkommen bei dem (ansonsten) Leistungsberechtigten berücksichtigt.

7. Die Regelungen des SGB II zum Mitteleinsatz in der Bedarfsgemeinschaft sind mit denen des SGB XII nicht kompatibel, so dass Rechtsprechung und Literatur Regelungen für die Rechtsanwendung bei gemischten, überlappenden und zeitweiligen Bedarfsgemeinschaften entwickelt haben.

8. Zur Einsatzgemeinschaft in der Grundsicherung im Alter und bei Erwerbsminderung des SGB XII gehören die nicht getrennt lebenden Ehegatten oder Lebenspartner sowie Partner einer eheähnlichen oder partnerschaftsähnlichen Gemeinschaft; bei der Hilfe zum Lebensunterhalt und bei den Hilfen in weiteren Lebenslagen zusätzlich Eltern bzw Elternteile mit ihren zusammenlebenden minderjährigen Kindern. Das SGB II zieht darüber hinaus die mit dem Elternteil zusammenlebenden Partner in die Einsatzgemeinschaft und -verpflichtung auch für zusammenlebende Partnerkinder ein, und zwar bis zur Vollendung deren 25. Lebensjahres.

9. Eine Einsatzpflicht in der Haushaltsgemeinschaft ist im SGB II auf den Personenkreis der Verwandten und Verschwägerten begrenzt. Im SGB XII ist die Einsatzpflicht lediglich bei der Hilfe zum Lebensunterhalt vorgesehen, allerdings ausgeweitet auf alle gemeinsam in einer Wohnung lebenden Personen.

10. Mitglieder der Bedarfs- und Einsatzgemeinschaft nach dem SGB II müssen ihr gesamtes Einkommen einsetzen, das auf alle Mitglieder anteilmäßig verteilt wird, wodurch sie selbst hilfebedürftig gemacht werden. Im SGB XII wird das den eigenen Bedarf übersteigende Einkommen bei der Hilfe zum Lebensunterhalt und der Grundsicherung im Alter und bei Erwerbsminderung berücksichtigt, bei den weiteren Hilfen das eine Einkommensgrenze übersteigende Einkommen in angemessenem Umfang (bei stationären Leistungen auch unterhalb der Einkommensgrenze).

11. Bei Mitgliedern der Haushaltsgemeinschaft wird ein Mitteleinsatz erst dann vermutet, wenn das Einkommen deutlich das Lebenshaltungsniveau übersteigt. Im SGB II wird dies dadurch erreicht, dass der Alg II-Bedarf ermittelt, ein zusätzlicher Regelsatz (im Jahr 2019: 424 EUR) hinzugerechnet wird und von dem dann noch übersteigenden Betrag 50 % zur Bedarfsdeckung des (ansonsten) Leistungsberechtigten erwartet wird. Im SGB XII wird der Mitteleinsatz dann vermutet, wenn Einkommen vorhanden ist, das nach den Regeln der bürgerlich-rechtlichen Unterhaltspflicht den Eigenbedarf übersteigt; bei nicht Unterhaltspflichtigen wird das erst bei einem deutlich höheren Einkommen vermutet. Damit sind die Freibeträge in der Sozialhilfe deutlich höher.

A. Allgemeines

I. Von der Familiennotgemeinschaft zur Bedarfs-, Einsatz- und Haushaltsgemeinschaft

1 In der öffentliche Fürsorge[1] wurde bis in die 20er Jahre des vorigen Jahrhunderts[2] die Unterstützung eines „unselbstständigen Familienglieds" dem Familienhaupt selbst zugerechnet mit der Folge, dass dies Zwangsmaßnahmen gegen ihn zur Folge haben konnte. Das wurde durch die Fürsorgepflichtverordnung[3] zugunsten des Einzelanspruchs jedes Hilfebedürftigen aufgegeben, ohne allerdings auf die Einbeziehung unterhaltsberechtigter zusammenlebender Personen zu verzichten. Die Verwaltungsvorschriften der Reichsgrundsätze über Voraussetzung, Art und Maß der öffentlichen Fürsorge[4] haben das nicht umgesetzt; nach denen sollte – entgegen der Fürsorgepflichtverordnung – jemand dann als hilfebedürftig gelten, wenn seine Mittel und Kräfte nicht ausreichen, den notwendigen Lebensbedarf auch für seine unterhaltsberechtigten Angehörigen zu beschaffen. Das so kreierte Rechtssubjekt der Familiennotgemeinschaft wurde mit dem Inkrafttreten des Bundessozialhilfegesetzes (BSHG)[5] 1962 trotz der auf die Einzelperson bezogenen (fast wortgleichen) Formulierung zuvor in der Fürsorgepflichtverordnung unter

---

1 Der Begriff findet sich heute noch in Art. 74 Abs. 1 Nr. 7 GG.
2 Durch das Unterstützungswohnsitzgesetz vom 6.6.1870, RGBl. I, 360, §§ 15–21.
3 Vom 13.2.1924, RGBl. I, 100, in der späteren Fassung vom 1.8.1931, RGBl. I, 441, § 5.
4 Vom 4.12.1924, RGBl. I, 765, auch idF vom 27.11.1931, RABl. I, 315.
5 Vom 30.6.1961, BGBl. I, 815 § 11 Abs. 1 S. 1: Hilfe zum Lebensunterhalt ist dem zu gewähren, der seinen notwendigen Lebensunterhalt nicht oder nicht ausreichend aus eigenen Kräften und Mitteln, vor allem aus seinem Einkommen und Vermögen, beschaffen kann.

dem Begriff Bedarfsgemeinschaft fortgesetzt. Danach galten alle Mitglieder als hilfebedürftig, wenn ihre Mittel und Kräfte nicht ausreichten, den notwendigen Lebensunterhalt zu beschaffen. Die Bedarfe und Einkommen der zum Einkommens- und Vermögenseinsatz verpflichteten Personen[6] wurden zusammengefasst, bewilligende Verwaltungsakte (Sozialleistungsbescheide)[7] an den vom Sozialamt selbst kreierten Haushaltsvorstand[8] erlassen. Dieser Handhabung folgte lange auch das Bundesverwaltungsgericht,[9] bis es 1992[10] erklärte: „Als sozialhilfeberechtigt ist (...) nicht eine ‚Bedarfsgemeinschaft' mehrerer sozialhilfebedürftiger Personen anzusehen." Auch „eine Haftungsgemeinschaft lässt sich (...) nicht aus der angeordneten gesamtschuldnerischen Haftung herleiten." Dem folgte die Praxis zögerlich, ohne alle nötigen Konsequenzen,[11] auch beim Erlass und der Zustellung von Verwaltungsakten, zu ziehen.[12]

Mit der Neuregelung der öffentlichen Fürsorge[13] hat der Gesetzgeber im **SGB II** **2** (Grundsicherung für Arbeitsuchende)[14] die früher rechtswidrige Praxis unter dem Begriff der **Bedarfsgemeinschaft** reanimiert.[15] Im **SGB XII** (Sozialhilfe) finden sich **keine** entsprechenden **Regelungen**. Damit wurde im Jahr 2005 aus (vermeintlichen) Gründen der Verwaltungsökonomie zu einer Regelung (im SGB II) bzw. einer Regelungsabsicht (im SGB XII) zurückgekehrt, die mit der Fürsorgepflichtverordnung 80 Jahre zuvor aufgegeben wurde und sich an dem damaligen Gesellschaftsbild orientierte. Diesen Paradigmenwechsel zurück zur Familiennotgemeinschaft unter dem Begriff der Bedarfsgemeinschaft verdeutlichen und reflektieren die Materialien zum SGB II nicht hinreichend und damit deren rechtlichen Charakter.[16] Deren Mitglieder werden „so gut wie nie als einzelnes Rechtssubjekt behandelt", sondern als „rechtlicher Annex des erwerbsfähigen Hilfebedürftigen".[17]

Das **BSG**[18] befindet dazu: „Nicht nur die schwer verständliche gesetzliche Regelung der **3** Bedarfsgemeinschaft, sondern auch die tatsächliche Handhabung dieses Rechtsinstituts führt (...) zu Irritationen bei den Betroffenen, denen, sei es im Verwaltungs-, sei es im Gerichtsverfahren, durch großzügige Auslegung Rechnung getragen werden muss", und hält es für angebracht, „das Konstrukt der **Bedarfsgemeinschaft** (...) in der bisherigen

---

6 Dazu zählten nicht die (weiteren) Mitglieder der Haushaltsgemeinschaft – heute nach § 9 Abs. 5 SGB II und § 39 SGB XII. Allerdings wurde dagegen von den Sozialamtsmitarbeitern häufig verstoßen, wie der Verfasser durch vielfältige Praxiskontakte feststellte; diese rechtswidrige Praxis, die meist bei Stiefelternteilen oder eheähnlichen Partnern des Elternteile stattfand, wurde vom Gesetzgeber (in der Sozialhilfe durch § 39 SGB XII und § 7 Abs. 3, 3 a, § 9 Abs. 2 SGB II) durch deren Einbeziehung in die Bedarfs- und Einsatzgemeinschaft in verfassungsrechtlich bedenklicher Weise legalisiert.
7 Schoch, Der Sozialhilfebescheid; ders., Sozialleistungsbescheid.
8 Regelmäßig den Ehemann/Familienvater ohne die Feststellung, ob dem Anhaltspunkte entgegenstehen, wie es heute in § 38 Abs. 1 S. 1 SGB II vorgeschrieben, aber von den Jobcentern soweit ersichtlich überwiegend nicht von Amts wegen geprüft wird.
9 30.11.1966 – V C 29/66, BVerwGE 25, 307; 17.5.1972 – V C 43.72, NDV 1973, 109.
10 22.10.1992 – 5 C 65.88, NDV 1993, 239 (240).
11 Siehe Schoch, Der Sozialhilfebescheid.
12 Zur (unwirksamen) Zustellung an den Ehemann einer Leistungsempfängerin BVerwG 22.10.1992 – 5 C 65.88, NDV 1993, 239 (240).
13 Mit seinen wesentlichen Teilen in Kraft seit dem 1.1.2005.
14 Artikel 1 des Vierten Gesetzes für moderne Dienstleistungen am Arbeitsmarkt vom 24.12.2003, BGBl. I 2003, 2955.
15 Auch durch flankierende Regelungen, und zwar insbesondere durch § 38, wonach der erwerbsfähige Leistungsberechtigte bevollmächtigt ist, Leistungen auch für die mit ihm in einer Bedarfsgemeinschaft lebenden Personen zu beantragen und entgegenzunehmen.
16 Becker in: Eicher/Luik SGB II § 7 Rn. 77.
17 Becker in: Eicher/Luik SGB II § 7 Rn. 76.
18 BSG 7.11.2006 – B 7 b AS 8/06 R, NDV-RD 2007, 3 (4).

Ausprägung (insbesondere den § 9 Abs. 2 S. 3 SGB II) **ersatzlos zu streichen.**"[19] Die Antwort des Gesetzgebers bestand in der Ausdehnung der Bedarfs- und Einsatzgemeinschaft auf weitere Personen.[20]

II. Begriffe: Bedarfsgemeinschaft – Einsatzgemeinschaft – Haushaltsgemeinschaft

4 Der Begriff **Bedarfsgemeinschaft**[21] wird in der Grundsicherung für Arbeitsuchende (SGB II) verwendet. Den Mitgliedern wird (durch § 7 Abs. 2 S. 1 SGB II) ein Leistungsanspruch zuerkannt, auch wenn sie selbst die Voraussetzungen (altersmäßig, Erwerbsfähigkeit) nicht erfüllen, soweit diese Voraussetzungen bei mindestens einem der Mitglieder der Bedarfsgemeinschaft vorliegen. Durch die Zugehörigkeit zur Bedarfsgemeinschaft wird jedes Mitglied (§ 7 Abs. 3, 3 a SGB II) zum Hilfebedürftigen (§ 9 Abs. 2 S. 3 SGB II) gemacht, auch wenn es seinen Lebensunterhalt selbst sicherstellen kann, aber nicht der Gesamtbedarf aller Mitglieder gedeckt ist. Damit nicht mit jedem Mitglied der Bedarfsgemeinschaft ein separates Verwaltungsverfahren durchgeführt werden muss, wird vermutet, dass der erwerbsfähige Leistungsberechtigte in der Bedarfsgemeinschaft bevollmächtigt ist, Leistungen für die mit ihm in einer Bedarfsgemeinschaft lebenden Personen zu beantragen und entgegenzunehmen, soweit Anhaltspunkte nicht entgegenstehen (§ 38 Abs. 1 SGB II).

5 Den Begriff **Einsatzgemeinschaft** verwendet der Gesetzgeber weder in der Grundsicherung für Arbeitsuchende (SGB II) noch in der Sozialhilfe (SGB XII) oder in anderen Büchern des SGB. Er wird in der Literatur[22] angewandt, wenn nach öffentlich-rechtlichen Regelungen der Einsatz des Einkommens, Vermögens und/oder der Arbeitskraft gefordert wird (siehe § 9 Abs. 2 SGB II, §§ 27 Abs. 2 und 43 Abs. 1 SGB XII).

6 Bei Personen, die in einer **Haushaltsgemeinschaft** leben, wird sowohl nach § 9 Abs. 5 SGB II als auch nach § 39 Abs. 1 SGB XII eine Leistung aus dem Einkommen und Vermögen des mit dem (ansonsten) Leistungsberechtigten Zusammenlebenden und mit ihm „aus einem Topf" Wirtschaftenden vermutet, soweit das nach deren Einkommen und Vermögen erwartet werden kann.

III. Der Einzelanspruch

7 „Der Anspruch auf Gewährleistung eines menschenwürdigen Existenzminimums beruht (...) auf Art. 1 Abs. 1 GG in Verbindung mit dem Sozialstaatsprinzip des Art. 20 Abs. 1 GG, steht jedem Mitglied einer Bedarfsgemeinschaft – auch Kindern – individuell zu (...)"[23] und liegt auch § 33 S. 1 SGB I zugrunde: Bei der Ausgestaltung von Rechten und Pflichten sind die persönlichen Verhältnisse des Berechtigten, sein Bedarf und seine Leistungsfähigkeit zu berücksichtigen. Deshalb ist die Lebensunterhaltsleistung in der Grundsicherung durch die Gegenüberstellung von Bedarf und Bedürftigkeit für **jede Person der Bedarfsgemeinschaft einzeln zu bestimmen.**[24]

---

19 BSG 7.11.2006 – B 7 b AS 8/06 R, NDV-RD 2007, 3 (6). Valgolio in: Hauck/Noftz SGB II § 7 Rn. 44 erklärt dies zu Verteufelungsproklamationen, denen zum Trotz festzustellen bleibe, dass sich die Bedarfsgemeinschaft zwischenzeitlich in der Rechtspraxis bewährt habe, vereinzelt sogar Interessenkonflikte zu lösen in der Lage sei, wenn zivilrechtliche Zuordnungsmerkmale und Unterhaltsansprüche nicht weiterhelfen können, wie zB bei der sog Stiefelternproblematik.

20 Wenn auch nicht in dem Umfang, den Stephan, S. 243, als verfassungsrechtlich geboten ansieht.

21 Gesetzlich erstmalig durch das Gesundheitsmodernisierungsgesetz vom 14.11.2003 in § 62 Abs. 2 S. 4 SGB V verwandt.

22 In bewusster Distanzierung von dem früher in der Sozialhilfe durchgängig benutzten Begriff der Bedarfsgemeinschaft in der Literatur erstmalig von Schoch ZfSH/SGB 1985, 494 ff.

23 BVerfG 9.2.2010 – 1 BvL 1, 3, 4/09, Rn. 158, BVerfGE 125, 175 ff.

24 Zur SGB II-Grundsicherung BSG 7.11.2006 – B 7 b AS 8/06 R, NDV-RD 2007, 3; Spellbrink NZS 2007, 121 (122) mwN; Peters in: Estelmann § 7 Rn. 24.

Anspruchsinhaber ist jeder einzelne Leistungsberechtigte,[25] auch wenn er in einem Fa- **8**
milienverband mit anderen Personen lebt.[26] Daraus folgt, dass die Leistungsbewilligung, -ablehnung, ggf. -rückforderung[27] jeder einzelnen betroffenen Person gegenüber
durch Verwaltungsakt zu realisieren ist. Daran hat sich auch durch das Konstrukt der
Bedarfsgemeinschaft im SGB II[28] nichts geändert.

Auch die Ausweitung der im SGB XII zu berücksichtigenden Besonderheiten des Einzel- **9**
falles auf den ‚Haushalt'[29] und des Anspruchs auf ‚Personen'[30] sowie die Ergänzung auf
die ‚gemeinsame' Einkommens- und Vermögensberücksichtigung von nicht getrennt lebenden Ehegatten, Lebenspartnern und minderjährigen unverheirateten Kindern,[31] lässt
den Einzelanspruch entgegen der Gesetzesbegründung[32] unberührt.

B. Die Bedarfsgemeinschaft

I. Allgemeines

Lediglich in der Grundsicherung für Arbeitsuchende findet sich das Institut der Bedarfs- **10**
gemeinschaft. Der SGB II-Gesetzgeber hat den früher lediglich in der Praxis der Sozialhilfe regelmäßig verwandten Begriff der Bedarfsgemeinschaft (→ Rn. 4) im SGB II reanimiert, um zu erreichen, „dass künftig einheitlich die Leistungsberechnung für diese Familien in der Regel gemeinsam erfolgt (...)".[33] Die Bevollmächtigungsvermutung, dass
der Vertreter der Bedarfsgemeinschaft Leistungen für die anderen in der Bedarfsgemeinschaft lebenden Mitglieder beantragt und entgegen nimmt (→ Rn. 4), wird mit Verwaltungspraktikabilität und Verwaltungsökonomie begründet.[34]

II. Mitglieder und Rechtsfolgen

Zur Bedarfsgemeinschaft gehören (nach § 7 SGB II) **11**

- **zwingend ein(e) erwerbsfähige(r) Leistungsberechtigte(r)** (Abs. 3 Nr. 1: „Hauptleis-
tungsberechtigte(r)");[35] ohne eine erwerbsfähige leistungsberechtigte Person kommt

---

25 Er ist höchstpersönlicher Natur, siehe Stephan, S. 65 mwN.
26 St. Rspr. BVerwG 30.11.1966 – V C 29/66, BVerwGE 25, 307; 15.12.1977 – V C 35/77, BVerwGE 55, 148;
22.10.1992 – 5 C 65.88, NDV 1993, 239 (240); s. auch Schoch NDV 2002, 8.
27 Siehe dazu BSG 16.5.2012 – B4 AS 154/11 R; Udsching/Link SGb 2007, 513 ff.
28 Trotz der Bevollmächtigungsvermutung zur Vertretung der Bedarfsgemeinschaft (§ 38 SGB II), die ohnehin
jederzeit widerrufen werden kann.
29 In § 9 Abs. 1 SGB XII.
30 Im Plural: § 27 Abs. 1 S. 1 Hs. 1 SGB XII lautet: „Hilfe zum Lebensunterhalt ist **Personen** zu leisten ..."
(Hervorhebung durch den Verfasser).
31 In § 27 Abs. 2 Sätze 2, 3 SGB XII.
32 Nach BT-Drs. 15/1514, 53, wird als inhaltlicher Schwerpunkt des Gesetzes unter 4 (Verwaltungsmodernisierung) „klargestellt, dass die Berechnung der Hilfe zum Lebensunterhalt in der Regel auf die Bedarfsgemeinschaft des § 19 Abs. 1 (Anm. des Verfassers: heute § 27 Abs. 2 Sätze 2, 3) bezogen ist". „Der Verweis auf
den Haushalt bei der Hilfe zum Lebensunterhalt entspricht im Hinblick auf die Bedarfsfeststellung dem geltenden Recht. Bezüglich der Feststellung der Bedürftigkeit wird insoweit auch die bislang offene Frage geklärt, dass es auch auf die Mittel und Kräfte des Haushalts ankommt, als insbesondere in § 19" (heute § 27
Abs. 2 S. 2, 3) „eine Berücksichtigung von Einkommen und Vermögen geregelt ist. Insoweit wird das Indivi-
dualprinzip des Abs. 1 nicht mehr auf die einzelne Person bezogen, sondern aufgrund der Lebenswirklichkeit gegenüber einem wirtschaftenden Haushalt erweitert, wie insbesondere bei der Leistungsberechnung nach
§ 19" (heute § 27 Abs. 2 S. 2, 3) „von Bedeutung ist". „Der neue Hinweis auf die gemeinsame Berücksichtigung von Einkommen und Vermögen folgt der Änderung in § 9 Abs. 1 und bewirkt, dass künftig einheitlich
die Leistungsberechnung für diese Familien in der Regel gemeinsam erfolgt und die Leistungsberechnung
nur dann für einzelne Familienmitglieder durchgeführt wird, wenn zum Beispiel minderjährigen Kindern
ausreichend eigenes Einkommen und Vermögen zur Verfügung steht. Die Praxis ist bisher insoweit unterschiedlich verfahren", so BT-Drs. 15/1514, 56 f. zu § 9.
33 BT-Drs. 15/1514, 57 zum SGB XII.
34 BT-Drs. 15/1516, 63 zum SGB XII.
35 So BSG 13.11.2008 – B 14 AS 2/08 R, NDV-RD 2009, 62 (63).

keine Bedarfsgemeinschaft zustande;[36] auch zwei **erwerbsfähige Personen** bilden bei Zusammenleben eine Bedarfsgemeinschaft (allerdings keine Person alleine);[37]

- erwerbsfähige, unverheiratete **Leistungsberechtigte, die das 25. Lebensjahr noch nicht**[38] **vollendet haben, mit ihren Eltern** bzw. dem Elternteil und dessen Partner (Abs. 3 Nr. 2). § 7 Abs. 3 Nr. 2 SGB II setzt nicht voraus, dass der Elternteil oder dessen Partner erwerbsunfähig sein müssen.[39] Unerheblich ist es, ob das „Kind" selbst genug Einkommen zur Deckung des eigenen Bedarfs hat;[40]

- **Partner eines erwerbsfähigen Leistungsberechtigten** (Abs. 3 Nr. 3; siehe hier Kapitel 19), und zwar
  - die/der **nicht dauernd getrennt lebende** Ehegattin oder **Ehegatte** (lit. a). Das BSG[41] geht davon aus, dass der Begriff des „nicht dauernd getrennt lebenden Ehegatten" iSd SGB II (nach § 7 Abs. 3 Nr. 3 Buchstabe a) von der Typik dieser Regelung nach familienrechtlichen Grundsätzen zu bestimmen ist[42] und wendet die nach seiner Ansicht maßgebenden Trennungsregelungen des § 1567 Abs. 1 S. 1 BGB bei der Zuordnung zur Bedarfsgemeinschaft an (zum Einsatz von Einkommen und Vermögen → Rn. 21 ff.);
  - die/der **nicht dauernd getrennt lebende** Lebenspartnerin oder **Lebenspartner** (lit. b);
  - Personen, die so in einem Haushalt zusammenleben, dass der wechselseitige Wille anzunehmen ist, Verantwortung füreinander zu Tragen und füreinander einzustehen (lit. c). Das wird nach § 7 Abs. 3 a SGB II vermutet,[43] wenn Partner
    - länger als ein Jahr zusammenleben,
    - mit einem gemeinsamen Kind zusammenleben,
    - Kinder oder Angehörige im Haushalt versorgen oder
    - befugt sind, über Einkommen oder Vermögen des anderen zu verfügen.

---

36 Eine Bedarfsgemeinschaft wird durch ein bereits 15 Jahre altes erwerbsfähiges Kind auch mit der nach dem AsylbLG anspruchsberechtigten (und somit von SGB II-Leistungen ausgeschlossenen), mit ihm zusammen lebenden Mutter begründet (nach § 7 Abs. 1, 2 SGB II); dadurch werden die weiteren zusammenlebenden Kinder, die das 25. Lebensjahr noch nicht vollendet haben, Mitglieder der Bedarfsgemeinschaft mit der Folge, dass für minderjährige Kinder ein Sozialgeldanspruch nach § 28 SGB II besteht (SG Detmold 1.12.2010 – S 8 AS 2573/10 ER, rechtskräftig, ZfF 2012, 180 f.). Ebenso ist denkbar, dass der Hauptleistungsberechtigte wegen des Leistungsausschluss in § 7 Abs. 5 SGB II selbst als Student keine Leistungen bezieht, seine Kinder aber Sozialgeld nach § 23 SGB II, HessLSG 6.9.2011 – L 7 AS 334/11 B, FEVS 63, 459.
37 So aber die BA in DH 7.63 und DH 18.2.2010 – B 14 AS 32/08, in Rn. 13, wenn auch in Anführungszeichen; aA Schoch in: LPK-SGB II § 7 Rn. 59 mit der Begründung, dass sich das weder aus der Wortwahl noch den Rechtsfolgen ergibt.
38 Aber das 15. Lebensjahr vollendet haben und erwerbsfähig sind.
39 BSG 17.10.2014 – B 14 AS 54/13 R, NZS 2015, 388.
40 Durch § 9 Abs. 2 S. 3 SGB II gelten sie als Mitglied der Bedarfsgemeinschaft als hilfebedürftig, wenn nicht der Gesamtbedarf gedeckt ist.
41 BSG 18.2.2010 – B 4 AS 49/09 R, Rn. 9, 12 ff., info also 2010, 137.
42 Damit anders als LSG Nds-Brem (24.3.2009 – L 7 AS 682/06), dessen Urteil das BSG aufhebt und zurückverweist.
43 Nach der Gesetzesbegründung – BT-Drs. 16/1410, 49 – soll dies eine Beweislastumkehr bewirken, die der Gesetzestext nicht enthält und die deshalb nicht besteht, so zutreffend Valgolio in: Hauck/Noftz SGB II § 7 Rn. 220; dieser Ansatz ist vollständig verfehlt, so Wenner, 148 f., da zwei Personen nicht beweisen können, dass sie einander nicht in eheähnlicher Gemeinschaft verbunden sind.

Es kommt auf eine Gesamtschau an. Liegt nur einer der angeführten Tatbestände vor, so reicht dies nicht aus, da das in Kombination mit der gesetzlichen Vermutung die Widerlegungsmöglichkeiten nahezu unmöglich macht.[44]

■ **hilfebedürftige unverheiratete Kinder,** die das 25. Lebensjahr noch nicht vollendet haben, im Haushalt der vorstehenden Personen (Abs. 3 Nr. 4). Anders als die vorstehend angeführte Regelung des Abs. 3 Nr. 2 handelt es sich um eine lex specialis für den Fall, dass Eltern oder ein Elternteil erwerbsfähig sind. Ob die Kinder hilfebedürftig sind, ist durch eine auf ihr Einkommen und Vermögen bezogene Prüfung[45] festzustellen. Ist das zu berücksichtigende Einkommen (§§ 11 ff. SGB II) höher als der persönliche Bedarf des Kindes, scheidet es aus der Bedarfsgemeinschaft aus, ebenso wenn sein verwertbares Vermögen (§ 12 SGB II) zu berücksichtigen ist. Das ist der Fall, wenn zB das Barvermögen bei einem 20-jährigen leistungsberechtigten Kind mehr als 3.850 EUR[46] beträgt.

Den **Mitgliedern der Bedarfsgemeinschaft wird ein Leistungsanspruch** zuerkannt, soweit sie nicht von Leistungen ausgeschlossen sind.[47] Sie werden „an der Hilfebedürftigkeit beteiligt",[48] selbst wenn ein Mitglied nicht leistungsberechtig ist[49] – anders und zutreffender formuliert: Das Mitglied wird zum Einkommens- und Vermögenseinsatz verpflichtet. **12**

Auch wenn das Einkommen und Vermögen eines Bedarfsgemeinschaftsmitgliedes zur Deckung des persönlichen Bedarfs ausreicht, **13**

■ ist es zum **Arbeitseinsatz** verpflichtet (§ 10 SGB II),

■ kann es in die **Eingliederungsvereinbarung** einbezogen werden (§ 15 Abs. 4 SGB II),

■ wird es zur **Leistungsermittlung** dem Regelungsbereich des SGB II zugeordnet (§ 9 Abs. 2 S. 3 SGB II),

■ ist es dem Zugriff auf **Einkommen und Vermögen ausgesetzt** (§ 9 Abs. 2 SGB II) – siehe dazu Einsatzgemeinschaft, → Rn. 19, 21 f. – und ist insoweit auch auskunftspflichtig (§ 60 SGB II),

■ trägt es **Obliegenheiten,** dh die sich aus dem SGB II ergebenden Pflichten,

■ unterliegt es **Sanktionen** (§ 31 a Abs. 4 SGB II),

da es (nach § 9 Abs. 2 S. 3 SGB II) als hilfebedürftig gilt.

Die Mitglieder der Bedarfsgemeinschaft sollen grundsätzlich nur einem gemeinsamen **Verwaltungsverfahren** unterworfen werden (§ 38 SGB II) – anders jedoch bei der Aufhebung von Verwaltungsakten[50] (→ Rn. 8).

III. Überlappende, gemischte, zeitweilige, funktionierende Bedarfsgemeinschaft

Eine Bedarfsgemeinschaft kann sich **mit einer anderen** „überlappen", dh ein Mitglied der einen Bedarfsgemeinschaft kann zugleich Mitglied einer anderen sein. Lebt zB eine **14**

---

44 Siehe Schoch in: LPK-SGB II § 7 Rn. 101; nach der Gesetzesbegründung (BT-Drs. 16/1410, 49) legt der Betroffene dar und weist nach, dass alle Kriterien des § 7 Abs. 3 a SGB II nicht erfüllt werden bzw. die Vermutung durch andere Umstände entkräftet wird; dem folgt Peters in: Estelmann § 7 Rn. 47 und mit Einschränkungen auch Leopold in: jurisPK-SGB II § 7 Rn. 200; während Wenner, 149, die Würdigung aller Fakten und Gewichtung der einzelnen Indizien fordert, was eher der hier verwendeten Formulierung der Gesamtschau entspricht.
45 Schoch in: LPK-SGB II § 7 Rn. 83.
46 Nach § 12 Abs. 2 S. 1 Nr. 1: 3.100 EUR und nach Nr. 4: 750 EUR.
47 BSG 7.11.2006 – B 7 b AS 8/06 R, NDV-RD 2007, 3 (4).
48 BT-Drs. 15/1516, 53.
49 BSG 15.4.2008 – B 14/7 b AS 58/06 R, NDV-RD 2008, 115.
50 Siehe BSG 16.5.2012 – B 4 AS 154/11 R, und Udsching/Link SGb 2007, 513 ff.

unverheiratete 23-jährige Leistungsberechtigte mit ihren Eltern oder einem Elternteil zusammen, so bilden sie eine Bedarfsgemeinschaft (§ 7 Abs. 3 Nr. 2 SGB II) und zugleich bildet sie mit ihrem Partner eine Bedarfsgemeinschaft (§ 7 Abs. 3 Nr. 3 SGB II). Auch eine Drei-Generationen-Bedarfsgemeinschaft ist nach der Rechtsprechung des BSG[51] denkbar. Vor der BSG Entscheidung waren Rechtsprechung[52] und Verwaltungspraxis[53] davon ausgegangen, dass diese Konstellation ausgeschlossen ist. Denn wer gemäß § 7 Abs. 3 Nr. 4 SGB II Mitglied der Bedarfsgemeinschaft wird, kann wegen der Verweisung in Nr. 4 auf Kinder der in den Nr. 1 bis 3 genannten Personen keine eigenen Kinder in die Bedarfsgemeinschaft einbeziehen. Das BSG wies darauf hin, dass es bei der Bildung der Bedarfsgemeinschaft dem Wortlaut nach nur darauf ankommt, wer als die erwerbsfähige leistungsberechtigte Person gilt. In welchen Konstellationen welcher Zuordnung der Vorzug zu geben ist, ist nicht grundsätzlich geklärt; wenn keine Drei-Generationen-Bedarfsgemeinschaft gebildet wird, wird in der Regel eine Zuordnung der jüngsten Generation mit Elternteilen bzw. Elternteil und Partner erfolgen.[54] Zu den Folgen überlappender Bedarfsgemeinschaften siehe Einsatzgemeinschaft → Rn. 23.

15 Auch kann sich eine SGB II-Bedarfsgemeinschaft mit einer SGB XII-Einsatzgemeinschaft überschneiden; das BSG[55] bezeichnet dies als **gemischte Bedarfsgemeinschaft**, unbeschadet dessen, dass es im SGB XII keine Bedarfsgemeinschaften gibt.[56] Bei einem nicht leistungsberechtigten Mitglied einer Bedarfsgemeinschaft[57] gebietet Art. 3 Abs. 1 GG, es bei einem durch sein Einkommen und Vermögen gedeckten Bedarf nicht dergestalt einzubeziehen, dass es selbst hilfebedürftig (durch die Fiktion des § 9 Abs. 2 S. 3 SGB II) gemacht wird.[58] Gleichwohl wird es dadurch berücksichtigt, dass sein Bedarf, Einkommen und Vermögen nach den Regeln des SGB II ermittelt wird.[59]

16 Die Rechtsfigur einer **zeitweisen Bedarfsgemeinschaft**[60] hat das BSG[61] kreiert, um den Lebensunterhalt eines minderjährigen Kindes im Rahmen des Umgangsrechtes mit einem geschiedenen Elternteil sicherzustellen. Es handelt sich damit um eine doppelte, wenn auch nicht zeitgleiche Bedarfsgemeinschaft sowohl mit dem einen wie dem anderen Elternteil. Damit ist für die Leistungserbringung der Träger des gewöhnlichen Aufenthaltes zuständig, bei dem das Kind „länger als einen Tag wohnt, also nicht nur sporadische Besuche vorliegen", jedenfalls bei einer gewissen Regelmäßigkeit und länger als einen Tag (wobei der An- und Abreisetag als ein Tag zu werten ist). Der Umstand, dass sich Kinder im Rahmen der Hilfe zur Erziehung (§§ 27, 33 SGB VIII) ansonsten in einer anderen Familie zur Vollzeitpflege aufhalten, gebietet keinen Anlass zu einer anderen rechtlichen Beurteilung.[62] „Die Regelung verlangt schon nach ihrem Wortlaut

---

51 BSG 17.7.2014 – B 14 AS 54/13 R, NZS 2015, 388.
52 LSG BW 25.3.2011 – L 12 AS 910/10, ZFSH/SGB 2011, 545.
53 Bundesagentur für Arbeit, Fachliche Weisungen § 7 SGB II, Stand: 4.4.2018, 38.
54 Hengelhaupt in: Hauck/Noftz SGB II § 9 Rn. 263.
55 BSG 7.11.2006 – B 7 b AS 8/06 R, NDV-RD 2007, 3 (6); 9.6.2011 – B 8 SO 20/09 R.
56 Sondern lediglich Einsatzgemeinschaften – so der hier verwendete Begriff.
57 Es gehört zur Bedarfsgemeinschaft, ohne selbst die Voraussetzungen zu erfüllen, sowie bei Ausschluss von der Leistungsbewilligung (als Ausländer nach § 7 Abs. 1 S. 2 bzw. stationär Untergebrachter nach Abs. 4, durch Aufenthalt außerhalb des orts- und zeitnahen Bereichs nach Abs. 4 a oder als Auszubildender nach Abs. 5 SGB II).
58 BSG 15.4.2008 – B 14/7 b AS 58/06 R, NDV-RD 2008, 115 (119), bezogen auf einen Altersrentner. Deshalb hat es keine Obliegenheiten nach dem SGB II, unterliegt insbesondere auch nicht den Sanktionen.
59 BSG 15.4.2008 – B 14/7 b AS 58/06 R, NDV-RD 2008, 115 (118).
60 Häufig als temporäre Bedarfsgemeinschaft bezeichnet, vgl. Dern/Fuchsloch 2015, 2017.
61 BSG 7.11.2006 – B 7 b AS 14/06 R, NDV-RD 2007, 29.
62 SG Reutlingen 16.10.2008 – S 3 AS 3528/07, info also 2009, 75 (77).

(„dem Haushalt angehörend") kein dauerhaftes ‚Leben' im Haushalt, wie etwa Abs. 3 Nr. 2 und 3".[63]

Das BSG[64] geht von einer **funktionierenden Bedarfsgemeinschaft** dann aus, wenn die bewilligten Leistungen tatsächlich den bedürftigen Personen im Ergebnis zufließen, wobei gemeint sein könnte, dass die SGB II-Lebensunterhaltsleistungen in der Fiktion des § 9 Abs. 2 S. 3 SGB II (also im Verhältnis des eigenen Bedarfs zum Gesamtbedarf) zur Verfügung gestellt werden. Wann eine nicht funktionierende Bedarfsgemeinschaft vorliegt[65] und welche Folgen das hat, bleibt allerdings diffus. Konsequent wäre es, dann von keiner Bedarfs- und auch keiner Einsatzgemeinschaft auszugehen (→ Rn. 25). 17

C. Die Einsatzgemeinschaften

I. Allgemeines

Schon bei der Bedarfsgemeinschaft haben sich Überschneidungen und Überlappungen (→ Rn. 14 ff.) ergeben. Dies setzt sich bei den Regelungen zum **Einsatz des Einkommens** wie auch des **Vermögens** verstärkt fort. Die Verpflichtung zum Mitteleinsatz findet sich in der Grundsicherung für Arbeitsuchende (SGB II) wie in der Sozialhilfe (SGB XII).[66] 18

Im **SGB II** müssen die Mitglieder der Bedarfsgemeinschaft ihr Einkommen und Vermögen (§ 9 Abs. 2 SGB II) und ihre Arbeitskraft[67] einsetzen. Im SGB XII wird von den nicht leistungsberechtigten Mitgliedern[68] der Einsatz des den eigenen Bedarf übersteigenden Einkommens und Vermögens sowohl bei der Grundsicherung im Alter und bei Erwerbsminderung (Viertes Kapitel) und bei der Hilfe zum Lebensunterhalt (Drittes Kapitel), verlangt, während bei den Hilfen nach dem Fünften bis Neunten Kapitel[69] des **SGB XII** eine Einkommensgrenze (§ 85 SGB XII)[70] mit Regelungen für den Einsatz bei einem Einkommen darunter (§ 88 SGB XII) und darüber (§ 87 SGB XII) geschaffen wurden sowie eine Regelung bei mehrfachem Bedarf.[71] 19

II. Verfassungsrechtliche Bedenken im SGB II

Verfassungsrechtliche Bedenken ergeben sich aus dem Einkommenseinsatz innerhalb einer Bedarfsgemeinschaft[72] und auch aus der **Ausweitung des Personenkreises seiner Mitglieder**[73] und damit der zum Einsatz von Einkommen (und Vermögen) Verpflichte- 20

---

63 BSG 7.11.2006 – B 7 b AS 14/06 R, NDV-RD 2007, 29, zum zeitweisen Aufenthalt des im Ausland lebenden Kindes bei den leistungsberechtigten Eltern in Deutschland BSG 28.10.2014 – B 14 AS 65/13 R, SGb 2015, 567.
64 BSG 7.11.2006 – B 7 AS 8/06 R, NDV-RD 2007, 3 (4).
65 Ist das der Fall, wenn das Alg II (ggf. durch Naturalleistungen) zu 100% oder zu 50% nicht weitergeleitet wird oder schon dann, wenn es nur 25% sind?
66 Allerdings nicht unter dem Begriff der Einsatzgemeinschaft, dazu → Rn. 5.
67 Darauf wird hier – etwa unter dem Begriff der Arbeitseinsatzgemeinschaft – nicht gesondert eingegangen.
68 Allerdings unterscheidet sich der Personenkreis der Pflichtigen erheblich, siehe → Rn. 11.
69 Hilfen zur Gesundheit (Fünftes) bis 31.12.2019: Eingliederungshilfe für behinderte Menschen (Sechstes), Hilfe zur Pflege (Siebtes), zur Überwindung besonderer sozialer Schwierigkeiten (Achtes), in anderen Lebenslagen (Neuntes).
70 Bestehend aus Grundbetrag (in Höhe des Zweifachen der Regelbedarfsstufe 1 von im Jahr 2019: 424 EUR, sowie angemessenen Kosten der Unterkunft und einem Familienzuschlag von 70 % der Regelbedarfsstufe 1). Allerdings können die Länder wie auch die Träger der Sozialhilfe für bestimmte Arten der Hilfe nach dem Fünften bis Neunten Kapitel der Einkommensgrenze einen höheren Grundbetrag zu Grunde legen.
71 Schoch ZfSH/SGB 1988, 57 ff.
72 Labrenz ZfF 2008, 217; Schoch in: LPK-SGB II § 9 Rn. 27 ff. (hier unter dem Begriff Einsatzgemeinschaft behandelt); aA Hengelhaupt in: Hauck/Noftz SGB II § 9 Rn. 198.
73 Wenner SozSich 2006, 146 ff.; Wersig info also 2006, 246; Schnath NDV 2009, 205; Schoch in: LPK-SGB II § 7 Rn. 60, 72 ff., 79 ff.; grundlegend zu Stiefpartnern Schenkel ZFSH/SGB 2011, 450 ff. Lediglich Stephan, S. 243, hält die Regelungen deshalb für verfassungswidrig, weil sie nicht auf alle Mitglieder der Haushaltsgemeinschaft (→ Rn. 62, 69 ff.) angewandt werden.

ten, nicht aus dem Konstrukt der Bedarfsgemeinschaft selbst.[74] Das Bundesverwaltungsgericht[75] hatte – bezogen auf die Sozialhilfe des BSHG – befunden, dass nur das den Bedarf übersteigende Einkommen bei den anderen Mitgliedern berücksichtigt werden darf, da eine andere Auslegung und Anwendung der Vorschrift gegen das Grundrecht auf Achtung und Schutz der Menschenwürde (Art. 1 Abs. 1 GG) verstieße, weil sie denjenigen, der sich selbst helfen kann, verpflichtet, seine Mittel für andere einzusetzen, mit der Folge, dass er dadurch selbst mittellos würde und auf staatliche Hilfe angewiesen wäre. In seiner Entscheidung vom 9.2.2010 hat das BVerfG[76] festgestellt, „der Anspruch auf Gewährleistung eines menschenwürdigen Existenzminimums beruht (...) auf Art. 1 Abs. 1 GG in Verbindung mit dem Sozialstaatsprinzip des Art. 20 Abs. 1 GG, steht jedem Mitglied einer Bedarfsgemeinschaft – auch Kindern – individuell zu (...)." Dass dies dazu berechtigt, **Personen mit bedarfsdeckendem Einkommen hilfebedürftig** zu machen, um ihnen einen Teil des Einkommens zu nehmen, es auf andere Mitglieder zu verteilen und das erst genommene Existenzminimum dann durch den Leistungsanspruch[77] mit Obligationen und Sanktionsmöglichkeiten (→ Rn. 12) zurückzugeben, bleibt problematisch. Das BSG[78] hält die verfassungsrechtlichen Bedenken „im Ergebnis für nicht durchgreifend",[79] wenn die Regelungen hinsichtlich der Rechtsfolgen verfassungskonform ausgelegt werden. Wie dies angesichts der gesetzlichen Einsatzverpflichtung[80] geschehen soll, lässt es offen.[81] Zudem impliziert es die Annahme, dass die interne Mittelverteilung in der Einsatzgemeinschaft den Bedarf seiner Mitglieder in Höhe ihrer jeweiligen Bedürftigkeit erfüllt und damit auch ihr Einzelanspruch (→ Rn. 7 ff.) befriedigt wird.[82] Das Bundesverfassungsgericht hat in den gesteigerten Einstandspflichten innerhalb der Bedarfsgemeinschaft und der Unmöglichkeit, den Leistungsanspruch gegen Eltern oder Partner des Elternteils tatsächlich durchzusetzen, ebenfalls keine Grundrechtsverstöße gesehen.[83]

III. SGB II

1. Die Einsatzpflichtigen

21 Zum Mitteleinsatz verpflichtet sind
- **Partner gegenseitig** (§ 9 Abs. 2 S. 1 SGB II), dh
  - nicht dauernd getrennt lebende **Ehegatten und Lebenspartner** (§ 7 Abs. 3 Nr. 3 lit. a, b SGB II);

---

74 Für alle Schoch in: LPK-SGB II § 7 Rn. 47; so auch BSG 7.11.2006 – B 7 b AS 14/06 R, SozR 4–4200 § 20 Nr. 1. Auch nicht daraus, dass auch nicht Hilfebedürftige mit zur eigenen Bedarfsdeckung ausreichendem Einkommen und Vermögen durch § 9 Abs. 2 S. 3 SGB II zu anteiligen Hilfebedürftigen gemacht werden, insbesondere, da es dem Gesetzgeber nach der Rechtsprechung des BVerfG (23.3.1994 – 1 BvL 8/85, BVerfGE 90, 226) gestattet sei, im Interesse der Verwaltungsvereinfachung und Praktikabilität bei der Regelung von Massenerscheinungen, Typisierungen und Pauschalierungen vorzunehmen, so Hengelhaupt in: Hauck/Noftz SGB II § 9 Rn. 198.
75 BVerwG 26.11.1998 – 5 C 37.97, NDV-RD 1999, 52, unter Hinweis auf BVerfGE 87, 153 (172).
76 BVerfG 9.2.2010 – 1 BvL 1, 3, 4/09, Rn. 158, BVerfGE 125, 175 ff.
77 BSG 7.11.2006 – B 7 b AS 8/06 R, NDV-RD 2007, 3 (4).
78 13.11.2008 – B 14 AS 2/08 R, NDV-RD 2009, 62 (65).
79 Kritisch dazu Münder/Geiger NZS 2009, 593 ff.
80 Durch eine funktionierende Bedarfsgemeinschaft, → Rn. 17, 25.
81 Lediglich Stephan (S. 236 ff.) geht davon aus, dass die Bedarfsgemeinschaft schon deshalb verfassungswidrig ist, da weitere in sonstigen familiären Wohn- und Wirtschaftsgemeinschaften zusammenlebende Familienangehörige nicht umfasst würden, was (aus ihrer Sicht) auch Verantwortungs- und Einstehensgemeinschaften seien; damit werde gegen den allgemeinen Gleichheitsgrundsatz (Art. 3 Abs. 1 GG) dadurch verstoßen, dass auf sie die (Anm. des Verfassers rigiden) Einkommens- und Vermögensberücksichtigungsregelungen nicht angewandt werden.
82 Siehe zur vertikalen Berechnung Schoch in: LPK-SGB II § 9 Rn. 37 ff.; ders. in: LPK-SGB XII § 27 Rn. 43.
83 BVerfG 27.7.2016 – 1 BvR 371/11, NJW 2016, 3774.

– bei der Einkommens- und Vermögensberücksichtigung von nicht getrennt lebenden Ehegatten sind nicht die Trennungsregelungen des § 1567 Abs. 1 S. 1 BGB
(bei Lebenspartnern iVm § 15 LPartG) maßgebend; der sozialhilferechtliche Begriff des Nichtgetrenntlebens bestimmt sich eigenständig nach Sinn und Zweck
dieser Vorschrift.[84] Das BSG[85] geht im Gegensatz dazu[86] davon aus, dass der
Begriff des „nicht dauernd getrennt lebenden Ehegatten" iSd SGB II von der Typik dieser Regelung nach familienrechtlichen Grundsätzen zu bestimmen sei. Es
genüge,[87] dass nicht der Hilfebedürftige selbst, sondern eine andere Person, deren wirtschaftliche Verhältnisse für den Leistungsanspruch rechtserheblich sind,
Einkommen oder Vermögen erzielt hat.

– **eheähnliche und partnerschaftsähnliche Partner** (§ 7 Abs. 3 Nr. 3 lit. c SGB II),
- bei unverheirateten (noch nicht 25 Jahre alten) **Kindern** (§ 9 Abs. 2 S. 2 SGB II)
– ihre (mit ihnen in Bedarfsgemeinschaft lebenden) **Eltern bzw. Elternteile**
– die **Partner der Eltern** oder des Elternteils),

nicht aber umgekehrt. Kinder, die ihren Lebensunterhalt aus eigenem Einkommen
oder Vermögen beschaffen können, gehören nicht zur Bedarfsgemeinschaft (§ 7
Abs. 3 Nr. 4 SGB II, → Rn. 11) und folglich auch nicht zur Einsatzgemeinschaft.

Keine Verpflichtung zum Mitteleinsatz besteht für die Kinder (bis 25 Jahre), wenn
sie **schwanger** sind oder ihr **Kind** bis zum 6. Lebensjahr **betreuen**, obgleich sie zur
Bedarfsgemeinschaft gehören (§ 9 Abs. 3 SGB II).

2. Einsatz der Mittel

a) Einkommen

Der **Umfang der Einsatzverpflichtung** ergibt sich daraus, dass jede Person in einer Be- **22**
darfsgemeinschaft im Verhältnis des eigenen Bedarfs zum Gesamtbedarf als hilfebedürftig gilt, wenn nicht der Gesamtbedarf aus eigenen Mitteln und Kräften gedeckt ist (§ 9
Abs. 2 S. 2 SGB II). Euphemistisch wird dazu in der Gesetzesbegründung[88] ausgeführt,
sie würden „an der Hilfebedürftigkeit beteiligt". Für die Höhe der Einsatzverpflichtung
folgt für jedes Mitglied der Bedarfsgemeinschaft nicht nur der Einsatz der den Lebensunterhaltsbedarf übersteigenden Mittel, sondern das gesamte Einkommen wird mit dem
der anderen Mitglieder gleichmäßig auf alle verteilt mit der Folge, dass alle Alg II-be-
dürftig gemacht werden, selbst dann, wenn sie über ein ihren Bedarf deckendes Einkommen (und Vermögen) verfügen.

Für den Einkommenseinsatz **überlappender Bedarfsgemeinschaften** (→ Rn. 14) hat der **23**
Gesetzgeber keine Regelungen geschaffen. Einer Ansicht nach ist an die Bildung der Bedarfsgemeinschaft die Feststellung der Hilfebedürftigkeit und Einkommensanrechnung
gemäß § 9 Abs. 2 SGB II anzuschließen.[89] Einer anderen Auffassung nach ist die Verteilung der den eigenen Bedarf übersteigenden Mittel nach den Verteilungsregelungen der
bürgerlich-rechtlichen Unterhaltspflicht vorzunehmen, die für Mangelfälle entwickelt
wurden.[90]

Bei **gemischten Bedarfsgemeinschaften** (→ Rn. 15) wird sowohl der Bedarf als auch das **24**
Einkommen des SGB XII-Leistungsbeziehers nach den SGB II-Regelungen ermittelt und

---

84 BVerwG 26.1.1995 – 5 C 8.93, NDV-RD 1996, 12; so auch LSG Nds-Brem 24.3.2009 – L 7 AS 682/06.
85 BSG 18.2.2010 – B 4 AS 49/09 R, Rn. 9, 12 ff., info also 2010, 137.
86 Unter Aufhebung des Urteils und Zurückverweisung von LSG Nds-Brem 24.3.2009 – L 7 AS 682/06.
87 So das BSG 18.2.2010 – B 4 AS 49/09 R, Rn. 11, info also 2010, 137; siehe auch → Rn. 48.
88 BT-Drs. 15/1516, 53.
89 Hengelhaupt in: Hauck/Noftz SGB II § 9 Rn. 264; Karl in: jurisPK-SGB II, 4. Aufl. 2015, § 9 Rn. 130 ff.
90 Schoch in: LPK-SGB II § 9 Rn. 29 ff.

ggf. (insbesondere) das den (fiktiven) SGB II-Bedarf übersteigende Einkommen zur Bedarfsdeckung bei den Bedarfsgemeinschaftsmitgliedern berücksichtigt.[91]

25 Unter dem Begriff der **funktionierenden Bedarfsgemeinschaft** (→ Rn. 17) erklärt das BSG,[92] dass die Rechtsfolgen[93] zumindest hinzunehmen seien, wenn die bewilligten Leistungen tatsächlich den bedürftigen Personen zufließen. Auch das BVerfG führt in inzwischen mehreren Entscheidungen zum Thema aus, der Gesetzgeber könne vom gemeinsamen Wirtschaften auch unabhängig vom Bestehen eines durchsetzbaren Unterhaltsanspruchs ausgehen.[94]

b) Vermögen

26 Bei Personen, die in einer Bedarfsgemeinschaft leben, ist das **Vermögen des Partners und bei hilfebedürftigen unverheirateten Kindern** (→ Rn. 21) das ihrer Eltern oder des Elternteils und dessen mit ihnen in Bedarfsgemeinschaft lebenden Partners oder Partnerin zu berücksichtigen (§ 9 Abs. 2 Sätze 1, 2 SGB II). Das verwertbare Vermögen (§ 12 SGB II) der Bedarfsgemeinschaftsmitglieder wird gemeinsam ermittelt und dann geprüft, ob es zu berücksichtigen ist. Da unverheiratete noch nicht 25-jährige Kinder mit ihrem von der Verwertung nicht ausgenommenen Vermögen ihren Lebensunterhalt selbst beschaffen können und müssen, gehören sie nicht zur Bedarfsgemeinschaft und folglich auch nicht zur SGB II-Einsatzgemeinschaft.

IV. SGB XII

27 Auch die **Ausweitung** der im **SGB XII** zu berücksichtigenden Besonderheiten des Einzelfalles **auf den ‚Haushalt'**[95] und der Anspruch auf ‚Personen'[96] sowie die Ergänzung auf die ‚gemeinsame'[97] Einkommens- und Vermögensberücksichtigung von nicht getrennt lebenden Ehegatten, Lebenspartnern und minderjährigen unverheirateten Kindern, führt entgegen der Gesetzesbegründung[98] nicht zu einer Bedarfsgemeinschaft, sowohl was die Mitglieder als auch die Rechtsfolgen betrifft. Gleichwohl wird auch hier der Personenkreis der zum Einkommens- und Vermögenseinsatz Verpflichteten festgelegt; für ihn gilt gleichermaßen, dass Anspruchsinhaber jeder einzelne Leistungsberechtigte ist (→ Rn. 7 ff.), auch wenn er in einem Familienverband mit anderen Personen lebt.[99]

28 Die Leistungen der Grundsicherung im Alter und bei Erwerbsminderung gehen der Hilfe zum Lebensunterhalt vor (§ 19 Abs. 2 S. 2 SGB XII). Eine ausdrückliche Regelung der **Rang- und Reihenfolge des Einsatzes der Mittel** bei einem gleichzeitig bestehenden Bedarf auf Lebensunterhaltsleistungen (Hilfe zum Lebensunterhalt, Drittes Kapitel, bzw. auf Grundsicherung im Alter und bei Erwerbsminderung, Viertes Kapitel) und den wei-

---

91 BSG 15.4.2008 – B 14/7 b AS 58/06 R, NDV-RD 2008, 115 (118–120); 9.6.2011 – B 8 SO 20/09 R, mit Anm. Haberstumpf-Münchow/Kruse info also 2012, 108 ff.
92 BSG 7.11.2006 – B 7 AS 8/06 R, NDV-RD 2007, 3 (4).
93 Die „allenfalls in der ‚Kürzung' der Leistungsansprüche der bedürftigen Bedarfsgemeinschaftsmitglieder lägen."
94 Zur Einkommensanrechnung in sogenannten Stiefelternfällen: BVerfG 29.5.2013 – 1 BvR 1083/09, NZS 2013, 621; zur Einbeziehung eines unter 25-jährigen Volljährigen in die Bedarfsgemeinschaft BVerfG 27.7.2016 – 1 BvR 371/11, NJW 2016, 3774.
95 In § 9 Abs. 1 SGB XII.
96 § 11 Abs. 1 S. 1 Hs. 1 BSHG lautete: „Hilfe zum Lebensunterhalt ist **dem** zu gewähren …" während § 19 Abs. 1 S. 1 Hs. 1 SGB XII den Plural verwendet, da die Hilfe **„Personen"** zu leisten ist.
97 In § 19 Abs. 1 S. 2 aF, nunmehr § 27 Abs. 2 SGB XII.
98 Nach BT-Drs. 15/1514, 53; siehe dazu → Rn. 9.
99 BVerwG 30.11.1966 – V C 29/66, NDV1967, 281; BVerwG 15.12.1977 – V C 35/77, BVerwGE 55, 148.

teren[100] Hilfen nach dem Fünften bis Neunten Kapitel enthält das Gesetz **nicht**.[101] Mit den Lebensunterhaltsleistungen wird das sozio-kulturelle Existenzminimum sicherge-stellt; bei ihnen wird ein höherer Einkommens- und Vermögenseinsatz verlangt als bei den weiteren Hilfen. Wenn deren Tatbestandsvoraussetzungen neben denen der Lebens-unterhaltsleistungen zusätzlich erfüllt sind, so sind Leistungen zur Sicherung des Le-bensunterhalts zu erbringen. Ein Einsatz eigener Mittel kommt bei den weiteren Hilfen nicht in Betracht, wenn sie schon nicht ausreichen, den Lebensunterhalt sicherzustel-len.[102]

1. Hilfe zum Lebensunterhalt (Drittes Kapitel)

a) Mitglieder

■ Bei nicht getrennt lebenden **Ehegatten oder Lebenspartnern** sind das Einkommen 29 und Vermögen beider Ehegatten oder Lebenspartner gemeinsam zu berücksichtigen (§ 27 Abs. 2 S. 2 SGB XII).

■ Personen, die in **eheähnlicher oder lebenspartnerschaftsähnlicher Gemeinschaft** le-ben, dürfen hinsichtlich der Voraussetzungen sowie des Umfangs der Sozialhilfe nicht besser gestellt werden als Ehegatten (§ 20 S. 1 SGB XII).

■ Gehören **minderjährige unverheiratete Kinder** dem Haushalt ihrer Eltern oder eines Elternteils an und können sie den notwendigen Lebensunterhalt aus ihrem Einkom-men und Vermögen nicht bestreiten, sind das Einkommen und Vermögen der **Eltern oder des Elternteils** gemeinsam zu berücksichtigen (§ 27 Abs. 2 S. 3 SGB XII). **An-ders als im SGB II** ist das Einkommen und Vermögen der Partner der Eltern oder des Elternteils hier nicht zu berücksichtigen, und die Einsatzpflicht ist auf minder-jährige Kinder (und nicht solche bis zur Vollendung des 25. Lebensjahres) be-schränkt (siehe aber → Rn. 50 ff.). Kinder, deren Einkommen die Bedarfssätze der Hilfe zum Lebensunterhalt übersteigt, scheiden aus der Einsatzgemeinschaft mit ihren Eltern bzw. Elternteilen aus, ebenso, wenn sie ein zu verwertendes Vermögen haben.

b) Einsatz der Mittel

Trotz der mit dem Inkrafttreten des SGB XII geänderten Neufassung des Bezugs nicht 30 nur auf die eigenen Kräfte und Mittel der Person des Leistungsberechtigten, sondern auch auf die gemeinsame Berücksichtigung der Mittel der Personen des Haushaltes (→ Rn. 9) folgt daraus nicht, dass die in den ersten beiden Spiegelstrichen Genannten selbst **hilfebedürftig gemacht werden**,[103] wenn ihr Einkommen und/oder Vermögen zwar aus-reicht, ihren persönlichen Bedarf zu decken, nicht aber zugleich den Gesamtbedarf der Mitglieder der Einsatzgemeinschaft (wie im SGB II, → Rn. 22). Damit haben sie keine Obliegenheiten nach dem SGB XII: Sie sind nicht Adressat der Regelungen, da sie nicht leistungsberechtigt sind.

aa) Einkommen

Unbeschadet der Formulierung, dass das Einkommen gemeinsam zu berücksichtigen ist, 31 folgt daraus, dass die einsatzpflichtige Person mit ihrem Einkommen **erst** ihren **eigenen**

---

100 Hier wird für die Hilfen nach dem Fünften bis Neunten Kapitel der Begriff „weitere Hilfen" verwandt, nachdem der Gesetzgeber in der Sozialhilfe mit dem Inkrafttreten des SGB XII den der „besonderen Le-benslagen" aufgegeben hat.
101 Lediglich bei mehrfachem Bedarf auf Leistungen der Hilfen nach dem Fünften bis Neunten Kapitel SGB XII wenn auch unvollständig, vgl. dazu Schoch ZfSH/SGB 1988, 57 (62).
102 Siehe Schoch ZfSH/SGB 1988, 57 (67).
103 Wie im SGB II durch § 9 Abs. 2 S. 3; dazu hätte es einer diese Rechtsfolge ausdrücklich festlegenden Nor-mierung im SGB XII bedurft.

Lebensunterhaltsbedarf decken darf. Ob eine Einsatzpflicht besteht, wird nach der Bedarfsermittlungsmethode der Hilfe zum Lebensunterhalt errechnet. Übersteigt das Einkommen des Einsatzpflichtigen diesen Betrag, wird es bedarfsdeckend bei den in → Rn. 29 genannten Personen berücksichtigt. Wenn bei einsatzpflichtigen Personen einmalige Bedarfe (§ 31 SGB XII) bestehen, so sind auch diese von ihnen aus dem eigenen Einkommen (ggf. Vermögen) zu decken, soweit es dazu ausreicht.[104] Erst dann noch verfügbare Mittel dürfen berücksichtigt werden.[105] Für die Mitglieder dieser Einsatzgemeinschaft folgt daraus, dass nur das den Bedarf übersteigende Einkommen der in den ersten beiden Spiegelstrichen Genannten untereinander sowie bei den minderjährigen unverheirateten Kindern berücksichtigt werden darf. Bei den Kindern wird Einkommen nur dann berücksichtigt, wenn sie selbst ihren notwendigen Lebensunterhalt nicht bestreiten können. Einkommen, welches höher ist als ihr Bedarf, führt bei ihnen dazu, dass sie aus der Einsatzgemeinschaft ausscheiden.[106]

32 § 27 Abs. 2 S. 2 SGB XII legt nicht fest, wie das den eigenen Bedarf **übersteigende Einkommen** auf mehrere Mitglieder der Einsatzgemeinschaft **aufzuteilen** ist. Am sachgerechtesten ist es, das den eigenen Bedarf des Einkommensbeziehers übersteigende Einkommen im Verhältnis des ungedeckten Bedarfs auf den Ehegatten und die Kinder zu verteilen (**Verhältnis- oder Prozentlösung**). Dies folgt der bürgerlich-rechtlichen Mangelberechnung.[107]

bb) Vermögen

33 Welches Vermögen einzusetzen ist und damit zum Ausschluss von Leistungen führt, ergibt sich aus § 90 SGB XII. Dabei ist der **Umfang** des von der Verwertung ausgenommenen Vermögens auch **davon abhängig, ob der Leistungen Nachfragende in einer Einsatzgemeinschaft lebt**. So ist ein angemessenes Hausgrundstück, das von der nachfragenden Person oder einer anderen in der Einsatzgemeinschaft lebenden Person bewohnt wird, von der Verwertung ausgenommen. Der Umfang (in der Formulierung des Gesetzgebers: die Angemessenheit) richtet sich auch nach der Zahl der Bewohner (nicht nur der Einsatzgemeinschaft, § 90 Abs. 2 Nr. 8 S. 2 SGB XII). Besonders deutlich wird dies bei den von der Verwertung ausgenommenen kleineren Barbeträgen oder sonstigen Geldwerten (§ 90 Abs. 2 Nr. 9 SGB XII iVm DVO § 90 Abs. 2 Nr. 9 SGB XII). Der Vermögensfreibetrag für jede in § 19 Abs. 3, § 27 Abs. 1 und 2 und § 41 SGB XII genannte volljährige oder alleinstehende minderjährige Person beträgt einheitlich 5.000 EUR zuzüglich weiterer 500 EUR für jede Person, die von einer dieser Personen überwiegend unterhalten wird. Für Ehepaare, eingetragene Lebenspartnerschaften und eheähnliche Gemeinschaften beträgt der Freibetrag demnach 10.000 EUR insgesamt.

34 Trotz des Einzelanspruchs auch von Personen in einer Einsatzgemeinschaft, ist der gesetzgeberische Wille (→ Rn. 2, 9) deutlich, dass das **Vermögen gemeinsam berücksichtigt** wird (§ 27 Abs. 2 S. 2, 3 SGB XII). Das ergibt sich auch daraus, dass die Mitgliedschaft zu einer Einsatzgemeinschaft[108] bei einem Hausgrundstück zu einer Erhöhung des angemessenen Wertes führt (§ 90 Abs. 2 Nr. 8 SGB XII).

---

104 Reicht es dazu nicht aus, werden sie selbst zu Leistungsberechtigten. Sie dürfen auch nicht darauf verwiesen werden, ihren Bedarf aus dem Einkommen der folgenden sechs Monate zu decken, wie dies § 31 Abs. 1 S. 2 SGB XII für Leistungsberechtigte vorsieht.

105 Bei dem einsatzpflichtigen Mitglied, das selbst nicht hilfebedürftig ist, muss dies geltend gemacht werden, damit die Leistungsbewilligung bei dem leistungsberechtigten Mitglied durch geringere Einkommensberücksichtigung zu einer entsprechend höheren Leistung führt.

106 Trotz der Formulierung der gemeinsamen Berücksichtigung.

107 Schulte ZfSH/SGB 1990, 471.

108 Dass der Gesetzgeber sich auf § 19 Abs. 1 SGB XII bezieht, obwohl sich die maßgebliche Regelung bezüglich der Hilfe zum Lebensunterhalt seit dem 1.1.2011 in § 27 Abs. 2 SGB XII befindet, dürfte ein Redaktionsversehen sein.

c) Einschränkung von Leistungen bei Fehlverhalten eines Mitgliedes der Einsatzgemeinschaft?

Sind die einsatzpflichtigen Personen nicht anspruchsberechtigt, erhalten sie also nicht **35** selbst Leistungen, weil ihr Einkommen ihren individuellen sozialhilferechtlichen Bedarf deckt oder darüber hinausgeht, es aber nicht ausreicht, auch den sozialhilferechtlich ermittelten Bedarf des anderen Ehegatten, Lebenspartner bzw. der minderjährigen, unverheirateten Kinder im Haushalt zu decken, so haben sie **keine sozialhilferechtlichen Obliegenheiten:** Sie sind keine Leistungsberechtigten[109] mit der Folge, dass eine Einkommens-, aber auch Vermögensverringerung oder fortgesetztes unwirtschaftliches Verhalten nicht zu einer Leistungseinschränkung (nach § 26 Abs. 1 S. 1 Nr. 1, 2 SGB XII) führt.[110] Deshalb kann die Hilfe nicht (nach § 26 Abs. 2 S. 1 SGB XII) auf das zum Lebensunterhalt Unerlässliche eingeschränkt werden, wenn zB der Vater, dessen Einkommen seinen eigenen Bedarf übersteigt, ein Kfz hält und das als unwirtschaftliches Verhalten eingestuft wird[111] (unbeschadet dessen, dass es als Vermögen nach § 27 Abs. 2 SGB XII berücksichtigt wird). Dadurch würde unzulässig die Sozialhilfe seiner Ehefrau und ggf. seiner Kinder gekürzt.[112] Diese früher weit verbreitete Praxis einer 'Verschuldensgemeinschaft' entspricht anscheinend der Regelungsabsicht der Gesetzesbegründung.[113] Eine Rechtsgrundlage findet sich im SGB XII dazu nicht,[114] anders als im SGB II.[115]

2. Grundsicherung im Alter und bei Erwerbsminderung (Viertes Kapitel)

Die Einkommens- und Vermögensberücksichtigung bei Zusammenleben stimmt mit **36** Ausnahme bei den Mitgliedern der Einsatzgemeinschaft (→ Rn. 37) mit der bei der Hilfe zum Lebensunterhalt (Drittes Kapitel) überein.[116]

a) Mitglieder

Einkommen und Vermögen **37**

- des nicht getrennt lebenden **Ehegatten oder Lebenspartnern** sowie
- des Partners einer **eheähnlichen oder lebenspartnerschaftsähnlichen Gemeinschaft,**

die dessen notwendigen Lebensunterhalt (nach § 27 a SGB XII) übersteigen, sind zu berücksichtigen. Da eine Bestimmung fehlt, es bei anderen Personen zu berücksichtigen, wird elterliches Einkommen und Vermögen nicht bei mit ihnen zusammen lebenden minderjährigen unverheirateten Kindern berücksichtigt.[117] Bei ihnen ist bei Hilfebedürf-

---

109 Siehe HessVGH 17.1.1989 – 9 TG 4787/88, info also 1989, 175.
110 In diesem Sinne auch BVerwG 19.12.1997 – 5 C 7/96, BVerwGE 106, 105; allerdings kann hier Kostenersatz nach § 103 SGB XII in Betracht kommen.
111 So auch OVG Lüneburg FEVS 38, 145.
112 OVG Bautzen 18.12.1997 – 2 S 614/95, FEVS 48, 488.
113 Den Begriff verwendet im SGB XII irreführend (und nicht klarstellend, wie dort behauptet) die Gesetzesbegründung, BT-Drs. 15/1514, 53.
114 So auch Hohm in: Schellhorn/Hohm/Scheider, § 26 Rn. 9.
115 Siehe dazu die Sanktionsregelungen (§ 31 a Abs. 4 SGB II) und Schoch in: LPK-SGB II § 7 Rn. 53, 47 sowie Berlit in: LPK-SGB II § 31 a Rn. 56 ff.
116 Besonderheiten bestehen bei Vermögenseinsatz und Unterhaltsansprüchen an Personen, die nicht in der Einsatzgemeinschaft leben (§ 43 SGB XII).
117 Anders als im SGB II und bei der Hilfe zum Lebensunterhalt nach dem SGB XII.

tigkeit der Anspruch auf Grundsicherung bei Erwerbsminderung[118] bzw. auf Hilfe zum Lebensunterhalt[119] zu prüfen.[120]

b) Einsatz der Mittel

38 Durch die Verweisung auf § 27 a SGB XII wird der Einsatz der Mittel für die o.a. Einsatzgemeinschaftsmitglieder (erst) dann gefordert, wenn der notwendige Lebensunterhalt bemessen nach den Leistungen der Hilfe zum Lebensunterhalt durch eigenes Einkommen gedeckt ist.[121] Daraus folgt – wie bei der Hilfe zum Lebensunterhalt (→ Rn. 30 ff.) –, dass erst dann **Mittel zur Bedarfsdeckung eines anderen Mitgliedes** berücksichtigt werden, **wenn der eigene Lebensunterhaltsbedarf gedeckt** ist, also nur aus dem den eigenen Bedarf übersteigenden Einkommen. Auch die Vermögensregelungen sind in gleicher Weise zu berücksichtigen (→ Rn. 33 f.).

3. Bei Hilfe in weiteren Lebenslagen (Fünftes bis Neuntes Kapitel)

a) Mehrfacher Bedarf

39 Auch bei den Hilfen in weiteren Lebenslagen (nach dem Fünften bis Neunten Kapitel)[122] ist nicht nur das Einkommen und Vermögen der Leistungen Beanspruchenden selbst, sondern auch das der dazu verpflichteten Personen der Einsatzgemeinschaft zu berücksichtigen. Allerdings wird der Zugriff darauf durch Einkommensgrenzen und tw. andere Vermögenseinsatzregelungen abgemildert. Wenn die jeweiligen Leistungsvoraussetzungen erfüllt sind, **werden die Hilfen in weiteren Lebenslagen neben den Leistungen zum Lebensunterhalt** (nach dem Dritten, → Rn. 29 ff. bzw. dem Vierten Kapitel, → Rn. 36 ff.) **erbracht.** Aus den strengeren Einsatzregelungen bei den Lebensunterhaltsleistungen folgt, dass die ‚**wirtschaftlichen' Voraussetzungen** auf die Hilfen in weiteren Lebenslagen bei gleichzeitigem Bezug von Lebensunterhaltsleistungen **erfüllt** sind, da es dann (nach § 19 Abs. 3 SGB XII) nicht zuzumuten ist, die Mittel zur Deckung des Bedarfs aufzubringen (siehe aber → Rn. 40).

40 Beim Alg II beträgt der (nach § 12 Abs. 2 Nr. 1 SGB II) vom Vermögen abzusetzende, dh nicht zu berücksichtigende Betrag 150 EUR je Lebensjahr für jede in der Bedarfsgemeinschaft lebende volljährige Person und deren Partner/Partnerin, mindestens aber 3.100 EUR. Der zu berücksichtigende Betrag beträgt auch 3.100 EUR für jedes leistungsberechtigte minderjährige Kind. Der von der Verwertung ausgenommene kleinere Betrag oder sonstige Geldwert der weiteren Hilfen des SGB XII (nach § 1 Abs. 1 S. 1 Nr. 1 b, Nr. 2 DVO § 90 Abs. 2 Nr. 9) beträgt 5.000 EUR, zusätzlich 500 EUR für jede überwiegend unterhaltene Person.

---

118 Haben sie das 15. Lebensjahr vollendet, gehören sie zum Personenkreis der Berechtigten für das Alg II. Sie bilden dann mit den mit ihnen Zusammenlebenden (→ Rn. 11) eine Bedarfs- und Einsatzgemeinschaft nach dem SGB II.

119 Sind Kinder, die das 15. Lebensjahr noch nicht vollendet haben, hilfebedürftig, haben sie einen Anspruch auf Hilfe zum Lebensunterhalt. Die Einsatzgemeinschaft mit ihren Eltern bzw. Elternteilen ergäbe sich dann aus § 27 Abs. 2 S. 3 SGB XII; allerdings gehen die Leistungen der Grundsicherung (Viertes Kapitel) der Hilfe zum Lebensunterhalt (Drittes Kapitel) vor (§ 19 Abs. 2 S. 2 SGB XII). § 43 Abs. 1 Hs. 1 SGB XII ermächtigt in dieser Konstellation lediglich dazu, den Einsatz der Mittel von Ehegatten oder Partnern (untereinander) zu berücksichtigen, nicht aber deren Einkommen für die Kinder.

120 Erhalten die Kinder Hilfe zum Lebensunterhalt, ist nach § 27 Abs. 2 S. 3 SGB XII das Einkommen und das Vermögen der zu ihrem Haushalt gehörenden Eltern oder des Elternteils zu berücksichtigen. Da diese selbst Grundsicherungsleistungen zur Sicherung des Lebensunterhalts erhalten, verbleibt kein berücksichtigungsfähiges Einkommen; auch der Vermögenseinsatz der Hilfe zum Lebensunterhalt unterscheidet sich nicht (Thie in: LPK-SGB XII § 41 Rn. 12; Geiger in: LPK-SGB XII § 90 Rn. 2), so dass sich daraus keine Folgen für die Leistungserbringung ergeben.

121 Hier findet sich keine Regelung dergestalt, dass das Einkommen und Vermögen gemeinsam zu berücksichtigen ist.

122 Hilfen zur Gesundheit, bis 31.12.2019: Eingliederungshilfe für behinderte Menschen, Hilfe zur Pflege, Hilfe zur Überwindung besonderer sozialer Schwierigkeiten und Hilfe in sonstigen Lebenslagen.

Auch in dieser Einsatzgemeinschaft können deren Mitglieder mehrere Bedarfe bei den **41** insgesamt fünf weiteren Hilfen gleichzeitig haben, und zwar eine Person auf mehrere oder auch mehrere Personen auf eine Hilfe oder auf unterschiedliche Leistungen der gleichen Hilfe. Regelungen sind (in § 89 SGB XII) nur für den Fall vorgesehen, dass ein mehrfacher Bedarf bezogen auf die weiteren Hilfen, also nach dem Fünften bis Neunten Kapitel, besteht:

- Der zur Deckung eines bestimmten Bedarfs eingesetzte Teil des **Einkommens darf** bei der Prüfung, inwieweit der Einsatz des Einkommens für einen anderen gleichzeitig bestehenden Bedarf zuzumuten ist oder verlangt werden kann, **nicht berücksichtigt werden** (Abs. 1 S. 1).

Darüber hinaus sind zwei Konstellationen geregelt (Abs. 2):

- Wenn verschiedene Sozialhilfeträger zuständig sind, hat die Entscheidung über die Leistung für den **zuerst eingetretenen Bedarf** den **Vorrang**.
- Treten die **Bedarfsfälle gleichzeitig** ein, ist das über der Einkommensgrenze liegende **Einkommen zu gleichen Teilen** bei den Bedarfsfällen zu berücksichtigen.

b) Mitglieder

Außer von den Leistungsberechtigten selbst wird der Mitteleinsatz zugemutet von **42**

- den **nicht getrennt lebenden Ehegatten oder Lebenspartnern**,
- Personen, die in **eheähnlicher oder lebenspartnerschaftsähnlicher Gemeinschaft** leben (§ 20 S. 1 SGB XII).[123]
- **Eltern** oder einem **Elternteil**, wenn deren leistungsberechtigte Kinder minderjährig und unverheiratet sind (§§ 19 Abs. 3 letzter Hs., 85 Abs. 2 S. 1 SGB XII).

Lebt ein **minderjähriges unverheiratetes Kind** bei keinem Elternteil und leben die Eltern **43** nicht zusammen, so bildet es mit keinem von ihnen eine Einsatzgemeinschaft (§ 85 Abs. 2 S. 3 SGB XII); dann ist nur das ggf. vorhandene Einkommen des Kindes zu berücksichtigen.[124]

c) Einsatz der Mittel

Bei den weiteren Hilfen ist die Aufbringung der Mittel den Mitgliedern der Einsatzge- **44** meinschaft „nicht zuzumuten", wenn es nicht höher ist als die Einkommensgrenze (§§ 85 f.).[125] Es handelt sich dabei um eine ‚weiche' Grenze dadurch, dass übersteigendes Einkommen nicht automatisch zum Versagen der Hilfe führt, denn die Aufbringung der Mittel ist nur in angemessenem Umfang zuzumuten. Dabei sind insbesondere die Art des Bedarfs, die Art und Schwere der Behinderung oder der Pflegebedürftigkeit, die Dauer und Höhe der erforderlichen Aufwendungen sowie besondere Belastungen der nachfragenden Person und ihrer unterhaltsberechtigten Angehörigen zu berücksichtigen (§ 87 Abs. 1 Sätze 1, 2 SGB XII). Allerdings kann auch das Aufbringen der Mittel bei Einkommen unter der Einkommensgrenze (§ 88 Abs. 1 SGB XII) verlangt werden,

- soweit von einem anderen Leistungen für einen besonderen Zweck erbracht werden, für den sonst Sozialhilfe zu leisten wäre (S. 1 Nr. 1),
- wenn zur Deckung des Bedarfs nur geringfügige Mittel erforderlich sind (S. 1 Nr. 2) und

---

123 BVerwG 26.1.1995 – 5 C 8.93, NDV-RD 2006, 12; Voelzke in: jurisPK-SGB XII § 20 Rn. 44.
124 So schon BVerwG 29.9.1971 – V C 115/70, NDV 1972, 53.
125 Nach der Rechtsprechung des BSG 13.11.2008 – B 14 AS 2/08 R, NDV-RD 2009, 62 (65), zum SGB II ist nicht mehr davon auszugehen, dass die „doppelte Vergleichsberechnung" noch anzuwenden ist, dh die Begrenzung durch die bürgerlich-rechtliche Unterhaltspflicht neben der durch die Einkommensgrenze zu berücksichtigen ist, wie dies das BVerwG (23.6.1971 – VC 12.71, NDV 1971, 317 f.) verlangte.

■ darüber hinaus soll in angemessenem Umfang die Aufbringung der Mittel verlangt werden, wenn eine Person voraussichtlich längere Zeit Leistungen in einer stationären Einrichtung bedarf (nach S. 2).

45 Grundsätzlich gelten für den Einsatz des **Vermögens** die gleichen Regelungen wie bei der Hilfe zum Lebensunterhalt (→ Rn. 33 f.), in § 60 a und § 66 a SGB XII finden sich Sonderregelungen.

d) Zusätzliche Regelungen
aa) Bei Leistungen für Behinderte

46 Erfordert die Behinderung Leistungen für eine **stationäre Einrichtung**, für eine **Tageseinrichtung** für behinderte Menschen oder für **ärztliche** oder ärztlich verordnete **Maßnahmen**, sind die **Leistungen** hierfür auch dann **in vollem Umfang** zu erbringen, wenn dem Leistungsberechtigten und den Mitgliedern seiner Einsatzgemeinschaft (nach § 19 Abs. 3 SGB XII) die Aufbringung der Mittel zu einem Teil[126] zuzumuten ist. In Höhe dieses Teils haben sie zu den **Kosten** als Gesamtschuldner (nachträglich)[127] **beizutragen** (siehe § 92 Abs. 1 SGB XII).

bb) Bei Dienstleistungen der Hilfe zur Überwindung besonderer sozialer Schwierigkeiten (§ 68 Abs. 2 SGB XII)

47 Erhalten Personen, bei denen besondere Lebensverhältnisse mit sozialen Schwierigkeiten verbunden sind, im Einzelfall Dienstleistungen zur Überwindung dieser Schwierigkeiten, werden sie ohne Rücksicht auf Einkommen und Vermögen erbracht; auch das Einkommen und Vermögen der Personen in ihrer Einsatzgemeinschaft ist nicht zu berücksichtigen (und auch von der Inanspruchnahme nach bürgerlichem Recht Unterhaltspflichtiger ist abzusehen), soweit dies den Erfolg der Hilfe gefährden würde.[128]

cc) Bei Leistungen in teilstationären und stationären Einrichtungen

48 Für die Annahme eines **Getrenntlebens von Ehegatten** reicht es nicht aus, dass einer von ihnen in einer stationären Einrichtung räumlich getrennt lebt und die Wirtschaftgemeinschaft insoweit zwischen ihnen nicht mehr besteht. „Die Ehegatten leben in einem solchen Falle jedoch im Sinne dieser Vorschrift getrennt, wenn sich aus den ihre Beziehung zueinander kennzeichnenden Gesamtumständen ergibt, dass mindestens einer von ihnen den Willen hat, sich vom andern Ehegatten unter Aufgabe der bisherigen Lebensgemeinschaft auf Dauer zu trennen."[129] Hier kommt es darauf an, ob finanziell trotz der stationären Unterbringung des anderen Ehegatten noch gemeinschaftlich gewirtschaftet wird, also zum Beispiel der in der Ehewohnung verbleibende Ehegatte vom Krankengeld oder der Rente des anderen lebt. Entscheidend ist danach „das Vorhandensein einer die Beziehung prägenden Lebens- und Wirtschaftsgemeinschaft", die auch gegeben sein kann, wenn Ehegatten in einem Alten- bzw. einem Pflegeheim gleichzeitig untergebracht sind oder der eine zB Hilfe zur Pflege in einer vollstationären Einrichtung erhält, während der andere außerhalb dieser Einrichtung lebt (siehe auch → Rn. 11, 21).[130]

---

126 Ist die Aufbringung der Mittel in vollem Umfang zuzumuten, so sind sie nicht hilfebedürftig, damit nicht leistungsberechtigt und fallen nicht unter den Anwendungsbereich des SGB XII.
127 Vgl. BSG 24.3.2015 – B 8 SO 16/14 R, SozR 4-3500 § 116 Nr. 1, Bewilligung über den Bedarf der Hilfe hat nach den Vorstellungen des Gesetzgebers getrennt von der Ermittlung des zumutbaren Kostenbeitrags zu erfolgen.
128 Siehe Roscher in: LPK-SGB XII § 68 Rn. 18.
129 BVerwG 26.1.1995 – 5 C 8.93, NDV-RD 1996, 12, bezogen auf Hilfe zur Pflege in einem Heim.
130 Das BSG (18.2.2010 – B 4 AS 49/09 R, Rn. 9, 12 ff., info also 2010, 137) beruft sich auf das vorstehende Urteil in seiner Ansicht, dass für die Zugehörigkeit der Bedarfs- und damit der Einsatzgemeinschaft im SGB II die bürgerlich-rechtlichen Regelungen des getrennten Lebens zu berücksichtigen sind.

Erhält eine Person in einer teilstationären oder stationären Einrichtung Leistungen, **49** kann die Aufbringung der Mittel für die Lebensunterhaltsleistungen in der Einrichtung (nach dem Dritten und Vierten Kapitel) von ihr und ihrem nicht getrennt lebenden Ehegatten oder Lebenspartner aus dem gemeinsamen Einkommen verlangt werden, soweit Aufwendungen für den **häuslichen Lebensunterhalt erspart** werden; darüber hinaus soll in angemessenem Umfang die Aufbringung der Mittel verlangt werden, wenn eine Person auf voraussichtlich längere Zeit Leistungen in einer stationären Einrichtung bedarf (§ 92 a Abs. 2 SGB XII).[131] Bei der Angemessenheitsprüfung ist auch dem bisherigen Lebensunterhalt des im Haushalt verbliebenen, nicht getrennt lebenden Ehegatten oder Lebenspartners sowie der im Haushalt lebenden minderjährigen unverheirateten Kinder Rechnung zu tragen.[132]

D. Haushaltsgemeinschaft

I. Grundsätzliches

Die Bedarfsdeckungsvermutung aus dem Einkommen und Vermögen in einer Haus- **50** haltsgemeinschaft ist beim **Alg II** (in § 9 Abs. 5 SGB II) und in der Sozialhilfe bei der **Hilfe zum Lebensunterhalt** (Drittes Kapitel in § 39 SGB XII) vorgesehen, **nicht bei** den Lebensunterhaltsleistungen der **Grundsicherung im Alter und bei Erwerbsminderung** (§ 43 Abs. 6 SGB XII).

Leben Hilfebedürftige[133] **in einer Haushaltsgemeinschaft** (→ Rn. 6) so wird **vermutet,** **51** dass sie von den Zusammenlebenden **Leistungen** zum Lebensunterhalt **erhalten, soweit dies** nach deren Einkommen und Vermögen **erwartet werden kann.** Lediglich aus dem Zusammenleben einer (ansonsten) leistungsberechtigten Person mit einer anderen Person kann in der Regel nicht angenommen werden, dass sie in der Wohnung unentgeltlich lebt, wenn dem Wohnungsinhaber ausreichende Mittel zur Deckung des eigenen Bedarfs bleiben,[134] auch nicht, wenn der Leistungsberechtigte nachträglich aufgenommen wird.[135] Dies gilt nach dem Wortlaut der Norm nur dann, wenn das aus dem Einkommen und Vermögen erwartet werden kann; das macht die Prüfung des erwartbaren Mitteleinsatzes erforderlich (→ Rn. 52 ff., 60 ff., 70 ff.), da eine solche Erwartung nur dann besteht, wenn die Mittel deutlich über dem Lebenshaltungsniveau des Alg II und der Hilfe zum Lebensunterhalt verbleiben.

Anders als bei einer Wohngemeinschaft ist die Haushaltsgemeinschaft dadurch gekenn- **52** zeichnet, dass ihre Mitglieder nicht nur vorübergehend in einer Wohnung zusammenleben, sondern einen gemeinsamen Haushalt in der Weise führen, dass sie **aus einem 'Topf' wirtschaften.**[136] Dazu reicht der gemeinsame Einkauf von Grundnahrungsmit-

---

131 Dies ist schon in § 88 Abs. 1 S. 2 SGB XII so geregelt, dient hier anscheinend nur als Anknüpfung für die Regelung des Abs. 3.
Zum Freibetrag bei entgeltlicher Beschäftigung § 88 Abs. 2 SG XII.
132 Anstatt von dem Einzelanspruch jedes einzelnen Leistungsberechtigten (→ Rn. 7 ff.) auszugehen, wird hier Einkommen gemeinsam berücksichtigt und das dann durch eine zusätzliche Angemessenheitsprüfung aufgelöst.
133 So die Formulierung im SGB II, die nachfragende Person, so im SGB XII.
134 So im Ergebnis auch Deutscher Verein 2015, Rn. 94: Von dem, was von dem Wohnungsgeber an Leistungen erwartet werden kann, sind die Unterkunftskosten abzuziehen.
135 So aber Conradis in: LPK-SGB XII § 39 Rn. 15 (unter Bezug auf OVG Hmb 13.12.1992 – Bf IV 1/91, FEVS 43, 51) und Wenzel in: Fichtner/Wenzel § 36 Rn. 19. Das kann pauschal schon deshalb nicht gelten, weil die Aufnahme in der Absicht geschehen sein kann, dadurch die Unterkunftskosten durch Vermieten zu senken (wie es § 22 Abs. 1 S. 2 SGB II und § 35 Abs. 2 S. 2 SGB XII bei einem Leistungsberechtigten zur Kostensenkung vorsieht).
136 BT-Drs. 15/1516, 53; BSG 18.2.2010 – B 4 AS 5/09 R, info also 2010, 185.

teln, Reinigungs- und Sanitärartikeln aus einer von allen Mitbewohnern zu gleichen Teilen gespeisten Gemeinschaftskasse nicht aus.[137]

53 Die Vermutensregelung ist allerdings nur anzuwenden auf Personen, deren Mittel nicht bereits als Mitglieder einer (Bedarfs-[138] und) Einsatzgemeinschaft berücksichtigt werden. Lebt eine leistungsberechtigte Person mit einem Haushaltsmitglied in einer Einsatzgemeinschaft und zugleich mit einer anderen in einer Haushaltsgemeinschaft,[139] dann ist **erst der Mitteleinsatz nach den Regelungen der Einsatzgemeinschaft zu prüfen.**[140] Denn erwartet werden kann nur der Einsatz von Einkommen oder Vermögen, das nicht bereits kraft Gesetzes für einen anderen Zweck zur Verfügung stehen muss.[141]

54 Die Vermutung, dass der Leistungsberechtigte von einer zusammenlebenden Person Leistungen erhält, ist **nicht anzuwenden auf Schwangere oder Personen, die ihr leibliches Kind bis zur Vollendung seines sechsten Lebensjahres betreuen** und mit ihren Eltern oder einem Elternteil zusammenleben (§ 9 Abs. 3 SGB II,[142] § 39 S. 3 Nr. 1 SGB XII).

55 Werden den (ansonsten) Leistungsberechtigten Zuwendungen zum Lebensunterhalt erbracht, die **über die Leistungserwartung hinausgehen,** sind sie bei im Einzelfall nachgewiesenem Zufluss als **Einkommen** zu berücksichtigen.[143]

56 Die Vermutung setzt voraus, dass demjenigen, zu dessen Lasten die Leistungserbringung vermutet wird, Mittel **deutlich über dem Lebensunterhaltsniveau** sowohl des Alg II (nach § 1 Abs. 2 Alg II-V) als auch der Hilfe zum Lebensunterhalt verbleiben.[144]

57 Weder beim Alg II des SGB II noch bei der Hilfe zum Lebensunterhalt des SGB XII ist der Fall ausdrücklich geregelt, dass **mehrere leistungsberechtigte** Personen in einer Haushaltsgemeinschaft mit Verwandten und Verschwägerten leben. Hier sind das Einkommen und das Vermögen, das von der Vermutung erfasst wird, auf die hilfebedürftigen Leistungsberechtigten im Verhältnis des ungedeckten Bedarfs (Verhältnis- oder Prozentlösung, → Rn. 22, 32) entsprechend § 9 Abs. 2 S. 3 SGB II und der bürgerlich-rechtlichen Mangelberechnung zu verteilen.

58 Die Vermutung ist **widerlegbar.**[145] Werden keine Leistungen erbracht, so ist sie widerlegt, auch wenn in einer Wirtschaftsgemeinschaft zusammen gelebt wird, aber nur der den eigenen Bedarf deckende Anteil zur Verfügung gestellt wird.

59 Die Regelungen im **SGB II und XII unterscheiden sich** bezüglich

- der Vermutensvoraussetzungen,
- des Personenkreises sowie
- der Höhe der Leistungsvermutung.

---

137 BSG 27.1.2009 – B 14 AS 6/08 R, SozR 4–4200 § 9 Nr. 6.
138 BSG 18.2.2010 – B 14 AS 32/08 R, FEVS 62, 168.
139 BSG 18.2.2010 – B 4 AS 5/09 R, info also 2010, 185.
140 Diese Regelung ist dann die speziellere, siehe Conradis in: LPK-SGB XII § 39 Rn. 1; Korte/Thie in: LPK-SGB II § 9 Rn. 58 und BSG 18.2.2010 – B 14 AS 32/08 R, FEVS 62, 168.
141 Korte/Thie in: LPK-SGB II § 9 Rn. 58.
142 Die Regelung bezieht sich zwar lediglich auf Personen in einer Bedarfsgemeinschaft, sie ist auch auf Mitglieder der Haushaltsgemeinschaft (Abs. 5) anzuwenden, siehe BT-Drs. 15/1516, 53.
143 So BSG 18.2.2010 – B 14 AS 32/08 R, bezogen auf § 9 Abs. 5 SGB II, also das Alg II.
144 BVerwG 29.2.1996 – 5 C 2.95, NDV-RD 1996, 96, und 1.10.1998 – 5 C 32.97, NDV-RD 1999, 9, zu § 16 BSHG; BSG 7.11.2006 – B 7 b AS 6/06 R, zum Alg II.
145 ZB dadurch, dass geeignete Tatsachen benannt werden (BSG 18.2.2010 – B 14 AS 32/08 R, FEVS 62, 168; 19.2.2009 – B 4 AS 68/07 R, SozR 4–4225 § 1 Nr. 1) wie durch vorrangige Unterhaltsverpflichtungen der Verwandten oder Verschwägerten für Personen außerhalb der Bedarfsgemeinschaft, so dass die Haushaltsgemeinschaft durch die Heranziehung zerstörungsbedroht ist (Begründung B zu § 1 Abs. 2 Alg II-V) oder Beiträge zu nicht von § 11 b SGB XII erfassten Versicherungen oder Geldanlagen, Kosten für die eigene Fort- und Weiterbildung, Sonderbedarfe (zB für orthopädische Hilfen) oder Zinsen und Tilgungsbeiträge, die aus Schuldverpflichtungen anfallen (Korte/Thie in: LPK-SGB II § 9 Rn. 64).

II. SGB II

1. Vermutensvoraussetzungen

Voraussetzung für eine Haushaltsgemeinschaft ist eine **Wirtschaftsgemeinschaft** (→ Rn. 52), die allerdings – im Unterschied zur Hilfe zum Lebensunterhalt (→ Rn. 68) – beim Zusammenleben im Haushalt nicht vermutet wird, sondern **ausdrücklich festgestellt werden muss.**[146] Gelingt dem Leistungsträger dieser Nachweis nicht, so geht dies zu seinen Lasten,[147] dh die tatbestandlichen Voraussetzungen sind nicht erwiesen. Damit fehlt für weitere Sachverhaltsermittlung (insbesondere bezüglich des Einkommens und Vermögens) die Grundlage – solche Prüfungen sind dann unzulässig.[148] Der Leistungsträger kann – mit anderen Worten – nur nachgewiesene tatsächlich erbrachte Aufwendungen berücksichtigen.[149]   **60**

Wenn eine Wirtschaftsgemeinschaft besteht, dem Leistungsträger allerdings Erkenntnisse über das Einkommen und Vermögen der in Haushaltsgemeinschaft lebenden Verwandten bzw. Verschwägerten fehlen, so ist der Hilfebedürftige verpflichtet, deren Einkommen und Vermögen darzulegen, damit die Leistungsvermutung beziffert werden kann.[150] Eine **Auskunftsverpflichtung der** in Haushaltsgemeinschaft lebenden **Verwandten und Verschwägerten**, von denen Leistungen nach § 9 Abs. 5 SGB II vermutet werden, **besteht** allerdings – anders als in der Sozialhilfe (→ Rn. 68) – **nicht**, da dies die Vorschrift nicht vorsieht.[151]   **61**

2. Personenkreis

Die Leistungsvermutung bezieht sich auf **Verwandte und Verschwägerte**,[152] nicht auf weitere Personen in Haushaltsgemeinschaft[153] mit dem Hilfebedürftigen. Verschwägert sind die Verwandten des Ehegatten bzw. eingetragenen Lebenspartners[154] und die Ehegatten der Verwandten; die Schwägerschaft endet nicht mit der Auflösung der sie begründenden Ehe (§ 1590 BGB).   **62**

3. Mitteleinsatz

a) Aus dem Einkommen

Dem Verwandten bzw. Verschwägerten in Haushaltsgemeinschaft, von dem vermutet wird, dass er dem Hilfebedürftigen Leistungen erbringt, muss ein Einkommen deutlich über dem Lebensunterhaltsniveau des Alg II verbleiben. Dies konkretisiert § 1 Abs. 2 Alg II-V, wonach   **63**

- die um die Absetzungsbeträge (nach § 11 b SGB II) bereinigten **Einnahmen** in der Regel nicht als Einkommen[155] zu berücksichtigen sind, soweit sie
- einen **Freibetrag** in Höhe

---

146 BSG 27.1.2009 – B 14 AS 6/08 R, SozR 4–4200 § 9 Nr. 6 Rn. 16 ff.
147 Siehe BSG 18.2.2010 – B 4 AS 5/09 R, Rn. 15, info also 2010, 185.
148 Sie finden gleichwohl statt mit der (wohl nicht nur in Einzelfällen beabsichtigten) Folge, dass auf Leistungen verzichtet wird.
149 Korte/Thie in: LPK-SGB II § 9 Rn. 64.
150 Nach § 60 SGB I; ist er dazu nicht in der Lage, weil er davon keine Kenntnis hat, treten die Folgen von § 66 SGB I nicht ein, also die Versagung der Leistung.
151 Schoch in: LPK-SGB II § 60 Rn. 6.
152 BSG 18.2.2010 – B 14 AS 32/08 R, FEVS 62, 168.
153 Sie folgt damit der Regelung der Sozialhilfe des § 16 BSHG, die dort mit dem Inkrafttreten als SGB XII auf alle zusammenlebenden Personen bei der Hilfe zum Lebensunterhalt ausgedehnt wurde (→ Rn. 69 ff.).
154 Nicht aber deren Ehegatten, den ‚Schwippschwägern‘.
155 § 1 Abs. 2 S. 2 Alg II-V bestimmt, dass § 11 a SGB II entsprechend gilt, also die bei einem Alg II-Hilfesuchenden nicht zu berücksichtigenden Einkommen auch bei dem Verwandten/Verschwägerten in Haushaltsgemeinschaft nicht zu berücksichtigen sind.

- des **doppelten** Betrages des (nach § 20 Abs. 2 S. 1 SGB II) maßgebenden **Regelbedarfs** zuzüglich

- der anteiligen Aufwendungen für **Unterkunft und Heizung** sowie darüber hinausgehend

- **50 % der** diesen Freibetrag **übersteigenden bereinigten Einnahmen**

nicht überschreiten.

64   Auch **Mehrbedarfe** (§§ 21, 28 Abs. 1 S. 3 SGB II bzw. § 30 SGB XII) erhöhen den nicht zu berücksichtigenden Betrag entsprechend.[156]

b) Aus dem Vermögen

65   Vermögen von Verwandten und Verschwägerten ist **nicht zu berücksichtigen,** soweit es bei dem Leistungsberechtigten selbst nach § 12 Abs. 2 S. 1 (iVm S. 2) SGB II nicht zu berücksichtigen ist (→ Kap. 21 Rn. 27 ff.).

III. SGB XII

66   Die **Bedeutung der Regelung** dürfte **gering** sein, da für erwerbsfähige Leistungsberechtigte die vorstehend angeführte Regelung des SGB II (→ Rn. 60 ff.) anzuwenden ist und im SGB XII nicht auf Leistungsberechtigte der Grundsicherung im Alter und bei Erwerbsminderung (nach § 43 Abs. 6 SGB XII),[157] sondern nur auf die Hilfe zum Lebensunterhalt.

1. Vermutensvoraussetzungen

67   Die Vermutung der Bedarfsdeckung hat (nach § 39 S. 1 SG XII) folgende Voraussetzungen:

- Lebt die nachfragende Person **gemeinsam mit anderen Personen in einer Wohnung** oder in einer entsprechenden anderen Unterkunft, so

- wird widerlegbar **vermutet, dass sie gemeinsam wirtschaften** und damit eine Haushaltsgemeinschaft besteht,

- die nachfragende Person **Leistungen erhält,**

- soweit dies **aus deren Einkommen und Vermögen erwartet werden kann** – auch diese Vermutung ist widerlegbar.

68   Es handelt sich um eine **doppelte Vermutung:** Zum einen, dass Personen, die zusammen in einer Wohnung oder entsprechenden anderen Unterkunft leben, auch **zusammen wirtschaften** und damit eine Haushaltsgemeinschaft bilden,[158] zum anderen, dass eine leistungsberechtigte Person von der anderen in einer solchen Haushaltsgemeinschaft lebenden Personen **Leistungen zum Lebensunterhalt erhält,** soweit dies erwartet werden kann. Die Vermutung ist widerlegt, wenn die fehlende Leistungsfähigkeit der zusammenlebenden Person offenkundig ist oder die nachfragende Person glaubhaft macht, dass sie keine Sach- oder Geldleistungen erhält.[159] Sie ist nicht anzuwenden, wenn die Lebensumstände der nachfragenden Person erkennen lassen, dass Selbsthilfe in einer

---

156   BSG 18.2.2010 – B 14 AS 32/08 R.

157   Nach der Rechtsprechung des BSG bezieht sich dieser Ausschluss nur auf die Bedarfsdeckungsvermutung, nicht aber auf die Vermutung der gemeinsamen Haushaltsführung; BSG 23.7.2014 – B 8 SO 14/13 R, B 8 SO 31/12 R, B 8 SO 12/13 R.

158   Insoweit unterscheidet sich die Regelung von der des SGB II; beim Alg II muss die Wirtschaftsgemeinschaft vom Jobcenter nachgewiesen werden, sie wird nicht vermutet, so BSG 27.1.2009 – B 14 AS 6/08 R, SozR 4–4200 § 9 Nr. 6 Rn. 16 ff.

159   Deutscher Verein 2015 Rn. 93, mit der Formulierung „gilt als widerlegt".

‚neuen Wohnform'[160] Beweggrund für das gemeinsame Leben mit anderen Personen in einer Wohnung oder in einer entsprechenden anderen Unterkunft ist.[161] Für die Feststellung, ob Leistungen erwartet werden können, sind Erkenntnisse über das Einkommen und Vermögen der in Haushaltsgemeinschaft mit der Sozialhilfe nachfragenden Person lebenden Person notwendig. Fehlen sie, ist zuerst die nachfragende Person selbst aufzufordern, Einkommen und Vermögen der in der Haushaltsgemeinschaft lebenden Person darzulegen, damit die Leistungsvermutung beziffert werden kann.[162] Wenn von ihr die Auskünfte nicht zu erlangen sind, weil sie der nachfragenden Person nicht bekannt sind, besteht – anders als beim Alg II (→ Rn. 61) – die Ermächtigung des Sozialhilfeträgers, Auskünfte von der in Haushaltsgemeinschaft lebenden Person zu verlangen und deren Verpflichtung, entsprechende Auskunft zu erteilen (§ 117 Abs. 3 SGB XII).[163]

2. Personenkreis

Für das Alg II ist 2005 die zuvor auf die Sozialhilfe[164] anzuwendende Regelung mit der **69** Beschränkung auf Verwandte und Verschwägerte übernommen worden (→ Rn. 62) und bei der Hilfe zum Lebensunterhalt der Sozialhilfe (Drittes Kapitel SGB XII) auf **jede** mit der nachfragenden Person **in einer Wohnung** oder vergleichbarer Unterkunft **zusammenlebende Person ausgedehnt worden.** Dadurch werde der Tatsache Rechnung getragen, dass sich zunehmend Wohngemeinschaften gebildet haben, in denen nicht verwandte oder verschwägerte Personen die Vorteile einer gemeinsamen Haushaltsführung nutzen und sich in Notlagen beistehen.[165]

Die Vermutensregelungen gelten nach § 20 SGB XII entsprechend auch für Personen, **70** die in **ehe- oder partnerschaftsähnlicher Gemeinschaft** leben. Die aus § 16 BSHG übernommene Vorschrift ist überflüssig, da mit dem Inkrafttreten des SGB XII das gemeinsame Leben als Tatbestand ausreicht, es deshalb keiner Regelung mehr bedarf, um sie auch auf die Verwandten der ehe- und lebenspartnerschaftsähnlichen Partner anzuwenden.[166] Sofern weitere Personen[167] mit ehe- oder lebenspartnerschaftsähnlichen Partnern gemeinsam in einer Wohnung oder einer entsprechenden anderen Unterkunft leben, sind diese (regelmäßig) Angehörige einer Haushaltsgemeinschaft und werden dementsprechend einbezogen. Dann ist § 39 SGB XII statt § 20 SGB XII anzuwenden. Zwischen § 39 SGB XII (Mitglied einer Haushaltsgemeinschaft) und § 27 Abs. 2 S. 2 SGB XII (Mitglied einer Einsatzgemeinschaft) bestehen Unterschiede: bei Ersteren erfolgt der Einsatz von Einkommen und Vermögen nach zivilrechtlichen, bei Letzteren nach sozialhilferechtlichen Grundsätzen.[168]

Die **Vermutung der Bedarfsdeckung** zulasten der Sozialhilfe beanspruchenden Personen **71** in der Haushaltsgemeinschaft ist (nach § 39 S. 3 Nr. 2 SGB XII) **nicht** anzuwenden auf Personen,

---

160 Wohngemeinschaften von alten, behinderten Menschen oder von Menschen, die bei Führung eines eigenen Haushalts vergleichbaren Erschwernissen begegnen; der Begriff orientiert sich an dem des § 55 Abs. 2 Nr. 6 SGB IX (BT-Drs. 15/1514, 67), siehe Bieritz-Harder in: LPK-SGB XII § 54 Rn. 44.
161 Deutscher Verein 2015 Rn. 92 mit der amorphen Formulierung, dass die Vermutung nicht darauf zielte; siehe auch → Rn. 71 f.
162 Das sieht § 117 Abs. 1 S. 3 SGB XII durch die Formulierung „trotz Aufforderung" ausdrücklich vor (Schoch in: LPK-SGB XII § 117 Rn. 23); siehe zu dessen Verpflichtung auch §§ 60, 66 SGB I.
163 Im Einzelnen Schoch in: LPK-SGB XII § 117 Rn. 22 ff.
164 Und zwar bei der Hilfe zum Lebensunterhalt nach § 16 BSHG.
165 So die Gesetzesbegründung, BT-Drs. 15/1514, 61; wieso das bei der Hilfe zum Lebensunterhalt der Sozialhilfe richtig sein soll, jedoch nicht beim Alg II, bleibt offen.
166 Siehe Grube in: Grube/Wahrendorf § 20 Rn. 24.
167 Der Einsatzgemeinschaft gehören in der Sozialhilfe nicht alle Personen an, die beim Alg II der Bedarfs- und Einsatzgemeinschaft angehören, so dass die Regelung auf einen weitergehenden Personenkreis als dort (→ Rn. 62) anzuwenden ist.
168 Siehe Conradis in: LPK-SGB XII § 39 Rn. 12.

- die **behindert** (iSd § 53 SGB XII) oder
- **pflegebedürftig** (iSd § 61 a SGB XII) sind
- und von den gemeinsam in der Wohnung Lebenden **betreut** werden.

Dies gilt auch, wenn diese Behinderung oder Pflegebedürftigkeit einzutreten droht und das gemeinsame Wohnen im Wesentlichen zu dem Zweck der Sicherstellung der Hilfe und Versorgung erfolgt. „Als zu betreuende Personen werden behinderte (…) und pflegebedürftige Menschen (…) sowie Personen genannt, die (…) einzelne für ihren Lebensunterhalt erforderliche Tätigkeiten, zB Kochen, sich Waschen usw nicht verrichten können. Dadurch soll eine persönliche Leistung, die innerhalb der Wohngemeinschaft erbracht wird, honoriert und gleichzeitig einem ‚Abschieben' in stationäre Unterbringung entgegengewirkt werden. Es sollen auch Wohngemeinschaften nicht in die Regelung einbezogen werden, die zur gegenseitigen Hilfe und Unterstützung gebildet werden, wie dies zB bei alten Menschen zunehmend der Fall ist. Dies dient auch der Entlastung öffentlicher Hilfen. Wird jedoch in solchen Fällen der Lebensunterhalt tatsächlich mit gedeckt, entfallen aufgrund des Bedarfsdeckungsprinzips Leistungen der Sozialhilfe."[169]

72   Die Zuordnung von Personen zur Haushaltsgemeinschaft nur aufgrund des gemeinsamen Wohnens – anstelle der Verwandten und Verschwägerten beim Alg II – ist **verfassungsrechtlich bedenklich**.[170] Die Einbeziehung von Mitbewohnern in die Leistungserbringung für Leistungsberechtigte bedeutet eine Inpflichtnahme von unbeteiligten Dritten, die noch nicht einmal eine familiäre Verbindung haben.[171] Darüber hinaus ist die Ungleichbehandlung gegenüber Leistungsempfängern nach dem SGB II und der Grundsicherung im Alter und bei Erwerbsminderung aus sachlichen Gründen nicht gerechtfertigt und verstößt damit gegen Art. 3 GG. Leben zB drei – nicht verwandte oder verschwägerte – Frauen in einer Wohngemeinschaft, von der eine Frau leistungsberechtigt ist, so ergibt sich Folgendes: Ist die Leistungsberechtigte erwerbsfähig oder auf Dauer erwerbsgemindert oder mindestens 65 Jahre alt, gibt es keine Vermutung in diesem Sinne – nur bei vorübergehender Erwerbsminderung und damit der Leistungsberechtigung bei der Hilfe zum Lebensunterhalt müssen die Mitbewohnerinnen für sie Leistungen erbringen.

3. Mitteleinsatz

a) Aus dem Einkommen

73   Auch hier gilt, dass eine Leistung nur bei einem deutlich über dem Bedarf der Hilfe zum Lebensunterhalt liegenden Einkommen des in der Wohnung Zusammenlebenden erwartet werden kann.[172] Eine Regelung über die Höhe der vermuteten Leistung – wie in § 1 Abs. 2 Alg II-V – gibt es in der Sozialhilfe nicht. Die Berechnung kann auch nicht sinngemäß in das SGB XII übernommen werden, da in § 39 ein weitergehender Personenkreis erfasst wird.[173]

74   Das BVerwG[174] hat als Ansatzpunkt für die Bemessung des Eigenbedarfs auf die **bürgerlich-rechtliche Unterhaltspflicht** verwiesen. Denn grundsätzlich kann nicht erwartet werden, dass nur aufgrund des Zusammenlebens von nicht gesteigert Unterhaltspflichtigen in einem Haushalt mehr geleistet wird als bei getrenntem Wohnen. Die Beurteilung

---

169 BT-Drs. 15/1514, 61.
170 Stephan, S. 374, hält die Umkehr der Beweislast zum Nachteil der nachfragenden Person verfassungsrechtlich für bedenklich und „bei den Mitbewohner ‚betteln' gehen müssen" verfassungsrechtlich für inakzeptabel.
171 So Schellhorn NDV 2004, 167 (171).
172 So bereits BVerwG 17.1.1980 – 5 C 48/78, FEVS 28, 309 (312).
173 Conradis in: LPK-SGB XII § 39 Rn. 10.
174 1.10.1998 – 5 C 32/97, NDV-RD 1999, 9.

der Leistungsfähigkeit folgt den Empfehlungen des Deutschen Vereins für öffentliche und private Fürsorge.[175] Schon nach der Rechtslage des BSHG wurde angenommen, dass die Leistungserwartung mit der Ferne des Verwandtschaftsgrades zu dem Hilfesuchenden abnimmt, mehr noch bei lediglich Verschwägerten. Diese Logik führt bei der Ausweitung auf Personen, die ohne solche familiäre Beziehungen zusammenleben, dazu, dass die Leistungserwartung noch geringer ist.[176] Damit ergeben sich in der Regel höhere Freibeträge für die Mitbewohner als sie in § 1 Abs. 2 Alg-V für das SGB II vorgesehen sind (→ Rn. 63 f.). Es ist daher nicht zulässig, die Regelung des § 1 Abs. 2 Alg-V für die Berechnung der Leistungsfähigkeit in der Sozialhilfe zu übernehmen.

Von dem Einkommen des Herangezogenen sind **besondere Belastungen** abzusetzen, insbesondere anderweitige Kosten der Unterhaltpflichten, Kosten für Fort- und Weiterbildung,[177] Kosten für das Halten eines Kraftfahrzeuges, soweit es beruflich erforderlich ist. Vor allem sind solche weiteren Kosten zu berücksichtigen, die nicht vom notwendigen Lebensbedarf nach § 27 Abs. 1 SGB XII erfasst sind. So hat das BVerwG[178] ausdrücklich die Kosten für Hundehaftpflicht, Rechtsschutzversicherung und orthopädisches Turnen als zu berücksichtigenden Sonderbedarf anerkannt. Es kann hier auf die Erwägungen zurückgegriffen werden, die bei der Anerkennung besonderer Belastungen nach § 87 Abs. 1 SGB XII gelten.[179]   **75**

Es sind mithin folgende Unterscheidungen im Hinblick auf die **Freibeträge der Mitbewohner** zu machen, die Einzelheiten sind umstritten und die genannten Freibeträge ersetzen keine Einzelfallprüfung:[180]   **76**

■ Bei nahen Verschwägerten, insbesondere Stiefeltern gegenüber minderjährigen Kindern, wird eine Anlehnung an die Regelung der Alg II-V gefordert.[181] Dieser so errechnete Freibetrag würde den Selbstbehalt nach bürgerlich-rechtlichem Unterhaltsrecht von Eltern gegenüber minderjährigen Kindern, der nach der Düsseldorfer Tabelle 880 EUR[182] bei Nichterwerbstätigen und 1.080 EUR bei Erwerbstätigen[183] beträgt, allerdings übersteigen.

■ Bei Verwandten in einer Haushaltsgemeinschaft, die grundsätzlich unterhaltpflichtig sind – vor allem Eltern und volljährige Kinder – sind die Selbstbehaltsbeträge nach der Düsseldorfer Tabelle zugrunde zu legen, also bei Eltern gegenüber Kindern 1.300 EUR und bei Kindern gegenüber Eltern 1.800 EUR.[184]

■ Bei nicht unterhaltpflichtigen Verwandten, zB Geschwistern oder entfernten Verschwägerten ist der Freibetrag um 50 % auf 1.900 EUR bis 2.700 EUR zu erhöhen.

■ Ein noch höherer Freibetrag ist bei sonstigen Mitbewohnern zu berücksichtigen. Nur bei sehr guten Einkommensverhältnissen und entsprechendem gemeinsamen Wirtschaften aus einem Topf kann eine Leistung an die nachfragende Person erwartet werden.

---

175 Deutscher Verein 2015 Rn. 94, die auf ders. Empfehlungen 2014 Rn. 81 ff., 89 ff. verweisen.
176 Grube in: Grube/Wahrendorf § 39 Rn. 10: Ob die Leistungserwartung an Personen, die nicht einmal verwandt oder verschwägert sind, weiter eingeschränkt werden muss, bleibt nach dieser Ansicht (lediglich) zweifelhaft.
177 Deutscher Verein 2015, Rn. 128.
178 BSG 29.2.1996 – 5 C 2.95, FEVS 46, 441 (444).
179 Siehe im Einzelnen Schoch in: LPK-SGB XII § 87 Rn. 11.
180 Falterbaum in: Hauck/Noftz SGB XII § 39 Rn. 20 ff.
181 Becker in: jurisPK-SGB XII § 39 Rn. 42 ff. mwN.
182 Düsseldorfer Tabelle, Stand 1. Januar 2018.
183 In dem Selbstbehalt sind 380 EUR für Unterkunftskosten einschließlich umlagefähiger Nebenkosten und Heizung (Warmmiete) enthalten.
184 Der Deutsche Verein 2015 geht davon aus, dass bei der Leistungserwartung ohne weitere Differenzierung als Maßstab der Elternunterhalt, derzeit also 1.800 EUR zuzüglich der Hälfte des darüber hinausgehenden Einkommens als Selbstbehalt zugrunde zu legen sind.

Wersig/Schoch

In allen Fällen verbleibt als zusätzlicher Freibetrag die Hälfte des übersteigenden Einkommens.

b) Aus dem Vermögen

77 In der Regel ist das **Sachvermögen** einer von der Vermutung des § 39 SGB XII erfassten Person **nicht geeignet**, um daraus Leistungen zum Lebensunterhalt erbringen zu können. Bei Geldvermögen können Leistungen zum Lebensunterhalt der nachfragenden Person in dem Umfang erwartet werden, der nach bürgerlichem Recht beim Verwandtenunterhalt als Vermögenseinsatz geschuldet würde.[185] Der Vermögensselbstbehalt darf allerdings deutlich höher sein, als der kleinere Barbetrag oder sonstige Geldwerte, der bei dem Leistungen Begehrenden selbst von der Verwertung ausgenommen ist. Der Deutsche Verein[186] geht davon aus, dass neben den von § 90 Abs. 2 erfassten Vermögensgegenständen außer Betracht bleiben:

- Vermögen in angemessenem Umfang für die eigene Altersvorsorge des Unterhaltspflichtigen,
- Vermögen, deren Verwertung rechtlich unmöglich ist,
- ein selbstbewohntes angemessenes Familienheim, das aus nicht mehr als zwei Wohnungen besteht, wobei entsprechend den in der Vergangenheit möglichen steuerrechtlichen Vergünstigungen für die Zweitwohnung nur die Größenordnung einer Einliegerwohnung (abgeschlossene zweite Wohnung, die gegenüber der Hauptwohnung von untergeordneter Bedeutung ist) zugrunde zu legen ist,
- Vermögen des Unterhaltspflichtigen für in naher Zukunft notwendig anfallende vorweggenommene Lebenshaltungskosten (zB für demnächst notwendig anfallende Instandhaltungskosten des Familienheims oder eines notwendigen Kraftfahrzeuges),
- ein angemessener Vermögensbetrag für die Wechselfälle des Lebens,
- Vermögen, dessen Einsatz mit einem nicht mehr vertretbarem Nachteil verbunden und damit grob unbillig wäre, insbesondere wenn er es selbst zur Deckung seines angemessenen Lebensunterhalts benötigt,
- dessen Verwertung unwirtschaftlich oder unbillig wäre.

---

185 Deutscher Verein 2015 Rn. 96 unter Verweis auf Deutscher Verein 2014 Rn. 99 ff.
186 Deutscher Verein 2015 Rn. 96: Danach wird bei Geldvermögen auf die Empfehlungen für die Heranziehung Unterhaltspflichtiger in der Sozialhilfe verwiesen, jetzt in der Fassung von 2014 Rn. 99 ff.

Kapitel 19: Verantwortungs- und Einstehensgemeinschaft

Literaturhinweise: Blüggel, Die Mitwirkung des Arbeitssuchenden bei der Sachverhaltsaufklärung, SGb 2007, 335; Brosius-Gersdorf, Bedarfsgemeinschaften im Sozialrecht, NZS 2007, 410; Debus, Die eheähnliche Gemeinschaft im Sozialrecht, SGb 2006, 82; Geiger, Liebe in den Zeiten von Hartz IV, Grundrechte-Report 2006, 153; Greiser/Ottenströer, Die eheähnliche Gemeinschaft im SGB II, ZFSH/SGB 2013, 181; Hammel, Der Hausbesuch vom Jobcenter: Eine immer wieder aktuelle Problematik, ZfF 2012, 57; Neumann, Problematische Hausbesuche, in: 20 Jahre Arbeitsgemeinschaft Sozialrecht, Netzwerk Sozialrecht, 2006, 85; Rehmsmeier/Steinbock, Die eheähnliche Gemeinschaft im Sozialrecht, ZFSH/SGB 1999, 204; Tegethoff, Die Feststellung einer eheähnlichen Gemeinschaft im Sozialrecht, ZFSH/SGB 2001, 643; Wenner, Verfassungsrechtlich problematische Regelungen für eheähnliche Gemeinschaften und Stiefeltern, SozSich 2006, 146; Wersig, Die Neudefinition der „eheähnlichen Gemeinschaft" im SGB II, info also 2006, 246; Wettlaufer, Höchstrichterlicher Stolperstein zur Verantwortungs- und Einstehensgemeinschaft, SGb 2016, 496; Zieglmeier, Die Auskunftpflicht des – nicht hilfebedürftigen – Partners nach § 60 Abs. 4 SGB II in der sozialgerichtlichen Rechtsprechung, NZS 2012, 135.

Rechtsgrundlagen:
SGB II § 7 Abs. 3 Nr. 3 lit. c, Abs. 3 a, § 9 Abs. 2, 3, 5
SGB XII §§ 19 Abs. 3, 20, 39, 43 Abs. 1

Orientierungssätze:

1. Von einer Verantwortungs- und Einstehensgemeinschaft kann nur dann ausgegangen werden, wenn Personen als Partner in einer Wohn- und Wirtschaftsgemeinschaft so zusammen leben, dass der wechselseitige Wille anzunehmen ist, Verantwortung füreinander zu tragen und füreinander in den Not- und Wechselfällen des Lebens einzustehen.

2. Da § 20 SGB XII auf die Rechtsbegriffe der Ehe und der Lebenspartnerschaft abstellt, wird für die Rechtsanwendung sowohl relevant, ob die personalen Grundelemente des ehelichen/lebenspartnerschaftlichen Lebens vorliegen, als auch auf materieller Ebene, ob die tatsächliche Unterstützung als Parallele zur ehelichen/lebenspartnerschaftlichen Unterhaltspflicht erfolgt. Gleiches gilt im Ergebnis für die partnerschaftliche Verantwortungs- und Einstehensgemeinschaft nach § 7 Abs. 3 Nr. 3 lit. c SGB II.

3. Ob im konkreten Fall von einer Verantwortungs- und Einstehensgemeinschaft ausgegangen werden kann, ist anhand von Indizien zu bewerten und zu gewichten. Entscheidend ist stets das Gesamtbild der für den streitgegenständlichen Zeitraum feststellbaren Gegebenheiten. An das Vorliegen einer solchen Gemeinschaft sind strenge Anforderungen zu stellen.

4. Zu den entscheidungsrelevanten Indizien gehören etwa: das Bestehen einer Wohngemeinschaft; das Zusammenleben mit bzw die Versorgung von Kindern und Angehörigen im gemeinsamen Haushalt; die Befugnisse, über Einkommen und Vermögensgegenstände des anderen Partners tatsächlich verfügen zu können; nicht maßgeblich ist aber das Bestehen intimer Beziehungen zwischen den Partnern.

5. Für die Voraussetzungen des § 7 Abs. 3 Nr. 3 lit. c SGB II und des § 20 SGB XII trägt grundsätzlich der Leistungsträger die objektive Beweislast. Die entscheidungserheblichen Tatsachen sind nach § 20 SGB X von Amts wegen aufzuklären, wobei sich Mitwirkungsobliegenheiten der Anspruchsteller aus §§ 60 ff. SGBI ergeben können. Allerdings wird der wechselseitige Wille, Verantwortung füreinander zu tragen und füreinander einzustehen im SGB II unter den in § 7 Abs. 3 a SGB II normierten – widerlegbaren – Voraussetzungen vermutet.

A. Einleitung

1 Bei den im SGB II und SGB XII geregelten existenzsichernden Leistungen wird der Einbezug von Partnern einer Verantwortungs- und Einstehensgemeinschaft in die Bedarfs- bzw. Einsatzgemeinschaft (§ 9 Abs. 2 SGB II [→ Rn. 6], §§ 19 Abs. 3, 27 Abs. 2, 43 Abs. 1 SGB XII [→ Rn. 8]) terminologisch unterschiedlich geregelt: In § 20 und § 43 Abs. 1 SGB XII ist von **„eheähnliche Gemeinschaft"** und **lebenspartnerähnlichen** Gemeinschaft die Rede. § 7 Abs. 3 Nr. 3 lit. c SGB II stellt nunmehr[1] auf die Partner einer Verantwortungs- und Einstehensgemeinschaft ab. Nach Vorstellung des Gesetzgebers wurde hierdurch (lediglich) die eheähnliche Gemeinschaft – die bis dahin allein in die Bedarfsgemeinschaft des SGB II und die Einstandsgemeinschaft des SGB XII einbezogen war – um die gleichgeschlechtliche, lebenspartnerähnliche Gemeinschaft erweitert,[2] wie das auch im Wortlaut der Bestimmungen in § 20 S. 1, § 43 Abs. 1 S. 1 SGB XII zum

---

1 Gesetz zur Fortentwicklung der Grundsicherung für Arbeitsuchende v. 20.7.2006, BGBl. I 1706; dieses fügte ferner § 7 Abs. 3 a SGB II ein (Vermutungsregelung), hierzu → Rn. 20 ff.
2 BT-Drs. 16/1410, 19 f. zu Nr. 7 a; ferner Becker in: Eicher/Luik SGB II § 7 Rn. 106 mwN; aus der Rechtsprechung etwa HessLSG 19.6.2008 – L 7 AS 32/08 B ER.

Ausdruck gekommen ist. Die eheähnliche Gemeinschaft als „Teilmenge" der partnerschaftlichen Verantwortungs- und Einstehensgemeinschaft hat somit einmal direkt weitere Bedeutung im Rahmen von § 7 Abs. 3 Nr. 3 lit. c SGB II. Überdies gelten hinsichtlich der insoweit relevanten Kriterien die bisher für die eheähnliche Gemeinschaft entwickelten Grundsätze mit Ausnahme desjenigen, dass nicht auf ein Zusammenleben von Partnern unterschiedlichen Geschlechts abzustellen ist.[3] Vor diesem Hintergrund rechtfertigt sich eine gemeinsame Darstellung der Rechtsfragen der Verantwortungs- und Einstehensgemeinschaft.

B. Allgemeines

I. Gesellschaftlicher Befund

Ausgegangen werden soll zunächst von dem Begriff der eheähnlichen Gemeinschaft. **2**

Bereits **seit Jahrtausenden** bestehen neben der – zunächst ohne obligatorische staatliche Registrierung, familienintern geschlossenen[4] – **Ehe abweichende Formen** des dauernden **Zusammenlebens** von Mann und Frau. So hat sich bereits im Römischen Recht neben der **Manus-Ehe** die freie Ehe entwickelt, oder im deutschen Mittelalter neben der Munt-Ehe die sog **Friedel-Ehe**.[5] Nach einem ersten Zugriff der Kirchen auf das Heiratsgeschehen – seit dem Konzil von Trient von 1563 war nur eine kirchlich geschlossene Ehe gültig – folgte die staatliche Obrigkeit der Neuzeit und unterwarf die Ehe staatlichen Kontrollen und Konzessionen, um sie so beliebigen sozialen Zwecksetzungen unterwerfen zu können.[6] Ein bekanntes literarisches Dokument des Eintretens für ein freies Zusammenleben (aus der Zeit vor Einführung der obligatorischen Zivilehe) findet sich bei *Heinrich Heine*: „Und fehlt der Pfaffensegen dabei, die Ehe wird gültig nicht minder."[7]

Numerisch bedeutsam wurden derartige Lebensgemeinschaften allerdings erst in den **3** **letzten 30 Jahren** und sind seit dem Jahre 1996 bis 2011 um 52% auf gut 2,8 Mio. angestiegen.[8] Hiervon entfielen 98 % auf eheähnliche Lebensgemeinschaften, i.ü. auf gleichgeschlechtliche Partnerschaften.[9] Im Jahr 2017 gab es rd. 3,2 Mio gemischtgeschlechtliche oder gleichgeschlechtliche Lebensgemeinschaften, auf letztere entfielen in 2017 rd. 112.000, hiervon rd. 53.000 eingetragene Partnerschaften.[10] Die weit **überwiegende Mehrheit** der eheähnlichen Lebensgemeinschaften zeichne sich dadurch aus, dass **beide Partner ledig und kinderlos** sind. Etwa die Hälfte dieser Partnerschaften mündet in eine Ehe. Überwiegend geschieht das dann, sobald ein Kind geplant wird oder eine Schwangerschaft gegeben ist. Von denen, die nach der ersten eheähnlichen Gemeinschaft nicht heiraten und eine zweite solche Lebensgemeinschaft eingehen, heiratet dann nochmals knapp die Hälfte. Eine über 10 Jahre dauernde nichteheliche Lebensgemeinschaft ist sehr selten anzutreffen.[11] Wegen der Darstellung weiterer soziologischer Grundlagen wird auf die Ausführungen bei *Greiser/Ottenströer* verwiesen.[12]

Trotz der begrifflichen Nähe des Begriffs der eheähnlichen Gemeinschaft zur Ehe **4** **zwingt** die **Verfassung** einerseits zur **differenzierenden rechtlichen Behandlung:** (Nur)

---

3 Becker in: Eicher/Luik SGB II § 7 Rn. 106.
4 Schwab, Ehe und eheloses Zusammenleben heute – Eine Reflexion – in: Festschrift für Ingrid Groß, 2004, 215, 217.
5 Strätz FamRZ 1980, 301 mwN und Wesel, Geschichte des Rechts (1997), Rn. 143, 224.
6 Schwab, Ehe und eheloses Zusammenleben heute – Eine Reflexion – in: Festschrift für Ingrid Groß, 2004, 215, 217.
7 Deutschland ein Wintermärchen, Kaput I, Strophe 16.
8 Ergebnisse des Mikrozensus 2011, www. destatis.de.
9 Ergebnisse des Mikrozensus 2011, www. destatis.de.
10 Ergebnisse des Mikrozensus 2018, www.destatis.de.
11 Nave-Herz FÜR 2001, 3 und Wellenhofer AnwBl 2008, 559 mwN in Fn. 5.
12 Greiser/Ottenströer (Lit.), S. 181–184.

die Ehe steht nach Art. 6 Abs. 1 GG unter dem besonderen Schutz der staatlichen Ordnung. Aus dieser Vorschrift folgt andererseits ein **spezielles Diskriminierungsverbot**, wonach Ehegatten auch gegenüber eheähnlichen Gemeinschaften nicht benachteiligt werden dürfen.[13] Andererseits lässt sich aus Art. 6 Abs. 1 GG kein verfassungsrechtlicher Zwang herleiten, Nichtverheiratete, die sich in einer Verheirateten gegenüber vergleichbaren Lage befinden, schlechter als diese zu behandeln.[14] In der Rechtspraxis kommt es hingegen zu auch **verfassungsrechtlich zweifelhaften Benachteiligungen** von Nichtverheirateten, wie bei der Erziehungsrente nach § 47 SGB VI, die nur geschiedenen, kindererziehenden Ehegatten zusteht, nicht aber kinderbetreuenden Elternteilen, die mit dem anderen Elternteil nicht verheiratet waren.[15] Nachteile im **Vorstreckungsrecht** bestehen für nichtverheiratet Zusammenlebende nach der Rechtsprechung des BGH, weil die **Pfändungsfreibeträge** gem. §§ 850 c Abs. 1 S. 2, 850 f Abs. 1 a, c und 765 a ZPO **nicht** – auch nicht in analoger Anwendung – bei der Berechnung des pfändbaren Einkommens eines Schuldners zu berücksichtigen sind, der in einer Verantwortungs- und Einstehensgemeinschaft nach § 7 Abs. 3 c SGB II lebt und Unterhalt an die Partnerin bezahlt.[16]

5   Am 1.8.2001 ist das Gesetz zur Beendigung der Diskriminierung gleichgeschlechtlicher Gemeinschaften (**Lebenspartnerschaftsgesetz**) vom 16.2.2001 in Kraft getreten. Es begründet das eigenständige Rechtsinstitut der eingetragenen Lebenspartnerschaft gleichgeschlechtlicher Partner und trifft vielfältige Regelungen hinsichtlich deren rechtlicher Beziehungen.[17] Während die Partner nach dem Lebenspartnerschaftsgesetz zu der Einstands- bzw. Bedarfsgemeinschaft im SGB XII und SGB II gehören, galt dies für lebenspartnerähnliche Gemeinschaften zunächst nicht, → Rn. 1. § 1353 Abs. 1 S. 1 BGB in der Fassung des Gesetzes zur Einführung des Rechts auf Eheschließung für Personen gleichen Geschlechts vom 28.7.2017[18] bestimmt mit Wirkung ab 1.10.2017, dass die Ehe von zwei Personen **verschiedenen oder gleichen Geschlechts** auf Lebenszeit geschlossen wird.[19] Das Bedürfnis für die eingetragene Lebenspartnerschaft ist damit entfallen. Art. 3 Abs. 3 des vorgenannten Gesetzes bestimmt demnach, dass ab dessen Inkrafttreten **Lebenspartnerschaften nicht mehr begründet** werden können. Paare, die schon zuvor eine Lebenspartnerschaft geschlossen haben, können gemäß § 20 a LPartG **wählen**, ob sie in der bisherigen Form weiterleben oder ihre Partnerschaft in eine Ehe umwandeln möchten. Demnach sind für die Zeit ab dem 1.10.2017 auch nicht verheiratete gleichgeschlechtliche Verantwortungs- und Einstehensgemeinschaften als eheähnlich anzusehen.

II. Relevante Normen des SGB II und SGB XII im Überblick

6   Im SGB II hat § 9 hat eine Schlüsselfunktion für die **wirtschaftlichen Voraussetzungen** eines hier bestehenden **Leistungsanspruchs**. Abs. 1 der Norm definiert den Begriff der

---

13 BVerfGE 67, 186 (196).
14 17.7.2002 – 1 BvF 1/01, FamRZ 2002, 1169.
15 Kritisch unter dem Gebot des Art. 6 Abs. 5 GG Köbl, Sozialstaatsentlastung durch mehr Familiensolidarität, in: Becker (Hrsg.), Rechtsdogmatik und Rechtsvergleich im Sozialrecht I, 2010, S. 393, 406 f.; s. auch den Vorlagebeschluss des BayLSG 30.9.2009 – L 1 R 204/09, den das BVerfG allerdings mangels ausreichender Begründung als unzulässig erachtet hat, 2.5.2012 – 1 BvL 20/09.
16 BGH 19.10.2017 – IX ZB 100/16, NJW 2018, 954.
17 Im Jahre 2009 existierten in Deutschland rd. 63.000 gleichgeschlechtliche Lebensgemeinschaften (als untere Grenze aufgrund von Befragungen, nach Schätzungen beläuft sich die Zahl über rd. 177.000), hiervon entfielen rd. 19.000 auf eingetragene Lebenspartnerschaften, s. Statistisches Bundesamt: Gleichgeschlechtliche Lebenspartnerschaften, Haushalte und Lebensformen der Bevölkerung. Ergebnisse des Mikrozensus 2009, www.destatis.de.
18 BGBl. I, 2787.
19 S. hierzu etwa Schmidt, „Ehe für alle" – Ende der Diskriminierung oder Verfassungsbruch? NJW 2017, 2225.

Hilfebedürftigkeit und regelt die Ermittlung deren Umfangs. Gem. § 9 Abs. 2 S. 1 SGB II sind bei Personen, die in einer **Bedarfsgemeinschaft** leben, auch das Einkommen und Vermögen der Partner zu berücksichtigen. Besteht eine Bedarfsgemeinschaft nach § 7 Abs. 3 Nr. 3 lit. C (hierzu sogleich → Rn. 7), so soll der Partner nach § 9 Abs. 2 S. 2 SGB II auch für die in der Gemeinschaft lebenden nichtleiblichen Kinder bzw. Stiefkinder aufkommen müssen.[20]

§ 7 Abs. 3 Nr. 3 lit. c SGB II bestimmt, dass zur Bedarfsgemeinschaft der erwerbsfähigen Leistungsberechtigten Personen gehören,   **7**

- die deren **Partner** sind, dh jemand, der grundsätzlich (auch wenn dies wegen einer noch bestehenden Ehe derzeit ausgeschlossen ist) einen Leistungsberechtigten heiraten oder mit ihm eine Partnerschaft nach dem Lebenspartnerschaftsgesetz eingehen könnte,[21]

- die mit dem erwerbsfähigen Hilfebedürftigen in einem **gemeinsamen Haushalt** zusammenleben iS einer **Haushaltsgemeinschaft** nach den Kriterien des § 9 Abs. 5 SGB II, die neben Zusammenleben in einer Wohnung – nicht nur „Zusammenwohnen" – auch gemeinsames Wirtschaften voraussetzt,[22]

- wenn zudem nach verständiger Würdigung der wechselseitige Wille anzunehmen ist, **Verantwortung füreinander** zu tragen und **füreinander einzustehen.**[23]

Insoweit lässt sich von einer Verantwortungs- und Einstehensgemeinschaft sprechen. Besteht zwar eine Haushalts- und Wirtschaftsgemeinschaft, nicht aber eine Verantwortungs- und Einstehensgemeinschaft – oder ist diese nicht nachweisbar – so ist die Regelungen zur Anrechnung von Einkommen und Vermögens nach § 9 Abs. 5 SGB II (→ Rn. 43 f.) zu beachten.

Der durch Gesetz v. 20.7.2006 (→ Rn. 1) eingeführte Abs. 3 a der Norm des § 7 SGB II trifft iÜ (nur) für das zweite der oben genannten Merkmale (wechselseitiger Wille, Verantwortung füreinander zu tragen und füreinander einzutreten) eine **Vermutensregelung** (siehe hierzu → Rn. 20 ff.).

Die Prüfung des Vorliegens einer Verantwortungs- und Einstehensgemeinschaft hat für **jeden Bewilligungszeitraum** eigens zu erfolgen, das Bejahen einer solchen Gemeinschaft in der Vergangenheit hat keine **Bindungswirkung** für die Zukunft.[24]

Im SGB XII gebietet § 20 S. 1, **eheähnliche und lebenspartnerschaftsähnliche Gemein-**   **8** **schaften** hinsichtlich der Voraussetzungen und des Umfangs der Sozialhilfe **nicht besser zu stellen** als Ehegatten. Erreicht wird dies dadurch, dass der **nicht hilfebedürftige Partner** bei der Ermittlung der **Bedürftigkeit** des Hilfe beanspruchenden Partners so zu behandeln ist, als gehörte er – wie ein Ehegatte/Lebenspartner – zur **Bedarfs-** bzw. **Einsatzgemeinschaft** nach §§ 19 Abs. 3, 27 Abs. 2 SGB XII. Gleiches – Berücksichtigung von Einkommen und Vermögen des leistungsfähigen Partners – gilt nach § 43 Abs. 1 S. 1 SGB XII für die Grundsicherung im Alter und bei Erwerbsminderung. Auch hier hat der Gesetzgeber durch die Einfügung der lebenspartnerähnlichen Gemeinschaft

---

20 BSG 13.11.2008 – B 14 AS 2/08 R; kritisch Bienert in MAH SozR § 16 Rn. 96; die gegen das Urteil eingelegte Verfassungsbeschwerde nahm das BVerfG als unzulässig nicht zur Entscheidung an, 29.5.2013 – 1 BvR 1083/09, s. hierzu Wenner SozSich 2013, 356.
21 Schoch in: LPK-SGB XII § 20 Rn. 10; Geschwister oder andere Personen, die in einem Haushalt zusammenleben, können nicht Partner in diesem Sinne sein, vgl. BSG 23.12.2012 – B 4 AS 34/12 R, Rn. 20; ferner Becker in: Eicher/Luik SGB II § 7 Rn. 108, wohl aber Transsexuelle, SächsLSG 4.1.2017 – L 3 AS 1222/15 NZB.
22 S. BSG 23.12.2012 – B 4 AS 34/12 R, Rn. 21 ff.; BSG 12.10.2016 – B 4 AS 60/15 R, Rn. 25 mwN; nicht bei einer Partnerschaft in getrennten Wohnungen, SächsLSG 18.5.2017 – L 7 AS 184/17 B ER, Rn. 33.
23 S. BSG 23.8.2012 – B 4 AS 31/12 R, Rn. 18; hierzu Reichel jurisPR-SozR 9/2013 Anm. 3.
24 BayLSG 2.8.2016 – L 7 AS 461/16 B ER.

durch das Gesetz v. 1.8.2006[25] der Forderung nach Gleichbehandlung heterosexueller und homosexueller Partnerschaften Rechnung getragen, allerdings ohne die Gesetzesüberschrift von § 20 SGB XII anzupassen. Sachlich kann auch hinsichtlich der Regelung in § 20 S. 1 SGB XII von einer Verantwortungs- und Einstehensgemeinschaft gesprochen werden. Fehlt es an einer solchen – oder ist diese nicht nachweisbar – so greift bei bestehender Wohngemeinschaft (wodurch im SGB XII die Vermutung des Vorliegens einer Haushaltsgemeinschaft ausgelöst wird) uU die Regelung in § 39 SGB XII ein (→ Rn. 45 ff.).

C. Einzelheiten

I. Von der Wohn- und Wirtschaftsgemeinschaft zur Verantwortungs- und Einstehensgemeinschaft

9 Die verwaltungsrechtliche Rechtsprechung hat lange Zeit judiziert, von einer eheähnlichen Gemeinschaft iSd § 122 S. 1 BSHG aF (nunmehr § 20 SGB XII) sei bereits dann auszugehen, wenn zwischen einem Mann und einer Frau eine **Wohn- und Wirtschaftsgemeinschaft** besteht und, wie in einer echten Ehe, „**aus einem Topf gewirtschaftet** wird". Darauf, ob innere Bindungen oder Verpflichtungen zur Unterhaltsgewährung oder zur gemeinsamen Lebensführung bestehen, kam es ebenso wenig an wie darauf, ob die Partner durch geschlechtliche Beziehung miteinander verbunden waren.[26]

10 Das **Bundesverfassungsgericht** ist dem für das Gebiet des Arbeitsförderungsrechts mit dem Argument entgegengetreten, mit dem Begriff „eheähnlich" habe der Gesetzgeber ersichtlich an den **Rechtsbegriff der Ehe** angeknüpft.[27] Gemeint sei demnach eine solche Lebensgemeinschaft zwischen einem Mann und einer Frau, die auf **Dauer angelegt** ist, daneben keine weitere Lebensgemeinschaft gleicher Art zulässt und sich durch **innere Bindungen** auszeichnet, die ein gegenseitiges Einstehen der Partner füreinander begründen, also über die Beziehungen in einer reinen Haushalts- und Wirtschaftsgemeinschaft hinausgehen.[28] Nach dieser Rechtsprechung besteht ein Unterschied zur Ehe (lediglich) im Fehlen des formellen, staatlichen Begründungsaktes und der Rechtsverfassung.

11 Treffend erscheint nunmehr die Beschreibung einer gegenseitigen **Verantwortungs- und Einstehensgemeinschaft**, die nur dann gegeben ist, wenn die Bindungen der Partner so eng sind, dass von ihnen ein **gegenseitiges Einstehen** in den Not- und Wechselfällen des Lebens erwartet werden kann; eine Vergleichbarkeit der Situation mit derjenigen nicht dauernd getrennt lebender Ehegatten besteht nur, wenn sich die Partner so sehr füreinander verantwortlich fühlen, dass sie zunächst den gemeinsamen Lebensunterhalt sicherstellen, bevor sie ihr persönliches Einkommen zur Befriedigung eigener Bedürfnisse verwenden.[29] Dem ist das **Bundesverwaltungsgericht**[30] (unter Aufgabe früherer, abweichender Rechtsprechung) ebenso gefolgt, wie das Bundessozialgericht.[31]

II. Anknüpfung an die Rechtsbegriffe „Ehe" und „Lebenspartnerschaft"

12 Wenn die gesetzlichen Regelungen ausdrücklich oder belegt aus den Materialien an den Rechtsbegriff der Ehe bzw. der Lebenspartnerschaft anknüpfen, so ergeben sich hieraus

---

25 BGBl. I, 1706.
26 BVerwGE 52, 11.
27 BVerfG 17.11.1992 – 1 BvL 8/87, BVerfGE 87, 234.
28 BVerfG 17.11.1992 – 1 BvL 8/87, BVerfGE 87, 234.
29 BVerfG 17.11.1992 – 1 BvL 8/87, BVerfGE 87, 234 (265).
30 BVerwG 17.5.1995 – 5 C 16.93, BVerwGE 98, 195.
31 BSG 17.10.2002 – B 7 AL 96/00 R, info also 2003, 69 und 27.2.2008 – B 14 AS 23/07 R.

Konsequenzen für die Rechtsanwendung.[32] Nach § 1353 Abs. 1 S. 2 BGB sind die Ehegatten einander zur **ehelichen Lebensgemeinschaft** verpflichtet und tragen füreinander Verantwortung. Von einer Konkretisierung der hieraus resultierenden Pflichten hat der Gesetzgeber zu Recht abgesehen, weil es Sache der Ehegatten selbst ist, die ihnen gemäße Lebensform zu finden. Üblicher Weise vorausgesetzt werden jedoch, trotz aller Verschiedenheit der Lebensstile, folgende **Grundelemente** des **ehelichen Lebens**:[33] Die Lebensführung in Gemeinschaft (consortium omnis vitae); die Sorge um die gemeinsamen Angelegenheiten, wie Haushaltsführung, Kinderbetreuung, Freizeitplanung; die Gewährung der Mitbenutzung von Haushaltsgegenständen und Ehewohnung; Verpflichtung zum gegenseitigen Beistand; das Gebot gegenseitiger Rücksichtnahme; Verbindung zu gleichberechtigter Partnerschaft. Neben diesen personalen Elementen bedingt die Eheähnlichkeit auf **materieller Ebene** eine **tatsächliche Unterstützung** und faktische Leistungserbringung durch den Partner als Parallele zur ehelichen Unterhaltspflicht nach § 1360 BGB.

Keine eheähnlichen Gemeinschaften sind demnach: reine **Wohngemeinschaften** oder **Untermietverhältnisse.**[34] Diese Wohnformen erfüllen schon nicht das Tatbestandsmerkmal des Zusammenlebens in einem gemeinsamen Haushalt gem. § 7 Abs. 3 Nr. 3 lit. c SGB II.[35] Da es für das Merkmal der Eheähnlichkeit ausreicht, wenn zwischen den Partnern **grundsätzlich** eine **Eheschließung möglich** wäre, ist es für die Rechtsanwendung nicht entscheidend, dass ein (oder beide) Partner noch anderweitig verheiratet ist (sind) und aus diesem Grunde derzeit eine Ehe zwischen ihnen ausgeschlossen ist.[36] **13**

Die **gleichgeschlechtlichen Partnerschaften** unterfielen bis zum 30.9.2017 nach obigen Ausführungen zwar ebenfalls nicht dem Begriff der eheähnlichen Gemeinschaft, weder die eingetragenen Lebenspartnerschaften nach § 1 LPartG noch die nicht eingetragenen gleichgeschlechtlichen Lebensgemeinschaften. Allerdings gehören die Lebenspartner nach dem LPartG zur Bedarfs- bzw. Einsatzgemeinschaft nach § 7 Abs. 3 Nr. 3 lit. b SGB II und § 19 Abs. 3, § 27 Abs. 2 SGB XII, die Partner einer nichteingetragenen Lebensgemeinschaft werden von § 7 Abs. 3 Nr. 3 lit. c SGB II und von § 20 S. 1, § 43 Abs. 1 S. 1 SGB XII umfasst. Auch bei letzteren wird – wie im Hinblick auf die Ehe bei eheähnlichen Gemeinschaften – auf die Ähnlichkeit zu eingetragenen Lebenspartnerschaften abzustellen sein. Für diese gelten nach dem LPartG die Verpflichtung zu **wechselseitiger Fürsorge und Unterstützung** (§ 2) und es bestehen **Unterhaltspflichten** (§ 5). Seit dem 1.10.2017 wird nach § 1353 Abs. 1 S. 1 BGB die Ehe von zwei Personen verschiedenen oder gleichen Geschlechts auf Lebenszeit geschlossen. Die Unterscheidung zwischen eheähnlichen und lebenspartnerschaftsähnlichen Gemeinschaften ist seitdem obsolet. **14**

III. Feststellung des Bestehens einer Verantwortungs- und Einstehensgemeinschaft
1. Zweck und Inhalt der einschlägigen Normen

§ 7 Abs. 3 Nr. 3 lit. c SGB II bewirkt, wie auch § 20 S. 1, § 43 Abs. 1 S. 1 SGB XII zunächst in Konkretisierung des verfassungsrechtlichen Benachteiligungsverbots für Eheleute, dass die dort erfassten Partner im Rahmen der Grundsicherung für Arbeitsuchende/Sozialhilfe **wie Ehegatten** behandelt werden. Bei diesen ist, soweit sie nicht getrennt **15**

---

32 Vgl. hierzu auch Schoch in: LPK-SGB XII § 20 Rn. 6 ff.
33 Vgl. Schwab in: Familienrecht, 11. Aufl. (2001), Rn. 99 ff.
34 Vgl. BSG 12.10.2016 – B 4 AS 60/15 R, Rn. 25 mwN; ferner Schoch in: LPK-SGB XII § 20 Rn. 20.
35 Vgl. Becker in: Eicher/Luik SGB II § 7 Rn. 109 und oben → Rn. 7.
36 VGH BW 16.11.1995 – 6 S 3171/94, NJW 1996, 2178; Schoch in: LPK-SGB XII § 20 Rn. 10.

Sartorius 327

leben,[37] die grundsätzlich zu prüfende Bedürftigkeit anhand des beiderseitigen Einkommens und Vermögens nach § 9 Abs. 2 SGB II, § 19 Abs. 3, § 27 Abs. 2 SGB XII zu beurteilen. Gleiches gilt für homosexuelle Partnerschaften, die lebenspartnerschaftsähnlich ausgestaltet sind.

16 Prinzipielle **Schwierigkeiten** bei der Rechtsanwendung resultieren aus dem weitgehend informellen und prozessualen Charakter dieser Lebensformen, der jedenfalls in der Vergangenheit hervorgehoben wurde:[38] Die Beziehungen entwickeln sich überwiegend sukzessiv, einen **markierten Anfangszeitpunkt** für eine Lebensgemeinschaft gibt es **meist nicht. Absprachen** über künftige Gestaltung der Partnerschaft werden nur **selten und vage** getroffen. Die heterosexuelle Lebensgemeinschaft ist insofern nicht eheähnlich, als sie mit einem deutlich **höheren Trennungsrisiko** gegenüber verheirateten Partnern verbunden ist: 20% trennen sich bereits nach ca. zwei Jahren, nach sechs Jahren besteht die Hälfte der eheähnlichen Gemeinschaften nicht mehr.[39]

2. Ermittlung und Gewichtung von Indizien

17 Als Voraussetzung einer Verantwortungs- und Einstehensgemeinschaft im SGB II normiert das Gesetz in § 7 Abs. 3 Nr. 3 lit. c neben dem Zusammenleben von **Partnern** in einem gemeinsamen[40] Haushalt (iS einer **Wohn- und Wirtschaftsgemeinschaft**)[41] – beides objektive Gegebenheiten – als subjektives Element einen wechselseitigen Willen, Verantwortung füreinander zu tragen und füreinander einzustehen – nur für letzteres trifft § 7 Abs. 3 a SGB II zudem eine **Vermutungsregelung** (wegen Einzelheiten hierzu → Rn. 20). Die Feststellung des Bestehens einer solchen Gemeinschaft – mit der Rechtsfolge des Anrechnens von Einkommen und Vermögen – birgt für die Praxis reichlich Konfliktstoff. Nach der Rechtsprechung ist aufgrund von **Indizien**, die unter Würdigung der **Umstände** des **Einzelfalls** zu **bewerten** und zu **gewichten sind**, wobei die diesen zugrunde liegenden Hinweistatsachen untereinander divergieren können, ferner unter Berücksichtigung der **Vermutungsregelung** in § 7 Abs. 3 a SGB II festzustellen, ob von einer solchen Verantwortungs- und Einstehensgemeinschaft ausgegangen werden kann oder nicht.[42] Es gibt auch Kriterien, die ambivalent sind, etwa das gemeinsame Unterschreiben eines Mietvertrags.[43]

18 Es ist bei heterosexuellen Gemeinschaften vor allem die „Eheähnlichkeit" (→ Rn. 10, 12) im Blick zu behalten, bei gleichgeschlechtlichen Partnerschaften, ob diese entsprechend den Vorgaben des Lebenspartnergesetzes (vgl. insbesondere die Verpflichtungen nach §§ 2, 5 LPartG; → Rn. 14) ausgestaltet sind. Demnach spricht generell **gegen eine** Verantwortungs- und Einstehensgemeinschaft, wenn der Hilfesuchende **keine** oder nur **unzureichende Leistungen** vom Partner erhält.[44] Gleiches gilt, wenn der Partner des Hilfebedürftigen erklärt, **nur vorschussweise** bis zum Eintritt der Leistung des Leistungsträgers eintreten zu wollen.[45]

---

37 Was neben einer räumlichen Trennung zusätzlich einen Trennungswillen voraussetzt, vgl. BSG 18.2.2010 – B 4 AS 49/09 R, Rn. 13.

38 Vgl. für die ausschließlich eheähnliche Gemeinschaft Nave-Hertz FÜR 2001, 5.

39 Vgl. Nave-Hertz FÜR 2001, 6., ferner oben → Rn. 3.

40 Also nicht bei einer Partnerschaft in getrennten Wohnungen, SächsLSG 18.5.2017 – L 7 AS 184/17 B ER, Rn. 33.

41 Ein Zusammenleben in Wohngemeinschaften oder Untermietverhältnissen ist nicht ausreichend, s. bereits oben → Rn. 13.

42 Vgl. hierzu etwa Geiger, Leitfaden, S. 78 ff. mwN; zu Indizien gegen eine Einstandsgemeinschaft s. dort S. 80 f. mwN; vgl. auch zur Beweiswürdigung LSG BW 20.7.2017 – L 7 AS 2130/14, Rn. 46 ff.; hierzu Lange jurisPR-SozR 20/2017 Anm. 1.

43 Greiser/Ottenströer (Lit.), S. 187 und Fn. 66.

44 Ua Tegethoff (Lit.), 647 mwN.

45 So bereits BVerwG 17.5.1995 – 5 C 16/93, BVerwGE 98, 195; ferner zum Sozialhilferecht BayVGH 16.1.2002 – 12 CE 01.2310, FEVS 53, 550.

Es gilt für das Feststellungsverfahren grundsätzlich ein **strenger Maßstab:**[46] Die leicht- 19
fertige Annahme einer partnerschaftlichen/eheähnlichen Gemeinschaft birgt die Gefahr,
dass einerseits Antragsteller von ihren Partnern mangels „innerer Bindungen" keine Unterstützung erhalten und anderseits keine existenzsichernden Leistungen von den Leistungsträgern des SGB II/SGB XII beziehen. Die Gerichte sind gehalten, gesellschaftliche
Veränderungen zur Kenntnis zu nehmen und bei ihrer Wertung zu akzeptieren. So kann
allein aus einem Zusammenleben nicht auf eine Einstandsgemeinschaft geschlossen werden.[47]

a) Vermutensregelung im SGB II

Für den Bereich des SGB II ist die Vermutungsregelung in § 7 Abs. 3 a SGB II[48] zu be- 20
achten, die mit einer für den Leistungsberechtigten ungünstigen Änderung der objektiven Beweislast (Feststellungslast) verbunden ist. Die Vorschrift bestimmt, dass ein
wechselseitiger Wille, Verantwortung füreinander zu tragen und füreinander einzustehen, vermutet wird, wenn Partner

- länger als ein Jahr zusammenleben,
- mit einem gemeinsamen Kind zusammenleben,
- Kinder oder Angehörige im Haushalt versorgen oder
- befugt sind, über Einkommen oder Vermögen des anderen zu verfügen.

Die vorgenannten Hinweistatsachen sind abschließend, soweit hieran die gesetzliche
Vermutung – als Schluss von einer feststehenden Tatsache auf eine Rechtsfolge – geknüpft wird.

aa) Anwendungsvoraussetzung

Die Vorschrift nimmt Bezug auf die dritte der drei Voraussetzungen einer Verantwor- 21
tungs- und Einstehensgemeinschaft § 7 Abs. 3 Nr. 3 lit. c SGB II. Nur wenn Partner **qualifiziert in einer Wohnung zusammenleben** im Sinne einer Haushalts- und Wirtschafts-
meinschaft – gemeinsamer Haushaltsführung in der Weise, dass die Angelegenheiten des
Alltags überwiegend gemeinsam oder nach gemeinsamer Absprache erledigt werden
und das Geld für die Haushaltsführung gemeinsam erwirtschaftet wird[49] –, führt dies
zur Anwendung der Vermutungsregelung, wie sich aus dem Wortlaut der Norm ergibt.[50]

bb) Wirkung der Vermutung; Widerlegung

Nach der Gesetzesbegründung[51] hat die Vorschrift die Wirkung einer „**Beweislastum-** 22
kehr". Die Verwendung dieses Begriffs verkennt jedoch die Gegebenheiten des sozialrechtlichen Verwaltungsverfahrens und des sozialgerichtlichen Verfahrens, die beide
vom **Amtsermittlungsgrundsatz** geprägt sind (§ 20 SGB X, § 103 SGG). Eine subjektive
Beweislast in dem Sinne, dass zur Abwendung der erfolglosen Geltendmachung alles zu
beweisen ist, was streitig ist und zur Überzeugung der Behörde/des Gerichts von der
Richtigkeit der anspruchsbegründenden bzw. -vernichtenden Tatsachen erforderlich ist,
gibt es hier nicht.

---

46 LSG NRW 13.7.2010 – L 1 AS 11/07, Rn. 32; sa HessLSG 27.7.2005 – L 7 AS 18/05 ER.
47 LSG Nds-Brem 6.2.2006 – L 9 AS 89/06 ER.
48 Diese Bestimmung ist im Sozialhilferecht nicht anzuwenden, LSG Schleswig 11.10.2018 – L 9 SO 39/17,
    hierzu Kirchhoff jurisPR-SozR 3/2019 Anm. 4.
49 Wenner SozSich 2006, 146 (148); BSG 23.12.2012 – B 4 AS 34/12 R, Rn. 23.
50 Siehe etwa Berlit info also 2008, 243 (254), aus der Rechtsprechung: SächsLSG 10.9.2009 – L 7 AS 414/09
    B ER; LSG NRW 23.11.2011 – L 2 AS 842/11 B, Rn. 6; BayLSG 16.9.2014 – L 16 AS 649/14 B ER und
    BSG 12.10 2016 – B 4 AS 60/15 R, Rn. 24 ff.
51 BT-Drs. 16/1410, 49.

23 Die Folge der Vermutungsregelung besteht vielmehr in einer **verstärkten Mitwirkungs-obliegenheit** (hierzu → Rn. 36 ff.): Die Anspruchsberechtigten werden gehalten sein – um eine nachteilige Entscheidung nach Grundsätzen der objektiven Beweislast zu ver-meiden – Aspekte rechtlicher oder tatsächlicher Art vorzutragen, die geeignet sind, Zweifel an der Richtigkeit der Vermutung zu begründen[52] oder den Beweis des Gegen-teils (§ 292 ZPO) erlauben, wobei ein bloßes Bestreiten nicht ausreichend sein dürfte. Die Widerlegung der Vermutung ist im Einzelfall unter Würdigung aller Umstände zu prüfen.[53] Im **einstweiligen Rechtsschutzverfahren** reicht die entsprechende Glaubhaft-machung aus. Im Übrigen verbleibt es bei dem Grundsatz, dass der wechselseitige Ein-standswille als innere Tatsache nur anhand von **Anknüpfungstatsachen** bewiesen wer-den kann.[54] Auf die obigen Ausführungen unter → Rn. 17 ff. wird insoweit verwiesen.

b) Rechtserhebliche Indizien[55]
aa) Bestehen einer Wohn- und Wirtschaftsgemeinschaft.

24 Es handelt sich hierbei um das **gewichtigste Indiz** für die Existenz einer partnerschaftli-chen/eheähnlichen Gemeinschaft.[56] Es erfordert zunächst, dass die Partner mindestens einen Wohnraum im Rahmen eines auf Dauer angelegten Zusammenlebens gemeinsam benutzen. Hinzu kommen muss eine gemeinsame Haushaltsführung iS eines Wirtschaf-tens „aus einem Topf".[57] Fraglich ist, welche **zeitliche Intensität** eine solche Wohnge-meinschaft haben muss, um als Indiz für das Bestehen einer partnerschaftlichen/eheähn-lichen Gemeinschaft angesehen werden zu können. Die Instanzrechtsprechung hatte vor der Gesetzesänderung zum 1.8.2006 im Hinblick darauf, dass das Scheitern einer Ehe gem. §§ 1566 Abs. 2, 1353 Abs. 2 BGB (erst) nach 3-jähriger Trennung unwiderlegbar vermutet wird ein Zusammenleben von weniger als drei Jahren für das Bestehen einer eheähnlichen Gemeinschaft idR nicht ausreichen lassen.[58] Richtigerweise ist, wenn kei-ne Besonderheiten vorliegen, auf eine Mindestdauer von 12 Monaten abzuheben,[59] woran der Gesetzgeber im SGB II die Vermutenswirkung in § 7 Abs. 3 a Nr. 1 geknüpft hat. Im **Sozialhilferecht**, in dem eine entsprechende Vermutungsregelung nicht besteht, dürfte eine Mindestdauer nicht anzunehmen sein.[60]

bb) Gemeinsame Kinder oder die Versorgung/das Zusammenleben von Kindern und Angehörigen im gemeinsamen Haushalt

25 Das beabsichtigte bzw. fortzusetzende Zusammenleben von gemeinsamen Kindern (oder Kindern bzw. Angehörigen einer Person der Zusammenlebenden) im gemeinsa-men Haushalt (**Erziehungsgemeinschaft**) ist nicht nur als Indiz relevant,[61] im SGB II greift in diesem Fall die Vermutung nach § 7 Abs. 3 a Nr. 2 und 3 ein.

---

52 BSG 19.2.2009 – B 4 AS 68/07 R zur Vermutung in § 9 Abs. 5 SGB II.
53 ThürLSG 23.2.2017 – L 4 AS 1205/16 NZB, Rn. 13.
54 So bereits Wenner SozSich 2006, 146 (149); LSG NRW 11.8.2008 – L 19 B 132/08 ER; s. auch zur Vermu-tung nach § 9 Abs. 5 SGB II BSG 19.2.2009 – B 4 AS 68/07 R.
55 Vgl. etwa (zur ausschließlich eheähnlichen Gemeinschaft) Debus (Lit.), 82, Abschnitt 3 b, mwN vor allem zu verwaltungsgerichtlicher Rechtsprechung; ferner die Auflistung bei Voelzke in: jurisPK-SGB XII § 20 Rn. 24 und bei Geiger, Leitfaden zum Alg II, 12 Aufl., S. 77 ff.
56 BVerwG 24.6.1999 – 5 B 114/98 (unveröffentlicht).
57 So BSG 19.2.2009 – B 4 AS 68/07 R, für den rechtlich weniger weitgehenden Begriff der Haushaltsgemein-schaft nach § 9 Abs. 5 SGB II (hierzu → Rn. 48 ff.).
58 Vgl. etwa LSG NRW 17.2.2006 – L 19 B 85/05 AS ER und LSG Bln-Bbg 18.1.2006 – L 5 B 1362/05 AS ER; s. auch BSG 17.10.2002 – B 7 AL 96/00 R zum Arbeitsförderungsrecht.
59 Vgl. Tegethoff (Lit.) 645; aA Becker in Eicher/Luik SGB II § 7 Rn. 111: keine Mindestfrist; s. ferner LSG Bln-Bbg 18.1.2006 – L 5 B 1362/05 AS ER und hierzu Greiser/Ottenströer (Lit.), S. 189 f.
60 LSG Schleswig 11.10.2018 – L 9 SO 39/17, hierzu Kirchhoff jurisPR-SozR 3/2019 Anm. 4.
61 ZB LSG Bln-Bbg 3.3.2006 – L 19 B 99/06 AS ER.

cc) Befugnis, über Einkommen und Vermögensgegenstände des anderen Partners tatsächlich verfügen zu können

Abzustellen sein dürfte in diesem Zusammenhang auf das **tatsächliche Erscheinungs-** **26**
bild, also darauf, ob Hausratsgegenstände, Wohnung oder PKW von beiden Partnern
unbeschadet der Eigentumsverhältnisse genutzt werden können und ob die Befugnis zur
wechselseitigen Verpflichtung entsprechend der Vorschrift des § 1357 Abs. 1 S. 1 BGB[62]
gegeben ist. Dies ist etwa der Fall, wenn Kontovollmacht erteilt ist.[63] Auch der gemeinsame Erwerb einer Immobilie kann Indizwirkung haben.[64] Im SGB II leitet sich aus der
Befugnis, über Einkommen oder Vermögen des anderen zu verfügen, die Vermutung
nach § 7 Abs. 3 a Nr. 4 SGB II her.

dd) Intime Beziehungen zwischen den Partnern

Zwar setzt eine eheähnliche Lebensgemeinschaft nach dem Beschluss des Bundesverfas- **27**
sungsgerichts vom 17.11.1992[65] **nicht voraus**, dass Intimbeziehungen bestehen. Entsprechende behördliche **Nachforschungen** sind demnach **unzulässig** (→ Rn. 40). Sind
aber intime Beziehungen bekannt, können sie auch als **Hinweistatsache** gewürdigt werden.

ee) Erkennbare Intensität der Gemeinschaft

Es ist hierbei auf in die Öffentlichkeit dringende Umstände abzuheben, die einen **28**
Schluss auf die Intensität der Gemeinschaft zulassen, wie etwa gemeinsame Freizeitakti-
vitäten oder gemeinsamer Urlaub.[66]

ff) Gemeinsamer Mietvertrag

Ein bestehender gemeinsamer Mietvertrag kann ebenso auf eine Verantwortungs- und **29**
Einstehensgemeinschaft hindeuten,[67] wie mietfreies Wohnen lassen.[68] Anders verhält es
sich, wenn ein wirksamer (Unter-)Mietvertrag geschlossen wurde, weil dies gerade die
Annahme einer Wohn- und Wirtschaftsgemeinschaft ausschließt.[69]

c) Tatsachen ohne „Indizcharakter"

Keine Indizien stellen dar, bzw. nicht für das Bestehen einer Einstehensgemeinschaft **30**
spricht:

- Bezeichnung als „Lebensgefährte" im Antragsformular[70]
- Zusammenleben unter einer Meldeanschrift und nur mündlicher Abschluss eines Untermietvertrags[71]
- Ablehnung einer Wohnungsbesichtigung durch den Leistungsträger[72]

---

62 Zum Umfang dieser Verpflichtungsbefugnis vgl. etwa Palandt/Brudermüller BGB, 75. Aufl. 2016, § 1357 Rn. 10 ff.
63 HessLSG 16.3.2006 – L 7 AS 23/06 R, nicht jedoch, wenn mangels Bankkarte oder Onlinezugang faktisch eine Nutzungsmöglichkeit nicht bestand oder wenn ein bestehendes Konto erkennbar nicht genutzt wird, LSG NRW 9.9.2014 – L 7 AS 1147/14 B, Rn. 18.
64 LSG Nds-Brem 8.9.2011 – L 15 AS 654/09, allerdings wegen fehlender Feststellungen zum Vorliegen einer Partnerschaft und einer Haushalts-und Wirtschaftsgemeinschaft aufgehoben durch BSG 23.8.2012 – B 4 AS 34/12 R.
65 BVerfGE 87, 234.
66 LSG Bln-Bbg 15.2.2006 – L 10 B 1274/05 AS ER.
67 LSG NRW 17.2.2006 – L 19 B 85/06 AS ER und 27.12.2006 – L 1 B 36/06 AS ER.
68 LSG BW 24.5.2007 – L 7 AS 2716/06.
69 SG Berlin 10.11.2010 – S 128 AS 33271710 ER, Rn. 33.
70 LSG NRW 17.2.2006 – L 19 B 85/06 AS ER.
71 LSG LSA 22.4.2005 – L 2 B 9/05 AS ER.
72 LSG LSA 22.4.2005 – L 2 B 9/05 AS ER.

- Beziehung ist von Freundschaft/Hilfsbereitschaft geprägt, zB um einer Frau Schutz zu gewähren vor ihrem gewalttätigen Ehemann[73]

d) Wertung und Gewichtung der Indizien

31 Die oben unter → Rn. 24 ff. genannten und andere Indizien[74] brauchen **nicht kumulativ** vorzuliegen. So kann etwa das Bestehen einer Erziehungsgemeinschaft die an die Dauer des Zusammenlebens zu stellenden Anforderungen zwecks Feststellung einer Wohngemeinschaft reduzieren.[75]

Die Indizien sind, ggf. im Rahmen gerichtlicher Beweiswürdigung, zu **gewichten**, zu **bewerten** und gegenüber etwaigen gegenteiligen Aspekten **abzuwägen**. Hierbei ist ua zu prüfen, ob und inwieweit die oben unter → Rn. 12 erwähnten **personalen** und **materiellen Elemente** der Ehe bzw. diejenigen der Lebenspartnerschaft nach dem LPartG in der Partnerschaft verwirklicht sind. Wie immer, wenn es um Bewertungen geht, ist das Ergebnis im Einzelfall schwer im Voraus abzuschätzen, zumal die Aussagekraft verschiedener, Indizwirkung entfaltender Hinweistatsachen untereinander divergieren kann.[76]

3. Beendigung der Verantwortungs- und Einstehensgemeinschaft

32 Anknüpfungspunkt für die Annahme einer partnerschaftlichen/eheähnlichen Gemeinschaft ist ein **rein faktisches Verhalten** der Partner. Da dieses sich jederzeit ändern kann, wie durch Einstellen der Unterstützung durch den leistungsfähigen Partner, kann auch die Gemeinschaft jederzeit beendet werden. Insofern bestehen auch keine rechtlichen Hinderungsgründe. Förmlichkeiten sind nicht einzuhalten.[77] Änderungen müssen jedoch durch **äußere Umstände dokumentiert** werden können, die bloße Behauptung, die Gemeinschaft bestehe nicht mehr, ist nicht ausreichend.[78] Damit ist jedoch nicht gemeint, dass Leistungsberechtigte, zwischen denen in der Vergangenheit eine Verantwortungs- und Einstehensgemeinschaft bestanden hat, einen „nach außen erkennbaren Trennungswillen" dokumentieren müssen.[79] In der vorgenannten Entscheidung führt das Gericht in Rn. 28 ff. weiter aus, zur Prüfung, ob eine Trennung erfolgt sei, seit § 1567 Abs. 1 BGB – wonach Ehegatten getrennt leben, wenn zwischen ihnen keine häusliche Gemeinschaft besteht und ein Ehegatte sie erkennbar nicht herstellen will, weil er die eheliche Lebensgemeinschaft ablehnt; nach Satz 2 der Norm besteht die häusliche Gemeinschaft auch nicht, wenn Ehegatten innerhalb einer Wohnung getrennt leben – weder direkt noch analog auf eheähnliche Gemeinschaften anzuwenden. Die Voraussetzungen für die Leistungsberechtigung nach dem SGB II seien in diesen Fällen vielmehr in § 7 SGB II eigenständig und abschließend geregelt.

33 Im Hinblick darauf, dass das Bundesverfassungsgericht in der Entscheidung zum Arbeitsförderungsrecht[80] formuliert hat, in der Regel werde die Beendigung der eheähnlichen Gemeinschaft mit der Auflösung der Wohngemeinschaft verbunden sein, werden auch durch die Rechtsprechung der Fachgerichtsbarkeit entsprechende Anforderungen erhoben. So heißt es teilweise, von der Auflösung der Haushaltsgemeinschaft könne erst dann ausgegangen werden, wenn **ernsthafte** und **nachhaltige Anstrengungen** zum **Auszug** eines Beteiligten unternommen werden; darunter wird verstanden eine permanente Beobachtung des Mietwohnungsmarktes und der beständige Versuch, Kontakte

---

73 HessLSG 19.6.2008 – L 7 AS 32/08 B ER.
74 Vgl. hierzu etwa Tegethoff (Lit.), 646 f. und Geiger, Leitfaden, S. 80 ff.
75 So für den Bereich des Arbeitsförderungsrechts: BSG 17.10.2002 – B 7 AL 72/00 R, NZS 2003, 667.
76 Zur Problematik s. Hohm in: Schellhorn/Schellhorn/Hohm SGB XII § 20 Rn. 15.
77 Voelzke in: jurisPK-SGB XII § 20 Rn. 22.
78 LSG BW 1.10.2015 – L 7 SO 118/14, Rn. 56.
79 BSG 12.10.2016 – B 4 AS 60/15 R, Rn. 30.
80 BVerfGE 87, 234 (265).

zu Vermietern aufzunehmen;[81] weiter wird – bei einer Haushaltsgemeinschaft zwischen Verwandten – auf die Dauerhaftigkeit der Auflösung abgestellt.[82] Eine Auflösung der Gemeinschaft wird auch ohne räumliche Trennung, bei einer bloßen Trennung von „Tisch und Bett" – für die ökonomischen Überlegungen streiten mögen – bereits dann anzunehmen sein, wenn ein Partner zudem glaubhaft bekundet, sein Einkommen künftig allein zur **eigenen Existenzsicherung** zu verwenden. Es besteht dann keine Verantwortungs- und Einstehensgemeinschaft mehr.[83] Deren Vorliegen ist für **jeden Bewilligungszeitraum** eigens zu prüfen, das Bejahen einer solchen Gemeinschaft in der **Vergangenheit hat keine Bindungswirkung** für die Zukunft.[84]

4. Verfahrensrecht

a) Allgemeine Grundsätze

Ob eine Verantwortungs- und Einstandsgemeinschaft vorliegt, ist von den Behörden **von Amts wegen** aufzuklären, § 20 SGB X.[85] Gleiches gilt hinsichtlich der Voraussetzungen der Vermutensregelung in § 7 Abs. 3 a SGB III.[86] Das Verwaltungsverfahren kennt ebenso wie der Gerichtsprozess (vgl. § 103 SGG) **keine Behauptungslast** und Beweisführungspflicht (subjektive Beweislast), sondern lediglich die materielle (objektive) Beweislast. Letztere ist von Bedeutung, wenn sich ein „non liquet" ergibt, dh der Sachverhalt trotz aller (zumutbaren) Bemühungen nicht weiter aufzuklären ist. Nach allgemeinen Prinzipien geht die Unerweislichkeit einer Tatsache grundsätzlich zulasten des Beteiligten bzw. des Betroffenen, der aus ihr eine ihm günstige Rechtsfolge herleitet. Ist bei einer Klage auf Leistung grundsätzlich der klägerische Anspruch bewiesen, so trägt die Behörde die objektive Beweislast für eine rechtshindernde Ausnahme.[87] Nach diesen Grundsätzen obliegt für die Voraussetzungen der § 7 Abs. 3 Nr. 3 lit. c SGB II, § 20 S. 1 SGB XII dem **Leistungsträger** die **objektive Beweislast**.[88] 34

Die Ermittlungen sind ggf. unter Einholung der erforderlichen **Beweismittel** (§ 21 SGB X) durchzuführen, wozu gem. § 21 Abs. 1 S. 2 Nr. 4 SGB X auch die Einnahme eines Augenscheins gehört. In Betracht kommen nur die für die Ermittlung des Sachverhalts **notwendigen** Beweismittel, also die, durch die eine tatsächliche Unterstützung in personaler oder materieller Hinsicht nachgewiesen werden kann. Hierzu dürften **Hausbesuche** (vgl. § 6 Abs. 1 S. 2 Hs. 2 SGB II), **Kontrolle** von **Kühlschränken** und einzelnen **Räumen** der Wohnung bereits nicht oder jedenfalls nicht allgemein geeignet sein.[89] Oft wird es – auch in Verfahren des Eilrechtsschutzes – erforderlich sein, die Person anzuhören, die als Partner des Hilfesuchenden angesehen wird, wenn diese das Vorliegen einer Verantwortungs- und Einstehensgemeinschaft verneint.[90] Da die Annahme einer solchen Gemeinschaft die Feststellung von intimen Beziehungen nicht voraussetzt, sind behördliche Nachforschungen, die die **Intimsphäre** der Betroffenen betreffen, **unzuläs- 35

---

81 LSG NRW 27.12.2006 – L 1 B 36/06 AS ER, FEVS 58, 307; ferner LSG MV 23.10.2008 – L 8 B 301/08.
82 LSG Bln-Bbg 28.2.2007 – L 10 B 195/07 AS ER.
83 Schoch in: LPK-SGB XII § 20 Rn. 12; ebenso Hohm in: Schellhorn/Schellhorn/Hohm SGB XII § 20 Rn. 22; s. auch Voelzke in: jurisPK-SGB XII § 20 Rn. 22 und Geiger, Leitfaden, S. 87 f.
84 BayLSG 2.8.2016 – L 7 AS 461/16 B ER.
85 Zum Amtsermittlungsgrundsatz und zur Mitwirkungspflicht des Hilfesuchenden in solchem Zusammenhang → Rn. 36 ff., zur Einrichtung eines **Außendienstes** durch die Träger der Grundsicherung für Arbeitsuchende siehe § 6 Abs. 1 S. 2 Hs. 2 SGB II.
86 LSG Nds-Brem 4.12.2008 – L 9 AS 467/08 ER.
87 Roller in: HK-SGG, 3. Aufl. 2009, § 103 Rn. 34, Schmidt in Meyer-Ladewig/Keller/Leitherer/Schmidt SGG § 103 Rn. 19 c.
88 Vgl. Debus (Lit.), 82 mwN in Fn. 22; ferner LSG Nds-Brem 3.8.2006 – L 9 AS 349/06 ER; mit Anm. Berlit jurisPR-SozR 18/2006 Anm. 1.
89 So Schoch in: LPK-SGB XII § 20 Rn. 18; ferner Geiger (Lit.), S. 153, 154 f.; Neumann (Lit.), 91; zur fehlenden Verpflichtung, solche Hausbesuche zu dulden, s. unten Rn. 45 ff., sa Hammel (Lit.), 57 ff.
90 HessLSG 29.6.2005 – L 7 AS 1/05 ER.

sig.[91] Keine gesetzliche Grundlage besteht iÜ für eine **verdeckte Datenerhebung** durch Außendienstmitarbeiter von Sozialbehörden[92] oder für eine „auf Vorrat" durchgeführte Überprüfung ohne unabdingbare Notwendigkeit im Einzelfall.[93] Die hierbei gewonnenen Ergebnisse sind nicht verwertbar.

b) Mitwirkungs- und Auskunftspflichten[94]
aa) Auskunftspflichten

36 Für diejenigen, die eine **Sozialleistung beantragen oder beziehen,** bestehen allgemeine Mitwirkungspflichten – die rechtsdogmatisch als Obliegenheiten und nicht als Pflichten anzusehen sind[95] – nach den Bestimmungen der §§ 60 ff. SGB I. Diese gelten nach § 37 SGB I (ergänzend), soweit sich aus den übrigen Büchern des SGB nichts Abweichendes ergibt.[96] Oft erweist sich die Abgrenzung zwischen den allgemeinen Bestimmungen in §§ 60 ff. SGB I und etwa den Regelungen im SGB II als schwierig und zT noch ungelöst.[97] Zu diesen Mitwirkungspflichten gehören unter Umständen auch Auskünfte bzw. Angaben, **die einen Dritten betreffen,** soweit dies für die Gewährung von Leistungen von Bedeutung ist, **nicht jedoch** dahin gehend, Beweismittel von dem Partner oder sonstigen Dritten zu verschaffen.[98]

Die im Rahmen dieses Kapitels besonders interessierenden **Auskunfts- und Mitwirkungspflichten Dritter** – also des Partners – sind im SGB II in § 60 geregelt, im SGB XII in § 117.

37 Eine eigenständige öffentlich-rechtliche Auskunftspflicht der **Partner** statuiert § 60 Abs. 4 Nr. 1 SGB II, wenn ihr Einkommen und Vermögen bei der Hilfeleistung zu berücksichtigen ist.[99] Diese Verpflichtung besteht aber nur bei **tatsächlich bestehender** Partnerschaft (iSd § 7 Abs. 3 Nr. 3 lit. c iVm Abs. 3 a SGB II).[100] Besteht diese nicht (mehr), kann die so verlangte Auskunft weder durch „Nachschieben von Gründen" noch durch Umdeutung (§ 43 SGB X) auf eine solche nach § 60 Abs. 2 SGB II gestützt werden.[101] Das Auskunftsrecht nach § 60 Abs. 4 Nr. 1 SGB II besteht nicht mehr nach der **Beendigung** des Leistungsbezugs oder nach der **Ablehnung** oder **Rücknahme** des Leistungsantrags.[102] Bei Verletzung der Auskunftspflicht durch Partner tritt die Sanktion gem. § 62 Nr. 2 SGB II und § 63 Abs. 1 Nr. 4 SGB II ein. Dem Leistungsträger stehen ggf. mit Zwang durchzusetzende Auskunftsrechte aber nicht zu, um bei bestrittener Partnerschaft zu **klären,** ob der Dritte Partner ist.[103] Die zT vertretene Auffassung, der Leistungsträger könne nach §§ 60 ff., 66 SGB I vom **Berechtigten Auskunft** über Einkommen/Vermögen des (vermuteten) Partners verlangen und ggf. die Leistung dann

91 So bereits BVerfGE 87, 234 und BVerwGE 98, 195; ferner etwa Schoch in: LPK-SGB XII § 20 Rn. 19.
92 ThürOVG 25.11.2010 – 3 KO 527/08, NZS 2011, 358.
93 Hammel (Lit.), 58 mwN in Fn. 25.
94 Siehe hierzu näher Kapitel 48.
95 S. näher Blüggel SGb 2007, 336; und zum Begriff der Obliegenheit Palandt/Grüneberg BGB, 75. Aufl. 2016, vor § 241 Rn. 13.
96 Vgl. im SGB II die Mitwirkungsobliegenheiten in §§ 56, 58 Abs. 2 und 59.
97 S. hierzu Klerks, Die allgemeinen Mitwirkungspflichten von erwerbsfähigen Leistungsberechtigten, info also 2012, 150.
98 LSG BW 22.9.2016 – L 7 AS 3613/15, Rn. 22.
99 Vgl. etwa LSG Nds-Brem 14.1.2008 – L 7 AS 772/07 ER; vgl. ferner Armbrost info also 2007, 147.
100 BSG 24.2.2011 – B 14 AS 87/09 R, Rn. 14; es kann in einem solchen Fall nicht im Gerichtsverfahren das Auskunftsverlangen i.R. eines sog „Nachschiebens von Gründen" oder durch Umdeutung iSv § 43 SGB X auf § 60 Abs. 4 SGB II gestützt werden, BSG aaO Rn. 16 ff. und 20 f.
101 BSG 24.2.2011 – B 14 AS 87/09 R und Blüggel in Eicher/Luik SGB II § 60 Rn. 33.
102 LSG Nds-Brem 28.2.2012 – L 9 AS 405/10.
103 Neumann (Lit.), 91, aus der Rechtsprechung: BayLSG 19.8.2009 – L 7 AS 541/09 ER.

mangels Mitwirkung versagen,[104] ist unzutreffend.[105] Die Leistungsberechtigten haben keine Ermittlungsverpflichtung, ihre Auskunftspflicht beschränkt sich auf die ihnen selbst bekannten Tatsachen.[106]

Ggf. wird bei Verletzung der Auskunftspflicht ein Verwaltungsakt erlassen, der mit **38** **Zwangsmitteln**, insbesondere Zwangsgeld oder Ersatzhaft durchgesetzt werden kann, nach den Bestimmungen des VwVG bzw. der ZPO (§ 40 Abs. 1 S. 1 SGB II iVm § 66 Abs. 1 SGB X bzw. § 40 Abs. 1 S. 1 SGB II iVm § 66 Abs. 4 SGB X), wobei im SGB II wegen der hier bestehenden Mischverwaltung (Art. 91 e GG) Unsicherheiten über die Zuordnung der Zuständigkeiten bestehen.[107]

Im Übrigen soll Ablehnung der Leistung aufgrund einer **Beweislastentscheidung** in Be- **39** tracht kommen,[108] aber nur, wenn zuvor vom Leistungsträger „Anstrengungen unternommen wurden, um den Auskunftsanspruch nach § 60 Abs. 4 Abs. 1 Nr. 1 SGB II durchzusetzen".[109] Es ist offen, was hierbei unter „Anstrengung" und „durchsetzen" zu verstehen ist, zumindest muss die Verwaltungsvollstreckung eingeleitet werden.[110] Weitere Überprüfungsbefugnisse der SGB II-Leistungsträger folgen aus § 52 a SGB II.[111] **Im SGB XII** soll sich ein Auskunftsanspruch gegen Partner der Antragsteller aus § 117 Abs. 1 S. 3 SGB XII ergeben.[112]

bb) Hausbesuche

Es besteht weder im SGB II noch im SGB XII eine Pflicht der Leistungsberechtigten, die **40** Durchführung eines **Hausbesuchs** zu dulden. Hierfür fehlt es an einer gesetzlichen Ermächtigung – sie ist nicht etwa § 60 Abs. 1 SGB I zu entnehmen –, die bereits wegen des durch Art. 13 Abs. 1 GG angeordneten Schutzes der Wohnung erforderlich wäre.[113] Ein **verweigerter Hausbesuch** rechtfertigt weder eine Leistungsverweigerung nach § 66 Abs. 1 SGB I,[114] noch eine für die Leistungsberechtigten nachteilige Wertung bei der Beweiswürdigung.[115] Ergebnisse eines **rechtswidrig durchgeführten** Hausbesuchs (zB ohne vorherige Aufklärung des Betroffenen darüber, dass er den Hausbesuch verweigern kann) sind nicht verwertbar.[116] Bei Zustimmung der Betroffenen haben die Behörden bei der Datenerhebung die **datenschutzrechtlichen Schutzvorschriften** zu beachten,[117] die mit Wirkung ab 23.5.2018 neu gefasst wurden, vgl. § 67 a ff. SGB X und § 35 SGB I.

Wenn auch unangemeldete Hausbesuche bei entsprechendem Aufklärungsbedarf erfor- **41** derlich und verhältnismäßig sein mögen, so ist, wenn ein Bevollmächtigter bestellt ist, dieser zu verständigen (§ 13 Abs. 3 S. 3 SGB X). Dies hat so rechtzeitig zu geschehen,

---

104 So etwa LSG BW 15.2.2008 – L 8 AS 3380/07.
105 Mrozynski SGB I, 4. Aufl. 2010, § 60 Rn. 9 mwN; ferner Berlit info also 2008, 243 (254) und NZS 2009, 537 (539).
106 BVerwGE 98, 195 und oben → Rn. 37.
107 Zieglmeier (Lit.), 138.
108 SächsLSG 27.2.2017 – L 7 AS 1281/16 B, zu Recht zweifelnd Zieglmeier (Lit.), 137.
109 BSG 1.7.2009 – B 4 AS 78/08 R, Rn. 17.
110 Zieglmeier (Lit.), 138.
111 S. hierzu den Überblick bei Neumann (Lit.), 95 ff. und Berlit NZS 2009, 537 (538 f.).
112 So LSG NRW 7.3.2013 – L 9 SO 13/13 B ER, Rn. 15 ff.; str., aA Schoch LPK SGB XII § 117 Rn. 17.
113 Blüggel (Lit.), 336 f.; LSG LSA 22.4.2005 – 2 L B 9/05 AS ER; ferner Becker in: Eicher/Luik SGB II § 7 Rn. 118; Geiger (Lit.), S. 153, 154 f. und Armborst in LPK-SGB XII Anhang Verfahren Rn. 15.
114 HessLSG 30.1.2006 – L 7 AS 1/06 ER, L 7 AS 13 /06 ER, NJW 2006, 1558 und SG Freiburg 28.2.2006 – S 9 AS 889/06 ER; Neumann (Lit.), 90; Berlit NZS 2009, 537 (539); Hammel (Lit.), 59.
115 Blüggel (Lit.), 338.
116 Neumann (Lit.), 108.
117 Vgl. Hammel (Lit.), 60 und allgemein zum Sozialdatenschutz Kapitel 52.

dass dieser ggf. an dem Hausbesuch teilnehmen kann.[118] Verstöße hiergegen dürften ebenfalls zur **Unverwertbarkeit** der ermittelten Ergebnisse führen.

42 Verfahren des einstweiligen Rechtsschutzes haben auch hinsichtlich der Frage des Bestehens bzw. Nichtbestehens einer Verantwortung und Einstehensgemeinschaft große Bedeutung. In Betracht kommt der Erlass einer einstweiligen Anordnung nach § 86 b Abs. 2 SGG. Hierbei gebietet die Rechtsschutzgarantie gem. Art. 19 Abs. 4 GG bei Ablehnung von Leistungen nach dem SGB II/SGB XII eine besondere Ausgestaltung des Eilverfahrens, weil ohne die Gewährung vorläufigen Rechtsschutzes schwere und unzumutbare, auch durch das Hauptverfahren nicht mehr abgrenzbare Beeinträchtigungen drohen.[119] Die Vermutungsregelung in § 7 Abs. 3 a SGB II ändert vor dem Hintergrund der verfassungsrechtlichen Rechtsprechung nichts an der Notwendigkeit, bereits im Eilverfahren eine abschließende erfolgsakzessorischen Prüfung vorzunehmen.[120]

IV. Abgrenzung zum Begriff der Haushaltsgemeinschaft (§ 9 Abs. 5 SGB II, § 39 SGB XII)

1. Vermutete Bedarfsdeckung im SGB II

43 § 9 Abs. 5 SGB II enthält die **gesetzliche Vermutung**, dass in **Haushaltsgemeinschaften** Hilfebedürftige von Verwandten oder Verschwägerten – nach § 1590 BGB ist ein Ehegatte mit sämtlichen Verwandten des anderen Ehegatten verschwägert, dh. ua mit seinen Schwiegereltern in aufsteigender Linie und mit den Kindern des anderen Ehegatten als Stiefkindern in absteigender Linie; dies gilt unbeschadet der Auflösung der Ehe – Leistungen erhalten, soweit dies nach deren Einkommens- und Vermögensverhältnissen erwartet werden kann. Die Vermutung greift nur dann ein, wenn neben einer gemeinsamen Wohnung ein **gemeinsames Wirtschaften** der Beteiligten erfolgt; das bloße Zusammenwohnen in einem Haushalt (auch bei gemeinsamer Nutzung von Bad, Küche und ggf. Gemeinschaftsräumen) ist ebenso wenig ausreichend, wie der gemeinsame Einkauf von Nahrungs-, Reinigungsmittel etc aus einer gemeinsam gespeisten Kasse.[121]

Ob § 9 Abs. 5 SGB II auch auf die volljährigen bzw. über 24-jährigen Kinder eines Partners einer eheähnlichen Gemeinschaft entsprechend anzuwenden ist – diese sind, anders als Stiefkinder, mit dem Partner ihres in eheähnlicher Gemeinschaft lebenden Elternteils nicht verschwägert – ist streitig.[122]

44 Zu **widerlegen** ist ggf. die Vermutung dadurch, dass Aspekte rechtlicher oder tatsächlicher Art vorgetragen werden, die geeignet sind, Zweifel an der Richtigkeit der Vermutung zu begründen.[123] Vorgaben zur Höhe des einzusetzenden Einkommens enthält die Vorschrift des § 1 Abs. 2 Alg II-V, zum Vermögenseinsatz § 7 Abs. 2 Alg II-V.

2. Vermutete Bedarfsdeckung im SGB XII

45 § 39 S. 1 SGB XII statuiert nur für die **Hilfe zum Lebensunterhalt** eine **Vermutung der Bedarfsdeckung**, wenn Personen, die Sozialhilfe beanspruchen, gemeinsam mit anderen Personen in einer Wohnung oder einer entsprechenden anderen Unterkunft leben. Einbezogen werden hierdurch **alle Haushaltsgemeinschaften**. Von solchen geht das Gesetz aus, wenn das Zusammenleben, entweder

---

118 Berlit NZS 2009, 537 (538 f.).
119 Grundlegend BVerfG 12.5.2005 – 1 BvR 569/05; s. ferner Kapitel 61 und MAH SozR/Schütz § 46.
120 S. etwa Becker in Eicher/Luik SGB II § 7 Rn. 115.
121 BSG 27.1.2009 – B 14 AS 6/08 R; mit Anm. Klaus jurisPR-SozR 22/2009 Anm. 3, ferner Mecke in Eicher/Luik SGB II § 9 Rn. 86 ff.
122 Vgl. zum Meinungsstand Mecke in: Eicher/Luik SGB II § 9 Rn. 91 mwN.
123 BSG 19.2.2009 – B 4 AS 68/07 R; Mecke in Eicher/Luik SGB II § 9 Rn. 104 f.

- in einer **Wohnung** (Wohnraum im Sinne des Wohngeldgesetzes), die nach Außen in gewisser Weise abgeschlossen sein muss, oder

- in einer entsprechenden **anderen Unterkunft** (ebenfalls mit Abschluss nach außen wie in einer Wohnung) stattfindet.[124]

Liegen diese Voraussetzungen vor, so wird gegenüber der Regelung in § 9 Abs. 5 SGB II **zusätzlich vermutet**, dass Wohngemeinschaften auch Haushaltsgemeinschaften sind **und** in ihnen ggf. gegenseitig Leistungen zum Lebensunterhalt erbracht werden, wenn dies aufgrund der Einkommens- und Vermögenssituation erwartet werden kann.

Wie die Vermutung ggf. **widerlegt** werden kann, entscheidet sich nach den gesamten **46** Umständen des Einzelfalles. In der Gesetzesbegründung wird davon ausgegangen, im Regelfall reiche eine **Glaubhaftmachung** oder eine **zweifelsfreie Versicherung** aus.[125]

Der Gesetzgeber wollte mit der Änderung der Vorschrift gegenüber dem bisherigen Recht (§ 16 BSHG, der nur auf das Zusammenleben mit Verwandten und Verschwägerten abstellte) der Tatsache Rechnung tragen, dass sich **zunehmend Wohngemeinschaften** gebildet haben, in denen weder verwandte noch verschwägerte Personen gemeinsam den Haushalt führen und sich auch in Notlagen beistehen. Die Erweiterung der Vermutung gegenüber dem bisherigen Recht ist aber unterhaltsrechtlich nicht begründbar und erscheint verfassungsrechtlich bedenklich.[126] Bei der Anwendung des § 39 SGB XII ist jedenfalls zu klären, welche konkrete Ausgestaltung (zB **Mindestdauer**) ein Zusammenleben aufweisen muss, bevor von einer Wohngemeinschaft gesprochen werden kann. Die Verweisung in § 20 S. 2 SGB XII bedeutet, dass für die in der Haushaltsgemeinschaft mit dem Partner der eheähnlichen/partnerschaftsähnlichen Gemeinschaft lebenden, Sozialhilfe beanspruchenden weiteren Person die gesetzliche Vermutung des § 39 SGB XII gilt. Im Verhältnis der Partner der Gemeinschaft untereinander gilt diese Vorschrift nicht.[127]

Bei den Leistungen der **Grundsicherung** im **Alter** und bei **Erwerbsminderung** nach **47** §§ 41 ff. SGB XII ist § 39 S. 1 SGB XII nicht anzuwenden (§ 43 Abs. 1 Hs. 2 SGB XII), ferner nicht – aufgrund der Platzierung der Vorschrift im Dritten Kapitel – bei den Leistungen nach dem Fünften bis Neunten Kapitel des SGB XII.

---

124 BT-Drs. 15/1514, 61, zu § 37.
125 BT-Drs. 15/1514, 61, zu § 37.
126 So Schellhorn NDV 2004, 167 (171) mwN in Fn. 22; ders. in Schellhorn/Schellhorn/Hohm SGB XII § 36 Rn. 8 und Conradis in: LPK-SGB XII § 36 Rn. 2.
127 BVerwGE 39, 261.

Kapitel 20: Einsatz von Einkommen in SGB II, SGB XII und SGB IX

Literaturhinweise: Geiger, Darlehen bei vorzeitigem Verbrauch von Einmaleinkommen – eine gelungene Lösung?, ASR 2017, 2; Haberstumpf-Münchow/Kruse, Zur Bedürftigkeitsprüfung in sog. Mischhaushalten – Anmerkung zum Urteil des BSG vom 9. Juni 2011, info also 2012, 108; Lente-Poertgen, Die grundsicherungsrechtliche Behandlung sog. (bzw. nicht mehr) bereiter Mittel, 28. Sozialrechtliche Jahresarbeitstagung 2016, 221; Merold, Auswirkungen von steuerlichen Rück- und Nachzahlungen auf den SGB II-Leistungsanspruch, Sozialrecht aktuell 2016, 85; Sehmsdorf, Anrechnung von Einkommen sowie Leistungen für Auszubildende – Änderungen durch das 9. SGB II-Änderungsgesetz, info also 2016, 205; Stölting/Greiser, Die Rechtsprechung des BSG zur Harmonisierung von SGB II und SGB XII, SGb 2012, 631; Stotz, Die Entschädigung nach § 198 GVG wegen überlanger Verfahrensdauer – Pyrrhussieg für Bezieher von SGB II-Leistungen?, NZS 2015, 410.

Rechtsgrundlagen:

SGB II §§ 9, 11 bis 11 b

Verordnung zur Berechnung von Einkommen sowie zur Nichtberücksichtigung von Einkommen und Vermögen beim Arbeitslosengeld II/Sozialgeld (Alg II-V)

SGB XII §§ 19, 39, 43, 68 Abs. 2, 71 Abs. 4, 82–89, 92, 92 a

Verordnung zur Durchführung des § 82 SGB XII (DVO-SGB XII)

SGB IX (F:2020) §§ 135–138, 141, 142

Orientierungssätze:

1. Der Einkommenseinsatz ist im SGB II und im SGB XII jeweils anders geregelt als der Vermögenseinsatz, sodass die Abgrenzung von Einkommen und Vermögen bedeutsam ist. Das Einkommen umfasst grundsätzlich alles, was jemand als Zufluss in der Bedarfszeit wertmäßig dazu erhält; Vermögen ist alles das, was er in der Bedarfsgemeinschaft schon hat.

2. Zum Einkommen im Recht der Existenzsicherung gehören grundsätzlich – bis auf die gesetzlich normierten Ausnahmen – alle tatsächlich zur Verfügung stehenden Einkünfte in Geld, unabhängig von ihrer Herkunft oder Rechtsnatur. Einnahmen in Geldeswert sind im SGB XII als Einkommen anzurechnen, im SGB II nur, wenn sie im Rahmen einer Erwerbstätigkeit, des Bundes- oder eines Jugendfreiwilligendienstes zufließen.

3. Das Einkommen ist um die gesetzlich vorgesehenen Ausgaben und Abzüge der hilfebedürftigen Person zu vermindern. Die Einzelheiten der Berücksichtigung und Errechnung hängen von der jeweiligen Einkommensart ab. Das Gesetz unterscheidet ua zwischen Einkünften aus nichtselbstständiger Tätigkeit, aus selbstständiger Tätigkeit bzw aus Gewerbebetrieb, Land- und Forstwirtschaft sowie sonstigen Einkünften sowie ua zwischen laufenden und einmaligen Einnahmen.

4. Einkommensschongrenzen bei den Leistungen nach dem Fünften bis Neunten Kapitel des SGB XII sind in §§ 85, 87 SGB XII vorgesehen.

5. In der ab 2020 geltenden Eingliederungshilfe nach dem SGB IX besteht ein vollständig anderes System der Einkommensanrechnung.

A. Allgemeines zum Einsatz von Einkommen und Vermögen

I. Nachranggrundsatz/Verpflichtung zur Selbsthilfe

Gem. § 7 Abs. 1 S. 1 Nr. 3 SGB II kommen Leistungen nach dem SGB II nur bei **Hilfebedürftigkeit** in Betracht. Mit der Anknüpfung an die Hilfebedürftigkeit betont der Gesetzgeber – gemeinsam mit dem **Grundsatz der Selbsthilfe** (§ 1 Abs. 2 SGB II), dem **Grundsatz des Forderns** (§ 2 SGB II), den **Leistungsgrundsätzen** (§ 3 Abs. 1, Abs. 3 SGB II) sowie dem **sozialen Recht der Sozialhilfe** (§ 9 SGB I) –, dass Leistungen nach dem SGB II nur subsidiär zustehen. Hilfebedürftig sind gem. § 9 Abs. 1 SGB II die Personen, die ihren eigenen Lebensunterhalt und den Lebensunterhalt der mit ihnen in einer Bedarfsgemeinschaft lebenden Personen (vgl. § 7 Abs. 3 SGB II) nicht oder nicht ausreichend aus dem zu berücksichtigenden Einkommen oder Vermögen sichern können und die erforderliche Hilfe nicht von anderen, insbesondere von Angehörigen oder von Trägern anderer Sozialleistungen erhalten. Nach früherem Recht war auch die Aufnahme einer zumutbaren Arbeit Teil der Maßnahmen zur Beseitigung der Hilfebedürftigkeit. Diese Regelung ist mit Wirkung zum 1.4.2011[1] gestrichen worden mit der Be-

1 Durch Gesetz zur Ermittlung von Regelbedarfen und zur Änderung des Zweiten und Zwölften Buches Sozialgesetzbuch vom 24.3.2011 – BGBl. I S. 453.

gründung, dass die Aufnahme einer Arbeit allein nicht zur Beseitigung oder Verminderung der Hilfebedürftigkeit führt, sondern erst das daraus erzielte Einkommen.[2] Mittel der Beseitigung der Hilfebedürftigkeit sind daher nur noch das **Einkommen**, das **Vermögen** und die **Hilfe von anderen**. Welches Einkommen zu berücksichtigen ist, ergibt sich aus §§ 11, 11 a, 11 b SGB II; welches Vermögen zu berücksichtigen ist, aus § 12 SGB II.

2 Ähnlich ist die Rechtslage in der Sozialhilfe nach dem SGB XII. Dort bestimmt § 2 Abs. 1 SGB XII, dass Sozialhilfe nicht erhält, wer sich vor allem durch Einsatz seines Einkommens oder Vermögens selbst helfen kann oder wer die erforderliche Leistung von anderen erhält. Der sozialhilferechtliche **Selbsthilfegrundsatz** als Teil des **Nachranggrundsatzes** zeigt sich auch darin, dass die Leistungsberechtigten nach Kräften daran mitwirken müssen, von Sozialhilfe unabhängig zu werden (§ 1 S. 2 SGB XII).

3 Grundsätzlich werden auch im SGB XII Leistungen nur erbracht, soweit sie nicht durch Einkommen oder Vermögen der Leistungsberechtigten selbst oder einsatzpflichtiger Angehöriger (Einsatzgemeinschaft, hierzu → Rn. 6) gedeckt sind. Was als Einkommen zu berücksichtigen ist, bestimmt sich dabei nach § 82 SGB XII und ergänzenden Vorschriften, was als Vermögen zu berücksichtigen ist, nach § 90 SGB XII und ergänzenden Vorschriften.

4 Abweichend davon kennt das SGB XII aber auch Regelungen, nach denen Leistungen trotz Vorhandensein von Selbsthilfemitteln wie Einkommen oder Vermögen zunächst zu erbringen sind, der Nachrang aber nachträglich durch Festsetzung eines Kostenbeitrags festgesetzt wird (Leistungen nach dem **Bruttoprinzip**, hierzu → Rn. 286 ff.). Bei bestimmten Leistungen wird zudem nicht das gesamte Einkommen angerechnet, sondern nur derjenige Teil des Einkommens, der eine bestimmte Grenze übersteigt (bei Leistungen nach dem Fünften bis Neunten Kapitel SGB XII, hierzu → Rn. 262 ff.).

5 Die ab 1.1.2020 ins SGB IX ausgelagerte Eingliederungshilfe kennt schließlich ein vollkommen anderes System der Einkommens- und Vermögensanrechnung. Dort wird unter viel stärkerer Pauschalierung als im SGB II oder SGB XII ein Kostenbeitrag aus dem Einkommen eines zum Zeitpunkt der Leistungserbringung bereits vergangenen, abgeschlossenen Zeitraums festgesetzt (hierzu im Überblick → Rn. 235 ff.).

II. Einkommen und Vermögen der Einsatzgemeinschaft

6 Von der Feststellung, dass grundsätzlich Einkommen und Vermögen vorrangig einzusetzen sind, ist die Frage zu unterscheiden, **welches Einkommen und Vermögen** – neben dem eigenen – zu berücksichtigen ist. Insoweit wird – in Abgrenzung zum Begriff der Bedarfsgemeinschaft – von der **Einsatzgemeinschaft** gesprochen. Nicht das Einkommen und Vermögen aller Angehörigen der Bedarfsgemeinschaft ist bei den jeweils anderen Angehörigen dieser Gemeinschaft zu berücksichtigen.

1. Einsatzgemeinschaft im SGB II

7 Im SGB II legt § 9 Abs. 2 S. 1 u. 2 SGB II fest, welche in Bedarfsgemeinschaft (vgl. dazu näher → Rn. 16) lebenden Personen zur Einsatzgemeinschaft gehören:

- die Partner, § 7 Abs. 3 SGB II
- bei der Prüfung des Bedarfs unverheirateter Kinder unter 25 Jahren die Eltern, ein Elternteil und auch dessen in Bedarfsgemeinschaft lebender Partner, § 7 Abs. 3 Nr. 2, 4 SGB II

---

2 BT-Drs. 17/3404, 93.

Einkommen und Vermögen anderer Personen kann im Rahmen der – widerlegbaren – **8**
gesetzlichen Vermutung nach § 9 Abs. 5 SGB II (**Haushaltsgemeinschaften**) einzusetzen
sein (vgl. dazu näher → Rn. 28).

2. Einsatzgemeinschaft im SGB XII

Das **SGB XII differenziert** insoweit hinsichtlich der unterschiedlichen **Hilfearten:** **9**

■ Für die **Hilfe zum Lebensunterhalt** nach dem Dritten Kapitel SGB XII gelten § 19
Abs. 1, § 27 Abs. 1 und 2 SGB XII. Hiernach sind eigene Mittel vorrangig einzusetzen; solche sind insbesondere das **eigene** Einkommen und Vermögen, aber auch das
Einkommen und Vermögen des/der **nicht dauernd getrennt lebenden Ehegatten/
Ehegattin** oder Lebenspartners/Lebenspartnerin und (über § 20 SGB XII) von eheähnlichen **Lebensgefährt*innen.** Bei minderjährigen unverheirateten **Kindern,** die
mit ihren Eltern oder einem Elternteil im Haushalt zusammenleben, sind grundsätzlich (Ausnahme: § 19 Abs. 4 SGB XII) auch das **Einkommen und Vermögen der Eltern** bzw. des Elternteils zu berücksichtigen.

■ Für die **Grundsicherung im Alter und bei Erwerbsminderung** nach dem Vierten Kapitel SGB XII gelten § 19 Abs. 2, § 43 Abs. 1 SGB XII. Hiernach sind ebenfalls neben eigenem Einkommen und Vermögen auch **Einkommen und Vermögen** des/der
nicht dauernd getrennt lebenden **Ehegatten/Ehegattin** oder Lebenspartners/Lebens-
partnerin und (über § 20 SGB XII) von **eheähnlichen Lebensgefährt*innen** einzusetzen.

■ Für die **Hilfen nach dem Fünften bis Neunten Kapitel SGB XII** gilt § 19 Abs. 3
SGB XII. Hiernach ist Voraussetzung, dass dem/der Leistungsberechtigten, ihrem/
ihrer nicht dauernd getrennt lebenden Ehegatten/Ehegattin oder Lebenspartners/
Lebenspartnerin oder (über § 20 SGB XII) ihrem/ihrer eheähnlichen Lebensgefähr-
ten/Lebensgefährtin die Aufbringung der Mittel aus dem Einkommen oder Vermögen nicht zuzumuten ist. Bei unverheirateten Minderjährigen ist auch das Einkommen und Vermögen der Eltern oder des Elternteils zu berücksichtigen. Die Zumutbarkeit des Einkommenseinsatzes richtet sich dabei nach dem Zweiten Abschnitt
des Elften Kapitels (§§ 85–89 SGB XII), wobei für einzelne Leistungen Sonderregeln
bestehen (s. hierzu → Rn. 262 ff.).

Darüber hinaus kommt – außerhalb der Grundsicherung im Alter und bei Erwerbsmin- **10**
derung nach dem Vierten Kapitel (§ 43 Abs. 6 SGB XII) – der Einsatz von Einkommen
und Vermögen auch in weiter reichenden **Haushaltsgemeinschaften** in Betracht (§ 39
S. 1 SGB XII).

3. Einsatzgemeinschaft bei der Eingliederungshilfe im SGB IX (F:2020)

Bei der Eingliederungshilfe nach dem SGB IX wird grundsätzlich ausschließlich das Ein- **11**
kommen und Vermögen der leistungsberechtigten Person selbst herangezogen. Nur bei
minderjährigen Kindern, die mit mindestens einem ihrer Elternteile in einem Haushalt
leben, wird auch das Einkommen und Vermögen des oder der haushaltsangehörigen Elternteils oder -teile berücksichtigt (§ 136 Abs. 1, § 140 Abs. 1 SGB IX [F:2020]); für
volljährige Leistungsberechtigte ist die Heranziehung der Eltern auf eine Pauschale beschränkt (§ 138 Abs. 4 SGB IX [F:2020]). Einkommen des/der nicht dauernd getrennt
lebenden Ehegatten/Ehegattin oder Lebenspartners/Lebenspartnerin wird nur pauschal
bei der Bestimmung der Beitragshöhe berücksichtigt.

III. Verteilung von Einkommen und Vermögen

12 Zu berücksichtigendes Einkommen und Vermögen kann in verschiedener Art und Weise verteilt werden, nämlich hinsichtlich der Anrechnung auf den Bedarf, der Verteilung zwischen den Mitgliedern der Bedarfs- bzw. Einsatzgemeinschaft und der Verteilung in zeitlicher Hinsicht.

1. Reihenfolge der Anrechnung

13 Gem. § 19 Abs. 3 S. 1 SGB II werden Leistungen zur Sicherung des Lebensunterhalts in Höhe der Bedarfe gem. § 19 Abs. 1, Abs. 2 SGB II erbracht, soweit diese nicht durch das zu berücksichtigende Einkommen und Vermögen[3] gedeckt sind. Gem. § 19 Abs. 3 S. 2 SGB II deckt es zunächst die Bedarfe nach den §§ 20, 21, 23 SGB II und danach die Bedarfe nach § 22 SGB II. Diese Bestimmung ist notwendig, um das **Verhältnis der im SGB II zuständigen Leistungserbringer** zu klären; Eigenmittel mindern zunächst die Geldleistung der Bundesagentur für Arbeit und erst danach gegebenenfalls die Geldleistungen des kommunalen Trägers. Ist danach noch Einkommen und Vermögen vorhanden, deckt es gem. § 19 Abs. 3 S. 3 SGB II die Bedarfe für Bildung und Teilhabe in der gem. § 28 Abs. 2 bis 7 SGB II vorgesehenen Reihenfolge.

14 Im SGB XII ist die Zuständigkeit harmonisiert, sodass nicht dieselben Abgrenzungsprobleme entstehen wie im SGB II. Lediglich im Bereich des Fünften bis Neunten Kapitels kann es dazu kommen, dass eine Abgrenzung vorgenommen werden muss. Bei solchen mehreren, gleichzeitig bestehenden Bedarfen nach dem Fünften bis Neunten Kapitel SGB XII bestimmt sich die Reihenfolge der Anrechnung von Einkommen und Vermögen nach § 89 SGB XII. Hiernach wird das zu berücksichtigende Einkommen zunächst auf den zuerst eingetretenen Bedarf angerechnet. Bei gleichzeitig eingetretenem Bedarf ist das über der Einkommensgrenze liegende Einkommen bei allen Bedarfen zu gleichen Teilen zu berücksichtigen.

15 Im SGB IX ist auch bei Vorliegen mehrerer Bedarfe nur ein einziger, einheitlicher Beitrag festzusetzen (§ 138 Abs. 2 SGB IX [F:2020]). Sollten (nach Landesrecht, § 94 Abs. 1 SGB IX) verschiedene Leistungsträger für die mehreren Bedarfe zuständig sein, legt der Wortlaut („… für *weitere* Leistungen …") nahe, dass der Beitrag dem Träger zugute kommt, der die Leistungen für den zeitlich zuerst entstandenen Bedarf erbringt.

2. Verteilung unter den Mitgliedern der Bedarfs- bzw. Einsatzgemeinschaft

16 Wie Einkommen und Vermögen unter den Mitgliedern der Bedarfs- bzw. Einsatzgemeinschaft verteilt wird, ist in der Regel für die Gesamtsumme der Ansprüche unerheblich. Die Verteilung wirkt sich vor allem bei Aufhebungs- und Erstattungsbescheiden aus, da es erst dann auf die Einzelansprüche ankommt.[4]

17 Dabei gilt zunächst sowohl im SGB II als auch im SGB XII der Grundsatz, dass das Einkommen dem-/derjenigen zuzurechnen ist, dem/der es tatsächlich zufließt. Eine Ausnahme besteht lediglich für bestimmte kindbezogene Leistungen, nämlich das Kindergeld und im SGB II zudem den Kinderzuschlag nach § 6 a BKGG (→ Kap. 32 Rn. 40 ff.): Diese Leistungen gelten sowohl im SGB II als auch im SGB XII grundsätzlich als Einkommen des Kindes, obwohl sie regelmäßig einem Elternteil zufließen (§ 11 Abs. 1 S. 3 und 4 SGB II, § 82 Abs. 1 S. 3 SGB XII). Für Kindergeld gilt dies in beiden Fällen aller-

---

3 Zu berücksichtigen ist das Einkommen gem. § 11 Abs. 1 S. 1 SGB II (Einnahmen in Geld abzüglich der nach § 11 b SGB II abzusetzenden Beträge mit Ausnahme der in § 11 a SGB II genannten Einnahmen) und das Vermögen gem. § 12 SGB II (alle verwertbaren Vermögensgegenstände gem. § 12 Abs. 1 SGB II mit Ausnahme der nicht als Vermögen zu berücksichtigenden Gegenstände gem. § 12 Abs. 3 SGB II und abzüglich der vom Vermögen abzusetzenden Beträge gem. § 12 Abs. 2 SGB II).

4 Vgl. dazu Schoch in: LPK-SGB II, 6. Aufl., § 9 Rn. 44.

dings nur insoweit, als das Kind das Kindergeld zur Deckung seiner Bedarfe mit Ausnahme des Bedarfs für Bildung und Teilhabe benötigt. Benötigt das Kind das Kindergeld dafür nicht, bleibt es bei der allgemeinen Regel und das Kindergeld wird dem Elternteil zugerechnet, dem es zufließt. Auch das sog. Kinderwohngeld ist grundsicherungsrechtlich Einkommen des Kindes.[5] Für die Eingliederungshilfe nach dem SGB IX (F:2020) wird das Einkommen entsprechend den einkommensteuerrechtlichen Regeln zugerechnet (vgl. § 135 Abs. 1 SGB IX [F:2020]).

a) Grundsatz im SGB II: Horizontale Berechnungsmethode

Die genauen Anrechnungsmodalitäten für eine Bedarfsgemeinschaft ergeben sich aus § 9 Abs. 2 S. 3, 4 SGB II, die vom Regelfall der **sog horizontalen Berechnungsmethode** ausgehen.[6] Danach werden zunächst die Bedarfe der Mitglieder der Bedarfsgemeinschaft einzeln ermittelt und in einem Gesamtbedarf zusammengefasst. Diesem Gesamtbedarf wird das Gesamteinkommen gegenübergestellt, wobei das Gesamteinkommen nicht nach Köpfen, sondern entsprechend dem Anteil des Einzelbedarfs jedes Mitglieds am Gesamtbedarf verteilt wird. **18**

Beispiel: Eine Familie besteht aus Ehemann (M), Ehefrau (F) und einem nicht kindergeldberechtigten 22-jährigem Kind. Die Wohnung kostet 600,00 EUR. Der Ehemann bezieht Krankengeld in Höhe von 1.000,00 EUR abzüglich des Versicherungsfreibetrags in Höhe von 30,00 EUR = 970,00 EUR. Der Bedarf errechnet sich nach der horizontalen Anrechnungsmethode wie folgt:[7] **19**

	M	F	K	Gesamt
Bedarf RS	382,00 EUR	382,00 EUR	339,00 EUR	1.103,00 EUR
Bedarf UK	200,00 EUR	200,00 EUR	200,00 EUR	600,00 EUR
Summe	582,00 EUR	582,00 EUR	539,00 EUR	1.703,00 EUR
Anteil Einzelbedarf zu Gesamtbedarf	34,17 %	34,17 %	31,66 %	100 %
Gesamteinkommen entsprechend Anteil Einzelbedarf zu Gesamtbedarf	331,45 EUR	331,45 EUR	307,10 EUR	970,00 EUR
Ergebnis	250,55 EUR	250,55 EUR	231,90 EUR	733,00 EUR

b) Ausnahme im SGB II: Vertikale Anrechnungsmethode

Ausnahmsweise werden bestimmte Einkommensarten auch bei Bestehen einer Bedarfsgemeinschaft direkt vom Bedarf des Mitglieds der Bedarfsgemeinschaft abgezogen, der das Einkommen zuzurechnen ist, **sog vertikale Anrechnungsmethode**. **20**

aa) Einkommen von Kindern

Diese Methode gilt für das Einkommen und Vermögen der dem Haushalt angehörenden unverheirateten Kinder gem. § 7 Abs. 3 Nr. 4 SGB II; sie gehören nur zur Bedarfsgemeinschaft, soweit sie Leistungen zur Sicherung ihres Unterhalts nicht aus eigenem Einkommen oder Vermögen beschaffen können. Kinder sind gegenüber ihren Eltern nicht **21**

---

5 BSG Urt. v. 14.6.2018 – B 14 AS 37/17 R, Rn. 20 ff.
6 Vgl. dazu BSG Urt. v. 18.6.2008 – B 14 AS 55/07 R, Rn. 20 ff., SozR 4–4200 § 9 Nr. 4; BSG Urt. v. 2.7.2013 – B 4 AS 74/12 R, Rn. 43 mwN.
7 Aus Vereinfachungsgründen sind die prozentualen Anteile und das anteilige Gesamteinkommen gerundet worden.

eintrittspflichtig; die Eintrittspflicht gilt gem. § 9 Abs. 2 S. 2 SGB II nur umgekehrt für die Eltern gegenüber ihren Kindern. Zu dem Einkommen der Kinder gehört gem. § 11 Abs. 1 S. 4, 5 SGB II auch der Kinderzuschlag gem. § 6 a BKGG und das Kindergeld. Auch das sog. Kinderwohngeld ist grundsicherungsrechtlich Einkommen des Kindes.[8] Daher können sie überschießendes Einkommen und Vermögen für sich behalten. Als Ausnahme von der Ausnahme bestimmt aber § 11 Abs. 1 S. 5 SGB II, dass das überschießende Kindergeld nur soweit auf den Bedarf des Kindes angerechnet wird, soweit es zur Sicherung des Lebensunterhalts benötigt wird.[9] Das überschießende Kindergeld fällt an die Eltern zurück.

(1) Kinderzuschlag

22 Der Kinderzuschlag gem. § 6 a BKGG (→ Kap. 32 Rn. 40 ff.) und der Bezug von Arbeitslosengeld II oder Sozialgeld schließen einander aus, da verhindert werden soll, dass die Eltern mit eigenem bedarfsdeckenden Einkommen nur wegen der Kinder hilfebedürftig werden. § 11 Abs. 1 S. 4 SGB II hat daher nur die Funktion einer Rechenregel bei der Prüfung, ob der SGB II-Bedarf der gesamten Bedarfsgemeinschaft mit Kinderzuschlag überwunden werden kann.[10]

(2) Kindergeld

23 Kindergeld wird gem. § 11 Abs. 1 S. 4 SGB II in der Regel dem Kind zugerechnet. Voraussetzung ist, dass es sich um Kindergeld für zur Bedarfsgemeinschaft gehörende Kinder handelt. Gem. § 7 Abs. 3 Nr. 4 SGB II ist ein Kind nur dann Mitglied der Bedarfsgemeinschaft, wenn es Kind einer der in § 7 Abs. 3 Nr. 1 bis 3 SGB II genannten Personen, unverheiratet und nicht hilfebedürftig ist und das 25. Lebensjahr[11] noch nicht vollendet hat. Ist das Kind nicht Mitglied der Bedarfsgemeinschaft, wird das Kind dem kindergeldberechtigten Elternteil zugerechnet. Die Mitgliedschaft in der Bedarfsgemeinschaft besteht in den folgenden Fällen nicht:

- Die kindergeldberechtigte Person lebt nicht in einem gemeinsamen Haushalt mit dem Kind und gibt das Kindergeld nicht an das Kind weiter. Das Kindergeld wird der berechtigten Person zugerechnet,[12] das Kind bzw. der Leistungsträger kann aber gem. § 74 Abs. 1 EStG die Abzweigung des Kindergelds beantragen. Teilen sich Eltern den Umgang im Wechselmodell, wird das Kindergeld nur bei tatsächlicher hälftiger Teilung anteilig berücksichtigt.[13]

- Das Kind benötigt das Kindergeld nicht bzw. nicht vollständig für den eigenen Bedarf. Das überschüssige Kindergeld wird „frei" und muss auf den Bedarf der anderen Mitglieder der Bedarfsgemeinschaft angerechnet werden.[14]

24 Beispiel: Die 18jährige A lebt mit ihrer Mutter M in einer Bedarfsgemeinschaft. Die Unterkunftskosten belaufen sich auf 400,00 EUR. A erhält Unterhalt in Höhe von 500,00 EUR und Kindergeld in Höhe 204,00 EUR. Der Bedarf von A beläuft sich auf 539,00 EUR:

Regelleistung	339,00 EUR	
Unterkunftskosten	200,00 EUR	(1/2 von 400,00 EUR = Kopfteilungsprinzip)
Summe	539,00 EUR	

---

8 BSG Urt. v. 14.6.2018 – B 14 AS 37/17 R, Rn. 20 ff.
9 Vgl. dazu BSG Urt. v. 18.6.2008 – B 14 AS 55/07 R, SozR 4–4200 § 9 Nr. 4.
10 Geiger in: LPK-SGB II, 6. Aufl., § 11 Rn. 53.
11 Vgl. zum Kindergeldanspruch bei Volljährigkeit § 1 Abs. 1 Nr. 8 Alg II-VO und unten → Rn. 26, 135.
12 Geiger in: LPK-SGB II, 6. Aufl., § 11 Rn. 54 unter Verweis auf BSG Urt. v. 2.7.2009 – B 14 AS 75/08 R (für den Fall der zeitweisen Bedarfsgemeinschaft).
13 Geiger in: LPK-SGB II, 6. Aufl., § 11 Rn. 54.
14 Geiger in: LPK-SGB II, 6. Aufl., § 11 Rn. 55 unter Verweis auf BSG Urt. v. 7.11.2006 – 7 b AS 18/06 R.

Darauf sind die Einkünfte in Höhe von 674,00 EUR anzurechnen:

Unterhalt	500,00 EUR	
Kindergeld	174,00 EUR	(204,00 EUR – Versicherungspauschale[15])
Summe	674,00 EUR	

Damit ist das Kindergeld in Höhe von 135,00 EUR (539,00 EUR – 674,00 EUR) frei. Dieses freie Kindergeld wird M als Einkommen angerechnet.

Gegen diese Anrechnungsvorschrift ist geltend gemacht worden, sie verstoße gegen § 1612 b BGB, wonach das Kindergeld unterhaltsrechtlich dem Kind zusteht.[16] Gleichwohl rechnen die Sozialgerichte das überschießende Kindergeld den anderen Mitgliedern der Bedarfsgemeinschaft zu.[17] Das Kind kann darauf reagieren, indem es eine Abzweigung nach § 74 EStG an sich beantragt.[18] Der Abzweigung steht nicht entgegen, dass das Kind im Haushalt der Eltern wohnt, wenn die Eltern keinen Unterhalt zahlen können.[19] Der Leistungsträger hat auf die Möglichkeit einer Abzweigung hinzuweisen; ein unterlassener Hinweis soll dazu führen, dass das Kind im Wege des sozialrechtlichen Herstellungsanspruchs so gestellt wird, als ob es den Abzweigungsantrag gestellt worden wäre.[20] 25

Sonderfälle zum Kindergeldbezug sind:[21] 26

- Wird Kindergeld gegen die Zurechnungsregel des § 11 Abs. 1 S. 5 SGB II nicht an das Kind weitergegeben, soll der Leistungsträger bis zur Umsetzung einer Abzweigung nach § 74 EStG ungekürzte Leistungen gewähren und soll den Elternteil gem. § 34 SGB II in Haftung nehmen können. Diese Konstellation kann unter den Begriff der „nicht funktionierenden Bedarfsgemeinschaft" zusammengefasst werden.

- Wird Kindergeld ohne Abzweigung an ein im Haushalt lebendes, aber nicht zur Bedarfsgemeinschaft gehörendes Kind weitergegeben, bleibt es Einkommen des kindergeldbezugsberechtigten Elternteils; bei dem Kind wird es nicht bedarfsdeckend berücksichtigt[22] selbst dann, wenn es an das schwangere Kind konfliktfrei weitergegeben wird.[23]

- Das Kindergeld für das volljährige nicht im Haushalt des Hilfebedürftigen lebende Kind ist gem. § 1 Abs. 1 Nr. 8 Alg II-V nicht als Einkommen des kindergeldberechtigten Elternteils zu berücksichtigen, wenn der Elternteil es nachweislich an das Kind weiterleitet, ansonsten ist es Einkommen des Elternteils.[24]

- Kindergeld, das an ein überwiegend in einem Heim oder in einer Einrichtung lebendes Kind geht, ist Einkommen des Kindes.[25]

---

15 BSG Urt. v. 18.6.2008 – B 14 AS 55/07 R, SozR 4-4200 § 9 Nr. 4: Abzug bei volljährigen Kindergeldempfängern.
16 Vgl. Geiger in: LPK-SGB II, 6. Aufl., § 11 Rn. 56 unter Verweis auf BVerfG 14.7.2011 – 1 BvR 932/10.
17 Geiger in: LPK-SGB II, 6. Aufl., § 11 Rn. 56 unter Verweis auf LSG NRW Beschl v. 18.4.2012 – L 19 AS 2012/11 B; 16.5.2012 – L 6 AS 10/12 B; Urt. v. 24.2.2014 – L 19 AS 2286/13.
18 Geiger in: LPK-SGB II, 6. Aufl., § 11 Rn. 56.
19 Geiger in: LPK-SGB II, 6. Aufl., § 11 Rn. 56 unter Verweis auf BFH 17.12.2008 – III R 6/07; 19.2.2009 – III R 94/08; 11.8.2010 – III S 19/10.
20 Geiger in: LPK-SGB II, 6. Aufl., § 11 Rn. 56.
21 Geiger in: LPK-SGB II, 6. Aufl., § 11 Rn. 57.
22 Vgl. BSG Urt. v. 19.10.2016 – B 14 AS 53/15 R, Rn. 22 ff.: Weitergabe von Kindergeld, das ein Großelternteil für das Enkelkind bezieht.
23 Vgl. BSG Urt. v. 17.7.2014 – B 14 AS 54/13 R unter Bezugnahme auf § 9 Abs. 3 SGB II; kritisch dagegen Geiger in: LPK-SGB II, 6. Aufl., § 11 Rn. 57.
24 Geiger in: LPK-SGB II, 6. Aufl., § 11 Rn. 58; an den Nachweis sind geringe Anforderungen zu stellen, vgl. Geiger in: LPK-SGB II, 6. Aufl., § 11 Rn. 58. Die Weiterleitung muss zeitnah erfolgen; nach SächsLSG Beschl. v. 18.7.2012 – L 3 AS 148/12 B ER hat sie innerhalb eines Monats nach Erhalt zu erfolgen.
25 Geiger in: LPK-SGB II, 6. Aufl., § 11 Rn. 58 unter Verweis auf BSG Urt. v. 16.4.2013 – B 14 AS 81/12 R.

■ Wird Kindergeld für ein Pflegekind bezogen, gehört das Pflegekind nicht zur Bedarfsgemeinschaft.[26] Deshalb ist das Kindergeld Einkommen der Pflegeeltern und kann auf deren Bedarf angerechnet werden.[27] Wird Pflegeunterhaltsgeld nach § 39 SGB VIII gezahlt, ist darauf gem. § 39 Abs. 6 SGB VIII das entsprechend geminderte Pflegeunterhaltsgeld und das nicht angerechnete Kindergeld grundsätzlich dem Kind unter Abzug des Erziehungsbeitrags zuzurechnen.[28]

■ Lebt ein volljähriges, dauerhaft erwerbsgemindertes Kind in Bedarfsgemeinschaft mit hilfebedürftigen erwerbsfähigen Eltern, kollidieren die Anrechnungsregeln des § 11 Abs. 1 S. 5 SGB II und des § 82 Abs. 1 S. 2 SGB XII. In diesem Fall gilt das Kindergeld als Einkommen der Eltern. Der Leistungsträger nach dem SGB XII kann aber durch einen Abzweigungsantrag gem. § 74 EStG bewirken, dass das Kindergeld Einkommen des Kindes wird. Dies soll auch schon dann gelten, wenn das Kindergeld tatsächlich dem Kind zugewandt wird und die Voraussetzungen für eine Abzweigung vorliegen.[29]

bb) Einkommen von vom Leistungsbezug nach dem SGB II ausgeschlossenen Personen

27 Die vertikale Anrechnungsmethode gilt auch für Einkommen, das Personen erzielen, die zur Bedarfsgemeinschaft gehören, aber wegen Bestehens eines Leistungsausschlusses keinen Leistungsanspruch nach dem SGB II haben. In diesem Fall ist der Bedarf des ausgeschlossenen Mitglieds einschließlich der Mehrbedarfe nach dem SGB II zu berechnen[30] und ihm das Einkommen abzüglich der Absetzbeträge[31] gegenüberzustellen. Erst wenn und soweit das Einkommen und Vermögen den individuellen Bedarf des ausgeschlossenen Mitglieds der Bedarfsgemeinschaft übersteigt, ist das übersteigende Einkommen auf die hilfebedürftigen Mitglieder der Bedarfsgemeinschaft entsprechend dem Anteil ihres individuellen Bedarfs am Gesamtbedarf zu verteilen.[32]

cc) Einkommen bei Haushaltsgemeinschaften

28 Gem. § 1 Abs. 2 Alg II-V wird die Anrechnung von Einkommen in einer Haushaltsgemeinschaft nach § 9 Abs. 5 SGB II geregelt. Verfügt der einstandspflichtige Haushaltsangehörige über nach § 11 a SGB II privilegiertes Einkommen, ist es anrechnungsfrei.[33]

c) Einkommensverteilung im SGB XII: Vertikale Anrechnungsmethode

29 Demgegenüber gilt bei allen Leistungen des SGB XII stets die sogenannte vertikale Anrechnungsmethode: Zunächst ist nur das Einkommen der leistungsberechtigten Person selbst zu berücksichtigen. Nur das ihren eigenen Bedarf übersteigende Einkommen dieser Personen darf angerechnet werden.[34] Dies gilt auch dann, wenn ein Mitglied der Einstandsgemeinschaft von der Sozialhilfe ausgeschlossen ist, aber über Einkommen verfügt. In diesem Fall darf das Einkommen dieser Person in Höhe ihres fiktiven Bedarfs nach dem SGB XII nicht berücksichtigt werden.[35]

30 Gibt es nur eine weitere Person in der Einsatzgemeinschaft, besteht in der Folge kein Problem. Auch im SGB XII stellt sich dann die Frage, wie das den Bedarf einer Person

---

26 Geiger in: LPK-SGB II, 6. Aufl., § 11 Rn. 59 unter Verweis auf BSG Urt. v. 1.7.2009 – B 4 AS 9/09 R.
27 Geiger in: LPK-SGB II, 6. Aufl., § 11 Rn. 59 unter Verweis auf BSG Urt. v. 13.11.2008 – B 14/7 b AS 4/07 R; 27.1.2009 – B 14/7 b AS 8/07 R.
28 Geiger in: LPK-SGB II, 6. Aufl., § 11 Rn. 59.
29 Geiger in: LPK-SGB II, 6. Aufl., § 11 Rn. 12.
30 BSG Urt. v. 15.4.2008 – B 14/7 b AS 58/06 R, Rn. 40 ff., SozR 4–4200 § 9 Nr. 5.
31 BSG Urt. v. 15.4.2008 – B 14/7 b AS 58/06 R, Rn. 45 f., SozR 4–4200 § 9 Nr. 5.
32 BSG Urt. v. 15.4.2008 – B 14/7 b AS 58/06 R, Rn. 49, SozR 4–4200 § 9 Nr. 5. Vgl. auch BSG Urt. v. 9.6.2011 – B 8 SO 20/09 R, Rn. 23.
33 Geiger in: LPK-SGB II, 6. Aufl., § 11 a Rn. 34.
34 Schoch in: LPK-SGB XII, 11. Aufl., § 27 Rn. 40, 41.
35 Schoch in: LPK-SGB XII, 11. Aufl., § 27 Rn. 41.

übersteigende Einkommen auf mehrere andere Mitglieder der Einsatzgemeinschaft zu verteilen ist. In diesen Fällen sind die weiteren Berechnungsmethoden heranzuziehen.

d) Weitere Berechnungsmethoden, insbesondere bei sogenannten gemischten Bedarfsgemeinschaften

Weitere Berechnungsmethoden kommen vor allem in Betracht, wenn es um die atypische Verteilung von Einkommen und Vermögen bei mehr als zwei Mitgliedern insbesondere einer gemischten Bedarfsgemeinschaft geht. Nach der **Kopfteilmethode** wird der überschießende Betrag gleichmäßig auf die übrigen Mitglieder verteilt. Nach der **Verhältnis- oder Prozentmethode** wird der überschießende Betrag nach dem Verhältnis des individuell ungedeckten Bedarfs zum ungedeckten Gesamtbedarf verteilt. Nach der **Kaskadenmethode** wird der überschießende Betrag zunächst allein bei einer der hilfebedürftigen Personen berücksichtigt und dann, wenn danach ein Einkommensüberschuss verbleibt, bei der nächsten hilfebedürftigen Person berücksichtigt. Das BSG spricht sich nicht eindeutig für eine dieser Methoden als vorzugswürdig aus.[36] **31**

3. Verteilung in zeitlicher Sicht

In zeitlicher Sicht gilt im SGB II als Regelfall das **Monatsprinzip** des § 11 Abs. 2 S. 1 SGB II, wonach laufende Einnahmen für den Monat zu berücksichtigen sind, in dem sie zufließen.[37] Von diesem Monatsprinzip sind aber je nach Einkommensart und -berechnung **Ausnahmen** statthaft. Dies gilt gem. § 3 Abs. 3 S. 1, Abs. 4 Alg II-V für Einkünfte aus selbstständiger Arbeit, Gewerbebetrieb oder Land- und Forstwirtschaft, bei vorläufigen Leistungen gem. § 41 a Abs. 2 S. 1 SGB II, bei der abschließenden Feststellung vorläufiger Leistungen (monatliches Durchschnittseinkommen) gem. § 41 a Abs. 4 SGB II und bei einer Einkommensschätzung gem. § 3 Abs. 7 Alg II-V. Zu berücksichtigendes Vermögen ist so lange zu berücksichtigen, wie es noch vorhanden ist.[38] **32**

Auch das SGB XII geht grundsätzlich vom **Monatsprinzip**[39] aus: Gemäß § 3 Abs. 2 VO zu § 82 SGB XII ist bei Einkünften aus nichtselbstständiger Arbeit (und über § 8 Abs. 1 VO zu § 82 SGB XII auch andere Einkünfte als solche aus selbstständiger Tätigkeit, Land- und Forstwirtschaft oder Kapitalvermögen, solange sie monatlich zufließen) von den monatlich Bruttoeinnahmen auszugehen. Einkünfte aus Land- und Forstwirtschaft, Gewerbebetrieb und selbstständiger Tätigkeit (§ 4 VO zu § 82 SGB XII), aus Kapitalvermögen (§ 6 VO zu § 82 SGB XII), aus Vermietung und Verpachtung (§ 7 VO zu § 82 SGB XII) und andere Einkünfte, die nicht monatlich erzielt werden (§ 8 VO zu § 82 SGB XII), sind als Jahreseinkünfte zu berechnen. Trotzdem gilt auch hier das Monatsprinzip: Nach § 11 Abs. 1 VO zu § 82 SGB XII gilt in diesen Fällen der zwölfte Teil dieser Einkünfte zusammen mit den monatlich berechneten Einkünften als monatliches Einkommen. Auch im Rahmen des SGB XII ist Vermögen so lange einzusetzen, wie es vorhanden ist.[40] **33**

IV. Verortung im Gesetz und Relevanz

Die Bestimmungen über den Einsatz des Einkommens und des Vermögens bei der Grundsicherung für Arbeitsuchende finden sich in §§ 11 bis 11 b, 12 SGB II und in der **34**

---

36 BSG Urt. v. 9.6.2011 – B 8 SO 20/09 R, Rn. 23: Die Verhältnis- oder Prozentmethode sei in der Regel am besten geeignet, im konkreten Fall sei aber die Kaskadenmethode sachgerecht (Einkommensverteilung auf zwei Leistungsberechtigte nach dem SGB II).
37 BSG Urt. v. 22.8.2013 – B 14 AS 1/13 R, Rn. 35.
38 BSG Beschl. v. 30.7.2008 – B 14 AS 14/08 B Rn. 5 mwN.
39 BayLSG 21.11.2014 – L 8 SO 5/14.
40 Geiger in: LPK-SGB XII, 11. Aufl., § 90 Rn. 30; BSG 25.8.2011 – B 8 SO 19/10 R; BSG 20.9.2012 – B 8 SO 20/11 R.

Alg II-V,[41] die auf der Verordnungsermächtigung des § 13 SGB II beruht. Die entsprechenden Regelungen bei der Hilfe zum Lebensunterhalt, der Grundsicherung im Alter und bei Erwerbsminderung (dort mit der Modifikation in § 43 SGB XII) und den Hilfen nach dem Fünften bis Neunten Kapitel enthalten die ersten drei Abschnitte des Elften Kapitels des SGB XII, die §§ 82 ff. SGB XII sowie die Durchführungsverordnung zu § 82 SGB XII. Diese Vorschriften sind zur Ermittlung der Leistungsansprüche von großer praktischer Bedeutung. Eine Hauptaktivität der Leistungsträger besteht in der Überprüfung der Einkommens- und Vermögensverhältnisse,[42] wobei in diesem Zusammenhang überdies die Mitwirkungspflichten der Leistungsberechtigten vor allem nach § 60 SGB I, die Auskunftspflicht des Arbeitgebers nach §§ 57, 58 Abs. 1, 60 Abs. 2 SGB II bzw. nach § 117 Abs. 4 SGB XII, der Banken und Versicherungen nach § 60 Abs. 2 SGB II bzw. nach § 117 Abs. 3 SGB XII und des Finanzamts nach § 21 Abs. 4 SGB X von Bedeutung sind.[43] Die Kontrollen der Behörden sind hinzunehmen, soweit sie dem legitimen Ziel der Abwehr unberechtigter Ansprüche dienen. Allerdings sind die Anforderungen an den Nachweis von Einkommen und Vermögen immer weiter erhöht worden, so dass dadurch Berechtigte abgeschreckt und davon abgehalten werden könnten, Leistungen in Anspruch zu nehmen.[44]

35 Die Vorschriften des SGB XII für den Einsatz von Einkommen und Vermögen haben **über das Sozialhilferecht hinaus** in der Rechtsordnung **weitreichende Relevanz:**

- Im Rahmen der pauschalierten Kostenbeteiligung für die Inanspruchnahme bestimmter Angebote der **Kinder- und Jugendhilfe** (§ 90 SGB VIII) gelten nach § 90 Abs. 4 SGB VIII die §§ 82–85, 87, 88 und 92 a SGB XII für die Feststellung der Zumutbarkeit einer Belastung[45] entsprechend, soweit nicht Landesrecht eine andere Regelung trifft. Für die Berechnung von Kostenbeiträgen für stationäre und teilstationäre Leistungen sowie vorläufige Maßnahmen nach § 91 SGB VIII kennt das SGB VIII demgegenüber eigenständige Regeln zur Berechnung des Einkommens (§ 93 SGB VIII),[46] die freilich § 82 SGB XII nachgebildet sind und die zudem auf die VO zu § 82 SGB XII verweisen. Lediglich hinsichtlich der Berechnung des **Vermögens** verweist § 92 Abs. 1 a SGB VIII[47] auf die §§ 90, 91 SGB XII.

- Die **Kriegsopferfürsorge** kennt in §§ 25 d und 25 f BVG zwar eigenständige Regelungen zur Berechnung von Einkommen und Vermögen. § 25 f Abs. 1 S. 6 BVG verweist aber hinsichtlich des **Vermögens** auf § 90 Abs. 2 Nr. 1–7 und 9 SGB XII und § 91 SGB XII.

- Ebenfalls nur hinsichtlich des bei der künftigen Eingliederungshilfe zu berücksichtigenden **Vermögens** verweist § 139 SGB IX (F:2020) – allerdings wegen eines gesetzgeberischen Versehens unvollständig – auf § 90 SGB XII; beim Einkommen kennt die Eingliederungshilfe einen vollkommen eigenständigen Begriff (§ 135 SGB IX [F:2020]).

- Beim Einsatz von Einkommen und Vermögen im Rahmen der **Prozesskostenhilfe** nimmt § 115 Abs. 1 S. 3 Nr. 1 BSt. a ZPO Bezug auf § 82 Abs. 2 SGB XII, § 115 Abs. 1 S. 3 Nr. 1 BSt. b ZPO auf den Regelsatz für alleinstehende/alleinerziehende Leistungsberechtigte gem. Regelbedarfsstufe 1 nach der Anlage zu § 28 SGB XII;

41 Vom 17.12.2007, BGBl. I S. 2942.
42 Vgl. Geiger in: LPK-SGB XII, 11. Aufl., § 82 Rn. 139.
43 Näher zu den Mitwirkungspflichten siehe Kap. 51.
44 Vgl. allgemein zur Kritik an der Umsetzung des SGB II Becker, neue caritas 2008, 20.
45 Hierzu näher Kepert in: LPK-SGB VIII § 90 Rn. 20–22.
46 Hierzu näher Kunkel/Kepert in: LPK-SGB VIII § 93 Rn. 1, 4.
47 Hierzu näher Kunkel/Kepert in: LPK-SGB VIII § 92 Rn. 8.

§ 115 Abs. 3 ZPO bezieht sich auf § 90 SGB XII. Entsprechendes gilt für die **Beratungshilfe** (§ 1 Abs. 2 BerHG).

■ Für die Frage, welches Einkommen und Vermögen das Mündel für den **Aufwendungsersatz** und die **Vergütung** der **Vormundschaft** einsetzen muss, bevor die Staatskasse in Anspruch genommen werden kann, verweisen § 1836 c Nr. 1 S. 1 BGB auf die Bestimmungen der §§ 82, 85 Abs. 1, 86, 87 XII und § 1836 c Nr. 2 BGB auf § 90 SGB XII. Dies gilt ebenso bei der **Betreuung** (§ 1908 i Abs. 1 S. 1 BGB) und bei der Pflegschaft (§ 1915 Abs. 1 BGB).

■ Im Rahmen des **Pfändungsschutzantrages** des Schuldners/der Schuldnerin nach § 850 f Abs. 1 BSt. a ZPO sind ua die Vorschriften des Elften Kapitels des SGB XII heranzuziehen.[48]

■ Beim **Übergang von Unterhaltsansprüchen** nach § 94 SGB XII ist nach dessen Abs. 3 S. 1 eine **sozialhilferechtliche Vergleichsberechnung** vorzunehmen, bei der hinsichtlich der Bedürftigkeit die sozialhilferechtlichen Normen über den Einsatz von Einkommen und Vermögen anzuwenden sind.[49]

V. Abgrenzung von Einkommen und Vermögen

1. Allgemeines

Im Recht der Grundsicherung und im Sozialhilferecht differenziert das Gesetz zwischen **36** Einkommen und Vermögen, ohne die Begriffe und die Unterscheidung streng voneinander zu trennen. Eine Unterscheidung ist aber notwendig, weil die Berücksichtigung von Einkommen und Vermögen für die Bestimmung eines existenzsichernden Bedarfs sowohl im SGB II als auch im SGB XII unterschiedlichen Regelungen folgt. Vermögen führt unmittelbar zum Wegfall des Anspruchs, soweit es verwertbar ist; damit hängt die Entscheidung über die Zahlung von Geldleistungen zunächst von dem vorhandenen Vermögen ab. Aus diesem Grund ist bei der Prüfungsreihenfolge zunächst darauf zu achten, ob anrechnungsfähiges Vermögen vorliegt; ist dies der Fall, bedarf es einer Prüfung von vorhandenem Einkommen nicht mehr. Liegt anrechnungsfähiges Einkommen vor, so reduziert sich der Anspruch auf Geldleistungen in der Regel um den Anrechnungsbetrag. Nur wenn das zu berücksichtigende Einkommen den Anspruch übersteigt, entfällt der Anspruch auf Geldleistungen ganz.

2. Abgrenzung nach der modifizierten Zuflusstheorie

a) Im Rahmen des SGB II

Das Bundesverwaltungsgericht hatte zur Abgrenzung im früheren BSHG zunächst die **37** **Identitätstheorie** vertreten, wonach Einkommen zeitraum- und zweckidentische Zugänge sind. Seit dem Jahre 1999 hat es aber die **modifizierte Zuflusstheorie** vertreten, wonach Einkommen alles ist, was in der Bedarfszeit zufließt, während Vermögen alles ist, was bei Eintritt der Hilfebedürftigkeit schon vorhanden ist.[50] Das BSG hat sich dieser Rechtsprechung angeschlossen[51] und als maßgebliche Grenze für die Abgrenzung den Antrag auf Leistungen gem. § 37 SGB II einerseits[52] und den Zufluss andererseits bestimmt.

48 Hierzu Zöller ZPO § 850 f Rn. 2 a, 2 b.
49 Conradis/Münder in: LPK-SGB XII, 11. Aufl., § 94 Rn. 38.
50 Vgl. Geiger in: LPK-SGB II, 6. Aufl., § 11 Rn. 13 mwN.
51 Vgl. BSG Urt. v. 24.5.2017 – B 14 AS 32/16 R, Rn. 21 mwN.
52 Zur Bedeutung des Antragsprinzips im SGB II für die Abgrenzung von Einkommen und Vermögen BSG Urt. v. 30.7.2008 – B 14/7 b AS 12/07 R, Rn. 20; vgl. auch BSG Urt. v. 29.4.2015 – B 14 AS 10/14 R, Rn. 29.

aa) Antrag als maßgebende Zäsur

38 Gem. § 37 Abs. 2 S. 1 SGB II werden Leistungen nach dem SGB II auf Antrag erbracht, wobei ein im Laufe des Monats gestellter Antrag gem. § 37 Abs. 2 S. 2 SGB II auf den Ersten des Monats zurückwirkt. Damit gilt eine Zahlung, die im Rückwirkungszeitraum zugeflossen ist, als Einkommen.

39 Beispiel:[53] Dem Kläger wurde am 1.4.2008 um 10.50 Uhr sein Gehalt für den Monat März 2008 gezahlt. Ebenfalls am 1.4.2008 – gegen 11:30 Uhr – beantragte der Kläger die Bewilligung von Leistungen nach dem BSG. Das BSG hielt die Zahlung des Gehalts für Einkommen, weil Zahlung und Antrag am selben Tag erfolgt seien; auf unterschiedliche Uhrzeiten von Zahlungseingang und Antragstellung komme es nicht an.

40 Eine Rücknahme des Antrags mit dem Ziel, die Qualifizierung einer Zahlung von Einkommen zu Vermögen zu erreichen, ist nicht statthaft, weil es nicht der Disposition des Antragstellers unterliegen soll, durch die nachträgliche Beschränkung des einmal gestellten Antrags materiell-rechtliche Leistungsvoraussetzungen innerhalb des Antragsmonats zugunsten des Antragstellers zu verändern.[54]

41 Fließt eine Zahlung nach Ende eines Bewilligungsabschnitts zu und stellt der Antragsteller (zunächst) keinen Folgeantrag, sondern erst im nächsten Monat, soll darin ein unzulässiger Verzicht auf Leistungen nach dem SGB II im Sinne des § 46 Abs. 2 SGB I und ein Verstoß gegen das Selbsthilfegebot des § 2 SGB II liegen.[55]

42 Beispiel: A ist Arbeitslosengeld II bis zum 31.7.2017 bewilligt worden. Im August 2017 erhält er – wie erwartet – eine Zahlung. Um eine Anrechnung als Vermögen zu erreichen, stellt er den Fortzahlungsantrag nicht im August 2017, sondern erst im September 2017.

bb) Zufluss

43 Neben dem Antragsdatum ist das Datum des Zuflusses für die Abgrenzung von Einkommen und Vermögen erforderlich. Zufluss ist der wertmäßige Zuwachs.[56] Grundsätzlich kommt es auf den **Zeitpunkt des tatsächlichen Zuflusses** an. Dabei wird eine Zahlung auch dann auf den jeweiligen Monat angerechnet, wenn sie am letzten des Monats erfolgt; in diesem Fall kann der Leistungsträger gem. § 24 Abs. 4 S. 1 SGB II ein Darlehen bis zum tatsächlichen Zufluss erbringen. Auch bei Hinauszögern der Zahlung kommt es auf den tatsächlichen Zufluss an. Es kommt uU eine Sanktionierung des Verhaltens gem. §§ 31, 34 SGB II in Betracht.[57]

44 Von diesen Grundsätzen gelten **Ausnahmen.** Danach können auch nach Antragstellung zugeflossene Zahlungen bei wertender Betrachtung als Vermögen zu berücksichtigen sein. Dies ist zB der Fall, wenn Zahlungen von Banken, Sparkassen oder Versicherungen zufließen, die bereits vorher „erzielt" worden sind und bei Auszahlung nicht noch einmal als „erzieltes" Einkommen angerechnet werden dürfen, da der Rückgriff auf Erspartes ansonsten erneut als Einkommen gewertet werden würde.[58] Durch das Verbot der zweimaligen Anrechnung „erzielten" Einkommens soll sich die Behandlung von anderen Forderungen wie zB aus einem Arbeitsverhältnis unterscheiden, die zwar schon mit Fälligkeit einen wirtschaftlichen Wert darstellt, aber erst mit Erfüllung zu einem „erzielten" Einkommen führt.[59] Die Berücksichtigung einer Zahlung als Vermögen gilt auch dann, wenn Vermögensgegenstände veräußert werden, weil hiermit lediglich eine **Vermögensumschichtung** erfolgt und die Berücksichtigung des Verkaufserlöses als Ein-

---

53 BSG Urt. v. 14.2.2013 – B 14 AS 51/12 R, Rn. 12, 15.
54 BSG Urt. v. 24.4.2015 – B 4 AS 22/14 R, Rn. 23.
55 So Geiger in: LPK-SGB II, 6. Aufl., § 11 Rn. 18.
56 Geiger in: LPK-SGB II, 6. Aufl., § 11 Rn. 20.
57 Geiger in: LPK-SGB II, 6. Aufl., § 11 Rn. 21.
58 Vgl. BSG Urt. v. 23.8.2011 – B 14 AS 185/10 R, Rn. 11 mwN.
59 BSG Urt. v. 23.8.2011 – B 14 AS 185/10 R, Rn. 11.

Klerks/Pattar

kommen den Bestandsschutz des Eigentums missachten würde.[60] Bei wertender Betrachtung sollen auch Zahlungen auf **Schadensersatzforderungen** als Vermögen gelten, da sie nur etwas früher Vorhandenes ersetzen und damit keinen neuen Zufluss bewirken.[61]

Zahlungen aus einer **Erbschaft** sind als Vermögen zu qualifizieren, wenn die Erbschaft vor dem Bezug von Leistungen nach dem SGB II angefallen ist und die Zahlungen erst während des Bezugs von Leistungen erzielt werden. Eine Erbschaft wird gem. § 1922 BGB mit dem Tod des Erblassers erworben und führt gem. § 2033 Abs. 1 S. 1 BGB dazu, dass der Erbe über den Nachlass verfügen kann. Deshalb sind Zahlungen aus dem Erbe dann nur Zuflüsse aus dem Erbe und „versilbertes" Vermögen, wenn der Erbfall vor dem Leistungsantrag eingetreten ist.[62] Dagegen führen Vermächtnisse gem. § 1939 BGB nur dazu, dass der Leistungsempfänger Inhaber einer Forderung gegen den Nachlass wird, die im Zeitpunkt des Zuflusses als Einkommen zu berücksichtigen ist.[63] Eine Einnahme aus einer Lebensversicherung aufgrund einer Bezugsberechtigung beim Tod des Versicherungsnehmers gem. §§ 328, 331 BGB fällt dagegen nicht in den Nachlass, sondern ist bei der Auszahlung als Einkommen zu qualifizieren.[64]

b) Im Rahmen des SGB XII

Für das SGB XII steht eine ausdrückliche höchstrichterliche Klärung dieser Fragen weiter aus. Die **für das SGB II geltenden Abgrenzungsmaßstäbe** sind aber insoweit auf das SGB XII übertragbar, als nicht Besonderheiten gelten. Dies gilt insbesondere hinsichtlich des Zäsurzeitpunkts für die Abgrenzung von Einkommen und Vermögen.

Diese **Besonderheit** ergibt sich daraus, dass im SGB XII nur für Leistungen der Grundsicherung im Alter und bei Erwerbsminderung nach dem Vierten Kapitel wie im SGB II das **Antragsprinzip** (§ 44 Abs. 1 und 2 SGB XII) gilt, im Übrigen jedoch der **Kenntnisgrundsatz** (§ 18 SGB XII). Damit kann für die Abgrenzung von Einkommen und Vermögen zur Anrechnung auf Leistungen der Hilfe zum Lebensunterhalt (Drittes Kapitel SGB XII) und die Leistungen nach dem Fünften bis Neunten Kapitel SGB XII anders als beim SGB II und dem Vierten Kapitel SGB XII nicht auf den Antragszeitpunkt als Zäsur abgestellt werden. Stattdessen ist – wie schon nach der Rechtsprechung des BVerwG zum früheren BSHG[65] – auf den jeweiligen **Bedarfszeitraum** abzustellen;[66] dies ist in der Regel der jeweilige Kalendermonat.[67] Demnach ist Einkommen all das, was jemand im Bedarfszeitraum – regelmäßig dem Kalendermonat – wertmäßig dazu erhält.[68] Was zu Beginn des Bedarfszeitraums vorhanden ist, ist hingegen Vermögen.[69] Somit wandelt sich in einem Kalendermonat nicht verbrauchtes Einkommen für den Folgemonat in Vermögen um.

c) Im Rahmen der Eingliederungshilfe nach dem SGB IX (F:2020)

Das SGB IX (F:2020) kennt einen vollkommen anderen Einkommensbegriff als SGB II und SGB XII. Es stellt grundsätzlich auf die einkommensteuerrechtliche Summe der Einkünfte des Vorvorjahres ab (§ 135 Abs. 1 SGB IX [F:2020]). Nur bei wesentlichen Ab-

---

60 BSG Urt. v. 9.8.2018 – B 14 AS 20/17 R, Rn. 14 mwN.
61 BSG Urt. v. 9.8.2018 – B 14 AS 20/17 R, Rn. 12 ff. mwN.
62 BSG Urt. v. 25.1.2012 – B 14 AS 101/11, Rn. 20; 29.4.2015 – B 14 AS 10/14 R, Rn. 29.
63 BSG Urt. v. 24.2.2011 – B 14 AS 45/09, Rn. 20.
64 BSG Urt. v. 28.10.2009 – B 14 AS 62/08 R, Rn. 23 f.
65 BVerwG 22.4.2004–5 C 68/03.
66 BSG 19.5.2009 – B 8 SO 35/07 R, juris Rn. 14; BSG 9.6.2011 – B 8 SO 20/09 R, juris Rn. 14.
67 Ausdrücklich zur Geltung des Monatsprinzips BayLSG 21.11.2014 – L 8 SO 5/14, juris Rn. 40; davon geht auch aus BSG 9.6.2011 – B 8 SO 20/09 R, juris Rn. 14.
68 Mecke in: jurisPK-SGB XII § 90 Rn. 17; Schmidt in: jurisPK-SGB XII § 82 Rn. 22.
69 Mecke in: jurisPK-SGB XII § 90 Rn. 17; BayLSG 21.11.2014 – L 8 SO 5/14, juris Rn. 40.

weichungen sind die voraussichtlichen Jahreseinkünfte im Jahr des Bedarfszeitraums zugrunde zu legen (§ 135 Abs. 2 SGB IX [F:2020]). Beim Vermögen bestimmt es jedoch keinen maßgeblichen Zeitpunkt (§ 140 SGB IX [F:2020]). § 141 Abs. 1 SGB IX (F:2020) verlangt von den Einsatzpflichtigen allerdings, die zur Deckung der eingliederungshilferechtlichen Bedarfe erforderlichen Mittel vor der Inanspruchnahme von Eingliederungshilfeleistungen aus ihrem Vermögen aufzubringen. Das spricht dafür, dass Vermögen trotz der gänzlich anderen Einkommensdefinition in § 135 SGB IX (F:2020) auch im SGB IX dasjenige sein soll, das zu Beginn des Bedarfszeitraums vorhanden ist. Da § 136 SGB IX (F:2020) Monatsbeiträge zu den Leistungen vorsieht, ist auch im SGB IX vom Monatsprinzip auszugehen. Trotz der Antragsabhängigkeit der Leistungen (§ 108 SGB IX [F:2020]) stellt auch im SGB IX der Antrag nicht die maßgebliche Zäsur dar, da §§ 135 und 140 SGB IX (F:2020) erkennbar unterschiedliche Zeiträume definieren.

3. Zusammenfassung der Abgrenzungsgrundsätze

49 Danach gelten im SGB II und im Vierten Kapitel SGB XII die folgenden Grundsätze:

- Einkommen ist grundsätzlich alles das, was jemand nach Antragstellung wertmäßig dazu erhält.[70]
- Vermögen ist das, was jemand vor Antragstellung bereits hatte.[71]
- Die Bedürftigkeit fällt nicht durch Unterbrechung des Leistungsbezugs und Stellung eines neuen Antrags weg. Es bleibt vielmehr bei grundsätzlicher Anrechnungsfähigkeit der Leistung.[72]
- Die Bedürftigkeit ist nur dann neu zu ermitteln, wenn sie „überwunden" worden ist, zB durch Erwerbseinkommen für mindestens einen Monat und ohne Berücksichtigung der zu verteilenden einmaligen Einnahme und ohne sonstige, nicht nachhaltige Zuwendungen Dritter.[73]

50 Bei den übrigen Leistungen des SGB XII gilt:

- Einkommen ist grundsätzlich alles das, was jemand im Kalendermonat des Bedarfs[74] wertmäßig dazu erhält.[75]
- Vermögen ist das, was jemand vor Beginn des Kalendermonats des Bedarfs bereits hatte; nicht zur Bedarfsdeckung verbrauchtes Einkommen wandelt sich zu jedem Monatsersten in Vermögen.[76]

51 Für die Leistungen der Eingliederungshilfe nach dem SGB IX (F:2020) gilt:

- Einkommen ist grundsätzlich die einkommensteuerrechtliche Summe der Einkünfte des Vorvorjahres des Bedarfszeitraums (§ 135 Abs. 1 SGB IX [F:2020]), bei erheblichen Abweichungen die voraussichtlichen Jahreseinkünfte des laufenden Jahres (§ 135 Abs. 2 SGB IX [F:2020]).
- Vermögen ist das, was jemand vor Beginn des Kalendermonats des Bedarfs hatte.

---

70 BSG Urt. v. 30.9.2008 – B 4 AS 29/07 R, Rn. 18; vgl. auch BSG Urt. v. 30.7.2008 – B 14/7 b AS 12/07 R, Rn. 19.
71 BSG Urt. v. 30.9.2008 – B 4 AS 29/07 R, Rn. 18; vgl. auch BSG Urt. v. 30.7.2008 – B 14/7 b AS 12/07 R, Rn. 19.
72 BSG Urt. v. 30.9.2008 – B 4 AS 29/07 R, Rn. 29.
73 BSG Urt. v. 30.9.2008 – B 4 AS 29/07 R, Rn. 31; vgl. auch BSG Urt. v. 10.9.2013 – B 4 AS 89/12 R, Rn. 24.
74 BayLSG 21.11.2014 – L 8 SO 5/14, juris Rn. 40.
75 BSG 19.5.2009 – B 8 SO 35/07 R, juris Rn. 14; BSG 9.6.2011 – B 8 SO 20/09 R, juris Rn. 14.
76 BayLSG 21.11.2014 – L 8 SO 5/14, juris Rn. 40.

VI. Einsatz von Einkommen und Vermögen bei „Mischfällen"/ Aspekt der „Harmonisierung"

Bei Gemeinschaften – nicht getrennt lebenden Ehegatten und Lebenspartnern – von Personen, die nach unterschiedlichen Voraussetzungen[77] Anspruch auf existenzsichernde Leistungen haben, stellt sich die Frage, nach welchen Regeln Einkommen und Vermögen einzusetzen sind. Hierzu hat die Rechtsprechung des BSG die folgenden Grundsätze entwickelt:[78]   **52**

Der Bedarf beider Ehegatten bzw. Lebenspartner ist je nach dem in Anspruch genommenen Leistungsträger einheitlich nach dem SGB XII[79] bzw. nach dem SGB II[80] zu ermitteln. Ebenso ist die Anrechnung des Einkommens und Vermögens nach dem jeweiligen Leistungssystem des SGB XII[81] bzw. des SGB II[82] vorzunehmen. Zur Vermeidung von Wertungswidersprüchen ist im Falle der Berechnung nach dem SGB XII eine Vergleichsberechnung nach dem SGB II vorzunehmen, wobei bei Besonderheiten Härteregelungen anzuwenden sind.[83]   **53**

B. Einzelheiten zum Einkommenseinsatz im SGB II

I. Inhalt und Systematik der §§ 11, 11 a und 11 b SGB II und ihre Ergänzung durch die Alg II-V

§§ 11, 11 a und 11 b SGB II gelten seit dem 1.4.2011. Mit Wirkung zum 1.8.2016 gehören Einnahmen in Geldeswert im SGB II nicht mehr zum Einkommen, sondern nur **Einnahmen in Geld. Einnahmen in Geldeswert** sind gem. § 11 Abs. 1 S. 2 SGB II nur noch zu berücksichtigen, wenn sie im Rahmen einer Erwerbstätigkeit, des Bundesfreiwilligendienstes oder eines Jugendfreiwilligendienstes zufließen. Gem. § 11 Abs. 1 S. 3 SGB II sind auch Zuflüsse aus darlehensweise gewährten Sozialleistungen zu berücksichtigen, soweit sie dem Lebensunterhalt dienen. § 11 Abs. 1 S. 4 und 5 SGB II regelt die Art und Weise der Zurechnung von Kinderzuschlag und Kindergeld.   **54**

§ 11 a SGB II enthält Regelungen darüber, welche Einnahmen nicht als Einkommen zu berücksichtigen sind. Ergänzungen hierzu finden sich ua in § 1 Alg II-V sowie in anderen Gesetzen.   **55**

§ 11 b SGB II regelt, welche Ausgaben von den grundsätzlich berücksichtigungsfähigen Einnahmen abzusetzen sind; auch hierzu finden sich konkretisierende und ergänzende Regelungen ua in § 6 Alg II-V.   **56**

---

77 Möglich sind: Leistungsbezug nach dem SGB II und nach dem Dritten Kapitel des SGB XII, SGB II und Viertes Kapitel des SGB XII, SGB II bzw. SGB XII und AsylbLG. Vgl. zu den Arten der Bedarfsgemeinschaften → Kap. 18 Rn. 14 ff.
78 Vgl. dazu auch Haberstumpf-Münchow/Kruse, info also 2012, 108; Geiger in: LPK-SGB II, 6. Aufl., § 12 Rn. 100 f. Für die entsprechende Anwendung der Grundfreibeträge gem. § 12 Abs. 2 S. 1 Nr. 1 SGB II bei einem in gemischter Bedarfsgemeinschaft lebenden und an sich dem SGB XII unterfallenden Hilfebedürftigen Lange in: Eicher/Luik SGB II, 4. Aufl., § 12 Rn. 53.
79 BSG Urt. v. 9.6.2011 – B 8 SO 20/09 R, Rn. 20. BSG Urt. v. 16.10.2007 – B 8/9 b SO 2/06, Rn. 19, BSGE 99, 131: Bei beiden Partnern werden analog § 20 Abs. 3 SGB II (jetzt § 20 Abs. 4 SGB II) Leistungen in Höhe der Regelbedarfsstufe 2 berücksichtigt; vgl. auch BSG Urt. v. 29.3.2007 – B 7 b AS 2/06 R, Rn. 17, SozR 4–4200 § 7 Nr. 4. Vgl. zum Fall des Zusammenlebens eines Leistungsberechtigten nach dem SGB II und nach dem AsylbLG BSG Urt. v. 12.10.2017 – B 4 AS 37/16 R, Rn. 17: Anspruch auf Regelleistung nach Regelbedarfsstufe 2 analog § 20 Abs. 4, Abs. 5 SGB II.
80 BSG Urt. v. 15.4.2008 – B 14/7 b AS 58/06 R, Rn. 40, SozR 4–4200 § 9 Nr. 5.
81 BSG Urt. v. 9.6.2011 – B 8 SO 20/09 R, Rn. 20, 24.
82 BSG Urt. v. 15.4.2008 – B 14/7 b AS 58/06 R, Rn. 46, SozR 4–4200 § 9 Nr. 5.
83 BSG Urt. v. 9.6.2011 – B 8 SO 20/09 R, Rn. 24. Vgl. etwa BSG Urt. v. 18.3.2008 – B 8/9 b SO 11/06 R, Rn. 16, BSGE 100, 139: Ein gem. § 12 Abs. 3 S. 1 Nr. 2 SGB II angemessenes Kraftfahrzeug ist im Rahmen des SGB XII gem. § 90 Abs. 3 S. 1 SGB XII als Härtevermögen geschützt.

57 Die Anrechnung von Einkommen wird durch **§ 11 Abs. 1 S. 1 SGB II** vorgegeben. Danach sind Einnahmen in Geld abzüglich der nach § 11 b SGB II abzusetzenden Beträge mit Ausnahme der in § 11 b SGB II genannten Einnahmen zu berücksichtigen.

58 Merksätze:
- § 11 SGB II regelt die Frage, welches Einkommen zu berücksichtigen ist.
- § 11 a SGB II regelt die Frage, welches Einkommen nicht zu berücksichtigen ist.
- § 11 b SGB II regelt die Frage, welche Abzüge vom Einkommen vorzunehmen sind.

II. Der Einkommensbegriff im SGB II

59 Nach der Legaldefinition des § 11 Abs. 1 S. 1 SGB II sind unter dem zu berücksichtigenden Einkommen nur Einnahmen in Geld zu verstehen. Mit Wirkung zum 1.8.2016 gehören Einnahmen in Geldeswert im SGB II nicht mehr zum Einkommen, während das Einkommen im Sinne des § 82 Abs. 1 S. 1 SGB XII weiter aus Einnahmen in Geld oder Geldeswert bestehen kann.

1. Einnahmen in Geld

60 Gem. § 11 Abs. 1 S. 1 SGB II sind nur Einnahmen in Geld zu berücksichtigen. Einnahmen in Geld sind Zuflüsse von Zahlungsmitteln, die amtlich ausgegeben und zum allgemeinen Umlauf fähig sind (Bargeld) und die zu unmittelbaren Einnahmen in Geld führen wie Kontogutschriften oder Scheckhingaben.[84] Dagegen liegt kein Zufluss vor, wenn eine dritte Person eine Verbindlichkeit des Leistungsberechtigten bezahlt. Liegt der Verbindlichkeit eine Leistungspflicht des Gläubigers zugrunde, kann die Leistung an den Leistungsberechtigten nicht in Geld, sondern allenfalls als Sachwert angerechnet werden.[85] Weitere Bespiele für Einnahmen in Geld sind Karten-Kontogeld und Wechsel,[86] ferner Arbeitsentgelt, Zinserlöse, Renten aus gesetzlichen oder privaten Versicherungen, Einnahmen aus Vermietung und Verpachtung sowie Einnahmen aus selbstständiger Tätigkeit.

2. Einnahmen in Geldeswert

61 Einnahmen in Geldeswert sind solche Zuflüsse, die einen „Marktwert"[87] haben und sich daher in Geld tauschen lassen.[88] Sie sind seit dem 1.8.2016 durch Änderung durch das 9. SGB II-Änderungsgesetz nicht mehr in jedem Fall zu berücksichtigen, sondern gem. § 11 Abs. 1 S. 2 SGB II nur dann, wenn sie im Rahmen einer Erwerbstätigkeit, des Bundesfreiwilligendienstes oder eines Jugendfreiwilligendienstes zufließen. Maßgeblich kommt es darauf an, ob es sich um echte Einnahmen oder um freiwillige, anrechnungsfreie Zuwendungen nach § 11 a Abs. 5 SGB II handelt.[89] Gem. § 2 Abs. 6 Alg II-V sind sie mit ihrem Verkehrswert als Einkommen zu berechnen. Die Vorschrift des § 1 Abs. 1 Nr. 11 Alg II-V, nach der Verpflegung außerhalb einer Erwerbstätigkeit oder Wehr-, Ersatz- oder Freiwilligendienstverhältnissen anrechnungsfrei ist, ist damit überflüssig geworden.[90]

62 Zu den Einnahmen in Geldeswert gehören Sachleistungen in Form von Waren oder Dienstleistungen, die mit ihrem Marktwert als Einkommen zu berücksichtigen sind wie

---

84 So Schmidt in: jurisPK-SGB XII, 2. Aufl., § 82 Rn. 33.
85 LSG MV Beschl. v. 12.12.2013 – L 8 AS 9/13 B ER, Rn. 48, ZFSH/SGB 2014, 231 f.
86 Geiger in: LPK-SGB II, 6. Aufl., § 11 Rn. 41.
87 BSG Urt. v. 17.6.2010 – B 14 AS 46/09 R, Rn. 11.
88 Schmidt in: jurisPK-SGB XII, 2. Aufl., § 82 Rn. 34.
89 Vgl. zur Abgrenzung Geiger in: LPK-SGB II, 6. Aufl., § 11 Rn. 46.
90 Geiger in: LPK-SGB II, 6.Aufl., § 11 a Rn. 32.

zB der während des Leistungsbezugs geschenkte kurzfristig verwertbare PKW,[91] ein privat genutzter Firmenwagen,[92] freie Verpflegung (vgl. auch § 2 Abs. 5 Alg II-V) und Unterkunft sowie Deputate.[93]

Sind Einnahmen in Geldeswert nicht ausgeschlossen, kommt die Berücksichtigung als **63** anrechnungsfähiges Vermögen in Betracht.[94] Die Verwertung kann im Einzelfall längere Zeit dauern, weshalb gem. §§ 9 Abs. 4, 24 Abs. 5 S. 1 SGB II ein Darlehen zu erbringen ist. Stellt aber die antragstellende Person trotz Hinweis auf die Rechtsfolgen ihre Verwertungsbemühungen ein, kann auch die Gewährung eines Darlehens versagt werden.[95]

3. Grundsätze der Berücksichtigung von Einkommen

a) Überblick

Vorhandenes Einkommen steht dem Bedarf ohne weiteres entgegen, wenn es im Be- **64** darfszeitraum in bedarfsdeckender Höhe tatsächlich und zur endgültigen Verwendung zur Verfügung steht[96] (bereites Mittel). Das BSG verwendet verschiedene Begriffe, um den Begriff der „bereiten Mittel"[97] näher zu erläutern, so die Gutschrift,[98] der wertmäßige Zuwachs[99] oder der tatsächliche Zufluss[100] bzw. der tatsächliche Zufluss bereiter Mittel.[101] Danach kommt eine Hilfegewährung in Betracht, wenn und soweit das zu berücksichtigende Einkommen tatsächlich nicht uneingeschränkt zur Verfügung steht.[102] Es kommt auf den **tatsächlichen Zufluss** an, es sei denn, rechtlich wird ein anderer Zufluss als maßgeblich bestimmt (**normativer Zufluss**).[103] Ein solcher anderer Zufluss soll vorliegen, wenn ein **Kinderzuschlag** für vorangegangene Zeiträume erst während des Bezugs von Leistungen nach dem SGB II zufließt; dies folge daraus, dass der Kinderzuschlag Hilfebedürftigkeit nach dem SGB II vermeiden soll.[104] Steht dem erwerbsfähigen Leistungsberechtigten Einkommen aus Rechtsgründen überhaupt nicht oder nicht ohne Weiteres zu bzw. kann er es nicht oder nicht alsbald realisieren (Faktizitätsprinzip, siehe dazu → Rn. 101), kann er darauf nicht verwiesen werden. Damit kommt es auf das **tatsächliche Zur-Verfügung-Stehen** zur **endgültigen Verwendung** an.

b) Tatsächliches Zur-Verfügung-Stehen

Problematisch ist aber die Frage, wann Einkommen zur Verfügung steht. Dies betrifft **65** insbesondere die Frage der Behandlung von **Schulden**. Wegen der Subsidiarität der staatlichen Fürsorge, die erst bei Verbrauch der zur Verfügung stehenden Mittel eingreifen soll,[105] müssen erwerbsfähige Leistungsberechtigte das Einkommen auch dann zur

---

91 LSG LSA Urt. v. 26.8.2015 – L 4 AS 83/14, Rn. 28, 30, ZFSH/SGB 2016, 43 ff.
92 Vgl. Geiger in: LPK-SGB II, 6. Aufl., § 11 Rn. 45; dagegen – Fehlen eines Marktwerts – LSG BW Urt. v. 23.2.2016 – L 9 AS 2108/13, Rn. 37.
93 Söhngen in: jurisPK-SGB II, 4. Aufl., § 11 Rn. 39.
94 Vgl. Geiger in: LPK-SGB II, 6. Aufl., § 11 Rn. 34.
95 BSG Urt. v. 24.5.2017 – B 14 AS 16/16 R, Rn. 35 f.
96 BSG Urt. v. 18.2.2010 – B 14 AS 32/08 R, Rn. 20; 17.6.2010 – B 14 AS 46/09 R, Rn. 17; 21.6.2011 – B 4 AS 21/10, Rn. 29; 25.1.2012 – B 14 AS 101/11 R, Rn. 22; 29.4.2015 – B 14 AS 10/14 R, Rn. 29; 8.2.2017 – B 14 AS 22/16 R, Rn. 23.
97 Vgl. zur Geschichte des Begriffs der bereiten Mittel Lente-Poertgen, Die grundsicherungsrechtliche Behandlung sog (bzw. nicht mehr) bereiter Mittel, 28. Sozialrechtliche Jahresarbeitstagung 2016, S. 221 ff.
98 BSG Urt. v. 25.1.2012 – B 14 AS 101/11 R, Rn. 21; 29.4.2015 – B 14 AS 10/14 R, Rn. 30.
99 BSG Urt. v. 25.1.2012 – B 14 AS 101/11 R, Rn. 22.
100 BSG Urt. v. 29.4.2015 – B 14 AS 10/14 R, Rn. 29, 30.
101 BSG Urt. v. 18.2.2010 – B 14 AS 32/08, Rn. 20; 10.5.2011 – B 4 KG 1/10 R, Rn. 21; 21.6.2011 – B 4 AS 21/10 R, Rn. 29.
102 BSG 13.11.2008 – B 14 AS 2/08 R, Rn. 32; Urt. v. 11.12.2007 – B 8/9 b SO 23/06 R, Rn. 15; Urt. v. 10.5.2011 – B 4 KG 1/10 R, Rn. 21.
103 BSG Urt. v. 30.7.2008 – B 14 AS 43/07 R, Rn. 24; BSG Urt. v. 24.5.2017 – B 14 AS 32/16 R, Rn. 21.
104 BSG Urt. v. 25.10.2017 – B 14 AS 35/16 R, Rn. 26 ff., 28.
105 BSG Urt. v. 15.4.2008 – B 14 AS 27/07, Rn. 44; 30.9.2008 – B 4 AS 29/07 R, Rn. 19, BSGE 101, 291.

Behebung einer gegenwärtigen Notlage für sich einsetzen, wenn sie sich dadurch außerstande setzen, anderweitig bestehende Verpflichtungen zu erfüllen.[106] Eine Ausnahme gilt nur dann, wenn dies durch eine klare gesetzliche Grundlage vorgesehen ist.[107] Deshalb dürfen Schulden nicht vom Einkommen abgezogen werden; eine Ausnahme stellen lediglich § 11 b Abs. 1 S. 1 Nr. 7 SGB II,[108] § 2 a Abs. 2 S. 2 Alg II-V aF[109] und wohl auch § 11 b Abs. 1 S. 1 Nr. 8 SGB II dar. Ob und wie sich die Zahlung von Schulden auf den Leistungsanspruch auswirkt, ist von mehreren Umständen abhängig.

aa) Tilgung von Schulden im laufenden Bewilligungszeitraum

66 Eine Einkommensminderung durch Schulden kann nur dann leistungsrechtlich unbeachtlich sein, wenn sie **im laufenden Bewilligungszeitraum** erfolgt ist; dagegen sind Einkommensminderungen im vorangegangenen Bewilligungszeitraum unbeachtlich.[110]

bb) Tilgung von Schulden und leistungsrechtliche Situation

67 Darüber hinaus kommt es für die Behandlung von Schuldentilgungen darauf an, in welcher leistungsrechtlichen Situation der erwerbsfähige Leistungsberechtigte die Schulden getilgt hat, dh ob es um die **laufende Bewilligung von Leistungen für die Zukunft** oder um die **Aufhebung von Leistungen** für die Vergangenheit bzw. **Rücknahme einer Bewilligung** von Leistungen geht.

68 Im laufenden Bezug wird die **freiwillige**[111] Bezahlung von Schulden aus bereits zugeflossenem Einkommen[112] als Form der Mittelverwendung angesehen, die nicht die Höhe des zu berücksichtigenden Einkommens mindert.[113] Dies gilt auch für die Rückführung eines Kontosolls[114] oder eine Aufrechnung.[115] Durch diese Einkommensverwendung verliert der Zufluss des Einkommens nicht den Charakter als Einkommen.[116] Aber auch die **nicht freiwillige**[117] Bezahlung von Schulden durch **Aufrechnung** oder **Pfändung**[118] bzw. das nicht zugeflossene Einkommen[119] soll das Einkommen nicht mindern. Grund soll sein, dass die Aufrechnung bei dem Schuldner einen „wertmäßigen Zuwachs" bewirkt, weil sie wegen der damit verbundenen Schuldbefreiung oder Verringerung ander-

---

106 BSG Urt. v. 19.9.2008 – B 14/7 b AS 10/07 R, Rn. 25, SozR 4–4200 § 11 Nr. 18; 30.9.2008 – B 4 AS 29/07 R, Rn. 19, SozR 4–4200 § 11 Nr. 15; 16.12.2008 – B 4 AS 70/07 R, Rn. 28, SozR 4–4200 § 11 Nr. 19; 10.5.2011 – B 4 KG 1/10 R, Rn. 18, 21; 21.6.2011 – B 4 AS 21/10 R, Rn. 29.
107 BSG Urt. v. 20.2.2014 – B 14 AS 53/12 R, Rn. 27.
108 BSG Urt. v. 19.9.2008 – B 14/7 b AS 10/07 R, Rn. 25; 30.9.2008 – B 4 AS 29/07 R, Rn. 19; 16.12.2008 – B 4 AS 70/07 R, Rn. 28; 13.5.2009 – B 4 AS 29/08 R, Rn. 13; 10.5.2011 – B 4 KG 1/10 R, Rn. 18; 21.6.2011 – B 4 AS 21/10 R, Rn. 29; 20.2.2014 – B 14 AS 53/12 R, Rn. 27; 29.4.2015 – B14 AS 10/14 R, Rn. 30; 8.2.2017 – B 14 AS 22/16 R, Rn. 24 ff.
109 BSG Urt. v. 21.6.2011 – B 4 AS 21/10 R, Rn. 29.
110 Vgl. BSG Urt. v. 29.11.2012 – B 14 AS 33/12 R, Rn. 13: (Angeblicher) Verbrauch des Einkommens im Leistungszeitraum April 2009 bis August 2009, daher keine Anrechnung im Leistungszeitraum September 2009 bis Februar 2010. Vgl. auch BSG Urt. v. 10.9.2013 – B 4 AS 89/12 R, Rn. 31; 29.4.2015 – B 14 AS 10/14 R, Rn. 35.
111 Vgl. BSG Urt. v. 19.9.2008 – B 14/7 b AS 10/07 R, Rn. 25, SozR 4–4200 § 11 Nr. 18.
112 Vgl. zu diesem Unterscheidungskriterium BSG Urt. v. 29.4.2015 – B 14 AS 10/14 R, Rn. 36 unter Verweis auf BSG Urt. v. 16.5.2012 – B 4 AS 132/11 R, SozR 4–4200 § 22 Nr. 60.
113 BSG Urt. v. 11.12.2007 – B 8/9 b SO 23/06, Rn. 35.
114 BSG Urt. v. 29.4.2015 – B 14 AS 10/14 R, Rn. 32 f. mwN (das BSG sieht eine Verrechnung im Rahmen einer Kontokorrentabrede als Zahlung des Schuldners an); vgl. auch BSG Urt. v. 20.12.2011 – B 4 AS 200/10 R, Rn. 17.
115 BSG Urt. v. 16.5.2012 – B 4 AS 132/11 R, Rn. 21 (Verrechnung einer Betriebskostenrückzahlung mit Mietforderungen des Vermieters).
116 BSG Urt. v. 30.7.2008 – B 14 AS 26/07 R, Rn. 25, SozR 4–4200 § 11 Nr. 17 (Rückführung eines Überziehungskredits); BSG Urt. v. 30.7.2008 – B 14 AS 43/07, Rn. 28 (Rückführung eines Überziehungskredits); BSG Urt. v. 29.4.2015 – B 14 AS 10/14 R, Rn. 33 (Rückführung eines Dispositionskredits).
117 Offen gelassen noch in BSG Urt. v. 19.9.2008 – B 14/7 b AS 10/07 R, Rn. 25, SozR 4–4200 § 11 Nr. 18.
118 BSG Urt. v. 10.5.2011 – B 4 KG 1/10 R, Rn. 18.
119 Vgl. BSG Urt. v. 29.4.2015 – B 14 AS 10/14 R, Rn. 36 unter Verweis auf BSG Urt. v. 16.5.2012 – B 4 AS 132/11 R, SozR 4–4200 § 22 Nr. 60.

weitiger Verbindlichkeiten einen bestimmten, in Geld ausdrückbaren wirtschaftlichen Wert besitze.[120] Die „Verwendungsentscheidung" über das Einkommen sei grundsätzlich nicht anders zu bewerten wie jede andere Entscheidung über die zur Verfügung stehenden Mittel.[121] Von diesen Grundsätzen bestehen **zwei Ausnahmen:** Zum ersten soll der gepfändete bzw. aufgerechnete Anteil des Einkommens dann nicht bedarfsmindernd berücksichtigt werden, wenn der im laufenden SGB II-Bezug stehende Berechtigte die **Rückgängigmachung der Minderung** aus Rechtsgründen überhaupt **nicht oder nicht ohne Weiteres realisieren kann;**[122] insoweit zählt nur die Durchsetzbarkeit in „angemessener Zeit („rechtzeitig")".[123] Diese Rechtsprechung ist wegen der Schaffung eines Regel-Ausnahme-Verhältnisses kompliziert; dies beruht darauf, dass sie den Begriff des Zuflusses doppelt berücksichtigt, nämlich einmal zur Abgrenzung von Einkommen und Vermögen und einmal zur Abgrenzung der Verwendung des Einkommens (einerseits zur Deckung des Bedarfs, andererseits zur Deckung von Schulden). Sie berücksichtigt auch nicht in ausreichendem Maße, dass die Maßnahmen zur Rückgängigmachung der Minderung uU komplizierte Überlegungen erfordern, deren Kenntnis durch einen erwerbsfähigen Leistungsberechtigten nicht vorausgesetzt werden können. Die Umsetzung muss auch schnell erfolgen, da es ja um die Deckung eines gegenwärtigen Bedarfs geht. Dazu trifft den Leistungsträger gem. § 14 Abs. 2 S. 2 SGB II eine **Beratungspflicht,**[124] ohne die er dem erwerbsfähigen Leistungsberechtigten die Zahlung von Leistungen nicht verweigern darf.[125] **Zum zweiten** kann das geminderte Einkommen nicht berücksichtigt werden, wenn es tatsächlich nicht zur Verfügung steht.[126] Die Verweigerung existenzsichernder Leistungen aufgrund der unwiderleglichen Annahme, die Hilfebedürftigkeit wäre bei einem bestimmten wirtschaftlichen Verhalten (teilweise) abzuwenden gewesen, sei mit Art. 1 GG iVm Art. 20 GG nicht vereinbar; diesem Gedanken folge das gesetzgeberische Prinzip, dass Einkommen nicht „fiktiv" berücksichtigt werden dürfe, sondern tatsächlich geeignet sein müsse, Hilfebedürftigkeit zu beseitigen.[127] Allerdings soll dann ein Ersatzanspruch nach § 34 SGB II zu prüfen sein.[128]

Bei der **Aufhebung für die Vergangenheit** ist eine Minderung des Einkommens dagegen **69** unbeachtlich, weil nicht eine aktuelle Bedarfslage ungedeckt bleibt, sondern nur künftig eine Verbindlichkeit gegenüber dem Leistungsträger entsteht.[129] Dies soll auch bei einer

---

120 BSG Urt. v. 16.5.2012 – B 4 AS 132/11 R, Rn. 21 (Verrechnung eines Betriebskostenguthabens gem. § 22 Abs. 3 SGB II); BSG Urt. v. 24.5.2017 – B 14 AS 32/16 R, Rn. 22 (Einbehalt eines Arbeitgeberdarlehens bei Auszahlung des Arbeitnehmerentgelts).
121 BSG Urt. v. 24.5.2017 – B 14 AS 32/16 R, Rn. 25 mwN.
122 BSG Urt. v. 10.5.2011 – B 4 KG 1/10 R, Rn. 19 mwN (Pfändung); BSG Urt. v. 16.5.2012 – B 4 AS 132/11 R, Rn. 22 ff. (Aufrechnung). Die Verpflichtung soll aus der Selbsthilfeobliegenheit gem. § 2 Abs. 1 S. 1 SGB II folgen, vgl. BSG Urt. v. 10.5.2011 – B 4 KG 1/10 R, Rn. 23 mwN. Vgl. auch BSG Urt. v. 8.2.2017 – B 14 AS 22/16 R, Rn. 25.
123 BSG Urt. v. 10.5.2011 – B 4 KG 1/10 R, Rn. 23 unter Verweis auf BVerwG Beschl. v. 13.5.1996 – 5 B 52/96, Rn. 3 Buchholz 436.0 § 2 BSHG Nr. 20: alsbaldige Durchsetzung im Wege der einstweiligen Verfügung reicht, nicht Durchsetzung im Wege eines langwierigen Rechtsmittelverfahrens; BSG Urt. v. 29.9.2009 – B 8 SO 23/08 R, Rn. 25, BSGE 104, 219: Durchsetzung im Wege eines langwierigen Prozesses mit ungewissem Ausgang reicht nicht.
124 Vgl. zur Beratungspflicht allgemein Weinreich, Anforderungen an eine Beratung im Rechtskreis des SGB II, SGb 2014, 427 ff.
125 Vgl. BSG Urt. v. 16.5.2012 – B 4 AS 132/11 R, Rn. 24 unter Verweis auf BSG Urt. v. 24.11.2011 – B 14 AS 15/11 R, Rn. 16 f.; vgl. insbesondere Rn. 22, wonach der Leistungsträger zur Übernahme von Unterkunftskosten auch hinsichtlich möglicher unwirksamer mietrechtlicher Vereinbarungen verpflichtet ist, solange er nicht ein Kostensenkungsverfahren betreffend die vermeintlich unwirksame Vereinbarung einleitet.
126 BSG Urt. v. 10.5.2011 – B 4 KG 1/10 R, Rn. 21 (Pfändung des anzurechnenden Einkommens).
127 BSG Urt. v. 17.10.2013 – B 14 AS 38/12 R, Rn. 13; BSG Urt. v. 12.6.2013 – B 14 AS 73/12 R, Rn. 24 mwN; BSG Urt. v. 29.11.2012 – B 14 AS 33/12 R, Rn. 14; 21.6.2011 – B 4 AS21/10 R, Rn. 29.
128 BSG Urt. v. 29.11.2012 – B 14 AS 33/12 R, Rn. 18 f.
129 BSG Urt. v. 29.11.2012 – B 14 AS 33/12 R, Rn. 15; BSG Urt. v. 10.9.2013 – B 4 AS 89/12 R, Rn. 25.

Aufhebung für die Zukunft gelten.[130] Die Prüfung, ob bereite Mittel zur Bedarfsdeckung zur Verfügung stehen, erfolgt nur bis zum Zeitpunkt der letzten Verwaltungsentscheidung;[131] dabei muss auch der Erwerbstätigenfreibetrag gem. § 11 b Abs. 3 SGB II zur Bedarfsdeckung eingesetzt werden.[132] Spätere Zeiträume sind nur zu prüfen, wenn ein entsprechender neuer Leistungsantrag gestellt worden ist.[133]

70 Bei einer **Rücknahme** von Leistungen kommt es dagegen darauf an, ob die betroffene Person bedarfsdeckendes Einkommen in ausreichender Höhe hatte, weil nur dann der aufzuhebende Bewilligungsbescheid rechtswidrig ist.[134]

c) Endgültiges Zur-Verfügung-Stehen

71 Obwohl ein Zufluss erfolgt ist, kann im Einzelfall eine Anrechnung als Einkommen unterbleiben, wenn dem erwerbsfähigen Leistungsberechtigten das Einkommen nicht zur endgültigen Verwendung zur Verfügung steht.[135] Dies ist vor allem bei **Darlehen** der Fall. Unerheblich ist, ob die Rückzahlungsverpflichtung im Bewilligungsabschnitt oder später besteht, weil Hilfebedürftigkeit Leistungsvoraussetzung über den Bewilligungszeitraum hinaus und unabhängig von einer erneuten Antragstellung ist; dies gilt nur dann nicht, wenn der Darlehensvertrag zivilrechtlich nicht wirksam abgeschlossen ist und/oder ein Missbrauch von Steuermitteln beabsichtigt ist.[136] Es sind strenge Anforderungen an die Prüfung zu stellen, um – vor allem bei Leistungen von Verwandten – Darlehen vor verdeckten Schenkungen abzugrenzen.[137] Diejenige Person, die sich auf ein Darlehen beruft, hat bei der Ermittlung Mitwirkungspflichten; lassen sich die Umstände nicht aufklären, geht dies zu ihren Lasten. Bei der Prüfung, ob überhaupt ein wirksamer Darlehensvertrag geschlossen worden ist, können einzelne Kriterien des sog **Fremdvergleichs**[138] herangezogen und bei der abschließenden, umfassenden Würdigung aller relevanten Umstände des Einzelfalls mit eingestellt werden. Zu den Zahlungen, die nicht als Einkommen zu werten sind, gehören auch Zuwendungen Dritter, die eine rechtswidrig vom Leistungsträger abgelehnte Leistung bis zur Herstellung des rechtmäßigen Zustands substituieren und anschließend zurückgezahlt werden sollen.[139]

72 Abweichend hiervon gem. § 11 Abs. 1 S. 3 SGB II sind Zuflüsse aus **darlehensweise gewährten Sozialleistungen** (im Sinne der §§ 18 bis 29 SGB I) als Einkommen zu berücksichtigen, soweit sie dem Lebensunterhalt dienen. Zu den darlehensweise gewährten Sozialleistungen gehören beispielsweise Leistungen nach dem BAföG einschließlich des Darlehensteils mit Ausnahme der Leistungen nach § 14 b BAföG abzüglich der Absetzbeträge gem. § 11 b SGB II. Gem. § 3 Abs. 6 S. 2 FPflZG[140] sind auch Darlehensleistungen nach dem FPflZG anzurechnen. Gem. § 3 Abs. 3 S. 4, 5 Alg II-V sind im Rahmen

---

130 BSG Urt. v. 29.4.2015 – B 14 AS 10/14 R, Rn. 39 (Verteilung einer einmaligen Einnahme erst im Zuflussfolgemonat, vgl. § 11 Abs. 3 S. 3 SGB II).
131 Vgl. BSG Urt. v. 29.4.2015 – B 14 AS 10/14 R, Rn. 41: Das Einkommen war zwar gemindert, reichte aber noch aus, den bis zum Erlass des Widerspruchsbescheids bestehenden Bedarfs zu decken. Vgl. dazu auch Pattar, Jahrbuch des Sozialrechts Band 37 (2016) S. 278.
132 BSG Urt. v. 24.5.2017 – B 14 AS 32/16 R, Rn. 26.
133 Vgl. BSG Urt. v. 29.4.2015 – B 14 AS 10/14 R, Rn. 46.
134 BSG Urt. v. 10.9.2013 – B 4 AS 89/12 R, Rn. 30.
135 BSG Urt. v. 17.6.2010 – B 14 AS 46/09 R, Rn. 16; 6.4.2000 – B 11 AL 31/99, Rn. 24 mwN; offengelassen für staatliche Darlehen (Meister-BAföG), BSG Urt. v. 17.6.2010 – B 14 AS 46/46/09 R, Rn. 16.
136 BSG Urt. v. 17.6.2010 – B 14 AS 46/09 R, Rn. 20 ff.
137 Geiger in: LPK-SGB II, 6. Aufl., § 11 Rn. 51 mwN.
138 BSG Urt. v. 17.6.2010 – B 14 AS 46/09 R, Rn. 21 unter Verweis auf BFH Urt. v. 4.6.1991 – IX R 150/85, Rn. 16, BFHE 106, 185: ua Vereinbarung einer Rückzahlung und ausreichender Sicherheitsleistung.
139 BSG Urt. v. 6.10.2011 – B 14 AS 66/11 R, Rn. 18 f. (Überbrückungsdarlehen bei durch Auszugsrenovierung entstandenen Kosten); 20.12.2011 – B 4 AS 46/11 R, Rn. 17 mwN.
140 Gesetz über die Familienpflegezeit (Familienpflegezeitgesetz – FPfZG) vom 6.12.2011 (BGBl. I S. 2564), geändert durch Gesetz vom 23.12.2014 (BGBl. I S. 2462).

der Ermittlung des Einkommens aus selbstständiger Tätigkeit nicht abzusetzen, soweit für sie (ua) Darlehen erbracht oder betriebliche Darlehen aufgenommen worden sind.

Der Grundsatz des endgültigen Zur-Verfügung-Stehens gilt auch für andere Einkünfte. **73** Gelder, die **aus Straftaten** erlangt sind, sind nicht bedarfsdeckend einzusetzen, wenn der Leistungsempfänger die empfangenen Gelder in Form von **Schadensersatz** wieder zurückzahlen muss.[141] Die versehentliche Überzahlung von Arbeitsentgelt ist jedenfalls dann anrechnungsfähiges Einkommen, wenn sie der Leistungsberechtigte nicht unverzüglich an den Arbeitgeber zurückzahlt.[142] Zu **Unrecht gewährte Sozialleistungen** sind dagegen als Einnahmen zu berücksichtigen, da die Rückzahlungspflicht erst bei tatsächlicher Aufhebung der Leistungsbewilligung entsteht.[143] Problematisch ist dies besonders bei zu Unrecht gewährtem Kindergeld;[144] es kann dann aber die Möglichkeit eines Billigkeitserlasses gem. § 227 AO durch die Familienkasse bestehen, wenn das Kindergeld bei der Berechnung der Höhe von SGB II-Leistungen als Einkommen angesetzt worden ist und eine nachträgliche Korrektur der Leistungen nicht mehr möglich ist.[145]

d) Bemühung um die Erlangung von Einkommen

Ist das Einkommen noch nicht vorhanden, kann der erwerbsfähige Leistungsberechtigte **74** verpflichtet sein, Ansprüche gegen andere zu verfolgen und durchzusetzen, um die Hilfebedürftigkeit künftig abzuwenden oder zu mildern, wobei die Überleitung von Ansprüchen gem. § 33 Abs. 2 SGB II vorrangig zu beachten ist.[146] Die damit zusammenhängenden Fragen sind noch nicht abschließend geklärt. Allerdings ist dabei zu beachten, dass der Leistungsträger den erwerbsfähigen Leistungsberechtigten im Rahmen seiner Beratungspflicht gem. §§ 1 Abs. 3 Nr. 1, 14 Abs. 2 SGB II zu unterstützen hat;[147] dies kann auch die Übernahme der durch Beratungs- oder Prozesskostenhilfe nicht gedeckten Kosten etwa bei einem Unterliegen betreffen. Für den Fall der Geltendmachung von übergegangenen Leistungen durch die betroffene Person selbst ist dies in § 33 Abs. 4 S. 2 SGB II ausdrücklich normiert.

aa) Verfolgung und Durchsetzung von Ansprüchen gegen Dritte

Die Verfolgung und Durchsetzung von Ansprüchen soll dann zumutbar sein, wenn sie **75** nicht offenkundig aussichtslos und für den Leistungsberechtigten nicht mit einem übermäßigen, etwa durch Inanspruchnahme von Beratungs- oder Prozesskostenhilfe auf ein hinnehmbares Maß geminderten finanziellen Risikos verbunden ist.[148]

bb) Rückgängigmachung von Pfändungen bzw. Aufrechnungen

Die Rückgängigmachung einer Pfändung soll im Rahmen der Selbsthilfeobliegenheit **76** nach § 2 Abs. 1 S. 1 SGB II zu prüfen sein. Dabei soll einem erwerbsfähigen Leistungsberechtigten grundsätzlich erkennbar sein, dass er gegen eine unberechtigte Minderung seines Einkommens vorgehen und seine Hilfebedürftigkeit dartun müsse. Gepfändete Einkommensteile sollen zum berücksichtigungsfähigen Einkommen (nur) unter der Voraussetzung zählen, dass diese in angemessener Zeit („rechtzeitig") durchzusetzen

---

141 BSG Urt. v. 6.4.2000 – B 11 AL 31/99, Rn. 21.
142 LSG Nds-Brem Urt. v. 17.4.2013 – L 15 AS 115/11, Rn. 24; kritisch Geiger in: LPK-SGB II, 6. Aufl., § 11 Rn. 22.
143 BSG Urt. v. 23.8.2011 – B 14 AS 165/10 R, Rn. 23 ff. (Aufhebung von Arbeitslosengeld I).
144 Vgl. HessLSG Urt. v. 24.4.2013 – L 6 AS 376/11, Rn. 31; LSG BW Urt. v. 21.3.2012 – L 2 AS 5392/11, Rn. 33 ff.
145 BFH Urt. v. 22.9.2011 – III R 78/08, Rn. 24 mwN.
146 Berlit in: LPK-SGB II, 6. Aufl., § 2 Rn. 15.
147 Vgl. etwa BSG Urt. v. 17.2.2015 – B 14 KG 1/14 R, Rn. 27; BSG Urt. v. 24.11.2011 – B 14 AS 15/11 R, Rn. 17, 19 zur alten Rechtslage; vgl. zum neuen Recht Becker SGb 2016, 607 (608) mit weiteren Nachweisen zur Konkretisierung des Beratungsanspruchs in der Rechtsprechung des BSG.
148 So Berlit in: LPK-SGB II, 6. Aufl., § 2 Rn. 19 mit Beispielen.

sind.[149] Dies soll grundsätzlich auch für die Rückgängigmachung einer Aufrechnung gelten, wobei aber klar ist, dass eine Aufrechnung aufgrund einer Gestaltungserklärung des Gläubigers gem. § 388 BGB zum Erlöschen der Förderung führen kann.[150] Sind zu hohe Einkommensbeträge gepfändet worden, soll der erwerbsfähige Leistungsberechtigte verpflichtet sein, einen Antrag auf Erhöhung des pfandfreien Einkommens zu stellen.[151]

cc) Rechtsfolge unterlassener Mitwirkung

77 Ein Einkommen darf ungeschmälert, dh fiktiv angerechnet werden, wenn der Leistungsberechtigte die zeitnahe Realisierung eines Geldzuflusses bewusst verzögert oder ganz verweigert,[152] er nicht gegen eine Aufrechnung vorgeht[153] oder wenn Sozialleistungen auf Darlehensbasis nicht abgerufen werden, obwohl sie ohne Weiteres beansprucht werden können.[154] Hier liegt der Gedanke des § 162 BGB zugrunde, wonach niemand aus einer Situation, die er selbst treuwidrig beeinflusst hat, Rechte herleiten darf. Ausgehend von diesem Rechtsgedanken ist der Verweis auf fiktives Einkommen nicht zulässig, wenn die Durchsetzung eines Anspruchs unsicher oder voraussichtlich längere Zeit dauert;[155] will der Leistungsträger Einkommen fiktiv anrechnen, hat es den Leistungsberechtigten zuvor über eine Beratung in die Lage zu versetzen, den vermeintlichen Einkommensbetrag auch kurzfristig durchsetzen zu können.[156]

e) Konkurrierende Erstattungsmöglichkeiten zur Erlangung von Einkommen

78 Dem Leistungsträger stehen bei Erfüllung der Voraussetzungen auch andere Erstattungsmöglichkeiten zur Erlangung von Einkommen zur Verfügung.

aa) Gesetzlicher Forderungsübergang

79 Liegen nur Ansprüche auf Leistungen vor und gewährt der Leistungsträger Arbeitslosengeld II, wird er gem. § 33 Abs. 1 S. 1 SGB II aufgrund eines gesetzlichen Forderungsübergangs abzüglich der vom Einkommen abzusetzenden Beträge zB nach § 11 b SGB II Inhaber der Forderung, so dass es allein in seiner Hand liegt, die Forderung zu realisieren.[157] Das Recht zur Ausschlagung eines Pflichtteils unterfällt als Gestaltungsrecht nicht dem Anspruchsübergang gem. § 33 SGB II;[158] dagegen kann der Anspruch auf Erfüllung bzw. Herausgabe des Pflichtteils vom Leistungsträger geltend gemacht werden.[159]

bb) Aufhebung bzw. Rücknahme und Erstattung

80 Hat der erwerbsfähige Leistungsberechtigte Einkommen erzielt, ist es aber nicht auf einen Alg II-Anspruch angerechnet worden, so besteht unter den Voraussetzungen der

---

149 BSG Urt. v. 10.5.2011 – B 4 KG 1/10 R, Rn. 23.
150 Vgl. BSG Urt. v. 16.5.2012 – B 4 AS 132/11 R, Rn. 22 ff.
151 Geiger in: LPK-SGB II, 6. Aufl., § 11 Rn. 49.
152 Geiger in: LPK-SGB II, 6. Aufl., § 11 Rn. 48.
153 Geiger in: LPK-SGB II, 6. Aufl., § 11 Rn. 57 unter Verweis auf LSG NRW 2.3.2015 – L 19 AS 1475/14 NZB.
154 Geiger in: LPK-SGB II, 6. Aufl., § 11 Rn. 50 unter Verweis auf LSG NRW Urt. v. 13.8.2014 – L 12 BK 3/14.
155 Geiger in: LPK-SGB II, 6. Aufl., § 11 Rn. 48 unter Verweis auf BSG Urt. v. 16.5.2012 – B 4 AS 159/11; B 4 AS 132/11 R; 19.8.2015 – B 14 AS 43/14 R, Rn. 18 mwN; LSG Nds-Brem Urt. v. 19.3.2014 – L 13 AS 3/13.
156 Geiger in: LPK-SGB II, 6. Aufl., § 11 Rn. 48 unter Verweis auf BSG Urt. v. 17.2.2015 – B 14 KG 1/14 R. Vgl. auch BSG Urt. v. 16.5.2012 – B 4 AS 132/11 R, Rn. 24 unter Hinweis auf BSG Urt. v. 24.11.2011 – B 14 AS 15/11 R, Rn. 16 ff.
157 Vgl. Söhngen in: LPK-SGB II, 4. Aufl., § 11 Rn. 43.
158 Geiger in: LPK-SGB II, 6. Aufl., § 11 Rn. 35 unter Verweis auf BGH Urt. v. 19.1.2011 – IV ZR 7/10.
159 Geiger in: LPK-SGB II, 6. Aufl., § 11 Rn. 35 unter Verweis auf BayLSG Beschl. v. 30.7.2015 – L 8 SO 146/15 B ER; LSG NRW Beschl. v. 11.6.2015 – L 9 SO 410/14 B.

§§ 45, 48 SGB X ein Aufhebungs-[160] bzw. Rücknahmeanspruch des Leistungsträgers. Wird dagegen die Überprüfung von Entscheidungen begehrt, kommt es auf das Einkommen und Vermögen zum Zeitpunkt des Bedarfs und nicht auf den Zeitpunkt der Entscheidung über den Überprüfungsantrag an.[161]

cc) Erstattung von Einkommen

Überschneiden sich Alg II-Bewilligungszeiträume mit Zeiträumen, für die Anspruch auf **81** eine vorrangige Leistung besteht, bestehen Ansprüche des Leistungsträgers gegen den vorrangig zuständigen Leistungsträger gem. §§ 102 ff. SGB X iVm § 40 a SGB II, die einer Anwendung nach den §§ 45, 48 SGB X vorgehen.[162] Gem. § 34 b SGB II hat der Leistungsträger gegen den erwerbsfähigen Leistungsberechtigten einen Herausgabeanspruch, wenn vorrangige Sozialleistungen weder als Einkommen angerechnet noch über §§ 102 ff. SGB X vereinnahmt werden können.[163]

4. Laufende und einmalige Einnahmen

Das SGB II kennt unterschiedliche Anrechnungsregeln für laufende und einmalige Ein- **82** nahmen. Diese unterschiedlichen Einkommensbegriffe führen leistungsrechtlich zu einer jeweils unterschiedlichen Berechnung der Leistungshöhe. Deshalb ist eine Darstellung der unterschiedlichen Einkommensbegriffe erforderlich. Gleichzeitig wird die Anwendung des SGB II dadurch schwierig.

a) Begriff der laufenden Einnahmen, § 11 Abs. 2 SGB II

Laufende Einnahmen sind Einnahmen, die auf **demselben Rechtsgrund beruhen und re-** **83** **gelmäßig erbracht werden.**[164] Der Rechtsgrund kann ein Arbeitsverhältnis, ein Unterhaltsschuldverhältnis oder ein Sozialleistungsverhältnis sein.[165] Die Regelmäßigkeit liegt vor, wenn die Erbringung **mindestens in monatlichen Zeitabständen** erfolgen soll; gem. § 11 Abs. 2 S. 3 SGB II gelten für laufende Einnahmen, die in größeren als monatlichen Zeitabständen zufließen, die Regelungen des § 11 Abs. 3 SGB II über einmalige Einnahmen entsprechend. Auch die erste und die letzte Auszahlung ist Teil der regelmäßig erbrachten Leistungen.[166] In diesem Sinne sind als laufende Einnahmen Arbeitsentgelt,[167] Krankengeld,[168] Anschluss-Übergangsgeld,[169] Übergangsgeld[170] und Arbeitslosenhilfe[171] behandelt worden. Dagegen gelten Nachzahlungen aus einer laufend zu zahlenden Leistung seit dem 1.8.2016 gem. § 11 Abs. 3 S. 2 SGB II als einmalige Einnahme.[172] Es soll zu Gunsten des Leistungsträgers ein Wahlrecht zwischen der Möglichkeit der Anrechnung gem. § 11 Abs. 3 S. 2 SGB II und der Geltendmachung eines Erstattungsanspruchs gem. §§ 104, 107 SGB X bestehen. Je nachdem soll die eine oder andere Mög-

---

160 Vgl. für den Fall der Aufhebung für die Zukunft wegen Zufluss von Einmaleinkommen (Erbe) BSG Urt. v. 29.4.2015 – B 14 AS 10/14 R.
161 BSG Urt. v. 4.4.2017 – B 4 AS 6/16 R, Rn. 20 (Restitutionsgedanke).
162 Vgl. Geiger in: LPK-SGB II, 6. Aufl., § 11 Rn. 29 ff.
163 Vgl. Geiger in: LPK-SGB II, 6. Aufl., § 11 Rn. 2.
164 Geiger in: LPK-SGB II, 6. Aufl., § 11 Rn. 61 unter Verweis auf BSG Urt. v. 21.12.2009 – B 14 AS 46/08 R.
165 Geiger in: LPK-SGB II, 6. Aufl., § 11 Rn. 61.
166 Geiger in: LPK-SGB II, 6. Aufl., § 11 Rn. 61.
167 Geiger in: LPK-SGB II, 6. Aufl., § 11 Rn. 61 unter Verweis auf BSG Urt. v. 18.2.2010 – B 14 AS 86/08 R; 6.5.2012 – B 4 AS 154/11 R.
168 Geiger in: LPK-SGB II, 6. Aufl., § 11 Rn. 61 unter Verweis auf BSG Urt. v. 16.12.2008 – B 4 AS 70/07 R.
169 Geiger in: LPK-SGB II, 6. Aufl., § 11 Rn. 61 unter Verweis auf BSG Urt. v. 7.5.2009 – B 14 AS 4/08 R.
170 Geiger in: LPK-SGB II, 6. Aufl., § 11 Rn. 61 unter Verweis auf BSG Urt. v. 7.5.2009 – B 14 AS 13/08 R.
171 Geiger in: LPK-SGB II, 6. Aufl., § 11 Rn. 61 unter Verweis auf BSG Urt. v. 21.12.2009 – B 14 AS 46/08 R.
172 Zur alten Rechtslage (Berücksichtigung der Nachzahlung nur im Monat des Zuflusses, im Folgemonat als Vermögen) BSG Urt. v. 24.4.2015 – B 4AS 32/14 R; LSG NRW Beschl. v. 1.4.2015 – L 19 AS 2233/14 B; LSG BW Urt. v. 20.10.2015 – L 13 AS 1806/14; Geiger in: LPK-SGB II, 6. Aufl., § 11 Rn. 61, 75.

lichkeit für den Betroffenen günstiger sein.[173] Gem. § 11 Abs. 2 S. 2 SGB II zählen auch Einnahmen zu den laufenden Einnahmen, die an einzelnen Tagen eines Monats aufgrund von kurzzeitigen Beschäftigungsverhältnissen erzielt werden.

84 Gem. § 11 Abs. 2 S. 1 SGB II sind laufende Einnahmen in dem Monat zu berücksichtigen, in dem sie zufließen,[174] sog **Monatsprinzip**. Die monatsweise Betrachtung liegt der Berücksichtigung von Einkommen grundsätzlich zugrunde; allerdings sind Ausnahmen auch statthaft.[175] Das Monatsprinzip gilt nach der in § 37 Abs. 2 S. 2 SGB II geregelten Antragsrückwirkung auf den Monatsersten auch für Einnahmen, die im Zuflussmonat vor dem Tag der Antragstellung im Antragsmonat zufließen.[176] Dies gilt aber nicht, wenn der Leistungsanspruch erst im laufenden Monat entsteht;[177] in diesem Fall ist das Einkommen – wie der Bedarf – nur anteilig anzurechnen, wobei je Tag 1/30 der Summe angerechnet wird.[178]

85 Das Einkommen ist in der tatsächlichen Höhe anzurechnen. Ist die tatsächliche Höhe ungewiss, muss das Einkommen gem. § 41 a Abs. 1 SGB II geschätzt und in einem vorläufigen Bescheid angerechnet werden. Vom laufenden Einkommen sind – abschließend[179] – die Absetzbeträge gem. § 11 b Abs. 1 S. 1 SGB II abzuziehen.

b) Begriff der einmaligen Einnahmen, § 11 Abs. 3 SGB II

86 Einmalige Einnahmen sind in Abgrenzung zu laufenden Einnahmen dadurch charakterisiert, dass sich das **Geschehen in einem bestimmten, verhältnismäßig kurzen Zeitraum abspielt** und sich **im Wesentlichen in einer einzigen Handlung (Gewährung) erschöpft;**[180] sie fließen also nur einmal (nach Antragstellung gem. § 37 SGB II) zu. Daneben gelten als einmalige Einnahmen gem. § 11 Abs. 2 S. 3 SGB II solche Einnahmen, die häufiger, aber in **längeren Zeitabständen als monatlich zufließen,** § 11 Abs. 2 S. 3 SGB II, wie Urlaubs- oder Weihnachtsgeld,[181] Krankenhaustagegeld,[182] Zinsgutschriften aus Kapitalvermögen,[183] Erstattung von Stromkosten,[184] die Erstattung von Einkommensteuerzahlungen,[185] Einnahmen aus Spielgewinnen,[186] Weihnachtsgeld.[187] Schließlich gelten **als Nachzahlung zufließende Einnahmen**, die nicht für den Monat des Zuflusses erbracht werden, gem. § 11 Abs. 3 S. 2 SGB II als einmalige Einnahmen. Bei der Berechnung des Einkommens sind mehrere Besonderheiten zu beachten, die auch bei der Aufhebung und Rückforderung von Leistungen nach dem SGB II zu beachten sind.[188]

---

173 Vgl. Geiger in: LPK-SGB II, 6. Aufl., § 11 Rn. 75.
174 Vgl. Geiger in: LPK-SGB II, 6. Aufl., § 11 Rn. 62 unter Verweis auf BSG Beschl. v. 23.11.2006 – B 11 b AS 17/06 B.
175 BSG Urt. v. 22.8.2013 – B 14 AS 1/13 R, Rn. 35.
176 BT-Drs. 17/3404, 94.
177 ZB bei Strafgefangenen, die bis zur Entlassung aus der Justizvollzugsanstalt gem. § 7 Abs. 4 S. 2 SGB II vom Leistungsbezug ausgeschlossen sind, oder bei Zuzug aus dem Ausland und Wohnsitznahme in der Bundesrepublik Deutschland, § 7 Abs. 1 S. 1 Nr. 4 SGB II.
178 Geiger in: LPK-SGB II, 6. Aufl., § 11 Rn. 62.
179 Geiger in: LPK-SGB II, 6. Aufl., § 11 b Rn. 1.
180 BSG Urt. v. 27.1.1977 – 7 RAr 17/76, Rn. 25; BSG Urt. v. 21.12.2009 – B 14 AS 46/08 R, Rn. 14.
181 So Geiger in: LPK-SGB II, 6. Aufl., § 11 Rn. 64; BSG Urt. v. 27.9.2011 – B 4 AS 180/10 R (Weihnachtsgeld).
182 BSG Urt. v. 18.1.2011 – B 4 AS 90/10 R.
183 BSG Urt. v. 30.9.2008 – B 4 AS 57/07 R.
184 BSG Urt. v. 19.5.2009 – B 8 SO 35/07 R.
185 BSG Urt. v. 30.9.2008 – B 4 AS 29/07 R.
186 BSG Urt. v. 15.6.2016 – B 4 AS 41/15 R, Rn. 34 mwN.
187 BSG Urt. v. 27.9.2011 – B 4 AS 180/10 R, Rn. 32.
188 BSG Urt. v. 24.8.2017 – B 4 AS 9/16 R, Rn. 17 f.: Aufhebung und Rückforderung von alle zwei Monate zufließenden Aufwandsentschädigungen als Betreuer gem. § 1835 a BGB nicht im Monat des Zuflusses, sondern im Folgemonat, § 11 Abs. 3 S. 3 SGB II.

aa) Beginn der Anrechnung

Ausgehend von der Unterscheidung zwischen Einkommen und Vermögen kann Ein- **87**
kommen nur sein, was nach Antragstellung gem. § 37 SGB II zufließt. Damit ist aber
noch nicht geklärt, ob das Einkommen sofort (im Zuflussmonat) oder später (im Folgemonat) zu berücksichtigen ist. Dies bestimmt sich danach, ob die Leistungen zur Sicherung des Lebensunterhalts bereits erbracht worden sind, § 11 Abs. 3 S. 1, 3 SGB II:[189]

- Sind die Leistungen zur Sicherung des Lebensunterhalts für den laufenden Monat
  noch nicht erbracht worden, ist die Einnahme **im Zuflussmonat zu berücksichtigen,**
  § 11 Abs. 3 S. 1 SGB II.

- Sind die Leistungen zur Sicherung des Lebensunterhalts bereits **ohne Berücksichtigung der einmaligen Einnahme** erbracht worden, ist die Einnahme im Folgemonat
  zu berücksichtigen, § 11 Abs. 3 S. 3 SGB II.

bb) Dauer der Anrechnung

Die einmalige Einnahme ist je nach ihrer Höhe unterschiedlich lang zu berücksichtigen, **88**
wobei es hinsichtlich der Höhe auf den Bedarf für einen Monat ankommt:

- **Deckt eine Einnahme nicht den Bedarf im Anrechnungsmonat,** ist sie gem. § 11
  Abs. 3 S. 1 SGB II im Zuflussmonat (§ 11 Abs. 3 S. 1 SGB II) bzw. im Folgemonat
  (§ 11 Abs. 3 S. 3 SGB II) zu berücksichtigen.

- **Deckt eine Einnahme den Bedarf im Anrechnungsmonat,** ist sie gem. § 11 Abs. 3
  S. 4 SGB II auf einen Zeitraum von sechs Monaten gleichmäßig aufzuteilen und monatlich mit einem entsprechenden Teilbetrag zu berücksichtigen; dies gilt auch in
  dem Fall, dass der Sechs-Monats-Zeitraum über den konkreten Bewilligungsabschnitt hinausgeht und ein neuer Antrag auf Fortzahlung der Leistungen gestellt
  werden muss.[190] Nach Ablauf des Sechs-Monats-Zeitraums ist eventuell noch vorhandenes Einmaleinkommen als Vermögen zu berücksichtigen,[191] dh bei Unterschreiten der Schonvermögensgrenzen ist es anrechnungsfrei. Eine frühere Umwandlung in Vermögen ist denkbar, wenn der erwerbsfähige Leistungsberechtigte seine
  Hilfebedürftigkeit nachhaltig – mindestens einen Monat – beendet.[192] Bei der Berechnung des Einkommens bleiben Einkommensminderungen zwischen dem Tag
  des tatsächlichen Zuflusses und dem ersten Tag des Verteilzeitraums unberücksichtigt.[193]

---

189 Im Fall der rückwirkenden Änderungen im Bewilligungszeitraum gem. § 48 Abs. 1 S. 1 Nr. 3 SGB X soll die
     selbe Anrechnungsregel gelten, vgl. Geiger in: LPK-SGB II, 6. Aufl., § 11 Rn. 65 unter Verweis auf
     LSG Nds-Brem Beschl. v. 9.2.2015 – L 11 AS 1352/14 B ER; dagegen LSG BW Urt. v. 25.6.2014 – L 2 AS
     2373/13. Im Fall des verschwiegenen oder verspätet zur Kenntnis genommenen Einmaleinkommens ist der
     Einwand unbeachtlich, das Einmaleinkommen sei im Bewilligungsabschnitt vorzeitig weggefallen, weil es
     im Fall der Aufhebung und Rückforderung nicht um die aktuelle Bedarfslage geht, sondern nur eine künf-
     tige Forderung des Leistungsträgers betroffen ist; werden Leistungen für einen neuen Bewilligungsabschnitt
     aufgehoben oder zurückgefordert, muss im Rückforderungsfall gem. § 45 SGB X geprüft werden, ob das
     Einmaleinkommen noch vorhanden war, vgl. BSG Urt. v. 10.9.2013 – B 4 AS 89/12 R, Rn. 30 ff. Unter
     Geltung des § 24 Abs. 4 S. 2 SGB II soll es auf diese Wertung nicht mehr ankommen, weil es im Rückblick
     regelmäßig an der Unabweisbarkeit eines Darlehens fehlen werde, so dass eine Rückforderung immer be-
     rechtigt sein werde. Es sei nur unklar, ob die Befugnis zur Aufrechnung 10 % oder 30 % der Regelleistung
     betragen dürfe, vgl. Geiger in: LPK-SGB II, 6. Aufl., § 11 Rn. 74.
190 BSG Urt. v. 10.9.2013 – B 4 AS 89/12 R, Rn. 22 mwN.
191 Geiger in: LPK-SGB II, 6. Aufl., § 11 Rn. 67.
192 Vgl. Geiger in: LPK-SGB II, 6. Aufl., § 11 Rn. 67 unter Verweis auf BSG Urt. v. 30.9.2008 – B 4 AS 29/07
     R, Rn. 31.
193 BSG Urt. v. 29.4.2015 – B 14 AS 10/14 R, Rn. 40 unter Verweis auf BSG Urt. v. 10.9.2013 – B 4 AS 89/12
     R, Rn. 25 (für den Fall der Aufhebung gem. § 48 Abs. 1 S. 2 Nr. 3 SGB X: Kauf eines PKW von einer Ab-
     findung).

89   Beispiel:[194] A hat einen monatlichen Bedarf in Höhe von 824,00 EUR (Regelleistung 424,00 EUR, Unterkunftskosten 400,00 EUR). Ihm fließt eine einmalige Einnahme in Höhe von 300,00 EUR zu.

Lösung:
Die einmalige Einnahme ist (abschließend) im Zufluss- oder im Folgemonat zu berücksichtigen:

Regelleistung	424,00 EUR
Unterkunftskosten	400,00 EUR
Abzüglich Einkommen	300,00 EUR
	524,00 EUR

Beispiel:[195] A hat einen monatlichen Bedarf in Höhe von 824,00 EUR (Regelleistung 424,00 EUR, Unterkunftskosten 400,00 EUR). Ihm fließt eine einmalige Einnahme in Höhe von 1.200,00 EUR zu.

Lösung:
Die einmalige Einnahme ist höher als der Bedarf in Höhe von 824,00 EUR. Daher muss die Einmalige Einnahme auf sechs Monate gleichmäßig aufgeteilt (1.200,00 EUR : 6) und über sechs Monate angerechnet werden:

Regelleistung	424,00 EUR
Unterkunftskosten	400,00 EUR
Abzüglich Einkommen	200,00 EUR
	624,00 EUR

90   Diese Aufteilungsregelung gilt nach der Gesetzesbegründung auch, wenn die Leistungsberechtigung absehbar innerhalb einer kürzeren Frist endet.[196]

91   Verbraucht der erwerbsfähige Leistungsberechtigte das Einkommen vor Ablauf von sechs Monaten, entsteht nicht mehr – wie nach altem Recht[197] – ein neuer Anspruch auf Zahlung eines Zuschusses. Vielmehr kann der Leistungsträger den Bedarf gem. § 24 Abs. 4 S. 2 SGB II in Form eines Darlehens decken. Dazu soll allerdings ein neuer Antrag erforderlich sein.[198] Mit § 11 Abs. 3 S. 4 SGB II fingiert der Gesetzgeber die Anrechnung von Einkommen mit der Folge, dass es vom siebten Monat an verbraucht gilt. Sind Geldmittel nach Ablauf von sechs Monaten noch vorhanden, können sie nicht mehr als Einkommen, sondern nur noch als Vermögen angerechnet werden.

cc) Höhe der zu berücksichtigenden Einnahme

92   Das Gesetz sieht eine besondere Regelung für Absetzungen vom Einmaleinkommen vor. Gem. § 11 b Abs. 1 S. 2 SGB II muss das Einkommen vor der Verteilung um die im **Zuflussmonat** entfallenden Beträge nach § 11 b Abs. 1 S. 1 Nr. 1 (Steuern), 2 (Pflichtbeiträge zur Sozialversicherung), 5 (mit der Erzielung des Einkommens verbundene notwendige Ausgaben) und 6 (Erwerbstätigenfreibeträge gem. § 11 b Abs. 3 SGB II) bereinigt werden.[199] Besteht die Nachzahlung aus **mehreren Einzeleinkommen,** für die jeweils ein Erwerbstätigenfreibetrag anzusetzen gewesen wäre, sind auch **mehrere Erwerbstätigenfreibeträge** abzusetzen; dies folgt aus der Zwecksetzung des Freibetrags, den Anreiz für

---

194 In diesem Beispiel werden Absetzbeträge aus Vereinfachungsgründen nicht berücksichtigt.
195 In diesem Beispiel werden Absetzbeträge aus Vereinfachungsgründen nicht berücksichtigt.
196 BT-Drs. 17/3404, 94.
197 BSG Urt. v. 29.12.2012 – B 14 AS 33/12 R; 12.12.2013 – B 14 AS 76/12 R; 10.9.2013 – B 4 AS 89/12 R; dazu Geiger in: LPK-SGB II, 6. Aufl., § 11 Rn. 7.
198 BSG Urt. v. 29.4.2015 – B 14 AS 10/14 R, Rn. 46.
199 Zur Rechtslage vor Inkrafttreten von § 11 b Abs. 1 S. 2 SGB II vgl. BSG Urt. v. 27.9.2011 – B 4 AS 180/10 R, Rn. 33.

die Aufnahme und Aufrechterhaltung nicht bedarfsdeckender Tätigkeit spürbar zu verstärken.[200] In den **Folgemonaten** erfolgt dagegen eine Bereinigung nicht mehr. Damit soll eine doppelte Gewährung von Absetz- und Freibeträgen auf dasselbe Einkommen ausgeschlossen werden.[201] Dagegen sind monatlich weitere Absetzbeträge zu berücksichtigen, soweit sie in den einzelnen Monaten des Verteilzeitraums anfielen.[202] Dazu können Ausgaben für die Kranken- und Pflegeversicherung gem. § 11 b Abs. 1 S. 1 Nr. 3 a SGB II gehören, wenn der Leistungsanspruch nach dem SGB II voll entfällt.[203] Dies gilt vor allem für die Einnahmen Selbstständiger. Neben diesen Absetzungen dürften auch die Absetzbeträge gem. § 11 b Abs. 1 S. 1 Nr. 3, 4, 7, 8 SGB II absetzbar sein. Daneben können weitere Ausgaben erforderlich sein, die zu einem schnelleren Verbrauch des Einmaleinkommens führen können:[204]

- Krankenversicherung: Mehrkosten durch Entfallen des Anspruchs auf ermäßigte Zuzahlungen gem. § 62 SGB V, Verlust des Anspruchs auf vollen Zuschuss für Zahnersatz gem. § 55 SGB V, Zahlung des Zusatzbeitrags gem. § 242 SGB V
- Allgemeine Vergünstigungen (regional verschieden): Sozialticket, verbilligter Eintritt für Theater, Schwimmbad etc.
- Entfallen der Rundfunkgebührenbefreiung
- Fälligwerden noch nicht getilgter Darlehensforderungen des Leistungsträgers gem. § 42 a Abs. 4 SGB II
- Einforderungen von Ersatzansprüchen gem. § 34 SGB II
- Übernahme von Betriebs- und Heizungskosten nur bei (Wieder-)Entstehen der Hilfebedürftigkeit

c) Vorläufiges Einkommen

Der Begriff des vorläufigen Einkommens wird nicht ausdrücklich erwähnt, sondern nur der Begriff der vorläufigen Entscheidung gem. § 41 a SGB II. Allerdings beruht die vorläufige Entscheidung in der Regel darauf, dass die Höhe des Einkommens noch nicht feststeht. In diesen Fällen ist Einkommen gem. § 41 a Abs. 1 SGB II vorläufig festzusetzen, wenn zur Feststellung der Voraussetzungen des Anspruchs auf Geld- und Sachleistungen voraussichtlich längere Zeit erforderlich ist und die Voraussetzungen für den Anspruch mit hinreichender Wahrscheinlichkeit vorliegen oder wenn ein Anspruch auf Geld- und Sachleistungen dem Grunde nach besteht und zur Feststellung seiner Höhe voraussichtlich längere Zeit erforderlich ist. **93**

Gem. § 41 a Abs. 2 S. 2 SGB II ist die vorläufige Leistung so zu bemessen, dass der monatliche Bedarf der Leistungsberechtigten zur Sicherung des Lebensunterhalts gedeckt ist, wobei der Absetzbetrag nach § 11 b Abs. 1 S. 1 Nr. 6 SGB II ganz oder teilweise unberücksichtigt bleiben kann. Gem. § 41 a Abs. 2 S. 3 SGB II sind die im Zeitpunkt der Entscheidung bekannten und prognostizierten Verhältnisse zugrunde zu legen. Wirkt der erwerbsfähige Leistungsberechtigte nicht mit, muss der Antrag auf Leistungen vollständig abgelehnt werden.[205] **94**

Gem. § 41 Abs. 3 S. 2 Nr. 1 SGB II ist der Zeitraum der Leistungsbewilligung regelmäßig auf sechs Monate verkürzt. **95**

200 BSG Urt. v. 17.7.2014 – B 14 AS 25/13 R, Rn. 11 ff.
201 BT-Drs. 17/3404, 95.
202 BT-Drs. 17/3404, 95.
203 BSG Urt. v. 29.4.2015 – B 14 AS 10/14 R, Rn. 40; dann ist aber auch zu prüfen, ob nicht ein Anspruch auf Zahlung eines Zuschusses zu den Beiträgen gem. § 26 SGB II besteht, vgl. BSG Urt. v. 29.4.2015 – B 14 AS 10/14, Rn. 43.
204 Vgl. Geiger in: LPK-SGB II, 6. Aufl., § 11 Rn. 73.
205 Vgl. Geiger in: LPK-SGB II, 6. Aufl., § 11 Rn. 63 (unklar, ob gem. § 20 SGB X oder gem. §§ 66 ff. SGB I).

96 Unter den Voraussetzungen des § 41 a Abs. 3, Abs. 4, Abs. 5 SGB II kann abschließend über den Anspruch entschieden werden. Besonders schwierig ist die Regelung des § 41 a Abs. 3 S. 3, 4, 5 SGB II, wonach der Leistungsträger bei nicht ausreichender Mitwirkung des erwerbsfähiger Leistungsberechtigten die Leistung sogar auf 0,00 EUR festsetzen darf.[206]

d) Durchschnittseinkommen, § 3 Abs. 4 Alg II-V

97 Die Möglichkeit der Bildung eines Durchschnittseinkommens stellt eine Abweichung von dem Grundsatz des § 11 Abs. 2 S. 1 SGB II dar, dass laufende Einnahmen für den Monat zu berücksichtigen sind, in dem sie zufließen.[207] Eine Abweichung von diesem sog Monatsprinzip ist nur bei Vorliegen der jeweiligen Voraussetzungen statthaft. In der Sache handelt es sich bei dem Einkommen Selbstständiger gem. § 3 Abs. 4 Alg II-V um ein Durchschnittseinkommen. Dabei werden Einnahmen fiktiv einem Monat zugeordnet, ohne dass zu überprüfen ist, ob sie in diesem Monat tatsächlich zur Verfügung standen, womit auch eine Abkehr vom sonst geltenden Monatsprinzip verbunden ist. Dies soll rechtmäßig sein.[208] Außerhalb des Einkommens Selbstständiger konnte gem. § 2 Abs. 3 Alg II-V ein Durchschnittseinkommen zu Grunde gelegt werden. Diese Vorschrift, die nur für die Bewilligung vorläufiger Leistungen galt und nicht entsprechend auf andere Tatbestände angewendet werden konnte,[209] ist weggefallen.[210] Ein Durchschnittseinkommen kann gem. § 41 a Abs. 1, Abs. 2 SGB II bei der vorläufigen Entscheidung über die Erbringung von Leistungen gebildet werden und ist gem. § 41 a Abs. 4 S. 1 SGB II bei der abschließenden Feststellung des Leistungsanspruchs zugrunde zu legen. Die Vorschrift gilt für alle in § 11 SGB II genannten Einnahmen.[211] Sie soll der Verwaltungsvereinfachung dienen.[212] Sie kann vor allem bei Erwerbseinkommen günstiger sein als die bisherige Regelung, wenn das Erwerbseinkommen teilweise weniger als 100,00 EUR und das Durchschnittseinkommen dann insgesamt weniger als 100,00 EUR beträgt;[213] bei sonstigen Einnahmen kann die Regelung günstiger sein, wenn in einzelnen Monaten kein Einkommen erzielt wird, weil die Versicherungspauschale in Höhe von 30,00 EUR dann in allen Monaten berechnet wird.[214]

98 Der Grundsatz der Bildung eines Durchschnittseinkommens gilt nach § 41 a Abs. 4 SGB II nicht durchgehend. § 41 a Abs. 4 S. 2 SGB II sieht drei Fälle vor, in denen die Bildung des Durchschnittseinkommens nicht statthaft ist. Gem. § 41 a Abs. 4 S. 2 Nr. 2 SGB II ist dies ua der Fall, wenn in mindestens einem Monat des Bewilligungszeitraums durch das zum Zeitpunkt der abschließenden Feststellung nachgewiesene zu berücksichtigende Einkommen entfällt, gem. § 41 a Abs. 4 S. 2 Nr. 3 SGB II auch dann, wenn die leistungsberechtigte Person vor der abschließenden Feststellung des Leistungsanspruchs eine Entscheidung auf der Grundlage des tatsächlichen monatlichen Einkommens beantragt. In diesem Zusammenhang besteht gem. § 14 Abs. 2 S. 2 SGB II ua eine Beratungspflicht „zur Berechnung der Leistungen zur Sicherung des Lebensunterhalts".

---

206 Vgl. zur Geltung in zeitlicher Sicht BSG Urt. v. 12.9.2018 – B 4 AS 39/17 R, Rn. 25 ff. und zu materiellrechtlichen Fragen BSG Urt. v. 12.9.2018 – B 4 AS 4/18 R, Rn. 21 ff.
207 BSG Urt. v. 30.3.2017 – B 14 AS 18/16 R, Rn. 21 ff.
208 So BSG Urt. v. 22.8.2013 – B 14 AS 1/13 R, Rn. 33 zu § 3 Abs. 4 Alg II-VO.
209 BSG Urt. v. 30.3.2017 – B 14 AS 18/16 R, Rn. 21 ff.
210 Vgl. Nachweise zur alten Rechtslage bei Geiger in: LPK-SGB II, 6. Aufl., § 11 Rn. 2.
211 Conradis in: LPK-SGB II, 6. Aufl., § 41 a Rn. 15.
212 BT-Drs. 18/8041, 53.
213 Conradis in: LPK-SGB II, 6. Aufl., § 41 a Rn. 14.
214 Conradis in: LPK-SGB II, 6. Aufl., § 41 a Rn. 15.

e) Geschätztes Einkommen

Einkommen kann geschätzt werden. Dies ist etwa dann der Fall, wenn die konkreten **99** Einkommensverhältnisse nicht ermittelt werden können.[215] Obwohl der Begriff der Schätzung nicht verwendet wird, ist die vorläufige Leistung gem. § 41 a Abs. 2 S. 2 SGB II inhaltlich eine Schätzung. Die Schätzung ist nicht frei möglich, sondern gem. § 41 a Abs. 2 S. 2 SGB II so zu bemessen, dass der monatliche Bedarf der Leistungsberechtigten zur Sicherung des Lebensunterhalts gedeckt ist. Gem. § 41 a Abs. 2 S. 3 SGB II sind die im Zeitpunkt der Entscheidung bekannten und prognostizierten Verhältnisse zugrunde zu legen.

Gem. § 2 Abs. 7 Alg II-V kann das Einkommen nach Anhörung geschätzt werden, wenn **100** Leistungen der Grundsicherung für Arbeitsuchende einmalig oder für kurze Zeit zu erbringen sind, wenn Einkommen nur für kurze Zeit zu erbringen ist oder wenn die Entscheidung über die Erbringung von Leistungen zur Grundsicherung für Arbeitsuchende im Einzelfall keinen Aufschub duldet.

f) Fiktives Einkommen

Fiktives Einkommen ist Einkommen, das tatsächlich als bereites Mittel zum Einsatz für **101** den laufenden Bedarf nicht zur Verfügung steht. Als nicht bereites Mittel darf darauf grundsätzlich nicht verwiesen werden (Faktizitätsprinzip),[216] weil ein Verweis etwa auf eine vorher mögliche Abwendung der Hilfebedürftigkeit durch ordnungsgemäßes Verhalten mit dem Charakter des Arbeitslosengeldes II als existenzsichernder Leistung gem. Art. 1 GG iVm Art. 20 GG nicht vereinbar wäre.[217] Auch im Fall der unterlassenen Arbeitsaufnahme kann kein fiktives Einkommen angerechnet werden, weil die Sanktionsregelung in § 31 Abs. 1 Nr. 2 SGB II eine abschließende Vorschrift darstellt. Im SGB XII gilt § 39 a SGB XII. Nicht realisierte Ansprüche kann der Leistungsträger gem. § 33 SGB II bzw. gem. §§ 93, 94 SGB XII auf sich überleiten.

Allerdings gilt der Grundsatz der Berücksichtigung nur bereiter Einkommen nicht aus- **102** nahmslos. Gem. § 24 Abs. 4 S. 2 SGB II kann im Falle des **vorzeitigen Verbrauchs von Einmaleinkommen** fiktives Einkommen angerechnet werden.[218] Einkommen soll auch ungeschmälert, dh fiktiv angerechnet werden können, wenn der Leistungsberechtigte die zeitnahe Realisierung eines Geldzuflusses **bewusst verzögert oder ganz verweigert.**[219] Nach der Rechtsprechung des BSG kommt im Fall eines gem. § 9 Abs. 4 SGB II nicht sofort verwertbaren Vermögens eine Leistungserbringung weder als Zuschuss noch als Darlehen gem. § 24 Abs. 5 S. 1 SGB II in Betracht, wenn sich die antragstellende Person trotz entsprechender Hinweise des Leistungsträgers auf die Erforderlichkeit von Verwertungsbemühungen und die Folgen von deren Unterlassen nicht (mehr) um eine Verwertung bemüht.[220] Dies soll jedoch nicht gelten, wenn die Durchsetzung eines Anspruchs unsicher oder voraussichtlich längere Zeit dauert;[221] will der Leistungsträger Einkommen fiktiv anrechnen, soll er den Leistungsberechtigten zuvor über eine Beratung in die Lage versetzen, den vermeintlichen Einkommensbetrag auch kurzfristig

---

215 BSG Urt. v. 15.6.2016 – B 4 AS 41/15 R, Rn. 32, vgl. dort – Rn. 27 ff. – auch zur Verteilung der Beweislast.
216 Geiger in: LPK-SGB II, 6. Aufl., § 11 Rn. 69 mwN. Vgl. auch BSG Urt. v. 22.8.2013 – B 14 AS 1/13 R, Rn. 23.
217 BSG Urt. v. 12.12.2013 – B 14 AS 76/12 R, Rn. 11 zum vorzeitigen Verbrauch einer einmaligen Einnahme; jetzt sieht § 24 Abs. 4 S. 2 SGB II die Erbringung einer Leistung als Darlehen voraus.
218 Vgl. Geiger in: LPK-SGB II, 6. Aufl., § 11 Rn. 2.
219 Geiger in: LPK-SGB II, 6. Aufl., § 11 Rn. 48.
220 BSG Urt. v. 24.5.2017 – B 14 AS 16/16 R, Rn. 35 f.
221 Geiger in: LPK-SGB II, 6. Aufl., § 11 Rn. 48 unter Verweis auf BSG Urt. v. 16.5.2012 – B 4 AS 159/11; B 4 AS 132/11 R; LSG Nds-Brem Urt. v. 19.3.2014 – L 13 AS 3/13.

durchsetzen zu können.[222] Eine ähnliche Problematik ergibt sich, wenn die Bemühungen um die Verwertung von anrechnungsfähigem Vermögen eingestellt werden, wenn (bis dahin) ein Darlehen gem. §§ 9 Abs. 4, 24 Abs. 5 SGB II gewährt wurde.[223] Gegen die Berücksichtigung des Einkommens in diesen Fällen spricht, dass es eben nicht zugeflossen ist. Eine **Ausnahme vom Zuflussprinzip** wäre **systemwidrig**. Gleichwohl lässt sich die Ablehnung von Leistungen mit einer anderen Begründung rechtfertigen. Denn § 162 BGB enthält den **allgemeinen Rechtsgedanken**, dass niemand aus einer Situation, die er selbst treuwidrig beeinflusst hat, Rechte herleiten darf.[224] Anhand dieses Rechtsgedankens kann auch im Einzelfall entschieden werden, ob sich der erwerbsfähige Leistungsberechtigte treuwidrig verhält. Dazu sind im Einzelfall alle Aspekte des Sozialrechtsverhältnisses zu betrachten; auch der Beratungsgrundsatz des § 14 Abs. 2 S. 2 SGB II ist heranzuziehen.

III. Nicht zu berücksichtigendes Einkommen

1. Überblick

103 Das nicht zu berücksichtigende Einkommen ist in § 11 a SGB II, in § 1 Alg II-V und in Spezialgesetzen erfasst. § 11 a SGB II ist zuletzt durch das 9. SGB II-Änderungsgesetz mit Wirkung zum 1.8.2016 geändert worden. Neu berücksichtigt sind das Überbrückungsgeld nach § 51 StrafVollzG und Leistungen zur Förderung von Aus- und Weiterbildung. Danach sind als Einkommen ua nicht zu berücksichtigen:

104
- Leistungen nach dem SGB II (§ 11 a Abs. 1 Nr. 1 SGB II; → Rn. 106)
- Grundrente nach dem BVG und entsprechenden Gesetzen (§ 11 a Abs. 1 Nr. 2 SGB II) sowie nach § 1 Alg II-V (→ Rn. 109)
- Renten oder Beihilfen nach dem BEG (§ 11 a Abs. 1 Nr. 3 SGB II; → Rn. 110)
- Schmerzensgeld nach § 253 Abs. 2 BGB geleistet werden (§ 11 a Abs. 2 SGB II; → Rn. 113)
- Zweckbestimmte Einnahmen auf Grund öffentlich-rechtlicher Vorschriften (§ 11 a Abs. 3 S. 1 SGB II; Ausnahmen hiervon § 11 a Abs. 3 S. 2 SGB II; → Rn. 115)
- Zuwendungen der freien Wohlfahrtspflege (§ 11 a Abs. 4 SGB II; → Rn. 121)
- Zuwendungen eines anderen ohne rechtliche oder sittliche Pflicht (§ 11 a Abs. 5 SGB II; → Rn. 123)
- Überbrückungsgeld nach § 51 StrafVollzG für mehr als 28 Tage (§ 11 a Abs. 6 SGB II; → Rn. 127)

105 Es gibt keinen gemeinsamen Grund für die ausnahmsweise Nichtberücksichtigung der jeweiligen Einkommen. Bestimmte Einkommen sollen aufgrund ihres Charakters (zB Schmerzensgeld, § 11 a Abs. 2 SGB II) oder ihrer Zielrichtung (von der Grundsicherung zweckverschiedene Leistungen, § 11 a Abs. 3 SGB II) nicht oder nicht vollständig zum Lebensunterhalt eingesetzt werden.[225] Zum Teil (etwa bei § 11 a Abs. 6 SGB II) enthält das Gesetz auch nur eine verkappte Anrechnungsvorschrift.

---

222 Geiger in: LPK-SGB II, 6. Aufl., § 11 a Rn. 48 unter Verweis auf BSG Urt. v. 17.2.2015 – B 14 KG 1/14 R.
223 Vgl. dazu BSG Urt. v. 24.5.2017 – B 14 AS 16/16 R, Rn. 37, wonach die Grundsätze zum bereiten Mittel nicht zu beachten sind.
224 Vgl. Grüneberg in: Palandt BGB § 162 Rn. 6.
225 Vgl. Schmidt in: Eicher/Luik SGB II, 4. Aufl., § 11 a Rn. 5.

2. Die einzelnen nicht zu berücksichtigenden Einkommen

a) Leistungen nach dem SGB II (§ 11 a Abs. 1 Nr. 1 SGB II)

§ 11 a Abs. 1 Nr. 1 SGB II hat den Sinn und Zweck, Zirkelschlüsse zu vermeiden, weil **106**
die Berücksichtigung von Leistungen nach dem SGB II bei der Ermittlung von Ansprüchen nach dem SGB II keinen Sinn ergeben würde.[226] Ausgehend hiervon sind von der
Anrechnung alle Geldleistungen nach dem SGB II wie das Arbeitslosengeld gem. § 19
Abs. 1 SGB II einschließlich der Ansparung aus diesen Leistungen,[227] das Einstiegsgeld
gem. § 16 b Abs. 1 SGB II,[228] die Mehraufwandsentschädigungen bei Arbeitsgelegenheiten gem. § 16 d Abs. 7 SGB II[229] ausgenommen. Dies gilt nicht nur, wenn die Leistungen
zeitnah ausgezahlt werden, sondern auch dann, wenn sie nachgezahlt werden, da ansonsten eine zunächst erfolgte rechtswidrige Leistungsverweigerung „belohnt" und das
Gebot der Gewährung effektiven Rechtsschutzes gem. Art. 19 Abs. 4 GG verletzt würde.[230] Deshalb sind auch Zinsen auf nachträglich gezahlte Leistungen nicht anzurechnen.[231]

Nach seinem Sinn und Zweck muss § 11 a Abs. 1 Nr. 1 SGB II auch dann gelten, wenn **107**
anrechnungsfähige Leistungen nachgezahlt werden, sie aber bei rechtzeitiger Nachzahlung nicht vollständig hätten angerechnet werden dürfen oder bei rechtzeitiger Nachzahlung andere Aufwendungen nicht entstanden wären, so zB bei Nachzahlung von Arbeitslosengeld I nach Aufhebung einer Sperrzeit[232] oder bei Nachzahlung eines zunächst
abgelehnten Gründungszuschusses gem. § 93 SGB III, wenn mit der Nachzahlung ein
Darlehen getilgt wird, das der erwerbsfähige Leistungsberechtigte wegen der Nichtzahlung aufgenommen hat.[233]

Dazu gehören aus Gleichbehandlungsgründen auch **andere existenzsichernde Leistun- 108
gen** in Form von laufenden Leistungen und in Form von Nachzahlungen nach dem
Dritten Kapitel des SGB XII, nach dem Vierten Kapitel des SGB XII[234] sowie nach dem
AsylbLG,[235] nicht dagegen der Kinderzuschlag nach § 6 a BKGG[236] und nicht Nachzahlungen anderer Einkünfte wie zB Wohngeld.[237] Nach der Rechtsprechung des BSG ist
auch eine Erstattung von Dritten für Vorauszahlungen auf vom Regelbedarf umfasste
Leistungen (Stromkostenerstattung) nicht als Einkommen zu berücksichtigen.[238]

---

226 Vgl. BSG Urt. v. 25.6.2015 – B 14 AS 17/14 R, Rn. 13 mwN.
227 BSG Urt. v. 23.8.2011 – B 14 AS 186/10 R, Rn. 18: Rückzahlung von Vorauszahlungen für Allgemein-
strom, der aus der Regelleistung bezahlt wurde.
228 SchlHLSG Beschl. v. 6.10.2011 – L 11 AS 146/11 B ER, Rn. 17, FEVS 63, 570 ff.; zweifelnd Schmidt in:
Eicher/Luik SGB II, 4. Aufl., § 11 a Rn. 7, der darauf hinweist, dass das Einstiegsgeld „zur Überwindung
der Hilfebedürftigkeit" geleistet wird und dass bei der Bemessung der Höhe gem. § 16 b Abs. 2 S. 2 SGB II
ua die Größe der Bedarfsgemeinschaft beachtet werden soll.
229 LSG Nds-Brem Urt. v. 16.12.2009 – L 9 AS 511/09, Rn. 21.
230 BSG Urt. v. 25.6.2015 – B 14 AS 17/14 R, Rn. 14 mwN.
231 LSG BW Urt. v. 21.6.2016 – L 9 AS 4918/14, Rn. 28 ff.; SG Düsseldorf Urt. v. 9.9.2016 – S 29 AS
4295/13, Rn. 35 ff., ZFSH/SGB 2016, 640 ff. Dagegen Schmidt in: Eicher/Luik, SGB II, 4. Aufl., § 11 a
Rn. 6, der der Auffassung ist, dass Zinsen eine von den Wertungen des § 11 a Abs. 1 Nr. 1 SGB II abweichende Entschädigungsfunktion haben.
232 Vgl. Geiger in: LPK-SGB II, 6. Aufl., § 11 a Rn. 2: die Nachzahlung von Arbeitslosengeld bleibt anrechnungsfrei, soweit damit eine Minderung von Arbeitslosengeld I gem. § 31 Abs. 2 Nr. 3 SGB II ausgeglichen
wird.
233 HessLSG Beschl. v. 16.6.2011 – L 9 AS 658/10 B ER, Rn. 26 f.: Grundsatz von Treu und Glauben.
234 Vgl. Geiger in: LPK-SGB II, 6. Aufl., § 11 Rn. 76.
235 BSG Urt. v. 25.6.2015 – B 14 AS 17/14 R, Rn. 18 ff.
236 Vgl. BSG Urt. v. 25.10.2017 – B 14 AS 35/16 R, Rn. 21 ff., 26 ff. (normativer Zufluss für den Zeitpunkt,
für den die Leistung bestimmt war).
237 LSG LSA Urt. v. 19.10.2016 – L 4 AS 736/15, Rn. 38.
238 BSG Urt. v. 23.8.2011 – B 14 AS 185/10 R, Rn. 13 ff. Kritisch dazu Schmidt in: Eicher/Luik, SGB II,
4. Aufl., § 11 a Rn. 8.

b) Grundrenten etc (§ 11 a Abs. 1 Nr. 2, 3 SGB II)

109 Die Grundrente nach § 31 BVG[239] wird für eine gesundheitliche Schädigung ab einem Grad der Schädigungsfolgen von 30 % geleistet. Sie ist nicht zur Sicherung des allgemeinen Lebensunterhalts bestimmt, sondern stellt eine **Entschädigung für die Beeinträchtigung der körperlichen Integrität** dar, für dessen Folgen die staatliche Gemeinschaft in Abgeltung eines besonderen Opfers oder aus anderen Gründen nach versorgungsrechtlichen Grundsätzen einsteht, § 5 SGB I.[240] Zugleich soll sie die Mehraufwendungen ausgleichen, die der Beschädigte gegenüber einem gesunden Menschen hat. Damit hat sie eine besondere immaterielle oder ideelle Komponente und stellt eine (besondere) zweckbestimmte Leistung dar.[241] Dies stellt zugleich den Grund dar, weshalb die Zahlung dieser Rente nicht als Einkommen angerechnet werden soll. Dementsprechend sind neben der Grundrente an Beschädigte gem. § 31 BVG auch die an Hinterbliebene gem. §§ 38 bis 46 BVG geleistete Grundrente sowie die Renten nach Gesetzen, die eine entsprechende Anwendung des BVG vorsehen, nicht als Einkommen zu berücksichtigen. Dies gilt für Renten für Opfer von Gewalttaten,[242] Wehrdienstopfer[243] (einschließlich Renten nach vergleichbaren ausländischen Gesetzen[244]), Zivildienstopfer,[245] Impfgeschädigte,[246] aus politischen Gründen außerhalb der Bundesrepublik Deutschland Inhaftierte,[247] Opfer rechtsstaatswidriger Strafverfolgungsmaßnahmen im Beitrittsgebiet[248] und Opfer rechtsstaatswidriger Verwaltungsentscheidungen im Beitrittsgebiet.[249]

110 Gem. § 11 a Abs. 1 Nr. 3 SGB II sind Renten oder Beihilfen, die nach dem BEG[250] für Schaden an Leben sowie an Körper oder Gesundheit erbracht werden, bis zur Höhe der

---

239 Gesetz über die Versorgung der Opfer des Krieges (Bundesversorgungsgesetz – BVG) in der Fassung der Bekanntmachung vom 22.1.1982 (BGBl. I S. 21), zuletzt geändert durch Art. 6 Abs. 5 RV-Leistungsverbesserungs- und -StabilisierungsG vom 28.11.2018 (BGBl. I S. 2016).

240 Schmidt in: Eicher/Luik, SGB II, 4. Aufl., § 11 a Rn. 9.

241 Vgl. BVerfG, 1. Senat, 3. Kammer, Nichtannahmebeschluss vom 16.3.2011 – 1 BvR 591/08, 1 BvR 593/08, Rn. 44.

242 § 1 Abs. 1 S. 1 OEG (Gesetz über die Entschädigung für Opfer von Gewalttaten – Opferentschädigungsgesetz in der Fassung der Bekanntmachung vom 7.1.1985 [BGBl. I S. 1], zuletzt geändert durch Art. 28 des Gesetzes vom 17.7.2017 [BGBl. S. 2541]).

243 §§ 80 SVG (Gesetz über die Versorgung für die ehemaligen Soldaten der Bundeswehr und ihre Hinterbliebenen – Soldatenversorgungsgesetz in der Fassung der Bekanntmachung vom 16.9.2009 [BGBl. I S. 3054], zuletzt geändert durch Art. 11 GKV-Versichertenentlastungsgesetz vom 11.12.2018 [BGBl. I S. 2387]).

244 BSG Urt. v. 5.9.2007 – B 11 b AS 49/06 R, Rn. 22 (Kriegsopferrente der Veterans Agency/Großbritannien [im konkreten Fall mangels ausreichender Feststellungen zurückverwiesen]; anerkannt aber durch BayLSG Urt. v. 5.12.2012 – L 16 AS 483/12, Rn. 44 ff.); VG Karlsruhe Urt. v. 19.12.2005 – 2 K 3314/04, ZFSH/SGB 2006, 339 (Tschernobyl-Militärinvalidenrente); LSG Bln-Bbg Urt. v. 19.3.2015 – L 31 AS 2218/13, Rn. 35 ff. (amerikanische Kriegsopferrente „Service Connected Disability Compensation").

245 § 47 ZDG (Gesetz über den Zivildienst der Kriegsdienstverweigerer – Zivildienstgesetz in der Fassung der Bekanntmachung vom 17.5.2005 [BGBl. I S. 1346], zuletzt geändert durch Art. 3 Abs. 5 des Gesetzes vom 29.6.2015 [BGBl. I S. 1061]).

246 § 60 IfSG (Gesetz zur Verhütung und Bekämpfung von Infektionskrankheiten beim Menschen – Infektionsschutzgesetz vom 20.7.2000 [BGBl. I S. 1045], geändert durch Art. 6 Pflegepersonal-Stärkungsgesetz vom 11.12.2018 [BGBl. I S. 2394]).

247 § 4 HHG (Gesetz über Hilfsmaßnahmen für Personen, die aus politischen Gründen außerhalb der Bundesrepublik Deutschland in Gewahrsam genommen wurden – Häftlingshilfegesetz in der Fassung der Bekanntmachung vom 2.6.1993 [BGBl. I S. 838], zuletzt geändert durch Art. 1 des Gesetzes vom 7.11.2015 [BGBl. I S. 1922]).

248 § 21 StrRehaG (Gesetz über die Rehabilitierung und Entschädigung von Opfern rechtsstaatswidriger Strafverfolgungsmaßnahmen im Beitrittsgebiet – Strafrechtliches Rehabilitierungsgesetz in der Fassung der Bekanntmachung vom 17.12.1999 [BGBl. I S. 2664], zuletzt geändert durch Art. 1 des Gesetzes vom 22.12.2014 [BGBl. I S. 2408]).

249 § 3 VwRehaG (Gesetz über die Aufhebung rechtsstaatswidriger Verwaltungsentscheidungen im Beitrittsgebiet und die daran anknüpfenden Folgeansprüche – Verwaltungsrechtliches Rehabilitierungsgesetz in der Fassung der Bekanntmachung vom 1.7.1997 [BGBl. I S. 1620], zuletzt geändert durch Art. 2 des Gesetzes vom 2.12.2010 [BGBl. I S. 1744]).

250 Bundesgesetz zur Entschädigung für Opfer der nationalsozialistischen Verfolgung (Bundesentschädigungsgesetz) in der im Bundesgesetzblatt Teil III, Gliederungsnummer 251–1, veröffentlichten bereinigten Fassung, zuletzt geändert durch Art. 81 des Gesetzes vom 29.3.2017 (BGBl. I S. 626).

vergleichbaren Grundrente nach dem BVG nicht zu berücksichtigen. Dabei handelt es sich um Renten gem. §§ 28 bis 42 BEG, die an Opfer nationalsozialistischer Verfolgung geleistet werden; die Höhe bemisst sich gem. §§ 31 bis 33 BEG nach dem prozentualen Grad der Beeinträchtigung der Erwerbsfähigkeit.

Gem. § 1 Abs. 6 SGB II sind auch aufgrund eines in Ausübung der Wehrpflicht bei der **111** Nationalen Volksarmee der ehemaligen Deutschen Demokratischen Republik erlittenen Gesundheitsschadens gewährte Verletztenrenten nicht anzurechnen. Für die Zeit vor dem 1.7.2011 war die Anrechnung aber rechtmäßig.[251] Die Ausgleichsrente für einen Verfolgten nach dem Gesetz über die Anerkennung und Versorgung der politisch, rassisch oder religiös Verfolgten des Nationalsozialismus des Landes Berlin ist als Einkommen zu berücksichtigen, dagegen nicht die Grundrente.[252]

Die Anrechnungsfreiheit gilt mangels Vergleichbarkeit nicht für Verletztenrenten nach **112** § 56 SGB VII[253] (es sei denn, dass durch die Zahlung der Verletztenrente der Anspruch auf eine gleichzeitig bestehende Grundrente ruht[254]), für Erwerbsminderungsrenten nach dem SGB VI[255] und Abfindungszahlungen des Arbeitgebers.[256]

c) Schmerzensgeld (§ 11 a Abs. 2 SGB II)

Das Schmerzensgeld wird gem. § 253 Abs. 2 BGB im Fall der Verletzung, des Körpers, **113** der Gesundheit, der Freiheit oder der sexuellen Selbstbestimmung zum Ausgleich eines Schadens, der nicht Vermögensschaden ist (sog immaterieller Schaden), geleistet. Es hat den besonderen Zweck, dem Verletzten einen **Ausgleich für erlittene Schmerzen und Leiden** zu schaffen und ihn in die Lage versetzen, sich Erleichterungen und Annehmlichkeiten zu verschaffen, die die erlittenen Beeinträchtigungen wenigstens teilweise lindern. Daneben soll es ihm **Genugtuung** für das verschaffen, was ihm der Schädiger angetan hat. Wegen dieses besonderen Zwecks wird es von der Einkommensanrechnung ausgenommen.[257] Schmerzensgeld stellt auch kein anrechnungsfähiges Vermögen dar, weil es als Vermögen im Sinne des § 12 Abs. 3 S. 1 Nr. 6 SGB II gilt, dessen Einsatz eine besondere Härte darstellt.[258] Wegen dieses besonderen Zwecks gilt die Nichtanrechnung nur für den Vermögensstamm, solange er nicht mit sonstigem Vermögen untrennbar und unnachweisbar vermischt ist,[259] nicht dagegen für Zinsen, die wegen des Schmerzensgeldes verlangt werden können[260] und nicht (mehr) nach dem Tod des Verletzten zugunsten seiner Erben.[261]

Eine Privilegierung ist auch wegen **anderer Entschädigungszahlungen** denkbar. So sind **114** Zahlungen wegen einer Diskriminierung gem. § 15 Abs. 2 AGG erfasst, wenn der Anspruch auf einer Verletzung des allgemeinen Persönlichkeitsrechts durch Benachteiligung aus Gründen der Rasse oder wegen der ethnischen Herkunft, des Geschlechts, der Religion oder der Weltanschauung, einer Behinderung, des Alters oder der sexuellen

---

251 BSG Urt. v. 14.2.2013 – B 14 AS 198/11 R, Rn. 15.
252 BSG Urt. v. 14.6.2018 – B 14 AS 13/17 R, Rn. 22 ff.
253 BSG Urt. v. 5.9.2007 – B 11 b AS 15/06 R, Rn. 20 ff., BSGE 99, 47 ff.; 6.12.2007 – B 14/7 b AS 62/06 R 20 ff. (bestätigt durch BVerfG, 1. Senat, 3. Kammer, Nichtannahmebeschluss v. 16.3.2011 – 1 BvR 591/08, 1 BvR 593/08).
254 BSG Urt. v. 17.10.2013 – B 14 AS 58/12 R, Rn. 22.
255 BSG Urt. v. 5.9.2007 – B 11 b AS 51/06 R, Rn. 17, SozR 4–4200 § 11 Nr. 6 (hier: Rente wegen Berufsunfähigkeit).
256 BSG Urt. v. 3.3.2009 – B 4 AS 47/08 R, Rn. 17, BSGE 102, 295 ff.
257 BSG Urt. v. 22.8.2012 – B 14 AS 103/11 R, Rn. 20.
258 BSG Urt. v. 15.4.2008 – B 14/7 b AS 6/07 R, Rn. 15.
259 Vgl. dazu SG Karlsruhe Urt. v. 27.1.2010 – S 4 SO 1302/09, Rn. 37, ZFSH/SGB 2010, 188.
260 BSG Urt. v. 22.8.2012 – B 14 AS 103/11 R, Rn. 21 ff.
261 LSG Bln-Bbg Urt. v. 22.10.2009 – L 25 AS 1746/08, Rn. 27.

Identität (§ 1 AGG) seitens des Arbeitgebers beruht.[262] Dagegen hat ein Urlaubsabgeltungsanspruch gem. § 7 Abs. 4 BUrlG als reiner Geldanspruch zur freien Verwendung keinen immateriellen Zweck mehr, da der Zweck der Erholung von der täglichen Arbeit nicht mehr erreicht werden kann.[263] Ungeklärt ist die Behandlung eines Entschädigungsanspruchs gem. § 198 Abs. 1 GVG wegen der überlangen Dauer eines gerichtlichen Verfahrens (vgl. dazu → Kap. 60 Rn. 25). Für eine Anrechnung als Einkommen wird geltend gemacht, dass es sich nicht um eine Entschädigung wegen der Verletzung der in § 253 Abs. 2 BGB aufgeführten Rechtsgüter handele, sondern um die Verletzung des Justizgewährleistungsanspruchs gem. Art. 19 Abs. 4, Art. 20 Abs. 3 GG, Art. 6 Abs. 1, Art. 13 EMRK. Damit seien diese Entschädigungen nicht vergleichbar, und eine analoge Anwendung scheide wegen Vorliegens einer planwidrigen Regelungslücke aus.[264] Dagegen wird geltend gemacht, im Einzelfall könne eine Entschädigung ganz oder teilweise ein Ausgleich für immaterielle Persönlichkeitsschäden darstellen und damit anrechnungsfrei sein.[265]

d) Zweckbestimmte Einnahmen nach öffentlich-rechtlichen Vorschriften (§ 11 a Abs. 3 SGB II)

115 Gem. § 11 a Abs. 3 S. 1 SGB II sind Leistungen, die aufgrund öffentlich-rechtlicher Vorschriften zu einem ausdrücklich genannten Zweck erbracht werden, nur insoweit als Einkommen zu berücksichtigen, als die Leistungen nach dem SGB II im Einzelfall demselben Zweck dienen. Mit dieser Fassung, die seit dem 1.4.2011 gilt, ist eine Anpassung an die Parallelvorschrift des § 83 Abs. 1 SGB XII erfolgt. Es zählen nur noch – im Gegensatz zu § 11 Abs. 3 Nr. 1 SGB II aF – öffentlich-rechtliche Vorschriften.[266] Vorschrift ist jede Rechtsquelle, also Gesetze, Verordnungen, Satzungen oder Verwaltungs- bzw. Förderrichtlinien.[267] § 11 a Abs. 3 S. 1 SGB II dient einem doppelten Zweck: Einerseits soll sie verhindern, dass **zweckbestimmte Leistungen nicht zweckentfremdet zum Lebensunterhalt** eingesetzt werden müssen; andererseits soll sie verhindern, dass **Doppelleistungen aus öffentlichen Kassen zur Erfüllung des gleichen Zwecks** eingesetzt werden. Erforderlich ist ein „ausdrücklich genannter Zweck", der über den durch die Zahlung von Grundsicherungsleistungen nach dem SGB II verfolgten Zweck der Sicherung des Lebensunterhalts hinausgeht. Sie muss final für einen bestimmten Zweck geleistet werden, eine kausale Leistung reicht nicht aus.[268] Ob dies der Fall ist, ist durch Auslegung in den folgenden Schritten[269] zu ermitteln:[270]

■ Ermittlung, ob in der öffentlich-rechtlichen Vorschrift ein über die Sicherung des Lebensunterhalts hinausgehender Zweck der Leistung ausdrücklich genannt ist (zB durch Verwendung der Worte „zur Sicherung", „zum Ausgleich" o.ä. oder durch aus dem Gesamtzusammenhang sich ergebende eindeutige Zweckbindung)

---

262 BSG Urt. v. 22.8.2012 – B 14 AS 164/11 R, Rn. 19. Dazu zählt aber nicht der Schadensersatz nach § 15 Abs. 1 AGG, vgl. HessLSG Urt. v. 17.8.2015 – L 9 AS 618/14, Rn. 44.
263 LSG Nds-Brem Urt. v. 27.4.2016 – L 13 AS 172/13, Rn. 20 mwN.
264 LSG Nds-Brem Urt. v. 22.9.2016 – L 15 SF 21/15 EK AS, Rn. 24 ff.; vgl. auch Stotz NZS 2015, 410 (414 f.). Offengelassen durch LSG Nds-Brem Beschl. v. 28.4.2016 – L 10 SF 22/15 EK AS, Rn. 6 f., info also 2017, 125 f. mit Kurzanmerkung Wersig (PKH-Beschluss); LSG Nds-Brem Teilurteil v. 17.3.2017 – L 10 SF 35/16 EK AS, Rn. 21 ff.
265 Schmidt in: Eicher/Luik, SGB II, 4. Aufl., § 11 a Rn. 14.
266 Siehe jetzt § 11 a Abs. 4 SGB II (Zuwendungen der freien Wohlfahrtspflege) und § 11 a Abs. 5 SGB II (Zuwendungen eines anderen). Zur Abgrenzung zwischen öffentlichem und privatem Recht allgemein Keller in: Meyer-Ladewig/Keller/ Leitherer/Schmidt, SGG, 12. Aufl., § 55 Rn. 3 ff.
267 Schmidt in: jurisPK-SGB XII, 2. Aufl., § 83 Rn. 9.
268 Vgl. BSG Urt. v. 30.9.2008 – B 4 AS 57/07 R, Rn. 25, SozR 4–4200 § 11 Nr. 16 unter Bezugnahme auf BVerwG Urt. v. 18.2.1999 – 5 C 35/97, Rn. 12, BVerwGE 108, 296 ff. (zu Kapitalzinsen).
269 Vgl. BSG Urt. v. 23.3.2010 – B 8 SO 17/09 R, Rn. 24 zu § 83 SGB XII.
270 Vgl. BSG Urt. v. 16.6.2015 – B 4 AS 37/14 R, Rn. 29 unter Bezugnahme auf BSG Urt. v. 23.3.2010 – B 8 SO 17/09 R, Rn. 24 ff.

- Ermittlung des Zwecks der konkret in Frage stehenden Sozialhilfeleistung (hier: nach dem SGB II)

- Gegenüberstellung der Zwecke der beiden Leistungen; nur wenn es an der Identität der Zwecke fehlt, ist die andere Leistung bei der Gewährung von Leistungen (hier: nach dem SGB II) nicht als anrechenbares Einkommen zu berücksichtigen

Der besondere Zweck liegt vor, wenn der Norm erkennbar eine konkrete Zweckrich- **116** tung beigemessen ist, die nicht den Zweck der Grundsicherung verfolgt. Eine allgemeine Zweckrichtung, eine offene Zweckverwendung,[271] oder eine steuerliche Privilegierung wie etwa bei steuerfreien Aufwandsentschädigungen reichen nicht aus.[272] Eine Ermittlung der konkreten Zweckrichtung setzt eine Beschäftigung mit den Vorschriften voraus, aufgrund derer die Leistungen gewährt werden. Nach diesen Vorschriften kann vorgesehen sein, dass die Leistung ausdrücklich nicht auf Leistungen nach dem SGB II anrechnungsfähig ist (siehe unten → Rn. 117). In den anderen Fällen muss die Zweckrichtung durch Auslegung ermittelt werden (Beispielsfälle unter → Rn. 118).

aa) Nicht auf Leistungen nach dem SGB II anrechnungsfähige Leistungen

Ausdrücklich nicht anrechnungsfähig sind[273] vor allem bestimmte Entschädigungsleis- **117** tungen wie Leistungen nach dem ContStifG gem. § 18 Abs. 1 ContStifG,[274] Leistungen für bestimmte mit dem Hepatitis-C-Virus infizierte Personen gem. § 6 Abs. 1 AntiDHG,[275] Leistungen für durch Blutprodukte mit dem HI-Virus infizierte Personen gem. § 17 Abs. 1 HIVHG,[276] Leistungen nach dem 2. Dopingopfer-Hilfegesetz gem. § 8 Abs. 2 2. Dopingopfer-Hilfegesetz,[277] Leistungen nach dem BerRehaG gem. § 9 Abs. 1 BerRehaG,[278] Soziale Ausgleichsleistungen für durch eine Freiheitsentziehung aufgrund eines Strafurteils bei politischer Verfolgung (§ 1 StraRehaG[279]) oder durch Unterbringung in einer psychiatrischen Anstalt oder in einem Kinderheim aufgrund politischer Verfolgung oder sonst aus sachfremden Zwecken (§ 2 StraRehaG) entstandene Nachteile gem. § 16 Abs. 4 StraRehaG. Daneben werden bestimmte aufstockende Leistungen

---

271 Vgl. BSG Urt. v. 26.7.2016 – B 4 AS 54/15 R, Rn. 23 (Taschengeld nach dem Bundesfreiwilligendienstgesetz).
272 Vgl. BT-Drs. 17/3404, 94.
273 Vgl. Geiger in: LPK-SGB II, 6. Aufl., § 11 a Rn. 6; Schmidt in: Eicher/Luik, SGB II, 4. Aufl., § 11 a Rn. 23.
274 Gesetz über die Conterganstiftung für behinderte Menschen (Conterganstiftungsgesetz) in der Fassung der Bekanntmachung vom 25.6.2009 (BGBl. I S. 1537), zuletzt geändert durch Art. 1 des Gesetzes vom 21.2.2017 (BGBl. I S. 263).
275 Gesetz über die Hilfe für durch Anti-D-Immunprophylaxe mit dem Hepatitis-C-Virus infizierte Personen (Anti-D-Hilfegesetz) vom 2.8.2000 (BGBl. I S. 1270), zuletzt geändert durch Art. 3 des Gesetzes vom 13.12.2007 (BGBl. S. 2904). Einmalzahlungen gem. § 3 Abs. 3 bleiben unberücksichtigt, monatliche Renten gem. § 3 Abs. 2 werden hälftig berücksichtigt.
276 Gesetz über die humanitäre Hilfe für durch Blutprodukte HIV-infizierte Personen (HIV-Hilfegesetz) vom 24.7.1995 (BGBl. I S. 972, 1995 I S. 979, geändert durch Art. 6 a des Gesetzes vom 18.7.2017 (BGBl. I S. 2757).
277 Zweites Gesetz über eine finanzielle Hilfe für Dopingopfer der DDR vom 28.6.2016 (BGBl. I S. 1546), geändert durch Art. 3 des Gesetzes vom 5.7.2017 (BGBl. I S. 2206). Gem. § 8 Abs. 2 werden die Leistungen nicht auf „Leistungen der Sozialhilfe" angerechnet. Nach Geiger in: LPK-SGB II, 6. Aufl., § 11 a Rn. 6 soll damit durch Verweisung auf § 17 HIVHG auch die Anrechnung auf SGB II-Leistungen ausgeschlossen sein. In BT-Drs. 18/8040, 16 wird aber nur auf § 17 Abs. 2 HIVHG, nicht dagegen auf § 17 Abs. 1 HIVHG.
278 Gesetz über den Ausgleich beruflicher Benachteiligungen für Opfer politischer Verfolgung im Beitrittsgebiet (Berufliches Rehabilitierungsgesetz) in der Fassung der Bekanntmachung vom 1.7.1997 (BGBl. I S. 1625), zuletzt geändert durch Art. 2 RV-Leistungsverbesserungs- und -Stabilisierungsgesetz vom 28.11.2018 (BGBl. I S. 2016). Vgl. dazu BSG Urt. v. 15.4.2008 – B 14/7 b AS 58/06 R, Rn. 45, SozR 4–4200 § 9 Nr. 5.
279 Gesetz über die Rehabilitierung und Entschädigung von Opfern rechtsstaatswidriger Strafverfolgungsmaßnahmen im Beitrittsgebiet (Strafrechtliches Rehabilitierungsgesetz) in der Fassung der Bekanntmachung vom 17.12.1999 (BGBl. I S. 2664), zuletzt geändert durch Art. 1 des Gesetzes vom 22.12.2014 (BGBl. I S. 2408).

der Unterschiedsbetrag wegen Arbeitslosigkeit bei der Verletztenrente gem. § 58 S. 2 SGB VII, Leistungen der Pflegeversicherung gem. § 13 Abs. 5 SGB XI (einschließlich gleichwertiger Leistungen der privaten Pflegeversicherung),[280] das Arbeitsförderungsgeld gem. § 59 Abs. 2 SGB IX,[281] bestimmte Zusatz-Leistungen für Auszubildende wie der Kinderbetreuungszuschlag für Auszubildende gem. § 14 b Abs. 2 S. 1 BAföG oder Stipendien nach dem Stipendienprogrammgesetz bis zu 300,00 EUR gem. § 5 Abs. 3 StipG[282] sowie besondere Leistungen für werdende Mütter oder Mütter nach der Geburt gem. § 5 Abs. 2 MuKStiftG[283] nicht angerechnet.

bb) Zweckbestimmte Leistungen

118 Als zweckbestimmte Leistungen sind über die oben genannten Leistungen zB anerkannt:[284]

- Anpassungshilfe an ältere landwirtschaftliche Arbeitnehmer aus Mitteln der Gemeinschaftsaufgabe „Verbesserung der Agrarstruktur und des Küstenschutzes"
- Arbeitnehmersparzulage
- Ausbildungsgeld gem. § 122 Abs. 1 Nr. 3 SGB III für Teilnehmer an Maßnahmen im Eingangsbereich und Berufsbildungsbereich einer Werkstatt für behinderte Menschen
- Begrüßungsgelder für Neugeborene (auch Geburtshilfe für türkische Staatsbürger)
- Blindenführhundleistungen
- Ersatzleistungen für Luftschutzdienst
- Härteleistungen aus dem Bundeshaushalt für Opfer extremistischer Übergriffe bei Personenschäden und immateriellen Schäden
- Kleider- und Wäscheverschleißleistung gem. § 15 BVG
- Leistungen der Härtefall-Stiftung des Soldatenhilfswerks der Bundeswehr eV
- Leistungen aufgrund der Existenzgründerrichtlinie des Freistaats Thüringen[285]
- Leistungen gem. § 7 Unterhaltssicherungsgesetz (USG)
- Leistungen zur Förderung der Arbeitsaufnahme (Mobilitätshilfen gem. § 44 SGB III mindern ggf. die Werbungskosten)
- Mehraufwands-Wintergeld gem. § 102 Abs. 3 SGB III
- Bestimmte Motivationsprämien (zB Produktionsschulgeld)
- Pauschale Eingliederungshilfe für Spätaussiedler aus der ehemaligen UdSSR
- Pflegezulage gem. § 35 Abs. 1 BVG[286]

---

280 Bei Weitergabe wird das Pflegegeld jedoch bei der Person, die es erhalten hat, angerechnet, § 1 Abs. 1 Nr. 4 Alg II-VO, vgl. HessLSG Urt. v. 12.11.2014 – L 6 AS 491/11, Rn. 54 ff., ZFSH/SGB 2015, 211 ff.

281 Eingeführt durch Gesetz zur Stärkung der Teilhabe und Selbstbestimmung von Menschen mit Behinderungen (Bundesteilhabegesetz – BTHG) vom 23.12.2016, BGBl. I 3234 mit Wirkung vom 1.1.2018.

282 Gesetz zur Schaffung eines nationalen Stipendienprogramms (Stipendienprogramm-Gesetz) vom 21.7.2010 (BGBl. I S. 957), zuletzt geändert durch Art. 74 des Gesetzes vom 29.3.2017 (BGBl. I S. 626).

283 Gesetz zur Errichtung einer Stiftung „Mutter und Kind – Schutz des ungeborenen Lebens" in der Fassung der Bekanntmachung vom 19.3.1993 (BGBl. I S. 406), zuletzt geändert durch Art. 46 des Gesetzes vom 8.7.2016 (BGBl. I S. 1594).

284 Vgl. DA der BA Rn. 11.84 (Stand: 18.8.2016), weitere Beispiele bei Geiger in: LPK-SGB II, 6. Aufl., § 11 a Rn. 8.

285 ThürLSG Urt. v. 7.12.2016 – L 4 AS 1442/15, Rn. 50.

286 Nicht aber eine nach polnischem Recht allen Rentenbeziehern vom 75. Lebensjahr an gezahlte Pflegezulage, vgl. SG Karlsruhe Urt. v. 11.10.2012 – S 4 SO 4453/11

- Witwen- und Witwerrente für das sog Sterbevierteljahr bis zu dem das Normalmaß übersteigenden Betrag
- Wohnungsbauprämie

Nicht zweckbestimmt[287] sind das Arbeitslosengeld gem. §§ 137 ff. SGB III,[288] Eltern- **119** geld gem. § 1 Abs. 1 BEEG,[289] Aufwandsentschädigungen für Betreuer gem. § 1835 a BGB,[290] Aufwandsentschädigungen für ehrenamtliche Bürgermeister und Stadträte,[291] Einkommen aus einem freiwilligen sozialen Jahr nach § 1 Abs. 2 JFDG,[292] der Gründungszuschuss gem. §§ 93, 94 SGB III,[293] die Schwerstbeschädigtenzulage gem. § 31 Abs. 5 BVG,[294] die Ausgleichsrente gem. § 32 BVG,[295] der Zuschlag für Ehegatten gem. § 33 a BVG.[296]

cc) Ausnahmen von der Nichtanrechnung

Gem. § 11 a Abs. 3 S. 2 SGB II sind bestimmte Leistungen als Ausnahme von der Aus- **120** nahme wieder als Einkommen zu berücksichtigen. Diese Regelung ist durch das Regelbedarfsermittlungsgesetz[297] mit Wirkung vom 1.1.2011 neu eingeführt worden und erfasste zunächst das Pflegegeld gem. § 39 SGB VIII und die Leistung für die Kindertagespflege gem. § 23 SGB VIII und nach einer weiteren Änderung durch das 9. SGB II-Änderungsgesetz[298] mit Wirkung vom 1.8.2016 die Leistungen der Ausbildungsförderung nach dem BAföG, die Berufsausbildungsbeihilfe nach dem SGB III und die Reisekosten zur Teilhabe am Arbeitsleben gem. § 127 SGB III iVm § 53 SGB IX (siehe im Einzelnen unten → Rn. 210 ff., 215, 216 ff.).

e) Zuwendungen der freien Wohlfahrtspflege (§ 11 a Abs. 4 SGB II)

Gem. § 11 a Abs. 4 SGB II sind Zuwendungen der freien Wohlfahrtspflege nicht als Ein- **121** kommen zu berücksichtigen, soweit sie die Lage der Empfänger nicht so günstig beeinflussen, dass daneben Leistungen nach dem SGB II nicht gerechtfertigt wären. Die Vorschrift gilt seit dem 1.4.2011;[299] Vorgängerregelung war § 11 Abs. 3 Nr. 1 b) SGB II. Die Vorschrift ist an § 84 Abs. 1 SGB XII angeglichen.

Zur **freien Wohlfahrtspflege** zählen die in der Bundesarbeitsgemeinschaft der Freien **122** Wohlfahrtspflege zusammengeschlossenen Verbände, die Kirchen und Religionsgemeinschaften des öffentlichen Rechts und alle Personen oder Stellen, die nicht öffentliche Wohlfahrtspflege zugunsten von Hilfebedürftigen betreiben.[300] **Zuwendungen** im Sinne des § 11 a Abs. 4 SGB II sind solche Leistungen, die bewusst und unabhängig von staatlichen Leistungen zugunsten von Personen erbracht werden, auch um die Lage der Empfänger öffentlicher Fürsorgeleistungen zu verbessern. Anders als nach § 11 Abs. 3

---

287 Vgl. auch Schmidt in: Eicher/Luik, SGB II, 4. Aufl., § 11 a Rn. 24.
288 BSG Urt. v. 23.8.2011 – B 14 AS 165/10 R, Rn. 22 f.
289 BSG Urt. v. 26.7.2016 – B 4 KG 2/14 R, Rn. 16 ff. (keine Verfassungswidrigkeit von § 10 Abs. 5 BEEG idF ab 1.1.2011).
290 LSG NRW Urt. v. 21.5.2015 – L 6 AS 532/14, Rn. 38, info also 2016, 276 ff. (kritisch dazu Sachtleber info also 2016, 279 f.); bestätigt insoweit durch BSG Urt. v. 24.8.2017 – B 4 AS 9/16 R, Rn. 25 ff.
291 BSG Urt. v. 26.5.2011 – B 14 AS 93/10 R, Rn. 18.
292 LSG Nds-Brem Urt. v. 11.3.2015 – L 13 AS 10/14, Rn. 20.
293 BSG Urt. v. 1.6.2010 – B 4 AS 67/09 R, Rn. 17 ff.
294 BSG Urt. v. 17.10.2013 – B 14 AS 58/12 R, Rn. 28.
295 BSG Urt. v. 17.10.2013 – B 14 AS 58/12 R, Rn. 29.
296 BSG Urt. v. 17.10.2013 – B 14 AS 58/12 R, Rn. 30.
297 Gesetz zur Ermittlung von Regelbedarfen und zur Änderung des Zweiten und Zwölften Buches Sozialgesetzbuch vom 24.3.2011 – BGBl. I S. 453.
298 Neuntes Gesetz zur Änderung des Zweiten Buches Sozialgesetzbuch – Rechtsvereinfachung – sowie zur vorübergehenden Aussetzung der Insolvenzantragspflicht vom 26.7.2016 – BGBl. I S. 1824.
299 Eingeführt durch das Gesetz zur Ermittlung von Regelbedarfen und zur Änderung des Zweiten und Zwölften Buches Sozialgesetzbuch vom 24.3.2011 – BGBl. I S. 453.
300 Geiger in: LPK-SGB II, 6. Aufl., § 11 a Rn. 15 mwN.

Nr. 1 b SGB II kommt es nicht mehr auf den Zweck der Zuwendung, sondern nur noch auf deren Auswirkung auf den Lebensunterhalt an. Die Zuwendungen unterliegen einer **Gerechtfertigkeitsprüfung**, wobei Maßstab für die Gerechtfertigkeitsprüfung Art, Wert, Umfang und Häufigkeit der Zuwendungen sind.[301] So sind etwa Motivationszuwendungen bis zu 100,00 EUR monatlich während der Teilnahme an einem betreuten Beschäftigungsangebot[302] nicht anrechnungsfähig.

f) Private Zuwendungen (§ 11 a Abs. 5 SGB II)

123 Gem. § 11 a Abs. 5 SGB II sind Zuwendungen eines anderen unter der Voraussetzung anrechnungsfrei, dass sie **ohne rechtliche oder sittliche Pflicht** erbracht worden sind und soweit ihre Berücksichtigung für die Leistungsberechtigten **grob unbillig** wäre oder sie die Lage des Leistungsberechtigten **nicht so günstig beeinflussen**, dass daneben Leistungen nach diesem Buch nicht gerechtfertigt wären. Die Vorschrift gilt seit dem 1.4.2011;[303] Vorgängerregelungen fanden sich in § 11 Abs. 3 Nr. 1 a) SGB II und § 1 Abs. 1 Nr. 2 Alg II-V. Mit dieser Vorschrift wird der Gedanke des § 84 Abs. 2 SGB XII in modifizierter Form übernommen. Anders als § 84 Abs. 2 SGB XII ist § 11 a Abs. 5 SGB II aus verwaltungspraktischen Gründen nicht mit intendiertem Ermessen ausgestaltet.[304]

124 Aus dem Zusammenhang mit § 11 a Abs. 3 SGB II ergibt sich, dass es sich bei den Zuwendungen im Sinne des § 11 a Abs. 5 SGB II nur um **Zuwendungen Privater** handeln kann. Sie dürfen zunächst weder rechtlich noch sittlich geschuldet sein. Eine **rechtliche Pflicht** kann sich aus Gesetz, Vertrag[305] oder Gewohnheitsrecht ergeben. Ohne rechtliche Pflicht werden zB Trinkgelder (§ 107 Abs. 3 S. 2 GewO)[306] erbracht. Eine **sittliche Verpflichtung** liegt vor, wenn aus den konkreten Umständen des Falls eine Pflicht erwachsen ist, die in den Geboten der Sittlichkeit wurzelt; dabei sind das Vermögen, die Lebensstellung der Beteiligten und ihre persönlichen Beziehungen untereinander zu berücksichtigen.[307] Allgemeine Gesichtspunkte der Sittlichkeit können eine sittliche Verpflichtung zur Unterstützung nicht begründen.[308]

125 Gem. § 11 a Abs. 5 Nr. 1 SGB II sind Zuwendungen nicht zu berücksichtigen, soweit ihre Berücksichtigung für den Empfänger grob unbillig wäre. Der Maßstab der **groben Unbilligkeit** – anders als der der „einfachen" Unbilligkeit – legt eine enge Auslegung nahe. Dies sind Fälle, bei denen eine Berücksichtigung des zugewendeten Betrags ohne Rücksicht auf die Höhe der Zuwendung (aber begrenzt auf die geltenden Vermögensfreibeträge) nicht akzeptabel wäre und er auch nicht zur Deckung des physischen Existenzminimums verwendet werden soll wie zB Soforthilfen bei Katastrophen, gesellschaftliche Preise zur Ehrung von Zivilcourage, Ehrengaben aus öffentlichen Mitteln, Spenden aus Tombolas für bedürftige Menschen, Begrüßungsgelder für Neugeborene.[309] Dazu können auch Trinkgelder bis zu 60,00 EUR monatlich[310] oder eine einmalige, private Zuwendung von 250,00 EUR bei jahrelanger Deckung der Unterkunftskos-

---

301 BT-Drs. 18/3404, 94
302 SG München Urt. v. 28.7.2015 – S 42 AS 1231/15, Rn. 27 ff.
303 Eingeführt durch das Gesetz zur Ermittlung von Regelbedarfen und zur Änderung des Zweiten und Zwölften Buches Sozialgesetzbuch vom 24.3.2011 – BGBl. I S. 453.
304 BT-Drs. 17/3404, 95.
305 Dazu gehört auch die Auslobung gem. §§ 657, 661 BGB als einseitiges Rechtsgeschäft, vgl. SG Mainz Urt. v. 9.6.2017 – S 15 AS 148/16, Rn. 16 (Kunstpreis).
306 SG Karlsruhe Urt. v. 30.3.2016 – S 4 AS 2297/15, Rn. 27, ZFSH/SGB 2016, 398 ff.
307 SG Karlsruhe Urt. v. 30.3.2016 – S 4 AS 2297/15, Rn. 28, ZFSH/SGB 2016, 398 ff. unter Verweis auf BSG Urt. v. 17.3.2005 – B 7a/7 AL 4/04 R, Rn. 15, SozR 4–4300 § 194 Nr. 7 (zu § 194 Abs. 3 Nr. 8 SGB III).
308 Geiger in: LPK-SGB II, 6. Aufl., § 11 a Rn. 17 unter Verweis auf BSG Urt. v. 17.3.2005 – B 7a/7 AL 4/04 R.
309 BT-Drs. 1/3404, 94.
310 SG Karlsruhe Urt. v. 30.3.2016 – S 4 AS 2297/15, Rn. 36, ZFSH/SGB 2016, 398 ff.

ten[311] zum Ausgleich einer Kontoüberziehung gehören, nicht dagegen die Zahlung von 5.000,00 EUR zur Beschaffung eines Kraftfahrzeugs.[312]

Gem. § 11 a Abs. 5 Nr. 2 SGB II sind Zuwendungen anrechnungsfrei, wenn sie die Lage des Leistungsberechtigten nicht nennenswert günstig beeinflussen, dass daneben Leistungen nach dem SGB II nicht gerechtfertigt wären („**Gerechtfertigkeitsprüfung**"). Es gelten dieselben Grundsätze wie zu § 11 a Abs. 4 SGB II. Gerechtfertigt sind etwa gelegentliche oder regelmäßige Zuwendungen anderer, die üblich und gesellschaftlich akzeptiert sind wie zB ein geringfügiges Taschengeld der Großeltern oder Urgroßeltern,[313] die Zuwendung von Zahngold im Wert von 30,00 EUR,[314] dagegen nicht ein Verpflegungsgeld in Höhe von 180,00 EUR im Rahmen einer Adaptionsmaßnahme,[315] ein Preisgeld in Höhe von 300,00 EUR,[316] ein Kraftfahrzeug im Wert von knapp 20.000,00 EUR,[317] oder die Zahlung eines Betrags von 5.000,00 EUR für die Beschaffung eines Kraftfahrzeugs.[318] **126**

g) Überbrückungsgeld nach § 51 StVollzG (§ 11 a Abs. 6 SGB II)

Gem. § 51 Abs. 2 StVollzG und den entsprechenden Regelungen der Länder wird Strafgefangenen bei ihrer Entlassung ein Überbrückungsgeld ausgezahlt, das den Lebensbedarf **für die ersten vier Wochen** (28 Tage) decken soll. Das BSG hat das Überbrückungsgeld als besondere zweckbestimmte Einnahme im Sinne des § 11 a Abs. 3 SGB II für die ersten vier Wochen nach der Haftentlassung qualifiziert.[319] Diese Bestimmung hatte zur Folge, dass ehemalige Strafgefangene in den ersten 28 Tagen oftmals vom Leistungsbezug nach dem SGB II ausgeschlossen waren und auch nicht krankenversichert im Sinne des § 5 Abs. 1 Nr. 2 a SGB V sein konnten,[320] womit auch die Eingliederungsleistungen nach dem SGB II nicht erbracht werden konnten. § 11 a Abs. 6 SGB II sieht eine in mehrfacher Hinsicht besondere Einkommensanrechnung vor: **127**

- In einem ersten Schritt ist gem. § 11 a Abs. 6 S. 1 SGB II der „Bedarf der leistungsberechtigten Person für 28 Tage" zu ermitteln. Es kommt nicht auf den Bedarf von eventuell vorhandenen Mitgliedern der Bedarfsgemeinschaft an. Zum Bedarf gehören alle Leistungen nach Kapitel 3 Abschnitt 2 Unterabschnitte 2 bis 4, also insbesondere die laufenden Bedarfe (§§ 20 bis 22 SGB II) und die einmaligen Bedarfe gem. §§ 22, 24 SGB II (Kaution, Erstausstattung Bekleidung und Wohnung). Dieser Bedarf ist gem. § 41 Abs. 1 S. 1, 2 SGB II auf 28 Tage aufzuteilen.

- Diesem Bedarf ist in einem zweiten Schritt das Überbrückungsgeld gegenüberzustellen. Ist es niedriger als der Bedarf, besteht ein Anspruch der leistungsberechtigten Person auf Leistungen nach dem SGB II.

- Ist das Überbrückungsgeld höher als der Bedarf, wird es in einem dritten Schritt gem. § 11 a Abs. 6 S. 2 SGB II als Einmaleinkommen gem. § 11 Abs. 3 SGB II behandelt, dh es wird entweder im Zuflussmonat (§ 11 Abs. 3 S. 1 SGB II) oder im Folgemonat (§ 11 Abs. 3 S. 3 SGB II) angerechnet. Entfiele der Leistungsanspruch durch die Berücksichtigung des Rest-Überbrückungsgeldes, ist es gem. § 11 Abs. 3 S. 4 SGB II auf einen Zeitraum von sechs Monaten gleichmäßig aufzuteilen. Sind andere

311 SG Reutlingen Urt. v. 13.10.2014 – S 7 AS 2735/13, Rn. 19.
312 LSG MV Beschl. v. 12.12.2013 – L 8 AS 9/13 B ER, Rn. 45, ZFSH/SGB 2014, 231 f.
313 BT-Drs. 17/3404, 95.
314 SG Bayreuth Gerichtsbescheid v. 22.9.2015 – S 17 AS 1078/13, Rn. 45, info also 2016, 40 f. mit Anmerkung Herbe.
315 LSG BW Urt. v. 15.4.2015 – L 3 AS 4257/14, Rn. 32, ZFSH/SGB 2015, 458 ff.
316 SG Mainz Urt. v. 9.6.2017 – S 15 AS 148/16, Rn. 17.
317 SächsLSG Urt. v. 9.11.2016 – L 7 AS 634/12, Rn. 46 f., ZFSH/SGB 2017, 224 ff.
318 LSG MV Beschl. v. 12.12.2013 – L 8 AS 9/13 B ER, Rn. 49, ZFSH/SGB 2014, 231 f.
319 BSG Urt. v. 28.10.2014 – B 14 AS 36/13 R, Rn. 34 ff.
320 BT-Drs. 18/8041, 34.

Mitglieder der Bedarfsgemeinschaft vorhanden, wird das Einkommen nach § 9 Abs. 2 SGB II verteilt.[321]

128 Wird der Antrag auf Leistungen nach dem 28. Tag der Haftentlassung und im Monat nach der Haftentlassung gestellt, gilt das Überbrückungsgeld nicht als Einkommen, sondern als Vermögen.[322]

h) Nicht zu berücksichtigendes Einkommen nach § 1 Alg II-V

129 § 1 Alg II-V enthält einen Katalog von Einkommen, die aus verschiedenen Gründen nicht anzurechnen sind:

aa) Einkünfte in Bagatellhöhe, § 1 Abs. 1 Nr. 1, Nr. 9 Alg II-V

130 Einige der Vorschriften tragen dem Bagatellgedanken Rechnung. So legt § 1 Abs. 1 Nr. 1 Alg II-V eine generelle Bagatellgrenze für monatliche Einnahmen bis 10,00 EUR fest. Wegen der Anrechnung der Versicherungspauschale in Höhe von 30,00 EUR gem. § 6 Abs. 1 Nr. 1 Alg II-V ist die Vorschrift vor allem dann anwendbar, wenn neben der Einnahme von 10,00 EUR weitere Einkünfte bezogen werden.[323] Übersteigen Einkünfte die Bagatellgrenze, sind sie in voller Höhe (bzw. nach Maßgabe des § 11 b SGB II), nicht jedoch erst oberhalb von 10,00 EUR zu berücksichtigen.[324] Eine Bagatellregelung enthält auch § 1 Abs. 1 Nr. 9 Alg II-V (→ Rn. 136).

bb) Einnahmen aus Kapitalvermögen, § 1 Abs. 1 Nr. 3 Alg II-V

131 Gem. § 1 Abs. 1 Nr. 3 Alg II-V sind Einnahmen aus Kapitalvermögen bis zu 100,00 EUR kalenderjährlich anrechnungsfrei. Damit sollen dem erwerbsfähigen Leistungsberechtigten Einnahmen aus bescheidenen Ansparungen von Schonvermögen verbleiben.[325]

cc) Nicht steuerpflichtige Einnahmen einer Pflegeperson, § 1 Abs. 1 Nr. 4 Alg II-V

132 § 1 Abs. 1 Nr. 4 Alg II-V nimmt nicht steuerpflichtige Einnahmen einer Pflegeperson gem. § 3 Nr. 36 EStG für Leistungen der Grundpflege oder hauswirtschaftlichen Versorgung bis zur Höhe des Pflegegelds gem. § 37 SGB XI sowie Einnahmen der Pflegepersonen aus privaten Pflegeversicherungsleistungen gem. §§ 23, 110 Abs. 1 Nr. 1 SGB XI und aus Pauschalbeihilfen nach den Beihilfevorschriften für die häusliche Pflege von der Berücksichtigung als Einkommen aus (sog weitergegebenes Pflegegeld). Ihrem Wortlaut gilt die Privilegierung nur bei der Pflege von Angehörigen. Entsprechendes muss jedoch auch für aus sittlicher Verpflichtung im Sinne des § 33 Abs. 2 EStG Handelnde gelten. Dies ist bei inneren Bindungen zB als Stiefkind, Partner in eheähnlicher Gemeinschaft oder langjährige Haushaltshilfe, aber auch bei Nachbarn möglich.[326]

dd) Einkommen nach dem WSG und dem Nato-Truppenstatut, § 1 Abs. 1 Nr. 5, 6 Alg II-V

133 Gem. § 1 Abs. 1 Nr. 5 Alg II-V ist der Leistungszuschlag gem. § 8 a WSG und der Auslandsverwendungszuschlag gem. § 8 f WSG anrechnungsfreies Einkommen. Mit der Freistellung sollen Anreize insbesondere für humanitäre Einsätze von Bundeswehrreservisten geschaffen werden. Gem. § 1 Abs. 1 Nr. 6 Alg II-V sind auch die aus Mitteln des Bundes gezahlte Überbrückungsbeihilfe nach dem sog NATO-Truppenstatut vom 19.6.1951 an ehemalige Arbeitnehmer bei den Stationierungsstreitkräften und nach

---

321 BT-Drs. 18/8041, 34.
322 Geiger in: LPK-SGB II, 6. Aufl., § 11 a Rn. 21; zur Zulässigkeit und zu Grenzen der freien Bestimmung des Antragszeitpunkts BSG Urt. v. 24.4.2015 – B 4 AS 22/14 R, Rn. 22 f.
323 Geiger in: LPK-SGB II, 6. Aufl., § 11 a Rn. 24.
324 LSG BW Urt. v. 26.10.2007 – L 8 AS 1219/07; vgl. auch BSG Urt. v. 30.9.2008 – B 4 AS 57/07 R.
325 Geiger in: LPK-SGB II, 6. Aufl., § 11 a Rn. 25.
326 DA 11.110 (Stand 18.8.2016)

dem Gesetz vom 25.9.1990 und vom 23.9.1991 über die Rechtsstellung der in Deutschland stationierten verbündeten Streitkräfte und zu den Übereinkommen vom 25.9.1990 zur Regelung bestimmter Fragen in Bezug auf Berlin vom 3.1.1994 an ehemalige Arbeitnehmer bei den alliierten Streitkräften in Berlin anrechnungsfrei.

ee) Eigenheimzulage, § 1 Abs. 1 Nr. 7 Alg II-V

Gem. § 1 Abs. 1 Nr. 7 Alg II-V sind Eigenheimzulagen nicht als Einkommen anzurechnen, soweit sie nachweislich zur Finanzierung einer nicht als Vermögen zu berücksichtigenden Immobilie im Sinne des § 12 Abs. 3 S. 1 Nr. 4 SGB II erbracht werden.[327] Dies wird mit dem in § 1 SGB II festgelegten Ziel des SGB II gerechtfertigt, eine möglichst zügige Wiedereingliederung der leistungsberechtigten Person in den Arbeitsmarkt zu gewährleisten; während dieser Bemühungen soll die Immobilie, für deren Finanzierung die Eigenheimzulage verwendet wird auch tatsächlich erhalten werden können.[328] Allerdings muss es sich bei der Immobilie um Schonvermögen im Sinne des § 12 Abs. 3 S. 1 Nr. 4 SGB II handeln; zur Finanzierung einer anderen (etwa unangemessen großen) Immobilie darf die Eigenheimzulage daher nicht verwendet werden. Eine bestimmungsgemäße Verwendung der Eigenheimzulage „nachweislich zur Finanzierung" ist in der Weise auszulegen, dass mit den Mitteln der Eigenheimzulage die Errichtung einer zu Beginn des Leistungsbezugs bereits vorhandenen Immobilie finanziert werden muss. Im Sinne einer „wirtschaftlichen Betrachtung" liegt eine Finanzierung nicht nur bei Tilgung eines Baudarlehens,[329] sondern auch bei anderen Verwendungsmöglichkeiten zur Errichtung der Immobilie wie dem Erwerb von Baumaterialien oder der Bezahlung von Handwerkern[330] vor, nicht dagegen bei der Begleichung von laufenden Steuern, Gebühren etc, da damit nicht dem Finanzierungszweck gedient wird.[331] Die Finanzierung muss nicht unbedingt der Errichtung einer Immobilie dienen. Sie kann auch dann geschützt sein, wenn sie bis zur Angemessenheitsgrenze im Sinne des § 12 Abs. 3 S. 1 Nr. 4 SGB II erweitert wird oder wenn sie dem Erhalt dient, also nicht für bloße Modernisierungs- und Wertsteigerungsmaßnahmen eingesetzt wird.[332] Der Leistungsberechtigte hat die zweckentsprechende Verwendung nachzuweisen; dies ist durch die Vorlage von geeigneten Unterlagen wie Handwerkerrechnungen, Belege für den Erwerb von Baumaterialien, Überweisungsbelege, Abtretungserklärungen etc möglich.[333] Hat der Leistungsberechtigte die Eigenheimzulage zur Finanzierung seines Lebensunterhalts verwendet, weil der Leistungsträger sie als Einkommen angerechnet hat, hat der Leistungsberechtigte nachzuweisen, dass er ursprünglich vorhatte, die Eigenheimzulage zweckentsprechend zu verwenden. Dazu sind sichere Anhaltspunkte wie zB bereits eingeholte Kostenvoranschläge, Abreden mit Handwerkern oder Bestellungen von Baumaterialen erforderlich; die bekundete Absicht allein genügt nicht.[334]

134

---

327 Vgl. BSG Urt. v. 18.2.2010 – B 14 AS 74/08 R, Rn. 16; vom 30.9.2008 – B 4 AS 19/07 R, Rn. 27, BSGE 101, 281 ff.; vom 3.3.2009 – B 4 AS 38/08 R, Rn. 20, SozR 4–4200 § 22 Nr. 17.
328 BSG Urt. v. 30.9.2008 – B 4 AS 19/07 R, Rn. 16, BSGE 101, 281 ff.
329 Werden dadurch die Schuldzinsen gesenkt, müssen die Leistungen für Unterkunft und Heizung gem. § 22 Abs. 1 S. 1 SGB II entsprechend reduziert werden, vgl. BSG Urt. v. 18.2.2010 – B 14 AS 74/08 R, Rn. 17.
330 BSG Urt. v. 30.9.2008 – B 4 AS 19/07 R, Rn. 20, BSGE 101, 281 ff.; 3.3.2009 – B 4 AS 38/08 R, Rn. 20, SozR 4–4200 § 22 Nr. 17.
331 BSG Urt. v. 3.3.2009 – B 4 AS 38/08 R, Rn. 20, SozR 4–4200 § 22 Nr. 17.
332 So iE LSG MV Beschl. v. 19.1.2009 – L 8 B 60/08, Rn. 47 (Bau einer Kläranlage, allerdings mit der Begründung, es handele sich um die Herstellung eines Hauses).
333 Vgl. BSG Urt. v. 30.9.2008 – B 4 AS 19/07 R, Rn. 27, BSGE 101, 281 ff.
334 BSG Urt. v. 30.9.2008 – B 4 AS 19/07 R, Rn. 28, BSGE 101, 281 ff.

ff) Kindergeld für außerhalb des Hauses lebende Kinder, § 1 Abs. 1 Nr. 8 Alg II-V

135 Gem. § 1 Abs. 1 Nr. 8 Alg II-V ist Kindergeld für nicht im Haushalt lebende, volljährige Kinder eines Leistungsberechtigten anrechnungsfrei, wenn es nachweislich an diese weitergeleitet wird (dazu → Rn. 26).

gg) Erwerbstätigenfreibetrag bei Sozialgeldempfängern, die das 15. Lebensjahr noch nicht vollendet haben, § 1 Abs. 1 Nr. 9 Alg II-V

136 Gem. § 1 Abs. 1 Nr. 9 Alg II-V gilt für Einnahmen von Sozialgeldempfängern unter 15 Jahren aus Erwerbstätigkeit ein Erwerbstätigenfreibetrag in Höhe von 100,00 EUR.

hh) Verpflegung, § 1 Abs. 1 Nr. 11 Alg II-V

137 Gem. § 1 Abs. 1 Nr. 1 Alg II-V ist Verpflegung, die außerhalb der in den §§ 2, 3 und 4 Nr. 4 Alg II-V genannten Einkommen bereitgestellt wird, anrechnungsfrei. Die Vorschrift ist durch die Änderung des § 11 Abs. 1 S. 1 SGB II, wonach es nicht mehr auf Einnahmen in Geldeswert ankommt, überflüssig geworden.[335]

ii) Geldgeschenke an Minderjährige, § 1 Abs. 1 Nr. 12 Alg II-V

138 Gem. § 1 Abs. 1 Nr. 12 Alg II-V sind Zuwendungen in Form von Geldgeschenken an Minderjährige anlässlich religiöser Feste (Kommunion, Firmung, Konfirmation etc) sowie der Jugendweihe anrechnungsfrei, soweit sie insgesamt den Vermögensgrundfreibetrag gem. § 12 Abs. 2 S. 1 Nr. 1 a SGB II in Höhe von 3.100,00 EUR nicht übersteigen.

jj) Einnahmen von Schülerinnen und Schülern, § 1 Abs. 4 Alg II-V

139 Gem. § 1 Abs. 4 S. 1 Alg II-V sind Einnahmen von Schülerinnen und Schülern allgemein- oder berufsbildender Schulen, die das 25. Lebensjahr noch nicht vollendet haben, aus Erwerbstätigkeiten, die in den Schulferien für höchstens vier Wochen je Kalenderjahr ausgeübt werden, nicht als Einkommen zu berücksichtigen, soweit diese einen Betrag in Höhe von 1.200,00 EUR kalenderjährlich nicht übersteigen. Diese Privilegierung gilt gem. § 1 Abs. 4 S. 3 Alg II-V jedoch nicht für Schülerinnen und Schüler, die einen Anspruch auf Ausbildungsvergütung haben. Durch die Freistellung soll die Erwerbstätigkeit junger Menschen belohnt und ihnen die Möglichkeit eingeräumt werden, Einnahmen aus ihrer Arbeitsleistung für eigene Wünsche zu verwenden.[336] Die Privilegierung erstreckt sich nur auf Tätigkeiten, die während der Schulferien, also in der Zeit zwischen zwei Schulabschnitten ausgeübt wird, nicht dagegen nach Schulabgang.[337] Übt eine Schülerin oder ein Schüler eine Tätigkeit kontinuierlich aus, ist sie gem. § 1 Abs. 4 S. 2 Alg II-V während eines Zeitraums von vier Wochen je Kalenderjahr anrechnungsfrei, soweit es monatlich den in § 11 b Abs. 2 S. 1 SGB II oder in § 1 Abs. 1 Nr. 9 Alg II-V genannten Grundfreibetrag von 100,00 EUR nicht übersteigt.

3. Absetzbeträge

a) Überblick

140 Welche Beträge vom Einkommen abzusetzen sind, regelt § 11 b SGB II. Die Regelung ist wie folgt gegliedert:

aa) Absetzungsbeträge

141 ■ Absetzung von Steuern, § 11 b Abs. 1 S. 1 Nr. 1 SGB II

■ Absetzung von Pflichtbeiträgen zur Sozialversicherung, § 11 b Abs. 1 S. 1 Nr. 2 SGB II

---

335 Geiger in: LPK-SGB II, 6.Aufl., § 11 a Rn. 33.
336 Vgl. LSG NRW Beschl. v. 14.12.2012 – L 19 AS 2210/12 NZB Rn. 26.
337 LSG NRW Beschl. v. 14.12.2012 – L 19 AS 2210/12 NZB Rn. 21.

- Absetzung von Beiträgen zu öffentlichen oder privaten Versicherungen oder ähnlichen Einrichtungen, § 11 b Abs. 1 S. 1 Nr. 3 SGB II
- Absetzung von Altersvorsorgebeiträgen nach § 82 EStG, § 11 b Abs. 1 S. 1 Nr. 4 SGB II
- Absetzung von mit der Erzielung des Einkommens verbundenen notwendigen Ausgaben, § 11 b Abs. 1 S. 1 Nr. 5 SGB II
- Absetzung Erwerbstätigenfreibetrag, § 11 b Abs. 1 S. 1 Nr. 6, Abs. 3 SGB II
  - Grundfreibetrag, § 11 b Abs. 3 S. 1, 2 Nr. 1 SGB II
  - Regel I: Absetzung von 100,00 EUR anstelle der Beträge gem. § 11 b Abs. 1 S. 1 Nr. 3 bis 5 SGB II bei Erwerbseinkommen, § 11 b Abs. 2 S. 1, Abs. 3 S. 1, 2 Nr. 1 SGB II
  - Regel II: Absetzung von 100,00 EUR von Leistungen gem. § 11 a Abs. 3 S. 2 Nr. 3 bis 5 SGB II, vom Ausbildungsgeld nach dem SGB III, vom Unterhaltsbeitrag gem. § 10 Abs. 2 AFBG anstelle Absetzbeträge gem. § 11 a Abs. 3 S. 2 Nr. 3 bis 5 SGB II, wenn nicht schon eine Absetzung nach § 11 b Abs. 3 S. 1 bis 3 SGB II erfolgt, § 11 b Abs. 3 S. 5 SGB II
  - Regel III: Absetzung von 200,00 EUR vom Taschengeld nach § 2 Nr. 4 Bundesfreiwilligengesetz oder § 2 Abs. 1 Nr. 3 Jugendfreiwilligendienst anstelle Absetzbeträge gem. § 11 a Abs. 3 S. 2 Nr. 3 bis 5 SGB II, wenn nicht schon eine Absetzung nach § 11 b Abs. 3 S. 1 bis 3 SGB II erfolgt, § 11 b Abs. 3 S. 6 SGB II
  - Ausnahme I: Absetzung mehr als 100,00 EUR, wenn das monatliche Einkommen aus Erwerbstätigkeit höher ist als 400,00 EUR und die Absetzbeträge gem. § 11 b Abs. 1 S. 1 Nr. 3 bis 5 SGB II höher sind als 100,00 EUR, § 11 b Abs. 2 S. 2 SGB II
  - Ausnahme II: Absetzung bis 200,00 EUR (höchstens jedoch Betrag 100,00 EUR und Betrag der steuerfreien Bezüge oder Einnahmen), wenn steuerfreie Bezüge oder Einnahmen gem. § 3 Nr. 12, 26, 26 a, 26 b EStG, Einkommen höher als 400,00 EUR, Absetzbeträge gem. § 11 b Abs. 1 S. 1 Nr. 3 bis 5 SGB II höher als 100,00 EUR, § 11 b Abs. 2 S. 3 SGB II
  - Absetzung weiterer Betrag bei Einkommen aus Erwerbstätigkeit, § 11 b Abs. 3 S. 2 SGB II
  - 20 % des Einkommens zwischen mehr als 100,00 EUR und 1.000,00 EUR, § 11 b Abs. 3 S. 2 Nr. 1 SGB II
  - 10 % des Einkommens zwischen mehr als 1.000,00 EUR und 1.200,00 EUR, § 11 b Abs. 3 S. 2 Nr. 2 SGB II (bei Bedarfsgemeinschaft mit mindestens einem minderjährigen Kind zwischen 1.000,00 EUR und 1.500,00 EUR, § 11 b Abs. 3 S. 3 SGB II)
- Absetzung Unterhaltsbeiträge, § 11 b Abs. 1 S. 1 Nr. 7 SGB II
- Absetzung Unterhaltsbelastung bei Berücksichtigung bei Ausbildungsleistungen, § 11 b Abs. 1 S. 1 Nr. 8 SGB II

bb) Anrechnungsvorschriften

- Absetzungsbeträge bei einmaligen Einnahmen gem. § 11 Abs. 3 S. 4 SGB II, § 11 b Abs. 1 S. 2 SGB II **142**
  - Vor Verteilung der einmaligen Einnahme: Absetzung der Beträge gem. § 11 b Abs. 1 S. 1 Nr. 1, 2, 5 und 6 SGB II

– Bei Verteilung der einmaligen Einnahme: Absetzung anderer Beträge, vgl. § 11 b Abs. 1 S. 1 Nr. 3, 4, 7, 8 SGB II

143 Die Absetzbeträge sind jetzt in § 11 b SGB II erfasst. Von dem Einkommen nach § 11 Abs. 1 SGB II sind die in § 11 Abs. 2 SGB II genannten Beträge abzusetzen. Die ist abschließend gemeint; darüber hinaus sind keine Beträge absetzbar. Dies entspricht der Absicht des Gesetzgebers, einen eigenständigen Einkommensbegriff zu schaffen und jeden Verlustausgleich zwischen Einkommensarten auszuschließen.[338] Daneben ist das Ministerium für Wirtschaft und Arbeit gem. § 13 Abs. 3 Nr. 3 SGB II ermächtigt, durch Rechtsverordnung festzulegen, welche Pauschbeträge für die von dem Einkommen abzusetzenden Beträge zu berücksichtigen sind. Es hat davon in § 3 Alg II-V Gebrauch gemacht.

144 Besonderheiten weist die Ermittlung des Einkommens Selbstständiger auf. Gem. § 3 Abs. 2 Alg II-V sind von den Betriebseinnahmen die im Bewilligungszeitraum tatsächlich geleisteten notwendigen Ausgaben mit Ausnahme der nach § 11 b SGB II abzusetzenden Beträge abzusetzen. Die in § 11 b SGB II genannten Positionen sind erst vom Gewinn abzusetzen. Diese Regel wird allerdings nicht durchgehend praktiziert; so werden zB gezahlte Steuern gem. § 11 b Abs. 1 S. 1 Nr. 1 SGB II als Betriebsausgaben und eingenommene Steuern als Betriebseinnahmen behandelt, also bereits vor dem Abzug gem. § 11 b Abs. 1 S. 1 Nr. 1 SGB II berücksichtigt (näher → Rn. 196 ff.).

145 Die nachfolgenden Beträge sind von den Einnahmen abzusetzen:

b) Steuern auf das Einkommen, § 11 b Abs. 1 S. 1 Nr. 1 SGB II

146 Absetzbar sind die auf das Einkommen entrichteten Steuern in tatsächlicher Höhe, die an die Erzielung von Einkünften anknüpfen, also die Lohn-, Einkommens- und Kirchensteuer, aber auch der Solidaritätszuschlag. Werden Steuern bzw. Abgaben nicht auf das Einkommen entrichtet wie zB Grundsteuer oder Grunderwerbssteuer, können sie nicht nach § 11 b Abs. 1 S. 1 Nr. 1 SGB II abgesetzt werden, sondern allenfalls nach § 11 b Abs. 1 S. 1 Nr. 5 SGB II.

147 Abweichend von der Regel, dass die Steuern vom Einkommen abzuziehen sind, sind die Gewerbe- und Kapitalertragsteuer sowie die Umsatzsteuer bei Einkommen aus selbstständiger Tätigkeit gem. § 3 Alg II-V bereits vor der Bereinigung gem. § 11 b Abs. 1 S. 1 Nr. 1 SGB II als Betriebseinnahmen oder -ausgaben zu berücksichtigen.[339] Sie mindern den Gewinn, der die Grundlage für den Abzug der in § 11 b SGB II aufgeführten Beträge bildet; bei Einnahmen aus selbstständiger Tätigkeit geht es vor allem um den Erwerbstätigenfreibetrag gem. § 11 b Abs. 2, Abs. 3 SGB II.

148 Können die Steuern durch eine steuerliche Gestaltung reduziert werden, hat dies der erwerbsfähige Leistungsberechtigte im Rahmen seiner Selbsthilfeobliegenheit zu nutzen. Voraussetzung hierfür ist, dass der Leistungsträger den erwerbsfähigen Leistungsberechtigten zum Steuerklassenwechsel auffordert. Reagiert der erwerbsfähige Leistungsberechtigte darauf nicht, soll eine Sanktion gem. § 31 Abs. 2 Nr. 2 SGB II möglich sein.[340] Der Leistungsträger kann die durch den unterbliebenen Steuerklassenwechsel entstandenen Mehrkosten im Wege des Ersatzanspruchs gem. § 34 SGB II von dem erwerbsfähigen Leistungsberechtigten geltend machen.[341] Dagegen ist es nicht statthaft, das Ein-

---

338 So für den arbeitslosenhilferechtlichen Einkommensbegriff Spellbrink in: Spellbrink/Eicher, § 13 Rn. 121.
339 Geiger in: LPK-SGB II, 6. Aufl., § 11 b Rn. 2.
340 Geiger in: LPK-SGB II, 6. Aufl., § 11 b Rn. 2.
341 Geiger in: LPK-SGB II, 6. Aufl., § 11 b Rn. 2 unter Verweis auf LSG BW Beschl. v. 14.10.2013 – L 2 AS 4231/13 B.

kommen fiktiv zu erhöhen, indem die tatsächlich geschuldete und gezahlte Steuer vermindert wird.[342]

c) Pflichtbeiträge zur Sozialversicherung einschließlich Beiträge zur Arbeitsförderung (§ 11 b Abs. 1 S. 1 Nr. 2 SGB II)

Gem. § 11 b Abs. 1 S. 1 Nr. 2 SGB II sind die **Pflichtbeiträge zur Sozialversicherung einschließlich der Beiträge zur Arbeitsförderung** absetzbar. Zur Sozialversicherung gehören gem. § 1 Abs. 1 S. 1 SGB IV die Kranken-, Unfall- und Rentenversicherung einschließlich der Alterssicherung der Landwirte und die soziale Pflegeversicherung. **Pflichtbeiträge** sind die Beiträge, die in der Person des erwerbsfähigen Leistungsberechtigten entstehen und von ihm gezahlt werden. Dies ist für jeden Beitrag gesondert zu prüfen. Die Beiträge sind nur von einem Einkommen absetzbar. Erzielt der erwerbsfähige Leistungsberechtigte kein Einkommen, hat er keinen Anspruch auf Zahlung eines Zuschusses etwa gem. § 21 Abs. 6 SGB II.[343] Fraglich ist aber, ob nicht der Leistungsträger in solchen Fällen eine Pflicht zur Beratung des erwerbsfähigen Leistungsberechtigten gem. §§ 1 Abs. 3 Nr. 1, 14 Abs. 2 SGB II dahingehend hat, dass und wie er die Belastungen zukünftig vermeiden kann. Da die Entstehung von Schulden ein Hemmnis bei der Vermittlung in Arbeit sein und Leistungsansprüche auslösen kann (§ 16 a Nr. 2 SGB II), liegt eine Spontanberatungspflicht mit der Folge von Schadensersatzpflicht bei Verletzung in diesen Fällen nahe. **149**

aa) Pflichtbeiträge zur Krankenversicherung

Absetzbar sind die Pflichtbeiträge zur gesetzlichen Krankenversicherung, also die aufgrund der Versicherungspflicht gem. § 5 SGB V oder der freiwilligen Versicherung in der Krankenversicherung gem. §§ 9, 188 Abs. 4 SGB V entstehenden Beiträge. Dazu gehören nicht die Beiträge für eine private Krankenversicherung; der Abzug dieser Beiträge ist in § 11 b Abs. 1 S. 1 Nr. 3 lit. a) SGB II geregelt. Die Absetzregel des § 11 b Abs. 1 S. 1 Nr. 2 SGB II steht in einem Zusammenhang zur Zuschussregel des § 26 SGB II. Besteht allein wegen der Entrichtung des Beitrags Hilfebedürftigkeit, kann gem. § 26 SGB II ein **Anspruch auf Zahlung eines Beitragszuschusses** bestehen.[344] **150**

Die Beiträge werden aus den beitragspflichtigen Einnahmen der Mitglieder gem. §§ 226 ff. SGB V, aus den Beitragssätzen und dem Zusatzbeitrag gem. §§ 241 ff. SGB V gebildet. Davon umfasst können auch rückständige Beiträge sein, wenn der Krankenversicherungsschutz gefährdet ist,[345] oder Beiträge für Angehörige, wenn keine – beitragsfreie – Familienversicherung gem. § 10 SGB V besteht.[346] Zu den Pflichtbeiträgen gehören nicht Beiträge für zusätzliche Leistungen wie zB für einen Wahltarif gem. § 53 Abs. 2 SGB V oder eine geschuldete Selbstbeteiligung.[347] Den Leistungsträger trifft hierbei allerdings eine Beratungspflicht: Er hat den erwerbsfähigen Leistungsberechtigten auf eine kostengünstigere Gestaltungsmöglichkeit hinzuweisen, bei der ein Eigenanteil nicht anfällt. Unterlässt er dies, kann der erwerbsfähige Leistungsberechtigte den Eigenanteil zeitweise – bis zu einem möglichen Wechsel nach Beratung – in Form eines unabweisbaren Bedarfs gem. § 21 Abs. 6 SGB II geltend machen.[348] **151**

342 Geiger in: LPK-SGB II, 6. Aufl., § 11 b Rn. 2 unter Verweis ua auf BSG Urt. v. 29.11.2012 – B 14 AS 33/12 R.
343 Vgl. Geiger in: LPK-SGB II, 6. Aufl., § 11 b Rn. 3 unter Verweis auf BayLSG Urt. v. 29.1.2015 – L 7 AS 130/14 (Pflichtbeitrag zur Rentenversicherung gem. § 1 KSVG).
344 Näher dazu Klerks info also 2017, 3 ff.
345 Siehe aber § 16 Abs. 3 a SGB V, wonach der Krankenversicherungsschutz auch besteht, wenn ein Beitragsrückstand besteht, aber auch Hilfebedürftigkeit nach dem SGB II bzw. dem SGB XII.
346 Geiger in: LPK-SGB II, 6. Aufl., § 11 b Rn. 3.
347 Geiger in: LPK-SGB II, 6. Aufl., § 11 b Rn. 3.
348 Vgl. Geiger in: LPK-SGB II, 6. Aufl., § 11 b Rn. 3 unter Verweis auf BSG Urt. v. 29.4.2015 – B 14 AS 8/14 R (zur privaten Krankenversicherung).

bb) Pflichtbeiträge zur Pflegeversicherung

152 Die Pflichtbeiträge zur Pflegeversicherung können gem. § 20 SGB XI als Pflichtversicherung geschuldet sein. Auch hier ist § 26 Abs. 2 SGB II zu beachten.

cc) Pflichtbeiträge zur Rentenversicherung

153 Die Pflichtbeiträge zur Rentenversicherung können aufgrund einer Versicherungspflicht gem. § 1 SGB VI oder gem. § 2 SGB VI bestehen. Dazu gehören gem. § 5 Abs. 2 S. 1 Nr. 1 SGB VI auch Rentenversicherungsbeiträge von Minijobbern, die aber gem. § 6 Abs. 1 b SGB VI einen Antrag auf Befreiung von der Versicherungspflicht stellen können.[349]

dd) Pflichtbeiträge zur Unfallversicherung

154 Pflichtbeiträge zur Unfallversicherung können gem. § 150 Abs. 1 S. 2 SGB VII für nach § 2 SGB VII versicherte Unternehmer und für nach § 3 Abs. 1 Nr. 1 SGB VII versicherte Personen bestehen.

ee) Beiträge zur Arbeitslosenversicherung

155 Beiträge zur Arbeitslosenversicherung können gem. §§ 25, 26 SGB III bestehen. Dazu sollen auch Beiträge zur Antrags-Arbeitslosenversicherung gem. § 28 a SGB III gehören.[350] Dafür spricht, dass gem. § 11 b Abs. 1 S. 1 Nr. 2 SGB II im Gegensatz zu den Pflichtbeiträgen der Sozialversicherung die „Beiträge" zur Arbeitsförderung abzugsfähig sind, also eine Differenzierung nach Pflichtbeiträgen und sonstigen Beiträgen nicht vorgenommen wird.

d) Beiträge zu öffentlichen oder privaten Versicherungen oder ähnlichen Einrichtungen (§ 11 b Abs. 1 S. 1 Nr. 3 SGB II)

156 Gem. § 11 b Abs. 1 S. 1 Nr. 3 SGB II sind die Beiträge zu öffentlichen oder privaten Versicherungen oder ähnlichen Einrichtungen absetzbar, soweit diese Beiträge **gesetzlich vorgeschrieben** oder **nach Grund und Höhe angemessen** sind; hierzu gehören Beiträge

a) zur Vorsorge für den Fall der Krankheit und der Pflegebedürftigkeit für Personen, die in der gesetzlichen Krankenversicherung nicht versicherungspflichtig sind,

b) zur Altersvorsorge von Personen, die von der Versicherungspflicht in der gesetzlichen Rentenversicherung befreit sind, soweit diese Beiträge nicht nach § 26 bezuschusst werden.

157 Zusätzlich dazu ist § 6 Abs. 1 Nr. 1, Nr. 2 Alg II zu beachten, wonach die **Beiträge nur in Höhe einer Pauschale** abgezogen werden können, wobei für erwachsene Leistungsberechtigte und für minderjährige Leistungsberechtigte unterschiedliche Voraussetzungen gelten. Die Versicherungspauschale kann aber nur dann abgezogen werden, wenn die leistungsberechtigte Person ein Einkommen erzielt, das nicht Erwerbseinkommen ist. Erzielt sie ein Erwerbseinkommen, sind die Kosten iSd § 11 b Abs. 1 S. 1 Nr. 3 SGB gem. § 11 b Abs. 2 S. 1 SGB II Teil des Grundfreibetrags von 100 EUR.[351]

aa) Allgemeines

158 Die Beiträge sind nur von einem Einkommen absetzbar, auch von angerechnetem Partner-Einkommen oder von angerechnetem Kindergeld.[352] Die Absetzung erfolgt grundsätzlich bei der Person, die Versicherungsnehmer ist. Erzielt die Person, die Versiche-

---

349 Vgl. dazu näher Segebrecht in: Kreikebohm, SGB VI, 5. Aufl., § 5 Rn. 17.
350 Geiger in: LPK-SGB II, 6. Aufl., § 11 b Rn. 3.
351 BSG Urt. v. 15.6.2016 – B 4 AS 41/15 R, Rn. 20 mwN.
352 BSG Urt. v. 11.2.2015 – B 4 AS 29/14 R, Rn. 25 (Einkommensteuererstattung).

rungsnehmer ist, kein Einkommen, kann der Abzug bei einer anderen Person der Bedarfsgemeinschaft erfolgen, soweit diese die Beiträge zahlt.[353]

Eine Absetzung kommt auch nach § 11 b Abs. 1 S. 1 Nr. 5 SGB II in Betracht, wenn eine **159** andere Person Versicherungsnehmer ist, der versicherte Gegenstand aber dem erwerbsfähigen Leistungsberechtigten zur Nutzung überlassen wird.[354]

Ein Zuschuss zu den Beiträgen kommt neben dem Fall des § 26 SGB II für die Kranken- **160** und Pflegeversicherung[355] nach § 21 Abs. 6 SGB II nur ausnahmsweise in Betracht.[356] Daneben können aber Beiträge zu Versicherungen Teil anderer Leistungen sein, so zB eine Gebäudeversicherung oder eine von dem Vermieter geforderte Hausrat- oder Haftpflichtversicherung als Teil der Unterkunftskosten;[357] die Übernahme der Kosten ist statthaft, wenn die Kosten insgesamt noch angemessen sind.

bb) Gesetzlich vorgeschriebene Versicherungen

Gesetzlich vorgeschrieben sind zB Haftpflichtversicherungen, zu deren Abschluss eine **161** Verpflichtung durch Rechtsvorschrift besteht (sog Pflichtversicherung, § 113 Abs. 1 VVG, etwa Berufshaftpflichtversicherungen für Angehörige freier Berufe), in einigen Ländern auch Gebäudebrand(feuer)versicherungen[358] und die Kfz-Haftpflichtversicherung gem. § 1 S. 1 PflVG.[359] Allerdings können gesetzlich vorgeschriebene Versicherungen nur dann anerkannt werden, wenn sie einen **spezifischen Bezug zu den Zielen des SGB II** aufweisen, weil sie entweder einem der in die Existenzsicherung einbezogenen Bedarf oder der Eingliederung in Arbeit zuzurechnen sind.[360]

Die Beiträge der gesetzlich vorgeschriebenen Versicherungen werden für die Zeit ab **162** 1.8.2016 gem. § 6 Abs. 1 Nr. 3 Alg II-V mit je einem **Zwölftel des Jahresbeitrags** angesetzt. Für Leistungen bis zum 31.7.2016 ist die Behandlung der Beiträge umstritten. Teilweise wurde die Ansetzung eines Durchschnittsbetrags akzeptiert,[361] teils wurde zu Recht geltend gemacht, dass die Beiträge in tatsächlicher Höhe in dem Monat abgesetzt werden müssen, in dem sie entstanden und gezahlt worden sind.[362] Bedeutung hat die Frage noch für Fälle der Aufhebung und Rücknahme gem. §§ 45, 48 SGB X von Leistungen bis zum 31.7.2016.[363]

cc) Nach Grund und Höhe angemessene Versicherungen

Gem. § 11 b Abs. 1 S. 1 Nr. 3 2. Fall SGB II sind auch Beiträge zu Versicherungen ab- **163** setzbar, wenn sie zwar nicht gesetzlich vorgeschrieben, aber nach Grund und Höhe angemessen sind. Eine Versicherung ist **dem Grunde nach angemessen**, wenn sie dem bei Inanspruchnahme staatlicher Fürsorgeleistungen zugrunde liegenden Lebensstandard entspricht.[364] Damit gilt nicht der bisherige Lebenszuschnitt als Maßstab.[365] Ein solcher **Prüfungsmaßstab** ist aus mehreren Gründen **bedenklich**: So ist fraglich, ob das „Ent-

---

353 Geiger in: LPK-SGB II, 6. Aufl., § 11 b Rn. 5 mwN.
354 Vgl. Geiger in: LPK-SGB II, 6. Aufl., § 11 b Rn. 5 unter Verweis auf LSG LSA Beschl. v. 8.9.2010 – L 2 AS 292/10 B ER (zur Nutzung überlassenes Kraftfahrzeug und Beiträge zur Kfz-Versicherung).
355 Zuschüsse zur Rentenversicherung sind nicht mehr möglich, da die Versicherungspflicht von erwerbsfähigen Leistungsberechtigten mit Wirkung zum 1.1.2011 entfallen ist, vgl. dazu Birk in: LPK-SGB II, 4. Aufl. 2011, § 26 Rn. 2.
356 Vgl. Geiger in: LPK-SGB II, 6. Aufl., § 11 b Rn. 4.
357 Vgl. auch Geiger in: LPK-SGB II, 6. Aufl., § 11 b Rn. 5 aE.
358 BT-Drs. 15/1749, 31.
359 In Höhe der Mindestdeckungssumme, vgl. BSG Urt. v. 27.2.2008 – B 14/7 b AS 32/06 R.
360 BSG Urt. v. 8.2.2017 – B 14 AS 10/16 R, Rn. 13 ff., 19 (Hundehaftpflichtversicherung).
361 Vgl. etwa LSG NRW Beschl. v. 11.6.2014 – L 2 AS 275/14 B.
362 SG Berlin Urt. v. 23.1.2015 – S 37 AS 238/14; 23.3.2015 – S 197 AS 355/12.
363 Vgl. dazu Geiger in: LPK-SGB II, 6. Aufl., § 11 b Rn. 6.
364 Geiger in: LPK-SGB II, 6.Aufl., § 11 b Rn. 7 unter Verweis auf BT-Drs. 15/1516, 53.
365 BT-Drs. 15/1516, 53.

sprechen" bei Inanspruchnahme tatsächlicher Fürsorgeleistungen als tatsächliche oder normative Feststellung verstanden werden kann. Wird es im Sinne einer tatsächlichen Feststellung verstanden, müssten Untersuchungen dazu herangezogen werden, welche Versicherungen tatsächlich abgeschlossen werden; hierbei ist aber zweifelhaft, ob es solche Untersuchungen überhaupt gibt.[366] Wird es im Sinne einer normativen Feststellung verstanden, sind die Kriterien unklar, nach denen das „Entsprechen" geprüft wird. Hier wird auf die Umstände des Einzelfalls abgestellt, die dazu führen können, dass eine private Absicherung als angemessen zu bewerten ist.[367] Auch hinsichtlich der Höhe der Beiträge ist unklar, wann eine Versicherung unangemessen sein soll. Ist der Beitrag sehr hoch, kann einer angeblichen „Unangemessenheit" entgegengehalten werden, dass die Regelleistungen nach der Konzeption pauschaliert sind und dem erwerbsfähigen Leistungsberechtigten bezüglich der Verwendung Dispositionsfreiheit eingeräumt wird[368] und sein Ausgabeverhalten nur bei Unwirtschaftlichkeit (§ 31 Abs. 2 Nr. 2 SGB II) oder Sozialwidrigkeit (§ 34 Abs. 1 SGB II) sanktioniert werden kann. Ist er sehr niedrig, kann dies nicht „unangemessen" sein, weil sich die erwerbsfähige leistungsberechtigte Person damit im Rahmen dessen hält, was nach dem Gesetz vorgesehen ist. Sollte sich die „Unangemessenheit" auf die Zweck-Mittel-Relation zwischen Leistungsversprechen und Beitrag beziehen, erforderte die Beurteilung ausführliche versicherungstechnische Erwägungen. Außerdem wäre bei einer Reglementierung bestimmter Versicherungen die Wertung des Art. 2 Abs. 1 GG zu beachten, wonach die Freiheit zum Abschluss von Verträgen als Teil der allgemeinen Handlungsfreiheit geschützt ist. Eine indirekte Beschränkung durch Verweigerung der Versicherungspauschale könnte Art. 2 Abs. 1 GG verletzen. **Anerkannt** worden sind eine Hausrat- und Haftpflichtversicherung,[369] eine Schülerzusatzversicherung,[370] eine Unfallversicherung.[371] Als **unangemessen** gelten eine Ausbildungsversicherung,[372] eine Zusatzkrankenversicherung für das Kind,[373] eine fondsgebundene Kinderrentenversicherung,[374] und eine Hundehaftpflichtversicherung.[375] Kosten für eine Rechtsschutzversicherung können im Einzelfall zu übernehmen sein.[376]

164 Die Beurteilung der Frage, ob und wann eine Versicherung dem Grunde und der Höhe nach angemessen ist, ist durch § 6 Abs. 1 Nr. 1 Alg II-V eingeschränkt, wonach der absetzbare Betrag auf **30,00 EUR monatlich begrenzt** ist; dies gilt auch dann, wenn die Versicherungsbeiträge höher sind als 30,00 EUR monatlich.[377] Umgekehrt ist die Versicherungspauschale auch dann anzusetzen, wenn die Versicherung – im Falle der Kinder gem. § 6 Abs. 1 Nr. 2 Alg II-V – § 6 Abs. 1 Nr. 1 Alg II-V weniger als 30,00 EUR be-

---

366 In diese Richtung BSG Urt. v. 10.5.2011 – B 4 AS 139/10, Rn. 22 zur „Üblichkeit" einer Kinderunfallversicherung.
367 BSG Urt. v. 10.5.2011 – B 4 AS 139/10, Rn. 23.
368 Vgl. Münder in: LPK-SGB II, 6. Aufl., § 20 Rn. 23, 24.
369 Vgl. Schmidt in: Eicher/Luik, SGB II, 4. Aufl., § 11 b Rn. 18 mwN.
370 LSG BW Urt. v. 17.11.2015 – L 13 AS 3773/14.
371 SG Chemnitz Urt. v. 4.8.2010 – S 3 AS 6295/09.
372 BayLSG Beschl. v. 25.6.2010 – L 7 AS 404/10 B ER, ASR 2010, 261.
373 SG Hamburg Urt. v. 20.8.2007 – S 56 AS 1137/06.
374 BSG Urt. v. 16.2.2012 – B 4 AS 89/11 R, Rn. 28 f.
375 BSG Urt. v. 8.2.2017 – B 14 AS 10/16 R, Rn. 21 dann, wenn nicht mit der Hundehaltung Einkommen erzielt werden soll; in anderen Fällen kann eine Berücksichtigung gem. § 11 b Abs. 1 S. 1 Nr. 5 SGB II in Betracht kommen.
376 Differenzierend dazu BSG Urt. v. 29.9.2009 – B 8 SO 13/08 R, Rn. 22, BSGE 104, 207: im Regelfall ist dem Bedürftigen zuzumuten, dass die Möglichkeit der Beantragung von Prozesskostenhilfe besteht. Im Einzelfall kann es aber erforderlich sein, sich gegen bestimmte Kosten der gerichtlichen Rechtsverfolgung abzusichern. Dies gilt um so mehr, als die Prozesskostenhilfe gem. § 123 ZPO im Falle des Unterliegens nicht auch die Kosten des Prozessgegners abdeckt.
377 Geiger in: LPK-SGB II, 6. Aufl., § 11 b Rn. 7 unter Verweis auf BSG Urt. v. 15.4.2006 – B 14/7 b AS 18/06 R; 25.6.2008 – B 11 B AS45/06 R.

trägt.[378] Soll der Versicherungsbeitrag sehr gering sein, soll die Angemessenheit der Versicherung geprüft werden.[379] Dies ist abzulehnen, weil der Begriff der Angemessenheit nichts mit der (niedrigen) Höhe des Versicherungsbeitrags zu tun hat.

§ 6 Abs. 1 Nr. 1 Alg II-V soll mit der Ermächtigungsgrundlage des § 13 Abs. 1 Nr. 1 **165**
SGB II übereinstimmen und rechtmäßig sein,[380] weil damit die im Regelfall üblichen und wirtschaftlich sinnvollen Versicherungsleistungen abgedeckt werden können.[381] Die Versicherungspauschale gilt auch bei übergeleiteten Ansprüchen gem. § 33 SGB II mit der Wirkung, dass das Einkommen ohne die Versicherungspauschale auf den Leistungsträger übergeht und dieser weiter dem erwerbsfähigen Leistungsberechtigten zusteht.[382]

§ 6 Abs. 1 Nr. 1 Alg II-V sieht eine komplexe Regelung vor: Erzielt eine erwachsene Per- **166**
son Einkommen, ist die Versicherungspauschale unabhängig von dem tatsächlichen Abschluss einer Versicherung pauschal vom Einkommen abzusetzen, weil sie die Möglichkeit haben sollen, sich entsprechend zu versichern.[383] Dies gilt auch für den Fall, dass eine erwachsene Person Kindergeld erzielt oder einem Elternteil das überschießendes Kindergeld des Kindes gem. § 11 Abs. 1 S. 5 SGB II zugerechnet wird.[384] Erzielt eine erwachsene Person kein (eigenes) Einkommen, besteht kein Anspruch auf einen Zuschuss zu einer Versicherung.[385] Die Versicherungspauschale ist aber auch nicht abzuziehen, auch dann nicht, wenn etwa das Kind eigenes Einkommen wie zB Kindergeld oder Leistungen nach dem UVG bezieht.[386] Dies soll dann nicht gelten, wenn etwa eine Haftpflichtversicherung wegen der besonderen Risiken, die das Verhalten von Kindern mit sich bringt, abgeschlossen wurde. In diesem Fall soll der Ausschluss der Versicherungspauschale gegen Art. 3 GG verstoßen.[387] Es reicht dann für die Anrechnung, dass die Eltern Versicherungsnehmer sind, die Versicherung aber für das Kind abgeschlossen worden ist.[388]

Erzielt eine **minderjährige Person** Einkommen (zB Kindergeld[389]), wird die Versiche- **167**
rungspauschale gem. § 6 Abs. 1 Nr. 2 SGB II abgezogen, wenn sie nach Grund und Höhe angemessen sind und der Abschluss dieser Versicherung nachgewiesen worden ist.

dd) Insbesondere: Vorsorgebeiträge für die Kranken- und Pflegeversicherung

Gem. § 11 b Abs. 1 S. 1 Nr. 3 lit. a) SGB II sind die Beiträge zur Vorsorge für den Fall **168**
der Krankheit und der Pflegebedürftigkeit für in der gesetzlichen Krankenversicherung nicht versicherungspflichtige Personen absetzbar, soweit die Beiträge nicht nach § 26 SGB II bezuschusst werden. Die Regelung gilt vor allem für Personen, die selbst die Beiträge zur Kranken- und Pflegeversicherung schulden wie in der gesetzlichen Kranken- und Pflegeversicherung pflichtversicherte Personen nach §§ 5 Abs. 1 Nr. 13 SGB V, 20 Abs. 1 S. 2 Nr. 13 SGB XI,[390] freiwillig in der gesetzlichen Kranken- und Pflegeversiche-

---

378 Geiger in: LPK-SGB II, 6. Aufl., § 11 b Rn. 9 unter Verweis auf LSG BW Urt. v. 17.11.2015 – L 13 AS 3773/14.
379 Vgl. Geiger in: LPK-SGB II, 6. Aufl., § 11 b Rn. 9 mwN zur Rechtsprechung.
380 BSG Urt. v. 7.11.2006 – B 7 b AS 18/06 R; 18.6.2008 – B 14 AS 55/07 R, SozR 4–4200 § 9 Nr. 4.
381 BSG Urt. v. 7.11.2006 – B 7 b AS 18/06 R, Rn. 26.
382 BSG Urt. v. 14.3.2012 – B 14 AS 98/11 R.
383 Geiger in: LPK-SGB II, 6. Aufl., § 11 b Rn. 7 unter Verweis auf BSG Urt. v. 19.9.2008 – B 14 AS 55/07 R, SozR 4–4200 § 9 Nr. 4.
384 Geiger in: LPK-SGB II, 6. Aufl., § 11 b Rn. 7 unter Verweis auf BSG Urt. v. 7.11.2006 – B 7 b AS 18/06 R; 18.6.2008 – B 14 AS 55/07 R; 13.5.2009 – B 4 AS 39/08 R.
385 BSG Urt. v. 23.11.2006 – B 11 b AS 3/06 R, NDV-RD 2007, 57.
386 Vgl. Geiger in: LPK-SGB II, 6. Aufl., § 11 b Rn. 8 unter Verweis auf LSG NRW Beschl. v. 27.8.2007 – L 20 B 130/07 AS.
387 So Geiger in: LPK-SGB II, 6. Aufl., § 11 b Rn. 7 mwN.
388 Vgl. BSG Urt. v. 10.5.2011 – B 4 AS 139/10, Rn. 24.
389 Vgl. Geiger in: LPK-SGB II, 6. Aufl., § 11 b Rn. 9 unter Verweis auf BSG Urt. v. 13.5.2009 – B 4 AS 39/08 R.
390 Beitragspflicht gem. §§ 250 Abs. 3, 252 Abs. 1 S. 1 SGB V, 59 Abs. 1 S. 1, 60 Abs. 1 S. 1 SGB XI.

rung versicherte Personen gem. §§ 9, 188 Abs. 4 SGB V, 20 Abs. 3 SGB XI[391] und in der privaten Kranken- und Pflegeversicherung versicherte Personen gem. §§ 193 Abs. 3 VVG, 23 Abs. 1 S. 1 SGB XI.[392] Die Ermittlung der Versicherung und der Beitragspflicht kann im Einzelfall schwierig sein.[393] Können die Beiträge nicht gem. § 26 SGB II bezuschusst werden, kommt ein Abzug vom Einkommen gem. § 11 b Abs. 1 S. 1 Nr. 3 lit. a) SGB II in Betracht.

ee) Insbesondere: Vorsorgebeiträge für die Alterssicherung

169 Gem. § 11 b Abs. 1 S. 1 Nr. 3 lit. b) SGB II sind Beiträge zur Altersvorsorge von Personen, die von der Versicherungspflicht in der gesetzlichen Rentenversicherung befreit sind, absetzbar. Voraussetzung für die Absetzbarkeit ist die Befreiung von der Rentenversicherungspflicht gem. § 6 SGB VI einschließlich der Befreiung der Personen, die ua eine geringfügige Beschäftigung gem. § 8 Abs. 1 S. 1 SGB IV ausüben;[394] eine Versicherungsfreiheit gem. § 5 SGB VI oder von Selbstständigen außerhalb des Katalogs von § 2 SGB VI genügt nicht.[395] Die Beiträge können für Versorgungswerke,[396] private Versicherungen einschließlich einer Lebensversicherung,[397] einer Direktversicherung gem. § 3 Nr. 63 EStG oder Pensionskassen[398] oder Pensionsfonds gezahlt werden. Die Angemessenheit bestimmt sich danach, ob sie einen Schutz gewährleisten, der dem Schutz in der gesetzlichen Rentenversicherung vergleichbar ist.[399] Der Höhe nach bestimmt sich die Angemessenheit nach dem Mindesteigenbetrag für die Riesterförderung gem. § 86 EStG (siehe dazu § 11 b Abs. 1 S. 1 Nr. 4 SGB II), wobei dem erwerbsfähigen Leistungsberechtigten aber nach Eintritt in den Leistungsbezug nach dem SGB II eine „Schonfrist" bis zur ersten objektiven Möglichkeit einzuräumen ist, die Beiträge zu senken.[400]

e) Altersvorsorgebeiträge, § 11 b Abs. 1 S. 1 Nr. 4 SGB II

170 Gem. § 11 b Abs. 1 S. 1 Nr. 4 SGB II sind geförderte Altersvorsorgebeiträge nach § 82 EStG geschützt, soweit sie den Mindesteigenbeitrag nach § 86 EStG nicht überschreiten (**Riester-Rente**). Absetzbar ist höchstens der Betrag gem. § 10 a Abs. 1 S. 1 EStG, vermindert um die Grundzulage gem. § 84 EStG und die Kinderzulage gem. § 85 EStG. Gem. § 6 Abs. 1 Nr. 4 Alg II-V wird der Pauschbetrag in Höhe von 3 % des Einkommens (gemindert um 1,5 Prozentpunkte je zulageberechtigtes Kind im Haushalt der leistungsberechtigten Person), mindestens in Höhe von 5,00 EUR gebildet.

f) Ausgaben, die mit der Erzielung des Einkommens notwendig verbunden sind (§ 11 b Abs. 1 S. 1 Nr. 5 SGB II)

aa) Allgemeines

171 Gem. § 11 b Abs. 1 S. 1 Nr. 5 SGB II können die mit der Erzielung des Einkommens verbundenen notwendigen Ausgaben vom Einkommen abgezogen werden.[401] Dies gilt nur für tatsächlich getätigte Aufwendungen,[402] nicht dagegen für allgemeine „Vorhaltungs-

---

391 Beitragspflicht gem. §§ 250 Abs. 2, 252 Abs. 1 S. 1 SGB V, 59 Abs. 4, 60 Abs. 1 S. 1 SGB XI; in der Pflegeversicherung ist nur eine Pflichtversicherung möglich.
392 Ermittlung des Beitrags für die Krankenversicherung gem. § 152 Abs. 3 S. 1, Abs. 4 VAG.
393 Dazu und zu § 26 SGB II Klerks info also 2017, 3 ff.
394 Vgl. dazu BT-Drs. 17/10773, 12 f.
395 BSG Urt. v. 7.5.2009 – B 14 AS 35/08 R.
396 BSG Urt. v. 30.7.2008 – B 14 AS 44/07 R.
397 Vgl. BayLSG Beschl. v. 11.5.2010 – L 7 AS 232/10 B ER.
398 Vgl. BSG Urt. v. 9.11.2010 – B 4 AS 7/10 R, Rn. 20 f.
399 Vgl. Geiger in: LPK-SGB II, 6. Aufl., § 11 b Rn. 11.
400 BSG Urt. v. 9.11.2010 – B 4 AS 7/10 R, Rn. 11, 25 ff.
401 Vgl. allgemein Merold Sozialrecht aktuell 2016, 85 ff.
402 BSG Urt. v. 27.9.2011 – B 4 AS 180/10 R, Rn. 28.

kosten".[403] Die Aufwendungen müssen im jeweiligen Zeitraum der Einnahmen entstanden.[404] Voraussetzung ist eine **Verbundenheit mit der Erzielung von Einkommen** und eine **Notwendigkeit der Aufwendungen.** Die Aufwendungen sind mit der Erzielung des Einkommens verbunden, wenn sie ihrer Zielrichtung nach **mit der Einkunftsart in einer Beziehung** stehen, wobei es nicht erforderlich ist, dass die Erzielung des Einkommens ohne die Aufwendungen undenkbar wäre.[405] Gefordert wird eine kausale Verknüpfung zwischen den Aufwendungen und der Erzielung des Einkommens in dem Sinne, dass die Ausgaben durch die Erzielung des Einkommens bedingt sein müssen.[406] Private Ausgaben gehören nicht dazu.[407] Die Auslegung des Begriffs der Verbundenheit bestimmt auch das Verständnis von der Notwendigkeit der Aufwendung. Dabei kann eine Aufwendung auch dann notwendig sein, wenn sie zwar mit der Erzielung des Einkommens verbunden war, die Verbundenheit aber so eng ist, dass eine Einstellung des Aufwands nicht erwartet werden oder nicht ohne Weiteres reduziert werden kann.[408] Zusätzlich müssen die Ausgaben im Rahmen einer vernünftigen Wirtschaftsführung anfallen, dh **nicht außer Verhältnis zu den Einnahmen** stehen.[409] Eine enge Auslegung ist auch wegen des im Einkommensbegriff konkretisierten Nachranggrundsatzes (§ 2 Abs. 2 SGB II) geboten; dies bedeutet, dass vorhandenes Einkommen in erster Linie zur Sicherung des Lebensunterhalts einzusetzen ist.[410] Schließlich wird aus dem Begriff der Erzielung eines Abkommens die Abgrenzung zur Einkommensverwendung hergeleitet. Danach sind solche Ausgaben nicht absetzbar, die dem privaten Bereich zuzuordnen sind.[411] Allerdings kann sich im Einzelfall ein weiteres Verständnis der Notwendigkeit dadurch ergeben, dass dies durch ein zentrales Anliegen des Gesetzes, den erwerbsfähigen Leistungsberechtigten bei der Aufnahme oder Beibehaltung einer Erwerbsfähigkeit zu unterstützen (§ 1 Abs. 2 S. 2 SGB II).[412]

§ 11 b Abs. 1 S. 1 Nr. 5 SGB II ist nicht anwendbar, wenn dieser Norm Spezialvorschriften vorgehen. Dies ist der Fall bei Einnahmen aus selbstständiger Tätigkeit gem. § 3 Abs. 2 SGB Alg II-V.[413] Bei Einnahmen aus Erwerbstätigkeit gehen die Ausgaben gem. § 11 b Abs. 1 S. 1 Nr. 5 SGB II im Grundfreibetrag gem. § 11 b Abs. 2 S. 1 SGB II auf, es sei denn, das monatliche Einkommen ist höher als 400,00 EUR und die Ausgaben gem. § 11 b Abs. 1 S. 1 Nr. 5 SGB II sind alleine oder gemeinsam mit den Ausgaben gem. § 11 b Abs. 1 S. 1 Nr. 3, 4 SGB II höher als 100,00 EUR, § 11 b Abs. 2 S. 2 SGB II. Dies gilt gem. § 11 b Abs. 2 S. 2 SGB II ebenfalls bei Ausbildungsförderungsleistungen.[414] Teilweise sehen Spezialregelungen eine Pauschale vor, so § 6 Abs. 1 Nr. 5, Abs. 2 Alg II-V hinsichtlich der Fahrtkosten.

172

---

403 SächsLSG Beschl. v. 20.9.2016 – L 7 AS 155/15 NZB Rn. 29.
404 Verneint für Steuerberatungskosten bei Steuernachzahlungen, vgl. LSG Bln-Bbg Urt. v. 6.5.2015 – L 19 AS 1394/12, Rn. 19 ff., FEVS 67, 227); vgl. auch Beschl. v. 3.8.2016 – L 18 AS 2232/15, Rn. 22.
405 BSG Urt. v. 27.9.2011 – B 4 AS 180/10 R, Rn. 29 mwN.
406 BSG Urt. v. 15.6.2016 – B 4 AS 41/15 R, Rn. 22 mwN, 23.
407 BSG Urt. v. 24.5.2017 – B 14 AS 32/16 R, Rn. 27: Ausgabe für ein Kraftfahrzeug; eine Förderung soll nur nach §§ 16 ff. SGB II möglich sein.
408 BSG Urt. v. 27.9.2011 – B 4 AS 180/10 R, Rn. 31.
409 BSG Urt. v. 15.6.2016 – B 4 AS 41/15 R, Rn. 22 mwN.
410 BSG Urt. v. 15.6.2016 – B 4 AS 41/15 R, Rn. 24.
411 BSG Urt. v. 15.6.2016 – B 4 AS 41/15 R, Rn. 25.
412 Vgl. BSG Urt. v. 19.6.2012 – B 4 AS 163/11 R, Rn. 19; dazu gehören nur Ausgaben für Kleidung, die wegen der Eigenart der beruflichen Anforderungen notwendig sind, nicht dagegen Business-Kleidung, BSG Urt. v. 19.6.2012 – B 4 AS 163/11 R, Rn. 17, 22.
413 Absetzung der notwendigen Ausgaben zunächst von den Einnahmen; nur das, was nicht als Betriebsausgabe abgesetzt werden kann, kann gem. § 11 b Abs. 1 S. 1 Nr. 5 SGB II abgesetzt werden.
414 Vgl. BT-Drs. 18/8041, 36.

bb) Notwendigkeit der Ausgaben bei Einnahmen aus Erwerbstätigkeit

173 Die Absetzung kann als mit Erwerbseinkommen verbundene Ausgabe nur dann erfolgen, wenn sie infolge der Erwerbstätigkeit im Sinne einer **finalen Verknüpfung** entstanden ist.[415] Hierbei sind Aufwendungen, die zugleich dem privaten und beruflichen Lebensbereich zugeordnet werden können, grundsätzlich durch die Regelleistung zu decken und nicht als Ausgabe gem. § 11 b Abs. 1 S. 1 Nr. 5 SGB II absetzbar.[416] Zu den notwendigen Ausgaben können vor allem Fahrtkosten gehören, wobei die Berechnung nach § 6 Abs. 1 Nr. 5, Abs. 2 Alg II-V erfolgt,[417] ferner Kosten für die doppelte Haushaltsführung, solange ein Umzug nicht möglich oder nicht zumutbar ist,[418] Mehraufwendungen für die Verpflegung gem. § 6 Abs. 3 Alg II-V in Höhe von 6,00 EUR täglich bzw. bei höheren Kosten nach den Sätzen des Bundesreisekostengesetzes,[419] Weiterbildungs-[420] und Telefonkosten.[421] Nicht anerkannt worden sind Beiträge für die Parteimitgliedschaft bei Bezug von Aufwandsentschädigungen für ehrenamtliche Bürgermeister und Stadträte.[422] Auch Fahrtkosten zwischen Wohnung und Betriebsstätte sollen bei selbstständig tätigen Personen nicht absetzbar sein, da sie dem privaten Bereich zuzuordnen sind.[423]

cc) Notwendigkeit der Ausgaben bei anderen Einnahmen

174 Absetzungen gem. § 11 b Abs. 1 S. 1 Nr. 5 SGB II sind auch bei anderen Einkünften als Erwerbseinkommen möglich, so Ausgaben für den Verkauf eines ererbten Hausgrundstücks und für die Beerdigung des Erblassers bei Erzielung von Einkommen aus einer Erbschaft,[424] Absetzungen von Gewerkschaftsbeiträgen bei einer Rente,[425] Kosten für eine wegen der Arbeit angeschaffte Jahreskarte für den öffentlichen Personennahverkehr bei Bezug von Krankengeld.[426] Dagegen kann eine Kontoführungsgebühr nicht abgesetzt werden.[427]

---

415 BSG Urt. v. 9.11.2010 – B 4 AS 7/10 R, Rn. 17 (Kosten für Kindergartenbesuch, hier Absetzbarkeit verneint); vgl. auch BSG Urt. v. 19.6.2012 – B 4 AS 163/11 R, Rn. 26 (unmittelbar mit der Kinderbetreuung zusammenhängende Fahrtkosten).

416 Vgl. BSG Urt. v. 19.6.2012 – B 4 AS 163/11 R, Rn. 17 ff. (Business-Kleidung, Kosten für den Friseurbesuch).

417 Bei Benutzung eines Kraftfahrzeugs 0,20 EUR je Kilometer der einfachen Strecke (nicht Hin- und Rückfahrt, BSG Urt. v. 9.11.2011 – B 4 AS 7/10 R), es sei denn, es werden höhere Aufwendungen nachgewiesen. Die Kosten werden auf die Kosten für die zumutbare Benutzung öffentlicher Verkehrsmittel gedeckelt, wenn sie im Vergleich unangemessen hoch sind; zur Beurteilung der Unangemessenheit kommt es darauf an, ob der erwerbsfähige Leistungsberechtigte dadurch erheblich länger fahren muss (SächsLSG Beschl. v. 19.5.2005 – L 3 B 44/05 AS-ER), er infolge seiner Arbeit ungünstige Arbeitszeiten hat, in denen es günstige Verkehrsverbindung nicht gibt (Geiger in: LPK-SGB II, 6. Aufl., § 11 b Rn. 17) oder wenn er Material und Werkzeug transportieren muss (SG Neuruppin Urt. v. 18.8.2010 – S 26 AS 2002/08, info also 2010, 267).

418 Vgl. dazu näher Geiger in: LPK-SGB II, 6. Aufl., § 11 b Rn. 16.

419 Die Beschränkung auf einen Pauschbetrag in Höhe von 6,00 EUR täglich ist wegen Verstoßes gegen § 13 Abs. 1 Nr. 3 SGB II insoweit unwirksam, wie sie keine Öffnungsklausel vorsieht, BSG Urt. v. 11.12.2012 – B 4 AS 27/12 R, Rn. 24 ff.

420 LSG BW Beschl. v. 25.9.2012 – L 13 AS 3794/12 ER-B, Rn. 8, info also 2012, 276 f.); Urt. v. 27.2.2014 – L 12 AS 4836/12, Rn. 21 ff. (Kosten der Weiterbildung zum Psychologischen Psychotherapeuten).

421 BSG Urt. v. 26.5.2011 – B 14 AS 93/10 R, Rn. 24.

422 BSG Urt. v. 26.5.2011 – B 14 AS 93/10 R, Rn. 24; keine Notwendigkeit, da es keine gesetzliche oder parlamentsordnungsgeschäftliche Verpflichtung zur Zahlung gibt.

423 BSG Urt. v. 5.6.2014 – B 4 AS 31/13 R, Rn. 23.

424 LSG Nds-Brem Beschl. v. 9.2.2015 – L 11 AS 1352/14 B ER, Rn. 12, ZSFH/SGB 2015, 276.

425 Vgl. BSG Urt. v. 27.9.2011 – B 4 AS 180/10 R, Rn. 30.

426 Absetzung einer wegen der Arbeit angeschafften Jahreskarte für den öffentlichen Nahverkehr, auch wenn sie während der Arbeitsunfähigkeit nicht für die Arbeit genutzt werden kann, vgl. BSG Urt. v. 27.9.2011 – B 4 AS 180/10 R, Rn. 30.

427 SG Dessau-Roßlau Urt. v. 28.10.2014 – S 13 AS 2975/12, Rn. 37.

g) Freibetrag für Erwerbstätige, § 11 b Abs. 1 S. 1 Nr. 6, Abs. 3 SGB II
aa) Allgemeines

Die Regelungen zur Ermittlung von Freibeträgen aus Erwerbstätigkeit werden in §§ 11 b Abs. 1 S. 1 Nr. 6, Abs. 2, Abs. 3 SGB II (der Gesetzgeber spricht von einer Verringerung der Transferentzugsrate[428]) geregelt. Einnahmen aus Erwerbstätigkeit sind Einnahmen, die die leistungsberechtigte Person unter Einsatz und Verwertung seiner Arbeitskraft erzielt; auszugehen ist davon, ob die erwerbsfähige leistungsberechtigte Person tatsächlich einer Erwerbstätigkeit nachgeht und deshalb ein Einkommen erzielt.[429] Dazu zählt neben dem **Arbeitsentgelt aus selbstständiger oder abhängiger Tätigkeit** auch das **Insolvenzgeld**[430] und das **Kurzarbeitergeld**,[431] dagegen nicht Lohnersatzleistungen bei Arbeitslosigkeit, Krankheit oder Behinderung wie Krankengeld, Arbeitslosengeld oder Erwerbsminderungsrente[432] bzw. eine Rente aus einer privaten Berufsunfähigkeitsversicherung;[433] diese Leistungen werden nicht wegen einer Erwerbstätigkeit erbracht, sondern wegen einer versicherten Störung der Erwerbstätigkeit. Zu erwägen[434] ist aber die Behandlung des im Rahmen der Wiedereingliederung gezahlten Krankengeldes gem. §§ 74 SGB V, 44 SGB IX oder Arbeitslosengeldes[435] als Erwerbseinkommen mit Abzug der Erwerbstätigenfreibeträge. Dagegen spricht allerdings, dass es im Rahmen der Wiedereingliederung nicht in erster Linie auf die Erwerbstätigkeit ankommt, sondern auf die berufliche Rehabilitation, die laufend medizinischer Beurteilung unterliegt und auf die Wiedererlangung der Arbeitsfähigkeit hin ausgerichtet ist.[436] Es kommt darauf an, ob dieses Ziel (schon) dem Zweck des § 11 b Abs. 1 S. 1 Nr. 6 SGB II genügt.

175

Der Freibetrag für Erwerbstätige setzt sich gem. § 11 b Abs. 2, Abs. 3 SGB II wie folgt zusammen:

176

Grundfreibetrag	wie bisher 100,00 EUR (bei einem monatlichen Einkommen von mehr als 400,00 EUR kann der Grundfreibetrag erhöht werden, wenn der erwerbsfähige Leistungsberechtigte nachweist, dass die Summe der Beträge nach § 11 b Abs. 1 S. 1 Nr. 3 bis 5 SGB II [Beiträge zu Versicherungen, geförderte Altersvorsorgebeiträge, mit der Erzielung des Einkommens verbundene notwendige Ausgaben] den Betrag von 100,00 EUR übersteigt)
1. Freibetrag	früher 20 % des Betrags zwischen 100,00 EUR und 800,00 EUR, jetzt zwischen 100,00 EUR und 1.000,00 EUR
2. Freibetrag	früher 10 % des Betrags zwischen 800,00 EUR und 1.200,00 EUR, jetzt zwischen 1.000,00 EUR und 1.200,00 EUR
3. Freibetrag	bei Vorhandensein minderjähriger Kinder wie bisher 10 % des Betrags zwischen 1.000,00 EUR und 1.500,00 EUR

---

428 BT-Drs. 17/3404, 95.
429 Vgl. dazu BSG Urt. v. 14.3.2012 – B 14 AS 29/08 R, Rn. 13 ff., 18.
430 BSG Urt. v. 13.5.2009 – B 4 AS 29/08 R, Rn. 19 ff., SozR 4–4200 § 11 Nr. 22.
431 BSG Urt. v. 14.3.2012 – B 14 AS 18/11 R, Rn. 18.
432 Vgl. Geiger in: LPK-SGB II, 6. Aufl., § 11 b Rn. 42 unter Verweis auf LSG Nds-Brem Urt. v. 11.3.2008 – L 7 AS 482/05.
433 Vgl. Geiger in: LPK-SGB II, 6. Aufl., § 11 b Rn. 42 unter Verweis auf LSG Bln-Bbg Urt. v. 10.1.2008 – L 28 AS 398/07.
434 So Geiger in: LPK-SGB II, 6. Aufl., § 11 b Rn. 42.
435 Vgl. zur Gewährung von Arbeitslosengeld zum Zwecke der Wiedereingliederung BSG Urt. v. 21.3.2007 – B 11 a AL 31/06 R, Rn. 19 ff., SozR 4–4300 § 118 Nr. 1.
436 Vgl. Sichert in: Becker/Kingreen, SGB V, 5. Aufl., § 74 Rn. 18 mwN.

177 Dies führt rechnerisch zu den folgenden Freibeträgen:

Monatsbruttoverdienst	Höhe des Freibetrags		
bis 100,00 EUR			100,00 EUR
100,00 EUR bis 1.000,00 EUR	20 % =	bis	180,00 EUR
1.000,00 EUR bis 1.200,00 EUR	10 % =	bis	20,00 EUR
Maximaler Freibetrag			300,00 EUR

178 Lebt ein erwerbsfähiger Hilfebedürftiger mit einem minderjährigen Kind zusammen, ergeben sich die folgenden Freibeträge:

Monatsbruttoverdienst	Höhe des Freibetrags		
bis 100,00 EUR			100,00 EUR
100,00 EUR bis 1.000,00 EUR	20 % =	bis	180,00 EUR
1.000,00 EUR bis 1.500,00 EUR	10 % =	bis	50,00 EUR
Maximaler Freibetrag			330,00 EUR

bb) Grundfreibetrag

179 Bei Anwendung von § 11 b Abs. 1 S. 1 Nr. 6 SGB II gelten die Freibeträge nach § 11 b Abs. 2 S. 1 Nr. 3 bis 5 SGB II nicht mehr, sondern werden vielmehr durch den Grundfreibetrag von 100,00 EUR abgedeckt, § 11 b Abs. 2 S. 1 SGB II. Der Gesetzeswortlaut ist nicht eindeutig: Gem. § 11 b Abs. 1 S. 1 Nr. 6 SGB II gilt der Absetzbetrag für „Erwerbstätige", gem. § 11 b Abs. 2 S. 1 SGB II dagegen für „erwerbsfähige Leistungsberechtigte, die erwerbstätig sind". Die letzte Regelung soll maßgeblich sein, sodass der Freibetrag nur erwerbsfähigen Leistungsberechtigten zustehe;[437] allerdings stünde eine volle Anrechnung eines Einkommens ohne Absetzbeträge im Widerspruch zu den Regelungen des § 82 Abs. 3 S. 1 SGB XII, der bei Leistungsbezug nach dem Dritten Kapitel des SGB XII (§§ 27 ff. SGB XII) oder nach dem Vierten Kapitel des SGB XII (§§ 41 ff. SGB XII) anwendbar wäre. Um dies zu vermeiden, wird bei erwerbstätigen nicht erwerbsfähigen Empfängern von Sozialgeld ein Freibetrag gem. § 82 Abs. 3 S. 1 SGB XII anerkannt.[438]

(1) Ausnahme I: Grundfreibetrag bei höherem Arbeitseinkommen als 400,00 EUR

180 Ist das **Erwerbseinkommen höher als 400,00 EUR**, können die tatsächlichen Ausgaben mit einem höheren Betrag als 100,00 EUR anerkannt werden, § 11 b Abs. 2 S. 2 SGB II. Voraussetzung ist allerdings, dass die Ausgaben gem. § 11 b Abs. 1 S. 1 Nr. 3, 4, 5 SGB II tatsächlich höher sind als 100,00 EUR.

(2) Ausnahme II: Grundfreibetrag bei steuerfreien Bezügen oder Einnahmen

181 Der Grundfreibetrag beläuft sich gem. § 11 b Abs. 2 S. 3 SGB II für gem. § 3 Nr. 12, 26, 26 a oder 26 b EStG einkommensteuerfreie Bezüge oder Einnahmen auf 200,00 EUR, wobei der Empfänger konkret anfallende höhere Aufwendungen als 200,00 EUR monatlich abziehen kann, wenn die steuerfreien Bezüge oder Einnahmen höher als 400,00 EUR monatlich sind. Mit diesem erhöhten Grundfreibetrag, der zusammen mit

---

437 So BSG Urt. v. 24.11.2011 – B 14 AS 201/10 R, Rn. 15 mwN zu § 11 Abs. 2 S. 2 SGB II aF.
438 BSG Urt. v. 24.11.2011 – B 14 AS 201/10 R, Rn. 19 ff.

einem erhöhten Steuerfreibetrag eingeführt worden ist,[439] soll das Engagement der Bürgerinnen und Bürger gesellschaftlich anerkannt und gefördert werden.[440]

(3) Ausnahme III: Grundfreibetrag bei Ausbildungsgeld etc

Gem. § 11 b Abs. 2 S. 5 SGB II beläuft sich der Grundfreibetrag bei **Leistungen nach § 11 a Abs. 3 S. 2 Nr. 3 bis 5 SGB II, bei Ausbildungsgeld nach dem SGB III** und nach dem **Unterhaltsbeitrag gem. § 10 Abs. 2 AFBG** anstelle der Absetzbeträge gem. § 11 b Abs. 1 S. 1 Nr. 3 bis 5 SGB II auf „mindestens 100,00 EUR", wenn die Absetzung nicht bereits nach § 11 b Abs. 2 S. 1 bis 3 SGB II erfolgt. **182**

(4) Ausnahme IV: Grundfreibetrag bei Taschengeld etc

Gem. § 11 b Abs. 1 S. 6 SGB II beläuft sich der Grundfreibetrag bei **Taschengeld** gem. **183**
§ 2 Nr. 4 Bundesfreiwilligendienstgesetz oder § 2 Abs. 1 Nr. 3 Jugendfreiwilligendienstegesetz auf insgesamt 200,00 EUR monatlich, soweit die Absetzung nicht bereits nach § 11 b Abs. 2 S. 1 bis 3 SGB II erfolgt. Übt der erwerbsfähige Leistungsberechtigte neben der Tätigkeit im Freiwilligendienst eine Erwerbstätigkeit aus, erzielt aber weniger als 100,00 EUR, wird der tatsächliche Grundfreibetrag aus der Erwerbstätigkeit gem. § 11 b Abs. 1 S. 2 SGB II zugrunde gelegt und um den Freibetrag gem. § 11 b Abs. 1 S. 6 SGB II so weit ergänzt, bis insgesamt ein Freibetrag in Höhe von 200,00 EUR erreicht ist.[441]

h) Aufwendungen zur Erfüllung gesetzlicher Unterhaltspflichten
(§ 11 b Abs. 1 S. 1 Nr. 7 SGB II)

Erbringt der erwerbsfähige Hilfebedürftige aufgrund eines **vollstreckbaren Unterhaltsti- 184**
tels Zahlungen an seine Unterhaltsgläubiger, werden diese Zahlungen vom Einkommen abgezogen. Es kommt nicht darauf an, ob die Unterhaltsgläubiger eine Pfändung ausgesprochen haben, sondern nur darauf, dass sie jederzeit pfänden könnten.[442] Es muss sich um eine gesetzliche Unterhaltsverpflichtung handeln; Zahlungen, die nicht auf einer gesetzlichen Verpflichtung beruhen, können nicht als Absetzbeträge vom Einkommen berücksichtigt werden.[443] Solche gesetzlichen Unterhaltsverpflichtungen sind der Getrenntlebenden- oder Geschiedenenunterhalt bzw. nach eingetragener Lebenspartnerschaft gem. §§ 1361, 1569 ff. BGB bzw. §§ 12, 16 LPartG, Verwandtenunterhalt gem. §§ 1601 ff. BGB[444] und Elternteil-Unterhalt nach Geburt gem. § 1615 l BGB. Der Unterhalt muss tituliert sein; Zahlungen ohne Unterhaltstitel sind nicht absetzbar.[445] Unterhaltstitel können gem. § 86 Abs. 1 FamFG gerichtliche Beschlüsse, gerichtlich gebilligte Vergleiche und weitere Vollstreckungstitel im Sinne des § 794 ZPO sein, soweit die Beteiligten über den Gegenstand des Verfahrens verfügen können. Daneben kann das jeweils zuständige Jugendamt einen solchen Titel gem. § 59 Abs. 1 S. 1 Nr. 3, 4 SGB VIII iVm § 60 SGB VIII[446] kostenfrei erstellen. Damit wird verhindert, dass bei dem erwerbsfähigen Hilfebedürftigen mit Einkommen Schulden gegenüber der unterhaltsberechtigten Person entstehen können. Dagegen können Zahlungen aufgrund einer Ver-

---

439 Durch Gesetz zur Stärkung des Ehrenamtes (Ehrenamtsstärkungsgesetz) vom 21.3.2013 (BGBl. I 2013, 556).
440 BR-Drs. 663/12, 20, 25.
441 Vgl. Geiger in: LPK-SGB II, 6. Aufl., § 11 a Rn. 39. Vgl. zur alten Rechtslage BSG Urt. v. 26.7.2016 – B 4 AS 54/15 R, Rn. 33.
442 Vgl. BT-Drs. 16/1401, 49 f. „wegen der jederzeitigen Pfändbarkeit".
443 BSG Urt. v. 9.11.2010 – B 4 AS 78/10 R, Rn. 15 unter Verweis auf BSG Urt. v. 19.9.2008 – B 14/7 b AS 10/07 R, Rn. 25, SozR 4–4200 § 11 Nr. 18.
444 Vgl. etwa BSG Urt. v. 9.11.2010 – B 4 AS 78/10 R, Rn. 15.
445 BSG Urt. v. 9.11.2010 – B 4 AS 78/10 R, Rn. 15 unter Verweis auf BSG Urt. v. 29.3.2007 – B 7 b AS 2/06 R, Rn. 21, SozR 4–4200 § 7 Nr. 4.
446 Vgl. dazu BSG Urt. v. 9.11.2010 – B 4 AS 78/10 R, Rn. 14.

pflichtungserklärung gem. § 68 AufenthG nicht anerkannt werden.[447] Der Unterhalt muss tatsächlich bezahlt werden.[448] Es muss sich um **laufenden (aktuellen) Unterhalt** handeln; rückständige Unterhaltsbeträge können nicht abgesetzt werden, weil nur laufende Zahlungen dem laufenden Einkommen gegenübergestellt werden dürfen.[449] Liegen die Voraussetzungen vor, wird das Einkommen um den gezahlten Unterhaltsbetrag bis zur titulierten Höhe korrigiert. Dabei stellt die titulierte Höhe die Obergrenze des Abzugs dar.[450] Die Leistungsträger oder Sozialgerichte treffen „regelmäßig" keine eigenen Feststellungen zur Höhe des Unterhaltsanspruchs.[451] Eine Reduzierung des Unterhalts aus Gründen der Nutzung von Selbsthilfemöglichkeiten gem. § 2 SGB II wird nicht gefordert, weil der Gesetzgeber den Abzug von tituliertem Unterhalt als Gestaltung des Einkommens ausdrücklich zulässt.[452]

i) Aufwendungen der Eltern für Berufsausbildungsbeihilfe/BAföG (§ 11 b Abs. 1 S. 1 Nr. 8 SGB II)

185 In die ähnliche Richtung wie § 11 b Abs. 1 S. 1 Nr. 7 SGB II zielt § 11 b Abs. 1 S. 1 Nr. 8 SGB II. Nach dieser Vorschrift können die Eltern eines Kindes in Ausbildung den Teil des Einkommens absetzen, der bei BAföG-Leistungen nach dem Vierten Abschnitt des BAföG (§§ 21 bis 25), bei Berufsausbildungsbeihilfe gem. § 67 SGB III oder bei Ausbildungsgeld gem. § 126 SGB III berücksichtigt wird. Maßgeblich ist der nach den Vorschriften der Ausbildungsförderung berücksichtigte Betrag. Die Berücksichtigung von Einkommen in der Ausbildungsförderung folgt dem bürgerlichen Unterhaltsrecht und vollzieht es pauschaliert nach; § 11 b Abs. 1 S. 1 Nr. 8 SGB II spiegelt in etwa die nach bürgerlichem Recht zustehenden (und damit einklagbaren) Ansprüche wider und ist demnach den nach § 11 b Abs. 1 S. 1 Nr. 7 SGB II abziehbaren Ansprüchen vergleichbar.[453] Diese Gleichsetzung legt es nahe, dass es für die Abziehbarkeit genügt, wenn ein entsprechender Leistungsbescheid für das Kind vorgelegt und die tatsächliche Zahlung des Geldbetrags nachgewiesen wird.

j) Weitere Absetzungen?

186 Darüber hinaus gehende Absetzungen sind nicht statthaft. § 11 b SGB II ist insoweit abschließend gemeint.[454] Insbesondere Schulden dürfen vom Einkommen nicht abgesetzt werden, weil es für zumutbar gehalten wird, dass der erwerbsfähige Hilfebedürftige zunächst seinen eigenen Lebensunterhalt sichert und dabei die Rückzahlung an Gläubiger vernachlässigt. Dies soll auch dann gelten, wenn es nicht um Einkommen der erwerbsfähigen leistungsberechtigten Person, sondern des einbezogenen Partners geht.[455]

4. Behandlung ausgewählter Einkommen

187 In der Praxis sind vor allem die Einkünfte aus nichtselbstständiger Arbeit und aus selbstständiger Arbeit von Bedeutung.

---

447 BSG Urt. v. 8.2.2017 – B 14 AS 22/16 R, Rn. 21.
448 BSG Urt. v. 9.11.2010 – B 4 AS 78/10 R, Rn. 20 unter Verweis auf BSG Urt. v. 30.9.2008 – B 4 AS 57/07 R, Rn. 24, SozR 4–4200 § 11 Nr. 16.
449 BSG Urt. v. 12.10.2016 – B 4 AS 38/15 R, Rn. 14 unter Verweis auf BSG Urt. v. 20.2.2014 – B 14 AS 53/12 R, Rn. 22.
450 BSG Urt. v. 12.10.2016 – B 4 AS 38/15 R, Rn. 14 unter Verweis auf BSG Urt. v. 9.11.2010 – B 4 AS 78/10 R, Rn. 16.
451 BSG Urt. v. 9.11.2010 – B 4 AS 78/10 R, Rn. 16 f.
452 BSG Urt. v. 9.11.2010 – B 4 AS 78/10 R, Rn. 23.
453 So BT-Drs. 16/1410, 20 f.
454 So Geiger in: LPK-SGB II, 6. Aufl., § 11 b Rn. 28; Striebinger in: Gagel, SGB II, § 11 b Rn. 41.
455 BSG Urt. v. 19.9.2008 – B 14/7 b AS 10/07 R, Rn. 25, SozR 4–4200 § 11 Nr. 18.

a) Einkünfte aus nichtselbstständiger Arbeit (§ 2 Alg II-V)

§ 2 Alg II-V enthält Regelungen zur Berechnung des Einkommens aus nichtselbstständiger Arbeit. Dazu soll auch das Insolvenzgeld gehören, weil es an die Stelle des Arbeitsentgeltsanspruchs tritt mit der Folge, dass die Absetzbeträge wie bei dem Arbeitseinkommen anzusetzen sind.[456] Die Vorschrift ist aber nur in Verbindung mit § 11 b SGB II verständlich. **188**

Das Einkommen aus nichtselbstständiger Arbeit wird wie folgt berechnet: **189**

- Ausgangspunkt: Bruttoeinkommen § 2 Abs. 1 Alg II einschließlich vom Arbeitgeber bereitgestellter Verpflegung, § 2 Abs. 5 Alg II-V bzw. sonstiger Einnahmen in Geldeswert, § 2 Abs. 6 Alg II-V; Schätzung des Einkommens in den Fällen des § 2 Abs. 7 Alg II-V
- Berechnung der Abzüge
  - Absetzung der Steuern, § 11 b Abs. 1 S. 1 Nr. 1 SGB II
  - Absetzung der Pflichtbeiträge zur Sozialversicherung einschließlich der Beiträge zur Arbeitslosenversicherung, § 11 b Abs. 1 S. 1 Nr. 2 SGB II
  - Ermittlung des Erwerbstätigenfreibetrags, § 11 b Abs. 2, Abs. 3 SGB II
  - Ermittlung des Grundfreibetrags, § 11 b Abs. 2 S. 1 SGB II anstelle der Absetzbeträge gem. § 11 b Abs. 1 S. 1 Nr. 3, 4, 5 SGB II; Ausnahme: das monatliche Einkommen ist höher als 400,00 EUR und die tatsächlichen Ausgaben gem. § 11 b Abs. 1 S. 1 Nr. 3, 4,5 SGB II sind höher als 100,00 EUR, § 11 b Abs. 2 S. 2 SGB II
  - Ermittlung des weiteren Absetzbetragsbetrags, § 11 b Abs. 3 SGB II
    - 20 % der Differenz zwischen 100,00 EUR und 1.000,00 EUR brutto, § 11 b Abs. 3 S. 2 Nr. 1 SGB II
    - 10 % der Differenz zwischen 1.000,00 EUR und 1.200,00 EUR brutto, § 11 b Abs. 3 S. 2 Nr. 2 SGB II (bei Zusammenleben mit mindestens einem minderjährigen Kind in Bedarfsgemeinschaft 10 % der Differenz zwischen 1.000,00 EUR und 1.500,00 EUR, § 11 b Abs. 3 S. 3 SGB II)
  - Absetzung der Beträge aus titulierten gesetzlichen Unterhaltsverpflichtungen, § 11 b Abs. 1 S. 1 Nr. 7 SGB II
  - Absetzung der wegen des Bezugs von Ausbildungsleistungen für Kinder angerechneten Beträge, § 11 b Abs. 1 S. 1 Nr. 8 SGB II

aa) Definition

Für die Definition von Einnahmen aus nichtselbstständiger Arbeit nimmt § 2 Abs. 1 Alg II-V auf die Legaldefinition des **§ 14 Abs. 1 SGB IV** zum Begriff des Arbeitsentgelts Bezug. Einnahmen sind gem. § 14 Abs. 1 S. 1 SGB IV alle laufenden oder einmaligen Leistungen aus einer Beschäftigung, gleichgültig, ob ein Rechtsanspruch auf sie besteht, unter welcher Bezeichnung oder in welcher Form sie geleistet werden und ob sie unmittelbar aus der Beschäftigung oder im Zusammenhang mit ihr erzielt werden. Zur Abgrenzung der Einkommensarten ist das Steuerrecht heranzuziehen, da das Gesetz an den Sprachgebrauch des Einkommensteuerrechts anknüpft.[457] Allerdings wird die Anrechnung dadurch erschwert, dass § 11 Abs. 2 SGB II und § 11 Abs. 3 SGB II zwischen laufenden und einmaligen Einnahmen unterscheidet (dazu → Rn. 82 ff.). **190**

---

456 BSG Urt. v. 13.5.2009 – B 4 AS 29/08 R, Rn. 19 ff., SozR 4–4200 § 11 Nr. 22.
457 BSG Urt. v. 22.8.2013 – B 14 AS 1/13 R, Rn. 20.

bb) Sachleistungen

191 § 2 Abs. 5 und Abs. 6 Alg II-V stellen klar, dass zum Einkommen aus nichtselbstständiger Arbeit auch die vom Arbeitgeber bereitgestellte Verpflegung (§ 2 Abs. 5 Alg II-V) bzw. „sonstige Einnahmen in Geldeswert" (§ 2 Abs. 6 Alg II-V) gehören. Die Vorschriften haben trotz § 11 Abs. 1 S. 1 SGB II einen Anwendungsbereich; zwar sind gem. § 11 Abs. 1 S. 1 SGB II Einnahmen in Geldeswert von der Berücksichtigung ausgenommen; dies gilt aber gem. § 11 Abs. 1 S. 2 SGB II nicht bei Einnahmen aus einer Erwerbstätigkeit oder aus einem Bundes- oder Jugendfreiwilligendienst.

192 Gem. § 2 Abs. 5 Alg II-V ist vom Arbeitgeber bereitgestellte Verpflegung als Einkommen zu berücksichtigen. Es ist umstritten, ob dies bei jeder Art der Verpflegung der Fall ist oder nur bei Verpflegung, die sich konkret in Geld tauschen lässt.[458] **Vollverpflegung** ist gem. § 2 Abs. 5 S. 1 Alg II-V mit täglich 1 % des maßgebenden monatlichen Regelbedarfs anzusetzen. Mit dieser Regelung hat der Verordnungsgeber auf die Rechtsprechung des BSG reagiert, wonach maximal der Wert als Einkommen angesetzt werden darf, der dem jeweiligen Anteil am Regelbedarf entspricht.[459] Wird nur **Teilverpflegung** bereitgestellt, ist sie gem. § 2 Abs. 5 S. 2 Alg II-V mit einem Anteil des Werts gem. § 2 Abs. 5 S. 1 Alg II-V zu bewerten, nämlich mit 20 % für das Frühstück und je 40 % für das Mittag- und Abendessen.

193 Gem. § 2 Abs. 6 Alg II-V sind sonstige Einnahmen in Geldeswert mit ihrem Verkehrswert als Einkommen anzusetzen. Verkehrswert ist der Betrag, der für die Bestreitung des Lebensunterhalts nutzbar gemacht werden kann, also tatsächlich zur Bestreitung des Lebensunterhalts zur Verfügung steht.[460] Dies kann nur der Fall sein bei Zuwendungen im Sinne eines bereiten Mittels, wenn sie sofort und ohne weiteres in Geld eingetauscht werden können.[461]

cc) Einkommensschätzung

194 Gem. § 2 Abs. 7 Alg II-V kann das Einkommen nach Anhörung geschätzt werden, wenn Leistungen der Grundsicherung für Arbeitsuchende einmalig oder für kurze Zeit zu erbringen sind oder Einkommen nur für kurze Zeit zu berücksichtigen ist (Nr. 1) oder die Entscheidung über die Erbringung von Leistungen der Grundsicherung für Arbeitsuchende im Einzelfall keinen Aufschub duldet (Nr. 2). Die Vorschrift ist im Rahmen der **endgültigen Leistungsentscheidung** anwendbar.[462] Voraussetzung ist, **dass das tatsächliche Einkommen nicht oder nur mit unverhältnismäßigem Aufwand ermittelt werden kann**[463] und dass die besonderen Voraussetzungen des § 2 Abs. 7 Alg II-V vorliegen:[464] Eine Leistung ist **einmalig**, wenn sie sich in einer einzelnen Zahlung erschöpft (laufende Leistungen für einen Monat oder weniger, einzelne einmalige Beihilfen). Eine Leistung ist **für kurze Zeit** zu erbringen, wenn sie im Einzelfall für nur zwei Monate bis höchstens sechs Monate notwendig ist (Verhältnis zwischen Dauer des Leistungsbezugs und dem Zeitaufwand für die abschließende Einkommensermittlung). Die Entscheidung duldet **keinen Aufschub**, wenn besondere Gründe vorliegen, die gerade eine endgültige Bewilligung notwendig machen.

---

458 Vgl. Lange in: Eicher/Luik, SGB II, 4. Aufl., § 13 Rn. 41; Hengelhaupt in: Hauck/Noftz SGB II K § 13 Rn. 245 mwN.
459 Vgl. BSG Urt. v. 18.6.2008 – B 14 AS 22/07 R, Rn. 19, BSGE 101, 70; näher dazu Lange in: Eicher/Luik, SGB II, 4. Aufl., § 13 Rn. 43.
460 Lange in: Eicher/Luik, SGB II, 4. Aufl., § 13 Rn. 44 mwN.
461 Vgl. näher Lange in: Eicher/Luik, SGB II, 4. Aufl., § 13 Rn. 45.
462 Lange in: Eicher/Luik, SGB II, 4. Aufl., § 13 Rn. 46.
463 Lange in: Eicher/Luik, SGB II, 4. Aufl., § 13 Rn. 47 unter Verweis auf BT-Drs. 13/4941, 213.
464 Vgl. näher Lange in: Eicher/Luik, SGB II, 4. Aufl., § 13 Rn. 47.

dd) Abzüge

Hinsichtlich der Berücksichtigung der Abzüge ist auf die Ausführungen oben → Rn. **195**
140 ff. zu verweisen. Der **Erwerbstätigenfreibetrag** gem. § 11 b Abs. 2, Abs. 3 SGB II ist
nur einmal abzusetzen, auch wenn der erwerbsfähige Leistungsberechtigte Einkünfte
aus mehreren Tätigkeiten erzielt.[465] Fließt dagegen innerhalb eines Monats das in mehreren Monaten erarbeitete Arbeitsentgelt zu, so ist auch das weitere Einkommen um
den Grundfreibetrag für jeden dieser Monate zu bereinigen, dies folgt aus der Zwecksetzung des Freibetrags, den Anreiz für die Aufnahme und Aufrechterhaltung nicht bedarfsdeckender Tätigkeit spürbar zu verstärken.[466]

b) Einkünfte aus selbstständiger Arbeit § 3 Alg II-V

§ 3 Alg II-V regelt die Berechnung von Einkommen aus selbstständiger Arbeit, Gewer- **196**
bebetrieb oder Land- und Forstwirtschaft eigenständig und losgelöst von steuerrechtlichen Grundsätzen. Maßgeblich ist der tatsächliche Zufluss von Einnahmen (§ 3 Abs. 1
S. 2 Alg II-V) und sind die tatsächlich geleisteten Ausgaben (§ 3 Abs. 2 Alg II). Mit dem
Abstellen auf tatsächlich zugeflossene Einnahmen und tatsächlich geleistete Ausgaben
soll gewährleistet werden, dass auch bei Selbstständigen die Einkünfte zur Bedarfsdeckung herangezogen werden, die im Bewilligungszeitraum tatsächlich zur Verfügung
stehen.[467] Dies erfordert eine gesonderte grundsicherungsrechtliche Buchführung und
die Verwendung der von den Leistungsträgern verwendeten Formulare EKS.

aa) Allgemeines

Die Behandlung der Einkünfte aus selbstständiger Arbeit ist vor allem in § 3 Alg II-V **197**
geregelt. Die Regelungen sind kompliziert, da die Ermittlung der Einkünfte auf mehreren Ebenen erfolgt. Das Einkommen wird aus den im Bewilligungszeitraum tatsächlich
zufließenden Betriebseinnahmen (§ 3 Abs. 1 S. 1, 2 Alg II-V) abzüglich der tatsächlich
geleisteten notwendigen Ausgaben (§ 3 Abs. 2 Alg II-V) gebildet, wobei der Saldo durch
die Anzahl der Monate im Bewilligungszeitraum geteilt wird (§ 3 Abs. 4 S. 1, 2 Alg II-
V) und die Beträge nach § 11 b SGB II abzusetzen sind (§ 3 Abs. 4 S. 3 Alg II-V). Dabei
gelten die folgenden Besonderheiten:

- Es ist zunächst das geschätzte Einkommen und sind die geschätzten Ausgaben anzugeben, weil die Bewilligung zunächst vorläufig gem. § 41 a SGB II erfolgt.

- Es ist – nach Ablauf des Schätzungsabschnitts – das tatsächliche Einkommen und
  sind die tatsächlichen Ausgaben anzugeben; hierbei treffen den erwerbsfähigen Leistungsberechtigten Mitwirkungspflichten gem. § 41 a Abs. 3 S. 2 SGB II, deren Verletzung dazu führen kann, dass ein Leistungsanspruch ganz oder teilweise nicht feststeht, § 41 a Abs. 3 S. 3, 4 SGB II. Diese Rechtsfolge stellt gegenüber der bisherigen
  Rechtslage eine Verschärfung dar.[468] Sie kann und muss dadurch gemildert werden,
  dass der Leistungsträger bei Verlangen der Nachweise deutlich und unmissverständlich auf die Rechtsfolgen einer unterlassenen Mitwirkung hinweist, § 14 Abs. 2 S. 2
  SGB II. Ansonsten kann sich der Leistungsträger nicht auf die Folgen des § 41 a
  Abs. 3 S. 3, 4 SGB II berufen.

- Der Bewilligungszeitraum kann verschieden lang sein.

- Die angegebenen Zahlen können vom Leistungsträger verändert werden; so können
  Einnahmen höher gesetzt und Ausgaben vermindert bzw. ganz von der Anrechnung
  ausgenommen werden, § 3 Abs. 3 Alg II-V.

---

465   Geiger in: LPK-SGB II, 6. Aufl., § 11 b Rn. 33 unter Verweis auf BT-Drs. 15/5446, 4.
466   BSG Urt. v. 17.7.2014 – B 14 AS 25/13 R, Rn. 11 ff.
467   BSG Urt. v. 22.8.2013 – B 14 AS 1/13 R, Rn. 31.
468   Vgl. dazu Geiger in: LPK-SGB II, 6. Aufl., § 11 Rn. 88.

■ Die Einnahmen und Ausgaben bei Betrieb mehrerer Gewerbebetriebe werden jeweils getrennt ermittelt und saldiert. Es ist nicht statthaft, einen etwaigen Verlust in einem Gewerbebetrieb mit dem Gewinn in einem anderen Gewerbebetrieb zu verrechnen (Verbot des sog horizontalen Verlustausgleichs).[469]

198 Ermittlung des Gewinns

■ Festlegung des Bewilligungszeitraums

■ Ermittlung der (voraussichtlichen oder endgültigen) Betriebseinnahmen, § 3 Abs. 1 Alg II-V (eventuell angemessene Erhöhung, § 3 Abs. 3 S. 2 Alg II-V)

■ Ermittlung der (voraussichtlichen oder endgültigen) Ausgaben, § 3 Abs. 2 Alg II-V (eventuell Reduzierung bzw. Streichung bei Vermeidbarkeit oder offensichtlicher Abweichung von den Lebensumständen bei Bezug von Arbeitslosengeld II [§ 3 Abs. 3 S. 1 Alg II-V], Streichung bei auffälligem Missverhältnis zu den Erträgen [§ 3 Abs. 3 S. 3 Alg II-V], Streichung von Ausgaben, soweit für sie Darlehen oder Zuschüsse nach dem SGB II oder betriebliche Darlehen aufgenommen worden sind oder andere Darlehen verwandt wurden [§ 3 Abs. 3 S. 4, 5 Alg II-V])

■ Ermittlung des Gesamteinkommens: Gesamteinnahmen – Gesamtausgaben

■ Teilung des Gesamteinkommens durch die Zahl der Monate im Bewilligungszeitraum, § 3 Abs. 4 S. 1 Alg II-V

■ Absetzung der Beträge nach § 11 b SGB II von den monatlichen Beträgen, § 3 Abs. 4 S. 3 Alg II-V

bb) Bewilligungszeitraum

199 Gem. § 3 Abs. 1 S. 1 Alg II-V ist für die Berechnung des Einkommens der **Bewilligungszeitraum** maßgeblich. Dort wird noch auf § 41 Abs. 1 S. 4 SGB II aF Bezug genommen, wonach ein Sechs-Monats-Zeitraum galt. Diese Regelung ist aber durch § 41 Abs. 3 S. 1 SGB II in der Fassung des SGB II-Änderungsgesetzes abgelöst worden. Dass § 3 Abs. 1 S. 1 Alg II-V darauf nicht Bezug nimmt, muss als Redaktionsversehen interpretiert werden. Es gilt § 41 Abs. 3 SGB II. Gem. § 41 Abs. 3 S. 1 SGB II erstreckt sich der Bewilligungszeitraum in der Regel auf ein Jahr. Gem. § 41 Abs. 3 S. 2 Nr. 1 SGB II soll er aber insbesondere in den Fällen auf **sechs Monate** verkürzt werden, in denen über den Leistungsanspruch gem. § 41 a SGB II vorläufig entschieden wird; dies ist aber bei Einnahmen aus selbstständiger Tätigkeit zwingend, da zu Anfang des Bewilligungsabschnitts die Höhe der Einnahmen ungewiss ist. Vor diesem Hintergrund ist zu bezweifeln, ob der Gesetzgeber dem Leistungsträger einen Spielraum zur anderweitigen Festlegung des Bewilligungsabschnitts im Einzelfall eingeräumt hat, was sich insbesondere auf die Anrechnung von Einkommen aus selbstständiger Tätigkeit auswirken soll.[470] Zum ersten war dies auch nach der alten Rechtslage möglich.[471] Zum zweiten hat der Gesetzgeber in den Fällen des § 41 Abs. 3 S. 2 SGB II den Sechs-Monats-Zeitraum als Regelzeitraum vorgesehen, wie sich aus den Worten „insbesondere", „regelmäßig" und „soll" ergibt. Damit kann ein längerer Bewilligungsabschnitt als sechs Monate nur ausnahmsweise gewählt werden.

cc) Einnahmen

200 Es zählt das Einkommen aus selbstständiger Arbeit, Gewerbebetrieb oder Land- und Fortwirtschaft. Betriebseinnahmen sind gem. § 3 Abs. 1 S. 2 Alg II-V alle aus selbststän-

---

469 BSG Urt. v. 17.2.2016 – B 4 AS 17/15 R, Rn. 21 ff.
470 So Geiger in: LPK-SGB II, 6. Aufl., § 11 Rn. 2, 81 ff.
471 Ausweitung des regelmäßigen Bewilligungszeitraums von sechs Monaten auf bis zu zwölf Monaten, wenn „eine Veränderung der Verhältnisse in diesem Zeitraum nicht zu erwarten ist", vgl. § 41 Abs. 1 S. 5 SGB II aF.

diger Arbeit, Gewerbebetrieb oder Land- und Forstwirtschaft erzielten Einnahmen, die im Bewilligungszeitraum (§ 41 Abs. 1 S. 4 SGB II) tatsächlich zufließen. Als **Einkommen** gilt alles, was dem erwerbsfähigen Leistungsberechtigten zur Verfügung steht.[472] Dazu zählen auch die im Bewilligungszeitraum zugeflossene Umsatzsteuer.[473] Eine **selbstständige Arbeit** ist von der abhängigen Beschäftigung abzugrenzen, deren Einnahmen nach § 2 Alg II-V zu behandeln sind. Hierzu ist auf den Katalog des § 7 Abs. 1 SGB IV zu verweisen, wonach eine Beschäftigung eine persönliche Abhängigkeit voraussetzt, die dann besteht, wenn eine Eingliederung in einen fremden Betrieb vorliegt und die betroffene Person einem umfassenden Weisungsrecht des Arbeitgebers unterliegt.[474] Eine selbstständige Tätigkeit liegt auch vor, wenn die betroffene Person eine Personen- oder Kapitalgesellschaft betreibt, aber aufgrund ihrer gesellschaftlichen Stellung uneingeschränkt über die Betriebseinnahmen der Gesellschaft verfügen kann.[475]

Gem. § 3 Abs. 3 S. 2 Alg II-V können Betriebseinnahmen **angemessen erhöht** werden, **201** wenn anzunehmen ist, dass die nachgewiesene Höhe der Einnahmen offensichtlich nicht den tatsächlichen Einnahmen entspricht. Die Grenze ist erst bei „Offensichtlichkeit" überschritten,[476] die sich auf das Missverhältnis zwischen nachgewiesenen und vermuteten tatsächlichen Einnahmen bezieht.[477] Ist dies der Fall, muss die Hinzuschätzung auf einer ausreichenden Grundlage erfolgen; ansonsten ist sie unverbindlich.[478]

dd) Ausgaben

Gem. § 3 Abs. 2 Alg II-V sind von den Betriebseinnahmen die im Bewilligungszeitraum **202** tatsächlich geleisteten notwendigen Ausgaben ohne Rücksicht auf steuerliche Vorschriften abzusetzen. Zu den Ausgaben gehören alle Positionen, die mit der Führung eines Unternehmens verbunden und tatsächlich notwendig sind.[479] Dazu können gehören: Leasingraten für ein betrieblich genutztes Kfz,[480] Existenzgründungs-, Fahrzeug-, Fortbildungs-, Investitions-, Personal-, Raum-, Repräsentationskosten, Ausgaben für Umsatzsteuer,[481] Ausgaben für Wareneinkauf. Gem. § 5 S. 1 Alg II-V dürfen Ausgaben höchstens bis zur Höhe der Einnahmen aus derselben Einkunftsart berücksichtigt werden. Gem. § 5 S. 2 Alg II-V darf Einkommen nicht um Ausgaben aus einer anderen Einkommensart vermindert werden. Damit ist der sog **vertikale Verlustausgleich** (Ausgleich von Einnahmen und Ausgaben verschiedener Einkommen) unzulässig. Aber auch der sog **horizontale Verlustausgleich** (Ausgleich von Einnahmen und Ausgaben mehrerer Tätigkeiten) ist nicht statthaft.[482] Problematisch ist die **Abgrenzung zwischen betrieblicher Notwendigkeit und gleichzeitiger privater Nutzung** wie zB bei Telefon bzw. Handy[483] oder Kfz (dazu § 3 Abs. 7 Alg II-V[484]). Lässt sich der Anteil im konkreten Fall nicht aufklären, kann auch geschätzt werden.[485] Gegenstand der Ausgaben können

---

472 Vgl. BSG Urt. v. 22.8.2013 – B 14 AS 1/13 R, Rn. 23 (Einnahmen einer Kommanditgesellschaft).
473 BSG Urt. v. 22.8.2013 – B 14 AS 1/13 R, Rn. 24 ff.; abzusetzen ist nur die im Bewilligungszeitraum geschuldete oder tatsächlich an das Finanzamt gezahlte Umsatzsteuer, BSG Urt. v. 22.8.2013 – B 14 AS 1/13 R, Rn. 30.
474 Vgl. zur Abgrenzung von Arbeitnehmern und Selbstständigen etwa BSG Urt. v. 16.8.2017 – B 12 KR 14/16 R, Rn. 17 mwN; BSG Urt. v. 29.8.2012 – B 12 KR 25/10 R, Rn. 15 mwN.
475 BSG Urt. v. 22.8.2013 – B 14 AS 1/13 R, Rn. 23.
476 Vgl. auch BSG Urt. v. 5.6.2014 – B 4 AS 31/13 R, Rn. 22.
477 Lange in: Eicher/Luik, SGB II, 4. Aufl., § 13 Rn. 55.
478 Vgl. Geiger in: LPK-SGB II, 6. Aufl., § 11 Rn. 80 mwN.
479 BSG Urt. v. 5.6.2014 – B 4 AS 31/13 R, Rn. 19.
480 BSG Urt. v. 5.6.2014 – B 4 AS 31/13 R, Rn. 20 ff.
481 Vgl. Geiger in: LPK-SGB II, 6. Aufl., § 11 Rn. 84.
482 BSG Urt. v. 17.2.2016 – B 4 AS 17/15 R, Rn. 20 ff.
483 BSG Urt. v. 5.6.2014 – B 4 AS 31/13 R, Rn. 24.
484 Vgl. BSG Urt. v. 1.12.2016 – B 14 AS 34/15, Rn. 18 ff.
485 BSG Urt. v. 5.6.2014 – B 4 AS 31/13 R, Rn. 24 unter Verweis auf BSG Urt. v. 11.12.2012 – B 4 AS 27/12 R, Rn. 34.

nicht Positionen sein, die zugleich **Absetzbeträge nach § 11 b SGB II** sind. Sie sind vielmehr (erst) bei den monatlichen Beträgen zu berücksichtigen.[486]

203 Die Ausgaben müssen nicht in voller Höhe anerkannt werden. Nach der Alg II-V sind mehrere Vorgaben zu beachten:

- Die Ausgaben müssen tatsächlich geleistet werden und notwendig sein, § 3 Abs. 2 Alg II-V; diese Regelung wird durch § 3 Abs. 3 Alg II-V konkretisiert.[487]
- Sie dürfen nicht ganz oder teilweise vermeidbar sein, § 3 Abs. 3 S. 1 1. Fall Alg II-V; sie sind vermeidbar, wenn sie bei sparsamem Wirtschaften nicht bzw. nicht in gleicher Höhe anfielen.[488]
- Sie dürfen den Lebensumständen während des Bezugs von Leistungen nach dem SGB II nicht offensichtlich widersprechen, § 3 Abs. 3 S. 1 2. Fall Alg II-V; zur Ermittlung der Lebensumstände während des Leistungsbezugs sind die Maßstäbe des § 12 Abs. 3 S. 2 SGB II heranzuziehen.[489]
- Sie dürfen nicht in einem auffälligen Missverhältnis zu den jeweiligen Erträgen stehen, § 3 Abs. 3 S. 3 Alg II-V.

204 Damit soll den Vorgaben des § 2 Abs. 2 S. 1 SGB II Rechnung getragen werden, dass erwerbsfähige Leistungsberechtigte alle Möglichkeiten zu nutzen haben, um ihren Lebensunterhalt aus eigenen Mitteln und Kräften zu bestreiten.[490] Dies kann dazu führen, dass tatsächlich getätigte und im maßgeblichen Bewilligungsabschnitt nicht rückgängig zu machende Ausgaben gekürzt werden und es so **zu einer fiktiven Einkommensanrechnung kommt**.[491] Die Vorschriften müssen durch die jetzt als dritte Leistung gem. §§ 1 Abs. 3 Nr. 1, 14 Abs. 2 SGB II geschaffene Beratungspflicht modifiziert werden. Gem. § 14 Abs. 2 S. 2 SGB II ist Aufgabe der Beratung insbesondere die Erteilung von Auskunft und Rat und Selbsthilfeobliegenheiten. Daher muss der Leistungsträger frühzeitig auf Probleme bei der Ansetzung von Ausgaben hinweisen.

ee) Gesamteinkommen

205 Das Gesamteinkommen ergibt sich aus der Summe der Betriebseinnahmen abzüglich der Ausgaben. Der Saldo ist gem. §§ 41 a Abs. 4 S. 3 SGB II, 3 Abs. 4 S. 1 Alg II-V durch die Anzahl der Monate des Bewilligungszeitraums zu teilen. Wird die Tätigkeit während eines Teils des Bewilligungszeitraums ausgeübt wird, wird das Gesamteinkommen gem. § 3 Abs. 4 S. 2 SGB II nur während der Erwerbsmonate angerechnet.

ff) Absetzung von Beträgen nach § 11 b SGB II

206 Die Absetzung von Beträgen nach § 11 b SGB II ist zuweilen schwierig von betrieblichen Ausgaben abzugrenzen. Maßgeblich ist hierfür die Reichweite der Abzüge gem. § 11 b SGB II. So gehören die Fahrten von der Wohnung zur Betriebsstätte und zurück zu den gem. § 11 b Abs. 1 S. 1 Nr. 5 SGB II abzugsfähigen Ausgaben und dürfen daher – anders als betrieblich veranlasste Fahrten – nicht als betriebliche Ausgaben angesetzt werden.[492] Abziehbar sind:[493]

- § 11 b Abs. 1 S. 1 Nr. 1 SGB II nicht betrieblich bedingte Steuern (Einkommens- und Kirchensteuer)

---

486 BSG Urt. v. 1.12.2016 – B 14 AS 34/15 R, Rn. 17.
487 Lange in: Eicher/Luik, SGB II, 4. Aufl., § 13 Rn. 56.
488 Lange in: Eicher/Luik, SGB II, 4. Aufl., § 13 Rn. 57.
489 BSG Urt. v. 5.6.2014 – B 4 AS 31/13 R, Rn. 22.
490 BSG Urt. v. 5.6.2014 – B 4 AS 31/13 R, Rn. 22.
491 Vgl. Geiger in: LPK-SGB II, 6. Aufl., § 11 Rn. 87, der dies für hinnehmbar hält, wenn es um die Rückforderung überzahlter Leistungen geht.
492 BSG Urt. v. 5.6.2014 – B 4 AS 31/13 R, Rn. 23.
493 Geiger in: LPK-SGB II, 6. Aufl., § 11 Rn. 79, 92 mwN.

- § 11 b Abs. 1 S. 1 Nr. 2 SGB II Pflichtbeträge zur Sozialversicherung
- Erwerbstätigenfreibetrag in folgenden möglichen Formen:
  - Pauschale statt der Einzelausgaben gem. § 11 b Abs. 1 S. 1 Nr. 3, 4, 5 SGB II
  - Grundfreibetrag 100,00 EUR, § 11 b Abs. 2 S. 1, Abs. 3 S. 1, 2 Nr. 1 SGB II
  - Freibetrag I 20 % zwischen 100,00 EUR und 1.000,00 EUR, § 11 b Abs. 3 S. 2 Nr. 1 SGB II
  - Freibetrag II 10 % zwischen 1.000,00 EUR und 1.200,00 EUR[494], § 11 b Abs. 3 S. 2 Nr. 2 SGB II
  - Pauschale statt der Einzelausgaben gem. § 11 b Abs. 1 S. 1 Nr. 3, 4, 5 SGB II bei Gewinn von mehr als 400,00 EUR monatlich
  - Grundfreibetrag mehr als 100,00 EUR bei Nachweis höherer Ausgaben, § 11 b Abs. 2 S. 2 SGB II
  - Freibetrag I 20 % zwischen 100,00 EUR und 1.000,00 EUR, § 11 b Abs. 3 S. 2 Nr. 1 SGB II
  - Freibetrag II 10 % zwischen 1.000,00 EUR und 1.200,00 EUR[495], § 11 b Abs. 3 S. 2 Nr. 2 SGB II
- § 11 b Abs. 1 S. 1 Nr. 7 SGB II: Laufende Unterhaltsverpflichtungen
- § 11 b Abs. 1 S. 1 Nr. 8 SGB II: Bei BAB/BAföG angerechnete Elterneinkommensanteile

gg) Verfahren
(1) Vorläufige und abschließende Gewinnermittlung
Für die Ermittlung des Einkommens aus selbstständiger Tätigkeit hat der erwerbsfähige **207** Leistungsberechtigte Angaben zweimal zu machen, nämlich einmal vor Beginn des Bewilligungsabschnitts (Gewinnprognose)[496] und einmal danach (abschließende Gewinnermittlung). Dies ist eine statthafte Mitwirkungspflicht.[497] Auf dieser Grundlage erlässt der Leistungsträger zunächst einen vorläufigen Bescheid und später einen endgültigen Bescheid. Der erwerbsfähige Leistungsberechtigte kann gegen den vorläufigen Bescheid[498] und gegen den endgültigen Bescheid mit einer kombinierten Anfechtungs- und Verpflichtungsklage[499] vorgehen, wenn er höhere Leistungen begehrt.

(2) Verfahren bei nicht rechtzeitiger Bewilligung
Gem. § 41 a Abs. 2 S. 2 SGB II ist die vorläufige Leistung so zu bemessen, dass der mo- **208** natliche Bedarf der Leistungsberechtigten gedeckt ist; dabei kann der Absetzbetrag nach § 11 b Abs. 1 S. 1 Nr. 6 SGB II ganz oder teilweise unberücksichtigt bleiben. Entscheidet der Leistungsträger nicht rechtzeitig über die Leistungen, besteht die Möglichkeit des vorläufigen Rechtsschutzes, wobei mit Rücksicht auf den existenzsichernden Charakter

---

494 Bei Zusammenleben mit mindestens einem minderjährigen Kind oder Haben eines minderjährigen Kinds 1.500,00 EUR, § 11 b Abs. 3 S. 3 SGB II.
495 Bei Zusammenleben mit mindestens einem minderjährigen Kind oder Haben eines minderjährigen Kinds 1.500,00 EUR, § 11 b Abs. 3 S. 3 SGB II.
496 Im Rahmen der Prognose sind nur die bis zum Abschluss des Verwaltungsverfahrens bekannten und erkennbaren Umstände sowie der Angaben des Antragstellers zu berücksichtigen, vgl. BSG Urt. v. 6.4.2011 – B 4 AS 119/10 R, Rn. 41 mwN.
497 BSG Urt. v. 28.3.2013 – B 4 AS 42/12 R, Rn. 13 ff.
498 Zur Statthaftigkeit der Klage BSG Urt. v. 28.3.2013 – B 4 AS 42/12 R, Rn. 12.
499 Vgl. BSG Urt. v. 1.12.2016 – B 14 AS 34/15 R, Rn. 9.

der Leistungen nach dem SGB II nur eine reduzierte Ermessensbetätigung statthaft ist.[500]

c) Einkünfte aus Vermietung, Verpachtung, Kapitalvermögen und Sozialleistungen

209   Gem. § 4 Alg II-V ist für Einkommen, das nicht unter §§ 2, 3 Alg II-V fällt, § 2 Alg II-V entsprechend anzuwenden. Hierzu gehören gem. § 4 S. 2 Alg II-V Einnahmen aus Sozialleistungen, Vermietung und Verpachtung, Kapitalvermögen sowie Wehr-, Ersatz- und Freiwilligendienstverhältnissen. Dazu zählen auch Einnahmen aus Glücksspielgewinnen.[501] Entscheidend ist, dass diesen Einnahmen keine Erwerbstätigkeit zugrunde liegt, also die betroffene Person keine wirtschaftlich verwertbare Leistung gegen Entgelt erbringt, um damit ihren Lebensunterhalt zu bestreiten.[502] Es gelten die Vorschriften über das Bruttoprinzip gem. § 2 Abs. 1 Alg II-V und über die Schätzung gem. § 2 Abs. 7 Alg II-V entsprechend.

d) Leistungen nach § 39 SGB VIII (§ 11a Abs. 3 S. 2 Nr. 1 SGB II)

210   Für Leistungen nach § 39 SGB VIII für den erzieherischen Einsatz im Rahmen der Vollzeitpflege gem. § 33 SGB VIII[503] sieht § 11 a Abs. 3 S. 2 Nr. 1 SGB II eine differenzierte Regelung vor. Die Vorgängerregelung des § 11 Abs. 4 SGB II in der Fassung des Gesetzes vom 20.7.2006[504] erfasste noch das „Pflegegeld", das sich aus einem Entgelt für tatsächliche Ausgaben für das Kind oder im Zusammenhang mit der Tagespflege („Aufwendungsersatz") und Erziehungsgeld („Anerkennungsbetrag für den erzieherischen Einsatz") zusammensetzte.[505] Vor Inkrafttreten des § 11 Abs. 4 SGB II wurde das Pflegegeld als zweckbestimmte Einnahme nicht als Einkommen angerechnet.[506]

aa) Anspruch auf Leistungen nach § 39 SGB VIII

211   Gem. § 27 Abs. 1 SGB VIII hat ein Personensorgeberechtigter bei der Erziehung eines Kindes oder eines Jugendlichen Anspruch auf Hilfe im Sinne der Hilfe zur Erziehung, wenn eine dem Wohl des Kindes oder des Jugendlichen entsprechende Erziehung nicht gewährleistet ist und die Hilfe für seine Entwicklung geeignet und notwendig ist. Gem. § 27 Abs. 2 S. 1 SGB VIII wird die Hilfe zur Erziehung insbesondere nach Maßgabe der §§ 38 bis 35 SGB VIII gewährt, wobei sich ihre Art und ihr Umfang gem. § 27 Abs. 2 S. 2 SGB VIII ua nach dem erzieherischen Bedarf im Einzelfall richten. Gem. § 33 S. 1 SGB VIII soll die Hilfe zur Erziehung in Vollzeitpflege ua entsprechend dem Alter, dem Entwicklungsstand, den persönlichen Bindungen und den Möglichkeiten der Verbesserung der Erziehungsbedingungen des Kindes oder des Jugendliche eine zeitlich befristete Erziehungshilfe oder eine auf Dauer angelegte Lebensform bieten. Gem. § 39 Abs. 1 SGB VIII ist im Rahmen dieser Hilfe auch der notwendige Unterhalt des Kindes oder des Jugendlichen einschließlich der Kosten der Erziehung sicherzustellen. Gem. § 39 Abs. 6 SGB VIII ist das Kindergeld teilweise anzurechnen. Nur der nicht angerechnete Teil des Kindergelds kann als Einkommen angerechnet werden.[507] Das Pflegegeld soll

---

500   BSG Urt. v. 28.3.2013 – B 4 AS 42/12 R, Rn. 25 unter Verweis auf BSG Urt. v. 6.4.2011 – B 4 AS 119/10 R, Rn. 34 zur Vorläuferregelung des § 40 Abs. 1 S. 2 Nr. 1 a SGB II iVm § 328 Abs. 1 SGB III.
501   BSG Urt. v. 15.6.2016 – B 4 AS 41/15 R, Rn. 18.
502   Vgl. Lange in: Eicher/Luik, SGB II, 4. Aufl., § 13 Rn. 51.
503   Zu Leistungen im Rahmen der Kindertagespflege gem. § 23 SGB VIII vgl. § 11 a Abs. 3 S. 2 Nr. 2 SGB II.
504   Gesetz zur Fortentwicklung der Grundsicherung für Arbeitsuchende vom 20.7.2006, BGBl. I S. 1706 (gültig ab 1.1.2007). Vgl. dazu BT-Drs. 16/1410, 21.
505   Vgl. BT-Drs. 16/1410, 21 und dazu BSG Urt. v. 23.5.2012 – B 12 148/11 R, Rn. 19 unter Verweis auf BSG Urt. v. 29.3.2007 – B 7 b AS 12/06 R, SozR 4–4200 § 11 Nr. 3. Vgl. auch § 39 Abs. 1 S. 2 SGB VIII, wonach die Hilfe die Kosten „für den Sachaufwand" sowie „für die Pflege und Erziehung des Kindes oder Jugendlichen" umfasst.
506   Vgl. dazu BSG Urt. v. 29.3.2007 – B 7 b AS 12/06 R, Rn. 17 ff.; 1.7.2009 – B 4 AS 9/09 R, Rn. 24.
507   Vgl. BSG Urt. v. 29.3.2007 – B 7 b AS 12/06, Rn. 22.

die zur Erziehung des Pflegekindes notwendigen Kosten decken, wozu – in Anlehnung an die Terminologie des zivilrechtlichen Unterhaltsrechts gem. § 1610 Abs. 2 BGB – auch die Kosten gehören, die durch die Anschaffung von Sachen, die der Erziehung dienen (zB Spielzeug, Bücher, Musikinstrumente, Sportgeräte), durch Dienste dritter Personen oder Einrichtungen (zB Musik- oder Nachhilfeunterricht) oder durch den Besuch von Theatern, Konzerten etc entstehen.[508]

Dieser Anspruch begründet keinen selbstständigen Anspruch auf Leistungen zum Unterhalt, sondern einen sog Annex-Anspruch.[509] Umstritten ist, oder der Personensorgeberechtigte[510] oder der Minderjährige selbst Anspruchsinhaber ist; Einigkeit besteht nur dahingehend, dass der Anspruch im Fall der Vollzeitpflege nicht der Pflegeperson selbst zusteht.[511] Der Anspruch auf Leistungen gem. § 39 Abs. 1 S. 2 SGB VIII („Erziehungsbeitrag") ist dabei ein Anspruch des Personenberechtigten auf die ihm gewährte Hilfe zur Erziehung. Da mit ihm die „Erziehungsleistung" der Pflegeperson abgegolten wird, ist er – anders als der Sachkostenzuschuss oder Aufwendungsersatz – als Einnahme der Pflegeperson im Rahmen des SGB II zu werten.[512] Der Betrag wird nicht durch das SGB VIII festgesetzt, sondern von den Jugendhilfeträgern. Folge ist, dass die Höhe der Erziehungsleistung in jeweils unterschiedlicher Höhe festgesetzt sein kann. **212**

bb) Anrechnung der Leistungen

§ 11 a Abs. 3 S. 2 Nr. 1 SGB II verwendet – wie schon § 11 Abs. 4 SGB II aF – den Begriff der Leistungen nach § 39 SGB VIII, „die für den erzieherischen Einsatz erbracht werden." Dazu gehören Leistungen der Vollzeitpflege gem. § 33 SGB VIII; Heimleistungen gem. § 34 SGB VIII sind davon nicht erfasst, können aber wegen der teilweise fließenden Grenzen bei der Leistungserbringung gleichgestellt werden, wenn sie der Vollzeitpflege gem. § 33 SGB VIII vergleichbar ist.[513] Dazu sollen auch Leistungen der Familienhilfe nach § 80 IX[514] gehören.[515] Damit ist allein der Erziehungsbeitrag gemeint,[516] wenn er im Rahmen eines „Pflegeverhältnisses" erbracht wird, also für ein Kind in einer „Pflegefamilie".[517] Die Zahlung für den Sachaufwand für jedes Pflegekind ist anrechnungsfrei.[518] Der Erziehungsbeitrag wird für das erste und zweite Pflegekind nicht, für das dritte Pflegekind zu 75 % und für das vierte und jedes weitere Pflegekind vollständig als Einkommen berücksichtigt. Dieser Regelung liegt die Erwägung zugrunde, dass Erziehungsbeiträge bei bis zu zwei Kindern nicht als Einkommen berücksichtigt werden sollen, während bei der Erziehung von Erziehungsbeiträgen ab drei Kindern die Grenze des nicht zu berücksichtigenden Einkommens auch im Hinblick auf eine Ge- **213**

---

508 BSG Urt. v. 29.3.2007 – B 7 b AS 12/06, Rn. 19 unter Verweis auf Schindler JAmt 2005, 1 (3 ff.)
509 Vgl. BSG Urt. v. 29.3.2007 – B 7 b AS 12/06, Rn. 18.
510 So wohl die überwiegende Ansicht, vgl. BSG Urt. v. 1.7.2009 – B 4 AS 9/09 R, Rn. 17 mwN.
511 BSG Urt. v. 29.3.2007 – B 7 b AS 12/06, Rn. 18 mwN.
512 BSG Urt. v. 1.7.2009 – B 4 AS 9/09 R, Rn. 25.
513 BSG Urt. v. 1.7.2009 – B 4 AS 9/09 R, Rn. 29.
514 Gültig ab 1.1.2018, vgl. Art. 26 Abs. 1 des Gesetzes zur Stärkung der Teilhabe und Selbstbestimmung von Menschen mit Behinderungen (Bundesteilhabegesetz -BTHG) vom 23.12.2016 – BGBl. I S. 3234.
515 So Geiger in: LPK-SGB II, 6. Aufl., § 11 a Rn. 11 zu § 54 Abs. 3 SGB XII, die gem. § 54 Abs. 3 S. 3 SGB XII zum 31.12.2018 außer Kraft tritt, unter Bezugnahme auf BSG Urt. v. 25.9.2014 – B 8 SO 7/13 R, Rn. 28 ff.
516 BSG Urt. v. 23.5.2012 – B 14 AS 148/11 R, Rn. 20. Nach SG Leipzig Urt. v. 24.2.2015 – S 23 AS 1676/14, Rn. 29, ZFSH/SGB 2015, 294 ff. soll dies nur für den einfachen Beitrag für Pflege und Erziehung gelten, während der über diesen Betrag hinausgehende Beitrag als Einkommen anzurechnen sein soll.
517 BSG Urt. v. 1.7.2009 – B 4 AS 9/09 R, Rn. 28.
518 So SG Leipzig Urt. v. 24.2.2015 – S 23 AS 1676/14, Rn. 21, ZFSH/SGB 2015, 294 ff.

rechtigkeitsprüfung überschritten ist.[519] Die Ermittlung des Anrechnungsbetrags erfolgt in den folgenden Schritten:[520]

- Ermittlung der Summe der Erziehungsbeiträge

- Teilung der Summe der Erziehungsbeiträge durch die Anzahl der Pflegekinder = zu berücksichtigender Erziehungsbeitrag je Kind

- Anrechnung von 75 % des Erziehungsbeitrags für das dritte Pflegekind und von 100 % des Erziehungsbeitrags für das vierte und jedes weitere Pflegekind

214 Mit dieser Anrechnungsmethode wird gewährleistet, dass es im Sinne einer Vergleichbarkeit auf den Durchschnitt der jeweils gezahlten Erziehungsbeiträge und nicht auf den Erziehungsbeitrag für das jeweilige Kind ankommt, das mehr oder weniger zufällig als das dritte oder vierte oder weitere Kind gerechnet wird.[521]

e) Leistungen nach § 23 SGB VIII (§ 11 a Abs. 3 S. 2 Nr. 2 SGB II)

215 Gem. § 23 Abs. 1 SGB VIII wird der Tagespflegeperson im Rahmen der Förderung der Kindertagespflege nach Maßgabe von § 24 SGB VIII ua eine laufende Geldleistung gewährt, die gem. § 23 Abs. 2 SGB VIII die Erstattung angemessener Kosten für den Sachaufwand, einen Betrag zur Anerkennung der Förderungsleistung nach Maßgabe des § 23 Abs. 2 a SGB VIII sowie die Erstattung nachgewiesener Aufwendungen für Beiträge zur Unfallversicherung (voll) sowie zu einer angemessenen Alters-, Kranken- und Pflegeversicherung (zur Hälfte). Gem. § 11 Abs. 4 SGB II aF war der Erziehungsbeitrag für die Tagespflege gem. § 23 SGB VIII wie der Erziehungsbeitrag bei der Vollzeitpflege gem. § 39 SGB VIII nur teilweise als Einkommen anrechnungsfähig.[522] Der Gesetzgeber hat dies jedoch mit Gesetz vom 24.3.2011[523] mit der Begründung geändert, die Kindertagespflege werde regelmäßig erwerbsmäßig ausgeübt und die Einnahmen seien steuerfrei.[524] Das Einkommen wird als Einnahmen aus selbstständiger Tätigkeit gem. § 3 Alg II-V angerechnet. Erzielt die Tagespflegeperson Einkommen aus der Tagespflege durch privat gezahlte Entgelte, wird das Einkommen je nach ihrem sozialversicherungsrechtlichen Status (§ 7 Abs. 1 SGB IV) entweder als Einnahme aus abhängiger Beschäftigung oder Einnahme als selbstständiger Tätigkeit angerechnet.[525]

f) Leistungen der Ausbildungsförderung nach dem BAföG etc (§ 11 a Abs. 3 S. 2 Nr. 3 bis 5 SGB II)

216 Befand sich eine Person in einer Ausbildung, waren Leistungen nach dem SGB II gem. § 7 Abs. 5 SGB II weitgehend ausgeschlossen und wurden nur nach § 27 SGB II gewährt. Durch die Änderung der §§ 7 Abs. 5, 27 SGB II (dazu → Kap. 33 Rn. 42 ff.) ist ein Leistungsbezug nach dem SGB II nunmehr weitergehend möglich. Konsequenterweise muss auch die Anrechnung von Leistungen der Ausbildungsförderung geregelt werden; der Gesetzgeber hat dies in § 11 a Abs. 3 S. 2 Nr. 3 bis 5 SGB II unternommen. Die Anrechnung erfolgt nach dem folgenden Schema:

- Ermittlung der Leistungen der Ausbildungsförderung

- Ausgenommene Leistungen der Ausbildungsförderung

- Abzüge von den Leistungen der Ausbildungsförderung

519 Vgl. BSG Urt. v. 23.5.2012 – B 14 AS 148/11 R, Rn. 26 zu § 11 Abs. 3 SGB II in der Fassung bis zum 31.12.2006.
520 BSG Urt. v. 23.5.2012 – B 14 AS 148/11 R, Rn. 21 ff.
521 BSG Urt. v. 23.5.2012 – B 14 AS 148/11 R, Rn. 27.
522 Vgl. BSG Urt. v. 23.5.2012 – B 14 AS 148/11 R, Rn. 20.
523 BGBl. I S. 453.
524 BT-Drs. 17/3404, 94.
525 Vgl. Geiger in: LPK-SGB II, 6. Aufl., § 11 a Rn. 13.

aa) Ermittlungen der Leistungen der Ausbildungsförderung

Zu den Leistungen der Ausbildungsförderung gehören gem. § 11 a Abs. 3 S. 2 Nr. 3   **217**
SGB II die Leistungen nach dem BAföG und vergleichbare Leistungen der Begabtenförderungswerke[526] und gem. § 11 a Abs. 3 S. 2 Nr. 4 SGB II die Berufsausbildungsbeihilfe
gem. §§ 56 ff. SGB III sowie gem. § 11 a Abs. 3 S. 2 Nr. 5 SGB II Reisekosten zur Teilhabe am Arbeitsleben gem. §§ 127 Abs. 1 S. 1 SGB III, 73 SGB IX. Dazu gehören auch
Leistungen nach § 10 Abs. 2 AFBG, das Ausbildungsgeld nach dem SGB III (vgl. § 11 b
Abs. 2 S. 5 SGB II)[527] und ergänzend geleistete Fahrtkosten[528] sowie sonstige ausbildungsbedingte Aufwendungen ungeachtet einer etwaigen Zweckbestimmung einzelner
Einkommensteile.[529]

bb) Ausgenommene Leistungen der Ausbildungsförderung

Ausgenommen sind Leistungen für die Kinderbetreuung gem. § 14 b BAföG, gem. § 74   **218**
Abs. 3 SGB IX,[530] § 64 Abs. 3 SGB III und gem. § 10 Abs. 3 AFBG. Daneben sind wie
nach alter Rechtslage die Studienkostenpauschalen wie bisher gem. § 11 a Abs. 3 S. 1
SGB II von der Einkommensberücksichtigung ausgenommen.[531]

cc) Abzüge von den Leistungen der Ausbildungsförderung

Nach bisheriger Rechtslage wurden 20 % des bedarfsdeckenden BAföG-Satzes als für   **219**
ausbildungsbedingte Kosten zweckbestimmt eingestuft;[532] hierbei handelte es sich um
Beträge zwischen 93,00 EUR und 119,40 EUR. Statt einer Pauschale konnten auch die
tatsächlichen Kosten (insbesondere Fahrtkosten und Ausbildungsmaterial) geltend gemacht werden.[533] Nach neuer Rechtslage kann gem. § 11 b Abs. 2 S. 5 SGB II ein Absetzbetrag gem. § 11 b Abs. 2 S. 1 bis 3 SGB II oder ein Absetzbetrag in Höhe von
100,00 EUR abgesetzt werden. Bei den Reisekosten zur Teilhabe am Arbeitsleben gem.
§ 127 Abs. 1 S. 1 SGB III können die nachgewiesenen Fahrt- und Übernachtungskosten
gem. § 11 b Abs. 1 Nr. 5 SGB II abgezogen werden.[534] Diese Regelung erfolgt aus Vereinfachungsgründen.[535]

C. Einzelheiten zum Einkommenseinsatz im SGB XII

I. Einleitung

Bei Leistungen nach dem SGB XII folgt die Anrechnung von Einkommen unterschiedli-   **220**
chen Mechanismen, je nachdem, ob es sich um Leistungen zur Sicherung des Lebensunterhalts nach dem Dritten oder Vierten Kapitel SGB XII oder um Leistungen nach dem
Fünften bis Neunten Kapitel SGB XII handelt: Während bei Leistungen zur Sicherung
des Lebensunterhalts das zu berücksichtigende Einkommen grundsätzlich vollständig
dem Bedarf gegenüberzustellen ist (hierzu ab → Rn. 254), hängt der Einsatz des Einkommens bei Leistungen nach dem Fünften bis Neunten Kapitel regelmäßig davon ab,

---

526 Vergleichbar sind die Leistungen der Begabtenförderungswerke, die den Grundbedarfsanteilen nach dem
    BAföG entsprechen (Lebenshaltungs-, regelmäßige Ausbildungs- und Unterkunftskosten), DA 11.96 (Stand
    18.8.2016).
527 Geiger in: LPK-SGB II, 6. Aufl., § 11 a Rn. 14, vorher § 1 Abs. 7 Alg II-VO, vgl. Geiger in: LPK-SGB II,
    6. Aufl., § 11 a Rn. 39.
528 BT-Drs. 18/8041, 34.
529 DA 11.96 (Stand 18.8.2016).
530 DA 11.97 (Stand 18.8.2016) nennt § 54 Abs. 3 SGB IX, meint aber offenbar § 54 Abs. 3 SGB IX in der
    Fassung bis zum 31.12.2017.
531 BT-Drs. 18/8041, 34.
532 BSG Urt. v. 17.3.2009 – B 14 AS 63/07 R, Rn. 30, SozR 4–4200 § 11 Nr. 21.
533 Vgl. dazu Sehmsdorf info also 2016, 205 (207).
534 Vgl. Sehmsdorf info also 2016, 205 (207).
535 BT-Drs. 18/8041, 33.

ob eine bestimmte Einkommensgrenze überschritten ist (hierzu ab → Rn. 262). Gemeinsam ist beiden Mechanismen allerdings, was als Einkommen zu betrachten ist (hierzu sogleich ab → Rn. 221), dass in bestimmten Fällen trotz vorhandenen und zu berücksichtigenden Einkommens Leistungen zu erbringen sind oder dass die Einkommensanrechnung auf bestimmte Bedarfe beschränkt wird (hierzu ab → Rn. 284).

II. Allgemeiner Einkommensbegriff

1. Überblick

221 Was für die Leistungen nach dem SGB XII als zu berücksichtigendes Einkommen anzusehen ist, bestimmt sich nach ähnlichen Regelungen wie im SGB II: Auszugehen ist zunächst von den **Bruttoeinnahmen**. Herauszunehmen sind sodann die **nicht zu berücksichtigenden Einnahmen** (§ 82 Abs. 1 SGB XII und besondere Gesetze, hierzu ab → Rn. 239). Davon abzuziehen sind anschließend **Absetzbeträge** (§§ 82 Abs. 2–7, 88 Abs. 2 SGB XII; hierzu ab → Rn. 249).

2. Einkünfte in Geld oder Geldeswert

222 Anders als im SGB II sind im SGB XII nicht nur **Einnahmen in Geld**, sondern auch **Einnahmen in Geldeswert** als Einkommen zu berücksichtigen. Hinsichtlich der Einnahmen in Geld kann von der Funktionsweise her weitgehend auf die Ausführungen zum SGB II verwiesen werden (oben ab → Rn. 59).

223 Einnahmen in **Geldeswert** sind Sach- und Dienstleistungen, die einen Marktwert haben und sich in Geld tauschen lassen.[536] § 2 Abs. 1 der VO zur Durchführung des § 82 SGB XII[537] (VO zu § 82 SGB XII) nennt als Beispiele für Einnahmen, die nicht in Geld bestehen, „Kost, Wohnung und sonstige Sachbezüge". Nach dieser Vorschrift sind diese Einnahmen nach den auf Grund von § 17 Abs. 2 SGB IV (gemeint ist: auf Grund von § 17 Abs. 1 S. 1 Nr. 4 SGB IV) zuletzt festgesetzten Werten zu bewerten. Maßgebend sind also § 2 SvEV[538] für die Bewertung von Nahrungsmitteln und einer Wohnung und § 3 SvEV für sonstige Sachbezüge; letztere Vorschrift verweist für den Fall, dass bestimmte einkommensteuerrechtliche Vorschriften einschlägig sind, auf diese, im Übrigen auf die üblichen Preise am Abgabeort. § 2 Abs. 1 VO zu § 82 SGB XII modifiziert das auf die üblichen Mittelpreise am Verbrauchsort. Diese Festsetzungen haben Vorrang vor eventuell abweichenden Regelungen in Tarifverträgen, -ordnungen, Betriebs- oder Dienstordnungen, Betriebsvereinbarungen, Arbeits- oder sonstigen Verträgen (§ 2 Abs. 2 VO zu § 82 SGB XII). Allerdings gelten die in der SvEV festgesetzten Werte nach der Rechtsprechung **nur für Sachbezüge aus einer nichtselbstständigen Tätigkeit**.[539] Geldwerte Einnahmen aus anderen Einkunftsarten sind mit ihrem **Verkehrswert** zu berücksichtigen.[540] Teils wird dafür plädiert, § 2 VO zu § 82 SGB XII vollkommen außer Anwendung zu lassen.[541]

---

536 Schmidt in: jurisPK-SGB XII, 2. Aufl., § 82 Rn. 34.
537 Verordnung zur Durchführung des § 82 des Zwölften Buches Sozialgesetzbuch v. 28.11.1962 (BGBl. 1962 I, S. 692, zul. geä. d. G v. 22.12.2015, BGBl. 2015 I, S. 2557).
538 Verordnung über die sozialversicherungsrechtliche Beurteilung von Zuwendungen des Arbeitgebers als Arbeitsentgelt (Sozialversicherungsentgeltverordnung – SvEV) vom 21.12.2006 (BGBl. 2006 I, S. 3385), zul. geä. d. G v. 6.11.2018 (BGBl. 2018 I, S. 1842).
539 BSG 23.3.2010 – B 8 SO 17/09 R, juris Rn. 38; Schmidt in: jurisPK-SGB XII § 2 DVO§ 82SGBXII Rn. 11 ff.
540 Schmidt in: jurisPK-SGB XII § 2 DVO§ 82SGBXII Rn. 14.
541 Schmidt in: jurisPK-SGB XII § 2 DVO§ 82SGBXII Rn. 14.

3. Bestimmung der Bruttoeinkünfte nach verschiedenen Einkunftsarten

Die VO zu § 82 SGB XII enthält je nach Einkunftsart unterschiedliche Regelungen zur **224** Bestimmung der Höhe der Bruttoeinnahmen, abhängig davon, ob es sich um Einkünfte handelt

- aus nichtselbstständiger Arbeit (§ 3 VO zu § 82 SGB XII),
- aus Land- und Forstwirtschaft, Gewerbebetrieb und selbstständiger Arbeit (§§ 4, 5 VO zu § 82 SGB XII),
- aus Kapitalvermögen (§ 6 VO zu § 82 SGB XII),
- aus Vermietung und Verpachtung (§ 7 VO zu § 82 SGB XII) oder
- um andere Einkünfte (§ 8 VO zu § 82 SGB XII).

Dabei findet die Abgrenzung, welche Einkünfte welcher Kategorie zuzuordnen sind, **225** nach den Regeln des **Einkommensteuerrechts** (§§ 3 Abs. 1, 4 Abs. 1, 6 Abs. 1, 7 Abs. 1 VO zu § 82 SGB XII) statt. Lediglich andere Einkünfte nach § 8 VO zu § 82 SGB XII sind negativ definiert als andere als die in §§ 3, 4, 6 und 7 genannten Einkünfte.

Anders als im Steuerrecht findet ein **Verlustausgleich** über verschiedene Einkunftsarten **226** im SGB XII **grundsätzlich nicht** statt; Verluste aus einer Einkunftsart können daher Einkommen aus einer anderen Einkunftsart nicht schmälern (§ 10 S. 1 VO zu § 82 SGB XII). Lediglich in Härtefällen kann nach Ermessen der Sozialhilfeträger die gesamtwirtschaftliche Lage der Einkommensbeziehenden berücksichtigt werden (§ 10 S. 2 VO zu § 82 SGB XII). Ein Härtefall soll dabei nur bei Bestehen von Umständen vorliegen, die für die Erhaltung der verlustbringenden Einkunftsquelle sprechen.[542]

Die Bestimmungen zur Berechnung mancher Einkunftsarten sehen abweichend vom **227** grundsätzlichen Monatsprinzip des SGB XII eine **jahresweise Berechnung** vor (§ 4 Abs. 2 VO zu § 82 SGB XII für Einkünfte aus Land- und Forstwirtschaft, Gewerbebetrieb und selbstständiger Arbeit, § 6 Abs. 2 VO zu § 82 SGB XII für Einkünfte aus Kapitalvermögen, § 7 Abs. 5 VO zu § 82 SGB XII für Einkünfte aus Vermietung und Verpachtung ausgenommen von möblierten Wohnungen und Zimmern sowie § 8 Abs. 1 S. 1 VO zu § 82 SGB XII für andere Einkünfte, die – mit Ausnahme von Sonderzuwendungen oder Gratifikationen – nicht in monatlich gleichbleibender Höhe erzielt werden). Für diese Fälle bestimmt § 11 VO zu § 82 SGB XII, dass als monatliches Einkommen ein Zwölftel der Jahreseinkünfte zusammen mit den monatlichen Einkünften gilt. Diese monatliche Anrechnung darf freilich nur dann erfolgen, wenn in dem jeweiligen Monat die Einkünfte tatsächlich als bereites Mittel zur Verfügung stehen.[543]

Die ausführlichste Regelung scheinen auf den ersten Blick die **Einkünfte aus nichtselbst-** **228** **ständiger Arbeit** gefunden zu haben (§ 3 VO zu § 82 SGB XII). Allerdings betreffen die meisten Regelungen Konkretisierungen von Absetzbeträgen, die dort behandelt werden (ab → Rn. 249). Hervorzuheben ist § 3 Abs. 3 VO zu § 82 SGB XII: Nach S. 1 dieser Vorschrift ist von den **monatlichen Bruttoeinnahmen** auszugehen. S. 2 bestimmt, dass – ähnlich wie im SGB II – Sonderzuwendungen, Gratifikationen und gleichartige Bezüge und Vorteile, die in größeren als monatlichen Zeitabständen gewährt werden, wie einmalige Einnahmen zu behandeln sind (hierzu → Rn. 236).

Die Berücksichtigung von Einkünften aus **selbstständiger Arbeit, Gewerbebetrieb sowie** **229** **Land- und Forstwirtschaft** ist in § 4 VO zu § 82 SGB XII abweichend von § 3 Alg II-V (hierzu ab → Rn. 196) geregelt. Grundsätzlich ist auf das Jahr abzustellen, in dem der Bedarfszeitraum – also der einzelne Kalendermonat – liegt (§ 4 Abs. 2 VO zu § 82 SGB XII). Dazu soll grundsätzlich eine Prognose auf der Grundlage früherer Betriebser-

---

542 Schmidt in: jurisPK-SGB XII § 10 DVO§ 82SGBXII Rn. 8.
543 Nicht so weitgehend Schmidt in: jurisPK-SGB XII § 11 DVO§ 82SGBXII Rn. 7.

gebnisse (unter weitgehender – Ausnahmen in § 4 Abs. 5 VO zu § 82 SGB XII – Berücksichtigung einer finanzamtlichen Gewinnfeststellung) aus der Gegenüberstellung der im Rahmen des Betriebes im Berechnungsjahr bereits erzielten und noch zu erwartenden Einnahmen und Ausgaben erstellt werden (§ 4 Abs. 3 VO zu § 82 SGB XII). Abweichend hiervon dürfen bei nachlaufender Berechnung im Einzelfall die tatsächlichen Einnahmen und Ausgaben gegenübergestellt werden; dabei darf – mit bestimmten Ausnahmen, § 4 Abs. 5 VO zu § 82 SGB XII – der finanzamtlich festgestellte Gewinn angesetzt werden (§ 4 Abs. 4 VO zu § 82 SGB XII). Die Vorschrift verstößt insoweit gegen den Aktualitätsgrundsatz, als sie erlaubt, auch nicht bereite Mittel anzurechnen.[544] Steht nicht fest, dass die aktuelle Bedürftigkeitslage richtig prognostiziert ist, darf mangels gesetzlicher Grundlage auch keine vorläufige Entscheidung ergehen.[545] Die Sondervorschrift des § 5 VO zu § 82 SGB XII hat seit Wegfall der dort in Bezug genommenen Verordnung keinen Anwendungsbereich mehr.[546]

230 Soweit einzelne Ausgaben der Einkommensbeziehenden bereits bei der Ermittlung des Gewinns von den Einnahmen abgezogen worden sind, dürfen sie nicht erneut im Rahmen des § 82 SGB XII vom Einkommen abgesetzt werden (§ 12 VO zu § 82 SGB XII).

231 Auch bei Einkünften aus **Kapitalvermögen** – was dazu gehört, bestimmt sich nach steuerrechtlichen Vorschriften (§ 6 Abs. 1 VO zu § 82 SGB XII) – ist nach § 6 Abs. 3 VO zu § 82 SGB XII grundsätzlich eine prognostische, nur in Ausnahmefällen eine rückwirkend tatsächliche Höhe zu Grunde zu legen, was ebenfalls gegen den Aktualitätsgrundsatz verstößt.[547] Dabei sind die Jahresroheinnahmen abzüglich der Kapitalertragsteuer und die mit der Einkünfteerzielung verbundenen notwendigen Ausgaben anzusetzen (§ 6 Abs. 2 VO zu § 82 SGB XII). Diese Absetzungen dürfen im Rahmen von § 82 Abs. 2 SGB XII nicht erneut abgesetzt werden (§ 12 VO zu § 82 SGB XII).

232 Kompliziert geregelt ist in § 7 VO zu § 82 SGB XII die Berücksichtigung von Einkünften aus **Vermietung und Verpachtung**. Zu Grunde zu legen ist der Überschuss der Einnahmen über die mit ihrer Erzielung verbundenen notwendigen Ausgaben. § 7 Abs. 2 und 3 VO zu § 82 SGB XII regeln, was zu diesen Ausgaben gehört. Grundsätzlich sind die Einkünfte als Jahreseinkünfte wie Kapitaleinkünfte zu berücksichtigen (§ 7 Abs. 5 VO zu § 82 SGB XII mit denselben Problemen wie dort).

233 Bei der Vermietung von **möblierten Wohnungen und Zimmern** bestehen zwei Besonderheiten: Zum einen sieht § 7 Abs. 4 VO zu § 82 SGB XII hierfür eine Pauschalberücksichtigung der notwendigen Aufwendungen vor, indem pauschal ein bestimmter Prozentsatz der Roheinnahmen als Einkünfte anzusetzen sind. Dies gilt allerdings nicht, wenn nach der allgemeinen Berechnung geringere Einkünfte nachgewiesen werden. Zum anderen sind diese Einkünfte abweichend von den übrigen Einkünften aus Vermietung und Verpachtung als Monatseinkünfte zu berechnen (§ 7 Abs. 5 S. 1 Halbs. 2 VO zu § 82 SGB XII).

234 **Abzüge**, die bereits bei der so erfolgten Berechnung des Einkommens aus Vermietung und Verpachtung vorgenommen worden sind, dürfen im Rahmen von § 82 Abs. 2 SGB XII **nicht erneut abgesetzt** werden (§ 12 VO zu § 82 SGB XII).

235 **Andere Einkünfte** schließlich sind als Jahreseinkünfte zu berechnen, wenn sie nicht monatlich gleichbleibend zufließen; nur Sonderzuwendungen, Gratifikationen und gleichartige Bezüge und Vorteile, die in größeren als monatlichen Zeitabständen gewährt werden, sind wie einmalige Einnahmen zu behandeln (§ 8 VO zu § 82 SGB XII).

---

544 Kritisch daher auch Schmidt in: jurisPK-SGB XII § 4 DVO§ 82SGBXII Rn. 14.
545 Schmidt in: jurisPK-SGB XII § 4 DVO§ 82SGBXII Rn. 14.
546 Schmidt in: jurisPK-SGB XII § 5 DVO§ 82SGBXII Rn. 6.
547 Schmidt in: jurisPK-SGB XII § 6 DVO§ 82SGBXII Rn. 7.

4. Anrechnung laufender und einmaliger Einnahmen

Die Anrechnung einmaliger Einnahmen ist in § 82 Abs. 7 SGB XII parallel zu § 11 **236**
Abs. 3 SGB II geregelt (zur Regelung im SGB II s. ab → Rn. 82). Hiernach werden einmalige Einnahmen, bei denen für den Zuflussmonat bereits Leistungen ohne Berücksichtigung dieser Einnahme erbracht worden sind, im Folgemonat berücksichtigt. Bei
Entfall der Leistungsberechtigung in einem Monat ist die einmalige Einnahme grundsätzlich auf sechs Monate, in begründeten Fällen – anders als im SGB II – auch auf
einen kürzeren Zeitraum zu verteilen. § 82 Abs. 7 S. 4 SGB XII erklärt auch bestimmte
Rentenabfindungen zu solchen einmaligen Einnahmen. Wie im SGB II muss auch im
SGB XII beachtet werden, dass nur **bereite Mittel** angerechnet werden dürfen (s. schon
ab → Rn. 64).

5. Anrechnungsgrundsätze im Übrigen

Auch im Übrigen sind die oben zum SGB II beschrieben Anrechnungsgrundsätze (ab → **237**
Rn. 64) auf das SGB XII übertragbar.

6. Einkommenseinsatz bei Inanspruchnahme ausschließlich einmaliger Leistungen

Beziehen Leistungsberechtigte ausschließlich einmalige Leistungen nach § 31 SGB XII **238**
(im Rahmen der Grundsicherung im Alter und bei Erwerbsminderung auch über § 42
SGB XII), kann nach § 31 Abs. 2 S. 2 SGB XII nicht nur das Einkommen des Bedarfszeitraums, sondern auch das Einkommen der folgenden sechs Monate berücksichtigt
werden, welches den laufenden Bedarf zum Lebensunterhalt übersteigt.[548]

III. Von der Anrechnung ausgenommenes Einkommen

1. Überblick

Von der Anrechnung als Einkommen sind bestimmte Einkünfte ausgenommen. **239**

2. Ausschlüsse nach § 82 Abs. 1 SGB XII

Ausgenommen sind nach § 82 Abs. 1 SGB XII **240**

- Leistungen nach dem SGB XII,
- die Grundrente nach dem BVG und den Gesetzen, die das BVG für entsprechend anwendbar erklären,
- Renten und Beihilfen nach dem Bundesentschädigungsgesetz bis zur Höhe der ver- gleichbaren Grundrente nach dem BVG.

Von „Leistungen nach dem SGB XII" sind auch Leistungen nach dem SGB II und dem **241**
AsylbLG an andere Personen in der Einsatzgemeinschaft umfasst.[549] Wegen dieser Ausnahmen kann auf die Ausführungen zum SGB II verwiesen werden (→ Rn. 106–112).

3. Nach Zweck und Inhalt bestimmte Leistungen (§ 83 SGB XII)

a) Öffentlich-rechtliche Leistungen mit ausdrücklicher Zweckbestimmung

Gemäß § 83 Abs. 1 SGB XII sind – wie nach § 11 a Abs. 3 S. 1 SGB II (hierzu → Rn. **242**
115–120) – Leistungen, die auf Grund öffentlich-rechtlicher Vorschriften zu einem ausdrücklich genannten Zweck erbracht werden, nur so weit als Einkommen zu berücksichtigen, als die Sozialhilfe im Einzelfall demselben Zweck dient. Allerdings kennt § 83

---

548 von Boetticher in: LPK-SGB XII § 31 Rn. 17.
549 Schmidt in: jurisPK-SGB XII § 82 Rn. 35.

Abs. 1 SGB XII anders als § 11 a Abs. 3 S. 2 SGB II nicht die dort genannten Gegenausnahmen.

b) Schmerzensgeld

243 Wie nach § 11 a Abs. 2 SGB II (hierzu → Rn. 113–114) ist Schmerzensgeld anrechnungsfrei.

4. Freiwillige Zuwendungen (§ 84 SGB XII)

244 Ähnlich wie nach § 11 a Abs. 4 und 5 SGB II (hierzu → Rn. 121–126) sind nach § 84 SGB XII Zuwendungen der freien Wohlfahrtspflege und freiwillige Leistungen Dritter als Einkommen außer Betracht zu lassen. Trotz des leicht unterschiedlichen Wortlauts der Vorschriften sind sie in beiden Gesetzen in gleicher Weise anzuwenden.

5. Abweichende Regelungen in anderen Gesetzen

245 Soweit andere Gesetze die Anrechnung der nach ihnen zu erbringenden Leistungen für nicht oder nur teilweise auf Leistungen zur Sicherung des Lebensunterhalts anrechenbar erklären (s. hierzu → Rn. 117), gilt dies auch für das SGB XII. Besonders erwähnenswert ist in diesem Zusammenhang das Arbeitsförderungsgeld in einer WfbM, das nach § 59 Abs. 2 SGB IX anrechnungsfrei bleibt.

246 Daneben wird Pflegegeld, das an eine Pflegeperson weitergegeben wird, ebenfalls nicht als Einkommen angerechnet.[550] Erwähnenswert ist über die dort genannten Ausnahmen hinaus auch § 10 Abs. 5 S. 2 BEEG, wonach das Elterngeld insoweit anrechnungsfrei ist, als es auf vor der Geburt erzieltem Einkommen beruht, höchstens jedoch bis 300 EUR monatlich.

6. Besonderheiten bei der Grundsicherung im Alter und bei Erwerbsminderung

247 Nach § 43 Abs. 5 SGB XII bleiben bei den Leistungen der Grundsicherung im Alter und bei Erwerbsminderung Unterhaltsansprüche der Leistungsberechtigten gegenüber ihren Kindern und Eltern unberücksichtigt, es sei denn, deren jährliches Gesamteinkommen – gemeint ist das Einkommen jeder einzelnen Person[551] – beträgt jeweils mehr als 100.000 EUR. Dabei besteht nach § 43 Abs. 5 S. 2 SGB XII eine Vermutung, dass das Einkommen niedriger als 100.000 EUR ist. Im Umkehrschluss zur Formulierung in § 43 Abs. 5 S. 1 SGB XII folgt, dass tatsächlich geleistete Unterhaltszahlungen als Einkommen anzurechnen sind, da lediglich die Ansprüche unberücksichtigt bleiben,[552] es sei denn, die Unterhaltszahlungen werden nur darlehensweise erbracht, weil der Grundsicherungsträger nicht rechtzeitig leistet.[553] § 43 Abs. 5 S. 1 SGB XII führt also nur dazu, dass ein Anspruchsübergang nach § 94 SGB XII nicht stattfindet.

248 Bislang nicht relevant ist § 43 Abs. 4 SGB XII. Hiernach sind wegen dort höherer Regelsätze nach Landesrecht vorgesehene aufstockende Leistungen für Leistungsberechtigte nach dem Vierten Kapitel nicht als Einkommen im Vierten Kapitel anzurechnen.

550 BVerwG 4.6.1992 – 5 C 82/88; Conradis in: LPK-SGB XII § 84 Rn. 18 mwN.
551 BSG 25.4.2013 – B 8 SO 21/11 R; BGH 8.7.2015 – XII ZB 56/14; Schoch in: LPK-SGB XII § 43 Rn. 47 mwN; in diese Richtung auch Blüggel in: jurisPK-SGB XII § 43 Rn. 37.
552 Schoch in: LPK-SGB XII § 43 Rn. 39; BSG 16.10.2007 – B 8/9 b SO 8/06 R.
553 Schoch in: LPK-SGB XII § 43 Rn. 39; BSG 8.2.2007 – B 9 b SO 5/06 R.

IV. Vom Einkommen abzusetzende Beträge

1. Überblick

Von dem verbliebenen Einkommen der Einsatzpflichtigen sind sodann verschiedene Be- **249** träge abzusetzen. Soweit diese Beträge bereits bei der Bestimmung des Einkommens abgezogen worden sind, dürfen sie nicht ein weiteres Mal abgezogen werden (§ 12 VO zu § 82 SGB XII). Bei einzelnen Leistungen sind weitere Absetzungen vorzunehmen, so für Leistungen nach dem Dritten und Vierten Kapitel Absetzungen nach § 82 Abs. 3 und 4 SGB XII, nur bei Leistungen nach dem Vierten Kapitel Absetzungen nach § 43 Abs. 2 SGB XII, für Leistungen nach dem Fünften bis Neunten Kapitel Absetzungen nach § 88 Abs. 2 SGB XII und für Leistungsberechtigte nach dem Sechsten und Siebten Kapitel Absetzungen nach § 82 Abs. 6 SGB XII.

2. Ausgaben des/der Einsatzpflichtigen (§ 82 Abs. 2 SGB XII)

Zum einen sind nach § 82 Abs. 2 SGB XII bestimmte Ausgaben der Einsatzpflichtigen **250** abzusetzen, namentlich:

- Die auf das Einkommen entrichteten Steuern (§ 82 Abs. 2 S. 1 Nr. 1 SGB XII, zur identischen Parallelregelung in § 11 b Abs. 1 S. 1 Nr. 1 SGB II → Rn. 146–148).

- Pflichtbeiträge zur Sozialversicherung einschließlich der Beiträge zur Arbeitsförderung (§ 82 Abs. 2 S. 1 Nr. 2 SGB XII, zur identischen Parallelregelung im SGB II → Rn. 149–155).

- Beiträge zu öffentlichen und privaten Versicherungen oder ähnlichen Einrichtungen, soweit diese Beiträge gesetzlich vorgeschrieben oder nach Grund und Höhe angemessen sind (§ 82 Abs. 2 S. 1 Nr. 3 Alt. 1 und 2 SGB XII). Weil die VO zu § 82 SGB XII anders als § 6 Abs. 1 Nr. 1 Alg II-V zu § 11 b Abs. S. 1 Nr. 3 SGB II (hierzu → Rn. 156–169) keine pauschalierende Regelung kennt, muss im Einzelfall überprüft werden, welche Versicherungen bestehen und in welcher Höhe Beiträge anfallen. Bei der Frage, ob eine Versicherung dem Grunde nach angemessen ist, ist darauf abzustellen, ob die Ausgaben bei einem vergleichbaren Personenkreis zu den notwendigen und üblichen Vorkehrungen gegen Alltagsrisiken gehören,[554] ob also „mehr als 50 % der Haushalte knapp oberhalb der Sozialhilfegrenze" eine entsprechende Versicherung abschließen und ob der Gesamtbetrag der aufgewendeten Versicherungsbeiträge angemessen ist.[555]

- Beiträge zur geförderten Altersvorsorge nach § 82 EStG, soweit sie den Mindesteigenbeitrag nach § 86 EStG nicht übersteigen (§ 82 Abs. 2 S. 1 Nr. 3 Alt. 3 SGB XII; zur identischen Parallelregelung in § 11 b Abs. 1 S. 1 Nr. 4 → Rn. 170).

- Die mit der Erzielung des Einkommens verbundenen notwendigen Ausgaben (§ 82 Abs. 2 S. 1 Nr. 4 SGB XII). Hierunter fallen die Ausgaben, die unmittelbar mit der Einkommenserzielung zusammenhängen. Ähnlich wie, aber in anderer Höhe als bei der Parallelregelung in § 11 b Abs. 1 S. 1 Nr. 5 SGB II und § 6 Alg II-V (hierzu → Rn. 171–174) kennen § 3 Abs. 4 bis 7 VO zu § 82 SGB XII für Einkünfte aus nichtselbstständiger Tätigkeit Konkretisierungen der absetzbaren Beträge bis hin zu Pauschalbeträgen für Kosten für Fahrten zur Arbeit.

Abweichend von diesen Absetzungen nach § 82 Abs. 2 S. 1 Nr. 2–4 und den Absätzen 3 **251** und 6 ist nach § 82 Abs. 2 S. 2 SGB XII bei bestimmten privilegierten Einnahmen – sogenannte Übungsleiterpauschale und andere steuerfreie Einnahmen nach § 3 Nr. 12, 26, 26 a und 26 b EStG – ein Betrag von bis zu 200 EUR monatlich nicht als Einkommen

---

554 BSG 29.9.2009 – B 8 SO 13/08 R.
555 BSG 29.9.2009 – B 8 SO 13/08 R.

zu berücksichtigen. Dieser Absetzbetrag verdrängt die Absetzbeträge nach § 82 Abs. 3 und 6.[556]

3. Absetzungen für erwerbstätige Leistungsberechtigte nach dem Sechsten und Siebten Kapitel SGB XII (§ 82 Abs. 6 SGB XII)

252 Für erwerbstätige Leistungsberechtigte nach dem Sechsten (Eingliederungshilfe bis 31.12.2019) und Siebten Kapitel (Hilfe zur Pflege) ist nach § 82 Abs. 6 SGB XII zur Honorierung der besonderen Leistung dieser Leistungsberechtigten ein Betrag in Höhe von 40 % des Erwerbstätigkeitseinkommens abzusetzen, höchstens jedoch 65 % der Regelbedarfsstufe 1. Dieser Absetzbetrag gilt für die Einkommensanrechnung auf alle Leistungen nach dem SGB XII. Allerdings bestehen im Dritten und Vierten Kapitel im Einzelfall noch günstigere Absetzungsregelungen (§ 82 Abs. 3 und 4 SGB XII). Nach dem Willen des Gesetzgebers ist hier die im Einzelfall günstigere Regelung anzuwenden: Die beiden Freibeträge werden nicht nebeneinander angewandt.[557]

253 Der Absetzbetrag nach § 82 Abs. 6 SGB XII wird gegebenenfalls durch den besonderen Absetzbetrag nach § 82 Abs. 2 S. 2 SGB XII (→ Rn. 251) oder nach § 88 Abs. 2 SGB XII (→ Rn. 265) verdrängt.

V. Einsatz von Einkommen nach dem Dritten und Vierten Kapitel SGB XII

1. Grundsatz

254 Im Dritten und Vierten Kapitel ist das gesamte so errechnete Einkommen der Mitglieder der Einsatzgemeinschaft dem Bedarf gegenüberzustellen. Soweit das Einkommen den Bedarf der Anspruchstellenden deckt, sind sie nicht bedürftig und werden keine Leistungen gewährt. Allerdings bestehen für Leistungen nach dem Dritten und Vierten Kapitel weitere Absetzbeträge (hierzu sogleich ab → Rn. 255). Zudem werden bei Bezug bestimmter anderer Leistungen beziehungsweise Leistungsformen bestimmte Bedarfe von der Anrechnung des Einkommens freigestellt, also ohne Anrechnung von Einkommen erbracht (hierzu u. ab → Rn. 284).

2. Weitere Absetzbeträge vom Einkommen für Leistungen nach dem Dritten und Vierten Kapitel SGB XII (§ 82 Abs. 3, 4, § 43 Abs. 2 SGB XII)

255 So ist nach § 82 Abs. 3 SGB XII für **Erwerbstätige** zusätzlich zu den Absetzungen nach § 82 Abs. 2 SGB XII ein Betrag in Höhe von 30 % des Einkommens aus selbstständiger und nichtselbstständiger Tätigkeit der Leistungsberechtigten – also nicht der übrigen Mitglieder der Einsatzgemeinschaft – abzusetzen, höchstens jedoch in Höhe von 50 % der Regelbedarfsstufe 1. Dieser Freibetrag errechnet sich – wie in § 11 b Abs. 3 SGB II – aus dem Bruttoeinkommen ohne Abzug der Absetzbeträge nach § 82 Abs. 2 SGB XII.[558] Außer auf Erwerbseinkommen ist der Freibetrag auch auf bestimmtes Erwerbsersatzeinkommen, namentlich die Entgeltfortzahlung im Krankheitsfall, das Kurzarbeitergeld[559] und das Insolvenzgeld[560] abzusetzen, nicht jedoch auf das Krankengeld.[561]

256 Abweichend von dieser Bestimmung des Freibetrags ist bei Leistungsberechtigten, die Einkommen aus einer **Beschäftigung in einer WfbM** oder parallelen Institutionen erzielen (beachte in diesem Zusammenhang § 59 Abs. 2 SGB IX), ein Achtel der Regelbe-

---

556 Geiger in: LPK-SGB XII § 82 Rn. 94.
557 Geiger in: LPK-SGB XII § 82 Rn. 102 unter Berufung auf BR-Drs. 428/16, 339 und BT-Dr. 18/11286, 49.
558 Geiger in: LPK-SGB XII § 82 Rn. 96; ThürLSG 9.9.2015 – L 8 SO 273/13.
559 BSG 14.3.2012 – B 14 AS 18/11 R; Geiger in: LPK-SGB XII § 82 Rn. 96.
560 BSG 13.5.2009 – B 4 AS 29/08 R; Geiger in: LPK-SGB XII § 82 Rn. 96.
561 BSG 27.9.2011 – B 4 AS 180/10 R; Geiger in: LPK-SGB XII § 82 Rn. 96.

darfsstufe 1 zuzüglich 50 % des diesen Betrag übersteigenden Entgelts abzusetzen. Auch hier ist der Berechnungsmaßstab das Bruttoentgelt.[562] Die Vorschrift wird wegen der Besserbehandlung der Leistungsberechtigten in einer WfbM kritisiert.[563]

Abweichend von beiden Absetzbetragsbestimmungen kann nach § 82 Abs. 3 S. 3 SGB XII ein anderer Absetzbetrag bestimmt werden. Diese Vorschrift ist eine generelle Härteklausel für alle denkbaren Einkommen, etwa den Ferienjob von Schüler*innen, Freiwilligendienste oder auch die Freistellung von Teilen des Einkommens erwerbstätiger Partner*innen von Leistungsberechtigten.[564] **257**

In gemischten Bedarfsgemeinschaften dürfen der Bedarfsgemeinschaft keine Leistungen nach dem SGB II entzogen werden, um den Bedarf der Leistungsberechtigten nach dem SGB XII zu decken, noch darf das Einkommen, das nach der Zielsetzung des SGB II geschont werden soll, zugunsten der Leistungsberechtigten nach dem SGB XII angerechnet werden. Deshalb muss nach der Entscheidung des BSG vom 15.4.2008[565] das Bruttoeinkommen nach § 11 b SGB II bereinigt werden. Diesem ist dann der fiktive Hilfebedarf der Einkommensbezieher*innen gegenüberzustellen. Nur das dann verbleibende Einkommen ist auf den Hilfebedarf der nach dem SGB II Leistungsberechtigten anzurechnen; hiervon sind keine weiteren Absetzungen vorzunehmen.[566] **258**

Der Absetzbetrag nach § 82 Abs. 3 SGB XII wird gegebenenfalls durch den besonderen Absetzbetrag nach § 82 Abs. 2 S. 2 SGB XII (→ Rn. 251) verdrängt. Für Leistungen nach dem Fünften bis Neunten Kapitel gilt stattdessen der Betrag des § 88 Abs. 2 SGB XII (→ Rn. 265). **259**

Neben[567] diesen Absetzbetrag nach § 82 Abs. 3 SGB XII tritt ebenfalls nur bei Leistungen nach dem Dritten und Vierten Kapitel gemäß § 82 Abs. 4 SGB XII ein weiterer **Absetzbetrag für Einkommen aus einer zusätzlichen Altersversorgung**. Was unter zusätzliche Altersversorgung fällt, ist in § 82 Abs. 5 SGB XII geregelt. Der Absetzbetrag beträgt nach § 82 Abs. 4 SGB XII 100 EUR monatlich zuzüglich 30 % des diesen Betrag übersteigenden Altersvorsorgeeinkommens, höchstens jedoch 50 % der Regelbedarfsstufe 1. Damit soll das private Betreiben einer zusätzlichen oder die allgemeinen Systeme entlastenden Altersvorsorge[568] belohnt werden. Der Absetzbetrag nach § 82 Abs. 4 SGB XII wird nicht durch den besonderen Absetzbetrag nach § 82 Abs. 2 S. 2 SGB XII verdrängt (→ Rn. 251). **260**

Gemäß § 43 Abs. 2 SGB XII sind im Hinblick auf Leistungen nach dem Vierten Kapitel Einkünfte aus Kapitalvermögen zusätzlich abzusetzen, soweit diese 26 EUR im Kalenderjahr nicht übersteigen. **261**

VI. Einsatz von Einkommen nach dem Fünften bis Neunten Kapitel SGB XII

1. Überblick und Anwendungsbereich

Für Leistungen nach dem Fünften bis Neunten Kapitel SGB XII bestehen gegenüber den Leistungen nach dem Dritten und Vierten Kapitel Besonderheiten bei der Anrechnung des Einkommens. Zum einen sind gegenüber der allgemeinen Regel in § 82 SGB XII weitere Absetzungen vom Einkommen vorzunehmen, die nur für die Leistungen nach dem Fünften bis Neunten Kapitel SGB XII greifen (hierzu sogleich ab → Rn. 265). **262**

---

562 Geiger in: LPK-SGB XII § 82 Rn. 97.
563 Geiger in: LPK-SGB XII § 82 Rn. 97.
564 Geiger in: LPK-SGB XII § 82 Rn. 98.
565 BSG 15.4.2008 – B 14/7 b AS 58/06 R.
566 Vgl. im einzelnen Geiger in: LPK-SGB XII § 82 Rn. 134–138.
567 Geiger in: LPK-SGB XII § 82 Rn. 100.
568 Geiger in: LPK-SGB XII § 82 Rn. 101.

263 Zum zweiten ist nicht das gesamte so bestimmte Einkommen eins zu eins auf die Leistungen anzurechnen, wie das bei den Leistungen nach dem Dritten und Vierten Kapitel der Fall ist. Wie sich aus § 19 Abs. 3 SGB XII ergibt, ist vielmehr Einkommen und Vermögen nur insoweit einzusetzen, als dies den Leistungsberechtigten und der Einsatzgemeinschaft für diese Leistungen **zuzumuten** ist. Hierzu ist zunächst eine Einkommensgrenze zu bestimmen (ab → Rn. 266), die dazu dienen soll, grundsätzlich den Teil des Einkommens anrechnungsfrei zu halten, der zur Deckung des Lebensunterhalts erforderlich ist. Auch der darüber liegende Teil des Einkommens ist sodann weiter nicht (zwingend) vollständig anzurechnen, sondern nur „in angemessenem Umfang" (§ 87 SGB XII, hierzu ab → Rn. 272). Nur in bestimmten Fällen ist den Leistungsberechtigten und der Einsatzgemeinschaft der Einsatz des Einkommens ohne Rücksicht auf die Einkommensgrenze, also auch für den Teil zuzumuten, der unterhalb der Einkommensgrenze liegt (§ 88 Abs. 1 SGB XII, hierzu ab → Rn. 276). Schließlich regelt § 89 SGB XII, wie Einkommen auf mehrere Bedarfe nach dem Fünften bis Neunten Kapitel SGB XII anzurechnen ist.

264 Erwähnenswert ist zudem, dass bei vielen Leistungen nach dem Fünften bis Neunten Kapitel das Einkommen nicht auf alle Bedarfe anzurechnen ist, dass also Leistungen für bestimmte Bedarfe vollständig ohne Rücksicht auf Einkommen oder Vermögen, also auch dann gewährt werden, wenn die Leistungsberechtigten oder die Einsatzgemeinschaft über zu berücksichtigendes Einkommen oder Vermögen verfügen (§§ 92, 92 a SGB XII, → Rn. 291, 292–301).

2. Weitere/Abweichende Absetzungen vom Einkommen (§ 88 Abs. 2 SGB XII)

265 Beziehen Leistungsberechtigte nach dem Fünften bis Neunten Kapitel stationäre Leistungen in einer stationären Einrichtung, stellt § 88 Abs. 2 SGB XII einen Teil des Einkommens aus einer entgeltlichen Beschäftigung frei: Ähnlich wie nach § 82 Abs. 3 S. 2 SGB XII für Leistungen nach dem Dritten und Vierten Kapitel (→ Rn. 256) ist bei diesen Leistungsberechtigten Einkommen aus der Beschäftigung in Höhe von einem Achtel der Regelbedarfsstufe 1 zuzüglich 50 % des diesen Betrag übersteigenden Einkommens nicht anzurechnen. § 88 Abs. 2 S. 2 SGB XII stellt klar, dass § 82 Abs. 3 und 6 SGB XII nicht gelten – an sich nicht notwendig, da § 82 Abs. 3 und 6 SGB XII ausdrücklich nur für die Leistungen nach dem Dritten und Vierten Kapitel anwendbar sind. § 82 Abs. 2 SGB XII bleibt aber also anwendbar.[569] Anders als bei § 82 Abs. 3 S. 2 SGB XII gilt die Privilegierung nicht nur für Einkünfte aus einer Beschäftigung in einer WfbM, aber dafür nur für Leistungsberechtigte, die in einer stationären Einrichtung stationäre Leistungen beziehen.

3. Einkommensgrenze (§§ 85, 86 SGB XII)

266 Die Einkommensgrenze des § 85 SGB XII dient dazu, auch während des Bezugs von Leistungen nach dem Fünften bis Neunten Kapitel SGB XII eine **angemessene Lebensführung** oberhalb des Lebensstandards der Leistungsberechtigten für den Lebensunterhalt zu ermöglichen,[570] auch wenn wegen der Höhe der Einkommensgrenze zweifelhaft ist, ob dieses Ziel in der Mehrzahl der Fälle erreicht wird.[571]

267 Die Höhe der Einkommensgrenze errechnet sich für Volljährige nach § 85 Abs. 1 SGB XII und für (unverheiratete) Minderjährige nach § 85 Abs. 2 SGB XII als Summe aus folgenden Beträgen:

---

569 Schoch in: LPK-SGB XII § 88 Rn. 18.
570 Conradis in: LPK-SGB XII § 85 Rn. 29 ff. m Nachw.; Giere in: Grube/Wahrendorf SGB XII § 85 Rn. 24.
571 Conradis in: LPK-SGB XII § 85 Rn. 29 ff. m Nachw.

- Ein **Grundbetrag** in Höhe des **Zweifachen der Regelbedarfsstufe 1** (§ 85 Abs. 1 **268** Nr. 1, Abs. 2 Nr. 1 SGB XII), 2019 also in Höhe von 848 EUR. Damit wird zum einen der Regelbedarf und darüber hinaus der im Regelfall höchste mögliche Mehrbedarf (vgl. § 30 Abs. 6 SGB XII) freigestellt. Bei Minderjährigen wird dieser Grundbetrag rechnerisch einem der Elternteile gewährt.[572]

Nach § 86 SGB XII dürfen die Länder und – sofern Landesrecht nicht entgegen- **269** steht – auch die Träger der Sozialhilfe selbst für bestimmte Arten der Hilfe nach dem Fünften bis Neunten Kapitel einen höheren Grundbetrag zu Grunde legen.[573]

- Die tatsächlichen **Aufwendungen für die Unterkunft bis zur Angemessenheitsgrenze** **270** (§ 85 Abs. 1 Nr. 2, Abs. 2 Nr. 2 SGB XII). Zu diesen Kosten gehören nicht nur die kalten Nebenkosten, sondern auch die Kosten der Heizung und Warmwasserbereitung. Dies war für den alten Wortlaut von § 85 Abs. 1 Nr. 2, Abs. 2 Nr. 2 SGB XII umstritten,[574] bis das BSG[575] die Heizungskosten ausdrücklich hinzugezählt hat. Das BSG begründete dies damit, dass die Heizungskosten normativ und notwendig zum Bedarf nach dem Dritten und Vierten Kapitel gehörten, den freizuhalten gerade Sinn und Zweck von § 85 SGB XII sei, sodass auch eine Korrektur über andere, namentlich Ausnahmevorschriften nicht in Betracht komme.[576] Der Gesetzgeber hat auf diese Entscheidung mit einer Anpassung des Wortlauts von § 85 Abs. 1 Nr. 2, Abs. 2 Nr. 2 SGB XII reagiert[577] und insbesondere die Wortlaute der §§ 35 und 85 SGB XII angeglichen. In der Gesetzesbegründung meint er, damit klarstellen zu können, dass die Heizungskosten künftig nicht mehr bei der Ermittlung der Einkommensgrenze zu berücksichtigen seien.[578] Mit seiner Änderung hat der Gesetzgeber jedoch nur das zusätzlich vom BSG herangezogene Wortlautargument[579] beseitigt, das eigentliche sachliche Problem jedoch nicht gelöst: Folgte man der Auffassung des Gesetzgebers, käme es häufig zu der vom BSG kritisierten Situation, dass schon für Alleinstehende der im Dritten und Vierten Kapitel normativ bestimmte Bedarf für den Lebensunterhalt durch die Einkommensgrenze gerade nicht freigehalten würde. Damit würde der Gesetzgeber sich selbst in Widerspruch setzen. Aus diesem Grund ist die vom Gesetzgeber offenbar gewollte Auslegung von Verfassungs wegen (Widerspruchsfreiheit der Rechtsordnung, Recht auf Gewährleistung eines menschenwürdigen Existenzminimums) nicht zulässig.[580] Da dies trotz Änderung nach dem neuen Wortlaut von § 85 Abs. 1 Nr. 2, Abs. 2 Nr. 2 SGB XII weiterhin möglich ist, bleibt es – entgegen der wohl hM[581] – auch nach Änderung von § 85 Abs. 1 Nr. 2, Abs. 2 Nr. 2 SGB XII dabei, dass auch Heizungs- und Warmwasserbereitungskosten in die Berechnung der Einkommensgrenze einzubeziehen sind.

---

572 Gutzler in: jurisPK-SGB XII § 85, Rn. 48.
573 Zu Nachweisen s. Gutzler in: jurisPK-SGB XII § 86 Rn. 18; vgl. auch Conradis in: LPK-SGB XII Rn. 1 f.
574 Nachweise hierzu in der VorAufl.: Kap. 20 Rn. 191.
575 BSG 25.4.2013 – B 8 SO 8/12 R.
576 BSG 25.4.2013 – B 8 SO 8/12 R, Rn. 25.
577 Gesetz zur Änderung des Zwölften Buches Sozialgesetzbuch und weiterer Vorschriften vom 21.12.2015 (BGBl. 2015 I, S. 2557).
578 BT-Drs. 18/6284, 30 f.; dem folgend auch Conradis in: LPK-SGB XII § 85 Rn. 5.
579 Freilich ist dem Gesetzgeber zuzugeben, dass das Wortlautargument früher auch von der Rechtsprechung herangezogen worden ist, um seine heutige Auffassung zu stützen; Nachw. bei Gutzler in: jurisPK-SGB XII § 85 Rn. 37.
580 Verfassungsrechtliche Bedenken äußern auch Gutzler in: jurisPK-SGB XII § 85 Rn. 37.1 und Siefert in: jurisPR-SozR 4/2016 Anm. 1.
581 Conradis in: LPK-SGB XII § 85 Rn. 5; Gutzler in: jurisPK-SGB XII § 85 Rn. 37.1; Giere in: Grube/Wahrendorf SGB XII § 85 Rn. 21; von Koppenfels-Spies in: Kommentar zum Sozialrecht, § 85 SGB XII Rn. 9 (freilich gibt der von ihr zitierte Beschluss LSG Bln-Bbg 19.4.2016 – L 23 SO 50/16 B PKH, juris Rn. 11–13 der Auffassung ausdrücklich keine Stütze).

271 ■ Ein **Familienzuschlag** (§ 85 Abs. 1 Nr. 3, Abs. 2 Nr. 3 SGB XII) in Höhe des auf volle Euro aufgerundeten Betrages von 70 % der Regelbedarfsstufe 1. Solche Familienzuschläge fallen an

– bei volljährigen Leistungsberechtigten (§ 85 Abs. 1 Nr. 3 SGB XII) und bei minderjährigen Leistungsberechtigten, die nicht bei einem ihrer nicht zusammen lebenden Elternteile leben (§ 85 Abs. 2 S. 3 SGB XII):

– Für den/die nicht dauernd getrennt lebende/n Ehegatten/Ehegattin oder Lebenspartner*in der nachfragenden Person,

– für jede Person, die von der nachfragenden Person, ihrem/ihrer nicht dauernd getrennt lebende/n Ehegatten/Ehegattin oder Lebenspartner*in überwiegend unterhalten worden ist, für den eine der genannten Personen also mehr als die Hälfte des Lebensunterhalts vor der Entscheidung über die Leistungserbringung tatsächlich getragen haben[582], und

– für jede Person, für die die nachfragende Person, ihr/e nicht dauernd getrennt lebende/r Ehegatte/Ehegattin oder Lebenspartner*in nach der Entscheidung über die Erbringung der Sozialhilfeleistung unterhaltspflichtig werden.

– bei (unverheirateten) minderjährigen Leistungsberechtigten (§ 85 Abs. 2 Nr. 3 SGB XII), deren Eltern zusammenleben oder die bei einem ihrer nicht zusammen lebenden Elternteile wohnen:

– Für einen Elternteil, beziehungsweise, wenn die Eltern nicht zusammen leben, für den Elternteil, bei dem die nachfragende (minderjährige) Person lebt (§ 85 Abs. 2 S. 2 SGB XII),

– für jede Person, die von der nachfragenden (minderjährigen) Person oder ihren Eltern überwiegend unterhalten worden ist und

– für jede Person, für die die nachfragende Person oder ihre Eltern nach der Entscheidung über die Erbringung der Sozialhilfeleistung unterhaltspflichtig werden.

4. Einsatz des Einkommens über der Einkommensgrenze (§ 87 SGB XII)

272 Inwieweit die Mitglieder der Einsatzgemeinschaft das Einkommen oberhalb der Einkommensgrenze einsetzen müssen, richtet sich nach § 87 SGB XII. Nach dieser Vorschrift ist die Aufbringung der Mittel aus dem Einkommen oberhalb der Einkommensgrenze „in angemessenem Umfang" zuzumuten. Zur Bestimmung dieser Angemessenheit ist auf die jeweils einsatzpflichtige Person und nicht auf den/die Leistungsberechtigte/n abzustellen. Soweit ausdrückliche Vorschriften nicht entgegenstehen (vgl. zB sogleich bei → Rn. 273), kann aber auch der Einsatz des gesamten oberhalb der Einkommensgrenze liegenden Einkommens angemessen sein, insbesondere wenn Leistungen in stationären Einrichtungen bezogen werden und daneben keine weiteren Bedarfe mehr bestehen.

273 Bei Pflegebedürftigen der Pflegegrade 4 und 5 und bei blinden Menschen nach § 72 SGB XII kennt § 87 Abs. 1 S. 3 SGB XII eine feste Angemessenheits-Obergrenze: Bei diesen Menschen ist – egal für welche Leistungen nach dem Fünften bis Neunten Kapitel SGB XII – der Einsatz des Einkommens über der Einkommensgrenze in Höhe von mindestens 60 % nicht zuzumuten; diese Menschen müssen also höchstens 40 % des die Einkommensgrenze übersteigenden Einkommens einsetzen. Wie viel dieser 40 % sie ein-

---

582 Gutzler in: jurisPK-SGB XII § 85 Rn. 40.

setzen müssen, bestimmt sich dann wiederum nach der allgemeinen Regelung, also nach der Angemessenheit.[583]

Für die Bestimmung der Angemessenheit stellt § 87 Abs. 1 S. 2 SGB XII einen (nicht abschließenden[584]) Katalog von Kriterien auf, nämlich: **274**

- **Art des Bedarfs:** Hier ist etwa die Überlegung einzustellen ob der Einkommenseinsatz die sozialpolitische Zielsetzung der Leistung konterkarieren würde, etwa wenn der Erfolg der Hilfe durch eine weitgehende Inanspruchnahme der Mitglieder der Einsatzgemeinschaft gefährdet würde.[585]

- **Art oder Schwere der Behinderung oder der Pflegebedürftigkeit:** Je schwerer die Behinderung oder Pflegebedürftigkeit, desto weniger Einkommenseinsatz ist zumutbar (vgl. § 87 Abs. 1 S. 3 SGB XII), jedoch nicht in einer pauschalen Weise;[586] allerdings ist bei stationären Leistungen ein höherer Einkommenseinsatz zumutbar (vgl. den Rechtsgedanken aus § 88 Abs. 1 S. 2 SGB XII).[587]

- **Dauer der Aufwendungen:** Dabei geht die ganz hM davon aus, dass umso mehr Einkommenseinsatz zuzumuten ist, je kürzer die Bedarfslage voraussichtlich ist.[588] Bei stationären Leistungen legt hingegen § 88 Abs. 1 S. 2 SGB XII einen höheren Einkommenseinsatz auch aus dem Einkommen oberhalb der Einkommensgrenze nahe.

- **Höhe der Aufwendungen:** Damit ist nicht die Höhe der Aufwendungen für die Hilfe selbst gemeint, sondern die Höhe der in Verbindung mit der Leistung entstehenden Aufwendungen, etwa Kosten, die für kulturelle Anregungen oder die Erleichterung von persönlichen Kontakten entstehen. Entstehen solche Aufwendungen, ist der Eigenanteil geringer zu bemessen.[589]

- **Besondere Belastungen** der nachfragenden Person und ihrer unterhaltsberechtigten Angehörigen. Damit sind in erster Linie finanzielle Verpflichtungen gemeint.[590] Es handelt sich um Belastungen, die über den normalen Lebensbedarf hinausgehen und bei den Hilfen nach dem Dritten oder Vierten Kapitel nicht aus dem Regelbedarf abzudecken sind oder die die dort vorgesehenen Beträge übersteigen, sofern die Belastungen notwendig sind und tatsächlich aus dem Einkommen gedeckt werden.[591] Gemeint sind damit Schuldverpflichtungen, Kosten im Zusammenhang mit Familienereignissen, Mietzinsverpflichtungen, Unterhaltszahlungen oder Kosten zur Ausübung des Umgangsrechts.[592] Wer – entgegen der hier vertretenen Auffassung (→ Rn. 270) – Heizungskosten bei der Bestimmung der Einkommensgrenze nicht berücksichtigen will, muss sie (obwohl systemwidrig) im Rahmen von § 87 Abs. 1 S. 2 SGB XII als besondere Belastung berücksichtigen.[593] Auch soweit der Teil einer zweckbestimmten Leistung nach § 88 Abs. 1 S. 1 Nr. 1 SGB XII angerechnet wird, der oberhalb der Einkommensgrenze liegt (hierzu sogleich → Rn. 276), darf dieser Teil nicht auch über § 87 Abs. 1 SGB XII herangezogen werden.

---

583 Gutzler in: jurisPK-SGB XII § 87 Rn. 50.
584 Schoch in: LPK-SGB XII § 87 Rn. 7.
585 Vgl. Schoch in: LPK-SGB XII § 87 Rn. 8.
586 Gutzler in: jurisPK-SGB XII § 87 Rn. 24.
587 Schoch in: LPK-SGB XII § 87 Rn. 9.
588 Giere in: Grube/Wahrendorf SGB XII § 87 Rn. 15; und Gutzler in: jurisPK-SGB XII § 87 Rn. 25; Schoch in: LPK-SGB XII § 87 Rn. 10; Empfehlungen des Deutschen Vereins für den Einsatz von Einkommen und Vermögen in der Sozialhilfe (DV 25/15), Rn. 124 f.; anders hingegen die Voraufl. Kap. 21 Rn. 194.
589 Schoch in: LPK-SGB XII § 87 Rn. 11.
590 Giere in: Grube/Wahrendorf SGB XII § 87 Rn. 18.
591 Schoch in: LPK-SGB XII § 87 Rn. 12.
592 Schoch in: LPK-SGB XII § 87 Rn. 12; Gutzler in: jurisPK-SGB XII § 87 Rn. 26–29.
593 Gutzler in: jurisPK-SGB XII § 85 Rn. 37.1.

275 Grundsätzlich gilt auch bei den Leistungen nach dem Fünften bis Neunten Kapitel das Monatsprinzip, es müssen also die Bedarfe dem im jeweiligen Monat erzielten Einkommen gegenübergestellt werden. Hiervon machen allerdings § 87 Abs. 2 und 3 SGB XII Ausnahmen. So kann bei einem Bedarf von nur kurzer Dauer, durch den das Einkommen wegfällt, auch das über der Einkommensgrenze liegende Einkommen aus einem angemessenen Zeitraum nach dem Wegfall des Bedarfs angerechnet werden (Abs. 2), bei einmaligen Leistungen für Bedarfsgegenstände mit einer bestimmungsgemäße Gebrauchsdauer kann auch das über der Einkommensgrenze liegende Einkommen des Beschaffungsmonats und der folgenden drei Monate angesetzt werden (Abs. 3).

5. Einsatz des Einkommens ohne Rücksicht auf die Einkommensgrenze (§ 88 Abs. 1 SGB XII)

276 § 88 Abs. 1 SGB XII regelt die drei Fälle, in denen der Einsatzgemeinschaft auch der Einsatz des Teils des Einkommens zugemutet wird, der unterhalb der Einkommensgrenze liegt. Diese Vorschrift ist – entgegen ihrer missverständlichen Überschrift – stets neben § 87 SGB XII anzuwenden, auch dann, wenn das Gesamteinkommen oberhalb der Einkommensgrenze liegt. Im Grunde regelt § 88 Abs. 1 SGB XII eine verschärfte Haftung. Er gilt deshalb für die dort genannten Einkommensteile auch insoweit, als diese Einkommensteile oberhalb der Einkommensgrenze liegen.[594] Die drei Fälle sind

- Bezug von zweckgleichen Leistungen Dritter (§ 88 Abs. 1 S. 1 Nr. 1 SGB XII; → Rn. 277),
- Notwendigkeit eines nur geringfügigen Mitteleinsatzes (§ 88 Abs. 1 S. 1 Nr. 2 SGB XII; → Rn. 278) und
- voraussichtlich längerfristiger Bezug von Leistungen in einer stationären Einrichtung (§ 88 Abs. 1 S. 2 SGB XII, → Rn. 279).

277 Unmittelbar einsichtig und vollkommen mit § 2 SGB XII in Einklang ist § 88 Abs. 1 S. 1 Nr. 1 SGB XII: Wer Leistungen eines Dritten bezieht, die gerade den sozialhilferechtlichen Bedarf abdecken sollen (zB Leistungen aus privatrechtlichen Verpflichtungen zur Pflege, Schadensersatzansprüche, Beihilfe- oder Heilfürsorgeleistungen an Beamt*innen),[595] um den es geht, soll diese vorrangig einsetzen müssen, und zwar auch dann, wenn diese Leistungen unterhalb der Einkommensgrenze liegen. Soweit auch der Teil dieser Leistung angerechnet wird, der oberhalb der Einkommensgrenze liegt, darf freilich eine doppelte Heranziehung nicht erfolgen.

278 Ist nur ein geringfügiger Mitteleinsatz unterhalb der Einkommensgrenze erforderlich, kann nach § 88 Abs. 1 S. 1 Nr. 2 SGB XII auch dieser verlangt werden. Der Einsatz ist dann geringfügig, wenn der Bedarf selbst nur geringfügig ist oder zwar ein höherer Bedarf vorliegt, dieser aber von Dritten und/oder von den Einsatzpflichtigen[596] über § 87 SGB XII oder § 88 Abs. 1 S. 1 Nr. 1 SGB XII bereits so weit gedeckt ist, dass nur mehr ein geringfügiger Mitteleinsatz erforderlich ist.[597] Bis zu welcher Höhe der Mitteleinsatz geringfügig ist, ist im Einzelnen umstritten; vorgeschlagene pauschale Berechnungsmodelle (10 EUR, 15 EUR, 1 % des Grundbetrages der Einkommensgrenze[598] sind abzulehnen.[599]

279 Werden voraussichtlich längerfristig Leistungen in einer stationären Einrichtung bezogen, soll nach § 88 Abs. 1 S. 2 SGB XII auch aus dem Teil des Einkommens, der unter-

---

594 Gutzler in: jurisPK-SGB XII § 88 Rn. 18; BSG 23.8.2013 – B 8 SO 24/11 R.
595 Weitere Beispiele bei Gutzler in: jurisPK-SGB XII § 88 Rn. 24.
596 Dies lehnt ab Gutzler in: jurisPK-SGB XII § 88 Rn. 27.
597 Schoch in: LPK-SGB XII § 88 Rn. 9; weitgehend ebenso Gutzler in: jurisPK-SGB XII § 88 Rn. 27.
598 Zu diesen Schoch in: LPK-SGB XII § 88 Rn. 10; Gutzler in: jurisPK-SGB XII § 88 Rn. 28.
599 Ebenso Schoch in: LPK-SGB XII § 88 Rn. 10; Gutzler in: jurisPK-SGB XII § 88 Rn. 28.

halb der Einkommensgrenze liegt, die Aufbringung der Mittel in angemessenem Umfang verlangt werden. Das gilt sowohl für das Einkommen des/der stationär Untergebrachten als auch für das Einkommen der übrigen Mitglieder der Einsatzgemeinschaft.[600] Hinsichtlich der Angemessenheit kann auf die Ausführungen zu § 87 Abs. 1 SGB XII verwiesen werden (ab → Rn. 272). Angemessen kann dabei (und ist in der Praxis häufig) sogar die **vollständige Heranziehung** auch des unterhalb der Einkommensgrenze liegenden Teils des Einkommens sein, welches den Bedarf nach dem Dritten und Vierten Kapitel SGB XII übersteigt, wenn und weil innerhalb der Einrichtung über die dort gewährten Bedarfe keine weiteren Bedarfe entstehen (können).

Vor allem bei stationären Leistungen ist daher durch die nebeneinander erfolgende Anwendung von §§ 87 und 88 SGB XII und der Anrechnungsvorschriften des Dritten und Vierten Kapitels die **Heranziehung des gesamten zu berücksichtigenden Einkommens** des/der Leistungsberechtigten möglich (Ausnahmen freilich § 87 Abs. 1 S. 3 SGB XII): Das Einkommen, das die Bedarfe nach dem Dritten und Vierten Kapitel deckt, für diese Leistungen, der Teil des Einkommens, der oberhalb der Einkommensgrenze liegt, nach § 87 Abs. 1 SGB XII, und der Teil des Einkommens, der unterhalb der Einkommensgrenze liegt, nach § 88 Abs. 1 S. 2 SGB XII. **280**

6. Einsatz des Einkommens bei mehrfachem Bedarf (§ 89 SGB XII)

Liegt ein Bedarf für mehrere Hilfen nach dem Fünften bis Neunten Kapitel vor, regelt § 89 SGB XII die Anrechnungsreihenfolge. Einkommensteile, die bereits für eine Hilfe nach dem Fünften bis Neunten Kapitel herangezogen werden, dürfen für einen anderen, gleichzeitig bestehenden Bedarf – auch eines anderen Mitglieds der Einsatzgemeinschaft[601] – nicht berücksichtigt werden. Dasselbe gilt durch analoge Anwendung von § 89 SGB XII, wenn bei einmaligen Bedarfen das Einkommen mehrerer Monate berücksichtigt wird.[602] **281**

Treten Bedarfe gleichzeitig auf und ist nur ein Sozialhilfeträger betroffen, muss – abgesehen von Vorgaben, etwa aus § 88 Abs. 1 S. 1 oder 2 SGB XII – nicht bestimmt werden, auf welchen Bedarf welcher Teil des Einkommens anzurechnen ist.[603] Für die anderen Fälle trifft § 89 Abs. 2 SGB XII die Regelung, dass bei Zuständigkeit verschiedener Träger der Sozialhilfe **282**

- der Träger, der durch seine Leistungen den zeitlich zuerst eingetretenen Bedarf deckt, das vorrangige Zugriffsrecht auf das Einkommen hat; der Träger, der den später eingetretenen Bedarf deckt, darf dann nur noch das danach verbleibende Einkommen berücksichtigen und

- sofern die Bedarfe gleichzeitig auftreten, das Einkommen oberhalb der Einkommensgrenze zu gleichen Teilen aufzuteilen ist; analog dürfte dies für den Teil des unterhalb der Einkommensgrenze liegenden Teil des Einkommens gelten, soweit dieser nach § 88 Abs. 1 S. 1 Nr. 2 oder S. 2 SGB XII zu berücksichtigen ist.[604]

Ab 1.1.2020 bestimmt § 89 Abs. 2 S. 3 SGB XII, dass bei gleichzeitigem Bestehen von Bedarfen nach dem SGB XII und nach Teil 2 des SGB IX (Eingliederungshilfe) der über der Einkommensgrenze liegende Teil des Einkommens nur zur Hälfte zu berücksichtigen ist. Das soll die Leistungsberechtigten und die Einsatzgemeinschaft in die Lage versetzen, Beiträge zu den Leistungen nach dem SGB IX zu erbringen (hierzu ab → Rn. 302). **283**

---

600 Gutzler in: jurisPK-SGB XII § 88 Rn. 31.
601 Gutzler in: jurisPK-SGB XII § 89 Rn. 15.
602 Gutzler in: jurisPK-SGB XII § 89 Rn. 14.
603 Gutzler in: jurisPK-SGB XII § 89 Rn. 16.
604 Etwas anders Gutzler in: jurisPK-SGB XII Rn. 22.

VII. Vorrangige Leistungserbringung trotz (teilweise) vorhandenen Einkommens oder Vermögens

1. Überblick

284 In bestimmten Fällen sind die Leistungen der Sozialhilfe als sogenannte „unechte" oder „erweiterte" Hilfe auch dann zu erbringen, wenn die Leistungsberechtigten oder Einsatzpflichtigen über eigentlich zu berücksichtigendes Einkommen oder Vermögen verfügen, das sonst einem Leistungsanspruch – mindestens in diesem Umfang – im Wege gestanden hätte. In manchen dieser Fälle werden die Leistungen trotz vorhandener und eigentlich zu berücksichtigender Mittel vollständig oder teilweise endgültig ohne Rücksicht auf Einkommen oder Vermögen bestimmter Personen in der Einsatzgemeinschaft erbracht (→ Rn. 285), in anderen Fällen hingegen werden die Leistungen zwar (rechtlich endgültig und nicht nur vorläufig) erbracht, die Leistungsberechtigten oder Mitglieder der Einsatzgemeinschaft, die über die zu berücksichtigenden Mittel verfügen, müssen aber im Nachgang einen Kostenbeitrag aufbringen (Leistungserbringung nach dem Bruttoprinzip, → Rn. 287, 289 und 291). Schließlich werden Leistungen in bestimmten Fällen vollständig oder eingeschränkt auf bestimmte Teile von Leistungen ohne Rücksicht auf Einkommen oder Vermögen überhaupt erbracht (ab → Rn. 292).

2. Schwangere und betreuende leibliche Elternteile von Kindern bis zu sechs Jahren (§ 19 Abs. 4 SGB XII)

285 Um zu vermeiden, dass Schwangere und ihr leibliches Kind bis zu dessen vollendetem sechsten Lebensjahr betreuende Elternteile insbesondere von ihren Eltern oder anderen Personen mit Hilfe des Einkommens unter Druck gesetzt werden, das Kind abzutreiben oder in eine Adoption einzuwilligen, sieht § 19 Abs. 4 SGB XII für diese Fälle vor, dass das Einkommen der Eltern oder des Elternteils, bei dem die Schwangere oder der betreuende Elternteil des unter sechsjährigen Kindes lebt, nicht auf dessen Bedarf anzurechnen ist.

3. Brutto- statt Nettoprinzip in Sonderfällen

a) Überblick

286 Normalerweise werden die Leistungen der Sozialhilfe nach dem sogenannten Nettoprinzip erbracht, also nur in der Höhe, in der die Leistungsberechtigten und die Einsatzgemeinschaft ihr Einkommen und Vermögen nicht einsetzen müssen. In bestimmten Fällen hingegen wird die Leistung (zunächst) nach dem Bruttoprinzip erbracht, also ohne Rücksicht auf das zu berücksichtigende Einkommen und Vermögen. In der Regel wird der Nachrang nachträglich wieder hergestellt, indem die Einsatzpflichtigen zu Beiträgen herangezogen werden.

b) Allgemeine Erweiterte oder Unechte Sozialhilfe (§ 19 Abs. 5 SGB XII)

287 § 19 Abs. 5 SGB XII sieht vor, dass die Einsatzpflichtigen dem Träger der Sozialhilfe Aufwendungsersatz zu leisten haben, wenn Leistungen erbracht worden sind, obwohl den Einsatzpflichtigen die Aufbringung der Mittel aus dem Einkommen und Vermögen möglich oder zuzumuten gewesen wäre. Obwohl hierfür keine geschriebene Anspruchsgrundlage besteht (vgl. zur Notwendigkeit einer solchen § 31 SGB I) lässt sich im Umkehrschluss aus § 19 Abs. 5 SGB XII ableiten, dass in bestimmten Fällen eine solche Erweiterte oder Unechte Sozialhilfe trotz fehlender Hilfebedürftigkeit möglich sein muss. Nach Rechtsprechung und Literatur sind die Voraussetzungen zur Erbringung erweiterter Hilfe insbesondere dann gegeben, wenn einerseits sofortige Hilfe geboten ist, andererseits ohne eine (volle) Kostenübernahme des Trägers der Sozialhilfe die sofortige Leistungsgewährung gefährdet wäre. Hierzu sind Fallgruppen anerkannt, in denen die

Voraussetzungen für eine Erweiterte oder Unechte Sozialhilfe vorliegen; in diesen Fallgruppen hat der Träger der Sozialhilfe Ermessen, ob er die Leistungen erbringt.[605] Liegt keiner dieser Fälle vor, darf – eben wegen § 31 SGB I – keine Erweiterte Hilfe erbracht werden.[606] Ist Erweiterte Hilfe erbracht worden, sind die Einsatzpflichtigen – mehrere als Gesamtschuldner*innen (§ 19 Abs. 5 S. 2 SGB XII) – zum Aufwendungsersatz verpflichtet.

Die anerkannten Fallgruppen sind[607]:

288

- Ein/e zur Leistung verpflichtete/r Dritte/r – zB die unterhaltspflichtigen Eltern – verweigert die erforderliche Leistung;

- ein Krankenhaus- oder Heimträger weigert sich, Leistungen an den/die Hilfebedürftige/n ohne volle Kostenübernahme durch den Träger der Sozialhilfe zu erbringen;

- die Einkommens- und Vermögensverhältnisse sind ungeklärt und es kann dem/der Leistungsberechtigten nicht zugemutet werden, bis zum Abschluss der Ermittlungen auf die Leistung zu verzichten.

c) Hilfe zum Lebensunterhalt für einzelne Tätigkeiten (§ 27 Abs. 3 SGB XII)

Anders als § 19 Abs. 5 SGB XII sieht § 27 Abs. 3 SGB XII bis 31.12.2019 ausdrücklich eine Ermächtigung vor, Leistungen der Hilfe zum Lebensunterhalt auch an Personen zu erbringen, die zwar ihren notwendigen Lebensunterhalt aus eigenen Kräften und Mitteln bestreiten können, aber einzelne erforderliche Tätigkeiten nicht verrichten können. Zu diesen Tätigkeiten gehören etwa das Kochen, Putzen, Einkaufen und Ähnliches. Die Leistung muss von der Hilfe zur Weiterführung des Haushalts und der Hilfe zur Pflege abgegrenzt werden.[608] Zu den Leitungen kann ein angemessener Kostenbeitrag verlangt werden.

289

Ab 1.1.2020 wird § 27 Abs. 3 SGB XII in denselben Fällen wie bisher einen gebundenen Anspruch auf Leistungen enthalten, allerdings nur auf einen angemessenen Zuschuss zu den Aufwendungen. Als angemessen gelten Aufwendungen, die üblicherweise als Anerkennung für unentgeltlich geleistete Hilfen und Unterstützungen geleistet werden oder zur Abgeltung des entsprechenden Aufwandes geleistet werden – also eine Art Trinkgeld. Gleichzeitig wird die Leistung des § 27 Abs. 3 SGB XII durch den neuen § 27 Abs. 3 S. 3 SGB XII ausdrücklich für diejenigen ausgeschlossen, die einen Anspruch auf Assistenzleistungen nach § 78 SGB IX haben.

290

d) Bruttoprinzip bei der bis 2019 geltenden Eingliederungshilfe nach dem SGB XII (§ 92 Abs. 1 SGB XII [F:2019])

Für Leistungen der Eingliederungshilfe nach dem SGB XII ordnet § 92 Abs. 1 SGB XII (F:2019) noch bis 31.12.2019 an, dass

291

- stationäre Leistungen,

- Leistungen in einer Tageseinrichtung,

- ärztliche oder

- ärztlich verordnete Maßnahmen

auch dann in vollem Umfang zu erbringen sind, wenn den Leistungsberechtigten oder der Einsatzgemeinschaft die Aufbringung der Mittel für die Leistungen (nicht: für die ganzen Leistungen) aus dem Einkommen oder Vermögen zuzumuten ist. Die Leistungen

---

605 Schoch in: LPK-SGB XII § 19 Rn. 21. S. auch → Kap. 10 Rn. 26 f.
606 Schoch in: LPK-SGB XII § 19 Rn. 23; Grube in: Grube/Wahrendorf SGB XII § 19 Rn. 19 f.
607 Nachweise hierzu bei SG Hamburg 25.6.2007 – S 56 SOO 440/06, juris Rn. 30 und SG Karlsruhe 29.1.2009 – S 4 SO 5201/07, juris Rn. 37 sowie Schoch in: LPK-SGB XII § 19 Rn. 22.
608 Hierzu Schoch in: LPK-SGB XII § 27 Rn. 48–56.

sind nach dieser Vorschrift zunächst in voller Höhe zu erbringen. Die Einsatzpflichtigen müssen aber dann nach § 92 Abs. 1 S. 2 SGB XII (F:2019) in Höhe des Teils, in dem ihnen die Aufbringung der Mittel zuzumuten ist, einen Beitrag erbringen.

4. Einschränkung der Einkommens- und Vermögensanrechnung bei Leistungsberechtigten der Eingliederungshilfe (§§ 92 Abs. 2 und 3, 92 a SGB XII [F:bis 2019], § 92 SGB XII [F:2020]) und außerhalb von Wohnungen (§ 92 SGB XII [F:2020])

a) Rechtslage bis 31.12.2019

292 §§ 92 Abs. 2 und 3 und 92 a SGB XII in der bis 31.12.2019 geltenden Fassung schränken die Heranziehung von Einkommen und Vermögen für die im SGB XII geregelten Leistungen der Eingliederungshilfe für behinderte Menschen dadurch weiter ein, dass die Leistungsberechtigten und teilweise die Einsatzgemeinschaft nur für einen Teil der Bedarfe überhaupt Einkommen oder Vermögen einsetzen muss. Diese Leistungen werden also letztlich ohne Berücksichtigung von Einkommen oder Vermögen erbracht.

293 Das betrifft zum einen die in § 92 Abs. 2 S. 1 SGB XII genannten Leistungen. Werden diese Leistungen bezogen, müssen die Leistungsberechtigten selbst und die Einsatzpflichtigen – nicht aber Dritte, die aus anderen Gründen als aus Unterhaltsrecht zur Erbringung dieser Leistungen verpflichtet sind (§ 92 Abs. 3 SGB XII [F:2019])[609] – nicht alle sonst für die gesamten Leistungen einzusetzenden Mittel einsetzen, sondern nur das Einkommen (§ 92 Abs. 2 S. 2 SGB XII), und auch dieses nur für den Lebensunterhalt, also nur für den (ausnahmsweise) in der der Hilfe nach dem Fünften bis Neunten Kapitel enthaltenen Lebensunterhaltsanteil oder für die parallel erbrachten Leistungen für den Lebensunterhalt nach dem Dritten und Vierten Kapitel.

294 Werden (diese und andere Eingliederungshilfe-) Leistungen in einer stationären oder teilstationären Einrichtung erbracht, ist bis 31.12.2019 nach § 92 a Abs. 1 SGB XII (F:2019) zudem die Einsatzpflicht weiter beschränkt: Es wird rechnerisch so getan, als bestehe der Bedarf nur aus der häuslichen Ersparnis, also dem, was die Leistungsberechtigten dadurch tatsächlich[610] ersparen, dass sie die Leistungen nicht zu Hause in Anspruch nehmen. Isst beispielsweise ein behinderter Mensch nicht in der WfbM, hat er auch keine häusliche Ersparnis. Diese Beschränkung auf die häusliche Ersparnis gilt nach § 92 a Abs. 2 SGB XII (F:2019) nur dann nicht, wenn die Leistungsberechtigten voraussichtlich auf längere Zeit Leistungen in einer stationären Einrichtung benötigen; dann soll darüber hinaus die Aufbringung der Mittel in angemessenem Umfang verlangt werden, wobei die bisherige Lebenssituation des/der im Haushalt verbliebenen Partners/Partnerin und minderjährigen Kinder Rechnung zu tragen ist. Wegen des in § 92 a Abs. 4 SGB XII (F:2019) angeordneten Vorrangs von § 92 Abs. 2 SGB XII (F:2019) vor § 92 a Abs. 2 SGB XII (F:2019) greift diese Gegenausnahme wiederum nicht für die Leistungen, die in § 92 Abs. 2 S. 1 Nr. 1–6 SGB XII (F:2019) genannt sind (§ 92 Abs. 2 S. 3 SGB XII [F:2019]); bei diesen hat sich die Einsatzgemeinschaft also niemals an mehr als an der häuslichen Ersparnis zu beteiligen.

295 Diese privilegierten Leistungen sind

1. heilpädagogische Maßnahmen für Kinder, die noch nicht eingeschult sind,

2. Hilfe zu einer angemessenen Schulbildung einschließlich der Vorbereitung hierzu,

3. Hilfe, die dem behinderten noch nicht eingeschulten Menschen die für ihn erreichbare Teilnahme am Leben in der Gemeinschaft ermöglichen soll,

---

609 Hierzu Bieritz-Harder in: LPK-SGB XII § 92 Rn. 21–24.
610 Behrend in: jurisPK-SGB XII § 92 Rn. 64.

4. Hilfe zur schulischen Ausbildung für einen angemessenen Beruf oder zur Ausbildung für eine sonstige angemessene Tätigkeit in besonderen Einrichtungen für behinderte Menschen,

5. Leistungen zur medizinischen Rehabilitation,

6. Leistungen zur Teilhabe am Arbeitsleben,

7. Leistungen in anerkannten WfbM und ähnliche Leistungen (Geltung von § 92 a Abs. 2 SGB XII!) und

8. in besonderen teilstationären Einrichtungen für behinderte Menschen erbrachte Hilfen zum Erwerb praktischer Kenntnisse und Fähigkeiten, die erforderlich und geeignet sind, behinderten Menschen die für sie erreichbare Teilhabe am Arbeitsleben zu ermöglichen (Geltung von § 92 a Abs. 2 SGB XII!).

b) Rechtslage ab 1.1.2020

Da ab 1.1.2020 die Eingliederungshilfe in Teil 2 des SGB IX verlagert wird, ändern sich **296** auch die Privilegierungsvorschriften. Der ab 1.1.2020 geltende § 92 Abs. 1 S. 1 SGB XII (F:2020) sieht vor, dass für Personen,

- die nicht in einer Wohnung im Sinne von § 42 a Abs. 2 S. 2 SGB XII (F:2020) leben oder

- die Leistungen für ärztliche oder ärztlich verordnete Maßnahmen erhalten

die Aufbringung der Mittel nur insoweit verlangt werden kann, als Aufwendungen für den häuslichen Lebensunterhalt erspart werden. Hier liegt also eine Kombination aus den bisherigen § 92 a Abs. 1 und § 92 Abs. 1 SGB XII (F:2019) vor.

Bedarf die Person jedoch auf voraussichtlich längere Zeit Leistungen in einer stationä- **297** ren Einrichtung, soll darüber hinaus die Aufbringung der Mittel aus dem gemeinsamen Einkommen der leistungsberechtigten Person und ihres nicht getrennt lebenden Ehegatten oder Lebenspartners verlangt werden (§ 92 Abs. 2 S. 1 SGB XII [F:2020]), wobei der bisherigen Lebenssituation des/der im Haushalt verbliebenen Partners/Partnerin und der Kinder Rechnung zu tragen ist (§ 92 Abs. 2 S. 2 SGB XII [F:2020]). Diese Vorschriften entsprechen den bisherigen § 92 a Abs. 2 und 3 SGB XII (F:2019).

Von dieser weitergehenden Heranziehung sind zwei Gruppen von Leistungsberechtigten **298** privilegiert ausgenommen:

- Nach § 92 Abs. 1 S. 2 SGB XII (F:2020) findet § 92 Abs. 2 SGB XII (F:2020) für **299** Leistungsberechtigte nach § 27 c Abs. 1 SGB XII (F:2020) und ihre Einsatzgemeinschaft keine Anwendung; zudem sind die Leistungen ganz ohne Berücksichtigung von Vermögen zu erbringen. Leistungen nach § 27 c Abs. 1 SGB XII (F:2020) erhalten zwei Gruppen von Menschen: Minderjährige und Personen, die zwar volljährig sind, für die aber § 134 Abs. 4 SGB IX (F:2020) anwendbar ist, weil sie Leistungen der schulischen Ausbildung für einen Beruf nach § 112 Abs. 1 Nr. 2 SGB IX (F:2020) in besonderen Ausbildungsstätten für Menschen mit Behinderungen über Tag und Nacht erhalten.

- Noch privilegierter sind Personen, die Leistungen nach § 138 Abs. 1 Nr. 3 oder 6 **300** SGB IX (F:2020) erhalten und einer Erwerbstätigkeit nachgehen: Nicht nur findet nach § 92 Abs. 1 S. 3 SGB XII (F:2020) § 92 Abs. 2 SGB XII (F:2020) keine Anwendung und muss kein Vermögen aufgewandt werden, sondern diese Personen müssen ihr Einkommen aus Erwerbstätigkeit nur dann aufwenden, soweit es das Doppelte der Regelbedarfsstufe 1 übersteigt. Dies sind Personen, die Leistungen im Arbeitsbereich anerkannter WfbM, bei anderen Leistungsanbietern oder bei öffentlichen oder privaten Arbeitgebern erhalten (§ 111 Abs. 1 SGB IX [F:2020]) oder die Leistungen zum Erwerb und Erhalt praktischer Kenntnisse und Fähigkeiten im Sinne der Sozialen Teilhabe erhalten, soweit diese der Vorbereitung auf die Teilhabe am Arbeitsleben dienen, also insbesondere in einer Förder- und Betreuungsgruppe nach § 219 Abs. 3 SGB IX.

301 Wie bisher stellt § 92 Abs. 3 SGB XII (F:2020) klar, dass diese Privilegierung mit Ausnahme von Unterhaltspflichtigen nicht Dritten zugutekommt, die die entsprechenden Leistungen zu erbringen haben.

D. Überblick zum Einkommenseinsatz nach dem SGB IX (F:2020)

I. Einleitung

302 Das neue Eingliederungshilferecht im SGB IX kennt abweichend von den allgemeinen Existenzsicherungssystemen des SGB II und SGB XII eine andere Art der Einkommens- (und Vermögens-) -Berücksichtigung: Anders als im SGB II und im SGB XII hängt der Anspruch auf die Leistungen dem Grunde nach nicht davon ab, ob der Bedarf durch das zu berücksichtigende Einkommen oder Vermögen gedeckt ist. Vielmehr haben die Leistungsberechtigten und die anderen Einsatzpflichtigen gemäß § 92 SGB IX (F:2020) grundsätzlich – Ausnahmen für bestimmte Leistungen enthält § 138 Abs. 1 SGB IX (F:2020) – einen Beitrag zu den Leistungen der Eingliederungshilfe nach den Regeln des Kapitels 9 Teil 2 SGB IX zu erbringen. Dabei gilt zwar kein echtes Bruttoprinzip wie unter dem bisherigen § 92 Abs. 1 SGB XII, denn nach § 137 Abs. 3 SGB IX (F:2020) ist der Beitrag von der zu erbringenden Leistung abzuziehen. Das ändert jedoch nichts an der rechtlichen Unabhängigkeit des Leistungsanspruchs von der Beitragsfestsetzung. Das kann man auch aus § 137 Abs. 4 SGB IX (F:2020) ableiten: Hiernach ist dann, wenn nicht die leistungsberechtigte Person, sondern Dritte einen Beitrag aufzubringen haben, dies jedoch nicht tun und dadurch die Durchführung der Maßnahme der Eingliederungshilfeleistung gefährdet ist, die Leistung ohne Abzug des Beitrags zu erbringen; § 137 Abs. 4 S. 2 SGB IX (F:2020) enthält für diesen Fall eine Ersatzpflicht der Einsatzpflichtigen.

II. Einkommensbegriff (§ 135 SGB IX [F:2020])

303 Das SGB IX (F:2020) nimmt bei der Berücksichtigung des Einkommens in mehrfacher Hinsicht einen vollständigen **Paradigmenwechsel** vor. Das betrifft einmal den Zeitraum, in dem das Einkommen erzielt worden sein muss, zum anderen die Berechnungsmethode.

304 Maßgeblich ist nicht mehr das Einkommen, das im Bedarfszeitraum erzielt wird, sondern grundsätzlich das Einkommen des Vorvorjahres (§ 135 Abs. 1 SGB IX [F:2020]). Nur bei wesentlichen Abweichungen sind nach § 135 Abs. 2 SGB IX (F:2020) die voraussichtlichen Jahreseinnahmen des laufenden Jahres zu ermitteln und zugrunde zu legen.

305 Auch in der Berechnungsmethode unterscheidet sich das SGB IX (F:2020) vollkommen von SGB II und SGB XII. Während diese Systeme eigenständige Berechnungsmethoden aufstellen – Bruttoeinnahmen mit Ausnahme bestimmter, nicht zu berücksichtigender Einnahmen, abzüglich Absetzungen – bezieht sich § 135 Abs. 1 SGB IX (F:2020) auf das Einkommensteuerrecht: Maßgeblich ist die Summe der Einkünfte des Vorvorjahres im Sinne des EStG. Nur bei Renteneinkünften kommt es auf die gesamte Bruttorente des Vorvorjahres an, unabhängig davon, wie viel davon steuerrechtlich zu den Einkünften zählt. Summe der Einkünfte ist dabei die Summe der Einkünfte aller sieben nach § 2 Abs. 1 EStG der Einkommensteuer unterliegenden Einkunftsarten (Einkünfte aus

1. Land- und Forstwirtschaft, 2. Gewerbebetrieb, 3. selbstständiger Arbeit, 4. nicht-selbstständiger Arbeit, 5. Kapitalvermögen, 6. Vermietung und Verpachtung und 7. sonstige Einkünfte im Sinne von § 22 EStG), also jeweils die Bruttobeträge.

III. Beitragshöhe (§§ 136, 137 SGB IX [F:2020])

1. Beitragsfreie Leistungen (§ 138 Abs. 1 SGB IX [F:2020])

Für bestimmte Leistungen der Eingliederungshilfe und im Fall des parallelen Bezugs bestimmter Sozialleistungen ist gemäß § 138 Abs. 1 SGB IX (F:2020) kein Beitrag aufzubringen, und zwar weder aus dem Einkommen noch aus dem Vermögen (vgl. § 140 Abs. 3 SGB IX [F:2020]). Die beitragsfreien Leistungen entsprechen im Wesentlichen denjenigen Leistungen der Eingliederungshilfe, bei denen nach bisherigem Recht der Einsatz von Einkommen und Vermögen nicht (beziehungsweise nur für die gegebenenfalls darin enthaltenen Kosten des Lebensunterhalts) zuzumuten war (§ 92 Abs. 2 SGB XII). Beitragsfrei sind folgende Leistungen: **306**

1. Heilpädagogische Leistungen nach § 113 Abs. 2 Nr. 3 SGB IX (F:2020), also im Rahmen der Sozialen Teilhabe (§ 138 Abs. 1 Nr. 1 SGB IX [F:2020]),[611]

2. Leistungen zur medizinischen Rehabilitation nach § 109 SGB IX; diese umfassen unter anderem auch die Reise-, Haushaltshilfe- und Kinderbetreuungskosten nach § 64 Abs. 1 Nr. 5 und 6 SGB IX (§ 138 Abs. 1 Nr. 2 SGB IX [F:2020]),[612]

3. Leistungen zur Teilhabe am Arbeitsleben nach § 111 Abs. 1 SGB IX, also Leistungen im Arbeitsbereich von WfbM und parallele Leistungen (§ 138 Abs. 1 Nr. 3 SGB IX [F:2020]),[613]

4. Leistungen zur Teilhabe an Bildung nach § 112 Abs. 1 Nr. 1 SGB IX, also nur Hilfen zu einer Schulbildung, nicht jedoch Hilfen zur schulischen oder hochschulischen Ausbildung oder Weiterbildung für einen Beruf (§ 138 Abs. 1 Nr. 4 SGB IX [F:2020]),[614]

5. Leistungen zur schulischen oder hochschulischen Ausbildung oder Weiterbildung für einen Beruf, soweit diese in besonderen Ausbildungsstätten über Tag und Nacht für Menschen mit Behinderungen erbracht werden (§ 138 Abs. 1 Nr. 5 SGB IX [F:2020]),[615]

6. Leistungen zum Erwerb und Erhalt praktischer Kenntnisse und Fähigkeiten nach § 113 Abs. 2 Nr. 5, soweit diese der Vorbereitung auf die Teilhabe am Arbeitsleben nach § 111 Abs. 1 dienen, also insbesondere Leistungen in Förder- und Betreuungsgruppen nach § 219 Abs. 3 SGB IX (§ 138 Abs. 1 Nr. 6 SGB IX [F:2020]),[616]

7. Leistungen nach § 113 Abs. 1 SGB IX (also Leistungen zur Sozialen Teilhabe), die noch nicht eingeschulten leistungsberechtigten Personen die für sie erreichbare Teilnahme am Leben in der Gemeinschaft ermöglichen sollen (§ 138 Abs. 1 Nr. 7 SGB IX [F:2020]).[617]

Darüber hinaus sind für Eingliederungshilfeleistungen keine Beiträge aufzubringen, wenn gleichzeitig Leistungen zur Sicherung des Lebensunterhalts nach SGB II, SGB XII oder der Kriegsopferfürsorge (§ 27 a BVG) erbracht werden (§ 138 Abs. 1 Nr. 8 SGB IX **307**

611 Bis 31.12.2019: § 92 Abs. 2 S. 1 Nr. 1 SGB XII; vgl. BT-Drs. 18/9522, 303.
612 Bis 31.12.2019: § 92 Abs. 2 S. 1 Nr. 5 SGB XII; vgl. BT-Drs. 18/9522, 303.
613 Bis 31.12.2019: § 92 Abs. 2 S. 1 Nr. 6 und 7 SGB XII; vgl. BT-Drs. 18/9522, 303.
614 Bis 31.12.2019: § 92 Abs. 2 S. 1 Nr. 2 SGB XII; vgl. BT-Drs. 18/9522, 303.
615 Ähnlich bis 31.12.2019: § 92 Abs. 2 S. 1 Nr. 4 SGB XII; vgl. BT-Drs. 18/9522, 303.
616 Bis 31.12.2019: § 92 Abs. 2 S. 1 Nr. 8 SGB XII; vgl. BT-Drs. 18/9522, 303.
617 Bis 31.12.2019: § 92 Abs. 2 S. 1 Nr. 3 SGB XII; vgl. BT-Drs. 18/9522, 303.

[F:2020]). Dadurch soll sichergestellt werden, dass der laufende Lebensunterhalt nicht durch Beiträge gefährdet würde.[618]

2. Beitragspflicht bei Überschreitung von Einkommensgrenzen (§ 136 SGB IX [F:2020])

308 Zu den verbleibenden beitragspflichtigen Leistungen ist aus dem nach § 135 SGB IX (F:2020) bestimmten Einkommen nach § 136 Abs. 1 SGB IX (F:2020) dann ein Beitrag aufzubringen, wenn dieses Einkommen bestimmte Grenzen übersteigt. Diese Grenzen berechnen sich als Prozentsätze der jährlichen Bezugsgröße nach § 18 SGB IV. Die Höhe dieser Prozentsätze hängt zum einen davon ab, aus welcher Art von Tätigkeit das Einkommen überwiegend erzielt worden ist (§ 136 Abs. 2 SGB IX [F:2020]). Zum anderen werden die Prozentsätze erhöht, wenn der/die Einsatzpflichtige verheiratet oder verpartnert ist oder in einer eheähnlichen Lebensgemeinschaft lebt, wenn unterhaltsberechtigte Kinder im Haushalt leben oder wenn es um Leistungen an Minderjährige geht.

309 Ist das Einkommen überwiegend aus einer sozialversicherungspflichtigen oder selbstständigen Tätigkeit erzielt worden, beträgt die Einkommensgrenze 85 % der jährlichen Bezugsgröße. Stammt das Einkommen überwiegend aus einer nicht sozialversicherungspflichtigen Tätigkeit, beträgt die Einkommensgrenze 75 % der jährlichen Bezugsgröße. Bei überwiegendem Renteneinkommen beträgt die Einkommensgrenze hingegen 60 % der jährlichen Bezugsgröße (§ 136 Abs. 2 SGB IX [F:2020]). Hintergrund dieser unterschiedlich hohen Einkommensgrenzen ist die typischerweise jeweils unterschiedlich starke Belastung der entsprechenden Einsatzpflichtigen durch Sozialversicherungsbeiträge.

310 Die Einkommensgrenze erhöht sich für nicht dauernd getrennt lebende Verheiratete, Verpartnerte und für Personen in einer eheähnlichen Lebensgemeinschaft um 15 % der jährlichen Bezugsgröße. Für jedes unterhaltsberechtigte haushaltsangehörige Kind erhöht sie sich nochmals um 10 % (§ 136 Abs. 3 SGB IX [F:2020]). Dies gilt allerdings dann nicht, wenn der/die Ehegatt*in, Lebenspartner*in oder eheähnliche Lebensgefährt*in selbst Einkommen hat, das die – nicht erhöhte – Einkommensgrenze nach § 136 Abs. 2 SGB IX (F:2020) übersteigt: In diesem Fall erhöht sich die Einkommensgrenze nur für jedes unterhaltsberechtigte haushaltsangehörige Kind um 5 % (§ 136 Abs. 4 SGB IX [F:2020]). Diese Erhöhungen gelten auch nicht, wenn es um Beiträge zu Leistungen an Minderjährige geht, die im Haushalt der Eltern leben: In diesen Fällen erhöht sich der Prozentsatz für jede leistungsberechtigte Person um 75 % (§ 136 Abs. 5 SGB IX [F:2020]).

3. Bestimmung der Beitragshöhe (§ 137 Abs. 2 SGB IX [F:2020])

311 Wird die so bestimmte Einkommensgrenze überschritten, ist nach § 137 Abs. 2 S. 1 SGB IX (F:2020) monatlich (also für jeden Kalendermonat der Leistungserbringung) ein Beitrag in Höhe von 2 % des Überschreitungsbetrages, abgerundet auf volle 10 EUR (§ 137 Abs. 2 S. 2 SGB IX %F:2020]) aufzubringen.

312 Der so errechnete Beitrag ist dann von der zu erbringenden Leistung abzuziehen (§ 137 Abs. 3 SGB IX [F:2020]).

313 Sonderfälle der Beitragsbestimmung enthält § 138 SGB IX (F:2020):

314 So ist, wenn bereits für eine Leistung ein Beitrag aufzubringen ist, für weitere Leistungen an die leistungsberechtigte Person oder für weitere Leistungen an minderjährige Kinder im gleichen Haushalt kein weiterer Beitrag aufzubringen (§ 138 Abs. 2 SGB IX [F:2020]).

---

618 BT-Drs. 18/9522, 303

Bei einmaligen Leistungen zur Beschaffung von Bedarfsgegenständen, deren Gebrauch **315** für mindestens ein Jahr bestimmt ist, ist höchstens das Vierfache des monatlichen Beitrages einmalig aufzubringen (§ 138 Abs. 3 SGB IX [F:2020]).

Und schließlich haben – als Sonderfall – Eltern beziehungsweise Elternteile volljähriger **316** Leistungsberechtigter unabhängig von ihrem Einkommen stets einen Beitrag in Höhe von monatlich 32,08 EUR (beziehungsweise den entsprechend den Kindergelderhöhungen erhöhten Betrag) zu erbringen (§ 138 Abs. 4 SGB IX [F:2020]).

IV. Verhältnis zur Einkommensanrechnung nach dem SGB XII (§§ 138, 142 SGB IX [F:2020], §§ 27 c, 30 Abs. 8, 42b SGB XII [F:2020])

1. Überblick

Leistungen der Eingliederungshilfe nach dem SGB IX beinhalten grundsätzlich keine **317** Leistungen für den Lebensunterhalt. Deshalb sind grundsätzlich keine Vorschriften für die Abgrenzung der Einkommensanrechnung auf die einen oder die anderen Leistungen erforderlich, zumal § 138 Abs. 1 Nr. 8 SGB IX (F:2020) die Leistungen der Eingliederungshilfe, die gleichzeitig mit Leistungen zur Sicherung des Lebensunterhalts erbracht werden, vollständig beitragsfrei stellt.

Von dieser Trennung bestehen jedoch drei Ausnahmen: Zum einen umfassen Leistungen **318** für minderjährige Leistungsberechtigte auch Leistungen für Unterkunft und Verpflegung (vgl. § 134 Abs. 1–3 SGB IX [F:2020]). Dies gilt zum zweiten auch für von Volljährigen bezogene Leistungen zur Schulbildung nach § 112 Abs. 1 Nr. 1 SGB IX (F:2020) und für Leistungen zur schulischen Ausbildung für einen Beruf nach § 112 Abs. 1 Nr. 2 SGB IX (F:2020), soweit diese Leistungen in besonderen Ausbildungsstätten über Tag und Nacht für Menschen mit Behinderungen erbracht werden (vgl. § 134 SGB IX). Zum dritten gehören nach § 113 Abs. 4 SGB IX (F:2020) auch die erforderliche sächliche Ausstattung, die personelle Ausstattung und die betriebsnotwendigen Anlagen des Leistungserbringers zur Ermöglichung einer gemeinschaftlichen Mittagsverpflegung in einer WfbM als Leistungen der Sozialen Teilhabe zu den Leistungen der Eingliederungshilfe.

2. Gemeinschaftliche Mittagsverpflegung in WfbM

Am wenigsten kompliziert ist das Verhältnis von Leistungen nach dem SGB IX zu denen **319** des SGB XII bei der gemeinschaftlichen Mittagsverpflegung in WfbM. Zwar gehört die Grundausstattung der WfbM zur Organisation einer gemeinsamen Mittagsverpflegung durch die Leistungsträger über § 113 Abs. 4 SGB IX (F:2020) zu den Leistungen zur Sozialen Teilhabe. Das Mittagessen selbst und der Energieaufwand für das Kochen und Spülen gehört jedoch nicht zu den Leistungen der Eingliederungshilfe. Diese Aufwendungen tragen vielmehr die Leistungsberechtigten selbst. Für Leistungsberechtigte, die hilfebedürftig im Sinne des SGB XII sind, sehen daher § 30 Abs. 8 SGB XII und 42 b Abs. 2 SGB XII (F:2020) Mehrbedarfe vor. Diese Mehrbedarfe sind pauschaliert: Als Mehrbedarf wird der Wert der erbrachten Mittagessen anerkannt, der sich nach der Sachbezugsverordnung errechnet, allerdings abzüglich des Eigenbeitrages nach § 9 Abs. 3 RBEG. Damit ergibt sich derzeit (2019/20) ein Mehrbedarf von 2,23 EUR pro Arbeitstag, an dem das Mittagessen in der WfbM eingenommen wird. Auf diesen Mehrbedarf wird dann nach allgemeinen Regeln des SGB XII Einkommen und Vermögen angerechnet.

3. Leistungen an Minderjährige sowie Hilfen zur schulischen Ausbildung für einen Beruf über Tag und Nacht

320 Anders als im Allgemeinen enthalten die Leistungen nach dem SGB IX (F:2020) an Minderjährige und an volljährige Personen, die Leistungen zur Schulbildung nach § 112 Abs. 1 Nr. 1 oder Leistungen zur schulischen Ausbildung für einen Beruf nach § 112 Abs. 1 Nr. 2 SGB IX (F:2020) erhalten, auch Leistungen für den Lebensunterhalt. Das ergibt sich aus § 134 SGB IX, der für die Vergütungsvereinbarungen in diesen Fällen vorsieht, dass auch eine Grundpauschale für Unterkunft und Verpflegung mit in die Vergütungsvereinbarung aufzunehmen ist.

321 Gemäß § 142 Abs. 1 SGB IX (F:2020) ist Minderjährigen und ihren Eltern bei Bezug von Leistungen nach § 138 Abs. 1 Nr. 1, 2, 4, 5 und 7 SGB IX (F:2020) nur die Aufbringung der Mittel für die Kosten des Lebensunterhalts und nur in Höhe der häuslichen Ersparnis zu erbringen. Diese Vorschrift steht scheinbar im Widerspruch zu § 138 Abs. 1 SGB IX (F:2020), wonach zu diesen Leistungen keinerlei Beitrag aufzubringen ist. Sie ist daher nur in Zusammensicht mit § 27 c SGB XII (F:2020) verständlich: Nach dieser Vorschrift bestimmt sich der notwendige Lebensunterhalt unter anderem für minderjährige Leistungsberechtigte außerhalb von Wohnungen, die Leistungen nach Teil 2 des SGB IX über Tag und Nacht erhalten. Bei der Bestimmung dieses Bedarfs ist die nach § 142 Abs. 1 SGB IX (F:2020) aufzubringende häusliche Ersparnis bereits fiktiv vom Bedarf abzusetzen. Dies wird flankiert durch die Privilegierungsvorschrift in § 92 Abs. 1 S. 2 SGB XII (F:2020).

322 Ähnliches gilt für Volljährige, für die § 134 Abs. 4 SGB IX gilt, die also Leistungen zur Schulbildung oder zur schulischen Ausbildung für einen Beruf über Tag und Nacht in Ausbildungsstätten für Menschen mit Behinderungen erhalten. Hier errechnet sich der Bedarf nach § 27 c SGB XII (F:2020) unter Abzug des pauschalierten Unterhaltsanteils, den Eltern volljähriger Kinder gemäß § 142 Abs. 3 SGB IX (F:2020) erbringen müssen. Dies wird flankiert durch die Privilegierungsvorschrift in § 92 Abs. 1 S. 2 SGB XII (F:2020).

323 Bei Leistungsberechtigten nach § 138 Abs. 1 Nr. 3 und 6 SGB IX (F:2020) erfolgt die Privilegierung über § 92 Abs. 1 S. 3 SGB XII (F:2020), auch wenn die Leistungen an Minderjährige erbracht werden.

Kapitel 21: Einsatz von Vermögen in SGB II, SGB XII und SGB IX

Literaturhinweise: Deutscher Verein, Empfehlungen des Deutschen Vereins für den Einsatz von Einkommen und Vermögen in der Sozialhilfe (DV 25/15 vom 15.12.2015); Geiger, Vermögensschutz durch Minijob?, info also 2013, 104–106; Gotzen, Grabpflege- und Bestattungsvorsorgeverträge im SGB XII, ZfF 2014, 223–228; Griep, SGB XII Schonbeträge, Sozialrecht aktuell 2017, 128–130; Hoffmann, Schmerzensgeld und Beschädigtengrundrente als Einkommen bzw. Vermögen bei Bezug von Sozialleistungen durch junge Volljährige, JAmt 2015, 421–426.

Rechtsgrundlagen:

SGB II § 12

Verordnung zur Berechnung von Einkommen sowie zur Nichtberücksichtigung von Einkommen und Vermögen beim Arbeitslosengeld II/Sozialgeld (Alg II-V)

SGB XII §§ 90, 91

BarBetrV (Verordnung zur Durchführung des § 90 Abs. 2 Nr. 9 SGB XII)

SGB IX §§ 139, 140

Orientierungssätze:

1. Zum Vermögen im Sinne des SGB II und SGB XII gehören Geld und Geldeswerte (soweit sie nicht Einkommen darstellen), sonstige bewegliche und unbewegliche Sachen, Forderungen jeder Art und sonstige Rechte.

2. Der Leistungsträger kann nur den Einsatz verwertbaren Vermögens verlangen. Vermögen, das aus tatsächlichen oder rechtlichen Gründen und in angemessener Zeit nicht verwertet werden kann, ist nicht zu berücksichtigen. Fiktives Vermögen kann nicht angerechnet werden.

3. Existenzsichernde Leistungen dürfen nicht vom Einsatz des durch Freibeträge oder Verschonung gesetzlich geschützten Vermögens abhängig gemacht werden. Vermögen ist auch geschützt, wenn dessen Verwertung offensichtlich unwirtschaftlich ist oder für den Hilfebedürftigen eine Härte (im SGB II: eine besondere Härte) bedeuten würde.

4. Ist der sofortige Verbrauch oder die sofortige Verwertung des Vermögens nicht möglich oder würde dies eine (besondere) Härte bedeuten, kommt die Erbringung einer Hilfe als Darlehen in Betracht.

5. In der ab 2020 geltenden Eingliederungshilfe nach dem SGB IX besteht ein anderes, aber dem SGB XII angenähertes System der Vermögensanrechnung.

A. Einleitung

I. Allgemeines

Wer Leistungen nach dem SGB II erhalten will, muss nach § 7 Abs. 1 S. 1 Nr. 3 SGB II **1** hilfebedürftig sein. Hilfebedürftigkeit besteht gem. § 9 Abs. 1 SGB II unter anderem dann, wenn der Lebensunterhalt nicht aus dem zu berücksichtigenden Vermögen gesichert werden kann. Diese Bestimmungen belegen ebenso wie § 3 Abs. 3 SGB II, dass die Leistungen nach dem SGB II nur subsidiär zu erbringen sind. Ähnliches gilt für die Sozialhilfe (SGB XII) nach § 2 Abs. 1 SGB XII. Wegen weiterer Einzelheiten zu dem Nachranggrundsatz und zur Selbsthilfeverpflichtung wird auf die Ausführungen zu Kapitel 11 und zu Kapitel 20 Teil A I. verwiesen.

Die bedarfsmindernde Berücksichtigung von Vermögen ist sowohl im Recht der Grund- **2** sicherung als auch im Sozialhilferecht von der bedarfsmindernden Anrechnung von Einkommen streng zu unterscheiden, weil sowohl im SGB II als auch im SGB XII die Einbeziehung von Einkommen und Vermögen für die Bestimmung des existenzsichernden Bedarfs unterschiedlichen Regelungen folgt. Sowohl das SGB II als auch das SGB XII unterscheiden zwischen Einkommen und Vermögen, ohne die Begriffe und die Unterscheidung zu definieren.

Das BSG unterscheidet Einkommen und Vermögen nach der **modifizierten Zuflusstheo- 3 rie**, wonach Einkommen alles ist, was jemand als Zufluss in der Bedarfszeit wertmäßig dazu erhält, während Vermögen alles ist, was in der Bedarfszeit schon vorhanden ist.[1] Hinsichtlich der Einzelheiten der Abgrenzung wird auf → Kap. 20 Rn. 36 ff. verwiesen.

Vor der Feststellung, dass Vermögen grundsätzlich vorrangig einzusetzen ist, steht die **4** Fragestellung, welches Vermögen – neben dem eigenen – zu berücksichtigen oder von der Verwertung freigestellt (Schonvermögen) ist. Dazu gehört auch das **Vermögen anderer Person in der Bedarfsgemeinschaft im SGB II** bzw. **in der Einsatzgemeinschaft im SGB XII**. Im SGB II gelten dazu die Vorschriften der §§ 7 Abs. 3, 9 Abs. 1, Abs. 2 SGB II. Das SGB XII differenziert hinsichtlich der unterschiedlichen Hilfearten: Für die Hilfe zum Lebensunterhalt nach dem Dritten Kapitel des SGB XII gilt § 27 Abs. 1, Abs. 2 SGB XII, bei der Grundsicherung im Alter und bei Erwerbsminderung nach dem Vierten Kapitel des SGB XII ist auf §§ 43 Abs. 1, 19 Abs. 2 SGB XII abzustellen, bei den Leistungen nach dem Fünften bis Neunten Kapitel des SGB XII ist § 19 Abs. 3 SGB XII anzuwenden. In der ab 1.1.2020 im SGB IX geregelten Eingliederungshilfe richtet sich die Heranziehung Dritter schließlich nach §§ 136 Abs. 1, 138 Abs. 4 SGB IX (F:2020). Für die Einzelheiten wird auf → Kap. 20 Rn. 6–11 verwiesen.

Im Hinblick darauf, dass nicht nur der Einkommenseinsatz, sondern auch die Berück- **5** sichtigung bzw. Verschonung von Vermögen im SGB II und im SGB XII unterschiedlich

---

1 Vgl. BSG Urt. v. 24.5.2017 – B 14 AS 32/16 R, Rn. 21 mwN.

geregelt ist, stellt sich bei der Rechtsanwendung die Frage der **Harmonisierung**. Hinsichtlich der Einzelheiten ist auf → Kap. 20 Rn. 52 f. zu verweisen.

II. Vermögensbegriff

1. Allgemeines

6   Gem. § 12 Abs. 1 SGB II und in gleicher Weise gem. § 90 Abs. 1 SGB XII sind als Vermögen alle **verwertbaren Vermögensgegenstände** zu berücksichtigen. Eine weitergehende Definition findet sich in beiden Gesetzen nicht. Vermögen ist nach der Rechtsprechung die **Gesamtheit aller beweglichen und unbeweglichen Güter und Rechte in Geld oder Geldeswert einschließlich Forderungen und Ansprüchen gegen Dritte**.[2] Zur näheren Bestimmung dessen, was Vermögen sein kann, kann auf den Katalog des § 12 Abs. 3 SGB II verwiesen werden, in dem ua Hausrat, Kraftfahrzeuge und bebaute Grundstücke aufgeführt sind. Nach der Rechtsprechung gehören zum Vermögen[3] **körperliche Gegenstände** im Allein- oder Miteigentum[4] der hilfebedürftigen Person wie zB Kunstwerke,[5] eine Münzsammlung,[6] **Forderungen**, auch wenn sie erst künftig fällig werden,[7] wie zB eine Lebensversicherung,[8] Aktien und Fonds,[9] ein Pflichtteilsanspruch gem. § 2303 BGB,[10] ein Anspruch auf Darlehensrückzahlung[11] oder aus ungerechtfertigter Bereicherung.[12] Dazu kommt im SGB II auch die Berücksichtigung **geldwerter Ansprüche** als Vermögen in Betracht, weil sie – bis auf die Einnahmen in Geldeswert gem. § 11 Abs. 1 S. 2 SGB II – von der Einkommensanrechnung ausgenommen sind.[13]

7   Vermögen ist nur als die Summe der **aktiven Vermögenswerte** zu verstehen, wobei die Berücksichtigung von Verbindlichkeiten erst bei der Frage der Verwertbarkeit des Vermögens bzw. der Zumutbarkeit der Verwertung erfolgt.[14] Das BSG lehnt eine Saldierung der Aktiva und Passiva wegen der Subsidiarität der staatlichen Fürsorge ab, die erst eingreifen solle, wenn der Hilfebedürftige ihm zur Verfügung stehende Mittel verbraucht habe. Die Berücksichtigung von **Verbindlichkeiten** bei der Feststellung der vorhandenen Vermögenswerte sei allenfalls dann geboten, wenn eine Verbindlichkeit unmittelbar auf dem fraglichen Vermögensgegenstand laste, da der Vermögensgegenstand in diesem Fall nicht ohne Abzüge veräußert werden könne; dies sei zum Beispiel bei einer auf einem Grundstück eingetragenen Hypothek der Fall.[15] In den übrigen Fällen gilt aber der Grundsatz, dass die aus der Vermögensverwertung freiwerdenden Mittel in erster Linie zur Sicherung der eigenen Existenz und nicht zur Tilgung privater Schulden

---

2   BSG Urt. v. 18.3.2008 – B 8/9 b SO 9/06 R, Rn. 15.
3   Vgl. den Katalog bei Lange in: Eicher/Luik, SGB II, 4. Aufl., § 12 Rn. 18.
4   BSG Urt. v. 20.9.2012 – B 8 SO 13/11 R, Rn. 14 f.: Miteigentum an einer Eigentumswohnung in der Türkei.
5   BSG Urt. v. 23.11.2006 – B 11 b AS 3/05 R, Rn. 22 ff., SozR 4–4200 § 16 Nr. 1.
6   BSG Urt. v. 23.5.2012 – B 14 AS 100/11 R, Rn. 19 ff.
7   BSG Urt. v. 30.8.2010 – B 4 AS 70/09 R, Rn. 15.
8   BSG Urt. v. 10.8.2016 – B 14 AS 51/15 R, Rn. 16 ff.
9   ThürLSG Urt. v. 26.10.2016 – L 4 AS 407/15, Rn. 39.
10 BSG Urt. v. 6.5.2010 – B 14 AS 2/09 R, Rn. 14 (hier war der Pflichtteilsanspruch vor dem Leistungsbezug entstanden).
11 BayLSG Urt. v. 12.8.2013 – L 7 AS 233/13, Rn. 39.
12 LSG RhPf Urt. v. 31.5.2011 – L 3 AS 147/09 R, Rn. 27, FEVS 63, 330.
13 Vgl. BT-Drs. 18/8041, 32 für den Fall der Erbschaft von Sachen, wobei aber § 12 Abs. 3 SGB II zu beachten sei.
14 BSG Urt. v. 18.2.2010 – B 4 AS 28/09 R, Rn. 22.
15 BSG Urt. v. 11.12.2014 – B 4 AS 29/12 R, Rn. 31.

einzusetzen sind.[16] Dingliche Belastungen können aber den Verkehrswert des Vermögensgegenstands oder die Zumutbarkeit der Verwertung beeinflussen.[17]

Von der antragstellenden Person durch ein **Delikt oder durch eine Straftat** (also insbesondere durch Diebstahl oder Unterschlagung) **erlangte Gegenstände** sind kein Vermögen, weil sie nicht in das Eigentum gelangt sind, sondern allenfalls einen fehlerhaften Besitz im Sinne des § 858 Abs. 2 S. 1 BGB begründen.[18] Dies gilt auch dann, wenn die antragstellende Person doch Eigentum erlangt hat, weil sie die Gegenstände an die berechtigte Person zurückzugeben hat.[19] Dies gilt auch dann, wenn sie mit den rechtswidrig erlangten Gegenständen andere Werte erworben hat, weil insoweit der Herausgabe- oder Schadensersatzanspruch des Geschädigten einer Verwertung des Vermögens entgegensteht.[20] Hat die antragstellende Person dagegen einen **Schadensersatzanspruch als Opfer eines Delikts oder einer Straftat** erlangt, ist dieser Schadensersatzanspruch nicht als weiteres Vermögen anzusehen, weil er nur den vor der Tat bestehenden Zustand wiederherstellen soll.[21]

8

2. Berücksichtigung nur tatsächlich vorhandener Vermögenswerte

a) Allgemeines

Nach § 12 Abs. 1 SGB II kommt nur die Berücksichtigung tatsächlich vorhandener Vermögenswerte, nicht dagegen **fiktiven Vermögens**, in Betracht. Bereits verbrauchtes Vermögen kann selbst dann nicht bedarfsmindernd angerechnet werden, wenn es absichtlich und zielgerichtet zur Herstellung einer Bedarfslage verschleudert wurde. Der Leistungsträger hat allerdings die Möglichkeit, mit Sanktionen gem. § 31 Abs. 2 Nr. 1, 2 SGB II (→ Kap. 23 Rn. 64 ff.) bzw. mit Ersatzansprüchen wegen eines sozialwidrigen Verhaltens gem. § 34 SGB II (→ Kap. 41 Rn. 4 ff.) zu reagieren. Probleme bereitet in der Praxis aber oft der Nachweis, dass das Vermögen tatsächlich verbraucht ist. Diesbezüglich hat die leistungsberechtigte Person die materielle Beweislast, wobei die Amtsermittlungspflicht der Leistungsträger und Gerichte nur eingeschränkt besteht.[22] Dies erfordert **substantiierte und widerspruchsfreie Angaben** zum Verbrauch des Vermögens,[23] wobei aber zu beachten ist, dass der Vermögensverbrauch nur bis zur Höhe des allgemeinen Schonvermögens gem. § 12 Abs. 2 S. 1 Nr. 1, Nr. 4 SGB II dargelegt werden muss, da jedenfalls im Hauptsacheverfahren auf diese Vermögensteile nicht verwiesen werden kann. Die **Umwandlung nicht geschützten Vermögens in geschütztes Vermögen** kann dagegen statthaft sein. Das BSG hat zur Umwandlung einer Lebensversicherung in eine gem. § 12 Abs. 2 S. 1 Nr. 3 SGB II geschützte Form eine Beratungspflicht des Leistungsträgers für naheliegend gehalten,[24] sodass auch einiges dafür spricht, dass eine solche Umwandlung nicht als sozialwidrig qualifiziert werden würde.

9

Im SGB XII kann der Leistungsträger die Leistungen gem. § 26 Abs. 1 S. 1 Nr. 1 SGB XII bei **absichtlicher Herbeiführung oder Erhöhung der Leistungen** durch Verminderung von Einkommen oder Vermögen **herabsetzen** bzw. gem. § 103 Abs. 1 SGB XII

10

---

16 Lange in: Eicher/Luik, SGB II, 4. Aufl., § 12 Rn. 21.
17 Vgl. zum Recht der Arbeitslosenhilfe BSG Urt. v. 2.11.2000 – B 11 AL 35/00 R, Rn. 20, BSGE 87, 143. Eine besondere Härte im Sinne des § 12 Abs. 3 S. 1 Nr. 6 SGB II soll nur bei Vorliegen außergewöhnlicher Umstände anzunehmen sein, vgl. Lange in: Eicher/Luik, SGB II, 4. Aufl., § 12 Rn. 21.
18 Lange in: Eicher/Luik, SGB II, 4. Aufl., § 12 Rn. 32 a.
19 Dagegen Lange in: Eicher/Luik, SGB II, 4. Aufl., § 12 Rn. 32 a, der von einer Verwertungspflicht ausgeht; auch ein Härtefall im Sinne des § 12 Abs. 3 S. 1 Nr. 6 2. Fall SGB II liege nicht vor, weil es um eine besondere Härte für den Betroffenen gehen muss, nicht aber für den Geschädigten.
20 BSG Urt. v. 6.4.2000 – B 11 AL 31/99 R, Rn. 21, SozR 3–4100 § 137 Nr. 12.
21 Vgl. BSG Urt. v. 9.8.2018 – B 14 AS 20/17 R, Rn. 12 f.
22 LSG Nds-Brem Beschl. v. 12.1.2015 – L 11 AS 1310/14 B ER, Rn. 14, info also 2015, 132.
23 Vgl. dazu Klerks info also 2015, 135 mwN.
24 BSG Urt. v. 31.10.2007 – B 14/11 b AS 63/06 R, Rn. 14, SozR 4–1200 § 14 Nr. 10.

Kostenersatz bei sozialwidrigem Verhalten verlangen. Daraus folgt aber gleichzeitig, dass Leistungen trotz Verbrauchs von Vermögen zu gewähren sind. Anders ist dies bei Leistungen nach dem Vierten Kapitel des SGB XII: Hier ist der **Anspruch** gem. § 41 Abs. 4 SGB XII **ausgeschlossen**, wenn die berechtigte Person ihre Bedürftigkeit in den letzten 10 Jahren vorsätzlich oder grob fahrlässig herbeigeführt hat.[25] Allerdings sind dann Leistungen nach dem 3. Kapitel des SGB XII zu prüfen.[26]

11 Im SGB IX gibt es keinerlei Vorschriften, die den Sanktions- oder Ersatzvorschriften des SGB II oder SGB XII ähneln.

12 **Verschenkt** die leistungsberechtigte Person das Vermögen, tritt an die Stelle des übertragenen Vermögens ein **Schenkungsrückforderungsanspruch nach § 528 BGB**, der grundsätzlich als Vermögensbestandteil zu berücksichtigen ist.[27] Es ist im Einzelnen zu prüfen, ob der Anspruch besteht und durchsetzbar ist. Der Beschenkte kann etwa die Unmöglichkeit der Herausgabe des Erlangten (§ 818 Abs. 2 BGB), die Entreicherung (§ 818 Abs. 3 BGB) oder einen der Anspruchsausschlüsse gem. § 529 BGB[28] einwenden.[29] Fehlt es an der schnellen Durchsetzbarkeit des Anspruchs, ist er grundsicherungsrechtlich nicht zu berücksichtigen und der Leistungsträger hat zu leisten. Allerdings kommt dann ein Übergang des zivilrechtlichen Rückforderungsanspruchs auf den Leistungsträger nach § 33 SGB II bzw. eine Überleitung nach § 93 SGB XII in Betracht.

13 Überträgt die leistungsberechtigte Person einen Vermögensgegenstand durch Schenkung oder anderweitiges Rechtsgeschäft allein zu dem Zweck auf einen Dritten, den Gegenstand dem Zugriff des Leistungsträgers zu entziehen und/oder einen Leistungsanspruch gegen den Leistungsträger zu begründen, kann das **Übertragungsgeschäft nach § 138 BGB** sittenwidrig sein mit der Folge, dass die Übertragung (bei Sittenwidrigkeit sowohl des Verpflichtungs- als auch des Verfügungsgeschäfts) nichtig und der betreffende Vermögensgegenstand weiterhin im Vermögen der leistungsberechtigten Person vorhanden und zu berücksichtigen ist.[30]

14 Vermögenswerte sind auch dann vorhanden, wenn sie in der Vergangenheit angerechnet wurden, gemessen am Grundsicherungsbedarf eigentlich inzwischen verbraucht sein müssten, aber tatsächlich (zB wegen sparsamer Lebensführung) noch vorhanden sind oder sie die leistungsberechtigte Person nicht angegeben hat. Nach überwiegender Meinung ist Vermögen bis zum tatsächlichen Verbrauch auf den Leistungsanspruch anzurechnen; ein sog **fiktiver Vermögensverbrauch** – also die rechnerische Minderung des Vermögens um den Leistungsanspruch – kommt danach – bis auf die Ausnahmefälle der Erweiterten Sozialhilfe insbesondere nach § 19 Abs. 5 SGB XII (hierzu → Rn. 104) und der Darlehensgewährung nach § 91 SGB XII (hierzu → Rn. 105) – nicht in Betracht.[31] Der Leistungsberechtigte müsse einer Mehrfachanrechnung durch Verbrauch oder (rechtmäßige) Übertragung entgegenwirken.[32] Dies kann vor allem in Fällen der Aufhebung und Erstattung bereits erbrachter Leistungen wegen verschwiegenen Vermö-

---

25 Vgl. LSG BW Urt. v. 15.10.2014 – L 2 SO 2489/14, Rn. 46, info also 2015, 179.
26 Vgl. Thie in: LPK-SGB XII, 11. Aufl., § 41 Rn. 15; Blüggel in: jurisPK-SGB XII, 2. Aufl., § 41 Rn. 169, 172; Wahrendorf in: Grube/Wahrendorf, SGB XII, 5. Aufl., § 41 Rn. 43.
27 Vgl. BSG Urt. v. 16.4.2013 – B 14 AS 71/12 R, Rn. 27; 2.2.2010 – B 8 SO 21/08 R, Rn. 13 ff.
28 Der Schenker hat seine Bedürftigkeit vorsätzlich oder grob fahrlässig herbeigeführt; seit der Schenkung sind mehr als zehn Jahre verstrichen; der Beschenkte würde bei Herausgabe des Geschenks selbst bedürftig.
29 Vgl. Lange in: Luik/Eicher, SGB II, 4. Aufl., § 12 Rn. 31 mwN.
30 Vgl. SG Koblenz Urt. v. 17.10.2017 – S 14 AS 883/15: Verkauf des selbst bewohnten Hauses an den eigenen Rechtsanwalt und Abschluss eines Mietvertrags, wobei der Kaufpreis erst mehr als zehn Jahre später gezahlt werden sollte.
31 BSG Urt. v. 20.9.2012 – B 8 SO 20/11 R, Rn. 14 f.; BSG Beschl. v. 30.7.2008 – B 14 AS 14/08 B Rn. 5, zustimmend Lange in: Eicher/Luik, SGB II, 4. Aufl., § 12 Rn. 30.
32 Vgl. HessLSG Urt. v. 9.3.2017 – L 7 AS 221/16, Rn. 49 mwN (das LSG zitiert hier die Entscheidung der Vorinstanz, der es sich § 153 Abs. 2 SGG anschließt).

gens dazu führen, dass die Höhe des Erstattungsanspruchs höher ist als das Vermögen.[33] Das BSG hält dies systematisch für konsequent[34] und weist in solchen Fällen auf die Möglichkeit hin, einen (Teil-)Erlass der Forderung gem. § 44 SGB II wegen Unbilligkeit zu prüfen.[35] Angesichts der Tatsache, dass Leistungsträger damit höhere Erstattungsansprüche haben, als ihnen bei rechtmäßigem Verhalten zugestanden hätten, ist dieses Ergebnis **bedenklich**. Der Verweis auf die Möglichkeit des (Teil-)Erlasses reicht nicht aus, da die Entscheidung des Leistungsträgers in dessen Ermessen steht. Zur Frage einer eventuellen Ermessensreduzierung auf Null hat sich das BSG in den Entscheidungen nicht geäußert. Der Hinweis auf Verbrauch oder Übertragung des Vermögens geht dann ins Leere, wenn er nachträglich erfolgt und der erwerbsfähige Leistungsberechtigte davon nichts wusste. Den Leistungsträger trifft eine entsprechende Hinweispflicht gem. § 14 Abs. 2 S. 2 SGB II. Vorzugswürdig ist die Ansicht, dass im Rahmen der Aufhebung und Rückforderung zu überprüfen ist, ob und wie lange das Vermögen zur Bedarfsdeckung ausgereicht hätte, weil die Erstattungsvorschriften nur das Ziel haben, die materiell zutreffende Rechtslage wiederherzustellen, nicht dagegen, die leistungsberechtigte Person zu bestrafen.[36] In jedem Fall sollte die Frage, ob verwertbares und die Bedürftigkeit ausschließendes Vermögen vorhanden ist, möglichst schnell geklärt werden.

Steht der Leistungsgewährung vorhandenes und verwertbares Vermögen entgegen und wird dieses Vermögen **nach Antragstellung verbraucht**, ist dies ohne erneuten Antrag im laufenden Verwaltungsverfahren zu berücksichtigen.[37] In jedem Fall sollte der Verbrauch dem Leistungsträger schnell bekanntgegeben werden.　**15**

b) Sonderfälle Abtretung und Treuhand

Grundsätzlich ist nur **eigenes Vermögen** der antragstellenden Person bzw. der in Einsatzgemeinschaft lebenden Personen zu berücksichtigen. Im Einzelfall kann aber die Zuordnung eines Vermögensgegenstands problematisch sein. Dies ist nach den **zivilrechtlichen Bestimmungen** zu beurteilen. Ist etwa eine Forderung **abgetreten**, kann sie als Vermögen nicht berücksichtigt werden, weil die antragstellende Person nicht mehr Inhaberin ist.[38] Dies gilt auch für die sog **stille Zession**, mit der der neue Gläubiger Inhaber der Forderung wird, aber mit dem bisherigen Gläubiger verabredet hat, von der Abtretung erst im Sicherungsfall Gebrauch zu machen.[39] Gegen die antragstellende Person spricht nicht der Rechtsschein der Inhaberschaft. Allerdings haben die Gerichte sorgfältig zu prüfen, ob die Abtretung tatsächlich erfolgt ist oder ob es sich um eine Schutzbehauptung oder ein Scheingeschäft oder ein sittenwidriges Geschäft handelt.[40] Besonderheiten gelten bei der **unechten Treuhand**, bei der der Treugeber Vollrechtsinhaber bleibt, aber den Treuhänder zu Rechtsgeschäften im Namen des Treugebers bevollmächtigt.[41] Damit ist der Treuhänder nicht Inhaber des Vollrechts und kann nicht auf das Vermögen

16

33　LSG BW Urt. v. 22.7.2011 – L 12 AS 4994/10, Rn. 33, info also 2011, 223: Rücknahme und Erstattung von Leistungen in Höhe von 11.207,59 EUR bei einem Vermögen in Höhe von 7.223,59 EUR (bei einem allgemeinen Freibetrag in Höhe von 4.500,00 EUR); HessLSG Urt. v. 18.3.2016 – L 7 AS 730/14, Rn. 40 f. mwN.
34　BSG Urt. v. 25.4.2018 – B 14 AS 15/17 R, Rn. 19 ff.; BSG Urt. v. 25.4.2018 – B 14 AS 29/17 R, Rn. 19 ff.
35　BSG Urt. v. 25.4.2018 – B 14 AS 15/17 R, Rn. 27 ff.; BSG Urt. v. 25.4.2018 – B 14 AS 29/17 R, Rn. 26 ff.
36　Vgl. LSG LSA Urt. v. 25.7.2012 – L 5 AS 56/10, Rn. 48 mwN. Vgl. auch Berlit info also 2011, 225 (226), der zugunsten der leistungsberechtigten Personen die Anwendung der Härteregelung des § 12 Abs. 3 S. 1 Nr. 6 SGB II vorschlägt; vgl. auch Geiger in: LPK-SGB II, 6. Aufl., § 12 Rn. 105 mwN. Dagegen aber jetzt ausdrücklich BSG Urt. v. 25.4.2018 – B 14 AS 15/17 R, Rn. 25; BSG Urt. v. 25.4.2018 – B 14 AS 29/17 R, Rn. 24.
37　LSG BW Urt. v. 22.9.2015 – L 9 AS 5084/13, Rn. 28 mit weiteren Nachweisen auch zu abweichenden Ansätzen (zB: Berücksichtigung nur bei einem neuen Antrag).
38　Vgl. HessLSG Beschl. v. 18.3.2011 – L 7 AS 687/10 B ER, Rn. 22, NotBZ 2011, 306.
39　Grüneberg in: Palandt BGB § 398 Rn. 4 mwN.
40　BSG Urt. v. 24.5.2006 – B 11 a AL 7/05 R, Rn. 28 ff., BSGE 96, 238.
41　Herrler in: Palandt BGB § 903 Rn. 34.

verwiesen werden; nach einer anderen Ansicht ist er Vermögensinhaber, unterliegt aber einer treuhänderischen Bindung, die in der Regel einen der Verwertung entgegenstehenden Härtefall im Sinne des § 12 Abs. 3 S. 1 Nr. 6 2. Fall SGB II begründet.[42] Allerdings sind an das Vorliegen eines Treuhandverhältnisses **strenge Anforderungen** zu stellen, nämlich der Nachweis einer Vereinbarung, die Darlegung nachvollziehbarer Gründe für die Vereinbarung einer Treuhand, der Nachweis, dass das Vermögen vom Treuhänder stammt und alle Transaktionen belegbar sind; sind die Partner einer Treuhandvereinbarung Verwandte, muss die Treuhandabrede und ihre tatsächliche Durchführung in allen wesentlichen Punkten dem entsprechen, was zwischen fremden Dritten üblich ist.[43]

3. Verwertbarkeit des Vermögens

17 Nur die „verwertbaren Vermögensgegenstände" sind zu berücksichtigen. **Verwertung** ist möglich durch Eigenverbrauch, Veräußerung, Belastung (Beleihung, Verpfändung, Bestellung eines Grundpfandrechts), Vermietung oder Verpachtung.[44] Sie muss für den Betroffenen einen Ertrag bringen, durch den er seinen Lebensunterhalt mindestens kurzzeitig bestreiten kann.[45] Die Art der Verwertung ist ihm selbst überlassen, wobei er aber regelmäßig die Verwertungsart wählen muss, die den höchsten Deckungsbeitrag erbringt.[46] In der Regel ist ein Vermögen unproblematisch verwertbar, wobei sich allenfalls die Frage stellt, zu welchem Zeitpunkt es verwertbar wäre. Allerdings kommen auch Konstellationen vor, in denen eine Verwertung problematisch ist. Zur Verwertung gehört nämlich auch die Fähigkeit, das Vermögen sowohl nach den tatsächlichen als auch nach den rechtlichen Verhältnissen innerhalb einer bei Antragstellung feststehenden Zeitspanne durch eigenes Handeln herbeizuführen.[47] Damit kommt es darauf an, dass **keine Verwertungshindernisse** bestehen und dass die Verwertung innerhalb einer bestimmten **Zeitspanne** möglich ist.

a) Verwertungshindernisse

18 Verwertungshindernisse können **rechtlicher oder tatsächlicher Art** sein. Die Verwertung ist **rechtlich ausgeschlossen**, wenn der Inhaber in der Verfügung über den Gegenstand beschränkt ist und er die Aufhebung der Beschränkung nicht erreichen kann.[48] Dazu gehören beispielsweise die Pfändung gem. §§ 808, 829 ZPO, der Arrest gem. § 930 ZPO, die einstweilige Verfügung gem. §§ 935, 938 Abs. 2 ZPO, die Beschlagnahme und Zwangsverwaltung von Grundstücken gem. §§ 20, 21, 146 ZVG sowie die Insolvenz gem. §§ 80, 81 InsO.[49] Ein Verwertungshindernis aus **tatsächlichen Gründen** besteht, wenn für den Vermögensgegenstand in absehbarer Zeit kein Käufer zu finden sein wird, etwa weil Gegenstände dieser Art nicht (mehr) marktgängig sind oder weil sie, wie Grundstücke infolge sinkender Immobilienpreise, über den Marktwert hinaus belastet sind, und auch keine andere Verwertungsmöglichkeit besteht.[50] Dies kann beispielsweise bei der Belastung mit einem Nießbrauchsrecht der Fall sein,[51] aber auch[52] bei (vor-

---

42 Vgl. Lange in: Eicher/Luik, SGB II, 4. Aufl., § 12 Rn. 34 mwN.
43 Vgl. Lange in: Eicher/Luik, SGB II, 4. Aufl., § 12 Rn. 34 mwN.
44 Vgl. BSG Urt. v. 30.8.2010 – B 4 AS 70/09 R, Rn. 16 mwN.
45 BSG Urt. v. 27.1.2009 – B 14 AS 42/07 R, Rn. 21, SozR 4–4200 § 12 Nr. 12.
46 BSG Urt. v. 22.3.2012 – B 4 AS 99/11 R, Rn. 28.
47 Lange in: Eicher/Luik, SGB II, 4. Aufl., § 12 Rn. 39 mwN.
48 BSG Urt. v. 20.2.2014 – B 14 AS 10/13 R, Rn. 22.
49 Vgl. weitere Einzelfälle bei Geiger in: LPK-SGB II, 6. Aufl., § 12 Rn. 23 ff.
50 BSG Urt. v. 18.9.2014 – B 14 AS 58/13 R, Rn. 15 mwN.
51 BSG Urt. v. 6.12.2007 – B 14/7 b AS 46/06, Rn. 12.
52 Korte/Thie in: LPK-SGB II, 6. Aufl., § 9 Rn. 54.

übergehender) Wertlosigkeit der Vermögensgegenstände (Saisonwaren, nicht mehr marktgängige Gegenstände[53]).

b) Zeitliche Komponente

Zur tatsächlichen Verwertbarkeit gehört auch die für sie prognostisch benötigte Zeit, wobei für die **Prognose** auf den **bevorstehenden Bewilligungszeitraum** abzustellen ist; eine Festlegung für darüber hinausgehende Zeiträume ist nicht erforderlich und wegen der Unsicherheiten, die mit einer langfristigen Prognose verbunden sind, auch nicht geboten.[54] Als regelmäßiger Bewilligungszeitraum gilt gem. § 41 Abs. 3 S. 1 SGB II ein Jahr und nur ausnahmsweise gem. § 41 Abs. 2 S. 2 SGB II ein Zeitraum von sechs Monaten.[55] Insoweit liegt jetzt eine Gleichbehandlung mit den Leistungsempfängern nach dem Vierten Kapitel des SGB XII vor, bei denen der Zeitraum der Leistungsbewilligung gem. § 44 Abs. 3 S. 1 SGB XII ebenfalls ein Jahr beträgt.[56] Nach Ablauf des ursprünglichen Prognosezeitraums ist eine **neue Prognose** zu stellen; ändert sie sich innerhalb eines Prognosezeitraums, ist eine Bewilligung wegen einer möglichen wesentlichen Änderung der Verhältnisse gem. § 48 SGB X zu überprüfen.[57] Ist eine **Verwertung** innerhalb des Prognosezeitraums **nicht möglich**, liegt eine **generelle Unverwertbarkeit** vor mit der Folge, dass die Leistungen nach dem SGB II als **Zuschuss** erbracht werden muss.[58] Ist die Verwertung innerhalb des Prognosezeitraums (aber nicht sofort) möglich oder würde die sofortige Verwertung eine besondere Härte bedeuten, wird die Leistung als Darlehen erbracht (§§ 9 Abs. 4, 24 Abs. 5 SGB II, § 91 SGB XII). Eine Gewährung als Darlehen setzt allerdings voraus, dass sich die antragstellende Person weiter um eine Verwertung bemüht. Unterlässt sie dies trotz eines **Hinweises auf die Erforderlichkeit von Verwertungsbemühungen und die Folgen von deren Unterlassen**, kann auch ein Darlehen nicht erbracht werden.[59]

19

B. Einzelheiten zum Vermögenseinsatz nach dem SGB II

I. Inhalt und interne Systematik des § 12 SGB II in Ergänzung durch die Alg II-V

Für das SGB II wird die Frage, ob und inwieweit Vermögen im Rahmen der Bedürftigkeitsprüfung zu berücksichtigen ist, durch § 12 SGB II geregelt. § 12 Abs. 1 SGB II legt fest, dass als Vermögen grundsätzlich (mit den Einschränkungen gem. § 12 Abs. 2, Abs. 3 SGB II bzw. gem. § 7 Abs. 1 Alg II-V) alle verwertbaren Vermögensgegenstände im unter A. definierten Sinne zu berücksichtigen sind. § 12 Abs. 3 SGB II enthält einen Katalog der Vermögensgegenstände, die nicht zu berücksichtigen sind. Dieser Katalog wird durch § 7 Abs. 1 Alg II-V ergänzt. Soweit zu berücksichtigende Vermögensgegenstände vorhanden sind, sind sie gem. § 12 Abs. 4 SGB II iVm § 8 Alg II-V mit ihrem Verkehrswert im Zeitpunkt der Antragstellung anzurechnen, sofern keine wesentliche Wertänderung eintritt.

20

Von dem danach zu berücksichtigenden Vermögen sind die Freibeträge nach § 12 Abs. 2 SGB II abzusetzen.

21

---

53 BSG Urt. v. 23.3.2012 – B 4 AS 99/11 R.
54 BSG Urt. v. 24.5.2017 – B 14 AS 16/16 R, Rn. 22 mwN.
55 Vgl. Korte/Thie in: LPK-SGB II, 6. Aufl., § 9 Rn. 53, 54.
56 Lange in: Eicher/Luik, SGB II, 4. Aufl., § 12 Rn. 44; zur Prognose im SGB XII BSG Urt. v. 25.8.2011 – B 8 SO 19/10 R, Rn. 15.
57 BSG Urt. v. 27.1.2009 – B 14 AS 42/07 R, Rn. 23, SozR 4–4200 § 12 Nr. 12.
58 Vgl. BSG Urt. v. 30.8.2010 – B 4 AS 70/09 R, Rn. 16 mwN, juris. Für das SGB XII ebenso BSG Urt. v. 9.12.2016 – B 8 SO 15/15 R, Rn. 22.
59 BSG Urt. v. 24.5.2017 – B 14 AS 16/16 R, Rn. 35 f.

22 Checkliste Vermögenseinsatz:
- Ist Vermögen vorhanden?
- In welcher Höhe ist Vermögen vorhanden (Frage nach dem Verkehrswert, § 12 Abs. 4 SGB II)?
- Welches Vermögen ist nicht zu berücksichtigen (§ 12 Abs. 3 SGB II)?
- Ist das zu berücksichtigende Vermögen verwertbar (§ 12 Abs. 1 SGB II) (Verwertung ist möglich durch Eigenverbrauch, Veräußerung, Belastung [Beleihung, Verpfändung, Bestellung eines Grundpfandrechts], Vermietung oder Verpachtung)?
- In welcher Höhe sind Freibeträge abzusetzen?
  - Grundfreibetrag für volljährige Personen (§ 12 Abs. 2 S. 1 Nr. 1 SGB II);
  - Grundfreibetrag für leistungsberechtigte minderjährige Kinder (§ 12 Abs. 2 S. 1 Nr. 1 a SGB II);
  - Freibetrag für notwendige Anschaffungen in Höhe von 750,00 EUR für jeden in der Bedarfsgemeinschaft lebenden Leistungsberechtigten (§ 12 Abs. 2 S. 1 Nr. 4 SGB II);
  - Altersvorsorgevermögen (§ 12 Abs. 2 S. 1 Nr. 2 SGB II);
  - Festgelegte Lebensversicherungen (§ 12 Abs. 2 S. 1 Nr. 3 SGB II).

II. Nicht zu berücksichtigendes Vermögen, sog Schonvermögen (§ 12 Abs. 3 SGB II und § 7 Abs. 1 Alg II-V)

1. Überblick

23 Nicht zu berücksichtigen ist das folgende Vermögen:
- Angemessener Hausrat § 12 Abs. 3 S. 1 Nr. 1 SGB II (Angemessenheitsbegriff § 12 Abs. 3 S. 2 SGB II);
- Angemessenes Kraftfahrzeug § 12 Abs. 3 S. 1 Nr. 2 SGB II;
- Altersvorsorgevermögen bei Befreiung von der Versicherungspflicht in der gesetzlichen Rentenversicherung § 12 Abs. 3 S. 1 Nr. 3 SGB II;
- Selbst genutztes Hausgrundstück oder Eigentumswohnung von angemessener Größe § 12 Abs. 3 S. 1 Nr. 4 SGB II;
- Vermögen zur baldigen Beschaffung oder Erhaltung eines Hausgrundstücks für behinderte oder pflegebedürftige Menschen § 12 Abs. 3 S. 1 Nr. 5 SGB II;
- Sachen und Rechte (Verwertung offensichtlich unwirtschaftlich oder besondere Härte) § 12 Abs. 3 S. 1 Nr. 6 SGB II.

24 Bestimmte Vermögensgegenstände bleiben im Rahmen der Bedürftigkeitsprüfung des SGB II unberücksichtigt, sind also in die Ermittlung des Werts leistungsausschließenden Vermögens nicht einzubeziehen; sie stellen sog **Schonvermögen**[60] dar. § 12 Abs. 3 S. 1 SGB II enthält sechs verschiedene Schonvermögensregelungen, wobei § 12 Abs. 3 S. 1 Nr. 6 SGB II zwei Alternativtatbestände enthält. Zudem hat das Bundesministerium für Arbeit und Soziales im Einvernehmen mit dem Bundesministerium der Finanzen auf der Grundlage des § 13 SGB II mit § 7 Alg II-V einen weiteren Ausnahmebestand geschaffen. Diese Vermögensgegenstände werden in den Fällen des § 12 Abs. 3 S. 1 Nr. 1 bis 5 SGB II und des § 7 Alg II-V nicht wegen ihres Wertes, sondern wegen ihrer **Eigenschaften oder Funktionen** nicht berücksichtigt.[61] § 12 Abs. 3 S. 1 Nr. 6 SGB II enthält demge-

---

60 Ständige Rechtsprechung, vgl. zB BSG Urt. v. 7.11.2006 – B 7 b AS 2/05 R, Rn. 13, BSGE 97, 203.
61 Vgl. Lange in: Eicher/Luik, SGB II, 4. Aufl., § 12 Rn. 71.

genüber zwei Auffangtatbestände in Form generalklauselartiger Regelungen. Insgesamt gibt es **acht Ausnahmetatbestände**, die der antragstellenden Person auch kumulativ zugute kommen können, also nicht aufeinander angerechnet werden.[62] Neben dem nach § 12 Abs. 3 S. 1 SGB II nicht zu berücksichtigenden Vermögen sind die allgemeinen Freibeträge gem. § 12 Abs. 2 S. 1 Nr. 1, 4 SGB II anzurechnen.[63]

Vermögensgegenstände, die einen der Tatbestände des § 12 Abs. 3 S. 1 Nr. 1 bis 5 SGB II **25** erfüllen, sind von der bedarfsmindernden Berücksichtigung nur ausgenommen, soweit sie **angemessen** sind. Mit dem Begriff der Angemessenheit gibt der Gesetzgeber nicht einen absoluten, sondern einen relativen Maßstab vor, der eine Billigkeitsentscheidung im Einzelfall erforderlich macht; dabei unterscheiden sich die jeweils nach § 12 Abs. 1 S. 1 Nr. 1 bis 5 SGB II anzulegenden Maßstäbe.[64] Als unbestimmter Rechtsbegriff unterliegt der Begriff der Angemessenheit der vollen gerichtlichen Überprüfung.[65] Gem. § 12 Abs. 3 S. 2 SGB II sind Maßstab für die Angemessenheit die **Lebensumstände während des Bezugs von Alg II**. Damit kommt es – anders als bei der früheren Arbeitslosenhilfe – nicht mehr auf die Sicherung des bisherigen Lebensstandards an.[66] Die Lebensumstände während des Bezugs von Alg II sind allerdings nicht statisch, sondern **dynamisch**. Der Gesetzgeber strebt ua gem. § 1 Abs. 2 S. 1 SGB II eine schnelle Beendigung des Leistungsbezugs nach dem SGB II an, die durch eine enge Anwendung des Angemessenheitsbegriffs erschwert werden kann.[67] Daher muss davon ausgegangen werden, dass die Lebensumstände während des Bezugs von Leistungen für die erste Zeit des Leistungsbezugs im Vermögensbereich weitgehend dem bisherigen entsprechen, und erst mit zunehmender Dauer der Arbeitslosigkeit kontinuierlich absenken, ohne dass sich eine exakte Grenze der Änderung angeben lässt.[68]

Geht ein Vermögensgegenstand iSd § 12 Abs. 3 Nr. 1 bis 5 SGB II über den jeweiligen **26** **Grenzwert** des noch Angemessenen hinaus, ist er zur Bestimmung des vorhandenen Vermögens nicht mit seinem Gesamtwert, sondern nur mit dem Betrag als Vermögen zu berücksichtigen, der den Grenzwert übersteigt. Auch dieser Teilbetrag muss nicht eingesetzt werden, wenn er – zusammen etwa mit anderen Vermögenswerten – die Freibetragsgrenzen des § 12 Abs. 2 SGB II nicht überschreitet; damit stehen die Tatbestände des § 12 Abs. 2 SGB II und des § 12 Abs. 3 SGB II in einer **Wechselwirkung** zueinander, da der Einsatz dieses Vermögens nicht zur Beseitigung der Hilfebedürftigkeit eingesetzt werden müsste.[69]

2. Angemessener Hausrat (§ 12 Abs. 3 S. 1 Nr. 1 SGB II)

Nach § 12 Abs. 3 S. 1 Nr. 1 SGB II ist angemessener Hausrat nicht als Vermögen zu be- **27** rücksichtigen. Was zum Hausrat gehört, ergibt sich aus dem Gesetz nicht. Der im Familienrecht vertretene weite Begriff von Hausrat gem. §§ 1361 a, 1369 BGB kann nicht herangezogen werden. In Anlehnung an § 20 Abs. 1 S. 1 SGB II zählen dazu alle Einrichtungs- und Haushaltsgegenstände, die für eine geordnete Haushaltsführung notwendig sind und ein menschenwürdiges Leben ermöglichen wie Möbel, Teppiche, Lampen, Bücher, Besteck, Haushaltswäsche, Küchen- und sonstige Haushaltsgeräte wie zB Radio

---

62 Vgl. Lange in: Eicher/Luik, SGB II, 4. Aufl., § 12 Rn. 71.
63 Vgl. für das Altersvorsorgevermögen gem. § 12 Abs. 3 S. 1 Nr. 3 SGB II BT-Drs. 15/1516, 53.
64 Lange in: Eicher/Luik, SGB II, 4. Aufl., § 12 Rn. 74.
65 BSG Urt. v. 7.11.2006 – B 7 b AS 2/05 R, Rn. 14, BSGE 97, 203 zur angemessenen Größe iSd § 12 Abs. 3 S. 1 Nr. 4 SGB II.
66 BSG Urt. v. 6.9.2007 – B 14/7 b AS 66/06 R, Rn. 14, BSGE 99, 77.
67 Vgl. auch Geiger in: LPK-SGB II, 6. Aufl., § 12 Rn. 52.
68 Vgl. Geiger in: LPK-SGB II, 6. Aufl., § 12 Rn. 89.
69 BSG Urt. v. 6.9.2007 – B 14/7 b AS 66/06 R, Rn. 19, BSGE 99, 77; Geiger in: LPK-SGB II, 6. Aufl., § 12 Rn. 48. Zurückhaltender Lange in: Eicher/Luik, SGB II, 4. Aufl., § 12 Rn. 72.

und Fernsehen, Lebensmittel- und Brennstoffvorräte.[70] Nicht zum Hausrat zählen Gegenstände, die eine reine Wertanlage darstellen, wie wertvolle Kunstgegenstände oder wertvolle Möbel. Hier kann aber im Einzelfall die Abgrenzung zwischen Hausrat und Angemessenheit des Hausrats problematisch sein.

28 Nur der **angemessene** Hausrat ist nicht als Vermögen zu berücksichtigen. Dabei kommt es gem. § 12 Abs. 3 S. 2 SGB II auf die Lebensumstände während des Bezugs von Alg II an. Im Gegensatz dazu stellt § 90 Abs. 2 Nr. 4 SGB XII auf die bisherigen Lebensumstände der nachfragenden Person ab. Um im Hinblick auf Art. 3 Abs. 1 GG Wertungswidersprüche zu vermeiden, ist ein großzügiger Maßstab anzulegen; dabei kommt es auch auf die Dauer des Leistungsbezugs und die Größe der Bedarfsgemeinschaft an.[71]

29 Ist Hausrat **offenkundig nicht angemessen** wie zB bei hochpreisigen Teppichen, Designermöbeln oder Luxusporzellan, ist er zu verwerten; aus dem Verkaufserlös darf aber ein angemessener Hausratsgegenstand angeschafft werden.[72] Das BSG hat zur Umwandlung einer Lebensversicherung in eine gem. § 12 Abs. 2 S. 1 Nr. 3 SGB II geschützte Form eine Beratungspflicht des Leistungsträgers für naheliegend gehalten, wenn eine Gestaltungsmöglichkeit im Gesetz ausdrücklich geregelt ist;[73] dies dürfte auch hinsichtlich der Anschaffung bzw. Ersatzanschaffung von angemessenem Hausrat gelten.[74] In der Praxis hat es hierüber bisher keine Auseinandersetzungen gegeben. Der überschießende Gewinn ist bedarfsmindernd eingesetzt werden. Kann er nicht erzielt werden, wird die Verwertung allerdings unwirtschaftlich im Sinne des § 12 Abs. 3 S. 1 Nr. 6 SGB II sein.[75]

3. Angemessenes Kraftfahrzeug (§ 12 Abs. 3 Nr. 2 SGB II)

30 Nach § 12 Abs. 3 S. 2 Nr. 2 SGB II ist ein angemessenes Kraftfahrzeug für jede in der Bedarfsgemeinschaft lebende erwerbsfähige Person nicht zu berücksichtigen. Grund für die Privilegierung ist die aus der Erwerbstätigkeit bzw. Erwerbsfähigkeit des Leistungsberechtigten folgende Chance, im Fall seiner Vermittlung in Arbeit mithilfe eines Fahrzeugs die Arbeitsstelle auch erreichen zu können.[76] Dies ist umso mehr erforderlich, als dieser Personengruppe gem. § 10 Abs. 2 Nr. 3 SGB II auch längere Arbeitswege zumutbar sind.

31 Hinsichtlich der **Angemessenheit** stellt das BSG[77] auf den Verkehrswert des Kraftfahrzeugs ab und leitet einen Wert von bis zu 7.500,00 EUR aus § 5 Abs. 1 KfzHV[78] ab, wobei es für die Berechnung des Werts idR auf den von privaten Verkäufern und nicht von Händlern aktuell erzielbaren Preis ankommt,[79] wobei es auch die Entwicklung der Verbraucherpreise zumindest für die nächsten Jahre berücksichtigt hat.[80] Diese Grenze kann aber nur als Untergrenze verstanden werden. Die Festlegung durch das BSG berücksichtigt nicht die weitere Entwicklung der Marktpreise und die gem. § 33 SGB I mit zu berücksichtigenden persönlichen Verhältnisse, den Bedarf, die Leistungsfähigkeit und

---

70 Vgl. Lange in: Eicher/Luik, SGB II, 4. Aufl., § 12 Rn. 77.
71 Geiger in: LPK-SGB II, 6. Aufl., § 12 Rn. 52.
72 Geiger in: LPK-SGB II, 6. Aufl., § 12 Rn. 53.
73 BSG Urt. v. 31.10.2007 – B 14/11 b AS 63/06 R, Rn. 14, SozR 4–1200 § 14 Nr. 10.
74 Gegen die Möglichkeit der „Austauschverwertung" aber Lange in: Eicher/Luik, SGB II, 4. Aufl., § 12 Rn. 78 mit der Begründung, das Gesetz kenne diese Möglichkeit nicht.
75 Vgl. auch Lange in: Eicher/Luik, SGB II, 4. Aufl., § 12 Rn. 78.
76 BSG Urt. v. 6.9.2007 – B 14/7 b AS 66/06 R, Rn. 14, BSGE 99, 77.
77 BSG Urt. v. 6.9.2007 – B 14/7 b AS 66/06 R, Rn. 13 ff., BSGE 99, 77; BSG Urt. v. 20.8.2009 – B 14 AS 41/08 R, Rn. 13.
78 Verordnung über Kraftfahrzeughilfe zur beruflichen Rehabilitation (Kraftfahrzeughilfe-Verordnung – KfzHV) vom 28.9.1987 vom 28.9.1987 (BGBl. I S. 2251), zuletzt geändert durch Gesetz vom 23.12.2003.
79 BSG Urt. v. 6.9.2007 – B 14/7 b AS 66/06 R, Rn. 17, BSGE 99, 77; dazu kann etwa die Schwackeliste herangezogen werden.
80 BSG Urt. v. 6.9.2007 – B 14/7 b AS 66/06 R, Rn. 16, BSGE 99, 77.

die örtlichen Umstände unter Beachtung der Wünsche des Leistungsberechtigten.[81] Zusätzlich ist auch zu berücksichtigen, dass das Fahrzeug zusätzlich gem. § 7 Abs. 1 Alg II-V geschützt sein kann, wenn es für die Berufsausübung oder -aufnahme benötigt wird.[82] Liegt der Wert des Kraftfahrzeugs über der Angemessenheitsgrenze, muss es nicht verwertet werden, wenn der überschießende Betrag vom allgemeinen Freibetrag gem. § 12 Abs. 2 SGB II abgedeckt ist.[83] Eine „Kumulation" der Freibeträge – in der Bedarfsgemeinschaft befinden sich mehr als eine erwerbsfähige leistungsberechtigte Person, die ihre Freibeträge auf ein einziges teureres Kraftfahrzeug anrechnen lassen wollen – ist nicht statthaft.[84]

4. Angemessenes Altersvorsorgevermögen bei Befreiung von der gesetzlichen Rentenversicherungspflicht (§ 12 Abs. 3 S. 1 Nr. 3 SGB II)

Neben dem Vermögensschutz zur Alterssicherung nach § 12 Abs. 2 S. 1 Nr. 2, Nr. 3 SGB II kommt ein Schutz von Vermögen nach § 12 Abs. 3 S. 1 Nr. 3 SGB II bezüglich von **für die Altersvorsorge bestimmten** Vermögensgegenstände in Betracht, wenn der erwerbsfähige Leistungsberechtigte oder sein Partner von der **Versicherungspflicht in der Rentenversicherung befreit** ist. Die Befreiung von der Rentenversicherungspflicht ist in §§ 6, 231, 231 a SGB VI geregelt. Der privilegierte Personenkreis umfasst die Gruppe von Personen, die grundsätzlich der Versicherungspflicht in der gesetzlichen Rentenversicherung unterliegen, jedoch insbesondere aus Gründen der anderweitigen Vorsorge für das Alter von der Versicherungspflicht **befreit** worden sind. Eine Befreiung von der Rentenversicherungspflicht ist gem. § 6 Abs. 1 b SGB VI ist auch für geringfügig beschäftigte Personen möglich.[85] Die Vorschrift ist nicht auf Personen anwendbar, die mit der von ihnen ausgeübten Tätigkeit **nicht versicherungspflichtig** iSd § 2 SGB VI oder nach § 3 SGB VI oder gem. § 5 SGB VI **versicherungsfrei** sind oder waren; eine verfassungswidrige Ungleichbehandlung liegt wegen der unterschiedlichen Ausgangssituationen beider Gruppen nicht vor.[86] Dieser Personenkreis kann sich wegen einer im Alter drohenden Versorgungslücke allenfalls auf die Härteklausel des § 12 Abs. 3 S. 1 Nr. 6 2. Fall SGB II berufen.[87]

32

Die Vermögensgegenstände müssen **bestimmt bezeichnet** werden. Dies erfordert die Absicht der Verwendung für den Fall des Eintritts in den Ruhestand und die Einrichtung entsprechender Dispositionen, die sicherstellen, dass ein Zugriff auf das Vermögen vor dem Ruhestand zumindest erheblich erschwert ist.[88] Erforderlich ist eine **subjektive und eine objektive Zweckbestimmung**. Eine rein subjektive Bekundung allein genügt nicht; andererseits sind an eine objektive Zweckbestimmung keine zu hohen Anforderungen zu stellen. Es genügen zusätzlich zur Altersvorsorgebestimmung äußere Begleitumstände, aufgrund derer sich der behauptete Altersvorsorgewille unter Berücksichtigung aller Besonderheiten des Einzelfalls als plausibel und ernstlich darstellt wie zB die Wahl einer bestimmten Anlageform und eine bis zum Eintritt in den Ruhestand dauernde Lauf-

33

---

81 Geiger in: LPK-SGB II, 6. Aufl., § 12 Rn. 57.
82 Geiger in: LPK-SGB II, 6. Aufl., § 12 Rn. 58.
83 BSG Urt. v. 6.9.2007 – B 14/7 b AS 66/06 R, Rn. 18, BSGE 99, 77.
84 LSG Nds-Brem Urt. v. 23.5.2017 – L 11 AS 35/17, Rn. 16, juris, Breithaupt 2018, 230.
85 Vgl. dazu Geiger in: LPK-SGB II, 6. Aufl., § 12 Rn. 60.
86 BSG Urt. v. 30.8.2010 – B 4 AS 70/09 R, Rn. 24 mwN. Nach Geiger in: LPK-SGB II, 6. Aufl., § 12 Rn. 60 soll allerdings aber mit Blick auf § 6 Abs. 1 b SGB VI eine Gleichbehandlung dann in Betracht kommen, wenn mit dem Altersvorsorgevermögen Versorgungslücken geschlossen werden sollen, die auf geringfügige Beschäftigungszeiten zurückgehen.
87 Lange in: Eicher/Luik, SGB II, 4. Aufl., § 12 Rn. 82 unter Hinweis auf BSG Urt. v. 15.4.2008 – B 14/7 b AS 68/06 R, Rn. 32 f., BSGE 100, 196; BSG Urt. v. 7.5.2009 – B 14 AS 35/08 R, Rn. 19 ff., BSGE 103, 146. Vgl. auch BSG Urt. v. 30.8.2010 – B 4 AS 70/09 R, Rn. 20.
88 Geiger in: LPK-SGB II, 6. Aufl., § 12 Rn. 61.

zeit.[89] Eine bestimmte Form der Altersvorsorge ist aber im Gegensatz zu § 12 Abs. 2 S. 1 Nr. 3 SGB II nicht vorgeschrieben, sodass nicht nur Lebensversicherungen, sondern auch andere Anlageformen wie etwa Sparguthaben, Wertpapiere oder Immobilien in Betracht kommen.[90]

34 Das Altersvorsorgevermögen ist nur in einem **angemessenen Umfang** geschützt. Die Lebensumstände während des Bezugs von Alg II gem. § 12 Abs. 3 S. 2 SGB II können zur Beurteilung der Angemessenheit keinen tauglichen Maßstab vorgeben, da das Alterssicherungsvermögen keinen Bezug zur aktuellen Lebenssituation,[91] sondern zu einer künftigen Lebenssituation aufweist. Maßgeblich für die Frage der Angemessenheit ist daher der gesamte Lebenslauf des erwerbsfähigen Leistungsberechtigten. Daher dürfte es sachgerecht sein, die bisherige Erwerbsbiographie des Leistungsberechtigten in den Blick zu nehmen, die zu schließende Altersversorgungslücke festzustellen und vorhandenes Vermögen jedenfalls insoweit als angemessen anzusehen, als es den Ausgleich bis zum Sicherungsniveau einer SGB VII-Standardrente (§ 68 SGB VI) gewährleistet.[92] Das Altersvorsorgevermögen ist neben den Freibeträgen gem. § 12 Abs. 2 SGB II geschützt, dh die Freibeträge werden nicht auf das Altersvorsorgevermögen angerechnet.[93]

5. Angemessenes Eigenheim (§ 12 Abs. 3 S. 1 Nr. 4 SGB II)

a) Überblick

35 Geschützt ist gem. § 12 Abs. 3 S. 1 Nr. 4 SGB II ein **selbst genutztes Hausgrundstück oder eine selbst genutzte Eigentumswohnung** von angemessener Größe. Geschützt wird nicht die Immobilie als Vermögensgegenstand, sondern vielmehr das grundrechtlich geschützte Grundbedürfnis „Wohnen" als räumlicher Lebensmittelpunkt.[94] Damit sind Hausgrundstücke bzw. Eigentumswohnungen, die lediglich als Zweitwohnsitz, Ferienwohnung oder ähnliches genutzt werden, nicht geschützt,[95] ebenso wenig ein im Alleineigentum des Antragstellers stehendes Mehrfamilienhaus, wenn es nicht ganz selbst bewohnt wird und/oder die angemessene Größe übersteigt.[96]

b) Wohnfläche

36 Geschützt ist ein selbst bewohntes Eigenheim nur, soweit es **angemessen** ist. Insoweit sind gem. § 12 Abs. 3 S. 2 SGB II die Lebensumstände während des SGB II-Bezugs maßgeblich. Das BSG[97] bestimmt die angemessene Größe aus Gründen der Verwaltungspraktikabilität in Anlehnung an § 39 des II. WobauG,[98] wonach es wesentlich auf die **Anzahl der Personen** ankommt, die in einem Eigenheim zusammenleben. Hierbei müs-

---

89 Lange in: Eicher/Luik, SGB II, 4. Aufl., § 12 Rn. 83 unter Hinweis auf LSG BW Urt. v. 27.2.2009 – L 12 AS 3486/08, Rn. 21, juris, Breithaupt 2009, 639.

90 Lange in: Eicher/Luik, SGB II, 4. Aufl., § 12 Rn. 84 unter Hinweis auf BSG Urt. v. 25.3.1999 – B 7 AL 28/98 R, Rn. 21, juris, BSGE 84, 48 (noch zum Recht der Arbeitslosenhilfe).

91 Dagegen allerdings BT-Drs. 15/1516, 53: „Die Angemessenheit bestimmt sich jeweils nach der aktuellen Lebenssituation des Bezuges eines staatlichen Fürsorgeleistung und nicht nach vorherigem Lebenszuschnitt."

92 Vgl. BSG Urt. v. 22.10.1998 – B 7 AL 118/97 R, Rn. 20, juris, BSGE 83, 38; Geiger in: LPK-SGB II, 6. Aufl., § 12 Rn. 62; Lange in: Eicher/Luik, SGB II, 4. Aufl., § 12 Rn. 85, der unter Bezugnahme auf die Standardrente nach §§ 68, 69, 70 SGB VI für das Jahr 2016/2017 einen Kapitalbedarf von rund 280.000 EUR errechnet hat, von dem der bereits gedeckte Versorgungsbedarf abzuziehen sei.

93 Vgl. für das Altersvorsorgevermögen gem. § 12 Abs. 3 S. 1 Nr. 3 SGB II BT-Drs. 15/1516, 53.

94 Vgl. BSG Urt. v. 7.11.2016 – B 7 b AS 2/05 R, Rn. 13, juris; BSG Urt. v. 22.3.2012 – B 4 AS 99/11 R R, Rn. 29.

95 Lange in: Eicher/Luik, SGB II, 4. Aufl., § 12 Rn. 86 mwN.

96 Vgl. Striebinger in: Gagel, SGB II/SGB III, § 12 SGB II Rn. 75.

97 BSG Urt. v. 7.11.2006 – B 7 b AS 2/05 R, Rn. 22, BSGE 97, 203; vgl. auch BSG Urt. v. 16.5.2007 – B 11 b AS 37/06 R; BSG Urt. v. 12.10.2016 – B 4 AS 4/16 R, Rn. 28 mwN; BSG Urt. v. 24.5.2017 – B 14 AS 16/16 R, Rn. 24 f. mwN.

98 II. Wohnungsbaugesetz vom 19.8.1994, BGBl. I 1994, 2137, außer Kraft getreten zum 31.12.2001, BGBl. I, 2376.

sen sie nicht notwendig in Bedarfsgemeinschaft leben;[99] ebenso kann zu berücksichtigen sein, dass sich die Anzahl der Personen wegen einer Schwangerschaft oder eines bevorstehenden Einzugs alsbald erhöht.[100] Umgekehrt kann sich die angemessene Größe bei Auszug von Personen verringern.[101]

- Für 1–2 Personen wird typisierend von einer angemessenen Größe von 80 m² für Eigentumswohnungen und von 90 m² für Hausgrundstücke ausgegangen.   **37**

- Für Haushalte mit Kinderwunsch wird noch einmal ein Zuschlag von 15 m² eingeräumt, für junge Ehepaare unter 40 Jahren eine Wohngröße von maximal 200 m².

- Für Haushalte mit vier Personen wird von einer angemessenen Wohngröße von 120 m² für eine Eigentumswohnung und von 130 m² für Hausgrundstücke ausgegangen, wobei ein Abschlag von 20 m² für jede Person vorgenommen wird, die von den vier Personen abgezogen wird.

Die vorgegebenen Grenzwerte orientieren sich am **Durchschnittsfall** und bedürfen bei   **38** Vorliegen besonderer Umstände einer Anpassung nach oben oder nach unten. Zunächst besteht mit Rücksicht auf den Verhältnismäßigkeitsgrundsatz ein **Toleranzspielraum bis 10 % der Wohnfläche**; insoweit ist noch von einer angemessenen Wohnfläche auszugehen.[102] Ein besonderer Umstand kann etwa die **Ausübung eines Gewerbes oder eines Berufs in dem Eigenheim** sein, was zur Erhöhung der Angemessenheitsgrenze führen kann,[103] oder ein **Mehrbedarf wegen Behinderung**.[104] Hat der erwerbsfähige Leistungsberechtigte eine falsche Wohnfläche angegeben, ist die Rücknahme von Leistungen gem. § 45 SGB X statthaft.[105] Diese Festlegung gilt aber nicht für die Angemessenheit von Unterkunftskosten. Ausdrücklich lehnt es das BSG ab, die Werte der angemessenen Größe iSd § 12 Abs. 3 S. 1 Nr. 4 SGB II auch für die Ermittlung der angemessenen Unterkunftskosten heranzuziehen. Eine „Privilegierung" von Eigentümern gegenüber Mietern sei nicht zu rechtfertigen.[106]

c) Grundstücksgröße

Zwar ist die **Grundstücksgröße** bei der Beurteilung der angemessenen Größe nicht aus-   **39** drücklich genannt. Dies bedeutet aber nicht, dass sie völlig unbeachtlich ist. Im städtischen Bereich ist eine Grundstücksgröße von bis 500 qm und im ländlichen Bereich von bis 800 qm noch angemessen, wobei auch höhere Werte bei Festlegungen in Bebauungsplänen akzeptabel sein können.[107] In diesem Fall ist zu prüfen, ob eine Verwertung von eigentumsrechtlich abtrennbaren Gebäuden oder Grundstücksbestandteilen vorrangig durch Verkauf oder Beleihung zu verlangen ist, sofern die Teilung nicht zu wirtschaftlich unverwertbaren Vermögensgegenständen führt.[108]

d) Folgen der Unangemessenheit der Größe

Ist ein Eigenheim nicht gem. § 12 Abs. 3 S. 1 Nr. 4 SGB II geschützt, muss noch geprüft   **40** werden, ob es nach anderen Vorschriften geschützt ist. Hier kommt insbesondere ein Schutz bei **offensichtlicher Unwirtschaftlichkeit gem. § 12 Abs. 3 S. 1 Nr. 6 1. Fall**

---

99 BSG Urt. v. 16.5.2007 – B 11 b AS 37/06 R, Rn. 25 mwN, BSGE 98, 243; auch Pflegekinder sind als Bewohner zu berücksichtigen, vgl. BSG Urt. v. 29.3.2007 – B 7 b AS 12/06 R, Rn. 23, juris, SozR 4-4200 § 11 Nr. 3.
100 Vgl. Geiger in: LPK-SGB II, 6. Aufl., § 12 Rn. 68.
101 Vgl. BSG Urt. v. 12.10.2016 – B 4 AS 4/16 R, Rn. 32.
102 BSG Urt. v. 24.5.2017 – B 14 AS 16/16 R, Rn. 24 mwN.
103 BSG Urt. v. 18.9.2014 – B 14 AS 58/13 R, Rn. 20 ff.
104 Geiger in: LPK-SGB II, 6. Aufl., § 12 Rn. 68; Lange in: Eicher/Luik, SGB II, 4. Aufl., § 12 Rn. 88.
105 Vgl. SG Koblenz Urt. v. 27.4.2017 – S 14 AS 656/15, Rn. 19 ff.
106 BSG Urt. v. 7.11.2006 – B 7 b AS 2/05 R, Rn. 24, BSGE 97, 203.
107 BSG Urt. v. 15.4.2008 – B 14/7 b AS 34/06 R, Rn. 29, juris, BSGE 100, 186.
108 Geiger in: LPK-SGB II, 6. Aufl., § 12 Rn. 70 mwN.

SGB II[109] oder bei einer **besonderen Härte gem. § 12 Abs. 3 S. 1 Nr. 6 2. Fall SGB II**[110] in Betracht. Liegen diese Fälle nicht vor, ist noch zu prüfen, ob der Erlös aus der Verwertung des Eigenheims nach Abzug der Schulden so gering ist, dass der allgemeine Vermögensfreibetrag gem. § 12 Abs. 2 S. 1 Nr. 1, 4 SGB II erreicht ist (**Gesamtbetrachtung**).[111] Zudem bleibt es dem Leistungsberechtigten freigestellt, wie er das Grundstück verwertet, sei es durch Verkauf oder Beleihung oder Vermietung. Er ist nur insoweit gebunden, als er zwischen den Verwertungsarten wählen kann, die den Hilfebedarf in etwa gleicher Weise decken. Anderenfalls muss die Verwertungsart gewählt werden, die den höchsten Deckungsbetrag erbringt.[112]

6. Vermögen für Wohnzwecke Behinderter oder Pflegebedürftiger bei anderweitiger Zweckgefährdung (§ 12 Abs. 3 S. 1 Nr. 5 SGB II)

41 Gem. § 12 Abs. 3 S. 1 Nr. 5 SGB II ist Vermögen geschützt, solange es nachweislich zur baldigen Beschaffung oder Erhaltung eines Hausgrundstücks von angemessener Größe bestimmt ist, soweit es Wohnzwecken behinderter oder pflegebedürftiger Menschen dient oder dienen soll und dieser Zweck durch den Einsatz oder die Verwertung des Vermögens gefährdet würde. Diese Regelung, zu der in § 90 Abs. 2 Nr. 3 SGB XII eine ähnliche Regelung besteht, bezweckt nicht den Schutz von Immobilien, sondern die **Wohnung als Lebensraum für das Grundbedürfnis des Wohnens von behinderten und pflegebedürftigen Menschen.**[113] Sie privilegiert die Gruppe der behinderten und pflegebedürftigen Menschen insoweit, als der Vermögensschutz nicht erst das bereits vorhandene Eigenheim schützt, sondern auch Geld oder Sachwerte, die erst zu einem späteren Zeitpunkt zur Befriedigung des Grundbedürfnisses des Wohnens führen sollen; damit wird sogar in einem gewissen Umfang eine weitere Vermögensbildung ermöglicht.[114] Dieser Vermögensschutz bezieht sich aber nur auf **bestimmte Vermögensgegenstände**, die nur für einen **bestimmten Zweck** eingesetzt werden sollen.

42 Das **Vermögen** muss nachweislich zur baldigen Beschaffung oder Erhaltung eines angemessen großen Hausgrundstücks bestimmt sein. Entsprechend dem Zweck des § 12 Abs. 3 S. 1 Nr. 5 SGB II, das Grundbedürfnis des Wohnens zu schützen, gehört zum **Hausgrundstück** auch eine Eigentumswohnung und auch ein Erbbau- oder Dauerwohnrecht.[115] Das Hausgrundstück muss eine **angemessene Größe** haben. Hierzu ist auf die Ausführungen zu § 12 Abs. 3 Nr. 4 SGB II unter → Rn. 35 ff. zu verweisen, wobei auch der (eventuell behinderungs- und/oder pflegebedingt erhöhte) Wohnbedarf der behinderten oder pflegebedürftigen Menschen und der mit ihm zusammenlebenden Menschen zu berücksichtigen ist. Zur **Beschaffung** gehört bei zweckentsprechender Auslegung nicht nur der Neuerwerb, sondern auch die behindertengerechte Umgestaltung eines Eigenheims. Zur **Erhaltung** gehören alle zum Zwecke des Wohnens geeigneten und notwendigen Maßnahmen wie das Instandsetzen, Instandhalten einschließlich auch zweckdienlicher Verbesserungen (zB umweltgerechte Heizungsanlage, Wärmeisolierung).[116] Die Beschaffung oder Erhaltung ist **baldig**, wenn sie zielgerichtet und realistisch geplant wird, ohne dass eine bestimmte Zeitgrenze gefordert ist.[117] Es wird ein

---

109 Vgl. BSG Urt. v. 18.9.2014 – B 14 AS 58/13 R, Rn. 26; 12.10.2016 – B 4 AS 4/16 R, Rn. 37; 24.5.2017 – B 14 AS 16/16 R, Rn. 28.
110 Vgl. BSG Urt. v. 18.9.2014 – B 14 AS 58/13 R, Rn. 30; 12.10.2016 – B 4 AS 4/16 R, Rn. 39; 24.5.2017 – B 14 AS 16/16 R, Rn. 30.
111 Vgl. BSG Urt. v. 18.9.2014 – B 14 AS 58/13 R, Rn. 34; 24.5.2017 – B 14 AS 16/16 R, Rn. 32.
112 BSG Urt. v. 16.5.2007 – B 11 b AS 37/06 R, Rn. 16.
113 BT-Drs. 15/1728, 176.
114 Vgl. Lange in: Eicher/Luik, SGB II, 4. Aufl., § 12 Rn. 93 mwN.
115 Vgl. Lange in: Eicher/Luik, SGB II, 4. Aufl., § 12 Rn. 96 mwN zur abweichenden Ansicht.
116 Geiger in: LPK-SGB II, 6. Aufl., § 12 Rn. 72.
117 Geiger in: LPK-SGB II, 6. Aufl., § 12 Rn. 72.

Prognosezeitraum von drei Jahren für vertretbar gehalten.[118] Ein Zeitraum von fünf Jahren bis zum Einsatz des Vermögens ist in einem Einzelfall als zu lang angesehen worden.[119] Das Vermögen ist zur Beschaffung oder Erhaltung **bestimmt**, wenn die betroffene Person den subjektiven Willen dazu hat und sie diesen Willen objektiv kenntlich gemacht hat. Indizien für eine bereits hinreichend konkretisierte Planung können sich insbesondere aus behördlichen Genehmigungsverfahren, vorhandenen Finanzierungskonzepten, abgeschlossenen Werkverträgen o.ä. ergeben. Dagegen reichen unverbindliche Aktivitäten wie bloße Vorgespräche oder das Vorhandensein eines noch nicht zugeteilten Bausparvertrags nicht aus.

Privilegiert ist nur das zu **Wohnzwecken behinderter oder pflegebedürftiger Menschen** **43** vorgesehene Vermögen. Die Begriffe behindert und pflegebedürftig werden im Gegensatz zu § 90 Abs. 2 Nr. 3 SGB XII[120] nicht durch Verweis auf §§ 53 Abs. 1 S. 1, 72, 61 SGB XII näher erläutert. Allerdings war bezweckt, den Vermögensschutz nach dem SGB II entsprechend dem Vermögensschutz des SGB XII auszugestalten,[121] weshalb auch im SGB II ein Rückgriff auf diese Normen statthaft ist.[122] § 53 Abs. 1 S. 1 SGB XII verweist auf den Behindertenbegriff des § 2 Abs. 1 SGB IX; durch den Verweis auf § 72 SGB XII sind blinde Menschen den behinderten Menschen gleichgestellt. § 61 S. 1 SGB XII bestimmt, wer pflegebedürftig ist. Nach dem Wortlaut des Gesetzes ist nicht erforderlich, dass die leistungsberechtigte Person selbst behindert oder pflegebedürftig ist. Es reicht, wenn das Vermögen zu Wohnzwecken einer behinderten oder pflegebedürftigen Person eingesetzt wird; diese Person muss nicht unbedingt zur Bedarfsgemeinschaft gehören. Damit sind auch Fälle erfasst, in denen ein Leistungsberechtigter für sein über 25-jähriges Kind oder ein über 25-jähriger Leistungsberechtigte für seine Eltern vorsorgen will.[123] Der Zweck muss durch den Einsatz oder die Verwertung des Vermögens **gefährdet** sein. Dies ist immer dann der Fall, wenn die geplanten Maßnahmen durch den Einsatz oder die Verwertung des Vermögens auf nicht absehbare Zeit verschoben werden müssten.

7. Offensichtliche Unwirtschaftlichkeit und besondere Härte (§ 12 Abs. 3 S. 1 Nr. 6 SGB II)

a) Überblick

In § 12 Abs. 3 S. 1 Nr. 6 SGB II sind zwei Tatbestände formuliert, bei denen Vermögen **44** nicht zu berücksichtigen ist. In dem ersten Tatbestand geht es um die offensichtliche Unwirtschaftlichkeit, in dem zweiten Tatbestand um die besondere Härte. Während die offensichtliche Unwirtschaftlichkeit auf einen ökonomischen Sachverhalt abstellt, bezieht sich die besondere Härte auf persönliche Umstände des Vermögensinhabers bzw. seiner nahen Angehörigen, die von einer Vermögensverwertung betroffen wären.[124] Die Vorschrift besteht aus zwei generalklauselartigen Auffangregelungen; beide Tatbestände enthalten unbestimmte, aber gerichtlich voll überprüfbare Rechtsbegriffe.[125] Rechtsfolge ist in beiden Fällen, dass die Leistungen in Form eines Zuschusses erbracht werden

---

118 HessLSG Urt. v. 26.1.2009 – L 9 SO 48/07, Rn. 15, FEVS 61, 165.
119 LSG RhPf Urt. v. 31.5.2011 – L 3 AS 147/09, Rn. 33, FEVS 63, 330.
120 § 90 Abs. 2 Nr. 3 SGB XII wird durch Art. 13 des Gesetzes zur Stärkung der Teilhabe und Selbstbestimmung von Menschen mit Behinderungen (Bundesteilhabegesetz – BTHG) vom 23.12.2016 – BGBl. I S. 3234 dahin geändert, dass statt auf § 53 Abs. 1 S. 1 SGB XII auf „Menschen mit erheblichen Teilhabeeinschränkungen (§ 99 des Neunten Buches)" verwiesen wird.
121 BT-Drs. 15/1749, 32.
122 Lange in: Eicher/Luik, SGB II, 4. Aufl., § 12 Rn. 94.
123 Vgl. Lange in: Eicher/Luik, SGB II, 4. Aufl., § 12 Rn. 95.
124 Geiger in: LPK-SGB II, 6. Aufl., § 12 Rn. 75.
125 Vgl. zum Begriff der besonderen Härte BSG Urt. v. 11.12.2012 – B 4 AS 29/12 R, Rn. 25 mwN; zum Begriff der offensichtlichen Unwirtschaftlichkeit BSG Urt. v. 18.9.2014 – B 14 AS 58/13 R, Rn. 26.

müssen. Allerdings ist § 12 Abs. 3 S. 1 Nr. 6 2. Fall SGB II von § 9 Abs. 4 SGB II abzugrenzen (s. auch → Rn. 19, 47).[126]

b) Offensichtliche Unwirtschaftlichkeit

45   Gem. § 12 Abs. 3 S. 1 Nr. 6 1. Fall SGB II sind Sachen und Rechte nicht zu berücksichtigen, soweit ihre Verwertung offensichtlich unwirtschaftlich ist. Hier ist eine rein wirtschaftliche Betrachtungsweise geboten, wobei die Wirtschaftlichkeit der Verwertung ausschließlich nach objektiven Kriterien zu beurteilen ist. Dabei sind zwei Werte miteinander zu vergleichen:[127] Dazu sind der **auf dem Markt erzielbare Wert** des Vermögensgegenstands und sein „**wirklicher**" Wert oder Substanzwert zu ermitteln. Der auf dem Markt erzielbare Wert ist der **Verkehrswert im Sinne des § 12 Abs. 4 S. 1 SGB II**,[128] also der im gewöhnlichen Geschäftsverkehr bei einer Veräußerung zu erzielende Preis[129] abzüglich der aus dem Vermögen zu bestreitenden Verwertungskosten.[130] Der **Substanzwert** ist demgegenüber schwieriger zu ermitteln. Er wird gebildet aus der **Summe der Kosten, die für den Erwerb aufgewendet werden mussten**,[131] und ist individuell je nach Vermögensgegenstand zu bestimmen.[132] Bei Hausgrundstücken ist dies der zum Erwerb und zur Herstellung der Immobilie aufgewendete Gesamtbetrag,[133] bestehend zB aus Kaufpreis, Grunderwerbssteuer, Makler- und Notarkosten sowie Nutzungsvorteil.[134] Bei Lebensversicherungen ist dies die Summe der auf den Versicherungsvertrag eingezahlten Beiträge[135] und die Chance bzw. Anwartschaft auf eine wesentlich höhere Gesamtsumme im Fall der späteren Auszahlung.[136] Der erwerbsfähige Leistungsberechtigte hat in diesem Zusammenhang die Möglichkeit, durch einen entsprechend **substantiierten Vortrag** Ermittlungen zur Höhe des Substanzwerts auszulösen. Bei **Schenkungen oder Erbschaften** muss der Wert bei Erwerb und bei verlangtem Einsatz abgestellt werden, weil der Anschaffungswert nicht Ergebnis einer eigenen wirtschaftlichen Position des erwerbsfähigen Leistungsberechtigten ist.[137]

46   Die Verwertung ist **offensichtlich unwirtschaftlich**, wenn der auf dem Markt erzielbare Wert des Vermögens **wesentlich niedriger** ist als der wirkliche Wert.[138] Unter Geltung des SGB III wurde eine offensichtliche Unwirtschaftlichkeit angenommen, wenn bei Verwertung des Vermögensgegenstandes weniger als 90 % des „Kaufpreises" erzielt werden würden. Damit begründete ein Verlust von mehr als 10 % die offensichtliche Unwirtschaftlichkeit. Im Rahmen des § 12 Abs. 3 S. 1 Nr. 6 1. Fall SGB II gilt diese Grenze nach der Rechtsprechung des BSG nicht. Allerdings hat das BSG eine nähere wertmäßige Festlegung mit Hinweis auf die Tatsache abgelehnt, dass es sich bei den Begriffen offensichtlich und unwirtschaftlich um unbestimmte Rechtsbegriffe handele, bei deren Ausfüllung eine unabgeschlossene Vielzahl von Umständen berücksichtigt werden müs-

---

126   Vgl. dazu Lange in: Eicher/Luik, SGB II, 4. Aufl., § 12 Rn. 112 f.
127   BSG Urt. v. 18.9.2014 – B 14 AS 58/13 R, Rn. 26.
128   Vgl. Geiger in: LPK-SGB II, 6. Aufl., § 12 Rn. 76.
129   BSG Urt. v. 23.5.2012 – B 14 AS 100/11 R, Rn. 24.
130   BSG Urt. v. 12.10.2016 – B 4 AS 4/16 R, Rn. 37 wie zB die Zahlungen zur Ablösung von Belastungen, die auf einem Grundstück liegen, BSG Urt. v. 18.9.2014 – B 14 AS 58/13 R, Rn. 27 (hier Vorfälligkeitsentschädigung).
131   BSG Urt. v. 18.9.2014 – B 14 AS 58/13 R, Rn. 26.
132   Vgl. auch BSG Urt. v. 23.5.2012 – B 14 AS 100/11 R, Rn. 23.
133   BSG Urt. v. 12.10.2016 – B 4 AS 4/16 R, Rn. 37.
134   BSG Urt. v. 18.9.2014 – B 14 AS 58/13 R, Rn. 27.
135   BSG Urt. v. 20.2.2014 – B 14 AS 10/13 R, Rn. 36 mwN.
136   BSG Urt. v. 15.4.2008 – B 14/7b AS 68/06 R, Rn. 34, BSGE 100, 196. Offengelassen, ob auch auf das bereits erreichte Garantiekapital nebst gesicherter Überschussbeteiligung abzustellen ist, vgl. BSG Urt. v. 15.4.2008 – B 14/7b AS 52/06 R, Rn. 37.
137   BSG Urt. v. 27.1.2009 – B 14 AS 42/07 R, Rn. 38, SozR 4-4200 § 12 Nr. 12.
138   BSG Urt. v. 12.10.2016 – B 4 AS 4/16 R, Rn. 37 mwN.

sen.[139] Damit bleibt die Entscheidung auf den Einzelfall bezogen, weshalb auch nicht sicher vorausgesagt werden kann, ob im konkreten Fall eine offensichtliche Unwirtschaftlichkeit besteht oder nicht. Gewisse Anhaltspunkte bietet die Rechtsprechung dennoch insofern, als Beurteilungskriterien für einzelne Vermögensgegenstände wie **Hausgrundstücke**,[140] **Lebensversicherungen**[141] sowie **Aktien und Fonds**[142] vorliegen.

c) Besondere Härte

Im SGB II ist mit § 12 Abs. 3 S. 1 Nr. 6 2. Fall SGB II eine allgemeine Härteklausel ein-   **47**
geführt worden. Nach der im Gesetzgebungsverfahren noch geänderten Formulierung sind solche Sachen und Rechte nicht einzusetzen, deren Verwertung für den Betroffenen eine besondere Härte bedeuten würde. Für die Annahme einer besonderen Härte werden außergewöhnliche Umstände des Einzelfalls vorausgesetzt, die nicht durch die ausdrücklichen Freistellungen über das Schonvermögen gem. § 12 Abs. 3 S. 1 SGB II und die Absetzungsbeträge nach § 12 Abs. 2 SGB II erfasst werden[143] und damit dem Betroffenen ein eindeutig größeres Opfer abverlangen als eine einfache Härte und erst recht als die mit der Vermögensverwertung stets verbundenen Einschnitte.[144] § 12 Abs. 3 S. 1 Nr. 6 2. Fall SGB II unterscheidet sich von § 9 Abs. 4 2. Fall SGB II dadurch, dass sich die besondere Härte im Sinne des § 12 Abs. 3 S. 1 Nr. 6 2. Fall SGB II auf die **Verwertung an sich** und die besondere Härte im Sinne des § 9 Abs. 4 2. Fall SGB II auf den **Zeitpunkt der Verwertung** („sofortige Verwertung") bezieht.[145]

Härtefälle können wie die Fälle der offensichtlichen Unwirtschaftlichkeit nur einzelfall-   **48**
bezogen benannt werden. Dazu gehören etwa die folgenden Fälle:[146] Eine **angemessene Alterssicherung** kann geschützt sein, wenn die Tatbestandsvoraussetzungen in § 12 Abs. 2 S. 1 Nr. 2, 3, Abs. 3 S. 1 Nr. 1 SGB II nicht erfüllt sind und bei der leistungsberechtigten Person eine Kumulation von Belastungen (Versorgungslücke, Behinderung, Lebensalter, Berufsausbildung) vorliegt.[147] Ein unangemessen großes Eigenheim kann geschützt sein, wenn die ernste Möglichkeit besteht, dass die betroffene Person nur **kurzfristig Leistungen nach dem SGB II** bezieht[148] oder wenn es wegen einer Trennung der Eheleute unangemessen groß geworden ist, aber das **Trennungsjahr noch nicht abgelaufen ist.**[149] Das Vermögen ist aus besonders geschützten Geldern wie zB einer **Schmerzensgeldzahlung**[150] gebildet worden; dagegen reicht nicht die Bildung aus Leis-

---

139 Vgl. BSG Urt. v. 20.2.2014 – B 14 AS 10/13 R, Rn. 42.
140 BSG Urt. v. 12.10.2016 – B 4 AS 4/16 R, Rn. 42: bei Veräußerung nach Abzug der verkaufsbedingten Aufwendungen muss „wesentlich weniger" als der zum Erwerb und zur Herstellung der Immobilie aufgewendete Betrag erzielt werden, wobei „gewisse Verluste" insbesondere unter dem Aspekt veränderter Marktpreise und des bisher in Anspruch genommenen Wohnwerts noch als zumutbar angesehen werden können.
141 Vgl. BSG Urt. v. 20.2.2014 – B 14 AS 10/13 R, Rn. 43: Verlustquote bei vorzeitiger Auflösung, konkrete Vertragsbedingungen, konkrete Vertragssituation, mögliche Beleihung der Versicherung. Als offensichtlich unwirtschaftlich ist ein Verlust von 44,26 % (BSG Urt. v. 20.2.2014 – B 14 AS 10/13 R, Rn. 37) bzw. von 48,2 % (BSG Urt. v. 6.9.2007 – B 14/7 b AS 66/06 R, Rn. 12, BSGE 99, 77) angesehen worden.
142 ThürLSG Urt. v. 26.10.2016 – L 4 AS 407/15, Rn. 57: Keine Aussage möglich, wenn es sich um hoch risikobehaftete Anlageformen handelt, sodass ein eventueller Wertverlust nicht Folge einer vorzeitigen Veräußerung, sondern in dieser Anlageform angelegt ist.
143 BSG Urt. v. 11.12.2012 – B 4 AS 29/12 R, Rn. 25 mwN.
144 BSG Urt. v. 24.5.2017 – B 14 AS 16/16 R, Rn. 30 mwN.
145 Vgl. Lange in: Eicher/Luik, SGB II, 4. Aufl., § 12 Rn. 112.
146 Vgl. weitere Fälle bei Geiger in: LPK-SGB II, 4. Aufl., § 12 Rn. 82 ff.; Lange in: Eicher/Luik, SGB II, 4. Aufl., § 12 Rn. 115 ff.
147 Vgl. BSG Urt. v. 7.5.2009 – B 14 AS 35/08 R, Rn. 15, 21, BSGE 103, 146; BSG Urt. v. 30.8.2010 – B 4 AS 70/09 R, Rn. 20.
148 BSG Urt. v. 30.8.2017 – B 14 AS 30/16 R Rn. 28 f.: erwerbsfähiger Leistungsberechtigter mit begründeter Aussicht auf Wiedereingliederung in das Erwerbsleben bei bestehendem Arbeitsvertrag; das alsbaldige Wiederausscheiden aus dem Leistungsbezug ist mindestens ernsthaft möglich; erwerbsfähige Leistungsberechtigte in einem Arbeitsverhältnis oder einer stufenweisen Wiedereingliederung.
149 Vgl. LSG Nds-Brem Urt. v. 31.5.2017 – L 13 AS 105/16, Rn. 34 ff., info also 2017, 223.
150 BSG Urt. v. 15.4.2008 – B 14/7 b AS 6/07 R, Rn. 15 ff., SozR 4–4200 § 12 Nr. 9.

tungen nach dem SGB II, da damit § 12 Abs. 2 SGB II leerliefe, wonach Schonvermögen aus diesen Leistungen nur in begrenzter Höhe gebildet werden kann.[151] Die Verwertung des Vermögens berührt die Interessen unbeteiligter Dritte (vor allem die Familie) in der Weise, dass sie zu **schwerwiegenden familiären Konflikten** führen würde.[152] Bei der Berechnung des geschützten Vermögens sind die Vorschriften des SGB XII und des SGB II mit der Folge von Wertungswidersprüchen parallel anwendbar; dies ist vor allem bei **gemischten Bedarfsgemeinschaften** der Fall.[153]

8. Gegenstände für Berufsausbildung oder Erwerbstätigkeit (§ 7 Abs. 1 Alg II-V)

49 Eine § 12 Abs. 3 SGB II ergänzende Regelung enthält § 7 **Abs. 1 Alg II-V**. Danach zählen zum Schonvermögen auch Gegenstände, die zur Aufnahme oder Fortsetzung einer Berufsausbildung oder Erwerbstätigkeit unentbehrlich sind. Vermieden werden soll mit dieser Regelung letztlich, dass Vermögensgegenstände verwertet werden, die später ggf. über die Eingliederungsleistungen wiederbeschafft werden müssen.[154] Daneben wird damit aber die Eigenverantwortung des erwerbsfähigen Leistungsberechtigten gem. § 1 Abs. 2 S. 1 SGB II gestärkt, weil die geschützten Gegenstände dazu dienen können, dass er seinen Bedarf mit Hilfe eigener Mittel deckt.[155] Eine entsprechende Regelung gilt für das SGB XII in § 90 Abs. 2 Nr. 5 SGB XII. Im Zwangsvollstreckungsrecht sind ua die zur Fortsetzung der Erwerbstätigkeit erforderlichen Gegenstände unpfändbar, § 811 Nr. 5 ZPO.

50 **Erwerbstätigkeit** ist jede rechtmäßige Form der Beschäftigung (abhängig oder selbstständig) gegen Entgelt, die geeignet ist, einen Beitrag zum Lebensunterhalt des Hilfesuchenden zu erbringen, nicht dagegen eine Berufsausübung ohne nennenswerten wirtschaftlichen Erfolg.[156] Unter den Begriff der **Berufsausbildung** sollen nur anerkannte Ausbildungen fallen, die dazu dienen, Fähigkeiten zu erlangen, die die Ausübung eines zukünftigen Berufs ermöglichen.[157] Die Beschränkung nur auf **anerkannte** Ausbildungen erscheint zu eng; es geht nicht um die Förderung einer bestimmten Ausbildung an sich (→ Kap. 33 Rn. 6, 27 ff.), sondern um den **Schutz der Ausbildung als Mittel der Sicherung** der eigenen Existenz. Der daraus folgende weite Normzweck ergibt sich auch daraus, dass auch Gegenstände zur Ausübung und Fortsetzung von Weiter- und Fortbildungen geschützt sind.[158] Allerdings muss die Berufsausbildung notwendig und geeignet sein, alsbald eine Erwerbstätigkeit im og Sinne aufzunehmen.

51 Durch § 7 Abs. 1 Alg II-V geschonte **Gegenstände** können Sachen und Rechte sein, wenn sie direkt oder indirekt bei der Berufsausbildung oder Erwerbstätigkeit Verwendung finden; es kommt auch nicht darauf an, ob sie bereits aktuell genutzt werden oder erst in Zukunft erstmalig benötigt bzw. verbraucht werden.[159] Voraussetzung für die Qualifizierung als Schonvermögen ist allerdings die **Unentbehrlichkeit** der Gegenstände für die Berufsausbildung oder Erwerbstätigkeit. Das ist der Fall, wenn die berufliche Tätigkeit ohne sie nicht oder nicht fachgerecht aufgenommen oder durchgeführt wer-

---

151 BSG Urt. v. 12.10.2017 – B 4 AS 19/16 R, Rn. 32.
152 BSG Urt. v. 6.5.2010 – B 14 AS 2/09 R, Rn. 27.
153 Vgl. Lange in: Eicher/Luik, SGB II, 4. Aufl., § 12 Rn. 117 mwN. S.a. → Kap. 20 Rn. 52, 258.
154 Vgl. BSG 23.11.2006 – B 11 b AS 3/05 R, Rn. 23, SozR 4–4200 § 16 Nr. 1.
155 Vgl. für das SGB XII Wahrendorf in: Grube/Wahrendorf, SGB XII, 5. Aufl. 2014, Rn. 44, der allerdings § 90 Abs. 2 Nr. 5 SGB XII mit Blick auf die Regelung im SGB II einschränkend auslegen will.
156 BSG 23.11.2006 – B 11 b AS 3/05 R, Rn. 23, SozR 4–4200 § 16 Nr. 1. Vgl. auch LSG NRW Urt. v. 11.8.2008 – L 19 AS 7/07, Rn. 31 mwN, wonach Einnahmen erzielt werden müssen, die „wesentlich" zum Lebensunterhalt beitragen.
157 Vgl. Lange in: Eicher/Luik, SGB II, 4. Aufl., § 12 Rn. 101.
158 So Lange in: Eicher/Luik, SGB II, 4. Aufl., § 12 Rn. 101.
159 Vgl. Lange in: Eicher/Luik, SGB II, 4. Aufl., § 12 Rn. 102.

den könnte.[160] Hinsichtlich der als geschütztes Vermögen in Betracht kommenden Gegenstände kann auf den zu § 811 Nr. 5 ZPO entwickelten Katalog zurückgegriffen werden;[161] allerdings sind darüber hinaus die grundsicherungsrechtlichen Vorgaben insbesondere hinsichtlich der Unentbehrlichkeit zu beachten. Dies erfordert etwa die Prüfung, ob nicht möglicherweise ein Teil der Gegenstände verwertet werden kann.[162]

III. Ermittlung des Vermögenswertes (§ 12 Abs. 4 SGB II)

1. Verkehrswert

Die Berücksichtigung des verwertbaren (§ 12 Abs. 1 SGB II) und nicht von der Berücksichtigung verschonten (§ 12 Abs. 3 SGB II und § 7 Abs. 1 Alg II-V) Vermögens erfolgt nach **§ 12 Abs. 4 S. 1 SGB II** mit seinem **Verkehrswert**. Dies ist der im gewöhnlichen Geschäftsverkehr bei einer Veräußerung zu erzielende Preis[163] abzüglich der aus dem Vermögen zu bestreitenden Verwertungskosten.[164] § 8 Alg II-V, wonach der Verkehrswert ohne Rücksicht auf steuerrechtliche Vorschriften zu erfolgen hat, bietet demgegenüber kaum weitere konkretisierbare Hinweise. Für die Ermittlung des Verkehrswerts – die im Wege der **Schätzung** gem. § 202 S. 1 SGG iVm § 287 ZPO erfolgt – gelten je nach Vermögensgegenstand unterschiedliche Vorgaben, so ua für Immobilien,[165] Lebensversicherungen,[166] Kraftfahrzeuge,[167] Sammlungen,[168] Aktien bzw. Investmentfonds.[169] Ist der Verkehrswert rechtswidrig zu niedrig geschätzt und sind deshalb Leistungen zu Unrecht erbracht worden, ist eine Rückforderung der Leistungen nur unter den engen Voraussetzungen insbesondere des § 45 Abs. 2 S. 3 Nr. 2, 3 SGB X statthaft; ist er rechtswidrig zu hoch geschätzt und sind deshalb Leistungen zu Unrecht abgelehnt worden, kommt eine Leistungserbringung gem. § 40 Abs. 1 S. 2 SGB II iVm § 44 Abs. 1 SGB X in Betracht.[170] **52**

Schulden sind vom Verkehrswert grundsätzlich nicht abzuziehen. Eine Saldierung der Aktiva und Passiva ist wegen der Subsidiarität der staatlichen Fürsorge nicht vorzunehmen. Sie soll erst eingreifen, wenn der Hilfebedürftige ihm zur Verfügung stehende Mittel verbraucht hat[171] (dazu auch → Rn. 7). Allerdings sind **unmittelbar auf dem Vermögensgegenstand ruhende Belastungen** zu berücksichtigten, da der Vermögensgegenstand in diesem Fall nicht ohne Abzüge veräußert werden kann.[172] Ebenso sind **Kosten**, die **53**

---

160 Lange in: Eicher/Luik, SGB II, 4. Aufl., § 12 Rn. 102.
161 Vgl. etwa Hartmann in: Baumbach/Lauterbach/Albers/Hartmann, ZPO, 76. Aufl., § 811 Rn. 39 ff.
162 Vgl. BSG 23.11.2006 – B 11 b AS 3/05 R, Rn. 24, SozR 4–4200 § 16 Nr. 1.
163 BSG Urt. v. 23.5.2012 – B 14 AS 100/11 R, Rn. 24.
164 Vgl. etwa BSG Urt. v. 12.10.2016 – B 4 AS 4/16 R, Rn. 37; BSG Urt. v. 18.9.2014 – B 14 AS 58/13 R, Rn. 27.
165 BSG Urt. v. 27.1.2009 – B 14 AS 42/07 R, Rn. 39, SozR 4–4200 § 12 Nr. 12 hält verschiedene Möglichkeiten für statthaft, so ein Verkehrswertgutachten (§ 194 BauGB, aber auch andere Verfahren; vgl. dazu Lange in: Eicher/Luik, SGB II, 4. Aufl., § 12 Rn. 123: Kaufpreis (bei nicht lange zurückliegendem Kauf); Bodenrichtwerte bei unbebauten (§ 195 BauBG) und Kaufpreissammlungen bei bebauten (§ 196 BauGB) Grundstücken.
166 BSG Urt. v. 10.8.2016 – B 14 AS 51/15 R, Rn. 21: Rückkaufswert der Versicherung zuzüglich Überschussbeteiligung und ggf. abzüglich von Verwertungskosten.
167 BSG Urt. v. 6.9.2007 – B 14/7 b AS 66/06 R, Rn. 17, BSGE 99, 77: Listen über Verkaufspreise wie zB die Schwacke-Liste.
168 BSG Urt. v. 23.5.2012 – B 14 AS 100/11 R, Rn. 25: Der Verkehrswert bestimmt sich nach dem affektiven Interesse des Sammlers und nicht nach dem Materialwert (hier: Münzsammlung).
169 ThürLSG Urt. v. 26.10.2016 – L 4 AS 407/15, Rn. 39 mwN: aktueller Kurswert.
170 Vgl. Geiger in: LPK-SGB II, § 12 Rn. 97.
171 BSG Urt. v. 11.12.2014 – B 4 AS 29/12 R, Rn. 31.
172 BSG Urt. v. 20.2.2014 – B 12 AS 10/13 R, Rn. 29 mwN.

wegen der **Verwertung des Vermögensgegenstands** erzielt werden, abzuziehen;[173] Grund hierfür ist die Erwägung, dass ohne sie ein Ertrag nicht erzielt werden könnte.[174]

2. Maßgeblicher Zeitpunkt

54 **Maßgeblicher Zeitpunkt** für die Ermittlung des Vermögenswertes ist nach § 12 Abs. 4 S. 2 Hs. 1 SGB II grundsätzlich der **Zeitpunkt des Antrags** auf Bewilligung von Alg II. Dies ist unter Berücksichtigung des § 37 Abs. 2 S. 2 SGB II der Monatserste des Antragsmonats. Erwirbt der erwerbsfähige Leistungsberechtigte Vermögen nach Antragstellung, ist es nach § 12 Abs. 4 S. 2 Hs. 2 SGB II zum **Zeitpunkt des Erwerbs** zu bewerten. Hier ist allerdings zu berücksichtigen, dass nach dem Beginn des Monats der Antragstellung zugeflossene Werte grundsätzlich als Einkommen zu berücksichtigen sind (→ Kap. 20 Rn. 36 ff.). Die Regelung des § 12 Abs. 4 S. 2 Hs. 2 SGB II kommt daher nur insoweit zur Anwendung, als im Leistungsbezug hinzutretende Werte nicht einlösbar sind, etwa erst in Zukunft fällig werdende Forderungen oÄ.

55 Grundsätzlich bleibt der nach § 12 Abs. 4 S. 2 SGB II zu bestimmende **jeweilige** Stichtag verbindlich. Gem. § 12 Abs. 4 S. 3 SGB II sind jedoch **wesentliche Änderungen des Verkehrswerts** zu berücksichtigen. Wesentlich ist jede Änderung, die sich auf die Höhe der zu erbringenden Leistung auswirkt.[175] Führt eine *Verringerung* des Vermögenswerts zur Bedürftigkeit, ist die Veränderung im Sinne des § 12 Abs. 4 S. 3 SGB II wesentlich. Eine wesentliche *Erhöhung* des Vermögenswerts ist bis zum Erlass der Verwaltungsentscheidung zu beachten; bei deren Bestandskraft kann sie dagegen nur noch nach Maßgabe des § 48 SGB X berücksichtigt werden.[176]

IV. Vom Vermögen abzusetzende Freibeträge (§ 12 Abs. 2 SGB II)

1. Überblick

56 Übersicht über die **vom Vermögen abzusetzenden Freibeträge:**
- Grundfreibetrag für volljährige Personen, § 12 Abs. 2 S. 1 Nr. 1 SGB II
- Grundfreibetrag für minderjährige Personen, § 12 Nr. 1 a SGB II
- Gefördertes Altersvorsorgevermögen, § 12 Abs. 2 S. 1 Nr. 2 SGB II
- Der Altersvorsorge dienendes Vermögen, § 12 Abs. 2 S. 1 Nr. 3 SGB II
- Der Anschaffungsfreibetrag in Höhe von 750,00 EUR, § 12 Abs. 2 S. 1 Nr. 4 SGB II

57 § 12 Abs. 2 SGB II beschreibt die Vermögensfreibeträge, die vom verwertbaren und zu berücksichtigenden Vermögen zu belassen sind. So wie die insgesamt fünf Freibetragstatbestände kumulativ zu den Tatbeständen des § 12 Abs. 3 SGB II zu berücksichtigen sind (dazu oben → Rn. 24), gelangen sie auch untereinander kumulativ zur Anwendung. Bei jeder leistungsberechtigten Person sind die Absetzungen gem. § 12 Abs. 2 S. 1 Nr. 1 bzw. 1 a SGB II und gem. § 12 Abs. 2 S. 1 Nr. 4 SGB II zu prüfen. Die anderen Absetzungsbeträge setzen eine bestimmte Anlageform voraus.

2. Grundfreibetrag für volljährige Personen (§ 12 Abs. 2 S. 1 Nr. 1 SGB II)

58 Gem. § 12 Abs. 2 S. 1 Nr. 1 SGB II ist vom **Vermögen jeder der in der Bedarfsgemeinschaft lebenden** volljährigen **Person** zunächst jeweils ein vom Lebensalter abhängiger **Grundfreibetrag** abzusetzen. Damit ist es auch möglich, dass ein in der Bedarfsgemein-

---

173 Vgl. BSG Urt. v. 10.8.2016 – B 14 AS 51/15 R, Rn. 21 mwN.
174 Lange in: Eicher/Luik SGB II, 4. Aufl., § 12 Rn. 122.
175 Vgl. etwa LSG BW Urt. v. 22.9.2015 – L 9 AS 5084/13, Rn. 27, juris: dies ist nicht der Fall, wenn das Gesamtvermögen insgesamt unter den Freibeträgen gem. § 12 Abs. 2 SGB II bleibt.
176 Vgl. auch Lange in: Eicher/Luik, SGB II, 4. Aufl., § 12 Rn. 128.

schaft lebendes volljähriges Kind einen Freibetrag nach § 12 Abs. 2 S. 1 Nr. 1 SGB II geltend machen kann. Der Grundfreibetrag ist unabhängig von dem Zweck zu berücksichtigen, dem die Verwendung des Vermögens dienen soll. Daher kann auch Vermögen,
welches über dem nach § 12 Abs. 2 S. Nr. 3 SGB II geschützten Höchstbetrag liegt, ergänzend nach § 12 Abs. 2 S. 1 Nr. 1 SGB II geschützt sein. Allerdings ist er nicht völlig
anrechnungsfrei. Vielmehr können erwerbsfähige Leistungsberechtigte vor **Gewährung
eines Darlehens** gem. § 42 a Abs. 1 S. 1 SGB II oder gem. § 22 Abs. 8 S. 3 SGB II auf
dessen Einsatz verwiesen werden. Ein überschüssiger Grundfreibetrag kann einem Partner zugerechnet werden;[177] für ein zur Bedarfsgemeinschaft gehörendes Kind ist dies allerdings nicht statthaft.[178]

Die Höhe des Grundfreibetrags beträgt gem. § 12 Abs. 2 S. 1 Nr. 1, 2 SGB II aus einem **59**
Betrag von 150 EUR je vollendetem Lebensjahr,[179] gedeckt durch einen altersabhängi-
gen Maximalbetrag:

Geburtsdatum	Höhe des Grundfreibetrags	Höchstbetrag	Rechtsnorm
vor dem 1.1.1948[180]	520 EUR je vollendetem Lebensjahr	33.800 EUR	§ 65 Abs. 5 SGB II, § 4 Abs. 2 S. 2 AlhiV
vor dem 1.1.1958	150 EUR je vollendetem Lebensjahr	9.750 EUR	§ 12 Abs. 2 S. 1, S. 2 Nr. 1 SGB II
nach dem 31.12.1957	150 EUR je vollendetem Lebensjahr	9.900 EUR	§ 12 Abs. 2 S. 1, S. 2 Nr. 2 SGB II
nach dem 31.12.1963	150 EUR je vollendetem Lebensjahr	10.050 EUR	§ 12 Abs. 2 S. 1, S. 2 Nr. 3 SGB II

3. Grundfreibetrag für leistungsberechtigte minderjährige Kinder (§ 12 Abs. 2 S. 1 Nr. 1 a SGB II)

Gem. § 12 Abs. 2 S. 1 Nr. 1 a SGB II kann für jedes leistungsberechtigte minderjährige **60**
Kind ein altersunabhängiger Betrag in Höhe von **3.100 EUR** abgesetzt werden. Dieser
Freibetrag kann aber *nicht* als sog „Kinderfreibetrag" angesehen werden, der der Bedarfsgemeinschaft unabhängig vom tatsächlichen Vorhandensein von Vermögen auf Seiten des zur Bedarfsgemeinschaft gehörenden Kindes zu Gute kommt; vielmehr bezieht
sich der Grundfreibetrag nur auf **eigenes Vermögen** des Kinds.[181] Dies ergibt sich vor
allem aus der Tatsache, dass das Vermögen des Kindes anders behandelt wird als das
Vermögen der Eltern: Das Kind hat sein eigenes Vermögen zur Deckung seines Lebensunterhalts einzusetzen, bevor es nach dessen Verbrauch überhaupt zur Bedarfsgemeinschaft zählt (§ 7 Abs. 3 Nr. 4 iVm § 9 Abs. 2 S. 2 SGB II); eine wechselseitige Berücksichtigung des Vermögens ist nicht vorgesehen. Wenn der Gesetzgeber einen „Kinderfreibetrag" gewollt hätte, hätte es zumindest nahegelegen, ihn im Rahmen von § 12
Abs. 2 S. 1 Nr. 1 oder Nr. 4 SGB II einheitlich mit den sonstigen von der Zuordnung zu
einer bestimmten Vermögensmasse unabhängigen Freibeträgen zugunsten der Bedarfs-

177 BSG Urt. v. 13.5.2009 – B 4 AS 58/08 R, Rn. 18, BSGE 103, 153.
178 BSG Urt. v. 13.5.2009 – B 4 AS 58/08 R, Rn. 19, BSGE 103, 153.
179 Der Grundfreibetrag wird zum Zeitpunkt des Geburtstags erhöht, vgl. BSG Urt. v. 6.9.2007 – B 14/7 b AS 66/06 R, Rn. 11, BSGE 99, 77.
180 Die Vorschrift soll noch für Personen in Betracht kommen, die als Mitglieder der Bedarfsgemeinschaft Anspruch auf Sozialgeld haben, vgl. Lange in: Eicher/Luik, SGB II, 4. Aufl., § 12 Rn. 49. Sie gilt nur für die Personen dieses Alters, nicht dagegen für andere – jüngere – Mitglieder der Bedarfsgemeinschaft, BSG Urt. v. 15.4.2008 – B 14 AS 27/07 R, Rn. 23 mwN.
181 Vgl. BSG Urt. v. 13.5.2009 – B 4 AS 58/08 R, Rn. 19, BSGE 103, 153.

gemeinschaft mitzuregeln.[182] Das Kind kann vor **Gewährung eines Darlehens** gem. § 42 a Abs. 1 S. 1 SGB II auf den Einsatz dieses Vermögens verwiesen werden.

61 **Kindesvermögen** liegt zB dann vor, wenn ein Sparvertrag auf seinen Namen angelegt ist; ist es nicht gesondert angelegt, besteht die Gefahr der Anrechnung als verwertbares Vermögen.[183] Dabei ist nicht als rechtsmissbräuchlich anzusehen, wenn Eltern einen – eigene Freibeträge übersteigenden – Teil ihres Vermögens auf ihr Kind umschreiben lassen, weil sie damit gerade den Gesetzeszweck der Gewährleistung von Ausbildungshilfen etc verwirklichen.

4. Freibetrag für gefördertes Altersvorsorgevermögen (§ 12 Abs. 2 S. 1 Nr. 2 SGB II)

62 Nach § 12 Abs. 2 S. 1 Nr. 2 SGB II ist Altersvorsorgevermögen in Höhe des nach Bundesrecht ausdrücklich als Altersvorsorge geförderten Vermögens einschließlich seiner Erträge[184] und der geförderten laufenden Altersvorsorgebeiträge (§§ 82, 86 EStG) von der Vermögensberücksichtigung freigestellt, soweit der Inhaber das Altersvorsorgevermögen nicht vorzeitig verwendet. Zur Anerkennung als **Altersvorsorgevermögen** ist die Förderung nach § 10 a SGB II oder dem XI. Abschnitt des EStG in einer sog „Riester-Anlageform" erforderlich; dies setzt den Abschluss eines durch die Bundesanstalt für Finanzdienstleistungsaufsicht nach § 5 AltZertG zertifizierten Altersvorsorgevertrags voraus.[185] Das Altersvorsorgevermögen wird eigenständig bis zum **Förderungshöchstbetrag nach § 10 a EStG** (2002/2003: 525 EUR; 2004/2005: 1.050 EUR; 2006/2007: 1.575 EUR; ab 2008: 2.100 EUR) geschützt.[186]

63 Nach § 12 Abs. 2 S. 1 Nr. 2 SGB II ist das Altersvorsorgevermögen in Höhe des nach Bundesrecht ausdrücklich als Altersvorsorge geförderten Vermögens einschließlich seiner Erträge und der geförderten laufendenden Altersvorsorgebeiträge geschützt, soweit der Inhaber das Altersvorsorgevermögen nicht vorzeitig verwendet. Dieses Altersvorsorgevermögen ist nur dann geschützt, wenn es nach § 5 AltZertG abgeschlossen ist (sog Riester-Modell)[187]; es ist bis zum Förderungshöchstbetrag gem. § 10 a EStG privilegiert.

64 Eine **vorzeitige Verwendung** ist idR dann gegeben, wenn eine Auszahlung des Anlagevermögens vor Erreichen des Rentenalters erfolgt. In diesem Fall ist das angesammelte Vermögen als Vermögen nur in den Grenzen des allgemeinen Freibetrags gem. § 12 Abs. 2 S. 1 Nr. 1 SGB II geschützt. Bei Neuanlage in Form einer geschützten Altersvorsorge gem. § 12 Abs. 2 S. 1 Nr. 2 oder Nr. 3 SGB II ist das Vermögen aber wieder geschützt.[188] Eine solche (Neu-)Anlage löst weder eine Sanktion nach § 31 Abs. 2 Nr. 1 SGB II noch einen Ersatzanspruch nach § 34 SGB II aus.[189]

5. Gefördertes Altersvorsorgevermögen

65 Nach § 12 Abs. 2 S. 1 Nr. 3 SGB II sind geldwerte Ansprüche, die der Altersvorsorge dienen, vom Vermögen abzusetzen, soweit der Inhaber sie vor dem Eintritt in den Ruhestand aufgrund einer vertraglichen Vereinbarung nicht verwerten kann und der Wert der geldwerten Ansprüche **750 EUR je vollendetem Lebensjahr** der erwerbsfähigen leis-

---

182 BSG Urt. v. 13.5.2009 – B 4 AS 58/08 R, Rn. 22, BSGE 103, 153.
183 Vgl. Geiger in: LPK-SGB II, 4. Aufl., § 12 Rn. 34.
184 Hierunter sind vor allem die Zinsen zu fassen (§ 1 Abs. 1 S. 1 Nr. 7 AltZertG); fließen diese allerdings im laufenden Bewilligungsabschnitt zu, sind sie an sich als Einkommen zu berücksichtigen, um die Wirksamkeit des Freibetrags sicherzustellen, sind sie aber im Zuflussmonat als Vermögen zu behandeln, vgl. Lange in: Eicher/Luik, SGB II, 4. Aufl., § 12 Rn. 58.
185 BSG Urt. v. 15.4.2008 – B 14/7 b AS 68/06 R, Rn. 29, BSGE 100, 196.
186 Vgl. Geiger in: LPK-SGB II, 6. Aufl., § 12 Rn. 36.
187 Vgl. BSG Urt. v. 15.4.2008 – B 14/7 b AS 56/06 R.
188 Geiger in: LPK-SGB II, 6. Aufl., § 12 Rn. 37.
189 Vgl. Geiger in: LPK-SGB II, 6. Aufl., § 12 Rn. 37 unter Verweis auf BR-Drs. 3/10, 23.

tungsberechtigten Person und ihrer Partnerin/ihres Partners, höchstens jedoch den nach § 12 Abs. 2 S. 2 Nr. 3 SGB II maßgebenden **Höchstbetrag** (abhängig vom Geburtstag des Betreffenden **bis zu** 50.250 EUR) nicht übersteigt. Auch diese Regelung soll erwerbsfähige Leistungsberechtigte davor schützen, den vorzeitigen Einsatz von Altersvorsorgevermögen für Zwecke des Lebensunterhalts einzusetzen.[190]

§ 12 Abs. 2 S. 1 Nr. 3 SGB II begünstigt nur **geldwerte Ansprüche**, die der **Altersvorsorge dienen**. Erforderlich ist dazu eine subjektive Zweckbestimmung durch den Leistungsberechtigten dahingehend, dass er das Vermögen nach Eintritt in den Ruhestand zur Bestreitung des Lebensunterhalts für sich verwenden will und eine der Bestimmung entsprechende Vermögensdisposition getroffen hat.[191]

Zusätzlich ist erforderlich, dass der erwerbsfähige Leistungsberechtigte die Möglichkeit der **vorzeitigen Verwertung** des geldwerten Anspruchs (etwa durch Rückkauf, Beleihung oder Verpfändung)[192] bis zum Eintritt in den Ruhestand aufgrund einer unwiderruflichen vertraglichen Vereinbarung **ausgeschlossen** hat. Ein solcher vertraglicher Ausschluss ist für eine Lebensversicherung gem. § 168 Abs. 3 S. 1 VVG statthaft. Als Zeitpunkt des Eintritts in den Ruhestand kommt die Vollendung des 60. Lebensjahrs in Betracht;[193] angesichts der kontinuierlichen Anhebung der Regelaltersgrenze auf 67 Jahre (§ 235 Abs. 2 SGB VI) und der Anhebung der Altersgrenzen für vorgezogene Renten auf idR 63 Jahre (§§ 236 Abs. 2, 236 a Abs. 2, 236 b SGB VI) kann aber jedenfalls für Personen der betroffenen Jahrgänge und für Neudispositionen nicht unbedingt erwartet werden, dass ein früherer Zeitpunkt akzeptiert wird. Liegt eine Festlegung nicht vor, trifft den Leistungsträger eine dahingehende Spontanberatungspflicht.[194] Verletzt der Leistungsträger diese Beratungspflicht, kann der unterlassene Verwertungsausschluss nicht im Wege des sozialrechtlichen Herstellungsanspruchs geheilt werden, weil die Vereinbarung eines solchen Verwertungsausschlusses nicht durch eine zulässige Amtshandlung möglich ist.[195] Allerdings kommt ein Schadensersatzanspruch wegen einer Amtspflichtverletzung in Betracht.[196]

66

Problematisch ist, wenn ein **den Freibetrag übersteigender Verwertungsausschluss** vereinbart wurde. Dann ist die Bedürftigkeit ausschließendes Vermögen vorhanden, das jedoch faktisch nicht zur Verwertung zur Verfügung steht. In der Literatur wird vertreten, dass das Altersvorsorgevermögen oberhalb der Höchstgrenzen anzurechnen sein soll.[197] Dies führt jedoch zu unbilligen Ergebnissen. Bleiben nachgewiesene Bemühungen des Hilfesuchenden, eine teilweise Verwertung bei dem Vertragspartner zu erreichen, oder aber eine Beleihung des Vermögens, ggf. mit entsprechender Abzinsung, erfolglos, und lässt sich ein entsprechendes Ergebnis auch nicht unter Berücksichtigung der übrigen Freibeträge (etwa durch Herabsetzung anderer, eigentlich ebenfalls geschützter Vermögenswerte) erreichen, so fehlt es schon an der Verwertbarkeit des Vermögens mit der Folge, dass der gesamte Versicherungsvertrag ggf. unberücksichtigt zu bleiben hat. Einem missbräuchlichen Verhalten des Hilfesuchenden kann nur durch § 34 SGB II begegnet werden.

67

---

190 Lange in: Eicher/Luik, SGB II, 4. Aufl., § 12 Rn. 62.
191 Lange in: Eicher/Luik, SGB II, 4. Aufl., § 12 Rn. 63.
192 Vgl. dazu BT-Drs. 15/1749, 31.
193 Erwogen von BSG Urt. v. 7.5.2009 – B 14 AS 35/08 R, Rn. 25, BSGE 103, 146.
194 Erwogen von BSG Urt. v. 31.10.2007 – B 14/11 b AS 63/06 R, Rn. 14, SozR 4–1200 § 14 Nr. 10: eine Spontanberatungspflicht „liegt jedenfalls nahe, wenn sie – wie hier in § 12 Abs. 2 Nr. 3 SGB II – im Gesetz ausdrücklich geregelt ist."
195 BSG Urt. v. 31.10.2007 – B 14/11 b AS 63/06 R, Rn. 13, 17, SozR 4–1200 § 14 Nr. 10.
196 Vgl. Geiger in: LPK-SGB II, 6. Aufl., § 12 Rn. 38.
197 So Hengelhaupt in: Hauck/Noftz/Voelzke, SGB II, Stand 12/17, K § 12 Rn. 340.

6. Freibetrag für notwendige Anschaffungen (§ 12 Abs. 2 S. 1 Nr. 4 SGB II)

68 Nach § 12 Abs. 2 S. 1 Nr. 4 SGB II ist neben dem Grundfreibetrag und dem Vermögen zur Altersvorsorge ein weiterer **Freibetrag für notwendige Anschaffungen** iHv 750 EUR für jedes Mitglied der Bedarfsgemeinschaft vom zu berücksichtigenden Vermögen abzusetzen. Mit diesem zusätzlichen Freibetrag soll dem Bedürftigen die Bildung von Rücklagen für größere Anschaffungen ermöglicht werden, also zB für Haushaltsgeräte, Möbel oder teure Kleidungsstücke wie Wintermäntel. Da das Konzept des SGB II eine Pauschalierung der Leistungen vorsieht, die den Einzelnen zu Ansparungen aus dem Regelbedarf für den Erwerb teurerer Bedarfsgegenstände verpflichtet, soll ein Ansparungsbetrag nicht dazu führen, dass dem Hilfesuchenden diese Ansparung ggf. auf Vermögensseite bedarfsmindernd wieder entgegen gehalten wird.[198] Trotz dieses gesetzlichen Hintergrunds gilt der Freibetrag jedoch schon bei der ersten Antragstellung; eine Begrenzung auf nachweislich während des Leistungsbezugs angespartes Vermögen sieht das Gesetz nicht vor. Der Anschaffungsbetrag wird für alle Mitglieder einer Bedarfsgemeinschaft (§ 7 Abs. 3 SGB II) addiert und vorhandenen Vermögenswerten gegenübergestellt, sodass die Freibeträge zwischen den Eltern und den Kindern gegenseitig zugerechnet werden können.[199] Dieser Anschaffungsfreibetrag ist umgekehrt auch bei Anschaffungen einzusetzen; gem. § 42 a Abs. 1 S. 1 SGB II kann erst dann ein Darlehen vergeben werden. Dies ist aber bedenklich, wenn zB eine Kaution als Darlehen gewährt wird.[200]

7. Summe der Freibeträge

69 Damit kann sich der Freibetrag wie folgt zusammensetzen:

Freibetrag	Hilfebedürftiger	Partner	Sonstiger Hilfebedürftiger
§ 12 Abs. 1 S. 1 Nr. 1 SGB II	bis 10.050,00 EUR	bis 10.050,00 EUR	bis 10.050,00 EUR
§ 12 Abs. 1 S. 1 Nr. 2 SGB II	geförderte Höhe	geförderte Höhe	
§ 12 Abs. 1 S. 1 Nr. 3 SGB II	bis 50.250,00 EUR	bis 50.250,00 EUR	
§ 12 Abs. 1 S. 1 Nr. 4 SGB II	750,00 EUR	750,00 EUR	je 750,00 EUR

C. Einzelheiten zum Vermögenseinsatz nach dem SGB XII

I. Überblick und Grundstruktur

70 Als Ausdruck des Nachranggrundsatzes in § 2 SGB XII müssen Leistungsberechtigte und andere Mitglieder der Einsatzgemeinschaft grundsätzlich das gesamte verwertbare Vermögen einsetzen, bevor Leistungen gewährt werden. Bei bestimmten Leistungen muss Vermögen allerdings nicht für die gesamten Bedarfe aufgewandt werden (hierzu ab → Rn. 72); manche Bedarfe werden also vollständig ohne Berücksichtigung von Vermögen erbracht. Muss Vermögen eingesetzt werden, bestimmt § 90 SGB XII – gegebenenfalls ergänzt durch die Barbetragsverordnung –, was genau als Vermögen anzusehen ist (hierzu ab → Rn. 77). Bei bestimmten Vermögensverhältnissen kommt weiter die Erbringung Erweiterter oder Unechter Sozialhilfe in Betracht (hierzu ab → Rn. 104). auf den Bedarf Vermögen anzurechnen und ist an sich verwertbares Vermögen vorhanden, muss schließlich in bestimmten Fällen eine Leistung dennoch als Darlehen erbracht werden (hierzu ab → Rn. 105).

---

198 So das Motiv des Gesetzgebers, vgl. BT-Drs. 15/1516, 3, 53.
199 Geiger in: LPK-SGB II, 6. Aufl., § 12 Rn. 45; Lange in: Eicher/Luik, SGB II, 4. Aufl., § 12 Rn. 70.
200 Geiger in: LPK-SGB II, 6. Aufl., § 12 Rn. 44.

Liegt zu berücksichtigendes Vermögen vor, das auf die Bedarfe anzurechnen ist, ist es so **71** lange anzurechnen, wie das Vermögen tatsächlich vorhanden ist. Es ist also nicht von einem fiktiven Vermögensverbrauch auszugehen.

II. Besonderheiten bei der Vermögensberücksichtigung für einzelne Leistungen

1. Überblick

Bei bestimmten Leistungen ist – teils beschränkt auf bestimmte Bedarfe – Vermögen nur **72** eingeschränkt anrechenbar, teils wird auch die Einsatzgemeinschaft eingeschränkt. Das gilt für die Leistungen zur Überwindung besonderer sozialer Schwierigkeiten (hierzu → Rn. 73) sowie bei parallelem Bezug bestimmter Leistungen nach dem SGB IX (F:2020) oder der bis 31.12.2019 geltenden Eingliederungshilfe (hierzu → Rn. 74).

2. Leistungen der Hilfen zur Überwindung besonderer sozialer Schwierigkeiten

Dienstleistungen der Hilfen zur Überwindung besonderer sozialer Schwierigkeiten wer- **73** den gemäß § 68 Abs. 2 S. 1 SGB XII ohne Einsatz von Einkommen und Vermögen erbracht. Auch im Übrigen werden Leistungen dieser Hilfeart insoweit ohne Berücksichtigung von Einkommen und Vermögen erbracht, als das den Erfolg der Hilfe gefährden würde.[201]

3. Einschränkung der Einkommens- und Vermögensanrechnung bei Leistungsberechtigten der Eingliederungshilfe (§§ 92 Abs. 2 und 3, 92a SGB XII [F:bis 2019], § 92 SGB XII [F:2020]) und außerhalb von Wohnungen (§ 92 SGB XII [F:2020])

Bei Bezug bestimmter Leistungen der alten und der neuen Eingliederungshilfe kommt es **74** zu reduzierten Vermögensanrechnungen: Teils ist gar kein Vermögen anzurechnen, teils ist Vermögen nur auf die häusliche Ersparnis anzurechnen.

Überhaupt kein Vermögen ist bei den Leistungen der bis 31.12.2019 geltenden Einglie- **75** derungshilfe anzurechnen, die in § 92 Abs. 2 S. 1 SGB XII (F:2019) genannt sind (zu diesen: → Kap. 20 Rn. 292–295). Ab 1.1.2020 sind Leistungen nach § 27 c SGB XII (F:2020) ebenfalls ohne Vermögenseinsatz zu erbringen (hierzu → Kap. 20 Rn. 299 f.).

Die Fälle, in denen der Vermögenseinsatz auf die häusliche Ersparnis beschränkt ist, **76** sind dieselben wie die Fälle, in denen diese Beschränkung für den Einkommenseinsatz gilt (hierzu → Kap. 20 Rn. 292–301 und → Kap. 20 Rn. 320–323).

III. Vermögensbegriff des SGB XII

1. Überblick

Die Bestimmung des bei dem zu Grunde zu legenden Bedarf zu berücksichtigenden Ver- **77** mögens richtet sich nach § 90 SGB XII und der BarBetrV.[202] Die Funktionsweise der Vorschrift ähnelt dabei § 12 SGB II:

- Zunächst ist als Ausgangspunkt das verwertbare Vermögen festzustellen (§ 90 Abs. 1 SGB XII, hierzu ab → Rn. 78),
- danach sind einzelne (Schon-)Vermögensgegenstände zu betrachten, die als solche oder in einem bestimmten Umfang nicht eingesetzt werden müssen (§ 90 Abs. 2 Nr. 1–8, Abs. 3 SGB XII, hierzu ab → Rn. 80, 92) und

---

201 Roscher in: LPK-SGB XII § 68 Rn. 15–22.
202 Verordnung zur Durchführung des § 90 Abs. 2 Nr. 9 des Zwölften Buches Sozialgesetzbuch v. 11.2.1988 (BGBl. 1988 I, S. 150), zul. geä. d. VO v. 22.3.2017 (BGBl. 2017 I, S. 519).

■ schließlich ist ein Freibetrag von dem verbleibenden Vermögen freizulassen, der nicht einzusetzen ist (§ 90 Abs. 2 Nr. 9 SGB XII, hierzu ab → Rn. 101).

2. Ausgangspunkt (§ 90 Abs. 1 SGB XII)

78 Auszugehen ist gemäß § 90 Abs. 1 SGB XII vom **gesamten verwertbaren Vermögen**. Was darunter zu verstehen ist, wurde bereits oben ausgeführt (ab → Rn. 6). Die Vermögensgegenstände sind dabei mit dem **Verkehrswert** anzusetzen.[203] Da im Rahmen des SGB XII – anders als beim SGB II, wo es auf die Antragstellung ankommt (zur Abgrenzung von Einkommen und Vermögen in SGB II und SGB XII → Kap. 20 Rn. 36–51) – für jeden Bedarfszeitraum, also für jeden Kalendermonat, neu zu bestimmen ist, kann es im SGB XII auch nicht auf den Verkehrswert bei der Antragstellung (für das SGB II → Rn. 20, 54) ankommen. Vielmehr ist für jeden Monat neu der zu Beginn des Bedarfszeitraums bestehende Verkehrswert der Vermögensgegenstände maßgeblich.[204] Vermögensgegenstände sind so lange anzurechnen, wie sie tatsächlich vorhanden sind.[205]

3. Schonvermögen (§ 90 Abs. 2, 3 SGB XII)

a) Überblick

79 Nach § 90 Abs. 2 und 3 SGB XII sind einzelne Vermögensgegenstände geschont. Dabei nennt § 90 Abs. 2 Nr. 1–8 SGB XII eine Reihe von konkret geschonten Gegenständen (hierzu ab → Rn. 81), während § 90 Abs. 3 SGB XII generell den Einsatz von Vermögensgegenständen frei stellt, deren Verwertung eine besondere Härte darstellen würde (hierzu ab → Rn. 92). Schließlich ist vom verbleibenden Vermögen gemäß § 90 Abs. 2 Nr. 9 SGB XII ein Freibetrag zu belassen (hierzu ab → Rn. 101).

b) Einzelne Schonvermögenstatbestände (§ 90 Abs. 2 Nr. 1–8 SGB XII)

80 Geschont sind folgende Vermögensgegenstände:

81 ■ Vermögen, das aus öffentlichen Mitteln – nicht jedoch bei entsprechenden Leistungen aus privaten Mitteln[206] – zum **Aufbau** oder zur Sicherung einer **Lebensgrundlage** oder zur **Gründung** eines **Hausstandes** erbracht wird (§ 90 Abs. 2 Nr. 1 SGB XII). Hierunter fallen Leistungen der Berufsfürsorge nach § 26 BVG, Beihilfen für Vertriebene nach §§ 12, 34 ff. BVFG, Leistungen zur Teilhabe am Arbeitsleben nach dem SGB IX,[207] Leistungen zur Eingliederung ins Arbeitsleben nach dem SGB II usw.

82 ■ Ein nach § 10 a oder Abschnitt XI des EStG gefördertes **Altersvorsorgevermögen**. Die Vorschrift entspricht weitgehend § 12 Abs. 2 Nr. 2 SGB II (hierzu → Rn. 62). Anders als im SGB II ist allerdings der Betrag nicht gedeckt. Außerdem sind im SGB XII über die nach dem EStG geförderten Altersvorsorgevermögen hinaus eine zusätzliche Altersvorsorge im Sinne des § 82 Abs. 4 und 5 SGB XII, also zB eine betriebliche Altersversorgung oder Basisrentenverträge nach § 5 a AltZertG während der Auszahlungsphase geschützt, soweit die Auszahlung monatlich oder sonst regelmäßig erfolgt. Wird ein Altersvorsorgevertrag vorzeitig gekündigt, entfällt der Vermögensschutz.[208]

---

203 Geiger in: LPK-SGB XII § 90 Rn. 31 f.
204 Vgl. BSG 20.9.2011 – B 8 SO 20/11 R.
205 BSG 25.8.2011 – B 8 SO 19/10 R.
206 Geiger in: LPK-SGB XII § 90 Rn. 34.
207 Hierzu Geiger in: LPK-SGB XII § 90 Rn. 34.
208 Geiger in: LPK-SGB XII Rn. 35.

■ Mittel zur Beschaffung oder Erhaltung eines Hausgrundstücks für behinderte, blin- **83** de oder pflegebedürftige Menschen (§ 90 Abs. 1 Nr. 3 SGB XII). Diese Vorschrift entspricht § 12 Abs. 3 S. 1 Nr. 5 SGB II (hierzu → Rn. 41), allerdings mit dem Unterschied, dass hinsichtlich der Angemessenheit des Hausgrundstücks nicht auf § 12 Abs. 3 Nr. 4 SGB II, sondern vielmehr auf § 90 Abs. 2 Nr. 8 SGB XII (hierzu → Rn. 88) abzustellen ist.

■ **Angemessener Hausrat** (§ 90 Abs. 2 Nr. 4 SGB XII). Zwar kann hinsichtlich des Be- **84** griffs des Hausrats auf die Ausführungen zu § 12 Abs. 3 Nr. 1 SGB II verwiesen werden (hierzu → Rn. 27). Anders als im SGB II ist im SGB XII aber auf die bisherigen Lebensverhältnisse und nicht auf die Lebensverhältnisse während des Leistungsbezuges (§ 12 Abs. 3 S. 2 SGB II) abzustellen.

■ **Gegenstände,** die zur Aufnahme oder Fortsetzung der **Berufsausbildung** oder Er- **85** **werbstätigkeit** unentbehrlich sind (§ 90 Abs. 2 Nr. 5 SGB XII). Die Vorschrift entspricht § 7 Abs. 1 Alg II-V (hierzu → Rn. 49).

■ **Familien-** und **Erbstücke,** deren Veräußerung für die nachfragende Person oder ihre **86** Familie eine besondere Härte bedeuten würde (§ 90 Abs. 2 Nr. 6 SGB XII). Geschützt sein können nur Gegenstände, an denen die Einsatzpflichtigen ein besonderes Affektionsinteresse haben. Da die (erzwungene) Veräußerung von Familien- oder Erbstücken stets eine Härte darstellt, müssen wegen des Erfordernisses einer „besonderen" Härte ganz schwerwiegende Umstände vorliegen, wenn etwa verlangt wird, ein wertvolles Schmuckstück als letztes Erinnerungsstück an einen nahen Angehörigen zu veräußern.[209]

■ **Gegenstände,** die zur Befriedigung geistiger, insbesondere wissenschaftlicher oder **87** künstlerischer Bedürfnisse dienen, soweit ihr Besitz nicht Luxus ist (§ 90 Abs. 2 Nr. 7 SGB XII). Geschützt sind nicht nur Gegenstände zur Befriedigung intellektuell anspruchsvoller Bedürfnisse,[210] sondern Bücher, Musikgeräte, Sammlungen und Geräte für sonstige Liebhabereien.[211] Luxus und damit nicht mehr geschützt ist ein Gegenstand erst dann, wenn er weit über das bei vergleichbaren Bevölkerungsgruppen Übliche hinausgeht und sein Wert in keinem vertretbaren Verhältnis zur Lebenssituation der Einsatzpflichtigen und zur notwendigen Bedürfnisbefriedigung steht; hierunter fallen etwa wertvolle Briefmarken-, Münz-[212] oder Gemäldesammlungen.[213]

■ Ein **angemessenes Hausgrundstück,** das von der nachfragenden Person oder einer **88** anderen einsatzpflichtigen Person allein oder zusammen mit Angehörigen ganz oder teilweise bewohnt wird und nach ihrem Tod von ihren Angehörigen bewohnt werden soll (§ 90 Abs. 2 Nr. 8 SGB XII). Die Vorschrift dient ähnlich wie § 12 Abs. 3 S. 1 Nr. 4 SGB II (hierzu ab → Rn. 35) dem Schutz des Grundbedürfnisses Wohnen und erfasst in Allein- oder Miteigentum der Einsatzpflichtigen stehende bebaute Grundstücke, Häuser von Erbbauberechtigten, Eigentumswohnungen und Dauerwohnrechte.[214] Wird die Unterkunft nicht (mehr) von einer einsatzpflichtigen Person bewohnt (beispielsweise wegen einer voraussichtlich lebenslangen stationären

---

209 Geiger in: LPK-SGB XII § 90 Rn. 46.
210 BVerwG 19.12.1997 – 5 C 7/96.
211 Deutscher Verein, Empfehlungen DV 25/15, Rn. 210.
212 Zur parallelen Interessenlage in § 12 Abs. 3 Nr. 6 Hs. 2 SGB II BSG, 23.5.2012 – B 14 AS 100/11 R.
213 Geiger in: LPK-SGB XII § 90 Rn. 47.
214 Geiger in: LPK-SGB XII § 90 Rn. 49.

Unterbringung[215]), entfällt der Schutz.[216] Dies gilt auch für Wohnungen im Ausland, die nur im Urlaub genutzt werden.[217]

89   Zwar verlangt das Gesetz nach seinem Wortlaut ausdrücklich, dass das Hausgrundstück **nach dem Tod** der einsatzpflichtigen Person von deren Angehörigen **bewohnt werden soll**. Diese Voraussetzung wird allerdings als mit dem Sinn und Zweck der Vorschrift nicht (mehr) vereinbares Artefakt angesehen. Inzwischen hat auch das BSG klargestellt, dass auch alleinstehende Einsatzpflichtige in den Genuss des Schutzes von § 90 Abs. 3 Nr. 8 SGB XII kommen können.[218]

90   Im Unterschied zu § 12 Abs. 3 S. 1 Nr. 4 SGB II stellt § 90 Abs. 1 Nr. 8 SGB XII nicht allein auf die Größe des Hausgrundstücks oder der Eigentumswohnung ab. Vielmehr sind insgesamt „angemessene" Hausgrundstücke privilegiert. Zur Beurteilung der Angemessenheit ist nach dem Gesetz auf eine Vielzahl von Kriterien abzustellen, die nach der vom BVerwG entwickelten **Kombinationstheorie**[219] in eine Gesamtbetrachtung einzubeziehen sind. Wegen der starken Einzelfallbezogenheit ist diese Gesamtwertung revisionsgerichtlich nicht voll überprüfbar.[220] An Kriterien nennt das Gesetz die Zahl der Bewohner, den Wohnbedarf (zB behinderter, blinder oder pflegebedürftiger Menschen), die Grundstücks- und die Hausgröße, den Zuschnitt und die Ausstattung des Wohngebäudes sowie den Wert des Grundstücks einschließlich des Wohngebäudes.

91   Hinsichtlich der **Wohnungsgröße** folgt das BSG der Rechtsprechung zum SGB II,[221] allerdings muss nach der Bewohnerzahl differenziert werden. Nach der Rechtsprechung auch des BSG zu § 12 SGB II soll die angemessene Größe sich auch verkleinern, wenn sich die Personenzahl erst durch den Auszug der erwachsenen Kinder verringert;[222] die Literatur sieht das zu Recht anders.[223] Beim **Wert** des Grundstücks ist jeweils auf die Verhältnisse am Wohnort der Einsatzpflichtigen abzustellen;[224] eine starre Wertgrenze über das gesamte Bundesgebiet hinweg verbietet sich.

c) Härte in der Verwertung (§ 90 Abs. 3 SGB XII)

92   Nach § 90 Abs. 3 S. 1 SGB XII darf die Sozialhilfe nicht vom Einsatz oder der Verwertung eines Vermögens abhängig gemacht werden, soweit dies für die einsatzpflichtige Person oder ihre unterhaltsberechtigten Angehörigen eine Härte bedeuten würde. Der Maßstab soll – so das BSG[225] – weniger streng sein als in § 12 Abs. 3 S. 1 Nr. 6 Alt. 2 SGB II (hierzu → Rn. 47), die eine *besondere* Härte fordert. Eine Härte liegt vor bei einer außergewöhnlichen (atypischen[226]) Fallgestaltung, die von den Regelfällen des Verwertungsausschlusses nach § 90 Abs. 2 Nr. 1–9 SGB XII nicht erfasst wird, diesen

215 VG Schleswig 19.5.2006 – 7 A 164/04; Geiger in: LPK-SGB XII § 90 Rn. 50.
216 Geiger in: LPK-SGB XII § 90 Rn. 48 f.
217 LSG BW 14.4.2011 – L 7 SO 2497/10.
218 BSG 9.12.2016 – B 8 SO 15/15 R; ebenso zuvor schon BGH 6.2.2013 – XII ZB 582/12; ausführlich zur Geschichte Mecke in: jurisPK-SGB XII § 90 Rn. 76–76.1 m Nachw.
219 BVerwG 17.10.1974 – V C 50.73; BVerwG 17.1.1980 – 5 C 48/78; BSG 19.5.2009 – B 8 SO 7/08 R; BSG 24.3.2015 – B 8 SO 12/14 R; Mecke in: jurisPK-SGB XII § 90 Rn. 77.
220 BSG 24.3.2015 – B 8 SO 12/14 R.
221 BSG 19.5.2009 – B 8 SO 7/08 R; Mecke in: jurisPK-SGB XII § 90 Rn. 78.
222 BSG 12.10.2016 – B 4 AS 4/16 R; BayLSG 23.10.2014 – L 8 SO 37/12; LSG Nds-Brem 10.12.2015 – L 13 AS 34/12.
223 Mecke in: jurisPK-SGB XII § 90 Rn. 78; Geiger in: LPK-SGB XII § 90 Rn. 54.
224 Geiger in: LPK-SGB XII § 90 Rn. 61; Mecke in: jurisPK-SGB XII § 90 Rn. 81.
225 BSG 16.5.2007 – B 11 b AS 37/06 R; BSG 15.4.2008 – B 14/7 b AS 68/06 R; aA Mecke in: jurisPK-SGB XII § 90 Rn. 96.
226 Geiger in: LPK-SGB XII § 90 Rn. 82.

aber nach den daraus abzuleitenden Wertungen und Zielen gleichzusetzen ist.[227] Dabei kann eine Härte auch hinsichtlich eines Teils des Vermögensgegenstandes vorliegen, der nicht unter § 90 Abs. 2 Nr. 1–9 SGB XII fällt.[228]

Ob eine Härte vorliegt, bestimmt sich nach den besonderen Umständen des Einzelfalls, 93 insbesondere Art, Schwere und Dauer der Hilfe, Alter, Familienstand, Behinderung, Krankheit, Pflegebedürftigkeit oder sonstige Belastungen der Einsatzpflichtigen.[229]

Grundsätzlich ist die **Herkunft des Vermögens** für die Frage **unerheblich**, ob eine Härte 94 vorliegt. Dies gilt jedoch nicht, wenn das Vermögen aus einem Kapitalbetrag oder einer Nachzahlung herrührt, die als Einkommen nicht zu berücksichtigen gewesen wären, beispielsweise bei angespartem **Schmerzensgeld,**[230] Blindengeld,[231] Erziehungsgeld,[232] angesparter **Beschädigtengrundrente** nach dem BVG[233] oder von angesparten Ausgleichsleistungen nach dem StrRehaG.[234] Zinseinkünfte aus diesen Vermögen sind jedoch einzusetzen,[235] ebenso wie ererbtes Vermögen aus solchen Einnahmen.[236] Ebenfalls keine Härte sind Ersparnisse aus zuvor bezogenen Leistungen der Grundsicherung für Arbeitsuchende.[237]

Eine Härte liegt – obwohl dies anders als in § 12 Abs. 3 S. 1 Nr. 6 SGB II in § 90 Abs. 3 95 S. 1 SGB XII nicht ausdrücklich erwähnt ist – auch dann vor, wenn die Verwertung des Vermögens unwirtschaftlich wäre.[238] Freilich wird teilweise – nicht ganz verständlich – ein strengerer Maßstab als im SGB II (zu diesem Maßstab → Rn. 45) gefordert, dass nämlich der Einsatz zu einer den Selbsthilfewillen lähmenden Vermögensverschlechterung führe.[239]

Breite Einigkeit besteht auch darin, dass die Verwertung eines Bestattungskostenvertrages, Bestattungsvorsorgevertrages einschließlich der Grabpflege[240] oder auch nur eines 96 reinen Grabpflegevertrages eine Härte darstellt.[241] Dabei ist hinsichtlich der Höhe auf eine angemessene Bestattung abzustellen, also eine würdige, insgesamt den örtlichen Gepflogenheiten entsprechende einfache Bestattung.[242] Ob der Schutz dabei auf die Kostenhöhe der im Rahmen von § 74 SGB XII zu übernehmenden Kosten[243] gedeckt ist oder nicht[244] ist mit der überwiegenden Rechtsprechung[245] im letzteren Sinne (keine Deckelung durch § 74 SGB XII) zu beantworten, vor allem, weil Leistungsberechtigte

---

227 Mecke in: jurisPK-SGB XII § 90 Rn. 95.
228 Geiger in: LPK-SGB XII Rn. 81.
229 Geiger in: LPK-SGB XII § 90 Rn. 83; Mecke in: jurisPK-SGB XII § 90 Rn. 98.
230 BVerwG 18.5.1995 – 5 C 22/93; hierzu auch Hoffmann JAmt 2015, 421–426.
231 BSG 11.12.2007 – B 8/9 b SO 20/06 R.
232 BVerwG 4.9.1997 – 5 C 8/97.
233 BVerwG 27.5.2010 – 5 C 7/09; hierzu auch Hoffmann JAmt 2015, 421–426.
234 BGH 26.11.2014 – XII ZB 542/13.
235 Mecke in: jurisPK-SGB XII § 90 Rn. 101.1; BSG 22.8.2012 – B 14 AS 103/11 R; ähnlich BVerwG 9.2.2012 – 5 C 10/11; aA BGH 26.11.2014 – XII ZB 542/13.
236 Mecke in: jurisPK-SGB XII § 90 Rn. 101; BVerwG 19.5.2005 – 5 B 106/04.
237 LSG Hmb 30.3.2017 – L 4 SO 40/16.
238 Mecke in: jurisPK-SGB XII § 90 Rn. 97; Geiger in: LPK-SGB XII § 90 Rn. 85.
239 Geiger in: LPK-SGB XII § 90 Rn. 85. Weniger weit gehend Mecke in: jurisPK-SGB XII § 90 Rn. 109–111. Ebenfalls gegen die Übertragung der Maßstäbe BayLSG 14.6.2005 – L 11 B 20605 SO ER; LSG BW 22.2.2008 – L 2 SO 233/08 ER-B; die Übertragung offen lassend BSG 25.8.2011 – B 8 SO 19/10 R. Wie hier (Übertragung der Maßstäbe aus dem SGB II) hingegen SächsLSG 16.4.2009 – L 3 SO 9/08.
240 ZB LSG NRW 28.3.2011 – L 20 SO 6/11 B ER.
241 Zu diesen Verträgen Gotzen ZfF 2014, 223–228.
242 Nachweise bei Mecke in: jurisPK-SGB XII § 90 Rn. 102–103.1 und bei Geiger in: LPK-SGB XII § 90 Rn. 88.
243 So Mecke in: jurisPK-SGB XII § 90 Rn. 102: „nicht wesentlich über das hinaus [...], was [...] der Sozialhilfeträger [...] zu leisten verpflichtet wäre."
244 So Geiger in: LPK-SGB XII § 90 Rn. 88.
245 Nachw. für Rechtsprechung zu Beträgen zwischen 3.500 EUR und 6.300 EUR bei Geiger in: LPK-SGB XII § 90 Rn. 88 (Fn. 236).

durch Abschluss eines Bestattungsvorsorgevertrages regelmäßig ein „Armenbegräbnis" im Sinne von § 74 SGB XII vermeiden wollen dürften. Es ist nach dem BSG unschädlich für die Annahme einer Härte der Verwertung, dass die Zweckbestimmung für das Vermögen auch erst kurz vor Entstehung des Sozialhilfebedarfs vorgenommen worden ist.[246]

97 Kraftfahrzeuge gehören – anders als nach § 12 Abs. 3 S. 1 Nr. 2 SGB II (hierzu → Rn. 30) – nicht automatisch zu den geschützten Vermögensgegenständen. Dennoch kann das Verlangen ihres Einsatzes eine Härte darstellen, etwa für das Kraftfahrzeug eines Menschen mit Behinderungen, das auf dessen Bedürfnisse hin umgebaut worden war und das er zur Verbesserung seiner Teilhabechancen benötigte[247] oder für ein geringwertiges Kraftfahrzeug, das im Tagesablauf einer Familie im Leistungsbezug unentbehrlich ist[248] oder für ein geringwertiges Kraftfahrzeug, das der Ausübung einer Erwerbstätigkeit dient[249] oder in Kürze dienen wird.[250]

98 War schließlich der Erwerb eines Vermögensgegenstandes die Ursache für die Hilfebedürftigkeit und ist dies von der hilfesuchenden Person zu vertreten, kann sie sich nicht auf eine Härte berufen (Verstoß gegen Treu und Glauben).[251]

99 Geht es um die Anrechnung von Vermögen auf **Leistungen nach dem Fünften bis Neunten Kapitel**, bestehen besondere Freistellungsvorschriften. So ordnet § 90 Abs. 3 S. 2 SGB XII ausdrücklich an, dass eine Härte in der Verwertung von Vermögen insbesondere dann anzunehmen ist, soweit diese Verwertung eine angemessene Lebensführung oder die Aufrechterhaltung einer angemessenen Alterssicherung wesentlich erschweren würde. Zur Feststellung, ob die angemessene Lebensführung gefährdet ist, ist auf die bisherigen Lebensverhältnisse der Personen in der Einsatzgemeinschaft abzustellen, aber auch das Lebensschicksal und die Bedürfnisse des Betroffenen.[252] Eine angemessene Alterssicherung wird erschwert, wenn durch den Einsatz von Vermögensgegenständen, die nachweisbar und verbindlich für die Zwecke der Altersvorsorge vorgesehen sind – also zB erst ab Vollendung des 60. Lebensjahres fällig werden[253] – die allgemeine Lebensführung im Alter gefährden würde.[254] § 90 Abs. 3 S. 2 SGB XII schließt nicht im Umkehrschluss aus, auch bei Leistungen nach dem Dritten und Vierten Kapitel den Einsatz der Alterssicherung als Härte anzusehen.[255]

100 Weiter konkretisierend ordnen § 60 a SGB XII (F:2019) nur für die bis 31.12.2019 geltenden Leistungen der Eingliederungshilfe für behinderte Menschen und § 66 a SGB XII für die Hilfe zur Pflege an, dass ein zusätzlicher Betrag von bis zu 25.000 EUR für die Lebensführung und die Alterssicherung gemäß § 90 Abs. 3 S. 2 SGB XII als angemessen gelten.[256] Durch die jeweils erfolgte Anordnung, dass § 90 Abs. 3 S. 1 SGB XII unberührt bleibt, wird klargestellt, dass sonst wegen einer Härte geschonte Beträge nicht auf die Beträge von §§ 60 a, 66 a SGB XII angerechnet werden[257] und dass umgekehrt über § 90 Abs. 3 S. 1 SGB XII auch die Freistellung höherer Beträge möglich ist.[258] Unabhän-

---

246 BSG 18.3.2008 – B 8/9 b SO 9/06 R.
247 Mecke in: jurisPK-SGB XII § 90 Rn. 105; OVG NRW 30.9.1997 – 24 A 2749/94.
248 Mecke in: jurisPK-SGB XII § 90 Rn. 105; OVG Bautzen 18.12.1997 – 2 S 614/95.
249 Mecke in: jurisPK-SGB XII § 90 Rn. 105; OVG Hamburg 9.4.1997 – Bs IV 37/97.
250 Mecke in: jurisPK-SGB XII § 90 Rn. 105; OVG Hamburg 29.3.1993 – Bs IV 51/94.
251 BSG 18.3.2008 – B 8/9 b SO 9/06 R; Geiger in: LPK-SGB XII § 90 Rn. 85.
252 Nachw. bspw. bei Geiger in: LPK-SGB XII § 90SGB XII Rn. 98.
253 Geiger in: LPK-SGB XII § 90 Rn. 99.
254 Geiger in: LPK-SGB XII § 90 Rn. 99.
255 Mecke in: jurisPK-SGB XII § 90 Rn. 94.
256 Zu diesen auch Griep Sozialrecht aktuell 2017, 128–130.
257 Roscher in: LPK-SGB XII § 66 a Rn. 4; Krahmer/Höfer in: LPK-SGB XII § 60 a Rn. 1; Geiger in: LPK-SGB XII § 90 Rn. 97.
258 Geiger in: LPK-SGB XII § 90 Rn. 97.

gig davon ordnet § 90 Abs. 3 S. 2 SGB XII ausdrücklich an, dass eine besondere Härte in der Verwertung von Vermögen insbesondere anzunehmen ist, soweit diese Verwertung eine angemessene Lebensführung oder die Aufrechterhaltung einer angemessenen Alterssicherung wesentlich erschweren würde. Würde allerdings der/die Leistungsberechtigte einen Vermögensgegenstand ohne den Sozialhilfebezug für die Lebensführung aufbrauchen müssen, kann er/sie nicht verlangen, diesen Vermögensgegenstand als Alterssicherungsvermögen freizustellen.[259]

d) Freibetrag (§ 90 Abs. 2 Nr. 9 SGB XII, BarBetrV)

Schließlich sieht § 90 Abs. 2 Nr. 9 SGB XII vor, dass auch kleinere Barbeträge oder sonstige Geldwerte nicht als Vermögen angerechnet werden. Diese Vorschrift erfüllt die Funktion eines allgemeinen Vermögensfreibetrags wie in § 12 Abs. 2 SGB II, weil zwar geldwerte Vermögensgegenstände per se nicht darunter fallen, wohl aber der aus der Verwertung dieser Gegenstände gegebenenfalls erzielbare Barbetrag;[260] dasselbe gilt für den die Freigrenzen von § 90 Abs. 2 Nr. 1–8, Abs. 3 SGB XII (einschließlich der Beträge nach §§ 60 a, 66 a SGB XII) übersteigenden Betrag.[261]   **101**

Die Höhe des Barbetrages ist nicht im SGB XII, sondern in der BarBetrV[262] geregelt. Bis 31.3.2017 war die Bestimmung dieses Barbetrages recht kompliziert abhängig von der Leistungsart, dem Alter und der Zahl der Mitglieder der Einsatzgemeinschaft. Seit 1.4.2017 hängt die Höhe hingegen nur mehr von Alter und Zahl der Mitglieder der Einsatzgemeinschaft und der von diesen überwiegend unterhaltenen Personen ab; die Art der bezogenen Leistungen ist unerheblich (vgl. aber zu §§ 60 a, 66 a SGB XII → Rn. 83):[263]   **102**

- Für jede volljährige Person in der Einsatzgemeinschaft ist ein Betrag von 5.000 EUR zugrunde zu legen (§ 1 S. 1 Nr. 1 BarBetrV),
- für alleinstehende minderjährige leistungsberechtigte Personen, deren Leistungsanspruch nicht vom Vermögen der Eltern abhängt (§ 1 S. 2 BarBetrV), ist ein Betrag von 5.000 EUR zugrunde zu legen (§ 1 S. 1 Nr. 1 BarBetrV) und
- für jede Person, die von einer volljährigen oder minderjährigen Person in der Einsatzgemeinschaft überwiegend unterhalten wird, ist – ebenfalls unabhängig vom Alter – ein Betrag von 500 EUR zugrunde zu legen (§ 1 S. 1 Nr. 2 BarBetrV).

Dieser Betrag ist nach § 2 Abs. 1 BarBetrV angemessen zu erhöhen, wenn im Einzelfall eine besondere Notlage besteht, etwa neben dem leistungsberechtigten Kind im langjährigen stationären Aufenthalt auch noch weitere Geschwister vorhanden sind.[264] In den Fällen der §§ 103 oder 94 SGB XII, also bei vorsätzlicher Herbeiführung der Voraussetzungen für die Sozialhilfe oder bei Bestehen von Unterhaltsansprüchen, kann der aus § 1 BarBetrV errechnete Betrag auch herabgesetzt werden (§ 2 Abs. 2 BarBetrV).   **103**

IV. Leistungserbringung trotz (teilweise) vorhandenen Vermögens

Wie beim Einsatz von Einkommen sind auch hinsichtlich des Vermögens Leistungen der Sozialhilfe als „Unechte" oder „Erweiterte" Hilfe auch dann zu erbringen, wenn die Leistungsberechtigten oder Einsatzpflichtigen über eigentlich zu berücksichtigendes Vermögen verfügen, das sonst einem Leistungsanspruch im Wege gestanden hätte. Weil   **104**

---

259 Geiger in: LPK-SGB XII § 90 Rn. 100.
260 Geiger in: LPK-SGB XII § 90 Rn. 63 m. Nachw.
261 Geiger in: LPK-SGB XII § 90 Rn. 73.
262 Verordnung zur Durchführung des § 90 Abs. 2 Nr. 9 des Zwölften Buches Sozialgesetzbuch v. 11.2.1988 (BGBl. 1988 I, S. 150), zul. geä. d. VO v. 22.3.2017 (BGBl. 2017 I, S. 519).
263 Zur Berechnung s. Griep Sozialrecht aktuell 2017, 128–130; Mecke in: jurisPK-SGB XII § 90 Rn. 83.1.
264 Geiger in: LPK-SGB XII § 90 Rn. 69.

trotz vorhandenen Vermögens in denselben Fällen und unter denselben Voraussetzungen Leistungen zu erbringen sind wie trotz vorhandenen Einkommens, kann im Übrigen vollständig auf die Ausführungen im Kapitel über das Einkommen verwiesen werden (→ Kap. 20 Rn. 284–301). Hervorhebenswert ist: In diesen Fällen kommt – weil ansonsten eine Benachteiligung der Leistungsberechtigten entstünde (zur vergleichbaren Situation bei Darlehen nach § 91 SGB XII → Rn. 105) – ausnahmsweise (vgl. zum Regelfall → Rn. 14) ein fiktiver Vermögensverbrauch in Betracht.[265]

V. Darlehen bei Unmöglichkeit oder Unzumutbarkeit des sofortigen Vermögensverbrauchs oder der sofortigen Vermögensverwertung (§ 91 SGB XII)

105 Liegt keiner der Fälle vor, in denen Leistungen trotz (teilweise) vorhandenen Vermögens erbracht werden müssen (→ Rn. 104),[266] kennt schließlich § 91 SGB XII noch die Möglichkeit der Darlehensgewährung. Nach dieser Vorschrift soll die Sozialhilfe als Darlehen geleistet werden, soweit Vermögen einzusetzen ist, jedoch der sofortige Verbrauch oder die sofortige Verwertung des Vermögens nicht möglich ist oder für die Einsatzpflichtigen eine Härte bedeuten würde.

106 Kann Vermögen nicht innerhalb angemessener Zeit verwertet werden, ist jedoch vorab zu prüfen, ob der jeweilige Vermögensgegenstand überhaupt im Sinne der Rechtsprechung verwertbar ist (hierzu → Rn. 19). Ist das nämlich nicht der Fall, darf der Vermögensgegenstand überhaupt nicht angerechnet werden, sodass die Leistungen nicht nur als Darlehen, sondern endgültig als Zuschuss gewährt werden müssen.

107 Die in § 91 SGB XII angesprochene Härte umfasst auch die Unwirtschaftlichkeit der Verwertung,[267] muss aber gerade **im Zeitmoment der Verwertung** liegen.[268] Liegt in der Verwertung des Vermögensgegenstandes selbst eine Härte, greift vielmehr § 90 Abs. 3 SGB XII. § 91 SGB XII soll Leistungsberechtigten die Möglichkeit verschaffen, einen Verkauf unter Zeitdruck oder zur Unzeit auszuschließen.[269]

108 Liegen die Voraussetzungen des § 91 SGB XII vor, hat der Träger der Sozialhilfe ein Darlehen zu gewähren; **nur in atypischen Ausnahmefällen** besteht diesbezüglich **Ermessen**. Ermessen besteht aber stets hinsichtlich der dinglichen Sicherung: Nach § 91 S. 2 SGB XII kann die Leistungserbringung als Darlehen von einer dinglichen oder anderweitigen Sicherung der Rückzahlungsverpflichtung abhängig gemacht werden. Die Kosten hierfür trägt der Träger der Sozialhilfe.[270] Darlehenszinsen kann der Träger der Sozialhilfe mangels Ermächtigungsgrundlage nicht verlangen.[271]

109 Vermögensgegenstände sind grundsätzlich so lange anzurechnen, wie sie vorhanden sind. Bei Darlehen nach § 91 SGB XII könnte dieses Vorgehen jedoch dazu führen, dass Leistungsberechtigte, die ein Darlehen in Anspruch nehmen (müssen), schlechter stehen würden als Personen, die ihren Vermögensgegenstand veräußern und verbrauchen. Deshalb endet die Darlehensgewährung (und setzt die Gewährung als endgültiger Zuschuss ein), sobald die Summe der als Darlehen gewährten Leistungen den Verkehrswert des nicht sofort verbrauch- oder verwertbaren Vermögensgegenstandes erreichen.[272] Zudem kann einer über den tatsächlichen Verwertungserlös des nicht sofort verbrauch- oder

---

265 Coseriu in: jurisPK-SGB XII § 19 Rn. 41; LSG BW 16.12.2015 – L 2 SO 5064/14.
266 Zum Vorrang der Erweiterten oder Unechten Hilfe Geiger in: LPK-SGB XII § 91 Rn. 14 m. Nachw.
267 Geiger in: LPK-SGB XII § 91 Rn. 10.
268 Geiger in: LPK-SGB XII § 91 Rn. 10.
269 Geiger in: LPK-SGB XII § 91 Rn. 10.
270 Geiger in: LPK-SGB XII § 91 Rn. 13.
271 BSG 27.5.2014 – B 8 SO 1/13 R; Geiger in: LPK-SGB XII § 91 Rn. 13.
272 BSG 25.8.2011 – B 8 SO 19/10 R.

verwertbaren Vermögensgegenstandes hinausgehenden Rückforderung eines Darlehensbetrags der Einwand unzulässiger Rechtsausübung entgegengehalten werden.[273]

Bei der Darlehenstilgung sind die persönlichen Verhältnisse der Darlehensnehmerin/des   **110**
Darlehensnehmers zu berücksichtigen. Da das SGB XII für die Darlehenstilgung von
Darlehen nach § 91 SGB XII keine Ermächtigungsnorm enthält – § 26 Abs. 2 und 3
SGB XII gelten nur für Ansprüche auf Erstattung zu Unrecht erbrachter Leistungen so-
wie bei vorangegangener Deckung derselben Bedarfe durch Sozialhilfeleistungen, § 37
Abs. 4 und § 37 a Abs. 3 SGB XII gelten nur für Darlehen nach den jeweilige Absät-
zen 1, § 38 SGB XII enthält keine Tilgungsvorschrift, § 51 Abs. 1 SGB I erlaubt eine
Aufrechnung nur für pfändbare Leistungen, wozu die Sozialhilfeleistungen nach § 54
Abs. 4 SGB I, § 850 c ZPO regelmäßig nicht gehören; zudem verbietet der gegenüber
§ 51 Abs. 1 SGB I strengere § 51 Abs. 2 SGB I eine Aufrechnung, durch die Sozialhilfebedürftigkeit eintreten würde –, kann gegen den Willen der Darlehensnehmerin/des
Darlehensnehmers keine Aufrechnung mit laufenden Sozialhilfeleistungen erfolgen; eine
entsprechende Verzichtserklärung ist nach § 46 SGB I jeweils für die Zukunft frei wider-
ruflich.

D. Einzelheiten zum Vermögenseinsatz nach dem SGB IX

I. Überblick und Grundstruktur

Die Regelungen zum Vermögenseinsatz im SGB IX lehnen sich eng an die des SGB XII   **111**
an.

Nach § 140 SGB IX (F:2020) haben die antragstellende Person sowie bei Minderjähri-   **112**
gen die im Haushalt lebenden Eltern oder ein Elternteil vor der Inanspruchnahme der
Leistungen nach Teil 2 SGB IX die erforderlichen Mittel aus ihrem Vermögen aufzubringen. Diese Vorschrift ist in gewisser Weise systemfremd. Anders als bei Leistungen
der bisherigen Eingliederungshilfe nach dem SGB XII sind die Eingliederungshilfeleistungen nach dem SGB IX nämlich nicht mehr dem Grunde nach davon abhängig, ob
die Leistungsberechtigten über Einkommen oder Vermögen verfügen, deren Einsatz ihnen zuzumuten ist. Vielmehr besteht der Leistungsanspruch unabhängig von vorhandenem Einkommen oder Vermögen dem Grunde nach, allerdings müssen die Leistungsberechtigten und andere Personen gemäß § 92 SGB IX (F:2020) einen Beitrag zu den Leistungen erbringen, der dann nach § 137 Abs. 3 SGB IX (F:2020) von der Leistung abzuziehen ist. Durch die Anrechnung des Beitrags kann sich am Ende ein Leistungsanspruch in Höhe von 0 EUR ergeben, wovon aber der Bestand des Leistungsanspruchs
dem Grunde nach nicht berührt ist. § 140 SGB IX (F:2020) erscheint demgegenüber wie
ein Rückfall in das alte Fürsorgerecht, wonach ein Anspruch dem Grunde nach nur bestehen kann, wenn die Einsatzgemeinschaft nicht über zumutbar einsetzbares Vermögen
verfügt (§ 19 Abs. 3 SGB XII).

§ 140 Abs. 3 SGB IX (F:2020) legt dabei bestimmte Leistungen fest, die vollständig oh-   **113**
ne Vermögenseinsatz zu erbringen sind. § 139 SGB IX (F:2020) definiert, was als Vermögen anzusehen ist. § 140 Abs. 2 SGB IX (F:2020) schließlich enthält einen Darlehens-
anspruch.

II. Vermögensbegriff des SGB IX (F:2020)

§ 139 S. 1 SGB IX (F:2020) definiert das Vermögen parallel zum SGB XII als das gesam-   **114**
te verwertbare Vermögen. Hinsichtlich des Schonvermögens verweist § 139 S. 2 SGB IX

---

[273] BGH 23.1.1996 – XI ZR 155/95; Mecke in: jurisPK-SGB XII § 91 Rn. 24.

(F:2020) auf § 90 Abs. 2 Nr. 1–8 SGB XII (s. hierzu → Rn. 80), also auf die geschonten Vermögensgegenstände mit Ausnahme des kleineren Barbetrages. Lediglich infolge eines redaktionellen Versehens verweist § 139 S. 2 SGB IX (F:2020) nicht auch auf die Härtenregelung des § 90 Abs. 3 SGB XII (hierzu → Rn. 92); ausweislich der Gesetzesbegründung sollte an dieser auch für das SGB IX (F:2020) festgehalten werden.[274]

115 Großzügiger als in § 90 Abs. 2 Nr. 9 SGB XII (hierzu → Rn. 101) wird der „kleinere Barbetrag" im SGB IX (F:2020) bemessen und daher auch „Barvermögen und sonstige Geldwerte" bezeichnet. Nach § 139 S. 2 SGB IX (F:2020) ist dieser Freibetrag ab 1.1.2020 variabel und richtet sich nach der jährlichen Bezugsgröße nach § 18 Abs. 1 SGB IV; er beträgt 150 % dieser Bezugsgröße. Maßgeblich ist die Bezugsgröße im Bedarfszeitraum.

III. Ohne Berücksichtigung von Vermögen zu erbringende Leistungen (§ 140 Abs. 3 SGB IX [F:2020]; § 92 Abs. 1 SGB XII [F:2020])

116 Nach § 140 Abs. 3 SGB IX (F:2020) sind die in § 138 Abs. 1 SGB IX (F:2020; zu diesen → Kap. 20 Rn. 306 f.) genannten Leistungen ohne Vermögenseinsatz, also trotz vorhandenen Vermögens zu erbringen.

117 Zudem sind auch die parallelen Leistungen nach § 27 c SGB XII (F:2020) sowie für die übrigen Personen, die Leistungen nach § 138 Abs. 1 Nr. 3 und 6 SGB IX (F:2020) ohne Beitragsberechnung erhalten, ohne Einsatz von Vermögen zu erbringen (§ 92 Abs. 1 S. 2 und 3 SGB IX [F:2020]; näher dazu → Kap. 20 Rn. 320–323 und → Kap. 20 Rn. 296–301).

IV. Darlehen bei Unmöglichkeit oder Unzumutbarkeit des sofortigen Vermögensverbrauchs oder der sofortigen Vermögensverwertung (§ 140 Abs. 2 SGB IX [F:2020])

118 § 140 Abs. 2 SGB IX (F:2020) enthält eine § 91 SGB XII nachgebildete Darlehensvorschrift; wegen der Einzelheiten kann auf die Ausführungen hierzu verwiesen werden (→ Rn. 92).

---

274 „Eine Abweichung von § 90 SGB XII erfolgt nur zur Höhe des Barvermögens"; BT-Drs. 18/9522, 304.

Kapitel 22: Obliegenheit zum Einsatz der eigenen Arbeitskraft

Literaturhinweise: Atzmüller, Aktivierung der Arbeit im Workfare-Staat, 2014; Banafsche, Freie Berufswahl für Arbeitslose und Arbeitsgelegenheiten gegen Mehraufwandsentschädigung im Lichte von Grundgesetz und UN-Sozialpakt, VSSR 2012, 131; Bieback, Rechtliche Grundstrukturen der „Aktivierung" arbeitsloser Sozialhilfeempfänger, ZfSH/SGB 2009, 269; Davilla, Die Eigenverantwortung im SGB III und SGB II. Obliegenheiten und Sanktionen zur Beendigung von Arbeitslosigkeit und Hilfebedürftigkeit, 2011; Deutscher Verein, Handlungsempfehlungen des Deutschen Vereins zur Förderung allein Erziehender im Rahmen des SGB II, NDV 2006, 157; Eichenhofer, Recht des aktivierenden Wohlfahrtsstaates, 2013; Feldhoff, „Nicht jede Arbeit ist zumutbar" – Lohnwucher als Zumutbarkeitsgrenze im SGB II, SGb 2006, 701; Gehrken, Die Arbeitsgelegenheiten gegen Mehraufwandsentschädigung gemäß § 16 d Satz 2 SGB II („Ein-Euro-Jobs"): rechtspolitischer Hintergrund – tatsächliche Entwicklung – Rechtsprobleme, 2010; Hammel, Die (Un-)Zumutbarkeit der Ausübung von Arbeit durch EmpfängerInnen von Alg II, ZfF 2014, 155; Janda, Die Aktivierung junger Erwachsener im SGB II, SGb 2015, 301; Keller/Seifert, Atypische Beschäftigung zwischen Prekariat und Normalität, 2013; Kohte, Zumutbare Arbeit – Zumutungen im SGB II, SozSich 2005, 146; Ockenga, Die umfassenden Pflichten der Leistungsberechtigten im SGB II, SozSich 2014, 442 (Teil 1); Rixen, Hartz IV: Ist jede Arbeit zumutbar? Zum unbenannten Unzumutbarkeitsgrund des § 10 Abs. 1 Nr. 5 SGB II am Beispiel sexualitätsbezogener Dienstleistungen, SGb 2005, 509; Scheriau, Arbeitsverhältnis – Ist das noch normal, 5. Aufl., 2013; Schröter/Heiland, Sackgasse SGB II, 2016; Spellbrink, Gelingt durch die neuen Instrumente des SGB II die Integration der Langzeitarbeitslosen in den Arbeitsmarkt?, SGb 2008, 445; Spindler, Aktivierende Ansätze in der Sozialhilfe, in: Dahme ua (Hrsg.), Soziale Arbeit für den aktivierenden Staat, 2003, 225; dies., Schleichende Einführung von Workfare in Deutschland, SozSich 2008, 365; Trube, Vom Wohlfahrtsstaat zum Workfarestaat – Sozialpolitik zwischen Neujustierung und Umstrukturierung, in: Dahme ua (Hrsg.), Soziale Arbeit für den aktivierenden Staat, 2003, 177; Voelzke, Fördern und Fordern: Die Instrumente und ihre Umsetzung, in: FS R. Jaeger, 2010, 347.

Rechtsgrundlagen:
SGB II §§ 2, 10, 31 ff.
SGB XII §§ 2, 11 Abs. 1 und 3

Orientierungssätze:

1. Nach dem Selbsthilfegrundsatz haben erwerbsfähige Hilfebedürftige ihre Arbeitskraft zur Beschaffung des Lebensunterhalts für sich selbst und die Mitglieder ihrer Bedarfsgemeinschaft einzusetzen. Der vorrangig abverlangte Einsatz der Arbeitskraft anerkennt den Einzelnen in seiner Subjektstellung und entspricht dem Menschenwürdegrundsatz sowie dem Sozialstaatsprinzip.

2. Der Einsatz der eigenen Arbeitskraft zur Beschaffung der für die Bedarfsdeckung erforderlichen Mittel ist in der Wahrnehmung, nicht aber rechtssystematisch eine Leistungsvoraussetzung im engeren Sinne. Art und Umfang der Rechtsfolgen bei unzureichendem Arbeitskrafteinsatz ergeben sich abschließend aus den Sanktionsregelungen und den Regelungen zum sozialwidrigen Verhalten.

3. Dem Einsatz der eigenen Arbeitskraft vorgelagert ist die Obliegenheit, sich bis zur Zumutbarkeitsgrenze aktiv um Arbeit zu bemühen, und die Übernahme von Arbeitsgelegenheiten.

4. Einem erwerbsfähigen Leistungsberechtigten ist grundsätzlich jede Arbeit zumutbar, soweit nicht ausnahmsweise abschließend aufgezählte Hinderungsgründe bestehen.

5. Der Grundsatz des Forderns darf keine Überforderung bewirken: Der Einzelne muss zu der abverlangten Arbeit tatsächlich in der Lage sein. Kinderbetreuungspflichten und die Pflege von Angehörigen können eine Arbeit unzumutbar machen.

6. Ob der Ausübung einer Arbeit ein „sonstiger wichtiger Grund" entgegensteht, bestimmt sich danach, ob die Gründe, die eine Arbeit allgemein oder in Bezug auf eine bestimmte Tätigkeit als unzumutbar erscheinen lassen, auch in Abwägung mit der Selbsthilfeobliegenheit und den Interessen der Allgemeinheit an dem Einsatz der Arbeitskraft überwiegen.

7. Grundsätzlich zumutbar ist auch die Übernahme prekärer Beschäftigung und untertariflich bezahlter Arbeit; Grenze sind zwingende Lohnuntergrenzen (insbes. die Einhaltung des Mindestlohngesetzes) sowie sittenwidrig niedrige Entgelte.
8. Grundsicherungs- und Sozialhilferecht gewähren dem Leistungsberechtigten keinen Qualifikations-, Berufs- oder Einkommensschutz und auch keinen Schutz der bisherigen Arbeitsbedingungen.

A. Allgemeines

I. Kontext und Tradition

1 Die existenzsichernden Sozialleistungen sind nachrangig. Hilfebedürftig ist nur, wer seinen Lebensunterhalt nicht oder nicht ausreichend aus eigenen Kräften und Mitteln sichern kann (**Selbsthilfegrundsatz**). Ein zentrales Mittel der Selbsthilfe ist bei Personen, die nach ihrem Gesundheitszustand erwerbsfähig und nach ihrem Alter erwerbsverpflichtet sind, die Aufnahme einer zumutbaren Arbeit. Die Grundsicherung für Arbeitsuchende (SGB II) ist in besonderer Weise auf den Einsatz der Arbeitskraft zur Erwerbstätigkeit als Möglichkeit der Überwindung der Hilfebedürftigkeit fokussiert. Dies kommt nicht nur in der Gesetzesbezeichnung zum Ausdruck. Die **Stärkung der Eigenverantwortung** unter Überwindung der Hilfebedürftigkeit ist als Kernaufgabe noch vor der Sicherung des Lebensunterhalts in den Vordergrund gestellt, auch wenn insgesamt nun die Ermöglichung eines Lebens, das der Würde des Menschen entspricht, vorangestellt ist (§ 1 Abs. 1 SGB II).[1] Mittel ist die Unterstützung erwerbsfähiger Hilfebedürftiger bei der Aufnahme oder Beibehaltung einer Erwerbstätigkeit (§ 1 Abs. 2 S. 1 und 2 SGB II). Auch die Sozialhilfe verweist auf den vorrangigen Einsatz der Arbeitskraft (§ 2 Abs. 1 SGB XII) und stellt klar, dass bei Leistungsberechtigten, die zumutbar einer Tätigkeit nachgehen können, die Unterstützung auch das Angebot einer Tätigkeit sowie die Vorbereitung und Begleitung des Leistungsberechtigten umfasst (§ 11 Abs. 3 S. 2 SGB XII).

---

1 Eingefügt zum 1.1.2011 erst durch das Gesetz zur Ermittlung von Regelbedarfen und zur Änderung des Zweiten und Zwölften Buches Sozialgesetzbuch v. 24.3.2011, BGBl. I, 453.

Der vorrangige **Einsatz der Arbeitskraft** als Leistungsvoraussetzung für Fürsorgeleistun- **2**
gen hat eine lange **Tradition**. Sie beginnt jedenfalls mit dem Übergang zur Arbeitsgesellschaft, in der die Gewährung von Unterstützung nicht mehr – wie im Mittelalter – Gebot christlicher Nächstenliebe, sondern Mittel der öffentlichen Armutspolitik sowie der
gesellschaftlichen Regulierung und Disziplinierung der Verwendung individuellen Arbeitsvermögens wird.[2] Nur ein Instrument hierfür waren Arbeitshäuser und vergleichbare Einrichtungen[3] des hoheitlichen, teils gar strafrechtlichen Zugriffs auf die Arbeitskraft des Einzelnen, der sich nicht (hinreichend) den marktvermittelten Mechanismen
der Verwertung der Arbeitskraft aussetzen wollte. Restbestände hiervon hatten sich bis
in das Bundessozialhilfegesetz gerettet. § 26 BSHG (F. 1961)[4] hatte die – seinerzeit als
verfassungskonform erachtete[5] – Möglichkeit eröffnet, jemanden zur Arbeitsleistung in
einer Anstalt unterzubringen, der sich trotz wiederholter Aufforderung beharrlich weigert, zumutbare Arbeit zu leisten, so dass laufende Hilfe zum Lebensunterhalt an Unterhaltsberechtigte gewährt werden muss. In der Arbeitslosenversicherung war die Bereitschaft, jede (zumutbare) Arbeit anzunehmen, von Anbeginn an Leistungsvoraussetzung.

Die Bundesrepublik Deutschland versteht sich in ihrem Sozialsystem als **Arbeitsgesell-** **3**
schaft. Erwerbstätigkeit ist zentraler Bezugspunkt der dem Individuum abverlangten Bemühungen zur Sicherung der eigenen Existenz und zugleich – über das sozialversicherungspflichtige Beschäftigungsverhältnis – der Finanzierung der Sozialversicherungssys-
teme. Arbeit ist neben der Möglichkeit, über das Arbeitseinkommen Freiheit- und Ent-
faltungschancen zu erwerben, Mittel und Möglichkeit der individuellen Selbstverwirklichung, welche die Subjektstellung des Menschen zum Ausdruck bringt, wichtiger Indikator für Rang und Bedeutung einer Person in der fremd-, aber auch in der Selbsteinschätzung und Mechanismus gesellschaftlicher Integration. Die Verpflichtung zum Einsatz der eigenen Arbeitskraft ist Ausdruck dieser zentralen Bedeutung von Arbeit auch
unter den Bedingungen einer sich wandelnden Arbeitswelt. Die vielfältigen Erscheinungsformen der Erosion des Normalarbeitsverhältnisses,[6] insbes. die auf hohem Niveau stagnierende Zahl prekärer,[7] nicht sozialversicherungspflichtiger oder sonst atypischer[8] Beschäftigungsverhältnisse, die Ausbreitung eines Niedriglohnsektors[9] mit einer
auf hohem Niveau insgesamt stagnierenden Zahl von Aufstockern[10] und eine verfestigte
Langzeitarbeitslosigkeit auf insgesamt hohem Niveau[11] lassen empirisch zwar die Ver-
heißungen und Forderungen einer Arbeitsgesellschaft brüchig werden. Die weiterhin auf
Aktivierung und Erwerbsteilnahme ausgerichtete normative Struktur hat hierauf nicht

2 Sachße/Tennstedt, Geschichte der Armenfürsorge in Deutschland, Stuttgart ua 1980; sa → Kap. 1 Rn. 5.
3 Dazu Marzahn, Das Zucht- und Arbeitshaus. Die Kerninstitution frühbürgerlicher Sozialpolitik, in: ders./
Ritz, Zähmen und Bewahren, Bielefeld 1984; ders., ,Strikes' und Staat: Zur öffentlichen Regelung von Arbeitsverhältnissen, 1873–1914, Bremen 1985.
4 Gesetz vom 30.6.1961, BGBl. I, 815.
5 BVerfG 15.12.1970 – 2 BvL 17/67, BVerfGE 30, 47.
6 Mückenberger ZSR 1985, 415 ff., 457 ff.; Mayer-Ahuja, Wieder dienen lernen? Vom westdeutschen „Nor-
malarbeitsverhältnis" zu prekärer Beschäftigung, Berlin 2003; Scheriau (Lit.).
7 Brinkmann/Dörre/Röbenack, Prekäre Arbeit. Ursachen, Ausmaß, soziale Folgen und subjektive Verarbeitungsformen unsicherer Beschäftigungsverhältnisse, Bonn 2006, 7.
8 Keller/Seifert (Hrsg.), Atypische Beschäftigung. Flexibilisierung und soziale Risiken, Berlin 2007; Brehmer/
Seifert ZAF 2008, 501; Keller/Seifert (Lit.); Hans-Böckler-Stiftung, Böckler Impuls 2/2017; Stat. Bundesamt,
Anteil atypischer Beschäftigung unverändert bei 21 %, PI v. 281/16.8.2017.
9 Bosch/Weinkopf, Arbeiten für wenig Geld. Niedriglohnbeschäftigung in Deutschland, Frankfurt/M. 2007;
Lohmann, Armut von Erwerbstätigen in europäischen Wohlfahrtsstaaten. Niedriglöhne, staatliche Transfers
und die Rolle der Familie, Wiesbaden 2007; zu den Beschäftigungschancen von Niedriglöhnern sa Schank
ua, Niedriglohnbeschäftigung: Sackgasse oder Chance zum Aufstieg?, IAB-Kurzbericht 8/2008.
10 Dietz/Trappmann, Bedarfsgemeinschaften im SGB II: Warum Aufstocker trotz Arbeit bedürftig bleiben, IAB-
Kurzbericht 2/2009; im transatlantischen Vergleich sa Rhein, „Working poor" in Deutschland und den
USA, IAB-Kurzbericht 1/2009; IAB, Entwicklung der Zahl der Aufstocker nach Einführung des Mindestlohns im Jahr 2015, IAB-KB 10/2016.
11 BA, Die Arbeitsmarktsituation von langzeitarbeitslosen Menschen 2016, April 2017.

mit einer Relativierung der Obliegenheit zum Einsatz der eigenen Arbeitskraft reagiert, sondern mit deren Verschärfung durch Senkung der Zumutbarkeitsschwelle, der eine erweiterte Bereitschaft der Arbeitsuchenden zu Zugeständnissen korrespondiert.[12] Die rechtliche Ausgestaltung und die Konsequenz, mit der die Erwerbsobliegenheit durchgesetzt wird, bestimmen so mittelbar die Mindestbedingungen von Beschäftigung auf dem allgemeinen Arbeitsmarkt und den Umfang der Zumutungen, denen sich erwerbsfähige Menschen dort aussetzen müssen.

4   Die Obliegenheit zum Einsatz der eigenen Arbeitskraft beruht im ideologischen Ansatz auch auf dem **Grundsatz der Menschenwürde** und dem **Sozialstaatsprinzip.** Leistungsberechtigte sollen nicht zum Objekt staatlicher Fürsorge gemacht werden, indem ihre wirtschaftliche Existenz ohne jede Eigeninitiative und Eigenvorsorge gesichert wird.[13] Menschenwürdegrundsatz und Sozialstaatsprinzip verlangen nicht, das menschenwürdige Existenzminimum voraussetzungslos zu gewährleisten,[14] und lassen für voll erwerbsfähige Personen jedenfalls Raum für das Verlangen, die verfügbare Arbeitskraft auch einzusetzen. Ein bedingungsloses Grundeinkommen ist – ungeachtet der im Detail höchst unterschiedlichen Zielsetzungen, erwartbaren Wirkungen und Ausgestaltungen – jedenfalls nicht verfassungsgeboten[15] und mit dem überwiegenden Sozialstaatsverständnis inkompatibel.[16] Zugleich begrenzen Menschenwürdegrundsatz und Sozialstaatsprinzip die Reichweite der Obliegenheit, weil der Einsatz der Arbeitskraft unter grob sozialstaatswidrigen, menschenwürdeverletzenden Bedingungen nicht verlangt werden darf. Sie setzen damit einen äußersten Rahmen für die einfachgesetzliche Ausformung der Obliegenheit zum Einsatz der Arbeitskraft.

5   Die Betonung des Grundsatzes des Forderns übernimmt Elemente eines Konzeptes des **aktivierenden Sozialstaats.** Hier steht nicht die Existenzsicherung durch Transferleistung als solche im Vordergrund; Vorrang hat eine aktivierende Stärkung der individuellen Selbsthilfekompetenzen mit dem Ziel der Integration (vor allem) in den allgemeinen, ersten Arbeitsmarkt;[17] der Leistungsberechtigte wird nicht als einseitig Hilfe bedürftiges Objekt staatlich-paternalistischer Fürsorge, sondern als selbstverantwortliches, aktives Subjekt der Gesellschaft gesehen, der als prinzipiell gleichberechtigter Partner professionelle Hilfe in Anspruch nimmt. In der ideologischen Vermittlung, nicht in der einfachgesetzlichen Ausformung, enthält dieses Konzept auch Elemente eines „workfare-Ansatzes",[18] bei dem die Eigenaktivitäten systematisch Voraussetzungen einer Sozialleistung sind, die nicht mehr nach dem Faktizitätsgrundsatz unabhängig von den Ursachen durch einseitig gewährende Leistungen das Existenzminimum sichern.[19] Die Erwerbsarbeitsobliegenheit folgt aber normativ[20] nicht einem strikten Workfare-Konzept, weil die Tätigkeit für die Gesellschaft nicht – im Sinne einer synallagmatischen Verknüpfung – tatbestandlich Leistungsvoraussetzung ist. Ihre Nichtbeachtung kann nur nach Maßgabe der Sanktionsregelungen beachtlich werden. Der Leistungsberechtigte

---

12   Bender ua, Erwerbsfähige Hilfebedürftige im SGB II: Aktivierung ist auch in der Krise sinnvoll, IAB-Kurzbericht 19/2009.
13   Neumann NVwZ 1995, 426 (428); Spellbrink JZ 2007, 28 (29 f.).
14   BVerfG 7.7.2010 – 1 BvR 2556/09, NJW 2010, 2866; sa BT-Drs. 17/6833, 2.
15   Sa LSG Nds-Brem 28.9.2017 – L 11 AS 1067/15.
16   Partiell aA Schmidt/Straub/Müller, Grundeinkommen von A bis Z, Zürich 2016.
17   Grote-Seifert in: jurisPK-SGB II § 2 Rn. 16 f.; Berlit in: LPK-SGB II § 2 Rn. 3.
18   Trube 2003 (Lit.); Trube SozSich 2004, 2; Wolf SozSich 2008, 372; Bieback ZfSH/SGB 2009, 259; Gehrken 2011, 84 ff.; allg. Atzmüller (Lit.); zur sozialpolitisch-ideologischen Entwicklung bis 2005 auch Brütt, Workfare als Mindestsicherung, 2011.
19   Spindler 2003 (Lit.); Spindler 2008 (Lit.), 365.
20   AA bei einem politikwissenschaftlichen Workfarebegriff Mohr, Von „Welfare to Workfare"? Der radikale Wandel der deutschen Arbeitsmarktpolitik, in: Bothfeld ua (Hrsg.), Arbeitsmarktpolitik in der sozialen Marktwirtschaft, 2009, 49.

wird lediglich in einen Prozess der – einzelfallbezogen festzulegenden und auszuhandelnden – flexiblen Mitwirkungsobliegenheiten ohne klare Struktur eingebunden.[21]

II. Überblick

Gefordert ist der **Einsatz der eigenen Arbeitskraft.** „Arbeitskraft" ist das an die Person   6
gebundene Vermögen zur Ausübung einer Tätigkeit, die erwerbsmäßig ausgeübt werden kann und dem Leistungsberechtigten nach den tatsächlichen und rechtlichen Verhältnissen auch möglich ist. Ihr Einsatz ist mehrstufig geregelt.

Er wird zunächst **als Grundsatz** in den allgemeinen Einweisungsnormen (§ 2 SGB II; § 2   7
SGB XII) festgehalten und in den allgemeinen Selbsthilfegrundsatz eingebettet. § 2 SGB II umschreibt damit die „Forderungskomponente" des Grundsatzes vom „Fordern und Fördern" und normiert dabei verschiedene, ineinander übergehende Obliegenheiten, die neben dem Einsatz der Arbeitskraft selbst (§ 2 Abs. 2 S. 2 SGB II) auch die vorgelagerte Mitwirkung an Maßnahmen zur Eingliederung in Arbeit und die Übernahme zumutbarer Arbeitsgelegenheiten (§ 2 Abs. 1 S. 2 und 3 SGB II) umfassen. Auch bei Personen, die ihren Lebensunterhalt (noch) nicht durch Erwerbsarbeit sichern können, normiert dies eine Obliegenheit, an die leistungsrechtliche Konsequenzen anknüpfen können (§§ 31 ff. SGB II; § 39 a SGB XII), keine (negative) Leistungsvoraussetzung.[22] Der Hilfesuchende muss daher nicht – als tatbestandliche Voraussetzung der Leistungsgewährung – positiv nachweisen, dass alle (zumutbaren) Möglichkeiten zur Beendigung oder Verringerung der Hilfebedürftigkeit tatsächlich bereits ausgeschöpft sind, bevor eine Leistungsgewährung in Betracht kommt.

Auf einer zweiten Ebene wird der Grundsatz des Forderns hinsichtlich der **Zumutbar-**   8
keit von Arbeit bzw. Tätigkeiten und Maßnahmen zur Eingliederung in Arbeit ausgeformt, indem konkretisiert wird, unter welchen Voraussetzungen eine Arbeit oder Arbeitsgelegenheit (ausnahmsweise) nicht zumutbar ist und aus welchen Gründen dies nicht der Fall ist (§ 10 SGB II; § 11 Abs. 4 SGB XII). Grundsatz und Regelfall ist, dass jede Arbeit (§ 10 Abs. 1 SGB II) bzw. Tätigkeit (§ 11 Abs. 4 SGB XII) zumutbar ist.

Erst auf der dritten Ebene werden **Voraussetzungen und Reichweite der leistungsrechtli-**   9
chen Reaktionen (Sanktionen) auf die Verletzung der Obliegenheit zum Einsatz der eigenen Arbeitskraft geregelt (§§ 31 ff. SGB II; § 39 a SGB XII). Hier hat sich der Gesetzgeber für ein grundsätzlich gestuftes Sanktionensystem entschieden, in dem die Leistungen nicht sofort und vollständig wegfallen, wenn die Arbeitskraft nicht in dem zumutbar abverlangten Umfange eingesetzt wird. Das **Spannungsverhältnis zum Bedarfsde-**
ckungsgrundsatz wird dadurch bewältigt, dass ab einer bestimmten Sanktionsschärfe zur Sicherung eines menschenwürdigen Existenzminimums auf Antrag Sach- und geldwerte Leistungen erbracht werden können.[23]

B. Der Einsatz der eigenen Arbeitskraft im SGB II

I. Arbeitskrafteinsatz und der Grundsatz des Forderns (§ 2 SGB II)

Der **Grundsatz des Forderns** (§ 2 SGB II) regelt die Pflichten der erwerbsfähigen Leis-   10
tungsberechtigten und der mit ihnen in einer Bedarfsgemeinschaft lebenden Personen im Rahmen der Geltendmachung von Ansprüchen nach dem SGB II. Die generalklauselar-

---

21 Sa Davilla 2011 (Lit.), 40; Voelzke 2010 (Lit.), 347 (352).
22 BSG 20.1.2016 – B 14 AS 15/15 R; ein Leistungsausschluss ohne Rückgriff auf andere Normen des SGB XII ist mithin allenfalls in extremen Ausnahmefällen denkbar, etwa wenn sich der Bedürftige generell eigenen Bemühungen verschließt und Ansprüche ohne Weiteres realisierbar sind; s. BSG 22.3.2012 – B 8 SO 30/10 R, NVwZ-RR 2012, 968.
23 Berlit info also 2013, 195; zu Einzelheiten → Kap. 23 Rn. 13 f., 80 f., 92 ff.

tige Obliegenheit, „alle Möglichkeiten" zur Beendigung oder Verringerung der Hilfebedürftigkeit auszuschöpfen (§ 2 Abs. 1 S. 1, Abs. 2 S. 1 SGB II), wird für erwerbsfähige Hilfebedürftige konkretisiert durch die Obliegenheiten zur Mitwirkung an Maßnahmen zur Eingliederung in Arbeit, insbes. dem Abschluss einer Eingliederungsvereinbarung (§ 2 Abs. 1 S. 2 SGB II), zur Übernahme einer angebotenen zumutbaren Arbeitsgelegenheit (§ 2 Abs. 1 S. 3 SGB II) und zum Einsatz der Arbeitskraft zur Beschaffung des Lebensunterhalts (§ 2 Abs. 2 S. 2 SGB II). Normatives Leitmodell ist der (arbeits-)willige Arme, der notfalls durch Sanktionen zur Arbeit getrieben wird. Die Erfüllung der Obliegenheiten zum Einsatz der eigenen Arbeitskraft ist kein ungeschriebenes Tatbestandsmerkmal der Leistungsgewährung;[24] als abschließende und speziellere Regelungen gehen die Regelungen zur Zumutbarkeit von Arbeit (§ 10 SGB II), zu den Rechtsfolgen bei Obliegenheitsverletzung (§§ 31 ff. SGB II), die im weiteren Sinne auch die Reglungen zum Kostenrecht beim „sozialwidrigen Verhalten" (§ 34 SGB II) umfassen, und zur Beschränkung der Erwerbsobliegenheit (§ 65 Abs. 4 SGB II) vor. Art. 12 Abs. 1 GG steht der sozialrechtlichen Obliegenheit zur umfassenden Verwertung der eigenen Arbeitskraft nicht entgegen; dies soll auch für die Annahme einer Obliegenheit gelten.[25]

1. Arbeitsucheobliegenheit

11 Der umfassend abverlangte Einsatz der eigenen Arbeitskraft fordert vom erwerbsfähigen Hilfebedürftigen auch eigeninitiative Bemühungen um Arbeit (**Arbeitsucheobliegenheit**). Er darf sich nicht darauf beschränken, auf Angebote und Maßnahmen des Leistungsträgers zu reagieren.[26] Die geforderte **Eigeninitiative** bezieht sich auf alle nach § 10 SGB II zumutbaren Tätigkeiten. Erfasst werden auch Formen „prekärer Beschäftigung" in nicht sozialversicherungspflichtiger Form, zB Mini- und Midijobs, Gelegenheitsarbeiten, befristete Beschäftigung, Zeitarbeit und freiberufliche Tätigkeit; nicht mehr „Arbeit" iSd § 10 Abs. 1 SGB II ist ein Praktikum, für das kein Entgelt oder Lohn gezahlt wird.[27] Bei der grundsätzlich ebenfalls umfassten selbstständigen Tätigkeit ist zwischen deren Aufnahme, die nur bei gesichertem Geschäftsmodell unter den Voraussetzungen des § 16 c SGB II verlangt werden kann, und deren Ausgestaltung zu unterscheiden, bei welcher der Leistungsberechtigte auf nicht zwingend erforderliche Betriebsausgaben zu verzichten hat[28] und die so auszurichten ist, dass sie ausreichende Erträge auch für den Lebensunterhalt erbringt.[29] Suchbereich ist bei Erwerbsfähigen, die nicht durch familiäre Pflichten oder sonstige Umstände ortsgebunden sind, grundsätzlich das gesamte Bundesgebiet[30] sowie die grenznahen Bereiche, die im Tagespendelbereich zumutbar vom Bundesgebiet aus erreicht werden können.[31]

12 Die Mitwirkungs- und Arbeitsucheobliegenheit ist auch nach Art und Umfang durch einen ungeschriebenen Zumutbarkeitsvorbehalt beschränkt. Sie fordert bei systematisch-verfassungskonformer Auslegung[32] lediglich **umfassende, objektiv zumutbare und subjektiv leistbare Eigenbemühungen**. Vorbehaltlich abweichender Festlegungen in der

---

24 Groth in: GK-SGB II § 2 Rn. 7; Kador in: Eicher/Luik SGB II § 2 Rn. 7; Berlit in: LPK-SGB II § 2 Rn. 12.
25 BVerwG 23.2.1979 – 5 B 114.78, Buchholz 436.0 § 19 BSHG Nr. 1; LSG NRW 17.2.2014 – L 19 AS 749/13; Berlit RsDE 33 (1996), 145.
26 BT-Drs. 15/1516, 51; sa BT-Drs. 13/4951, 175.
27 LSG NRW 2.5.2008 – L 7 B 321707 AS.
28 LSG LSA 14.6.2010 – L 7 AS 163/10 B; 26.6.2009 – L 5 AS 143/09 B ER.
29 LSG Bln-Bbg 13.4.2015 – L 31 AS 3028/14 B ER.
30 Sa – zum Unterhaltsrecht – BVerfG (Kammer) 29.12.2005 – 1 BvR 2076/03, NJW 2006, 2317; 14.12.2006 – 1 BvR 2236/06, NJW-RR 2007, 649.
31 Zur unionsrechtlich geforderten (EuGH 11.1.2007 – C-208/05, NZA-RR 2007, 267) „Auslandsoffenheit" des SGB II bei Beschäftigungsangeboten mit Auslandsbezug sa Böttiger in: Eicher/Luik SGB II § 10 Rn. 40 (sa Rn. 70 ff., 107 ff.).
32 Davilla 2011 (Lit.), 157 f.; Berlit in: LPK-SGB II § 2 Rn. 24 f.

Eingliederungsvereinbarung hat der Leistungsberechtigte einen Beurteilungs- und Aus-
wahlspielraum, welche Arbeitsuchebemühungen er verfolgt; bei hiernach hinreichender
Eigeninitiative kann ihm die Nichtausschöpfung weiterer Suchmöglichkeiten nicht entgegen gehalten werden.[33] In diesem Rahmen bestimmen sich **Art, Umfang und Intensität** der zumutbar abzuverlangenden Eigenbemühungen **nach den Umständen des Einzelfalles.** Zu berücksichtigen sind ua Besonderheiten des örtlichen Arbeitsmarktes, die
Dauer der Arbeitslosigkeit, Alter, berufliche und sonstige fachliche Qualifikation des
Leistungsberechtigten, sein Gesundheitszustand, evtl. besondere psychosoziale Schwierigkeiten und sonstige Besonderheiten in Bezug auf Leistungsfähigkeit. Leitbild für die
abverlangten Aktivitäten ist ein arbeitsbereiter, interessierter Beschäftigungsuchender,
der eigeninitiativ an der Überwindung der Arbeitslosigkeit „arbeitet" und hierfür zumutbare und verhältnismäßige Eingliederungsbemühungen zu erbringen hat. Das „Fordern" bei der selbstständigen Arbeitsuche darf nicht zu einem „Überfordern" führen.[34]

Als **Eigenbemühungen** kommen neben der Inanspruchnahme der Beratungs- und Ver-   **13**
mittlungsangebote des Leistungsträgers insbes. in Betracht die Nutzung der Stelleninfor-
mationsdienste der Bundesagentur, die Auswertung von Stellenanzeigen in Tageszeitun-
gen und im Internet, der Besuch von Arbeitsplatzbörsen etc als Ansatzpunkt für gezielte
Bewerbungen, Initiativbewerbungen bei möglichen Arbeitgebern, die Vorsprache bei
Zeitarbeitsagenturen und privaten Arbeitsvermittlern. Der Leistungsberechtigte hat in
zumutbarem Umfang allgemeine Kosten für Eingliederungsbemühungen aus dem Regelbedarf zu bestreiten und hierfür auch Teile des Telekommunikationsansatzes zu verwenden. Kostenträchtige schriftliche Bewerbungen (Erstellung und der Versand von Bewerbungsunterlagen) sowie angemessene und nachgewiesene Reisekosten zu Eignungsfeststellungen und Vorstellungsgesprächen jedenfalls außerhalb des ortsnahen Bereichs sind
dagegen regelmäßig nicht aus der Regelbedarfsleistung aufzubringen[35] und durch Unterstützungsleistungen des Jobcenters abzufedern, die vorab in der Eingliederungsvereinbarung konkret und verbindlich zu bestimmen sind.[36] Die Möglichkeiten zur Kostenübernahme (§ 16 Abs. 1 iVm §§ 45 ff. SGB III) geben Aufschluss über die zumutbar
abzuverlangenden, kostenträchtigen Eigenbemühungen.[37] Darüber hinaus sind Bewerbungen nicht abzuverlangen, wenn hierfür Kosten anfallen, die anderweitig nicht gedeckt sind;[38] es bleiben dann nur „Bewerbungen", die ohne Erstellung und Versand von
Bewerbungsunterlagen durch mündliche Vorsprache im Nahbereich erfolgen können,
oder – Internetzugang unterstellt – Internetbewerbungen sowie Eigenbemühungen im
Vorfeld formeller Bewerbungen.[39]

Die hervorgehobene Obliegenheit zum **Abschluss einer Eingliederungsvereinbarung** (da-   **14**
zu Kapitel 16) soll die fallbezogene Konkretisierung der Eingliederungsbemühungen
(§ 15 Abs. 2 S. 1 Nr. 1 SGB II) gewährleisten. Die – verfassungsrechtlich bedenkliche[40] –
Abschlussverpflichtung ist bezogen allein auf eine dem Inhalt nach in jedem Punkte
rechtmäßige Eingliederungsvereinbarung und hat durch die Streichung der Möglichkeit,
den Nichtabschluss auch zu sanktionieren,[41] an Bedeutung verloren;[42] als nachrangiges

---

33 NdsOVG 30.12.2003 – 4 ME 393/03, FEVS 55, 345.
34 S. bereits BVerwG 17.5.1995 – 5 C 20.93, BVerwGE 98, 203; für das Unterhaltsrecht sa BVerfG
    29.12.2005 – 1 BvR 2976/93, FamRZ 2006, 469.
35 Sa Behrens info also 2011, 78; 2003, 208; Winkler info also 2011, 72 (73 f.).
36 BSG 23.6.2016 – B 14 AS 30/15 R, NDV-RD 2017, 11; 23.6.2016 – B 14 AS 42/15 R, NDV-RD 2017, 12;
    sa BSG 6.12.2007 – B 14/7 b AS 50/06 R, FEVS 59, 554.
37 Berlit in: LPK-SGB II § 2 Rn. 27.
38 SG Hamburg 28.11.2005 – S 53 AS 1428/05 ER.
39 LSG NRW 18.10.2006 – L 1 B 27/06 AS ER.
40 Dazu eingehend Berlit in: LPK-SGB II, 3. Aufl. 2009, § 2 Rn. 26.
41 BT-Drs. 17/3404, 111; Gesetz v. 24.3.2011, BGBl. I, 453.
42 Grote-Seifert in: jurisPK-SGB II § 2 Rn. 26 f.

Mittel bei Nichtzustandekommen der Vereinbarung[43] steht dem Leistungsträger zudem frei – allzumal bei Streit über den Abschluss als solchen und deren Ausgestaltung –, deren Inhalt durch Verwaltungsakt zu ersetzen (§ 15 Abs. 3 S. 3 SGB II).

2. Übernahme einer Arbeitsgelegenheit

15 Die Übernahme einer zumutbaren Arbeitsgelegenheit (§ 16 d SGB II; dazu → Kap. 29 Rn. 81 ff.)[44] ist gegenüber der Integration in den ersten Arbeitsmarkt nachrangig und besteht nur dann, wenn eine Erwerbstätigkeit auf dem allgemeinen Arbeitsmarkt in absehbarer Zeit nicht möglich ist;[45] nach den allgemeinen Leistungsgrundsätzen (§ 3 Abs. 1 SGB II) muss sie zudem geeignet und erforderlich sein, um die Integration in den ersten Arbeitsmarkt zu befördern,[46] und darf den Leistungsberechtigten in seinen Fähigkeiten und Qualifikationen nicht überfordern.[47] Der Übernahmeobliegenheit korrespondiert **kein Anspruch auf Angebot oder Bereitstellung von Arbeitsgelegenheiten**. Wegen des Ausschlusses der SGB II-Leistungsberechtigten von den entsprechenden SGB III-Eingliederungsmaßnahmen (§ 16 Abs. 1 Satz 1 SGB II) sind bei Arbeitsbeschaffungsmaßnahmen nur noch Maßnahmen nach § 16 d SGB II erfasst, also die zusätzlichen, im öffentlichen Interesse liegenden Maßnahmen, oder Maßnahmen im Rahmen der freien Förderung (§ 16 f SGB II).

16 Die Prognose, ob der Erwerbsfähige in absehbarer Zeit keine **Beschäftigung auf dem 1. Arbeitsmarkt** finden wird, erfordert eine wertende Gesamtbetrachtung der Umstände des Einzelfalls, bei der individuelle Eingliederungsvoraussetzungen (ua Qualifikationsniveau, Alter, berufliche Erfahrung, besondere vermittlungshemmende oder -fördernde Umstände einschließlich Leistungsfähigkeit und -wille) sowie die allgemeine und sektorale Arbeitsmarktlage zu berücksichtigen sind. Haben SGB II-Leistungsberechtigte zuvor längere Zeit SGB III-Leistungen bezogen und sind nachhaltige Vermittlungsbemühungen in den ersten Arbeitsmarkt fehlgeschlagen, ist dies der Fall.[48] Der Prognosezeitraum („absehbare Zeit") umfasst mindestens sechs Monate[49] und – mit Blick auf die Legaldefinition von Langzeitarbeitslosigkeit (§ 18 Abs. 1 SGB III) – unter einem Jahr.

17 Die Zumutbarkeit der Arbeitsgelegenheit bestimmt sich nach § 10 SGB II und besteht namentlich nicht, wenn die abverlangte Tätigkeit nicht iSd § 16 d SGB II zusätzlich ist oder im öffentlichen Interesse liegt.[50] Die Übernahmeobliegenheit ist auf dem Leistungsberechtigten angebotene Arbeitsgelegenheiten beschränkt; aktive Bemühungen werden insoweit nicht abverlangt.

3. Einsatz der eigenen Arbeitskraft (§ 2 Abs. 2 S. 2 SGB II)

18 Der Einsatz der eigenen Arbeitskraft zur Beschaffung des Lebensunterhalts wird nur **erwerbsfähigen Hilfebedürftigen** abverlangt, also Personen, die legalen Arbeitsmarktzu-

---

43 BSG 14.2.2013 – B 14 AS 195/11 R, SozR 4–4200 § 15 Nr. 2; für einen Gleichrang noch BSG 22.9.2009 – B 4 AS 13/09 R, SozR 4–4200 § 15 Nr. 1.
44 Sa Gehrken 2010 (Lit.); Jenak, Arbeit gegen Mehraufwandsentschädigung, 2009.
45 Zu verfassungsrechtlichen Voraussetzungen und Grenzen s. Berlit RsDE 33 (1996), 30 (57); Davilla 2011 (Lit.), 67 ff.; Gehrken 2010 (Lit.), 176 ff.
46 SG Berlin 14.7.2008 – S 37 AS 19402/08 ER, info also 2008, 223.
47 LSG RhPf 28.4.2015 – L 3 AS 99/15 B ER, ZfSH/SGB 2015, 537 (Zuweisung von Betreuungstätigkeiten in Bezug auf Kinder, Jugendliche, Senioren und behinderte Menschen an Leistungsberechtigte ohne berufliche oder sonstige Vorkenntnisse bzw. Erfahrungen).
48 SG Berlin 11.9.2009 – S 37 AS 14128/09.
49 Kador in: Eicher/Luik SGB II § 2 Rn. 17; enger Müller in: Hauck/Noftz SGB II § 2 Rn. 27: mindestens vier bis fünf Monate.
50 Vießmann NZS 2011, 128; offenlassend noch BSG 16.1.2008 – B 4 AS 60/07 R, SozR 4–4200 § 16 Nr. 4; 17.12.2009 – B 4 AS 30/09 R, SozR 4–4200 § 31 Nr. 3; sa BSG 13.4.2011 – B 14 AS 98/10 R, SozR 4–4200 § 16 Nr. 7; 27.8.2011 – B 4 AS 1/10 R, SozR 4–4200 § 16 Nr. 9 (öffentlich-rechtlicher Erstattungsanspruch).

gang haben (§ 8 Abs. 2 SGB II) und die auch nach ihrem Alter (§ 7 Abs. 1 S. 1 Nr. 1 SGB II) erwerbsfähig sind. Grundsätzlich ist zur Abwendung der Hilfebedürftigkeit die Aufnahme jeder Arbeit, unabhängig von schulischer und beruflicher Bildung, zumutbar, die ein erwerbsfähiger Leistungsberechtigter in Hinblick auf seine Fähigkeiten und Leistungsvoraussetzungen erfüllen kann und darf.[51] Er ist auch dann gefordert, wenn der notwendige **Lebensunterhalt nur teilweise** (Zuverdienst) **oder kurzfristig** gedeckt werden kann. Er ist insbesondere nicht an eine nachhaltige Eingliederung in Arbeit im Rahmen eines arbeitsrechtlich bestandsgeschützten, sozialversicherungspflichtigen Beschäftigungsverhältnisses gebunden und verlangt auch sonst nicht, dass Arbeitslosigkeit iSd SGB III überwunden wird. „Arbeit" bedeutet (noch) menschenwürdige, aber nach der Gesetzeskonzeption nicht „gute" Arbeit[52] mit auskömmlichem Verdienst, sinnstiftendem Inhalt und fairen Arbeitsbedingungen.

Bei einer Minderung der Erwerbsfähigkeit, die die Hilfebedürftigkeit nicht nach § 8 **19** Abs. 1 SGB II ausschließt, reduziert sich die Verpflichtung zum Einsatz der Arbeitskraft auf das entsprechende Maß. Ihr Einsatz ist auch sonst auf iSd § 10 SGB II **zumutbare Arbeit** beschränkt. Lediglich illegalen Erwerbsaktivitäten muss der Leistungsberechtigte nicht nachgehen.

II. Zumutbarkeit von Arbeit und Arbeitsgelegenheiten

1. Allgemeines

Dem Grundsatz des umfassenden Forderns entsprechend ist grundsätzlich **jede Arbeit** **20** **zumutbar**, soweit nicht ausnahmsweise abschließend aufgezählte Hinderungsgründe bestehen (§ 10 Abs. 1 SGB II); im SGB II besteht – anders als nach § 140 Abs. 3 SGB III[53] – kein temporärer Einkommens- oder sonstiger Berufsschutz (§ 10 Abs. 2 SGB II). Die Zumutbarkeit von Arbeit formt den Selbsthilfegrundsatz (§ 2 Abs. 1, 2 SGB II) aus und schlägt die Brücke zu den Sanktionsnormen; denn eine Leistungskürzung setzt die Verweigerung der Aufnahme oder Fortführung einer Arbeit voraus, die auch zumutbar ist. „Zumutbarkeit" der Arbeit ist ein unbestimmter Rechtsbegriff, der im Einzelfall auszulegen und anzuwenden ist, und kann nicht Regelungsgegenstand eines Eingliederungsverwaltungsaktes sein.[54]

§ 10 Abs. 1 SGB II, dem § 11 Abs. 4 SGB XII mit gewissen Modifikationen entspricht, **21** enthält eine **abschließende Aufzählung der Hinderungsgründe**, die eine Arbeitsaufnahme unzumutbar machen.[55] Sie wird indes durch den Auffangtatbestand des „wichtigen Grundes" etwas „aufgelockert". Die Unzumutbarkeitsgründe sind weitgehend dem vormaligen Sozialhilferecht (§ 18 Abs. 3 BSHG) und nicht dem Arbeitsförderungsrecht nachgebildet. Es handelt sich um unbestimmte Rechtsbegriffe ohne Beurteilungsspielraum.[56] Für die Teilnahme an Maßnahmen zur Eingliederung in Arbeit gelten sie entsprechend (§ 10 Abs. 3 SGB II).

Auslegung und Anwendung der Zumutbarkeitsgründe müssen **grundrechtsorientiert** er- **22** folgen.[57] Menschenwürdeschutz und die Berufsfreiheit stehen dem Verweis auf zumutbare Arbeit zwar nicht entgegen. Achtung und Selbstachtung der Arbeitslosen, die in

51 BSG 15.12.2010 – B 14 A 92/09 R.
52 Dazu der DGB-Index „Gute Arbeit", der in unterschiedlichen Dimensionen und Bereichen Arbeitsqualität aus Sicht der Beschäftigten darstellen und Absatzpunkte für Verbesserungen identifizieren soll; s. http://index-gute-arbeit.dgb.de/dgb-index-gute-arbeit/was-ist-der-index.
53 Zur Vereinbarkeit der unterschiedlichen Regelungen mit Art. 3 Abs. 1 GG s. LSG NRW 8.3.2012 – L 7 AS 2177/11 B ER.
54 HessLSG 16.1.2014 – L 9 AS 846/13 B ER, FEVS 66, 20.
55 BT-Drs. 15/1516, 53.
56 OVG Bln 30.7.1981 – 6 S 30.81, ZfSH 1982, 216; HmbOVG 2.2.1990 – Bf IV 66/89, FEVS 41, 225 (231).
57 So zu Recht Böttiger in: Eicher/Luik SGB II § 10 Rn. 14 ff.

der Arbeit auch ihre Persönlichkeit entfalten und durch die Bedingungen, unter denen sie geleistet wird, gesellschaftliche Wertschätzung erfahren, müssen aber im Blick behalten werden. Hiermit müssen die – allerdings gewichtigen – fiskalischen Interessen der Allgemeinheit an der Vermeidung von SGB II-Leistungen in verhältnismäßiger Weise zum Ausgleich gebracht werden. Dies umschließt auch den Schutz vor (objektiver) Demütigung der Leistungsberechtigten unter Achtung ihres Selbstwert- und Schamgefühls.[58] Dies gilt insbes. für Auslegung und Anwendung des „sonstigen wichtigen Grundes" (§ 10 Abs. 1 Nr. 5 SGB II).

23   Das Bestehen von Hinderungsgründen ist von Amts wegen zu ermitteln und zu beachten. Nur dann, wenn sich der Sachverhalt nicht weiter aufklären lässt, trägt in non liquet-Situationen der Leistungsberechtigte die **materielle Darlegungs- und Beweislast**.

2. Unfähigkeit zur Arbeit; wesentliche Erschwerung künftiger Arbeit

24   Fordern bedeutet nicht Überfordern. Unzumutbar ist daher eine bestimmte Arbeit, zu der ein Leistungsberechtigter **körperlich, geistig oder seelisch nicht in der Lage** ist (§ 10 Abs. 1 Nr. 1 SGB II). Dies erfordert einen Vergleich des festgestellten (Rest-)Leistungsvermögens des Leistungsberechtigten mit dem Anforderungsprofil der abverlangten Arbeit nach Art und Umfang der Tätigkeit.[59] Vorausgesetzt wird, dass sich ein Leistungsberechtigter im Rahmen seiner Möglichkeiten um die Überwindung von Leistungseinschränkungen mit dem Ziel uneingeschränkter Arbeitsfähigkeit bemüht; bloße Arbeitsunlust, Arbeits„entwöhnung" oder Willensschwäche reichen nicht aus.[60] Eine für die Unzumutbarkeit der Arbeit relevante Überforderung droht nicht schon dann, wenn zweifelhaft sein mag, ob die beruflichen Kenntnisse und Fähigkeiten ausreichen, um eine bestimmte Stelle auszufüllen.[61]

25   Die körperlichen, geistigen oder seelischen Gründe können zeitweilig (zB noch nicht vollständig überwundene Krankheit oder Schwangerschaft) oder dauerhaft bestehen. Bei **tätigkeitsbezogenen Leistungseinschränkungen,**[62] insbes. auch bei Behinderungen, ist zu prüfen, inwieweit im Einvernehmen mit dem Arbeitgeber Tätigkeits- und Leistungsprofil in Einklang gebracht werden können.[63] In Zweifelsfällen sind Art und Umfang der körperlichen, geistigen oder seelischen Hinderungsgründe durch (amts-)ärztliche medizinische oder psychologische Untersuchung aufzuklären, an der der Leistungsberechtigte nach allgemeinen Grundsätzen (§§ 60 ff. SGB I) mitzuwirken hat.

26   Unzumutbar ist eine Arbeit auch dann, wenn sie die **künftige Ausübung der bisherigen überwiegenden Arbeit** wesentlich erschweren würde, weil die bisherige Tätigkeit besondere körperliche Anforderungen stellt (§ 10 Abs. 1 Nr. 2 SGB II). Praxisferne Schulbeispiele sind der Verlust der Fingerfertigkeit bei Einsatz eines Konzertgeigers als Waldarbeiter oder eines Uhrmachers für grobe Handarbeiten.[64] Die angebotene Arbeit muss der Grund dafür sein, dass eine Wiederaufnahme der bisherigen Tätigkeit aus körperlichen Gründen gefährdet wird; die Regelung vermittelt keinen allgemeinen Berufs- oder Tätigkeitsschutz.

---

58   Böttiger in: Eicher/Luik SGB II § 10 Rn. 92 ff.
59   Hackethal in: jurisPK-SGB II § 10 Rn. 19.
60   Hackethal in: jurisPK-SGB II § 10 Rn. 19.
61   LSG LSA 18.6.2009 – L 5 AS 79/08, ZfSH/SGB 2009, 748.
62   ZB Venenerkrankungen, die dauerndes Stehen ausschließen, Stressarbeiten bei Depressionskranken.
63   LSG Bln-Bbg 14.3.2008 – L 10 B 445/08 AS, info also 2008, 217.
64   Armborst in: LPK-SGB II § 10 Rn. 14.

3. Kinderbetreuung

Bei „Gefährdung" einer geordneten Kindererziehung gilt eine Tätigkeit[65] ungeachtet **27**
dessen als unzumutbar (§ 10 Abs. 1 Nr. 3 SGB II), dass vielfach auch Personen erwerbstätig sind, welche für die Erziehung von Kindern zu sorgen haben. Erziehung ist die Betreuung, Beaufsichtigung und Anleitung des Kindes.[66] Die Gefährdung ist nicht bezogen
auf das Kindeswohl (§ 1666 BGB), sondern auf den Schutz der autonomen, auf das
durch Art. 6 Abs. 2 GG grundrechtlich geschützte Erziehungsrecht bezogenen Entscheidung von Eltern, Kleinstkinder selbst zu betreuen.[67] Erfasst sind neben den eigenen Kindern auch die eines Partners (§ 7 Abs. 3 Nr. 3 SGB II). Maßgeblich ist ausschließlich die
objektive Betreuungssituation und daher, ob die Erziehung eines Kindes tatsächlich
sichergestellt ist. Voraussetzung ist, dass der Leistungsberechtigte das Kind tatsächlich
betreut, was ggf. von Amts wegen zu ermitteln ist,[68] und kein weiterer zur Betreuung
bereiter und fähiger Elternteil vorhanden ist. Der Schutz greift also nur für jeweils ein
Elternteil bzw. einen Partner; Art. 6 Abs. 1 GG gebietet nicht einen Familienschutz,
nach dem sich beide Elternteile gleichermaßen in vollem Umfange der Erziehung eines
Kindes widmen können. Die Eltern/Partner sind grundsätzlich frei, wer von ihnen beiden zugunsten der Kinderbetreuung keiner Arbeit nachgehen soll; ist aber die Betreuung
der Kinder durch den anderen Partner gewährleistet, kommt es nicht auf traditionelle
Muster innerfamiliärer Arbeitsteilung oder soziokulturelle Hindernisse an.[69] Diese
Grundsätze gelten auch für Eltern in Elternzeit, während derer bis zur Vollendung des
3. Lebensjahres des Kindes auch nicht auf die nach § 15 BEEG eröffnete Zuverdienst-
möglichkeit verwiesen werden darf.[70]

Für **Säuglinge und Kleinkinder bis zu drei Jahren** folgt aus § 10 Abs. 1 Nr. 3 SGB II im **28**
Umkehrschluss, dass eine Tätigkeit (regelmäßig) die Kindererziehung „gefährdete". Dadurch soll der Bedeutung der Betreuung durch eine ständig verfügbare Bezugsperson für
die frühkindliche Entwicklung Rechnung getragen werden,[71] ohne damit eine Betreuung auch unter 3jähriger Kinder in Horten auszuschließen. Bei mehreren Kindern ist
das Alter des jüngsten entscheidend. Die familienpolitisch bedingte Respektierung des
Betreuungswunsches des alleinerziehenden Elternteils greift bei dieser Altersgruppe
auch bei tatsächlich vorhandenen Krippenplätzen oder anderweitigen Betreuungsmög-
lichkeiten. Werden diese indes in Anspruch genommen, ist eine Erwerbstätigkeit zumutbar, soweit dem nicht besondere Umstände des Einzelfalles entgegenstehen,[72] wenn die
Arbeitszeit (inkl. Wegezeiten) durch die Dauer der außerhäuslichen Betreuung vollständig abgedeckt wird.

Die Regelvermutung bei **Kindern ab Vollendung des 3. Lebensjahres** setzt eine ander- **29**
weitig sichergestellte Kinderbetreuung voraus, die den besonderen Verhältnissen in der
Familie angepasst ist. Auch dann steht sie unter dem Vorbehalt abweichender Besonderheiten des Einzelfalles, zB eines besonderen, etwa krankheitsbedingten Betreuungsbe-
darfes des Kindes[73] oder schädlicher Auswirkungen einer tätigkeitsbedingten, temporä-

---

65 Nicht unzumutbar ist die Obliegenheit, zu Beratungsgesprächen über die berufliche Zukunft beim Grundsicherungsträger zu erscheinen; s. SG Detmold 13.6.2013 – S 18 AS 859/13 ER.
66 Kempmann in: Vereinbarkeit von Familie und Beruf, 2009, Kap. 28.2 (§ 10 SGB II) Rn. 9.
67 S. Armborst in: LPK-SGB II § 10 Rn. 16.
68 BSG 15.12.2010 – B 14 AS 92/09 R.
69 HessLSG 29.9.2006 – L 9 AS 179/06 ER; s. aber – zur soziokulturell bedingt fehlenden Betreuungsbereit-
schaft eines Sinti-Vaters zugunsten der Mutter – HmbOVG 1.7.2002 – 4 Bs 190/02, FEVS 54, 540.
70 Armborst in: LPK-SGB II § 10 Rn. 17; zur „ausgesetzten" Erwerbsobliegenheit von Elternteilen in Elternzeit
SG Karlsruhe 14.3.2011 – S 5 AS 4172/10, ZfSH/SGB 2011, 494; LSG Bln-Bbg 15.8.2013 – L 34 AS
1030/11.
71 NdsOVG 23.9.1998 – 4 L 5653/96, FEVS 49, 181; OVG NRW 10.4.2000 – 22 B 282/00, FEVS 52, 77;
HmbOVG 1.7.2002 – 4 Bs 190/02, FEVS 54, 540.
72 LSG Bln-Bbg 16.10.2008 – L 5 AS 449/08; wohl auch BSG 15.12.2010 – B 14 AS 92/09 R.
73 OVG NRW 2.3.1988 – 17 A 181785, ZfSH/SGB 1988, 601 (Migräneanfälle eines 14-jährigen Kindes).

ren Trennung vom Elternteil. Soweit und solange die anderweitige Betreuung durch Tageseinrichtungen/-betreuung oder auf andere Weise (zB Verwandte, Schulbesuch) sichergestellt ist, ist während dieser Zeit eine Beschäftigung regelmäßig zumutbar.[74] Bei nicht anderweitig sichergestellter Betreuung hängt die Zumutbarkeit einer Teilzeittätigkeit neben den sonstigen Umständen des Einzelfalles insbesondere von der Zahl der zu betreuenden Kinder sowie deren Alter und Entwicklungsstand ab;[75] die für § 10 Abs. 1 Nr. 3 SGB II beachtliche Betreuungsbedürftigkeit eines Kindes endet spätestens mit dessen Volljährigkeit (§ 21 Abs. 3 Nr. 1 SGB II). Regelmäßig nicht zumutbar ist der Abbruch eines **Erziehungsurlaubs**[76] oder die Aufgabe einer Betreuungstätigkeit als Tagesmutter.[77]

30 Der Pflicht der kommunalen Träger, darauf hinzuwirken, dass erwerbsfähigen Erziehenden **vorrangig** ein **Tagesbetreuungsplatz angeboten** wird, gilt dem hierfür zuständigen Jugendhilfeträger und berechtigt diesen nicht zu einer gleichheitswidrigen oder vom SGB VIII abweichenden Verteilung vorhandener Betreuungsplätze. Auch bei Identität der Träger korrespondiert der Hinwirkenspflicht kein subjektiv-öffentlichrechtlicher Anspruch der Alleinerziehenden neben § 24 SGB VIII. In der Grundsicherung werden alleinerziehende Leistungsberechtigte nicht gegenüber gemeinsam erziehenden bevorzugt (anders § 11 Abs. 4 S. 3 SGB XII). Unabhängig davon haben sich auch die Leistungsberechtigten im Rahmen ihrer Möglichkeiten um einen Betreuungsplatz zu bemühen; Beschwernisse der Mutter eines Kleinkindes bei der Suche nach einem Platz in einer Kindertagesstätte schließen eine berufliche Tätigkeit nicht aus.[78]

4. Pflege Angehöriger

31 Die **Pflege von Angehörigen** macht eine Arbeit unzumutbar, wenn sie mit dieser unvereinbar ist und die Pflege nicht auf andere Weise sichergestellt werden kann (§ 10 Abs. 1 Nr. 4 SGB II). Der Kreis der zu pflegenden Personen ist nicht auf nahe Angehörige beschränkt und kann neben Verwandten und Verschwägerten auch Pflegeeltern bzw. -kinder, Stiefeltern oder -kinder, Partner der Bedarfsgemeinschaft iSd § 7 Abs. 3 SGB II oder sonstige Personen umfassen, die aus sittlich anzuerkennenden Gründen in den Haushalt aufgenommen sind.[79] Pflege ist mehr als allgemeine Betreuung bzw. Versorgung und meint Verrichtungen nach § 61 a SGB XII. Bei der Betreuung und Pflege schwerstbehinderter Kinder ist daneben § 10 Abs. 1 Nr. 3 SGB II anzuwenden.[80]

32 Die Arbeit muss nach Umfang und zeitlicher Lage mit den Erfordernissen einer nach den Umständen des Einzelfalles notwendigen, sachgerechten Pflege unvereinbar sein. Der **Pflegeaufwand**, der zu berücksichtigen ist, kann in Anlehnung an die **Pflegegrade** (§§ 61 a, b SGB XII, § 15 SGB XI) bestimmt werden,[81] wobei für die häusliche Pflege durch Angehörige ein Zeitaufschlag auf den Pflegemindestaufwand gerechtfertigt ist. Beim Pflegegrad 1 wird sich regelmäßig noch keine Einschränkung ergeben, ab dem Pflegegrad 4 ist eine Arbeit regelmäßig nicht (mehr) zumutbar; bei den Pflegegraden 2 und 3 sind nach Maßgabe der im Einzelfall erforderlichen Präsenz der Pflegeperson ge-

---

74 VGH BW 11.10.1999 – 7 S 1755/99, FEVS 51, 423 (Halbtagsbeschäftigung bei Kindergartenkind).
75 BVerwG 17.5.1995 – 5 C 20.93, BVerwGE 98, 203 (Halbtagsbeschäftigung bei neunjährigem grundschulpflichtigem Kind); HessVGH 31.8.1992 – 9 TG 1104/92, FEVS 44, 25 (Halbtagsbeschäftigung bei zwei schulpflichtigen Kindern); BayVGH 24.9.1998 – 12 B 96.400, FEVS 49, 467 (zweistündige Vormittagstätigkeit während Kindergartenzeit); VGH BW 18.5.1998 – 7 S 933/98, FamRZ 1999, 409 (Halbtagsbeschäftigung bei zwölfjährigem schulpflichtigem Kind).
76 SächsOVG 18.12.1997 – 2 S 614/95, FEVS 48, 488; NdsOVG 23.9.1998 – 4 L 5653/96, FEVS 49, 181.
77 OVG NRW 10.4.2000 – 22 B 282/00, FEVS 52, 77.
78 LSG Bln-Bbg 28.10.2014 – L 28 AS 2430/14 B ER.
79 Hohm in: Schellhorn/Schellhorn/Hohm SGB XII, 19. Aufl., § 11 Rn. 36; Armborst in: LPK-SGB II § 10 Rn. 24.
80 AA Böttiger in: Eicher/Luik SGB II § 10 Rn. 66.
81 LSG Nds-Brem 14.11.2017 – L 7 AS 934/17 B ER.

wisse Einschränkungen denkbar.[82] Entscheidend ist aber stets der tatsächlich notwendige, nicht durch Dritte abgedeckte Pflege- und Betreuungsaufwand[83] und seine zeitliche Lage,[84] den der Leistungsberechtigte auf Anforderung zu belegen hat.[85]

Die notwendige Pflege darf nicht auf andere Weise sichergestellt werden können. Der **33** vom Gesetz gewollte Vorrang der häuslichen Pflege durch nahe Angehörige (§ 64 SGB XII) schließt in der Regel indes eine Tätigkeit als unzumutbar aus, die nach Umfang oder Lage die ordnungsgemäße Pflege beeinträchtigt, ohne dass für die **anderweitige Sicherung der Pflege** auf die Pflege in stationären Einrichtungen oder durch kostenaufwändigere professionelle Pflegedienste verwiesen werden kann. Eine Kollision von Arbeit und Pflege ist aber durch eine mit den Grundsätzen sachgerechter Pflege vereinbare zeitliche Verlagerung der Pflegeverrichtungen oder die punktuelle Beteiligung Dritter (zB anderer Angehöriger oder von Nachbarn) zu vermeiden; denkbar ist auch eine Variation von Arbeitszeit oder -umfang. Die Zumutbarkeitskriterien des § 10 Abs. 1 Nr. 4 SGB II sind auch bei der Prüfung der Sozialwidrigkeit einer Arbeitsaufgabe wegen Pflege eines Familienangehörigen zu berücksichtigen.[86]

5. Unzumutbarkeit aus sonstigem wichtigen Grund

Einer Arbeit steht iSd § 10 Abs. 1 Nr. 5 SGB II ein „**sonstiger wichtiger Grund**" entge- **34** gen, wenn die Gründe, die eine Arbeit allgemein oder in Bezug auf eine bestimmte Tätigkeit als unzumutbar erscheinen lassen, auch in **Abwägung mit der Selbsthilfeobliegenheit und den Interessen der Allgemeinheit** an dem Einsatz der Arbeitskraft überwiegen. Der Auffangtatbestand soll restriktiv auszulegen,[87] die Anerkennung eines objektiv wichtigen Grundes auf begründete Einzelfälle zu beschränken sein.[88] Dabei sind die Wertungen des § 10 Abs. 2 SGB II, dass kein Berufs-, Qualifikations- oder Einkommensschutz besteht und auch im Vergleich zu früheren Tätigkeiten schlechtere Arbeitsbedingungen hinzunehmen sind, ebenso zu berücksichtigen wie der Grundsatz, nach dem an sich „jede Arbeit zumutbar" ist. Der Menschenwürdegrundsatz, das Persönlichkeitsrecht der Leistungsberechtigten, die Schutzgehalte des Art. 12 GG und der Verhältnismäßigkeitsgrundsatz gebieten indes Schranken; sie können sich auch aus den Zielsetzungen des Gesetzes selbst und aus Rechtsgründen ergeben, die außerhalb des SGB II liegen.[89]

a) Unzumutbarkeit aus allgemeinen Rechtsgründen

Aus Rechtsgründen unzumutbar ist eine Arbeit, wenn sie gegen **zwingende Regelungen** **35** **des Arbeits- oder Arbeitsschutzrechts** verstößt, zB gegen Beschäftigungsverbote nach dem Jugendschutzrecht, dem Mutterschutzgesetz oder dem Infektionsschutzgesetz, oder erforderliche Arbeitsschutzgegenstände nicht bereitgestellt werden.[90] Rechtswidrig und daher unzumutbar ist auch eine Beschäftigung, die gegen die guten Sitten (§ 138 BGB)

82 Sa DH BA (Stand: 30.3.2017) Nr. 10.18 (für Pflegegrad 2 und 3: in Abhängigkeit von der physischen Präsenz zumutbarer Arbeitsumfang bis zu sechs Stunden/täglich).
83 Die Begleitung eines an einer lebensbedrohlichen Erkrankung leidenden Angehörigen in ein Krankenhaus stellt zwar eine im Zusammenhang mit der pflegerischen Versorgung stehende Beistandsleistung dar, jedoch keine Pflegeleistung, die in wesentlichem Umfang zumindest physische Pflegeleistungen erbringen; s. LSG Nds-Brem 14.11.2017 – L 7 AS 934/17 B ER.
84 SG Berlin 31.8.2005 – S 37 AS 7807/05 ER, NDV-RD 2005, 104.
85 LSG NRW 18.5.2011 – L 19 AS 576/11 B.
86 LSG Nds-Brem 12.12.2018 – L 13 AS 162/17.
87 BT-Drs. 15/1516, 53.
88 DH BA (Stand 30.3.2017) Nr. 10.22.
89 Für die systematische Einordnung aA Hackethal in: jurisPK-SGB II § 10 Rn. 15 ff., der zwischen „allgemeinen Gründen", die der Arbeitsaufnahme entgegenstehen, und den „sonstigen wichtigen Gründen" unterscheidet.
90 BayLSG 26.10.2017 – L 11 AS 693/17 B ER.

verstößt. Bei punktuell verbotenen Tätigkeiten[91] oder rechtswidrigen Ansinnen des Arbeitgebers (zB nach Lenkzeitüberschreitungen unter Manipulation des Fahrtenschreibers) kann sich der Leistungsberechtigte regelmäßig erst dann auf die hieraus folgende Unzumutbarkeit berufen, wenn er einen zumutbaren Versuch unternommen hat, dass die zur Rechtswidrigkeit führenden Umstände beseitigt werden. Auf insgesamt verbotene, gar strafbare Tätigkeiten muss sich der Leistungsberechtigte von vornherein nicht verweisen lassen; dies kann auch bestimmte Strukturvertriebstätigkeiten unzumutbar machen, die auf systematischen Betrug der Kunden angelegt sind.

36 Bei Beschäftigungsverhältnissen, auf die das Mindestlohngesetz anwendbar ist, bildet die Beachtung des jeweiligen Mindestlohnes eine Entgeltuntergrenze, deren Nichtbeachtung eine Beschäftigung unzumutbar macht. Dies gilt auch dann, wenn bei der Arbeits(zeit)gestaltung Versuche zur Umgehung dieser Regelungen unternommen werden. Der Leistungsberechtigte ist nicht verpflichtet, einen Arbeitsvertrag mit einer objektiv nicht dem Mindestlohngesetz entsprechenden Entgeltvereinbarung abzuschließen. Eine Beschäftigung, bei der (zumindest) der Mindestlohn gezahlt wird, ist vorbehaltlich eines gleichwohl theoretisch denkbaren Lohnwuchers regelmäßig jedenfalls nicht aus Entgeltgründen unzumutbar.

37 Für nicht dem Mindestlohngesetz unterfallende Beschäftigungsverhältnisse ist ein Sonderfall des Verstoßes gegen die guten Sitten der sog **Lohnwucher**, also die Beschäftigung gegen ein sittenwidrig niedriges Entgelt.[92] Im SGB II ist zwar darauf verzichtet worden, das **maßgebliche tarifliche Arbeitsentgelt** oder mangels einer tariflichen Regelung das **ortsübliche Arbeitsentgelt** als Lohnuntergrenze zumutbarer Beschäftigung festzulegen; die im Ausschussbericht[93] noch vorgesehene Regelung ist im Vermittlungsverfahren[94] wieder gestrichen und nicht Gesetz geworden. Bei einem auffälligen Missverhältnis zwischen Leistung und Gegenleistung liegt aber eine sittenwidrig niedrige Entlohnung vor (§ 138 Abs. 1 BGB iVm § 291 StGB),[95] die jedenfalls einen wichtigen Grund zur Verweigerung der Arbeit bietet.[96] Diese unterste Schutzgrenze ist nach der Rechtsprechung des BAG[97] erst erreicht, wenn die Entlohnung nicht einmal zwei Drittel eines in der betreffenden Branche und Wirtschaftsregion üblicherweise gezahlten Tariflohns bzw. in Ermangelung eines solchen des sonst ortsüblichen bezahlten Lohnes, der jedoch den Mindestlohn nach dem MindestlohnG nicht unterschreiten darf, beträgt; der sozial- bzw. grundsicherungsrechtliche Bedarf ist hiernach für die Feststellung der Sittenwidrigkeit unerheblich.[98] Demgegenüber plädiert eine Mindermeinung in Rechtsprechung[99] und Schrifttum[100] mit beachtlichen Gründen für eine Berücksichtigung des Grundsicherungsbedarfs und nimmt Sittenwidrigkeit bereits dann an, wenn bei Vollzeiterwerbstä-

---

91 Kohte SozSich 2005, 146 (149 ff.); die Tätigkeit in einem Call-Center/Telefonmarketing ist aber nicht per se sittenwidrig/verboten; s. LSG NRW 27.8.2007 – L 19 B 38/07 AS ER.
92 S. Feldhoff SGb 2006, 701; sa LSG Bln-Bbg 26.6.2013 – L 18 AS 1572/13 B PKH.
93 BT-Drs. 15/1728, 176.
94 BT-Drs. 15/2259, 2.
95 BAG 23.5.2001 – 5 AZR 527/99, AuR 2001, 509.
96 SG Dortmund 2.2.2009 – S 31 AS 317/07, info also 2009, 121.
97 BAG 26.4.2006 – 5 AZR 549/05, NZA 2006, 1354; 22.4.2009 – 5 AZR 436/08, NZA 2009, 837; 16.5.2012 – 5 AZR 268/11, NZA 2012, 974; sa Davilla 2011 (Lit.), 174 ff.; Yang ZJS 2011, 430 (Teil 1), 2012, 1 (Teil 2); Lakies ArbuR 2011, 554; Böggemann NZA 2011, 493.
98 BAG 24.3.2004 – 5 AZR 303/03, NZA 2004, 971.
99 SG Fulda 17.3.2004 – S 1 AL 77/03, info also 2004, 217; SG Berlin 27.2.2006 – S 77 AL 742/05, info also 2006, 69; 1.9.2010 – S 55 AS 24521/10 ER, info also 2010, 271; 19.9.2011 – S 55 AS 24521/11; daraus ergibt sich für 2001 für das Land Berlin eine monatliche Mindestbruttovergütung von 1058 EUR (bei einer 38,5-Stunden-Woche ein Stundenlohn von 6,34 EUR).
100 Feldhoff SGb 2006, 701 (709); Nassibi KJ 2010, 194 (203).

tigkeit ein Alleinstehender diesen Grundbedarf (ohne Mehrbedarfe und bei angemessenen Unterkunftskosten) aus dem angebotenen Lohn nicht decken kann.[101]

Jenseits der Sittenwidrigkeitsgrenze gibt es einen Entgeltmindestschutz bei beiderseitig tarifgebundenen Arbeitsvertragsparteien, bei Allgemeinverbindlicherklärung,[102] in Fällen, in denen das **MindestlohngesetzG** greift[103] oder in denen durch eine Mindestlohn-Verordnung nach §§ 7, 7 a, 11 AEntG[104] verbindliche Entgeltuntergrenzen auch jenseits des MindestlohnG bestehen,[105] sowie dann, wenn Mindestentgeltregelungen nach dem Heimarbeitsgesetz[106] greifen. Auch sonst sind allgemeinverbindlich erklärte Entgeltfestsetzungen in einer **Mindestlohnverordnung** für Tätigkeiten, die von der jeweiligen Regelung erfasst werden,[107] zu beachten; dem Leistungsberechtigten ist nicht zumutbar, zu seinen eigenen Lasten geltendes, nichtdisponibles Recht zu brechen. Keine Anwendung finden Mindestentgeltregelungen und die Grundsätze zum Lohnwucher bei Arbeitsgelegenheiten gegen Mehraufwandsentschädigung, bei denen es am Austauschverhältnis fehlt.[108] **38**

Eine Tätigkeit ist regelmäßig nicht allein wegen der „Randständigkeit" der Tätigkeit, der Vertragsform (Befristung, Teilzeitarbeit, Probearbeit) oder deswegen unzumutbar, weil es sich um eine Aushilfs-, Gelegenheits- oder Vertretungsarbeit handelt.[109] **39**

Sittenwidrig kann auch die Art oder der Inhalt der Tätigkeit sein. Bei **Dienstleistungen mit sexuellem Bezug**, insbes. Prostitution,[110] hat sich mit dem ProstitutionsG[111] die rechtliche Beurteilung zwar dahin geändert, dass sie nicht mehr als solche sittenwidrig sind.[112] Die rechtlich geänderte Bewertung dieser Tätigkeit bei freiwilliger Übernahme ändert indes wegen der Persönlichkeitsnähe nichts daran, dass die freie Entscheidung gesichert bleiben muss, in diesem Bereich tätig zu werden.[113] Die Unzumutbarkeit aus sonstigen Gründen umfasst neben der Prostitution selbst auch sonstige Dienstleistungen mit sexuellem Bezug (zB Telefonsex oder prostitutionsnaher Begleitservice) sowie nicht unmittelbar prostitutionsbezogene Servicetätigkeiten in entsprechenden Einrichtungen.[114] **40**

Maßnahmen zur Eingliederung in Arbeit, zB Bildungsmaßnahmen oder Arbeitsgelegenheiten, sind unzumutbar, wenn ihre Ausgestaltung oder die Heranziehung zu ihnen nicht rechtmäßig sind. Bei den Arbeitsgelegenheiten (§ 16 d SGB II) umfasst dies auch, dass sie im öffentlichen Interesse liegen und zusätzlich sind (→ Rn. 17). **41**

---

101 Zur Sittenwidrigkeit von Löhnen als wichtiger Grund sa BT-Drs. 17/9321 (Antwort der Bundesregierung auf Kleine Anfrage der Fraktion die LINKE).
102 DH BA Nr. 10.03.
103 MindestlohnG v. 11.8.2014, BGBl. I, 1348 (zuletzt geändert durch G. v. 18.7.2017, BGBl. 2017, 2739). Das SächsLSG (16.8.2018 – L 3 AS 508/18 B ER) sieht nach dem Inkrafttreten des Mindestlohngesetzes ein Jobcenter nicht als verpflichtet, ohne jeden Anhaltspunkt für ein gesetzwidriges Verhalten des Arbeitgebers in einem Vermittlungsvorschlag eine Mindestvergütung anzugeben und/oder die Einhaltung der Vorschriften zum gesetzlichen Mindestlohn zu prüfen.
104 Gesetz über zwingende Arbeitsbedingungen für grenzüberschreitend entsandte und für regelmäßig im Inland beschäftigte Arbeitnehmer und Arbeitnehmerinnen (Arbeitnehmer-Entsendegesetz – AEntG) v. 20.4.2009, BGBl. I, 799 (zuletzt geändert durch G. v. 18.7.2017, BGBl. I, 2739).
105 Hänlein in: FS Bieback, 2010, 185 (200).
106 Heimarbeitsgesetz v. 14.3.1951 (zuletzt geändert durch G. v. 20.11.2015, BGBl. I, 2010).
107 Bender in: Gagel SGB II/SGB III § 10 Rn. 32.
108 Sander in: GK-SGB II § 10 Rn. 62.
109 Sander in: GK-SGB II § 10 Rn. 71.
110 Dazu Rixen SGb 2005, 509; Böttiger in: Eicher/Luik SGB II § 10 Rn. 86 ff.
111 Gesetz zur Regelung der Rechtsverhältnisse der Prostitution v. 20.12.2001, BGBl. I, 3983.
112 BGH 13.7.2006 – I ZR 241/03, NJW 2006, 3490; Gurlit VerwArch 97 (2006), 409 (411 ff.).
113 Sa BSG 6.5.2009 – B 11 AL 11/08 R, NJW 2010, 1627.
114 Böttiger in: Eicher/Luik SGB II § 10 Rn. 89.

b) Unzumutbarkeit aus persönlichen Gründen

42 Der **Besuch allgemeinbildender Schulen** im Rahmen einer normalen Schullaufbahn macht eine Arbeit regelmäßig auch dann unzumutbar, wenn sie nicht nach § 7 Abs. 5 SGB II zum Leistungsausschluss führt;[115] Ausnahmen kommen zB bei erkennbar fehlender Eignung oder fortgeschrittenem Alter in Betracht.[116] Bei sonstigen Bildungsaktivitäten stellt sich die Frage wegen des Leistungsausschlusses nach § 7 Abs. 5 SGB II regelmäßig nur für die Leistungen nach § 27 Abs. 2 und 3 SGB II; hier macht die förderungsfähige Ausbildung auch dann, wenn sie in Vollzeitform betrieben wird, einen Nebenverdienst bei jungen, belastbaren Menschen ohne einschränkende persönliche Verpflichtungen regelmäßig nicht unzumutbar.[117] Bei Maßnahmen der Weiterbildung kommt es darauf an, ob die bisherige Ausbildung oder berufliche Stellung eine Arbeitsmarktintegration ermöglicht oder die Weiterbildung die Arbeitsmarktintegration wesentlich so befördert, dass das Ziel, unabhängig von Leistungen der Grundsicherung zu leben (§ 1 Abs. 2 S. 1 SGB II), mit hoher Wahrscheinlichkeit erreicht werden kann.[118] Die erfolgversprechende Sicherung künftiger Berufschancen ist auch sonst ein gewichtiger Grund gegen die Zumutbarkeit, eine (Fort-)Bildungsmaßnahme zugunsten der Arbeitsaufnahme abzubrechen.[119] Zugunsten einer (fachfremden) Arbeitsgelegenheit muss der auch zeitlich gebundene Besuch eines Lehrganges zur Integration immigrierter Ärzte nicht abgebrochen werden.[120]

43 Der **Schutz der Glaubens- und Gewissensfreiheit** (Art. 4 Abs. 1, 3 GG) kann eine Arbeit unzumutbar machen, wenn die – tatsächlich bestehende und betätigte – Glaubens- bzw. Gewissenshaltung eine bestimmte Tätigkeit verbietet und der Leistungsberechtigte bei ihrer Übernahme in Glaubens- oder Gewissensnot geriete.[121] Ob und inwieweit die religiös-weltanschaulichen Regelungen verpflichtend sind, bestimmt sich nach der individuellen Glaubensüberzeugung, die indes glaubhaft zu machen ist. Dies gilt auch für die Beachtung religiös indizierter Bekleidungsvorschriften, zB das Tragen eines Kopftuches[122] oder eine Vollverschleierung,[123] oder religiös motivierter Umgangs- oder Befassungsverbote.[124] Art. 4 Abs. 1 GG schützt aber nicht eine mit Art. 3 Abs. 3 GG unvereinbare politische Grundhaltung, die es dem Anhänger unzumutbar erscheinen lässt, in einem von einem Nichtdeutschen geleiteten „Multikulturellen Zentrum" integrative Ausländerarbeit zu leisten.[125] Der Schutz der Gewissensfreiheit eines anerkannten Kriegsdienstverweigerers kann der Arbeit in einem Rüstungsunternehmen jedenfalls dann entgegenstehen, wenn diese konkreten Bezug zu militärischen Zwecken aufweist.[126]

44 Nicht vermeidbare Pflichtenkollisionen machen die Wahrnehmung einer Tätigkeit zu einem bestimmten Zeitpunkt unzumutbar. Dies kann etwa dann der Fall sein, wenn die

---

115 SG Berlin 29.10.2007 – S 104 AS 24229/07 ER (10. Klasse Oberschule).
116 S. – mwN – Armborst in: LPK-SGB II § 10 Rn. 31; Böttiger in: Eicher/Luik SGB II § 10 Rn. 114 ff.
117 BVerwG 24.4.1975 – V C 9.74, BVerwGE 48, 188.
118 S. dazu BVerwG 7.6.1989 – 5 C 3.86, BVerwGE 82, 125 (EDV-Organisationsweiterbildung für arbeitslosen Lehrer).
119 HmbOVG 21.12.1994 – Bs IV 240/94, info also 1995, 99.
120 BayVGH 17.9.2002 – 12 CE 02.1140, FEVS 54, 355.
121 Zu Einzelheiten s. Armborst in: LPK-SGB II § 10 Rn. 33; Böttiger in: Eicher/Luik SGB II § 10 Rn. 100 ff.
122 Dazu allg. BAG 10.10.2002 – 2 AZR 472/01, NZA 2003, 483; sa Berlit info also 2003, 166 (167 f.); zur neueren Rechtsprechung (auch des EuGH) zum Kopftuch am Arbeitsplatz s. Stein NZA 2017, 828; Preis/Morgenbrodt ZESAR 2017, 309; Schubert NJW 2017, 2582.
123 VG Mainz 26.2.2003 – 1 L 98/03.MZ, info also 2003, 166.
124 Zur Tätigkeit eines Muslims bei Lagerung, Transport und Verkauf von alkoholischen Getränken s. BAG 24.2.2011 – 2 AZR 636/09, DB 2011, 2094.
125 SG Dortmund 9.10.2006 – S 32 AS 214/06, ZfSH/SGB 2007, 281.
126 Verneint für Tätigkeit als Industriefotograf in einem Rüstungskonzern durch LSG NRW 13.12.2007 – L 9 AL 86/06, info also 2008, 207; krit. dazu Deiseroth info also 2008, 195.

Arbeitskraft durch eine gemeinnützige Arbeit gebunden wird, durch die eine Geldstrafe „abgearbeitet" oder eine strafgerichtliche Auflage erfüllt wird.[127] Der Leistungsberechtigte muss aber versucht haben, die Terminkollision abzuwenden.

Die mit einem Umzug verbundene Übernahme einer Tätigkeit (außerhalb des zumutbaren Pendelbereichs) kann mit dem **Schutz von Ehe und Familie** unvereinbar sein, wenn sie den Leistungsberechtigten zwingt, dauerhaft getrennt von seiner Familie zu leben; Art. 6 Abs. 1 GG gewährleistet auch das Recht auf ein eheliches und familiäres Zusammenleben.[128] Bloße Erschwerungen oder zeitlich befristete, vorübergehende räumliche Trennung reichen hierfür indes nicht aus.[129] Geschützt sind auch die Erziehungs- und die Lebensgemeinschaft.[130]   **45**

Das persönliche und wirtschaftliche Risiko, das durch die **Aufnahme einer selbstständigen Tätigkeit** (und der damit verbundenen Gefahr des Scheiterns) eingegangen wird, ist regelmäßig nicht zumutbar.[131]   **46**

6. Ausgeschlossene (Un)Zumutbarkeitsgründe

Im Grundsicherungsrecht besteht **kein Qualifikations-, Berufs-, Einkommensschutz** und auch kein Schutz der bisherigen Arbeitsbedingungen. § 10 Abs. 2 SGB II listet einige Gefährdungen für die „Stabilität der Erwerbsbiographie"[132] auf, die „für sich allein" eine Arbeit nicht unzumutbar machen. Der Gesetzgeber unterstreicht damit, dass das Interesse der Allgemeinheit an einer Beendigung oder Verminderung der Hilfebedürftigkeit grundsätzlich Vorrang vor den Belangen des Einzelnen hat, für den Arbeit nicht nur Einkommensquelle, sondern auch Mittel der Selbstverwirklichung ist und die Selbstachtung definiert. Diese Umstände sind aber bei einer Gesamtbetrachtung zu berücksichtigen, ob eine Arbeit aus „sonstigem wichtigen Grund" (§ 10 Abs. 1 Nr. 5 SGB II) unzumutbar ist, zB bei Zusammentreffen je für sich nicht zur Unzumutbarkeit führender Gründe nach § 10 Abs. 2 SGB II und bei Zusammentreffen mit persönlichen Gründen, die für sich allein noch nicht das Gewicht eines „wichtigen Grundes" haben.[133] Die Aufzählung ist nicht abschließend.   **47**

Grundsätzlich zumutbar ist eine Arbeit, die nicht der Ausbildung oder der früheren beruflichen Tätigkeit entspricht (**kein Ausbildungs- oder Berufsschutz**) (§ 10 Abs. 2 Nr. 1 SGB II). Der Leistungsberechtigte muss auch ihm fremde, ausbildungsferne Arbeiten annehmen. Eingliederungsmaßnahmen (§ 10 Abs. 3 SGB II) müssen aber die bisherige Ausbildung und Tätigkeit berücksichtigen und sind aus wichtigem Grund (§ 10 Abs. 1 Nr. 5 SGB II) unzumutbar, wenn sie den Leistungsberechtigten krass unterfordern[134] oder sonst nach dem tatsächlich noch vorhandenen Qualifikationsniveau für eine Verbesserung der Integrationsaussichten nicht geeignet sind. Unerheblich sind aber sonstige Vorstellungen und Ansprüche an den Inhalt der Tätigkeit.[135]   **48**

Grundsätzlich abzuverlangen ist auch die **Übernahme geringerwertiger Tätigkeiten**, die nicht der Ausbildung des Leistungsberechtigten entsprechen (**kein Schutz des Qualifika-**   **49**

127 OVG Bln 4.6.1986 – 6 S 60.86, FEVS 36, 221; Armborst in: LPK-SGB II § 10 Rn. 32.
128 BVerfG 12.5.1987 – 2 BvR 1226/83 ua, BVerfGE 76, 1 (42); 17.11.1982 – 1 BvL 8/87, BVerfGE 87, 234 (260); BSG 27.5.2009 – B 7 AL 4/02 R, NZS 2004, 274.
129 Zu Einzelheiten s. Böttiger in: Eicher/Luik SGB II § 10 Rn. 109 ff.
130 BSG 17.10.2007 – B 11a/7 a AL 52/06 R, SozR 4–4300 § 144 Nr. 16 (Zuzug mit minderjährigem Kind zum nichtehelichen Lebenspartner).
131 Bender in: Gagel SGB II/SGB III § 10 SGB II Rn. 49.
132 Böttiger in: Eicher/Luik SGB II § 10 Rn. 34 f.
133 Armborst in: LPK-SGB II § 10 Rn. 36.
134 HessLSG 23.4.2003 – 27/10 A2 1404/01, info also 2004, 160.
135 LSG NRW 27.8.2007 – L 19 B 38/07 AS ER (keine generelle Sittenwidrigkeit von Telefonmarketing).

tionsniveaus). So sind Akademikern auch nicht akademische Tätigkeiten,[136] ausgebildeten Fachkräften auch Anlerntätigkeiten[137] und vormaligen Selbstständigen auch abhängige Beschäftigungen[138] grundsätzlich zuzumuten.[139] Zumutbar sind auch Eingliederungsmaßnahmen, die auf eine geringerwertigere Tätigkeit ausgerichtet sind.[140] Der sofortige Verweis auf gering- oder nichtqualifizierte Tätigkeiten kann aber allzumal dann dem Gebot widersprechen, bei der Eingliederung in Arbeit auch die Eignung des Leistungsberechtigten und die Dauerhaftigkeit der Eingliederung zu berücksichtigen (§ 3 Abs. 1 S. 2 Nr. 1, 4 SGB II), wenn das Entgelt für diese Tätigkeit den Hilfebedarf nicht vollständig deckt. Neben der gebotenen Achtung auch des Selbstwertgefühls (→ Rn. 22) ist es auch volkswirtschaftlich sinnwidrig, die Eingliederungsbemühungen nicht auf die optimale Ausnutzung vorhandener Qualifikationen auszurichten.

50 Die im Vergleich zu einer früheren Ausbildungs- oder Beschäftigungsstelle größere **Entfernung zwischen Wohnort und Arbeitsort** macht eine Arbeit ebenfalls nicht unzumutbar („**Mobilisierung**" der Arbeitslosen) (§ 10 Abs. 2 Nr. 3 SGB II). Ortsungebundene Leistungsberechtigte sind grundsätzlich verpflichtet, im gesamten Bundesgebiet eine Arbeit anzunehmen;[141] bei schutzwürdigen familiären Bindungen scheiden ein Umzug oder eine doppelte Haushaltsführung dagegen regelmäßig aus.[142] Dieser grundsätzliche **Zwang zum „Job-Nomadentum"**[143] kann bei Überschreitung des zumutbaren Tagespendelbereichs bei einer unbefristeten, auskömmlichen sozialversicherungspflichtigen Beschäftigung auch einen Umzug gebieten. Dieser „Zwang zur biographischen Entwurzelung"[144] ist keine schlechthin unzumutbare Beeinträchtigung des Persönlichkeitsrechts und ist insbes. dann hinzunehmen, wenn überregionale Mobilität in der jeweiligen Branche üblich ist oder nach der Wohn- oder Arbeitsmarktlage Vermittlungsbemühungen im Tagespendelbereich von vornherein keine Aussicht auf Erfolg haben. Der hierdurch bewirkte „brain drain" aus Gegenden mit hoher Arbeitslosigkeit bewirkt strukturpolitische Folgeprobleme, auf die sich der Einzelne indes nicht berufen kann. Dem Leistungsberechtigten müssen aber realistische Möglichkeiten verbleiben, ein Mindestmaß der bisherigen sozialen und familiären Kontakte auch jenseits der Beziehungspflege durch Telekommunikationsmittel, zB durch regelmäßige Wochenendheimfahrt, aufrechtzuerhalten.[145] Innerhalb der allgemein noch zumutbaren Tagespendelzeiten können weitere Umstände, zB familiäre, gesundheitliche oder sonstige persönliche Umstände, zur Unzumutbarkeit der Arbeit führen.

51 Die **Verschlechterung der bisherigen Arbeitsbedingungen** macht eine Arbeit ebenfalls nicht unzumutbar, solange die neuen Arbeitsbedingungen selbst nicht nach § 10 Abs. 1 SGB II unzumutbar sind (§ 10 Abs. 2 Nr. 4 SGB II). Arbeitsbedingungen sind alle Umstände, die den konkreten Arbeitnehmerstatus kennzeichnen; in allen Bereichen sind – auch deutliche – Verschlechterungen hinzunehmen. Dies kann zB erfassen die **Entgelthöhe** (einschließlich Nebenleistungen), die indes gesetzlich zwingende Grenzen nicht unterschreiten und auch nicht den Tatbestand des Lohnwuchers erfüllen darf (→ Rn. 37), den **Arbeitsumfang** (Teil-/Vollzeitbeschäftigung) und die **zeitliche Lage** der zu leistenden

---

136 VG Frankfurt/M. 14.8.2002 – 3 G 2984/02, info also 2003, 234; LSG NRW 11.112005 – L 19 B 89/05 AS ER, Sozialrecht aktuell 2006, 67.
137 LSG NRW 1012.2009 – L 9 B 51/09 AS ER.
138 BayVGH 9.12.2003 – 12 CS 03.2471, FEVS 55, 463.
139 Sa Karasch ZfS 2004, 166.
140 Böttiger in: Eicher/Luik SGB II § 10 Rn. 36 ff.
141 HessVGH 14.1.1976 – VII TG 101/75, FEVS 24, 425; BayLSG 2.3.2009 – L 11 B 994/08 AS PKH, ZfSH/ SGB 2009, 431.
142 Hackethal in: jurisPK-SGB II § 10 Rn. 35; zur räumlichen Mobilität in der Arbeitsvermittlung s. Sondermann/Ludwig-Mayerhofer/Behrend SF 2007, 173.
143 So Böttiger in: Eicher/Luik SGB II § 10 Rn. 39.
144 SG Koblenz 30.11.2005 – S 2 AS 72/05, SAR 2006, 53.
145 SG Berlin 19.1.2007 – S 102 AS 10864/06 ER.

Arbeit (Schicht-/Nachtarbeit), den Sozialversicherungsstatus (versicherungspflichtige/-freie Beschäftigung), die Stetigkeit des Beschäftigungsverhältnisses (befristete/unbefristete Beschäftigung; Leiharbeit)[146] oder die branchenüblichen Arbeitsbedingungen.

Die **Beendigung einer aktuellen Erwerbstätigkeit** (§ 10 Abs. 2 Nr. 5 SGB II) zugunsten einer anderen ist zumutbar, soweit nicht begründete Anhaltspunkte dafür bestehen, dass durch die bisherige Tätigkeit künftig die Hilfebedürftigkeit beendet werden kann (§ 10 Abs. 2 Nr. 5 SGB II). Vorausgesetzt ist, dass die neue Beschäftigung (spürbar) besser geeignet ist, (dauerhaft) die Hilfebedürftigkeit zu beseitigen oder doch zu vermindern. Die erst zum 1.1.2009 eingefügte, im Kern aber die bestehende Rechtslage[147] klarstellende Regelung[148] betrifft lediglich Aufstocker. Neben einem Wechsel in eine besser dotierte oder umfangreichere unselbstständige Arbeit (Aufstockung der Stundenzahl) ist hier auch an die Aufgabe einer selbstständigen Tätigkeit gedacht, die (noch) nicht hinreichend ertragreich ist. Hier liegt auch der Schwerpunkt der Prognose, ob durch die aktuelle Tätigkeit künftig die Hilfebedürftigkeit beseitigt werden kann; sie erfordert regelmäßig einen nachvollziehbaren Geschäftsplan, der nach den Maßstäben des § 16 c Abs. 3 S. 1 SGB II in angemessener Zeit eine hinreichende Ertragssteigerung erwarten lässt. Bei der Vergleichsbetrachtung sind auch die Perspektiven der neuen Beschäftigung zu berücksichtigen; die Aufgabe eines sicheren, kündigungsgeschützten Arbeitsplatzes zugunsten eines nur geringfügig besser dotierten befristeten Arbeitsverhältnisses mit nur geringer Anschlussperspektive kann zB nicht verlangt werden.[149] Bei der erforderlichen Gesamtbetrachtung[150] sind neben den Auswirkungen auf die familiäre Situation, die eine Wahrnehmung von Betreuungsaufgaben erschweren, ohne dass dies nach § 10 Abs. 1 Nr. 3 SGB II schon zur Unzumutbarkeit führt, der gewährte Kündigungsschutz, die Dauer sowohl der bisherigen wie der künftigen Beschäftigung (zB Aufgabe einer unbefristeten zugunsten einer befristeten Beschäftigung), das verfügbare Einkommen (zB höhere Absetzungsbeträge durch höhere Fahrkosten) sowie die sonstigen Entwicklungspotenziale der jeweiligen Beschäftigung.[151]

C. Der Einsatz der eigenen Arbeitskraft im SGB XII

I. Erwerbsbezogene Aktivierung

Erwerbsfähige Hilfebedürftige sind grundsätzlich dem Leistungssystem des SGB II zugeordnet (§ 7 Abs. 1, § 8 SGB II). Im SGB XII liegt der Schwerpunkt von Aktivierung auf der Unterstützung bei Möglichkeiten der aktiven Teilnahme am Leben in der Gemeinschaft unter Einschluss des gesellschaftlichen Engagements (§ 11 Abs. 3 S. 1 SGB XII). Von den auf die **Erwerbsintegration** bezogenen Hilfen und Obliegenheiten wird nur ein **kleiner Personenkreis** erfasst. Können solche Leistungsberechtigte durch Aufnahme einer zumutbaren Tätigkeit Einkommen erzielen, sind sie hierzu grundsätzlich auch verpflichtet (§ 11 Abs. 3 S. 4 SGB XII), soweit nicht eine Tätigkeit nicht zugemutet werden darf (§ 11 Abs. 4 SGB II). Diese Obliegenheit konkretisiert den allgemeinen Selbsthilfegrundsatz (§ 2 Abs. 1 SGB XII), der auch den Einsatz der Arbeitskraft verlangt. Dem vorgelagert ist als Aufgabenzuweisung an den Sozialhilfeträger[152] eine Unterstützungs-

52

53

---

146 Zur Zumutbarkeit der Vermittlung in Leiharbeit s. bereits BSG 8.11.2001 – B 11 AL 31/01 R, SozR 3–4300 § 144 Nr. 7.
147 OVG Brem 1.6.2006 – S1 B 140/06, NordÖR 2006, 364.
148 Eingefügt durch das Gesetz zur Neuausrichtung arbeitsmarktpolitischer Instrumente v. 21.12.2008, BGBl. I, 2917.
149 Nakielski/Winkel SozSich 2009, 27 (29).
150 SG Berlin 12.12.2017 – S 96 AS 14965/17 ER, info also 2018, 170.
151 DH BA Nr. 10.37 f.; Hackethal in: jurisPK-SGB II § 10 Rn. 37.
152 BayLSG 29.4.2010 – L 8 SO 196/09, ZfF 2011, 133.

pflicht, die sich bei Leistungsberechtigten, die zumutbar einer Tätigkeit nachgehen können, auch auf das Angebot einer Tätigkeit sowie die Vorbereitung und Begleitung der Leistungsberechtigten erstreckt (§ 11 Abs. 3 S. 2 SGB XII); der Sozialhilfeträger wird hieraus nicht verpflichtet, einem Leistungsempfänger Arbeitsaufträge zu verschaffen oder selbst zu erteilen.[153]

54 Eine sanktionsbewehrte (§ 39 a SGB XII) **Obliegenheit** besteht zur Aufnahme von **Tätigkeiten, durch die Einkommen erzielt werden kann**, sowie zur Teilnahme an hierfür erforderlichen Vorbereitungen (§ 11 Abs. 3 S. 2 SGB XII), auf deren Wahrnehmung hinzuwirken ist. Den nach dem SGB XII Leistungsberechtigten ist eine Erwerbstätigkeit zwar regelmäßig nicht bzw. nur in geringem Umfange abzuverlangen (unterhalb von drei Wochenstunden), weil sie ansonsten iSd § 7 Abs. 1, § 8 SGB II erwerbsfähig wären. Betroffen sind von der Obliegenheit daher im Kern Personen unter 15 Jahren, über der Regelaltersgrenze (§ 7 a SGB II; § 41 SGB XII [65 bis 67 Jahre]) und Ausländer ohne legalen Arbeitsmarktzugang (§ 8 Abs. 2 SGB II) sowie Personen, deren Restarbeitsvermögen nur knapp unter der Schwelle der Erwerbsfähigkeit liegt (§ 8 Abs. 1 SGB II).[154] Systematisch erfasst sind alle Hilfearten der Sozialhilfe, wobei faktisch der – ohnehin schmale – Anwendungsbereich auf die Hilfe zum Lebensunterhalt begrenzt sein dürfte.[155] Auch bei diesem Personenkreis kommt regelmäßig nur eine behutsame, von den Leistungsberechtigten auch gewollte Heranführung an den allgemeinen Arbeitsmarkt in Betracht.[156]

55 Mit einem „**Einkommen**" verbunden ist eine Tätigkeit nur, wenn hierfür Lohn oder Gehalt gezahlt wird oder wenn es sich um eine selbstständige Tätigkeit handelt. Nach dem Sinnzusammenhang ist regelmäßig eine geringfügige Erwerbstätigkeit gemeint; der umfassende Einkommensbegriff des § 82 SGB XII gilt nicht. Der Gesetzgeber hat hier den Begriff der „Arbeit" bewusst vermieden. Kein Einkommen sind daher zB Aufwandsentschädigungen, Übungsleiterpauschalen oder sonstige Zuwendungen für ehrenamtliche Tätigkeit, die keinen Entgeltcharakter aufweisen.

II. Unzumutbarkeit einer Tätigkeit

56 Die Gründe, die für diesen Personenkreis eine **Tätigkeit unzumutbar** machen, sind in § 11 Abs. 4 SGB XII zusammengefasst. Die von den Unzumutbarkeitsgründen in § 10 Abs. 1 SGB II abweichende Umschreibung ist den Besonderheiten des erfassten Personenkreises geschuldet.

Die abverlangte Erwerbstätigkeit muss bei Ausschöpfung des Restarbeitsvermögens **Rücksicht auf den Gesundheitszustand** des Leistungsberechtigten nehmen. Bei wegen Erwerbsminderung, Krankheit, Behinderung und Pflegebedürftigkeit unzureichender Leistungsfähigkeit, die von Amts wegen aufzuklären ist, darf eine Tätigkeit nicht zugemutet werden (§ 11 Abs. 4 S. 1 Nr. 1 SGB XII).

57 Unzumutbar ist eine Tätigkeit auch bei einer **Überschreitung der Regelaltersgrenze** der gesetzlichen Rentenversicherung nach § 35 SGB VI (§ 11 Abs. 4 S. 1 Nr. 2 SGB XII). Nicht erfasst sind Personen, die vor Vollendung des 67. Lebensjahres vorzeitig Altersruhegeld in Anspruch nehmen und deswegen aus dem SGB II-Leistungsbezug ausscheiden (§ 7 Abs. 4 S. 1 SGB II). Eine Mindestaltersgrenze ist nach unten nicht gezogen; bis zur Vollendung des 15. Lebensjahres greift das grundsätzliche Verbot der Beschäftigung von Kindern (§ 5 Abs. 1 JArSchG); eine Tätigkeit wäre wegen der regelmäßig noch be-

---

153 BayLSG 29.4.2010 – L 8 SO 196/09, ZfF 2011, 133.
154 BT-Drs. 15/1514, 56.
155 Hohm in: Schellhorn/Schellhorn/Hohm, SGB XII, 19. Aufl., § 11 Rn. 15.
156 Arbeitshilfe DV, NDV 2010, 197 (200); Arbeitshilfe NDV 2009, 308 ff.

stehenden Vollzeitschulpflicht auch aus wichtigem Grund unzumutbar (§ 11 Abs. 1 S. 1 Nr. 3 SGB XII).

Eine Tätigkeit ist auch dann unzumutbar, wenn ihr ein **sonstiger wichtiger Grund** entgegensteht (§ 11 Abs. 1 S. 1 Nr. 3 SGB XII). Die Auslegung dieses unbestimmten Rechtsbegriffs[157] entspricht mit der Maßgabe § 10 Abs. 1 Nr. 5 SGB II (→ Rn. 34 ff.), dass er in S. 2 bis 4 für die Erziehung von Kindern sowie der Führung eines Haushalts oder der Pflege von Angehörigen durch das Gesetz selbst weiter ausgeformt wird.   58

Die **Unzumutbarkeit wegen der Erziehung eines Kindes** (§ 11 Abs. 4 S. 2 und 3 SGB XII) entspricht mit der Maßgabe § 10 Abs. 1 Nr. 3 SGB II, dass er bei der Obliegenheit des Sozialhilfeträgers, beim Jugendamt für Kinder über drei Jahren auf Betreuungsplätze hinzuwirken, einen Vorrang der Alleinerziehenden anordnet.   59

Das Gebot, bei der (Un)Zumutbarkeit die Pflichten zu berücksichtigen, die dem Leistungsberechtigten durch die **Führung eines Haushalts** oder die **Pflege eines Angehörigen** entstehen, ist flexibler gefasst als § 10 Abs. 1 Nr. 4 SGB II, der bei nicht sichergestellter Pflege eine Arbeit unzumutbar werden lässt. Das Berücksichtigungsgebot lässt Raum dafür, eine Unzumutbarkeit auch schon im Vorfeld der (objektiven) Unvereinbarkeit mit Haushaltsführungs- oder Pflegepflichten zu begründen. Bei der Beurteilung sind alle Umstände des Einzelfalls sorgfältig zu ermitteln (§ 20 SGB X) und nach dem Individualisierungsgrundsatz die Besonderheiten des Einzelfalls (§ 9 Abs. 1 SGB XII) zu berücksichtigen. Bei der Führung eines Haushalts (zum Begriff s. § 70 SGB XII) kommt es insbes. auf das Leistungsvermögen des Leistungsberechtigten, die Haushaltsgröße, das Alter der anderen Mitglieder der Haushaltsgemeinschaft und darauf an, ob Pflegepflichten hinzutreten. Anders als im SGB II, das eine Unvereinbarkeit verlangt, kann bei der Pflege von Angehörigen schon deren wesentliche Erschwerung die Unzumutbarkeit einer Tätigkeit begründen.   60

D. Der Einsatz der eigenen Arbeitskraft im AsylbLG

Das Asylbewerberleistungsgesetz ist als Sonderleistungsgesetz für Personen, über deren Schutzberechtigung noch nicht (endgültig) entschieden worden ist oder die (vollziehbar) ausreisepflichtig sind, nicht systematisch auf eine umfassende und gezielte Aktivierung der Leistungsberechtigten oder deren Arbeitsmarktintegration gerichtet. Dies gilt auch insoweit, als ihnen nach dreimonatigem Inlandsaufenthalt – regelmäßig mit Zustimmung der Bundesagentur für Arbeit – die Ausübung einer Beschäftigung gestattet ist bzw. erlaubt werden kann. Eine legale Erwerbsteilhabe ist zudem Asylbewerbern auch nach längerem Inlandsaufenthalt insbes. dann verwehrt, wenn sie verpflichtet sind, in einer Aufnahmeeinrichtung zu wohnen oder aus einem sicheren Herkunftsstaat (§ 29 a AsylG) stammen (§ 61 Abs. 1, 2 Satz 4 AsylG).   61

In Aufnahmeeinrichtungen (§ 44 AsylG) oder vergleichbaren Einrichtungen sollen Arbeitsgelegenheiten insbesondere zur Aufrechterhaltung und Betreibung der Einrichtung zur Verfügung gestellt werden; daneben sollen soweit wie möglich Arbeitsgelegenheiten bei staatlichen, bei kommunalen und bei gemeinnützigen Trägern zur Verfügung gestellt werden, sofern die zu leistende Arbeit zusätzlich ist (§ 5 Abs. 1 AsylbLG). Diese Arbeitsgelegenheiten sind jenen des § 16 d SGB II nachgebildet, begründen insbes. kein Arbeitsverhältnis, und sind räumlich und zeitlich so auszugestalten, dass sie auf zumutbare Weise und zumindest stundenweise ausgeübt werden können (§ 5 Abs. 3, 5 AsylbLG). Die Aufwandsentschädigung ist vorbehaltlich des Nachweises höherer Aufwendungen auf 80 Cent je Stunde beschränkt. Arbeitsfähige, nicht erwerbstätige Leis-   62

---

157 Hohm in: Schellhorn/Schellhorn/Hohm, SGB XII, 19. Aufl., § 11 Rn. 32.

tungsberechtigte, die nicht mehr im schulpflichtigen Alter sind, sind zur Wahrnehmung einer zur Verfügung gestellten Arbeitsgelegenheit verpflichtet, soweit diese ihnen zumutbar ist (§ 5 Abs. 4 Satz 1, Abs. 3 Satz 2 AsylbLG). Anzuwenden sind die in § 11 Abs. 4 SGB XII genannten Unzumutbarkeitsgründe; hat der Leistungsberechtigte eine Beschäftigung auf dem allgemeinen Arbeitsmarkt, eine Berufsausbildung oder ein Studium aufgenommen, liegt ein wichtiger Grund für die Nichtwahrnehmung der Arbeitsgelegenheit vor (§ 5 Abs. 3 Satz 3 AsylbLG). Verweigert der Leistungsberechtigte ohne wichtigen Grund („unbegründete Ablehnung") die Tätigkeit, entfällt der Leistungsanspruch;[158] ihnen können nur noch auf das Unabweisbare beschränkte Leistungen zur Deckung ihres Bedarfs an Ernährung und Unterkunft einschließlich Heizung sowie Körper- und Gesundheitspflege gewährt werden (§ 5 Abs. 4 Satz 2 iVm § 1 a Abs. 2 Satz 2 bis 4 AsylbLG).[159]

63 Mit dem sog Integrationsgesetz[160] ist für Flüchtlinge mit guter Bleibeperspektive[161] das „Arbeitsmarktprogramm Flüchtlingsintegrationsmaßnahmen" (§ 5 a AsylbLG; § 421 a SGB III) geschaffen worden, das durch die Bundesagentur für Arbeit administriert wird.[162] Von der bei Zuweisung einer solchen Maßnahme verpflichtenden Teilnahme sind Personen aus sicheren Herkunftsstaaten sowie geduldete und vollziehbar ausreisepflichtige Leistungsberechtigte ausgeschlossen. Die Integrationsförderung wird bei Verweigerung ohne wichtigen Grund (und entsprechender Rechtsfolgenbelehrung) auch „gefordert"; bei Verweigerung sind die Leistungen auf das Unabweisbare zu beschränken (§ 5 a Abs. 3 iVm § 1 a Abs. 2 Satz 2 bis 4 AsylbLG). Eine stufenweise Absenkung oder deren Befristung sind ebensowenig vorgesehen wie deren Aufhebung bei „Wohlverhalten". Das Sanktionensystem ist deutlich undifferenzierter als nach §§ 31 ff. SGB II. Nach denselben Grundsätzen können volljährige, nicht mehr schulpflichtige arbeitsfähige, nicht erwerbstätige Leistungsberechtigte auch zur Teilnahme an sonstigen Maßnahmen zur Integration (Integrationskurs) verpflichtet werden (§ 5 b AsylbLG).

---

158 Sa Oppermann ZESAR 2017, 55.
159 Zur Verfassungskonformität des § 1 a AsylbLG → Kap. 34 Rn. 104; sa Voigt Asylmagazin 2017, 436.
160 G. v. 31.7.2016, BGBl. I, 1939; dazu auch Welte ZAR 2017, 269.
161 Zur Kritik dieses Begriffs Voigt Asylmagazin 2016, 245.
162 S. Lange SGb 2017, 556; Lehrian Asylmagazin 2016, 405; Gerlach ZfF 2017, 245.

Kapitel 23: Sanktionen

Literaturhinweise: Ames, Ursachen und Auswirkungen von Sanktionen nach § 31 SGB II, Düsseldorf 2009; dies., Ursachen und Auswirkungen von Sanktionen nach § 31 SGB II, NDV 2010, 111; dies., Mit Druck und Strafen auf den rechten Weg bringen, in: Ploetz (Hrsg.), Jugendarmut. Beiträge zur Lage in Deutschland, 2013, 205; Banafsche, Freie Berufswahl für Arbeitslose und Arbeitsgelegenheiten gegen Mehraufwandsentschädigung im Lichte von Grundgesetz und UN-Sozialpakt, VSSR 2012, 131; Berlit, Verpflichtung zur Selbsthilfe, Verbot der Zwangsarbeit, RsDE 33 (1996), 30; ders., Das neue Sanktionensystem, ZfSH/SGB 2005, 707 (Teil 1), 2006, 11 (Teil 2); ders., Das Sanktionensystem des SGB II, ZfSH/SGB 2008, 3; ders., Diskriminierung von Jugendlichen bei Hartz-IV-Sanktionen beseitigen, SozSich 2010, 124; ders., Änderungen im Sanktionenrecht des SGB II zum 1. April 2011, info also 2011, 53; ders., Minderung der verfügbaren Mittel – Sanktionen und Aufrechnung im SGB II, ZfSH/SGB 2012, 561; ders., Sanktionen im SGB II – nur problematisch oder verfassungswidrig?, info also 2013, 195; Bieback, Sperrzeiten im SGB III und ihre Verhältnismäßigkeit, Soziales Recht (SR) 2011, 21; Breitkreuz/Wolf-Dellen, Wege zur Vermeidung unbilliger Härten bei der Leistungsabsenkung nach § 31 SGB II, SGb 2006, 206; Bubeck/Sartorius, Eintritt von Sperrzeiten nach der Beendigung eines Beschäftigungsverhältnisses, ASR 2009, 75; Däubler, Absenkung und Entzug des ALG II – ein Lehrstück zur Verfassungsferne des Gesetzgebers, info also 2005, 51; Davilla, Die Eigenverantwortung im SGB III und SGB II. Obliegenheiten und Sanktionen zur Beendigung von Arbeitslosigkeit und Hilfebedürftigkeit, Frankfurt am Main 2011; dies., Die schärferen Sanktionen im SGB II für Hilfebedürftige unter 25 Jahren – ein Plädoyer für ihre Abschaffung, SGb 2010, 557; Deutscher Verein, Stellungnahme der Geschäftsstelle des Deutschen Vereins zu Sanktionen nach §§ 31 ff. SGB II, NDV 2011, 337; ders., Empfehlungen zur Reform der Sanktionen im SGB II, NDV 2013, 289; Drohsel, Sanktionen nach dem SGB II und das Grundrecht auf ein menschenwürdiges Existenzminimum, NZS 2014, 96; Ehrentraut ua, Sanktionen im SGB II. Verfassungsrechtliche Legitimität, ökonomische Wirkungsforschung und Handlungsoptionen, Bonn 2014; Eichenhofer, Recht des aktivierenden Wohlfahrtsstaates, 2013; Eicher, Eigenbemühungen des Arbeitsuchenden und Sanktionierung, in: Arbeitsmarktpolitik in der Krise, FS für K.-J. Bieback, 2010, 73; Eikötter, Sanktionen im SGB II – System, Wirkungen und rechtspolitische Forderungen, NDV 2013, 15; Faude, Die Sanktionierung arbeitsunwilliger „1-Euro-Jobber" und ihre verfassungsrechtliche Zulässigkeit, 2014; Gehrken, Die Arbeitsgelegenheiten gegen Mehraufwandsentschädigung gemäß § 16 d Satz 2 SGB II („1-Euro-Jobs"), 2010; Geiger, Wie sind personenübergreifende Sanktionsfolgen auf der Grundlage der geltenden Fassung von § 31 SGB II zu verhindern?, info also 2010, 3; Göckler, Sanktionsgespräche in der Grundsicherung für Arbeitsuchende (SGB II) und ihre Anschlussfähigkeit zu Beratungsstandards, Sozialer Fortschritt 2010, 264; Hammel, Sanktionen nach § 31 Abs. 1 und 2 SGB II, Sozialrecht aktuell 2008, 92; ders., Der sanktionsbedingte Wegfall von Arbeitslosengeld II – Eine vielschichtig schwierige Problematik, ZfF 2013, 151; Hannes, Absenkung des Arbeitslosengeldes II bei Abbruch einer selbst gesuchten Tätigkeit, SozSich 2009, 314; Heinz, Sozialleistungsausschluss oder Minderung von Sozialleistungsansprüchen im deutschen Sozialrecht, ZfSH/SGB 2014, 532; Hohner, Sanktionen im SGB II, 2017; Janda, Die Aktivierung junger Erwachsener im SGB II – Ein Plädoyer für die Einbeziehung jugendhilferechtlicher Elemente in das Grundsicherungsrecht, SGb 2015, 301; Kern, Zur Frage der Vereinbarkeit von Recht und Praxis der Arbeit nach § 16 Abs. 3 SGB II i.V.m. § 31 SGB II mit dem IAO-Übereinkommen (Nr. 29) über Zwangs- oder Pflichtarbeit (1930), Düsseldorf (Hans-Böckler-Stiftung) 2008; Klein, Sanktionen bei jüngeren Leistungsbeziehenden im SGB II, NDV 2016, 410; Krahmer, Absenkung des Arbeitslosengeldes II – Verweigerung der Aufnahme eines zumutbaren Ein-Euro-Jobs, SGb 2009, 748; Kühl, Die Sperrzeit bei Arbeitsaufgabe, 2007; Kumpmann, Im Fokus: Sanktionen gegen Hartz-IV-Empfänger: Zielgenaue Disziplinierung oder allgemeine Drohkulisse?, Wirtschaft im Wandel 2009, 236; Lauterbach, Das Sanktionensystem des SGB II, NJ 2008, 241; ders., Die Absenkung der Leistungen nach § 31 SGB II, in: Wolfgang Spellbrink (Hrsg.), Das SGB II in der Praxis der Sozialgerichte – Bilanz und Perspektiven, 2010, 11; ders., Verfassungsrechtliche Probleme der Sanktion im

Grundsicherungsrecht, ZfSH/SGB 2011, 584; Loose, Sanktionierung von Pflicht- und Obliegenheitsverletzungen im Bereich der Grundsicherung für Arbeitsuchende. Bestandsaufnahme und Änderungsvorschläge, ZfSH/SGB 2010, 340; Luthe, Sanktionen, Mindestbedarf und die Sozialpflichtigkeit des Hilfebedürftigen, SGb 2006, 637; Merold, Verfassungsrechtliche Prüfung der Sanktionsregelungen nach §§ 31 ff. SGB II, SGb 2016, 440; Neskovic/Erdem, Zur Verfassungswidrigkeit von Sanktionen bei Hartz IV, SGb 2012, 134; dies., Für eine verfassungsrechtliche Diskussion über die Menschenwürde von Hartz IV-Betroffenen, SGb 2012, 326; Neskovic, Sanktionen im SGB II – nur problematisch oder verfassungswidrig?, Thesen zu einem Streitgespräch, info also 2013, 405; Richers/Köpp, Wer nicht arbeitet, soll dennoch essen. Ein-Euro-Jobs – Die verfassungsrechtliche Problematik der neuen (Massen-)Pflichtarbeit, DÖV 2010, 997; dies., Rechtsprobleme einer Beschäftigungstherapie. Verweigerung bei Ein-Euro-Jobs – Rechtmäßigkeit von Sanktionen nach § 31 SGB II, DVBl. 2011, 404; Riehle, Jugendhilfe und § 31 Abs. 5 SGB II, ZfSH/SGB 2010, 462; Rogge, Empfehlungen des Deutschen Vereins zur Reform der Sanktionen im SGB II, NDV 2013, 289; Schmidt-De Caluwe, Die sanktionierte Pflicht zum „Ein-Euro-Job" als verbotener Arbeitszwang, in: FS Kohte, 2016, 791; Schur, Die Sanktion nach dem SGB II nach der Beendigung einer Erwerbstätigkeit, jM 2016, 70; Schreyer/Götz, Sanktionen bei jungen Arbeitslosen im SGB II. Wer nicht hören will, muss fühlen?, IAB-Forum 1/2010, 80; Schreyer ua, Sanktionen bei jungen Arbeitslosen im SGB II, IAB-Forum 2/2013, 60; dies., Lebensbedingungen und Teilhabe von jungen sanktionierten Arbeitslosen im SGB II, Sozialer Fortschritt 2012, 213; Spellbrink, Die Eingliederungsvereinbarung nach § 15 SGB II und ihre Sanktionierung, in: ders. (Hrsg.), Das SGB II in der Praxis der Sozialgerichte – Bilanz und Perspektiven, 2010, 45; Sušnjar/Greiser, Das Grundrecht auf Gewährleistung eines menschenwürdigen Existenzminimums, ZfSH/SGB 2018, 256; Treichel, Aufhebung und Sanktionsrechtsfolge, SGb 2014, 664; Voelzke, Fördern und Fordern: Die Instrumente und ihre Umsetzung. Gewährung von Sozialleistungen und Wirkungsweise von Sanktionstatbeständen, in: C. Hohmann-Dennhardt ua (Hrsg.), FS Renate Jaeger, Kehl 2010, 347; von Koppenfels-Spies, Absenkung des Alg II – Bestimmtheit der Sanktionenbescheide, SGb 2010, 666; Wersig, Sanktionen gegenüber Unter-25-Jährigen – Das Problem der Verteilung der Wohnkosten bei mehrköpfigen Bedarfsgemeinschaften, info also 2013, 51; Wunder/Diehm, SGB-II-Fortentwicklungsgesetz verschärft die Sanktionen: Sind Kürzungen des Arbeitslosengeldes II um bis zu 100 Prozent verfassungswidrig?, SozSich 2006, 195; Zahradnik ua, Wenig gebildet, viel sanktioniert?, Zur Selektivität von Sanktionen in der Grundsicherung des SGB II, ZSR 2016, 141; Zimmermann, Die Sanktionen nach dem SGB II, NJ 2012, 139.

Rechtsgrundlagen:
GG Art. 1 Abs. 1, Art. 12 Abs. 1, 2, Art. 20 Abs. 1
SGB II §§ 2, 10, 31 bis 32
SGB XII § 11 Abs. 3, § 26 Abs. 1, § 39 a

Orientierungssätze:
1. Sanktionen sind leistungsrechtliche Reaktionen auf Obliegenheitsverletzungen, die den Nachranggrundsatz ausformen.
2. Das Grundrecht auf Gewährleistung eines menschenwürdigen Existenzminimums fordert nicht dessen voraussetzungslose Gewährleistung und schließt Sanktionen bei Obliegenheitsverletzungen daher nicht schlechthin aus.
3. Die Sanktionsnormen im SGB II sind auch Hilfenormen, die auf eine Verhaltensänderung bei dem Leistungsberechtigten hinwirken. Primär sind sie aber als Reaktionen auf vergangenes Fehlverhalten ausgestaltet.
4. Die Ausgestaltung der Sanktionsregelungen im SGB II ist zu unflexibel.
5. Der Grundsicherungsträger muss bei jeder Sanktionierung den Leistungsfall „unter Kontrolle" halten. Bei einer 30 v.H. der Regelleistung überschreitenden Sanktionierung kann eine Verletzung des Grundrechts auf ein menschenwürdiges Existenzminimum durch eine verfassungskonforme Auslegung der Möglichkeiten zur Gewährung ergänzender Sach- und geldwerter Leistungen vermieden werden.

6. Die härtere Sanktionierung unter 25-jähriger Leistungsberechtigter im SGB II ist gleichheits- und damit verfassungswidrig.

7. Eine Sanktionierung erfordert ein dem Leistungsberechtigten zurechenbares Fehlverhalten; sie ist nicht auf vorsätzliche Obliegenheitsverletzungen beschränkt.

8. Die Sanktionierung erfordert regelmäßig eine vorherige Rechtsfolgenbelehrung, die konkret, vollständig und zutreffend ist. Abstrakte Formularhinweise ohne konkreten Einzelfallbezug genügen nicht.

9. Sanktioniert werden kann nur die Verletzung einer Obliegenheit, die dem Leistungsberechtigten im Einzelfall auch zumutbar abverlangt werden darf. Dies ist von Amts wegen auch bei abgeschlossener Eingliederungsvereinbarung zu prüfen.

10. Die Sanktionsregelungen im SGB XII sind flexibler und besser geeignet, unter Wahrung des Verhältnismäßigkeitsgrundsatzes passgenau den Nachranggrundsatz umzusetzen.

11. Die Striktheit der undifferenzierten Reaktionen auf Obliegenheitsverletzungen in den §§ 5 ff. AsylbLG ist verfassungsrechtlich zumindest bedenklich.

A. Allgemeines

I. Sanktionsbegriff

1 „**Sanktionen**" (Sperrzeiten oder Leistungsminderungen bzw. -einschränkungen) sind leistungsrechtliche Reaktionen auf dem einzelnen Leistungsempfänger zurechenbare Obliegenheitsverletzungen. Lediglich das SGB II verwendet – und auch dies nur in der Überschrift des Unterabschnitts 5 – den Begriff der Sanktion; das SGB XII belässt es bei der einfachen Bezeichnung „Einschränkung der Leistung" (§ 39 a SGB XII). Damit weicht der grundsicherungsrechtliche Sanktionsbegriff von dem in anderen Rechtsgebieten ab, der hierunter Strafen, Bußgelder oder Schadenersatzzahlungen fasst.[1]

2 Die **Sanktionszwecke** sind im SGB II/SGB XII nicht selbstständig und eindeutig normiert. Der Sache nach geht es um die Durchsetzung von sozialrechtlichen Obliegenheiten („Pflichten") vor allem zum Einsatz der eigenen Arbeitskraft und damit letztlich um die Herstellung und Sicherung des Nachranges der Leistungen. Im SGB II mischen sich hierzu repressive und präventive Sanktionszwecke.[2] Die **Repression** zeigt sich darin, dass auf Obliegenheitsverstöße („Pflichtverletzungen") reagiert wird, ohne dass diese Reaktion nach Umfang oder Dauer treffsicher mit dem Grundsatz der Eigenverantwortung abgestimmt ist. Der verhaltenssteuernde („erzieherische") Effekt der Sanktion[3] zielt präventiv darauf, im Einzelfall Wiederholungen des pflichtwidrigen Verhaltens zu vermeiden (**Spezialprävention**) und insgesamt in Bezug auf die Gesamtheit der Leistungsberechtigten Obliegenheitsverletzungen abzuwenden (**Generalprävention**). Das spezialpräventive Element zeigt sich insbesondere in den stufenweise sich verschärfenden Leistungsminderungen und der einer Kürzung für den Regelfall vorgeschalteten Pflicht zur Belehrung über die Rechtsfolgen eines pflichtwidrigen Verhaltens. Beide Elemente mischen sich im Zweck der Missbrauchsabwehr,[4] bei der einerseits durch die Sanktion die finanziellen Folgen einer Obliegenheitsverletzung (teilweise) auf den Leistungsberechtigten verlagert werden und die Gesamtbelastung der Gemeinschaft der Steuerzahler durch eine Inanspruchnahme der Leistungen begrenzt wird. Das SGB II verzichtet aber auf einen explizit „pädagogischen" Anspruch und die Selbstbewertung

---

1 Davila 2011 (Lit.), 240.
2 S. – im Rahmen des Konzepts des „aktivierenden" Sozialstaats – Eichenhofer 2013 (Lit.), 137 ff.
3 Zur Sperrzeit nach dem SGB III s. BSG 11.12.1979 – 7 RAr 10/79, SozR 4100 § 119 AFG Nr. 11.
4 BT-Drs. 16/1410, 1; sa Davila 2011 (Lit.), 243.

als (reine) Hilfenorm, die noch das herrschende Verständnis des § 25 BSHG geprägt hatte.[5]

II. „Sanktionen" und Strukturprinzipien der Grundsicherung

Das Sanktionensystem sichert vor allem den **Nachranggrundsatz** in Bezug auf die nicht **3** voraussetzungslos gewährten Leistungen.[6] Das SGB II knüpft die Leistungsgewährung für erwerbsfähige Leistungsberechtigte materiellrechtlich daran, dass sie ihre Arbeitskraft zur Beschaffung des Lebensunterhalts für sich und die mit ihnen in einer Bedarfsgemeinschaft lebenden Personen einsetzen (§ 2 Abs. 2 S. 2 SGB II). Diese **Obliegenheit zum Einsatz der eigenen Arbeitskraft**, die unabhängig von der Beendigung der Hilfebedürftigkeit besteht und auch Vorbereitungshandlungen und -bemühungen umfasst, wäre als Leistungsvoraussetzung sinnlos, wenn ihre Nichtbeachtung ohne leistungsrechtliche Konsequenz möglich wäre. Die Rechtsfolgen, die an die Nichtbefolgung des Vorranges des Einsatzes der eigenen Arbeitskraft gebunden sind, bedürfen indes der Ausgestaltung durch den demokratisch legitimierten Gesetzgeber. Ohne diese Ausformung, die im Leistungssystem Art und Reichweite der leistungsrechtlichen Reaktion erst begründet, sie aber damit zugleich auch begrenzt, drohte bei unzureichenden Bemühungen um Eingliederung in Arbeit die Leistungsversagung insgesamt und damit eine zumindest in Einzelfällen mit dem Verhältnismäßigkeitsgrundsatz unvereinbare Leistungseinschränkung. Die Tatsache einer Sanktionierung von arbeitskraftbezogenen Obliegenheitsverletzungen liegt in der Logik des Nachranggrundsatzes und entspricht dem Konzept des „aktivierenden Sozialstaats". Der Vergleich der leistungsrechtlichen Reaktionen im SGB II einerseits, im SGB XII (zu Einzelheiten → Rn. 7 ff., 106 ff.) andererseits verweist indes darauf, dass vom Gesetzgeber hinsichtlich der sanktionswürdigen Obliegenheitsverletzungen sowie von Art und Umfang der Reaktion auch in Ansehung des Grundrechts auf ein menschenwürdiges Existenzminimum ein breiter Gestaltungsspielraum in Anspruch genommen worden ist.

In Leistungssystemen, die der Sicherung des Grundrechts auf ein menschenwürdiges **4** Existenzminimum dienen, stehen verletzungsbedingte Leistungsminderungen notwendig in einem **Spannungsverhältnis zu dem Bedarfsdeckungsgrundsatz**. Die durch das System zu deckenden Bedarfe sind von den Obliegenheiten unabhängig und bestehen auch bei deren Verletzung unverändert fort; die Verletzung einer Obliegenheit bedeutet auch keinen Leistungsverzicht. Die Sanktionstatbestände markieren Voraussetzungen, unter denen der Bedarfsdeckungsgrundsatz selbst variiert und lediglich ein abgesenktes Leistungsniveau normativ garantiert wird. Die einseitig gewährende Dimension des Grundrechts auf ein menschenwürdiges Existenzminimum, das dem Grunde nach unverfügbar ist und eingelöst werden muss,[7] markiert dabei eine unterste Grenze denkbarer Leistungsabsenkung. Der unabweisbare Lebensunterhalt muss – und sei es durch Sachleistungen – jedenfalls dann gesichert sein, wenn dem Einzelnen anderweitig (legale) Bedarfsdeckungsmöglichkeiten nicht eröffnet sind; der soziale Staat des Grundgesetzes darf im Bundesgebiet lebende Personen nicht verhungern lassen. Der Bedarfsdeckungsgrundsatz in seinem verfassungsfesten Kern gebietet, auch bei Leistungskürzungen den Leistungsfall soweit unter Kontrolle zu halten, dass ausweglose Lebenslagen vermieden werden.

---

5   S. nur BVerwG 31.1.1968 – V C 22.67, BVerwGE 29, 99 (103 ff.); 10.2.1983 – 5 C 115.81, BVerwGE 67, 1 (6); 13.10.1983 – 5 C 67.82, BVerwGE 68, 91 (94); 17.5.1995 – 5 C 20.93, BVerwGE 98, 203 (204).
6   S. – auch zu den weiteren Strukturprinzipien – Hohner (Lit.), 106 ff.
7   BVerfG 9.2.2010 – 1 BvL 1/09 ua, BVerfGE 125, 175; 18.7.2012 – 1 BvL 10/10, 1 BvL 2/11, NVwZ 2012, 1024.

5 Der **Individualisierungsgrundsatz** wirkt nicht auf das Ob einer Sanktion, sondern auf die Ausgestaltung des Sanktionensystems und hier vor allem auf die Frage ein, in welchem Umfange bei Art, Höhe oder Dauer der Sanktion den Umständen des Einzelfalles Rechnung getragen werden kann. Das SGB II lässt hier deutlich geringeren Spielraum als das SGB XII. Es geht für den Regelfall von der pauschalierenden Annahme aus, dass der Leistungsberechtigte auch im Sanktionsfall schon irgendwie „über die Runden" kommen werde, und lässt ansonsten nur relativ starre Abstufungen der leistungsrechtlichen Reaktionen zu.

6 Das **Gegenwärtigkeitsprinzip** hat im Sanktionensystem nur eine nachrangige Bedeutung: Leistungsrechtliche Reaktionen folgen stets der Obliegenheitsverletzung nach. Es verwirklicht sich in der Frage, ob die Sanktion aufgehoben oder gemindert/verkürzt werden kann/muss, wenn/weil sich der Sanktionszweck erfüllt und insbes. eine Verhaltensänderung hin zum erwartungskonformen Verhalten ergeben hat. Die offene Sanktionsnorm des SGB XII (§ 39 a SGB XII) lässt hier deutlich mehr Spielraum als die tatbestandlich gebundenen Reduzierungsmöglichkeiten von Umfang (§ 31 a Abs. 1 S. 6, Abs. 2 S. 4 SGB II) oder Dauer (§ 31 b Abs. 1 S. 4 SGB II) einer Leistungsminderung im SGB II. Dass im SGB II die Feststellung der Minderung nur innerhalb von sechs Monaten nach der Pflichtverletzung möglich ist, ist Ausdruck dafür, dass die Sanktion – auch – auf Verhaltensänderung gerichtet und daher einen zeitlichen Zusammenhang zur Pflichtverletzung aufweisen muss, und ist keine Ausformung des Gegenwärtigkeitsprinzips.

III. Grundzüge des Sanktionensystems im SGB II und im SGB XII im Vergleich

7 SGB II/SGB XII sehen sowohl für die auf den Einsatz der eigenen Arbeitskraft bezogenen Obliegenheiten (§§ 2, 10 SGB II; § 11 Abs. 3, 4 SGB XII) als auch für die leistungsrechtlichen Reaktionen (§§ 31 ff. SGB II; § 39 a SGB XII) für ihren Regelkreis Sonderregelungen vor. Ausgeblendet bleiben hier die für alle Bücher des SGB geltenden, **allgemeinen sozialrechtlichen Mitwirkungsobliegenheiten** (§§ 60 ff. SGB I) und die Möglichkeit, bei ihrer Verletzung Leistungen (ganz oder teilweise) zu versagen oder zu entziehen (§ 66 SGB I). Es handelt sich um unterschiedliche Rechtsinstitute,[8] die grundsätzlich nebeneinander anzuwenden sind.[9] In Bezug auf das persönliche Erscheinen (§ 61 SGB I) oder ärztliche Untersuchungen (§ 62 SGB I) hat der Gesetzgeber indes in § 59 SGB II iVm § 309 Abs. 1 S. 1 SGB III eine spezielle Regelung getroffen, die die Anwendung des SGB I ausschließt.[10] Auch § 60 Abs. 4 SGB II regelt die Einholung der zur Durchführung des SGB II benötigten Auskünfte Dritter abschließend.[11]

8 Das Sanktionensystem des SGB II kombiniert Elemente des arbeitsförderungsrechtlichen **Sperrzeitenregimes**[12] mit den einstigen **sozialhilferechtlichen Kürzungsvorschriften**.[13] Den Sperrzeitenregelungen des SGB III entnommen sind im Kern die ausdifferenzierte Vertatbestandlichung der verschiedenen Obliegenheitsverletzungen, die „Sanktionierung" auch von Meldeverstößen, das Erfordernis vorheriger Belehrung, der durch Verwaltungsakt festzustellende Eintritt der leistungsrechtlichen Folgen und die starre, vom nachfolgenden Wohlverhalten grundsätzlich unabhängige Dauer der Absenkung. Dem früheren Sozialhilferecht (§ 25 BSHG) entlehnt sind das System der stufenweisen Ab-

---

8 Sa Davilla 2011 (Lit.), 114.
9 BSG 19.9.2008 – B 14 AS 45/07 R, BSGE 101, 260; 19.2.2009 – B 4 AS 10/08 R, ZfSH/SGB 2009, 282.
10 HessLSG 22.6.2011 – L 7 AS 700/10 B ER; LSG Saarl 2.5.2011 – L 9 AS 9/11 B ER; SG Bremen 1.10.2010 – S 18 AS 1928/10 ER; LSG LSA 20.2.2009 – L 5 B 376/08 AS ER (mit Anm. Padé jurisPR-SozR 20/2009 Anm. 1).
11 BSG 24.2.2011 – B 14 AS 87/09 R, SozR 4–4200 § 60 Nr. 1.
12 Dazu eingehend Kühl 2007 (Lit.); Bieback SR 2011, 21.
13 Berlit ZfSH/SGB 2005, 707 (707 f.); Hohner (Lit.), 35 ff.

senkung, das Erfordernis, den Leistungsfall auch bei Leistungskürzung oder -wegfall „unter Kontrolle" zu halten, das durch die Ermessensentscheidung über Sachleistungen nunmehr gesetzlich ausgeformt ist, die Kürzungsmöglichkeit bei qualifiziert selbst herbeigeführter Hilfebedürftigkeit und unwirtschaftlichem Verhalten und – reduziert auf die Entscheidung über ergänzende Sachleistungen – der Schutz minderjähriger Kinder in der Bedarfsgemeinschaft. § 39 a SGB XII belässt es im Kern bei der vormaligen sozialhilferechtlichen Kürzungsregelung. Praktisch relevant sind indes nur die SGB II-Regelungen.

§§ 31 ff. SGB II enthalten ein – seit dem 1.4.2011 auf vier Paragrafen aufgeteiltes[14] – **9** differenziertes, gestuftes Sanktionensystem mit grundsätzlich starren Reaktionen. Die Grundstruktur ist ungeachtet mehrfacher, teils tiefgreifender Änderungen[15] seit dem 1.1.2005 unverändert. Der Umfang der Leistungsabsenkung hängt ab von der Art der Obliegenheitsverletzung (Verletzung insbes. von auf den Einsatz der Arbeitskraft bezogenen Pflichten und sozialwidrige Herbeiführung der Hilfebedürftigkeit; Verstoß gegen Meldepflichten), ihrer Häufigkeit (erste und [weitere] wiederholte Pflichtverletzung) und – in verfassungswidriger Weise (→ Rn. 17, 83 f.) – das Alter (unter/über 25 Jahre). Die jeweiligen Absenkungsstufen sind grundsätzlich ohne Ermessensspielraum vorgegeben; eine Ermessensentscheidung ist erst bei der Sanktionsmilderung bei nachträglichem „Wohlverhalten"[16] oder bei unter 25-Jährigen zu treffen. Bei einer Leistungsminderung von mehr als 30 v.H. kann der Leistungsträger auf Antrag in angemessenem Umfang ergänzende Sachleistungen oder geldwerte Leistungen erbringen; bei minderjährigen Kindern im Haushalt sind sie zu erbringen.

IV. Verfassungsmäßigkeit des Sanktionensystems insgesamt

1. Verstoß gegen das Grundrecht auf ein menschenwürdiges Existenzminimum

Bei einem auf die Existenzsicherung gerichteten Sozialleistungssystem ist ein Sanktio- **10** nensystem vorrangig am **Grundrecht auf Gewährleistung eines menschenwürdigen Existenzminimums** (Art. 1 Abs. 1 GG iVm Art. 20 Abs. 1 GG) zu messen. Weil der Staat die Menschenwürde auch positiv schützen muss,[17] muss er dafür Sorge tragen, dass einem Menschen, dem die zur Gewährleistung eines menschenwürdigen Daseins notwendigen materiellen Mittel fehlen, weil er sie weder aus seiner Erwerbstätigkeit noch aus eigenem Vermögen noch durch Zuwendungen Dritter erhalten kann, die materiellen Voraussetzungen dafür zur Verfügung stehen.[18] Dieser grundrechtliche Leistungsanspruch erstreckt sich nur auf diejenigen Mittel, die zur Aufrechterhaltung eines menschenwürdigen Daseins unbedingt erforderlich sind, und gewährleistet das gesamte Existenzminimum durch eine einheitliche grundrechtliche Garantie, die sowohl die physische Existenz des Menschen, also Nahrung, Kleidung, Hausrat, Unterkunft, Heizung, Hygiene und Gesundheit, als auch die Sicherung der Möglichkeit zur Pflege zwischenmenschlicher Beziehungen und zu einem Mindestmaß an Teilhabe am gesellschaftlichen, kulturellen und politischen Leben umfasst. Der hierbei dem Gesetzgeber zuzubilligende Gestaltungsspielraum bei der Konkretisierung des Leistungsanspruchs in Tatbestand und Rechtsfolge umfasst neben der Frage, ob er das **Existenzminimum durch Geld-, Sach-oder Dienstleistungen** sichert, auch die Bestimmung des Umfangs der Leistungen zur Si-

---

14 Zu diesen Änderungen s. Berlit info also 2011, 53.
15 S. Berlit in: LPK-SGB II § 31 Rn. 5 ff.
16 Nachträgliche (ernst- und glaubhafte) Erklärung des Leistungsberechtigten, seinen Pflichten nachkommen zu wollen (§ 31 a Abs. 1 S. 6, Abs. 2 S. 2 SGB II).
17 BVerfG 11.3.2003 – 1 BvR 426/02, BVerfGE 107, 275 (284); 3.3.2004 – 1 BvR 2378/98 ua, BVerfGE 109, 279 (319).
18 BVerfG 9.2.2010 – 1 BvL 1/09 ua, BVerfGE 125, 175; 18.7.2012 – 1 BvL 10/10, 1 BvL 2/11, NVwZ 2012, 1024.

cherung des Existenzminimums. Er ist enger, soweit der Gesetzgeber das zur Sicherung der physischen Existenz eines Menschen Notwendige konkretisiert, und weiter, wo es um Art und Umfang der Möglichkeit zur Teilhabe am gesellschaftlichen Leben geht.[19]

11 Seit dem Regelleistungsurteil wird die Verfassungskonformität von Sanktionen im Grundsatz und im Detail bestritten.[20] Das BVerfG wird im Jahre 2019 über eine Vorlage des SG Gotha[21] nach Art. 100 Abs. 1 GG entscheiden;[22] die Stellungnahmen jedenfalls der Wohlfahrtsverbände sind überwiegend kritisch.[23] Aus dem Grundrecht auf ein menschenwürdiges Existenzminimum, so wie es vom Bundesverfassungsgericht ausgeformt worden ist, folgt indes **kein von Mitwirkungsobliegenheiten und Eigenaktivitäten unabhängiger Anspruch** auf Sicherung eines Leistungsniveaus, das durchweg einen gewissen finanziellen Spielraum auch zur Pflege zwischenmenschlicher Beziehungen und zu einem Mindestmaß an Teilhabe am gesellschaftlichen, kulturellen und politischen Leben gewährleistet.[24] Das Grundgesetz gebietet nicht die Gewährung bedarfsunabhängiger, voraussetzungsloser Sozialleistungen.[25] Der bei Art und Umfang der Möglichkeit zur Teilhabe am gesellschaftlichen Leben erweiterte Gestaltungsspielraum des Gesetzgebers lässt dem Grunde nach Raum für abgesenkte Leistungen bei Pflichtverletzungen und steht einem Sanktionensystem nicht schlechthin entgegen.[26]

12 Bei der Leistungsminderung um 30 v.H. bei auf den Einsatz der eigenen Arbeitskraft bezogenen Obliegenheitsverletzungen, bei der keine Gewährung von Sachleistungen vorgesehen ist, ist implizit vorausgesetzt, dass mit den verbleibenden Leistungen das physische Existenzminimum gewährleistet ist. Die nominal gleichbleibende Absenkungsquote hat durch die Neufestsetzung der Regelleistung zum 1.1.2011 einen anderen Kontext bekommen, weil dort durch die Bereinigung oder Minderung statistisch ermittelter Bedarfe der Spielraum für den beim Statistikmodell verfassungsgebotenen[27] internen Ausgleich zwischen den verschiedenen Bedarfspositionen deutlich verringert worden ist.[28] Der **Kürzungsbetrag** lässt sich rechnerisch indes durch den (vollständigen) Verzicht auf Ausgaben in den EVS-Bedarfsgruppen 5 (Innenausstattung, Haushaltsgeräte und -gegenstände), 7 (Verkehr), 8 (Nachrichtenübermittlung) und 9 (Freizeit, Unterhaltung, Kultur) kompensieren;[29] eine evidente Unterdeckung des physiologischen Existenzminimums lässt sich so noch nicht feststellen.

---

19 BVerfG 9.2.2010 – 1 BvL 1/09 ua, BVerfGE 125, 175 (Rn. 138).

20 S. Neskovic/Erdem SGb 2012, 134; dies. SGb 2012, 326; zum Diskussionsstand eingehend auch Hohner 2017 (Lit.), 127 ff.; Merold SGb 2016, 440; Šušnjar/Greiser ZfSH/SGB 2018, 256 (262 ff.).

21 SG Gotha 2.8.2016 – S 15 AS 5157/14 (dazu Siebold ASR 2017, 85; Nielsson NZS 2017, 194) (beim BVerfG anhängig unter dem Aktenzeichen 1 BvL 7/16); s. bereits SG Gotha 26.5.2015 – S 15 AS 5157/14 (dazu BVerfG 6.5.2016 – 1 BvL 7/15, NZS 2016, 578).

22 Sa BVerfG, Pressemitteilung Nr. 4/2019 v. 10.1.2019 (Verhandlungsgliederung zur mdl. Verhandlung am 15.1.2019); zur mdl. Verhandlung s. Schwarz NDV 2019, 97. Bei Redaktionsschluss stand der Verkündungstermin (wohl Sommer/Herbst 2019) noch nicht fest.

23 Die Stellungnahmen sind teilweise im Internet veröffentlicht, zB die des Deutschen Caritasverbandes (https://www.caritas.de/fuerprofis/presse/stellungnahmen/02-28-2017-sind-die-sanktionen-im-sgb-ii-mit-dem-grund gesetz-vereinbar), von Tacheles eV (https://www.caritas.de/fuerprofis/presse/stellungnahmen/02-28-2017-sin d-die-sanktionen-im-sgb-ii-mit-dem-grundgesetz-vereinbar) oder der Diakonie Deutschland (https://www.di akonie.de/fileadmin/user_upload/Diakonie/PDFs/Stellungnahmen_PDF/Diakonie_STN_Sanktionen_BVerfG_ 170206.pdf).

24 Berlit info also 2013, 195; aA Neskovic/Erdem SGb 2012, 134; dies. SGb 2012, 326; Drohsel NZS 2014, 96.

25 BVerfG 7.7.2010 – 1 BvR 2556/09, NJW 2010, 2866.

26 Berlit KJ 2010, 152; ders. info also 2011, 53 (54 f.); ders. ZfSH/SGB 2012, 561; Davilla SGb 2010, 558 f.; dies. 2011, 274 ff.; Lauterbach ZfSH/SGB 2011, 584 (585); Eichenhofer 2013 (Lit.), 137 ff.; sa BT-Drs. 17/6833 (Haltung der Bundesregierung); s. aber Hohner 2017 (Lit.).

27 BVerfG 9.2.2010 – 1 BvL 1/09 ua, BVerfGE 125, 175 (Rn. 172).

28 S. Becker SozSich Sonderheft 9/2011, 7 (44 ff.).

29 S. Schwabe ZfF 2011, 97.

Bei Leistungsminderungen von mehr als 30 v.H. letztlich keinen Verfassungsverstoß be- **13** wirkt,[30] dass bei Personen, die in Bedarfsgemeinschaften ohne minderjährige Kinder leben, die vom Gesetzgeber als Ermessensleistung vorgesehenen **Sach- oder geldwerten Leistungen** nunmehr[31] erst **auf Antrag** zu bewilligen sind. Das Gesetz geht normativ – wenn auch vielfach kontrafaktisch – vom Leitbild des autonomen, zur sachgerechten Interessenwahrnehmung befugten und befähigten Individuums aus; ein entsprechender Antrag, der nicht an eine besondere Form gebunden und auch sonst „niedrigschwellig" anzusetzen ist, kann dann normativ keine Überforderung bedeuten. Nach dem Bedarfsdeckungsprinzip hat der Leistungsträger insoweit indes den Leistungsfall „unter Kontrolle" zu halten, auf die Möglichkeit der Antragstellung hinzuweisen und in Fällen, in denen dies trotz Bedarfslücke aus erkennbarer Unkenntnis oder Unvermögen nicht erfolgt, nachzuhaken. Verletzt der Leistungsträger im Verwaltungsvollzug diese Obliegenheit, bleibt dies für ihn regelmäßig sanktionslos; es kann aber zur Anwendung des sozialrechtlichen Herstellungsanspruchs führen.

Das bei über 30 v.H. hinausgehenden Leistungsminderungen dem Leistungsträger ein- **14** geräumte Ermessen, **Sach- oder geldwerte Leistungen** zu bewilligen, lässt bei **verfassungskonformer Auslegung** hinreichend Raum, eine Verletzung des Bedarfsdeckungsgrundsatzes zu vermeiden.[32] Denn wird durch eine Leistungsminderung eine Situation geschaffen, in der das physiologische Existenzminimum nicht mehr gewährleistet ist, dann ist nach Grund und Höhe das Bewilligungsermessen auf Null reduziert. Dies ist indes wegen der Möglichkeit, zur Überbrückung der „Sanktionsphase" zB auf Schonvermögen (insbes. nach § 12 Abs. 2 Nr. 1 und 4 SGB II) zurückzugreifen, nicht schon bei jeder 30 v.H. übersteigenden Leistungsminderung oder jedem -wegfall der Fall. Bei dem Umfang der zu gewährenden Leistungen war der Ansatz der BA, die ergänzenden Sachleistungen auf Bedarfe für Ernährung, für Gesundheitspflege und für Hygiene und Körperpflege, also auf ca. 46 v.H. des Regelbedarfs, zu beschränken,[33] in mehrfacher Hinsicht verfehlt. Er blendet in Fällen auch der unterkunftsbezogenen Leistungen die Gewährung von Sach- bzw. geldwerten Leistungen für Unterkunft und Heizung aus, zu deren Deckung nicht auf nachfolgende Leistungen nach § 22 Abs. 8 SGB II verwiesen werden kann. Vor allem bedeutet dies eine systematische Verfehlung des vom Gesetzgeber selbst in § 31 a Abs. 3 S. 3 SGB II eröffneten, bereits bei Verbleib von nur 60 v.H. des Regelbedarfs beginnenden Ermessensspielraums. Diesen Bedenken trägt auch die zwischenzeitliche Anhebung des „Orientierungswertes" für die Ermittlung der ergänzenden Sachleistungen nicht hinreichend Rechnung.[34] Die **faktische Mitbetroffenheit von in einer Bedarfsgemeinschaft lebenden Personen** reflektiert, dass bei Bedarfsgemeinschaften mit minderjährigen Kindern Sach- oder geldwerte Leistungen zu erbringen sind (§ 31 a Abs. 3 S. 2 SGB II); hier kann bei einem Wegfall des Alg II insgesamt der Ausgleich auch dadurch bewirkt werden, dass von dem Grundsatz der Aufteilung der Unterkunftskosten nach Kopfzahl abgewichen und die Unterkunftskosten in voller Höhe den übrigen Mitgliedern der Bedarfsgemeinschaft zu erbringen sind.[35]

---

30 Sa LSG BW 23.4.2012 – L 2 AS 5594/11 NZB; wohl auch BSG 9.11.2010 – B 4 AS 27/10 R, SozR 4–4200 § 31 Nr. 6; LSG NRW 22.8.2011 – L 19 AS 1299/11 B ER.
31 Zur Rechtslage bis zum 1.1.2011 s. LSG LSA 5.1.2011 – L 2 AS 428/10 B ER; HessLSG 30.9.2011 – L 7 AS 614/10 B ER.
32 Sa Davilla 2011 (Lit.), 276 f.; sa BSG 9.11.2010 – B 4 AS 27/10 R, SozR 4–4200 § 31 Nr. 6; implizit 15.12.2010 – B 14 AS 92/09 R.
33 So noch Nr. 31.48 DH-BA (Stand 20.10.2011); sa BT-Ausschuss-Drs. 17/(11)538, 29.
34 Nr. 31.48 a ff. DH-BA (Stand 3.4.2017).
35 LSG Nds-Brem 8.7.2009 – L 6 AS 335/09 B ER, FEVS 61, 247.

2. Verstoß gegen Art. 12 GG?

15 Bei den auf Einsatz der eigenen Arbeitskraft bezogenen Obliegenheiten sind Sanktionen auch an den Gewährleistungen des Art. 12 GG zu messen.[36] Bei der durch Art. 12 Abs. 1 GG garantierten **Freiheit der Wahl des Arbeits- oder des Ausbildungsplatzes** sowie deren Ausübung scheidet eine Verletzung nicht schon deswegen aus, weil es Ziel der Sanktionen ist, zur Erwerbsteilhabe zu motivieren; denn umfasst ist auch die freie Entscheidung, einen bestimmten Arbeits- oder Ausbildungsplatz oder eine selbstständige Tätigkeit nicht zu wählen.[37] Diese abwehrrechtliche Dimension bleibt durch leistungsrechtliche Reaktionen auf die Verletzung erwerbsbezogener Obliegenheiten grundsätzlich unberührt. Die **negative Berufs(wahl)freiheit** aus Art. 12 Abs. 1 GG kann aber dann beeinträchtigt sein, wenn der Staat durch einen faktischen, gezielten Grundrechtseingriff den Einzelnen an der Aufgabe eines Arbeitsplatzes hindert oder ihn zur Aufnahme eines bestimmten Arbeitsplatzangebotes zwingt.[38] Ein solcher faktischer Grundrechtseingriff kann entgegen der wohl herrschenden Auffassung[39] bei Vorenthaltung bzw. Entzug sozialer Leistungen dann vorliegen, wenn sie den Einzelnen vor eine ausweglose Lage stellen, wenn und weil sie über das zum Lebensunterhalt Unerlässliche hinausreichen;[40] im Bereich des Art. 12 GG muss wegen des durch dessen Abs. 1 geschützten **Leitbildes einer marktvermittelten Entfaltung der Arbeitskraft** hinzukommen, dass die Sanktion an eine Pflichtverletzung anknüpft, bei der die Nichtannahme eines marktvermittelten Arbeitsplatzes, der grundsätzlich zu zumutbaren Bedingungen den eigenen Lebensunterhalt zu sichern geeignet ist, im Raum steht. Der Ausweg, eine zumutbare Arbeit annehmen zu können, steht ansonsten bereits einer durch Art. 12 Abs. 2, 3 GG verbotenen Zwangswirkung entgegen, verlangt aber, dass der Arbeitsplatz auch noch während des Sanktionszeitraums zugänglich ist. Auch soweit dies nicht der Fall ist, kann – bis zur absolut gezogenen Grenze eines nicht statthaften Eingriffs in das physiologische Existenzminimum – wegen des Gesetzesvorbehalts in Art. 12 Abs. 1 GG eine entsprechende Sanktionierung zur Sicherung des Nachranges der Leistungsgewährung und der Eigenverantwortung des Leistungsempfängers als (noch) verhältnismäßig gerechtfertigt werden. Für die freie Wahl des Ausbildungsplatzes gilt dies mit der Maßgabe entsprechend, dass die besondere Persönlichkeitsnähe der Ausbildungsentscheidung eine weite Auslegung des wichtigen Grundes gebietet, der die Ablehnung, den Wechsel oder die Aufgabe eines Ausbildungsverhältnisses mangels Eignung oder Neigung rechtfertigt.[41] Nach hier vertretener Mindermeinung, der BVerwG[42] und BSG[43] nicht gefolgt sind, scheidet eine über 30 v.H. hinausgehende Leistungsminderung allein wegen der Weigerung, eine Arbeitsgelegenheit gegen Mehraufwandsentschädigung anzunehmen oder fortzusetzen, indes aus.[44]

16 Für das **Verbot des Arbeitszwangs** (Art. 12 Abs. 2 SGB II) **und der Zwangsarbeit** (Art. 12 Abs. 3 GG) geht das Bundesverfassungsgericht[45] im Anschluss an die Entstehungsgeschichte davon aus, dass beide Garantien auf die Abkehr von Methoden bezo-

---

36 Zum Gewährleistungsgehalt s. nur Davilla 2011 (Lit.), 67 ff.

37 Berlit RsDE 33 (1996), 30 (46 ff.).

38 Zu Art. 12 GG auch Valgolio in: Hauck/Noftz SGB III § 159 Rn. 30 ff.; Däubler SozSich 1999, 422.

39 Nachweise bei Jaksch 1991 (Lit.), 97 ff.; Davilla 2011 (Lit.), 74 ff., 354 ff.; Faude 2014 (Lit.), 62 ff., passim; sa Merten, in: FS Stingl, 1984, 285 (303 f.).

40 Berlit in: LPK-SGB II § 31 Rn. 15; Schneider VVDStRL 43 (1985), 31 (45).

41 Weitergehend (wohl) Davilla 2011 (Lit.), 71 f., 366 ff., die jedenfalls für einen Verzicht auf diesen Sanktionsgrund plädiert.

42 BVerwG 23.11.1960 – V C 48.60, BVerwGE 11, 252 (253); 22.3.1961 – V C 129.60, BVerwGE 12, 129 (132).

43 BSG 16.12.2008 – B 4 AS 60/07 R, SozR 4-4200 § 16 Nr. 4.

44 Sa Riechers/Köpp DÖV 2010, 997; Banafsche VSSR 2012, 131 (144 ff.).

45 BVerfG 13.1.1987 – 2 BvR 209/84, BVerfGE 74, 102 (120); 14.11.1990 – 2 BvR 1462/87, BVerfGE 83, 119.

gen und begrenzt sind, die die Person herabwürdigen und die für totalitäre Regime kennzeichnend sind, und sieht einen engen Anwendungsbereich, der bezogen ist auf die abverlangten Tätigkeiten als auch den Zwangsbegriff.[46] Auf dieser Grundlage, der auch die Auslegung des Art. 4 Abs. 2 EMRK entspricht,[47] scheidet eine Verletzung der Art. 12 Abs. 2, 3 GG aus.[48] Dem ist für eine Sanktionierung, die über 30 v.H. hinausgeht, bei nicht auf marktvermittelte Erwerbsarbeit bezogenen Obliegenheitsverletzungen nicht zu folgen.[49] Völkerrechtliche Vereinbarungen mit Bezug zu Arbeitszwang und Zwangsarbeit[50] indes stehen im Ergebnis der Sanktionierung nicht entgegen.[51]

3. Weitere Verfassungsprobleme

Die hiernach bei jedenfalls verfassungskonformer Auslegung grundsätzlich verfassungsrechtlich mögliche Sanktionierung von Obliegenheitsverletzungen bedeutet nicht, dass auch die gesetzliche Ausgestaltung unbedenklich wäre. Verfassungsrechtlich zu beanstanden ist – entgegen der herrschenden Rechtsprechung – die **verschärfte Sanktionierung unter 25-Jähriger** (§ 31 a Abs. 2 SGB II).[52]   **17**

V. Sanktionen in der Praxis

Im Jahr **2017 (2016)** waren im Jahresdurchschnitt von den ca. 4,4 Mio (2016: 4,3 Mio) erwerbsfähigen Leistungsberechtigten (SGB II-Leistungsberechtigte ohne Sozialgeldempfänger) zu einem gegebenen Zeitpunkt ca. 137.000 (2016: 134.000) Personen mit (mindestens) einer Sanktion nach § 31 SGB II belegt; insgesamt wurden **ca. 956.000 (2016: 939.000) Sanktionen** neu ausgesprochen.[53] Diese absolut durchaus beachtlichen Zahlen belegen indes bei einem Blick auf die relativ geringe „**Sanktionsquote**" (Anteil der Sanktionierten an der Grundgesamtheit) von 3,1 (2016: 3,1 v.H.), dass das Kernproblem im SGB II nicht die mangelnde Arbeitsmoral der Leistungsberechtigten ist; einen „verantwortungsbewussten Umgang" mit dem Instrumentarium belegen sie nicht.[54] Von den Sanktionen entfielen zudem ca. 77 v.H. auf Meldeversäumnisse und ca. 8,75 v.H. auf   **18**

---

46 Sa Davilla 2011 (Lit.), 74 ff., 354 ff.
47 EKMR 17.12.1963, EuGRZ 1975, 51 (52); 1.4.1974, EuGRZ 1975, 47 (48).
48 Sa LSG NRW 14.5.2012 – L 7 AS 557/12 B ER, NZS 2012, 632, nach dem „mittelbarer Arbeitszwang", der durch Sanktionsregelungen erzeugt wird, schon nicht vom Schutzbereich des Art. 12 GG erfasst wird und auch nicht im Widerspruch zu Völkerrecht (Übereinkommen Nr. 29 der Internationalen Arbeitsorganisation (ILO) über Zwangsarbeit und Pflichtarbeit) steht; SG Schleswig 8.3.2005 – S 6 AS 70/05 ER, info also 2005, 178; Voelzke 2010 (Lit.), 358; Thie in: LPK-SGB II § 16 d Rn. 3.
49 Gehrken 2010 (Lit.), 315 ff., der stets einen Verstoß gegen Art. 12 Abs. 2 GG sieht; ders., Pflicht zur Aufnahme von Ein-Euro-Jobs verfassungswidrig? Die Sanktionierung der Ablehnung von Mehraufwandsentschädigungsarbeit als Arbeitszwang iS von Art. 12 Abs. 2 GG, in: Straube (Hrsg.), Ein-Euro-Jobs. Kritische Perspektiven, 2009, 41; Berlit RsDE 33 (1996), 30 (50 ff.); sa Schmidt-De Caluwe (Lit.), 791.
50 Insbes. die ILO-Übereinkommen Nr. 29 über Zwangs- und Pflichtarbeit v. 28.6.1930, BGBl. II 1956, 640; ILO-Abkommen Nr. 105 über die Abschaffung der Zwangsarbeit v. 25.6.1957, BGBl. II 1957, 441; eine Unvereinbarkeit lehnen etwa ab LSG NRW 14.5.2012 – L 7 AS 557/12 B ER, NZS 2012, 632; OVG NRW 19.7.1995 – 8 A 46/92, DVBl. 1996, 319; 14.7.2000 – 16 B 602/00.
51 S. Berlit, in: Stahlmann (Hrsg.), Handbuch Ein-Euro-Jobs, 2006, 93; aA Netzwerk Grundeinkommen, BT-Ausschuss-Drs. 17(11)547, 40 f.; aA – für die Verweigerung von Arbeitsgelegenheiten in der Mehraufwandsvariante – auch Kern 2008 (Lit.); krit. zur Vereinbarkeit mit dem UN-Sozialpakt Banafsche VSSR 2012, 131.
52 Berlit info also 2011, 59 (67 ff.), 124 (124 ff.); sa BT-Drs. 17/9070 (dazu auch die Anhörung v. 21.5.2012 durch den Ausschuss für Arbeit und Soziales des Deutschen Bundestages).
53 S. – auch zum Folgenden – BA, Sanktionen (Zeitreihe Monats- und Jahreszahlen ab 2007) (Stand: Januar 2019). Die hier wie nachfolgend genannten Sanktionsquoten beziehen die Zahl der Personen, die zu einem gegebenen Stichtag bzw. im Jahresmittel einer Sanktion belegt sind, auf die Zahl der erwerbsfähigen Leistungsberechtigten zu diesem Bezugszeitpunkt bzw. im Jahresmittel (Stichtags-Personenkonzept). Im politischen Diskurs genannte höhere Quoten ergeben sich, wenn die Zahl der in einem Jahr neu festgestellten Sanktionen oder die Gesamtzahl der in einem Berichtsjahr von Sanktionen betroffenen Personen auf den durchschnittlichen Bestand der erwerbsfähigen Leistungsberechtigten bezogen wird.
54 So aber BT-Ausschuss-Drs. 17(11)538, 28.

Verstöße allein gegen die Eingliederungsvereinbarung und damit auf Obliegenheitsverletzungen, die nicht unmittelbar eine Arbeitsmarktintegration verhindert haben (müssen). Die Quote der „vollsanktionierten" erwerbsfähigen Leistungsberechtigten lag im Jahresdurchschnitt 2016/17 bei insgesamt 0,2 v.H. (ca. 7.200 Personen), bei jenen unter 25 Jahren 0,4 bis 0,5 v.H.

19 Die höhere Kontaktdichte bei **jungen Leistungsberechtigten unter 25 Jahren** (U 25) und ihr höherer Aktivierungsgrad zeigen sich auch in ihrer Sanktionierung: Ihre Sanktionsquote liegt mit 4,0 v.H. (2016)/3,7 v.H. (2017) signifikant höher als die für ältere Leistungsberechtigte.[55] Wird die Quote auf die arbeitslosen erwerbsfähigen Leistungsberechtigten bezogen, ergab sich für diesen Personenkreis 2010/11 sogar eine Sanktionsquote von 10,3 v.H. (2010) bzw. 11,4 v.H. (2011).[56] Bei den jungen Leistungsberechtigten lag Mitte der 2010er Jahre der Anteil der Sanktionen wegen Meldeverstößen (ca. 65 v.H.) und dem Abbruch einer Eingliederungsmaßnahme (3,6 v.H.) signifikant über, der wegen einer Verletzung von Pflichten aus der Eingliederungsvereinbarung (13,1 v.H.) und der Weigerung, eine zumutbare Arbeit, Ausbildung oder sonst vereinbarte Maßnahme aufzunehmen, aus- oder fortzuführen, signifikant unter den Werten für über 25-Jährige. Überdurchschnittlich häufig werden auch Menschen mit geringer Bildung sanktioniert.[57]

20 Die **Wirkungen dieser Sanktionen**, die ja auch auf Verhaltensänderung gerichtet sind und neben Ex-ante-Effekten (Generalprävention) in Richtung intensiverer Arbeitsuche und Annahme jeder (zumutbaren) Beschäftigung für die Gesamtheit der erwerbsfähigen Hilfebedürftigen auch auf Ex-Post-Effekte bei sanktionierten Leistungsberechtigten setzen, sind empirisch quantitativ weiterhin unzureichend erforscht.[58] Die verfügbaren Ergebnisse weisen darauf hin, dass verhängte Sanktionen in der Grundsicherung die Beschäftigungswahrscheinlichkeit der sanktionierten Personen geringfügig erhöhen, sie also – aus ökonomischer Perspektive – Fehlanreizen entgegenwirken können,[59] und die Sanktionsdrohung Vorwirkungen durch eine Absenkung des sog Reservationslohnes[60] zeigt. Zu **Sanktionswirkungen jenseits der Beschäftigungsfolgen**, insbes. den Folgen auf gesellschaftliche Teilhabe, Gesundheit und sonstigen, nicht intendierten Nebenfolgen, fehlen belastbare Untersuchungen. Qualitative Untersuchungen[61] weisen hier auf kontraproduktive Nebeneffekte ua für die psychische Gesundheit, die Integration in das soziale Umfeld und die Gefahr von Schwarzarbeit, Kleinkriminalität und Verschuldung. Sie können jedenfalls die Verhältnismäßigkeit der Sanktionierung in Frage stellen.

21 Die **härtere Sanktionierung der unter 25-Jährigen** ist vor allem damit begründet worden, dass sie zur Verhinderung von Langzeitarbeitslosigkeit beitrage.[62] Empirische Belege für diese These liegen nicht vor; sie entbehrt weiterhin einer tragfähigen wissenschaftlichen Begründung. Selbst Fachkräfte in Vermittlung und Fallmanagement, die in

---

55 Sa – für die Jahr 2010 – Götz/Ludwig-Mayerhofer/Schreyer, Sanktionen im SGB II: Unter dem Existenzminimum, IAB-Kurzbericht 10/2010.

56 Bei der Gesamtheit aller arbeitslosen erwerbsfähigen Leistungsberechtigten lag die Sanktionsquote 2016/17 bei 3,1 v.H.

57 Moczall ua IAB-Forum Juli 2017, 1; Zahradnik ua ZSR 2016, 141.

58 Zum Erkenntnisstand s. IAB, Stellungnahme v. 28.5.2018 zur Sachverständigenanhörung v. 4.6.2018, BT-Ausschuss-Drs. 19(11)36.

59 Boockmann/Thomsen/Walter, Intensifying the Use of Benefit Sanctions. An Effektive Tool to Shorten Welfare receipt and Speed up Transitions to Employment?, ZEW-Discussion Paper Nr. 72, 2009; sa J. Schneider, Effects of benefit sanctions on reservation wages, search effort, and reemployment, in: dies., Activation of welfare recipients. Impacts of selected policies on reservation wages, search effort, re-employment and health, Berlin 2010, 19; Ehrentraut ua (Lit.), 24 ff., 33; Hohner (Lit.), 87 ff.

60 Der Reservationslohn bezeichnet den Lohn, zu dem ein Arbeitnehmer gerade noch bereit ist, (freiwillig) seine Arbeitskraft anzubieten.

61 Ames 2009 (Lit.); dies. NDV 2011, 111; sa Ehrentraut ua (Lit.), 31 ff.

62 BT-Drs. 15/1516, 61.

explorativen Interviews Sanktionsmöglichkeiten grundsätzlich für sinnvoll und nötig halten, sehen die verschärften Sanktionen für unter 25-Jährige und dort insbes. den vollständigen Wegfall des Alg II einschließlich der Leistungen für Unterkunft und Heizung als zu hart und für eine (langfristige) Arbeitsmarktintegration als kontraproduktiv; bei Integration in Beschäftigung stehe statt nachhaltiger Maßnahmen die Aufnahme unqualifizierter und prekärer Beschäftigung im Vordergrund.[63]

Die Sanktionspraxis stößt auf Kritik auch bei jenen, die Sanktionen dem Grunde nach **22** für verfassungsrechtlich statthaft halten und nicht ihre Abschaffung anstreben. Ein „Bündnis für ein **Sanktionsmoratorium**"[64] fordert daher mit beachtlichen Gründen – nicht nur, aber auch wegen der Fehlentwicklungen in den Jobcentern – eine Aussetzung der Sanktionen, bis diese Missstände beseitigt und Korrekturen an der gesetzlichen Ausgestaltung vorgenommen worden sind, die verfassungswidrige Ergebnisse und dysfunktionale Wirkungen der Sanktionen ausschließen.[65] Der Deutsche Verein hat rechtspolitisch bislang nicht aufgegriffene Empfehlungen zur Reform der Sanktionen im SGB II vorgelegt.[66]

B. Sanktionen im SGB II

I. Überblick

Eine Minderung der SGB II-Leistungen erfolgt, wenn ein erwerbsfähiger Leistungsbe- **23** rechtigter trotz schriftlicher **Belehrung über die Rechtsfolgen** oder deren Kenntnis gegen eine der in § 31 Abs. 1 S. 1, Abs. 2 SGB II genannten „Pflichten" (genauer: **Obliegenheiten**)[67] verstoßen hat und hierfür **keinen wichtigen Grund** nachweisen kann (§ 31 Abs. 1 S. 2 SGB II).[68] Bezieher von Sozialgeld werden allein bei nicht auf die Erwerbsarbeit bezogenen Obliegenheiten (§ 31 Abs. 2 Nr. 1 und 2 SGB II) sowie den Meldeversäumnissen (§ 32 SGB II) erfasst, die sich auf alle Leistungsberechtigten erstrecken. Eine ungeschriebene Tatbestandsvoraussetzung, dass ein Fehlverhalten auch für Begründung oder Fortbestand der Hilfebedürftigkeit kausal geworden sein muss, ist nicht anzuerkennen.[69] Bei gegebener Obliegenheitsverletzung ergeben sich die nach ihrer Art und Zahl gestaffelten Rechtsfolgen (Minderung oder Wegfall der SGB II-Leistungen) hinsichtlich der Höhe aus § 31 a SGB II, in Bezug auf Beginn und Dauer aus § 31 b SGB II. Der Ausschluss ergänzender Leistungen der Hilfe zum Lebensunterhalt während der Minderung des Auszahlungsanspruchs ergänzt ohne substanziellen zusätzlichen Regelungsgehalt (klarstellend) die Abgrenzungsgrundnormen (§ 5 Abs. 2 SGB II; § 21 S. 1 SGB XII).

---

63 Sa Götz/Ludwig-Mayerhofer/Schreyer, Sanktionen im SGB II: Unter dem Existenzminimum, IAB-Kurzbericht 10/2010, 5.; sa van den Berg ua, Wirkungen von Sanktionen für junge Alg II-Bezieher; Schnellere Arbeitsaufnahme, aber auch Nebenwirkungen, IAB-Kurzbericht 05/2017; s.a. Wiss. Dienst des Deutschen Bundestages, Auswirkungen von Sanktionen im SGB II. Überblick über qualitative Studien in Deutschland, WD 6 – 3000- 004/17 v. 7.2.2017.
64 Informationen über www.sanktionsmoratorium.de; sa Ansen TuP 2011, 217.
65 Sa BT-Drs. 17/3207 (Antrag „Rechte der Arbeitsuchenden stärken – Sanktionen aussetzen" [Fraktion Bündnis 90/Die Grünen]) und BT-Drs. 17/5174 (Antrag „Sanktionen im Zweiten Buch Sozialgesetzbuch und Leistungseinschränkungen im Zwölften Buch Sozialgesetzbuch abschaffen [Fraktion DIE LINKE]); dazu Anhörung v. 6.6.2011 im Ausschuss für Arbeit und Soziales des Deutschen Bundestages. Aus jüngerer Zeit etwa BT-Drs. 19/103; BT-Drs. 19/1711; dazu die Ausschussanhörung v. 4.6.2018 (Stellungnahmen Ausschuss-Drs. 19[11]42 v. 1.6.2018).
66 Deutscher Verein NDV 2013, 289; sa Eikötter NDV 2013, 15; Rogge NDV 2013, 289.
67 Zur Begrifflichkeit s. Davilla 2011 (Lit.), 14 f., 113 ff.
68 Übersichten zum Sanktionensystem und die hierzu ergangene Rechtsprechung geben ua Zimmermann NJ 2012, 139; Berlit ZfSH/SGB 2005, 707 (Teil 1), 2006, 11 (Teil 2); ders. ZfSH 2008, 3; Lauterbach 2010 (Lit.); ders. ZfSH/SGB 2011, 584.
69 AA Davilla 2011 (Lit.), 250.

24 Das **Sanktionensystem des SGB II** ist **in sich geschlossen** und regelt abschließend die leistungsrechtlichen Reaktionen auf Obliegenheitsverletzungen und insbes. den unzureichenden Einsatz der eigenen Arbeitskraft. Die in der Einweisungsregelung umfassend normierte Obliegenheit, alle Möglichkeiten zur Beendigung oder Verringerung ihrer Hilfebedürftigkeit auszuschöpfen (§ 2 Abs. 1 S. 1 SGB II), ist keine Leistungsvoraussetzung; ihre Verletzung führt nur dann zur Leistungsminderung, wenn einer der Tatbestände nach § 31 SGB II erfüllt ist. Davon zu trennen ist der nach allgemeinen Grundsätzen von dem Leistungsberechtigten zu führende Nachweis der Leistungsberechtigung, insbes. der (wirtschaftlichen) Hilfebedürftigkeit. Nach der neueren BSG-Rechtsprechung[70] soll indes ein Ersatzanspruch nach § 34 SGB II in Fällen, in denen als „Herbeiführung" der Leistungsvoraussetzungen nunmehr auch deren Erhöhung, Aufrechterhaltung oder Nichtverringerung gilt (§ 34 Abs. 1 Satz 2 SGB II),[71] auch dann nicht ausgeschlossen sein, wenn eine Leistungsminderung nach §§ 31 ff. an dasselbe Verhalten anknüpft. Diese Rechtsprechung bewirkt nur dann keine systemwidrige „Verdoppelung" des Sanktionensystems, wenn am Element der „Sozialwidrigkeit" als ungeschriebenem Merkmal[72] festgehalten wird und nicht jede Pflichtverletzung iSd § 31 SGB II ausreicht, um auch eine Sozialwidrigkeit iSd § 34 SGB II zu begründen.[73]

II. Sanktionsgrundübergreifende Sanktionsvoraussetzungen

1. Obliegenheitsverletzung

25 § 31 Abs. 1 und 2 SGB II regeln die Tatbestände, die zur Leistungsminderung berechtigen, umfassend und abschließend. Es ist **keine analoge Anwendung auf nicht erfasste Obliegenheitsverletzungen** zulässig. Mit der Streichung des Sanktionstatbestandes des Nichtabschlusses einer Eingliederungsvereinbarung (§ 31 Abs. 1 S. 2 Nr. 1 lit. a SGB II [aF]) und der ausdrücklichen Regelung in § 31 Abs. 1 S. 1 Nr. 1 SGB II hat sich auch der Streit erledigt, ob das Analogieverbot auch der Sanktionierung des Verstoßes gegen eine einseitig als Verwaltungsakt erlassenen Eingliederungs"vereinbarung" entgegen steht.[74]

26 Die **Obliegenheitsverletzung** muss tatsächlich vorliegen. Dies ist jeweils vorab und im sozialgerichtlichen Verfahren **von Amts wegen zu prüfen**; ob iSd § 31 Abs. 1 S. 2 SGB II ein wichtiger Grund für einen Obliegenheitsverstoß vorliegt, ist erst nachrangig zu prüfen. Bei Verstößen gegen eine Eingliederungsvereinbarung (§ 31 Abs. 1 S. 1 Nr. 1 SGB II) ist inzident deren Wirksamkeit zu prüfen, bei den auf die Verweigerung von Arbeit, Ausbildung oder Arbeitsgelegenheiten bzw. Eingliederungsmaßnahmen bezogenen Obliegenheiten (§ 31 Abs. 1 S. 1 Nr. 2, 3 SGB II) ist deren Zumutbarkeit tatbestandliche Minderungsvoraussetzung, die eine Prüfung auch der gesetzlichen Unzumutbarkeitsgründe (§ 10 Abs. 1, 3 SGB II) voraussetzt und – bei Arbeitsgelegenheiten (§ 16 d SGB II) – zudem die Prüfung der Tatbestandsvoraussetzungen des § 16 d S. 2 SGB II umschließt.

70 BSG 8.2.2017 – B 14 AS 3/16 R, FEVS 69, 66; sa LSG Nds-Brem 12.12.2018 – L 13 AS 137/17 (fristlose Kündigung nach sozialwidriger Begehung einer Straftat mit einem Betriebsmittel während der Arbeitszeit).
71 Eingefügt zum 1.8.2016 durch G. v. 26.7.2016, BGBl. I, 1824, in vermeintlicher Klarstellung (BT-Drs. 18/8041, 45), tatsächlich aber konstitutiver Änderung der bisherigen Rechtslage.
72 Dazu nur Grote-Seifert in: jurisPK-SGB II § 34 Rn. 22 ff.; sa LSG BW 5.6.2018 – L 7 AS 178/16 (mit Anmerk. Schifferdecker NZS 2019, 114; Richter NZS 2019, 194); LSG Nds-Brem 5.7.2018 – L 6 AS 80/17 (Sperrzeitenbescheid indiziert nicht Sozialwidrigkeit iSd § 34 SGB II).
73 LSG NRW 11.10.2018 – L 7 AS 1331/17 (Revision zum BSG [14 AS 49/18 R]).
74 S. dazu – mwN – Berlit in: LPK-SGB II, 3. Aufl. 2009, § 31 Rn. 28; für die sanktionsrechtliche Gleichstellung von Eingliederungsvereinbarung und Verwaltungsakt nach früherem Recht s. etwa LSG NRW 6.5.2010 – L 12 AS 600/10 B ER; LSG BW 23.3.2012 – L 12 AS 3569/11; gegen eine Analogie ua VG Bremen 17.5.2005 – S1 V 725/05; HessLSG 9.2.2007 – L 7 AS 288/06 ER; BayLSG 1.8.2007 – L 7 B 366/07 AS ER; 18.5.2010 – L 11 AS 298/10 NZB; LSG NRW 8.9.2009 – L 19 B 140/09 AS ER.

Die Obliegenheitsverletzung muss **dem Leistungsberechtigten zurechenbar** sein. Dies ist **27**
jedenfalls dann der Fall, wenn sie vorsätzlich begangen wird. Aus dem Begriff des „Weigerns" wird teils gefolgert, dass die Obliegenheitsverletzung bewusstes und gewolltes
oder doch jedenfalls bedingt vorsätzliches Verhalten voraussetzt.[75] „Weigern" bedeutet
indes die ausdrückliche oder stillschweigende, schriftlich, mündlich oder in anderer
Weise dem Leistungsträger oder dem Arbeitgeber zum Ausdruck gebrachte fehlende Bereitschaft, sich an die durch das Gesetz auferlegte Pflicht zu halten,[76] die in der Tat regelmäßig vorsätzlich erfolgen wird. Zwingend ist dies nicht. Die für eine Obliegenheitsverletzung erforderliche ergebnisbezogene Komponente des „Weigerns" ist im Ansatz
verschuldensunabhängig und gebietet eine Zurechnung des Handelns/Unterlassens auch
bei lediglich (einfach) fahrlässigen Handlungen.[77] Die Unterschiede in den Rechtsfolgen
(zB bei der Sanktionsdauer) und die Schwere des Sanktionseingriffs[78] gebieten indes
nicht, im SGB II andere und spürbar höhere Anforderungen an eine Obliegenheitsverletzung zu stellen als im SGB III. Ein Handeln/Unterlassen ist also schon dann sanktionierbar, wenn der Leistungsberechtigte bei Anwendung pflichtgemäßer Sorgfalt erkennen
kann, dass es objektiv geeignet ist, eine Leistungsminderung auszulösen,[79] so dass auch
schlichtes Vergessen erfasst sein kann.[80] Für die anzuwendende Sorgfalt gilt ein subjektiver Maßstab: Abzustellen ist das Erkenntnis-, Einsichts- und Handlungsvermögen des
jeweiligen Leistungsberechtigten, auf das ua aus dessen Persönlichkeitsstruktur und seinem Bildungsstand sowie sonstigen Umständen des Einzelfalles rückgeschlossen werden
kann.[81] Die instanzgerichtliche Rechtsprechung[82] geht indes teils davon aus, dass das
Tatbestandsmerkmal des „Weigerns" iSv § 31 Abs. 1 S. 1 Nr. 1 SGB II nicht durch fahrlässiges Handeln verwirklicht werden kann.

Eine Obliegenheitsverletzung kann **ausdrücklich oder durch konkludentes Handeln** er- **28**
folgen (zB schlichtes Unterlassen einer eindeutig geforderten Mitwirkungshandlung).[83]
Bei Verweigerung durch schlüssiges Verhalten muss das dem Leistungsberechtigten zurechenbare Handeln oder Unterlassen aber den hinreichend sicheren Schluss erlauben,
dass der Leistungsberechtigte zu einer bestimmten Handlung, zB der Ausübung einer
bestimmten Arbeit, Ausbildung oder Beschäftigung, zu dem Zeitpunkt, zu dem sie geschuldet ist, nicht bereit ist. Bei nicht strikt zeitgebundenen Obliegenheiten kann eine
Weigerung auch darin liegen, dass die angezeigte Eingliederungsbemühung, zB eine Bewerbung, erst so spät erfolgt, dass die Erfolgsaussichten jedenfalls deutlich gemindert
sind und nicht mit ihrer Berücksichtigung gerechnet werden kann.[84] Eine konkludente
Weigerung kann auch in der „Schlechterfüllung" von Eingliederungsanstrengungen liegen. Das Verhalten des Leistungsberechtigten muss sich am Leitbild eines an der Tätig-
keitsaufnahme ernsthaft interessierten und hierum bemühten Leistungsberechtigten orientieren.[85] Das „Verweigerungsverhalten" muss seiner Art nach objektiv geeignet sein,
das Zustandekommen eines Tätigkeitsverhältnisses zu vereiteln, in Bezug hierauf von

---

75 Knickrehm/Hahn in: Eicher/Luik SGB II § 31 Rn. 17; Davilla 2011 (Lit.), 251 f.; Hohner (Lit.), 208 ff.
76 LSG LSA 12.1.2009 – L 5 B 94/08 AS ER.
77 So – für das SGB III – BSG 14.7.2004 – B 11 AL 67/03 R, SozR 4–4300 § 144 Nr. 8; 5.9.2006 – B 7 a AL 14/05 R, SozR 4–4300 § 144 Nr. 15.
78 BSG 7.12.2009 – B 4 AS 30/09, SozR 4–4200 § 31 Nr. 3, Rn. 22 („gravierende Folge"); 18.2.2010 – B 14 AS 53/08 R, SozR 4–4200 § 31 Nr. 5, Rn. 19 („schwerwiegender Eingriff").
79 S. etwa Berlit ZfSH/SGB 2005, 707 (709); Loose ZfSH/SGB 2010, 340 (344).
80 AA Lauterbach in: Gagel, SGB II/SGB III, § 31 SGB II Rn. 56.
81 S. mwN Davilla 2011 (Lit.), 253 f.
82 S. nur LSG LSA 24.1.2008 – L 2 B 96/07 AS ER, info also 2008, 171; LSG NRW 9.9.2009 – L 7 B 211/09 AS ER, info also 2009, 277.
83 BSG 15.12.2010 – B 14 AS 92/09 R; LSG NRW 2.5.2008 – L 7 B 321/07 AS ER; Loose in: GK-SGB II § 31 Rn. 18.
84 Zur schlüssigen Arbeitsablehnung durch verzögerte Bewerbung s. Davilla 2011 (Lit.), 336 f.
85 BSG 5.9.2006 – B 7 a AL 14/05 R, NZS 2007, 268.

einigem Gewicht sein und von dem Leistungsberechtigten zielgerichtet trotz der Möglichkeit eines beschäftigungsfördernden Alternativverhaltens zurechenbar eingesetzt worden sein, um einen Abschluss zu vereiteln; dann kann es auch sichtliches Desinteresse bei der Kontaktaufnahme oder im Vorstellungsgespräch umfassen.[86]

29 Auch die **Weigerung, eine Tätigkeit (Arbeit, Ausbildung oder Arbeitsgelegenheit) fortzuführen,** kann durch ausdrückliche Erklärung, die Arbeit nicht fortsetzen zu wollen, insbes. also eine Eigenkündigung oder den Abschluss eines Aufhebungsvertrages, oder durch entsprechendes Verhalten, zB schlichtes Fernbleiben, erfolgen. Bei dem Abschluss einer Aufhebungsvereinbarung kommt es für die Sanktionierung darauf an, ob sie eine Eigenkündigung oder eine rechtlich auch mögliche betriebsbedingte Kündigung ersetzt.[87] Die Beendigung eines Arbeitsverhältnisses durch eine verhaltensbedingte Arbeitgeberkündigung soll nicht unter den Begriff des „Fortführens" einer Arbeit nach § 31 Abs. 1 S. 1 Nr. 2 SGB II fallen, weil auch dann, wenn der Leistungsberechtigte hierzu durch eine Verletzung arbeitsvertraglicher Haupt- oder Nebenpflichten (zB Schlechtleistung, Störung des Betriebsfriedens) Anlass gegeben oder sie gar provoziert hat, die entsprechende „Veranlassung" zwar in Nr. 3, nicht aber in Nr. 2 als Sanktionsgrund aufgeführt sei;[88] sie kann aber – dann auch ohne Rechtsfolgenbelehrung – von § 31 Abs. 2 Nr. 3 oder 4 SGB II erfasst sein.[89]

30 Das Risiko eines **Rechts- oder Subsumtionsirrtums** trägt grundsätzlich der Leistungsberechtigte; das Vorliegen einer Obliegenheitsverletzung richtet sich nach objektivem Recht. Anderes gilt nur, wenn der Rechtsirrtum – bei Zugrundelegung eines strengen Maßstabes – unverschuldet ist.[90] Der Leistungsberechtigte ist regelmäßig gehalten, sich bei rechtlichen Zweifeln über Bestand und Reichweite einer Obliegenheit bei dem Leistungsträger rückzuversichern; eine falsche anwaltliche Beratung soll den Rechtsirrtum nicht entschuldigen.[91]

2. Rechtsfolgenbelehrung

31 Eine Leistungsminderung setzt weiterhin eine schriftliche **Belehrung über die Rechtsfolgen** der Obliegenheitsverletzung oder – seit dem 1.4.2011 – deren Kenntnis selbst voraus. Die Rechtsfolgenbelehrung hat Warn- und Erziehungsfunktion: Sie soll den Leistungsberechtigten dazu mahnen, sein Verhalten zu überdenken und erwartungskonform zu ändern.

32 Diese Funktion bestimmt die an sie zu stellenden Anforderungen.[92] Inhaltlich hat sie dem Leistungsberechtigten **konkret, eindeutig, verständlich, verbindlich und rechtlich zutreffend** die unmittelbaren und konkreten Auswirkungen eines bestimmten Handelns vor Augen zu führen[93] und muss erkennen lassen, welche Handlung von dem Leistungsberechtigten verlangt wird, um eine Minderung zu vermeiden bzw. abzuwenden.[94] Sie

---

86 LSG LSA 24.6.2013 – L 5 AS 323/13 B ER, info also 2015, 71.
87 Sonnhoff in: jurisPK-SGB II § 31 Rn. 70 f.; strikter BayLSG 14.6.2018 – L 11 AS 652/17 (unter Berufung auf BSG 22.3.2010 – B 4 AS 68/09 R, eine Arbeitgeberkündigung betreffend).
88 BSG 22.3.2010 – B 4 AS 68/09 R, SozR 4–4200 § 31 Nr. 4; aA Berlit in: LPK-SGB II § 31 Rn. 43 ff.
89 Nach hier vertretener Ansicht ist entgegen der neueren BSG-Rechtsprechung (BSG 8.2.2017 – B 14 AS 3/16 R, FEVS 69, 66) die Anwendung des § 34 Abs. 1 Satz 2 SGB II, die ebenfalls keine Rechtsfolgenbelehrung vorsieht, auf von § 31 SGB II erfasste Handlungen abzulehnen; → Rn. 24.
90 BSG 13.3.1997 – 11 RAr 25/96, SozR 3–4100 § 119 Nr. 11; 25.5.2005 – B 11a/11 AL 81/04 R, SozR 4–4300 § 140 Nr. 1.
91 LSG Saarl 2.3.2004 – L 6 AL 55/02.
92 Für die Warnfunktion unzureichend ist formal eine Schriftgröße, die deutlich unterhalb der Schriftgröße des übrigen Schreibens liegt; s. SG München 10.8.2016 – S 13 AS 2433/14.
93 BSG 17.12.2009 – B 4 AS 30/09 R, SozR 4–4200 § 31 Nr. 3; 18.2.2010 – B 14 AS 53/08 R, SozR 4–4200 § 31 Nr. 5; 15.12.2010 – B 14 AS 92/09 R.
94 LSG Nds-Brem 31.7.2007 – L 8 AS 605/06 ER, FEVS 59, 34.

muss auf den erkennbaren Empfänger- und Verständnishorizont abgestellt sein.[95] Fehlende bzw. unzureichende Kenntnisse der deutschen Sprache sind ebenso zu berücksichtigen wie dem Leistungsträger bekanntes (funktionales) Analphabetentum;[96] bei (funktionalen) Analphabeten ist der Inhalt der schriftlichen Rechtsfolgenbelehrung durch den Leistungsträger mündlich so zu vermitteln, dass alle wesentlichen Informationen verstanden werden konnten. Erforderlich ist eine konkrete Umsetzung auf den Einzelfall; die Wiedergabe des Gesetzeswortlautes, die Aushändigung eines Merkblatts mit abstrakt generellem Inhalt oder eine umfangreiche Auflistung der Sachverhaltsvarianten bei den Sanktionsmöglichkeiten reichen nicht aus.[97]

Zeitlich muss die Rechtsfolgenbelehrung **vor der Obliegenheitsverletzung** erfolgt sein, **33** kann also nicht durch eine nachträgliche Erläuterung der Gründe für eine Minderung ersetzt werden, und hat mit ihr in einem hinreichend engen Zusammenhang zu stehen.[98] Sie muss sich auf eine bestimmte Obliegenheit, deren Verletzung droht, beziehen und die jeweils drohenden Rechtsfolgen zutreffend bezeichnen, also auch den (drohenden) Minderungssatz benennen sowie auf Beginn, Dauer und den Ausschluss von ergänzenden Leistungen der Hilfe zum Lebensunterhalt nach dem SGB XII (§ 31 b Abs. 2 SGB II) hinweisen. Droht die Sanktionierung einer (ersten) wiederholten Pflichtverletzung, ist auch über Art und Reichweite der verschärften Sanktionierung einschließlich des Wegfalls von Kranken- und Pflegeversicherungsschutz[99] sowie über die Möglichkeit der Verkürzung des Sanktionszeitraums[100] zu belehren. Unzureichend ist die Belehrung zu einer anderen Tatbestandsvariante oder Rechtsfolge,[101] und zwar auch dann, wenn die konkreten Rechtsfolgen vergleichbar oder milder sind.[102] Belehrungen über die Rechtsfolgen von Obliegenheitsverstößen nach anderen Gesetzen reichen nicht aus.[103]

Der Leistungsträger hat den **Zugang und** den genauen **Inhalt** einer vorstehenden Anfor- **34** derungen genügenden Rechtsfolgenbelehrung nachzuweisen;[104] hier hilft die seit 1.4.2011 vorgeschriebene Schriftform. Als materielle Minderungsvoraussetzung können Belehrungsmängel nur so lange durch eine Klarstellung oder eine fehlerfreie Rechtsfolgenbelehrung „geheilt" werden, bis es zu der zu sanktionierenden Obliegenheitsverletzung gekommen ist. Dabei dürfen dem Betroffenen nicht mehrere, einander widersprechende Belehrungen erteilt werden, ohne deutlich zu machen, in welchem Verhältnis sie zueinander stehen;[105] dabei ist im Regelfall auf die Rechtsfolgenbelehrung abzustellen, die dem mutmaßlichen Pflichtenverstoß vorangegangen ist.[106] Fehler einer erteilten schriftlichen Belehrung über die Rechtsfolgen können regelmäßig nicht durch eine (positive) Kenntnis ausgeglichen werden; anderes kommt nur bei offenkundigen Irrtümern und sicherer Rechtskenntnis in Betracht.[107]

---

95 LSG Bln-Bbg 12.3.2007 – L 28 B 153/07 AS ER, ZfSH/SGB 2007, 551.
96 S. Knickrehm/Hahn in: Eicher/Luik SGB II § 31 Rn. 56 ff.
97 BSG 18.2.2010 – B 14 AS 53/08 R, SozR 4–4200 § 31 Nr. 5.
98 HessLSG 26.3.2007 – L 9 AS 38/07 ER; BSG 16.12.2008 – B 4 AS 60/07 R, SozR 4–4200 § 16 Nr. 4.
99 LSG Nds-Brem 6.9.2007 – L 7 AS 472/07 ER.
100 SG Berlin 12.2.2007 – S 37 AS 2504/07 ER.
101 SG Dresden 3.6.2008 – S 10 AS 2252/08 ER; LSG Bln-Bbg 12.3.2007 – L 28 B 153/07 AS ER, ZfSH/SGB 2007, 551.
102 LSG Nds-Brem 2.10.2006 – L 8 478/05 ER.
103 SG Gelsenkirchen 8.3.2005 – S 11 AS 7/05 ER, SAR 2005, 74; SG Hamburg 21.4.2005 – S 53 AS 229/05 ER, SAR 2005, 90; 21.12.2005 – S 53 AS 1598/05 ER.
104 SG Hamburg 21.4.2005 – S 53 AS 229/05 ER, SAR 2005, 90; SG Ulm 15.8.2008 – S 10 AS 2799/08 ER; zu den Anforderungen an den Zugangsbeweis s. Behrens info also 2004, 152 f.
105 OVG Brem 10.10.2008 – S2 B 458/08.
106 SG Düsseldorf 14.4.2008 – S 43 AS 282/07.
107 BayLSG 16.8.2012 – L 7 AS 576/12 B ER (für den „Flüchtigkeitsfehler" einer Verwechselung von Eingliederungsverwaltungsakt und Eingliederungsvereinbarung).

35 Bei **positiver Kenntnis** der Rechtsfolgen bedarf es nicht der schriftlichen Rechtsfolgenbelehrung. Für die erforderliche positive Kenntnis reicht **nicht** ein „**Kennenmüssen**", also die zurechenbare, (grob) fahrlässige Unkenntnis der Rechtsfolgen, oder ein „Kennenkönnen". Die vom Gesetzgeber vorausgesetzte Gleichrangigkeit von schriftlicher Rechtsfolgenbelehrung und Kenntnis der Rechtsfolgen gebietet, nur eine (positive) Kenntnis ausreichen zu lassen, die hinsichtlich der potenziell handlungsleitenden Wirkungen, insbes. der Warn- und Signalfunktion, der einzelfallbezogenen schriftlichen Rechtsfolgenbelehrung gleichwertig ist. Hierfür reicht das allgemeine Wissen um mögliche leistungsrechtliche Reaktionen auf Pflichtverletzungen oder das Wissen um den Gesetzestext nicht aus. Beachtlich ist nur die nachweisbar positive, aktuelle Kenntnis des jeweiligen Leistungsberechtigten von den konkreten Rechtsfolgen, die ein bestimmter Pflichtenverstoß in einer konkreten Situation haben wird, die neben einem klaren Wissen um die differenzierten Rechtsfolgen auch dessen Fähigkeit voraussetzt, dieses Wissen in einer bestimmten Handlungs- oder Konfliktsituation abrufen und intellektuell verarbeiten zu können.

36 Die erforderliche **Kenntnis** kann – namentlich bei langjährigem Leistungsbezug in der Vergangenheit – **durch Rechtsfolgenbelehrungen in der Vergangenheit** vermittelt worden sein. Sie müssen aktuell wirken (können) und so im Bewusstsein des Leistungsberechtigten verankert sein, dass die hierdurch vermittelte Kenntnis in der aktuellen Situation noch handlungsleitend sein kann, also noch nicht „verblasst" ist; nach einem halben Jahr wird dies regelmäßig nicht mehr anzunehmen sein. Umfangreiche Merkblattaufklärungen, die – mit abstrakt generellem Inhalt – eine Vielzahl von Sanktionsvarianten auflisten, reichen für die Kenntnisvermittlung nicht aus.[108] Schriftliche Rechtsfolgenbelehrungen in der Vergangenheit sind für die Kenntnis unbeachtlich, wenn beachtliche Gründe (zB Sprachschwierigkeiten; Analphabetismus) dafür sprechen, dass sie schon nicht zur Kenntnis genommen oder verstanden worden sind. An eine (ergänzende) mündliche Vermittlung der erforderlichen Kenntnis sind hohe Anforderungen zu stellen, weil nicht nur abstrakt die Kenntnis leistungsrechtlicher Reaktionen bei Obliegenheitsverletzungen zu vermitteln ist, sondern diese Kenntnis so eindeutig, nachhaltig, konkret und differenziert zu sein hat, dass sie einerseits der erforderlichen Warn- und Signalfunktion genügt, sie andererseits das Erkenntnis- und Verständnisvermögen des Leistungsberechtigten nicht überfordert. Wie für die Kenntnis selbst ist hierfür der Leistungsträger darlegungs- und beweispflichtig.

3. Kein wichtiger Grund

37 Minderung und Wegfall treten nicht ein, wenn dem Leistungsberechtigten für sein Verhalten ein „**wichtiger Grund**" zur Seite steht. Der „wichtige Grund" soll Einzelfallgerechtigkeit gewährleisten und dient als Ausprägung des Verhältnismäßigkeitsgrundsatzes letztlich auch der Wahrung des Grundrechts auf ein menschenwürdiges Existenzminimum, der Berufs(wahl)freiheit und der allgemeinen Handlungsfreiheit.[109] Wichtige Gründe iSd § 31 Abs. 1 S. 2 SGB II können alle Umstände des Einzelfalls sein, die unter Berücksichtigung der berechtigten Interessen des Hilfebedürftigen in Abwägung mit etwa entgegenstehenden Belangen der Allgemeinheit das Verhalten des Hilfebedürftigen rechtfertigen.[110] Ob dies der Fall ist, unterliegt als unbestimmter Rechtsbegriff ohne einen Beurteilungsspielraum des Leistungsträgers in vollem Umfange von Amts wegen der gerichtlichen Kontrolle. Die dem Leistungsberechtigten auferlegte Nachweispflicht

---

108 BSG 18.2.2010 – B 14 AS 53/08 R, SozR 4–4200 § 31 Nr. 5.
109 Davilla 2011 (Lit.), 258 f.
110 BSG 9.11.2010 – B 4 AS 27/10 R, SozR 4–4200 § 31 Nr. 6.

setzt nicht voraus, dass der Leistungsberechtigte einen objektiv vorliegenden wichtigen Grund als solchen erkannt und sein Verhalten hiernach ausgerichtet hat.[111] Der „wichtige Grund" ist eine **Verhältnismäßigkeitsprüfung der zweiten Ebene.**[112] Sie **38** kommt erst zum Tragen, wenn die im Tatbestand der Obliegenheit bzw. der Sanktionsnorm enthaltenen Verhältnismäßigkeits- und Zumutbarkeitserwägungen nicht durchgreifen. Eine Arbeit, deren Ausübung isd § 10 Abs. 1 Nr. 5 SGB II ein „sonstiger wichtiger Grund" entgegensteht, erfüllt schon nicht den Sanktionstatbestand nach § 31 Abs. 1 S. 1 Nr. 2 SGB II, die Verweigerung in einer rechtswidrigen Eingliederungsvereinbarung festgehaltener, nach Art und Umfang etwa unzumutbarer Eingliederungsbemühungen ist schon tatbestandlich nicht sanktionsfähig. Diese „Überlappung" der Verhältnismäßigkeitserwägungen erschwert die dogmatisch trennscharfe Zuordnung, ob bestimmte Umstände, die das Verhalten des Leistungsberechtigten rechtfertigen (können), schon den Sanktionstatbestand entfallen lassen oder erst auf der Ebene des wichtigen Grundes greifen. Die Rechtsprechung gibt keinen klaren Aufschluss. § 31 Abs. 1 S. 2 SGB II zuzuordnen sind in der Tendenz solche Umstände des Einzelfalles, die unter Berücksichtigung der – normativ oder tatsächlich – berechtigten Interessen des Einzelnen in Abwägung mit etwa entgegenstehenden Belangen der Allgemeinheit das Verhalten des Leistungsberechtigten in einer nach Ort und Zeit konkretisierten Handlungssituation rechtfertigen,[113] die aber in dem Sinne auf den Einzelfall beschränkt sind, dass sie die Obliegenheit für einen anderen Leistungsberechtigten nicht berührten oder sie unabhängig von der Person und den Umständen entfallen ließen.

Ist es dem Leistungsberechtigten möglich und zumutbar, den wichtigen Hinderungs- **39** grund zu beseitigen, kann er sich auf den wichtigen Grund nur und erst dann berufen, wenn er sich erfolglos um dessen **Beseitigung** bemüht hat.[114] Dies gilt zB bei gravierenden Qualitätsmängeln bei der Durchführung einer Eingliederungsmaßnahme oder sich abzeichnender Über- bzw. Unterforderung.[115] Nicht abzuverlangen ist ein solcher Versuch bei erkennbarer Aussichtslosigkeit. Es besteht auch die Obliegenheit, einen wichtigen Grund gar nicht erst entstehen zu lassen, zB einen Vorstellungstermin nicht an unzureichenden Fahrtkosten scheitern zu lassen, weil zumutbare Sondertarife der Bahn nicht genutzt werden.

In der **Rechtsprechung** stehen bei den **wichtigen Gründen** im Vordergrund persönliche, **40** insbesondere gesundheitliche (zB psychische Erkrankung)[116] oder familiäre Gründe, zB der Herstellung oder Wahrung einer ehelichen Lebensgemeinschaft oder einer ihr gleichgestellten Lebenspartnerschaft, Familienpflichten, Glaubens- oder Gewissensgründe, oder in der Arbeitssituation selbst liegende Umstände (zB Eintreten einer „Mobbing"-Situation oder Auftreten gesundheitsgefährdender Stoffe).[117] Die Glaubensfreiheit kann bei Gewissensnot einen wichtigen Grund bilden, nicht aber schon deswegen, weil Maßnahmeträger ein konfessionell orientierter Wohlfahrtsverband ist;[118] eine rechtsradikale Gesinnung bildet keinen wichtigen Grund gegen eine Arbeitsgelegenheit

---

111 BSG 28.6.1991 – 11 RAr 81/90, SozR 3–4100 § 119 Nr. 6 (27); Sonnhoff in: jurisPK-SGB II § 31 Rn. 108; SG Hamburg 27.1.2006 – S 56 AS 10/06 ER; 20.4.2006 – S 50 AS 661/06 ER.
112 Vgl. Knickrehm/Hahn in: Eicher/Luik SGB II § 31 Rn. 63.
113 BSG 29.11.1989 – 7 RAr 86/88, SozR 4100 § 199 AFG Nr. 36 (185 f.).
114 BSG 29.11.1988 – 11/7 RAr 91/87, SozR 4100 § 119 AFG Nr. 34; 6.2.2003 – B 7 AL 72/01 R, SozR 4–4100 § 119 Nr. 1; SG Duisburg 17.5.1993 – S 8 Ar 28/91, info also 1994, 130 (Belästigung durch Tabakrauch am Arbeitsplatz).
115 Zur Einordnung als wichtiger Grund s. Berlit in: LPK-SGB II § 31 Rn. 57.
116 SG Berlin 28.3.2008 – S 26 AS 8021/08 ER; SG Gießen 28.11.2017 – S 22 AS 734/16 (beschränktes körperliches und geistiges Leistungsvermögen).
117 Zu Einzelheiten s. Winkler info also 1996, 174 ff.; dies. in: Gagel SGB II/SGB III, Anh. zu § 31 SGB II, Anh. 1 zu § 159 SGB III (Das ABC des wichtigen Grundes).
118 LSG BW 16.4.2008 – L 7 AS 1398/08 ER-B, Breithaupt 2008, 1004; zur Gewissensfreiheit als wichtiger Grund s. Deiseroth info also 2008, 195.

in einem Multikulturellen Forum.[119] Dass der Ehemann (unter Berufung auf kulturelle Traditionen) zur Betreuung gemeinsamer Kinder nicht bereit ist, ist kein wichtiger Grund, um in der Eingliederungsvereinbarung vereinbarten Bewerbungsbemühungen nicht nachzukommen.[120] Die Überforderung einer alleinerziehenden Auszubildenden durch eine Ganztagsausbildung und massive Verhaltensauffälligkeiten bei einem fremdbetreuten Kind können einen wichtigen Grund für einen Ausbildungsabbruch bilden.[121] Eine Arbeitsgelegenheit nach § 16 d SGB II kann aus wichtigem Grund für eine Beschäftigung auf dem 1. Arbeitsmarkt auch dann abgebrochen werden, wenn es sich um eine zunächst nur geringfügige Beschäftigung mit lediglich ungewisser Aussicht auf ein sozialversicherungspflichtiges Beschäftigungsverhältnis handelt.[122]

41 **Keinen wichtigen Grund** bilden die subjektiv empfundene Unzumutbarkeit in Bezug auf bestimmte Tätigkeitsbereiche (zB Telefonakquise im Callcenter),[123] die „Unterwertigkeit" der Beschäftigung oder ihre vermeintliche Sittenwidrigkeit,[124] unzureichende oder beschädigte Bekleidung[125] oder die verschiebbare Erledigung privater Angelegenheiten für die Versäumung eines Vorstellungstermins.[126] Der **wichtige Grund** kann auch **durch** den **Leistungsträger** selbst geschaffen sein, zB wenn er den Leistungsberechtigten durch Sanktionierung an der Erfüllung von Pflichten aus der Eingliederungsvereinbarung hindert;[127] ein weiteres Beispiel ist, dass der Leistungsträger bei der Heranziehung zu einer Arbeitsgelegenheit nicht die nach der Art der Tätigkeit erforderliche Arbeitskleidung bedenkt.[128]

42 Der Leistungsberechtigte hat einen wichtigen Grund, auf den er sich beruft, darzulegen und nachzuweisen. Die **begrenzte Beweislastumkehr**[129] bezieht sich allein auf die materielle Darlegungslast in non liquet-Situationen[130] und hebt in Bezug auf erkennbare Anhaltspunkte für das Vorliegen eines wichtigen Grundes die Pflicht zur Ermittlung des entscheidungserheblichen Sachverhalts von Amts wegen (§ 20 SGB X) nicht auf. Die Darlegungspflicht enthebt den Leistungsträger lediglich der Pflicht, ohne jeden Anhaltspunkt – quasi ungefragt – in die Suche nach einem wichtigen Grund einzutreten. Die Anforderungen an die Darlegung, die Amtsermittlungspflichten auszulösen geeignet sind, dürfen nicht überspannt werden; ggf. ist dem Leistungsberechtigten für die Unterstützung bei der Darlegung Beratungshilfe zu gewähren.[131] Die Darlegungs- und Nachweislast kann sich bei einer verständigen Auslegung ohnehin nur auf solche Tatsachen erstrecken, die sich aus der Sphäre oder dem Verantwortungsbereich des erwerbsfähigen Leistungsberechtigten ergeben (so zu Recht ausdrücklich § 159 Abs. 1 S. 2 SGB III),[132] sowie auf Fälle, in denen die verspätete Bezeichnung möglicher wichtiger Gründe die Sachaufklärung vereitelt. Die „Beweislastumkehr" erfasst zB nicht weiterhin von Amts wegen aufzuklärende Grenzen der körperlichen und geistigen Leistungsfähigkeit, Umstände (zB Gesundheitsgefährdungen), die sich aus der Art der Tätigkeit

---

119 SG Dortmund 9.10.2006 – S 32 AS 214/06.
120 HessLSG 29.9.2006 – L 9 AS 179/06 ER.
121 HessLSG 28.8.2006 – L 7 AS 94/06 ER.
122 VG Bremen 12.6.2008 – S3 V 1605/08.
123 LSG NRW 27.8.2007 – L 19 B 39/07 AS.
124 LSG Bln-Bbg 12.10.2007 – L 20 B 1678/07 AS ER.
125 SG Koblenz 1.6.2006 – S 11 AS 317/05 (Meldetermin).
126 BayLSG 30.6.2008 – L 16 B 459/08 AS ER.
127 Bejaht für einen Leistungsberechtigten, der zuvor nur noch Lebensmittelgutscheine erhalten hat, obdachlos geworden ist und bei dem die Vermieterin seiner bisherigen Notunterkunft seine persönlichen Gegenstände zurückhält: SG Bremen 23.4.2009 – S 26 AS 686/09 ER, info also 2009, 279.
128 HessLSG 30.3.2006 – L 7 AS 120/05 ER.
129 Knickrehm/Hahn in: Eicher/Luik SGB II § 31 Rn. 68 ff.
130 Davilla 2011 (Lit.), 260.
131 BVerfG 28.9.2010 – 1 BvR 623/10, ASR 2011, 118.
132 BT-Drs. 15/1516, 60; SG Berlin 27.3.2006 – S 104 AS 2272/06 ER.

ergeben, oder dem Leistungsträger angezeigte Mängel bei der Durchführung von Eingliederungsmaßnahmen. Als Nachweis für die Unfähigkeit, aus gesundheitlichen Gründen beim Leistungsträger zu erscheinen, kommt regelmäßig die Vorlage einer Arbeitsunfähigkeitsbescheinigung in Betracht; diese ist indes nicht in jedem Einzelfall gleichbedeutend mit einer krankheitsbedingten Unfähigkeit, zu einem Meldetermin zu erscheinen, entfaltet keine Bindungswirkung und ist im Zweifelsfall auf ihre Tragfähigkeit zu überprüfen.[133]

III. Die einzelnen Sanktionstatbestände

§§ 31, 32 SGB II normieren verschiedene Sanktionstatbestände. Die unmittelbar auf die Eingliederung in Arbeit und die Erwerbsteilhabe bezogenen Obliegenheitsverletzungen, die ca. 2017[134] ca. 19 v.H. der verhängten Sanktionen ausmachten, erfasst § 31 Abs. 1 SGB II,[135] Abs. 2 übernimmt aus dem BSHG die Sanktionierung bei absichtlicher Vermögensminderung und bei unwirtschaftlichem Verhalten (ca. 0,16 v.H. der Sanktionen) und regelt zudem Fälle, die Bezug zu den Sperrzeitentatbeständen des SGB III aufweisen (ca. 3,1 v.H. der Sanktionen); Meldeversäumnisse, die ca. 2017 77 v.H. aller Sanktionen ausmachten, regelt § 32 SGB II. **43**

1. Verstoß gegen die Eingliederungsvereinbarung/einen Verwaltungsakt nach § 15 Abs. 3 S. 3 SGB II (§ 31 Abs. 1 S. 1 Nr. 1 SGB II)

Zur Leistungsminderung führt die „Weigerung", in der Eingliederungsvereinbarung festgelegte Pflichten zu erfüllen; der Eingliederungsvereinbarung nunmehr ausdrücklich gleichgestellt ist der sie ersetzende Verwaltungsakt (§ 15 Abs. 3 S. 3 SGB II). Es bedarf einer wirksam abgeschlossenen, formgerechten und nicht nichtigen Eingliederungsvereinbarung[136] bzw. eines entsprechenden, rechtmäßigen Verwaltungsaktes. **44**

Sanktionsfähig sind nur Verstöße gegen rechtmäßige Regelungen der Eingliederungsvereinbarung/des ersetzenden Verwaltungsaktes. Vor der Minderung ist eine **Inzidentprüfung der Wirksamkeit der Regelungen** vorzunehmen;[137] jedenfalls reicht die bloße Vollziehbarkeit nicht aus.[138] Da die Eingliederungsvereinbarung eine Mehrzahl von Entscheidungen zum Eingliederungsprozess bündelt, müssen dessen Regelungen unabhängig davon, ob ihre Erfüllung iSd Satzes 2 zumutbar sind, auch dem Gebot der Fachlichkeit genügen. Der Abschluss der Eingliederungsvereinbarung entzieht die fachliche Eignung der vereinbarten Maßnahmen, nach hier vertretener Mindermeinung unabhängig davon, ob bereits die Voraussetzungen des § 59 SGB X vorliegen, nicht der Inzidentüberprüfung, die der Minderung vorauszugehen hat. Die Gleichstellung in der Sanktionsfolge stützt die Auffassung,[139] dass die Eingliederungsvereinbarung intensiver als andere öffentlich-rechtliche Verträge auf ihre Rechtmäßigkeit zu überprüfen ist und die gerichtliche Kontrolle nicht auf besonders qualifizierte Rechtsverstöße beschränkt ist; dem korrespondiert der vom BSG[140] vertretene Gleichrang von Eingliederungsvereinba- **45**

---

133 BSG 9.11.2010 – B 4 AS 27/10 R, SozR 4–4200 § 31 Nr. 6.
134 BA, Sanktionen (Zeitreihe Monats- und Jahreszahlen ab 2007) (Stand: Januar 2019), Tab. 2.
135 Mit Wirkung zum 1.4.2011 neu gefasst und unter Verzicht auf die ohnehin verfassungswidrige (Berlit in: LPK-SGB II, 3. Aufl. 2009, § 31 Rn. 14) Sanktionierung des Nichtabschlusses einer Eingliederungsvereinbarung.
136 HessLSG 17.10.2008 – L 7 AS 251/08.
137 Berlit Sozialrecht aktuell 2006, 41 (49 f.); HessLSG 29.6.2006 – L 9 AS 179/06 ER; LSG Nds-Brem 29.1.2019 – L 11 AS 866/18 (bei vor Eintritt der Bestandskraft erledigtem EingliederungsVA); aA – bei Bestandskraft des Eingliederungsverwaltungsaktes – LSG Bln-Bbg 7.6.2018 – L 31 AS 671/18 B ER (dazu krit. Anm. Schweigler info also 2018, 205).
138 LSG NRW 6.9.2017 – L 7 AS 2008/17.
139 S. Berlit in: LPK-SGB II § 15 Rn. 51 ff.
140 BSG 22.9.2009 – B 4 AS 13/09 R, SozR 4–4200 § 15 Nr. 1.

rung und Verwaltungsakt. Das BSG[141] hält im dogmatischen Ansatz am Erfordernis eines qualifizierten Rechtsverstoßes fest; es hat aber die Anforderungen, die sich aus dem Koppelungsverbot (§ 58 Abs. 2 Nr. 4 SGB X) ergeben, so definiert, dass sich im Ergebnis eine intensivierte Prüfung ergibt. Mit Blick auf § 44 SGB X hindert die Bestandskraft eines Verwaltungsaktes nach § 15 Abs. 3 S. 3 SGB II nicht die materiellrechtliche Überprüfung der Sanktionswürdigkeit des Verhaltens.

46 Eine Verweigerung der Erfüllung der Obliegenheiten aus dem Eingliederungsvertrag/dem sie ersetzenden Verwaltungsakt setzt eine – aus der Sicht des Leistungsberechtigten – **hinreichend bestimmt festgelegte Pflicht** voraus,[142] die objektiv nicht erfüllt ist; das vom Verhältnismäßigkeitsgrundsatz geforderte Mindestgewicht für einen objektiv feststehenden Pflichtenverstoß wird nicht durchweg beachtet.[143] Die dem Leistungsberechtigten abverlangten Eingliederungseigenbemühungen sind nach **Art, Umfang, Zeit und Ort** so zu konkretisieren, dass die Verletzungshandlung ohne Weiteres festgestellt werden kann.[144] Unklarheiten gehen zulasten des für die Sanktionsentscheidung zuständigen Leistungsträgers.[145] Für eine „Erfüllungsverweigerung" iSd Nr. 1 **nicht ausreichend** sind nicht operationalisierte, **allgemeine „Pflichten"**, zB alles zur Verkürzung oder Verminderung der Hilfebedürftigkeit Zumutbare zu unternehmen, oder sonst eine bloß abstrakte Wiederholung der in § 2 SGB II enthaltenen Obliegenheiten.

47 Möglichkeit und Zumutbarkeit der Pflichterfüllung sind objektivrechtliche Minderungsvoraussetzungen. Sie sind von Amts wegen zu prüfen und festzustellen. Der Leistungsberechtigte muss diese Pflicht **zurechenbar, in der Regel also schuldhaft** (fahrlässig oder vorsätzlich) nicht erfüllt haben (→ Rn. 27).[146] **Beispiele für ein vorwerfbares Fehlverhalten** bei der Arbeitsuche sind die Weigerung, einen Vorstellungstermin zu vereinbaren, das unentschuldigte Versäumen eines vereinbarten Vorstellungstermins, abschreckendes oder provokantes Verhalten beim Vorstellungstermin,[147] (nicht suchtbedingter) Alkoholgenuss, gezielt „schlampige" Bekleidung oder ein sonst erkennbar vertragshinderndes Erscheinungsbild, eine überzogene Schilderung schlechter Eigenschaften oder Qualifikationsmängel[148] oder eine sonst unangemessene Bewerbung.[149] Der Leistungsberechtigte muss sich aber nicht vorteilhafter darstellen, als er tatsächlich ist; er darf von sich aus auf gesundheitliche Einschränkungen seines Leistungsvermögens,[150] familiäre Betreuungspflichten oder ein gewerkschaftliches Engagement hinweisen, sein Lebensalter und die Dauer der Arbeitslosigkeit bezeichnen,[151] soweit er nicht seine angebliche Nichteignung für die angebotene Arbeit unmissverständlich im Bewerbungsschreiben zum Ausdruck bringt,[152] und seine Vorstellungen zur Gestaltung der Tätigkeit, den Arbeitsbedingungen und insbesondere zum Entgelt äußern (soweit diese nicht offenkundig überzogen sind). Mit einer Bewerbung muss der Hilfesuchende aber sein Interesse

---

141 BSG 23.6.2016 – B 14 AS 30/15 R, BSGE 121, 261.
142 So etwa BayLSG 9.7.2012 – L 11 AS 282/12 B ER; LSG NRW 5.3.2012 – L 19 AS 130/12 B ER, info also 2012, 218; LSG Nds-Brem 4.4.2012 – L 15 AS 77/12 B ER, info also 2012, 220.
143 Fragwürdig SG Lüneburg 28.7.2006 – S 25 AS 703/06 ER (telefonische Krankmeldung statt um 6.00 – Arbeitsbeginn – um 7.48 Uhr).
144 SächsLSG 2.4.2008 – L 2 B 141/08 AS-ER; LSG Bln-Bbg 23.2.2007 – L 28 B 166/07 AS ER, ZfSH/SGB 2007, 479.
145 LSG Bln-Bbg 23.2.2007 – L 28 B 166/07 AS ER; LSG NRW 18.10.2006 – L 1 B 27/06 AS ER.
146 Sa LSG NRW 18.10.2006 – L 1 B 27/06 AS ER.
147 BayLSG 6.3.1986 – L 8/Al 138/85, NZA 1986, 727 (deutlich überhöhte Gehaltsforderung).
148 LSG Saarl 6.10.1994 – L 1/2 Ar 8/94, NZS 1995, 142.
149 LSG NRW 5.12.2011 – L 19 AS 1870/11 B ER (Bewerbung ist der Form nach so abschreckend oder widersprüchlich, dass der Bewerber schon allein wegen des Schreibens bei der Auswahl für den Arbeitgeber ausscheidet); sa LSG BW 21.6.2012 – L 7 AS 4298/11.
150 Sa LSG Hmb 7.2.2002 – L 5 AL 53/00, info also 2003, 149 (Bewerbungsschreiben mit unangemessenem Inhalt).
151 BSG 9.12.2003 – B 7 AL 106/02 R, SozR 4–4100 § 119 Nr. 3.
152 BSG 27.4.2004 – B 11 AL 43/04 B.

an der Aufnahme eines Arbeitsverhältnisses zum Ausdruck bringen und gerade auch bei der Formulierung eines Bewerbungsschreibens alles unterlassen, was dieser Intention nach Maßgabe eines objektiven Empfängerhorizonts erkennbar entgegenläuft.[153] Die zum SGB III entwickelten Anforderungen an ein Bewerbungsschreiben[154] sind übertragbar; nur ihre gravierende Nichtbeachtung schließt es aus, sie auch für die Erfüllung einer Mindestzahl von Bewerbungen einer Nichtbewerbung gleichzustellen.[155]

Gegen die Eingliederungsvereinbarung/den ersetzenden Verwaltungsakt wird pflichtwidrig auch dann verstoßen, wenn eine darin **vereinbarte/festgelegte** (zumutbare) **Maßnahme nicht aufgenommen oder fortgeführt** wird, wenn in der Eingliederungsvereinbarung/dem ersetzenden Verwaltungsakt die Obliegenheit festgelegt ist, an einer nach Art, Ort und Zeit bereits **hinreichend konkretisierten Maßnahme** teilzunehmen. Nicht hinreichend ist die allgemeine Festlegung, dass an vom Leistungsträger angebotenen Maßnahmen auch teilzunehmen ist. Erfasst sind aber hinsichtlich der Details (zB Maßnahmenbeginn oder -träger) noch konkretisierungsbedürftige Festlegungen, wenn die konkrete Bestimmung durch den Leistungsträger ausdrücklich vorbehalten und für den Leistungsberechtigten erkennbar ist, welche Art Maßnahme in welchem Zeitraum auf ihn zukommt. Die Verweigerung hiernach von Nr. 1 nicht erfasster Angebote und Maßnahmen wird regelmäßig aber einen Pflichtverstoß nach Nr. 3 bedeuten.   **48**

2. Verweigerung zumutbarer Arbeit, Ausbildung, geförderter Arbeit, Arbeitsgelegenheit nach § 16 d/nach § 16 e SGB II geförderte Arbeit (§ 31 Abs. 1 S. 1 Nr. 2 SGB II)

Kern des SGB II ist die Integration in den (ersten) Arbeitsmarkt. § 31 Abs. 1 S. 1 Nr. 2 SGB II regelt umfassend die Verletzung unmittelbar hierauf bezogener Obliegenheiten, und zwar unabhängig davon, ob diese Obliegenheiten auch in der Eingliederungsvereinbarung erfasst sind.[156] Die Regelung knüpft ua an die Sperrzeitentatbestände des § 159 Abs. 1 SGB III an. Erfasst werden alle Phasen hierauf bezogener Aktivitäten einschließlich der Vereitelung der Anbahnung einer Arbeit/Beschäftigung.   **49**

Der Tatbestand ist so weit gefasst, dass nahezu alle **arbeitsbezogenen Aktivitäten** erfasst werden. „Arbeit" ist jede marktvermittelte Beschäftigung auf dem sog ersten Arbeitsmarkt, und zwar unabhängig davon, ob es sich um ein sozialversicherungspflichtiges Beschäftigungs- und/oder arbeitsrechtlich geschütztes Arbeitsverhältnis handelt. Regelfall ist die fremdbestimmte, weisungsabhängige Beschäftigung, die Norm bezieht sich indes auch auf jede selbstständige Tätigkeit. „Ausbildung" ist ein Tätigkeitsverhältnis, das unter Ausschluss allgemeinbildender schulischer Ausbildung gezielt und vorrangig der Vermittlung beruflicher Qualifikation dient, ohne Berufsausbildung iSd BBiG sein zu müssen; von Nr. 2 indes nicht geregelt sind berufliche Weiterbildungsmaßnahmen.[157] **Arbeitsgelegenheiten** sind alle § 16 d S. 1 SGB II unterfallenden **Maßnahmen** einschließlich der in einem öffentlich-rechtlichen Beschäftigungsstatut gegen Mehraufwandsentschädigung abgewickelten Tätigkeiten. Die ausdrückliche Erwähnung nach § 16 e SGB II durch einen Beschäftigungszuschuss an den Arbeitgeber **geförderter Beschäftigung** hat klarstellende Funktion. Ein (unentgeltliches) Praktikum, das nicht in eine Eingliederungsvereinbarung aufgenommen oder Teil einer Ausbildung oder sonstigen Eingliederungsmaßnahme ist, wird dagegen nicht erfasst.[158]   **50**

---

153 BSG 5.9.2006 – B 7 a AL 14/05 R, NZS 2007, 268.
154 BSG 9.12.2003 – B 7 AL 106/02 R, SozR 4–4100 § 119 Nr. 3; 27.4.2004 – B 11 AL 43/04 B; LSG BW 10.5.2005 – L 9 AL 4331/03.
155 LSG Bln-Bbg 13.12.2006 – L 18 AS 1191/06.
156 BT-Drs. 17/3404, 111.
157 Sonnhoff in: jurisPK-SGB II § 31 Rn. 60, 93.
158 LSG NRW 2.5.2008 – L 7 B 321/07 AS ER.

51 Für alle Tätigkeiten ist Sanktionsvoraussetzung, dass sie auch zumutbar sind. Die **Zumutbarkeit** richtet sich nach § 10 SGB II (→ Kap. 22 Rn. 20 ff.).[159] Sie setzt voraus, dass es sich um eine auch rechtmäßige Tätigkeit handelt, zB eine Arbeitsgelegenheit nach § 16 d SGB II auch zusätzlich ist, und dem Einzelnen nicht eine sittenwidrig niedrige Entlohnung[160] angeboten wird.[161] Die Zumutbarkeit ist von Amts wegen zu prüfen, nicht die Unzumutbarkeit als wichtiger Verweigerungsgrund nach § 31 Abs. 1 S. 2 SGB II darzulegen oder zu beweisen.

52 Die Weigerung, eine **Arbeit** aufzunehmen oder fortzuführen, muss sich nicht auf eine vom Leistungsträger angebotene oder vermittelte Tätigkeit beziehen; bei entsprechender Rechtsfolgenbelehrung bzw. in den Fällen des § 31 Abs. 2 Nr. 3 oder 4 SGB II umfasst sind auch selbstbeschaffte[162] oder von Dritten angebotene Arbeitsstellen. Ein **Arbeitsgebot** des Leistungsträgers muss in hinreichend bestimmter Weise[163] die Art der Tätigkeit, ihren zeitlichen Umfang, die zeitliche Verteilung und die vorgesehene Entlohnung[164] im Arbeitsangebot selbst bezeichnen.[165] Die Erreichbarkeit des Arbeitsplatzes, die regelmäßig (und sei es nach einem zumutbaren Umzug) zu unterstellen sein soll, ist schon im Rahmen der Zumutbarkeit zu prüfen.[166] Der Leistungsberechtigte muss anhand der Angaben die Zumutbarkeit des Arbeitsangebots prüfen[167] und ein Vorstellungsgespräch mit dem künftigen Arbeitgeber vereinbaren können.[168] Für Zugang und Inhalt des Arbeits- bzw. Vermittlungsangebots trägt der Leistungsträger die Darlegungs- und die objektive Beweislast;[169] der konkrete Inhalt eines Arbeitsangebotes und einer damit einhergehenden Belehrung müssen sich aus der Akte ergeben.[170] Die Unbestimmtheit des Vermittlungsvorschlags hemmt die Sanktion indes nicht, wenn der erwerbsfähige Leistungsberechtigte gleichwohl mit dem Arbeitgeber Kontakt aufgenommen und die Stelle dann ohne wichtigen Grund nicht angetreten hat.[171]

53 Bei **Nichtaufnahme oder Abbruch einer Ausbildung** kommt es nicht darauf an, ob eine Ausbildungsvergütung gezahlt wird. Art. 12 Abs. 1 GG steht bei Nichtaufnahme oder Abbruch einer Ausbildung der Sanktionierung nicht schlechthin entgegen.[172] Bei der Zumutbarkeit ist eine grundrechtssensible Auslegung erforderlich, die der Bedeutung einer eignungs-, aber auch neigungsgerechten Ausbildung für das spätere Berufsleben Rechnung trägt; Fällen einer nicht (mehr) sach-, eignungs- oder neigungsgerechten Ausbildung ist bei der Auslegung des „wichtigen Grundes" (§ 31 Abs. 1 S. 2 SGB II) Rechnung zu tragen.[173]

---

159 Sa Sonnhoff in: jurisPK-SGB II, § 31 Rn. 77 ff.

160 BAG 22.4.2009 – 5 AZR 436/08; sa LSG Hmb 16.7.2009 – L 5 AS 20/07, NZS 2010 161 (Ls.); SG Berlin 26.8.2010 – S 185 AS 24298/10 ER; SG Dortmund 2.2.2009 – S 31 AS 317/07, info also 2009, 121 (mit Anm. Spindler info also 2009, 122); sa Feldhoff jurisPR-ArbR 25/2009 Anm. 3.

161 SG Dortmund 2.2.2009 – S 31 AS 317/07, info also 2009, 120.

162 SG Hamburg 7.1.2006 – S 62 AS 2226/06 ER.

163 BSG 13.3.1997 – 11 RAr 25/96, SozR 3–4100 § 119 AFG Nr. 11 (48 f.); 21.1.1981 – 7 RAr 2/80, SozR 4100 § 119 AFG Nr. 15; 5.9.2006 – B 7 a AL 14/05 R, SozR 4–4300 § 144 Nr. 15.

164 Nach dem Inkrafttreten des Mindestlohngesetzes sieht das SächsLSG (16.8.2018 – L 3 AS 508/18 B ER) ein Jobcenter nicht mehr in der Pflicht, ohne jeden Anhaltspunkt für ein gesetzwidriges Verhalten des Arbeitgebers in einem Vermittlungsvorschlag eine Mindestvergütung anzugeben und/oder die Einhaltung der Vorschriften zum gesetzlichen Mindestlohn zu prüfen.

165 SächsLSG 2.4.2008 – L 2 B 141/08 AS-ER; LSG Bln-Bbg 28.9.2006 – L 14 B 518/06 AS ER; LSG Hmb 11.7.2005 – L 5 B 161/05 ER AS, info also 2005, 272; LSG Nds-Brem 1.9.2006 – L 8 AS 315/06 ER, NDV-RD 2007, 9.

166 BayLSG 2.3.2009 – L 11 B 994/08 AS.

167 LSG BW 16.4.2008 – L 7 AS 1398/08 ER, Breithaupt 2008, 1004; LSG NRW 6.4.2009 – L 20 B 4/09 AS.

168 LSG Bln-Bbg 13.12.2006 – L 18 AS 1191/06.

169 LSG Bln-Bbg 13.9.2007 – L 5 B 1349/07 AS ER; LSG LSA 12.1.2009 – L 5 B 94/08 AS ER.

170 LSG MV 20.8.2007 – L 10 B 102/07.

171 LSG Hmb 17.4.2007 – L 5 B 75/07 ER AS.

172 BSG 26.4.1989 – 7 RAr 70/88, SozR 4100 § 119 Nr. 35; BSG 4.7.1991 – 7 RAr 124/90.

173 BSG 13.3.1990 – 11 RAr 69/88, SozR 3–4100 § 119 Nr. 2.

Bei den **Arbeitsgelegenheiten nach § 16 d SGB II** (sog Ein-Euro-Job) gegen Mehraufwandsentschädigung geht die hM davon aus, dass sich die Selbsthilfeobliegenheit zum Einsatz der eigenen Arbeitskraft auch auf diese Form von Arbeiten erstreckt (zur Gegenansicht → Rn. 15). Die Verweigerung der Aufnahme/Fortführung muss sich auf eine durch den Leistungsträger[174] nach Beschäftigungsgeber, Ort, Art und Umfang hinreichend **bestimmt bezeichnete Arbeit nach § 16 d S. 2 SGB II** beziehen[175] und erkennen lassen, dass es sich um eine Arbeitsgelegenheit, nicht um ein reguläres Arbeitsangebot handelt.[176] Die Arbeitsgelegenheit muss die **tatbestandlichen Voraussetzungen des § 16 d S. 2 SGB II** selbst **erfüllen**, insbesondere also „gemeinnützig" und „zusätzlich" und nach Maßgabe einer fehlerfreien Eingliederungsprognose eingliederungsgeeignet sein.[177] Die hohe Quote objektiv rechtswidriger Arbeitsgelegenheiten[178] gibt Anlass, dies auch bei bestandskräftigem Heranziehungsbescheid oder geschlossener Eingliederungsvereinbarung von Amts wegen sorgfältig zu prüfen. Der Leistungsberechtigte hat ein **subjektiv-öffentliches Recht auf Beachtung der gesetzlichen Voraussetzungen**, dass die Arbeitsgelegenheit „zusätzlich" ist und im „öffentlichen Interesse" liegt;[179] jedenfalls bei fehlender Zusätzlichkeit bedeutet die Arbeitsleistung durch den Hilfebedürftigen immer auch eine Mehrung fremden Vermögens, die einen öffentlich-rechtlichen Erstattungsanspruch auszulösen geeignet ist.[180] Bei der Eingliederungseignung, die auch eine Wochenarbeitszeit von 30 Stunden ermöglicht,[181] hat der Leistungsträger eine gewisse Einschätzungsprärogative. **54**

Die Einbeziehung der mit einem **Beschäftigungszuschuss nach § 16 e SGB II geförderten Arbeit** soll klar- und sicherstellen, dass auch die Verweigerung ihrer Aufnahme sanktioniert werden kann.[182] Ansonsten handelt es sich um ein reguläres Arbeitsverhältnis. Der erwerbsfähige Leistungsberechtigte hat ungeachtet der an die Förderung selbst anknüpfenden Befristung (§ 16 e Abs. 6 SGB II) auch keinen subjektiv-rechtlichen Anspruch auf Beachtung der komplexen Fördervoraussetzungen.[183] Die **Förderung von Teilhabe am Arbeitsmarkt (§ 16 i SGB II)**[184] zielt auf einen sehr arbeitsmarktfernen Personenkreis und ist in einem so hohen Maße auf intensive Betreuung, Freiwilligkeit und Kooperation angelegt, dass Sanktionen fachlich auszuschließen und kontraproduktiv sind. Der Sache nach handelt es sich indes (jedenfalls auch) um eine besondere Maßnahme zur Eingliederung in Arbeit (§ 31 Abs. 1 Satz 1 Nr. 3 SGB II), so dass die Nichterwähnung in § 31 Abs. 1 Satz 1 Nr. 2 SGB II nicht den Umkehrschluss rechtfertigt, dass die Verwei- **55**

---

174   Keine Konkretisierung durch den Maßnahmeträger; s. LSG Hmb 11.7.2005 – L 5 B 161/05 ER AS, info also 2005, 272; LSG Bln-Bbg 14.3.2008 – L 10 B 445/08 AS ER; VG Bremen 11.11.2008 – S3 V 3337/08.
175   SchlHLSG 2.3.2006 – L 6 B 406/05 AS ER; LSG Hmb 11.7.2005 – L 5 B 161/05 ER AS, info also 2005, 272; SG Berlin 18.7.2005 – S 37 AS 4801/05 ER, info also 2005, 275; LSG Nds-Brem 2.10.2006 – L 8 AS 478/05 ER; Gröschel-Gundermann in: Linhart/Adolph/Gröschel-Gundermann § 31 Rn. 14; Knickrehm/ Hahn in: Eicher/Luik SGB II § 31 Rn. 34.
176   SG Bayreuth 15.7.2005 – S 4 AS 145/05 ER.
177   SG Berlin 27.6.2005 – S 37 AS 4507/05 ER, info also 2005, 277; 14.7.2008 – S 37 AS 19402/08 ER, info also 2008, 223.
178   Kettler/Rebien 2007, 35 ff.; Hohendanner 2007; BRH 2006, 16; BRH 2010, 13 ff.; Krahmer SGb 2006, 581; Davilla 2011, 198 ff.; Wolff/Homeyer 2008.
179   Vießman NZS 2011, 128; Berlit in: LPK-SGB II § 31 Rn. 46; offen lassend noch BSG 16.12.2008 – B 4 AS 60/07 R, SozR 4–4200 § 16 Nr. 4; 17.12.2009 – B 4 AS 30/09 R, SozR 4–4200 § 31 Nr. 3 (Rn. 21).
180   BSG 13.4.2011 – B 14 AS 98/10 R, SozR 4–4200 § 16 Nr. 7; 27.8.2011 – B 4 AS 1/10 R, SozR 4–4200 § 16 Nr. 9; sa Jenak SGb 2010, 8; Gehrken SozSich 2011, 433.
181   BSG 16.12.2008 – B 4 AS 60/07 R, SozR 4–4200 § 16 Nr. 4.
182   BT-Drs. 16/5715, 9.
183   Thie in: LPK-SGB II § 16 e Rn. 4 ff.
184   Eingefügt durch Gesetz v. 17.12.2018, BGBl. I, 2583; dazu Klerks info also 2019, 99 (i.E.); Krampe NDV 2019, 8.

gerung oder der Abbruch von Maßnahmen nach § 16 i SGB II nicht nach § 31 SGB II sanktioniert werden dürfen.[185]

3. Nichtaufnahme/Abbruch einer Maßnahme zur Eingliederung in Arbeit (§ 31 Abs. 1 S. 1 Nr. 3 SGB II)

56 Die Sanktionierung des Nichtantritts[186] oder des Abbruchs einer **Maßnahme zur Eingliederung in Arbeit** entspricht im Kern § 159 Abs. 1 Nr. 5 SGB III. § 31 Abs. 1 S. 1 Nr. 3 SGB II erfasst alle nicht schon nach Nr. 2 genannten Eingliederungsleistungen nach §§ 16 ff. SGB II, zB Maßnahmen der Eignungsfeststellung, Trainingsmaßnahmen zur beruflichen Ausbildung und Weiterbildung oder sonstige Maßnahmen zur Teilhabe am Arbeitsleben. Sind die erforderlichen Maßnahmen hinreichend bestimmt in einer Eingliederungsvereinbarung oder einem sie ersetzenden Verwaltungsakt geregelt, geht die Sanktionierung nach § 31 Abs. 1 Satz 1 Nr. 1 SGB II vor. Für § 31 Abs. 1 S. 1 Nr. 3 SGB II bleibt das breite Spektrum der Fälle, in denen der durch Gesetz oder die Eingliederungsvereinbarung gezogene Rahmen durch nachfolgende Maßnahmeangebote (weiter) konkretisiert wird. Auch wenn eine Förderung nach § 16 i SGB II die Begründung eines sozialversicherungspflichtigen Beschäftigungsverhältnisses iSd § 31 Abs. 1 Satz 1 Nr. 2 SGB II voraussetzt, liegt wegen der Arbeitsmarktferne des geförderten Personenkreises und der Ausgestaltung dieser Förderung näher, sie sanktionsrechtlich insgesamt als Maßnahme iSd § 31 Abs. 1 Satz 1 Nr. 3 SGB II einzuordnen.[187]

57 Die **Zumutbarkeit der Teilnahme** an den sonstigen Maßnahmen zur Eingliederung in Arbeit richtet sich ebenfalls nach § 10 SGB II (§ 10 Abs. 3 SGB II). Auch hier ist die Rechtmäßigkeit der Maßnahme als Sanktionsvoraussetzung inzident zu prüfen. Die Maßnahme muss insgesamt geeignet und notwendig sein, um unter Beachtung der Leistungsgrundsätze des § 3 Abs. 1 S. 2 SGB II die Integrationsaussichten zu erhöhen, und nach Art, Umfang und zeitlicher Lage so konkretisiert sein, dass der Leistungsberechtigte eindeutig erkennen kann, was von ihm erwartet wird. Bei gravierenden Qualitätsmängeln der Maßnahme, auf deren Beseitigung der Leistungsberechtigte indes beim Maßnahme- und Leistungsträger hinzuwirken hat, wird die Maßnahme unzumutbar;[188] nicht zumutbar sind auch Maßnahmen, die den Leistungsberechtigten intellektuell oder körperlich eindeutig überfordern.[189]

58 Der **Nichtantritt der Maßnahme**, bei der die Maßnahme nicht zu dem vorgesehenen (vereinbarten oder festgesetzten) Termin aufgenommen wird und dies erwarten lässt, dass an der Maßnahme nicht teilgenommen werden soll, ist gegen deren verspätete Aufnahme abzugrenzen, bei der der Leistungsberechtigte noch ohne Weiteres in die Maßnahme einsteigen und diese trotz der Verspätung ohne spürbare Beeinträchtigung des durch sie angestrebten Integrationserfolges durchführen kann.

59 Der **Abbruch** einer Maßnahme **durch den Leistungsberechtigten** ist die von dessen Willen getragene, tatsächliche endgültige Beendigung der (weiteren) Teilnahme, die durch ausdrückliche Erklärung gegenüber dem Leistungs- oder dem Maßnahmeträger als Erklärungsadressaten oder durch konkludentes Verhalten (schlichtes, dauerhaftes Fernbleiben) erfolgen kann; eine bloße (unentschuldigte) Unterbrechung oder eine unregel-

185 S.a. Harks in: jurisPK-SGB II § 16 i Rn. 11; s.a. Nr. 2.2. FW-BA zu § 16 i SGB II (23.1.2019): Rechtsfolgenbelehrung nach § 31 Abs. 1 Satz 1 Nr. 2 SGB II für die Arbeit selbst und ergänzende Rechtsfolgenbelehrung nach § 31 Abs. 1 Satz 1 Nr. 3 SGB II für die beschäftigungsbegleitende Betreuung.
186 Die ausdrückliche Benennung sollte eine durch die Rechtsprechung (LSG BW 31.1.2008 – L 8 5585/07 ER-B; BSG 17.12.2009 – B 4 AS 20/09 R, SozR 4–4200 § 31 Nr. 2) geschaffene „Sanktionslücke" schließen; BT-Drs. 17/3404, 111.
187 S.a. BT-Drs. 19/4725, 17 (Einzelbegründung zu Nr. 4).
188 LSG Bln-Bbg 15.7.2008 – L 14 B 568/08 AS ER.
189 SächsLSG 14.8.2008 – L 2 B 482/08 AS ER.

mäßige Teilnahme, die allerdings Anlass für den Abbruch durch den Maßnahmeträger sein kann,[190] genügen hierfür nicht. Für den **Abbruch** einer Maßnahme **durch den Maßnahmeträger** gibt der Leistungsberechtigte Anlass, wenn er durch ein ihm zurechenbares, subjektiv vorwerfbares, maßnahmewidriges Verhalten die Fortführung der Maßnahme für den Maßnahmeträger oder die anderen Maßnahmeteilnehmer unzumutbar macht. **Maßnahmewidriges Verhalten** liegt vor, wenn der Leistungsberechtigte vorwerfbar nicht in der ihm objektiv möglichen und subjektiv abzuverlangenden Weise (zB physische Präsenz; Durchführung von Übungsaufgaben) am Erreichen des Maßnahmezieles mitwirkt, er die Durchführung der Maßnahmen aktiv und nachhaltig behindert (Obstruktion des Unterrichts durch gezieltes Störverhalten), er die Dozenten beschimpft oder beleidigt[191] bzw. bedroht[192] oder er die Regeln für die Durchführung der Maßnahme, zB eine Unterrichtsordnung, gröblich missachtet,[193] zB durch Alkohol- oder Drogenkonsum.[194] Es muss **vorsätzlich oder grob fahrlässig** sein und nach Häufigkeit, Art und Gewicht den – für den Leistungsberechtigten vorhersehbaren[195] – rechtmäßigen **Abbruch der Maßnahme durch den Maßnahmeträger** rechtfertigen und erfordert regelmäßig neben der Rechtsfolgenbelehrung eine entsprechende „Abmahnung",[196] soweit nicht der Leistungsberechtigte bewusst und gezielt durch Provokationen auf einen Maßnahmeabbruch „hingearbeitet" hat.[197] Bei Maßnahmen, die gezielt auf eine „problematische Klientel" ausgerichtet sind, bei der die arbeitsbezogene „Sekundärtugenden" erst wieder erlernt und erprobt werden sollen oder bei denen sonst erkennbar mit einem gewissen Maß an Fehlverhalten zu rechnen ist, sind für eine „Veranlassung" deutlich gesteigerte Anforderungen zu stellen.

Mangels Obliegenheitsverletzung kein dem Einzelnen zurechenbarer Maßnahmeabbruch liegt vor, wenn der Leistungsberechtigte das Maßnahmeziel aufgrund **fehlender Eignung** oder „echter", nicht nur vorgeschobener[198] und durch Arbeitsunfähigkeitsbescheinigung belegter[199] **krankheitsbedingter Fehlzeiten** nicht (mehr) erreichen kann, oder es sich sonst erweist, dass er in der Maßnahme über- oder sachwidrig klar unterfordert ist. **60**

4. Ruhen oder Erlöschen des Alg I-Anspruchs; Sperrzeitenfiktion (§ 31 Abs. 2 Nr. 3 und 4 SGB II)

Die **Leistungsminderung bei Erfüllung eines Sperrzeitatbestandes** (§ 31 Abs. 2 Nr. 3 und 4 SGB II) harmonisiert weitgehend die leistungsrechtlichen Reaktionen auf Obliegenheitsverletzungen im SGB III und SGB II und soll zugleich verhindern, dass Leistungskürzungen im SGB III-Bereich vollständig durch SGB II-Leistungen kompensiert werden. Die Minderung wegen Verhängung einer Sperrzeit oder des Erlöschens des Anspruches betrifft den Personenkreis der **„Aufstocker"**, bei denen das Alg zur Sicherung des notwendigen Lebensunterhalts nicht ausreicht, und solche Leistungsberechtigte, die erst wegen des Ruhens oder Erlöschens des Anspruchs auf Alg hilfebedürftig geworden sind. § 31 Abs. 2 Nr. 3 SGB II ist lex specialis zu § 31 Abs. 1 SGB II auch dann, wenn das zur Sperrzeit oder zum Erlöschen führende Verhalten des Leistungsberechtigten zu- **61**

---

190 SächsLSG 14.8.2008 – L 2 B 482/08 AS ER.
191 LSG BW 16.4.2008 – L 7 AS 1398/08 ER-B, Breithaupt 2008, 100.
192 SG Detmold 18.5.2007 – S 10 AS 230/06.
193 SG Chemnitz 26.8.1993 – S 6 Ar 108/92, info also 1994, 135.
194 LSG RhPf 4.9.2002 – L 1 AL 170/01, rv 2003, 33.
195 BSG 16.9.1999 – B 7 AL 32/98 R, SozR 3–4100 § 119 AFG Nr. 19 (96 ff.).
196 Berlit in: LPK-SGB II § 31 Rn. 62; Sonnhoff in: jurisPK-SGB II § 31 Rn. 102; sa BSG 16.9.1999 – B 7 AL 32/98 R, SozR 3–4100 § 119 Nr. 19.
197 SG Detmold 18.5.2007 – S 10 AS 230/06.
198 SG Düsseldorf 28.10.2005 – S 29 AS 95/05 ER.
199 LSG MV 18.9.2007 – L 10 B 114/06.

gleich geeignet ist, einen der Tatbestände des Abs. 1 auszufüllen, bei § 31 Abs. 2 Nr. 4 SGB II ist die Abgrenzung komplexer.

62   Die **Leistungsminderung wegen Sperrzeitfeststellung** (§ 31 Abs. 2 Nr. 3 SGB II) erfordert, dass die für den Vollzug des SGB III zuständige Stelle den Eintritt einer Sperrzeit oder das Erlöschen festgestellt hat. Der SGB II-Leistungsträger ist hieran ohne eigene Inzidentprüfungskompetenz gebunden. Minderung und Wegfall treten mit Beginn der Sperrzeit oder dem Erlöschen des Anspruchs ein (§ 31 b S. 2 SGB II). Die Sanktionsdauer beträgt im SGB II auch dann im Regelfall drei Monate, wenn nach dem SGB III eine kürzere Sperrzeit eingetreten ist;[200] der dann im Vergleich zur Sperrzeit verlängerte Absenkungszeitraum wird durch die Unterschiede der Sanktionssysteme gerechtfertigt.[201]

63   Die **Leistungsminderung wegen der Erfüllung eines Sperrzeitentatbestandes** (§ 31 Abs. 2 Nr. 4 SGB II) erfolgt, wenn das von dem Hilfebedürftigen abverlangte Verhalten nicht bereits von Abs. 1 erfasst ist und das sperrzeitrelevante Ereignis zu einem Zeitpunkt eintritt, in dem eine **Beziehung des Hilfebedürftigen zum Rechtskreis des SGB III** vorliegt. Die Abgrenzung zu § 31 Abs. 1 S. 1 SGB II erfolgt weder nach zeitlichen Kriterien[202] noch hat § 31 Abs. 2 Nr. 4 SGB II generell „Auffangfunktion",[203] zB in Fällen, in denen die Rechtsfolgenbelehrung nach § 31 Abs. 1 SGB II nicht oder fehlerhaft erteilt worden ist. Erfasst sind Konstellationen, in denen zwar ein sozialversicherungspflichtiges Beschäftigungsverhältnis, aber (noch) kein Anspruch auf Alg (I) besteht, in denen das sperrzeitenrelevante Ereignis noch zu einem Zeitpunkt eintritt, zu dem (noch) eine Rechtsbeziehung zum SGB III-Rechtskreis besteht.[204] Der SGB II-Leistungsträger hat selbstständig zu prüfen, ob die tatbestandlichen Voraussetzungen einer Sperrzeit nach §§ 159, 161 SGB III erfüllt worden sind. Unterschiede in den Sanktionsvoraussetzungen ergeben sich dabei vor allem, wenn der Arbeitslose das Beschäftigungsverhältnis gelöst oder durch ein arbeitsvertragswidriges Verhalten Anlass für die Lösung des Beschäftigungsverhältnisses gegeben hat. § 159 Abs. 1 Nr. 1 SGB III erfordert hierfür keine vorherige Rechtsfolgenbelehrung, die dann nach § 31 Abs. 2 Nr. 4 SGB II entbehrlich ist;[205] wegen des „Sanktionszugriffs" auf das Existenzminimum begegnet dieses „belehrungslose" Durchschlagen auf das SGB II Bedenken.[206]

5. Absichtliche Herbeiführung der Hilfebedürftigkeit (§ 31 Abs. 2 Nr. 1 SGB II)

64   Aus dem BSHG übernommen ist die Leistungsminderung bei zielgerichteter Herbeiführung der Hilfebedürftigkeit durch einen iSd § 104 BGB voll geschäftsfähigen, volljährigen Leistungsberechtigten. Sie spielt in der Praxis eine untergeordnete Rolle.[207] Erforderlich ist eine nicht durch einen nachvollziehbaren Grund gerechtfertigte Minderung des (anrechnungsfähigen) Einkommens oder Vermögens mit dem direkten Vorsatz

200   Nr. 31.57 DH-BA; Loose in: GK-SGB II § 31 b Rn. 9.
201   Sonnhoff in: jurisPK-SGB II § 31 b Rn. 23 f.; sa LSG Nds-Brem 3.4.2017 – L 11 AS 19/17.
202   So SG Hamburg 16.3.2007 – S 62 AS 2227/06; LSG LSA 24.1.1008 – L 2 B 96/07 AS ER, info also 2008, 171 (mit Anm. Weth info also 2008, 177); SG Düsseldorf 8.10.2007 – S 28 AS 6/05; LSG BW 18.2.2009 – L 3 AS 3530/08, und 16.9.2009 – L 3 AS 6013/08.
203   LSG Hmb 16.7.2009 – L 5 AS 20/07 (mit Anm. Nakielski SozSich 2009, 317); LSG Bln-Bbg 16.12.2008 – L 10 B 2154/08 AS, ZfSH/SGB 2009, 233; SächsLSG 20.12.2007 – L 3 B 394/06 AS ER, ZfSH/SGB 2008, 175; SchlHLSG 24.1.2007 – L 10 B 563/06 AS ER; SG Ulm 9.10.2008 – S 10 AS 970/07.
204   BSG 17.12.2009 – B 4 AS 20/09 R, SozR 4–4200 § 31 Nr. 2; 22.3.2010 – B 4 AS 68/09 R, SozR 4–4200 § 31 Nr. 4; strikter BayLSG 14.6.2018 – L 11 AS 652/17 (keine Anwendung des § 31 Abs. 2 Nr. 4 SGB II, wenn das vom Leistungsberechtigten abverlangte Verhalten bereits von § 31 Abs. 1 Satz 1 Nr. 2 SGB II erfasst wird).
205   LSG Hmb 16.7.2009 – L 5 AS 20/07, NZS 2010, 161.
206   SächsLSG 20.1.22007 – L 3 B 394/06 AS-ER, ZfSH/SGB 2008, 175.
207   Für das Jahr 2017 verzeichnet die Statistik der BA 1227 Fälle der Sanktionierung vorsätzlicher Vermögensminderung (für das Jahr 2016: 1235 Fälle); s. BA, Sanktionen (Zeitreihe Monats- und Jahreszahlen ab 2007) (Stand: Januar 2019).

(„Absicht"),[208] die Voraussetzungen für den Leistungsbezug zu schaffen, mithin ein zielgerichteter Erwerb eines Leistungsanspruchs.[209] Der Wille des Leistungsberechtigten muss gerade auf diesen Erfolg, der das maßgebliche, handlungsbestimmende Motiv gebildet haben muss,[210] gerichtet sein, wenn auch der Erfolg nicht ausschließliches Motiv gewesen sein muss. Auch bei leichtfertiger Vermögensentäußerung fehlt es hieran, wenn eine Erbschaft aufgrund eines in der Vergangenheit durch den Erblasser erlittenen sexuellen Missbrauchs vom Erben weiterverschenkt wird.[211] Die Vermögensentäußerung muss sich als ein zumindest leichtfertiges bzw. unlauteres Verhalten darstellen.[212]

Diese Absicht liegt **nicht** schon **bei jeder Form unwirtschaftlichen oder nicht voraus-** **65** **schauenden Verhaltens** vor. Sie fehlt, wenn sich ein unfallverletzter Pflegebedürftiger mit einer Versicherungsleistung zunächst ein „schönes Leben" gemacht oder diese für die Beschaffung nicht verwertbaren Vermögens (insbesondere angemessenes Hausgrundstück iSd § 12 Abs. 3 Nr. 4 SGB II) eingesetzt hat[213] oder wenn aus Anlass der Vermögensauseinandersetzung bei einer Ehescheidung ein nach Grund und Höhe einsetzbarer Rückkaufswert einer Lebensversicherung auf den Ehegatten übertragen wird.[214] In Betracht kommen vor allem Fälle, in denen vorhandenes Vermögen ohne nachvollziehbaren Grund durch Schenkungen bis auf das Schonvermögen reduziert wird, oder der Einsatz von Vermögen zu einer Tilgung von Altschulden,[215] die nicht ausnahmsweise vorrangig ist.[216] „Unwirtschaftliches Verhalten" ist hingegen nicht der Einsatz vorhandenen Vermögens für den Versuch, sich eine selbstständige Existenz aufzubauen,[217] oder beim Einsatz vorhandenen Vermögens zur außerplanmäßigen Tilgung von Darlehensverbindlichkeiten für ein selbstbewohntes Hausgrundstück jedenfalls dann, wenn dies zur Senkung der ansonsten zu erstattenden Aufwendungen für die Unterkunft führt.[218] Als Anwendungsfall des § 31 Abs. 2 Nr. 1 SGB II kommt der **vorzeitige Verbrauch** eines während des Alg II-Bezuges zugeflossenen Betrages in Betracht, der nach der Rechtsprechung des BSG[219] bei fortwirkendem Leistungsbezug wohl insgesamt normativ als **Einkommen** anzurechnen sein soll, tatsächlich aber nicht mehr vorhanden ist.[220]

6. Unwirtschaftliches Verhalten (§ 31 Abs. 2 Nr. 2 SGB II)

Ebenfalls aus dem BSHG übernommen ist die **Leistungsminderung bei „unwirtschaftli-** **66** **chem Verhalten"**; auch sie hat praktisch geringe Bedeutung.[221] In einem Leistungssystem, das auch auf die Eigenverantwortung der Leistungsberechtigten setzt und hierfür die Regelbedarfe mit einer einheitlichen Gesamtleistung abgilt, fehlt es auch bei unwirtschaftlicher Lebensweise an dem inneren Grund, dem Leistungsberechtigten generell die Dispositionsfreiheit über die ihm rechtmäßig zustehenden bzw. zufließenden Mittel zu

---

208 OVG Hmb 14.9.1990 – Bf IV 27/89, FEVS 41, 288; VGH BW 13.2.1974 – VI 576/72, FEVS 23, 73.
209 BSG 18.3.2008 – B 8/9 b SO 9/06 R, SGb 2009, 35; LSG Bln-Bbg 10.10.2007 – L 23 B 146/07 SO ER, EuG 2008, 283 (zu § 26 SGB XII).
210 VG Karlsruhe 13.7.2001 – 8 K 2533/98; OVG Hmb 14.9.1999 – Bf IV 26/89, FEVS 41, 288 (297).
211 LSG Bln-Bbg 10.10.2007 – L 23 B 146/07 SO ER, EuG 2008, 283.
212 VGH BW 13.2.1974 – VI 576/72, FEVS 23, 73.
213 OVG Hmb 14.9.1990 – Bf IV 26/89, FEVS 41, 288.
214 VGH BW 5.5.1998 – 7 S 2309/97, FEVS 49, 311.
215 SchlHLSG 25.8.2005 – L 6 B 200/05 AS ER, FEVS 57, 280 (Erbschaft); LSG Bln-Bbg 29.12.2009 – L 14 AS 1865/09 B ER, NZS 2010, 437 (Ls.).
216 ZB in Fällen, in denen ansonsten die Gefahr der Strafverfolgung droht oder wenn Unterhaltsrückstände (sa § 11 b Abs. 1 S. 1 Nr. 7 SGB II) getilgt werden.
217 OVG Brem 26.4.1988 – 2 B 46/88, FEVS 38, 20.
218 BSG 16.5.2007 – B 11 b AS 37/06 R, SozR 4–4200 § 12 Nr. 4.
219 BSG 30.7.2008 – B 14 AS 26/07 R, SozR 4–4200 § 11 Nr. 17; 30.7.2008 – B 14/11 b AS 17/07 R; 30.7.2008 – B 14 AS 43/07 R; sa Geiger info also 2009, 20.
220 SächsLSG 22.4.2010 – L 2 B 111/08 AS ER.
221 Im Jahre 2017 verzeichnet die BA-Statistik 352 solcher Sanktionsfälle (für das Jahr 2016: 357); s. BA, Sanktionen (Zeitreihe Monats- und Jahreszahlen ab 2007) (Stand: Januar 2019), Tab. 2.

nehmen oder ihn einer Verwendungskontrolle mit entsprechender Nachweispflicht zu unterwerfen.[222]

67 **Unwirtschaftlichkeit** liegt vor, wenn der Leistungsberechtigte mit den ihm bereitgestellten Mitteln „unwirtschaftlich" umgeht, mithin verschwenderisch, sinnlos oder sonst in einer mit normalem Verbrauchsverhalten schlicht unvereinbaren Weise.[223] Das Verhalten muss **zurechen- und vorwerfbar** sein. Hierfür muss der Leistungsberechtigte insbesondere eine – objektiv vorliegende – Unwirtschaftlichkeit seines Verhaltens auch als solche erkennen können und an diesem Verhalten trotz gegebener Fähigkeit, dieses zugunsten eines wirtschaftlichen Verhaltens abzustellen, und Einsichtsfähigkeit festhalten. Dies ist bei suchtbedingtem Unvermögen zur Verhaltensänderung (zB Spielsucht) nicht der Fall. In der regelmäßig erforderlichen Rechtsfolgenbelehrung ist das vorgeworfene unwirtschaftliche Verhalten so konkret und eindeutig zu bezeichnen, dass der Leistungsberechtigte erkennen kann, welche Verhaltensänderung von ihm erwartet wird. Die der Belehrung gleichgestellte Kenntnis hat sich nicht allein auf die Rechtsfolgen bei unterstellter Unwirtschaftlichkeit, sondern die (Er-)Kenntnis dessen zu erstrecken, dass und aus welchen Gründen das eigene Verhalten auch „unwirtschaftlich" ist.

68 Als ein Musterbeispiel unwirtschaftlichen Verhaltens war unter dem BSHG das **Halten eines PKW** bewertet worden.[224] Für das SGB II ist hieran nicht festzuhalten.[225] Mit dem Vermögensschutz für ein angemessenes Kraftfahrzeug (§ 12 Abs. 3 Nr. 2 SGB II) hat der Gesetzgeber für das SGB II zu erkennen gegeben, dass er auch die Aufwendungen für Vorhalten (Steuer, Versicherung) und Betrieb eines Kraftfahrzeuges als nicht unwirtschaftlich anerkennt, mag er auch solche Aufwendungen bei der Bemessung des regelbedarfsrelevanten Mobilitätsbedarfs nicht bzw. unzureichend berücksichtigt haben.[226] Der auf angemessene Kraftfahrzeuge begrenzte Vermögensverwertungsschutz führt nicht dazu, dass bei dessen Unangemessenheit ein unwirtschaftliches Verhalten vorliegt.[227]

7. Meldeversäumnisse (§ 32 SGB II)

69 Einen in der Rechtsfolge besonderen Sanktionstatbestand bilden die **Verstöße gegen Meldeobliegenheiten** (§ 59 SGB II iVm §§ 309, 310 SGB III). Über 70 v.H. der verhängten Sanktionen entfallen auf diesen Sanktionsgrund, der § 159 Abs. 1 S. 2 Nr. 6 SGB III nachgebildet ist. Er gilt gleichermaßen für erwerbstätige Hilfebedürftige wie für nicht erwerbsfähige Leistungsberechtigte und differenziert in der Sanktionsfolge nicht nach Altersgruppen. Gegenüber §§ 60 ff., 66 SGB I ist § 32 SGB II die speziellere Vorschrift, die eine Anwendung des § 66 SGB I allein wegen eines Meldeverstoßes sperrt.[228] Die Sanktionsregelung ergänzt die allgemeinen Mitwirkungsobliegenheiten nach §§ 60 ff., 67 SGB I; sie bleiben anwendbar, soweit die Regelungen über die besonderen SGB II-Mitwirkungspflichten den Lebenssachverhalt/Mitwirkungstatbestand nicht ausdrücklich oder stillschweigend abweichend und/oder abschließend regeln.[229]

---

222 Berlit in: LPK-SGB II § 31 Rn. 94.
223 BT-Drs. 15/1516, 61.
224 OVG Brem 19.2.1988 – 2 B 17.88, FEVS 37, 471; zur Auseinandersetzung s. Griep info also 1996, 88; Ferdy ZfSH/SGB 2001, 144.
225 S. bereits BVerwG 29.12.2000 – 5 B 217.99, FEVS 52, 444; NdsOVG 13.9.1999 – 12 L 2523/99, FEVS 52, 450.
226 S. Martens WSI-Mitt. 2010, 531.
227 So wohl Sonnhoff in: jurisPK-SGB II § 31 Rn. 155.
228 SG Ulm 15.8.2008 – S 10 AS 2799/08 ER; LSG LSA 20.2.2009 – L 5 B 376/08 AS ER (mit Anm. Padé jurisPR-SozR 20/2009 Anm. 1); SG Bremen 1.10.2010 – S 18 AS 1928/10 ER; Davilla 2011 (Lit.), 375 f.; aA – zu § 309 SGB III – SchlHLSG 22.9.2000 – L 3 AL 10/00.
229 BSG 19.9.2008 – B 14 AS 45/07 R, SozR 4-1200 § 60 Nr. 2; LSG LSA 20.2.2009 – L 5 B 376/08 AS ER (mit Anm. Padé jurisPR-SozR 20/2009 Anm. 1).

Die Minderung tritt ein, wenn der Leistungsberechtigte in Kenntnis der Aufforderung **70**
zu einem **Meldetermin** oder einem ärztlichen/psychologischen Untersuchungstermin
nicht erscheint, der Termin rechtmäßig angeordnet war, er ordnungsgemäß über die
Rechtsfolgen belehrt worden ist (bzw. diese kennt) und für sein Fernbleiben keinen
wichtigen Grund nachweist. Die allgemeine Obliegenheit zum persönlichen Erscheinen
(§ 61 SGB I) und zu Untersuchungen (§ 62 SGB I) wird dabei durch § 309 SGB III weiter
ausgeformt und konkretisiert.

Die Pflicht zum Erscheinen wird durch eine **Melde- oder Untersuchungsaufforderung** **71**
ausgelöst, die Verwaltungsakt ist[230] und deren Zugang[231] auch bei EDV-gestützter Erstellung vom Leistungsträger nachzuweisen ist.[232] Um rechtmäßig zu sein, muss sie
einem in der Aufforderung konkret bezeichneten, nach § 309 SGB III (analog) zulässigen Zweck dienen (Berufsberatung, Vermittlung, Vorbereitung der Teilnahme an aktiven Arbeitsförderungsleistungen oder von Entscheidungen im Leistungsverfahren sowie
zur Prüfung der Voraussetzungen für den Leistungsanspruch [inkl. Maßnahmen der
Missbrauchsabwehr]) und klar bestimmen, zu welchem Zeitpunkt der Leistungsberechtigte an welchem Ort erscheinen soll;[233] der konkrete Meldezweck ist stichwortartig zu
benennen.[234] Umfasst sind auch das Erscheinen zu einer Gruppeninformation in den
Räumen einer Bildungseinrichtung,[235] zu einem Gespräch über die berufliche Situation[236] oder eine Eingliederungsvereinbarung.[237] Grenze sind aufgrund objektiver Anknüpfungspunkte erkennbar „schikanöse" Meldeanordnungen; nicht ausreichend ist
der subjektive Eindruck, ohne Sinn „schikaniert" zu werden. Bei einer raschen Abfolge
von mehreren Meldeaufforderungen, denen der Arbeitsuchende bisher keine Folge geleistet hatte, muss der Grundsicherungsträger seine Erwägungen, die ihn zum Festhalten
an dem eingeschlagenen Weg bewegt haben, deutlich machen oder andere und erfolg-
versprechendere Wege der Eingliederung in Betracht ziehen.[238] Die Rechtmäßigkeit der
Aufforderung, zu einem ärztlichen oder psychologischen Untersuchungstermin zu einem
der in § 309 Abs. 2 SGB III genannten Zwecke zu erscheinen, richtet sich nach §§ 62,
65 Abs. 2 SGB I.[239]

Die Minderung wird ausgelöst, wenn der Leistungsberechtigte – ohne wichtigen Grund **72**
– am angegebenen Tag **nicht persönlich** am angegebenen Ort **erschienen** ist. Der Leistungsberechtigte kann sich – zB durch einen Beistand (§ 13 Abs. 4 SGB X) – begleiten,
aber nicht vertreten lassen. Die Vorsprache im Eingangsbereich des Dienstgebäudes der
AA/des Jobcenters reicht bei Weigerung, das Dienstzimmer des zuständigen Sachbear-

---

230 BSG 20.3.1980 – 7 RAr 21/79, SozR 4100 § 132 AFG Nr. 1; LSG MV 25.4.2007 – L 10 A 16/07; offenge-
halten BSG 29.9.1987 – 7 RAr 17/86, SozR 4100 § 132 AFG Nr. 4 (14 f.); aA LSG Bln-Bbg 25.1.2018 – L
25 AS 1138/17 NZB.
231 BSG 25.4.1996 – 11 RAr 81/95, SozR 3–4100 AFG § 120 Nr. 1: Bekanntgabe an die dem Leistungsträger
bekannte Anschrift.
232 SG Aurich 28.11.2001 – S 5 AL 34/00, info also 2002, 112; 18.9.2002 – S 5 AL 18/01, NZS 2003, 335;
SächsLSG 16.12.2008 – L 7 B 613/08 AS-ER; LSG BW 14.3.2008 – L 8 AS 5579/07, ZfSH/SGB 2008,
358 (kein Zugangsnachweis durch „Rollkarte" einer Zustellfirma); SG Köln 30.3.2017 – S 11 AS 617/17
ER; sa Behrens info also 2004, 152 f.
233 LSG Bln-Bbg 16.1.2008 – L 28 B 2119/07 AS ER; LSG LSA 8.2.2019 – L 5 AS 674/18 NZB; s.a. BSG
29.4.2015 – B 14 AS 19/14 R, SozR 4-4200 § 31 a Nr. 1 (Rn. 32: stichwortartige Konkretisierung).
234 LSG LSA 16.1.2008 – L 3 B 396/07 AS ER; LSG BW 27.9.2007 – L 8 AL 855/02 (zu § 309 SGB III); offengelassen LSG Hmb 13.2.2007 – L 5 B 43/07 ER AS, NDV-RD 2007, 40; LSG NRW 13.7.2007 – L 20
B 114/07 AS, info also 2008, 225.
235 LSG Hmb 13.2.2007 – L 5 B 43/07 ER AS, NDV-RD 2007, 40; SG Reutlingen 20.11.2007 – S 12 AS
3858/07 ER.
236 LSG MV 25.4.2007 – L 10 AS 16/07.
237 LSG MV 25.4.2007 – L 10 AS 54/06.
238 LSG Hmb 28.6.2018 – L 4 AS 278/16; sa BSG 29.4.2015 – B 14 AS 19/14 R, BSGE 119, 17.
239 Sonnhoff in: jurisPK-SGB II § 32 Rn. 22.

beiters aufzusuchen, nicht aus.[240] Der Meldepflicht ist in entsprechender Anwendung des § 309 Abs. 3 S. 2 SGB III nachgekommen, wenn sich der Leistungsberechtigte bei einer auch der Uhrzeit nach bestimmten Meldepflicht zu einer anderen Zeit am selben Tag meldet und der Zweck der Meldung erreicht wird.[241] **Mitwirkungsverstöße im Anschluss an die physische Präsenz**, etwa die Verweigerung einer ärztlichen Untersuchung, beurteilen sich allein nach §§ 60 ff. SGB I. Der eindeutige Wortlaut erlaubt die Minderung nur, wenn die Meldung zu einer ärztlichen Untersuchung oder bei dem zuständigen Leistungsträger zu erfolgen hatte. Das Nichterscheinen bei einer sonstigen Stelle ist auch dann unerheblich, wenn eine Leistung nach § 17 Abs. 2 SGB II durch einen Dritten erbracht wird; je nach Ausgestaltung der Eingliederungsvereinbarung kann hierin aber eine Pflichtverletzung nach § 31 Abs. 1 Nr. 1 SGB II liegen.

73 Für die schriftliche **Rechtsfolgenbelehrung** bzw. die ausnahmsweise ausreichende Kenntnis der Rechtsfolgen gelten die allgemeinen Anforderungen (→ Rn. 31 ff.). Sie muss hinreichend konkret auf die jeweilige Tatbestandsvariante bezogen sein und hat auch klarzustellen, dass die einzelnen Minderungen neben Minderungen aus anderen Gründen treten können und auch kumulieren können. Mit dem Verzicht auf eine „aufwachsende" Sanktionsschärfung bei wiederholten Obliegenheitsverletzungen zum 1.4.2011 ist auch die Gestaltung der Rechtsfolgenbelehrung weniger fehlerträchtig geworden.

74 Keine Minderung erfolgt, wenn der Termin aus einem **wichtigen Grund** nicht wahrgenommen werden kann. Er liegt vor, wenn er dem Leistungsberechtigten nach den Umständen des Einzelfalles das Erscheinen gerade am angegebenen Ort zum angegebenen Zeitpunkt unmöglich gemacht oder so erschwert hat, dass es ihm bei Abwägung der widerstreitenden Interessen nicht abzuverlangen war. Der wichtige Grund muss **objektiv vorgelegen** haben und auch subjektiv Grund des Nichterscheinens gewesen sein. In Betracht kommen etwa eine plötzliche **Erkrankung** oder sonst krankheitsbedingtes Unvermögen, die Meldetermine wahrzunehmen,[242] die Erledigung unaufschiebbarer persönlicher Angelegenheiten (Teilnahme an einer Trauerfeier für einen nahen Angehörigen; unvorhersehbarer Ausfall der Betreuungsperson für ein Kleinkind), vorrangige eingliederungsorientierte Obliegenheiten (Vorstellungstermin bei einem möglichen Arbeitgeber; nicht abwendbare Terminkollision mit geringfügiger Beschäftigung) oder der Ausfall von Verkehrsmitteln. Für sich allein kein hinreichender Grund sind die mit der Meldeaufforderung verbundenen notwendigen Reisekosten, die Abholung eines 12-jährigen Schulkindes von der Schule,[243] vermeintlich unzureichende Bekleidung[244] oder der schlichte Irrtum über das Datum aufgrund unsorgfältiger Durchsicht des Aufforderungsschreibens.[245] Bei **Kollisionen mit anderweitigen Terminen** muss der Leistungsberechtigte zumutbare Bemühungen um deren Verlegung entfalten;[246] geht dies nicht, besteht keine ausdrückliche Obliegenheit, dem Leistungsträger vor dem festgesetzten Termin mitzuteilen, dass und aus welchen Gründen der Termin nicht wahrgenommen werden kann.[247]

75 Ein **Arzttermin** ist aber nur dann ein **wichtiger Grund** für die Versäumung eines Meldetermins, wenn es sich um einen notfallmäßigen oder aus sonstigen Gründen unaufschiebbaren Termin handelt.[248] Eine krankheitsbedingte Verhinderung kann auch ohne

240 BayLSG 4.8.2010 – L 9 AS 466/10 B ER; 26.4.2010 – L 7 AS 212/10 B ER.
241 BayLSG 23.2.2017 – L 7 AS 435/15.
242 SG Berlin 4.6.2007 – S 37 AS 10804/07 ER.
243 HessLSG 5.11.2007 – L 6 AS 279/07, ZfSH/SGB 2008, 233.
244 SG Koblenz 1.6.2006 – S 11 AS 317/05, AuR 2006, 409.
245 LSG NRW 13.7.2007 – L 20 B 114/07 AS, info also 2008, 225.
246 SG Reutlingen 30.9.2008 – S 2 AS 4133/07; SächsLSG 16.8.2018 – L 3 AS 508/18.
247 AA wohl LSG RhPf 23.7.2009 – AS 131/08, info also 2010, 34.
248 SG Reutlingen 30.9.2008 – S 2 AS 4133/07.

Vorlage einer ärztlichen Bescheinigung, zB durch Zeugenbeweis, nachgewiesen werden.[249] Eine tatsächlich vorliegende und durch **Arbeitsunfähigkeitsbescheinigung** belegte Erkrankung ist nur dann ein wichtiger Grund, wenn die Erkrankung den Leistungsberechtigten auch an der Wahrnehmung des Meldetermins hindert.[250] Bei vorgelegter Arbeitsunfähigkeitsbescheinigung müssen aber Anhaltspunkte dafür vorliegen, dass die bescheinigte Arbeitsunfähigkeit nicht gleichzeitig die Unfähigkeit zur Wahrnehmung eines Meldetermins begründet.[251]

IV. Rechtsfolgen bei Obliegenheitsverletzungen

Rechtsfolge einer Obliegenheitsverletzung ist die (stufenweise) Minderung bzw. der vollständige Wegfall des Alg II. §§ 31 a, 32 SGB II unterscheiden hierfür nach der Art der Obliegenheitsverletzung (Meldeverstoß bzw. sonstige Obliegenheitsverletzung), deren Häufigkeit (erste oder wiederholte Pflichtverletzung), dem Alter des Leistungsberechtigten (über/unter 25 Jahre) sowie danach, ob sich der erwerbsfähige Leistungsberechtigte nachträglich bereit erklärt, seinen Pflichten nachzukommen. **76**

1. Über 25-jährige Leistungsberechtigte (§ 31 a Abs. 1 SGB II)

a) Erste Pflichtverletzung

Bei über 25-jährigen Leistungsberechtigten mindert sich bei der ersten Pflichtverletzung das Alg II um 30 v.H. des nach § 20 SGB II maßgeblichen Regelbedarfs. Abzustellen ist auf den für den zu sanktionierenden Leistungsberechtigten nach § 20 Abs. 2 bis 4 SGB II konkret maßgeblichen Regelbedarf. Unerheblich ist der Zahlbetrag; bei Anrechnung anderweitiger Einkünfte kann es so schon bei der ersten Pflichtverletzung nach § 31 SGB II zum vollständigen Wegfall der Leistungen kommen. **77**

b) Wiederholte Pflichtverletzung

Eine „wiederholte „Pflichtverletzung" ist eine neuerliche Pflichtverletzung nach § 31 Abs. 1 oder 2 SGB II, die einer (noch beachtlichen) anderen Pflichtverletzung nach § 31 Abs. 1 oder 2 SGB II zeitlich folgt; es muss nicht derselbe Sanktionstatbestand erneut erfüllt werden. **Keine wiederholte Pflichtverletzung** liegt bei mehrfacher Verletzung ein und derselben, identischen Obliegenheit durch bloße Bekräftigung einer bereits betätigten Haltung, die in einem „Fortsetzungszusammenhang" steht, bei Verletzung mehrerer Obliegenheiten durch dieselbe Handlung („kumulative" Pflichtverletzung, zB durch die Verweigerung einer in der Eingliederungsvereinbarung vereinbarten zumutbaren Arbeit), die auch nicht parallel zweifach sanktioniert werden darf, oder in Fällen vor, in denen mehrere zeitgleich, aber als Alternativen unterbreitete Angebote durch dieselbe Handlung[252] oder aus demselben Grund[253] abgelehnt werden.[254] Allein die Grundhaltung, Arbeitsgelegenheiten nach § 16 d S. 2 SGB II unabhängig von ihrer Ausgestaltung nicht antreten zu wollen, begründet indes bei sukzessivem Angebot verschiedener Arbeitsgelegenheiten keinen „Fortsetzungszusammenhang".[255] **78**

---

249 Sonnhoff in: jurisPK-SGB II § 32 Rn. 41.
250 BSG 9.11.2010 – B 4 AS 27/10 R, SozR 4–4200 § 31 Nr. 6.
251 LSG RhPf 23.7.2009 – L 5 AS 131/08, info also 2010, 34; dem ist nur bei greifbaren Anhaltspunkten für eine missbräuchlich ausgestellte Arbeitsunfähigkeitsbescheinigung zuzustimmen; zu den Voraussetzungen einer sog. Wegeunfähigkeitsbescheinigung SG Nürnberg 13.9.2017 – S 13 AS 59/17.
252 LSG Bln-Bbg 12.5.2006 – L 10 B 191/06 AS ER.
253 SG Berlin 9.3.2006 – S 53 1305/06 ER.
254 AA Loose in: GK-SGB II § 31 a Rn. 10.
255 BSG 9.11.2010 – B 4 AS 27/10 R, SozR 4–4200 § 31 Nr. 6.

79 Eine „wiederholte Pflichtverletzung" liegt nur vor, wenn das vorangehende **Sanktionsereignis bereits festgestellt** ist (§ 31 a Abs. 1 S. 4 SGB II). Für eine Sanktionsschärfung beachtlich sind nur solche Pflichtverletzungen, die nach der Minderung für die jeweils vorangehende Pflichtverletzung begangen worden sind. **Mehrfache Pflichtverletzungen** nach § 31 SGB II **innerhalb eines Kalendermonats** bzw. vor der Sanktionierung des Anknüpfungsverstoßes können nicht mehr je gesondert parallel sanktioniert werden.[256] Nachfolgende verschärfte Sanktionen sind nur statthaft, wenn alle vorangehenden Sanktionen rechtmäßig verfügt und zumindest vollziehbar sind;[257] dies ist inzident von Amts wegen zu prüfen.[258] Eine **Kumulation** kommt aber beim Zusammentreffen eines Verstoßes nach § 31 SGB II mit einem Meldeverstoß nach § 32 Abs. 1 SGB II in Betracht (§ 32 Abs. 2 SGB II). Als Anknüpfungsverstoß nicht beachtlich sind solche Verstöße, bei denen der Beginn des letzten vorangegangenen Sanktionszeitraums (§ 31 b Abs. 1 SGB II) länger als ein Jahr zurückliegt (§ 31 a Abs. 1 S. 2 SGB II). Erforderlich ist eine beachtliche, dh wirksame Feststellung der Leistungsminderung, die mithin nicht bestandskräftig sein muss. Bei bestrittener Rechtmäßigkeit der (letzten) vorangegangenen Minderung hat indes zumindest dann eine Inzidentprüfung der Rechtmäßigkeit auch für die Folgeminderung zu erfolgen, wenn die vorangegangene Minderung noch nicht bestandskräftig geworden ist oder die Voraussetzungen des § 44 SGB X vorliegen. **Anknüpfungspunkt** für die Rückbetrachtung ist der Zeitpunkt der wiederholten Pflichtverletzung, nicht der Beginn des hieran anknüpfenden Sanktionszeitraums.

80 Bei der (ersten) **wiederholten Pflichtverletzung** beträgt der Minderungssatz 60 v.H.[259] Die Minderung des Alg II ist schon wegen ihres Sanktionscharakters auf den **eigenen Bedarf** des jeweils pflichtwidrig handelnden Leistungsberechtigten begrenzt. Der erwerbsfähige Leistungsberechtigte bleibt auch dann Kern einer Bedarfsgemeinschaft, deren weitere Mitglieder Sozialgeld erhalten können, wenn der nominal auf den Regelbedarf bezogene Minderungsbetrag den auf den Leistungsberechtigten rechnerisch entfallenden quotalen Bedarf (§ 9 Abs. 2 S. 3 SGB II) übersteigt; in diesem Fall besteht Sozial-, insbesondere Krankenversicherungspflicht, welche die Familienkrankenversicherung von Sozialgeldbeziehern umschließt, jedenfalls dann, wenn als Alg II-Surrogat Sach- oder geldwerte Leistungen gewährt werden. Bei Bedarfsgemeinschaften ist in Fällen der Sanktionsschärfung nach S. 2 bzw. des Alg II-Wegfalls nach S. 3 eine – für den Regelfall einer auf die Bedarfsgemeinschaft bezogenen Berechnung der Hilfebedürftigkeit nicht angezeigte – **Individualisierung der Bedarfsberechnung** unter individueller Zuordnung insbesondere der Kosten der Unterkunft erforderlich; sie sind ggf. abweichend von der Aufteilung „nach Kopfteilen" zuzuordnen.[260]

81 Jede weitere wiederholte Verletzung der Obliegenheiten nach § 31 Abs. 1 oder 2 SGB II bewirkt den **vollständigen Wegfall des Alg II** (Minderung um 100%). Erfasst werden alle in § 19 Abs. 1 S. 3 SGB II genannten Leistungsbestandteile einschließlich der angemessenen Kosten für Unterkunft und Heizung.[261] Mit betroffen sind auch die Leistungen für Mehrbedarfe beim Lebensunterhalt (§ 21 SGB II), weil auch sie als Leistungen

256 SächsLSG 1.11.2007 – L 3 B 292/07 AS-ER; wohl auch BSG 9.11.2010 – B 4 AS 27/10 R, SozR 4–4200 § 31 Nr. 6; aA SG Reutlingen 30.9.2008 – S 2 AS 4133/07.
257 BSG 9.11.2010 – B 4 AS 27/10 R, SozR 4–4200 § 31 Nr. 6 (zu Meldeversäumnissen); SächsLSG 11.3.2008 – L 2 B 497/07 AS-ER.
258 LSG BW 16.4.2008 – L 7 AS 1398/08 ER-B, Breithaupt 2008, 1004.
259 Nicht vorgesehen ist eine Minderung von Arbeitslosengeld II in Höhe von 60 Prozent durch zwei Sanktionsbescheide in Höhe von jeweils 30 Prozent für denselben Leistungszeitraum; s. LSG Nds-Brem 17.6.2013 – L 7 AS 332/13 B ER, FEVS 65, 280.
260 LSG Nds-Brem 8.7.2009 – L 6 AS 335/09 B ER, info also 2010, 189; LSG NRW 22.3.2012 – L 6 AS 1589/10, info also 2013, 70; BSG 23.5.2013 – B 4 AS 67/12 R, SozR 4–4200 § 22 Nr. 68; sa Geiger info also 2010, 3 (6 f.); Wersig info also 2013, 51; aA LSG LSA 30.1.2013 – L 5 AS 373/10; s. auch → Kap. 28 Rn. 33 f.
261 BT-Drs. 16/1696, 25.

zur Sicherung des dem Lebensunterhalt zuzuordnenden Bedarfs Alg II-Leistungen sind, und auch die Fälle abweichender Leistungserbringung (§§ 24 ff. SGB II).[262] Der **obligatorische, vollständige Wegfall** des Alg II unabhängig auch von dem jeweiligen Gewicht, dem Verschuldensgrad und den weiteren Umständen des Einzelfalles **verstößt** auch in Ansehung der Milderungsmöglichkeit bei Wohlverhalten (dazu → Rn. 9, 82) und der Gewährung von ergänzenden Sach- oder geldwerten Leistungen (dazu → Rn. 13 f.) gegen den **Verhältnismäßigkeitsgrundsatz.** Ist kein Schonvermögen vorhanden, das zur Überbrückung eingesetzt werden kann, erhöht es ohne flankierende Leistungen für die Unterkunft angesichts der dreimonatigen Sanktionsfrist vor allem bei Alleinstehenden die Wahrscheinlichkeit, dass es zu fristlosen Kündigungen nach § 543 Abs. 2 Nr. 3 BGB kommen wird, bei denen dann zur Abwendung von Wohnungslosigkeit Leistungen nach § 22 Abs. 8 SGB II zu prüfen sein werden. Diese Folge ist vom Gesetzgeber nicht (erkennbar) bedacht worden; die gewollte Sanktionsverschärfung hindert wegen hierauf gründender Mietschulden bei teleologischer Reduktion, deren Übernahme iSd § 22 Abs. 8 SGB II als zum Erhalt der Unterkunft „gerechtfertigt" anzusehen.[263] Zu demselben Ergebnis führte eine verfassungskonforme Auslegung, weil der Unterkunftsbedarf – dem Grunde nach – von dem Grundrecht auf ein menschenwürdiges Existenzminimum erfasst wird.

Der Leistungsträger kann bei erklärtem **Wohlverhalten** in Fällen weiterer wiederholter **82** Pflichtverletzungen die Sanktionsfolgen des Satzes 2 auf 60% der Regelleistung begrenzen (§ 31 a Abs. 1 S. 6 SGB II). Die – formfrei mögliche – **nachträgliche Erklärung des Leistungsberechtigten,** seinen Pflichten nachkommen zu wollen,[264] muss dem weiteren wiederholten Pflichtverstoß zeitlich nachfolgen, kann aber der Feststellung nach § 31 b SGB II vorangehen und etwa in der Anhörung (§ 24 SGB X) abgegeben werden. An die **Ernsthaftigkeit und Glaubwürdigkeit der Erklärung** sind wegen der dem Leistungsträger aufgegebenen Berücksichtigung der Umstände des Einzelfalles und des Begrenzungsermessens nur geringe Anforderungen zu stellen, weil sie nach dem Gesetzeswortlaut nur abzugeben, nicht aber umzusetzen ist. Ein auch betätigter Sinneswandel ist lediglich dann abzuverlangen, wenn er konkret auf die bislang iSd § 31 Abs. 1 SGB II verweigerte Mitwirkungshandlung bezogen ist und diese nachgeholt werden kann. Die bei abgegebener Erklärung dem Leistungsträger auch ohne entsprechenden Antrag eröffnete Ermessensentscheidung muss insbesondere die bisherige „Sanktionierungsgeschichte" und eine hieran anknüpfende Bewertung der Ernsthaftigkeit der abgegebenen Erklärung, Anhaltspunkte für eine erkennbare Verhaltensänderung, Art und Gewicht des weiteren wiederholten Pflichtverstoßes, den Grad des Verschuldens, einen etwaigen Mitverursachungsbeitrag des Leistungsträgers (zB durch Betreuungsmängel), den zeitlichen Abstand zum vorangegangenen Pflichtverstoß sowie die Einsichtsfähigkeit des Leistungsberechtigten berücksichtigen; bei Mehrpersonenbedarfsgemeinschaften sind die Auswirkungen auf andere in der Bedarfsgemeinschaft lebende Personen und vor allem minderjährige Kinder (§ 31 a Abs. 3 S. 2 SGB II) mit Gewicht in die Gesamtabwägung einzustellen. Eine Begrenzung ist erst ab der entsprechenden Erklärung möglich und ist auf exakt 60 v.H. des Regelbedarfs vorzunehmen.

262 Die Zuordnung des Zuschusses zu Versicherungsbeiträgen (§ 26 SGB II) zu den Leistungen zum Lebensunterhalt lässt offen BSG 27.9.2011 – B 4 AS 160/10 R, SozR 4–4200 § 26 Nr. 2 (Rn. 22).
263 BayLSG 28.8.2012 – L 7 AS 527/12 B ER.
264 SG Duisburg 22.9.2009 – S 31 AS 317/09 ER.

2. Unter 25-jährige Leistungsberechtigte (§ 31 a Abs. 2 SGB II)

a) Verfassungsmäßigkeit der Regelung

83 Junge Hilfebedürftige bis zur Vollendung des 25. Lebensjahres unterliegen einer härteren Sanktionierung (§ 31 a Abs. 2 SGB II), die den Druck auf junge Arbeitslose erhöhen soll, Langzeitarbeitslosigkeit zu vermeiden.[265] Entgegen der herrschenden Rechtsprechung[266] rechtfertigen weder dieser noch andere Zwecke die Ungleichbehandlung durch die auch sonst **unverhältnismäßige Sanktionsverschärfung**.[267] Sie ist auch nach Einfügung der in die richtige Richtung weisenden Regelung, den Sanktionszeitraum auf sechs Wochen verkürzen zu können, unverhältnismäßig. Die verschärfte Sanktionierung verstößt auch gegen den **Gleichheitsgrundsatz** (Art. 3 Abs. 1 GG). Gerade bei Jugendlichen und jungen Erwachsenen kann typischerweise nicht von einer im Vergleich zu anderen Leistungsberechtigten höheren Handlungskompetenz oder Einsichtsfähigkeit ausgegangen werden, welche eine „härtere" Sanktionierung rechtfertigten. Dass diesem Personenkreis in besonderem Maße Eingliederungsangebote zu machen sind (§ 3 Abs. 2 SGB II), erhöht lediglich die Wahrscheinlichkeit, dass es zu sanktionsauslösenden Pflichtverletzungen kommt, rechtfertigt aber keine schärferen Sanktionen.[268]

84 Das **Ziel**, einer **Verfestigung von Arbeitslosigkeit** entgegenzuwirken, ist richtig und wichtig.[269] Es rechtfertigt angesichts der höheren Betreuungsintensität und damit erweislich höheren Sanktionswahrscheinlichkeit nicht auch noch drastischer striktere Sanktionsstufen. Tragfähige Belege für integrationsfördernde Wirkungen fehlen; tendenziell erschweren die verschärften Sanktionen sogar die nachhaltige Integration in das Erwerbsleben.[270] Zur Vermeidung eines Verfassungsverstoßes sind entgegen der hM auch auf diesen Personenkreis die allgemeinen Regeln (§ 31 a Abs. 1 und 3 SGB II) anzuwenden.[271] Ob die Regelung auch unionsrechtswidrig ist,[272] hängt davon ab, ob ein übergreifendes, richtlinien- und umsetzungsunabhängiges Verbot der Altersdiskriminierung, das auch Jugend schützt, anzuerkennen ist.[273] Jugendhilfeleistungen, die im Förder- und Betreuungsbereich (§ 13 Abs. 1 SGB VIII) bei Sanktionen in Betracht kommen,[274] können den Entzug der materiellen Grundlagen der physischen Existenz und der gesellschaftlichen Teilhabe nicht ausgleichen und so einem Verfassungsverstoß nicht entgegenwirken.[275]

---

265 BT-Drs. 15/1516, 60.

266 LSG NRW 30.6.2006 – L 19 B 40/06 AS ER; 2.5.2006 – L 20 B 37/06 AS ER; 9.12.2009 – L 12 AS 18/09; LSG MV 6.9.2007 – L 8 B 197/06; LSG Nds-Brem 21.4.2010 – L 13 AS 100/10 B ER, info also 2010, 227 (mit Anm. Spindler info also 2010, 229); LSG Nds-Brem 28.9.2017 – L 11 AS 1067/15 (dazu Anm. Husemann NZS 2018, 197); sa Loose in: GK-SGB II § 31 a Rn. 31 ff.; letztlich auch Knickrehm/Hahn in: Eicher/Luik SGB II § 31 a Rn. 25.

267 Krahmer ZfF 2004, 178, 179; Berlit ZfSH/SGB 2008, 3 (4); ders. SozSich 2010, 124; ders. info also 2011, 124 (124 ff.); Davilla SGb 2010, 557; BT-Ausschuss-Drs. 17(11)538 v. 1.6.2011, 5 f. (DGB), 10 f. (IAB), 14 f. (DV), 17 (Diakonisches Werk) und 25 f. (Lauterbach); wohl auch Lauterbach in: Gagel SGB II/SGB III § 31 SGB II Rn. 18.

268 AA wohl Mrozynski ZfSH/SGB 2004, 198 (217).

269 BT-Drs. 15/1516, 61.

270 Götz/Ludwig-Mayerhofer/Schreyer IAB-KB 10/2010, 7; Ames (Lit.) 2009; Schreyer/Zahradnik/Götz IAB-Forum 2/2013, 60; dies. SF 2012, 213; Karl/Müller/Wolff ZfRSoz 2011, 101; Deutscher Verein 2013 (Lit.), NDV 2013, 289 (291); Davilla SGb 2010, 557.

271 Sa Schreyer/Götz IAB-Forum 1/2010, 80.

272 S. Davilla SGb 2010, 557; dies. 2011 (Lit.), 285 ff.

273 Dazu EuGH 22.11.2005 – C-144/04; 19.1.2010 – C-555/07; BVerfG 26.7.2010 – 2 BvR 2661/06, NJW 2010, 3422.

274 Riehle ZfSH/SGB 2010, 462.

275 Berlit info also 2011, 51.

b) Anwendungsvoraussetzungen

Die Sanktionsschärfung gilt für Leistungsberechtigte, die das 25. Lebensjahr noch nicht **85** vollendet haben (**junge Leistungsberechtigte**). Maßgeblich ist der **Zeitpunkt**, zu dem die jeweilige **Obliegenheitsverletzung** begangen worden ist.[276] Den Sonderregelungen auf der Rechtsfolgenseite korrespondieren auf der Tatbestandsseite nicht gesteigerte Mitwirkungsobliegenheiten oder Verhaltensanforderungen, an welche die schärfere Sanktionierung anknüpfen könnte. Nicht abgesenkt sind insbes. die Voraussetzungen für einen sanktionswürdigen Obliegenheitsverstoß. Von Abs. 2 unberührt bleibt die isoliert mögliche Minderung bei Meldeversäumnissen (§ 32 SGB II).

In der nach § 31 Abs. 1 SGB II regelmäßig erforderlichen **Rechtsfolgenbelehrung** sind **86** dem jungen Leistungsberechtigten die besonderen, für ihn verschärften Rechtsfolgen des Abs. 2 konkret, eindeutig, verständlich, verbindlich und rechtlich zutreffend vor Augen zu führen, und zwar „vorher", also vor der Pflichtverletzung. Fehlt es an einer auf die verschärften Sanktionsfolgen bezogenen, verständlichen Rechtsfolgenbelehrung, kommt eine Minderung nach dem Stufensystem auch dann nicht in Betracht, wenn die hierfür angezeigte Rechtsfolgenbelehrung – in Verkennung des Umstands, dass sie an einen jungen Leistungsberechtigten gerichtet ist – im Übrigen ordnungsgemäß erfolgt ist. Der Leistungsträger hat über die Rechtsfolgenbelehrung kein Wahlrecht hinsichtlich der gesetzlich ausdifferenzierten und fixierten Rechtsfolgen.

c) Sanktionsfolge bei erstmaligem Pflichtverstoß nach § 31 SGB II (§ 31 a Abs. 3 S. 1 SGB II)

Bei Pflichtverstößen nach § 31 Abs. 1 SGB II oder Fehlverhalten nach § 31 Abs. 2 SGB II **87** wird bei jungen Leistungsberechtigten das Alg II übergangslos – unter Wegfall etwaiger Mehrbedarfszuschläge nach § 21 SGB II[277] – auf **Leistungen für die Kosten von Unterkunft** und Heizung (§ 22 SGB II) **beschränkt**. Dies setzt die Gewährung von Unterkunftskosten voraus, ohne in Sanktionsfällen einen Anspruch jenseits des § 22 SGB II zu begründen. Auf den allein in der Bedarfsberechnung einzustellenden Unterkunftskostenbedarf ist etwaiges Einkommen des jungen Leistungsberechtigten nur anzurechnen, wenn es die Regelbedarfe übersteigt.[278]

d) Sanktionsfolge bei wiederholtem Pflichtverstoß nach § 31 SGB II (§ 31 a Abs. 3 S. 1 SGB II)

Bei **wiederholter Pflichtverletzung** durch den jungen Leistungsberechtigten ist eine **88** „Sanktionsverschärfung" durch Wegfall auch der unterkunftsbezogenen Leistungen vorgesehen. Bei binnen Jahresfrist (§ 31 a S. 3 SGB II) erstmalig **wiederholtem Pflichtverstoß** entfällt bei den unter 25-Jährigen bereits **beim ersten wiederholten Pflichtverstoß** das Alg II insgesamt und damit auch die unterkunftsbezogenen Leistungen. Diese **Sanktionsverschärfung** soll durch eine weitere Sanktionsstufe eine angemessene Reaktion auf wiederholte Pflichtverletzungen sicherstellen, die wegen der unverhältnismäßigen Schärfe bereits der ersten Stufe entsprechend hart ausfallen musste, und so eine „erzieherische Wirkung der Sanktion" befördern.[279] Sie betrifft die Unterkunftskosten unabhängig davon, ob der junge Leistungsberechtigte eine eigene Unterkunft bewohnt oder auf ihn lediglich ein Unterkunftskostenbeitrag, zB in der Unterkunft der Eltern, entfällt.

Wohnt der junge Leistungsberechtigte, wie durch § 22 Abs. 5 SGB II für den Regelfall **89** vorgegeben, in einer Bedarfsgemeinschaft mit seinen Eltern und haben diese im Außenverhältnis zum Vermieter für die Unterkunftskosten einzustehen, führt die Sanktionie-

---

[276] Nr. 31.44 DH-BA.
[277] LSG Bln-Bbg 13.10.2008 – L 25 B 1835/08 AS ER.
[278] LSG Nds-Brem 26.9.2018 – L 11 AS 1124/15 (Revision zum BSG [B 14 AS 47/18 R]); Nr. 31.40 DH-BA (4.5.2017); ungenau Berlit in: LPK-SGB II, 6. Aufl., § 31 a Rn. 36.
[279] BT-Drs. 16/1696, 25.

rung notwendig zu einer zumindest faktischen, bei Volljährigen durch nichts zu rechtfertigenden **Mitbetroffenheit der Eltern**. Stehen die Eltern selbst im SGB II-Leistungsbezug, bewirkt dies ein nicht gerechtfertigtes, „sippenhaftartiges" Übergreifen auf Personen, die sich selbst obliegenheitskonform verhalten haben. Dem ist durch eine von der Aufteilung „nach Kopfzahl" abweichende Zuordnung der Unterkunftskosten Rechnung zu tragen, bei der der auf den jungen Leistungsberechtigten entfallende **Unterkunftskostenanteil** für die Dauer der Minderung den Eltern (bzw. anderen im Außenverhältnis verpflichteten) Personen jedenfalls dann zuzurechnen ist, wenn dieser über kein Einkommen oder Vermögen verfügt, um seinen Kopfteil (zumindest anteilig) zu bezahlen.[280]

3. Nichterwerbsfähige Leistungsberechtigte (§ 31 a Abs. 4 SGB II)

90 Die bis 31.3.2011 gesondert in § 32 aF geregelten Rechtsfolgen für Pflichtverletzungen durch nichterwerbsfähige Leistungsberechtigte, die Sozialgeld (§ 23 SGB II/§ 28 SGB II [aF]) erhalten, sind in die allgemeine Rechtsfolgenregelung integriert. Grund, Umfang und Verfahren einer **Absenkung des Sozialgeldes** sind durch Verweis auf die Regelungen für die erwerbsfähigen Leistungsberechtigten geregelt. Die entsprechende Anwendung der **Rechtsfolgenregelungen** bezieht sich insbes. auf den Minderungssatz in Bezug auf das jeweilige Sozialgeld (§ 23 SGB II/§ 28 SGB II [aF]), die weitere Minderung bei wiederholten Pflichtverletzungen sowie Verfahren und Dauer der Minderung.

91 Für diesen Personenkreis sind nach der Fassung der Sanktionstatbestände und mangels eigener Erwerbsobliegenheit die **sanktionsfähigen Pflichtverletzungen** beschränkt auf Fälle der „Vermögensverschleuderung" (§ 31 Abs. 2 Nr. 1 SGB II) und des „unwirtschaftlichen Verhaltens" (§ 31 Abs. 2 Nr. 2 SGB II). Die unzureichende Mitwirkung an Maßnahmen zur Arbeitsmarktintegration erwerbsfähiger Mitglieder der Bedarfsgemeinschaft oder deren unzureichende Unterstützung, zu der auch die nicht erwerbsfähigen Leistungsberechtigten verpflichtet sind (§ 2 Abs. 1 S. 1, Abs. 2 S. 1 SGB II), kann keine Leistungsminderung zur Folge haben.

4. Ergänzende Sach- oder geldwerte Leistungen (§ 31 a Abs. 3 SGB II)

92 Bei einer Minderung der Regelleistung, die über 30 v.H. hinausgeht, können ergänzend Sach- oder geldwerte Leistungen gewährt werden (§ 31 a Abs. 3, § 32 Abs. 2 S. 2 SGB II). Diese Möglichkeit entspricht der **sozialstaatlichen Verpflichtung**, im Falle der Minderung existenzsichernder Sozialleistungen den **Leistungsfall „unter Kontrolle" zu halten**. Bei verfassungskonformer Anwendung kann dadurch sichergestellt werden, dass dem Leistungsberechtigten auch bei wiederholter Pflichtverletzung das zum Lebensunterhalt Unerlässliche gewährt und eine Verletzung des Grundrechts auf ein menschenwürdiges Existenzminimum[281] vermieden werden kann.[282] Bei (erstmaliger) Minderung wegen einer Pflichtverletzung nach § 31 SGB II sind ergänzende Sachleistungen oder geldwerte Leistungen nach § 31 a Abs. 3 SGB II nicht möglich; hier kommen – in atypischen Ausnahmefällen – allenfalls Leistungen nach § 24 SGB II in Betracht, bei denen dem Leistungsberechtigten auch bei Bedarfsdeckung durch Sachleistung ein „entsprechendes Darlehen" zu gewähren ist.

---

280 LSG Nds-Brem 8.7.2009 – L 6 AS 335/09 B ER, info also 2010, 189; sa Geiger info also 2010, 3 (6 f.); Knickrehm/Hahn in: Eicher/Luik SGB II § 31 a Rn. 19; sa BSG 23.5.2013 – B 4 AS 67/12 R, SozR 4–4200 § 22 Nr. 68; 2.12.2014 – B 14 AS 50/13 R, FEVS 66, 534.

281 BVerfG 9.2.2010 – 1 BvL 1/09, BVerfGE 125, 175; 18.7.2012 – 1 BvL 10/10, 1 BvL 2/11, NVwZ 2012, 1024.

282 BT-Drs. 17/3404, 112.

Voraussetzung der Ermessensentscheidung ist eine „Minderung" des Alg II um „mehr **93** als" 30%. Diese Minderungshöhe wird – bei über 25-jährigen Leistungsberechtigten – erreicht, wenn eine erste Pflichtverletzung mit einer Minderung wegen des Meldever- säumnisses zusammentrifft, bei der ersten wiederholten Pflichtverletzung und der ersten Pflichtverletzung eines unter 25-Jährigen; sie kann auch durch mehr als drei parallele Sanktionen wegen verschiedener Meldeverstöße nach § 32 SGB II überschritten werden. § 43 Abs. 3 SGB II regelt das **Zusammentreffen** von Minderungen nach §§ 31, 32 SGB II mit einer **Darlehensaufrechnung** (§ 42 a Abs. 2 SGB II) oder einer **Aufrechnung wegen Erstattungs- oder Ersatzansprüchen** (§ 43 SGB II) dahin, dass die Sanktionsmin- derung vorgeht und die anderweitigen Minderungen nur bis zur 30%-Grenze realisiert werden können.[283] So wird auch beim „normübergreifenden" Zusammentreffen ver- schiedener Aufrechnungen die Höhe der monatlichen Aufrechnung auf insgesamt 30% des maßgeblichen Regelsatzes begrenzt.

Die **Entscheidung** über **ergänzende Sachleistungen oder geldwerte Leistungen** erfordert **94** einen **gesonderten Antrag** (§ 31 a Abs. 3 S. 1 SGB II) und ist nicht mehr von Amts wegen zu treffende Kürzungsvoraussetzung;[284] bis zum 31.3.2011 war ohne eine ermessens- fehlerfreie Entscheidung über die ergänzenden Leistungen die Minderung selbst rechts- widrig.[285] Der Antrag ist formlos, auch mündlich, möglich und liegt in jeder Äußerung eines von Leistungsminderung Betroffenen, die erkennen lässt, dass er mit den nach der Kürzung verbliebenen Leistungen nicht auskommen kann/wird; sie kann auch schon in der Anhörung (§ 24 SGB X) zur Kürzung erfolgen. Soweit durch Sachleistungen bzw. geldwerte Leistungen ein Nachholbedarf gedeckt werden kann, kommen auch auf den Beginn des Sanktionszeitraums rückwirkende Leistungen in Betracht; § 37 Abs. 2 S. 1 SGB II ist auf diesen gesonderten Antrag nicht anzuwenden. Im Interesse einer effek- tiven Sicherung des physischen Existenzminimums unter Wahrung des staatlichen Wäch- teramts (Art. 6 Abs. 2 S. 2 GG) ist eine ausdrückliche, fehlerfreie Ermessensentschei- dung über die Gewährung solcher Leistungen jedenfalls dann Rechtmäßigkeitsvoraus- setzung von Minderung und Wegfall, wenn in der Bedarfsgemeinschaft **minderjährige Kinder** leben.[286] Hier verdrängt die gesetzliche Pflicht zur Leistungsgewährung (§ 31 a Abs. 3 S. 2 SGB II) auch das allgemeine Antragserfordernis.

Die Sach- oder geldwerten Leistungen zielen auf die **Sicherung des Lebensunterhalts** **95** (§ 19 Abs. 1 SGB II) und treten insoweit auch als besondere Form der Leistungsgewäh- rung für die Anwendung von anderen Rechtsvorschriften an die Stelle der Gewährung von Alg II. Ergänzend möglich sind lediglich **Sachleistungen** (→ Kap. 15 Rn. 11 ff.) oder **geldwerte Leistungen**, die durch Sachgutscheine (§ 4 Abs. 1 SGB II), **Wertgutscheine** oder vergleichbare Systeme unbarer Abrechnung[287] abgewickelt werden können. Geld- leistungen sind auch dann ausgeschlossen, wenn die erforderliche ergänzende Bedarfs- deckung hierüber kostengünstiger abgewickelt werden könnte. Die ergänzenden Leis- tungen sind als Zuschuss zu gewähren. Soweit auch die Leistungen für die existenznot- wendige Unterkunft sanktionsbedingt wegfallen, besteht eine Regelungslücke; von Ver- fassungs wegen darf der Gesetzgeber eine gezielte Prävention von Wohnungslosigkeit durch Ermessensleistungen an den Vermieter nicht vollständig ausschließen. Diese

283 AA noch – bis zur Neuregelung – Berlit ZfSH/SGB 2012, 561; Hengelhaupt in: Hauck/Noftz/Voelzke SGB II § 43 Rn. 134.
284 So zur früheren Rechtslage LSG Bln-Bbg 16.12.2008 – L 10 B 2154/08 AS ER.
285 SG Berlin 30.7.2010 – S 185 AS 19695/10 ER; 19.8.2009 – S 26 AS 5380/09; LSG Nds-Brem 21.4.2010 – L 13 AS 100/10 B ER, info also 2010, 227; LSG NRW 9.9.2009 – L 7 B 211/09 AS ER, info also 2009, 277; aA SG Bremen 1.6.2010 – S 22 AS 965/10, ZfSH/SGB 2010, 489; LSG MV 3.8.2009 – L 8 216/09; LSG BW 21.6.2012 – L 7 AS 4298/11.
286 SG Detmold 2.5.2008 – S 11 AS 112/08 ER; LSG Bln-Bbg 16.12.2008 – L 10 B 2154/08 AS ER (für Min- derung auf Null).
287 Dazu Hohm in: GK AsylbLG § 3 Rn. 39 ff.; sa Dern/Groening info also 2017, 243.

Lücke ist für die Anwendung des § 31 a Abs. 3 SGB II durch eine Zuordnung einer als ergänzende Leistung möglichen **Direktauszahlung an den Vermieter** und andere Empfangsberechtigte zu den **geldwerten Leistungen** zu schließen,[288] soweit das Problem nicht durch eine anderweitige Zuordnung der sanktionsbedingt wegfallenden Unterkunftskosten an andere Mitglieder der Bedarfsgemeinschaft gelöst werden kann.

96 Bei seiner **Ermessensentscheidung** hat der Leistungsträger neben **Art und Schwere der wiederholten Pflichtverstöße** sowie vergleichbarer Minderungen in der Vergangenheit insbesondere die **individuelle Lebenssituation** des Leistungsberechtigten und damit die erwartbaren konkreten Folgen der Leistungsabsenkung sowie dessen Einsichtsfähigkeit zu berücksichtigen.[289] Dies lässt angesichts der starren Drei-Monats-Frist des § 31 b Abs. 1 SGB II auch jenseits des § 31 a Abs. 1 S. 6, Abs. 2 S. 4 SGB II Raum für eine flexible Berücksichtigung einer Verhaltensänderung. Insbes. bei alleinstehenden Leistungsberechtigten kann auch auf etwa noch vorhandenes, nicht zu berücksichtigendes einsetzbares Vermögen[290] oder Möglichkeiten der Hilfe durch Dritte wie Verwandte oder Freunde abgestellt werden. Bei der Hilfe durch Dritte scheidet der Verweis auf Tafeln, Suppenküchen und andere Formen privater Mildtätigkeit aus.[291] Der Ansparfreibetrag (§ 12 Abs. 2 Nr. 4 SGB II) ist zumindest teilweise freizulassen, um notwendige Anschaffungen zu ermöglichen, für die andernfalls wiederum Sachleistungen zu gewähren wären. Der Leistungsträger hat die für die Ermessensentscheidung maßgeblichen Umstände von Amts wegen aufzuklären (§ 20 SGB X). In Fällen, in denen durch Mehrbedarfsleistungen nach § 21 Abs. 2 oder 5 SGB II abgegoltene Bedarfe berührt sind, bewirken Grundrechte (Art. 6 bzw. Art. 2 Abs. 2 S. 1 GG) eine Ermessensreduktion dahin, dass durch zielgerichtete Sachleistungen die Deckung dieser Bedarfe sicherzustellen ist, soweit dies nicht anderweitig (zB aus tatsächlich vorhandenem Vermögen) gewährleistet ist. Bis zur Grenze schikanöser oder sonst gezielt „abschreckend" ausgestalteter Gewährungsbedingungen darf der Leistungsträger die Gewährung der ergänzenden Leistungen so ausgestalten, dass der tatsächliche Abruf dem Grunde nach zugebilligter **Sach- oder geldwerter Leistungen** von weiteren **Mitwirkungshandlungen des Leistungsberechtigten** (zB Aufsuchen der Sachleistungsausgabestelle; Spezifikation eines evtl. Bekleidungsbedarfs als Grundlage für die Überweisung an eine Kleiderkammer bzw. die Ausstellung eines Warengutscheines) abhängig ist.

97 Dem Umfang nach dürfen die ergänzenden Leistungen in Verbindung mit den fortgewährten Leistungen nicht über die um 30% gekürzten Regelleistungen hinausgehen. Der (verfassungsgebotene) Gesetzeszweck, auch bei deutlichen Minderungen bis hin zum vollständigen Wegfall des Alg II dem Betroffenen stets ausreichend Mittel zur Verfügung zu stellen, um ein menschenwürdiges Existenzminimum zu gewährleisten,[292] gebietet in Fällen, in denen anderweitige Mittel (zB Schonvermögen) nicht mehr zur Verfügung stehen, **sach- oder geldwerte Leistungen** in einem Gesamtumfang, der **70 v.H. des Regelbedarfs** nahe kommt. Die Leistungsgewährung darf jedenfalls nicht pauschal auf die in Nr. 31.48 a DH-BA als Orientierungswert vorgesehenen Leistungen für Ernährung sowie für Hygiene und Körperpflege (50 v.H. des Regelbedarfs) beschränkt werden;[293] zur Vermeidung eines Ermessensdefizits müssen alle Umstände des Einzelfalls, insbesondere auch Dauer und Umfang bisheriger Minderungen, die hierdurch er-

---

288 Wohl auch Lauterbach in: Gagel SGB II/SGB III § 31 SGB II Rn. 26, 28.
289 Sonnhoff in: jurisPK-SGB II § 31 a Rn. 49.
290 Sa Lauterbach in: Gagel SGB II/SGB III § 31 SGB II Rn. 159.
291 LSG NRW 7.11.2007 – L 20 B 74/07 AY, info also 2008, 181 (mit zust. Anm. Berlit info also 2008, 183); sa Rixen SGb 2008, 501.
292 BT-Drs. 17/3404, 112.
293 Zur Bemessung sa BSG 29.4.2015 – B 14 AS 19/14 R, BSGE 119, 17.

zielten Wirkungen und die Gründe etwaiger Wirkungslosigkeit, erkennbar in die Ermessensentscheidung eingestellt werden.

Das Sachleistungsermessen ist dem Grunde nach hin zur Leistungsgewährung ausgeschlossen, wenn der Leistungsberechtigte mit **minderjährigen Kindern** in einem Haushalt lebt (§ 31 a Abs. 3 S. 2 SGB II).[294] Dies greift den in § 1 Abs. 2 S. 4 Nr. 4 SGB II normierten und in § 26 Abs. 1 S. 2 SGB XII ausgeformten **Grundsatz familiengerechter Hilfe** auf.[295] Dieser soll verhindern, dass minderjährige Kinder dadurch übermäßig belastet werden, dass ein sanktionsbetroffener Elternteil zur Bestreitung des eigenen Lebensunterhalts auf die für das Kind gewährten Leistungen zugreift.[296] Der Leistungsanspruch, der der Trägerpflicht zur Leistungsgewährung korrespondiert, bezieht sich auf alle von § 19 Abs. 1 SGB II erfassten Leistungen einschließlich der Mehrbedarfsleistungen für Alleinerziehende (§ 21 Abs. 3 SGB II). Schon aus grundrechtlichen Erwägungen (Art. 6 Abs. 1, 2 GG) ist wegen der innerfamiliären Bindungen und Abhängigkeiten eine Mitversorgung des Sanktionierten zu erwarten[297] und daher dessen unerlässlicher Lebensunterhalt zu sichern, soweit nicht ausnahmsweise durch die konkrete Hilfeausgestaltung sichergestellt werden kann, dass die minderjährigen Kinder vor Einschränkungen oder Benachteiligungen bewahrt werden.[298] Der Höhe nach ist der unbedingte Sachleistungsgewährungsanspruch unbestimmt. Die Leistungen müssen aber – in Verbindung mit den weiteren gewährten Geldleistungen – sicherstellen, dass neben den Mehrbedarfen nach § 21 die Regelbedarfe in einem Umfange gedeckt werden, der einen Rückgriff auf kindbezogene Leistungen oder eine sonstige Mitbetroffenheit von Kindern ausschließt; auf etwa vorhandenes Schonvermögen darf dabei nicht verwiesen werden.

Die Ermessensentscheidung über die Gewährung von Sachleistungen kann bzw. muss zwar mit dem Sanktionsbescheid verbunden werden, bleibt aber ein eigenständiger Verwaltungsakt. Bei Rücknahme der Sanktion kommt daher eine Anrechnung des Wertes der Sachleistungen (zB durch geldwerte Gutscheine) auf den Auszahlungsanspruch nicht in Betracht, solange dieser Verwaltungsakt wirksam ist.[299]

5. Dauer und Beginn der Absenkung

Der Minderungszeitraum beträgt im Regelfall drei Monate (§ 31 b Abs. 1 S. 3 SGB II); lediglich für unter 25-jährige Leistungsberechtigte kann er auf sechs Wochen verkürzt werden. Diese Dauer ist an der zwölfwöchigen Regelsperrzeitdauer (§ 144 Abs. 3 S. 1 SGB II) orientiert. Sie begegnet wegen ihrer Inflexibilität verfassungsrechtlichen Bedenken, weil das Gewicht des Pflichtverstoßes im Übrigen nur in die sehr grobe Unterscheidung der Sanktionshöhe (10 v.H. bei Meldeverstößen; [mindestens] 30 v.H. bei den sonstigen Obliegenheitsverletzungen) einfließt. Es ist **keine gesetzliche Höchstdauer** der aufeinanderfolgenden oder sich überlappenden Minderungszeiträume vorgesehen. Bei **wiederholten und kumulierten Minderungen** von mehr als sechs Monaten ist bei fortbestehender hartnäckiger „Arbeitsverweigerung" allerdings zu prüfen, ob Fehldispositionen mit Krankheitswert vorliegen, die die Erwerbsfähigkeit als solche tangieren können, mangels Vorwerfbarkeit des Fehlverhaltens jedenfalls aber weiteren Minderungen entgegenstehen.

98

99

100

---

294 BT-Drs. 17/3404, 112; 17/4095, 41.
295 Dazu BVerwG 31.1.1968 – V C 109.66, FEVS 15, 134 (136).
296 BT-Drs. 17/4095, 40.
297 OVG Brem 19.2.1988 – 2 B 17/88, FEVS 37, 471 (477).
298 VGH BW 11.10.1999 – 7 S 1755/99, FEVS 51, 423 (427 f.).
299 BSG 12.10.2017 – B 4 AS 34/16 R, SozR 4–4200 § 31 a Nr. 2 (dazu Bieback jurisPR-SozR 11/2018 Anm. 2; Mushoff NZS 2018, 153).

101 „Monat" bedeutet **Kalendermonat** und nicht einen beliebigen Zeitraum von 30 Tagen.[300] Die Frist ist nach § 40 Abs. 1 S. 1 iVm § 26 SGB X, §§ 178 ff. BGB zu berechnen. Minderungs- und Wegfalldauer laufen für jede einzelne „festgestellte" Pflichtverletzung gesondert. Je nach dem Zeitpunkt des Wirksamwerdens des feststellenden Verwaltungsaktes können sich die einzelnen Zeiträume überlappen und – mit Unterbrechungen – aufeinander folgen. Bei festgestellter Pflichtverletzung läuft der Dreimonatszeitraum für eine bestimmte Pflichtverletzung auch dann, wenn wegen anderweitiger Pflichtverletzungen und anzurechnenden Einkommens für diesen Zeitraum tatsächlich keine Leistungen auszukehren sind. Eine § 159 Abs. 2 S. 2 SGB III vergleichbare Regelung, die dem zeitgleichen Lauf verschiedener Sperrzeiten entgegenwirkt, ist wegen des abweichenden Systems gestufter Minderung nicht vorgesehen. In den Fällen des § 31 b Abs. 1 S. 2 SGB II ist die durch den Beginn der Sperrzeit in Lauf gesetzte Dreimonatsfrist, weil sie sich auf Leistungen nach dem SGB II bezieht, mit 30 Tagen anzusetzen; wegen der vorrangigen Sonderregelung des § 41 Abs. 1 S. 2 SGB II finden die Fristberechnungsvorschriften des BGB keine Anwendung.[301]

102 Der Leistungsträger kann bei erwerbsfähigen Leistungsberechtigten, die das 25. Lebensjahr noch nicht vollendet haben, die Minderung und den Wegfall der Regelleistung auf sechs Wochen verkürzen (§ 31 b Abs. 1 S. 4 SGB II). Die **Verkürzung** ist nicht nur bei dem Wegfall der Regelleistung nach § 31 a Abs. 3 SGB II eröffnet, sondern auch für die Minderung bei einem Meldeverstoß nach § 32 SGB II. Die Verkürzungsentscheidung ist nach dem Wortlaut auf die Alternative „drei Monate/sechs Wochen" beschränkt. Die begrenzte **Flexibilisierung** in der Dauer **des Sanktionszeitraums** eröffnet dem Leistungsträger nicht die Möglichkeit, in den Fällen des § 31 a Abs. 3 SGB II die Leistungsbeschränkung auf die Unterkunftskosten durch eine lediglich quotale Minderung des Regelleistungsanteils zu ersetzen. Die Verkürzungsentscheidung ist nicht an spezielle Tatbestandsvoraussetzungen (zB besondere Härte) gebunden[302] und unter **Berücksichtigung aller Umstände des Einzelfalles** zu treffen. Die **Verkürzung** der gesetzlichen Regelsanktionsdauer setzt eine systematisch gesonderte, nach pflichtgemäßem Ermessen zu treffende (§ 39 SGB X) und zu begründende (§ 40 SGB X) **Ermessensentscheidung** voraus.[303] Sie ist ohne gesonderten Antrag von Amts wegen zu treffen. Die fehlerfreie Verkürzungsentscheidung ist sachlich Voraussetzung für Minderung und Wegfall/Leistungsbeschränkung im Übrigen.[304] Der Anspruch auf eine fehlerfreie Ermessensentscheidung zur Verkürzung kann auch nach Ablauf der Regelsanktionsfrist getroffen und nach § 44 SGB X eingefordert werden.[305]

103 **Beginn des Minderungszeitraums** ist im Regelfall der Beginn des Kalendermonats, der auf das Wirksamwerden des Verwaltungsakts folgt, der die Pflichtverletzung und den Umfang der Minderung der Leistung feststellt (§ 31 b Abs. 1 S. 1 SGB II); sie wirkt nicht unmittelbar kraft Gesetzes.[306] Für das SGB II hat der Gesetzgeber daran festgehalten, dass durch einen gesonderten Verwaltungsakt eine konstitutiv wirkende Minderungs-, Beschränkungs- oder Wegfallfeststellung[307] zu ergehen hat, ohne die eine etwa kraft Ge-

---

300 Sa BVerwG 22.4.2004 – 5 C 68.03, NJW 2004, 2608.
301 § 40 Abs. 1 S. 1 iVm § 26 SGB X.
302 Missverständlich insoweit LSG LSA 15.5.2009 – L 5 AS 124/09 B ER.
303 LSG NRW 14.3.2008 – L 7 B 27/08 AS ER; SächsLSG 28.4.2008 – L 3 AS 110/08 AS-ER (keine formelhaften Erwägungen ohne Bezug zum Einzelfall).
304 LSG NRW 2.5.2008 – L 7 B 321/07 AS ER; SG Leipzig 29.12.2006 – S 9 AS 2113/06 ER; aA SG Stade 22.10.2008 – S 18 AS 638/08 ER.
305 SG Stade 22.10.2008 – S 18 AS 638/08 ER.
306 Anders für § 144 Abs. 2, 3 SGB III BSG 5.8.1999 – B 7 AL 14/99, BSGE 84, 225; 16.9.1999 – B 7 AL 32/98, BSGE 84, 270.
307 Str.; s. etwa LSG Nds-Brem 30.1.2006 – L 9 AS 17/06; Valgolio in: Hauck/Noftz/Voelzke § 31 b SGB II Rn. 12; Knickrehm/Hahn in: Eicher/Luik SGB II § 31 b Rn. 6.

setzes eingetretene Minderung nicht wirksam werden kann. Der Verwaltungsakt fixiert den Beginn des Minderungs- bzw. Wegfallszeitraums. Bei bereits bewilligter Leistung ist § 31 b Abs. 1 SGB II keine § 48 SGB X vorrangige Sonderregelung.[308] Das BSG verlangt neben dem Feststellungsbescheid zum Pflichtenverstoß bei bereits gewährten Leistungen, bei denen sich der „Auszahlungsanspruch" mindert, auch eine (Teil-)Aufhebung der zugrunde liegenden Bewilligung.[309] Der Verwaltungsakt muss die Pflichtverletzung, an die Minderung oder Wegfall anknüpfen, nach Art und Zeitpunkt sowie die aus Sicht des Leistungsträgers eingetretene **Rechtsfolge (Umfang der Kürzung) konkret und unmissverständlich bezeichnen** und hat wegen der Möglichkeit des additiven Zusammentreffens von Minderungen nach § 31 SGB II und nach § 32 SGB II sowie verschiedener Obliegenheitsverstöße derselben Kategorie auch die jeweilige „Restdauer" in einem bestimmten Zeitraum wirkender Minderungen nachrichtlich mitzuteilen. Für die Feststellung des Umfangs der Minderung reicht aus, dass die **Absenkungsquote** und ein Absenkungshöchstbetrag angegeben sind;[310] der konkrete Minderungsbetrag muss nicht benannt werden.[311]

Der Bescheid kann die Sanktionsfolgen nur dann beachtlich festsetzen, wenn er innerhalb einer **Ausschlussfrist von sechs Monaten** ergeht (§ 31 b Abs. 1 S. 5 SGB II). Dies soll im Anschluss an die Rechtsprechung[312] einen zeitlichen Zusammenhang zwischen Pflichtverletzung und Eintritt der Sanktion gewährleisten. Die **Sechs-Monats-Frist** beginnt mit der (Vollendung der) jeweiligen Pflichtverletzung; entscheidend ist der Zeitpunkt, ab dem eine Pflichtverletzung nach § 31 SGB II vorliegt und sanktioniert werden könnte. Für den **Fristlauf** unerheblich ist, ob bzw. wann der Leistungsträger von dem Pflichtverstoß Kenntnis erlangt hat. Innerhalb der gesetzlichen Höchstfrist muss die „Feststellung der Minderung" erfolgt sein; dafür muss der feststellende Verwaltungsakt bekanntgegeben worden sein (§ 40 Abs. 1 iVm § 37 SGB X). Der Fristlauf wird durch eine Anhörung (§ 24 SGB X) nicht gehemmt oder unterbrochen und kann als gesetzliche Frist auch einvernehmlich nicht verlängert werden.

104

In Fällen einer **Sperrzeit nach § 159 SGB III** tritt die Minderung mit Beginn der Sperrzeit oder dem Erlöschen des Anspruchs nach dem SGB III ein (§ 31 b Abs. 1 S. 2 SGB II). Die Sanktionsfolge ergibt sich dann – wie im SGB III – ohne zusätzlichen Verwaltungsakt kraft Gesetzes. Das Ziel dieser Regelung, die „Sanktionszeiträume" synchron zu halten, kann indes deswegen nicht durchweg erreicht werden, weil sie unterschiedlich lang sind. Bei der regelmäßig durch Verwaltungsakt erforderlichen Neuberechnung des Alg II, die für die Dauer der Sperrzeit vorzunehmen ist, ist zu berücksichtigen, dass das (nach § 11 SGB II anzurechnende) Einkommen aus Alg wegfällt. Dass nach früherer, wenn auch umstrittener Rechtslage[313] die Sanktion nach dem SGB II bei einer Sperrzeit nach dem SGB III später eintrat als die der Sanktion zugrunde liegende Sperrzeit, wird in all den Fällen zunächst unverändert bleiben, in denen die SGB II-Leistungsträger nicht unverzüglich Kenntnis von der Sperrzeit erlangen und umgehend reagieren; in allen anderen Fällen ist nur die Frage betroffen, für welche Zeiträume eine (rückwirkende) Neuberechnung der SGB II-Leistungen zu erfolgen hat.

105

---

308 AA noch Vorauflage.

309 BSG 29.4.2015 – B 14 AS 19/14 R, BSGE 119, 17.

310 BSG 17.12.2009 – B 4 AS 30/09 R, SozR 4–4200 § 31 Nr. 3; 15.12.2010 – B 14 AS 92/09 R; sa von Koppenfels-Spies SGb 2010, 666.

311 AA noch LSG Bln-Bbg 6.12.2007 – L 5 B 1410/07 AS ER; SG Freiburg 9.11.2007 – S 12 AS 775/06; SG Reutlingen 20.11.2007 – S 12 AS 3858/07 ER.

312 Für eine Dreimonatsfrist SG Freiburg 27.11.2007 – S 4 AS 151/07; VG Bremen 18.2.2008 – S8 K 691/06; sa Knickrehm/Hahn in: Eicher/Luik SGB II § 31 b Rn. 10; für eine Fristverlängerung bis zu sechs Monaten bereits SG Hamburg 9.11.2007 – S 62 AS 1701/06, ZfSH/SGB 2008, 38.

313 S. dazu LSG Nds-Brem 30.1.2006 – L 9 AS 17/06 ER; LSG BW 12.4.2006 – L 7 AS 1196/06 ER-B, info also 2006, 132.

C. Sanktionen im SGB XII

I. Überblick

106 Die **Sanktionsregelungen** im SGB XII (§§ 26, 39 a SGB XII) sind deutlich **schlanker und flexibler.** Bei der absichtlichen Vermögensminderung (§ 26 Abs. 1 S. 1 Nr. 1 SGB XII) und dem unwirtschaftlichen Verhalten entsprechen die Sanktionsvoraussetzungen § 31 Abs. 2 Nr. 1 und 2 SGB II; auf der Rechtsfolgenseite soll hier die Leistung auf das zum Lebensunterhalt Unerlässliche eingeschränkt werden, ohne dass ein bestimmter Sanktionszeitraum vorgegeben ist. Bei einer Verletzung der Verpflichtung zur Aufnahme einer Tätigkeit oder zur Teilnahme an einer erforderlichen Vorbereitung mindert sich die maßgebliche Regelbedarfsstufe in einer ersten Stufe um bis zu 25 v.H. und bei wiederholter Ablehnung in weiteren Stufen um jeweils bis zu 25 v.H. (§ 39 a Abs. 1 S. 1 SGB XII). Nach beiden Regelungen soll so weit wie möglich verhütet werden, dass die unterhaltsberechtigten Angehörigen oder andere mit ihnen in Haushaltsgemeinschaft lebende Leistungsberechtigte durch die Leistungseinschränkung mitbetroffen werden.

107 Belastbare statistische Angaben zur **Sanktionspraxis im SGB XII** fehlen. Angesichts der im Vergleich zum SGB II geringen Gesamtzahl der Leistungsberechtigten ist davon auszugehen, dass im SGB XII Sanktionen nur noch vereinzelt verhängt werden.

II. Verminderung von Einkommen und Vermögen/unwirtschaftliches Verhalten (§ 26 Abs. 1 SGB XII)

108 Bei der Verminderung von Einkommen und Vermögen sowie dem unwirtschaftlichen Verhalten bestehen **Unterschiede zu § 31 Abs. 2 Nr. 1 und 2 SGB II** (→ Rn. 64 ff.) nur auf der **Rechtsfolgenseite** und dort hinsichtlich des Verbindlichkeitsgrades der Leistungskürzung, der Umschreibung ihrer Höhe und hinsichtlich ihrer Dauer. Die Kürzungsmöglichkeit selbst bedeutet auch in der Sozialhilfe eine Modifikation des Faktizitätsgrundsatzes, nach dem maßgeblich für den Sozialhilfeanspruch die tatsächliche Notlage und nicht ihr Grund ist.[314]

109 Bei Verwirklichung eines Einschränkungstatbestandes „soll" die Leistung auf das zum Lebensunterhalt Unerlässliche eingeschränkt werden. Es besteht **keine Kürzungsautomatik.** Der Sozialhilfeträger hat bereits über das „Ob" der Kürzung eine für den Regelfall indes determinierte Ermessensentscheidung zu treffen. Rücksichtnahme auf vorhandene Familienmitglieder (§ 26 Abs. 1 S. 1 SGB XII) kann ausnahmsweise den Kürzungsverzicht gebieten.[315]

110 Die Leistungseinschränkung kann **„bis" auf das zum Lebensunterhalt Unerlässliche** erfolgen. Es bildet die Grenze, nicht den Maßstab und erfordert eine fehlerfreie Ermessensentscheidung auch über die Kürzungshöhe. In der Sozialhilfe wird das zum Lebensunterhalt Unerlässliche regelmäßig bei 70[316] bis 80[317] v.H. der Regelbedarfsleistung angesetzt.[318] Überwiegendes spricht dafür, die Höchstkürzung in Anlehnung an den in § 39 a SGB XII genannten Satz mit 25 v.H. anzusetzen.[319] Bei der Ermessensentscheidung über die Kürzungshöhe ist bei Alleinstehenden neben der Art des Pflichtverstoßes und dem Einsichtsvermögen des Leistungsberechtigten stets zu berücksichtigen, ob bzw.

---

314 BayLSG 23.1.2009 – L 8 B 900/07 SO PKH.
315 Hohm in: Schellhorn/Schellhorn/Hohm, SGB XII, 19. Aufl., § 26 Rn. 7.
316 Unter Hinweis auch auf die erste Sanktionsstufe im SGB II.
317 LSG BW 29.1.2007 – L 7 SO 5672/06 ER-B; SG Aachen 9.3.2007 – S 20 SO 8/07 ER.
318 Hohm in: Schellhorn/Schellhorn/Hohm, SGB XII, 19. Aufl., § 26 Rn. 15; Conradis in: LPK-SGB XII, 11. Aufl., § 26 Rn. 9.
319 Sa Holzhey in: jurisPK-SGB XII § 26 Rn. 23; Streichsbier in: Grube/Wahrendorf SGB XII, 5. Aufl. 2014, § 26 Rn. 4; sa HessVGH 5.7.1988 – 9 UE 2983/84, FEVS 39, 316.

wie die Ziele der Sozialhilfe am besten verwirklicht werden können. In den Fällen der Nr. 2 ist auch der Grund des unwirtschaftlichen Verhaltens zu berücksichtigen; hat er Krankheitswert, ist regelmäßig von einer Kürzung abzusehen.

Bei Haushaltsgemeinschaft mit unterhaltsberechtigten Angehörigen ist der **Schutz Mitbetroffener** (§ 26 Abs. 1 S. 2 SGB XII) zu berücksichtigen. Ihre Mitbetroffenheit soll „so weit wie möglich" verhütet werden. Dies entspricht auch dem Grundsatz der familiengerechten Leistungserbringung (§ 16 SGB XII) und soll verhindern, dass der Leistungsberechtigte seine Leistungseinschränkung auf die Angehörigen überwälzt.[320] Bei einer Leistungseinschränkung muss, soweit „aus einem Topf" gewirtschaftet wird, der Sozialhilfeträger Maßnahmen zur Durchsetzung dieses Schutzes der Angehörigen treffen[321] und insbes. sicherstellen, dass der Bedarf heranwachsender Kinder ausreichend befriedigt wird.[322] Ist er hierzu tatsächlich oder rechtlich nicht in der Lage, liegt ein atypischer Fall vor, der nur eine geringe Leistungseinschränkung oder den vollständigen Verzicht auf sie gebieten kann. **111**

Für die gesetzlich nicht vorgegebene oder beschränkte **Kürzungsdauer** ist nach dem Kürzungstatbestand zu differenzieren. Eine Begrenzung auf höchstens drei Monate[323] ist dabei auch in Ansehung von § 31 b Abs. 1 S. 3 SGB II nicht zwingend. Bei der absichtlichen Herbeiführung der Hilfebedürftigkeit ist ein Gesichtspunkt die hierdurch bewirkte Dauer der Hilfebedürftigkeit.[324] Bei dem unwirtschaftlichen Verhalten ist die Einschränkung zunächst auf einen kurzen Zeitraum zu beschränken, um danach prüfen zu können, ob durch diese Maßnahme der angestrebte Zweck erreicht wurde.[325] Ist dies nicht der Fall, steht einer unbefristeten Leistungseinschränkung bis zur möglichen Verhaltensänderung entgegen,[326] dass sie dann kein taugliches Mittel ist; eine Fortsetzung unwirtschaftlichen Verhaltens trotz Leistungseinschränkung weist zudem in der Regel darauf, dass mangels Steuerungsfähigkeit die Einschränkungsvoraussetzungen nicht (mehr) vorliegen. **112**

III. Nichtaufnahme einer Tätigkeit (§ 39 a SGB XII)

Die **Sanktionierung der Nichtaufnahme einer Tätigkeit** geht auf § 25 BSHG zurück, nach der derjenige, der sich weigert, zumutbare Arbeit/Arbeitsgelegenheit zu leisten, keinen Anspruch auf Hilfe zum Lebensunterhalt hat. Durch die Zuordnung der erwerbsfähigen Hilfebedürftigen an das SGB II ist der Anwendungsbereich sehr eng.[327] Er ist beschränkt auf erwerbsfähige Personen, die nur mangels gewöhnlichen Inlandsaufenthalts oder legalen Arbeitsmarktzugangs (§ 8 Abs. 2 SGB II) keinen Anspruch auf SGB II-Leistungen haben, sowie voll erwerbsgeminderte Personen, deren Restarbeitsvermögen (bis zu drei Stunden) nach § 11 SGB XII einzusetzen ist; auf Leistungsberechtigte nach dem AsylbLG, die sog Analogleistungen erhalten (§ 2 AsylbLG), ist sie entsprechend anzuwenden.[328] Sie konkretisiert für den Bereich der Hilfe zum Lebensunterhalt (auch Empfänger von Grundsicherung im Alter und bei Erwerbsminderung werden nicht erfasst) den Nachrang der Sozialhilfe (§ 2 SGB XII), der insoweit keinen eigen- **113**

320 BVerwG 31.1.1968 – V C 109.66, FEVS 15, 136.
321 Holzhey in: jurisPK-SGB XII § 26 Rn. 27.
322 VGH BW 11.10.1999 – 7 S 1755/99, FEVS 51, 423.
323 In diese Richtung Conradis in: LPK-SGB XII, 11. Aufl., § 26 Rn. 10.
324 Holzhey in: jurisPK-SGB XII § 26 Rn. 26.
325 Holzhey in: jurisPK-SGB XII § 26 Rn. 26.
326 So wohl Hohm in: Schellhorn/Schellhorn/Hohm, SGB XII, 19. Aufl., § 26 Rn. 16.
327 Conradis in: LPK-SGB XII, 11. Aufl., § 39 a Rn. 2; Becker in: jurisPK-SGB XII § 39 a Rn. 15.
328 Becker in: jurisPK-SGB XII § 39 a Rn. 15.

ständigen Ausschlusstatbestand bildet,[329] und das damit verbundene Gebot der Selbst-hilfe. Sie zielt – verstanden als Hilfenorm[330] – auf eine Stärkung des Selbsthilfewillens und soll den Leistungsberechtigten durch die Kürzung gezielt motivieren, eine Tätigkeit aufzunehmen und ihn so von der Sozialhilfe unabhängig zu machen.[331] Ihre Einord-nung auch als Sanktionsnorm[332] rechtfertigt sich aus dem repressiven Gehalt des „Hilfemittels" (Leistungskürzung), die von dem Leistungsberechtigten regelmäßig allein als belastende „Strafe" wahrgenommen werden wird.

114 Die **Verpflichtung zur Aufnahme einer Tätigkeit** oder die Teilnahme an einer dafür er-forderlichen Vorbereitung richtet sich nach § 11 Abs. 3 S. 4 SGB XII. Leistungsberech-tigte, die durch Aufnahme einer zumutbaren Tätigkeit Einkommen erzielen können, sind hierzu sowie zur Teilnahme an einer erforderlichen Vorbereitung verpflichtet.[333] Auch ohne besondere Hervorhebung in § 39a Abs. 1 SGB XII sind nur solche Tätigkei-ten erfasst, die iSd § 11 Abs. 4 SGB XII auch zumutbar sind und die gesundheitlichen und geistigen Möglichkeiten des Leistungsberechtigten berücksichtigen. Tätigkeiten zur Erfüllung rein therapeutischer Ziele oder eine bloße Beschäftigungstherapie scheiden – außer bei Vorbereitungsmaßnahmen – mangels Einkommenserzielung aus.

115 Zur **Leistungseinschränkung** kann es erst kommen, wenn der Leistungsberechtigte eine entsprechende **Tätigkeit**, die an ihn herangetragen worden ist, (**aktiv**) **ablehnt**; bloße In-aktivität, also keine aktiven Bemühungen um Arbeit, reicht nicht aus. Unterstützungs-angebote für Tätigkeiten (bzw. hierauf bezogene Vorbereitungsmaßnahmen) müssen nach Art, Ort und Umfang so bestimmt unterbreitet werden, dass der Leistungsberech-tigte ihre Rechtmäßigkeit und auch ihre Eignung zur Erreichung eines Eingliederungs-zieles überprüfen kann; dies umschließt auch Angaben zur Vergütung.[334] Bei einer Vor-bereitungsmaßnahme muss eine hinreichende Verbindung zu einer nachfolgenden Tätig-keit bestehen. Die Ablehnung entspricht im Kern der „Weigerung" nach § 31 Abs. 1 SGB II (→ Rn. 28 f.) und kann gegenüber dem Sozialhilfeträger oder dem Tätigkeitsge-ber ausdrücklich oder konkludent erklärt werden; dann muss aus dem Verhalten klar hervorgehen, dass die Bereitschaft fehlt, die Tätigkeit aufzunehmen oder fortzuset-zen.[335] Das Verhalten muss dem Leistungsberechtigten, der erkennen können muss, dass es im Rechtssinne eine Ablehnung der Tätigkeit bedeutet, zurechenbar sein;[336] dies umschließt neben vorsätzlichem auch fahrlässiges Handeln (→ Rn. 27).

116 Die Leistungseinschränkung erfordert eine – vorherige[337] – **Rechtsfolgenbelehrung** (§ 39a Abs. 1 S. 2 SGB XII), die **konkret, verständlich, richtig und vollständig** sein und dem Leistungsberechtigten in verständlicher Form zutreffend erläutern muss, welche Auswirkungen sich aus der Ablehnung der Aufnahme einer Tätigkeit oder der Teilnah-me an einer erforderlichen Vorbereitung ergeben.[338] Die Anforderungen an die Rechts-folgenbelehrung nach § 31 Abs. 1 SGB II (→ Rn. 31 ff.) gelten entsprechend. Nach § 39a SGB XII reicht die bloße Kenntnis der Rechtsfolgen nicht aus.

---

329 S. NdsOVG 15.2.2000 – 12 M 483/00; OVG NRW 9.1.2001 – 22 B 1425/00, FEVS 52, 327; OVG Hmb 12.12.2003 – 4 Bs 525/03, FEVS 55, 549.

330 BVerwG 17.5.1995 – 5 C 20.93, BVerwGE 98, 203.

331 BVerwG 23.2.1979 – 5 B 114.78, Buchholz 436.0 § 19 BSHG Nr. 1; 10.2.1983 – 115.81, BVerwGE 67, 1.

332 Zur Kontroverse s. Becker in: jurisPK-SGB XII § 39a Rn. 19 f.; zur Rechtsnatur sa Hohner (Lit.), 94 ff.

333 Zu Einzelheiten s. Grune-Müller in: jurisPK-SGB XII § 11 Rn. 27 f.; Berlit in: LPK-SGB XII, 11. Aufl., § 11 Rn. 14 ff.: Hohm in: Schellhorn/Schellhorn/Hohm, SGB XII, 19. Aufl., § 11 Rn. 14 f.; sa Kapitel 29.

334 Becker in: jurisPK-SGB XII § 39a Rn. 25 f.

335 Für den Abbruch der Tätigkeit aA Conradis in: LPK-SGB XII, 11. Aufl., § 39a Rn. 4; Becker in: jurisPK-SGB XII § 39a Rn. 35.

336 BSG 14.7.2004 – B 11 AL 67/03, BSGE 93, 105.

337 Becker in: jurisPK-SGB XII § 39a Rn. 38.

338 S. – zu § 31 SGB II – etwa BSG 16.12.2008 – B 4 AS 60/07 R, SozR 4–4200 § 16 Nr. 4; 18.2.2010 – B 14 AS 53/08 R, SozR 4–4200 § 31 Nr. 5.

Auch das SGB XII verfolgt ein **Stufenkonzept,** das aber im Vergleich zu § 31 a SGB II **117** deutlich flexibler ist. Bei Ablehnung der Aufnahme einer Tätigkeit oder der Teilnahme an einer Vorbereitung ist in einer **ersten Stufe** dem Grunde nach zwingend eine Leistungseinschränkung vorzusehen; für das „Ob" hat der Sozialhilfeträger kein Ermessen. Den Kürzungsumfang hat er nach Maßgabe der Umstände des Einzelfalls (inkl. der Berücksichtigung der Mitbetroffenheit von Familienangehörigen [§ 39 a Abs. 2 SGB XII]) nach pflichtgemäßem Ermessen festzusetzen; die Einschränkung ist in dieser Stufe auf **höchstens 25 v.H.** der jeweiligen Regelbedarfsstufe begrenzt. Bei der Ermessensentscheidung sind das Ziel einer Verhaltensänderung bei dem Betroffenen, sein Einsichtsvermögen, der Grad des Fehlverhaltens, die Sanktionsvorgeschichte und alle weiteren Umstände des Einzelfalles zu berücksichtigen. Eine Rechtsgrenze bildet der Verhältnismäßigkeitsgrundsatz. Eine Leistungseinschränkung scheidet aus, wenn und sobald der Leistungsberechtigte seine Ablehnungshaltung aufgegeben hat; sie muss also im Zeitpunkt der Entscheidung des Sozialhilfeträgers noch andauern.[339]

Bei **wiederholter Ablehnung,** die sich auch auf dieselbe Tätigkeit beziehen kann, vermindern sich die Leistungen in weiteren Stufen jeweils um bis zu 25 v.H. der maßgebenden Regelbedarfsstufe. Das Gesetz legt keinen Mindestzeitraum fest, der zwischen den einzelnen Stufen liegen muss; zwischen den einzelnen Stufen muss aber so viel Zeit liegen, dass der Leistungsberechtigte die Wirkungen der vorhergehenden Stufe spüren kann und Gelegenheit hat, sein Verhalten, seine Lage und seine Einstellung zur Arbeit zu überdenken und zu ändern.[340] Dies erfordert regelmäßig[341] einen Zeitraum von mindestens einem Monat. Auch in den weiteren Kürzungsstufen besteht Ermessen nur hinsichtlich des Kürzungsumfangs, nicht des „Ob". Der Leistungsträger muss aber die Kürzungsobergrenze nicht (annähernd) ausschöpfen und kann in sehr kleinen Schritten vorgehen, die auch zeitlich gestreckt werden können. Bei wiederholter Ablehnung lässt das Gesetz indes auch einen vollständigen Wegfall der jeweiligen Regelbedarfsstufe zu, die aber nur in Ausnahmefällen noch verhältnismäßig und damit ermessensgerecht sein kann.[342]

Nach dem Grundrecht auf ein menschenwürdiges Existenzminimum[343] und dem **119** Hilfecharakter der Kürzungsnorm muss der Sozialhilfeträger den **Leistungsfall „unter Kontrolle" halten** und darf den Leistungsberechtigten nicht aus seiner Obhut entlassen.[344] Wird durch die Kürzung in das zum Lebensunterhalt Unerlässliche (→ Rn. 13 f.) eingegriffen, muss sich der Sozialhilfeträger vergewissern, dass das „unerlässliche" Existenzminimum auf andere Weise, zB durch den Einsatz von Schonvermögen oder gesicherte Unterstützung durch Angehörige, gewährleistet ist,[345] oder dies selbst durch Sach- oder geldwerte Leistungen sicherstellen. Der Regelungsgehalt von § 31 a Abs. 3 SGB II ist bei der Leistungskürzung nach § 39 a SGB XII der Sache nach im Rahmen der Ermessensentscheidung über Art und Umfang der Kürzung zu berücksichtigen; die Ermächtigung zur Leistungskürzung lässt auch den Wechsel zur Sachleistung sowie anderen Formen unbarer Leistungsgewährung (§ 10 Abs. 3 SGB XII) zu.

Die **Dauer der Leistungskürzung** in weiteren Stufen ist im Gesetz nicht vorgegeben oder **120** begrenzt. Nach dem Zweck, eine Verhaltensänderung zu bewirken, ist die Leistungskür-

---

339 BVerwG 17.5.1995 – 5 C 20.93, BVerwGE 98, 203.
340 Hohm in: Schellhorn/Schellhorn/Hohm, SGB XII, 19. Aufl., § 39 a Rn. 10; Becker in: jurisPK-SGB XII § 39 a Rn. 46.
341 Sa BVerwG 29.1.1991 – 5 B 3.91, Buchholz 436.0 § 20 BSHG Nr. 1 (14 Tage).
342 Becker in: jurisPK-SGB XII § 39 a Rn. 48.
343 BVerfGE 9.12.2010 – 1 BvL 1/09 ua, BVerfGE 125, 175; 18.7.2012 – 1 BvL 10/10, 1 BvL 2/11, NVwZ 2012, 1024.
344 BVerwG 31.1.1968 – V 22.67, BVerwGE 29, 99; Becker in: jurisPK-SGB XII § 39 a Rn. 47.
345 Conradis in: LPK-SGB XII, 11. Aufl., § 39 a Rn. 5.

zung aufzuheben, sobald der Leistungsberechtigte seiner Selbsthilfeobliegenheit nach-kommt.[346] Sie ist auch aufzuheben, wenn sie sich als untauglich erweist, um beim Leis-tungsberechtigten eine Bereitschaft zur Aufnahme einer Tätigkeit oder zur Teilnahme an einer Vorbereitung hierzu auszulösen.[347] Zwischen diesen Polen kommt bei Allein-stehenden eine durchaus auch längere Phase einer – auch spürbaren – Leistungsein-schränkung in Betracht,[348] die nicht auf drei Monate begrenzt ist.[349]

121 Bei der Leistungskürzung nach § 39 a SGB XII ist der **Schutz Mitbetroffener** (§ 26 Abs. 1 S. 2 SGB XII) zu beachten (§ 39 a Abs. 2 SGB XII; → Rn. 111). Dabei ist bei nicht Alleinstehenden eine gewisse Beeinträchtigung der Angehörigen stets unvermeid-lich und in Kauf zu nehmen, so dass hier eine Leistungseinschränkung nicht vollständig ausgeschlossen ist. Der Familienschutz ist aber mit Gewicht sowohl bei der Bemessung des Kürzungsumfangs als auch der Gewährung von Sachleistungen zu berücksichtigen und kann zur Folge haben, dass der Leistungsträger auf eine Kürzung in weiteren Stu-fen weitestgehend zu verzichten hat.[350]

122 Die **Leistungseinschränkung** erfolgt durch **Verwaltungsakt,** der eine vorangehende, noch wirksame Leistungsbewilligung regelmäßig zugleich aufhebt. Mangels § 39 SGB II ver-gleichbarer Regelung haben Widerspruch und Anfechtungsklage aufschiebende Wir-kung,[351] die für sich allein aber nicht den Anspruch auf ungekürzte Leistung bewirkt.[352] Ein Leistungsentziehungsbescheid nach § 66 SGB I kann nicht in einen Leistungsein-schränkungsbescheid nach § 39 a SGB XII umgedeutet werden.[353]

D. Sanktionen im AsylbLG

123 Im Asylbewerberleistungsgesetz bestehen inzwischen neben den allgemeinen Arbeitsge-legenheiten (§ 5 AsylbLG) auf den Einsatz der Arbeitskraft bezogene Mitwirkungsobli-genheiten bei den Arbeitsgelegenheiten auf der Grundlage des Arbeitsmarktprogramms Flüchtlingsintegrationsmaßnahmen (§ 5 a AsylbLG) und den sonstigen Maßnahmen zur Integration (§ 5 b AsylbLG). Die Reaktion auf unzureichende Mitwirkung an zumutba-ren Maßnahmen ohne wichtigen Grund trotz entsprechender Rechtsfolgenbelehrung ist jeweils, dass die Leistungsberechtigten keinen Anspruch auf die Grundleistungen (§ 3 AsylbLG), die Analogleistungen (§ 2 AsylbLG) oder sonstige Leistungen (§ 6 AsylbLG) mehr haben; sie erhalten – wie zB vollziehbar Ausreisepflichtige – neben den Basisge-sundheitsleistungen (§ 4 AsylbLG) nur noch abgesenkte Leistungen nach § 1 a Abs. 2 bis 4 AsylbLG, also – regelmäßig als Sachleistung – Leistungen zur Deckung ihres Be-darfs an Ernährung und Unterkunft einschließlich Heizung sowie Körper- und Gesund-heitspflege. Diese Leistungsabsenkung ist auf (zunächst) sechs Monate zu befristen und ist bei fortbestehender Pflichtverletzung fortzusetzen (§ 14 Abs. 1 AsylbLG).

124 Die Vereinbarkeit dieses strikteren Sanktionensystems mit dem nationalen Verfassungs-recht und dem Unionsrecht (Art. 20 RL 2013/33/EU) ist im Schrifttum nicht unbestrit-

---

346 Hohm in: Schellhorn/Schellhorn/Hohm, SGB XII, 19. Aufl., § 39 a Rn. 15.
347 BVerwG 31.1.1968 – V C 22.67, BVerwGE 29, 99; Becker in: jurisPK-SGB XII § 39 a Rn. 49.
348 Streichsbier in: Grube/Wahrendorf, SGB XII, 5. Aufl. 2014, § 39 a Rn. 8.
349 So aber – für die vollständige Leistungseinstellung – BayVGH 2.12.1999 – 12 ZE 99.2267, FEVS 52, 312 (313).
350 Becker in: jurisPK-SGB XII § 39 a Rn. 51.
351 LSG NRW 10.9.2007 – L 20 B 85/07 SO ER.
352 Becker in: jurisPK-SGB XII § 39 a Rn. 56; LSG NRW 10.9.2007 – 20 B 85/07 SO ER.
353 LSG LSA 20.2.2009 – L 5 B 376/08 AS ER.

ten.[354] In der sozialgerichtlichen Rechtsprechung hat diese Kritik jedenfalls bei den Sanktionen nach §§ 5 ff. AsylbLG[355] bislang keinen beachtlichen Niederschlag gefunden.

---

354 Siefert in: Siefert AsylbLG § 5 a Rn. 44; Kanalan, Sanktionen im Sozialleistungsrecht: Zur Verfassungswidrigkeit der Leistungseinschränkungen nach dem Asylbewerberleistungsgesetz, ZfSH/SGB 2018, 241; Oppermann, Leistungseinschränkungen und Sanktionen als Mittel zur Bewältigung der Flüchtlingswelle, ZESAR 2017, 55; Voigt, § 1 a AsylbLG – Jetzt erst recht verfassungswidrig, Asylmagazin 2017, 436; Kohte in: FS Höland, 2015, 223; sa → Kap. 34 Rn. 99 ff.
355 Zu § 1 a Nr. 2 AsylbLG (aF), der § 1 a Abs. 3 AsylbLG (nF) entspricht, sieht das BSG (12.5.2017 – B 7 AY 1/16 R, SozR 4–3520 § 1 a Nr. 2) keine durchgreifenden verfassungsrechtlichen Bedenken: dazu krit. Kanalan NZS 2018, 641.

Teil III/2: Existenzsichernde Sozialleistungen
Kapitel 24: Regelbedarf und Regelsätze nach SGB II und SGB XII

Literaturhinweise: Becker, Bedarfsbemessung bei Hartz IV, Wiso Diskurs Oktober 2010; Becker, Methodische Gesichtspunkte der Bedarfsbemessung, Soziale Sicherheit, Sonderheft September 2011, 7; Berlit, Paukenschlag mit Kompromisscharakter – zum SGB II-Regelleistungsurteil des Bundesverfassungsgerichts vom 9.2.2010, KritJ 2010, 145; Borchert, Die Menschenwürde ist unverbindlich, SGb 2015, 655–662; Ebsen, Verfassungsrechtliche Begründungs- oder Verfahrensanforderungen an den Gesetzgeber, Arbeitsmarktpolitik und Sozialrecht, 2011, 17 ff.; Groth, Entspricht die neue Regelleistung den Anforderungen des Bundesverfassungsgerichts?, NZS 2011, 571; Lenze, Die Gewährleistung des Existenzminimums von Kindern im föderalen System, NZS 2010, 534; Lenze, Ist die Debatte um die Gewährleistung eines menschenwürdigen Existenzminimums beendet?, ZFSH/SGB 2014, 745–752; Luthe, Das Existenzminimum – auf dem Weg wohin?, jM 2016, 249–255; Martens, Tabellengrundlage zu den Regelsatzberechnungen der Bundesregierung – Darstellung und Kommentierung – ASR Sonderheft Mai 2011, 50; Meßling, Grundrechtsschutz durch Gesetzgebungsverfahren, Zum Urteil des Bundesverfassungsgerichts vom 9.2.2010, in Festschrift für Renate Jaeger, Grundrechte und Solidarität, 2011, 787; Mogwitz, die neue Bedarfsermittlung, ZFSH/SGB 2011, 323; Mogwitz, Neuermittlung der Regelbedarfe für das SGB II und SGB XII, jurisPR-SozR 6/2011 Anm. 1; Münder, Entspricht der Regierungsentwurf eines Gesetzes zur Ermittlung von Regelbedarfen und zur Änderung des Zweiten und Zwölften Buches Sozialgesetzbuch vom 20.10.2010 den verfassungsrechtlichen Anforderungen der Entscheidung des Bundesverfassungsgerichts 1 BvL 1/09 vom 9.2.2010? – Eine rechtsgutachtliche Stellungnahme, in Spellbrink (Hrsg.), Verfassungsrechtliche Probleme im SGB II, 2011, 15 (künftig: Münder, Gutachten I); Münder, Verfassungsrechtliche Bewertung des Gesetzes zur Ermittlung von Regelbedarfen und zur Änderung des SGB II und SGB XII, Soziale Sicherheit, Sonderheft 9/2011, 63 (künftig: Münder Gutachten II); Rixen, Abschied von der Solidarität?, Sozialrecht aktuell 2008, 81; Rixen, Entspricht die neue Hartz IV-Regelleistung den Vorgaben des Bundesverfassungsgerichts?, Sozialrecht aktuell 2011, 121; Rixen, Nach dem zweiten Regelbedarfs-Urteil des Bundesverfassungsgerichts – Fragen, Folgen und Forderungen, SozSich 2015, 135–141; Rothkegel, Das Bundesverfassungsgericht als Ersatzgesetzgeber – die Übergangsregelungen des Hartz-IV- und des AsylbLG-Urteils, ZFSH/SGB 2012, 519; Rothkegel, Hartz-IV-Regelsätze und gesellschaftliche Teilhabe – die geplanten Änderungen im Lichte des Urteils des Bundesverfassungsgerichts, ZFSH/SGB 2011, 69; Rothkegel, Rechtliche Prinzipien der Sicherung des Lebensunterhalts nach SGB II, SGB XII und AsylbLG, ZFSH/SGB 2005, 391; Schwabe, Einzelbeträge aus den Regelbedarfsstufen des SGB II und SGB XII ab dem 1.1.2011, ZfF 2011, 97 – ab dem 1.1.2012: ZfF 2012, 1; Spindler, Verfassungsrecht trifft auf Statistik, info also 2011, 243.

Rechtsgrundlagen:
SGB II §§ 19, 20, 23
SGB XII §§ 27 a, 27 b, 27 c, 28, 28 a, 29, 42 Nr. 1
RBEG §§ 1–10

Orientierungssätze:
1. Das verfassungsrechtlich garantierte menschenwürdige Existenzminimum umfasst die unbedingt erforderlichen Mittel zur Sicherung sowohl der physischen Existenz als auch zur Sicherung eines Mindestmaßes an Teilhabe am gesellschaftlichen, kulturellen und politischen Leben (sozio-kulturelles Existenzminimum).[1]
2. Die Höhe der Regelbedarfsstufen quantifiziert den Regelbedarf, der – neben dem Mehr- und weiteren Bedarfen – das menschenwürdige Existenzminimum operationalisierbar machen soll.

---

1 BVerfG 27.7.2016 – 1 BvR 371/11, Rn. 37 mwN.

Pattar

3. Als Teil des Existenzminimums reicht die Bedeutung der Regelbedarfsstufen über das Sozialhilferecht hinaus: Sie bilden das „Referenzsystem" für den am Niveau der Sozialhilfe ausgerichteten Regelbedarf nach dem SGB II und fixieren den Umfang der Leistungen der Grundsicherung im Alter und bei Erwerbsminderung.

4. Wegen der Sicherung und des Erhalts des für eine menschenwürdige Lebensführung benötigten Minimums wird die Regelsatzfestlegung ua relevant im Steuerrecht, Vertragsrecht, privaten Unterhaltsrecht und Vollstreckungsrecht.

5. Die Gewährung und die Bemessung existenzsichernder Leistungen stehen seit langem unter Legitimationsdruck, der sich durch ökonomische Krisen, die politische Tendenz zur Individualisierung struktureller Probleme und die Absicht, durch ein geringes Leistungsniveau die Annahme schlecht entlohnter Arbeiten attraktiver zu machen, weiter verschärft.

6. Das den aktuellen Normen zugrunde liegende Gesetzgebungsverfahren zur Ermittlung sowohl der Zuordnung von Personenkreisen zu den Regelbedarfsstufen als auch der Höhe der Regelbedarfsstufen ist fiskalisch motiviert, methodisch fragwürdig und verfassungsrechtlich anfechtbar. Es bewirkt eine tendenziell zu niedrige Betragsfestlegung und verletzt den Grundsatz der individuellen Bedarfsdeckung.

7. Die Gerichte der Sozialgerichtsbarkeit sind gehalten, sich schützend und fördernd vor die Grundrechte der Einzelnen, einschließlich des Grundrechts auf Gewährleistung eines menschenwürdigen Existenzminimums zu stellen und in ihren Einzelfallentscheidungen dafür Sorge zu tragen, dass für jeden Menschen stets und damit in jeder Situation der gesamte existenznotwendige Bedarf gedeckt wird.

A. Einleitung

I. Existenzsicherungssysteme als bedeutendster Teil zur Sicherung des Anspruchs auf Gewährleistung eines menschenwürdigen Existenzminimums

SGB II und SGB XII haben die Aufgabe, den Leistungsberechtigten die **Führung eines** **1** **Lebens** zu ermöglichen, **das der Würde des Menschen** entspricht (§ 1 Abs. 1 SGB II, § 1 S. 1 SGB XII). SGB II und SGB XII greifen nur ein, soweit das den Menschen selbst nicht gelingt (Nachrang [§ 2 SGB XII, §§ 3 Abs. 3, 9 SGB II]), sei es aus eigener Kraft, sei es durch Inanspruchnahme privater Dritter, sei es durch Inanspruchnahme anderer Sozialleistungssysteme. Mit diesen Leistungssystemen, aber bei weitem nicht nur mit diesen Leistungssystemen, verfolgt der Gesetzgeber das Ziel, den **verfassungsrechtlich garantierten**[2] **Anspruch auf Gewährleistung eines menschwürdigen Existenzminimums** aus Art. 1 Abs. 1 GG in Verbindung mit dem Sozialstaatsprinzip aus Art. 20 Abs. 1 GG zu erfüllen.

Zur Menschenwürde gehört zentral, aber bei weitem nicht allein die **Sicherung des Lebensunterhalts.** **2**

Dieser Lebensunterhalt soll **im SGB II** durch die **Leistungen zur Sicherung des Lebensunterhalts** (§ 1 Abs. 3 Nr. 3 SGB II) gesichert werden, also durch die (jeweils eigenständigen) Leistungen **3**

- **Arbeitslosengeld II** (§ 19 Abs. 1 S. 1, § 7 Abs. 1 SGB II) für erwerbsfähige Leistungsberechtigte (gegebenenfalls in Form von Sachleistungen [§ 24 Abs. 2 SGB II] oder als Darlehen [§ 24 Abs. 4[3] und 5 SGB II]),

- **Sozialgeld** (§ 19 Abs. 1 S. 2, § 7 Abs. 2 SGB II) für Personen, die selbst nicht erwerbsfähige Leistungsberechtigte sind, aber mit erwerbsfähigen Leistungsberechtig-

---

2 Grundlegend BVerfG 9.2.2010 – 1 BvL 1, 3, 4/09.
3 Zwar fehlt eine § 9 Abs. 4 SGB II entsprechende Norm, sodass Personen mit zu erwartendem Einkommenszufluss anders als Personen, denen der Einsatz des Vermögens nicht möglich oder nicht zuzumuten ist, technisch nicht hilfebedürftig sind. Allerdings steht ihnen das Einkommen zu Monatsbeginn (noch) nicht als bereites Mittel zur Verfügung, sodass sie hilfebedürftig anzusehen sind; § 24 Abs. 4 SGB II reduziert in diesem Fall den deshalb an sich bestehenden Zuschussanspruch der Leistungsberechtigten auf eine Darlehensleistung.

ten in einer Bedarfsgemeinschaft leben (gegebenenfalls in Form von Sachleistungen [§ 24 Abs. 2 SGB II] oder als Darlehen [§ 24 Abs. 4[4] und 5 SGB II]),

■ die jeweils einzeln zu betrachtenden Leistungen für **Bildung und Teilhabe** (§ 19 Abs. 2, § 28 SGB II),

■ Leistungen für nicht vom Regelbedarf umfasste **Sonderbedarfe** (§ 24 Abs. 3 SGB II),

■ **Zuschüsse zu Kranken- und Pflegeversicherungsbeiträgen** (§ 26 SGB II),

■ Leistungen für **Auszubildende** (§ 27 SGB II),

■ **ergänzende Sachleistungen** bei Minderung des Arbeitslosengeldes II (**Sanktion**) um mehr als 30 % des Regelbedarfs (§ 31 a Abs. 3 SGB II),

■ **Wohnungsbeschaffungskosten** und **Umzugskosten** (§ 22 Abs. 6 SGB II),

■ Darlehensleistungen für **wohnungsbezogene Schulden** (§ 22 Abs. 8 SGB II),

■ Darlehensleistungen für **vom Regelbedarf umfasste Bedarfe** (§ 24 Abs. 1 SGB II).

4 Im SGB XII hingegen bestehen die beiden großen Leistungsgruppen **Hilfe zum Lebensunterhalt** nach dem Dritten Kapitel SGB XII und **Grundsicherung im Alter und bei Erwerbsminderung** nach dem Vierten Kapitel SGB XII. Sie sollen jeweils den **gesamten notwendigen Lebensunterhalt** abdecken (§ 27 Abs. 1, § 41 Abs. 1 SGB XII: „... ihren notwendigen Lebensunterhalt ...“). Dieser notwendige Lebensunterhalt umfasst für Personen außerhalb von Einrichtungen

■ den **Regelbedarf** (§ 27 a Abs. 2 S. 1, § 42 Nr. 1 SGB XII),

■ die **zusätzlichen Bedarfe**, namentlich

– den **Mehrbedarf** (§ 30, § 42 Nr. 2, sowie nur im Vierten Kapitel ab 1.1.2020 § 42 b SGB XII),

– **Einmalige Bedarfe** (§ 31, § 42 Nr. 2 SGB XII),

– **Bedarfe für eine Kranken- und Pflegeversicherung** (§ 32, § 42 Nr. 2 SGB XII),

– **Bedarfe für die (angemessene Alterssicherungs-)Vorsorge** (§ 32, § 42 Nr. 2 SGB XII),

■ die einzelnen **Bedarfe für Bildung und Teilhabe** (§ 34, § 42 Nr. 3 SGB XII),

■ die **Bedarfe für Unterkunft und Heizung** (§ 35, § 42 Nr. 4 SGB XII),

■ **Bedarfe für ergänzende Darlehen** (§ 37, § 42 Nr. 5 SGB XII, im Vierten Kapitel allerdings beschränkt auf die Darlehen nach § 37 Abs. 1 SGB XII),

■ **Bedarfe für Darlehen bei am Monatsende fälligen Einkünften** (§ 37 a, § 42 Nr. 5 SGB XII) sowie

■ nur im Dritten Kapitel SGB XII Bedarfe für **Darlehen bei vorübergehender Notlage** (§ 38 SGB XII).

5 **Neben** dem **Lebensunterhalt** sind aber zur Gewährleistung eines menschenwürdigen Existenzminimums **weitere Bedarfe** aus anderen Bereichen zu decken, etwa zur Deckung von Bedarfen, die dadurch entstehen, dass Menschen mit Behinderungen zur mit Menschen ohne Behinderungen gleichberechtigten Teilhabe an der Gesellschaft Barrieren überwinden müssen (hierzu bis 31.12.2019: Eingliederungshilfe für behinderte Menschen nach dem Sechsten Kapitel SGB XII, ab 1.1.2020: Eingliederungshilfe nach Teil 2 SGB IX), dass Menschen pflegebedürftig, krank oder schwanger sind (hierzu Leis-

---

4 Zwar fehlt eine § 9 Abs. 4 SGB II entsprechende Norm, sodass Personen mit zu erwartendem Einkommenszufluss anders als Personen, denen der Einsatz des Vermögens nicht möglich oder nicht zuzumuten ist, technisch nicht hilfebedürftig sind. Allerdings steht ihnen das Einkommen zu Monatsbeginn (noch) nicht als bereites Mittel zur Verfügung, sodass sie als hilfebedürftig anzusehen sind; § 24 Abs. 4 SGB II reduziert in diesem Fall den deshalb an sich bestehenden Zuschussanspruch der Leistungsberechtigten auf eine Darlehensleistung.

tungen der Gesetzlichen Kranken- und Sozialen Pflegeversicherung nach dem SGB V und SGB XI, Hilfe zur Pflege nach dem Siebten Kapitel und Hilfen zur Gesundheit nach dem Fünften Kapitel SGB XII), in besonderen sozialen Schwierigkeiten sind (hierzu Achtes Kapitel SGB XII), dass Menschen insbesondere Hilfe beim Aufbau der eigenständigen Existenzsicherung benötigen (Leistungen der aktiven Arbeitsförderung nach dem SGB III und zur Eingliederung in Arbeit nach dem SGB II) oder dass Menschen in sonstigen Lebenslagen Hilfe benötigen (hierzu Neuntes Kapitel SGB XII). Zwar fordert der unmittelbar verfassungsrechtliche Leistungsanspruch auf Gewährleistung eines menschenwürdigen Existenzminimums nur die Bereitstellung derjenigen Mittel, die für die Aufrechterhaltung eines menschenwürdigen Daseins unbedingt erforderlich sind.[5] Aber auch in den Sozialleistungsbereichen außerhalb des letzten Netzes der Existenzsicherungssysteme und im Verwaltungs- und Gerichtsverfahren setzt diese grundrechtliche Garantie zwingende Maßstäbe.[6]

Erst in der **Zusammenschau** der insgesamt tatsächlich zur Verfügung stehenden Leistungen kann entschieden werden, ob das Grundrecht auf Gewährleistung eines menschenwürdigen Existenzminimums verletzt ist. Den **Existenzsicherungssystemen** kommt dabei allerdings eine **besondere Rolle** zu: Als **letztes Netz** des Systems der Sozialen Sicherheit müssen sie aus verfassungsrechtlicher Sicht zwingend die Lücken füllen, die von den vorrangigen Systemen gelassen werden. **6**

Bei alledem darf nicht vergessen werden, dass das von der personalen Würde eines jeden Menschen ausgehende Menschenbild des Grundgesetzes zur Annahme von der grundsätzlichen Selbstverantwortlichkeit jedes einzelnen Menschen zwingt. Es lässt Raum für staatliche Unterstützung daher nur insoweit, als die Selbsthilfe scheitert.[7] Existenzsichernde Leistungen erhalten aus diesem Grund nach § 3 Abs. 3, § 9 Abs. 1 SGB II, § 2 Abs. 1 SGB XII diejenigen nicht, die sich selbst helfen können (**Nachranggrundsatz**). Ferner ist es Aufgabe der Hilfen, die Berechtigten soweit wie möglich zu befähigen, **unabhängig** von ihr zu leben, § 1 Abs. 2 SGB II, § 1 S. 2 SGB XII (**Selbsthilfegrundsatz**). Die Hilfegewährung tendiert demnach dazu, sich letztlich überflüssig zu machen, und bezweckt, die **Eigenkräfte** der **Hilfeempfänger** zu **entfalten**, um sie so zu einer **eigenverantwortlichen Lebensgestaltung** zu befähigen.[8] **7**

II. Rolle von Regelbedarf und Regelsätzen in SGB II und SGB XII

Innerhalb der Leistungen zur Sicherung des Lebensunterhalts wiederum nehmen **Regelbedarf** und **Regelsätze** eine **zentrale Rolle** ein: Der Regelbedarf ist derjenige monatlich anfallende Bedarfsteil, der bei wirklich jeder einzelnen leistungsberechtigten Person zur Bedarfsbestimmung mit berücksichtigt wird. **8**

Besonders deutlich wird das in § 27 a SGB XII für die **Hilfe zum Lebensunterhalt** nach dem Dritten Kapitel SGB XII: Nach § 27 a Abs. 1 SGB XII umfasst der für die Gewährleistung des Existenzminimums notwendige **Lebensunterhalt** insbesondere Ernährung, Kleidung, Körperpflege, Hausrat, Haushaltsenergie ohne die auf Heizung und Erzeugung von Warmwasser entfallenden Anteile, persönliche Bedürfnisse des täglichen Lebens sowie Unterkunft und Heizung. Zu den persönlichen Bedürfnissen des täglichen Lebens gehört „in vertretbarem Umfang" eine Teilhabe am sozialen und kulturellen Leben in der Gemeinschaft. Damit ist der **gesamte notwendige Lebensunterhalt** umschrie- **9**

5 BVerfG 9.2.2010 – 1 BvL 1, 3, 4/09, Rn. 135.
6 BVerfG 25.2.2009 – 1 BvR 120/09, Rn. 13: Anforderungen an den Eilrechtsschutz bei verfassungswidriger Ablehnung eines mundgesteuerten Elektrorollstuhls für eine an ALS erkrankte Person durch die Gesetzliche Krankenkasse.
7 Trenk-Hinterberger in: SRH § 23 Rn. 14 f. mwN.
8 Trenk-Hinterberger in: SRH § 23 Rn. 14 f. mwN; ausführlich zum Menschenwürdegrundsatz: Kapitel 8.

ben, also dasjenige, das der Gesetzgeber insgesamt als zur Erfüllung des Anspruchs auf Gewährleistung eines menschenwürdigen Existenzminimums für erforderlich ansieht.

10 § 27 a Abs. 2 S. 1 SGB XII definiert den monatlichen **Regelbedarf** sodann im Wege einer **Differenzbestimmung:** Der gesamte notwendige Lebensunterhalt mit Ausnahme der Bedarfe nach dem Zweiten bis Vierten Abschnitt des Dritten Kapitels SGB XII stellt hiernach den Regelbedarf dar. Der Zweite Abschnitt (§§ 30–33 SGB XII) umfasst die Mehrbedarfe, die einmaligen Bedarfe, die Bedarfe für eine Kranken- und Pflegeversicherung und für eine angemessene Alterssicherung, der Dritte Abschnitt (§§ 34–34 b SGB XII) umfasst die Bedarfe für Bildung und Teilhabe und der Vierte Abschnitt (§§ 35–36 SGB XII) umfasst die Bedarfe für Unterkunft und Heizung. Zum Regelbedarf gehört also der **gesamte Lebensunterhaltsbedarf mit Ausnahme** der **zusätzlichen Bedarfe,** der **Bedarfe für Bildung und Teilhabe** und der **Bedarfe für Unterkunft und Heizung.**

11 Dieser monatliche Regelbedarf ist gemäß § 27 a Abs. 2 S. 2 SGB XII in **Regelbedarfsstufen** unterteilt, die bei Kindern und Jugendlichen altersbedingte Unterschiede und bei erwachsenen Personen deren Anzahl im Haushalt und die Haushaltsführung berücksichtigen. Die genaue Bestimmung der Regelbedarfsstufen nimmt § 27 a SGB XII nicht selbst vor, sondern überlässt sie der Anlage zu § 28 SGB XII, die sie wiederum aus § 8 des **Regelbedarfs-Ermittlungsgesetzes** (RBEG) übernimmt (hierzu ab → Rn. 69).

12 Gemäß § 27 a Abs. 3 SGB XII sind **zur Deckung des Regelbedarfs Regelsätze** anzuerkennen, die sich nach den **Regelbedarfsstufen** der Anlage zu § 28 SGB XII richten. Der Regelbedarf ist als ein monatlicher **Pauschalbetrag** zu gewähren, über dessen Verwendung die Leistungsberechtigten eigenverantwortlich entscheiden müssen. Die Leistungsberechtigten müssen dabei nach § 27 a Abs. 3 S. 2 Hs. 2 SGB XII auch unregelmäßig auftretende Bedarfe berücksichtigen. Nach der Konzeption des Gesetzes sollen die Leistungsberechtigten also mit dem Regelsatz als monatlichem Fixbetrag auskommen und für unregelmäßige Bedarfe aus diesem Betrag ansparen. Zur Bestimmung der Höhe dieser Regelbedarfsstufen Näheres ab → Rn. 80.

13 Ausnahmsweise kann im SGB XII der **Regelsatz** gemäß § 27 a Abs. 4 und 5 SGB XII **abweichend** von der maßgebenden Regelbedarfsstufe **festgesetzt** werden (hierzu ab → Rn. 116); für Personen, die Leistungen in Einrichtungen beziehen, bestehen ebenfalls Sonderregeln (§ 27 b und ab 1.1.2020 § 27 c SGB XII [F:2020]; zu beidem ab → Rn. 115).

14 Für die **Grundsicherung im Alter und bei Erwerbsminderung** verweist § 42 Nr. 1 SGB XII auf die „Regelsätze nach den Regelbedarfsstufen der Anlage zu § 28" und nimmt ausdrücklich auch § 27 a Abs. 3 und 4 SGB XII in Bezug.

15 Die Regelung des **SGB II** ähnelt der des SGB XII: Leistungen zur Sicherung des Lebensunterhalts werden nach § 19 Abs. 3 SGB II in Höhe der Bedarfe nach § 19 Abs. 1 – also für das Arbeitslosengeld II und das Sozialgeld **Regelbedarf,** Mehrbedarfe und Bedarfe für Unterkunft und Heizung (§ 19 Abs. 1 S. 3 SGB II) – und nach § 19 Abs. 2 – also Bedarfe für Bildung und Teilhabe – erbracht, soweit diese nicht durch das zu berücksichtigende Einkommen und Vermögen gedeckt sind. Der Regelbedarf selbst ist dann in § 20 Abs. 1 SGB II praktisch wortgleich zum gesamten notwendigen Lebensunterhalt in § 27 a Abs. 1 SGB XII definiert, allerdings mit Ausnahme der in § 27 a Abs. 1 SGB XII enthaltenen Bedarfe für Unterkunft und Heizung. Die **Höhe des Regelbedarfs** richtet sich gemäß § 20 Abs. 1 a SGB II nach der jeweiligen **Regelbedarfsstufe entsprechend** § 28 SGB XII in Verbindung mit dem **Regelbedarfs-Ermittlungsgesetz** (RBEG) und der jeweiligen Regelbedarfs-Fortschreibungsverordnung. Damit übernimmt das SGB II die Anzahl und die Höhe der Regelbedarfsstufen aus dem SGB XII. Die **Zuordnung einer Person** zu einer **Regelbedarfsstufe** nimmt das SGB II jedoch autonom und teils auch abweichend vom SGB XII vor (§ 20 Abs. 2, 3, 4, § 23 Nr. 1 SGB II; hierzu näher ab →

Rn. 76). Eine abweichende Regelsatzfestlegung wie in § 27 a Abs. 4, 5 SGB XII ist im SGB II nicht vorgesehen (zu den Folgen daraus näher ab → Rn. 122).

Die Höhe der Regelbedarfsstufen ist schließlich in einer Reihe anderer Vorschriften innerhalb von SGB II und SGB XII maßgeblich, so bei der Bestimmung der Höhe   16

- einzelner Mehrbedarfe und ihrer Gesamthöhe (§ 21 Abs. 2, 3, 4, 7 und 8, § 23 Nr. 2, 4 SGB II, § 30 Abs. 1, 2, 3, 4, 7 und 6 SGB XII),

- des in Einrichtungen als weiterer notwendiger Lebensunterhalt zu erbringenden angemessenen **Barbetrags** nach § 27 b Abs. 2 S. 2 SGB XII sowie

- der **Einkommensgrenze** für die Leistungen nach dem 5.–9. Kapitel des SGB XII (§ 85 Abs. 1 Nr. 1 SGB XII).

III. Bedeutung von Regelbedarf und Regelsätzen über SGB II und SGB XII hinaus

Regelbedarf und Regelsätze haben auch über SGB II und SGB XII hinaus Bedeutung.   17

Das gilt zum einen für bedürftigkeitsabhängige Leistungen anderer Leistungssysteme,   18
etwa für die **ergänzende Hilfe zum Lebensunterhalt** im Rahmen der Kriegsopferfürsorge (§ 27 a BVG, ggf. iVm § 140 Abs. 2 Nr. 4 SGB XIV-E), für die **Prozesskostenhilfe** und über § 1 Abs. 2 BerHG auch der **Beratungshilfe:** Hinsichtlich deren persönlichen und wirtschaftlichen Voraussetzungen berechnen sich die vom Einkommen der Partei oder des/der Beteiligten abzusetzenden Beträge nach § 115 Abs. 1 S. 3 Nr. 1 BSt. b und Nr. 2 ZPO an Hand der Höhe der Regelbedarfsstufen des SGB XII.

Zum anderen sind die Regelsätze aber auch die **Grenze für staatliche** oder staatlich   19
sanktionierte **Eingriffe in die Selbsthilfemöglichkeiten:** Eine Rechtsordnung stünde im Widerspruch zur sich selbst überflüssig machenden Zielrichtung und Aufgabe der Existenzsicherungsleistungen, wenn sie es zuließe, das selbst erarbeitete, zur Bedarfsdeckung – auch der Familie – dienende Einkommen in einer das Existenzminimum tangierenden Weise zu entziehen. Dies würde zu dem aus verfassungsrechtlichen Gründen nicht akzeptablen Ergebnis führen, dass **trotz** der vorhandenen **Fähigkeit zur Selbsthilfe** der Betroffene gleichwohl zur Deckung seines Lebensbedarfs auf existenzsichernde **Leistungen angewiesen** wäre.[9]

- Deshalb muss im **Steuerrecht** (hierzu näher → Rn. 40) mindestens das (auch) durch   20
die Regelsätze bestimmte Existenzminimum von steuerrechtlichem Zugriff freigelassen werden.

- Würde im allgemeinen Zivilrecht eine **Vertragserfüllung** zu einer dauerhaften Existenz   21
"an der Sozialhilfeschwelle" führen, so kann im Sinne der Rechtsprechung des Bundesverfassungsgerichts zur gestörten Vertragsparität[10] ein ungewöhnlich belastender Umstand bestehen, der eine genaue Überprüfung der Wirksamkeit des Vertrages veranlasst.

- Im **Vollstreckungsrecht** (§ 850 f Abs. 1 BSt. a, § 850 d Abs. 1 S. 2, § 850 k Abs. 2 S. 1   22
Nr. 1 BSt. b ZPO) ist der Schutz des Existenzminimums gegen staatliche Zugriffe geboten.

---

9 BSG 17.7.2008 – B 9/9 a SB 11/06 R unter Hinweis darauf, dass für die Einstandsgemeinschaft nach § 19 Abs. 2 SGB XII hinsichtlich ihrer einzelnen Mitglieder von einem individuellen Sozialhilfeanspruch auszugehen ist, bei dem unter Zugrundelegung eines individuellen Bedarfs sowie unter Berücksichtigung anzurechnender Mittel ein individueller Leistungsbetrag zu ermitteln ist. Verfassungsrechtlich unvereinbar ist mit diesen Grundsätzen die Bestimmung in § 9 Abs. 2 S. 3 SGB II.
10 BVerfG 7.2.1990 – 1 BvR 26/84; BVerfG 19.10.1993 – 1 BvR 567, 1044/89.

23 ▪ Im privaten **Unterhaltsrecht** gilt etwa hinsichtlich des Mindestunterhalts minderjähriger Kinder (§ 1612 a BGB), dass dieser als absolute Größe nicht anders zu bestimmen ist wie im Steuer- und Sozialrecht.[11]

24 ▪ Dies wird durch die beim existenzsicherungsrechtlichen Übergang von Unterhaltsansprüchen (§ 33 SGB II, § 94 SGB XII) vorgeschriebene **existenzsicherungsrechtliche Vergleichsberechnung** (hierzu näher → Kap. 40 Rn. 32 ff., 88) noch einmal gedoppelt.

25 ▪ Im **Krankenversicherungsrecht** wird bei SGB II- und SGB XII-Leistungsberechtigten zur Bestimmung der Belastungsgrenze für Zuzahlungen gemäß § 62 Abs. 2 S. 5 und 6 SGB V nur die Höhe des Regelbedarfs der Regelbedarfsstufe 1 als Einkommen zugrunde gelegt.

26 ▪ Im übrigen **Sozialrecht** gilt es, bei der **Aufrechnung** oder **Verrechnung** sowie bei **Abtretung** oder **Verpfändung** den notwendigen Lebensbedarf des Leistungsberechtigten zu sichern, ebenso bei Anträgen auf Erlass nach § 44 SGB II, § 76 Abs. 2 Nr. 3 SGB IV oder nach anderen Normen.[12] Bei der **Rückforderung** von zunächst gewährten Leistungen (zB als **Vorschüsse** oder „**Urteilsrenten**") darf weder für zurückliegende noch für künftige Zeiten das Existenzminimum tangiert werden. Kritisch zu bewerten sind vor diesem Hintergrund die weitergehenden Aufrechnungsmöglichkeiten, die §§ 42 a und 43 SGB II (anders als § 26 SGB XII) auch dann vorsehen, wenn die zur Aufrechnung gestellten Erstattungsansprüche kein Verschulden voraussetzen.[13]

B. Geschichtliche Entwicklung der Regelsätze bis zum Inkrafttreten von SGB II und SGB XII

I. Bedarfsbestimmung bis zum Warenkorbmodell 1955

27 Die Ermittlung, Festlegung und vor allem die Begrenzung des Bedarfs der Hilfebedürftigen beschäftigte die öffentliche Armenfürsorge seit ihren Anfängen im 16. Jahrhundert. Das Verständnis der Armenfürsorge als hoheitliche Aufgabe im 17. Jahrhundert führte nach und nach zu dem Bestreben, **normativ-schematisierende Bedürfniskriterien** aufzustellen, um den Bedarf der steigenden Zahl von Armen verwaltungsmäßig bestimmen zu können.[14] Übereinstimmende Maßstäbe existierten zunächst nicht. Die Unterstützungssätze, die zum Teil aus **Löhnen ungelernter Arbeiter** der niedrigsten Stufe (einer Quote hiervon) oder aus **Untersuchungen** über **Ausgabenbudgets** von **Arbeiterhaushalten** hergeleitet wurden, fielen lange Zeit uneinheitlich aus. Sie waren überdies allgemein sehr niedrig, weil Hilfebedürftigkeit zunächst häufig auf **individuelles Fehlverhalten** zurückgeführt wurde und Arbeitslosigkeit als **charakterlicher Mangel** galt. Die Existenz von Zucht- und Arbeitshäusern belegt dies.[15] Angesicht solchen (Vor-)Verständnisses stand nicht die bedürfnisgerechte Versorgung im Vordergrund, sondern „das denkbar niedrigste Maß der Lebenshaltung (...), das eben noch vor dem Verhungern" schützt: die – allenfalls – notdürftige Absicherung der physischen Existenz.[16]

---

11 BT-Drs. 16/1830, 14.
12 Vgl. hierzu Kapitel 61.
13 Zu Recht kritisch unter dem Aspekt, den Schutz des menschenwürdigen Existenzminimums zu gewährleisten: Hölzer, Darlehen und Aufrechnung im SGB II nach der Gesetzesreform 2011, info also 2011, 159 (Teil 1) und info also 2011, 210 (Teil 2); ferner SG Berlin 30.11.2011 – S 37 AS 24431/11 ER.
14 Vgl. hierzu und zum Nachfolgendem etwa Sartorius, Existenzminimum im Recht (2000), S. 75 ff. mwN.
15 Siehe etwa Sachße/Tennstedt, Geschichte der Armenfürsorge in Deutschland, Band 1, 2. Aufl., S. 159 ff.
16 Cuno, Das Existenzminimum in der Armenpflege, Schriften des Deutschen Vereins für Armenpflege und Wohltätigkeit, 39. Heft (1888), S. 111.

Als im Jahre 1922 die Stadt Köln zur **Ermittlung** des durchschnittlichen **Nahrungsbe-** 28
darfs der Hilfebedürftigen ein **ernährungsphysiologisches Gutachten** einholen ließ, lag
der so ermittelte Betrag für die erforderliche Lebensmittelration **erheblich über** den damaligen – dezentral und unterschiedlich geregelten – **Reichssätzen** für die Erwerbslosenfürsorge.[17] Die große Variationsbreite von Auffassungen und Maßstäben wurde erst
durch die **Reichsgrundsätze** über die Fürsorge vom 4.12.1924[18] angegangen, die bestimmten, dass die oberste Landesbehörde oder die von ihr bestimmten Stellen den örtlichen Verhältnissen angepasste **Richtsätze** für die Bemessung des notwendigen Lebensunterhalts der Hilfebedürftigen festzusetzen haben. Hiermit war aber zunächst nur der
Notwendigkeit eines einheitlichen Unterstützungsmaßes überhaupt Rechnung getragen,
ein nationaler materieller Standard fehlte immer noch. Die damaligen Richtsätze waren
nicht für jeden **Einzelfall verbindlich.** Sie gaben vielmehr nur eine für die Masse der
Durchschnittsfälle berechnete **Regel,** um das in Geld zu bemessen, was dem Hilfebedürftigen als zum notwendigen Lebensunterhalt zuzubilligen war.

Das Gesetz über eine Krisenfürsorge für Erwerbslose vom 19.11.1926,[19] dessen Grund- 29
sätze später vom AVAVG des Jahres 1927 und durch die Regelungen zur Arbeitslosenhilfe im AFG fortgeführt wurden, hat vor dem Hintergrund drastisch gestiegener Ar-
beitslosenzahlungen eine **gehobene Unterstützung** für Arbeitsfähige und Arbeitswillige
eingeführt. Dieser Personenkreis drohte seinerzeit nach Ausschöpfung der Leistungen
aus der Erwerbslosenfürsorge in die Armenpflege „abzugleiten". Dem wollte der Gesetzgeber durch die Krisenunterstützung entgegenwirken. Er vertrat angesichts des Ur-
sachenzusammenhangs zwischen Arbeitslosigkeit und Wirtschaftsordnung die Auffassung, dass Staat treffe eine besondere Mitverantwortung für die Lage am Arbeitsmarkt.[20] Diese Sichtweise teilt der aktuelle Gesetzgeber seit den so genannten „Hartz"-
Gesetzen nicht mehr: Eine gehobene Unterstützung für Arbeitsfähige gibt es nicht mehr,
Arbeitslosigkeit erscheint nunmehr vor allem als Konsequenz persönlicher Defizite, die
es zu beseitigen gilt, notfalls auch durch Kontrolle, Zwang und Sanktionen.[21]

II. Warenkorbmodelle vor und unter Geltung des BSHG

Im Jahre 1955 kam es durch den **Deutschen Verein für öffentliche und private Fürsorge** 30
zum ersten Mal – abgesehen von lokal begrenzten geschichtlichen Vorläufern – zu der
Aufstellung eines **Warenkorbs** im Sinne einer **idealtypischen Zusammensetzung** solcher
Waren und **Leistungen,** die Hilfeempfänger zur Deckung ihres Bedarfs für die nach den
Richtsätzen zu gewährenden Leistungen benötigen. Die entsprechenden Erhebungen
hatten eine beträchtliche Erhöhung der Richtsätze zur Folge.

Nach Inkrafttreten des Bundessozialhilfegesetzes zum 1.7.1962[22] und dann nochmals 31
1970 wurde erneut ein Warenkorb erstellt. Diese Warenkörbe bildeten bis zum Jahre
1981 die Grundlage der Regelsatzfestsetzung unter Berücksichtigung der – von den
Landesämtern für Statistik fortgeschriebenen – Preisentwicklung (§ 22 Abs. 3 S. 1 Hs. 2
BSHG aF). Bei der Auswahl der für die Ermittlung des Ernährungsbedarfs erforderlichen Nahrungsmittel wurde bei der Aufstellung der Warenkörbe **nicht allein** auf **ernäh-**
rungsphysiologische Gesichtspunkte abgestellt, sondern **auch** auf die **Ernährungsge-**
wohnheiten unterer Verbrauchergruppen (einschließlich Sozialhilfeempfänger). Ebenso
dienten als Ermittlungsbasis für die weiteren Bedarfsgruppen des Warenkorbes die aus-

---

17 Orthbandt, Tarife, Richtsätze Regelsätze (1986), S. 40.
18 RGBl. I, 756.
19 RGBl. I, 489.
20 Vgl. Davy in: Sozialrechtsgeltung in der Zeit, SDSRV 55, 143, Fn. 227 mwN.
21 Davy in: Sozialrechtsgeltung in der Zeit, SDSRV 55, 141.
22 BGBl. I, 1961.

zuwählenden Waren und Dienstleistungen auf Grundlage der Lebens- und Verbrauchsgewohnheiten der unteren Verbrauchergruppe, der auch Sozialhilfeempfänger angehören. Diese Tatsache belegt einmal, dass ein „reines" Bedarfsprinzip nie existiert hat, weil in den „Korb" nur Waren nach verbrauchsstatistischer Überprüfung aufgenommen wurden. Zum anderen begründet diese Vorgehensweise die Gefahr eines Zirkelschlusses, weil bei der Herleitung des Bedarfs für Sozialhilfeempfänger auf einen Haushaltstyp abgestellt wird, dem auch Sozialhilfeempfänger unterfallen.[23]

32   Die 1979 vom Deutschen Verein vorgeschlagene Anpassung des Warenkorbs 1970 an die zwischenzeitlich eingetretenen Änderungen im Verbrauchsverhalten hätte zu einer Regelsatzerhöhung von bis zu 31 % geführt.[24] Die entsprechenden Vorschläge lehnten die kommunalen Spitzenverbände wegen der Höhe der hiermit verbundenen Ausgaben ab. Ab dem 1.7.1985 wurden die Regelsätze an Hand eines „Alternativen Warenkorbs" bemessen, dem zwar erneut die Berechnung eines Bedarfsmengenschemas zugrunde lag. Eine Vielzahl struktureller Eingriffe gegenüber dem Warenkorb 1970 führte dazu, dass bei der Anhebung der Regelsätze die Preisentwicklung nur partiell Berücksichtigung fand.[25]

III. Der Übergang zum Statistikmodell 1990 und seine Übernahme in die Regelbedarfsbestimmung von SGB II und SGB XII

33   Seit dem 1.7.1990 existiert als neues, im Wesentlichen heute noch gültiges Bemessungsschema das sog. **Statistikmodell**, das mit der Festsetzung des Regelsatzes sowohl die Befriedigung existenzieller Bedürfnisse als auch eine begrenzte Teilnahme am Leben in der Gemeinschaft sicherstellen soll.[26] Entscheidend für die **Bedarfsbemessung** sind nunmehr die **tatsächlichen**, statistisch ermittelten **Ausgaben** und das **Verbrauchsverhalten** von Haushalten in unteren Einkommensgruppen, deren Einkommen deutlich über der Sozialhilfeschwelle liegen sollte.[27]

34   Die Bedarfsbemessung für Alleinstehende und Haushaltsvorstände – die bis zum Inkrafttreten des RBEG 2011 auch für die Ableitung von Regelsätzen für sonstige Haushaltsangehörige bestimmend war[28] – erfolgte (ähnlich wie heute) in drei Stufen:

35   ▪ **Stufe 1: Festlegung** von Haushalten im unteren Einkommensbereich als **Referenzgruppe**.
       Es galt hierbei zu verhindern, dass keine (oder zumindest so wenig wie möglich) Haushalte von Beziehern von Hilfe zum Lebensunterhalt bzw. Haushalte mit einem Einkommen in Höhe der Hilfe zum Lebensunterhalt zu dieser Referenzgruppe gehören.[29] In die Referenzgruppe wurden zunächst nur solche Haushalte aufgenommen, die 1983[30] um 4 % oberhalb der Sozialhilfeschwelle[31] lagen und andererseits diese Schwelle um nicht mehr als 25 % überschritten.[32]

---

23 Galperin NDV 1981, 113.
24 von Bargen in: Festschrift für Helmut Simon (1987), S. 756.
25 Tiburcy NDV 1986, 47.
26 Deutscher Verein, Neues Bedarfsbemessungssystem (1989), Anlage 1 A 1.1, S. 30.
27 Deutscher Verein, Neues Bedarfsbemessungssystem (1989), Anlage 1 A 2.2, S. 6.
28 Vgl. zuletzt § 3 RSV aF.
29 Um zu vermeiden, dass sachwidrig der Bedarf von Hilfeempfängern aus deren Verbrauch abgeleitet wird, Deutscher Verein, Neues Bedarfsbemessungssystem (1989), Anlage 5, 5.1, S. 54 ff.
30 Insoweit wirkten die Vorgaben des Warenkorbmodells weiter fort.
31 Regelsatzbetrag 1983, 20%iger Mehrbedarfszuschlag, 15% des Regelsatzbetrags für pauschalierte einmalige Leistungen, durchschnittliche Mietbelastung sowie pauschalierter Heizkosten.
32 Deutscher Verein, Neues Bedarfsbemessungssystem (1989), Anlage 5, 6.1 u. 6.2, S. 58 ff.

- **Stufe 2: Festlegung** desjenigen Teils des Verbrauchs der Haushalte in der Referenz-   36
gruppe, der dem im Regelsatz zu berücksichtigenden Bedarf entspricht (**regelsatzre-
levanter privater Verbrauch**).

  Eingang in die Bemessung finden weder Ausgaben, von denen angenommen wird,
  dass sie nur bei einem über den vom Regelsatz zu gewährenden, hinausgehenden
  Lebensstandard anfallen noch solche für Unterkunft und den Bedarf, der nicht
  durch Regelsätze, sondern durch einmalige Leistungen abzudecken war.[33]

- **Stufe 3: Berechnung** der monatlichen **Aufwendungen** der **Referenzgruppe** für den   37
regelsatzrelevanten privaten **Verbrauch**; der daraus resultierende Betrag ist Grundlage für die Bestimmung des Regelsatzes.[34]

  In diesem Schritt der Bedarfsbemessung werden die monatlichen Aufwendungen für
  den regelsatzrelevanten privaten Verbrauch berechnet auf der Grundlage des Durchschnitts der Ausgaben und des Verbrauchs privater Haushalte im Bundesgebiet.[35]
  Die Summe der einzelnen Ausgabepositionen ergab dann den Regelsatzbetrag.

In formeller Hinsicht gab es einen erheblichen Unterschied zur heutigen Rechtslage: Bis   38
zum 31.12.2004 erfolgte die Regelsatzfestsetzung auf Landesebene gem. § 22 Abs. 2
S. 1 BSHG aF nicht durch förmliches Gesetz, sondern durch **Rechtsverordnung**, sodass
die damals zuständigen Gerichte der Verwaltungsgerichtsbarkeit kraft ihrer Verwer-
fungskompetenz die Höhe der Regelsätze und ihre Herleitung hätten korrigieren können. Allerdings nahmen die Gerichte für sich nur eine **eingeschränkte Prüfungskompetenz** in Anspruch, sprachen ua von **administrativer Letztentscheidungsbefugnis** und von
der Regelsatzfestsetzung als einem „Akt wertender Erkenntnis und gestaltender sozialpolitischer Entscheidung".[36] Die gerichtliche Kontrolle fiel also sehr zurückhaltend aus,
was vor dem Hintergrund des verfahrensrechtlichen Regelungsdefizits zwar als verständlich, aber als „rechtsstaatlich nicht verzeihlich" beanstandet wurde.[37] Allerdings
blieben zunächst selbst Verfassungsbeschwerden erfolglos.[38]

Dieses Statistikmodell wurde auch der Bestimmung der Regelsätze, Regelleistungen und   39
Regelbedarfe nach den 2005 in Kraft getretenen SGB II und SGB XII zu Grunde gelegt.[39] Wie schon zuvor bestimmte sich nur der sogenannte Eckregelsatz nach dem Statistikmodell, die Regelleistungen für andere Personen – Partner*innen, sonstige Haushaltsangehörige, Kinder – bestimmte sich nach Prozentsätzen abgeleitet von diesem
Eckregelsatz.[40] Für die Zeiten zwischen den Einkommens- und Verbrauchsstichproben
war vorgesehen, dass der Regelsatz entsprechend der Entwicklung des aktuellen Ren-
tenwerts verändert werden sollte,[41] also entsprechend der Bruttolohnentwicklung, der
Höhe des Rentenversicherungsbeitrags und dem Nachhaltigkeitsfaktor.[42]

---

33 Schellhorn NDV 1989, 224.
34 Deutscher Verein, Neues Bedarfsbemessungssystem (1989), Anlage 8, S. 69 ff.; vgl. auch § 2 Abs. 2 RSV
    2005.
35 Deutscher Verein, Neues Bedarfsbemessungssystem (1989), Anlage 8, S. 69.
36 BVerwG 18.12.1996 – 5 C 47.95.
37 So bereits Bieback/Stahlmann, Existenzminimum und Grundgesetz, SF 1987, 1 (7); zur Kritik an der von
    der verwaltungsgerichtlichen Rechtsprechung geübten „Zurückhaltung": Sartorius, Das Existenzminimum
    im Recht 2000, 96 ff.
38 BVerfG 3.6.1986 – 1 BvR 1124/85; BVerfG 27.3.1984 – 1 BvR 1380/84.
39 § 2 RSV F:2005. Vgl. § 28 Abs. 3 SGB XII (F:2005); hierzu: BT-Drs 15/1514, S. 1; BT-Drs 15/1516, S. 56
    (zum SGB II).
40 Vgl. §§ 20, 28 SGB II F:2005.
41 § 4 RSV F:2005; hierzu: BT-Drs 15/1514, S. 1.
42 § 68 Abs. 1 SGB VI F:2005.

C. Verfassungsrechtliche Vorgaben für die Regelsatzbemessung

I. Einleitung: Rechtsanspruch auf Sozialhilfeleistungen und verfassungsrechtliche Vorgaben zur steuerlichen Freistellung des Existenzminimums

40 Nachdem das Bundesverwaltungsgericht 1954 einen einklagbaren Anspruch auf Fürsorgeleistungen unter anderem aus dem Menschenwürdegebot in Art. 1 Abs. 1 GG abgeleitet hatte,[43] nahm sich das **Bundesverfassungsgericht** in den 1990er Jahren des verfassungsrechtlich gebotenen Inhalts dieses Anspruchs an. Es statuierte erstmals in der Grundfreibetragsentscheidung vom 25.9.1992[44] eine Verpflichtung des **Steuergesetzgebers**, Steuerpflichtigen von ihren Erwerbsbezügen so viel zu belassen, als sie zum Bestreiten ihres Lebensunterhalts und – unter Berücksichtigung von Art. 6 Abs. 1 GG – desjenigen ihrer Familie bedürfen. Die Höhe dieses als **Existenzminimum** bezeichneten Einkommensteils, der **steuerlich unantastbar** ist, soll von dem in der Rechtsgemeinschaft anerkannten Mindestbedarf abhängen, den der Gesetzgeber einzuschätzen habe. Soweit der Gesetzgeber bereits im Sozialhilferecht diesen Mindestbedarf bestimmt hat, darf das von der Einkommensteuer zu verschonende Existenzminimum diesen Betrag nicht unterschreiten.[45]

41 Zu dem nicht zu unterschreitenden **Existenzminimum** des **Sozialhilferechts** zählte das BVerfG einmal den **Regelsatz**, sodann die (zu pauschalierenden) **Leistungen** für Unterkunft und Heizung, die **einmaligen Leistungen** (gem. § 21 Abs. 1 a BSHG aF) in Höhe eines **20 %igen Zuschlags** zum Regelsatz sowie den Mehrbedarf für Erwerbstätige gemäß § 23 Abs. 4 Nr. 1 BSHG aF. Der Mindestbedarf in SGB II und SGB XII, der Grundlage der Bemessung des steuerfrei zu stellenden Existenzminimums ist, setzt sich heutzutage aus dem durch die Regelbedarfsstufen quantifizierten Regelbedarf sowie dem Bedarf für Unterkunft und Heizung zusammen.[46]

II. Exposition mit verfassungsgerichtlichem Paukenschlag: Der unmittelbar verfassungsrechtliche Anspruch auf Gewährleistung eines menschenwürdigen Existenzminimums im ersten Regelleistungsurteil 2010

42 Das erste Regelleistungsurteil des BVerfG vom 9.2.2010[47] führte diese Rechtsprechung zum menschenwürdigen Existenzminimum mit einem Paukenschlag auch im Existenzsicherungsrecht selbst fort: Das BVerfG erklärte die – damals sogenannten – **Regelleistungen** für Alleinstehende und Kinder im SGB II, die Vorläuferinnen des heutigen Regelbedarfs nach den Regelbedarfsstufen 1 und 4 bis 6, für **verfassungswidrig**. Die Vorschriften blieben aber noch bis zu einer vom Gesetzgeber bis zum 31.12.2010 zu treffenden **Neuregelung** weiter anwendbar. Bis zu dieser Neuregelung ordnete das BVerfG darüber hinaus an, dass der **Anspruch auf Gewährleistung eines menschenwürdigen Existenzminimums** nach Maßgabe der Urteilsgründe **unmittelbar aus Art. 1 Abs. 1 GG iVm Art. 20 Abs. 1 GG** zu Lasten des Bundes geltend gemacht werden kann. Das BSG hatte zuvor hingegen die Höhe der Regelleistung verfassungsrechtlich **nicht beanstandet**[48]

---

43 BVerwG 24.6.1954 – V C 78.54, Rn. 28.
44 BVerfG 25.9.1992 – 2 BvL 5/91, 2 BvL 8/91, 2 BvL 14/91.
45 Vgl. die Regelung zum Grundfreibetrag (Existenzminimum des Steuerpflichtigen) in § 32 a Abs. 1 S. 2 EStG und zur Höhe des Existenzminimums für Kinder in § 31 S. 1 EStG.
46 Vgl. hierzu etwa den Bericht der Bundesregierung über die Höhe des Existenzminimums von Erwachsenen und Kindern für das Jahr 2010, Ziff. 3. BT-Drs. 16/11065.
47 BVerfG 9.2.2010 – 1 BvL 1, 3, 4/09.
48 BSG 23.11.2006 – B 11 b AS 1/06 R und BSG 27.2.2008 – B 14/7 b AS 32/06 R; anders allerdings HessLSG 29.10.2008 – L 6 AS 336/07 und – soweit es um die Regelleistung für Kinder ging – BSG 27.1.2009 – B 14 A/11 b AS 9/07 R und BSG 27.1.2009 – B 14 AS 5/08 R.

und das BVerfG selbst eine hiergegen erhobene Verfassungsbeschwerde als unzulässig verworfen.[49]

Kernthema des ersten Regelleistungsurteils[50] ist die erstmalige Erkenntnis eines (Leis- **43** tungs-)**Grundrechts auf Gewährleistung eines menschenwürdigen Existenzminimums**, abgeleitet aus der **Menschenwürdegarantie** (Art. 1 Abs. 1 GG) iVm dem **Sozialstaats- prinzip** (Art. 20 Abs. 1 GG).[51] Der aus diesem Grundrecht, das dem Grunde nach un- verfügbar ist, aber der Konkretisierung und Aktualisierung durch den Gesetzgeber be- darf,[52] abgeleitete verfassungsunmittelbare Leistungsanspruch erstreckt sich auf diejeni- gen Mittel, die zur Aufrechterhaltung eines menschenwürdigen Daseins unbedingt er- forderlich sind.[53] Das einheitliche Grundrecht umfasst sowohl die **physische Existenz**, als auch das, was bisher mit dem Adjektiv **soziokulturell** bezeichnet worden war, näm- lich die Ermöglichung der Pflege zwischenmenschlicher Beziehungen und die Gewähr- leistung eines Mindestmaßes an Teilhabe an gesellschaftlichem, kulturellen und politi- schem Leben:[54] Der Mensch existiert notwendig in sozialen Bezügen.

Aus diesem Grundrecht leitet das BVerfG **materielle und formelle Anforderungen** ab, **44** die der Gesetzgeber bei der Konkretisierung des Anspruchs einhalten muss und die in engem Zusammenhang miteinander stehen. Im Einzelnen sind dies:

Die Gewährleistung eines menschenwürdigen Existenzminimums muss durch einen **par- 45 lamentsgesetzlichen Anspruch** gesichert sein.[55] Untergesetzliche Regelungen genügen diesem Erfordernis nicht.

Der gesetzliche **Leistungsanspruch** muss **so ausgestaltet** sein, dass er **stets den gesamten 46 existenznotwendigen Bedarf** jedes individuellen Grundrechtsträgers/jeder individuellen Grundrechtsträgerin deckt.[56]

Bei der Ausgestaltung dieses Anspruchs billigt das BVerfG dem Gesetzgeber einen Ge- **47** **staltungsspielraum** zu, der enger ist, soweit das zur Sicherung der physischen Existenz eines Menschen Notwendige konkretisiert wird, und weiter, wo es um Art und Umfang der Möglichkeiten zur Teilhabe am gesellschaftlichen Leben geht.[57]

Um jedoch andererseits eine der Bedeutung des Grundrechts angemessene Nachvoll- **48** ziehbarkeit des zugesprochenen Umfangs der Hilfeleistungen und eine **gerichtliche Kon- trolle** zu gewährleisten, erstreckt sich die verfassungsgerichtliche Überprüfung auf das **Gesetzgebungsverfahren**.[58] Der Kontrolle des BVerfG unterliegt demnach, ob der Ge- setzgeber im Rahmen seines Gestaltungsspielraums

- ein zur Bemessung des Existenzminimums im Grundsatz taugliches Berechnungsver- fahren gewählt,

- die erforderlichen Tatsachen im Wesentlichen vollständig, in einem transparenten, sachgerechten Verfahren zutreffend ermittelt und

---

49 Beschluss der 3. Kammer des 1. Senats v. 7.11.2007 – 1 BvR 1840/07, SGb 2008, 409 mit zu Recht kriti- scher Anm. Bieback SGb 2008, 410.
50 Ergangen auf die Vorlagebeschlüsse des HessLSG 29.10.2008 – L 6 AS 336/07, und des BSG 27.1.2009 – B 14/11 b AS 9/07 und BSG 27.1.2009 – B 14 AS 5/08 R.
51 BVerfG 9.2.2010 – 1 BvL 1, 3, 4/09, Rn. 133.
52 BVerfG 9.2.2010 – 1 BvL 1, 3, 4/09, Rn. 133.
53 BVerfG 9.2.2010 – 1 BvL 1, 3, 4/09, Rn. 135; BVerfG 8.7.2012 – 1 BvL 10/10; BVerfG 23.7.2014 – 1 BvL 10/12, Rn. 75; BVerfG 27.7.2016 – 1 BvR 371/11, Rn. 37.
54 BVerfG 9.2.2010 – 1 BvL 1, 3, 4/09, Rn. 135; BVerfG 8.7.2012 – 1 BvL 10/10; BVerfG 23.7.2014 – 1 BvL 10/12, Rn. 75; BVerfG 27.7.2016 – 1 BvR 371/11, Rn. 37.
55 BVerfG 9.2.2010 – 1 BvL 1, 3, 4/09, Rn. 136.
56 BVerfG 9.2.2010 – 1 BvL 1, 3, 4/09, Rn. 137.
57 BVerfG 9.2.2010 – 1 BvL 1, 3, 4/09, Rn. 138.
58 Grundlegend hierzu unter Darstellung früherer – uneinheitlicher – verfassungsgerichtlicher Judikate und der Diskussion in der Literatur, Meßling, (Lit.) 787 ff.; vgl. auch bereits zu dieser Sicht Rothkegel (Lit.), 2005, 391, 396 f. Kritisch zum Abstellen auf den Gesetzgeber – anstatt auf das Gesetz – Ebsen, (Lit.) 20 ff.

■ sich in allen Berechnungsschritten mit einem nachvollziehbaren Zahlenwerk innerhalb dieses gewählten Verfahrens bewegt und dessen Strukturprinzipien nicht verlassen hat.[59]

49 Um diese verfassungsgerichtliche Prüfung zu ermöglichen, ist der Gesetzgeber gehalten, die zur Bestimmung des Existenzminimums im Gesetzgebungsverfahren eingesetzten Methoden und Berechnungsschritte nachvollziehbar offenzulegen.[60] Es besteht für den Gesetzgeber eine **Ermittlungs-, Transparenz- und Begründungspflicht**. Verstöße hiergegen führen unmittelbar zu einer **Verfassungswidrigkeit** des Gesetzes.[61]

50 Zudem muss der Gesetzgeber das gefundene Ergebnis **fortwährend überprüfen und weiterentwickeln**. Er muss daher Vorkehrungen treffen, auf Änderungen der wirtschaftlichen Rahmenbedingungen – zB Preissteigerungen oder Erhöhungen von Verbrauchsteuern – zeitnah zu reagieren.[62]

51 Hält der Gesetzgeber sich an diese verfahrensrechtlichen Vorgaben, korrespondiert damit eine nur eingeschränkte gerichtliche Kontrolle hinsichtlich der **Höhe** der **zugesprochenen Leistungen**: Die Prüfung des BVerfG beschränkt sich dann darauf, ob die Leistungen **evident unzureichend** sind.[63] Daraus folgt, dass diesseits der Evidenz verfassungsrechtlich nicht ein höherer Anspruch geltend gemacht werden kann, sondern nur innere Mängel des Gesetzgebungsverfahrens gerügt werden können.[64]

52 Auf dieser Grundlage erklärte das BVerfG die früheren Regelleistungen für Alleinstehende und für Kinder für verfassungswidrig:

■ Die Regelleistungen für Alleinstehende und alle davon abgeleiteten Regelleistungen[65] (nach der damaligen Regelungstechnik also: alle Regelleistungen) waren zwar nicht evident unzureichend.[66] Sie waren aber wegen Nichteinhaltung der Anforderungen an das **Gesetzgebungsverfahren** verfassungswidrig. Der Gesetzgeber war nämlich von den selbstgewählten Vorgaben und Prinzipien des Statistikmodells **ohne sachliche Rechtfertigung abgewichen**. Beanstandet wurde insbesondere, dass Abschläge von den berechneten Werten ohne sachliche Rechtfertigungen und aufgrund von Schätzungen ohne hinreichende Tatsachengrundlage („ins Blaue hinein") vorgenommen wurden.[67]

■ Die damaligen Regelleistungen für **Kinder und Jugendliche** waren verfassungswidrig, weil sie ohne Ermittlung der tatsächlichen Bedarfe von Kindern und Jugendliche als Prozentsatz der Erwachsenen-Regelbedarfe errechnet waren. Der Gesetzgeber müsse den Bedarf an den kindlichen Entwicklungsphasen und der Persönlichkeitsentfaltung ausrichten und vor allem bei schulpflichtigen Kindern zur Vermeidung eines sonst drohenden **Ausschlusses von Lebenschancen** einen zusätzlichen Bedarf einstellen.[68]

■ Die Ableitung der Partnerregelleistung als 90 % der Regelleistung für Alleinstehende an sich hielt das BVerfG hingegen für verfassungsgemäß, weil sich die Annahme, dass der zur Sicherung des Existenzminimums zu deckende Bedarf für zwei Partner

---

59 BVerfG 9.2.2010 – 1 BvL 1, 3, 4/09, Rn. 139, 142, 143.
60 BVerfG 9.2.2010 – 1 BvL 1, 3, 4/09, Rn. 144.
61 Wegen Verstoßes gegen Art. 1 Abs. 1 iVm Art. 20 Abs. 1 GG, BVerfG 9.2.2010 – 1 BvL 1, 3, 4/09, Rn. 144.
62 BVerfG 9.2.2010 – 1 BvL 1, 3, 4/09, Rn. 140.
63 BVerfG 9.2.2010 – 1 BvL 1, 3, 4/09, Rn. 141; solches hat es hinsichtlich der Geldleistungen nach dem AsylbLG jetzt bejaht, BVerfG 18.7.2012 – 1 BvL 2, 10/11; kritisch zu den in beiden Entscheidungen vom Gericht vorgenommenen Übergangsregelungen: Rothkegel (Lit.) 2012, 415.
64 Seiler JZ 2010, 500 (504) unter Hinweis auf Rn. 137.
65 BVerfG 9.2.2010 – 1 BvL 1, 3, 4/09, Rn. 188, 190.
66 BVerfG 9.2.2010 – 1 BvL 1, 3, 4/09, Rn. 151.
67 BVerfG 9.2.2010 – 1 BvL 1, 3, 4/09, Rn. 173 ff.
68 BVerfG 9.2.2010 – 1 BvL 1, 3, 4/09, Rn. 191 f.

insgesamt 180 % des entsprechenden Bedarfs eines Alleinstehenden beträgt, auf eine ausreichende empirische Grundlage stützen könne.[69]

■ Schließlich war das Gesetz verfassungswidrig, weil die damals sehr starren Regelleistungsvorschriften keine Abweichungs- oder Ergänzungsmöglichkeit für individuell abweichende, aber unabweisbare Bedarfe vorsahen, obwohl das Grundrecht auf Gewährleistung eines menschenwürdigen Existenzminimums eine jederzeitige vollständige Bedarfsdeckung fordert. Der Gesetzgeber musste also für einen über die fixe Regelleistung hinausgehenden, unabweisbaren, laufenden, nicht nur einmaligen, besonderen Bedarf einen zusätzlichen Leistungsanspruch einräumen.[70]

■ In einem obiter Dictum erklärte das BVerfG außerdem den damaligen Anpassungsmechanismus für Zeiträume zwischen den Einkommens- und Verbrauchsstichproben, der sich ausschließlich an der Rentenentwicklung orientierte, für verfassungswidrig, weil die Rentenentwicklung keinen Bezug zu den vom Gesetzgeber selbst aufgestellten Maßstäben zur Bemessung der Bedarfe hat.[71]

III. Durchführung des Gesetzgebers: Das RBEG 2011

Mit dem Gesetz zur Ermittlung von Regelbedarfen und zur Änderung des Zweiten und Zwölften Buches Sozialgesetzbuch[72] setzte der Gesetzgeber das Regelleistungsurteil um. Das Artikelgesetz enthielt das erste Regelbedarfs-Ermittlungsgesetz[73] (im Folgenden: RBEG 2011), und führte durch Änderungen in SGB II und SGB XII im Wesentlichen die heutige Struktur der Regelbedarfe in SGB II und SGB XII ein.   **53**

Im Hinblick auf Regelbedarf und Regelsätze enthielt das Gesetz im Wesentlichen   **54**

■ die Einführung von nunmehr drei (statt bislang zwei) Bedarfsstufen für Minderjährige,

■ die Bestimmung der Regelbedarfsstufen für Alleinstehende und Minderjährige in verschiedenen Altersgruppen in einem eigenen Gesetz aufgrund von jeweils eigenen Sonderauswertungen der Einkommens- und Verbrauchsstichprobe 2008 nach im Wesentlichen heute noch geltenden Kriterien,

■ die Bestimmung der Regelbedarfsstufen für Partner*innen und sonstige Haushaltsangehörige abgeleitet vom Regelbedarf für Alleinstehende,

■ die Einführung der Leistungen für Bildung und Teilhabe (sog. Bildungs- und Teilhabepaket) in § 28 SGB II,

■ die Einführung des Mehrbedarfs für im Einzelfall unabweisbare, laufende, nicht nur einmalige besondere Bedarfe in § 21 Abs. 6 SGB II und

■ die Einführung einmaliger Leistungen für Anschaffung und Reparaturen von orthopädischen Schuhen, Reparaturen von therapeutischen Geräten und Ausrüstungen sowie die Miete von therapeutischen Geräten in § 24 Abs. 3 SGB II.

Das RBEG 2011 war schon im Gesetzgebungsverfahren von den Sachverständigen überwiegend kritisiert worden, gerade auch vom Deutschen Verein,[74] dessen Expertise das BVerfG noch hervorgehoben hatte.[75] Die Kritik riss auch nach seinem Inkrafttreten nicht ab; das Gesetz wurde weithin für verfassungsrechtlich mindestens problematisch   **55**

---

69   BVerfG 9.2.2010 – 1 BvL 1, 3, 4/09, Rn. 154, 188 f.
70   BVerfG 9.2.2010 – 1 BvL 1, 3, 4/09, Rn. 204 ff.
71   BVerfG 9.2.2010 – 1 BvL 1, 3, 4/09, Rn. 214.
72   Vom 24.3.2011 (BGBl. 2011 I, S. 453).
73   Gesetz zur Ermittlung der Regelbedarfe nach § 28 des Zwölften Buches Sozialgesetzbuch – Regelbedarfs-Ermittlungsgesetz vom 24.3.2011 (BGBl. 2011 I, S. 453); ausführliche Gesetzesbegründung hierzu BT-Drs. 17/3404.
74   BT-Ausschuss-Drs. 17(11)316, 53 ff.
75   BVerfG 9.2.2010 – 1 BvL 1, 3, 4/09, Rn. 196,198.

angesehen.[76] Besonders auffällig war, dass trotz Einführung neuer Bemessungsmethoden der neu ermittelte Betrag für die Regelbedarfsstufe 1 exakt dem Betrag entsprach, der bereits im Jahre 2008 zuvor im Entwurf des 7. Existenzminimumberichts der Bundesregierung[77] für das Jahr 2010 angesetzt war. Dies wurde weithin – auch von in der Sache weniger kritischen Stimmen[78] – als Indiz dafür angesehen, dass nicht unvoreingenommen neu berechnet, sondern auf ein gewünschtes Ergebnis zugesteuert wurde.[79]

56 In der Rechtsprechung wurden die Neuregelungen hingegen überwiegend – soweit ersichtlich mit Ausnahme des SG Berlin[80] und im PKH-Verfahren das LSG NRW[81] – für verfassungsgemäß angesehen.[82] Zu den – im Wesentlichen heute noch erhobenen – Kritikpunkten ab → Rn. 129.

IV. Seitenthema: Die BVerfG-Entscheidung zum AsylbLG 2012

57 Durch Urteil vom 18.7.2012[83] hat das BVerfG seine Rechtsprechung bestätigt, die von ihm formulierten verfassungsrechtlichen Anforderungen auf das AsylbLG erstreckt und bereichsspezifisch fortentwickelt. Insbesondere hat es in dieser Entscheidung die menschenrechtliche und nicht auf Deutsche beschränkte Reichweite des Grundrechts betont und erstmals überhaupt existenzsichernde Leistungen für evident verfassungswidrig erklärt.

V. Reprise (poco più dolce): Der BVerfG-Beschluss 2014[84]

1. Einleitung

58 In seiner zweiten Regelbedarfsentscheidung erklärte das BVerfG[85] die im RBEG 2011 angewandte Bemessungsmethode für „derzeit noch"[86] verfassungsgemäß. Gleichzeitig statuierte es aber eine Reihe von **Anforderungen** an die künftige Bestimmung der Regelbedarfsstufen auf der Grundlage der Einkommens- und Verbrauchsstichprobe 2013 und Beobachtungspflichten. Zu entscheiden hatte es über die Regeln zur Bestimmung aller Regelbedarfsstufen mit Ausnahme des Regelbedarfs für sieben- bis 14-Jährige.[87]

2. Bestimmung der Regelbedarfe allgemein

59 Nach Betonung des gesetzgeberischen Gestaltungsspielraums bei der Methodenwahl zur Existenzminimumsermittlung und des eingeschränkten richterlichen Prüfauftrags[88]

---

76 Ausführlich Münder (Lit.) Gutachten I, 15 ff.; Rothkegel (Lit.) 69 ff. und das ASR-Sonderheft SGB II – Änderung der Regelbedarfe, Mai 2011 sowie die Vorauflage, Kap. 24 Rn. 65–113.
77 BT-Drs. 16/11065, S. 6.
78 Hannes in: Gagel, SGB II/SGB III, § 4 RBEG 2011 Rn. 7.
79 Mogwitz ZFSH/SGB 2011, 326 f.; ebenso die Vorauflage, Kap. 24 Rn. 112.
80 Vorlagebeschlüsse des SG Berlin 25.4.2012 – S 55 AS 29349/11 und SG Berlin 25.4.2012 – S 55 AS 9238/12; Entscheidung hierzu: BVerfG 23.7.2014 – 1 BvL 10, 12/12, 1 BvR 1691/13.
81 LSG NRW 10.5.2012 – L 7 AS 1769/11 B.
82 BSG 12.7.2012 – B 14 AS 153/11 R; BSG 12.7.2012 – B 14 AS 189/11 R; BSG 28.3.2013 – B 4 AS 12/12 R (Entscheidung über die Verfassungsbeschwerde hiergegen: BVerfG 23.7.2014 – 1 BvL 10, 12/12, 1 BvR 1691/13).
83 BVerfG 18.7.2012 – 1 BvL 2, 10/11.
84 Die folgenden Ausführungen entsprechen im Wesentlichen Pattar JbdSozR 36 (2015), 264–267 sowie 274.
85 BVerfG 23.7.2014 – 1 BvL 10, 12/12, 1 BvR 1691/13 (hierzu Blüggel, jurisPR-SozR 22/2014, Anm. 1; Lenze ZFSH/SGB 2014, 745–752; Vorholz Landkreis 2015, 36-38; Soyka FuR 2014, 713; Schürmann FamRZ 2014, 1771). Überzeugter von der Verfassungsmäßigkeit zuvor BSG 28.3.2013 – B 4 AS 12/12 R (hierzu Wenner SozSich 2013, 198; hiergegen richtete sich die Verfassungsbeschwerde 1 BvR 1691/13), BSG 12.7.2012 – B 14 AS 189/11 R und BSG 12.7.2012 – B 14 AS 153/11 R. AA die 55. Kammer des SG Berlin in zwei Vorlagebeschlüssen 25.4.2012 – S 55 AS 29349/11 und S 55 AS 9238/12), über die das BVerfG (1 BvL 10 und 12/12) entschied.
86 BVerfG 23.7.2014 – 1 BvL 10, 12/12, 1 BvR 1691/13, Rn. 73.
87 BVerfG 23.7.2014 – 1 BvL 10, 12/12, 1 BvR 1691/13, Rn. 122.
88 BVerfG 23.7.2014 – 1 BvL 10, 12/12, 1 BvR 1691/13, Rn. 76–85.

stellt das BVerfG zunächst fest, dass die Leistungen nicht evident unzureichend sind.[89]

Mit der vom Gesetzgeber gewählten Vergleichsgruppe zur statistischen Bestimmung der Ausgaben unterer Einkommensgruppen stütze sich die Regelbedarfsermittlung „im Ausgangspunkt" auf geeignete empirische Daten; insbesondere seien die Referenzgruppen zutreffend bestimmt.[90] Bei **Erwachsenen in Familienhaushalten mit Kindern** müsse künftig wegen der unterschiedlichen Referenzgruppen, auf deren Grundlage die Regelbedarfe für Erwachsene einerseits und für Kinder andererseits bestimmt werden, in besonderer Weise auf die Vermeidung von Unterdeckungen geachtet werden, die derzeit aber nicht zu befürchten seien.[91]

Die vom Gesetzgeber gewählte **kombinierte Methode** aus Statistikmodell und Warenkorbmodell,[92] bei dem zunächst statistisch die Ausgaben unterer Einkommensschichten ermittelt und sodann einzelne Ausgabepositionen als nicht regelbedarfsrelevant herausgenommen worden sind, halte sich innerhalb des gesetzgeberischen Gestaltungsspielraums.[93] Allerdings müsse sichergestellt sein, dass **existenznotwendige Bedarfe stets gedeckt** sind. Die besondere Betonung der Mobilität gerade in ländlichen Regionen[94] legt die Befürchtung nahe, die Grenze des Zulässigen sei erreicht.   **60**

Der Gesetzgeber sei frei zu entscheiden, wie er unregelmäßig auftretende Bedarfe decken wolle, durch zusätzliche Leistungen oder **interne Ausgleiche** mit Ansparungen. Er müsse dann aber sicherstellen, dass die existenzsichernden Bedarfe insgesamt gedeckt sind.[95] Auf **Ansparungen**, aber auch auf **Darlehensrückzahlungen** bis zu 10 % des monatlichen Regelbedarfs könne **nur** verwiesen werden, **wenn** der Regelbedarf so hoch bemessen ist, dass **für einen internen Ausgleich** entsprechende **Spielräume** bestünden.[96] Es könne **nicht pauschal** darauf verwiesen werden, die zur Deckung **soziokultureller Bedarfe** eingerechneten Leistungen „als **Ausgleichsmasse** für andere Bedarfspositionen" einzusetzen, wie es die Bundesregierung unter Berufung auf das BSG[97] meinte, „denn der soziokulturelle Bedarf gehört zum grundrechtlich gesicherten, menschenwürdigen Existenzminimum" und ist keine freie Verfügungsmasse.[98]   **61**

Besonders bei dem vom Gesetzgeber angewendeten Mischmodell, bei dem lediglich 72 %–78 % der tatsächlichen Referenzausgaben als regelbedarfsrelevant anerkannt würden, komme der Gesetzgeber **„an die Grenze dessen, was zur Sicherung des Existenzminimums verfassungsrechtlich gefordert ist".**[99] Eine besondere Unterdeckungsgefahr sieht das BVerfG bei akut existenznotwendigen, aber langlebigen Konsumgütern wie „Kühlschrank, Gefrierschrank und -truhe, Waschmaschine, Wäschetrockner, Geschirrspül- und Bügelmaschine" sowie Sehhilfen.[100] Sehr deutlich ruft das BVerfG die   **62**

---

89 BVerfG 23.7.2014 – 1 BvL 10, 12/12, 1 BvR 1691/13, Rn. 87 f.
90 BVerfG 23.7.2014 – 1 BvL 10, 12/12, 1 BvR 1691/13, Rn. 94–108.
91 BVerfG 23.7.2014 – 1 BvL 10, 12/12, 1 BvR 1691/13, Rn. 110.
92 Kritisch hierzu Becker SozSich 2014, 93–102.
93 BVerfG 23.7.2014 – 1 BvL 10, 12/12, 1 BvR 1691/13, Rn. 109–114.
94 BVerfG 23.7.2014 – 1 BvL 10, 12/12, 1 BvR 1691/13, Rn. 114.
95 BVerfG 23.7.2014 – 1 BvL 10, 12/12, 1 BvR 1691/13, Rn. 115, 121.
96 BVerfG 23.7.2014 – 1 BvL 10, 12/12, 1 BvR 1691/13, Rn. 116, 119. Es ist zweifelhaft, ob vor diesem Hintergrund das von BSG v. 25.2.2014 – B 4 AS 417/13 B, Rn. 7 aufgestellte Erfordernis, sich für die Zulässigkeit einer Revision gegen eine dreimonatige 10-%-Sanktion ausführlich mit § 42 a auseinanderzusetzen, in dieser Intensität noch haltbar ist.
97 BSG 12.7.2012 – B 14 AS 153/11, Rn. 60; Verfassungsbeschwerde nicht zur Entscheidung angenommen (BVerfG 20.11.2012 – 1 BvR 2203/12).
98 BVerfG 23.7.2014 – 1 BvL 10, 12/12, 1 BvR 1691/13, Rn. 118.
99 BVerfG 23.7.2014 – 1 BvL 10, 12/12, 1 BvR 1691/13, Rn. 121.
100 BVerfG 23.7.2014 – 1 BvL 10, 12/12, 1 BvR 1691/13, Rn. 120.

Gerichte der Sozialgerichtsbarkeit auf, **Vorschriften wie § 24 Abs. 1 SGB II verfassungskonform so auszulegen,** dass sie solche Einzelleistungen als Zuschuss ermöglichen.[101]

3. Bestimmung des Regelbedarfs für Paare

63 Unter Berufung auf sein erstes Regelleistungsurteil[102] hält das BVerfG die Bedarfsbestimmung für Partner (90 % des Alleinstehendenbedarfs) für verfassungsgemäß.[103]

4. Bestimmung des Regelbedarfs für Minderjährige

64 Für verfassungsrechtlich vertretbar hält das BVerfG nach Einführung der Bedarfe für
Bildung und Teilhabe in § 28 SGB II auch die Minderjährigenregelbedarfsstufen.[104] In
Gesamtbetrachtung seien die Minderjährigenregelbedarfsstufen noch bedarfsdeckend,
wenn auch die **Herausnahme von Beträgen für Tabakwaren und Alkoholika** angesichts
des immer weiter zurückgehenden Konsums durch Jugendliche sehr hoch erscheine.[105]
Das BVerfG sieht aber noch Spielräume für interne Ausgleiche, auch über verschiedene
Lebensjahre.[106]

5. Flankierend eingeführte Leistungen des Bildungs- und Teilhabepakets

65 Auch die ebenfalls neu eingeführten Leistungen des **Bildungs- und Teilhabepakets** hält
das BVerfG nur grundsätzlich für verfassungsgemäß.[107] Es fordert, dass Leistungen, die
über Gutscheine erbracht werden, tatsächlich ohne Mehrkosten genutzt werden können.[108] Darüber hinaus ist § 28 Abs. 7 S. 2 verfassungskonform so auszulegen, dass er
auch einen Anspruch auf Fahrtkosten zur Inanspruchnahme von Angeboten zur Bildung und Teilhabe enthält.[109]

6. Vorschriften zur regelmäßigen Anpassung des Regelbedarfs

66 Schließlich hält das BVerfG den zwischen der Neuermittlung des Regelbedarfs aufgrund
von Einkommens- und Verbrauchsstichproben zur Anwendung kommenden Fortschreibungsmechanismus mithilfe eines **Mischindexes** für **verfassungsgemäß,** und zwar sowohl grundsätzlich (§ 28 a Abs. 2 SGB XII) als auch in der bis 2012 modifizierten (§ 7
Abs. 2 RBEG 2011, § 138 SGB XII) Form.[110] Allerdings ist künftig die **Preisentwicklung
stärker zu gewichten;**[111] zudem sind die Ergebnisse „fortwährend zu überprüfen und
weiter zu entwickeln":[112] Bei einer „offensichtliche[n] und erebliche[n] Diskrepanz"
zwischen tatsächlicher und berücksichtigter Preisentwicklung muss der Gesetzgeber
zeitnah reagieren und darf bei Gefahr existenzgefährdender Unterdeckungen durch un-
vermittelt auftretende, extreme Preissteigerungen nicht auf die reguläre Fortschreibung
der Regelbedarfsstufen warten; gegebenenfalls muss auch der Mischindex angepasst
werden.[113] Konkret hat das BVerfG wegen der Strompreiserhöhungen (noch) keine
existenzgefährdende Unterdeckung erkannt.[114]

---

101 BVerfG 23.7.2014 – 1 BvL 10, 12/12, 1 BvR 1691/13, Rn. 116. Dies betont auch Blüggel, jurisPR-SozR
22/2014, Anm. 1.
102 BVerfG 9.2.2010 – 1 BvL 1, 3, 4/09, Rn. 152 u. 188 f.
103 BVerfG 23.7.2014 – 1 BvL 10, 12/12, 1 BvR 1691/13, Rn. 100.
104 BVerfG 23.7.2014 – 1 BvL 10, 12/12, 1 BvR 1691/13, Rn. 122–128, 130–135.
105 BVerfG 23.7.2014 – 1 BvL 10, 12/12, 1 BvR 1691/13, Rn. 129.
106 BVerfG 23.7.2014 – 1 BvL 10, 12/12, 1 BvR 1691/13, Rn. 128.
107 BVerfG 23.7.2014 – 1 BvL 10, 12/12, 1 BvR 1691/13, Rn. 131.
108 BVerfG 23.7.2014 – 1 BvL 10, 12/12, 1 BvR 1691/13, Rn. 132–134, 148.
109 BVerfG 23.7.2014 – 1 BvL 10, 12/12, 1 BvR 1691/13, Rn. 132, 148.
110 BVerfG 23.7.2014 – 1 BvL 10, 12/12, 1 BvR 1691/13, Rn. 136–139, 149.
111 BVerfG 23.7.2014 – 1 BvL 10, 12/12, 1 BvR 1691/13, Rn. 137.
112 BVerfG 23.7.2014 – 1 BvL 10, 12/12, 1 BvR 1691/13, Rn. 79.
113 BVerfG 23.7.2014 – 1 BvL 10, 12/12, 1 BvR 1691/13, Rn. 85, 111, 144.
114 BVerfG 23.7.2014 – 1 BvL 10, 12/12, 1 BvR 1691/13, Rn. 88, 111.

VI. Erneute Durchführung durch den Gesetzgeber: Das RBEG 2016

Mit dem jüngsten Regelbedarfs-Ermittlungsgesetz, dem RBEG 2016[115] (im Folgenden   **67**
nur RBEG), versuchte der Gesetzgeber, die jüngeren verfassungsgerichtlichen Vorgaben
umzusetzen. Die heutige Rechtslage soll nun betrachtet werden.

D. Heutige gesetzliche Regelungen zur Bestimmung des Regelbedarfs

I. Regelungsort in SGB II und SGB XII

Der Regelbedarf, eingeteilt in Regelbedarfsstufen, stellt ein Kernelement der Leistungen   **68**
zur Sicherung des Lebensunterhalts sowohl im SGB XII wie im SGB II dar. Der Regelbedarf ist in Regelbedarfsstufen unterteilt, denen je nach Leistungssystem unterschiedliche
Personengruppen zugeordnet werden (hierzu sogleich ab → Rn. 28). Die Höhe der einzelnen Regelbedarfsstufen, die als Bedarf zugrunde zu legen ist, ist allerdings über alle
Leistungssysteme (grundsätzlich) bundesweit gleich hoch und wird auf dieselbe Art bestimmt (hierzu ab → Rn. 80).

II. Regelbedarfsstufen

1. Überblick

§ 8 Abs. 1 RBEG und die Anlage zu § 28 SGB XII sehen sechs Regelbedarfsstufen vor.   **69**
Diese Anzahl ist für SGB II und SGB XII gleich, allerdings werden unterschiedliche Personenkreise zugeordnet. Je höher die Zahl der Regelbedarfsstufe, desto niedriger die
Leistung. Die Regelbedarfsstufen 1–3 betreffen in beiden Sicherungssystemen Volljährige, die Regelbedarfsstufen 4–6 Minderjährige. Zur Kritik an der Einteilung der Personenkreise überhaupt und den Unterschieden zwischen der Einteilung der Personenkreise
zwischen den Leistungssystemen → Rn. 141.

Die Regelbedarfsstufen haben beziehungsweise hatten im Laufe der Zeit folgende Wer-   **70**
te:[116]

gültig ab	Regel-bedarfs-stufe 1	Regel-bedarfs-stufe 2	Regel-bedarfs-stufe 3	Regel-bedarfs-stufe 4	Regel-bedarfs-stufe 5	Regel-bedarfs-stufe 6
1. Januar 2011	364	328	291	287	251	215
1. Januar 2012	374	337	299	287	251	219
1. Januar 2013	382	345	306	289	255	224
1. Januar 2014	391	353	313	296	261	229
1. Januar 2015	399	360	320	302	267	234
1. Januar 2016	404	364	324	306	270	237
1. Januar 2017	409	368	327	311	291	237
1. Januar 2018	416	374	332	316	296	240
1. Januar 2019	424	382	339	322	302	245

---

115 Gesetz zur Ermittlung der Regelbedarfe nach § 28 des Zwölften Buches Sozialgesetzbuch – Regelbedarfs-
Ermittlungsgesetz vom 22.12.2016 (BGBl. 2016 I, S. 3159), zuletzt geändert durch Gesetz v. 22.12.2016
(BGBl. 2016 I, S. 3159); ausführliche Gesetzesbegründung hierzu BT-Drs. 18/9984.
116 Anlage zu § 28 SGB XII.

2. Berechtigter Personenkreis der einzelnen Regelbedarfsstufen im SGB XII

71 In die einzelnen Regelbedarfsstufen sind **im SGB XII** eingeordnet:

- **Regelbedarfsstufe 1:** Jede erwachsene Person, die in einer Wohnung nach § 42 a Abs. 2 S. 2 SGB XII lebt und die nicht mit einem/einer Ehegatten/Ehegattin oder Lebenspartner*in oder in eheähnlicher Lebensgemeinschaft lebt (§ 8 Abs. 1 S. 1 Nr. 1 RBEG, Anl. zu § 28 SGB XII).

  Damit gehören **Alleinstehende**, aber auch **Volljährige** in diese Regelbedarfsstufe, die **mit ihren Eltern**, mit anderen Verwandten oder in einer **Wohngemeinschaft**[117] (allerdings ab 1.1.2020 mit Ausnahme der Personen in den neuen Wohnformen nach dem BTHG) wohnen.

72 - **Regelbedarfsstufe 2:** Jede erwachsene Person,
  - wenn sie in einer Wohnung nach § 42 a Abs. 2 S. 2 SGB XII mit einem/einer Ehegatten/Ehegattin oder Lebenspartner*in oder in eheähnlicher Gemeinschaft mit einem/einer Partner*in zusammenlebt (§ 8 Abs. 1 Nr. 2 [ab 1.1.2020: BSt. a] RBEG, Anl. zu § 28 SGB XII),
  - ab 1.1.2020 zusätzlich wenn sie nicht in einer Wohnung lebt, weil ihr allein oder mit einer weiteren Person ein persönlicher Wohnraum und mit weiteren Personen zusätzliche Räumlichkeiten nach § 42 a Abs. 2 S. 3 zur gemeinschaftlichen Nutzung überlassen sind (§ 8 Abs. 1 Nr. 2 BSt. b RBEG [F:2020], Anl. zu § 28 SGB XII [F:2020]).

  Damit ist die Regelbedarfsstufe 2 zum einen die **Partnerregelbedarfsstufe**, zum anderen aber ab 1.1.2020 auch die Regelbedarfsstufe für die neue Wohnform von **Menschen mit Behinderungen, die keinen eigenen Haushalt** führen.

  Die Problematik, wie mit Paaren aus zwei Minderjährigen umzugehen ist,[118] hat sich seit dem Verbot der Eingehung einer Ehe für Minderjährige[119] durch Zeitablauf praktisch weitgehend erledigt: Da Minderjährige nun nicht (mehr) heiraten können, können sie auch nicht eheähnlich zusammen leben.

73 - **Regelbedarfsstufe 3:** Jede erwachsene Person, deren notwendiger Lebensunterhalt sich nach § 27 b SGB XII bestimmt (§ 8 Abs. 1 Nr. 3 RBEG, Anl. zu § 28 SGB XII).

  Nach § 27 b SGB XII bestimmt sich der Lebensunterhalt für die Personen, die in stationärer Unterbringung sind. Damit betrifft die Regelbedarfsstufe 3 diejenigen Volljährigen, die in stationären Einrichtungen untergebracht sind.

74 - **Regelbedarfsstufe 4:** Jede jugendliche Person vom Beginn des 15. bis zur Vollendung des 18. Lebensjahres, unabhängig von der Wohnform (§ 8 Abs. 1 Nr. 4 RBEG, Anl. zu § 28 SGB XII).

  Der insoweit ungenaue Gesetzeswortlaut bezieht damit auch den Tag des 18. Geburtstages mit in die Regelbedarfsstufe 4 ein. Das ist allerdings nicht gemeint: Richtigerweise endet die Regelbedarfsstufe 4 mit dem Tag vor der Vollendung des 18. Lebensjahres.

75 - **Regelbedarfsstufe 5:** Jedes Kind vom Beginn des siebten bis zur Vollendung des 14. Lebensjahres, unabhängig von der Wohnform (§ 8 Abs. 1 Nr. 5 RBEG, Anl. zu § 28 SGB XII).

- **Regelbedarfsstufe 6:** Jedes Kind bis zur Vollendung des sechsten Lebensjahres, unabhängig von der Wohnform (§ 8 Abs. 1 Nr. 6 RBEG, Anl. zu § 28 SGB XII).

---

117 Lenze in: LPK-SGB XII Anh. § 28 RBEG § 8 Rn. 3, Lenze in: LPK-SGB II Anh. § 20 RBEG § 8 Rn. 4.
118 Hierzu Lenze in: LPK-SGB XII Anh. § 28 RBEG § 8 Rn. 5.
119 Durch das Gesetz zur Bekämpfung von Kinderehen v. 17.7.2017 (BGBl. 2017 I, S. 2429) mWv 22.7.2017.

3. Berechtigter Personenkreis der einzelnen Regelbedarfsstufen im SGB II

Im SGB II gibt es hierzu einige Unterschiede: **76**

■ **Regelbedarfsstufe 1:** Alleinstehende oder Alleinerziehende oder Personen, deren Partnerin oder Partner minderjährig ist (**§ 20 Abs. 2 S. 1 SGB II**), allerdings nur, soweit sie nicht durch eine andere Vorschrift (insbesondere § 20 Abs. 3 SGB II) in eine niedrigere Stufe eingeordnet werden.

Hierher gehören alle Personen, die – auch als Minderjährige – erwerbsfähige Leistungsberechtigte sind und **weder mit ihren Eltern** oder einem Elternteil **noch mit einem/einer Partner*in** iSv § 7 Abs. 3 Nr. 3 SGB II in einer Bedarfsgemeinschaft leben. Das Verbot von Minderjährigenehen[120] wird dazu führen, dass die Option von Partnerschaften zwischen Volljährigen und Minderjährigen obsolet wird. Der Regelbedarf der Regelbedarfsstufe 1 steht schließlich auch in einer Bedarfsgemeinschaft lebenden, erwachsenen Leistungsberechtigten nach dem SGB II zu, wenn ein Angehöriger Grundleistungen nach dem Asylbewerberleistungsgesetz erhält.[121]

■ **Regelbedarfsstufe 2:** Jede von zwei über 18-jährigen Personen, die als Partner*innen **77** iSv § 7 Abs. 3 Nr. 3 SGB II in einer Bedarfsgemeinschaft leben.

Damit ist die Regelbedarfsstufe 2 im SGB II ausschließlich die **Partnerregelbedarfsstufe.** Die Problematik, wie mit Paaren aus zwei Minderjährigen umzugehen ist,[122] hat sich seit dem Verbot der Eingehung einer Ehe für Minderjährige[123] durch Zeitablauf erledigt: Da Minderjährige nun nicht (mehr) heiraten können, können sie auch nicht eheähnlich zusammen leben. Der Partnerregelbedarf ist auch bei Partner*innen in gemischten Bedarfsgemeinschaften anzuwenden,[124] außer wenn der/die Partner*in asylbewerberleistungsberechtigt oder als Auszubildende*r von Existenzsicherungsleistungen ausgeschlossen ist:[125] In diesen Fällen greift die Regelbedarfsstufe 1.

■ **Regelbedarfsstufe 3:** Zwei Gruppen von Personen fallen hierunter: **78**
– **Sonstige (mindestens 18-jährige) Angehörige der Bedarfsgemeinschaft,** also 18- bis unter 25-Jährige, die (ohne Partner*in und eigene Kinder) mit ihren Eltern oder einem Elternteil über § 7 Abs. 3 Nr. 2 und 4 SGB II in einer Bedarfsgemeinschaft leben. Für **Erwerbsfähige** folgt dies aus § 20 Abs. 2 S. 2 Nr. 2 SGB II, für nicht Erwerbsfähige mindestens 18-Jährige fehlt es an einer ausdrücklichen Regelung, weil insbesondere § 23 SGB II keine Regelung enthält. Dieser Personenkreis wird dennoch nach ganz herrschender Meinung der Regelbedarfsstufe 3 zugeordnet; soweit das überhaupt thematisiert wird, wird von einem Redaktionsversehen ausgegangen.[126] Da diese Personen sonst keinerlei Leistungen erhalten würden, ist eine analoge Anwendung von § 20 Abs. 2 S. 2 Nr. 2 SGB II gerechtfertigt.

Nach einer teilweise vertretenen Auffassung soll die Regelbedarfsstufe 3 (anstelle der Regelbedarfsstufe 1) auch den mittleren Gliedern einer **Drei-Generatio-**

---

120 Durch das Gesetz zur Bekämpfung von Kinderehen v. 17.7.2017 (BGBl. 2017 I, S. 2429) mWv 22.7.2017.
121 BSG 6.10.2011 – B 14 AS 171/10.
122 Hierzu Lenze in: LPK-SGB II § 20 Rn. 41.
123 Durch das Gesetz zur Bekämpfung von Kinderehen v. 17.7.2017 (BGBl. 2017 I, S. 2429) mWv 22.7.2017.
124 BSG 23.11.2006 – B 11 b AS 1/06 R und 29.2.2007 – B 7 b 2/06 R; BSG 16.10.2007 – B 8/9 b SO 2/06 R; siehe auch Geiger, Leitfaden zum Arbeitslosengeld II, S. 176, Erläuterung 3 und Lenze in: LPK-SGB II § 20 Rn. 37.
125 BSG 6.10.2011 – B 14 AS 171/10, hierzu Wenner SozSich 2011, 391.
126 Von einem „Redaktionsversehen" spricht Saitzek in: Eicher/Luik SGB II § 20 Rn. 34. Nicht problematisiert bei Hannes in: Gagel SGB II/SGB III, § 20 Rn. 113, Lenze in: LPK-SGB II § 20 Rn. 38, Behrend in: jurisPK-SGB II § 20 Rn. 102–106.

nen-Bedarfsgemeinschaft – also einer Bedarfsgemeinschaft aus Großeltern, einem unter 25-jährigen Elternteil und dessen Kindern, die das BSG[127] entgegen der zuvor überwiegenden Meinung[128] für möglich hält – zustehen, wenn die Großeltern sich nicht an der Erziehung des Enkelkindes beteiligen; für minderjährige Elternteile sollen in diesen Fällen und bei unter 15-Jährigen stets die Regelbedarfsstufen 4 und 5 gelten.[129] Diese Auffassung ist abzulehnen: Selbst wenn man – was hier ausdrücklich nicht getan wird, weil der Gesetzgeber eine solche Bedarfsgemeinschaft bei der Formulierung des Gesetzes nicht vor Augen hatte – das Konstrukt einer Drei-Generationen-Bedarfsgemeinschaft akzeptieren wollte, gibt es keinen Grund, Elternteile nur wegen ihres Zusammenlebens mit ihren eigenen Eltern schlechter zu stellen; die besonderen elterlichen Bedarfe würden dadurch in keiner Weise gedeckt.

- **18- bis unter 25-jährige** (erwerbsfähige und nicht erwerbsfähige) **Leistungsberechtigte**, die **ohne** die nach § 22 Abs. 5 SGB II erforderliche **Zusicherung nach § 22 Abs. 5 SGB II** erstmals **aus der elterlichen Wohnung ausgezogen** sind, bis zur Vollendung von deren 25. Lebensjahr (§ 20 Abs. 3 SGB II).

Mit dieser Vorschrift flankierte der Gesetzgeber die Erhöhung der Altersgrenze, bis zu der junge Menschen in die Bedarfsgemeinschaft ihrer Eltern einbezogen wurden: Dadurch sollte aus fiskalischen Gründen der „Anreiz" vermindert werden, als unter 25-jährige Person „auf Kosten der Allgemeinheit eine eigene Wohnung bei gleichzeitigem Bezug der vollen Regelleistung zu beziehen".[130] Sie gilt daher nur dann, wenn die ohne Zustimmung umgezogenen jungen Menschen auch ohne den Umzug in Regelbedarfsstufe 3 wären, also nur für den ersten Auszug aus der elterlichen Wohnung.[131] Wegen der mit der Vorschrift einhergehenden Einschränkungen im Selbstbestimmungsrecht der erwachsenen Kinder muss sie bedarfsorientiert so ausgelegt werden, dass das Existenzminimum sichergestellt ist.[132] Die Regelung gilt auch nur als Abweichung vom Regelbedarf der Regelbedarfsstufe 1, nicht hingegen von der Regelbedarfsstufe 2.[133] In den Fällen, in denen nach § 22 Abs. 5 S. 3 von der Zusicherung abgesehen werden kann, darf keine Absenkung erfolgen.[134] Die Ausnahme gilt auch dann nicht, wenn die Leistungsberechtigten mangels Leistungsbezugs keine Zusicherung einholen mussten.[135]

79 ■ **Regelbedarfsstufe 4:** Erwerbsfähige und nicht erwerbsfähige sonstige Mitglieder der Bedarfsgemeinschaft vom Tag ihres 14. Geburtstages an bis zum Tag vor Vollendung des 18. Lebensjahres (für die unter 15-Jährigen § 23 Nr. 1 SGB II, für die über 15-Jährigen § 20 Abs. 2 S. 2 Nr. 1 SGB II, bei nicht erwerbsfähigen analog).

---

127 BSG 17.7.2014 – B 14 AS 54/13 R
128 Fachliche Hinweise der BA bis 2014 Rn. 7.23–7.24 a; LSG BW, 25.3.2011 – L 12 AS 910/10; LSG NRW 30.3.2012 – L 6 AS 1930/11 B; HessLSG 24.4.2013 – L 6 AS 376/11; SG Aachen 31.3.2008 – S 14 (23) AS 51/06; Hackethal in: jurisPK-SGB II (3. Aufl. 2012), § 7 Rn. 59; Adolph in: Linhart/Adolph (2011), § 7 SGB II Rn. 87; Peters in: Estelmann SGB II § 9 Rn. 35; Pattar in: Klinger/Kunkel/Pattar/Peters, Existenzsicherungsrecht (3. Aufl. 2012), 5. Kap. Rn. 121–130; aA SG Karlsruhe 26.1.2010 – S 15 AS 546/09; Leopold in: jurisPK-SGB II (4. Aufl 2015), § 7 Rn. 207–209; andere Einschränkungen vorschlagend Spellbrink/Becker in: Eicher SGB II (3. Aufl. 2013), § 7 Rn. 83, 106.
129 So Saitzek in: Eicher/Luik SGB II § 20 Rn. 35.
130 BT-Drs. 16/688, S. 14 Zu Nr. 5 BSt. c und Zu Nr. 6 BSt. a.
131 Luik in: Eicher/Luik SGB II § 22 Rn. 194 f.
132 Luik in: Eicher/Luik SGB II § 22 Rn. 190; BVerfG 27.7.2016 – 1 BvR 371/11, Rn. 67.
133 Hannes in: Gagel SGB II/SGB III, § 20 Rn. 114 f.; vgl. a. Saitzek in: Eicher/Luik SGB II § 20 Rn. 38.
134 Saitzek in: Eicher/Luik SGB II § 20 Rn. 38.
135 Luik in: Eicher/Luik SGB II § 22 Rn. 191.

- **Regelbedarfsstufe 5:** Kinder vom Beginn des siebten bis zur Vollendung des 14. Lebensjahres (§ 23 Nr. 1 SGB II).

- **Regelbedarfsstufe 6:** Kinder bis zur Vollendung des sechsten Lebensjahres (§ 23 Nr. 1 SGB II).

III. Bestimmung der Höhe der Regelbedarfsstufen

1. Überblick

Die Höhe der Regelbedarfsstufen bestimmt sich durch die Verweisung aus § 20 Abs. 1 a **80** SGB II auf das SGB XII und das RBEG einheitlich nach denselben Vorschriften. §§ 28 und 28 a SGB XII enthalten dabei die **Grundregeln** der Regelbedarfsermittlung, die dann **durch das Regelbedarfs-Ermittlungsgesetz (RBEG) ausgefüllt** werden. Die Regelbedarfe werden jeweils nach Vorliegen einer neuen Einkommens- und Verbrauchsstichprobe durch ein eigenes Bundesgesetz, eben das RBEG, neu ermittelt (§ 28 Abs 1 SGB XII). Die in jeder neuen Einkommens- und Verbrauchsstichprobe nachgewiesenen **tatsächlichen Verbrauchsausgaben** unterer Einkommensgruppen sind **Grundlage für die** Bestimmung der bundesdurchschnittlichen **Regelbedarfsstufen** (§ 28 Abs. 2 SGB XII).

Die Einkommens- und Verbrauchsstichprobe ist eine amtliche Statistik des Statistischen **81** Bundesamtes nach dem Gesetz über die Statistik der Wirtschaftsrechnungen privater Haushalte. Sie hat die Erhebung der Lebensverhältnisse privater Haushalte zum Gegenstand und wird im fünfjährigen Turnus erhoben. Sie gibt ua Auskunft über **Konsumausgaben privater Haushalte**, die auf freiwilliger Basis durch Anschreibungen in einem **Haushaltsbuch** für die Dauer eines Vierteljahres erfolgen.[136] Das Statistische Bundesamt wertet die Daten aus und nimmt eine Hochrechnung auf die Gesamtbevölkerung vor. Die der aktuellen Regelbedarfsstufenbemessung zugrunde liegende Einkommens- und Verbrauchsstichprobe ist die EVS 2013; die EVS 2018 muss nach ihrer Auswertung der nächsten Regelbedarfsstufenbemessung (voraussichtlich dann ab 1.1.2021 oder 2022) zugrunde gelegt werden. Da die Teilnahme an der EVS freiwillig erfolgt, ist allerdings nicht gewährleistet, dass sie in allen Einkommensgruppen einen repräsentativen Querschnitt der Gesellschaft erfasst (zur Kritik hieran → Rn. 132 f.).

In Reaktion auf das erste Regelleistungsurteil des BVerfG[137] hatte der Gesetzgeber erst- **82** mals 2011 auf der Basis der EVS 2008 ein RBEG[138] erlassen (im Folgenden: RBEG 2011), das die Höhe der Regelbedarfsstufen rückwirkend ab 1.1.2011 definierte; dieses RBEG 2011 ist zum 31.12.2016 außer Kraft getreten. Auf der EVS 2013 beruht das derzeit gültige RBEG 2016[139] (im Folgenden nur RBEG), welches die normativen Grundentscheidungen des RBEG 2011 und dessen Aufbau praktisch vollständig übernommen hat.

Der Gesetzgeber folgt also bei der Bemessung der Regelbedarfsstufen (grundsätzlich) **83** der sogenannten **Statistikmethode:** Ausgehend von der Annahme, dass die Einkommen auch unterer Einkommensgruppen, die oberhalb der Sozialhilfeschwelle liegen, das verfassungsrechtlich geschützte Existenzminimum decken, stützt er die Bemessung der Regelsätze auf das Ausgabeverhalten dieser unteren Einkommensgruppen.[140] Zur genauen

---

136 BT-Drs. 17/3404, S. 51.
137 BVerfG 9.2.2010 – 1 BvL 1 BvL 1, 3, 4/09.
138 Gesetz zur Ermittlung der Regelbedarfe nach § 28 des Zwölften Buches Sozialgesetzbuch – Regelbedarfs-Ermittlungsgesetz vom 24.3.2011 (BGBl. 2011 I, S. 453); ausführliche Gesetzesbegründung hierzu BT-Drs. 17/3404.
139 Gesetz zur Ermittlung der Regelbedarfe nach § 28 des Zwölften Buches Sozialgesetzbuch – Regelbedarfs-Ermittlungsgesetz vom 22.12.2016 (BGBl. 2016 I, S. 3159), zuletzt geändert durch Gesetz v. 22.12.2016 (BGBl. 2016 I, S. 3159); ausführliche Gesetzesbegründung hierzu BT-Drs. 18/9984.
140 Vgl. BT-Drs. 17/3404, S. 51.

Bestimmung der Verbrauchsausgaben unterer Einkommensgruppen werden Sonderauswertungen der EVS durchgeführt; Vorgaben hierzu macht § 28 Abs. 3 SGB XII. Demnach müssen Referenzhaushalte bestimmt werden, deren Ausgabeverhalten untersucht und der Regelbedarfsstufenbemessung zugrunde gelegt wird (hierzu ab → Rn. 90). Darüber hinaus wurden für bestimmte Ausgabengruppen **weitere Sonderauswertungen**[141] durchgeführt.

84 Diese weiteren Sonderauswertungen waren vor allem deshalb nötig, weil der Gesetzgeber das **Statistikmodell nicht in Reinform** anwendet und die tatsächlichen Ausgaben der Referenzhaushalte ohne Modifikationen übernimmt. Vielmehr **nimmt** er auf der Grundlage von § 28 Abs. 4 SGB XII aus seiner Sicht **nicht regelbedarfsrelevante Ausgaben** von der **Regelbedarfsstufenbestimmung aus** (hierzu ab → Rn. 44) So sind nach § 28 Abs. 4 S. 2 SGB XII als nicht regelbedarfsrelevant solche Ausgaben der Referenzhaushalte nicht zu berücksichtigen, wenn sie durch bundes- oder landesrechtliche Leistungsansprüche abgedeckt sind oder wegen bundesweit in einheitlicher Höhe geltender Vergünstigungen bei Leistungsberechtigten nach dem SGB II und SGB XII nicht anfallen. Als regelbedarfsrelevant sind nach § 28 Abs. 4 S. 1 SGB XII die tatsächlichen Ausgaben nur insoweit zu berücksichtigen, wie sie zur Sicherung einer einfachen Lebensweise notwendig sind, die einkommensschwache Haushalte aufweisen, die ihren Lebensunterhalt nicht ausschließlich über Leistungen nach dem SGB II und SGB XII bestreiten.

85 Nicht vorgesehen – und auch nicht durchgeführt worden – ist eine Vergleichsberechnung, etwa mit einem **Kontrollwarenkorb** oder konkret mit der Armutsgefährdungsgrenze[142] (zu Forderungen hiernach → Rn. 143–145).

86 Die statistischen Erhebungen und die auf der Grundlage der normativen Entscheidungen über die Regelbedarfsrelevanz vorgenommenen Rechenschritte beschreiben eine Situation in der Vergangenheit. Auf ihrer Basis **legt** der **Gesetzgeber** sodann **normativ** die **Regelsätze** der einzelnen Regelbedarfsstufen **für die Zukunft** fest (§§ 7, 8 RBEG, hierzu ab → Rn. 110).

87 In den (mindestens) fünfjährigen Zeiträumen zwischen den aufgrund einer jeweils neuen Einkommens- und Verbrauchsstichprobe durchgeführten Regelbedarfsstufenfestlegungen werden die Regelbedarfsstufen jeweils jährlich **fortgeschrieben** (§ 28 a SGB XII, hierzu → Rn. 89). Eine Beobachtungspflicht für kurzfristigere Preissteigerungen, die dann in kürzeren Zeiträumen eine Überprüfung der Regelsätze zur Folge haben könnte, besteht nicht.

88 Abweichend von dieser bundesdurchschnittlichen Bestimmung der Regelbedarfsstufenhöhe dürften nach § 29 SGB XII auch die Länder selbst oder auf Ermächtigung der Länder die einzelnen Sozialhilfeträger unter Berücksichtigung regionaler Besonderheiten abweichende Festlegungen treffen. So festgelegte Regelbedarfsstufen würden allerdings nur für Leistungen nach dem SGB XII, nicht jedoch für solche nach dem SGB II gelten, da § 20 Abs. 1 a SGB II nicht auf § 29 SGB XII verweist. Bislang hat kein Land von dieser Ermächtigung – deren Verfassungsmäßigkeit übrigens in Zweifel gezogen wird –[143] Gebrauch gemacht.

2. Fortschreibung der Höhe der Regelbedarfsstufen zwischen den Einkommens- und Verbrauchsstichproben

89 In den Jahren, in denen keine Neufeststellung auf der Grundlage einer neuen EVS erfolgt, werden die Regelbedarfsstufen jeweils zum 1. Januar eines Jahres gemäß § 28 a

---

141 Vgl. BT-Drs. 18/9984, S. 38 (Sonderauswertung zum Energiebedarf), S. 42 f. (Sonderauswertung zum Mobilitätsbedarf).
142 Hierzu ausdrücklich BT-Drs. 18/10337, S. 17.
143 S. ausführlich Lenze in: LPK-SGB XII § 29.

SGB XII mit einem **Mischindex** aus Inflation und Lohnentwicklung fortgeschrieben. In diesen Mischindex geht die **Preisentwicklung** der regelbedarfsrelevanten Güter und Dienstleistungen zu 70 % und die durchschnittliche **Entwicklung der Nettolöhne und -Gehälter** im selben Zeitraum zu 30 % ein (§ 28 a Abs. 2 SGB XII; s. auch § 7 RBEG für einen Übergangszeitraum und § 20 Abs. 1 a S. 3 SGB II). Maßgeblich ist jeweils die Veränderungsrate, die sich aus der Veränderung in dem 12-Monatszeitraum, der mit dem 1. Juli des Vorvorjahres beginnt und mit dem 30. Juni des Vorjahres endet, gegenüber dem davor liegenden 12-Monatszeitraum ergibt. Zur Kritik hieran → Rn. 142.

3. Bestimmung der Referenzhaushalte

Den aktuellen Regelbedarfsstufen liegen **zwei Referenzhaushaltstypen** zu Grunde, nämlich sogenannte **Einpersonenhaushalte** und **Familienhaushalte** (§ 2 RBEG iVm §§ 5, 6 RBEG). Nach § 28 Abs. 3 S. 2 SGB XII iVm § 2 RBEG werden Einpersonenhaushalte – Haushalte, in denen eine erwachsene Person alleine lebt – als Referenzhaushalte für die Bestimmung der Regelbedarfe Erwachsener (§ 5 RBEG) – auch von Erwachsenen, die in Haushalten mit Kindern leben (zur Kritik hieran → Rn. 136, 139) – und Familienhaushalte – Haushalte, in denen ein Paar mit einem minderjährigen Kind lebt – als Referenzhaushalt für die Regelbedarfe für Kinder und Jugendliche (§ 6 RBEG) herangezogen. Die Familienhaushalte werden zudem nach Altersgruppen der Kinder differenziert, die gesetzlich vorgegeben sind, nämlich bis zur Vollendung des sechsten Lebensjahres, vom Beginn des siebten Lebensjahres bis zur Vollendung des 14. Lebensjahres und vom Beginn des 15. bis zur Vollendung des 18. Lebensjahres (§ 2 S. 2, 6 RBEG). **90**

Dabei wird die Erwachsenen-Regelbedarfsstufe 1 auf der Basis der Verbrauchsausgaben der Einpersonenhaushalte festgelegt, die Minderjährigen-Regelbedarfsstufen 4 bis 6 auf der Basis der Verbrauchsausgaben der altersverschiedenen Familienhaushalte. Die beiden anderen Erwachsenen-Regelbedarfsstufen 2 und 3 werden aus der errechneten Regelbedarfsstufe 1 abgeleitet (→ Rn. 113). **91**

Um zu vermeiden, dass nicht das Ausgabeverhalten von Sozialleistungsempfänger*innen, sondern wirklich das Ausgabeverhalten unterer Einkommensgruppen berücksichtigt wird – sonst wäre die Regelbedarfsstufenbestimmung **zirkelschlüssig** –, müssen bei der statistischen Betrachtung des Ausgabeverhaltens diejenigen Haushalte ausgeschlossen werden, denen selbst lediglich das Existenzminimum zur Verfügung steht. Demgemäß scheidet § 3 Abs. 1 RBEG diejenigen Haushalte aus der Referenzgruppe aus, in denen Leistungsberechtigte leben, die im Erhebungszeitraum Hilfe zum Lebensunterhalt nach dem Dritten Kapitel SGB XII, Grundsicherung im Alter und bei Erwerbsminderung nach dem Vierten Kapitel SGB XII oder Arbeitslosengeld II oder Sozialgeld nach dem SGB II bezogen haben. Aus der statistischen Betrachtung **nicht ausgeschlossen** werden hingegen die Haushalte, die im Erhebungszeitraum zusätzlich zu den genannten Leistungen Erwerbseinkommen erzielt haben, also **Aufstocker*innen** (§ 3 Abs. 2 RBEG). Ebenfalls **nicht ausgeschlossen** sind die Haushalte, die andere Existenzsicherungsleistungen – BAföG, BAB, Wohngeld – bezogen haben oder die zwar tatsächlich keine der genannten Leistungen bezogen haben, die aber mit Rücksicht auf ihr Einkommen und Vermögen einen Anspruch auf diese Leistungen gehabt hätten, ihn aber nicht geltend gemacht haben (**verdeckt Arme;** zur Kritik hieran → Rn. 132 f.). **92**

Von den nach Herausnahme der so bestimmten Haushalte unterhalb der Sozialhilfeschwelle werden die Haushalte je Haushaltstyp nach ihrem Nettoeinkommen aufsteigend geschichtet, um die **Referenzhaushalte in den unteren Einkommensgruppen** zu bestimmen. Von den Einpersonenhaushalten – maßgeblich für die Bestimmung der Erwachsenen-Regelbedarfsstufen 1 bis 3 – wird nur das Ausgabeverhalten der unteren 15 Prozent der Haushalte betrachtet, von den Familienhaushalten – maßgeblich aus- **93** schließlich für die Bestimmung der Minderjährigen-Regelbedarfsstufen 4 bis 6 – wird nur das Ausgabeverhalten der unteren 20 Prozent der Haushalte betrachtet (§ 4 RBEG).

4. Bestimmung der regelbedarfsrelevanten Verbrauchsausgaben

a) Überblick

94 Für die Festlegung der Höhe der Erwachsenen-Regelbedarfsstufe 1 werden die Verbrauchsausgaben aller so abgegrenzten Referenzhaushalte unter den Einpersonenhaushalten zugrunde gelegt. Allerdings werden zuvor die nach Ansicht des Gesetzgebers nicht regelbedarfsrelevanten Verbrauchsausgaben ausgeschieden (hierzu ab → Rn. 97). Zur Bestimmung der Höhe der Regelbedarfsstufen 4 bis 6, die für Minderjährige gelten, müssen aus den tatsächlichen Verbrauchsausgaben der Referenzhaushalte unter den Familienhaushalten zunächst die auf die Minderjährigen entfallenden Verbrauchsausgaben bestimmt werden (→ Rn. 96).

95 In die Berechnung fließen dabei nur die auf alle Haushalte verteilten Durchschnittswerte ein, nicht die Durchschnittswerte der Haushalte, die tatsächlich Ausgaben in der jeweiligen Ausgabenposition hatten. In manchen Ausgabenpositionen, gerade bei hochpreisigen, aber selten anfallenden Produkten, führt das zu großen Diskrepanzen: So hatten beispielsweise im dreimonatigen Erhebungszeitraum 2013 nur 30 der insgesamt 2.023 betrachteten Einpersonenhaushalte Ausgaben für Kühlschränke, Gefrierschränke und -truhen. Durchschnittlich gaben diese 30 Haushalte monatlich 111,87 Euro für diese Bedarfsposition aus (also einmalig durchschnittlich 335,61 Euro). Umgerechnet auf alle 2.023 Einpersonenhaushalte errechnet sich allerdings nur eine monatliche Durchschnittsausgabe von 1,65 Euro.[144] Um also den beobachteten tatsächlichen durchschnittlichen Ausgabenaufwand von 335,61 Euro pro Fall aufwenden zu können, müsste der Gesamt-Durchschnittsbetrag 203,4 Monate oder nahezu 17 Jahre lang angespart werden. Ähnlich große Diskrepanzen ergeben sich auch bei anderen Ausgabenpositionen, bei denen regelmäßig selten, dafür aber größere Einzelposten anfallen (vgl. auch → Rn. 140).[145]

b) Normative Abgrenzung der Ausgaben für Minderjährige in den Familienhaushalten

96 Da die Verbrauchsausgaben der Familienhaushalte nicht getrennt danach erfasst werden – und realistisch wohl auch nicht erfasst werden können –, welche Ausgaben welchem Familienmitglied zugute kommen, arbeitet das BMAS mit verschiedenen Verteilungsschlüsseln, um die auf das jeweilige Kind entfallenden Aufwendungen des Haushalts normativ zu bestimmen. Diese Verteilungsschlüssel basieren auf der BMFSFJ-Studie „Kosten des Kindes" aus dem Jahr 2008 und unterscheiden sich in den verschiedenen Ausgabenbereichen. Sie ordnen die Ausgaben teils vollständig den erwachsenen, teils vollständig den minderjährigen Haushaltsangehörigen zu, teils nach einem je nach Ausgabenbereich unterschiedlichen Prozentsatz und teils pro Kopf des Haushalts. Die – auch beim RBEG 2016[146] – angewandten Verteilungsschlüssel sind in der Gesetzesbegründung zum RBEG 2011[147] ausführlich beschrieben. Wegen des Zusammenspiels mit dieser Berechnungsweise muss der Gesetzgeber bei einzelnen normativ nicht berücksich-

---

144 BT-Drs. 18/9984, Anlage (S. 109), lfd. Nr. 72, Ausgabenpositionscode 0531 100.
145 BT-Drs. 18/9984, Anlage (S. 109 f.), zB lfd. Nr. 73, Ausgabenpositionscode 0531 200, 900, 901 („sonstige größere Haushaltsgeräte einschließlich Reparaturen"); lfd. Nr. 77, Ausgabenpositionscode 0532 000 („fremde Installationen von Haushaltsgroßgeräten"; lfd. Nr. 77, Ausgabenpositionscode 0532 000 („elektrische Werkzeuge [inkl. Reparaturen, Mieten]") oder lfd. Nr. 77, Ausgabenpositionscode 0533 000 („Reparaturen an Haushaltsgeräten [einschl. Mieten]").
146 BT-Drs. 18/9984, S. 50 f.
147 BT-Drs. 17/3404, S. 64–67.

tigten Ausgabepositionen Korrekturen vornehmen (→ Rn. 104, 109). Zur Kritik an dieser normativen Aufteilung → Rn. 134 ff., 139.

c) Normative Herausnahme nicht regelbedarfsrelevanter Ausgaben und Fehlerkorrekturen

aa) Überblick

Nicht alle so ermittelten tatsächlichen Verbrauchsausgaben der Referenzhaushalte werden der Regelbedarfsstufenbestimmung zugrunde gelegt. Vielmehr werden die aus Sicht des Gesetzgebers nicht regelbedarfsrelevanten Verbrauchsausgaben herausgenommen. Hierzu wendet der Gesetzgeber verschiedene Methoden an: Zum einen lässt er manche Verbrauchspositionen **ersatzlos unberücksichtigt** (→ Rn. 99–101). Andere Verbrauchspositionen, die er nicht für gerechtfertigt hält, substituiert er durch eine **Vergleichsberechnung** (→ Rn. 102–104). Schließlich beschränkt er sich bei bestimmten anderen Verbrauchspositionen darauf, mit Hilfe einer **Sonderauswertung** nur die Verbrauchsausgaben derjenigen Referenzhaushalte zu betrachten, die bestimmte Ausgaben nicht haben (→ Rn. 105–108). In einzelnen Fällen muss der Gesetzgeber wegen der Berechnungsweise der Kinderanteile an den Ausgaben (hierzu → Rn. 96) Korrekturen für die unberücksichtigten Ausgabenpositionen vornehmen (→ Rn. 109). **97**

Zusätzlich zu den Verbrauchsausgaben im engeren Sinne berücksichtigt der Gesetzgeber bei der Bestimmung der Höhe der Regelbedarfsstufen bei Einpersonenhaushalten einen Mitgliedsbeitrag für einen Verein.[148] **98**

bb) Nichtberücksichtigung von Ausgaben ohne Substitution oder Kompensation

In die erste Kategorie – Nichtberücksichtigung ohne Substitution oder Kompensation – fallen Ausgaben für **99**

- Tabakwaren und (illegale) andere Drogen außer Alkohol,[149]
- „Chemische Reinigung von Kleidung, Waschen, Bügeln und Färben",[150]
- Haushaltshilfen,[151]
- die Unterhaltung eines Gartens[152] sowie Gartengeräte inkl. Reparaturen, Miete,[153]
- Anfertigen und Reparatur von Heimtextilien,[154]
- Schnittblumen und Zimmerpflanzen,[155]
- Haustiere einschl. Veterinär- ua Dienstleistungen,[156]
- Urlaubsreisen insgesamt, deshalb bleiben Ausgaben für Flugreisen,[157] Camping,[158] Pauschalreisen[159] und auswärtige Übernachtungen[160] unberücksichtigt,
- Glücksspiele,[161]

148 BT-Drs. 18/9984, S. 49 f.
149 BT-Drs. 18/9984, S. 36 unter Bezugnahme auf BT-Drs. 17/3404, S. 53 f.
150 BT-Drs. 18/9984, S. 37 unter Bezugnahme auf BT-Drs. 17/3404, S. 54 f.
151 BT-Drs. 18/9984, S. 40 unter Verweis auf andere Leistungssysteme, die im Notfall eingreifen sollen.
152 BT-Drs. 18/9984, S. 40.
153 BT-Drs. 18/9984, S. 40.
154 BT-Drs. 18/9984, S. 40.
155 BT-Drs. 18/9984, S. 45 f.
156 BT-Drs. 18/9984, S. 45 f.
157 BT-Drs. 18/9984, S. 42.
158 BT-Drs. 18/9984, S. 45.
159 BT-Drs. 18/9984, S. 45.
160 BT-Drs. 18/9984, S. 48.
161 BT-Drs. 18/9984, S. 45 f.

- Kabelfernsehen, Pay-TV, Miete/Leihgebühren für TV-, Videogeräte u.Ä., Videofilme und DVDs,[162]
- Finanzdienstleistungen bei den Regelbedarfsstufen für Kinder.[163]

Die Begründung für die Nichtberücksichtigung dieser Ausgaben ist jeweils, dass diese Ausgaben nach Auffassung des Gesetzgebers nicht zum Existenzminimum gehören sollen, teils auch, dass ihr Genuss gesundheitsgefährdend ist. Zur Kritik hieran → Rn. 136.

100 Ebenfalls komplett **unberücksichtigt** bleiben aber auch solche Ausgaben,

- die **in den Existenzsicherungssystemen außerhalb des Regelbedarfs abgedeckt** werden sollen – zB durch die Bedarfe für Unterkunft und Heizung,[164] die Erstausstattungsbedarfe[165] oder die Bedarfe für Bildung und Teilhabe[166] –,
- die **von anderen Leistungssystemen getragen** werden – zB der Krankenversicherung bzw. den Hilfen zur Gesundheit[167] oder „außerhalb des Rechtskreises des SGB II und des SGB XII"[168] –,
- die **für Leistungsberechtigte** nach dem SGB II oder SGB XII wegen bundesweiter Befreiung **nicht anfallen** – wie zB Rundfunkbeiträge[169] oder bei Familienhaushalten Kinderbetreuungskosten in Kindergärten[170] – oder
- die durch Rechtsänderungen zwar im Erhebungszeitraum der EVS noch angefallen waren, im Zeitraum, für den die Regelbedarfsstufenfestsetzung gilt, jedoch nicht mehr anfallen werden – zB die Praxisgebühr.[171]

101 Besonders erwähnenswert ist, dass der Gesetzgeber bei der Bemessung der Regelbedarfsstufen für Erwachsene solche Ausgaben nicht berücksichtigt, die mit Kindern verbunden sind, so Ausgaben für „Bekleidung für Kinder unter 14 Jahren"[172] und Kinderbetreuung.[173] Dies ist deshalb erwähnenswert, weil die Regelbedarfsstufen, deren Höhe auf der Grundlage der Ausgaben der Einpersonenhaushalte bemessen wird, nicht nur für diese, sondern auch für die Erwachsenenregelbedarfe in Haushalten mit Kindern maßgeblich sind. Zur Kritik hieran → Rn. 139.

cc) Substitution bestimmter Ausgaben durch errechnete Werte

102 Bei **alkoholischen Getränken** nimmt der Gesetzgeber eine kompliziert berechnete **Substitution** vor: Alkoholische Getränke könnten wegen der mit ihrem Genuss verbundenen Gesundheitsgefahren nicht regelbedarfsrelevant sein.[174] Der Gesetzgeber erkennt aber an, dass die Flüssigkeitszufuhr, die mit alkoholischen Getränken mit Ausnahme von Spirituosen verbunden ist, regelbedarfsrelevant ist. Er errechnet sodann, wie viel der Ausgaben für alkoholische Getränke auf Spirituosen entfallen, rechnet die restlichen

---

162 BT-Drs. 18/9984, S. 46.
163 BT-Drs. 18/9984, S. 60, 69, 80.
164 BT-Drs. 18/9984, S. 38.
165 So für Gardinen und Vorhänge BT-Drs. 18/9984, S. 40 und für orthopädische Schuhe und therapeutische Geräte BT-Drs. 18/9984, S. 41.
166 So für Nachhilfeunterricht BT-Drs. 18/9984, S. 47.
167 So für bestimmte Gesundheitsausgaben (Zahnersatz Materialkosten) BT-Drs. 18/9984, S. 41.
168 So für Kosten des Studiums BT-Drs. 18/9984, S. 47, 59; für Schreibwaren, Zeichenmaterial und übrige Verbrauchsgüter bei Kindern und Jugendlichen ab sechs Jahren BT-Drs. 18/9984, S. 67; für Klassenfahrten, Nachhilfeunterricht, außerschulischen Unterricht und Mitgliedsbeiträge für Vereine bei Minderjährigen allgemein BT-Drs. 18/9984, S. 59, 67.
169 BT-Drs. 18/9984, S. 46 zu (im Erhebungszeitraum noch) GEZ-Gebühren.
170 BT-Drs. 18/9984, S. 59.
171 So für die Praxisgebühren BT-Drs. 18/9984, S. 41.
172 BT-Drs. 18/9984, S. 37.
173 BT-Drs. 18/9984, S. 40, 47.
174 So die Begründung zum RBEG 2011 (BT-Drs. 17/3404, S. 53), auf die BT-Drs. 18/9984, S. 36 Bezug nimmt.

Ausgaben in eine Flüssigkeitsmenge um und errechnet für diese dann einen Preis, den er in die Bestimmung der Regelbedarfsstufenhöhe einstellt; hierdurch berücksichtigt er statt der tatsächlichen Ausgaben von 9,90 Euro monatlich nur 3,63 Euro.[175] Unberücksichtigt bleibt dabei, dass die Ausgabenposition 0210 000 nicht nur alkoholische Getränke, sondern auch alkoholfreie Biere und Weine umfasst.[176] Großzügigerweise verzichtet der Gesetzgeber immerhin darauf, die Leistungsberechtigten auf den Genuss des von den Bedarfen für Unterkunft und Heizung abgedeckten Leitungswassers zur verweisen. Zur Kritik hieran → Rn. 136 f.

Ähnlich geht er bei **Gaststättendienstleistungen** vor: Von den tatsächlichen durchschnittlichen Verbrauchsausgaben aller Einpersonen-Referenzhaushalte im Erhebungszeitraum in Höhe von 28,80 Euro in dieser Gruppe[177] erkennt er nur 34,10 % als regelbedarfsrelevant an: Das ist der Anteil, der statistisch im Durchschnitt dem Wareneinsatz in der Gastronomie entspricht, sodass die Ausgaben, die die Personen gehabt hätten, wenn sie dasselbe Essen zu Hause selbst zubereitet hätten, nach Auffassung des Gesetzgebers einfließen.[178] Zur Kritik hieran → Rn. 136 f. **103**

Bei den Ausgaben für Ausweise und Pässe schließlich berücksichtigt der Gesetzgeber nur die Kosten für einen Bundespersonalausweis, verteilt auf den Geltungszeitraum von zehn,[179] bei Jugendlichen von 14 bis unter 18 Jahren von sechs[180] Jahren. **104**

dd) Berechnung bestimmter Ausgabepositionen aufgrund von Sonderauswertungen

In den Bereichen **Verkehr, Haushaltsenergie, Instandhaltungsreparaturen und Telekommunikation** hat der Gesetzgeber eigene Sonderauswertungen zu Grunde gelegt. **105**

So sei die Nutzung eines **Kraftfahrzeugs nicht regelbedarfsrelevant**, die damit verbundene Verkehrsleistung jedoch schon. In einer Sonderauswertung hat der Gesetzgeber daher zunächst die Ausgaben der Haushalte ohne Kraftfahrzeug ermittelt. Um eine Unterdeckung zu vermeiden, wie sie das BVerfG[181] zum RBEG 2011 kritisiert hatte, hat er anschließend in einer weiteren Sonderauswertung die Ausgaben der Haushalte mit Kraftfahrzeug für öffentliche Verkehrsmittel ermittelt und dann erst den gesamten Bedarf aller dieser Haushalte mit Ausgaben für öffentliche Verkehrsmittel auf alle Haushalte in der Stichprobe verteilt.[182] **106**

Ähnlich geht er bei den **Stromausgaben** und den **Instandhaltungskosten** vor: Er unterstellt die aus einer Sonderauswertung ermittelten Stromausgaben derjenigen Haushalte, die ohne Strom heizen, als Stromkosten aller Haushalte, die überhaupt Stromausgaben haben, und bildet auf dieser Grundlage den Durchschnitt über alle Haushalte.[183] Die Instandhaltungskosten für Mieterhaushalte unterstellt er auch für die Eigentümerhaushalte.[184] **107**

Bei den Ausgaben für **Telekommunikation** berücksichtigt der Gesetzgeber nicht nur den Durchschnitt über alle Haushalte, sondern mittels einer Sonderauswertung nur die Aus- **108**

175 BT-Drs. 18/9984, S. 36 f.
176 BT-Drs. 18/9984, Anlage (S. 109), lfd. Nr. 8, Ausgabenpositionscode 0210 000 („alkoholische Getränke [auch alkoholfreie Biere und Weine]").
177 BT-Drs. 18/9984, Anlage (S. 111), lfd. Nr. 187 und 188, Ausgabenpositionscodes 1111 000 („Speisen und Getränke in Restaurants, Cafés, Eisdielen, an Imbissständen und vom Lieferservice") und 1112 000 („Speisen und Getränke in Kantinen und Mensen").
178 BT-Drs. 18/9984, S. 48.
179 BT-Drs. 18/9984, S. 49.
180 BT-Drs. 18/9984, S. 80.
181 BVerfG 23.7.2014 – 1 BvL 10, 12/12, 1691/13, Rn. 114.
182 BT-Drs. 18/9984, S. 43; zur Methode auch Münder, Gutachten für die Hans-Böckler-Stiftung, Soziale Sicherheit Extra, 09/2011, 75 f.
183 BT-Drs. 18/9984, S. 38.
184 BT-Drs. 18/9984, S. 38.

gaben der Haushalte, die tatsächlich Ausgaben für eine Doppelflatrate Festnetztelefon und Internet hatten. Dafür lässt er Ausgaben für Mobilfunk vollständig unberücksichtigt.[185]

ee) Korrektur der Herausnahme von Ausgabepositionen bei Kinderregelbedarfsstufen

109 Durch die Berechnungsweise der Ausgaben der Kinder als prozentualer Anteil der gesamten regelbedarfsrelevanten Ausgaben der Familienhaushalte würde auch vom Bedarf der Kinder ein **Anteil für alkoholische Getränke, Tabakwaren und Drogen** (hierzu → Rn. 99, 102) abgezogen. Da aber angenommen wird, dass Kinder unter 13 Jahren diese Dinge nicht konsumieren, rechnet der Gesetzgeber die anteiligen Ausgaben der Haushalte hierfür bei den Ausgaben für 0- bis 13-Jährige vollständig als Korrekturbetrag hinzu.[186] Bei den 14- bis unter 18-Jährigen errechnet er einen anteiligen Korrekturbetrag auf der Basis zweier Studien der Bundeszentrale für gesundheitliche Aufklärung über den Alkohol- und Tabakkonsum Jugendlicher.[187]

5. Festsetzung der Höhe der Regelbedarfsstufen
a) Überblick

110 Die nach den bisher dargestellten Regeln ermittelten Ausgaben können nicht einfach als Regelbedarfsstufen festgelegt werden, weil zwischen dem Erhebungszeitraum und dem Zeitraum, für den sie gelten sollen, regelmäßig ein längerer Zeitraum liegt; sie müssen daher angepasst werden (→ Rn. 111). Für die Regelbedarfsstufen 2 und 3, also den Partnerregelbedarf und den Bedarf für 18- bis 25-Jährige Mitglieder der Bedarfsgemeinschaft im SGB II bzw. Volljährige in stationären Einrichtungen im SGB XII werden keine eigenen Erhebungen vorgenommen; diese Regelbedarfsstufen werden vielmehr von der Regelbedarfsstufe 1 abgeleitet (→ Rn. 113).

b) Festlegung der Regelbedarfsstufen 1 und 4 bis 6

111 § 28 Abs. 5 SGB XII und § 7 RBEG sehen eine Fortschreibung der in der EVS erhobenen Ausgaben entsprechend dem – allerdings zeitlich modifizierten – Mischindex nach § 28 a SGB XII vor. Auf dieser Grundlage schreibt § 7 RBEG die normativ als regelbedarfsrelevant bestimmten Ausgaben der Referenzhaushalte vom Erhebungszeitraum 2013 bis zum 30.6.2016 mit einer Veränderungsrate von 3,46 %[188] fort und setzt sie auf volle Euro gerundet (§ 28 Abs. 5 SGB XII) in §§ 7, 8 RBEG für die Zeit ab 1.1.2017 fest.

112 Da die Höhe der Regelbedarfsstufe 6 nach der Neuberechnung durch das RBEG 2016 zum 1.1.2017 niedriger ausgefallen wäre, als sie nach Anpassung der Regelbedarfsstufe 6 zuvor gewesen war, hat der Gesetzgeber Übergangs-**Bestandsschutzvorschriften** erlassen (§ 134 SGB XII, § 8 Abs. 2 S. 2 RBEG[189]). Danach ist zugunsten der Leistungsberechtigten die bisherige Höhe der Regelbedarfsstufe 6 so lange anzuwenden, bis aufgrund der nach § 28 a Abs. 1 SGB XII in der Regel jeweils zum 1. Januar eines Jahres vorzunehmenden Fortschreibungen der im RBEG errechneten niedrigeren Regelbedarfsstufe der bisherige Betrag überschritten wird. Seit 1.1.2018 ist die Vorschrift gegenstandslos.

---

185 BT-Drs. 18/9984, S. 44.
186 BT-Drs. 18/9984, S. 51, 61.
187 BT-Drs. 18/9984, S. 70.
188 Zur Berechnung dieser Veränderungsrate BT-Drs. 18/9984, S. 80–84.
189 Ebenso bereits nach Erlass des RBEG 2011 § 77 Abs. 4 SGB II, § 134 SGB XII, § 8 Abs. 2 S. 2 RBEG 2011.

c) Festlegung der abgeleiteten Regelbedarfsstufen 2 und 3

Die Regelbedarfsstufen 2 und 3 werden nicht durch eigene Erhebungen ermittelt, son- **113**
dern leiten sich aus der Regelbedarfsstufe 1 ab: Regelbedarfsstufe 2 beträgt 90 %, Regelbedarfsstufe 3 80 % der Regelbedarfsstufe 1.[190] Dies beruht auf der durch Studien
gestützten Annahme, dass in Mehrpersonenhaushalten ein Bedarf besteht, der unter
dem Doppelten des Bedarfs einer allein wirtschaftenden Person liegt, insgesamt nämlich
180 %. Zur Bestärkung der Plausibilität dieser Annahme hat der Gesetzgeber Ver-
gleichsberechnungen vorgenommen.[191]

IV. Abweichende Bedarfsbestimmung

1. Überblick

In bestimmten Fällen werden die Bedarfe abweichend vom Regelbedarf festgelegt. Das **114**
betrifft zum einen die Bedarfsdeckung in Einrichtungen im SGB XII. Aber auch bei ambulanter Leistungserbringung kennen SGB XII und SGB II je unterschiedliche Reakti-
onsmöglichkeiten, je nachdem, ob eine laufende oder eine einmalige Abweichung vorliegt. Ebenfalls hier zu diskutieren ist die Frage, ob der Regelbedarf wegen gleichzeitigen Bezugs anderer Leistungen gekürzt werden darf, die Teile des Regelbedarfs abdecken.

2. Bedarfsbestimmung in Einrichtungen im SGB XII

Für die **Leistungserbringung in Einrichtungen** sieht § 27 b SGB XII (und ab 1.1.2020 **115**
§ 27 c SGB XII auch für die Leistungserbringung in bestimmten Einrichtungen nach
dem SGB IX) vor, dass der notwendige Lebensunterhalt in Einrichtungen den darin erbrachten sowie in stationären Einrichtungen zusätzlich den weiteren notwendigen Lebensunterhalt umfasst. Bei stationären Einrichtungen wird rechnerisch der dort erbrachte notwendige Lebensunterhalt als der Regelbedarf der Regelbedarfsstufe 3, Mehrbedarfe und Bedarfe für Unterkunft und Heizung in einer pauschalierten Form zu
Grunde gelegt (§ 27 b Abs. 1 S. 2 SGB XII). Das bedeutet, unabhängig davon, wie hoch
der Anteil der „Hotelkosten" an den Kosten der Einrichtung tatsächlich ausgewiesen
wird, wird zur Berechnung des Bedarfs fiktiv immer dieser Betrag eingesetzt.[192] Zu den
Lebensunterhaltsleistungen in der stationären Einrichtung kommen Leistungen für Kleidung und ein angemessener Barbetrag hinzu (§ 27 b Abs. 2 SGB XII), dessen Höhe mindestens 27 % der Regelbedarfsstufe 1 beträgt.

3. Reaktionsmöglichkeiten auf laufend abweichende Bedarfe im SGB XII (§ 27 a Abs. 4, 5 SGB XII)

Im **SGB XII** ist eine **abweichende Festlegung** des Regelbedarfs[193] (eingeschränkt) im **116**
Rahmen des § 27 a Abs. 4 möglich, und zwar

- niedriger ausfallend, wenn ein Bedarf voraussichtlich mehr als einen Monat lang
ganz oder teilweise anderweitig gedeckt ist (§ 27 a Abs. 4 S. 1 Nr. 1 SGB XII), oder

- mit einem höheren Betrag, wenn ein Bedarf voraussichtlich mehr als einen Monat
lang **unausweichlich** in **mehr als geringem Umfang** oberhalb durchschnittlicher Bedarfe liegt, wie sie sich nach den bei der Ermittlung der Regelbedarfe zugrundeliegenden durchschnittlichen Verbrauchsausgaben ergeben, und die dadurch bedingten

---

190 BT-Drs. 18/9984, S. 85 f. (Zu Nummer 2) und 86 (Zu Nummer 3).
191 BT-Drs. 18/9984, S. 86.
192 Hierzu ausführlich Behrend in: jurisPK-SGB XII § 27 b.
193 Ebenso des Mehrbedarfs, vgl. § 30 Abs. 1–4 SGB XII.

Mehraufwendungen begründbar nicht anderweitig ausgeglichen werden können (§ 27 a Abs. 4 S. 1 Nr. 2 SGB XII).

117 Es besteht also nur für eine abweichende Festlegung **zugunsten** der Berechtigten eine Erheblichkeitsschwelle, nicht jedoch für die Absenkung.[194] § 27 a SGB XII ist über die Verweisung in § 42 S. 1 Nr. 1 SGB XII auch iRd Grundsicherung im Alter und bei Erwerbsminderung nach dem Vierten Kapitel SGB XII anwendbar.[195] Maßgeblich sind bei der Entscheidung über die Erhöhung oder Absenkung die **Umstände des Einzelfalles.**

118 Zu berücksichtigen sind bei einer möglichen **Absenkung** des Regelsatzes nicht nur vorübergehende oder geringfügige[196] Abweichungen wegen eines anderweitig ganz oder teilweise gedeckten Bedarfs. In der Praxis bedeutsam war die Kürzung des Regelsatzes bisher bei dem Erhalt **unentgeltlicher Verpflegung.** Das BSG hat eine Minderung des Regelsatzes dann gebilligt, wenn diese weitere Leistung **als Sozialhilfeleistung** durch einen Sozialhilfeträger erbracht wird – insbesondere beim Mittagessen in einer Werkstatt für behinderte Menschen (zur Rechtslage ab 1.1.2020 → Rn. 126), wenn demnach eine **Teilkongruenz** zweier Ansprüche nach dem SGB XII besteht.[197]

119 Diese Rechtsprechung ist ebenso heranzuziehen, wenn etwa im Rahmen von längeren **Krankenhausaufenthalten** oder **Rehabilitationsmaßnahmen Verpflegung** gewährt wird. Eine Absenkung des Regelbedarfs scheidet regelmäßig schon deshalb aus, weil die Krankenversorgung nicht als Sozialhilfeleistung durch einen Sozialhilfeträger geschieht.[198] Überdies wäre jeweils zu prüfen, ob die Vorteile nicht durch anderweitig anfallende zusätzliche Aufwendungen, wie durch Zuzahlungen oder Mehraufwand für andere Güter und Dienstleistungen, „erkauft" werden.[199]

120 Eine **Erhöhung** des Regelsatzes ist etwa möglich bei Mehraufwendungen, die anlässlich des Besuchs und **Umgangsrechts** bei Kindern nicht zusammen lebender Elternteile anfallen, bei **Kleidungsmehrbedarf** durch teure Unter- oder Übergrößen oder bei Belastung durch medizinisch notwendige **Medikamente** oder Heilmittel,[200] ebenso bei anfallendem **Hygienebedarf.**[201] Ferner kommt eine Erhöhung nach § 27 a Abs. 4 S. 1 SGB XII etwa in Betracht bei abweichendem Bedarf für Bekleidung/Schuhe in **Über- oder Untergrößen,**[202] Körperpflege, Reinigungs- und Putzmitteln sowie an Strom und Warmwasser bei **krankhaftem Wasch- und Putzzwang.**[203]

121 Einen Regelfall einer **Erhöhung des Regelbedarfs** regelt § 27 a Abs. 5 SGB XII. Hiernach werden in der Regel abweichend von den Regelsätzen die tatsächlichen Kosten der Unterbringung minderjähriger Leistungsberechtigter in einer Pflegefamilie oder bei anderen Personen als ihren Eltern festgesetzt, sofern diese Kosten einen angemessenen Umfang nicht überschreiten.

4. Reaktionsmöglichkeiten auf laufend abweichende Bedarfe im SGB II (§ 21 Abs. 6 SGB II)

122 Im SGB II hingegen kann der Regelbedarf nicht individuell abweichend festgelegt werden, weder zugunsten noch zulasten der Leistungsberechtigten: So ist der Regelbedarf

---

194 Kritisch zu dieser Asymmetrie der Regelung bereits Berlit info also 2003, 195 (203).
195 So BSG 11.12.2007 – B 8/9 b SO 21/06 R.
196 Zum Teil wird die Grenze bei 5% des früheren Eckregelsatzes, jetzt Regelsatz nach Regelbedarfsstufe 1 abgestellt, vgl. Schneider in: Schellhorn/Schellhorn/Hohm SGB XII § 28 Rn. 11 a mwN.
197 BSG 23.3.2010 – B 8 SO 15/08 R.
198 Schwabe, (Lit.), 1, 3 mwN.
199 S. etwa SG Nürnberg 30.6.2011 – 20 SO 54710, ZFSH/SGB 2011, 671 (673).
200 Vgl. Schneider, in: Schellhorn/Schellhorn/Hohm SGB XII § 28 Rn. 14 a mwN.
201 ZB auf Grund einer HIV-Infektion, BSG 16.12.2010 – B 8 SO 7/09 R, ZFSH/SGB 2011, 338, Rn. 28.
202 LSG Bln-Bbg 4.4.2011 – L 15 SO 41/11 NZB, ZFSH/SGB 2011, 479.
203 LSG Nds-Brem 23.2.2011 – L 13 AS 90/08, ZFSH/SGB 2011, 483.

auch dann als **Pauschalbetrag** zuzusprechen, wenn (Teil-)Bedarfe im Einzelfall gar nicht bestehen – etwa bei Wohnungslosen – oder anderweitig gedeckt werden – etwa durch Einnahme kostenloser Mahlzeiten bei Verwandten.[204] Ist eine **Inklusivmiete** vereinbart, so sind im Rahmen des Bedarfs für Unterkunft und Heizung (§ 22 SGB I) keine Kürzungen um einen aus dem Regelbedarf ermittelten Anteil für Haushaltsenergie vorzunehmen.[205] Allerdings sind bei bestimmten Leistungen Eigenanteile auch aus dem Regelbedarf zu erbringen (hierzu → Rn. 126–128).

De lege lata besteht als einzige Reaktionsmöglichkeit auf laufend abweichende Bedarfe **123** der Mehrbedarf nach § 21 Abs. 6 SGB II, der auf das BVerfG zurückgeht.[206] Im Übrigen ist eine individuelle Bedarfsfeststellung ausgeschlossen. Nach dieser Vorschrift wird ein Mehrbedarf anerkannt, soweit im Einzelfall ein unabweisbarer, laufender, nicht nur einmaliger besonderer Bedarf besteht. Neuerdings wird zur Erfüllung der verfassungsrechtlichen Vorgaben auch eine analoge Anwendung dieser Vorschrift auf einmalige Bedarfe angenommen[207] (hierzu sogleich → Rn. 124).

5. Reaktionsmöglichkeiten auf einmalig abweichende Bedarfe in SGB XII und SGB II

Treten einmalig abweichende Bedarfe auf, ist zu unterscheiden: **124**

- Handelt es sich um unerwartet auftretende, unabweisbare Bedarfe, die im Regelbedarf enthalten sind – wie beispielsweise Kosten für die Ersatzbeschaffung eines Haushaltsgeräts –, sind die Kosten als einmaliges Darlehen zu übernehmen (§ 24 Abs. 1 SGB II, § 37 Abs. 1 SGB XII; s. auch → Kap. 26 Rn. 19, 24).

- Handelt es sich dagegen um einmalige Bedarfe, die nicht vom Regelbedarf umfasst sind, namentlich Erstausstattung für die Wohnung, für Bekleidung, bei Schwangerschaft oder Leistungen für orthopädische Schuhe oder therapeutische Geräte, werden die Leistungen neben dem Regelbedarf als Zuschuss erbracht (§ 24 Abs. 3 SGB II, § 31 SGB XII; näher hierzu ab → Kap. 26 Rn. 18).

Da im Rahmen des SGB II de lege lata nur unter den engen Voraussetzungen des § 24 **125** Abs. 3 SGB II einmalige Bedarfe erfüllt werden können, die nicht vom Regelbedarf und nicht von anderen Leistungen wie dem Bildungs- und Teilhabepaket umfasst sind, andererseits aber aus verfassungsrechtlichen Gründen der gesamte individuelle Bedarf der Leistungsberechtigten – nötigenfalls im Wege weiter verfassungskonformer Auslegung[208] – gedeckt werden muss, hat das LSG Nds-Brem[209] entschieden, dass Schulbücher für den Besuch einer weiterführenden Schule in – dogmatisch etwas unklar formuliert – **verfassungskonformer Auslegung oder analoger Anwendung von § 21 Abs. 6 SGB II** als einmaliger **Mehrbedarf** zu übernehmen sind. Das LSG argumentiert, dass Schulbücher nicht bei der Bestimmung der Pauschale nach § 28 Abs. 3 SGB II einbezogen worden sind, der für die Schulbuchkosten in die Bedarfsberechnung eingestellte Bedarfsanteil evident unzureichend ist und nicht genügend Mittel für einen internen Ausgleich vorhanden seien. Zudem würden die Kosten auch nicht nach landesrechtlichen Vorschriften übernommen, sodass der einzige Weg über die „verfassungskonforme Auslegung durch analoge Anwendung des § 21 Abs. 6 SGB II" führe. Diese Entscheidung ist soweit ersichtlich die erste, die den Aufruf des BVerfG in seinem Beschluss von 2014[210]

---

204 Lenze in: LPK-SGB II § 20 Rn. 26 mwN.
205 BSG 24.11.2011 – B 14 AS 151/10 R.
206 BVerfG 9.2.2010 – 1 BvL 1, 3, 4/09, Rn. 137; s.a. BSG 27.9.2011 – B 4 AS 202/10 R, Rn. 22. Vgl. hierzu Kapitel 25.
207 LSG Nds-Brem 11.12.2017 – L 11 AS 349/17 (bestätigt durch BSG 8.5.2019 – B 14 AS 6/18 R).
208 BVerfG 9.2.2010 – 1 BvL 1, 3, 4/09, Rn. 137; BVerfG 23.7.2014 – 1 BvL 10, 12/12, 1 BvR 1691/13, Rn. 116.
209 LSG Nds-Brem 11.12.2017 – L 11 AS 349/17 (bestätigt durch BSG 8.5.2019 – B 14 AS 6/18 R).
210 BVerfG 23.7.2014 – 1 BvL 10, 12/12, 1 BvR 1691/13, Rn. 116.

an die Gerichte der Sozialgerichtsbarkeit zu rechtsfortbildender Kreativität umsetzt, um das verfassungsrechtlich gebotene Existenzminimum zu sichern. Hierzu näher → Rn. 62.

6. Anrechnung der durch den Regelbedarf gedeckten Bedarfsteile bei anderen Leistungen nach dem SGB XII und SGB II

a) Anrechnung beim Mittagessen in einer Werkstatt für behinderte Menschen

126 Für das Mittagessen in einer Werkstatt für behinderte Menschen sehen § 30 Abs. 8 SGB XII und 42 b Abs. 2 SGB XII F:2020 ab 1.1.2020 Mehrbedarfe vor (s. näher → Kap. 20 Rn. 319 sowie → Kap. 36 Rn. 38). Da aber das Mittagessen schon durch den Regelbedarf gedeckt ist, müssen die Leistungsberechtigten sich hierauf den in § 9 Abs. 3 RBEG geregelten Eigenbeitrag von einem Euro pro Mittagessen anrechnen lassen. Bis 31.12.2019 wird das Mittagessen über eine Absenkung des Regelbedarfs gemäß § 27 a Abs. 4 SGB XII in Höhe von zwei Fünfteln des für Ernährung in die Berechnung der jeweiligen Regelbedarfsstufe eingestellten täglichen Bedarfsanteils pro Tag des Werkstattbesuchs berücksichtigt.[211]

b) Anrechnung bei Leistungen des Bildungs- und Teilhabepakets

127 Für die Teilnahme von Kindern und Jugendlichen an der **gemeinschaftlichen Mittagsverpflegung** im Rahmen des Bildungs- und Teilhabepakets (§ 28 Abs. 6 SGB II, § 34 Abs. 6 SGB XII; hierzu näher Kapitel 27) ist wie beim Mittagessen in der WfbM als Bedarf ein Euro pro regulärem Schultag zu Grunde zu legen (§ 9 Abs. 1 RBEG, § 6 b Abs. 2 BKGG).

128 Ähnliches gilt bei **Leistungen der Schülerbeförderung** (§ 28 Abs. 4 SGB II, § 34 Abs. 4 SGB XII; hierzu näher Kapitel 27). Weil Mobilität bereits teilweise im Regelbedarf berücksichtigt ist, wird ein Eigenanteil vom Bedarf abgezogen; dieser beträgt nach § 9 Abs. 2 RBEG in der Regel fünf Euro monatlich.

E. Kritik an der heutigen Bemessung der Regelbedarfsstufen

I. Überblick

129 In der kritischen Diskussion zur Regelbedarfsbestimmung werden zwei Gruppen von Argumenten geäußert: Teils wird die Regelbedarfsstufenbestimmung als Hebel verwendet, um das System Hartz IV insgesamt anzugreifen oder den gesellschaftlichen Mangel an Solidarität anzuprangern (hierzu → Rn. 130), teils konzentriert sich die Kritik auf die konkrete Durchführung der angewandten Statistikmethode (hierzu ab → Rn. 132).

II. Kritik an der Loslösung der Leistungen vom Arbeitsmarkt und an der Verschiebung der Verantwortung auf die Leistungsberechtigten

130 In der Kritik der bundesverfassungsgerichtlichen Entscheidungen wird moniert, diese erfassten nicht in ausreichendem Maß die **arbeitsmarktpolitische Verantwortung** des Staates.[212] Auch an der „Hartz"-Gesetzgebung wurde die gesetzgeberisch gewollte Verschiebung der Verantwortung für die existenzielle Notlage weg von der Struktur des Arbeitsmarkts hin zu den unterstellt faulen Arbeitsuchenden, die durch genügend Fördern und vor allem Fordern gezwungen werden müssten, ihre (unterstellt vor allem maßgeblichen) individuellen Defizite zu überwinden, und dass zudem Kostenersparnisüberlegun-

---

211 BSG 11.12.2007 – B 8/9 b SO 21/06 R und BSG 9.12.2008 – B 8/9 b SO 10/07 R.
212 Neumann, vorgänge Nr. 191, Heft 3/201, S. 102 ff.; Borchert SGb 2015, 655 (659).

Pattar

gen am Beginn der Reformüberlegungen gestanden hätten.[213] So berechtigt diese Kritik sein mag, so stellt sich doch die Frage, ob die Regelbedarfsbestimmung der richtige juristische Hebel zu ihrer Umsetzung ist. Schließlich lässt sich stets einwenden, dass die Regelbedarfsstufen nicht nur für Erwerbsfähige, sondern auch (und rechtstechnisch sogar an erster Stelle) für nicht Erwerbsfähige ein menschenwürdiges Existenzminimum garantieren müssen.

In eine ähnliche Richtung geht, aber bei der Diskussion um den Regelbedarf besser platziert ist die Kritik daran, dass die Regelbedarfsstufen nicht ausdrücklich auch den Ausgleich in einer ungleicher werdenden Gesellschaft verfolgt.[214] **131**

III. Kritik an der konkreten Durchführung der angewandten Statistikmethode

1. EVS als problematische Stichprobe – Zirkelschlusseffekte – kein zuverlässiger Ausschluss verdeckt Armer

Ein wesentlicher Kritikpunkt ist, dass das angewandte Verfahren nicht zuverlässig Zirkelschlüsse vermeidet und verdeckt Arme nicht zuverlässig aus der Bestimmung der Referenzhaushalte ausnimmt. So werden Aufstocker*innen ausdrücklich nicht aus den Referenzhaushalten ausgeschieden (§ 3 Abs. 2 RBEG), obwohl sie etwa 30 % aller Leistungsberechtigten nach dem SGB II ausmachen.[215] Zudem wird auch das Ausgabeverhalten solcher Personen berücksichtigt, die eigentlich Anspruch auf existenzsichernde Leistungen hätten (verdeckt Arme), was diesen Zirkelschlusseffekt verstärkt.[216] Hinzu kommt, dass schon die Einkommens- und Verbrauchsstichprobe nicht auf einem repräsentativen Querschnitt der Bevölkerung beruht: So sind Haushalte von Rentner*innen (43,4 % der Einpersonenhaushalte in der EVS) und Studierenden (17,2 % der Einpersonenhaushalte in der EVS)[217] weit überrepräsentiert, was zu einer verzerrten Aufnahme des Ausgabeverhaltens führt.[218] **132**

Das BVerfG hat die erstgenannte Kritik nicht aufgegriffen und den mangelhaften Ausschluss verdeckt Armer damit gerechtfertigt, dass die Zahl der Haushalte verdeckt Armer nur im Wege einer mit Unsicherheiten behafteten Schätzung zu beziffern sei, die der Gesetzgeber deshalb nicht vornehmen müsse.[219] Dies überzeugt deshalb nicht, weil es in der Literatur durchaus Näherungsmethoden gegeben hätte, mit denen zwar nicht zuverlässig alle verdeckt Armen, aber doch wenigstens handhabbar ein großer Teil ausgeschieden worden wäre.[220] **133**

2. Unterschiedliche Referenzgruppenbildung für Erwachsene und Minderjährige

Ebenfalls kritisiert wird die unterschiedliche Referenzgruppenbildung für Minderjährige und Erwachsene: Während bei Minderjährigen die einkommensmäßig unteren 20 % zugrunde gelegt werden, sind dies bei Erwachsenen nur die einkommensmäßig unteren 15 %.[221] Hierfür waren fiskalische Überlegungen maßgebend.[222] Der Gesetzgeber rechtfertigt dies damit, dass in beiden Referenzhaushaltstypen die Referenzgruppen- **134**

---

213 S. insbesondere die Vorauflage Kap. 24 Rn. 7–16 m zahlr. Nachw.
214 Nachweise bei Lenze in: LPK-SGB II Anh. § 20 RBEG § 1 Rn. 6 f.
215 Lenze in: LPK-SGB II Anh. § 20 RBEG § 3 Rn. 1 f. mwN.
216 Lenze in: LPK-SGB II Anh. § 20 RBEG § 3 Rn. 4 f. mwN.
217 BT-Drs. 18/10337, S. 4.
218 Hierauf weist hin Lenze in: LPK-SGB II Anh. § 20 RBEG § 1 Rn. 8 mwN.
219 BVerfG 23.7.2014 – 1 BvL 10, 12/12, 1 BvR 1691/13, Rn. 105
220 I. Becker, Soziale Sicherheit, Sonderheft 09/2011, 22.
221 Lenze in: LPK-SGB II Anh. § 20 RBEG § 4 Rn. 1 mwN; gute Darstellung der Kritik auch bei Hannes in: Gagel, SGB II/SGB II, § 4 RBEG Rn. 5–8 mwN.
222 BT-Drs. 17/3404, S. 89.

obergrenze vergleichbar hoch ist.[223] Bei der Referenzgruppenobergrenze handelt es sich um den Prozentsatz der Haushalte der Referenzgruppen einschließlich der ausgeschlossenen Haushalte, deren Nettoeinkommen unterhalb des relativ höchsten Nettoeinkommens in der Referenzgruppe liegt.[224] Das BVerfG hat diese Ungleichbehandlung ohne große Diskussion als sachlich gerechtfertigt gebilligt; es geht vornehmlich auf die hinreichende Stichprobengröße ein.[225]

3. Problematische Bedarfserfassung Minderjähriger

135 Wegen der Anwendung der Verteilungsschlüssel zur Verteilung der Ausgaben der Familienhaushalte, wegen der in den einzelnen Altersgruppen sehr kleinen Stichprobengröße und wegen der willkürlichen Bestimmung der Altersgruppen wird die Bedarfserfassung Minderjähriger kritisiert.[226] Das BVerfG selbst hat nur die Kritik daran übernommen, dass die Bedarfsanteile für Tabakwaren und alkoholische Getränke in die Regelbedarfsbestimmung auch der Minderjährigen eingeflossen sind.[227] Der Gesetzgeber kommt dem im RBEG 2016 nur weitgehend nach.[228]

4. Herausnahme zu vieler Einzelposten bei der normativen Bestimmung des regelbedarfsrelevanten Verbrauchs – systematische Unterdeckung von Familienbedarfen und selten auftretenden, aber hohen Einzelbedarfen

136 Sehr problematisch ist die Herausnahme sehr vieler Einzelposten bei der normativen Bestimmung des regelbedarfsrelevanten Verbrauchs. Das BVerfG hält diese Herausnahme noch für grundsätzlich gerechtfertigt.[229] Betrachtet man allerdings die herausgenommenen Posten, ist die Frage, von welchem Menschenbild der Gesetzgeber ausgeht, durchaus gerechtfertigt: Sollen Leistungsberechtigte nach dem SGB II und SGB XII nicht, auch nicht an Feiertagen, auswärts essen gehen dürfen? Sollen sie keine Schnittblumen haben dürfen, keine Urlaubsreisen machen? Auch: Sollen sie nicht, wenn eine nicht unerhebliche Zahl von Personen in den unteren Einkommensgruppen Alkohol oder Tabakwaren konsumiert oder an Glücksspielen teilnimmt, ebenfalls diese Dinge machen dürfen?

137 Ganz offenbar hat sich der Gesetzgeber hier von der bis 2004 maßgeblichen ständigen **Rechtsprechung des BVerwG** entfernt, wonach es bei der Bemessung der sozialhilferechtlichen Bedarfe zwingend war, die Leistungsberechtigten so zu stellen, dass sie in etwa so gestellt sind wie das nach dem Einkommen untere Viertel der Gesamtbevölkerung, so dass sie orientiert an den herrschenden Lebensgewohnheiten und Erfahrungen, **ein Leben führen können, ohne als Sozialhilfeempfänger aufzufallen.**[230]

138 Diese Herausnahme könnte dann noch gerechtfertigt sein, wenn **interne Ausgleiche** möglich wären, wenn also Leistungsberechtigte in einzelnen Bereichen sparen könnten, um sich so in anderen Bereichen mehr leisten zu können. Das BVerfG bezweifelt dies jedoch: Durch die Herausnahme so großer Teile aus den bedarfsrelevanten Verbrauchsausgaben komme der Gesetzgeber an die **Grenze des verfassungsrechtlich Zulässigen.**[231]

---

223 Hannes in: Gagel, SGB II/SGB II, § 4 RBEG Rn. 8 mwN.
224 Hannes in: Gagel, SGB II/SGB II, § 4 RBEG Rn. 4.
225 BVerfG 23.7.2014 – 1 BvL 10, 12/12, 1 BvR 1691/13, Rn. 198 f.
226 Lenze in: LPK-SGB II, Anh. § 20 RBEG § 6 m zahlr. N.
227 BVerfG 23.7.2014 – 1 BvL 10, 12/12, 1 BvR 1691/13, Rn. 125.
228 Vgl. Lenze in: LPK-SGB II Anh. § 20 RBEG § 6 Rn. 5.
229 BVerfG 23.7.2014 – 1 BvL 10, 12/12, 1 BvR 1691/13, Rn. 109.
230 So noch die Begründung der Bundesregierung zur letzten Regelsatzverordnung auf BR-Dr. 206/04, S. 4 unter Berufung auf eine der Schultüten-Entscheidungen des BVerwG 21.1.1993 – 5 C 34/92; ebenso BVerwG 14.3.1991 – 5 C 70.86; BVerwG 22.4.1970 – V C 98.69; BVerwG 11.11.1970 – V C 32.70.
231 BVerfG 23.7.2014 – 1 BvL 10, 12/12, 1 BvR 1691/13, Rn. 114, 121.

Tatsächlich dürfte mangels Berücksichtigung irgendwelcher auch nur annähernd als Luxus zu betrachtender Ausgabenpositionen keinerlei Spielraum für einen internen Ausgleich mehr bestehen. Deshalb ruft das BVerfG auch sehr deutlich die Fachgerichte dazu auf, Einzelleistungen durch verfassungskonforme Auslegung zu ermöglichen.[232]

Verschärft wird die Situation für **Familienhaushalte** dadurch, dass die **Regelbedarfsstufen für** die **Elternteile** als Volljährige nach dem Ausgabeverhalten der **Einpersonenhaushalte** berechnet werden, die naturgemäß keine oder nur sehr geringe familienbedingte Ausgaben getätigt haben; wo dies dennoch geschah, sind sie zudem herausgerechnet worden. Dadurch entsteht eine **systematische Unterdeckung von Familienbedarfen**, weil etwa private Kinderbetreuungskosten für Babysitter, die auch bei Haushalten unterer Einkommensgruppen anfallen, herausgerechnet worden sind und besondere Bedarfe von Eltern, etwa für die Unterhaltung eines Kraftfahrzeugs, keine Berücksichtigung gefunden haben.[233] Auch hier hat das BVerfG angemahnt, dass künftig in besonderer Weise auf die Vermeidung von Unterdeckungen zu achten sei,[234] ohne dass der Gesetzgeber das erkennbar umgesetzt hätte. **139**

Deutlich ist angesichts der riesigen Diskrepanzen zwischen den tatsächlich im Einzelfall anfallenden Aufwendungen und den dafür eingestellten durchschnittlichen Aufwendungen (hierzu bereits → Rn. 95), dass es angesichts der ohnehin fehlenden Spielräume für einen internen Ausgleich auch bei solchen Bedarfen, die selten, dann aber hochpreisig auftreten – zB Ersatzbeschaffung großer Haushaltsgeräte –, zu **systematischen Bedarfsunterdeckungen** kommt. Trotz der Mahnungen des BVerfG hat der Gesetzgeber daran festgehalten. Diese Unterdeckungen müssen durch die Rechtsprechung der Sozialgerichtsbarkeit ausgeglichen werden.[235] **140**

5. Einbeziehung Volljähriger unter 25-Jähriger in die Regelbedarfsstufe 3 im SGB II; Ungleichbehandlung mit Volljährigen im SGB XII

Die Einbeziehung Volljähriger unter 25-Jähriger in die Regelbedarfsstufe 3 im SGB II hat das BVerfG unter zwei Gesichtspunkten für verfassungsgemäß erachtet: Zum einen habe der Gesetzgeber nachvollziehbar argumentiert, dass durch das Zusammenleben mehrerer Personen Einsparmöglichkeiten bestünden, sodass eine Kürzung des Regelbedarfs auf 80 % dann, wenn unter 25-Jährige tatsächlich mit ihren Eltern aus einem Topf wirtschafteten, auch dann ohne Verletzung des Grundrechts auf Gewährleistung eines menschenwürdigen Existenzminimums möglich sei, wenn die unter 25-Jährigen keinen bürgerlich-rechtlichen Unterhaltsanspruch gegen diesen Elternteil hätten.[236] Zum anderen sei die Ungleichbehandlung mit volljährigen unter 25-jährigen Leistungsberechtigten nach dem SGB XII wegen der Unterschiede – Erwerbsminderung dort, Erwerbsfähigkeit hier, die grundsätzliche Möglichkeit des Entkommens aus dem elterlichen Haushalt aus eigener Kraft ermöglicht – gerechtfertigt.[237] Freilich darf der Gesetzgeber den Auszug aus der Bedarfsgemeinschaft nicht unmöglich machen.[238] **141**

---

232 BVerfG 23.7.2014 – 1 BvL 10, 12/12, 1 BvR 1691/13, Rn. 116. – Zur Kritik in diesem Punkt ausführlicher Lenze in: LPK-SGB II Anh. § 20 RBEG § 5 m zahlr. N; zurückhaltender Hannes in: Gagel, SGB II/SGB III, § 5 RBEG.
233 Lenze in: LPK-SGB II Anh. § 20 RBEG § 6 Rn. 8 f. m zahlr. N.
234 BVerfG 23.7.2014 – 1 BvL 10, 12/12, 1 BvR 1691/13, Rn. 110.
235 BVerfG 23.7.2014 – 1 BvL 10, 12/12, 1 BvR 1691/13, Rn. 116.
236 BVerfG 27.7.2016 – 1 BvR 371/11, Rn. 54–56.
237 BVerfG 27.7.2016 – 1 BvR 371/11, Rn. 74.
238 BVerfG 27.7.2016 – 1 BvR 371/11, Rn. 66.

6. Mangelhafte Anpassungs- und Aktualisierungsregeln

142 Trotz ausdrücklicher Mahnung zur Veränderung durch das BVerfG[239] hat der Gesetzgeber im RBEG 2016 dieselben Anpassungsmechanismen übernommen, wie sie im RBEG 2011 bestanden, und hat auch keine Beobachtungspflicht für raschere Preissteigerungen ins Gesetz übernommen. Damit sind auch hier die Gerichte der Sozialgerichtsbarkeit berufen, bei starken, rascher als im Jahresrhythmus auftretenden Preissteigerungen im Wege verfassungskonformer Auslegung auch unterjährig Anpassungen vorzunehmen. Dies gilt umso mehr, als auch die regelmäßigen Anpassungen der Preisentwicklung hinterherhinken, beziehen sie sich doch auf die Preisentwicklung bis ein halbes Jahr vor Inkrafttreten der jeweiligen Anpassung. Sie verschärfen damit noch das Problem der fehlenden internen Ausgleichsmöglichkeiten.

7. Mangelnde Sicherstellung der Armutsfestigkeit

143 Diese Problematiken würden sich milder darstellen, verfügte die Regelbedarfsbestimmung über einen Mechanismus zur Absicherung nach unten, insbesondere zur Sicherstellung der Armutsfestigkeit der Leistungen. So geht das Statistikmodell einfach von der Annahme aus, dass mit den so errechneten Leistungen das Existenzminimum gedeckt wird, ohne dass überhaupt feststeht, dass das auch tatsächlich der Fall ist. Auch das BVerfG hat das Statistikmodell nur unter der Prämisse für gerechtfertigt gehalten, dass das Ausgabeverhalten der unteren Einkommensgruppen auch tatsächlich erkennen lässt, welche Aufwendungen für das Existenzminimum erforderlich sind.[240]

144 Dass das nicht so sein könnte, legt die Antwort der Bundesregierung auf eine Kleine Anfrage der Linken nahe, nach der seit 2005 sowohl Single- wie auch Paarhaushalte ohne Kinder im Leistungsbezug des SGB II durchgängig nur über 43 % bis 49 % des Medians des Nettoäquivalenzeinkommens verfügten, also nach der EU-Armutsdefinition als arm anzusehen sind. Single- und Paarhaushalte verfügten zwar immerhin über 51 % bis 54 % des Median-Netto-Äquivalenzeinkommens, waren damit aber immer noch als armutsgefährdet anzusehen.[241]

145 Dem könnte durch einen **Kontrollwarenkorb**[242] begegnet werden, wie ihn etwa der Deutsche Verein vorgeschlagen hatte; er war zudem für die Freien Träger Voraussetzung für ihre Zustimmung zum Statistikmodell.[243]

IV. Ausblick

146 Angesichts der großen verfassungsrechtlichen Bedenken bei der Bestimmung der Regelbedarfsstufen sind in erster Linie die Fachgerichte gefordert: Auch die Gerichte der Sozialgerichtsbarkeit müssen sich schützend und fördernd vor die Grundrechte der Einzelnen, einschließlich des Grundrechts auf Gewährleistung eines menschenwürdigen Existenzminimums stellen[244] und in ihren Einzelfallentscheidungen dafür Sorge tragen, dass für jeden Menschen **stets** und damit in jeder Situation der **gesamte existenznotwendige Bedarf gedeckt wird.**[245]

---

239 BVerfG 23.7.2014 – 1 BvL 10, 12/12, 1 BvR 1691/13, Rn. 79, 85, 88, 111, 137, 144.
240 BVerfG 9.2.2010 – 1 BvL 1, 3, 4/09, Rn. 166.
241 BT-Drs. 18/10337, S. 17.
242 So schon die Vorauflage, Kap. 24 Rn. 75 f.
243 Mehlich ZSR 1992, 86.
244 BVerfG 12.5.2005 – 1 BvR 569/05, Rn. 26.
245 BVerfG 9.2.2010 – 1 BvL 1, 3, 4/09, Rn. 137.

Kapitel 25: Leistungen für Mehrbedarfe und in sonstigen Lebenslagen

Literaturhinweise: Asgari, Das elterliche Umgangsrecht im Rahmen des SGB II – Kostenübernahme auch im Ausland?, info also 2013, 252; von Boetticher, das neue Teilhaberecht, 2018; Brehm/Schifferdecker, Der neue Warmwasserbedarf im SGB II, SGb 2011, 505; Düring, Die Mehrbedarfe nach § 21 SGB II, in: Spellbrink (Hrsg.), Das SGB II in der Praxis der Sozialgerichte, 2010, 59; Heinz, Die Mehrbedarfszuschläge der Hilfe zum Lebensunterhalt nach dem SGB XII, ZfF 2009, 12; ders., Zur Umsetzung der neuen „Härtefallregelung" des Rechts der Grundsicherung für Arbeitsuchende in der Praxis der Sozialgerichtsbarkeit; Klerks, Erste Entscheidungen zur neuen Härteregelung (§ 21 Abs. 6 SGB II) info also 2010, 205; Lauterbach, Die „Härtefallregelung" im neuen § 21 Abs. 6 SGB II, ZFSH/SGB 2010, 403; Liessem/Vogt, Existenzminimum und Gesundheitsversorgung, SozSich 2010, 337; Mrozynski, Einmaliger, unabweisbar gebotener und atypischer Bedarf in der Grundsicherung für Arbeitsuche, SGb 2010, 677; ders., Abgrenzung von Dauer und Einmaligkeit bei Bedarfen der Grundsicherung, ZFSH/SGB 2012, 75; Münder, Das Leistungsrecht des SGB II: Erfahrungen mit pauschalierten Leistungen, NZS 2008, 169; Nebe, Mehrbedarf bei erheblicher Gehbehinderung (Merkzeichen G – effektiver Rechtsschutz bei rückwirkender Feststellung, SGb 2011, 193; Siefert, Bedeutung von Begutachtungsempfehlungen und antizipierten Sachverständigengutachten im Sozialrecht, ASR 2011, 45.

Rechtsgrundlagen:
SGB II §§ 21, 23 Nr. 2 u. 3, 27 Abs. 2.
SGB XII §§ 27 a Abs. 4, 30, 42 Nr. 3, 73 und § 42 b (ab 2020)
AsylbLG § 2, 6

Orientierungssätze:
1. Mehrbedarfe sind im SGB II Teil der Leistung zur Sicherung des Lebensunterhalts bzw. im SGB XII der Hilfe zum Lebensunterhalt und der Grundsicherung. Sie ergänzen bei bestimmten Gruppen von Leistungsberechtigten und in besonderen Bedarfssituationen den Regelbedarf.
2. Mehrbedarfe sind ua gesetzlich vorgesehen für werdende Mütter, Alleinerziehende, Menschen mit Behinderungen, Leistungsberechtigte, die aus medizinischen Gründen einer kostenaufwendigen Ernährung bedürfen, und Leistungsberechtigte mit Vorrichtungen dezentraler Warmwassererzeugung im Haushalt.
3. Eine vom Bundesverfassungsgericht erzwungene zusätzliche Mehrbedarfs-Härteklausel sieht das SGB II in § 21 Abs. 6 vor. Hierdurch soll auch im SGB II in besonderen Situationen eine individuelle Bedarfsdeckung möglich sein.
4. Für Hilfen in sonstigen Lebenslagen nach § 73 SGB XII besteht auch für Leistungsberechtigte im SGB II weiterhin ein Anwendungsbereich.
5. Leistungsberechtigte nach dem AsylbLG, die sich seit 15 Monaten ohne wesentliche Unterbrechung rechtmäßig im Bundesgebiet aufhalten, erhalten die Mehrbedarfe nach § 30 SGB XII analog; alle anderen können diese nach § 6 AsylbLG als Ermessensleitung erhalten, sofern sie zur Sicherung des Lebensunterhaltes oder der Gesundheit unerlässlich sind.

A. Einleitung

I. Übersicht SGB II

1 Im **SGB II** sind die in § 21 SGB II und § 23 Nr. 2–4 SGB II geregelten Mehrbedarfe Teil der Leistungen zur **Sicherung des Lebensunterhalts.** Sie beziehen sich auf regelmäßig anfallende Sonderbedarfe, die nicht durch den Regelbedarf (§§ 20, 23 Nr. 1 SGB II) abgedeckt sind. In dieser ergänzenden Funktion sind sie im Zusammenhang zu sehen mit den in § 24 Abs. 3 SGB II normierten **Einmalleistungen** und der für **unabweisbare Bedarfe** nach § 24 Abs. 1 SGB II vorgesehenen **Darlehensleistung.** Mehrbedarfen liegt die Erkenntnis zu Grunde, dass bei bestimmten Gruppen von Leistungsberechtigten und in besonderen Bedarfssituationen von vornherein feststeht, dass der im Regelbedarf pauschalierte Bedarf den besonderen Verhältnissen des Einzelfalls nicht gerecht wird.[1] Die Mehrbedarfe sind **Teil** des grundrechtlich gewährleisteten **menschenwürdigen Existenzminimums,** das erst durch eine Kombination verschiedener Leistungen mit der Regelleistung sichergestellt wird.[2] Mehrbedarfe sind mithin keine (freiwilligen) „Zusatzleistungen", die zur beliebigen Disposition des Gesetzgebers stünden.

2 Nur für die **nicht vom Regelbedarf umfassten** Leistungen werden nach § 21 Abs. 1 SGB II Mehrbedarfsleistungen erbracht, die zudem aufgrund der Vorschrift auf bestimmte typisierte Bedarfe begrenzt werden, die in den Absätzen 2 bis 7 der Norm näher ausgestaltet sind. Mehrbedarfszuschläge erhalten hiernach werdende Mütter (§ 21 Abs. 2 SGB II), Alleinerziehende (§ 21 Abs. 2 SGB II), erwerbsfähige Leistungsberechtigte mit Behinderung bei arbeitsqualifizierenden Maßnahmen und bei Hilfen nach § 54 Abs. 1 Satz 1 Nr. 1 bis 3 SGB XII (§ 21 Abs. 4 SGB II und § 23 Nr. 2 und 3) sowie Leistungsberechtigte, die aus medizinischen Gründen einer kostenaufwendigen Ernährung bedürfen (§ 21 Abs. 5 SGB II). Hinzu kommt der Mehrbedarf für Sozialgeldempfänger, die einen Schwerbehindertenausweis mit dem Merkzeichen G innehaben (§ 23 Nr. 4).

---

1 Behrend in: jurisPK-SGB II, 4. Aufl. 2015, § 21 Rn. 21; BSG 22.3.2010 – B 4 AS 59/09 R, Rn. 14.
2 BVerfG 9.2.2010 – 1 BvL 1, 3, 4/09, BVerfGE 125, 175, Rn. 147 f.; siehe auch § 19 Abs. 1 S. 3 SGB II.

von Boetticher/Sartorius

2009 bezogen rd. 21% aller Bedarfsgemeinschaften Mehrbedarfsleistungen mit einem durchschnittlichen Betrag über ca. 89 EUR.[3]

Als Konsequenz aus dem Urteil des BVerfG v. 9.2.2010[4] hat der Gesetzgeber durch Gesetz vom 27.5.2010[5] in § 21 SGB II einen zusätzlichen Absatz 6 eingeführt und dort in Abgrenzung zu § 24 Abs. 1 SGB II den Fall des **laufenden unabweisbaren Bedarfs** geregelt. Trotz der Regelung in § 21 Abs. 6 SGB II dürften Leistungen in sonstigen Lebenslagen nach § 73 SGB XII auch weiterhin möglich sein, um jedenfalls bei nicht laufenden Leistungen noch im System des SGB II vorhandene Lücken zu schließen (hierzu → Rn. 58 ff.). **3**

Im Rahmen des Gesetzes zur Ermittlung der Regelbedarfe und zur Änderung des Zweiten und Zwölften Buches Sozialgesetzbuch[6] hat der Gesetzgeber entschieden, die **Aufbereitung von Warmwasser** als Kosten der Unterkunft zu behandeln und aus dem Regelbedarf herauszunehmen, § 20 Abs. 1 SGB II. Werden diese Kosten über eine zentrale Heizungsanlage zusammen mit der Heizwärme abgerechnet, erfolgt eine Kostenübernahme im Rahmen der Bedarfe für Unterkunft und Heizung nach § 22 Abs. 1 SGB II in tatsächlicher Höhe. Erfolgt die Wassererwärmung **dezentral**, etwa über einen Durchlauferhitzer, Boiler o.ä., so stellt hierfür § 21 Abs. 7 SGB II nunmehr eine Anspruchsgrundlage für die dafür aufgewendete Haushaltsenergie als **Mehrbedarf** zur Verfügung, versehen mit einer **Öffnungsklausel** für einen abweichenden Bedarf (§ 21 Abs. 7 S. 2 SGB II). **4**

Die **Höhe** der Zuschläge bemisst sich nach § 21 Abs. 2 bis 4 und Abs. 7 SGB II[7] prozentual nach Maßgabe des jeweiligen Regelbedarfs. Hinsichtlich der Bedarfe nach Abs. 5 und 6 der Vorschrift besteht **keine Festlegung**; sie sind in bedarfsdeckender Höhe zu gewähren. § 21 Abs. 8 SGB II setzt die **Höchstgrenze** bei den verschiedenen Mehrbedarfen nach § 21 Abs. 2 bis 5 fest. **5**

Weitere Mehrbedarfe als die gesetzlich in § 21 SGB II oder in anderen Normen geregelten – vgl. die Mehrbedarfe im Rahmen der Leistungen für Bildung und Teilhabe nach § 28 SGB II (vgl. hierzu Kapitel 26) – können nicht geltend gemacht werden. Dies soll verfassungsrechtlich nicht zu beanstanden sein.[8] **6**

Seit dem 1.1.2011[9] wird in § 21 Abs. 2, 3, 5 und 6 SGB II nicht mehr auf die Voraussetzung der Erwerbsfähigkeit abgestellt. Demnach gelten die in diesen Vorschriften vorgesehenen Mehrbedarfe sowohl für Bezieher von Arbeitslosengeld II als auch für **Sozialgeldbezieher**. Der Mehrbedarf des § 21 Abs. 4 SGB II steht nur erwerbsfähigen Leistungsberechtigten zu. Insofern bestehen beim Sozialgeld ergänzende Regelungen in § 23 Ziff. 2 und 3 SGB II. **7**

Auch **Auszubildende**, die grundsätzlich nach § 7 Abs. 5 SGB II ua von Ansprüchen auf Arbeitslosengeld II und Sozialgeld ausgeschlossen sind (hierzu → Kap. 12 Rn. 76 ff.), können Leistungen in Höhe der Mehrbedarfe nach § 21 Abs. 2, 3, 5 und 6 SGB II erhalten (§ 27 Abs. 2 SGB II). Offenbar versehentlich wurde für Auszubildende mit **dezentraler Warmwasserversorgung** der Verweis in § 27 Abs. 2 SGB II um die Norm des § 21 **8**

---

3 Düring (Lit.), S. 59. Vom Statistischen Bundesamt wird der Bezug von Mehrbedarfszuschlägen nicht gesondert erfasst.
4 1 BvL 1/09, 3/09 u. 4/09, vgl. Leitsatz 4.
5 BGBl. I, 671.
6 Gesetz v. 24.3.2011, BGBl. I, 453.
7 Vgl. zu § 21 Abs. 7 SGB II die Tabellen bei Brehm/Schifferdecker (Lit.), 507 und von Boetticher in: LPK-SGB II § 21 Rn. 2.
8 BSG 27.2.2008 – B 14/7 b AS 32/06 R, Rn. 45.
9 Zum früheren Recht vgl. Münder in: LPK-SGB II, 3. Aufl. 2009, § 21 Rn. 4.

Abs. 7 SGB II nicht ergänzt; dieser Mehrbedarf ist jedoch im Rahmen einer **erweiternden Auslegung** zuzusprechen.[10]

II. Übersicht SGB XII

9 Das **SGB XII** sieht in § 27 a Abs. 4 S. 1 SGB XII unter den dort genannten Voraussetzungen eine Erhöhung (oder auch eine Absenkung) der Regelleistung vor. Diese Vorschrift ist anwendbar, soweit Leistungen der **Hilfe zum Lebensunterhalt** betroffen sind.[11] Das SGB XII ist demnach hinsichtlich besonderer Bedarfsgestaltungen **flexibler** als das SGB II. Auch wenn ein Mehrbedarfstatbestand im SGB XII nicht vorliegt, enthebt dies nicht von der Überprüfung, ob wegen der Besonderheiten des Einzelfalls ein höherer Bedarf besteht, der eine **abweichende Festsetzung** des Regelsatzes rechtfertigt.[12] Wegen weiterer Einzelheiten hierzu wird verwiesen auf die Ausführungen unter → Rn. 37 ff.

10 Im Übrigen finden sich – neben den Bestimmungen über einmalige Bedarfe (§ 31 Abs. 1 SGB XII) und Darlehen bei unabweisbaren Bedarfen (§ 37 Abs. 1 SGB XII) – **Mehrbedarfsregelungen** – als Teil der Hilfe zum Lebensunterhalt (§§ 27 ff. SGB XII) – in § 30 SGB XII. Hierbei entspricht § 30 Abs. 1 Nr. 2 SGB XII der Regelung in § 23 Nr. 4 SGB II, die Regelungen in § 30 Abs. 2 bis 5 SGB XII sind denen in § 21 Abs. 2 bis 5 SGB II vergleichbar; einen Mehrbedarf bei dezentraler Warmwassererwärmung spricht § 30 Abs. 7 SGB XII zu. Die Höchstgrenze bei mehreren Mehrbedarfen regelt § 30 Abs. 6 SGB XII. Die in § 30 Abs. 1 bis 4 und 7 SGB XII zur Mehrbedarfshöhe enthaltenen „Öffnungsklauseln" („soweit nicht im Einzelfall ein abweichender Bedarf besteht") sind im SGB II nicht vorgesehen, mit Ausnahme des Mehrbedarfs wegen Warmwasserbereitung in § 21 Abs. 7 S. 2 SGB II. Die im 3. Kapitel des SGB XII enthaltene Vorschrift des § 30 gilt infolge der Verweisung in § 42 Nr. 2 SGB XII auch für die **Grundsicherung im Alter und bei Erwerbsminderung.**

III. Verfahrensrecht/Einkommensanrechnung

11 **Verfahrensrechtlich** ist zu beachten: Leistungen für Mehrbedarfe müssen im SGB II **nicht gesondert beantragt** werden. Sie sind mit dem Antrag auf Leistungen zur Sicherung des Lebensunterhalts nach § 37 Abs. 1 SGB II umfasst[13] (näher → Kap. 47 Rn. 7 ff.), und werden dann – unabhängig von der Verfahrensdauer – ggf. auch **rückwirkend** zum Ersten des Antragsmonats (§ 37 Abs. 2 S. 1 SGB II) erbracht. Der Anspruch auf Mehrbedarf bildet **keinen eigenständigen** und von der Höhe des Regelbedarfs abtrennbaren **Streitgegenstand,**[14] vielmehr sind die Bedarfe gemeinsam zu prüfen. Eine ablehnende Entscheidung über den Mehrbedarf entfaltet **keine Bindungswirkung** für künftige Bewilligungsabschnitte.[15] Hinsichtlich des Einsetzens der **Hilfe zum Lebensunterhalt** greift § 18 SGB XII (**Kenntnisgrundsatz**; ausführlich → Kap. 47 Rn. 42 ff.) ein.

12 Während der Mehrbedarf für Alleinerziehende nach § 21 Abs. 3 S GB II vom BGH im Jahr 2010 noch als bei der zur Gewährung von Prozesskostenhilfe zu berücksichtigendes **Einkommen** iSd § 115 ZPO bewertet worden war,[16] ist durch die Neufassung des

---

10 Brehm/Schifferdecker (Lit.), 509.
11 BSG 16.12.2010 – B 8 SO 7/09 R, Rn. 13; s. näher → Rn. 37 ff.
12 Vgl. etwa BSG 10.11.2011 – B 8 SO 12/10 R.
13 BSG 23.3.2010 – B 14 AS 6/09 R und 19.8.2010 – B 14 AS 10/09 R, 24.2.2011 – B 14 AS 49/10, Rn. 20.
14 BSG 11.2.2015 – B AS 27,14 R, Rn. 10 mwN zu § 21 SGB II; aA bezüglich § 30 SGB XII BSG 25.8.2011 – B 8 SO 29/10 R; zweifelnd Simon in: jurisPK-SGB XII § 30 Rn. 123.1.
15 BSG 24.2.2011 – B 14 AS 49/10 R, Rn. 14.
16 BGH 5.5.2010 – XII ZB 65/10.

§ 115 Abs. 1 S. 3 Nr. 4 ZPO[17] mit Wirkung ab 1.1.2014 klargestellt worden, dass Mehrbedarfe nach § 21 SGB II und § 30 SGB XII von vorhandenem Einkommen abzusetzen sind.

IV. Übersicht Asylbewerberleistungsgesetz

Gemäß § 2 AsylbLG sind Mehrbedarfe als rechtsanspruchsgesicherte Absicherung des 13 Existenzminimums nur für diejenigen Leistungsberechtigten vorgesehen, die sich ohne wesentliche Unterbrechung bereits seit 15 Monaten rechtmäßig im Bundesgebiet aufhalten. Jedenfalls Unterbrechungen von weniger als einer Woche gelten als unwesentlich.[18] Dieser Personenkreis der sog **Analog-Leistungsberechtigten** erhält Leistungen in entsprechender Anwendung des SGB XII, also auch die Mehrbedarfe nach § 30 SGB XII. Für andere Leistungsberechtigte nach dem AsylbLG, auch soweit sie die gleichen Bedarfslagen wie die in § 21 SGB II und § 30 SGB XII aufweisen, sieht § 6 AsylbLG „Sonstige Leistungen" als Ermessensleistungen vor. Diese werden insbesondere gewährt, wenn dies im Einzelfall zur Sicherung des Lebensunterhalts oder der Gesundheit unerlässlich ist, zur Deckung besonderer Bedürfnisse von Kindern geboten oder zur Erfüllung verwaltungsrechtlicher Mitwirkungspflichten erforderlich ist.

B. Inhalt der Regelungen im Einzelfall

I. Werdende Mütter (§ 21 Abs. 2 SGB II, § 30 Abs. 2 SGB XII)

Bei werdenden Müttern wird **nach der 12. Schwangerschaftswoche** ein Mehrbedarf von 14 17% des nach § 20 Abs. 1 a SGB II iVm der in der Anlage zu § 28 SGB XII maßgebenden Regelbedarfsstufe anerkannt.[19] Dass die Berechnung anhand des persönlich maßgebenden Regelbedarfs zu einer unterschiedlichen Höhe des Mehrbedarfs der Schwangeren in Abhängigkeit von ihrem Alter und ihrer Lebenssituation führt, soll dem BSG zur Folge verfassungsgemäß sein.[20] In § 30 Abs. 2 ist im Einzelfall ein abweichender Bedarf zu decken. Der Leistungsanspruch entsteht mit Beginn der 13. Schwangerschaftswoche, also mit dem 85. Tag der Schwangerschaft[21] und endet mit dem Tag der Geburt (§ 41 Abs. 1 S. 3 SGB II).[22]

II. Alleinerziehende (§ 21 Abs. 3 SGB II, § 30 Abs. 3 SGB XII)

Die Mehrbedarfsregelungen stellen darauf ab, dass eine Person mit einem oder mehre- 15 ren minderjährigen Kindern zusammenlebt und allein für deren Pflege und Erziehung sorgt. Für das Zusammenleben reicht das Bestehen einer Haushaltsgemeinschaft aus, eine Bedarfsgemeinschaft muss nicht vorliegen.[23] Die Begriffe „Pflege" und „Erziehung" beschreiben die umfassende Verantwortung für die Lebens- und Entwicklungsbedingungen des Kindes. Es geht um dessen körperliches Wohl und um die seelische und geistige Entwicklung, mithin um Ernährung, Bekleidung, Gestaltung des Tagesablaufs und emotionale Zuwendung.[24]

---

17 BGBl. I 2013, S. 3533.
18 Birk in: LPK-SGB XII AsylbLG § 2 Rn. 1.
19 Hinsichtlich des hiernach maßgeblichen Regelbedarfs wird auf → Kap. 24 Rn. 48 ff. verwiesen, ferner auf die Tabelle bei von Boetticher in: LPK-SGB II § 21 Rn. 7.
20 BSG 1.12.2016 – B 14 AS 21/15 R, Rn. 24 f. Kritisch insoweit Knickrehm/Hahn in Eicher SGB II § 21 Rn. 19 mwN; von Boetticher in: LPK-SGB II § 21 Rn. 7.
21 Zur Berechnung s. von Boetticher in: LPK-SGB II § 21 Rn. 6.
22 von Boetticher in: LPK-SGB II § 21 Rn. 6; von Boetticher in: LPK-SGB XII § 30 Rn. 12.
23 BSG 27.1.2009 – B 14/7 b AS 8/07 R.
24 BSG 3.3.2009 – B 4 AS 50/07 R, NDV-RD 2009, 98 (99); Behrend in: jurisPK-SGB II, 4. Aufl. 2015, § 21 Rn. 30.

16 Abzustellen ist auf die **tatsächlichen Verhältnisse** und nicht darauf, wer im Rechtssinne als Inhaber des Personensorgerechts zur Erziehung berechtigt oder verpflichtet ist.[25] Allein sorgt der Leistungsberechtigte für Pflege und Erziehung, wenn keine andere Person in etwa dem gleichen zeitlichen Umfang an der Erziehung und Pflege der Kinder beteiligt ist.[26] Gelegentliche Unterstützung durch andere Personen lässt den Anspruch nicht entfallen.[27] Besorgen geschiedene und getrennt lebende Elternteile die Pflege und Erziehung der Kinder beim sog **Wechselmodell** gemeinsam – wenn auch jeder für sich – und wechseln sich die Eltern in größeren, mindestens eine Woche umfassenden Intervallen ab und teilen sich die anfallenden Kosten in etwa hälftig, so ist **jeder Elternteil** hinsichtlich des **hälftigen Anspruchs** auf Mehrbedarf für Alleinerziehende berechtigt.[28] Bei einem geringeren als dem hälftigen zeitlichen Anteil steht die Mehrbedarfsleistung allein dem anderen Elternteil zu,[29] die Zuerkennung eines hälftigen Mehrbedarfs wird demnach auch dann nicht als gerechtfertigt angesehen, wenn sich die Betreuung in kürzeren als wöchentlichen Intervallen vollzieht.[30] Lebt die oder der Erziehende mit **anderen Personen** zusammen, die sich an der **Pflege und Erziehung beteiligen**, so kann der Anspruch auf Mehrbedarf entfallen.[31]

17 Der Mehrbedarfszuschlag wird auf der Grundlage der Regelbedarfsstufe 1 für Alleinerziehende gewährt[32] und richtet sich in der prozentualen **Höhe** nach der **Zahl der Kinder** und deren **Alter**. Als Grundregel wird ein Zuschlag iHv 12% pro Kind gewährt. Sofern sich dadurch eine Begünstigung für die alleinerziehende Person ergibt, sehen die Regelungen in bestimmten Konstellationen einen Mehrbedarfszuschlag iHv insgesamt 36% vor. Das ist dann der Fall, wenn entweder ein Kind unter sieben Jahren oder 2 Kinder unter 16 Jahren allein erzogen werden. Lebt die Person mit drei Kindern unter 16 Jahren zusammen, ergibt sich der Mehrbedarfszuschlag von 36% bereits nach der Grundregel, so dass es der Erwähnung in der Begünstigungsregelung gar nicht bedurft hätte.[33] Der Zuschlag wird nur für minderjährige Kinder gewährt, unbeachtlich ist der tatsächliche Entwicklungsstand des Kindes.[34] Der Mehrbedarfszuschlag ist gedeckelt auf 60%, also auf die Alleinerziehung von maximal 5 Kindern begrenzt. Eine sachliche Begründung für die Ungleichbehandlung kinderreicherer Konstellationen ist nicht erkennbar und daher verfassungsrechtlich problematisch.[35] § 30 Abs. 3 SGB XII enthält eine Öffnungsklausel für abweichende Bedarfe im Einzelfall.

18 Der Bezug von Pflegegeld nach § 39 SGB VIII steht der Berücksichtigung des Mehrbedarfs nach § 21 Abs. 3 SGB II nicht entgegen.[36] Das BSG begründet dieses Ergebnis damit, dem Gesetz lasse sich kein Anhalt dafür entnehmen, dass der Bezug von Leistungen nach § 39 SGB VIII den Mehrbedarf wegen Alleinerziehung schon dem Grunde nach ausschließt. Gleiches muss für § 30 Abs. 3 SGB XII gelten.

---

25 BSG 27.1.2009 – B 14/7 b.
26 Von Boetticher in: LPK-SGB II § 21 Rn. 10 ff.
27 BSG 23.8.2012 – B 4 AS 167/11 R.
28 BSG 11.2.2015 – B4 AS 26/14 R, Rn. 12; BSG 3.3.2009 – B 4 AS 40/07 R, NDV-RD 2009, 98 (100). Kritisch bezüglich des Mindestintervalls von Boetticher in: LPK-SGB II § 21 Rn. 11.
29 BSG 3.3.2009 – B 4 AS 40/07 R, NDV-RD 2009, 98 (100) und BSG 2.7.2009 – B 14 AS 54/08 R, NJW 2010, 1306, Rn. 16.
30 Kritisch hierzu Schneider in: Schellhorn/Schellhorn/Hohm SGB XII § 30 Rn. 20 a und Düring (Lit.), S. 63 f.
31 Simon in: jurisPK-SGB XII § 30 Rn. 73 f. mwN.
32 Zu Beziehern von **Sozialgeld** nach § 23 SGB II → Rn. 7.
33 Zu den verschiedenen Konstellationen s. von Boetticher in: LPK-SGB II § 21 Rn. 15.
34 LSG NRW 4.3.2011 – L 7 AS 1781710 NZB. Hier ging es um ein volljähriges, betreutes Kind.
35 von Boetticher in: LPK-SGB II § 21 Rn. 16.
36 BSG 27.1.2009 – B 14/7 b R, NDV-RD 2009, 111 (112).

III. Mehrbedarf für Menschen mit Behinderung (§ 21 Abs. 4 SGB II, § 23 Nr. 2–4 SGB II, § 30 Abs. 4 SGB XII und §§ 30 Abs. 8, 42 b SGB XII idF ab 2020)

1. Erwerbsfähige Menschen mit Behinderung nach § 21 Abs. 4 SGB II

Erwerbsfähigen Leistungsberechtigten mit Behinderung iSd § 2 SGB IX,[37] die   **19**

- Leistungen zur Teilhabe am Arbeitsleben nach § 49 SGB IX oder
- sonstige Hilfen zur Erlangung eines geeigneten Platzes im Arbeitsleben oder
- Eingliederungshilfen nach § 54 Abs. 1 S. 1 Nr. 1–3 SGB XII

erhalten, wird nach § 21 Abs. 4 SGB II ein Mehrbedarf in Höhe von 35% des nach § 20 SGB II maßgebenden Regelbedarfs anerkannt.

Die Vorschrift will, wenn eine Behinderung besteht, die daraus folgenden Mehrkosten   **20** des Leistungsberechtigten bei der Teilhabe am Arbeitsleben und den anderen genannten Hilfemaßnahmen kompensieren.[38] Die **Maßnahmen** müssen **tatsächlich wahrgenommen** werden, wobei die Frage der Beauftragung bzw. Kostenträgerschaft unerheblich ist, insoweit ist die Veranlassung durch einen Sozialleistungsträger ausreichend.[39] Es ist aber erforderlich, dass sich der Leistungsberechtigte in einer **regelförmigen besonderen Maßnahme** befindet, die generell geeignet ist, besondere Kosten entstehen zu lassen; die Teilnahme an kurzen Gesprächen löst den Zuschlag nicht aus.[40] Das Bundessozialgericht entnimmt dieses Ergebnis dem Wortlaut von § 21 Abs. 4 S. 2 SGB II und dem aus der Entstehungsgeschichte der Norm herzuleitenden Sinn und Zweck des Mehrbedarfs.[41] Bei Gewährung einer Hilfe für **ambulant betreutes Wohnen** und für die Dauer einer **Psychotherapie**, auch wenn sie langfristig wegen der damit verbundenen Stabilisierung der Persönlichkeit der Verbesserung der Erwerbsfähigkeit dient, wird ein Mehrbedarfszuschlag von der Rechtsprechung **abgelehnt**.[42]

Keinen Anspruch auf den Mehrbedarf haben Personen, die „lediglich" von einer Behin-   **21** derung bedroht sind.[43] Ebenfalls ausgeschlossen von dem Mehrbedarf sind Menschen mit Behinderung in einer förderfähigen Ausbildung (s. Kapitel 33). Die Einfügung „mit Ausnahme der Leistungen nach § 49 Abs. 3 Nr. 2 und 4 des Neuntes Buches" von der Mehrbedarfsregelung des Abs. 4 nimmt Rehabilitationsleistungen aus, die der Berufsvorbereitung dienen. Damit soll eine doppelte Abdeckung ausbildungsbedingte Bedarfe von durch BAföG oder BAB Geförderten mit einer Behinderung vermieden werden.

Nach § 21 Abs. 4 S. 2 SGB II kann (Ermessen) die Mehrbedarfsregelung auch **nach der**   **22 Beendigung** der im S. 1 genannten Maßnahmen während einer angemessenen Übergangszeit, vor allem einer Einarbeitungszeit, angewendet werden. Nach den Durchführungshinweisen der Bundesagentur für Arbeit zu § 21 SGB II aF (Nr. 21.23) kommt idR eine Dauer von drei Monaten in Betracht.

Erwerbsfähige Menschen mit Behinderung, die zudem gehbehindert sind (Merkzeichen   **23** G, vgl. § 229 Abs. 1 SGB IX), erhalten im Unterschied zu § 23 Nr. 4 SGB II (→ Rn. 25) und zu § 30 Abs. 1 Nr. 2 SGB XII **keinen Mehrbedarfszuschlag**. Nach Auffassung des BSG[44] war der entwicklungsgeschichtliche Ausgangs- und Anknüpfungspunkt für die Gewährung dieses Mehrbedarfs[45] gerade die **Erwerbsunfähigkeit** – und nicht die

---

37 Zum neu gefassten Behindertenbegriff ab 1.1.2018 von Boetticher (Lit.), § 3 Rn. 9 ff.
38 Lang/Knickrehm in: Eicher SGB II § 21 Rn. 38 und von Boetticher in: LPK-SGB II § 21 Rn. 23.
39 BSG 6.4.2011 – B 4 AS 3/10 R; BSG 22.3.2010 – B 4 AS 59/09 R, Rn. 15.
40 BSG 5.8.2015 – B 4 AS 9/15 R zur eintägigen Aktivierungsmaßnahme „BINS50plus"; BSG 22.3.2010 – B 4 AS 59/09 R, Rn. 17.
41 Details zum erforderlichen Umfang der Maßnahme bei von Boetticher in: LPK-SGB II § 21 Rn. 21.
42 BSG 15.12.2010 – B 14 AS 44/09 R und BSG 6.4.2011 – B 4 AS 3/10 R.
43 Durchführungshinweise der Bundesagentur für Arbeit 21.14.
44 BSG 18.2.2010 – B 4 AS 29/09 R, ZFSH/SGB 2010, 289.
45 Vgl. hierzu BSG 29.9.2009 – B 8 SO 5/08 R.

Schwerbehinderung und die Vergabe des Merkzeichens „G".[46] Die unterschiedliche Behandlung von nichterwerbsfähigen und erwerbsfähigen Hilfebedürftigen soll nicht gegen Art. 3 Abs. 1 GG verstoßen, da die Differenzierung in zulässiger Weise an die Möglichkeit der Arbeitsmarktintegration Erwerbsfähiger anknüpfe.[47] Evtl. können jedoch Ansprüche nach § 21 Abs. 6 SGB II[48] oder nach § 73 SGB XII bestehen.[49]

2. Mehrbedarfszuschläge wegen Behinderung beim Sozialgeld nach § 23 Nr. 2–4 SGB II

24 Nach § 23 Nr. 2 SGB II werden Mehrbedarfe nach § 21 Abs. 4 SGB II auch bei Menschen mit Behinderung, die das 15. Lebensjahr vollendet haben, anerkannt, wenn Leistungen der Eingliederungshilfe nach § 54 Abs. 1 Nr. 1 und 2 des SGB XII erbracht werden. In diesem Fall ist auch § 21 Abs. 4 S. 2 SGB II anzuwenden (§ 23 Nr. 3 SGB II).

25 Bei nichterwerbsfähigen Personen, die **vollerwerbsgemindert** iSd § 43 Abs. 2 S. 2 SGB VI sind, wird ein Mehrbedarf von 17% der nach § 20 SGB II maßgebenden Regelbedarfe anerkannt, wenn sie Inhaberin oder Inhaber eines **Ausweises** nach § 152 Abs. 5 SGB IX mit dem **Merkzeichen G** sind. Das Merkzeichen „aG" – außergewöhnliche Gehbehinderung – setzt eine noch weitergehende Gehbehinderung voraus und erfüllt demnach ebenso die gesetzlichen Voraussetzungen. Dieser Mehrbedarf besteht nicht, wenn bereits ein Anspruch auf einen Mehrbedarf nach § 21 Abs. 4 SGB II oder nach § 23 Nr. 2 und 3 SGB II besteht (§ 23 Nr. 4 Hs. 2 SGB II). Das Abstellen auf Erwerbsminderung im Sinne des SGB VI bedeutet, dass zu den Leistungsberechtigten nur die zählen, die **wegen Krankheit oder Behinderung** nicht mindestens drei Stunden täglich erwerbstätig sein können (§ 43 Abs. 2 S. 2 SGB VI), nicht hingegen schulpflichtige Kinder unter 15 Jahren.[50]

26 Der **maßgebliche Zeitpunkt**, ab dem der Mehrbedarf vorliegt und ggf. rückwirkend zu erbringen ist, ist nach bestrittener, aber im Hinblick auf die Grundprinzipen des SGB I (§ 1 Abs. 1, § 2 Abs. 2 und § 10) und den Schutzzweck des Art. 3 Abs. 3 GG vorzugswürdiger Auffassung derjenige, zu dem die zuständige Verwaltungsbehörde die Feststellung nach § 152 Abs. 1 SGB IX trifft.[51] Hierbei ist generell auf den **Zeitpunkt der Antragstellung** abzustellen (§ 6 Abs. 1 S. 1 SchwbAwV). Auf den Tag der Ausstellung bzw. der Aushändigung des Ausweises kommt es insoweit nicht an.[52]

3. Mehrbedarf nach § 30 Abs. 1 und Abs. 4 SGB XII sowie §§ 30 Abs. 8, 42 b SGB XII idF ab 2020

27 § 30 Abs. 1 SGB XII regelt einen Mehrbedarf für Menschen mit einem Schwerbehindertenausweis mit dem **Merkzeichen „G"**, die entweder die **Regelaltersgrenze** des § 41 Abs. 2 SGB XII **überschritten** haben, oder aber **voll erwerbsgemindert** sind iSd § 43 Abs. 2 S. 2 SGB VI. Im Unterschied zu den Voraussetzungen für die Grundsicherung wegen voller Erwerbsminderung nach § 41 Abs. 3 SGB XII kommt der Mehrbedarfszuschlag auch für Personen in Betracht, die nur vorübergehend voll erwerbsgemindert

---

46 BSG 18.2.2010 – B 4 AS 29/09 R, ZFSH/SGB 2010, 289, Rn. 19; kritisch aber Düring (Lit.), S. 74 f. und Knickrehm in: Eicher SGB II § 5 Rn. 20.
47 BSG 18.2.2010 – B 4 AS 29/09 R, ZFSH/SGB 2010, 289, Rn. 38 f. und 15.12.2010 – B 14 AS 44/09 R, Rn. 16.
48 BSG 18.2.2010 – B 4 AS 29/09 R, ZFSH/SGB 2010, 289, Rn. 32 ff.
49 BSG 15.12.2010 – B 14 AS 44/09 R, Mehrbedarf wegen Wäscheverschleiß etc bei Behinderung.
50 BSG 6.5.2010 – B 14 AS 3/09 R.
51 HessLSG 24.3.2011 – L 1 AS 15/10, mit Anm. Dau in: jurisPR-SozR 16/2011 Anm. 6; anders hat das BSG allerdings zu § 30 Abs. 1 Nr. 2 SGB XII entschieden, 10.11.2011 – B 8 SO 12/10 R.
52 HessLSG 24.3.2011 – L 1 AS 15/10, mit Anm. Dau in: jurisPR-SozR 16/2011 Anm. 6, sa Knickrehm in: Spellbrink/Eicher SGB II § 28 Rn. 33 und Nebe (Lit.), 193 ff. Zu § 30 Abs. 1 Nr. 2 SGB XII siehe aber nunmehr BSG 10.11.2011 – B 8 SO 12/10 R.

sind und solche, die das 18. Lebensjahr noch nicht vollendet haben, sofern sie die zehn-
jährige Schulpflicht erfüllt haben.[53] Die Regelung entspricht im Wesentlichen der Vorschrift des § 23 Nr. 4 SGB II (→ Rn. 25) mit den Besonderheiten, dass einmal eine **abweichende Bedarfsfestlegung im Einzelfall** möglich ist und zum anderen für den Zugang
der Leistungsberechtigten zu dem Mehrbedarf bereits der Nachweis (auch) durch einen
Bescheid nach § 152 Abs. 4 SGB IX erreicht wird und nicht nur durch Vorlage eines
Ausweise nach § 152 Abs. 5 SGB IX.

Der Mehrbedarf ist jedenfalls ab Erlass des Feststellungsbescheides anzuerkennen. Un-   **28**
terschiedlich wurde beurteilt, ob ggf. der Mehrbedarf **nachträglich** zu gewähren ist,
wenn, wie dies regelmäßig geschieht (§ 6 Abs. 1 S. 1 SchwbAwV), die Versorgungsbe-
hörde das Merkzeichen „G" rückwirkend auf den Zeitpunkt der Antragstellung festsetzt.[54] Das Bundessozialgericht schließt jedoch eine Gewährung dieser Leistung für
Zeiten vor der Erstellung des Ausweises aus, verlangt aber eine Überprüfung dazu, ob
ggf. gem. § 27 a Abs. 4 S. 1 SGB XII ein **höherer Regelsatz** in Betracht kommt.[55]

Für Menschen mit Behinderung, die das 15. Lebensjahr vollendet haben und denen Ein-   **29**
gliederungshilfe nach § 54 Abs. 1 S. 1 Nr. 1–3 SGB XII bzw. ab 2020 **Leistungen zur
Teilhabe an Bildung** gemäß § 112 Abs. 1 Nr. 1 oder 2 SGB IX geleistet wird, besteht parallel zu § 21 Abs. 4 SGB II (→ Rn. 19) nach § 30 Abs. 4 SGB XII ein Anspruch auf
einen Mehrbedarf in Höhe von (vorbehaltlich abweichender Festsetzung) 35% der
maßgebenden Regelbedarfsstufe. Auch dieser kann (Ermessen) gemäß § 30 Abs. 4 S. 2
SGB XII während einer angemessenen Übergangszeit fortgeleistet werden. Ab 1.1.2020
wird dieser Mehrbedarf in den durch das BTHG neu eingefügten § 42 b Abs. 3 SGB XII
verschoben, da die Mehrzahl der Empfänger(innen) dieser Leistungen Leistungsberechtigte der Grundsicherung sind.[56] Im § 30 Abs. 4 SGB XII wird dann die entsprechende
Anwendung dieser Neuregelung auch für Leistungsberechtigte mit Behinderung angeordnet, die das 15. Lebensjahr vollendet und die Schulpflicht erfüllt haben und die sich
für eine weitere schulische Qualifizierung entscheiden.

Der ebenfalls mWv 1.1.2020 eingefügte § 42 b Abs. 2 SGB XII enthält einen Mehrbe-   **30**
darf für die Teilnahme an **gemeinschaftlicher Mittagsverpflegung** in Werkstätten für behinderte Menschen oder in anderen tagesstrukturierenden Maßnahmen. Hintergrund ist
die personenorientierte Neuausrichtung der Eingliederungshilfe durch das Bundesteilhabegesetz. Danach werden auch in (teil-)stationären Maßnahmen nur noch Fachleistungen zur Deckung behinderungsspezifischer Bedarfe erbracht. Zur Deckung der existenzsichernden Grundversorgung erhalten Berechtigte der Grundsicherung diese Leistungen
künftig zur selbstbestimmten Verwendung ebenso ausbezahlt wie Berechtigte ohne Behinderung. Da in der Grundsicherung nur der Warenwert für die Nahrungsmittel enthalten ist, nicht aber die Kosten der Zubereitung durch Dritte, soll der pauschalierte
Mehrbedarf dies iHv werktäglich 2,10 EUR ausgleichen.[57] Laut § 30 Abs. 8 SGB XII
idF ab 2020 ist auch dieser Mehrbedarf entsprechend anzuwenden für Leistungsberechtigte mit Behinderung, denen Hilfe zum Lebensunterhalt gewährt wird.

IV. Mehrbedarf wegen kostenaufwendiger Ernährung (§ 21 Abs. 5 SGB II, § 30 Abs. 5 SGB XII)

Diese beiden Mehrbedarfstatbestände entsprechen sich im Wesentlichen trotz unter-   **31**
schiedlicher Formulierungen. § 21 Abs. 5 SGB II nennt als Berechtigte die „Leistungsbe-

---

53 Von Boetticher in: LPK-SGB XII § 30 Rn. 10 mwN.
54 Bejahend unter Darstellung des Meinungsstands Nebe (Lit.), 193 ff.
55 BSG 10.11.2011 – B 8 SO 12/10 R.
56 BT-Drs. 18/9522, 334.
57 Vgl. dazu von Boetticher (Lit.), § 4 Rn. 126 ff.

rechtigten", § 30 Abs. 5 SGB XII gewährt den Mehrbedarf für Kranke, Genesende, Menschen mit Behinderung oder von einer Krankheit bzw. von einer Behinderung bedrohte Menschen. Nach § 21 Abs. 5 SGB II ist ein Mehrbedarf nur dann anzuerkennen, wenn Leistungsberechtigte aus „medizinischen Gründen"[58] einer kostenaufwendigen Ernährung bedürfen, was jedoch auch der Anwendungspraxis im Rahmen von § 30 Abs. 5 SGB XII entspricht.[59]

32 Die Vorschriften räumen einen Mehrbedarfsanspruch „in angemessener Höhe" ein. Aus dieser Formulierung folgt für die Leistungsträger weder Ermessen noch ein Beurteilungsspielraum.[60] Bei der Frage, unter welchen Voraussetzungen und in welcher Höhe ein Mehrbedarf zuzusprechen ist, spielen in der Praxis die Empfehlungen des Deutschen Vereins zur Gewährung von Krankenkostenzulagen in der Sozialhilfe[61] eine Rolle, die auch im Rahmen des § 21 Abs. 5 SGB II relevant sind. Ob diese generell unter rechtlichen und tatsächlichen/methodischen Aspekten eine **geeignete Entscheidungsgrundlage** darstellen, wird mit beachtlichen Gründen bestritten.[62]

33 Die **prozessuale Bedeutung der Empfehlungen** war strittig[63] bis das BSG entschieden hat, dass es sich dabei um **kein antizipiertes Sachverständigengutachten** handelt, das eine Einzelfallentscheidung entbehrlich machen würde, sondern nur eine **Orientierungshilfe** ist.[64] Dh der Sozialhilfeträger wird dadurch nicht von seiner Amtsermittlungspflicht nach § 20 SGB X bezüglich ggfs. bestehender Besonderheiten im Einzelfall entbunden. Diese kann jedoch ggf. reduziert sein, wenn die leistungsberechtigte Person ihrer Mitwirkungspflicht nach § 60 Abs. 1 SGB I nicht nachkommt und zB keine Schweigepflichtentbindung bezüglich der das maßgebliche Fachgebiet betreffenden Ärzte erteilt.[65]

34 Nach den Empfehlungen des Deutschen Vereins wird ein krankheitsbedingter zusätzlicher Ernährungsaufwand zB verneint bei Erkrankungen, die diätisch mit einer Vollwertkost zu behandeln sind,[66] denn auch Vollwertkosternährung ist aus dem Regelsatz zu finanzieren.[67] Krankheiten, bei deren Vorliegen ein Mehrbedarf regelmäßig nicht besteht, sind ferner: Erhöhung der Blutfette (Hyperlipidämie), Erhöhung der Harnsäure im Blut (Hyperurikämie), Gicht, Bluthochdruck, Diabetes mellitus Typ I und Typ II, Neurodermitis.

35 Nach den Empfehlungen sind bei folgenden Krankheiten **Mehrbedarfszuschläge** auf der Grundlage von Regelbedarfsstufe 1 (Anl. zu § 28 SGB XII) zu gewähren:[68]

- 10% bei verzehrenden (konsumierenden) Erkrankungen mit erheblichen körperlichen Auswirkungen durch gestörte Nährstoffaufnahme bzw. Nährstoffverwertung,

- 10% bei Niereninsuffizienz, die mit einer eiweißdefinierten Kost behandelt wird,

---

58 Es muss demnach ein ursächlicher Zusammenhang zwischen einer Erkrankung und der Notwendigkeit einer kostenaufwendigen Ernährung bestehen, BSG 10.5.2011 – B 4 AS 100/10 R; dies ist etwa weder bei einer Bulimie – LSG Bln-Bbg 23.5.2011 – L 15 SO 251/08, noch bei einer Adipositas der Fall – LSG LSA 23.6.2011 – L 5 AS 129/11 B ER.
59 Von Boetticher in: LPK-SGB XII § 30 Rn. 26.
60 Von Boetticher in: LPK-SGB XII § 30 Rn. 32.
61 Im Jahr 2014 aktualisierte Fassung abgedruckt in NDV 2015, 1 ff. In Ermangelung praxisrelevanter Fallzahlen erhöhten Ernährungsbedarfs aufgrund einer Behinderung beziehen sich diese nur auf krankheitsbedingten Mehrbedarf, ebd. S. 1.
62 Siehe hierzu die kritische Analyse von Bruckermann/Izkowskij Sozialrecht aktuell 2011, 15 ff.
63 Zum Streitstand s. BSG 10.5.2011 – B 4 AS 100/10 R, Rn. 23.
64 BSG 22.11.2011 – B 4 AS 138/10 R, Rn. 20 ff. mwN.
65 LSG Hmb 27.6.2013 – L 4 AS 287/10, Rn. 21.
66 Vgl. hierzu von Boetticher in: LPK-SGB II § 21 Rn. 27 und Geiger, Leitfaden zum Arbeitslosengeld II 2012, 195 mit Rechtsprechungsnachweisen.
67 BSG 20.2.2014 – B 14 AS 65/12 R.
68 Umfassende Rechtsprechungshinweise bei von Boetticher in: LPK-SGB XII § 30 Rn. 28 ff.

- 10% bei Mukoviszidose/zystischer Fibrose,
- 20% bei Niereninsuffizienz mit Dialysediät und
- 20% bei Zöliakie (Glutenunverträglichkeit, vormals als „Sprue" bezeichnet).

Bei der Aktualisierung der Empfehlungen wurde ein Abschnitt zu **Nahrungsmittelintoleranzen** mit Ausführungen zur Laktoseintoleranz, zur Fruktosemalabsorption und Histaminunverträglichkeit aufgenommen. Im Regelfall soll hierbei keine besondere Kostform erforderlich sein, sondern die Therapie lediglich in dem Verzicht auf die symptomauslösenden Nahrungsmittel bestehen.[69] Dementsprechend wird bei der **Laktoseintoleranz** ein Mehrbedarf auch nur in Ausnahmefällen für möglich angesehen.[70]

Die angegebenen Werte sollen seit der 4. Auflage der Empfehlungen des Deutschen Vereins im Jahr 2014 nicht mehr nur für **Erwachsene** gelten, sondern auch für Minderjährige.[71] Allerdings ist ein zusätzlicher wachstumsbedingter Bedarf durch eine abweichende Krankenkostzulagen zu decken.[72]   **36**

Bei in den Empfehlungen nicht genannten Krankheiten ist im Einzelfall durch ein Gutachten – wobei der Sachverständige in erster Linie über besondere Kenntnisse auf **ernährungswissenschaftlichem Gebiet** verfügen sollte – der Mehrbedarf zu klären.[73] Führen die verschiedenen Erkrankungen zu unterschiedlichen Mehrbedarfen, ist wegen des **Bedarfsdeckungsgrundsatzes** nicht nur eine Krankenkostzulage zu gewähren, vielmehr ist dann eine **Kumulation** der unterschiedlichen Krankenkostenzulagen zu erwägen.[74]

V. Abweichende bzw. ergänzende Leistungsfestsetzung zur Bedarfsdeckung

1. Abweichende Bedarfsfestsetzung (§§ 30, 27 Abs. 4 SGB XII)

Aufgrund des **Bedarfsdeckungsgrundsatzes** (s. Kapitel 9) sind der Pauschalierung existenzsichernder Leistungen Grenzen gesetzt. Sofern ein existenzieller Bedarf in mehr als nur geringfügiger Weise vom durchschnittlichen Bedarf abweicht, ist der Gesetzgeber zur Sicherung der Menschenwürde verpflichtet, entsprechende Sozialleistungen vorzuhalten.[75] Im Rahmen des § 30 SGB XII ist dem Rechnung getragen, indem bei allen Mehrbedarfszuschlägen, die der Höhe nach festgelegt sind (Abs. 1–4 und 7), eine Öffnungsklausel für abweichende Bedarfe im Einzelfall vorgesehen ist.   **37**

Für andere abweichende Bedarfe, die von den Mehrbedarfsregelungen nicht erfasst werden, ist im **SGB XII** im Einzelfall der individuelle Regelsatz **abweichend von der maßgebenden Regelbedarfsstufe** festzulegen; und zwar niedriger, wenn ein Bedarf ganz oder teilweise anderweitig gedeckt ist, oder höher, wenn ein Bedarf unabweisbar seiner Höhe nach für voraussichtlich mehr als einen Monat erheblich von einem durchschnittlichen Bedarf abweicht (§ 27 a Abs. 4 S. 1 SGB XII). Die Norm ist über die Verweisung in § 42 S. 1 Nr. 1 SGB XII ebenfalls anwendbar im Rahmen der Grundsicherung im Alter und bei Erwerbsminderung.[76] Maßgeblich sind bei der Entscheidung über die Erhöhung/Absenkung die **Umstände des Einzelfalles** (→ Kap. 24 Rn. 59 ff.).   **38**

---

69 Deutscher Verein NDV 2015, 8.
70 Deutscher Verein NDV 2015, 9; so schon BSG 14.2.2013 – B 14 AS 48/12 R, Rn. 28.
71 Deutscher Verein NDV 2015, 11.
72 Deutscher Verein NDV 2015, 12.
73 BSG 14.2.2013 – B 14 AS 48/12 R; BSG 24.2.2011 – B 14 AS 49/10 R, Rn. 26 unter Aufhebung der Vorinstanzen, die ohne nähere Prüfung davon ausgingen, die an einer Allergie leidende Klägerin könne durch aufmerksames Verbraucherverhalten das Allergen vermeiden, so dass die erforderliche Ernährungsweise sich nicht als kostenaufwendig darstellt; siehe ferner Geiger, Leitfaden zum Arbeitslosengeld II 2012, 196.
74 Knickrehm/Hahn in Eicher SGB II § 21 Rn. 62; neuerdings so auch DH-BA 21.30 b; vgl. auch BSG 27.2.2009 – B 14/7 b AS 64/06 R; BSG 15.4.2008 – B 14/7 b AS 58/06 R.
75 BVerfG 9.2.2010 – 1 BvL 1/09 ua, Rn. 204.
76 So BSG 11.12.2007 – B 8/9 b SO 21/06 R.

39 Zu berücksichtigen sind bei einer möglichen **Absenkung** des Regelsatzes nicht nur vor-übergehende oder geringfügige[77] Abweichungen wegen eines anderweitig ganz oder teil-weise gedeckten Bedarfs. In der Praxis bedeutsam war die Kürzung des Regelsatzes bis-her bei dem Erhalt **unentgeltlicher Verpflegung.**

40 Die diesbezüglich zur Mittagsverpflegung von Leistungsberechtigten der **Eingliede-rungshilfe in Werkstatt für behinderte Menschen** ergangene Rechtsprechung[78] ist für die Zeit ab 2020 überholt, da von da an die Leistungen der Grundsicherung an die Leis-tungsberechtigten ausgezahlt werden und diese die Mittagsverpflegung selber tragen müssen. Da im Regelbedarf nur die Beschaffungskosten der Nahrungsmittel, nicht aber Kosten der Zubereitung durch Dritte enthalten sind, wird dafür mWv 1.1.2020 eine zu-sätzliche Mehrbedarfsregelung in § 42 b SGB XII eingeführt (→ Rn. 30).

41 Eine **Erhöhung** des Regelsatzes ist etwa möglich bei Mehraufwendungen, die anlässlich des Besuchs und **Umgangsrechts** bei Kindern getrennt lebender bzw. geschiedener Ehe-leute anfallen, bei **Kleidungsmehrbedarf** durch teure Unter- oder Übergrößen oder bei Belastung durch medizinisch notwendige **Medikamente** oder Heilmittel,[79] ebenso bei anfallendem **Hygienebedarf.**[80] Ferner kommt eine Erhöhung nach § 27 a Abs. 4 S. 1 SGB XII etwa in Betracht bei abweichendem Bedarf für Bekleidung/Schuhe in **Über-oder Untergrößen;**[81] Körperpflege, Reinigungs- und Putzmitteln sowie an Strom und Warmwasser bei **krankhaftem Wasch- und Putzzwang.**[82]

2. Öffnungsklausel (§ 21 Abs. 6 SGB II)

42 Im SGB II war demgegenüber ursprünglich eine Abweichung weder von den pauscha-lierten Regelbedarfsstufen noch von den Mehrbedarfszuschlägen vorgesehen, was zu Recht als „unverzeihlicher Konzeptionsfehler" des SGB II beanstandet wurde.[83] Das hat auch das Bundesverfassungsgericht in seiner Entscheidung vom 9.2.2010 so gesehen und ua ausgeführt, es sei mit Art. 1 Abs. 1 GG iVm Art. 20 Abs. 1 GG unvereinbar, dass im SGB II eine Regelung fehle, die einen Anspruch auf Leistungen zur Sicherstellung ei-nes zur Deckung des menschenwürdigen Existenzminimums unabweisbaren, laufenden, nicht nur einmaligen besonderen Bedarf vorsieht.[84] Zur Begründung weist das Gericht daraufhin, dass ein **pauschalierter Regelungsbetrag** nach seiner Konzeption nur den **durchschnittlichen Bedarf** decken kann, nicht aber einen darüber hinausgehenden, be-sonderen Bedarf aufgrund **atypischer Bedarfslagen.** Die Einkommens- und Verbrauchs-statistik (EVS), die Grundlage des Festbetrages ist, weist einen in Sonderfällen auftre-tenden Bedarf **nicht aussagekräftig** aus, weil sie nur diejenigen Ausgaben widerspiegelt, die im statistischen Mittel von der Referenzgruppe getätigt werden.[85]

43 Das Bundesverfassungsgericht hatte die Geltung des Grundsatzes der **individuellen Be-darfsdeckung** im SGB II betont und den Gesetzgeber aufgefordert, diesem auch im SGB II jedenfalls grundsätzlich Geltung zu verschaffen.[86] Statt eine Regelung wie in § 27 a Abs. 4 S. 1 SGB XII[87] einzuführen, hat der Gesetzgeber einen „sozialpolitischen

---

77 Zum Teil wird die Grenze bei 5% des früheren Eckregelsatzes, jetzt Regelsatz nach Regelbedarfsstufe 1 ab-gestellt, vgl. Schneider in: Schellhorn/Schellhorn/Hohm SGB XII § 28 Rn. 11 a mwN.
78 BSG 11.12.2007 – B 8/9 b SO 21/06 R und 9.12.2008 – B 8/9 b SO 10/07 R.
79 Vgl. Schneider in: Schellhorn/Schellhorn/Hohm SGB XII § 28 Rn. 14 a mwN.
80 ZB aufgrund einer HIV-Infektion, BSG 16.12.2010 – B 8 SO 7/09 R, ZFSH/SGB 2011, 338, Rn. 28.
81 LSG Bln-Bbg 4.4.2011 – L 15 SO 41/11 NZB, ZFSH/SGB 2011, 479.
82 LSG Nds-Brem 23.2.2011 – L 13 AS 90/08, ZFSH/SGB 2011, 483.
83 Mrozynski, Grundsicherung und Sozialhilfe, Stand August 2016, I Rn. 3.
84 BVerfG 9.2.2010 – 1 BvL 1/09 ua, Rn. 204.
85 BVerfG 9.2.2010 – 1 BvL 1/09 ua, Rn. 204 u. 206.
86 BVerfG 9.2.2010 – 1 BvR 1/09 ua, Rn. 137. Diesen hatte der Gesetzgeber zwar verbal anerkannt – BT-Drs. 15/1516, 46 – aber sogleich wieder relativiert – BT-Drs. 15/1516, 46; s. hierzu Münder (Lit.), 169 in Fn. 7.
87 Hierfür eintretend zB Münder (Lit.), 620 f.

und gesetzgebungstechnischen Offenbarungseid geleistet,[88] indem er in § 21 Abs. 6 SGB II einige Sätze aus der Entscheidung des Bundesverfassungsgerichts übernommen hat, statt eine Gesetzesnorm mit Tatbestand und Rechtsfolgen zu schaffen. Die Norm ist am 3.6.2010 in Kraft getreten.[89] Für die Zeit ab dem 9.2.2010 bis zum 3.6.2010 konnte der Anspruch direkt auf der Verfassung beruhend (Art. 1 Abs. 1 GG iVm Art. 20 Abs. 1 GG) geltend gemacht werden.[90]   **44**

Der Gesetzeswortlaut stellt auf eine Besonderheit des Bedarfs **im Einzelfall** ab. Die **Bedarfsbesonderheiten** können dabei in **qualitativer Hinsicht** bestehen, wenn der besondere Bedarf nicht von den im Regelbedarf abgebildeten Bedarfsteilen der Einkommens- und Verbraucherstichprobe erfasst wird,[91] oder in **quantitativer** Weise, wenn im Einzelfall auch für erfasste Bedarfspositionen ein nachweislich höherer Bedarf besteht als das durchschnittlich der Fall ist. Nicht erforderlich allerdings ist, dass der besondere Bedarf nur in einem Einzelfall gegeben ist, vielmehr kann er durchaus in einer Vielzahl gleichgelagerter Fälle auftreten.[92] Die Besonderheit des Bedarfs im Einzelfall ist immer dann gegeben, wenn im Vergleich zu den durch den Regelbedarf abgedeckten „Durchschnittsfällen" die Lebenssituation und damit die Bedarfslage des individuellen Leistungsberechtigten in quantitativer oder qualitativer Hinsicht anders geprägt ist.   **45**

Nur ein **laufender** Bedarf wird im Rahmen des § 21 Abs. 6 SGB II berücksichtigt.[93] In Abgrenzung zu den nur im Einzelfall zu deckenden Bedarfen nach § 24 Abs. 1 und 3 ist dafür erforderlich, dass der Bedarf absehbar wiederholt auftritt. Denn bei wiederholt auftretendem Bedarf würde eine darlehensweise Befriedigung die leistungsberechtigte Person fortwährend mit sich ggf. kumulierenden Rückzahlungspflichten belasten.[94] Nicht erforderlich ist, dass der zusätzliche Bedarf monatlich besteht; vielmehr ist ausreichend, wenn er mehr als einmal wiederholt in einem vom Zeitpunkt der Beurteilung her abschätzbaren Zeitraum (ca. 1 bis 2 Jahre) auftreten wird.[95] Für nicht regelmäßig anfallende, **einmalige Bedarfsspitzen** steht ggf. ein **Darlehen** nach § 24 Abs. 1 SGB II zur Verfügung (speziell zu Schulbedarf → Rn. 54). Eventuell tritt eine Leistungspflicht des Sozialhilfeträgers nach § 73 SGB XII ein, zB für die Übernahme der Kosten von Ausweispapieren[96] (→ Rn. 58 ff.).   **46**

Die in § 21 Abs. 6 S. 2 SGB II enthaltene Erläuterung zur Unabweisbarkeit des Bedarfs – iS einer erheblichen Abweichung vom Durchschnittsbedarf – ist der Entscheidung des Bundesverfassungsgerichts vom 9.2.2010 entnommen.[97] Unabweisbar ist der nach § 21 Abs. 6 SGB II anzuerkennende Mehrbedarf, wenn der **Bedarf unaufschiebbar** und dessen **Deckung notwendig** ist, um im konkreten Einzelfall das menschenwürdige Existenzminimum sicherzustellen. Entscheidend ist darauf abzustellen, ob es sich um einen erhöhten, in den regelbedarfsrelevanten Positionen der EVS abgebildeten Bedarf in einzelnen Lebensbereichen handelt, der durch geringere Ausgaben in anderen Lebensbereichen auszugleichen ist und keinen zusätzlichen Anspruch auslöst oder ob es sich um   **47**

---

88 Berlit, Paukenschlag mit Kompromisscharakter...., KJ 2010, 145 (159); s. auch Rothkegel, Das Bundesverfassungsgericht als Ersatzgesetzgeber, ZFSH/SGB 2012, 519.
89 Gesetz v. 27.5.2010, BGBl. I, 671.
90 BVerfG 9.2.2010 – 1 BvR 1/09 ua, Rn. 220; vgl. hierzu Klerks info also 2010, 56 und LSG BW 2.6.2010 – L 2 AS 138/10, NZS 2010, 578.
91 Von Boetticher in: LPK-SGB II § 21 Rn. 35.
92 BSG 4.6.2014 – B 14 AS 30/13 R, Rn. 19 f.; BSG 19.8.2010 – B 14 AS 13/10 R Rn. 18.
93 Kritisch hierzu Mrozynski (Lit.) 2010, 678 und ders. (Lit.) 2012, 78, s. auch → Rn. 42 aE.
94 SG Berlin 20.9.2011 – S 37 AS 24431/11 ER.
95 In dieser Richtung auch BSG 11.2.2015 – B 4 AS 27/14 R, Rn. 19: drei Besuche im Jahr ausreichend; BSG 18.11.2014 – B 4 AS 4/14 R, Rn. 17; so auch Olthus jurisPR-SozR 13/2015 Anm. 1, Lauterbach ZFSH/SGB 2010, 405; Klerks (Lit.), 207.
96 LSG BW 21.10.2011 – L 12 AS 2597/11; LSG NRW 23.5.2011 – L 20 AY 19/08; zu § 73 SGB XII; Berlit in: LPK-SGB XII § 73 Rn. 8.
97 BVerfG 9.2.2010 – 1 BvR 1/09 ua, Rn. 208.

von Boetticher/Sartorius

einen von seiner Art oder in seinem atypischen Umfang statistisch nicht aussagekräftig ausgewiesenen Bedarf handelt, auf den sich der Regelbedarf folglich nicht erstrecken kann.[98] In der Rechtsprechung wird ein **unabweisbarer Mehrbedarf** jedenfalls dann **abgelehnt**, wenn der Bedarf den einschlägigen **Kostenansatz im Regelbedarf** der jeweiligen Abteilungen in den §§ 5 f. REBG **nicht überschreitet**.[99] Versicherungsprämien stellen dann keinen unabweisbaren Bedarf dar, wenn im Bedarfsfall entsprechende Sozialleistungen gewährt werden.[100]

48 Bei der Frage der **quantitativen Unabweisbarkeit** kommt es darauf an, dass der Bedarf in nicht nur unbedeutendem wirtschaftlichem Umfang vom Durchschnitt abweicht.[101] Einer von der Bundesagentur für Arbeit in Ansatz gebrachten „Bagatellgrenze" von 10% der maßgebenden Regelbedarfsstufe hat das BSG eine Absage erteilt, eine solche Bagatellgrenze sei zur Verwaltungsvereinfachung allenfalls im Centbereich angezeigt.[102] Ein erheblich abweichender Bedarf dürfte quantitativ jedenfalls ab einem Monatsbeitrag von 9,00 EUR bejaht werden können.[103]

49 Soweit in § 21 Abs. 6 S. 2 SGB II auf die **Berücksichtigung** von **Einsparmöglichkeiten** abgestellt wird, kann sich dieses nicht auf den Regelsatz als solchen beziehen. Es ist an anderer Stelle dargelegt (→ Kap. 24 Rn. 65 ff.), dass der Gesetzgeber im Rahmen der Neufestlegung der Regelbedarfe durch zahlreiche Kürzungen die Hilfeleistung so restriktiv bemessen hat, dass Einsparpotenziale nicht bestehen.[104] Und selbst wenn es solche gäbe, sind dadurch gemäß § 20 Abs. 1 Satz 4, 2. Hs. SGB II unregelmäßig anfallende Bedarfe zu berücksichtigen, wogegen es für die über § 21 Abs. 6 SGB II zu deckenden Bedarfe ja gerade konstitutiv ist, dass sie regelmäßig wiederkehrend anfallen (→ Rn. 46). Ungerechtfertigt ist der Verweis auf Einsparmöglichkeiten ferner, weil der atypische Bedarf lediglich die unzureichende Bedarfsermittlung anhand der EVS kompensiert (→ Rn. 42).

50 Dementsprechend bietet der Wortlaut der „Einsparmöglichkeiten" keine Grundlage dafür, in bevormundender Weise, die Lebensführung von Leistungsberechtigten zu kontrollieren und zu regeln. Solches stünde im Widerspruch zu dem generellen gesetzlichen Konzept der Pauschalierung und der damit verbundenen Sperre zu überprüfen, wie und für was die Regelleistung ausgegeben wird. Dies verstieße gegen das Persönlichkeitsrecht der Leistungsberechtigten[105] und gegen das sog Faktizitätsprinzip, wonach die tatsächliche Notlage, den Leistungsanspruch auslöst ohne Rücksicht auf ihre Gründe (→ Kap. 9 Rn. 9).

51 Vielmehr ist mit der Rechtsprechung des BSG das Merkmal der Einsparmöglichkeit dahin gehend auszulegen, dass der geltend gemachte Bedarf nicht außer Verhältnis stehen dürfe zu einfachen und grundlegenden Bedürfnissen und auch die zur Deckung begehrten Leistungen verhältnismäßig sein müssen.[106] Bei der Prüfung der Verhältnismäßigkeit

---

98 BVerfG 9.2.2010 – 1 BvL 1/09 ua, Rn. 207 f.
99 BSG 26.5.2011 – B 14 AS 146/10 R, Rn. 25: Arzneimittel; LSG NRW 24.2.2011 – L 7 AS 1487/10 und SächsLSG 19.1.2012 – L 3 AS 39/10: jeweils Fahrkosten für Krankenbesuche.
100 LSG Bln-Bbg 30.4.2015 – L 32 AS 1916/1, Rn. 48: Hausratsversicherung; ebenso LSG Hmb 19.3.2015 – L 4 AS 390/10: Rechtsschutz- und Hausratsversicherung.
101 BSG 4.6.2014 – B 14 AS 30/13 R, Rn. 28.
102 BSG 4.6.2014 – B 14 AS 30/13 R, Rn. 33. Im Anschluss an diese Entscheidung stellt die BA auch auf die Umstände des Einzelfalles ab und hält nicht mehr an der Bagatellgrenze fest (DH-BA 21.38).
103 LSG NRW 29.7.2009 – L 12 SO 51/08, allerdings aufgehoben – aus anderen Gründen – durch BSG 14.3.2011 – B 8 SO 19/09 R. Weitere Rechtsprechungsnachweise s. von Boetticher in: LPK-SGB II § 21 Rn. 39.
104 Von Boetticher in: LPK-SGB II § 21 Rn. 38 und Geiger, Leitfaden zum Arbeitslosengeld II 2012, 210 f. unter Hinweis auf LSG Nds-Brem 24.2.2010 – L 7 AS 1446/09 B ER, zu § 20 SGB II aF.
105 Von Boetticher in: LPK-SGB II § 21 Rn. 40; s. auch Klerks info also 2010, 206 f.
106 BSG 18.11.2014 – B 4 AS 4/14 R, Rn. 23 ff. mwN.

ist dabei nicht nur die Höhe der Leistung, sondern sind auch die Auswirkungen der Alternativen auf die Bedarfsdeckung zu berücksichtigen.[107]

Ein Verweis auf **Schonvermögen, Freibeträge** für Erwerbstätigkeit oder auf **privilegiertes Einkommen**[108] dürfte schon deshalb ausscheiden, weil es insofern an einer Anordnung durch den Gesetzgeber fehlt, wie sie etwa in § 42 Abs. 1 SGB II nunmehr vorgenommen wurde. Insoweit lässt sich die fehlende Normierung als bewusstes, „beredtes" Schweigen interpretieren. **52**

Das Kriterium der „**Zuwendungen Dritter**" dürfte keine weitere Bedeutung haben als die, dass zunächst zu prüfen ist, ob ein vorrangiger Anspruch des Hilfeberechtigten gegen andere Sozialleistungsträger oder sonstige Dritte (etwa auf Unterhalt) besteht. Soweit Zuwendungen Dritter von Freunden oder Angehörigen rein tatsächlich geleistet werden und zur Bedarfsdeckung bestimmt sind – nicht nur als Notfalldarlehen –, werden sie bereits bei der Prüfung der Bedürftigkeit berücksichtigt. **53**

3. Fallgruppen für abweichende Bedarfe

Da es im Rahmen des § 21 Abs. 6 SGB II um die Abdeckung von **Sonderbedarfen in Einzelfällen** geht, die die gesamte **Bandbreite der Lebenswirklichkeit** widerspiegeln und sich nicht katalogisieren lassen, kommt der Auflistung von Gerichtsentscheidungen nur eingeschränkte Bedeutung zu.[109] Verschiedene Lebens- und Bedarfslagen sind allerdings für das Entstehen dieser Bedarfe besonders prädestiniert:[110] **54**

■ **Krankheit/Behinderung:**

Es kann sich ein besonderer Bedarf ergeben für Pflege- und Hygieneartikel, für nicht erstattungsfähige Medikamente, für Haushaltshilfen bei körperlicher Beeinträchtigung, insbes. für

– Pflege- und Hygieneartikel,[111]

– nicht verschreibungspflichtige Hautpflegemittel bei Ekzemen oder Neurodermitis,[112]

– einmal im Bewilligungszeitraum anfallende Kosten für Gleitsichtbrille bei schwerer Sehstörung,[113]

– zuzahlungspflichtige Medikamente bei Tabletten zur Rauchersuchtentwöhnung,[114]

– Fahrtkosten zur Substitutionsbehandlung Drogenabhängiger[115] oder

– **Haushaltshilfe** für Personen mit Beeinträchtigungen, die die hauswirtschaftliche Versorgung (zB Einkaufen, Kochen, Fenster putzen) nicht allein sicherstellen können, ohne jedoch pflegebedürftig im Sinne des § 14 SGB XI zu sein,[116] zB während einer postoperative Rekonvaleszenz.[117] Dieser Mehrbedarf ist unabhängig von der Art der individuellen Beeinträchtigungen zu gewähren, wenn

---

107 BSG 18.11.2014 – B 4 AS 4/14 R, Rn. 27.
108 Vgl. hierzu Geiger, Leitfaden zum Arbeitslosengeld II 2012, 213.
109 Lenze, Die Gewährleistung des Existenzminimums von Kindern im föderalen System, NZS 2010, 534 (539).
110 Vgl. etwa ergänzend das „ABC der Sonderleistungen" bei Geiger, Leitfaden zum Arbeitslosengeld II 2012, 231 ff. mwN.
111 BSG 19.8.2010 – B 14 AS 13/10 R; s. ferner BSG 15.12.2010 – B 14 AS 44/09 R.
112 SG Bremen 18.2.2011 – S 22 AS 2474/10 ER und BayLSG 25.6.2010 – L 7 AS 404/10 B ER.
113 BSG 19.8.2010 – B 14 AS 13/10 R, NDV-RD 2011, 8 ff. bei sich fortschreitend verschlechterndem Sehvermögen wegen diabetischer Retinopathie.
114 LSG NRW 21.6.2010 – L 7 AS 701/10 B ER.
115 LSG NRW 19.3.2015 – L 6 AS 1926/14, Rn. 18 ff.; SG Wiesbaden 11.10.2010 – S 23 AS 766/10 ER.
116 BR-Drs. 17/1465, 8 f.
117 SG Stuttgart 7.7.2010 – S 24 AS 3645/10 ER.

diese die Fähigkeit zur eigenständigen Haushaltsführung entsprechend stark einschränken.[118]

Einschränkend zu den Kosten einer Krankenbehandlung hat allerdings das BSG entschieden, das insoweit auf das Leistungssystem des SGB V verweist.[119] Anfallende Kosten für gesundheitliche Versorgungsleistungen im Rahmen eines Selbstbehalttarifs sind hingegen solange als unabweisbarer Mehrbedarf anzuerkennen, wie ein Wechsel in einen Versicherungstarif ohne Selbstbehalt nicht zumutbar möglich ist.[120]

■ **Bildungs-, Nachhilfe- und Betreuungskosten:**

Erstattungsfähig sind generell nur solche Kosten, die nicht im Rahmen von § 28 SGB II Abs. 5 (Lernförderung) – dort allerdings nach Vorstellung des Gesetzgebers nur in sehr restriktivem Umfang[121] – gedeckt sind. Grundsätzlich können Bedarfe, die nicht durch § 28 SGB II abgedeckt werden, Gegenstand der Öffnungsklausel des § 21 Abs. 6 SGB II sein.[122]

Nachhilfe bzw. Lernförderung muss durch besondere Umstände im Einzelfall – wie längere Erkrankung, ein Todesfall in der Familie oder Lese- bzw. Rechtschreibeschwäche – geboten sein, wobei auf Notenverbesserung allein nicht abzustellen ist.[123] Eine **enge Auslegung** erscheint **nicht gerechtfertigt:** Im untersten Quintil nimmt etwa jede(r) zwanzigste Schüler(in) Nachhilfeunterricht in Anspruch, in der höchsten Einkommensgruppe jede(r) fünfte.[124] Im oberen Einkommenssegment werden häufig Eltern mit gehobenem eigenem Bildungshintergrund anzutreffen sein, so dass familiäre und außerfamiliäre Unterstützungen kumulieren, während es in unteren Einkommensschichten oft an beiden Unterstützungsformen fehlt.[125] Wenn Chancengleichheit verwirklicht und Ausgrenzung vermieden werden soll, hat Hilfe auch hier einzusetzen, soweit die Schulen die ihnen primär obliegende Aufgabe, solchen Entwicklungen entgegenzuwirken, nicht erfüllen.[126]

Kosten für Schulbücher hat das LSG Nds-Brem als Mehrbedarfsleistungen anerkannt, da diese nicht von der Schulbedarfspauschale nach § 28 Abs. 3 SGB II umfasst seien, der Regelbedarfsanteil für Bücher jedoch nur ca. 3 EUR/Monat vorsehe.[127] Da es sich bei der Schulbuchausstattung typischerweise um eine Einmalleistung im Bewilligungszeitraum handelt, hat das LSG § 21 Abs. 6 SGB II in verfassungskonformer Auslegung für entsprechend anwendbar angesehen.[128]

Dieser Rechtsprechung in analoger Anwendung von § 21 Abs. 6 SGB II zur Vermeidung einer Bedarfsunterdeckung hat sich inzwischen eine Reihe von Sozialgerichten angeschlossen im Hinblick auf die Anschaffung von **Hardware der Informationstechnologie**, die für den Schuldbedarf benötigt wird. Die Anschaffung eines **Laptop/PC** für Bildungsbedarfe müsse zwar nur einmal bezahlt werden, jedoch wer-

---

118 SG Berlin 11.5.2015 – S 135 AS 1977/11, Rn. 57; s. auch DH-BA 21.37.
119 26.5.2011 – B 14 AS 146/10 R; vgl. aber demgegenüber BSG 12.12.2013 – B 4 AS 6/13 R, Rn. 22 und BSG 6.3.2012 – B 1 KR 24710 R; und zu Recht kritisch Wenner SozSich 2012, 114.
120 BSG 29.4.2015 – B 14 AS 8/14 R, Rn. 21
121 BT-Drs. 17/3404, 105; kritisch Deutscher Verein, Leistungen für Bildung und Teilhabe – Erste Empfehlungen zur Auslegung der neuen Regelungen im SGB II und SGB XII sowie im BKKG, Teil 2, NDV 2012, 61 (63) und Lenze in: LPK-SGB II § 28 Rn. 25.
122 Becker, Die neuen Leistungen für Bildung und Teilhabe im SGB II, SGb 2012, 185 (189).
123 SG Bremen 6.1.2011 – S 21 AS 2626/10 ER (ein Migrationshintergrund soll nicht ausreichen); SchlHLSG 26.10.2010 – L 3 AS 181/10 B ER; SG Hildesheim 15.7.2010 – S 55 AS 1010/10 ER.
124 Becker, Gutachten für das HessLSG – L 6 AS 336/07, S. 36, auf Grundlage der EVS 2003.
125 Becker, Gutachten für das HessLSG – L 6 AS 336/07, S. 36.
126 BVerfG 9.2.2010 – 1 BvL 1/09 ua, Rn. 192 und 197; sa Lenze in: LPK-SGB II § 28 Rn. 25.
127 LSG Nds-Brem 11.12.2017 – L 11 AS 349/17.
128 LSG Nds-Brem 11.12.2017 – L 11 AS 349/17.

de damit ein laufender Bedarf erfüllt.[129] Dies gilt auch für die **Kosten für ein Tablet,** das sowohl für die Arbeit im Unterricht als auch für die Erledigung von Hausaufgaben anzuschaffen ist.[130]

Betreuungskosen in einer Kindertageseinrichtung – hier: 15 EUR mtl. –, wenn Kostenbefreiung nicht möglich ist.[131]

■ **Kosten des Umgangsrechts:**[132]

Im Rahmen des Mehrbedarfs geht es zunächst um die zur Ausübung des Umgangsrechts erforderlichen **Fahrtkosten** (eines Kindes ab 14 Jahren[133] oder des Elternteils für Bring- und Abholfahrten) sowie für Übernachtungen des Elternteils am Wohnort des Kindes.[134] Für seinen Lebensunterhalt hat das Kind ggf. Ansprüche auf Sozialgeld bzw. Arbeitslosengeld II während seines Aufenthalts beim unterhaltsberechtigten Elternteil (temporäre Bedarfsgemeinschaft).[135] Auch wenn die Eltern zwar im räumlichen, nicht aber im familienrechtlichen Sinne getrennt leben, kommt die Übernahme der Kosten für das Umgangsrecht auf Grundlage des § 21 Abs. 6 SGB II in Betracht.[136] Die Kostenübernahme steht aber insgesamt unter dem Vorbehalt der Angemessenheit.[137]

VI. Dezentrale Warmwasserversorgung (§ 21 Abs. 7 SGB II, § 30 Abs. 7 SGB XII)

Soweit **Warmwasser** nicht nach § 22 Abs. 1 SGB II bzw. § 35 Abs. 4 SGB XII durch eine Zentralheizung bereitgestellt, sondern **dezentral** durch in der Unterkunft installierte Vorrichtungen wie zB Boiler, Durchlauferhitzer o.ä. auf Kosten der Haushaltsenergie erzeugt wird, sehen § 21 Abs. 7 SGB II und § 30 Abs. 7 SGB XII entsprechende Mehrbedarfe vor. Deren **Höhe** bestimmt sich grundsätzlich nach Vomhundertsätzen der für die Berechtigten maßgeblichen Regelbedarfsstufen,[138] soweit nicht im Einzelfall ein abweichender Bedarf besteht oder ein Teil des angemessenen Warmwasserbedarfs zentral nach § 22 Abs. 1 SGB II bzw. § 35 Abs. 4 SGB XII gedeckt wird (§ 21 Abs. 7 S. 2 SGB II, § 30 Abs. 7 S. 2 SGB XII). Die im letzten Halbsatz der vorgenannten Normen vorgenommene Einschränkung – „und deshalb keine Bedarfe für zentral bereitgestelltes Warmwasser nach § 22 anerkannt werden" – hat allerdings keinen bedeutsamen Regelungsgehalt.[139] Gründe für einen **abweichenden Bedarf** können sich aus der **persönlichen Lage** der Berechtigten ergeben (wie die gesundheitliche Situation) oder aufgrund der konkreten **Gegebenheiten** der **Warmwassererzeugung** (die etwa mit unwirtschaftlichen Geräten betrieben wird).[140] Für einen abweichenden Bedarf müssen zwar zumindest stichhaltige Anhaltspunkte vorgebracht werden.[141] Ein Mehrbedarf nach § 21 Abs. 7 SGB II darf jedoch nicht zurückgewiesen werden, nur weil es keine spezielle tech-

55

---

129 SG Gotha 17.8.2018 – S 26 AS 3971/17; SG Cottbus 13.10.2016 – S 42 AS 1914/13; SG Stade 29.9.2018
     – S 39 AS 102/18 ER.
130 SG Hannover 6.2.2018 – S 68 AS 344/18 ER.
131 SG Bremen 18.2.2011 – S 22 AS 2474/10 ER und SG Berlin 11.5.2011 – S 55 AS 2626/10 ER.
132 BSG 4.6.2014 – B 14 AS 30/13 R, Rn. 28 f.; speziell zum Umgangsrecht mit im Ausland lebenden Kindern
     Asgari info also 2013, 252.
133 BayLSG 25.6.2010 – L 7 AS 404/10 B ER, Rn. 25; LSG Nds-Brem 7.11.2008 – L 8 SO 134/08 ER, FEVS
     61 (2010), 90 ff.
134 Zu Letzterem: LSG Nds-Brem 9.6.2010 – L 13 AS 147/10 B ER.
135 BSG 7.11.2006 – B 7 b AS 14/06 R u. 2.7.2009 – B 14 AS 75/08 R; siehe auch LSG BW 20.5.2010 – L 7
     AS 5263/08 und LSG NRW 20.1.2011 – L 7 AS 119/08.
136 BSG 11.2.2015 – B 4 AS 27/14 R, Rn. 18.
137 Vgl. hierzu Geiger, Leitfaden zum Arbeitslosengeld II 2012, 219 f.
138 S. etwa die Tabelle bei Brehm/Schifferdecker (Lit.), 507.
139 Brehm/Schifferdecker (Lit.), 508.
140 Von Boetticher in: LPK-SGB II § 20 Rn. 47.
141 SG Berlin 26.3.2014 – S 205 AS 11970/13.

von Boetticher/Sartorius

nische Verbrauchserfassung für das Warmwasser gibt; vielmehr gelte auch insoweit die Amtsermittlungspflicht.[142] Wie auch bei der zentralen Warmwasserbereitung können auch auf der Grundlage des Abs. 7 Satz 2 Hs. 2 einmalige Nachforderungen übernommen werden.[143]

56 Der Gesetzgeber hat seine Entscheidung, die Warmwasserkosten anders als nach der Rechtslage bis zum 31.12.2010 nicht mehr als Teil der Regelleistung zu betrachten, sondern sie zu den Unterkunftskosten zu zählen bzw. sie in einen Mehrbedarfsanspruch umzuwandeln, der im Einzelfall sogar auf vollständige Bedarfsdeckung gerichtet ist, **ebenso wenig begründet** wie die (gestaffelte) Höhe des Mehrbedarfs.[144] Bei letzterer geht der Gesetzgeber offensichtlich von der Prämisse aus, dass der Warmwasserverbrauch bei steigendem Lebensalter zunimmt, was etwa im Hinblick auf kleine Kinder, die Windeln tragen, nicht stimmig sein dürfte. Er ist auch insoweit der ihm verfassungsrechtlich obliegenden Verpflichtung nicht nachgekommen.[145] Es bleibt zudem offen, wieso gerade beim Warmwasserbedarf eine pauschalierte Leistung unzureichend sein soll, während bei anderen Bedarfen weiterhin eine individuelle Bedarfsdeckung ausscheidet.[146]

VII. Gesamtsumme des Mehrbedarfs (§ 21 Abs. 8 SGB II, § 30 Abs. 6 SGB XII)

57 Mehrbedarfe können nebeneinander, also zusätzlich, bestehen, wenn die Voraussetzungen für mehrere Tatbestände erfüllt sind. § 21 Abs. 8 SGB II und § 30 Abs. 6 SGB XII **begrenzen** die Summe des insgesamt anerkannten Mehrbedarfs nach den Absätzen 2–5 des § 21 SGB II bzw. nach den Absätzen 1–5 des § 30 SGB XII auf den Betrag des für erwerbsfähige Leistungsberechtigte maßgeblichen Regelbedarfs bzw. auf den der maßgeblichen Regelbedarfsstufe. Diese Begrenzung ist im Hinblick auf das Urteil des Bundesverfassungsgerichts vom 9.2.2010[147] problematisch, da dieses ein Bekenntnis zum Prinzip der individuellen Bedarfsdeckung enthält.[148] Erst die Zusammenrechnung der einzelnen Bedarfe macht das menschenwürdige Existenzminimum des Leistungsberechtigten aus, die Existenz einer Kappungsgrenze ist demgegenüber nicht begründbar.[149]

C. Weitere Anwendung des § 73 SGB XII

58 Die in § 73 SGB XII enthaltenen Ermessensleistungen in sonstigen Lebenslagen kommen wie alle anderen Leitungen der Kapitel 5–9 des SGB XII ergänzend neben dem Bezug von SGB II Leistungen in Betracht. Die Regelung dient der Bedarfsdeckung in **besonderen, atypischen Lebenslagen**, die ihrer Typizität nach nicht von den sonstigen Leistungsansprüchen nach dem SGB XII (in den Kapiteln 3 bis 8) erfasst sind.[150] Viele Fallgestaltungen, die die Rechtsprechung im SGB II vor dem Urteil des Bundesverfassungsgerichtes vom 9.2.2010 über § 73 SGB XII abgewickelt hat, können nunmehr über § 21 Abs. 6 SGB II gelöst werden. Für bestimmte Bedarfslagen, etwa solche, die **keinen lau-**

---

142 BSG 7.12.2017 – B 14 AS 6/17 R.
143 SG Dortmund 20.9.2013 – S 41 SO 132/12; LSG NRW 28.5.2013 – L 9 AS 540/13 B, Rn. 7.
144 Vgl. Eckhardt info also 2012, 200, der stichhaltige Hinweise darauf liefert, dass die Mehrbedarfe nach Abs. 7 zu niedrig bemessen wurden und so idR ein abweichender Bedarf vorliegen dürfte.
145 BVerfG 9.2.2000 – 1 BvL 1/09 ua, BVerfGE 125, 175, Rn. 177, 180.
146 Rixen, Entspricht die neue Hartz-IV-Regelleistung den Vorgaben des Bundesverfassungsgerichts?, Sozialrecht aktuell 2011, 121 (123 f.).
147 BVerfG 9.2.2010 – 1 BvL 1/09, 3/09, 4/09, BVerfGE 125, 175, Rn. 137.
148 Berlit, Paukenschlag mit Kompromisscharakter, KJ 2010, 143 (150).
149 Von Boetticher in: LPK-SGB II § 21 Rn. 48, s. auch Knickrehm/Hahn in: Eicher SGB II § 21 Rn. 85.
150 Berlit in: LPK-SGB XII § 73 Rn. 8 und Böttiger in: jurisPK-SGB XII § 73 Rn. 7.

fenden Bedarf verursachen, ist die Vorschrift weiter anwendbar.[151] Daher soll § 73 SGB XII **keine allgemeine Auffangregelung** für Leistungsberechtigte des SGB II darstellen und etwa nicht dazu dienen, die verfassungswidrig unterbliebene Bedarfsdeckung, die nach dem Urteil des Bundesverfassungsgerichts vom 9.2.2010 gerade nicht rückwirkend beseitigt werden sollte, zu ersetzen.[152]

Die für das SGB II zuständigen Senate des Bundessozialgerichts verlangen als Voraussetzung eines Anspruchs nach § 73 SGB XII eine **besondere Bedarfslage**, die eine **gewisse Nähe** zu den speziell in den §§ 47–74 SGB XII geregelten Bedarfslagen aufweist – Kosten, die Gegenstand der gesetzlichen Krankenversicherung sind, können nach bisheriger Rechtsprechung relevante Bedarfe nach § 73 SGB XII nicht auslösen[153] – und zudem den Bereich der **Grundrechtsausübung** tangiert.[154] Ferner darf es sich nicht lediglich um Bagatellbedürfnisse handeln, diese sind hinzunehmen.[155] Maßgebend für Atypik einer Bedarfslage ist nach dieser Rechtsprechung, dass ein den Grundrechtsbereich tangierender Bedarf ungedeckt bleibt, der vom Rechtssystem „eigentlich" gedeckt werden müsste, auch wenn dieser Bedarf nicht nur im Einzel- oder Ausnahmefall vorliegt.[156] Ein Anwendungsbereich ist etwa die **Übernahme der Kosten von Ausweispapieren**.[157] Nicht über § 73 SGB XII seien die Anschaffungskosten für Schulbücher, weil es sich bei Schulbedarfen um typische Bedarfe aller Schülerinnen und Schüler handelt, die daher innerhalb des Regelungssystems des SGB II „hätte gedeckt werden müssen"[158] (→ Rn. 54). Dasselbe habe für Fahrtkosten zur Schule zu gelten.[159]

59

Die Leistung des Sozialhilfeträgers nach § 73 S. 1 SGB XII steht in seinem **Ermessen**. Erforderlich ist, dass der Einsatz öffentlicher Mittel im Sinne des § 73 SGB XII gerechtfertigt ist. Im Rahmen der Ermessenserwägung können unter Umständen Kosten beschränkt werden.[160] In den Fällen, in denen es um eine aus verfassungsrechtlichen Gründen zu erbringende Bedarfsdeckung geht, schrumpft das Ermessen auf Null.[161]

60

Solche Leistungen bleiben auch dann eine **Sozialhilfeleistung**, wenn sie an Personen erbracht werden, die SGB II-leistungsberechtigt sind; es gilt dann nicht das Antragserfordernis nach § 37 Abs. 1 SGB II, sondern der Kenntnisgrundsatz des § 18 SGB XII. Erfolgte die Antragstellung beim unzuständigen Leistungsträger, ist § 16 Abs. 2 SGB I anwendbar.[162] Richtet sich das Verfahren gegen das Jobcenter, ist der SGB XII-Träger ggf. nach § 75 Abs. 2 SGG **beizuladen**. Dieser kann dann auch **verurteilt** werden (§ 75 Abs. 5 SGG).

61

---

151 Berlit in: LPK-SGB XII § 73 Rn. 8; Spellbrink, Sozialrecht aktuell 2010, 88, Fn. 28; Böttiger in: jurisPK-SGB XII § 73 Rn. 70.

152 BSG 19.8.2010 – B 14 AS 47/09 R (Aufwendungen für Schulbücher für das Schuljahr 2005/2006).

153 BSG 15.12.2010 – B 14 AS 44/09 R, Rn. 20 f., s. aber auch BSG 6.3.2012 – B 1 KR 24/10 R; zu Recht kritisch Wenner SozSich 2012, 114.

154 BSG 7.11.2006 – B 7 b AS 14/06 R (Kosten des Umgangsrechts); 19.8.2010 – B 14 AS 13/10 R (Hygienebedarf bei HIV-Infektion) und 15.12.2010 – B 14 AS 44/09 (Mehrbedarf für Wäscheverschleiß etc bei Behinderung).

155 BSG 28.10.2009 – B 14 AS 44/08 R.

156 BSG 19.8.2010 – B 14 AS 13/10 R, Rn. 18.

157 Str., bejahend LSG NRW 23.5.2011 – L 20 AY 19/08.

158 BSG 19.8.2010 – B 14 AS 47/09 R, Rn. 10. Zur Lösung über § 21 Abs. 6 SGB II s. LSG Nds-Brem 11.12.2017 – L 11 AS 349/17, Rn. 51.

159 BSG 28.10.2009 – B 14 AS 44/08 R, Rn. 21.

160 BSG 7.11.2006 – B 7 b AS 14/06 R, s. aber auch LSG RhPf 24.11.2010 – L 1 SO 133/10 BER: Flugkosten zu Besuchen von Kindern, die sich in den USA aufhalten, vgl. im Übrigen näher Böttiger in: jurisPK-SGB XII § 73 Rn. 65 mwN.

161 Berlit in: LPK-SGB XII § 73 Rn. 13; Böttiger in: jurisPK-SGB XII § 73 Rn. 53; BSG 19.8.2010 – B 14 AS 13/10 R, Rn. 21.

162 BSG 26.8.2008 – B 8/9 b SO 18/07 R.

Kapitel 26: Einmalige Leistungen

Literaturhinweise: Blosser-Reisen, Leistungen für Bekleidung, Grundausstattung (Bestimmung und Bemessung, Begrenzung), Deutscher Verein für öffentliche und private Fürsorge, 1990.

Rechtsgrundlagen:
SGB II § 24
SGB XII § 31

Orientierungssätze:
1. Bedarfe, die vollständig durch einmalige Leistungen gedeckt werden, sind bei der Regelbedarfsbemessung nicht zu berücksichtigen. Die einmaligen Leistungen reduzieren das frei verfügbare Budget des Regelbedarfs.
2. Ein austariertes System begrenzt die einmaligen Leistungen auf ein notwendiges Minimum, um einen hohen Grad der Anspruchserfüllung zu erreichen.
3. Die Auslegung der Erstausstattungsbedarfe muss die Struktur der Regelbedarfsermittlung mit berücksichtigen, da beispielsweise wachstumsbedingter Bedarf in dem Regelbedarf von Minderjährigen bereits erfasst ist.
4. Zur Vermeidung von Härten werden einmalige Leistungen auch an Nichtleistungsbezieher in Abhängigkeit von deren Einkommen erbracht.

A. Allgemeines

I. Spezifische Bedarfsdeckung durch einmalige Leistungen

Die einmaligen Leistungen sollen einen spezifischen Bedarf decken. Hierin unterscheidet 1
sich die einmalige Leistung von dem Regelbedarf. Der **Regelbedarf** soll neben den typischen Bedarfslagen auch besondere Bedarfslagen abdecken. Die „besonderen" **Bedarfslagen** sind solche, die nicht ständig auftreten (= laufende Leistung), die nach Art und Häufigkeit aber – nach der Beurteilung des Gesetzgebers – „typische" sind. Sie sind durch eine pauschalierende Gewährung mit Ansparverpflichtung abgegolten. Die einmaligen Leistungen ergänzt die Bedarfsdeckung durch (laufende) Mehrbedarfszuschläge.

Bei den besonderen einmaligen Leistungen handelt es sich um Bedarfslagen, die schwerlich durch ein Ansparen aus dem existenzsichernden Regelbedarf möglich ist. Die Neugründung eines Haushalts nach Haftentlassung, einem Wohnungsbrand oder einer Trennung kann einen erheblichen Finanzierungsbedarf hervorrufen.

Die Erstausstattung für Bekleidung bei Schwangerschaft sowie die Erstausstattung bei 2
Geburt des Kindes soll in der besonderen Situation des neugeborenen Lebens den Familienhaushalt entlasten. Es sind kurzfristige Bedarfsspitzen.

II. Einmalige Leistungen und die Strukturprinzipien

Die einmaligen Leistungen sind besonders geeignet, den **Bedarfsdeckungsgrundsatz** zu 3
realisieren. Für die Auslegung sind **Individualisierungsgrundsatz** und **Gegenwärtigkeitsprinzip** zu beachten. Die einmaligen Leistungen dienen der Befriedigung bzw. Erfüllung einer außerordentlichen Bedarfslage eines konkreten Leistungsberechtigten. Eine eng umrissene, klar definierte Bedarfssituation in einer besonderen Bedarfslage ist durch den Leistungsträger zum Zeitpunkt der Bedarfsentstehung, entweder als Sach- oder als Geldleistung, zu decken. Der Individualisierungsgrundsatz betrifft sowohl die Seite der Bedarfsermittlung wie auch zusammen mit dem Bedarfsdeckungsgrundsatz die Art und Weise der Leistungsgewährung. Die gewährte Leistung hat den tatsächlich bestehenden Bedarf zu befriedigen. Pauschalierungen sind bei der Art der Bedarfsdeckung zulässig, soweit das Gesetz sie für die Erstausstattungen vorgesehen hat und nicht zugleich ein atypischer Fall vorliegt.

III. Positionen in der Einkommens- und Verbrauchsstichprobe

Die **Einkommens- und Verbrauchsstichprobe** ist die Basis für die Bemessung der Regel- 4
bedarfe. Über sie wird der private Konsum vollständig erfasst. Darin enthalten sind auch Teile der einmaligen Bedarfe. Von den einmaligen Leistungen reduziert nur die Anschaffung von orthopädischen Schuhen, Reparaturen von therapeutischen Geräten und Ausrüstungen sowie die Miete von therapeutischen Geräten die Höhe des Regelbedarfs, da diese Position vollständig aus der Regelbedarfsbemessung herausgenommen wurde.[1]
Der Gesetzgeber hat bei der Regelbedarfsbemessung seit der Neufassung der Regelbedarfe 2011 darauf verzichtet, bei den Positionen Bekleidung, Hausrat, Haushaltsgeräte und Möbel einen Abschlag vorzunehmen. Zuvor war für die Regelsatzbildung beispielsweise bei Möbeln lediglich 80% der entsprechenden Position berücksichtigt worden, da davon ausgegangen wurde, dass neben Gebrauchtmöbeln auch die Erstausstattungsleistung reduzierend zu berücksichtigen sei. Der Abschlag wurde wegen der vom Bundes-

---

1 Zur vorherigen Regelung bereits unzutreffend: BT-Drs. 15/1514, 60; Abteilung 06 zur Gesundheitspflege als Bedarfsposition unter dem Code 0613900 der EVS.

verfassungsgericht gerügten „Schätzungen ins Blaue" aufgegeben.[2] Durch den Verzicht auf die Abschläge in Hinblick auf die Einmalleistungen ist die tatsächliche Regelbedarfshöhe insoweit überhöht. Mangels valider Bemessungsmöglichkeit der Abschläge musste der Gesetzgeber dies hinnehmen.

IV. Budgetrelevanz

5 Sonderbedarfe sind generell geeignet, den Regelbedarf rechnerisch zu reduzieren, wenn sie bei der Regelbedarfsbemessung als Folge der Ausgliederung nicht berücksichtigt werden. Das **Budget** fällt geringer aus, wenn eine Position in der Einkommens- und Verbrauchsstichprobe vollständig durch eine einmalige Leistung abgedeckt wird. Da höhere Budgets in Gestalt des Regelbedarfs eine stärkere Verwendungsautonomie des Leistungsberechtigten bewirken, schränken gesonderte Tatbestände für einmalige Leistungen diese ein. Je mehr zweckbestimmte Leistungen erbracht werden, desto geringer fällt das freie Budget des Leistungsberechtigten aus. Die Verwendungsautonomie wird hierdurch geschwächt. Andererseits wird eine präzisere Bedarfsdeckung erreicht. Problematisch sind hierbei **Informationsbedarfe, Informationsverluste** sowie **strukturelle Ungerechtigkeiten** differenzierter Leistungssysteme (hierzu → Kap. 9 Rn. 33).

Die Relation zwischen **Bedarfsdeckungsgrad** und **Autonomie** gilt auf den ersten Blick nicht für diejenigen, die zu einem spezifischen Zeitpunkt einen besonderen Bedarf decken müssen, aber keine Chance hatten, ihn anzusparen. Dies gilt wiederum nur dann, wenn ein sehr teurer Gegenstand kurz nach Eintritt in das Leistungssystem zu ersetzen ist. Da das „Ansparbudget" ca. 16 % des Regelbedarfs betrifft, ist nicht der Anteil in dem Regelbedarf für den einzelnen Gegenstand in den Blick zu nehmen, sondern die notwendigen Anschaffungen innerhalb eines Bedarfszeitraums und das hierfür vorgesehen Budget. Reicht dies nicht aus, so ist durch die Gewährung von Darlehen eine Überbrückung und damit eine Bedarfsdeckung zu ermöglichen.

V. Gewährung an Personen, die keine laufenden Leistungen erhalten

6 Personen, die wegen des anzurechnenden Einkommens **keine laufende Leistungen** zur Sicherung des Lebensunterhalts erhalten, können nach § 24 Abs. 3 S. 3 SGB II ebenfalls einen Anspruch auf einmalige Leistungen besitzen. Die Vorschrift suspendiert indes nicht von sämtlichen Leistungsvoraussetzungen für den Zugang zu den Leistungssystemen. Personen, die vom Zugang zum Leistungssystem ausgeschlossen sind oder über Vermögen oberhalb der jeweiligen Vermögensgrenzen verfügen, erhalten keine Leistungen. Bei der Beurteilung des Leistungsanspruchs ist das Einkommen des Antragsmonats und das sechs weiterer Monate zu berücksichtigen. Im Rahmen der Ermessensausübung bei dem Einkommenseinsatz sind die Art des Bedarfs, die fehlenden Vergünstigungen für Personen im laufenden Leistungsbezug und die Üblichkeit des Einkommenseinsatzes in unteren Einkommensschichten für die Art des Bedarfs und dessen Deckung zu berücksichtigen.

VI. Studierende und Auszubildende

7 **Studierenden** können trotz des Leistungsausschlusses gemäß § 7 Abs. 5 SGB II aufgrund der Regelung des § 27 Abs. 2 SGB II die Erstausstattung für Bekleidung und Erstausstattung bei Schwangerschaft und Geburt als Zuschuss erhalten. Aus dem Umkehrschluss der Regelung ist zu folgern, dass der Gesetzgeber keinen Anspruch auf die übrigen einmaligen Leistungen begründen wollte. Ob ein Anspruch für Studierende besteht, hängt

---

2 BVerfGE 9.2.2010 – 1 BvL 1/09, Rn. 175.

davon ab, ob sie BAföG beziehen bzw. wegen des anzurechnenden Einkommens oder Vermögens keinen Leistungsanspruch besitzen. Für die Berechnung des Anspruches auf die einmalige Leistung ist eine SGB II-Berechnung vorzunehmen.[3]

Erhalten die Studierenden bzw. BAföG-Empfänger die Leistungen aufgrund der Rege- **8** lung des § 7 Abs. 6 SGB II – Rückausnahmen –, gilt die Begrenzung des § 27 Abs. 2 SGB II nicht. Sie haben aus eigenem Recht einen Anspruch auf die **einmaligen Leistungen.**

Erhalten Studierende die Leistungen zur Sicherung des Lebensunterhalts aufgrund der **9** **Härteklausel** des § 27 Abs. 3 SGB II als Darlehen, können sie wegen der fehlenden Aufzählung der einmaligen Leistungen diese nicht erhalten. Hiervon ausgenommen ist die Erstausstattung bei Schwangerschaft und Geburt nach § 27 Abs. 2 SGB II. Insofern erfolgt eine Gleichbehandlung zwischen Studierenden und dem Kreis derjenigen, die die Leistungen als Darlehen erhalten.

VII. Art der Leistungsgewährung

Die einmaligen Leistungen können mit Ausnahme der Beihilfen für die Anschaffung or- **10** thopädischer Schuhe, Reparaturen von therapeutischen Geräten und Ausrüstungen sowie die Miete von therapeutischen Geräten sowohl als **Sach- oder Geldleistung** erbracht werden.[4] Auch ist eine **Kombination aus beiden Leistungsarten** möglich. Insofern besteht bei den einmaligen Leistungen primär ein Anspruch auf eine ermessensfehlerfreie Entscheidung des Leistungsträgers. Liegt eine Reduzierung des Ermessens auf Null vor, so besteht ein Anspruch auf die jeweilige Leistungsart. Insbesondere aufgrund der Kombinationsmöglichkeit beider Leistungsarten steht das Auswahlermessen im Vordergrund.

Die Leistungen sind als **Zuschuss** zu gewähren, da die Regelungen über die Darlehens- **11** gewährung sich auf andere Tatbestände beziehen. Lediglich im Fall, in dem sämtliche Leistungen als **Darlehen** zu gewähren sind, sind auch die einmaligen Leistungen ebenfalls als Darlehen zu gewähren. Dies kann bei kurzfristig nicht verwertbaren Vermögen oder bei kurzfristig zufließenden Einnahmen der Fall sein.

Die einmaligen Leistungen sind **zweckbestimmt** im Sinne des § 47 Abs. 2 S. 1 SGB X. **12** Die Leistungen können als **Sach-, Dienst- oder Geldleistungen** erbracht werden (s. hierzu Kapitel 15). Werden Geldleistungen nicht für den Zweck eingesetzt oder die Sachleistung unmittelbar weiter veräußert, kann sie bereits wegen des nicht zweckentsprechenden Einsatzes zurückgefordert werden. Bei der **Rückforderung** handelt es sich um eine der vollen gerichtlichen Kontrolle unterliegenden Ermessensentscheidung.

VIII. Pauschalierung

Die Leistungen für die Wohnungserstausstattung, die Erstausstattung für Bekleidung so- **13** wie die Erstausstattung bei Geburt können bei Vorliegen der Gewährungsvoraussetzungen der Höhe nach durch eine **pauschalierte Leistung** abgegolten werden. Die Pauschale muss so differenziert bemessen sein, dass sie auch im Einzelfall den typischerweise anfallenden notwendigen Bedarf deckt. Bei der Bildung der Pauschale kann der Leistungsträger den Bedarf eines durchschnittlichen Ausstattungsfalls zugrunde legen. Er hat für diesen eine typische Situation zu bilden, anhand dessen er die Pauschale bildet. Er kann, wenn dies dem üblichen Konsumverhalten in unteren Einkommensschichten entspricht, auch die Versorgung durch Gebrauchtwaren berücksichtigen. Kein zulässiges Kriterium

---

3 So – für die Leistungen nach § 22 Abs. 7 SGB II (aF)/§ 27 Abs. 3 SGB II – BSG 22.3.2010 – B 4 AS 69/09 R.
4 § 24 Abs. 3 S. 5 Hs. 1 SGB II.

für die Bemessung der Pauschale ist die kommunale Haushaltslage. Die Pauschale muss hinreichend sein, um die in Blick genommene Bedarfslage durch die zu gewährende Leistung zu decken.

14 Die Pauschale ist nur für den typischen Bedarfsfall geeignet. Gravierend abweichende Bedarfslagen sind ebenso wenig durch die Pauschale zu decken, wie Einzelbedarfe (zB der fehlende Kühlschrank nach Umzug). Auch kann bei einzelnen Pauschalen der Zeitpunkt der letzten Gewährung berücksichtigt werden. Wird innerhalb eines überschaubaren Zeitraums erneut Erstausstattung anlässlich der Geburt gewährt, ist ein Abschlag zulässig. Dabei muss sichergestellt sein, dass die benötigten Gegenstände funktionsfähig und vorhanden sind.

IX. Antragserfordernis

15 Die Leistungen werden nach § 37 Abs. 1 SGB II auf **Antrag** gewährt. Der Antrag ist nicht von der generellen Antragstellung umfasst. Für die einmaligen Leistungen ist nach § 37 Abs. 1 S. 2 SGB II inzwischen davon auszugehen, dass die einmaligen Leistungen nicht von dem Antrag für die laufenden Leistungen zur Sicherung des Lebensunterhalts umfasst sind.[5] Da Leistungen nicht für Zeiten vor der Antragstellung erbracht werden, erhält die Beratungspflicht des Leistungsträgers nach § 14 SGB I eine erhebliche Bedeutung. Bei Verstoß gegen sich aufdrängende Hinweispflichten auf mögliche Leistungen kann über den sozialrechtlichen Herstellungsanspruch ein Anspruch begründet werden.[6]

X. Gerichtlicher Rechtschutz und Kostenersatz bei Selbstbeschaffung

16 Der **gerichtliche Rechtschutz** wird regelmäßig aufgrund des Bedarfsdeckungsgrundsatzes nur im **einstweiligen Rechtsschutz** effektiv gewährt werden können. Hierbei ist zwischen der Leistungspflicht dem Grunde nach oder hinsichtlich einzelner Bedarfsgegenstände zu unterscheiden. Bei der Verpflichtung dem Grunde nach kann das Gericht die Art der Leistungserbringung offenlassen. Bei dem Streit über die Erforderlichkeit einzelner Gegenstände wird die Art der Leistung einzubeziehen sein. Im Falle einer Leistungsablehnung und nachvollziehbarer Selbstbeschaffung durch den Leistungsberechtigten kommt regelmäßig nur noch die **Kostenerstattung** in Betracht.[7] Eine solche Entscheidung greift in den behördlichen Entscheidungsspielraum ein und ist nicht de lege lata gerechtfertigt. Anders als im Krankenversicherungsrecht fehlt es an einer Vorschrift wie § 13 Abs. 3 SGB V, nach der bei Selbstbeschaffung Kostenersatz verlangt werden kann. Die Notwendigkeit der effektiven Bedarfsdeckung wandelt den Anspruch auf Ausübung rechtsfehlerfreien Ermessens in einen **Kostenersatzanspruch**, wobei die Wandelung des Sachleistungsanspruches zur Geldleistung nicht frei von Bedenken ist.[8]

XI. Prüfungsmaßstab und Leistungsniveau

17 Der **Prüfungsmaßstab** für den Umfang der zu gewährenden Leistungen ergibt sich aus § 1 Abs. 1 SGB II/XII. Mit der Gewährung der einmaligen Leistungen soll ein Zustand erreicht werden, der es dem Leistungsempfänger ermöglicht, ein Leben in Würde zu führen. Das Gesetz geht dabei von einer **finalen Betrachtungsweise** aus: Ein **menschenwürdiger, den Bedarf deckender Zustand** ist zu erreichen. Mit der Leistung muss der als

---

5 Zur Rechtslage bis zum 31.12.2010: BSG 23.3.2010 – B 14 AS 6/09 R.
6 BSG 9.12.1997 – 8 RKn 1/97, SozR 3–2600 § 115 Nr. 2.
7 BSG 19.8.2010 – B 14 AS 10/09 R.
8 BSG 6.10.2011 – B 14 AS 66/11 R.

existenznotwendig definierte Bedarf gedeckt sein. Bei der wohnungsbezogenen Erstausstattung bedeutet dies, dass nicht nur der Schutz vor Witterungseinflüssen zu erreichen ist, sondern ebenfalls eine Ausstattung erfolgt, die sich an „herrschenden" Wohnverhältnissen orientiert.[9] Insofern ist eine behelfsmäßige Wohnungsausstattung nicht hinreichend. Nach der Wohnungseinrichtung soll eine Unterbringung von persönlichen Gegenständen möglich sein.[10]

B. Die einmaligen Leistungen im SGB II

I. Erstausstattung für Wohnung einschließlich Haushaltsgeräten (§ 24 Abs. 3 Nr. 1 SGB II, § 31 Abs. 1 Nr. 1 SGB XII)

1. Funktion

Die **Wohnungserstausstattung** soll es dem Leistungsberechtigten im Regelfall ermögli- **18** chen, einen Hausstand einzurichten. Da dies mit erheblichen wirtschaftlichen Aufwendungen verbunden ist, wäre ein Verweis auf den Regelbedarf unzumutbar. Eine angemessene Ausstattung wäre selbst bei bescheidenster Lebensführung nur nach etlichen Jahren möglich. Im Fokus der Leistungsberechtigung steht derjenige, der plötzlich auf einen Hausstand angewiesen ist,[11] der Haftentlassene, derjenige, dessen Haushalt durch Feuer zerstört wurde oder Auslandsrückkehrer.[12] Die Besonderheiten des Einzelfalls sind beim Umfang des Anspruchs maßgeblich. Ein menschenwürdiges Wohnen ist zu ermöglichen. Mit der Wohnungseinrichtung soll den Bedürfnissen Essen, Schlafen und Aufenthalt gedient werden. Dies schließt auch den Anspruch auf einen Fernseher aus dem grundlegenden Bedürfnis der Informationsbeschaffung für die Teilhabe am Leben in der Gemeinschaft ein.[13]

Auch kann nach **Trennung** vom Partner Erstausstattung begehrt werden, wenn kein Anspruch auf Herausgabe gegen den anderen Partner besteht oder er nicht zeitnah durchsetzbar ist.[14] Ein reduzierter Anspruch kann bei jungen Erwachsenen bestehen, wenn sie aus dem **Elternhaus** ausziehen. Gleiches gilt, wenn eine eigene Wohnung angemietet werden muss, da der vormals alleinerziehende Elternteil mit dem neuen Partner einen Hausstand gründet.[15] Kein Anspruch besteht bei einem Einzug in einen bereits bestehenden Haushalt.[16]

Bei größeren Wohnungs- und Haushaltsgegenständen kann es zudem bei Umzügen angezeigt sein, dass ein einzelnes Teil gewährt wird. Beispielsweise wenn der **Einbaukühlschrank** nicht mitgenommen werden kann.[17] Der Anspruch auf Erstausstattung kann folglich auch auf einzelne Gegenstände gerichtet sein, wenn es sich nicht um eine Ersetzung handelt.[18] Von außen hinzutretende Umstände können eine weitere Leistungskonstellation ergeben. Erfolgt eine Umstellung der Energiezufuhr von Kochgas auf Strom, ist ein Elektroherd zu gewähren. Ein Sonderfall auch im Rahmen der Erstausstattung

---

9 BSG 27.9.2010 – B 4 AS 202/10 R, Rn. 15; Hengelhaupt in: Hauck/Noftz SGB II § 23 Rn. 290; O. Loose in: GK-SGB II § 23 Rn. 38.
10 BSG 7.9.2010 – B 4 AS 202/10 R, Rn. 15.
11 BT-Drs. 15/1514, 60.
12 BSG 27.9.2011 – B 4 AS 202/10 R; vgl. Münder in: LPK-SGB II § 24 Rn. 27.
13 AA BSG 24.2.2011 – B 14 AS 75/10 R.
14 LSG NRW 25.3.2008 – L 19 B 13/08 AS ER, FEVS 59, 520; SG Magdeburg 15.6.2005 – S 27 AS 196/05 ER, ASR 2005, 65.
15 SG Oldenburg 18.1.2006 – S 47 AS 1027/05.
16 BayLSG 28.8.2006 – L 7 B 48/06 AS ER, FEVS 58, 42.
17 LSG NRW 18.6.2007 – L 12 B 49/07 AS ER; LSG Nds-Brem 21.2.2006 – L 9 B 37/06 AS; aA Falterbaum in: Hauck/Noftz SGB XII § 31 Rn. 20.
18 BSG 19.9.2008 – B 14 AS 64/07 R, FEVS 2009 (60), 513 ff.

liegt vor, wenn durch einen vom Grundsicherungsträger veranlassten Umzug in eine angemessene Wohnung Wohnungs- und Haushaltsgegenstände unbrauchbar werden.[19]

2. Begrenzung

19 Kleine Haushaltsgeräte sowie Geschirr können Teil der Pauschale für die Erstausstattung sein. Die Anschaffung von kleineren Gegenständen ist nicht mehr möglich, wenn nach einiger Zeit im Leistungsbezug etwas für die alltägliche Nahrungszubereitung oder ein Haushaltsgegenstand vermisst wird. Im Regelfall ist es dem Leistungsberechtigten aufgrund der Pauschalierung der Regelbedarfe zumutbar, Ergänzungsbedarfe auch bei nicht vollständig eingerichteten Haushalten ergänzend selbst anzuschaffen. Ggf. ist ein Darlehen nach § 24 Abs. 1 SGB II bzw. nach § 37 SGB XII für Ergänzungs- oder Ersatzbeschaffungen zu gewähren.

3. Gegenstände

20 Zur Haushaltserstausstattung gehören neben **Haushaltsgeräten** vor allem **Möbel** und sonstige **Einrichtungsgegenstände**. Dies sind nach der kaum noch zu übersehenden Rechtsprechung: Küchenschränke,[20] Tische,[21] Sofa, Stühle, Öfen, Lampen, Gardinen oder Rollos,[22] Tapeten, Farbe, Teppich sowie Teppichboden.[23] Auch gehört die Ausstattung von Badezimmer und Schlafzimmer zu dem notwendigen Bedarf: Bett, Matratze,[24] Kleiderschrank, Badezimmerschrank, Bettzeug.[25]

21 Zum **notwendigen Hausrat** gehören ua die Gegenstände für eine angemessene Haushaltsführung, wie Besteck, Haushaltsmesser, Rührbesen, Schneidbrett, Geschirr, Staubsauger, Bügeleisen, Kühlschrank, Herd, Waschmaschine.[26] Der Bedarf ist bereits gedeckt, wenn Gegenstände vom Vermieter zur Verfügung gestellt werden, wie beispielsweise eine Gemeinschaftswaschmaschine.

22 Nicht zur Erstausstattung ua gehören:

Fernsehgerät und Radio,[27] Handmixgerät, Mikrowellenherd,[28] Fahrrad,[29] Kaffeemaschine,[30] Geschirrspüler,[31] Wäschetrockner,[32] Tiefkühltruhe,[33] PC,[34] oder auch eine Haushaltsleiter.[35] Nach Auffassung des Bundessozialgerichts fehlt es bei einem Fernsehgerät an einem Bezug zum Wohnen.[36]

---

19 BSG 1.7.2009 – B 4 AS 77/08 R.
20 SG Hamburg 24.6.2005 – S 62 AS 406/05, NDV 2005, 322.
21 SG Aachen 9.1.2007 – S 11 AS 96/06, ZfF 2008, 178.
22 SG Magdeburg 15.6.2005 – S 27 AS 196/05 ER, ARS 2005, 65.
23 SG Gelsenkirchen 11.4.2005 – S 11 AS 25/05 ER.
24 BayLSG 17.10.2017 – L 11 AS 588/17, Rn. 15.
25 Von Boetticher in: LPK-SGB II § 24 Rn. 31 mwN.
26 SG Magdeburg 15.6.2005 – S 27 AS 196/05; LSG NRW 29.10.2007 – L 20 AS 12/07.
27 BSG 24.2.2011 – B 14 AS 75/10 R; aA LSG Bln-Bbg 7.10.2009 – L 18 AS 2221/07, FEVS 61 (2010), 537 ff.; SchlHLSG 9.12.2009 – L 9 SO 5/09, ZFSH/SGB 2010, 252 ff.
28 VG Arnsberg info also 1992, 77.
29 OVG Nds-Brem FEVS 42, 227.
30 VG Hannover ZfF 1989, 14.
31 VG Hannover 14.12.1998 – 3 B 7298/98.
32 OVG Lüneburg 12.1.1998 – 4 L 4586/97.
33 VGH BW 24.2.1988 – 6 S 2646/87.
34 BayLSG 29.1.2010 – L 7 AS 41/10 B ER.
35 OVG Hmb 4.10.2000 – 4 Bs 406/99, info also 2001, 111.
36 BSG 24.2.2011 – B 14 AS 75/10 R.

II. Erstausstattung für Bekleidung

1. Funktion

Die Erstausstattung für **Bekleidung** soll den hohen Bedarf für den Leistungsberechtigten **23** decken, wenn zu einem Zeitpunkt eine Vielzahl von Bekleidungsgegenständen angeschafft werden müssen. Dabei regelt der Gesetzgeber drei Konstellationen:

- bei Totalverlust bzw. Gesamtbedarf,
- bei Schwangerschaft,
- bei Geburt.

Der Gesetzgeber regelt mit den drei Fallgestaltungen typisierend die Begebenheiten, in denen ein erheblicher und nicht aus dem Regelbedarf zu bestreitender Aufwand vorliegt.

Von dem Erstausstattungsbedarf ist der **Ergänzungsbedarf** zu unterscheiden. Der Ergän- **24** zungsbedarf betrifft die Fälle, in denen aufgrund von Zeitablauf Bekleidungsgegenstände zu ersetzen sind. Dies kann aufgrund von Abnutzung oder aufgrund der Veränderung der Körperform sein. Keine gesonderten Leistungen für Bekleidung werden im Fall des schnellen Wachstums gewährt. Dieser Bedarf spiegelt sich in den Bekleidungsausgaben der entsprechenden Altersgruppen wieder, die über den Regelbedarf gedeckt werden, da in der Referenzgruppe entsprechende Ausgaben auch zu tätigen sind.[37] Der Auffassung, die danach unterscheiden will, ob es sich um Verschleißbedarf, wachstumsbedingten Bedarf oder sonstigen wachstumsbedingten Bedarf (zB Wachstumsschub) handelt,[38] fehlt es an einem normativen Bezug.[39] Sämtliche Bedarfslagen werden über die Einkommens- und Verbrauchsstichprobe erfasst und gehen in den Regelbedarf der jeweiligen Altersstufe ein. Bei extremen Wachstumsschüben kann ggf. ein Darlehen nach § 24 Abs. 1 SGB II bzw. § 37 Abs. 1 SGB XII gewährt werden.

2. Umfang

Die Ausstattung mit Bekleidung muss den notwendigen **Bedarf decken**. Bei der vollstän- **25** digen Erstausstattung muss ein Vorrat an Bekleidung beschafft werden, um anschließend mit dem Anteil im Regelbedarf die üblichen Ersetzungen vornehmen zu können. Hierbei ist unabhängig von der Jahreszeit der ganzjährige Bedarf in den Blick zu nehmen. Die Gewährung von einer Garnitur Winterschuhe und Winterjacke gehört auch bei der Leistungsgewährung im Frühjahr zum notwendigen Leistungsumfang. Die Ausstattung muss ein mehrmaliges Wechseln der Wäsche in der Woche ermöglichen und Ersatz für den Fall umfassen, dass einzelne Kleidungsstücke verschmutzt sind.[40]

In der Praxis erfolgt eine Orientierung an der im Auftrag des **Deutschen Vereins** erstell- **26** ten Erhebung und Zusammenstellung von *Blossen-Reisen*.[41] Sie sind ein guter Anhaltspunkt für die Praxis.[42] Dies sind im Einzelnen Mäntel, Jacken, Kleider, Röcke, Hosen, Sportbekleidung, Schuhe und Unterbekleidung. Für Schwangere sind Umstandsmoden zu erbringen. Bei Schwangerschaft ist die Leistung für die verschiedenen Zeiträume ggf. zu teilen oder bei der Bewilligung einer Pauschale darauf hinzuweisen, dass die Leistung für alle Phasen der Schwangerschaft ausreichen soll. Bei Neugeborenen soll die Bekleidungserstausstattung die ersten Wochen abdecken.

---

37 Im Ergebnis ebenso BGS 23.3.2010 – B 14 AS 81/08 R, FamRZ 2010, 1660; Loose in: GK-SGB II § 23 Rn. 44.
38 Von Boetticher in: LPK-SGB II § 24 Rn. 35.
39 BSG 23.5.2013 – B 4 AS 79/12 R; 23.3.2010 – B 14 AS 81/08 R.
40 Von Boetticher in: LPK-SGB II § 24 Rn. 33.
41 Deutscher Verein, 1990, Band 12.
42 VGH BW FEVS 39 (1988), 247.

3. Art der Leistungserbringung

27 Die Leistungen können als **Sach- oder Geldleistung** erbracht werden. Nach § 24 Abs. 3 S. 5 SGB II bzw. § 31 Abs. 3 SGB XII können die Leistungen pauschaliert werden. Die Pauschale muss sich an dem Bedarf orientieren. Bei der Ausgestaltung kann berücksichtigen werden, dass bei Säuglingen häufig Second-Hand-Kleidung gebraucht wird.[43] Die Gewährung insoweit reduzierter Beträge hat daher keinen diskriminierenden Charakter. Bei der Bemessung von Pauschalen hat der Leistungsträger einen nachvollziehbaren Weg der Preisermittlung zu beschreiten.

III. Erstausstattung bei Schwangerschaft

28 Die Erstausstattung bei **Schwangerschaft** bezieht sich auf den durch die Schwangerschaft selbst ausgelösten Mehrbedarf und daher allein auf die Ausstattung mit Bekleidung, die aufgrund der körperlichen Veränderung infolge der Schwangerschaft benötigt wird.[44]

IV. Erstausstattung bei Geburt

29 Die Erstausstattung anlässlich der **Geburt** soll die Bekleidungs- und Haushaltsausstattung für einen Säugling ermöglichen. Grundsätzlich kann die Leistung gem. § 24 Abs. 3 S. 5 SGB II ebenfalls als Pauschale erbracht werden. Liegen haushaltsbezogene Besonderheiten vor, sind sie für den Umfang der zu gewährenden Leistungen zu berücksichtigen. Folgende Gegenstände können insbesondere erforderlich sein: Kinderhochstuhl, Kinderwagen, Bett, Babywanne, Kindersitz für Pkw. Die Besonderheiten vor Ort können ggf. einen Windeleimer, einen Laufstall oder eine Bade-Wickelkombination erforderlich machen.[45]

Bei dem Umfang der Leistungsgewährung kann auch auf Gebrauchtsachen verwiesen werden. Bereits konkret im Haushalt der Leistungsberechtigten Vorhandenes, zB durch ältere Geschwisterkinder, reduzieren den Anspruch.[46]

V. Anschaffung und Reparatur von orthopädischen Schuhen, Reparaturen von therapeutischen Geräten und Ausrüstungen sowie die Miete von therapeutischen Geräten

1. Allgemeines

30 Die Regelung wurde rückwirkend zum 1.1.2011 in § 24 Abs. 3 Nr. 3 SGB II bzw. § 31 Abs. 1 Nr. 3 SGB XII – wortgleich – eingeführt. Es handelt sich um **atypische Bedarfslagen**, von der ein sehr kleiner Personenkreis profitiert.

Eine Einbeziehung der Ausgabenposition in die Budgetleistung passt nicht zur Typik eines am Bedarfsdeckungsgrundsatz orientierten Regelbedarfs.[47] Anders als bei der „Weißen Ware" handelt es sich auch nicht um langlebige Gebrauchsgüter, die typisierend in fast allen Haushalten benötigt werden.

Die Begrifflichkeiten des Tatbestands entstammen nicht den Regelungen des Krankenversicherungsrechts. Sie kommen aus der Anschreibung der Haushaltsausgaben der Einkommens- und Verbrauchsstichprobe im Haushaltsbuch.[48] Aufgrund der Subsidiarität

---

43 BSG 13.4.2011 – B 14 AS 53/10 R, Rn. 28.
44 Blüggel in: Eicher/Luik SGB II § 24 Rn. 108.
45 SG Lüneburg 22.4.2005 – S 30 AS 107/05 ER.
46 SG Bremen 27.2.2009 – S 23 AS 255/09 ER.
47 BT-Drs. 17/3404, 169.
48 BSG 25.10.2017 – B 14 AS 4/17 R, Rn. 18.

Siebel-Huffmann

der Fürsorgeleistungen gem. § 2 Abs. 1 SGB II/XII sind Ansprüche gegen die Krankenkasse vorrangig.[49]

2. Anschaffung und Reparatur von orthopädischen Schuhen

Der Begriff der **orthopädischen Schuhe** entspricht dem des Krankenversicherungsrechts. **31** Nach der Hilfsmittelrichtlinie handelt es sich dabei um ein individuell gefertigtes Produkt oder einen serienmäßig gefertigten Schuh mit handwerklicher Zurichtung. Dabei kann es sich nach der Produktgruppe 31 des Hilfsmittelverzeichnisses nach § 139 SGB V um Maßschuhe, Straßenschule, Hausschuhe, Sportschuhe, Badeschuhe sowie um Zusatzarbeiten an dem Schuh handeln. Übernommen wird der zu zahlende Eigenanteil.

3. Reparaturen von therapeutischen Geräten und Ausrüstungen und Miete von therapeutischen Geräten

Ist ein im krankenversicherungsrechtlichen Sinn **therapeutisches Gerät** oder ein entsprechender **Ausrüstungsgegenstand** defekt, besteht ein Anspruch auf Übernahme der Reparaturkosten. Hierdurch wird der Hilfebedürftige in seiner Gesundhaltung unterstützt. **32** Benötigt er entsprechende zu mietende Gerätschaften, besteht ein subsidiärer Anspruch gegen den Fürsorgeträger. Die Leistungen der Krankenkasse sind dabei vorrangig.

Unter Bezugnahme auf die Erhebungsunterlagen der EVS 2008 hat das Bundessozialgericht die Reparaturkosten für eine Brille als von der Anspruchsgrundlage umfasst angesehen.[50]

C. Besonderheiten im SGB XII

Im SGB XII bestehen weder hinsichtlich der Formulierung noch im Umfang der Leistungsgewährung Abweichungen. Die einmaligen Leistungen, die neben den laufenden **33** Leistungen zur Sicherung des Lebensunterhalts zu gewähren sind, finden sich in § 31 Abs. 1 Nr. 1 SGB XII. Ebenso können Leistungen an Personen gewährt werden, die nicht im laufenden Leistungsbezug stehen. Für diejenigen, die dauerhaft voll erwerbsgemindert sind oder die Altersgrenze von 65+ gem. § 41 Abs. 2 SGB XII überschritten haben, ergibt sich der Anspruch auf die einmaligen Leistungen aus § 42 Nr. 2 SGB XII als Teil der Grundsicherung im Alter und bei Erwerbsminderung. Dieser Personenkreis erhält die Leistungen nach § 41 Abs. 1 SGB XII auf Antrag. Für diejenigen, die Hilfe zum Lebensunterhalt nach dem Dritten Kapitel erhalten, setzt die Hilfe nach § 18 SGB XII ein, wenn der Träger **Kenntnis von dem Bedarf** erhält.

49 Münder in: LPK-SGB II § 24 Rn. 36.
50 BSG 25.10.2017 – B 14 AS 4/17 R.

Kapitel 27: Leistungen für Bildung und Teilhabe

Literaturhinweise: Armborst, Das Bildungspaket oder: Hartz IV reloaded/overloaded?, Arch-SozArb 2011, 4; I. Becker, Bewertung der Neuregelungen des SGB II – Methodische Gesichtspunkte der Bedarfsbemessung vor dem Hintergrund des „Hartz-IV-Urteils" des Bundesverfassungsgerichts, SozSich Extra „Sind die neuen Regelbedarfe des SGB II und SGB XII verfassungsgemäß?" 9/2011, 7; P. Becker, Die neuen Leistungen für Bildung und Teilhabe im SGB II, SGb 2012, 185; Brose, Die Lernförderung nach dem Bildungspaket – Eine kritische Zwischenbilanz, NZS 2013, 51; Deutscher Verein für öffentliche und private Fürsorge, Leistungen für Bildung und Teilhabe – Erste Empfehlungen zur Auslegung der neuen Regelungen im SGB II und XII sowie im Bundeskindergeldgesetz (2011), NDV 2012, 7 und 61; ders., Dritte Empfehlungen des Deutschen Vereins zur Umsetzung der Leistungen für Bildung und Teilhabe vom 16.6.2015; Groth, Neue Leistungen für Bildung und Teilhabe im SGB II, SGB XII und BKGG, jurisPR-SozR 8/2011 Anm. 1; ders., Leistungen für Bildung und Teilhabe (§ 11), in: Groth/Luik/Siebel-Huffmann (Hrsg.), Das neue Grundsicherungsrecht, Baden-Baden 2011; Haase, Zur ersten Novellierung der Leistungen für Bildung und Teilhabe, LKV 2013, 351; Klerks, Leistungen für Bildung und Teilhabe gemäß §§ 28, 29 SGB II, info also 2011, 147; Knickrehm, Drei Jahre Bildungs- und Teilhabepaket nach dem SGB II, SozSich 2014, 157; Lenze, Bildung und Teilhabe zwischen Jobcenter und Jugendamt, ZKJ 2011, 17; dies., Das Bildungs- und Teilhabepaket – Return to sender?, ZKJ 2011, 372; O. Loose, Leistungen für Bildung und Teilhabe nach § 28 SGB II – Ein Überblick über die (Rechts-)Probleme unter Berücksichtigung der aktuelleren Rechtsprechung, info also 2016, 147; Münder, Verfassungsrechtliche Bewertung des Gesetzes zur Ermittlung von Regelbedarfen und zur Änderung des SGB II und SGB XII, SozSich Extra „Sind die neuen Regelbedarfe des SGB II und SGB XII verfassungsgemäß?" 9/2011, 65; Rothkegel, Hartz-IV-Regelsätze und gesellschaftliche Teilhabe – die geplanten Änderungen im Lichte des Urteils des Bundesverfassungsgerichts, ZFSH/SGB 2011, 69; Zimmermann, Das Teilhabe- und Bildungspaket – Die gesetzlichen Neuregelungen des SGB II, SGB XII und BKGG, NJ 2011, 265.

Rechtsgrundlagen:
SGB II § 4 Abs. 2 S. 2–4, § 19 Abs. 2, §§ 28, 29, 30, 37 Abs. 1 S. 2 und Abs. 2 S. 3, § 77 Abs. 7–11
Alg II-V § 5 a
SGB XII §§ 34, 34 a, 34 b, 42 Nr. 3
AsylbLG § 3 Abs. 3
BKGG §§ 6 b, 7 Abs. 3, 9 Abs. 3
RBEG 2017 § 9

Orientierungssätze:

1. Leistungen für Bildung und Teilhabe treten als eigenständige Grundsicherungsleistungen für Kinder, Jugendliche sowie Schülerinnen und Schüler neben die sonstigen Leistungen zur Sicherung des Lebensunterhalts im SGB II und im Dritten und Vierten Kapitel des SGB XII.

2. Für Kinder und Jugendliche in Haushalten, die Wohngeld oder Kinderzuschlag erhalten, sieht § 6 b BKGG entsprechende Leistungen vor.

3. Die Leistungen werden bedarfsorientiert und bedürftigkeitsabhängig gewährt und dienen im SGB II und SGB XII unmittelbar der Sicherung des menschenwürdigen Existenzminimums (Art. 1 Abs. 1 GG iVm Art. 20 Abs. 1 GG).

4. Die Leistungen decken Bedarfe für Schul- und Kitaausflüge sowie Klassenfahrten, persönliche Schulausstattung, Schülerbeförderung, Lernförderung, gemeinschaftliches Schul- und Kitamittagessen sowie Möglichkeiten der sozialen Teilhabe ab. Sie werden durch Handlungspflichten der Leistungsträger flankiert, die auf die tatsächliche Inanspruchnahme der Leistungen zielen.

5. Leistungen für Bildung und Teilhabe werden überwiegend sachleistungsähnlich – durch Gutscheine oder Direktzahlungen an Leistungsanbieter – erbracht. Dadurch soll sichergestellt werden, dass die Leistungen bei den Kindern und Jugendlichen ankommen. Treten Leistungsberechtigte bei diesen Leistungen im Fall berechtigter Selbsthilfe in Vorleistung, kommt ausnahmswei-

se auch Kostenerstattung in Betracht. Mit dem Inkrafttreten des Starke-Familien-Gesetz insoweit zum 1.8.2019 wird der implizite Sachleistungsvorrang allerdings weitestgehend beseitigt.

6. Auch soweit Leistungen in unbarer Form erbracht werden, haben die kommunalen Träger (SGB II) und die örtlichen Träger der Sozialhilfe (SGB XII) als Leistungsträger keinen echten Sicherstellungsauftrag. Sie haben nur sicherzustellen, dass Leistungsberechtigte vorhandene geeignete Angebote in Anspruch nehmen können.

A. Rahmenbedingungen und Strukturprinzipien

I. Verfassungsrechtlicher Rahmen

1. Grundrechte

„Kinder sind keine kleinen Erwachsenen."[1] Bei der Ermittlung des soziokulturellen Existenzminimums sind deshalb auch die **alters- und entwicklungsspezifischen Bedarfe** von Kindern und Jugendlichen zu berücksichtigen. Geschieht dies nicht oder nicht hinreichend, hat dies nach der Rechtsprechung des Bundesverfassungsgerichts eine Verletzung des aus der Menschenwürdegarantie (Art. 1 Abs. 1 GG) und dem Sozialstaatsprinzip (Art. 20 Abs. 1 GG) abgeleiteten **Grundrechts auf ein menschenwürdiges Existenzminimum** zur Folge.   **1**

Vorgaben an die **Form der Bedarfsdeckung** sind aus der Verfassung nicht ableitbar. Dem Grundrecht auf ein menschenwürdiges Existenzminimum kann prinzipiell schon dadurch ausreichend Rechnung getragen werden, dass die **Regelbedarfe** von Kindern und Jugendlichen unter **Berücksichtigung altersspezifischer Bedarfe** „kindgerecht" ermittelt und nicht allein – wie in der Vergangenheit – (mittelbar) aus dem Verbrauchsverhalten von Erwachsenenhaushalten abgeleitet werden. Die Ableitung der Regelbedarfsstufen 4 bis 6 aus dem **Verbrauchsverhalten von Paarhaushalten mit einem Kind** (Fami-   **2**

---

1 BVerfG 9.2.2011 – 1 BvL 1/09, 3/09, 4/09, BVerfGE 125, 175, Abs. 191.

lienhaushalte) nach Maßgabe des § 2 S. 1 Nr. 2 RBEG 2017[2] trägt dieser Kritik Rechnung.

3 Die Bedarfsdeckung über altersspezifisch ermittelte Regelsätze für Kinder und Jugendliche ist eine zulässige, nicht aber die alternativlose Möglichkeit, den verfassungsrechtlichen Vorgaben zu genügen. Für entwicklungsspezifische Bedarfe, die nur bei einem kleinen Teil der Kinder und Jugendlichen auftreten, sind **Mehrbedarfsregelungen** nicht nur eine Option; sie haben sogar ein höheres Maß an Plausibilität. Freilich muss auch der Umfang gesondert erbrachter Leistungen für sich genommen oder in Verbindung mit dem Regelbedarf sachgerecht begründet sein (zur Verfassungsgemäßheit einzelner Leistungen → Rn. 24 und 39). Neben Geldleistungen kommen **auch Sach- und Dienstleistungen** als zulässige Formen zur Deckung des menschenwürdigen Existenzminimums in Betracht.[3]

4 Soweit Sach- und Dienstleistungen für Kinder und Jugendliche mit dem Ziel einer Verhaltenssteuerung erbracht werden, ist ferner das grundrechtlich verbürgte **Elternrecht** zu beachten. Pflege und Erziehung der Kinder sind das natürliche Recht der Eltern und die zuvörderst ihnen obliegende Pflicht (Art. 6 Abs. 2 S. 1 GG). Die Eltern sollen grundsätzlich autonom über die Ausbildung und Freizeitgestaltung ihrer Kinder entscheiden, soweit nicht Gefährdungen des Kindeswohls ein staatliches Einschreiten gebieten (vgl. Art. 6 Abs. 2 S. 2 GG). Obgleich das Grundrecht des **Art. 6 Abs. 2 GG** im Kern als **klassisches Abwehrrecht** gegen staatliche Eingriffe fungiert, hat es bei der Auskehrung von Sozialleistungen zumindest dann Relevanz, wenn diese der Sicherung des menschenwürdigen Existenzminimums dienen. Sachleistungen dürfen den Leistungsberechtigten weder aufgezwungen werden, noch ihre autonome Lebensgestaltung unverhältnismäßig beeinträchtigen. Diese Grenzen überschreiten die sachleistungsähnlich gewährten Leistungen für Bildung und Teilhabe in ihrer jetzigen Form jedoch nicht. Sie stellen keine Beeinträchtigung des Elternrechts dar: Soweit es um „schulnahe" Leistungen geht, kollidiert das Elternrecht ohnehin mit der in vielen Landesverfassungen normierten **Schulpflicht**.[4] Die Leistungen nach § 28 Abs. 7 SGB II werden tendenzfrei und grundsätzlich ohne **Inhalts- und Qualitätskontrolle** gewährt. Die – nur im SGB II normierte – **Hinwirkungspflicht** nach § 4 Abs. 2 S. 4 SGB II trifft nur die Leistungsträger; eine korrespondierende – gar sanktionsbewehrte – Mitwirkungspflicht der Leistungsberechtigten gibt es nicht.

2. Gesetzgebungskompetenz

5 Leistungen für Bildung und Teilhabe darf der Bundesgesetzgeber nur schaffen, soweit er sich auf einen Kompetenztitel der ausschließlichen oder konkurrierenden Gesetzgebung des Bundes stützen kann. Als solcher kommt der **Kompetenztitel der „öffentlichen Fürsorge"** (Art. 74 Abs. 1 Nr. 7 GG) in Betracht, auf den die Existenzsicherungssysteme des SGB II und SGB XII allgemein gestützt werden. Bereits die Bezeichnung der Leistungen („Bildung") suggeriert aber ein über die reine Existenzsicherung hinausgehendes Anliegen des Bundesgesetzgebers, das – insbesondere hinsichtlich der Bildungskomponente – in die (ausschließliche) **Kultuszuständigkeit der Länder** hineinzureichen scheint. Kompetenzrechtliche Bedenken sind dementsprechend einerseits gegen die Berücksichtigung eines Mehrbedarfs für Lernförderung angemeldet worden, dessen Bestehen wegen des in den Schulgesetzen der Länder normierten **umfassenden Bildungsauftrags** von Seiten der Kultusministerien angezweifelt worden ist.[5] Andererseits wird die Verpflichtung der

---

2 Vgl. zuvor bereits § 2 Nr. 2 RBEG 2011.
3 BVerfG 9.2.2011 – 1 BvL 1/09, 3/09, 4/09, BVerfGE 125, 175, Abs. 138.
4 Vgl. etwa Art. 8 Abs. 1 LV SH.
5 Armborst ArchSozArb 2011, 6.

Groth

Jobcenter, neben der Bereitstellung von Leistungen auch auf deren Inanspruchnahme aktiv hinzuwirken (§ 4 Abs. 2 S. 4 SGB II), als Verknüpfung von existenzsichernder Sachleistung und sozialpädagogischer Dienstleistung kritisch bewertet.[6]

Die Kritik ist zwar **rechtspolitisch plausibel**, seit der Regelleistungsentscheidung des **6** Bundesverfassungsgerichts allerdings **kompetenzrechtlich überholt**. Das Gericht sieht die grundsätzliche Gesetzgebungs- und Verwaltungszuständigkeit der Länder im Bildungsbereich gerade nicht als tragfähige Begründung dafür an, dass ein Grundsicherungssystem, mit dem der Bundesgesetzgeber von seiner konkurrierenden Gesetzgebungskompetenz nach Art. 74 Abs. 1 Nr. 7 GG abschließend Gebrauch macht, Bildungsbedarfe unberücksichtigt lässt. Der Bund dürfe erst dann von der Gewährung entsprechender Leistungen absehen, wenn sie durch landesrechtliche Ansprüche (auch im Bereich der Lernförderung) substituiert und hilfebedürftigen Kindern gewährt würden.[7] Bis dahin habe der Bund die fürsorgerechtliche Pflicht, hilfebedürftige Personen mit den **für den Schulbesuch notwendigen Mitteln** auszustatten.[8] Diese Ausführungen trifft das Gericht gerade im Hinblick auf die ehedem bei der Regelsatzermittlung vollständig ausgeklammerte **Abteilung 10 der Einkommens- und Verbrauchsstichprobe**, deren einzige für Kinder und Jugendlichen relevante bildungsbezogene Position der Nachhilfeunterricht ist. Ist der Bundesgesetzgeber demnach verfassungsrechtlich als „Ausfallbürge"[9] zur Deckung schulnaher individueller Bildungsbedarfe gehalten und bewegt er sich grundsätzlich im System des Statistikmodells, kann er den – auch in der Referenzgruppe – tatsächlich in Anspruch genommenen Nachhilfeunterricht bei der Bemessung der existenzsichernden Leistungen kaum mit Rücksicht auf kultuspolitische Ansprüche an die Qualität des öffentlichen Schulwesens unberücksichtigt lassen.[10] Die **Hinwirkungspflicht** der Leistungsträger auf die Inanspruchnahme der Leistungen (vgl. § 4 Abs. 2 SGB II) ist als Annex damit ebenfalls vom Kompetenztitel gedeckt.

II. Rechtspolitische Motive und Alternativen

Die mit Gesetz zur Ermittlung von Regelbedarfen und zur Änderung des Zweiten und **7** Zwölften Buches v. 24.3.2011[11] seit 1.1.2011 implementierten Leistungen für Bildung und Teilhabe sollen dazu dienen, durch die gesonderte Berücksichtigung bestimmter bildungsnaher und sozialer Bedarfe **Chancengerechtigkeit** in einem möglichst frühen Stadium herzustellen, gesellschaftliche **Ausgrenzungsprozesse zu vermeiden** und die Bedingungen zu schaffen, die es Kindern und Jugendlichen, Schülerinnen und Schülern aus einkommensschwachen Haushalten durch Entwicklung und Entfaltung ihrer Fähigkeiten ermöglichen, ihren Lebensunterhalt später aus eigenen Kräften zu bestreiten.[12] Der Gesetzgeber hat sich offensichtlich nicht auf eine bloße Umsetzung der **Vorgaben des Bundesverfassungsgerichts** beschränken, sondern die Lebensbedingungen von Kindern und Jugendlichen in unteren Einkommensgruppen politisch initiativ verbessern wollen. Ob das Ziel einer kompensatorischen Bewältigung der Problemlagen junger Menschen in armen Familien im Rahmen eines bundesrechtlichen Existenzsicherungssystems letztlich effektiv erreicht werden kann, sei dahingestellt.

Insbesondere soll sichergestellt werden, dass **Leistungen bei den Kindern tatsächlich an- 8 kommen** und nicht im ohnehin knappen Familienbudget „untergehen". Zur Erreichung

---

6 Armborst ArchSozArb 2011, 5.
7 BVerfG 9.2.2011 – 1 BvL 1/09, 3/09, 4/09, BVerfGE 125, 175, Abs. 197.
8 BVerfG 9.2.2011 – 1 BvL 1/09, 3/09, 4/09, BVerfGE 125, 175, Abs. 181 f.
9 In diesem Sinne Rixen, Was folgt aus der Folgerichtigkeit? „Hartz IV" auf dem Prüfstand des Bundesverfassungsgerichts, SGb 2010, 241 (244).
10 So letztlich auch Armborst ArchSozArb 2011, 5.
11 BGBl. I, 453.
12 BT-Drs. 17/3404, 42; vgl. Luik in: jurisPK-SGB XII § 34 Rn. 32.

dieses Ziels setzt der Gesetzgeber auf eine Vielzahl eher kleinteiliger Einzelleistungen. Ein beträchtlicher **administrativer Aufwand,** der einen hohen Verwaltungskostenanteil an den aufgewendeten Mitteln zur Folge hat, wird dafür bewusst in Kauf genommen. Sozialpolitisch ist das Konzept auch deshalb naturgemäß nicht unumstritten.[13] Vielfach wird in **Aufbau und Förderung einer entsprechenden Infrastruktur** für alle Kinder und Jugendlichen die bessere Alternative gesehen.[14] Dabei ist allerdings zu berücksichtigen, dass es dem Bund für derartige Infrastrukturmaßnahmen an eigenen Kompetenzen fehlt und bei **Zuweisung entsprechender Mittel an die Länder** – soweit finanzverfassungsrechtlich zulässig – eine zweckentsprechende Verwendung nicht sicherzustellen ist. Eine flächendeckende Sicherung des soziokulturellen Existenzminimums im Bildungsbereich kann in der Gesamtverantwortung des Bundes im föderalen System der Bundesrepublik Deutschland auf diese Weise kaum gewährleistet werden.

9 Demgegenüber ist die Implementierung bundesrechtlicher **Individualansprüche** auf teilhabeorientierte Leistungen im **Jugendhilferecht** (SGB VIII) namentlich von Seiten der Wohlfahrtsverbände bereits im frühen Stadium des Gesetzgebungsverfahrens als verfassungsrechtlich haltbare und sozialpolitisch vorzugswürdige Alternative angeboten worden.[15] Zweifellos kommt den Jugendämtern auf diesem Gebiet insbesondere gegenüber der Arbeitsverwaltung die **größere Sachkompetenz** zu. Allerdings wäre bei streng bedarfsbezogener und bedürftigkeitsabhängiger Ausgestaltung (→ Rn. 10) wegen der erforderlichen Prüfung der Leistungsvoraussetzungen (einzusetzendes Einkommen und Vermögen) eine enge Vernetzung mit den Grundsicherungsträgern erforderlich geworden; **Doppelstrukturen** hätten nicht gänzlich vermieden werden können. Die sachlich richtige Zuordnung der Aufgaben zu den (auch für die Jugendhilfe zuständigen) Kreisen und kreisfreien Städten im SGB II dürfte die Probleme vermindert haben und eine sachgerechte Einbindung der Jugendhilfe vor Ort ermöglichen.[16]

III. Rechtstechnische und konzeptionelle Ausgestaltung

10 Die Leistungen für Bildung und Teilhabe sind **bedarfsbezogen und bedürftigkeitsauslösend** ausgestaltet und dienen damit auch konzeptionell unmittelbar der **Deckung des soziokulturellen Existenzminimums.** Darin unterscheiden sie sich insbesondere von der früheren zusätzlichen Leistung für die Schule (§ 24 a SGB II aF/§ 28 a SGB XII aF), die schon ihrem Namen nach als zusätzlich und damit nicht unmittelbar existenzsichernd konzipiert war. Dies schließt es nicht aus, dass Leistungen pauschaliert gewährt oder Bedarfe für die Abrechnung pauschaliert bewertet werden (vgl. § 9 RBEG 2017/§ 5 a Alg II-V).[17]

11 Im Gegensatz zu anderen Leistungen zur Sicherung des Lebensunterhalts werden die Leistungen für Bildung und Teilhabe überwiegend nicht als Geldleistungen, sondern in **unbarer Form** durch personalisierte Gutscheine oder Direktzahlungen an Leistungsanbieter (vgl. § 29 Abs. 2 und 3 SGB II) erbracht (→ Rn. 46 f.). Es handelt sich dabei um spezielle sachleistungsähnliche Leistungsformen, die im Sinne der Zielvorstellungen des Gesetzgebers sicherstellen sollen, dass die Leistungen beim Kind ankommen. Da es um

---

13 Den Verwaltungskostenanteil schätzt Sell, Teilhabe und Bildung als Sachleistungen: bisherige Erfahrungen mit Gutschein- und Chipkartensystemen, ArchSozArb 2011, 24 (30) auf 20%; Siegler, Das Bildungs- und Teilhabepaket in der Umsetzung, NDV 2013, 68 (77) geht sogar von bis zu 46% aus; kritisch zur Kosten-Nutzen-Relation auch Loose in: GK-SGB II § 28 Rn. 167 ff.

14 So zB von zur Gathen/Struck, Soziale Teilhabe lässt sich nicht in Bildungspäckchen packen! Zu den Neuregelungen im SGB II für Kinder und Jugendliche, ArchSozArb 2011, 78 (86 ff.).

15 Der Paritätische, Vorläufige Bewertung zum Referentenentwurf des Gesetzes zur Ermittlung von Regelbedarfen und zur Änderung des Zweiten und Zwölften Buches Sozialgesetzbuch vom 20.9.2010.

16 Vgl. Lenze ZKJ 2011, 24 f.

17 Dazu Groth (Lit.), § 11 Rn. 295.

Teilhabe geht, haben die Träger keinen **Sicherstellungsauftrag**.[18] Sie müssen (lediglich) gewährleisten, dass Gutscheine bei *vorhandenen* geeigneten Anbietern eingelöst werden können (vgl. § 29 Abs. 2 S. 2 SGB II). Gibt es vor Ort keine entsprechende **Infrastruktur**, besteht für die Leistungsträger keine Pflicht, eine solche zu schaffen. Zur eigenständigen Bereitstellung entsprechender Angebote sind die Träger nicht verpflichtet.[19] Vorhandene Disparitäten im Stadt-Land-Verhältnis werden dadurch zwar nicht überwunden; dies ist im Rahmen der grundsicherungsrechtlichen Gewährleistung individueller Teilhabechancen allerdings auch nicht das vorrangige Ziel. Andererseits können derartige Leistungsansprüche mittelbar zum Aufbau bisher vor Ort fehlender Strukturen beitragen.[20] Um Anbieter nicht abzuschrecken, wird auf ein ausgeprägtes vereinbarungsbasiertes **Leistungserbringungsrecht** im Wesentlichen verzichtet. Der Qualitätssicherung kommt insbesondere im Bereich der sozialen Teilhabe, bei der es nur ums „Mitmachen" geht, bestenfalls eine untergeordnete Rolle zu (→ Rn. 47).

Die einzelnen materiellen Leistungen werden in der Grundsicherung für Arbeitsuchende **12** von konzeptionell neuartigen Pflichten der Leistungsträger flankiert, Zugang zu Leistungsangeboten zu eröffnen und unterstützend **auf die Inanspruchnahme hinzuwirken**. Die in § 4 Abs. 2 S. 2 bis 4 SGB II normierten „Hinwirkungsgebote"[21] sollen ebenfalls sicherstellen, dass Leistungen vom berechtigten Personenkreis tatsächlich abgerufen werden, also „beim Kind ankommen" (→ Rn. 8). Sie gehen über die allgemeinen Auskunfts- und Beratungspflichten (§§ 14, 15 SGB I) insoweit hinaus, als sie eine „erfolgsbezogene Tendenz"[22] aufweisen. Insoweit kompensieren sie teilweise das vielfach als Zugangshürde empfundene gesonderte Antragserfordernis (§ 37 Abs. 1 S. 2 SGB II). Die Hinwirkungspflichten haben aber ausschließlich Angebotscharakter und werden nicht durch **Mitwirkungspflichten** der Leistungsberechtigten oder ihrer Eltern flankiert (→ Rn. 4). Entziehen sich Leistungsberechtigte den Bemühungen der Leistungsträger, kommen deshalb auch Sanktionen (vgl. §§ 31 ff. SGB II) nicht in Betracht.[23]

IV. Zwischenbilanz und gesetzliche Fortentwicklung

Bereits gut zwei Jahre nach Implementierung der Leistungen für Bildung und Teilhabe **13** wurde erstmals Zwischenbilanz gezogen. Die Bandbreite der Bewertungen konnte kaum größer sein: Während die seinerzeitige Bundesarbeitsministerin wenig überraschend von einer „**Erfolgsgeschichte**" spricht,[24] wird das Bildungs- und Teilhabepaket aus den Reihen der Wohlfahrtsverbände ebenso erwartungsgemäß für „**komplett gescheitert**" erachtet.[25] Auch jüngere sozialpolitische Bewertungen der Kontrahenten unterscheiden sich davon kaum. Als Maßstab für den Erfolg der Leistungen für Bildung und Teilhabe wird dabei im Wesentlichen die **Inanspruchnahmequote** ausgemacht, die zwischenzeitlich bei durchschnittlich eher über 45% (Anspruchsberechtigte, die außer dem Schulbedarf mindestens eine Leistung nutzen) liegt.[26] Die sozialwissenschaftliche Forschung

---

18 BT-Drs. 17/3404, 107; vgl. auch Groth (Lit.), § 11 Rn. 329; Klerks info also 2011, 147.
19 Luik in: Eicher/Luik SGB II § 28 Rn. 19.
20 Voelzke in: Hauck/Noftz SGB II § 28 Rn. 19.
21 So Armborst ArchSozArb 2011, 4; Deutscher Verein (Lit.), 9.
22 Klerks info also 2011, 156.
23 Vgl. Brose NZS 2013, 53.
24 Von der Leyen, Das Bildungspaket: Eine Erfolgsgeschichte, Der Landkreis 2013, 163.
25 Der Paritätische – Gesamtverband, Bildungspaket gescheitert: Paritätischer fordert Rechtsanspruch auf Teilhabe, Pressemitteilung vom 2.4.2013.
26 Soziologisches Forschungsinstitut Göttingen/Institut für Arbeitsmarkt- und Berufsforschung/Statistisches Bundesamt, Evaluation der bundesweiten Inanspruchnahme und Umsetzung der Leistungen für Bildung und Teilhabe, Juli 2015, S. 29; Inanspruchnahmequoten von 34% bis über 50% dokumentiert bei Knickrehm SozSich 2014, 164; Leubecher, Zur Umsetzung des Bildungs- und Teilhabepaketes im ländlichen Raum, NDV 2013, 281 (283) spricht für den Kreis Nordfriesland von einer „Antragsquote" von 90%.

macht als **Ursachen für mangelnde Inanspruchnahme** ua Informationsdefizite, Überforderung durch das Antragserfordernis, Angst vor Diskriminierung und die mangelnde Passgenauigkeit des Angebots aus.[27] Andererseits soll die Nutzung der Leistungen Abhängigkeiten von staatlichen Leistungen verstärken und zu einem Selbstvertrauensverlust der Nutzer führen.[28]

14 Eine von den Kritikern geforderte **programmatische Neuausrichtung** – sei es durch Aufgabenverlagerung hin zu den Jugendämtern oder durch Ersetzung der als kleinteilig empfundenen Leistungen durch Maßnahmen der institutionellen Förderung – hat es **bisher nicht gegeben**. Dies ist angesichts der politischen Bewertung durch regierungsnahe Kreise kaum verwunderlich. Allerdings ist sowohl durch eine tendenzielle Leistungsausweitung als auch durch eine Flexibilisierung der Leistungserbringung **wiederholt nachgesteuert** worden, und zwar mit dem Gesetz zur Änderung des Zweiten Buches Sozialgesetzbuch und anderer Gesetze v. 7.5.2013,[29] dem Neunten Gesetz zur Änderung des Zweiten Buches Sozialgesetzbuch – Rechtsvereinfachung v. 26.7.2016[30] und dem Gesetz zur Ermittlung von Regelbedarfen sowie zur Änderung des Zweiten und Zwölften Buches Sozialgesetzbuch v. 22.12.2016.[31] Wichtigste Neuerungen sind dabei die **Ausweitung der Teilhabebedarfe auf Ausrüstungsgegenstände und Fahrtkosten** (§ 28 Abs. 7 S. 2 SGB II/§ 34 Abs. 7 S. 2 SGB XII; dazu → Rn. 44) und die Etablierung einer Regelung zur **Kostenübernahme für selbstbeschaffte Leistungen** („berechtigte Selbsthilfe") in § 30 SGB II/§ 34 b SGB XII (dazu → Rn. 51) jeweils zum 1.8.2013.

15 Mit dem Gesetz zur zielgenauen Stärkung von Familien und ihren Kindern durch die Neugestaltung des Kinderzuschlags und die Verbesserung der Leistungen für Bildung und Teilhabe (Starke-Familien-Gesetz – StaFamG) vom 29.4.2019[32] werden zum 1.8.2019 größere Änderungen bei den Leistungen für Bildung und Teilhabe umgesetzt, die insbesondere auf die **Erhöhung der Leistungen** für Schulbedarfe und für soziale Teilhabe, die **Abschaffung von Eigenanteilen** für Schülerbeförderung und Mittagsverpflegung und in leistungserbringungsrechtlicher Hinsicht auf die **Aufgabe der strengen Sachleistungsorientierung** zugunsten **größerer Spielräume für die Leistungsträger** zielen. Ein grundlegender Paradigmenwechsel ist mit diesen Änderungen allerdings nicht verbunden. Ziele des Gesetzes sind neben der finanziellen Entlastung bedürftiger Familien vor allem **verwaltungspraktische Erwägungen**, die auf eine effizientere Erbringung der Leistungen zielen.[33]

B. Lage im SGB II

I. Leistungsanspruch und leistungsberechtigter Personenkreis

16 Leistungen für Bildung und Teilhabe werden neben dem Arbeitslosengeld II bzw. dem Sozialgeld als gesonderte, **rechtlich selbstständige Leistungen** zur Sicherung des Lebensunterhalts erbracht. Anspruchsgrundlage ist **§ 19 Abs. 2 S. 1 SGB II**. Danach haben Leistungsberechtigte unter den Voraussetzungen des § 28 Anspruch auf Leistungen für Bildung und Teilhabe, soweit sie keinen Anspruch auf Leistungen nach dem Vierten Kapitel des SGB XII haben.

---

27 Siegler, Das Bildungs- und Teilhabepaket in der Umsetzung, NDV 2013, 68 (76).
28 Prölß, Das „Bildungs- und Teilhabepaket" – ein Weg zu mehr Teilhabe und Sozialkapital?, NDV 2017, 115 (117).
29 BGBl. I, 1167; dazu Haase LKV 2013, 351 ff.
30 BGBl. I, 1824.
31 BGBl. I, 3159.
32 BGBl. I, 530.
33 BT-Drs. 19/7504, 24 f.

Anspruchsberechtigt können sein   **17**

- Schülerinnen und Schüler (für die Bedarfe nach § 28 Abs. 2 S. 1, Abs. 3 bis 5 und 6 Nr. 1 SGB II),
- Kinder, die eine Tageseinrichtung besuchen oder für die Kindertagespflege geleistet wird (§ 28 Abs. 2 S. 2 und Abs. 6 S. 1 Nr. 2 SGB II) und
- Kinder und Jugendliche bis zur Vollendung des 18. Lebensjahrs (§ 28 Abs. 7 SGB II).
- **Schülerinnen und Schüler** sind im SGB II (zum SGB XII → Rn. 50) alle Personen, die das 25. Lebensjahr noch nicht vollendet haben, die eine allgemein- oder berufsbildende Schule besuchen und keine Ausbildungsvergütung erhalten (§ 28 Abs. 1 S. 2 SGB II).

Die Begriffe **Tageseinrichtungen** (vgl. § 22 Abs. 1 S. 1 SGB VIII) und **Kindertagespflege** (vgl. § 22 Abs. 1 S. 2 SGB VIII) sind mit den jugendhilferechtlichen Begriffen deckungsgleich.[34] Im Übrigen scheint die Norm des § 28 SGB II mit der Gegenüberstellung der beiden Gruppen – Schülerinnen und Schüler einerseits, Kita-Kinder andererseits – zu implizieren, dass mit den Kindern, die eine Tageseinrichtung besuchen, nur **Kinder im Vorschulalter** gemeint sein sollen.[35] Anders lässt sich auch die Übergangsregelung des § 77 Abs. 11 S. 4 SGB II nicht erklären, wonach nur bis zum 31.12.2013 der Mehrbedarf für das gemeinsame Schulmittagessen auch bei Schülerinnen und Schülern gewährt werden sollte, die das Mittagessen in einer Einrichtung nach § 22 SGB VIII (also in einer Tageseinrichtung) einnehmen. Zwingend ist eine solche Beschränkung vor dem Hintergrund des Gesetzeszwecks aber nicht. **Kinder und Jugendliche** (§ 28 Abs. 1 S. 1 SGB II) sind alle Leistungsberechtigten bis zur Vollendung des 18. Lebensjahrs und Tageseinrichtungen sollen auch Angebote für Kinder im schulpflichtigen Alter vorhalten (§ 24 Abs. 4 SGB VIII).

Wie beim Sozialgeld (vgl. § 19 Abs. 1 S. 2 SGB II) gilt auch bei den Leistungen für Bildung und Teilhabe der **Vorrang eines tatsächlichen Anspruchs auf Leistungen der Grundsicherung im Alter und bei Erwerbsminderung.** Im Übrigen ist die grundsätzliche **Subsidiarität** der Leistungen der Grundsicherung für Arbeitsuchende **gegenüber dem Kinderzuschlag und dem Wohngeld** zu beachten; § 12 a S. 2 Nr. 2 SGB II gewährt den Leistungsberechtigten allerdings ein **Wahlrecht** zwischen Kinderzuschlag und/oder Wohngeld und Leistungen der Grundsicherung für Arbeitsuchende, sofern die Hilfebedürftigkeit aller Mitglieder der Bedarfsgemeinschaft durch die prinzipiell vorrangigen Leistungen nicht wenigstens für einen zusammenhängenden Zeitraum von mindestens drei Monaten beseitigt werden würde.   **18**

Wird **Kinderzuschlag oder Wohngeld** in Anspruch genommen, sind die akzessorischen **Leistungen für Bildung und Teilhabe nach § 6 b BKGG** den Leistungen für Bildung und Teilhabe im SGB II vorrangig. So haben Kinder und Jugendliche, für die Leistungen nach § 6 b SGB II gewährt werden, keinen Anspruch auf Leistungen für Bildung und Teilhabe nach § 28 SGB II (§ 19 Abs. 2 S. 2 SGB II). Dies gilt auch dann, wenn die Leistungen für Bildung und Teilhabe nach § 6 b BKGG hinter den Leistungen nach § 28 SGB II zurückbleiben, was wegen des identischen Leistungsniveaus z.Zt. nicht der Fall ist; früher bestehende Unterschiede beim Eigenanteil zu den Schülerbeförderungskosten sind zum 1.8.2013 beseitigt worden (vgl. § 6 b Abs. 2 S. 3 und 4 BKGG). Dennoch wäre auch bei materiellen Unterschieden der **Leistungsausausschluss nach § 19 Abs. 2 S. 2 SGB II verfassungsrechtlich gerechtfertigt**, weil wegen des Wahlrechts nach § 12 a S. 2   **19**

---

34 Luik in: Eicher/Luik SGB II § 28 Rn. 24; vgl. Groth (Lit.), § 11 Rn. 285, 299.
35 So iErg wohl auch BSG 28.3.2013 – B 4 AS 12/12 R; vgl. Groth (Lit.), § 11 Rn. 285; so auch O. Loose in: GK-SGB II § 28 Rn. 29; Luik in: Eicher/Luik SGB II § 28 Rn. 24.

SGB II eine Unterdeckung des menschenwürdigen Existenzminimums in jedem Fall vermieden wird.

20 Die **bedarfserhöhende und bedürftigkeitsabhängige Ausgestaltung** der Leistungen bewirkt, dass **Einkommen und Vermögen** zur Deckung der Bedarfe einzusetzen sind (§ 19 Abs. 3 S. 1 SGB II). Allerdings stehen die Leistungen für Bildung und Teilhabe **am Ende der Anrechnungsreihenfolge** (§ 19 Abs. 3 S. 3 SGB II). Zudem gilt im Gegensatz zur ansonsten beibehaltenen horizontalen Einkommensanrechnung für die Leistungen für Bildung und Teilhabe ein **vertikales Anrechnungsprinzip**: Nach § 9 Abs. 2 S. 3 Hs. 2 SGB II bleiben bei der bedarfsanteiligen Einkommensanrechnung die Bedarfe nach § 28 SGB II außer Betracht. Die Einkommensanrechnung wird in einem ersten Schritt nur auf die im Arbeitslosengeld II/Sozialgeld abgebildeten „Grundbedarfe" (Regelbedarfe, Mehrbedarfe, Bedarfe für Unterkunft und Heizung) erstreckt, wobei nach § 11 Abs. 1 S. 3 SGB II das zur Deckung dieser Bedarfe nicht erforderliche Kindergeld an den Kindergeldberechtigten „zurückfällt". Erst im Anschluss wird in einem zweiten Schritt verbleibendes Einkommen auf die Bedarfe für Bildung und Teilhabe angerechnet. Dadurch kann die Situation eintreten, dass in einer „Bedarfsgemeinschaft" alle Grundbedarfe gedeckt sind, die Bedarfe für Bildung und Teilhabe eines oder mehrerer Kinder dagegen nicht. In diesem Fall wird nur das Kind nur wegen der Leistungen für Bildung und Teilhabe leistungsberechtigt (§ 7 Abs. 2 S. 3 SGB II). Bei **mehreren Kindern** wird überschießendes anrechenbares Einkommen und Vermögen der Eltern **kopfteilig** auf die Bedarfe für Bildung und Teilhabe angerechnet (§ 9 Abs. 2 S. 4 SGB II).

II. Die einzelnen Leistungen

1. Schul- und Kita-Ausflüge, Klassen- und Kita-Fahrten

21 Als gesondert anzuerkennenden Bedarf sieht § 28 Abs. 2 S. 1 Nr. 1 SGB II die **eintägigen Schulausflüge** vor. Damit soll sichergestellt werden, dass Kinder und Jugendliche an **schulischen Gemeinschaftsveranstaltungen** ohne Rücksicht auf die finanzielle Situation ihrer Eltern teilnehmen können.[36] Dafür wird ein vergleichsweise besonders **hoher Verwaltungsaufwand** bei betragsmäßig meist eher geringfügigen Leistungen bewusst in Kauf genommen. Als Bedarf werden die **tatsächlichen Aufwendungen** anerkannt. Eine Begrenzung nach Angemessenheitsgesichtspunkten findet weder in quantitativer noch in qualitativer Hinsicht statt. Die Leistungen beschränken sich allerdings auf die von der Schule verauslagten und auf die Teilnehmer umgelegten Kosten. Taschengelder, „Marschverpflegung" und **sonstige Aufwendungen**, die durch die Schule nicht unmittelbar veranlasst sind, müssen **aus dem Sozialgeld** bestritten werden.[37]

22 Der bereits in der Vergangenheit für **mehrtägige Klassenfahrten** im Rahmen der schulrechtlichen Bestimmungen anerkannte Sonderbedarf des § 23 Abs. 3 Nr. 3 SGB II aF ist in § 28 Abs. 2 S. 1 Nr. 2 SGB II aufgegangen. Materiell-inhaltlich ist mit der systematischen Neuzuordnung keine wesentliche Änderung verbunden; allerdings wird die Leistung nicht mehr wie bisher als Geldleistung, sondern sachleistungsähnlich, im Regelfall sinnvoller Weise durch Direktzahlung an die Schule bzw. die jeweilige Lehrkraft erbracht (§ 29 Abs. 1 SGB II). Wie bisher werden die Aufwendungen für mehrtägige Klassenfahrten in Höhe der **tatsächlichen Aufwendungen** ohne Begrenzung durch Angemessenheitsgesichtspunkte übernommen.[38] Eine Klassenfahrt ist dadurch gekennzeichnet, dass die leistungsberechtigte Person zumindest eine Nacht außerhalb des Elternhauses

---

36 BT-Drs. 17/3404, 104.
37 BT-Drs. 17/3404, 104; vgl. auch Lenze in: LPK-SGB II § 28 Rn. 10.
38 Vgl. dazu BSG 13.11.2008 – B 14 AS 36/07 R, BSGE 102, 68.

verbringt.[39] Nach Lage der schulrechtlichen Bestimmungen des jeweiligen Landes können auch **Schüleraustausche** oder **Schulfahrten** zu den mehrtägigen Klassenfahrten iSd § 28 Abs. 2 S. 1 Nr. 2 SGB II zählen.[40] Angesichts der heutigen Vielfalt von Schul- und Unterrichtsformen ist die Leistung nicht strikt auf Fahrten im Klassenverband beschränkt.[41] Für die Berechnung des Leistungsanspruchs ist § 5 a Nr. 2 Alg II-V zu beachten.

Neben Aufwendungen für Schulausflüge und Klassenfahren werden auch entsprechende Aufwendungen bei Kindern anerkannt, die eine **Tageseinrichtung** besuchen oder – dies ist durch das Neunte Gesetz zur Änderung des Zweiten Buches Sozialgesetzbuch v. 26.7.2016[42] klargestellt worden[43] – denen **Kindertagespflege** geleistet wird (§ 28 Abs. 2 S. 2 SGB II). Die Leistungsvoraussetzungen entsprechen bei diesen Kindern grundsätzlich denen bei Schülerinnen und Schülern. Bei mehrtägigen Kitafahrten findet das einschränkende Kriterium „im Rahmen der schulrechtlichen Bestimmungen" keine Entsprechung.[44] Hier sind grundsätzlich alle mehrtägigen Fahrten anzuerkennen, die von der Tageseinrichtung oder der Tagespflegeperson veranstaltet und verantwortet werden.[45] **23**

2. Persönlicher Schulbedarf

Gemäß § 28 Abs. 3 S. 1 SGB II werden (ohne gesonderte Antragstellung, → Rn. 54) für den persönlichen Schulbedarf von Schülerinnen und Schülern **70 EUR zum 1. August** und **30 EUR zum 1. Februar** eines jeden Jahres anerkannt (→ Rn. 27). Bei Schülerinnen und Schülern, die im jeweiligen Schuljahr erstmalig oder aufgrund einer Unterbrechung ihres Schulbesuches erneut in eine Schule aufgenommen werden, werden seit 1.8.2016 für den Monat, in dem der erste Schultag liegt, 70 Euro berücksichtigt, wenn dieser Tag in den Zeitraum von August bis Januar des Schuljahres fällt, oder 100 Euro berücksichtigt, wenn dieser Tag in den Zeitraum von Februar bis Juli des Schuljahres fällt (§ 28 Abs. 3 S. 2 SGB II). Der Gesamtbetrag von 100 EUR entspricht demjenigen der zuvor nach § 24 a SGB II aF gewährten **zusätzlichen Leistung für die Schule,**[46] die Leistung ist aber nun nicht mehr zusätzlich, sondern unmittelbar existenzsichernd. Das zeigt sich auch daran, dass die Position „Sonstige Verbrauchsgüter (Schreibwaren, Zeichenmaterial ua)" in Abteilung 09 der Einkommens- und Verbrauchsstichprobe im Hinblick auf die Gewährung der Leistung nach §§ 19 Abs. 2, 28 Abs. 3 SGB II bei Kindern und Jugendlichen im schulpflichtigen Alter bei der Ermittlung der Regelbedarfe als nicht regelbedarfsrelevant unberücksichtigt geblieben ist.[47] **24**

Wie zuvor die zusätzliche Leistung für die Schule, soll die Leistung für den persönlichen Schulbedarf die **Finanzierung der Gegenstände** erleichtern, **die für den Schulbesuch benötigt werden.** Dazu zählen die für den persönlich Ge- und Verbrauch bestimmten **Schreib-, Rechen- und Zeichenmaterialien.** Die Leistung kann zweckentsprechend aber **25**

---

39 BSG 23.3.2010 – B 14 AS 1/09 R, FEVS 62, 174.
40 BSG 22.11.2011 – B 4 AS 204/10 R, FEVS 64, 54; vgl. auch LSG LSA 7.12.2016 – L 5 AS 461/14; LSG Nds-Brem 22.2.2017 – L 13 AS 74/17 B ER; SächsLSG 26.10.2017 – L 7 AS 209/14; vgl. auch O. Loose info also 2016, 148.
41 P. Becker SGb 2012, 186; Voelzke in: Hauck/Noftz SGB II § 28 Rn. 42; Leopold in: jurisPK-SGB II § 28 Rn. 72; vgl. zum sächsischen Landesrecht bereits SG Dresden 20.7.2011 – S 32 AS 2163/09.
42 BGBl. I, 1824.
43 BT-Drs. 18/8041, 44.
44 Luik in: Eicher/Luik SGB II § 28 Rn. 24.
45 Leopold in: jurisPK-SGB II § 28 Rn. 86.
46 Vgl. dazu Groth/Leopold, Das Schulbedarfspaket nach § 24 a SGB II und § 28 a SGB XII, info also 2009, 59; dies., Das Schulbedarfspaket (§ 24 a SGB II und § 28 a SGB XII) – Ein Nachtrag, info also 2009, 206.
47 BT-Drs. 17/3404, 72.

auch für schulbezogene Bedarfe verwendet werden, die – wie zB **Schulbücher**[48] – an sich bereits bei der Bemessung des Regelbedarfs berücksichtigt worden sind (dazu → Rn. 24).[49] Die Gewährung der Leistung in grundsätzlich **zwei Tranchen** zum Schul- und zum Halbjahresbeginn soll Erfahrungen aus der schulischen Praxis Rechnung tragen, wonach die zusätzliche Leistung für die Schule eine gute Ausstattung zum Schuljahresbeginn bewirkt habe, jedoch ein zusätzlicher Auszahlungszeitpunkt zum Halbjahresbeginn sinnvoll sei, um verbrauchte Gegenstände zu ersetzen.[50]

26 Der persönliche Schulbedarf wird **pauschal mit 100 EUR pro Schuljahr** bewertet. Dieser Betrag ist **nicht empirisch hinterlegt**; er wäre aufgrund der haushaltsbezogenen Einkommens- und Verbrauchsstatistik auch nicht verlässlich zu ermitteln, weil Schulmaterialien sich in einer Vielzahl von EVS-Positionen wiederfinden, ohne dass sie eindeutig als Schulbedarf identifiziert werden könnten. So können die in Abteilung 09 aufgeführten „Bücher und Broschüren" im Familienhaushalt sowohl Schulbücher, als auch Kinderbücher für das Kind, aber auch Krimis für den Erwachsenen sein. Zwingend ist die empirische Ermittlung des persönlichen Schulbedarfs aber solange nicht, wie die typischen Schulbedarfe durch den Regelbedarf gedeckt werden und der Wert der im Hinblick auf die Leistung nach § 28 Abs. 3 SGB II aus dem Regelbedarf ausgeklammerten EVS-Positionen hinter dem Betrag von 100 EUR zurückbleibt. Letzteres ist der Fall, weil der Wert der Position „Sonstige Verbrauchsgüter (Schreibwaren, Zeichenmaterial ua)" in Abteilung 09, die als nicht regelbedarfsrelevant unberücksichtigt geblieben ist, mit maximal 2,42 EUR monatlich (EVS 2013) in die Regelbedarfsbemessung eingegangen wäre.[51] Insgesamt erweist sich die Regelung als verfassungsrechtlich unbedenklich.[52]

27 Durch das **Starke-Familien-Gesetz** (→ Rn. 15) wird die Leistung für den persönlichen Schulbedarf mit Wirkung vom **1.8.2019** auf insgesamt **150 EUR** erhöht, wobei regelmäßig zum 1. August ein Bedarf in Höhe von 100 EUR und zum 1. Februar ein Bedarf von 50 EUR anerkannt werden wird. Neu ist auch die grundsätzliche Bezugnahme auf die Regelungen des SGB XII, die insoweit nunmehr das Referenzsystem bilden.[53] Das hängt auch damit zusammen, dass der persönliche Schulbedarf zukünftig mithilfe des in der Regelbedarfsstufen-Fortschreibungsverordnung nach §§ 28 a, 40 Nr. 1 SGB XII bestimmten Prozentsatzes fortgeschrieben wird (s. zu den Einzelheiten § 34 Abs. 3 a SGB XII nF).

3. Schülerbeförderung

28 Gemäß **§ 28 Abs. 4 SGB II** werden bei Schülerinnen und Schülern, die für den Besuch der **nächstgelegenen Schule** des gewählten Bildungsgangs auf Schülerbeförderung angewiesen sind, die dafür **erforderlichen tatsächlichen Aufwendungen** berücksichtigt, soweit sie **nicht von Dritten übernommen** werden oder zumutbar **aus dem Regelbedarf bestritten** werden können (siehe aber → Rn. 32). Mit der Regelung hat der Bundesgesetzgeber – letztlich bedingt durch die problematische Kompetenzzuordnung durch das

---

48 Dazu BT-Drs. 17/3404, 104; kritisch Lenze ZKJ 2011, 20, die die pauschalierte Abgeltung von Schulbedarfen angesichts regionaler und schulartbezogener Kostenspreizungen grundsätzlich in Frage stellt.
49 Vgl. dazu BSG 19.8.2010 – B 14 AS 47/09 R, FEVS 62, 301; zur Berücksichtigung eines Mehrbedarfs nach § 21 Abs. 6 SGB II für Anschaffung von Schulbüchern im Wert von 135,65 EUR LSG Nds-Brem 11.12.2017 – L 11 AS 349/17, info also 2018, 74; krit. dazu bereits O. Loose info also 2016, 150.
50 BT-Drs. 17/3404, 105; BT-Drs. 18/9984, 67.
51 BT-Drs. 18/9984, Anlage; vgl. zur EVS 2008 BT-Drs. 17/3404, 105; I. Becker (Lit.), 46 sieht – bezogen auf die EVS 2008 – den Betrag von monatlich 8,33 EUR im Hinblick auf statistische Kritikpunkte (Plausibilität der gewählten Verteilungsschlüssel) dagegen nur als „realistisch ... aber nicht ... besonders großzügig" an.
52 So im Ergebnis auch Münder (Lit.), 86 f.; P. Becker SGb 2012, 191; aA aber Rothkegel ZFSH/SGB 2011, 80; Klerks info also 2011, 157.
53 Vgl. BT-Drs. 19/7504, 46.

Bundesverfassungsgericht – Neuland betreten. Schülerbeförderung ist an sich eine Aufgabe, die im Rahmen der Kultuszuständigkeit von den Ländern zu erfüllen und zu finanzieren ist. Deshalb hatte es zuvor für den praktisch relevanten, substanziellen Bedarf im SGB II keine Anspruchsgrundlage gegeben,[54] auch die Anwendbarkeit des § 21 Abs. 6 SGB II auf Schülerbeförderungskosten war in der Rechtsprechung umstritten.[55]

Die Norm ist durch **unbestimmte Rechtsbegriffe** geprägt, um hinreichend flexibel auf **29** die unterschiedlichen landesrechtlichen Vorgaben des Schulrechts reagieren zu können. Dies gilt insbesondere für die Frage, wann Schülerbeförderung erforderlich ist. Berücksichtigt werden nur die notwendigen Aufwendungen für die Beförderung zur nächstgelegenen Schule des **gewählten Bildungsgangs**. Der Gesetzgeber wollte dabei nach dem herkömmlichen Begriffsverständnis an die Schulform (zB Grundschule, Hauptschule, Realschule, Gymnasium, Gesamtschule, Gemeinschaftsschule) anknüpfen.[56] Demgegenüber hat die Rechtsprechung des BSG auch Schulen mit einem **besonderen fachlichen Profil** (Sportgymnasium)[57] und private Ersatzschulen in **besonderer Trägerschaft** (Waldorfschule)[58] als eigenständigen Bildungsgang iSd § 28 Abs. 4 SGB II angesehen und damit einen materiell-inhaltlich über die landesschulrechtlichen Bestimmungen hinausgehenden Anspruch auf Übernahme von Schülerbeförderungskosten für Leistungsberechtigte im SGB II geschaffen.[59] Als **erforderliche Schülerbeförderungskosten** sind im Regelfall diejenigen Aufwendungen anzusehen, die auch vom Träger der Schülerbeförderung übernommen werden würden, hätte die leistungsberechtigte Person gegen diesen (noch) einen Leistungsanspruch;[60] entscheidend kommt es darauf an, ob der Schulweg zur nächstgelegenen Schule des gewählten Bildungsgangs zumutbar zu Fuß oder mit dem Fahrrad zurückgelegt werden kann oder ob dies nur mit öffentlichen Verkehrsmitteln möglich ist.[61] Auf den dafür nötigen Betrag ist die Leistung auch dann beschränkt, wenn die Schülerin oder der Schüler **tatsächlich eine weiter entfernte Schule** besucht.[62] Die Aufwendungen für die Schülerbeförderung müssen **tatsächlich anfallen** und in Zweifelsfällen nachgewiesen werden (§ 29 Abs. 4 SGB II).

Konfliktträchtig drohte die Frage zu werden, ob und inwieweit im Hinblick auf den Be- **30** griff der „Zumutbarkeit" die **bei der Regelbedarfsermittlung berücksichtigten Verkehrsausgaben**[63] von den Schülerbeförderungskosten abzuziehen sind, um den **konkreten Mehrbedarf** zu bestimmen. Deshalb hat der Gesetzgeber durch Einfügung des § 28 Abs. 4 S. 2 SGB II zum 1.8.2013 eine zumutbare Eigenleistung von in der Regel 5 EUR bestimmt (vgl. nun § 9 Abs. 2 RBEG 2017), wobei dieser Wert nicht auf statistischen Ermittlungen beruht, sondern „aus den Erfahrungen der Verwaltungspraxis" herrührt.[64] Verfassungsrechtlich problematisch ist das nicht, weil von dem Wert im Einzelfall abgewichen werden kann („in der Regel"),[65] jedoch trifft die Nachweislast für

---

54 BSG 28.10.2009 – B 14 AS 44/08 R, FEVS 61, 491.
55 Dafür SG Marburg 5.8.2010 – S 5 AS 309/10 ER, ZFSH/SGB 2010, 628; SG Gießen 19.8.2010 – S 29 AS 981/10 ER, ZFSH/SGB 2010, 556; aA SG Lübeck 23.9.2010 – S 21 AS 1077/10 ER.
56 BT-Drs. 17/4095, 30.
57 BSG 17.3.2016 – B 4 AS 39/15 R, BSGE 121, 69.
58 BSG 5.7.2017 – B 14 AS 29/16 R.
59 Krit. Groth jurisPR-SozR 18/2016 Anm. 2.
60 BT-Drs. 17/4095, 30.
61 BSG 17.3.2016 – B 4 AS 39/15 R, BSGE 121, 69.
62 BayLSG 23.10.2014 – L 7 AS 253/14.
63 Dies sind auf Grundlage der EVS 2013 für Schülerinnen und Schüler bis zur Vollendung des 6. Lebensjahres 25,79 EUR, bis zur Vollendung des 14. Lebensjahres 26,49 EUR und bis zur Vollendung des 18. Lebensjahres 13,28 EUR (§ 6 Abs. 1 RBEG 2017). Für ältere Schülerinnen und Schüler beträgt der Wert 32,90 EUR (§ 5 Abs. 1 RBEG 2017).
64 BT-Drs. 17/12036, 7.
65 Ähnlich wohl Knickrehm SozSich 2014, 160 f.

einen vom Regelfall abweichenden Bedarf die leistungsberechtigte Person.[66] Zumindest in den Fällen, in denen Schülerbeförderung durch einen Schulbus-Shuttle sichergestellt wird, darf die Eigenleistung nach § 28 Abs. 4 S. 2 SGB II nicht in Abzug gebracht werden. Anderenfalls würde die mit dem Regelbedarf sichergestellte **soziale Teilhabe durch Mobilität** erheblich eingeschränkt. Wird hingegen eine uneingeschränkt für außerschulische Fahrten nutzbare Netzkarte für den ÖPNV zur Verfügung gestellt, wird der Betrag von 5 EUR in Abzug gebracht werden können, weil sich die leistungsberechtigte Person in diesem Fall auch in der Freizeit einen beträchtlichen Nahbereich erschließen kann. Auch wenn Schülerinnen und Schülern Streckenkarten für den ÖPNV zur Verfügung gestellt werden, dürfte dies je nach Lage des Einzelfalls gerechtfertigt sein (siehe aber→ Rn. 32).[67]

31   Fragestellungen zum Merkmal der **nächstgelegenen Schule** sind von praktisch untergeordneter Bedeutung.[68] Grundsätzlich ist eine örtliche Betrachtung maßgebend.[69] Vor allem im städtischen Raum wird das Problem auftreten, dass zum Besuch der nächstgelegenen Schule zwar keine Schülerbeförderung erforderlich wäre, die leistungsberechtigte Person allerdings eine weiter entfernt liegende Schule besucht, weil die Schulen Schüler nicht nach Entfernungsgesichtspunkten, sondern aus anderen – rechtlichen oder tatsächlichen – Gründen (zB Anmeldezeitpunkt) auswählen. Diese Fälle sind im Regelfall entsprechend den Regelungen des jeweiligen Schülerbeförderungsrechts im Sinne einer Berücksichtigung der Beförderungskosten zu lösen.[70] Im Übrigen haben Schülerinnen und Schüler, die nicht die nächstgelegene Schule des gewählten Bildungsgangs besuchen, Anspruch auf Leistungen nach § 28 Abs. 4 SGB II unter Berücksichtigung der für den Besuch der nächstgelegenen Schule entstehenden Kosten.[71]

32   Mit dem **Starke-Familien-Gesetz** (→ Rn. 15) wird § 28 Abs. 4 SGB II zum 1.8.2019 modifiziert. Inhaltlich wesentlichste Änderung ist der **Wegfall der Eigenleistung von 5 EUR**, der hilfebedürftigen Kindern die Teilnahme an einer üblichen Rahmenhandlung im Zusammenhang mit der Teilnahme am Schulunterricht erleichtern soll[72] und sich in den Kontext der allgemeinen Leistungsverbesserungen einreiht. Dagegen wird mit § 28 Abs. 4 S. 2 SGB II nF, der in die **Definition der nächstgelegenen Schule** des gewählten Bildungsgangs auch Schulen einbezieht, die „aufgrund ihres Profils gewählt" wurden, letztlich nur die diesbezügliche höchstrichterliche Rechtsprechung (→ Rn. 29) nachgezeichnet. Es fällt allerdings auf, dass **private Ersatzschulen in besonderer Trägerschaft** (insbesondere also Waldorfschulen) in § 28 Abs. 4 S. 2 SGB II nF keine Erwähnung finden. Sollte es Intention des Gesetzgebers gewesen sein, solche Schulen vom Leistungsanspruch auszunehmen, dürfte dies angesichts der zu Waldorfschulen bereits ergangenen Rechtsprechung (→ Rn. 29) in der gerichtlichen Praxis kaum verfangen, zumal sich der Gesetzgeber auch in der Gesetzesbegründung einer eindeutigen Aussage enthält.[73]

4. Lernförderung

33   Der Gesetzgeber hat mit dem neuartigen und wohlklingenderen Begriff der Lernförderung den geläufigeren Begriff des **Nachhilfeunterrichts** umschreiben wollen.[74] Die Berücksichtigung des Nachhilfeunterrichts im Bereich der existenzsichernden Leistungen

---

66   Deutscher Verein 2015 (Lit.), 19; krit. Lenze in: LPK-SGB II § 28 Rn. 22; vgl. auch Haase LKV 2013, 353.
67   Groth (Lit.), § 11 Rn. 311 ff.; grundsätzlich zustimmend Klerks info also 2011, 153; zurückhaltend Leopold in: jurisPK-SGB II § 28 Rn. 135.
68   So auch O. Loose info also 2016, 151.
69   Deutscher Verein 2015 (Lit.), 19.
70   Groth (Lit.), § 11 Rn. 314; zustimmend Klerks info also 2011, 152.
71   BayLSG 23.10.2014 – L 7 AS 253/14; vgl. auch Deutscher Verein 2015 (Lit.), 19.
72   BT-Drs. 19/7504, 47.
73   BT-Drs. 19/8613, 26.
74   Groth (Lit.), § 11 Rn. 315.

ist eine Konsequenz der Entscheidung des BVerfG vom 9.2.2010, die im Ergebnis eine verfassungsrechtliche Verpflichtung zur Berücksichtigung der Abteilung 10 der Einkommens- und Verbrauchsstichprobe statuierte.[75] Weil Nachhilfebedarf nur bei einer Minderheit der Leistungsberechtigten besteht, ist seine **Deckung nur durch einen Mehrbedarf** und nicht durch den Regelbedarf sinnvoll. § 28 Abs. 5 SGB II bestimmt entsprechend, dass bei Schülerinnen und Schülern eine schulische Angebote ergänzende **angemessene Lernförderung** berücksichtigt wird, soweit diese **geeignet und zusätzlich erforderlich** ist, um die nach den schulrechtlichen Bestimmungen festgelegten **wesentlichen Lernziele** zu erreichen. Die Norm birgt eine Vielzahl ausfüllungsbedürftiger unbestimmter Rechtsbegriffe,[76] da sie die bildungsspezifischen Eigenheiten aller Länder berücksichtigen muss.

Operiert der Gesetzgeber mit **neuen Begrifflichkeiten** („Lernförderung"), geht er bewusst das Risiko einer Auslegung ein, die über das eigentlich von ihm Gewollte hinausgeht. So ist inzwischen auch höchstrichterlich anerkannt, dass Lernförderung iSd § 28 Abs. 5 SGB II **über den klassischen Nachhilfeunterricht hinausgeht.**[77] Insbesondere bezieht er sich auch auf die **Förderung bei Legasthenie und Lese-Rechtsschreibschwäche** (LRS)[78] und kann die Sprachförderung bei Kindern mit Migrationshintergrund umfassen.[79] Konkurrenzen zu Leistungen insbesondere der Jugendhilfe (→ Rn. 35) sind allerdings zu beachten. **34**

Der Bedarf wird nur anerkannt, wenn es sich um **Angebote** handelt, **die nicht unmittelbar der schulischen Verantwortung unterliegen.** Dies ist verfassungsrechtlich zwingend. Die Länder sind im Rahmen der Kompetenzordnung berechtigt und verpflichtet, den Bereich der schulischen Bildung selbst unmittelbar zu regeln und zu finanzieren.[80] Dies gilt auch für schulische Förderkurse, die Teil des Schulunterrichts sind.[81] **35**

Geeignet und erforderlich ist Lernförderung, wenn eine **günstige Prognose** besteht, dass die wesentlichen Lernziele erreicht werden können.[82] **Früheres schuldhaftes Verhalten** schließt den Anspruch nicht grundsätzlich aus. Deshalb können auch Schülerinnen und Schüler, deren Lerndefizite durch **Schulschwänzen, Renitenz oder Verweigerungshaltung** entstanden sind, Lernförderung erhalten, wenn die Perspektive besteht, dass die jeweilige leistungsberechtigte Person sich zukünftig lernwillig zeigen wird. Geeignet ist Lernförderung im Übrigen nur dann, wenn sie dazu beitragen kann, die schulischen Defizite zu vermindern oder zu beseitigen.[83] **Strukturelle Defizite**, die darauf hindeuten, dass die leistungsberechtigte Person auf dem betreffenden Bildungsweg dauerhaft überfordert ist, begründen allerdings keinen Anspruch auf Lernförderung. In diesem Fall ist nötigenfalls die Schulform zu wechseln.[84] **Wesentliche Lernziele** sind jedenfalls die **Versetzung** in die nächste Klassenstufe oder der **Schulabschluss**; allerdings kann – unter Beachtung des jeweiligen Landesrechts – im Regelfall bereits das Erreichen eines **ausreichenden Leistungsniveaus** als wesentliches Lernziel angesehen werden (→ Rn. 38),[85] ebenso wie das Erlernen **elementarer Kulturtechniken** (zB Lesen und Schreiben).[86] Der **36**

---

75 BVerfG 9.2.2011 – 1 BvL 1/09, 3/09, 4/09, BVerfGE 125, 175, Abs. 180, 197, 200.
76 Krit. Knickrehm SozSich 2014, 161; Brose NZS 2013, 53 f.
77 BSG 25.4.2018 – B 4 AS 19/17 R.
78 BSG 25.4.2018 – B 4 AS 19/17 R; vgl. bereits P. Becker SGb 2012, 187; Lenze in: LPK-SGB II § 28 Rn. 24.
79 Deutscher Verein NDV 2012, 64; Lenze in: LPK-SGB II § 28 Rn. 24.
80 Luik in: Eicher/Luik SGB II § 28 Rn. 42.
81 Leopold in: jurisPK-SGB II § 28 Rn. 142; vgl. auch Lenze in: LPK-SGB II § 28 Rn. 25.
82 Vgl. Leopold in: jurisPK-SGB II § 28 Rn. 149; vgl. auch Deutscher Verein 2015 (Lit.), 23.
83 Leopold in: jurisPK-SGB II § 28 Rn. 149.
84 Luik in Eicher/Luik SGB II § 28 Rn. 44.
85 LSG Nds-Brem 28.2.2012 – L 7 AS 43/12 B ER; SchlHLSG 26.3.2014 – L 6 AS 31/14 B ER, info also 2014, 132; HessLSG 13.11.2015 – L 9 AS 192/14; LSG BW 23.5.2016 – L 12 AS 1643/16 ER-B.
86 LSG Nds-Brem 28.2.2012 – L 7 AS 43/12 B ER; SchlHLSG 20.1.2017 – L 3 AS 195/13; BSG 25.4.2018 – B 4 AS 19/17 R.

bloße Wunsch nach einer Notenverbesserung macht Lernförderung noch nicht erforderlich. Dies gilt grundsätzlich auch dann, wenn ein bestimmtes **Notenniveau** Voraussetzung ist für den Besuch einer bestimmten weiterführenden Schulart oder für eine **Schulartempfehlung**.[87] Die Gegenauffassung[88] setzt dem erklärten gesetzgeberischen Beschränkungswillen im Kern bildungspolitische Sachargumente entgegen, die verfassungsrechtlich indes für das SGB II nicht zwingend sind. Das in Art. 2 des 1. Zusatzprotokolls zur EMRK garantierte Recht auf Bildung jedenfalls verlangt nicht nach der Optimierung von Bildungschancen durch existenzsichernde Grundsicherungsleistungen.[89]

37 Lernförderung nach § 28 Abs. 5 SGB II ist schließlich abzugrenzen von Leistungen anderer Sozialleistungssysteme, die bei **Lernbehinderungen im geistigen oder seelischen Bereich** zu gewähren sind.[90] Die Leistungen der Grundsicherung für Arbeitsuchende sind gemäß § 5 Abs. 1 SGB II grundsätzlich gegenüber Leistungen der Eingliederungshilfe für behinderte Menschen nach dem Sechsten Kapitel des SGB XII und Leistungen der Jugendhilfe nachrangig (vgl. § 10 Abs. 3 S. 1 SGB VIII).[91] Dennoch kann das Jobcenter verpflichtet sein, den festgestellten Bedarf vorläufig zu decken, mit der Option, nach Feststellung der Voraussetzungen des § 35 a SGB VIII Kostenerstattung vom Jugendhilfeträger zu verlangen.[92]

38 Mit dem **Starke-Familien-Gesetz** (→ Rn. 15) wird der bisherige § 28 Abs. 5 SGB II um die Feststellung ergänzt, dass es **nicht** auf eine bestehende **Versetzungsgefährdung** ankommt. Nach den Vorstellungen des Gesetzgebers soll für die Gewährung von Lernförderung nunmehr auch ein im Verhältnis zu den wesentlichen Lernzielen nicht **ausreichendes Leistungsniveau**.[93] Insoweit zeichnet § 28 Abs. 5 S. 2 SGB II nF allerdings nur die bisherige Rechtsprechung (→ Rn. 36) nach. Soweit es der Gesetzgeber offenbar – was die Prüfung der Eignung der Lernförderung anbelangt – für maßgeblich erachtet, dass die **in den einzelnen Unterrichtsfächern im jeweiligen Schuljahr verfolgten Lernziele** erreicht werden (können),[94] dürfte er sogar partiell hinter dem Stand der Rechtsprechung zurückbleiben.

5. Gemeinschaftliche Mittagsverpflegung

39 Gemäß § 28 Abs. 6 S. 1 SGB II werden bei Schülerinnen und Schülern und bei Kindern, die Tageseinrichtungen besuchen oder für die Kindertagespflege geleistet wird, die Mehraufwendungen für eine gemeinschaftliche Mittagsverpflegung übernommen. Für Schülerinnen und Schüler gilt dies nur, wenn das Mittagessen in **schulischer Verantwortung** angeboten wird (§ 28 Abs. 6 S. 2 SGB II). Dazu gehören **schuleigene Mensen**, aber auch **Einrichtungen und Kooperationen außerhalb des Schulgeländes**, wenn die Schule die gemeinsame Mittagsverpflegung dort verantwortet oder organisatorisch begleitet.[95] Belegte Brötchen und kleinere Mahlzeiten, die am Schulkiosk angeboten werden, sind

---

87 BT-Drs. 17/3404, 105; s. auch Leopold in: jurisPK-SGB II § 28 Rn. 146; Voelzke in: Hauck/Noftz SGB II § 28 Rn. 81; O. Loose in: GK-SGB II § 28 Rn. 114; aA Lenze in LPK-SGB II § 28 Rn. 28.

88 Zimmermann NJ 2011, 269; Lenze in: LPK-SGB II § 28 Rn. 28; wohl auch Ruschmeier/Staats, Das Bildungs- und Teilhabepaket: Erste Erfahrungen und Wege zu einer besseren Umsetzung, ZfF 2011, 193 (195) und Klerks info also 2011, 154; rechtspolitische Kritik übt Demmer, Welche Konsequenzen hat das „Bildungspaket" für die Praxis der Bildungseinrichtungen?, ArchSozArb 2011, 48 (52).

89 AA Zimmermann NJ 2011, 269.

90 Vgl. dazu BSG 25.4.2018 – B 4 AS 19/17 R.

91 Dazu auch Lenze ZKJ 2011, 374.

92 SG Itzehoe 22.8.2013 – S 10 AS 156/13 ER, ZFSH/SGB 2014, 126; LSG NRW 20.12.2013 – L 19 AS 2015/13 B ER; O. Loose info also 2016, 152.

93 BT-Drs. 19/7504, 47.

94 BT-Drs. 19/7504, 47.

95 Luik in: Eicher/Luik SGB II § 28 Rn. 51; Lenze in: LPK-SGB II § 28 Rn. 37.

Groth

kein gemeinschaftliches Schulmittagessen.[96] Horte, in denen Schülerinnen und Schüler nach dem Unterricht eigenverantwortlich zu Mittag essen können, erfüllen die Voraussetzungen des § 28 Abs. 6 S. 1 Nr. 1, S. 2 SGB II nicht. Die Übergangsregelung des § 77 Abs. 11 S. 4 SGB II, nach der Schülerinnen und Schülern die Leistung auch gewährt worden ist, die das **Mittagessen in einer Einrichtung nach § 22 SGB VIII** zu sich nehmen, ist zum 31.12.2013 ausgelaufen (→ Rn. 41). Wird der Begriff der Tageseinrichtung allerdings nicht nur auf Einrichtungen für Kinder im Vorschulalter beschränkt (→ Rn. 14), kann bei regelmäßiger Hortbetreuung auch für Schulkinder ein Anspruch unmittelbar aus § 28 Abs. 6 S. 1 Nr. 2 SGB II hergeleitet werden.[97]

Die Vorschrift deckt nur die **Mehraufwendungen** gegenüber den häuslichen Aufwendungen für Speisen und Getränke. Deshalb ist pro Tag, für den ein Mehrbedarf anerkannt wird (vgl. § 28 Abs. 6 S. 3 SGB II), (noch → Rn. 41) ein **Eigenanteil von 1 EUR** zu leisten (§ 5 a Nr. 3 Alg II-V). Die Träger sind ungeachtet des Verwaltungsaufwands dem finanzierungsverantwortlichen Bund (→ Rn. 43) gegenüber grundsätzlich zur Erhebung des Eigenanteils verpflichtet. Ein Verzicht des kommunalen Trägers zulasten des eigenen Haushalts wäre allerdings zulässig. Denkbar ist auch eine ergänzende Förderung durch Träger der freien Wohlfahrtspflege oder sonstige Dritte,[98] die nicht als Einkommen zu berücksichtigen ist (§ 11 a Abs. 4 SGB II/§ 1 Abs. 1 Nr. 2 Alg II-V). Bei **Schülerinnen und Schülern** ist für die Ermittlung des monatlichen Bedarfs im Übrigen die Anzahl der Schultage in dem Land zu Grunde zu legen, in dem das Kind die Schule besucht (§ 28 Abs. 6 S. 3 SGB II). Für die Bedarfsberechnung ist deshalb das tatsächliche tägliche Entgelt – bereinigt um den Eigenanteil – mit der Zahl der Schultage zu multiplizieren. Für **Kita-Kinder** gibt es eine entsprechende Regelung nicht, so dass es dort darauf ankommt, an welchen und an wie vielen Tagen das Kind üblicherweise die jeweilige Einrichtung besucht.[99] Fehlt das Kind wegen Krankheit oder Beurlaubung für einige Tage, lässt dies den Bedarf grundsätzlich unberührt. **40**

Mit dem **Starke-Familien-Gesetz** (→ Rn. 15) entfällt zum 1.8.2019 der Eigenanteil von 1 EUR pro Mittagessen (**Streichung von § 5 a Nr. 3 Alg II-V**). Der Gesetzgeber hat damit die Chance genutzt, eine Leistungsverbesserung, die in weiten Teilen der Gesellschaft konsensfähig sein wird, mit der Einsparung eines bürokratischen und ineffizienten Abrechnungsverfahrens zu kombinieren.[100] Außerdem sieht § 28 Abs. 6 S. 2 SGB II nF vor, dass die Leistung nicht mehr nur für Mittagsverpflegung in schulischer Verantwortung gewährt wird, sondern auch dann, wenn diese durch einen **Kooperationsvertrag zwischen Schule und Tageseinrichtung** vereinbart ist. Der Gesetzgeber will damit auf Beispiele aus der bisherigen Praxis reagieren,[101] schafft aber in jedem Falle eine begrüßenswerte, lange überfällige Anknüpfung an die zum 31.12.2013 ausgelaufene Übergangsregelung des § 77 Abs. 11 S. 4 SGB II (→ Rn. 39). **41**

6. Budget zur Teilhabe am sozialen und kulturellen Leben

Für **Mitgliedsbeiträge** in den Bereichen Sport, Spiel, Kultur und Geselligkeit, für **Unterricht** in künstlerischen Fächern und **angeleitete Aktivitäten** der kulturellen Bildung sowie für **Ferienfreizeiten** wird gemäß § 28 Abs. 7 S. 1 SGB II für Kinder und Jugendliche bis zum vollendeten 18. Lebensjahr ein **Budget von 10 EUR pro Monat** (→ Rn. 45) berücksichtigt. Bei diesen Leistungen steht das sozialintegrative Moment im Vordergrund. **42**

---

96 BT-Drs. 17/3404, 106; Klerks info also 2011, 155; Demmer ArchSozArb 2011, 55 hält die Abgrenzung wegen des fließenden Übergangs zu anderen Angebotsformen für rechtspolitisch kritikwürdig.
97 Dazu auch Knickrehm SozSich 2014, 161; aA wohl Deutscher Verein 2015 (Lit.), 27.
98 Deutscher Verein 2015 (Lit.), 26.
99 Leopold in: jurisPK-SGB II § 28 Rn. 177; Voelzke in: Hauck/Noftz SGB II § 28 Rn. 105.
100 Vgl. BT-Drs. 19/7504, 47, 53.
101 BT-Drs. 19/8613, 26.

Es geht um Teilhabe an **gemeinschaftlichen Aktivitäten mit Gleichaltrigen**. Die existenzsichernde Funktion dieser Leistung im Bereich der gesellschaftlichen Teilhabe kommt auch darin zum Ausdruck, dass die Position „Außerschulischer Unterricht, Hobbykurse" in Abteilung 09 der Einkommens- und Verbrauchsstichprobe bei Familienhaushalten als nicht regelbedarfsrelevant unberücksichtigt geblieben ist,[102] die im Falle ihrer Berücksichtigung bei Kindern und Jugendlichen mit bis zu 3,57 EUR in den Regelbedarf eingegangen wäre.[103] Da der gesondert berücksichtigte Betrag von 10 EUR/Monat höher ist, ist die verfassungsrechtliche Kritik[104] an der unzureichenden statistischen Ermittlung des Bedarfs unberechtigt,[105] zumal dem Gesetzgeber im Bereich der Sicherung des soziokulturellen Existenzminimums ein größerer Gestaltungsspielraum zugebilligt wird.[106] Rechtspolitisch kann gleichwohl hinterfragt werden, ob das Teilhabebudget angesichts des gesetzgeberischen Anliegens, Teilhabechancen von Kindern und Jugendlichen effektiv zu erhöhen, nicht eher an den (signifikant höheren) Durchschnittsausgaben der Referenzhaushalte bemessen werden sollte, die Ausgaben für die maßgebende EVS-Position tatsächlich getätigt haben.[107]

43 Für den **individuellen Besuch öffentlicher Einrichtungen** (Eintrittsgelder für Zoo, Schwimmbad, Museum, usw) kann die Leistung deshalb nach dem Sinn und Zweck der Vorschrift nicht in Anspruch genommen werden.[108] Zwar hebt auch die Gesetzesbegründung ua auf Museumsbesuche ab. Die weitere Begründung zeigt aber, dass es dabei im Sinne der tatbestandlichen Voraussetzungen des § 28 Abs. 7 Nr. 2 SGB II („angeleitete Aktivitäten der kulturellen Bildung") um „museumspädagogische Angebote und Aktivitäten zur Stärkung der Medienkompetenz" geht.[109] An die **Qualität des Angebots** und den **Institutionalisierungsgrad des Anbieters** werden gleichwohl – schon aus verfassungsrechtlichen Gründen wegen der Nichtberücksichtigung der EVS-Position „Außerschulischer Unterricht, Hobbykurse" (→ Rn. 39) – keine zu hohen Anforderungen gestellt werden dürfen;[110] so können gemeinschaftliche Aktivitäten bspw. auch von Elterninitiativen organisiert werden.[111]

44 Seit 1.8.2013 können neben den Bedarfen nach § 28 Abs. 7 S. 1 SGB II auch **weitere Bedarfe** berücksichtigt werden, wenn sie **im Zusammenhang mit der Teilnahme an Aktivitäten nach § 28 Abs. 7 S. 1 Nr. 1–3 SGB II** entstehen und es den Leistungsberechtigten im begründeten Ausnahmefall nicht zugemutet werden kann, diese aus dem Regelbedarf zu bestreiten (→ Rn. 45). Damit ist es nun auch möglich, Teilhabeleistungen für **Ausrüstungsgegenstände** (zB Schutzkleidung für bestimmte Sportarten, Musikinstrumente etc)[112] nach pflichtgemäßem **Ermessen** („kann")[113] zu erbringen, was im ursprünglichen System des § 28 Abs. 7 SGB II nicht angelegt war;[114] dabei bleiben allerdings Ausrüstungsgegenstände für schulische Bedarfe (zB Musikinstrumente für schulischen Musikunterricht) ausgeschlossen.[115] Für **Fahrtkosten** zu Teilhabeangeboten iSd

---

102 BT-Drs. 17/3404, 72; BT-Drs. 18/9984, 58.
103 BT-Drs. 18/9984, Anlage; zur EVS 2008 vgl. BT-Drs. 17/3404, 106.
104 Rothkegel ZFSH/SGB 2011, 80 f.; Klerks info also 2011, 157; vgl. auch → Rn. 24.
105 BVerfG 23.7.2014 – 1 BvL 10/12, 1 BvL 12/12, 1 BvR 1691/13, BVerfGE 137, 34 (Abs. 127, 130).
106 So auch Münder (Lit.), 87; P. Becker SGb 2012, 192.
107 In diesem Sinne I. Becker (Lit.), 46 ff.
108 Groth (Lit.), § 11 Rn. 294; s. auch Leopold in: jurisPK-SGB II § 28 Rn. 187; sozialpolitische Kritik übt Lenze ZKJ 2011, 21 f.; vgl. auch Lenze in: LPK-SGB II § 28 Rn. 43.
109 BT-Drs. 17/3404, 106.
110 Luik in: Eicher/Luik SGB II § 28 Rn. 62.
111 Ähnlich P. Becker SGb 2012, 188.
112 BT-Drs. 17/12036, 7.
113 Luik in: Eicher/Luik SGB II § 28 Rn. 61 a; Lenze in: LPK-SGB II § 28 Rn. 48; O. Loose info also 2016, 156.
114 BT-Drs. 17/3404, 107.
115 BSG 10.9.2013 – B 4 AS 12/13 R, FEVS 65, 352; vgl. auch Knickrehm SozSich 2014, 163; krit. Groth in: jurisPR-SozR 15/2014 Anm. 1.

§ 28 Abs. 7 S. 2 SGB II hat das BVerfG § 28 Abs. 7 S. 2 SGB II sogar zu einem **Rechtsanspruch** verdichtet, ohne dafür eine überzeugende Begründung vorzulegen.[116] Immerhin wäre zu berücksichtigen gewesen, dass Teilhabe primär an vor Ort vorhandenen Angeboten vermittelt werden soll, nicht an solchen, deren Inanspruchnahme weite Anfahrten voraussetzt. Angesichts des eher verunglückten Wortlauts der Regelung ungeklärt, aber (zT überraschenderweise) trotzdem kaum streitrelevant sind im Übrigen die Fragen, ob die Leistungen für Ausrüstungsgegenstände (betragsmäßig unbegrenzt)[117] über die in § 28 Abs. 7 S. 1 SGB II normierte Pauschale von 10 EUR/Monat hinausgehen können – wofür im Gegensatz zu den Gesetzesmaterialien[118] Wortlaut und Systematik durchaus streiten[119] – und nach welchen Kriterien die Zumutbarkeit des Bestreitens der Bedarfe aus dem Regelbedarf zu bestimmen ist.[120] Rechtspolitisch fragwürdig ist es in jedem Falle, dass sich der Gesetzgeber in einem fiskalpolitisch eher unbedeutenden Bereich einerseits zu einer Ausweitung der Leistungen entschieden, diese andererseits jedoch im selben Atemzug durch kleinliche und obendrein wenig trennscharfe Beschränkungen wieder weitgehend kassiert hat.

Mit dem **Starke-Familien-Gesetz** (→ Rn. 15) werden die berücksichtigten Bedarfe zur **45** Teilhabe am sozialen und kulturellen Leben zum 1.8.2019 moderat von 10 EUR auf **15 EUR monatlich** angehoben; zugleich wird die Leistung nunmehr **pauschaliert gewährt**, sofern tatsächlich Aufwendungen im Zusammenhang mit den in § 28 Abs. 7 S. 1 SGB II genannten Aktivitäten bestehen. Die Änderung soll nach der Vorstellung des federführenden Ausschusses für Familie, Senioren, Frauen und Jugend dazu beitragen, dass die **Teilhabequote verbessert** wird;[121] ihr volles Potential wird die Regelung indes wohl nur entfalten können, wenn die (pauschalierte) Leistung auch als Geldleistung erbracht wird (§ 29 Abs. 1 S. 1 Nr. 3 SGB II nF), was um Ermessen des kommunale Trägers steht (§ 29 Abs. 1 S. 2 SGB II nF). Auch die Neuregelung des § 28 Abs. 7 S. 2 SGB II nF, der eine **erleichterte Berücksichtigung** („im Einzelfall" statt „im begründeten Ausnahmefall") **weiterer Bedarfe** ermöglicht, sofern diese nicht zumutbar aus den Leistungen nach Satz 1 oder aus dem Regelbedarf bestritten werden können, impliziert einen gewissen sachlichen Vorrang der Geldleistung (→ Rn. 52).

III. Trägerschaft und Aufgabenwahrnehmung

Träger der Leistungen sind die **Kreise und kreisfreien Städte** (§ 6 Abs. 1 S. 1 Nr. 2 **46** SGB II), wiewohl die Finanzierung der Leistungen durch eine – sachlich in dieser Form kaum begründbare[122] – Erhöhung der **Bundesbeteiligung** an den Unterkunftskosten (§ 46 Abs. 8 SGB II)[123] mittelbar durch den Bund erfolgt. Dennoch ist diese Aufgabenzuordnung wegen der **größeren Sachnähe** der Kommunen richtig. Sie erleichtert insbesondere die ohnehin anspruchsvolle Administration einzelner Leistungen, wie etwa der Lernförderung (§ 28 Abs. 5 SGB II) oder des gemeinsamen Schulmittagessens (§ 28 Abs. 6 SGB II), weil die Kommunen größtenteils gleichzeitig auch **Schulträger** und **Träger der Jugendhilfe** sind.[124]

---

116 BVerfG 23.7.2014 – 1 BvL 10/12, 1 BvL 12/12, 1 BvR 1691/13, BVerfGE 137, 34, Abs. 132, 148.
117 Teilweise wird von einer Begrenzung der zusätzlichen Leistungsgewährung auf den (weiteren) Betrag von 10 EUR/Monat ausgegangen, vgl. Haase LKV 2013, 354.
118 BT-Drs. 17/12036, 10.
119 Leopold in: jurisPK-SGB II § 28 Rn. 205; vgl. auch Voelzke in: Hauck/Noftz SGB II § 28 Rn. 119 b; Knickrehm SozSich 2014, 162.
120 Krit. dazu Deutscher Verein 2015 (Lit.), 31; vgl. zum Ganzen O. Loose info also 2016, 155 f.
121 BT-Drs. 19/8613, 27.
122 Vgl. Harich in: Eicher/Luik SGB II § 46 Rn. 20.
123 In der Fassung des Gesetzes zur Beteiligung des Bundes an den Kosten der Integration und zur weiteren Entlastung von Ländern und Kommunen vom 1.12.2016, BGBl. I, 2755.
124 Dazu bereits Lenze ZKJ 2011, 24 f.

47 Die Aufgaben werden im Regelmodell grundsätzlich von der **gemeinsamen Einrichtung** wahrgenommen (§ 44 b Abs. 1 S. 2 SGB II). Dies entspricht dem hinter Art. 91 e Abs. 1 GG stehenden Prinzip der Aufgabenwahrnehmung aus einer Hand. Im Regelfall wird zumindest die **Bedarfsfeststellung und Bescheidung der Anträge** in der Hand der Jobcenter liegen müssen. Die Schaffung einer weiteren Anlaufstelle für leistungsberechtigte Personen wäre zur Erreichung des Ziels einer starken Inanspruchnahme eher kontraproduktiv. Gleichwohl räumt § 44 b Abs. 4 S. 1 SGB II der gemeinsamen Einrichtung die Befugnis ein, einzelne Aufgaben auch durch die Träger wahrnehmen zu lassen. Die Entscheidung darüber trifft gemäß § 44 c Abs. 2 S. 2 Nr. 4 SGB II die Trägerversammlung.

IV. Leistungserbringung
1. Sach- und Dienstleistungen

48 Sach- und Dienstleistungen können insbesondere durch **personalisierte Gutscheine** und **Direktzahlungen an Leistungsanbieter** erbracht werden (§ 29 Abs. 1 S. 1 SGB II). Die **kommunalen Träger** als Träger der Leistungen für Bildung und Teilhabe (vgl. § 6 Abs. 1 S. 1 Nr. 2 SGB II) entscheiden nach **pflichtgemäßem Ermessen** darüber, in welcher Form sie die Leistungen nach § 28 Abs. 2 und 5 bis 7 SGB II erbringen (§ 29 Abs. 1 S. 1 Hs. 2 SGB II; vgl. aber auch § 29 Abs. 1 S. 2 SGB II; → Rn. 52). Als besondere Form der Sachleistung stellt das Gesetz den Gutschein bereit, für den nach § 29 Abs. 2 SGB II besondere Regelungen gelten. Die Leistung gilt – unabhängig von der Frage der konkreten Einlösbarkeit (vgl. aber § 29 Abs. 2 S. 2 SGB II) – mit der Ausgabe des Gutscheins als erbracht (§ 29 Abs. 2 S. 1 SGB II). Gutscheine können für den gesamten Bewilligungszeitrum im Voraus ausgegeben werden (§ 29 Abs. 2 S. 3 SGB II) und sind angemessen zu befristen (§ 29 Abs. 2 S. 4 SGB II). Im Verlustfall sollen noch nicht in Anspruch genommene Gutscheine erneut ausgestellt werden (§ 29 Abs. 2 S. 5 SGB II).

49 Die **Einlösung und Abrechnung der Gutscheine** regelt § 29 SGB II dagegen nicht. Insbesondere trifft § 29 SGB II keine verbindlichen Regelungen zum Abschluss von **Leistungs-, Prüfungs- und Vergütungsvereinbarungen** mit Leistungsanbietern, wie sie sonst bei der Erbringung von Sachleistungen durch Dritte üblich sind (vgl. § 17 SGB II). Allerdings haben die kommunalen Träger zu gewährleisten, dass Gutscheine bei **geeigneten Anbietern** oder zur Wahrnehmung eigener (kommunaler) Angebote eingelöst werden können (§ 29 Abs. 2 S. 2 SGB II). Dies setzt – gleichermaßen auch für Direktzahlungen (§ 29 Abs. 3 SGB II) – ein **Mindestmaß an inhaltlicher Kontrolle** voraus, die nicht an Qualitätsmaßstäben (iS eines „hochwertigen" Angebots), sondern primär daran auszurichten ist, dass eine **Gefährdung des Kindeswohls** ausgeschlossen wird.[125] Um diese Kontrolle präventiv leisten zu können, ist der Abschluss von Leistungsvereinbarungen im Vorfeld zumindest bei Leistungserbringung durch Gutscheine angezeigt.[126]

2. Geldleistungen

50 Nur der **persönliche Schulbedarf** (§ 28 Abs. 3 SGB II) und die Kosten der **Schülerbeförderung** (§ 28 Abs. 4 SGB II) werden zwingend durch Geldleistungen unmittelbar an leistungsberechtigte Personen gedeckt (§ 29 Abs. 1 S. 2 SGB II). Bei diesen beiden Leistungen sieht der Gesetzgeber in der unbaren Form der Leistungserbringung offenbar keinen Mehrwert. Ausschlaggebend für diese Entscheidung dürfte auch gewesen sein, dass bei den Leistungen nach § 28 Abs. 3 SGB II der Einzelhandel für eine Einbeziehung in ein Sachleistungssystem gewonnen werden müsste. Bei der Schülerbeförderung sei angesichts der festen Tarifstrukturen im öffentlichen Personennahverkehr die Gewährung

---

125 Lenze in: LPK-SGB II § 29 Rn. 13; O. Loose in: GK-SGB II § 29 Rn. 30.
126 Vgl. Groth (Lit.), § 11 Rn. 332 ff.

von Sachleistungen untunlich.[127] Zusätzlich sind die kommunalen Träger durch § 29 Abs. 1 S. 2 SGB II dazu ermächtigt worden, zu bestimmen, dass die Leistungen nach § 28 Abs. 2 SGB II (für Schul- und Kita-Ausflüge und Klassenfahrten) durch Geldleistungen gedeckt werden, um auf diese Weise Schwierigkeiten bei der Abwicklung von Direktzahlungen insbesondere gegenüber Schulen und Lehrkräften wirksam begegnen zu können.[128]

3. Berechtigte Selbsthilfe

Um Fällen Rechnung zu tragen, in denen ungeachtet des in § 29 Abs. 1 S. 1 SGB II normierten Prinzips der Sach- und Dienstleistungen die **nachträgliche Erstattung von Aufwendungen** geboten sein kann, ist zum 1.8.2013 die Norm des § 30 SGB II zur berechtigten Selbsthilfe eingeführt worden.[129] Der Erstattungsanspruch (in Geld) setzt voraus, dass zum Zeitpunkt der Selbsthilfe einerseits die **Voraussetzungen einer Leistungsgewährung** zur Deckung der Bedarfe nach § 28 Abs. 2 und 5–7 SGB II im Zeitpunkt der Selbsthilfe vorlagen und andererseits der Zweck der Leistung durch Erbringung als Sach- oder Dienstleistung **ohne eigenes Verschulden nicht oder nicht rechtzeitig zu erreichen** war (§ 30 S. 1 SGB II). Dies kann etwa bei nicht rechtzeitig beschiedenen oder zu Unrecht abgelehnten Leistungsanträgen der Fall sein, oder wenn der Leistungserbringer lediglich Barzahlung akzeptiert.[130] Die Regelung wird für den Fall der Unmöglichkeit der rechtzeitigen Antragstellung flankiert durch eine **Fiktion der Antragstellung** zum Zeitpunkt der Selbstvornahme (§ 30 S. 2 SGB II). Insgesamt ähnelt die Regelung strukturell Kostenerstattungsregelungen nach Selbstbeschaffung in anderen Sozialleistungsbereichen (vgl. § 13 Abs. 3 SGB V, § 36 a Abs. 3 SGB VIII, § 18 Abs. 4 SGB IX).[131] **51**

Mit dem **Starke-Familien-Gesetz** (→ Rn. 15) wird das **Leistungserbringungsrecht** zum 1.8.2019 insoweit **modifiziert**, als der Gesetzgeber von der strikten Sachleistungsorientierung auch bei den Leistungen nach § 28 Abs. 2 und 5-7 SGB II abrückt. Auch bei diesen Leistungen kann der kommunale Träger nunmehr die **Geldleistung** vorsehen (§ 29 Abs. 1 S. 1 Nr. 3, S. 2 SGB II nF), wobei Geldleistungen entweder **vorschüssig oder nachträglich** zur Erstattung verauslagter Beträge erbracht werden können (§ 29 Abs. 4 SGB II nF). Es soll auch möglich sein, die unterschiedlichen Erbringungsformen nach den tatsächlichen Gegebenheiten zu kombinieren.[132] Dem Ziel einer möglichst weitgehenden **Flexibilisierung** im Interesse besserer Administrierbarkeit soll auch § 29 Abs. 6 SGB II nF dienen, der – nur auf Antrag der Schule (!) – für die Leistungen für Schulausflüge (§ 28 Abs. 2 S. 1 Nr. 1 SGB II) mit der **Sammelabrechnung** einen neuen Erbringungsweg bereithält. Dieser erbringungsrechtliche Sonderweg darf aber den subjektivrechtlichen Anspruch der leistungsberechtigten Person nicht vereiteln; weist ein Kind der Schule seine Leistungsberechtigung nicht nach (vgl. § 29 Abs. 6 S. 1 Nr. 3 SGB II nF) behält es seinen Anspruch auf individuelle Gewährung und Erbringung der Leistung idR dann durch Erstattung verauslagter Kosten. **52**

---

127 BT-Drs. 17/4095, 31.
128 BT-Drs. 17/12036, 8.
129 BT-Drs. 17/12036, 8.
130 BT-Drs. 17/12036, 8; vgl. Deutscher Verein 2015 (Lit.), 36.
131 Leopold in: jurisPK-SGB II § 30 Rn. 6.
132 BT-Drs. 19/7504, 48.

C. Abweichungen im SGB XII und in § 6 b BKGG

I. SGB XII und Asylbewerberleistungsgesetz

53 Die von den örtlichen Sozialhilfeträgern erbrachten Leistungen des § 34 SGB XII entsprechen im Wesentlichen den Leistungen nach § 19 Abs. 2, § 28 SGB II. Allerdings findet bei Leistungen für **Schülerinnen und Schüler** weder eine Beschränkung auf das 25. Lebensjahr statt noch sind Empfänger von Ausbildungsvergütung ausgeschlossen (§ 34 Abs. 1 S. 1 SGB XII). Die Leistungen für Klassenausflüge und -fahrten, Lernförderung und Schulmittagessen sind dort altersunabhängig für alle Schüler allgemein- und berufsbildender Schulen (insbesondere auch für Berufsschüler) zugänglich.[133] Das Teilhabebudget (§ 34 Abs. 7 SGB XII) wird Empfängern von Leistungen der **Grundsicherung im Alter und bei Erwerbsminderung** nicht geleistet (§ 42 Nr. 3 SGB XII). Dies ist konsequent, da dieser Bedarf nur bis zum vollendeten 18. Lebensjahr berücksichtigt wird und deshalb für Bezieher von Leistungen der Grundsicherung im Alter und bei Erwerbsminderung ohnehin nicht in Betracht kommt.[134] Dezidierte Regelungen zur Reihenfolge der **Anrechnung von Einkommen** und Vermögen gibt es anders als im SGB II nicht (vgl. aber § 34 a Abs. 1 S. 2 SGB XII). Dem § 4 Abs. 2 S. 2–4 SGB II entsprechende **Hinwirkungspflichten** der Träger (→ Rn. 12) sind im SGB XII nicht ausdrücklich normiert; hier ist auf die allgemeine umfassende Beratungs-, Unterstützungs- und Aktivierungspflicht nach § 11 SGB XII auszuweichen.[135] Die Regelungen zur **Leistungserbringung** (§ 34 a Abs. 2–5 SGB XII) und zur **berechtigten Selbsthilfe** (§ 34 b SGB XII) entsprechen im Wesentlichen denen im SGB II.

54 Bezieher von Leistungen nach dem **Asylbewerberleistungsgesetz** konnten zunächst nur dann Leistungen für Bildung und Teilhabe beanspruchen, wenn es sich um sogenannte **Analog-Berechtigte** handelte, deren Leistungen sich nach dem SGB XII bemessen (§ 2 Abs. 1 AsylbLG).[136] Seit 1.3.2015 haben auch Empfänger von **Grundleistungen** (§ 3 AsylbLG) einen individuellen Rechtsanspruch auf Leistungen für Bildung und Teilhabe entsprechend § 34 SGB XII (§ 3 Abs. 3 AsylbLG); für die Leistungserbringung gelten die §§ 34 a, 34 b SGB XII ebenfalls entsprechend.[137] Die Regelung ist abschließend, so dass die weitergehende Leistungsgewährung für entsprechende Bedarfe nach der bis zum 28.2.2015 hilfsweise genutzten Regelung des § 6 Abs. 1 S. 1 Alt. 3 AsylbLG[138] ausgeschlossen ist.[139]

55 Die Änderungen im SGB II durch das **Starke-Familien-Gesetz** (→ Rn. 52) zum 1.8.2019 werden im SGB XII nachvollzogen, und zwar sowohl in leistungsrechtlicher (→ Rn. 27, 32, 38, 41, 45), als auch in leistungserbringungsrechtlicher Hinsicht (→ Rn. 52). Für den **persönlichen Schulbedarf** bildet das SGB XII wegen des neu implementierten **Fortschreibungsmechanismus** (§ 34 Abs. 3 a SGB XII nF)[140] künftig sogar das **Referenzsystem**.

II. § 6 b BKGG

56 § 6 b BKGG sieht weitgehend identische Leistungen für Kinder und Jugendliche vor, für die **Wohngeld oder Kinderzuschlag** (§ 6 a BKGG) geleistet wird. Die Leistungen haben

---

133 Deutscher Verein, NDV 2012, 8 f.; vgl. auch Luik in: jurisPK-SGB XII § 34 Rn. 38.
134 BT-Drs. 17/3404, 127; vgl. Blüggel in: jurisPK-SGB XII § 42 Rn. 20.
135 Deutscher Verein, NDV 2012, 9; Luik in: jurisPK-SGB XII § 34 a Rn. 30.
136 Groth jurisPR-SozR 8/2011 Anm. 1; Klerks info also 2011, 147.
137 Gesetz zur Änderung des Asylbewerberleistungsgesetzes und des Sozialgerichtsgesetzes vom 10.12.2014 (BGBl. I S. 2187).
138 Deutscher Verein, NDV 2012, 7.
139 Frerichs in: jurisPK-SGB XII § 3 AsylbLG Rn. 174.
140 Dazu BT-Drs. 19/7504, 50 f.

allerdings als vorgelagerte Leistungen keine unmittelbar existenzsichernde Funktion. Der Leistungsanspruch steht – anders als im SGB II/SGB XII – regelmäßig auch nicht dem jeweiligen Kind, sondern dem Kindergeldberechtigten zu (vgl. aber § 6 b Abs. 1 S. 3 BKGG); zur Verjährung vgl. § 6 b Abs. 2 a BKGG. Inhaltliche Abweichungen gab es früher lediglich bei dem Eigenanteil an den **Schülerbeförderungskosten**; auch hier entspricht die Rechtslage allerdings seit 1.8.2013 vollständig derjenigen im SGB II (§ 6 b Abs. 2 S. 4 BKGG: „in der Regel ein Betrag von 5 EUR monatlich"). Für die Erbringung der Leistungen gelten §§ 29, 30 und 40 Abs. 3 SGB II entsprechend (§ 6 b Abs. 3 BKGG). Die **Träger der Leistungen** werden von den Ländern bestimmt (§ 7 Abs. 3 BKGG); in Flächenländern sind die Aufgaben den Kreisen und kreisfreien Städten übertragen.

Auch in § 6 b BKGG, der wegen der Leistungsinhalte (§ 6 b Abs. 2 BKGG) und wegen **57** der Leistungserbringung (§ 6 b Abs. 3 BKGG) bereits bisher weitgehend dynamisch auf das SGB II verwiesen hatte, greifen die Änderungen durch das **Starke Familien-Gesetz** (→ Rn. 15) zum 1.8.2019. Folgerichtig zu den dortigen Änderungen fallen die die Eigenanteile bei Schülerbeförderung und Schulmittagessen (§ 6 b Abs. 2 S. 3 Hs. 2, S. 4 und 5 BKGG nF) weg.[141]

D. Verfahren/Sonstiges

I. Antragsabhängigkeit

Leistungen für Bildung und Teilhabe sind mit Ausnahme des persönlichen Schulbedarfs **58** **gesondert zu beantragen** (§ 37 Abs. 1 S. 2 SGB II/§ 34 a Abs. 1 S. 1 SGB XII; → Rn. 61). Eine besondere Form ist dafür nicht bestimmt; mündliche Antragstellung ist ausreichend.[142] Wie allgemein im Sozialrecht ist das Antragsverfahren möglichst **niederschwellig** auszugestalten, um eine hohe Inanspruchnahmequote sicherzustellen. Der Antrag wirkt wie bei allen Leistungen zur Sicherung des Lebensunterhalts grds. auf den Monatsersten zurück (§ 37 Abs. 2 S. 2 SGB II); für Teilhabeleistungen nach § 28 Abs. 7 SGB II ist jedoch eine **Rückwirkung** auf den Beginn des aktuellen Bewilligungszeitraums vorgesehen, soweit daneben auch andere Leistungen zur Sicherung des Lebensunterhalts erbracht werden (§ 37 Abs. 2 S. 3 SGB II). Bei einzelnen Leistungen (zB Schul- und Kita-Ausflüge, Mittagessen) können **Sammelanträge** in Betracht kommen, die etwa von den Einrichtungsträgern aufgenommen und an das Jobcenter weitergeleitet werden.[143] Eine Ersetzung der Vertretungsmacht untätig bleibender Eltern durch Schule oder Kindertageseinrichtung sehen die gesetzlichen Bestimmungen jedoch nicht vor (vgl. § 38 SGB II).

Für den Bereich des SGB II ist das Erfordernis einer gesonderten Antragstellung zwar **59** bürokratisch aufwändig, aber deshalb konsequent, weil die Leistungen für Bildung und Teilhabe **eigenständige Leistungen** und nicht nur Bestandteile des Arbeitslosengeldes II/ Sozialgeldes sind. Die Antragsabhängigkeit hat allerdings zu **Änderungen gegenüber dem früheren Rechtszustand** geführt: Während **mehrtägige Klassenfahrten** (§ 23 Abs. 3 S. 1 Nr. 3 SGB II aF) nach früherem Recht vom allgemeinen Leistungsantrag auf Arbeitslosengeld II/Sozialgeld umfasst waren,[144] so dass die Übernahme der Kosten bei Personen im laufenden Leistungsbezug auch noch „nachträglich" erfolgen konnte, ist dies nun – über den Fall des § 37 Abs. 2 S. 2 SGB II hinaus – grundsätzlich nicht mehr möglich (→ Rn. 61).[145]

---

141 BT-Drs. 19/7504, 41.
142 Deutscher Verein 2015 (Lit.), 9.
143 Dazu Deutscher Verein 2015 (Lit.), 9 f.
144 BSG 23.3.2010 – B 14 AS 6/09 R, BSGE 106, 78.
145 O. Loose in: GK-SGB II § 28 Rn. 176.

60 Im Anwendungsbereich des § 34 SGB XII stellt das Antragserfordernis dagegen einen Fremdkörper dar, weil für alle anderen Leistungen der **Hilfe zum Lebensunterhalt** der **Kenntnisgrundsatz** (§ 18 Abs. 1 SGB XII) gilt. Zwar normiert auch § 34 a Abs. 1 SGB XII kein striktes gesetzliches Verbot, Leistungen für Zeiträume vor der Antragstellung zu erbringen. Das – wenngleich durch die höchstrichterliche sozialgerichtliche Rechtsprechung zunehmend aufgeweichte – Strukturprinzip „**Keine Sozialhilfe für die Vergangenheit**" dürfte aber der nachträglichen Gewährung von Leistungen für Bildung und Teilhabe zumindest dann entgegenstehen, wenn der Leistungsträger vom Hilfefall bei Entstehung des Bedarfs noch keine Kenntnis hatte. In der **Grundsicherung im Alter und bei Erwerbsminderung** ist die Antragsabhängigkeit der Leistungen für Bildung und Teilhabe wegen des auch ansonsten bestehenden Antragsprinzips (§ 41 Abs. 1 S. 1 SGB XII) dagegen konsequent.

61 Mit dem Inkrafttreten des **Starke-Familien-Gesetzes** (→ Rn. 15) **fällt zum 1.8.2019 das Erfordernis eines gesonderten Antrags weitgehend weg** (§ 37 Abs. 1 S. 2 SGB II nF), im SGB XII bleibt es aber dabei, dass die Leistungen für Bildung und Teilhabe – anders als die sonstigen Leistungen der Hilfe zum Lebensunterhalt – (allgemein) zu beantragen sind (§ 34 a Abs. 1 S. 1 SGB XII nF).[146] Der Gesetzgeber reagiert darauf, dass das (gesonderte) Antragserfordernis in der Evaluation der bundesweiten Inanspruchnahme und Umsetzung der Leistungen für Bildung und Teilhabe (→ Rn. 13) im Auftrag des BMAS als **Hemmnis für einen Inanspruchnahme** der Leistungen identifiziert worden ist.[147] Nur für die **Lernförderung** wird wegen der **Komplexität der Leistungen und Leistungsvoraussetzungen**[148] weiterhin ein gesonderter Antrag notwendig sein. Für die **mehrtägigen Klassenfahrten** war er im Regierungsentwurf ebenfalls noch vorgesehen,[149] ist aber im Rahmen der Ausschussberatungen weggefallen.[150] Damit lebt die höchstrichterliche Rechtsprechung zur nachträglichen Abrechnung von Klassenfahrten (→ Rn. 59) wieder auf.

II. Aufhebung und Rückforderung von Leistungen für Bildung und Teilhabe

62 Entscheidungen über die Bewilligung von Leistungen für Bildung und Teilhabe können gemäß §§ 45, 47 und 48 SGB X (iVm § 40 Abs. 1 SGB II) aufgehoben werden. **Sonderregelungen für den Widerruf** enthalten § 29 Abs. 4 S. 2 SGB II bzw. § 34 a Abs. 5 S. 2 SGB XII, die der besonderen Zweckgerichtetheit der Leistungen Rechnung tragen: Wird im begründeten Einzelfall der **Nachweis über eine zweckentsprechende Verwendung** der Leistung nicht erbracht, ist die Bewilligungsentscheidung im Regelfall („soll") zu widerrufen. Allerdings wird der Nachweis einer nicht zweckentsprechenden Verwendung gerade bei pauschalierten Leistungen schwer möglich sein.[151]

63 Liegen die Voraussetzungen für eine Aufhebung vor, ist weiter zu überprüfen, ob die Leistung zurückgefordert werden kann (§ 50 SGB X). **§ 40 Abs. 6 S. 3 SGB II** schließt für das SGB II eine Erstattung der Leistungen aus, wenn eine **Aufhebungsentscheidung allein wegen der Leistungen für Bildung und Teilhabe** zu treffen wäre. Hintergrund dieser Regelung ist, dass kosten- und verwaltungsintensive Erstattungsverfahren bei typischerweise relativ kleinteiligen Leistungen vermieden werden sollen. Die Vorschrift kommt zur Anwendung, wenn die Bewilligungsentscheidung aufgehoben wird, weil

---

146 BT-Drs. 19/8613, 29
147 BT-Drs. 19/7504, 49.
148 BT-Drs. 19/8613, 28.
149 BT-Drs. 19/7504, 14.
150 BT-Drs. 19/8613, 9, 27 f.
151 Leopold in: jurisPK-SGB II § 29 Rn. 88.

- wegen Deckung der übrigen Bedarfe ohnehin nur noch Leistungen für Bildung und Teilhabe gewährt worden waren oder

- die tatbestandlichen Voraussetzungen des § 28 SGB II anfänglich fehlten oder nachträglich weggefallen sind oder Leistungen iSd § 29 Abs. 4 SGB II zweckwidrig verwendet worden sind (→ Rn. 65).

In Fallkonstellationen, in denen zB wegen Arbeitsaufnahme der Eltern und damit verbundenem bedarfsdeckendem Einkommen auch die Bewilligung von Arbeitslosengeld II und Sozialgeld aufzuheben ist, findet § 40 Abs. 6 S. 3 SGB II dagegen keine Anwendung. Dies wird bisweilen als ungerecht[152] und vor dem Hintergrund des allgemeinen Gleichheitssatzes (Art. 3 Abs. 1 GG) auch als verfassungsrechtlich problematisch angesehen,[153] dürfte aber unter den Sachgesichtspunkten der Verwaltungspraktikabilität und Effizienz bei gleichzeitiger Typisierungsbefugnis des Gesetzgebers noch gerechtfertigt sein. In diesem Fall sind **Sach- und Dienstleistungen** (§ 40 Abs. 1 S. 1 SGB II iVm § 50 Abs. 1 S. 2 SGB X) und insbesondere auch **Gutscheine** (§ 40 Abs. 6 S. 1 SGB II) **in Geld zu erstatten**; die leistungsberechtigte Person kann den Erstattungsanspruch durch Rückgabe eines noch nicht in Anspruch genommenen Gutscheins erfüllen (§ 40 Abs. 6 S. 2 SGB II). Im SGB XII gibt es eine dem § 40 Abs. 6 S. 3 SGB II vergleichbare Sondervorschrift nicht. Hier gilt § 50 SGB X uneingeschränkt.

Mit dem **Starke-Familien-Gesetz** (→ Rn. 15) ergibt sich für die Zeit ab dem 1.8.2019 **65** eine Änderung insoweit, als zukünftig im **Fall des Widerrufs** einer Bewilligungsentscheidung nach § 29 Abs. 5 S. 2 SGB II nF (→ Rn. 63) auch die **Erstattung der Leistungen** verlangt werden kann (§ 40 Abs. 6 S. 4 SGB II nF). In den Fällen des Widerrufs wegen zweckwidriger Verwendung sieht der Gesetzgeber keinen Anlass, auf die Erstattung durch die leistungsberechtigte Person zu verzichten.[154] Angesichts der gleichzeitigen Ausweitung der Möglichkeiten, zweckgebundene Geldleistungen anstelle von Sach- und Dienstleistungen zu gewähren, ist dieser Ansatz durchaus vertretbar. Er dürfte allerdings einen tendenziell **hohen Implementierungsaufwand** verursachen, womit Effizienzgewinne an anderer Stelle nivelliert würden.

64 (marginal)

---

152 Leopold in: jurisPK-SGB II § 29 Rn. 106.
153 O. Loose in: GK-SGB II § 29 Rn. 71 ff.
154 BT-Drs. 19/8613, 28.

Kapitel 28: Unterkunft und Existenzsicherung

Literaturhinweise: Ahrent, Fiktive Guthaben in den Betriebskostenabrechnungen, SGb 2011, 28; Anders, Angemessenheit der Bedarfe für Unterkunft und Heizung am Beispiel der Stadt Dresden, SGb 2015, 434; Bätge, Zur Rechtmäßigkeit von kommunalen Satzungen nach den §§ 22 a ff. SGB II und zum maßgeblichen Rechtsschutz, Sozialrecht aktuell 2011, 131; Berlit, Unangemessene Rechtsprechung zur Übernahme angemessener Kosten der Unterkunft, info also 1999, 63; ders., Anmerkung zu LSG Niedersachsen/Bremen, Urteil v. 24.4.2007 – L 7 AS 494/05 – (Bestimmung der Angemessenheitsgrenze bei Fehlen sonstiger valider Anknüpfungspunkte zu örtlichem Wohnungsmarkt), info also 2007, 182; ders., Die Neuregelung der Kosten für die Unterkunft: Erfahrungen und Auswirkungen, ArchSozArb 2008, 30; ders., Entlastung durch Reregulierung und Pauschalierung? Zu Novellierungsvorschlägen beim Recht der Unterkunftskosten, ArchSozArb 2010, 84; ders., Sicherung einheitlicher Unterkunftskostengewährung durch Rechtsprechung (insbes. des BSG) und kommunale Vielfalt?, info also 2010, 195; ders., Wohnung und Hartz IV. Ausgewählte Probleme der Kosten der Unterkunft nach dem SGB II, NDV 2006, 5; ders., Neuere Rechtsprechung zu den Kosten von Unterkunft und Heizung, SGb 2011, 619 (Teil 1), 678 (Teil 2); ders., Aktuelle Entwicklungen in der Rechtsprechung zu den Kosten der Unterkunft, info also 2014, 243 (Teil 1), 2015, 7 (Teil 2); ders., Neuere Rechtsprechung zur Abrechnung von Betriebs- und Heizkosten, info also 2014, 60; ders., Annäherungen an die Angemessenheit der Unterkunftskosten – das Unterkunftskostengutachten des IWU vom Januar 2017, info also 2017, 147; ders., Aktuelle Rechtsprechung zu den Kosten der Unterkunft und Heizung im SGB II/SGB XII, info also 2017, 195 (Teil 1), 2017, 251 (Teil 2); Blank, Energetische Beschaffenheit als Kriterium der ortsüblichen Vergleichsmiete, WuM 2011, 195; BMVBS/BBSR, Arbeitshilfe zur Bestimmung der angemessenen Aufwendungen der Unterkunft im Rahmen kommunaler Satzungen, Stand Januar 2013; Börstinghaus/Clar, Mietspiegel, 2. Aufl. 2013; dies., Ermittlung der ortsüblichen Vergleichsmiete, NZM 2014, 889; Börstinghaus/Lange, Das Gebot der Wirtschaftlichkeit, WuM 2010, 538; Brandmayer, Aktuelle Entscheidungen des Bundessozialgerichts zu den Kosten der Unterkunft nach § 22 SGB II, NDV 2009, 85; Brehm/Schifferdecker, Der neue Warmwasserbedarf im SGB II, SGb 2011, 505; Bremer, Die Konkretisierung des Begriffs der Angemessenheit von Heizungsaufwendungen im SGB II, NZS 2010, 189; Brühl, Die Wohnung als Sachleistung der Sozialhilfe, ZfF 1991, 49; ders., Rechtsschutz für Wohnungslose, Baden-Baden 1998; Bundesministerium für Verkehr, Bauen und Stadtentwicklung/Bundesinstitut für Bau-, Stadt- und Raumforschung im Bundesamt für Bauwesen und Raumordnung (Hrsg.), Kosten der Unterkunft und die Wohnungsmärkte. Auswirkungen der Regelungen zur Übernahme der Kosten der Unterkunft auf Transferleistungsempfänger und Kommunen, Bonn 2009; Busch-Geertsema/Evers, Auf dem Weg zur Normalität – Persönliche Hilfen in Wohnungen bei Wohnungsnotfällen, NDV 2005, 126 (Teil 1); Butzer/Keller, „Grundsicherungsrelevante Mietspiegel" als Maßstab der Angemessenheitsprüfung nach § 22 SGB II, NZS 2009, 65; Butzer/Keller, Kommunale Ermittlungen zu den „KdU" – auf dem Weg zu wichtigen Klarstellungen, NDV 2009, 317; Derleder, Die Notwendigkeit eines Grundrechts auf Wohnen, WuM 2009, 615; Deutscher Verein, Empfehlungen des Deutschen Vereins zu § 22 Abs. 2 a SGB II. Leistungen für Unterkunft und Heizung bei Personen unter 25 Jahren, NDV 2007, 4; ders., Stellungnahme des Deutschen Vereins zur Diskussion über eine Pauschalierung der Leistungen für Unterkunft und Heizung in der Grundsicherung für Arbeitsuchende, NDV 2010, 163; ders., Empfehlungen zur Ausführung einer Satzungsermächtigung bei den Kosten der Unterkunft und Heizung im SGB II und SGB XII, NDV 2011, 349; ders., Empfehlungen zu den angemessenen Aufwendungen für Unterkunft und Heizung nach §§ 22 ff. SGB II und §§ 35 ff. SGB XII (12.3.2014); ders., Empfehlungen zur Übernahme von Mietschulden und Energiekostenrückständen im SGB II und SGB XII, NDV 2015, 149; ders., Empfehlungen zur Herleitung existenzsichernder Leistungen zur Deckung der Unterkunftsbedarfe im SGB II und SGB XII, NDV 2017, 481; ders., Empfehlungen zur Trennung der Fachleistungen von den Leistungen zur Existenzsicherung im Bereich der Wohnformen nach § 42 a Abs. 2 Satz 1 Nr. 2 SGB XII n.F. gemäß dem Bundesteilhabegesetz, NDV 2018, 488; ders. Empfehlungen zur Bemessung des Bedarfs an Haushaltsenergie und des Mehrbedarfs bei dezentraler Warmwasserzubereitung in Haushalten der Grundsicherung und Sozialhilfe, 2019; Dießel, Prävention von Obdachlosigkeit – eine Aufgabe der Kommune?, NDV 2002, 30; Drifthaus, „Never touch a running system"? Zur Änderung der Rechtsprechung bei der Übernahme von Tilgungsraten bei selbst genutztem Wohneigentum durch die Grundsicherung für Arbeitsuchende – zum Urteil des SG Detmold vom 16.2.2006 (Az.: S 8 AS 37/05), NZS 2006, 642; Eisenschmid, Schönheitsreparaturen, WuM 2010, 459; Frank-Schinke, Leistungen für Auszubildende nach dem neuen § 27 SGB II, ZfF 2011, 121; Frank-Schinke/Geiler, Schönheitsreparaturen und Renovierungskosten als Kosten der Unterkunft nach § 22 Abs. 1 Satz 1 SGB II unter besonderer Berücksichtigung mietrechtlicher Grundlagen, ZfF 2009, 193; Fuchsloch, Anmerkung zu BSG, Urt. v. 7.11.2006 – B 7 b AS 18/06 – (Kosten der Unterkunft), SGb 2007, 550; Gautzsch, Die Frage der „Angemessenheit" aus der Sicht der Leistungsempfänger/innen, ArchSozArb 2010, 18; ders., Kosten der Unterkunft gem. SGB II und SGB XII, NZM 2011, 497; ders., Die Bedeutung von Mietspiegeln und modernisierungsbedingten Mieterhöhungen für die Bestimmung der Kosten der Unterkunft gemäß SGB II und SGB XII, WuM 2011, 603; Geiger, Unterkunfts- und Heizkosten nach dem SGB II, 5. Aufl. Frankfurt/M. 2018; Goldmann, Zur Finanzierung der Leistungen für Unterkunft und Heizung, ArchSozArb 2010, 10; Gotzen, Übernahme von Energiekostenrückständen nach § 34 SGb XII, ZfF 2007, 248; ders., Unverhältnismäßigkeit einer Stromsperre nach StromGVV und Anträge auf Übernahme von Stromschulden im SGB II/SGB XII, ZfF 2009, 106; Groth/Siebel-Huffmann, Die Leistungen für die Unterkunft nach § 22 SGB II, NZS 2007, 69; Groth, Angemessene Unterkunftskosten nach dem SGB II – Satzungsermächtigung als Lösung der aktuellen Probleme?, SGb 2009, 644; ders., Hartz IV und Heizkosten. Geklärte und offene Fragen bei den Leistungen für die Heizung nach § 22 SGB II, SozSich 2009, 393; Gühlstorf, Ausgewählte Probleme im Bereich der Leistungen für Unterkunft und Heizung nach dem SGB II, ZfF 2007, 73; Hahn, Die Kosten der Unterkunft und Heizung nach § 42 a SGB XII (2017–2019), info also 2018, 6; Hammel, Die Schuldenübernahme nach § 22 Abs. 5 SGB II – Ein immer wieder aktuelles Thema, ZfSH/SGB 2008, 649; ders., Die Übernahme von Schulden nach § 22 Abs. 5 SGB II, NDV 2010, 335; ders., Die Weiterfinanzierung der Wohnung während eines Freiheitsentzugs, NDV 2011, 156; ders., Wenn erwerbsfähige Hilfebedürftige eine Mietkaution stellen müssen, ZfSH/SGB 2006, 521; ders., (Keine) Möglichkeiten der Verbesserung des Wohnstandards für erwerbsfähige Leistungsberechtigte durch einen Wohnungswechsel? – Analysen zur Umsetzung des § 22 Abs. 1 Satz 2 SGB II, ZfF 2016, 153; ders., Die Gewährung einer Mietkaution bei erwerbsfähigen Leistungsberechtigten stets nur auf Darlehensebene oder auch als Zuschuss? – Anmerkungen zum Urteil des LSG Hamburg vom 23.2.2017 – L 4 AS 135/15, ZfF 2018, 127; Harsch, Schönheitsreparaturen bei Anmietung einer unrenovierten Wohnung, WuM 2010, 723; Institut Wohnen und Umwelt (C. v. Malottki ua)/Bundesministerium für Arbeit und Soziales, Ermittlung der existenzsichernden Bedarfe für die Kosten der Unterkunft und Heizung in der Grundsicherung für Arbeitsuchende nach dem Zweiten Buch Sozialgesetzbuch (SGB II) und in der Sozialhilfe nach dem Zwölften Buch Sozialgesetzbuch (SGB XII). Endbericht mit Materialband vom 30.11.2016, Berlin (Forschungsbericht 478) Januar 2017 (IWU-Gutachten); Kaniess/Schifferdecker, Angemessenheit von Nebenkostennachforderungen im SGB II, NZS 2015, 936; Keller, Kommunale Ermittlung angemessener Kosten der Unterkunft: das Praxisbeispiel Landkreis Hildesheim, ArchSozArb 2010, 44; ders., Konzeptionelle Bestandteile und Verfahren für grundsicherungsrelevante Mietspiegel, NDV 2009, 51; Klerks, Aktuelle Probleme der Unterkunftskosten nach dem SGB II, in: DAI (Hrsg.), Brennpunkte des Sozialrechts 2008, 1; ders., Aktuelle Probleme der Unterkunftskosten nach dem SGB II, NZS 2008, 624; ders., Die Bestimmung der Angemessenheit von Unterkunftskosten durch Satzung, info also 2011, 195; ders., Vorläufiger gerichtlicher Rechtsschutz bei Streitigkeiten über Unterkunftskosten, info also 2014, 195; Knickrehm/Voelzke, Kosten der Unterkunft nach § 22 SGB II, in: Knickrehm/Voelzke/Spellbrink, Kosten der Unterkunft nach § 22 SGB II, Stuttgart ua 2009, 11; Knickrehm, Kostensparende Pauschalierung bei Wohnkosten von Hartz-IV-Empfängern kaum möglich, SozSich 2010, 190; dies., Schlüssiges Konzept, „Satzungslösung" und Anforderungen des BVerfG vom 9.2.2010, Sozialrecht aktuell 2011, 125; dies., Soziale Auswirkungen der mietrechtlichen Energiewende, NZM 2013, 602; dies., Mietspiegel – ein Patentrezept?

Grundsicherungsrecht trifft auf Mietrecht, jM 2014, 337 ff.; dies., Das schlüssige Konzept, Soz-Sich 2015, 287; dies., Das schlüssige Konzept im Wandel von Rechtsprechung und Politik, SGb 2017, 241; Köpp, Kosten der Unterkunft und Heizung – die Satzung nach §§ 22 a ff. SGB II, Der Landkreis 2012, 47; Kofner, Angemessene Heizkosten im SGB II, WuM 2007, 310; ders., Arbeitslosengeld II (Teile I bis III), WuM 2006, 288, 364, 425; ders., Unterkunft und Heizung im SGB II: Unangemessene Leistungen für angemessene Bedarfe?, WuM 2011, 71; Krause, Zur Problematik „angemessener" Mietkosten in der Sozialhilfepraxis, ZfSH/SGB 1995, 622; Krauß, Die Neuordnung der Kosten der Unterkunft und Heizung – eine erste Stellungnahme aus richterlicher Sicht, Sozialrecht aktuell 2011, 144; Lauterbach, Die Bedarfe für Unterkunft und Heizung im SGB II, 2015; Lente-Poertgen, Neueste Rechtsprechung zu den Kosten der Unterkunft und Heizung im SGB II und SGB XII, in: DAI (Hrsg.), 26. Sozialrechtliche Jahresarbeitstagung 2014, 147; Link, Hartz IV vor dem BSG: Schutz von Eigentum und Mietwohnraum, Sozialrecht Aktuell 2007, 8; Luik, Kosten der Unterkunft nach dem Satzungsmodell, in: KAS (Hrsg.), Aktuelle Herausforderungen im Sozial- und Arbeitsrecht 2012, Sankt Augustin 2012, 106; Merold, Tilgungsbestimmung von Mietkaution und Genossenschaftsbeitrag als Frage des Verfassungsrechtes, ZfSH/SGB 2016, 293; Mester, Hilfe zur Sicherung der Unterkunft und zur Behebung vergleichbarer Notlagen nach § 34 Abs. 1 SGB XII und § 22 Abs. 5 SGB II, ZfF 2006, 97; Mutschler, Kosten der Unterkunft: Kommunale Satzung – eine Alternative zum „schlüssigen Konzept"?, NZS 2011, 481; Namgalies, Unterkunftskosten: Ausgewählte Probleme aus dem Bereich der Leistungen für Unterkunft und Heizung nach dem SGB II und SGB XII, SchlHA 2008, 386; Nippen, Der Sicherheitszuschlag im Rahmen der Prüfung der Angemessenheit der Kosten der Unterkunft nach dem SGB II, ZfSH/SGB 2012, 75; ders., Die Anrechnung von Guthaben aus Unterkunftskosten im SGB II, ZfSH/SGB 2014, 71; Paul, Kosten der Unterkunft im Sozialhilferecht, ZfF 1994, 103; ders., Leistungen für Unterkunft und Heizung in der Sozialhilfe (SGB XII) und in der Grundsicherung für Arbeitsuchende (SGB II), ZfF 2005, 145; Piepenstock, Übernahme von Wohnkosten für Hartz IV-Empfänger. Ein Überblick über aktuelle höchstrichterliche Entscheidungen, SozSich 2008, 432; Putz, Angemessenheit von Unterkunftskosten im Rahmen der Grundsicherung für Arbeitsuchende nach dem SGB II, info also 2004, 198; ders., Kuriose Empfehlung des Deutschen Vereins zum SGB II und XII. Wohnkosten-Pauschale darf ein bisschen verfassungswidrig sein, SozSich 2011, 317; ders., Pauschalierung und Angemessenheit von Wohnkosten bei Hartz IV: Ist die neue Satzungsermächtigung in § 22 a SGB II verfassungswidrig?, SozSich 2011, 232; Reitzig, Die polizeirechtliche Beschlagnahme von Wohnraum zur Unterbringung Obdachloser, Berlin 2004; Scherney/Kohnke, Immobilien und Kosten der Unterkunft, 2. Aufl. 2017; Schifferdecker/Irgang/Silbermann, Einheitliche Kosten der Unterkunft in Berlin. Ein Projekt von Richterinnen und Richtern des Sozialgerichts Berlin, ArchSozArb 2010, 28; Schlegel, Von den „unangemessenen Aufwendungen für die Unterkunft" zur „sozialhilferechtlich unangemessenen Unterkunft"?, info also 1994, 69; Schmid, M.J., Die Versäumung der Abrechnungsfrist für Mietnebenkosten und ihre Folgen, WuM 2010, 336; Schmidt, P., Die Unterkunft im Sozialhilferecht, NVwZ 1995, 1041; Schreiber, Stromschulden und Privatisierung der Daseinsvorsorge aus sozialrichterlicher Sicht. Thesen, Betrifft Justiz 2006, 449; Schridde, Grundsicherungsrelevante Wohnungsmarktbeobachtung im Landkreis Hildesheim – welchen Beitrag leistet die Statistik der Bundesagentur für Arbeit?, ArchSozArb 2010, 56; Steinmeier, Bürger ohne Obdach. Zwischen Pflicht zur Unterkunft und Recht auf Wohnraum, Bielefeld 1992; Sunder, Rechtslage bei Obdachlosigkeit – Kostentragung bei Unterbringung von Obdachlosen in Pensionen oder Hotels, NDV 2002, 21; Trenk-Hinterberger, Übernahme der Kosten für einen Umzug (Anm. zu OVG Bln Beschl. v. 26.11.2004 – 6 S 426.04), jurisPR-SozR 10/2005 Anm. 6; von Malottki, Empirische Aspekte bei der Bestimmung von Angemessenheitsgrenzen der Kosten der Unterkunft, info also 2012, 99; ders./Berner, Grundsicherungsrelevante Mietspiegel unter Berücksichtigung der Verfügbarkeit, NDV 2010, 349; Wahrendorf, Zur Angemessenheit von Wohnraum und Unterkunftskosten. Alte und neue Rechtsprechung zur „Wohnungsfrage" in SGB II, SGB XII und im BSHG, SozSich 2006, 134; Weber, Unangemessene Unterkunftskosten gem. § 22 SGB II. Rechtliche Begutachtung und Erörterung eines Teilaspekts der sozialen Grundsicherung nach dem SGB II, AuB 2005, 292; Wersig, Sanktionen gegenüber U-25-Jährigen – Das Problem der Verteilung der Wohnkosten bei mehrköpfigen Bedarfsgemeinschaften, info also 2013, 51; Weth, Rechtsfragen der Rückzahlung von Mietkautionsdarlehen im SGB II, info also 2007, 104; Wettlaufer, SGB II-Satzungslösung: Landesgesetz, KdUH-Normsetzung und Zwischenbilanz, VSSR 2013, 221; Wiemer, Die aktuelle Rechtsprechung zu den Kosten der Unterkunft und Heizung nach § 22 SGB II, NZS 2012, 9 (Teil 1), 55 (Teil 2); Wrackmeyer, Wer erhält den Zuschuss zu den ungedeckten Unterkunftskosten nach § 22 Abs. 7 SGB II?, NDV 2008, 355; Wrackmeyer-Schöne, Angemessene Leistungen für Unterkunft und Heizung in der Grundsicherung für Arbeitsuchende – ein Überblick, ArchSozArb 2010, 4.

Rechtsgrundlagen:
SGB II §§ 22 bis 22 c
SGB XII §§ 35, 36

Orientierungssätze:

1. Leistungen für Unterkunft und Heizung sollen den Leistungsberechtigten in die Lage versetzen, seinen Unterkunftsbedarf am Wohnungsmarkt durch eigene Aktivitäten selbst zu decken. In der Grundsicherung und bei der Hilfe zum Lebensunterhalt besteht kein Anspruch auf Bereitstellung einer bedarfsdeckenden Unterkunft als Sachleistung.

2. Soweit tatsächlich Aufwendungen für eine zur Deckung des Unterkunftsbedarfs genutzte Unterkunft entstehen, werden Leistungen für Unterkunft und Heizung auch dann stets (nur) in Höhe der angemessenen Aufwendungen erbracht, wenn sie den der Besonderheit des Einzelfalles angemessenen Umfang übersteigen.

3. Maßgeblich für die Leistungsgewährung ist, ob die Aufwendungen den der Besonderheit des Einzelfalles angemessenen Aufwand übersteigen; Leistungen in Höhe angemessener Aufwendungen setzen nicht voraus, dass die aus diesen Mitteln finanzierte, tatsächlich genutzte Unterkunft selbst nach Größe, Lage oder Ausstattung in jeder Hinsicht auf das existenzsicherungsrechtlich Notwendige beschränkt ist.

4. Die Übernahme von Wohnungsbeschaffungs- und Umzugskosten kommt grundsätzlich nur bei einem notwendigen Umzug in eine kostenangemessene Unterkunft in Betracht.

5. Heizkosten sind als laufende oder einmalige Leistungen grundsätzlich in tatsächlicher Höhe zu übernehmen. Die Prüfung ihrer Angemessenheit stößt ebenso wie eine Pauschalierung auf heterogene Einwirkungsfaktoren.

A. Allgemeines

I. Funktion der Unterkunft

1 Sicheres **Obdach** gehört zu den elementaren **Voraussetzungen menschenwürdiger Existenz.** Der Anspruch auf eine Wohnung ist Menschenrecht,[1] die Versorgung mit angemessenem Wohnraum als soziales Staatsziel in den neueren Landesverfassungen ausdrücklich anerkannt;[2] die Europäische Union anerkennt das Recht auf eine Unterstützung für die Wohnung, die allen, die nicht über ausreichende Mittel verfügen, ein menschenwürdiges Dasein sicherstellen sollen.[3] Der grundrechtliche Anspruch auf ein menschenwürdiges Existenzminimum[4] umschließt auch die Deckung des (angemessenen) Unterkunftsbedarfs. Die Unterkunft bietet Schutz vor den Unbilden der Witterung und dem Zugriff Dritter, ist als grundrechtlich besonders geschützter Rückzugsraum Voraussetzung für eine selbstgestaltete Privatsphäre[5] und als dessen Mittel- und Ausgangspunkt der Fixpunkt, von dem aus gesellschaftliches Leben und soziale Integration entfaltet und gestaltet wird. Auch einfachgesetzlich umfassen Sozialhilfe- und Grundsicherungsrecht im Bereich des notwendigen Lebensunterhalts, dessen Deckung sicherzustellen ist, unter anderem die „Unterkunft" (nebst Heizung) (§ 27 a Abs. 1 SGB XII/§ 19 Abs. 1 S. 2 SGB II). Unfreiwillige Obdachlosigkeit ist als ordnungsrechtliche Gefahr anerkannt.[6]

2 Bezugspunkt des sozialhilfe- und grundsicherungsrechtlichen Unterkunftsbedarfs ist das Innehaben einer „Unterkunft", für die der Begriff „Wohnung" als Synonym gelten

---

1 Art. 25 UN-Menschenrechtserklärung.
2 Art. 47 LV BB; Art. 17 Abs. 3 LV MV; Art. 7 Abs. 1 LV SN; Art. 40 LV ST; Art. 15 LV MV; sa Derleder WuM 2009, 61.
3 Art. 34 Abs. 3 GrCH.
4 BVerfG 9.2.2010 – 1 BvL 1/09 ua, BVerfGE 125, 175; 18.7.2012 – 1 BvL 10/10, 2/11, NVwZ 2012, 1024.
5 BVerfG 3.3.2004 – 1 BvR 2378/98, 1084/99, NJW 2004, 999 (1002): Privatwohnung als „letztes Refugium" ein Mittel zur Wahrung der Menschenwürde.
6 Steinmeier 1992, 84 ff.; Huttner, Die Unterbringung Obdachloser durch die Polizei- und Ordnungsbehörden, 4. Aufl. 2007; Grund, Die Unterbringung von Obdachlosen, 2008.

kann. Der **Unterkunftsbedarf** weist **Besonderheiten** auf:[7] Er ist unaufschiebbar, dauernd zu befriedigen, nicht substituierbar und hinsichtlich der Deckung ortsgebunden. Der Wohnungsmarkt, auf dem im Regelfall[8] die zur Deckung des Unterkunftsbedarfes geeigneten „Gegenstände" durch Anmietung zu beschaffen sind, unterscheidet sich von anderen Gütermärkten. Er ist regional differenzierter,[9] geprägt von unterschiedlichen Preis- und Angebotsstrukturen, intransparenter und inflexibler in der Reaktion auf Nachfrageschwankungen. Die Bedarfsdeckung erfolgt typischerweise im Rahmen eines Dauerschuldverhältnisses (Mietvertrag), bei dessen Begründung Leistungsempfänger auf Vorurteile oder Mietausfallsorgen der Anbieter stoßen können. Ein kurzfristiger Wechsel des zur Bedarfsdeckung geeigneten Gegenstandes (= Wohnungswechsel) ist in der Regel nicht möglich, mit Transaktionskosten (Umzugskosten, idR auch Mietkautionen und evtl. auch Wohnungsbeschaffungskosten [Makler]) verbunden und bewirkt zumeist einen Wechsel des Wohnumfeldes mit Konsequenzen für die sozialen Beziehungen im unmittelbaren Umfeld.[10]

Das Sozialhilfe- und Grundsicherungsrecht berücksichtigt diese Besonderheiten. Die **3** **Leistungen für die Unterkunft** werden bei der Hilfe zum Lebensunterhalt außerhalb von Einrichtungen[11] gesondert gewährt und nicht durch die Regelsatzleistungen abgegolten. Als **Geldleistungen** sind sie an den tatsächlichen Aufwendungen orientiert, die auf ein angemessenes Niveau „gedeckelt" sind. Leistungen können auch für die **Transaktionskosten** gewährt werden. Bei Leistungskürzungen („Sanktionen") bleiben regelmäßig in der ersten Stufe die Kosten der Unterkunft unberührt. Der drohende Verlust der Unterkunft kann ausnahmsweise die Übernahme von Schulden rechtfertigen oder gebieten (§ 22 Abs. 8 SGB II/§ 36 SGB XII) und bildet dadurch scheinbar[12] eine Ausnahme vom Grundsatz „keine Leistung für die Vergangenheit".[13] Bei fehlender oder nicht ausreichender Wohnung bestehen besondere Lebensverhältnisse, die bei Hinzutreten sozialer Schwierigkeiten über die allgemein mögliche persönliche Hilfe (§ 10 Abs. 1 SGB XII) hinaus den Anspruch auf besondere Leistungen der Hilfe zur Überwindung besonderer sozialer Schwierigkeiten auslösen (§ 67 ff. SGB XII).[14]

II. Art der Deckung des Unterkunftsbedarfs

Gesetzlich schuldet der zuständige Leistungsträger Leistungen für die Unterkunft nur **4** für die (angemessenen) „**Aufwendungen für die Unterkunft**" (§ 22 Abs. 1 S. 1 SGB II/ § 35 Abs. 1 S. 1 SGB XII). Das im Sozialhilferecht grundsätzlich eingeräumte Ermessen, über Art und Maß der Leistungserbringung zu entscheiden (§ 17 Abs. 2 SGB XII), ist gesetzlich ausgeschlossen und auf eine **Geldleistung** gerichtet. Die gesetzliche Orientierung an den Aufwendungen, dh den Kosten, die für eine Unterkunft aufzuwenden sind, und die Beschränkung des Leistungsanspruchs auf deren Übernahme ist Ausdruck des Selbsthilfegrundsatzes (s. Kap. 11) und anerkennt die in der Menschenwürde gründende Handlungsautonomie: Durch Bereitstellung hinreichender finanzieller Mittel sollen die

---

7 Sa E. Busz, Die Äquivalenz im freifinanzierten Wohnraummietrecht, Baden-Baden 2002, 79 ff.; Berlit Arch-SozArb 2010, 84; von Malottki info also 2012, 99; IWU-Gutachten (Lit.), 35 ff.
8 Der grund- und sozialhilferechtlich (§ 12 Abs. 3 Nr. 4, 5 SGB II/§ 90 Abs. 2 Nr. 3, 8 SGB XII) als möglich vorausgesetzte Sonderfall ist die Nutzung eines Eigenheimes oder einer Eigentumswohnung.
9 S. etwa Holm ua, Wie viele und welche Wohnungen fehlen in deutschen Großstädten, Hans Böckler-Stiftung WP 63/April 2018.
10 Sa Berlit ArchSozArb 2010, 84.
11 Bei der Hilfe in (vollstationären) Einrichtungen ist der Unterkunftsbedarf nicht gesondert ausgewiesen; er wird in der und durch die Einrichtung gedeckt, ohne insoweit im Vordergrund zu stehen.
12 Tatsächlich wird auf einen gegenwärtigen, durch den drohenden Verlust der Unterkunft wegen bestehender Schulden gekennzeichneten Bedarf reagiert.
13 Allgemein zu Ausnahmen von diesem Grundsatz s. Kap. 10.
14 Allg. s. Busch-Geertsema/Evers NDV 2005, 126.

Leistungsberechtigten finanziell in die Lage versetzt werden, auf dem Wohnungsmarkt selbst in dem durch die „Angemessenheit" gezogenen Rahmen nach Maßgabe ihrer Präferenzen ihren Unterkunftsbedarf zu decken. In diesem Rahmen tragen sie auch die Verantwortung für die Bedarfsdeckung: Von der Obliegenheit, die hiermit verbundenen Aktivitäten zu entfalten (Wohnungssuche; Abschluss Mietvertrag; Mietzahlung aus den gewährten Leistungen), werden sie grundsätzlich nicht entlastet.

5   Den Verweis auf die **Bedarfsdeckung durch eigene Marktteilnahme** unterstreicht die Möglichkeit, Wohnungsbeschaffungskosten und Mietkautionen zu übernehmen und damit die „Markttauglichkeit" und letztlich die Selbsthilfefähigkeit der Leistungsberechtigten zu steigern. Als weitere Maßnahme zur Stützung der „Markttauglichkeit" der Leistungsberechtigten kommt eine „Mietgarantie" des Leistungsträgers gegenüber dem Vermieter in Betracht.

6   In der Grundsicherung für Arbeitsuchende und bei der Hilfe zum Lebensunterhalt besteht insbesondere **kein Sachleistungsanspruch** gegen den Leistungsträger auf Verschaffung oder Bereitstellung einer angemessenen Unterkunft.[15] Der Unterkunftsbedarf ist auch bei Marktversagen oder unzureichender Mitwirkungsfähigkeit grundsätzlich nicht durch eine Sachleistung der Hilfe zum Lebensunterhalt zu decken,[16] dem Leistungsberechtigten steht erst recht kein Anspruch auf Bereitstellung bzw. Zuweisung einer bestimmten Unterkunft zu.

7   Der Ausschluss eines Anspruchs gegen den Träger der Existenzsicherung auf Bereitstellung einer Wohnung/Unterkunft als Sachleistung schließt bereits bei der Hilfe zum Lebensunterhalt **persönliche Hilfe und Beratung** von Leistungsberechtigten **bei der Wohnungssuche** nicht aus; das Angebot bzw. der Nachweis einer bedarfsdeckenden kostenangemessenen Unterkunft kann neben der helfenden Funktion dem Leistungsberechtigten den Einwand abschneiden, seine derzeit bewohnte Unterkunft sei die einzige Unterkunftsalternative am Markt. Treffen eine angespannte Wohnungsmarktlage und in der Person des Leistungsberechtigten liegende besondere Umstände zusammen, wegen derer die Bereitstellung angemessener Mittel nicht die hinreichende „Marktfähigkeit" sicherstellen kann, ist diesem durch Beratung und Unterstützung **Hilfe zur Überwindung besonderer sozialer Schwierigkeiten** (§§ 67 ff. SGB XII) zu gewähren, die auch nach dem SGB II Leistungsberechtigten offen steht. Entsprechendes gilt in Fällen behinderungsbedingter besonderer Anforderungen an die Unterkunft (§ 54 Abs. 1 SGB XII iVm § 55 Abs. 2 Nr. 5 SGB IX).[17] Auch diese Hilfe ist indes nicht auf unmittelbare Überwindung von Obdachlosigkeit oder Wohnraumunterversorgung durch eine Sachleistung gerichtet, sondern bezogen auf „Maßnahmen bei der Erhaltung und Beschaffung einer Wohnung" (§ 68 Abs. 1 S. 1 SGB XII).

8   **Keine umfassende Zuweisung der Bewältigung von Obdachlosigkeit und Wohnraumunterversorgung** an die Leistungsträger bis hin zu einem Sachleistungsanspruch folgt schließlich aus der Möglichkeit, zur Sicherung einer Unterkunft und Vermeidung von Wohnungslosigkeit Schulden zu übernehmen, die durch die gerichtliche Unterrichtungspflicht bei mietrechtlichen Räumungsklagen flankiert wird (§ 22 Abs. 8 SGB II/§ 36 SGB XII). Der existenzsicherungsrechtlichen Möglichkeit und Aufgabe[18] zur Prävention

---

15   Str.; wie hier VGH BW 15.4.1992 – 6 S 2470/90, FEVS 43, 470; OVG Saarl 8.4.1987 – 1 W 114/87, FEVS 37, 242; wohl auch BSG 15.11.2012 – B 8 SO 22/10 R, FEVS 64, 486; Reitzig 2004 (Lit.), 68 ff.; aA Brühl ZfF 1991, 49; ders., Wohnungslose, Nr. 3.10 ff.; NdsOVG 31.5.1991 – 4 O 2038/91, info also 1992, 31; VG Hannover 28.1.1992 – 3 A 204/90, info also 1992, 130; Steinmeier/Brühl KJ 1989, 277.
16   AA Schmidt NVwZ 1996, 1041 (1045).
17   Die Leistungen zur Teilhabe am Leben in der Gemeinschaft umfassen hiernach „Hilfen bei der Beschaffung, Ausstattung und Erhaltung einer Wohnung, die den besonderen Bedürfnissen der behinderten Menschen entspricht."
18   S. Dießel NDV 2002, 30 ff.

von Obdachlosigkeit durch eine Geldleistung korrespondiert keine Pflicht, eingetretene Obdachlosigkeit durch die Sachleistung „Bereitstellung einer Unterkunft" zu beheben. Gegen einen Verschaffungs- oder Bereitstellungsanspruch gegen den Sozialhilfeträger spricht insbesondere, dass bei gegebenem Marktversagen der Sozialhilfeträger nicht durchweg in der Lage ist, die für eine Sachleistung „Unterkunft" erforderlichen Mittel bereitzustellen, er sie sich jedenfalls nicht durch hoheitliche Mittel verschaffen kann. Das Existenzsicherungsrecht stellt nicht das ordnungsrechtliche Eingriffsinstrumentarium bereit,[19] um zwangsweise durch Beschlagnahme oder Wiedereinweisung auf Unterkünfte Dritter zuzugreifen.

Vom Rechtsanspruch des Leistungsberechtigten auf eine Sachleistung „Unterkunft" zu   9
trennen ist die **Befugnis des kommunalen Leistungsträgers**, selbst **Unterkünfte vorzuhalten**, die im Bedarfsfalle Leistungsberechtigten vermietet werden können, oder durch ein Zusammenwirken mit den örtlichen Wohnungsanbietern bzw. durch Zugriffs- oder Belegungsrechte auf Unterkünfte Dritter sicherzustellen, dass Personen mit besonderen „Wohnungsmarkthemmnissen" eine Chance erhalten, sich im Wege der Selbsthilfe eine Unterkunft beschaffen zu können. Hier sind die Grenzen zwischen der persönlichen Hilfe und Beratung, der institutionellen Vorsorge auf künftige Fälle von Gefahrenabwehr (zur Vermeidung von Obdachlosigkeit) und der allgemeinen Aufgaben der Wohnungsverwaltung und des sozialen Wohnungsbaues fließend. Wohnungen zur Deckung des Unterkunftsbedarfs sind allerdings keine „Einrichtungen" iSd § 17 Abs. 1 Nr. 2 SGBI, welche die Leistungsträger rechtzeitig und ausreichend zur Verfügung zu stellen gehalten sind.[20]

III. Regelungsstrukturen SGB II/SGB XII

Die Deckung des Unterkunftsbedarfs selbst ist im SGB II und im SGB XII weitgehend 10
übereinstimmend und ungeachtet einer Reihe von Änderungen[21] in der Grundstruktur seit dem 1.1.2005 unverändert geregelt. Die Normtexte unterscheiden sich allerdings: die deutlich höhere praktische Relevanz des SGB II zeigt sich an Sonderregelungen, die nach und nach in das SGB II eingefügt worden sind. Durch das **SGB II-Änderungsgesetz**[22] wurde ua die Übernahme von **Unterkunftskosten für unter 25-Jährige** stark beschränkt, wenn sie nicht im Haushalt der Eltern oder eines Elternteils leben (nunmehr § 22 Abs. 5 SGB II); bis zur Vollendung des 25. Lebensjahres ist der Auszug aus dem elterlichen Haushalt an sehr hohe Voraussetzungen geknüpft.[23] Mit dem **SGB II-FortentwicklungsG**[24] wurden ua die Übernahme der Unterkunftskosten bei einem nicht erforderlichen Umzug innerhalb der Angemessenheitsgrenze „gedeckelt" (§ 22 Abs. 1 S. 2 SGB II), eine Regelung zur Anrechnung von unterkunftskostenbezogenen Rückzahlungen und Guthaben geschaffen (§ 22 Abs. 3 SGB II), der Ausschluss der Übernahme von Unterkunftskosten bei unter 25-jährigen Personen bei nicht genehmigtem Auszug erweitert und eine Teilübernahme von Unterkunftskosten für ansonsten vom Leistungsbezug ausgeschlossene Auszubildende eingefügt,[25] bei denen die pauschaliert gewährten Unterkunftskosten nicht bedarfsdeckend sind (§ 27 Abs. 3 SGB II). Durch das **RBEGuSGBII, SGBXII-ÄndG**[26] wurde neben inhaltlichen Änderungen begrenzter

---

19 Eingehend dazu Steinmeier 1992 (Lit.), 84 ff.; Reitzig 2004 (Lit.).
20 AA Brühl ZfF 1991, 49 (51).
21 Dazu Berlit in: LPK-SGB II § 22 Rn. 4 ff.; ders. in: LPK-SGB XII § 36 Rn. 7 ff.
22 Gesetz zur Änderung des Zweiten Buches Sozialgesetzbuch und anderer Gesetze vom 24.3.2006, BGBl. I, 558.
23 S. dazu Berlit info also 2006, 51.
24 Gesetz zur Fortentwicklung der Grundsicherung für Arbeitsuchende vom 20.7.2006, BGBl. I, 1706.
25 Frank-Schinke ZfF 2011, 121.
26 Gesetz zur Ermittlung von Regelbedarfen und zur Änderung des Zweiten und Zwölften Buches Sozialgesetzbuch vom 24.3.2011, BGBl. I, 453.

Reichweite[27] bei der Bemessung der Leistungen für Unterkunft und Heizung eine Satzungsermächtigung geschaffen, welche die Länder ermächtigt, den Kommunen zu gestatten, durch Satzung zu bestimmen, in welcher Höhe Aufwendungen für die Unterkunft und Heizung in ihrem Gebiet angemessen sind, oder diese zu pauschalieren (**Satzungsermächtigung**).[28] Diese Ermächtigung tritt neben die – fortbestehende – Pauschalierungsermächtigung in § 35 Abs. 3 und Abs. 4 S. 2 und 3 SGB XII; den Gleichklang bei evtl. Pauschalierungsregelungen stellt § 35 a SGB XII dadurch sicher, dass eine hinreichend differenzierte SGB II-Satzungsregelung auch für die Deckung des sozialhilferechtlichen Unterkunftsbedarfs (inkl. Heizung) gilt und dann § 35 Abs. 3 und Abs. 4 S. 2 und 3 SGB XII verdrängt werden.[29] Das **9. SGB II-ÄndG**[30] hat ua die bislang von der BSG-Rechtsprechung verworfene[31] Bildung einer Bruttowarmmiete bei der Angemessenheitsbestimmung zugelassen. Durch weiteres Gesetz[32] wurden für Bezieher von Leistungen der Grundsicherung im Alter und bei Erwerbsminderung in speziellen Wohnsituationen Sonderregelungen für die Bedarfsbemessung geschaffen (§ 42 a SGB XII).[33]

11 Die auch sachlichen Unterschiede der Regelungen betreffen – für die jeweilige Lebenswirklichkeit hiervon Betroffener nicht unwichtige – Einzelfragen bzw. Sondergruppen, ändern aber nichts an der übereinstimmenden Grundstruktur: Dem Bedarfsdeckungsgrundsatz entsprechend sind die tatsächlichen Unterkunftskosten zu übernehmen, soweit sie angemessen sind; der Bezug der „Angemessenheit" auf die Kosten (und nicht die Unterkunft selbst) erweitert den Handlungsspielraum der Leistungsberechtigten, weil die (abstrakte) Angemessenheit der Unterkunft selbst zwar Grundlage der Bestimmung der Angemessenheitsgrenze ist, die Leistungsbewilligung aber nicht an die Angemessenheit der (Ausstattungsmerkmale der) konkret genutzten Unterkunft geknüpft ist.

B. Einzelheiten

I. Begriff Unterkunft

12 Das Existenzsicherungsrecht setzt den Begriff der „Unterkunft" voraus, definiert ihn aber nicht.[34] Für die Leistungsgewährung werden bei tatsächlicher Nutzung alle baulichen Anlagen oder Teile erfasst, die tatsächlich geeignet sind, vor den Unbilden der Witterung zu schützen und ein gewisses Mindestmaß an Privatheit einschließlich der Möglichkeiten sicherzustellen, persönliche Gegenstände zu verwahren.[35] Unterkünfte, für die Leistungen zu gewähren sind, sind auch **Not- oder Obdachlosenunterkünfte**,[36] und zwar ungeachtet dessen, dass ein Hilfesuchender sich zur Deckung des Unterkunftsbe-

---

27 Dazu Berlit info also 2011, 165; Gautzsch NZM 2011, 497 (501 ff.).
28 Dazu Klerks info also 2011, 195; Kofner WuM 2011, 71; Bätge Sozialrecht aktuell 2011, 131; Knickrehm Sozialrecht aktuell 2011, 125; Mutschler NZS 2011, 481; sa Groth SGb 2009, 644.
29 Zu den Anwendungsvoraussetzungen der Geltungserstreckung s. LSG Bln-Bbg 7.8.2012 – L 36 AS 1162/12 NK (für die WAV Berlin mangels Berücksichtigung der Bedarfe älterer Menschen verneint); sa BSG 4.6.2014 – B 14 AS 53/13 R, SozR 4–4200 § 22 a Nr. 2.
30 Neuntes Gesetz zur Änderung des Zweiten Buches Sozialgesetzbuch … v. 26.7.2016, BGBl. I, 1824; dazu Berlit info also 2016, 195 (200 f.).
31 BSG 2.7.2009 – B 14 AS 36/08 R, SozR 4–4200 § 22 Nr. 23; BSG 4.6.2014 – B 14 AS 53/13 R, SozR 4–4200 § 22 a Nr. 2.
32 Gesetz zur Ermittlung von Regelbedarfen sowie zur Änderung des Zweiten und des Zwölften Buches v. 22.12.2016, BGBl. I,3159.
33 Dazu Hahn info also 2018, 6.
34 § 42 a SGB XII enthält eine – nur begrenzt taugliche (Hahn info also 2818, 6) – Definition der Wohnung, die nicht auf die Definition der Unterkunft übertragbar ist.
35 BSG 16.12.2008 – B 4 AS 1/08 R, ZfSH/SGB 2009, 146.
36 BVerwGE 100, 136.

darfes nicht auf sie verweisen lassen muss, „sonstige Unterkünfte",[37] zB Wohngemein-schafts-, Hotel- oder Pensionszimmer,[38] oder auch ein Wohnwagen[39] bzw. ein Wohn-mobil.[40] Hiernach nicht mehr vom Begriff „Unterkunft" erfasst sind ein Schlafsack oder ein Zelt[41] bzw. zum Schlafen genutzte Kraftfahrzeuge.[42]

Das existenzsicherungsrechtliche Gegenwärtigkeitsprinzip (→ Kap. 7 Rn. 19 f.) gebietet, **13** tatsächlich zur Deckung des Unterkunftsbedarfs geeignete und hierfür tatsächlich genutzte Räumlichkeiten auch dann als „Unterkunft" anzuerkennen, wenn deren Nutzung zivil-oder baurechtlich nicht rechtmäßig[43] ist oder untersagt werden könnte.[44] Ergeben sich hieraus ohne Weiteres durchsetzbare[45] Leistungsverweigerungs- oder Minderungsrechte, sind sie vom Leistungsberechtigten auch auszuüben. Die (baurechtliche) Zulässigkeit der dauernden Wohnnutzung[46] ist im Existenzsicherungsrecht nicht verlangt. Bei „irregulä-ren" Unterkünften oder solchen, deren Nutzung zu Wohnzwecken durch bauliche Mängel gemindert oder ausgeschlossen ist, ist lediglich zu prüfen, in welchem Umfange Aufwen-dungen entstehen.[47] Die Räume müssen tatsächlich der Deckung des Unterkunftsbedarfs dienen und hierfür bestimmt sein.[48] Bei extrem beengten Wohnverhältnissen (Obdachlo-senunterkunft) umfasst der Anspruch auf Grundsicherungsleistungen auch die angemes-senen Kosten für die vorübergehende Unterbringung oder Einlagerung von persönlicher Habe,[49] bei der das Lagergut in einer nachvollziehbaren Relation zu dem bisherigen Lebenszuschnitt stehen muss.[50] Für die Anerkennung als Unterkunft eine äußerste Grenze bildet wegen der Einheit der Rechtsordnung die strafbare Nutzung fremden Wohnraums, etwa im Rahmen einer strafbaren Hausbesetzung.

II. „Aufwendungen" für die Unterkunft

1. „Aufwendungen"

Leistungen für die Unterkunft werden grundsätzlich „in Höhe der tatsächlichen Auf- **14** wendungen" für eine einzige Unterkunft erbracht. Gemeint sind die (Geld)Aufwendun-gen, die der Hilfesuchende in der Bedarfszeit[51] für die Nutzung einer bestimmten Unter-kunft Dritten gegenüber kraft bürgerlichen oder öffentlichen Rechts aufzubringen hat.[52]

---

37 § 42 a SGB XII; sa BT-Drs. 18/9984, 94.
38 VG Braunschweig 12.8.1992 – 4 B 4316/92, info also 1992, 194; VG Stade 14.8.1992 – 6 B 51/92, info also 1992, 197; sa Sunder NDV 2002, 21.
39 HessVGH 3.9.1991 – 9 TG 3588/90, info also 1992, 30 f.
40 BSG 17.6.2010 – B 14 AS 79/09 R, SozR 4–4200 § 22 Nr. 39.
41 VGH BW 16.12.1994 – 6 S 1323/93, NVwZ-RR 1995, 446 f.
42 LSG RhPf 7.3.2013 – L 3 AS 60/13 B ER, ZfSH/SGB 2013, 279; LSG BW 10.5.2016 – L 9 AS 5116/15.
43 LSG Nds-Brem 22.6.2006 – L 8 AS 165/06 ER, FEVS 58, 148 – Berechtigung zur Untervermietung.
44 BSG 17.6.2010 – B 14 AS 79/09 R, SozR 4–4200 § 22 Nr. 39 (Wohnmobil); aA noch LSG Bln-Bbg 8.3.2006 – L 19 B 42/06 AS ER, FEVS 58, 330; 12.10.2007 – L 19 B 1700/07 A ER, FEVS 59, 230 (straßenrechts-und ordnungswidriges Wohnen im Wohnwagen); Namgalies SchlHA 2008, 387.
45 Zum Einwand bauordnungsrechtlicher Illegalität s. etwa OVG NRW 12.6.2003 – 12 E 144/01, NVwZ-RR 2001, 38; da der Leistungsträger zur Übernahme der nicht durch die Prozesskostenhilfe abgedeckten Kos-tenrisiken eines Mietprozesses nicht verpflichtet ist (OVG NRW 13.7.1992 – 8 A 1066/90, FEVS 43, 384), reicht ohne Kostendeckungszusage des Leistungsträgers die bloße Möglichkeit der Minderung nicht aus.
46 BVerwGE 87, 299 (301 ff.); 90, 315 (317 f.).
47 LSG Bln-Bbg 8.3.2006 – L 19 B 42/06 AS ER, FEVS 58, 330 (gesetzeswidriger Mietvertrag); zum Einwand bauordnungsrechtlicher Illegalität s. etwa OVG NRW 12.6.2003 – 12 E 144/01, FEVS 55, 232.
48 BSG 23.11.2006 – B 11 b AS 3/05 R, FEVS 58, 490 (Atelierkosten freischaffender Künstlerin); LSG NRW 15.5.2006 – L 19 B 14/06 AS ER (gewerbliche Nutzung); LSG BW 12.5.2006 – L 8 AS 1692/06 ER-B (Ge-werberäume bei strittiger Mitbenutzung zu privaten Wohnzwecken); SG Reutlingen 26.10.2006 – S 3 AS 1026/06 (Büroflächen in Wohnung für selbstständige Tätigkeit); LSG Bln-Bbg 18.6.2007 – L 28 837/07 AS ER; SG Berlin 23.11.2007 – S 37 AS 18404/07; LSG NRW 6.1.2011 – L 19 AS 1591/10 B.
49 BSG 16.12.2008 – B 4 AS 1/08 R, ZfSH/SGB 2009, 146 (Auslagerungsscheune).
50 LSG Nds-Brem 26.1.2017 – L 7 AS 2508/16 B ER.
51 LSG Bln-Bbg 25.7.2006 – L 14 B 224/06 AS ER.
52 BSG 19.10.2010 – B 14 AS 2/10.

Die bloße Rechtspflicht reicht; es ist kein Anspruch auf Ersatz bereits getätigter Aufwendungen.[53] Mietzinsen sind als tatsächliche Aufwendungen berücksichtigungsfähig, soweit sie auf der Grundlage einer mit dem Vermieter getroffenen Vereinbarung[54] beruhen und vom Hilfebedürftigen tatsächlich gezahlt werden.[55] Der Grundsicherungsträger kann die zivilrechtliche Wirksamkeit einer mietvertraglichen Vereinbarung (zB Staffelmiete) überprüfen und – soweit es diesen nicht überfordert – durch eine entsprechende Kostensenkungsaufforderung dem Leistungsberechtigten abverlangen, die Rechtswidrigkeit getroffener Vereinbarungen im Verhältnis zum Vermieter auch geltend zu machen und ggf. durchzusetzen;[56] die Unangemessenheit der getätigten Aufwendungen ergibt sich in diesen Fällen – auch soweit die Angemessenheitsgrenze des § 22 Abs. 1 S. 1 SGB II nach allgemeinen Grundsätzen nicht überschritten wird – allein aus der zivilrechtlichen Unwirksamkeit der angeblichen Forderung.[57]

15 Die zweckkonforme Verwendung der unterkunftsbezogenen Leistungen kann zwar durch die Auszahlung an den Vermieter oder andere Empfangsberechtigte sichergestellt werden (§ 22 Abs. 7 SGB II/§ 35 Abs. 1 S. 2 bis 5 SGB XII),[58] ist aber nicht Anspruchsvoraussetzung.

16 Für die tatsächlichen Aufwendungen sind die im Außenverhältnis entstehenden maßgeblich. Unterkunftsbedarfsbezogene **Zuwendungen Dritter**[59] oder das – nunmehr weggefallene – **Wohngeld** sind in der Regel als Einkommen zu berücksichtigen, mindern aber nicht die existenzsicherungsrechtlich erheblichen Unterkunftskosten und wirken auch nicht „bedarfsmindernd".[60] Dies gilt auch für Zuwendungen durch einen Familienangehörigen, die unmittelbar an den Vermieter überwiesen werden; sie sind als Einkommen aber auf die Kosten der Unterkunft und Heizung anzurechnen.[61] Da die Abvermietung ausdrücklich als Mittel zur Senkung unangemessen hoher Unterkunftsaufwendungen auf ein angemessenes Maß vorausgesetzt ist, mindern **Einnahmen aus Untervermietung** zunächst die tatsächlichen Aufwendungen[62] und bilden berücksichtigungsfähiges Einkommen nur, wenn sie ausnahmsweise die tatsächlichen Aufwendungen überschreiten sollten. Die Aufwendungen müssen sich aus dem Miet- oder Eigentumsverhältnis ergeben; Nachlassverbindlichkeiten rechnen auch dann nicht dazu, wenn zum Nachlass die bereits bewohnte Unterkunft gehört.[63]

2. Tatsächlich genutzte Unterkunft

17 Unterkunftskosten sind auch dann nur für **eine einzige Unterkunft** anzuerkennen, wenn der Hilfesuchende mehrere Unterkünfte angemietet hat und rechtlich nutzen kann.[64] Entscheidend ist dann die (vorrangig) tatsächlich genutzte Unterkunft.[65] Unterkunftsbe-

---

53 BayLSG 14.5.2014 – L 11 AS 261/12 (anderweitiger Verbrauch für die Unterkunft gewährter Leistungen).
54 Auch bei Mehraufwendungen aufgrund einer Modernisierungsvereinbarung; BSG 23.8.2012 – B 4 AS 32/12 R, SozR 4–4200 § 22 Nr. 61
55 BSG 22.9.2009 – B 4 AS 8/09 R, SozR 4–4200 § 22 Nr. 24.
56 LSG BW 22.1.2009 – L 7 AS 4343/08; sa BSG 24.11.2011 – B 14 AS 15/11 R, NDV-RD 2012, 80.
57 BSG 22.9.2009 – B 4 AS 8/09 R, SozR 4–4200 § 22 Nr. 24.
58 Öffentlich-rechtlich bleibt auch in diesen Fällen der Hilfeempfänger Leistungsempfänger; die ihm gewährte Geldleistung wird lediglich an einen Dritten ausgezahlt; privatrechtlich erfüllt der Sozialhilfeträger eine Leistung des Hilfeempfängers gegenüber dem Vermieter oder sonst Empfangsberechtigten.
59 S. HmbOVG 15.8.2000 – 4 Bs 183/00, FEVS 53, 65.
60 BVerwGE 75, 168; zur Kritik s. LPK-BSHG § 12 Rn. 27; Schoch ZfSH/SGB 1987, 352.
61 LSG Bln-Bbg 26.1.2011 – L 28 AS 2276/07.
62 BSG 6.8.2014 – B 4 AS 37/13 R, FEVS 66, 348 (Untervermietung Stellplatz); NdsOVG 26.6.2002 – 4 LB 133/02, FEVS 54, 546; offen noch BSG 29.11.2012 – B 14 AS 161/11 R, SozR 4–4200 § 22 Nr. 66; aA Krauß in: Hauck/Noftz SGB II § 22 Rn. 54.
63 BayLSG 13.9.2007 – L 11 AS 177/07, Breithaupt 2008, 48.
64 LSG Bln-Bbg 16.6.2006 – L 10 B 488/06 AS ER, FEVS 58, 329; LSG NRW 18.1.2013 – L 6 AS 2124/11 B; BayLSG 15.11.2018 – L 16 AS 346/15.
65 LSG BW 14.3.2014 – L 12 AS 290/14; ThürLSG 15.4.2008 – L 9 AS 1438/07 ER.

darf aus **doppelter Haushaltsführung** wegen Erwerbstätigkeit verdoppelt nicht den Unterkunftsbedarf, sondern ist über die Einkommensanrechnung zu bewältigen (§ 3 Nr. 7 VO zu § 82 SGB XII). Können bei einem notwendigen Wohnungswechsel die Mietzeiträume wegen der Kündigungsfristen oder notwendiger Renovierungsarbeiten nicht nahtlos aufeinander abgestimmt werden, können zumutbar nicht abwendbare **doppelte Mietaufwendungen** („Überschneidungskosten") bei der gebotenen weiten Auslegung der Normen nach vorheriger Zustimmung als Wohnungsbeschaffungskosten übernommen werden.[66] Davon zu trennen ist der Fall, dass der einheitliche **Unterkunftsbedarf** einmalig, aber **in räumlich voneinander getrennten Gebäuden**, zB durch Anmietung eines zusätzlichen Lagerraums für persönliche Habe, gedeckt verwirklicht wird; dies ist statthaft, wenn ein räumlicher Zusammenhang besteht, die Kostenangemessenheit gewahrt bleibt[67] und die Einlagerung von Gegenständen nach Umfang[68] und Kosten angemessen ist.[69] Entscheidend ist die Wohnnutzung;[70] nicht zu übernehmen sind Aufwendungen für ein zur Fortsetzung einer selbstständigen Tätigkeit erforderliches Arbeitszimmer.[71]

Die **tatsächliche Nutzung einer Unterkunft** ist Voraussetzung der Leistungsgewährung.[72] Unschädlich sind gelegentlicher Aufenthalt oder Übernachtungen bei Dritten,[73] zeitlich überschaubare Krankenhaus- oder Einrichtungsaufenthalte oder ein Auslandsurlaubsaufenthalt, der den gewöhnlichen Inlandsaufenthalt[74] oder der zeitliche Leistungsberechtigung bei längeren Auslandsaufenthalten (§ 41 a SGB XII) unberührt lässt. Ist der Unterkunftsbedarf tatsächlich für einen nicht nur kurzzeitigen Zeitraum anderweitig gedeckt, etwa wegen Verbüßung einer Freiheitsstrafe, scheiden Regelleistungen für die Unterkunft aus und kommen bei aufgelaufenen Schulden allenfalls **Leistungen zur Sicherung einer angemessenen Unterkunft** und damit zur Vermeidung drohender Wohnungslosigkeit (§ 22 Abs. 8 SGB II) bei Haftentlassung in Betracht.[75] Auch wenn eine Haftentlassung konkret abzusehen ist, kommen auch im SGB XII-Bereich selbst bei angespannter Wohnungsmarktlage **Leistungen zur Sicherung einer angemessenen Unterkunft** und damit zur Vermeidung drohender Wohnungslosigkeit (§ 34 Abs. 1 SGB XII) bei Haftentlassung mangels Bezuges auf eine konkrete Unterkunft nicht in Betracht;[76] bei Haftentlassung ist ggf. auf Hilfen nach § 67 SGB XII zu verweisen. Im SGB II-Bereich scheitern nach der Neufassung des § 7 Abs. 4 SGB II hieran regelmäßig die bislang anerkannten Leistungen[77] zur Sicherung einer angemessenen Unterkunft während einer kurzzeitigen freiheitsentziehenden Maßnahme. Nicht zu den Wohnungserhaltungskosten rechnen dabei Kosten für die Unterstellung von Möbeln und sonstiger Habe.[78]

Berücksichtigungsfähige Aufwendungen entstehen tatsächlich nicht, wenn/soweit eine **Unterkunft unentgeltlich genutzt** werden kann, zB aufgrund dinglich gesicherter Wohn-

18

19

---

66 VG Hannover 15.5.1997 – 3 A 5352/96, info also 1998, 28; NdsOVG 25.10.2001 – 4 MA 2958/01, FEVS 53, 247; VGH BW 8.6.1999 – 7 S 458/99, FEVS 51, 127.
67 BSG 16.12.2008 – B 4 AS 1/08 R, ZfSH/SGB 2009, 146.
68 LSG Nds-Brem 26.1.2017 – L 7 AS 2508/16 B ER.
69 Nicht übernahmefähig sind isolierte Lagerkosten ohne Konnex zu einer anderweitigen Unterkunft; s. SG Mainz 17.3.2016 – S 15 AS 708/14, ZfF 2017, 6; sa Hammel ZfF 2017, 53.
70 Zu Zusatzräumen sa Geiger 2018 (Lit.), 12 ff.
71 LSG Bln-Bbg 30.6.2010 – L 14 AS 933/10 B ER; BSG 6.4.2011 – B 4 AS 119/10 R, SozR 4–1500 § 54 Nr. 21.
72 LSG Bln-Bbg 22.3.2018 – L 29 AS 1852/16.
73 Zu einem Grenzfall bei jedenfalls teilweiser Mitbenutzung der Wohnung eines Lebensgefährten s. LSG Bln-Bbg 9.3.2012 – L 10 AS 123/12 B ER.
74 BVerwG 22.12.1998 – 5 C 21.97, FEVS 51, 145.
75 LSG NRW 27.2.2008 – L 20 B 26/08 SO ER.
76 BSG 12.12.2013 – B 8 SO 24/12 R, SozR 4–3500 § 67 Nr. 1.
77 S. LSG Nds-Brem 22.9.2005 – L 8 AS 196/05 ER.
78 AA NdsOVG 4.12.2000 – 4 M 3681/00, FEVS 52, 274.

rechte oder bei (kurzzeitiger) Aufnahme bei Freunden/Bekannten, soweit kein Untermietverhältnis begründet wird. In den Fällen des § 39 SGB XII sowie in Stiefkinderfällen wird bei gedecktem Eigenbedarf des Wohnungsinhabers vermutet,[79] dass dieser mangels Mehraufwendungen bei den verbrauchsunabhängigen Kosten die Unterkunftskosten trägt, dem Stiefkind mithin tatsächlich keine Unterkunftskosten entstehen.[80] Bei bestehender Wohngemeinschaft überlagern §§ 42 a, 43 Abs. 2 SGB XII jedenfalls in Bezug auf die Unterkunftsgewährung diese Bedarfsdeckungsvermutung und gestatten bei tatsächlicher Unterkunftsgewährung zB an schwerbehinderte Abkömmlinge im eigenen Haus Leistungen auch ohne zivilrechtlich wirksame Zahlungspflicht.

20   Bei **Mietverhältnissen zwischen Verwandten** oder Untermietverhältnissen sind vorbehaltlich des § 42 a SGB XII Unterkunftskosten nur zu übernehmen, wenn sie aufgrund einer wirksamen rechtlichen Verpflichtung zu tragen sind. Dies erfordert regelmäßig einen zivilrechtlich wirksamen Mietvertrag,[81] der auch im Wesentlichen wie vereinbart tatsächlich durchgeführt wird (und nicht – ggf. konkludent – aufgehoben oder modifiziert worden ist), der bei entsprechendem rechtlichen Bindungswillen der Vertragsparteien auch mündlich abgeschlossen sein kann.[82] Gegen das BSG ist daran festzuhalten, dass zur Abgrenzung gegen „Scheingeschäfte" auf einen **„Fremdvergleich"** abzustellen ist.[83] Wird der Fremdvergleich bezogen auf Begründung, Form und Abwicklung des geltend gemachten Verwandtenmietverhältnisses, greift auch das vom BSG gegen eine Übertragung der Maßstäbe des Fremdvergleichs auf das SGB II geführte Argument nicht durch, es sei grundsicherungsrechtlich sogar erwünscht, wenn der vereinbarte Mietzins etwa aus Gründen der verwandtschaftlichen Verbundenheit niedriger ist als dies bei einem Mietverhältnis unter Fremden der Fall wäre.[84] Nicht gerechtfertigt ist eine Ablösung von zivilrechtlichen Wirksamkeitserwägungen.[85] Keine übernahmefähigen Unterkunftskosten entstehen, wenn der Leistungsberechtigte ua mit der Mutter in einem Haus wohnt, für das diese Zahlungen auf ein Leibrentenversprechen (§ 759 BGB)[86] leistet, wenn kein Mietverhältnis besteht und auch sonst keine feste Beteiligung an den Leibrentenzahlungen vereinbart worden ist,[87] oder bei bestehendem Wohnrecht (§ 1093 BGB) zusätzlich ein Mietvertrag geschlossen wird, um bei bestehender Hilfebedürftigkeit weitere SGB II-Leistungen zu erhalten.[88]

3. Tatsächliche Aufwendungen

a) Mietwohnungen

21   Bei Mietwohnungen umfassen die tatsächlichen **Aufwendungen die nach dem Mietvertrag** für den bestimmungsgemäßen Gebrauch der Mietsache (weiterhin)[89] geschuldeten

---

79   BSG 24.2.2016 – B 8 SO 13/14 R, FEVS 68, 107; NdsOVG 7.3.2003 – 4 ME 60/03, FEVS 54, 570; zur Entkräftung der Vermutung OVG Bln 18.5.1992 – 6 S 12.92, FEVS 44, 15 (17).

80   NdsOVG 8.2.1989 – 4 A 13/88, FEVS 39, 192; HmbOVG 13.12.1991 – Bf IV 1/91, FEVS 43, 51.

81   LSG LSA 9.5.2012 – L 5 AS 412/09 (Selbstkontrahierung mit juristisch nicht selbstständigem eigenen Gewerbebetrieb); BSG 25.8.2011 – B 8 SO 29/19 R, FEVS 63, 442.

82   BSG 7.5.2009 – B 14 AS 31/07 R, SozR 4–4200 § 22 Nr. 21; sa BSG 25.8.2011 – B 8 SO 1/11 B.

83   LSG Bln-Bbg 25.1.2007 – L 10 B 1195/06 AS PKH; LSG BW 14.3.2008 – L 8 AS 5912/06, ZfSH/SGB 2008, 354; LSG MV 22.1.2008 – L 8 B 247/07 ER; 14.4.2008 – L 10 B 24/07; SG Karlsruhe 29.1.2009 – S 4 SO 5937/07; HessLSG 19.6.2018 – L 7 AS 83/17 (abgeschwächter Fremdvergleich).

84   BSG 3.3.2009 – B 4 AS 37/08 R, SozR 4–4200 § 22 Nr. 15.

85   So SG Reutlingen 3.3.2009 – S 2 AS 1885/08, in einem Fall, in dem eine Vereinbarung über ein Mietverhältnis vorlag, dass der Mietzins nur zu entrichten ist, wenn die Zahlungen seitens des Sozialleistungsträgers erstattet werden.

86   Zahlungen auf ein Leibrentenversprechen können dem Grunde nach Unterkunftskosten sein; s. LSG RhPf 3.9.2012 – L 6 AS 404/12 B ER.

87   BSG 20.8.2009 – B 14 AS 34/08 R, FEVS 61, 243.

88   LSG BW 8.2.2011 – L 12 AS 4387/10.

89   Zum Erlöschen auch rückständigen Mietzinses durch Konfusion bei Eigentumserwerb des Mieters durch Erbfolge s. LSG BW 17.4.2018 – L 9 AS 2930/16.

Kosten. Dies sind neben dem Kaltmietzins, der auch gesondert ausgewiesene, nach § 559 BGB auf den Mieter abgewälzte Kosten einer Modernisierungsmaßnahme erfasst,[90] alle mietvertraglich geschuldeten[91] **Betriebskosten** (§ 556 Abs. 1 BGB; BetriebskostenV,[92] bei Altmietverträgen sa § 27 Abs. 1 Zweite Berechnungsverordnung; VO zu § 19 Abs. 2 Wohnraumförderungsgesetz). Nach dem Faktizitätsgrundsatz entscheidend ist dabei der tatsächlich abgeschlossene Mietvertrag; sind hiernach **Nebenkostenzahlungen** für Leistungen oder Ausstattungsmerkmale vereinbart, die bei isolierter Betrachtung nicht zum existenzsicherungsrechtlich Notwendigen rechnen, ist dies für die Leistungsgewährung unerheblich.[93] Die abstrakte Umlagefähigkeit nach der BetriebskostenV reicht allein nicht aus, wenn der Leistungsberechtigte nach dem Mietvertrag nicht konkret zur Tragung der Kosten verpflichtet ist[94] oder der Mietvertrag die Möglichkeit einer Ausnahmegenehmigung eröffnet.[95] Den Unterkunftskosten zuzurechnen sind auch sonstige, nicht laufend anfallende unterkunftsbezogene Aufwendungen, zB **Nachzahlungen** aus Nebenkostenabrechnungen,[96] die sich mit Ablauf des Fälligkeitsmonats nicht in Mietschulden iSd § 22 Abs. 8 SGB II/§ 36 SGB XII wandeln.[97] Der aufgrund einer Betriebs- und Heizkostennachforderung des Vermieters entstandene Bedarf muss nicht durch gesonderten Antrag geltend gemacht werden[98] und kann bei fortbestehender Hilfebedürftigkeit auch bei nicht mehr bestehendem Mietverhältnis bestehen.[99] Umgekehrt sind von den Aufwendungen für Unterkunft und Heizung solche tatsächlichen[100] Rückzahlungen und Guthaben abzusetzen, die dem Bedarf für Unterkunft und Heizung zuzuordnen sind (§ 22 Abs. 3 SGB II),[101] und zwar unabhängig davon, ob sie aus Zeiten stammen, in denen keine Hilfebedürftigkeit bestand, wer zu ihrer Entstehung beigetragen hat[102] oder ob sie sich im Monat der Gutschrift oder später tatsächlich auf die Kosten der Unterkunft und Heizung ausgewirkt haben;[103] herauszurechnen sind nunmehr[104] lediglich Erstattungen, die auf nicht bei der Bedarfsbemessung berücksichtigten Vorauszahlungen beruhen (§ 22 Abs. 3 Hs. 2 SGB II).[105] Bei abgesenkten Leistungen für Unterkunft und Heizung mindern Betriebskostenrückzahlungen und -guthaben den an-

---

90 BSG 19.10.2010 – B 14 AS 2/10.
91 LSG Saarl 5.7.2018 – L 4 AS 28/17 (Unwirksamkeit der mietvertraglichen Umlage von Kosten, die nicht als Betriebskosten unter § 2 BetrKV fallen).
92 S. etwa BSG 24.2.2016 – B 8 SO 13/14 R, FEVS 68, 107 (Allgemeinstromkosten iSv § 2 Nr. 11 BetrKV als Kosten der Unterkunft).
93 VGH BW 16.2.2001 – 7 S 2253/99, info also 2001, 224; BVerwG 28.11.2001 – 5 C 9.01, BVerwGE 115, 256 (Kabelanschlussgebühren); LSG Bln-Bbg 5.1.2009 – L 5 B 2240/08 AS (Beiträge zu im Mietvertrag geforderter Haftpflicht- und Hausratsversicherung).
94 BSG 19.2.2009 – B 4 AS 48/08 R, SozR 4-4200 § 22 Nr. 18 (Breitbandkabelanschluss); insoweit scheidet auch eine Berücksichtigung dieser Kosten nach § 21 Abs. 6 SGB II aus (LSG NRW 28.5.2018 – L 6 AS 170/17 NZB).
95 LSG Bln-Bbg 12.1.2009 – L 23 B 247/08 SO PKH.
96 Dazu BSG 22.3.2010 – B 4 AS 62/09 R, SozR 4-4200 § 22 Nr. 38; sa Armborst info also 2008, 285; zur Angemessenheit der Nebenkostennachzahlungen Kaniess/Schifferdecker NZS 2015, 936; sa Berlit info also 2014, 60.
97 BSG 22.3.2010 – B 4 AS 62/09 R, SozR 4-4200 § 22 Nr. 38.
98 BSG 22.3.2010 – B 4 AS 62/09 R, SozR 4-4200 § 22 Nr. 38.
99 BSG 20.12.2011 – B 4 AS 9/11 R, SozR 4-4200 § 22 Nr. 50; für § 22 SGB II teils aA BSG 25.6.2015 – B 14 AS 40/14 R, SozR 4-4200 § 22 Nr. 83; s. nunmehr wieder BSG 13.7.2017 – B 4 AS 12/16 R, NZS 2018, 25 (mAnm Schifferdecker); s. bereits 30.3.2017 – B 14 AS 13/16, SozR 4-4200 § 22 Nr. 92.
100 BSG 16.5.2012 – B 4 AS 159/11 R, FEVS 64, 213 (keine Anwendung auf „fiktive Guthaben"); sa Ahrent SGb 2011, 28.
101 Dazu Nippen ZfSH/SGB 2014, 71; Berlit info also 2014, 60.
102 BSG 22.3.2012 – B 4 AS 139/11 R, SozR 4-4200 § 22 Nr. 55.
103 BSG 16.5.2012 – B 4 AS 132/11 R, SozR 4-4200 § 22 Nr. 60 (Aufrechnung mit Mietrückständen).
104 AA zu § 22 Abs. 3 SGB II (aF) BSG 14.6.2018 – B 14 AS 22/17 R, ZfSH/SGB 2018, 707 (mit krit. Anm. Berlit jurisPR-SozR 22/2018 Anm. 1; sa Schifferdecker NZS 2018, 876); LSG LSA 7.9.2018 – L 4 AS 312/18 NZB.
105 Zur nur anteiligen Minderung der Unterkunftskosten bei Betriebskostennachzahlungen nach abgesenkten Leistungen für Unterkunft und Heizung s. BSG 12.12.2013 – B 14 AS 83712 R, SozR 4-4200 § 22 Nr. 74.

zuerkennenden Bedarf für Unterkunft und Heizung nur anteilig.[106] Eine Aufrechnung durch den Vermieter ist zivilrechtlich ausgeschlossen (§ 394 BGB);[107] dies soll der Leistungsberechtigte jedenfalls bei Unterstützung durch den Leistungsträger[108] auch geltend machen (müssen) und so das Guthaben realisieren müssen.[109]

22 Die Leistungen sind nicht auf *laufende* Leistungen für die Unterkunft beschränkt und gebieten bei notwendigen Aufwendungen auch *einmalige* Leistungen.[110] Zu den mietvertraglich geschuldeten Kosten gehören auch die notwendigen[111] Aufwendungen für turnusmäßig anfallende sog **Schönheitsreparaturen**.[112] Voraussetzung ist, dass sie zivilrechtlich[113] rechtmäßig und wirksam auf den Mieter überwälzt sind[114] bzw. – bei unklarer Rechtslage – es dem Leistungsberechtigten nach seinen Fähigkeiten nicht zuzumuten ist, sich auf eigenes Risiko[115] gegenüber dem Vermieter auf eine mögliche Unwirksamkeit zu berufen.[116] Zu übernehmen sind auch Aufwendungen für wohnungsbezogene Kleinreparaturen.[117] **Einzugs- oder Auszugsrenovierungen**[118] sind, soweit sie an die Stelle der regelmäßig anfallenden Schönheitsreparaturen treten, den Kosten der Unterkunft zuzurechnen;[119] das BSG[120] hat die instanzgerichtliche Rechtsprechung, sie ggf. unter dem Gesichtspunkt der Wohnungsbeschaffungs- oder Umzugskosten zu übernehmen,[121] verworfen, und die Kostenübernahme als einmalige Leistung der regulären Unterkunftskosten daran gebunden, dass die Renovierung erforderlich ist, um die Bewohnbarkeit der Wohnung herzustellen, die Einzugsrenovierung ortsüblich ist, weil keine renovierten Wohnungen im unteren Wohnsegment in nennenswertem Umfang zur Verfügung stehen, und soweit sie der Höhe nach zur Herstellung des Standards einer Wohnung im unteren Wohnsegment erforderlich ist. Die abschließende Regelung der Bedar-

---

106 BSG 12.12.2013 – B 14 AS 83/12, SozR 4–4200 § 22 Nr. 74; LSG Bln-Bbg 1.11.2018 – L 32 AS 1416/18 NZB.
107 BGH 20.6.2013 – IX ZR 310/12; sa Flatow NZM 2014, 841 (847); Nippen ZfSH/SGB 2014, 71 (74); Hahn NZS 2015, 531.
108 LSG Nds-Brem 24.11.2015 – l 7 AS 1148/14; weitergehend LSG NRW 8.11.2018 – L 19 AS 240/18 (Beschreitung des Zivilrechtsweges unter Inanspruchnahme von Prozesskostenhilfe auch ohne eigene Kenntnisse und Fähigkeiten des Leistungsempfängers für die zivilrechtliche Durchsetzung seines Nebenkostenguthabens).
109 Dazu auch BSG 16.5.2012 – B 4 AS 132/11 R, SozR 4–4200 § 22 Nr. 60.
110 Klerks NZS 2008, 625; LSG NRW 15.11.2018 – L 6 AS 764/16.
111 Hilfeempfängern ist nach dem Selbsthilfegrundsatz regelmäßig abverlangt worden, solche Arbeiten selbst durchzuführen und sich die hierfür erforderlichen Fertigkeiten anzueignen; s. VG Hamburg 10.2.2000 – 8 VG 401/00, WE 2000, 206 (Ls.); OVG NRW 23.7.1992 – 8 E 718/92, FEVS 44, 55; sa VG Düsseldorf 7.5.1991 – 22 K 2112/90, info also 1992, 27.
112 BSG 19.3.2008 – B 11 b AS 31/06 R, NDV-RD 2008, 125 (mit Anm. Radüge jurisPR-SozR 26/2008 Anm. 2); SG Hamburg 31.7.2006 – S 53 SO 31/06; sa Hammel ZfSH/SGB 2002, 263 ff.; Frank-Schinke/Geiler ZfF 2009, 193.
113 BGH 5.4.2006 – VIII ZR 106/05; 18.10.2006 – VIII ZR 52/06; 28.3.2007 – VIII ZR 199/06; 18.6.2008 – VIII ZR 224/07; 22.1.2014 – VIII ZR 352/12; Sternel NZM 2007, 545; Herrler Jura 2008, 248; Flatow WuM 2009, 208; Eisenschmid WuM 2010, 459; Langenberg NZM 2014, 299; Lehmann-Richter WuM 2016, 529.
114 LSG NRW 22.7.2010 – L 7 AS 60/09; LSG BW 19.2.2009 – L 7 SO 1131/07.
115 LSG BW 10.12.2014 – L 2 SO 2379/14.
116 So – zu Mietzinsvereinbarung – BSG 22.9.2009 – B 4 AS 8/09 R, SozR 4–4200 § 22 Nr. 24.
117 AA LSG Nds-Brem 21.11.2005 – L 8 SO 118/05 ER; BayLSG 3.5.2018 – L 11 AS 249/18 NZB; wohl auch BSG 19.3.2008 – B 11 b AS 31/06 R, NDV-RD 2008, 125; Šušnjar in: GK-SGB II § 22 Rn. 32.1.
118 Nach BVerwG (E 90, 160) soll eine Auszugsrenovierung nur dann als sozialhilferechtlicher Bedarf anzuerkennen sein, wenn der Auszug selbst sozialhilferechtlich gerechtfertigt ist; aA OVG NRW 21.9.1990 – 24 A 727/87, FEVS 41, 148, dessen Argument, die „Auszugsrenovierung" gehöre zu dem nicht von der Sozialhilfe abzudeckenden „Unternehmerrisiko" des Vermieters, verkennt, dass auch Rückgabeklauseln regelmäßig das laufende Entgelt mittönen; sa OVG Bln 17.5.1985 – 6 M 10.85, NDV 1986, 407.
119 BSG 16.12.2008 – B 4 AS 49/07 R, SozR 4–4200 § 22 Nr. 16; 24.11.2011 – B 14 AS 15/11 R, NDV-RD 2012, 80; HmbLSG 20.4.2010 – L 5 AS 55/07; LSG Bln-Bbg 12.2.2014 – L 18 AS 2908/12 (Auszugsrenovierung).
120 BSG 16.12.2008 – B 4 AS 49/07 R, SozR 4–4200 § 22 Nr. 16.
121 Zu Einzugskosten s. Brühl, Wohnungslose, Nr. 3.92 ff.

fe, für die einmalige Leistungen in Betracht kommen (§ 31 SGB XII/§ 24 Abs. 3 SGB II), führt dazu, dass auch sonstige, nicht laufend anfallende unterkunftsbezogene Aufwendungen, zB **Nachzahlungen** aus Nebenkostenabrechnungen,[122] den Unterkunftskosten zuzurechnen sind;[123] die Leistungen für Unterkunft und Heizung sind ausdrücklich von der Abgeltung durch die Regelsatzleistungen ausgenommen. Nicht den tatsächlichen Unterkunftskosten zuzurechnen sind (vertragliche oder deliktische) Ersatzansprüche des Vermieters gegen den Mieter wegen Beschädigung der Mietsache, die nur aus Anlass des Mietverhältnisses, aber nicht für die Unterkunft entstanden sind,[124] Schadenersatz für verloren gegangene Schlüssel[125] oder Entrümpelungs-, Grundreinigungs- und Renovierungskosten in einer Wohnung eines Leistungsberechtigten mit Messie-Syndrom.[126]

Zu den Unterkunftskosten gehören (bis zur Angemessenheitsgrenze) auch mietvertrag- 23
lich geschuldete **Zuschläge** zB **für** Küchenmöbel, sonstige **Möblierung** oder andere, nicht von der BetriebskostenV erfasste Leistungen dann, wenn sie integraler Bestandteil des Mietverhältnisses und für den Leistungsberechtigten nicht disponibel sind („**unausweichliche Wohnnebenkosten**").[127] Das „Herausrechnen" von Kosten für Haushaltsstrom,[128] Möblierung, Kabelfernsehen oder sonstige Bestandteile[129] unter Hinweis darauf, dass sie auf durch die Regelleistung abgegoltene Bedarfe bezogen seien, verkennt den „Paketcharakter" von Wohnraummietverhältnissen[130] und nimmt für die Unterkunftskosten eine mathematisch-statistische Betrachtung der einzelnen Bestandteile der Regelleistung vor, die das BSG bei der Überprüfung der Höhe der Regelleistung strikt ablehnt. Anderes gilt bei Abtrennbarkeit bzw. isolierter Verwertbarkeit.[131] Einnahmen aus einem Untermietverhältnis mindern die berücksichtigungsfähigen Aufwendungen für Unterkunft und Heizung.[132]

Bei „irregulären" Unterkunftsverhältnissen umfassen die tatsächlichen Aufwendungen 24
die – privat- oder öffentlich-rechtlich – Dritten geschuldeten Aufwendungen für die Deckung des Unterkunftsbedarfs, zB das **Nutzungsentgelt** nach beendetem Mietverhältnis, die **Nutzungsentschädigung** für eine **Obdachlosenunterkunft** oder die Stellplatzmiete für einen Wohnwagen, aber auch das Entgelt für Hotel- oder Pensionszimmer. Auch sonst

---

122 Nebenkostenvorauszahlungen und -endabrechnung sind dabei unterschiedliche Bedarfslagen (BVerwGE 79, 46); die Übernahme einer Nebenkostennachzahlung setzt Hilfebedürftigkeit bei deren Entstehen und Fälligkeit voraus.
123 § 21 Abs. 1 a Nr. 5 BSHG sah einmalige Leistungen insbesondere zur Instandhaltung der Wohnung vor. Einzugs-, Schönheits- und Auszugsrenovierungen sind wohl nicht der „Erstausstattung für die Wohnung einschließlich Haushaltsgeräten" zuzurechnen, für die weiterhin Leistungen gesondert neben den Regelsatzleistungen erbracht werden.
124 BVerwG 3.6.1996 – 5 B 24.96, FEVS 47, 289.
125 LSG NRW 9.5.2007 – L 20 B 32/07 AS ER, FEVS 58, 559.
126 LSG Nds-Brem 8.3.2012 – L 13 AS 22/12 B ER, ZfSH/SGB 2012, 402; Hammel ZfF 2013, 31.
127 BVerwG 28.11.2001 – 5 C 9.01, BVerwGE 115, 256; BSG 7.5.2009 – B 14 AS 14/08 R, SozR 4–4200 § 22 Nr. 20 (Nutzungsentgelt Kücheneinrichtung); LSG BW 24.5.2007 – L 7 AS 3135/06, FEVS 59, 14; SG Freiburg 9.11.2007 – S 12 AS 567/07 (Kabelgebühren); BSG 19.2.2009 – B 4 AS 48/08 R, SozR 4–4200 § 22 Nr. 18; LSG BW 28.6.2007 – L 13 AS 2297/06 ER-B (Betreuungspauschale); sa LSG BW 17.4.2008 – L 7 SO 5988/07 (Nutzungspauschale ua für Vollmöblierung bei „betreutem Wohnen"); sa Geiger 2011 (Lit.), 15 ff.
128 BSG 24.11.2011 – B 14 AS 151/10 R, NDV-RD 2012, 82 (Inklusivmiete).
129 SG Detmold 21.5.2007 – S 4 AS 50/06; BSG 15.4.2008 – B 14/7 b AS 58/06 R, NDV-RD 2008, 115.
130 S. noch LSG NRW 13.12.2007 – L 7 AS 19/07 (durch BSG aufgehoben); zu Recht weiterhin SG Karlsruhe 26.3.2009 – S 8 AS 1073/09 ER, info also 2009, 129.
131 ZB bei einer Garage oder einem Stellplatz; s. BSG 7.11.2006 – B 7 b AS 10/06 R, FEVS 58, 248; SG Freiburg 1.2.2008 – S 12 AS 2614/06; SG Reutlingen 17.3.2008 – S 12 AS 2364/06; SächsLSG 25.10.2010 – L 7 AS 346/09; LSG BW 17.4.2014 – L 8 SO 4042/14; 10.12.2014 – L 7 SO 4042/14; 21.9.2018 – L 12 AS 346/18.
132 Sie sind also kein Einkommen (BSG 6.8.2014 – B 4 AS 37/13 R; LSG Hmg 22.2.2018 – L 4 AS 401/16); nach LSG LSA 12.4.2011 – L 6 AS 37/10 (mit Anm. Theesfeld JurisPR-MietR 3/2012 Anm. 5) – soll dies unabhängig davon gelten, ob der Untermieter tatsächlich den Untermietzins (fristgerecht und vollständig) zahlt.

sind notwendige **Aufwendungen der Ordnungsbehörde** zur Abwendung drohender Obdachlosigkeit Sozialhilfebedürftiger, soweit vom Untergebrachten Ersatz verlangt wird, im Rahmen der Existenzsicherung zu tragende Unterkunftskosten.[133] Bei Nutzung eines Wohnmobils als (einzige) Unterkunft sind die angemessenen Aufwendungen für die Beheizung ebenso wie die Kraftfahrzeugsteuer und die Kosten der Kraftfahrzeughaftpflichtversicherung als Neben- bzw. Betriebskosten zu berücksichtigen, Kraftstoffkosten aber auch dann nicht, wenn Fahrten zur Ver- oder Entsorgung (Wasser/Abwasser) anfallen.[134]

b) Eigenheim/Eigentumswohnung

25 Bei selbstgenutzten **Eigenheimen oder Eigentumswohnungen**, die nach § 12 Abs. 3 Nr. 4 SGB II/§ 90 Abs. 2 Nr. 8 SGB XII nicht als Vermögen zu verwerten sind (→ Kap. 21 Rn. 35 ff.), gehören zu den tatsächlichen Aufwendungen jedenfalls die in § 7 Abs. 2 Nr. 1 bis 5 VO zu § 82 SGB XII genannten Ausgaben,[135] insbesondere für **Schuldzinsen**,[136] und zwar auch für die Finanzierung vor Eintritt in den Leistungsbezug durchgeführter Modernisierungsarbeiten.[137] Zu den **Neben- und Betriebskosten**, die die „Bewohnbarkeit" der Unterkunft herstellen oder aufrecht erhalten, rechnen ua Beiträge zur Wohngebäudeversicherung, Grundsteuern, Wasser- und Abwassergebühren und ähnliche Aufwendungen;[138] dies kann auch einmalige, dann grundsätzlich im Monat der Fälligkeit zu berücksichtigende[139] Kosten umfassen,[140] nicht aber Kosten der Gartenpflege eines Eigenheims,[141] einer Glas-[142] bzw. Hausratsversicherung[143] oder des Ersatzes eines Gartenzauns.[144] Übernahmefähig ist auch die **Nutzungsentschädigung**, die der Eigentümer eines Hauses für die Nutzung seines Eigentums an den Verkäufer zahlt, weil und solange er zur Zahlung des Kaufpreises nicht in der Lage ist,[145] oder die an einen anderen Miteigentümer zu zahlende Nutzungsentschädigung.[146]

26 Ein **pauschaler Erhaltungsaufwand** iSd § 7 Abs. 2 der VO zur Durchführung des § 82 SGB XII[147] bewirkte eine „pauschalierende", bedarfserhöhende Berücksichtigung unbestimmter zukünftiger Erhaltungsaufwendungen und ist nicht anzuerkennen.[148] Für den Verwaltungsvollzug praktisch, aber rechtlich problematisch ist eine Pauschalierung der monatlich in unterschiedlicher Höhe tatsächlich entstandenen Aufwendungen, und zwar auch dann, wenn sie nicht zu einer Unterdeckung des Bedarfs innerhalb des Bewilligungszeitraums führt.[149]

---

133 BVerwG 12.12.1995 – 5 C 28.93, BVerwGE 100, 136.
134 BSG 17.6.2010 – B 14 AS 79/09 R, SozR 4–4200 § 22 Nr. 39.
135 BSG 15.4.2008 – B 14/7 b AS 34/06 R, FEVS 60, 241.
136 BVerwG 7.5.1987 – 5 C 36.85, BVerwGE 77, 232 (235 f.); BSG 3.3.2009 – B 4 AS 38/08 R, FEVS 61, 9; sa Hahn NZS 2017, 732. Verzugszinsen nach Kündigung des Immobiliendarlehens sollen hiervon nicht erfasst sein (LSG LSA 25.1.2018 – L 2 AS 257/14; BayLSG 25.11.2015 – L 11 AS 723/13).
137 LSG LSA 21.10.2008 – L 2 B 342/07 AS ER; 26.8.2010 – L 5 AS 113/07.
138 BSG 3.3.2009 – B 4 AS 38/08 R, SozR 4–4200 § 22 Nr. 17; LSG NRW 23.8.2010 – L 19 (20) AS 47/09.
139 LSG MV 10.1.2019 – L 8 AS 247/18 B ER (Straßenausbaubeiträge).
140 LSG NRW 25.2.2010 – L 7 AS 47/09 (Abgabe für die Erneuerung und Ausbesserung der Kanalanschlüsse).
141 BayLSG 3.5.2018 – L 11 AS 251/18 NZB; sa BayLSG 3.5.2018 – L 11 AS 254/18 NZB (keine Übernahme der Kosten für eine Tischkreissäge und eine Reparatur des Rasenmähers).
142 BayLSG 3.5.2018 – L 11 AS 252/18 NZB.
143 BayLSG 3.5.2018 – L 11 AS 255/18 NZB.
144 BayLSG 3.5.2018 – L 11 AS 253/18 NZB.
145 LSG Saarl 13.4.2010 – L 9 AS 18/09.
146 BSG 19.8.2015 – B 14 AS 13/14 R, SozR 4–4200 § 22 Nr. 86.
147 So noch LSG Nds-Brem 31.3.2006 – L 7 AS 343/05 ER; LSG Bln-Bbg 9.5.2006 – L 10 AS 102/06, NZM 2006, 831; SG Dresden 1.6.2005 – S 23 AS 212/05 ER.
148 BSG 3.3.2009 – B 4 AS 38/08 R, SozR 4–4200 § 22 Nr. 17; sa LSG Nds-Brem 27.4.2009 – L 7 AS 354/06.
149 Für Zulässigkeit LSG LSA 26.8.2010 – L 5 AS 113/07.

Die Übernahme von Aufwendungen für die **Kredittilgung**[150] oder aus Anlass des Er- **27** werbs vereinbarte **Leibrenten**,[151] welche die ältere Rechtsprechung[152] insgesamt hat nicht berücksichtigen wollen, kommt nach der neueren Rechtsprechung des BSG[153] bis zur Höhe der abstrakt angemessenen Kosten einer Mietwohnung in Ausnahmefällen in Betracht, wenn der Leistungsberechtigte ohne (gegebenenfalls anteilige) **Übernahme von Tilgungsraten** gezwungen wäre, seine Wohnung aufzugeben, er alles unternommen hat, um die Tilgungskosten während des Leistungsbezuges so niedrig wie möglich zu halten (zB Tilgungsaussetzung oder -streckung) und es um die Erhaltung[154] von Wohneigentum geht, dessen Finanzierung im Zeitpunkt des Bezugs von Grundsicherungsleistungen bereits weitgehend[155] abgeschlossen ist. Hierzu bedarf es einer tatrichterlichen Abwägung der Umstände des Einzelfalls unter Einbeziehung einer Prognose über eine mögliche Gefährdung des Wohneigentums.[156] Bei angemessenen Gesamtkosten überzeugt diese aus dem Grundsatz hergeleitete Beschränkung, dass Vermögensbildung nicht Aufgabe der Sozialhilfe sei, nicht, wenn die **Tilgungs- oder Leibrentenleistungen** vertraglich geschuldet, für den Erhalt der Unterkunft geboten und der Höhe nach angemessen sind.[157] Der Ausschluss wirft Gleichheitsprobleme in Bezug auf die in Mietwohnungen lebenden Leistungsberechtigten auf und vernachlässigt den nicht unmittelbar aufwendungsauslösenden Vermögensverbrauch (kalkulatorische Abschreibung; Abnutzung ohne unmittelbaren Erhaltungsaufwand). Bei drohendem Verlust des Eigenheims ist es zwar geboten, aber zur Lösung des Gleichheitsproblems nicht hinreichend, auf Tilgungszahlungen zinsfrei[158] darlehensweise Leistungen zu gewähren, um dem Leistungsberechtigten zu ermöglichen, das selbstgenutzte Eigenheim zu erhalten.[159] Als Unterkunftskosten berücksichtigungsfähig sind jedenfalls die monatlichen Tilgungsraten zur Zahlung eines zinslos gestundeten Kaufpreises für ein selbstgenutztes Familieneigenheim, bei dem das Eigentum am Grundstück der vollständigen Kaufpreiszahlung vorbehalten ist[160] und Leibrentenzahlungen, die lediglich der Sicherung des bereits erlangten Vermögensvorteils dienen.[161]

Zu den übernahmefähigen Aufwendungen gehören auch tatsächlich anfallende[162] Auf- **28** wendungen für Instandhaltung und Reparatur, die **Erhaltungsaufwendungen**[163] bzw. In-

---

150 BVerwG 28.7.1989 – Buchholz 436.0 § 77 BSHG Nr. 10.
151 BVerwG 24.4.1975 – V C 61.73, E 48, 182.
152 BSG 7.11.2006 – B 7 B AS 8/06 R, FEVS 58, 259.
153 18.6.2008 – B 14/11 b AS 67/06 R, NDV-RD 2009, 14; sa Groth jurisPR-SozR 4/2009 Anm. 1; sa BSG 7.7.2011 – B 14 AS 79/10 R, FEVS 63, 395; 16.2.2012 – B 4 AS 14/11 R; 22.8.2012 – B 14 AS 1/12 R, SozR 4–4200 § 22 Nr. 65; 4.6.2014 – B 14 AS 42/13 R, SozR 4–4200 § 22 Nr. 78; 3.12.2015 – B 4 AS 49/14 R; sa Hahn NZS 2017, 732.
154 Ausgeschlossen ist hiernach die Berücksichtigung von Tilgungsleistungen für Wohneigentum, das erst während des Leistungsbezuges erworben worden ist; BSG 4.6.2014 – B 14 AS 42/13 R, SozR 4–4200 § 22 Nr. 78; 16.2.2012 – B 4 AS 14/11 R, info also 2012, 229 (Kurzwiedergabe).
155 Dazu HessLSG 29.10.2014 – L 6 AS 422/12, ZfSG/SGB 2015, 150; SächsLSG 24.9.2018 – L 7 AS 734/18 B ER (Tilgung in Höhe von 93,62 v.H.).
156 BSG 3.12.2015 – B 4 AS 49/14 R.
157 Sa SG Detmold 16.2.2006 – S 8 AS 37/05, info also 2006, 123.
158 NdsOVG 28.4.1999 – 4 L 2827/98, V.n.b.
159 LSG NRW 16.10.2006 – L 20 AS 39/06; BVerwG 5.10.1972 – V C 50.71, E 41, 22; 24.4.1975 – V C 61.73, E 48, 182.
160 SächsLSG 5.5.2011 – L 2 AS 803/09, FEVS 63, 234.
161 LSG RhPf 3.9.2012 – L 6 AS 404/12 B ER, info also 2012, 274; SG Mainz 10.5.2013 – S 17 AS 751/12, NZS 2013, 794; für die Einordnung als nur ausnahmsweise übernahmefähige Schuldzinsen nunmehr BSG (4.6.2014 – B 14 AS 42/13 R, SozR 4–4200 § 22 Nr. 78) für den Fall, dass bei Nichtzahlung der Leibrente vom Kaufvertrag zurückgetreten werden kann, es sich also nicht um eine Rente im engeren Sinne des § 759 BGB handelt.
162 BSG 3.3.2009 – B 4 AS 38/08 R, SozR 4–4200 § 22 Nr. 17; 17.6.2010 – B 14 AS 79/09, SozR 4–4200 § 22 Nr. 39; LSG MV 21.4.2010 – L 10 AS 85/07.
163 BSG 18.6.2008 – B 14/11 b AS 67/06 R, NDV-RD 2009, 14; LSG Nds-Brem 27.3.2007 – L 9 AS 137/07 ER (Wechsel Ölbrenner Heizung).

standhaltungsmaßnahmen,[164] nicht aber **wertsteigernde Erneuerungsmaßnahmen**[165] oder größere Umbauten bzw. grundlegende Sanierungs- und Erhaltungsarbeiten mit Umgestaltungsfolgen[166] umfassen; erfasst sind auch entsprechende Umlagen einer Eigentümergemeinschaft.[167] § 22 Abs. 2 SGB II normiert im Kern, was auch im SGB XII gilt. **Erhaltende Reparatur** und **wertsteigernde Renovierung** sind nicht nach der Höhe der Aufwendungen, sondern nach dem Ziel der Maßnahme danach zu unterscheiden, ob sie der Erhaltung oder Wiederherstellung der Wohnung in ihrer bisherigen Substanz oder aber der Schaffung eines neuen, verbesserten Zustandes dient;[168] größere Erneuerungs- und Modernisierungsarbeiten sind nicht stets,[169] sondern nur dann ausgeschlossen, wenn sie tatsächlich zu einer Umgestaltung mit neuem Bestand führen.[170] Bei der Ersetzung einer ausgefallenen, vormals dem Stand der Technik entsprechenden Heizungsanlage durch eine, die dem aktuellen Stand der Technik entspricht, führen gewisse Verbesserungen bei der Energieeffizienz nicht zur Einordnung als wertsteigernde Maßnahme;[171] die „Wertsteigerung", die in jeder Investition in eine selbst genutzte Immobilie liegt, ist unbeachtlich, wenn die investive Maßnahme bezogen ist auf einen Erhaltungsrückstand, der die reguläre Nutzbarkeit beeinträchtigt.[172] Die vom Wohnungseigentümer aufgrund der Beschlüsse der Eigentümerversammlung zu leistenden Rücklagen für die Instandsetzung sind regulärer Teil der Unterkunftskosten nach § 22 Abs. 1 SGB II[173]/§ 35 Abs. 1 SGB XII und mit ihrer Zahlung und Zuordnung zum Verwaltungsvermögen der Wohnungseigentümergemeinschaft ungeachtet ihrer steuerrechtlichen Behandlung[174] zu berücksichtigen.

29 Als einmaliger Erhaltungsbedarf anzuerkennen sind nur „unabweisbare" **Aufwendungen**, welche die Nutzung und Bewohnbarkeit der selbstgenutzten Immobilie sicherstellen;[175] dies sollen „zeitlich besonders dringliche Aufwendungen" sein, „die absolut unerlässlich sind".[176] Erfasst sind jedenfalls unmittelbar drohende oder schon entstandene Schäden an der selbstgenutzten Immobilie mit daraus folgenden unzumutbaren Beeinträchtigungen der Wohnqualität, die durch eine Reparatur verhindert oder beseitigt werden sollen, also Instandsetzungsmaßnahmen, die aktuell die **Bewohnbarkeit des Hauses** sichern oder Schäden[177] abwenden, die binnen kurzer Frist zur Unbewohnbarkeit oder zu einer Gefährdung der Bewohner führen würden;[178] dies umschließt auch eine funktionierende Stromversorgung[179] oder bauliche Änderungen, die notwendig

---

164 LSG Bln-Bbg 18.2.2009 – L 20 B 1537/08 AS PKH; LSG LSA 3.1.2011 – L 5 AS 423/09 B ER (Ersatzhaustür); BSG 18.9.2014 – B 14 AS 48/13 R, SozR 4–4200 § 22 Nr. 79 (Balkonsanierung).

165 LSG Nds-Brem 31.3.2006 – L 7 AS 343/05 ER; LSG LSA 16.11.2005 – L 2 B 68/05 AS ER, NDV-RD 2006, 10; LSG NRW 30.8.2007 – L 9 B 136/07 AS ER; LSG Bln-Bbg 30.9.2010 – L 29 AS 328/10.

166 OVG NRW 23.11.2010 – L 1 AS 426/10; BayLSG 18.3.2010 – L 11 AS 455/09.

167 BSG 18.9.2014 – B 14 AS 48/13 R, SozR 4–4200 § 22 Nr. 79.

168 LSG Nds-Brem 27.3.2007 – L 9 AS 137/07 ER; LSG LSA 11.1.2010 – L 5 AS 216/09 B ER; HessLSG 28.10.2009 – L 7 AS 326/09 B ER.

169 BayLSG 18.3.2010 – L 11 AS 455/09.

170 BayLSG 16.7.2009 – L 11 AS 447/08 (standardverbessernder Fassadenanstrich).

171 LSG NRW 23.11.2010 – L 1 AS 426/10; sa LSG LSA 9.7.2012 – L 5 AS 178/12 B ER (Erneuerung einer Elt-Anlage bei fehlender Reparaturmöglichkeit).

172 AA wohl LSG Bln-Bbg 30.0.2010 – L 29 AS 328/10.

173 LSG BW 26.1.2007 – L 12 AS 3932/06, FEVS 58, 461; SächsLSG 26.11.2009 – L 7 AS 219/08; LSG RhPf 23.7.2009 – L 5 AS 111/09, ZfSH/SGB 2009, 744.

174 BFH 9.12.2008 – IX B 124/08, ZMR 2009, 380.

175 HessLSG 5.2.2007 – L 9 AS 254/06 ER, FEVS 58, 414.

176 BT-Drs. 17/3403, 98.

177 Zur Berücksichtigung von Kosten zur Beseitigung von Unwetterschäden s. LSG LSA 23.4.2018 – L 4 AS 603/14.

178 LSG RhPf 26.10.2010 – L 5 AS 345/09 B ER (Dachsanierung); sa BSG 18.2.2010 – B 4 AS 28/09 R, FEVS 62, 6 (Einzugsrenovierung).

179 HessLSG 28.10.2009 – 326/09 B ER (Solaranlage).

sind, um eine behördliche Nutzungsuntersagung abzuwenden.[180] Ein Absinken der Wohnqualität – bei ansonsten gewährleisteter Bewohnbarkeit – bis zu den für Mieter vorgegebenen Merkmalen eines einfachen, aber nicht allereinfachsten Wohnungsstandards ist indes hinzunehmen.[181]

Die Anforderungen an die „**Unabweisbarkeit**" dürfen wegen des Grundsatzes der Gleichbehandlung von Eigentümern und Mietern nicht überspannt werden; taugliches Hilfskriterium ist, ob ein Mieter gegen einen Vermieter, der eine Instandhaltungsmaßnahme/Reparatur nicht durchführt, einen Mängelbeseitigungs- oder Mietminderungsanspruch hätte. Das Unabweisbarkeitserfordernis benachteiligt Eigentümer im Vergleich zu Mietern, weil der „schleichende Vermögensverzehr" durch Gebrauch der Immobilie unberücksichtigt bleibt und lediglich werterhaltende, nicht aber unabweisbare Aufwendungen nicht – und sei es bis zur Angemessenheitsgrenze – übernommen werden können. 30

§ 22 Abs. 2 S. 1 SGB II beschränkt für das SGB II seit 2011[182] die Übernahme als Zuschuss auf „**angemessene**" Aufwendungen; dabei sind die im laufenden sowie in den darauf folgenden elf Kalendermonaten anfallenden Aufwendungen insgesamt zu berücksichtigen.[183] Der Zuschuss für Instandhaltungs- und Reparaturaufwendungen soll hiernach nicht dazu führen, dass höhere Unterkunftskosten anerkannt werden als sie bei Mietern berücksichtigt werden könnten,[184] und erlaubt nur ein „Ausschöpfen" der Angemessenheitsgrenze. Die Angemessenheit der Reparatur bzw. des Erhaltungsaufwandes selbst ist nicht gemeint.[185] 31

Es kommt hiernach auch eine nur **anteilige Übernahme unabweisbarer Aufwendungen** als Zuschuss in Betracht. Fallen innerhalb der Jahresfrist weitere unabweisbare Aufwendungen an, sind für die Berechnung, ob die angemessenen Aufwendungen für die Unterkunft überschritten werden, bereits gewährte Zuschüsse zu berücksichtigen. Die klare Begrenzung auf die insgesamt angemessenen Aufwendungen in dem Zwölfmonatszeitraum schließt eine Berücksichtigung übergangsweise höherer, tatsächlicher Unterkunftsaufwendungen (§ 22 Abs. 1 S. 3 SGB II) aus; insoweit werden Eigentümer schlechter behandelt als Mieter. Weitergehende Aufwendungen können nach pflichtgemäßem Ermessen als Darlehen übernommen werden. Für die **Ermessensentscheidung** können zB erheblich werden das Interesse des Leistungsempfängers an der Beibehaltung des örtlichen Lebensmittelpunktes,[186] die absolute Höhe der Aufwendungen, die Möglichkeiten der Leistungsberechtigten, die Aufwendungen anderweitig (zB unter Rückgriff auf geschütztes Vermögen oder Privatdarlehen) sicherzustellen, die Bedeutung, welche die Aufwendungen für den langfristigen Erhalt der selbstgenutzten Wohnimmobilie hat sowie die Wahrscheinlichkeit, mit der es künftig zu weiteren, nicht als Zuschuss übernahmefähigen Aufwendungen für Instandhaltung und Reparatur kommen wird. Zur Gleichbehandlung von Eigentümern und Mietern ist auch zu berücksichtigen, ob ein durch die Nichtübernahme erzwungener Auszug aus der selbstgenutzten Immobilie unwirtschaftlich wäre. 32

180 LSG LSA 6.7.2010 – L 5 136/10 B ER (Abwasserbeseitigung/Kleinkläranlage).
181 S. bereits LSG LSA 3.1.2011 – L 5 AS 423/09 B ER; LSG BW 26.5.2009 – L 12 AS 575/09; strikter SG Reutlingen 24.1.2008 – S 2 AS 1647/07: zum Erhalt der Bewohnbarkeit der Räumlichkeiten aus Gründen der Bausicherheit oder der Gesunderhaltung der Bewohner unabdingbar.
182 Zur Rechtsprechung bis Ende 2010 s. HessLSG 5.2.2007 – L 9 AS 254/06 ER, FEVS 58, 414; LSG NRW 30.8.2007 – L 9 B 136/07 AS ER.
183 S. bereits Berechnung LSG Bln-Bbg 30.9.2010 – L 29 AS 328/10; zu Einzelheiten der Berechnung etwa Berlit in: LPK-SGB II § 22 Rn. 159.
184 BT-Drs. 17/3404.
185 LSG LSA 22.12.2010 – L 2 AS 425/10 B ER.
186 Sa LSG LSA 22.12.2010 – L 2 AS 425/10 B ER.

4. Aufteilung/Zuordnung der Unterkunftskosten

33 Bei Nutzung einer Unterkunft durch mehrere Personen ist für die individuelle Zuordnung unabhängig von der Mietzahlungspflicht im Außenverhältnis eine **Aufteilung der Unterkunftskosten** insbesondere dann vorzunehmen, wenn auch nicht Hilfe suchende Personen die Unterkunft nutzen. Bestehen (wirksame) Untermietverhältnisse und sonst rechtlich verbindliche Regelungen, sind diese maßgeblich.[187] Ansonsten erfolgt die Zuordnung aus Praktikabilitätsgründen grundsätzlich unabhängig zB von Alter, konkretem Wohnflächenbedarf oder Nutzungsintensität nach der Zahl der zur „Bedarfsgemeinschaft"[188] zählenden Personen (**Aufteilung nach Kopfzahl**).[189] An dieser Zuordnung hat die Rechtsprechung festgehalten, auch wenn das Bundesverfassungsgericht[190] im Bereich des Kinderleistungsausgleichs die Berechnung nach dem konkret ausgelösten Unterkunftsmehrbedarf als verfassungsgeboten erachtet hat. Gegen eine auf den Mehrbedarf des zusätzlichen Bewohners bzw. die im Existenzminimumbericht der Bundesregierung[191] genannten Werte bzw. Prozentzahlen[192] abstellende Methode[193] spricht, dass die Unterkunft einschließlich der Gemeinschaftsräume wie Küche, Bad oder Flur von den Familienmitgliedern im Regelfall gleichmäßig genutzt wird, so dass sich eine unterschiedliche Kostenverteilung zuverlässig nicht bestimmen lässt.[194]

34 Eine von der Aufteilung nach Kopfzahl **abweichende Aufteilung** kommt außer bei (rechtmäßigen) Untermietverhältnissen[195] in Betracht, wenn ein Wohnungsnutzer den auf ihn entfallenden Unterkunftskostenanteil nicht aufbringen kann,[196] nur dadurch die „Mithaftung" der anderen Mitglieder der Bedarfsgemeinschaft bei Wegfall des Arbeitslosengeldes II eines unter 25-jährigen Hilfebedürftigen wegen wiederholter Pflichtverletzung vermieden werden kann,[197] nur so gegen Art. 6 Abs. 1 GG verstoßende Effekte vermieden werden können[198] oder tatsächliche Aufwendungen nach den Umständen des Einzelfalles eindeutig[199] dem zB wegen Behinderung oder Pflegebedürftigkeit spezifischen Unterkunftsbedarf eines bestimmten Bewohners zugeordnet werden können;[200] keine Abweichung soll rechtfertigen, wenn ein dem Grunde nach leistungsberechtigtes Mitglied der Bedarfsgemeinschaft wegen (vermeintlicher) aufenthaltsrechtlicher Konse-

---

187 BSG 18.6.2008 – B 14/11 b AS 61/06 R, NDV-RD 2009, 11; 28.8.2013 – B 14 AS 85/12 R, FEVS 65, 385 (Wohngemeinschaft); 29.11.2012 – B 14 AS 36/12 R, SozR 4–4200 § 22 Nr. 63 (Wohnrechtsvereinbarung); 29.11.2012 – B 14 AS 161/11 R, SozR 4–4200 § 22 Nr. 66; sa Geiger 2017 (Lit.), 38 ff.

188 BSG 25.4.2018 – B 14 AS 14/17 R, SozR 4–4200 § 22 Nr. 96 (Zusammenleben eines Elternteils mit einem unter 25-jährigen Kind mit bedarfsdeckendem eigenen Einkommen) (dazu Bender NZS 2018, 786); zur Sondersituation bei dauerhaft im Pflegeheim lebenden Ehegatten s. BSG 16.4.2013 – B 14 AS 71/12 R, FEVS 65, 159.

189 Weitgehend unstreitig seit BVerwG 21.1.1988 – 5 C 68.85, BVerwGE 79, 17; sa BSG 15.4.2008 – B 14/7 b AS 58/06 R, NDV-RD 2008, 115.

190 BVerfG 10.11.1998 – 2 BvL 42/93, BVerfGE 99, 246 (262 ff.); sa Sartorius, Das Existenzminimum im Recht, Baden-Baden 2000, 180 f.

191 S. 12. Existenzminimumbericht v. 9.11.2018, BT-Drs. 19/5400, 7.

192 So für die Ermittlung der Anspruchsvoraussetzungen des Kinderzuschlags BSG 18.6.2008 – B 14/11 b AS 11/07 R, SozR 4–5870 § 6 a Nr. 1; 6.5.2010 – B 14 KG 1/08 R; 14.3.2012 – B 14 KG 1/11 R.

193 S. § 6 a Abs. 5 S. 3 BKGG; sa BVerfG 11.11.1998 – 2 BvL 42/93, BVerfGE 99, 246.

194 LSG Nds-Brem 23.3.2006 – L 8 AS 307/05.

195 BSG 29.11.2012 – B 14 AS 161/11 R, SozR 4–4200 § 22 Nr. 66.

196 SG Berlin 27.4.2005 – S 37 AS 1213/05 ER; LSG Bln-Bbg 8.12.2005 – L 14 B 38/05 AS ER, FEVS 58, 6 (durch Pflegepauschale ungedeckter Mietanteil des Pflegekindes).

197 BSG 23.5.2013 – B 4 AS 67/12 R, FEVS 65, 289; 2.12.2014 – B 14 AS 50/13 R, SozR 4–4200 § 22 Nr. 82 (Sanktion); sa LSG NRW 22.3.2012 – L 6 AS 1589/10; Wersig info also 2013, 51.

198 LSG NRW 22.5.2012 – L 19 AS 1855/11 B.

199 LSG Nds-Brem 23.5.2018 – L 13 AS 59/16, ZfSG/SGB 2018, 601.

200 BSG 23.11.2006 – B 11 b AS 1/06 R, FEVS 58, 353; 27.1.2009 – B 14/7 B AS 8/07 R, SozR 4–4200 § 21 Nr. 4. Differenziert zu den vielfältigen Fallgestaltungen auch Geiger 2018 (Lit.), 44 ff.; Eckhardt Sozialrecht Justament August 2018, 4 ff.

quenzen bewusst keinen Leistungsantrag stellt[201] oder mangels Mitwirkung[202] oder kraft Gesetzes[203] von Leistungen ausgeschlossen ist. Die lediglich vorübergehende Aufnahme eines Bekannten für die Dauer weniger Wochen, um diesem zu ermöglichen, schnellstmöglich eine Arbeitsstelle und eine eigene Wohnung zu finden, rechtfertigt nicht die anteilige Kürzung des Unterkunftskostenbedarfs.[204]

III. Angemessenheit der Unterkunftskosten

1. Faktoren für Angemessenheit

a) Allgemeines

Nach der anspruchslimitierenden Funktion des Bedarfsdeckungsprinzips sind tatsächliche Kosten der Unterkunft auf Dauer nur zu übernehmen, wenn sie angemessen sind. Die „Angemessenheit" der existenzsicherungsrechtlich zu berücksichtigenden Unterkunftskosten ist – vorbehaltlich einer Pauschalierung (§ 22 a Abs. 2 SGB II/§ 35 Abs. 3 SGB XI) – ein unbestimmter Rechtsbegriff, der in vollem Umfang der sozialgerichtlichen Kontrolle unterliegt.[205] Die Verfassungsmäßigkeit der Leistungsbestimmung und -begrenzung allein durch einen unbestimmten Rechtsbegriff ist ua unter Bestimmtheitsgesichtspunkten, dem Parlamentsvorbehalt bei der Konkretisierung dieser zur Sicherung eines menschenwürdigen Existenzminimums zentralen Bedarfsdimension sowie Gewaltenteilungsaspekten umstritten.[206] Das BVerfG[207] ist dem bislang – zu Recht[208] – nicht gefolgt und hat ua eine entsprechende Vorlage als unzulässig verworfen. Das SG Speyer sieht hierin keine bindende Sachentscheidung zur Verfassungskonformität des Regelungssystems und hält an der von der Rechtsprechung weit überwiegend nicht aufgegriffenen verfassungsrechtlichen Bewertung des Angemessenheitsbegriffs aus den Vorlagebeschlüssen des SG Mainz als unzureichend fest.[209]

Der Begriff der „Angemessenheit" der Unterkunftskosten ist normativ wie in der regionalen Konkretisierung ein komplexer Begriff, der auch durch seine Konturierung durch die BSG-Rechtsprechung zum „schlüssigen Konzept" (→ Rn. 51) nicht abschließend ausgefüllt wird. Ein Gutachten des Instituts Wohnen und Umwelt[210] hat 2017 material- und kenntnisreich die mit dem zur Angemessenheit von Unterkunfts- und Heizkosten verbundenen normativen, empirischen und methodischen Probleme und Paradoxien analysiert und die Vor- und Nachteile verschiedener Grundansätze zur einer stärkeren Vergesetzlichung und zu mehr Rechtssicherheit in diesem Bereich dargestellt.[211] Eine Arbeitsgruppe der ASMK prüft auf der Grundlage des Gutachtens mögliche Gesetzes-

201 BSG 14.6.2018 – B 4 AS 23/17 R (dazu Anm. Bender NZS 2019, 35; sa LSG Bln-Bbg 31.5.2018 – L 29 AS 239/16 (keine Abweichung bei bloß zweifelhafter Leistungsberechtigung eines Mitgliedes der Haushaltsgemeinschaft).
202 BSG 14.2.2018 – B 14 AS 17/17 R, FEVS 70, 16; s. dazu Temming-Davilla SGb 2018, 724.
203 BSG 19.3.2008 – B 11 b AS 13/06, FEVS 60, 54 R; zum Leistungsausschluss nach § 7 Abs. 1 Satz 2 bis 7 SGB II/§ 23 Abs. 3 SGB XII aA SG Dresden 19.12.2018 – S 40 AS 2440/16.
204 LSG NRW 13.1.2012 – L 12 AS 1734/11 NZB.
205 St. Rspr. seit BSG 7.11.2006 – B 7 b AS 10/06 R, FEVS 58, 248.
206 S. SG Mainz 8.6.2012 – S 17 1452/06, ZfSH/SGB 2012, 478; SG 22.10.2012 – S 17 SO 145/11; 19.4.2013 – S 17 AS 518/12; 12.12.2014 – S 3 AS 130/14 (Vorlagebeschluss); SG Dresden 25.1.2013 – S 20 AS 4915/11; SG Leipzig 15.2.2013 – S 20 AS 2707/12; SG Lüneburg 20.4.2015 – S 40 AS 81/14.
207 BVerfG 6.10.2017 – 1 BvL 2/15, 1 BvL 5/15; 10.10.2017 – 1 BvR 617/14, NJW 2017, 3770 (mit Anm. Siebel-Huffmann); sa Berlit jurisPR-SozR 1/2018 Anm. 1; Wolff/Wolff Sozialrecht aktuell 2018, 41.
208 Berlit info also 2014, 243; Berlit in: LPK-SGB II § 22 Rn. 85.
209 SG Speyer 29.12.2017 – S 16 AS 1466/17 ER.
210 IWU 2017 (Lit.); dazu Berlit info also 2017, 147; Knickrehm SGb 2017, 241 (246 ff.).
211 S. Deutscher Verein, Empfehlungen zur Herleitung existenzsichernder Leistungen zur Deckung der Unterkunftsbedarfe im SGB II und SGB XII (12.9.2017), NDV 2017, 481.

änderungen, deren Umsetzung in der 19. Legislaturperiode möglich, aber nicht gewiss ist.[212]

37 Die sachgerechte Bestimmung der im Einzelfall zu prüfenden „Angemessenheit" zum Bedarfszeitpunkt hat dabei nach gefestigter Rechtsprechung[213] dem Faktizitätsprinzip gemäß die reale Lage auf dem maßgeblichen örtlichen Wohnungsmarkt ebenso zu berücksichtigen wie den Individualisierungsgrundsatz, dh Größe und Zusammensetzung der unterkunftsnutzenden Bedarfsgemeinschaft; die Angemessenheit wird weiterhin bestimmt durch den „Wohnstandard", der Leistungsberechtigten zuzubilligen ist.[214] Maßstab sind Unterkünfte, die in Ausstattung, Lage und Bausubstanz einfachen grundlegenden Bedürfnissen genügen und keinen gehobenen Wohnungsstandard aufweisen.[215] Das so bestimmte Wohnungsmarktsegment darf nur Unterkünfte umfassen, die ein menschenwürdiges Wohnen zulassen, und muss so viele Unterkünfte aufweisen, dass alle Leistungsberechtigten Zugang zu einer nach dem Standard angemessenen Unterkunft haben. Rechtstatsächlich lagen 2017 bei ca. 18 v.H. der Bedarfsgemeinschaften die anerkannten Unterkunftskosten unter den tatsächlichen.[216]

38 Für die Beurteilung der Angemessenheit ist Bezugspunkt grundsätzlich der **Kaltmietzins zuzüglich** der **Nebenkosten** ohne die Kosten der Warmwasserzubereitung, die bei zentraler Erzeugung[217] oft als Teil der gesondert zu betrachtenden **Heizkosten** erscheinen. Die getrennte Angemessenheitsprüfung von Unterkunfts- und Heizkosten[218] vermeidet Verzerrungen durch die Art der Beheizung (von Nebenkosten erfasste Zentralheizung vs. Ofenheizung) und berücksichtigt bei den Nebenkosten, dass Wohnungen am Markt regelmäßig zu einem „Paketpreis" vermietet werden, der den Ausschluss einzelner Elemente zumeist nicht zulässt. Gegen die Berücksichtigung auch der Heizkosten im Rahmen einer „Bruttowarmmiete" bzw. Gesamtangemessenheitsgrenze[219] streitet ungeachtet möglicher Wechselwirkungen zwischen auf die Höhe der Unterkunftskosten einwirkender Ausstattung (Wärmedämmung; Fenster; Heizanlage) der Unterkunft und Höhe der Heizkosten die getrennte Betrachtung dieser beiden Kostenpositionen;[220] die Zusammenfassung führt wegen der unterschiedlichen Kostendynamik zu gravierenden Feststellungs- und Wertungsschwierigkeiten. Ungeachtet dieser sachlichen Bedenken lässt § 22 Abs. 10 SGB II seit Mitte 2016[221] für die allgemeine Angemessenheit eine Gesamtangemessenheitsgrenze („Bruttowarmmiete") als mögliche Gestaltung ausdrücklich zu, die bislang nur für eine kommunale Satzung (§ 22 b Abs. 1 S. 3 SGB II)[222] zugelassen war; wegen des quantitativen Schwerpunkts im SGB II zur Bestimmung der Angemessenheitsgrenze für Bezieher existenzsichernder Leistungen wird diese Regelung auch im Bereich des § 35 SGB XII anzuwenden sein, auch wenn dort keine entsprechende ausdrückliche Ermächtigung eingefügt worden ist.

---

212 Zu politischen „Vereinfachungs"anstößen sa BT-Drs. 19/7030 (FDP); 19/6526 (Linke); dazu BT-Ausschuss für Arbeit und Soziales, SV-Anhörung v. 18.3.2019 (Stellungnahmen der Sachverständigen: Ausschuss-Drs. 19[11]277; Protokoll Nr. 19/39).

213 Seit BSG 7.11.2006 – B 7 b AS 10/06 R, FEVS 58, 248; B 7 b AS 18/06 R, FEVS 58, 271.

214 Sa Putz info also 2005, 198; Berlit NDV 2006, 5, 6 ff.; Rips WM 2004, 699 ff.; Kolf SozSich 2005, 203 ff.

215 S. BSG 15.4.2008 – B 14/7 b AS 34/06, SozR 4–4200 § 12 Nr. 10; 22.9.2009 – B 4 AS 70/08 R; st. Rspr.; s. nunmehr auch § 22 a Abs. 3 S. 1.

216 BT-Drs. 19/3073 (Lücke bei den Wohnkosten im Arbeitslosengeld II): im Jahresdurchschnitt 588.000 von 3,26 Mio Bedarfsgemeinschaften. Die durchschnittliche Differenz betrug bei diesen Bedarfsgemeinschaften monatlich 80 EUR.

217 Zur dezentralen Warmwasserzubereitung s. Deutscher Verein 2019 (Lit.)

218 BSG 2.7.2009 – B 14 AS 36/08 R, SozR 4–4200 § 22 Nr. 23; 2.7.2009 – B 14 AS 33/08 R, SozR 4–4200 § 22 Nr. 25.

219 In diese Richtung noch Knickrehm/Voelzke 2009 (Lit.), 46 f.

220 Sa Lauterbach in: Gagel SGB II/SGB III § 22 SGB II Rn. 34 f.

221 Neuntes Gesetz zur Änderung des Zweiten Buches Sozialgesetzbuch ... v. 26.7.2016, BGBl. I, 1824; dazu Berlit info also 2016, 195 (200 f.).

222 BSG 4.6.2014 – B 14 AS 53/13 R, SozR 4–4200 § 22 a SGB II Nr. 2.

b) Wohnfläche

Die absoluten Aufwendungen für die Unterkunft werden wesentlich durch die **Wohnflä-** 39
che der Unterkunft geprägt. Für die grundsicherungsrechtlich berücksichtigungsfähige
Wohnfläche orientiert sich die Rechtsprechung mangels besserer Erkenntnisquellen[223]
an den Verwaltungsvorschriften zur Förderungswürdigkeit im **sozialen Wohnungsbau**,
die die Länder nach § 10 WoFG als Förderhöchstgrenze festsetzen dürfen.[224] Sie differenzieren für die zuzubilligende Wohnfläche und anzuerkennende Raumzahl nach der
Zahl der zum Familienhaushalt rechnenden Personen.

Das BSG[225] verlangt dabei, dass aus Gründen der Rechtssicherheit und der Praktikabili- 40
tät die jeweils **aktuell im Lande festgesetzten Werte** herangezogen werden und nicht diejenigen Verwaltungsvorschriften, die im Zeitraum vor dem Inkrafttreten des SGB II zur
Anwendung gekommen waren.[226] Diese Dynamisierung der Flächenwerte verkennt,
dass die Wohnflächen des sozialen Wohnungsbaus mangels anderweitig tragfähiger Indikatoren die Strukturen und Verhältnisse des jeweiligen örtlichen Wohnungsmarktes
widerspiegeln (sollen);[227] die Dynamisierung der Werte wirkt aber allenfalls mit erheblicher Zeitverzögerung auf die üblichen Wohnflächen im unteren Segment.

Die **Durchführungsregelungen im sozialen Wohnungsbau**[228] unterscheiden sich zwi- 41
schen den Ländern und sehen folgende **Richtwerte** vor: Alleinstehende: 45 bis 50 qm
Wohnfläche; zwei Personen: zwei Wohnräume bzw. 60 qm; drei Personen: drei Wohnräume bzw. 75 bis 80 qm; vier Personen: vier Wohnräume bzw. 85 bis 90 qm; für weitere Personen zusätzliche Wohnfläche von 10 bzw. 15 qm; diese begrenzten Differenzierungen sind wegen des regionalen Bezuges des Begriffs der „Angemessenheit" nicht
gleichheitswidrig. Für die Berechnung ist die Wohnflächenverordnung[229] heranzuziehen; Flächen für Bad, Flur und WC sind zu berücksichtigen.[230] Bei der Zahl der Haushaltsmitglieder zählen auch Säuglinge und Kleinkinder mit.[231] Maßgeblich ist die Zahl
der Mitglieder der Bedarfsgemeinschaft, nicht die Zahl der Bewohner, und zwar auch
dann, wenn alle Bewohner einer Familie angehören.[232] Die gestaffelten Flächenwerte
sind Höchst-, keine Mindestwerte; eine lediglich geringfügige Unterschreitung indiziert
keine Wohnungsunterversorgung,[233] gestattet dem Leistungsträger indes nicht, generell
auf Unterkünfte mit geringerer Größe zu verweisen.

Im SGB II-Bereich kann bei bestehender **Bedarfs- und Wohngemeinschaft** die für die ge- 42
samte Bedarfsgemeinschaft berücksichtigungsfähige Wohnfläche nicht durch den **Abschluss gesonderter Mietverträge** über Teile der Unterkunft erhöht werden.[234] Die für
eine „echte" Bedarfsgemeinschaft nach der Personenzahl anzuerkennende Fläche ist bei

---

223 Zur Kritik s. Boerner in: Löns/Herold-Tews (Hrsg.), SGB II, 3. Aufl., § 33 Rn. 29.
224 BVerwG 17.11.1994 – 5 C 11.93, BVerwGE 97, 110, 112 f.; BSG 7.11.2006 – B 7 b AS 10/06 R, FEVS 58, 248; 18.2.2010 – B 14 AS 73/08 R, SozR 4–4200 § 22 Nr. 34; 19.10.2010 – B 14 AS 2/10 R; st. Rspr. Nicht zu übertragen sind die für den Vermögensverwertungsschutz nach § 12 Abs. 3 Nr. 4 SGB II heranzu-ziehenden (BSG 7.11.2006 – B 7 b AS 2/05 R, SozR 4–4200 § 12 Nr. 3) Flächenwerte.
225 BSG 22.9.2009 – B 4 AS 70/08 R; 26.5.2011 – B 14 AS 86/09 R; 16.5.2010 – B 4 AS 109/11 R (VV-WoBindG NW).
226 So überzeugend noch SächsLSG 29.5.2008 – L 2 AS 175/07.
227 Krit. dazu von Malottki info also 2012, 99.
228 Auflistung bei Boerner in: Löns/Herold-Tews (Hrsg.), SGB II, 3. Aufl., § 33 Rn. 25.
229 Wohnflächenverordnung v. 25.11.2003, BGBl. I, 23446.
230 SächsLSG 15.1.2009 – L 3 AS 29/08.
231 LSG MV 28.10.2008 – L 8 B 299/08; LSG Bln-Bbg 24.8.2007 – L 28 B 1389/07 AS ER, ZfSH/SGB 2007, 667 (zumindest für Einzelkind); SG Dresden 2.8.2007 – S 10 AS 1957/07 ER, ZfSH/SGB 2007, 680.
232 BSG 18.2.2010 – B 14 AS 73/08 R, SozR 4–4200 § 22 Nr. 34; zur Berücksichtigung volljähriger Kinder aA SG Berlin 29.3.2018 – S 179 AS 12166/17.
233 Zu Grenzfällen etwa HmbOVG 23.8.1996 – Bs IV 255/96, FEVS 47, 138 (2-Zimmer-Wohnung für Ehe-paar mit Säugling: ausreichend); HessVGH 12.1.2001 – 4 ZU 610/00, FEVS 52, 468 (2-Zimmer-Wohnung für Alleinerziehende mit zwei Kindern auf 56,2 qm: nicht ausreichend).
234 LSG Hmb 31.1.2006 – L B 391/05 ER AS.

einer „reinen" Wohngemeinschaft nicht zu Grunde zu legen.[235] Bei den nicht durch § 7 Abs. 3, § 9 Abs. 5 SGB II gekennzeichneten Konstellationen „reiner" Wohngemeinschaften sind jeweils die Werte für Alleinstehende anzusetzen, und zwar ohne Abschlag von der angemessenen qm-Zahl.[236] Von einer Wohngemeinschaft ist auch dann auszugehen, wenn Verwandte, die keine Bedarfsgemeinschaft (§ 7 Abs. 3 SGB II) bilden, eine Wohnung gemeinsam nutzen.[237]

43 Der Bedarfsdeckungsgrundsatz gebietet auf der Ebene der konkreten Angemessenheit[238] die **Berücksichtigung eines besonderen,** etwa behinderungs- oder pflegebedingten **Raumbedarfs,**[239] zB für einen Übernachtungs- oder Aufenthaltsraum für eine Betreuungsperson,[240] für die Betreuung eines Kindes, das nicht nur vorübergehend auswärts untergebracht ist (Heim, Pflegefamilie), sich aber regelmäßig an den Wochenenden und in den Ferien bei den Eltern aufhält[241] und für die regelmäßige, nicht nur kurzzeitige Wahrnehmung des Umgangsrechts,[242] verlangt aber nicht, Wohnflächen für auswärts studierende Kinder vorzuhalten.[243] Tierhaltung rechtfertigt keine Flächenerhöhung.[244] Das Gegenwärtigkeitsprinzip verbietet nicht, künftigen Wohnflächenbedarf zu berücksichtigen, wenn in einem überschaubaren Zeitraum konkret mit einer grundsicherungsrechtlich beachtlichen Veränderung zu rechnen ist.[245] Die Tatsache der Alleinerziehung rechtfertigt für sich genommen keinen erhöhten Wohnraumbedarf.[246] Umgekehrt berechtigt eine bestimmte Lebensphase oder -situation de lege lata **nicht** eine **Absenkung der Flächenstandards.**[247]

44 Die Angemessenheit der Unterkunftskosten richtet sich bei Mietern und Hauseigentümern nach einheitlichen Kriterien.[248] Aus dem Verwertungsschutz bei selbstgenutztem Wohneigentum/Hausgrundstück (§ 12 Abs. 3 Nr. 4 SGB II/§ 90 Abs. 2 Nr. 8 SGB XII) folgt **keine Erhöhung** des für die **Angemessenheitsbetrachtung relevanten Flächenbe-**

---

235 BSG 18.6.2008 – B 14/11 b AS 61/06 R, NDV-RD 2009, 11; LSG Nds-Brem 23.3.2006 – L 6 AS 96/06 ER; 13.4.2006 – L 9 AS 131/06 ER, FEVS 58, 115; s. nunmehr auch § 42 a Abs. 4 SGB XII.

236 BSG 18.6.2008 – B 14/11 b AS 61/06 R, NDV-RD 2009, 11 (krit. insoweit Koepke SGb 2009, 617); LSG Nds-Brem 13.6.2012 – L 13 AS 246/09; s. bereits LSG Bln-Bbg 9.11.2007 – L 28 A 1059/07, ZfSH/SGB 2008, 229; für einen Abschlag noch SG Lüneburg 6.7.2006 – S 25 AS 589/06 ER.

237 BSG 7.5.2009 – B 14 AS 14/08 R, SozR 4–4200 § 22 Nr. 20.

238 SächsLSG 8.12.2016 – L 8 SO 111/15.

239 BVerwG 21.1.1988 – 5 C 68.85, BVerwGE 79, 17, 22; sa LSG Nds-Brem 21.4.2006 – L 6 AS 248/06 ER; zu Wohnflächen-Mehrbedarfen sa Geiger 2017 (Lit.), 64 ff.

240 Ein Assistenzzimmer für angestellte Hilfskräfte ist hingegen der Hilfe zur Pflege zuzuordnen; BSG 28.2.2013 – B 8 SO 1/12 R, SozR 4–3500 § 65 Nr. 4.

241 SG Berlin 3.9.2007 – S 37 AS 19604/07 ER; sa BSG 7.11.2006 – B 7 b AS 14/06 R, SozR 4–4200 § 20 Nr. 1.

242 SG Leipzig 11.5.2007 – S 7 AS 445/06; aA SG Berlin 2.10.2008 – S 130 AS 27001/08 ER; differenzierend LSG NRW 17.6.2008 – L 20 B 225/07 AS ER; 6.9.2018 – L 7 AS 744/17, NZS 2019, 74 (Ls.) (Revision zum BSG [B 14 AS 43/18 R]); zur Kostenzuordnung beim hälftigen Wechselmodell s. SG Dresden 8.3.2018 – S 52 AS 109/15 (Revision zum BSG [B 14 AS 22/18 R]).

243 BVerwGE 72, 88.

244 SG Dessau 16.4.2008 – S 4 AS 652/08.

245 S. NdsOVG 21.4.1995 – 12 L 6590/93, V.n.b. (Berücksichtigung des Wohnflächenbedarfs eines im Umzugszeitpunkt noch nicht geborenen Kindes); 8.8.1996 – 4 M 4275/96, V.n.b. (Übernahme tatsächlicher Kosten für Übergangszeit, da bereits bei Anmietung die Aussicht bestand, die Unterkunftskosten durch Aufnahme der Mutter in die Wohnung zu senken und im Übrigen aus erwartetem Erwerbseinkommen zu decken); OVG Schleswig 8.11.1994 – 5 L 148/94, SchlHA 1995, 113, 114 (Ls.): Die Hoffnung auf Erhalt des Sorgerechts für ein Kind ist kein ausreichender Grund, Wohnraum vorzuhalten.

246 BSG 22.8.2012 – B 14 AS 13/12 R, SozR 4–4200 § 22 Nr. 64.

247 AA – für junge Erwachsene unter 25 Jahren unter Orientierung an den Gewohnheiten von Schülern, Studenten und Auszubildenden dieser Altersgruppe – SchlHLSG 9.10.2009 – L 11 B 465/09 AS ER; 21.6.2006 – L 11 B 561/06 AS ER.

248 BSG 15.4.2008 – B 14/7 b AS 34/06 R, FEVS 60, 241; 2.7.2009 – B 14 AS 33/08 R, SozR 4–4200 § 22 Nr. 25; 2.7.2009 – B 14 AS 32/07 R.

darfs[249] oder eine generelle Anhebung der Angemessenheitsgrenze.[250] Das Argument, dass damit der Verwertungsschutz vielfach leer läuft, ist empirisch zutreffend, ändert indes nichts an der systematischen Trennung von Leistungsvoraussetzungen und Leistungsumfang. Leistungsrechtliche Fernwirkung zeitigt der Verwertungsschutz zur Vermeidung von Wertungswidersprüchen bei der Frage der Zumutbarkeit eines Unterkunftswechsels sowie bei den berücksichtigungsfähigen Neben-, insbesondere Heizkosten.[251]

c) Wohnstandard

Hinsichtlich des **Wohnstandards** sind in die Angemessenheitsbetrachtung Unterkünfte **45** einzustellen, die nach Lage (zB Ortslage; Infrastruktur, Wohnumfeld und Verkehrsanbindung; Immissionsbelastung), Wohnbausubstanz und Erhaltungszustand, Zuschnitt der Räume (inkl. Besonnung und Durchlüftung) und Ausstattung (zB Sanitäranlagen, Heizung)[252] für ein „einfaches und bescheidenes Leben" erforderlich, aber auch hinreichend sind und die einem **bescheidenen Ausstattungsstandard** unter Berücksichtigung der sozialhilfe- bzw. grundsicherungsrechtlich anerkennungsfähigen Wohnbedürfnisse des Leistungsberechtigten entsprechen.[253] Auf Wohnungen mit besonders niedrigem Ausstattungsgrad (Wohnungen ohne Sammelheizung und/oder ohne [Dusch-]Bad) („Substandardwohnungen") können Leistungsberechtigte indes grundsätzlich nicht verwiesen werden.[254] Wohnungen mit diesem untersten Ausstattungsgrad rechnen von vornherein nicht zu dem Wohnungsbestand, der überhaupt für die Bestimmung der angemessenen Miete heranzuziehen ist.

Die Unterkunft muss zumindest ein **menschenwürdiges Leben** ermöglichen und darf insbesondere keine Mängel aufweisen, die Leben und Gesundheit konkret gefährden. Räumlichkeiten, die bauordnungs- oder planungsrechtlich nicht (mehr) als Wohnraum genutzt werden dürfen, haben für die Angemessenheitsprüfung ungeachtet tatsächlicher Nutzung bei der vergleichenden Angemessenheitsbetrachtung ebenso außer Betracht zu bleiben wie Obdachlosenunterkünfte. **46**

Für die in die Angemessenheitskontrolle einfließenden Wohnstandards sind in besonderem Maße die **örtlichen Verhältnisse** zu berücksichtigen, wobei als räumlicher Maßstab in erster Linie der Wohnort des Leistungsberechtigten maßgebend ist.[255] Hierzu rechnen auch Belange der gemischten, sozial ausgeglichenen Struktur der Wohnbevölkerung, um einer ausgrenzenden Konzentration von Leistungsberechtigten in bestimmten Stadtteilen, Straßenzügen oder Gebäudekomplexen entgegenzuwirken (sa § 22 a Abs. 3 S. 2 Nr. 4 SGB II). Zu berücksichtigen sind die Anforderungen an ein **familiengerechtes Wohnen** und die Wirkungen von Unterkunft und Wohnumfeld auf die **Sozialisation von Kindern**.[256] **47**

249 BSG 7.11.2006 – B 7 b AS 2/05 R, FEVS 58, 241; 15.4.2008 – B 14/7 b AS 34/06 R, FEVS 60, 241; aA etwa noch HessLSG 10.10.2005 – L 7 AS 57/05 ER; LSG Bln-Bbg 9.5.2006 – L 10 AS 102/06; differenzierend LSG Nds-Brem 8.6.2006 – L 7 AS 443/05 ER.
250 SG Augsburg 4.10.2005 – S 1 AS 365/05; zur Auseinandersetzung sa Beaukamp ZfSH/SGB 2008, 579.
251 SG Aurich 10.2.2005 – S 15 AS 3/05 ER, SAR 2005, 30; SG Oldenburg 15.4.2005 – S 45 AS 165/05 ER, ASR 2005, 65 (Ls.); SG Oldenburg 14.6.2005 – S 47 AS 176/05 ER, NdsRPfl 2005, 358; SG Gießen 21.11.2005 – S 25 AS 142/05.
252 SG Dortmund 22.12.2005 – S 31 AS 562/05 ER: Wohnung ohne Bad nicht mehr angemessen.
253 BSG 7.11.2006 – B 7 b AS 10/06 R, FEVS 58, 248; 7.11.2006 – B 7 b AS 18/06 R, FEVS 58, 271.
254 BSG 19.10.2010 – B 14 AS 2/10 R.
255 BSG 15.4.2008 – B 14/7 b AS 34/06 R, FEVS 60, 241.
256 Sa Berlit in: LPK-SGB II § 22 Rn. 72.

d) Regionales Mietzinsniveau

48 Zu den Besonderheiten des Wohnungsmarktes gehört, dass für nach Größe, Lage und Wohnstandard im Wesentlichen vergleichbare Wohnungen unterschiedliche Mieten nicht nur im überregionalen Vergleich, sondern auch auf dem jeweiligen örtlichen Wohnungsmarkt verlangt werden, die wertbildenden Faktoren nicht unmittelbar mit dem geforderten Mietzins korrelieren.[257] Für die Angemessenheitsbetrachtung ist daher auf das **örtliche Mietzinsniveau** und dort jeweils auf den **unteren Bereich der marktüblichen Wohnungsmieten** für nach Größe und Wohnstandard zu berücksichtigende Wohnungen abzustellen.

49 Die Niveaufestlegung, bei der sich im Regelfall eine gewisse Spannbreite ergeben wird, muss gewährleisten, dass nach der Struktur des örtlichen Wohnungsbestandes alle Leistungsberechtigten am Ort tatsächlich die Möglichkeit haben, mit den als angemessen bestimmten Beträgen eine bedarfsgerechte, menschenwürdige Unterkunft anmieten zu können, und dass auf dem örtlichen Wohnungsmarkt **hinreichend angemessener freier Wohnraum verfügbar** ist. Diese ausdrückliche Voraussetzung einer pauschalen Abgeltung der Leistungen für die Unterkunft (§ 22 a Abs. 2 SGB II/§ 35 Abs. 3 S. 1 SGB XII) gilt für die Bestimmung der „Angemessenheitsgrenze" gleichermaßen. Denn erscheinen die für eine Unterkunft aufzubringenden Aufwendungen – abstrakt – unangemessen hoch, muss sich die Angemessenheitsprüfung im Einzelfall auch auf die Frage erstrecken, ob dem Leistungsberechtigten im Bedarfszeitraum eine andere bedarfsgerechte, kostengünstigere Wohnung konkret verfügbar und zugänglich ist.[258] Besteht eine solche **Unterkunftsalternative** nicht, sind die Aufwendungen für die tatsächlich genutzte Unterkunft – als konkret angemessen – sozialhilfe- bzw. grundsicherungsrechtlich zu berücksichtigen.[259]

2. Produkt- vs. Kombinationstheorie

50 Bei der Zusammenführung der in die Angemessenheitsbetrachtung einfließenden Faktoren ist auf die „Angemessenheit" der tatsächlichen Aufwendungen im Ergebnis, insbesondere das Produkt aus angemessener Wohnfläche und angemessenem Quadratmeterzins, abzustellen (**Produkttheorie**).[260] Mit dem Wortlaut, der auf die **Kostenangemessenheit im Ergebnis** und nicht die Angemessenheit einzelner Faktoren abstellt, unvereinbar ist eine **Kombinationstheorie**, die zusätzlich auf eine isolierte „Angemessenheit" einzelner Faktoren wie Wohnungsgröße, Ausstattungsstandards oder Quadratmeterpreis abstellt.[261] Bei Kostenangemessenheit im Ergebnis kann ein Leistungsberechtigter daher eine Wohnung anmieten, die nach Lage oder einzelnen Ausstattungsmerkmalen das existenzsicherungsrechtlich Notwendige überschreitet, wenn er sich hinsichtlich anderer Ausstattungsmerkmale oder der Wohnfläche beschränkt; er kann sich bei einem besonders günstigen Quadratmeterpreis auch eine größere Wohung leisten und – bei Beschränkung in der Fläche – Ausstattungs- oder Lagepräferenzen verwirklichen. Dies entspricht zudem dem Ansatz, den Leistungsberechtigten durch eine auf die tatsächlichen Aufwendungen und das Angemessene begrenzte Geldleistung die **eigenverantwortliche marktvermittelte Deckung ihres Unterkunftsbedarfes** zu ermöglichen (und aufzuer-

257 Berlit ArchSozArb 2010, 84 (87).
258 LSG BW 2.2.2007 – L 8 AS 6425/06 ER-B, NZM 2007, 297.
259 BSG 7.11.2006 – B 7 b AS 18/06 R, FEVS 58, 271; 27.2.2008 – B 14/7 b AS 70/06 R, FEVS 60, 49; sa BVerwG 17.11.1994 – 5 C 11.93, BVerwGE 97, 110 (115 f.); LSG BW 25.1.2006 – L 8 AS 4296/05 ER – B.
260 BSG 7.11.2006 – B 7 b AS 18/06 R, FEVS 58, 271; 18.6.2008 – B 14/7 b AS 44/06 R, FEVS 60, 145; s. bereits BVerwG 28.4.2005 – 5 C 15.04, info also 2006, 33; Berlit info also 2002, 128; ders. info also 2002, 232; ders. NDV 2006, 5 (10).
261 So aber Rothkegel ZfSH/SGB 2002, 657 (665 ff.).

legen), sowie dem Anspruch auf **eigenbestimmte und eigenverantwortete Lebensführung** und dem Rechtsgedanken des unter Mehrkostenvorbehalt stehenden **Wunsch- und Wahlrechts** (§ 9 Abs. 2 SGB XII). Eine Quadratmeterhöchstpreisgrenze, die einen Faktor „deckelt", kann nur durch Satzung (§ 22 b Abs. 1 S. 3 Alt. 1 SGB II) festgelegt werden.

3. Konkrete Bestimmung Angemessenheit/„schlüssiges Konzept"

Die Bestimmung der Angemessenheit der Kosten der Unterkunft erfordert nicht zuletzt   51
Erkenntnisse zur tatsächlichen Lage auf dem jeweils **relevanten Wohnungsmarkt.**[262]
Methodisch stellen sich an die **Ermittlung und Aufbereitung der zum örtlichen Wohnungsmarkt verfügbaren Informationen** ähnliche Probleme wie bei einer Pauschalierung. Die Methode muss Angemessenheitsgrenzen – als Grenzwert oder Spannbreite – gewährleisten, die sicherstellen, dass (alle) Leistungsberechtigten jederzeit auf dem örtlichen Wohnungsmarkt unter Berücksichtigung der Besonderheiten des Einzelfalles eine kostenangemessene, bedarfsgerechte menschenwürdige Unterkunft anmieten können,[263] und zwar im zumutbaren Wohnbereich, der enger gezogen sein kann als das Gebiet, das für die Angemessenheitsgrenze als Referenzbereich herangezogen worden ist.[264] Die vom Leistungsträger gewählte Datengrundlage muss auf einem **schlüssigen Konzept** beruhen, das eine hinreichende Gewähr dafür bietet, dass es die aktuellen Verhältnisse des örtlichen Wohnungsmarktes wiedergibt.[265]

Das dem Sozialhilfeträger im Rahmen der gestuften Angemessenheitsprüfung abzuver-   52
langende[266] **schlüssige Konzept der systematischen Ermittlung und Bewertung** genereller, wenngleich orts- und zeitbedingter Tatsachen für sämtliche Anwendungsfälle im maßgeblichen Vergleichsraum ist nach der gefestigten Rechtsprechung des BSG[267] nur dann auch schlüssig, wenn es die folgenden **Mindestvoraussetzungen** erfüllt:

- Datenerhebung ausschließlich in dem genau eingegrenzten, dann aber über den gesamten Vergleichsraum (keine Ghettobildung bzw. Vermeidung von „Brennpunkten" durch soziale Segregation),[268]
- nachvollziehbare Definition des Gegenstandes der Beobachtung, zB welche Art von Wohnungen – Differenzierung nach Standard der Wohnungen, Brutto- und Nettomiete (Vergleichbarkeit), Differenzierung nach Wohnungsgröße,
- Angaben über den Beobachtungszeitraum,
- Festlegung der Art und Weise der Datenerhebung (Erkenntnisquellen, zB Mietspiegel),
- Repräsentativität des Umfangs der eingezogenen Daten,
- Validität der Datenerhebung,

262 Eingehend zu methodischen Fragen IWU 2017 (Lit.); Krause ZfSH/SGB 1995, 622 ff.; Keller NDV 2009, 51; Butzer/Keller NZS 2009, 65; von Malottki info also 2012, 99; ders. info also 2014, 99.
263 BVerwG 28.4.2005 – 5 C 15.04, info also 2006, 33; BSG 7.11.2006 – 7 b AS 18/06 R, FEVS 58, 271.
264 BSG 18.6.2008 – B 14/7 b AS 44/06 R, FEVS 60, 145; sa Knickrehm/Voelzke 2009 (Lit.), 18.
265 BSG 18.6.2008 – 14/7 b AS 44/06 R, FEVS 60,145; 19.3.2008 – B 11 b AS 41/06 R, SozR 4–4200 § 22 Nr. 7; 20.8.2009 – B 14 AS 41/08 R; 13.4.2011 – B 14 AS 106/10 R, SozR 4–4200 § 22 Nr. 46 (dazu Winter SGb 2012, 366); st. Rspr.
266 St. Rspr., s. nur BSG 22.3.2012 – B 4 AS 16/11 R, SozR 4–4200 § 22 Nr. 59; 11.12.2012 – B 4 AS 44/12 R, NZS 2013, 389; sa Wiemer NZS 2012, 9; Knickrehm SozSich 2015, 287; dies. SGb 2017, 241.
267 BSG 18.6.2008 – B 14/7 B AS 44/06 R, FEVS 60, 145; 22.9.2009 – B 4 AS 18/09 R, SozR 4–4200 § 22 Nr. 30; 17.12.2009 – B 4 AS 50/09 R, SozR 4–4200 § 22 Nr. 29; 30.1.2019 – B 14 AS 41/18 R; st. Rspr.
268 Sa Rechtsgedanken des § 22 a Abs. 3 Satz 2 Nr. 4.

■ Einhaltung anerkannter mathematisch-statistischer Grundsätze der Datenauswertung und

■ Angaben über die gezogenen Schlüsse (zB Spannoberwert oder Kappungsgrenze).[269]

Diese Anforderungen bilden lediglich einen formalen Rahmen, der bei der Ausfüllung zahlreiche, hier nicht zu vertiefende[270] inhaltliche und methodische Fragen offen lässt und – etwa in Bezug auf die als zwingend vorgegebene Berücksichtigung auch von Bestandsmieten[271] – auch Inkonsistenzen birgt. Die Forderung nach einem „schlüssigen Konzept" setzt für den Unterkunftsbedarf die für den Regelbedarf geltenden Anforderungen an **Rationalität und Transparenz der Bedarfsbemessung**[272] um.[273] Der Leistungsträger hat für die Ausgestaltung eine gewisse „**Methodenfreiheit**", wenn die für schlüssige Konzepte aufgestellten und entwicklungsoffenen Grundsätze eingehalten werden.[274] Ob die Anforderungen an die realitätsgerechte Ermittlung der abstrakt angemessenen Unterkunftskosten zutreffend angewandt worden sind, ist als Frage der Rechtsanwendung im Einzelfall revisionsgerichtlich nur beschränkt zu überprüfen.[275]

53 Entscheidend sind **Qualität und Aussagekraft der Datengrundlage** sowie deren sachgerechte Auswertung.[276] Die Heranziehung der Datengrundlage für einen qualifizierten Regressionsmietspiegel und dessen Auswertung durch einen Sachverständigen kann nach der BSG-Rechtsprechung ausreichen.[277] **Erkenntnisquellen** zur tatsächlichen Lage auf dem örtlichen Wohnungsmarkt können bilden **Einzelangebote**, soweit sie als „repräsentativ" für die Marktlage gelten können, eine Auswertung von **Wohnungsmarktanzeigen** (auch durch Internetrecherchen),[278] Auskünfte von Wohnungsbaugenossenschaften und anderen Großanbietern über die Marktlage, Mietpreisübersichten, die von Makler-, Vermieter- oder Mietorganisationen aufgestellt werden, inkl. **Mietdatenbanken** (§ 559 BGB), Mietpreisübersichten von Gutachterausschüssen oder sonstigen öffentlichen Stellen, einfache oder qualifizierte **Mietspiegel** (§ 558 c, d BGB),[279] Aufstellungen über die Wohnungsmieten bei Leistungsberechtigten insgesamt oder solchen, die ihre Unterkunft gewechselt haben/wechseln wollen, Wohngeld- oder Sozialhilfestatistik oder die Werte der **Tabelle zu § 12 WoGG**.[280] Zumindest „Kontrollfunktion" kann auch die Verwaltungs- und Bestandsstatistik der BA selbst haben.[281] Gerichte und Behörden haben sich jedenfalls in Hauptsacheverfahren einen auch im Zeitverlauf hinreichend sicheren Einblick in die Wohnungsmarktlage zu verschaffen, müssen indes nicht alle Quellen gleichermaßen ausschöpfen. Weder aus dem Gebot der Datenaktualität[282] noch aus § 22 c Abs. 2 SGB II folgt, dass regelmäßig innerhalb des Zweijahreszeitraums

269 BSG 18.6.2008 – B 14/7 b AS 44/06 R, FEVS 60, 145; 22.9.2009 – B 4 AS 18/09 R, SozR 4–4200 § 22 Nr. 30; 17.12.2009 – B 4 AS 50/09 R, SozR 4–4200 § 22 Nr. 29; st. Rspr.
270 S. von Malottki info also 2012, 99; ders. info also 2014, 99; IWU 2017 (Lit.); BMVBS/BBSR, Arbeitshilfe zur Bestimmung der angemessenen Aufwendungen der Unterkunft im Rahmen kommunaler Satzungen, Stand Januar 2013.
271 BSG 23.8.2011 – B 14 AS 91/10 R; 18.11.2014 – B 4 AS 9/14 R, BSGE 117, 250; LSG Nds-Brem 24.5.2018 – L 8 SO 193/13.
272 BVerfG 9.2.2010 – 1 BvL 1/09 ua, BVerfGE 125, 175.
273 Knickrehm SozSich 2010, 190.
274 BSG 18.11.2014 – B 4 AS 9/14 R, SozR 4–4200 § 22 Nr. 81.
275 BSG 7.10.2015 – B 14 AS 255/15 B.
276 Eingehend zu den möglichen Datenquellen, ihrer Aussagekraft sowie ihren Vor- und Nachteilen IWU-Gutachten 2017, 170 ff.
277 BSG 10.9.2013 – B 4 AS 77/12 R, SozR 4–4200 § 22 Nr. 70; dazu krit. von Malottki info also 2014, 99.
278 LSG Nds-Brem 8.3.2006 – L 9 AS 69/06 ER, FEVS 58, 66.
279 Gautzsch WuM 2011, 603; zu deren Erstellung s. Börstinghaus/Clar, Mietspiegel, 2. Aufl. 2013; dies., Ermittlung der ortsüblichen Vergleichsmiete, NZM 2014, 889; Cischinsky/v. Malottki/Rodenfels/Vaché WuM 2014, 239; Bruns/Paschdag/Kauermann ZMR 2016, 669.
280 HessLSG 13.12.2006 – L 9 AS 48/05 ER; LSG Nds-Brem 21.4.2006 – L 6 AS 248/06 ER.
281 Schridde ArchSozArb 2010, 56.
282 S. BSG 17.10.2013 – B 14 AS 70/12 R, SozR 4–4200 § 22 a Nr. 1.

nach Datenerhebung mit anschließender Datenauswertung und zeitnahem „Inkraftsetzen" eines Konzepts für angemessene Unterkunftskosten durch den Grundsicherungsträger eine Überprüfung und Fortschreibung schlüssiger Konzepte erfolgen muss; nach Ablauf des Zweijahreszeitraums hat eine Überprüfung und gegebenenfalls neue Festsetzung, zunächst durch den Grundsicherungsträger im Rahmen seiner Methodenfreiheit, zu erfolgen.[283]

Die sozialgerichtliche Kontrolle im Hauptsacheverfahren darf sich deswegen nicht auf **54** eine reine Plausibilitäts-, Schlüssigkeits- oder Vertretbarkeitskontrolle beschränken,[284] mag auch im Verfahren des vorläufigen Rechtsschutzes eine vollständige sozialgerichtliche Ermittlung der konkreten örtlichen Gegebenheiten auf dem Wohnungsmarkt regelmäßig ausscheiden.[285] Die Gerichte haben bei Beanstandungen im Rahmen der Bildung der Angemessenheitsgrenze dem Jobcenter grundsätzlich Gelegenheit zu geben, die Beanstandungen (ggf. nach weiteren Ermittlungen) auszuräumen; die Gerichte sind aber nicht befugt (oder gar verpflichtet), zur Herstellung der Spruchreife eine eigene Vergleichsraumbildung vorzunehmen oder ein schlüssiges Konzept zu erstellen.[286]

Das **Erfordernis eines schlüssigen Konzepts** erstreckt sich auch auf **Binnendifferenzie** **55** **rungen** und steht wegen der ansonsten sachwidrigen Bevorzugung von Leistungsempfängern in Neubauwohnungen einer Staffelung der Obergrenzen nach Baualtersklassen, die an die konkret genutzte Unterkunft anknüpfen, entgegen.[287] Auch bei der Heranziehung der Daten eines qualifizierten Mietspiegels ist eine Beschränkung allein auf Daten bestimmter Baualtersklassen grundsätzlich nicht zulässig,[288] weil nicht gewährleistet ist, dass Wohnungen einer bestimmten Baualtersklasse auch in hinreichendem Umfange zur Verfügung stehen.[289]

Grundsätzlich keinen geeigneten Maßstab für die Angemessenheit der Kosten der Un **56** terkunft bilden die nunmehr nur noch nach Gemeindeklassen und Zahl der Haushaltsmitglieder differenzierenden **Werte der Tabelle zu § 12 WoGG**.[290] Sie erlauben allenfalls eine Annäherung an die Angemessenheit der Aufwendungen; bereits nach der Rechtsprechung des BVerwG[291] waren sie zur Ermittlung der Angemessenheit schon deswegen nicht heranzuziehen, weil das pauschalierende Wohngeldrecht nicht auf den notwendigen Bedarf begrenzt ist.[292] Ein Rückgriff auf die Tabellenwerte kommt durch die Rechtsprechung indes weiterhin – hilfsweise[293] – in Betracht, wenn der Leistungsträger kein (tragfähiges) schlüssiges Konzept zur Ermittlung eines Quadratmeterpreises für Wohnungen einfachen Standards vorgelegt hat und nach Ausschöpfung aller Ermittlungsmöglichkeiten des Gerichts und des Leistungsträgers weitere Erkenntnismöglichkeiten zu den angemessenen Kosten der Unterkunft fehlen; es sind dann grundsätzlich die tatsächlichen Unterkunftskosten zu übernehmen, allerdings nur bis zur Höhe der

---

283 BSG 12.12.2017 – B 4 AS 33/16 R, SozR 4–4200 § 22 Nr. 93 (dazu Baufeld Sozialrecht aktuell 2018, 169; Straßfeld SGb 2018, 754); zur „Inflationierung" während des Zweijahreszeitraums mit dem Mietpreisindex im Verbraucherpreisindex s. SächsLSG 14.9.2018 – L 7 AS 1167/15.
284 AA Luik in: Eicher/Luik SGB II § 22 Rn. 91 (gerichtliche Verfahrenskontrolle zur Sicherung der „Folgerichtigkeit").
285 SG Leipzig 2.7.2007 – S 19 AS 658/07 ER; HessLSG 1.11.2010 – L 6 441/10 B ER.
286 BSG 30.1.2019 – B 14 AS 12/18 R; 30.1.2019 – B 14 AS 24/18 R.
287 BayLSG 16.10.2008 – L 11 AS 337/06.
288 BSG 19.2.2009 – B 4 AS 30/08 R, SozR 4–4200 § 22 Nr. 19.
289 BSG 19.10.2010 – B 14 AS 2/10 R.
290 BSG 18.6.2008 – B 14/7 b AS 44/06 R, FEVS 60, 145.
291 BVerwG 31.8.2004 – 5 C 8.04, NJW 2005, 310.
292 BSG 7.11.2006 – B 7 b AS 18/06 R, FEVS 58, 271; sa HessLSG 13.12.2005 – L 9 AS 48/05 ER; 27.12.2005 – L 9 AS 89/05 ER.
293 LSG Nds-Brem 26.5.2014 – L 11 AS 1343/13 B ER, NdsPpfl 2015, 141 (kein Wahlrecht des Leistungsträgers, ob er ein schlüssiges Konzept erstellt oder anhand der Tabellenwerte nach § 12 WoGG entscheidet).

durch einen Zuschlag maßvoll erhöhten Tabellenwerte[294] nach § 12 WoGG (nF),[295] und zwar auch nach Aktualisierung der Tabellenwerte.[296] Diese hilfsweise Heranziehung der Tabellenwerte als **„prozessualer Notbehelf"** eröffnet der zur Verfahrensbeendigung verpflichteten Rechtsprechung lediglich die Möglichkeit zur einzelfallbezogenen Entscheidung; der Grundsicherungsträger bleibt gehalten, dem Gericht eine möglichst zuverlässige Entscheidungsgrundlage zu verschaffen und ggf. eine unterbliebene Datenerhebung und -aufbereitung nachzuholen.[297] Auch sonst bleibt die Pflicht der Grundsicherungs- bzw. Sozialhilfeträger zur systematischen Ermittlung und Bewertung der für die Angemessenheit erforderlichen Tatsachen. Der hilfsweise Rückgriff bei der Angemessenheitssatzung (§ 22 c Abs. 1 S. 2) ist daher verfehlt.[298] Der hilfsweise Rückgriff auf die Tabellenwerte ist insbes. nicht schon statthaft, wenn ein qualifizierter Mietspiegel iSd §§ 558 c, 558 d BGB nicht vorhanden ist.[299] In der Praxis werden die Tabellenwerte gleichwohl weiterhin als Orientierungsgröße herangezogen;[300] dann wird regelmäßig auch eine „Justierung" anhand der sonstigen, zum örtlichen Wohnungsmarkt verfügbaren Informationen erfolgen müssen.

57 In der Regel zuverlässigeren Aufschluss über die aktuelle örtliche Wohnungsmarktlage geben die periodisch fortzuschreibenden (qualifizierten) Mietspiegel (§§ 558 c, d BGB)[301] oder **Mietdatenbanken** (§ 558 e BGB),[302] deren räumlicher Erfassungsbereich indes nicht mit dem Zuständigkeitsbereich des Grundsicherungs- oder Sozialhilfeträgers übereinstimmen muss. Auch Mietspiegel und -datenbanken bedürfen indes der Interpretation und Überprüfung ihrer Aussagekraft, weil sie in der Regel keinen Aufschluss über die Verteilung des vorhandenen Wohnungsbestandes auf die im Mietspiegel ausgewiesenen Teilklassen und deren Erreichbarkeit für Leistungsberechtigte zulassen.[303] Diese Zusatzinformationen sind indes für die Beurteilung nötig, ob im qualitativen Angemessenheitsbereich auch tatsächlich hinreichender Wohnraum für die Versorgung aller Leistungsberechtigten vorhanden ist. Bei einem weitgehend ausdifferenzierten Tabellenmietspiegel darf der Angemessenheitswert daher auch nicht durch Bildung eines arithmetischen Mittelwerts aus den Werten der Rasterfelder gebildet werden.[304] Bei Rückgriff auf die Daten zu einem Mietspiegel gründet die Angemessenheitsgrenze bei Übernahme auch der Differenzierungen nach Baualtersklassen nicht auf einem schlüssigen Konzept.[305]

58 Liegen keine entsprechenden Mietspiegel oder -datenbanken vor, ist es Sache des Leistungsträgers, den angemessenen Quadratmeterpreis für Wohnraum durch eigene Datenerhebung zu ermitteln. Zumindest Grundsicherungsträger haben „zu erwägen", eigene,

---

294 Bei Wohnortgemeinde ohne eigene Mietenstufe ist die heranzuziehende Mietenstufe nach Maßgabe der örtlichen Gegebenheiten zu bestimmen; s. BSG 16.6.2015 – B 4 AS 44/14 R, SozR 4–4200 § 22 Nr. 85; LSG BW 6.12.2018 – L 7 AS 4457/16.

295 BSG 20.8.2009 – B 14 AS 65/08 R, SozR 4–4200 § 22 Nr. 26; 17.12.2009 – B 4 AS 50/09 R, SozR 4–4200 § 22 Nr. 29; 19.10.2010 – B 14 AS 15/09 R; 22.3.2012 – B 4 AS 16/11 R, SozR 4–4200 § 22 Nr. 59; krit. zum Zuschlag Nippen ZfSH/SGB 2012, 444.

296 BSG 12.12.2013 – B 4 AS 87/12 R, SozR 4–4200 § 22 Nr. 73; 30.1.2019 – B 14 AS 41/18 R.

297 BSG 2.7.2009 – B 14 AS 33/08 R, SozR 4–4200 § 22 Nr. 25; 22.9.2009 – B 4 AS 18/09 R, SozR 4–4200 § 22 Nr. 30; B 4 AS 27/09 R, SozR 4–4200 § 22 Nr. 27.

298 Sa Berlit in: LPK-SGB II § 22 c Rn. 14 ff.

299 BSG 18.6.2008 – B 14/7 b AS 44/06 R, FEVS 60, 145; 2.7.2009 – B 14 AS 33/08 R, SozR 4–4200 § 22 Nr. 25.

300 S. etwa SchlHLSG 1.7.2008 – L 11 AS 38/07; 13.11.2008 – L 11 B 519/08 AS ER; LSG Nds-Brem 11.3.2008 – L 7 AS 332/07, NZM 2008, 691.

301 BayLSG 11.7.2012 – L 16 AS 127/10 (Mietspiegel München).

302 S. etwa BSG 22.9.2009 – B 4 AS 18/09 R, SozR 4–4200 § 22 Nr. 30; 19.10.2010 – B 14 AS 65/09 R; 19.10.2010 – B 14 AS 15/09 R.

303 Sa Gautzsch NZM 2011, 497 (505 f.); von Malottki info also 2012, 99.

304 BSG 19.10.2010 – B 14 AS 2/10 R; B 14 AS 50/10 R, SozR 4–4200 § 22 Nr. 42; B 14 AS 65/09 R.

305 BayLSG 16.10.2008 – L 11 AS 337/06.

grundsicherungsrelevante Mietspiegel oder Tabellen zu erstellen[306] und auf empirischer Basis tragfähige Tabellen bzw. Mietspiegel zu erstellen.[307] Von dem Leistungträger selbst erstellte Mietspiegel oder Tabellen müssen methodischen Mindestanforderungen genügen.[308] Namentlich muss die Datenbasis hinreichend breit,[309] differenziert (zB nach Wohnungsgrößen, ggf. Vermietergruppen, Lagen) und – durch kontinuierliche Fortschreibung bzw. Kontrolle – hinreichend aktuell sein und zwischen Bestands- und Angebots- bzw. Zugangsmieten unterscheiden.[310] Dies umfasst ua die systematische Dokumentation und Auswertung der örtlichen Anzeigenblätter über einen längeren Zeitraum.[311] Bei der Auswertung auch von Bestandsmieten sind der Anmietzeitpunkt festzuhalten und sicherzustellen, dass veraltete Daten oder solche zu atypischen bzw. sonst nicht aussagekräftigen Mietverhältnissen nicht in die Bewertung einfließen. Neben dem Bestand ist das aktuelle Wohnungsangebot mit in den Blick zu nehmen und in Verhältnis zu der anzunehmenden Nachfrage, insbesondere der Zahl der Absenkungsverlangen zu setzen. Datenquellen und Modalitäten des Erhebungsverfahrens und Kriterien der Auswertung sind nachvollziehbar zu dokumentieren. Ungenügend ist jedenfalls eine sporadische Auswertung von Zeitungsanzeigen oder Internetquellen.[312]

Denselben Anforderungen muss die Ermittlung der Angemessenheit durch ein **Sachverständigengutachten** entsprechen, bei der neben der Entwicklung der Bestands- und Zugangsmieten die Verfügbarkeit kostenangemessener, bedarfsdeckender Unterkünfte methodisch schlüssig und sachlich aussagekräftig aufzubereiten ist. 59

4. Insbesondere: Abgrenzung örtlicher Wohnungsmarkt (Vergleichsraumbildung)

Der für die Angemessenheitsbetrachtung relevante „örtliche Wohnungsmarkt" wird 60 grundsätzlich bestimmt durch den **Ort des gewöhnlichen Aufenthalts des Leistungsberechtigten**.[313] Dies ist nicht notwendig die politische Gemeinde. Im kreisangehörigen Raum wird die Ausdehnung des relevanten „örtlichen" Wohnungsmarktes durch den örtlichen Zuständigkeitsbereich des zuständigen Trägers jedenfalls begrenzt.[314] Die Unterkunftskosten am Ort des gewöhnlichen Aufenthalts können nicht deswegen unangemessen hoch sein, weil im Zuständigkeitsbereich anderer Sozialhilfeträger kostengünstigerer Wohnraum verfügbar ist.[315] Der räumliche Vergleichsmaßstab kann im Hinblick auf die Größe des Wohnortes des Leistungsberechtigten durchaus unterschiedlich sein – je nachdem, ob es sich um einen ländlichen Raum oder ein Ballungszentrum handelt. Bei einer Stadt mit rund 163.000 Einwohnern kommt als Vergleichsraum zur Ermittlung des angemessenen Mietpreises durchaus noch das gesamte Stadtgebiet in Betracht.[316] Für die Festlegung des räumlichen Vergleichsmaßstabes entscheidend ist die Bildung ausreichend großer Räume der Wohnbebauung, die aufgrund ihrer räumlichen

---

306 LSG RhPf 10.6.2008 – L 3 AS 41/06; sa BSG 7.11.2006 – B 7 b AS 18/06 R, FEVS 58, 271.
307 LSG BW 6.9.2007 – L 7 AS 4008/07 ER-B.
308 LSG RhPf 10.6.2008 – L 3 AS 41/06; HessLSG 12.3.2007 – L 9 AS 260/06; LSG Nds-Brem 11.3.2008 – L 7 AS 332/07, NZM 2008, 691; Butzer/Keller NZS 2009, 65; Keller NDV 2009, 51; Keller ArchSozArb 2010, 44.
309 BSG 18.6.2008 – B 14/7 b AS 44/06 R, FEVS 60, 145: 10 v.H. des regional in Betracht zu ziehenden Mietwohnungsbestandes; LSG Nds-Brem 11.12.2008 – L 13 AS 210/08: 5,66 v.H. des Wohnungsbestandes können ausreichend sein.
310 S. Keller NDV 2009, 51; LSG Nds-Brem 11.12.2008 – L 13 AS 210/08.
311 LSG BW 17.7.2008 – L 7 AS 1797/08.
312 LSG BW 6.9.2007 – L 7 AS 4008/07 ER-B.
313 BSG 7.11.2006 – B 7 b AS 10/06 R, FEVS 58, 248; 7.11.2006 – B 7 b AS 18/06 R, FEVS 58, 271.
314 Schmidt NVwZ 1995, 1041 (1044).
315 Sa Schmidt NVwZ 1995, 1041 (1044).
316 BSG 18.6.2008 – B 14/7 b AS 44/06 R, FEVS 60, 145; sa LSG Nds-Brem 11.12.2008 – L 13 AS 210/08 (knapp 100.000 Einwohner); Namgalies SchlHA 2008, 388 f.; Knickrehm/Voelzke 2009 (Lit.), 16 f.; Klerks NZS 2008, 627 f.

Nähe zueinander, ihrer Infrastruktur und insbesondere ihrer verkehrstechnischen Verbundenheit einen insgesamt **homogenen Lebens- und Wohnbereich** bilden;[317] für die Erreichbarkeit und die verkehrliche Erschließung mit öffentlichen Verkehrsmitteln sind neben der Netzstruktur die Fahrtzeiten ein Kriterium; eine hinreichende Verbundenheit besteht bei Fahrtzeiten, wie sie nach § 121 Abs. 4 S. 2 SGB III auch berufstätigen Pendlern zugemutet werden.[318] Hiernach kann auch das gesamte Stadtgebiet einer Großstadt wie München[319] oder Berlin[320] ein Vergleichsgebiet bilden. Eine differenzierende Angemessenheitsbestimmung im Zuständigkeitsbereich eines Leistungsträgers nach Maßgabe einer Clusterbildung, die Teilgebiete nach welchen Kriterien auch vergleichbarer Struktur unabhängig von ihrem räumlichen Zusammenhang einer bestimmten Mietpreisstufe zuweist (Bildung von Wohnungsmarkttypen), war bereits mit der bisherigen BSG-Rechtsprechung unvereinbar;[321] sie wäre allenfalls rechtfertigungsfähig gewesen, wenn die Identität von Vergleichs- und Verweisungsraum aufgegeben und für die Kostendeckelung bei Umzug (§ 22 Abs. 1 S. 2 SGB II) auf das Gebiet des jeweiligen Teilclusters, nicht alle derselben Mietpreisstufe zugeordnete Gebiete im Vergleichsraum abgestellt wird.[322] Das BSG[323] hat inzwischen klargestellt, dass nicht das Gebiet einer Gebietskörperschaft als Vergleichsraum herangezogen werden kann, wenn innerhalb dieses Vergleichsraums die Städte und Gemeinden in mehrere Wohnungsmarkttypen mit unterschiedlichen Angemessenheitsgrenzen aufgeteilt werden, die sich nicht an die Voraussetzungen für die Vergleichsraumbildung halten.

61 Die für die Angemessenheitsbetrachtung maßgeblichen „örtlichen Verhältnisse" können bei Grundsicherungs- bzw. Sozialhilfeträgern namentlich mit räumlich großem Zuständigkeitsbereich oder intern stark gegliederter Siedlungsstruktur durch klar voneinander abgegrenzte **Teilwohnungsmärkte** mit deutlich unterschiedlichem Mietniveau gekennzeichnet sein, etwa in Flächenlandkreisen zwischen der Kreisstadt und dem Umland. Bedarfsdeckungsgrundsatz und Faktizitätsprinzip gebieten für diese Fälle, jedenfalls in Bestandsfällen auf die Teilwohnungsmarktverhältnisse des tatsächlichen Wohnortes abzustellen[324] und den Leistungsberechtigten nicht einen Umzug in Bereiche mit niedrigerem Mietniveau abzuverlangen. Kann sich am Wohnort des Leistungsberechtigten aufgrund der Größe kein eigenständiger Wohnungsmarkt bilden, kann der „örtliche Wohnungsmarkt" die im Umkreis von 10–20 km gelegenen Nachbargemeinden umfassen, die nach Lage, Größe und Struktur der Wohnortgemeinde vergleichbar sind.[325]

IV. Angemessenheitssatzung und Pauschalierung

1. Angemessenheitssatzung (§§ 22 a bis c SGB II)

a) Allgemeines (§§ 22 a bis c SGB II)

62 Als Reaktion auf die Schwierigkeiten, die jeweiligen regionalen Besonderheiten des Wohnungsmarktes transparent abzubilden, und die Streitanfälligkeit der Unterkunftskosten sehen §§ 22 a bis c SGB II vor, dass die Länder ihre Kommunen ermächtigen

---

317 BSG 19.2.2009 – B 4 AS 30/08 R, SozR 4–4200 § 22 Nr. 19; 18.2.2010 – B 14 AS 73/08 R, SozR 4–4200 § 22 Nr. 34; bestätigt durch BSG 30.1.2019 – B 14 AS 41/18 R, ua.
318 BSG 19.10.2010 – B 14 AS 2/10 R (Berlin).
319 BSG 19.2.2009 – B 4 AS 30/08 R, SozR 4–4200 § 22 Nr. 19.
320 BSG 19.10.2010 – B 14 AS 2/10 R; zu weiteren Städten s. Boerner in: Löns/Herold-Tews (Hrsg.), SGB II, 3. Aufl., § 22 Rn. 32.
321 s. aber LSG LSA 24.4.2018 – L 5 AS 408/17 (aufgehoben durch BSG 30.1.2019 – B 14 AS 24/18 R).
322 Berlit info also 2017, 195 (197 f.); sa LSG NRW 16.8.2018 – L 19 AS 2334/17.
323 BSG 30.1.2019 – B 14 AS 41/18 R.
324 HessLSG 13.12.2005 – L 9 AS 48/05 ER; 24.4.2006 – L 9 AS 99/05 ER.
325 LSG BW 17.7.2008 – 7 AS 1797/08; HessLSG 23.7.2007 – L 9 AS 91/06 ER; sa Namgalies SchlHA 2008, 389 f.

können, die **Angemessenheit der Aufwendungen** für Unterkunft und Heizung **durch kommunale Satzung** zu regeln, die bei Erlass nach Maßgabe des § 35 a SGB XII auch für die Leistungsgewährung im SGB XII gilt. Postuliertes Ziel der §§ 22 a bis 22 c ist eine transparente, rechtssichere, demokratisch legitimierte Ausgestaltung der Regelungen zu den Kosten der Unterkunft und Heizung, die zugleich auch Akzeptanz in der örtlichen Gemeinschaft findet.[326] Diese Erwartungen haben sich nicht erfüllt; die Regelungen sind bislang praktisch kaum umgesetzt worden.[327]

§ 22 a enthält die **Ermächtigung**, durch **formelles Landesgesetz**[328] die Kommunen zum **63** Erlass einer die Angemessenheit von Unterkunfts- und Heizkosten oder diese Bedarfe pauschalierenden Satzung zu ermächtigen oder zu verpflichten, hierfür einen Zustimmungsvorbehalt einzuführen und – in den Stadtstaaten – eine andere Rechtsform[329] zu wählen; ergänzt wird diese Ermächtigung durch Rahmenvorgaben für die Bestimmung der Angemessenheit der Aufwendungen. § 22 b regelt für die Satzung **Mindestinhalte**, nennt Möglichkeiten für eine ausdifferenzierte Regelung von Unterkunfts- und Heizkosten (einschließlich Sonderregelungen für bestimmte Personenkreise) und fordert für die Satzung eine näher qualifizierte Begründung. § 22 c schließlich regelt die **Datengrundlage** (Datenerhebung, -auswertung und -überprüfung) sowie die periodische Fortschreibung der Werte. Außerhalb des SGB II wird die Satzungsregelung flankiert durch ein **Normenkontrollverfahren** zum LSG (§ 55 a SGG), in dem nach dem Vorbild des § 47 VwGO die Gültigkeit von Satzungen oder anderen, im Rang unter dem Landesgesetz stehenden Rechtsvorschriften nach § 22 a SGB II und den hierzu ergangenen Landesgesetzen auf Antrag einer natürlichen Person überprüft werden kann.[330]

b) Verfassungsgemäßheit der Satzungsermächtigung

Das **Recht auf kommunale Selbstverwaltung** (Art. 28 Abs. 1, 2 GG) wird durch den **64** Rahmen, der bundesgesetzlich für eine landesgesetzlich eröffnete Satzungsregelung gezogen wird, berührt, aber nicht verletzt. Auch die landesgesetzliche Ermächtigung zum Erlass einer Angemessenheitssatzung berührt das Recht auf kommunale Selbstverwaltung nicht. Problematisch wäre eine Verpflichtung zur Satzungsregelung, die wegen der mit ihr verbundenen Ermittlungs- und Begründungspflicht sowie der Verlagerung der Entscheidungsbefugnis zwischen den Organen der Kommunen einen erheblichen Eingriff in das Recht auf kommunale Selbstverwaltung bewirkte, der nicht durch hinreichend gewichtige Gründe gerechtfertigt wäre.

Die Satzungsermächtigung als solche berührt auch nicht das **Grundrecht auf ein men- 65 schenwürdiges Existenzminimum**, das auch die Deckung der Bedarfe für Unterkunft und Heizung[331] umschließt. Die Einstands- und Gewährleistungsverpflichtung des Bundesgesetzgebers lässt aber keinen Raum für eine Auslegung, die den Kommunen einen

326 S. Luik 2012 (Lit.); zum Ansatz auch Groth SGb 2009, 644; Köpp Der Landkreis 2012, 47; Mutschler NZS 2011, 481; krit. Klerks info also 2011, 195; Putz SozSich 2011, 232: sa DV, Empfehlungen zur Ausführung einer Satzungsermächtigung bei den Kosten der Unterkunft und Heizung im SGB II und SGB XII, NDV 2011, 349; Wettlaufer 2013 (Lit.).
327 Wettlaufer 2013 (Lit.), 221 (244 ff.).
328 Ermächtigungsgesetze haben bislang erlassen Hessen (§ 4 a des Hessischen OFFENSIV-Gesetzes vom 20.12.2004, geändert durch Art. 1 des Gesetzes vom 10.6.2011 – GVBl. I, 302), Berlin (§ 8 des Gesetzes zur Ausführung des Zweiten Buches Sozialgesetzbuch vom 15.12.2010, zuletzt geändert durch Art. IV des Gesetzes vom 13.7.2011 – GVBl. I, 344) und Schleswig-Holstein (§ 2 AG-SGB II/BKKG vom 27.5.2011, geändert durch Gesetz vom 27.4.2012, GVOBl. Schl.-H. S. 509); zur weiteren Umsetzung (Stand: September 2011) Klerks info also 2011, 195; Wettlaufer 2013 (Lit.).
329 ZB die Rechtsverordnung; s. dazu die Verordnung zur Bestimmung der Höhe der angemessenen Aufwendungen für Unterkunft und Heizung nach dem Zweiten und Zwölften Buch Sozialgesetzbuch (Wohnaufwendungenverordnung – WAV) des Landes Berlin vom 3.4.2012, GVBl. 2012, 99; dazu BSG 4.6.2014 – B 14 AS 53/13 R, SozR 4–4200 § 22 a Nr. 2.
330 Luik ZfSH/SGB 2013, 683; Axer SGb 2013, 669.
331 BVerfG 9.2.2010 – 1 BvL 1/09 ua, BVerfGE 125, 175 (Rn. 135).

von gerichtlicher Überprüfung befreiten Bestimmungs-, Entscheidungs-, Festlegungs- oder Beurteilungsspielraum eröffnet, der durch den Rechtssatz „Satzung" durch das demokratisch legitimierte kommunale Vertretungsorgan ausgefüllt werden kann. Die Kommunen haben einen **Feststellungs- und Regelungsauftrag, keinen Konkretisierungs- oder Gestaltungsauftrag.**[332]

66 Die Ermächtigung des Landesgesetzgebers (§ 22 Abs. 1 S. 1 und 2 SGB II) ist auf die Öffnung der Satzungsform für die Kommunen und ergänzende kommunal(verfassungs)rechtliche Verfahrensregelungen, zB die entsprechende Anwendung kommunalrechtlicher Fehlerheilungsvorschriften, beschränkt. §§ 22 a bis 22 c sind eine bundeseinheitliche **Regelung des Verwaltungsverfahrens** ohne Abweichungsmöglichkeit iSd Art. 84 Abs. 1 S. 5 GG. Der Landesgesetzgeber darf die bundesgesetzlichen Rahmenvorgaben für die Satzungsgestaltung oder die Ermittlungs- und Begründungsanforderungen nicht erweitern, einschränken oder sonst verändern. Die **Sonderregelungen für die Stadtstaaten** (§ 22 a Abs. 1 S. 3 und 4 SGB II) berücksichtigen, dass in den Ländern Berlin und Hamburg kein Raum für kommunale Satzungsautonomie ist und Bremen staatsrechtliche Besonderheiten aufweist.

c) Allgemeine Bestimmungsgrundsätze für Angemessenheit

67 Die Satzung über die Angemessenheit hat sich für die Bestimmung der angemessenen Aufwendungen an den **Verhältnissen des einfachen Standards auf dem örtlichen Wohnungsmarkt** zu orientieren (§ 22 a Abs. 3 S. 1 SGB II): Dies entspricht der gefestigten BSG-Rechtsprechung zu den grundsicherungsrechtlich anzuerkennenden Wohnstandards (→ Rn. 45 ff.) und unterstreicht, dass jenseits bestimmter Mindestanforderungen, die an eine menschenwürdige Unterkunft zu stellen sind, die Wohnstandards relativ zu bestimmen und an den Standards des unteren Marktsegments zu orientieren sind.

68 Die Regelungen zu den als angemessen zu übernehmenden Aufwendungen für Unterkunft und Heizung können **Auswirkungen auf den örtlichen Wohnungsmarkt** haben, deren Art und Intensität ua von der Lage auf dem jeweils örtlichen Wohnungsmarkt, der „Großzügigkeit" bzw. „Rigidität" der Angemessenheitsgrenze und der Konsequenz, mit der sie durchgesetzt wird, abhängen.[333] Der kommunale Satzungsgeber soll diese Auswirkungen insbes. berücksichtigen hinsichtlich des Mietzinsniveaus (Vermeidung preistreibender Wirkungen), der Verfügbarkeit einfachen Wohnraums, der Zusammensetzung der Anbieter sowie der Schaffung und Erhaltung sozial ausgeglichener Bewohnerstrukturen (§ 22 a Abs. 3 S. 2 SGB II). Als Programmsätze, die bei der Rechtsetzung und -auslegung zu beachten sind,[334] sind Direktionswirkung und normativer Aussagegehalt im Detail unklar, zumal keine Vorgaben für die Bewältigung von Zielkonflikten gemacht werden.[335] Auch diese Berücksichtigungsvorgaben bleiben bezogen auf die Sicherung eines menschenwürdigen Existenzminimums; das im Ansatz berechtigte Ziel, mietpreistreibende Wirkungen zu vermeiden, hat hinter dem Gebot der Bedarfsdeckung zurückzutreten und gestattet es nicht, im Interesse preisdämpfender Effekte die Angemessenheitsgrenze im unteren Bereich des einfachen Marktsegments festzusetzen, wenn damit nicht nur im Einzelfall eine Bedarfsdeckung ausgeschlossen wird.

69 Die **Schaffung und Erhaltung sozial ausgeglichener Bewohnerstrukturen** (§ 22 a Abs. 3 S. 2 Nr. 4 SGB II) soll einer ausgrenzenden Konzentration von Leistungsberechtigten in bestimmten Stadtteilen, Straßenzügen oder Gebäudekomplexen entgegenwirken und

---

332 Klerks info also 2011, 195 (201 f.); Berlit in: LPK-SGB II § 22 a Rn. 6 ff.; aA Groth SGb 2009, 644; jurisPR-SozR 12/2010 Anm. 2.
333 BMVBS/BBSR 2009 (Lit.).
334 BT-Drs. 17/3404, 100.
335 S. Berlit in: LPK-SGB II § 22 a Rn. 26 ff.

dient der **Vermeidung von Segregation und Ghettoisierung.**[336] Er gestattet **keine nach Wohnvierteln** innerhalb eines Vergleichsraums differenzierenden **Angemessenheitsgrenzen,** sondern kann nur bei der Bestimmung der Angemessenheit selbst Berücksichtigung finden. Er steht auch einer zu kleinen Bemessung der Vergleichsräume innerhalb des örtlichen Zuständigkeitsbereichs eines kommunalen Leistungsträgers oder der Konzentration auf bestimmte Bezirke oder Ortsteile mit besonders verdichteter Bebauung und damit vorwiegend günstigem Wohnraum entgegen.[337]

d) Inhalt der Angemessenheitssatzung

Der Bundesgesetzgeber hat für den Inhalt der Satzung bestimmte **Mindestregelungen** 70 zwingend vorgegeben (Bestimmung der als angemessen anzuerkennenden Wohnfläche sowie der Höhe der als angemessen anerkannten Aufwendungen [§ 22 b Abs. 1 S. 1 SGB II]; Sonderregelungen für Personen mit einem besonderen Bedarf [§ 22 b Abs. 3 SGB II]) und innerhalb der Rahmen- und Mindestvorgaben für die Angemessenheitssatzung **Bestimmungsmöglichkeiten** geschaffen, durch die von der Rechtsprechung des BSG abweichende Gestaltungsmöglichkeiten (zB Bruttowarmmiete) eröffnet werden sollen.[338] Diese begrenzten Bestimmungsmöglichkeiten weisen dem kommunalen Satzungsgeber nicht generell einen **Gestaltungsspielraum oder eine Einschätzungsprärogative** zu. Konsequenz der Abweichungsbefugnis ist eine **Aufspaltung** des bislang einheitlichen unbestimmten **Rechtsbegriffs der Angemessenheit,**[339] dessen Reichweite durch die fortbestehende Bindung an das Bedarfsdeckungsgebot begrenzt bleibt.[340] Der bei der Bedarfsbestimmung einzuräumende **Ermittlungs- und Feststellungsauftrag** geht qualitativ nicht über das hinaus, was im Rahmen des „schlüssigen Konzepts" anzuerkennen ist.

Die **Differenzierungsmöglichkeiten,** die neben den zwingenden Satzungsregelungen er- 71 öffnet sind, regeln **abschließend** die Handlungsmöglichkeiten bei der Satzungsgestaltung, soweit die Abweichung von dem allgemeinen Angemessenheitsbegriff (§ 22 Abs. 1 SGB II) betroffen ist. Die kommunale Satzungsgewalt ist insoweit kraft Bundesrechts materiellrechtlich gebunden.

Die Bestimmung der nach der Struktur des örtlichen Wohnungsmarktes als angemessen 72 anzuerkennenden **Wohnfläche** (§ 22 b Abs. 1 S. 1 Nr. 1 SGB II) zielt auf Absenkung der nach der Rechtsprechung maßgebenden Regelungen der landesrechtlichen Wohnraumförderung jedenfalls in Ballungsräumen, in denen die von Personen im Niedrigeinkommensbereich bewohnten Wohnungen durchschnittlich kleiner sein sollen als die Werte der aktuellen maßgebenden Regelungen der Wohnungsbauförderung. Eine von den Vorgaben des Wohnungsbauförderungsrechts abweichende Festsetzung erfordert allerdings belastbare[341] Daten zur Struktur des örtlichen Wohnungsmarktes im Niedrigeinkommensbereich;[342] fehlen sie, sind weiterhin die landesrechtlichen Wohnraumförderbestimmungen zu Grunde zu legen.

Wegen der Abhängigkeit der Aufwendungen vom individuellen Verbrauch, der Beschaf- 73 fenheit der Unterkunft, den schwankenden Energiepreisen sowie den Witterungsverhältnissen lediglich optionaler Regelungsgegenstand sind die **Heizkosten.** Statt eines auf die Aufwendungen bezogenen Ergebniswertes kann der Satzungsgeber auch einen als angemessen anzuerkennenden **Verbrauchswert** festlegen, der an die für eine zur Beheizung

336 DV NDV 2008, 312.
337 BSG 19.10.2010 – B 14 AS 2/10 R.
338 BT-Drs. 17/3404, 101.
339 Kofner WuM 2011, 71.
340 Sa Knickrehm Sozialrecht aktuell 2011, 125.
341 Zu den Anforderungen s. Berlit in: LPK-SGB II, 6. Aufl. 2017, § 22 b Rn. 10.
342 So auch BT-Drs. 17/3404, 101.

einer bestimmten Maßeinheit (Quadratmeter/Kubikmeter) als angemessen anzuerkennenden Energiemenge anknüpft, wie es auch die von der Rechtsprechung herangezogenen[343] (bundesweiten oder kommunalen) Heizspiegel machen. Für den Verbrauchswert ist zu berücksichtigen, dass SGB II-Leistungsempfänger typischerweise auf älteren Wohnraum mit einem unterdurchschnittlichen Energiestandard verwiesen werden.[344]

74 Eine **Aufweichung der Produkttheorie** unter Rückkehr zur modifizierten Kombinationstheorie bewirkt auf den ersten Blick die dem Satzungsgeber eröffnete Möglichkeit, neben einer Gesamtangemessenheitsgrenze auch eine **Quadratmeterhöchstmiete** zu bilden (§ 22 b Abs. 1 S. 3 SGB II). Dieser erst während der Ausschussberatungen[345] eingefügten Regelung geht es indes lediglich darum, den Kommunen die Möglichkeit einzuräumen, im Rahmen und unter grundsätzlicher Anwendung der Produkttheorie eine weitere, auf Quadratmeter bezogene Höchstgrenze vorzusehen, um **überhöhte Quadratmetermieten** zu verhindern; für flächenmäßig sehr kleine Wohnungen soll eine Deckelung der Mietpreise erreicht werden, wenn – gemessen am Mietniveau – weit überdurchschnittliche Quadratmeterpreise verlangt werden.[346]

75 Die Zulassung einer Gesamtangemessenheitsgrenze soll eine Abweichung von der – inzwischen durch § 22 Abs. 10 SGB II „korrigierten" – Rechtsprechung des BSG[347] ermöglichen, nach der die Angemessenheit der Heizkosten unabhängig von der Angemessenheit der Kosten der Unterkunft zu beurteilen und eine Gesamtangemessenheitsgrenze (**Bruttowarmmiete**) nicht zulässig ist.[348] Diese „Bruttowarmmiete" (Gesamtangemessenheitsgrenze) ist unter Berücksichtigung der in § 22 b Abs. 1 S. 1 und 2 SGB II genannten Werte zu bilden, die daher zunächst isoliert zu bestimmen und vom Satzungsgeber in der Satzung selbst tatsächlich festzusetzen sind. Die Gesamtangemessenheitsgrenze darf von der Addition der Einzelwerte abweichen, solange dadurch die Deckung des angemessenen Unterkunfts- und Heizungsbedarfs nicht gefährdet wird. Die Ermächtigung erlaubt auch, es bei Einzelwerten für die Angemessenheit für Unterkunft einerseits, Heizung andererseits zu belassen, aber innerhalb in der Satzung näher zu bezeichnenden Grenzen im Einzelfall einen **Ausgleich zwischen beiden Kostenarten** zuzulassen, zB um die mietpreissteigernden Wirkungen der aus ökologischen Gründen gewollten energetischen Gebäudesanierung (sa § 2 Abs. 1 EKFG) zu bewältigen.

76 Bei der **Bildung mehrerer Vergleichsräume** mit jeweils eigener Angemessenheitsgrenze innerhalb eines örtlichen Zuständigkeitsbereichs (§ 22 b Abs. 1 S. 4 SGB II) geht es um die „treffsicherere" Berücksichtigung der Strukturen des örtlichen Wohnungsmarktes in Fällen, in denen dieser nicht homogen ist und der Zuständigkeitsbereich **mehrere** klar voneinander abgrenzbare Teilwohnungsmärkte mit deutlich **unterschiedlichem Mietniveau** umfasst. Jeder dieser **Vergleichsräume** muss nach Größe und Binnenstruktur einen in sich geschlossenen, **vollständigen Wohnungsmarkt** bilden, der im relevanten Umfange alle maßgeblichen Teilsegmente umfasst.[349]

77 Für **Personen mit besonderen Bedarfen** für Unterkunft und Heizung soll die Satzung Sonderregelungen treffen (§ 22 b Abs. 3 SGB II); das Gesetz selbst hebt Personen hervor, die wegen einer Behinderung oder wegen der Ausübung ihres Umgangsrechts einen erhöhten Raumbedarf haben. Zulässig sind nur Sonderregelungen, die die für andere Per-

---

343 BSG 2.7.2009 – B 14 AS 36/08 R, SozR 4–4200 § 22 Nr. 23; 20.8.2009 – B 14 AS 65/08 R, SozR 4–4200 § 22 Nr. 26; sa Bremer NZS 2010, 189.
344 BSG 2.7.2009 – B 14 AS 36/08 R, SozR 4–4200 § 22 Nr. 23.
345 BT-Drs. 17/4032, 11; 17/4095, 34.
346 BT-Drs. 17/4095, 34.
347 Seit BSG 2.7.2009 – B 14 AS 36/08 R, SozR 4–4200 § 22 Nr. 23.
348 BT-Drs. 17/3404, 101.
349 BSG 19.2.2009 – B 4 AS 30/08 R, SozR 4–4200 § 22 Nr. 19; 19.10.2010 – B 14 AS 50/10 R, SozR 4–4200 § 22 Nr. 42.

sonenkreise nach Art und Umfang anerkannten Bedarfe aufstocken. Die im Anschluss an vereinzelte Rechtsprechung[350] in der Gesetzesbegründung angesprochene Möglichkeit der Bedarfsabsenkung für Personen mit besonders niedrigen Bedarfen, zB während der Berufsfindungsphase,[351] hat im Gesetzeswortlaut keinen Niederschlag gefunden. Der besondere Bedarf muss sich aus Umständen ergeben, die an der Person des Leistungsberechtigten oder seiner besonderen Lebenssituation anknüpfen, und nach seiner Art geeignet sein, typischerweise einen besonderen Bedarf für Unterkunft und Heizung zu begründen. Dies ist allein wegen des höheren Lebensalters einer Person oder einer besonders langen Wohndauer in einer Unterkunft nicht der Fall, der als sozialer Grund den Verbleib in der bisherigen Unterkunft rechtfertigen kann. Eine Behinderung kann, zB bei Rollstuhlfahrern, einen erhöhten Wohnflächenbedarf auslösen, muss dies aber nicht.[352] Bei der Ausübung des Umgangsrechts kommt ein erhöhter Raumbedarf in Betracht,[353] für dessen Ob und die Bemessung maßgeblich sind der zeitliche Umfang und die Verteilung der Ausübung des Umgangsrechts, das Alter der Kinder, ein etwa individuell erhöhter Raumbedarf des Kindes und die Entfernung zum Haushalt des anderen Elternteils.[354] Höhere Wohnkosten infolge Wahrnehmung des Umgangsrechts stellen einen zusätzlichen Bedarf des umgangsberechtigten Elternteils dar, wenn das Kind seinen Lebensmittelpunkt bei dem anderen Elternteil hat.[355]

e) Datengrundlage der Satzung

Die **Datengrundlagen** für die Bestimmung der angemessenen Aufwendungen beschreibt für die Satzungslösung § 22 c Abs. 1 SGB II. Danach soll der Satzungsgeber Mietspiegel, qualifizierte Mietspiegel und Mietdatenbanken, geeignete statistische Datenerhebungen und -auswertungen oder Erhebungen Dritter einzeln oder kombiniert berücksichtigen. Dies listet ohne weitergehenden dogmatischen Gehalt (und nicht abschließend [„insbesondere"]) die Datengrundlagen auf, die nach der Rechtsprechung des BSG im Rahmen des „schlüssigen Konzepts" heranzuziehen sind,[356] und lässt ungeregelt, unter welchen Voraussetzungen diese Quellen „einzeln oder kombiniert" heranzuziehen sind. **78**

Ziel des Berücksichtigungsgebotes muss es sein, ein möglichst genaues und zuverlässiges Bild der Lage des örtlichen Wohnungsmarktes zu erhalten. Die Daten aus den verfügbaren Datenquellen sind zu beschaffen und auf ihre Aussagekraft zu überprüfen. Ergeben sich in Bezug auf die Datenquelle Einschränkungen oder Zweifel an der Aussagekraft bzw. der Verwertbarkeit, ist zu versuchen, aufgrund der Primärdaten oder durch ergänzende Datenerhebungen diesen Zweifeln nachzugehen und etwaige Einschränkungen aufzuheben. Die Freiheit des kommunalen Trägers bei der Wahl des Verfahrens zur Bestimmung der angemessenen Aufwendungen für die Unterkunft und Heizung setzt voraus, dass die Entscheidung für die Auswahl bestimmter Erkenntnisquellen und das Vorgehen bei der Festlegung der Angemessenheitswerte nachvollziehbar sind. Die Entscheidung über die isolierte oder kombinierte Berücksichtigung der Datenquellen ist eine rechtlich gebundene, in vollem Umfang der gerichtlichen Kontrolle zugängliche Rechtsentscheidung, bei der dem Leistungsträger eine gewisse Einschätzungsprärogative in Bezug auf die tatsächliche Aussagekraft einzelner Datenquellen eingeräumt ist.[357] **79**

---

350 SchlHLSG 9.10.2009 – L 11 B 465/09 AS ER; 21.12.2006 – L 11 B 561/06 AS ER.
351 BT-Drs. 17/3404, 101 f.
352 BayLSG 14.9.2010 – L 11 AS 359/10 B ER, FEVS 62, 414 (kein erhöhter Raumbedarf bei Blindheit).
353 SG Dortmund 28.12.2010 – S 22 AS 5857/10 ER; SG Fulda 27.1.2010 – S 10 AS 53/09.
354 SchlHLSG 4.8.2010 – L 11 AS 105/10 B PKH; LSG NRW 17.6.2008 – L 20 B 225/07 AS ER.
355 BSG 17.2.2016 – B 4 AS 2/15 R, SozR 4–4200 § 22 Nr. 89.
356 BSG 17.12.2009 – B 4 AS 27/09 R, SozR 4–4200 § 22 Nr. 27 (Mietspiegel); 18.6.2008 – B 14/7 b AS 44/06 R, FEVS 60, 145 (private Mietdatenbanken); 18.2.2010 – B 14 AS 73/08 R, SozR 4–4200 § 22 Nr. 34.
357 S. Berlit in: LPK-SGB II § 22 c Rn. 7.

80 Dass die **Höchstbeträge nach § 12 Abs. 1 des Wohngeldgesetzes** (Wohngeldtabelle) lediglich hilfsweise zu berücksichtigen sind (§ 22 c Abs. 1 S. 3 SGB II), entspricht der Rechtsprechung des BVerwG[358] und des BSG,[359] nach der den Werten der Wohngeldtabelle keine bzw. allenfalls geringe Aussagekraft zukommt, sie keine Grundlage eines „schlüssigen Konzepts" bilden[360] und ihre Heranziehung allenfalls in Betracht kommt, wenn alle anderen Erkenntnismöglichkeiten und -mittel ausgeschöpft sind.[361] Wegen der fortbestehenden sachlichen Bedenken gegen ihre Aussagekraft und Tragfähigkeit zieht das BSG sie auch nur heran, um bei Fehlen eines tragfähigen, schlüssigen Konzepts die zu übernehmenden tatsächlichen Aufwendungen zu begrenzen.[362] Ihre Erwähnung als – hilfsweise – Datengrundlage für eine Angemessenheitssatzung ist daher verfehlt. Gemäß der Rechtsprechung des BSG[363] haben bei der Datenerhebung und -auswertung sowohl **Neuvertrags- als auch Bestandsmieten** einzufließen.

81 Die im Rahmen der Satzungslösung festgesetzten **Werte** sind wegen der Dynamik, die auf dem Wohnungsmarkt herrschen kann, **periodisch zu überprüfen und ggf. fortzuschreiben** (§ 22 c Abs. 2 SGB II), um zu gewährleisten, dass es jeweils aktuell möglich ist, mit den bereitgestellten Mitteln den Bedarf an Unterkunft und Heizung angemessen zu decken. Als Überprüfungsturnus ist für die Unterkunftskosten (inkl. „kalte Nebenkosten") ein Zeitraum von zwei Jahren festgelegt, der sich an den Regelungen für Mietspiegel (§ 558 c Abs. 3, § 558 d Abs. 2 BGB) orientiert;[364] für die Heizkosten gilt ein Einjahreszeitraum. Fristbeginn ist der Zeitpunkt, ab dem nach der Angemessenheitssatzung der zu überprüfende Wert anzuwenden ist. Bei nicht fristgerechter Überprüfung entfalten nach Ablauf der Überprüfungsfrist die Werte der Angemessenheitssatzung keine Bindungswirkung mehr, und es sind dann grundsätzlich die tatsächlichen Aufwendungen für Unterkunft und Heizung zu übernehmen.

f) Darlegungs- und Begründungsanforderungen

82 Die materiellen Anforderungen an die Angemessenheitssatzung werden durch besondere **Darlegungs- und Begründungsanforderungen** ergänzt, um mehr Transparenz zu schaffen und die Rationalität im Verfahren zu stärken. Der Satzung ist als deren notwendiger Bestandteil eine Begründung beizufügen, in der darzulegen ist, wie die Angemessenheit der Aufwendungen für Unterkunft und Heizung ermittelt wird (§ 22 b Abs. 2 S. 2 SGB II); in der Begründung sind auch die Methodik der Datenerhebung und -auswertung darzulegen (§ 22 c Abs. 1 S. 4 SGB II). Die Satzung ist mit der Begründung ortsüblich bekannt zu machen (§ 22 b Abs. 2 S. 3 SGB II).

83 Die Begründungspflicht bezieht sich auf die Angemessenheitssatzung selbst. Die **Begründung** ist notwendiger **Teil der Satzung** und mit dieser von dem nach dem Kommunalverfassungsrecht zuständigen Vertretungsorgan (Stadt/Kreistag) zu beschließen. Es ist keine Begründung iSd § 35 SGB X; eine nachträgliche Ergänzung der Begründung oder ihre Nachholung nach § 41 Abs. 1 Nr. 1, Abs. 2 SGB X während des sozialgerichtlichen Verfahrens ist nicht möglich. Erforderlich ist ein neuerlicher Beschluss über die Satzung und ihre Begründung bzw. eine fehlerbereinigende Änderungssatzung.

---

358 BVerwG 31.8.2004 – 5 C 8.04, NJW 2005, 310.
359 BSG 7.11.2006 – B 7 b AS 18/06 R, SozR 4–4200 § 22 Nr. 3; 18.6.2006 – B 14/7 b AS 44/06 R, FEVS 60, 145.
360 BSG 17.12.2009 – B 4 AS 50/09 R, SozR 4–4200 § 22 Nr. 29.
361 BT-Drs. 17/3404, 102.
362 BSG 17.12.2009 – B 4 AS 50/09 R, SozR 4–4200 § 22 Nr. 29.
363 BSG 19.2.2009 – B 4 AS 30/08 R, SozR 4–4200 § 22 Nr. 19; 22.9.2009 – B 4 AS 18/09 R, SozR 4–4200 § 22 Nr. 30.
364 BT-Drs. 17/3404, 102.

Die „Darlegung" der Erwägungen, die zu der konkreten Gestaltung der Festlegungen **84**
und Bestimmungen geführt haben, stellt erhebliche Anforderungen an die **Klarheit, Ver-**
ständlichkeit, Überschaubarkeit und Vollständigkeit der Begründung. Die Begründung
muss für alle Phasen der Ermittlung und Entscheidung und zu allen Entscheidungs-
grundlagen, Verfahrensschritten und tragenden Erwägungen substanzielle Darlegungen
enthalten. In Bezug auf die Methodik der Datenerhebung erstreckt sich die Begründung
auch auf die Frage, aus welchen Gründen welche Datenquellen herangezogen oder verworfen worden sind, welche Aussagekraft der jeweiligen Datenquelle beigemessen wird
und welche Probleme bei der Datenerhebung und -auswertung wie überwunden worden
sind.

2. Angemessenheit und Unterkunftskostenpauschale

Eine abgeltende **Pauschalierung** von Unterkunftskosten steht in der Sozialhilfe im tatbe- **85**
standlich gebundenen **Ermessen des Sozialhilfeträgers** (§ 35 Abs. 3 SGB XII); § 22 a
Abs. 2 SGB II ermächtigt den Landesgesetzgeber, die kommunalen Träger zu ermächtigen, die Bedarfe für Unterkunft und Heizung durch eine monatliche Pauschale zu berücksichtigen. Beide Pauschalierungsermächtigungen sind bezogen und beschränkt auf
die Aufwendungen für Unterkunft und Heizung; sie ermächtigen nicht zur selbstständig
bindenden, pauschalierenden Festlegung der Merkmale einer angemessenen Unterkunft
unter Regulierung der Unterkunftsstandards.[365] Die Pauschalierungsermächtigung befreit den Satzungsgeber nicht von materiellrechtlichen Bindungen und der Beachtung
der **Grundsätze und Anforderungen rationaler Bedarfsbemessung;**[366] es sind daher die
Erkenntnisquellen zum örtlichen Wohnungsmarkt (→ Rn. 60 f.; sa § 22 c Abs. 1 SGB II)
auf ihre Aussagekraft zu prüfen und unter Offenlegung von Methodik der Datenerhebung und -auswertung heranzuziehen. Anwendungsfälle zu den Pauschalisierungsrege-
lungen sind bislang nicht bekannt geworden.

Die zutreffende Bestimmung der nach den Besonderheiten des Einzelfalls heranzuzie- **86**
henden „Angemessenheitsgrenze" unterscheidet sich von den **Unterkunftskostenpau-**
schalen in zwei Punkten: Diese Pauschalen haben zum einen **Abgeltungswirkung** und
sind daher unabhängig von der tatsächlich genutzten Unterkunft sowie den nicht in die
Bestimmung der Pauschale einfließenden typisierenden Bemessungsfaktoren; jedenfalls
bei Einführung einer abgeltenden Unterkunftskostenpauschale ist für die Leistungsgewährung unerheblich, ob für die Unterkunft tatsächlich unangemessene und/oder vom
Leistungsberechtigten aufzubringende Mehrkosten anfallen oder die Unterkunft selbst
hinsichtlich der einzelnen Unterkunftsmerkmale „angemessen" ist. Zum anderen löst
sich eine pauschale Abgeltung von Unterkunftskosten auch in dem Sinne von der Realität, als sie auch dann zu gewähren ist, wenn tatsächlich keine oder nur geringere Aufwendungen für die Unterkunft anfallen. In beiden Dimensionen steht sie in einem **Span-**
nungsverhältnis zum Bedarfsdeckungsgrundsatz (→ Kap. 9 Rn. 1 ff.). Bei einer strikten
Deckelung ohne Öffnungsklausel wird er verletzt sein; bei bedarfsgerechtem Niveau der
Abgeltungspauschale, die allen Leistungsberechtigten eine jederzeitige Erreichbarkeit
bedarfsdeckender Unterkünfte zum „Pauschalpreis" sicherstellt, sind deutlich **kosten-**
steigernde Effekte zu erwarten.[367]

In beiden Regelkreisen muss bei einer Pauschalierung auf dem örtlichen Wohnungs- **87**
markt **ausreichend freier Wohnraum** verfügbar sein. Ein allgemein entspannter Wohnungsmarkt reicht nicht aus; auf dem örtlichen Wohnungsmarkt muss angemessener
Wohnraum in einem Maße frei sein, dass die Deckung des angemessenen Unterkunfts-

---

365 AA wohl Rothkegel ZfSH/SGB 2002, 657 (663 f.).
366 Knickrehm SozSich 2010, 190.
367 Berlit ArchSozArb 2010, 84; s. bereits pasobrief 8/2004, 6 (9).

bedarfs, der bei der Bemessung der monatlichen Pauschale als berücksichtigungsfähig eingeflossen ist, mit den durch die monatliche Pauschale zur Verfügung gestellten Mitteln für den Regelfall ohne Weiteres möglich ist. In dem jeweiligen Vergleichsbereich muss daher auch in dem Marktsegment der Unterkünfte einfachen Standards eine hinreichende **Leerstandsreserve** bestehen, die über einen normalen Fluktuationsleerstand hinausreicht.

88 Die Voraussetzung, dass in Einzelfällen die Pauschalierung nicht unzumutbar ist (§ 35 Abs. 3 SGB XII) bzw. nicht zu unzumutbaren Ergebnissen führt (§ 22 a Abs. 2 S. 2 SGB II), setzt erkennbar voraus, dass eine **Pauschalierung nicht von der Zustimmung der Leistungsberechtigten abhängig** ist. Geboten ist eine einzelfallbezogene Prüfung, ob – aus der Perspektive der Leistungsberechtigten – der Verweis auf die Pauschale zumutbar ist. Dies entspricht einer nicht auf atypische Härtefälle beschränkten „Öffnungsklausel". Sie rechtfertigt nicht, „Pauschalierungsgewinne" in Fällen außergewöhnlich niedriger Unterkunftskosten oder in Fällen auszuschließen, in denen einem Leistungsberechtigten tatsächlich keinerlei Unterkunftskosten entstehen.

V. Folgen bei nicht angemessenen Unterkunftskosten

1. Übernahme (zumindest/stets) der angemessenen Unterkunftskosten

89 Leistungen für die Unterkunft sind für tatsächliche Aufwendungen auch dann **stets in angemessener Höhe** zu erbringen, wenn die Aufwendungen den angemessenen Umfang übersteigen.[368] Die Regelung zur Berücksichtigung den angemessenen Umfang übersteigender Unterkunftskosten (§ 22 Abs. 1 S. 3 SGB II; § 35 Abs. 2 S. 1, 2 SGB XII) oder zur Zusicherung zu den Aufwendungen für die neue Unterkunft (§ 22 Abs. 2) beziehen sich allein auf den Teil der Unterkunftskosten, der den im Einzelfall angemessenen Umfang übersteigt („soweit"); auch § 22 Abs. 1 S. 2 SGB II bewirkt lediglich eine Deckelung innerhalb des Angemessenheitsrahmens, ohne die Leistungen in bislang angemessener Höhe zu berühren. Die entgegenstehende frühere Rechtsprechung des BVerwG,[369] das die Gewährung eines bloßen Unterkunftszuschusses abgelehnt hatte, war bereits nach der Einfügung des § 3 Abs. 1 S. 3 RegelsatzVO[370] für Neumietverhältnisse „modifiziert" worden.[371]

90 Der Bedarfsdeckungsgrundsatz und das **Faktizitätsprinzip** werden durch die Übernahme (jedenfalls) der **angemessenen Aufwendungen** – entgegen der früheren Auffassung des BVerwG – auch gewahrt, weil sie gerade die Leistungen, die den existenzsicherungsrechtlich anzuerkennenden Unterkunftsbedarf vollständig zu decken geeignet sind, gewähren und kein ungedeckter Bedarfsrest verbleibt. Nicht gedeckt wird lediglich ein Bedarf, auf dessen Deckung der Leistungsberechtigte keinen Anspruch hat, weil er das existenzsicherungsrechtlich Gebotene – Bereitstellung einer Geldleistung, um angemessene Unterkunftskosten abdecken zu können – überschreitet. Das Faktizitätsprinzip wird gewahrt, weil Leistungen für tatsächlich entstehende unterkunftsbezogene Aufwendungen gewährt werden, die den existenzsicherungsrechtlich anzuerkennenden Unterkunftsbedarf in dem jeweiligen Bedarfszeitraum tatsächlich decken; sie werden nicht dadurch zu von § 22 SGB II/§ 35 SGB XII nicht erfassten, statt tatsächlichen bloß „hy-

---

368 BSG 7.11.2006 – B 7 b 10/06 R, FEVS 58, 248; st. Rspr.
369 BVerwGE 92, 1 (5); 101, 194 (197); 1.10.1998 – 5 C 15.97, FEVS 49, 150 (152); 27.6.2002 – 5 C 65.01, FEVS 54, 196; zustimmend Paul ZfF 1994, 103; zur Kritik Berlit info also 1999, 63; Schlegel info also 1994, 6; Spindler info also 1998, 105.
370 Durch das Gesetz zur Reform des Sozialhilferechts vom 23.7.1996 (BGBl. I, 1088).
371 BVerwG 1.10.1998 – 5 C 15.97, FEVS 49, 150; 11.9.2000 – 5 C 9.00, FEVS 52, 211; 27.6.2002 – 5 C 65.01, FEVS 54, 196.

pothetischen" Aufwendungen, dass sich die Angemessenheitsgrenze an den Aufwendungen für eine als angemessen beurteilte Unterkunft orientiert.[372]

§ 22 SGB II/§ 35 SGB XII bekräftigen mit der Anknüpfung an die Aufwendungen, dass **91** die **„Angemessenheit" der konkret genutzten Unterkunft** selbst weder anspruchsbegründend noch -vernichtend wirkt. Es ist allein Sache des Leistungsberechtigten, ob/wie er einen durch Unterkunftsleistungen ungedeckten „Bedarfsrest" aufbringt. Der nicht gedeckte „Bedarfsrest" schließt im Verfahren des einstweiligen Rechtsschutzes den Anspruch auf Übernahme des angemessenen Teilbetrags der tatsächlichen Unterkunftskosten auch dann nicht aus, wenn fest steht, dass auf lange Sicht die Unterkunft nicht zu halten sein wird.[373] Bei unangemessen hohen Unterkunftskosten klärungsbedürftig ist allein, unter welchen Voraussetzungen sie übergangsweise hinzunehmen sind. Dies hängt ua davon ab, ob die unangemessen teure Unterkunft bereits bei Beginn des Leistungsbezuges genutzt worden ist (→ Rn. 92 ff.) oder diese erst während des Leistungsbezuges angemietet worden ist (→ Rn. 101 ff.).

2. Unangemessen teure Unterkunft bei Beginn des Leistungsbezuges

Übersteigen die Aufwendungen für die Unterkunft den der Besonderheit des Einzelfalles **92** angemessenen Umfang, sind sie als Bedarf solange zu berücksichtigen, als es den Betroffenen nicht möglich oder nicht zuzumuten ist, durch einen Wohnungswechsel, durch Vermieten oder auf andere Weise die **Aufwendungen zu senken**, in der Regel jedoch längstens für sechs Monate (§ 22 Abs. 1 S. 2 SGB II/§ 35 Abs. 2 S. 1 und 2 SGB XII). Die befristete „Bestandsschutzregelung" gilt grundsätzlich für Leistungsberechtigte, die bei Leistungsbeginn in einer unangemessen teuren Unterkunft leben,[374] und in Fällen, in denen während des Leistungsbezuges eine zunächst kostenangemessene Unterkunft ohne Wohnungswechsel unangemessen teuer wird,[375] etwa durch eine Mieterhöhung,[376] ein Absinken des örtlichen Mietniveaus[377] oder den Auszug[378] bzw. den Tod eines Haushaltsangehörigen. Der befristete Bestandsschutz ist regelmäßig auch dann zu gewähren, wenn ein Leistungsberechtigter kurz vor Beginn des Leistungsbezugs eine Wohnung anmietet, deren Kosten unangemessen hoch sind;[379] dies gilt nicht, wenn jemand bösgläubig, also zurechenbar sowohl in Kenntnis des zu erwartenden SGB II/SGB XII-Leistungsbezugs als auch unangemessener tatsächlicher Unterkunftskosten einen Mietvertrag über eine „Luxuswohnung" abschließt. Maßgeblich ist auch hier der Zeitpunkt der Hilfebedürftigkeit, nicht der Antragstellung.[380]

An die Auslegung der Tatbestandsmerkmale der Unmöglichkeit und Unzumutbarkeit **93** sind strenge Anforderungen zu stellen.[381] Die **Zumutbarkeit** umgehender und nachzuweisender **Kostensenkungsbemühungen** – auch durch Umzug – ist in aller Regel anzunehmen. Der Leistungsberechtigte hat allerdings Anspruch darauf, dass seinem grundsätzlich zu respektierenden **Recht auf Verbleib in seinem sozialen Umfeld** ausreichend

---

372 AA aber BVerwGE 92, 1 (5).
373 AA LSG Bln-Bbg 18.9.2007 – L 20 B 1406/07 AS ER, FEVS 59, 229.
374 BVerwGE 92, 1; 97, 110; 101, 194; 9.4.1997 – 5 C 2.96, ZfSH/SGB 1998, 44.
375 LSG RhPf 10.6.2008 – L 3 AS 41/06.
376 OVG Brem 16.10.1989 – 2 B 110/89, FEVS 39, 235.
377 BayVGH 23.9.1998 – 12 ZE/CE 98.2194, FEVS 49, 397.
378 BSG 16.4.2013 – B 14 AS 28/12 R, SozR 4–4200 § 22 Nr. 67.
379 BSG 17.12.2009 – B 4 AS 19/09 R, SozR 4–4200 § 22 Nr. 28; 30.8.2010 – B 4 AS 10/10 R, SozR 4–4200 § 22 Nr. 40; strikter noch BVerwGE 75, 168 (172).
380 BSG 30.8.2010 – B 4 AS 10/10 R, SozR 4–4200 § 22 Nr. 40.
381 BSG 19.2.2009 – B 4 AS 30/08 R, SozR 4–4200 § 22 Nr. 19; 20.8.2009 – B 14 AS 41/08 R; 23.8.2011 – B 14 AS 91/10 R.

Rechnung getragen wird;[382] dies ermöglicht auch die Berücksichtigung einer hohen affektiven Bindung an eine bestimmte Unterkunft nach jahrzehntelanger Nutzung bei drohender Aufgabe des vertrauten Lebenskreises.[383] Auch hier sind indes hohe Anforderungen zu stellen.[384] Gewährleistet wird indes nicht der Verbleib in einer konkreten Unterkunft oder dem unmittelbaren Wohnumfeld. Vielmehr soll sozialer Entwurzelung oder einer Entwertung als elementar qualifizierter Kontakte und Lebensgewohnheiten vorgebeugt werden.[385] Ein Umzug innerhalb des örtlichen Vergleichsraums ermöglicht wegen der für die Vergleichsraumbildung vorausgesetzten Vernetzung, soziale Bindungen auch nach Umzügen aufrecht zu erhalten.[386] Ein Wechsel in Wohnquartiere, die in einer in angemessener Zeit überwindbaren Entfernung gelegen sind, ist regelmäßig nicht unzumutbar;[387] Anfahrtswege mit öffentlichen Verkehrsmitteln, wie sie Erwerbstätigen oder Schülern zugemutet werden, sind hinzunehmen.[388]

94 Bei fortbestehendem Kontakt zum so verstandenen sozialen Umfeld (iwS) sind **besondere Gründe**, insbes. grundrechtsrelevante Sachverhalte oder Härtefälle, erforderlich, die **gegen einen Wohnungswechsel** oder ein Verlassen des sozialen Nahbereichs (soziales Umfeld ieS) sprechen.[389] Für das Gewicht, dem das soziale Umfeld bei der Zumutbarkeit einer Kostensenkung durch Umzug beizumessen ist, ist ua abzustellen auf die Art der (schutzwürdigen) Bindungen auch an das unmittelbare Umfeld (Nachbarschaft; Schule; Betreuungseinrichtungen), die typischerweise nach dem Alter unterschiedlichen Umstellungsschwierigkeiten[390] und die erwartbaren individuellen Fähigkeiten, diese zu bewältigen, oder ein Angewiesensein auf bestimmte „Versorgungseinrichtungen" (zB ärztlichen Beistand) bzw. Betreuungspersonen. Bei schulpflichtigen Kindern ist ein Verlassen des bisherigen Umfeldes nicht schon wegen eines damit verbundenen Schulwechsels unzumutbar;[391] minderjährige schulpflichtige Kinder sollen aber möglichst nicht durch einen Wohnungswechsel zum Schulwechsel gezwungen werden.[392] Ein Umzug ist auch nicht schon deswegen unzumutbar, weil für die zu teure Unterkunft ein befristeter, ordentlich nicht kündbarer Mietvertrag geschlossen ist;[393] Erkrankungen müssen ein Verbleiben in der bisherigen Wohnung aus medizinischen Gründen erforderlich machen bzw. einen Umzug schlechthin ausschließen.[394]

95 Allein die hiermit typischerweise verbundenen **Belastungen durch einen Umzug** machen diesen nicht unzumutbar;[395] es muss sich um eine vom Durchschnitt abweichende besondere Belastungssituation handeln, die den Verbleib in der bisherigen Wohnung erfordern. In Betracht kommen zB Gebrechlichkeit bei hohem Alter, aktuelle schwere Er-

---

382 BSG 7.11.2006 – B 7 b AS 10/06 R, FEVS 58, 248; B 7 b 18/06 R, FEVS 58, 271; 23.3.2010 – B 8 SO 24708 R, FEVS 62, 163.

383 SG Lüneburg 1.9.2011 – S 22 SO 9/09; aA noch – zum BSHG – HmbOVG 15.8.2000 – 4 Bs 183/00, FEVS 53, 65.

384 S. BSG 13.4.2011 – B 14 AS 32/09 R (keine Unzumutbarkeit für einen ca. 60jährigen Leistungsberechtigten, der schon ca. 50 Jahre in dieser Unterkunft gewohnt hat, unter dem Aspekt des Verbleibs im bisherigen sozialen Umfeld).

385 SG Berlin 8.5.2007 – S 102 AS 3626/07 ER.

386 BSG 20.8.2009 – B 14 AS 41/08 R.

387 SchlHLSG 17.1.2008 – L 6 AS 39/07, NZS 2008, 383 (Umzug eines Alleinstehenden).

388 BSG 19.2.2009 – B 4 AS 30/08 R, SozR 4–4200 § 22 Nr. 19.

389 BSG 19.2.2009 – B 4 AS 30/08 R, SozR 4–4200 § 22 Nr. 19.

390 Zur besonderen Berücksichtigung des Rechts auf Verbleib älterer Menschen in ihrem langjährig vertrauten sozialen Umfeld bei der Gewährung von Grundsicherung im Alter s. BSG 23.3.2010 – B 8 SO 24/08 R, SozR 4–3500 § 29 Nr. 1.

391 LSG Bln-Bbg 14.1.2008 – L 26 B 2307/07 AS ER, ZfSH/SGB 2008, 163; sa DV NDV 2008, 322; sa SchlHLSG 1.6.2018 – L 6 AS 86/18 B ER (Unzumutbarkeit neuerlicher Schulwechsel binnen kurzer Frist).

392 BSG 19.2.2009 – B 4 AS 30/08 R, SozR 4–4200 § 22 Nr. 19.

393 NdsOVG 19.9.1997 – 4 M 3761/97, FEVS 48, 203.

394 LSG Bln-Bbg 17.12.2018 – L 31 AS 2158/18 B ER; sa BSG 20.8.2009 – B 14 AS 41/08 R.

395 LSG Bln-Bbg 5.12.2007 – L 28 B 2089/07 AS ER, ZfSH/SGB 2008, 94.

krankung,[396] Behinderung,[397] schwere psychische Erkrankung und Suizidgefahr bei Verlust des gewohnten Umfeldes,[398] ohnehin aus anderem Grunde (zB Ortswechsel wegen Arbeitsaufnahme) anstehender weiterer Umzug oder alsbaldiges Ausscheiden aus dem Leistungsbezug.[399] Bei Berufung auf **gesundheitsbedingte Umzugshindernisse** ist zur Glaubhaftmachung ein aussagekräftiges ärztliches Attest erforderlich[400] und ggf. eine amtsärztliche Klärung zu ermöglichen.[401] Besonderen Fallgruppen (hohes Alter, lange Wohndauer) kann bei Bestandsmieten durch einen prozentualen Zuschlag von festgesetzten Richtwerten Rechnung getragen werden, durch den dann aber die tatsächlichen Kosten auch gedeckt sein müssen.[402] Der (bevorstehende) Bezug einer Alters- oder Erwerbsunfähigkeitsrente indiziert keine Unzumutbarkeit eines Umzuges,[403] auch nicht eine kurz zuvor durchgeführte Wohnungsrenovierung.[404]

Bei einem **selbstgenutzten Eigenheim** oder einer entsprechenden Eigentumswohnung ist **96** der Umzug **nicht** schon **wegen eines Vermögensverwertungsschutzes** (§ 12 Abs. 3 Nr. 4 SGB II/§ 90 Abs. 2 Nr. 8 SGB XII) **unzumutbar**. Erforderlich ist eine umfassende Abwägung aller Umstände des Einzelfalles. Zu berücksichtigen sind insbesondere die absolute Höhe der Aufwendungen, die Chancen, das Eigenheim/die Eigentumswohnung auf Dauer erhalten zu können, die Dauer der Nutzung vor Eintritt der Hilfebedürftigkeit bzw. der Zeitpunkt, in dem dieses erworben worden ist, die Solidität der Finanzierung im Zeitpunkt des Erwerbs,[405] die Frage, in welchem Umfange (bare oder unbare [„Muskelhypothek"]) Mittel in das selbstgenutzte Haus/Eigentum geflossen sind, der Zustand, die Verwertungschancen (und damit die Höhe zu befürchtender Verluste [sa § 12 Abs. 3 Nr. 6 SGB II]), die voraussichtliche Dauer des Leistungsbezugs (Verrentung, Arbeitsmarktchancen) und das Lebensalter der Betroffenen.

Ein Umzug kann auch dann unzumutbar sein, wenn ein **Umzug unwirtschaftlich** wäre, **97** weil die damit verbundenen Umzugskosten und die Unterkunftsmehrkosten in einem Missverhältnis stehen (s. nunmehr auch § 22 Abs. 1 S. 4 SGB II). Dies kommt zB bei nur geringfügiger Überschreitung der Angemessenheitsgrenze und absehbarem Ende des Leistungsbezugs[406] in Betracht.[407] Grundlage des **Wirtschaftlichkeitsvergleichs** ist eine Prognose über die Dauer des künftigen Leistungsbezuges und der Höhe der Zusatzaufwendungen, die durch den Verzicht auf einen Wohnungswechsel wegen der Übernahme tatsächlich unangemessener Unterkunftsaufwendungen veranlasst werden. Dabei sind neben den Umzugskosten auch die für eine künftige Unterkunft zu erbringenden Leistungen für Unterkunft und Heizung zu berücksichtigen. Sind Aufwendungen nur in Bezug auf eine Kostenart unangemessen hoch, insgesamt aber angemessen, weil die Aufwendungen in Bezug auf die andere Kostenart deutlich hinter der Angemessenheit zurückbleiben, ist ein Umzug unwirtschaftlich, wenn für die tatsächlich genutzte Unterkunft die Summe der Aufwendungen hinter den regelmäßig für eine Unterkunft nach Umzug anzuerkennenden Leistungen zurückbleiben. Im Einzelfall kann auf diese Weise eine insgesamt angemessene Brutto-Warmmiete dazu führen, dass ein Wohnungswech-

396 LSG Bln-Bbg 5.12.2007 – L 28 B 2089/07 AS ER, ZfSH/SGB 2008, 94.
397 SG Oldenburg 31.10.2005 – S 47 AS 256/05 ER; LSG Nds-Brem 21.4.2006 – L 6 AS 248/06 ER; LSG Bln-Bbg 14.6.2007 – L 10 B 391/07 AS ER.
398 SG Berlin 11.9.2008 – S 26 AS 14505/08 ER; LSG NRW 6.8.2007 – L 19 AS 35/06.
399 S. SG Augsburg 6.9.2005 – S 1 AS 273/05; SG Düsseldorf 8.8.2006 – S 35 AS 172/06 ER (Schwerbehinderung; bedarfsdeckende Altersrente in zehn Monaten).
400 LSG Bln-Bbg 20.11.2007 – L 14 B 1650/07 AS ER.
401 LSG NRW 24.8.2005 – L 19 B 28/05 AS ER, FEVS 57, 320.
402 LSG Bln-Bbg 17.9.2008 – L 34 B 1650/08 AS ER.
403 HessLSG 28.3.2006 – L 7 AS 122/05 ER.
404 LSG Bln-Bbg 20.7.2006 – L 5 B 173/06 AS ER.
405 S. LSG NRW 28.2.2006 – L 9 B 99/05 AS ER.
406 Nicht bei Elternzeit ungewisser Dauer: SG Leipzig 9.9.2008 – S 19 AS 2191/08 ER.
407 BT-Drs. 17/3404, 98.

sel nicht verlangt werden muss/darf. Bei zu hohen Unterkunftskosten, aber sehr niedrigen Heizkosten, die in der Summe angemessen sind („Bruttowarmmiete" im Einzelfall), ist ein Umzug unwirtschaftlich[408] und allzumal dann unzumutbar, wenn die Summe der Aufwendungen hinter der regelmäßig für eine Unterkunft nach Umzug anzuerkennenden Leistungen zurückbleiben.

98 Die gesetzliche sechsmonatige „Übergangsfrist" ist eine Regelhöchstfrist, keine strikte Such- und Überlegungsfrist,[409] die der Leistungsberechtigte nach freiem Belieben ausschöpfen kann; sie kann in atypischen Fällen abgekürzt werden.[410] Die Frist enthebt die Betroffenen nicht von der Obliegenheit zu umgehenden Kostensenkungsbemühungen ab Erkennbarkeit der Kostensenkungsnotwendigkeit. Der Betroffene hat sich **intensiv unter Zuhilfenahme aller ihm zumutbar erreichbaren Hilfen und Hilfsmittel**[411] um eine kostenangemessene Unterkunft zu **bemühen** und jede ihm erreichbare, zumutbare, bedarfsgerechte, kostenangemessene Unterkunft anzumieten. **Suchbereich** ist grundsätzlich der gesamte Vergleichsbereich, soweit nicht nach den Besonderheiten des Einzelfalles eine Unterkunftsnahme in bestimmten Teilbereichen notwendig oder ausgeschlossen ist. Der Grundsicherungs- oder Sozialhilfeträger hat es in der Hand, die Übergangsfrist durch den Nachweis einer zumutbaren kostenangemessenen, anmietbaren Unterkunft zu verkürzen[412] oder die Suchaktivitäten durch persönliche Hilfe oder die Zusage, Wohnungsbeschaffungskosten zu übernehmen (§ 22 Abs. 2 SGB II/§ 29 Abs. 1 S. 7 SGB XII), zu unterstützen. Der Leistungsberechtigte muss hinreichende Kostensenkungsbemühungen substantiiert darlegen, wenn er geltend machen will, dass binnen der zugebilligten Übergangsfrist eine bedarfsgerechte kostenangemessene Unterkunft nicht anzumieten, eine Kostensenkung durch Umzug mithin unmöglich gewesen sei. Täuscht ein Wohnungssuchender den Grundsicherungsträger über Art und Umfang seiner Kostensenkungsbemühungen, so disqualifiziert dies die Bemühungen zur Kostensenkung im betreffenden Zeitraum.[413]

99 Die Übergangsfrist wird regelmäßig durch eine **Kostensenkungsaufforderung** in Lauf gesetzt. Sie ist indes nicht gesetzliche Tatbestandsvoraussetzung. Die Frist beginnt zu laufen, wenn sich dem erwerbsfähigen Leistungsberechtigten frei jeden vernünftigen Zweifels aufdrängen musste, dass die tatsächlichen Kosten unangemessen (eindeutig) zu hoch und sie daher zu senken sind, etwa auch durch eine noch unter dem BSHG[414] oder in einem anderen Grundsicherungssystem[415] erteilte Kostensenkungsaufforderung bzw. Absenkung; entscheidend ist die zurechenbare Kenntnis der Absenkungsnotwendigkeit.[416] Fehlt diese Kenntnis, sind dem Leistungsempfänger Kostensenkungsmaßnahmen subjektiv nicht abzuverlangen[417] und bedarf es einer Kostensenkungsaufforderung, um diese Kenntnis zu vermitteln.[418] Bei kurzzeitiger Unterbrechung des Leistungsbezugs wirkt ein früherer Hinweis bei erneuter Hilfebedürftigkeit weiter, wenn die weiteren

---

408 BSG 12.6.2013 – B 14 AS 60/12 R, FEVS 65, 296; LSG LSA 16.12.2013 – L 5 AS 723/13 B ER.
409 BayVGH 23.9.1998 – 12 ZE/CE 98.2194, FEVS 49, 397.
410 SchlHLSG 17.1.2008 – L 6 AS 39/07, NZS 2008, 383.
411 ZB Einschaltung des Wohnungsamtes; persönliche Hilfe des Leistungsträgers; Durchsicht von Zeitungs- und Internetanzeigen; Kontaktaufnahme mit örtlichen „Großvermietern", etwa Wohnungsbaugenossenschaften.
412 Diese Unterkunftsalternative kann in nach Ausstattung, Zuschnitt, Wohnfläche und Lage einfachem Wohnraum bestehen; BVerwGE 101, 194 (198).
413 LSG BW 17.7.2008 – L 7 AS 1797/08.
414 BSG 7.11.2006 – B 7 b AS 10/06 R, FEVS 58, 248; 7.11.2006 – B 7 b 18/06 R, FEVS 58, 271.
415 SG Aachen 27.1.2015 – S 20 SO 148/14; LSG Bln-Bbg 3.6.2010 – L 19 AS 377/10.
416 BSG 17.12.2009 – B 4 AS 19/09 R, SozR 4–4200 § 22 Nr. 28; 29.12.2016 – B 4 AS 277/16 B.
417 BSG 17.12.2009 – B 4 AS 19/09 R, SozR 4–4200 § 22 Nr. 28.
418 BSG 19.2.2009 – B 4 AS 30/08 R, SozR 4–4200 § 22 Nr. 19.

Umstände unverändert geblieben sind.[419] Die Dauer einer neuerlichen Übergangsfrist richtet sich nach der Dauer der unterbrechenden Beschäftigung;[420] bei längerer Unterbrechung beginnt eine neue Übergangsfrist.[421]

Die **Kostensenkungsaufforderung** ist eine Information des Leistungsberechtigten mit **Warn- und Aufklärungsfunktion**, die die Höhe der aus Sicht des Leistungsträgers angemessenen Unterkunftskosten klar und zutreffend bezeichnen muss,[422] um die Kostensenkungsobliegenheit erkennbar zu konkretisieren. Als Hinweis auf die Rechtslage ist sie **kein** der Bestandskraft zugänglicher, feststellender oder Leistungen für die Zukunft ablehnender **Verwaltungsakt**.[423] Hat der Grundsicherungsträger diese Handlungsform gewählt, ist der formelle Verwaltungsakt ohne nähere Sachprüfung aufzuheben.[424] Zur Erfüllung der Hinweis- und Warnfunktion darf sich die Kostensenkungsaufforderung auf die Angabe der aus Sicht des Leistungsträgers angemessenen Kosten, für die eine angemessen erachtete Bruttowarmmiete ohne Differenzierung zwischen Grundmiete, „kalten" Nebenkosten und Heizkosten genannt werden kann,[425] und einen Hinweis auf die Folgen bei Nichtabsenkung beschränken;[426] sie muss nicht mit dem konkreten Nachweis kostenangemessener Unterkunftsalternativen verbunden werden.[427] Es reicht nicht aus, dass dem Leistungsberechtigten, der erstmals Leistungen nach dem SGB II beantragt hat, die Unterkunftskosten nicht in tatsächlicher Höhe, sondern nur „abgesenkt" bewilligt werden.[428] Bei **irreführender oder unrichtiger Aufforderung** läuft die Übergangsfrist nicht;[429] dass zur Kostensenkung kein Umzug, sondern der Versuch einer Absprache mit dem Vermieter erwartet wird, hat der Leistungsträger in der Kostensenkungsaufforderung erkennbar zu machen.[430] Auch ein widersprüchliches Verhalten des Leistungsträgers können die Kenntnis von der Kostensenkungsobliegenheit (wieder) entfallen lassen;[431] dies ist regelmäßig anzunehmen, wenn die Unterkunftskosten auch nach Ablauf der Kostensenkungsfrist ohne weitere Erläuterung weiterhin übernommen werden.[432]

100

3. Umzug während des Leistungsbezuges in eine andere Unterkunft

Für einen **Umzug** des Leistungsberechtigten **während des Leistungsbezuges** in eine andere Unterkunft soll der Leistungsberechtigte vor Abschluss des Vertrages über die neue Unterkunft eine **Zusicherung über die Kostenangemessenheit der neuen Unterkunft** des kommunalen Trägers des Zuzugsortes einholen (§ 22 Abs. 4 S. 1 SGB II) bzw. diesen über die maßgebenden Umstände in Kenntnis setzen (§ 35 Abs. 2 S. 3 und 4 SGB XII). Nur bei einer entsprechenden Zusicherung ist der Träger des Zuzugsortes verpflichtet, die tatsächlichen Kosten der neuen Unterkunft in vollem Umfange zu übernehmen; an-

101

---

419 LSG NRW 27.7.2018 – L 11 AS 561/18 B ER (Fortwirken bei nur viermonatiger Unterbrechung des Leistungsbezuges).
420 SG Freiburg 8.11.2007 – S 14 AS 5447/07 ER.
421 LSG Nds-Brem 18.5.2009 – L 9 AS 529/09 E ER.
422 BSG 1.6.2010 – B 4 AS 78/09 R, SozR 4–4200 § 22 Nr. 36.
423 BSG 7.11.2006 – B 7 b AS 10/06 R, FEVS 58, 248; 19.3.2008 – B 11 b AS 41/06 R, SozR 4–4200 § 22 Nr. 7; 19.3.2008 – B 11 b AS 43/06 R; 15.6.2016 – B 4 AS 36/15 R, SozR 4–4200 § 22 Nr. 90; aA Rips WM 2005, 632 (636).
424 LSG NRW 13.12.2006 – L 20 B 140/06 AS, FEVS 58, 281.
425 BSG 19.3.2008 – B 11 b AS 43/06 R; 28.9.2009 – B 14 AS 41/08 R.
426 BSG 7.11.2006 – B 7 b AS 10/06 R, FEVS 58, 248; 27.2.2008 – B 14/7 b AS 70/06 R, FEVS 60, 49; 19.3.2008 – B 11 b AS 41/06 R, SozR 4–4200 § 22 Nr. 7; B 11 b AS 43/06 R; strikter noch etwa LSG RhPf 19.9.2006 – L 3 ER 161/06 AS, info also 2007, 126.
427 Missverständlich insoweit BSG 19.3.2008 – B 11 b AS 43/06 R.
428 BSG 17.12.2009 – B 4 AS 19/09 R, SozR 4–4200 § 22 Nr. 28.
429 SG Dortmund 11.7.2006 – S 33 AS 375/05.
430 BSG 22.9.2009 – B 4 AS 8/09 R, E 104, 179; 23.3.2010 – B 8 SO 24708 R, FEVS 62, 163.
431 BSG 22.11.2011 – B 4 AS 219/10 R, SozR 4–4200 § 22 Nr. 57.
432 BSG 15.6.2016 – B 4 AS 36/15 R, SozR 4–4200 § 22 Nr. 90.

dernfalls sind sie jedenfalls bei einem Umzug außerhalb des bislang maßgeblichen Vergleichsraums in Höhe der angemessenen Unterkunftskosten zu übernehmen.[433] Das Zusicherungsverfahren hat allein Aufklärungs- und Warnfunktion und soll den Leistungsberechtigten vor einem unbedachten, verschuldungsträchtigen Wohnungswechsel warnen und so Streitigkeiten über die Angemessenheit vorbeugen.[434] Das Zusicherungserfordernis gilt mangels Umzuges nicht in Fällen, in denen eine Unterkunft aus einer seit längerer Zeit bestehenden Obdachlosigkeit heraus angemietet wird,[435] oder bei bloßem Vermieterwechsel.[436] Ein Nichthilfeempfänger, der durch den Umzug hilfebedürftig wird, benötigt keine Zustimmung des Sozialhilfeträgers zu den Aufwendungen der neuen Wohnung.[437]

102 Gegenstand der **Zusicherung** ist die Berücksichtigung von Unterkunftskosten in bestimmter Höhe für eine bestimmte Unterkunft bei künftigen Bedarfsberechnungen. Sie ist bezogen auf ein bestimmtes Wohnungsangebot;[438] nach durchgeführtem Umzug entfällt das **Rechtsschutzbedürfnis** wegen Erteilung einer Zusicherung[439] und hat die auf Leistung der neuen Unterkunftskosten gerichtete Klage Vorrang.[440] Der **Anspruch auf Zusicherung** besteht bei notwendigem Auszug aus der bisherigen Unterkunft nur dann, wenn die Aufwendungen für die neue Unterkunft iSd § 22 Abs. 1 S. 1, Abs. 18 SGB II, also die Bruttokaltmiete ohne Heizkosten[441] oder eine örtlich gebildete Bruttowarmangemessenheitsgrenze, angemessen sind; maßgeblich sind die tatsächlich erwartbaren, nicht die nominalen Aufwendungen.[442] Die **Angemessenheit** der Unterkunftskosten ist nach den örtlichen Verhältnissen **am Zuzugsort** zu bestimmen.[443] Eine Prüfung der Verhältnismäßigkeit der Mehrkosten ist nur bei nicht notwendigem Umzug unter Berücksichtigung von **Art und Gewicht des Umzugsgrundes** vorzunehmen.[444] Bei der Ermessensentscheidung erheblich sind nur die Aufwendungen für die neue Unterkunft, nicht ihre Größe oder sonstige Eignung zur Deckung des Wohnbedarfs.[445]

103 Bei einem nicht erforderlichen Umzug wird im SGB II bei einem Umzug innerhalb des Vergleichsbereichs in eine zwar teurere, aber gleichwohl abstrakt kostenangemessene Unterkunft nur der bisherige Bedarf anerkannt ("**Kostendeckelung**"), um einer Kostensteigerung durch Ausschöpfung der jeweiligen örtlichen Angemessenheitsgrenzen entgegenzuwirken.[446] Erfasst werden nur Umzüge einer in Zusammensetzung und Wohnraumbedarf unveränderten Bedarfsgemeinschaft[447] während der Hilfebedürftigkeit[448] und in Fällen, in denen vor dem Umzug Wohnraum zu sozial- und markttypischen Be-

433 BSG 7.11.2006 – B 7 b AS 10/06 R, FEVS 58, 248; 30.8.2010 – B 4 AS 10/10 R, SozR 4–4200 § 22 Nr. 40; HessLSG 5.12.2007 – L 6 AS 234/07 ER; LSG RhPf 30.6.2006 – L 3 ER 120/06 AS, FEVS 58, 224.
434 BSG 30.8.2010 – B 4 AS 10/10 R, SozR 4–4200 § 22 Nr. 40.
435 SG Reutlingen 13.12.2007 – S 3 AS 3532/07.
436 AA SG Hamburg 10.1.2007 – S 56 AS 2601/06 ER.
437 LSG Nds-Brem 27.11.2014 – L 8 SO 112/11, FEVS 66, 569 (im Anschluss an BSG 17.12.2009 – B 4 AS 19/09 R, SozR 4–4200 § 22 Nr. 28).
438 LSG BW 16.6.2009 – L 13 AS 3036/07; LSG Bln-Bbg 16.1.2009 – L 5 B 2097/08 AS ER.
439 LSG NRW 17.11.2010 – L 19 AS 1423/10 B ER; BSG 6.4.2011 – B 4 AS 5/10 R, FEVS 63, 109.
440 BSG 22.11.2011 – B 4 AS 219/10 R, NZS 2012, 468; sa LSG Bln-Bbg 24.3.2010 – L 10 AS 216/10 B ER; SächsLSG 26.10.2009 – L 3 AS 20/09.
441 LSG Bln-Bbg 27.10.2008 – L 5 B 2010/08 AS ER.
442 LSG Bln-Bbg 12.3.2009 – L 34 AS 336/09 B ER (Wohnungsangebot mit eindeutig zu niedrig angesetzten Betriebs- und Heizkosten).
443 BSG 7.11.2006 – B 7 b AS 10/06 R, FEVS 58, 248; LSG Bln-Bbg 22.11.2006 – L 5 B 760/06 AS ER.
444 SG Berlin 16.12.2005 – S 37 AS 11501/05 ER, info also 2006, 31.
445 LSG Bln-Bbg 27.10.2008 – L 5 B 2010/AS ER; aA LSG BW 10.1.2007 – L 13 AS 6057/06 ER-B: Anmietung muss grundsätzlich geeignet sein, die Unangemessenheit der bisherigen Wohnsituation zu beseitigen.
446 BT-Drs. 16/1410, 23; zur Rechtsprechung Hammel ZfF 2016, 153.
447 LSG Bln-Bbg 19.2.2009 – L 25 AS 170/09 B ER.
448 SG Berlin 12.6.2008 – S 26 AS 11380/08 ER.

dingungen bewohnt worden ist;[449] bei lediglich plausiblem, sachlich nachvollziehbarem Grund ist zu prüfen, ob sich die Kosten gerade der von dem Hilfebedürftigen gewählten neuen Wohnung in Ansehung der Erforderlichkeit des Umzugs als angemessen darstellen.[450] Für den **Mehrkostenvergleich** ist auf die unterkunftsbezogenen Leistungen im Ergebnis, mithin die Summe von Kaltmiete, Betriebskosten und Heizung, nicht auf Veränderungen bei den Teilbeträgen abzustellen.

Bei an Art. 11 GG orientierter, verfassungskonformer Auslegung und nach dem Zweck **104** der Regelung, einem „Ausschöpfen" der jeweiligen örtlichen Angemessenheitsgrenze entgegen zu wirken,[451] ist der Mehrkostenvergleich und daher auch die Deckelung auf einen **Umzug innerhalb des** für die Bestimmung der Angemessenheit maßgeblichen **örtlichen Bereichs** beschränkt.[452] Der zutreffende Hinweis,[453] dass der Schutzbereich des Art. 11 Abs. 1 GG auch die Freizügigkeit innerhalb einer Gemeinde umfasst,[454] spricht gegen die Regelung insgesamt und nimmt einer faktischen Erschwerung durch Wechsel in einen Bereich mit anderem Angemessenheitsniveau nicht die höhere Eingriffsintensität. Ein derart „grenzüberschreitender" Umzug muss nicht notwendig mit einem Wechsel der örtlichen Zuständigkeit des Grundsicherungsträgers verbunden sein, wenn dieser mehrere Vergleichsbereiche für den Wohnungsmarkt umfasst. Eine nach § 22 Abs. 1 S. 2 SGB II berechtigte Begrenzung wirkt bei neuerlichen, wiederum nicht erforderlichen Umzügen fort, soweit auch die weiteren Unterkünfte im Vergleich zur „Ausgangswohnung" Mehrkosten verursachen. Bei mehr als einmonatiger Unterbrechung des Leistungsbezuges infolge Wegfalls der Hilfebedürftigkeit wirkt die Deckelung nicht fort.[455] Bei einer Kostenbegrenzung nach Maßgabe eines Mehrkostenvergleichs bedarf es der „Dynamisierung" des „Kostendeckels" (jedenfalls) nach Maßgabe der Veränderungen der durch ein schlüssiges Konzept bestimmten Angemessenheitsgrenze[456] ab dem Umzugszeitpunkt.[457]

Die Kostendeckelung nach § 22 Abs. 1 S. 2 SGB II gilt nicht (entsprechend) in Fällen ei- **105** nes **sozialhilferechtlich nicht notwendigen Umzuges** während des Leistungsbezuges von einer kostenangemessenen Wohnung in eine zwar teurere Unterkunft, deren Kosten den allgemein anerkannten Rahmen der Angemessenheit aber nicht überschreitet. § 35 SGB XII kennt keine § 22 Abs. 1 S. 2 SGB II vergleichbare Kostendeckelung. Bei der Auswahl zwischen mehreren Wohnungen, deren Aufwendungen im Rahmen des sozialhilferechtlich Angemessenen liegen, soll die Auswahl zwischen diesen auf das „Wie" der Hilfe bezogen sein und dem Wunschrecht des Leistungsempfängers und dem hier beste-

449 LSG Bln-Bbg 7.8.2008 – L 5 B 940/08 AS ER (Auszug eines jungen Ehepaares aus Elternhaus mit bislang freier Unterkunft).
450 BSG 24.11.2011 – B 14 AS 107/10 R.
451 BT-Drs. 16/1410, 23.
452 BSG 1.6.2010 – B 4 AS 60/09 R, SozR 4–4200 § 22 Nr. 35; LSG BW 8.7.2008 – L 7 AS 2881/08 ER-B; 17.7.2008 – L 7 AS 1300/08; 16.8.2010 – L 2 AS 3640/10 ER-B; LSG Nds-Brem 26.10.2007 – L 13 AS 168/07 ER, FEVS 59, 271; enger noch Lang/Link in: Eicher/Spellbrink SGB II, 2. Aufl., § 22 Rn. 47 b: innerhalb des sozialen Umfeldes; auch Art. 3 Abs. 1 GG gebietet die Nichtanwendung bei Überschreitung der Grenzen des Vergleichsraums (BSG 1.6.2010 – B 4 AS 60/09 R, SozR 4–4200 § 22 Nr. 35; LSG Hmb 11.3.2010 – L 5 AS 94/08; aA noch LSG Bln-Bbg 10.9.2009 – L 34 AS 1724/08).
453 Knickrehm/Voelzke 2009 (Lit.), 21.
454 BVerfG 17.3.2004 – 1 BvR 1266/00, BVerfGE 110, 177 (191).
455 BSG 9.4.2014 – B 14 AS 23/13 R, SozR 4–4200 § 22 Nr. 75.
456 Nach der bis zum 1.8.2016 geltenden Fassung des § 22 Abs. 1 Satz 2 SGB II war eine zutreffend ermittelte Angemessenheitsgrenze Voraussetzung einer Deckelung (BSG 29.4.2015 – B 14 AS 6/14 R, SozR 4–4200 § 22 Nr. 84).
457 BSG 29.4.2015 – B 14 AS 6/14 R, SozR 4–4200 § 22 Nr. 84; 17.2.2016 – B 4 AS 12/15 R, SozR 4–4200 § 22 Nr. 88; zu weitergehenden Ansätzen s. Berlit in: LPK-SGB II § 22 Rn. 109 f.

henden Mehrkostenvorbehalt (§ 9 Abs. 2 SGB XII) unterliegen;[458] für diesen **Mehrkostenvergleich** seien dann Art und Gewicht der Gründe für den Wohnungswechsel auch insoweit, als sie diesen nicht notwendig machen,[459] festzustellen und im Rahmen einer wertenden Betrachtung mit den entstehenden Mehrkosten in Verhältnis zu setzen. Dieser Ansatz überzeugt nicht. Bei tatsächlich vollzogenem Wohnungswechsel ist nach dem **Faktizitätsprinzip** allein auf die Angemessenheit der Aufwendungen für die tatsächlich genutzte Unterkunft abzustellen, wobei für die Angemessenheit der Aufwendungen zwischen Bestands- und Wohnungswechselfällen unterschieden werden kann, und auf eine nicht gerechtfertigte Erhöhung der Unterkunftskosten allein nach den Regelungen über unwirtschaftliches Verhalten (§ 31 Abs. 2 Nr. 2 SGB II/§ 26 Abs. 1 S. 1 Nr. 2 SGB XII) zu reagieren.

VI. Wohnungsbeschaffungs- und Umzugskosten

106 Bei den nicht von den Regel(satz)leistungen umfassten Aufwendungen für die Unterkunft sind die mit einem Wohnungswechsel verbundenen **Transaktionskosten** (**Wohnungsbeschaffungskosten**, die **Mietkaution** und die **Umzugskosten**) hervorgehoben (§ 22 Abs. 6 SGB II/§ 35 Abs. 2 S. 5 und 6 SGB XII). Leistungen für Transaktionskosten setzen die vorherige, schriftformbedürftige[460] Zusicherung des zuständigen Leistungsträgers[461] voraus, der diese erteilen soll, wenn der Umzug durch den Leistungsträger veranlasst oder sonst notwendig ist und wenn ohne die Zustimmung eine Unterkunft in einem angemessenen Zeitraum nicht gefunden werden kann.

107 Das **Zusicherungserfordernis** gebietet über Kenntnisgrundsatz (§ 18 Abs. 1 SGB XII) bzw. Antragsprinzip (§ 37 Abs. 1 SGB II) hinaus grundsätzlich eine positive Übernahmeentscheidung vor vertraglicher Begründung der zu übernehmenden Aufwendungen[462] und ist Anspruchsvoraussetzung,[463] auf die nur bei treuwidriger Vereitelung fristgerecht möglicher Entscheidung verzichtet werden kann.[464] Bei Beratungsmängeln kommt eine Anwendung des sozialrechtlichen Herstellungsanspruchs[465] oder eine Ermessensreduktion wegen treuwidrigen Verhaltens[466] in Betracht. Die **Zusicherung** ist **Verwaltungsakt** iSd §§ 31, 34 SGB X.[467] „Vorherig" ist sie, wenn sie vor Entstehung bzw. Fälligkeit der jeweiligen Kosten erteilt worden ist.[468] In einem Zusicherungsantrag sind neben der

---

458 BVerwGE 97, 110 (114); sa HmbOVG 16.1.1990 – Bs IV 256/89, FEVS 39, 356; 24.11.1994 – Bs IV 210/94, ZfF 1996, 227; 30.4.1996 – Bs IV 120/96, NDV-RD 1996, 97; NdsOVG 10.2.1987 – 4 B 283/86, FEVS 36, 291.

459 ZB ein anderweitig nicht behebbarer Konflikt mit anderen Hausbewohnern (OVG NRW 16.7.1997 – 8 B 369/97, info also 1998, 138) oder Wohnungsmängel (NdsOVG 18.6.1985 – 4 B 100/84, FEVS 36, 332), der Wunsch nach einer kind- (NdsOVG 10.2.1987 – 4 B 283/86, FEVS 36, 291) bzw. zeitgerechten Ausstattung mit Sanitäranlagen (NdsOVG 12.7.1994 – 4 M 3069/94, FEVS 45, 386) oder Heizmöglichkeit (OVG Hmb 16.1.1990 – Bs IV 256/89, FEVS 39, 356).

460 BSG 17.12.2014 – B 8 SO 15/13 R, FEVS 66, 538.

461 Für Umzugskosten ist grundsätzlich der Träger des Wegzugsortes örtlich zuständig (BVerwG 5.3.1998 – 5 C 12.97, FEVS 48, 433); s.a. § 22 Abs. 6 Satz 1 SGB II.

462 S. zu § 3 Abs. 1 RegelsatzVO aF OVG NRW 8.9.1994 – 24 E 686/94, FEVS 45, 469.

463 LSG NRW 26.11.2009 – L 19 B 297/09 AS ER, info also 2010, 126; offen gelassen durch BSG 15.11.2012 – B 8 SO 25/11 R, SozR 4-3500 § 35 Nr. 3.

464 BSG 6.5.2010 – B 14 AS 7/09 R, SozR 4-4200 § 22 Nr. 37; SG Dresden 6.6.2006 – S 23 AS 838/06 ER; SchlHLSG 19.1.2007 – L 11 B 479/06 AS PKH, FEVS 58, 376; SG Duisburg 28.1.2008 – S 29 AS 123/07 ER; 13.9.2007 – S 7 AS 77/05; sa – für den Fall einer unzureichenden Zusammenarbeit von bisherigem und neuem Grundsicherungsträger – LSG NRW 22.10.2007 – L 7 B 260/07 AS ER.

465 SG Lüneburg 9.11.2006 – S 25 AS 163/06, info also 2007, 77 (Mietkaution).

466 SächsLSG 29.9.2008 – L 2 B 611/08 AS-ER.

467 Berlit in: LPK-SGB II § 22 Rn. 212.

468 SG Dresden 1.3.2006 – S 23 AR 122/05 AS-PKH; BayLSG 27.6.2005 – L 11 B 213/05 SO ER; LSG NRW 26.11.2009 – L 19 B 297/09 AS ER, info also 2010, 126; LSG NRW 26.2.2013 – L 9 SO 437/12 B; BayLSG 24.9.2014 – L 8 SO 95/14, FEVS 66, 403; LSG Nds-Brem 7.9.2007 – L 9 AS 489/07; LSG Bln-Bbg 25.1.2011 – L 14 AS 2337/10 B ER; SächsLSG 19.7.2016 – L 3 AS 611/16 B PKH, NZS 2016, 914.

Umzugsankündigung selbst der Ort der neuen Wohnung sowie die für die neue Wohnung und den Umzug anfallenden Kosten zu benennen.[469]

Bei einem notwendigen Umzug sollen notwendige Transaktionskosten übernommen werden. **Notwendig** ist ein bestimmter Umzug nicht schon dann, wenn der Auszug aus der bisherigen Unterkunft, etwa zur Senkung der Aufwendungen, angezeigt ist, sondern erst dann, wenn der **Einzug in eine kostenangemessene Unterkunft** erfolgt;[470] es ist auch bei notwendigem Auszug jedenfalls ermessensgerecht, den Einzug in eine kostenunangemessene Unterkunft nicht durch zusätzliche Leistungen zu unterstützen, bei deren Bezug über kurz oder lang wegen Mietrückständen Wohnungslosigkeit (§ 22 Abs. 8 SGB II/ § 36 SGB XII) und ein neuerlicher Umzug drohen. Transaktionskosten können aber auch bei einem existenzsicherungsrechtlich bloß sinnvollen Umzug übernommen werden, soweit die anfallenden (einmaligen und die Veränderungen bei den laufenden) Kosten nach Art und Höhe in einem angemessenen Verhältnis zur **Dringlichkeit des Umzugswunsches** stehen. **108**

Ob ein **Umzug notwendig** ist, bestimmt sich danach, ob er nicht nur lediglich sinnvoll oder wünschenswert ist, sondern für ihn ein plausibler, nachvollziehbarer und verständlicher Grund vorliegt, von dem sich auch ein Nichtleistungsberechtigter leiten lassen würde.[471] Dies ist in der Rechtsprechung in verschiedenen **Fallkonstellationen**[472] erwogen bzw. anerkannt worden. **109**

Ist der Umzug **durch den kommunalen Träger/Sozialhilfeträger „veranlasst"** worden, indem dieser (bzw. das Jobcenter) den Leistungsberechtigten zur Senkung der Unterkunftskosten aufgefordert oder sonst ausdrücklich oder konkludent final auf einen Wohnungswechsel hingewirkt hat,[473] ist er ebenso notwendig wie in Fällen, in denen er zur Senkung der Unterkunftskosten[474] oder wegen der **Annahme einer Arbeitsstelle** an einem anderen Ort außerhalb des Tagespendelbereichs angezeigt ist;[475] nicht ausreichend ist die – vage – Hoffnung auf eine Verbesserung der Arbeitsmarktposition.[476] **110**

Erforderlich ist der Umzug auch dann, wenn durch die bisherige Unterkunft der **Unterkunftsbedarf** der Bedarfsgemeinschaft **nicht (mehr) hinreichend gedeckt** werden kann, zB wegen baulicher Mängel,[477] bei denen Abhilfeversuche rechtlich oder tatsächlich nicht möglich, fehlgeschlagen oder wegen der Dauer oder des Umfangs der Beseitigungsmaßnahmen nicht zumutbar sind,[478] für die Versorgung eines Kleinkindes unzureichender sanitärer oder Beheizungsverhältnisse,[479] für Familie zu beengte Wohnverhältnisse,[480] gravierender Beeinträchtigungen der Entwicklung eines Kindes wegen Nutzung eines gemeinsamen Kinderzimmers,[481] der (bevorstehenden) Geburt eines Kin- **111**

---

469 LSG BW 21.1.2019 – L 1 AS 4370/18 ER-B.
470 LSG BW 30.7.2008 – L 7 AS 2809/08 ER-B; 20.12.2012 – L 7 SO 1686/10; LSG Nds-Brem 7.9.2007 – L 9 AS 489/07 ER; LSG Bln-Bbg 25.1.2011 – L 14 AS 2337/10 B ER; HessLSG 6.11.2013 – L 4 SO 166/13 B ER; aA LSG LSA 27.11.2012 – L 5 AS 902/12 B ER, ZFSH/SGB 2013, 225; BSG 6.8.2014 – B 4 AS 37/13 R, FEVS 66, 348.
471 OVG Brem 24.11.2008 – S2 B 558/08; SächsLSG 4.3.2011 – L 7 AS 753/10 B ER; 21.6.2012 – L 3 AS 828/11; LSG BW 8.12.2009 – L 2 AS 4587/09; LSG Bln-Bbg 25.9.2009 – L 32 AS 1758/08.
472 Sa Šušnjar in: GK-SGB II § 22 Rn. 225 ff., 353; Geiger 2017 (Lit.), 280 ff.
473 SG Dresden 6.6.2006 – S 23 AS 838/06 ER.
474 SächsLSG 5.4.2012 – L 7 AS 425/11 B ER.
475 SG Frankfurt/M. 18.1.2006 – S 48 AS 20/06 ER, ZfSH/SGB 2006, 342.
476 SG Schwerin 19.10.2005 – S 11 AS 286/05.
477 NdsOVG 18.6.1985 – 4 B 199/84, FEVS 36, 332 (Feuchtigkeit); LSG Bln-Bbg 21.7.2008 – L 26 B 807/08 AS ER (Schimmelbildung); SG Cottbus 12.3.2018 – S 24 AS 1811/16, info also 2018, 223.
478 SächsLSG 16.4.2008 – L 3 B 136/08 AS-ER.
479 NdsOVG 10.2.1987 – 4 B 283/86, FEVS 36, 291; SächsLSG 22.12.2009 – L 2 AS 711/09 B ER.
480 LSG Bln-Bbg 27.1.2008 – L 5 B 2010/08 AS ER.
481 LSG Nds-Brem 11.10.2007 – L 7 AS 623/07 ER – ASR 2008, 91: s. aber SächsLSG 4.3.2011 – L 7 AS 753/10 B ER (Zumutbarkeit gemeinsames Kinderzimmer für zwei Kinder im Vorschulalter).

des,[482] der weiteren Verschlechterung bereits bei Anmietung grenz- oder unterwertiger Wohnstandards[483] oder einer Summierung unterwertiger Wohnverhältnisse,[484] durch den **Wunsch** nach einer **eigenen Wohnung** veranlasst ist, von dem sich auch ein Nichtleistungsberechtigter leiten lassen würde.[485]

112 Eine weitere Fallgruppe bilden Umzüge, die aus **gesundheitlichen**[486] bzw. **dringenden persönlichen Gründen** erzwungen werden,[487] ebenso bei gewichtigen familiären Gründen.[488] Dies kann auch der Fall sein, wenn durch sonstige **untragbare Zustände in der bisherigen Wohnung**, zB durch einen nicht behebbaren Konflikt mit anderen Hausbewohnern[489] mehr als punktueller Natur[490] nach Scheitern zumutbarer „Befriedungsmaßnahmen",[491] motiviert war.

113 Erforderlich ist ein Umzug auch, wenn der Leistungsberechtigte kein Nutzungsrecht mehr an der bisherigen Unterkunft hat, zB der bisherige **Hauptmieter** die Wohnung **kündigt** und der bisherige Untermieter kein eigenes Nutzungsrecht mehr an der Wohnung hat,[492] oder die **Räumung** oder sonst der Verlust der Wohnung bevorsteht, was nicht schon allein wegen fristloser Kündigung des Mietvertrages wegen Mietrückständen der Fall ist.[493]

114 Liegen die Gründe in Unzulänglichkeiten der Wohnung (zB längerer Baulärm; Gesundheitsgefahren durch Schimmelbefall), hat der Leistungsberechtigte sich regelmäßig bei dem Vermieter um deren Beseitigung zu bemühen und mietvertragliche Gewährleistungsrechte auszuüben.[494] Auch sonst ist der Umzug nicht erforderlich, wenn der den **Umzug auslösende Grund zumutbar beseitigt** oder das mit dem Umzug verfolgte Ziel zumutbar auf andere Weise als durch einen Umzug erreicht werden kann.[495] Es ist jeweils zu prüfen, ob die der Art nach einen Umzug rechtfertigenden Gründe im Einzelfall so gewichtig sind, dass sie mehr oder minder nachvollziehbare Gründe unterhalb der Erforderlichkeitsschwellen überschreiten.[496]

115 Die weitere Regelübernahmevoraussetzung, dass ohne die Zusicherung zur Übernahme der Transaktionskosten eine **Unterkunft in einem angemessenen Zeitraum nicht gefun-**

---

482 LSG Bln-Bbg 24.8.2007 – L 28 B 1389/07 AS ER, ZfSH/SGB 2007, 667; LSG MV 7.5.2009 – L 8 AS 87/08; sa SG Dresden 2.8.2007 – S 10 AS 1957/07 ER, ZfSH/SGB 2007, 680.

483 LSG LSA 31.3.2011 – L 5 AS 359/10 B ER (fehlende Abgeschlossenheit, keine Zentralheizung, kein eigenes Bad); SächsLSG 12.11.2012 – L 7 AS 315/12 B PKH (mangelhafte Beheizungsmöglichkeit).

484 SG Berlin 4.11.2005 – S 37 AS 10013/05 ER; SächsLSG 22.12.2009 – L 2 AS 711/09 B ER.

485 ZB Umzug aus einem Studentenwohnheim in eine eigene Wohnung (LSG Bln-Bbg 30.11.2007 – 32 B 1912/07 AS ER, ZfSH/SGB 2008, 93), der Auszug aus einer Obdachlosenunterkunft (LSG NRW 26.11.2009 – L 19 B 297/09 AS ER, info also 2010, 126) oder Erreichen des 25. Lebensjahres, mit dem ohne besondere zusätzliche Gründe der Wunsch anzuerkennen ist, aus dem Elternhaus auszuziehen (LSG MV 22.7.2008 – L 10 B 203/08; 19.5.2014 – L 4 AS 169/14 B ER).

486 BayVGH 29.3.1976 – 316 III 75, FEVS 24, 284; LSG Bln-Bbg 28.11.2008 – L 29 B 1944/08 AS ER; SächsLSG 16.4.2008 – L 3 B 136/08 AS-ER; BSG 24.11.2011 – B 14 AS 107/10 R.

487 ZB Bedrohung durch den Partner (SG Berlin 26.4.2005 – S 37 AS 801/05 ER; SG Lüneburg 9.11.2006 – S 25 AS 163/06, info also 2007, 77 [mit zust. Anm. Spindler info also 2007, 81]); Ort besonderer medizinischer Behandlung (SG Schwerin 1.5.2005 – S 10 ER 29/05 AS); Zerbrechen einer Wohngemeinschaft (SG Lüneburg 19.8.2005 – S 24 AS 472/05 ER), persönliche Pflege eines nahen Angehörigen (SG Berlin 6.9.2005 – S 37 AS 8025/05 ER) bzw. Trennung/Scheidung (SächsLSG 27.12.2012 – L 3 AS 943/12 B PKH).

488 SG Berlin 28.6.2007 – S 106 AS 4730/07 (Zuzug an den Wohnort des mit sorgeberechtigten Kindesvaters unter Verbesserung der Betreuungssituation); HessLSG 19.3.2009 – L 7 AS 53/09, ZfSH/SGB 2009, 423; LSG Bln-Bbg 5.2.2008 – L 10 B 2193/07 AS ER (Zusammenziehen von Eheleuten).

489 LSB Bln-Bbg 3.6.2007 – L 28 B 676/07 AS ER.

490 SächsLSG 25.1.2010 – L 3 AS 700/09 B ER.

491 SG Berlin 25.5.2007 – S 63 AS 10511/07 ER.

492 SG Dortmund 20.10.2008 – S 31 AS 282/07.

493 SächsLSG 25.1.2010 – L 3 AS 700/09 B ER.

494 LSG NRW 10.2.2010 – L 7 B 424/09 AS.

495 SächsLSG 25.1.2010 – L 3 AS 700/09 B ER; LSG BW 21.7.2009 – L 1 AS 1949/09.

496 LSG BW 25.3.2009 – L 2 AS 302/09.

den werden kann, passt von vornherein nicht auf Umzugskosten[497] im engeren Sinne und ist nicht auf Fälle bestehender Unterkunftslosigkeit beschränkt. Die erforderliche Prognose unterliegt in vollem Umfange der richterlichen Kontrolle und hängt von der maßgeblichen örtlichen Wohnungsmarktlage, der Dringlichkeit des veranlassten oder sonst notwendigen Umzuges und nach dem Individualisierungsgrundsatz auch davon ab, inwieweit die Leistungsberechtigten auf dem Wohnungsmarkt auf besondere Akzeptanzprobleme stoßen, die nicht anderweitig, etwa durch persönliche Hilfe des Leistungsträgers überwunden werden können.

Der Begriff **Wohnungsbeschaffungskosten** ist weit auszulegen und kann alle Aufwen- **116** dungen umfassen, die mit dem Finden und Anmieten der Wohnung verbunden sind.[498] In Betracht kommen etwa **Maklergebühren** für den Nachweis einer neuen Unterkunft,[499] eine dem Vermieter geschuldete **Abwicklungsgebühr,**[500] Kosten für **Wohnungsanzeigen**[501] oder – bei notwendigem Umzug an einen weiter entfernten Ort – Kosten für Wohnungsbesichtigungsfahrten; ihnen sind aber auch – soweit ausnahmsweise erforderlich – der Höhe nach angemessene „**Abstandszahlungen**" an den Vormieter zuzurechnen,[502] wenn andernfalls binnen angemessener Frist keine bedarfsdeckende Unterkunft angemietet werden kann. Die Übernahme von Kommunikationskosten für Kontakte mit möglichen Vermietern oder für Internetrecherchen ebenso wie die Beschaffung einer Zeitung mit Wohnungsmarktanzeigen kann mangels strikten Rechtsanspruchs ermessensfehlerfrei auch bei notwendigem Umzug versagt werden, soweit sie einen gewissen Umfang nicht überschreiten. Kosten einer ortsüblichen und auch sonst notwendigen Einzugsrenovierung sind reguläre Unterkunftskosten.[503] Sind hinreichend nicht maklergebundene Wohnungen, die allerdings den gesetzlen Angemessenheitsgrenzen entsprechen müssen, auf dem Markt erreichbar, besteht regelmäßig[504] kein Anspruch auf **Einschaltung eines Maklers,**[505] und zwar auch dann nicht, wenn damit wesentliche Teile des Wohnungsbestandes aus dem Suchbereich des Leistungsberechtigten ausscheiden. Maklerlohn ist nur ausnahmsweise zu übernehmen, wenn die Beauftragung eines Maklers zum Finden und Anmieten einer angemessenen Wohnung unvermeidbar ist.[506] Können bei einem notwendigen Wohnungswechsel[507] die Mietzeiträume wegen der Dringlichkeit des Auszuges,[508] der Kündigungsfristen oder notwendiger Renovierungsarbeiten nicht nahtlos aufeinander abgestimmt werden, können zumutbar nicht abwendbare **doppelte Mietaufwendungen** („Überschneidungskosten") bei der gebotenen weiten Auslegung der Normen nach vorheriger Zustimmung als Wohnungsbe-

---

497 LSG NRW 26.2.2013 – L 9 SO 437/12 B.
498 BSG 16.12.2008 – B 4 AS 49/07 R, SozR 4–4200 § 22 Nr. 16; 18.2.2010 – B 4 AS 28/09 R, FEVS 62, 6; Šušnjar in: GK-SGB II § 22 Rn. 336; Geigerr 2017 (Lit.), 325 ff.
499 OVG NRW 8.9.1994 – 24 E 686/94, FEVS 45, 469; SG Frankfurt/M. 31.3.2006 – S 48 AS 123/06 ER, ZfSH/SGB 2006, 609.
500 SG Hamburg 12.8.2005 – S 53 AS 806/05 ER.
501 SG Reutlingen 17.3.2008 – S 12 AS 2364/06 (Übernahme erst nach längeren vergeblichen Suchaktivitäten).
502 VGH BW 8.11.1995 – 6 S 3140/94, FEVS 46, 287.
503 BSG 16.12.2008 – B 4 AS 49/07 R, FEVS 60, 529; LSG NRW 28.9.2018 – L 21 AS 51/18 B.
504 Differenzierend SG Dresden 6.6.2006 – S 23 AS 838/06 ER.
505 VG Bremen 4.5.2005 – S4 V 563/05.
506 BSG 18.2.2010 – B 4 AS 28/09 R, FEVS 62, 6; LSG BW 30.7.2008 – L 7 AS 2809/09 ER-B; BayLSG 16.7.2009 – L 11 AS 144/08.
507 SG Aachen 24.2.2015 – S 20 SO 132714; SG Augsburg 20.3.2014 – S 3 SO 79/13; sa DV NDV 2017, 137.
508 SG Aachen 1.2.2008 – S 6 AS 12/08 ER, ASR 2008, 93; SG Braunschweig 9.4.2014 – S 49 AS 1851/12 (Umzug in Frauenhaus).

schaffungskosten übernommen werden.[509] Der Leistungsberechtigte hat sich zu bemühen, möglichst nahtlos zum Ablauf der Kündigungsfrist des bisherigen Mietverhältnisses eine andere angemessene Unterkunft zu finden bzw. anzumieten und eine Doppelmiete zu vermeiden.[510] Keine berücksichtigungsfähigen Überschneidungskosten für die ursprünglich bewohnte Mietwohnung entstehen beim Wechsel in eine stationäre Einrichtung, wenn die Wohnung nicht gekündigt wurde und fortan nur noch allein durch einen Dritten (hier: Enkel) bewohnt wird.[511]

117   Bei Mietwohnungen verlangen die Vermieter regelmäßig die Gestellung einer **Mietsicherheit**. Bei mietrechtskonformer Ausgestaltung[512] wird sie als Zugangsvoraussetzung zu einer Unterkunft regelmäßig[513] darlehensweise mit der Maßgabe zu übernehmen sein,[514] dass der Leistungsberechtigte zur Darlehenssicherung einen **Kautionsrückzahlungsanspruch** an den Leistungsträger abtritt.[515] Der bei hohem Wohnungsüberhang und breitem Angebot kautionsfreier Wohnungen in Betracht kommende Verweis allein auf Unterkünfte, die unabhängig von der Gestellung einer Mietsicherheit angeboten werden,[516] kann zu einer unverhältnismäßigen **Beschränkung des Such- und Mietbereichs** auf ein zu kleines Wohnungsmarktsegment führen und lässt die Ausgrenzung aus der Gemeinschaft befürchten.[517] Der Vermieter ist nicht verpflichtet, sich anstelle der Mietsicherheit auf eine Mietübernahmebescheinigung[518] oder andere vom Leistungsträger angebotene Sicherungsformen[519] einzulassen; aus Sicht der Vermieter leiden sie daran, dass Streitigkeiten aus solchen Mietübernahmeerklärungen[520] regelmäßig[521] auf dem Sozialrechtsweg auszutragen sind,[522] sie grundsätzlich keinen eigenen Zahlungsanspruch des Vermieters gegen den Leistungsträger begründen[523] und regelmäßig auf die Dauer der Hilfebedürftigkeit beschränkt sind.[524] Der Mietkaution entspricht die (darlehensweise) Übernahme von Aufwendungen für den Erwerb von Pflichtanteilen an einer Wohnungsbaugenossenschaft oder deren Aufstockung (s. nunmehr § 22 Abs. 6

---

509   NdsOVG 25.10.2001 – 4 MA 2958/01, FEVS 53, 247; VGH BW 8.6.1999 – 7 S 458/99, FEVS 51, 127; SG Frankfurt/M. 19.1.2006 – S 48 AS 21/06 ER; LSG NRW 23.9.2009 – L 19 B 39/09 AS; SG Dresden 15.8.2005 – S 23 AS 692/05 ER; LSG Bln-Bbg 10.1.2007 – L 5 B 1221/06 AS ER; SG Berlin 30.11.2007 – S 102 AS 26026/07 ER; aA etwa LSG NRW 13.9.2018 – L 6 AS 2540/16 (bei Unvermeidbarkeit Zuordnung zu § 22 Abs. 1 SGB II).

510   SG Aachen 1.2.2008 – S 6 AS 12/08 ER – ASR 2008, 93.

511   BSG 12.5.2017 – B 8 SO 23/15 R, FEVS 69, 154; LSG NRW 22.6.2015 – L 20 SO 103/13.

512   Dazu Antoni WuM 2006, 359.

513   Zu einem Ausnahmefall s. SchlHLSG 16.9.2015 – L 6 AS 180/15 B ER, ZfSH/SGB 2016, 105 (Kaution ist seit zwei Jahren fällig, Nichtzahlung rechtfertigt nicht die fristlose Kündigung); Hammel ZfF 2018, 127.

514   LSG Bln-Bbg 24.4.2006 – L 25 B 119/06 AS ER; SG Bremen 12.5.2009 – S 23 AS 779/09 ER; sa Hammel ZfSH/SGB 2006, 521.

515   Zur Übernahme allg. Hammel ZfSH/SGB 2006, 521; Ruff WuM 2005, 177.

516   SächsLSG 28.2.2008 – L 2 AS 111/07.

517   NdsOVG 2.2.2000 – 4 M 4713/99, FEVS 51, 477.

518   S. Otto ZfF 1988, 243.

519   Dazu Ruff ZfSH/SGB 2003, 202.

520   Dagegen sind Erklärungen, mit denen sich Sozialhilfeträger nach § 554 Abs. 2 Nr. 2 S. 1, 2. Alternative BGB dem Vermieter gegenüber zur Befriedigung hinsichtlich fälliger Mietzinsen verpflichten, auch dann im Verhältnis zum Vermieter zivilrechtlicher Natur, wenn damit dem Leistungsberechtigten Hilfe nach § 15 a BSHG (§ 22 Abs. 5 SGB II/§ 34 SGB XII) gewährt wird; s. BVerwGE 94, 229.

521   Anderes gilt nur bei eindeutiger und zweifelsfreier Zuordnung zum Privatrecht (zB als Bürgschafts- oder Garantieversprechen, befreiende Schuldübernahme oder Schuldmitübernahme; s. dazu OVG Bln 20.10.1983 – 6 B 4/83, NJW 1984, 2593 f.; LG Saarbrücken 18.9.1987 – 11 S 131/86, NJW-RR 1987, 1372; LG Würzburg 20.4.1998 – 4 S 2603/87, NJW-RR 1988, 1483; zum Rechtsweg in solchen Fällen s. BSG 12.4.2018 – B 14 SF 1/18 R) und in Fällen, in denen der Leistungsträger selbst zum Vermieter in privatrechtliche Beziehungen getreten ist.

522   BVerwGE 96, 71; VGH BW 22.7.1991 – 6 S 2754/89, NDV 1991, 393; HmbOVG 16.1.1990 – Bs IV 256/89, FEVS 39, 356.

523   OVG NRW 17.10.2000 – 22 A 5519/98, FEVS 52, 303; BVerwGE 96, 71; OVG Brem 14.11.1989 – 2 BA 26/89, FEVS 39, 237.

524   VGH BW 22.7.1991 – 6 S 2754/89, NDV 1991, 393; BVerwGE 96, 71.

SGB II).[525] Im SGB II ist das Mietkautionsdarlehen nunmehr (§ 42 a SGB II) ein solches, zu dessen sofortiger ratenweiser Tilgung eine monatliche Aufrechnung als Leistungsmodalität bei ungekürzter Leistungsbewilligung verfassungsrechtlich statthaft sein soll;[526] im SGB XII verbleibt es bei der bisherigen Rechtslage, dass das Darlehen nicht ratenweise zu tilgen ist.[527]

Kosten eines notwendigen Umzuges gehören zum notwendigen Lebensunterhalt[528] und sind in dem notwendigen Umfang[529] **als Kosten der Unterkunft** zu übernehmen. Umfasst werden alle im Zusammenhang mit und wegen des Umzuges anfallenden, unmittelbar durch diesen veranlassten[530] notwendigen Kosten.[531] Der Leistungsempfänger ist im Rahmen seiner Selbsthilfeobliegenheit regelmäßig gehalten, den **Umzug selbst zu organisieren** und durchzuführen;[532] in diesem Fall gehören zu den notwendigen Umzugskosten insbesondere die Aufwendungen für einen erforderlichen Mietwagen, die Anmietung von Umzugskartons,[533] die Kosten für Verpackungsmaterial und Sperrmüllentsorgung und die üblichen Kosten für die Versorgung mithelfender Familienangehöriger und Bekannter.[534] Kann der Leistungsberechtigte den Umzug nicht selbst vornehmen, etwa wegen Alters, Behinderung, körperlicher Konstitution oder aus sonstigen in seiner Person liegenden Gründen, kommt die Übernahme der Aufwendungen für einen gewerblich organisierten Umzug in Betracht,[535] soweit nicht der Leistungsträger den Umzug zeit- und fachgerecht (zB im Rahmen von Beschäftigungsmaßnahmen) selbst organisiert; dabei können bei der Ermessensentscheidung auch die Höhe der Gesamtaufwendungen (im Verhältnis zur Regelleistung und den Unterkunftskosten) berücksichtigt werden.[536] **118**

Zur Abgrenzung der bei grundsicherungsrechtlicher Notwendigkeit übernahmefähigen Umzugskosten kann ergänzend auf das **Bundesumzugskostengesetz** zurückgegriffen werden. Zu den Umzugskosten rechnen daher auch Aufwendungen für **sonstige „Zusammenhangskosten"**, zB für die Ummeldung und Umstellung von Post- und Telekom- **119**

---

525 LSG Bln-Bbg 11.5.2010 – L 5 AS 25/09, FEVS 62, 331; SächsLSG 29.9.2008 – L 2 B 611/08 AS-ER; NdsOVG 25.7.2002 – 4 LA 145/02, NDV-RD 2003, 32; zur Verwertbarkeit von Genossenschaftsanteilen s. Rips WM 2004, 439 (443 f.).

526 Krit. SG Berlin 30.9.2011 – S 37 AS 24431/11 ER, info also 2011, 275 (mit zust. Anm. Weth info also 2011, 276 f.); sa Berlit ZfSH/SGB 2012, 561; Putz SozSich 2012, 194; Merold ZfSH/SGB 2016, 293; Nikolaus SozSich 2018, 116; für Altfälle verneinend BSG 25.6.2015 – B 14 AS 28/14 R, SozR 4–4200 § 42 a Nr. 1; zu § 42 a SGB II (nF) nunmehr BSG 28.11.2018 – B 14 AS 31/17 R, das Mietkautionsdarlehen nicht generell von der Anrechnung nach § 42 a Abs. 2 SGB II ausnimmt, aber auf die Notwendigkeit und die Möglichkeiten hinweist, eine Unterdeckung existenznotwendiger Bedarfe zu vermeiden.

527 LSG BW 6.9.2006 – L 13 AS 3108/06 ER-B, info also 2007, 119; HessLSG 5.9.2007 – L 6 AS 145/07, info also 2007, 268; BSG 22.3.2012 – B 4 AS 26/10 R, SozR 4–1200 § 46 Nr. 3 (dazu Berlit jurisPR-SozR 18/2012 Anm. 1); sa Weth info also 2007, 104.

528 S. etwa VGH BW 2.9.1994 – 6 S 314/96, FEVS 47, 325; 19.4.1989 – 6 S 3281/88, FEVS 39, 73; NdsOVG 29.5.1986 – 4 A 53/82, FEVS 35, 362.

529 Umfasst sind die Kosten für den Umzug mit dem persönlichen Hab und Gut, die im Rahmen des soziokulturellen Existenzminimums benötigt werden (inkl. Möbel und ein angemessener Umfang persönlicher Literatur), nicht aber 978 Kartons mit Fachliteratur für einen vom Hilfebedürftigen angestrebten Beruf; s. HessLSG 24.1.2012 – L 9 AS 698/11 B ER.

530 BSG 16.12.2008 – B 4 AS 49/07 R, SozR 4–4200 § 22 Nr. 16; 10.8.2016 – B 14 AS 58/15 R, SozR 4–4200 § 22 Nr. 91.

531 BSG 16.12.2008 – B 4 AS 49/07 R, SozR 4–4200 § 22 Nr. 16; 1.7.2009 – B 4 AS 77/08 R, SozR 4–4200 § 23 Nr. 4; nicht umfasst sind Kosten, die anlässlich eines vom Träger der Grundsicherung veranlassten Umzugs durch die Beschädigung eines Mietfahrzeugs entstehen, BSG 6.10.2011 – B 14 AS 152/10 R.

532 BSG 6.5.2010 – B 14 AS 7/09 R, SozR 4–4200 § 22 Nr. 37; 6.10.2011 – B 14 AS 152/10 R, SozR 4–4200 § 22 Nr. 49.

533 BSG 15.11.2012 – B 8 SO 25/11 R, FEVS 64, 481.

534 BSG 6.5.2010 – B 14 AS 7/09 R, SozR 4–4200 § 22 Nr. 37; zu gesonderten Umzugshelfern VG Braunschweig 25.6.1998 – 4 A 4303/97, NDV-RD 1999, 16.

535 SG Dresden 6.6.2006 – S 23 AS 838/06 ER; SG Detmold 17.10.2014 – S 8 SO 237/14, SAR 2015, 28.

536 BSG 6.5.2010 – B 14 AS 7/09 R, SozR 4–4200 § 22 Nr. 37; 29.5.2017 – B 14 AS 137/17 B.

munikationsanschlüssen[537] sowie die notwendige Unterrichtung Dritter.[538] Die Erstherrichtung der neuen Unterkunft durch eine **Einzugsrenovierung** ist systematisch den Unterkunftskosten selbst zuzuordnen.[539] Nicht zu den Umzugskosten gehören weiterhin der Ersatz von bei einem vom Grundsicherungsträger veranlassten Umzug zerstörten Möbeln,[540] Möbelanschaffungskosten, die entstehen, weil die vorhandenen Möbel wegen des Zuschnitts der neuen Wohnung nicht mehr passen und ersatzbeschafft werden müssen[541] oder die Kosten für die Beschaffung und den Anschluss eines (einfachen) E-Herds nach einem Wohnungswechsel.[542]

120 Bei den **Mehrkosten** eines notwendigen Umzugs, die **wegen** einer **nicht notwendigen größeren Entfernung** der neuen Unterkunft zur bisherigen Unterkunft höher sind als grundsicherungsrechtlich nötig, ist zunächst zu prüfen, ob im Verhältnis zum Gewicht der Gründe für die Wahl des entfernteren Zuzugsortes unverhältnismäßige Mehrkosten entstehen (§ 9 Abs. 2 S. 3 SGB XII). Wenn der Leistungsempfänger den überhöhten Teil des Umzugskostenbedarfs aus eigenen freien Mitteln abdeckt, sind jedenfalls die angemessenen Umzugskosten zu übernehmen.[543]

VII. Heizkosten

121 **Leistungen für die Heizung** sind ebenfalls in tatsächlicher Höhe zu erbringen, soweit diese angemessen sind (§ 22 Abs. 1 SGB II/§ 35 Abs. 4 SGB XII). Es ist nicht zwischen einmaligen und laufenden Leistungen zu unterscheiden. Umfasst werden insbes. die regelmäßigen **Vorauszahlungen** an Vermieter bzw. Energie- oder Fernwärmeversorgungsunternehmen (inkl. Grund- und Zählergebühren) für die „Winterfeuerung", eine bei Abrechnung nach Ablauf der Heizperiode errechnete **Nachzahlung**,[544] sowie die Aufwendungen für die periodische Beschaffung von Heizöl oder Kohlen für eine selbstbetriebene Heizungsanlage[545] sowie deren Wartung und Instandhaltung. Bei einheitlichen Energiekostenvorauszahlungen sind die bereits durch die Regelleistungen abgegoltenen **Kosten für Kochenergie, Beleuchtung und den Betrieb elektrischer Geräte** herauszurechnen; Stromkosten für den Betrieb einer Heizungsanlage gehören indes zu den übernahmefähigen Heizkosten.[546] Ihre Höhe darf nach § 202 SGG/§ 287 Abs. 2 ZPO geschätzt werden[547] und wird nach Erfahrungswerten höchstens 5% der Brennstoffkosten betragen.[548]

122 Die Höhe der laufenden Leistungen ergibt sich aus den Festsetzungen im Mietvertrag (inkl. Anpassung nach Maßgabe von Nebenkostenabrechnungen) bzw. den Vorauszah-

---

537 BSG 10.8.2016 – B 14 AS 58/15 R, SozR 4–4200 § 22 Nr. 91 (Telefon- und Internetanschluss).
538 BSG 10.8.2016 – B 14 AS 58/15 R, SozR 4–4200 § 22 Nr. 91 (Postnachsendeauftrag); sa Berlit NDV 2006, 5 (24).
539 BSG 16.12.2008 – B 4 AS 49/07 R, SozR 4–4200 § 22 Nr. 16; LSG NRW 15.7.2009 – L 7 B 167/09 AS.
540 LSG Nds-Brem 4.9.2008 – L 13 AS 518/06.
541 SG Aachen 13.2.2007 – S 9 AS 151/06 ER (auch für übernahmefähige Anpassungskosten); LSG NRW 15.7.2009 – L 7 B 167/09 AS (Küchenarbeitsplatte; Jalousien).
542 LSG LSA 18.12.2008 – L 2 B 449/08 AS ER (Erstausstattung nach § 23 Abs. 3 Nr. 1 SGB II [aF]).
543 BVerwG 26.3.1999 – 5 B 65.98, FEVS 51, 49.
544 BayVGH 12.12.1980 – Nr. 673 XII 78, FEVS 31, 353; OVG NRW 17.10.1986 – 8 A 1333/85, FEVS 36, 373.
545 BSG 16.5.2007 – B 7 b AS 40/06 R, FEVS 58, 481.
546 BSG 26.5.2010 – B 4 AS 7/10 B; 7.7.2011 – B 14 AS 51/10 R, SGb 2012, 428 (mit Anm. Derksen SGb 2012, 430); 7.7.2011 – B 14 AS 51/10 R, FEVS 63, 337; 3.12.2015 – B 4 AS 47/14 R, SozR 4–4200 § 22 Nr. 87; aA SG Hannover 24.7.2015 – S 4 SO 443/12, ZfF 2015, 260 (Betriebsstrom einer Gastherme durch Regelsatzleistungen abgegolten).
547 BSG 3.12.2015 – B 4 AS 47/14 R, SozR 4–4200 § 22 Nr. 87; sa LSG LSA 3.1.2011 – L 5 AS 423/09 B ER; 22.11.2012 – L 5 AS 83/11; LSG Nds-Brem 10.7.2012 – L 7 AS 988/11 ZVW; LSG BW 2.3.2011 – L 2 SO 4920/09.
548 LSG BW 25.3.2011 – L 12 AS 2404/08; aA BayLSG 7.10.2013 – L 7 AS 644/13 B ER (Rückgriff auf Werte der Regelbedarfsbemessung).

lungsfestsetzungen der Energie- bzw. Fernwärmeversorgungsunternehmen, für die eine Vermutung der Angemessenheit streitet, soweit nicht konkrete Anhaltspunkte für ein unwirtschaftliches und damit unangemessenes Heizverhalten vorliegen.[549] Solche Anhaltspunkte, die eine nähere Prüfung erfordern, können sich auch aus gravierenden Abweichungen von Erfahrungs- und Richtwerten ergeben.[550] Für die Heizkosten ist unbestritten, dass sie in angemessener Höhe auch dann zu übernehmen sind, wenn die Gesamtaufwendungen wegen eines **unwirtschaftlichen Heizverhaltens** der Leistungsempfänger unangemessen hoch sind.

Die **Angemessenheit der Heizkosten** hängt auch bei sparsamem Umgang mit Heizenergie von zahlreichen Faktoren ab, die überwiegend nicht zur kurzfristigen Disposition der Leistungsberechtigten stehen, zB Lage und Bauzustand der Wohnung (Lage im Gebäude [zB Erdgeschoss-, Eck- oder Dachgeschosswohnung]; Geschosshöhe; Wärmeisolierung [auch bei Fenstern]), Heizungsanlage (Preisniveau genutzter Energieträger; Wirkungsgrad; Wartungszustand) und meteorologische Daten (allgemeine Klimalage; Zahl der Heiztage; absolute Außentemperaturen);[551] die von der Zahl der Haushaltsangehörigen abhängige Größe der Unterkunft sowie ein durch besondere persönliche Verhältnisse (Alter, Behinderung; „Krabbelkind") bedingter Wärmebedarf kommen hinzu.[552] Dies erschwert nachhaltig die Feststellung, wann Heizkosten „angemessen" sind.[553] Auch die in der Praxis gebildeten, quadratmeterbezogen Richtwerte[554] können nur Anhaltspunkte bilden, die nach Maßgabe der **Besonderheiten des Einzelfalls** anzupassen sind.[555] Beim Vergleich mit dem Verbrauchsverhalten erwerbstätiger Personen oder dem wohnflächenbezogenen durchschnittlichen Verbrauch in einem zentral beheizten Mehrfamilienhaus[556] ist zudem zu beachten, dass sich Leistungsberechtigte regelmäßig länger, weil auch tagsüber in der eigenen Wohnung aufhalten. Ohne konkrete Anhaltspunkte für unwirtschaftliches Heizverhalten nicht zulässig ist eine **Kürzung auf** die als angemessen erachteten **Richtwerte**[557] oder – im SGB II jenseits des § 22 a Abs. 2 SGB II – eine abgeltende Pauschalierung.[558] **123**

Die gesetzlich vorgesehene **abgeltende Pauschalierung von Heizkosten** erfordert in der Sozialhilfe die Berücksichtigung der persönlichen und familiären Verhältnisse, der Größe und Beschaffenheit der Wohnung, der vorhandenen Heizmöglichkeiten und der örtlichen Gegebenheiten (§ 35 Abs. 4 SGB XII); an diesen Voraussetzungen hat sich auch eine nach § 22 a Abs. 2 SGB II ermöglichte Pauschalierung durch kommunale Satzung zu orientieren. Eine hinreichend differenzierte Pauschalenbildung mit **empirisch abgesicherten Eingangswerten**[559] unter zutreffender Zuordnung der genutzten Unterkunft re- **124**

---

549 LSG Nds-Brem 15.12.2005 – L 8 AS 427/05 ER, FEVS 57, 476; 31.3.2006 – L 7 AS 343/05 ER; LSG NRW 28.9.2005 – L 19 B 68/05 AS ER; ThürLSG 7.7.2005 – L 7 AS 334/05 ER.
550 BayLSG 12.12.2007 – L 7 B 886/07 AS ER, ZfSH/SGB 2008, 672; LSG Nds-Brem 20.11.2007 – L 13 AS 125/07, FEVS 59, 237; sa Spindler info also 2007, 61 (63).
551 Sa IWU-Gutachten 2017 (Lit.), 42 f.
552 Sa Geiger 2017 (Lit.), 240; sa BSG 20.8.2009 – B 14 AS 65/08 R, SozR 4–4200 § 22 Nr. 26; 12.6.2013 – B 14 AS 60/12 R, FEVS 65, 296.
553 Zur Überschlagsberechnung unter Nutzung von www.co2online.de s. BSG 2.7.2009 – B 14 AS 36/08 R, SozR 4–4200 § 22 Nr. 23; SG Lüneburg 28.6.2006 – S 25 AS 534/06 ER.
554 Vgl. Schulte-Loh ZfF 1984, 216; zur Heranziehung der Richtwerte für landeseigene Dienstwohnungen s. VG Sigmaringen 4.2.1999 – 2 K 1202/97, info also 2000, 44; zu den Empfehlungen des Deutschen Vereins aus dem Jahre 1990 SG Kassel 9.3.2005 – S 21 AS 11/05 ER, ASR 2005, 65 (Ls.).
555 SG Lüneburg 29.1.2007 – S 24 AS 17/07 ER; SG Oldenburg 31.10.2005 – S 47 AS 256/05; SG Berlin 10.1.2006 – S 37 AS 1070/05 ER; SG Lüneburg 13.2.2006 – S 25 AS 53/06 ER, info also 2006, 179.
556 SG Dortmund 19.11.2007 – S 32 AS 114/07, ZfSH/SGB 2008, 40, 103.
557 LSG Nds-Brem 15.12.2005 – L 8 AS 427/05 ER, FEVS 57, 476; 31.3.2006 – L 7 AS 343/05 ER.
558 BSG 22.9.2009 – B 4 AS 70/08 R; HessLSG 5.9.2007 – L 6 AS 145/07 ER, info also 2007, 268; BayLSG 25.1.2008 – L 7 AS 93/07; LSG RhPf 4.10.2006 – L 3 ER 148/06 AS, FEVS 58, 219; LSG Nds-Brem 20.11.2007 – L 13 AS 125/07, FEVS 59, 237.
559 Zu möglichen Ansätzen s. IWU-Gutachten 2017 (Lit.), 234 ff.

duziert die aus dem Bedarfsdeckungsprinzip folgenden Bedenken[560] gegen eine Heizkostenpauschalierung.[561] Bereits das Problem der ungewissen Dauer der Heizperiode erfordert eine **Öffnungsklausel** (oder eine nachträgliche Anpassung),[562] die auch sonst zur Sicherung bedarfsgerechter Leistungen geboten ist.

125 Bei tatsächlich **unangemessenen Heizkosten** sind diese gleichwohl (**übergangsweise**) in tatsächlicher Höhe zu übernehmen,[563] wenn der Einzelne die Unangemessenheit nicht erkennen konnte oder er keine Möglichkeit hatte, diese auf das angemessene Maß zu senken.[564] Jedenfalls dürfen Heizkosten während der „Übergangsfrist" nicht bereits wegen der unangemessenen Größe der Wohnung als unangemessen behandelt werden.[565] Da ein Leistungsberechtigter grundsätzlich berechtigt ist, die gesamte Unterkunft zu beheizen, gilt Entsprechendes bei einer unangemessen großen Unterkunft, deren Kosten übergangsweise in tatsächlicher Höhe zu übernehmen sind.[566] Bei normwertübersteigenden, überhöhten Heizkosten wegen schlechter Isolierung einer – im Übrigen sehr preisgünstigen – Unterkunft ist deren Senkung durch Umzug nicht zuzumuten, wenn dadurch die Leistungen für Unterkunft und Heizung insgesamt steigen würden.[567] Vor einer Leistungsabsenkung bedarf es der Kostensenkungsaufforderung (§ 22 Abs. 1 Satz 3 SGB II). Der Leistungsträger hat zuvor die für überdurchschnittlich erhöhte Heizkosten möglichen Ursachen (zB erheblichen Wohnungsleerstand) zu prüfen und ggf. den Leistungsberechtigten bei der Geltendmachung seiner Ansprüche gegenüber dem Vermieter (auf Mietminderung) zu beraten und zu unterstützen.[568] Eine auch nur übergangsweise Übernahme der tatsächlichen Heizkosten soll auch ohne vorangehende Kostensenkungsaufforderung ausscheiden, wenn sie eklatant unangemessen sind (470 qm Heizfläche für vierköpfige Bedarfsgemeinschaft).[569]

126 Übersteigt bei einem selbstgenutzten Eigenheim die tatsächliche Wohnfläche die abstrakt angemessene Wohnungsfläche, sind die Heizkosten **nicht** nach dem sog **Flächenüberhangprinzip** nur in dem Verhältnis als angemessen anzuerkennen, in dem die abstrakt angemessene Wohnungsfläche zur tatsächlichen Wohnungsfläche steht; vielmehr ist darauf abzustellen, bis zu welcher Höhe Heizkosten für eine Unterkunft der abstrakt angemessenen Größe als noch angemessen anzuerkennen sind.[570] Dabei kann, soweit keine Kommunalen Heizspiegel zur Verfügung stehen, auf den bundesweiten **Heizspiegel**[571] zurückgegriffen werden; der Grenzwert, der unangemessen hohe Heizkosten indiziert, ist das Produkt aus dem Wert, der auf „extrem hohe" Heizkosten bezogen auf den jeweiligen Energieträger und die Größe der Wohnanlage hindeutet (rechte Spalte),

---

560 BSG 12.6.2013 – B 14 AS 60/12 R, FEVS 65, 296.
561 Zur gerichtlichen Beanstandung einer Heizkostenpauschale s. VG Kassel 28.5.2002 – 5 G 906/02, info also 2002, 229.
562 So haben das hohe Energiekostenniveau und die atypisch kalte Witterung für den Winter 2000/2001 sogar zum Gesetz zur Gewährung eines einmaligen Heizkostenzuschusses (BGBl. I 2000, 1846) geführt, das einen aus Bundesmitteln zu finanzierenden, einkommensabhängigen Heizkostenzuschuss vorsah, auf den der Sozialhilfeträger zugreifen konnte (VG Düsseldorf 31.10.2002 – 21 K 7090/01, NDV-RD 2003, 23).
563 BSG 19.9.2008 – B 14 AS 54/07 R, NDV-RD 2009, 27; aA noch BayLSG 19.1.2007 – L 7 AS 184/06; 12.12.2007 – L 7 B 886/07 AS ER, ZfSH/SGB 2008, 672.
564 BSG 19.9.2008 – B 14 AS 54/07 R, NDV-RD 2009, 27; sa SG Berlin 6.3.2006 – S 37 5719/05 ER (Beheizung mit teurem Haushaltsstrom mangels Alternative).
565 BayLSG 14.12.2007 – L 7 AS 162/07; SchlHLSG 21.6.2007 – L 6 AS 6/07, FEVS 59, 332; LSG NRW 8.2.2007 – L 9 AS 14/06, FEVS 59, 122.
566 SG Augsburg 4.10.2005 – S 1 AS 98/05; SG Detmold 27.6.2005 – S 13 AS 20/05 ER; aA SächsLSG 29.5.2008 – L 2 AS 175/07; HessLSG 24.4.2006 – L 9 AS 39/06 ER; 21.3.2006 – L 9 AS 124/05 ER (nur anteilige Berücksichtigung Heizkosten).
567 SG Oldenburg 1.8.2005 – S 46 AS 523/05 ER.
568 LSG LSA 28.9.2015 – L 4 AS 429/15 B ER, FEVS 67, 426.
569 LSG Nds-Brem 28.3.2011 – L 13 AS 82/11 B ER.
570 BSG 2.7.2009 – B 14 AS 33/08 R, SozR 4–4200 § 22 Nr. 25.
571 http://www.heizspiegel.de.

und der für den Haushalt des Hilfebedürftigen abstrakt angemessenen Wohnfläche.[572] Den Grenzwerten aus Heizkostenspiegeln kommt indes nicht die Funktion eines Quadratmeterhöchstwerts für angemessene Aufwendungen zu.[573]

Bei der **unregelmäßigen Selbstbeschaffung des Brennstoffs durch den Hilfesuchenden**, **127** ohne dass hierfür monatlich gleichbleibende Aufwendungen entstehen, ist nach dem BSG auf Zeitpunkt und Höhe der im Außenverhältnis tatsächlich entstehenden Verbindlichkeiten für die Anschaffung des Heizmaterials abzustellen,[574] das eine mehrmonatige Bevorratung mit Heizmaterial auch nicht als systemwidrig sieht.[575] Bei Abstellen auf den Beschaffungsvorgang sind keine Leistungen für bereits vor Eintritt in den Leistungsbezug beschaffte und bezahlte Brennmaterialien zu gewähren.[576] Für den Bevorratungszeitraum ist regelmäßig auf den Bewilligungszeitraum abzustellen; eine weitergehende „Bevorratung" ist dann als sinnvoll anzuerkennen, wenn ein weiterer SGB II-Leistungsbezug hinreichend wahrscheinlich ist.[577] Der Leistungsträger darf den Leistungsberechtigten indes auf eine **periodische, monats- oder quartalsweise Beschaffung** und Abrechnung der Brennstoffkosten verweisen und kann hierauf laufende, ggf. anzusparende Zahlungen leisten; er muss dann aber auch die hiermit verbundenen Mehrkosten tragen und darf die Leistungsberechtigten nicht auf ein Preisniveau „herunterdrücken", das sich bei einer vorausschauenden Brennstoffbewirtschaftung ergäbe.[578] Kein Anspruch auf Gewährung einer einmaligen Leistung als Zuschuss besteht, soweit tatsächlich laufende Heizkostenpauschalen gewährt worden sind, die hätten angespart werden können.[579]

VIII. Sonderregelungen für unter 25-jährige Leistungsberechtigte

Auf das **SGB II** beschränkt sind die **Sonderregelungen für unter 25-jährige Leistungsberechtigte**.[580] Für sie werden bei einem Umzug Unterkunftskosten nur anerkannt, wenn **128** der kommunale Träger dies vorab zugesichert hat und für den Umzug ein wichtiger Grund (schwerwiegende soziale Gründe in der Familie; Arbeitsmarkteingliederung; ähnlich schwerwiegende Gründe) vorliegt. Die zum 1.8.2006 eingefügte Regelung sollte durch den weiteren Verweis auf das „Hotel Mama"[581] einer vermeintlichen Kostensteigerung durch den vermehrten Auszug junger Menschen entgegenwirken;[582] Ihr **Auszug** aus dem Elternhaus soll nicht aus öffentlichen Mitteln finanziert und außer in Sonderfällen (§ 22 Abs. 5 S. 2 SGB II) nur anerkannt werden, wenn sie finanziell „auf eigenen Füßen stehen".[583]

Sozialpolitisch sind die Sonderregelungen verfehlt. Sie nehmen leistungsberechtigten **129** jungen Menschen bis zur Vollendung des 25. Lebensjahres die Möglichkeit zu entscheiden, wie sie – im Rahmen angemessener Aufwendungen – ihren Unterkunftsbedarf de-

---

572 LSG NRW 14.5.2012 – L 19 AS 2007/11; BayLSG 27.4.2012 – L 7 AS 241/12 B ER; LSG Bln-Bbg 3.4.2012 – L 32 AS 913/09; aA LSG Nds-Brem 9.7.2012 – L 7 AS 883/11 (niedrigere tatsächliche Wohnfläche).
573 BSG 12.6.2013 – B 14 AS 60/12 R, FEVS 65, 296.
574 BSG 16.5.2007 – B 7 b AS 40/06 R, FEVS 58, 481; 19.9.2008 – B 14 AS 54/07 R, NDV-RD 2009, 27; LSG Nds-Brem 2.2.2006 – L 8 AS 439/05 ER, FEVS 58, 1.
575 Für eine gleichmäßige Verteilung punktueller Beschaffungsaufwendungen auf den Jahres- bzw. Bedarfszeitraum noch SG Berlin 23.9.2005 – S 37 AS 2225/05; SG Dresden 31.8.2005 – S 21 AS 701/05 ER.
576 BSG 19.9.2008 – B 14 AS 54/07 R, NDV-RD 2009, 27.
577 BSG 16.5.2007 – B 7 b AS 40/06 R, FEVS 58, 481.
578 S. Berlit NDV 2006, 5 (21 f.).
579 BSG 16.5.2007 – B 7 b AS 40/06 R, FEVS 58, 481; BayLSG 5.12.2005 – L 10 B 639/05 AS ER.
580 Dazu Berlit info also 2011, 59 (65 ff.); Empfehlungen des Deutschen Vereins, NDV 2007, 4.
581 Wenner SozSich 2005, 413.
582 BT-Drs. 16/688, 15; sa Groth/Siebel-Huffmann NZS 2007, 69 (72 ff.).
583 Zur Zielsetzung sa Wenner SozSich 2005, 413.

cken wollen: Sie sind auf die Wohnung eines – als aufnahmebereit und -verpflichtet unterstellten – Elternteils verwiesen. Der – gegenüber direkten staatlichen Eingriffen nach Art. 13 GG besonders geschützte – Bereich der Wohnung als „elementarem Lebensraum",[584] in dem sich das Privatleben entfaltet, wird mittelbar durch ökonomischen Druck berührt, es bei einer bestimmten personellen Zusammensetzung der Haushaltsgemeinschaft zu belassen, der über den Kreis der eigenen Abkömmlinge hinausreicht.

130 Die regelungstechnisch missglückte Norm[585] begegnet auch **verfassungsrechtlichen Bedenken**, insbes. hinsichtlich der Rigidität der Rechtsfolgen.[586] Sie stellt ohne hinreichend tragfähigen Grund die Gruppe der unter 25-Jährigen schlechter (Art. 3 Abs. 1 GG) und nimmt den betroffenen Eltern auch jenseits der Phase elterlicher Betreuungs- und Erziehungspflichten, die sich aus Art. 6 Abs. 1 GG ergeben, die Möglichkeit zur Entscheidung, mit wem sie die Unterkunft teilen wollen.[587] Die Reichweite der Rechtsfolgen – vollständiger Leistungsausschluss, der je nach Auszugszeitpunkt etliche Jahre dauern kann – geht über das hinaus, was sich durch den Übergangsstatus dieses Personenkreises rechtfertigen lässt; die leistungsrechtliche Reaktion ist auch nicht darauf beschränkt, die bisherigen, nach Kopfzahl bemessenen Unterkunftskosten (§ 22 Abs. 1 S. 2 SGB II) oder einen altersgruppenspezifisch abgesenkten Unterkunftskostenbedarf[588] zu gewähren. Die Rechtsprechung hat indes die Regelung verfassungsrechtlich nicht beanstandet und unter Hinweis auf den „Übergangsstatus" des Personenkreises, der sich regelmäßig noch in der Ausbildung befindet, teils ausdrücklich als verfassungsgemäß gewertet.[589]

131 Zur Milderung der verfassungsrechtlichen Bedenken ist die **Regelung eng** und unter angemessener Berücksichtigung des Selbstbestimmungsrechts des erwachsenen Kindes[590] **auszulegen**.[591] Der auf jeden Umzug bis zur Vollendung des 25. Lebensjahres bezogene Wortlaut wird zur Wahrung des Ausnahmecharakters des Ausschlusses nach Sinn und Zweck zu Recht überwiegend[592] bezogen allein auf den **ersten Auszug aus der elterlichen Wohnung**.[593] Sie erfasst – außer in Missbrauchsfällen[594] – nicht Personen, die zum Zeitpunkt ihres Auszuges aus dem elterlichen Haushalt nicht Mitglied einer Bedarfsgemeinschaft waren und Leistungen bezogen haben.[595] Ziehen die Eltern aus und lassen den jungen Erwachsenen in der bisherigen Wohnung, wird diese regelmäßig für eine Einzelperson unangemessen teuer sein; § 22 Abs. 5 SGB II steht aber Unterkunftsleistungen für die Übergangszeit nicht entgegen.[596] Ist der Auszug mit der erforderlichen Zustimmung erfolgt – oder lag kein Zustimmungsfall vor – und ändern sich nachträglich die Verhältnisse (zB durch eintretende Hilfebedürftigkeit), dann besteht auch sonst keine gesetzliche Grundlage dafür, junge Leistungsberechtigte auf eine Rückkehr in die el-

---

584 BVerfGE 42, 212 (219); 51, 97 (110), 103, 142 (150).
585 S. Berlit info also 2006, 53 ff.; ders. in: LPK-SGB II § 22 Rn. 185 ff.; Winkel SozSich 2006, 107 f.; Hammel ZfSH/SGB 2013, 73.
586 Zweifelnd etwa auch Luik in: Eicher/Luik SGB II § 22 Rn. 190.
587 Sa Berlit info also 2011, 59 (65 f.).
588 SchlHLSG 9.10.2009 – L 11 B 465/09 AS.
589 LSG Bln-Bbg 26.10.2010 – L 5 AS 1880/10 B ER.
590 BVerfG 27.7.2016 – 1 BvR 371/11, BVerfGE 142, 353
591 Sa Empfehlungen des Deutschen Vereins, NDV 2007, 4; Winkel SozSich 2006, 107.
592 AA etwa LSG Bln-Bbg 26.11.2010 – L 5 AS 1880/10 B, im Anschluss an BT-Drs. 16/6092 (Antwort Bundesregierung als Kleine Anfrage).
593 Berlit in: LPK-SGB II § 22 Rn. 185; Luik in: Eicher/Luik SGB II § 22 Rn. 194 f.; Lauterbach in: Gagel SGB II/SGB III § 22 SGB II Rn. 108; Krauß in: Hauck/Noftz SGB II § 22 Rn. 265; sa LSG Bln-Bbg 15.2.2010 – L 25 AS 35/10 B ER.
594 LSG LSA 3.6.2010 – L 5 AS 155/10 B ER.
595 LSG LSA 14.7.2010 – L 7 AS 175/10 B ER; LSG Nds-Brem 29.10.2009 – L 15 AS 327/09 B; 6.11.2007 – L 7 AS 626/07 ER; SächsLSG 2.7.2009 – L 3 AS 128/08; BSG 15.12.2010 – B 14 AS 23/09 R; SG Karlsruhe 6.8.2013 – S 12 AS 601/13, NZS 2014, 76.
596 SchlHLSG 19.3.2007 – L 11 B 13/07 AS ER.

Berlit

terliche Wohnung zu verweisen.[597] § 22 Abs. 5 SGB II verschafft dem jungen Leistungs-berechtigten keinen sozialrechtlichen Wiederaufnahmeanspruch gegen die Eltern und normiert auch keine Wiederaufnahmeobliegenheit der Eltern.

Die Leistung von Unterkunftskosten muss grundsätzlich vor dem Abschluss des Vertra- **132** ges über die Unterkunft nicht nur beantragt, sondern zugesichert worden sein. Der ge-setzlich bestimmte **Zeitpunkt der Zusicherung** ist nicht eingehalten, wenn sie zwar vor dem Umzug, vor Vertragsbeginn oder vor Fälligkeit erster Mietzahlungen, aber nach Unterzeichnung des Mietvertrages erteilt wird.[598] **Gegenstand der Zusicherung**, die Ver-**waltungsakt** iSd §§ 31, 34 SGB X ist,[599] ist die Berücksichtigung von Leistungen für Un-terkunft und Heizung bei künftiger Bedarfsberechnung, nicht die Erbringung von Leis-tungen (in bestimmter Höhe) selbst oder die Rechtfertigung des Auszuges als solche; sie ist auch nicht auf eine bestimmte Unterkunft mit Aufwendungen für Unterkunft und Heizung in bestimmter Höhe bezogen.[600] Wegen der Koppelung mit dem Vertrags-schluss ist sie nicht anzuwenden bei einem Wohnungswechsel ohne Vertragsschluss über die neue Unterkunft (etwa Einzug bei Freunden/Bekannten).[601]

Der Gesetzgeber hat die Pflicht des kommunalen Trägers, einem Umzug zuzustimmen, **133** außer in Fällen eines Umzuges zu Zwecken der Arbeitsaufnahme an hohe Vorausset-zungen geknüpft; sie lehnen sich an entsprechende Regelungen bei der Berufsausbil-dungshilfe an.[602] Für einen „**schwerwiegenden sozialen Grund**" (§ 22 Abs. 5 S. 2 Nr. 1 SGB II) verlangt die Rechtsprechung eine dauerhaft und tiefgreifend so gestörte Eltern-Kind-Beziehung[603] bzw. zu einem anderen Mitglied der Bedarfsgemeinschaft (zB einem Stiefelternteil), dass entweder den Eltern oder dem Betroffenen ein weiteres Zusammen-leben, etwa wegen sexueller bzw. gewaltförmiger Übergriffe oder ständiger Streitigkei-ten über die Lebensführung,[604] nicht zuzumuten ist.[605] Die Konflikte und Beziehungs-störungen, zu deren Aufklärung ein Meldetermin (§ 59 SGB II iVm § 309 SGB III) be-stimmt werden darf,[606] müssen aber deutlich das Maß des Üblichen übersteigen[607] und dürfen sich nicht auf „normale" oder nur kurzfristige innerfamiliäre Konflikte be-schränken.[608] Eine derartige Situation liegt regelmäßig erst dann vor, wenn ernsthafte Versuche der Beteiligten, die bestehenden Konflikte – zB auch durch Einschaltung pro-fessioneller Hilfe des Jugendamtes oder einer Erziehungsberatung – zu lösen, ohne Er-folg geblieben sind,[609] soweit dies nicht ausnahmsweise von vornherein aussichtslos ist.[610] Dabei sind auch die Belange der Eltern und (minderjähriger) Geschwister zu be-rücksichtigen.[611] Häufigere Streitigkeiten mit den Eltern reichen jedenfalls nicht aus,[612]

---

597 LSG Hmb 24.1.2008 – L 5 B 504/07 ER AS.
598 Sa Lauterbach in: Gagel SGB II/SGB III § 22 SGB II Rn. 109, 112.
599 LSG Bln-Bbg 22.12.2010 – L 18 AS 2041/09.
600 LSG Nds-Brem 30.3.2007 – L 13 AS 38/07 ER, ZfSH/SGB 2007, 278; ThürLSG 23.1.2008 – L 9 AS 343/07 ER.
601 BSG 25.4.2018 – B 14 AS 21/17 R, SozR 4–4200 § 22 Nr. 95.
602 § 40 Abs. 1 AFG/§ 64 Abs. 1 S. 2 Nr. 4 SGB III; dazu BSG 2.6.2004 – B 7 AL 38/03 R, SozR 4–4300 § 64 Nr. 1.
603 LSG Hmb 2.5.2006 – L 5 B 160/06 ER AS – mit krit. Anm. Trenk-Hinterberger info also 2006, 223; LSG LSA 16.6.2010 – L 5 AS 383/09 B ER.
604 SG Berlin 10.8.2005 – S 37 AS 5625/05 ER; SG Duisburg 19.12.2005 – S 27 AS 403/05 ER (Auszugsulti-matum Eltern nach mehrfachen Diebstählen); SG Reutlingen 18.12.2007 – S 2 AS 2399/07.
605 Brecht-Heitzmann in: Gagel SGB II/SGB III § 60 SGB III Rn. 32 ff.; Herbst in: jurisPK-SGB III § 60 Rn. 41 ff.
606 BayLSG 19.3.2014 – L 7 AS 234/14 B ER.
607 LSG Bln-Bbg 6.10.2005 – L 5 B 1121/05 AS ER; ThürLSG 23.1.12008 – L 9 AS 343/07 ER.
608 LSG Bln-Bbg 31.8.2007 – L 5 AS 29/06.
609 LSG LSA 16.6.2010 – L 5 AS 383/09 B ER.
610 LSG LSA 16.6.2010 – L 5 AS 383/09 B ER.
611 Problematisch LSG NRW 24.2.2014 – L 19 AS 36/14 B ER (keine Ermöglichung „ungestörten Drogen-konsums" für drogensüchtiges volljähriges Kind).
612 ThürLSG 23.1.2008 – L 9 AS 343/07 ER; LSG Bln-Bbg 31.8.2007 – L 5 AS 29/06.

wohl aber der „Hinauswurf" durch die Eltern unter Abnahme der Wohnungsschlüssel[613] oder ein Konflikt zwischen den Mitgliedern einer Bedarfsgemeinschaft, der in der (ernstlichen) Weigerung einer materiellen und/oder immateriellen Unterstützung der Eltern für ihre erwachsenen Kinder mündet,[614] berechtigt (volljährige) Kinder und Eltern zur grundsicherungsrechtlich folgenlosen Auflösung des gemeinsamen Haushalts.

134 Zur **Eingliederung in den Arbeitsmarkt** (§ 22 Abs. 5 S. 2 Nr. 1 SGB II) erforderlich ist der Auszug, wenn der Ausbildungs- oder Arbeitsplatz von der Wohnung der Eltern nicht zu zumutbaren Bedingungen, welche die Belastungsfähigkeit des jungen Leistungsberechtigten berücksichtigen,[615] erreicht und nicht auf eine vorübergehende Zweitunterkunft („möbliertes Zimmer") am Ausbildungsort verwiesen werden kann oder eine belastete Eltern-Kind-Beziehung den Erfolg von Maßnahmen der Arbeitsmarktintegration bzw. zur Überwindung dieser entgegenstehender sozialer oder psychischer Probleme wesentlich erschweren. Aus der Perspektive des jungen Leistungsberechtigten bildet einen **ähnlich schwer wiegenden**, vom Leistungsträger zu berücksichtigenden **Grund**, wenn die nicht unterhaltsfähigen Eltern oder nicht zum Unterhalt verpflichteten Eltern sich gegen einen Verbleib des jungen Leistungsberechtigten entscheiden.[616]

135 Die **Zusicherung** muss **vor** dem Abschluss des **Vertrages über die Unterkunft** erteilt worden sein, soweit es nicht dem Leistungsberechtigten aus wichtigem Grund nicht zumutbar war, die Zusicherung rechtzeitig einzuholen.[617] Nach dem Gesetzeswortlaut besteht ohne einen solchen Grund – ohne eine Rückkehr in das Elternhaus – bis zum 25. Lebensjahr auch dann kein Anspruch auf Unterkunftskosten, wenn die Gründe für einen berechtigten Auszug unstreitig vorgelegen haben oder in der Folgezeit entstanden sind. Diese unverhältnismäßige Rechtsfolge ist durch eine verfassungskonform reduzierende Auslegung des Wortlauts zu vermeiden, soweit nicht ohnehin wegen eines Beratungsfehlers die Zusicherung nach dem sozialrechtlichen Herstellungsanspruch entbehrlich ist.[618] Denn das Grundrecht auf ein menschenwürdiges Existenzminimum (Art. 1 Abs. 1 iVm Art. 20 GG), das auch die Deckung des Unterkunftsbedarfs fordert, gebietet zwar nicht voraussetzungs- oder obliegenheitslose Leistungen. Dem Einzelnen, der aktuell seinen Lebensunterhalt nicht aus eigenem Einkommen oder Vermögen bestreiten kann, muss aber eine realistische Chance auf Zugang zu Grundsicherungsleistungen belassen werden; auch bei punktuellem Fehlverhalten kann er jedenfalls nicht dauerhaft oder auf erhebliche Zeiträume von Grundsicherungsleistungen ausgeschlossen werden, wenn dieses Fehlverhalten aktuell nicht mehr fortgesetzt wird. Der Leistungsausschluss greift daher nicht, wenn der kommunale Träger im Bedarfszeitraum wegen eines schwerwiegenden Grundes zur Zusicherung verpflichtet wäre, etwa weil sich das Zerwürfnis mit den Eltern vertieft hat oder diese sich schlicht weigern, den jungen Leistungsberechtigten wieder in ihre Wohnung aufzunehmen, dem jungen Hilfebedürftigen also die vom Gesetz unterstellte Unterkunftsalternative real nicht zur Verfügung steht.

136 Der Leistungsausschluss gilt auch für Personen, die zwar im Umzugszeitpunkt keine Leistungen erhalten, aber in der Absicht umziehen, die Voraussetzungen für die Gewährung von Leistungen zu schaffen (§ 22 Abs. 5 S. 4 SGB II). Dies geht über eine vorsätzliche oder grob fahrlässige Herbeiführung der Hilfebedürftigkeit (§ 34 Abs. 1 S. 1 Nr. 1 SGB II) hinaus und erfordert als finales, auf den Erfolg gerichtetes Verhalten, dass die

---

613 SächsLSG 21.1.2008 – L 2 B 621/07 AS-ER.
614 BSG 14.3.2012 – B 14 AS 17711 R, SozR 4–4200 § 9 Nr. 10.
615 Die Zumutbarkeit von Pendelzeiten soll sich nach ausbildungsförderungsrechtlichen Grundsätzen bestimmen; s. LSG LSA 11.9.2012 – L 5 AS 461/11 B, info also 2012, 273.
616 SG Berlin 16.2.2006 – S 37 AS 1301/06 ER (kein Verweis auf für zwei Personen zugeschnittene Wohnung der Eltern).
617 Sa SächsLSG 16.12.2008 – L 7 B 613/08 AS-ER.
618 LSG Bln-Bbg 29.7.2008 – L 14 B 818/08 AS.

Schaffung der Voraussetzungen für die Leistungsgewährung das für den Umzug prägende Motiv gewesen sein muss.[619] Es genügt mithin nicht, dass der Leistungsbezug lediglich beiläufig verfolgt oder anderen Umzugszwecken untergeordnet und in diesem Sinne nur billigend in Kauf genommen wird, oder sich das allgemeine Risiko verwirklicht, dass ein neues Arbeitsverhältnis in der Probezeit beendet wird.[620] Der **Leistungsträger** trägt die **materielle Beweislast** für den Ausschlussgrund.[621]

IX. Sonderregelungen in der Grundsicherung im Alter und bei Erwerbsminderung

In der Grundsicherung im Alter und bei Erwerbsminderung (§§ 41 ff. SGB XII) wird für **137** die Bedarfe für Unterkunft und Heizung danach unterschieden, ob der Leistungsberechtigte in einer (stationären) Einrichtung lebt und sich sein notwendiger Lebensunterhalt nach § 27 b SGB XII bemisst (§ 42 Nr. 4 Buchst. b) SGB XII) oder ob er außerhalb von Einrichtungen lebt.[622]

In (stationären) Einrichtungen werden die Unterkunftskosten der Grundsicherung im **138** Rahmen einer Quasipauschalierung berücksichtigt. Der Bedarf wird in Höhe der durchschnittlichen angemessenen tatsächlichen Aufwendungen für die Warmmiete eines Einpersonenhaushalts im Bereich des für die Leistungsgewährung nach § 46 b SGB XII zuständigen Trägers berücksichtigt. Bei einer Betreuung in einer teilstationären Einrichtung findet die Regelung keine Anwendung.[623] Der Sache nach handelt es sich um einen Quantifizierung der Unterkunftskosten bei der Berechnung der Bedürftigkeit.

Für die Leistungsgewährung außerhalb von Einrichtungen regelt § 42 a SGB XII[624] im **139** Vorgriff auf die zum 1.1.2020 in das BTHG aufgenommenen Regelungen die Bedarfsbemessung[625] und berücksichtigt dabei verschiedene Sonderkonstellationen, die sich in der Grundsicherung im Alter und bei Bedarfsminderung auch außerhalb von Einrichtungen ergeben können.[626] Im Regelfall der noch eigenständig im eigenen Haushalt lebenden Leistungsberechtigten sind die laufenden Bedarfe nach den Regelungen der Hilfe zum Lebensunterhalt (§ 42 a Abs. 1 iVm §§ 35 ff. SGB XII) zu bemessen; hier ergeben sich keine Besonderheiten. Diese Regelungen gelten in allen Fällen des § 42 a SGB XII auch für die sonstigen, nicht laufenden Unterkunftsbedarfe (zB Wohnungsbeschaffungskosten, Mietkaution).[627]

Bei Leistungsberechtigten, die mit engen Verwandten (zB Elternteil, Geschwister)[628] in **140** deren Haus oder Wohnung einen Mehrpersonenhaushalt bilden, wird in Fällen fehlender, bei Wirksamkeit dann vorrangiger vertraglicher Tragung von Unterkunftskosten der gleichwohl zu berücksichtigende Unterkunftsbedarf nach einer auf die Angemessenheitsgrenzen abstellenden Differenzmethode bemessen (§ 42 a Abs. 3 SGB XII).[629] Berücksichtigt wird die Differenz der jeweiligen Angemessenheitsgrenzen für Mehrpersonenhaushalte mit und ohne den Leistungsberechtigten. Die Kopfteilmethode (→ Rn. 33 f.) findet grundsätzlich keine Anwendung und greift nur, wenn nicht alle haus-

619 SächsLSG 2.7.2009 – L 3 AS 128/08.
620 SG Reutlingen 5.3.2008 – S 12 AS 22/08 ER; LSG Hmb 24.1.2008 – L 5 B 504/07 ER AS, ZfSH/SGB 2008, 225.
621 LSG MV 21.5.2008 – L 10 AS 72/07.
622 Sa BT-Drs. 18/9984, 92.
623 Blüggel in: jurisPK-SGB II § 42 Rn. 22.
624 Zum 1.7.2017 eingefügt durch G. v. 22.12.2016, BGBl. I, 3159.
625 Zur Finanzierung der Unterkunftskosten in „besonderen Wohnformen" nach dem BTHG ab dem 1.1.2020 s. Bessenich ua NDV 2018, 371 (Teil 1), 409 (Teil 2); krit. Gabriel NDV 2018, 545; sa Deutscher Verein 2018 (Lit.).
626 Dazu Hahn info also 2018, 6.
627 Silbermann in: jurisPK-SGB XII § 42 a Rn. 77.
628 Zu Einzelheiten s. Berlit in: LPK-SGB XII § 42 a Rn. 11 ff.; Silbermann in: jurisPK-SGB XII § 42 a Rn. 36 f.
629 Zu Auslegungsprobleme s. Tomczyk NZS 2018, 730.

haltsangehörigen Personen ihren eigenen Lebensunterhalt einschließlich der maximal angemessenen Unterkunftsaufwendungen selbst decken können.[630]

141 Bei Zusammenleben mit sonstigen Personen in einer Wohngemeinschaft, oder in Fällen, in denen mit Verwandten eine wirksame vertragliche Verpflichtung besteht, sieht § 42 a Abs. 4 SGB XII grundsätzlich eine Aufteilung der tatsächlichen Aufwendungen nach Kopfzahl als Obergrenze übernahmefähiger Aufwendungen vor. Der Kopfanteil der tatsächlichen Aufwendungen muss auch angemessen sein. Bei abweichenden (wirksamen) vertraglichen Vereinbarungen zur Binnenaufteilung muss der hiernach zu übernehmende Unterkunftskostenanteil in einem angemessenen Verhältnis zur Gesamtmiete stehen und darf den für einen Einpersonenhaushalt angemessenen Betrag nicht übersteigen. Den besonderen Problemen ambulant betreuter Wohngemeinschaften, zB demenzerkrankter, bedürftiger Menschen[631] trägt dies nicht hinreichend Rechnung.

142 In sonstigen Unterkünften außerhalb von Einrichtungen (zB Pensionszimmer) deckelt § 42 a Abs. 5 SGB XII die übernahmefähigen Unterhaltsaufwendungen grundsätzlich auf die durchschnittliche Warmmiete eines Einpersonenhaushalts im örtlichen Zuständigkeitsbereich des Leistungsträgers. Hiervon sind Abweichungen möglich für eine Übergangszeit und in Fällen einer „Komplettmiete", die auch zusätzliche haushaltsbezogene Aufwendungen umfasst, die ansonsten über die Regelbedarfe abzudecken wären.[632]

X. Sicherung der Unterkunft

1. Zahlung an Vermieter/Empfangsberechtigte

143 Der Leistungsträger soll zur **Sicherung der zweckentsprechenden Verwendung** die Leistungen für Unterkunft und Heizung **direkt an den Vermieter** und andere Empfangsberechtigte zahlen, wenn dies durch den Leistungsberechtigten nicht sichergestellt ist (§ 22 Abs. 7 SGB II/§ 35 Abs. 1 S. 2 bis 5 SGB XII); dies kann abweichend von § 47 Abs. 1 SGB I auch gegen den Willen des Leistungsberechtigten geschehen, in dessen selbstverantwortliche Lebensgestaltung eingegriffen wird.[633] Die Auszahlung der gewährten Geldleistung an einen Dritten[634] bewirkt aber **keine Sachleistung**, weil das Mietvertragsverhältnis allein zwischen Leistungsberechtigtem und Vermieter besteht. Dies gilt auch bei **Miet- oder Kostenübernahmeerklärungen** des Sozialhilfeträgers, bei denen das öffentlich-rechtliche Leistungsversprechen[635] regelmäßig an die fortbestehende Hilfebedürftigkeit geknüpft ist. Sinn der Direktauszahlung ist, Miet- oder Energiekostenrückständen vorzubeugen, welche Leistungen nach § 22 Abs. 8, 9 SGB II/§ 36 SGB XII auszulösen geeignet sind. Auch bei einem Antrag des Leistungsberechtigten bestehen selbst dann keine Auszahlungsansprüche von Vermietern oder anderen Empfangsberechtigten, wenn dieser den Antrag im Einvernehmen mit den Dritten oder auf dessen Forderung stellt;[636] eine schuldrechtliche Verpflichtung, einen Direktauszahlungsantrag zu stellen, im Miet- oder Energieversorgungsvertrag ersetzt nicht den Antrag und berechtigen den Leistungsträger nicht zur Direktauszahlung. Entsprechendes gilt für schwebend unwirk-

---

630 S. Berlit in: LPK-SGB XII § 42 a Rn. 20.
631 Krahmer ZfF 2017, 149.
632 Zu Einzelheiten s. Berlit in: LPK-SGB XII § 42 a Rn. 28 f.; Silbermann in: jurisPK-SGB XII § 42 a Rn. 74 f.
633 Unter dem Aspekt der „kleinen Entmündigung" erwerbsfähiger Leistungsberechtigter krit. Hammel ASR 2012, 90.
634 Zur Rückabwicklung solcher Zahlungen s. Zeiss/Wachtling ZfF 2004, 49 ff.; sa VG Neustadt 16.1.2002 – 4 K 2436/01.NW (keine direkte Rückforderung der Unterkunftskosten vom Vermieter durch Verwaltungsakt).
635 BVerwGE 96, 71 (74); OVG NRW 17.10.2000 – 22 A 5519/98, FEVS 52, 303.
636 BT-Drs. 17/3404, 98; sa LSG NRW 24.3.2014 – L 19 AS 2329/13; 12.10.2017 – L 7 AS 326/17 ZWV.

same[637] (§ 53 SGB I) Abtretungserklärungen, die dem Vermieter auch sonst keine Leistungs-, Zugriffs- oder Auszahlungsrechte vermittelt.[638]

Eine Direktauszahlung an den Vermieter, die nicht auf einem entsprechenden Antrag **144** des Leistungsberechtigten (§ 22 Abs. 7 S. 1 SGB II/§ 35 Abs. 1 S. 2 SGB XII) gründet, setzt **konkrete Zweifel an einer zweckkonformen Verwendung der Leistungen** durch den Hilfebedürftigen voraus. Die Generalklausel wird für die praktisch wichtigsten Anwendungsfälle durch die – nicht abschließenden („insbesondere") – Regelbeispiele nach § 22 Abs. 7 S. 3 SGB II/§ 35 Abs. 1 S. 4 SGB XII konkretisiert, die zugleich eine hinreichende, normenklare Ermächtigung für den Eingriff in das Recht auf informationelle Selbstbestimmung des Leistungsberechtigten schaffen (sollen), der mit der Direktüberweisung verbunden ist.[639] Eine Direktauszahlung kommt hiernach insbesondere in Betracht bei Miet- bzw. Energiekostenrückständen, die zur außerordentlichen Kündigung des Mietverhältnisses bzw. zur Versorgungseinstellung berechtigen,[640] bei konkreten Anhaltspunkten für ein krankheits- oder suchtbedingtes Unvermögen zur zweckentsprechenden Verwendung der Mittel[641] oder bei solchen Anhaltspunkten bei im Schuldnerverzeichnis eingetragenen Personen. Bei einer Leistungskürzung gegenüber erwerbsfähigen Hilfebedürftigen um mindestens 60 v.H. werden konkrete Zweifel an der zweckkonformen Verwendung gesetzlich vorausgesetzt (§ 31 a Abs. 3 S. 3 SGB II).

Mit dem bloßen „Unterrichtungserfordernis" überholt ist die frühere[642] Einordnung der **145** **Entscheidung über eine Direktauszahlung** als Eingriff in das Verfügungsrecht des Leistungsberechtigten[643] über die ihm gewährten Leistungen[644] und damit als ein Verwaltungsakt,[645] zu dem der Leistungsberechtigte nach allgemeinen Grundsätzen regelmäßig anzuhören ist; auch die Unterrichtung selbst ist kein Verwaltungsakt.[646] Die Unterrichtung ist für die Direktzahlung nicht konstitutiv. Eine Direktüberweisung ist auch in Fällen der Leistungskürzung auf die bei der Bedarfsberechnung berücksichtigten Unterkunftskosten beschränkt.[647] Wird mehr ausgezahlt, hat die Direktauszahlung an den Vermieter in Höhe der Differenz zwischen den tatsächlichen und angemessenen Aufwendungen für Unterkunft und Heizung an den Grundsicherungsträger keine schuldbefreiende Wirkung.[648] Energiekostenvorauszahlungen für Haushaltsenergie (ohne Heizung und Warmwasserzubereitung) dürfen nicht gegen oder ohne Willen des Leistungsberechtigten direkt überwiesen werden.[649] Versehentliche Direktüberweisungen nach Beendigung des Mietverhältnisses können unmittelbar vom Vermieter zurückgefordert werden.[650]

637 LSG NRW 24.3.2014 – L 19 AS 2329/13.
638 BSG 9.8.2018 – B 14 AS 38/17 R, NJW 2018, 3740 (mit Anm. Keller NJW 2018, 3744; Jenak NZS 2019, 36); s. bereits LSG NRW 11.11.2010 – L 9 AS 480/10; BayLSG 5.8.2015 – L 7 AS 263/15, ZfSH/SGB 2015, 676.
639 BT-Drs. 17/3404, 98 f.
640 Sa BayLSG 13.4.2010 – L 7 AS 161/10 B ER.
641 Sa BayLSG 27.7.2005 – L 11 B 227/05 AS ER; SG Düsseldorf 20.2.2007 – S 29 AS 258/06 ER.
642 So noch Berlit in: LPK-SGB II, 4. Aufl., § 22 Rn. 179.
643 Im dogmatischen Ansatz aA VGH BW 16.4.2002 – 7 S 2670/01, FEVS 54, 30, der die Entscheidung über den Auszahlungsadressaten als integralen Bestandteil der Entscheidung über Form, Art und Maß der Hilfe sieht.
644 AA zu Leistungen nach § 15 a BSHG VGH BW 16.4.2002 – 7 S 2670/01, FEVS 54, 30.
645 LSG Hmb 9.6.2005 – L 5 B 71/05 ER AS, NordÖR 2005, 547 (Ls.); SG Hamburg 24.4.2008 – S 56 AS 796/08 ER; SG Stade 21.1.2009 – S 17 AS 795/08.
646 SG Darmstadt 17.1.2014 – S 19 AS 6/14 ER; Rechtsform offenlassend BayLSG 24.10.2012 – L 7 AS 692/12 B ER; aA bei Wahl der VA-Form LSG BW 5.5.2011 – L 3 AS 1261/11 ER-B, NZS 2011, 592.
647 SG Hamburg 24.4.2008 – S 56 AS 796/08 ER.
648 SG Leipzig 17.12.2008 – S 19 AS 3992/08 ER.
649 LSG Hmb 9.6.2005 – L 5 B 71/05 ER AS, NordÖR 2005, 547 (Ls.).
650 BGH 31.1.2018 – VIII ZR 39/17, NJW 2018, 1079 (dazu Thelen NZS 2018, 852; Schwab JZ 2018, 521; Nierhauve ZMR 2018, 908).

2. Übernahme von Mietschulden

146 Der Sicherung der gegenwärtig genutzten Unterkunft zur Vermeidung von Wohnungslosigkeit dient die im SGB II auf die darlehensweise **Übernahme von Mietschulden** beschränkte Eintrittsmöglichkeit nach der Grundsicherung für Arbeitslose (§ 22 Abs. 8 SGB II) sowie die Möglichkeit der Übernahme von Schulden (als Darlehen oder Zuschuss), wenn dies zur Sicherung der Unterkunft oder zur Behebung einer vergleichbaren Notlage[651] gerechtfertigt ist (§ 36 Abs. 1 SGB XII).[652] Die **existenzsicherungsrechtliche Prävention von Wohnungslosigkeit** wird flankiert durch eine Mitteilungspflicht des Amtsgerichts bei Räumungsklagen wegen Mietrückständen (§ 22 Abs. 9 SGB II/§ 36 Abs. 2 SGB XII); sie löst nach dem sozialhilferechtlichen Kenntnisgrundsatz (§ 18 Abs. 1 SGB XII) **antragsunabhängige Prüf- und Ermittlungspflichten** aus, ersetzt aber nicht den für Leistungen nach dem SGB II erforderlichen Antrag (§ 37 Abs. 1 SGB II). Bei einer Unterbringung in einem Pflegeheim bildet § 36 SGB XII zumindest hinsichtlich der Kosten, die auf die Zeit nach der Beantragung von Sozialhilfe entfallen, keine Anspruchsgrundlage.[653]

147 Die **Regelverpflichtung bei drohender Obdachlosigkeit** trägt der Erfahrung Rechnung, dass regelmäßig auch die fiskalischen Folgekosten von Obdachlosigkeit deutlich höher sind als die Aufwendungen zu ihrer präventiven Vermeidung.[654] Auch bei drohender Wohnungslosigkeit kann eine Hilfegewährung in Missbrauchsfällen gezielter Herbeiführung von Mietrückständen trotz ausreichenden Einkommens[655] bzw. durch Nichtweiterleitung gewährter Leistungen[656] oder dann als nicht gerechtfertigt ausscheiden, wenn es trotz entsprechender Hilfeangebote und Unterstützung wiederholt zu Rückständen gekommen und kein Selbsthilfewillen erkennbar ist.[657]

148 Die **Übernahme von Miet- oder Energiekostenrückständen** dient der Sicherung eines aktuellen bzw. künftigen Bedarfs und ist daher eine nur scheinbare Ausnahme vom Grundsatz (dazu Kapitel 10), dass die Übernahme von Schulden nicht Aufgabe der Sozialhilfe ist. Die **Schuldenübernahme** ist **Mittel zur Erreichung eines anderen Zwecks**, nämlich der Vermeidung von Wohnungslosigkeit. Die Konzentration der Hilfe auf die „Übernahme von Schulden" erschwert es allerdings, über die nunmehr ausdrücklich den Unterkunftskosten zugeordneten Transaktionskosten bei Umzug[658] hinaus spezielle unterkunftsbezogene Aufwendungen, deren Übernahme bislang nach § 15 a BSHG als möglich gesehen worden war,[659] § 36 SGB XII zuzuordnen.

149 Der Anspruch auf Leistungen für Unterkunft und Heizung (§ 22 Abs. 1 SGB II/§ 35 Abs. 1 SGB XII) ist gegenüber der Schuldenübernahme vorrangig;[660] es besteht ein Aus-

---

651 Hauptanwendungsbereich in der Praxis sind Energiekostenrückstände, wegen derer die Sperrung der Energiezufuhr durch das Energieversorgungsunternehmen droht; s. etwa OVG NRW 9.5.1985 – 8 B 2185/84, FEVS 35, 24 (38); NdsOVG 20.11.1984 – 4 B 204/84, FEVS 34, 335; HessVGH 27.6.1991 – 9 TG 1258/91, FEVS 42, 265 (272); sa Hammel ZfSH/SGB 1997, 131; Brühl, Wohnungslose, Nr. 3.156 ff.

652 Hammel ZfSH/SGB 2008, 649; ders. NDV 2010, 335; Mester ZfF 2006, 97; eingehend Deutscher Verein 2015 (Lit.).

653 LSG Nds-Brem 12.2.2015 – L 8 SO 264/14 B ER, Sozialrecht aktuell 2015, 128 (unter Hinweis auf BSG 12.12.2013 – B 8 SO 24/12 R, SozR 4–3500 § 67 Nr. 1).

654 Dazu Brühl, Wohnungslose, Nr. 3.167.

655 OVG Hmb 2.4.1990 – Bs IV 88/90, FEVS 41, 327.

656 SchlHLSG 29.3.2012 – L 3 AS 28/12 B ER, ZfSH/SGB 2012, 472; LSG NRW 3.2.2012 – L 19 AS 2233/11 B ER.

657 S. etwa OVG Bln 28.4.1980 – 6 S 18.80, FEVS 29, 226 (229); OVG NRW 9.5.1985 – 8 B 2185/84, FEVS 35, 24 (28).

658 Für eine Zuordnung von Transaktionskosten zu § 15 a BSHG s. etwa OVG Bln 20.7.1989 – 6 B 68.88, FEVS 39, 227; VGH BW 8.11.1995 – 6 S 3140/94, FEVS 46, 287; 2.9.1996 – 6 S 314/96, FEVS 47, 325.

659 ZB der Anschluss eines Hauses an die zentrale Wasserversorgung (NdsOVG 27.6.1990 – 4 A 67/88, FEVS 42, 92) oder die auch wertsteigernde Dachsanierung bei einem selbstgenutzten kleinen Eigenheim (HessVGH 19.10.1993 – 9 UE 1430/90, FEVS 45, 29).

660 BayLSG 16.12.2010 – L 7 AS 841/10 B ER.

schließlichkeitsverhältnis.[661] Für die **Abgrenzung von Schulden** gegenüber den regulären **Unterkunftskosten** ist nicht auf die zivilrechtliche Einordnung im Verhältnis zum Vermieter abzustellen. Entscheidend ist, ob es sich um einen tatsächlich eingetretenen und bisher noch nicht von dem SGB II/SGB XII-Träger gedeckten Bedarf handelt oder nicht.[662] Nachforderungen von Heiz- und Betriebskosten sind unabhängig davon, ob im Fälligkeitszeitpunkt die Wohnung noch bewohnt wird, jedenfalls dann reguläre Unterkunftskosten, wenn die bei der Bedarfsberechnung berücksichtigten Abschlagszahlungen entrichtet worden waren.[663] Der Wortlaut ist nicht auf Schulden aus dem Mietvertrag beschränkt. Die Schulden können auch vor Eintritt der Leistungsberechtigung bzw. dem Wegfall eines Ausschlussgrundes entstanden sein.[664] Erfasst sind aber nur **Rückstände auf Bedarf**, die nach § 22 SGB II/§ 35 SGB XII dem Grunde nach als Unterkunftskosten berücksichtigt werden können,[665] zB nicht Forderungen aus der Beschädigung der Mietsache bzw. ihrem Fehlgebrauch,[666] Ersatzleistungen für den Verlust eines Schlüssels[667] oder Verzugszinsen nach Kündigung des Immobilienkredits für ein selbst bewohntes Eigenheim.[668] Kosten einer Räumungsklage (Gerichts-/Anwaltskosten) oder sonstige Vermieterforderungen, die nicht aus dem Mietverhältnis stammen, können nicht isoliert,[669] sondern nur als Annexkosten[670] übernommen werden, wenn der Vermieter hieran die Fortführung des Mietverhältnisses knüpft.[671] Zu den unterkunftsbezogenen Schulden können auch **Schulden** (einschließlich der Zinszusatzkosten) gehören, die der Hilfebedürftige **durch zulässige Selbstbeschaffung** eingegangen ist, um drohende Wohnungslosigkeit durch Zahlung rückständiger Miete abzuwenden, soweit zuvor die Übernahme der Mietschulden beantragt worden war.[672]

Schulden sollen übernommen werden, wenn dies zur Sicherung der Unterkunft oder zur **150** Behebung einer vergleichbaren Notlage nicht nur gerechtfertigt, sondern auch notwendig ist und sonst Wohnungslosigkeit einzutreten droht (§ 22 Abs. 8 S. 2 SGB II/§ 35 Abs. 1 S. 2 SGB XII). **Wohnungslosigkeit** droht **nicht erst bei** unmittelbar bevorstehender **Obdachlosigkeit.** Sie ist schon dann zu besorgen, wenn der Verlust der gegenwärtigen Unterkunft konkret droht und kostenangemessener Ersatzwohnraum nicht ohne Weiteres anzumieten ist[673] oder sonst eine erhebliche, irreparable Verletzung von Rechten droht, die auch in der drohender Wohnungslosigkeit vorgelagerten nennenswerten Beeinträchtigungen liegen können.[674] Dafür reicht entgegen teils weitergehenden Anforderungen[675] aus, dass eine Kündigungslage nach § 543 Abs. 2 BGB und die konkrete Gefahr (zB belegt durch eine ernstzunehmende Ankündigung) besteht, dass der Vermie-

661 SächsLSG 10.9.2009 – L 3 AS 188/08.
662 BSG 22.3.2010 – B 4 AS 62/09 R, SozR 4–4200 § 22 Nr. 38; 17.6.2010 – B 14 AS 58/09 R, SozR 4–4200 § 22 Nr. 41; 24.11.2011 – B 14 AS 121/10 R, NDV-RD 2012, 37; 12.12.2013 – B 8 SO 24/12 R, SozR 4–3500 § 67 Nr. 1.
663 SG Dresden 12.11.2010 – S 6 AS 6170/08.
664 Krauß in: Hauck/Noftz SGB II § 22 Rn. 338.
665 Nguyen in: jurisPK-SGB XII § 36 Rn. 26 f.
666 LSG Nds-Brem 8.3.2012 – L 13 AS 22/12 B ER, NDV-RD 2012, 115 („Messie"-Wohnung); sa Hammel ZfF 2013, 31.
667 LSG NRW 9.5.2007 – L 20 B 32/07 AS ER, FEVS 58, 559.
668 LSG LSA 13.12.2012 – L 5 AS 21/09; 25.1.2018 – L 2 AS 257/14.
669 LSG Bln-Bbg 8.5.2012 – L 19 AS 951/12 B ER.
670 Dazu BSG 24.11.2011 – B 14 AS 15/11, NDV-RD 2012, 80; LSG BW 27.6.2017 – L 9 AS 1742/14; LSG Hmb 27.9.2018 – L 4 AS 258/17.
671 BSG 17.6.2010 – B 14 AS 58/09 R, FEVS 62, 444.
672 BSG 17.6.2010 – B 14 AS 58/09 R, FEVS 62, 444.
673 Sa Krauß in: Hauck/Noftz SGB II § 22 Rn. 346.
674 Offengelassen BVerfG 18.4.2016 – 1 BvR 704/16.
675 BayLSG 4.8.2010 – L 8 AS 356/10 B ER; LSG Bln-Bbg 27.9.2007 – L 32 B 1558/07 AS ER, FEVS 59, 212; LSG NRW 24.9.2009 – L 12 B 49/09 SO ER; 25.5.2012 – L 7 AS 742/12 B ER; 5.5.2014 – L 19 AS 632/14 B ER; 10.9.2014 – L 7 AS 1385/14 B ER (Rechtshängigkeit der Räumungsklage).

ter die Kündigung mit dem Ziel der Räumung ausspricht,[676] er also nicht zu erkennen gibt, dass er von seinem Kündigungsrecht vorerst keinen Gebrauch macht.[677]

151 Leistungen auf Mietrückstände nach § 22 Abs. 8 SGB II/§ 36 Abs. 1 SGB XII scheiden mangels Eignung aus, wenn die entsprechende **Unterkunft bereits geräumt** ist[678] oder deren Räumung auch bei Übernahme der Rückstände nicht abgewendet werden kann.[679] Nicht gerechtfertigt ist grundsätzlich eine Leistung zur Sicherung einer nicht kostenangemessenen Unterkunft.[680] Droht wegen kurzfristig erreichbarer, kostenangemessener Unterkunftsalternativen keine Wohnungslosigkeit, ist das Ermessen des Leistungsträgers, ob die genutzte Unterkunft zu sichern ist, nicht regelgebunden und ua davon abhängig, ob im Interesse haushaltsangehöriger Kinder das bisherige Wohnumfeld zu erhalten ist oder die Rückstände die Aufwendungen für einen ansonsten notwendigen Umzug übersteigen.

152 Bei drohender Wohnungslosigkeit scheidet eine Hilfegewährung in **Missbrauchsfällen gezielter Herbeiführung von Mietrückständen** trotz ausreichenden Einkommens[681] oder dann als nicht gerechtfertigt aus, wenn es trotz entsprechender Hilfeangebote und Unterstützung wiederholt zu Rückständen gekommen und kein Selbsthilfewillen erkennbar ist[682] oder wenn die Prognose künftiger Beachtung aller Mieterpflichten als Voraussetzung für den längerfristigen Fortbestand des Mietverhältnisses über die Wohnung negativ ausfällt.[683] Zur Beurteilung der „Rechtfertigung" ist eine umfassende Berücksichtigung aller Umstände des Einzelfalls erforderlich, allzumal dann, wenn die Schulden ohne jedes Verschulden aufgelaufen sind.[684]

153 Zur Behebung einer vergleichbaren Notlage kommt insbesondere die **Übernahme von Energiekostenrückständen** in Betracht. Die faktische Unbewohnbarkeit einer Wohnung infolge (drohender) Sperrung der Energie- oder Wasserzufuhr steht dem Verlust der Unterkunft gleich.[685] Nicht zu folgen ist der Ansicht, eine Unterbrechung der Strom- und Gaszufuhr durch den Energieversorger mache eine Unterkunft nicht zwingend unbewohnbar, weil auf Kerzen/Petroleumlampen (Beleuchtung) oder Propangas (Kochen/Heizung) zurückgegriffen werde könne[686] oder jedenfalls das Mietverhältnis unberührt bleibe.[687] Zu den Grundbedürfnissen des Lebens und Wohnens zählt auch eine funktio-

---

676 BayLSG 19.3.2013 – L 16 AS 61/13 B ER, FEVS 65, 118.

677 LSG NRW 4.9.2009 – L 12 B 69/09 AS ER; sa LSG NRW 18.12.2013 – L 20 SO 447/13 B ER; LSG Bln-Bbg 29.1.2013 – L 23 SO 319/12 B ER, FEVS 65, 39 (längere Hinnahme von Rückständen durch Heimträger bei gedeckten laufenden Heimkosten).

678 OVG NRW 9.2.1993 – 24 A 870/90, FEVS 44, 457; LSG Bln-Bbg 22.1.2009 – L 14 AS 118/09 B ER.

679 Sa HessLSG 26.10.2005 – L 7 AS 65/05 ER, ZfSH/SGB 2006, 30; LSG Bln-Bbg 2.3.2009 – L 28 AS 253/09 B ER (Räumungstitel); LSG Nds-Brem 14.5.2018 – L 2 AS 557/18 B ER (Räumungstitel); ThürLSG 19.3.2012 – L 4 AS 1370/11 B ER; LSG Bln-Bbg 16.7.2018 – L 29 AS 1252/18 B ER (Abwendung nur der fristlosen, nicht der ordentlichen Kündigung).

680 BSG 17.76.2010 – B 14 AS 58/09 R, FEVS 62, 444; LSG NRW 17.11.2015 – L 2 AS 1821/145 B ER, NZS 2016, 234; aA für neu in den Leistungsbezug tretende Leistungsberechtigte LSG Nds-Brem 26.10.2006 – L 9 AS 529/06 ER.

681 OVG Hmb 2.4.1990 – Bs IV 88/90, FEVS 41, 327.

682 S. etwa OVG Bln 28.4.1980 – 6 S 18.80, FEVS 29, 226 (229); OVG NRW 9.5.1985 – 8 B 2185/84, FEVS 35, 24, 28; SchlHLSH 29.3.2012 – L 3 AS 28/12 B ER (Nichtzahlung Miete im Vertrauen auf darlehensweise Übernahme).

683 LSG Bln-Bbg 27.9.2007 – L 32 B 1558/07 AS ER; 17.1.2008 – L 32 B 2312/07 AS ER.

684 Sa LSG NRW 13.8.2013 – L 7 AS 1134/13 B ER, NZS 2013, 834.

685 Berlit NDV 2006, 5 (25 f.); Hammel info also 2011, 251; BayLSG 7.12.2005 – L 11 B 530/05 SO ER; LSG Nds-Brem 14.9.2005 – L 8 AS 125/05 ER; 28.5.2009 – L 7 AS 546/09 B ER; LSG Bln-Bbg 22.6.2006 – L 25 B 459/06 AS ER, info also 2006, 180; 11.12.2007 – L 28 B 2169/07 AS ER, ZfSH/SGB 2008, 96; SG Köln 15.11.2005 – S 10 SO 24/05 ER, info also 2006, 35 (mit Anm. Bois/Schmidt-Schauerte); LSG NRW 12.12.2008 – L 7 B 384/08, ZfSH/SGB 2009, 43; 25.6.2013 – L 7 AS 765/13 B ER; zweifelnd LSG NRW 17.1.2014 – L 9 SO 532/13 B ER.

686 So etwa LSG NRW 12.3.2010 – L 12 SO 15/10 B.

687 LSG Bln-Bbg 8.8.2011 – L 5 AS 1097/11 B ER.

nierende Stromversorgung.[688] Die Rechtfertigung umfasst neben der objektiven Geeignetheit der Schuldenübernahme zur (dauerhaften) Sicherung der Energieversorgung die Prüfung, ob **zumutbare Selbsthilfemöglichkeiten** ausgeschöpft sind. Sie fehlt, wenn der Leistungsempfänger einen deutlich überhöhten Stromverbrauch nicht erklären kann und aufgrund hoher Abschlagszahlungen des Stromversorgers mit einer baldigen neuen Stromsperre zu rechnen ist.[689] Eine Übernahme von Rückständen ist auch dann nicht gerechtfertigt, wenn der Leistungsberechtigte eine Sperre auf dem Zivilrechtsweg abwenden kann, zB weil die Bezahlung der laufenden Energielieferungen durch einen **Münzzähler** sicherzustellen ist. Der – teils als grundsätzlich zumutbar[690] erachtete – Verweis auf – nicht aussichtslosen – zivilgerichtlichen Eilrechtsschutz bei Unverhältnismäßigkeit drohender Stromsperren (§ 19 Abs. 2 S. 2 StromGVV)[691] ist – nach vorzugswürdiger Ansicht – als regelmäßig nicht abzuverlangen zu sehen;[692] er erfordert regelmäßig konsequente Beratung und Unterstützung durch die Leistungsträger.[693] Ein Anbieterwechsel zu einem anderen Energiesorger zu marktüblichen Konditionen und ohne „Risikoaufschlag"[694] ist regelmäßig als Selbsthilfe zumutbar.[695]

Bei der **Ermessensentscheidung über die Übernahme** von Energiekostenrückständen, die der Rechtfertigung der Übernahme nachgelagert ist,[696] sind im Rahmen einer umfassenden Gesamtschau der Umstände des Einzelfalles ua zu berücksichtigen die Höhe der Rückstände, die Ursachen, die zu dem Energiekostenrückstand geführt haben, die Zusammensetzung des von einer evtl. Energiesperre bedrohten Personenkreises,[697] Möglichkeiten und – regelmäßig zu verneinende[698] – Zumutbarkeit anderweitiger Energieversorgung (zB Gasbrenner für Kochfeuerung), das in der Vergangenheit gezeigte Verhalten (erstmaliger oder wiederholter Rückstand; Bemühungen, das Verbrauchsverhalten dem Angemessenen anzupassen) und ein erkennbarer Selbsthilfewillen (zB Bemühungen um eine – vertretbare – Ratenzahlungsvereinbarung).[699] Das Ermessen ist auch bei unmittelbar drohender Energiezufuhrsperre nicht zugunsten des (alleinstehenden) Leistungsberechtigten reduziert, wenn dieser sich ein sozialwidriges, unwirtschaftliches und die Möglichkeiten der Selbsthilfe ignorierendes Verhalten entgegenhalten lassen muss;[700] bei sozialwidrigem Verhalten soll dies bei drohender Stromsperre selbst dann gelten, wenn im Haushalt minderjährige Kinder leben.[701] Bei Alleinstehenden bleibt auch sonst ein Spielraum, insbes. wenn erneut Rückstände zu erwarten sind.[702] Das Übernahmeermessen ist jedenfalls dann reduziert, wenn dem Leistungsberechtigten kein sozialwidriges bzw. unwirtschaftliches Verhalten vorzuhalten ist und er seine Selbsthil-

154

688 HessLSG 28.10.2009 – L 7 AS 326/09 B ER; SG Bremen 11.9.2009 – S 23 AS 1629/09 ER.
689 SG Trier 21.7.2010 – S 1 AS 256/10 ER, ZfSH/SGB 2010, 691.
690 LSG NRW 8.10.2012 – L 12 AS 1442/12 B ER, FEVS 64, 475; 19.7.2013 – L 19 AS 2334/12 B; 25.11.2013 – L 9 SO 441/13 B ER.
691 S. SG Berlin 8.10.2009 – S 121 AS 32195/09 ER; SG Nürnberg 6.2.2009 – S 20 AS 95/09 ER; SchlHLSG 2.5.2011 – L 6 AS 241/10 B ER; LSG Bln-Bbg 8.8.2011 – L 5 AS 1097/11 B ER; SchlHLSG 13.1.2012 – L 3 AS 233/11 B ER.
692 LSG NRW 13.8.2013 – L 7 AS 1134/13 B ER, NZS 2013, 834; 15.10.2012 – L 7 AS 1730/12 B ER.
693 Gotzen ZfF 2009, 106; sa LSG LSA 13.3.2012 – L 2 AS 477/11 B ER, ZfSH/SGB 2012, 468; LSG NRW 22.2.2012 – L 7 AS 1716/11 B, NZS 2012, 473.
694 Gotzen ZfF 2007, 248; SG Karlsruhe 21.12.2015 – S 1 SO 4091/15 ER (unter Hinweis auf http://www.stromanbieter-test.de/stromanbieter-wechseln-trotz-schulden-bei-schulden-stromschulden.htm).
695 LSG NRW 25.11.2013 – L 9 SO 441/13 B ER (mwN); sa SG Karlsruhe 21.12.2015 – S 1 SO 4091/15 ER.
696 LSG Nds-Brem 9.6.2010 – L 13 AS 147/10 B ER, NZS 2011, 554.
697 Insbesondere: Mitbetroffenheit von Kleinkindern (LSG Bln-Bbg 11.12.2007 – L 28 B 2169/07 AS ER, ZfSH/SGB 2008, 96); LSG NRW 12.12.2008 – L 7 B 384/08; 14.12.2010 – L 7 AS 1536/10 B ER.
698 SG Aachen 14.6.2005 – S 20 SO 53/05 ER, ASR 2005, 63 f.
699 Sa Hammel NDV 2010, 335; LSG NRW 16.4.2012 – L 19 AS 556/12 B ER.
700 SG Hannover 19.12.2005 – S 51 SO 741/05 ER; SG Hildesheim 4.9.2009 – S 43 AS 1610/09 ER; LSG Nds-Brem 4.9.2009 – L 13 AS 252/09 B ER, FEVS 61, 237; SchlHLSG 29.3.2012 – L 3 AS 28/12 B ER.
701 LSG RhPf 27.12.2010 – L 3 AS 557/10 B ER (Heizung und Warmwasser gewährleistet).
702 LSG Bln-Bbg 4.2.2009 – L 25 AS 38/09 B ER.

femöglichkeiten ausgeschöpft hat.[703] Zugunsten des Leistungsberechtigten ist es reduziert, wenn die aufgelaufenen Energiekostenschulden zu einem nicht unerheblichen Teil auf zu geringen Leistungen beruhen; dann ist auch ein Zuschuss zu erwägen.[704]

155 Die (darlehensweise) Übernahme kann von flankierenden Maßnahmen abhängig gemacht werden, die neuerlichen Rückständen entgegenwirken, zB der Einwilligung in die Direktüberweisung von Vorauszahlungen an das Energieversorgungsunternehmen.[705] Der Versuch, die drohende Sperre der Energiezufuhr durch eine vertretbare[706] **Ratenzahlungsvereinbarung** mit dem Energieversorgungsunternehmen abzuwenden (bzw. deren Aufhebung zu erwirken), ist eine nicht schlechthin unzumutbare Selbsthilfemaßnahme.[707] Sie kann aber nur abverlangt werden, wenn die Höhe der einzelnen Raten und die Dauer der erforderlichen Laufzeit den Leistungsberechtigten nicht überfordert[708] und nach den Umständen des Einzelfalles eine friktionslose Abwicklung der Ratenzahlungsvereinbarung ohne kontraproduktive Nebenwirkungen zu erwarten ist.[709]

156 Die Übernahme von Schulden soll im SGB II-Bereich als Darlehen erfolgen (§ 22 Abs. 8 S. 4 SGB II),[710] während der Sozialhilfeträger nach seiner pflichtgemäßen Wahl die Schulden als Darlehen oder als Zuschuss übernehmen kann. Eine Darlehensgewährung kann davon abhängig gemacht werden, dass eine mögliche **Sicherheit** gestellt wird. Im SGB II ist vor der Übernahme das allgemeine Schonvermögen (§ 12 Abs. 2 Nr. 1 SGB II) zwingend einzusetzen, während in der Sozialhilfe Art und Umfang des Einsatzes von Schonvermögen im Ermessen des Leistungsträgers steht.

157 Die **Pflicht des Amtsgerichts**, dem Leistungsträger unverzüglich Tatsache und näher bezeichnete Einzelheiten einer **Räumungsklage** nach der Kündigung von Wohnraum wegen Zahlungsverzuges (§ 543 Abs. 2 S. 1 Nr. 3 a, § 569 Abs. 3 Nr. 1 BGB) **mitzuteilen** (§ 22 Abs. 9 SGB II/§ 36 Abs. 2 SGB XII), dient der Prävention von Obdachlosigkeit und soll dem Leistungsträger vor allem die – von einem gesonderten Antrag unabhängige – Prüfung ermöglichen, ob die Kündigung durch Übernahme der Mietrückstände abzuwenden ist. Sie entfällt, wenn der Zahlungsverzug offenkundig nicht auf der „Zahlungsunfähigkeit" des Mieters beruht.

---

703 SG Lüneburg 23.4.2009 – S 81 AS 531/09 ER; LSG Bln-Bbg 11.12.2007 – L 28 B 2169/07 AS ER.
704 LSG LSA 19.9.2007 – L 2 B 242/07 AS ER, FEVS 59, 445.
705 LSG Bln-Bbg 11.12.2007 – L 28 B 2169/07 AS ER, ZfSH/SGB 2008, 96; SG Karlsruhe 3.3.2008 – S 14 AS 879/08 ER; BayLSG 7.12.2005 – L 11 B 530/05 SO ER; das BSG (23.7.2015 – B 8 SO 36/15 B) hat (zu § 34 SGB XII [aF]) offen gelassen, ob es im Rahmen des § 36 SGB XII überhaupt erlaubt ist, Leistungen an Dritte auszuzahlen und ggf. unter welchen Bedingungen.
706 Zur möglichen Nichtigkeit von Ratenzahlungsvereinbarungen nach § 32 SGB I (Verstoß gegen die Rechtsordnung) bzw. § 138 BGB (Sittenwidrigkeit) s. Crome Sozialrecht aktuell 2015, 143.
707 Sa LSG Bln-Bbg 20.11.2007 – L 20 B 1361/07 AS ER, FEVS 59, 362.
708 LSG LSA 13.3.2012 – L 2 AS 477/11 B ER, ZfSH/SGB 2012, 468.
709 Sa Hammel NDV 2010, 335; ders. info also 2011, 251; aus der Rechtsprechung etwa LSG NRW 8.10.2012 – L 12 AS 1442/12 B ER, FEVS 64, 475; 1.10.2015 – L 2 AS 1522/15 B ER, ZfSH/SGB 2015, 679; SG Karlsruhe 21.12.2015 – S 1 SO 4091/15 ER.
710 BSG 18.11.2014 – B 4 AS 3/14 R, SozR 4-4200 § 22 Nr. 8 (Zuschussleistung nur in einem atypischen Fall, zB bei erheblichem „Mitverschulden" der Verwaltung an der Entstehung der Mietschulden).

Kapitel 29: Leistungen zur Eingliederung in Arbeit (inkl. 1-Euro-Jobs)

Literaturhinweise: Bauer/Franzmann/Fuchs/Jung, Unbefristet öffentlich geförderte Beschäftigung – Ein Novum in der aktivierenden Arbeitsmarktpolitik, Sozialer Fortschritt 2010, 273 ff.; Bieback, Rechtliche Grundstrukturen der „Aktivierung" arbeitsloser Sozialhilfeempfänger, ZfSH/SGB 2009, 259 ff.; Bieresborn, Bildungsrelevante SGB III-Maßnahmen vor Schulabschluss, info also 2011, 69 ff.; Deutschen Verein, Empfehlungen des zur Beratung, Begleitung und Unterstützung Gründungswilliger und Selbstständiger in der Grundsicherung für Arbeitsuchende (SGB II), NDV 2018, 11; ders., Empfehlungen zur Umsetzung des § 16 h SGB II – Förderung schwer zu erreichender junger Menschen, NDV 2018, 55; ders., Teilhabe am Arbeitsmarkt für alle! Empfehlungen für ein neues Regelinstrument im SGB II, NDV 2018, 289; Gehrken, Die Arbeitsgelegenheiten gegen Mehraufwandsentschädigung gemäß § 16 d S. 2 SGB II („1-Euro-Jobs"): rechtspolitischer Hintergrund – tatsächliche Entwicklung – Rechtsprobleme, Berlin 2010; Jenak, Arbeit gegen Mehraufwandsentschädigung – Die Arbeitsgelegenheiten des § 16 d S. 2 SGB II, Hamburg 2009; von Koppenfels-Spies, Ein-Euro-Jobs – Sinnvolle Eingliederungsmaßnahme oder billiges Allzweckmittel in der Arbeitsmarktpolitik, NZS 2010, 2 ff.; Klerks, Änderungen der Eingliederungsleistungen durch das Teilhabechancengesetz, info also 4/2019; Richers/Köpp, Rechtsprobleme einer Beschäftigungstherapie, DVBl. 2011, 404 ff.; dies., Wer nicht arbeitet, soll dennoch essen, DÖV 2010, 997 ff.; Samartzis, Einführung in der Praxis der Förderung von Arbeitsverhältnissen nach § 16 e SGB II, ZfF 2013, 16; Spellbrink/Eicher, Kasseler Handbuch des Arbeitsförderungsrechts, München 2003; Stahlmann (Hrsg.), Recht und Praxis der Ein-Euro-Jobs. Handbuch, Frankfurt am Main 2006; Vießman, Zum subjektiven Schutzzweck der „Zusätzlichkeit" von „Ein-Euro-Jobs" aus der Sicht des erwerbsfähigen Hilfeempfängers, NZS 2011, 128 ff.; Voelzke, Fördern und Fordern: Die Instrumente und ihre Umsetzung/Gewährung von Sozialleistungen und Wirkungsweise von Sanktionstatbeständen, in: Hohmann-Dennhardt/Masuch/Villiger, Grundrechte und Solidarität – Durchsetzung und Verfahren (Festschrift für Renate Jäger), Kehl am Rhein 2011, 347 ff.; Wolff/Popp/Zabel, Ein-Euro-Jobs für hilfebedürftige Jugendliche – Hohe Verbreitung, geringe Integrationswirkung, WSI-Mitteilungen 2010, 11 ff.

Rechtsgrundlagen:
SGB II §§ 16–16 i
SGB XII §§ 11 Abs. 3 und 4, 68 Abs. 1
SGB III §§ 22 Abs. 4, 29 ff., 35 ff., 44 ff., 54 a, 73 ff., 81 ff., 112 ff., 131 a
AsylbLG §§ 5, 5 a

Orientierungssätze:

1. Das SGB II kennt Leistungen zur Eingliederung, die aus der Arbeitsförderung (SGB III) stammen, und zusätzliche, die nur für erwerbsfähige Leistungsberechtigte des SGB II vorgesehen sind.
2. Das SGB XII sieht nur wenige Leistungen zur Eingliederung vor, weil die erwerbsfähigen Personen grundsätzlich dem Leistungssystem des SGB II zugeordnet sind.
3. Die Abgrenzung zwischen den Leistungsgesetzen geschieht auf verschiedene Weise: Zwischen SGB II und SGB III durch besondere Vorschriften, zwischen SGB II und SGB XII durch Anwendung allgemeiner Grundsätze (Nachrang der Sozialhilfe).
4. Die Mitnahme- und Verdrängungseffekte durch (SGB II-)Eingliederungsleistungen, die Lohnsubventionen vorsehen, und durch „1-Euro-Jobs" sind ein ungelöstes Problem.
5. Ob überhaupt und wenn ja wie dauerhaft Eingliederungsleistungen überhaupt wirken, steht ebenfalls in Frage.
6. Speziell die 1-Euro-Jobs bleiben auch nach den Gesetzesänderungen durch die sogenannte „Instrumentenreform" eine äußerst problematische Eingliederungsleistung.

Schaumberg/Thie

A. Allgemeines/Überblick

I. Die Eingliederungsleistungen im SGB II

1. Ziel: „Fördern" der erwerbsfähigen Leistungsberechtigten

Das SGB II greift den Gedanken des aktivierenden Sozialstaats auf, indem es in § 2 Abs. 1 SGB II (ausführlich → Kap. 22 Rn. 1 ff.) den erwerbsfähigen Leistungsberechtigten die Pflicht auferlegt, ihre Hilfebedürftigkeit möglichst eigenaktiv zu beenden. Dieser **Grundsatz des Forderns** beinhaltet nach § 2 Abs. 1 S. 2 SGB II auch die Pflicht, aktiv an allen Maßnahmen zur Eingliederung in Arbeit mitzuwirken. In Fällen, in denen eine Erwerbstätigkeit auf dem allgemeinen Arbeitsmarkt in absehbarer Zeit nicht möglich ist, sind erwerbsfähige Leistungsberechtigte nach § 2 Abs. 1 S. 3 SGB II verpflichtet, eine zumutbare Arbeitsgelegenheit zu übernehmen. Wer dies nicht tut, setzt sich der Gefahr von Sanktionen aus (→ Kap. 23 Rn. 1 ff.). Aus diesem Grund kommt den Leistungen zur Eingliederung in Arbeit ein im Rahmen des SGB II ein besonderer Stellenwert zu. Sie sind von zentraler Bedeutung für das SGB II und seine Ziele.[1] **1**

Spiegelbildlich wird das „Fordern" des § 2 SGB II durch den **Grundsatz des Förderns** **2** ergänzt, der in der Überschrift zum Kapitel 1 des SGB II bereits (vor dem Fordern) erwähnt, aber erst im Kapitel 2 in § 14 SGB II ausformuliert wird: Die Leistungsträger „unterstützen" erwerbsfähige Leistungsberechtigte danach „umfassend" mit dem Ziel der Eingliederung in Arbeit (§ 14 Abs. 1 S. 1 SGB II) – und zwar, indem sie „alle" im Einzelfall für die Eingliederung in Arbeit erforderlichen Leistungen erbringen (§ 14 Abs. 4 SGB II). Da § 14 Abs. 4 SGB II keine subjektiven Rechte von erwerbsfähigen Leistungsberechtigten begründet, sondern vielmehr eine objektivrechtliche Verpflichtungen der Leistungsträger zur Unterstützung und zur Leistungserbringung statuiert,[2] spricht die Vorschrift von „unterstützen" bzw. „erbringen", nicht aber von unterstützen/erbringen „müssen". Die schon in § 3 Abs. 1 S. 4 SGB II genannte allgemeine Grenze der „umfassenden" Unterstützung wiederholt § 14 Abs. 4 SGB II noch einmal ausdrücklich: Zu erbringen sind nur Leistungen „unter Beachtung der Grundsätze der Wirtschaftlichkeit und Sparsamkeit" (→ Kap. 4 Rn. 2). Praktisch noch viel bedeutsamer werden die Förderungsmöglichkeiten dadurch beschränkt, dass der Bund die Mittel für die Eingliederungsleistungen „pauschalieren" – mit anderen Worten: deckeln – darf (§ 46 Abs. 1 Sätze 4 und 5, Abs. 2 SGB II). Diese Möglichkeit hat er bisher in jedem Jahr genutzt.

Keine „Leistung" iS § 14 Abs. 4 SGB II ist die Eingliederungsvereinbarung (§ 15 SGB II; dazu → Kap. 16 Rn. 11).

---

1 Vgl. Voelzke in Hauck/Noftz SGB II § 16 Rn. 16.
2 Grote-Seifert in: jurisPK-SGB II, 4. Aufl. 2015, § 14 Rn. 32.

Schaumberg/Thie

2. Leistungen der Arbeitsförderung und Abgrenzung zum SGB III

3 Um ihre Hilfebedürftigkeit zu beenden, sollen den erwerbsfähigen Leistungsberechtigten im Wesentlichen die gleichen Leistungen zur Verfügung stehen wie den Berechtigten der Arbeitslosenversicherung (offizielle Bezeichnung: Arbeitsförderung) nach dem SGB III.[3] Umgesetzt wird dies über § 16 SGB II, der zahlreiche Vorschriften des SGB III für anwendbar erklärt, durch zahlreiche Einzelregelungen aber auch dokumentiert, dass die Leistungen nicht immer vollständig gleich sind. Das SGB III selbst verwendet den Begriff „Eingliederungsleistungen" nicht (→ Rn. 15). Die **Abgrenzung** zwischen den Leistungssystemen des SGB II und des SGB III geschieht durch § 22 Abs. 4 SGB III, der mit wenigen Ausnahmen das Spiegelbild zu § 16 Abs. 1 SGB II ist. Aus dem Zusammenspiel beider Vorschriften ergibt sich, dass der Zugang zu Leistungen aus der Arbeitsförderung grundsätzlich blockiert ist, wenn sie in § 16 Abs. 1 SGB II genannt sind. Durch diese Regelung soll vermieden werden, dass die Leistungen zur Eingliederung in Arbeit an grundsätzlich erwerbsfähige Leistungsberechtigte[4] iSd SGB II zulasten der Versichertengemeinschaft der Arbeitslosenversicherung erbracht werden.[5]

4 Als **generelle Ausnahme** vom sonst bestehenden Vorrang des SGB II für erwerbsfähige Leistungsberechtigte bestimmt § 22 Abs. 4 S. 2 SGB III, dass die BA Vermittlungsleistungen von besonderen Dienststellen nach § 367 Abs. 2 S. 2 SGB III (vor allem durch die Zentralstelle für Arbeitsvermittlung) oder wenn sie als zusätzliche Leistungen agenturübergreifend organisiert worden sind, auch an und für erwerbsfähige Leistungsberechtigte zu gewähren hat. Als **spezielle Ausnahmen** sieht § 22 Abs. 4 S. 5 SGB III vor, dass „Aufstocker" (also erwerbsfähige Leistungsberechtigte mit nicht bedarfsdeckendem Anspruch auf Alg Leistungen der aktiven Arbeitsmarktförderung vom Träger der Arbeitsförderung und nicht mehr vom Träger der Grundsicherung nach dem SGB II erhalten. Diese, seit 1.1.2017 geltende, Regelung war erforderlich, da erwerbsfähige Leistungsberechtigte, die einen Anspruch auf Alg oder Teil-Alg haben, nach § 5 Abs. 4 SGB II keine Leistungen zur Eingliederung in Arbeit nach dem SGB II mehr erhalten. Nach Auffassung des Gesetzgebers entspricht es dem Versicherungsgedanken des SGB III, dass Personen, die Ansprüche gegen die Arbeitslosenversicherung erworben haben, auch alle im SGB III vorgesehenen Leistungen einschließlich solcher der aktiven Arbeitsförderung vom Träger der Arbeitsförderung erhalten.[6]

5 Selbst wenn Leistungen des SGB III nicht durch § 22 Abs. 4 SGB III ausgeschlossen sind, sind sie nicht ohne Weiteres für alle erwerbsfähigen Leistungsberechtigten zugänglich. Vor allem der Vorbezug von oder eine Anwartschaft auf Alg als Leistungsvoraussetzung des SGB III kann nicht über § 16 Abs. 2 SGB II (→ Rn. 24) ersetzt werden, wodurch der Kreis der Leistungsberechtigten auf Alg- oder Entgelt-Aufstocker beschränkt wird. Wichtigste allgemein zugängliche Leistung ist die **Berufsausbildungsbeihilfe** (BAB) und das ähnlich ausgestaltete Ausbildungsgeld (→ Rn. 70).

3. Originäre Eingliederungsleistungen des SGB II

6 Weitere Leistungen zur Eingliederung, die speziell für den Personenkreis der erwerbsfähigen Leistungsberechtigten geschaffen wurden, sind in §§ 16 a ff. SGB II geregelt. Die bekannteste von ihnen sind die Arbeitsgelegenheiten = „Ein-Euro-Jobs" (→ Rn. 82 ff.). Zu den Leistungen nach § 16 a s. Kapitel 30.

---

3 BT-Drs. 15/1516, 54.
4 Dh, es kommt nicht auf den konkreten Leistungsbezug an, vgl. Voelzke in Hauck/Noftz SGB II § 16 Rn. 28.
5 BT-Drs. 15/2997, 25.
6 BT-Drs. 18/8041, 30.

II. Situation im SGB XII

Die gesundheitlich, nach Aufenthaltsstatus und vom Alter her als erwerbsfähig gelten- **7**
den hilfebedürftigen Personen sind dem SGB II zugeordnet (→ Kap. 12 Rn. 18 ff.). Deshalb enthält das SGB XII keine Leistungen zur Förderung von Erwerbstätigkeit, die mit
denen des SGB II direkt vergleichbar wären: Neben den sogenannten Aktivierungshilfen
(§ 11 Abs. 3 Sätze 2 bis 4 und Abs. 4 SGB XII) sind nur im Rahmen der Eingliederungshilfe (Sechstes Kapitel des SGB XII) Leistungen zur Teilhabe am Arbeitsleben (§§ 53,
54, 55, § 140 SGB XII [ab 1.1.2020 §§ 90–150 SGB IX, insbesondere § 111 SGB IX])
und der Hilfe zur Überwindung besonderer sozialer Schwierigkeiten (Achtes Kapitel),
Hilfen zur Ausbildung, Erlangung und Sicherung eines Arbeitsplatzes vorgesehen (§ 68
Abs. 1 SGB XII). Anders als im Verhältnis von SGB II zu SGB III (→ Rn. 3 f.) sind all
diese Leistungen für Berechtigte nach dem SGB II aber nicht kraft ausdrücklicher Regelung von vornherein ausgeschlossen (§ 5 Abs. 2 SGB II, § 21 SGB XII), obwohl gerade
wegen der oftmals offenen Formulierungen des SGB XII Überschneidungen mit den
Leistungen nach §§ 16 ff. SGB II möglich sind. Soweit Leistungen nicht an den tatbestandlichen Voraussetzungen scheitern, bestimmt hier der allgemeine **Nachrang der Sozialhilfe** (§ 2 SGB XII) die Abgrenzung: Die SGB II-Leistungen sperren als vorrangige
den Zugang zum SGB XII.[7]

III. Veränderungen des Status als „erwerbsfähige(r) Leistungsberechtigte(r)" nach dem SGB II während laufender Leistungen zur Eingliederung

Fällt während oder durch Eingliederungsleistungen nach dem SGB II auch nur eine der **8**
Voraussetzungen des § 7 Abs. 1 SGB II weg, entfällt auch die rechtliche Grundlage für
die Eingliederungsleistung selbst. Wenn die **Leistungsvoraussetzung „Erwerbsfähigkeit"**
längerfristig oder endgültig nicht mehr besteht, ist das hinnehmbar. Denn damit dokumentiert sich, dass keine baldige Eingliederung in das Erwerbsleben mehr möglich ist.
Außerdem wechseln die Betroffenen in der Regel in andere Sozialleistungssysteme (Rentenversicherung, Sozialhilfe). Ihre sozialen Rechte werden dann ausreichend durch die
allgemeine Pflicht der Leistungsträger zur Beratung und zur Koordinierung ihrer Leistungen abgesichert (s. §§ 14, 15, 17 Abs. 1 SGB I).

Liegt dagegen die **Leistungsvoraussetzung Hilfebedürftigkeit** nicht mehr vor, kann eine **9**
dauerhafte Eingliederung in das Arbeitsleben gefährdet sein. Nach § 16 g Abs. 1 SGB II
können deshalb Maßnahmen weiter gefördert werden, wenn während ihres Laufs die
Hilfebedürftigkeit wegfällt. Ob anrechenbares Einkommen oder Vermögen die Ursache
ist, hat keine Bedeutung. Eine Zeitgrenze gibt es nicht.[8] Voraussetzungen für die weitere
Förderung sind, dass sie wirtschaftlich sinnvoll erscheint und dass die oder der Erwerbsfähige eine Maßnahme voraussichtlich mit Erfolg abschließen wird. Entsprechend
den Begrifflichkeiten des öffentlichen Haushaltsrechts meint der Begriff „wirtschaftlich", dass die eingesetzten Mittel in einem angemessenen Verhältnis zu dem angestrebten Zweck stehen. Es kommt deshalb nicht nur auf die unmittelbar noch entstehenden
Kosten an, sondern auch darauf, welche (arbeitsmarktliche) Wirkung und somit welche
Entlastung von weiteren Kosten durch eine erfolgreich beendete Maßnahme konkret für
die leistungsberechtigte Person zu erwarten ist. Mit Erfolg kann nur eine Maßnahme
abschließen, die ein vorher definiertes Ziel hat. Eine förmliche Abschlussprüfung ist
aber keine Voraussetzung für die Erfolgskontrolle.[9] Die erforderliche Prognose über den
voraussichtlichen Erfolg ist an Hand des bisherigen Verlaufs der Maßnahme zu treffen,

---

7 S. etwa BSG 13.7.2010 – B 8 SO 14/09 R, SozR 4–4200 § 16 Nr. 5.
8 S. BT-Drs. 16/1410, 22.
9 BSG SozR 2200 § 1259 Nr. 42 und SozR 4100 § 34 Nr. 6.

wie er sich vor allem nach den Unterlagen des Trägers darstellt. Aufwändige Ermittlungen sind entbehrlich, im Vordergrund steht die bruchlose Fortsetzung der einmal begonnenen Maßnahme. Die Prognoseentscheidung ist gerichtlich voll überprüfbar.[10] „Negative" Voraussetzung ist, dass kein Anwendungsfall des § 16 g Abs. 2 SGB II vorliegt, der als Spezialvorschrift vorgeht (s. → Rn. 10). Liegen die Voraussetzungen vor, steht die Entscheidung über die weitere Förderung im Ermessen der Leistungsträger. Weil aber die Erfolgsaussicht und die Wirtschaftlichkeit bereits auf der Tatbestandsseite zu prüfen waren, dürfen sie auf der „Rechtsfolgenseite" nicht noch einmal verwertet werden. Oft wird es deshalb keine Ermessenserwägungen geben, die einer positiven Entscheidung noch entgegenstehen könnten.

10 Wenn die gewährte Leistung (zumindest mittelbar) die **Ursache** für die weggefallene Hilfebedürftigkeit war, wäre es widersinnig, sie in dem Augenblick wegfallen zu lassen, in dem der gewünschte Erfolg eintritt. (Jedenfalls) aus § 16 g Abs. 2 SGB II ergibt sich, dass dies nicht der Fall ist. Darüber hinaus ermöglicht diese Vorschrift im Rahmen einer abschließenden Aufzählung, sinnvolle ergänzende[11] Leistungen weiterhin nach dem SGB II gewähren zu können. Die Norm kommt in **allen** Fällen zur Anwendung, in denen der Erwerbsfähige eine Beschäftigung aufgenommen hat und die Hilfebedürftigkeit aufgrund des Einkommens entfallen ist.[12]

11 Voraussetzungen sind (1.), dass die Leistungen der nachhaltigen Eingliederung in Arbeit dienen – also der Sicherung einer nachhaltigen sozialversicherungspflichtigen Beschäftigung und der Stabilisierung der Beschäftigungsaufnahme[13] – und (2.) dass die Hilfebedürftigkeit des oder der Erwerbsfähigen „aufgrund" des zu berücksichtigenden Einkommens weggefallen ist. Vom Prinzip der Bedarfsgemeinschaft wird auch hier nicht abgewichen.[14] Zwar ist deshalb einerseits nur Einkommen gemeint, das die oder der Erwerbsfähige aus der geförderten Ausbildung oder Beschäftigung erzielt. Der ursächliche Zusammenhang zwischen diesem Einkommen und dem Wegfall der Hilfebedürftigkeit besteht andererseits aber immer dann, wenn es sonstiges, nach den allgemeinen Vorschriften des SGB II zu berücksichtigendes Einkommen oder Vermögen des Erwerbsfähigen bedarfsdeckend erhöht. Bei der Entscheidung über Leistungen aufgrund § 16 g Abs. 2 SGB III steht den Leistungsträgern kein weitergehenderes Ermessen zu, als es bei den aufgeführten Leistungen selbst vorgesehen ist.

12 Die Fördermöglichkeit des § 16 g Abs. 2 SGB II ermöglicht die Fortgewährung von Leistungen nach dem Ersten Abschnitt des Dritten Kapitels des SGB III, nach § 44 oder § 45 Abs. 1 S. 1 Nr. 5 SGB III oder nach § 16 a oder 16 f SGB II. Eine Leistungserbringung ist für eine Dauer von bis zu sechs Monaten ab Entfall der Hilfebedürftigkeit möglich.[15]

13 Ähnliches gilt für die, durch das **Teilhabechancengesetz**[16], neu gefassten Leistungen zur **Eingliederung von Langzeitarbeitslosen** (§ 16 e SGB II), die im Wesentlichen aus einem Lohnkostenzuschuss für solche Arbeitgeber besteht, die Langzeitarbeitslose beschäftigen (vgl. zu den Einzelheiten → Rn. 104 ff.). § 16 e Abs. 4 SGB II ordnet an, dass während der, dem Lohnkostenzuschuss zugrundeliegenden, Beschäftigung eine erforderliche ganzheitliche beschäftigungsbegleitende Betreuung durch die Agentur für Arbeit oder

10 Allgemein BSG 1.6.2010 – B 4 AS 63/09 R, im Anschluss an BSG 23.11.2006 – B 11 b AS 3/05 R, SozR 4–4200 § 16 Nr. 1 und BSG SozR 3–4100 § 36 Nr. 5.
11 S. BT-Drs. 16/5933, 17 zu Nr. 3 = § 16 Abs. 5 idF bis 31.12.2008.
12 Dies schließt Beschäftigungsverhältnisse ein, die nach § 16 e SGB II gefördert werden, vgl. BT-Drs. 18/8041, 38; vgl. auch Harks in: jurisPK-SGB II, 4. Aufl. 2015, § 16 g Rn. 15.1.
13 Vgl. BT-Drs. 18/8041, 38.
14 Thie: in LPK-SGB II § 16 g Rn. 9.
15 Vgl. BT-Drs. 18/8041, 38.
16 Zehntes Gesetz zur Änderung des Zweiten Buches Sozialgesetzbuch – Schaffung neuer Teilhabechancen für Langzeitarbeitslose auf dem allgemeinen und sozialen Arbeitsmarkt (Teilhabechancengesetz – 10. SGB II-ÄndG) vom 17.12.2018 – BGBl. I, 2583. Vgl. dazu auch BT-Drs. 19/4725, BT-Drs. 19/5588.

einen durch diese beauftragten Dritten erbracht werden soll. Nach dem, ebenfalls neu in das Gesetz eingefügten, § 16 g Abs. 3 SGB II kann diese ganzheitliche beschäftigungsbegleitende Betreuung während der gesamten Dauer der jeweiligen Förderung auch dann erbracht werden, wenn die Hilfebedürftigkeit entfällt.

Ebenfalls neu durch das Teilhabechancengesetz[17] in das SGB II eingefügt wurde die Leistungen zur **Teilhabe am Arbeitsmarkt** (§ 16 i SGB II), die im Wesentlichen einen Lohnkostenzuschuss für Arbeitgeber beinhalten, wenn diese sehr arbeitsmarktferne Langzeitarbeitslose über 25 Jahren beschäftigen (§ 16 i Abs. 3 SGB II). Auch in diesem Fall ist neben der Bewilligung des Lohnkostenzuschusses nach § 16 i Abs. 4 SGB II eine ganzheitliche beschäftigungsbegleitende Betreuung möglich. Diese kann nach § 16 g Abs. 3 SGB II auch dann während der gesamten Dauer der jeweiligen Förderung erbracht werden, wenn die Hilfebedürftigkeit entfällt.

Ob Personen **Leistungen nach anderen Leistungsgesetzen** auch dann noch zustehen, wenn sie während des Bezugs dieser Leistungen die Voraussetzungen als erwerbsfähige Leistungsberechtigte erfüllen, richtet sich nach den jeweiligen Leistungsgesetzen. Speziell bei Förderungen nach dem SGB III ist praktisch immer sichergestellt, dass laufende Bewilligungen bis zu ihrem planmäßigen Ende als „SGB III-Leistung" weitergeführt werden können.[18]   14

B. SGB III-Leistungen für erwerbsfähige Leistungsberechtigte nach dem SGB II

I. Systematik und Begrifflichkeiten des SGB III

Das SGB III kennt den Begriff „Leistungen zur Eingliederung" als solchen nicht. Die Leistungen der Arbeitsförderung setzen sich nach der ausdrücklichen Regelung des § 3 Abs. 1 SGB III aus Leistungen nach dem Dritten Kapitel und dem Vierten Kapitel des SGB III zusammen. Nach § 3 Abs. 2 SGB III zählen zu den **Leistungen der aktiven Arbeitsförderung** die Leistungen des Dritten Kapitels sowie das Arbeitslosengeld bei beruflicher Weiterbildung.   15

Bei diesen Leistungen wird von Leistungen der *aktiven* Arbeitsförderung gesprochen, da sie dem Berechtigten regelmäßig ein Tätigwerden abverlangen. So setzt etwa die Bewilligung einer Berufsausbildungsbeihilfe nach §§ 56 ff. SGB III voraus, dass sich der Berechtigte in einer förderfähigen Berufsausbildung befindet. Die Entgeltersatzleistungen (zB das Arbeitslosengeld bei Arbeitslosigkeit) werden hingegen gewährt, ohne dass die Berechtigten in besonderer Weise tätig werden müssen. Diese Leistungen könnten daher auch als Leistungen der *passiven* Arbeitsförderung bezeichnet werden. Das SGB III verwendet diesen Begriff allerdings nicht.   16

Die **Entgeltersatzleistungen** des Arbeitsförderungsrechts werden in § 3 Abs. 4 SGB III definiert und umfassen das Arbeitslosengeld bei Arbeitslosigkeit nach § 136 SGB III und bei beruflicher Weiterbildung nach § 144 SGB III, das Teilarbeitslosengeld nach § 162 SGB III, das Übergangsgeld bei Teilnahme an Maßnahmen zur Teilhabe am Arbeitsleben nach § 119 SGB III, das Kurzarbeitergeld bei Arbeitsausfall nach § 95 SGB III (einschließlich Kurzarbeitergeld für Saison- und Heimarbeiter nach § 101 bzw. § 103 SGB III), sowie das Insolvenzgeld nach § 165 SGB III.   17

---

17 Zehntes Gesetz zur Änderung des Zweiten Buches Sozialgesetzbuch – Schaffung neuer Teilhabechancen für Langzeitarbeitslose auf dem allgemeinen und sozialen Arbeitsmarkt (Teilhabechancengesetz – 10. SGB II-ÄndG) vom 17.12.2018 – BGBl. I, 2583. Vgl. dazu auch BT-Drs. 19/4725, BT-Drs. 19/5588.
18 Thie in: LPK-SGB II § 16 g Rn. 15.

Die Entgeltersatzleistungen nach § 3 Abs. 4 SGB III umfassen damit sowohl Leistungen nach dem Dritten als auch nach dem Vierten Kapitel. Daher werden in der Aufzählung der Entgeltersatzleistungen des § 3 Abs. 4 SGB III auch Leistungen aufgeführt, die nach § 3 Abs. 2 SGB III zu den Leistungen der aktiven Arbeitsförderung zählen. Dies betrifft das Arbeitslosengeld bei beruflicher Weiterbildung, das Übergangsgeld bei Teilnahme an Maßnahmen zur Teilhabe am Arbeitsleben und das Kurzarbeitergeld bei Arbeitsausfall (einschließlich Kurzarbeitergeld für Saison- und Heimarbeiter).

18   Nach § 5 SGB III haben Leistungen der aktiven Förderung Vorrang vor den anderen Leistungen des Arbeitsförderungsrechts, insbesondere vor den Entgeltersatzleistungen. Innerhalb der Leistungen der aktiven Arbeitsförderung hat die Vermittlung in Ausbildung und Arbeit nach § 4 Abs. 2 SGB III Vorrang vor anderen Leistungen.

19   Leistungen der aktiven Arbeitsförderung sind nach § 3 Abs. 3 1. Hs. SGB III grundsätzlich **Ermessensleistungen**. Ausgenommen von diesem Grundsatz sind allerdings die in § 3 Abs. 3 2. Hs. SGB III **abschließend** aufgeführten Leistungsarten.[19] Auf diese Leistungen besteht ein Rechtsanspruch, so dass sie zu gewähren sind, sobald der Berechtigte die jeweiligen Anspruchsvoraussetzungen erfüllt. Die übrigen, nicht in § 3 Abs. 3 2. Hs. SGB III aufgelisteten Leistungen der aktiven Arbeitsförderung begründen für die Berechtigten im Hinblick auf die Leistungsbewilligung lediglich einen Anspruch auf pflichtgemäße Ermessensausübung. Es gelten die Grundsätze des § 39 SGB I, die durch § 7 SGB III ergänzt werden. Die Agentur für Arbeit hat demnach unter Würdigung aller individuellen Umstände, unter Berücksichtigung der Grundsätze von Wirtschaftlichkeit und Sparsamkeit und frei von sachfremden Erwägungen darüber zu entscheiden, ob und welche aktivierenden Leistungen im Einzelfall zu erbringen sind.

20   Die Leistungen der aktiven Arbeitsförderung sind im Dritten Kapitel des SGB III nach Lebenssachverhalten geordnet, in denen bestimmte Unterstützungen notwendig werden können.[20] Diese sind ausgehend von den amtlichen Bezeichnungen der Abschnitte des Kapitels: Beratung und Vermittlung, Aktivierung und berufliche Eingliederung, Berufswahl und Berufsausbildung, Berufliche Weiterbildung, Aufnahme einer Erwerbstätigkeit, Verbleib in Beschäftigung, Teilhabe behinderter Menschen am Arbeitsleben und befristete Leistungen und innovative Ansätze.

21   Für die erwerbsfähigen Leistungsberechtigten nach dem SGB II sind noch das allgemeine Vermittlungsangebot (§ 16 Abs. 1 S. 1 SGB II iVm § 35 SGB III, → Rn. 27), die Weiterbildungskosten für den nachträglichen Erwerb des Hauptschulabschlusses oder eines gleichwertigen Schulabschlusses (§ 16 Abs. 1 S. 4 SGB II iVm § 81 Abs. 3 SGB III, → Rn. 57 ff.) und für erwerbsfähige behinderte Leistungsberechtigte auch die **besonderen Leistungen zur Teilhabe**[21] (§ 16 Abs. 1 S. 3 SGB II, → Rn. 65 ff.) **Anspruchsleistungen**. Der „Aktivierungs- und Vermittlungsgutschein" (→ Rn. 37) ist nur für Bezieher von Arbeitslosengeld nach dem SGB III (aber einschließlich der „Aufstocker", → Rn. 4) eine Anspruchsleistung.

22   Direkt (und nur) nach dem SGB III ist für erwerbsfähige Leistungsberechtigte weiterhin die **Berufsausbildungsbeihilfe** (§§ 56 ff. SGB III) zugänglich. Gleiches gilt für **Maßnahmen der Berufsorientierung** (§ 48 SGB III) und die **Berufseinstiegsbegleitung** (§ 49 SGB III).

---

19   In dieser Aufstellung fehlen jedoch die Leistungen der aktiven Arbeitsförderung „Beratung" und „Vermittlung", auf die nach §§ 29, 35 SGB III ebenfalls ein Rechtsanspruch besteht.
20   In den Worten der Gesetzesurheber: „Arbeitsmarktkontexte", BT-Drs. 17/6277, 78.
21   Die allgemeinen Leistungen zur Teilhabe (§§ 115 f. SGB III) können zwar auch zugunsten erwerbsfähiger behinderter Leistungsberechtigter bewilligt werden. Allerdings handelt es sich bei ihnen um Ermessensleistungen (vgl. § 116 Abs. 1 SGB III: „... *können* auch erbracht werden, ...").

In den §§ 13 bis 21 SGB III werden unter der Überschrift „**Berechtigte**" verschiedene   23
Personengruppen umschrieben, die in den Leistungsvorschriften des SGB III immer wieder erwähnt werden. Über § 16 Abs. 2 SGB II gelten sie im SGB II entsprechend, weil sie
die Leistungsvoraussetzungen des SGB III konkretisieren.[22]

II. Anwendungsweise des SGB III-Rechts

§ 16 Abs. 2 S. 1 SGB II sieht für die Leistungen des SGB III, die durch § 16 Abs. 1 S. 1   24
bis 3 SGB II in das SGB II übernommen werden, eine **Rechtsgrundverweisung** vor. Soweit nichts anderes geregelt ist, gelten deshalb im SGB II genau die gleichen Voraussetzungen und Rechtsfolgen, welche die SGB III-Vorschriften in der Arbeitsförderung
selbst vorsehen. Die Leistungsträger der Grundsicherung haben keine weitergehenden
(Ermessens-) Spielräume.[23] Abweichungen ergeben sich vor allem aus § 16 Abs. 1 S. 2,
Abs. 2 S. 2 und 3, Abs. 3 und Abs. 4 SGB II. Die Anordnungen des Verwaltungsrats der
Bundesagentur für Arbeit und Verordnungen auf der Grundlage des § 47 SGB III gelten
jedoch nicht (§ 16 Abs. 2 S. 1 SGB II). Das Gebot der **Frauenförderung** (§ 1 Abs. 2 Nr. 4
SGB III) ist über § 16 Abs. 1 S. 4 SGB II entsprechend anwendbar und enthält einen
Handlungsauftrag (Frauenquoten). § 16 Abs. 1 S. 4 SGB II vermittelt insoweit zwar kein
subjektives Recht von Frauen auf Förderung, ist aber bei der Ermessensausübung zu beachten.[24]

III. Die Leistungen im Einzelnen

1. Beratungs- und Vermittlungsangebote (§§ 29 ff., § 35 ff. SGB III)

Die **Berufsorientierung** (§ 33 SGB III) besteht darin, ein allgemeines Informationsange-   25
bot zu Berufen, Aus- und Weiterbildungsmöglichkeiten und Beschäftigungsaussichten
vorzuhalten. Sie ist (deshalb) die einzige Beratungsleistung, die nicht individuell aus
konkretem Anlass erbracht wird. Zielgruppe sind vor allem Jugendliche. Die Maßnahmen zur Berufsorientierung sind außerhalb dieser Vorschrift in § 48 SGB III geregelt,
was unnötig verwirrt. Diese Maßnahmen gehören außerdem nicht mehr zu den Leistungen des SGB II, sondern sind auch für erwerbsfähige Leistungsberechtigte nur als
SGB III-Leistung zugänglich.[25] Unabhängig davon ist ihnen die „SGB III-Berufsorientie-
rung" der BA generell nicht verschlossen (s. § 22 Abs. 4 SGB III), was vor allem dann
bedeutsam wird, wenn eine Optionskommune Leistungsträger nach dem SGB II ist.

Beratungsleistungen aus konkretem Anlass (vor allem wegen eines Beratungswunschs   26
von Leistungsberechtigten oder eines für den Leistungsträger ersichtlichen Bedarfs) sind
gemäß § 29 Abs. 1 SGB III die **Berufsberatung** für (potenzielle) Arbeitnehmer(innen)
und Auszubildende (§§ 30–32 SGB III) und die **Arbeitsmarktberatung** für Arbeitge-
ber(innen) (§ 34 SGB III). Die Leistungen bestehen vor allem in Rat und Auskunft (§ 30
S. 1 [Einleitung] und § 34 Abs. 1 S. 2 [Einleitung] SGB III). Im Rahmen der Berufsberatung können zusätzlich ärztliche und psychologische Eignungsfeststellungen vorgenommen werden, wenn die ratsuchende Person damit einverstanden ist (§ 32 SGB III). Auf
Wunsch der Ratsuchenden sind außerdem Bemühungen und weitere Beratungen zur
Festigung eines bereits angetretenen Ausbildungs- oder Beschäftigungsverhältnisses
möglich (§ 31 Abs. 2 SGB III). Die Regelungen zu Art, Umfang und Inhalt der Beratung
(§ 29 Abs. 2 und 3 SGB III) und bei der Berufsberatung außerdem die zur Abwägung
zwischen persönlichen Wünschen und Eigenschaften der Ratsuchenden und den Be-

---

22 S. auch Thie in: LPK-SGB II § 16 Rn. 6.
23 BSG 6.4.2011 – B 4 AS 117/10 R, SozR 4–4200 § 16 Nr. 6.
24 Schmidt-De Caluwe in: NK-SGB III § 1 Rn. 50.
25 S. auch BT-Drs. 17/6277, 79.

schäftigungsmöglichkeiten (§ 31 Abs. 1 SGB III) lenken und begrenzen das den Leistungsträgern zustehende Ermessen. Beratungsleistungen sind stets kostenlos (§ 42 Abs. 1 SGB III).

27 Das **Vermittlungsangebot** (§ 35 SGB III) ist unabdingbare Pflichtaufgabe der Leistungsträger (§ 16 Abs. 1 S. 1 SGB II). Es soll Ausbildung- und Arbeitsuchende mit Arbeitgeberinnen und Arbeitgebern zusammenzubringen und richtet sich deshalb an beide Seiten. Ausdrücklich ist Vermittlung auch über Selbstinformationseinrichtungen im Internet vorgeschrieben (§ 35 Abs. 3 SGB III). Für Arbeitgeber kann das Vermittlungsangebot in bestimmten Fällen kostenpflichtig sein (§ 42 Abs. 2 und 3 SGB III). Die Kosten dürfen nicht auf die vermittelten Arbeitnehmer oder Dritte umgelegt werden (§ 42 Abs. 4 SGB III); anderslautende Vereinbarungen sind als Scheingeschäft (§ 117 Abs. 2 BGB) oder wegen Verstoßes gegen ein gesetzliches Verbot (§ 134 BGB) rechtlich unwirksam. Für erwerbsfähige Leistungsberechtigte kann die BA (nur) die Ausbildungsvermittlung durch ihre nach dem SGB III zuständigen Stellen erbringen lassen (§ 16 Abs. 4 SGB II iVm §§ 88 bis 92 SGB X). Die Vorschrift über die **Eingliederungsvereinbarung** (§ 37 Abs. 2 SGB III) wird durch § 15 SGB II als Spezialregelung verdrängt. Keine „Leistungsvoraussetzung" iSv § 16 Abs. 2 SGB II ist die Obliegenheit der Meldung zur frühzeitigen Arbeitsuche (§ 38 Abs. 1 SGB III). Wird sie nicht beachtet, kann sich das nur auf die laufenden Leistungen auswirken (§ 31 Abs. 2 Nr. 4 SGB II iVm § 144 Abs. 1 S. 2 Nr. 7 SGB III).

28 Die von den Leistungsträgern ergänzend zu den Leistungsgrundsätzen (§ 3 SGB II) zu beachtenden **Grundsätze der Vermittlung** (§ 16 Abs. 1 S. 4 SGB II iVm § 36 SGB III) sind Konkretisierungen des verfassungsrechtlichen Diskriminierungsverbots (Art. 3 Abs. 3 GG) sowie der Religions- (Art. 4 Abs. 1 GG), Meinungs- (Art. 5 Abs. 1 GG), Vereinigungs- (Art. 9 Abs. 1 GG) und Koalitionsfreiheit (Art. 9 Abs. 3 GG). Sie verbieten zB die Vermittlung in tarifwidrige Arbeitsverhältnisse, wenn ein Tarifvertrag gesetzesgleich wirkt (wegen Tarifbindung auf Arbeitgeber- und Arbeitnehmerseite, §§ 4 Abs. 1, 3 Abs. 1 und 3 TVG, oder wenn er für allgemeinverbindlich erklärt wurde, § 5 Abs. 4 TVG).[26] Für tarifgebundene erwerbsfähige Leistungsberechtigte ist eine tarifvertragswidrige Arbeit gemäß § 10 Abs. 1 Nr. 5 SGB II aus („sonstigem") wichtigem Grund unzumutbar. Die Grundrechte aus Art. 4 Abs. 1, Art. 5 Abs. 1 und Art. 9 Abs. 3 GG verbieten es, von Leistungsberechtigten den Eintritt in oder den Austritt aus einer religiösen Gemeinschaft, Partei, Gewerkschaft oder sonstigen Vereinigung zu verlangen, um damit den Zugang zu einer Arbeitsstelle zu „vereinfachen". Zu den Grenzen des Fragerechts der Leistungsträger gegenüber den Ausbildung- und Arbeitsuchenden s. § 41 SGB III. Unzureichende Mitwirkung der Ausbildung- und Arbeitsuchenden ohne wichtigen Grund berechtigt die Leistungsträger, die Vermittlungs„leistung" unabhängig von einer Sanktionierung (§§ 31 ff. SGB II) zeitweilig einstellen (§ 38 Abs. 3 S. 2 SGB III).

29 Der allgemeinen Unterrichtung (§ 40 SGB III) dienen vor allem **computergestützte Informationsangebote**, vor allem das Stellen-Informationssystem (SIS) und das Ausbildungsstellen-Informationssystem (ASIS), außerdem die Internetseiten arbeitsagentur.de und berufenet.de.

---

26 Brand in: Brand SGB III § 36 Rn. 3.

2. Aktivierung und berufliche Eingliederung

a) Vermittlungsbudget (§ 44 SGB III)

Berechtigte des Vermittlungsbudgets[27] sind Arbeitslose (s. § 16 Abs. 1 SGB III iVm **30** § 119 SGB III und § 53 a Abs. 1 SGB II), Ausbildungsuchende (s. § 15 S. 1 SGB III) und von Arbeitslosigkeit Bedrohte (s. § 17 SGB III). Kraft Gesetzes nicht als arbeitslos gilt, wer an Maßnahmen der aktiven Arbeitsförderung (→ Rn. 16) teilnimmt (§ 53 a Abs. 1 SGB II iVm § 16 Abs. 2 SGB III). Von Arbeitslosigkeit bedrohte erwerbsfähige Leistungsberechtigte nach dem SGB II können nur die Arbeitsentgelt-Aufstocker sein. Bei ihnen ist jedoch die Regelung des § 22 Abs. 4 S. 5 SGB III zu beachten, nach der die Leistungen der aktiven Arbeitsmarktförderung von der BA und nicht vom Grundsicherungsträger nach dem SGB II erbracht werden. Alle anderen fallen selbst dann in die Zuständigkeit der BA nach dem SGB III, wenn sie voraussichtlich nach dem SGB II leistungsberechtigt sein werden, sobald sie arbeitslos sind.[28]

Weitere Förderungsvoraussetzungen sind, dass die gewünschte Leistung der Anbahnung **31** oder Aufnahme einer versicherungspflichtigen Beschäftigung oder – s. § 16 Abs. 3 S. 1 SGB II – einer (nicht versicherungspflichtigen) schulischen Berufsausbildung dient und dass sie für die berufliche Eingliederung notwendig ist. Wer in Deutschland „versicherungspflichtig" beschäftigt ist, ergibt sich aus §§ 24 Abs. 1, 25 Abs. 1 und 27 SGB III iVm § 7 SGB IV. Nach Maßgabe des § 44 Abs. 2 SGB III kann die Beschäftigung oder Ausbildung auch in der übrigen EU,[29] einem anderen Vertragsstaat des Abkommens über den Europäischen Wirtschaftsraum oder der Schweiz durchgeführt werden. Ob Versicherungspflicht besteht, richtet sich nach dem Recht des jeweiligen Staats; für schulische Ausbildungen (§ 16 Abs. 3 SGB III) ist sie nicht erforderlich. „Notwendig" ist eine Förderung nur dann, wenn sie im Sinne einer „strengen Kausalität" maßgeblich für die Eingliederung ursächlich ist.[30] Nicht „notwendig" ist sie auch dann nicht, wenn kein **Leistungsantrag** nach SGB II gestellt worden ist, bevor die Leistung anfällt bzw. bevor eine Beschäftigung aufgenommen wird (§ 37 Abs. 2 SGB II).[31]

Den theoretisch zahllosen denkbaren Leistungen werden durch § 16 Abs. 2 S. 2 SGB II **32** iVm § 44 Abs. 3 S. 3 SGB III zwei wesentliche **Grenzen** gesetzt: Die Förderung darf nicht in Leistungen zur Sicherung des Lebensunterhaltes bestehen (weshalb zB Telefonentgelte nicht übernommen werden können), und die anderen Leistungen nach dem SGB II (einschließlich der in Bezug genommenen des SGB III) dürfen durch die Förderung nicht aufgestockt, ersetzt oder umgangen werden. Bereits dann, wenn andere Vorschriften des SGB II oder SGB III „dem Grunde nach" eine Leistung vorsehen, sind gleichartige oder auch nur „ähnliche" Leistungen aus dem Vermittlungsbudget ausgeschlossen. In Betracht kommen deshalb in erster Linie Kosten für Bewerbungsunterlagen (zB für – professionelle – Bewerbungsfotos und Bürobedarf), kostenpflichtige Stelleninserate, Fahrten zu Berufsberatung, Vermittlung oder Eignungsfeststellung, zu Vorstellungsgesprächen, zum Antritt einer Arbeitsstelle und zwischen Wohnung und Arbeitsstelle, für getrennte Haushaltsführung und einen Umzug.

Die **Höhe der Leistungen** wird nur sehr abstrakt durch den Begriff „angemessen" und **33** den Vorrang der Arbeitgeberleistungen (§ 44 Abs. 1 S. 3 SGB III), weitaus praktischer – im Rahmen des Ermessens – durch das im Regelfall „gedeckelte" Eingliederungsbudget

---

27 Zur Rechtslage bis 2008 Niewald in: LPK-SGB II, 2. Aufl., Anhang zu § 16 Rn. 6 f., 9 ff.; zur Motivation der Urheber des Gesetzes BT-Drs. 16/10810, 52.
28 So zum Verhältnis SGB II-SGB XII BSG 13.7.2010 – B 8 SO 14/09 R, SozR 4-4200 § 16 Nr. 5 mit Anm. Krahmer Sozialrecht Aktuell 2011, 161.
29 S. in diesem Zusammenhang EuGH 11.1.2007 – C-208/05, SozR 4-6035 Art. 39 Nr. 2.
30 Allgemein BSG 27.1.2009 – B 7/7 a AL 26/07 R, SozR 4-4300 § 53 Nr. 3 mit Hinweis auf BSG SozR 4100 § 44 Nr. 21.
31 BSG 27.1.2009 – B 7/7 a AL 26/07 R, SozR 4-4300 § 53 Nr. 3.

(§ 46 Abs. 1 S. 4 und 5 SGB II) begrenzt. Arbeitgeberleistungen schließen die Förderung aus dem Vermittlungsbudget nur dann aus, wenn tatsächlich mit ihnen zu rechnen ist; die Leistungsberechtigten sind nicht verpflichtet, sich auf das Risiko von Arbeitsgerichtsprozessen einzulassen. Die Leistungsträger können Pauschalen festlegen (§ 44 Abs. 3 S. 1 Hs. 2 SGB III), die dann bezüglich der Leistungshöhe ihr Auswahlermessen beschränken.

b) Maßnahmen zur Aktivierung und beruflichen Eingliederung; „Aktivierungs- und Vermittlungsgutschein" (§ 45 SGB III)

34 § 45 SGB III fasst als **Maßnahmen zur Aktivierung und beruflichen Eingliederung** verschiedene, vorher verstreut geregelte arbeitsmarktliche Instrumente zusammen.[32] Zu ihnen zählt auch der Vermittlungsgutschein (dazu → Rn. 37 f.). Für erwerbsfähige Leistungsberechtigte des SGB II besteht auf keine Leistung nach § 45 SGB III ein Anspruch.[33] Vielmehr steht die Leistungserbringung im Ermessen des Trägers. Der berechtigte Personenkreis ist der gleiche wie bei den Leistungen nach § 44 SGB III. Die Leistungsträger können die Maßnahmen selbst durchführen oder an Träger vergeben (§ 45 Abs. 3 SGB III iVm § 130 GWB und den weiteren untergesetzlichen Vergaberegelungen).[34] Träger (mit Ausnahme von Arbeitgebern, die ausschließlich betriebliche Maßnahmen oder Maßnahmeteile durchführen) und Maßnahmen müssen durch fachkundige Stellen zertifiziert sein (§ 176 Abs. 1 und Abs. 2 S. 1 SGB III).

35 Die Maßnahmen reichen von niedrigschwelligen **Angeboten** an Jugendliche oder dem Berufsleben Entfremdete („Aktivierungshilfen", § 45 Abs. 1 S. 1 Nr. 1 SGB III) über solche, die die Vermittlungsaussichten verbessern sollen (§ 45 Abs. 1 S. 1 Nr. 2 SGB III) oder überhaupt in der Vermittlungstätigkeit Dritter bestehen (in eine versicherungspflichtige Beschäftigung – nicht Ausbildung –, auch in die EU[35] oder Vertragsstaaten des Abkommens über den Europäischen Wirtschaftsraum, also nicht in die Schweiz [§ 45 Abs. 1 S. 1 Nr. 3 und S. 3 SGB II]) und denen, die im Vorfeld zu § 16 b SGB II an eine selbstständige Tätigkeit als Alternative zur abhängigen Beschäftigung heranführen sollen (§ 45 Abs. 1 S. 1 Nr. 4 SGB III) bis hin zu denen, die den Einstieg in eine abhängige Beschäftigung begleiten und eventuell das Scheitern eines Arbeitsverhältnisses durch Konfliktintervention verhindern sollen (§ 45 Abs. 1 S. 1 Nr. 5 SGB III); dabei sollen nun auch besondere Maßnahmen für Leistungsberechtigte durchgeführt werden, deren Eingliederung „besonders erschwert" ist (§ 45 Abs. 1 S. 2 SGB III). **Ausgeschlossen** sind aber Maßnahmen zur Berufswahl und Berufsausbildung im Sinne des Dritten Abschnitts des Dritten Kapitels des SGB III (§ 45 Abs. 2 S. 4 SGB III). Maßnahmen sind für Einzelne und Gruppen möglich (§ 45 Abs. 2 S. 1 SGB III) und können mehrere Ziele verbinden. Eine Höchstdauer (§ 45 Abs. 2 S. 2 SGB III) ist nur für Maßnahmen oder Maßnahmeteile vorgesehen, die bei oder von einem Arbeitgeber durchgeführt werden (seit 1.4.2012: sechs – vorher vier – Wochen; bei Langzeitarbeitslosen oder bei erwerbsfähigen Leistungsberechtigten bis zum 24. Lebensjahr, deren berufliche Eingliederung aufgrund von schwerwiegenden Vermittlungshemmnissen besonders erschwert ist, bis zu 12 Wochen, § 16 Abs. 3 S. 2 SGB II) oder wenn berufliche Kenntnisse vermittelt werden (acht Wochen). Wenn beide Zeitgrenzen in Betracht kommen, geht die kürzere als Spe-

---

[32] Zu den Gründen BT-Drs. 16/10810, 54.
[33] Zur Rechtslage vorher stellvertretend Thie in: LPK-SGB II Anhang zu § 16 Rn. 14 und 27.
[34] Vgl. zum neuen Recht zur Vergabe sozialer Dienstleistungen zB Fülling, Die Reform des Vergaberechts und ihre Auswirkung auf die Erbringung sozialer Dienstleistungen, SRa 2017, 226; Ziegler in: Münchener Anwaltshandbuch Sozialrecht, 5. Aufl. 2018, § 49 Vergaberecht. Zur Überprüfbarkeit der Auswahlentscheidung OLG Bbg NVwZ 1999, 1142; BSG SozR 3–1500 § 51 Nr. 24.
[35] S. zum früheren § 421 g SGB III EuGH 11.1.2007 – C-208/05, SozR 4–6035 Art. 39 Nr. 2.

zialregelung vor. Innerhalb einer Maßnahme können berufliche Kenntnisse deshalb insgesamt acht Wochen, aber höchstens sechs Wochen in einem Betrieb vermittelt werden.
Leistungen sind in der Regel die Teilnahmekosten, also die Aufwendungen für die Maß- **36** nahme an sich, einschließlich derer für Arbeitsmaterial, Werkzeuge oder Berufskleidung. In Anlehnung an andere gesetzliche Regelungen (§§ 61 Abs. 1 und 3, 87 SGB III) kommen auch Fahrkosten und Kosten für die Betreuung von Kindern in Betracht – aber immer nur, soweit sie angemessen sind. Die Förderung kann sich auch darauf beschränken, dass das Alg II weitergeleistet wird (§ 45 Abs. 1 S. 4 SGB III iVm § 16 Abs. 2 S. 1 letzter Teilsatz SGB II), zB wenn der Leistungsträger die Maßnahme selbst durchführt. Die Voraussetzung der „Notwendigkeit" begrenzt schon den Zugang zu den Leistungen und wirkt sich nicht noch einmal bei der Leistungshöhe aus. Warum § 44 und § 45 SGB III insoweit (auch nach der „Instrumentenreform") unterschiedlich formuliert worden sind, ist unklar.

Ähnlich dem, was bisher schon in der Förderung der beruflichen Weiterbildung galt (→ **37** Rn. 49), kann eine Leistung seit 1.4.2012 mittels eines „**Aktivierungs- und Vermittlungsgutscheins**" gewährt werden (§ 45 Abs. 4 und 5 SGB III). Er berechtigt die Begünstigten, sich im Rahmen des bescheinigten Leistungsumfangs selbst eine Maßnahme auszusuchen. Anders als im Recht der beruflichen Weiterbildung steht die Ausgabe eines Gutscheins aber im Ermessen des Leistungsträgers. Nach § 45 Abs. 5 SGB III soll er die Entscheidung von der Eignung und den persönlichen Verhältnissen der Förderberechtigten oder der örtlichen Verfügbarkeit von Arbeitsmarktdienstleistungen abhängig machen.

Im allgemeinen Leistungsangebot nach § 45 SGB III ist auch der alte „**Vermittlungsgut- 38 schein**" nach § 421 g SGB III aufgegangen. Als Ermessensleistung ist er zwar jederzeit ohne bestimmten zeitlichen Vorlauf zugänglich, aber für erwerbsfähige Leistungsberechtigte des SGB II nicht mehr als Anspruchsleistung (§ 45 Abs. 7 SGB III). Die geförderte Vermittlungstätigkeit ist zudem nur als „Maßnahme" möglich ist mit der Folge, dass die Vermittler sich als „Träger" den Zertifizierungsverfahren nach §§ 176 ff. SGB III unterwerfen müssen und für ihre Vermittlungstätigkeit einen Vergütungsanspruch gegen den Leistungsträger nach Maßgabe des § 45 Abs. 6 S. 2 bis 6 SGB III haben. Honoriert wird, als Voraussetzung für einen Vergütungsanspruch, (nur) die erfolgreiche Vermittlung in ein sozialversicherungspflichtiges, nicht von vornherein auf weniger als drei Monate befristetes Arbeitsverhältnis (§ 45 Abs. 6 S. 5 Nr. 1 SGB III). Zu vergüten ist auch die Vermittlung in einen Mitgliedsstaat der Europäischen Union oder einen Vertragsstaat des Abkommens über den Europäischen Wirtschaftsraum (§ 45 Abs. 1 S. 3 SGB III), aber nicht in die Schweiz (die eine Vermittlung dorthin aus dem Ausland verbietet).[36] Die zu übernehmende Vergütung (§ 45 Abs. 6 S. 3 und 4 SGB III) wird in zwei, erst nach bestimmter Dauer des Arbeitsverhältnisses fällig werdenden, Raten unmittelbar an den Vermittler ausgezahlt (§ 45 Abs. 6 S. 5 SGB III). In bestimmten Fällen sind Zahlungen ausgeschlossen, um Mitnahmeeffekte zu vermeiden (§ 45 Abs. 6 S. 6 Nr. 2 SGB III). Außerdem besteht – wie bisher – kein Anspruch, wenn der Vermittler zivilrechtlich keinen Anspruch auf einen Maklerlohn hätte (§ 652 Abs. 1 BGB).[37] Bemühungen des Vermittlers oder der Abschluss des Arbeitsvertrags vor Bewilligung der „Vermittlungsleistung" können ebenfalls den Vergütungsanspruch auslösen, solange nur die Beschäftigung nach der Leistungsbewilligung beginnt und der Vermittler bei

---

36 Dazu LSG Bln-Bbg 15.12.2010 – L 18 AL 140/09.
37 BSG 6.4.2006 – B 7 a AL 56/05 R, SozR 4–4300 § 421 g Nr. 1 und 6.5.2008 – B 7/7 a AL 8/07 R, SozR 4–4300 § 421 g Nr. 3.

Ausübung seiner zum Vertragsschluss führenden Bemühungen bereits nach §§ 176 ff. SGB III zertifiziert war.[38]

c) Leistungen für behinderte Menschen (§ 46 SGB III)

39 Als **Leistungen zur Teilhabe am Arbeitsleben** an Arbeitgeber können nach § 46 SGB III die Kosten für eine höchstens auf drei Monate befristete Probebeschäftigung ersetzt sowie Zuschüsse zur behindertengerechten Ausgestaltung von Ausbildungs- oder Arbeitsplätzen (Arbeitshilfen) erbracht werden. Zum Begriff Arbeitgeber im Sinne des Teilhaberechts siehe § 50 SGB IX. Die Bewilligung eines Budgets für Arbeit (§ 61 SGB IX) durch die Bundesagentur für Arbeit ist nach § 63 Abs. 3 iVm Abs. 2 SGB IX ausgeschlossen.

3. Leistungen zur Berufswahl und Berufsausbildung

40 Von den Leistungen des Dritten Abschnitts des Dritten Kapitels des SGB III gehören gemäß § 16 Abs. 1 S. 2 Nr. 3 SGB II nur die zur **Berufsausbildung** (Vierter Unterabschnitt des Dritten Abschnitts) und – aus dem Zweiten Unterabschnitt – die entfristet gebliebene[39] Einstiegsqualifizierung (§ 54 a SGB III), sowie die Assistierte Ausbildung (§ 130 SGB III) zum Leistungskatalog der Grundsicherungsträger. Die anderen Leistungen des Dritten Abschnitts des Dritten Kapitels des SGB III – etwa die Berufsausbildungsbeihilfe – sind für erwerbsfähige Hilfebedürftige weiterhin direkt als Leistung nach dem SGB III zugänglich (s. auch → Rn. 4, 22).

41 Die **Zuschüsse zur Ausbildungsvergütung** (§ 73 SGB III) sollen die Erstausbildung oder Weiterbildung behinderter Menschen fördern, sind ihrer Zielrichtung also auch eine Leistung zur Teilhabe (zu ihnen → Rn. 65 ff.). Die Voraussetzung, dass „die Ausbildung sonst nicht zu erreichen ist" (§ 73 Abs. 1 aE SGB III) soll Mitnahmeeffekte ausschließen. Das finanzielle Leistungsvermögen der behinderten Menschen hat dabei keine Bedeutung.[40] Die maximale Förderungshöhe ist bei schwerbehinderten Menschen (das sind nach § 2 Abs. 2 SGB IX solche, bei denen ein Grad der Behinderung von 50 vorliegt und die ihren Wohnsitz, ihren gewöhnlichen Aufenthalt oder ihre Beschäftigung auf einem Arbeitsplatz iSv § 156 SGB IX rechtmäßig im Geltungsbereich des SGB IX haben) mit 80 % der monatlichen Ausbildungsvergütung höher als bei denen mit einem geringeren Grad der Behinderung (60 % der monatlichen Ausbildungsvergütung). Der höhere Zuschuss für schwerbehinderte Menschen dürfte auch für Menschen gelten, die schwerbehinderten Menschen gleichgestellt sind. Dies sind nach § 2 Abs. 3 SGB IX Menschen mit Behinderungen mit einem Grad der Behinderung von weniger als 50, aber wenigstens 30, bei denen die übrigen Voraussetzungen des § 2 Abs. 2 vorliegen, wenn sie infolge ihrer Behinderung ohne die Gleichstellung einen geeigneten Arbeitsplatz im Sinne des § 156 SGB IX nicht erlangen oder nicht behalten können. Er gilt hingegen nicht für nach § 151 Abs. 4 SGB IX gleichgestellte behinderte Jugendliche und junge Erwachsene während der Zeit ihrer Berufsausbildung oder einer beruflichen Orientierung, da diese Gleichstellung nur für Prämien und Zuschüsse, die Arbeitgebern durch das Integrationsamt nach § 185 Abs. 3 Nr. 2 Buchst. c SGB IX zu den Kosten der Berufsausbildung behinderter Jugendlicher und junger Erwachsener gewährt werden, gilt. § 73 Abs. 3 SGB III sieht einen von der BA zu gewährenden Zuschuss zum Arbeitsentgelt (§ 91 SGB III) als Anreiz für die Ausbildungsbetriebe oder andere Arbeitgeber vor, behinderte Menschen nach ihrer Ausbildung in ein Arbeitsverhältnis zu übernehmen.

38 S. zum Rechtszustand nach § 421 g SGB III BSG 6.5.2008 – B 7/7 a AL 8/07 R, SozR 4–4300 § 421 g Nr. 3.
39 S. zur ursprünglichen Planung BT-Drs. 17/6277, 212 zu § 131.
40 Brandts in: Niesel/Brand SGB III, 5. Aufl. 2010, § 235 a Rn. 8.

An Träger richten sich die Leistungen zur Unterstützung und Förderung der Berufsaus- **42**
bildung nach §§ 74 ff. SGB III. Der **förderungsbedürftige Personenkreis** ist in § 78
SGB III beschrieben und das Spiegelbild zum Inhalt der Maßnahmen. Zur Förderungs-
bedürftigkeit führen nur in der Person liegende Gründe. Die Leistungen sind in § 79
SGB III aufgezählt. Auf sie hat nur der Träger einen Anspruch, auch wenn sie mittelbar
dem Teilnehmer zugute kommen.

Durch **ausbildungsbegleitende Hilfen** (§ 74 Abs. 1 Nr. 1 iVm § 74 SGB III) soll vor allem **43**
verhindert werden, dass eine Einstiegsqualifizierung (§ 54 a SGB III; → Rn. 54) oder betriebliche Berufsausbildung (§ 74 Abs. 2 iVm § 57 Abs. 1 SGB III) aus Gründen nicht
beendet wird, die mit der Vermittlung des Lernstoffs unmittelbar nichts zu tun haben.
Aber auch dann, wenn eine Qualifizierung (zunächst) scheitert, oder wenn der Übergang in ein Arbeitsverhältnis von den betroffenen Leistungsberechtigten möglicherweise
nicht allein gemeistert werden kann, können sie noch für eine Übergangszeit unterstützt
werden (§ 75 Abs. 2 S. 1 Nr. 2 und 3 und S. 2 SGB III). Die förderungsbedürftigen Personen (§ 78 SGB III) können mehrere Hilfen neben- oder nacheinander erhalten, auch
gebündelt in einer Maßnahme. Die Hilfen dürfen nur Defizite außerhalb dessen ausgleichen, was Gegenstand der betrieblichen (und berufsschulischen) Ausbildung oder der
Einstiegsqualifizierung ist (§ 75 Abs. 1 SGB III). Jugendberatung und Jugendsozialarbeit
(§§ 11 Abs. 3 Nr. 6, 13 Abs. 1 SGB VIII) sollen sie nicht ersetzen. Maßnahmen zum Abbau von Sprach- und Bildungsdefiziten (§ 75 Abs. 1 S. 2 Nr. 1 SGB III) sind nicht förderungsfähig, wenn sie den Schulgesetzen der Länder unterliegen.[41]

Die **außerbetriebliche Berufsausbildung** (§ 74 Abs. 1 Nr. 2 iVm § 76 SGB III) ist für för- **44**
derungsbedürftige junge Menschen gedacht, die voraussichtlich nicht in betriebliche
Ausbildungen vermittelt werden können. Erlernt werden reguläre Ausbildungsberufe
nach dem BBiG oder dem AltenpflegeG, ergänzt durch Elemente der ausbildungsbegleitenden Hilfen. Die Ausbildung findet – notfalls von Anfang bis Ende – in einer außerbetrieblichen Ausbildungsstätte statt und hat nichts mit der „außerbetrieblichen Ausbildung" nach § 27 Abs. 2 BBiG zu tun, die eine unzureichende betriebliche Ausbildung
ergänzen soll. Nach Möglichkeit sollen die Auszubildenden aber in betriebliche Ausbil-
dungsverhältnisse überwechseln (§ 76 Abs. 2 SGB III).

Die **Einstiegsqualifizierung** (§ 54 a SGB III) soll durch Vermittlung und Vertiefung von **45**
Grundlagen für den Erwerb beruflicher Handlungsfähigkeit (§ 54 a Abs. 1 S. 2 SGB III)
die qualifizierte Ausbildung von Personen ermöglichen, die aus bestimmten individuellen Gründen (§ 54 a Abs. 4 SGB III) nicht damit rechnen können, ohne Weiteres einen
Ausbildungsplatz zu erhalten. Sie ist einer Ausbildung iSd BBiG, der HandwO, des See-
mannsG oder des AltenpflegeG iVm Landesrecht (§ 54 a Abs. 2 Nr. 2 SGB III) vorgelagert und deshalb regelmäßig eine Berufsausbildungsvorbereitung nach dem BBiG
(§ 54 a Abs. 1 S. 3 SGB III). Sie vollzieht sich in einem betrieblichen Vertragsverhältnis
eigener Art nach § 26 BBiG (§ 54 a Abs. 2 Nr. 1 SGB III). Die Leistung besteht in einem
Zuschuss an den Arbeitgeber zur Vergütung (bis zu 216 EUR) und – pauschaliert – zum
Gesamtsozialversicherungsbeitrag (§ 54 a Abs. 1 S. 1 SGB III). Um Mitnahmeeffekte –
vor allem in Familienbetrieben – zu vermeiden, gibt es Förderungsausschlüsse (§ 54 a
Abs. 5 SGB III).

Die **Assistierte Ausbildung** (§ 130 SGB III) dient als ein besonderes Instrument dazu, **46**
junge Menschen zu unterstützen, für die eine Förderung mit ausbildungsbegleitenden
Hilfen nicht intensiv genug ist.[42] Sie beinhaltet eine individuelle und kontinuierliche Unterstützung eines förderungsbedürftigen Auszubildenden sowie seines Ausbildungsbe-
triebes während der betrieblichen Ausbildung iS § 57 Abs. 1 SGB III. Die Assistierte

---

41 S. BSG SozR 3–4100 § 34 Nr. 1 und § 58 Nr. 168 zu den berufsvorbereitenden Bildungsmaßnahmen.
42 BT-Drs. 18/4114, 27.

Ausbildung bietet den förderfähigen Beteiligten für die Phasen der Ausbildungsbegleitung (§ 130 Abs. 4 SGB III) bzw. (dieser vorgeschaltet) der Ausbildungsvorbereitung (§ 130 Abs. 5 SGB III) verschiedene Fördermaßnahmen an. Durch sie soll das Ziel des erfolgreichen Abschlusses einer Berufsausbildung unterstützt werden. Berufsausbildung iSd § 130 SGB III zielt auf eine Berufsausbildung nach dem BBiG, der HWO (inklusive § 66 BBiG, § 42 m HWO), dem Seearbeitsgesetz und dem Altenpflegegesetz.[43] Die Bewilligung einer Assistierten Ausbildung setzt voraus, dass der betroffene junge Mensch förderungsbedürftig ist. Hiervon ist nach § 130 Abs. 2 SGB III auszugehen, wenn er lernbeeinträchtigt oder sozial benachteiligt ist und wegen in seiner Person liegenden Gründe ohne die Förderung eine Berufsausbildung in einem Betrieb nicht beginnen, fortsetzen oder erfolgreich beenden könnte. Hinzukommen muss, im Rahmen ungeschriebener Tatbestandsmerkmale, dass der junge Mensch Ausbildungsreife und Berufseignung besitzt und nicht vollzeitschulpflichtig ist. Ausbildungsreif ist, wer bildungs- und arbeitsfähig ist und die Mindestvoraussetzungen für den Einstieg in die Berufsausbildung erfüllt. Berufseignung liegt vor, wenn der Teilnehmende über Merkmale verfügt, die Voraussetzung für die jeweils geforderte berufliche Leistungshöhe sind, und der Ausbildungsberuf die Merkmale aufweist, die Voraussetzung für die berufliche Zufriedenheit der Person sind.[44] Am 14.6.2018 hat der Bundestag dem Gesetzentwurf der Bundesregierung zur Verlängerung befristeter Regelungen im Arbeitsförderungsrecht und zur Umsetzung der RL 2016/2102 über den barrierefreien Zugang zu den Websites und mobilen Anwendungen öffentlicher Stellen[45] zugestimmt.[46] Das Gesetz sieht in Art. 1 Nr. 1 vor, dass Maßnahmen förderfähig sind, wenn sie bis zum **30.9.2020** begonnen werden. Nach alter Rechtslage musste der Maßnahmebeginn bis zum 30.9.2018 erfolgen.

47 Die Maßnahmen, die erbracht werden können, sind von der jeweiligen Phase der Ausbildungsbegleitung abhängig. In Phase I (der ausbildungsvorbereitenden Phase) ist an folgende Maßnahmen zu denken:

- Standortbestimmung,
- Berufsorientierung,
- Profiling,
- Bewerbungstraining,
- berufspraktische Erprobungen und aktive, speziell auf die Belange des einzelnen Teilnehmenden und des einzelnen Betriebes ausgerichtete Ausbildungsstellenakquise sowie
- Unterstützung der Teilnehmenden und der Betriebe bei Formalitäten vor und beim Vertragsabschluss.[47]

48 Phase II (die ausbildungsbegleitende Phase) kann durch folgende Maßnahmen unterstützt werden:

- Unterstützung der Teilnehmenden und der Betriebe während der betrieblichen Ausbildung sowie
- Vorbereitung des anschließenden Übergangs in versicherungspflichtige Beschäftigung.[48] Dies umfasst etwa

---

43 Vgl. zu den Einzelheiten Schubert/Schaumberg in: jurisPK-SGB III, 2. Aufl. 2018, § 130.
44 Schubert/Schaumberg in: jurisPK-SGB III, 2. Aufl. 2018, § 130 Rn. 23.
45 BT-Drs. 19/2072.
46 Plenarprotokoll 19/39, 3862 (C).
47 Arbeitshilfe der BA zur AsA, Stand April 2015, S. 2 (abrufbar unter: www.arbeitsagentur.de [zuletzt abgerufen am 8.6.2018]).

- Krisenintervention,
- Konfliktbewältigung,
- Elternarbeit,
- Alltagshilfen,
- entwicklungsfördernde Beratung und Einzelfallhilfe,
- Stütz- und Förderunterricht zur fachtheoretischen und fachpraktischen Förderung,
- Verhaltenstraining,
- Suchtprävention,
- Umgang mit den behinderungsbedingten Einschränkungen im Betrieb und
- die Zusammenarbeit und den Informationsaustausch mit den an der Berufsausbildung Beteiligten.[48]

4. Leistungen zur beruflichen Weiterbildung (§§ 81 ff., 131 a, b SGB III)

a) Regelfall

Ziele der beruflichen Weiterbildung können nach § 180 Abs. 2 S. 1 SGB III im Regelfall sein (1.) die beruflichen Fertigkeiten, Kenntnisse und Fähigkeiten zu erhalten oder zu erweitern, sie an die technische Entwicklung anzupassen oder einen beruflichen Aufstieg zu ermöglichen, (2.) einen beruflichen Abschluss zu vermitteln oder (3.) zu einer anderen beruflichen Tätigkeit zu befähigen.   **49**

Ob eine nach §§ 81 ff. SGB III förderungsfähige Weiterbildung vorliegt oder eine (reguläre) Ausbildung, die (nur) nach dem BAföG oder durch BAB unterstützt werden kann, ist nach dem „objektiven Inhalt" der Maßnahme abzugrenzen.[49] Leistungsrechte gegenüber den Leistungsträgern haben nur Teilnehmerinnen und Teilnehmer, nicht dagegen die Maßnahmeträger (§ 21 SGB III). Daran ändert § 83 Abs. 2 SGB III nichts: Er ermächtigt nur den Leistungsträger, die Geldleistungen nicht an die Leistungsberechtigten, sondern die Maßnahmeträger zu erbringen.   **50**

Die drei regulären **Förderfälle** sind (s. § 81 Abs. 1 S. 1 Nr. 1 SGB III; zu den anderen → Rn. 58) die Eingliederung bei bestehender Arbeitslosigkeit, die Abwendung drohender Arbeitslosigkeit (die nur bei Entgelt-Aufstockern in Betracht kommt) und – unabhängig von diesen beiden – der fehlende Berufsabschluss. Immer muss die Weiterbildung notwendig, das Ziel der Förderung also nicht anders zu erreichen sein.[50] In den ersten beiden Fällen erfordert das eine arbeitsmarktliche Prognoseentscheidung, die im Sinne einer „erheblichen Verbesserung" der Eingliederungsaussichten ausfallen muss. Anders als in der Arbeitsförderung[51] kann sie im SGB II aber nicht auf einem Vergleich der Beschäftigungsprognosen für den Beruf, auf den sich die Vermittlungsbemühungen vor der Maßnahme vorrangig erstrecken, und für den, für den die Qualifikation erreicht werden soll, beruhen. Denn erwerbsfähigen Leistungsberechtigten ist vor wie nach der Weiterbildung grundsätzlich jede Arbeit unabhängig von der erworbenen Qualifikation zumutbar (s. § 10 Abs. 2 Nr. 1 u. 2 SGB II). Zu vergleichen sind deshalb die Vermittlungsaussichten für den Beruf, in den sie vor Beginn der Maßnahme von ihrer Qualifikation   **51**

---

48 Arbeitshilfe der BA zur AsA, Stand April 2015, S. 2 (abrufbar unter: www.arbeitsagentur.de [zuletzt abgerufen am 8.6.2018]).
49 BSG 30.8.2010 – B 4 AS 97/09 R, im Anschluss ua an BSG 27.1.2005 – B7a/7 AL 20/04 R, SozR 4–4300 § 77 Nr. 2.
50 BSG SozR 4100 § 44 Nr. 33.
51 BSG SozR 4100 § 44 Nr. 53 und SozR 3–4100 § 36 Nr. 5; zu den damit verbundenen Problemen Niewald in: Spellbrink/Eicher, Kasseler Handbuch des Arbeitsförderungsrechts, § 4 Rn. 48 ff., 58 ff.

her höchstens vermittlungsfähig wären und den, in den sie nach Abschluss der Maßnahme vermittelt werden könnten. Bei fehlendem Berufsabschluss ist wegen § 81 Abs. 2 SGB III keine Prognose erforderlich.[52] Ob bereits eine Einstellungszusage für den Fall des erfolgreichen Abschlusses vorliegt, kann nur für die Ermessensausübung bedeutsam sein.[53]

52 Arbeitnehmer, die an einer nach § 81 SGB III geförderten beruflichen Weiterbildung teilnehmen, die zu einem Abschluss in einem Ausbildungsberuf führt, für den nach bundes- oder landesrechtlichen Vorschriften eine Ausbildungsdauer von mindestens zwei Jahren festgelegt ist, erhalten nach § 131 a Abs. 3 SGB III **Prämien**, wenn die Maßnahme vor Ablauf des 31.12. 2020 beginnt. Hiernach gibt es nach Bestehen einer gesetzlich vorgesehenen Zwischenprüfung eine Prämie von 1.000 EUR und nach Bestehen der Abschlussprüfung eine Prämie von 1.500 Euro.

53 Die auf die Person der Leistungsberechtigten bezogenen Förderungsvoraussetzungen sind mit den Voraussetzungen für die Zulassung von Träger und Maßnahme (§§ 176 Abs. 1 S. 2 und Abs. 2, 178, 179, 181 SGB III) über § 81 Abs. 1 S. 1 Nr. 3 SGB III verbunden: U.U. darf nicht endgültig über den Förderungsantrag entschieden werden, solange ein „Zertifizierungsverfahren" noch nicht abgeschlossen ist,[54] oder es kann im Leistungsverfahren inzident über die Zulassung zu entscheiden sein.[55] Mittels des **sozialrechtlichen Herstellungsanspruchs** lässt sich bei einem Beratungsfehler des Leistungsträgers die Leistungsvoraussetzung der Beratung vor Beginn der Maßnahme (§ 81 Abs. 1 S. 1 Nr. 2 SGB III) ersetzen, die Voraussetzung nach § 81 Abs. 1 S. 1 Nr. 3 SGB III jedenfalls dann, wenn für die Zulassung eine Dienststelle der BA zuständig sein konnte.[56]

54 Die **Anforderungen** an die Träger ergeben sich aus § 178 SGB III, die an Maßnahmen aus §§ 179, 180 SGB III. Zahlreiche Detailregelungen waren durch die „Hartz-Reformgesetze" ersatzlos abgeschafft worden, und es gilt deshalb: Erlaubt ist alles, was nicht ausdrücklich ausgeschlossen oder eingeschränkt ist.[57] Geprüft werden sollen die Zulassungsvoraussetzungen prinzipiell nicht mehr von den Leistungsträgern, sondern von privaten, zertifizierten fachkundigen Stellen (§§ 176, 177 SGB III). Zur Rechtsnatur der Entscheidung der fachkundigen Stellen über die Zulassung von Trägern und Maßnahmen behaupten die Gesetzesurheber der „Instrumentenreform", dass die fachkundigen Stellen „wie bisher in den Formen des Privatrechts als unabhängige Sachverständige" handelten. Mit der Akkreditierung der fachkundigen Stellen sei „keine Übertragung von hoheitlichen Aufgaben auf diese (Beleihung) verbunden".[58] Dies wurde in der Literatur und vom BSG anders gesehen.[59] Der Gesetzgeber hat sich durch Art. 4 Nr. 9 des Gesetzes zur Neuordnung der Altersversorgung der Bezirksschornsteinfeger und zur Änderung anderer Gesetze vom 5.12.2012[60] für das privatrechtlich ausgestaltete Sachverständigen-Vollzugsmodell entschieden und mit Wirkung ab dem 1.1.2013 in § 177 Abs. 1 SGB III einen neuen Satz 2 eingefügt. Danach ist mit der Akkreditierung als fachkundige Stelle **keine Beleihung** verbunden. Trotz der Klarstellung des Gesetzgebers, dass das Verhältnis zwischen fachkundiger Stelle und Träger privatrechtlich ausgestaltet ist,

---

52 LSG BW 2.9.2005 – L 8 AL 4970/04.
53 BSG 18.5.2010 – B 7 AL 22/09 R, SGb 2011, 330.
54 „Verbot des vorzeitigen Verfahrensabschlusses", s. allgemein BSG SozR 3–1300 § 32 Nr. 2; zum Rechtsweg bei Streitigkeiten zwischen Trägern und Zertifizierungsstellen BSG 3.8.2011 – B 11 SF 1/10 R.
55 S. in diesem Zusammenhang BSG 18.5.2010 – B 7 AL 22/09 R, SGb 2011, 330.
56 BSG SozR 3–4300 § 77 Nr. 1 und 2; s. auch BSG 18.5.2010 – B 7 AL 22/09 R, SozR 4–4300 § 77 Nr. 5.
57 Niewald in: Spellbrink/Eicher, Kasseler Handbuch des Arbeitsförderungsrechts, § 4 Rn. 5.
58 BT-Drs. 17/6277, 107.
59 BSG 3.8.2011 – B 11 SF 1/10 R, SozR 4–1500 § 51 Nr. 10 mit umfangreichen Nachweisen. Vgl. zu den Einzelheiten auch III, 1. Aufl. 2014, § 176 Rn. 26 ff.
60 BGBl. I 2012, 2467 ff.

bestehen in der Literatur auch weiterhin Zweifel daran, dass diese Klarstellung den Streit um die Rechtsnatur der Zulassung wirklich beendet hat.[61]

Abweichend vom SGB III können die Leistungsträger des SGB II (Maßnahme-)Träger 55 unter Anwendung des Vergaberechts damit beauftragen, eine Maßnahme durchzuführen. Die Voraussetzungen für solche Auftragsmaßnahmen werden in § 16 Abs. 3 a SGB II sachlich unzutreffend als Abweichung zu § 81 Abs. 4 SGB III bezeichnet (der die Art der Leistungsgewährung regelt, → Rn. 57). In der Sache muss die Maßnahme den allgemeinen Anforderungen nach § 180 SGB III entsprechen, eine dem Bildungsziel entsprechende Maßnahme darf örtlich nicht verfügbar sein und die „Eignung und die persönlichen Verhältnisse der erwerbsfähigen Leistungsberechtigten" müssen eine Auftragsmaßnahme erfordern. Weil die Initiative für die Maßnahme vom Leistungsträger ausgeht, ist für sie keine Zulassung im Zertifizierungsverfahren nach § 176 Abs. 2 SGB III nötig (wohl aber für den Träger).

Auch die AfA kann, abweichend von § 81 Abs. 4 SGB III, unter Anwendung des Verga- 56 berechts Träger mit der Durchführung von Maßnahmen beauftragen, wenn die Maßnahmen vor Ablauf des 31. Dezember 2020 beginnen (§ 131 a Abs. 2 SGB III). In diesem Sinne privilegiert sind aber nur:

- Maßnahmen, die zum Erwerb von Grundkompetenzen nach § 81 Abs. 3 a SGB III führen,

- Maßnahmen, die zum Erwerb von Grundkompetenzen nach § 81 Abs. 3 a SGB III **und** zum Erwerb eines Abschlusses in einem Ausbildungsberuf führen, für den nach bundes- oder landesrechtlichen Vorschriften eine Ausbildungsdauer von mindestens zwei Jahren festgelegt ist, oder

- Maßnahmen, die eine Weiterbildung in einem Betrieb, die auf den Erwerb eines Berufsabschlusses im Sinne des § 81 Abs. 2 N. 2 1. Hs. SGB III gerichtet ist, begleitend unterstützen.

Der **Leistungsumfang** richtet sich auch für die Berechtigten des SGB II nach den 57 §§ 83 ff. SGB III („Weiterbildungskosten") und – bei einer Weiterbildung wegen fehlenden Berufsabschlusses im Rahmen eines bestehenden Arbeitsverhältnisses – zusätzlich nach § 81 Abs. 5 SGB III[62] (insoweit nur für Entgelt-Aufstocker relevant). § 16 Abs. 1 S. 2 SGB II erweitert das Ermessen der Leistungsträger nicht.[63] Die Bewilligung erfolgt in der Regel als Bildungsgutschein (§ 81 Abs. 4 SGB III), durch den der Leistungsträger die Leistungsvoraussetzungen verbindlich anerkennt und bereits im Vorfeld einer konkreten Maßnahme etwaiges Ermessen ausübt.[64] Ein Bildungsgutschein kann von den Leistungsberechtigten im Rahmen seiner zeitlichen Gültigkeit und des bewilligten Leistungsumfangs für eine Maßnahme eigener Wahl eingelöst werden. Wenn die geförderte Person (noch) beschäftigt ist und sowohl sie als auch die Arbeitgeberin oder der Arbeitgeber damit einverstanden sind, kann der Leistungsträger auf die Ausstellung des Bildungsgutscheins verzichten (§ 81 Abs. 4 S. 4 SGB III), letztlich also die Förderung für eine konkrete Maßnahme bewilligen. Im gerichtlichen Verfahren kann wiederum die oder der Leistungsberechtigte direkt auf Förderung einer bereits auf eigenes Risiko besuchten Maßnahme klagen.[65] § 16 Abs. 3 a SGB II ist außerdem zu entnehmen, dass die Leistungen zur Teilnahme an Auftragsmaßnahmen – mangels Wahlmöglichkeit für die Leistungsberechtigten – nicht durch einen Bildungsgutschein gewährt werden. Leistungsrechte können immer nur für die tatsächliche Zeit der Teilnahme an der Maßnah-

---

61 Vgl. nur Banafsche in: Gagel SGB III § 176 Rn. 40 ff.; Schön in: LPK-SGB III § 176 Rn. 10.
62 Bis 31.3.2012: § 235 c SGB III, dazu BT-Drs. 14/6945, 41.
63 BSG 6.4.2011 – B 4 AS 117/10 R, SozR 4–4200 § 16 Nr. 6.
64 BSG 18.5.2010 – B 7 AL 22/09 R, SozR 4–4300 § 77 Nr. 5.
65 BSG 18.5.2010 – B 7 AL 22/09 R, SozR 4–4300 § 77 Nr. 5.

me in dem durch § 81 Abs. 1 S. 2 SGB III gesetzten Rahmen bestehen.[66] Prüfungen nach dem Ende des Unterrichts gehören bereits nicht mehr zur Weiterbildung. Wird die Maßnahme vor ihrem planmäßigen Ende **abgebrochen**, enden die Leistungsrechte jedenfalls ab Zugang des Aufhebungsbescheides für die Förderungsleistungen – den nur der Leistungsträger erlassen kann – unter den Voraussetzungen des § 48 Abs. 2 SGB X eventuell auch früher. Ist die Maßnahme von Leistungsberechtigten zu Recht oder vom Leistungsträger zu Unrecht abgebrochen worden, kann für die nächste oder eine andere Weiterbildungsmaßnahme wegen einer Ermessensreduzierung ein Anspruch auf Förderung bestehen.

b) Sonderfälle: Erwerb des Hauptschulabschlusses, Weiterbildungsförderung in kleinen und mittleren Unternehmen, Weiterbildungsförderung in der Altenpflege

58 Nach Maßgabe des § 81 Abs. 3 SGB III kann auch der nachträgliche **Erwerb des Hauptschulabschlusses** oder eines gleichwertigen Schulabschlusses Ziel der Weiterbildungsförderung sein. Sie ist nachrangig zu bestimmten anderen des SGB III (§ 81 Abs. 3 S. 2 SGB III) und generell zu zweckgleichen Dritter, denn die für die allgemeine Schulbildung zuständigen Länder sollen nicht aus ihrer Verantwortung entlassen werden.[67] Unter diesen Vorbehalten besteht auf die Förderung jedoch auch im SGB II ein Anspruch (§ 16 Abs. 1 S. 4 SGB II).

59 § 82 SGB III ermöglicht für beschäftigte Arbeitnehmerinnen und Arbeitnehmer ab dem vollendeten 45. Lebensjahr (S. 1 Nr. 1) in Betrieben mit weniger als 250 Beschäftigten (S. 1 Nr. 3 iVm S. 4) die Förderung der Weiterbildung unter erleichterten Voraussetzungen. Die Weiterbildung muss hier nicht notwendig, sondern kann auch „nur" zweckmäßig sein. Bei dieser Förderung können Förderhöhe und -umfang beschränkt, die Leistungen also abweichend von §§ 83 ff. SGB III festgelegt werden (§ 82 S. 2 und 3 SGB III).

In einer weiteren Variante (§ 131 a SGB III) können bei Maßnahmen, die vor dem 31.12.2020 beginnen, auch Arbeitnehmer vor dem vollendeten 45. Lebensjahr gefördert werden, wenn sich die Arbeitgeberin oder der Arbeitgeber mit wenigstens 50% an den Lehrgangskosten (§ 84 SGB III) beteiligt. Nach dem SGB II können stets nur Arbeitsentgelt-Aufstocker leistungsberechtigt sein, weshalb die praktische Bedeutung hier gering ist.

60 § 131 b SGB III konkretisiert die Anforderungen an eine förderungsfähige Weiterbildung im Bereich der Altenpflege dahin gehend, dass die Dauer einer Vollzeitmaßnahme der beruflichen Weiterbildung, die in der Zeit vom 1.4. 2013 bis zum 31.12. 2019 beginnt, auch dann angemessen ist, wenn sie nach dem Altenpflegegesetz nicht um mindestens ein Drittel verkürzt werden kann. In diesem Fall ist die Regelung des § 180 Abs. 4 S. 2 SGB III, wonach bei nicht verkürzbaren Maßnahmen ein Maßnahmeteil von bis zu 2/3 nur eingeschränkt förderfähig ist, nicht anzuwenden.

5. Leistungen zur Aufnahme einer Beschäftigung

61 Von den Leistungen zur Aufnahme einer Beschäftigung nach dem Fünften Abschnitt des SGB III gehören gemäß § 16 Abs. 1 S. 2 Nr. 5 SGB II nur die zum Leistungskatalog der Grundsicherungsträger, die zur Aufnahme einer sozialversicherungspflichtigen Beschäftigung führen. Der **Gründungszuschuss** (§§ 93, 94 SGB III) bleibt – wie schon bisher – eine Leistung, die nur für Alg-Aufstocker direkt nach dem SGB III zugänglich ist. Alle anderen erwerbsfähigen Leistungsberechtigten sind auf die Leistungen nach § 16 b (und c) SGB II verwiesen (→ Rn. 74 ff.).

---

66 S. BSG SozR 4–4300 § 158 Nr. 2; zur unregelmäßigen Teilnahme BSG SozR 4100 § 44 Nr. 22.
67 BT-Drs. 16/10810, 61, 59.

Als (einzige) Leistung, um die Aufnahme einer sozialversicherungspflichtigen Beschäfti- **62**
gung zu fördern, sieht das SGB III den **Eingliederungszuschuss** vor (§§ 88 ff. SGB III).
Diese Lohnsubvention[68] bezweckt, Arbeitnehmerinnen und Arbeitnehmern zu dauerhaften Arbeitsverhältnissen des ersten Arbeitsmarktes zu verhelfen, bei denen anfangs
mit einer Minderleistung zu rechnen ist (anders als § 16 e SGB II, → Rn. 104 ff.). Leistungsvoraussetzung sind **Vermittlungshemmnisse** in der Person des Arbeitnehmers
(§§ 88, 90 Abs. 2 SGB III), vor allem[69] wegen geringer Qualifikation, als Absolventin
oder Absolvent einer außerbetrieblichen Ausbildung (→ Rn. 44) oder als Berufsrück-
kehrerin oder Berufsrückkehrer nach Betreuung und Erziehung aufsichtsbedürftiger
Kinder oder Betreuung pflegebedürftiger Angehöriger (§ 20 SGB III). Allgemeine Er-
schwernisse wie die Wirtschaftslage oder fehlende Berufserfahrung[70] reichen nicht. Ob
die Vermittlung durch die personenbezogenen Hemmnisse erschwert ist, muss der Leistungsträger mittels einer Prognose feststellen, bei der ihm ein „Beurteilungsspielraum"[71]
zusteht. Ob alle erkennbaren Umstände berücksichtigt und nachvollziehbar gegeneinander abgewogen worden sind, kann aber gerichtlich überprüft werden.

Zusätzlich setzt die Förderung voraus, dass kein **Ausschlusstatbestand** nach § 92 Abs. 1 **63**
SGB III erfüllt ist. Durch diese „negative Tatbestandsvoraussetzung" sollen Mitnahmeeffekte vermieden werden.[72] § 92 Abs. 1 Nr. 1 SGB III schließt eine Förderung sowohl
dann aus, wenn eine versicherungsfreie oder versicherungspflichtige Beschäftigung mit
einer anderen Arbeitnehmerin oder einem anderen Arbeitnehmer beendet wird, als auch
dann, wenn eine nicht versicherungspflichtige Beschäftigung mit der oder dem Geförderten beendet wird (idR wird es hier aber auch an einer Minderleistung fehlen); es soll
generell verhindert werden, dass Arbeitnehmer als ungefördert beschäftigten verdrängt werden. Die Vermutung für die zweckgerichtete Beendigung muss sich auf ob-
jektivierbare Umstände stützen können (zB bei Beendigung eines Beschäftigungsverhältnisses mit einem nicht geförderten Arbeitnehmer durch „betriebsbedingte" Kündigung
iSd § 1 Abs. 3 KSchG). Unabhängig vom Beendigungsgrund ist nach § 92 Abs. 1 Nr. 2
SGB III eine Förderung von Personen ausgeschlossen, die bei dem einstellungswilligen
Arbeitgeber in den letzten vier Jahren vor dem beabsichtigten Beginn der Förderung
schon mehr als drei Monate versicherungspflichtig beschäftigt waren, soweit es sich
nicht um befristete Beschäftigungen besonders betroffener schwerbehinderter Menschen
handelte (Legaldefinition in § 90 Abs. 2 S. 1 Hs. 2 SGB III). Wird das Beschäftigungsverhältnis noch während der Förderungsdauer (→ Rn. 64) oder einer Nachbeschäftigungs-
zeit von längstens zwölf Monaten nach deren Ende beendet, ist die Förderung unter den
Voraussetzungen des § 92 Abs. 2 SGB III (der im Sinne des § 16 Abs. 2 S. 1 SGB II eine
Rechtsfolge enthält und deshalb anwendbar ist), teilweise zurückzuzahlen.

Die **maximale Dauer und Höhe** des Eingliederungszuschusses liegt im Regelfall bei **64**
höchstens zwölf Monaten und höchstens 50% des berücksichtigungsfähigen Arbeitsentgelts (§ 89 SGB III). Bei behinderten und schwerbehinderten Menschen kann sich die
Förderung auf bis zu 60 – bei besonders betroffenen schwerbehinderten Menschen ab
dem 55. Lebensjahr sogar auf 96 Monate – und 70% des berücksichtigungsfähigen Arbeitsentgelts erhöhen (§ 90 SGB III); allerdings ist dann eine schrittweise Minderung des
Zuschusses zwingend (§ 90 Abs. 4 SGB III). Für jüngere Arbeitnehmer gibt es ansonsten
keine besondere Förderung mehr. Für **Arbeitnehmerinnen und Arbeitnehmer ab dem
vollendeten 50. Lebensjahr** ist – zeitlich befristet auf Förderungen, die bis zum
21.12.2019 begonnen haben – noch eine Förderungsdauer von bis zu 36 Monaten

---

68 BSG 6.5.2008 – B 7/7 a AL 16/07 R, SozR 4–4300 § 217 Nr. 2.
69 S. BT-Drs. 15/1515, 93.
70 BSG SozR 3–4100 § 49 Nr. 3.
71 BT-Drs. 13/4941, 192.
72 BT-Drs. 13/4941, 192 zu § 223.

möglich (§ 89 S. 3 SGB III). Die Höhe der Förderung ist immer ein Prozentsatz des berücksichtigungsfähigen Arbeitsentgelts nach § 91 Abs. 1 SGB III. Sie kann sich während der Dauer der Förderung stets nur verringern (§ 91 Abs. 2 SGB III).

6. Leistungen zur Teilhabe behinderter Menschen am Arbeitsleben

65 Die Leistungen zur Teilhabe am Arbeitsleben sind für **behinderte Menschen** bestimmt. Kraft gesetzlicher Definition sind Menschen behindert, deren Aussichten, am Arbeitsleben teilzuhaben oder weiter teilzuhaben, wegen Art oder Schwere ihrer Behinderung im Sinne von § 2 Abs. 1 SGB IX nicht nur vorübergehend wesentlich gemindert sind und die deshalb Hilfen zur Teilhabe am Arbeitsleben benötigen, einschließlich lernbehinderter Menschen; gleichgestellt sind Menschen, denen eine Behinderung mit solchen Folgen droht (§ 16 Abs. 1 S. 3 SGB II iVm § 112 SGB III und § 19 SGB III). Das SGB III nimmt damit auf den Behinderungsbegriff des SGB IX Bezug. Nach der seit 1.1.2018 geltenden Definition des Behinderungsbegriffes in § 2 Abs. 1 SGB IX sind Menschen mit Behinderungen solche Menschen, die körperliche, seelische, geistige oder Sinnesbeeinträchtigungen haben, die sie in Wechselwirkung mit einstellungs- und umweltbedingten Barrieren an der gleichberechtigten Teilhabe an der Gesellschaft mit hoher Wahrscheinlichkeit länger als sechs Monate hindern können. Eine Beeinträchtigung idS liegt vor, wenn der Körper- und Gesundheitszustand von dem für das Lebensalter typischen Zustand abweicht.[73]

66 Ziel der Leistungen muss sein, die **Erwerbsfähigkeit** des behinderten Menschen „zu erhalten, zu verbessern, herzustellen oder wiederherzustellen" und (dadurch) die Teilhabe am Arbeitsleben zu sichern (§ 112 Abs. 1 SGB III), also Gefahren für die berufliche Sicherheit des behinderten Menschen abzuwenden.[74] Erwerbsfähigkeit bezeichnet hier das Vermögen, durch erlaubte Erwerbstätigkeit Einkommen zu erzielen.[75] Voraussetzung für den Zugang zu Leistungen ist weiter, dass zwischen der Behinderung und dem Bedarf an Leistungen ein **Kausalzusammenhang**[76] wenigstens im Sinn einer „wesentlichen Mitursache"[77] besteht.

67 Zu erbringen sind die „erforderlichen" Leistungen (§ 112 Abs. 1 SGB III). Das setzt zunächst voraus, dass mit den Leistungen das angestrebte Ziel der Teilhabe überhaupt erreicht werden kann. Daran fehlt es zB dann, wenn der behinderte Mensch den für ihn äußerstenfalls erreichbaren beruflichen Bildungsstand schon besitzt.[78] Ist dieser Schritt getan, muss der Leistungsträger eine Prognose anstellen, ob die beabsichtigten Leistungen in einem angemessenen Verhältnis zu dem angestrebten Zweck stehen.[79] § 112 Abs. 2 SGB III nennt Auswahlkriterien und besondere Möglichkeiten, das Auswahlverfahren auszugestalten. Ob ein behinderter Mensch für die konkreten Leistungen zur Teilhabe geeignet ist, erfordert ebenfalls eine – konkret auf den Einzelfall bezogene – Prognose.[80] Bei der Prüfung der „Neigung" sind angemessene Wünsche des behinderten Menschen zu berücksichtigen.[81]

68 Unterschieden wird zwischen „allgemeinen" und „besonderen" (und diese ergänzende) Leistungen zur Teilhabe (§ 113 SGB III). Die **allgemeinen Leistungen** zur Teilhabe entsprechen in der Regel denen für nicht behinderte Menschen. In bestimmten Fällen wird

---

73 Vgl. zu den Einzelheiten des Behinderungsbegriffs Schaumberg/Seidel SGb 2017, 572 (618 ff.).
74 S. etwa BSG SozR 4100 § 57 Nr. 2.
75 BSG (GS) 11.12.1969 – GS 2/68, SozR Nr. 20 zu § 1247 RVO.
76 BSG (GS) 11.12.1969 – GS 2/68, SozR Nr. 20 zu § 1247 RVO.
77 BSG SozR 3–3100 § 11 Nr. 1.
78 BSG SozR 4100 § 56 Nr. 4.
79 BSG SozR 3–4100 § 36 Nr. 5.
80 BSG SozR 3–4100 § 60 Nr. 1.
81 S. BSG SozR 2200 § 1236 Nr. 15.

über § 116 SGB III aber der Zugang erleichtert oder der Leistungsumfang erweitert. Formal handelt es sich um Ermessensleistungen. Tatsächlich besteht aber immer ein Anspruch auf Leistungen dem Grunde nach, wenn die Voraussetzungen des § 112 Abs. 1 SGB III erfüllt sind (Reduzierung des Entschließungsermessens „auf Null").[82] Für den Leistungsträger bleibt ein Auswahlermessen (nur) zwischen den allgemeinen Leistungen. Auf die **besonderen Leistungen** besteht dagegen schon nach dem Gesetzeswortlaut ein Anspruch (§ 117 Abs. 1 iVm § 3 Abs. 3 Nr. 8 SGB III), das ist auch im SGB II nicht anders. Sie setzen zusätzlich zu den allgemeinen Teilhabevoraussetzungen voraus, dass die Teilnahme an Maßnahmen in einer besonderen Einrichtung für behinderte Menschen (§ 117 Abs. 1 S. 1 Nr. 1 Buchstabe a) SGB III), also in Berufsbildungswerken, Berufsförderungswerken und ähnlichen Einrichtungen (§ 51 SGB IX) – und zwar auch an Aus- und Weiterbildungen außerhalb des BBiG und der HwO (§ 102 Abs. 1 S. 2 SGB III) – oder an sonstigen Maßnahmen, die auf die besonderen Bedürfnisse von behinderten Menschen ausgerichtet sind (§ 117 Abs. 1 S. 1 Nr. 1 Buchstabe b) SGB III)[83] wegen Art oder Schwere der Behinderung oder der Sicherung der Teilhabe unerlässlich ist, also keinerlei andere Möglichkeit für eine erfolgreiche Teilhabe am Arbeitsleben besteht. Als Auffangtatbestand sind außerdem allgemeine Leistungen erweitert förderungsfähig, soweit dies wegen Art oder Umfang der Behinderung erforderlich ist (§ 117 Abs. 1 S. 1 Nr. 2 SGB III). Ist eine Leistung aber als allgemeine Leistung ermessensfehlerfrei ausgeschlossen, kann sie nicht als besondere Leistung gewährt werden.[84]

Für die Leistungen zur Teilhabe am Arbeitsleben an Leistungsberechtigte des SGB II ist **69** die Leistungszuständigkeit aufgespalten. Zum Leistungsumfang der **Träger der Grundsicherung** gehören (s. § 16 Abs. 1 S. 3 SGB II)

- von den allgemeinen Leistungen (§§ 113 Abs. 1 Nr. 1, 115, 116 SGB III) die, die auch nicht behinderte Leistungsberechtigte aufgrund von § 16 Abs. 1 S. 2 SGB III erhalten können (dh die Leistungen zur Aktivierung und beruflichen Eingliederung [→ Rn. 20, 30 ff.], der zur Berufswahl und Berufsausbildung [→ Rn. 40 ff.] und der beruflichen Weiterbildung [→ Rn. 49 ff.]),
- von den besonderen Leistungen (§§ 113 Abs. 1 Nr. 2, 117, 118 SGB III) nur die Übernahme der Teilnahmekosten für eine Maßnahme (§ 118 S. 1 Nr. 3 SGB III iVm §§ 127, 128 SGB III und §§ 49, 64, 73 und 74 SGB IX) als Sachleistung[85] oder auf Antrag als Teil eines trägerübergreifenden persönlichen Budgets (§ 118 S. 2 SGB III).

Leistungen zur Sicherung des Lebensunterhalts können behinderte Leistungsberechtigte nur entweder nach §§ 19 ff. SGB II oder von der BA (Ausbildungsgeld, → Rn. 70) erhalten.

Zum Leistungsumfang der BA als **SGB III-Leistungsträger** gehören (s. § 22 Abs. 4 S. 1 **70** SGB III)

- von den allgemeinen Leistungen zur Teilhabe die, die auch nicht behinderte Leistungsberechtigte nach dem SGB III erhalten können, wenn sie die dort vorgesehenen Voraussetzungen erfüllen, dh die der Berufsvorbereitung und die Berufsausbildungsbeihilfe (§ 115 Nr. 2 SGB III iVm §§ 51–71 SGB III, → Rn. 5, 15) sowie die zur Förderung der Aufnahme einer selbstständigen Tätigkeit (§ 115 Nr. 4 SGB III iVm §§ 93, 94 SGB III),
- von den besonderen Leistungen (nur) das bedürftigkeitsabhängige, der Berufsausbildungsbeihilfe weitgehend ähnliche Ausbildungsgeld während einer beruflichen Aus-

---

82 S. BSG SozR 3–2200 § 1237 Nr. 1 zur gesetzlichen Rentenversicherung.
83 Oppermann in: Spellbrink/Eicher, Kasseler Handbuch des Arbeitsförderungsrechts, § 5 Rn. 88.
84 Lauterbach in: Gagel SGB II/SGB III § 102 SGB III Rn. 14.
85 Zum AFG BSG SozR 3–4100 § 56 Nr. 4.

bildung oder berufsvorbereitenden Bildungsmaßnahme einschließlich einer Grundausbildung oder einer Maßnahme im Eingangsverfahren oder Berufsbildungsbereich einer Werkstatt für behinderte Menschen (§ 118 S. 1 Nr. 2 SGB III iVm §§ 122–126 SGB III).

71 Von der Leistungszuständigkeit unabhängig ist die BA im Sinne des SGB IX für den Bereich der Grundsicherung einziger **Rehabilitationsträger** für die Leistungen zur Teilhabe am Arbeitsleben einschließlich der ergänzenden Leistungen (§§ 6 Abs. 3, 5 Nr. 2 und 3 iVm §§ 49 ff., 64 ff. SGB IX). Das hat den Sinn, dass die Behörde den Rehabilitationsbedarf schnell – und einheitlich – feststellt, die bereits über die hierzu nötige Infrastruktur verfügt.[86] Nur die BA darf deshalb die Leistungszuständigkeit gemäß § 14 Abs. 1 S. 1 SGB IX prüfen (mit der nur für die BA geltenden Besonderheit des § 14 Abs. 1 S. 4 SGB IX: Sie darf nicht prüfen, ob ein Träger der gesetzlichen Rentenversicherung deswegen zuständig sein könnte, weil ohne Leistungen zur Teilhabe am Arbeitsleben Rente wegen verminderter Erwerbsfähigkeit zu leisten wäre, § 11 Abs. 2 a Nr. 1 SGB VI; diese Einschränkung gilt wiederum dann nicht, wenn die BA weitere Leistungen zur Teilhabe für erforderlich hält, die nicht zu ihrem Leistungskatalog gehören, § 15 Abs. 1 SGB IX, zB medizinische Rehabilitation). In diesem Fall leitet sie den Antrag unverzüglich dem nach ihrer Auffassung zuständigen Rehabilitationsträger zu.

72 Nimmt die BA ihre Zuständigkeit an (oder leitet sie den Leistungsantrag nicht rechtzeitig weiter), muss sie den **Rehabilitationsbedarf** nach allen für Reha-Träger überhaupt in Betracht kommenden Vorschriften – also nicht nur nach dem für sie selbst geltenden Leistungsgesetz – feststellen (§ 14 Abs. 2 S. 1 SGB IX).[87] Mit Zustimmung und Beteiligung des Leistungsberechtigten kann die BA nach § 6 Abs. 3 S. 3 SGB IX mit dem zuständigen Jobcenter eine gemeinsame Beratung zur Vorbereitung des Eingliederungsvorschlags durchführen, wenn eine Teilhabeplankonferenz nach § 20 SGB IX nicht durchzuführen ist. Die BA unterrichtet das zuständige Jobcenter und die Leistungsberechtigten schriftlich oder elektronisch über den festgestellten Rehabilitationsbedarf und ihren Eingliederungsvorschlag. Das Jobcenter entscheidet unter Berücksichtigung des Eingliederungsvorschlages innerhalb von drei Wochen über die Leistungen zur beruflichen Teilhabe (§ 6 Abs. 3 S. 6,7 SGB IX).

73 Die Zuständigkeit der BA gemäß § 6 Abs. 3 S. 1 SGB IX ist gegenüber der anderer Träger nachrangig („... sofern nicht ein anderer Rehabilitationsträger zuständig ist"). Das führt dazu, dass die BA in ihrer Eigenschaft als Rehabilitationsträger nach dem SGB II **keine Auffangzuständigkeit** für die Fälle hat, in denen zur Feststellung der Zuständigkeit die Ursache der Behinderung geklärt werden muss und dies nicht innerhalb der Zweiwochenfrist des § 14 Abs. 1 S. 1 SGB IX möglich ist (§ 14 Abs. 1 S. 3 SGB IX). Diese Zuständigkeit liegt nur bei den Trägern der Eingliederungshilfe.

---

86 S. auch BSG 25.6.2008 – B 11 b AS 19/07 R, SozR 4–3500 § 54 Nr. 1.
87 Ständige Rspr., s. zB BSG 20.4.2010 – B 1/3 KR 6/09 R; 28.10.2009 – B 5 R 5/07 R, SozR 4–3250 § 14 Nr. 8; die Zuständigkeit bleibt auch für ein „Überprüfungsverfahren" nach § 44 SGB X bestehen, BSG 21.8.2008 – B 13 R 33/07 R, SozR 4–3250 § 14 Nr. 7.

C. „SGB II"-Eingliederungsleistungen (außer kommunale Eingliederungsleistungen)

I. Einstiegsgeld (§ 16 b SGB II) und (weitere) Eingliederungsleistungen für Selbstständige (§ 16 c SGB II)

1. Einstiegsgeld

Das Einstiegsgeld soll erwerbsfähigen Leistungsberechtigten einen **finanziellen Anreiz** **74** dafür geben, eine „Erwerbstätigkeit" selbst dann aufzunehmen, wenn das Arbeitsentgelt oder der zu erwartende Gewinn nicht oder allenfalls wenig mehr als bedarfsdeckend im Sinne der Leistungen zur Sicherung des Lebensunterhalts ist.[88] Dieser Anreiz kann bei abhängigen Beschäftigungen schon deshalb kaum verfangen, weil die Ablehnung zumutbarer Arbeitsangebote unabhängig von der Höhe des erzielbaren Arbeitsentgelts sanktionsbewehrt ist (→ Kap. 22 Rn. 20, → Kap. 23 Rn. 51). Zu besserer sozialer Absicherung im Beschäftigungsverhältnis im Sinne eines „Kombilohns" führt das Einstiegsgeld außerdem nicht, weil es nicht in das Arbeitsentgelt einfließt und auch keine Versicherungspflicht auslöst. Damit konzentriert sich seine Bedeutung letztlich darauf, zusammen mit den Leistungen nach § 16 c Abs. 1 und 2 SGB II Ersatz für den Gründungszuschuss zu sein, der erwerbsfähigen Leistungsberechtigten sonst nur dann zugänglich ist, wenn sie Alg-Aufstocker sind (→ Rn. 4).[89] Das Einstiegsgeld wird immer als **Zuschuss**, nicht als Darlehen gewährt.

Der Status als erwerbsfähige(r) Leistungsberechtigte(r) iSd § 7 Abs. 1 SGB II als erste **75** der **Leistungsvoraussetzungen** muss zwingend nur vor Aufnahme der Erwerbstätigkeit bestanden haben (das Einstiegsgeld selbst beseitigt ihn von vornherein nicht, weil es gemäß § 11 a Abs. 1 Nr. 1 SGB II nicht als Einkommen zu berücksichtigen ist): Nach § 16 b Abs. 1 S. 2 SGB II kann die Leistung auch dann noch weiter gewährt werden, wenn schon die Aufnahme der Erwerbstätigkeit die Hilfebedürftigkeit beseitigt hat oder wenn sie später – auch aus anderen Gründen – entfallen ist. Sah § 16 Abs. 1 S. 1 SGB III idF bis 31.7.2016 noch die Arbeitslosigkeit des Leistungsberechtigten als weitere Voraussetzung für die Bewilligung von Einstiegsgeld vor, verzichtet § 16 Abs. 1 S. 1 SGB III in der aktuellen Fassung auf dieses Tatbestandsmerkmal. Durch die Streichung wollte der Gesetzgeber den förderfähigen Personenkreis dahin gehend erweitern, dass auch nicht arbeits- oder beschäftigungslose bzw. nicht arbeitsuchende Personen bei Aufnahme einer Erwerbstätigkeit förderfähig werden. Hierzu zählen zB Eltern, die ihre Elternzeit aufgeben, um eine Erwerbstätigkeit aufzunehmen.[90]

Die Leistungsvoraussetzung „**Aufnahme einer sozialversicherungspflichtigen „oder"** **76** **selbstständigen Erwerbstätigkeit**" ist missverständlich formuliert. Auch zahlreiche selbstständige Erwerbstätigkeiten können – jedenfalls in manchen Versicherungszweigen – „sozialversicherungspflichtig" sein (s. etwa § 2 SGB VI und § 1 KSVG). Tatsächlich gemeint ist das Begriffspaar „sozialversicherungspflichtige Beschäftigung oder selbstständige Tätigkeit". Für die notwendige Abgrenzung gilt nach § 7 Abs. 1 SGB IV, dass abhängige Beschäftigung die nichtselbstständige Tätigkeit, insbesondere in einem Arbeitsverhältnis, ist; „Anhaltspunkte" sind eine Tätigkeit nach Weisungen und die Eingliederung in die Arbeitsorganisation des Weisungsgebers. Selbstständige Tätigkeit kennzeichnet dagegen vor allem das eigene Unternehmerrisiko und die im Wesentlichen frei gestaltbare Tätigkeit und Arbeitszeit.[91] Nicht sozialversicherungspflichtig sind vor allem geringfügige Beschäftigungen (§§ 27 Abs. 2 S. 1 SGB III, 7 Abs. 1 S. 1 SGB V, 5

---

88 BT-Drs. 15/1516, 59 zu § 29 idF bis 31.12.2008.
89 Spellbrink in: Eicher/Spellbrink SGB II § 29 Rn. 3 f.
90 Vgl. BT-Drs. 18/8041, 37.
91 S. zusammenfassend BSG 24.1.2007 – B 12 KR 31/06 R, SozR 4–2400 § 7 Nr. 7.

Abs. 2 S. 1 Nr. 1 SGB VI, 20 Abs. 1 S. 1 SGB XI). Dazu gehören in erster Linie die 450 EUR-Jobs (§ 8 Abs. 1 S. 1 Nr. 1 SGB IV) und bestimmte zeitlich begrenzte, „kurzzeitige" Beschäftigungen. Selbstständig erwerbstätig ist, wer Einkünfte aus Land- und Forstwirtschaft, Gewerbebetrieb oder (anderer) selbstständiger Arbeit iSd § 2 Abs. 1 Nr. 1–3 EStG erzielt oder erzielen will (s. auch § 15 SGB I). Die Erwerbstätigkeit muss außerdem die Arbeitslosigkeit beenden, da „Hilfebedürftigkeit überwunden" werden soll.[92]

77 Missverständlich formuliert ist auch die Voraussetzung, dass das Einstiegsgeld zur **Eingliederung in den „allgemeinen Arbeitsmarkt"**[93] erforderlich sein muss. Gemeint ist, dass die Erwerbstätigkeit, während der das Einstiegsgeld geleistet wird, prognostisch tatsächlich zur Entlastung der Sozialleistungssysteme geeignet sein muss und es keine die öffentliche Haushalte weniger belastende Leistung gibt, durch die sich der gleiche Eingliederungserfolg erreichen lässt.[94] Für Existenzgründungen ist die Voraussetzung immer um § 16 c Abs. 3 SGB II zu ergänzen. Danach können Leistungen zur Eingliederung von erwerbsfähigen Leistungsberechtigten, die eine selbstständige, hauptberufliche Tätigkeit aufnehmen oder ausüben, stets nur gewährt werden, wenn zu erwarten ist, dass die selbstständige Tätigkeit wirtschaftlich tragfähig ist und die Hilfebedürftigkeit durch die selbstständige Tätigkeit innerhalb eines angemessenen Zeitraums dauerhaft überwunden oder verringert wird.[95]

78 Das auf der **Rechtsfolgeseite** bestehende Ermessen, ob überhaupt eine Leistung gewährt wird (Entschließungsermessen), wird zugunsten der Leistungsberechtigten vor allem durch die Anreizfunktion der Leistung (→ Rn. 74) begrenzt. Von Bedeutung sein kann auch, dass das Einstiegsgeld nicht den Freibetrag nach § 11 b Abs. 3 SGB II mindert, weil es wegen § 11 a Abs. 1 Nr. 1 SGB II nicht als Einkommen zu berücksichtigen ist; auf diese Weise sollen „Gerechtigkeitsprobleme"[96] gegenüber Berechtigten nach dem SGB III und Menschen, die eine Beschäftigung im „Niedriglohnsektor" oder eine selbstständige Tätigkeit mit einem Gewinn in vergleichbarer Höhe ausüben, vermieden werden. Im Rahmen des Auswahlermessens ist die mögliche Dauer des Einstiegsgeldes durch § 16 b Abs. 2 S. 1 SGB II auf 24 Monate begrenzt und – was selbstverständlich erscheint – auch in diesem Rahmen auf Zeiten der tatsächlichen Erwerbstätigkeit beschränkt. Bewilligungsabschnitte wie beim Alg II sind entbehrlich, weil das Einstiegsgeld nicht an das Alg II angekoppelt ist.[97] Für die Höhe sieht die Einstiegsgeld-Verordnung (ESGV) als Regelfall die einzelfallbezogene Bemessung vor (§ 1 ESGV): Je länger die Arbeitslosigkeit andauert, je größer die Bedarfsgemeinschaft (Familienkomponente) und je niedriger das erzielbare Erwerbseinkommen, desto höher ist die Leistung. Der monatliche Grundbetrag des Einstiegsgelds kann bis zu 50% des Regelbedarfs der oder des Leistungsberechtigten betragen, der die Erwerbstätigkeit aufnimmt (§ 1 Abs. 2 S. 1 ESGV). Bei längerdauernder Förderung kann die (stufenweise) Kürzung des Grundbetrages vorgesehen werden (§ 1 Abs. 2 S. 2 ESGV). §§ 2, 3 ESGV sehen Ergänzungsbeträge vor, die unter den dort genannten Voraussetzungen im Regelfall („soll") zusätzlich – und ohne Degressionsmöglichkeit – zum Grundbetrag gezahlt werden. Insgesamt darf das einzelfallbezogen bemessene Einstiegsgeld monatlich 100% des Regelbedarfs nach § 20 Abs. 2 S. 1 SGB II nicht überschreiten (§ 1 Abs. 5 ESGV). Als Ausnahmefall sieht

---

92 Lauterbach in: Gagel SGB II/SGB III § 29 SGB II Rn. 7.
93 Zur üblichen Verwendung dieses Begriffs stellvertretend BSG 6.9.2007 – B 14/7 b AS 16/07, SozR 4–4200 § 7 Nr. 7.
94 Ähnlich LSG Bln-Bbg 16.2.2007 – L 20 B 161/07 AS ER; Spellbrink in: Spellbrink/Eicher SGB II § 29 Rn. 18, 19.
95 Zur Rechtslage vorher in gleicher Richtung bereits BSG 1.6.2010 – B 4 AS 63/09 R, FEVS 62, 154 und 23.11.2006 – B 11 b AS 3/05 R, SozR 4–4200 § 16 Nr. 1.
96 Spellbrink in: Eicher/Spellbrink SGB II § 29 Rn. 28 f.
97 Spellbrink in: Eicher/Spellbrink SGB II § 29 Rn. 23.

§ 2 ESGV die Möglichkeit einer pauschalen Bemessung vor, wenn „dies zur Eingliederung von besonders zu fördernden Personengruppen in den allgemeinen Arbeitsmarkt erforderlich" ist (§ 2 Abs. 1 S. 1 ESGV).

Bei einem Wechsel der – durch Einstiegsgeld geförderten – Arbeitsstelle, ist für die weitere Gewährung des Einstiegsgeldes zu prüfen, ob dessen Bewilligungsvoraussetzungen auch weiterhin noch vorliegen.[98]

79

2. Besondere Eingliederungsleistungen für Selbstständige

§ 16 c Abs. 1 und 2 SGB II sehen **zusätzliche Eingliederungsleistungen für hauptberufliche Selbstständige** vor. Sie rechtfertigen sich dadurch, dass vor allem Existenzgründer nur geringe Rücklagen haben und sich mangels Sicherheiten keine Kredite auf dem freien Markt beschaffen können. § 16 c Abs. 1 SGB II sieht Zuschüsse (begrenzt auf 5.000,-- EUR) und Darlehen (auch darüber hinaus) für die Beschaffung von Sachgütern wie Werkzeugen und Betriebsausstattungen vor. Zur Beschaffung gehört „erst recht" die Instandhaltung bereits vorhandener Sachgüter,[99] dagegen nicht die Miete oder Pacht für eine Betriebsstätte außerhalb der Wohnung. Notwendig ist, was unerlässlich ist, um die selbstständige Tätigkeit trotz bestehender Hilfebedürftigkeit aufnehmen oder fortsetzen zu können. § 16 c Abs. 2 S. 1 SGB II idF ab 1.4.2012 sieht als neue Leistung die Beratung oder die Vermittlung von Kenntnissen und Fertigkeiten durch Dritte vor; dadurch soll ihnen geholfen werden, die Aufgaben sowie Rechte und Pflichten als Selbstständige besser wahrnehmen zu können.[100] Die Vermittlung beruflicher Kenntnisse ist aber ausgeschlossen (§ 16 c Abs. 2 S. 2 SGB II). Dafür bleiben ggf. die Leistungen der Weiterbildungsförderung (→ Rn. 49 ff.).

80

II. Arbeitsgelegenheiten (§ 16 d SGB II)

1. Allgemeines

Die Arbeitsgelegenheiten nach dem jetzigen § 16 d SGB II sind als **rechtliche Konstruktion** weitgehend an die gemeinnützigen zusätzlichen Arbeiten des bis 2004 geltenden Sozialhilferechts angelehnt worden.[101] Angesichts des vom SGB II erfassten Personenkreises und des Spektrums der Eingliederungsleistungen haben sie aber eine andere Funktion als früher im Sozialhilferecht.[102] Sie sind subsidiär gegenüber jeder Art von Eingliederungsleistung, die zu einer Beschäftigung auf dem allgemeinen Arbeitsmarkt oder auch zu einer tragfähigen selbstständigen Tätigkeit führen kann, § 16 d Abs. 5 SGB II. Auf einer Stufe steht sie dagegen mit den Leistungen nach § 16 e SGB II, da sie nicht unmittelbar an eine Erwerbstätigkeit des ersten Arbeitsmarktes heranführen. Die **praktische Rechtsanwendung** ist vom Bundesrechnungshof mehrfach beanstandet worden: Die gesetzlichen Förderungsvoraussetzungen für Arbeitsgelegenheiten waren häufig – in der Hälfte der Fälle und darüber hinaus – nicht erfüllt.[103] Problematisch ist außerdem die arbeitsmarktliche Wirkung: Nach den bisherigen Forschungsergebnissen erhöhen sich die Chancen der erwerbsfähigen Leistungsberechtigten auf ein reguläres Beschäftigungsverhältnis durch eine Arbeitsgelegenheit allenfalls leicht und nur für bestimmte

81

---

98 Leopold in: jurisPK-SGB II, 4. Aufl. 2015, § 16 b Rn. 106.
99 S. BSG 1.6.2010 – B 4 AS 63/09 R, FEVS 62, 154.
100 BT-Drs. 17/6277, 115; sa Deutscher Verein, Empfehlungen zur Beratung, Begleitung und Unterstützung Gründungswilliger … (Lit.).
101 BT-Drs. 15/1516, 54 zu § 16 Abs. 2 Nr. 6 und BT-Drs. 15/1749, 32; ausführlich zur geschichtlichen Entwicklung zB Andreas Jenak, Arbeit gegen Mehraufwandsentschädigung – Die Arbeitsgelegenheiten des § 16 d S. 2 SGB II, Hamburg 2009.
102 Dazu BVerwG FEVS 43, 89.
103 Vom Bundesrechnungshof bestätigter Bericht der „Süddeutschen Zeitung" vom 15.11.2010; Bericht des BRH an den Haushaltsausschuss des Bundestages vom April 2008, zusammenfassend in BT-Drs. 16/9545.

Teilgruppen.[104] Auch können sie unter bestimmten Bedingungen andere Beschäftigungsverhältnisse verdrängen.[105] Die Betriebe, die „Ein-Euro-Jobs" anbieten, nennen als
möglichen Nutzen für Teilnehmer an erster Stelle bezeichnenderweise die persönliche
Anerkennung und soziale Kontakte; erst auf dem sechsten Platz folgt die Aussicht auf
einen regulären Arbeitsplatz.[106] Im Gegensatz zu den entfallenen ABM werden die Arbeitsgelegenheiten jedoch bisher als arbeitsmarktliches Instrumentarium nicht in Frage
gestellt.

82 Arbeitsgelegenheiten können nur gegen Mehraufwandsentschädigung durchgeführt
werden – also in der Form der sogenannten „Ein-Euro-Jobs". Arbeitsverhältnisse außerhalb des ersten Arbeitsmarkts können nur noch nach § 16 e SGB II gefördert werden (→
Rn. 104 ff.).[107]

83 Das Gesetz gibt den erwerbsfähigen Leistungsberechtigten **keinen Individualanspruch**
darauf, dass für sie eine Arbeitsgelegenheit geschaffen wird oder sie einer bestehenden
zugewiesen werden.[108] Er kann – außer im Falle einer Ermessensreduzierung auf Null –
lediglich vom Grundsicherungsträger verlangen, ihm im Rahmen der vorhandenen Arbeitsgelegenheiten sachgerecht zu berücksichtigen, wobei angemessene Wünsche nach
§ 33 S. 2 SGB I zu berücksichtigen sind.[109] § 16 d SGB II regelt insoweit „Leistungen"
zur Eingliederung wie alle anderen.[110] Das grundgesetzliche **Verbot von Zwangsarbeit**
und Arbeitszwang (Art. 12 Abs. 2 und 3 GG)[111] schließt seinerseits aus, dass eine Tätigkeit in Arbeitsgelegenheiten Gegenleistung oder Voraussetzung für existenzsichernde
Leistungen der Grundsicherung ist.[112] Leistungsrechtliche Sanktionen hindert dies aber
nicht, weil das GG nur eine Herabwürdigung der Person durch Anwendung bestimmter
Methoden des Arbeitseinsatzes verbietet, wie sie in totalitär beherrschten Staaten üblich
sind.[113] Für **Streitigkeiten** wegen der Durchführung oder Rückabwicklung von Arbeitsgelegenheiten ist die Sozialgerichtsbarkeit zuständig.[114]

84 **Anbieter** von Arbeitsgelegenheiten – rechtstechnisch Träger von Maßnahmen, da die
Arbeitsgelegenheiten eine Leistung darstellen[115] – können alle privaten und öffentlichen
Rechtsträger sein. Das schließt die Leistungsträger nach dem SGB II ein. Sie haben je-
doch keine privilegierte Stellung.[116]

2. Anforderungen an die Arbeitsgelegenheit

a) Grundvoraussetzungen: Bestimmtheit und Gegenstand

85 Schon für die Prüfung der weiteren Voraussetzungen für eine rechtmäßige Arbeitsgelegenheit ist es unerlässlich, dass die konkret zu leistende Arbeit, aber auch deren zeitlicher Umfang und zeitliche Verteilung im Voraus durch den Anbieter **hinreichend be-**

---

104 IAB-Kurzberichte 20/2011, 2 und 11/2011, 6 f.
105 IAB Discussion Paper 24/2009, 25 ff.; IAB-Kurzbericht 5/2010, 5 f.
106 IAB-Kurzbericht 5/2010, 6.
107 BT-Drs.17/6277, 115.
108 Thie in: LPK-SGB II § 16 d Rn. 8; Voelzke in: Hauck/Noftz SGB II § 16 d Rn. 43; vgl. auch BayLSG
    4.7.2011 – L 7 AS 472/11 B ER, juris Rn. 16 (zu § 16 d SGB II aF); OVG Saarl 27.2.1998 – 8 R 7/96,
    NVwZ-RR 1998, 655 f. (zu § 19 BSHG).
109 Harks in: jurisPK-SGB II, 4. Aufl. 2015, § 16 d Rn. 61.
110 S. auch BSG 16.12.2008 – B 4 AS 60/07 R, SozR 4–4200 § 16 Nr. 4.
111 Sa Berlin in: Stahlmann (Hrsg.) (Lit.), Ein-Euro-Jobs im Verfassungsrecht und internationalen Recht, 80 ff.
112 BSG 16.12.2008 – B 4 AS 60/07 R, SozR 4–4200 § 16 Nr. 4.
113 Ausführlich BVerfGE 74, 102 ff.; s. auch → Kap. 23 Rn. 54.
114 BAG 17.1.2007 – 5 AZB 43/06, BAGE 121, 1; 8.11.2006 – 5 AZB 36/06, BAGE 120, 92.
115 BSG 13.4.2011 – B 14 AS 98/10 R, SozR 4–4200 § 16 Nr. 7.
116 S. auch § 17 Abs. 1 SGB II und Kapitel 44, 45.

stimmt sind.[117] Rein abstrakte Bezeichnungen wie zB „Mitarbeiter" oder auch eine Vielzahl von möglichen Tätigkeitsfeldern reichen nicht aus.

Wie bereits der Name „Arbeitsgelegenheit" nahelegt, darf ihr Gegenstand hauptsäch- 86 lich nur **Arbeitsleistung** im Sinne von Wertschöpfung sein.[118] § 261 Abs. 4 SGB III, der für ABM eine begleitende berufliche Qualifizierung oder ein betriebliches Praktikum in begrenztem Umfang als förderfähig vorsah, ist gerade nicht in § 16 d SGB II übernommen worden. In den „Leistungsgrundsätzen" des § 3 Abs. 2 SGB II werden sie seit 1.4.2012 ausdrücklich nicht mehr als Mittel erwähnt, das zur Förderung beruflicher Kenntnisse und Fähigkeiten beitragen soll.[119] Als Teil der Arbeitsgelegenheit möglich ist nur eine über die reine Einweisung in die Arbeitsaufgabe hinausgehende „erweiterte Anleitung", vor allem um „arbeitsmarktferne" Leistungsberechtigte dabei zu unterstützen, eine Tagesstruktur aufzubauen oder mit ihnen die Erledigung von Arbeitsaufgaben zu üben; andere Maßnahmeinhalte können auf der Grundlage der hierfür vorgesehenen Instrumente (zB nach § 45 SGB III) gefördert werden.[120]

b) Zusätzlich und im öffentlichen Interesse liegend

Eine rechtmäßige Arbeitsgelegenheit setzt voraus, dass die in ihr verrichtete Arbeit zu- 87 sätzlich ist und im öffentlichen Interesse liegt. Beide Voraussetzungen sind ausdrücklich in § 16 d Abs. 2 und 3 SGB II legaldefiniert, die nichts anderes als die schon bisher herangezogenen[121] Begriffsbestimmungen aus dem Recht der abgeschafften ABM enthalten. **Zusätzliche Arbeiten** (s. § 16 d Abs. 2 SGB II) sind solche, die ohne die Förderung nicht, nicht in diesem Umfang oder erst zu einem späteren Zeitpunkt durchgeführt werden. Arbeiten, die aufgrund einer rechtlichen Verpflichtung durchzuführen sind oder die üblicherweise von juristischen Personen des öffentlichen Rechts durchgeführt werden, sind nur förderungsfähig, wenn sie ohne die Förderung voraussichtlich erst nach zwei Jahren durchgeführt werden; dadurch soll es Anbietern erschwert werden, die Voraussetzung der Zusätzlichkeit zulasten der Bundeskasse selbst herbeizuführen. Unabhängig davon beseitigt die Voraussetzung der Zusätzlichkeit von vornherein keine Rechtspflichten nach anderen Vorschriften und vor allem nicht die verfassungsrechtliche Bindung der öffentlichen Verwaltung an Gesetz und Recht (Art. 20 Abs. 3 GG). Nicht zusätzlich sind deshalb im Besonderen alle Arbeiten, die notwendig sind, um die gesetzlichen Aufgaben der Verwaltung jederzeit ausführen zu können[122] und nicht über die Zweijahresgrenze aufschiebbare Arbeiten zur Einhaltung der Verkehrssicherungspflicht (zB das Reinigen und Instandhalten von Straßen[123] oder öffentlichen Verkehrsmitteln).

Zusätzlich sein können somit nur Arbeiten, die (1.) von juristischen Personen des öf- 88 fentlichen Rechts auszuführen sind und auf einer rechtlichen Verpflichtung beruhen, aber nicht laufend oder nicht unbedingt innerhalb der Zweijahresfrist erledigt werden müssen, oder (2.) von juristischen Personen des öffentlichen Rechts oder von anderen ausgeführt werden, ohne dass sie dazu rechtlich verpflichtet sind. In beiden Fallgruppen stellt sich vor allem die Frage, welche finanziellen Mittel zur Verfügung stehen. In der ersten Fallgruppe stellt sich aber nur diese, weil feststeht, dass die Arbeit überhaupt ausgeführt werden muss. In der zweiten Fallgruppe muss dagegen erst festgestellt werden, ob die angebotene Arbeit zu den bisher von dem Anbieter gewöhnlich erledigten

117 S. in diesem Zusammenhang auch BSG 16.12.2008 – B 4 AS 60/07 R, SozR 4–4200 § 16 Nr. 4; zum BSHG bereits BVerwGE 68, 97; 110, 287.
118 BSG 13.4.2011 – B 4 AS 98/10 R, SozR 4–4200 § 16 Nr. 7.
119 Zur Begründung BT-Drs. 17/6277, 237.
120 So jetzt auch deutlich BT-Drs. 17/7065, 19.
121 S. stellvertretend Eicher in: Eicher/Spellbrink SGB II § 16 Rn. 213.
122 VG Berlin info also 1985, 35 und 1990, 35; s. jetzt auch BSG 13.4.2011 – B 14 AS 98/10 R, SozR 4–4200 § 16 Nr. 7.
123 S. etwa VG Berlin ZfSH/SGB 1984, 374.

gehört: Sie werden (erst) dann zu zusätzlichen, wenn für sie entweder (bei öffentlich-rechtlichen Anbietern) keine Finanzmittel mehr zur Verfügung stehen oder sie (bei privaten) nach betriebswirtschaftlichen Maßstäben nicht rentabel sind.[124] Allein die andauernd schlechte Haushaltslage eines öffentlich-rechtlichen Anbieters reicht zur Begründung aber ebensowenig wie die Kürzung von Mitteln der öffentlichen Hand bei privatrechtlichen Institutionen, die sich nur auf diese Weise finanzieren.[125] Auch Arbeiten, die schon vor der Zuweisung einer oder eines Leistungsberechtigten begonnen werden, sind in der Regel nicht zusätzlich.[126]

89 Gemäß § 16 d Abs. 3 SGB II liegen Arbeiten **im öffentlichen Interesse**, wenn das Arbeitsergebnis der Allgemeinheit dient. Arbeiten, deren Ergebnis überwiegend erwerbswirtschaftlichen Interessen oder den Interessen eines begrenzten Personenkreises dienen, liegen nicht im öffentlichen Interesse. Das Vorliegen des öffentlichen Interesses wird nicht allein dadurch ausgeschlossen, dass das Arbeitsergebnis auch den in der Maßnahme beschäftigten Arbeitnehmern zugute kommt, wenn sichergestellt ist, dass die Arbeiten nicht zu einer Bereicherung Einzelner führen. Es reicht aber nicht, dass es sich für die oder den Leistungsberechtigten um „sinnvolle" Arbeit handelt. Sie muss zu einer Wertschöpfung führen, die einem nicht von vornherein begrenzten Kreis von Personen zugute kommt.[127] Das gilt vor allem für Arbeiten, durch die die wirtschaftliche, soziale oder kulturelle Infrastruktur verbessert werden soll oder die dem Umweltschutz dienen. (Zusätzliche) Arbeiten, die in der öffentlichen Verwaltung geleistet werden, liegen in der Regel im öffentlichen Interesse.[128]

c) Wettbewerbsneutralität

90 Ausdrücklich stellt das Gesetz außerdem die „Wettbewerbsneutralität" als Voraussetzung auf. Arbeiten sind gemäß § 16 d Abs. 4 SGB II wettbewerbsneutral, wenn durch sie eine Beeinträchtigung der Wirtschaft infolge der Förderung nicht zu befürchten ist und Erwerbstätigkeit auf dem allgemeinen Arbeitsmarkt weder verdrängt noch in ihrer Entstehung verhindert wird. Generell darf der Gesetzgeber aber ohnehin wegen des **allgemeinen Gleichheitssatzes** (Art. 3 Abs. 1 GG) eine Beschäftigung nicht ohne besondere Rechtfertigung aus dem allgemeinen Arbeitsrecht herausdefinieren und besonderen Regeln unterwerfen, die Kostendruck bei anderen erzeugen und arbeitsplatzvernichtend oder wettbewerbsverfälschend wirken können.

d) Umfang und Länge

91 Nach der Rechtsprechung des BSG[129] lässt sich aus dem Gesetz keine Obergrenze für den **wöchentlichen Zeitumfang** ableiten; es hat im konkreten Fall 30 Wochenstunden nicht beanstandet.[130] Die Gefahr einer Verdrängung regulärer Arbeitsverhältnisse resultiert nach Auffassung des BSG nicht aus dem Umfang, sondern allein aus der Art der Tätigkeit. Selbst unter dieser Prämisse bleibt aber zusätzlich bedeutsam, dass die Leistungsberechtigten auch während der Arbeitsgelegenheit dem Grundsatz des „Forderns" (§ 2 SGB II; ausführlich → Kap. 22 Rn. 1 ff.) unterworfen sind. Eine Arbeitsgelegenheit kann deshalb vor allem dann im konkreten Fall rechtswidrig sein, wenn in einer Eingliederungsvereinbarung weitere zeitaufwändige Obliegenheiten der oder des zugewie-

---

124 Zum Recht der ABM BSG 30.9.1992 – 11 RAr 3/92, nicht veröffentlicht, und BSG SozR 4100 § 91 Nr. 4.
125 S. auch Eicher in: Eicher/Spellbrink SGB II § 16 Rn. 226.
126 Zum Recht der ABM BSG SozR 3–4100 § 242 Nr. 1 und § 91 Nr. 1.
127 S. BSG SozR 4100 § 91 Nr. 4 und 5.
128 Zum inhaltsgleichen Begriff der „Gemeinnützigkeit" nach dem BSHG s. BAG AP Nr. 222 zu § 620 Befristeter Arbeitsvertrag.
129 BSG 16.12.2008 – B 4 AS 60/07 R, SozR 4–4200 § 16 Nr. 4.
130 Das BVerwG hatte unter der Geltung des BSHG 32 Stunden auf jeden Fall als zuviel angesehen: s. BVerwGE 69, 91; 67, 1.

senen Leistungsberechtigten vorgesehen sind. Gleichwohl ist die Obergrenze von 30 Wochenstunden ein sinnvoller Anhaltspunkt für die Praxis.[131]

Als Obergrenze für die **Dauer** der Arbeitsgelegenheiten bestimmt das Gesetz nur, dass die Dauer der Zuweisungen binnen fünf Jahren, gerechnet ab dem Eintritt in die erste Arbeitsgelegenheit, maximal insgesamt 24 Monate betragen darf (§ 16 d Abs. 6 S. 1, 2 SGB II). Allerdings können nach § 16 Abs. 6 S. 3 SGB II erwerbsfähige Leistungsberechtigte nach Ablauf der 24 Monate bis zu zwölf weitere Monate Arbeitsgelegenheiten zugewiesen werden, sofern die Voraussetzungen des § 16 d Abs. 1 bis 5 SGB II weiterhin vorliegen. Dies kann zu einer Verlängerung der Förderungshöchstdauer auf insgesamt 36 Monate (innerhalb des 5-Jahres-Zeitraums) führen. Hintergrund dieser Regelung ist die Überlegung des Gesetzgebers, dass es auch Personengruppen gibt, die selbst bei guter Konjunktur nicht auf den ersten Arbeitsmarkt vermittelt werden können (zB ältere Personen oder Alleinerziehende mit minderjährigen Kindern).[132] **92**

Unabhängig davon muss immer beachtet werden, dass Arbeitsgelegenheiten nur als Zwischenschritt zu „der Wiedereingliederung des Hilfsbedürftigen in den normalen Arbeitsmarkt" dienen,[133] also – wie im BSHG noch ausdrücklich gesagt – von vorübergehender Dauer sein sollen.[134] **93**

3. Anforderungen in Bezug auf die Leistungsberechtigten

Arbeitsgelegenheiten müssen der oder dem zugewiesenen erwerbsfähigen Leistungsberechtigten **zumutbar** sein, § 10 Abs. 3 iVm Abs. 1 und 2 SGB II (→ Kap. 22 Rn. 15, 20 ff.). Niemandem kann in einer Arbeitsgelegenheit mehr abverlangt werden als in einem regulären Beschäftigungsverhältnis. Obwohl das Arbeitsrecht nicht anwendbar ist, ergibt sich deshalb zB aus § 10 Abs. 1 Nr. 1 SGB II das Recht, der Arbeitsgelegenheit bei krankheitsbedingter Arbeitsunfähigkeit fernzubleiben. **94**

§ 16 d Abs. 1 S. 1 SGB II nennt seit 1.4.2012 als Ziel der Arbeitsgelegenheiten ausdrücklich die **Erhaltung oder Wiederherstellung der Beschäftigungsfähigkeit**. Daraus ergibt sich unter anderem, dass Arbeitsgelegenheiten nicht dem Zweck dienen dürfen, bei der zugewiesenen leistungsberechtigten Person die allgemeinen Leistungsvoraussetzungen nach dem SGB II zu kontrollieren. **95**

Die Arbeitsgelegenheit muss nicht nur für sich genommen einen bestimmten Inhalt haben (→ Rn. 85 f.). Auch die an die leistungsberechtigte Person gerichtete Zuweisung (→ Rn. 102 ff.) muss **genaue Angaben** über die zu leistende Arbeit, deren zeitlichen Umfang und zeitliche Verteilung sowie die Höhe der Entschädigung enthalten, um rechtmäßig zu sein.[135] **96**

4. Rechtsbeziehungen

a) Zwischen erwerbsfähigen Leistungsberechtigten und Leistungsträger; im Besonderen: die Mehraufwandsentschädigung

Arbeitsgelegenheiten sind **Eingliederungsleistungen**. Nach der Rechtsprechung des BSG besteht die Leistung „in der öffentlich-rechtlichen Bereitstellung einer Arbeitsgelegenheit im Rahmen eines Sozialrechtsverhältnisses"; die „wesentlichen, mit der Arbeitsgelegenheit verbundenen Rechte und Pflichten des Hilfebedürftigen, wie die Verpflichtung zur Erbringung einer bestimmten Arbeitsleistung und die Ansprüche auf Zahlung von **97**

---

131 Harks in: jurisPK-SGB II, 4. Aufl. 2015, § 16 d Rn. 66.
132 Vgl. BT-Drs. 18/8909, 30.
133 S. BSG 16.12.2008 – B 4 AS 60/07 R, SozR 4-4200 § 16 Nr. 4 und bereits BAG AP Nr. 216 zu § 620 BGB befristeter Arbeitsvertrag.
134 S. insoweit auch BT-Drs. 15/1749, 32.
135 S. BSG 16.12.2008 – B 4 AS 60/07 R, SozR 4-4200 § 16 Nr. 4.

Mehraufwandsentschädigung neben dem Alg II, folgen aus den Vorschriften des SGB II" und bestehen im Verhältnis zum Leistungsträger, nicht aber gegenüber dem Träger der Arbeitsgelegenheit.[136] Ob es sich um ein öffentlich-rechtliches oder um ein privatrechtliches Beschäftigungsverhältnis eigener Art handelt, ist umstritten. Es steht allerdings außer Frage, dass das Beschäftigungsverhältnis „eigener Art" ist.[137] Zum einen begründet „die Arbeiten" gemäß § 16 d Abs. 7 S. 2 SGB II kraft Gesetzes weder ein Arbeitsverhältnis (im Sinne des Arbeitsrechts) noch ein Beschäftigungsverhältnis im Sinne des SGB IV (also im Sinne des Sozialversicherungsrechts). Zum anderen gibt es unabhängig davon keine „Hauptpflichten" zwischen den Beteiligten wie in einem normalen Beschäftigungsverhältnis (Arbeitsleistung und Entgeltzahlung, § 611 BGB) und „Leistungsstörungen" wirken sich im Rechtsverhältnis Leistungsberechtigte(r) – Leistungsträger und nicht im eigentlichen „Beschäftigungs"-Verhältnis Leistungsberechtigte(r) – Träger der Arbeitsgelegenheit aus.[138]

98   Die Leistungsberechtigten erhalten trotzdem teilweise **eine arbeitnehmerähnliche Stellung**: Gemäß § 16 d Abs. 7 S. 2 SGB II gelten die Vorschriften über den Arbeitsschutz (s. vor allem in GewO, ArbZG, JArbSchG, MuSchG, ArbstättVO und §§ 14 ff. SGB VII) ohne Einschränkung und die des BUrlG mit Ausnahme der Regelungen über das Urlaubsentgelt. Es besteht deshalb – gegenüber dem Leistungsträger – Anspruch auf den gesetzlichen Mindesturlaub von 24 Tagen jährlich (§ 3 Abs. 1 BUrlG), ggf. auch als Teilurlaub (§§ 4, 5 Abs. 1 Buchst. a BUrlG). Über den Gesetzeswortlaut hinaus gibt es auch keinen Anspruch auf Urlaubsabgeltung (§ 7 Abs. 4 BUrlG), weil die Mehraufwandsentschädigung kein Arbeitsentgelt darstellt. Die Leistungsberechtigten haften ferner für Schäden bei ihrer Tätigkeit im gleichen Umfang wie Arbeitnehmerinnen und Arbeitnehmer; für sie gilt deshalb zB auch das Haftungsprivileg bei „gefahrgeneigter Arbeit". Obwohl regelmäßig die Gerichte der Sozialgerichtsbarkeit für Streitigkeiten aus diesem Rechtsverhältnis zuständig sind, ist der Rechtsweg zur Arbeitsgerichtsbarkeit eröffnet, wenn der Leistungsberechtigte mit der Behauptung, er sei Arbeitnehmer, Kündigungsschutzklage erhebt oder wenn er Entgeltansprüche aus einem behaupteten Arbeitsvertrag geltend macht.[139]

99   Die Arbeit in einer Arbeitsgelegenheit führt, neben dem Arbeitslosengeld II, zu einem Anspruch auf eine **angemessene Entschädigung für Mehraufwendungen** (§ 16 d Abs. 7 S. 1 SGB II). Der Anspruch besteht immer nur gegen den Leistungsträger;[140] der Träger der Arbeitsgelegenheit kann allenfalls dessen Zahlstelle sein. „Entschädigung" bezeichnet einen Ausgleich für tatsächlich zu erwartende zusätzliche finanzielle Belastungen aufgrund der Arbeitsgelegenheit (zB für Fahrtkosten, häufigere Reinigung oder höherer Verschleiß von Kleidung). Ihre Höhe kann sich deshalb nicht nach Entgeltvereinbarungen richten,[141] genauso wenig aber nach symbolischen Größen wie dem schlagwortartig verwendeten „1 Euro". Angemessen ist die Entschädigung dann, wenn sie die tatsächlichen Mehrausgaben der Leistungsberechtigten soweit deckt, dass sie allenfalls geringfü-

---

136 BSG 27.8.2011 – B 4 AS 1/10 R, SozR 4–4200 § 16 Nr. 9 mit Hinweis auf BT-Drs. 15/1749, 32; abweichend Eicher in: Eicher/Spellbrink SGB II § 16 Rn. 236 c und 239 jedenfalls für den Fall, dass die Arbeitsgelegenheit nicht beim Leistungsträger stattfindet.
137 BAG 8.11.2006 – 5 AZB 36/06, NZA 2007, 53; BAG 17.1.2007 – 5 AZB 43/06, NJW 2007, 3303; BAG 26.9.2007 – 5 AZR 857/06, NZA 2007, 1422; BAG 20.2.2008 – 5 AZR 290/07, NZA-RR 2008, 401; Voelzke in: Hauck/Noftz SGB II § 16 d Rn. 121; Thie in: LPK-SGB II § 16 d Rn. 35; Stark in: Estelmann SGB II § 16 d Rn. 35; Trenk-Hinterberger in: Stahlmann (Lit.) 2006, 272; ebenso bereits die hM zum BSHG, vgl. Krahmer in: LPK-BSHG § 19 Rn. 16; aA (privatrechtliches Beschäftigungsverhältnis): Stölting in: Eicher SGB II § 16 d Rn. 46 ff.; K.-J. Bieback NZS 2005, 337 (342).
138 S. auch insoweit BSG 27.8.2011 – B 4 AS 1/10 R, SozR 4–4200 § 16 Nr. 9.
139 BAG 8.11.2006 – 5 AZB 36/06, BAGE 120, 92; BAG 19.3.2008 – 5 AZR 435/07, NZA 2008, 760; Steppler/Denecke NZA 2013, 482 (483).
140 S. BSG 27.8.2011 – B 4 AS 1/10 R, SozR 4–4200 § 16 Nr. 9.
141 S. ausdrücklich BSG 13.11.2008 – B 14 AS 66/07 R, SozR 4–4200 § 16 Nr. 3.

gig auf das Alg II zurückgreifen müssen; das ist gerichtlich überprüfbar. Pauschalieren die Leistungsträger, ist die Entschädigung nicht schon dann unangemessen, wenn manche Leistungsberechtigte sie voll für ihre Mehrkosten einsetzen müssen, während anderen ein Rest bleibt. Soweit die Pauschalierung an sich nicht zu beanstanden ist, besteht ein Anspruch auf eine höhere Entschädigung in diesem Fall nur dann, wenn höhere tatsächliche Ausgaben aufgrund der Arbeitsgelegenheit im Einzelnen nachgewiesen werden.[142] Die Mehraufwandsentschädigung ist nur für einen Aufwand zu zahlen, der entstehen kann. Ein Anspruch besteht deshalb nicht für Zeiten, in denen die Arbeit – aus welchem Grund auch immer – tatsächlich nicht ausgeübt wird; davon unabhängig ist die Frage, ob die Leistung zurückgefordert werden kann (zB wenn Aufwendungen nicht mehr rückgängig gemacht werden können – Monatskarte usw). Ob die Entschädigung für Mehraufwendungen kraft Gesetzes unpfändbares Einkommen ist, wird unterschiedlich beantwortet.[143]

b) Zwischen Leistungsberechtigten und Trägern von Arbeitsgelegenheiten

Mit der Zuweisung in eine Arbeitsgelegenheit wird auch zwischen der oder dem Leistungsberechtigten und dem Träger der Arbeitsgelegenheit ein **Rechtsverhältnis** begründet. Wie es genau bezeichnet wird und ob es dem öffentlichen oder dem privaten Recht zuzuordnen ist (s. auch → Rn. 97), hat kaum praktische Bedeutung: Fest steht, dass es (auch) in diesem Rechtsverhältnis keine „Hauptpflichten" wie in einem normalen Beschäftigungsverhältnis (Arbeitsleistung und Entgeltzahlung, § 611 BGB) gibt und dass sich „Leistungsstörungen" nicht in diesem Rechtsverhältnis, sondern in dem zwischen der oder dem Leistungsberechtigten und dem Leistungsträger auswirken.[144] Von den Rechten und Pflichten eines regulären Beschäftigungsverhältnisses bleibt im Wesentlichen die des Trägers der Arbeitsgelegenheit, der oder dem Leistungsberechtigten im Einzelfall und ihm Rahmen dessen, was Gegenstand der Arbeitsgelegenheit ist, Weisungen zu erteilen. Von den Vorschriften und Rechtsgrundsätzen des Individual- und des öffentlichen Arbeitsrechts, die § 16 d Abs. 7 S. 2 SGB II ausdrücklich für anwendbar erklärt (→ Rn. 98), können die über den Arbeitsschutz aber auch in das Rechtsverhältnis Leistungsberechtigte – Träger einwirken, ebenfalls die Haftungsbeschränkung. **Beteiligungsrechte** der Mitarbeitervertretungen des Trägers sind von § 16 d Abs. 7 S. 2 SGB II nicht betroffen. Sie bestehen in privaten Betrieben nach § 99 BetrVG (Mitbestimmungsrecht bei Einstellungen),[145] im öffentlichen Dienst nach Maßgabe des jeweils anwendbaren Bundes- oder Landes-Personalvertretungsrechts[146] und in den Glaubensgemeinschaften nach deren Binnenrecht.

100

c) Zwischen Leistungsträgern und Trägern von Arbeitsgelegenheiten

Sofern Arbeitsgelegenheiten nicht bei den Leistungsträgern selbst durchgeführt werden, entstehen auch zwischen ihnen und dem Träger der Arbeitsgelegenheit **Rechtsbeziehungen**. Sie können auf zweiseitigen Vereinbarungen (öffentlich-rechtliche Austausch-Verträge, § 55 SGB X) oder einseitig auf Verwaltungsakten beruhen.[147] Zu den Pflichten der Träger gehört es vor allem, die ihnen zugewiesenen und von ihnen angenommenen[148] Leistungsberechtigten im Rahmen der Zuweisung zu beschäftigen und anzuleiten

101

---

142 BSG 13.11.2008 – B 14 AS 66/07 R, SozR 4–4200 § 16 Nr. 3.
143 Dafür zB LG Kassel 7.7.2010 – 3 T 468/10, JurBüro 2010, 607; dagegen LG Bautzen 28.4.2009 – 3 T 24/09, FamRZ 2009, 1941; beide mwN zum Meinungsstand.
144 S. BSG 27.8.2011 – B 4 AS 1/10 R, SozR 4–4200 § 16 Nr. 9.
145 BAG 2.10.2007 – 1 ABR 60/06, AP Nr. 54 zu § 99 BetrVG 1972.
146 Zu Rheinland-Pfalz s. BVerwG 21.3.2007 – 6 P 4/06, BVerwGE 128, 212; zu Hessen BVerwG 21.3.2007 – 6 P 8/06; zu Bayern BayVGH 28.4.2008 – 17 P 06.161.
147 ZB BSG 27.8.2011 – B 4 AS 1/10 R, SozR 4–4200 § 16 Nr. 9: „Beauftragung" mittels Förderbescheides.
148 Diese Entscheidung bleibt ihnen freigestellt, BSG 27.8.2011 – B 4 AS 1/10 R, SozR 4–4200 § 16 Nr. 9.

und die Leistungsträger von allen leistungsrelevanten Umständen in Kenntnis zu setzen (im Besonderen: Krankheit und sonstige Fehlzeiten). Zu den Pflichten der Leistungsträger gehört es vor allem, den Trägern der Arbeitsgelegenheiten die Weisungsrechte einzuräumen, die für die Erledigung der Arbeitsaufgaben im konkreten Fall erforderlich sind. Nur auf Antrag der Träger der Arbeitsgelegenheiten sind die Leistungsträger verpflichtet, die unmittelbar im Zusammenhang mit der Arbeit erforderlichen Kosten einschließlich derer für erforderliches Betreuungspersonal bei besonderem Anleitungsbedarf zu erstatten. Hierzu können auch Personalkosten gehören, die aufgrund der Notwendigkeit von besonderer Anleitung, tätigkeitsbezogener Unterweisung oder sozialpädagogischer Betreuung entstehen (§ 16 d Abs. 8 SGB II).

5. Begründung von Rechten und Obliegenheiten

a) Die „Zuweisung"

102 In § 16 d Abs. 1 S. 1 SGB II in der ab 1.4.2012 geltenden Fassung ist nun ausdrücklich von den erwerbsfähigen Leistungsberechtigten die Rede, die in Arbeitsgelegenheiten „zugewiesen" werden. Damit nimmt das Gesetz die wohl überwiegend vertretene Meinung auf, dass die Rechte und „Pflichten" für Leistungsberechtigte bezüglich der Arbeit in einer Arbeitsgelegenheit durch einen **Verwaltungsakt** – alternativ die Festlegung in einer Eingliederungsvereinbarung – festzulegen sind.[149] Die Zuweisung muss den Maßnahmeträger, den Arbeitsort, die konkrete Tätigkeit, den zeitlichen Umfang (einschließlich der Verteilung der Arbeitszeit), den Zeitpunkt der Aufnahme der Tätigkeit und die Höhe der Mehraufwandsentschädigung nennen. „Die Festlegungen des Trägers der Grundsicherung für Arbeitsuchende müssen ausreichend konkret sein, damit der Hilfebedürftige auf dieser Grundlage seine Entscheidung über die Teilnahme an der Maßnahme treffen kann".[150] Wegen des verfassungsrechtlichen Verbots von Zwangsarbeit und Arbeitszwang (→ Rn. 83) ist der „Zuweisungsbescheid" oder der entsprechende Teil der Eingliederungsvereinbarung hinsichtlich des „erwarteten Verhaltens" – also der Tätigkeit in der Arbeitsgelegenheit – nicht vollstreckbar.[151] Die Arbeit in einer Arbeitsgelegenheit ist angesichts dessen auch nicht seine „Pflicht", sondern nur eine Obliegenheit, deren Vernachlässigung zu leistungsrechtlichen Sanktionen führen kann.[152] Die Rechte und Obliegenheiten enden automatisch mit dem in der Zuweisung festgelegten Ende der Arbeitsgelegenheit oder vorher mittels eines die Zuweisung aufhebenden Verwaltungsakts.

b) Rechtsfolgen bei rechtswidriger Zuweisung

103 War die Zuweisung in die Arbeitsgelegenheit rechtswidrig, weil entweder die Arbeitsgelegenheit nicht den gesetzlichen Voraussetzungen (→ Rn. 85 ff.) oder die Zuweisung nicht den formalen und inhaltlichen Anforderungen (→ Rn. 102) entsprach, dann wird das vollzogene Rechtsverhältnis auf der Grundlage des **öffentlich-rechtlichen Erstattungsanspruchs** abgewickelt. Ein Arbeitsverhältnis zwischen Maßnahmeträger und Leistungsberechtigten kann nur dann entstehen, wenn es Anhaltspunkte für den Abschluss eines Arbeitsvertrags mit einem von der Zuweisung abweichenden Inhalt gibt.[153] Voraussetzung für den öffentlich-rechtlichen Erstattungsanspruch ist, dass der Leistungsträ-

---

149 BSG 13.4.2011 – B 14 AS 101/10 R, SozR 4–4200 § 16 Nr. 8 und 27.8.2011 – B 4 AS 1/10 R, SozR 4–4200 § 16 Nr. 9, mwN.

150 BSG 27.8.2011 – B 4 AS 1/10 R, SozR 4–4200 § 16 Nr. 9 und bereits BSG 16.12.2008 – B 4 AS 60/07 R, SozR 4–4200 § 16 Nr. 4.

151 BSG 13.4.2011 – B 14 AS 101/10 R, SozR 4–4200 § 16 Nr. 8.

152 S. etwa BSG 18.2.2010 – B 14 AS 53/08 R; 17.12.2009 – B 4 AS 30/09 R; 16.12.2008 – B 4 AS 60/07 R, SozR 4–4200 § 16 Nr. 4.

153 BSG 27.8.2011 – B 4 AS 1/10 R, SozR 4–4200 § 16 Nr. 9.

ger einen Vermögensvorteil (den Wert der geleisteten Arbeit) ohne rechtlichen Grund (weil das Angebot rechtswidrig war) erlangt hat. Dem Leistungsträger werden auch die Vermögensvorteile zugerechnet, die bei den Trägern der Arbeitsgelegenheiten – also den Leistungserbringern – entstanden sind.[154] Die Höhe der Erstattung richtet sich taggenau nach dem Wert der geleisteten Arbeit, der sich vorrangig nach den einschlägigen Tarifverträgen, anderenfalls nach den ortsüblichen Entgelten bemisst. Ihnen sind als Aufwendungen des Leistungsträgers nicht nur die gezahlten Leistungen zur Sicherung des Lebensunterhalts und die Mehraufwandsentschädigung gegenüberzustellen, sondern auch die anteiligen Beiträge zur Sozialversicherung (nach Abschaffung der Versicherungspflicht in der gesetzlichen Rentenversicherung bleiben noch die zur Kranken- und Pflegeversicherung).[155]

III. Eingliederung von Langzeitarbeitslosen (§ 16 e SGB II)

§ 16 e SGB II wurde durch Art. 1 Nr. 2 Teilhabechancengesetz[156] mit Wirkung ab 1.1.2019 vollständig neu gefasst. Regelte § 16 e SGB II aF, der durch Gesetz vom 21.12.2008[157] in das SGB II eingefügt wurde, die **Förderung von Arbeitsverhältnissen**, geht es in der neu gefassten Norm nunmehr um die **Eingliederung von Langzeitarbeitslosen**. Ähnlich wie in § 16 e SGB II aF beinhaltet allerdings auch die aktuell geltende Regelung einen Lohnkostenzuschuss für solche Arbeitgeber, die eine von der Vorschrift näher definierte Gruppe von Arbeitslosen beschäftigen (vgl. § 16 e Abs. 1 SGB II). Neu ist hingegen die in § 16 e Abs. 4 SGB II enthaltene Möglichkeit einer ganzheitlichen beschäftigungsbegleitenden Betreuung der förderungsfähigen Beschäftigten. **104**

Zur Neufassung des § 16 e SGB II führt die Gesetzesbegründung folgendes aus: **105**

„Im Sinne eines ganzheitlichen Ansatzes soll auch die Reintegration von Personen mit einer längeren Dauer von Langzeitarbeitslosigkeit auf dem allgemeinen Arbeitsmarkt besser unterstützt sowie die Möglichkeiten der Förderung mit Lohnkostenzuschüssen erweitert werden. Mit diesem Gesetz wird daher, aufbauend auf den bisherigen Erfahrungen mit dem ESF-Bundesprogramm zum Abbau von Langzeitarbeitslosigkeit, ein neuer, für die Verwaltung möglichst einfach zu handhabender erhöhter Lohnkostenzuschuss, unterstützt durch ein flankierendes Angebot einer ganzheitlichen beschäftigungsbegleitenden Betreuung, eingeführt. Die einfache und transparente Ausgestaltung des Instrumentes soll es für Arbeitgeber besonders attraktiv machen, Personen mit einer längeren Dauer von Langzeitarbeitslosigkeit eine Beschäftigungsmöglichkeit zu bieten. Wie der Eingliederungszuschuss nach § 88 des Dritten Buches Sozialgesetzbuch (SGB III) setzt auch der neue Lohnkostenzuschuss deshalb darauf, einen finanziellen Anreiz zur Einstellung von Langzeitarbeitslosen zu geben, verzichtet aber auf den Ausgleich einer bestehenden Minderleistung und befördert durch die ganzheitliche beschäftigungsbegleitende Betreuung zusätzlich die Beschäftigungsfähigkeit von Langzeitarbeitslosen. Insgesamt werden damit die Beschäftigungs-chancen von Personen mit einer längeren Dauer von Langzeitarbeitslosigkeit auf dem allgemeinen Arbeitsmarkt verbessert. Einer weiteren Verfestigung von Langzeitarbeitslosigkeit wird vorgebeugt."[158]

---

154 Beispiel in BSG 13.4.2011 – B 14 AS 98/10 R, SozR 4–4200 § 16 Nr. 7.
155 S. ebd.
156 Zehntes Gesetz zur Änderung des Zweiten Buches Sozialgesetzbuch – Schaffung neuer Teilhabechancen für Langzeitarbeitslose auf dem allgemeinen und sozialen Arbeitsmarkt (Teilhabechancengesetz – 10. SGB II-ÄndG) vom 17.12.2018 – BGBl. I, 2583. Vgl. dazu auch BT-Drs. 19/4725, BT-Drs. 19/5588; die Materialien der öffentlichen Anhörung von Sachverständigen am 5.11.2018 sind in der Ausschussdrucksache des Ausschusses für Arbeit und Soziales vom 31.10.2018 (Ausschussdrucksache 19(11)185) zusammengefasst.
157 Gesetz zur Neuausrichtung der arbeitsmarktpolitischen Instrumente vom 21.12.2008, BGBl. I, 2917.
158 BT-Drs. 19/4725, 10.

106 § 46 Abs. 2 S. 3 SGB II, der vorsah, dass für die Leistungen nach §§ 16 e und 16 f SGB II zusammen jährlich nicht mehr als 20% der zugewiesenen **Mittel aus dem Eingliederungstitel** verwendet werden dürfen, wurde durch Art. 1 Nr. 5 Teilhabechancengesetz ersatzlos aufgehoben.

107 § 16 e Abs. 1 S. 1 SGB II ermöglicht die Förderung einer nicht nur geringfügigen Beschäftigung durch Zuschüsse zum Arbeitsentgelt. **Grundvoraussetzung** für diese Förderung ist nach § 16 e Abs. 1 S. 1 SGB II, dass zwischen dem erwerbsfähigen Leistungsberechtigten und einem Arbeitgeber ein **Arbeitsverhältnis** (§ 611 a BGB) für die Dauer von **mindestens zwei Jahren** begründet wird. Da § 16 e Abs. 1 S. 1 SGB II ausdrücklich von der Förderung einer **nicht nur geringfügigen** Beschäftigung[159] spricht, ist somit die Förderung einer zeit- (§ 8 Abs. 1 Nr. 2 SGB IV) oder entgeltgeringfügigen (§ 8 Abs. 1 Nr. 1 SGB IV) Beschäftigung ausgeschlossen. Voraussetzung ist damit die Begründung eines – mit Ausnahme der Arbeitslosenversicherung[160] – **sozialversicherungspflichtigen** Arbeitsverhältnisses.[161]

Abgesehen davon ist weder eine bestimmte Wochenarbeitszeit vorgeschrieben noch muss – außer bei gesetzlicher Tarifbindung (§§ 4 Abs. 1, 5 TVG) – das tarifliche oder ortsübliche Entgelt vereinbart sein. Das vereinbarte Arbeitsentgelt muss aber mindestens die Höhe des **Mindestlohns** nach dem Mindestlohngesetz (MiLoG)[162] erreichen.[163] Nach der Anordnung des § 22 Abs. 4 S. 1 MiLoG gilt zwar der Mindestlohn (ausnahmsweise) in den ersten sechs Monaten für Arbeitsverhältnisse von solchen Arbeitnehmern nicht, die unmittelbar vor Beginn der Beschäftigung langzeitarbeitslos iS § 18 Abs. 1 SGB III waren.[164] Diese Ausnahmeregelung gilt jedoch nach § 16 e Abs. 2 S. 4 SGB II ausdrücklich nicht für Arbeitsverhältnisse, für die der Arbeitgeber einen Zuschuss nach § 16 e Abs. 1 SGB II erhält. Dies wird damit begründet, dass bereits mit den vorgesehenen Lohnkostenzuschüssen ein Anreiz zur Integration von Langzeitarbeitslosen in den Arbeitsmarkt gesetzt wird.[165] Dementsprechend muss also auch im Rahmen von Arbeitsverhältnisses iS § 16 e Abs. 1 SGB II bereits innerhalb der ersten sechs Monate ihres Bestehens der Mindestlohn gezahlt werden.

Weil die Förderung in einer Entgeltsubvention besteht, darf sie aber auch ohne spezielle gesetzliche Regelung nicht wettbewerbsverfälschend wirken.

Anders als § 16 e Abs. 1 S. 1 SGB II aF sieht § 16 Abs. 1 SGB II kein ausdrückliches Antragserfordernis mehr vor. Gleichwohl sind über § 37 Abs. 1 S. 1 SGB II auch die Förderleistungen des § 16 e SGB II antragsabhängig.[166]

108 **Weitere Voraussetzung** für eine Förderung nach § 16 e SGB II ist, dass der vom Arbeitgeber beschäftigte erwerbsfähige Leistungsberechtigte trotz vermittlerischer Unterstützung nach § 16 Abs. 1 S. 1 SGB II unter Einbeziehung der übrigen Eingliederungsleistungen nach dem SGB II seit **mindestens zwei Jahren** arbeitslos gewesen ist. Die Dauer der Arbeitslosigkeit berechnet sich nach Maßgabe des § 18 SGB III.[167] Nach der Gesetzesbegründung kommt eine Förderung in der Regel in Betracht, wenn bereits anderweitige Vermittlungsbemühungen über mindestens sechs Monate erfolgt sind und diese

---

159 Gemeint ist damit wohl eine in allen Zweigen der Sozialversicherung versicherungspflichtige Beschäftigung, vgl. BT-Drs. 19/4752, 15.
160 Vgl. § 27 Abs. 3 Nr. 5 SGB III.
161 Vgl. BT-Drs. 19/4725, 15.
162 Gesetz zur Regelung eines allgemeinen Mindestlohns (Mindestlohngesetz – MiLoG) v. 11.8.2014, BGBl. I 2014, 1348.
163 Klerks, info also 4/2019; vgl. hierzu auch BT-Drs. 19/4725, 15.
164 Vgl. hierzu auch Franzen in: ErfK, 19. Aufl. 2019, MiLoG § 22 Rn. 14 ff.
165 BT-Drs. 19/4725, 15.
166 Klerks, info also 4/2019 (mwN).
167 BT-Drs. 19/4725, 15.

Leistungen zur Eingliederung in den allgemeinen Arbeitsmarkt nicht erfolgreich waren.[168]

Zusätzlich darf, als **negative Tatbestandsvoraussetzung**, die Förderung nicht nach § 16 e Abs. 3 SGB II ausgeschlossen sein. § 16 e Abs. 3 S. 1 SGB II verweist hierbei auf § 92 Abs. 1 SGB III. Danach ist eine Förderung ausgeschlossen, wenn **109**

1. zu vermuten ist, dass der Arbeitgeber die Beendigung eines Beschäftigungsverhältnisses veranlasst hat, um einen Eingliederungszuschuss zu erhalten, oder

2. die Arbeitnehmerin oder der Arbeitnehmer bei einem früheren Arbeitgeber eingestellt wird, bei dem sie oder er während der letzten vier Jahre vor Förderungsbeginn mehr als drei Monate versicherungspflichtig beschäftigt war; dies gilt nicht, wenn es sich um die befristete Beschäftigung besonders betroffener schwerbehinderter Menschen handelt.

Für den Fall, dass das Beschäftigungsverhältnis **während des Förderungszeitraums** beendet wird, sieht § 16 e Abs. 3 S. 2 SGB II iVm § 92 Abs. 2 S. 1 1. Alt., S. 2, S. 3 SGB III Rückzahlungspflichten des Arbeitgebers vor.

Auf der **Rechtsfolgeseite** steht das „Ob" der Förderung im **Ermessen** der Leistungsträger. **Förderdauer und -höhe** stehen dagegen nicht im Ermessen der Leistungsträger.[169] **110**

Die Förderung besteht nach § 16 e Abs. 2 S. 1 SGB II in einem **Lohnkostenzuschuss** an den Arbeitgeber, der in den ersten beiden Jahren des Bestehens des Arbeitsverhältnisses geleistet wird. Er beträgt im ersten Jahr 75 % und im zweiten Jahr 50 % des zu berücksichtigenden Arbeitsentgelts. **111**

Das **berücksichtigungsfähige Arbeitsentgelt** ist gemäß § 16 e Abs. 2 S. 3 SGB II grundsätzlich nach Maßgabe des § 91 Abs. 1 SGB III zu ermitteln. Nach § 91 Abs. 1 SGB III ist für den Eingliederungszuschuss zu berücksichtigen

1. das vom Arbeitgeber regelmäßig gezahlte Arbeitsentgelt, soweit es das tarifliche Arbeitsentgelt oder, wenn eine tarifliche Regelung nicht besteht, das für vergleichbare Tätigkeiten ortsübliche Arbeitsentgelt nicht übersteigt und soweit es die Beitragsbemessungsgrenze in der Arbeitsförderung nicht überschreitet, sowie

2. der pauschalierte Anteil des Arbeitgebers am Gesamtsozialversicherungsbeitrag.

§ 16 e Abs. 2 S. 3 SGB II ordnet allerdings an, dass – in Abweichung von § 91 Abs. 1 SGB III – nur der pauschalierte Anteil des Arbeitgebers am Gesamtsozialversicherungsbeitrag abzüglich des Beitrags zur Arbeitsförderung zu berücksichtigen ist.

Die Fachliche Weisung der BA zu § 16 e SGB II (Rechtsstand: 23.1.2019) führt zur Berechnung des Lohnkostenzuschusses ua folgendes aus:

„*Entsprechend des Antrags des Arbeitgebers berechnet die gemeinsame Einrichtung den Lohnkostenzuschuss auf Grundlage des im Arbeitsvertrag vorgesehenen, vom Arbeitgeber regelmäßig gezahlten Arbeitsentgelts (Monatslohn laut Arbeitsvertrag oder Stundenlohn laut Arbeitsvertrag multipliziert mit der Anzahl der Arbeitsstunden pro Woche bzw. Monat), einschließlich des pauschalierten Anteils des Arbeitgebers von 19 Prozent (ohne Beitrag zur Arbeitslosenversicherung) am Gesamtsozialversicherungsbeitrag. Einmalig gezahltes Arbeitsentgelt (u.a. Weihnachtsgeld, Urlaubsgeld) ist nicht zu berücksichtigen.*"

Die Vorschriften der §§ 14 und 17 SGB IV i.V.m. der Verordnung über die sozialversicherungsrechtliche Beurteilung von Zuwendungen des Arbeitgebers als Arbeitsentgelt (Sozialversicherungsentgeltverordnung – SvEV) sind anzuwenden. Übersteigt das ermittelte Arbeitsentgelt das tarifliche bzw. ortsübliche Arbeitsentgelt, ist das tarifliche oder

---

168 BT-Drs. 19/4725, 15.
169 So ausdr. BT-Drs. 19/4725, 15.

ortsübliche Arbeitsentgelt zu berücksichtigen (vgl. Fachliche Weisungen (FW) zum Eingliederungszuschuss §§ 88-92 SGB III).

Die gemeinsame Einrichtung legt den Lohnkostenzuschuss zu Beginn der Förderung pauschal in monatlichen Durchschnittsbeträgen fest. Bei Teilmonaten (z.B. im ersten bzw. letzten Monat der Förderung) beträgt der Zuschuss für jeden Kalendertag 1/30 des monatlichen Durchschnittsbetrages. Auf Nachweis des Arbeitgebers ist der Lohnkostenzuschuss bei einer Erhöhung oder Verringerung der vertraglichen bzw. tarifvertraglichen Arbeitszeit oder des vertraglichen bzw. tarifvertraglichen Arbeitsentgelts anzupassen. "[170]

112 Neben der Förderung durch einen Lohnkostenzuschuss soll nach § 16 e Abs. 4 SGB II während einer förderfähigen Beschäftigung in einem Arbeitsverhältnis eine erforderliche **ganzheitliche beschäftigungsbegleitende Betreuung** durch die Agentur für Arbeit oder einen durch diese beauftragten Dritten erbracht werden. Hierzu hat der Arbeitgeber den Arbeitnehmer in angemessenem Umfang unter Fortzahlung des Arbeitsentgelts freizustellen.

Was zu einer ganzheitlichen beschäftigungsbegleitenden Betreuung[171] gehören kann, ist in der Gesetzesbegründung sehr ausführlich dargestellt:

„Inhalte des Coachings können insbesondere sein:

- *Beratung der Bedarfsgemeinschaft,*
- *Entwicklung und Förderung von Schlüsselkompetenzen für den beruflichen Alltag, zum Beispiel im Bereich der Selbstorganisation und Problemlösung in der Arbeitswelt,*
- *Aufbau von Tagesstrukturen über einen längeren Zeitraum,*
- *Hilfen bei Behördengängen/Antragstellungen,*
- *Hilfe bei der Inanspruchnahme kommunaler Eingliederungsleistungen nach § 16 a SGB II,*
- *Unterstützung von Bedarfsgemeinschaften mit Kindern bei der Inanspruchnahme von Leistungen der Kinder- und Jugendhilfe (Achtes Buch Sozialgesetzbuch – SGB VIII),*
- *Alltagshilfen (zum Beispiel Nutzung öffentlicher Verkehrsmittel, Umgang mit Geld, Einkauf, Erscheinungsbild),*
- *Soziale Aktivierung, Vermittlung des betrieblichen Umfelds und der Anforderungen im Arbeitsalltag (pünktlicher Arbeitsbeginn, Erwartungen des Arbeitgebers und ähnliches),*
- *Verhaltenstraining, zum Beispiel Umgang mit dem Arbeitgeber/den Kollegen am Arbeitsplatz,*
- *Krisenintervention, Konfliktbewältigung am Arbeitsplatz,*
- *Übergangsmanagement zum Ende der Nachbeschäftigung beziehungsweise zum Ende des geförderten Beschäftigungsverhältnisses.*

Bedarfsorientiert gefördert werden können darüber hinaus

- *Persönliche Kompetenzen (zum Beispiel Motivation, Leistungsfähigkeit, aber auch Selbstbild, Selbsteinschätzung, Selbstsicherheit, Selbständigkeit, Offenheit, Wertehaltung, Empathie),*

---

170 Fachliche Weisung der BA zu § 16 e SGB II, im Internet abrufbar unter https://www.arbeitsagentur.de/vero effentlichungen/gesetze-und-weisungen (zuletzt abgerufen am 14.4.2019).
171 Die auch als *Coaching* bezeichnet wird.

- *Soziale Kompetenzen (zum Beispiel Kommunikation, Kooperation/Teamfähigkeit, Konfliktfähigkeit),*
- *Methodische Kompetenzen (zum Beispiel Problemlösung, Arbeitsorganisation, Lernfähigkeit, Einordnung und Bewertung von Wissen),*
- *Interkulturelle Kompetenzen (zum Beispiel Verständnis und Toleranz für sowie im Umgang mit anderen Kulturen, Traditionen und Religionen).* "[172]

Wie das Coaching jeweils konkret auszugestalten ist, hat das zuständige Jobcenter nach pflichtgemäßem Ermessen zu entscheiden.[173]

Die Durchführung des Coachings hat zu erfolgen, solange kein atypischer Fall vorliegt (*„Während einer Beschäftigung in einem Arbeitsverhältnis nach Absatz 1 soll eine erforderliche ganzheitliche beschäftigungsbegleitende Betreuung...").*[174] Eine bestimmte formale Qualifikation für Personen, die die ganzheitliche beschäftigungsbegleitende Betreuung durchführen, sieht die Vorschrift nicht vor. Allerdings weist die Gesetzesbegründung darauf hin, dass es vorteilhaft ist, wenn die Betreuungspersonen über einen Fachhochschul- oder Bachelorabschluss oder einen anderen mindestens dem Niveau 6 des deutschen Qualifikationsrahmens zugeordneten formalen Abschluss verfügen und mindestens zwei Jahre beruflich tätig gewesen sind. Auch einschlägige berufliche Erfahrungen in der Arbeit mit arbeitslosen Menschen sind wünschenswert. Den Jobcentern steht im Hinblick auf die Eignung der jeweiligen Betreuungsperson ein Beurteilungsspielraum zu.[175]

IV. „Freie" Förderung (§ 16 f SGB II)

Die „freie Förderung" (§ 16 f SGB II) ist der 1998 eingeführten Leistung gleichen Namens nach § 10 SGB III nachempfunden. Diese wurde zum Jahresende 2009 durch dasselbe Gesetz[176] abgeschafft, das § 16 f SGB II (zum Jahresbeginn 2009) in Kraft setzte. § 16 f SGB II wurde damit begründet, dass die „gesetzlich geregelten" Eingliederungsleistungen erweitert werden sollten und neben den zeitgleich ebenfalls neu geregelten Leistungen nach den jetzigen §§ 44, 45 SGB III (Vermittlungsbudget, Maßnahmen zur Aktivierung und beruflichen Eingliederung, → Rn. 30 ff.) „eine weitere Möglichkeit zur flexiblen Leistungserbringung geschaffen werden" solle.[177] Die Abschaffung des § 10 SGB III wurde – umgekehrt – damit begründet, dass (für den Bereich der Arbeitsförderung) die Möglichkeiten ausreichten, im Rahmen des Vermittlungsbudgets innovative Ansätze zu erproben.[178] Die weitreichendste Grenze der freien Förderung (zu den anderen → Rn. 114) ist die **Deckelung** der zur Verfügung stehenden Mittel, die seit 1.4.2012 etwas verborgen in § 46 Abs. 2 S. 3 SGB II (davor in § 16 f Abs. 1 S. 1 SGB II) geregelt ist: Für die Leistungen nach §§ 16 e und 16 f SGB II zusammen dürfen jährlich nicht mehr als 20% der zugewiesenen Mittel aus dem Eingliederungstitel verwendet werden. **113**

Welche **Eingliederungsinstrumente** nach § 16 f SGB II gefördert werden, bleibt prinzipiell – und zwar nach Art wie nach (Zeit- und Geld-)Umfang – dem Einfallsreichtum von Anbietern und Leistungsträgern überlassen. Inhalte können kombiniert oder modularisiert werden (§ 16 f Abs. 2 S. 2 SGB II). Projektförderungen sind ebenfalls möglich, aber nur im stark reglementierten Rahmen der §§ 23, 44 BHO.[179] Inhaltliche Grenzen bilden **114**

---

172 BT-Drs. 19/4725, 16.
173 BeckOK SozR/Harich, 52. Ed. 1.3.2019, SGB II § 16 e Rn. 11.
174 BeckOK SozR/Harich, 52. Ed. 1.3.2019, SGB II § 16 e Rn. 11.
175 BT-Drs. 19/4725, S. 16.
176 Gesetz zur Neuausrichtung der arbeitsmarktpolitischen Instrumente vom 21.12.2008, BGBl. I, 2917.
177 BT-Drs. 16/10810, 48.
178 BT-Drs. 16/10810, 28.
179 Zu den Hintergründen anschaulich BT-Drs. 16/10810, 48 f.

vor allem die Ziele und Grundsätze des SGB II (§ 16 Abs. 1 S. 2 SGB II); sie ergeben sich hauptsächlich aus den §§ 1 bis 3 SGB II. Weitere Grenzen werden zwar durch ein Umgehungs- und Aufstockungsverbot für die anderen gesetzlich vorgesehen „Katalog"-Leistungen nach §§ 16 bis 16 e SGB II gezogen (§ 16 Abs. 2 S. 3 SGB II). Dieses Verbot besteht aber nicht für zwei Personenkreise, für die Eingliederungsleistungen besonders notwendig sind: Langzeitarbeitslose und erwerbsfähige Leistungsberechtigte vor dem vollendeten 25. Lebensjahr, deren berufliche Eingliederung aufgrund von schwerwiegenden Vermittlungshemmnissen besonders erschwert ist, wenn bei ihnen in angemessener Zeit von in der Regel sechs Monaten nicht mit Aussicht auf Erfolg auf die „konkreten" Leistungen des SGB II oder des SGB III zurückgegriffen werden kann (§ 16 Abs. 2 S. 4 SGB II). Die Beschränkung, dass nur von den Förderungsvoraussetzungen und der Förderungshöhe abgewichen werden darf (§ 16 Abs. 2 S. 5 SGB II idF bis 31.3.2012), besteht nicht mehr, um „noch flexibler" auf Problemlagen eingehen zu können.[180] Damit entfernt sich das Gesetz aber auch noch weiter vom ersten Gesetzentwurf des § 16 f SGB II, der ein ausnahmsloses Aufstockungs- und Umgehungsverbot vorsah, um (naheliegende) Mitnahmeeffekte und Wettbewerbsverfälschungen zu vermeiden.[181] Gefordert wird nur, bei Leistungen an Arbeitgeber darauf „zu achten", Wettbewerbsverfälschungen zu vermeiden (§ 16 f Abs. 2 S. 4 – bis 31.3.2012: S. 6 – SGB II); wird dies ernstgenommen, werden aber in jedem Fall Entgeltsubventionen im Rahmen der freien Förderung ausgeschlossen sein, die noch über das hinausgehen, was das Gesetz ansonsten zulässt – vor allem durch § 16 e SGB II (→ Rn. 104). Um zu verhindern, dass Förderungen rechtswidrig bewilligt werden oder Mittel unwirtschaftlich eingesetzt werden, besteht eine **Dokumentationspflicht** für das Ziel der Leistung vor Beginn der Förderung (§ 16 f Abs. 2 S. 1 SGB II) und bei längerfristigen Leistungen auch eine regelmäßige Prüfpflicht (§ 16 f Abs. 2 S. 6 SGB II).

V. Förderung schwer zu erreichender Jugendlicher (§ 16 h SGB II)

115 Obwohl nicht im unmittelbaren Sinne auf Eingliederung in Arbeit gerichtet, wurde die **Förderung schwer zu erreichender junger Menschen**[182] gleichwohl systematisch in den Ersten Teil des Dritten Kapitels des SGB II („Leistungen zur Eingliederung in Arbeit") eingeordnet. Dies ist letztlich auch folgerichtig, da die Vorschrift betroffene junge Menschen ua auch an die Inanspruchnahme von Leistungen zur Eingliederung in Arbeit heranführen möchte. Durch Hilfen sollen die Betroffenen in Bildungsprozesse, Arbeitsförderungsmaßnahmen, Ausbildung oder Arbeit zurückgeführt werden.[183] Erreicht werden soll dieses Ziel durch **zusätzliche** Betreuungs- und Unterstützungsleistungen. Durch die Regelung des § 16 h soll zudem der besonderen Situation junger Menschen unter 25 Jahren im SGB II Rechnung getragen werden, die sich ua einem verschärften Sanktionsregime[184] ausgesetzt sehen.[185] Die Agentur für Arbeit kann nach § 46 Abs. 2 S. 3 SGB II insgesamt bis zu 20% der auf sie entfallenden Eingliederungsmittel für Eingliederungsleistungen nach §§ 16 e, 16 f und 16 h SGB II erbringen.

116 Förderfähig sind nach § 16 h SGB II **Leistungsberechtigte unter 25 Jahren.** Der Begriff „Leistungsberechtigte" verweist auf § 7 SGB II, so dass für eine Förderung nach § 16 h SGB II grundsätzlich die Tatbestandsvoraussetzungen dieser Norm gegeben sein müssen. Gleichwohl werden sie durch § 16 h Abs. 2 S. 1 SGB II modifiziert (→ Rn. 120).

---

180 BT-Drs. 17/7065, 21 f.
181 BT-Drs. 16/10810, 48; zur Begründung der in Kraft getretenen Gesetzesfassung BT-Drs. 16/11233, 17.
182 Die *jungen Menschen* des § 16 h SGB II sind **nicht** die des § 7 Abs. 1 Nr. 4 SGB VIII, der Menschen bis 27 Jahre anspricht.
183 Deutscher Verein, Empfehlungen zur Umsetzung des § 16 h SGB II (Lit.).
184 Vgl. zB § 31 a Abs. 2, § 31 b Abs. 1 S. 4 SGB II.
185 So zB Berlit info soz 2016, 195 (199).

Der Leistungsausschluss des § 7 Abs. 5 SGB II für Auszubildende ist auf die Förderung nach § 16 h SGB II nicht anzuwenden, da er sich ausdrücklich nur auf die Leistungen zur Sicherung des Lebensunterhalts bezieht. Hierzu zählen die Leistungen zur Eingliederung in Arbeit nicht, so dass diese auch Auszubildenden iS § 7 Abs. 5 SGB II gewährt werden können.[186] Die Beantragung von SGB II-Leistungen ist keine Voraussetzung für das Vorliegen einer Leistungsberechtigung iS § 7 SGB II.[187]

Voraussetzung für eine Förderung nach § 16 h SGB II ist weiterhin, dass die Leistungs- **117** berechtigten das **25. Lebensjahr** noch nicht vollendet haben. Maßgeblicher Zeitpunkt für diese Altersgrenze ist der der Leistung und nicht der der Bewilligung.[188] Die Einhaltung der Altersgrenze ist während der gesamten Maßnahme und nicht nur bei deren Beginn zu beachten.[189]

Letztlich ist es für die Förderung notwendig, dass bei den zu fördernden jungen Men- **118** schen die in § 16 h Abs. 1 Nr. 1 und 2 SGB II näher definierten Schwierigkeiten iS einer Leistungsvoraussetzung vorliegen. Somit müssen die Betroffen Schwierigkeiten dabei haben,

1. eine schulische, ausbildungsbezogene oder berufliche Qualifikation abzuschließen oder anders ins Arbeitsleben einzumünden oder

2. Sozialleistungen zu beantragen oder anzunehmen.

Denkbar sind hier zB Handlungsbedarfe hinsichtlich der Belastbarkeit und des Arbeits- und Sozialverhaltens, der Eigeninitiative und der Lern- und (Weiter-)Bildungsbereitschaft, Unterstützungsbedarfe hinsichtlich der Rahmenbedingungen, unter denen die Betroffen leben (Wohnsituation bis hin zur Obdachlosigkeit, finanzielle Situation, mangelnde regionale Mobilität).[190]

Keine Leistungsvoraussetzung ist die **Beantragung** der Förderung nach § 16 h SGB II, **119** was sich ausdrücklich aus § 16 h Abs. 2 S. 2 SGB II ergibt.

Trotz des Bezugs in § 16 h Abs. 1 S. 1 SGB II auf die Leistungsberechtigung iS § 7 SGB II **120** übernimmt § 16 h SGB II diesen Begriff nicht deckungsgleich, sondern modifiziert die Voraussetzung einer Leistungsberechtigung in § 16 h Abs. 2 SGB II gleich mehrfach. So ist es nach § 16 h Abs. 2 S. 1 SGB II für eine Förderung ausreichend, dass die Voraussetzungen der Leistungsberechtigung **mit hinreichender Wahrscheinlichkeit** vorliegen. Hiervon ist, ebenso wie i.R. des § 328 SGB III, dann auszugehen, wenn bei objektiver Betrachtung ein deutliches Übergewicht für das Bestehen des Anspruchs spricht.[191] Allerdings erfolgt die Leistungsgewährung nach § 16 h SGB II bei Vorliegen der hinreichenden Wahrscheinlichkeit endgültig und nicht etwa vorläufig, wie bei § 328 SGB III. Zudem ist es nach § 16 h Abs. 2 S. 1 SGB II für eine Förderung ausreichend, dass die Voraussetzungen einer Leistungsberechtigung mit hinreichender Wahrscheinlichkeit zu **erwarten** sind. Dies ermöglicht eine präventive Förderung.

Des Weiteren greift die Fördermöglichkeit des § 16 h SGB II nach dessen Abs. 2 S. 1 be- **121** reits dann, wenn eine Leistungsberechtigung **dem Grunde nach** besteht. Auch wenn die Einzelheiten dieser Regelung nicht unumstritten sind, dürfte sie so zu verstehen sein, dass solche vorübergehenden Leistungsausschlüsse – anders als bei § 7 SGB II – nicht

186 BSG 6.9.2007 – B 14/7 b AS 28/06 R, SozR 4–4200 § 7 Nr. 8; BSG 27.9.2011 – B 4 AS 160/10 R, SozR 4– 4200 § 26 Nr. 2.
187 Aubel in: jurisPK-SGB II, 4. Aufl. 2015, § 37 Rn. 12; vgl. auch § 16 h Abs. 2 S. 2 SGB II.
188 Eicher/Luik/Stölting, 4. Aufl. 2017, SGB II § 16 h Rn. 7.
189 Harks in: jurisPK-SGB II, 4. Aufl. 2015, § 16 h Rn. 21.
190 BT-Drs. 18/8041, 38.
191 Schaumberg in: jurisPK-SGB III, 2. Aufl. 2018, § 328 Rn. 71 mwN; aA: Kallert in: Gagel SGB II/SGB III § 328 SGB III Rn. 49: Abstufung des Prüfungsmaßstabs nach dem Grad der Eilbedürftigkeit und dem Gewicht der zu treffenden Entscheidung.

förderungsschädlich sind, die den Leistungsbezug nach dem SGB II nicht generell entgegenstehen (zB Ortsabwesenheit iS § 7 Abs. 4 a SGB II).[192]

122 Bei Vorliegen der Leistungsvoraussetzungen steht dem Leistungsträger ein Ermessen im Hinblick auf das *Ob* und das *Wie* der Leistung zu (§ 16 Abs. 1 S. 1 SGB II: *„… kann die Agentur für Arbeit …“*). Gewährt werden Betreuungs- und Unterstützungsleistungen, also im Wesentlichen sozialpädagogische Leistungen. Diese gehen als *zusätzliche* Leistungen über die Leistungen zur Eingliederung in Arbeit nach §§ 16–16 g SGB II hinaus. Zu denken ist etwa an motivierende Gespräche, praktische Ratschläge und konkrete Unterstützung bei der Ausführung der notwendigen Handlungen, zB beim Ausfüllen eines Antragformulars oder bei der Vereinbarung eines Arzttermins.[193] Die zuständige Agentur für Arbeit und der örtlich zuständige Träger der öffentlichen Jugendhilfe haben sich nach § 16 h Abs. 3 SGB II über die Leistungserbringung abzustimmen, um so Schnittstellenprobleme im Überschneidungsbereich von SGB II und SGB VIII zu vermeiden.[194]

123 Träger von Maßnahmen iS § 16 h SGB II bedürfen nach § 16 h Abs. 4 SGB II einer **Zulassung**. Diese richtet sich nach den Regelungen der §§ 176 ff. SGB III. Nicht ausreichend ist eine Anerkennung als freier Träger der Jugendhilfe nach § 75 SGB VIII.[195]

VI. Teilhabe am Arbeitsmarkt (§ 16 i SGB II)

124 Durch Art. 1 Nr. 4 Teilhabechancengesetz[196] wurde mit Wirkung ab 1.1.2019 ein neues Förderinstrument im SGB II verankert – die **Teilhabe am Arbeitsmarkt** gem. § 16 i SGB II. Dieses Instrument ist als Ergänzung zur Förderung nach § 16 e SGB II zu verstehen, richtet es sich doch auch an arbeitsmarktferne erwerbsfähige Leistungsberechtigte. Anders als § 16 e SGB II setzt § 16 i SGB II aber nicht eine bereits zwei Jahre andauernde Arbeitslosigkeit voraus, sondern vielmehr innerhalb eines Zeitraums von sieben Jahren einen mindestens sechs Jahre dauernden Bezug von Leistungen zur Sicherung des Lebensunterhalts nach dem SGB II. Arbeitgeber, denen solche Leistungsberechtigte zugewiesen werden, können für deren Beschäftigung in einem sozialversicherungspflichtigen Arbeitsverhältnis gem. § 16 i Abs. 1 SGB II einen Lohnkostenzuschuss erhalten. Anspruchsberechtigt ist der Arbeitgeber.[197]

Das Instrument „Teilhabe am Arbeitsmarkt" nach § 16 i SGB II wird nur befristet erbracht. Gemäß § 81 SGB II tritt § 16 i SGB II mit Wirkung zum 1.1.2025 außer Kraft. Da § 66 SGB II in diesem Fall anwendbar ist, können Leistungen iS § 16 i SGB II bis zum 31.12.2029 erbracht werden.[198]

Die Gesetzesbegründung führt zur Zielrichtung des § 16 i SGB II folgendes aus:

„Mit der Einführung des neuen Instruments „Teilhabe am Arbeitsmarkt" im SGB II wird die Möglichkeit geschaffen, für sehr arbeitsmarktferne Langzeitarbeitslose, die das

---

192 Harks in: jurisPK-SGB II, 4. Aufl. 2015, § 16 h Rn. 20; aA Eicher/Luik/Stölting, 4. Aufl. 2017, SGB II § 16 h Rn. 16, der davon ausgeht, dass sich die Leistungsberechtigung dem Grunde nach nur auf das Merkmal der Hilfebedürftigkeit nach § 9 SGB II bezieht; aA auch Gagel/Banafsche, 69. EL März 2018, SGB II § 16 h Rn. 28, nach der Regelung keine eigenständige Bedeutung zukommt.

193 Eicher/Luik/Stölting, 4. Aufl. 2017, SGB II § 16 h Rn. 20.

194 Eicher/Luik/Stölting, 4. Aufl. 2017, SGB II § 16 h Rn. 21 (mwN).

195 Harks in: jurisPK-SGB II, 4. Aufl. 2015, § 16 h Rn. 31 (mwN).

196 Zehntes Gesetz zur Änderung des Zweiten Buches Sozialgesetzbuch – Schaffung neuer Teilhabechancen für Langzeitarbeitslose auf dem allgemeinen und sozialen Arbeitsmarkt (Teilhabechancengesetz – 10. SGB II-ÄndG) vom 17.12.2018 – BGBl. I, 2583. Vgl. dazu auch BT-Drs. 19/4725, BT-Drs. 19/5588; die Materialien der öffentlichen Anhörung von Sachverständigen am 5.11.2018 sind in der Ausschussdrucksache des Ausschusses für Arbeit und Soziales vom 31.10.2018 (Ausschussdrucksache 19(11)185) zusammengefasst.

197 BeckOK SozR/Harich, 52. Ed. 1.3.2019, SGB II § 16 i Rn. 4.

198 Vgl. BT-Drs. 19/5588, 20 (zu Nummer 5).

25. *Lebensjahr vollendet haben, eine längerfristige sozialversicherungspflichtige Beschäftigung zu fördern. Durch diese Förderung, ein bewerberorientiertes Vorgehen der Jobcenter, insbesondere die gezielte Stellenakquise in der direkten Arbeitgeberansprache sowie eine ganzheitliche beschäftigungsbegleitende Betreuung wird diesem Personenkreis, der in absehbarer Zeit keine realistische Chance auf eine ungeförderte Beschäftigung hätte, eine längerfristige Perspektive zur Teilhabe am Arbeitsmarkt eröffnet. Neben der Eröffnung von Teilhabechancen bleibt die Förderung von Beschäftigungsfähigkeit und damit der Übergang aus der geförderten in eine ungeförderte Beschäftigung auf dem allgemeinen Arbeitsmarkt mittel- und langfristiges Ziel. § 16 i SGB II fügt sich in seiner Ausgestaltung als Maßnahme in die bestehenden Sanktionsregelungen (§ 31 Absatz 1 Satz 1 Nr. 3 SGB II) ein."[199]*

Voraussetzung für eine Förderung nach § 16 i SGB II ist nach dessen Abs. 1 zunächst die Begründung eines – mit Ausnahme der Arbeitslosenversicherung – sozialversicherungspflichtigen **Arbeitsverhältnisses** mit einem Arbeitnehmer. Nicht jede Beschäftigung löst jedoch einen Förderanspruch nach § 16 i SGB II aus. Weitere Voraussetzung ist vielmehr, dass der zu beschäftigende erwerbsfähige Leistungsberechtigte dem beantragenden Arbeitgeber vom Jobcenter **zugewiesen** wurde. **125**

Unter welchen Voraussetzungen ein erwerbsfähiger Leistungsberechtigter zugewiesen werden kann, ist in § 16 i Abs. 3 u. 10 SGB II geregelt. Nach § 16 i Abs. 3 S. 1 SGB II kann eine Zuweisung erfolgen, wenn der erwerbsfähige Leistungsberechtigte **126**

1. das 25. Lebensjahr vollendet hat,
2. für insgesamt mindestens sechs Jahre innerhalb der letzten sieben Jahre Leistungen zur Sicherung des Lebensunterhalts nach diesem Buch erhalten hat,
3. in dieser Zeit nicht oder nur kurzzeitig sozialversicherungspflichtig oder geringfügig beschäftigt oder selbständig tätig war und
4. für ihn Zuschüsse an Arbeitgeber nach § 16 i Abs. 1 SGB II noch nicht für eine Dauer von fünf Jahren erbracht worden sind.

Abweichend von § 16 i Abs. 3 S. 1 Nr. 2 SGB II ist gemäß Abs. 3 S. 3 ein Leistungsbezug in den letzten **fünf Jahren** dann ausreichend, wenn der erwerbsfähige Leistungsberechtigte entweder in einer Bedarfsgemeinschaft mit mindestens einem minderjährigen Kind lebt oder aber iS des § 2 Abs. 2 u. 3 SGB IX schwerbehindert bzw. schwerbehinderten Menschen gleichgestellt ist.

Ergänzend verlangt § 16 i Abs. 3 S. 2 SGB II, dass der zuzuweisende erwerbsfähige Leistungsberechtigte in der Regel bereits für einen Zeitraum von mindestens zwei Monaten eine ganzheitliche Unterstützung erhalten haben soll. Diese Fördervoraussetzung kann nur in einem atypischen Sonderfall entfallen, der zB dann vorliegen kann, wenn der Leistungsberechtigte ausnahmsweise keiner vorherigen besonderen Unterstützung durch den Leistungsträger bedarf oder eine solche zu einer Verzögerung führen würde, die das Zustandekommen des Arbeitsverhältnisses gefährden würde.[200]

Eine sozialversicherungspflichtige Beschäftigung iS § 16 i Abs. 3 S. 1 Nr. 3 SGB II soll eine in allen Zweigen der gesetzlichen Sozialversicherung versicherungspflichtige Beschäftigung sein, wobei jedoch Beschäftigungen, die in der Arbeitslosenversicherung versicherungsfrei sind, nicht erfasst sein sollen.[201] Aus dem Zusammenspiel zwischen § 16 i Abs. 3 S. 1 Nr. 3 und § 16 i Abs. 3 S. 1 Nr. 2 SGB II ergibt sich, dass es hier wohl vielfach um sog. „Aufstocker" geht, deren Beschäftigung nicht bedarfsdeckend ist.[202]

---

199 BT-Drs. 19/4725, 17 (zu Nummer 4).
200 Harks in: jurisPK-SGB II, 4. Aufl. 2015, § 16 i Rn. 39.
201 BT-Drs. 19/4725, 18 (zu Abs. 3); kritisch Klerks, info also 4/2019.
202 BT-Drs. 19/4725, 18 (zu Abs. 3).

Das Merkmal einer „kurzzeitigen" Beschäftigung wird in der Norm nicht definiert. Nach der Gesetzesbegründung ist die Kurzzeitigkeit unter Berücksichtigung des Ziels zu bewerten, das Instrument auf eine sehr arbeitsmarktferne Zielgruppe zu beschränken.[203]

127 Die Zuweisung des erwerbsfähigen Leistungsberechtigten an den Arbeitgeber ist als **Verwaltungsakt** zu qualifizieren.[204] Adressat des Verwaltungsaktes ist der erwerbsfähige Leistungsberechtigte. Für den Arbeitgeber entfaltet der Verwaltungsakt Drittwirkung.[205] Bei der Entscheidung darüber, ob ein erwerbsfähiger Leistungsberechtigter einem Arbeitgeber zuzuweisen ist, steht der Agentur für Arbeit ein **Ermessen** zu (*„Eine erwerbsfähige leistungsberechtigte Person kann einem Arbeitgeber zugewiesen werden, wenn…"*).

128 § 16 i Abs. 7 SGB II sieht zwei Situationen vor, in denen eine Förderung **ausgeschlossen** ist. Dies ist dann der Fall, wenn zu vermuten ist, dass der Arbeitgeber
1. die Beendigung eines anderen Arbeitsverhältnisses veranlasst hat, um einen Zuschuss nach § 16 i Abs. 1 SGB II zu erhalten, oder
2. eine bisher für das Arbeitsverhältnis erbrachte Förderung ohne besonderen Grund nicht mehr in Anspruch nimmt.

Neben den Gründen, die eine Förderung ausschließen, enthält § 16 i SGB II auch Gründe, bei deren Vorliegen die Förderung zu beenden ist. Das Gesetz spricht allerdings nicht von der Beendigung der Förderung, sondern – als Gegenstück zur Zuweisung – von der Abberufung des Leistungsberechtigten. Die Gründe für eine Abberufung, bei der es sich ebenfalls um einen Verwaltungsakt handelt,[206] sind in § 16 i Abs. 6 SGB II geregelt. Danach soll der zugewiesene Arbeitnehmer unverzüglich abberufen werden, wenn er von der Agentur für Arbeit in eine zumutbare Arbeit oder Ausbildung vermittelt werden kann oder die Förderung aus anderen Gründen beendet wird. Andere Gründe idS sind etwa Verstoßes des Arbeitnehmers gegen Mitwirkungspflichten oder die Verweigerung der Teilnahme an der ganzheitlichen beschäftigungsbegleitenden Betreuung.[207] Im Falle der Abberufung können Arbeitnehmer und Arbeitgeber das Arbeitsverhältnis gem. § 16 i Abs. 6 S. 2, 3 SGB II fristlos kündigen.

Neben der Abberufung durch die Agentur für Arbeit sieht § 16 i Abs. 6 SGB II die Beendigung der Förderung durch die **Eigenkündigung** des Leistungsberechtigten vor. Dieser kann nach § 16 i Abs. 6 S. 2 SGB II das (geförderte) Arbeitsverhältnis fristlos kündigen, wenn er eine Arbeit oder Ausbildung aufnehmen kann, an einer Maßnahme der Berufsausbildung oder beruflichen Weiterbildung zum Erwerb eines Berufsabschlusses teilnehmen kann.

129 Nach § 16 i Abs. 1 SGB II können Arbeitgeber für förderfähige Arbeitsverhältnisse einen Lohnkostenzuschuss erhalten. Die Leistungserbringung steht im Ermessen des Leistungsträgers. Förderungsdauer und -höhe hingegen nicht.[208]

Der in § 16 i Abs. 1 SGB II angesprochene Lohnkostenzuschuss wird im Hinblick auf Höhe und Dauer in § 16 i Abs. 2 SGB II konkretisiert. Er kann nach dieser Vorschrift fünf Jahre lang gewährt werden und ist degressiv ausgestaltet. Der Zuschuss beläuft sich nach § 16 i Abs. 2 S. 1 SGB II

---

203 BT-Drs. 19/4725, 18 (zu Abs. 3).
204 Harks in: jurisPK-SGB II, 4. Aufl. 2015, § 16 i Rn. 61 (mwN).
205 So auch BeckOK SozR/Harich, 52. Ed. 1.3.2019, SGB II § 16 i Rn. 5; Harks in: jurisPK-SGB II, 4. Aufl. 2015, § 16 i Rn. 61.
206 So auch Harks in: jurisPK-SGB II, 4. Aufl. 2015, § 16 i Rn. 63.
207 BT-Drs. 19/4725, 20.
208 BeckOK SozR/Harich, 52. Ed. 1.3.2019, SGB II § 16 i Rn. 11.

1. in den ersten beiden Jahren des Arbeitsverhältnisses auf 100 %,
2. im dritten Jahr des Arbeitsverhältnisses auf 90 %,
3. im vierten Jahr des Arbeitsverhältnisses auf 80 % und
4. im fünften Jahr des Arbeitsverhältnisses auf 70 %

der Höhe des Mindestlohns nach dem Mindestlohngesetz zuzüglich des auf dieser Basis berechneten pauschalierten Anteils des Arbeitgebers am Gesamtsozialversicherungsbeitrag abzüglich des Beitrags zur Arbeitsförderung. Ist der Arbeitgeber aufgrund eines Tarifvertrages oder nach kirchenarbeitsrechtlichen Regelwerken zur Zahlung eines höheren Lohns verpflichtet, so wird der Zuschuss auf der Basis dieses Lohns berechnet. Die entsprechende Anordnung in § 16 i Abs. 2 S. 2 SGB II soll die Gleichstellung aller Arbeitgeber sicherstellen.[209] Im Übrigen sollen – ähnlich wie bei § 16 e SGB II – die einschlägigen Regelungen des SGB IV gelten.[210] Auf die Ausführungen zu → Rn. 111 kann daher verwiesen werden.

Da nach § 16 i Abs. 5 S. 1 SGB II auch angemessene Zeiten einer erforderlichen Weiterbildung oder eines betrieblichen Praktikums bei einem anderen Arbeitgeber, für die der Arbeitgeber den Arbeitnehmer unter Fortzahlung des Arbeitsentgelts freistellt, förderfähig sind, kommt als Förderleistung auch ein Zuschuss zu den Weiterbildungskosten in Betracht. Unter einer Weiterbildung im Sinne dieser Vorschrift sind alle Arten von Qualifizierungen zu verstehen.[211] § 16 i Abs. 5 S. 2 SGB II begrenzt die Förderung auf Zuschüsse zu den Weiterbildungskosten in Höhe von insgesamt bis zu 3.000 EUR je Förderfall.   **130**

Ebenso wie § 16 e Abs. 4 SGB II sieht auch § 16 i Abs. 4 SGB II eine ganzheitliche beschäfti-gungsbegleitende Betreuung (Coaching) der Arbeitnehmer in einem geförderten Arbeitsverhältnis vor. § 16 i Abs. 4 S. 1 SGB II ordnet hierzu an, dass während einer Förderung nach § 16 i Abs. 1 SGB II eine erforderliche ganzheitliche beschäftigungsbegleitende Betreuung durch die Agentur für Arbeit oder einen durch diese beauftragten Dritten erbracht werden soll. Hierzu hat der Arbeitgeber den betroffenen Arbeitnehmer nach S. 2 der Vorschrift im ersten Jahr der geförderten Beschäftigung in angemessenem Umfang unter Fortzahlung des Arbeitsentgelts freizustellen.   **131**

Aber auch nach einer geförderten Beschäftigung ist eine ganzheitliche beschäftigungsbegleitende Betreuung des Arbeitnehmers möglich. Begründet dieser nämlich im Anschluss an eine nach § 16 i Abs. 1 SGB II geförderte Beschäftigung ein sozialversicherungspflichtiges Arbeitsverhältnis bei einem anderen Arbeitgeber, so können Leistungen eines sog. nachgelagerten Coachings[212] bis zu **sechs Monate** nach Aufnahme der Anschlussbeschäftigung erbracht werden, auch wenn die Hilfebedürftigkeit während der Förderung entfallen ist, sofern sie ohne die Aufnahme der Anschlussbeschäftigung erneut eintreten würde.

Inhaltlich entspricht die ganzheitliche beschäftigungsbegleitende Betreuung des § 16 i Abs. 4 SGB II der des § 16 e Abs. 4 SGB II, so dass auf die Ausführungen in der → Rn. 112 verwiesen werden kann.

VII. Eingliederung von Asylberechtigten und -suchenden in Arbeit

Die Eingliederung von Asylberechtigte in Arbeit richtet sich nach den allgemeinen Regeln (vgl. hierzu Kapitel 34). Das bedeutet, dass Personen die als Asylberechtigte (§ 2   **132**

---

209 BT-Drs. 19/5588, 19.
210 BT-Drs. 19/4725, 17 f.
211 BT-Drs. 19/4725, 20 (zu Absatz 5).
212 Vgl. BT-Drs. 19/5588, 19 (zu Buchstabe c).

Abs. 1 AsylG) anerkannt sind (oder das Bundesamt für Migration und Flüchtlinge gerichtlich zur Anerkennung verurteilt wurde) sowie Personen, denen die Flüchtlingseigenschaft (Konventionsflüchtlinge, § 3 AsylG) zuerkannt ist, und die somit nicht mehr nach dem AsylbLG leistungsberechtigt sind, bei Vorliegen der weiteren Anspruchsvoraussetzungen Leistungen nach dem SGB II beziehen können. Ausländerinnen und Ausländer, die eine Aufenthaltserlaubnis nach § 25 Abs. 4 a oder 4 b AufenthG (Opfer bestimmter Straftaten wie Menschenhandel und nach dem Schwarzarbeitsbekämpfungsgesetz) besitzen, haben keinen Anspruch nach dem AsylbLG, sondern bei Vorliegen der sonstigen Voraussetzungen nach dem SGB II.

133   Für Leistungsberechtigte nach dem AsylbLG[213] sieht § 5 AsylbLG Arbeitsgelegenheiten für Schutzsuchende im Verfahren vor, die mit Ausnahme der auf 80 Cent je Stunde kraft Gesetzes pauschalierten Mehraufwandsentschädigung den Arbeitsgelegenheiten nach § 16 d SGB II angenähert sind. Sie zielen ihrer Idee nach nicht auf die Integration der Leistungsberechtigten in den (ersten) Arbeitsmarkt, sondern waren dem Gedanken der Gegenleistung für die gewährten Sozialleistungen geschuldet.[214] Dies erklärt auch die Hervorhebung von Tätigkeiten zur Aufrechterhaltung und dem Betrieb von Aufnahmeeinrichtungen und Gemeinschaftsunterkünften iSd § 44 AsylG. Die in § 5 a AsylbLG geregelten Arbeitsgelegenheiten auf der Grundlage des Arbeitsmarktprogramms Flüchtlingsintegrationsmaßnahmen zielen auf die Arbeitsmarktintegration von Schutzsuchenden mit voraussichtlich guter Bleibeperspektive; § 5 a Abs. 1 Satz 2 AsylbLG schließt Geflüchtete aus sicheren Herkunftsstaaten, lediglich geduldete und vollziehbar ausreisepflichtige Ausländer ausdrücklich von dieser Maßnahme aus. Für die erfassten Schutzsuchenden soll die Maßnahme eine niedrigschwellige Heranführung an den deutschen Arbeitsmarkt bewirken, eine sinnvolle und gemeinnützige Betätigung während des Asylverfahrens schaffen sowie neben einem Einblick in das berufliche und gesellschaftliche Leben in Deutschland der Erwerb von Sprachkenntnissen ermöglicht werden.[215] In der rechtlichen Ausgestaltung sind auch diese Maßnahmen an die Arbeitsgelegenheiten nach § 16 d SGB II angelehnt.

---

213   Zur Abgrenzung dieses Personenkreises → Kap. 12 Rn. 93 f.; → Kap. 34 Rn. 58 ff.; sa Dollinger in: Siefert (Hrsg.), AsylbLG, 2018, § 1 Rn. 28 ff.
214   Siefert in: Siefert (Hrsg.), AsylbLG, 2018, § 5 Rn. 1.
215   BT-Drs. 18/8615, 24; sa Siefert in: Siefert (Hrsg.), AsylbLG, 2018, § 5 a Rn. 3.

Kapitel 30: Kommunale Eingliederungsleistungen

Literaturhinweise: Adamy, Kommunale soziale Integrationshilfen bei Hartz IV: Das Fördern kommt immer noch viel zu kurz. Soziale Sicherheit 2010, 5–15; Adamy/Zavlaris, Sozialintegrative Leistungen der Kommunen im Hartz IV System, DGB, Arbeitsmarkt aktuell 1/Januar 2014; Barabas, Beratungsrecht. Ein Leitfaden für Beratung, Therapie und Krisenintervention. 2. Aufl. Frankfurt 2003; Deutscher Städtetag, Positionspapier: Kommunale Eingliederungsleistungen nach § 16 a SGB II, Berlin/Köln, November 2015; Deutscher Verein: Eingliederungsleistungen nach § 16 a SGB II, Gutachten 01/09 v. 26.6.2009. Gutachter: Fahlbusch; Deutscher Verein, Empfehlungen zu den kommunalen Eingliederungsleistungen nach § 16 a SGB II, NDV 2014 456 f. und 489 f.; Fahlbusch, Rechtliche Fragen der Kinderbetreuung zwischen SGB II und SGB VII, NDV 2011, 463–467; Geiger, Leitfaden zum Arbeitslosengeld II. Kapitel O: Kommunale Eingliederungsleistungen, 13. Aufl. Frankfurt 2017, S. 746–757; Henkel/Zemlin, Suchtkranke im SGB II: Vermittlung an die Suchthilfe durch Jobcenter und Integration in Arbeit, in SUCHT 2013, 279–286; Kaltenborn/Wielage, Hartz IV Suchtberatung, in Blickpunkt Arbeit und Wirtschaft 1/2008; Kaltenborn/Kaps Einbeziehung der kommunalen Leistungen in die Zielsteuerung des SGB II, BMAS Forschungsbericht 434, Berlin 2012; Krahmer, Schuldnerberatung und Hartz IV. Zum Verhältnis von § 11 Abs. 5 SGB XII und § 16 Abs. 2 SGB II, ArchSozArb 2005, 24 f.; Krahmer, Rechtsfragen der Schuldnerberatung nach Hartz IV, Sozialrecht aktuell 2011, 11 f.; Lesehr, Kooperation zwischen Jobcenter und Suchtberatung: ein kritischer Überblick in Henkel/Zemlin, Arbeitslosigkeit und Sucht, Frankfurt 2008, S. 416–434; Ludwig, Soziale Stabilisierung durch kommunale Eingliederungsleistungen: Voraussetzungen im Jobcenter und im Kooperationssystem, ArchSozArb 4/2014, 72–81; Schruth/Schlabs ua: Schuldnerberatung in der sozialen Arbeit, Weinheim 2011; Sell, David gegen Goliath in der Arbeitsmarktpolitik? Die weiteren Leistungen nach § 16 Abs. 2 SGB II im Spannungsfeld von zentraler Steuerung und lokalen Freiheitsgraden, Remagen, 2008 a; Sell, Die schiefe Ebene der Standardisierung und Zentralisierung – Argumente gegen einen Systemwechsel im SGB II durch Neuausrichtung der arbeitsmarktpolitischen Instrumente und alternative Lösungsansätze, Remagen, 2008 b; Spindler, Zum Verhältnis der Ansprüche auf Schuldnerberatung und andere soziale Dienstleistungen nach SGB II, SGB XII und SGB VIII, info also 2008, 12–16; Spindler, Existenzsicherung und Hilfen für psychisch Kranke und Suchtabhängige im neuen System der Grundsicherung(en) in: Recht und Psychiatrie 2009, 27–33; Stahlmann, Sozialdatenschutz bei Eingliederung nach dem SGB II. Rechte der Betroffenen bei Profiling, Tests, ergänzenden Hilfen (Teil 2), info also 2006, 61–64; Wenzel, Schutz der Vertraulichkeit der Beratung durch verfassungsrechtliche, datenschutzrechtliche und strafrechtliche Schranken am Beispiel der §§ 16 a, 61 SGB II, info also 2009, 248–254.

Rechtsgrundlagen:
SGB II §§ 16 a, 61
SGB VIII §§ 10 Abs. 3, 19–25
SGB XII §§ 11, 53 f., 61–65, 67–68

Orientierungssätze:
1. Die kommunalen Eingliederungsleistungen wurden ohne erkennbares Konzept teilweise aus der Sozialhilfe, aber auch aus der Jugendhilfe, Pflegehilfe und Gesundheitsfürsorge entnommen, um Leistungen aus einer Hand zu erreichen.
2. Die fehlende Systematik führte zu einer ständigen Veränderung der Vorschriften und auch zu Dauerkonflikten, wie etwa bei den ehemaligen „sonstigen weiteren Leistungen". Wegen der Übernahme nur einzelner Leistungen aus den unterschiedlichsten Bereichen kommt es zu einer Vielzahl von Überschneidungs- und Abgrenzungsproblemen.
3. Das Merkmal der Erforderlichkeit führt zu einer zusätzlichen Begrenzung der Leistungen.
4. Bei der Kinderbetreuung und der Unterstützung häuslicher Pflege ist der Anwendungs- und Abgrenzungsbereich gegenüber dem SGB VIII und SGB XI unscharf.

5. Bei den Fachberatungsangeboten wie Schuldnerberatung und Suchtberatung macht die Herauslösung aus der Sozialhilfe besondere Schwierigkeiten und lässt Lücken bei der Versorgung von anderen Niedrigeinkommensbeziehern entstehen. Es besteht aber auch ein weitverbreitetes Unverständnis über Fachstandards und Inhalt dieser Beratungsangebote.

6. Besonders unklar ist, was unter der „psychosozialen Betreuung" zu verstehen ist, die kein Vorbild in der Sozialhilfe hat.

7. Der Persönlichkeitsschutz, der Schutz von Beratungsgrundsätzen und der Datenschutz wird wegen unzureichenden Regelungen beeinträchtigt.

A. Entwicklung der Vorschrift

I. Leistungen aus einer Hand, aber fehlendes Konzept

1 Die seit 2009 in § 16 a SGB II aufgeführten, kommunalen Eingliederungsleistungen waren ursprünglich mit weiteren Leistungen in § 16 Abs. 2 SGB II aF geregelt, wobei der Regelungskomplex in kürzester Zeit bereits viele Änderungen erfahren hat. Die ursprüngliche Fassung im **Gesetzentwurf**[1] von 2003 ist zum Verständnis wichtig. Es sollten Leistungen eingebunden werden, die bisher die Kommunen im Rahmen der Sozialhilfe und anderer kommunaler Aufgaben erbracht hatten und die zur Eingliederung in Arbeit irgendwie nützlich erschienen. Die Aufzählung von Leistungen war deshalb **ursprünglich umfassender und nicht abschließend** wie heute.

2 In der **Entwurfsfassung** enthielt sie noch die Übernahme von Mietschulden (inzwischen § 22 Abs. 8, 9 SGB II) und die Mehraufwandsbeschäftigung (zunächst § 16 Abs. 3 SGB II aF, heute § 16 d SGB II). Dann folgte das Einstiegsgeld (zwischenzeitlich § 29 SGB II, heute § 16 b SGB II). Am Ende waren noch Leistungen der Altersteilzeit aufgeführt, die weggefallen sind. Im § 16 Abs. 2 Satz 1 SGB II aF wurde noch eine wichtige Ergänzung vorgenommen. „Über die Leistungen nach Abs. 1 hinaus können weitere Leistungen erbracht werden, die für die Eingliederung erwerbsfähiger Hilfebedürftiger in das Erwerbsleben erforderlich sind. Sie dürfen die Leistungen nach Abs. 1 nicht aufstocken." Diese sog **„sonstigen weiteren Leistungen"** führten zu einem Dauerkonflikt mit den kommunalen Trägern. Viele Kommunen, vor allem Optionskommunen, haben sich ermuntert gefühlt, bisherige kommunale Förderangebote als sonstige weitere Leistungen auszubauen,[2] zumal diese Leistungen auch noch weiter durch den Bund finan-

---

1 BT-Drs. 15/1516, 54.
2 Niewald in: LPK-SGB II, 2. Aufl. 2007, § 16 Rn. 17 ff. konnte noch kommentieren „Innovativen Ansätzen oder neuen Erprobungen und damit der Fantasie sind grundsätzlich keine Grenzen gesetzt."; Sell 2008 a, 2008 b.

ziert wurden. Die zT sinnvollen Fördermaßnahmen wurden als Umgehung des Aufstockungsverbots kritisiert und 2009 wurde alles, was auf die „sonstigen weiteren Leistungen" verwies, wieder ausgegliedert und einiges der freien Förderung in § 16 f. SGB II zugeschlagen.[3] Das hat der bisherigen Praxis der Kommunen, wie auch vielen individuelleren Lösungen und einer erweiternden Rechtsprechung wie zB der Übernahme der Kosten für ein Künstleratelier,[4] ein Ende bereitet.[5]

Die Vorschrift des § 16 a SGB II geht somit auf die Konzeption von „Leistungen aus einer Hand" zurück, die bisherige Leistungen der Kommunen mit den Leistungen der Arbeitsagentur zusammenführen wollte. Sie entspringt der bereits in der Sozialhilfe gewonnenen Einsicht, dass eine menschenwürdige Existenz in vielen Fällen nicht mit der Hingabe von Geld- und Sachwerten oder neuerdings Vermittlung von Arbeitsangeboten gesichert ist, dass vielmehr die Hilfe nur dann wirksam gewährt werden kann, wenn der Träger der Hilfe sich umfassender um den auf ihn angewiesenen Menschen kümmert. Auf den ersten Blick scheint deshalb die Ergänzung des Leistungsspektrums um die kommunalen Leistungen sinnvoll.

Aber während in § 16 SGB II nF wie in den Vorgängerfassungen, zwar unübersichtlich aber umfänglich, auf SGB III-Leistungen verwiesen wird, werden in § 16 a SGB II – heute noch enger als in den früheren Fassungen – eher eklektizistisch Teilleistungen des ehemaligen BSHG ergänzt um Teilleistungen aus der Jugendhilfe, Pflegeversicherung und Gesundheitsfürsorge[6] aufgeführt, und es wird nicht etwa genauso auf das SGB XII, SGB VIII usw verwiesen.

Die ständigen Veränderungen der Vorschrift sind deshalb auch eine Folge davon, dass eine überzeugende Systematik und fachliche Konzeption für diese Leistungen fehlt. Denn auch dieses Leistungsspektrum müsste systematisch entwickelt werden, man muss sich mit der Eigenart, den Rahmenbedingungen und den fachlichen Standards dieser oft komplexen Dienstleistungen auseinandersetzen, wenn man sie nutzen will. Schneidet man sie einfach aus andern Systemen heraus und formt sie von eigenständigen zu „flankierenden" Leistungen um, ergeben sich neu eine Vielzahl von Schnittmengen und ständig neue Abgrenzungsfragen zu ähnlichen, aber anderen Zielen verpflichteten sozialen Ansprüchen.[7] Genau das ist auch zum Dauerproblem der Anwendung der Vorschrift geworden.

II. Einschränkung durch Erforderlichkeit und Rahmenbedingungen

Zudem sind auch noch alle Leistungen dem Ziel der Erforderlichkeit[8] zur Eingliederung in Arbeit unterworfen, was vor allem präventive Aspekte vernachlässigt,[9] ganzheitliche Angebote entwertet und sowohl Niedrigverdiener als auch Bezieher von Arbeitslosengeld oder befristeter Erwerbsminderungsrente ausschließt und selbst die Einbeziehung von nicht Erwerbsfähigen in einer Bedarfsgemeinschaft zwar möglich,[10] aber zur Ausnahme macht. Die Erforderlichkeit ist nur nach den Zielvorgaben und Leistungsgrundsätzen von §§ 1 Abs. 2, 3 Abs. 2 SGB II zu bestimmen, obwohl diese Leistungen kaum alleine und unmittelbar zur Arbeitsaufnahme führen. Es ist auch nicht zulässig, sich beim Träger von Beratung die Rückforderung von Entgelten vorzubehalten, wenn es

3 Dazu Stölting in Eicher/Luik SGB II, 4. Aufl. 2017, § 16 f Rn. 17, 18.
4 BSG 23.11.2006 – B 11 b AS 3/05.
5 Sell 2008 a, 2008 b; aA Kohte in: Gagel SGB II, Stand 2017, § 16 a Rn. 4.
6 Die Suchtberatungsstellen haben ihre Rechtsgrundlagen in den Gesetzen der Länder über den öffentlichen Gesundheitsdienst, Lenski ArchSozArb 2016 1/15.
7 Adamy 2010, S. 13, s. auch: Deutscher Städtetag 2015 S. 4 f.
8 Kritisch zu diesem Mantra der Erforderlichkeit, Klerks info also 2016, 53.
9 Deutscher Verein, 2009, Nr. 16, 17.
10 Deutscher Verein Empfehlungen 2014, 456; Kohte in: Gagel SGB II, Stand 2017, § 16 a Rn. 8.

nicht zu einem Eingliederungserfolg kommt.[11] Nach § 16 g Abs. 2 SGB II können sie unter Wegfall früherer einschränkender Bedingungen bis zu 6 Monaten nach Wegfall der Hilfebedürftigkeit durch Beschäftigungsaufnahme erbracht werden.

6 Eine eng verstandene, auf übertriebene Vermittlungserfolge fixierte Zielsteuerung und Kennzahlenbildung kann zudem nur schwer Erfolge vermelden,[12] weil eine Hilfe „nur" zur allgemeinen Lebensführung nicht berücksichtigt werden darf. Zwar ist die aktuelle Fassung des § 16 a SGB II mit einer Erweiterung der Zielsetzung verbunden: Leistungen können auch zur „Verwirklichung einer ganzheitlichen und umfassenden Betreuung und Unterstützung" erbracht werden. Diese Begrifflichkeit leidet aber nicht nur unter ihrer **Unklarheit**, sondern auch der **Beschränkung**, dass das Gesetz, anders als die Sozial- und Jugendhilfe, nach wie vor **keine ganzheitliche Zielsetzung** verfolgt.[13]

7 Ein übertriebenes Kontroll- und Direktionsbedürfnis gegenüber den beauftragten Dienstleistern, lässt diese vor einer Zusammenarbeit mit dem Jobcenter zurückschrecken.[14] Es lässt sich da, wo die Angebote überhaupt statistisch erfasst werden, feststellen, dass mit den Fallzahlen nur ein Bruchteil derer erfasst wird, bei denen ein entsprechender Bedarf geschätzt wird.[15] Das liegt nicht allein daran, dass das Ganze als **Ermessensanspruch** ausgestaltet ist,[16] sondern daran, dass die **Voraussetzungen zur Ermessensausübung nicht gegeben** sind, weil auf der einen Seite die wechselnden Mitarbeiter häufig einen Bedarf nicht erkennen, und auf der andern Seite viele Hilfebezieher trotz Problemeinsicht das Jobcenter nicht für kompetent und vertrauenswürdig genug halten, ihnen bei der Bewältigung zu helfen.[17]

B. Regelungen im SGB II

8 Mit dem Gesetz zur Instrumentenreform vom 29.12.2008[18] ist § 16 SGB II aF in §§ 16–16 f SGB II aufgeteilt worden. Nach den vielen Änderungen ist die **Aufzählung der kommunalen Leistungen** in § 16 a SGB II nunmehr **abschließend** auf die Ziffern 1–4 beschränkt. Die Überschrift „Kommunale Eingliederungsleistungen" verweist deutlicher auf den Bezug zu Leistungen, die der Sozial- und Jugendhilfe entstammen.

Da sich unterschiedliche Probleme in der Ausgestaltung und der Abgrenzung ergeben, sollen diese Leistungen getrennt betrachtet werden.

I. Betreuung minderjähriger und behinderter Kinder, § 16 a Nr. 1

9 Hier besteht **eine Schnittstelle** zu den **Leistungen nach dem SGB VIII** (KJHG) und zwar für Kinder und Jugendliche bis 18 Jahren, deren Entwicklung gefördert und deren Eltern unterstützt werden sollen (§ 1 SGB VIII). Damit ist die Förderung von Kindern in Tageseinrichtungen und Kindertagespflege (§§ 22–25 SGB VIII) gemeint, auf die aber bereits im SGB VIII ein Rechtsanspruch besteht.[19]

---

11 Gutachten Deutscher Verein NDV 1997, 332.
12 Kaltenborn/Kaps 2013, 81 f., kritisch zu diesem Merkmal auch 304; Deutscher Städtetag 2015, 7 f.
13 Kritisch zu der „neuweltlichen Formulierung" auch Klaus in: Hohm GK-SGB II, 2015, § 16 a Rn. 28–30.
14 Ludwig 2014, 79; Kaltenborn/Kaps 2013, 78; Adamy/Zavlaris 2014, 2.
15 Adamy/Zavlaris 2014, 2; Kaltenborn/Kaps 2013, Kap. 3.3.; Henkel/Zemlin 2013, 280 f.
16 Kohte in: Gagel SGB II, Stand 2017, § 16 a Rn. 22 zu Rechtsschutz und Reduzierung des Entschließungsermessens.
17 Ludwig 2014, 74 f.
18 BGBl. I, 2008, 2917.
19 Vielfältige Probleme in der Konkurrenz mit Hilfen zur Erziehung Eingliederungshilfe für seelisch behinderte Jugendliche, bei sozialpädagogisch begleitetem Wohnen und bei Unterbringung in vollstationären Einrichtungen sehen Kepert/Vondung in: LPK-SGB VIII, 6. Aufl. 2016, § 47 Rn. 47 f.

Außerdem stellt die Begründung klar, dass der kommunale Träger bei Notwendigkeit **10** der Kinderbetreuung auch einen befristeten Zuschuss zu den im Zusammenhang mit der Aufnahme einer sozialversicherungspflichtigen Tätigkeit oder selbstständigen hauptberuflichen Tätigkeit entstehenden Kosten gewähren kann.[20] Bei beruflicher Weiterbildung können zudem die Kinderbetreuungskosten nach § 87 SGB III ergänzt werden, entsprechende Leistungen aus dem Vermittlungsbudget dürfen allerdings nicht aufgestockt werden.[21]

Zur Abgrenzung der Leistungen existiert die Regelung in § 10 Abs. 3 SGB VIII, wonach **11** **Leistungen nach §§ 14–16 g SGB II** den Leistungen nach SGB VIII **vorgehen.**[22] Vorübergehend war selbst diese Abgrenzung durch ein Redaktionsversehen des Gesetzgebers unklar,[23] was auch deutlich machte, dass hier **wenig Sorgfalt** auf die Entwicklung und **Einpassung in das Leistungsspektrum** verwendet wurde. Komplexleistungen nach § 19 Abs. 2 und 1 SGB VIII gehen aber dem SGB II weiterhin vor.[24]

Die Leistung nach § 16 a Ziff. 1 SGB II umfasst nicht nur **die verbesserte Vermittlung** **12** **und Hinführung** zu den von der Jugendhilfe bereitgestellten und zugelassenen Angeboten (wo nach § 24 a Abs. 4 SGB VIII die Kinder von SGB II-Berechtigten „besonders zu berücksichtigen" sind), sondern auch die **Bereitstellung zusätzlicher Angebote,** zB Verlängerung der Öffnungszeiten, Bring-, Hol- und Betreuungsdienste, Ausbildung zusätzlicher Tagesmütter.[25] Viele Förderfälle gibt es bisher nicht. Nach der Förderstatistik der BA gab es 2014 ca. 14.000 Zugänge im SGB II.[26]

Bisher zu wenig erörtert wird allerdings die Frage, ob dies den Anforderungen und Ziel- **13** setzungen der Jugendhilfe unterstellt ist oder ob SGB II-Träger zB auch Abstriche bei der pädagogischen Qualität zulassen können.

Aus der Entwicklungsgeschichte ist das nur so zu beantworten, dass **die Standards der** **kommunalen Jugendhilfe beibehalten** werden und **nur die quantitative Erweiterung** des bestehenden Angebots angestrebt war. Der Anlass der Unterstützung, die Beendigung der Arbeitslosigkeit der Eltern, rechtfertigt kein Abgehen von Standards der Jugendhilfe.[27] Deshalb können die Angebote nur in Absprache mit diesem Träger inhaltlich gestaltet werden.

II. Häusliche Pflege von Angehörigen, § 16 a Nr. 1

Bei der häuslichen Pflege von Angehörigen kommen zunächst die Leistungen der sozia- **14** len Pflegeversicherung zur Entlastung der Pflegepersonen (§ 19 SGB XI) infrage. Das sind in erster Linie die **Pflegesachleistungen** (§ 36 SGB XI), häusliche Pflege bei Verhinderung der Pflegeperson (§ 39 SGB XI) und **teilstationäre Pflege** vor allem in Form der Tagespflege (§ 41 SGB XI). Diese Leistungen der Pflegeversicherung gehen den SGB II-Leistungen vor. Nicht alle werden allerdings aus persönlichen Gründen von Pflegebedürftigen akzeptiert. Ihre dahin gehenden **Wünsche haben** nach § 2 SGB XI **Vorrang** und zwar unabhängig davon, welche Pflichten die Pflegeperson haben sollte. Die Pflegeversicherung soll nach § 3 SGB XI vorrangig die Pflegebereitschaft von Nachbarn und Angehörigen unterstützen und soll vorrangig durch Personen erfolgen, „die dem Pflege-

---

20 BT-Drs. 16/10810, 79.
21 Klaus in: Hohm, GK-SGB II, 2015, § 16 a Rn. 13–15.
22 Zu der schwierigen Abgrenzung im Einzelnen Deutscher Verein Empfehlungen 2014, Kap. B I 1.
23 Deutscher Verein, 2009, Nr. 18.
24 Klaus in: Hohm GK-SGB II, 2015, § 16 a Rn. 19.
25 Fahlbusch 2011, 466.
26 Deutscher Städtetag 2015, 7, im Vergleich zu insgesamt knapp 3,3 Millionen Fällen kommunal geförderter Kindertagespflege.
27 So auch Deutscher Städtetag, 2015, 9.

bedürftigen nahe stehen". Auf keinen Fall kann der Ersatz häuslicher Pflege durch stationäre Pflege erzwungen werden.[28]

15 Selbst wenn Pflegesachleistungen gewünscht werden, sind sie im Regelfall nicht bedarfsdeckend und können die Pflegeperson nicht ausreichend entlasten. Außerdem gibt es Fälle, in denen keine Pflegebedürftigkeit im Schweregrad des § 14 SGB XI anerkannt wird und trotzdem ein Pflegebedarf besteht.[29] Reichen die Pflegeleistungen nicht aus, so treten **aufstockend** einschlägige **Leistungen nach §§ 61 f. SGB XII** hinzu.[30] Diese Pflegeleistungen sollen bedarfsdeckend gewährt werden. Es bleiben so nur wenige Fallkonstellationen, in denen Leistungen zur Entlastung noch zusätzlich nach SGB II erbracht werden müssen.[31]

16 Demgegenüber wurden bisher Pflegeleistungen für den Hilfebedürftigen selber, die zB benötigt werden, um den eigenen Haushalt trotz Behinderung noch weiterzuführen und damit weiter einer Erwerbstätigkeit nachgehen zu können, in der Rechtsprechung abgelehnt.[32]

III. Die zwei Fachberatungsangebote und die Betreuung

17 Während die Leistungen der Jugendhilfe und der Pflege in anderen Gesetzen beschrieben und durch fachlich ausgewiesene Angebote sichergestellt werden, machen die Bedingungen und Ausgestaltung der drei weiteren Leistungen mehr Schwierigkeiten. Diese haben sich im Rahmen des BSHG und der Gesundheitsleistungen kommunal unterschiedlich entwickelt, was zu keiner einheitlichen Infrastruktur und institutioneller Ausformung führte. Sie lassen sich auch nicht schlicht auf die §§ 8, 17 BSHG zurückführen,[33] aus deren Zusammenhang sie gerade gerissen sind. Hätte an dieser Stelle das Leistungsspektrum des BSHG aufrecht erhalten werden sollen, dann hätte sich **der Verweis auf §§ 10, 11 SGB XII** samt der Hilfen in weiteren Lebenslagen **angeboten** (vgl. Kap. 17). Dort handelt es sich auch nicht nur um „flankierende" Leistungen, wie sie oft im Kontext des SGB II bezeichnet werden, sondern um originäre, ganzheitliche Leistungen. Das ist aber gerade nicht erfolgt und führt deshalb zu besonders vielen Abgrenzungs- und Schnittstellenproblemen.[34]

1. Schuldnerberatung, § 16 a Nr. 2

18 Die Schuldnerberatung entwickelte sich seit den 80er Jahren in verschiedenen Bereichen der Sozialen Arbeit und wurde über § 8 und § 17 BSHG finanziell gefördert und sowohl in Sozialdiensten, als auch in der Bewährungshilfe oder Wohnungslosenhilfe meist durch freie Träger erbracht. Heute noch gehört sie ausdrücklich zu den Beratungsangeboten nach § 11 Abs. 2 und Abs. 5 SGB XII (s. Kap. 17). Hinzu kam 1999 der Ausbau als „geeignete Stellen" im Rahmen der Insolvenzrechtsreform, bei denen es ebenfalls um Betreuung und Begleitung überschuldeter Menschen geht.

---

28 Geiger 2017, 752.
29 Deutscher Verein, 2009, Nr. 21, s. auch SG Berlin Beschl. v. 1.9.2010 – S 55 AS 24521/10 ER. Mit der durch das 2. und 3. Pflegestärkungsgesetz (BGBl. I 2015, 2424; BGBl. I 2016, 3191) ab 2017 erfolgten Erweiterung der Pflegeleistungen dürften diese Fälle zurückgehen.
30 Vgl. Krahmer/Höfer in: LPK-SGB XII, 11. Aufl. 2018, § 61 Rn. 1, 2.
31 Der Deutsche Städtetag 2015, 7 berichtet nur von 148 Fällen für 2014; Fahlbusch, Forum Schuldnerberatung 2016, für 2015 auf einer anderen Datengrundlage von 2035 Fällen.
32 Zu den Schwierigkeiten damit etwa LSG Nds-Brem Beschl. v. 4.1.2006 – L 8 SO 58/05 und Knickrehm, Haushaltshilfe für Empfänger von Arbeitslosengeld II?, NZS 2007, 128–131.
33 So aber missverständlich Stölting in: Eicher/Luik SGB II, 4. Aufl. 2017, § 16 a Rn. 2; Kothe in: Gagel SGB II, 2017, § 16 a Rn. 1.
34 Spindler 2008; Thie in: LPK-SGB II, 6. Aufl. 2017, § 16 a Rn. 7 f.

Die **Arbeitsverwaltung** machte **bisher keine eigenen Angebote**, hat wohl aber **auf die** 19
kommunal finanzierten Einrichtungen zurückgegriffen. Weil Arbeitslosigkeit häufig
Überschuldung auslöst oder verschärft und gleichzeitig der Einstieg in Arbeit bei Überschuldung schwierig ist, weil drohende Pfändungen sowohl Arbeitgeber als auch Arbeitnehmer beeinträchtigen, wurde Schuldnerberatung als bisher kommunale Leistung in
das SGB II übernommen.

Schuldnerberatung erstreckt sich meist über einen längeren Zeitraum, zumindest wenn 20
eine **Entschuldung eingeleitet und begleitet wird**. Sie beginnt im Regelfall mit einer Ba-
sisberatung, gefolgt von einer Erfassung der Gesamtsituation und Vermittlung von
Akuthilfen. Die Einzelfallberatung, psychosoziale Betreuung und Schuldenregulierung,
die sich anschließt, dauert dann deutlich länger – 20 Stunden und mehr.[35] Anschaulich
werden die Leistungskomponenten von Schuldnerberatung, wenn man sich die methodischen Teilschritte, „Bausteine" vor Augen hält: Existenzsichernde Krisenintervention,
Begrenzung des Schuldenanstiegs, Sichern von Unterlagen, Überblick über Gläubiger
gewinnen, Bestandsaufnahme aller Schulden inkl. Rechtlicher Vorprüfung der Forderungen, der Umgang mit Geld (Haushalts- und Budgetberatung), Strategiefindung inkl.
Entscheidung über Einleitung des Insolvenzverfahrens, Gläubigerverhandlungen und
schließlich Sanierungsabwicklung.[36]

Schuldnerberatung **setzt auf einen Prozess** und in vielen Fällen auch **auf Verhaltensän-** 21
derung. Mit ein paar wohlmeinenden Ratschlägen ist eine vermittlungsbehindernde
Überschuldung nicht abzubauen.[37] Schuldnerberatung **umfasste auch** schon zu Zeiten
des Rechtsberatungsgesetzes die **Rechtsberatung**.[38] Anders als Suchtberatung führt
Schuldnerberatung nicht nur zu Leistungen hin, die das Problem überwinden, sondern
erbringt diese Leistungen vollständig.

Ein vorhersehbares Abgrenzungsproblem zum SGB XII hat sich früh an der Frage ent- 22
zündet, wer die Schuldnerberatung für überschuldete Niedrigverdiener zu übernehmen
habe, die erwerbstätig und nur knapp über der Hilfebedürftigkeit sind. Das SG Dortmund[39] hat die Sozialhilfe in ihrer Auffangfunktion für zuständig erachtet, das LSG
NRW[40] sah eine präventive Zuständigkeit der SGB II-Behörden, weil die Überschuldete
erwerbsfähig sei. Das BSG[41] hat beides zurückgewiesen und sieht **keine Leistungspflicht**
nach SGB II **für noch erwerbstätige Niedrigverdiener**, für die sich damit das Angebot
seit der Zeit vor dem SGB II sogar verschlechtert hat. Kothe betont zu Recht, dass die
Schuldnerberatung wenigstens bei erwerbstätigen Aufstockern, bei Einkommenspfän-
dung, Kontolosigkeit und Information über Räumungsklagen geboten ist, da die Eingliederung auch die Beibehaltung (§ 1 Abs. 2 S. 2 SGB II) einer Erwerbstätigkeit umfasst.[42]

---

35 Schruth in: Schruth/Schlabs 2011, 90 f.
36 In: Groth/Hornung ua, Praxishandbuch Schuldnerberatung, Teil 3: Leitfaden für die Schuldnerberatung,
     Methodische Arbeitsschritte, 25. EL 2017; vgl. auch Deutscher Verein, 2009, Nr. 25–28; Schlabs in:
     Schruth/Schlabs 2011, S. 69 f., 109 f.
37 Das verkennt etwa Stölting in: Eicher/Luik SGB II, 4. Aufl. 2017, § 16 a Rn. 17.
38 Schruth in: Schruth/Schlabs 2011, S. 28 f.
39 SG Dortmund Urt. v. 14.6.2007 – S 41 SO 343/05, info also 2008, 37 f.; so auch Spindler 2008; Krahmer
     2005.
40 LSG NRW Urt. v. 25.5.2009 – L 20 SO 54/07.
41 BSG Urt. v. 13.7.2010 – B 8 SO 14/09 R, kritisch dazu Thie in: LPK-SGB II, 6. Aufl. 2017, § 16 a Rn. 8:
     „realitätsfern". Tatsächlich ist wegen der nunmehr fehlenden Finanzierung der freie Zugang für Überschul-
     dete, die knapp über der Grundsicherung liegen, erheblich zurückgedrängt worden. Schruth/Schlabs 2011,
     65, 98.
42 Kothe in: Gagel SGB II, Stand 2017, § 16 a Rn. 14.

2. Psychosoziale Betreuung, § 16 a Nr. 3

23 Am wenigsten inhaltlich bestimmt und fachlich konturiert ist die psychosoziale Betreuung, die ohne entsprechendes Vorbild in das Gesetz neu aufgenommen wurde. Einigkeit besteht wohl darin, dass diese Betreuung ein Beratungselement enthält, aber auch darüber hinaus gehende Hilfen. Der Begriff ist **weder identisch mit der persönlichen Hilfe** des BSHG, **noch mit Lebenshilfe oder persönlicher Betreuung.**

24 Aber auch **psychosoziale Beratung** ist schwer zu definieren, weil die Abgrenzung von psychosozialer Beratung, psychologischer Beratung und heilkundlicher Psychotherapie schwer zu treffen ist.[43] Auch die Unterscheidung zwischen normalen Klienten oder therapiebedürftigen Patienten ist fließend.[44] Barabas umschreibt die psychologisch ausgerichtete Form der Beratung wie folgt:

25 Diese Beratung bezieht sich auf einen **situationsgebunden Problemzusammenhang** und **phasentypische Überforderung und Krisen**, ist **niederschwellig** und kostenfrei, erfolgt im Regelfall auf freiwilliger Basis und ist **streng vertraulich**, bezieht sich auf **relativ handlungsfähige Menschen**, nicht auf schwerst Gestörte, bezieht sich auf Stärken und Fähigkeiten, nicht auf Schwächen und Defizite und ist zeitlich begrenzt.[45] Als Beispiel werden die Erziehungsberatung und andere Fachberatungsangebote im SGB VIII aufgeführt.

So verstanden bezieht sich die Betreuung auf eine **abgrenzbare Lebenskrise.**[46] Das sind etwa Verlusterfahrungen durch Trennung oder Tod, eine belastende finanzielle Situation, beeinträchtigtes Selbstwertgefühl.

26 Neuerdings werden vom Deutschen Verein besonders gewaltgeprägte Lebensumstände, unsichere Wohnverhältnisse, Entlassung aus einer geschlossenen Einrichtung, Verlust der Tages- und Zeitstruktur, Probleme in der Interaktion als Beispiele genannt.[47] Das rückt die Hilfen ganz nah an die **Hilfe zur Überwindung besonderer sozialer Schwierigkeiten** nach §§ 67 f. SGB XII, wozu auch die Frauenhausbetreuung gehört, bei der die persönliche Betreuung schon immer Bestandteil ist. Hier liegt ein großer Überschneidungsbereich zu den Leistungen nach SGB XII, für den der verschwommene Begriff der psychosozialen Betreuung nichts Neues bringt.

27 Typischerweise gab es auch hier bereits früh praktische Abgrenzungsschwierigkeiten,[48] und die Mehrzahl gerichtlicher Entscheidungen betrifft nur die Kosterstattung für die Betreuung in Frauenhäusern. Der Abgrenzungsvorschlag von Thie, den auch das BSG aufnimmt, bleibt hier sehr theoretisch, der deutsche Verein hat im Jahr 2009 sehr viel schärfer die Überschneidungen erkannt.[49]

28 Im Gegensatz dazu gibt es allerdings auch das Verständnis, das Angebot auf **Behinderte und (psychisch) Kranke** zu beziehen, wozu die Begrifflichkeit ebenfalls Anlass gibt: „psychosoziale Betreuung" lässt an **psychosoziale Dienste** und Arbeitsgemeinschaften der **Gemeindepsychiatrie** denken. Eine ähnliche Verbindung sehen die, die einen Bezug zu den in § 33 Abs. 6 SGB IX aufgezählten medizinischen, psychologischen und pädagogischen **Hilfen zur Teilhabe am Arbeitsleben für Behinderte** und den Leistungen zur notwendigen **psychosozialen Betreuung schwerbehinderter Menschen,** § 102 Abs. 2 S. 4

---

43 Barabas 2003, 122 f.
44 Barabas 2003, 124 f.
45 Barabas 2003, 126.
46 Deutscher Verein, Gutachten 2009 Nr. 30.
47 Deutscher Verein Empfehlungen 2014, Kap. B III.
48 SG Stralsund Beschl. v. 12.5.2005 – S 9 SO 37/05 ER, Sozialrecht aktuell 2005, 195 f. mit Anmerkung Frings; und in: wohnungslos 2005, 154 mit Anmerkung Hammel.
49 Thie in: LPK-SGB II, 6. Aufl. 2017, § 16 a Rn. 9, 10; BSG Urt. v. 23.5.2012 – B 14 AS 190/11 R; Deutscher Verein, Gutachten 2009, Nr. 30–35.

SGB IX, herstellen.[50] Sie ordnen die Leistungen **dem Behindertenrecht** zu. Aber das SGB IX begründet keine eigenen Leistungsansprüche, sondern zählt hier nur Zusatzleistungen zu typischen Leistungen beruflicher Rehabilitation auf, die aber bereits durch § 16 SGB II mit Verweis auf das SGB III erfasst sind. Soweit psychosoziale Betreuung Bestandteil der Schuldner- oder Suchtberatung ist, ist sie durch die anderen Angebote des § 16 a SGB II auch bereits erfasst.

So bleibt im Prinzip alles oder nichts als kommunale Zusatzleistung übrig, wofür bei **29** Wahrnehmung der im SGB XII verbliebenen Aufgaben eigentlich kein Raum bleibt.[51] Zudem besteht die Gefahr einer Psychiatrisierung der Betroffenen oder einer unbegründeten Zuordnung in den Bereich der Behinderungen. Wegen der Schwierigkeiten bereits den psychosozialen begründeten Hilfebedarf zu beschreiben,[52] ist auch unklar welche Leistungen konkret beansprucht werden können und müssten. Trotzdem werden für 2014 über 24.000 Zugänge gezählt, die aber vermutlich durch die Summierung von Leistungen an Frauenhäuser und Einrichtungen der Wohnungslosen- und Straffälligenhilfe entstanden sind.[53] Genau das würden die kommunalen Träger aber sowieso im Rahmen des Sozialhilfesystems erbringen, so dass hier auch kein breiter Auffangtatbestand entstanden ist.

Keine psychosoziale Betreuung ist eine dem SGB V zugeordnete psychotherapeutische **30** Betreuung, Soziotherapie oder eine medizinische Behandlung. Ebenfalls – aber aus andern Gründen – gehören nicht dazu: eine mit Sanktionsdrohung verbundene Aufforderung, sich zur Verbesserung seiner Leistungsfähigkeit psychiatrisch behandeln zu lassen oder zur Persönlichkeitsentwicklung schriftlich alle Details der Arbeitsuche zu dokumentieren und eine schriftliche Hausarbeit zum Thema: Berufliche Standortbestimmung und Perspektivplanung, zu erstellen.[54] Fehlende psychosoziale Betreuung kann allerdings zB bei wiederholten Meldeversäumnissen einer weiteren Sanktionierung entgegenstehen.[55]

3. Suchtberatung, § 16 a Nr. 4

Etwas klarer ist die Abgrenzung wieder bei der Suchtberatung. Sie ist **nicht medizini- 31 sche Entzugs- und Entwöhnungstherapie**, setzt aber eine diagnostizierbare Erkrankung voraus. Auch dass die Aufnahme oder Beibehaltung einer Erwerbstätigkeit durch Suchterkrankung gefährdet sein kann, ist Allgemeingut. Trotzdem war bisher die Nutzung der Infrastruktur von Suchtberatungsstellen im kommunalen Bereich für die Arbeitsverwaltung nicht geregelt.

Unklar ist deshalb auch hier vielen, was diese Beratungsstellen im Einzelnen leisten kön- **32** nen und sollen. Zur Erstellung der Diagnose einer Suchterkrankung sind die ärztlichen Dienste vorgesehen. Die Behandlung selber ist Leistung verschiedener Sozialversicherungsträger[56] oder der Sozialhilfe.

Die vorhandenen Suchtberatungsstellen, etwa im Gesamtverband für Suchtkrankenhilfe **33** im Diakonischen Werk, definieren ihr **Angebot hinführend, begleitend und nachsorgend**

50 Stölting in Eicher/Luik SGB II, 4. Aufl. 2017, § 16 a Rn. 18; Kohte in: Gagel SGB II, Stand 2017, § 16 a Rn. 17.
51 Deutscher Verein 2009, Nr. 33–35.
52 Kaltenborn/Kaps 2013, 93 f.
53 Kaltenborn/Kaps 2013, 94; Deutscher Städtetag 2015, 7.
54 SG Schleswig Beschl. v. 22.10.2013 – S 16 AS 158/13 ER; SG München Beschl. v. 23.7.2015 – S 8 AS 1505/15 ER.
55 SG Dresden 16.5.2014 – S 12 A 3729/13.
56 Vgl. Vereinbarung über die Zusammenarbeit der Krankenkassen und Rentenversicherungsträger bei der Akutbehandlung (Entzugsbehandlung) und medizinischen Rehabilitation (Entwöhnungsbehandlung) Abhängigkeitskranker vom 4.5.2001.

zu diesen Leistungen und bieten beispielsweise folgende Leistungsmodule im ambulanten Bereich an: Grundsätzliche Veränderungsmotivation, Punktabstinenz und Drink-Less-Programm, Vermittlung medizinischer Behandlungsmaßnahmen, gezielte Vernetzung mit anderen Hilfen, psychosoziale Begleitung bei Wiedereingliederung in Arbeit, Sicherung der Abstinenz- und Arbeitsfähigkeit und nachgehende Hilfen am Arbeitsplatz.[57] Auf der Grundlage dieses spezifischen Krankheitsbildes, ist auch psychosoziale Betreuung (→ Rn. 26 f.) durchaus sinnvoll.

34 Darüber hinaus existieren im Rahmen der **Eingliederungshilfe** und der Hilfen zur **Überwindung besonderer sozialer Schwierigkeiten** (§§ 67 f. SGB XII) auch komplexe Angebote mit betreuten Wohnmöglichkeiten, so dass auch hier wieder ein breites Überschneidungsgebiet mit den Leistungen des SGB XII existiert. Speziell bei der **Entlassung aus stationären Suchthilfeeinrichtungen** ist die Nahtlosigkeit zu weiteren Maßnahmen nicht gewährleistet und es entstehen darüber hinaus durch die mangelnde Erreichbarkeit der Jobcentermitarbeiter und die Rückkehr in das gefährdende Umfeld ein spezifischer Bedarf an nachgehenden Eingliederungshilfen.[58]

35 Das resultiert auch aus dem grundsätzlichen Problem des **Zuständigkeitswechsels**: Es ist keineswegs eindeutig, wann und in welchem Stadium der Sucht und bei welcher Unterbringung jemand erwerbsfähig im Sinne des § 8 SGB II ist, oder wann er vorübergehend nur Leistungen der Hilfe zum Lebensunterhalt nach SGB XII beziehen kann,[59] was ihn auch von Leistungen des § 16 a SGB II ausschließt.

36 Anders als etwa bei der Schuldnerberatung, ziehen es hier viele Menschen mit Krankheitseinsicht vor, sich unabhängig vom Jobcenter mit der Suchtberatung in Verbindung zu setzen und möchten diese spezifische Erkrankung gerade nicht in ihren Akten der Arbeitsverwaltung oder Maßnahmeträger registriert sehen.[60] Umgekehrt zeigen andere – berechtigt oder nicht – keine Krankheitseinsicht und sind deshalb nicht bereit, sich einer aufgedrängten Beratung oder gar Behandlung zu unterziehen. Hinzu kommt, dass Behördenmitarbeiter besser in der Lage sein dürften, eine Überschuldung zu erkennen, als eine Suchterkrankung. So wichtig die Berücksichtigung der Suchtberatung hier ist, so **unklar ist, ob die Jobcenter** mit ihrer Zielvereinbarung und Arbeitsweise **die geeigneten Kooperations- und Finanzierungsträger sind.** Hier liegt deshalb verglichen mit einem begründet geschätzten Bedarf ein besonders großes Missverhältnis zu den Leistungen vor.[61]

C. Regelungen im SGB XII

37 Eine vergleichbare Vorschrift zu § 16 a SGB II findet sich im SGB XII schon logisch nicht, obwohl der Sinn der Neufassung darin bestand, kommunale Leistungen als Leistungen aus einer Hand in das SGB II zu übernehmen. Die Beratungsdienstleistungen sind in der Sozialhilfe im Rahmen der umfassenderen Regelungen von Beratung und persönlicher Hilfe bereits im § 11 SGB XII erfasst (ausführlich Kap. 17). Außerdem sind sie bei den komplexeren Eingliederungshilfen für behinderte Menschen (§§ 53 f. SGB XII) und Hilfen zur Überwindung besonderer sozialer Schwierigkeiten (§§ 67 f. SGB XII) enthalten. Die Pflegeleistung ist umfassend in §§ 61 f. SGB XI geregelt.

57 Lesehr 2008, 428 f.; vgl. auch Deutscher Verein, 2009, Nr. 38, 40.
58 Lesehr 2008, 430 f.
59 Spindler 2009, 28 f.; Kaltenborn/Wielage 2008, 3 f.
60 Lesehr 2008, 423 f.; Henkel/Zemlin 2013, 282.
61 Henkel/Zemlin 2013, 280 f.; Kaltenborn/Wielage 2008; Kaltenborn/Kaps 2013, 88 f.; Adamy/Zavlaris 2014, 2. Der Deutsche Städtetag 2015, 7, verzeichnet für 2014 ca. 8.400 Zugänge.

Dieser **ganzheitliche Ansatz mit präventiven Elementen** in den unterschiedlichsten Be- 38
darfslagen ist aber **nicht ins SGB II übernommen worden.** Der prinzipiell noch denkbaren Möglichkeit, die Hilfen des SGB XII im Sinne eines Auffangsystems zu erhalten,
wenn § 16 a SGB II nicht greift,[62] wurde durch die Rechtsprechung des BSG zur Schuldnerberatung eine Absage erteilt.[63] Mit guten Gründen sehen viele diese zu enge Auslegung kritisch, weil die Auffangposition der Sozialhilfe hier gerade nicht aufgehoben
ist.[64] Leistungen zur Kinderbetreuung sieht das Sozialhilferecht traditionell nicht vor.

D. Gemeinsame Probleme bei der Umsetzung von § 16 a Nr. 2–4

I. Berücksichtigung von Beratungsgrundsätzen

Alle genannten Beratungsprozesse greifen mehr oder weniger in den Kernbereich von 39
Persönlichkeitsrechten und Menschenwürde ein[65] und zielen in vielen Fällen auch auf
tiefgreifende Verhaltensänderung. Deshalb gehören **Freiwilligkeit, Ergebnisoffenheit
und Vertraulichkeit zu den Standards,** die sich nicht nur in der Schuldnerberatung entwickelt haben.[66] Das bedeutet zunächst, dass die Annahme solcher Angebote nicht
durch Sanktionen erzwungen werden kann, was bereits bei den Absprachen und insbesondere auch bei der Eingliederungsvereinbarung (EGV) zu berücksichtigen ist.

Vertretbar ist die Vereinbarung zum Erstgespräch bei einer Beratungseinrichtung, um 40
diese überhaupt kennen zu lernen, nicht aber die aktive Mitwirkung an den dort vorge-
haltenen Angeboten und den dort vereinbarten Zielen. Allenfalls der **Verstoß gegen die
Verpflichtung, zum Erstgespräch zu erscheinen,** ist sanktionierbar.[67] Darüber hinaus ist
der Abbruch wegen fehlender Mitarbeit, der sehr unterschiedliche Gründe haben kann,
aus Finanzierungsgründen zwar zu melden, aber nicht zu sanktionieren.[68] Dabei ist
auch zu berücksichtigen, dass diese Leistungen im BSGH/SGB XII immer freiwillig waren und im Übrigen dem Wunsch- und Wahlrecht (heute § 9 Abs. 2 SGB XII) unterliegen. Wegen der Sanktionsdrohungen bei Verstoß gegen die EGV wird deshalb auch erörtert, **derartige Leistungen nicht in die EGV aufzunehmen,** auch weil das Vorliegen
einer EGV jedenfalls keine Voraussetzung für die Gewährung von Leistungen ist.[69]

II. Mitteilungspflichten und Datenschutz

Noch wichtiger ist der **Schutz der Vertraulichkeit,** der Grundlage für einen gelingenden 41
Beratungsprozess ist. Besonders die **Mitteilungspflichten in § 61 SGB II** passen zwar für
klassische Bildungsmaßnahmen oder Praktika und übernehmen insoweit § 318 SGB III,
aber sie **passen nicht für Beratungsdienstleistungen** mit möglicherweise therapeutischen
Anteilen und den sehr intimen Daten, die dort teilweise gewonnen werden.[70] Das erfordert ganz andere Rahmenbedingungen. Aus den hier durchgreifenden verfassungsrecht-
lichen- und Datenschutzgründen ist deshalb die **Mitteilungspflicht eingeschränkt** und

---

62 SG Dortmund Urt. v. 14.6.2007 – S 41(30) SO 343/05, und Krahmer 2005, 24 f.; Spindler 2008, 12 f.
63 BSG Urt. v. 13.7.2010 – B 8 SO 14/09 R.
64 Krahmer 2011; Kohte in: Gagel SGB II, Stand 2017, § 16 a Rn. 15, 16.
65 Klaus in: Hohm GK-SGB II, 2015, § 16 a Rn. 33.
66 Wenzel 2009, 248; Barabas 2003, 122 ff.; Deutscher Verein, Empfehlungen 2014, Kap. C IV; Henkel/
   Zemlin, 2013, 284; Geiger 2017, 748, 754.
67 Geiger 2017, 748.
68 Vgl. auch WDB Fachinformationen vom 29.4.2010 zu § 15/Nr. 10008 Sanktionsmöglichkeiten bei sozialin-
   tegrativen Leistungen, die in der Eingliederungsvereinbarung vereinbart wurden.
69 Klaus in: Hohm GK-SGB II, 2015, § 16 a Rn. 31, 32; Stölting in: Eicher/Luik SGB II, 4. Aufl. 2017, § 16 a
   Rn. 8; Deutscher Verein, Empfehlungen 2014, Kap. C IV; Deutscher Städtetag 2015, S. 6; Ludwig 2014,
   S. 77; Kohte in: Gagel SGB II, Stand 2017, § 16 a Rn. 13.
70 Kaltenborn/Wielage 2008, 2; Deutscher Verein, Empfehlungen 2014, Kap. C V.

auch entgegenstehende Leistungsvereinbarungen sind unwirksam.[71] Zudem handeln in der Beratung häufig Berufsgruppen, die nach § 203 StGB zur Verschwiegenheit verpflichtet sind.[72]

42 Das gleiche muss konsequent auch schon für die Speicherung entsprechender Daten im Profiling gelten, was zB auch denen, die schon eigeninitiativ eine Suchtberatung in Anspruch genommen haben, die Finanzierung durch das Jobcenter erleichtern würde. Hier wäre getrennte Aktenführung notwendig. Der Deutsche Verein empfiehlt, **Rahmendaten und Prozessdaten sorgfältig zu trennen** und sieht die Weitergabe von Daten nach § 61 SGB II bei den Prozessdaten nicht gedeckt,[73] wobei auch pauschale Einwilligungserklärungen in die Weitergabe nicht verlangt werden dürfen.

43 Trotzdem ist eine große Unsicherheit in diesem Bereich entstanden, die besser durch den Gesetzgeber gelöst werden sollte. Für alle Leistungen wäre deshalb eine gesetzliche Klarstellung in § 61 SGB II und in § 84 b SGB X, wie sie Wenzel[74] vorschlägt, sehr hilfreich.

---

71 Ausführlich Wenzel 2009, 349 ff. auch mit Bezug auf Barabas 2003, 248 ff.; Stahlmann 2006, 61 f.; Geiger 2017, 749 mit Bezug auf den Datenschutzbeauftragten NRW.
72 Wenzel 2009, 252; Barabas 2003, 253 f.
73 Empfehlungen Deutscher Verein 2014, Kap. C V 3.
74 Wenzel 2009, 253.

Literaturhinweise: Böttiger, Ärztlich verordnete Verhütungsmittel als GKV-ergänzende Sozialleistungen?, Sozialrecht aktuell 2008, 203 ff.; Brörken, Krankenversicherung im Basistarif bei Leistungsbezug nach dem SGB XII, info also 2016, 55 ff.; Deibel, Das neue Asylbewerberleistungsgesetz, ZFSH SGB 2015, 117 ff.; Geiger, Krankenversicherungsschutz mit Schuldenfalle – Probleme der Beitragsbelastung in der Auffangversicherung nach § 5 Abs. 1 Nr. 13 SGB V, info also 2008, 147 ff.; Geiger, Neues zur Krankenversicherung der Arbeitslosen und Leistungsberechtigten nach dem SGB II, info also 2016, 162 ff.; Hammel, Zur Hilfe bei Krankheit bei mittellosen Personen, ZFSFH/SGB 2004, 323 ff.; Klerks, Der Beitrag für die private Krankenversicherung im Basistarif bei hilfebedürftigen Versicherungsnehmern nach dem SGB II und dem SGB XII, info also 2009, 153 ff.; Klerks, Erste Entscheidungen zur neuen Härtefallregelung (§ 21 Abs. 6 SGB II), info also 2010, 205 ff.; Klerks, Zuschüsse zu Beiträgen zur Krankenversicherung und Pflegeversicherung gem. § 26 SGB II, info also 2017, 3 ff.; Löcher, Hilfen zur Gesundheit, ZfS 2006, 78 ff.; Mrozynski, Grundsicherung für Arbeitsuchende, im Alter, bei voller Erwerbsminderung und die Sozialhilfereform, ZFSFH 2004, 198 (215); Spekker, Schuldenfalle private Kranken- und Pflegeversicherung – zur Deckungslücke bei den Beiträgen privat krankenversicherter Leistungsbezieher nach dem SGB II und SGB XII, ZFSFH 2010, 212 ff.; Wendtland, Die Gesundheitsversorgung der Empfänger staatlicher Fürsorgeleistungen zur Sicherung des Lebensunterhalts, ZSR 53 (2007), 423 ff.

Rechtsgrundlagen:

SGB II § 26

SGB V §§ 5, 264

SGB XII §§ 32, 32 a, 48 ff.

AsylbLG §§ 4, 6

Orientierungssätze:

1. Empfänger von Arbeitslosengeld (ALG) II sind grundsätzlich in der gesetzlichen Krankenversicherung pflichtversichert. Ausgenommen sind Personen, die Leistungen nur darlehensweise oder lediglich einmalige Leistungen wie zB Erstausstattungen empfangen sowie selbstständig tätige Leistungsempfänger, wenn sie vor dem Leistungsbezug privat versichert oder weder gesetzlich noch privat versichert waren. Der Vorrang der Familienversicherung nach § 10 SGB V gegenüber der ALG II-Pflichtversicherung ist zum 1.1.2016 weggefallen.

2. Empfänger von Sozialgeld, Sozialhilfe oder Asylbewerberleistungen sind nicht als solche gesetzlich pflichtversichert.

3. Die Leistungen zur Gesundheit erbringen grundsätzlich die Krankenversicherer und nicht die Träger der Grundsicherung für Arbeitsuchende oder der Sozialhilfeträger.

4. Die Leistungen der Krankenversicherer decken nicht immer den Gesundheitsbedarf der Hilfebedürftigen. Unter den Voraussetzungen des § 21 Abs. 6 SGB II können Leistungen zur Gesundheit als Mehrbedarf erbracht werden.

5. Der Basistarif der privaten Versicherungsunternehmen ist in Höhe des halbierten Beitrages von den Leistungsträgern zu übernehmen; für Sozialhilfeempfänger können für einen kurzen Zeitraum auch höhere Beiträge als angemessen übernommen werden.

6. Die Hilfen zur Gesundheit nach §§ 47 ff. SGB XII sind nach dem GKV-Modernisierungsgesetz (2003) und mit Einführung der allgemeinen Versicherungspflicht zum 1.1.2009 nur noch in Ausnahmefällen praktisch relevant.

7. Bei längerer Unterbrechung des Leistungsbezuges tritt (vorübergehend) die Pflichtversicherung nach § 5 Abs. 1 Nr. 13 SGB V ein.

A. Allgemeines

1   Der Gesundheitsbedarf sollte stets gedeckt sein. Das gilt auch für Leistungsberechtigte nach dem SGB II, dem SGB XII und dem Asylbewerberleistungsgesetz (AsylbLG). Die Deckung des Gesundheitsbedarfs ist aber gerade für Menschen mit geringem Einkommen ein sehr sensibler Bereich. Die Frage nach der vollen Deckung des Gesundheitsbedarfs von Leistungsbeziehern ist nicht leicht zu beantworten. Diese komplexe Problematik ist getragen von unterschiedlich ineinander wirkenden Leistungssystemen: den Regelungen der gesetzlichen Krankenversicherung nach dem SGB V, denen des SGB II, des SGB XII, des AsylbLG sowie den Regelungen privater Krankenversicherungsunternehmen. Schon allein die Art der Krankenversicherung ist unterschiedlich. Neben der gesetzlichen Krankenversicherungspflicht nach § 5 SGB V gibt es die Mitversicherung für Familienangehörige (Familienversicherung), die freiwillig gesetzliche Krankenversicherung, die „Quasi-Krankenversicherung" nach § 264 SGB V und die Krankenversicherung bei privaten Versicherungsunternehmen. Hinzu kommt die Frage, ob und wie der Gesundheitsbedarf Hilfebedürftiger gedeckt werden kann, wenn die gesetzlichen oder privaten Versicherer ihn nicht decken. Die eigentlichen Leistungen zur Gesundheit erbringen vorrangig die Versicherer nach ihrem Leistungskatalog und **erst nachrangig der Sozialhilfeträger.**

2   Diese Versicherungsleistungen zur Gesundheit der Krankenversicherer sind begrenzt, so dass Sozialleistungsempfänger zur vollen Deckung des Gesundheitsbedarfs auf den dafür knapp bemessenen Regelbedarf zurückgreifen müssen[1] – soweit kein Härtefall nach § 21 Abs. 6 SGB II vorliegt. Mitunter bleibt dieser Bedarf auf Kosten der Gesundheit ungedeckt. Diese privaten Gesundheitsausgaben werden als **Armutsrisiko** gesehen.[2]

3   Insbesondere durch das Gesundheitsmodernisierungsgesetz vom 14. November 2003[3] kam es zu erheblichen Einschränkungen in der Erbringung von Gesundheitsleistungen

---

1 Vgl. BSG 26.5.2011 – B 14 AS 146/10 R.
2 Diakonie Texte 1.2009, 4 ff.; krit. auch Brörken info also 2016, 55 (59).
3 BGBl. I, 2190.

durch den Sozialleistungsträger. Die Ausgaben für Gesundheit und Krankheit sollen vom Regelbedarf erfasst sein. Weitere Leistungen sind ausgeschlossen. Dieses Konzept ist nicht verfassungswidrig.[4] Dem Gesetzgeber ist grundsätzlich erlaubt, den Versicherten über den Beitrag hinaus zur Entlastung der Krankenkassen und zur Stärkung des Kostenbewusstseins in Form von Zuzahlungen zu bestimmten Leistungen zu beteiligen, soweit dies dem Einzelnen finanziell zugemutet werden kann.[5] Das Konzept der beschränkten Erbringung von Gesundheitsleistungen nach dem Gesundheitsmodernisierungsgesetz hat der Gesetzgeber in der Grundsicherung für Arbeitsuchende zum 1.1.2005 übernommen.

Nach dem zum 1. Januar 2011 in Kraft getretenen Gesetz zur Ermittlung der Regelbe-   **4** darfe nach § 28 des Zwölften Buches Sozialgesetzbuch (RBEG)[6] sind für einen alleinstehenden, volljährigen Hilfebedürftigen regelbedarfsrelevante Verbrauchsausgaben für die Gesundheitspflege in Höhe von monatlich 15,00 EUR ermittelt worden, § 5 RBEG.[7]

Der Leistungsberechtigte hat grundsätzlich keinen Anspruch auf die Übernahme von   **5** Zuzahlungen, Eigenbeteiligungen usw.[8] Vor allem Leistungsberechtigte, die an einer **chronischen Krankheit** leiden, sind gezwungen, auf ihren **Regelbedarf** zur Sicherung des Lebensunterhalts zurückzugreifen oder ihren Bedarf an Gesundheitsleistungen ungedeckt zu lassen. Das betrifft unter anderem Ausgaben für Salben, Hilfsmittel, Sehhilfen und insbesondere nicht verschreibungspflichtige Arzneimittel,[9] wenn sie von der Krankenkasse nicht übernommen werden. Die Härtefallregelung nach § 62 SGB V sieht vor, dass gesetzlich Versicherte Zuzahlungen nur bis zur Belastungsgrenze zahlen müssen. Die Belastungsgrenze liegt für chronisch Kranke, die wegen derselben schwerwiegenden Krankheit in Dauerbehandlung sind, bei einem Prozent der jährlichen Bruttoeinnahmen.[10] Ein alleinstehender, nicht erwerbstätiger, chronisch kranker Hilfebedürftiger ohne Weiteres Einkommen erreicht bei einem monatlichen Regelbedarf (2019) in Höhe von 424,00 EUR (Jahresbruttoeinnahmen in Höhe von 5.088,00 EUR) seine Belastungsgrenze in Höhe von 50,88 EUR eher leicht. Nicht verschreibungspflichtige Arzneimittel, die grundsätzlich von der Krankenkasse nicht übernommen werden, sind jedoch auch nicht von der Härtefallregelung des § 62 SGB V erfasst, so dass der Leistungsberechtigte diese Kosten selbst tragen muss, soweit sie von § 21 SGB II (Mehrbedarf) nicht erfasst sind.

B. Lage nach dem SGB II

Leistungen zur Deckung des Gesundheitsbedarfs erhalten SGB II-Leistungsempfänger   **6** grundsätzlich von ihren Versicherern (gesetzlich oder privat). Das Zweite Buch Sozialgesetzbuch enthält daher – im Gegensatz zum Zwölften Buch Sozialgesetzbuch – keine

---

4 BSG 16.12.2010 – B 8 SO 7/09 R.
5 BSG 16.12.2010 – B 8 SO 7/09 R; BVerfGE 115, 25 (46).
6 Regelbedarfs-Ermittlungsgesetz vom 24.3.2011, BGBl. I, 453 in der Fassung des Gesetzes zur Ermittlung von Regelbedarfen sowie zur Änderung des Zweiten und Zwölften Buches Sozialgesetzbuch vom 22.12.2016, BGBl. I, 3159.
7 Bis zur Vollendung des sechsten Lebensjahres: 7,21 EUR/Monat; ab dem siebten Lebensjahr bis zur Vollendung des 14. Lebensjahres: 7,07 EUR/Monat und ab dem 15. Lebensjahr bis zur Vollendung des 18. Lebensjahres: 7,52 EUR/Monat, § 6 RBEG in der Fassung des Gesetzes zur Ermittlung von Regelbedarfen sowie zur Änderung des Zweiten und Zwölften Buches Sozialgesetzbuch vom 22.12.2016, BGBl. I, 3159.
8 LSG Nds-Brem 20.4.2006 – L 8 SO 56/05.
9 BSG 26.5.2011 – B 14 AS 146/10 R.
10 Für nicht chronisch Erkrankte beträgt die Belastungsgrenze 2 % der jährlichen Bruttoeinnahmen. Das gilt für nach 1972 geborene chronisch Kranke und für nach 1987 geborene weibliche und für nach 1962 geborene männliche an Krebs erkrankte Versicherte unter der Maßgabe, dass sie regelmäßig an den Voruntersuchungen teilgenommen haben, § 62 Abs. 1 S. 3 SGB V. Dabei sinkt die Belastungsgrenze auf 1 Prozent, wenn diese Personen an einem strukturierten Behandlungsprogramm teilnehmen.

ausdrücklichen Regelungen über Leistungen zur Deckung des Gesundheitsbedarfs. Der Gesetzgeber hat lediglich geregelt, wann und welche Beiträge der SGB II-Träger für eine Krankenversicherung übernimmt. Leistungen, die weder der Versicherer noch der Leistungsträger übernimmt, jedoch zur Deckung des Gesundheitsbedarfs notwendig sind, müssen SGB II-Leistungsempfänger grundsätzlich aus ihrem Regelbedarf bestreiten,[11] soweit nicht ein Anspruch auf Mehrbedarf nach § 21 Abs. 6 SGB II besteht.

I. Versicherungspflicht

7   Empfänger von Arbeitslosengeld II sind in der gesetzlichen Krankenversicherung **pflichtversichert** (§ 5 Abs. 1 Nr. 2 a SGB V). Dieser Versicherungspflichttatbestand wurde durch das GKV-Wettbewerbsstärkungsgesetz mit Wirkung zum 1.1.2009 eingeführt.[12] **Sozialgeldempfänger** (§ 19 Abs. 1 SGB II) sind nicht nach § 5 Abs. 1 Nr. 2 a SGB V krankenversicherungspflichtig. Ebenso ausgenommen sind Personen, die Arbeitslosengeld II **darlehensweise** oder ausschließlich Leistungen nach § 24 Abs. 3 S. 1 SGB II (einmalige Leistungen) erhalten.

8   Ebenfalls nicht erfasst von der Versicherungspflicht nach § 5 Abs. 1 Nr. 2 a SGB V sind Personen, die über eine Familienversicherung nach § 10 SGB V mitversichert sind sowie Selbstständige, die nach dem 1.1.2009 Arbeitslosengeld II (erstmals) empfangen und vor dem Leistungsbezug bei einem privaten Versicherungsunternehmen krankenversichert waren.

1. Mitglieder der Bedarfsgemeinschaft

9   Die in der Bedarfsgemeinschaft lebenden **Familienangehörigen** einer erwerbsfähigen gesetzlich versicherten leistungsberechtigten Person sind seit 1.1.2016 nicht mehr vorrangig über die **Familienversicherung** nach § 10 SGB V mitversichert.[13] Dies soll der Verwaltungsvereinfachung dienen und die Jobcenter von der Prüfung des Vorliegens einer Familienversicherung entlasten.[14] Jedes erwerbsfähige Mitglied der Bedarfsgemeinschaft, welches das 15. Lebensjahr vollendet hat, erhält einen eigenen Pflichtversicherungstatbestand. Das hat zur Folge, dass sie unabhängig von den anderen Mitgliedern selbst eine Krankenkasse wählen können. Bei sogenannten Aufstockern, die ALG I und ALG II erhalten, führt eine Aufhebung und Erstattung des ALG I nicht zum Verlust der Pflichtversicherung. Die ab 1.1.2016 geleisteten Beiträge zur gesetzlichen Krankenversicherung können nicht zurückgefordert werden.[15]

10 Ausgeschlossen wird die Familienversicherung auch für vorher privat Krankenversicherte. Die Familienversicherung tritt hingegen weiter ein bei nichterwerbsfähigen Empfängern von Sozialgeld nach § 19 Abs. 1 S. 2 SGB II. Eine Pflichtversicherung nach § 5 Abs. 1 Nr. 13 SGB V tritt nicht ein, da diese Vorschrift nachrangig gegenüber Leistungen nach dem Fünften Kapitel des Zwölften Buches Sozialgesetzbuch ist.[16] Für vorher privat Versicherte besteht keine Pflichtversicherung aufgrund § 5 Abs. 1 Nr. 13 SGB V.

---

11 Vgl. insbesondere zur Historie der Leistungen zur Deckung des Gesundheitsbedarfs bei mittellosen Personen: Hammel ZSFH/SGB 2004, 323 ff.
12 Gesetz vom 26.3.2007, BGBl. I, 378.
13 Gesetz vom 21.12.2015 für sichere Kommunikation und Anwendungen im Gesundheitswesen sowie zur Änderung weiterer Gesetze, BGBl. I, 2408; Geiger info also 2016, 162 (165).
14 BGBl. 18/6905, 62.
15 Geiger info also 2016,162 (165).
16 Wendtland ZSR 2007, 423 (424); BT-Drs. 16/3100, 94; Filps in: Grube/Wahrendorf SGB XII, 5. Aufl. 2014, § 32 Rn. 8; aA Geiger info also 2008, 147 (149); BSG 21.12.2011 – B 12 KR 13/10R: ein alleiniger Leistungsbezug von Leistungen nach §§ 48 f. SGB XII schließt grundsätzlich die Versicherungspflicht nach § 5 Abs. 1 Nr. 13 SGB nicht aus; Moritz-Ritter in: LPK-SGB V, 5. Aufl. 2016, § 5 Rn. 72.

Eine verfassungskonforme Auslegung der Vorschrift ist nicht angezeigt. Eine Verfassungswidrigkeit liegt nicht vor.[17]

Seit dem 1.1.2009 haben alle, die nicht in der gesetzlichen Krankenversicherung pflichtig oder freiwillig versichert sind, die **Pflicht**, sich gegen den Krankheitsfall bei einem privaten Versicherungsunternehmen zu versichern, § 193 Abs. 3 des Versicherungsvertragsgesetzes (VVG). Bis zum 1.1.2009 waren Personen, die Leistungen nach dem Zweiten oder Zwölften Buch Sozialgesetzbuch erhielten, von der Versicherungspflicht ausgenommen, § 193 Abs. 3 S. 2 Nr. 4 VVG. Bis zum Abschluss einer privaten Krankenversicherung, deren Beiträge der SGB II-Leistungsträger dann nach § 26 Abs. 1 Nr. 1 SGB II übernimmt, ist der Sozialgeldempfänger wohl in der gesetzlichen Krankenversicherung über die **Auffangversicherung** pflichtversichert, § 5 Abs. 1 Nr. 13 SGB V (Problem der „Versorgungslücke" siehe unten → Rn. 27). Die Übernahme der Beiträge einer Versicherung nach § 5 Abs. 1 Nr. 13 SGB V ist nicht von § 26 SGB II erfasst und wird auch nicht als Annexleistung durch den Sozialgeld-Träger erbracht.   **11**

2. Selbstständig Tätige

Mit dem GKV-Wettbewerbsstärkungsgesetz hat der Gesetzgeber hilfebedürftige **selbst-** **ständig Tätige**, die ab dem 1.1.2009 SGB II-Leistungen empfangen, von der Versicherungspflicht des § 5 Abs. 1 Nr. 2 a SGB V ausgenommen, wenn sie vor dem Leistungsbezug privat oder weder privat noch gesetzlich versichert waren. Damit sollte wohl verhindert werden, dass dieser Personenkreis Leistungen der Grundsicherung für Arbeitsuchende zum Zwecke eines Zugangs zur gesetzlichen Krankenversicherung beantragt. Nach Auffassung des Gesetzgebers ist die Aufnahme von selbstständig Tätigen in die gesetzliche Krankenversicherung aufgrund der Einführung eines Basistarifs in der privaten Krankenversicherung nicht mehr erforderlich.[18] Soweit nicht die Möglichkeit einer freiwilligen Versicherung in der gesetzlichen Krankenversicherung besteht, sind die selbstständig tätigen Leistungsempfänger nach § 193 Abs. 3 VVG verpflichtet, sich bei einem privaten Versicherungsunternehmen für den Krankheitsfall zu versichern.   **12**

II. Leistungsumfang

1. Versicherungsbeiträge

a) Beiträge gesetzlich Versicherter

Die **Beiträge** zur gesetzlichen Krankenversicherung für nach § 5 Abs. 1 Nr. 2 a SGB V Versicherungspflichtige übernimmt der Bund als zuständiger Leistungsträger. Diese Leistung wurde vom Gesetzgeber als **Annexleistung** zur Regelleistung (heute Regelbedarf) verstanden.[19] Den **kassenindividuellen Zusatzbeitrag** hatte der Leistungsträger bis 31.12.2010 nur in besonderen Härtefällen übernommen, § 26 Abs. 4 SGB II aF (→ Rn. 29). Ab 1.1.2011 wurde der kassenindividuelle Zusatzbeitrag von Personen, die nach § 5 Abs. 1 Nr. 2 a SGB V pflichtversichert sind, nicht mehr erhoben, sondern aus der Liquiditätsreserve des Gesundheitsfonds erstattet, § 242 Abs. 4 iVm § 251 Abs. 6 SGB V aF.[20] Lag der kassenindividuelle Zusatzbeitrag höher als der durchschnittliche Zusatzbeitrag (derzeit 8,00 EUR), wurde dieser Differenzbetrag nicht übernommen, wenn der Antragsteller nicht von seinem Sonderkündigungsrecht Gebrauch macht. Der SGB II-Träger ging davon aus, dass derjenige, der von seinem Sonderkündigungsrecht   **13**

---

17 BVerfG 30.8.2017 – 1 BvR 1120/17.
18 Vgl. BT-Drs. 16/3100, 95.
19 Vgl. BT-Drs. 15/1516, 55; SG Potsdam 21.6.2011 – S 40 AS 4202/08; BSG 26.5.2011 – B 14 AS 146/10 R.
20 Gesetz zur nachhaltigen und sozial ausgewogenen Finanzierung der Gesetzlichen Krankenversicherung (GKV-Finanzierungsgesetz) vom 22.12.2010, BGBl. I, 2309 ff.

nicht Gebrauch machte, bereit war, den durchschnittlichen Zusatzbeitrag übersteigenden Betrag freiwillig aus den Leistungen zur Deckung des Regelbedarfs zu zahlen.[21] Diese Auffassung berücksichtigte jedoch nicht, dass Mitglieder einer Krankenkasse bewusst kein Sonderkündigungsrecht geltend machen (konnten), weil ihre zuständige Krankenkasse die für ihre individuelle Erkrankung passenden Leistungen anbietet. Die Wahl der Krankenkasse stand mithin Empfängern von Transferleistungen nicht in diesem Umfang zu wie Nichtleistungsbeziehern. Der aktuelle Zusatzbeitrag liegt bei ungefähr 1 Prozent.[22] Seit 1.1.2015 wird der Zusatzbeitrag nicht mehr aus der Liquiditätsreserve übernommen. Für Versicherte nach § 5 Abs. 1 Nr. 2 a (Arbeitslosengeld-II-Leistungsberechtigte) trägt der Bund über die Bundesagentur für Arbeit und die zugelassenen kommunalen Träger die Beiträge und die Zusatzbeiträge.[23] Für nicht nach § 5 Abs. 1 Nr. 2 a SGB V Versicherte ist die Übernahme des Zusatzbeitrages nicht geregelt. Die ursprünglich in § 26 Abs. 3 SGB II aF enthaltene Regelung hat der Gesetzgeber in der Regelung des § 26 SGB II in der seit 1.1.2017 geltenden Fassung nicht übernommen. Der Zuschuss nach § 26 Abs. 1, 2 SGB II soll den Zusatzbeitrag zur gesetzlichen Krankenversicherung nach § 242 SGB V in der erforderlichen Höhe umfassen.[24]

b) Beiträge nicht Versicherungspflichtiger

14 Für Personen, die nicht unter die Versicherungspflicht nach § 5 Abs. 1 Nr. 2 a SGB II fallen und **freiwillig gesetzlich oder privat versichert** sind, übernimmt der zuständige Träger der Grundsicherung für Arbeitsuchende die Beiträge für die Dauer des Leistungsbezugs nach § 26 Abs. 1 SGB II als Zuschuss. Voraussetzung ist, dass diese Personen nicht in der gesetzlichen Krankenversicherung pflichtversichert und nicht familienversichert sind. § 26 SGB II ist zum 1.1.2017 neu gefasst worden.[25] Damit sollen drei Entscheidungen des BSG umgesetzt worden sein.[26]

15 Der in der privaten Krankenversicherung eingeführte **Basistarif** ist laut Bundesverfassungsgericht verfassungsgemäß.[27] Der Wechsel in den Basistarif ist für Leistungsbezieher nach dem SGB II zumutbar. Ausnahmsweise können bei einem nicht erfolgten Wechsel in den Basistarif die höheren Beiträge nach § 21 Abs. 6 SGB II übernommen werden, und zwar, wenn das Jobcenter nicht über die Wechselmöglichkeit in den Basistarif beraten hat.[28] Für privat versicherte Leistungsberechtigt übernimmt der SGB II-Träger lediglich den halbierten Betrag, denn der Beitrag vermindert sich bei Vorlage eines entsprechenden Nachweises über die Hilfebedürftigkeit nach dem Zweiten oder Zwölften Buch Sozialgesetzbuch um die Hälfte (§ 152 Abs. 4 VAG). Dieser Beitrag ist nicht mehr auf die Höhe des Beitrages begrenzt, der für einen in der gesetzlichen Krankenversicherung versicherten Arbeitslosengeld II-Empfängers zu zahlen wäre (§ 12 Abs. 1 c VAG aF). Hier ist der Gesetzgeber der Entscheidung des Bundessozialgerichts zur Beitragslücke gefolgt.[29]

---

21 Vgl. fachliche Hinweise der Arbeitsagentur zu § 26 SGB II, Fassung vom 20.3.2012, Rn. 26.67.

22 Eine Übersicht über Krankenkassen, die einen individuellen Zusatzbeitrag erheben, findet sich unter www.krankenkasseninfo.de.

23 Gesetz zur Weiterentwicklung der Finanzstruktur und der Qualität in der gesetzlichen Krankenversicherung (GKV-Finanzstruktur- und Qualitäts-Weiterentwicklungsgesetz – GKV-FQWG) vom 21.7.2014, BGBl. I, 1133 ff.; BT-Drs.18/1307, 45.

24 So lautet die Gesetzesbegründung: BT-Drs. 18/8041, 43.

25 Neuntes Gesetz zur Änderung des Zweiten Buches Sozialgesetzbuch – Rechtsvereinfachung – sowie zur vorübergehenden Aussetzung der Insolvenzantragspflicht vom 26.7.2016, BGBl. I, 1824.

26 BT-Drs. 18/8041, 42; BSG 18.1.2011 – B 4 AS 108/10 R; BSG 16.10.2012 – B 14 AS 11/12 R; BSG 15.11.2012 – B 8 SO 3/11 R.

27 BVerfG 10.6.2009 – 1 BvR 706/08.

28 BSG 29.4.2015 – B 14 AS 8/14 R.

29 BSG 18.11.2011 – B 4 AS 108/10 R; Klerks info also 2017, 3 (8).

Wrackmeyer-Schoene

Voraussetzung für die Übernahme der Versicherungsbeiträge ist grundsätzlich der tat- **16**
sächliche Bezug von Arbeitslosengeld II oder Sozialgeld. Auch die Pflichtversicherung in
der gesetzlichen Krankenversicherung besteht nur für die Dauer des tatsächlichen Emp-
fangs von Arbeitslosengeld II (vgl. § 251 Abs. 4 SGB V). Die Beiträge zur freiwilligen
gesetzlichen oder privaten Krankenversicherung nach § 26 SGB II übernimmt der Leistungsträger ebenfalls nur, soweit Hilfebedürftigkeit vorliegt.

c) Zuschuss zu den Beiträgen

Der SGB II-Träger übernimmt ausnahmsweise ohne Leistungsbezug die Beiträge zur **17**
Krankenversicherung dann, soweit die betroffene Person allein durch die Krankenversicherungsbeiträge **hilfebedürftig** werden würde (§ 26 Abs. 2 S. 1 SGB II). Das gilt auch
für Personen, die in der gesetzlichen Krankenversicherung **pflichtversichert** (zB nach § 5
Abs. 1 Nr. 13 SGB V) sind, § 26 Abs. 2 S. 2 SGB II.[30] Die Höhe des Zuschusses ergibt
sich aus der Differenz zwischen den zu zahlenden Beiträgen zur Krankenversicherung
und dem den Bedarf übersteigenden Einkommen. Die Leistung ist auf diese Differenz
beschränkt.

d) Folgen fehlender Beitragszahlung

Werden Beiträge zur Krankenversicherung über einen Zeitraum von zwei Monaten **18**
nicht erbracht, besteht die Gefahr der Unterdeckung des Gesundheitsbedarfes. Solche
Fälle können durchaus in Betracht kommen (zB Nichtgewährung von Leistungen, Minderung von Leistungen um 100 Prozent, Versorgungslücken; siehe sogleich unter →
Rn. 27). Der **Leistungsanspruch ruht**, wenn Beträge von mindestens zwei Monaten trotz
Mahnung nicht gezahlt wurden und eine Ratenzahlungsvereinbarung nicht zustande gekommen ist, § 16 Abs. 3 a SGB V. Leistungen werden in dieser Zeit nur für Untersuchungen zur Früherkennung von Krankheiten nach den §§ 25 und 26 SGB V und Leistungen, die zur Behandlung akuter Erkrankungen und Schmerzzustände sowie bei
Schwangerschaft und Mutterschaft erforderlich sind, erbracht. Auch bei Beitragsschulden von zwei Monaten gegenüber dem privaten Krankenversicherer senkt dieser die
Leistungen im Krankheitsfall ab. Nach § 193 Abs. 6 VVG werden Aufwendungen, die
zur Behandlung akuter Erkrankungen und Schmerzzustände sowie bei Schwangerschaft
und Mutterschaft erforderlich sind, übernommen. Dieser Leistungsumfang entspricht
ungefähr dem des Asylbewerberleistungsgesetzes. Für den über die **Notversorgung** hinausgehenden Gesundheitsbedarf müsste auf die Vorschriften der §§ 48 ff. SGB XII zurückgegriffen werden können, soweit diese Leistungen nicht nach § 31 b Abs. 2 SGB II
ausgeschlossen sind. Um Beitragslücken zu vermeiden, ist in § 26 Abs. 5 SGB II geregelt,
dass der Kranken- und Pflegeversicherungsbeitrag durch das Jobcenter direkt an das
Versicherungsunternehmen gezahlt wird.

2. Leistungen zur Gesundheit
a) Leistungserbringung

Die Leistungen zur Gesundheit und bei Krankheit werden für Empfänger von Arbeitslo- **19**
sengeld II durch die gesetzlichen Krankenkassen nach den Voraussetzungen des Fünften
Buches Sozialgesetzbuch (SGB V) erbracht. Dazu zählen die in § 11 SGB V genannten
Leistungen zur Verhütung von Krankheiten, Leistungen zur Empfängnisverhütung, bei
Sterilisation und bei Schwangerschaftsabbruch, Leistungen zur Früherkennung von
Krankheiten sowie Leistungen zur Behandlung von Krankheiten. Diese Leistungen sind
auch für Arbeitslosengeld II-Empfänger auf diesen Leistungskatalog der gesetzlichen

---

30 Gesetz zur Änderung arzneimittelrechtlicher und anderer Vorschriften v. 17.7.2009, BGBl. I 1990, 2013.

Krankenversicherung begrenzt.[31] Für privat versicherte SGB II-Leistungsempfänger übernehmen die privaten Versicherungsunternehmen die erforderlichen Leistungen im Krankheitsfall nach ihren Versicherungsbedingungen, in der Regel nach dem Basistarif.

b) Eingliederungsleistungen

20 Die Eingliederungsleistungen, wie beispielsweise die psychosoziale Beratung und die Suchtberatung nach § 16 a SGB II, sind keine Leistungen zur Deckung des Gesundheitsbedarfs. Sie dienen der Eingliederung in Arbeit und müssen von den Leistungen zur Gesundheit bzw. Krankheit durch die gesetzliche oder private Krankenversicherung abgegrenzt werden.[32] Bei der Abgrenzung ist darauf abzustellen, ob die Zielrichtung der Beratung eine eigentliche Krankenbehandlung darstellt und von einem Arzt oder Psychotherapeuten durchgeführt werden muss (dann Leistungen zur Gesundheit) oder der Schwerpunkt der Beratung bei der Eingliederung in Arbeit liegt (dann Leistungen zur Eingliederung nach § 16 a SGB II).[33] Letzteres ist bei einer psychosozialen Beratung im Rahmen eines Aufenthalts im Frauenhaus anzunehmen.[34] Hingegen kann eine Sehhilfe für den alltäglichen Gebrauch nicht als Eingliederungsleistung vom zuständigen SGB II-Träger übernommen werden, es sei denn es handelt sich um eine besondere Arbeitsschutzbrille.[35]

c) Bedarfsdeckung

21 Die im Leistungskatalog der Krankenversicherer vorgesehenen Leistungen decken nicht immer den Bedarf der SGB II-Leistungsempfänger an Leistungen zur Gesundheit. Der Leistungsumfang durch die Krankenversicherer – gerade die der gesetzlichen Krankenkassen – ist begrenzt. Auch die Leistungen der privaten Versicherungsunternehmen für Personen, die im Basistarif versichert sind, orientieren sich an den Vorgaben der gesetzlichen Krankenversicherung. Der Leistungskatalog der gesetzlichen Krankenversicherung sieht seit dem Gesundheitsmodernisierungsgesetz[36] unter anderem keine Leistungen mehr für Sehhilfen oder nicht verschreibungspflichtige Medikamente vor. Ob die Gesundheitsausgaben in dem berechneten Regelbedarf ausreichend berücksichtigt wurden, wird bezweifelt.[37] Das Bundesverfassungsgericht hält den Regelbedarf für verfassungsgemäß.[38]

22 Eine Härtefallregelung sieht das Fünfte Buch Sozialgesetzbuch für die Zuzahlung bei Medikamenten vor. Eine Zuzahlungsbefreiung besteht, wenn die Zuzahlung innerhalb eines Kalenderjahres zwei Prozent (und bei chronischen Erkrankungen ein Prozent) des jährlichen Einkommens übersteigt (Belastungsgrenze), § 62 Abs. 1 SGB V. Für andere erforderlichen Leistungen zur Deckung des Gesundheitsbedarfs fehlt es an einer solchen Härtefallregelung. Das betrifft insbesondere Sehhilfen, Verhütungsmittel, die vom Leistungskatalog ausgenommen sind, nicht verschreibungspflichtige Medikamente und Fahrtkosten.[39] Empfänger von Arbeitslosengeld II müssen die Mittel für diese Gesundheitsleistungen von der für den Regelbedarf ermittelten Pauschale erbringen. Das führt

---

31 BSG 26.5.2011 – B 14 AS 146/10 R.
32 Stölting in: Eicher/Spellbrink SGB II, 4. Aufl. 2017, § 16 a Rn. 19.
33 LSG RhPf 16.12.2008 – L 5 B 422/08 AS; Stölting in: Eicher/Spellbrink SGB II, 4. Aufl. 2017, § 16 a Rn. 19; vgl. auch Löcher ZfS 2005, 78 (82) für die Sozialhilfe.
34 BSG 23.5.2012 – B 14 AS 190/11 R.
35 LSG RhPf 16.12.2008 – L 5 B 422/08 AS.
36 Gesetz zur Modernisierung der gesetzlichen Krankenversicherung v. 14.11.2003 (BGBl. I, 2190).
37 Vgl. Deutscher Verein für öffentliche und private Fürsorge eV (Hinweise zur Verbesserung der gesundheitlichen Teilhabe), NDV 2009, 119 ff.; Wendtland ZSR 2007, 423 (441).
38 BVerfG 23.7.2014 – 1 BvL 10/12, 1 BvL 12/12, 1 BvR 1691/13.
39 Vgl. Hinweise des Deutschen Vereins für öffentliche und private Fürsorge eV zur Verbesserung der gesundheitlichen Teilhabe, NDV 2009, 119 ff. sowie BR-Drs. 646/09; Böttiger Sozialrecht aktuell 2008, 203 ff.

dazu, dass dem hilfebedürftigen Kranken dann weniger Mittel zur Bestreitung seines Lebensunterhalts zur Verfügung stehen.[40]

Nach der Entscheidung des Bundesverfassungsgerichts im Jahr 2010 zur Verfassungs- **23** mäßigkeit der Regelsätze[41] hat der Gesetzgeber mit § 21 Abs. 6 SGB II eine **Härtefallregelung im SGB II** geschaffen. Danach ist der SGB II-Leistungsträger verpflichtet, im Rahmen seiner Bewilligungsentscheidung zu prüfen, ob im Einzelfall ein Mehrbedarf bei der Deckung des Gesundheitsbedarfs vorliegt (sogleich → Rn. 27). Leistungen nach dem Zwölften Buch Sozialgesetzbuch sind neben denen des Zweiten Buches Sozialgesetzbuch ausgeschlossen, soweit sie das Dritte Kapitel (§§ 27–40 SGB XII) betreffen, § 5 Abs. 2 S. 1 SGB II. Leistungen im Krankheitsfall nach §§ 48 ff. SGB XII gehören zum Fünften Kapitel des Zwölften Buches Sozialgesetzbuch und sind daher grundsätzlich anwendbar. Allerdings können die Leistungen nach § 48 SGB XII nur in dem Umfang erbracht werden, wie sie auch nach dem Leistungskatalog der gesetzlichen Krankenversicherungen erbracht werden.[42] Der Rückgriff auf § 73 SGB XII (Hilfe in sonstigen Lebenslagen) ist ebenfalls denkbar. Dabei sind strenge Anforderungen zu stellen, zB inwieweit tatsächlich eine besondere Lebenslage vorliegt,[43] und ob § 21 Abs. 6 SGB II vorrangig ist und nicht sogar einen Rückgriff auf § 73 SGB XII ausschließt.

III. Einzelfälle

1. Sanktionierung

SGB II-Leistungsempfänger können bei mehrfachem Pflichtverstoß derart sanktioniert **24** werden, dass der Leistungsbezug ganz eingestellt wird („100 %-Sanktionierung").[44] Die Unterbrechung des Leistungsbezugs entbindet den SGB II-Leistungsträger grundsätzlich von der Weiterzahlung der Beiträge zur gesetzlichen Krankenversicherung nach § 5 Abs. 1 Nr. 2 a SGB VI.[45] Dies ergibt sich aus dem Wortlaut des § 5 Abs. 1 Nr. 2 a SGB VI, wonach die Pflichtversicherung für Personen besteht, die Arbeitslosengeld II „beziehen". Bei einer Einstellung der Zahlung von Arbeitslosengeld II aufgrund einer weiteren wiederholten Pflichtverletzung nach § 31 a Abs. 2 S. 2 SGB II entfällt das Arbeitslosengeld II ganz. Dadurch kann es zu einem Beitragsrückstand kommen, der wiederum zu einer Leistungsminderung nach § 16 Abs. 3 a S. 2 SGB V bzw. für den privat Versicherten nach § 193 Abs. 6 VVG führen kann, wodurch die Deckung des Gesundheitsbedarfs gefährdet ist.

Während dieser Zeit besteht kein Anspruch auf ergänzende Hilfe zum Lebensunterhalt **25** nach dem Zwölften Buch Sozialgesetzbuch, § 31 b Abs. 2 SGB II. Es besteht auch kein Anspruch auf Leistungen bei Krankheit nach § 48 SGB XII, denn § 31 b Abs. 2 SGB II meint nicht die „Hilfe zum Lebensunterhalt" im Sinne von § 8 Nr. 1 SGB XII, sondern sämtliche Leistungen nach dem Zwölfen Buch Sozialgesetzbuch. Würde § 31 b Abs. 2 SGB II nur die Leistungen zur „Hilfe zum Lebensunterhalt" nach § 8 Nr. 1 SGB XII erfassen, kämen Leistungen nach §§ 48 ff. SGB XII als Leistungen zur Gesundheit nach § 8 Nr. 3 SGB XII zur Anwendung und der Sozialleistungsträger würde als Ausfallbürge in Fällen der 100%-Sanktionierung eintreten. Eine Versicherungspflicht nach § 5 Abs. 1

---

40 Mrozynski ZFSFH 2004, 198 (215).
41 BVerfG 9.2.2010 – 1 BvL 1/09, 1 BvL 3/09; 1 BvL 4/09.
42 LSG Hmb 18.7.2005 – L 4 B 195/05 ER; Wendtland ZSR 2007, 423 (427); Mrozynski ZFSFH 2004, 198 (215).
43 Für das Umgangsrecht: BSG 7.11.2006 – B 7 b AS 14/06 R, NDV-RD 2007, 29 ff.; Peters/Wrackmeyer NDV 2007, 145 ff.
44 Diese Regelung wurde durch das Gesetz zur Fortentwicklung der Grundsicherung für Arbeitsuchende v. 20.7.2006 (BGBl. I, 1706) eingefügt.
45 B. Schmidt, Kommentar zum Sozialrecht, 5. Aufl. 2017, § 26 SGB II Rn. 6, der Zuschuss nach § 26 SGB II werde weiter gezahlt.

Nr. 13 SGB V würde ausscheiden, da diese nachrangig gegenüber Leistungen nach § 48 SGB XII ist.[46] Der Leistungsausschluss des § 31 b Abs. 2 SGB II erfasst mithin auch die Leistungen nach §§ 48 ff. SGB XII.

26 Dennoch besteht die zum 1.1.2009 eingeführte allgemeine Versicherungspflicht in der Zeit der Unterbrechung des SGB II-Leistungsbezuges aufgrund einer Sanktionierung weiter. Da jedoch private Krankenversicherungsunternehmen für die Zeit der Sanktionierung keine private Krankenversicherung mit den Betroffenen abschließen werden, greift die Auffangversicherung nach § 5 Abs. 1 Nr. 13 SGB V ein. Diese Auffangversicherung hat jedoch mittlerweile in den soeben beschriebenen Fällen an Bedeutung verloren. Der Gesetzgeber hat mit der Neuregelung des § 188 SGB V zum 1.8.2013 eine Regelung geschaffen, dass die beendete Pflicht- und Familienversicherung sich als freiwillige Versicherung fortsetzt.[47] Die Beiträge für die freiwillige Versicherung müssen dennoch von dem Betroffenen geleistet werden.

2. „Versorgungslücke"

27 Der Gesundheitsbedarf sollte für hilfebedürftige Personen durchgehend gesichert sein. Da die Versicherungspflicht nach § 5 Abs. 1 Nr. 2 a SGB V nur dann greift, wenn die leistungsberechtigte Person tatsächlich Leistungen nach dem SGB II empfängt, ist dieser Versicherungsschutz nicht mehr gegeben, wenn es zu einer längeren Unterbrechung des Leistungsbezuges und dadurch zu einer „Versorgungslücke" kommt. In der Praxis sind die Fälle denkbar, in denen ein Hilfebedürftiger nach Ablauf des Bezuges von Arbeitslosengeld I den Antrag auf SGB II-Leistungen verspätet stellt, ein SGB-II-Leistungsempfänger versäumt, rechtzeitig einen Folgeantrag zu stellen, oder in den Zuständigkeitsbereich eines anderen SGB II-Leistungsträger verzieht und dort erst zu einem späteren Zeitpunkt Leistungen beantragt.[48] Der Hilfebedürftige ist in dieser Zeit nach § 5 Abs. 1 Nr. 13 SGB V pflichtversichert. Eine Versicherungspflicht nach § 5 Abs. 1 Nr. 13 SGB V besteht nicht erst mit dem ausdrücklichen Beitritt in die Gesetzliche Krankenversicherung, sondern kraft Gesetzes.[49] Ein Verweis auf die privaten Versicherungsunternehmen als der nach § 5 Abs. 1 Nr. 13 SGB V geregelten vorrangigen Versicherung ist grundsätzlich möglich.

28 Eine Übernahme dieser Beiträge nach § 26 SGB II ist nur auf Antrag möglich und soweit durch diese Beiträge Hilfebedürftigkeit nach dem SGB II eintreten würde. Ist die Unterbrechung des Leistungsbezuges von längerer Dauer und entstehen Beitragsschulden in der Höhe von mindestens zwei Monatsbeiträgen, ruht der Anspruch auf Gesundheitsleistungen, § 16 SGB V. Sobald die leistungsberechtigte Person wieder Leistungen nach dem SGB II oder nach dem SGB XII empfängt, lebt der Leistungsanspruch nach dem SGB V wieder auf. Dennoch können zwischenzeitlich Beitragsschulden entstanden sein, wenn er während der Leistungsunterbrechung nicht in der Lage war, die Versicherungsbeiträge aus eigenen Mitteln zu zahlen. Der SGB II- oder SGB XII-Leistungsträger ist nicht verpflichtet, diese Schulden zu übernehmen. Ein **Erlass dieser Beitragsschulden** kam bereits nach § 186 Abs. 11 S. 4 SGB V aF in Betracht. Nach dieser Vorschrift hat die Krankenkasse in ihrer Satzung vorzusehen, wann nach verspäteter Anzeige der Versicherungspflicht der nachzuzahlende Beitrag ermäßigt, gestundet oder von einer Erhebung des Beitrages abgesehen werden kann. Sie wurde mit der allgemeinen Versiche-

46 BT-Drs. 16/3100, 94; BSG 6.10.2010 – B 12 KR 25/09 R.
47 BT-Drs. 17/13947, 27; Gesetz zur Beseitigung sozialer Überforderung bei Beitragsschulden in der Krankenversicherung vom 15.7.2013, BGBl. I, 2423.
48 Vgl. für Inhaftierte vor Antrag auf Grundsicherung im Alter: LSG NRW 15.3.2011 – L 20 SO 7/11 B ER.
49 BSG 27.1.2010 – B 12 KR 2/09 R; BSG 6.10.2010 – B 12 KR 25/09 R, das Bundessozialgericht hat die Frage offen gelassen, ob ein Verweis auf eine private Krankenversicherung den Eintritt der gesetzlichen Versicherungspflicht nach § 5 Abs. 1 Nr. 13 SGB V in Fällen der „Versorgungslücke" ausschließt.

Wrackmeyer-Schoene

rungspflicht nach § 5 Abs. 1 Nr. 13 SGB V für die Fälle eingeführt, in denen Pflichtversicherte erst zu einem späteren Zeitpunkt Kenntnis von ihrer gesetzlichen Versicherungspflicht erfahren. Zum 1.8.2013 richtet sich die Ermäßigung und der Erlass von Beitragsschulden und Säumniszuschlägen bei der nach § 5 Abs. 1 Nr. 13 SGB V eintretenden Versicherungspflicht nach der neu eingeführten Vorschrift des § 256 a SGB V.[50]

3. Zusatzbeitrag

Seit 1.1.2009 konnten die gesetzlichen Krankenkassen einen sogenannten kassenindividuellen **Zusatzbeitrag** von jedem ihrer Versicherten verlangen, wenn die Zuweisung aus dem Gesundheitsfonds den Finanzbedarf der Krankenkasse nicht deckt, § 242 SGB V. Dieser Zusatzbeitrag soll die Kosten decken, die nach der Zuweisung aus dem Gesundheitsfonds ungedeckt bleiben. Seit Anfang 2010 machten einige Krankenkassen von der Regelung Gebrauch. Bei der derzeitigen Wirtschaftslage steht zu erwarten, dass weitere Krankenkassen einen Zusatzbeitrag erheben. Nach § 251 Abs. 6 SGB V hat grundsätzlich das Mitglied den Zusatzbeitrag zu tragen. Die Empfänger von SGB II-Leistungen hatten die Kosten für den Zusatzbeitrag bis Ende 2010 aus der Regelleistung zu bestreiten. Der zuständige Träger kann den Zusatzbeitrag übernehmen (Ermessen!), wenn der Versicherte aufgrund des Zusatzbeitrages zu einem Wechsel der Krankenkasse gezwungen wäre und dies für ihn eine **unzumutbare Härte** bedeutet. Eine unzumutbare Härte liegt danach insbesondere vor, wenn der Versicherte eine Dauerbehandlung abbrechen müsste, eine andere Krankenkasse nicht so gut erreichbar wäre wie die bisherige oder das Ende des SGB II-Leistungsbezugs absehbar ist.[51] Vom 1.1.2011 bis zum 31.12.2014 wurde von nach § 5 Abs. 1 Nr. 2 a SGB V (Bezieher von Arbeitslosengeld II) Pflichtversicherten und Sozialgeldempfängern, die freiwillig oder nach § 5 Abs. 1 Nr. 13 SGB V versichert sind, nur der durchschnittliche Zusatzbeitrag im Sinne von § 242 a SGB V erhoben. Diese Personen mussten den Zusatzbeitrag nicht zahlen, da die Krankenkassen diesen aus der **Liquiditätsreserve des Gesundheitsfonds** erstattet bekommen hatten, § 242 Abs. 4 iVm § 251 Abs. 6 SGB V. Seit 1.1.2015 zahlt der Bund den Zusatzbeitrag für Pflichtversicherte nach § 5 Abs. 1 Nr. 2 a SGB V. Der Zusatzbeitrag wird nicht mehr aus der Liquiditätsreserve zulasten der anderen Versicherten erbracht. Bei einem Anspruch auf Zuschuss zu den Versicherungsbeiträgen nach § 26 SGB II soll der Zusatzbeitrag mit erfasst sein.[52]

4. Von der Beitragslücke zur Gebührenlast

Die Beitragslücke hatte bis zur Entscheidung des Bundessozialgerichts im Januar 2011 und die endgültige Umsetzung durch den Gesetzgeber zum 1.1.2017 dadurch bestanden, dass für Leistungsbezieher, die bei einem privaten Versicherungsunternehmen für den Krankheitsfall versichert sind, der SGB II-Leistungsträger nach dem Wortlaut des § 26 SGB II aF den (halbierten) Beitrag nur bis zur Höhe des Beitrags, den der Träger für einen in der gesetzlichen Krankenversicherung versicherten Arbeitslosengeld II-Empfänger zahlt, § 26 Abs. 1 S. 1 Nr. 1 SGB II iVm § 12 Abs. 1 c S. 5 und 6 VAG aF, übernommen hat. Da die Beiträge zur privaten Krankenversicherung in der Regel höher sind als die der gesetzlichen Krankenversicherung, entstand eine Kostendifferenz, deren Übernahme im Gesetz nicht ausdrücklich geregelt war.[53] Das Bundessozialgericht hat

50 Gesetz zur Beseitigung sozialer Überforderung bei Beitragsschulden in der Krankenversicherung vom 15.7.2013, BGBl. I, 2423.
51 Anlage zur Geschäftsanweisung der Bundesagentur für Arbeit, GA SGB II Nr. 10/2010; zur alten Rechtslage: Wrackmeyer-Schoene info also 2010, 156 ff.
52 BT-Drs. 18/8041, 43.
53 Vgl. Position des Deutschen Vereins für öffentliche und private Fürsorge eV, NDV 2008, 328 f.; Klerks info also 2009, 153 ff.

im Januar 2011 entschieden,[54] dass der SGB II-Leistungsträger den Beitrag zur privaten Krankenversicherung in vollem Umfang zu übernehmen hat, und zwar in entsprechender Anwendung des § 26 Abs. 1 S. 1 Nr. 1 SGB II iVm § 12 Abs. 1 c S. 5 und 6 VAG aF Ein Kostenrisiko verbleibt dennoch. Dieses besteht zwar mit der Neuregelung des § 26 SGB II zum 1.1.2017 nicht mehr in der Höhe der Beitragsschuld, sondern vielmehr hinsichtlich der durch den behandelnden Arzt gestellten Rechnung. Bei privat Versicherten berechnen die behandelnden Ärzte für ihre Leistung mitunter das 2,3-fache der Gebührenordnung für eine nach Schwierigkeit und Zeitaufwand durchschnittliche Leistung. Allerdings werden im Basistarif die ärztlichen Leistungen pauschal nur mit einem Satz von 1,2 erstattet. Die Differenz zum in Rechnung gestellten Satz von 2,3 trägt der im Basistarif versicherte Leistungsbezieher selbst aus seiner Regelleistung.[55] Den Leistungsbeziehern wird zugemutet, der Rechnung des Arztes zu widersprechen oder den gesetzlichen Sicherstellungsauftrag bei der zuständigen Kassenärztlichen Vereinigung „einzufordern".[56] Überzeugender für die Nichtübernahme der Differenz ist das systematische Argument, dass der Sozialhilfeträger oder auch der SGB II-Leistungsträger nicht als Ausfallbürge für die Abrechnungspraxis der Ärzte herhalten kann.

5. Mehrbedarf

31 Zwar hat das Bundessozialgericht in seiner Entscheidung aus Mai 2011 dem medizinischen Mehrbedarf chronisch Kranker aufgrund nicht verschreibungspflichtiger Arzneimittel eine klare Absage erteilt.[57] Der Umfang der Leistungen für Gesundheit und bei Krankheit sei danach ausschließlich nach dem System des Krankenversicherungsrechts zu beurteilen. Ein insoweit abgeschlossener Leistungskatalog kann nicht dazu führen, dass der SGB II-Leistungsträger das in dieser Hinsicht defizitäre System der Krankenversicherung ausgleicht. Auch bietet § 73 SGB II keine Grundlage für die Übernahme weiterer Leistungen. Entstehen einem SGB II-Leistungsberechtigten weitere Kosten für seine Gesundheit, so hat er diese mit seinem Regelbedarf zu bestreiten. In den Entscheidungsgründen wird unter anderem ausgeführt: „... Die Frage, ob die Kosten für Arzneimittel als Teil einer Krankenbehandlung übernommen werden, muss der Hilfebedürftige gegenüber seiner Krankenkasse klären. [...] gelten für Leistungsempfänger nach dem SGB II keine anderen Voraussetzungen als für die übrigen Versicherten nach dem SGB V, die Versicherungsschutz aufgrund abhängiger Beschäftigung erlangen. [...] Soweit die Klägerin wegen ihrer chronischen Erkrankung geltend macht, dieser Betrag reiche nicht aus, richtet sich dieser Angriff im Kern gegen die Höhe der Regelleistung ...".[58] Das Bundessozialgericht hatte über einen Zeitraum aus 2006 zu entscheiden. Zu dieser Zeit war die Regelung des § 21 Abs. 6 SGB II noch nicht in Kraft getreten. Es ist daher nach jetziger Gesetzeslage durchaus denkbar, dass für Leistungen für Gesundheit und Krankheit, die weder über das System der Krankenversicherung noch aus der Leistung zur Deckung des Regelbedarfs gedeckt sind, zusätzlich ein Anspruch auf Mehrbedarf nach § 21 Abs. 6 SGB II bestehen kann.

32 Wenn Leistungsberechtigte ihren – die Leistungen der Krankenversicherung übersteigenden – Bedarf zur Gesundheit über einen längeren Zeitraum nicht mit dem Regelbedarf decken können, kommt ein Anspruch auf **Mehrbedarf** nach § 21 Abs. 6 SGB II in Betracht. § 21 Abs. 6 SGB II wurde nach der Entscheidung des Bundesverfas-

---

54 BSG 18.1.2011 – B 4 AS 108/10 R.
55 Krit. Brörken info also 2016, 55 ff.
56 LSG Bln-Bbg 18.6.2015 – L 23 SO 268/12; LSG NRW 14.11.2013 – L 9 SO 46/13; BayLSG 21.10.2016 – L 8 SO 246/15.
57 BSG 26.5.2011 – B 14 AS 146/10 R.
58 BSG 26.5.2011 – B 14 AS 146/10 R.

sungsgerichts zur Verfassungsmäßigkeit der Regelleistung[59] zum 3.6.2010 eingeführt.[60] Danach erhalten erwerbsfähige Hilfebedürftige einen Mehrbedarf, soweit im Einzelfall **ein unabweisbarer, laufender, nicht nur einmaliger besonderer Bedarf** besteht. Dabei ist ein Mehrbedarf dann unabweisbar, wenn er nicht durch Zuwendungen Dritter sowie unter Berücksichtigung von Einsparmöglichkeiten gedeckt ist und er seiner Höhe nach erheblich von einem durchschnittlichen Bedarf abweicht. Wenn diese Voraussetzungen vorliegen, können beispielsweise die Kosten für Salben zur Behandlung von **Neurodermitis,**[61] die Aufwendungen für eine **Gleitsichtbrille,**[62] die Fahrkosten im Zusammenhang mit einer **Methadonsubstitution**[63] einen Mehrbedarf im Sinne von § 21 Abs. 6 SGB II darstellen. Zu beachten ist dabei aber, dass die Vorschrift des § 21 Abs. 6 SGB II restriktiv anzuwenden ist. Sie ist zwar als Öffnungsklausel für die Fälle gedacht, in denen die Regelleistung zur Deckung eines unabweisbaren Bedarfs erschöpft ist. Die Norm darf aber im Ergebnis nicht dazu führen, dass der SGB II-Leistungsträger Gesundheitsbedarfe finanziert, die von den Leistungen der (gesetzlichen) Krankenversicherung bewusst ausgenommen sind. Die Träger der Grundsicherung für Arbeitsuchende sind nicht zugleich Träger der Gesundheitsbedarfe. Grundsätzlich sollen daher nicht von § 21 Abs. 6 SGB II erfasst sein: nicht laufend entstehende Kosten für verschreibungspflichtige Arzneimittel auf Privatrezept,[64] ein von § 21 Abs. 5 SGB II nicht umfasster krankheitsbedingter Ernährungsaufwand, die Sehhilfe, der Zahnersatz und orthopädische Schuhe.[65] Ausnahmen sind jedoch möglich.[66] Zudem ist der Leistungsträger gehalten, genau zu prüfen, ob tatsächlich „Einsparmöglichkeiten" vorhanden sind.[67] Dieser Systematik, dass der SGB II-Träger nicht zum Träger von Gesundheitsleistungen werden darf, widerspricht das BSG mit seiner Entscheidung aus 2013. Danach kann ein durch eine medizinische Behandlungsmaßnahme ausgelöster Mehrbedarf gegenüber dem Regelbedarf nur dann unabweisbar sein, wenn die medizinisch notwendige Versorgung durch das Leistungsrecht der gesetzlichen Krankenversicherung beschränkt wird.[68]

C. Lage nach dem SGB XII

Die Regelungen über Leistungen zur Deckung des Gesundheitsbedarfs für SGB XII-Leistungsberechtigte sind sehr unübersichtlich ausgestaltet. Regelungen finden sich unter anderem in den §§ 47 ff. SGB XII, § 264 SGB V, § 5 Abs. 1 Nr. 13 SGB V, § 5 Abs. 8 a SGB V, § 152 VAG, § 193 VVG. Eine Versicherungspflicht in der gesetzlichen Krankenversicherung durch Empfang von Sozialhilfe, ähnlich wie bei der Grundsicherung für Arbeitsuchende (§ 5 Abs. 1 Nr. 2 a SGB V), ist der Sozialhilfe nach wie vor fremd.[69] Seit dem 1.1.2009 besteht jedoch für Personen, die nicht in der gesetzlichen Krankenversi- **33**

59 BVerfG 9.2.2010 – 1 BvL 1/09, 1 BvL 3/09, 1 BvL 4/09.
60 Art. 3 a Nr. 2 Gesetz zur Abschaffung des Finanzplanungsrates und zur Übertragung der fortführenden Aufgaben auf den Stabilitätsrat sowie zur Änderung weiterer Gesetze vom 27.5.2010, BGBl. I, 671 f.
61 BT-Drs. 17/1465, 9; SG Bremen 18.2.2011 – S 22 AS 2474/10 ER; ablehnend: BayLSG 25.6.2010 – L 7 AS 404/10 B ER.
62 SG Detmold 11.1.2011 – S 21 AS 926/10; aA LSG Hmb 9.4.2014 – L 4 AS 279/13 (einmalige Kosten).
63 LSG NRW 19.3.2015 – L 6 AS 1926/14; aA Fahrkosten zu Krankenbehandlung: SächsLSG 25.9.2013 – L 7 AS 83/12 NZB.
64 SG Stuttgart 23.5.2011 – S 11 AS 2585/11 ER.
65 BT-Drs. 17/1465, 9.
66 Wie beispielsweise die Übernahme der Kosten für eine bestimmte Gleitsichtbrille: SG Detmold 11.1.2011 – S 21 AS 926/10.
67 Klerks info also 2010, 205 (206).
68 BSG 12.12.2013 – B 4 AS 6/13 R.
69 BSG 6.10.2010 – B 12 KR 25/09 R; BT-Drs. 18/9984, 102.

cherung versicherungspflichtig sind, die Pflicht zum Abschluss einer Versicherung für den Krankheitsfall bei einem privaten Versicherungsunternehmen.

I. Voraussetzungen

1. Anwendungsbereich

a) Nachranggrundsatz

34 Die Leistungen zur Gesundheit oder bei Krankheit nach §§ 47 ff. SGB XII werden vom Sozialhilfeträger subsidiär erbracht. Der hier einschlägige Nachranggrundsatz nach § 2 Abs. 1 SGB XII meint auch die Leistungserbringung durch private Versicherungsunternehmen („... wer die erforderliche Leistung von anderen [...] erhält"). Eine Leistungspflicht des Sozialhilfeträgers zur Deckung des Gesundheitsbedarfs besteht nur, wenn keine anderweitige Absicherung für den Krankheitsfall existiert.

35 Daher erhalten Sozialhilfeempfänger die erforderlichen Leistungen zur Deckung des Gesundheitsbedarfs zumeist von ihren Krankenversicherern: soweit sie freiwillig oder über § 5 Abs. 1 Nr. 13 SGB V pflichtversichert sind von der gesetzlichen Krankenkasse; soweit sie privat versichert sind von dem privaten Versicherungsunternehmen.

b) Versicherungspflicht

36 Seit dem 1.1.2009 besteht aufgrund des GKV-Wettbewerbsstärkungsgesetzes eine allgemeine Krankenversicherungspflicht. Sofern diese nicht in der gesetzlichen Krankenversicherung im Wege einer Familienversicherung nach § 10 SGB V oder einer freiwilligen Versicherung oder über § 5 Abs. 1 Nr. 13 SGB V (aufgrund § 5 Abs. 8 a SGB XII oder einer anderweitigen Absicherung im Krankheitsfall über § 264 Abs. 2 SGB V) besteht, ist der Sozialhilfeberechtigte seit 1.1.2009 verpflichtet, sich privat zu versichern (§ 193 Abs. 3 VVG nF).[70] Diese Versicherungspflicht besteht nicht für Personen, die laufend Leistungen nach dem Dritten, Vierten, Sechsten und Siebten Kapitel des Zwölften Buches Sozialgesetzbuch empfangen, § 193 Abs. 3 S. 2 Nr. 4 VVG. Entscheidend ist der tatsächliche Empfang dieser Leistungen und nicht nur die bloße Anspruchsberechtigung.

37 Die privaten Krankenversicherungsunternehmen sind bei Kontrahierungszwang verpflichtet, einen allgemeinen Basistarif anzubieten.[71] Der Sozialhilfeträger übernimmt die Beiträge zur privaten Krankenversicherung, soweit sie angemessen sind. Angemessen im Sinne von § 32 Abs. 4 S. 2 Nr. 1 SGB XII ist der halbierte Beitrag im Basistarif nach § 152 Abs. 2 VAG.[72]

c) Statusversicherung

38 Andere Sozialhilfeempfänger, die weder freiwillig gesetzlich noch privat versichert sind, erhalten Leistungen zur Gesundheit grundsätzlich über § 264 Abs. 2 SGB V („Übernahme der Krankenbehandlung für nicht Versicherungspflichtige gegen Kostenerstattung"). Danach sind die gesetzlichen Krankenkassen verpflichtet, die Krankenbehandlung von Empfängern von Leistungen nach dem Dritten bis Neunten Kapitel des Zwölften Buches SGB V, die nicht versichert sind, zu übernehmen. Die Rechtsnatur dieser Statusversicherung ist nicht abschließend geklärt.[73] Erst wenn ein Krankenversicherungsschutz

---

70 Entspricht dem mit Art. 43 GKV-WSG eingeführten § 178 a Abs. 5 VVG, der durch das Gesetz zur Reform des Versicherungsvertragsrechts v. 23.11.2007 (BGBl. I, 2631) inhaltlich unverändert, aber mit neuer gesetzlicher Zählung in das ab dem 1.1.2009 geltende Versicherungsvertragsgesetz übernommen wurde.

71 Diese gesetzliche Verpflichtung der privaten Krankenversicherer zum Basistarif ist mit dem Grundgesetz vereinbar: vgl. BVerfG 10.6.2009 – 1 BvR 706/08.

72 Vgl. Bieritz-Harder/Birk in: LPK-SGB XII § 32 Rn. 24.

73 Vgl. Wendtland ZSR 2007, 423 (429).

nach § 264 SGB V nicht einschlägig ist, kommen Leistungen zur Hilfe bei Krankheit nach §§ 48 ff. SGB XII in Betracht. Leistungen der Sozialhilfe gehen dem Versicherungstatbestand nach § 5 Abs. 1 Nr. 13 SGB V vor.[74] Das lässt sich sowohl aus der gesetzlichen Formulierung „... die keinen anderweitigen Anspruch auf Absicherung im Krankheitsfall haben ..." sowie aus dem Ausschlusstatbestand nach § 5 Abs. 8 a SGB V schließen. Nach § 5 Abs. 8 a SGB V ist nicht nach § 5 Abs. 1 Nr. 13 SGB V versicherungspflichtig, wer Empfänger laufender Leistungen nach dem Dritten, Vierten, Sechsten und Siebten Kapitel SGB XII ist. Der Gesetzgeber wollte erreichen, dass der Sozialhilfeträger weiterhin für die Krankenbehandlung von Sozialhilfeempfängern zuständig bleibt.[75] Erst nachrangig ist eine Versicherungspflicht nach § 5 Abs. 1 Nr. 13 SGB V zu prüfen, deren Versicherungsbeiträge nach § 32 SGB XII übernommen werden und eine Leistungspflicht der gesetzlichen Krankenkassen begründet. Für diesen Fall wird der Nachranggrundsatz der Sozialhilfe nach § 2 SGB XII durchbrochen.

2. Personenkreis

Mit der durch das GKV-Wettbewerbsstärkungsgesetz eingeführten Versicherungspflicht auch für Sozialhilfeempfänger sind die §§ 47 ff. SGB XII nur für diejenigen relevant, die weder gesetzlich noch privat versichert waren oder sind und keine anderen Ansprüche auf Heilbehandlung (zB über § 264 Abs. 2 SGB V) haben und deren Sozialhilfebezug vor dem 1.1.2009 begann. Die Vorschriften des Fünften Kapitels des Zwölften Buches Sozialgesetzbuch (**Hilfen zur Gesundheit**) sind daher nur noch in Ausnahmefällen einschlägig. Wegen des Vorrangs der Leistungen für Gesundheit und bei Krankheit nach § 264 SGB V sind von den Hilfen nach §§ 47 ff. SGB XII (nur) die Personen erfasst, die keine Leistungen aufgrund § 264 SGB V erhalten. Das betrifft Personen, die ausschließlich Beratungsleistungen nach § 11 Abs. 5 S. 3 SGB XII oder ausschließlich Beiträge zur Vorsorge nach § 33 SGB XII erhalten oder beanspruchen können. Weiterhin Deutsche, die im Ausland Sozialhilfe erhalten und Personen, die nicht mindestens einen Monat Hilfe zum Lebensunterhalt nach dem SGB XII beziehen. **39**

Leistungen zur Gesundheit nach dem Fünften Kapitel des Zwölften Buches Sozialgesetzbuch erhalten zunächst Personen, die vor dem 1.1.2009 im Sozialhilfeleistungsbezug standen und weder gesetzlich noch privat versichert sind. Dazu gehören auch Empfänger von Leistungen zur Grundsicherung im Alter und bei Erwerbsminderung nach dem Vierten Kapitel des Zwölften Buches Sozialgesetzbuch. Sie sind im Krankheitsfall über § 264 Abs. 2 SGB V abgesichert.[76] **40**

3. Hilfebedürftigkeit

Leistungen zur Gesundheit nach § 264 SGB V oder nach §§ 48 ff. SGB XII setzen Hilfebedürftigkeit voraus, dh dem Leistungsberechtigten ist das Aufbringen der Mittel aus Einkommen und Vermögen nicht möglich oder zumutbar. **41**

Liegt keine Berechtigung zur Sozialhilfe mehr vor, sind die Sozialhilfeträger verpflichtet, diese Personen bei der Krankenkasse abzumelden und die Versichertenkarte einzuziehen. Missbrauchsfälle mit einer nicht eingezogenen Versichertenkarte gehen zulasten des Sozialhilfeträgers, wenn ein Regress bei den die Karte missbrauchenden Personen erfolglos bleibt (§ 264 Abs. 5 S. 3 SGB V). **42**

---

74 Moritz-Ritter in: LPK-SGB V, 5. Aufl. 2016, § 5 Rn. 65; vgl. BT-Drs. 16/3100, 94.
75 Vgl. BT-Drs. 16/3100, 94.
76 Der Gesetzgeber hat diesen Personenkreis durch das Verwaltungsmodernisierungsgesetz v. 21.3.2005 (BGBl. I, 818) in den Tatbestand des § 264 Abs. 2 SGB V aufgenommen.

II. Leistungsumfang

1. Versicherungsbeiträge

43 Die Versicherungsbeiträge für die Pflichtversicherung – privat oder gesetzlich – und die freiwillige Versicherung übernimmt der Sozialhilfeträger, § 32 SGB XII. Mit Wirkung zum 1.1.2018 wurde § 32 SGB XII neu gefasst und § 32 a SGB XII neu eingeführt.[77] Die Versicherungsbeiträge zur privaten Krankenversicherung trägt der Sozialhilfeträger, soweit sie angemessen sind, § 32 Abs. 1 SGB XII. Bei gesetzlicher Krankenversicherung ist dieser Betrag angemessen, § 32 Abs. 2 SGB XII. Angemessen ist auch der Zusatzbeitrag nach § 242 Abs. 1 SGB V, § 32 Abs. 3 SGB V.

44 Bei privat versicherten SGB XII-Leistungsempfängern ist der Basistarif in Höhe des halbierten Beitrages angemessen, § 32 Abs. 4 Nr. 1 SGB XII. Der Sozialhilfeträger hat die Möglichkeit, bei voraussichtlich nur kurzem Leistungsbezug von bis zu drei Monaten höhere Beiträge zu übernehmen, § 32 Abs. 4 Satz 2 SGB XII. In Ausnahmefällen kann auf Antrag ein höherer Beitrag bis zu sechs Monaten übernommen werden, § 32 Abs. 4 Satz 3 SGB XII. Hierbei handelt es sich um eine Ermessensentscheidung. Denkbar sind Fälle, in denen der Bedarf durch Einkommen oder Vermögen nicht sofort gedeckt werden kann und ein Wechsel in den Basistarif nicht verlangt werden kann. Ein Ausnahmefall liegt wohl auch dann vor, wenn der Tarifwechsel bei dem Versicherungsunternehmen längere Zeit in Anspruch nimmt.[78] Mit der neu eingeführten Vorschrift des § 32 a SGB XII wird geregelt, dass die Beiträge direkt an die Krankenkasse oder das private Versicherungsunternehmen gezahlt werden.[79]

2. Leistungen zur Gesundheit

45 Die „eigentlichen" Hilfen zur Gesundheit nach dem Fünften Kapitel des Zwölften Buches SGB XII umfassen die vorbeugende Gesundheitshilfe (§ 47 SGB XII), die Hilfe bei Krankheit (§ 48 SGB XII), die Hilfe zur Familienplanung (§ 49 SGB XII), die Hilfe bei Schwangerschaft und Mutterschaft (§ 50 SGB XII) sowie die Hilfe bei Sterilisation (§ 51 SGB XII).

46 Durch das GKV-Modernisierungsgesetz sind seit dem 1. Januar 2004 die Leistungen zur Gesundheit in der Sozialhilfe auf den Leistungskatalog der gesetzlichen Krankenversicherung begrenzt.[80] Es gilt der Grundsatz der Leistungsidentität, der eine Besserstellung von Sozialhilfeempfängern verhindern soll.[81] Dies kann jedoch im Ergebnis zu einer Schlechterstellung der Sozialhilfeempfänger gegenüber nicht hilfebedürftigen Versicherten führen, denn über den Leistungskatalog der gesetzlichen Krankenversicherungen hinausgehende Leistungen werden weder von der Krankenversicherung noch vom Sozialhilfeträger übernommen. Der Sozialhilfeempfänger muss sie vom Regelsatz bestreiten.[82] Dazu gehören unter anderem die Kosten für Sehhilfen, Verhütungsmittel, nicht verschreibungspflichtige Arzneimittel sowie Fahrtkosten.[83] In dem Regelsatz seien Kosten für die Gesundheitspflege enthalten – allerdings unzureichend.[84] Der Sozialhilfeträger

---

77 Gesetz zur Ermittlung von Regelbedarfen sowie zur Änderung des Zweiten und Zwölften Buches Sozialgesetzbuch vom 22.12.2016, BGBl. I, 3159.
78 BT-Drs. 18/9984, 103.
79 Diese Regelung sei erforderlich gewesen, da SGB XII-Leistungsempfänger grundsätzlich nicht pflichtversichert sind, BT-Ds. 18/9984, 104.
80 Vgl. LSG Bln-Bbg 16.12.2008 – L 23 B 128/08 SO PKH.
81 Löcher ZfS 2005, 78.
82 Vgl. LSG Bln-Bbg 16.12.2008 – L 23 B 128/08 SO PKH.
83 Hammel ZFSH/SGB 2004, 323 (332); vgl. Stellungnahmen des Deutschen Vereins für öffentliche und private Fürsorge eV, NDV 2004, 265 ff.
84 LSG BW 1.2.2007 – L 7 SO 4267/05, FEVS 58, 451–454; LSG Bln-Bbg 16.12.2008 – L 23 B 128/08 SO PKH.

hat keine Möglichkeit, über die Regelleistung und den Katalog der gesetzlichen Krankenversicherung hinausgehende Leistungen zur Gesundheit zu erbringen.[85] An der Deckung des Gesundheitsbedarfs der Sozialhilfeempfänger darf aus diesem Grund durchaus gezweifelt werden.[86] Ein Sozialhilfebezieher sollte ein menschenwürdiges Leben führen können, welches auch die Deckung des Gesundheitsbedarfs umfasst.[87]

D. Lage nach dem Asylbewerberleistungsgesetz

Empfänger von Leistungen nach dem Asylbewerberleistungsgesetz (AsylbLG) sind auch **47** nach der zum 1.3.2015 in Kraft getretenen Neufassung des AsylbLG[88] weder gesetzlich nach § 5 SGB V noch privat nach § 193 Abs. 3 VVG pflichtversichert. § 193 Abs. 3 S. 2 Nr. 3 VVG schließt eine Versicherungspflicht für Berechtigte nach dem Asylbewerberleistungsgesetz aus. Privaten Versicherungsunternehmen steht jedoch frei, mit Empfängern von Asylbewerberleistungen eine Versicherung für den Krankheitsfall abzuschließen. Leistungsberechtigte nach dem Asylbewerberleistungsgesetz sind auch nicht über den Auffangtatbestand des § 5 Abs. 1 Nr. 13 SGB V pflichtversichert. Das Asylbewerberleistungsgesetz mit seinen Regelungen zu den Leistungen bei Krankheit (§ 4 AsylbLG) ist eine speziellere Norm, die der Versicherung nach § 5 Abs. 1 Nr. 13 SGB V vorgeht.[89] Das ergibt sich auch aus § 5 Abs. 8 a SGB V. Im Übrigen verweist § 5 Abs. 11 S. 3 SGB V ausdrücklich darauf, dass Bezieher von Leistungen nach dem Asylbewerberleistungsgesetz **nicht versicherungspflichtig** in der gesetzlichen Krankenversicherung sind.

Für Leistungsberechtigte nach § 2 AsylbLG werden die Kosten der Krankenbehandlung **48** von der **Krankenkasse** übernommen, § 264 Abs. 2 SGB V. Zu diesem privilegierten Personenkreis gehören Leistungsberechtigte nach dem Asylbewerberleistungsgesetz, die sich seit 15 Monaten ohne wesentliche Unterbrechung im Bundesgebiet aufhalten und ihre Dauer des Aufenthalts nicht rechtsmissbräuchlich selbst beeinflusst haben. Personen, die nach § 2 AsylbLG anspruchsberechtigt sind, erhalten auch Leistungen nach den §§ 48 ff. SGB XII in entsprechender Anwendung, soweit nicht schon die Vorschrift des § 264 Abs. 2 SGB V greift.

Im Übrigen regelt § 4 AsylbLG den Umfang der Leistungen bei **Krankheit, Schwanger-** **49** **schaft** und **Geburt**. Danach sollen **akute Erkrankungen** und **Schmerzzustände** medizinisch versorgt werden. Eine zahnärztliche Behandlung erfolgt nur, soweit sie unaufschiebbar ist. Werdenden Müttern und Wöchnerinnen sind ärztliche und pflegerische Hilfe und Betreuung, Hebammenhilfe, Arznei-, Verband- und Heilmittel zu gewähren, § 4 Abs. 2 AsylbLG. Darüber hinaus stellt die zuständige Behörde die ärztliche und zahnärztliche Versorgung einschließlich der amtlich empfohlenen Schutzimpfungen und medizinisch gebotenen Vorsorgeuntersuchungen sicher, § 4 Abs. 3 AsylbLG. Personen, die ein Aufenthaltsrecht aus humanitären Gründen haben (§ 24 AufenthG), erhalten die notwendige medizinische Versorgung. Das sind meist psychotherapeutische Hilfen, weil diese Menschen oftmals traumatisiert sind. Chronische Erkrankungen ohne akute Schmerzen fallen nicht unter § 4 AsylbLG. Sie können im Einzelfall nach § 6 AsylbLG

---

85 Bieritz-Harder in: LPK-SGB XII, 10. Aufl. 2015, § 48 Rn. 11 ff.
86 Vgl. ua Hinweise des Deutschen Vereins für öffentliche und private Fürsorge eV, NDV 2009, 119 ff.; Position der Diakonie, Krankheit als finanzielle Belastung, Diakonie Texte 01.2009, www.diakonie.de.
87 Vgl. auch Löcher ZfS 2005, 78 (83); Wendtland ZSR 2007, 423 (441); die Vereinbarkeit mit dem Grundgesetz bejahend: BSG 22.4.2008 – B 1 KR 10/07 R.
88 Gesetz zur Änderung des Asylbewerberleistungsgesetzes und des Sozialgerichtsgesetzes vom 10.12.2014, BGBl. I, 2187 und Gesetz zur Verbesserung der Rechtsstellung von asylsuchenden und geduldeten Ausländern vom 23.12.2014, BGBl. I, 2439.
89 Vgl. für langjährig Aufenthaltsberechtigte, die nicht zum Personenkreis nach § 5 Abs. 11 Satz 1 SGB V gehören: BSG 3.7.2013 – B 12 KR 2/11 R.

als sonstige Leistung übernommen werden.[90] Die Leistungen nach § 4 AsylbLG unterliegen nicht dem Regime der GKV. Daher können, abweichend vom in der GKV geltenden Sachleistungsprinzip, auch nicht zugelassene Therapeuten ihre Leistung übernahmefähig erbringen.[91] Für Krankenhausbehandlungen eines Kindes, die nicht aufgrund einer akuten Erkrankung erfolgt sind, kann § 6 Abs. 1 AsylbLG (sonstige Leistung) einschlägig sein. Das gilt auch dann, wenn der Leistungsträger erst nach erfolgter Behandlung Kenntnis erlangt hat.[92] Der Gesetzgeber hat mit der Neufassung des AsylbLG zum 1.3.2015 nicht klargestellt, ob im Fall der Anspruchseinschränkung nach § 1 a AsylbLG die Leistungen bei Krankheit, Schwangerschaft und Geburt nach § 4 AsylbLG und die sonstigen Leistungen nach § 6 AsylbLG ebenfalls eingeschränkt sind. Im Hinblick auf die Entscheidung des Bundesverfassungsgerichts aus 2012[93] zur Verfassungsmäßigkeit der Asylbewerberleistungen dürfte dies abzulehnen sein.[94]

---

90   Deibel ZFSH SGB 2015, 117 (122).
91   LSG Hmb 18.6.2014 – L 1 KR 52/14 B ER.
92   Str.; e.A. LSG NRW 6.5.2013 – L 20 AY 145/11; aa LSG Bln-Bbg 15.1.2010 – L 23 AY 1/07.
93   BVerfG 18.7.2012 – 1 BvL 10/10 und 1 BvL 2/11.
94   Str. e.A. Deibel ZFSH SGB 2015, 117 (125); aA Petersen ZFSH SGB 2014, 669.

Wrackmeyer-Schoene

Kapitel 32: Kinder und Jugendliche

Literaturhinweise: Conradis, Kindergeldrecht, UVG in: Rancke, Mutterschutz/Elterngeld/Elternzeit/Betreuungsgeld, Baden-Baden, 5. Auflage 2018; DV, Diskussionspapier des Deutschen Vereins zur Reform des Unterhaltsvorschussgesetzes (UVG), NDV 2012, 51; Felix, Kindergeldrecht, München 2005; Grube, Unterhaltsvorschussgesetz, München, 2009; Gerlach, Die neuen Sozialleistungen auf der Grundlage des § 6 b BKGG – Bildung und Teilhabe außerhalb „klassischer" existenzsichernder Transferleistungssysteme – Neuigkeiten im Kindergeldrecht, ZfF 2012, 145; Gerlach, Kindergeld im SGB II und SGB XII – Wenn eine Steuervergütung auf soziale Transferleistungen trifft, ZfF 2011, 49, 73; Greiser/Stölting, Kinder mit beschränkter Haftung?, ZFSH/SGB 2011, 309; Kellner, Offene Fragen des Minderjährigenschutzes im SGB II, NZS 2018, 684; Münder/Meysen/Trenczek, Frankfurter Kommentar SGB VIII, Baden-Baden, 8. Auflage 2019; Staiger, Die Aufstockung von Erwerbseinkommen durch Arbeitslosengeld II, Kinderzuschlag und Wohngeld – stringente Sozialpolitik oder Schildbürgerstreich?, NDV 2012, 25.

Rechtsgrundlagen:
BKGG §§ 6 a, 6 b
SGB II §§ 10 Abs. 1 Nr. 3, 28, 29
SGB VIII § 39
SGB XII §§ 16, 27 Abs. 2, 34, 34 a
UVG §§ 1–3

Orientierungssätze:

1. Kinder und Jugendliche stellen einen hohen Anteil der Bezieher existenzsichernder Leistungen dar. Den besonderen Bedarf von Kindern und Jugendlichen berücksichtigen SGB II und SGB XII nur in geringem Umfang.

2. Kinder und Jugendliche haften für das Fehlverhalten ihrer Eltern: Sowohl bei der Leistungsgewährung als auch bei Rückforderungsansprüchen müssen sie zumeist das Verhalten ihrer Eltern gegen sich gelten lassen. Sie werden lediglich durch die Haftungsbegrenzung des § 1629 a BGB geschützt.

3. Die Leistungen nach dem UVG dienen nur sehr begrenzt der Existenzsicherung. Deren Höhe ist – auch zusammen mit dem Kindergeld – in der Regel (abhängig von der Höhe der Unterkunftskosten) nicht ausreichend, das Existenzminimum zu gewährleisten.

4. Der Kinderzuschlag diente bisher nur insoweit der Existenzsicherung, als er statt Leistungen nach dem SGB II bewilligt wurde. Ein Vorteil für die Empfänger besteht darin, dass in der Regel zusätzlich Wohngeld beansprucht werden kann und damit die zur Verfügung stehenden Geldmittel höher sind als bei Bezug von Leistungen nach dem SGB II. Die Änderungen des Kinderzuschlagrechts führen jedoch zu einer Verbesserung der Lage der betroffenen Kinder, da eine Leistung auch oberhalb des Leistungsniveaus des SGB II möglich ist.

5. Das Pflegegeld nach dem SGB VIII stellt eine eigenständige Leistung für Kinder und Jugendliche dar und liegt zumeist erheblich über den Leistungen nach dem SGB II und SGB XII.

6. Zur Existenzsicherung von Kindern und Jugendlichen haben die genannten Leistungen unterschiedliche Bedeutung: Leistungen nach dem UVG tragen hierzu kaum bei; der Kinderzuschlag nur in Verbindung mit der Leistung von Wohngeld; das Pflegegeld nach dem SGB VIII stellt hingegen eine weitgehende Existenzsicherung dar.

7. Der Anspruch auf Bildung und Teilhabe nach § 6 b BKGG stellt einen Teil-Anspruch auf Existenzsicherung für Kinder dar, der auch für Kinder bewilligt werden kann, die keine sonstigen existenzsichernden Leistungen, sondern lediglich Kinderwohngeld beziehen oder beim Wohngeld berücksichtigt werden.

A. Überblick

1 Kinder und Jugendliche haben aus mehreren Gründen eine besondere Stellung beim Bezug von existenzsichernden Leistungen. Sie leben fast immer in **völliger Abhängigkeit** mit und von ihren Eltern, teilen also deren wirtschaftliche Situation. Sie können und müssen zumeist aus eigener Kraft nicht zum Lebensunterhalt beitragen. Sie sind nur in begrenztem Maß berechtigt, selbst Anträge zu stellen: Nach § 36 Abs. 1 S. 1 SGB I können Minderjährige ab Vollendung des 15. Lebensjahres Anträge auf Sozialleistungen stellen, dies kann nach § 36 Abs. 2 SGB I jedoch vom gesetzlichen Vertreter eingeschränkt werden. Auch haben Kinder und Jugendliche teilweise Bedürfnisse, die von denen Erwachsener abweichen. Im Hinblick auf diese recht einheitliche Lage der Minderjährigen werden hier sowohl die Kinder im Sinne des Jugendhilferechts, also Personen bis zur Vollendung des 14. Lebensjahres (so die Definition in § 7 Abs. 1 Nr. 1 SGB VIII) betrachtet, als auch die Jugendlichen (nach der Definition in § 7 Abs. 1 Nr. 2 SGB VIII die Personen, die 14 aber noch nicht 18 Jahre alt sind).

2 Die **Zahl der Kinder, die existenzsichernde Leistungen beziehen,** lässt sich nicht eindeutig ermitteln, da es manchmal zufällig ist, ob ein Kind als Leistungsempfänger gilt oder nicht. Dies hängt zB davon ab, wie hoch die Unterkunftskosten sind, da diese zu gleichen Teilen auf die Personen, die im Haushalt leben, verteilt werden. Auch die Zahlung von Unterhaltsvorschussleistungen (→ Rn. 25 ff.) oder des Kinderzuschlags nach § 6 a BKGG (→ Rn. 40 ff.) kann darüber entscheiden, ob das Kind hilfebedürftig ist oder nicht. Doch trotz dieser Unsicherheiten kann davon ausgegangen werden, dass die Quote der Kinder mit 6,6 % – Anteil der Hilfebezieher an der jeweiligen Bevölkerung – etwa doppelt so hoch ist wie die durchschnittliche Quote aller Berechtigten.

3 Minderjährige wurden im BSHG in einigen Bestimmungen besonders berücksichtigt; diese sind in SGB II und SGB XII nur teilweise übernommen worden. Deren besonderen Bedürfnisse wurden zwar zunächst noch in § 27 Abs. 2 SGB XII aF (nicht aber im SGB II) benannt, jedoch wurde auch diese Bestimmung durch die ab 1.1.2011 geltende Neufassung in § 27 a Abs. 1 S. 2 SGB XII abgeschwächt, die lediglich auf die besonderen Bedürfnisse bei der Teilhabe am sozialen und kulturellen Leben verweist. Die einzelnen Leistungsnormen des SGB II und SGB XII berücksichtigen hingegen solche besonderen Bedürfnisse nicht mehr. Dies hat sich mit der Novellierung[1] zum 1.1.2011 dahin gehend geändert, dass für Schülerinnen und Schüler besondere Bedarfe berücksichtigt werden und Kinder und Jugendliche spezielle Ansprüche auf Bildung und Teilhabe haben (vgl. Kap. 27).

Für Kinder und Jugendliche sind mehrere Sozialleistungen geschaffen worden, um ihre 4 finanzielle Lage so zu verbessern, dass die Inanspruchnahme von Leistungen nach dem SGB II oder SGB XII vermieden oder vermindert wird. Zu diesen Sozialleistungen kann das Kindergeld gezählt werden, welches zwar eine Leistung an die Eltern darstellt, jedoch für die Kinder verwandt werden soll (→ Rn. 12). Ebenfalls wird das Elterngeld an die Eltern geleistet mit dem Ziel, die elterliche Kinderbetreuung zu ermöglichen und zu fördern.[2] Weiterhin gehören hierzu die Sozialleistungen, die ab → Rn. 24 erörtert werden.

B. Besondere Stellung der Kinder und Jugendlichen im SGB II und SGB XII

Die nachfolgende Darstellung kann sich im Wesentlichen auf das SGB II beschränken. 5 Das **SGB XII hat für Minderjährige praktisch keine Bedeutung** (außer für Hilfen nach den Fünften bis Neunten Kapiteln, die früheren Hilfen in besonderen Lebenslagen), da fast alle Minderjährigen vom SGB II erfasst werden: Ab der Vollendung des 15. Lebensjahres sind Jugendliche Berechtigte nach § 7 Abs. 1 S. 1 Nr. 1 SGB II; gleiches gilt für Sozialgeld für Kinder und Jugendliche nach § 19 Abs. 1 S. 2 SGB II, wenn sie mit zumindest einem erwerbsfähigen Hilfebedürftigen in einer Bedarfsgemeinschaft leben. Mithin werden vom SGB XII nur folgende Minderjährige erfasst: Nicht erwerbsfähige Jugendliche nach Vollendung des 15. Lebensjahres, sowie Kinder und Jugendliche vor Vollendung des 15. Lebensjahres, die entweder mit keinem Erwachsenen oder nur mit einem nicht erwerbsfähigen Erwachsenen in einer Bedarfsgemeinschaft leben.

Der in § 2 SGB II verankerte Grundsatz zur Selbsthilfe, insbesondere durch Arbeit, gilt 6 **sehr eingeschränkt.** Die Kinder und Jugendlichen sind für ihren Lebensunterhalt – bis auf Ausnahmen – auf die Erwerbstätigkeit der gesetzlichen Vertreter angewiesen und haben praktisch keine Möglichkeit, sich selbst zu helfen. Die Befugnis für den eigenen Antragstellung nach § 36 Abs. 1 S. 1 SGB I ist praktisch nicht relevant. Andere Ansprüche, besonders auch Unterhaltsansprüche, können nur durch die gesetzlichen Vertreter geltend gemacht werden, wobei sogar in den Fällen des § 1629 Abs. 3 BGB dieser Anspruch nur vom Elternteil in eigenem Namen geltend gemacht werden kann.

§ 7 Abs. 1 S. 1 Nr. 1 SGB II bestimmt, dass alle erwerbsfähigen Personen, die das 15. 7 Lebensjahr vollendet haben, nach diesem Gesetz berechtigt sind und damit nur dann einen Anspruch auf Leistungen haben, wenn sie jede zumutbare Arbeit im Sinne der §§ 9, 10 SGB II annehmen. Da die Zumutbarkeit entfällt, wenn ein wichtiger Grund entgegensteht (§ 10 Abs. 1 Nr. 5 SGB II), besteht keine Erwerbsobliegenheit, wenn diese eine schulische oder berufliche Ausbildung beeinträchtigte.[3]

Dass auch Jugendliche „gefordert" werden, zeigt § 3 Abs. 2 SGB II. Danach ist erwerbs- 8 fähigen Hilfebedürftigen entweder eine Ausbildung zu vermitteln oder solchen, die nicht in eine Ausbildung vermittelt werden können, unverzüglich nach Antragstellung eine Arbeit oder Arbeitsgelegenheit zu vermitteln. Die **Sanktionen** sind dabei für die 15-

---

1 Gesetz zur Ermittlung von Regelbedarfen und zur Änderung des Zweiten und Zwölften Buches Sozialgesetzbuch v. 24.3.2011, BGBl. I, 453.
2 Vgl. HK-MuSchG/Lenz BEEG Vor § 1 Rn. 3.
3 Zur früheren Rechtslage: HessVGH 15.11.1994 – 9 UE 2710/92, FEVS 46, 100; OVG Lüneburg 13.3.1989 – 4 B 467/88, FEVS 39, 186; anders bei verzögertem Bildungsgang OVG Bln 13.1.1986 – 6 M 12.85, FEVS 38, 399.

bis 25Jährigen besonders drastisch: Bei nicht gerechtfertigter **Ablehnung einer Arbeit, Arbeitsgelegenheit oder Ausbildung** (Pflichtverletzung nach § 31 Abs. 1 S. 1 Nr. 2 SGB II) besteht nach § 31 a Abs. 2 S. 1 SGB II nur noch Anspruch auf die Unterkunftskosten; bei einem wiederholten Verstoß entfallen die Leistungen vollständig, § 31 a Abs. 2 S. 2 SGB II.[4] Inwieweit sich Minderjährige hierbei das Verhalten ihrer gesetzlichen Vertreter zurechnen lassen müssen – denn ein Ausbildungsvertrag eines Minderjährigen kann nur durch den gesetzlichen Vertreter wirksam geschlossen werden – wird noch geklärt werden müssen.

9   Bei der Regelbedarfsbemessung wird der **besondere Bedarf von Minderjährigen** zumindest ansatzweise berücksichtigt. Dies geschieht durch eine nach Alter gestufte Höhe des Regelbedarfs (vgl. Kapitel 24). Andere im Einzelfall teilweise recht teure Bedarfe von Kindern können nach § 21 Abs. 6 SGB II als Mehrbedarf übernommen werden. Als Beispiel sei auf die Kosten des Umgangsrechts hingewiesen: Die Fahrtkosten zur Durchführung des **Umgangsrechts** gehören zum notwendigen Bedarf, wobei eine generelle Begrenzung[5] aus verfassungsrechtlichen Gründen nicht zulässig ist, sondern die Kosten grundsätzlich in dem Umfang übernommen werden müssen, wie familienrechtlich die Besuche vereinbart bzw. gerichtlich festgesetzt worden sind.[6]

I. Bedürftigkeit und Bedarf von Kindern

1. Zuordnung des Kindergeldes

10   Anliegen des Gesetzgebers bei Schaffung des SGB II und SGB XII war es, dass wegen der Kinder Hilfebedürftigkeit möglichst nicht bzw. erst später entsteht. Dies soll unter anderem dadurch bewirkt werden, indem das **Kindergeld** den **Kindern als** Einkommen **angerechnet** wird, so dass deren Bedarf durch das Kindergeld (mit)gedeckt wird. Ferner dient der Kinderzuschlag nach § 6 a BKGG dazu, Bedürftigkeit nach dem SGB II nicht allein wegen des Bedarfs der Kinder entstehen zu lassen.

11   Die **Zuordnung des Kindergeldes** zu den Eltern oder Kindern ist ein Problem, welches die Praxis und die Gerichte während der Geltung des BSHG lange beschäftigt hatte.[7] Obwohl nach § 62 Abs. 1 EStG das Kindergeld Einkommen des kindergeldberechtigten Elternteils ist, wurde es sozialhilferechtlich häufig den Kindern zugeordnet, was zu geringeren Sozialhilfezahlungen dann führte, wenn der Elternteil selbst keinen Anspruch auf Sozialhilfe hatte. Die Rechtsprechung hatte deutlich gemacht, dass die Zuordnung zu den Eltern allein richtig ist, etwas anderes soll nur gelten, wenn das Kindergeld ausdrücklich dem Kind zugewandt wird.[8] § 11 Abs. 1 S. 4 SGB II und § 82 Abs. 1 S. 3 SGB XII rechnen das Kindergeld als Einkommen dem jeweiligen Kind zu, soweit es zur Sicherung des Lebensunterhalts erforderlich ist. Dabei gilt dies im SGB II bei Kindern bis zur Vollendung des 25. Lebensjahres, sofern sie Mitglied der Bedarfsgemeinschaft sind, im SGB XII hingegen nur für Minderjährige. Dies bedeutet, dass Kinder, wenn sie weitere Einkünfte wie Unterhalt, Halbwaisenrente oder Unterhaltsvorschuss erhalten, häufig nicht hilfebedürftig sind, auch unter Einbeziehung des Anteils an den Unterkunftskosten.[9]

---

4 Hierzu, insbesondere zu den verfassungsrechtlichen Einwendungen, Berlit info also 2011, 59 (124).
5 So zunächst BVerwGE 92, 97.
6 So schon BVerfG 25.10.1994 – 1 BvR 1197/93, info also 1995, 44; grundlegend BSG 7.11.2006 – B 7 b AS 14/06 R, FEVS 58, 289; ausführlich Münder NZS 2008, 617.
7 Umfassend hierzu: Gerlach ZfF 2011, 49 (73).
8 Vgl. schon Lutter ZfSH/SGB 1997, 387; aus der Rechtsprechung zum BSHG: BVerwGE 108, 36; OVG NRW 29.5.2001 – 16 A 455/01, FEVS 53, 273; OVG RhPf 23.5.2002 – 12 A 10375/02, FEVS 54, 45.
9 In der Regel werden die Unterkunftskosten zu gleichen Teilen den Mitgliedern der Haushaltsgemeinschaft zugerechnet, → Kap. 28 Rn. 33.

Aufgrund der Formulierung im Gesetz, dass die Zuordnung nur gelten soll, soweit dies 12
zur Deckung des Lebensunterhalts – im SGB XII: des notwendigen Lebensunterhalts –
benötigt wird, zieht die Praxis den Schluss, dass der Teil des Kindergeldes, welcher hierfür nicht erforderlich ist, Einkommen des Elternteils ist. Ob dies der Intention der Zuordnung des Kindergeldes entspricht, dürfte seit der Entscheidung des BVerfG vom
14.7.2011[10] zweifelhaft sein, weil das Gericht zur Zuordnung des Kindergeldes Folgendes ausgeführt hat: Der Gesetzgeber habe beide Elternteile verpflichtet, das Kindergeld
als Einkommen des Kindes zu behandeln und es in voller Höhe für das Kind einzusetzen.

Reichen die Einkünfte nicht aus, um Hilfebedürftigkeit nach § 9 SGB II zu vermeiden, 13
kann ein Anspruch auf **Kinderzuschlag** nach § 6 a BKGG bestehen. Es handelt sich um
eine Leistung, die allein dazu dient, dass die Familie allein wegen des Bedarfs der Kinder nicht anspruchsberechtigt wird nach dem SGB II. Der Zuschlag wird demgemäß
auch nur in der Höhe und solange gezahlt, als dieses Ziel erreicht wird. Für Leistungsempfänger nach dem SGB XII ist ein solcher Zuschlag nicht vorgesehen, möglicherweise, weil dort mangels Erwerbsfähigkeit eine nur vorübergehende Bedürftigkeit nicht unterstellt wird. Ob diese Ungleichbehandlung verfassungsgemäß ist, erscheint allerdings
fraglich.[11]

2. Besondere Berücksichtigung des Bedarfs der Kinder und Jugendlichen

In einigen Bestimmungen wird auf die besondere Situation der Minderjährigen Rück- 14
sicht genommen. Hierbei ist von erheblicher finanzieller Bedeutung der **Mehrbedarfszuschlag** für minderjährige **Kinder von Alleinerziehenden** (Kap. 25). Nur in geringem
Maß **geschützt** werden sollen Kinder, wenn die **Eltern** sich so verhalten, dass eine **Kürzung der Leistung** erfolgt. § 26 Abs. 1 S. 2 SGB XII fordert, „soweit wie möglich" zu
verhüten, dass unterhaltsberechtigte Angehörige, also insbesondere auch Kinder, durch
die Versagung oder Einschränkung der Leistung mit betroffen werden. § 31 a Abs. 3
SGB II sieht eine solche Rücksichtnahme nicht vor. § 31 a Abs. 2 S. 2 SGB II regelt lediglich, dass bei einer Kürzung von mehr als 30 % des Arbeitslosengelds II ergänzende
Sachleistungen und geldwerte Leistungen zu erbringen sind, wenn der Leistungsberechtigte mit minderjährigen Kindern in einem Haushalt lebt.

Tatsächlich wäre im SGB XII allerdings nur dann ein Mitbetroffensein zu verhüten, 15
wenn die Einschränkungen auf Alleinstehende beschränkt würden.[12] Der Vorschlag,
Leistungen getrennt an die mitbetroffenen Haushaltsangehörigen, also auch an die minderjährigen Kinder zu zahlen,[13] ist nicht nur unrealistisch,[14] sondern unmöglich: Wirksam können Leistungen an Kinder in der Regel nur zu Händen der gesetzlichen Vertreter geleistet werden und außerdem wird selbstverständlich „aus einem Topf gewirtschaftet",[15] so dass letztlich die Sanktion auch auf die Kinder „durchschlägt". Die Ge-
setzesintention, die in § 31 SGB II deutlich wird, soll eine verstärkte Anforderung stellen
und Sanktionen verschärfen. Dies ist nur möglich, wenn auch Eltern von minderjährigen Kindern erfasst werden, ansonsten würde es sich um eine Norm für Alleinstehende
handeln, was ersichtlich nicht gewollt ist. Damit sind **Kinder** letztlich von den **Kürzungen** bzw. der Versagung der Leistung in vollem Maß betroffen.

---

10 BVerfG 14.7.2011 – 1 BvR 932/10, NJW 2011, 3215.
11 Kievel ZfF 2005, 97 (105).
12 So bereits Krahmer in: LPK-BSHG, 6. Aufl., § 25 Rn. 15.
13 Zum BSHG früher: Wenzel in: Fichtner BSHG § 25 Rn. 21; Gottschick/Giese BSHG, 7. Aufl., § 25 Rn. 9.
14 Zum BSHG: Krahmer in: LPK-BSHG, 6. Aufl., § 25 Rn. 14.
15 Dies wird schon von der Rechtsprechung zum BSHG betont bei den Entscheidungen zur Zuordnung des
   Kindergeldes, Nachweise bei Brühl in: LPK-BSHG, 4. Aufl., § 77 Rn. 48 f.

16 Minderjährigen wird in **Randbereichen** ein **Schutz** zuteil, soweit es um Einschränkung von Leistungen oder die Erstattung geht: Eine absichtliche Einkommens- und Vermögensverminderung – so sie denn zivilrechtlich wirksam wäre – führt bei ihnen nicht zu einer Kürzung der Leistungen (§ 31 Abs. 2 Nr. 1 SGB II, § 26 Abs. 1 Nr. 1 SGB XII). Auch müssen sie nicht aufgrund eines möglichen sozialwidrigen Verhaltens Leistungen erstatten (§ 34 Abs. 1 S. 1 SGB II, § 103 Abs. 1 S. 1 SGB XII; beide Vorschriften wurden § 92 a BSHG nachgebildet). Da §§ 45–50 SGB X im Hinblick auf mögliche Rückforderungsansprüche unberührt bleiben, werden Kinder in den meisten Fällen von einer Rückforderung durch diese Einschränkung nicht geschützt.

3. Kinder bis zur Vollendung des sechsten Lebensjahres

17 Für Eltern von Kindern bis zur Vollendung des **dritten Lebensjahres** wird der Selbsthilfegrundsatz dahin gehend eingeschränkt, dass ihnen grundsätzlich nicht zugemutet wird, durch Arbeitsaufnahme die Bedürftigkeit zu beseitigen. Die Regelung wurde aus § 18 Abs. 3 S. 2 und 3 BSHG in § 10 **Abs. 1 Nr. 3** SGB II übernommen, hingegen findet sich im SGB XII keine vergleichbare Vorschrift. Soweit für einen Leistungsempfänger nach dem SGB XII eine Erwerbsobliegenheit besteht, kann jedoch hier nichts anderes gelten.

18 Wenn das Kind das dritte Lebensjahr vollendet hat, ist den Eltern grundsätzlich eine Arbeit zuzumuten. Dies setzt jedoch nach § 10 Abs. 1 Nr. 3 SGB II voraus, dass eine anderweitige Kinderbetreuung sichergestellt ist. Besonderheiten des Einzelfalles, zB ein krankheitsbedingter Betreuungsbedarf, sind zu berücksichtigen. Soweit eine anderweitige Betreuung nicht sichergestellt ist, hängt die Zumutbarkeit der Arbeitsaufnahme von den Umständen des Einzelfalls ab.[16]

19 Kinder bis zur Vollendung des sechsten Lebensjahres sind indirekt geschützt, indem ihrem betreuenden Elternteil zwei Vergünstigungen eingeräumt werden: Der Übergang von Unterhaltsansprüchen gegen Verwandte ersten Grades ist ausgeschlossen (§ 94 Abs. 1 S. 4 SGB XII); dasselbe gilt beim Übergang nach § 33 Abs. 2 Nr. 3 b SGB II. Zum anderen ist eine Besserstellung bei der Leistungsgewährung für **minderjährige Mütter und Väter** vorgesehen: Lebt ein Kind, das schwanger ist oder sein Kind bis zur Vollendung des sechsten Lebensjahres betreut, zusammen mit seinen Eltern, sind das Vermögen und das Einkommen der Eltern nicht zu berücksichtigen (§ 19 Abs. 4 SGB XII und § 9 Abs. 3 SGB II).

20 Dass minderjährige Mütter ein Kind von 6 Jahren haben, ist nicht die Regel, so dass es für die Kinder von Bedeutung ist, ob dieser Schutz auch gilt, wenn die **Mütter** schon **volljährig** sind und mit ihren **Eltern zusammenleben.** § 19 Abs. 4 SGB XII bestimmt, dass das Einkommen und Vermögen von Eltern von Schwangeren und Müttern mit einem Kind bis zur Vollendung des 6. Lebensjahres nicht berücksichtigt wird. Diese Vorschrift ist so allgemein gehalten, dass hiermit auch **Haushaltsgemeinschaften** erfasst werden. Vorsorglich ist dies jedoch in § 39 S. 2 Nr. 1 SGB XII wiederholt worden. Hingegen ist bei der Regelung über Haushaltsgemeinschaften in § 9 Abs. 5 SGB II eine solche Einschränkung nicht vorgesehen. Daraus folgt, dass nach dem Wortlaut der Norm hier ein entsprechender Schutz nicht gegeben ist, zumal die in § 9 Abs. 3 SGB II vorgesehene Einschränkung ausdrücklich auf § 9 Abs. 2 S. 2 SGB II bezogen ist.

21 Verständlich ist solche Differenzierung jedoch nicht. Warum soll ein Kind bis zu sechs Jahren schlechter leben müssen (weil Einkommen und Vermögen der Großeltern angerechnet wird), nur weil die Mutter erwerbsfähig ist? Ob hier eine verfassungskonforme Interpretation möglich ist, bleibt abzuwarten. Solche unverständlichen **Unterschiede,**

---

16 Einzelheiten vgl. Armborst in: LPK-SGB II § 10 Rn. 18 f.

die die Kinder betreffen, dürften teilweise zurückzuführen sein auf die Hektik bei der Gesetzgebung,[17] und erscheinen wegen Verstoßes gegen Art. 3 GG als **verfassungswidrig.**

II. Haftung der Kinder für Fehlverhalten der Eltern

Soweit durch unzutreffende Angaben der gesetzlichen Vertreter – meist der Eltern – un- **22** rechtmäßig Sozialhilfe gezahlt worden ist, kann die Rückforderung nach §§ 45, 50 SGB X nur gegenüber dem Leistungsempfänger nach vorheriger Anhörung gem. § 24 SGB X[18] erfolgen;[19] bei mehreren Leistungsempfängern muss eine entsprechende Aufteilung vorgenommen werden.[20] Damit können auch Kinder in Anspruch genommen werden. Dies ist in Schrifttum und Rechtsprechung nicht strittig, zumal in einem solchen Fall die gesetzlichen Vertreter, die falsche Angaben gemacht haben, nicht in Anspruch genommen werden können,[21] sofern nicht gleichzeitig die Voraussetzungen sozialwidrigen Verhaltens (§§ 34, 34 a SGB II, § 104 SGB XII) vorliegen. Aber auch in diesen Fällen bleibt es bei der – zusätzlichen – Verpflichtung der Minderjährigen.

Eine solche unverschuldete **Verschuldung von Minderjährigen** widerspricht den sonsti- **23** gen **Haftungsbeschränkungen Minderjähriger** im Zivilrecht. Als Lösungsmöglichkeit bietet sich an, die in § 1629 a BGB vorgesehene Haftungsbeschränkung analog anzuwenden. Diese Vorschrift wurde 1998 eingefügt,[22] nachdem das BVerfG bereits 1986[23] die unbeschränkte Haftung als nicht vereinbar angesehen hat mit dem allgemeinen Persönlichkeitsrecht der Minderjährigen. Die eigenverantwortliche Gestaltung des Lebens nach Eintritt der Volljährigkeit würde erschwert oder verhindert, wenn sie als Folge der Vertretungsmacht der Eltern mit erheblichen Schulden in die Volljährigkeit entlassen werden. Die Haftung wird nach § 1629 a BGB auf den Bestand des Vermögens bei Eintritt der Volljährigkeit beschränkt. In § 1629 a Abs. 1 S. 2 BGB ist bestimmt, dass die Beschränkung durch Erhebung der Dürftigkeitseinrede gemäß § 1990 BGB geltend gemacht wird. Nach dem Wortlaut des § 1629 a BGB gilt die Regelung auch, wenn die Eltern durch „eine sonstige Handlung" die Haftung für eine Verbindlichkeit begründet haben. Zwar gilt gesetzessystematisch die Vorschrift nur für Verbindlichkeiten zwischen Privatpersonen. Doch wenn schon ein privater Gläubiger aus Verfassungsgründen eine solche Einschränkung der Durchsetzungsmöglichkeiten von Forderungen hinnehmen muss, ist die Anwendung im öffentlichen Recht umso eher gerechtfertigt.[24] Das BSG hat daher entschieden, dass § 1629 a BGB auf die Erstattungsforderungen gegen Minderjährige entsprechend anwendbar ist.[25]

C. Sonstige existenzsichernde Leistungen

Die nachfolgenden Sozialleistungen: Unterhaltsvorschuss, Kinderzuschlag, die Leistung **24** für Bildung und Teilhabe nach § 6 b BKGG und Pflegegeld nach dem SGB VIII stellen – in unterschiedlichem Maß – existenzsichernde Leistungen dar, um den Lebensunterhalt von Kindern und Jugendlichen direkt ganz oder teilweise sicherzustellen.

---

17 Zu weiteren Kuriositäten in SGB II und SGB XII vgl. Conradis info also 2004, 51.
18 BSG 7.7.2011 – B 14 AS 144/10 R, FEVS 63, 341.
19 BVerwG 22.10.1992 – 5 C 65.88, FEVS 43, 268.
20 ZB OVG NRW 11.12.1997 – 8 A 4182/05, FEVS 48, 352.
21 OVG Lüneburg 18.7.1985 – 4 B 52/84, FEVS 36, 16; hierbei ist der Druckfehler im Leitsatz zu beachten, richtig: „diesen" statt „diesem".
22 BGBl. I, 246.
23 BVerfG 13.5.1986 – 1 BvR 1542/84, NJW 1986, 1859.
24 Ausführlich: Greiser/Stölting ZFSH 2011, 309; Kellner, NZS 2018, 684.
25 BSG 7.7.2011 – B 14 AS 153/10 R, FEVS 63, 344.

I. Unterhaltsvorschuss

1. Einführung

25 Der Unterhaltsvorschuss – im Unterhaltsvorschussgesetz (UVG) als Unterhaltsleistung bezeichnet – stellt eine Sozialleistung für Kinder dar, die noch nicht das 18. Lebensjahr vollendet haben und bei einem **alleinstehenden Elternteil** leben. Auch wenn es Ziel des Gesetzes ist, die alleinstehenden Elternteile zu entlasten, so handelt es sich doch um eine Leistung, die **an die Kinder** erbracht wird. Insoweit unterscheidet sich diese Sozialleistung vom Kindergeld, welches den Elternteilen zustehen. Allerdings wird in § 2 UVG eine Anrechnung des Kindergeldes – welches der Elternteil erhält – auf die Leistung nach dem UVG vorgenommen.

26 Erste Anspruchsvoraussetzung ist der **Personenstand des Elternteils**, bei dem das Kind lebt. Der Elternteil muss ledig, verwitwet oder geschieden sein. Ist der Elternteil verheiratet, besteht ein Anspruch nur, wenn er von seinem Ehegatten dauernd getrennt lebt. Damit sind Kinder vom Unterhaltsvorschuss ausgeschlossen, wenn der Elternteil heiratet und mithin das Kind in einer Familie mit einem **Stiefelternteil** lebt. Die verfassungsrechtlichen Bedenken gegen den Ausschluss des Anspruchs in diesen Fällen wurden vom BVerfG[26] nicht geteilt.

27 Ob ein Elternteil als **dauernd getrennt lebend** zu betrachten ist, richtet sich nach der familienrechtlichen Auslegung. Es muss also nach dieser Vorschrift entweder ein dauerndes Getrenntleben im Sinne des § 1567 BGB vorliegen oder eine tatsächliche Trennung unter den dort genannten Umständen. Getrenntleben im Sinne dieser Vorschrift ist auch innerhalb einer Wohnung möglich, wenn die im Familienrecht aufgestellten Voraussetzungen vorliegen, also insbesondere eine getrennte Haushaltsführung vorliegt. Darüber hinaus gilt ein verheirateter Elternteil, bei dem das Kind lebt, auch dann als getrennt lebend, wenn sein Ehegatte wegen Krankheit oder Behinderung oder aufgrund gerichtlicher Anordnung für voraussichtlich wenigstens sechs Monate in einer Anstalt untergebracht ist (§ 1 Abs. 2 UVG).

28 Ein Kind lebt jedoch auch dann nur bei einem Elternteil, wenn die Mutter mit dem biologischen Vater zusammenlebt, der nicht der gesetzliche Vater ist.[27] Großeltern hingegen haben keinen Anspruch, auch wenn das Kind dauernd bei ihnen lebt.

2. Höhe der Leistung

29 Die Leistungen nach dem UVG werden in folgender Höhe gezahlt:

	ab 1.1.2010	1.7.2015	1.1.2016	1.1.2017	1.7.2017	1.8.2018	1.1.2019
bis 6 Jahre	133	144	145	150		154	160
bis 12 Jahre	190	192	194	201		205	212
bis 18 Jahre					268	273	284

Die Änderungen mit Wirkung ab 1.7.2017 haben zu einer erheblichen Erweiterung der Ansprüche geführt. Zuvor war die Leistungsdauer nach § 3 UVG auf 72 Monate beschränkt. Außerdem endete die Bezugsdauer mit der Vollendung des 12. Lebensjahres. § 3 UVG wurde aufgehoben und grundsätzlich die **Bezugdauer bis zur Vollendung des 18. Lebensjahres verlängert**, so dass jetzt eine Leistungsbezug bis zur Dauer von 18

---

26 BVerfG 3.3.2004 – 1 BvL 13/00, BVerfGK 3, 22 Nr. 5.
27 VG Freiburg 5.3.2008 – 7 K 1405/06, ZfF 2010, 89.

Conradis

Jahren möglich ist. Der Anspruch für die dritte Altersstufe ist jedoch nur unter besonderen Voraussetzungen gegeben.

Für Kinder zwischen dem 12. und 18. Lebensjahr sind zusätzliche Voraussetzungen ge- **30** schaffen worden, die für die jüngeren Kinder nicht gelten. Nach § 1 Abs. 1 a UVG besteht ein Anspruch nur, wenn das Kind **keine Leistungen nach dem SGB II** bezieht oder durch den Bezug der Leistung die Hilfebedürftigkeit vermieden wird. Diese Einschränkung gilt nicht im Hinblick auf Leistungen nach dem SGB XII. Auch wenn Leistungen bezogen werden, besteht dennoch ein Anspruch, wenn das Bruttoeinkommen des Elternteils mindestens 600 EUR beträgt. Grund ist, dass für Alleinerziehende mit älteren Kindern ein Impuls ausgehen soll, mithilfe eines Ausbaus der Erwerbstätigkeit die Hilfebedürftigkeit zu überwinden. Weiterhin wird bei Kindern, die keine allgemeinbildende Schule mehr besuchen, nach dem neu eingeführten § 2 Abs. 4 UVG **Einkommen** aus zumutbarer Tätigkeit sowie Einkünfte aus Vermögen **angerechnet**. Bei Auszubildenden wird ein Freibetrag von 100 EUR berücksichtigt. Das Einkommen und die Einkünfte aus Vermögen werden nach § 2 Abs. 4 S. 3 UVG zur Hälfte angerechnet.

Der Unterhaltsvorschuss soll eintreten, wenn der **Unterhalt ganz oder teilweise aus-** **31** **bleibt** oder nicht rechtzeitig gezahlt wird. Dem Unterhalt gleichgestellt werden Waisenbezüge und die in § 2 Abs. 3 Nr. 2 UVG genannten Schadensersatzansprüche. Der Ausfall des Unterhalts wird nur bis zu der Höhe ausgeglichen, in der ein Anspruch auf Leistungen nach § 2 Abs. 1 und 2 UVG besteht. Ein darüber hinausgehender Unterhaltsanspruch bleibt vom UVG unberührt.

Eine **nicht ausreichende Zahlung** von Unterhalt nach dieser Vorschrift liegt auch dann **32** vor, wenn der Unterhaltspflichtige wegen mangelnder Leistungsfähigkeit keinen oder nur geringeren Unterhalt zahlen muss als die Beträge nach § 2 Abs. 1 und 2 UVG. Eine nicht regelmäßige Zahlung liegt vor, wenn der Unterhalt nicht im Fälligkeitsmonat gezahlt wird. Auch wenn der Unterhalt tituliert ist, die Zwangsvollstreckung jedoch nicht oder nur teilweise erfolgreich ist, liegt keine regelmäßige Zahlung vor, so dass die Voraussetzung für einen Anspruch vorliegt. Als Unterhalt gilt nur eine Geldzahlung, andere Arten von geldwerten Leistungen sind nicht als Unterhalt zu werten.[28]

Es liegt hingegen kein Ausbleiben von Unterhalt vor, wenn nach der Trennung **jeweils** **33** **ein Kind bei den Elternteilen lebt** und dort vollständig versorgt wird und die Eltern vereinbart haben, dass für die Kinder jeweils kein Unterhalt gezahlt wird.[29] Jedes Kind wird so behandelt, als ob jeweils der andere Elternteil Unterhalt mindestens in Höhe der Unterhaltsleistung erbringt. Wenn ein Elternteil leistungsunfähig wird, gilt dies jedoch nicht. Lebt das Kind abwechselnd bei beiden Elternteilen und wird daher kein Barunterhalt gezahlt, liegt **kein Ausbleiben von Unterhalt** von dem anderen Elternteil vor.[30] Es wird darauf abgestellt, ob ein planwidriges Ausbleiben von Unterhalt anzunehmen ist. Daher wird die Leistung nach dem UVG versagt, wenn ein Kind durch eine anonyme Samenspende gezeugt wurde.[31]

Ein weiteres Problem, das bei einer Trennung von Ehegatten auftreten kann, betrifft die **34** Frage, ob das Kind wirklich nur bei einem Elternteil lebt. Problematisch kann dies sein, wenn sich die Eltern die Betreuung des Kindes zeitlich etwa je zur Hälfte teilen. Ist in einem derartigen Fall nicht eindeutig festzustellen, bei welchem Elternteil das Kind seinen Lebensmittelpunkt hat, so ist der Anspruch auf UVG-Leistung für das Kind jedenfalls dann auszuschließen, wenn das Kind regelmäßig jeweils drei bis vier Tage in der

28 Grube, UVG, 2009, § 1 Rn. 61 f.
29 HessVGH 1.7.2004 – 10 ZU 1802/03, FamRZ 2005, 483.
30 VGH BW 8.11.1995 – 6 S 1945/95, FamRZ 1996, 901.
31 VG Frankfurt 23.2.2011 – 3 K 4145/10, NJW 2011, 2603; BVerwG 16.5.2013 – 5 C 28.12, NJW 2013, 2775.

Woche bei jedem Elternteil lebt. Das BSG hat für den Fall, dass ein Kind jeweils eine Woche bei dem einen und die andere Woche bei dem anderen Elternteil lebt, den Mehrbedarfszuschlag für Alleinerziehende nach dem SGB II jeweils zur Hälfte zugesprochen;[32] eine Übertragung dieser Entscheidung auf das UVG liegt nahe.

35 Der Anspruch ist weiterhin dann ausgeschlossen, wenn das Kind nicht überwiegend bei einem Elternteil lebt, sondern **anderweitig versorgt** wird. Ist ein Kind bei der Großmutter, bei Pflegeeltern oder bei anderen untergebracht und hält sich der allein stehende Elternteil nur vorübergehend dort auf, findet eine Betreuung durch dritte Personen statt, so dass das Kind nicht bei seinem Elternteil lebt. Andererseits hat das Kind seinen Lebensmittelpunkt bei dem Elternteil auch dann, wenn es für einen Teil des Tages im Kindergarten, bei Verwandten oder bei einer Tagesmutter untergebracht wird, auch wenn dies an manchen Tagen über Nacht der Fall ist. Erhält jedoch ein Kind Hilfe zur Erziehung nach dem SGB VIII (Vollzeitpflege nach § 33 SGB VIII oder Heimerziehung nach § 34 SGB VIII), kann kein Leben bei dem Elternteil mehr angenommen werden.

3. Verfahrensrecht

36 Die zuständige Stelle wird durch Landesrecht bestimmt (§ 9 Abs. 1 UVG), oft ist es das Jugendamt. Es wird schriftlich entschieden (§ 9 Abs. 2 UVG). Ein Bemühen um die Unterhaltsdurchsetzung ist – bis auf die nachstehende Ausnahme – nicht mehr erforderlich. Lediglich soweit rückwirkend UVG geltend gemacht wird – was jetzt nur noch für einen Monat möglich ist – wird der Nachweis von Eigenbemühungen verlangt (§ 4 UVG). Der Grund hierfür: Bei eigenen Bemühungen liegen zumeist die Voraussetzungen des § 1613 BGB vor, so dass dann der Unterhalt auch rückwirkend gerichtlich durch die Unterhaltsvorschusskasse durchgesetzt werden kann.

37 Für **Aufhebung und Rückforderung** gilt die Sondervorschrift des § 5 UVG. Nach § 5 Abs. 2 UVG kann die Leistung auch ohne Verschulden des Berechtigten zurückverlangt werden, wenn Unterhalt oder Waisenrente gezahlt wurde. Dies gilt auch, falls die Zahlung an den zunächst vorleistenden Sozialhilfeträger erfolgt. Zu beachten ist, dass sich § 5 Abs. 1 UVG an den Elternteil richtet, Abs. 2 an das Kind. Bei verspäteter Unterhaltszahlung wird diese bis zur Bescheiderteilung als Zahlung für den jeweiligen Monat im Sinne des § 2 Abs. 3 UVG angesehen mit der Folge, dass insoweit der Unterhalt angerechnet wird und ein Rückforderungsanspruch besteht.[33] Für das Verwaltungsverfahren gelten im Übrigen SGB I und X ohne Einschränkung. Der Rechtsweg geht zum VG. Es besteht Gerichtskostenfreiheit nach § 188 VwGO.

4. Beitrag zur Existenzsicherung

38 Unterhaltsvorschussleistungen sind nur teilweise geeignet, zur Existenzsicherung der Kinder und Jugendlichen beizutragen. Zwar sind die Einschränkungen der Dauer bis zu sechs Jahren und dem Höchstalter bis zu zwölf Jahren entfallen; die Höhe der Leistung erreicht – auch zusammen mit dem Kindergeld – jedoch nur dann das Existenzminimum, wenn die Unterkunftskosten gering sind.

39 Für Bedarfsgemeinschaften, die Leistungen nach dem SGB II (oder auch SGB XII) beziehen, stellt sich der Anspruch auf Unterhaltsvorschuss nicht als Vorteil dar. Es ist eine doppelte Antragstellung notwendig, die zu einem zusätzlichen bürokratischen Aufwand führt und für die Betroffenen ohne Vorteil ist.[34]

---

32 BSG 3.3.2009 – B 4 AS 50/07 R, FamRZ 2009, 1214.
33 BVerwG 5.7.2007 – 5 C 40.06, NDV-RD 2007, 121.
34 Kritisch hierzu auch DV, NDV 2012, 51 (54).

II. Kinderzuschlag

1. Einführung

Mit Wirkung zum 1.1.2005 wurde der Kinderzuschlag nach § 6 a Abs. 40
1 BKGG einge-
führt, durch den vermieden werden soll, dass Eltern aufgrund der Unterhaltsbelastung
für ihre Kinder **Leistungen nach dem SGB II** in Anspruch nehmen müssen. Ziel sollte es
sein, dass Eltern vom Arbeitslosengeld II unabhängig werden, wenn sie durch ihr eigenes Einkommen – zumeist Erwerbseinkommen – ihren eigenen Grundsicherungsbedarf,
nicht aber den der Kinder decken können. Dieser Zuschlag wird hingegen nicht bewilligt, wenn dadurch Leistungen nach dem SGB XII vermieden werden könnten. Diese
Ungleichbehandlung ist verfassungsrechtlich nicht verständlich.[35] Durch Änderung des
§ 6 a BKGG zum 1.10.2008[36] wurde die Berechnung etwas vereinfacht, indem die Höhe
des Mindesteinkommens, welches erreicht werden muss, betragsmäßig festgelegt wurde.
Durch Art. 5 des Gesetzes vom 24.3.2011[37] wurde bestimmt, dass auch Leistungsempfänger des Kinderzuschlags einen Anspruch für ihre Kinder auf **Leistungen für Bildung
und Teilhabe** haben, die dem Leistungsumfang des SGB II entsprechen, § 6 b BKGG, →
Rn. 57 ff.

Durch das Starke-Familien-Gesetz vom 29.4.2019[38] wurde eine erhebliche Leistungs- 41
verbesserung vorgenommen. Während die Erhöhung auf 185 EUR (→ Rn. 43) sich nur
wenig auswirkt, bedeuten die veränderten Regelungen zur Anrechnung des Einkommens der Kinder und der Wegfall der oberen Einkommensgrenze (→ Rn. 49) eine erhebliche materielle Verbesserung. Weitere Änderungen, insbesondere im Verfahrensrecht
können zu einer weitergehenden Inanspruchnahme dieser Leistung führen.

Der Kinderzuschlag steht einem **Elternteil** zu, wird jedoch dem jeweiligen **Kind als Ein-** 42
kommen zugerechnet (§ 11 Abs. 1 S. 2 SGB II). Falls der Kinderzuschlag nicht bewilligt
wird, ist es möglich, unverzüglich **nachträglich** noch Leistungen nach dem SGB II zu beantragen (§ 40 Abs. 3 SGB II). Für den Fall, das Leistungen nach dem SGB II abgelehnt
werden, kann umgekehrt nachträglich ein Antrag auf den Kinderzuschlag gestellt werden, § 6 a Abs. 3 S. 5 BKGG.

Der Kinderzuschlag betrug zunächst 140 EUR für jedes zu berücksichtigende Kind und 43
ist bis auf 170 EUR gestiegen. Ab 1. Juli 2019 ist er auf **185 EUR** erhöht worden. In
Zukunft wird eine Anpassung entsprechend dem Anstieg des Existenzminimums erfolgen, § 6 a Abs. 2 BKGG. Damit soll erreicht werden, dass der Zuschlag zusammen mit
dem Kindergeld von 194 EUR (bzw. 200 EUR für das dritte Kind und 225 EUR ab dem
vierten Kind) und dem auf das Kind entfallenden Wohngeldanteil den durchschnittlichen Bedarf eines Kindes abdeckt. Die Bewilligung soll jeweils für sechs Monate erfolgen, § 6 a Abs. 2 S. 3 BKGG.

Materiell bringt allein der Kinderzuschlag – für sich gesehen – den Leistungsempfän- 44
gern oft nur einen geringen Vorteil gegenüber Leistungen nach dem SGB II. Als Vorteil
ist wirkt sich jedoch aus, dass mit der Zahlung des Kinderzuschlags die Betroffenen
nicht mehr Leistungsempfänger nach dem SGB II sind und somit die Pflichten nach dem
SGB II entfallen. Materiell ist entscheidend, dass mit der Zahlung des Kinderzuschlags
ein **Anspruch auf Wohngeld** entstehen kann, der bei Leistungsbezug nach dem SGB II
nicht besteht. Sofern die Höhe des Wohngeldes nicht im Einzelfall gerade so hoch ausfällt, dass zusammen mit dem Kinderzuschlag die Bedürftigkeitsgrenze erreicht wird,

---

35 Kritisch Kievel ZfF 2005, 97 (100).
36 BGBl. I, 1854.
37 BGBl. I, 453.
38 BGBl. I, 530.

führt dies zu einer finanziellen Besserstellung gegenüber dem Bezug von Leistungen nach dem SGB II.

2. Berechnung des Kinderzuschlags

45 Der Gesetzgeber hat in § 6 a BKGG eine komplizierte und teilweise schwer verständliche Regelung zur Berechnung des Kinderzuschlags geschaffen. Sie dient dem Ziel, dass nur ein bestimmter Personenkreis diesen Anspruch hat, der, vereinfacht gesagt, nicht über zu wenig und auch nicht zuviel Einkommen verfügt. Es solle durch diese Leistung lediglich die Hilfebedürftigkeit nach dem SGB II vermieden werden, hingegen keine Leistungen über den Bedarf nach dem SGB II hinaus bewilligt werden.

46 Zunächst ist – quasi als Vorprüfung – zu ermitteln, ob die **Mindesteinkommensgrenze** erreicht wird. Nach § 6 a Abs. 1 Nr. 2 BKGG muss bei Eltern ein Mindesteinkommen von 900 EUR, bei Alleinerziehenden von 600 EUR erreicht werden. Hierbei handelt es sich um das Bruttoeinkommen. Zwar ist mit Wirkung zum 1.1.2012 eine Änderung der Vorschrift des § 11 Abs. 1 S. 1 SGB II erfolgt, auf die in § 6 a Abs. 1 Nr. 2 BKK Bezug genommen wird, da dort nun das Einkommen abzüglich der nach § 11 b SGB II abzusetzenden Beträge genannt ist. Es ist jedoch anzunehmen, dass es sich um ein Radaktionsversehen handelt und der Gesetzgeber keineswegs auf das Nettoeinkommen abstellen wollte. In diesem Fall wäre eine entsprechende Begründung zu erwarten gewesen, da der Kreis der Leistungsberechtigten sich erheblich geändert hätte.[39]

47 Die **Funktion dieser Mindesteinkommensgrenze** ist nicht deutlich, da bei der Berechnung im Einzelnen eine zweite Mindestgrenze erreicht werden muss, nämlich die Beseitigung der Bedürftigkeit. Die Mindesteinkommensgrenze scheint zwar für den Regelfall geeignet, den Personenkreis zu ermitteln, für den der Kinderzuschlag in Betracht kommt. Es werden jedoch Hilfebedürftige ausgegrenzt, die keine oder nur geringe Unterkunftskosten tragen müssen, da bei ihnen auch mit einem geringeren Einkommen die Bewilligung des Kinderzuschlags zum Entfallen der Bedürftigkeit führen würde.

48 Nach § 6 a Abs. 1 Nr. 4 BKGG muss durch den Kinderzuschlag die **Hilfebedürftigkeit nach dem SGB II vermieden** werden. Hierbei ist der Kinderzuschlag abzüglich eigener Einkünfte des Kindes zu berechnen. Mit der Neuregelung ab 1. Juni 2019 werden vom Einkommen des Kindes nur noch 45 % angerechnet, so dass auch bei Bezug von Unterhaltsvorschuss der Bezug des Kinderzuschlags möglich ist. Damit kann ein Anspruch bestehen bei einem Einkommen des Kindes – zumeist Unterhalt – bis zu 410 Euro.[40] Auch ist für diese Berechnung das Wohngeld, welches beantragt werden könnte, zu berücksichtigen. Bei dieser Berechnungsgrenze kommt es mithin nicht darauf an, ob der Kinderzuschlag allein ausreichen würde, sondern es wird das Wohngeld einbezogen, dessen Höhe daher von der Familienkasse zu berechnen ist. Es muss eine Vergleichsberechnung nach dem SGB II vorgenommen werden.

49 Andererseits darf die **Höchsteinkommensgrenze** des § 6 a Abs. 1 Nr. 3 BKGG nicht überschritten werden. Das bedeutet: Das bereinigte Einkommen der Eltern bzw. des alleinerziehenden Elternteils darf zusammen mit dem Kinderzuschlag den gesamten Bedarf der Eltern nicht überschreiten. Hierbei werden zwar auch die Regelungen des SGB II zugrunde gelegt, jedoch bei den Unterkunftskosten nur der Anteil der Unterkunfts- und Heizkosten, der sich aus dem letzten Existenzminimumsbericht der Bundesregierung ergibt. Zwar wird nur auf Abs. 4 S. 1 verwiesen, doch wegen der anschließenden Festsetzung des Kinderzuschlags, bei dem dieser Anteil zu berücksichtigen ist, muss

---

39 So überzeugend Schwitzky in: LPK-SGB II Anh. § 12 a Rn. 17.
40 Bei 410 Euro errechnet sich unter Berücksichtigung der Rundungsregelung in § 11 Abs. 2 BKGG ein Betrag von 1 Euro.

auch hier der Anteil nach dem Existenzminimumsbericht berechnet werden.[41] Für die Zeit ab 1.1.2020 wird nach § 6 a Abs. 1 Abs. 1 a BKGG aufgenommen, dass auch dann ein Anspruch gegeben sein kann, wenn mit dem anzurechnenden Einkommen ein Betrag bis 100 EUR an dem Bedarf fehlt. Voraussetzung ist jedoch, dass sich vom Einkommen aus Erwerbstätigkeit Absetzbeträge in Höhe von mindestens 100 EUR ergeben.

Als letzter Berechnungsschritt ist nach § 6 a Abs. 4 BKGG zu prüfen, ob das gesamte bereinigte Einkommen der Eltern zusammen mit dem Kindergeld den Bedarf der gesamten Bedarfsgemeinschaft unterschreitet. Ist dies der Fall, wird der Kinderzuschlag bewilligt, wobei die besonderen Regelungen über die Anrechnung des Einkommens der Eltern und der Kinder in Abs. 3 und 4 zu beachten sind. **50**

3. Verfahrensrecht

Da der Kinderzuschlag im BKGG geregelt ist, gelten die Regelungen der SGB I und SGB X. Dies hatte bis Juni 2019 zur Folge, dass eine Änderung nach § 48 SGB X vorgenommen werden kann, wenn sich das Einkommen von Monat zu Monat ändert. Um jeweils entsprechende Neuberechnungen zu vermeiden, wurde in § 11 Abs. 5 BKGG die vorläufige Entscheidung über die Bewilligung von Kinderzuschlag geschaffen, wobei auf § 41 a SGB II verwiesen wurde. Danach ist vorläufig zu entscheiden, wenn die Leistungshöhe nicht feststeht, was vor allem dann der Fall ist, wenn Einkommen in unterschiedlicher Höhe zu erwarten ist. Nach Ende des Bewilligungszeitraums wird die Höhe des Anspruchs abschließend ermittelt. Bei einer Überzahlung muss der Betrag erstattet werden, ohne Berücksichtigung eines Vertrauensschutzes. Damit gab es eine erhebliche Unsicherheit, ob nachträglich der Kinderzuschlag ganz oder zum Teil zurückzuzahlen war. Nach der ab 1. Juni 2019 geltenden Neuregelung wird, wie bisher, in der Regel für sechs Monate entschieden, jedoch kann in Abweichung von § 48 SGB X in der Regel keine Änderung vorgenommen werden, § 6 a Abs. 7 BKGG. **51**

Der Rechtsweg geht zu den Sozialgerichten. Da das Kindergeld fast ausschließlich nach dem EStG zu bewilligen ist, kann es dann zu einem doppelten Rechtsweg kommen, wenn auch die Bewilligung des Kindergeldes dem Grunde nach strittig ist. **52**

4. Beitrag zur Existenzsicherung

Die sehr komplizierte Berechnung des Kinderzuschlags macht für die Betroffenen in der Regel nicht deutlich, ob und in welcher Höhe ein Anspruch gegeben sein kann. Zwar besteht grundsätzlich die Obliegenheit als Leistungsberechtigter nach dem SGB II, den Kinderzuschlag als vorrangige Leistung in Anspruch zu nehmen. Wenn die Hilfebedürftigkeit jedoch nicht für einen zusammenhängenden Zeitraum von mindestens drei Monaten beseitigt wird, muss dies Leistung nicht in Anspruch genommen werden, § 12 a S. 2 Nr. 2 SGB II. **53**

Erhebliche Probleme konnten dadurch entstehen, dass für jeden Monat eine Neuberechnung vorgenommen werden musste. Die Bewilligung soll für die Dauer von sechs Monaten erfolgen, § 6 a Abs. 2 S. 3 BKGG. Führt diese zu dem Ergebnis, dass kein oder ein geringerer Anspruch bestand, besteht die Möglichkeit, rückwirkend entsprechende Leistungen nach dem SGB II zu beantragen, § 6 a Abs. 2 S. 5 BKGG. Allerdings erfolgt bei zunächst vorläufiger Bewilligung keine Erstattung, wenn der Bezug des Kinderzuschlags die Leistungsgewährung nach dem SGB II ausgeschlossen oder gemindert hat.[42] Dies alles ist mit einem erheblichen Aufwand verbunden. **54**

---

41 BSG 6.5.2010 – B 14 KG 1/08 R.
42 Zur Frage, ob eine Minderung möglich wäre vgl. Schwitzky in: LPK-SGB II Anh. § 12 a Rn. 58.

55 Zumeist kommt ein Anspruch bei vorhandenem Erwerbseinkommen in Betracht. Wegen der Mindest- und Höchstgrenze ist ein Anspruch nur innerhalb eines bestimmten Einkommensbereichs gegeben, der von der Familiengröße und den Unterkunftskosten abhängt. Wie *Staiger*[43] ausführlich darstellt, führten Einkommenssteigerungen an der oberen Spitze der jeweiligen Bereiche zu zum Teil erheblichen Einkommensverlusten, da dann der Kinderzuschlag entfällt und auch mithilfe des Wohngeldes, welches in diesem Bereich zumeist sehr gering ist, nur noch ein geringeres Gesamteinkommen zur Verfügung steht. Dieses Problem ist durch die Neuregelung ab 1.1.2020 (→ Rn. 49) gemildert worden.

56 Der Kinderzuschlag war bisher nur begrenzt geeignet, zur Existenzsicherung beizutragen. Durch die Änderungen durch das Starke-Familien-Gesetz ist durch die Erhöhung des Kinderzuschlags auf 185 Euro und teilweise Nichtanrechnung von Einkommen des Kindes eine wesentliche Verbesserung erreicht worden. Für ein Kind der zweiten Altersstufe stehen folgende Beträge zur Verfügung bei Bezug von Unterhaltsvorschuss und ohne Berücksichtigung von anderen Faktoren:

Unterhaltsvorschuss	212,00 EUR
Kinderzuschlag	89,60 EUR
Kindergeld	194,00 EUR
Summe	495,60 EUR

Hinzu kommt gegebenenfalls noch der Anteil am Wohngeld.

III. Leistungen nach § 6 b BKGG

57 Durch § 6 b BKGG soll zum einen sichergestellt werden, dass Leistungen für Bildung und Teilhabe für Kinder, die im SGB II und SGB XII vorgesehen sind, auch für Kinder bewilligt werden kann, deren Eltern den Kinderzuschlag erhalten; der Umfang dieser Leistungen ist in Kap. 27 dargestellt. Zum anderen haben Anspruch auf diese ergänzenden existenzsichernden Leistungen auch Kinder, die entweder **Wohngeld** – das sog Kinderwohngeld – beziehen, § 6 b Abs. 1 S. 2 BKGG, oder bei der Bewilligung des Wohngeldes berücksichtigt werden, § 6 b Abs. 1 S. 1 Nr. 2 BKGG. Es ist in diesen Fällen nicht erforderlich, dass das Kind selbst oder Haushaltsmitglieder lediglich über Einkommen in Höhe der existenzsichernden Leistungen verfügen. Voraussetzung ist im Übrigen lediglich, dass Kindergeld oder andere Leistungen nach § 4 BKGG bezogen werden.

58 Im Gegensatz zu den Leistungen nach dem SGB II oder SGB XII ist nicht das Kind, sondern der **Elternteil Anspruchsinhaber**, § 6 b Abs. 1 S. 1 BKGG. Nur wenn das Kind das Kindergeld aufgrund einer Abzweigung erhält, ist es selbst Anspruchsinhaber der Leistungen nach § 6 BKGG; wird an eine dritte Person abgezweigt, ist diese Inhaber des Anspruchs.

59 Zuständig für die Bewilligung dieser Leistungen sind nicht die Familienkassen, sondern nach § 7 Abs. 3 BKGG die Länder. Diese erlassen in der Regel Ausführungsgesetze, in denen bestimmt wird, welche Träger zuständig sind, in der Regel sind dies die Kommunen.[44]

---

43 Staiger NDV 2012, 25.
44 Vgl. Gerlach ZfF 2012, 145 (147).

Conradis

IV. Pflegegeld nach dem SGB VIII

Bei dem Pflegegeld im **Kinder- und Jugendhilferecht** nach § 39 SGB VIII handelt es sich **60** zum einen um einen Anspruch zur Deckung des Lebensunterhalts für die Pflegekinder und zu einem kleineren Teil um einen Leistungsanspruch zugunsten der Pflegeeltern. Er besteht als Bestandteil der erzieherischen Hilfe und setzt dem Grunde nach voraus, dass eine Hilfe zur Erziehung nach §§ 27 ff. SGB VIII erbracht wird. Diese Leistung ist also ein Annex der erzieherischen Hilfe und kann nicht unabhängig hiervon erbracht werden. Das Pflegegeld ist zum Unterhalt des in Pflege genommenen Kindes oder Jugendlichen bestimmt. Anspruchsinhaber ist der erziehende Elternteil,[45] wobei jedoch der im Pflegegeld enthaltene Barbetrag den Minderjährigen zur persönlichen Verfügung zu stellen ist (§ 39 Abs. 2 S. 2 SGB VIII).

In § 39 SGB VIII finden sich im Einzelnen Regelungen über die Berechnung dieser Leis- **61** tung. Es sind Pauschalbeträge für laufende Leistungen zum Unterhalt nach § 39 Abs. 5 SGB VIII festzusetzen. Diese Pauschalbeträge werden nach Landesrecht festgesetzt (§ 39 Abs. 5 S. 3 SGB VIII). Häufig werden die **Empfehlungen des Deutschen Vereins für** öffentliche und private Fürsorge zugrunde gelegt. Die für 2019 aktuellen Empfehlungen[46] differenzieren, wie auch schon früher, nach drei Altersstufen, und zwar wie folgt:

Minderjährige bis 5 Jahre	560 EUR
6 bis 11 Jahre	644 EUR
12 bis 18 Jahre	709 EUR.

Als **Kosten der Erziehung**, die hinzu kommen (§ 39 Abs. S. 2 SGB VIII), werden für alle **62** Altersstufen einheitlich 245 EUR empfohlen. Dieser Betrag wird bei der Pflegeperson als Einkommen nach Maßgabe von § 11 a Abs. 3 Nr. 1 SGB II angerechnet, und zwar wie folgt: Bei den ersten beiden Pflegekindern erfolgt keine Anrechnung, bei dem dritten Pflegekind sind 75 % dieses Beitrags zu berücksichtigen und ab dem vierten Pflegekind wird der Erziehungsbeitrag vollständig als Einkommen angerechnet.

Das Pflegegeld, welches den Pflegekindern zugewandt werden muss, ist meist niedriger **63** als die genannten Werte, denn es ist ein Betrag in Höhe der **Hälfte des Kindergeldes** für ein erstes Kind, also derzeit 92 EUR, auf die laufenden Leistungen anzurechnen (§ 39 Abs. 6 SGB VIII), wenn bei dem Kind das Kindergeld berücksichtigt wird.

Neben dem pauschalierten Pflegegeld können nach § 39 Abs. 3 SGB VIII ergänzend ein- **64** malige Beihilfen oder Zuschüsse gewährt werden. Hierbei werden als Beispiele Bedarfslagen genannt, die über das im SGB II und SGB XII zugebilligte Existenzminimum hinausgehen. Neben Kosten für Urlaubs- und Ferienreisen werden Aufwendungen für wichtige persönliche Anlässe erwähnt. Hierbei handelt es sich zB um Taufe, Kommunion, Konfirmation und ähnliche religiöse Feiern.[47]

Unter Einschluss des Kindergeldes stehen für den Lebensunterhalt in der Regel mithin **65** Beträge zwischen 652 EUR und 842 EUR (bei Kindergeld ab viertem Kind) zur Verfügung. Damit ist – außer bei besonders hohen Wohnkosten – der Lebensunterhalt der Pflegekinder abgedeckt; zumeist steht mehr Geld zur Verfügung, als bei einem Anspruch nach dem SGB II oder SGB XII. Da eine Anrechnung des Einkommens von Pflegekindern bei anderen Personen im Haushalt nicht zulässig ist, bedeutet die Versorgung eines Pflegekindes für Bezieher existenzsichernder Leistungen finanziell einen erheblichen Anreiz, da neben dem

---

45 Tammen in: FK-SGB VIII § 39 Rn. 4.
46 DV, NDV 2018, 499.
47 Tammen in: FK-SGB VIII § 39 Rn. 16.

anrechnungsfreien Erziehungsbeitrag bei den ersten beiden Pflegekindern für die Kinder meistens erheblich mehr Mittel als deren Bedarf (nach dem SGB II) vorhanden sind.

Kapitel 33: Auszubildende

Literaturhinweise: Geiger, Zur Neuregelung des Leistungsausschlusses für Auszubildende, Schüler und Studenten im 9. SGB II-ÄndG, ZFSH/SGB 2017, 9; Klerks, Die Abgrenzung von Ausbildung und Weiterbildung, ASR 2013, 209; Sehmsdorf, Anrechnung von Einkommen sowie Leistungen für Auszubildende – Änderungen durch das 9. SGB II-Änderungsgesetz, info also 2016, 205.

Rechtsgrundlagen:
BAföG §§ 2 ff., 7 ff., 21 ff., 26 ff.
SGB III §§ 51, 57, 58
SGB II §§ 7 Abs. 5 und Abs. 6, 27
SGB XII § 22

Orientierungssätze:
1. Die Sicherung des Lebensunterhalts Auszubildender wird in erster Linie durch die Ausbildungsförderungsgesetze (BAföG und SGB III) gewährleistet.
2. Bei schulischen Ausbildungen, die nach dem BAföG gefördert werden, sind gem. § 7 Abs. 5 S. 1 SGB II Leistungen nach dem SGB II grundsätzlich ausgeschlossen; jedoch besteht in den Fällen des § 7 Abs. 6 SGB II ein Anspruch auf Leistungen nach dem SGB II.
3. Bei betrieblichen Ausbildungen, die nach dem SGB III gefördert werden, sind Leistungen nach dem SGB II nur in den Fällen des § 7 Abs. 5 S. 2 SGB II ausgeschlossen.
4. Personen, die gem. § 7 Abs. 5 SGB II vom Bezug von Leistungen nach dem SGB II ausgeschlossen sind, haben unter den Voraussetzungen des § 27 SGB II einen Zugang zu Leistungen.

A. Allgemeines/Überblick

1 Gem. § 3 Abs. 1 SGB I haben die Personen, die an einer Ausbildung teilnehmen, die ihrer Neigung, Eignung und Leistung entspricht, ein Recht auf individuelle Förderung, wenn ihnen die hierfür erforderlichen Mittel nicht anderweitig zur Verfügung stehen. Die auf diesem sozialen Recht aufbauenden Leistungen lassen sich als Konkretisierung einer leistungsrechtlichen Dimension des Grundrechts auf freie Berufswahl gem. Art. 12 Abs. 1 S. 1 1. Fall GG verstehen.[1]

I. Begriff der Ausbildung

2 Die Regelungen gelten nur für die **Ausbildung**, nicht dagegen für die **Weiterbildung**. Die Ausbildung unterscheidet sich von der Weiterbildung dadurch, dass es in einer Ausbildung um die erstmalige Vermittlung von Kenntnissen und Fertigkeiten mit dem Ziel einer bestimmten beruflichen Befähigung geht, während die Weiterbildung auf bereits vorhandenen Kenntnissen und Fertigkeiten aufbaut.[2] Nach der Rechtsprechung des BSG kommt es auf die „Abgrenzungsmerkmale im Einzelnen"[3] an, die „ausschließlich unter Berücksichtigung des Charakters der Maßnahme nach objektiven Kriterien vorzunehmen"[4] sind. So liegt eine Maßnahme der Weiterbildung vor, wenn sie nach der Aus-

---

1 Vgl. Seewald in: KassKomm SGB I § 3 Rn. 8 zum BAföG; Ramsauer in: Ramsauer/Stallbaum BAföG § 1 Rn. 23.
2 Vgl. BSG 2.4.2014 – B 4 AS 26/13 R, Rn. 20 mwN.
3 BSG 30.8.2010 – B 4 AS 97/09 R, Rn. 23 mwN.
4 BSG 30.8.2010 – B 4 AS 97/09 R, Rn. 23 mwN.

bildungsordnung berufliche Vorerfahrungen oder eine andere berufliche Qualifikation voraussetzt[5] oder wenn die Maßnahme im Hinblick auf die Vorkenntnisse verkürzt oder der Lernstoff in anderer Weise verändert werden kann.[6] Diese Kriterien können dahin gehend erweitert werden, dass nicht nur berufsspezifische Vorkenntnisse, sondern auch andere bestehende Vorkenntnisse berücksichtigt werden können.[7]

II. Systeme der Ausbildungsförderung

Der Anspruch auf Ausbildungsförderung ist im Bereich der schulischen bzw. schulisch 3 geprägten fachpraktischen Ausbildungen und Hochschulausbildungen vornehmlich durch das **BAföG** und im Bereich der betrieblichen bzw. betrieblich geprägten dualen Ausbildungen vornehmlich durch die **Berufsausbildungsbeihilfe gem. §§ 56 ff. SGB III** einschließlich der **Berufsvorbereitenden Bildungsmaßnahmen gem. §§ 51 ff. SGB III** gewährleistet.[8] Für behinderte Menschen erfolgt die Förderung der Ausbildung durch Übernahme der Maßnahmekosten und die Sicherung des Lebensunterhalts durch das **Ausbildungsgeld gem. §§ 65 Abs. 5 SGB IX, 122 ff. SGB III.**[9] Die Prüfung der Bedürftigkeit erfolgt bei diesen Leistungen nach den Vorschriften des BAföG, wobei bei den Leistungen nach dem SGB III nur das Einkommen angerechnet wird, während es nach dem BAföG auch auf das Vermögen ankommt. Allerdings gelten diese Abgrenzungskriterien nicht ausnahmslos. So sind durch Rechtsverordnungen nach § 2 Abs. 3 BAföG eine Reihe von Ausbildungen[10] in den Förderungsbereich des BAföG einbezogen worden, die herkömmlich dem betrieblichen Ausbildungsbereich zurechnet werden, so ua die Ausbildung in Medizinalfachberufen,[11] zu landwirtschaftlich-technischen, milchwirtschaftlich-technischen und biologisch-technischen Assistentinnen und Assistenten[12] sowie in sozialen Pflegeberufen.[13] Im Einzelfall kann sich eine berufliche Ausbildung nicht nur in Betrieben und überbetrieblichen Ausbildungsstätten, sondern auch in Schulen (zB Fach- und Berufsfachschulen) vollziehen.[14] Die Zuordnung zu einem System der Ausbildungsförderung erfolgt danach, ob der Schulbesuch oder die betriebliche Ausbildung für die Gesamtausbildung prägend ist.[15]

Neben diesen Leistungssystemen umfasst die Grundsicherung für Arbeitsuchende seit 4 dem 1.8.2016 – geändert durch das Neunte SGB II-Änderungsgesetz[16] – nunmehr gem. § 1 Abs. 3 Nr. 2 SGB II auch Leistungen zur Beendigung und Verringerung der Hilfebedürftigkeit „insbesondere durch **Eingliederung in Ausbildung**". Diese Änderung und auch die Änderung des **§ 7 Abs. 5 SGB II** haben dazu geführt, dass Leistungen nach dem SGB II auch im Falle einer Ausbildung nicht mehr in jedem Fall ausgeschlossen sind.

---

5 BSG 30.8.2010 – B 4 AS 97/09 R, Rn. 24 mwN.
6 BSG 30.8.2010 – B 4 AS 97/09 R, Rn. 24.
7 Vgl. dazu Klerks ASR 2013, 209 ff.
8 Pesch in: Ramsauer/Stallbaum BAföG § 2 Rn. 3.
9 Vgl. zur alten Rechtslage BSG 6.8.2014 – B 4 AS 55/13 R, Rn. 25. Vgl. zum Charakter des Ausbildungsgeldes als Leistung zur Sicherung des Lebensunterhalts BSG 23.3.2010 – B 8 SO 17/09 R, Rn. 24, 26; BSG 6.8.2014 – B 4 AS 55/13 R, Rn. 26.
10 Vgl. dazu Pesch in: Raumsauer/Stallbaum BAföG § 2 Rn. 74 ff.
11 Verordnung über die Ausbildungsförderung für Medizinalfachberufe (MedizinalfachberufeV) vom 25.5.1995, BGBl. I S. 768.
12 Verordnung über die Ausbildungsförderung für den Besuch von Ausbildungsstätten für landwirtschaftlich-technische, milchwirtschaftlich-technische und biologisch-technische Assistentinnen und Assistenten (TechnAssistentenV – AfögLTAV) vom 22.9.1971, BGBl. I S. 1606.
13 Verordnung über die Ausbildungsförderung für soziale Pflegeberufe (SozPflegerV) vom 30.8.1974, BGBl. I S. 2157.
14 Vgl. zur Problematik der Zuordnung dualer Ausbildungsgänge zu § 2 BAföG bzw. § 51 SGB III Geiger ZFSH/SGB 2017, 9 (10) mwN.
15 Vgl. Pesch in: Ramsauer/Stallbaum BAföG § 2 Rn. 18, 96.
16 Vom 26.7.2016 – BGBl. I S. 1824.

Klerks

Vielmehr wird ein fehlender Bildungsabschluss auch im SGB II als Vermittlungshemmnis angesehen, wobei der Abschluss einer Ausbildung als geeignetes Mittel zur Vermeidung von Langzeitarbeitslosigkeit und Hilfebedürftigkeit anzusehen ist.[17] Durch § 16 h SGB II können schwer zu erreichende junge Menschen gefördert werden. Eine betriebliche oder außerbetriebliche Ausbildung kann trotz Fehlens eines Anspruchs auf Ausbildungsförderung mit Mitteln des SGB II absolviert werden,[18] wobei die Ausbildenden in den Kreis der Leistungsberechtigten einbezogen werden („Aufstocker-Azubis").[19] Der bisher geltende Grundsatz, das SGB II stehe einer „versteckten" Ausbildungsförderung auf einer „zweiten Ebene" entgegen (dazu näher → Rn. 41), lässt sich damit nicht mehr aufrechterhalten. Deshalb ist die Gesetzesänderung durch das Neunte SGB II-Änderungsgesetz zu Recht als „Paradigmenwechsel" bezeichnet worden.[20]

B. Ausbildungsförderung nach dem Bundesausbildungsförderungsgesetz (BAföG)

5 Ausbildungsförderung nach dem BAföG setzt eine förderungsfähige Ausbildung (§§ 2 bis 7 BAföG), die Erfüllung der persönlichen Voraussetzungen (§§ 8 bis 10 BAföG) voraus, wobei Einkommen (§§ 21 bis 25 BAföG) und Vermögen (§§ 26 bis 30 BAföG) angerechnet wird.

I. Förderungsfähige Ausbildungen

6 Förderungsfähige Ausbildungen nach dem BAföG setzen gem. § 2 BAföG eine bestimmte Art und einen bestimmten Inhalt der Ausbildung sowie deren Durchführung an einer bestimmten Ausbildungsstätte voraus. Vorschriften zu **Art und Inhalt der Ausbildung** enthält § 2 Abs. 1 S. 2 BAföG. Die Ausbildung muss mindestens ein Schul- oder Studienhalbjahr dauern und die Arbeitskraft des Auszubildenden „im Allgemeinen" voll in Anspruch nehmen, § 2 Abs. 5 S. 1 BAföG. Grundsätzlich ist **nur eine erste Ausbildung** förderungsfähig; ausnahmsweise kann eine einzige weitere Ausbildung unter den Voraussetzungen § 7 Abs. 2 BAföG und eine andere Ausbildung unter den Voraussetzungen des § 7 Abs. 3 BAföG gefördert werden. Nach dem BAföG wird die **schulische bzw. schulisch geprägte Ausbildung** gefördert. Nähere Bestimmungen zur **Art der Ausbildungsstätte** enthält § 2 Abs. 1, Abs. 2, Abs. 3 BAföG.

II. Persönliche Förderungsvoraussetzungen

7 Die persönliche Voraussetzung der **Staatsangehörigkeit** erfüllen deutsche Staatsbürger und ihnen gleichgestellte Ausländer, insbesondere Unionsbürger, Angehörige der EWR-Staaten und anerkannte Flüchtlinge gem. § 8 Abs. 1 BAföG, andere Ausländer sind unter den Voraussetzungen des § 8 Abs. 2 BAföG, geduldete Ausländer unter den Voraussetzungen des § 8 Abs. 2 a BAföG und langjährig im Bundesgebiet lebende Ausländer unter den Voraussetzungen des § 8 Abs. 3 BAföG förderungsfähig. Daneben muss die persönliche Voraussetzung der **Eignung** vorliegen (§§ 3 Abs. 1 SGB I, 1 BAföG). Gem. § 9 Abs. 1 BAföG wird die Ausbildung gefördert, wenn die Leistungen des Auszubildenden erwarten lassen, dass er das angestrebte Ausbildungsziel erreicht. Hierzu hat der Auszubildende gem. § 9 Abs. 2 S. 2 BAföG iVm § 48 BAföG die erforderlichen Nachweise vorzulegen. Schließlich muss die persönliche Voraussetzung eines bestimmten Al-

---

17 BT-Drs. 18/8041, 24, 29.
18 BT-Drs. 18/8041, 24.
19 BT-Drs. 18/8041, 33.
20 Vgl. Becker SGb 2016, 607 (608).

ters vorliegen. Gem. § 10 Abs. 3 S. 1 BAföG wird Ausbildungsförderung nur geleistet, wenn der Auszubildende bei Beginn des Ausbildungsabschnitts das 30. Lebensjahr bzw. das 35. Lebensjahr noch nicht vollendet hat. Unter den Voraussetzungen des § 10 Abs. 3 S. 2 BAföG gelten von diesem Grundsatz Ausnahmen, insbesondere wenn der Ausbildungsbeginn aus bestimmten Gründen verzögert worden ist. Der Auszubildende ist dann aber gem. § 10 Abs. 3 S. 3 BAföG verpflichtet, die Ausbildung unverzüglich nach Wegfall der Hinderungsgründe aufzunehmen.

III. Bedürftigkeit

Ausbildungsförderung wird gem. § 1 BAföG nur geleistet, wenn dem Auszubildenden **8** die für seinen Lebensunterhalt und seine Ausbildung erforderlichen Mittel anderweitig nicht zur Verfügung stehen. Aus dem Subsidiaritäts-, Familienabhängigkeits- und Nachrangigkeitsgrundsatz folgt, dass nicht nur Einkommen und Vermögen des Auszubildenden bzw. seines Ehegatten, eingetragenen Familienpartners und regelmäßig auch der Eltern einzusetzen ist, sondern die Ausbildung auch gegenüber anderen Förderungsprogrammen nachrangig ist.[21] Die Bundesregierung hat am 30.1.2019 den Entwurf eines Sechsundzwanzigsten Gesetzes zur Änderung des Bundesausbildungsförderungsgesetzes (26. BAföGÄndG) beschlossen;[22] es ist ein Inkrafttreten zu Beginn des Schuljahrs 2019/2020 geplant. Wesentlicher Inhalt sind die Erhöhung der Einkommens- und Vermögensfreibeträge und der Förderhöchstsätze in drei Schritten (2019, 2020, 2021).[23]

1. Berücksichtigung von Einkommen

Gem. §§ 21–25 BAföG wird das Einkommen des Auszubildenden, seiner Eltern, seines **9** Ehegatten bzw. seines Lebenspartners angerechnet. Bei der Ermittlung des anzurechnenden Einkommens ist gem. § 21 Abs. 1 S. 1 BAföG von den **positiven Einkünften iSd § 2 Abs. 1, Abs. 2 EStG** auszugehen. Gem. § 2 Abs. 1 S. 2 BAföG ist ein Ausgleich mit Verlusten aus anderen Einkunftsarten und mit Verlusten des zusammenveranlagten Ehegatten nicht zulässig. Zu den Einkünften gehören weiter die in § 21 Abs. 3 BAföG genannten Beträge. Zu den anrechnungsfähigen Einkünften gehört seit dem Jahre 2001 nicht mehr das Kindergeld. Dies hat zur Folge, dass **Kindergeld** im Anwendungsbereich des BAföG grundsätzlich unberücksichtigt bleibt.[24] Ausnahmsweise ist es aber im Rahmen der Vorauszahlungen nach § 36 Abs. 1 BAföG anzurechnen.[25]

Von den anrechnungsfähigen Einkünften sind die in § 21 Abs. 4 BAföG genannten Ein- **10** künfte **ausgenommen**, also ua Grundrenten und Schwerstbeschädigtenzulagen nach dem BVG und nach den Gesetzen, die das BVG für entsprechend anwendbar erklären, sowie Einnahmen, deren Zweckbestimmung einer Anrechnung auf den Bedarf entgegensteht. Von den ermittelten Einkünften werden gem. § 21 Abs. 1 S. 3 BAföG der Altersentlastungsbetrag, die Einkommens-, Kirchen- und Gewerbesteuer und Beiträge zur Sozialversicherung und zur Bundesagentur, die die geleisteten freiwilligen Aufwendungen zur Sozialversicherung und für eine private Kranken-, Pflege-, Unfall- oder Lebensversicherung in angemessenem Umfang sowie geförderte Altersvorsorgebeiträge nach § 82 EStG **abgezogen**.

---

21 Ramsauer in: Ramsauer/Stallbaum BAföG § 1 Rn. 10.
22 BR-Drs. 55/19 v. 1.2.2019.
23 Vgl. die Aufstellung in BR-Drs. 55/19 S. 18.
24 Stopp in: Ramsauer/Stallbaum BAföG § 21 Rn. 38.
25 BVerwG 9.12.2014 – 5 C 3/14.

a) Einkommen des Auszubildenden

11 Das Einkommen wird in den folgenden Schritten ermittelt: In einem **ersten Schritt** ist das **voraussichtliche Einkommen im Bewilligungszeitraum** gem. § 22 Abs. 1 BAföG nach der „Methode der aktuellen Einkommensbetrachtung"[26] zu ermitteln; Bewilligungszeitraum ist gem. § 50 Abs. 3 BAföG in der Regel ein Jahr. Das erzielbare Einkommen kann nur geschätzt werden, so dass es zunächst auf die eigene Prognose des Auszubildenden ankommt,[27] die am Ende des Bewilligungszeitraums kontrolliert werden kann und muss. Gem. §§ 20 Abs. 1 S. 1 Nr. 3 Hs. 2, 53 S. 2 BAföG bleiben jedoch Regelanpassungen gesetzlicher Renten und Versorgungsbezüge außer Betracht. Bei Erzielung höherer Einkünfte hat der Auszubildende die Überzahlung gem. § 20 Abs. 1 S. 1 Nr. 3 BAföG zu erstatten,[28] bei Erzielung niedrigerer Einkünfte kann ein Nachzahlungsanspruch gem. § 53 BAföG bestehen. In einem **zweiten Schritt** wird das im Bewilligungszeitraum erzielte bzw. erzielbare Einkommen **auf die Kalendermonate im Bewilligungszeitraum** (idR ein Jahr, § 50 Abs. 3 BAföG) verteilt. Diese Regelung ist deshalb günstig, weil dem Auszubildenden die Freibeträge des § 23 BAföG für jeden Monat des Bewilligungszeitraums zugutekommen und nicht nur für die Monate, in denen Einkommen tatsächlich erzielt wird. In einem **dritten Schritt** sind von dem Einkommen die **Freibeträge** gem. § 23 BAföG abzusetzen.

b) Einkommen der Angehörigen

12 Gem. § 24 Abs. 1 BAföG kommt es hinsichtlich des **Einkommens des Ehegatten bzw. Lebenspartners** auf den Zeitraum des **vorletzten Kalenderjahres vor Beginn des Bewilligungszeitraums** an. Ist es aber im Bewilligungszeitraum wesentlich niedriger als nach dem Zeitraum des § 24 Abs. 1 BAföG, kann der Auszubildende durch **besonderen Antrag** gem. § 24 Abs. 3 S. 1 BAföG verlangen, dass das Einkommen im Bewilligungszeitraum zugrunde gelegt wird. Maßgeblich ist der Steuerbescheid bzw. – wenn er noch nicht vorliegt – die glaubhaft gemachte Angabe der Einkommensverhältnisse, § 24 Abs. 2 BAföG. Auch hier werden die Einkünfte im Bewilligungszeitraum ermittelt und durch die Zahl der Kalendermonate des Bewilligungszeitraums geteilt, § 24 Abs. 4 BAföG.

13 Das Verhältnis von staatlicher Ausbildungsförderung und elterlicher Unterhaltsleistungen wird im BAföG durch die Bildung zweier Leistungstypen, die elterneinkommensabhängige Ausbildungsförderung gem. § 11 Abs. 2 BAföG und die elterneinkommensunabhängige Ausbildungsförderung gem. § 11 Abs. 2 a, Abs. 3 BAföG, behandelt. Bei der **elterneinkommensabhängigen Ausbildungsförderung** gem. § 11 Abs. 2 BAföG tritt die staatliche Ausbildungsförderung an die Stelle von Unterhaltsleistungen, die von den Eltern nicht erbracht werden können oder ihnen nicht zugemutet werden. Dabei ist zu beachten, dass sich die Höhe des bürgerlich-rechtlichen Unterhaltsanspruchs nach der konkreten wirtschaftlichen Leistungskraft der Beteiligten richtet, während der nach dem BAföG vorausgesetzte Unterhaltsbeitrag der Eltern pauschaliert ermittelt wird.[29] Dabei sind auch die **Freibeträge gem. § 25 BAföG** zu berücksichtigen. Den Auszubildenden kann neben den BAföG-Leistungen ein zivilrechtlicher Anspruch auf Unterhalt zustehen, soweit die staatliche Ausbildungsförderung die Kosten für eine angemessene Ausbildung zu einem Beruf gem. § 1610 Abs. 2 BGB nicht abdeckt (sog **Aufstockungsunterhalt**). Der zivilrechtliche Unterhalt wird entsprechend § 21 Abs. 3 S. 1 Nr. 4 BAföG nicht angerechnet, da anderenfalls eine Doppelanrechnung derselben Mittel erfolgen

---

26 Stopp in: Ramsauer/Stallbaum BAföG § 22 Rn. 2.
27 Stopp in: Ramsauer/Stallbaum BAföG § 22 Rn. 12.
28 Vgl. Stopp in: Ramsauer/Stallbaum BAföG § 22 Rn. 11.
29 Lackner in: Ramsauer/Stallbaum BAföG § 36 Rn. 2 unter Verweis auf BT-Drs. 6/1975, 35.

würde.[30] Erbringen die Eltern oder ein Elternteil nicht die geschuldeten Leistungen, erbringt der Sozialleistungsträger unter den Voraussetzungen des § 36 BAföG eine **Vorausleistung.** Der Unterhaltsanspruch geht dann unter den Voraussetzungen des § 37 BAföG bis zur Höhe der Vorausleistung kraft Gesetzes auf den Sozialleistungsträger über.

Die **elterneinkommensunabhängige Ausbildungsförderung** wird gem. § 11 Abs. 2 a **14** BAföG erbracht, wenn der Aufenthalt der Eltern nicht bekannt ist oder sie rechtlich oder tatsächlich gehindert sind, im Unterhalt zu leisten. Gem. § 11 Abs. 3 BAföG die Ausbildungsförderung ohne Anrechnung von Elterneinkommen erbracht, wenn die Eltern zwar leistungsfähig sind, aber zum Unterhalt nicht mehr verpflichtet sind.

2. Berücksichtigung von Vermögen

Gem. § 26 BAföG ist nur das **Vermögen des Auszubildenden** anrechenbar, nicht das des **15** Ehegatten oder der Eltern. Es kommt auf das im Bewilligungszeitraum vorhandene Vermögen an; dies folgt aus § 28 Abs. 2, Abs. 4 BAföG, wonach der Wert im Zeitpunkt der Antragstellung maßgebend ist und Veränderungen für die Zeit zwischen Antragstellung und Ende des Bewilligungszeitraums auch bleibt. Vor Antragstellung rechtsmissbräuchlich veräußerte Gegenstände bleiben dem Vermögen zugerechnet, weil sie entweder als Scheingeschäft gem. § 117 BGB oder als sittenwidriges Geschäft nichtig sind.[31] Das anrechnungsfähige Vermögen wird in den folgenden Schritten ermittelt.

In einem **ersten Schritt** ist das Vermögen zu ermitteln. Gem. § 27 Abs. 1 S. 1 BAföG gel- **16** ten als Vermögen alle **beweglichen und unbeweglichen Sachen** sowie **Forderungen und Rechte.** In § 27 Abs. 2 BAföG sind bestimmte Rechte aufgeführt, die **nicht als Vermögen** gelten, so zB Rechte auf Versorgungsbezüge, Renten und andere wiederkehrende Leistungen, Übergangsbeihilfen, Nießbrauchsrechte und Haushaltsgegenstände. Das Vermögen muss **verwertbar** sein. Verwertbar ist alles, was der Auszubildende zur Befriedigung seines Bedarfs gem. § 11 Abs. 1 BAföG verwenden kann, zB durch Veräußerung oder Belastung (Hypothek auf ein Grundstück, Verpfändung einer Forderung oder einer beweglichen Sache zur Besicherung eines Darlehens).[32] Gem. § 27 Abs. 1 S. 2 BAföG sind Gegenstände ausgenommen, soweit sie der Auszubildende **aus rechtlichen Gründen nicht verwerten** kann, also der Verwertung ein gesetzliches Verbot (§ 134 BGB) oder ein gesetzliches oder behördliches Veräußerungsverbot (§§ 135, 136 BGB) entgegensteht, zB bei einer im Wege der Zwangsvollstreckung erfolgten Pfändung oder nach Eröffnung des Insolvenzverfahrens für den Schuldner.

In einem **zweiten Schritt** ist das Vermögen gem. § 28 Abs. 1 BAföG zu bewerten. Allge- **17** mein gilt der Zeitwert im Zeitpunkt der Antragstellung, § 28 Abs. 1 Nr. 2, Abs. 2 BAföG, bei Wertpapieren der Kurswert, § 28 Abs. 1 Nr. 1 BAföG. Veränderungen zwischen Antragstellung und Ende des Bewilligungszeitraums bleiben gem. § 28 Abs. 4 BAföG unberücksichtigt. Sollte allerdings der Wert des Vermögens erheblich fallen, müsste der Vermögensverlust über die Härteklausel des § 29 Abs. 3 BAföG iVm § 44 SGB X aufgefangen werden.[33] Von dem Vermögen sind gem. § 28 Abs. 3 S. 1 BAföG die im Zeitpunkt der Antragstellung bestehenden Schulden und Lasten abzuziehen. Allerdings gelten für die Prüfung strenge Maßstäbe; dies gilt insbesondere für die Behaup-

---

30 Vgl. Stopp in: Ramsauer/Stallbaum BAföG § 21 Rn. 40.
31 Vgl. Stopp in: Ramsauer/Stallbaum BAföG § 27 Rn. 3, § 28 Rn. 10, 21 unter Verweis auf BVerwG 13.1.1983 – 5 C 13/08.
32 Stopp in: Ramsauer/Stallbaum BAföG § 27 Rn. 9.
33 Vgl. Stopp in: Ramsauer/Stallbaum BAföG § 28 Rn. 23.

tung, das Vermögen sei durch ein Darlehen oder eine offene oder verdeckte Treuhand belastet.[34]

18 In einem **dritten Schritt** werden von dem Vermögen die Freibeträge gem. § 29 Abs. 1 BAföG abgezogen. Gem. § 29 Abs. 3 BAföG kann zur **Vermeidung unbilliger Härten** ein weiterer Teil des Vermögens anrechnungsfrei bleiben. Eine unbillige Härte liegt vor, wenn der Einsatz oder die Verwertung zu einer wesentlichen Beeinträchtigung der Lebensgrundlage des Auszubildenden führen würde.[35] Dies gilt insbesondere, wenn hierdurch die berufliche Existenz- oder Lebensgrundlage der Familie zeitlich unmittelbar oder hinreichend sicher in Zukunft gefährdete oder die Erfüllung anderer, der Unterhaltspflicht vorrangiger Pflichten gefährdet oder gar ausgeschlossen wäre.[36] Beispiele sind die **Verwertung von Schmerzensgeld** und damit erworbenen Vermögenssurrogaten,[37] **Rücklagen zur Finanzierung künftig notwendig werdender besonderer Aufwendungen**[38] und ein **kleines selbstbewohntes Hausgrundstück** (entsprechend den Vorschriften der §§ 90 Abs. 2 Nr. 8 SGB XII, 12 Abs. 3 S. 1 Nr. 4 SGB II).[39] Hierbei stellt sich die Frage, ob und inwieweit anderes im SGB XII bzw. im SGB II genanntes Schonvermögen auch zugunsten des Auszubildenden berücksichtigt werden könnte. Nach der Konzeption des BAföG ist eine analoge Anwendung dieser Vorschriften an sich ausgeschlossen. Allerdings kann es in diesen Vorschriften auch andere Gegenstände geben, deren Einsatz oder Verwertung die künftige Lebensgrundlage zerstören würde.

19 In einem **vierten Schritt** ist das Vermögen gem. § 30 BAföG abzüglich der Freibeträge durch die Zahl der Kalendermonate des Bewilligungszeitraums zu teilen und anzurechnen. In der Regel wird für jeden Monat 1/12 des Vermögens angerechnet werden, weil der Bewilligungszeitraum gem. § 50 Abs. 3 BAföG in der Regel ein Jahr beträgt.

IV. Höhe der Förderung

20 Gem. § 11 Abs. 1 BAföG wird Ausbildungsförderung für den Lebensunterhalt und die Ausbildung geleistet. Dieser Bedarf wird jedoch **nicht individuell** ermittelt, sondern unter den Voraussetzungen der §§ 12 ff. BAföG **pauschaliert**. Dabei unterscheidet sich die nach der **Art der Ausbildung** und der **Wohnsituation des Auszubildenden** ist, dh ob er bei den Eltern wohnt oder nicht. Die Leistungen werden nicht dynamisiert. Allerdings ist der Gesetzgeber gem. § 35 BAföG verpflichtet, die Bedarfssätze und Freibeträge alle zwei Jahre zu überprüfen und gegebenenfalls durch Gesetz neu festzusetzen. Schüler erhalten die Leistung gem. § 17 Abs. 1 BAföG als **Zuschuss**.[40] Studenten erhalten die Leistungen für den Besuch höherer Fachschulen und Hochschulen zur Hälfte als Zuschuss und zur Hälfte als Darlehen, § 17 Abs. 2 BAföG. Durch das 26. BAföGÄndG sollen sich ua die Darlehensbedingungen (§ 18 BAföG) ändern.

1. Grundbetrag

21 Der Grundbetrag nach dem BAföG ist für Schüler (bzw. Praktikanten) und Studenten unterschiedlich hoch, §§ 12, 14, 13 BAföG. Unterschieden wird nach der Art der Ausbildung. Durch das 26. BAföGÄndG sollen sich die Grundbeträge gem. §§ 12, 13 BAföG ändern.

---

34 Vgl. Stopp in: Ramsauer/Stallbaum BAföG § 28 Rn. 12 ff. unter Verweis auf BVerwG 4.9.2008 – 5 C 30/07.
35 BVerwG 4.9.2012 – 5 B 8/12.
36 Stopp in: Ramsauer/Stallbaum BAföG § 29 Rn. 11 unter Verweis auf BVerwG 12.6.1986 – 5 C 65/84.
37 Stopp in: Ramsauer/Stallbaum BAföG § 29 Rn. 14.
38 Stopp in: Ramsauer/Stallbaum BAföG § 29 Rn. 10 unter Verweis auf VwV Tz. 29.3.2 9.
39 Vgl. Stopp in: Ramsauer/Stallbaum BAföG § 29 Rn. 12.
40 Vgl. Pesch in: Ramsauer/Stallbaum BAföG § 17 Rn. 5.

2. Zusatzbeitrag für eine selbstständige Wohnung/Haushalt

Für die Wohnung von Schülern wird kein Zuschuss gewährt; § 12 Abs. 3 BAföG ist mit **22**
Wirkung ab 28.10.2010 weggefallen.[41] Für die Wohnung von Auszubildenden, die bei
ihren Eltern wohnen, erhöhen sich die Leistungen gem. § 13 Abs. 2 Nr. 1 BAföG um
monatlich 52,00 EUR.[42] Auszubildende, die nicht bei ihren Eltern wohnen, erhalten
gem. § 13 Abs. 2 Nr. 2 BAföG monatlich 250,00 EUR[43] mehr; eine Erhöhung ist nicht
mehr vorgesehen, weil § 13 Abs. 3 BAföG mit Wirkung zum 28.10.2010 weggefallen
ist.[44]

3. Zuschuss für die Kranken- und Pflegeversicherung

Gem. § 13 a BAföG wird ein Zuschuss für die Kranken- und Pflegeversicherung als Zu- **23**
schlag in Höhe von monatlich 71,00 EUR[45] für die Krankenversicherung und von monatlich 15,00 EUR[46] für die Pflegeversicherung gewährt.

4. Sonderbedarf

Die Bundesregierung ist durch § 14 a BAföG ermächtigt worden, durch Rechtsverord- **24**
nung zu bestimmen, dass „zur Deckung besonderer Aufwendungen" zusätzliche Leistungen erbracht werden. Mit der HärteVO[47] hat sie von dieser Ermächtigung nur insoweit Gebrauch gemacht, als bestimmte Unterbringungskosten übernommen werden.
Dagegen ist eine individualisierte Regelung bisher nicht geschaffen worden, so dass der
Bedarf und damit die Leistung vollständig gesetzlich typisiert und der Verwaltung ein
Auslegungsspielraum oder ein Leistungsermessen nicht eingeräumt ist.[48]

C. Ausbildungsförderung durch Berufsausbildungsbeihilfe (BAB) bzw. durch eine berufsvorbereitende Bildungsmaßnahme (BvB)

Als Teil der Berufswahl und Berufsausbildung ist die Berufsausbildungsbeihilfe (BAB) in **25**
§§ 56 bis 72 SGB III und die Berufsvorbereitung mit den Berufsvorbereitenden Bildungsmaßnahmen (BvB) in §§ 51 bis 55 SGB III geregelt. Während die Berufsausbildungsbeihilfe auf die **Förderung einer Berufsausbildung** abzielt, regelt die berufsvor-
reitende Bildungsmaßnahme der **Vorbereitung einer Berufsausbildung** bzw. der **Erleichterung der beruflichen Eingliederung.**

I. Berufsausbildungsbeihilfe

Gem. § 56 Abs. 1 SGB III haben Auszubildende Anspruch auf Berufsausbildungsbeihilfe **26**
während einer Berufsausbildung, wenn die Berufsausbildung förderungsfähig ist, sie
zum förderungsfähigen Personenkreis gehören und die sonstigen persönlichen Voraussetzungen für eine Förderung erfüllt sind und ihnen die Mittel zur Deckung des Ge-
samtbedarfs nicht anderweitig zur Verfügung stehen.

---

41 Durch das 23. BAföGÄndG vom 24.10.2010, BGBl. I S. 1422.
42 Geplant durch 26. BAföGÄndG (→ Rn. 8): 55,00 EUR.
43 Geplant durch 26. BAföGÄndG (→ Rn. 8): 325,00 EUR.
44 Durch das 23. BAföGÄndG vom 24.10.2010, BGBl. I S. 1422.
45 Geplant durch 26. BAföGÄndG (→ Rn. 8): 84, 00 EUR bzw. 155,00 EUR.
46 Geplant durch 26. BAföGÄndG (→ Rn. 8): 25,00 EUR bzw. bis 34,00 EUR.
47 Verordnung über die Zusatzleistungen in Härtefällen nach dem BAföG vom 15.7.1974, BGBl. I S. 1449.
48 Vgl. Schaller in: Ramsauer/Stallbaum BAföG § 14 a Rn. 2.

1. Förderungsfähige Berufsausbildung

27 Gem. § 57 Abs. 1 SGB III ist die Maßnahme nur förderungsfähig, wenn sie in einem staatlich anerkannten Ausbildungsberuf betrieblich oder außerbetrieblich durchgeführt wird und der dafür vorgeschriebene Berufsausbildungsvertrag abgeschlossen worden ist. Gem. § 58 SGB III kann auch eine teilweise Förderung im Ausland erfolgen. Gem. § 57 Abs. 2 S. 1 SGB III ist **grundsätzlich nur die erste Berufsausbildung** förderungsfähig. Ausnahmsweise ist aber die Förderung einer zweiten Berufsausbildung gem. § 57 Abs. 2 S. 2 SGB III als Ermessensleistung möglich, wenn eine berufliche Eingliederung anders nicht erreicht werden kann; gem. § 57 Abs. 3 SGB III darf bei vorzeitiger Lösung eines Berufsausbildungsverhältnisses erneut gefördert werden, wenn für die Lösung ein berechtigter Grund bestand.

28 Es muss ein **staatlich anerkannter Ausbildungsberuf** angestrebt werden. Ein Verzeichnis der anerkannten Ausbildungsberufe wird vom Bundesinstitut für Berufsbildung geführt, § 90 Abs. 3 Nr. 3 BBiG. Der Antragsteller muss das Ausbildungsziel eines anerkannten Ausbildungsberufs verfolgen, wobei die Ausbildung in der durch das BBiG vorgeschriebenen Form erfolgen muss. Die Ausbildung muss nach dem Berufsbildungsgesetz, der Handwerksordnung oder nach dem Seearbeitsgesetz anerkannt sein; außerdem sind Ausbildungen nach dem Altenpflegegesetz von der Förderfähigkeit umfasst. Die staatliche Anerkennung von Ausbildungsberufen nach dem BBiG[49] erfolgt gem. § 4 Abs. 1 BBiG durch eine Rechtsverordnung. Dazu gehört auch der Erlass einer Ausbildungsordnung gem. § 5 BBiG. Gem. § 104 Abs. 1 BBiG bleiben die vor dem 1.1.1969 anerkannten Berufe als Ausbildungsberufe anerkannt. Neue Ausbildungsberufe können gem. § 6 BBiG zur Entwicklung und Erprobung zugelassen werden. Die staatliche Anerkennung von Ausbildungsberufen nach der HwO[50] erfolgt gem. § 25 Abs. 1 HwO durch eine Rechtsverordnung. Sie erstreckt sich auf die Ausbildung in einem zulassungspflichtigen Handwerk im Sinne des § 1 Abs. 2 HwO iVm Anlage A HwO sowie in einem zulassungsfreien Handwerk im Sinne des § 18 Abs. 2 HwO iVm Anlage B HwO. Daneben können gem. § 27 HwO neue Ausbildungsberufe zur Entwicklung und Erprobung zugelassen werden. Die Ausbildung in der Seeschifffahrt erfolgt durch Rechtsverordnung gem. § 92 SeeArbG.[51] Aufgrund dieses Gesetzes ist die See-Berufsausbildungsverordnung[52] geschaffen worden, die die Ausbildung zum Schiffsmechaniker bzw. zur Schiffsmechanikerin regelt. Die Ausbildung in der Altenpflege erfolgt nach §§ 3 bis 9 AltPflG.[53] Die Leistungen gelten nicht für die Durchführung einer nach Landesrecht durchgeführten Ausbildung und nicht für die Ausbildung in anderen Gesundheitsfachberufen wie etwa die Ausbildung nach dem Krankenpflegegesetz oder dem Hebammengesetz. Bei diesen Ausbildungen handelt es sich um Ausbildungen, die von Berufsschulen durchgeführt wird.[54]

29 Die Ausbildung nach dem BBiG, der HwO und dem SeeArbG kann in Form einer betrieblichen oder außerbetrieblichen Durchführung gefördert werden. Die Ausbildung nach dem AltPflG wird nur in Form der betrieblichen Durchführung gefördert. Eine be-

---

49 Berufsbildungsgesetz (BBiG) vom 23.3.2005 (BGBl. I S. 931), zuletzt geändert durch Gesetz vom 17.7.2017 (BGBl. I S. 2581).
50 Gesetz zur Ordnung des Handwerks (Handwerksordnung – HwO) in der Fassung der Bekanntmachung vom 24.9.1998 (BGBl. I S. 3074, 2006 I S. 2095), zuletzt geändert durch Gesetz vom 30.6.2017 (BGBl. I S. 2143).
51 Seearbeitsgesetz (SeeArbG) vom 20.4.2013 (BGBl. I S. 868), zuletzt geändert durch Gesetz vom 27.11.2018 (BGBl. I S. 2012).
52 Verordnung über die Berufsausbildung in der Seeschifffahrt (See-Berufsausbildungsverordnung – See-BAV) vom 10.9.2013 (BGBl. I S. 3565), zuletzt geändert durch Verordnung vom 31.8.2015 (BGBl. I S. 1474).
53 Gesetz über die Berufe in der Altenpflege (Altenpflegegesetz – AltPflG) vom 25.8.2003 (BGBl. I S. 1690), zuletzt geändert durch Gesetz vom 17.7.2017 (BGBl. I S. 2581).
54 BT-Drs. 16/10810, 57 f.

triebliche Ausbildung liegt vor, wenn sie in Betrieben der Wirtschaft, vergleichbaren Einrichtungen außerhalb der Wirtschaft, der Angehörigen der freien Berufe sowie in Haushalten absolviert wird, vgl. § 2 Abs. 1 Nr. 1 BBiG. Sie ist durch die Vermittlung von Kenntnissen und Fähigkeiten anhand der jeweils anfallenden praktischen Arbeitsaufgaben als praxisorientierte Ausbildung gekennzeichnet.[55] Eine **außerbetriebliche Ausbildung** erfolgt **ganz oder teilweise außerhalb des Einzelbetriebs.**[56] Die sie tragende Einrichtung muss als sonstige Berufsausbildungseinrichtung iSd § 2 Abs. 1 Nr. 1 BBiG anzusehen sein und die Ausbildung selbst den formalen Anforderungen des BBiG entsprechen.[57] Im Einzelfall kann es problematisch sein, ob eine außerbetriebliche Ausbildung oder eine schulische Ausbildung vorliegt. Entscheidend ist, welche der beiden Ausbildungsformen der Maßnahme den prägenden Charakter gibt.[58]

Der Antragsteller muss einen **Berufsausbildungsvertrag abschließen.**[59] Die zuständige **30** Stelle hat den Ausbildungsvertrag gem. § 34 BBiG in ein Verzeichnis einzutragen und überwacht gem. § 32 BBiG die Eignung der Ausbildungsstätte sowie die persönliche und fachliche Eignung. Sinn dieses Erfordernisses ist es, dass die förderungsfähige Ausbildung durch die aufgrund von Gesetz und Verordnung zuständigen Stellen ordnungsgemäß überwacht wird; die Bundesagentur für Arbeit hat keine Möglichkeit der Überwachung.[60] Die Eintragung bzw. Nichteintragung hat für die Bundesagentur für Arbeit **Tatbestandswirkung.**[61]

2. Persönliche Voraussetzungen

Die persönliche Voraussetzung der **Staatsangehörigkeit** wird in § 59 SGB III umschrie- **31** ben. Ähnlich wie in § 8 BAföG werden gem. § 59 Abs. 1 SGB III deutsche Staatsbürger und ihnen gleichgestellte Ausländer, insbesondere Unionsbürger, Angehörige der EWR-Staaten und anerkannte Flüchtlinge gefördert. Geduldete Ausländer sind unter den Voraussetzungen des § 59 Abs. 2 SGB III förderungsfähig, langjährig im Bundesgebiet lebender Ausländer unter den Voraussetzungen des § 59 Abs. 3 SGB III. Die **sonstigen persönlichen Förderungsvoraussetzungen** sind in § 60 Abs. 1 SGB III geregelt. Auszubildende werden nur gefördert, wenn sie außerhalb des Haushalts der Eltern oder eines Elternteils wohnen (§ 60 Abs. 1 Nr. 1 SGB III) und die Ausbildungsstätte von der Wohnung der Eltern (oder eines Elternteils aus nicht in angemessener Zeit erreichen können (§ 60 Abs. 1 Nr. 2 SGB III). Die Regelung soll verfassungsgemäß sein, obwohl diese Voraussetzung im BAföG nur für Förderleistungen gem. § 2 Abs. 1 S. 1 Nr. 1 BAföG gilt.[62] Von dem Erfordernis des § 60 Abs. 1 Nr. 2 SGB III sind die Auszubildenden im Sinne des § 60 Abs. 2 SGB III ausgenommen.

3. Bedarf

Der Bedarf bei Berufsausbildungsbeihilfe wird in § 61 SGB III beschrieben. Der Bedarfs- **32** begriff entspricht § 11 BAföG.[63] Er wird danach unterschieden, ob die auszubildende Person außerhalb des Haushalts der Eltern oder eines Elternteils (§ 61 Abs. 1 SGB III), bei der oder dem Ausbildenden mit voller Verpflegung (§ 61 Abs. 2 SGB III) oder mit

---

55 Hassel in: Brand SGB III § 57 Rn. 7.
56 § 2 Abs. 1 Nr. 3 BBiG, §§ 26 Abs. 2 S. 1 Nr. 6, 21 Abs. 2 HwO, § 10 See-BAV.
57 Hassel in: Brand SGB III § 57 Rn. 7 unter Verweis auf BSG 21.6.1977 – 7/12/7 RAr 72/75, SozR 4100 § 40 Nr. 13.
58 Hassel in: Brand SGB III § 57 Rn. 9.
59 Vgl. § 10 BBiG, § 29 HwO, § 81 SeeArbG, § 13 AltPflG.
60 Hassel in: Brand SGB III § 57 Rn. 5 unter Verweis auf BT-Drs. 13/4941, 164. Vgl. auch Niewald in: Kasseler Handbuch des Arbeitsförderungsrechts, § 3 Rn. 19 (S. 108).
61 BSG 18.8.2005 – B 7a/12 AL 100/04 R, Rn. 8; BSG 6.8.2014 – B 4 AS 55/13 R, Rn. 16.
62 BSG 28.11.2007 – B 11 a AL 39/06 R, Rn. 16 ff., SozR 4–4300 § 64 Nr. 3.
63 Hassel in: Brand SGB III § 61 Rn. 2; zu § 11 BAföG → Rn. 20.

voller Verpflegung in einem Wohnheim oder Internat (§ 61 Abs. 3 SGB III) untergebracht ist. Zum Bedarf können auch die **Fahrtkosten** (§ 63 SGB III) und **sonstige Aufwendungen** wie eine Pauschale für Kosten der Arbeitskleidung, Zuschüsse zur Kranken- und Pflegeversicherung und Kosten für die Betreuung aufsichtsbedürftiger Kinder der auszubildenden Person gehören (§ 64 SGB III).

4. Bedürftigkeit

33 Gem. § 67 Abs. 1 SGB III sind dem Gesamtbedarf des Auszubildenden die Einkommen der folgenden Personen in der folgenden Reihenfolge anzurechnen:

■ Einkommen des Auszubildenden, § 67 Abs. 1 Nr. 1 SGB III (bei Ausbildung im elterlichen Betrieb gilt § 67 Abs. 3 SGB III);

■ Einkommen des nicht dauernd getrennt lebenden Ehegatten oder Lebenspartners, § 67 Abs. 1 Nr. 2 SGB III;

■ Einkommen der Eltern des Auszubildenden, § 67 Abs. 1 Nr. 3 SGB III (es sei denn, der Aufenthaltsort der Eltern ist nicht bekannt, sie sind rechtlich oder tatsächlich gehindert, im Inland Unterhalt zu leisten oder der Unterhaltsanspruch besteht nicht oder ist verwirkt, § 67 Abs. 5 SGB III).

Leisten die Eltern den angerechneten Unterhaltsbetrag nicht oder erteilen sie die Auskünfte nicht, wird unter den Voraussetzungen des § 68 Abs. 1 SGB III eine **Vorausleistung** von Berufsausbildungsbeihilfe; der Anspruch gegen die Eltern geht gem. § 68 Abs. 2 SGB III bis zur Höhe des anzurechnenden Unterhaltsanspruch auf die Agentur für Arbeit über.

34 Hinsichtlich der **Ermittlung des Einkommens** und dessen Anrechnung sowie die Berücksichtigung von Freibeträgen gelten gem. § 67 Abs. 2 S. 1 SGB III die Vorschriften des BAföG gem. § 11 Abs. 4 BAföG sowie die Vorschriften des Vierten Abschnitts des BAföG (§§ 21 bis 25 BAföG) mit den hierzu ergangenen Rechtsverordnungen entsprechend. Durch den Bezug auf die Vorschriften des BAföG soll das Ausbildungsförderungsrecht weiter harmonisiert und die Grundlagen der Einkommensanrechnung vereinfacht werden.[64] Von den Regeln des BAföG gelten gem. § 67 Abs. 2 S. 2 SGB III aber die folgenden **Ausnahmen:**

■ Keine Anwendung des § 21 BAföG (Berücksichtigung von Werbungskosten aufgrund der Ausbildung), § 67 Abs. 2 S. 2 Nr. 1 SGB III.[65]

■ Keine Anwendung des § 22 BAföG (im Bewilligungszeitraum bestehenden Einkommensverhältnisse); vielmehr wird das zum Zeitpunkt der Antragstellung absehbare Einkommen ermittelt, § 67 Abs. 2 S. 2 Nr. 2 SGB III; Änderungen bis zum Zeitpunkt der Entscheidung sind zu berücksichtigen, § 67 Abs. 2 S. 2 Nr. 2 Hs. 2 SGB III.[66]

■ Keine Anwendung des § 23 Abs. 3 BAföG (volle Anrechnung der Vergütung aus einem Ausbildungsverhältnis auf den Bedarf), § 67 Abs. 2 S. 2 Nr. 3 SGB III; stattdessen wird ein Freibetrag von der Ausbildungsvergütung in Höhe von 62,00 EUR und neben den Freibeträgen gem. § 25 Abs. 1 BAföG ein weiterer Freibetrags in Höhe von 607,00 EUR berücksichtigt, wenn die Ausbildungsstätte von der Wohnung der Eltern oder eines Elternteils aus nicht in angemessener Zeit erreicht werden kann.

---

64 Hassel in: Brand SGB III § 67 Rn. 4.
65 Vgl. dazu BSG 30.6.2005 – B 7a/7 AL 74/04 R, SozR 4–4300 § 71 Nr. 1.
66 Nach BSG 28.11.2007 – B 11 a AL 47/06 R, Rn. 14 dürfen die regelmäßigen jährlichen Erhöhungen aufgrund von Tarifvereinbarungen in typischer und pauschalierender Weise unbeachtet gelassen werden; dies gilt aber nicht bei Verminderung des Einkommens im laufenden Bewilligungsabschnitt, vgl. BSG 28.11.2007 – B 11 a AL 47/06 R, Rn. 15.

■ Keine Anwendung des § 23 Abs. 4 Nr. 2 BAföG (Anrechnung von Ausbildungsbeihilfen und ähnlichen Leistungen auf den Bedarf), § 67 Abs. 2 S. 2 Nr. 4 SGB III.

5. Rechtsfolge

Über die Leistungen wird gem. § 69 Abs. 1 SGB III in der Regel für 18 Monate, im Übrigen in der Regel für ein Jahr (Bewilligungszeitraum) entschieden. Der Anspruch besteht unter den Voraussetzungen des § 69 Abs. 2 SGB III auch für Fehlzeiten. Problematisch ist, dass bei einem 18monatigen Bewilligungszeitraum nicht das tatsächlich im laufenden Monat zur Verfügung stehende Einkommen, sondern ein **Durchschnittseinkommen** angerechnet wird; dadurch kann in einzelnen Monaten das in der Berufsausbildungsbeihilfe verkörperte **Existenzminimum unterschritten** werden. Nach der Rechtsprechung bestehen hiergegen aber keine verfassungsrechtlichen Bedenken.[67] Seit Änderung des § 7 Abs. 5 SGB II, nach dem grundsätzlich auch Personen mit Anspruch auf Berufsausbildungsbeihilfe Zugang zu Leistungen nach dem SGB II haben, besteht diese Problematik aber nicht mehr.

35

II. Berufsausbildungsbeihilfe während berufsvorbereitender Bildungsmaßnahmen

Berufsvorbereitende Bildungsmaßnahmen sind nach § 51 Abs. 1 SGB III Maßnahmen, die erforderlich sind, um förderungsbedürftige junge Menschen auf die **Aufnahme einer Berufsausbildung vorzubereiten** oder ihnen die **berufliche Eingliederung zu erleichtern**, wenn die Aufnahme einer Berufsausbildung wegen in ihrer Person liegender Gründe nicht möglich ist. Dazu kann gem. §§ 51 Abs. 3, 53 SGB III auch die Vorbereitung auf einen Hauptschulabschluss oder einen gleichwertigen Schulabschluss[68] im Rahmen einer umfassenden berufsvorbereitenden Bildungsmaßnahme[69] gehören. Gem. § 51 Abs. 4 SGB III können betriebliche Praktikaphasen in angemessenem Umfang vorgesehen werden.

36

1. Förderfähigkeit der Maßnahme

Die Maßnahmen sind unter den Voraussetzungen des § 51 Abs. 2 SGB III förderungsfähig. Sie darf **nicht den Schulgesetzen der Länder unterliegen** (§ 51 Abs. 2 S. 1 Nr. 1 SGB III)[70] und muss nach Aus- und Fortbildung sowie Berufserfahrung des eingesetzten Personals, nach Gestaltung des Lehrplans, eingesetzter Unterrichtsmethode und Güte der Lehr- und Lehrmittel eine **erfolgreiche berufliche Bildung erwarten** lassen (§ 51 Abs. 2 S. 1 Nr. 2 SGB III). Im Unterricht vermitteln die Lehrkräfte theoretische Kenntnisse und unterweisen Schüler praktisch, wobei der Unterricht durch den Theorieanteil „geprägt" sein muss.[71] Die Gestaltung der Maßnahme stellt auf den pädagogischen und nicht auf den arbeitsmarktpolitischen Erfolg der Maßnahme ab.[72] Sie kann auch zum Teil im Ausland durchgeführt werden (§ 51 Abs. 2 S. 2 SGB III).

37

---

67 BSG 8.7.2009 – B 11 AL 20/08 R, Rn. 20 f., SozR 4–4300 § 71 Nr. 5; zuletzt SchlHLSG 23.2.2018 – L 3 AL 14/16, Rn. 31 ff.
68 Soweit nicht die Länder zuständig sind, vgl. § 53 S. 2, 3 SGB III; die Agentur für Arbeit hat darauf hinzuwirken, dass sich die für die allgemeine Schulbildung zuständigen Länder an den Kosten der Maßnahme beteiligen.
69 Vgl. Hassel in: Brand SGB III § 51 Rn. 22 unter Verweis auf BT-Drs. 16/10810, 35.
70 In diesem Fall kommt eine Förderung nach dem BAföG in Betracht, vgl. Hassel in: Brand SGB III § 51 Rn. 5.
71 Vgl. Hassel in: Brand SGB III § 51 Rn. 7 mwN.
72 Hassel in: Brand SGB III § 51 Rn. 8.

2. Förderfähigkeit der jungen Menschen

38 Junge Menschen sind gem. § 52 Abs. 1 SGB III förderungsbedürftig, wenn bei ihnen eine berufsvorbereitende Bildungsmaßnahme erforderlich ist, sie die Vollzeitschulpflicht nach den Gesetzen der Länder erfüllt haben und nach ihren Fähigkeiten zu erwarten ist, dass sie das Ziel der Maßnahme erreichen. Förderungsfähig sind gem. § 52 Abs. 2 SGB III iVm § 59 Abs. 1, 3 SGB III ua deutsche Staatsangehörige, Unionsbürger, Angehörige der EWR-Staaten, anerkannte Flüchtlinge und langjährig im Bundesgebiet wohnende Ausländer.

3. Rechtsfolge

39 Liegen die Fördervoraussetzungen vor, hat die geförderte Person Anspruch auf Leistungen zur Deckung des **Bedarfs für den Lebensunterhalt**, der sich gem. § 62 SGB III danach richtet, ob sie während der berufsvorbereitenden Bildungsmaßnahme im Haushalt der Eltern oder eines Elternteils[73] oder ob sie außerhalb des Haushalts[74] oder sie mit voller Verpflegung in einem Wohnheim oder einem Internat untergebracht ist.[75] Ist ihr Schutz im Krankheits- oder Pflegefall nicht anderweitig sichergestellt, können sie gem. § 64 Abs. 2 SGB III auch einen Anspruch auf Zahlung der Beiträge für eine freiwillige gesetzliche oder eine private **Kranken- und Pflegepflichtversicherung** haben. Für die **Betreuung der Kinder** können gem. § 64 Abs. 3 SGB III Kosten übernommen werden. Daneben erstattet die Agentur für Arbeit dem Träger die **Maßnahmekosten** nach Maßgabe des § 54 SGB III. Dazu gehört gem. § 54 Nr. 3 SGB II auch eine einmalige **erfolgsbezogene** Pauschale von 500,00 EUR bzw. 1.500,00 EUR[76] bei Vermittlung von Teilnehmenden in eine betriebliche Berufsausbildung im Sinne des § 57 Abs. 1 SGB III.

III. Ausbildungsförderung für behinderte Auszubildende

40 Die berufliche Förderung behinderter junger Menschen ist in §§ 112 ff. SGB III geregelt. Ziel der Leistungen ist gem. § 112 Abs. 1 SGB III die Erhaltung, Verbesserung, Herstellung oder Wiederherstellung der Erwerbsfähigkeit und die Sicherung der Teilhabe am Arbeitsleben. Sie können **allgemeine Leistungen** (§§ 113 Abs. 1 Nr. 1, 115 SGB III) wie zB Leistungen zur Förderung der Berufsvorbereitung und Berufsausbildung einschließlich der Berufsausbildungsbeihilfe und der Assistierten Ausbildung (§ 115 Nr. 2 SGB III) und **besondere Leistungen** (§§ 113 Abs. 1 Nr. 2, 117 ff. SGB III), die die allgemeinen Leistungen erweitern, erhalten. Der Lebensbedarf der behinderten Auszubildenden wird durch das **Übergangsgeld** (§§ 119 ff. SGB III) oder das **Ausbildungsgeld** (§§ 122 ff. SGB III gedeckt, wobei sich der Bedarf beim Ausbildungsgeld gem. §§ 123, 124 SGB II ua danach richtet, ob der junge Mensch im Haushalt der Eltern oder auswärtig untergebracht ist. Zu den Einzelheiten → Kap. 29 Rn. 65 ff., → Kap. 36 Rn. 23 f.

---

73 In diesem Fall richtet sich der Bedarf gem. § 62 Abs. 1 SGB III nach § 12 Abs. 1 Nr. 1 BAföG.
74 In diesem Fall richtet sich der Bedarf gem. § 62 Abs. 2 SGB III; aktuell (laut Fassung des Gesetzes vom 23.12.2014 [BGBl. I S. 2475] 418,00 EUR für den Lebensbedarf und Unterkunftskosten in Höhe von bis zu 83,00 EUR, wenn sie nachweislich 65,00 EUR übersteigen.
75 In diesem Fall richtet sich der Bedarf nach § 62 Abs. 3 SGB III nach den im Rahmen der §§ 78 a bis 78 g SGB VIII vereinbarten Entgelten für Verpflegung und Unterbringung ohne sozialpädagogische Begleitung zuzüglich 90,00 EUR monatlich für sonstige Bedürfnisse und beinhaltet bei Auszubildenden unter 18 Jahren auch Entgelte für die sozialpädagogische Begleitung, soweit sie nicht von Dritten erstattet werden.
76 Vgl. § 2 Abs. 1 S. 1, Abs. 2 der Anordnung des Verwaltungsrates der Bundesagentur für Arbeit zur Festlegung der erfolgsbezogenen Pauschale bei Vermittlung von Teilnehmern berufsvorbereitender Bildungsmaßnahmen in betriebliche Berufsausbildung vom 17.12.2009, zuletzt geändert durch Anordnung vom 16.3.2012 (ANBA 2010 Nr. 3 S. 5) (Berufsvorbereitungs-Vermittlungspauschale-Anordnung – BvBVP-AO).

D. Lage nach dem SGB II

I. Sinn und Zweck des § 7 Abs. 5, Abs. 6 SGB II

Leistungen der Ausbildungsförderung enthalten ebenso wie Leistungen nach dem **41** SGB II Leistungen zur Sicherung des Lebensunterhalts und für Unterkunftskosten. Daher musste das Verhältnis der beiden Leistungssysteme zueinander geklärt werden. § 7 Abs. 5 SGB II hatte – ebenso wie § 22 Abs. 1 SGB XII – ursprünglich den Sinn, Leistungen zur Sicherung des Lebensunterhalts von Leistungen der Ausbildungsförderung zu trennen. Mit dem **Ausschluss von Leistungen nach dem SGB II** sollte eine „versteckte" Ausbildungsförderung auf einer „zweiten Ebene" verhindert und der Nachrang von Leistungen nach dem SGB II gem. § 3 Abs. 3 SGB II betont werden.[77] Dieser Ausschluss war nicht vollständig, da der Gesetzgeber **Ausnahme- und Härtefälle** vorsah sowie den Ausschluss lediglich auf den ausbildungsgeprägten Bedarf beschränkte. Mit Gesetz vom 20.7.2006[78] wurde gem. § 22 Abs. 7 SGB II ein Anspruch auf Zuschuss zu den Kosten für Unterkunft und Heizung geschaffen, mit Gesetz vom 24.3.2011[79] wurden gem. § 27 SGB II die Leistungen zusammengefasst, die Auszubildenden offenstanden, die gem. § 7 Abs. 5 SGB II ausgeschlossen waren. Zuletzt sind ua § 7 Abs. 5, 27 SGB II mit Neunten SGB II-Änderungsgesetz[80] zum 1.8.2016 umfassend geändert worden. Dadurch ist der **Kreis der vom Leistungsausschluss nicht betroffenen Auszubildenden wesentlich erweitert** worden. Sind sie zum Bezug von Leistungen nach dem SGB II berechtigt, werden die **Ausbildungsleistungen** gem. §§ 11 Abs. 1 S. 3, 11 a Abs. 3 S. 2 Nr. 3, 4, 5 SGB II abzüglich eines Freibetrags gem. § 11 b Abs. 2 S. 5 SGB II als **Einkommen** angerechnet.[81]

II. Struktur des § 7 Abs. 5, Abs. 6 SGB II

Gem. § 7 Abs. 5 S. 1 SGB II haben Auszubildende, deren Ausbildung im Rahmen des **42** Bundesausbildungsförderungsgesetzes dem Grunde nach förderungsfähig ist, über die Leistungen nach § 27 SGB II hinaus **keinen Anspruch auf Leistungen** zur Sicherung des Lebensunterhalts. Hiervon sieht aber § **7 Abs. 6 SGB II** zahlreiche **Rückausnahmen**[82] vor, wonach doch ein Zugang zu Leistungen nach dem SGB II möglich ist. Dagegen sind vom Leistungsausschluss wie gem. § 7 Abs. 5 S. 1 SGB II enumerativ[83] aufgeführt weitere Fälle einer Förderung nach dem SGB III ausgeschlossen, § 7 Abs. 5 S. 2 SGB II. § 7 Abs. 5 SGB II muss gemeinsam mit § 7 Abs. 6 SGB II gelesen werden. Die Vorschrift ist kompliziert und schwer zu verstehen, weil hinsichtlich der Leistungsvoraussetzungen auf die einzelnen Vorschriften des BAföG bzw. des SGB III verwiesen wird. Die Prüfung erfolgt in den folgenden Schritten:[84] In einem **ersten Schritt** muss ermittelt werden, ob ein Leistungsausschluss gem. § 7 Abs. 5 SGB II vorliegt. In einem **zweiten Schritt** muss geprüft werden, ob der Leistungsausschluss durch eine Rückausnahme gem. § 7 Abs. 6

77 Vgl. BSG 17.3.2009 – B 14 AS 63/07 R, Rn. 26, SozR 4–4200 § 11 Nr. 21; 27.9.2011 – B 4 AS 145/10 R, Rn. 14 mwN; 22.3.2012 – B 4 AS 102/11 R, Rn. 13 mwN; 2.4.2014 – B 4 AS 26/13 R, Rn. 18 mwN; zur Geschichte des § 7 Abs. 5 SGB II BSG 6.8.2014 – B 4 AS 55/13 R, Rn. 22, 24.
78 Gesetz zur Fortentwicklung der Grundsicherung für Arbeitsuchende vom 20.7.2006 – BGBl. I S. 1706.
79 Gesetz zur Ermittlung von Regelbedarfen und zur Änderung des Zweiten und Zwölften Buches Sozialgesetzbuch vom 24.3.2011 – BGBl. I S. 453.
80 Vom 26.7.2016 – BGBl. I S. 1824.
81 Vgl. zur Einkommensanrechnung → Kap. 20 Rn. 182, 216 ff. Zur früheren Rechtslage (20 % der Leistungen der Ausbildungsförderung als zweckbestimmte Einnahme) BSG 17.3.2009 – B 14 AS 63/07 R Rn. 30, SozR 4–4200 § 11 Nr. 21.
82 Vgl. zu diesem Begriff etwa BSG Urt. v. 19.10.2016 – B 14 AS 40/15 R Rn. 23.
83 Deshalb sind Personen, die an einer Maßnahme der beruflichen Aufstiegsfortbildung gem. § 2 AFBG teilnehmen, nicht vom Leistungsbezug ausgeschlossen, vgl. BSG 16.2.2012 – B 4 AS 94/11 R Rn. 15 mwN.
84 Vgl. BSG 19.10.2016 – B 14 AS 40/15 R Rn. 23 f.

SGB II aufgehoben ist. In einem **dritten Schritt** muss geprüft werden, ob bei einem Leistungsausschluss die Voraussetzungen des § 27 SGB II vorliegen.

1. Leistungsausschluss und Wiedereinschluss bei Ausbildungsförderung nach dem BAföG

43 Gem. § 7 Abs. 5 S. 1 SGB II sind **Leistungen nach dem SGB II** bis auf Leistungen gem. § 27 SGB II **grundsätzlich ausgeschlossen,** aber ausnahmsweise – unter den Voraussetzungen des § 7 Abs. 6 SGB II – möglich.

a) Leistungsausschluss

44 Der Leistungsausschluss setzt voraus, dass die Ausbildung im Rahmen des BAföG dem Grunde nach förderungsfähig ist. Es muss sich bei der Maßnahme um eine **Ausbildung** handeln. Der Ausschluss gilt nicht bei Teilnahme an einer Weiterbildung.[85] Vielmehr ist dann eine Förderung gem. § 16 Abs. 1 S. 2 SGB II SGB II iVm §§ 81 ff. SGB III und die Inanspruchnahme von Arbeitslosengeld II möglich.[86]

45 Die **Förderfähigkeit dem Grunde nach** richtet sich nach § 2 BAföG und nur ausnahmsweise nach § 3 BAföG (Fernunterricht) oder bei Ausbildung im Ausland (§§ 5, 6 BAföG).[87] Es kommt alleine auf die **abstrakte Förderfähigkeit der Ausbildung** an,[88] dabei kommt es nicht darauf an, dass die betreffende Person entsprechende Leistungen nach dem BAföG tatsächlich bezieht.[89] Dies gilt auch im Fall einer Zweitausbildung[90] und im Fall der Förderung durch Leistungen zur Teilhabe am Arbeitsleben für behinderte Menschen.[91] Es muss sich um eine Ausbildungsstätte im Sinne des § 2 BAföG handeln,[92] wobei es ausreicht, wenn dieser Besuch im Vordergrund der Ausbildung steht und ihr das prägende Schwergewicht gibt.[93] Dazu kommt es auf den Katalog des § 2 BAföG an. Liegen dessen Voraussetzungen nicht vor, liegt eine Förderfähigkeit dem Grunde nach und damit auch ein Ausschluss gem. § 7 Abs. 5 SGB II nicht vor.[94] Dagegen ist **nicht** auf die **individuelle Förderungsfähigkeit der Person** abzustellen,[95] so dass das Fehlen eines Anspruchs auf Leistungen aus persönlichen Gründen nichts an der Förderfähigkeit dem Grunde nach ändert.[96] Dies hat sich auch nach dem neuen Recht nicht

---

85 Vgl. dazu BSG 30.8.2010 – B 4 AS 97/09 R, Rn. 18 ff.; 2.4.2014 – B 4 AS 26/13 R, Rn. 19 f. mwN; Becker in: Eicher/Luik SGB II § 7 Rn. 190 ff. mwN. Zur Abgrenzung von Ausbildung und Weiterbildung → Rn. 2.
86 BT-Drs. 18/8041, 31.
87 BSG 19.8.2010 – B 14 AS 24/09 R, Rn. 16; 27.9.2011 – B 4 AS 145/10 R, Rn. 12, 15 mwN; 22.3.2012 – B 4 AS 102/11 R, Rn. 14; 22.8.2012 – B14 AS 197/11 R, Rn. 15 (von den Besonderheiten des Fernunterrichts gem. § 3 BAföG und der Ausbildungen im Ausland gem. §§ 5, 6 BAföG abgesehen).
88 Vgl. grundlegend BSG 6.9.2007 – B 14/7 b AS 36/06 R, Rn. 15 ff. BSGE 99, 67; 22.8.2012 – B14 AS 197/11 R, Rn. 14 mwN; 28.3.2013 – B 4 AS59/12 R, Rn. 20 mwN.
89 BSG 28.3.2013 – B 4 AS 59/12 R, Rn. 20; vgl. jetzt allerdings § 7 Abs. 6 Nr. 2 b) SGB II, wonach Leistungen nach dem SGB II bis zur (positiven) Entscheidung über den BAföG-Anspruch statthaft sind.
90 BSG 30.9.2008 – B 4 AS 28/07 R, Rn. 17.
91 BSG 6.8.2014 – B 4 AS 55/13 R, Rn. 13 ff.
92 Vgl. zB BSG 19.8.2010 – B 14 AS 24/09 R, Rn. 17: Besuch einer Fachhochschule für öffentliche Verwaltung im Sinne des § 2 Abs. 1 Nr. 6 BAföG durch eine Beamtenanwärterin.
93 BSG Beschl. v. 25.1.2012 – B 14 AS 148/11 B Rn. 6 mwN.
94 Vgl. die Beispiele bei Korte/Thie in: LPK-SGB II, 6. Aufl., § 7 Rn. 140.
95 Vgl. dazu BSG 6.9.2007 – B 14/7 b AS 28/06 R, NJW 2008, 2285 Rn. 22; 6.8.2014 – B 4 AS 55/13 R, Rn. 17 mwN.
96 Vgl. BSG 30.9.2008 – B 4 AS 28/07 R, Rn. 17 f., SozR 4–4200 § 7 Nr. 9 (Zweitausbildung); 19.8.2010 – B 14 AS 24/09 R, Rn. 18 (Ausschluss gem. § 2 Abs. 6 BAföG); 30.8.2010 – B 4 AS 97/09 R, Rn. 17 (Ausschluss gem. § 10 Abs. 3 BAföG); 27.9.2011 – B 4 AS 145/10 R, Rn. 17 (Beschränkung auf die Förderung nur einer Ausbildung, vgl. § 7 Abs. 1 S. 1 BAföG); 27.9.2011 – B 4 AS 160/10 R, Rn. 19 mwN (Fachrichtungswechsel nach dem 4. Fachsemester ohne unabweisbaren Grund und Ausschluss gem. § 7 Abs. 3 BAföG). Zu den persönlichen Ausschlussgründen gehört auch der Ausschluss gem. § 2 Abs. 1 a BAföG (Nichtwohnen bei den Eltern bei Maßnahmen nach § 2 Abs. 1 S. 1 Nr. 1 BAföG), vgl. Becker in: Eicher/Luik SGB II, 4. Aufl., § 7 Rn. 188. Ein Ausschluss gem. § 10 Abs. 3 BAföG kann jetzt aber einen Härtefall begründen, § 27 Abs. 3 S. 2, 3 SGB II, → Rn. 58.

geändert.[97] Für die Förderfähigkeit einer Ausbildung dem Grunde nach kommt es auf den **Besuch** einer Ausbildungsstätte an. Ein Besuch liegt vor, solange ein Auszubildender einer Ausbildungsstätte **organisationsrechtlich zugehört** und die **Ausbildung tatsächlich betreibt;**[98] beide Voraussetzungen müssen **kumulativ** vorliegen. Bei einer Hochschule begründet der Auszubildende seine Zugehörigkeit zur Universität durch die Immatrikulation.[99] Ein Urlaubssemester kann dann einen Besuch ausschließen, wenn es nach den hochschulrechtlichen Vorschriften dazu führt, dass eine Teilnahme an Veranstaltungen und die Ablegung von Prüfungen nicht möglich ist oder wenn sich die auszubildende Person in dieser Zeit tatsächlich nicht entsprechend betätigt hat.[100] Wird die Ausbildung infolge einer Erkrankung oder Schwangerschaft länger als drei Monate unterbrochen, entfällt die Ausbildungsförderung gem. § 15 Abs. 2 a BAföG und damit auch der Ausschluss gem. § 7 Abs. 5 SGB II.[101]

b) Zugang zu Leistungen trotz eines grundsätzlich bestehenden Leistungsausschlusses

Gem. § 7 Abs. 6 SGB II gilt der Leistungsausschluss gem. § 7 Abs. 5 S. 1 SGB II nicht in **46** bestimmten enumerativ aufgeführten Ausnahmefällen (**Rückausnahmen**).

aa) § 7 Abs. 6 Nr. 1 SGB II (Auszubildende ohne Anspruch auf Ausbildungsförderung gem. § 2 Abs. 1 a BAföG)

Auszubildende, die aufgrund von § 2 Abs. 1 a BAföG keinen Anspruch auf Ausbil- **47** **dungsförderung** haben, sind wie nach altem Recht leistungsberechtigt.[102] Dabei handelt es sich um Schülerinnen und Schüler von weiterführenden allgemeinbildenden Schulen und Berufsfachschulen, einschließlich der Klassen aller Formen der beruflichen Grundbildung, ab Klasse 10 sowie von Fach- und Fachoberschulklassen, deren Besuch eine abgeschlossene Berufsausbildung nicht voraussetzt (§ 2 Abs. 1 Nr. 1 BAföG), die in der Wohnung der Eltern oder eines Elternteils leben oder (wegen zumutbarer Entfernung zur Ausbildungseinrichtung) leben könnten, sofern ihnen dies nicht ausnahmsweise zugemutet wird (eigener Haushalt und verheiratet bzw. in Lebenspartnerschaft verbunden; eigener Haushalt mit Kind).[103] Auszubildende, die das 25. Lebensjahr noch nicht vollendet haben, werden Mitglieder der Bedarfsgemeinschaft ihrer Eltern.[104]

bb) § 7 Abs. 6 Nr. 2 SGB II (Auszubildende mit einem bestimmten Bedarf und bei Erfüllung besonderer Voraussetzungen hinsichtlich des Leistungsanspruchs)

Auszubildende gem. § 7 Abs. 6 Nr. 2 SGB II erhalten unter bestimmten Voraussetzungen **48** Leistungen nach dem SGB II. Deren Identifizierung ist mühsam, weil die dem Grunde nach förderungsfähigen Ausbildungen vor allem in § 2 Abs. 1 BAföG genannt sind. Demgegenüber wird der Bedarf (= die Förderung der Höhe nach) in §§ 12, 13 BAföG aufgeführt, wobei sie von der Art der Ausbildung und der Art der Erbringung des Auszubildenden (im Haushalt der Eltern oder nicht im Haushalt der Eltern) anknüpft. Daneben müssen hinsichtlich des Leistungsanspruchs besondere Voraussetzungen bestehen (→ Rn. 50).

Der Wiedereinschluss dieser Auszubildenden richtet sich danach, ob sich ihr Bedarf **49** nach den „§§ 12, 13 Absatz 1 in Verbindung mit Absatz 2 Nummer 1 oder nach § 13

---

97 Becker in: Eicher/Luik SGB II, 4. Aufl., § 7 Rn. 18.
98 BSG 22.3.2012 – B 4 AS 102/11 R, Rn. 16; 6.8.2014 – B 4 AS 55/13 R, Rn. 19; 22.8.2012 – B14 AS 197/11 R, Rn. 17.
99 BSG 22.3.2012 – B 4 AS 102/11 R, Rn. 14 ff.; 2.12.2014 – B 14 AS 261/14 B, Rn. 4.
100 BSG 22.3.2012 – B 4 AS 102/11 R, Rn. 20; 22.8.2012 – B14 AS 197/11 R, Rn. 18 ff.
101 Korte/Thie in: LPK-SGB II, 6. Aufl., § 7 Rn. 141.
102 BT-Drs. 18/8041, 31. Vgl. dazu BSG 21.12.2009 – B 14 AS 61/08 R, Rn. 14 ff., SozR 4–4200 § 7 Nr. 17.
103 Vgl. Korte/Thie in: LPK-SGB II, 6. Aufl., § 7 Rn. 143.
104 Becker in: Eicher/Luik, SGB II, 4. Aufl., § 7 Rn. 199.

Absatz 1 Nummer 1 in Verbindung mit Absatz 2 Nummer 2 des Bundesausbildungsförderungsgesetzes bemisst." Nach dem Wortlaut ist diese Definition schwer verständlich. In Verbindung mit der Erläuterung im Gesetzesentwurf[105] wird deutlich, dass es sich um den **Bedarf nach § 12 BAföG, nach § 13 Abs. 1 iVm § 13 Abs. 2 Nr. 1 BAföG oder nach § 13 Abs. 1 Nr. 1 iVm § 13 Abs. 2 Nr. 2 BAföG** handeln muss. Dies sind:[106]

- Schülerinnen und Schüler, deren **Bedarf** sich **nach § 12 BAföG**[107] bemisst: Dieser Personenkreis war bereits nach altem Recht entweder über § 7 Abs. 6 Nr. 2 SGB II aF oder über § 27 Abs. 3 SGB II aF anspruchsberechtigt.[108] Gem. § 27 Abs. 3 S. 3 S. 2 SGB III liegt ein Härtefall vor, wenn Leistungen aufgrund § 10 Abs. 3 BAföG nicht gewährt werden (→ Rn. 58).

- Auszubildende, deren **Bedarf** sich **nach § 13 Abs. 1 Nr. 1 BAföG**[109] bemisst: Diese Personengruppe konnte bislang Leistungen nach § 27 Abs. 3 SGB II aF erhalten, wenn sie im Haushalt der Eltern lebten. Nunmehr kann sie ergänzendes Alg II auch dann erhalten, wenn die oder der Auszubildende außerhalb des Haushalts der Eltern untergebracht ist. Damit berücksichtigt der Gesetzgeber die Tatsache, dass auch diese Auszubildenden eine weitgehend schulisch organisierte Ausbildung absolvieren und daher ergänzende Bedarfe nicht durch Einkommen aus nebenberuflichen Tätigkeiten decken können.[110] Gem. § 27 Abs. 3 S. 2 BAföG liegt ein Härtefall vor, wenn Leistungen aufgrund § 10 Abs. 3 BAföG nicht gewährt werden.

- Studierende an Höheren Fachschulen, Akademien und Hochschulen, die im **Haushalt der Eltern wohnen (Bedarf nach § 13 Abs. 1 Nr. 2 iVm Abs. 2 Nr. 1 BAföG)**, hatten bislang lediglich Anspruch auf einen Zuschuss nach § 27 Abs. 3 SGB II. Sie werden jetzt in den Anspruch auf Arbeitslosengeld einbezogen. Die Höhe des Leistungsanspruchs verändert sich dadurch nicht.[111] Studierende, die in einer eigenen Wohnung leben, können durch Auflösung dieser Wohnung und den Umzug ins Elternhaus einen veränderten BAföG-Bedarf und damit einen ergänzenden Anspruch auf Arbeitslosengeld II auslösen.[112]

50 Hinsichtlich des Leistungsanspruchs nach dem BAföG gelten die folgenden zusätzlichen Voraussetzungen: Im **ersten Fall** erhält der Auszubildende die Leistungen nach dem BAföG, § 7 Abs. 6 Nr. 2 lit. a) 1. Fall SGB II (**Erhalt der Leistungen nach dem BAföG**). Für Personen, die keinen Anspruch auf Ausbildungsförderung mehr haben, wird in der Gesetzesbegründung auf die Möglichkeiten der Förderung der beruflichen Weiterbildung verwiesen.[113] Dies bedeutet, dass ein Anspruch auf BAföG bestehen und erfüllt werden muss. Im **zweiten Fall** erhält der Auszubildende die Leistungen nur wegen der Vorschriften zur Berücksichtigung von Einkommen und Vermögen nicht, § 7 Abs. 6 Nr. 2 lit. a) 2. Fall SGB II (**kein Erhalt der Leistungen nach dem BAföG wegen der Vorschriften zur Berücksichtigung von Einkommen und Vermögen**). Im **dritten Fall** hat der

---

105 BT-Drs. 18/8041, 31.
106 Vgl. auch Geiger ZFSH/SGB 2017, 9 (13).
107 Besuch von Berufsfachschulen und Fachschulklassen, deren Besuch eine abgeschlossene Berufsausbildung nicht voraussetzt, § 12 Abs. 1 Nr. 1 BAföG; Besuch von Abendhauptschulen, Berufsaufbauschulen, Abendrealschulen und von Fachoberschulkassen, deren Besuch eine abgeschlossene Berufsausbildung voraussetzt, § 12 Abs. 1 Nr. 2 BAföG; Besuch von weiterführenden allgemeinbildenden Schulen, § 12 Abs. 2 Nr. 1 BAföG.
108 BT-Drs. 18/8041, 31.
109 Besuch von Fachschulklassen, deren Besuch eine abgeschlossene Berufsausbildung voraussetzt, von Abendgymnasien und Kollegs.
110 BT-Drs. 18/8041, 31. Kritisch hierzu Geiger ZFSH/SGB 2017, 9, der darauf hinweist, dass dies auch für Studenten gilt, die bei ihren Eltern wohnen.
111 BT-Drs. 18/8041, 31.
112 Geiger ZFSH/SGB 2017, 9 (13 f.) auch zur Frage, ob dies nach § 34 SGB II auslöst (verneint).
113 BT-Drs. 18/8041, 31.

Auszubildende die Leistungen beantragt, und der Leistungsträger nach dem BAföG hat über den Antrag noch nicht entschieden, § 7 Abs. 6 Nr. 2 lit. b) SGB II (**Übergangsleistung bis zur Entscheidung über den BAföG-Antrag**). Das Gesetz sieht ein Fortbestehen des Anspruchs auf Leistungen nach dem SGB II vor. Der Auszubildende soll zur Mitwirkung bei der Durchsetzung des Anspruchs verpflichtet sein, wozu auch ein Antrag auf Vorausleistung gem. § 36 BAföG oder ein Antrag auf Vorschuss gem. § 51 BAföG gehören soll; ein Verstoß soll die Rechtsfolgen des § 5 Abs. 3 SGB II nach sich ziehen.[114] Wird die Ausbildungsförderung wegen **Nichterfüllung persönlicher Anspruchsvoraussetzungen** abgelehnt, ist der Leistungsträger nach dem SGB II im Sinne einer Tatbestandswirkung dieser Entscheidung gebunden; in diesem Fall ist auch eine Leistung nach dem SGB II gem. § 7 Abs. 5 S. 1 SGB II ausgeschlossen.[115] Gem. § 7 Abs. 6 Nr. 2 lit. b) Hs. 2 SGB II ist die Leistung nach dem SGB II gem. § 7 Abs. 5 S. 1 SGB II mit Beginn des folgenden Monats ausgeschlossen. Wird die Ausbildungsförderung dagegen **dem Grunde nach** abgelehnt, steht damit auch fest, dass der Leistungsausschluss gem. § 7 Abs. 5 S. 1 SGB II nicht besteht. Wird die Ausbildungsförderung **wegen zu berücksichtigenden Einkommens oder Vermögens** abgelehnt,[116] ist die Erbringung von Leistungen nach § 7 Abs. 6 Nr. 2 lit. a) 2. Fall SGB II statthaft.

cc) § 7 Abs. 6 Nr. 3 SGB II (Auszubildende bei Überschreiten der Altersgrenze gem. § 10 Abs. 3 BAföG)

Auszubildende **ohne Anspruch auf Ausbildungsförderung aufgrund des** § 10 Abs. 3 **51** BAföG. Diese Vorschrift galt auch schon nach altem Recht.[117] Sie betrifft Schüler an Abendschulen, die sich in der Abschlussphase ihrer Ausbildung befinden und die Altersgrenze von 30 Jahren bereits überschritten und wegen § 10 Abs. 3 BAföG keinen Anspruch mehr auf Ausbildungsförderung haben. Diese Vorschrift ist als Rückausnahme notwendig, weil der Ausschluss gem. § 10 Abs. 3 BAföG kein Ausschluss von Leistungen „dem Grunde nach" ist. Zweck der Regelung ist zu verhindern, dass solche Schüler die Abendschulausbildung gerade in der Abschlussphase mangels finanzieller Förderung aufgeben müssen.[118]

2. Leistungsausschluss und Wiedereinschluss bei Ausbildungsförderung nach dem SGB III

Im Gegensatz zu den Leistungsempfängern nach dem BAföG, die grundsätzlich ausge- **52** schlossen sind, aber ausnahmsweise doch Zugang zu Leistungen haben, sind junge Menschen, deren Berufsausbildung oder Berufsausbildungsvorbereitung nach den §§ 51, 57 und 58 SGB III förderungsfähig ist, **nicht mehr grundsätzlich vom Leistungsbezug ausgeschlossen**. Für Personen, die eine duale Berufsausbildung absolvieren, kann auch dann die Ausbildungsvergütung ergänzendes Arbeitslosengeld II in Betracht kommen, wenn individuell kein Anspruch auf Berufsausbildungsbeihilfe besteht.[119] § 7 Abs. 5 S. 1 SGB II schließt nur Auszubildende mit einer im Rahmen des BAföG dem Grunde nach förderungsfähigen Ausbildung aus, nicht dagegen Auszubildende mit einer nach dem SGB III dem Grunde nach förderungsfähigen Ausbildung. Die Fälle der **ausgeschlossenen Ausbildungen** sind in § 7 Abs. 5 S. 2 SGB II abschließend aufgeführt. Ausgeschlossen sind danach Auszubildende mit einem bestimmten Bedarf, nämlich Per-

---

114 Geiger ZFSH/SGB 2017, 9 (14); vgl. zur Rücknahme von Leistungen nach dem SGB II wegen einer nicht mitgeteilten Antragstellung nach altem Recht BSG 28.3.2013 – B 4 AS 59/12 R.
115 Geiger ZFSH/SGB 2017, 9 (13).
116 BT-Drs. 18/8041, 31 f.
117 BT-Drs. 18/8041, 32.
118 Becker in: Eicher/Luik SGB II, 4. Aufl., § 7 Rn. 203 unter Hinweis auf BT-Drs. 16/7214, 18.
119 BT-Drs. 18/8041, 30 f. Vgl. auch Becker in: Eicher/Luik SGB II, 4. Aufl., § 7 Rn. 183.

sonengruppen, die in einem Wohnheim oder Internat mit voller Verpflegung untergebracht sind und deren Bedarf sich nach § 61 Abs. 2 SGB III, § 61 Abs. 3 SGB III, § 62
Abs. 3 SGB III, § 123 Abs. 1 Nr. 2, 3 SGB III oder nach § 124 Abs. 1 Nr. 3, Abs. 3
SGB III richtet. Grund für den Ausschluss ist, dass der **Bedarf** dieses Personenkreises
bereits über die Förderung nach dem SGB III gedeckt ist, weil er entweder vom Ausbil-
dungsbetrieb oder durch den Rehabilitationsträger oder über das Wohnheim Sachleistungen für Unterkunft und Verpflegung erhält. Es sind aber ergänzende Leistungen
gem. § 27 Abs. 2 SGB II (Mehrbedarfe) und Leistungen in Härtefällen gem. § 27 Abs. 3
SGB II möglich.[120]

3. Rechtsfolgen des Einbezugs von Leistungen

53 Ist ein Auszubildender nicht von Leistungen ausgeschlossen, hat er Anspruch auf Leistungen nach dem SGB II, dh er hat Zugang auf Leistungen der Grundsicherung für Arbeitsuchende und auf Eingliederungsleistungen, wobei aber seine Ausbildungsleistungen
gem. §§ 11, 11 a Abs. 3 S. 2 Nr. 3 bis 5, 11 b Abs. 2 S. 5 SGB II als Einkommen anzurechnen sind. Durch den Bezug von Leistungen nach dem SGB II besteht auch die **Versicherungspflicht in der gesetzlichen Kranken- und Pflegeversicherung** gem. §§ 5 Abs. 1
Nr. 2 a SGB V, 20 Abs. 1 S. 2 Nr. 2 a SGB XI.

4. Rechtsfolgen des Leistungsausschlusses und Möglichkeiten des Leistungsbezugs (§ 27 SGB II)

54 Rechtsfolge des § 7 Abs. 5 S. 1 SGB II ist der **Ausschluss von Leistungen zur Sicherung
des Lebensunterhalts mit Ausnahme der Leistungen gem. § 27 SGB II.** Leistungen zur
Sicherung des Lebensunterhalts sind die Leistungen in Abschnitt 2 des Kapitels 3 des
SGB II, also gem. §§ 19 bis 34 c SGB II. Dazu gehören ua auch die Zuschüsse zu Beiträgen für die Kranken- und Pflegeversicherung gem. § 26 SGB II[121] sowie die Leistungen
für Bildung und Teilhabe gem. §§ 28 bis 30 SGB II (→ Kap. 27 Rn. 16 ff.), dagegen
nicht die Leistungen zur Eingliederung in Arbeit in Abschnitt 1 des SGB II, also gem.
§§ 14 bis 18 e SGB II.[122] Im Einzelfall können daher auch Leistungen insbesondere gem.
§ 16 SGB II in Betracht kommen.[123] Bei einem Leistungsausschluss gelten die **Regelungen des § 27 SGB II.** Gem. § 27 Abs. 1 S. 1 SGB II erhalten Auszubildende im Sinne des
§ 7 Abs. 5 SGB II Leistungen zur Sicherung des Lebensunterhalts nach § 27 Abs. 2
und 3 SGB II.[124] Gem. § 27 Abs. 1 S. 2 SGB II gelten diese Leistungen nicht als Arbeitslosengeld II. Dabei soll es sich um eine redaktionelle Klarstellung handeln.[125] Personen,
die Leistungen (nur) nach § 27 SGB II beziehen, gelten gem. §§ 5 Abs. 1 Nr. 2 a
SGB V, 20 Abs. 1 S. 2 Nr. 2 a SGB XI versicherungspflichtig in der gesetzlichen Kranken-
und Pflegeversicherung, da die Leistungen gem. § 27 Abs. 1 S. 2 SGB II nicht als Arbeitslosengeld II gelten. Sie haben auch keinen Anspruch auf Zuschüsse zu den Beiträgen zur privaten Kranken- und Pflegeversicherung gem. § 26 SGB II.[126]

---

120 BT-Drs. 18/8041, 31.
121 BSG 27.9.2011 – B 4 AS 160/10 R, Rn. 21 ff.
122 Vgl. BSG 6.9.2007 – B 14/7 b AS 36/06 R, Rn. 24, BSGE 99, 67; ausführlich – auch mit Blick auf die neue
Akzentuierung des SGB II durch § 1 Abs. 1 SGB II – Becker in: Eicher/Luik SGB II, 4. Aufl., § 7 Rn. 197 f.
123 Vgl. Spellbrink SozSich 2008, 30 (32, 33). Auf Seite 34 führt er aus, § 16 SGB II harre „einer kreativen
Erschließung durch Auszubildende und Studenten sowie Leistungsträger."
124 Nach BSG 6.9.2007 – B 14/7 b AS 28/06, SozR 4–4200 § 7 Nr. 8; BSG 28.3.2013 – B 4 AS 59/12 R,
Rn. 20 soll der Ausschluss nicht verfassungswidrig sein; dagegen aber SG Mainz 18.4.2016 – S 3 AS
149/16, das von einem Verstoß gegen das Grundrecht auf Gewährleistung eines menschenwürdigen Existenzminimums gem. Art. 1, 20 Abs. 1 GG ausgeht; die Verfassungsbeschwerde ist unter dem Aktenzeichen
1 BvL 4/16 anhängig.
125 BT-Drs. 18/8041, 44.
126 Vgl. BSG 27.9.2011 – B 4 AS 160/10 R, Rn. 21 ff.

a) Leistungen zur Sicherung des Lebensunterhalts

Leistungen zur Sicherung des Lebensunterhalts sind ausgeschlossen. Der Ausschluss gilt   55
auch dann, wenn die betroffene Person etwa mit Eltern in einem Haushalt lebt. Sie gehört nicht mehr zur Bedarfsgemeinschaft.[127] Im Rahmen der Bedarfsgemeinschaft wird der Teil der auf die ausgeschlossene Person entfallende Unterkunftskostenanteil entsprechend dem Kopfteilungsprinzip berücksichtigt.[128] Die betroffene Person bleibt aber (vom Leistungsbezug ausgeschlossene) erwerbsfähige leistungsberechtigte Person; Kinder von erwerbsfähigen Leistungsberechtigten haben deshalb einen Anspruch auf Sozialgeld.[129]

b) Leistungen in Höhe der Mehrbedarfe § 27 Abs. 2 SGB II nF

Der Leistungsausschluss betrifft zudem nur einen **ausschließlich ausbildungsgeprägten**   56
Bedarf.[130] Dies bedeutet, dass ein von der Ausbildung unabhängiger Bedarf etwa durch Krankheit, Schwangerschaft, Behinderung möglich ist[131] wie etwa Mehrbedarfszuschläge nach § 21 SGB II[132] etwa für Alleinerziehende[133] oder für kostenaufwendige Ernährung[134] bzw. Kosten für den besonderen Aufwand, der durch den Besuch einer auswärtigen (Heim-)Schule für Blinde und Sehbehinderte entsteht.[135] Ausdrücklich ist auch der Anspruch auf Erstausstattung und Bekleidung bei Schwangerschaft und Geburt gem. § 24 Abs. 3 S. 1 Nr. 2 SGB II erfasst. Die Leistungen werden nur erbracht, soweit die Mehrbedarfe nicht durch zu berücksichtigendes Einkommen oder Vermögen gedeckt sind. Dazu ist eine fiktive Bedürftigkeitsprüfung unter Anwendung der §§ 9, 11 bis 12 SGB II iVm Alg II-V durchzuführen, wobei als Einkommen vor allem BAföG- und BAB-Leistungen zu berücksichtigen sind.[136] Dagegen ist der **Mehrbedarf bei Leistungen zur Teilhabe am Arbeitsleben** gem. § 21 Abs. 4 SGB II ausbildungsgeprägt und damit vom Leistungsausschluss umfasst.[137] § 27 Abs. 3 S. 1 SGB II verweist hinsichtlich des Mehrbedarfs für Warmwasser auf § 21 Abs. 7 SGB II; damit wird eine Regelungslücke geschlossen.[138] Diese Leistungen werden jedoch nur bei Vorliegen einer besonderen Härte und als Darlehen erbracht.

c) Leistungen im Härtefall § 27 Abs. 3 S. 1 SGB II

Gem. § 27 Abs. 3 S. 1 SGB II **können** Leistungen für Regelbedarfe, den Mehrbedarf   57
nach § 21 Abs. 7 SGB II, den Bedarf für Unterkunft und Heizung, Bedarfe für Bildung und Teilhabe und notwendige Beiträge zur Kranken- und Pflegeversicherung als **Darlehen** erbracht werden, sofern der Leistungsausschluss nach § 7 Abs. 5 SGB II eine **besondere Härte** bedeutet; die Erbringung der Leistungen steht im **Ermessen** des Leistungsträgers, wobei sich das Ermessen allerdings bei Vorliegen einer besonderen Härte **auf Null** reduziert.[139] Der Begriff der besonderen Härte ist ein unbestimmter Rechtsbegriff, des-

---

127 BSG 19.3.2008 – B 11 b AS 13/06 R, Rn. 13, SozR 4–4200 § 22 Nr. 6; gegen eine Ausweitung des Instituts der „temporären" Bedarfsgemeinschaft für den Fall einer Auszubildenden im Internat während der Schließungszeiten des Internats BSG 6.8.2014 – B 4 AS 55/13 R, Rn. 31 f.
128 BSG 27.2.2008 – B 14/11 b AS 55/06 R, Rn. 18, SozR 4–4200 § 22 Nr. 9; 19.3.2008 – B 11 b AS 13/06 R, Rn. 13 f., SozR 4–4200 § 22 Nr. 6; 19.10.2016 – B 14 AS 40/15 R, Rn. 42 f.
129 LSG RhPf 12.1.2010 – L 1 SO 84/09 B ER, Rn. 53 mwN, FEVS 62, 39 ff. Vgl. auch Becker in: Eicher/Luik SGB II, 4. Aufl., § 7 Rn. 206 zu erwerbsunfähigen Kindern.
130 BSG 6.9.2007 – B 14/7 b AS 28/06 R, Rn. 28, SozR 4–4200 § 7 Nr. 8.
131 Vgl. Spellbrink SozSich 2008, 30 (31).
132 BSG 6.9.2007 – B 14/7 b AS 28/06 R, Rn. 28, SozR 4–4200 § 7 Nr. 8.
133 BSG 6.9.2007 – B 14/7 b 28/06 R, Rn. 19, SozR 4–4200 § 7 Nr. 8.
134 Spellbrink SozSich 2008, 30 (31).
135 LSG Nds-Brem 14.4.2005 – L 8 AS 36/05 ER, Rn. 15 mwN, FEVS 56, 511 ff.
136 Thie in: LPK-SGB II § 27 Rn. 6.
137 BSG 6.8.2014 – B 4 AS 55/13 R, Rn. 28.
138 BT-Drs. 18/8041, 44.
139 BSG 6.9.20007 – B 14/7 b AS 36/06 R, Rn. 21, SozR 4–4200 § 7 Nr. 6.

sen Anwendung in vollem Umfang gerichtlich überprüft werden kann; der Verwaltung ist weder ein Beurteilungsspielraum noch eine Einschätzungsprärogative eingeräumt.[140] Im Anschluss an die Rechtsprechung des Bundesverwaltungsgerichts[141] nimmt das BSG einen besonderen Härtefall dann an, wenn die Folgen des Anspruchsausschlusses über das Maß hinausgehen, das regelmäßig mit der Versagung von Hilfe zum Lebensunterhalt für eine Ausbildung verbunden ist und vom Gesetzgeber in Kauf genommen wird; der Ausschluss von der Ausbildungsförderung muss als übermäßig hart, dh als unzumutbar oder in hohem Maße unbillig erscheinen,[142] wobei alle Umstände des Einzelfalls zu berücksichtigen sind,[143] die es über den Zwang zum Abbruch der Ausbildung hinausgehend als unzumutbar erscheinen lassen, dem Hilfebedürftigen Leistungen zur Sicherung des Lebensunterhalts zu verweigern.[144] Nach der Rechtsprechung des BSG gibt es **drei Härtefälle:**[145]

1. Es ist wegen einer Ausbildungssituation ein Hilfebedarf entstanden, der nicht durch BAföG oder Berufsausbildungsbeihilfe gedeckt werden kann und es besteht deswegen begründeter Anlass für die Annahme, dass die vor dem Abschluss stehende Ausbildung nicht beendet werden kann und das Risiko zukünftiger Erwerbslosigkeit droht.

2. Die bereits weit fortgeschrittene und bisher kontinuierlich betriebene Ausbildung ist aufgrund der konkreten Umstände des Einzelfalls wegen einer Behinderung oder Krankheit gefährdet.

3. Nur eine nach den Vorschriften des BAföG förderungsfähige Ausbildung stellt objektiv belegbar die einzige Zugangsmöglichkeit zum Arbeitsmarkt dar.

Die Leistungen sind in der Regel als Darlehen zu gewähren. Bei **Minderjährigen** ist aber wegen der **Wertung des § 1629 a BGB** zu beachten, ob sie in der Lage sind, das Darlehen bei Eintritt der Volljährigkeit tilgen zu können.[146]

d) Leistungen bei Vorliegen eines Härtefalls gem. § 27 Abs. 3 S. 2 SGB II

58 Gem. § 27 Abs. 3 S. 2 SGB II ist eine besondere Härte auch anzunehmen, wenn Auszubildenden, deren Bedarf sich nach § 12 BAföG oder nach § 13 Abs. 1 Nr. 1 BAföG bemisst und deren Ausbildung vor dem 31.12.2020 begonnen wurden (§ 27 Abs. 3 S. 2 SGB II), allein aufgrund von § 10 Abs. 3 BAföG keine Leistungen zustehen, diese Ausbildung im Einzelfall für die Eingliederung in das Erwerbsleben zwingend erforderlich ist und ohne die Erbringung von Leistungen zum Lebensunterhalt der Abbruch der Ausbildung droht. Es handelt sich um einen Zuschuss, auf den bei Erfüllung der Voraussetzungen ein Rechtsanspruch besteht. Hinsichtlich der zwingenden Erforderlichkeit der Ausbildung ist eine Prognose erforderlich.[147] Kritisiert wird, dass diese Möglichkeit nicht aus für die Studierenden an höheren Fachschulen, Akademien und Hochschulen in eigener Wohnung (Bedarf gem. § 13 Abs. 1 Nr. 2 BAföG) gilt.[148]

---

140 BSG 19.10.2016 – B 14 AS 40/15 R, Rn. 28.
141 BVerwG 14.10.1993 – 5 C 16/91, BVerwGE 94, 224.
142 BSG 6.9.2007 – B 14/7 b AS 28/06 R, Rn. 32, SozR 4–4200 § 7 Nr. 8; 6.9.2007 – B 14/7 b AS 36/06 R, Rn. 23, BSGE 99, 67; 30.9.2008 – B 4 AS 28/07 R, Rn. 20, SozR 4–4200 § 7 Nr. 9; 1.7.2009 – B 4 AS 67/08, Rn. 17, FEVS 61, 104; 2.4.2014 – B 4 AS 26/13 R, Rn. 47 mwN.
143 BSG 6.9.2007 – B 14/7 b AS 28/06 R, Rn. 35, SozR 4–4200 § 7 Nr. 8.
144 BSG 6.9.2007 – B 14/7 b AS 28/06 R, Rn. 34, SozR 4–4200 § 7 Nr. 8.
145 BSG 30.9.2008 – B 4 AS 28/07 R, Rn. 22 ff., SozR 4–4200 § 7 Nr. 9; 1.7.2009 – B 4 AS 67/08, Rn. 19 ff. mwN, FEVS 61, 104; 23.8.2012 – B 4 AS 32/12 R, Rn. 20.
146 BSG 19.10.2016 – B 14 AS 40/15 R, Rn. 37.
147 Geiger ZFSH/SGB 2017, 9 (14).
148 Geiger ZFSH/SGB 2017, 9 (14).

e) Leistungen zur Überbrückung gem. § 27 Abs. 3 S. 4 SGB II

Gem. § 27 Abs. 3 S. 4 SGB II können für den **Monat der Aufnahme einer Ausbildung**   **59** Leistungen entsprechend § 24 Abs. 4 S. 1 SGB II erbracht werden. Die Vorschrift trägt dem Umstand Rechnung, dass Ausbildungsvergütungen erst am Ende des Monats gezahlt werden. Da der Leistungsausschluss mit Beginn der Ausbildung wirksam wird, kann im ersten Ausbildungsmonat eine Zahlungslücke entstehen. Um diese Zahlungslücke abzufedern, können Leistungen erbracht werden; sie werden als Darlehen erbracht, um Doppelleistungen zu vermeiden.[149] Zahlt der Leistungsträger für das BAföG auch im **Monat nach der Aufnahme einer Ausbildung** nicht, ist der Leistungsberechtigte darauf zu verweisen, eine **Vorschusszahlung gem.** § 51 Abs. 2 BAföG zu beantragen.[150]

E. Lage nach dem SGB XII

§ 22 SGB XII enthält einen Leistungsausschluss, der weitgehend § 7 Abs. 5 SGB V in der   **60** Fassung vor dem 1.8.2016 entspricht. Nach § 22 Abs. 1 S. 1 XII haben Personen, deren Ausbildung im Rahmen des BAföG oder der §§ 51, 57, 58 SGB III dem Grunde nach förderungsfähig ist, keinen Anspruch auf Leistungen nach dem Dritten und Vierten Kapitel des SGB XII. Nach § 22 Abs. 2 SGB XII gilt der Leistungsausschluss nicht für eine bestimmte Gruppe von Auszubildenden; § 22 Abs. 2 Nr. 1 SGB XII entspricht teilweise § 7 Abs. 6 Nr. 1 SGB II;[151] § 22 Abs. 2 Nr. 2 SGB XII entspricht teilweise § 7 Abs. 6 Nr. 2 SGB II;[152] § 22 Abs. 2 Nr. 3 SGB XII entspricht vollständig dem Katalog des § 7 Abs. 6 Nr. 3 SGB II.

Der **Anwendungsbereich ist gering**, da erwerbsfähige Personen zwischen 15 und 65 Jah-   **61** ren sowie deren Familienmitglieder bereits vom Anwendungsbereich des SGB II umfasst werden.[153] Vom Leistungsausschluss des § 22 SGB XII sind daher vor allem Personen betroffen, die trotz voller Erwerbsminderung einer Ausbildung nachgehen und solche Personen, die trotz Erwerbsfähigkeit zB wegen stationärer Unterbringung nach § 7 Abs. 4 SGB II oder als Asylberechtigte, die sich seit 15 Monaten ohne wesentliche Unterbrechung im Bundesgebiet aufhalten,[154] Leistungen nach dem SGB XII erhalten. Angesichts der Wertung des Gesetzgebers, die Ausbildungsförderung weitgehend nicht vom Leistungsbezug nach dem SGB II auszunehmen, begegnet der weitere Leistungsausschluss, der auf der – überholten – Überlegung beruht, der Gesetzgeber wollte kein weiteres Ausbildungsförderungssystem fürsorgerechtlicher Art schaffen,[155] **verfassungsrechtlichen Bedenken** hinsichtlich Ungleichbehandlung von Leistungsempfängern nach dem SGB II und dem SGB XII.

Der Leistungsausschluss nach § 22 SGB XII gilt für Leistungen nach dem Dritten und   **62** Vierten Kapitel des SGB XII, nicht jedoch für Leistungen nach dem Fünften bis Neunten Kapitel des SGB XII. Auch im SGB XII umfasst der Leistungsausschluss nur die **ausbildungsgeprägten Bedarfe**, so dass Auszubildende auch ohne explizite Regelung bei Vor-

---

149 Silbermann in: Eicher/Luik SGB II § 27 Rn. 48 unter Verweis auf BT-Drs. 17/3404, 103.
150 Vgl. Sehmsdorf info also 2016, 205 (206).
151 Gem. § 22 Abs. 2 Nr. 1 SGB XII ist der Leistungsausschluss nicht anwendbar auf Auszubildende, die aufgrund des § 60 SGB III keinen Anspruch auf Berufsausbildungsbeihilfe haben; diese Ausnahme fehlt in § 7 Abs. 6 Nr. 1 SGB II.
152 Gem. § 22 Abs. 2 Nr. 2 SGB XII ist der Leistungsausschluss nicht anwendbar auf Auszubildende, deren Bedarf sich nach § 12 Abs. 1 Nr. 1 BAföG oder nach § 62 Abs. 1 SGB III bemisst, gem. § 7 Abs. 6 Nr. 2 SGB II gilt dies für Auszubildende, deren Bedarf sich nach §§ 12, 13 Abs. 1 iVm Abs. 2 Nr. 1 oder nach § 13 Abs. 1 Nr. 1 iVm Abs. 2 Nr. 2 BAföG bemisst und die Leistungen erhalten bzw. nur wegen der Vorschriften zur Berücksichtigung von Einkommen und Vermögen nicht erhalten oder beantragt haben oder deren Antrag das zuständige Amt für Ausbildungsförderung noch nicht entschieden hat.
153 Grube in: Grube/Wahrendorf SGB XII § 22 Rn. 1.
154 Vgl. LSG BW 17.1.2017 – L 7 AY 18/17 ER-B, Rn. 8, SAR 2017, 68.
155 Grube in: Grube/Wahrendorf SGB XII § 22 Rn. 2.

liegen der Leistungsvoraussetzungen Leistungen für Mehrbedarfe und einmalige Leistungen erhalten können. Im Falle des Vorliegens einer **besonderen Härte** können Leistungen gem. § 22 Abs. 1 S. 2 SGB XII nach dem Dritten oder Vierten Kapitel als Beihilfe oder als Darlehen erbracht werden. Diese Vorschrift entspricht § 27 Abs. 3 S. 1 SGB XII. Eine Anwendung des § 27 Abs. 3 S. 2 SGB XII, wonach von den Leistungsberechtigten ein angemessener Kostenbeitrag verlangt werden kann, erscheint dagegen problematisch.

F. Fazit

63 Die Änderungen der §§ 7 Abs. 5, Abs. 6, 27 Abs. 3 SGB II sind grundsätzlich zu begrüßen. Damit wird anerkannt, dass auch die Erlangung einer Ausbildung ein Mittel zur Vermeidung von Hilfebedürftigkeit sein kann. Allerdings ist die unveränderte Beibehaltung des § 22 SGB XII nicht nachvollziehbar. Darüber hinaus muss bezweifelt werden, ob die Erweiterung des Zugangs zu Leistungen nach dem SGB II durch die Regelungen mit komplizierten Kombinationen von Regeln und Ausnahmeregeln gelungen ist. Es sollte stattdessen überlegt werden, die Leistungsausschlüsse sowohl im SGB II und im SGB XII gänzlich zu streichen. In diesem Fall wären die Leistungen nach dem BAföG bzw. dem SGB III weiter vorrangig und würden bei der Bedarfsberechnung als Einkommen angerechnet.

Kapitel 34: Ausländer*innen

Literaturhinweise: Becker, Migration und soziale Rechte, ZESAR 2017, 101–108; Becker/ Schlegelmilch, Sozialer Schutz für Flüchtlinge im Rechtsvergleich: Auf dem Weg zu gemeinsamen Standards für Schutzsuchende in der EU – Einführung und Auswertung, ZIAS 2015, 1 – 40; Berlit, Die Regelung von Ansprüchen ausländischer Personen in der Grundsicherung für Arbeitsuchende und in der Sozialhilfe, NDV 2017, 67–72; Classen, Ratgeber für Geflüchtete in Berlin, 2. Aufl. 2017, Leitfaden zum Asylbewerberleistungsgesetz, Stand: 5.12.2016, http://www w.fluechtlingsinfo-berlin.de/fr/asylblg/Leitfaden_AsylbLG.pdf; Devetzi/Janda, Das Gesetz zur Regelung von Ansprüchen ausländischer Personen in der Grundsicherung für Arbeitsuchende und in der Sozialhilfe – Verfassungs- und europarechtliche Bedenken gegen den Ausschluss von Unionsbürger*innen, ZESAR 2017, 197–206; Frings/Domke, Asylarbeit, Der Rechtsratgeber für die soziale Praxis, Frankfurt am Main, 2. Aufl. 2017; Frings/Janda/Kessler/Steffen, Sozialrecht für Zuwanderer, 2. Aufl. Baden-Baden 2018 (i.F. zitiert: Frings ua, Sozialrecht für Zuwanderer); Gerlach, Das AsylbLG – Ein Überblick zum aktuell geltenden Asylbewerberleistungsgesetz, Teil I, SGb 2018, 333–339; Teil II, 408–414; Gerlach, Das neue AsylbLG, Anspruch und Wirklichkeit in der Praxis der kommunalen Asylbewerberleistungsbehörden, ZfF 2017, 197– 213 (Teil 1), 221–237 (Teil 2), 245–259 (Teil 3); Gerloff, Das Aufenthaltsrecht als Vorfrage zur Inanspruchnahme von Sozialleistungen, 29. Sozialrechtliche Arbeitstagung 2017, 207–243 (Schriftenreihe des Deutschen Anwaltsinstituts); GGUA, Projekt Q (Qualifizierung in der Flüchtlingsberatung), Übersichten und Arbeitshilfen, http://www.einwanderer.net/uebersichten-und-arbeitshilfen; Giesen, Wie kann das Recht Zuwanderung und Integration in Gesellschaft, Arbeitsmarkt und Sozialordnung steuern, Verhandlungen des 72. Deutschen Juristentages 2018, E 1 – 62; Greiser/Frerichs, Der Anspruch von Flüchtlingen auf psychotherapeutische Behandlung, SGB 2018, 213–221; Hundt, Aufenthaltsrecht und Sozialleistungen für Geflüchtete, 2017; Kluth, Gesundheitsdienstleistungen nach dem Asylbewerberleistungsgesetz, SozSich 2018, 32– 28; Kingreen, Sozialrechtliche Heimat – Soziale Rechte auf und im Aufenthalt, Deutscher Sozialrechtsverband (Hrsg.), Migration und Sozialstaat, Berlin 2018, S. 39 – 54; Körtek/Reidel, Arbeitsmarktzugang für Ausländer, 2016; Kuhn-Zuber, Sozialleistungsansprüche für Flüchtlinge und Unionsbürger, 2018; Oppermann, Das Asylbewerberleistungsrecht in der Fassung des Asylverfahrensbeschleunigungsgesetzes (Teil 1), jurisPR-SozR 7/2016 Anm. 1; Oppermann, Das Asylbewerberleistungsrecht in der Fassung des Asylverfahrensbeschleunigungsgesetzes (Teil 2), jurisPR-SozR 8/2016 Anm. 1; Schwabe, Einzelbeträge aus den Regelbedarfsstufen ab 1.1.2018 – Leistungsfälle nach dem SGB II, dem SGB XII und nach § 2 AsylbLG, ZfF 2018, 1–17; Schwabe/Novarre, Hinweise zu den Änderungen des SGB II und des SGB XII ab 29.12.2016 zur Leistungsgewährung an ausländische Personen, ZfF 2/2017, 29–37; Schubert/Räder, Flüchtlinge in Arbeit und Ausbildung, Rechtliche Ansprüche und betriebliche Regelungen, Frankfurt am Main, 2017; Siefert, Flüchtlinge – grenzenlose Aufnahmebereitschaft des Arbeitsmarktes?, ZESAR 2016, 401–409; Thym, Sozialleistungen für und Aufenthalt von nicht erwerbstätigen EU-Bürgern, NZS 2014, 81.

Rechtsgrundlagen:
SGB II § 7 Abs. 1, § 8 Abs. 2
SGB XII § 23
AsylbLG (Asylbewerberleistungsgesetz)
AufenthG, AsylG, FreizügG/EU
AufenthV, BeschV (Beschäftigungsverordnung)
AEUV (Vertrag über die Arbeitsweise der Europäischen Union)
Richtlinie 2004/38/EG (Freizügigkeit bzw. Unionsbürger-RL)
Verordnung (EG) 883/2004 (Koordinierung der Systeme der sozialen Sicherheit), Verordnungen (EG) 987/2009 und 988/2009 (VOs zur Durchführung und zur Änderung der VO (EG) 883/04)

Art. 10 VO (EU) Nr. 492/2011

Richtlinien 2004/81/EG (Opfer des Menschenhandels), 2011/95/EU (Qualifikations-/Anerkennungsrichtlinie), Richtlinie 2013/33/EU des Europäischen Parlaments und des Rates vom 26. Juni 2013 zur Festlegung von Normen für die Aufnahme von Personen, die internationalen Schutz beantragen

EFA (Europäisches Fürsorgeabkommen)

GFK (Genfer Flüchtlingskonvention)

Orientierungssätze:

1. Das aus Art. 1 Abs. 1 iVm Art. 20 Abs. 1 GG abzuleitende Grundrecht auf Gewährleistung eines menschenwürdigen Existenzminimums ist ein Menschenrecht und steht deutschen und ausländischen Staatsangehörigen gleichermaßen zu (BVerfG 18.7.2012 – 1 BvL 10/10, BvL 2/11). Nach dem Urteil des Bundesverfassungsgerichts umfasst es sowohl die physische Existenz des Menschen als auch die Sicherung der Möglichkeit zur Pflege zwischenmenschlicher Beziehungen und ein Mindestmaß an Teilhabe am gesellschaftlichen, kulturellen und politischen Leben. Bei der konkreten Ausgestaltung existenzsichernder Leistungen darf der Gesetzgeber nicht pauschal nach dem Aufenthaltsstatus differenzieren, sondern nur bei signifikantem Abweichen des Bedarfs an existenznotwendigen Leistungen einer Personengruppe von dem anderer Bedürftiger. Bei der Bedarfsbestimmung dürfen migrationspolitische Gesichtspunkte keine Rolle spielen: Die in Art. 1 Abs. 1 GG garantierte Menschenwürde ist migrationspolitisch nicht zu relativieren.

2. Ausländer ist gem. § 2 Abs. 1 AufenthG jeder, der nicht Deutscher iSd Art. 116 GG ist. Der Anspruch von Ausländer*innen auf Sozialleistungen hängt maßgeblich vom Aufenthaltsstatus ab, wobei zwischen Unionsbürger*innen, die die Staatsangehörigkeit eines Mitgliedstaats der Europäischen Union besitzen (Art. 9 S. 2 EUV), Drittstaatsangehörigen, also Personen, die weder Unionsbürger*innen noch Deutsche sind, und Staatenlosen, dh Personen, die kein Staat aufgrund seines Rechts als Staatsangehörigen ansieht, zu unterscheiden ist. Während Unionsbürger*innen nach Art. 21 Abs. 1 AEUV Freizügigkeit in den Mitgliedstaaten der Europäischen Union genießen, benötigen Drittstaatsangehörige und Staatenlose grundsätzlich einen Aufenthaltstitel nach dem Aufenthaltsgesetz.

3. Freizügigkeitsberechtigte Unionsbürger*innen und ihre Familienangehörigen und die ihnen nach § 12 FreizügG/EU gleichgestellten Staatsangehörigen des EWR und der Schweiz haben das Recht auf Einreise und Aufenthalt nach Maßgabe des FreizügG/EU (§ 2 Abs. 1 FreizügG). Sie haben als (materiell) Freizügigkeitsberechtigte ein grundsätzliches Recht auf Gleichbehandlung (Art. 18 AEUV) auch hinsichtlich der Gewährung von Grundsicherungs- und Sozialhilfeleistungen (Art. 4 VO (EG) 883/2004, Art. 24 Abs. 1 Rl 2004/38/EG). Der Ausschluss von Grundsicherungs- und Sozialhilfeleistungen, der auf das Fehlen eines materiellen Freizügigkeitsrechts nach der Freizügigkeitsrichtlinie (in Deutschland in § 2 FreizügG/EU umgesetzt) abstellt, ist allerdings nach der Rechtsprechung des EuGH (Rs Dano) ebenso unionsrechtskonform wie der Ausschluss bei einem Aufenthaltsrecht nur zur Arbeitssuche (Rs Alimanovic) und in den ersten drei Monaten des Aufenthalts (Rs Garcia-Nieto).

4. Erwerbsfähig iSd SGB II sind Ausländer*innen nur bei rechtlicher Erwerbsfähigkeit (§ 8 Abs. 2 SGB II), dh wenn ihnen eine Beschäftigung erlaubt ist oder erlaubt werden könnte. Während Unionsbürger*innen, ihnen Gleichgestellten, unter bestimmten Voraussetzungen auch Ausländer*innen, die unter das Assoziationsabkommen EWG/Türkei fallen, und anerkannten Schutzsuchenden die Beschäftigung erlaubt ist, hängt bei den übrigen Drittstaatsangehörigen die Möglichkeit zur Erwerbstätigkeit vom Aufenthaltstitel ab (§ 4 Abs. 3 AufenthG).

5. Der gewöhnliche Aufenthalt iSd § 7 Abs. 1 S. 1 Nr. 4 SGB II ist bei Ausländer*innen bei faktisch dauerhaftem, zukunftsoffenem Aufenthalt im Inland gegeben. Dem stehen auch ein Visum wegen Familiennachzugs, eine Fiktionsbescheinigung oder befristete Aufenthaltstitel nicht entgegen.

6. § 7 Abs. 1 S. 2 SGB II enthält mehrere Ausschlusstatbestände, die auch Ausländer*innen, die im Übrigen alle Voraussetzungen nach § 7 SGB II erfüllen, von Leistungen zur Sicherung des Existenzminimums nach dem SGB II ausschließen. Sie gelten für Ausländer*innen (und ihre Familienangehörigen) in den ersten drei Monaten ihres Aufenthalts, wenn sie kein Aufenthaltsrecht im Sinne eines materiellen Freizügigkeitsrechts nach § 2 FreizügG/EU oder kein Aufenthaltsrecht nach dem AufenthG haben, wenn sich ihr Aufenthaltsrecht allein aus dem Zweck

der Arbeitssuche ergibt, wenn sie ihr Aufenthaltsrecht aus Art. 10 VO (EU) Nr. 492/2011 ableiten oder wenn sie leistungsberechtigt nach dem AsylbLG sind.

7. Zweifel an der Verfassungsmäßigkeit der Ausschlüsse bestehen verstärkt seit der Ausdehnung der Ausnahmetatbestände auf das SGB XII (§§ 23 Abs. 3 S. 1 Nr. 1–3 SGB XI) mit Verweis von ausgeschlossenen Ausländer*innen auf idR auf einen Monat befristete Überbrückungsleistungen und Rückkehrhilfen (§ 23 Abs. 3 S. 3–6, Abs. 3 a SGB XII). Auch die Europarechtskonformität des 2016 neu eingefügten Ausschlusses von Unionsbürger*innen, die ihr Aufenthaltsrecht aus Art. 10 VO (EU) Nr. 492/2011 (§ 7 Abs. 1 S. 2 Nr. 2 c SGB II bzw. § 23 Abs. 3 S. 1 Nr. 3 SGB XII) ableiten, von Grundsicherungs- und Sozialhilfeleistungen ist strittig.

8. Nicht ausgeschlossen sind Arbeitnehmer, Selbstständige und Personen mit fortgeltendem Erwerbstätigenstatus (§ 2 Abs. 3 FreizügG/EU). Rückausnahmen gelten für Ausländer mit humanitären Aufenthaltstiteln (§ 7 Abs. 1 S. 3 SGB II) und bei mindestens fünfjährigem gewöhnlichen Aufenthalt in Deutschland (§ 7 Abs. 1 S. 4 SGB II).

9. Das Asylbewerberleistungsgesetz regelt ein eigenständiges Existenzsicherungssystem für Asyl- und Schutzsuchende und Personen ohne verfestigtes Bleiberecht und ihre Familienangehörigen. Der persönliche Anwendungsbereich des Gesetzes ist abhängig vom formalen Aufenthaltsstatus und koppelt das Leistungsrecht bei Schutzsuchenden an die Registrierung und Verteilungsentscheidung der Ausländerbehörde.

10. Nach dem AsylbLG werden zur Gewährleistung des Existenzminimums Grundleistungen zur Deckung des notwendigen Bedarfs und zur Deckung des notwendigen persönlichen Bedarfs erbracht. Dabei unterscheidet § 3 AsylbLG zwischen Grundleistungen in einer (Erst-)Aufnahmeeinrichtung (Abs. 1) und außerhalb einer Aufnahmeeinrichtung (Abs. 2), d.h. vor allem in Gemeinschaftsunterkünften oder angemietetem Wohnraum. Die Leistungen zur Sicherung des Lebensunterhalts werden in einer Aufnahmeeinrichtung grundsätzlich als Sachleistungen erbracht, außerhalb vorrangig als Geldleistung.

11. Die Festlegung und Fortschreibung der Leistungssätze orientiert sich an den Regelungen, die auch den Leistungen nach dem SGB XII/SGB II zugrunde gelegt werden. Die Beträge sind jedoch niedriger als die nach dem SGB II/SGB XII. Erst nach 15 Monaten Aufenthalt in Deutschland erhalten die Leistungsberechtigten Leistungen in entsprechender Anwendung des SGB XII (sog. Analog-Leistungen, § 2 Abs. 1 AsylbLG).

12. Die Bedarfe für Unterkunft, Heizung und Hausrat werden gem. § 3 Abs. 2 S. 4 AsylbLG gesondert als Sachleistung (bei Unterbringung in einer Gemeinschaftsunterkunft) oder Geldleistung (bei Unterbringung in anderen Unterkünften) gewährt. Bedarfe für Bildung und Teilhabe werden gem. § 3 Abs. 3 AsylbLG neben den Grundleistungen erbracht.

13. Leistungsberechtigte nach § 1 AsylbLG erhalten eine medizinische Grundversorgung bei akuter Erkrankung und Schmerzzuständen (§ 4 AsylbLG). Im Einzelfall zur Sicherung der Gesundheit unerlässliche Leistungen können auch nach § 6 Abs. 1 S. 1 AsylbLG erbracht werden.

14. Bei Verstoß gegen asyl- und aufenthaltsrechtliche Vorschriften sieht § 1 a AsylbLG Leistungskürzungen für Leistungsberechtigte nach dem AsylbLG vor. Weitere Sanktionstatbestände enthalten die §§ 5 a, b und 11 AsylbLG. Die Verknüpfung migrationspolitischer Instrumente mit Einschränkungen des grundrechtlichen geschützten Existenzminimums unterliegt verfassungsrechtlichen sowie europarechtlichen Bedenken.

A. Überblick

1 Die rechtliche Regelung existenzsichernder Sozialleistungen für Ausländer*innen ist seit der Ausgliederung des AsylbLG[1] aus dem BSHG[2] und der Aufspaltung des BSHG[3] in das SGB II[4] und SGB XII[5] zunehmend unübersichtlich geworden. Dazu trägt nicht nur die immer hektischer werdende Asyl- und Ausländerrechtsgesetzgebung bei, die sich wegen der Verzahnung des Aufenthalts- und Sozialrechts auch auf grundsicherungs- bzw. sozialhilferechtliche Ansprüche auswirkt, sondern auch die vielstimmige Debatte zur europa- und verfassungsrechtlichen Bewertung grundsicherungsrechtlicher Leistungsausschlüsse. Die Bestimmung von Grundsicherungsansprüchen dürfte für die Betroffenen kaum noch eigenständig möglich sein und in der Beratungspraxis häufig auch der „Trüffelsuche" gleichen.[6] Insgesamt besteht ein deutlicher Bedarf an mehr Rechtsklarheit und Rechtssicherheit.

Ausländer ist gem. § 2 Abs. 1 AufenthG jeder, der nicht Deutscher iSd Art. 116 Abs. 1 GG ist. Der Anspruch von Ausländer*innen auf Sozialleistungen hängt maßgeblich vom Aufenthaltsstatus ab, wobei zwischen Unionsbürger*innen, die die Staatsangehörigkeit eines Mitgliedstaats der Europäischen Union besitzen (Art. 9 S. 2 EUV),[7] Drittstaatsangehörigen, also Personen, die weder Unionsbürger*innen noch Deutsche sind, und Staatenlosen, dh Personen, die kein Staat aufgrund seines Rechts als Staatsangehörige ansieht,[8] zu unterscheiden ist. Während Unionsbürger*innen nach Art. 21 Abs. 1 AEUV[9] Freizügigkeit in den Mitgliedstaaten der Europäischen Union genießen, benötigen Drittstaatsangehörige und Staatenlose grundsätzlich einen Aufenthaltstitel nach dem Aufenthaltsgesetz.[10]

2 Zwar haben Ausländer*innen in Deutschland bei Erfüllung der gesetzlichen Voraussetzungen grundsätzlich die gleichen Ansprüche auf Sozialleistungen wie Inländer*innen. Gerade im Grundsicherungs- und Sozialhilferecht (→ Rn. 13 ff., 38 ff.) gelten allerdings weitreichende Leistungsausschlüsse. In extrem prekären Situationen – bis zur Obdachlosigkeit[11] und Verweigerung medizinischer Hilfen – können insbesondere arbeitsuchende bzw. nicht erwerbstätige Unionsbürger*innen und Drittstaatsangehörige geraten, denen oft nur Überbrückungsleistungen und Rückkehrhilfen nach dem SGB XII zustehen (dazu → Rn. 38 ff., 52). Besondere Einschränkungen gelten aber auch für asylsuchende sowie – noch gravierendere – für geduldete und ausreisepflichtige Ausländer*innen. Sie

---

1 Asylbewerberleistungsgesetz in der Fassung der Bekanntmachung vom 5.8.1997 (BGBl. I, 2022).
2 Außer Kraft am 1.1.2005 nach Maßgabe des Art. 68 Abs. 2 durch Art. 68 Abs. 1 Nr. 1 des Gesetzes vom 27.12.2003 (BGBl. I, 3022).
3 Viertes Gesetz für moderne Dienstleistungen am Arbeitsmarkt vom 24.12.2003 (BGBl. I, 2954).
4 Sozialgesetzbuch Zweites Buch – Grundsicherung für Arbeitsuchende (SGB II) in der Fassung der Bekanntmachung vom 13.5.2011 (BGBl. I, 850, ber. 2094).
5 Sozialgesetzbuch Zwölftes Buch – Sozialhilfe (SGB XII) vom 27.12.2003 (BGBl. I, 3022).
6 Der Paritätische Gesamtverband (Hrsg.), Die Strategie des Trüffelschweins. Hartz IV für arbeitsuchende und nicht erwerbstätige Unionsbürger/-innen (Autor: Claudius Voigt), Stand: 21.9.2015 (https://ggua.de/fileadmi n/downloads/tabellen_und_uebersichten/Arbeitshilfe_SGB_II_und_UnionsbuergerInnen_zum_Alimanovic_U rteil.pdf).
7 Vertrag über die Europäische Union (konsolidierte Fassung), ABl. EU 26.10.2012 C 326/13.
8 Nach Art. 1 des Übereinkommens über die Rechtsstellung der Staatenlosen vom 28.9.1954 (BGBl. 1976 II, 473 ff.) ist ein Staatenloser eine Person, die kein Staat aufgrund seines Rechts als Staatsangehörigen ansieht.
9 Vertrag über die Arbeitsweise der Europäischen Union (konsolidierte Fassung), ABl. EU 26.10.2012 C 326/49.
10 Gesetz über den Aufenthalt, die Erwerbstätigkeit und die Integration von Ausländern im Bundesgebiet (Aufenthaltsgesetz – AufenthG) in der Fassung der Bekanntmachung vom 25.2.2008 (BGBl. I, 162). Beachte dazu Verwaltungsvorschrift nach Art. 84 Abs. 2 GG: Bundesministerium des Inneren, Allgemeine Verwaltungsvorschrift zum Aufenthaltsgesetz vom Oktober 2009 (pdf unter www.verwaltungsvorschriften-im-internet.d e).
11 Soweit existenzsichernde Leistungen versagt werden, kann dennoch eine sicherheitsrechtliche vorläufige Unterbringung geboten sein. VG München 9.7.2017 – M 22 E 17.3587, info also 2017, 279.

fallen – häufig bei gleichzeitigem Erwerbsverbot[12] – unter das Asylbewerberleistungsgesetz, das auch auf Ausländer*innen mit besonders instabilen humanitären Aufenthaltserlaubnissen angewandt wird (dazu → Rn. 55 ff.).

I. Aufenthaltsrecht von Drittstaatsangehörigen

Nach § 4 Abs. 1 AufenthG bedürfen Ausländer*innen für die Einreise und den Aufent-   3
halt im Bundesgebiet eines Aufenthaltstitels, sofern nicht durch das Recht der Europäischen Union oder durch Rechtsverordnung etwas anderes bestimmt ist oder aufgrund des Assoziationsabkommens EWG/Türkei[13] ein Aufenthaltsrecht[14] besteht. Das Aufenthaltsgesetz unterscheidet insbesondere das Visum für die Einreise und Aufenthalte (§ 6 Abs. 1 Nr. 1, Abs. 3 AufenthG), die Aufenthaltserlaubnis (§ 7 AufenthG) und die Niederlassungserlaubnis (§ 9 AufenthG).[15] Die Aufenthaltserlaubnis ist ein befristeter Aufenthaltstitel, der zu bestimmten Aufenthaltszwecken (zB Ausbildung, Erwerbstätigkeit, aus völkerrechtlichen, humanitären oder politischen Gründen, aus familiären Gründen) erteilt wird und gem. § 8 AufenthG verlängert werden kann; sie berechtigt in etlichen Fällen kraft Gesetzes zur Erwerbstätigkeit. Die Niederlassungserlaubnis (§§ 9, 9 a AufenthG) ist ein unbefristeter Aufenthaltstitel, der stets zur Ausübung einer Erwerbstätigkeit berechtigt.

II. Freizügigkeit von Unionsbürger*innen

1. Freizügigkeitsberechtigung nach § 2 FreizügG/EU

Unionsbürger*innen iSd Art. 9 S. 2, 3 EUV, Art. 20 Abs. 1 AEUV benötigen keinen Auf-   4
enthaltstitel (§ 2 Abs. 4 S. 1 FreizügG/EU), da sie aufgrund ihrer Unionsbürgerschaft Freizügigkeit genießen (Art. 21 AEUV). Die Bedingungen, unter denen Unionsbürger*innen von der Freizügigkeit, dh dem Recht, sich im Hoheitsgebiet der Mitgliedstaaten frei zu bewegen und aufzuhalten, Gebrauch machen können, sind gem. Art. 21 Abs. 1 AEUV in den Verträgen der Europäischen Union (dem sog Primärrecht) und in den Durchführungsvorschriften (dem sog Sekundärrecht) geregelt. Die Freizügigkeits- oder Unionsbürgerrichtlinie (RL 38/2004/EG[16]), die diese Bedingungen näher umschreibt, ist in Deutschland durch das Freizügigkeitsgesetz/EU (FreizügG/EU)[17] in natio-

---

12 Siefert in: Siefert AsylbLG § 8 a Rn. 5 ff.
13 Wissenschaftlicher Dienst des Bundestages, Zur aufenthaltsrechtlichen Rechtsstellung türkischer Staatsangehöriger, 2016, Ausarbeitung WD 3–3000–159/16. Das Abkommen begründet keinen Gleichbehandlungsanspruch für Leistungen nach dem SGB II und SGB XII. Die Türkei ist aber Vertragspartner des Europäischen Fürsorgeabkommens (dazu → Rn. 44 ff.), so dass türkische Staatsangehörige jedenfalls bei den SGB XII-Leistungen, soweit keine Vorbehalte durch die Bundesregierung erklärt wurden, Gleichbehandlung verlangen können (dazu Frings ua, Sozialrecht für Zuwanderer [Lit.], Rn. 426–430). Aus Platzgründen können hier die Regelungen für türkische Staatsangehörige nicht weiter ausgeführt werden (dazu eingehend Gutmann, Kommentierung ARB Nr. 1/80 Türkei/EU, in: GK-AufenthG IX-1; Groenendijk/Hoffmann/Luiten, Das Assoziationsrecht EWG/Türkei, 2013). Dies gilt auch für die Regelungen der sog Mittelmeer-Abkommen (insbes. Algerien, Marokko, Tunesien).
14 Ein materielles Aufenthaltsrecht kann auch ohne Aufenthaltstitel bestehen. SächsLSG 8.11.2017 – L 3 AS 997/17 B ER.
15 Weitere Aufenthaltstitel sind ua die Blaue Karte EU nach § 19 a AufenthG für die Einreise und den Aufenthalt von Drittstaatsangehörigen zur Ausübung einer hochqualifizierten Beschäftigung, die ICT-Karte für unternehmensintern transferierte Ausländer (§ 19 b AufenthG) und die mobile ICT-Karte gem. § 19 d AufenthG, sowie die Erlaubnis zum Daueraufenthalt-EU gem. § 9 a AufenthG, die der Niederlassungserlaubnis gleichgestellt ist.
16 Richtlinie 2004/38/EG vom 29.4.2004 über das Recht der Unionsbürger und ihrer Familienangehörigen, sich im Hoheitsgebiet der Mitgliedstaaten frei zu bewegen und aufzuhalten.
17 Gesetz über die allgemeine Freizügigkeit von Unionsbürgern vom 30.7.2004 (BGBl. I,1950, 1986). Beachte dazu auch Bundesministerium des Inneren, Allgemeine Verwaltungsvorschrift zum Freizügigkeitsgesetz/EU (AVV zum FreizügG/EU) vom 3.2.2016, GMBI 2016 Nr. 5, 86; www.verwaltungsvorschriften-im-internet.d e/bsvwvbund_03022016_MI12100972.htm.

nales Recht umgesetzt worden. Kraft Völkervertragsrechts[18] in der Freizügigkeit den Unionsbürgern gleichgestellt sind die Staatsangehörigen der EWR-Staaten Island, Liechtensteins und Norwegens sowie jene der Schweiz.

5 Freizügigkeitsberechtigte Unionsbürger*innen und ihre Familienangehörigen haben das Recht auf Einreise und Aufenthalt nach Maßgabe des FreizügG/EU (§ 2 Abs. 1 FreizügG iVm Art. 7 RL 2004/38/EG). Sie können sich für einen Zeitraum von bis zu drei Monaten voraussetzungslos in Deutschland aufhalten (§ 2 Abs. 5 FreizügG/EU). Sie benötigen lediglich einen gültigen Personalausweis oder Reisepass. Danach ist die von Bescheinigungen unabhängige materielle Freizügigkeitsberechtigung von Unionsbürger*innen überwiegend zweckgebunden. Freizügigkeitsberechtigt nach § 2 Abs. 2 FreizügG/EU sind:

- Arbeitnehmer (dazu → Rn. 27) und zur Berufsausbildung Beschäftigte (Nr. 1),

- Arbeitsuchende (Nr. 1 a; dazu → Rn. 32),

- niedergelassene selbstständig Erwerbstätige (Nr. 2; dazu → Rn. 28),

- Erbringer von Dienstleistungen (Nr. 3),[19]

- Unionsbürger als Empfänger von Dienstleistungen (Nr. 4),

- nicht erwerbstätige Unionsbürger unter den Voraussetzungen des § 4,

- die Familienangehörigen der genannten Freizügigkeitsberechtigten (Nr. 6; dazu → Rn. 8 f.),

- sowie Unionsbürger und ihre Familienangehörigen, die ein Daueraufenthaltsrecht nach § 4 a FreizügG erworben haben (Nr. 7; dazu → Rn. 10).

6 Von der im FreizügG geregelten materiellen Freizügigkeitsberechtigung zu unterscheiden ist die aus Art. 21 Abs. 1 AEUV hergeleitete generelle Freizügigkeitsvermutung.[20] Wenn Unionsbürger*innen über einen gültigen Personalausweis oder Pass verfügen, gilt ihr Aufenthalt zumindest solange als rechtmäßig, bis die zuständige Ausländerbehörde das Nichtbestehen des Freizügigkeitsrechts aufgrund von § 5 Abs. 4 FreizügG/EU (Verlustfeststellung) bzw. das Vorliegen eines Missbrauchstatbestands gem. § 2 Abs. 7 FreizügG/EU feststellt und damit nach § 7 Abs. 1 FreizügG/EU die Ausreisepflicht begründet (→ Rn. 10). In der Praxis wird von der rechtlichen Möglichkeit der Verlustfeststellung nur in geringem Umfang Gebrauch gemacht.[21] Die generelle Freizügigkeitsvermutung allein eröffnet aber weder einen Zugang zu den Leistungen nach dem SGB II oder SGB XII, noch steht sie einem Leistungsausschluss entgegen.[22] Den Betroffenen können dann – als Ausländer*innen, die vollziehbar ausreisepflichtig sind – evtl. Leistungen nach § 1 AsylbLG zustehen.[23]

2. Familienangehörige von Unionsbürger*innen

7 Gem. § 3 Abs. 1 S. 1 FreizügG/EU sind Familienangehörige von Unionsbürgern mit Freizügigkeitsberechtigung nach § 2 Abs. 2 Nr. 1–5 FreizügG/EU freizügigkeitsberech-

---

18 Abkommen über den Europäischen Wirtschaftsraum vom 2.5.1992, Abl. EG 1994 L 1, 3 und Abkommen zwischen der Europäischen Gemeinschaft und ihren Mitgliedstaaten einerseits und der Schweizerischen Eidgenossenschaft andererseits über die Freizügigkeit vom 21.6.1999 (ABl. 2002 L 114, 6). Im Folgenden wird auf die Angehörigen der EWR-Staaten und der Schweiz nicht mehr gesondert eingegangen.

19 Zur Entsendung von Arbeitnehmer*innen zur Erbringung von Dienstleistungen s. Janda, Die Durchsetzung der Rechte entsandter Arbeitnehmer, Soziales Recht 2016, 1–17.

20 LSG MV 11.4.2017 – L 10 AS 194/14, Rn. 39, juris.

21 Thym, Sozialleistungen für und Aufenthalt von nicht erwerbstätigen EU-Bürgern, NZS 2014, 81 (87).

22 BSG 9.8.2018 – B 14 AS 32/17 R, Rn. 60.

23 So Berlit NDV 2017, 67 (71) unter Verweis auf fehlende Ausschlussgründe im AsylbLG und die verfassungsrechtliche Unzulässigkeit einer analogen Anwendung der Ausschlussgründe nach dem SGB XII und SGB II.

tigt, wenn sie den Unionsbürger begleiten oder ihm nachziehen.[24] Erfasst sind nur Familienangehörige von Unionsbürger*innen, die von ihrem Freizügigkeitsrecht Gebrauch gemacht haben, also nicht Familienangehörige Deutscher, die ja auch Unionsbürger*innen sind. Für letztere gilt das AufenthG. In Rückkehrerfällen, d.h. bei Rückkehr von Deutschen nach einem nachhaltigen Auslandsaufenthalt,[25] ist das Aufenthaltsrecht der nicht-deutschen Familienangehörigen nach dem FreizügG/EU zu beurteilen.[26] Ein weiterreichendes Aufenthaltsrecht, das nicht ausdrücklich im FreizügG/EU geregelt ist, enthält Art. 10 VO (EU) Nr. 492/2011 (hierzu → Rn. 35 ff.). Ausländischen Familienangehörigen kann aufgrund des Günstigkeitsvergleichs gem. § 11 Abs. 1 S. 11 FreizügG/EU iVm dem europarechtlichen Gleichbehandlungsgrundsatz Art. 18 Abs. 1 AEUV auch ein Aufenthaltsrecht zur Ausübung der Personensorge für ein freizügigkeitsberechtigtes Kind nach § 28 Abs. 1 S. 1 Nr. 3 AufenthG zustehen.[27]

§ 3 Abs. 2 FreizügG/EU enthält eine Legaldefinition des Begriffs „Familienangehöriger":[28] Freizügigkeitsberechtige Familienangehörige sind der Ehegatte/die Ehegattin, der Lebenspartner/die Lebenspartnerin[29] und Verwandte in gerader absteigender Linie (Kinder, Enkelkinder etc), die noch nicht 21 Jahre alt sind, der freizügigkeitsberechtigten Person und ihres Ehegatten/Lebenspartners bzw. Ehegattin/Lebenspartnerin (§ 3 Abs. 2 Nr. 1 FreizügG/EU). Für das Aufenthaltsrecht dieser Familienangehörigen ist es nicht nötig, dass ihr Lebensunterhalt gesichert ist. Sie können für ihren gesamten Unterhaltsbedarf Alg II bzw. Sozialgeld in Anspruch nehmen. Sie sind als Ehepartner ggf. auch ohne Bedarfsgemeinschaft anspruchsberechtigt, da das Aufenthaltsrecht bis zur Rechtskraft der Scheidung weiter besteht, § 3 Abs. 5 FreizügG/EU. Auch außerhalb des Haushalts lebende Kinder behalten das Aufenthaltsrecht und den Alg II-Anspruch.[30] Verwandte in gerade absteigender Linie, die 21 Jahre und älter sind, und Verwandte in aufsteigender Linie (Eltern, Großeltern) sind nur freizügigkeitsberechtigt gem. § 2 Abs. 1 FreizügG/EU, wenn der/die freizügigkeitsberechtige Unionsbürger*in Unterhalt leistet (§ 3 Abs. 1 S. 1, Abs. 2 Nr. 2 FreizügG/EU), wobei ein Teilunterhalt genügt.[31]

Bei Familienangehörigen *nicht erwerbstätiger* Unionsbürger*innen (§ 3 Abs. 1 S. 2 iVm § 2 Abs. 2 Nr. 5 FreizügG/EU) besteht die Freizügigkeitsberechtigung gem. § 4 S. 1 FreizügG/EU nur, wenn sie über ausreichenden Krankenversicherungsschutz und ausreichende Existenzmittel verfügen (hierzu → Rn. 10).[32]

Die Familienangehörigen müssen selbst nicht Unionsbürger*innen sein. Sie bedürfen **8** dann zwar gem. § 2 Abs. 4 S. 2 FreizügG/EU für die Einreise eines Visums nach den Bestimmungen des Aufenthaltsgesetzes (§ 4 Abs. 1 S. 2 Nr. 1, § 6 AufenthG), außer in den Fällen des § 2 Abs. 4 S. 3 FreizügG/EU,[33] haben aber, wenn sie den Unionsbürger/die

---

24 Valgolio in: Hauck/Noftz SGB II § 7 Rn. 125.
25 BVerwG 11.1.2011 – 1 C 23/09.
26 AVV FreizügG; Rn. 3.0.2.
27 LSG NRW 30.10.2018 – L 19 AS 1472/18 B ER mwN.
28 Die Legaldefinition des § 3 Abs. 2 FreizügG/EU gilt auch bei der Bestimmung des Anwendungsbereichs des FreizügG/EU nach § 1 FreizügG/EU (BVerwG 25.10.2017 – 1 C 34.16, InfAuslR 2018, 121).
29 Lebenspartner iSd § 3 FreizügG/EU sind Partner einer eingetragenen gleichgeschlechtlichen Partnerschaft gem. § 33 b SGB I. Partner einer eheähnlichen oder lebenspartnerschaftsähnlichen Gemeinschaft sind keine Familienangehörigen iSd § 2 Abs. 2 Nr. 6 FreizügG/EU (HessLSG 14.7.2011 – L 7 AS 107/11 B ER), auch dann nicht, wenn verschiedengeschlechtliche Gemeinschaften in anderen Mitgliedstaaten nach deren Vorschriften eingetragen werden können (AVV FreizügG/EU 3.1.1).
30 AVV FreizügG/EU 3.1.1.
31 AVV FreizügG/EU 3.2.2.1.; BayLSG 19.11.2018 – L 11 AS 912/18 B ER, juris, Rn. 16 mwN.
32 Bei Unionsbürger*innen, die Studierende sind, haben nur Ehegatten/Lebenspartner und Kinder, denen Unterhalt gewährt wird, das Freizügigkeitsrecht gem. § 2 Abs. 1 (§ 4 S. 2 FreizügG/EU).
33 Kein Visum benötigen Inhaber*innen einer Aufenthaltskarte eines anderen Mitgliedstaates der EU (AVV FreizügG, Rn. 2.4.3.) oder eines nationalen Aufenthaltstitels eines Schengen-Staates der EU, sofern sie die Voraussetzungen nach Art. 21 Schengener Durchführungsübereinkommen (SDÜ) erfüllen.

Unionsbürgerin begleiten oder ihm/ihr nachziehen, ebenfalls die Freizügigkeitsberechtigung nach § 2 FreizügG/EU (§ 3 Abs. 1 S. 1 FreizügG/EU). Ihnen wird dann von Amts wegen innerhalb von sechs Monaten eine Aufenthaltskarte ausgestellt (§ 5 Abs. 1 S. 1 FreizügG/EU). Das Aufenthaltsrecht von Familienangehörigen, die keine Unionsbürger*innen sind, ist grundsätzlich akzessorisch zu dem des/der freizügigkeitsberechtigten Unionsbürger*in (Stammberechtigte/r), kann aber bei Tod des/der oder Trennung vom/von der Stammberechtigten unter den in § 3 Abs. 3–5 FreizügG/EU geregelten Voraussetzungen in ein eigenständiges Aufenthaltsrecht münden.

3. Daueraufenthaltsrecht gem. § 2 Abs. 2 Nr. 7 iVm § 4 a FreizügG/EU

9 Nach einem ständigen rechtmäßigen Aufenthalt von fünf Jahren in der Bundesrepublik Deutschland haben Unionsbürger*innen und ihre Familienangehörigen, auch wenn diese nicht Unionsbürger sind, sich aber ebenfalls seit fünf Jahren ständig rechtmäßig mit dem Unionsbürger/der Unionsbürgerin im Bundesgebiet aufgehalten haben, ein Daueraufenthaltsrecht (§ 2 Abs. 2 Nr. 7, § 4 a Abs. 1 S. 1, 2 FreizügG/EU).[34] Die Dauer des Aufenthalts kann mit einer Bescheinigung über die polizeiliche Anmeldung oder jedes andere übliche Beweismittel belegt werden.[35] Ein einmal entstandenes Daueraufenthaltsrecht wird durch einen späteren Wegfall der Voraussetzungen des § 2 Abs. 2 FreizügGEU nicht mehr berührt.[36] Die Rechtmäßigkeit des Aufenthalts von fünf Jahren richtet sich nach den Freizügigkeitsregelungen gem. Art. 7 RL 2004/38/EG bzw. den entsprechenden Regelungen des § 2 Abs. 2 FreizügG/EU.[37] Die Leistungsträger nach dem SGB II bzw. SGB XII sind an die Entscheidung der Ausländerbehörde über das Vorliegen eines Daueraufenthaltsrechts gebunden.[38]

Erwerbstätige (§ 2 Abs. 2 Nr. 1, 2 FreizügG/EU) und arbeitsuchende Unionsbürger*innen (§ 2 Abs. 1 Nr. 1 a FreizügG/EU) sowie Unionsbürger*innen mit fortgesetzten Erwerbstätigenstatus (§ 2 Abs. 1 Nr. 3 FreizügG/EU) können auch vor Ablauf der fünf Jahre ständigen rechtmäßigen Aufenthalts ein Daueraufenthaltsrecht erwerben, wenn sie die besonderen Voraussetzungen in § 4 a Abs. 2 FreizügG/EU erfüllen.

III. Bezug von Grundsicherungsleistungen und Wegfall des Aufenthaltsrechts bzw. der Freizügigkeitsberechtigung

10 Der Bezug von Grundsicherungsleistungen kann bei **nicht erwerbstätigen Unionsbürger*innen** mit Freizügigkeitsberechtigung nach **§ 2 Abs. 2 Nr. 5 iVm § 4 FreizügG/EU**, nicht aber bei Freizügigkeitsberechtigten nach **§ 2 Abs. 2 Nr. 1–4, 7 FreizügG/EU** zum Wegfall des Aufenthaltsrechts führen. Die Freizügigkeitsberechtigung nicht erwerbstätiger Unionsbürger*innen setzt voraus, dass sie über ausreichenden Krankenversicherungsschutz und ausreichende Existenzmittel verfügen (§ 2 Abs. 2 Nr. 5 iVm § 4 S. 1 FreizügG/EU). Die Inanspruchnahme von Sozialhilfeleistungen kann ein Indiz für unzureichende Existenzmittel sein,[39] darf jedoch nach Art. 14 Abs. 3 RL 2004/38/EG nicht automatisch zur Ausweisung führen.[40] Nehmen nicht erwerbstätige Unionsbürger*innen Sozialleistungen nach dem SGB II bzw. SGB XII vor Erfüllung der Voraussetzungen für ein Daueraufenthaltsrecht (§ 4 a FreizügG/EU) unangemessen[41] in Anspruch, kann –

---

34 Vgl. Art. 16 RL 2004/38/EG.
35 VGH München 18.7.2017 – 10 B 17.339, Rn. 30.
36 BVerwG 16.7.2015 – 1 C 22.14.
37 BVerwG 16.7.2015 – 1 C 22.14; s.a. LSG MV 11.4.2017 – L 10 AS 194/14, Rn. 38, juris mwN.
38 Fachliche Hinweise der BA zu § 7 SGB II Rn. 7.28.
39 EuGH 19.9.2013 – C-140/12 (Brey), Rn. 63.
40 EuGH 19.9.2013 – C-140/12 (Brey), Rn. 66 ff.
41 BVerwG 16.7.2015 – 1 C 22.14, Rn. 21 mwN; sa VG Augsburg 17.1.2018 – Au 6 K 17.338. Zur Auslegung des Begriffs durch den EuGH siehe EuGH 19.9.2013 – C-140/12 (Brey), Rn. 77 ff.

nach Prüfung der Verhältnismäßigkeit im Einzelfall[42] – der Wegfall des Freizügigkeits-rechts festgestellt werden (§ 5 Abs. 4 FreizügG/EU) und damit eine Ausreisepflicht (§ 7 Abs. 1 FreizügG/EU) ausgelöst werden.[43] Der Wegfall des Freizügigkeitsrechts nach § 5 Abs. 4 Freizüg/EU kann nach 6 Monaten eines Aufenthalts zur Arbeitssuche festgestellt werden, wenn die Unionsbürger*innen nicht nachweisen, dass sie weiterhin Arbeit su-chen und begründete Aussicht haben, eingestellt zu werden (§ 5 Abs. 4 iVm § 2 Abs. 2 Nr. 1 a FreizügG/EU). Einreise- und Aufenthaltsverbote können auch nach Feststellung des Verlusts der Freizügigkeit wegen Täuschung über das Vorliegen einer Voraussetzung für die Freizügigkeitsberechtigung durch Verwendung ge- oder verfälschter Dokumente oder durch Vorspiegeln falscher Tatsachen ausgesprochen werden. Im Übrigen kann der Verlust der Freizügigkeitsberechtigung nach § 6 Abs. 1 S. 1 nur aus Gründen der öffent-lichen Ordnung, Sicherheit und Gesundheit festgestellt werden. Dann tritt nach § 7 Abs. 1 und 2 FreizügG/EU die Ausreisepflicht und ein Einreise- und Aufenthaltsverbot kraft Gesetzes ein.

Die Erteilung und Verlängerung von Aufenthaltstiteln für Drittstaatsangehörige nach **11** dem Aufenthaltsgesetz setzen in der Regel voraus, dass der Lebensunterhalt gesichert ist (§ 5 Abs. 1 Nr. 1, § 8 Abs. 1 AufenthG).[44] Nur in Ausnahmefällen, insbesondere wenn der Schutz der Familie oder des Privatlebens es erfordern,[45] kann von dieser allgemei-nen Aufenthaltsvoraussetzung abgesehen werden. Der Lebensunterhalt eines Ausländers ist nach § 3 Abs. 3 S. 1 AufenthG gesichert, wenn er ihn einschließlich ausreichenden Krankenversicherungsschutzes ohne Inanspruchnahme öffentlicher Mittel[46] bestreiten kann. Dabei kommt es nach der Rspr BVerwG für den gesicherten Lebensunterhalts als Voraussetzung der Erteilung einer Niederlassungserlaubnis nach § 9 Abs. 2 Nr. 2 AufenthG darauf an, dass der Antragsteller nicht nur seinen eigenen Bedarf iSd SGB II decken kann, sondern auch den seiner Bedarfsgemeinschaft.[47]

Die Inanspruchnahme von Sozialhilfe gehört seit der Neuregelung des Ausweisungs-rechts durch das Gesetz zur Neubestimmung des Bleiberechts und der Aufenthaltsbeen-digung[48] nicht mehr zu den gesetzlich ausdrücklich benannten Interessen, die in den Abwägungsprozess der Ausweisungsentscheidung nach § 53 AufenthG einzubeziehen sind.

Die Sicherung des Lebensunterhalts kann auch durch die Abgabe einer Verpflichtungs- **12** erklärung Dritter nach § 68 AufenthG über die Haftung für den Lebensunterhalt des Ausländers nachgewiesen werden. Sozialleistungen nach SGB II/SGB XII/AsylbLG dür-fen jedoch nicht unter Hinweis auf eine Verpflichtungserklärung abgelehnt werden, wenn der/die Verpflichtete nicht leisten will oder kann. Die Erklärung räumt nur der Behörde, nicht aber dem Leistungsberechtigten einen (Erstattungs-)Anspruch gegen den Verpflichteten ein.[49] Die Verpflichtungserklärung steht auch nicht einem Unterhaltstitel

---

42 Nr. 5.4. AVV FreizügG/EU.
43 VG Saarland 28.11.2018 – 6 K 291/17.
44 Für einen Überblick über die Sicherung des Lebensunterhalts als Voraussetzung bei den Aufenthaltstiteln vgl. IQ Netzwerk Niedersachen, Förderprogramm „Integration durch QualifizierunG", Die Sicherung des Lebensunterhalts als Erteilungsvoraussetzung für den Aufenthaltstitel (Autor: Claudius Voigt) Stand Februar 2019, www.ggua.de.
45 SchlHOVG 13.10.2016 – 4 LB 4/15, Rn. 34 ff.
46 Die Inanspruchnahme von Kindergeld, -zuschlag, Erziehungs-oder Elterngeld, Ausbildungsförderung, Unter-haltsvorschuss und beitragsfinanzierten Leistungen gilt nicht als Inanspruchnahme öffentlicher Mittel (§ 2 Abs. 3 S. 2 AufenthG)
47 Vgl. BVerwG 16.8.2011 – 1 C 4.10, ZAR 2012, 73, Rn. 14; Frings ua, Sozialrecht für Zuwanderer (Lit.), Rn. 517.
48 Gesetz zur Neubestimmung des Bleiberechts und der Aufenthaltsbeendigung vom 27.7.2015, BGBl. 2015, 1386 ff.
49 SG Dortmund 1.5.2011 – S 47 AY 58/11 ER; LSG Bln-Bbg 1.10.2009 – L 28 AS 1589/09 B ER.

gem. § 11 b Abs. 1 Nr. 7 SGB II gleich.[50] Der/die Verpflichtete kann sich gegebenenfalls gegen einen Rückforderungsbescheid der Behörde[51] rechtlich wehren, wenn dieser aufgrund Reichweite und/oder Sittenwidrigkeit der Verpflichtungserklärung unberechtigt ist oder er/sie selbst nicht leistungsfähig ist.[52] Mit dem Integrationsgesetz wurde die Haftung der Verpflichteten auf einen Gültigkeitszeitraum von 5 Jahren begrenzt.[53]

B. Grundsicherung für Arbeitsuchende

I. Besondere Tatbestandsvoraussetzungen für Ausländer*innen bei den Leistungen der Grundsicherung für Arbeitsuchende

1. Grundsatz

13 Grundsätzlich haben Ausländer*innen, die die Voraussetzungen nach § 7 SGB II erfüllen, die gleichen Ansprüche auf Leistungen nach dem SGB II wie Deutsche. Dies gilt für Leistungen auf Alg II gem. § 19 Abs. 1 S. 1 SGB II, Sozialgeld gem. § 19 Abs. 1 S. 2 SGB II, aber auch für Eingliederungsleistungen nach §§ 16 ff. SGB II.[54] Besondere Regeln für Ausländer*innen gelten lediglich hinsichtlich der Voraussetzungen der Erwerbsfähigkeit und des gewöhnlichen Aufenthalts. Nicht erwerbsfähige Ausländer*innen, die mit Alg II-Leistungsberechtigten in Bedarfsgemeinschaft leben (§ 7 Abs. 2 S. 1 SGB II), haben Anspruch auf Sozialgeld gem. § 19 Abs. 1 S. 2 SGB II, wenn sie keine Ansprüche auf Grundsicherungsleistungen nach dem 4. Kapitel des SGB XII haben.[55]

§ 7 Abs. 1 S. 2 SGB II enthält aber eine Reihe von Ausnahmeregelungen, die auch bei Vorliegen der der allgemeinen Leistungsvoraussetzungen nach S. 1 zu einem weitgehenden Leistungsausschluss von nicht erwerbstätigen und arbeitsuchenden Ausländer*innen führen, soweit diese nicht unter die in § 7 Abs. 1 S. 3 und 4 SGB II geregelten Rückausnahmen fallen. Für nicht erwerbsfähige Leistungsberechtigte nach § 7 Abs. 2 S. 1 SGB II gelten die Ausschlüsse nach § 7 Abs. 1 S. 2 SGB II nicht.[56] Nach § 7 Abs. 1 S. 2 SGB II ausgeschlossene Ausländer*innen können daher als Angehörige einer Bedarfsgemeinschaft nach § 7 Abs. 2 und 3 SGB II leistungsberechtigt sein.[57]

2. Rechtliche Erwerbsfähigkeit

14 Die Erwerbsfähigkeit iSd § 7 Abs. 1 S. 1 Nr. 2 SGB II ist gem. § 8 Abs. 2 SGB II bei Ausländer*innen – für das Vorliegen der sozialmedizinischen Erwerbsfähigkeit nach § 8 Abs. 1 SGB II (→ Kap. 12 Rn. 23 ff.) gelten keine Besonderheiten – nur dann gegeben, wenn ihnen die Aufnahme einer Beschäftigung erlaubt ist oder erlaubt werden könnte (sog rechtliche Erwerbsfähigkeit).[58]

Erlaubt ist die Beschäftigung Unionsbürger*innen, den ihnen nach § 12 FreizügG/EU gleichgestellten Staatsangehörigen des EWR und der Schweiz (→ Rn. 5), Ausländer*innen, die unter das Assoziationsabkommen EWG/Türkei fallen, abhängig vom Aufent-

---

50 BSG 8.2.2017 – B 14 AS 22/16 R, Rn. 21.

51 Zu den Anforderungen an den Erstattungsbescheid s. BVerwG 24.11.1998 – 1 C 33.97, NVwZ 1999, 779.

52 BVerwG 24.11.1998 – 1 C 33.97, NVwZ 1999, 779; VG Ansbach 4.10.2007 – AN 5 K 07.00984.

53 BGBl. I, 1939; für frühere Verpflichtungserklärungen gelten Übergangsregelungen (§ 68 a AufenthG).

54 So ausdrücklich im Entwurf eines Gesetzes zur Regelung von Ansprüchen ausländischer Personen in der Grundsicherung für Arbeitsuchende nach dem Zweiten Buch Sozialgesetzbuch und in der Sozialhilfe nach dem Zwölften Buch Sozialgesetzbuch zu den Ansprüchen von Ausländer*innen bei fünfjährigem Daueraufenthalt, BT-Drs. 18/10211, 14.

55 LSG Nds-Brem 17.2.2011 – L 7 AS 1323/10 B: § 7 Abs. 2 Satz 1 SGB II stellt eine eigenständige Leistungsberechtigung für die weiteren Mitglieder der Bedarfsgemeinschaft dar.

56 SächsLSG 8.11.2017 – L 3 AS 997/17 B ER, juris, Rn. 38–40 mwN.

57 Vgl. Korte/Thie in: LPK-SGB II § 7 Rn. 23 mit Verweis auf LSG NRW 17.4.2008 – L 7 B 70/08 AS ER, FEVS 60, 21 ff.

58 Körtek/Reidel (Lit.).

haltsstatuts und Ersitzungsrecht (→ Kap. 12 Rn. 38 mwN), sowie anerkannten Asylberechtigten (§ 25 Abs. 1 S. 4 AufenthG), anerkannten Flüchtlingen, Personen, denen subsidiärer Schutz gewährt wurde (§ 25 Abs. 2 S. 2 AufenthG)[59] sowie Kontingentflüchtlingen (§ 23 Abs. 2 S. 5 AufenthG).[60] Vor Abschluss des Asylverfahrens können Schutzsuchende (und bestimmte Gruppen ausreisepflichtiger Personen) unter den in §§ 31, 32 BeschV geregelten Voraussetzungen Zugang zum Arbeitsmarkt erhalten; sie sind aber nach § 7 Abs. 1 S. 2 Nr. 3 SGB II vom Bezug von Alg II ausgeschlossen.

Bei den übrigen Drittstaatsangehörigen hängt die Möglichkeit zur Erwerbstätigkeit vom Aufenthaltstitel ab (§ 4 Abs. 3 AufenthG). Die Niederlassungserlaubnis berechtigt grundsätzlich zur Erwerbstätigkeit (§ 9 Abs. 1 S. 2 AufenthG).[61] Bei der Aufenthaltserlaubnis ist nach dem Aufenthaltstitel zu differenzieren. Eine Aufenthaltserlaubnis zum Zwecke eines Studiums berechtigt zu einer Beschäftigung von 120 Tagen pro Jahr bzw. einer studentischen Nebentätigkeit (§ 16 Abs. 3 AufenthG). Aufenthaltstitel zum Zwecke der Beschäftigung können unter den Voraussetzungen der §§ 18 ff. AufenthG erteilt werden. Soweit der Aufenthaltstitel nicht bereits zum Zwecke der Beschäftigung erteilt wird, kann die Beschäftigung nur mit Zustimmung der Bundesagentur für Arbeit (BA) unter den Voraussetzungen der §§ 39–41 AufenthG iVm §§ 2 ff. BeschV erlaubt werden (§ 4 Abs. 2 S. 3 AufenthG). Für die „rechtliche Erwerbsfähigkeit" stellt § 8 Abs. 2 S. 2 SGB II inzwischen klar, dass die abstrakt-rechtliche Möglichkeit der Erteilung einer Arbeitsgenehmigung durch die BA genügt.[62] **15**

3. Gewöhnlicher Aufenthalt im Inland

a) Gewöhnlicher Aufenthalt gem. § 7 Abs. 1 S. 1 Nr. 4 SGB II

Zu den Leistungsvoraussetzungen des Anspruchs auf Arbeitslosengeld II gehört gem. § 19 Abs. 1 S. 1 iVm § 7 Abs. 1 S. 1 Nr. 4 SGB II weiterhin, dass der Anspruchssteller seinen gewöhnlichen Aufenthalt in der Bundesrepublik Deutschland hat. Den gewöhnlichen Aufenthalt hat jemand nach der Legaldefinition des § 30 Abs. 3 S. 2 SGB I dort, wo er sich unter Umständen aufhält, die erkennen lassen, dass er an diesem Ort oder in diesem Gebiet nicht nur vorübergehend verweilt. Entscheidend sind dabei in erster Linie die tatsächlichen Verhältnisse,[63] jedoch nicht rechtliche Anforderungen an den Aufenthalt, zB eine bestimmte Freizügigkeitsberechtigung nach dem FreizügG/EU oder einen bestimmten Aufenthaltstitel nach dem AufenthG:[64] Eine Anmeldung des Wohnsitzes ist nicht erforderlich. **16**

Der Lebensmittelpunkt muss faktisch dauerhaft im Inland liegen. Dauerhaft ist ein solcher Aufenthalt, wenn und solange er nicht auf Beendigung angelegt, also zukunftsoffen ist.[65] Auch auf kürzere Aufenthaltszeiträume ausgestellte Aufenthaltstitel stehen indes einem tatsächlich zukunftsoffenen Aufenthalt nicht entgegen. Ausreichend ist zB auch ein Visum zum Familiennachzug, eine Fiktionsbescheinigung,[66] ein – ggf. auch kürzerer befristeter – Aufenthaltstitel, oder ein entsprechendes Aufenthaltsrecht als Unionsbürger*in. Die Leistungen können grundsätzlich ab Einreise beansprucht werden, aller- **17**

---

59 So auch Art. 26 Abs. 1 RL 2011/95/EU.
60 Schubert/Räder (Lit.), 37 ff. Dort auch zu weiteren Sonderfällen der Aufenthaltsgewährung und zum Arbeitsmarktzugang von Geflüchteten ohne Aufenthaltstitel (ebd., 42 ff.) S.a. Siefert ZESAR 2016, 401.
61 §§ 19, 19 a Abs. 6, 19 b ff., 28 Abs. 2, 35, 38 Abs. 1 S. 1 AufenthG.
62 BSG 30.1.2013 – B 4 AS 54/12 R, Rn ff.
63 BSG 30.1.2013 – B 4 AS 54/12 R, Rn. 19 ff.; strenger noch – zur sog Einfärbungslehre – BSG SozR 3–1200 § 30 Nr. 21 S. 45 ff.; ähnlich BSG SozR 3–2600 § 56 Nr. 7 S. 31 ff.
64 BSG 30.1.2013 – B 4 AS 54/12 R, Rn. 18 ff.
65 BSG 30.1.2013 – B 4 AS 54/12 R, Rn. 18.
66 § 81 Abs. 5 AufenthG. Vgl. HessLSG 6.9.2011 – L 7 AS 334/11 B ER.

dings unter Beachtung des im Regelfall geltenden Ausschlusses für die ersten drei Monate gem. § 7 Abs. 1 S. 2 Nr. 1 SGB II (dazu → Rn. 23 ff.).

b) Kein Leistungsexport von SGB II-Leistungen

18 Das Tatbestandsmerkmal des gewöhnlichen Aufenthalts im Inland schließt einen Leistungsexport grundsätzlich aus. Unschädlich sind Auslandsaufenthalte, die den gewöhnlichen Inlandsaufenthalt unberührt lassen; allerdings ist das Erreichbarkeitserfordernis (§ 7 Abs. 4 a SGB II) zu beachten.[67] Der Ausschluss des Exports von Grundsicherungsleistungen verstößt auch nicht gegen das Recht der Europäischen Union. Das Alg II und das Sozialgeld[68] gehören seit ihrer Notifikation durch die Bundesregierung[69] zu den besonderen beitragsunabhängigen Leistungen gem. Art. 70 Abs. 2 VO (EG) 883/2004, für die zwar das Gleichbehandlungsgebot des Art. 4 VO (EG) 883/2004, nicht aber die Exportpflicht gem. Art. 7 VO (EG) 883/2004 (Art. 70 Abs. 3 VO (EG) 883/2004) gilt.

II. Der Ausschluss von Ausländer*innen von Ansprüchen nach dem SGB II gem. § 7 Abs. 1 S. 2 SGB II

19 § 7 Abs. 1 S. 2 SGB II enthält mehrere Ausnahmetatbestände, die auch Ausländer*innen, die im Übrigen alle Voraussetzungen nach § 7 SGB II erfüllen, von Leistungen zur Sicherung des Existenzminimums nach dem SGB II ausschließen.

Die gesetzliche Regelung ist durch Rückausnahmen sehr komplex und nicht zuletzt aufgrund der anhaltenden Zweifel[70] an der Verfassungs-und Europarechtskonformität der Norm[71] oder einzelner Bestimmungen wenig rechtssicher. Dies gilt gleichermaßen für die durch das Gesetz zur Regelung von Ansprüchen ausländischer Personen auf Grundsicherung im SGB II und Sozialhilfe im SGB XII[72] erweiterten Ausschlusstatbestände nach dem SGB XII.[73]

1. Vereinbarkeit der Leistungsausschlüsse mit Unionsrecht, zwischenstaatlichem Recht und Verfassungsrecht

20 Im Zentrum des Disputs über die **Europarechtskonformität der Leistungsausschlüsse** stand die Frage ihrer Vereinbarkeit mit der Freizügigkeit der Unionsbürger*innen aus Art. 21 AEUV bzw. der Arbeitnehmer*innen aus Art. 45 AEUV und mit der primärrechtlich (Art. 18 AEUV) und sekundärrechtlich (Art. 4 VO (EG) 883/2004, Art. 24 Abs. 1 RL 2004/38/EG) verankerten Pflicht zur Gleichbehandlung von Staatsangehörigen anderer Mitgliedstaaten. Der EuGH hat diese Frage – in teilweiser Abkehr von sei-

67 SG Bayreuth 3.5.2006 – S 5 AS 608/05.
68 Anlage X zur VO (EG) 883/2004.
69 Fuchs in: NK-EuSozR, 6. Aufl., Art. 9 Rn. 10; s. Anlage X VO (EG) 883/2004.
70 Berlit NDV 2017, 67; Greiner/Kock, Sozialleistungsansprüche für Unionsbürger im Spannungsfeld von Missbrauchsprävention und Arbeitnehmerfreizügigkeit, NZS 2017, 201; Devetzi/Janda ZESAR 2017, 197; Thym, Sozialhilfe für erwerbsfähige Unionsbürger – Das Bundessozialgericht auf Umwegen, NZS 2016, 441.
71 Zu den verfassungs- und europarechtlichen Fragen der Migration grundsätzlich Becker, Migration und soziale Rechte, ZESAR 2017, 101–108; Kingreen (Lit). Zum Anwendungsvorrang (§ 30 Abs. 2 SGB I) des primären und sekundären Rechts der Europäischen Union als überstaatliches Recht allgemein Korte/Thie in: LPK-SGB II § 7 Rn. 19–21.
72 Vom 22.12.2016, BGBl. I, 3155.
73 S. auch Bibliothek des Deutschen Bundestags, Literaturtipp: Sozialleistungen für EU-Bürger, Literaturauswahl 2015–2017 (https://www.bundestag.de/blob/495946/e4a78094e3fffd5c6deab1af56ad48d5/littipp_sozi alleistungen_fuer_eu-buerger-data.pdf).

ner früheren integrationsfreundlicheren Rechtsprechung[74] – grundsätzlich bejaht.[75] Unionsbürger*innen können nach der Rechtsprechung des EuGH Gleichbehandlung mit Staatsangehörigen des Aufnahmemitgliedstaats nur dann verlangen, wenn ihr Aufenthalt in dessen Hoheitsgebiet den Voraussetzungen der Freizügigkeitsrichtlinie entspricht.[76] Ausschlussgründe, die auf das Fehlen eines materiellen Freizügigkeitsrechts nach der Freizügigkeitsrichtlinie (in Deutschland in § 2 FreizügG/EU umgesetzt) abstellen, sind europarechtskonform. Damit dürfte die Diskussion allerdings nur zu einem vorläufigen Ende gekommen sein.[77] Zweifel bestehen insbesondere an der Europarechtskonformität des § 7 Abs. 1 S. 2 Nr. 2 c SGB II und der parallelen Regelung in § 23 Abs. 3 S. 1 Nr. 3 SGB XII.[78] Anders als die Leistungsausschlüsse nach § 7 Abs. 1 S. 2 Nr. 2 a und b SGB II bzw. § 23 Abs. 3 S. 1 Nr. 1, 2 SGB XII ist er nicht durch eine gemeinschaftliche Schrankenregelung, insbes. nicht durch Art. 24 Abs. 2 RL 2004/38/EG, gedeckt.[79]

Nicht anwendbar auf die Leistungen nach dem SGB II ist das **Europäische Fürsorgeab-** **21** **kommen (EFA)** (→ Rn. 44 ff.).[80] Das Europäische Fürsorgeabkommen verpflichtet die Vertragsstaaten zwar in Art. 1 zur Gleichbehandlung von Bürgern aus anderen Vertragsstaaten mit eigenen Bürgern bei der Gewährung von Leistungen der sozialen und der gesundheitlichen Fürsorge. Für die Grundsicherungsleistungen nach dem SGB II hat die Bundesregierung am 19.12.2011 jedoch einen Vorbehalt erklärt,[81] der die Anwendbarkeit des EFA auf Grundsicherungsleistungen nach dem SGB II ausschließt. Das Bundessozialgericht geht von der völkerrechtlichen Wirksamkeit des Vorbehalts aus.[82]

Hingegen ist der in Art. 2 des Deutsch-Österreichischen Abkommen über Fürsorge und Jugendwohlfahrtspflege vom 17.1.1966 (DÖFA)[83] geregelte Gleichbehandlungsgrundsatz auf das SGB II anwendbar, da die Leistungen zur Sicherung des Lebensunterhalts nach SGB II Fürsorgeleistungen im Sinn von Art. 1 Nr. 4 DÖFA sind und kein Vorbehalt hinsichtlich der Anwendbarkeit des DÖFA auf die Leistungen nach dem SGB II vorliegt.[84]

Nach der Ausdehnung der Ausschlussgründe auf das SGB XII durch das Gesetz zur Re- **22** gelung von Ansprüchen ausländischer Personen in der Grundsicherung für Arbeit-

---

74 EuGH 12.5.1998 – C-85/96 (Sala); EuGH 7.9.2004 – C-456/02 (Trojani); EuGH 20.9.2001 – C-184/99 (Grzelczyk); EuGH 23.3.2004 – C-138/02 (Collins); vgl. auch Kötter, Die Entscheidung des EuGH in der Rechtssache Alimanovic – das Ende der europäischen Sozialbürgerschaft?, info also 2016, 3–7. Kritisch: Kingreen, In love with the single market? Die EuGH-Entscheidung Alimanovic zum Ausschluss von Unionsbürgern vom sozialen Grundsicherungsleistungen, NVwZ 2015, 1503 (1504); Thym, Die Rückkehr des „Marktbürgers" – Zum Ausschluss nichterwerbstätiger EU-Bürger von Hartz IV-Leistungen, NJW 2015, 130 (131).
75 EuGH 11.11.2014 – C-333/13 (Dano); EuGH 15.9.2015 – C-67/15 (Alimanovic); EuGH 25.2.2016 – C-299/14 (Garcia-Nieto).
76 EuGH 15.9.2015 – C-67/14 (Alimanovic), Rn. 49–51, ebenso bereits in EuGH 11.11.2014 – C-333/13 (Dano), Rn. 69.
77 Eichenhofer, Anmerkung zu BSG 30.8.2017 – B14 AS 31/16 R, SGb 2018, 106 ff; vgl. zB SG Speyer 17.8.2017 – S 16 AS 908/17 ER, Rn. 51 zur Rechtslage nach 29.12.2016; SG Mainz, Vorlagebeschluss vom 18.4.2016 – S 3 AS 149/16, Rn. 381 ff.
78 Derksen, Keine Sozialhilfe oder Grundsicherung für arbeitsuchende EU-Ausländer mit Aufenthaltsrecht nach Art. 10 VO 492/2011 über die Freizügigkeit der Arbeitnehmer innerhalb der Union?, info also 2016, 257; Devetzi/Janda ZESAR 2017, 137 ff.; Berlit NDV 2017, 68 mwN.
79 SchlHLSG 17.2.2017 – L 6 AS 11/17 B ER; LSG NRW, 1.8.2017– L 6 AS 860/17 B ER –, juris; dazu Devetzi, jurisPR-SozR 21/2017 Anm. 1. Dagegen hält das ThürLSG 1.11.2017 – L 4 AS 1225/17 B ER; LSG Bln-Bbg 26.6.2017 – L 29 AS 2670/13 den Ausschluss für verfassungs- und europarechtskonform.
80 StRspr. seit BSG 3.12.2015 – B 4 AS 43/15 R, Rn. 18 ff.
81 Vorbehaltserklärung nach Art. 16 Abs. c EFA v. 19.12.2011, Bekanntmachung v. 31.1.2012, BGBl. II, 144, berichtigt durch Bekanntmachung v. 3.4.2012, BGBl. I, 470.
82 BSG 12.12.2013 – B 4 AS 9/13 R juris, Rn. 23; aA LSG Bln-Bbg 24.11.2014 – L 20 AS 2761/14 B ER, juris, Rn. 13.
83 BGBl II, 1996, S. 1.
84 SG München 10.2.2017 – S 46 AS 204/15, Rn. 20, 26 ff.

suchende nach dem SGB II und in der Sozialhilfe nach dem SGB XII[85] werden nun aber auch wieder **verfassungsrechtliche Bedenken** laut.[86] Umstritten ist dabei insbesondere, ob der Verweis von Unionsbürger*innen auf die Möglichkeit der Bedarfsdeckung durch Rückkehr in ihr Heimatland[87] als typisches Instrument der Migrationssteuerung[88] den Grundsätzen der Rechtsprechung des Bundesverfassungsgerichts[89] zum Grundrecht auf Gewährleistung eines menschenwürdigen Existenzminimums als Menschenrecht[90] entspricht.[91] Seit dem Vorlagebeschluss des SG Mainz[92] ist auch strittig, ob bis zur Klärung der Verfassungsmäßigkeit aufgrund einer Ermessenreduzierung auf Null vorläufige Leistungen nach § 41 a Abs. 7 Nr. 1 SGB II zu erbringen sind.[93]

2. Leistungsausschluss von Ausländer*innen gem. § 7 Abs. 1 S. 2 Nr. 1 SGB II während der ersten drei Monate ihres Aufenthalts in der Bundesrepublik Deutschland

23   § 7 Abs. 1 S. 2 Nr. 1 SGB II schließt Ausländer*innen während der ersten drei Monate nach ihrer Einreise vom Bezug von AlG II-Leistungen aus. Maßgeblich für die 3-Monatsfrist ist der (ggf. durch Flug-/Zugtickets, eidesstattliche Versicherung etc nachzuweisende) Tag der tatsächlichen Einreise. Bei Neueinreise nach Beendigung eines vorherigen gewöhnlichen Aufenthalts zählt die Frist von neuem.[94] Dieser Ausschluss gilt unabhängig davon, ob der Aufenthalt rechtmäßig ist oder nicht.[95] Der Ausschluss verstößt nicht gegen das Recht der Europäischen Union.[96]

a) Reichweite des Ausschlusses

24   Laut Gesetzesbegründung zielte die Regelung „vor allem" auf Unionsbürger ab, die seit dem Inkrafttreten von § 2 Abs. 5 FreizügG/EU am 28.8.2007 ein voraussetzungsloses Aufenthaltsrecht in den ersten drei Monaten nach der erstmaligen Einreise in die Bundesrepublik Deutschland haben.[97]

25   Nach § 7 Abs. 1 S. 2 Nr. 1 SGB II sind auch die Familienangehörigen der betroffenen Ausländer*innen für die ersten drei Monate ihres Aufenthalts vom AlG II-Bezug ausgeschlossen. Die Vorschrift umfasst nach der Rechtsprechung[98] nur Familienangehörige von *Ausländer*innen*, die nicht als Arbeitnehmer, Selbstständige oder aufgrund von § 2 Abs. 3 FreizügG/EU freizügigkeitsberechtigt sind.[99] Daher fallen Drittstaatsangehörige, die als Familienangehörige eines *Deutschen*[100] in die Bundesrepublik einreisen, ebenso wenig unter den Ausschluss wie Familienangehörige von ausländischen Arbeitneh-

---

85   Vom 22.12.2016, BGBl. I, 3155.
86   S. auch Vorlagebeschluss SG Mainz 18.4.2016 – S 3 AS 149/16 (beim BVerfG anhängig unter 1 BvL 4/16) zur Verfassungsmäßigkeit des § 7 Abs. 1 S. 2 Nr. 2 SGB II aF. Ablehnend zur Rechtslage vor dem 29.12.2016 BSG 9.8.2018 – B 14 AS 32/17 R, Rn. 23; BSG 30.8.2017 – B 14 AS 31/16 R, Rn. 30 f.
87   So der Gesetzesentwurf, BT-Drs. 18/2011, 14.
88   Berlit NDV 2017, 69.
89   BVerfG 18.7.2012 – 1 BvL 10/10, 1 BvL 2/11.
90   Ebd. Leitsatz 2 des Urteils.
91   Berlit NDV 2017, 68 mwN AA Schlette in: Hauck/Noftz, Stand V/17, § 23 Rn. 91 unter Verweis auf die Stellungnahmen von Dollinger und Harich im Gesetzgebungsverfahren (Ausschuss-Drs. 18(11)851, 9, 24 und wN.
92   18.4.2016 – S-3 AS 149/16 (beim BVerfG anhängig unter 1 BvL 4/16).
93   BayLSG 24.7.2017 – L 7 AS 427/17 B ER, Rn. 20, 22; LSG Nds-Brem 16.2.2017 – L 8 SO 344/16 B ER; aA LSG LSA 21.9.2017 – L 2 AS 575/17 B ER; BayLSG 2.8.2017 – L 8 SO 130/17 B ER (zur Rechtslage nach dem 29.12.2016).
94   Korte/Thie in: LPK-SGB II § 7 Rn. 24.
95   Korte/Thie in: LPK-SGB II § 7 Rn. 24.
96   EuGH 25.2.2016 – C-299/14 (Garcia-Nieto).
97   Entwurf des Gesetzes zur Umsetzung aufenthalts- und asylrechtlicher Richtlinien der Europäischen Union (EUAufhAsylRUG) vom 19.8.2007, BT-Drs. 16/5065, 234.
98   Zur kontroversen Rechtsprechung vgl. BSG 30.1.2013 – B 4 AS 37/12 R, Rn. 18.
99   BSG 30.1.2013 – B 4 AS 37/12 R, Rn. 20–24: „ihre" Familienangehörigen.
100 BSG 30.1.2013 – B 4 AS 37/12 R, Rn. 20–24.

mer*innen, Selbstständigen oder Personen mit fortgeltendem Erwerbstätigenstatus. In der Rechtsprechung der Instanzgerichte wird darüber hinaus wegen des auch für Ausländer*innen geltenden Schutzes nach Art. 6 GG eine „umfassende einschränkende Auslegung des § 7 Abs. 1 Satz 2 Nr. 1 SGB II im Fall des Nachzugs eines ausländischen Familienangehörigen zwecks Familienzusammenführung" zu einem in Deutschland aufenthaltsberechtigtem Ausländer vertreten.[101]

b) Leistungsberechtigung von ausländischen Arbeitnehmer*innen, Selbstständigen und Personen mit fortgeltendem Erwerbstätigenstatus

§ 7 Abs. 1 S. 2 Nr. 1 SGB II erfasst nicht Ausländer*innen, die in der Bundesrepublik **26** Deutschland Arbeitnehmer*innen oder Selbstständige sind, oder aufgrund des § 2 Abs. 3 FreizügG/EU freizügigkeitsberechtigt sind und ihre Familienangehörigen. Sie sind nicht nach § 7 Abs. 1 S. 2 Nr. 1 SGB II ausgenommen vom Bezug von Arbeitslosengeld II und können bei Hilfebedürftigkeit neben ihrem Erwerbseinkommen oder ihren Einkommensersatzleistungen (zB Arbeitslosengeld) (aufstockendes) Arbeitslosengeld II bzw. Sozialgeld beziehen. Für die Auslegung der Begriffe Arbeitnehmer, Selbstständige etc ist auf die Rechtsprechung des EuGH zurückzugreifen.[102]

aa) Arbeitnehmer

Der Begriff Arbeitnehmer[103] gem. Art. 45 AEUV ist nach ständiger Rechtsprechung des **27** Europäischen Gerichtshofs ein **autonomer Begriff des Rechts der Europäischen Union**.[104] Unionsbürger*innen sind als Arbeitnehmer*innen anzusehen, wenn sie eine tatsächliche und echte Erwerbstätigkeit ausüben, wobei Tätigkeiten außer Betracht bleiben, die einen so geringen Umfang haben, dass sie sich als völlig untergeordnet und unwesentlich darstellen.[105] Nach der Rechtsprechung des EuGH genügt bereits eine wenig mehr als einen Monat dauernde geringfügige Tätigkeit für das Vorliegen der Arbeitnehmereigenschaft.[106]

bb) Selbstständige

Die Freizügigkeitsberechtigung als Selbstständiger nach § 2 Abs. 1 Nr. 2 FreizügG/EU **28** setzt nach der Rechtsprechung des EuGH eine selbstständige Erwerbstätigkeit mit einer Niederlassung im Aufnahmestaat voraus, die eine mit Gewinnerzielungsabsicht verbundene Teilhabe am wirtschaftlichen Leben beinhaltet.[107] Als Niederlassung wird dabei nach ständiger Rechtsprechung des EuGH eine feste Einrichtung[108] in einem anderen Mitgliedsstaat verstanden, die auf unbestimmte Dauer auf eine wirtschaftliche Tätigkeit gerichtet ist. Dabei muss es sich um eine tatsächliche Tätigkeit handeln[109] Die Anmeldung eines Gewerbes o.ä. genügt dafür nicht. Für die Annahme einer selbstständigen Tätigkeit ist aber nicht erforderlich, dass ein Einkommen erzielt wird, dass zur Deckung des Existenzminimums ausreicht.[110]

101 Im Fall des LSG NRW 27.3.2014 – L 7 AS 326/14 B ER, juris, Rn. 9 handelte es sich um einen Staatenlosen. Für eine einschränkende Auslegung bei rechtmäßigem Familiennachzug zu Ausländer*innen vgl. SG Berlin 16.7.2015 – S 175 AS 13627/15 ER.
102 BSG 3.12.2015 – B 4 AS 44/15 R, juris Rn. 26. Sa Raschka, Freizügigkeit von EU-Bürgern und Zugang zu sozialen Leistungen, EUR 2013, 116 (120).
103 Borelli, Der Arbeitnehmerbegriff im europäischen Recht, AuR 2011, 472 ff.
104 EuGH 3.7.1986 – C-66/85 Lawrie-Blum, Rn. 16 f.; EuGH 26.2.21992 C-3/09 Bernini, Rn. 14.
105 EuGH 21.2.2014 – C-46/12 L.N, Rn. 40 ff.; BSG 13.7.2017 – B 4 AS 17/16 R, SozR 4–4200 § 7 Nr. 54, Rn. 19 jeweils mwN.
106 EuGH 4.6.2009 – C-22/08 und C-23/08 (Vatsouras/Koupatantze).
107 HessLSG 14.7.2011 – L 7 AS 107/11 B ER, Rn. 11.
108 EuGH 25.7.1991 – C-221/89 (Factortame), Rn. 34.
109 Art. 7 RL 2004/38/EG.
110 BSG 19.10.2010 – B 14 AS 23/10 R, Rn. 19; LSG NRW 8.5.2015 – L 2 AS 271/15 B.

cc) Freizügigkeitsberechtigte nach § 2 Abs. 3 FreizügG/EU: Erhalt des Erwerbstätigen-Status

29 § 2 Abs. 3 FreizügG/EU regelt die Voraussetzungen für den Erhalt der Freizügigkeitsberechtigung von Unionsbürger*innen, die nicht mehr als Arbeitnehmer oder Selbstständige freizügigkeitsberechtigt sind. Die Freizügigkeitsberechtigung bleibt erhalten bei vorübergehender Erwerbsminderung infolge Krankheit[111] oder Unfall (§ 2 Abs. 3 Nr. 1 FreizügG/EU),[112] unfreiwilliger, durch die zuständige Agentur für Arbeit bestätigter Arbeitslosigkeit[113] oder Einstellung einer selbstständigen Tätigkeit infolge von Umständen, auf die der Selbstständige keinen Einfluss hat,[114] nach mehr als einem Jahr Tätigkeit (§ 2 Abs. 3 S. 1 Nr. 2 FreizügG/EU), oder der Aufnahme einer Berufsausbildung, die im Zusammenhang mit der früheren Erwerbstätigkeit steht[115] (§ 2 Abs. 3 S. 1 Nr. 3 FreizügG/EU). Bei einer Arbeitslosigkeit nach einer Erwerbstätigkeit mit einer kürzeren Dauer als ein Jahr bleibt die Freizügigkeitsberechtigung nur für 6 Monate erhalten (§ 2 Abs. 3 S. 2 FreizügG/EU).

c) Rückausnahme für Ausländer*innen mit humanitärem Aufenthaltstitel

30 Die Rückausnahme nach § 7 Abs. 1 S. 3 SGB II gilt für Ausländer*innen mit Aufenthaltsrechten aus völkerrechtlichen, humanitären oder politischen Gründen (§§ 22–25 b AufenthG). Diese sind auch in den ersten drei Monaten ihres Aufenthalts leistungsberechtigt, wenn nicht ein anderer Ausschlussgrund greift, zB wegen Leistungsberechtigung nach dem AsylbLG gem. § 7 Abs. 1 Nr. 3 SGB II (dazu → Rn. 37, 64).

3. Leistungsausschluss von Ausländer*innen ohne Aufenthaltsrecht (§ 7 Abs. 1 S. 2 Nr. 2 a SGB II)

31 Der durch das Gesetz zur Regelung von Ansprüchen ausländischer Personen in der Grundsicherung für Arbeitsuchende nach dem SGB II und in der Sozialhilfe nach dem SGB XII[116] eingefügte § 7 Abs. 1 S. 2 Nr. 2 a SGB II stellt klar, dass ein Anspruch auf SGB II-Leistungen ein materielles Aufenthaltsrecht nach dem AufenthG oder dem FreizügG/EU voraussetzt. Damit schließt das Gesetz eine planwidrige Regelungslücke und übernimmt im Einklang mit dem Unionsrecht[117] den Erst-Recht-Schluss des Bundessozialgerichts, das in ständiger Rechtsprechung den Leistungsausschluss von Unionsbürger*innen mit Aufenthaltsrecht nur zur Arbeitsuche auch auf EU-Ausländer*innen erstreckte, die nicht (mehr) über eine materielle Freizügigkeitsberechtigung nach dem FreizügG/EU oder ein Aufenthaltsrecht nach dem – im Wege eines Günstigkeitsvergleichs anwendbaren[118] – AufenthG verfügen.[119] Die bloße Freizügigkeitsvermutung (→ Rn. 7) begründet kein Aufenthaltsrecht iSd § 7 Abs. 1 S. 2 Nr. 2 a SGB II.[120]

---

111 Auch bei Aufgabe der Erwerbstätigkeit oder Arbeitssuche wegen der körperlichen Belastungen im Spätstadium einer Schwangerschaft und nach der Geburt des Kindes: EuGH 19.6.2014 – C-507/12, Saint Prix.
112 AVV FreizügG/EU 2.3.1.1.
113 AVV FreizügG/EU 2.3.1.2.
114 BayLSG 26.2.2019 – L 11 AS 899/18, juris, Rn. 19 ff.
115 Der Zusammenhang ist bei unfreiwilligem Verlust des Arbeitsplatzes nicht erforderlich (§ 2 Abs. 3 Nr. 3 2. Hs. FreizügG/EU).
116 Vom 22.12.2016, BGBl. I, 3155.
117 EuGH 11.11.2014 – C-333/13 (Dano).
118 § 11 Abs. 1 Satz 11 FreizügG/EU; siehe hierzu BSG 30.1.2013 – B 4 AS 54/12 R, Rn. 31 ff.
119 Zuletzt BSG 30.8.2017 – B 14 AS 31/16 R, Rn. 22; grundlegend: BSG 3.12.2015 – B 4 AS 44/15 R, Leitsatz 1; Rn. 19–24.
120 Zur Diskussion vgl. SG Mainz 18.4.2016 – S 3 AS 149/16 (Vorlagebeschluss BVerfG 1 BvL 4/16, anhängig) zu § 7 Abs. 2 Nr. 2 SGB II aF Dazu Höger info also 2017, 99 (102).

B. Grundsicherung für Arbeitsuchende **34**

4. Leistungsausschluss von Ausländer*innen mit Aufenthaltsrecht nur zur Arbeitsuche (§ 7 Abs. 1 S. 2 Nr. 2 b SGB II)

a) Aufenthaltsrecht nur zum Zwecke der Arbeitsuche

Der Ausschluss von Ausländer*innen mit einem Aufenthaltsrecht zum Zwecke der Arbeitsuche trifft vor allem Unionsbürger*innen. Sie haben nach § 2 Abs. 1 Nr. 1 a FreizügG/EU ein Aufenthaltsrecht zur Arbeitsuche bis zu sechs Monaten. Über diesen Zeitraum hinaus besteht ein Aufenthaltsrecht nur, wenn sie nachweisen, dass sie weiterhin Arbeit suchen und begründete Aussicht haben, eingestellt zu werden (§ 2 Abs. 1 Nr. 1 a 2. Hs. FreizügG/EU).[121] Der Ausschluss ist nach der Rechtsprechung des EuGH mit dem Unionsrecht vereinbar.[122] **32**

§ 7 Abs. 1 S. 2 Nr. 2 b SGB II gilt nach seinem Wortlaut auch für Drittstaatsangehörige, die eine Aufenthaltserlaubnis zur Arbeitsplatzsuche haben, zB für qualifizierte Fachkräfte nach § 18 c AufenthG[123] für 6 Monate oder für ausländische Studierende nach erfolgreichem Abschluss eines Studiums in Deutschland für 18 Monate nach § 16 Abs. 5 AufenthG.[124] **33**

b) Aufenthaltsrecht zu anderen Zwecken

Das BSG sieht in ständiger Rechtsprechung zu § 7 Abs. 1 S. 2 Nr. 2 SGB II aF den Leistungsschluss wegen eines Aufenthaltsrechts nur zur Arbeitsuche für nicht anwendbar an, wenn neben dem Recht zur Arbeitsuche der Tatbestand eines weiteren Aufenthaltsrechts erfüllt ist.[125] Diese Auslegung ist auch der wortgleichen Vorschrift des § 7 Abs. 1 S. 2 Nr. 2 b SGB II nF zu Grunde zu legen. Sofern Ausländer*innen über ein Aufenthaltsrechts zu anderen Zwecken verfügen, sind sie daher nicht nach § 7 Abs. 1 S. 2 Nr. 2 b SGB II vom Alg II-Bezug ausgeschlossen. Dabei sind andere Aufenthaltsrechte „fiktiv" zu prüfen,[126] auch wenn diese (noch) nicht durch die Ausländerbehörde festgestellt wurden. Andere Aufenthaltsrechte ergeben sich aus dem Aufenthaltsgesetz, für Unionsbürger*innen aus der Freizügigkeitsberechtigung nach § 2 Abs. 1 FreizügG/EU (dazu → Rn. 5 ff.), als Familienangehörige nach § 2 Abs. 2 Nr. 6 FreizügG/EU unter den Voraussetzungen der §§ 3, 4 FreizügG/EU (dazu → Rn. 8), aber auch aus Art. 10 VO (EU) Nr. 492/2011 (dazu → Rn. 35). Ein Aufenthaltsrecht aus familiären Gründen kann sich wegen des grundrechtlichen Schutzes der Familie im Einzelfall auch einer geplanten Familiengründung einer Schwangeren mit einem Deutschen oder einem aufenthaltsberechtigtem Ausländer ergeben.[127] **34**

---

121 Nach der Rechtsprechung des EuGH 26.2.1001 – C-292/80 (Antonissen) ist es einem Mitgliedstaat nicht verwehrt, den Angehörigen eines anderen Mitgliedstaates, der zum Zwecke der Arbeitsuche eingereist ist, nach 6 Monaten auszuweisen, wenn er keine Stelle gefunden hat und nicht nachweisen kann, dass er weiterhin und mit begründeter Aussicht auf Erfolg Arbeit sucht.
122 EuGH 15.9.2015 – C-67/15 (Alimanovic).
123 Frings ua, Sozialrecht für Zuwanderer (Lit.), Rn. 688.
124 Frings ua, Sozialrecht für Zuwanderer (Lit.), Rn. 521.
125 BSG 13.7.2017 – B 4 AS 17/16 R, Rn. 17 mwN.
126 BSG 30.1.2013 – B 4 AS 54/12 R, Rn. 23; BSG 3.12.2015 – B 4 AS 43/15 R, Rn. 27.
127 BSG 30.1.2013 – B 4 AS 54/12 R, Rn. 23 ff.

Kötter

835

5. Leistungsausschluss von Ausländer*innen mit Aufenthaltsrecht nach Art. 10 Verordnung (EU) Nr. 492/2011 (§ 7 Abs. 1 S. 2 Nr. 2 c SGB II)

35 Nach § 7 Abs. 1 S. 2 Nr. 2 c SGB II sind Ausländer*innen, die ihr Aufenthaltsrecht aus Art. 10 VO (EU) Nr. 492/2011 ableiten, vom ALG II-Bezug ausgeschlossen.[128] Dies gilt auch, wenn sie neben dem Aufenthaltsrecht nach Art. 10 VO (EU) Nr. 492/2011 ein Aufenthaltsrecht nur zur Arbeitsuche nach § 7 Abs. 1 S. 2 Nr. 2 b SGB II haben.

Art. 10 VO (EU) Nr. 492/2011 verleiht Kindern eines/r Bürger*in eines EU-Mitgliedstaates, der/die im Hoheitsgebiet eines anderen Mitgliedstaates beschäftigt ist oder beschäftigt gewesen ist, das Recht auf Gleichbehandlung mit inländischen Kindern beim Zugang zum Unterricht an allgemeinbildenden Schulen bzw. der Lehrlings- und Berufsausbildung. Nach ständiger Rechtsprechung des EuGH[129] ist daraus ein eigenständiges, nicht vom Aufenthaltsrecht ihrer Eltern abhängiges Aufenthaltsrecht des Kindes abzuleiten, aus dem der EuGH dann wiederum ein Aufenthaltsrecht des die tatsächliche Sorge ausübenden Elternteils ableitet. Das abgeleitete Aufenthaltsrecht des Elternteils besteht, solange das minderjährige Kind der Anwesenheit und Fürsorge der Eltern bedarf, um seine Ausbildung fortzusetzen oder abzuschließen.[130] Dies gilt auch, wenn die sorgeberechtigten Eltern/der sorgeberechtigte Elternteil geschieden sind, und/oder nicht mehr Arbeitnehmer sind/ist und über kein ausreichendes Einkommen zur Sicherung seines Existenzminimums und einen umfassenden Krankenversicherungsschutz verfügen/verfügt.[131]

6. Leistungsansprüche bei mindestens fünfjährigem gewöhnlichem Aufenthalt im Bundesgebiet (§ 7 Abs. 1 S. 4–7 SGB II)

36 Nach § 7 Abs. 1 S. 4–7 SGB II, der durch das Gesetz zur Regelung von Ansprüchen ausländischer Personen in der Grundsicherung für Arbeitsuchende nach dem 2. Buch Sozialgesetzbuch und der Sozialhilfe nach dem 12. Buch Sozialgesetzbuch[132] neu eingefügt wurde, fallen Ausländerinnen und Ausländer und ihre Familienangehörigen, die seit mindestens fünf Jahren ihren gewöhnlichen Aufenthalt im Bundesgebiet haben, nicht mehr unter den Leistungsausschluss nach § 7 Abs. 1 S. 2 Nr. 2 SGB II (§ 7 Abs. 1 S. 4 SGB II). Nach fünf Jahren gewöhnlichen Aufenthalts ist nach Meinung des Gesetzgebers eine Verfestigung des Aufenthalts eingetreten, die Ansprüche auf „passive" Leistungen und aktivierende Maßnahmen der Grundsicherung für Arbeitsuchende begründet.[133]

---

128 Zur Vereinbarkeit des Ausschlusses mit dem Unionsrecht vgl. das Vorabentscheidungsersuchen des LSG NRW an den EuGH 22.2.2019 – L 19 AS 1104/18; zuvor bereits SG Chemnitz Urt. v. 21.8.2018 – S 22 AS 99/18. Sa HessLSG 12.10.2018 – L 9 AS/18 B ER mwN zur Rspr. Sa die Stellungnahmen von Berlit/Groth/ Harich in: Materialien zur öffentlichen Anhörung von Sachverständigen in Berlin am 28.11.2016 zum Entwurf eines Gesetzes zur Regelung von Ansprüchen ausländischer Personen in der Grundsicherung für Arbeitsuchende nach dem Zweiten Buch Sozialgesetzbuch und in der Sozialhilfe nach dem Zwölften Buch Sozialgesetzbuch – BT-Drs. 18/10211, Zusammenstellung der schriftlichen Stellungnahmen, Ausschussdrucksache 18(11)851 und Devetzi/Janda, Anlage II der Stellungnahme des DGB zur Anhörung vom 28.11.2016, Ausschussdrucksache 18[11]851 v. 25.11.2016, 32 (36 f.).
129 EuGH 30.6.2016 – C-115/15 (NA); EuGH 13.6.2013 – C-45/12 (Hadj Ahmed); EuGH 8.5.2013 – C-529/11 (Alarape und Tijani); EuGH 14.6.2012 – C-542/09 (Kommission./. Niederlande); EuGH 6.9.2012 – C-147/11/148/11 (Czop und Punakova); EuGH 23.2.2010 – C- 480/08 (Teixeira).
130 LSG NRW 21.12.2017 – L 7 AS 2044/17 B ER, Rn. 38.
131 EuGH 23.2.2010 – C-310/08 (Ibrahim) und C-480/08 (Teixeira). Vgl. auch SächsOVG 25.10.2018 – 3 A 736/16.
132 Vom 22.12.2016, BGBl. I, 3155.
133 Gesetzentwurf der Bundesregierung, BT-Drs. 18/10211, 14.

Die Vorschrift ist zwar an die Regelung des Daueraufenthaltsrechts für Unionsbürger*innen (→ Rn. 9) angelehnt,[134] gilt aber nach ihrem Wortlaut auch für Drittstaatsangehörige und setzt keinen europarechtskonformen bzw. rechtmäßigen Aufenthalt voraus.[135] Zeiten eines nicht rechtmäßigen Aufenthalts, in denen eine Ausreisepflicht besteht werden jedoch nicht auf die Zeit des gewöhnlichen Aufenthalts angerechnet (§ 7 Abs. 1 S. 6 SGB II). Unionsbürger*innen sind wegen der generellen Freizügigkeitsvermutung erst dann ausreisepflichtig, wenn die Ausländerbehörde festgestellt hat, dass das Recht auf Einreise und Aufenthalt nach § 2 Abs. 1 FreizügG nicht besteht (§ 7 Abs. 1 S. 1 FreizügG/EU) oder der Verlust der Freizügigkeitsberechtigung nach § 6 Abs. 1 FreizügG/EU festgestellt wurde (§ 7 Abs. 2 FreizügG/EU).[136] Zeiten, in denen kein materielles Aufenthaltsrecht besteht, aber noch keine entsprechende Feststellung der Ausländerbehörde vorliegt, sind daher auf den gewöhnlichen Aufenthalt anzurechnen. **Drittstaatsangehörige** sind gem. § 51 AufenthG zur Ausreise verpflichtet, wenn sie einen erforderlichen Aufenthaltstitel (oder ein Aufenthaltsrecht nach dem assoziationsabkommen EWG/Türkei) nicht oder nicht mehr besitzen (§ 50 Abs. 1 AufenthG). Die 5-Jahres-Frist beginnt mit der Anmeldung bei der zuständigen Meldebehörde (§ 7 Abs. 1 S. 5 SGB II). Die Zeiten des ständigen gewöhnlichen Aufenthalts können aber auch auf andere Weise als durch eine melderechtliche Anmeldung bewiesen und glaubhaft gemacht werden.[137] Der Träger der Grundsicherung für Arbeitsuchende ist an die Feststellung und Bescheinigung des Daueraufenthaltsrechts durch die Ausländerbehörde gebunden.[138]

Sozialpolitisch und verfassungsrechtlich problematisch ist das Fehlen einer Übergangsbestimmung in der Neuregelung der Ansprüche bei verfestigtem Aufenthalt: Ausländerinnen, die die 5-Jahres-Frist nicht erfüllen, aber unter einen der Ausschlussgründe nach § 7 Abs. 1 S. 2 SGB II fallen, verlieren eventuell trotz längerer Aufenthaltszeiten in der BRD von „heute auf morgen" ihre Existenzgrundlage.[139]

7. Ausschluss von Leistungsberechtigten nach § 1 AsylbLG (§ 7 Abs. 1 S. 2 Nr. 3 SGB II)

Ausgeschlossen vom SGB II sind Ausländer*innen, die nach ihrem Aufenthaltsstatus **37** unter § 1 AsylbLG fallen. Dies gilt auch dann, wenn sie in Bedarfsgemeinschaft mit SGB II-Berechtigten leben.[140] Der Ausschluss erfasst nicht nur erwerbsfähige Leistungsberechtigte, sondern auch nicht erwerbsfähige Leistungsberechtigte nach § 7 Abs. 2 SGB II.[141]Der Ausschluss gilt auch für die Leistungsberechtigten nach § 1 AsylbLG, die Anspruch auf sog Analogleistungen nach § 2 AsylbLG haben.

---

134 Gesetzentwurf der Bundesregierung, BT-Drs. 18/10211, 14: „Diese Frist ist angelehnt an den Erwerb eines Daueraufenthaltsrechts, setzt jedoch im Gegensatz zu diesem keine materielle Freizügigkeitsberechtigung voraus."

135 Berlit, Stellungnahme BT-Drs. 18/11851, unter Verweis auf Harich, Stellungnahme, in: Materialien zur öffentlichen Anhörung von Sachverständigen in Berlin am 28.11.2016 zum Entwurf eines Gesetzes zur Regelung von Ansprüchen ausländischer Personen in der Grundsicherung für Arbeitsuchende nach dem Zweiten Buch Sozialgesetzbuch und in der Sozialhilfe nach dem Zwölften Buch Sozialgesetzbuch – BT-Drs. 18/10211, Zusammenstellung der schriftlichen Stellungnahmen, Ausschussdrucksache 18 (11)851, 25. Sa LSG Bln-Bbg Beschl. v. 5.4.2017 – L 15 SO 353/16 B ER, juris, Rn 45.

136 Strittig ist, ob die Ausreisepflicht bereits mit der bloßen Feststellung des Verlustes entsteht LSG NRW 21.12.2018 – L 7 AS 2000/18 B ER, L 7 AS 2001/18 B, Rn. 28, juris; aA SächsLSG 20.3.2018 – L 3 AS 73/18 B ER, Rn. 35, juris, wenn der Bescheid nicht bestandkräftig ist und nicht für sofort vollziehbar erklärt wurde.

137 LSG Bln-Bbg 5.4.2017 – L 15 SO 353/16 B ER.

138 Nr. 28 Fachliche Weisungen der BA zu § 7 SGB II. Sa LSG NRW 14.11.2018 – L 19 AS 1434/18 B ER, Rn. 21, juris. Zur Notwendigkeit einer durchgehenden Anmeldung bei den Meldebehörden während des 5jährigen Aufenthalts LSG LSA 7.2.2019 – L 2 AS 860/18 B ER, Rn. 51 mwN.

139 Entsprechende Hinweise in der öffentlichen Anhörung von Sachverständigen, wurden nicht umgesetzt. Vgl. kritisch Berlit NDV 2017, 71.

140 BSG 21.12.2009 – B 14 AS 66/08 R, Rn. 21; stRspr s. BSG 14.6.2019 – B 14 AS 28/17 R, Rn. 16.

141 BSG 21.12.2009 – B 14 AS 66/08 R, Rn. 21.

Anerkannte Asylberechtigte, subsidiär Schutzberechtigte gem. § 25 Abs. 1, 2 AufenthG und Konventions- oder Kontingentflüchtling nach 23 Abs. 2 AufenthG fallen nicht mehr in den Anwendungsbereich von § 1 AsylbLG und sind daher nicht mehr nach § 7 Abs. 1 S. 2 Nr. 3 SGB II vom Bezug von SGB II-Leistungen ausgeschlossen.[142] Dies gilt auch für Ausländer*innen, denen eine Fiktionsbescheinigung nach § 82 Abs. 5 AufenthG ausgestellt wurde.[143]

C. Sozialhilfe

I. Anspruch auf Sozialhilfe bei tatsächlichem Aufenthalt in Deutschland

38 Grundsätzlich haben Ausländer*innen, die sich tatsächlich in Deutschland aufhalten, Anspruch auf Leistungen der Sozialhilfe nach dem SGB XII (§ 23 SGB XII). Allerdings wurden durch das Gesetz zur Regelung von Ansprüchen ausländischer Personen in der Grundsicherung für Arbeitsuchende nach dem SGB II und der Sozialhilfe nach dem SGB XII[144] Umfang, Höhe und Dauer der Leistungen weiter beschränkt und die Leistungsausschlusstatbestände erweitert.

1. Leistungsvoraussetzungen

39 Voraussetzung für Ansprüche auf Leistungen nach dem SGB XII ist bei Ausländer*innen (→ Rn. 1) der tatsächliche Aufenthalt in Deutschland (§ 23 Abs. 1 S. 1 SGB XII), dh die physische Anwesenheit.[145] Für Ansprüche auf Grundsicherung im Alter und bei Erwerbsminderung ist wie bei Deutschen der gewöhnliche Aufenthalt (→ Rn. 16 f.) iSd § 30 Abs. 3 S. 2 SGB I im Inland (§ 23 Abs. 1 S. 2 iVm § 41 Abs. 1 SGB XII) erforderlich.

Anders als der Begriff des gewöhnlichen Aufenthalts ist der des tatsächlichen Aufenthalts nicht gesetzlich definiert.[146] Die Rechtsprechung des BSG geht davon aus, dass nach einer vierwöchigen ununterbrochenen Auslandsabwesenheit kein Leistungsanspruch auf Hilfe zum Lebensunterhalt[147] mehr besteht.[148] § 23 Abs. 1 S. 4 SGB XII hebt das Erfordernis eines tatsächlichen Aufenthalts nicht auf.[149]

Ein kurzfristiger Aufenthalt in der Bundesrepublik Deutschland als Tourist, Transitreisender oder Geschäftsreisender genügt indes für den tatsächlichen Aufenthalt,[150] so dass diesen Personen auch bei Erfüllung der Voraussetzungen eines Ausschlusstatbestands zumindest Überbrückungshilfen für einen Monat nach § 23 Abs. 3 S. 3 SGB XII zustehen, im Einzelfall aufgrund besonderer Umstände zur Überwindung einer besonderen Härte und zur Deckung einer zeitlich befristeten Bedarfslage, zB bei Reiseunfähigkeit,[151] auch für einen längeren Zeitraum (§ 23 Abs. 3 S. 6 SGB XII).

---

142 S. auch Wissenschaftliche Dienste des Deutschen Bundestags, Sozialleistungen für Asylsuchende und Flüchtlinge in ausgewählten EU-Mitgliedstaaten, WD 6–3000–56/16, 5.
143 LSG Bln-Bgb 15.8.2018 – L 31 AS 1194/18 B ER, Rn. 16 f.
144 Vom 22.12.2016, BGBl. I, 3155.
145 Herbst in: Mergler/Zink SGB XII § 23 Rn. 8; sa BSG 25.4.2018 – B 8 SO 20/16 R, Rn. 17.
146 LSG NRW 18.2.2016 – L 9 SO 175/15 mwN.
147 Ansprüche auf Grundsicherung im Alter und bei Erwerbsminderung können bestehen, da diese auf den gewöhnlichen Aufenthalt in Deutschland abstellen. BSG 25.4.2018 – B 8 SO 20/16 R, Rn. 28, juris.
148 BSG 25.4.2018 – B 8 SO 20/16 R, Rn. 18 f., juris.
149 BSG 25.4.2018 – B 8 SO 20/16 R, Rn. 21 ff.
150 Frings ua, Sozialrecht für Zuwanderer (Lit.), Rn. 131, mit weiteren Beispielen.
151 LSG Nds-Brem 14.3.2019 – L 13 AS 43/19 B ER, Rn. 10. Sa Frings ua, Sozialrecht für Zuwanderer (Lit.), Rn. 131.

2. Die Abgrenzung von Leistungsansprüchen nach dem SGB XII, SGB II und AsylbLG

Nach den Abgrenzungsregeln des § 5 Abs. 2 SGB II und § 21 S. **40**
1 SGB XII erhalten Personen, die nach dem SGB II als Erwerbsfähige oder als Angehörige *dem Grunde nach* leistungsberechtigt sind, keine Leistungen zum Lebensunterhalt nach dem SGB XII.

Für die Zuordnung zum Leistungssystem des SGB XII und des SGB II kommt es nach strittiger[152] Rspr des BSG nicht allein auf die Erwerbsfähigkeit an.[153] Danach sind im Sinne der Abgrenzungsregelung des § 21 Satz 1 SGB XII, die mit § 5 Abs 2 Satz 1 SGB II korrespondiert, grundsätzlich die Personen, die auch bei Erfüllung der Leistungsvoraussetzungen von Leistungen nach dem SGB II ausgeschlossen sind, nicht nach dem SGB II als Erwerbsfähige oder als Angehörige dem Grunde nach leistungsberechtigt.[154] Daher können entgegen § 21 SGB XII Ansprüche auf Leistungen nach dem SGB XII auch nach § 7 Abs. 1 S. 2 SGB II ausgeschlossenen erwerbsfähigen Ausländer*innen zustehen; durch die Parallelisierung der Ausschlussklauseln in § 7 Abs. 1 Satz 2 SGB II und § 23 Abs. 2 und 3 SGB XII ist dieser Rechtsprechung indes der praktische Anwendungsbereich genommen.

Grundsätzlich sind Ausländer*innen, die leistungsberechtigt nach § 1 AsylbLG sind, vom Bezug von Leistungen nach dem SGB II (§ 7 Abs. 1 S. 2 Nr. 3 SGB II) und dem Bezug von Leistungen dem SGB XII (§ 23 Abs. 2 SGB XII) ausgeschlossen. Unbegleitete minderjährige Flüchtlinge in Einrichtungen der Jugendhilfe erhalten nach §§ 39, 40 SGB VIII die Leistungen zum Unterhalt vom Jugendamt. Diese Leistungen sind vorrangig vor dem SGB II, SB XII und AsylbLG.

Gerichtlich noch nicht geklärt ist indes, ob vollziehbar ausreisepflichtige Ausländer*innen, die wegen des Fehlens eines Aufenthaltsrechts vom Bezug von SGB II-Leistungen nach § 7 Abs. 1 S. 2 Nr. 2 a SGB II und/oder vom Bezug von SGB XII-Leistungen nach § 23 Abs. 3 Nr. 2 SGB XII ausgeschlossen sind, auf die befristeten Überbrückungsleistungen nach § 23 Abs. 3 S. 3 SGB XII verwiesen sind, oder gem. § 1 Abs. 1 Nr. 5 AsylbLG gem. § 1 a AsylbLG gekürzte, aber unbefristete Leistungen nach dem AsylbLG erhalten können.[155]

3. Beschränkung des Leistungsumfangs

Der Anspruch von Ausländer*innen auf Sozialhilfe erfasst nicht alle in § 8 SGB XII be- **41**
nannten Leistungen, sondern ist nach § 23 Abs. 1 S. 1 SGB XIII beschränkt auf die Leistungen der Hilfe zum Lebensunterhalt (§§ 27 ff. SGB XII), bei den Hilfen zur Gesundheit auf die Hilfe bei Krankheit (§ 48 SGB XII), Schwangerschaft und Mutterschaft (§ 50 SGB XII) und auf die Hilfe zur Pflege (§§ 61 ff. SGB XII). Grundsicherung im Alter und bei Erwerbsminderung wird unter den in § 41 SGB XII genannten Voraussetzungen gewährt (§ 23 Abs. 1 S. 2 SGB XII), allerdings nicht für Zeiten eines ununterbrochenen, länger als vier Wochen dauernden Auslandsaufenthalts (§ 41 a SGB XII): Der Anspruch auf Sozialhilfe umfasst hingegen sachnotwendig die jeweils gebotene Beratung und Unterstützung (§ 8 letzter Halbsatz SGB XII).

Darüber hinaus gehende Leistungen, wie Leistungen der vorbeugenden Gesundheitshilfe (§ 49 SGB XII), der Eingliederungshilfe für behinderte Menschen (§§ 53 ff. SGB XII),

---

152 Zur Kritik vgl. Bernsdorff NVwZ 2016, 633 (634 f.); Korte/Thie in: LPK-SGB II § 7 Rn. 36 mwN zur Kritik der Instanzgerichte.
153 BSG 3.12.2015 – B 4 AS 44/15 R, Rn. 40 ff.
154 BSG 30.8.2017 – B 14 AS 61/16 R, Rn. 33 ff.
155 LSG NRW 14.11.2018 – L 19 AS 1434/18 B ER, Rn. 22, juris, mwN. Sa Berlit NDV 2017, 71; Dienelt in Bergmann/Dienelt, FreizügG/EU, 12. Aufl. 2018, § 7 Rn. 23. AA Dollinger in: Siefert AsylbLG § 1 Rn. 64; Birk in: LPK-SGB XII, 11. Aufl., § 23 Rn. 9 (nur wenn „der Ausländer bereits einen Asyl- oder Asylbewerberstatus hatte, bevor er sein Aufenthaltsrecht verlor").

der Hilfe zur Überwindung besonderer Schwierigkeiten (§§ 67 ff. SGB XII) oder der Hilfe in anderen Lebenslagen (§§ 70 ff. SGB XII) können gem. § 23 Abs. 1 S. 3 SGB XII als Ermessensleistungen erbracht werden, soweit dies im Einzelfall[156] gerechtfertigt ist. Für Ausländer*innen mit einer Niederlassungserlaubnis (§§ 9, 9 a AufenthG) oder einem befristeten Aufenthaltstitel und voraussichtlichem Daueraufenthalt[157] iSd § 23 Abs. 1 S. 4 SGB XII gelten die Einschränkungen nach S. 1, die nur den Leistungsumfang betreffen,[158] nicht.[159]

4. Weitere Leistungsansprüche aufgrund anderer Rechtsvorschriften

42   Gem. § 23 Abs. 1 S. 5 SGB XII können aufgrund anderer Rechtsvorschriften über die in § 23 Abs. 1 S. 1 SGB XII zugestanden Leistungen weitere Sozialhilfeleistungen gewährt werden. Der Vorrang dieser Rechtsvorschriften bezieht sich nach seinem Wortlaut ausschließlich auf die Einschränkungen nach § 23 Abs. 1 S. 1 SGB XII und gilt nicht für die Ausschlussregelungen nach § 23 Abs. 3 SGB XII oder die Leistungseinschränkungen bei Verstoß gegen Wohnsitzbeschränkungen nach § 23 Abs. 5 SGB XII.[160]

Der Begriff Rechtsvorschrift erfasst dabei nicht nur formelle und materielle Bundesgesetze, wie das Gesetz über die Rechtsstellung heimatloser Ausländer im Bundesgebiet, das heimatlosen Ausländer*innen Leistungen der öffentlichen Fürsorge in gleicher Höhe wie deutschen Staatsangehörigen zuspricht,[161] sondern auch Normen inter- und supranationalen Rechts.

a) Gleichbehandlungsregelungen des europäischen Sekundärrechts

43   Ein Gleichbehandlungsanspruch von Unionsbürger*innen – auch hinsichtlich des Umfangs der Sozialhilfe – kann sich aus dem allgemeinen Gleichbehandlungsrecht von Unionsbürger*innen gem. Art. 24 Abs. 1 RL 2004/38/EG (Freizügigkeitsrichtlinie) ergeben, aber auch aus Art. 7 Abs. 2 VO 492/2011,[162] der die Gleichbehandlung von Arbeitnehmer*innen und ihrer Familienangehörigen aus anderen EU-Mitgliedsstaaten mit eigenen Staatsangehörigen hinsichtlich steuerlicher und sozialer Vergünstigungen verlangt. Während der Gleichbehandlungsanspruch nach Art. 24 Abs. 1 S. 1 RL 2004/38/EG an die Voraussetzung eines rechtmäßigen Aufenthalts iSd Freizügigkeitsrichtlinie gebunden ist (→ Rn. 20), ist Art. 7 Abs. 2 VO (EU) 492/2011 nur auf Arbeitnehmer*innen iSd EU-Rechts (→ Rn. 27) (und akzessorisch ihre Familienangehörigen) sowie auf steuerliche und soziale Vergünstigungen bezogen. Sozialhilfeleistungen iSd § 8 SGB XII fallen unter den Begriff der sozialen Vergünstigung.[163] Unionsangehörige Arbeitnehmer*innen (und ihre Familienangehörigen) haben daher einen uneingeschränkten Anspruch auf Leistungen der Sozialhilfe, insbesondere auf Hilfen in besonderen Lebenslagen nach § 8 Nr. 3–7 SGB XII.[164] Die VO (EG) 883/2004 findet hingegen keine Anwendung auf die

---

156 Zur Ermessensausübung gem. § 17 Abs. 2 S. 1 SGB XII s. Herbst in: Mergler/Zink SGB XII § 23 Rn. 17.
157 Nach Birk in: LPK-SGB XII § 23 Rn. 16 kann die Bestimmung des dauerhaften Aufenthalts in Anlehnung an § 44 Abs. 1 S. 2 AufenthG erfolgen.
158 Dazu zählt allerdings nicht das Erfordernis des tatsächlichen Aufenthalts in Deutschland BSG 25.4.2018, B 8 SO 20/16 R, Rn 21
159 Dies gilt auch für Unionsbürger*innen. AA Herbst in: Mergler/Zink SGB XII § 23 Rn. 21 der davon ausgeht, dass S. 4 auf Unionsbürger und ihre Familienangehörige keine Anwendung findet, weil sie keinen Aufenthaltstitel benötigen.
160 So auch Herbst in: Mergler/Zink SGB XII § 23 Rn. 27, unter Verweis auf Deiseroth DVBl. 1998, 116.
161 BGBl. I, 269. § 19 HAuslG.
162 Verordnung (EU) Nr. 492/2011 des Europäischen Parlaments und des Rates vom 5.4.2011 über die Freizügigkeit der Arbeitnehmer innerhalb der Union, AblL 141/1 vom 27.5.2011.
163 Devetzi EuR 2014, 638 (640); zum Begriff der sozialen Vergünstigung Bokeloh ZESAR 2014, 168 (174).
164 Herbst in: Mergler/Zink SGB XII § 23 Rn. 33.

Sozialhilfe, da ihr sachlicher Anwendungsbereich Leistungen der sozialen Fürsorge[165] nicht erfasst (Art. 3 Abs. 5 Buchst. a VO (EG) 883/2004).

b) Europäisches Fürsorgeabkommen

Auch das Europäische Fürsorgeabkommen (EFA)[166] enthält einen die soziale und Ge-   **44** sundheitsfürsorge betreffenden Gleichbehandlungsgrundsatz. Erwerbsfähige Leistungsberechtigte, die nach § 7 Abs. 1 S. 2 Nr. 2 a und c SGB II vom Leistungsbezug ausgeschlossen sind, und ihre Familienangehörigen, können bei persönlicher und sachlicher Anwendbarkeit des EFA Anspruch auf Leistungen nach dem SGB XII haben.[167]

Das Europäische Fürsorgeabkommen ist ein völkerrechtlicher Vertrag, der neben der Bundesrepublik Deutschland von einem Teil der Mitgliedstaaten der Europäischen Union (Belgien, Dänemark, Deutschland, Estland, Frankreich, Griechenland, Irland, Italien, Luxemburg, Malta, die Niederlande, Portugal, Schweden, Spanien, Vereinigtes Königreich)[168] und weiteren Staaten wie Norwegen, Island und der Türkei im Rahmen der völkerrechtlichen Organisation Europarat geschlossen und ratifiziert wurde. Das EFA ist als unmittelbares Bundesrecht anwendbar.[169] Art. 1 EFA verpflichtet die vertragsschließenden Staaten dazu, Staatsangehörigen der anderen Vertragsstaaten, die sich erlaubt in ihrem Staatsgebiet aufhalten[170] und nicht über ausreichende Mittel verfügen, „in gleicher Weise wie seinen eigenen Staatsangehörigen und unter den gleichen Bedingungen die Leistungen der sozialen und Gesundheitsfürsorge zu gewähren."

Als Fürsorge werden gem. Art. 2 Abs. a (i) EFA die Mittel für den Lebensbedarf und die   **45** durch die jeweilige Lage erforderliche Betreuung bezeichnet, die nach den im jeweiligen Vertragsstaat geltenden Rechtsvorschriften Personen ohne ausreichende Mittel gewährt werden. Die Bundesregierung hat mit der Erklärung vom 19.12.2011[171] von den Leistungen des SGB XII lediglich die Hilfe zur Überwindung besonderer sozialer Schwierigkeiten (§ 67 SGB XII) vom Gebot der Inländergleichbehandlung ausgenommen.[172] Die übrigen Leistungen nach dem SGB XII einschließlich der Hilfe zum Lebensunterhalt und der Grundsicherung im Alter und bei Erwerbsminderung fallen daher als Leistungen der Fürsorge nach ständiger Rechtsprechung des BSG in den sachlichen Anwendungsbereich des EFA.[173]

Voraussetzung der Anwendung des Gleichbehandlungsgrundsatzes ist, dass sich Staats-   **46** angehörige von EFA-Staaten erlaubt in Deutschland aufhalten.[174] Ein erlaubter Aufenthalt liegt vor, wenn der Ausländer über einen gültigen Aufenthaltstitel oder eine andere in den Rechtsvorschriften des betreffenden Staates vorgesehene Erlaubnis verfügt (§ 11

---

165 Mit Ausnahme der Grundsicherung im Alter und bei Erwerbsminderung, die nach Anhang X als besondere beitragsunabhängige Geldleistung iSv Art. 70 Abs. 2 Buchst. c VO 883/2004/EG notifiziert wurde.
166 Europäisches Fürsorgeabkommen vom 11.12.1953, BGBl. II 1956, 564.
167 LSG Bln-Bbg 31.3.2017 – L 15 SO 104/17 B ER.
168 Auf österreichische Staatsangehörige findet der Gleichbehandlungsgrundsatz nach Art. 2 des Deutsch-Österreichischen Fürsorgeabkommens Anwendung (BGBl. II, 1996, S. 1). Sa SG München 10.2.2017 – S 46 AS 204/15, Rn. 23.
169 BSG 19.10.2010 – B 14 AS 23/10 R, Rn. 24.
170 Zum Erfordernis des tatsächlichen Inlandsaufenthalts mwN s. BSG 25.4.2018 – B 8 SO 20/16 R, Rn. 26.
171 Vorbehalt nach Art. 16 Abs. b S. 2 EFA vom 19.12.2011 in der Fassung der Bekanntmachung vom 31.1.2012, BGBl. II, 144, berichtigt durch Bekanntmachung zum EFA vom 3.4.2012, BGBl. II, 470.
172 Wortlaut des Vorbehalts: „Die Regierung der Bundesrepublik Deutschland übernimmt keine Verpflichtung, die im Zwölften Buch Sozialgesetzbuch – Sozialhilfe – in der jeweils geltenden Fassung vorgesehene Hilfe zur Überwindung besonderer sozialer Schwierigkeiten an Staatsangehörige der übrigen Vertragsstaaten in gleicher Weise und unter den gleichen Bedingungen wie den eigenen Staatsangehörigen zuzuwenden, ohne jedoch auszuschließen, dass auch diese Hilfen in geeigneten Fällen gewährt werden." Die Hilfe kann aber als Ermessensleistung nach § 23 Abs. 1 S. 3 gewährt werden.
173 BSG 19.10.2010 – B 14 AS 23/10 R; 3.12.2015 – B 4 AS 59/13 R.
174 BSG 9.8.2018 – B 14 AS 32/17 R, juris Rn. 34.

(a) S. 1 EFA).[175] Die jeweils gültigen Aufenthaltstitel sind in Anhang III EFA verzeichnet. Änderungen sind dem Generalsekretär des Europarates mitzuteilen (Art. 16 (a) EFA). Bei EFA-Ausländer*innen aus der Europäischen Union ist mangels anderweitiger Mitteilung und – seit der Abschaffung der Freizügigkeitsbescheinigung – mangels anderer Nachweise für die Feststellung des erlaubten Aufenthalts im Sinne des § 11 (a) S. 1 EFA auf die materielle Freizügigkeitsberechtigung iSd § 2 FreizügG/EU abzustellen[176] bzw. ggf. aufgrund des Günstigkeitsvergleichs nach § 11 Abs. 1 S. 11 FreizügG/EU auf einen Titel nach dem Aufenthaltsgesetz.[177] Entsprechendes gilt für erlaubnisfreie materielle Aufenthaltsrechte für türkische Staatsangehörige nach dem Beschluss 1/80 des Assoziationsrates EWG-Türkei über die Entwicklung der Assoziation vom 19. September 1980 (ARB 1/80).

II. Ausschluss von Ausländer*innen

1. Ausschluss von Leistungsberechtigten nach § 1 AsylbLG von Leistungen der Sozialhilfe (§ 23 Abs. 2 SGB XII)

47 Leistungsberechtigte nach § 1 AsylbLG sind gem. § 23 Abs. 2 SGB XII von Leistungen nach dem SGB XII ausgeschlossen.[178] Dies gilt auch für Leistungsberechtigte nach § 1 AsylbLG, die sog Analogleistungen nach § 2 AsylbLG erhalten. Bei Erfüllung der Voraussetzungen des § 2 AsylbLG ändert sich nur der Umfang des Leistungsanspruch, jedoch nicht die Zuordnung der Leistung zum AsylbLG[179] und auch nicht der Status als Leistungsberechtigter nach § 1 AsylbLG.[180]

2. Gleichlauf zwischen grundsicherungs- und sozialhilferechtlichen Ausschlusstatbeständen (§ 23 Abs. 3 Nr. 1–3 SGB XII)

48 Das Gesetz zur Regelung von Ansprüchen ausländischer Personen in der Grundsicherung für Arbeitsuchende nach dem SGB II und in der Sozialhilfe nach dem SGB XII[181] hat die Regelungssystematik des SGB II und XII grundsätzlich nicht angetastet. Durch die Erweiterung der Ausschlustatbestände des SGB XII um den Ausschluss während der ersten drei Monate (§ 23 Abs. 3 Nr. 1 SGB XII; dazu → Rn. 30 ff.), bei fehlendem materiellen Aufenthaltsrecht (dazu → Rn. 38) oder Aufenthalt nur zum Zwecke der Arbeitsuche (§ 23 Ab 3 Nr. 2 SGB XII; dazu → Rn. 39 ff.) und bei einem Aufenthaltsrecht aus Art. 10 VO (EU) 429/2011 (§ 23 Abs. 3 Nr. 3 SGB XII; dazu → Rn. 44) wurde allerdings „der Gleichlauf zwischen den grundsicherungs- und den sozialhilferechtlichen Vorgaben hergestellt".[182] Der Ausschluss nach § 23 Abs. 3 SGB XII erfasst alle Leistungen nach Abs. 1, also auch die Ermessensleistungen nach § 23 Abs. 1 S. 3 SGB XII, und die Leistungen der Grundsicherung im Alter und bei Erwerbsminderung. Damit hat der

---

175 BSG 19.10.2010 – B 14 AS 23/10 R, juris Rn. 37; es reicht aus, dass die materiellen Voraussetzungen für die Erteilung einer Aufenthaltserlaubnis vorliegen, wenn die Erteilung einer solchen Erlaubnis lediglich in Folge einer Nachlässigkeit des Beteiligten unterblieben ist; LSG BW Beschl. v. 31.7.2017 – L 7 SO 2557/17 ER-B.

176 BSG 3.12.2015 – B 4 AS 59/13 R, Rn. 21 ff.; nicht ausreichend sind die generelle Freizügigkeitsvermutung und das voraussetzungslose Aufenthaltsrecht nach § 2 Abs. 5 FreizügG/EU. BSG 9.8.2018 – B 14 AS 32/17 R, Rn. 34 f.

177 Vgl. LSG BW 31.7.2017 – L 7 SO 2557/17 ER – B.

178 Nach LSG Bln-Bbg 19.4.2011 – L 23 AY 7/11 B ER, juris Rn. 14 bestehen keine verfassungsrechtlichen Bedenken gegen den Ausschluss von Asylbewerber*innen von SGB XII-Leistungen, da der Gesetzgeber Art und Umfang der Sozialleistungen für Ausländer*innen von der voraussetzlichen Dauer ihres Aufenthalts abhängig machen dürfe und dazu auch ein „von den Regelungen der allgemeinen Leistungsgesetze abweichendes Konzept zur Sicherung des Lebensbedarfs entwickeln" dürfe.

179 Birk in: LPK-SGB XII, 11. Aufl., § 23 Rn. 19 unter Verweis auf BSG 9.6.2011 – B 7 AY 6/11 R.

180 Korte in: LPK-SGB II, 6. Aufl., § 7 Rn. 32 unter Verweis auf BSG 17.6.2008 – B 8/9 b AY 1/07 R.

181 Vom 22.12.2016, BGBl. I, 3155.

182 Devetzi/Janda ZESAR 5./6.2017, 197 (199). Vgl. auch BT-Drs. 18/10211, 15.

Gesetzgeber den vom Bundessozialgericht gewählten Weg der Gewährung von Ermessensleistungen (dazu → Rn. 25) verschlossen. Der Ausschluss gilt nicht für die Ausländer*innen, die die Voraussetzungen nach § 23 Abs. 3 SGB XII erfüllen, sondern auch für ihre Familienangehörigen iSd § 3 FreizügG/EU bzw. §§ 27 ff. AufenthG.[183]

Die Verfassungsmäßigkeit und Europarechtskonformität der Ausschlussregelungen des 49 SGB XII ist grundsätzlich an denselben Maßstäben zu messen wie die des SGB II (dazu → Rn. 20 ff.). Die vom EuGH in mehreren aktuellen Entscheidungen bestätigte Europarechtskonformität der den Voraussetzungen des Art. 24 Abs. 2 RL 2004/38/EG entsprechenden Leistungsausschlüsse des SGB II (→ Rn. 20) dürfte auch für die entsprechenden Leistungsausschlüsse in § 23 Abs. 3 SGB XII gelten. Die Regelung verstößt auch nicht gegen Art. 7 Abs. 2 VO (EU) 492/2011, da die Gleichbehandlungsverpflichtung nur für Arbeitnehmer*innen und deren Familienangehörige gilt (→ Rn. 43). Zusätzliche verfassungsrechtliche Fragen werfen fehlende Übergangsregelungen für materiell nicht freizügigkeitsberechtigte Unionsbürger*innen auf, die sich schon länger im Bundesgebiet aufgehalten haben, ohne die Voraussetzungen der Fünfjahres-Frist nach § 23 Abs. 3 S. 7 SGB XII zu erfüllen.[184]

Strittig ist, ob das EFA dem Ausschluss nach § 23 Abs. 3 SGB XII entgegensteht.[185] Als lex specialis, das nicht für alle Ausländer*innen, sondern nur für die Staatsangehörigen der Vertragsstaaten gilt, wird das EFA nicht nach dem lex posterior Grundsatz durch § 23 Abs. 3 SGB XII nF verdrängt.[186] Da kein gesetzgeberischer Wille zur Lösung von den Verpflichtungen des EFA erkennbar ist,[187] ist das EFA weiterhin anwendbar, wenn sein sachlicher (→ Rn. 45) und persönlicher (→ Rn. 46) Anwendungsbereich eröffnet ist.

3. Ausschluss bei Einreise, um Sozialhilfe zu erlangen (§ 23 Abs. 3 Nr. 4 SGB XII)

§ 23 Abs. 3 Nr. 4 SGB XII enthält mit der Einreise zur Erlangung von Sozialhilfe einen 50 über die Regelung im SGB II hinausgehenden Ausschlustatbestand. Tatbestandlich setzt § 23 Abs. 3 Nr. 4 SGB XII einen „finalen Zusammenhang zwischen dem Einreisebeschluss und der Inanspruchnahme von Sozialhilfe im Sinne eines ziel- und zweckgerichteten Handelns"[188] voraus. Dieser liegt nur vor, wenn nach den objektiven Umständen mindestens von Vorsatz ausgegangen werden kann.[189] Das Motiv der Erlangung von Sozialhilfe muss für den Entschluss zur Einreise von prägender Bedeutung gewesen sein.[190] Nach hM gilt der Anspruchsausschluss auch für Kinder, deren Eltern mit ihnen zur Erlangung von Sozialhilfe einreisen (sog akzessorische Anspruchseinschränkung).[191]

4. Rückausnahmen (§ 23 Abs. 3 S. 2 SGB XII)

Die Leistungsausschlüsse für Ausländer*innen in den ersten drei Monaten ihres Aufent- 51 halts in Deutschland (§ 23 Abs. 3 Nr. 1 SGB XII) bzw. für Ausländer*innen, die eingereist sind, um Sozialhilfe zu beziehen (§ 23 Abs. 3 Nr. 4 SGB XII) sind nicht anwendbar, wenn diesen ein Aufenthaltstitel aus völkerrechtlichen, humanitären oder politischen

---

183 Birk in: LPK-SGB XII, 11. Aufl., § 23 Rn. 21.
184 Vgl. Berlit NDV 2017, 71.
185 Zum Meinungsstand mit wN siehe LSG BW 31.7.2017 – L 7 SO 2557/17 ER-B.
186 BSG 19.10.2010 – B 14 AS 23/10 R, juris Rn. 26.
187 LSG Bln-Bbg 20.6.2017 – L 15 SO 104/17 B ER, Rn. 22.
188 SG Nürnberg 30.6.2016 – S 20 SO 109/15 unter Verweis auf die bei Coseriu in: jurisPK SGB XII, 2. Aufl. 2014, § 23 Rn. 54 ff. mwN belegte hM.
189 SG Nürnberg 30.6.2016 – S 20 SO 109/15.
190 St. Rspr. seit BVerwG FEVS 43, 113.
191 Wahrendorf AsylbLG § 23 SGB XII Rn. 49 mwN. AA Frings ua, Sozialrecht für Zuwanderer (Lit.), Rn. 131 (aE) unter Verweis auf die Aufgabe des Prinzips der Zurechnung des Verhaltens von Familienangehörigen im reformierten § 1 a AsylbLG.

Gründen (§§ 22–25 b AufenthG) erteilt wurde (zur entsprechenden Regelung im SGB II → Rn. 37).

5. Überbrückungsleistungen (§ 23 Abs. 3 S. 4–5 SGB XII) und angemessene Kosten der Rückreise (§ 23 Abs. 3 a SGB XII)

52 Hilfebedürftige Ausländer*innen, die gem. § 23 Abs. 3 S. 1 SGB XII von Leistungen der Sozialhilfe ausgeschlossen sind, erhalten bis zur Ausreise, längstens für einen Zeitraum von einem Monat, als Überbrückungsleistungen (§ 23 Abs. 3 S. 3 SGB XII) Leistungen zur Deckung der Bedarfe für Ernährung sowie Köper- und Gesundheitspflege, für Unterkunft und Heizung in angemessener Höhe, zur Behandlung akuter Erkrankungen und Schmerzzustände und Hilfen bei Schwangerschaft und Mutterschaft nach § 50 Nr. 1–3 SGB XII (§ 23 Abs. 3 S. 5 SGB XII). Diese Leistungen werden auch bei Wiedereinreise nur einmalig innerhalb von zwei Jahren erbracht.

Andere Leistungen iSv § 23 Abs. 1 SGB XII sowie Leistungen für einen längeren Zeitraum als einen Monat können gem. § 23 Abs. 3 S. 6 SGB XII, soweit dies besondere Umstände im Einzelfall erfordern,[192] zur Überwindung einer besonderen Härte erbracht werden, zB bei amtsärztlich festgestellter Reiseunfähigkeit.[193] Beide Härtefälle können auch kumulativ vorliegen.[194]

Daneben können darlehensweise Kosten der Rückreise (§ 23 Abs. 3 a SGB XII) übernommen werden. Während die Überbrückungsleistungen von Amts wegen erbracht werden,[195] müssen die Kosten der Rückreise beantragt werden. Nach § 23 Abs. 3 S. 4 SGB XII sind die Betroffenen über die Überbrückungsleistungen und die Leistungen für die Rückreise zu informieren.

6. Leistungen bei Verfestigung des Aufenthalts (§ 23 Abs. 3 S. 7–9 SGB XII)

53 Bei Verfestigung des Aufenthalts haben Ausländer nach § 23 Abs. 3 S. 7–9 SGB XII Anspruch auf uneingeschränkte Hilfe zum Lebensunterhalt und uneingeschränkte Krankenhilfe. Voraussetzung ist, dass sie sich seit mindestens fünf Jahren ohne wesentliche Unterbrechung im Bundesgebiet aufhalten und kein Verlust des Freizügigkeitsrecht gem. § 2 Abs. 1 FreizügG/EU festgestellt wurde.

Für die Fünf-Jahres-Frist kommt es – anders als im SGB II – auf die Zeiten des tatsächlichen, nicht auf die eines gewöhnlichen Aufenthalts an. Zeiten, in denen eine Ausreisepflicht nach Art. 7 FreizügG/EU oder Art. 50 Abs. 1 AufenthG besteht, werden nicht berücksichtigt. Die Vollziehbarkeit der Ausreisepflicht ist nicht erforderlich.[196] „Kurze Heimatbesuche"[197] unterbrechen die Frist nicht. Bei wesentlichen Unterbrechungen beginnt die 5-Jahres-Frist mit der Wiedereinreise wieder zu laufen.[198] Die Frist beginnt mit der Anmeldung bei der Meldebehörde. Ob diese lediglich einem erleichterten Nachweis des Aufenthalts dient[199] oder Voraussetzung der Verfestigung des Aufenthalts ist, ist strittig.[200]

---

192 Sa LSG NRW 28.3.2018 – L 7 AS 115/18 B ER; kritisch: SG Speyer 17.8.2017 – S 16 AS 908/17 ER.
193 BT-Drs. 18/10211, 17.
194 Vgl. LSG BW 28.3.2018 – L 7 AS 430/18 ER-B, mwN.
195 Schlette in: Hauck/Noftz SGB XII § 23 Rn. 86.
196 Schlette in: Hauck/Noftz SGB XII § 23 Rn. 88.
197 BT-Drs. 18/10211, 14.
198 BT-Drs. 18/10211, 14.
199 LSG Bln-Bbg 6.6.2017 – L 15 SO 112/17 B ER, juris, Rn. 25.
200 LSG Bln-Bbg 16.8.2018 – L 3 SO 146/18 B ER, juris, Rn. 4.

7. Ausländer mit Wohnsitzauflage oder Wohnsitzbeschränkung (§ 23 Abs. 5 SGB XII)

§ 23 Abs. 5 SGB XII sieht eine Beschränkung von Leistungsansprüchen auf Sozialhilfe **54** bei Ausländer*innen, die gegen räumliche Beschränkungen ihres Aufenthalts oder gegen eine Wohnsitzauflage oder eine Wohnsitzregelung verstoßen, auf die unabweisbare gebotenen Leistungen vor, die regelmäßig auf eine Reisebeihilfe zur Rückkehr an den rechtmäßig zugewiesenen Aufenthaltsbereich/-ort beschränkt sind. Ziel dieser Regelungen ist eine gleichmäßige Lastenverteilung unter den kommunalen Trägern der Sozialhilfe,[201] aber auch die Verhinderung der mehrfachen Inanspruchnahme von Sozialhilfe.[202]

D. Asylbewerberleistungsgesetz

I. Entwicklung

Das am 1.11.1993 in Kraft getretene Asylbewerberleistungsgesetz[203] wurde vor dem **55** Hintergrund einer stark gestiegenen Zahl von Asylbewerber*innen[204] als Teil des sog Asylkompromisses erlassen.[205] Die Ausgliederung von Asylbewerber*innen und vollziehbar ausreisepflichtigen Ausländer*innen und ihrer Familienangehörigen aus dem persönlichen Anwendungsbereich des Bundessozialhilfegesetzes und die Schaffung eines eigenständigen Systems der Existenzsicherung für diesen Personenkreis im AsylbLG sollten dazu beitragen, ökonomische Immigrationsanreize abzubauen und die Länder und die Sozialhilfeträger finanziell zu entlasten.[206]

Als Folge der Priorisierung ordnungs- und ausländerrechtlicher Zwecke wurde das AsylbLG als Unterteil der Regelungen des Aufenthalts- und Niederlassungsrechts von Ausländern nach dem AsylVfG[207] und damit als Teil des Ordnungsrechts verstanden und nicht in die Aufzählung der besonderen Teile des SGB in § 68 SGB I aufgenommen. Das SGB I[208] und das SGB X sind daher nur anwendbar, soweit auf sie verwiesen wird (§ 9 Abs. 3, 4 AsylbLG). Im Übrigen gelten die Verwaltungsverfahrensgesetze der Länder.[209] Für Streitigkeiten nach dem AsylbLG sind jedoch die Sozialgerichte zuständig (§ 51 Abs. 1 Nr. 6 a SGG). Die Zuordnung des AsylbLG zum Ordnungsrecht wird allerdings – nicht zuletzt mit Hinweis auf die Entscheidung des BVerfG zur Verfassungsmäßigkeit der Höhe der Leistungen nach dem AsylbLG – zunehmend kritisiert.[210]

Die Novellen des AsylbLG in den Folgejahren dehnten den Anwendungsbereich des Ge- **56** setzes auf weitere Gruppen von Schutzsuchenden sowie sonstigen Ausländer*innen aus und verlängerten den Leistungszeitraum und damit den Zeitraum, in dem Leistungsberechtigte vom Bezug höherer Grundsicherungsleistungen nach dem SGB II und SGB XII ausgeschlossen sind.[211] Die Höhe der im Vergleich zum BSHG bereits deutlich niedrigeren[212] und als Sachleistungen zu gewährenden Leistungen blieb für beinahe 20 Jahre –

---

201 BT-Drs. 15/1514.
202 Schlette in: Hauck/Noftz SGB XII § 23 Rn. 93 mwN.
203 Art. 1 des Gesetzes zur Neuregelung der Leistungen an Asylbewerber vom 30.6.1993, BGBl. I, 1062.
204 Vgl. Classen/Kanalan info also 2010, 243 ff., die darauf hinweisen, dass in Folge der Kriege im zerfallenden Jugoslawien die Anzahl der Asylantragsteller deutlich gestiegen war und im Jahr 1992 bei ca. 438.000 lag.
205 Vom 6.12.1992, BT-Drs. 12/4451, 5.
206 BT-Drs. 12/3686, 4.
207 BT-Drs. 12/4451, 5.
208 Zur Nichtanwendbarkeit der Verzinsung von Ansprüchen auf Geldleistungen (§ 44 SGB I) auf Leistungen nach dem AsylbLG vgl BSG 25.10.2018 – B 7 AY 2/18 R, Rn. 14 ff., juris.
209 S. BT-Drs. 12/4451, 5.
210 Gerlach ZfF 2017, 197 (199); Schneider in: GK-AsylbLG § 9 Rn. 37.
211 Vgl. Classen/Kanalan info also 2010, 243 ff. Zur Entwicklung des AsylbLG sa Deibel/Hohm, AsylbLG aktuell, 2016, 1 ff.
212 Zur Begründung vgl. BT-Drs. 12/4451, 5.

trotz einer Steigerung des Preisniveaus in diesem Zeitraum von fast 30%[213] – unverändert.[214] Das Bundesverfassungsgericht bewertete das Leitungsniveau in seinem Urteil vom 18.7.2012[215] als evident unzureichend zur Gewährleistung eines menschenwürdigen Daseins. Das aus Art. 1 Abs. 1 iVm Art. 20 Abs. 1 GG abzuleitende Grundrecht auf Gewährleistung eines menschenwürdigen Existenzminimums[216] sei ein Menschenrecht und stehe deutschen und ausländischen Staatsangehörigen gleichermaßen zu.[217] Dieses Menschenrecht „umfasst sowohl die physische Existenz des Menschen als auch die Sicherung der Möglichkeit zur Pflege zwischenmenschlicher Beziehungen und ein Mindestmaß an Teilhabe am gesellschaftlichen, kulturellen und politischen Leben."[218] Der Gesetzgeber müsse existenzsichernde Leistungen auch für Leistungsberechtigte nach dem AsylbLG schaffen. Ihm stehe bei der Bestimmung der Höhe der Leistungen zwar ein Gestaltungsspielraum zu. Allerdings dürfe er bei der konkreten Ausgestaltung existenzsichernder Leistungen nicht pauschal nach dem Aufenthaltsstatus differenzieren, sondern nur bei signifikantem Abweichen des Bedarfs an existenznotwendigen Leistungen einer Personengruppe von dem anderer Bedürftiger.[219] Dazu müsse der tatsächliche und aktuelle Bedarf dieser Gruppe in einem inhaltlich transparenten und sachgerechten Verfahren belegt werden.[220] Migrationspolitische Gesichtspunkte dürften dabei keine Rolle spielen: „Die in Art. 1 Abs. 1 GG garantierte Menschenwürde ist migrationspolitisch nicht zu relativieren."[221] Der Gesetzgeber hat in Erfüllung des verfassungsgerichtlichen Auftrags mit dem Gesetz zur Änderung des Asylbewerberleistungsgesetzes und des Sozialgerichtsgesetzes vom 10.12.2014 (AsylbLGuÄnd)[222] die Grundleistungsbedarfe nach § 3 AsylbLG an die Regelbedarfe nach dem SGB II und SGB XII angenähert.[223] Der im Vergleich mit den SGB II- bzw. SGB XII-Beziehern eingeschränkte Zugang zu medizinischer Versorgung wurde beibehalten (→ Rn. 82).

57 Die Verbesserungen des leistungsrechtlichen Status der Anspruchsberechtigten auch durch das Rechtsstellungsverbesserungsgesetz vom 23.12.2014[224] wurden im Laufe einer unter dem Eindruck der hohen Zahlen von Schutzsuchenden immer hektischer werdenden Gesetzgebung in den Jahren 2015–2017 jedoch teilweise wieder zurückgenommen.[225] Dies gilt einerseits für die Wiedereinführung des Vorrangs von Sachleistungen auch für den notwendigen persönlichen Bedarf von Leistungsberechtigten in Aufnahmeeinrichtungen (optional auch bei Leistungsberechtigten in Gemeinschaftsunterkünften) durch das Asylpaket I[226] sowie für die Absenkung der Grundleistungen zur

213 Wissenschaftliche Dienste des Deutschen Bundestags, Grundleistungen nach dem Asylbewerberleistungsgesetz im Lichte der Entscheidung des Bundesverfassungsgerichts vom 18.7.2012, WD 6–3000–141/16, 2017, 7 unter Hinweis auf BVerfG 18.7.2012 – 1 BvL 10/10, BvL 2/11, BVerfGE 132, 134 Rn. 82 f.
214 Zur Kritik vgl. Classen/Kanalan info also 2010, 243 (244 f.).
215 BVerfG 18.7.2012 – 1 BvL 10/10, BvL 2/11, BVerfGE 132, 134, 2. Leitsatz.
216 BVerfG 9.10.2010 – 1 BvL 1/09, 3/09, 4/09, BVerfGE 125, 175.
217 BVerfG 18.7.2012 – 1 BvL 10/10, BvL 2/11, BVerfGE 132, 134, 2. Leitsatz.
218 BVerfG 18.7.2012 – 1 BvL 10/10, BvL 2/11, BVerfGE 132, 134, 2. Leitsatz.
219 BVerfG 18.7.2012 – 1 BvL 10/10, BvL 2/11, BVerfGE 132, 134, 3. Leitsatz.
220 BVerfG 18.7.2012 – 1 BvL 10/10, BvL 2/11, BVerfGE 132, 134 Rn. 73.
221 BVerfG 18.7.2012 – 1 BvL 10/10, BvL 2/11, BVerfGE 132, 134 Rn. 120, 121.
222 Gesetz zur Änderung des Asylbewerberleistungsgesetzes und des Sozialgerichtsgesetzes vom 10.12.2014 – BGBl. I 2014, 2187. Zu den Änderungen im Einzelnen vgl. Gerlach ZfF 2017, 197 (200 ff.).
223 Wiss. Dienste des Deutschen Bundestags, Grundleistungen nach dem Asylbewerberleistungsgesetz im Lichte der Entscheidung des Bundesverfassungsgerichts vom 18.7.2012, WD 6–3000–141/16, 2017, 8 mwN.
224 Art. 3 des Gesetzes zur Verbesserung der Rechtsstellung von asylsuchenden und geduldeten Ausländern vom 23.12.2014, BGBl. I, 2439.
225 Krit. ua Voigt info also 2016, 99; s. auch Siefert jM 2016, 329; Deibel ZfSH/SGB 2016, 520; Kepert ZfSH/SGB 2016, 530. Zu verwaltungsrechtlichen Defiziten im reformierten AsylbLG Treichel ZfSH/SGB 2018, 385–389.
226 Asylverfahrensbeschleunigungsgesetz vom 20.10.2015, BGBl. I, 1722. Zu den einzelnen Neuregelungen vgl. Gerlach ZfF 2017, 201 f.

Deckung der notwendigen persönlichen Bedarfe gem. § 3 Abs. 1 Satz 8 AsylbLG[227] im Asylpaket II.[228] Zum anderen gilt dies für die erhebliche Ausweitung des Sanktionssystems des § 1 a AsylbLG durch die Asylpakete und das Integrationsgesetz vom 31.7.2016.[229] Auch die durch das Integrationsgesetz geschaffenen zusätzlichen Arbeitsgelegenheiten nach § 5 a AsylbLG und die neu geschaffene Teilnahme an Integrationskursen § 5 b AsylbLG wurden als sanktionsbewehrte Pflichten ausgestaltet.[230]

II. Leistungsberechtigte (§ 1 AsylbLG)

§ 1 AsylbLG beschreibt den persönlichen Anwendungsbereich des Gesetzes abhängig **58** vom formalen Aufenthaltsstatus und koppelt das Leistungsrecht bei Schutzsuchenden an die Registrierung und Verteilungsentscheidung der Ausländerbehörde.[231] Die Asylbewerberleistungsbehörde ist an die Entscheidung der Ausländerbehörde über den aufenthaltsrechtlichen Status gebunden (§ 6 AsylG) und darf die materiell-aufenthaltsrechtliche Lage nicht selbstständig prüfen.[232] Leistungsberechtigt nach § 1 AsylbLG sind Ausländer,[233] wenn sie sich tatsächlich im Inland aufhalten[234] *und* einer der in § 1 Abs. 1 Nr. 1–7 AsylbLG aufgeführten asyl- und aufenthaltsrechtlichen Statusgruppen zugeordnet werden können. Dazu zählen nicht nur Asylsuchende, sondern auch Personen ohne verfestigtes Bleiberecht.[235] Leistungsberechtigte nach § 1 AsylbLG sind gem. § 9 Abs. 1 AsylbLG von Leistungen nach dem SGB XII (so auch § 23 Abs. 2 SGB XII) und vergleichbaren Leistungen der Länder ausgeschlossen (→ Rn. 40, 7). Nach § 7 Abs. 1 S. 2 Nr. 3 SGB II sind Leistungsberechtigte nach § 1 AsylbLG auch vom Bezug von Leistungen nach dem SGB II ausgeschlossen (→ Rn. 37).[236]

Leistungsberechtigte nach § 1 AsylbLG sind

- *Asylsuchende:* Ausländer mit Aufenthaltsgestattung zur Durchführung ihres Asylverfahrens (§ 1 Abs. 1 Nr. 1 AsylbLG), Asylsuchende im Flughafenverfahren (§ 1 Abs. 1 Nr. 2 AsylbLG) und Asylfolgeantragsteller (§ 1 Abs. 1 Nr. 7 AsylbLG) bei Folge- (§ 71 AsylG) und Zweitanträgen (§ 71 a AsylG),[237]

- Ausländer mit bestimmten Aufenthaltstiteln aus humanitären Gründen (§ 1 Abs. 1 Nr. 3 AsylbLG) oder

- geduldete und ausreisepflichtige Ausländer (§ 1 Abs. 1 Nr. 4, 5 AsylbLG).

---

227 Zur verfassungsrechtlichen Bewertung vgl. Wissenschaftliche Dienste des Deutschen Bundestags, Ausarbeitung, Grundleistungen nach dem Asylbewerberleistungsgesetz im Lichte der Entscheidung des Bundesverfassungsgerichts vom 18.7.2012, WD 6–3000–141/16, 2017.
228 BGBl. I, 390. Zum Asylpaket II insgesamt, insbes. zu den verfahrens- und aufenthaltsrechtlichen Regelungen vgl. Kluth ZAR 2016, 121–131.
229 BGBl. I, 1939.
230 S. Hundt (Lit.), 48.
231 Zur Mitteilungspflicht der Ausländerbehörden gegenüber den nach § 10 AsylbLG zuständigen Behörden über Umstände und Maßnahmen, deren Kenntnis bei der Gewährung von Leistungen nach dem AsylbLG erforderlich ist vgl. § 90 Abs. 3 AufenthG und § 8 Abs. 2 a AsylG.
232 BSG 2.12.2014 – B 14 AS 8/13 R, Rn. 12 ff. (zur Prüfung durch SGB II-Leistungsträger); vgl. auch Wahrendorf AsylbLG § 6 Rn. 7.
233 Zum Begriff des Ausländers → Rn. 1.
234 Zum tatsächlichen Aufenthalt → Rn. 39. Dieser setzt das Überschreiten der Grenze gem. § 13 Abs. 2 AufenthG voraus. Der tatsächliche Aufenthalt ist aber auch bei Aufenthalt im Transitbereich eines inländischen Flughafens gegeben. Vgl. Hohm in: GK-AsylbLG § 1 Rn. 31.
235 BT-Drs. 13/2746, 12; Rothkegel ZAR 2012, 361.
236 Leistungen zur Arbeitsmarktintegration nach dem SGB III sind nicht ausgeschlossen. Vgl. dazu Richard Giesen, Migration und ihre Folgen – Sozialrecht, Arbeitserlaubnisrecht und Arbeitsrecht, NJW 2018/20, Beilage 2, S. 41–51.
237 Lt. BAMF wurden von Januar bis September 2017 151.057 Erstanträge und 17.249 Folgeanträge gestellt (BAMF, Aktuelle Zahlen zu Asyl, Sept. 2017, pdf, http://www.bamf.de/DE/Infothek/infothek-node.html).

■ Darüber hinaus sind Ehegatten, Lebenspartner und minderjährige Kinder der genannten Personen (mit Ausnahme der Folge- oder Zweitantragsteller*innen) leistungsberechtigt, auch wenn sie die Voraussetzungen für die Leistungsberechtigung nach § 1 Abs. 1 Nr. 1–5 AsylbLG nicht selbst erfüllen (§ 1 Abs. 1 Nr. 6 AylbLG).

1. Ausländer, die eine Aufenthaltsgestattung nach dem Asylgesetz besitzen (§ 1 Abs. 1 Nr. 1 AsylbLG)

59 Nach § 1 Abs. 1 Nr. 1 AsylbLG sind Ausländer leistungsberechtigt, die eine „Aufenthaltsgestattung nach dem Asylgesetz besitzen". Die Aufenthaltsgestattung als spezieller asylrechtlicher Aufenthaltsstatus wird Ausländer*innen zur Durchführung eines Asylverfahrens nach dem AsylG gewährt. Gem. § 1 AsylG fallen Ausländer, die Schutz vor politischer Verfolgung nach Art. 16 a Abs. 1 GG (§ 1 Abs. 1 Nr. 1 AsylG) oder internationalen Schutz nach der RL 2011/95/EU (§ 1 Abs. 1 Nr. 2 AsylG) suchen, in den personellen Anwendungsbereich des AsylG: Art. 16 a GG gewährt politisch Verfolgten ein **Grundrecht auf Asyl.**

Der Antrag auf **internationalen Schutz nach der RL 2011/95/EU** ist auf die Anerkennung als Flüchtling iSd Genfer Flüchtlingskonvention[238] (§ 1 Abs. 1 Nr. 2 1. Alt. AsylG), also in Fällen begründeter Furcht vor Verfolgung wegen der Rasse, Religion, Nationalität, politischer Überzeugung oder Zugehörigkeit zu einer bestimmten sozialen Gruppe, gerichtet oder auf subsidiären Schutz (§ 1 Abs. 1 Nr. 2 2. Alt. AsylG), der vorrangig vor ernsthaftem Schaden infolge willkürlicher Gewalt in Kriegs- und Bürgerkriegssituationen oder vergleichbar ernsthaften Schädigungen im Herkunftsstaat schützen soll.

60 Die Aufenthaltsgestattung setzt nach § 55 Abs. 1 S. 1 AsylG[239] die Ausstellung des Ankunftsnachweises gem. § 63 a Abs. 1 AsylG voraus. Dieser wird nach Äußerung des Asylbegehrens gem. § 13 AsylG[240] und nach erkennungsdienstlicher Behandlung in der Regel durch die zuständige Aufnahmeeinrichtung (§ 63 a Abs. 3 AsylG)[241] ausgestellt,[242] auch wenn noch kein förmlicher Asylantrag beim Bundesamt für Migration und Flüchtlinge (BAMF) gestellt worden ist.[243] Die Aufenthaltsgestattung erlischt, wenn innerhalb von 2 Wochen, nachdem der Ankunftsnachweis ausgestellt worden ist, noch kein Asylantrag gestellt wurde, es sei denn der Grund dafür liegt im Verantwortungsbereich des BAMF (§ 67 Abs. 1 S. 1 Nr. 2, S. 2 AsylG).

Für die Zeit zwischen der Ankunft in Deutschland und der Ausstellung des Ankunftsnachweises sind nach § 11 Abs. 2 a AsylbLG „Überlebenssachleistungen"[244] entsprechend § 1 a Abs. 2 S. 2–4 AsylbLG (→ Rn. 102) zu leisten. Damit sind Asylsuchende zwar bereits ab Äußerung ihres Asylbegehrens leistungsberechtigt nach dem Asylbewerberleistungsgesetz.[245] Ihre Ansprüche sind bis zur Ausstellung des Ankunftsnachweises aber deutlich gegenüber denen von Asylbewerber*innen abgesenkt, um eine frühzeitige Registrierung sicherzustellen.[246]

---

238 Abkommen vom 28.7.1951 über die Rechtsstellung der Flüchtlinge, ratifiziert durch Gesetz vom 1.9.1953 (BGBl. II, 559, 560).
239 Die Regelung gilt seit 6.8.2016. Vgl. für die Übergangsregelung gem. § 87 c AsylG.
240 Auch gegenüber Polizei oder Sicherheitsbehörden.
241 Oder durch eine Außenstelle des BAMF.
242 Details zu den technischen Richtlinien, zur Ausstellung und Aushändigung, sowie das Dokumentenmuster für den Ankunftsnachweis enthält die Verordnung über die Bescheinigung über die Meldung als Asylsuchender (Ankunftsnachweisverordnung) vom 5.2.2015 (BGBl. I, 162). Vgl. dazu und zur fehlenden gesetzlichen Befugnis zur Verknüpfung der erhobenen Daten mit leistungsrechtlichen Daten ausführlich Gerlach ZfF 2017, 207.
243 Ausführlich zur Aufenthaltsgestattung Gerlach ZfF 2017, 206 f.
244 Frings/Domke (Lit.), 240 (241).
245 Gesamtkommentar SRB/Treichel AsylbLG § 1 Rn. 26.
246 Gerlach ZfF 11/2017, 245 (257).

Leistungen nach den §§ 3–6 AsylbLG können gem. § 11 Abs. 2 a S. 2 AsylbLG auch oh- **61** ne Ausstellung des Ankunftsnachweises nach § 63 a Abs. 1 S. 1 AsylG gewährt werden, wenn die erkennungsdienstliche Behandlung erfolgt ist, oder der Leistungsberechtigte in die Aufnahmeeinrichtung, der er zugeteilt wurde, aufgenommen wurde und er die fehlende Ausstellung des Ankunftsnachweises nicht zu vertreten hat (§ 11 Abs. 2 a S. 3 AsylbG). Vertreten muss er die Verletzung bestimmter Mitwirkungspflichten nach § 15 Abs. 2 AsylG.[247]

Unbegleitete minderjährigen Ausländer*innen haben gem. § 60 a Abs. 2 AufenthG iVm § 58 Abs. 1 a AufenthG einen Anspruch auf Duldung und sind damit grundsätzlich anspruchsberechtigt nach § 1 Abs. 1 Nr. 4 AsylbLG. Die Leistungen des Jugendamtes gem. § 42 a Abs. 1 S. 3 iVm § 42 Abs. 2 S. 3 SGB VIII sind aber vorrangig.

2. Ausländer im Flughafenverfahren (§ 1 Abs. 1 Nr. 2 AsylbLG)

Auch Asylsuchende, auf die das sog Flughafenverfahren Anwendung findet, sind leis- **62** tungsberechtigt nach dem AsylbLG (§ 1 Abs. 1 Nr. 2 AsylbLG). Das Flughafenverfahren ist ein vor der Einreise über einen Flughafen durchzuführendes Asylverfahren für Ausländer*innen aus einem sicheren Herkunftsstaat iSd § 29 a AsylG[248] und für Ausländer*innen, die bei der Grenzbehörde auf einem Flughafen um Asyl nachsuchen und sich dabei nicht mit einem gültigen Pass oder Passersatz ausweisen (§ 18 a Abs. 1 S. 1 und S. 2 AsylG). Die Betroffenen bleiben während des beschleunigten Verfahrens (§ 18 a AsylG) bis zur Gestattung der Einreise im Transitbereich des Flughafens (§ 18 a Abs. 6 AsylG). Solange Ausländer*innen sich im Transitbereich eines Flughafens aufhalten, liegt im rechtlichen Sinne keine Einreise in das Hoheitsgebiet der Bundesrepublik Deutschland vor;[249] der tatsächliche Aufenthalt in Deutschland ist aber gegeben.[250]

3. Folge- und Zweitanträge (§ 1 Abs. 1 Nr. 7 AsylbLG)

Bis zur Entscheidung des BAMF über die Durchführung eines Asylfolgeverfahrens (§ 71 **63** AsylG) oder eines Asylzweitverfahren (§ 71 a AsylG), ergibt sich die Leistungsberechtigung des Asylsuchenden aus § 1 Abs. 1 Nr. 7 AsylbLG. **Folgeanträge** sind nach § 71 Abs. 1 AsylG erneute Asylanträge, die nach Rücknahme oder unanfechtbarer Ablehnung eines früheren Asylantrags gestellt werden. **Zweitanträge** sind Anträge, die nach erfolglosem Abschluss eines Asylverfahrens in einem sicheren Drittstaat (§ 26 a AsylG), für den entweder das Dublin III[251]-Verfahren gilt oder mit dem die Bundesrepublik Deutschland einen entsprechenden völkerrechtlichen Vertrag geschlossen hat, gestellt werden (§ 71 a AsylG). Bei positiver Entscheidung des BAMF über die Durchführung eines erneuten Asylverfahrens ist der Antragsteller nach § 1 Abs. 1 Nr. 1 AsylbLG an-

---

247 Dies gilt nur für die Pflicht zur Abgabe zur Aufklärung des Sachverhalts erforderlicher Angaben (Nr. 1), Meldepflicht und Pflicht zum persönlichen Erscheinen (Nr. 3), Pflicht zur Vorlage, Aushändigung und Überlassung des Passes/Passersatzes (Nr. 4) und aller erforderlichen Urkunden und sonstiger Unterlagen (Nr. 5) sowie die Duldung erkennungsdienstlicher Maßnahmen (Nr. 7).
248 Sichere Herkunftsstaaten sind gem. § 29 a Abs. 2 AsylG iVm Anlage II zum AsylG: die Mitgliedstaaten der Europäischen Union sowie Albanien, Bosnien und Herzegowina, Ghana, Kosovo, Mazedonien, ehemalige jugoslawische Republik, Montenegro, Senegal und Serbien. Am 18.1.2019 wurde der Entwurf des Gesetzes zur Einstufung Georgiens, der Demokratischen Volksrepublik Algerien, des Königreichs Marokko und der Tunesischen Republik als sichere Herkunftsstaaten (BT-Drs. 19/5314) vom Bundestag angenommen. Das Gesetz ist zustimmungsbedürftig (BR-Drs. 380/18).
249 BVerfG 15.5.1996 – 2 BvR 15/16/93.
250 Gesamtkommentar SRB/Treichel AsylbLG § 1 Rn. 23.
251 Verordnung (EU) Nr. 604/2013 des Europäischen Parlaments und des Rates vom 26. Juni 2013 zur Festlegung der Kriterien und Verfahren zur Bestimmung des Mitgliedstaats, der für die Prüfung eines von einem Drittstaatsangehörigen oder Staatenlosen in einem Mitgliedstaat gestellten Antrags auf internationalen Schutz zuständig ist (Abl. EU 180/31).

spruchsberechtigt, bei Ablehnung der Durchführung des Asylverfahrens nach § 1 Abs. 1 Nr. 5 AsylbLG.

4. Ausländer mit Aufenthaltserlaubnis aus humanitären Gründen (§ 1 Abs. 1 Nr. 3 AsylbLG)

64 Nach § 1 Abs. 1 Nr. 3 AsylbLG zählen zu den Leistungsberechtigten auch Ausländer mit einer Aufenthaltserlaubnis aus völkerrechtlichen, humanitären oder politischen Gründen nach Abschnitt 5 AufenthG. Dies gilt nach § 1 Abs. 2 AsylbLG indes nicht, wenn sie eine mehr als sechs Monate dauernde von Abs. 1 Nr. 3 abweichende Aufenthaltserlaubnis besitzen.

Erforderlich ist der tatsächliche Besitz der jeweiligen Aufenthaltserlaubnis.[252] Da die entsprechenden Dokumente den Rechtsgrund nicht erkennen lassen, ist die Ausländerbehörde gem. § 11 Abs. 3 S. 2, 3 AsylbLG zu entsprechender Prüfung der der Leistungsbehörde vorliegenden Daten und zur Mitteilung des Ergebnisses verpflichtet. Zu den in § 1 Abs. 1 Nr. 3 abschließend aufgeführten Aufenthaltstiteln[253] zählen: die humanitären Aufenthaltstitel, die erteilt werden

- bei humanitären Aufnahmen infolge Bürgerkrieges oder sonstigen dringenden humanitären oder persönlichen Gründe jenseits der (Prüfung der) Schutzberechtigung nach dem AsylG im Rahmen von Aufnahmeprogrammen des Bundes oder der Länder bzw. der vorübergehenden Schutzgewähr nach der sog MassenzustromRL der EU[254] (§ 23 Abs. 1, § 24 AufenthG),

- in Einzelfällen der Erforderlichkeit eines vorübergehenden Aufenthalts an sich ausreisepflichtiger Personen aufgrund dringender humanitärer oder persönlicher Gründe oder eines erheblichen öffentlichen Interesses (§ 25 Abs. 4 Satz 1 AufenthG)[255] und

- in Fällen vollziehbar Ausreisepflichtiger, deren – auch freiwillige – Ausreise aus rechtlichen (zB Art. 6 Abs. 1 GG – Schutz der Eltern-Kind-Beziehung[256] oder Art. 8 EMRK – Schutz des Privatlebens[257]) oder tatsächlichen Gründen (zB fehlende Reisemöglichkeiten, unverschuldete Passlosigkeit) in absehbarer Zeit nicht möglich ist (§ 25 Abs. 5 S. 1, 2 AufenthG), ohne dass sie dafür ein Verschulden trifft (§ 25 Abs. 5 S. 3, 4 AufenthG), für die ersten 18 Monate der Aussetzung ihrer Abschiebung.[258]

5. Ausländer mit Duldung oder vollziehbar ausreisepflichtige Ausländer (§ 1 Abs. 1 Nr. 4, 5 AsylbLG)

65 Die letzte Gruppe von Leistungsberechtigten nach dem AsylbLG bilden **Personen mit Duldung** nach § 60 a AufenthG (§ 1 Abs. 1 Nr. 4 AsylbLG) oder **vollziehbar ausreisepflichtige Ausländer** (§ 1 Abs. 1 Nr. 5 AsylbLG).

66 Die **Duldung gem.** § 60 a **AufenthG** ist kein Aufenthaltstitel. Sie ist eine vorübergehende Aussetzung der Abschiebung („Abschiebe-Stopp"), die aber nicht die Pflicht zur Ausreise beseitigt (§ 60 a Abs. 3 AufenthG). Sie kann aus völkerrechtlichen oder humanitären

252 Gerlach ZfF 2017, 209 mwN.
253 Vgl. § 1 Abs. 2 AsylbLG.
254 RL 2001/55/EG v. 20.7.2001 über Mindestnormen für die Gewährung vorübergehenden Schutzes im Falle eines Massenzustroms von Vertriebenen und Maßnahmen zur Förderung einer ausgewogenen Verteilung der Belastungen, die mit der Aufnahme dieser Personen und den Folgen dieser Aufnahme verbunden sind, auf die Mitgliedstaaten, ABl. L 212/12 v. 7.8.2001; bislang ist diese RL nicht angewendet worden.
255 Für Beispiele (wie eine dringende Operation im Inland) siehe 25.4.1.6.1 AVV AufenthG.
256 SchlHOVG 3.4.2019 – 11 B 36/19, Rn. 22 ff., juris.
257 SchlHOVG 3.4.2019 – 11 B 36/19, Rn. 25, juris.
258 Zu Einzelheiten s. Dollinger in: Siefert AsylbLG § 1 Rn. 38–57; Hohm in: GK-AsylbLG § 1 Rn. 38–66.

Gründen oder zur Wahrung der politischen Interessen der Bundesrepublik Deutschland für bestimmte Ausländergruppen durch die oberste Landesbehörde für bis zu drei Monate angeordnet werden (§ 60 a Abs. 1 AufenthG).[259] Daneben bestehen Ansprüche auf Duldung nach § 60 a Abs. 2 AufenthG, solange die Abschiebung aus tatsächlichen oder rechtlichen Gründen unmöglich ist und keine Aufenthaltserlaubnis erteilt wird (S. 1) oder die vorübergehende Anwesenheit des Ausländers im Bundesgebiet für ein Strafverfahren wegen eines Verbrechens (S. 2) erforderlich ist. Eine Duldung kann nach § 60 a Abs. 2 S. 3 AufenthG auch als Ermessensduldung erteilt werden, insbesondere bei Aufnahme einer qualifizierten Berufsausbildung (§ 60 a Abs. 2 S. 4 AufenthG). Die Duldung muss tatsächlich erteilt sein; eine de facto-Duldung unterfällt Nr. 5.

Gem. § 1 Abs. 1 Nr. 5 AsylbLG[260] sind auch **vollziehbar Ausreisepflichtige** leistungsbe- **67** rechtigt nach dem Asylbewerberleistungsgesetz, auch wenn eine Abschiebungsandrohung noch nicht oder nicht mehr vollziehbar ist. Die Vollziehbarkeit der Ausreisepflicht besteht nach § 58 Abs. 2 S. 1 AufenthG ua bei unerlaubter Einreise (Nr. 1), bei fehlender Beantragung eines Aufenthaltstitels oder seiner Verlängerung (Nr. 2), aufgrund von Rückführungsentscheidungen eines anderen EU-Mitgliedsstaates (Nr. 3), oder nach § 58 Abs. 2 S. 2 AufenthG ab Vollziehbarkeit der Versagung eines Aufenthaltstitels bzw. eines sonstigen Verwaltungsakts der zur Ausreisepflicht führt. Vollziehbar ausreisepflichtig sind auch alle sog irregulären Migranten[261] (sog „Illegale", „sans papiers").[262] Stellen diese einen Antrag auf Sozialleistungen, sind gem. § 87 AufenthG die Ausländerbehörden zu informieren. Eine Ausreisepflicht besteht nicht in den Fällen einer Fiktionsbescheinigung (§ 81 Abs. 5 iVm Abs. 3, 4 AufenthG). Ob Unionsbürger*innen nach Feststellung des Verlustes des Aufenthaltsrechts durch die Ausländerbehörde gem. § 7 FreizügG/EU als vollziehbar Ausreisepflichtige leistungsberechtigt nach § 1 AsylbLG sind, ist noch ungeklärt (→ Rn. 40).

6. Ehegatten, Lebenspartner oder minderjährige Kinder von Leistungsberechtigten nach § 1 Abs. 1 Nr. 1–5 AsylbLG (§ 1 Abs. 1 Nr. 6 AsylbLG)

Ehegatten, Lebenspartner und minderjährigen Kinder von Leistungsberechtigten, die **68** selbst Ausländer sind[263] und sich in Deutschland tatsächlich aufhalten, sind nach § 1 Abs. 1 Nr. 6 AsylbLG akzessorisch leistungsberechtigt, dh auch dann, wenn sie selbst nicht zu dem Kreis der in § 1 Abs. 1 Nr. 1–5 AsylbLG benannten Personen gehören.

7. Ende der Leistungsberechtigung (§ 1 Abs. 3 AsylbLG)

Die Leistungsberechtigung endet nach § 1 Abs. 3 AsylbLG mit der Ausreise – dh nicht **69** bereits mit Ablauf einer Ausreisefrist – oder mit dem Ablauf des Monats, in dem eine Leistungsvoraussetzung entfällt oder das BAMF den Ausländer als Asylberechtigten[264] anerkennt oder ein Gericht das BAMF zu dieser Anerkennung verpflichtet hat, auch

---

259 Bei einem längeren Zeitraum als 6 Monaten kommt eine Aufenthaltserlaubnis wegen Krieges im Herkunftsland nach § 23 AufenthG in Betracht (§ 60 a Abs. 1 S. 2 AufenthG).
260 Vgl. auch Gerlach ZfF 2017, 221 mwN.
261 Zum Begriff der irregulären Migranten vgl. Kanalan/Krajewski ZESAR 2017, 418 (419).
262 Auch Drittstaatsangehörige, die nach Art. 1 Abs. 2 VO (EG) 539/2001 für 3 Monate (90 Tage) von der Visumspflicht befreit sind (Liste in Anhang II der Verordnung), die aber bereits mit der Absicht längeren Aufenthalts eingereist sind. S. SG Bremen 27.7.2015 – S 15 AY 81/15 ER, info also 2016, 132 f.
263 LSG BW 8.1.2007 – L 12 AS 5604/06 ER-B, Rn. 19.
264 Die Vorschrift ist analog auf Personen anwendbar, die als subsidiär Schutzberechtigte und Konventionsflüchtlinge anerkannt wurden (str.); vgl. Gesamtkommentar SRB/Treichel AsylbLG § 1 Rn. 62 mwN; sa Süßkind, „Flüchtlinge und Sozialrecht" – Tagungsbericht über die 48. Richterwoche des BSG, ZfSH/SGB 2017, 80 (82).

wenn die Entscheidung noch nicht unanfechtbar ist.[265] Anerkannte Flüchtlinge (§ 3 Abs. 1 AsylVfG),[266] Asylberechtigte nach § 16 a Abs. 1 GG, subsidiär Schutzberechtigte nach § 4 Abs. 1 AsylVfG und Personen mit Abschiebeschutz nach § 60 Abs. 5 und 7 AufenthG erhalten daher bei Vorliegen der jeweiligen gesetzlichen Voraussetzungen Grundsicherungsleistungen nach dem SGB II und XII.[267]

III. Leistungen

1. Grundleistungen (§ 3 AsylbLG)

a) Überblick

70 Die Grundleistungen nach § 3 AsylbLG sollen das Existenzminimum der Leistungsberechtigten nach § 1 AsylbLG gewährleisten. Das Existenzminimum umfasst dabei den notwendigen Bedarf an Ernährung, Unterkunft, Heizung, Kleidung, Gesundheitspflege und Gebrauchs- und Verbrauchsgütern (sog **notwendiger Bedarf**, § 3 Abs. 1 S. 1 AsylbLG = physisches Existenzminimum) und den Bedarf zur Deckung persönlicher Bedürfnisse des täglichen Lebens (sog **notwendiger persönlicher Bedarf**, § 3 S. 5 AsylbLG). Grundleistungen zur Deckung des notwendigen persönlichen Bedarfs sollen ein Mindestmaß an Teilhabe am Leben in der Gemeinschaft garantieren (sozio-kulturelles Existenzminimum). Dazu gehören Ausgaben für Verkehrsmittel und Kommunikation (auch Telefon), Freizeit, Unterhaltung, Kultur, Bildung, aber auch Genussmittel.[268]

Dabei unterscheidet § 3 AsylbLG zwischen Grundleistungen in einer Aufnahmeeinrichtung (Abs. 1) und außerhalb einer Aufnahmeeinrichtung (Abs. 2). Die Leistungen zur Sicherung des Lebensunterhalts werden in einer Aufnahmeeinrichtung grundsätzlich als Sachleistungen erbracht werden, außerhalb vorrangig als Geldleistung.

b) Grundleistungen bei Unterbringung in Aufnahmeeinrichtungen gem. § 44 AsylG

71 Aufnahmeeinrichtungen iSd § 44 AsylG sind die zentralen (Erst-)Aufnahmeeinrichtungen der Länder (§ 5 Abs. 3 AsylG), die den Außenstellen und Ankunftszenten des BAMF zugeordnet sind. Asylsuchende sind verpflichtet, bis zu sechs Wochen ab ihrer Einreise, längstens jedoch bis zu sechs Monate in einer Aufnahmeeinrichtung zu wohnen (§ 47 Abs. 1 AsylG).[269] Eine Verkürzung der Frist ist unter den Voraussetzungen der §§ 48–50 AsylG möglich. Asylsuchende aus sicheren Herkunftsländern (§ 29 a AsylG, → Rn. 62) müssen bis zur Entscheidung über ihren Asylantrag bzw. im Falle der Ablehnung ihres Asylantrags als offensichtlich unbegründet oder unzulässig bis zur Abreise oder bis zum Vollzug der Abschiebung in der Aufnahmeeinrichtung wohnen (§ 47 Abs. 1 a AsylG).[270] Für die Sachleistungserbringung nach § 3 Abs. 1 AsylbLG kommt es nicht auf die Verpflichtung zum Aufenthalt, sondern nur auf den tatsächlichen Aufenthalt in einer Aufnahmeeinrichtung an.[271] Während des Aufenthalts in der Aufnahme-

---

265 S. auch https://www.arbeitsagentur.de/wissensdatenbank-sgbii/7-leistungsberechtigte zum Thema „Zeitpunkt des Rechtskreiswechsel vom AsylbLG zum SGB II".

266 Dies entspricht Art. 29 Abs. 1 RL 2011/95/EU des Europäischen Parlaments und des Rates vom 13.12.2011 über Normen für die Anerkennung von Drittstaatsangehörigen oder Staatenlosen als Personen mit internationalem Schutz, für einen einheitlichen Status für Flüchtlinge oder für Personen mit Anrecht auf subsidiären Schutz und für den Inhalt des zu gewährenden Schutzes. In Deutschland umgesetzt durch Gesetz zur Umsetzung der Richtlinie 2011/95/EU vom 28.8.2013, BGBl. I, 3474.

267 Vgl. hierzu im Einzelnen Birk in: LPK-SGB XII AsylbLG § 1 Rn. 21 ff.

268 Vgl. auch Hohm in: Schellhorn/Schellhorn/Hohm/Schneider SGB XII AsylbLG § 3 Rn. 25.

269 Durch das Gesetz zur besseren Durchsetzung der Ausreisepflicht (BGBl. 2017, 2780) wurde ab dem 29.7.2017 die Möglichkeit geschaffen, diese Frist auf 24 Monate auszudehnen (§ 47 Abs. 1 b AsylG).

270 Zur Beendigung der Verpflichtung, in einer Aufnahmeeinrichtung zu wohnen, s. §§ 48–50 AsylG.

271 Deibel ZFSH/SGB 2015, 115.

einrichtung besteht Residenzpflicht nach § 56 AsylG (§ 59 a Abs. 1 S. 2 AsylG) und das Verbot der Erwerbstätigkeit nach § 61 Abs. 1 AsylG.

Bei Unterbringung in einer Aufnahmeeinrichtung iSd § 44 Abs. 1 AsylG wird der **notwendige Bedarf** nach § 3 Abs. 1 S. 2 AsylbLG **als Sachleistung** gewährt (§ 3 Abs. 1 S. 2 AsylbLG). Dies geschieht in der Regel durch die Bereitstellung eines Schlafplatzes, Ausgabe von Mahlzeiten, Bekleidung, Hygiene- und Reinigungsartikeln.[272] Ausnahmen vom Vorrang der Sachleistung sind nur in den gesetzlich geregelten Fällen zulässig (§ 3 Abs. 1 S. 3 AsylbLG). Gebrauchsgüter des Haushalts (zB Ess- und Kochgeschirr, Putzgeräte etc) können leihweise bereitgestellt werden (§ 3 Abs. 1 S. 4 AsylbLG). **72**

Auch der **notwendige persönliche Bedarf** ist gem. § 3 Abs. 1 S 6 AsylbLG in Aufnahmeeinrichtungen in der Regel („Soll-Leistung") als Sachleistung zu gewähren, soweit dies mit vertretbarem Verwaltungsaufwand möglich ist. Dabei handelt es sich um Bedarfe insbesondere aus den Abteilungen Verkehr, Nachrichtenübermittlung, Freizeit, Unterhaltung, Kultur, Bildung, Beherbergungs- und Gaststättendienstleistungen der EVS.[273] Bei der Auslegung des unbestimmten Rechtsbegriffs „mit vertretbarem Verwaltungsaufwand" ist der jeweils für die Gewährung von Sachleistungen bzw. Geldleistungen erforderliche Aufwand an organisatorischen, sachlichen und personellen Ressourcen zu vergleichen, wobei der Leistungsträger einen weiten Beurteilungsspielraum hat.[274] In Betracht kommen zB Fahrkarten, Telefonkarten[275] oder W-LAN-Anschluss mit wertentsprechender Kürzung der Sachleistung.[276] Soweit dies nicht möglich ist, sind Wertgutscheine, andere vergleichbare unbare Abrechnungen und Geldleistungen zu gewähren (§ 3 Abs. 1 S. 7 AsylblG). Gegen die durch das Asylpaket I erfolgte, migrationspolitisch motivierte[277] Ausdehnung des Vorrangs der Sachleistungen bestehen verfassungsrechtliche Bedenken.[278] **73**

c) Grundleistungen außerhalb von Aufnahmeeinrichtungen

Die Unterbringung von Asylsuchenden außerhalb von Aufnahmeeinrichtungen erfolgt in der Regel in **Gemeinschaftseinrichtungen** (§ 53 Abs. 1 S. 1 AsylG). Gemeinschaftseinrichtungen („Sammelunterkünfte") sind von kommunalen Trägern betriebene Unterkünfte, bei denen einzelne Räume (Küchen, sanitäre Anlagen, Aufenthalts- aber auch Schlafräume) gemeinsam von den Asylsuchenden genutzt werden.[279] Daneben kann die Unterbringung außerhalb von Aufnahmeeinrichtungen aber auch in angemietetem Wohnraum erfolgen.[280] Die Verpflichtung, in der Gemeinschaftseinrichtung zu wohnen, endet mit der Anerkennung als Asylberechtigter, Konventionsflüchtling oder subsidiären Schutzes, sofern die Betroffenen eine dezentrale Unterkunft nachweisen und diese keine Mehrkosten für die öffentliche Hand verursacht (§ 53 Abs. 2 AsylG). **74**

Bei **Unterbringung außerhalb von Aufnahmeeinrichtungen** ist der notwendige Bedarf – mit Ausnahme des Bedarfs von Unterkunft, Heizung und Hausrat, der gesondert als Geld- oder Sachleistung zu erbringen ist (§ 3 Abs. 2 S. 4 AsylbLG) – vorrangig durch Geldleistung zu decken (§ 3 Abs. 2 S. 1 AsylbLG).

---

272 Frings/Domke (Lit.), 249.
273 BT-Drs. 18/2592, 22. Sa Gesamtkommentar SRB/Treichel AsylbLG § 3 Rn. 14 ff.
274 Hohm in: Deibel/Hohm, AsylbLG aktuell, § 3 Rn. 41.
275 Deibel ZFSH/SGB 2015, 704 (706).
276 Nach dem SG Landshut 16.12.2016 – S 11 AY 74/16, Rn. 26, 45 juris, ist ein Abzug bei Bereitstellung von W-LAN nur bei tatsächlicher Nutzung durch die Berechtigten zulässig.
277 Vgl. Entwurf eines Asylverfahrensbeschleunigungsgesetzes, BT-Drs. 18/6185 v. 29.9.2015, S. 1.
278 Frings/Domke (Lit.), 250. Kritisch auch Voigt info also 2016, 101.
279 Vgl. Gerlach ZfF 2017, 232.
280 Gerlach ZfF 2017, 232.

75 **Außerhalb** der **Aufnahmeeinrichtungen** ist der **notwendige persönliche Bedarf** grundsätzlich als Geldleistung zu erbringen (§ 3 Abs. 2 S. 5 AsylbLG). Allerdings wurde durch das Asylverfahrensbeschleunigungsgesetz das Geldleistungsprinzip auch für die Unterbringung in Gemeinschaftsunterkünften iSv § 53 AsylG dahin gehend relativiert, dass der notwendige persönliche Bedarf soweit wie möglich auch durch Sachleistungen gedeckt werden kann (§ 3 Abs. 2 S. 6 AsylbLG).

Bei Leistungsberechtigten in Untersuchungs- oder Abschiebehaft ist – wegen der nach Bundesland und Haftanstalt unterschiedlichen Haftbedingungen[281] – ein individueller Geldbetrag zur Deckung persönlicher Bedarfe festzusetzen (§ 3 Abs. 1 S. 9 AsylbLG).

d) Höhe Geldleistungen nach § 3 Abs. 1 S. 8 und Abs. 2 S. 2 AsylbLG

76 Die Geldleistungen werden als Regelleistungen erbracht. Ihre Höhe[282] beträgt 2019:

	Notwendiger Bedarf § 3 Abs. 2 S. 2 AsylbLG	Persönlicher notwendiger Bedarf § 3 Abs. 1 S. 8 AsylbLG	Analogleistungen nach § 2 AsylbLG[283]
Bedarfsstufe 1 Alleinstehende Leistungsberechtigte	219 EUR	135 EUR	424 EUR
Bedarfsstufe 2 Zwei erwachsene Leistungsberechtigte, die als Partner zusammenleben, je	196 EUR	122 EUR	382 EUR
Bedarfsstufe 3 Weitere erwachsene Leistungsberechtigte ohne eigenen Haushalt	176 EUR	108 EUR	339 EUR
Bedarfsstufe 4 Sonstige jugendliche Leistungsberechtigte vom Beginn des 15. bis zur Vollendung des 18. Lebensjahres	200 EUR	76 EUR	322 EUR
Bedarfsstufe 5 Kinder im Alter von der Vollendung des 7. bis zur Vollendung des 14. Lebensjahres	159 EUR	83 EUR	302 EUR
Bedarfsstufe 6 Kinder bis zur Vollendung des 6. Lebensjahres	135 EUR	79 EUR	245 EUR

77 Die **Festlegung und Fortschreibung der Leistungssätze** orientiert sich an den Verbrauchsausgaben der Einkommens- und Verbrauchstichproben, die auch den Leistungen nach dem SGB XII/SGB II für zugrunde gelegt werden.[284] Die Festlegung der Höhe der Geldleistungen erfolgte auf der Basis von Sonderauswertungen der EVS 2008, wobei einzelne Bedarfe nicht (so der laufende Bedarf für Hausrat, der nach § 3 Abs. 2 S. 4

---

281 BT-Drs. 18/2592, 23 (Doppelbuchstabe dd).
282 Bekanntmachung (BMAS) über die Höhe der Leistungssätze nach § 14 des Asylbewerberleistungsgesetzes für die Zeit ab 1.4.2016 (Gesetz v. 11.3.2016, BGBl. I [2016], 390).
283 Siehe → Rn. 81.
284 Schwabe ZfF 2018, 1–8.

AsylbLG gesondert erbracht wird, oder Passbeschaffungskosten) oder nur teilweise (insbesondere die Bedarfe der Gesundheitspflege) angerechnet wurden.[285] Gem. § 3 Abs. 4 AsylbLG sollen die Bedarfe entsprechend der Veränderungsrate nach § 28 a SGB XII ivm der Verordnung nach § 40 S. 1 Nr. 1 SGB XII fortgeschrieben werden. Nachdem die mit dem 3. Gesetz zur Änderung des AsylbLG vom 17.10.2016 geplante Anpassung der Grundleistungen[286] an die Ergebnisse der EVS 2014 keine Zustimmung im Bundesrat fand,[287] wurden die Regelsätze seit 2016 nicht mehr angepasst.[288] Dies stößt zunehmend auf Kritik.[289]

Problematisch ist die fehlende Anpassung der Regelsätze insbesondere bei gemischten **78** Bedarfsgemeinschaften: Während das BSG in einer früheren Entscheidung bei **gemischten Bedarfsgemeinschaften** von Leistungsbezieher*innen nach dem SGB II und dem Asylbewerberleistungsgesetz unter Bezugnahme auf fehlende Haushaltseinsparungen dem/der Alg II-Bezieher*in analog § 20 Abs. 2 SGB II die Regelleistung eines/einer Alleinstehenden zusprach,[290] entschied es in seinem Urteil vom 12.10.2017,[291] dass nach der Angleichung der Regelleistungen des Asylbewerberleistungsgesetzes an die Leistungen des SGB II/SGB XII nur noch die Regelleistungen für Partner von Bedarfsgemeinschaften gewährt werden können.[292]

e) Bedarfe für Unterkunft, Heizung und Hausrat

Der **Bedarf für Unterkunft, Heizung und Hausrat** ist in Aufnahmeeinrichtungen als **79** Sachleistung zu erbringen (§ 3 Abs. 1 S. 1, 2 AsylbLG). Bei Unterbringung außerhalb von Aufnahmeeinrichtungen ist der Bedarf für Unterkunft, Heizung und Hausrat gem. § 3 Abs. 2 S. 4 AsylbLG gesondert als Sachleistung oder Geldleistung zu gewähren. Soweit Unterkunft nach rechtmäßiger Ermessensausübung als Sachleistung zur Verfügung gestellt wird, besteht kein Anspruch auf Geldleistungen.[293] Ob Umzugs-, Wohnungsbeschaffungs- und Renovierungskosten zu den Kosten der Unterkunft iSd AsylbLG zählen, ist strittig.[294] Rechtliche Grundlagen zur Übernahme von Wohnungsbeschaffungskosten, Darlehen für Mietkautionen etc fehlen ebenso wie eine Regelung der Erstattung der nicht von den Heizkosten umfassten Kosten für die dezentrale Warmwasserversorgung. Die Möglichkeit, Gebrauchsgüter des Haushalts leihweise zur Verfügung zu stellen (§ 3 Abs. 1 S. 4, Abs. 2 S. 5 AsylbLG), schließt Direktzahlungen nicht aus.[295]

---

285 BT-Drs. 18/2592, 21. Zu den Einzelheiten der Zusammensetzung und Ermittlung der Bedarfssätze vgl. Schwabe ZfF 2015, 49; 2016, 25; 2016, 73; sa Wahrendorf § 3 Rn. 34 ff; Gesamtkommentar SRB/Treichel AsylbLG § 3 Rn. 3 ff.
286 BT-Drs. 18/9985 und 18/10351, BR-Drs. 713/16.
287 BR-Plenarprotokoll 952, 514.
288 S. dazu BT-Drs. 19/6663, 50 f.
289 SG Stade 13.11.2018 – S 19 AY 15/18. Ablehnend Anm. Hohm, ZFSH/SGB 2019, 68-72.
290 So noch BSG 6.10.2012 – B 14 AS 171/10 R.
291 B 4 AS 37/16 R; Anm. Gunnar Formann, Regelbedarfshöhe bei gemischter Bedarfsgemeinschaft, NZS 2018, 116.
292 Anders SG Berlin 31.1.2018 – S 102 AS 20536/14, für eine gemischte Bedarfsgemeinschaft mit einem Partner, der Leistungen nach § 1 a AsylbLG bezog. Vgl. auch SG Bremen 17.11. 2016 – S 6 AS 64/14, juris Rn. 32, 54, das Leistungen nach der Regelbedarfsstufe 1 zugesteht, „wenn die Summe aus dem Regelbedarf nach dem AsylbLG und dem Regelbedarf nach § 20 Abs. 4 SGB II" weniger als 180 vH der Regelbedarfe zweier volljähriger SGB II-Leistungsbezieher in Partnerschaften betragen würde". Vgl. auch SG Hannover 5.10.2016 – S 53 AY 20/16, Rn. 22 ff. Die Übergangsvorschrift des § 65 Abs. 1 SGB II ist zum 31.12.2018 ausgelaufen.
293 Zur Möglichkeit der Abweichung von der Unterbringung in einer Sammelunterkunft Wahrendorf § 3 Rn. 55 mwN.
294 Bejahend Siefert in: Siefert AsylbLG § 3 Rn. 35; aA Frerichs in: jurisPK-SGB XII AsylbLG § 3 Rn. 144, eine ausnahmsweise Übernahme nach § 6 AsylbLG ist möglich. Ebenso Wahrendorf § 3 Rn. 57.
295 Wahrendorf § 3 Rn. 61 f.

Kötter

f) Bedarfe für Bildung und Teilhabe

80 Bedarfe für Bildung und Teilhabe werden gem. § 3 Abs. 3 AsylbLG neben den Grundleistungen erbracht, unabhängig davon ob die Leistungsberechtigten (neben Kindern
und Jugendlichen auch junge Erwachsene iSv § 7 SGB VIII) in oder außerhalb einer
Aufnahmeeinrichtung wohnen. Sie umfassen analog §§ 34, 34 a und b SGB XII Leistungen für Schulausflüge, mehrtägige Klassenfahrten, den persönlichen Schulbedarf, außerschulische Lernförderung, gemeinschaftliche Mittagsverpflegung, Teilhabe am sozialen
und kulturellen Leben und Fahrtkosten,[296] die nur auf Antrag (§ 3 Abs. 3 AsylbLG iVm
§ 34 a Abs. 1 S. 1 SGB XII) erbracht werden. Mit dem Anspruch gem. § 3 Abs. 3
AsylbLG hat der Gesetzgeber der Forderung des BVerfG, auch im AsylbLG die Bedarfe
von Kindern und Jugendlichen an Bildung und Teilhabe am sozialen und kulturellen Leben in der Gemeinschaft sicher zu stellen, Rechnung getragen.[297]

2. Leistungen in besonderen Fällen (Analogleistungen) (§ 2 AsylbLG)

81 Die Grundleistungen nach § 3 AsylbLG werden in der Regel für bis zu 15 Monaten erbracht. Dieser Zeitraum entspricht der durchschnittlichen Dauer eines erfolglosen Asylverfahrens, einschließlich der Zeit für aufenthaltsbeendende Maßnahmen, für den die
im Vergleich zum Grundsicherungsrecht abgesenkten Leistungen nach § 3 AsylbLG als
verfassungsrechtlich unbedenklich angesehen werden.[298] Danach erfolgt eine leistungsrechtliche Besserstellung durch sog Analogleistungen gemäß § 2 AsylbLG, die ihrem Inhalt und Umfang nach den Leistungen des SGB XII entsprechen. Voraussetzung der
Analogleistungen ist, dass die Leistungsberechtigten sich seit 15 Monaten ohne wesentliche Unterbrechung[299] tatsächlich[300] im Bundesgebiet aufgehalten und die Dauer des
Aufenthalts nicht rechtsmissbräuchlich selbst beeinflusst haben. Eine rechtsmissbräuch-
liche Beeinflussung verlangt ein auf die Aufenthaltsverlängerung zielendes vorsätzliches,
sozialwidriges[301] Verhalten, das einen objektiven Missbrauchstatbestand erfüllt[302] und
ursächlich ist für die Aufenthaltsdauer.[303] Die für die Feststellung des Leistungsmissbrauchs notwendigen Informationen werden gem. § 90 Abs. 3 AufenthG von den Ausländerbehörden mitgeteilt. Bei der Berechnung der Aufenthaltsdauer wird auf die Zeit
des tatsächlichen Aufenthalts (nicht auf die des Bezugs von (Grund-)Leistungen nach
dem AsylbLG) abgestellt.[304]

Bei den Analogleistungen richtet sich der notwendige Lebensunterhalt nach den Regelsätzen des SGB XII. Seit dem Inkrafttreten des Integrationsgesetzes[305] findet § 5
AsylbLG auch auf Bezieher*innen von Analog-Leistungen Anwendung. Auch die Regelungen der §§ 82 ff., 90 ff. SGB XII sind analog anwendbar.

---

296 Eine Übersicht zu den landesrechtlichen Regelungen über die Schulpflicht von asylsuchenden Kindern und
Jugendlichen bei Hundt (Lit.), 82 ff.; sa Kapitel 27.
297 BVerfG 18.7.2012 – 1 BvL 10/10, 1 BvL 2/11, Rn. 96. Wahrendorf § 3 Rn. 66.
298 Oppermann in: jurisPK-SGB XII, 2. Aufl. 2014, § 2 AsylbLG Rn. 9.
299 Zur Auslegung vgl. Wahrendorf § 2 Rn. 10 f.
300 Gesamtkommentar SRB/Treichel AsylbLG § 2 Rn. 5 ff.
301 Dieses ist unter Berücksichtigung des Verhältnismäßigkeitsgrundsatzes zu prüfen. S. Wahrendorf § 2
Rn. 22.
302 ZB bei Verstoß gegen Meldevorschriften gem. §§ 14, 18, 19 AsylG, bei Verstoß gegen räumliche Beschränkungen (§§ 59, 60 AsylG, § 61 AufentG). S. hierzu und zu weiteren Missbrauchstatbeständen Deibel,
AsylbLG aktuell, § 2 Rn. 12 ff.
303 BSG 17.6.2008 – B 8/9 b AY 1/07; zu Einzelheiten s. Krauß in: Siefert AsylbLG § 2 Rn. 30–56; Deibel in:
GK-AsylbLG § 2 Rn. 39–101; Deibel in: AsylbLG aktuell, § 2 Rn. 12.
304 Oppermann, Das Asylbewerberleistungsrecht in der Fassung des Asylverfahrensbeschleunigungsgesetzes
(Teil 1), jurisPR-SozR 7/2016 Anm. 1 (mit Verweis auf die geänderte Rechtsprechung des BSG mit Urteil
vom 28.5.2015 – B 7 AY 4/12 R, Rn. 24).
305 V. 31.7.2016 (BGBl. I 1939).

3. Leistungen bei Krankheit, Schwangerschaft und Geburt (§ 4 AsylbLG)

Leistungsberechtigte nach § 1 AsylbLG haben nach § 4 Abs. 1 S. 1 AsylbLG bei akuter **82** Erkrankung und Schmerzzuständen Anspruch auf eine medizinische Grundversorgung. Sie ist nach Inhalt und Umfang deutlich gegenüber der medizinischen Versorgung von Leistungsberechtigten nach dem SGB XII reduziert.[306] Erst mit der Erfüllung der Voraussetzungen der Analogleistungen § 2 AsylbLG haben Leistungsberechtigte nach dem AsylbLG Anspruch auf eine den Leistungen für Bezieher*innen von Sozialhilfeleistungen entsprechende umfassende medizinische Versorgung. Ihre Krankenversorgung wird dann nach § 264 Abs. 2 SGB V von den gesetzlichen Krankenkassen übernommen und sie erhalten eine Gesundheitskarte (§ 264 Abs. 4 S. 2 SGB V).

Nach dem Wortlaut des § 4 Abs. 1 S. 1 AsylbLG besteht ein Leistungsanspruch nur bei **83** **akuter Erkrankung und bei Schmerzzuständen**, auch wenn diese nicht akut sind.[307] Eine akute Erkrankung liegt vor bei einem „unvermutet auftretenden, schnell und heftig verlaufenden, regelwidrigen Körper- oder Geisteszustand, der aus medizinischen Gründen der ärztlichen Behandlung bedarf.[308] Die Feststellung des Vorliegens einer akuten Erkrankung, auch einer psychischen Erkrankung,[309] kann nur im Einzelfall erfolgen und unter Zugrundelegung medizinischer Kriterien.[310]

Akute Krankheitszustände mit konkretem Behandlungsbedarf können auch bei chroni- **84** schen Erkrankungen auftreten[311] und lösen einen Behandlungsanspruch unabhängig davon aus, ob damit zugleich das chronische Grundleiden behandelt wird. Dieser kann wegen des Wortlauts des § 4 Abs. 1 S. 1 AsylbLG in verfassungskonformer Auslegung auf § 6 AsylbLG gestützt werden.[312] Nach § 6 Abs. 1 S. 1 AsylbLG können im Einzelfall zur Sicherung der Gesundheit unerlässliche Leistungen erbracht werden. § 6 Abs. 1 AsylbLG erweitert den Zugang zur erforderlichen medizinischen Versorgung von Leistungsberechtigten nach § 1 AsylbLG. Er kann aber als Ermessens- und Ausnahmenorm keine strukturellen Defizite ausgleichen.[313] Die Regelung der medizinischen Versorgung von Leistungsbeziehern nach dem AsylbLG begegnet daher erheblichen verfassungs- und europarechtlichen[314] Bedenken.[315]

---

306 Zu Leistungsansprüchen auf Leistungen der medizinischen Versorgung s. auch Ossege/Köhler GesR 2016, 276; Hinweise zur medizinischen Versorgung von Flüchtlingen und Asylsuchenden in Krankenhäusern, Dokumentation (Stand November 2015), Das Krankenhaus 1/2016, 9; Ataker/Plettenberg Sozialrecht aktuell 2018, 49.
307 Hohm in: Schellhorn/Schellhorn/Schneider SGB XII AsylbLG § 4 Rn. 4.
308 SG Karlsruhe 22.9.2016– S 12 AY 3783/14, juris Rn. 28 mwN (Hämorrhoiden); vgl. auch LSG NRW 6.5.2013 – L 20 AY 145/11, info also 2014, 32 (34) mwN.
309 Zum Umgang mit psychischen Erkrankungen kritisch Kanalan/Krajewski ZESAR 2017, 418 (420) unter Verweis auf SG Landshut 24.11.2015 – S 11 AY 11/14; Eichenhofer ZAR 2013, 169 (170); Frings, Der Anspruch nach dem Asylbewerberleistungsgesetz auf eine medizinische Grundversorgung für Menschen ohne Papier, in: Falge/Fischer-Lescano/Sieveking, Gesundheit in der Illegalität, 2009, 148 f.; Hohm in: GK-AsylbLG § 4 Rn. 31 (zu HessOVG 22.9.1999 – 4 M 3551/99.80 [Psychotherapie]). Kritisch zu Verweigerung von Leistungen bei psychischen Erkrankungen Kanalan/Krajewski ZESAR 2017, 418 (420) unter Verweis auf SG Landshut 24.11.2015 – S 11 AY 11/14; Eichenhofer ZAR 2013, 169 (170).
310 Klerks info also 2014, 32 (37) mwN.
311 SG Karlsruhe 22.9.2016 – S 12 AY 3783/14, juris Rn. 29.
312 HessLSG 11.7.2018 – L 4 AY 9/18 B ER mit Anm Kötter, info also 2018, 243–245.
313 Kanalan/Krasjewski ZESAR 2017, 420.
314 So verlangt insbesondere z. B. § 19 Abs. 2 RL 2013/33/EU (Aufnahmerichtlinie) für besonders schutzwürdige Personen eine über eine Notversorgung und die unbedingt erforderliche Behandlung von Krankheiten nach § 19 Abs. 1 RL 2013/33/EU hinausgehende medizinische Hilfe und psychologische Behandlung. Diesem Anspruch wird weder die Regelung nach §§ 4, 6 Abs. 1 AsylbLG gerecht noch § 6 Abs. 2 AsylbLG, dessen persönlicher Anwendungsbereich auf Personen mit Aufenthaltstitel nach § 24 Abs. 1 AufenthG beschränkt ist.
315 Rixen Landkreis 2016, 268; Kluth SozSich 2018, 32; Kanalan VSSR 2016, 168 (188 f.).

85 Der Leistungsanspruch nach § 4 Abs. 1 AsylbLG richtet sich auf die **erforderliche**[316] **ärztliche und zahnärztliche Behandlung** einschließlich der Versorgung mit Arznei- und Verbandmitteln sowie sonstiger zur Genesung, zur Besserung oder zur Linderung von Krankheiten und Krankheitsfolgen **erforderlichen**[317] **Leistungen.** Die Behandlung kann sowohl ambulant als auch – soweit erforderlich – stationär erfolgen.[318] Voraussetzung der Versorgung mit Zahnersatz ist, dass sie aus medizinischen Gründen unaufschiebbar ist (§ 4 Abs. 1 S. 3 AsylbLG).

86 Nach § 4 Abs. 1 S. 2 AsylbLG besteht ein Anspruch auf Impfschutz[319] – entsprechend den Regelungen der gesetzlichen Krankenversicherung (§§ 47, 52 Abs. 1 S. 1 analog SGB XII) – und auf die medizinisch gebotenen Vorsorgeuntersuchungen. Schwangere und Wöchnerinnen haben nach § 4 Abs. 2 AsylbLG einen umfassenden Anspruch auf ärztliche und pflegerische Hilfe und Betreuung, Hebammenhilfe, Arznei-, Verband- und Heilmittel.[320] Die Problematik fehlender Erstattungsansprüche bei Notfall-Behandlung von Empfängern von Grundleistungen[321], zB durch Krankenhäuser, ist durch die Regelung der Erstattungsansprüche von Nothelfern in § 6 a AsylbLG[322] gelöst worden.

87 Der zuständige kommunale Träger (→ Rn. 91) hat den Sicherstellungsauftrag für die Leistungen bei Krankheit, Schwangerschaft und Geburt (§ 4 Abs. 3 S. 1 AsylbLG) sowie ein frühzeitiges Angebot an die Leistungsberechtigten zur Vervollständigung ihres Impfschutzes (§ 4 Abs. 3 S. 2 AsylbLG). Er kann sich dabei niedergelassener Ärzte und Zahnärzte bedienen, deren Vergütung sich nach den Verträgen über die Vergütung von Vertragsärzten gem. § 72 Abs. 2 SGB V bzw. über die Vergütung von Schutzimpfungen gem. § 132 e Abs. 1 SGB V richtet, wobei der kommunale Träger bestimmt, welcher der in ihrem Zuständigkeitsbereich geltenden Verträge Anwendung findet. Gem. § 264 Abs. 1 S. 1, 2 SGB V müssen die gesetzlichen Krankenkassen die Krankenbehandlung für die Empfänger von Gesundheitsleistungen nach §§ 4 und 6 AsylbLG übernehmen, wenn sie dazu durch die Länder bzw. durch die von ihnen eingesetzten obersten Landesbehörden verpflichtet werden.[323] Dies geschieht auf der Basis von Vereinbarungen mindestens auf der Ebene der Landkreise und kreisfreien Städte (§ 264 Abs. 1 S. 2 aE SGB V),[324] die insbesondere Regelungen zur Erbringung der Leistungen sowie zum Ersatz der Aufwendungen und Verwaltungskosten der Krankenkassen regeln (§ 264 Abs. 1 S. 3 SGB V). Dabei kann auch die Verwendung einer elektronischen Gesundheitskarte vereinbart werden (§ 264 Abs. 1 S. 3 aE).[325]

---

316 LSG BW 11.1.2007 – L 7 AY 6025/06, Rn. 5.
317 LSG BW v. 11.1.2007 – L 7 AY 6025/06, Rn. 6. So auch Ossenge/Köhler, S. 279.
318 Entwurf eines Gesetzes zur Neuregelung von Leistungen für Asylbewerber, BT-Drs. 12/4451, 9.
319 BT-Drs. 18/6185, 45 f.
320 Zu den Leistungen für Schwangere und Neugeborene nach dem AsylbLG s. auch Ataker/Plettenberg Sozialrecht aktuell 2018, 49–56; Scheibe Sozialrecht aktuell 2017, 5–8.
321 Das BSG hatte die analoge Anwendung von § 25 SGB XII mit seinem Urteil v. 30.10.2013 – B 7 AY 2/12 R ausgeschlossen. Vgl. dazu die ausführliche Anmerkung von Kyrill Makoski, Kostenerstattung für eine stationäre Krankenhausbehandlung für Personen, die dem AsylbLG unterfallen jurisPR-MedizinR 4/2014 Anm. 2.
322 Eingefügt durch Art. 4 des Gesetzes zur Änderung des Asylbewerberleistungsgesetzes und des Sozialgerichtsgesetzes v. 10.12.2014, BGBl. I, 2187.
323 Vgl. hierzu Marburger, § 264 SGB V: Neuer anspruchsberechtigter Personenkreis, ZfW 2017, 86–89.
324 Zum Modellversuch in Bremen vgl. Burmester (2015): Medizinische Versorgung der Leistungsberechtigten nach §§ 4 und 6 AsylbLG über eine Krankenkasse, NDV 2015, 109–114.
325 Die Bundesländer Bremen, Hamburg, Schleswig-Holstein, Berlin, sowie einige Kommunen in NRW haben Verträge über die Verwendung der Gesundheitskarte bereits während der ersten 15 Monate des Aufenthalts abgeschlossen. Vgl. Voigt, 2016, 21, mit Hinweis auf http://gesundheit-gefluechtete.info/regelung-in-den-bundesländern/.

4. Sonstige Leistungen (§ 6 AsylbLG)

Die Auffangvorschrift des § 6 AsylbLG ermöglicht die Anpassung der Leistungen im Er- **88**
messenswege[326] an atypische Bedarfslagen insbesondere der Sicherung des Lebensunterhalts, der Gesundheit, der Deckung besonderer Bedürfnisse von Kindern und der Erfüllung verwaltungsrechtlicher Mitwirkungspflichten. Voraussetzung ist, dass die Leistungen im Einzelfall unerlässlich sind zur Deckung eines notwendigen Bedarfs, der nicht
bereits durch die Grundleistungen nach § 3 AsylbLG oder die Leistungen bei Krankheit,
Schwangerschaft und Geburt nach § 4 AsylbLG sichergestellt ist, also ein konkreter
Sonderbedarf besteht.[327]

Darüber hinaus regelt § 6 AsylbLG Rechtsansprüche besonders schutzwürdiger Personen mit Aufenthaltserlaubnis nach § 24 Abs. 1 AufenthG (→ Rn. 64), insbes. unbeglei-
teter minderjährigen Flüchtlingen und Traumatisierter, auf die erforderliche medizinische und sonstige Hilfe (Abs. 2). Hierbei handelt es sich um Ausländer*innen, denen
auf Grund eines Beschlusses des Rates der EU gem. der Massenzustrom-Richtlinie
(RL 2001/55/EG) **vorübergehender Schutz** gewährt wird. Ihnen sind Leistungen mindestens im Umfang von Art. 13 RL 2001/55/EG zu gewähren.[328]

Als **sonstige Leistungen, die zur Sicherung des Lebensunterhalts unerlässlich sind,** kön- **89**
nen zB die Kosten von Erstausstattungen bei Schwangerschaft und Geburt (Umstands-
kleidung, Kinderwagen, Babykleidung und -pflegemittel etc),[329] Fahrtkosten zur Wahrnehmung des Sorge- und Umgangsrechts mit einem leiblichen Kind,[330] aber auch Bestattungskosten übernommen werden. Pauschale Mehrbedarfe wegen Alleinerziehung,
Schwangerschaft oder Behinderung sind im AsylbLG nicht vorgesehen. Im Einzelfall
sind Leistungen nach § 6 AsylbLG unter detaillierter Angabe des Bedarfs zu beantragen.[331]

Als **zur Sicherung der Gesundheit unerlässliche Leistungen** nach § 6 Abs. 1 AsylbLG **90**
kommen etwa die Mehrkosten für besondere Ernährung bei Krankheit, bei Schwangerschaft, Leistungen zur ambulanten oder stationären Versorgung Behinderter und Pflegebedürftiger,[332] Psychotherapie,[333] Drogentherapie,[334] zur Diagnostik, ärztlichen Aufklärung sowie Psychotherapie unabweisbar notwendige Dolmetscherkosten[335] und Fahrtkosten zur ambulanten und stationären Behandlung[336] in Betracht. Inwieweit der
Ausschluss von chronischen und nicht schmerzhaften Erkrankungen durch § 4 Abs. 1
AsylbLG die Gewährung von Leistungen der medizinischen Versorgung nach § 6 Abs. 1
AsylbLG ausschließt, ist strittig.[337]

---

326 Zur Begrenzung des Entschließungsermessens bei den im Gesetz genannten Fallgruppen vgl. Wahrendorf
§ 6 AsylbLG Rn. 13 mwN.
327 Wahrendorf § 6 AsylbLG Rn. 10.
328 Zur Kritik an der unzureichenden Umsetzung der Massenzustromrichtlinie (RL 2001/55/EG) und der Op-
ferschutzrichtlinie (RL 2004/81/EG) s. Kanalan VSSR 2016, 161 (188 f.).
329 VG Düsseldorf 25.4.2001 – 13 L 607/01. Frings/Domke (Lit.), 282 verweisen darauf, dass asylsuchende
Schwangere auch Leistungen der Stiftung „Mutter und Kind" beantragen können.
330 LSG SA 3.1.2006 – L 8 B 11/05 AY ER.
331 LSG NRW 29.8.2016 – L 20 AY 54/16 B ER (Mehrbedarf wegen Schwangerschaft) und BayLSG
18.7.2017 – L 8 AY 18/15 (Mehrbedarf wegen Alleinerziehung), Rn. 32 ff. Zum Antragserfordernis vgl.
BayLSG 19.3.2018 – L 18 AY 7/18 B ER.
332 Ausgenommen ist das Pflegegeld (LSG NRW 14.2.2011 – L 20 AY 28/08).
333 Dazu ausführlich mit Rspr. Classen, Die Finanzierung ambulanter Psychotherapien für Flüchtlinge, www.fl
uechtlingsinfo-berlin.de/fr/arbeitshilfen/Psychotherapie_fuer_Fluechtlinge.pdf.
334 SG Frankfurt/M. 16.1.2006 – S 20 AY 1/06.
335 VG Saarland 29.12.2000 – 4 K 66/99; NdsOVG 11.1.2002 – 4 MA 1/02; grundlegend zu Dolmetscherkosten nach BSHG zur Krankenbehandlung BVerwG 25.1.1996 – 5 C 20.95.
336 OVG Bln 3.4.2001 – 6 S 49.98.
337 Vgl. HessLSG 11.7.2018 – L 4 AY 9/18 B ER (Anspruch eines chronisch an Hepatitis B Erkrankten auf
Leistungen nach § 6 AsylbLG); dazu Kötter, info also 2018, 243.

91 Das Asylbewerberleistungsgesetz enthält keine besondere Anspruchsgrundlage für Eingliederungsleistungen für Menschen mit Behinderung.[338] Neben den Leistungen nach § 4 AsylbLG sind Eingliederungsleistungen als Ermessensleistungen nach § 6 AsylbLG möglich.[339] Wegen der bereits abgelaufenen Umsetzungsfristen der einschlägigen EU-Richtlinien, insbes. der Richtline 2013/33/EU (Aufnahmerichtlinie), ist § 6 AsylbLG richtlinienkonform auszulegen.[340] Asylbewerber*innen mit besonderen Bedürfnissen nach Art. 19 Abs. 2, 21 bis 25 RL 2013/33/EU, zu denen nach Art. 21 der Richtlinie auch behinderte Menschen gehören, steht daher ein Anspruch auf die „erforderliche medizinische und sonstige Hilfe" zu, zB auf ambulante Betreuungsleistungen wegen schwerwiegender psychischer Erkrankung.[341]

92 Zu den **Leistungen zur Erfüllung verwaltungsrechtlicher Mitwirkungspflichten** können Passkosten,[342] einschließlich der Fahrtkosten zum Konsulat[343] gehören.[344]

Die Bedeutung der Leistungen zur Deckung besonderer Bedürfnisse von Kindern hat nach der Integration der Leistungen für Bildung und Teilhabe für Kinder, Jugendliche und junge Erwachsende in das AsylbLG (→ Rn. 80) abgenommen. Darüber hinausgehende Sonderbedarfe, wie Eingliederungsleistungen für behinderte Kinder,[345] können weiterhin nach § 6 AsybLG erbracht werden.

5. Zuständigkeit (§§ 10, 10 a AsylbLG)

93 Sachlich zuständig für die Leistungen sind die gem. § 10 AsylbLG von den Landesregierungen oder von den von ihnen beauftragten obersten Landesbehörden bestimmten Behörden und Kostenträger.[346] Die **örtliche Zuständigkeit** für Leistungen nach dem AsylbLG hat die nach § 10 AsylbLG bestimmte Behörde, in deren Bereich der Leistungsberechtigte nach dem AsylG oder dem AufenthG verteilt oder zugewiesen wurde, oder für deren Bereich eine Wohnsitzauflage für den Leistungsberechtigten besteht (§ 10 a Abs. 1 AsylbLG). Bei stationären Leistungen[347] richtet sich die örtliche Zuständigkeit nach dem Ort des gewöhnlichen Aufenthalt im Zeitpunkt der Aufnahme in die Einrichtung oder in den zwei Monaten vor Aufnahme (§ 10 a Abs. 2 S. 1 AsylbLG).

IV. Arbeitsgelegenheiten, Sonstige Maßnahmen zur Integration (§§ 5–5 b AsylbLG)

94 Nach § 5 AsylbLG sollen in Erstaufnahmeeinrichtungen und vergleichbaren Einrichtungen (insbesondere ausgelagerten Unterkünften von Aufnahmeeinrichtungen und Gemeinschaftsunterkünften), aber auch bei staatlichen, kommunalen und gemeinnützigen

338 § 100 SGB IX, der zum 1.1.2020 in Kraft tritt, schließt Leistungsberechtigte nach § 1 AsylbLG von Leistungen der Eingliederungshilfe nach Teil 2 des SGB IX nF aus.
339 LSG Nds-Brem 1.2.2018 – L 8 AY 16/17 B ER, Rn. 28.
340 LSG Nds-Brem 1.2.2018 – L 8 AY 16/17 B ER, Rn. 29.
341 So in dem vom LSG Nds-Brem (1.2.2018 – L 8 AY 16/17 B ER) entschiedenen Fall.
342 SächsOVG 3.6.2008 – 4 A 144/08; LSG NRW 10.3.2008 – L 20 AY 16/07; SG Wiesbaden 9.5.2008 – S 21 AY 9/07. Zur Passbeschaffung im Ausland OVG NRW 5.6.2008 – 18 E 471/08. Nicht bei fehlender Aussicht auf Erteilung eines Aufenthaltstitels (BayVGH 3.4.2006 – 12 C 06.526).
343 LSG NRW 10.3.2008 – L 20 AY /16/70.
344 Zum Verhältnis aufenthaltsrechtlicher Mitwirkungspflichten und sozialrechtlicher Leistungsansprüche bei der Passbeschaffung s. auch VG Aachen 25.10.2016 – 8 K 745/14 mAnm Harich jurisPR-SozR 9/2017 Anm. 1.
345 Vgl. Bay LSG 21.1.2015 – L 8 SO 316/14 B ER.
346 In Bayern ist dies zB durch die Bay. Asyldurchführungsverordnung (DVAsyl) vom 16.8.2016 (GVBl. S. 258, BayRS 26–5–1-A/I) geschehen.
347 Ob Frauenhäuser als Einrichtungen angesehen werden können, „die der Krankenbehandlung oder anderen Maßnahmen nach diesem Gesetz dienen" (§ 10 a Abs. 2 S. 1 AsylbLG), ist strittig. Bejahend LSG NRW Beschl. v. 23.6.2016 – L 20 AY 38/16 B ER, Rn. 38 f.; aA Frings/Domke (Lit.), 92.

Trägern[348] Arbeitsgelegenheiten geschaffen werden. In den Aufnahmeeinrichtungen und Gemeinschaftsunterkünften sollen die Arbeitsgelegenheiten insbesondere zur Aufrechterhaltung und Betreibung der Einrichtung zur Verfügung gestellt werden. Durch das Integrationsgesetz vom August 2016[349] wurden zusätzliche Arbeitsgelegenheiten der Bundesagentur für Arbeit (Flüchtlingsintegrationsmaßnahmen) auf der Grundlage des Arbeitsmarktprogramms Flüchtlingsintegrationsmaßnahmen des Bundes geschaffen (FIM) (§ 5 a AsylbLG). Die Arbeitsgelegenheiten sind keine Arbeitsverhältnisse im Sinne des Arbeitsrechts[350] oder Beschäftigungsverhältnisse im Sinne der GKV und GRV (§ 5 Abs. 5 S. 1 AsylbLG). Die Aufnahme einer Arbeitsgelegenheit verstößt daher nicht gegen asyl- oder ausländerrechtliche Beschränkungen des Zugangs zum Arbeitsmarkt[351] (§ 5 Abs. 5 S. 2 AsylbLG). Die Aufwandentschädigung für die Arbeitsgelegenheit beträgt idR 0,80 EUR/Stunde.[352]

Es besteht eine sanktionsbewehrte Pflicht zur Annahme zumutbarer Arbeitsgelegenheiten (§ 5 Abs. 4 S. 1, § 5 a Abs. 2 AsylbLG). Die Zumutbarkeit ist analog § 11 Abs. 4 SGB XII zu bestimmen (§ 5 Abs. 3 S. 2, § 5 a Abs. 2 S. 1 AsylbLG). Die unbegründete Ablehnung einer zumutbaren Arbeitsgelegenheit führt – nach vorheriger (schriftlicher) Belehrung über die Rechtsfolgen einer unberechtigten Ablehnung der Arbeitsgelegenheit (§ 5 Abs. 4 S. 3, § 5 a Abs. 3 S. 1 AsylbLG) – zum Leistungsausschluss bei den Grund-, Analogleistungen und den sonstigen Leistungen nach §§ 2, 3, 6 AsylbLG (§§ 5 Abs. 4 S. 2, 3, 5 a Abs. 3 AsylbLG).[353] Anstelle der Leistungen nach den §§ 2, 3 und 6 AsylbLG sollen dann grundsätzlich nur noch Ernährung sowie Unterkunft einschließlich Heizung sowie Körper- und Gesundheitspflege sowie Gesundheitsleistungen nach § 4 AsylbLG als Sachleistungen erbracht werden.[354]   **95**

Ebenfalls durch das Integrationsgesetz neu eingeführt wurde die Möglichkeit, Leistungsberechtigten nach dem AsylbLG zur Teilnahme an Integrationskursen zu verpflichten. Auch diese Verpflichtung ist sanktionsbewehrt (§ 5 b Abs. 2 AsylbLG).   **96**

V. Anrechnung von Einkommen und Vermögen (§ 7 AsylbLG)

§ 7 Abs. 1 S. 1 AsylbLG enthält die Obliegenheit der Leistungsberechtigten und ihrer Familienangehörigen, vorhandenes Einkommen und Vermögen vor Eintritt von Leistungen nach dem AsylbLG aufzubrauchen. Wer Familienangehöriger ist, ist nicht eindeutig festgelegt. Nur hinsichtlich der Partner einer eheähnlichen oder lebenspartnerschaftsähnlichen Gemeinschaft ordnet das Gesetz die analoge Anwendung von § 20 SGB XII an. Das BSG hat das Regelungskonzept des SGB XII auch für die Bestimmung des Ein-   **97**

---

348 Soweit es sich um Tätigkeiten handeln, die in diesem Umfang nicht oder nicht zu diesem Zeitpunkt verrichtet würden. Anders als in § 16 d SGB II ist keine Wettbewerbsneutralität der Arbeitsgelegenheit erforderlich (vgl. Stefan Sell, https://aktuelle-sozialpolitik.blogspot.de/2016/06/134.html).
349 Vom 31.7.2016, BGBl. I 2016, 1939.
350 Die Vorschriften über den Arbeitsschutz sowie die Grundsätze der Beschränkung der Arbeitnehmerhaftung sind analog anzuwenden (§ 5 Abs. 5 S. 3 AsylbLG).
351 Zum Arbeitsmarktzugang von Leistungsberechtigten nach dem AsylbLG vgl. Körtek/Reidel (Lit.), 114 ff., insbes. 118 ff.
352 Hundt (Lit.), 64.
353 Zu den Leistungseinschränkungen bei Verletzung der Pflicht zur Annahme von Arbeitsgelegenheiten oder zur Teilnahme an Integrationsmaßnahmen s. auch → Rn. 101 ff.
354 BT-Drs. 18/8615, 36 f., Begründung des Gesetzesentwurfes, dort Nr. 3 Buchst. c. S. auch Wissenschaftliche Dienste des Deutschen Bundestages, Sachstand, Sanktionen im Leistungsrecht für Asylbewerber und Flüchtlinge – Asylbewerberleistungsgesetz, Zweites und Zwölftes Buch Sozialgesetzbuch, WD 6–3000–053/16, 2016, 9 f. mwN.

kommensbegriffs und zur Feststellung des Personenkreises, dessen Einkommen und Vermögen zu berücksichtigen ist, herangezogen.[355] § 7 Abs. 2 AsylbLG regelt das nicht zu berücksichtigende Einkommen. Dazu zählen insbesondere (Mehr-)Aufwandsentschädigungen, die nach § 5 Abs. 2 oder nach § 5 a AsylbLG zu zahlen sind, und Fahrkostenzuschüsse zur Sicherstellung der Teilnahme an einem Integrationskurs oder der berufsbezogenen Deutschsprachförderung (§ 7 Abs. 2 Nr. 5–7 AsylbLG). Die Absetzbeträge (§ 7 Abs. 3 S. 2 AsylbLG) sind auf Steuern (Nr. 1) und Sozialversicherungspflichtbeiträge (Nr. 2), Beiträge zu öffentlichen und privaten Versicherungen oder ähnlichen Einrichtungen, soweit diese Beiträge gesetzlich vorgeschrieben sind, (Nr. 3) und auf die Werbekosten (Nr. 4) sowie auf einen Erwerbstätigenfreibetrag in Höhe von 25% des Einkommens aus Erwerbstätigkeit (§ 7 Abs. 3 S. 1 AsylbLG) beschränkt. Der Erwerbstätigenfreibetrag ist gedeckelt in Höhe von 50% des Geldbetrags zur Deckung aller notwendigen persönlichen Bedarfe nach § 3 Abs. 1 und des notwendigen Bedarfs nach § 3 Abs. 1 AsylbLG der maßgebliche Bedarfsstufe in der jeweils aktuellen Höhe.

Das Vermögen ist mit Ausnahme eines Freibetrags von jeweils 200 EUR für den Leistungsberechtigten und seine Familienangehörigen und von Vermögensgegenständen, die zur Aufnahme oder Fortsetzung einer Berufsausbildung oder Erwerbstätigkeit unentbehrlich sind, einzusetzen (§ 7 Abs. 5 S. 1 AsylbLG).

98 Gem. § 7 Abs. 3 S. 3 AsylbLG müssen Leistungsberechtigte bei Unterbringung in einer Einrichtung mit Sachleistungsbezug, soweit sie über Einkommen und Vermögen verfügen, die Kosten in der Höhe der Grundleistungen analog § 3 Abs. 2 S. 2 sowie die Kosten für Unterkunft und Heizung erstatten. Soweit Vermögen iSd § 7 Abs. 1 S. 1 AsylbLG vorhanden ist, kann von Leistungsberechtigten wegen der ihnen und ihren Familienangehörigen zu gewährenden Leistungen nach Sicherheit verlangt werden (§ 7 a S. 1 AsylbLG).[356] Die im Ermessen des Leistungsträgers stehende Anordnung der Sicherheitsleistung kann ohne vorherige Vollstreckungsandrohung im Wege des unmittelbaren Zwangs erfolgen, allerdings nicht für in der Vergangenheit liegende Zeiträume.[357] Dabei sind in verfassungskonformer Auslegung Gegenstände ausgenommen, die für ein menschenwürdiges Existenzminimum erforderlich sind.[358]

VI. Anspruchseinschränkung nach § 1 a AsylbLG

99 § 1 a AsylbLG sieht Leistungskürzungen für Leistungsberechtigte nach dem AsylbLG bei Verstoß gegen asyl- und aufenthaltsrechtliche Vorschriften vor. Die Neufassung des § 1 a AsylbLG und die Einführung neuer Sanktionstatbestände in den §§ 5 a, b und 11 AsylbLG durch die Asylpakete I und II und das Integrationsgesetz (dazu → Rn. 57) haben ein weit über die bis dahin geltenden Leistungsbeschränkungen bei Einreise zum Sozialleistungsbezug und Verhinderung aufenthaltsbeendender Maßnahmen hinausgehendes migrationspolitisch begründetes Sanktionssystem geschaffen. Waren die Sanktionen auch zuvor nicht unumstritten,[359] so begegnen sie wegen der Verknüpfung migrationspolitischer Instrumente mit Einschränkungen des grundrechtlichen geschützten

---

355 BSG 26.6.2013 – B 7 AY 6/11 R, BSGE 114, 11 (zur Frage wessen Einkommen und Vermögen in Familienkonstellationen zu berücksichtigen ist); 24.5.2012 – B 9 V 2/11 R, BSGE 111, 79 (Begriff des Einkommens).
356 Kritisch zur Anwendungspraxis und Kritik Hammel ZFSH/SGB 2016, 171–177.
357 LSG Bln-Bbg 21.4.2016 – L 15 AY 2/12.
358 So auch Frings/Domke (Lit.), 288.
359 Classen/Kanalan info also 2010, 243 (247).

Kötter

Existenzminimums nun erheblichen verfassungsrechtlichen,[360] teilweise auch europarechtlichen[361] Bedenken (→ Rn. 102).[362]

Das Bundessozialgericht und mit ihm die wohl hM[363] sieht in seiner aktuellen Rechtsprechung[364] Leistungseinschränkungen auf das unabweisbar Gebote bei Nichtvollziehbarkeit aufenthaltsbeendender Maßnahmen, die auf ein persönliches Fehlverhalten des Leistungsberechtigten bei der Beschaffung von Passersatzpapieren zurückzuführen sind, als verfassungsgemäß an.

Die Sanktionstatbestände können nach ihrem Zweck systematisiert werden,[365] wobei die jeweils unterschiedlichen Adressatenkreise zu beachten sind. Familienangehörige unterliegen den Sanktionen nur, wenn sie die Sanktionstatbestände selbst erfüllen.[366] **100**

1. Generalpräventive Sanktionstatbestände

Generalpräventive[367] Sanktionstatbestände umfassen die Einreise mit dem Zweck, Leistungen nach dem AsylbLG[368] zu erlangen (§ 1 a Abs. 1 AsybLG) und die europäische Sekundärmigration (§ 1 a Abs. 4 AsylbLG). § 1 a Abs. 1 AsylbLG sieht einen Quasi-Ausschluss von Leistungen bei sozialleistungsmotivierter Einreise von nach § 60 a AsylG geduldeten oder vollziehbar ausreisepflichtigen Leistungsberechtigten und ihren Familienangehörigen[369] vor. Der Tatbestand der „um zu"-Einreise ist nur erfüllt, wenn der Sozialleistungsbezug das prägende Motiv war.[370] Daneben können weitere Motive vorliegen. Bei uneindeutiger Motivlage trägt die Behörde die Beweislast.[371] **101**

§ 1 a Abs. 4 AsylbLG gilt ausschließlich[372] für Asylbewerber*innen und vollziehbar Ausreisepflichtige, die einem anderen EU-Mitgliedstaat oder Drittstaat abweichend von der Zuständigkeitsregelung der Dublin III-Verordnung (Verordnung (EU) 604/2013) aufgrund eines europäischen Verteilungsbeschlusses zugewiesen wurden (sog Relocation-Fälle) sowie international Schutzberechtigte und vollziehbar Ausreisepflichtige, die bereits internationalen Schutz oder ein Aufenthaltsrecht in einem anderen EU-Mitgliedstaat oder einem am Dublin-Verfahren teilnehmenden Drittstaat erhalten haben (europäische Sekundärmigration).

2. Spezialpräventive Sanktionstatbestände

Zu den spezialpräventiven Sanktionstatbeständen, die die Befolgung asyl- und aufenthaltsrechtlicher Pflichten durchsetzen sollen, zählt die Versäumnis eines feststehenden Ausreisetermins bzw. einer feststehende Ausreisemöglichkeit durch vollziehbar Ausreisepflichtige iSv § 1 Abs. 1 Nr. 5 AsylbLG (§ 1 a Abs. 2 S. 1 AsylbLG), die Unmöglichkeit des Vollzugs aufenthaltsbeendender Maßnahmen bei ausreisepflichtigen und geduldeten Asylbewerber*innen (§ 1 Abs. 1 Nr. 4, 5 AsylbLG) und ihrer Familienangehörigen (§ 1 a **102**

---

360 Oppermann ZESAR 2017, 55; Janda SGb 2018, 344 (349); Kanalan ZFSH SGB 2018, 247.
361 Janda SGb 2018, 344 (349).
362 Weitergehende Leistungsausschlüsse insbesondere bei Sekundärmigration enthält der vom Bundeskabinett am 17.4.2019 beschlossene Entwurf des Zweiten Gesetzes zur besseren Durchsetzung der Ausreisepflicht (Geordnete Rückkehr-Gesetz).
363 S. Gesamtkommentar SRB/Treichel AsylbLG § 1 a Rn. 9 mwN in Fn 11 und 12.
364 BSG 12.5.2017 – B 7 AY 1/16 R, SGb 2018, 376 (mit Anmerk. Janda) (zu § 1 a Nr. 2 AsylbLG aF).
365 Oppermann ZESAR 2017, 55 (57).
366 Nur wenn diese die Voraussetzungen des § 1 a Abs. 1 AsylbLG selbst erfüllen. S. BT-Drs. 18/2592, 18. Vgl. Oppermann in: jurisPK-SGB XII, 2. Aufl. 2014, § 1 AsylbLG Rn. 71 ff. mwN.
367 Zur Unterscheidung von generalpräventiven und spezialpräventiven Sanktionszwecken vgl. Oppermann ZESAR 2017, 55 (57).
368 So der ausdrückliche Wortlaut der Norm: „Leistungen nach diesem Gesetz".
369 Nur wenn diese die Voraussetzungen des § 1 a Abs. 1 AsylbLG selbst erfüllen. S. BT-Drs. 18/2592, 18.
370 Janda SGb 2018, 344 mwN.
371 Gesamtkommentar SRB/Treichel AsylbLG § 1 a Rn. 8.
372 LSG Bln InfAuslR 2015, 384; LSG Nds-Brem 17.8.2017 – L 8 AY 17/17 B ER.

Abs. 3 AsylbLG) aus Gründen, die von den Betroffenen selbst zu vertreten sind, sowie der Aufenthalt in Deutschland vor Ausstellung eines Ankunftsnachweises, insbesondere bei von den Betroffenen zu vertretenden Gründen für die Nichtausstellung (§ 11 Abs. 2 a S. 1 und 2 AsylbLG; hierzu → Rn. 60).

3. Verweigerung von Arbeitsgelegenheiten, Flüchtlingsintegrationsmaßnahmen und Teilnahme an Integrationskursen

103 Zweck der letzten Gruppe von Sanktionstatbeständen ist es, die Verpflichtungen zur Teilnahme an Arbeitsgelegenheiten, Flüchtlingsintegrationsmaßnahmen und Integrationskursen (§ 5 Abs. 4 S. 2, § 5 a Abs. 3 S. 1, § 5 b Abs. 2 S. 1, 2 AsylbLG) durchzusetzen (→ Rn. 93).

4. Rechtsfolge

104 Die Leistungseinschränkungen bei Erfüllung der Sanktionstatbestände sind für die Einreise zu Zwecken des Sozialleistungsbezugs in § 1 a Abs. 1 AsylbLG und für alle übrigen Fälle in § 1 a Abs. 2 S. 2–4 AsylbLG geregelt.[373] Nach § 14 AsylbLG sind die Anspruchseinschränkungen auf sechs Monate zu befristen mit Verlängerungsmöglichkeit bei fortgesetztem Fehlverhalten.[374]

§ 1 a Abs. 1 AsylbLG sieht eine **Kürzung auf das unabweisbar Gebotene** vor,[375] die nach der Rechtsprechung der Instanzgerichte insbesondere durch Kürzung der Barbeträge zur Deckung persönlicher Bedürfnisse des täglichen Lebens realisiert werden kann.[376]

§ 1 a Abs. 2 S. 1, 2 AsylbLG sieht eine **Beschränkung des notwendigen Bedarfs** auf Leistungen zur Deckung des Bedarfs an Ernährung und Unterkunft einschließlich Heizung sowie Körper- und Gesundheitspflege vor, die regelmäßig als Sachleistungen zu erbringen sind (§ 1 a Abs. 2 S. 4 AsylbLG). Nur in besonderen Einzelfällen können weitere Leistungen zur Deckung des persönlichen Bedarfs nach § 3 Abs. 1 S. 1 AsylbLG erbracht werden (§ 1 a Abs. 2 S. 3 AsylbLG). Leistungen des soziokulturellen Existenzminimums iS der Pflege zwischenmenschlicher Beziehungen und eines Mindestmaßes der Teilhabe am gesellschaftlichen, kulturellen und politischen Leben sind damit ausgeschlossen. Inwieweit die Kürzung auf bis zu 40% der Grundleistungen nach § 3 AsylbLG,[377] die nur noch einen Teil des verfassungsrechtlichen physischen Existenzminimums[378] umfasst,[379] und der vollständige Ausschluss des soziokulturellen Existenzminiums noch den Anforderungen des Grundrechts auf ein menschenwürdiges Dasein entsprechen,[380] und mit dem Menschenbild des GG vereinbar sind,[381] bedarf dringend verfassungsgerichtlicher Klärung.

---

373 Hierzu und zur Frage unterschiedlicher Sanktionen in einer Familie Oppermann ZESAR 2017, 55 (59) mwN.
374 Zur Unzulässigkeit von Dauer- und Ketteneinschränkungen und zur vorzeitigen Einstellung von Einschränkungen s. Oppermann in: jurisPK-SGB XII, 2. Aufl. 2014, AsylbLG § 14 Rn. 11 ff. Bei Beendung des pflichtwidrigen Verhaltens vor dem Ablauf von 6 Monaten gebietet der Verhältnismäßigkeitsgrundsatz eine Kürzung der Frist s. Gesamtkommentar SRB/Treichel AsylbLG § 1 a Rn. 4.
375 Dazu BSG 12.5.2017 – B 7 AY 1/16 R, Rn. 20 ff.
376 Oppermann ZESAR 2017, 55 (59) mwN.
377 Oppermann ZESAR 2017, 55 (59).
378 BVerfGE 132, 134, Rn. 64.
379 Oppermann ZESAR 2017, 55 (59).
380 Janda SGb 2018, 347 ff; Kanalan ZFSH SGB 2018, 247 (253 f.).
381 Oppermann ZESAR 2017, 55 (60 f.).

Kapitel 35: Ältere Menschen

Literaturhinweise: Klinkhammer, Die bedarfsorientierte Grundsicherung nach dem Grundsicherungsgesetz und ihre Auswirkungen auf den Unterhalt, FamRZ 2002, 997; Haberstumpf-Münchow/Kruse, Zur Bedürftigkeitsprüfung in sog. Mischhaushalten, info also 2012, 99; Richter/Doering-Striening/Schröder/Schmidt, Seniorenrecht in der anwaltlichen und notariellen Praxis, 2. Aufl. 2011; Schulte, Altenhilfe in Deutschland – Reformperspektiven aus rechtsvergleichender Sicht, NDV 1999, 3; Schulte, Zur Anrechnung tatsächlicher Unterhaltsleistungen im Grundsicherungsrecht, ZFSH/SGB 2004, 195.

Rechtsgrundlagen:
SGB XII §§ 41–46, 71

Orientierungssätze:
1. Für ältere Menschen sind eigenständige Regelungen für die Existenzsicherung als Viertes Kapitel des SGB XII als Nachfolge des Grundsicherungsgesetzes geschaffen worden. Im Hinblick auf den Umfang der Leistungen wird auf die Sozialhilfe verwiesen, so dass hierzu grundsätzlich keine Unterschiede bestehen.
2. Durch einige Verfahrensvorschriften und die sehr begrenzte Heranziehung von Unterhaltspflichtigen wird der Zugang zu diesen Leistungen erleichtert.
3. Die in § 71 SGB XII geregelte Altenhilfe trägt praktisch nicht zur Existenzsicherung älterer Menschen bei.

A. Allgemeines

Für die finanzielle Absicherung des Lebensunterhalts im Alter reichen die Renten häufig nicht aus, vor allem, wenn die Erwerbsbiographie unterbrochen wurde, sei es durch längere Zeiten der Kindererziehung oder auch durch eine selbstständige Tätigkeit. Auch Zeiten der Arbeitslosigkeit führen zu einer erheblichen **Reduzierung eines Rentenanspruchs**. Langzeitarbeitslose, die Leistungen nach dem SGB II erhalten, waren bis Ende 2010 zwar nach § 3 S. 1 Nr. 3 a SGB VI rentenversichert, jedoch wurde für ein Jahr des Bezuges lediglich eine Rentenanwartschaft von zunächst etwa 4 EUR und zuletzt etwa 2,30 EUR erreicht.[1] Seit dem 1.1.2011 werden keine Rentenbeiträge mehr gezahlt.

Da viele Senioren auch von anderen Einkommensquellen leben, zB vom Familienunterhalt, von Erträgen aus Vermögen (zB Mietwohnungen) oder Lebensversicherungen, war in den letzten Jahren die **Altersarmut** nur ein geringes gesellschaftliches Problem. Die

1

2

---

[1] Es wurde zuletzt nach § 166 Abs. 1 Nr. 2 a SGB VI lediglich ein Beitrag nach einem Bemessungsentgelt von 205 EUR gezahlt.

Armutsquoten der älteren Menschen liegen unter denen der Gesamtbevölkerung.[2] Aufgrund der Stagnation bzw. teilweisen Verringerung der Renten und der langanhaltenden Arbeitslosigkeit ist jedoch mit einer Zunahme der Altersarmut und damit weitergehender Inanspruchnahme von Sozialhilfe bzw. Grundsicherung im Alter zu rechnen.

3   Besonders zu betrachten ist die finanzielle Situation von Senioren in **Einrichtungen**, insbesondere derjenigen, die wegen Pflegebedürftigkeit in einem Pflegeheim wohnen. Da das Pflegegeld nicht die gesamten Kosten der Unterbringung und Pflege abdeckt, sondern nur einen Beitrag zur Absicherung des Risikos der Pflegebedürftigkeit darstellt, sich mithin als „Teilkaskoversicherung" darstellt,[3] muss in der Mehrzahl der Fälle der Heimunterbringung noch ergänzend Sozialhilfe geleistet werden.

4   Zur Vermeidung der Altersarmut wurde am 26.6.2001 das Gesetz über eine bedarfsorientierte **Grundsicherung** im Alter und bei Erwerbsminderung (GSiG) beschlossen.[4] Das GSiG wollte das Ziel der Bekämpfung der Altersarmut dadurch erreichen, dass Personen ab Vollendung des 65. Lebensjahres und erwerbsgeminderten Personen eine eigenständige soziale Leistung gewährt wurde.[5] Das GSiG ist Ende 2004 außer Kraft getreten und in das SGB XII als Viertes Kapitel integriert worden. Damit ist die Absicht aufgegeben worden, die Grundsicherung außerhalb der Sozialhilfe anzusiedeln.

B. Gesetzliche Regelungen seit dem 1.1.2005

5   Die Sozialhilfe ist durch die Ende 2003 verabschiedeten sog Hartz IV-Gesetze neu geordnet worden. Das GSiG wurden in das SGB XII überführt; die gesamte Sozialhilfe wurde in zwei Gesetze aufgeteilt, und zwar in das SGB II[6] und das SGB XII.[7] Dabei wird die Hilfe zum Lebensunterhalt auf der Grundlage von drei (eigentlich fünf, da im AsylbLG und in §§ 25 ff. BVG für den Bereich der Kriegsopferfürsorge ebenfalls Leistungen der Sozialhilfe für besondere Personengruppen geregelt werden) verschiedenen Regelungskomplexen geleistet (zur Abgrenzung der Leistungsbereiche vgl. Kap. 12).

6   Die weitaus größte Gruppe der Leistungsbezieher von Hilfen zum Lebensunterhalt nach dem SGB XII hat Anspruch auf Leistungen der **Grundsicherung im Alter oder bei voller Erwerbsminderung** nach dem Vierten Kapitel des SGB XII.[8] In der Regel haben hilfebedürftige Senioren nach diesen Regelungen einen Anspruch auf Leistungen. In besonderen Fällen kann jedoch ein Anspruch nach dem Dritten Kapitel des SGB XII oder nach dem SGB II gegeben sein: Es besteht ein Leistungsanspruch nach dem SGB II, wenn die **Altersgrenze** nach § 7 a SGB II noch nicht erreicht ist und **keine Altersrente** bezogen wird, so dass dieser Personenkreis – der allerdings klein sein dürfte – je nach Jahrgang bis zum 67. Lebensjahr noch nach dem SGB II leistungsberechtigt ist, § 7 Abs. 1 Nr. 1 SGB II. Auch ist das SGB II für Senioren insoweit von Bedeutung, als ein Senior mit einer Person in einer Bedarfsgemeinschaft lebt, der leistungsberechtigt nach dem SGB II ist. Die Probleme, die sich aus diesen sog gemischten Bedarfsgemeinschaften ergeben, werden in → Rn. 39 ff. erläutert.

7   Die überkommene **Hilfe zum Lebensunterhalt**, nun geregelt im Dritten Kapitel des SGB XII, ist als alleinige Anspruchsgrundlage nur noch von geringer Bedeutung.[9] Aller-

---

2   Vgl. Bieritz-Harder in: LPK-SGB XII § 71 Rn. 4.
3   Krahmer/Sommer in: LPK-SGB XII, 10. Aufl., Vor § 61 Rn. 1.
4   BGBl. I, 1335.
5   Scheider in: Schellhorn ua SGB XII § 41 Rn. 3.
6   BGBl. I, 2954.
7   BGBl. I, 3022.
8   Im Jahr 2015 waren es mehr als 1 Million Personen, vgl. Hofmann in: LPK-SGB XII Einl. Rn. 42.
9   Außerhalb von Einrichtungen liegt die Zahl bei etwa 100.000, vgl. Luthe in: Hauck/Noftz SGB XII Einl. Rn. 141.

dings sind zwei Gruppen von Senioren von der Grundsicherung im Alter ausgeschlossen: In Einzelfällen kann ein **Leistungsausschluss** nach dem Vierten Kapitel des SGB XII bestehen, so dass in diesen Fällen lediglich Leistungen nach dem Dritten Kapitel des SGB XII in Anspruch genommen werden können. Ebenfalls erhalten Personen, die eine **Altersrente vor Vollendung der Altersgrenze** beziehen, Leistungen nach dem Dritten Kapitel. Die Altersgrenze ist für Personen, die vor 1947 geboren sind, das 65. Lebensjahr. Für Personen, die später geboren sind, wurde die Altersgrenze durch § 41 SGB XII angehoben, endend mit 67 Jahren für den Geburtsjahrgang 1964. Eine Leistung nach dem SGB II ist nicht möglich, da Bezieher von Altersrenten ausdrücklich nach § 7 Abs. 4 SGB II ausgeschlossen sind.

Die Leistungen der Grundsicherung im Alter (wegen des vorliegenden Zusammenhangs **8** wird die weitere Alternative „oder bei Erwerbsminderung" im Text nicht weiter erwähnt) decken häufig nicht den gesamten Bedarf ab, so dass ergänzende Leistungen der Hilfe zum Lebensunterhalt oder nach anderen Leistungsarten des SGB XII in Betracht kommen. Vor allem reichen die Leistungen der Grundsicherung in der Regel nicht, um den Gesamtbedarf der Kosten in **stationären Einrichtungen** zu decken, so dass die Bewohner auf **ergänzende Leistungen der Sozialhilfe** angewiesen sind. Da auf diese ergänzenden Leistungen die Privilegierungen der Grundsicherung (insbesondere der weitgehende Verzicht auf die Inanspruchnahme Unterhaltspflichtiger) nicht anzuwenden sind, entsteht ein nicht sinnvoller zusätzlicher Verwaltungsaufwand.[10] Auch wird die Bescheiderteilung komplizierter und damit die Verständlichkeit der Leistungsgewährung erschwert, da – neben dem Pflegegeld – häufig vier verschiedene Leistungen bewilligt werden müssen, für die die Anspruchsvoraussetzungen teilweise unterschiedlich sind, nämlich Pflegewohngeld, Grundsicherung im Alter, Hilfe zum Lebensunterhalt und Hilfe zur Pflege.[11]

Das Gesetz ist mithin für den Fall einer stationären Pflege nicht konzipiert mit der Fol- **9** ge, dass es bei den ergänzenden Hilfen nach den sonstigen Kapiteln des SGB XII bleibt.[12]

C. Grundsicherung im Alter nach dem SGB XII

I. Höhe der Leistung

Die Höhe der Leistungen der Grundsicherung im Alter nach dem Vierten Kapitel des **10** SGB XII, der Hilfe zum Lebensunterhalt nach dem Dritten Kapitel des SGB XII und der Grundsicherung für Arbeitsuchende nach dem SGB II ist identisch. Nachstehend werden nur die abweichenden Regelungen dargestellt bzw. Ergänzungen, die für ältere Menschen von besonderer Bedeutung sind.

Zum Umfang der Leistungen verweist § 42 Nr. 1 SGB XII auf die Regelbedarfsstufe **11** nach der Anlage zu § 28 SGB XII. Der Umfang der vom Regelbedarf umfassten Leistungen ist in § 27 a Abs. 1 SGB XII bestimmt. Da zunächst nicht auf § 27 a SGB XII verwiesen wurde, war strittig, ob eine sinngemäße Anwendung zu erfolgen hatte.[13] Durch die Einfügung der Verweisung auf § 27 a Abs. 4 S. 1 und 2 SGB XII zum 1.1.2013 ist geklärt, dass eine abweichende Regelsatzfestsetzung möglich ist.

Praktische Bedeutung kann diese Frage haben, wenn im Hinblick auf das Alter, den Ge- **12** sundheitszustand oder die Gebrechlichkeit ein besonderer Bedarf auftritt, der vom Re-

---

10 Schoch ZfF 2004, 197.
11 Vgl. Kaune ZfF 2005, 121.
12 Wahrendorf in: Grube/Wahrendorf SGB XII Vor § 41 Rn. 8.
13 Zum damaligen Streitstand vgl. Kirchhoff in: Hauck/Noftz SGB XII § 42 Rn. 10.

gelsatz nicht erfasst ist, wie zB erhöhter Wärmebedarf, besonders hohe Kosten für die Gesundheitspflege oder Notwendigkeit einer Haushaltshilfe (→ Rn. 27).

II. Unterkunftskosten

13 Weiterhin besteht nach § 42 Abs. 1 Nr. 4 SGB XII ein Anspruch auf die **angemessenen** tatsächlichen Aufwendungen für Unterkunft und Heizung. Hierbei wird auf den Vierten Abschnitt des Dritten Kapitels verwiesen, so dass grundsätzlich keine Abweichungen vorliegen.

14 Das Problem, wie die Angemessenheit der Unterkunftskosten ermittelt wird, beschäftigt häufig die Gerichte. Grundlage ist die Berechnung nach der **Produkttheorie**, wonach auf das Produkt aus angemessener Wohnfläche und angemessenem Quadratmeterzins abzustellen ist.[14] Diese vom BVerwG[15] für die Sozialhilfe nach dem BSHG entwickelte Art der Ermittlung der Angemessenheit der Unterkunftskosten ist vom BSG zunächst für das SGB II[16] und sodann auch für das SGB XII[17] übernommen worden. Die Grundsätze der Bemessung der Angemessenheit sind grundsätzlich dieselben wie im SGB II; es wird auf die Darstellung in Kap. 28 verwiesen.

15 Zu den Unterkunftskosten gehören auch **Nachforderungen** aus Abrechnungen über die **Nebenkosten**. Die Übernahme von Nachzahlungen hängt nicht von einem Antrag ab, kann daher nicht mit der Begründung abgelehnt werden, der Antrag werde zu spät gestellt bzw. es handele sich um Schulden.[18] Vielmehr handelt es sich um einen Bestandteil der Unterkunftskosten. Wird hingegen vom Vermieter eine Erstattung von Nebenkosten vorgenommen, gilt diese Zahlung als Einkommen. Im Gegensatz zu der Regelung in § 22 Abs. 3 SGB II mindert der Anspruch nicht die laufende Leistung der Grundsicherung, sondern muss als Rückforderung geltend gemacht werden.

16 Inzwischen ist geklärt, ob ein **Zuschlag für Betreuung** als Teil der Unterkunftskosten übernommen werden muss. Soweit der Zuschlag im Mietvertrag mit vereinbart ist, wird es als Teil der notwendigen Unterkunftskosten angesehen.[19] Das BSG hat entschieden, dass ein solches Betreuungsentgelt als Bestandteil der Unterkunftskosten anzuerkennen ist.

17 Die Aufwendungen für Unterkunft und Heizung werden nach **Kopfteilen** berechnet, so dass gleiche Anteile auf die Anzahl der im Haushalt lebenden Personen entfallen. Auch wenn ältere Menschen mit ihren Kindern zusammenleben, kann daraus nicht ohne Weiteres entnommen werden, dass sie bei diesen kostenfrei wohnen. Gibt es keine anderen Hinweise, muss von einem gleichen Anteil ausgegangen werden. Wird zwischen den grundsicherungsberechtigten Menschen und ihren Kindern ein Mietvertrag geschlossen, sind die Unterkunftskosten nur zu übernehmen, wenn sie aufgrund einer wirksamen rechtlichen Verpflichtung zu tragen sind.[20]

18 Sind die **Unterkunftskosten unangemessen** hoch, können auch die unangemessenen Kosten nach § 35 Abs. 2 S. 2 SGB XII übernommen werden. Zweifelhaft ist, ob dieser Teil der Unterkunftskosten nach § 35 SGB XII direkt als Hilfe zum Lebensunterhalt[21] oder in entsprechender Anwendung als Grundsicherung im Alter zu bewilligen ist. Wür-

14 Vgl. Berlit in: LPK-SGB XII § 35 Rn. 50; BSG 7.11.2006 – B 7 b 8/06 R, FEVS 58, 271.
15 BVerwG 28.4.2005 – 5 C 15.04, NDV-RD 2005, 109.
16 BSG 19.2.2009 – B 4 AS 30/08 R, NDV-RD 2009, 94.
17 BSG 23.3.2010 – B 8 SO 24/08 R.
18 BSG 22.3.2010 – B 4 AS 62/09 R, SozR 4–4200 § 22 Nr. 38; BSG 10.11.2011 – B 8 SO 18/10 R.
19 BSG 14.4.2011 – B 8 SO 19/09 R, FEVS 63, 154.
20 BSG 25.8.2011 – B 8 SO 29/10 R, RdL 2012, 66.
21 So Schwabe zu § 29 a aF ZfF 2005, 1.

de insoweit nicht als Grundsicherung im Alter bewilligt, käme in diesem Umfang eine Heranziehung der Kinder in Betracht.

Bei der Frage, ob – bei unangemessen hohen Unterkunftskosten – ein Umzug verlangt werden kann, kann das Alter eine wesentliche Rolle spielen. Es muss gegebenenfalls das Recht des Grundsicherungsempfängers auf Verbleib in seinem sozialen Umfeld berücksichtigt werden. Denn der Aktionsradius älterer Menschen verringert sich erfahrungsgemäß, so dass Wohnung und Wohnumgebung für das körperliche und psychische Wohl des alten Menschen immer mehr an Bedeutung gewinnen.[22] **19**

Probleme hinsichtlich der Unterkunftskosten können entstehen, wenn ein **Umzug von einer Wohnung in ein Heim** erfolgt. Meistens tritt die Pflegebedürftigkeit und der damit erforderliche Heimaufenthalt sehr plötzlich auf, so dass die Wohnung nicht fristgerecht gekündigt werden kann. Die dann noch zu zahlende restliche Miete ist als Bedarf anzuerkennen.[23] Hierbei muss der Hilfeempfänger alles Zumutbare getan haben, um solche doppelten Mietkosten zu vermeiden oder zu senken. **20**

Ein Anspruch auf Übernahme von **Umzugskosten** besteht, wenn eine vorherige Zustimmung durch den Leistungsträger vorliegt. Die Zustimmung soll erteilt werden, wenn der Umzug durch den Leistungsträger veranlasst wird oder aus anderen Gründen notwendig ist. Dabei können in der Regel nicht die Kosten beansprucht werden, die durch einen Umzug in einen entfernten Ort – zB in die Nähe der Kinder – entstehen.[24] **21**

III. Mehrbedarfszuschläge

In § 42 Nr. 2 SGB XII wird auf die zusätzlichen Bedarfe nach dem Zweiten Abschnitt des Dritten Kapitels des SGB XII, mithin auch auf die Mehrbedarfszuschläge des § 30 SGB XII verwiesen (ausführlich zu den Mehrbedarfszuschlägen vgl. Kap. 25). Von Bedeutung ist vor allem der Zuschlag für Personen, die die Altersgrenze nach § 41 Abs. 2 SGB XII erreicht haben oder die Altersgrenze noch nicht erreicht haben und voll erwerbsgemindert sind und einen Schwerbehindertenausweis mit dem Merkzeichen „G" besitzen (zu diesen Fragen im Einzelnen vgl. Kap. 36). Der Mehrbedarf beträgt 17 % des maßgebenden Regelsatzes, soweit nicht im Einzelfall ein abweichender Bedarf besteht. Entscheidend ist der Besitz des Ausweises – und die Kenntnis des Grundsicherungsträgers hiervon –, nicht hingegen der Anspruch auf Zuerkennung des Ausweises. Wird in einem Prozess erreicht, dass die Schwerbehinderung und die Gehbehinderung anerkannt werden müssen, so wirkt ein solches Urteil nicht zurück, sondern der Anspruch auf den Mehrbedarf beginnt erst mit dem Besitz des Ausweises.[25] **22**

Als weiterer Zuschlag kommen insbesondere die **Diätkosten** nach § 30 Abs. 5 SGB XII in Betracht. Menschen, die einer kostenaufwendigen Ernährung bedürfen, sollen einen Mehrbedarf in angemessener Höhe erhalten. Für bestimmte Erkrankungen sind vom Deutschen Verein für öffentliche und private Fürsorge Empfehlungen entwickelt worden, an die sich die meisten Sozialleistungsträger und die Gerichte halten. Sie sehen monatliche Beträge von meistens 10 % oder 20 % des Regelbedarfs vor.[26] Für einige Krankheiten, für die früher ein Zuschlag bewilligt wurde (zB Diabetes), wird kein Zuschlag mehr bewilligt, weil die Auffassung vertreten wird, dass hierfür Vollkost ausreicht und die Kosten der Vollkost im Regelsatz enthalten sind. **23**

22 BSG 23.3.2010 – B 8 SO 24/08 R, NDV-RD 2010,127.
23 LSG NRW 18.2.2010 – L 9 SO 6/08, FEVS 62, 136; LSG BW 22.12.2010 – L 2 SO 2078/10, Sozialrecht aktuell 2011, 115.
24 BSG 6.5.2010 – B 14 AS 7/09 R, FEVS 62, 157.
25 OVG Bln 25.11.2003 – 6 N 55.03, FEVS 55, 271.
26 Einzelheiten vgl. von Boetticher in: LPK-SGB XII § 30 Rn. 32.

IV. Einmalige Leistungen

24 Weiterhin können gemäß § 42 Nr. 2 SGB XII einmalige Beihilfen – im Gesetz als einmalige Bedarfe bezeichnet – bewilligt werden, jedoch – abgesehen von den in § 31 Abs. 1 SGB XII genannten Leistungen – nur als ergänzende Darlehen entsprechend § 37 Abs. 1 SGB XII.

25 Als einmaliger Bedarf – als Zuschuss – kommt für Senioren nur die Leistung nach § 31 Abs. 1 Nr. 1 SGB XII in Betracht, nämlich die **Erstausstattung** für die Wohnung einschließlich Haushaltsgeräten. Zwar werden in der Regel nicht Gegenstände bewilligt, die anlässlich eines Umzugs neu angeschafft werden müssen. Muss jedoch jemand seine Wohnung neu ausstatten, zB nach der Trennung vom Ehegatten, und ist es in einem solchen Fall nicht möglich, alsbald eine Hausratsteilung vorzunehmen[27] oder müssen auch bei Teilung des Hausrats wesentliche Teile der Einrichtung neu angeschafft werden, so kommt eine Bewilligung als Erstausstattung in Betracht. Auch ein einzelner Gegenstand, zB eine Waschmaschine, kommt als Erstausstattung in Betracht.[28] Ein Fernsehgerät hingegen gilt nicht als Hausrat und ist daher nicht zu bewilligen.[29] Evtl. kommt eine Bewilligung als Leistung der Altenhilfe (→ Rn. 49) in Betracht. Im Hinblick auf die Form der Erstausstattung hat der Sozialleistungsträger Ermessen, so dass die Leistungen auch als Sachleistungen erbracht werden können.

26 Weitere Beihilfen können nur in Form eines **Darlehens** entsprechend § 37 Abs. 1 SGB XII erbracht werden (§ 42 Nr. 5 SGB XII). Die Rückzahlung des Darlehens kann durch Einbehaltung in Höhe von bis zu 5 % der Regelbedarfsstufe I erfolgen (§ 37 Abs. 4 SGB XII). Soweit es um einmalige Leistungen, wie zB den Kauf einer Waschmaschine, geht, ist diese Regelung zwar einschränkend, aber noch praktizierbar, insbesondere wenn der Leistungsträger von seinem Ermessen in der Weise Gebrauch macht, dass nur in Höhe eines kleineren Prozentsatzes einbehalten wird.

27 Die Kosten für eine **Haushaltshilfe** wurden nach dem BSHG als Hilfe zum Lebensunterhalt erbracht. Unter der Geltung des SGB XII wurde vom BSG entschieden, dass diese Hilfe als Hilfe zur Pflege nach § 61 Abs. 5 Nr. 4 SGB XII zu bewilligen ist,[30] und zwar auch dann, wenn neben der hauswirtschaftlichen Versorgung kein Hilfebedarf im Bereich der Grundpflege besteht.

V. Besonderheiten der Grundsicherung im Alter gegenüber der Hilfe zum Lebensunterhalt

28 Die Grundsicherung im Alter und bei Erwerbsminderung (Viertes Kapitel SGB XII) ist in einigen Punkten für die Leistungsberechtigten günstiger geregelt als für die Bezieher der Hilfe zum Lebensunterhalt (Drittes Kapitel SGB XII). Nur ausnahmsweise ist die Sozialhilfe nach dem Dritten Kapitel für die Senioren von Bedeutung. Zum einen, wenn kein Anspruch nach § 41 Abs. 4 SGB XII besteht (→ Rn. 30); zum anderen für Einsatzgemeinschaften, in denen eine Person Leistungen nach dem Dritten und die andere Person nach dem Vierten Kapitel bezieht (zB ein dauernd erwerbsgeminderter Ehegatte und ein vorübergehend erwerbsgeminderter Ehegatte; → Rn. 39).

29 Bei der Grundsicherung gibt es keine Vermutung der Bedarfsdeckung bei **Haushaltsgemeinschaften** (§ 43 Abs. 1 letzter Hs. SGB XII; hierzu → Kap. 18 Rn. 50). Bei Sozialhilfeleistungen nach dem Dritten Kapitel SGB XII, ebenso wie bei Leistungen nach dem

---

27 In § 1568 b BGB heißt es jetzt: Haushaltsgegenstände.
28 BSG 19.9.2008 – B 14 AS 64/07 R, FEVS 60, 513.
29 BSG 24.2.2011 – B 14 AS 75/10 R, FEVS 63, 145; BSG 9.6.2011 – B 8 SO 3/10 R.
30 BSG 26.8.2008 – B 8/9 b SO 18/07 R, FEVS 60, 385.

SGB II, wird hingegen vermutet, dass eine Bedarfsdeckung durch andere Personen der Haushaltsgemeinschaft erfolgt (§ 39 SGB XII).

In § 41 Abs. 4 SGB XII ist bestimmt, dass keinen Anspruch auf Leistungen nach diesem **30** Kapitel die Personen haben, die in den letzten 10 Jahren ihre **Bedürftigkeit vorsätzlich oder grob fahrlässig herbeigeführt** haben. Ob dies der Fall ist, ist im Einzelfall zu prüfen. Liegen diese Voraussetzungen vor, kommen stattdessen Leistungen der Hilfe zum Lebensunterhalt in Betracht, die zwar genau so hoch sind, bei denen jedoch ein Rückgriff gegen die Kinder erfolgen kann.[31] In der Praxis dürfte vor allem die Vorschrift greifen, wenn **Schenkungen an Kinder** vorgenommen wurden, deren Rückforderung daran zu scheitern droht, dass der Schenker seine Bedürftigkeit vorsätzlich oder durch grobe Fahrlässigkeit herbeigeführt hat. Denn in solchen Fällen kann eine Schenkungsrückforderung gem. § 529 Abs. 1 BGB nicht durchgesetzt werden.[32]

Da kein Verweis auf § 26 SGB XII erfolgt, ist eine Einschränkung der Leistung und eine **31** **Aufrechnung** nach dieser Norm nicht möglich.[33] Schließlich ist noch von Bedeutung, dass die in § 102 SGB XII vorgesehene **Erbenhaftung** für Leistungen der Grundsicherung nach § 102 Abs. 2 SGB XII ausgeschlossen ist.

VI. Einsatz des Einkommens

Der Einsatz des Einkommens ist nach § 41 Abs. 1 SGB XII grundsätzlich in der gleichen **32** Weise geregelt wie bei der Hilfe zum Lebensunterhalt und vergleichbar auch mit den Regelungen im SGB II (vgl. Kap. 20). Falls nicht gesetzliche Ausnahmen bestehen, sind sämtliche Einkünfte anzurechnen. Von Bedeutung für ältere Menschen sind folgende Ausnahmen: Die Grundrente nach dem BVG und nach den Gesetzen, die eine entsprechende Anwendung des BVG vorsehen, werden nicht als Einkommen berücksichtigt. Renten oder Beihilfen nach dem Bundesentschädigungsgesetz für Schaden an Leben sowie an Körper und Gesundheit, sind anrechnungsfrei bis zur Höhe der vergleichbaren Grundrente nach dem BVG (§ 82 Abs. 1 S. 1 SGB XII). Als weitere Ausnahme werden die Kindererziehungsleistungen an Mütter der Geburtsjahrgänge vor 1921 (in den neuen Bundesländern vor 1927) nicht angerechnet (§ 92 S. 1 SGB VI). Schließlich werden bestimmte Leistungen nach dem LAG, Entschädigungen für Opfer des Nationalsozialismus im Beitrittsgebiet, Entschädigungen für Opfer politischer Verfolgung und Ausweisleistungen nach dem Gesetz über die Rehabilitierung und Entschädigung von Opfern rechtsstaatswidriger Strafverfolgungsmaßnahmen im Beitrittsgebiet nicht als Einkommen angerechnet.[34]

Vom Einkommen sind die in § 82 Abs. 2 SGB XII genannten Zahlungsverpflichtungen **33** abzusetzen. Von besonderer Bedeutung ist § 82 Abs. 2 Nr. 3 SGB XII, wonach **Beiträge zu Versicherungen** anerkannt werden müssen, die nach Grund und Höhe angemessen sind. Hierzu gehören vor allem Beiträge zur Hausrat- und Haftpflichtversicherung.[35] Auch Beiträge für eine Sterbegeldversicherung sind zu berücksichtigen,[36] zumal nach § 33 Abs. 2 SGB XII ein Anspruch auf Kosten für ein angemessenes Sterbegeld in bestimmten Fällen vorgesehen ist. Auch eine Unfallversicherung und eine zusätzliche Kranken- oder Pflegeversicherung können erfasst sein, insbesondere, wenn es sich um eine übliche Versicherung handelt. Üblichkeit kann dabei angenommen werden, wenn

---

31 Scheider in: Schellhorn/Schellhorn/Hohm SGB XII § 41 Rn. 32.
32 Thie in: LPK-SGB XII § 41 Rn. 14.
33 AA Schlette in: Hauck/Noftz SGB XII § 26 Rn. 6.
34 Vgl. Geiger in: LPK-SGB XII § 82 Rn. 63 ff.
35 Hohm in: Schellhorn/Schellhorn/Hohm SGB XII § 82 Rn. 41; allerdings liegt hierzu noch keine abschließende Rechtsprechung des BSG vor.
36 Geiger in: LPK-SGB XII § 82 Rn. 85.

mehr als 50 % der Haushalte knapp oberhalb der Sozialhilfegrenze eine entsprechende Versicherung abschließen.[37]

34 Vom Erwerbseinkommen nach § 82 Abs. 3 SGB XII sind zunächst die Werbungskosten nach Maßgabe des § 3 DVO zu § 82 SGB XII abzusetzen. Sodann bleiben 30 % des Einkommens anrechnungsfrei, jedoch nicht mehr als 50 % des Regelbedarfs.

VII. Einsatz des Vermögens

35 Auch das Vermögen ist im Prinzip in derselben Weise einzusetzen wie bei der Hilfe zum Lebensunterhalt nach dem 3. Kapitel des SGB XII (vgl. Kap. 21), jedoch mit zwei Abweichungen, die nachstehend erläutert werden. Nach § 90 Abs. 1 SGB XII muss grundsätzlich das gesamte verwertbare Vermögen eingesetzt werden, jedoch sind in § 90 Abs. 2 SGB XII erhebliche Ausnahmen gemacht, die vor allem folgende Punkte betreffen:

36 Geldvermögen ist gemäß § 90 Abs. 2 Nr. 9 SGB XII geschützt, wobei die Höhe konkretisiert wurde durch die Verordnung zur Durchführung des § 90 Abs. 2 Nr. 9 des Zwölften Buches Sozialgesetzbuch vom 3.6.2004.[38] Hilfesuchenden wird ein Schonvermögen in Höhe von 5.000 EUR zugebilligt, dem Ehegatten ebenfalls 5.000 EUR. Nach § 2 der VO zu § 90 SGB XII ist der Freibetrag angemessen zu erhöhen, wenn im Einzelfall eine besondere Notlage der nachfragenden Person besteht.

37 Zum Vermögen gehören auch Ansprüche aus Lebensversicherungen oder Bausparverträgen. **Vorsorgebeträge für die Bestattung** stellen nur in eingeschränktem Maße verwertbares Vermögen dar. Nach einer Vielzahl von untergerichtlichen Entscheidungen hat das BVerwG Ende 2003 grundsätzlich entschieden, dass eine angemessene finanzielle Vorsorge für den Todesfall nach § 88 Abs. 3 S. 1 BSHG zu verschonen ist, also nicht als Vermögen eingesetzt werden muss.[39] Da insoweit die Vorschrift in § 90 Abs. 3 SGB XII wörtlich übernommen wurde, gilt diese Rechtsprechung auch für Leistungen nach dem SGB XII. Grundsätzlich müssen also solche Rücklagen, die ausdrücklich für die Bestattungskosten oder die Grabpflege festgelegt sind, nicht als Vermögen eingesetzt werden, da es sich insoweit um eine Härte im Sinne von § 90 Abs. 3 S. 1 SGB XII handeln würde.[40]

38 In welcher Höhe ein solcher Schutz zugebilligt wird, ist noch nicht abschließend entschieden (vgl. auch Kap. 39). Im Hinblick auf einen Grabpflegevertrag sind die Mittel nur insoweit geschützt, als sie für eine angemessene Grabpflege bestimmt sind. Die Angemessenheit einer Grabpflege beurteilt sich nach den Besonderheiten des Einzelfalls, wobei eine Grabpflege jedenfalls dann als angemessen angesehen werden kann, wenn sie für die Dauer der Mindestruhezeit das Grab in einem der maßgeblichen Friedhofsordnung entsprechenden Zustand hält.[41] Das OVG NRW hat zur Sozialhilfe im Hinblick auf die Angemessenheit entschieden, dass ein Betrag von 3.500 EUR noch als angemessen angesehen werden kann.[42]

VIII. Gemischte Bedarfsgemeinschaften

39 Leben Personen, die Grundsicherung nach dem Vierten Kapitel des SGB XII beziehen, zusammen mit Hilfebedürftigen nach dem SGB II in einer Bedarfsgemeinschaft des § 7

---

37 BSG 29.9.2009 – B 8 SO 13/08 R, NDV-RD 2010, 78 (80).
38 BGBl. I, 150, zuletzt geändert durch die VO vom 22.3.2017, BGBl. I, 519.
39 BVerwG 11.2.2003 – 5 C 84.02, FEVS 56, 302.
40 BSG 18.3.2008 – B 8/9 b SO 9/06 R, FEVS 60, 108.
41 BVerwG 11.2.2003 – 5 C 84.02, FEVS 56, 302.
42 OVG NRW 19.12.2003 – 16 B 2078/03, FEVS 55, 478.

SGB II, so erhalten sie dennoch weiter Leistungen nach dem SGB XII, § 5 Abs. 2 S. 1 SGB II. Praktisch kommt dies vor allem bei Ehepaaren vor, bei denen erst der eine Ehegatte das 65. Lebensjahr vollendet hat. Es sind dann – außer bei Optionskommunen – zwei Leistungsträger zuständig. Anträge auf Leistungen, die beide betreffen, zB im Hinblick auf die Unterkunftskosten, müssen von beiden Ehegatten jeweils bei dem für sie zuständigen Sozialleistungsträger gestellt werden.

Da der Vermögenseinsatz im SGB XII zumeist weitergehend ist als im SGB II, ist problematisch, ob bei einem Leistungsempfänger nach dem Vierten Kapitel des SGB XII das **Vermögen des Partners**, welches nach dem SGB II geschützt ist (nicht aber nach dem SGB XII) angerechnet wird. Für ein Kraftfahrzeug, welches, soweit es angemessen ist,[43] nach § 12 Abs. 3 Nr. 2 SGB II nicht als Vermögen im SGB II als Vermögen einzusetzen ist, hat das BSG entschieden,[44] dass es eine Härte bedeuten würde, wenn ein solcher Einsatz erfolgen muss. Ob dieser Gedanke auch für Geldvermögen angewandt werden kann, ist zweifelhaft, denn es würde bedeuten, dass die Vermögensfreibeträge nach dem SGB XII insoweit für den Ehegatten keine Bedeutung mehr hätten. Lebt ein Grundsicherungsempfänger nach dem SGB XII zB mit einer Ehefrau im Alter von 60 Jahren zusammen, beträgt der Freibetrag für beide zusammen nach dem SGB XII 10.000 EUR. Bei getrennter Berechnung der Ehegatten müssten dem Leistungsempfänger nach dem SGB II ein Freibetrag von (150 EUR x 60 = 9.000 EUR zusätzlich 750 EUR =) 9.750 EUR belassen werden, beiden zusammen mithin 14.750 EUR. **40**

Als weiteres Problem einer „gemischten Bedarfsgemeinschaft" ist zu klären, nach welchem Gesetz der **Freibetrag aus Erwerbseinkommen** zu berechnen ist, wenn der Partner des Leistungsempfängers arbeitet, ohne selbst Leistungsempfänger zu sein. Für den Fall, dass Leistungen nach dem SGB II bezogen werden und der Partner, der Erwerbseinkommen bezieht, leistungsberechtigt nach dem SGB XII wäre, ist einheitlich der Leistungsfall nach dem SGB II zu regeln.[45] **41**

IX. Grundsicherung und Unterhalt

Die Leistungen der Grundsicherung unterscheiden sich vor allem im Hinblick auf die Heranziehung von Unterhaltspflichtigen erheblich von der Hilfe zum Lebensunterhalt nach dem 3. Kapitel des SGB XII. Soweit es um Unterhaltsansprüche gegen den getrennt lebenden oder geschiedenen Ehegatten geht, ist die Rechtslage jedoch nicht anders als bei der Hilfe zum Lebensunterhalt: Grundsätzlich sind derartige Unterhaltsansprüche als anrechenbares Einkommen auf Ansprüche anzurechnen. Ist ein Unterhaltsanspruch jedoch nicht alsbald realisierbar, kann der Unterhalt nicht als bereites Mittel angesehen werden. Insbesondere kann es älteren Personen in bestimmten Konstellationen unzumutbar sein, gegen den Ehegatten gerichtlich vorzugehen.[46] **42**

Die **Unterhaltsansprüche gegenüber Kindern** müssen jedoch in der Regel nicht geltend gemacht werden und können vom Leistungsträger nicht übergeleitet werden.[47] Denn Unterhaltsansprüche der Leistungsberechtigten gegenüber ihren Kindern bleiben nach § 43 Abs. 2 S. 1 SGB XII unberücksichtigt, sofern deren jährliches Gesamteinkommen unter einem Betrag von 100.000 EUR liegt. Nach dem Gesetz wird vermutet, dass das Einkommen der Unterhaltspflichtigen diese Grenze nicht überschreitet. Wenn allerdings die Vermutung widerlegt ist, also die Kinder ein Einkommen von über 100.000 EUR **43**

---

43 Nach der Rechtsprechung des BSG bis zu einem Wert von 7.500 EUR, BSG 6.9.2007 – B 14/7 b AS 66/06 R, NDV-RD 2008, 77.
44 BSG 18.3.2008 – B 8/9 b SO 11/06 R, FEVS 60, 103.
45 Ausführlich: Haberstumpf-Münchow/Kruse info also 2012, 99.
46 SchlHLSG 29.6.2011 – L 9 SO 25/09, bei einer 80-jährigen Leistungsempfängerin.
47 Ausführlich Klinkhammer FamRZ 2002, 997.

haben, besteht kein Anspruch auf Leistungen der Grundsicherung (§ 43 Abs. 2 S. 6 SGB XII).

44 Eine Berücksichtigung des Vermögens der Kinder sieht die Grundsicherung nicht vor, so dass es lediglich darauf ankommt, ob die Kinder ein Einkommen von **mehr als 100.000 EUR** haben. Dabei wird nicht auf das Gesamteinkommen der Kinder abgestellt, sondern es kommt darauf an, ob jedes einzelne Kind ein Einkommen über 100.000 EUR erzielt.[48] Leisten die Kinder jedoch tatsächlich Unterhalt, obwohl Unterhaltsansprüche nicht zu berücksichtigen sind, ist davon auszugehen, dass es sich um anzurechnendes Einkommen handelt, weil Sinn und Zweck der Privilegierung lediglich ist, den Berechtigten zu ermöglichen, die existenzsichernden Leistungen der Grundsicherung ohne Furcht vor Regress gegen die Verwandten in Anspruch zu nehmen.[49]

45 Die bedürftigen Eltern haben unterhaltsrechtlich nicht die Wahl, vorrangig die Kinder – mit einem Einkommen unter 100.000 EUR – in Anspruch zu nehmen, auch wenn ein Unterhaltsanspruch dem Grunde nach besteht. Sie müssen vielmehr **vorrangig die Grundsicherung beantragen** und entgegennehmen.[50] Werden Unterhaltszahlungen von Kindern geleistet, sind diese nur dann anspruchsvernichtend auf die Grundsicherung im Alter anzurechnen, wenn die Zahlung endgültig erfolgen soll. Wird der Unterhalt jedoch nur vorschussweise im Hinblick auf die zu erwartende Grundsicherungsleistung gezahlt, führt dies nicht zum Anspruchsverlust.[51]

X. Verfahrensfragen

46 Im Gegensatz zur Sozialhilfe muss die Grundsicherung im Alter gemäß § 40 Abs. 1 S. 1 SGB II in Verbindung mit § 44 SGB XII **beantragt** werden. Der Antrag wirkt auf den Monatsersten des Antragsmonats zurück. Nach Ende des Bewilligungszeitraums ist ein Fortzahlungsantrag zu stellen. Wird dies versäumt, gilt jedoch der einmal gestellte Antrag weiter, so dass dann auch rückwirkend Leistungen bewilligt werden müssen.[52]

47 Die Leistungen werden für einen längeren Zeitraum bewilligt, nach § 44 Abs. 1 S. 1 SGB XII in der Regel für 12 Kalendermonate, während die Hilfe zum Lebensunterhalt quasi täglich neu bewilligt wird,[53] in der Praxis aber meist für einen oder mehrere Monate.[54] Damit haben die Betroffenen eine höhere Rechtssicherheit, da nicht einfach die Leistung eingestellt werden darf, vielmehr muss bei einer beabsichtigten Kürzung oder Einstellung nach einer Anhörung ein Abänderungsbescheid nach § 45 SGB X oder § 48 SGB X erfolgen (vgl. Kap. 57). Für Leistungen nach dem 4. Kapitel wurde mit § 44 a SGB XII die **vorläufige Entscheidung** eingeführt, die vor allem dann zu treffen ist, wenn Einkommen in unterschiedlicher Höhe zu erwarten ist. Der Bewilligungszeitraum beträgt hierfür sechs Monate, § 44 Abs. 3 S. 2 SGB XII. Nach Ende des Bewilligungszeitraums kann eine Neuberechnung erfolgen. Wirken die Betroffenen nicht mit, kann festgestellt werden, dass kein Leistungsanspruch besteht, § 44 a Abs. 5 S. 5 SGB XII. Überzahlungen können ohne Vertrauensschutz zurückverlangt und nach § 44 b SGB XII aufgerechnet werden. Bei dieser Neuregelung handelt es sich um eine wesentliche Verschlechterung für ältere Leute, die in erheblichem Maße gezwungen werden, mit dem Leistungsträger zusammenzuarbeiten mit dem Risiko, bei nicht ausreichender Mitwirkung Rückforderungsansprüchen ausgesetzt zu sein. Einzelheiten vgl. Kap. 57.

---

48   Schoch in: LPK-SGB XII § 43 Rn. 47.
49   Schoch in: LPK-SGB XII § 41 Rn. 28; Schoch ZfF 2004, 197 (204).
50   BGH 8.7.2015 – XII ZB 56/14, NJW 2015, 2655.
51   Ausführlich hierzu: Schulte ZSFH/SGB 2004, 195.
52   BSG 29.9.2009 – B 8 SO 13/08 R, NDV-RD 2010, 78.
53   BVerwG 30.11.1966 – V C 29.66, BVerwGE 25, 307; BVerwG 18.1.1979 – 5 C 4/78, FEVS 27, 229.
54   Zur Kritik an dieser Auffassung: Armborst in: LPK-SGB XII Anh. Verfahren Rn. 34.

Durch mehrere Entscheidungen war inzwischen geklärt worden, dass eine **vorüberge-** **48**
hende Abwesenheit des Grundsicherungsberechtigten nicht zu einer Änderung der Leistungsbewilligung führte. Während in der Sozialhilfe quasi täglich neu die Leistung bewilligt wird und damit auch eine nur wenige Tage dauernde Abwesenheit rechtlich dazu
führt, dass für diese Zeit kein oder nur eine auf die Unterkunft beschränkter Sozialhilfeanspruch besteht, war eine solche Regelung mit dem Gedanken der Grundsicherung im
Alter nicht vereinbar. Nach § 41 a SGB XII ist für Leistungen nach dem 4. Kapitel bestimmt worden, dass bei einem Auslandsaufenthalt bis vier Wochen die Leistungen weiter bewilligt werden, bei längerer Abwesenheit also nicht mehr. Für eine Abwesenheit
im Inland gilt diese Beschränkung nicht.

D. Altenhilfe nach dem SGB XII

In § 71 SGB XII ist die Altenhilfe als Hilfe in anderen Lebenslagen geregelt. Sie ist letzt- **49**
lich Teil einer kommunalen Sozialpolitik und richtet sich primär an die Sozialhilfeträger.[55] Einzelansprüche ergeben sich hieraus in der Regel nicht, denn es handelt sich
hauptsächlich um eine auf Beratung und Unterstützung angelegte Leistung. Zwar sind
Leistungsansprüche nach § 71 Abs. 2 SGB XII möglich, diese spielen in der Praxis jedoch keine Rolle. Ein Anspruch setzt voraus, dass der Bedarf speziell altersbedingt ist,
was zB nicht anerkannt wurde bei Fahrten zum Bruder und zur Grabstelle der Eltern.[56]
Als Möglichkeit eines Bedarfs nach der Altenhilfe wurde lediglich einmal die Umzugskosten zum Wohnort der Schwester erwähnt.[57] Zur Existenzsicherung von älteren Menschen trägt diese Vorschrift praktisch kaum bei. Ob sich bei einem Bundesaltenhilfege-
setz, welches vorgeschlagen wurde,[58] daran etwas ändern würde, erscheint zweifelhaft.

---

55 Ausführlich Bieritz-Harder in: LPK-SGB XII § 71 Rn. 9 ff.
56 BSG 24.2.2016 – B 8 SO 11/14 R, ZFSH/SGB 2016, 485.
57 OVG Lüneburg 19.5.1981 – 4 B 10/81, FEVS 31/340.
58 Schulte NDV 1999, 3 (7).

Kapitel 36: Menschen mit Behinderungen

Literaturhinweise: von Boetticher, Das neue Teilhaberecht, 2017; Kuhn-Zuber, Eigenbeitrag in der Eingliederungshilfe ab 1.1.2020, RP Reha 2018, 13–16; Deinert/Welti (Hrsg), Stichwortkommentar Behindertenrecht, 2. Auflage 2018; Groth, Aktuelle Entwicklungen im SGB II, NJW 2017, 2388–2392; Groth/Siebel-Huffmann, Das 9. SGB II-Änderungsgesetz – Rechtsvereinfachung, NJW 2016, 3404–3409; Rein, Die Änderungen in der Sozialhilfe durch das Gesetz zur Ermittlung von Regelbedarfen – ein erster Überblick, ZFSH 2017, 371–394; Geiger, Zur Neuregelung des Leistungsausschlusses für Auszubildende, Schüler und Studenten im 9. SGB II-ÄndG, ZFSH SGB 2017, 9–17; Geiger, Wann müssen Arbeitsagenturen oder Jobcenter die Wohnkosten Auszubildender übernehmen?, info also 2017, 154–158; Hahn, Die Kosten der Unterkunft und Heizung nach § 42 a SGB XII (2017–2019), info also 2018, 6–11; Fasselt/Schellhorn, Handbuch Sozialrechtsberatung, 5. Auflage 2017.

Rechtsgrundlagen:
SGB II §§ 7, 19–27
SGB XII §§ 27–46 b, 82–92
SGB IX §§ 135–140 idF ab 1.1.2020

Orientierungssätze:
1. Ob Menschen mit Behinderungen existenzsichernde Leistungen nach dem SGB II oder dem SGB XII erhalten, ist abhängig von ihrer Erwerbsfähigkeit.
2. Leistungen zur Teilhabe am Arbeitsleben werden von den Jobcentern unter Berücksichtigung der Ziele des Bundesteilhabegesetzes erbracht; die Jobcenter sind bei Bedarf in das Teilhabeplanverfahren einzubinden.
3. Das Bundesteilhabegesetz stellt die Systematik für Menschen mit Behinderungen v.a. im stationären Bereich um. Die von den Trägern der Eingliederungshilfe erbrachten Fachleistungen werden von den existenzsichernden Leistungen getrennt und von den jeweilig zuständigen Trägern dieser Leistungen erbracht.
4. Leistungen der Eingliederungshilfe werden ab 1.1.2020 nach dem SGB IX erbracht und unter den Voraussetzungen der §§ 135 ff. SGB IX idF ab 1.1.2020 mit einem Eigenbeitrag belastet.

A. Vorbemerkung

Menschen mit Behinderungen sind nach § 2 Abs. 1 SGB IX Menschen, die körperliche, **1**
seelische, geistige oder Sinnesbeeinträchtigungen haben, die sie in Wechselwirkung mit
einstellungs- und umweltbedingten Barrieren an der gleichberechtigten Teilhabe an der
Gesellschaft mit hoher Wahrscheinlichkeit länger als sechs Monate hindern können.
Eine Beeinträchtigung liegt dann vor, wenn der Körper- und Gesundheitszustand von
dem für das Lebensalter typischen Zustand abweicht. Dieser Begriff der Behinderung
folgt der **Behindertenrechtskonvention** (BRK) der Vereinten Nationen. Behinderung ma-
nifestiert sich danach durch eine gestörte oder nicht entwickelte Interaktion zwischen
dem einzelnen Menschen mit Beeinträchtigung und seiner materiellen und sozialen Umwelt[1] und nicht durch einen defizitären Zustand des Menschen. Funktionale Probleme
sind keine persönlichen Eigenschaften, sondern das negative Ergebnis einer Wechselwirkung zwischen Beeinträchtigung, Aktivität und Partizipation auf der Grundlage des bio-
psycho-sozialen Verständnisses der Internationalen Klassifikation der Funktionsfähig-
keit, Behinderung und Gesundheit (= ICF – International Classification of Functioning,
Disability and Health).

Im Zusammenhang mit existenzsichernden Leistungen kommt es indessen idR nicht da- **2**
rauf an, ob ein Mensch eine Behinderung iSd § 2 Abs. 1 SGB IX hat; entscheidend ist
zuvörderst die **Erwerbsfähigkeit**. Ist ein Mensch mit Behinderung erwerbsfähig und hilfebedürftig, unterfällt er dem Leistungssystem des SGB II; ist er hingegen nicht erwerbsfähig, erhält er Leistungen nach dem SGB XII. Eine Ausnahme gilt nur für den Fall, in
dem ein nicht erwerbsfähiger Mensch mit Behinderung nicht die Anspruchsvoraussetzungen für Leistungen der Grundsicherung im Alter und bei Erwerbsminderung nach
dem SGB XII erfüllt und mit einem erwerbsfähigen Leistungsberechtigten in einer Bedarfsgemeinschaft nach dem SGB II lebt. Er erhält dann Sozialgeld nach § 19 Abs. 1 S. 2
SGB II.

Allerdings erfordern einige Mehrbedarfe (§ 23 Nr. 4 SGB II, § 30 Abs. 1 SGB XII) die **3**
förmliche Feststellung einer **Schwerbehinderung** und die Anerkennung des Merkzeichens G (bzw. aG). Eine Schwerbehinderung liegt dann vor, wenn der Mensch mit Behinderung einen Grad der Behinderung (GdB) von wenigstens 50 hat und seinen Wohnsitz, seinen gewöhnlichen Aufenthalt oder seinen Arbeitsplatz im Inland hat (§ 2 Abs. 2
SGB IX). Eine Schwerbehinderung wird auf Antrag nach § 152 SGB IX durch das Versorgungsamt festgestellt.

Das **Bundesteilhabegesetz** (BTHG)[2] bringt zum 1.1.2020 v.a. im vollstationären Bereich **4**
der Hilfe für Menschen mit Behinderungen erhebliche Veränderungen mit sich. Während bis zum 31.12.2019 dort Pauschalleistungen idR vom Träger der Eingliederungshilfe gezahlt werden, die aus Grundpauschale (Kosten der Unterkunft und Verpfle-

---

1 BT-Drs. 18/9522, 192.
2 Gesetz zur Stärkung der Teilhabe und Selbstbestimmung von Menschen mit Behinderungen (Bundesteilhabegesetz – BTHG) vom 23.12.2016, BGBl. I 3234.

gung), Investitionskosten und Maßnahmepauschale (für Betreuung, Pflege und pädagogische Begleitung) bestehen, werden zukünftig die Fachleistungen von den existenzsichernden Leistungen getrennt. Während für die Fachleistungen, dh im Wesentlichen die Assistenzleistungen, der Träger der Eingliederungshilfe zuständig ist, ist für die existenzsichernden Leistungen idR der Träger der Grundsicherung im Alter und bei Erwerbsminderung bzw. der Träger der Sozialhilfe zuständig, sofern der Mensch mit Behinderung kein ausreichendes Einkommen und Vermögen hat.

B. Existenzsicherung von Menschen mit Behinderungen nach dem SGB II

I. Alg II und Sozialgeld

5 Erwerbsfähige Menschen mit Behinderungen, die hilfebedürftig sind, erhalten gem. § 19 Abs. 1 S. 1 SGB II **Arbeitslosengeld II**. Dieses besteht gem. § 19 Abs. 1 S. 3 SGB II aus dem Regelbedarf, den Mehrbedarfen und den Kosten der Unterkunft und Heizung. Die Regelbedarfsstufen richten sich dabei nach § 20 Abs. 2 bis 4 SGB II; sie entsprechen denjenigen, die das Regelbedarfs-Ermittlungsgesetz 2016 iVm der Regelbedarfsstufen-Fortschreibungsverordnung 2019 v. 19.10.2018[3] festgelegt hat (→ Kap. 9 Rn. 46). Sind Menschen nicht erwerbsfähig und leben mit einem erwerbsfähigen Leistungsberechtigten nach dem SGB II in einer Bedarfsgemeinschaft (→ Kap. 18 Rn. 10 ff.), erhalten sie Sozialgeld gem. § 19 Abs. 1 S. 2 SGB II in Höhe der ihnen zustehenden Regelbedarfsstufe, es sei denn, sie haben einen (vorrangigen) Anspruch auf **Grundsicherung im Alter und bei Erwerbsminderung** (§ 5 Abs. 2 S. 2 SGB II). Zu den Regelbedarfsstufen bei stationärer Unterbringung → Rn. 35 f.

6 Darüber hinaus erhalten Menschen mit Behinderungen, die Leistungen nach dem SGB II beziehen, besondere **Mehrbedarfe**, die mit ihrer Behinderung im Zusammenhang stehen (können). Dazu gehören:
1. Mehrbedarfe für Leistungsberechtigte mit Behinderungen bei Leistungen zur Teilhabe am Arbeitsleben (§ 21 Abs. 4 Satz 1 Alt. 1 SGB II iVm § 49 SGB IX) bzw. bei Leistungen zur Eingliederungshilfe (§§ 21 Abs. 4 Satz 1 Alt. 2, 23 Nr. 2 SGB II). Der Anspruch auf diesen Mehrbedarf entsteht auch, wenn Leistungsberechtigte Leistungen der stufenweisen Wiedereingliederung (§ 74 SGB V iVm 44 SGB IX) erhalten.[4]
2. Mehrbedarfe für kostenaufwändige Ernährung (§ 21 Abs. 5 SGB II),
3. Mehrbedarfe für unabweisbare laufende Bedarfe (§ 21 Abs. 6 SGB II) sowie
4. Mehrbedarfe für (schwer)behinderte Menschen mit Merkzeichen G, die Sozialgeld beziehen (§ 23 Nr. 4 SGB II).

Die Mehrbedarfe nach Nr. 1 und Nr. 4 werden prozentual auf der Basis der jeweils für die Leistungsberechtigten maßgeblichen Regelbedarfsstufe festgelegt.

7 **Beispiel:** Ein alleinstehender erwerbsfähiger Leistungsberechtigter mit Behinderung erhält eine Umschulung als Leistung zur Teilhabe am Arbeitsleben. Ihm steht ein Mehrbedarf nach § 21 Abs. 4 S. 1 SGB II iHv 35% der für ihn maßgebenden Regelbedarfsstufe zu. Dieser beträgt 148,40 EUR (35% von Regelbedarfsstufe 1 im Jahr 2019: 424 EUR). Ist der erwerbsfähige Leistungsberechtigte mit Behinderung verheiratet, hat er einen Anspruch auf einen Mehrbedarf von 133,70 EUR (35% von Regelbedarfsstufe 2 im Jahr 2019: 382 EUR).

8 Die Mehrbedarfe für kostenaufwändige Ernährung und für unabweisbare laufende Bedarfe sind nicht an die Regelbedarfsstufe gekoppelt. Zu diesen Mehrbedarfen im Einzelnen → Kap. 25 Rn. 31 ff. und 42 ff.

---

3 BGBl. I S. 1766.
4 BSG 5.7.2017 – B 14 AS 27/16 R.

Die **Kosten der Unterkunft und Heizung** werden für erwerbsfähige Leistungsberechtigte 9 (und ggf. den mit ihnen in einer Bedarfsgemeinschaft lebenden Angehörigen) nach den §§ 22 ff. SGB II gewährt. Dazu gehören:

- Leistungen für tatsächliche Aufwendungen für Unterkunft und Heizung, sofern sie angemessen sind,[5]

- Leistungen für unangemessene Unterkunfts- und Heizungskosten, Leistungen bei Umzug und zur Wohnungsbeschaffung nach pflichtgemäßem Ermessen sowie

- die Übernahme von Schulden unter den Voraussetzungen des § 22 Abs. 8 SGB II.

Zu den einzelnen Kosten der Unterkunft → Kap. 28 Rn. 14 ff. Zu den Kosten der Unterkunft bei Grundsicherung im Alter und bei Erwerbsminderung für Menschen mit Behinderungen → Rn. 39 ff.

Für Menschen mit Behinderungen müssen die Jobcenter uU auch **unangemessene Kos-** 10 **ten** der Unterkunft und Heizung übernehmen, wenn den Leistungsberechtigten ein Wohnungswechsel nicht möglich oder insbesondere nicht zumutbar ist. Die Unzumutbarkeit eines Wohnungswechsels kann sich aus behinderungsbedingten Gründen ergeben.

Beispiele für behinderungsbedingte Gründe der Unzumutbarkeit eines Wohnungswechsels: 11

- bei einer mittelgradigen depressiven Störung, die sich nach ärztlichem Gutachten durch einen Umzug verstärken kann und die Gefahr von suizidalen Handlungen hervorruft,[6] oder

- die für die Versorgung und Betreuung eines Menschen mit Behinderung notwendige Infrastruktur besteht nur im bisherigen Wohnumfeld und ist bei einem Umzug nicht ersetzbar.[7]

Darüber hinaus können höhere **Kosten** einer Unterkunft als angemessen angenommen, 12 wenn diese **behinderungsbedingt** entstehen, oder es kann ein höherer Wohnraumbedarf aufgrund einer Behinderung anerkannt werden. Höhere Kosten können zB durch eine (teurere) behindertengerechte Einbauküche für Rollstuhlfahrer oder einen Aufzug entstehen.[8] Ein größerer Wohnflächenbedarf kann ebenfalls behinderungsbedingt entstehen, zB durch Blindenleitsysteme oder einem größeren notwendigen Wendekreis für Rollstuhlfahrer.[9]

Beispiel AV Wohnen Berlin: Einige Länder haben von ihrer Satzungsermächtigung nach 13 §§ 22 a ff. SGB II Gebrauch gemacht und den Landkreisen und Kommunen ermöglicht, Satzungen zur Angemessenheit der Kosten der Unterkunft und Heizung zu erlassen. In diesen Satzungen finden sich auch Hinweise auf höhere Angemessenheitsgrenzen für Menschen, die behinderungsbedingt einen höheren Wohnflächenbedarf oder höhere Wohnkosten haben. So wird in der AV Wohnen des Landes Berlin[10] nach der Bestimmung einer abstrakten Angemessenheit, nach der für einen Ein-Personen-Haushalt als Richtwert für eine angemessene Bruttokaltmiete 404 EUR angegeben sind (Ziff. 3.2), eine konkrete Angemessenheit geprüft. Unter Ziff. 3.5.1 können in Härtefällen, zu denen auch kranke Menschen, Menschen mit Behinderung oder Pflegebedarf zählen, die Angemessenheitsgrenzen um bis zu 10% erhöht werden. Bei besonderen Wohnerfordernissen (Ziff. 3.5.2) gelten noch einmal besondere Regelungen. So wird bei zweckentsprechend genutzten behindertengerechten Wohnungen (barrierefreie und der individuellen Behinderung entsprechende Wohnungen), insbesondere solche für Rollstuhlbenutzerinnen oder Rollstuhlbenutzer, die Angemessenheit stets individuell und unabhängig von den Richtwerten nach Ziff. 3.2 bestimmt. Insbesondere werden dabei die Dringlichkeit der Anmietung, das aktuelle An-

---

5 Faktoren der Angemessenheit s. bei Berlit in: LPK-SGB II § 22 Rn. 61 ff.
6 BayLSG 27.9.2012 – L 8 AS 646/10; ähnlich LSG NRW 6.8.2007 – L 6 AS 248/06 ER.
7 Vgl. Berlit in: LPK-SGB II § 22 Rn. 126 f.
8 Vgl. zu den Beispielen LSG Nds-Brem 23.5.2018 – L 13 AS 59/16, Rn. 20 (jL).
9 LSG BW 25.11.2010 – L 12 AS 1520/09, das Gericht geht hier von einem behinderungsbedingten Mehrbedarf an Wohnfläche von 15 qm aus, Rn. 35 (jL).
10 Ausführungsvorschriften zur Gewährung von Leistungen gemäß § 22 des Zweiten Buches Sozialgesetzbuch und §§ 35 und 36 des Zwölften Buches Sozialgesetzbuch vom 29.12.2017, ABl. S. 6507.

gebot auf dem Wohnungsmarkt, die Verkehrsanbindung, die örtliche Einschränkung von schulpflichtigen Kindern oder vergleichbare Tatbestände angemessen berücksichtigt. Der Anspruch auf eine rollstuhlgerechte Wohnung wird anerkannt, wenn der Rollstuhl aktuell oder in absehbarer Zeit nicht nur vorübergehend auch innerhalb der Wohnung benötigt wird (Abs. 3).

14 Sind Menschen mit Behinderungen in einem Betreuten Wohnen und schulden dem Vermieter/Träger der Wohnung eine **Betreuungs- oder Servicepauschale** (zB für die Finanzierung eines Notrufsystems, für Hausmeisterservices, Betreuungsleistungen oder Gemeinschaftsräume), die unausweichlich ist und nicht zur Disposition der Betroffenen steht, kann diese zu den Kosten der Unterkunft nach § 22 Abs. 1 S. 1 SGB II gehören.[11]

15 Neben Alg II und Sozialgeld gibt es für **einmalige Bedarfe** besondere Leistungen, die nicht vom Regelbedarf umfasst sind und gesondert beantragt werden müssen (§ 37 Abs. 1 S. 2 SGB II). Dazu gehören ua nach § 24 Abs. 3 Nr. 3 SGB II

■ die Anschaffung und Reparatur von orthopädischen Schuhen (→ Kap. 26 Rn. 31) sowie

■ die Ausrüstung mit oder die Miete und Reparatur von therapeutischen Geräten (→ Kap. 26 Rn. 32).

Diese Leistungen können auch erbracht werden, wenn Personen aufgrund ihres Einkommens kein Alg II oder Sozialgeld erhalten, aber dieses Einkommen für diese einmaligen Bedarfe nicht ausreicht.

II. Leistungsausschlüsse

16 Erwerbsfähige Leistungsberechtigte mit Behinderungen können uU von den **existenzsichernden Leistungen** des SGB II **ausgeschlossen** sein (zu den Leistungsausschlüssen nach dem SGB II im Einzelnen → Kap. 12 Rn. 53 ff.). Von besonderer Bedeutung für diese Personengruppe sind die Leistungsausschlüsse nach:

■ § 7 Abs. 4 S. 1 Alt. 1, S. 3 Nr. 1 SGB II – für Personen, die stationär untergebracht sind (→ Kap. 12 Rn. 62 ff.),

■ § 7 Abs. 4 S. 2 SGB II – für Personen, die sich in einer Einrichtung zum Vollzug einer richterlich angeordneten Freiheitsentziehung aufhalten (→ Kap. 12 Rn. 65) sowie

■ § 7 Abs. 5 SGB II – für Studierende und – in gewissem Umfang – Auszubildende (→ Kap. 12 Rn. 76 ff.).

17 Sind Leistungsberechtigte **stationär untergebracht** und nicht tatsächlich erwerbstätig, erhalten sie keine Leistungen nach dem SGB II, sondern ggf. nach dem SGB XII. Eine Ausnahme liegt nur dann vor, wenn sie sich in einem **Krankenhaus** (iSd § 107 SGB V) aufhalten und dieser Aufenthalt – prognostisch gesehen – weniger als sechs Monate dauert.[12] Dabei spielen allerdings die Umstände bei der Aufnahme ins Krankenhaus eine entscheidende Rolle – wechseln Leistungsberechtigte aus einer stationären Einrichtung zu einem (auch nur kurzzeitigem) Aufenthalt in ein Krankenhaus, bleibt der Leistungsausschluss auch beim Krankenhausaufenthalt bestehen.[13] Zu den Krankenhäusern in diesem Sinn gehören auch **Vorsorge- und Rehabilitationseinrichtungen**, auch wenn die Leistungen in diesen Einrichtungen nicht zwingend von der gesetzlichen Krankenversicherung, sondern ggf. von anderen Rehabilitationsträgern (zB gesetzliche Rentenversicherung, gesetzliche Unfallversicherung) erbracht werden.[14]

---

11 LSG BW 28.6.2006 – L 13 AS 2297/06 ER-B; 25.11.2010 – L 12 AS 1520/09; ebenso allerdings im Rahmen des SGB XII BSG 14.4.2011 – B 8 SO 19/09 R.
12 Vgl. BayLSG 16.7.2014 – L 16 AS 518/13.
13 BSG 12.11.2015 – B 14 AS 6/15 R.
14 BSG 2.12.2014 – B 14 AS 66/13 R.

Ein Leistungsausschluss bei **Vollzug einer richterlich angeordneten Freiheitsentziehung**   18
nach § 7 Abs. 4 S. 2 SGB II liegt nicht nur bei strafrechtlich angeordneten Unterbringungen in Untersuchungshaft oder in Einrichtungen des Strafvollzugs vor, sondern auch bei
einer Unterbringung nach den öffentlich-rechtlichen Unterbringungsgesetzen der Bundesländer für psychisch kranke Menschen (PsychKGs) oder bei einer zivilrechtlichen
Unterbringung von Kindern (§§ 1631 b, 1666, 1800 BGB) oder von unter rechtlicher
Betreuung stehenden Personen (§ 1906 BGB).[15]

Der Leistungsausschluss für **Auszubildende** in § 7 Abs. 5 SGB II (und die Ausnahmen   19
vom Leistungsausschluss nach § 7 Abs. 6 SGB II) wurde mit dem 9. SGB II-ÄndG[16]
grundlegend überarbeitet. Keine Leistungen nach dem SGB II erhalten mithin nur noch

- Auszubildende, die höhere Fachschulen, Akademien oder Hochschulen besuchen
  (§ 13 Abs. 1 Nr. 2 BAföG) und nicht bei ihren Eltern wohnen (§ 13 Abs. 2 Nr. 2
  BAföG) – dh „klassische Studierende", die am Ort der Hochschule in einer eigenen
  Wohnung leben,

- Auszubildende, deren Bedarf sich nach §§ 61 Abs. 2 und 3, 62 Abs. 3, 123 Abs. 1
  Nr. 2 und 3 sowie 124 Abs. 1 Nr. 3 und Abs. 3 SGB III bemisst – dabei handelt es
  sich um Auszubildende, die in einem Wohnheim oder Internat oder sonst bei voller
  Verpflegung untergebracht sind und

- Auszubildende, die zwar grundsätzlich eine nach dem BAföG förderfähige Ausbildung absolvieren, aber keine Ausbildungsförderung erhalten, es sei denn, es greift
  eine Ausnahme nach § 7 Abs. 6 SGB II (→ Kap. 12 Rn. 77).

Mit der Änderung der Regelungen für Auszubildende ist auch der früher bestehende
Streit entfallen, ob Auszubildende mit Behinderungen, die Leistungen zur Teilhabe am
Arbeitsleben erhalten (v.a. berufsvorbereitenden Bildungsmaßnahmen nach §§ 117 ff.
SGB III) vom Leistungsausschluss umfasst sind.[17] Diese Personengruppe hat nunmehr
Anspruch auf (aufstockende) Leistungen nach dem SGB II, sofern sie nicht mit Vollverpflegung internatsmäßig untergebracht sind.[18]

Doch selbst wenn **Auszubildende mit Behinderungen** vom Leistungsausschluss nach § 7   20
Abs. 5 SGB II erfasst sind (zB Studierende mit Studienort außerhalb des Wohnorts ihrer
Eltern), erhalten sie unter den Voraussetzungen des § 27 SGB II bestimmte Leistungen,
die allerdings nicht als Alg II gelten und damit – anders als für Auszubildende, die Anspruch auf (aufstockende) Leistungen nach dem SGB II haben – keine Versicherungspflicht auslösen (§ 27 Abs. 1 SGB II). Dazu gehören

- bestimmte Mehrbedarfe (Schwangerschaft, Alleinerziehende, kostenaufwändige Ernährung) sowie für laufende unabweisbare nicht nur einmalige Bedarfe (§ 27 Abs. 2
  iVm § 21 Abs. 2, 3, 5 und 6 SGB II) sowie bei dezentraler Warmwassererzeugung
  (§ 27 Abs. 3 iVm § 21 Abs. 7 SGB II); ausgeschlossen ist der Mehrbedarf bei Behinderung nach § 21 Abs. 4 SGB II. Hintergrund dessen ist, dass dieser Mehrbedarf
  aufgrund der Ausbildung bzw. der Eingliederungsmaßnahme gewährt wird und
  nicht aufgrund der Behinderung;[19]

- eine Erstausstattung für Bekleidung und bei Schwangerschaft und Geburt (§ 27
  Abs. 2 iVm § 24 Abs. 3 S. 1 Nr. 2 SGB II);

---

15 Für die Übernahme der Kosten der Unterkunft während der Zeit der Unterbringung nach § 67 SGB XII, vgl.
    BSG 12.12.2013 – B 8 SO 24/12 R.
16 Neuntes Gesetz zur Änderung des Zweiten Sozialgesetzbuches – Rechtsvereinfachung vom 26.7.2016,
    BGBl. I S. 1824.
17 Bejahend BSG 17.2.2015 – B 14 AS 25/14 R und 16.6.2015 – B 4 AS 37/14 R.
18 Ausführlich hierzu Geiger ZFSH SGB 2017, 12 ff.
19 Vgl. LSG NRW 13.7.2010 – L 6 AS 587/10 B ER; Thie in: LPK-SGB II § 27 Rn. 4.

■ Bedarfe für Unterkunft und Heizung, für Bildung und Teilhabe sowie Zuschüsse zur Kranken- und Pflegeversicherung als Darlehen, wenn der Leistungsausschluss nach § 7 Abs. 5 SGB II eine **besondere Härte** darstellt. Ob ein Härtefall vorliegt, unterliegt voller gerichtlicher Kontrolle.[20]

21 Beispiele für eine besondere Härte:

■ eine bereits weit fortgeschrittene und bisher stetig betriebene Ausbildung, die aufgrund der konkreten Umstände des Einzelfalls wegen Behinderung oder Krankheit unterbrochen werden musste[21] oder

■ die konkrete Ausbildung ist belegbar die einzige realistische Möglichkeit einen Zugang zum Erwerbsleben zu schaffen und damit eine dauerhafte Eingliederung in den Arbeitsmarkt zu ermöglichen.[22]

III. Leistungen zur Eingliederung in Arbeit für Menschen mit Behinderungen

22 Die Leistungen zur Eingliederung in Arbeit sind in den §§ 16 ff. SGB II geregelt. Für Menschen mit Behinderungen spielen v.a. Leistungen nach § 16 SGB II eine Rolle, der seinerseits auf die Vorschriften des SGB III verweist. Leistungen zur **Eingliederung in Arbeit** werden für erwerbsfähige, hilfebedürftige Menschen mit Behinderungen überwiegend nach pflichtgemäßem Ermessen erbracht (zB Leistungen zur Aktivierung und beruflichen Eingliederung wie Probebeschäftigung oder Zuschüsse für eine behinderungsgerechte Ausgestaltung des Arbeitsplatzes nach § 16 Abs. 1 S. 2 Nr. 3 SGB II iVm §§ 44 ff. SGB III oder Leistungen an Arbeitgeber zur betrieblichen Ausbildung im Rahmen der Berufsausbildung für Menschen mit Behinderungen und Schwerbehinderungen nach § 16 Abs. 1 S. 2 Nr. 3 SGB II iVm § 73 SGB III).

23 Leistungen zur **Teilhabe am Arbeitsleben** für Menschen mit Behinderungen sind in den §§ 112 ff. SGB III geregelt. Da § 16 Abs. 1 S. 3 SGB II diese für entsprechend anwendbar erklärt, können diese Leistungen auch als Anspruchs- und nicht nur als Ermessensleistungen ausgestaltet sein, wenn es die entsprechende Vorschrift des SGB III so vorsieht.[23] Das SGB III unterscheidet zwischen allgemeinen und besonderen Leistungen zur Teilhabe am Arbeitsleben. Es sind Leistungen der Arbeitsförderung, die auf die Belange von Menschen mit Behinderungen besonders angepasst wurden. Sie setzen voraus, dass sie wegen Art und Schwere der Behinderung für die erwerbsfähigen Leistungsberechtigten notwendig sind (§ 16 Abs. 1 S. 3 SGB II iVm § 112 Abs. 1 SGB III; zum Begriff der Behinderung nach dem SGB III, dort § 19 SGB III). Entscheidend ist das Teilhabeziel. Erhalt, Besserung, Herstellung oder Wiederherstellung der Erwerbsfähigkeit und Sicherung der Teilhabe am Arbeitsleben. Letztlich geht es darum, die Hilfebedürftigkeit erwerbsfähiger Leistungsberechtigter mit Behinderungen zu beseitigen oder zu mindern.

24 Da erwerbsfähige Leistungsberechtigte mit Behinderungen ebenso wie erwerbsfähige Leistungsberechtigte ohne Behinderungen Alg II erhalten, erhalten sie kein Ausbildungsgeld und kein Übergangsgeld nach § 118 S. 1 Nr. 1 und 2 iVm §§ 119 ff. SGB III.
Zur Zuständigkeit der Träger für Leistungen zur Teilhabe am Arbeitsleben bei Bezug von existenzsichernden Leistungen nach dem SGB II → Rn. 57.

25 Erwerbsfähige Leistungsberechtigte sollen nach § 15 SGB II eine **Eingliederungsvereinbarung** mit den zuständigen Leistungsträgern schließen, die – nach einer Potenzialanalyse – die möglichen Leistungen zur Eingliederung in Arbeit und die daraus folgenden Rechte und Pflichten beider Seiten festhält. In diese Eingliederungsvereinbarung können

---

20 St. Rspr., vgl. nur BSG 6.9.2007 – B 14/7 b AS 28/06 und 1.7.2009 – B 4 AS 67/08 R.
21 BSG 30.9.2008 – B 4 AS 28/07 R und 1.7.2009 – B 4 AS 67/08 R.
22 LSG Hmb 19.12.2007 – L 5 B 469/07 ER AS.
23 Vgl. Thie in: LPK-SGB II § 16 Rn. 14.

auch nicht erwerbsfähige Leistungsberechtigte einer Bedarfsgemeinschaft eingeschlossen werden.

Beispiel: Eine alleinerziehende Frau hat einen 16-jährigen Sohn, der aufgrund seiner Drogen- 26
sucht und der damit verbundenen Betreuungsnotwendigkeit durch seine Mutter, eine Erwerbstätigkeit von ihr erschwert. In diesem Fall kann in die Eingliederungsvereinbarung der Sohn einbezogen und zB zu einer Suchtberatung verpflichtet werden.

IV. Mitwirkungspflichten bei der Feststellung der Erwerbsfähigkeit

Da es für den Bezug von Alg II auf die Erwerbsfähigkeit der Antragstellenden ankommt 27
(§ 7 Abs. 1 S. 1 Nr. 2 SGB II), wird diese – bei Zweifeln – durch die Jobcenter festgestellt. Das Verfahren zur Feststellung der Erwerbsfähigkeit und die daraus resultierenden Folgen regelt § 44 a SGB II (→ Kap. 12 Rn. 22, 35). Erwerbsfähige Leistungsberechtigte sind verpflichtet, an dem Verfahren gem. §§ 60 ff. SGB I mitzuwirken; eine
Verletzung dieser Mitwirkungspflichten ist allerdings nicht nach den §§ 31 ff. SGB II
sanktionierbar. Ebenso ist eine Einbindung der Mitwirkungspflicht in eine Eingliederungsvereinbarung (→ Rn. 25) nicht zulässig.[24] Darüber hinaus ist immer der Grundsatz der Verhältnismäßigkeit und der Zumutbarkeit der Mitwirkungspflicht zu berücksichtigen.[25]

V. Einkommen und Vermögen

Leistungen nach dem SGB II erhalten nur Menschen, die auch hilfebedürftig sind, dh 28
deren Einkommen und Vermögen nicht ausreicht, ihren Lebensunterhalt ganz oder teilweise zu sichern und die die erforderliche Hilfe auch von anderen erhalten (§ 9
Abs. 1 SGB II). Die **Anrechnung von Einkommen** bestimmt sich im SGB II nach den
§§ 11–11 b SGB II, die von Vermögen nach § 12 SGB II.

Beziehen Menschen mit Behinderungen Leistungen nach dem SGB II, kommt es zur Pri- 29
vilegierung bestimmter Einkommensarten. So werden auf die Leistungen zur Sicherung
des Lebensunterhaltes nach § 11 a SGB II ua nicht angerechnet:

- Grundrenten nach dem Bundesversorgungsgesetz,

- zweckbestimmte Einnahmen aufgrund öffentlich-rechtlicher Vorschriften, die nicht
  dem gleichen Zweck wie das Alg II und das Sozialgeld dienen (zB Arbeitsförderungsgeld für Beschäftigte einer WfbM nach § 59 SGB IX, Ausbildungsgeld nach
  § 122 Abs. 1 Nr. 3 SGB III für Teilnehmer an Maßnahmen im Eingangs- und Berufsbildungsbereich einer WfbM, Blindenführhundleistungen, Leistungen der Pflegeversicherung, Blindengeld, Gehörlosengeld ua)[26] oder

- Zuwendungen der freien Wohlfahrtspflege (zB Motivationsprämien, Möbelspenden,
  Nahrungsmittelspenden der Tafeln).

Zur Anrechnung des Einkommens nach dem SGB II s. Kapitel 20.

Vermögen muss nach § 12 SGB II nur eingesetzt werden, wenn es verwertbar ist, nicht 30
zum Schonvermögen gehört und oberhalb der Vermögensfreibeträge liegt. Für Menschen mit Behinderungen gibt es in diesem Zusammenhang keine Besonderheiten für
besonders privilegiertes Vermögen.

Zum Vermögen s. Kapitel 21.

---

24 Vgl. LSG RhPf 5.7.2007 – L 3 ER 175/07; SG Stuttgart 1.4.2008 – S 12 AS 1976/08; SG Lüneburg
   15.2.2007 – S 30 AS 179/07 ER.
25 So zB für die Unverhältnismäßigkeit einer psychiatrischen Behandlung wegen Eingriff in das Selbstbestimmungsrecht SG Braunschweig 11.9.2006 – S 21 AS 962/06 ER.
26 Umfassender Überblick bei den FH-BA §§ 11–11 b Rn. 11.84.

Kuhn-Zuber

C. Existenzsicherung von Menschen mit Behinderungen nach dem SGB XII

31 Existenzsichernde Leistungen nach dem SGB XII werden entweder als Hilfe zum Lebensunterhalt (§§ 19 Abs. 1, 27 ff. SGB XII) oder als Grundsicherung im Alter und bei Erwerbsminderung (§§ 19 Abs. 2, 41 ff. SGB XII) erbracht. Die Leistungen erbringt der Träger der Sozialhilfe bzw. der von den Länder bestimmte Träger der Grundsicherung (§ 46 b SGB XII); die örtliche Zuständigkeit richtet sich idR nach dem tatsächlichen Aufenthaltsort der Leistungsberechtigten (§ 98 Abs. 1 SGB XII). Die Grundsicherung im Alter und bei Erwerbsminderung ist sowohl gegenüber der Hilfe zum Lebensunterhalt (§ 19 Abs. 2 S. 2 SGB XII) als auch gegenüber dem Sozialgeld nach dem SGB II (§ 5 Abs. 2 S. 2 SGB II) vorrangig in Anspruch zu nehmen. Zu den Voraussetzungen der Leistungen zur Grundsicherung im Alter und bei Erwerbsminderung → Kap. 12 Rn. 80 ff. Menschen mit Behinderungen, die den Eingangs- oder Berufsbildungsbereich einer WfbM durchlaufen oder im Arbeitsbereich einer WfbM beschäftigt sind, gelten nach dem Rentenversicherungsrecht (§ 43 Abs. 2 Satz 3 Nr. 1 SGB VI) als dauerhaft voll erwerbsgemindert und erfüllen die Voraussetzung der dauerhaften vollen Erwerbsminderung nach § 41 Abs. 3 SGB XII (vgl. § 45 S. 3 Nr. 3 SGB XII).[27] Zu den Voraussetzungen der Hilfe zum Lebensunterhalt → Kap. 12 Rn. 86 ff.

32 Mit dem Bundesteilhabegesetz (BTHG) ändern sich einige Vorschriften im Bereich der Grundsicherung im Alter und bei Erwerbsminderung. Hintergrund dieser Änderungen ist die **Trennung der Fachleistungen von den existenzsichernden Leistungen** ab 1.1.2020; erstere trägt der zuständige Träger der Eingliederungshilfe, letztere der Träger der Sozialhilfe bzw. der Träger der Grundsicherung. Durch die Trennung der Leistungen werden zukünftig alle Leistungen unabhängig von der Wohnform gewährt. Es entfällt die Unterscheidung nach ambulanten, teilstationären und vollstationären Leistungen.[28] Die Kosten der Unterkunft sind bereits seit 1.7.2017 sehr ausdifferenziert neu geregelt; die Vorschriften ändern sich zum 1.1.2020 erneut.

I. Existenzsichernde Leistungen nach dem SGB XII – Besonderheiten für Menschen mit Behinderungen

33 Grundsicherung im Alter und bei Erwerbsminderung besteht zunächst – wie im SGB II auch – im Wesentlichen aus dem **Regelbedarf**, den Mehrbedarfen und den Kosten der Unterkunft und Heizung (vgl. § 42 SGB XII). Die Höhe des Regelbedarfs ergibt sich aus § 28 SGB XII iVm RBEG 2017 und der RBSFV 2019 (→ Rn. 5). Das Gesetz entscheidet danach, wo sich die Leistungsberechtigten aufhalten: Volljährige in einer (eigenen) Wohnung ohne Partner erhalten Regelbedarfsstufe 1, haben sie einen Partner erhalten sie Regelbedarfsstufe 2. Befinden sich erwachsene Personen in einer vollstationären Einrichtung und bestimmt sich ihr notwendig Lebensunterhalt nach § 27 b SGB XII, erhalten sie Regelbedarfsstufe 3. Anders als im SGB II, in dem junge volljährige Menschen im Haushalt ihrer Eltern bis zum vollendeten 25. Lebensjahr lediglich Regelbedarfsstufe 3 erhalten (§ 20 Abs. 2 S. 2 Nr. 2 SGB II), haben über 18-Jährige, die nach § 41 SGB XII leistungsberechtigt und nicht stationär untergebracht sind, Anspruch auf Regelbedarfsstufe 1 (bzw. mit Partner Regelbedarfsstufe 2). Damit sind voll erwerbsgeminderte junge Erwachsene im Haushalt der Eltern faktisch besser gestellt als erwerbsfähige junge Erwachsene. Das Bundesverfassungsgericht hat diese Ungleichbehandlung gleichwohl für vereinbar mit Art. 3 Abs. 1 GG gesehen.[29]

---

27 Vgl. SG Gießen 30.4.2018 – S 18 SO 34/18 ER.
28 Vgl. BT-Drs. 18/9522, 4.
29 BVerfG 27.7.2016 – 1 BvR 371/11; vgl. hierzu auch Lenze in: LPK-SGB II Anh. zu § 20 Rn. 5.

Das SGB XII ermöglicht allerdings – anders als das SGB II – nach § 27 a Abs. 4 S. 1 **34** SGB XII **abweichende Bedarfe** und zwar sowohl dann, wenn ein Bedarf geringer ist, weil er anderweitig gedeckt wird (zB bei einem kostenlosen Mittagessen in der WfbM[30]) als auch dann, wenn der Bedarf höher ist durch zB Mehrkosten für Essen auf Rädern, Über- oder Untergrößen bei Bekleidung, Heil- und Hygienemitteln, die nicht von der gesetzlichen Krankenversicherung getragen werden.

Sind Menschen mit Behinderungen **stationär untergebracht**, unterscheidet § 27 b **35** SGB XII zwischen dem in der Einrichtung erbrachten notwendigen Lebensunterhalt im Umfang der Grundsicherungsleistungen (mit Regelbedarfsstufe 3) und dem weiteren notwendigen Lebensunterhalt nach § 27 b Abs. 2 SGB XII. Zu letzterem gehören Leistungen für Kleidung und ein angemessener Barbetrag zur persönlichen Verfügung; erwachsene Leistungsberechtigte erhalten als Barbetrag mindestens 27% der Regelbedarfsstufe 1 (2019: 114,48 EUR). Die Kleidungspauschale richtet sich nach landesrechtlichen Vorschriften.

Mit dem (begrifflichen) Wegfall vollstationärer Einrichtungen der Behindertenhilfe zum **36** 1.1.2020 erhalten Menschen mit Behinderungen, die in diesen – dann als **Räumlichkeiten** – bezeichneten Einrichtungen wohnen, ab 1.1.2020 Regelbedarfsstufe 2, sofern sie Anspruch auf Grundsicherung im Alter und bei Erwerbsminderung haben (Art. 5 Nr. 2 RBEG 2017).

Menschen mit Behinderungen, die Grundsicherung im Alter und bei Erwerbsminderung **37** oder Hilfe zum Lebensunterhalt erhalten, haben auch – bei Vorliegen der entsprechenden Voraussetzungen – Anspruch auf **Mehrbedarfe**. Diese sind umfassend in § 30 SGB XII geregelt und entsprechen inhaltlich weitgehend den Mehrbedarfen des SGB II (→ Rn. 6; vgl. dazu auch Kapitel 25). Lediglich der Mehrbedarf für unabweisbare laufende Bedarfe (§ 21 Abs. 6 SGB II) findet sich nicht im SGB XII. Hintergrund dessen ist, dass – anders als im SGB II, in dem die Regelbedarfe festgelegt sind – § 27 a Abs. 4 SGB XII eine abweichende Festsetzung des Regelbedarfs ermöglicht, wenn ein durch Regelbedarfe abgedeckter Bedarf nicht nur einmalig, sondern für eine Dauer von voraussichtlich mehr als einem Monat anderweitig gedeckt ist oder oberhalb des durchschnittlichen Bedarfs liegt (→ Kap. 9 Rn. 46).

Mit dem **BTHG** werden zum 1.1.2020 **weitere Mehrbedarfe** in § 42 b SGB XII einge- **38** führt.[31] Dabei handelt es sich um Mehrbedarfe bei

1. gemeinschaftlicher Mittagsverpflegung (Abs. 2) in
   - einer Werkstatt für behinderte Menschen nach § 56 SGB IX,
   - bei einem anderen Leistungsanbieter nach § 60 SGB IX oder
   - im Rahmen vergleichbarer tagesstrukturierender Angebote.

   Die Höhe dieses Mehrbedarfs bestimmt sich nach § 2 Abs. 1 Satz 2 der Sozialversicherungsentgeltverordnung; ein Dreißigstel des dort festgelegten Betrages (2019: 99 EUR für Mittagessen) wird pro Arbeitstag angenommen; die Eigenbeteiligung, die sich aus § 9 Abs. 3 RBEG idF ab 1.1.2020 ergibt (1 EUR), wird abgezogen.

2. für Leistungsberechtigte mit Behinderungen, denen Hilfen zur Schulbildung oder Hilfen zur schulischen oder hochschulischen Ausbildung im Rahmen der Eingliederungshilfe geleistet werden (§ 112 Abs. 1 Nr. 1 und 2 SGB IX idF ab 1.1.2020).

---

30 BSG 11.12.2007 – B 8/9 b SO 21/06 R; B 8–9 b SO 21/06.
31 Art. 13 Nr. 11 und 15 des Bundesteilhabegesetzes (BTHG) vom 23.12.2016, BGBl. I, 3234.

Der Mehrbedarf umfasst 35 % der maßgebenden Regelbedarfsstufe; er kann auch über die Beendigung dieser Maßnahmen hinaus während einer angemessenen Arbeitszeit von bis zu drei Monaten geleistet werden (Abs. 3).

Zu diesen Mehrbedarfen auch → Kap. 25 Rn. 29 f.

39 Die **Kosten der Unterkunft** bei Menschen, die Grundsicherung im Alter und bei Erwerbsminderung beziehen, richten sich seit dem 1.7.2017 nach § 42 a SGB XII. Sie unterscheiden danach, ob ein Mensch mit Behinderung in einer eigenen Wohnung, in einer Wohnung mit anderen oder in einer stationären Einrichtung wohnt (→ Kap. 28 Rn. 137 ff.).

40 Mit Inkrafttreten des **BTHG** zum 1.1.2020 und der damit verbundenen Trennung von Fachleistungen der Eingliederungshilfe und existenzsichernden Leistungen gibt es für Menschen mit Behinderungen, die Grundsicherung im Alter und bei Erwerbsminderung erhalten, weitere Änderungen. Es gilt dann:

- für Menschen mit Behinderungen, deren Bedarf sich nach § 27 b Abs. 1 Nr. 2 SGB XII idF ab 1.1.2020 bemisst (**stationäre Einrichtungen**), werden Aufwendungen für die Warmmiete in Höhe der durchschnittlichen angemessenen tatsächlichen Kosten eines Einpersonenhaushalts im Bereich des zuständigen Trägers anerkannt.

- für Menschen mit Behinderungen, die nicht in einer (eigenen) Wohnung leben, weil ihnen allein oder zu zweit oder zu mehreren ein persönlicher Wohnraum und zusätzliche **Räumlichkeiten** zur gemeinschaftlichen Nutzung überlassen werden, sind die Aufwendungen für die Unterkunft nach § 42 a Abs. 5 und 6 SGB XII idF ab 1.1.2020 geregelt.

41 Die **gemeinsamen Räumlichkeiten** können auch weiteren Personen zur Verfügung stehen. Faktisch handelt es sich hier im Wesentlichen um bisherige stationäre Einrichtungen. Die tatsächlichen Aufwendungen für die Unterkunft sind angemessen, wenn sie die Höhe der durchschnittlichen **angemessenen tatsächlichen Aufwendungen** für die Warmmiete eines Einpersonenhaushalts im örtlichen Zuständigkeitsbereich des für die Ausführung der Leistungen zur Grundsicherung im Alter und bei Erwerbsminderung zuständigen Trägers nicht überschreiten. Übersteigen die tatsächlichen Aufwendungen die Angemessenheitsgrenze um bis zu 25 %, können sie im Rahmen der Unterkunftskosten übernommen werden. Dafür müssen die höheren Aufwendungen, die durch zusätzliche – im Gesetz aufgeführte und mögliche – Kosten entstehen, in einem (idR Wohn- und Betreuungs-)Vertrag gesondert nachgewiesen werden (§ 42 a Abs. 5 S. 4 SGB XII idF ab 1.1.2020). Hintergrund dieser Regelung ist, dass die hier erfassten stationären Einrichtungen idR Sonderbauten sind, die aufgrund von feuerpolizeilichen und heimrechtlichen Auflagen erhebliche Mehrkosten verursachen, die bei Privatbauten nicht entstehen.[32]

42 **Übersteigen** die Unterkunftskosten die **Angemessenheitsgrenze**, regelt § 42 a Abs. 6 SGB XII idF ab 1.1.2020 zwei Möglichkeiten: Leben Menschen mit Behinderungen in einer Wohngemeinschaft (§ 42 a Abs. 4 SGB XII), soll der zuständige Träger der Grundsicherung darauf hinwirken, dass die leistungsberechtigte Person einen Antrag bei einem Sozialleistungsträger – idR dem Träger der Eingliederungshilfe – stellt, damit die höheren Aufwendungen von diesem übernommen werden, etwa weil ein höherer Raumbedarf aufgrund einer Assistenzkraft besteht.[33] Leben Menschen in Wohnformen mit gemeinsam genutzten Räumlichkeiten (§ 42 a Abs. 2 Nr. 2 SGB XII idF ab 1.1.2020) und übersteigen die Wohnkosten auch den nach § 42 a Abs. 5 S. 4 SGB XII idF ab

---

32 Vgl. von Boetticher, Das neue Teilhaberecht, § 4 Rn. 229 zweifelnd, ob die 25 % diese Mehrkosten auch tatsächlich decken.
33 BT-Drs. 18/9522, 336.

1.1.2020 zusätzlich gewährten 25%-Aufschlag, werden diese im Rahmen der Eingliederungshilfe nach dem SGB IX ab 1.1.2020 übernommen.

II. Existenzsicherung für eine Ausbildung von Menschen mit Behinderungen

Die Regelungen für die Existenzsicherung von Auszubildenden, einschließlich der Ausschlüsse, entsprechen im Wesentlichen denen des SGB II (→ Rn. 19 f.). Auch hier können nach § 22 Abs. 1 S. 2 SGB XII existenzsichernde Leistungen (Hilfe zum Lebensunterhalt, Grundsicherung bei Erwerbsminderung) erbracht werden, wenn ein besonderer Härtefall vorliegt. Die Härtefallregelungen sind mit denen des SGB II vergleichbar (→ Rn. 21).   **43**

III. Einkommen und Vermögen

Grundsicherung im Alter und bei Erwerbsminderung wird ebenso wie die Hilfe zum Lebensunterhalt abhängig vom Einkommen und Vermögen der Leistungsberechtigten und deren mit ihnen zusammenlebenden Partner gewährt (vgl. Kapitel 20, 21). Für Menschen mit Behinderungen gibt es eine Anzahl von **Privilegierungen** bei der Anrechnung von Einkommen oder Vermögen, die teilweise sowohl für die Hilfe zum Lebensunterhalt als auch bei Bezug von Grundsicherung im Alter und bei Erwerbsminderung gelten als auch solche, die nur bei Bezug von Leistungen der Grundsicherung anwendbar sind.   **44**

Sowohl bei der Hilfe zum Lebensunterhalt als auch bei der Grundsicherung im Alter und bei Erwerbsminderung werden ua **nicht als Einkommen** angerechnet   **45**

- Grundrenten nach dem BVG bzw. nach den Gesetzen, die das BVG für anwendbar erklären (§ 82 Abs. 1 S. 1 SGB XII),
- Renten oder Beihilfen nach dem BEG für Schaden an Leben, Körper oder Gesundheit bis zur Höhe der vergleichbaren Grundrente nach dem BVG (§ 82 Abs. 1 S. 1 SGB XII),
- nach öffentlich-rechtlichen Vorschriften erbrachte zweckbestimmte Leistungen (§ 83 Abs. 1 SGB XII),
- Zuwendungen der freien Wohlfahrtspflege (§ 84 SGB XII)[34] oder
- Sozialleistungen, die nach anderen Sozialgesetzen von der sozialhilferechtlichen Berücksichtigung freigestellt sind (zB Pflegegeld nach dem SGB XI oder dem SGB XII).

Darüber hinaus gilt für die Grundsicherung im Alter und bei Erwerbsminderung nach § 43 Abs. 2 SGB XII eine **Einkommensprivilegierung** für aufstockende Leistungen nach § 29 SGB XII (Erhöhung der Regelsätze durch Landesrecht); der entsprechende Aufstockungsbetrag wird nicht als Einkommen angerechnet.   **46**

Sind Menschen mit Behinderungen in einer WfbM beschäftigt und erhalten existenzsichernde Leistungen nach dem SGB XII, bleibt das **Arbeitsförderungsgeld,** das sie dort im Arbeitsbereich erhalten, als Einkommen unberücksichtigt (§ 59 Abs. 2 SGB IX). Beim Arbeitsförderungsgeld handelt es sich um einen monatlichen Grundbetrag von 52 EUR.   **47**

Vom anrechenbaren Einkommen können nach § 82 Abs. 2 SGB XII bestimmte **Freibeträge** abgezogen werden (→ Kap. 12 Rn. 167 f.). Dies gilt für v.a. dann, wenn das Einkommen mit einer Erwerbstätigkeit verknüpft ist.[35] Deswegen können Freibeträge auch   **48**

---

34   Hierzu zählt das BSG auch eine Motivationszuwendung, die ein privater Träger für eine Tätigkeit psychisch kranker Menschen gezahlt hat – BSG 28.2.2013 – B 8 SO 12/11 R.
35   Im Einzelnen Geiger in: LPK-SGB XII § 82 Rn. 96.

Kuhn-Zuber

von bestimmten Sozialleistungen, die im Rahmen von Teilhabeleistungen relevant sind, abgesetzt werden. Dazu gehören zB

■ das Übergangsgeld bei einer geförderten Umschulung (§ 49 SGB IX iVm §§ 16, 20 ff. SGB VI) oder

■ das Ausbildungsgeld im Berufsbildungsbereich einer WfbM (§ 125 SGB III).

Das Krankengeld, das Leistungsberechtigte während ihrer Arbeitsunfähigkeit beziehen, ist keines, das mit einer Erwerbstätigkeit verknüpft ist. Deshalb können von diesem keine Freibeträge abgesetzt werden.[36] Das Gleiche gilt für den Fall, dass während einer stufenweisen Wiedereingliederung Übergangsgeld bezogen wird; dieses ist – nach Auffassung des BSG – kein Einkommen aus Erwerbstätigkeit.[37]

49 Arbeiten Menschen mit Behinderungen in einer WfbM oder bei einem anderen Leistungsanbieter nach § 60 SGB IX, beträgt der **Freibetrag** vom dort erzielten Arbeitsentgelt (nach Abzug des Arbeitsförderungsgeldes, das nicht angerechnet wird, → Rn. 47) nach § 82 Abs. 3 S. 2 SGB XII ein Achtel der Regelbedarfsstufe 1 (2019: 53 EUR) zuzüglich 50 % des diesen Betrags übersteigenden Entgelts.

50 Den **Einsatz des Vermögens** regelt § 90 SGB XII. Zum 1.4.2017 wurden die Barbeträge erhöht, die Menschen trotz des Bezugs von existenzsichernden Leistungen nach dem SGB XII behalten konnten. Die entsprechende Durchführungsverordnung[38] ermöglicht jedem alleinstehenden volljährigem Leistungsberechtigten, Leistungsberechtigten, die mit einem Partner zusammenleben oder alleinstehenden minderjährigen Personen, deren Anspruch auf Leistungen nach dem SGB XII nicht vom Vermögen der Eltern bzw. eines Elternteils abhängen, jeweils einen Grundfreibetrag von 5.000 EUR. Sind diese Personen anderen gegenüber unterhaltspflichtig erhöht sich der Grundfreibetrag um 500 EUR pro Person.

51 Für die **Hilfe zum Lebensunterhalt** sind nach § 98 SGB XII die Träger der Sozialhilfe örtlich zuständig, in deren Bereich sich die Leistungsberechtigten tatsächlich aufhalten. Die **Zuständigkeit** bleibt während der gesamten Dauer des Leistungsbezugs bestehen, auch wenn die Leistungsberechtigten währenddessen woanders ihren tatsächlichen Aufenthalt nehmen (§ 98 Abs. 1 SGB XII). Halten sich die Leistungsberechtigten in einer stationären Einrichtung auf, so ist der Träger der Sozialhilfe örtlich zuständig, in dessen Bereich sie im Zeitpunkt der Aufnahme in die Einrichtung oder in den zwei Monaten zuvor ihren gewöhnlichen Aufenthalt hatten. Bei einem Wechsel der Einrichtung bleibt der Träger der ersten Einrichtung örtlich zuständig (§ 98 Abs. 2 SGB XII).

52 Die **Zuständigkeit** für Leistungen der **Grundsicherung** im Alter und bei Erwerbsminderung richtet sich nach § 46 b SGB XII. Sie bestimmt sich nach Abs. 1 gem. Landesrecht. Halten sich Leistungsberechtigte in einer stationären Einrichtung oder befinden sie sich in Einrichtungen zum Vollzug richterlich angeordneter Freiheitsentziehung, so gilt dieser Ort nicht als gewöhnlicher Aufenthalt. Es gelten die Vorschriften des § 98 Abs. 2 S. 1 bis 3 SGB XII zu den stationären Einrichtungen.

---

36 BSG 13.5.2009 – B 4 AS 180/10 R.
37 BSG 5.7.2017 – B 14 AS 27/16 R, Rn. 23 ff. (jL) – hier allerdings für § 11 b SGB II entschieden.
38 Verordnung zur Durchführung des § 90 Abs. 2 Nr. 9 des Zwölften Sozialgesetzbuch vom 11.2.1988, zuletzt geändert durch Art. 8 des Gesetzes vom 23.12.2016, BGBl. I, S. 3191.

D. Teilhabeleistungen und Existenzsicherung

I. Leistungen zur medizinischen Rehabilitation bei Bezug von Leistungen nach dem SGB II

Nehmen erwerbsfähige Leistungsberechtigte Leistungen zur medizinischen Rehabilitati- **53** on in Anspruch, deren Träger die gesetzliche Rentenversicherung oder die gesetzliche Unfallversicherung ist, regelt § 25 SGB II das Verhältnis der in diesem Zusammenhang grundsätzlich zu erbringenden unterhaltssichernden Leistungen (§§ 64 Abs. 1 Nr. 1, 65 SGB IX) zu den existenzsichernden Leistungen nach dem SGB II.

Erwerbsfähige Leistungsberechtigte, die Alg II nach dem SGB II beziehen, können dem **54** Grunde nach gem. § 20 Abs. 1 Nr. 3 b) SGB VI Anspruch auf **Übergangsgeld** während einer medizinischen Rehabilitation haben, wenn zuständiger Rehabilitationsträger die gesetzliche **Rentenversicherung** ist. Voraussetzung ist, dass diese Personengruppe die persönlichen und versicherungsrechtlichen Voraussetzungen der gesetzlichen Rentenversicherung erfüllt (§§ 10, 11 SGB VI). § 25 SGB II regelt nun, dass in diesen Fällen das jeweils zuständige Jobcenter weiter das Alg II in bisheriger Höhe gewährt und damit die Leistungsverpflichtung der gesetzlichen Rentenversicherung erfüllt. Damit vermeidet man einen Trägerwechsel während des Bezugs von (existenzsichernden) Geldleistungen.[39] Die gesetzliche Rentenversicherung erstattet dann dem Jobcenter das Alg II in Höhe des Übergangsgeldes gem. § 102 SGB X.

Das Gleiche gilt, wenn die Leistungen der medizinischen Rehabilitation durch den Trä- **55** ger der gesetzlichen **Unfallversicherung** erbracht werden. Diese sind im Falle eines Arbeitsunfalles oder einer Berufskrankheit (§§ 8, 9 SGB VII) ihrer Versicherten (§§ 2, 3 SGB VII) zuständige Rehabilitationsträger, wenn zwischen Versicherungsfall und Behinderung ein kausaler Zusammenhang besteht. Es besteht in diesem Falle dem Grunde nach Anspruch auf Verletztengeld als unterhaltssichernde Leistung (§ 65 Abs. 1 Nr. 2 SGB IX iVm § 45 SGB VII). Auch hier zahlt das Jobcenter das Verletztengeld für die Träger der gesetzlichen Unfallversicherung, die den Betrag dem Jobcenter wiederum nach § 102 SGB X erstatten.

Anspruchsberechtigt nach § 25 SGB II sind nur Alg II-Bezieherinnen und -Bezieher, **56** nicht hingegen diejenigen, die nur Sozialgeld oder nur einmalige Leistungen beziehen. Die Leistungen, die das Jobcenter dann erbringt, sind kein originäres Alg II, sondern grundsätzlich Übergangs- oder Verletztengeld. Das hat zur Folge, dass dieses als Einkommen nach § 11 SGB II bewertet und entsprechend nach § 11 b SGB II bereinigt werden kann.[40]

II. Leistungen zur Teilhabe am Arbeitsleben bei Bezug von Leistungen nach dem SGB II

Für erwerbsfähige Leistungsberechtigte mit Behinderungen, die Leistungen zur Teilhabe **57** am Arbeitsleben erhalten, ist zuständiger Rehabilitationsträger die Bundesagentur für Arbeit. Sie ist allerdings nicht Leistungsträger; § 6 Abs. 3 SGB IX begründet insofern eine gespaltene Zuständigkeit. Leistungsträger sind die Jobcenter (§ 6 d SGB II).[41] In diesen Fällen erbringen diese neben den existenzsichernden Leistungen auch die Leistungen zur Teilhabe (→ Rn. 22 ff.). Die Bundesagentur für Arbeit unterrichtet das zuständige Jobcenter und die Leistungsberechtigten schriftlich über den festgestellten Rehabilitationsbedarf und ihren Eingliederungsvorschlag; das Jobcenter muss dann inner-

---

39 Vgl. Birk in: LPK-SGB II § 25 Rn. 1.
40 SG Magdeburg 24.1.2014 – S 19 AS 3302/10.
41 Vgl. BSG 25.6.2008 – B 11 b AS 19/07 R.

halb von drei Wochen unter Berücksichtigung dieses Vorschlags über die Leistungen zur beruflichen Teilhabe entscheiden (§ 6 Abs. 3 S. 3–7 SGB IX). Es kann aber auch abweichend zusätzliche oder andere Leistungen bewilligen oder diese – mit einer entsprechenden Begründung – ganz versagen.

58 Mit Zustimmung und unter Beteiligung der Leistungsberechtigten kann die Bundesagentur für Arbeit mit dem zuständigen Jobcenter (§ 36 SGB II) eine **gemeinsame Beratung** zur Vorbereitung des Eingliederungsvorschlags für die erwerbsfähigen Leistungsberechtigten durchführen, sofern keine Teilhabeplankonferenz (§ 20 SGB IX) vorgesehen ist. Die gemeinsame Beratung kann auch vom Jobcenter oder von den Leistungsberechtigten selbst vorgeschlagen werden.

59 Darüber hinaus sind die zuständigen **Jobcenter verpflichtet:**
- nach § 9 Abs. 4 SGB IX bei einem Antrag auf Leistungen zu prüfen, ob Leistungen zur beruflichen Teilhabe notwendig sind, sofern sie mögliche Rehabilitationsbedarfe erkennen, und auf eine Antragstellung beim voraussichtlich zuständigen Rehabilitationsträger hinzuwirken,
- nach § 12 Abs. 2 SGB IX durch geeignete Maßnahmen sicherzustellen, dass ein Rehabilitationsbedarf frühzeitig erkannt und auf eine Antragstellung hingewiesen wird. Sie müssen hierfür geeignete barrierefreie Informationsangebote über Maßnahmen nach § 12 Abs. 1 S. 2 SGB IX bereitstellen und vermitteln (auch ggf. über die Bundesagentur für Arbeit), sowie
- nach § 22 Abs. 4 SGB IX am Teilhabeplanverfahren teilzunehmen, soweit dies zur Feststellung des Rehabilitationsbedarfs erforderlich ist und den Interessen der Leistungsberechtigten entspricht. Sie können darüber hinaus dem verantwortlichen Rehabilitationsträger ihre Beteiligung vorschlagen.

III. Leistungen der Eingliederungshilfe und Berücksichtigung von Einkommen und Vermögen

60 Leistungen der Eingliederungshilfe umfassen nach § 54 SGB XII idF bis 31.12.2019 bzw. nach § 102 SGB IX idF ab 1.1.2020 Leistungen zur medizinischen Rehabilitation, zur Teilhabe am Arbeitsleben, zur Teilhabe an Bildung sowie zur Sozialen Teilhabe. Diese Leistungen werden von den von den Ländern festgelegten **Trägern der Eingliederungshilfe** erbracht.[42] Sie sind – da es sich dem Grunde nach um Leistungen der Sozialhilfe handelt – bis 31.12.2019 vom Einkommen und Vermögen der Leistungsberechtigten nach dem SGB XII abhängig. Ab 1.1.2020 sind die Einkommens- und Vermögensregelungen Gegenstand des Zweiten Teils des SGB IX.

1. Einkommen und Vermögen bei Bezug von Leistungen der Eingliederungshilfe bis 31.12.2019

61 Die Eingliederungshilfe ist eine Leistung in besonderen Lebenslagen, die der **Einkommensprivilegierung** nach den §§ 85 ff. SGB XII unterliegt. Das Einkommen der Leistungsberechtigten und – bis zum 31.12.2019 – auch das ihrer Partner muss für diese Leistungen (anders bei den existenzsichernden Leistungen, → Rn. 44 ff.) nicht vollstän-

---

42 Die Bundesländer müssen bis 31.12.2019 die zuständigen Träger der Eingliederungshilfe festlegen. Sofern sie das noch nicht getan haben und bis zum Inkrafttreten des neuen Eingliederungshilferechts im Zweiten Teil des SGB IX zum 1.1.2020 sind die landesrechtlich festgelegten örtlichen oder überörtlichen Träger der Sozialhilfe für Leistungen der Eingliederungshilfe als Rehabilitationsträger weiter zuständig. Ein guter Überblick über die Umsetzung des BTHG in den einzelnen Bundesländern findet sich unter https://umsetzungsbegleitung-bthg.de/ (11.10.2018).

dig eingesetzt werden, sondern nur der Teil, der eine bestimmte Grenze überschreitet. Diese ergibt sich nach § 85 Abs. 1 SGB XII aus:

- einem Grundbetrag in Höhe des Zweifachen der Regelbedarfsstufe 1 (2019: 848 EUR),
- den angemessenen Kosten der Unterkunft und
- einem Familienzuschlag in Höhe von 70% der Regelbedarfsstufe 1 (2019: 296,80 EUR, der Betrag wird auf volle Euro aufgerundet) für nicht getrennt lebende Partnerinnen und Partner sowie für eigene und deren unterhaltsberechtigten Angehörigen.

Beispiel 1: Ein blinder 39-Jähriger lebt mit seiner Frau und zwei minderjährigen Kindern in einer **62** angemessenen Vierzimmerwohnung, die 800 EUR kostet. Er erhält Eingliederungshilfe in Form einer Assistenz, die ihn bei der Erledigung seiner Alltagsaufgaben unterstützt. Nur sein Einkommen und das seiner Frau, das über 2.538,40 EUR liegt, wird grundsätzlich berücksichtigt (Berechnung für 2019: 848 EUR + 800 EUR + 3 x 296,80 EUR).

Darüber hinaus besteht die Möglichkeit, nach § 82 Abs. 6 S. 2 SGB XII einen **Freibetrag** **63** **vom Einkommen** abzusetzen, wenn dieses aus selbstständiger und nichtselbstständiger Tätigkeit herrührt. Der Freibetrag umfasst 40% des Einkommens; höchstens jedoch bis 65% der Regelbedarfsstufe 1. Die Regelung gilt bis 31.12.2019 für die Eingliederungshilfe und darüber hinaus für Menschen, die Hilfe zur Pflege nach den §§ 61 ff. SGB XII erhalten (§ 82 Abs. 6 S. 1 SGB XII). Die Regelung wurde im Vorgriff auf das Inkrafttreten der Neuregelung der Eingliederungshilfe im BTHG geschaffen, um Menschen, die sowohl Eingliederungshilfe als auch Hilfe zur Pflege erhalten, besser zu stellen und ihnen einen Anreiz zur Aufnahme einer Erwerbstätigkeit zu geben. Fallen Leistungsberechtigte sowohl unter die Freibetragsregelung nach § 82 Abs. 3 SGB XII als auch unter die des § 82 Abs. 6 SGB XII, gilt die günstigere Regelung.[43] Eine „Doppelanrechnung" der Freibeträge ist nicht möglich.

Beispiel 2: Hat der im Beispiel 1 genannte 39-Jährige eine Erwerbstätigkeit, bei der er ein Ein- **64** kommen iHv 2.400 EUR erzielt,[44] betrüge sein Freibetrag 960 EUR. Da dieser aber auf 65% der Regelbedarfsstufe 1 (275,60 EUR) begrenzt ist, hat er einen Freibetrag in dieser Höhe. Als Einkommen werden somit 2.124,40 EUR berücksichtigt. Hat seine Frau kein Einkommen, würde allerdings dieses Einkommen nicht berücksichtigt, weil es unterhalb des Freibetrags (Beispiel 1: 2.538,40 EUR) liegt.

Handelt es sich bei der leistungsberechtigten Person um ein **minderjähriges unverheiratetes** **65** **Kind** mit Behinderung, so muss das Einkommen von ihm und seine Eltern erst dann eingesetzt werden, wenn es über einer Einkommensgrenze liegt, die sich gem. § 85 Abs. 2 SGB XII aus ergibt:

- einem Grundbetrag in Höhe des Zweifachen der Regelbedarfsstufe 1 (2019: 848 EUR),
- den angemessenen Kosten der Unterkunft und
- einem Familienzuschlag in Höhe von 70% der Regelbedarfsstufe 1 für einen Elternteil, wenn die Eltern zusammenleben sowie für das leistungsberechtigte Kind und weitere unterhaltsberechtigte Angehörige.

Leben die Eltern nicht zusammen, bestimmt sich die Einkommensgrenze nach dem Einkommen des Elternteils, bei dem das Kind mit Behinderung lebt.

---

43 Zu allem BT-Drs. 18/9522, 329 f.
44 Es ist strittig, ob der Freibetrag auf das Bruttoeinkommen oder auf das Einkommen nach Bereinigung durch die Absetzbeträge angewendet werden muss, Geiger in: LPK-SGB XII § 82 Rn. 96 spricht sich im Rahmen der Konkordanz mit den Freibeträgen nach § 11 b SGB II für die Anwendung auf das Bruttoeinkommen aus; so auch ThürLSG 9.9.2015 – L 8 SO 273/13 und Giere in: Grube/Wahrendorf § 82 Rn. 107.

66 **Beispiel 3:** Bei einem 12-jährigen Kind, das bei seinen Eltern gemeinsam mit einer 6-jährigen Schwester in einer angemessenen Wohnung lebt, die 800 EUR kostet und das aufgrund einer geistigen Behinderung heilpädagogische Leistungen erhält, gilt eine Einkommensgrenze von 2.538,40 EUR (Berechnung: 848 EUR + 800 EUR + 3 x 296,80 EUR).

67 Haben Menschen einen **Pflegegrad von 4 oder 5** (§§ 14, 15 SGB XI bzw. §§ 61 a, 61 b SGB XII) oder sind **blind** iSd § 72 SGB XII, wird ihnen ein Einsatz des Einkommens über 60% grundsätzlich nicht zugemutet (§ 87 Abs. 1 S. 3 SGB XII). Darüber hinaus kann, wenn es weitere besondere Belastungen bzw. Aufwendungen gibt, die nicht bereits durch andere Sozialleistungsträger abgedeckt sind, das Einkommen über die 60% hinaus geschont werden. Die Regelungen dazu werden landesrechtlich bestimmt.[45] Das kann unter bestimmten Umständen zur völligen Schonung des Einkommens führen.[46]

68 Für Menschen mit Behinderungen, die Eingliederungshilfe beziehen, gilt – über die Vermögensgrenzen des § 90 SGB XII (→ Rn. 50) hinaus – bis 31.12.2019 die Regelung des § 60 a SGB XII. Dieser legt einen zusätzlichen **Vermögensschonbetrag** für die Lebensführung und die Alterssicherung iSd § 90 Abs. 3 S. 2 SGB XII iHv 25.000 EUR fest. Dieser Betrag gilt auch – und hier über den 31.12.2019 hinaus – bei Bezug von Hilfe zur Pflege nach dem SGB XII (§ 66 a SGB XII), dann allerdings nur dann, wenn dieser Betrag ganz oder überwiegend aus Einkommen aus selbstständiger und nichtselbstständiger Tätigkeit der Leistungsberechtigten stammt. Beziehen die Leistungsberechtigten allerdings gleichzeitig Grundsicherung im Alter und bei Erwerbsminderung oder Hilfe zum Lebensunterhalt muss das Vermögen nach den §§ 90 ff. SGB XII eingesetzt werde.

2. Einkommen und Vermögen bei Bezug von Leistungen der Eingliederungshilfe ab 1.1.2020

69 Zum 1.1.2020 wird die Eingliederungshilfe, die bisher im SGB XII geregelt ist, in den Zweiten Teil des SGB IX überführt. Damit ist die Eingliederungshilfe zwar nicht mehr Teil des Fürsorge- bzw. Sozialhilferechts; gleichwohl wird sie auch dann kein reiner Nachteilsausgleich sein. Es wird weiterhin Einkommen und Vermögen des Leistungsberechtigten berücksichtigt, allerdings nicht mehr das seiner Partnerin oder seines Partners. Die Systematik wurde umgestellt. Statt die Erbringung der Leistungen generell abhängig vom vorhandenen Einkommen und Vermögen zu machen, müssen die Leistungsberechtigten einen **Eigenbeitrag** aus ihrem Einkommen zahlen, sofern dieses eine bestimmte Höhe überschreitet. Die Regelungen zum Einkommen und Vermögen finden sich zukünftig in Kapitel 9 des SGB IX (§§ 135–142) idF ab 1.1.2020.

70 Die **Systematik der Einkommensberücksichtigung** und die Berechnung des Eigenbeitrags folgt im Wesentlichen folgenden Kriterien:[47]

1. Das Einkommen wird anhand der steuerrechtlichen Einkünfte des Vorvorjahres bemessen (§ 135 SGB IX idF ab 1.1.2020).

2. Die Einkommensgrenzen sind gestaffelt nach der Art des Einkommens; hinzu kommen ggf. Partner- und Kinderzuschläge (§ 136 SGB IX idF ab 1.1.2020).

3. Die Einkommensgrenzen sind prozentual abhängig von der jährlich neu festzusetzenden Bezugsgröße der Sozialversicherung (§ 18 SGB IV) und steigen daher idR dynamisch an (§ 136 SGB IX idF ab 1.1.2020).

4. Der berechnete Eigenbeitrag (2% des übersteigenden Einkommens als monatlicher Beitrag) wird von den gesamten Kosten der Eingliederungsmaßnahme abgezogen

---

45 Vgl. Sozialhilferichtlinien Baden-Württemberg, Rn. 87.15.
46 SG Mannheim 13.10.2016 – S 8 SO 653/13.
47 Zu allem von Boetticher, Das neue Teilhaberecht, § 4 Rn. 154.

und muss direkt an den Leistungserbringer gezahlt werden (§ 137 SGB IX idF ab 1.1.2020).

Beispiel:[48] Der Beschäftigte mit Behinderung in Beispiel 1 (→ Rn. 62), hat einen Hochschulab-   **71**
schluss und arbeitet im öffentlichen Dienst nach TVöD. Er hatte im Vorvorjahr ein steuerrechtlich relevantes Jahresbrutto von ca. 47.100 EUR (§ 135 SGB IX). Da es sich um ein Einkommen aus
sozialversicherungsrechtlicher Beschäftigung handelt, wird nur das Einkommen zugrunde gelegt, das über 85% der jährlichen Bezugsgröße nach § 18 Abs. 1 SGB IV liegt (§ 18 Abs. 2 Nr. 1
SGB IX). Die Bezugsgröße im Jahr 2019 beträgt 37.380 EUR;[49] 85% davon sind 31.773 EUR. Wäre
der Beschäftigte alleinstehend müsste er sein Einkommen iHv 15.327 EUR (Differenz aus seinem
Jahresbrutto und dem Freibetrag von 85% der Bezugsgröße) einsetzen. Von diesem übersteigenden Betrag werden als Eigenbeitrag 2% berechnet, die monatlich von den Leistungen der Eingliederungshilfe abgezogen werden (§ 137 SGB IX). Er hätte somit einen Eigenbeitrag von monatlich 300 EUR zu erbringen. Da er aber verheiratet ist (vorausgesetzt seine Frau hat kein eigenes Einkommen) und zwei unterhaltspflichtige Kinder hat, erhöht sich der Freibetrag um 15%
für seine Frau und jeweils 10% für seine Kinder (§ 136 Abs. 3 SGB IX). Er hat damit einen Freibetrag von 120% der Bezugsgröße, dh er muss nur das Einkommen einsetzen, das über 44.856 EUR
liegt, mithin 2.244 EUR. Sein Eigenbeitrag beträgt dann monatlich 40 EUR (es wird auf volle
10 EUR abgerundet).

Für Personen, die bereits am 31.12.2019 Leistungen der Eingliederungshilfe erhalten   **72**
(haben), gilt eine **Übergangsregelung** nach § 150 SGB IX. War danach das nach dem
SGB XII einzusetzende Einkommen geringer als nach neuem Recht, gilt das Recht des
SGB XII so lange weiter, solange der Einkommenseinsatz geringer ist als der Eigenbeitrag.

Darüber hinaus legt § 138 SGB IX idF ab 1.1.2020 fest, für welche Leistungen der Ein-   **73**
gliederungshilfe **kein Eigenbetrag** erhoben wird. Diese – abschließend – aufgeführten
Leistungen (zB heilpädagogische Leistungen, Leistungen zur medizinischen Rehabilitation, Leistungen zur schulischen Ausbildung) werden unabhängig vom Einkommen und
Vermögen der Leistungsberechtigten bzw. – bei Kindern – der Eltern erbracht. Die Vorschrift entspricht im Wesentlichen dem bisherigen § 92 Abs. 2 SGB XII.

Allerdings wurde die Regelung des § 87 Abs. 1 S. 3 SGB XII (→ Rn. 67) nicht übernom-   **74**
men, so dass schwerstpflegebedürftige und blinde Menschen zumindest dann Gefahr
laufen, schlechter gestellt zu werden, wenn sie erstmalig nach dem 1.1.2020 Leistungen
der Eingliederungshilfe beziehen.

Der Eigenbeitrag ist nur **einmalig** zu erbringen, auch wenn Leistungsberechtigte mehre-   **75**
re Leistungen der Eingliederungshilfe erhalten oder in einem Haushalt mehrere minderjährige Kinder leben, die leistungsberechtigt sind.

Für Leistungen der Eingliederungshilfe wird ab dem 1.1.2020 **Vermögen** der antragstel-   **76**
lenden Person und – bei minderjährigen Kindern – der im Haushalt lebenden Eltern
bzw. des im Haushalt lebenden Elternteils nach Maßgabe des § 140 SGB IX idF ab
1.1.2020 berücksichtigt. Vermögen der Partnerinnen und Partner von Leistungsberechtigten bleibt ab diesem Zeitpunkt außen vor. Der Begriff des Vermögens ist in § 139
SGB IX idF ab 1.1.2020 geregelt und entspricht im Wesentlichen dem des § 90 Abs. 1
SGB XII; genauso wie dort, bleibt das Vermögen nach § 90 Abs. 2 Nr. 1 bis 8 SGB XII
unberücksichtigt. Hinzu kommt ein mögliches – zu schonendes – Vermögen (Barvermögen oder Geldwerte) in Höhe von 150% der jährlichen Bezugsgröße nach § 18 Abs. 1
SGB IV. Würde die Regelung im Jahr 2019 schon gelten, hätten die Leistungsberechtigten ein Schonvermögen von 56.070 EUR (150% der jährlichen Bezugsgröße von 2019).

---

48 Die Regelungen gelten erst ab 2020, zur Veranschaulichung muss die Bezugsgröße von 2019 herangezogen
werden. Das Beispiel ist stark vereinfacht.
49 Da nicht auf § 18 Abs. 2 SGB IV Bezug genommen wird, gilt nur die Bezugsgröße der westlichen Bundesländer, auch wenn die Leistungsberechtigten im Osten des Landes wohnen.

77 Ist der Verbrauch des grundsätzlich verwertbaren Vermögens nicht möglich oder mit einer besonderen Härte verbunden, kann die beantragte Leistung auch als **Darlehen** erbracht werden (§ 140 Abs. 2 SGB IX idF ab 1.1.2020).

78 Das **Vermögen** muss darüber hinaus nicht eingesetzt werden für Leistungen der Eingliederungshilfe, für die auch kein Eigenbeitrag bezahlt werden muss. § 140 Abs. 3 SGB IX idF ab 1.1.2020 verweist insofern auf § 138 Abs. 1 SGB IX idF ab 1.1.2020.

Kapitel 37: Kriegsopferfürsorge

Literaturhinweise: Gelhausen, Soziales Entschädigungsrecht, 2. Aufl. 1998; Knickrehm, Gesamtes Entschädigungsrecht (HK-SozEntschR), 2012; Löbner, Warum brauchen wir ein neues Entschädigungsrecht – das Leitgesetz des Bundesversorgungsgesetz als Auslaufmodell, sozialrechtaktuell, Sonderheft 2017, 13; Oestreicher/Schelter/Kunz, Bundessozialhilfegesetz, Stand 1.6.2003; Statistisches Bundesamt (Destatis), Statistik der Kriegsopferfürsorge, 2018; Bundesministerium für Arbeit und Soziales, Übersicht über das Sozialrecht, 15. Aufl. 2018.

Rechtsgrundlagen:
BVG §§ 25–27 j
KFürsV

Orientierungssätze:

1. Die Kriegsopferfürsorge ist – bedingt durch den anspruchsberechtigten Personenkreis – von einer Leistung mit erheblichen Aufwendungen zu einer Leistung der Existenzsicherung von nur noch geringer Bedeutung geworden.
2. Der Leistungsumfang entspricht zumindest dem der Leistungen nach dem 3. und 4. Kapitel SGB XII; es sind jedoch noch weitere Leistungen vorgesehen, die es für Leistungsempfänger nach dem SGB XII nicht gibt.
3. Einkommen und Vermögen sind in der Kriegsopferfürsorge in geringerem Umfang als nach dem SGB XII einzusetzen, jedoch teilweise weitergehend als im SGB II.
4. Es bestehen Planungen, das BVG in ein neues Buch des SGB zu überführen. Darin sollen die Leistungen der Kriegsopferfürsorge vereinfacht geregelt werden.

A. Allgemeines

Das Recht der Kriegsopferfürsorge ist nach §§ 5, 24 Abs. 1 Nr. 2 SGB I ein Teilbereich **1** des sozialen Entschädigungsrechts und gehört nach § 9 Abs. 2 BVG zu den Versorgungsleistungen. Die Leistungen der Kriegsopferfürsorge ergänzen die Leistungen der sozialen Entschädigung. Die Kriegsopferfürsorge steht nach ihrer Aufgabenstellung der Sozialhilfe nahe[1] bzw. ist sie weitgehend mit dem Sozialhilferecht – Hilfe zum Lebensunterhalt – vergleichbar. Bei den Hilfearten, die mit den Leistungen nach dem 3. Kapitel SGB XII übereinstimmen, handelt es sich mithin um solche der Existenzsicherung.

In den Regelungen der Kriegsopferfürsorge sind neben den Leistungen der Existenzsicherung auch Hilfearten enthalten, die dem Leistungsumfang der Kapitel 5 bis 9 **2** SGB XII entsprechen. Sie werden zum Teil – in § 27 d BVG – weiterhin als **Hilfen in besonderen Lebenslagen** bezeichnet und verweisen inhaltlich zumeist auf die entsprechenden Normen im SGB XII. Einzugehen ist hier nur auf die Vorschriften, die materiell der Existenzsicherung zuzurechnen sind.

Gegenüber der Sozialhilfe unterscheiden sich der Leistungsumfang der Kriegsopferfürsorge im Hinblick auf die Existenzsicherung nur darin, dass einige wenige weitere Ansprüche gegeben sind. Weitergehende Abweichungen enthalten hingegen die Regelungen über die Berücksichtigung von Einkommen und Vermögen. Die Individualisierung des Bedarfs ist in § 25 b Abs. 5 BVG besonders hervorgehoben. Hieraus kann abgeleitet

---

[1] Gelhausen, Soziales Entschädigungsrecht, Rn. 182.

werden, dass bei der Kriegsopferfürsorge durchgehend ein „großzügigerer" Maßstab angelegt werden soll.[2]

4 Für die Praxis von erheblicher Bedeutung ist die aufgrund von § 27 f BVG erlassene **Verordnung zur Kriegsopferfürsorge (KFürsV)** vom 16.1.1979.[3] Sie bestimmt Art, Ausmaß und Dauer der Leistungen und enthält vom SGB I/SGB X punktuell abweichende Verfahrensregelungen.

B. Personenkreis der Leistungsberechtigten

5 Leistungsberechtigte nach dem BVG und damit auch der Kriegsopferfürsorge sind Personen, die infolge des militärischen Dienstes einen Personenschaden erlitten haben. Hierunter werden militärtypische Schädigungsursachen verstanden, die keine Entsprechung im zivilen Leben finden. Erfasst sind nur Personen, die durch Kriegseinwirkungen im Zusammenhang mit einem der **beiden Weltkriege** geschädigt wurden, oder wenn diese mit einem der beiden Weltkriege im Zusammenhang stehen. Schädigungen, die durch militärische Folgen nach dem 2. Weltkrieg eingetreten sind, also insbesondere im Rahmen der Bundeswehr, werden hingegen vom Soldatenversorgungsgesetz (SVG) erfasst.

6 Die Entschädigung besteht auch für (die Hinterbliebenen von) Personen, die in der Endphase des Krieges durch die Militärjustiz zum Tode verurteilt wurden, weil diese Urteile regelmäßig als Unrecht anzusehen sind.[4] Die Entschädigungspflicht umfasst weiterhin ua Personenschäden, die in der Kriegsgefangenschaft oder Internierung eingetreten sind (§ 1 Abs. 2 BVG). Nach § 1 Abs. 2 Nr. 1 a BVG sind auch Personen geschützt, die durch unmittelbare Kriegseinwirkungen geschädigt wurden; Einzelheiten sind in § 5 BVG geregelt. Damit fallen auch Zivilisten unter das Gesetz, die während eines der beiden Weltkriege Opfer von Kampfhandlungen wurden.

7 In § 25 Abs. 3 Nr. 1 BVG wird für die Kriegsopferfürsorge bestimmt, dass Beschädigte nur dann einen Anspruch haben, wenn sie eine Grundrente beziehen oder einen Anspruch auf Heilbehandlung haben. Hinterbliebene werden in weiterem Maß in den Schutz einbezogen nach § 25 Abs. 3 Nr. 2 und Abs. 4 BVG. Dadurch werden Leistungen fast nur noch an Witwen und Abkömmlinge erbracht.

C. Leistungen

8 Grundsätzlich werden sämtliche Bedarfe in dem Umfang anerkannt, die im 3. Kapitel SGB XII geregelt sind. Diese werden als ergänzende Hilfe zum Lebensunterhalt in § 27 a BVG bezeichnet. Wegen des Umfangs der Ansprüche wird in § 27 a Satz 2 BVG pauschal auf das 3. Kapitel SGB XII verwiesen. In § 25 b Abs. 1 BVG werden die weiteren Leistungen benannt, zu denen nur die nachstehenden drei Ansprüche zu den existenzsichernden Leistungen gehören.

9 Nach § 27 BVG können Waisen oder Beschädigte, die eine Grundrente beziehen, für ihre Kinder eine **Erziehungsbeihilfe** erhalten. Es soll insbesondere eine angemessene Ausbildung gesichert werden und dabei die Folgen der Schädigung oder den Verlust des Ernährers nach Möglichkeit überwunden werden.[5] Die Einzelheiten sind in §§ 18 bis 23 KFürsV geregelt. Möglich ist hiernach auch die Finanzierung einer Zweitausbildung,

---

2 Grube in: HK-SozEntschR BVG Vor § 25 Rn. 4
3 BGBl. I S. 80, zuletzt geändert durch Gesetz vom 17.7.2017, BGBl. I S. 2541.
4 BSGE 69, 211.
5 Vgl. ausführlich Kunz in: Oestreicher/Schelter/Kunz BVG § 27 Rn. 4 ff.

wobei besonders die Funktion der Kriegsopferfürsorge beachtet werden muss.[6] Nach der Statistik über Kriegsopferfürsorge (→ Rn. 23) gab es Ende 2016 lediglich noch 199 Personen, die diese Leistungen erhielten.

Die **Erholungshilfe** nach § 27 b BVG stellt eine besondere Leistung der Kriegsopferfürsorge dar, bei der das Ziel, sich um die Beschädigten und Hinterbliebenen besonders zu kümmern, deutlich wird.[7] Die Einzelheiten dazu sind in §§ 25, 26 KFürsV geregelt. Sofern bei einem Anspruch auf Erholungshilfe geltend gemacht wird, dass dieser ausschließlich schädigungsbedingt ist, so dass nach § 25 c Abs. 3 S. 2 BVG kein Einkommenseinsatz verlangt werden kann (→ Rn. 16), jedoch muss nachgewiesen werden, dass die Notwendigkeit der konkreten Erholungsmaßnahme ausschließlich auf die gesundheitlichen Folgen der Schädigung zurückzuführen ist und andere gesundheitliche Faktoren nicht vorliegen.[8] **10**

Die **Wohnungshilfe** gemäß § 27 c BVG ist vor allem als persönliche Hilfe zu gewähren durch Beratung und Vermittlung von behindertengerechtem Wohnraum. Nach § 27 c Satz 3 BVG kommen auch Geldleistungen in Betracht, insbesondere wenn die Wohnung mit Rücksicht auf Art und Schwere der Schädigung besonderer Ausgestaltung oder baulicher Veränderung bedarf. **11**

Ergänzend kann noch die Sonderfürsorge für Schwerstbeschädigte nach § 27 e BVG als Norm genannt werden, die einen eigenständigen Leistungstatbestand darstellt.[9] Insgesamt zeigen jedoch die erwähnten besonderen Ansprüche, dass im Wesentlichen Leistungsansprüche bestehen, wie sie im 3. Kapitel SGB XII geregelt sind. **12**

D. Berücksichtigung von Einkommen

Ein erheblicher Unterschied bei der Berücksichtigung von Einkommen gegenüber dem SGB XII besteht bei der Einkommensanrechnung. Einkommen wird nicht – wie auch im SGB II – grundsätzlich in vollem Umfang angerechnet. Es ist nur das Einkommen einzusetzen, welches eine **Einkommensgrenze** übersteigt. Hierbei wird auf die Regelung im SGB XII verwiesen. Zunächst ist nach § 25 e Abs. 1 Nr. 1 BVG eine eigenständige Einkommensgrenze zu berechnen, nämlich in Höhe von 2,65 % des **Bemessungsbetrages** des § 33 Abs. 1 Satz 2 Buchstabe a BVG. Dieser beträgt seit dem 1.7.2018 32.682 EUR, so dass sich die Einkommensgrenze mit 866 EUR errechnet. Mindestens muss sie jedoch den Grundbetrag nach § 85 Abs. 1 Nr. 1 SGB XII erreichen, was derzeit der Fall ist, da dieser 848 EUR beträgt. **13**

Die Einkommensgrenze erhöht sich um die tatsächlichen **Unterkunftskosten**. Anders als in § 85 Abs. 1 Nr. 2 SGB XII erfolgt keine Einschränkung, dass die Aufwendungen angemessen sein müssen. Weiter erhöht sich die Einkommensgrenze, sofern ein Zusammenleben mit einer unterhaltsberechtigten Person vorliegt, um den Familienzuschlag in Höhe von 40% des Grundbetrages, also zur Zeit 340 EUR pro Person. **14**

Die Anrechnung von **Unterhaltsansprüchen** ist punktuell abweichend vom SGB XII geregelt. Nach § 25 d Abs. 2 Satz 2 BVG wird ein Unterhaltsanspruch nur insoweit als Einkommen gewertet und damit angerechnet, als das Einkommen des Unterhaltspflichtigen die nach § 25 e Abs. 1 BVG zu ermittelnde Einkommensgrenze übersteigt. Würde zB ein geschiedener Ehegatte über ein Einkommen von 1.600 EUR verfügen und 500 EUR Unterhalt zahlen, wäre zu ermitteln wie hoch seine Einkommensgrenze ist. Angenommen, er hat Unterkunftskosten von 450 EUR, beträge seine Einkommens- **15**

---

6 OVG Lüneburg 7.4.2003 – 4 L 3271/00, FEVS 55, 31.
7 Grube in: HK-SozEntschR BVG § 27 b Rn. 1.
8 BVerwG 28.6.1995 – 5 C 15.93, FEVS 46, 177.
9 BVerwG 16.11.1978 – V C 19.77, FEVS 27, 265.

grenze (866 EUR + 450 EUR =) 1.316 EUR. Nur der übersteigende Betrag von (1.600 EUR – 1.316 EUR =) 284 EUR würden bei dem Leistungsempfänger angerechnet. Ist ein Unterhaltsbetrag jedoch gerichtlich festgesetzt, sind die darauf gezahlten Beträge uneingeschränkt als Einkommen anzurechnen (§ 25 d Abs. 2 Satz 2 Hs. 2 BVG).

16 Es ist nicht geregelt, in welchem Umfang das Einkommen einzusetzen ist, welches über der Einkommensgrenze liegt. Eine mit § 87 SGB XII vergleichbare Vorschrift gibt es nicht. Jedoch ist in § 25 c Abs. 3 BVG bestimmt, dass Einkommen insoweit nicht einzusetzen ist, als der Einsatz im Einzelfall bei Berücksichtigung der besonderen Lage des Beschädigten oder Hinterbliebenen vor allem nach Art des Bedarfs sowie Dauer und Höhe der erforderlichen Aufwendungen unbillig wäre. Der damit eröffnete weite Rahmen wird konkretisiert in §§ 41 ff. KFürsV, wonach zB je nach Umfang der Beschädigung bestimmte Anteile des Einkommens anrechnungsfrei sind. Bei Erzielung von Erwerbseinkommen wird nach § 45 KFürsV ebenfalls ein bestimmter Freibetrag eingeräumt. Bei ausschließlich schädigungsbedingtem Bedarf ist nach § 25 c Abs. 3 Satz 2 BVG kein Einkommen einzusetzen. Eine solche Kausalität nachzuweisen ist jedoch schwierig (→ Rn. 10).

E. Berücksichtigung von Vermögen

17 Der **Vermögenseinsatz** ist in § 25 f BVG im Wesentlichen gleich geregelt wie im SGB XII; in § 25 f. Abs. 1 Satz 6 BVG wird ausdrücklich auf § 90 Abs. 2 Nr. 1 bis 7 und 9 SGB XII verwiesen. Darüber hinaus gilt § 25 c Abs. 3 BVG (→ Rn. 16) entsprechend. Abweichend vom SGB XII ist selbstgenutztes Wohneigentum im Sinne des § 17 Abs. 2 Wohnraumförderungsgesetz geschützt, und zwar unabhängig von dessen Wert. Dies ähnelt der Regelung im SGB II, weicht aber vom SGB XII ab, nach dessen § 90 Abs. 2 Nr. 8 SGB XII es auch auf den Wert des Wohneigentums ankommt.

18 Die kleineren **Barbeträge**, die als Vermögen nicht einzusetzen sind, sind differenziert in § 25 f. Abs. 3 BVG geregelt. Dieser beträgt im Regelfall 20 % des Bemessungsbetrages (→ Rn. 13), derzeit also 6.536 EUR. Er liegt daher nur wenig höher als der Freibetrag nach dem SGB XII, der zum 1.4.2017 auf 5.000 EUR angehoben wurde. Im Vergleich zum SGB II liegt hingegen keine Besserstellung vor: Nach § 12 SGB II liegt die Höhe des Freibetrages zwischen 3.850 EUR und 10.800 EUR.[10] Nach § 44 KFürsV wird der Freibetrag jedoch je nach Schwere der Schädigung um 15 % bis 60 % erhöht.

F. Verfahrensrecht

19 Es gelten die **Verfahrensvorschriften** des SGB I und SGB X. Einige Abweichung ergeben sich aus §§ 53 ff. KFürsV. So sind nach § 54 Abs. 2 Satz 1 KFürsV die Leistungen von Amts wegen zu erbringen, wenn die anspruchsbegründenden Tatsachen bekannt sind und die Betroffenen zustimmen. Hierbei sind die Leistungen ab Beginn des Monats zu zahlen. Es ist nicht geregelt, für welchen Zeitraum Bescheide zu erteilen sind, so dass – wie im 3. Kapitel SGB XII – quasi eine monatsweise Bewilligung erfolgt. Die Klarstellung, dass § 44 SGB X auch im Sozialhilferecht anzuwenden ist, ist auf die Kriegsopferfürsorge zu übertragen.[11]

20 Der **Übergang von Unterhaltsansprüchen** ist in § 27 h BVG gleich geregelt wie im SGB XII. Auch wenn es in der Überschrift die „Überleitung" heißt, handelt es sich jedoch um einen gesetzlichen Forderungsübergang. Die Praxis und die Rechtsprechung

---

10 Errechnet jeweils unter Hinzurechnung des Freibetrages nach § 12 Abs. 2 Nr. 4 SGB II in Höhe von 750 EUR.
11 Grube in: HK-SozEntschR BVG Vor § 25 Rn. 15.

nehmen bei der Frage Ausübung des Ermessens Rücksicht auf den besonderen Personenkreis der Betroffenen, so dass hierbei zB Erwägungen über das „schwere Schicksal" der Betroffenen vom BVerwG[12] angestellt werden.

Streitigkeiten aus dem Bereich der Kriegsopferfürsorge fallen weiterhin in die Zuständigkeit der **Verwaltungsgerichte**, obwohl über die sonstigen Ansprüche nach dem BVG die Sozialgerichtsbarkeit entscheidet. Einen Grund dafür, dass dieses Rechtsgebiet im Zuge der Reform des Fürsorgerechts und Erlass des SGB II und SGB XII im Jahr 2003 nicht auch der Sozialgerichtsbarkeit übertragen wurde, ist nicht ersichtlich.[13] Für die Betroffenen hat der Rechtsweg zu den Verwaltungsgerichten zumindest zwei Nachteile: Zum einen kann eine Berufung nur durchgeführt werden, wenn sie zugelassen ist. Zum andere besteht für das Berufungsverfahren Anwaltszwang. Bei der geplanten Neuregelung (→ Rn. 24) ist vorgesehen, dass die Streitigkeiten für das gesamte neue Buch des SGB, also auch für die Kriegsopferfürsorge, der Sozialgerichtsbarkeit zugewiesen werden.[14] **21**

G. Ausblick

Der Leistungsumfang der Kriegsopferfürsorge unterscheidet sich nur sehr gering von den Leistungen nach dem SGB XII. Der Einsatz des Vermögens ist teilweise ungünstiger als nach dem SGB II. Von erheblicher Bedeutung ist jedoch der geringere Einsatz des Einkommens, so dass hierdurch eine Besserstellung – bei vorhandenem Einkommen – erfolgt. Hierbei ist jedoch zu bedenken, dass auch im SGB II und SGB XII zum Teil erhebliche Beträge des Einkommens nicht eingesetzt werden müssen. In allen drei Gesetzes (BVG, SGB II, SGB XII) wird zB die Grundrente nach § 31 BVG nicht angerechnet, die seit dem 1.8.2018 zwischen 146 EUR und 805 EUR beträgt. Auch werden im SGB II vom Erwerbseinkommen bis zu 330 EUR freigelassen, vom Elterngeld werden bis zu 300 EUR nicht angerechnet. Dennoch handelt es sich auch bei solchen Konstellationen um existenzsichernde Leistungen. **22**

Die **Anzahl der Personen**, die im Bereich der Kriegsopferhilfe Leistungen bezieht, die der Hilfe zum Lebensunterhalt nach dem SGB XII entspricht, ist inzwischen sehr gering. Ende 2016 haben solche Hilfen laufend noch 1.234 beschädigte Personen und 1.349 Hinterbliebene erhalten.[15] Auch ist das Durchschnittsalter aller rentenberechtigten Beschädigten nach dem BVG, welches wahrscheinlich nicht wesentlich abweicht von dem Alter der Leistungsempfänger der Hilfe zum Lebensunterhalt, recht hoch, nämlich das der Beschädigten 80 Jahre und das der Witwen 85 Jahre. **23**

Das BVG soll in ein **SGB XIII**[16] überführt werden. Im Arbeitsentwurf des BMAS (SGB XIII-E)[17] ist die Kriegsopferfürsorge in erheblich geänderter Form vorgesehen. Kapitel 11 des Arbeitsentwurfs enthält – als Fortführung der Kriegsopferfürsorge – „Besondere Leistungen im Einzelfall". Existenzsichernde Leistungen enthält allein § 69 SGB XIII-E als Leistungen zum Lebensunterhalt. Hierbei wird pauschal auf das Leistungsrecht des Dritten und Vierten Kapitel SGB XII verwiesen. Leistungsberechtigt soll der bisherige Personenkreis sein, mit zwei Änderungen: Zum einen sind die Leistungen **24**

---

12 BVerwG 19.6.1984 – 5 C 8.81, FEVS 34, 1 (11); hierbei hatte der Sozialleistungsträger auf etwa 1/3 des überzuleitenden Anspruchs verzichtet, was das Gericht allerdings auch für ausreichend erachtet.
13 Grube in: HK-SozEntschR BVG Vor § 25 Rn. 9.
14 Vgl. Art. 11 des Arbeitsentwurfs.
15 Statistisches Bundesamt (Destatis), 2018, S. 10 f. Hinzu kamen noch 261 Personen, die einmalige Leistungen erhielten.
16 Allerdings soll es wohl SGB XIV heißen, um die „Unglückszahl" 13 zu vermeiden.
17 Erster Arbeitsentwurf eines Gesetzes zur Regelung des Sozialen Entschädigungsrechts des Bundesministeriums für Arbeit und Soziales zur frühen Beteiligung, Stand 10.1.2017.

für Geschädigte nicht mehr vom Bezug von Entschädigungszahlungen abhängig; zum anderen werden die Leistungen für Hinterbliebene auf einen Zeitraum von bis zu fünf Jahren nach dem Tod der Geschädigten beschränkt.

25 Der wesentliche Unterschied für die Betroffenen besteht weiterhin darin, dass ein erheblicher Teil des Einkommens anrechnungsfrei ist. In § 79 SGB XIII-E wird grundsätzlich auf die **Einkommensgrenze** des § 85 Abs. 1 SGB XII verwiesen, jedoch mit der Abweichung, dass der Grundbetrag das Dreifache der Regelbedarfsstufe 1 beträgt, mithin derzeit 1.272 EUR. Hinzu kommen die Kosten der Unterkunft sowie gegebenenfalls ein Familienzuschlag von 30 % des Grundbetrages, also derzeit 381,60 EUR. Damit ist die geplante Regelung insoweit günstiger als die derzeitige Rechtslage (→ Rn. 13). Der Schonbetrag vom Vermögen wird nicht mehr im Gesetz geregelt, sondern soll – wie im SGB XII – nach § 81 Nr. 3 SGB XIII-E in einer Verordnung bestimmt werden.

26 Das neue Gesetz soll nach dessen Artikel 56 am 1.1.2020 in Kraft treten. Die bisherigen Leistungen können jedoch zum Teil, falls sie günstiger sind, noch gemäß §§ 108, 110 SGB XIII-E bis zum 31.12.2029 weiter bezogen werden. Da nach dem Koalitionsvertrag weiterhin eine Neuregung vorgesehen ist,[18] kann durchaus mit der Schaffung eines SGB XIII in absehbarer Zeit gerechnet werden, wenn auch wahrscheinlich später als zum 1.1.2020. Aus dem bisherigen Leistungssystem mit sehr ausdifferenzierten Einzelleistungen[19] werden vereinfacht und pauschaliert geregelte Leistungen der Existenzsicherung.

---

18 Koalitionsvertrag zwischen CDU, CSU und SPD, 19. Legislaturperiode, Zeilen 596–598.
19 Löbner, Sozialrecht aktuell 2017, 13.

Kapitel 38: Personen in besonderen sozialen Schwierigkeiten

Literaturhinweise: Brünner, Die Leistungspflicht des Sozialhilfeträgers für Leistungen der Beschäftigungshilfe nach §§ 67, 68 SGB XII am Beispiel teilstationärer Beschäftigungsangebote im Rheinland, Sozialrecht aktuell 2012, 231; Deutscher Verein für öffentliche und private Fürsorge (Deutscher Verein), Empfehlungen des Deutschen Vereins zur Prävention von Wohnungslosigkeit durch Kooperation von kommunalen und freien Trägern, NDV 2013, 490; Deutscher Verein, Zugänge zu gesundheitlichen Hilfen für wohnungslose Menschen verbessern. Empfehlungen des Deutschen Vereins für eine Kooperation sozialer und gesundheitsbezogener Hilfen, NDV 2014, 337; Deutscher Verein, Leistungsberechtigte in besonderen sozialen Schwierigkeiten bedarfsdeckend unterstützen. Empfehlungen des Deutschen Vereins zur Anwendung der Hilfe nach §§ 67 ff. SGB XII, NDV 2016, 111; Deutscher Verein, Zum Verhältnis von Eingliederungshilfe nach §§ 53 ff. SGB XII zu Leistungen nach §§ 67 ff. SGB XII, Rechtsgutachten, NDV 2017, 44; Deutscher Verein, Empfehlungen des Deutschen Vereins zur Hilfe für junge Erwachsene in besonderen Problemlagen, NDV 2017, 195, 241; Gerull/Merckens/Dubrow, Qualitative Studie zu „Erfolg" in der Hilfe nach §§ 67 ff. SGB XII, Berlin 2009; Gerull/Merckens, Erfolgskriterien in der Hilfe für Menschen mit besonderen sozialen Schwierigkeiten, Uckerland 2012; Gesellschaft für innovative Sozialforschung und Sozialplanung (GISS), Gesamtbericht Forschungsverbund „Wohnungslosigkeit und Hilfen in Wohnungslosigkeit", Bremen 2005; Kommunale Gemeinschaftsstelle für Verwaltungsmanagement (KGSt), Wohnungssicherung und Wohnungsversorgung in Notfällen, Köln 1989; Paulgerg-Muschiol, Wege in die Wohnungslosigkeit. Eine qualitative Untersuchung. Dissertation: Universität Siegen 2009; Roscher, Wohnungslosenhilfe nach §§ 67 ff. SGB XII bei „komplexen Problemlagen" noch nötig?, NDV 2015, 613; Ruder, Der polizei- und ordnungsrechtliche Anspruch obdachloser Personen auf notdürftige Unterbringung, NDV 2017, 162, 205; Schenk, Auf dem Weg zum ewigen Wanderer. Wohnungslose und ihre Institutionen, Dissertation: Freie Universität Berlin 2014; Specht, Von der Wohnungslosenhilfe zu Hilfen zur sozialen Inklusion für Wohnungsnotfälle, ArchsozArb 2013, Nr. 1, 4.

Rechtsgrundlagen:
SGB XII §§ 67–69
Verordnung zur Durchführung der Hilfe zur Überwindung besonderer sozialer Schwierigkeiten

Orientierungssätze:
1. Personen in besonderen sozialen Schwierigkeiten sind nach § 67 SGB XII Menschen, deren Lebenssituation und Lebenslage, derart von einem materiellen Mangel und einem Verlust oder einer Beeinträchtigung von notwendigen sozialen Beziehungen geprägt ist, dass sie der fachlichen und persönlichen Beratung und Unterstützung bedürfen, um eine Gefährdung ihrer Existenz abzuwenden und in eine selbstverantwortliche und menschenwürdige Lebensführung in der Gemeinschaft einzumünden.
2. Für Menschen in diesen sozialen Notlagen stellt die Sozialhilfe mit der Hilfe zur Überwindung besonderer sozialer Schwierigkeiten nach §§ 67–69 SGB XII ein umfassendes Hilfeangebot zur sozialen Reintegration bereit. Dieses beinhaltet insbesondere persönliche Beratung und lebenspraktische Unterstützung für eine eigenverantwortliche und würdevolle Teilnahme am Leben in der Gemeinschaft. Die Hilfe bezieht sich auf den Einzelfall. Leistungsberechtigt können Personen ab dem 18. Lebensjahr sein. Angehörige können in die Hilfe einbezogen werden. Die persönlichen Dienstleistungen werden ohne Ansehen von Einkommen und Vermögen erbracht.
3. Gemäß ihrer Zielstellung muss die Hilfe nach §§ 67 ff. SGB XII in den Lebensbereichen wirken können, in denen die leistungsberechtigte Person in einer selbstverantwortlichen und würdevollen Teilnahme am Leben in der Gemeinschaft erheblich beeinträchtigt ist. Die Hilfe umfasst deshalb auch Leistungen, die nach anderen Vorschriften der Sozialhilfe und der anderen Sozialgesetzbücher geregelt werden, insbesondere der Grundsicherung für Arbeitsuchende, der Kinder- und Jugendhilfe und der Rehabilitation und Teilhabe. Tritt ein Bedarf auf, der durch andere Leistungen gedeckt werden kann, dann ist nach der Besonderheit des Einzelfalls und den Gegebenheiten vor Ort zu entscheiden, welche Leistung bzw. welche Verbindung von Leistungen am besten geeignet ist, den Hilfebedarf zu decken und die Ziele der Hilfe zu erreichen.

4. Die Ziele der Hilfe nach §§ 67 ff. SGB XII stimmen mit den Zielen der Sozialhilfe überein. Um diese für den Kreis der Leistungsberechtigten zu erreichen, sind untergesetzliche Organisationsformen erforderlich, die eine starke Koordinatorenrolle der Fachkräfte dieser Hilfe im Außenverhältnis zu anderen Leistungen und Leistungsträgern und eine umfassende Beratungs- und Unterstützungsrolle im Binnenverhältnis zu den Leistungsberechtigten sicherstellen. Die gebotenen strukturellen Voraussetzungen können nicht allein durch die Hilfe nach §§ 67 ff. SGB XII geleistet werden. Sie sind im Rahmen der öffentlichen Daseinsvorsorge zu gewährleisten.

A. Überblick

1 Als Personen in besonderen sozialen Schwierigkeiten werden im Sozialrecht Menschen bezeichnet, die sich in prekären sozialen **Lebenssituationen** oder **Lebenslagen** befinden, die so weit von den in einer Gesellschaft anerkannten Standards der Lebensführung abweichen, dass sie an einer selbstständigen und menschenwürdigen **Teilnahme am Leben in der Gemeinschaft** gehindert werden. Der Begriff „soziale" Schwierigkeiten meint dabei im Unterschied zu psychischen, gesundheitlichen sowie auch wirtschaftlichen Schwierigkeiten, dass die Einschränkungen durch Störungen in der **Interaktion einer Person mit ihrer sozialen Umwelt** im Kontext ihrer konkreten **Lebensverhältnisse** hervorgerufen werden. Diese können nur bearbeitet oder gar überwunden werden, wenn die auslösenden Bedingungen dieser Störungen in Richtung einer Ermöglichung einer **sozialen Teilhabe** verändert werden, die den **Fähigkeiten** und **Wünschen** der leitungsberechtigten Person entspricht.

2 Für Personen, die in solche besonderen soziale Schwierigkeiten geraten oder unmittelbar zu geraten drohen, stellt die Sozialhilfe mit der Hilfe zur Überwindung besonderer sozialer Schwierigkeiten (nach §§ 67 ff. SGB XII) eine Leistung zur Überwindung einer sozialen Notlage bereit, die über die sozialrechtlich abgedeckten **allgemeinen Risiken** des Lebens wie Krankheit, Pflegebedürftigkeit, Einkommensarmut, Arbeitslosigkeit oder Behinderung hinausgeht. Die Hilfe tritt bei Lebenslagen und Lebenssituationen ein, die durch **besondere** Formen von **Armut und sozialer Ausgrenzung** geprägt sind und für deren Bearbeitung die anderen Leistungen der Sozialgesetzbücher keine oder keine ausreichende Lösung bieten (Nachrang). Die Leistungsberechtigten dieser Hilfe befinden sich in der Regel in einer existenziell bedrohlichen Lage. Vielfach liegen ver-

schiedene Hilfebedarfe vor, die in ihrer **Wechselwirkung die Notlage verstärken.** Diese Hilfebedarfe zu erkennen und die gebotenen Leistungen nach einem ganzheitlichen Hilfeansatz zügig und bedarfsdeckend zu ermitteln, zu gewähren und wirksam umzusetzen, stellt die besondere Anforderung dieser Hilfeart dar.[1]

Lange Zeit galt diese Leistung der Sozialhilfe als Hilfe für Personen mit defizitärer Persönlichkeit und für Angehörige sozialer Randgruppen.[2] Bis zur Neuausrichtung durch das 3. ÄndG BSHG vom 25.3.1974 richtete sich die als „**Hilfe für Gefährdete**" bezeichnete Leistung an „Personen, ... die dadurch gefährdet sind, dass sie aus Mangel an innerer Festigkeit ein geordnetes Leben in der Gemeinschaft nicht führen können" (§ 72 aF BSHG). Die erste Verordnung zur Durchführung des § 72 des Bundessozialhilfegesetzes vom 9.6.1976[3] bestimmte, dass als Empfänger der Hilfe in Betracht kommt, wer einer bestimmten **Personengruppe** – „Personen ohne ausreichende Unterkunft", „Landfahrer", „Nichtsesshafte", „aus Freiheitsentzug Entlassene", „verhaltensgestörte junge Menschen" – zuzuordnen ist.[4] Erst die Verordnung zur Durchführung des § 72 BSHG vom 24.1.2001[5] hob diese **diskriminierende Zuordnung** der Leistungsberechtigten zu Personengruppen auf und stellte klar, dass für die Hilfegewährung der **individuelle Hilfebedarf** im Einzelfall und nicht die Zugehörigkeit zu einer besonderen Personengruppe ausschlaggebend ist.[6] 3

Mit dem Gesetz zur Einordung des Sozialhilferechts in das Sozialgesetzbuch vom 30.12.2003[7] wurden die Vorschrift des bisherigen § 72 BSHG sowie die Verordnung zur Durchführung dieser Hilfe redaktionell an die Begrifflichkeiten des SGB XII angepasst und mit Wirkung zum 1.1.2005 inhaltsgleich in das neue Sozialhilferecht übernommen.[8] Hieraus kann der Schluss gezogen werden, dass der Gesetzgeber den **Leistungsumfang** der Hilfe auch in dem durch SGB II und SGB XII neu gegliederten System existenzsichernder Leistungen unverändert belassen wollte. 4

Die Hilfe zur Überwindung besonderer sozialer Schwierigkeiten ist in den §§ 67 bis 69 SGB XII geregelt. § 67 SGB XII bestimmt den **Personenkreis** der Leistungsberechtigten und den **Nachrang** dieser Hilfe. § 68 SGB XII umreißt das **Ziel der Hilfe** sowie **Art und Umfang der möglichen Leistungen.** § 69 SGB XII enthält eine **Verordnungsermächtigung.** Diese ermächtigt das Bundesministerium für Arbeit und Soziales, mit Zustimmung des Bundesrates nähere Bestimmungen über die Abgrenzung des Personenkreises nach § 67 SGB XII sowie über Art und Umfang der Maßnahmen nach § 68 Abs. 1 SGB XII durch eine Rechtsverordnung zu regeln. 5

Die Verordnung zur Durchführung der Hilfe zur Überwindung besonderer sozialer Schwierigkeiten (DVO) konkretisiert die §§ 67, 68 SGB XII in Bezug auf die **Tatbestandsvoraussetzungen** (§ 1 DVO) und das **Ziel der Hilfe** (§ 2 Abs. 1 DVO) sowie **Art und Umfang der Maßnahmen** (§§ 2–6 DVO). Die Verpflichtung zur **Mitwirkung** und die verantwortliche und aktive Rolle der leistungsberechtigten Person im Leistungsgeschehen werden erläutert und hervorgehoben (§ 2 Abs. 1 Satz 3 DVO). **Handlungsschritte** zur Realisierung der Hilfe – Ermittlung und Feststellung des Hilfebedarfs, ggf. 6

---

1 Deutscher Verein NDV 2016, 111.
2 Specht ArchsozArb 2013, Nr. 1, 4 (5).
3 BGBl. I, 1469.
4 §§ 1–6 Verordnung zur Durchführung des § 72 BSHG vom 9.6.1976.
5 BGBl. I, 179.
6 BR-Drs. 734/00, 6. Die wissenschaftliche Begleituntersuchung zur Einführung der neuen Verordnung ergab, dass die neue, am individuellen Hilfebedarf orientierte Definition der Leitungsberechtigung in der Praxis zu keiner Ausweitung des Empfängerkreises geführt hat. Vgl. Engels/Sellin, Begleitende Untersuchung zur Umsetzung der Verordnung des § 72 BSHG, ISG Köln 2002.
7 BGBl. I, 3022.
8 BT-Drs. 15/1514, 63. Die frühere Rechtsprechung zum vormaligen § 72 BSHG kann deshalb zur Auslegung der §§ 67–69 SGB XII herangezogen werden.

Erstellung und Fortschreibung eines Gesamtplans, Beteiligung der leistungsberechtigten Person, verbundener Einsatz der Hilfen, Zusammenwirken der Leistungsträger – werden genannt (§ 3 Abs. 3 DVO).

7 Aus juristischer Sicht können die Formulierungen des § 67 Satz 1 SGB XII ungewöhnlich oder gar unpräzise als eine Verbindung **unbestimmter Rechtsbegriffe** erscheinen.[9] Allerdings muss der spezifische Zweck dieser Vorschrift beachtet werden. Es geht um die **Steuerung sozialarbeiterischen Handelns** zur ergebnisorientierten Einwirkung auf die Lebenswelt und das Verhalten von Personen mit einem besonderen Unterstützungsbedarf auf der Grundlage von Rechtsansprüchen. Die Leistung der Vorschrift muss deshalb darin bestehen, einen rechtlich gesicherten und transparenten Rahmen abzustecken, der geeignet ist, fachliche Konzepte zur Beratung und Unterstützung der Leistungsberechtigten dieser Hilfe praktisch zur Entfaltung zu bringen.

B. Leistungsberechtigte

I. Rechtscharakter der Norm und Tatbestandsvoraussetzungen

8 § 67 Satz 1 SGB XII legt fest, unter welchen Voraussetzungen Hilfe zur Überwindung besonderer sozialer Schwierigkeiten zu gewähren ist. Weiterhin wird der Rechtscharakter der Norm als **subjektives öffentliches Recht** (unbedingter subjektiver Rechtsanspruch) bestimmt. Bei einer solchen sog **Muss-Leistung** ist der Leistungsträger unter allen Umständen verpflichtet, die Leistung zu erbringen (vgl. § 17 Abs. 1 SGB XII). Dabei bleibt die Entscheidung über **Art und Maß der Leistungserbringung** im pflichtmäßigem **Ermessen** des Leistungsträgers (Auswahlermessen, vgl. § 17 Abs. 2 SGB XII).[10] Weiterhin müssen gewisse **Erfolgsaussichten** bestehen, die Ziele der Hilfe zu erreichen (→ Rn. 22 ff.). Die Leistung setzt keinen Antrag voraus, sondern lediglich die Kenntnis des Trägers von dem Bedarf (vgl. § 18 Abs. 1 SGB XII).

9 Die Tatbestandsvoraussetzungen des § 67 Satz 1 SGB XII werden in § 1 DVO als „**persönliche Voraussetzungen**" konkretisiert. Ein Anspruch auf Hilfe nach §§ 67 ff. SGB XII wird demnach ausgelöst, wenn **besondere Lebensverhältnisse** bei einer Person derart mit **sozialen Schwierigkeiten** verbunden sind, dass die Überwindung der besonderen Lebensverhältnisse auch die Überwindung der sozialen Schwierigkeiten erfordert (§ 1 Abs. 1 Satz 1 DVO). Weiterhin kann die Person die Schwierigkeiten **nicht aus eigener Kraft** überwinden (§ 67 Satz 1 SGB XII).

10 Die Formulierung „verbunden" macht deutlich, dass besondere soziale Schwierigkeiten die Folge einer **negativen Wechselwirkung** bilden zwischen besonderen Lebensverhältnissen und sozialen Schwierigkeiten. Eine kausale Beziehung muss dabei nicht gegeben sein.[11] Auch auf ein Verschulden seitens der leistungsberechtigten Person oder eines Dritten (im Sinne eines Handelns gegen die eigenen Interessen) kommt es nicht an. Anknüpfungspunkt sind nicht die Ursachen der Hilfebedürftigkeit, sondern die **aktuelle Situation**. Dabei hat die Hilfe aufgrund der „Verbindung" zweier Sachverhalte als anspruchsauslösende Tatbestandsvoraussetzung sowohl einen objektiv-materiellen Anknüpfungspunkt – die besonderen Lebensverhältnisse – als auch einen subjektiv-inter-

---

9 Luthe in: Hauck/Noftz SGB XII § 67 Rn. 2: Die Hilfe nach §§ 67 ff. SGB XII ist wegen der Problemlage des betroffenen Personenkreises in hohem Maße unbestimmt und deshalb nur über den gesellschaftlichen Hintergrund des Hilfebedarfs in ihrer gesetzlichen Zweckrichtung zu verstehen.

10 Die Spannung zwischen Rechtsanspruch und Gleichheitsgrundsatz auf der einen, Individualhilfe und Ermessen auf der anderen Seite zeichnet die Hilfe nach §§ 67 ff. SGB XII aus. Die Fassung der Norm in unbestimmten Rechtsbegriffen gibt den Leistungsträgern jedoch ausreichend Raum, die Vorschriften auch in sich verändernden gesellschaftlichen Verhältnissen rechtskonform anzuwenden. Vgl. mit Bezug auf die Sozialhilfe insgesamt Schellhorn in: Schellhorn/Schellhorn/Hohm SGB XII Teil A Einführung Rn. 24.

11 SchlHOVG 7.8.2002 – 2 L 70/01, NDV-RD 2002, 86; ebenso Luthe in: Hauck/Noftz SGB XII § 67 Rn. 9.

aktionellen, die Perspektiven der Beteiligten einbeziehenden Anknüpfungspunkt – die sozialen Schwierigkeiten.

Die Voraussetzungen für eine Hilfe sind auch gegeben, wenn besondere soziale Schwie- **11** rigkeiten unmittelbar drohen und ihr Eintritt, durch die Hilfe nach §§ 67 ff. SGB XII **vorbeugend**[12] verhindert werden kann. Dies folgt aus § 68 Abs. 1 Satz 1, nach der die Leistungen auch alle Maßnahmen umfassen, die notwendig sind, um die Schwierigkeiten der leistungsberechtigten Person abzuwenden. Soweit der drohende Wiedereintritt besonderer sozialer Schwierigkeiten nur durch Hilfe nach §§ 67 ff. SGB XII abgewendet werden kann, besteht auch ein Anspruch auf (befristet) **nachgehende Hilfe**.[13] Aus diesen Postulaten ist eine Verpflichtung des Leistungsträgers abzuleiten, in gebotenen Fällen (zB bei unmittelbar bedrohten Wohnverhältnissen) Hilfe nach §§ 67 ff. SGB XII ggf. im Verbund mit anderen Hilfen auch präventiv anzubieten.[14]

II. Besondere Lebensverhältnisse

Unter dem Tatbestandsmerkmal „besondere Lebensverhältnisse" ist zu prüfen, ob Le- **12** bensumstände vorliegen, die die Führung eines menschenwürdigen Lebens gefährden oder zu gefährden drohen (vgl. § 2 Abs. 1 Satz 1 DVO). Die Merkmale, die besondere Lebensverhältnisse begründen, werden in § 1 Abs. 2 Satz 1 DVO nicht abschließend benannt. Diese liegen demnach insbesondere vor, wenn die Person über keine mietrechtlich abgesicherte **Wohnung** (oder Wohneigentum) verfügt oder in einer Wohnung lebt, die elementaren Grundbedürfnissen (zB hinsichtlich Wärme, Trockenheit, Hygiene, Privatsphäre) nicht entspricht,[15] wenn sie bei einer **ungesicherten wirtschaftlichen Lebensgrundlage** keinen verlässlichen regelmäßigen Einkommenszufluss zur Bestreitung des Lebensunterhalts hat, sich in einer Lebenssituation befindet, die durch **Gewalterfahrung** oder Gewaltbedrohung geprägt ist (beispielsweise häusliche Gewalt oder Zwangsprostitution)[16] oder wenn sie aus einer geschlossenen Einrichtung (Haft, freiwillige oder gerichtlich angeordnete stationäre Behandlung oder Unterbringung)[17] ohne eine gesicherte Anschlussperspektive **entlassen** wird (vgl. § 1 Abs. 2 DVO). Besondere Lebensverhältnisse werden auch durch **vergleichbare Umstände** begründet, wenn existenzielle Grundbedürfnisse nicht gedeckt werden oder deren Sicherung gefährdet ist.[18] Dies ist durch einen wertenden Vergleich mit den genannten Beispielen besonderer Lebensverhältnisse zu klären.

Ob besondere Lebensverhältnisse vorliegen, ist durch Auslegung, die sozialgerichtlich **13** voll überprüfbar ist, unter Berücksichtigung der Besonderheit des Einzelfalls zu ermitteln. Dabei steht dem Sozialhilfeträger kein Ermessen zu.[19] An die Erfüllung des Tatbestandsmerkmals der besonderen Lebensverhältnisse sind **strenge Maßstäbe** anzulegen.

---

12 LSG NRW 30.6.2005 – L 20 B 2/05 SO ER (in diesem Fall ist die Hilfe nach § 67 SGB XII nicht nur nachgehend, sondern auch präventiv erforderlich, um eine sonst nach der Haft eintretende Notlage abzuwenden); Bieback in: Grube/Wahrendorf SGB XII § 67 Rn. 22.
13 Luthe in: Hauck/Noftz SGB XII § 67 Rn. 14.
14 Deutscher Verein NDV 2013, 490.
15 BSG 12.12.2013 – B 8 SO 24/12 R.
16 OVG Hmb 27.3.1990 – Bs IV 57/90, NDV 1990, 319 (Hilfe zum Ausstieg aus einer Zwangsprostitution).
17 BayLSG 17.9.2009 – L 18 SO 111/09 B ER.
18 SG Stuttgart 23.6.2006 – S 20 SO 4090/06 ER, SAR 2006, 91 (Schulden mit Problemen beim Zahlungsverkehr).
19 Vgl. Bieback in: Grube/Wahrendorf SGB XII § 67 Rn. 6. Scheider in: Schellhorn/Schellhorn/Hohm SGB XII § 67 Rn. 13 hebt hervor, dass der Gesetzgeber „dessen ungeachtet" den Sozialhilfeträgern mit den unbestimmten Rechtsbegriffen einen erheblichen Beurteilungsspielraum gibt, den es auszufüllen gilt. Luthe in: Hauck/Noftz SGB XII § 67 Rn. 5 hält aus Gründen der Rechtsanwendungsgleichheit eine Fallgruppensystematik von Tatbestandsvoraussetzungen für erforderlich. Zutreffend Wehrahn in: jurisPK-SGB XII § 67 Rn. 10: Der Gesetzgeber eröffnet mit der Individualisierung des Rechtsanspruchs die Norm für eine flexible, zukunftsoffene Gesetzesanwendung in einer sich wandelnden sozialen Welt.

Besondere Lebensverhältnisse treffen zu, wenn **grundlegende Anforderungen** an eine menschenwürdige Lebensführung nicht erfüllt sind.[20] So besteht eine ungesicherte wirtschaftliche Lebensgrundlage erst dann, wenn ein regelmäßiges Einkommen vollständig fehlt oder nicht nur vorübergehend unterhalb des Regelbedarfs zur Sicherung des Lebensunterhalts (§ 20 SGB II; § 27 a SGB XII) liegt. Leistungen zur Sicherung des Lebensunterhalts nach dem SGB II oder SGB XII sind vorrangig. Den Zugang zu ihnen zu eröffnen, ist eine der zentralen Aufgaben dieser Hilfe.[21]

III. Soziale Schwierigkeiten

14   Unter dem Tatbestandsmerkmal „soziale Schwierigkeiten" ist zu ermitteln, ob die hilfesuchende Person in Verbindung mit den ermittelten besonderen Lebensverhältnissen Schwierigkeiten in der Interaktion mit ihrer sozialen Umwelt hat, die die **Teilnahme am Leben in der Gemeinschaft**[22] wesentlich, dh erheblich und mehr als vorübergehend einschränken (vgl. § 1 Abs. 3 DVO).

15   Ausschlaggebend für die Einschätzung der sozialen Schwierigkeiten als anspruchsbegründend sind die **tatsächlichen Gegebenheiten und Fähigkeiten** der hilfesuchenden Person, ihre besonderen sozialen Schwierigkeiten zu überwinden. Die Schwierigkeiten können in einer **individuellen Benachteiligung** der leistungsberechtigten Person (zB Überforderung, unzureichende Bewältigungskompetenz, fehlende Ressourcen)[23] oder in dem **Verhältnis zu ihrer sozialen Umwelt** als ausgrenzendes **Verhalten Dritter** begründet sein (zB erheblich erschwerter oder verweigerter Zugang zu Gütern oder Dienstleistungen, die für die Teilnahme am Leben in der Gemeinschaft wesentlich sind).

16   Erhebliche Bedeutung ist einer solchen Ausgrenzung insbesondere zuzumessen, wenn sie einen Zusammenhang aufweist mit der Erhaltung oder Beschaffung einer **Wohnung**, mit der Erlangung oder Sicherung eines **Arbeitsplatzes**, mit **familiären oder anderen sozialen Beziehungen** oder mit **Straffälligkeit** (§ 1 Abs. 3 DVO). Diese Aufzählung ist nicht abschließend. Werden andere Schwierigkeiten vorgebracht, ist zu ihrer Abklärung – wie bei dem Tatbestandsmerkmal der besonderen Lebensverhältnisse – eine vergleichende Wertung mit den hier genannten Beispielen von sozialen Schwierigkeiten durchzuführen. Die sozialen Schwierigkeiten müssen nicht dauerhaft sein; bereits das unmittelbare Drohen kann ausreichen.[24]

17   Anders als bei dem Tatbestandsmerkmal der besonderen Lebensverhältnisse, ist bei dem der sozialen Schwierigkeiten **keine Einschränkung auf „besondere" Ausprägungen** ge-

---

20   Dies betont Scheider in: Schellhorn/Schellhorn/Hohm SGB XII § 67 Rn. 13. Vgl. auch OVG Brem 21.12.1992 – 2 B 145/92 (keine besonderen Lebensverhältnisse, wenn allein die Wohnverhältnisse nicht zufriedenstellend sind); SG Reutlingen 3.7.2008 – S 7 SO 2087/08 ER, SAR 2008, 90 (es müssen mehr als typische Lebensrisiken vorliegen).
21   BR-Drs. 734/00, 10.
22   Unter „Gemeinschaft" sind hier konkrete Gruppenzusammenhänge (zB Familie, Nachbarschaft, Arbeitsplatz), nicht allgemeine gesellschaftliche Bedingungen zu verstehen (Luthe in: Hauck/Noftz SGB XII § 67 Rn. 3).
23   Soziale Schwierigkeiten sind nicht mit einer Beeinträchtigung des (körperlichen oder psychischen) Gesundheitszustands einer Person oder mit einer Behinderung gleichzusetzen oder gar nur dann gegeben. Diese sind vielmehr nur soweit und solange als soziale Schwierigkeit zu werten, als dass sie – aus welchen Gründen auch immer – nicht durch eine zutreffende Leistung (der Behandlung, der Pflege oder der Rehabilitation und Teilhabe) gedeckt werden. Dessen ungeachtet können diese Leistungen in Verbindung mit einer Hilfe nach §§ 67 ff. SGB XII erbracht werden (→ Rn. 70 ff. [Abschnitt E./VII. in diesem Kapitel]).
24   Scheider in: Schellhorn/Schellhorn/Hohm SGB XII § 67 Rn. 9. Auch BSG 12.12.2013 – B 8 SO 24/12 R.

fordert.[25] Es reicht die Feststellung, dass die leistungsberechtigte Person im Zusammenhang mit den ermittelten besonderen Lebensverhältnissen Schwierigkeiten, also **erwartbare Probleme und Komplikationen** hat, ihr Leben selbstverantwortlich und menschenwürdig in der Gemeinschaft zu führen. So stellen beispielsweise Langzeitarbeitslosigkeit, Niedrigeinkommen, die Nichtverfügbarkeit von anmietbarem, angemessenem Wohnraum oder negative Einträge bei einer Wirtschaftsauskunftei soziale Schwierigkeiten dar, die auf breite Teile der Bevölkerung zutreffen können, ohne jedoch einen Anspruch auf Hilfe nach §§ 67 ff. SGB XII auszulösen. In Verbindung mit einer fehlenden Wohnung oder einem unmittelbar bedrohten Wohnverhältnis können sie jedoch dazu führen, dass die betroffene Person in ihrer Teilnahme am Leben in der Gemeinschaft (hier im Lebensbereich Wohnen durch den Verlust des Wohnverhältnisses) erheblich und nicht nur vorübergehend eingeschränkt wird.

IV. Fehlende oder unzureichende Selbsthilfekräfte

Schließlich gehören fehlende oder unzureichende Selbsthilfekräfte zu den Voraussetzungen einer Hilfe nach §§ 67 ff. SGB XII. Die leistungsberechtigte Person verfügt nicht über ausreichende Fähigkeiten, die sozialen Schwierigkeiten **aus eigener Kraft** zu überwinden (§ 67 Satz 1 SGB XII).[26] Dabei wird keine völlige Unfähigkeit sich selbst zu helfen vorausgesetzt. Vielmehr kann die Hilfe nach §§ 67 ff. SGB XII auch als unterstützende und **flankierende Hilfe** zu einer eingeschränkten Selbsthilfefähigkeit gewährt werden.[27] Dabei ist sicherzustellen, dass die leistungsberechtigte Person diese Hilfe entsprechend des festgestellten Bedarfs auch tatsächlich erhält.[28] **18**

Ggf. ist die leistungsberechtigte Person nicht in der Lage, **Leistungen anderer Sozialleistungsträger** zu beantragen oder in Anspruch zu nehmen. In diesem Falle ist auf die Inanspruchnahme dieser Leistungen durch entsprechende Unterstützungsleistungen hinzuwirken (§ 2 Abs. 1 Satz 4 DVO). Die Erschließung und **Stärkung der Selbsthilfekräfte** ist bereits Teil der Hilfe nach §§ 67 ff. SGB XII (§ 3 Abs. 2 DVO). Anzeichen für unzureichende Selbsthilfekräfte können das **wiederholte Auftreten** oder eine längere **Dauer** einer sozialen Notlage sein oder der **Wunsch** der leistungsberechtigten Person, Hilfe in Anspruch zu nehmen. **19**

C. Ziele der Hilfe

Die Hilfe nach §§ 67 ff. SGB XII stellt eine **finale Leistung** dar. Sie ist zukunftsgerichtet und nicht vergangenheitsbezogen, dauerhaft oder kompensatorisch ausgerichtet. Die Ziele der Hilfe entsprechen den in § 9 SGB I vorgegebenen drei **Zielen der Sozialhilfe** insgesamt. Die Hilfe soll die leistungsberechtigte Person zur **Selbsthilfe befähigen**, die Teilnahme am **Leben in der Gemeinschaft** ermöglichen und die Führung eines men- **20**

---

25 So Roscher in: LPK-SGB XII § 67 Rn. 7 sowie Bieback in: Grube/Wahrendorf SGB XII § 67 Rn. 17. Anders hingegen Luthe in: Hauck/Noftz SGB XII § 67 Rn. 27, der mit Hinweis auf die geforderte „wesentliche" Einschränkung der Teilnahme am Leben in der Gemeinschaft (§ 1 Abs. 3 DVO) auf die Erfordernis einer „besonderen" sozialen Schwierigkeit schließt (vergleichbar: LSG.Bln-Bbg 4.5.2010 – L 23 SO 46/10 B ER). Hier wird aber Roscher und Bieback folgend die Auffassung vertreten, den besondere soziale Schwierigkeiten die Verbindung von besonderen Lebensverhältnissen mit sozialen Schwierigkeiten bezeichnen (s. die Bezeichnung der Hilfe als „Hilfe zur Überwindung besonderer sozialer Schwierigkeiten"). Wenn eine Person mit besonderen Lebensverhältnissen konfrontiert ist, dann können bereits Schwierigkeiten, die in diesem Zusammenhang erwartbar und eben nicht atypisch oder abnorm sind, zu einer „wesentlichen" Einschränkung der Teilnahme am Leben in der Gemeinschaft führen.
26 Hier wird auf die Fähigkeiten der leistungsberechtigten Person abgestellt, die sich in konkreten Handlungen äußert. Zum Einsatz von Einkommen und Vermögen in der Hilfe nach §§ 67 ff. SGB XII → Rn. 33.
27 Scheider in: Schellhorn/Schellhorn/Hohm SGB XII § 67 Rn. 11; SchlHOVG 26.9.2001 – 2 L 49/01.
28 SG Stuttgart 11.6.2008 – S 11 SO 4085/08 ER, info also 2008, 230.

schenwürdigen Lebens sichern (§ 2 Abs. 1 Satz 1 DVO). Die drei Ziele stehen **gleichrangig und kumulativ nebeneinander.**[29] Folglich sind bei der Auswahl und Gestaltung der erforderlichen Maßnahmen sowie bei der Durchführung der Hilfe grundsätzlich alle drei Zieldimensionen zu berücksichtigen.[30]

21 Das Ziel, dem Einzelnen die Teilnahme am **Leben in der Gemeinschaft** zu ermöglichen, knüpft an den **sozialen Schwierigkeiten** der leistungsberechtigten Person an. Diese liegen vor, wenn ein Leben in der Gemeinschaft wesentlich eingeschränkt ist (§ 1 Abs. 3 DVO). Ziel ist die Überwindung der sozialen Schwierigkeiten und damit der Einschränkungen, die ein Leben in der Gemeinschaft wesentlich erschweren oder unmöglich machen. Dem Ziel kommt eine besondere Bedeutung zu, da die besonderen Lebensverhältnisse nur überwunden werden können, wenn auch die sozialen Schwierigkeiten überwunden werden (§ 1 Abs. 1 Satz 1 DVO). Als Beispiel kann hier genannt werden, dass besondere Lebensverhältnisse, die bei fehlender Wohnung bestehen, erst dann beseitigt und nicht nur gelindert werden, wenn ein privatrechtlich abgesichertes Wohnverhältnis eingegangen wird.

22 Die Formulierung „in der Gemeinschaft" lässt erkennen, dass die Hilfe nicht auf die Eingliederung in eine **gesonderte Gemeinschaft**, zB in ein Heim oder eine andere stationäre Einrichtung zielt, auch nicht auf die Beseitigung jeglicher ungünstiger sozialer Bedingungen von Gesell, dass bis die Teilnahme an **zentralen Lebensbereichen**, die für eine selbstständige Lebensführung in einer gegebenen Gesellschaft konstitutiv sind und in denen die leistungsberechtigte Person Unterstützung benötigt.[32] Ausdrücklich hervorgehen werden die Bereiche Wohnen, Arbeiten, familiäre und andere soziale Beziehungen sowie Reintegration bei Straffälligkeit (vgl. § 1 Abs. 3 DVO).

23 Das Ziel, die Führung eines **menschenwürdigen Lebens** zu sichern, knüpft an die **besonderen Lebensverhältnisse** der leistungsberechtigten Person an. Diese stellen eine **besondere materielle Mangellage** dar mit einer (drohenden) Unterschreitung des soziokulturellen Existenzminimums. Aus dieser Zielstellung resultiert, dass für eine leistungsberechtigte Person in einer existenziell bedrohlichen **sozialen Notlage** schnell und verlässlich eine Basisversorgung zur Befriedigung elementarer Lebensbedürfnisse sicherzustellen ist. Die Hilfe darf aber nicht bei dieser Überlebenshilfe stehenbleiben. Vielmehr ist darauf hinzuwirken, dass Leistungen (nach §§ 67 ff. SGB XII, nach anderen Vorschriften der Sozialhilfe oder nach anderen Sozialgesetzbüchern) gewährt und in Anspruch genommen werden, die das **soziokulturelle Existenzminimum** sicherstellen und auf ein Leben unabhängig von diesen Leistungen hinwirken sollen.[33]

24 Das Ziel der **Befähigung zur Selbsthilfe** knüpft an die **Selbsthilfekräfte** der leistungsberechtigten Person an. Ihre Selbsthilfekräfte sollen durch Unterstützung so gestärkt werden, dass sie ihre besonderen sozialen Schwierigkeiten aus eigener Kraft bewältigt (vgl. § 2 Abs. 2 Satz 2 DVO). Dabei wird der Tatsache Rechnung getragen, dass die Selbsthilfekräfte der leistungsberechtigten Person **gering** sein können. So ist die Hilfe nach §§ 67 ff. SGB XII ohne Rücksicht auf **Einkommen und Vermögen** und ohne die Inanspruchnahme Unterhaltspflichtiger zu erbringen, soweit im Einzelfall Dienstleistungen

---

29 BR-Drs. 734/00, 12.
30 Damit ist klar: Ziel der Hilfe nach §§ 67 ff. SGB XII ist es nicht, Menschen zu „bessern". Hierzu bereits BVerfG 18.7.1967 – 2 BvF 3/62, E 22, 180.
31 Dessen ungeachtet kann eine Hilfe in stationärer Form oder die Beratung und Unterstützung in einem Frauenhaus eine notwendige Maßnahme einer Hilfe nach §§ 67 ff. SGB XII sein (so Scheider in: Schellhorn/Schellhorn/Hohm SGB XII § 67 Rn. 10).
32 So auch Roscher in: LPK-SGB XII § 67 Rn. 5.
33 Einschränkend hierzu Roscher in: LPK-SGB XII § 69 Rn. 3, der in der Überwindung der besonderen Lebensverhältnisse eher ein Mittel für das eigentliche Ziel der Hilfe sieht, dass in der Teilnahme am Leben in der Gemeinschaft bestehe. Vgl. auch SG Mannheim 5.12.2007 – S 10 SO 3153/07 (Ziel bei einem Obdachlosen mit wiederholter Wohnungslosigkeit lediglich die Überwindung der besonderen Schwierigkeiten).

erforderlich sind bzw. soweit dies den Erfolg der Hilfe gefährden würde (§ 68 Abs. 2 SGB XII, → Rn. 33). Gleichzeitig richtet sich die Befähigung zur Selbsthilfe nicht allein auf die Aktivierung **materieller Ressourcen** (Einkommen, Vermögen, Arbeitskraft), sondern auch auf die Entwicklung von **persönlichen Fähigkeiten**, die notwendig sind, um die Hilfeziele zu erreichen (vgl. § 2 Abs. 2 Satz 2 DVO). Die Hilfe nach §§ 67 ff. SGB XII umfasst damit den in der Sozialhilfe geltenden Vorrang der Selbsthilfe (§ 2 Abs. 1 SGB XII) und die daraus resultierende Zielstellung, so weit wie möglich unabhängig von Sozialhilfe zu leben (§ 1 Satz 2 SGB XII; § 3 Abs. 1 Satz 1 SGB XII). Sie greift aber auch darüber hinaus.

Die nach den drei Zieldimensionen umrissene Unterstützung zur selbstständigen Bewältigung der besonderen sozialen Schwierigkeiten soll die leistungsberechtigte Person in die Lage versetzen, ihr Leben entsprechend ihren Bedürfnissen, Wünschen und Fähigkeiten zu organisieren und selbstverantwortlich zu gestalten (§ 2 Abs. 1 Satz 2 und 3 DVO). Die leistungsberechtigte Person ist verpflichtet, nach eigenen Kräften an der Überwindung der besonderen sozialen Schwierigkeiten **mitzuwirken** (§ 2 Abs. 1 Satz 3 DVO). Dieser umfassende Ansatz der Befähigung wird in der Wissenschaft von der Sozialen Arbeit auch als „Empowerment" bezeichnet.[34] **25**

Mit welchen Maßnahmen die og Ziele der Hilfe im Einzelfall zu realisieren sind, hängt von den ermittelten anspruchsauslösenden **persönlichen Voraussetzungen** der leistungsberechtigten Person ab (→ Rn. 9 f.). Diese bilden die Ausgangslage, deren ergebnisorientierte Veränderung („Überwindung") das Ziel der Hilfegewährung und -erbringung bildet.[35] Dabei zeichnet das Gesetz einen **differenzierten Begriff von „Überwindung"** vor (§ 68 Abs. 1 Satz 1; § 2 Abs. 2 Satz 1 DVO). In Abhängigkeit von der Besonderheit des Einzelfalls kann es erforderlich sein, die Entstehung besonderer sozialer Schwierigkeiten **abzuwenden**, wenn diese unmittelbar drohen, oder vollständig zu **beseitigen**, wenn diese bereits eingetreten sind. Eine **Milderung** ist angezeigt, wenn lediglich eine teilweise Lösung möglich ist. Ihre **Verschlimmerung zu verhüten** zielt darauf, einer weiteren Verschlechterung der Lage der leistungsberechtigten Person entgegenzuwirken.[36] Die besonderen sozialen Schwierigkeiten sind **nachhaltig** zu überwinden (§ 2 Abs. 2 Satz 1 DVO). Hierzu ist die Hilfe auch zur Abwendung eines drohenden Wiedereintritts besonderer sozialer Schwierigkeiten einzusetzen (§ 1 Abs. 1 Satz 2 DVO). **26**

Auf Grundlage des ermittelten Hilfebedarfs und der Zielbestimmung werden die erforderlichen Maßnahmen und Leistungen ausgewählt. Der **Grad der Zielerreichung** bemisst sich an dem Grad der angestrebten und tatsächlich erreichten Überwindung der anspruchsauslösenden Tatbestandsvoraussetzungen, also konkret daran, wie weit besondere Lebensverhältnisse und die damit verbundenen sozialen Schwierigkeiten derart verändert werden, dass eine selbstständige Teilnahme am Leben in der Gemeinschaft menschenwürdig möglich ist. **27**

D. Leistungen der Hilfe

§ 67 Satz 1 SGB XII nennt nur allgemein Leistungen zur Überwindung sozialer Schwierigkeiten. § 68 Abs. 1 SGB XII stellt klar, dass dem Sozialhilfeträger für die Erbringung dieser Leistungen **alle Maßnahmen** zur Verfügung stehen, **die notwendig**, dh unabweisbar sind, um die besonderen sozialen Schwierigkeiten zu überwinden. Leitend für die Bestimmung der Art und des Umfangs der Leistungen sowie für die Auswahl und Ge- **28**

---

34 Vgl. zB Matthies/Uggerhoj, Participation, marginalization and welfare services, Farnham 2014.
35 Vgl. Gerull/Merckens/Dubrow (Lit.), Gerull/Merckens (Lit.).
36 LSG Nds-Brem 8.3.2012 – L 13 AS 22/12 B ER (der Leistungsträger entscheidet nach pflichtgemäßem Ermessen, auf welcher Stufe und mit welchen Mitteln die Hilfe durchzuführen ist).

staltung der Maßnahmen ist, ausgehend von dem Hilfebedarf im Einzelfall, die Zielorientierung der Hilfe, die besonderen sozialen Schwierigkeiten zu überwinden. Welche konkrete Hilfe im Einzelfall erbracht wird, steht im pflichtgemäßen **Ermessen des Sozialhilfeträgers** (§ 17 Abs. 2 Satz 1 SGB XII; Auswahlermessen).[37] Dabei ist das **Wunsch- und Wahlrecht** der leistungsberechtigten Person zu achten (vgl. § 2 Abs. 1 Satz 2 DVO).[38] Die Aufforderung, geschlechts- und altersbedingte Besonderheiten sowie besondere **Fähigkeiten und Neigungen** zu berücksichtigen (§ 2 Abs. 2 Satz 3 DVO), zeigt an, dass der leistungsberechtigten Person im Leistungsgeschehen eine aktiv mitwirkende und nicht lediglich eine Hilfe entgegennehmende Rolle zuzuordnen ist. Die Leistungen können durch den Sozialhilfeträger selbst oder durch einen Dritten erbracht werden.

I. Beratung und persönliche Unterstützung

29   Entsprechend ihrer Zielstellung ist die Hilfe nach §§ 67 ff. SGB XII insbesondere als **persönliche Dienstleistung** gestaltet (§ 68 Abs. 1 Satz 1 SGB XII; § 2 Abs. 2 Satz 2, § 3 DVO). Diese stellt die grundlegende **Handlungsmethode** der Hilfe nach §§ 67 ff. SGB XII in allen Hilfefeldern dar (→ Rn. 39 ff.).

30   Die Beratung setzt bereits mit der Ermittlung des Hilfebedarfs ein. Sie umfasst die Aufklärung und Bewusstmachung der besonderen sozialen Schwierigkeiten, die das spezielle Angebot der Hilfe nach §§ 67 ff. SGB XII erforderlich machen, sowie die Ermittlung von Zielen und die Hilfeplanung zu ihrer Bearbeitung und Überwindung (§ 3 Abs. 1 DVO). Damit bildet die Hilfe nach §§ 67 ff. SGB XII ein **Aufgabenfeld der Sozialen Arbeit**. Die „soziale" Beratung (in Abgrenzung zu anderen Formen der Beratung) ist die systematisch Bewusstsein fördernde, motivierende und unterrichtende **Kommunikation** mit dem Ziel, die gegebene Problemlage (den Hilfebedarf) und Möglichkeiten zu ihrer Lösung zu erkennen und zu bearbeiten. Aufgabe ist es, existenzielle Lebensgrundlagen zu sichern und die ratsuchende Person hierauf aufbauend schrittweise zur Bewältigung des Alltags zu befähigen.[39]

31   Persönliche Unterstützung[40] meint die **lebenspraktische Hilfestellung** der leistungsberechtigten Person, am Hilfeprozess mitzuwirken und unterbreitete Hilfeangebote sowie in Betracht kommende Leistungen in Anspruch zu nehmen und in ihrer **Wirksamkeit zu fördern** (§ 3 Abs. 1 und 2 DVO). Hierzu gehört auch, auf die Inanspruchnahme geeigneter Leistungen anderer Vorschriften und anderer Leistungsträger hinzuwirken (§ 3 Abs. 1 Satz 4 DVO). Neben der leistungsberechtigten Person können auch ihre **Angehörigen**, die selbst nicht leistungsberechtigt sind, in die Beratung und Unterstützung einbezogen werden (§ 68 Abs. 1 SGB XII).[41]

II. Geld- und Sachleistungen

32   Auch wenn das Gesetz Beratung und Unterstützung als eigenständigen Leistungsbereich in der Hilfe nach §§ 67 ff. SGB XII hervorhebt, können auch Geld- und Sachleistungen als Bestandteil einer Hilfe nach §§ 67 ff. SGB XII erbracht werden. Diese sind zu erbrin-

---

37 Bieback in: Grube/Wahrendorf SGB XII § 68 Rn. 4. BSG 1.7.2009 – B 4 AS 77/08 R (der Leistungsempfänger hat einen Anspruch auf pflichtgemäße Ausübung des Ermessens [vgl. § 39 Abs. 1 Satz 2 SGB I], nicht aber einen Rechtsanspruch auf eine ganz bestimmte Art der Leistung, sofern nicht eine sog „Ermessensreduzierung auf Null" hinsichtlich der Bewilligung der begehrten Leistung eingetreten ist).
38 Zum Wunsch- und Wahlrecht ausführlich Teil III/ 1, Kapitel 14.
39 Ansen, Soziale Beratung bei Armut, München 2006.
40 Die unterschiedliche Benennung – „persönliche Betreuung" in § 68 Abs. 1 SGB XII, „persönliche Unterstützung" in § 3 DVO – dürfte lediglich einem in zeitlicher Hinsicht unterschiedlichen Sprachgebrauch geschuldet sein, nicht aber inhaltlichen Unterschieden.
41 Luthe in: Hauck/Noftz SGB XII § 68 Rn. 29; Roscher in: LPK-SGB XII § 68 Rn. 8; Scheider in: Schellhorn/Schellhorn/Hohm SGB XII § 68 Rn. 7.

gen, wenn dies für die Überwindung der besonderen sozialen Schwierigkeiten erforderlich ist (vgl. § 68 Abs. 2 SGB XII; § 2 Abs. 2 DVO). Ein Beispiel für solche Geldleistungen bildet die Übernahme von Unterkunftskosten während der Haft (→ Rn. 58). Ein Beispiel für Sachleistungen bildet die Bereitstellung einer Unterkunft aus dem Verfügungsbereich des Sozialhilfeträgers bei Wohnungslosigkeit (→ Rn. 43). Weiterhin können Geld- und Sachleistungen als Ergänzung zu einer persönlichen Hilfe in Betracht kommen.

Allerdings sind bei Geld- und Sachleistungen neben den Regelungen zum Nachrang, die **33** für alle Leistungen der Hilfe nach §§ 67 ff. SGB XII gelten (s. hierzu den folgenden Abschnitt), auch die Regelungen zum Einsatz von **Einkommen und Vermögen** sowie für die **Inanspruchnahme Unterhaltspflichtiger** zu beachten.[42] Sollen Geld- oder Sachleistungen als Bestandteil einer Hilfe nach §§ 67 ff. SGB XII gewährt werden, ist demnach – sofern eine Leistungsfähigkeit der leistungsberechtigten Person oder von Unterhaltspflichtigen anzunehmen ist – zu prüfen, ob eine Anrechnung des Einkommens und Vermögens oder die Inanspruchnahme Unterhaltspflichtiger den **Erfolg der Hilfe gefährden** würden.[43] Ist dies der Fall, ist die Leistung zu gewähren.[44] Die Prüfung erfolgt auf der Ebene der Tatbestandsvoraussetzungen auf Grundlage einer Prognose im Einzelfall. Dem Sozialhilfeträger ist kein Ermessen eingeräumt. Die Formulierung „soweit dies den Erfolg der Hilfe gefährden würde" im Gesetzestext (§ 68 Abs. 2 Satz 2 SGB XII) zeigt an, dass nicht nur ein vollständiges, sondern auch ein teilweises oder befristetes Absehen von der Heranziehung der leistungsberechtigten Person bzw. von Unterhaltspflichtigen in Betracht kommen kann.[45]

III. Nachrang

Aus der Offenheit der Lebenstatbestände (vgl. § 67 Satz 1 SGB XII) und der Differen- **34** ziertheit der Leistungen und Maßnahmen (vgl. § 68 Abs. 1 Satz 1 SGB XII sowie → Rn. 39 ff.) resultiert, dass die Hilfe nach §§ 67 ff. SGB XII **inhaltliche Schnittmengen** mit anderen Leistungen der Sozialhilfe und Leistungen anderer Sozialgesetzbücher aufweist (Leistungskongruenz). Aus diesen können im Einzelfall **Leistungskonkurrenzen** resultieren. Die Fälle, bei denen Leistungskonkurrenzen tatsächlich auftreten, werden durch eine Vorrang- und Nachrangregelung (**Kollisionsnorm**) geregelt. Mit diesen Kollisions-

---

42 Zum Einsatz von Einkommen und Vermögen im SGB XII und SGB II siehe ausführlich Teil III/1, Kapitel 20 und 21. Dienstleistungen werden in der Hilfe nach §§ 67 ff. SGB XII für alle Bürgerinnen und Bürger, die diese benötigen, ohne Rücksicht auf Einkommen und Vermögen erbracht (§ 68 Abs. 2, Satz 1 SGB XII). Dies erlaubt eine schnelle und unbürokratische Hilfe und gilt unabhängig davon, ob die Leistungen durch den Sozialhilfeträger selbst oder durch einen Dritten erbracht werden (vgl. Deutscher Verein, Zur Anwendbarkeit des § Abs. 2 Satz 1 SGB XII auf Leistungen des ambulant betreuten Wohnens, Rechtsgutachten, NDV 2012, 598).

43 Unterschiedliche Auffassungen bestehen zu der Frage, ob die Absehung von der Heranziehung auf andere vorrangige Leistungen übertragen wird, die neben der Hilfe nach §§ 67 ff. gewährt werden. Dies verneinen grundsätzlich Bieback in: Grube/Wahrendorf SGB XII § 68 Rn. 42 sowie Scheider in: Schellhorn/Schellhorn/Hohm SGB XII § 68 Rn. 18. Dies bejahen, wenn sich Hilfen ergänzen und Anrechnung den Erfolg gefährdet, Roscher in: LPK-SGB XII § 68 Rn. 17 sowie Luthe in: Hauck/Noftz SGB XII § 68 Rn. 42.

44 Eine Gefährdung des Erfolgs ist dann anzunehmen, wenn durch die Berücksichtigung des Einkommens oder Vermögens die Bereitschaft der leistungsberechtigten Person zur Mitwirkung an der Hilfe und zur Selbsthilfe oder – bei der Heranziehung von Unterhaltspflichtigen – die Integration in die Familie ernsthaft gefährdet oder beeinträchtigt wird.

45 Unterschiedliche Auffassungen bestehen zu der Frage, ob dem Sozialhilfeträger ein Ermessen zusteht, wenn eine teilweise oder befristete Heranziehung in Betracht kommt (und zwar in Bezug auf die Höhe bzw. die Befristung). Scheider in: Schellhorn/Hohm/Scheider SGB XII § 68 Rn. 21 sowie Roscher in: LPK-SGB XII, § 68 Rn. 21 bejahen dies. Bieback in: Grube/Wahrendorf SGB XII § 68 Rn. 45 und Luthe in: Hauck/Noftz SGB XII § 68 Rn. 100 schließen ein Ermessen auch hier aus. Sie heben allerdings den Prognosecharakter der Entscheidung hervor, der eine Beurteilung im Einzelfall verlangt. Dieser Auffassung wird hier gefolgt. Hinsichtlich der Rechtsqualität formuliert § 68 Abs. 2 Satz 2 SGB XII: „ist nicht zu berücksichtigen ... und ... abzusehen." Ein Ermessen wird hier nicht ersichtlich.

normen will der Gesetzgeber klarstellen, welcher Leistungsträger für welche konkreten Aufgaben in einem bestimmten Aufgabenbereich (hier der Hilfe für Menschen in besonderen sozialen Schwierigkeiten) mit welchen Leistungen maßgeblich ist.

35 Der Nachrang der Hilfe nach §§ 67 ff. SGB XII gegenüber anderen Leistungen ist in § 67 Satz 2 SGB XII geregelt. Demnach ist die Hilfe nach §§ 67 ff. SGB XII zu erbringen, soweit der Bedarf nicht durch andere Leistungen der Sozialhilfe (siehe hierzu § 8 SGB XII) oder durch Leistungen der Kinder- und Jugendhilfe (SGB VIII) gedeckt wird (**interner Nachrang** nach § 67 Satz 2 SGB XII). Weiterhin gilt der **allgemeine Nachrang** der Sozialhilfe (nach § 2 SGB XII), nach der Sozialleistungen anderer Leistungsträger vorgehen.[46] Die Hilfe nach §§ 67 ff. SGB XII tritt demnach immer dann ein, wenn ein Bedarf vorliegt, der durch andere Leistungen nicht oder nicht ausreichend umfasst wird. Sie tritt zurück, wenn der Bedarf durch andere Leistungen gedeckt werden kann und auch tatsächlich gedeckt wird.[47]

36 Die Formulierung „soweit" zeigt an, dass der Nachrang der Hilfe nach §§ 67 ff. SGB XII keinen generellen und grundsätzlichen Ausschluss zu anderen Leistungen der Sozialhilfe und der Kinder- und Jugendhilfe umfasst. Vielmehr ist im Einzelfall über die Leistungen zu entscheiden. Kommen aufgrund des Bedarfs ggf. unterschiedliche Leistungen in Betracht, ist bei ihrer Bestimmung **einzelfallbezogen** zu prüfen, in welchem Leistungsbereich der **Bedarf** gemessen am **Leistungszweck überwiegend** angesiedelt ist. Der Zweck der Leistung ist dabei nicht abstrakt, sondern **konkret** in Bezug auf das jeweilige **Bedarfsproblem** zu bestimmen. Sind die in Aussicht genommenen Leistungen unter Beachtung des Hilfebedarfs und der Zielstellung der Hilfeerbringung in ihrer **Wirksamkeit** gleichrangig, tritt die Hilfe nach §§ 67 ff. SGB XII zurück.[48] Decken die Leistungen nur Teilbereiche des ermittelten Hilfebedarfs ab, ist eine **komplementäre** Leistungserbringung in Betracht zu ziehen. Dabei ist darauf zu achten, dass diese sich zu einem sinnvollen, für die leistungsberechtigte Person nachvollziehbaren Hilfevollzug ergänzen. Zu gewähren ist die Leistung bzw. die Kombination von Leistungen, die am besten geeignet ist, den Bedarf zu decken (→ Rn. 75 ff.).

37 Weiterhin entfällt ein Anspruch auf Hilfe nach §§ 67 ff. SGB XII nicht schon bei der rechtlichen Möglichkeit einer anderen Anspruchserfüllung.[49] Vielmehr stellt der § 67 Satz 2 SGB XII mit der Formulierung „gedeckt wird" darauf ab, dass der **Bedarf vollständig und tatsächlich gedeckt** wird, die leistungsberechtigte Person somit tatsächlich die Leistung erhält.[50] Andernfalls ist Hilfe nach §§ 67 ff. SGB XII zu gewähren. Bei einer vorläufigen Leistungserbringung sind die Kosten nach den Regelungen der Kostenerstattung und den Erstattungsansprüchen der Leistungsträger untereinander zu erstatten (§ 2 Abs. 1 Satz 4 Hs. 2 DVO).[51]

38 Kein Nachrang besteht im Verhältnis zur **ordnungsrechtlichen Pflicht der Gemeinden** zur Beseitigung von Obdachlosigkeit (→ Rn. 43).[52] Das Ordnungsrecht dient ebenso wie das Sozialhilferecht der Sicherung und Verwirklichung der für ein menschenwürdiges Dasein erforderlichen Rechtsgüter. Die Leistungsansprüche (auch auf Unterkunftsbedarfe) werden primär durch Leistungsgesetze formuliert. Allerdings kann das Sozialhilferecht, den Unterkunftsbedarf nur über auf vertraglichem Wege vermittelbare Güter de-

---

46 Zum Nachranggrundsatz ausführlich Teil II, Kap. 11.
47 VG Stuttgart 27.12.1999 – 9 K 5233/97, Behindertenrecht 2000, 211 (entscheidend ist, ob eine Problemlage besteht, die durch das spezielle Hilfeangebot nach §§ 67 ff. SGB XII bewältigt werden kann).
48 Luthe in: Hauck/Noftz SGB XII § 67 Rn. 57 f.
49 Scheider in: Schellhorn/Schellhorn/Hohm SGB XII § 67 Rn. 24; Roscher in: LPK-SGB XII § 67 Rn. 28.
50 VG München 15.11.2001 – M 15 K 00.62; LSG Bln-Bbg 26.7.2006 – L 15 125/06 SO ER.
51 LSG Bln-Bbg 14.2.2008 – L 15 B 292/07 SO ER (Gegenüber dem Ziel einer schnellen, effektiven und ganzheitlichen Hilfe müssen Zuständigkeitsfragen zurücktreten und ins Erstattungsverfahren verlagert werden).
52 Zum folgenden Roscher in: LPK-SGB XII § 67 Rn. 38.

cken. Versagen diese Formen, greift nachrangig die spezifische Güterbeschaffung durch das Ordnungsrecht ein.[53]

E. Hilfefelder

Die Leistungen der Hilfe nach §§ 67 ff. SGB XII richten sich auf die Bearbeitung der be- **39** sonderen sozialen Schwierigkeiten in den Lebensbereichen, in denen die leistungsberechtigte Person in ihrer selbstständigen und menschenwürden Teilnahme am Leben in der Gemeinschaft wesentlich eingeschränkt ist. Hierzu führt die DVO, anknüpfend an § 68 Abs. 1 SGB XII, mögliche **Maßnahmen** auf und konkretisiert sie, ohne dass es sich hierbei um eine abschließende Aufzählung handelt (vgl. § 2 Abs. 2 DVO). Hiervon ausgehend werden im Folgenden zentrale Hilfefelder erläutert, in denen die Hilfe nach §§ 67 ff. SGB XII erbracht werden kann. Die Bezeichnung „Hilfefelder" soll der Aufgabe dieser Hilfe gerecht werden, in **prekären Lebenslagen**, die sich auf unterschiedliche Lebensbereiche erstrecken können, **umfassende persönliche Beratung und Unterstützung** zur Überwindung der sozialen Notlage und zur sozialen Reintegration anzubieten und zu realisieren.

I. Erhaltung und Beschaffung einer Wohnung

Hilfen zur Erhaltung und Beschaffung einer Wohnung (§ 4 DVO) setzen ein, wenn das **40** bestehende Wohnverhältnis der leistungsberechtigten Person unmittelbar **bedroht** ist (beispielsweise durch eine außerordentliche Kündigung des Mietverhältnisses seitens des Vermieters),[54] kein **privatrechtlich abgesichertes Wohnverhältnis** besteht oder die Wohnverhältnisse der leistungsberechtigten Person **elementaren Anforderungen** an menschenwürdiges Wohnen nicht entsprechen (→ Rn. 12). Die Hilfen umfassen vor allem Beratung und persönliche Unterstützung. Aber auch Geldleistungen (wie die Übernahme von Kosten für Maklergebühren oder für Suchanzeigen) sind möglich, soweit sie nicht von den Leistungen zur Deckung der Bedarfe für Unterkunft und Heizung nach § 22 SGB II oder §§ 35, 36 SGB XII erfasst werden.[55]

Droht ein Wohnungsverlust aufgrund einer mietschuldenbedingten Kündigung des **41** Mietverhältnisses, dann kann eine Hilfe nach §§ 67 ff. SGB XII zur **Erhaltung der Wohnung** als Beratung und persönliche Unterstützung[56] in Betracht kommen, wenn eine wirtschaftliche Hilfe durch Mietschuldenübernahme nach § 36 Abs. 1 SGB XII oder § 22 SGB II Abs. 8 aufgrund unzureichender Bewältigungskompetenzen des Mietschuldners allein als nicht ausreichend erscheint, um das Mietverhältnis zu erhalten.[57] Wiederholte Mietschuldenproblematiken können ein Anzeichen für soziale Schwierigkeiten sein. Die Hilfe kann auch im Anschluss an eine Hilfe zum Wohnungserhalt befristet nachgehend im Rahmen einer **Nachbetreuung** geleistet werden, um eine sonst zu erwar-

53 SchlHOVG 24.2.1992 – 4 M 15/92, SchlHA 1993, 96–97 (die Verschaffung einer angemessenen Wohnung durch den Betroffenen selbst oder die öffentliche Hand im Rahmen der Daseinsvorsorge hat Vorrang vor einer Unterbringung nach dem Polizei- und Ordnungsrecht).
54 BSG 17.6.2010 – B 14 AS 58/09 R, Rn. 30 (Wohnungslosigkeit droht, wenn bei einem bedrohten angemessenem Wohnverhältnis für die betroffene Person keine angemessene Wohnung konkret anmietbar ist).
55 Luthe in: Hauck/Noftz SGB XII § 68 Rn. 47.
56 SG Stuttgart 23.6.2006 – S 20 SO 4090/06 ER, SAR 2006, 91–94 (Unterstützung zur korrekten regelmäßigen Überweisung der Miete).
57 LSG Bln-Bbg 28.9.2017 – L 18 AS 194/17 B (die Übernahme von Mietschulden zur Wohnungssicherung kann auch bei unangemessenen Kosten der Unterkunft in Betracht kommen). Zu beachten ist allerdings HessLSG 9.11.2010 – L 7 SO 134/10 B ER (Hilfen zum Erhalt einer Wohnung nach §§ 67 SGB XII sind ausgeschlossen, wenn die Miete die Angemessenheitsgrenze nach § 29 Abs. 1 Satz 2 SGB XII übersteigt und der Hilfebedürftige aus persönlichen oder finanziellen Gründen nicht in der Lage sein wird, den darüber liegenden Betrag aus dem Regelsatz zu bestreiten).

tende wiederkehrende Bedrohung des Wohnverhältnisses und soziale Schwierigkeiten zu vermeiden (vgl. § 1 Abs. 1 Satz 2 DVO). Weiterhin kann die Hilfe in Betracht kommen, wenn das Wohnverhältnis nicht aufgrund eines mietrechtlichen Zerwürfnisses, sondern im Zusammenhang besonders kritischer Lebensereignisse (zB schwerwiegender familiärer oder partnerschaftlicher Konflikt und unvorbereiteter Auszug oder Flucht aus der Wohnung) bedroht ist.[58]

42 Hilfen zur **Beschaffung einer Wohnung** setzen ein, wenn die leistungsberechtigte Person über kein privatrechtlich abgesichertes Wohnverhältnis verfügt und demnach bloß hilfsweise bei Bekannten, Freunden oder Angehörigen untergekommen ist, sich in einer betreuten Einrichtung befindet, ordnungsrechtlich untergebracht ist oder obdachlos auf der Straße lebt.[59] Die Hilfen umfassen die Erörterung tatsächlicher und rechtlicher Fragen sowie notwendige Handlungsschritte zur Erlangung einer angemessenen Wohnung auf dem Wohnungsmarkt. Diese können von einer persönlichen Unterstützung bei der Wohnungssuche bis hin zur Anbahnung und Herstellung von Kontakten zu Wohnungsanbietern reichen. Die persönliche Hilfe stößt an ihre **Grenzen**, wenn kein angemessener Wohnraum auf dem **örtlichen Wohnungsmarkt** zur Anmietung zur Verfügung steht. Dies kann insbesondere in Städten mit angespannten Wohnungsmärkten, aber auch in ländlichen Regionen mit einem geringen Anteil an Mietwohnungen der Fall sein. Um auch bei solchen örtlichen Gegebenheiten Unterstützung anbieten zu können, empfiehlt es sich, durch Vereinbarungen mit Wohnungsanbietern bestimmte Kontingente an Wohnungen für eine soziale Wohnungsvermittlung vorzuhalten, die auch Leistungsberechtigten der Hilfe nach §§ 67 ff. SGB XII zur Verfügung stehen.[60]

43 Gelingt es nicht, einen Wohnungsverlust abzuwenden und reichen eine persönliche und finanzielle Hilfe nicht aus, um eine andere angemessene Wohnung auf dem Wohnungsmarkt zu erlangen, hat der **Sozialhilfeträger** eine in seinem Bereich verfügbare Unterkunft bereitzustellen.[61] Steht eine solche Unterkunft nicht zur Verfügung, sind **ordnungsrechtliche Maßnahmen** zur Vermeidung und Beseitigung von Obdachlosigkeit zu ergreifen, wenn die (drohende) Obdachlosigkeit unfreiwillig ist und die obdachlose Person um eine **Notunterbringung** anfragt.[62] Zuständig ist die Gemeinde, in der sich die obdachlose oder von Obdachlosigkeit unmittelbar bedrohte Person aufhält.[63] Ordnungsrechtliche Maßnahmen bilden keinen Teil der Hilfe nach §§ 67 ff. SGB XII und keinen Teil des Sozialrechts. Werden ordnungsrechtliche Maßnahmen zum Schutz hochrangiger Grund- und Menschenrechte (hier der Unterkunft als materieller Voraussetzung menschenwürdigen Daseins) ergriffen, entlastet dies den Träger der Sozialhilfe nicht von seiner **Verpflichtung**, Hilfen zur Überwindung besonderer sozialer Schwierigkeiten und zur Beschaffung einer Wohnung zu leisten, soweit ein Bedarf auf Hilfe nach §§ 67 ff. SGB XII vorliegt (§ 4 Abs. 3 DVO). Die Hilfe nach §§ 67 ff. SGB XII ist möglichst umgehend zu leisten, um eine längerfristige oder dauerhafte Ausgliederung aus dem Wohnungsmarkt zu vermeiden.

---

58 Auch in anderen Fällen kann eine Hilfe zum Erhalt einer Wohnung erforderlich sein. Vgl. LSG Nds-Brem 8.3.2012 – L 13 AS 22/12 B ER (Hilfe zum Wohnungserhalt bei Fehlgebrauch der Wohnung [Messie]).
59 BSG 15.11.2012 – B 8 SO 22/10 R, Rn. 17 (Hilfe bei Beschaffung einer Wohnung ist nach § 68 Abs. 1 Satz 1 SGB XII möglich).
60 Vgl. Institut Wohnen und Umwelt GmbH, Kooperative Vorgehensweisen zur Versorgung von Haushalten mit besonderen Zugangsproblemen zum Wohnungsmarkt. Teilabschlussbericht im Rahmen des vom BMBF geförderten Forschungsverbundes „Wohnungslosigkeit und Hilfen in Wohnungsnotfällen", Darmstadt 2005.
61 HessVGH 10.1.1986 – 9 TG 857/85, FEVS 35, 417–425.
62 VG München 22.8.2017 – M 22 E 17.3704 (die Sicherheitsbehörde ist zum Tätigwerden verpflichtet, um die in der Obdachlosigkeit bestehende Gefahr für Leben und Gesundheit des Betroffenen abzuwehren, wenn es ihm nicht möglich ist, der Wohnungslosigkeit aus eigener Kraft und mit eigenen Mitteln zu begegnen).
63 Vgl. Ruder NDV 2017, 162.

Intensivere **Hilfen zum Wohnen** können erforderlich sein, wenn eine leistungsberechtig- **44**
te Person in ihren Fähigkeiten für ein selbstständiges Wohnen erheblich eingeschränkt
ist. Dies gilt umso mehr, je stärker diese persönlichen Einschränkungen ausgeprägt sind
und je schwieriger es ist (beispielsweise aufgrund der Verhältnisse am örtlichen Wohnungsmarkt), angemessenen Wohnraum anzumieten. Ein solcher intensiverer Unterstützungsbedarf zum selbstständigen Wohnen kann auftreten, wenn eine Person zum wiederholten Mal in ihrem Wohnverhältnis bedroht ist, eine Suchtbehandlung abgeschlossen hat und der Förderung zur Festigung der erreichten Erfolge bedarf,[64] oder wenn sie
psychische Auffälligkeiten zeigt. In diesen Fällen können in Abhängigkeit von der Intensität des Unterstützungsbedarfs zum selbstständigen Wohnen **ambulante Hilfen in der
eigenen Wohnung** oder in Trägerwohnungen oder auch **stationäre Hilfen** in unterschiedlichen Formen eine geeignete und notwendige Form der Leistungserbringung darstellen. Die Leistungen können in der Wohnung der leistungsberechtigten Person bzw.
in der Einrichtung oder in offenen Tagestreffs im Quartier erbracht sowie mit Hilfen
zum Aufbau und zur Aufrechterhaltung sozialer Beziehungen und zur Gestaltung des
Alltags (nach § 6 DVO; → Rn. 50 ff.) verbunden werden. Das Ziel der Überwindung
der besonderen sozialen Schwierigkeiten besteht auch bei diesen intensiven Hilfeformen
fort. Seine Realisierung ist an die Lebenssituation der leistungsberechtigten Person anzupassen. Ambulante Hilfe in einer Trägerwohnung kann mit dem Ziel geleistet werden, die Maßnahme mit dem **Abschluss eines Mietvertrags** auf dem allgemeinen Wohnungsmarkt zu beenden. Bei stationären Hilfeformen können die **Stabilisierung** der leistungsberechtigten Person, die **Klärung ihres Hilfebedarfs** oder die **Befähigung zur Inanspruchnahme weitergehender Hilfen** im Vordergrund stehen. Sind im Einzelfall Anzeichen zu erkennen, die eine wesentliche Behinderung vermuten lassen, ist die Möglichkeit und ggf. Erfordernis in Betracht zu ziehen, auf die Beantragung und Inanspruchnahme vorrangiger Leistungen der Eingliederungshilfe für behinderte Menschen nach
§§ 53 ff. SGB XII (ab 1.1.2020: §§ 90 ff. SGB IX nF) hinzuwirken (→ Rn. 73 ff.).

Aufgrund der Schnittstellen, die die Hilfen zur Erhaltung und Beschaffung einer Woh- **45**
nung nach §§ 67 ff. SGB XII zu anderen unterkunftsbezogenen Leistungen im SGB II
und SGB XII sowie zum Ordnungsrecht aufweisen, empfiehlt es sich, die auf unterschiedlichen Zuständigkeiten verteilten Kompetenzen zur Hilfe in **Wohnungsnotfällen**
in einer Kommune organisatorisch nach dem **Fachstellenkonzept** zur Wohnungssicherung ressort- und trägerübergreifend zusammenzuführen.[65] Dies erhöht die Leistungsfähigkeit, erforderliche Hilfen bei Wohnungsnotfällen[66] rasch und wirksam umzusetzen
und Wohnungslosigkeit zu vermeiden und zu reduzieren.[67]

II. Erlangung und Sicherung eines Arbeitsplatzes

Hilfen zur Ausbildung[68] sowie zur Erlangung und Sicherung eines Arbeitsplatzes (§ 5 **46**
DVO) sollen die leistungsberechtigte Person dazu befähigen, einer regelmäßigen **Erwerbstätigkeit** nachzugehen und den **Lebensunterhalt** für sich und ihre Angehörigen zu

---

64 LSG Bln-Bbg 26.7.2006 – L 15 B 125/06 SO ER (Betreutes Gruppenwohnen nach abgeschlossener Suchttherapie wegen einer diesen Fällen zu erwartenden Rückfallgefahr).
65 Vgl. bereits KGSt (Lit.).
66 „Wohnungsnotfälle" bezeichnen Haushalte und Personen mit einem Wohnungsbedarf von hoher Dringlichkeit, die aufgrund von besonderen Zugangsproblemen (finanzieller und/oder nicht-finanzieller Art) zum
   Wohnungsmarkt der besonderen institutionellen Unterstützung zur Erlangung und zum Erhalt von angemessenem Wohnraum bedürfen. Ein Wohnungsnotfall liegt vor, wenn ein Haushalt oder eine Personen aktuell
   wohnungslos ist, hiervon unmittelbar bedroht ist oder in unzumutbaren Wohnverhältnissen lebt. S. GISS
   (Lit.).
67 Vgl. Deutscher Verein NDV 2013, 490.
68 Hilfen zur Ausbildung (ebenfalls Bestandteil von § 5 DVO) werden im Abschnitt E./VI. erörtert (→
   Rn. 66 ff.).

sichern (§ 5 Abs. 1 DVO). Die DVO führt hierzu einen umfangreichen und nicht abschließenden Katalog an Maßnahmen auf. Allerdings ist der Maßnahmebereich mit einen ausdrücklichen **Nachrang** versehen (§ 5 Abs. 1 DVO). Praktisch bedeutet dies, dass Hilfen zur Ausbildung und Arbeit als Bestandteil der Hilfe nach §§ 67 ff. SGB XII in der Regel **begleitend** und **ergänzend** im Zusammenhang eines bestehenden, aber bedrohten Arbeits- oder Ausbildungsverhältnisses oder im Zusammenwirken mit Leistungen anderer Leistungsträger erbracht werden können.

47 Für erwerbslose Leistungsberechtigte der Hilfe nach §§ 67 ff. SGB XII, die erwerbsfähig und hilfebedürftig im Sinne der Grundsicherung für Arbeitsuchende (nach §§ 8, 9 SGB II) sind, ist grundsätzlich von einem Vorrang der Leistungen zur beruflichen Eingliederung nach §§ 16, 16b-i SGB II und der dort in Bezug genommen Leistungen der Arbeitsförderung (nach dem SGB III) gegenüber den entsprechenden Maßnahmen der Hilfe nach § 5 DVO auszugehen.[69] Allerdings enthebt dieser allgemeine Vorrang nicht von der gebotenen **Prüfung im Einzelfall** (→ Rn. 34 ff. Nachrang). Bei dieser ist in Betracht zu ziehen, dass Leistungen zur beruflichen Eingliederung nach dem SGB II **Ermessensleistungen** darstellen. Ein Leistungsversagen allein aufgrund eines anderweitigen Anspruches ist weder für den Träger der Sozialhilfe noch für den Träger der Grundsicherung statthaft. Weiterhin ist in die Prüfung einzubeziehen, dass die Hilfe nach §§ 67 ff. SGB XII ihrer Eigenart nach auf einem **ganzheitlichen Ansatz** beruht und ihrer Zielstellung nach als Hilfe zur Überwindung besonderer sozialer Schwierigkeiten **weiter gefasst** ist als die Eingliederungsleistungen des SGB II, die auf die Eingliederung in Arbeit abstellen.[70] Schließlich ist in Betracht zu ziehen, dass für eine leistungsberechtigte Person der Hilfe nach §§ 67 ff. SGB XII die Aufnahme einer Erwerbstätigkeit auf dem allgemeinen Arbeitsmarkt aufgrund ihrer besonderen Lebenssituation lediglich mit einer **intensiveren und länger andauernden Förderung** erreichbar sein kann, als dies die Regelinstrumente des SGB II vorsehen.

48 Hieraus resultiert, dass über die Frage der Gewährung von Hilfen zur Arbeit nach dem SGB II oder der Hilfe nach §§ 67 ff. SGB XII und die konkrete Maßnahmegestaltung nach der Besonderheit des **Einzelfalls** und mit Blick auf die **örtlichen Gegebenheiten** zu entscheiden ist. In Abhängigkeit von dem individuellen Hilfebedarf der leistungsberechtigten Person und von den zur Verfügung stehenden Angeboten vor Ort sind drei unterschiedliche Modelle der Leistungserbringung möglich:

1. Hilfen zur Arbeit werden als Maßnahme der **Hilfe nach §§ 67 ff. SGB XII** erbracht. Dies kann dann zutreffen, wenn eine leistungsberechtigte Person trotz Erwerbsfähigkeit aufgrund ihrer sozialen Schwierigkeiten nicht oder noch nicht Leistungen zur Eingliederung nach dem SGB II mit Aussicht auf Erfolg in Anspruch nehmen kann oder wenn diese Leistungen nicht vom örtlichen Träger der Grundsicherung für Arbeitsuchende gefördert werden, aber ein Bedarf seitens der leistungsberechtigten Person besteht.

2. Hilfen zur Arbeit werden **einander ergänzend** – parallel und/oder in einer zeitlichen Reihenfolge – vom Träger der Sozialhilfe und vom Träger der Grundsicherung für Arbeitsuchende geleistet. Dies kann dann zutreffen, wenn eine leistungsberechtigte Person aufgrund ihrer sozialen Schwierigkeiten hinführende, begleitende oder nachsorgende Unterstützung zur Inanspruchnahme einer Leistung zur beruflichen Ein-

69 Anders Brünner Sozialrecht aktuell 2012, 231 (240 f.): Brünner sieht aufgrund der Gleichrangigkeit des SGB XII und des SGB II als untere Systeme der sozialen Sicherung, die aus den nahezu gleichlautende Regelungen zum Nachrang (§ 2 Abs. 1 SGB XII, § 9 Abs. 1 SGB II) resultiert, „entgegen herrschender Auffassung" auch eine Gleichrangigkeit der Leistungen nach §§ 67 ff. SGB XII und der Leistungen zur beruflichen Eingliederung nach dem SGB II.
70 So auch Luthe in: Hauck/Noftz SGB XII § 67 Rn. 65.

gliederung nach dem SGB II benötigt (beispielswiese zusätzliche sozialpädagogische Unterstützung in der Beschäftigung). Der Bedarf an Hilfe zur Arbeit wird in diesem Falle nicht ausreichend durch die Eingliederungsleistungen nach dem SGB II gedeckt. Eine ergänzende Hilfe zur Arbeit nach §§ 67 ff. SGB XII ist erforderlich.

3. Die Hilfe zur Arbeit wird als **Leistung zur beruflichen Eingliederung nach dem SGB II** (§§ 16, 16 b–i SGB II) geleistet. In diesem Fall wird der Bedarf an Hilfe zur Arbeit durch die Leistungen nach dem SGB II und den in Bezug genommen Leistungen des SGB III vollständig gedeckt. Die Hilfe nach §§ 67 ff. SGB XII leistet ergänzende Hilfen in anderen Lebensbereichen, die zur Bearbeitung der sozialen Schwierigkeiten erforderlich sind (beispielsweise zur Erhaltung oder Beschaffung einer Wohnung oder zum Aufbau und zur Aufrechterhaltung sozialer Beziehungen).

Leistungsberechtigt nach dem SGB II ist eine erwerbsfähige und hilfebedürftige Person   49
auch, wenn sie Hilfe nach §§ 67 ff. SGB XII in einer **stationären Einrichtung** erhält. Dies gilt, soweit der Einrichtungsträger nach seiner Konzeption **keine Gesamtverantwortung** für die tägliche Lebensführung dieser Person übernimmt und diese somit für die Aufnahme einer mindestens dreistündigen täglichen Erwerbstätigkeit auf dem allgemeinen Arbeitsmarkt zur Verfügung steht.[71]

III. Aufbau und Aufrechterhaltung sozialer Beziehungen, Gestaltung des Alltags

Hilfen zum Aufbau und zur Aufrechterhaltung sozialer Beziehungen und zur Gestaltung   50
des Alltags (§ 6 DVO) sollen die leistungsberechtigte Person in ihren Fähigkeiten fördern, ihr Leben in der Begegnung und im Umgang mit anderen und bezogen auf sich selbst **aktiv zu gestalten und zu strukturieren.** Im Vordergrund steht die fördernde und ermöglichende persönliche Hilfe (§ 6 Satz 2 DVO). Geld- und Sachleistungen sind möglich, wenn persönliche Hilfen für die Zielerreichung nicht ausreichen (§ 2 Abs. 2 DVO).

Als Hilfen zu einer **wirtschaftlichen und gesundheitsbewussten Lebensweise** (§ 6 Satz 2   51
Nr. 3 DVO) können beispielsweise Hilfen zur Haushaltsführung, zur Einteilung des Einkommens oder zur gesunden Ernährung erbracht werden, soweit sie für eine Befähigung zur selbstständigen Gestaltung des Alltags erforderlich sind.[72] Der Besuch von sozialen und kulturellen Einrichtungen und **Veranstaltungen** (§ 6 Nr. 4 DVO) sowie die aktive **gesellige, sportliche und kulturelle Betätigung** (§ 6 Nr. 5 DVO) können dann im Rahmen der Hilfe nach §§ 67 SGB XII gefördert werden, wenn sie nicht dem allgemeinen Bedarf an kulturellen und sozialen Aktivitäten entsprechen, sondern darüber hinausgehend darauf ausgerichtet sind, das **Ziel der selbstständigen Teilnahme am Leben in der Gemeinschaft** zu erreichen.[73] Die Gelegenheiten hierzu können von Anbietern der Hilfe nach §§ 67 ff. SGB XII selbst oder von anderen Diensten und Einrichtungen angeboten werden. Werden die Gelegenheiten von anderen Diensten angeboten (beispielsweise Vereine oder kommunale Daseinsvorsorge), kann eine (anteilige) Übernahme von **Teilnahmegebühren oder Mitgliedsbeiträgen** zur Inanspruchnahme dieser Angebote als Bestandteil der Hilfe nach §§ 67 ff. SGB XII erforderlich sein.

Aufgrund der Nähe zu anderen **Bedarfslagen,** kann eine **Verknüpfung** von Maßnahmen   52
nach § 6 DVO mit anderen Maßnahmen der Hilfe nach §§ 67 ff. SGB XII oder mit Leistungen anderer Leistungsgesetze angezeigt sein. So kann ihr Einsatz in Verbindung mit **Hilfen zum Wohnen** (→ Rn. 40 ff.) erforderlich sein, um die Ziele der Erhaltung oder Beschaffung einer Wohnung und der selbstständigen Lebensführung und Teilnahme in

---

71 § 7 Abs. 4 Satz 1 und Satz 3 Nr. 2 SGB II; BSG 5.7.2014 – B 4 AS 32/13 R.
72 LSG BW 13.3.2006 – L 13 AS 4377/05 ER-B (bei sozialen Schwierigkeiten in der Bewältigung alltäglicher Abläufe können Haushaltshilfen möglich sein).
73 So Luthe in: Hauck/Noftz SGB XII § 68 Rn. 89; Bieback in: Grube/Wahrendorf SGB XII § 68 Rn. 35.

der Gemeinschaft zu erreichen. Hilfen nach § 6 DVO können vorbereitend oder begleitend und unterstützend zur Aufnahme einer **Hilfe zur Ausbildung oder Arbeit** (nach §§ 67 ff. SGB XII oder nach anderen Leistungsgesetzen) oder einer Erwerbstätigkeit erbracht werden. Bestehen bei einer leistungsberechtigten Person derzeit keine, nur geringe oder keine Perspektiven mehr, eine Erwerbstätigkeit aufzunehmen (beispielsweise aufgrund des Alters, einer Erwerbsminderung oder weil derzeit keine Arbeitsverhältnisse vertraglich eingegangen werden können), können Hilfen nach § 6 DVO erforderlich sein, um Möglichkeiten der selbstständigen und menschenwürdigen Lebensgestaltung in der Gemeinschaft auch **jenseits der Erwerbstätigkeit** zu eröffnen. Leistungsberechtigte in der Ausübung sozialer und **kultureller Betätigung**, gemeinschaftlicher Selbsthilfe und **bürgerschaftlichen Engagements** zu beraten und zu unterstützen stellt dann eine Leistung dieser Hilfe dar, wenn dies zur Überwindung der besonderen sozialen Schwierigkeiten erforderlich ist. Schließlich können diese Hilfen **ergänzend zu therapeutischen Leistungen** (dies sind Leistungen der Physiotherapie, Ergotherapie, Logopädie oder Psychotherapie sowie medizinische Leistungen) erbracht werden, soweit die Bedarfe nicht durch diese gedeckt werden und dies zur Bearbeitung der besonderen sozialen Schwierigkeiten erforderlich ist.

IV. Gewaltgeprägte Lebensumstände

53 Hilfen nach §§ 67 ff. SGB XII können auch bei gewaltgeprägten Lebensumständen erforderlich sein (vgl. § 1 Abs. 2 DVO). Dies trifft dann zu, wenn die Gewalterfahrung oder -bedrohung für die leistungsberechtigte Person so **intensiv und aktuell** ist, dass sie ihre **Lebenssituation** insgesamt bestimmt, die Person also in ihrer Lebensführung in der Gemeinschaft wesentlich, dh nicht nur vorübergehend und in einem erheblichen Ausmaße beeinträchtigt ist.[74] Eine solche Verbindung von Gewalterfahrung oder -bedrohung und sozialen Schwierigkeiten kann beispielsweise auftreten beim **Ausstieg aus der Prostitution** oder bei Misshandlungen oder **Gewalt in der Familie oder in der Partnerschaft** (→ Rn. 12).

54 Allerdings führt die DVO keine Maßnahmen auf, die spezifisch auf die Hilfe bei gewaltgeprägten Lebensumständen ausgerichtet sind. Nach dem Willen des Verordnungsgebers sind ambulante Hilfemaßnahmen nach §§ 3–6 DVO für Frauen und deren Kinder, die zum Schutz vor weiterer Gewalt gezwungen sind, sich in einem **Frauenhaus** aufzuhalten nicht ausgeschlossen (vgl. § 2 Abs. 5 Satz 4 DVO). Die Finanzierung des Frauenhauses als Einrichtung besonderer Art bleibt hiervon unberührt. Frauenhäuser sind **keine stationären Einrichtungen** der Hilfe nach §§ 67 ff. SGB XII im Sinne von § 2 Abs. 5 DVO.[75] Eine **Subjektförderung** nach dieser Hilfe ist jedoch möglich. Demnach liegen bei Frauen, die zum Schutz vor weiterer Gewalt ein Frauenhaus aufsuchen, **besondere Lebensverhältnisse** vor. Ein Hilfebedarf nach §§ 67 ff. SGB XII besteht dann, wenn gleichzeitig **soziale Schwierigkeiten** vorliegen. Dies ist beispielsweise dann der Fall, wenn die Frau nach der Trennung von ihrem Partner nicht allein vorübergehend Unterkunft, Schutz und Beratung in einem Frauenhaus sucht, sondern sich darüber hinaus auch in einem Trennungskonflikt befindet, bei dem es vor allem auch darum geht, die eingeschränkten oder verloren gegangenen Fähigkeiten zu einer selbstbestimmten Teilnahme am Leben in der Gemeinschaft wieder zu gewinnen oder zu stärken.[76] Beschränkt sich der Unterstützungsbedarf auf eine psychosoziale Betreuung, dann ist eine Hilfe nach §§ 67 ff. SGB XII dann geboten, wenn ihre Erbringung im Rahmen kommunaler Eingliederungsleistungen (nach § 16 a Satz 2 Nr. 3 SGB II) ausscheidet bzw. diese nicht er

---

74 So die Begründung in BR-Drs. 734/00, 10.
75 Vgl. die Begründung in BR-Drs. 734/00, 14.
76 Bieback in: Grube/Wahrendorf SGB XII § 67 Rn. 10, 18, § 68 Rn. 14.

bracht wird. Dies trifft beispielsweise zu, wenn die Frau nicht leistungsberechtigt nach dem SGB II ist.[77]

V. Entlassung aus einer geschlossenen Einrichtung, Haftentlassung und Straffälligkeit

Die DVO benennt die **Entlassung aus einer geschlossenen Einrichtung** (hierzu gehören 55 Haftanstalten, geschlossene Heimunterbringung nach § 1631 b BGB, geschlossene oder geschützte Abteilungen in Krankenhäusern oder Heimen) als besondere Lebensverhältnisse (vgl. § 1 Abs. 2 DVO). Hieraus folgt, dass eine Entlassung einen Hilfebedarf nach §§ 67 ff. SGB XII auslöst, wenn diese mit sozialen Schwierigkeiten verbunden ist. Diese können dann gegeben sein, wenn die Person im Zusammenhang ihrer Entlassung Schwierigkeiten hat, eine Wohnung zu erlangen, ihr Leben wieder selbstständig zu gestalten oder am Leben in der Gemeinschaft teilzunehmen. Der Hilfebedarf besteht unabhängig davon, ob die Unterbringung in einer Einrichtung freiwillig oder unfreiwillig war.[78]

Weiterhin benennt die DVO **Straffälligkeit** (dh das Begehen von Handlungen, die als 56 Vergehen oder Verbrechen mit einer Strafe belegt sind) als eine soziale Schwierigkeit (vgl. § 1 Abs. 3 DVO). Straffälligkeit löst einen Hilfebedarf nach §§ 67 ff. SGB XII aus, wenn sie mit besonderen Lebensverhältnissen verbunden ist. Dies kann bei einer Haftentlassung der Fall sein. Aber auch bei einer Straffälligkeit, die nicht mit einer Haftstrafe belegt ist, kann ein Hilfebedarf nach §§ 67 ff. SGB XII bestehen, wenn die Straffälligkeit mit besonderen Lebensverhältnissen verbunden ist.

Aufgabe der Hilfe nach §§ 67 ff. SGB XII in diesem Hilfeld ist es, die leistungsberech- 57 tigte Person in der Überwindung oder Vermeidung der sozialen Ausgrenzung zu beraten und zu unterstützen, die aus der Situation der Entlassung aus einer geschlossenen Einrichtungen oder aus Straffälligkeit resultiert oder zu resultieren droht. Beispiele für eine Hilfe bei der Entlassung aus einer geschlossenen Einrichtung sind **ambulante Hilfen** zum selbstständigen **Wohnen**, wenn die Person zum Zeitpunkt ihrer Entlassung Schwierigkeiten hat, eine Wohnung aus eigener Kraft auf dem allgemeinen Wohnungsmarkt zu erlangen und Obdachlosigkeit oder ordnungsrechtliche Unterbringung vermieden werden sollen.[79] Ein Beispiel aus dem Bereich der Straffälligenhilfe ist die Unterbreitung oder Vermittlung von gemeinnützigen Arbeitsangeboten und die Unterstützung bei der Beantragung von Ratenzahlungsvereinbarungen, um bei Schwierigkeiten in der Begleichung von Geldstrafen die Umwandlung in eine Ersatzfreiheitsstrafe (§ 43 StGB) zu vermeiden.

Darüber hinaus ist bei Inhaftierten auch die Übernahme von **Unterkunftskosten wäh-** 58 **rend der Haft** nach §§ 67 ff. SGB XII möglich, wenn dadurch angemessene Wohnverhältnisse erhalten sowie Wohnungslosigkeit und besondere soziale Schwierigkeiten ver-

---

77 Bericht zur Situation der Frauenhäuser, der Fachberatungsstellen und anderer Unterstützungsangebote für gewaltbetroffene Frauen und deren Kinder, BT-Drs. 17/10500, 222 f. Allerdings umfasst das SGB XII, anders als das SGB II (§ 36 a SGB II), keine Bestimmung zur Kostenerstattung zwischen Kostenträgern bei Aufenthalt im Frauenhaus. Dadurch tragen Kommunen, die ein Frauenhaus vorhalten und auswärtige Frauen aufnehmen, eine einseitige Kostenlast. In dem Bericht wird deshalb angeregt, eine vergleichbare Bestimmung zur Kostenerstattung auch im SGB XII einzufügen (aaO 224). Zur Kostenerstattungspflicht nach § 36 a SGB II vgl. BSG 23.5.2012 – B 14 AS 190/11 R.
78 Der Verordnungsgeber führt hierzu in der Begründung aus, dass die Entlassung häufig erfordert, ein Leben in Freiheit wieder zu erlernen. S. BR-Drs. 734/00, 14.
79 VG SH info also 1998, 36 (bei einer Haftentlassung kann die Übernahme von Kosten für ein ambulant betreutes Einzelwohnen geboten sein).

mieden werden.[80] Die Leistung kann erbracht werden bei Untersuchungshaft, Ersatz-freiheitsstrafe und bei Freiheitsstrafen. Bei der Bestimmung der **Dauer** der Übernahme von Unterkunftskosten kommt es maßgeblich auf die Umstände des **Einzelfalls** an; das Haftende muss absehbar sein.[81] Eine Dauer von 6, 9 und 12 Monaten wird in Gerichts-urteilen als vorbeugende Hilfe für möglich gehalten.[82] Voraussetzung für eine Übernah-me der Unterkunftskosten ist, dass die inhaftierte Person über keine ausreichenden Ei-genmittel für notwendige Mietzahlungen verfügt.[83] Darüber hinaus muss die Unter-kunft sozialhilferechtlich angemessen sein. Vergleichbares gilt bei länger andauernden **stationären Therapien.**[84]

VI. Junge Erwachsene in besonderen sozialen Schwierigkeiten

59 Sucht ein junger Erwachsener im Alter bis unter 27 Jahren um eine Hilfe nach §§ 67 ff. SGB XII nach, ist regelmäßig in Betracht zu ziehen, dass ein Anspruch auf Leistungen der **Kinder und Jugendhilfe** (SGB VIII) bestehen kann. Infrage steht weiterhin, was zu tun ist, wenn der junge Mensch über keinen **Schul- oder Berufsabschluss** verfügt. Da die Hilfe nach §§ 67 ff. SGB XII auch Hilfen zur Ausbildung (vgl. § 68 Abs. 1 SGB XII; § 5 DVO) umfasst, kann es erforderlich sein, einen entsprechenden Bedarf festzustellen und auf eine Leistungserbringung hinzuwirken.

60 Bei jungen Erwachsenen bis zur Vollendung des 21. Lebensjahrs ist die **Hilfe für junge Volljährige** (nach § 41 SGB VIII) gegenüber der Hilfe nach §§ 67 ff. SGB XII vorrangig (§ 10 Abs. 4 Satz 1 SGB VIII bzw. § 67 Satz 2 SGB XII).[85] Die Hilfe für junge Volljährige ist als Soll-Leistung ausgestaltet. Mit ihr soll jungen Erwachsenen bis zur Vollendung des 21. Lebensjahrs individuelle pädagogische Hilfe zur **Persönlichkeitsentwicklung und zur Verselbstständigung** gewährt werden, wenn und solange die Hilfe aufgrund der in-dividuellen Situation des jungen Menschen erforderlich ist (§ 41 Abs. 1 Satz 1 SGB VIII). In begründeten Einzelfällen soll die Hilfe für einen begrenzten Zeitraum da-rüber hinaus (längstens bis zur Vollendung des 27. Lebensjahrs) fortgesetzt werden (§ 41 Abs. 1 Satz 2 SGB VIII).

61 Die Hilfe für junge Volljährige leistet in einer individuellen materiellen und psychoso-zialen Notsituation qualifizierte Hilfe zu einer möglichst eigenverantwortlichen Lebens-führung und deckt damit **Bedarfe** ab, die **vergleichbar** in einer Situation nach §§ 67 ff. SGB XII auftreten. Die Zielrichtung dieser Hilfe ist im Unterschied zur Hilfe nach §§ 67 ff. SGB XII jedoch auf die altersspezifischen Bedarfslagen in der Lebensphase jun-

80 Zu beachten ist allerdings: SG Karlsruhe 4.11.2014 – S 1 SO 2630/14 (keine Übernahme der Unterkunfts-kosten während der Haftzeit, wenn das Mietverhältnis bereits gekündigt ist und lediglich eine Vermeidung von Mietschulden angestrebt wird); LSG NRW 12.5.2011 – L 9 SO 105/10; LSG Bln-Bbg 9.5.2012 – L 23 SO 9/12 B PKH (ebenso bei intakter Ehe oder wenn Familienangehörige die Miete zahlen).
81 BSG 12.12.2013 – B 8 SO 24/12 R (ein Anspruch scheitert nicht von vornherein an der Haftdauer. Entschei-dend ist die Prognose im Hinblick auf die bei Haftentlassung zu erwartende Situation; dabei ist die Notwen-digkeit umso konkreter gegeben, je näher die Haftentlassung bevorsteht. Bei der Prognoseentscheidung ist an die verbleibende Restdauer der Haft bis zum möglichen Eintritt der Notlage anzuknüpfen); LSG NRW 14.1.2015 – L 20 SO 503/14 B ER (es müssen Umstände gegeben sein, die eine dauerhafte Ausgliede-rung des Inhaftierten bei einem Wohnungsverlust befürchten lassen, zB Verhaltensauffälligkeiten, Unselbst-ständigkeit).
82 Luthe in: Hauck/Noftz SGB XII § 68 Rn. 61. Vgl. SG Duisburg 18.2.2013 – S 16 SO 204/11.
83 NdsOVG 4.12.2000 – 4 M 3681/00, FEVS 52, 274; LSG NRW 12.5.2011 – L 9 SO 105/10 (stellt Geldleis-tung keine sinnvolle und geeignete Hilfe dar, muss eine andere Hilfeform gefunden werden, zB Auflösung der Wohnung und Einlagerung der persönlichen Sachen auf Kosten des Sozialhilfeträgers).
84 LSG Bln-Bbg 5.10.2009 – L 23 SO 109/09 B PKH.
85 VG München 14.9.2005 – M 18 K 05.2453 (Hilfe nach § 41 SGB VIII soll Hilfe nach §§ 67 ff. SGB XII für diese Altersgruppe entbehrlich machen).

ger Heranwachsender zugeschnitten. Ein Anspruch auf Hilfe für junge Volljährige verdrängt deshalb weitgehend den Anspruch auf eine Hilfe nach §§ 67 ff. SGB XII.[86]

Eine **Ausnahme** von dieser Regel tritt dann ein, wenn der junge Mensch die Inanspruchnahme einer Hilfe nach § 41 SGB VIII **ablehnt** oder nicht in einem zumutbaren Umfang bereit ist, an ihrer Durchführung **mitzuwirken**. Zeigt er Bereitschaft, an der Überwindung seiner besonderen sozialen Schwierigkeiten nach eigenen Kräften mitzuwirken (§ 2 Abs. 1 Satz 3 DVO), greift der Nachrang der Hilfe nach §§ 67 ff. SGB XII nicht. In diesem Falle ist Hilfe nach §§ 67 ff. SGB XII zu gewähren. Dabei sind Maßnahmen geboten, die darauf zielen, die Bereitschaft des jungen Menschen zu wecken und zu fördern, die vorrangige Hilfe für junge Volljährige in Anspruch zu nehmen. Für die Durchführung der Hilfe ist ein **Gesamtplan** (→ Rn. 75 ff.) zu erstellen und mit dem Träger der Kinder- und Jugendhilfe fachlich abzustimmen (§ 2 Abs. 3 Satz 3 DVO). **62**

Eine zweite Ausnahme tritt dann ein, wenn ein junger Erwachsener (bis unter 21 Jahren) **zuerst beim Träger der Sozialhilfeträger um eine Hilfe anfragt**. In diesen Fällen darf der junge Mensch nicht einfach mit einem Verweis auf einen anderweitigen Anspruch abgelehnt bzw. nur weiter verwiesen werden. Vielmehr ist – bei Einwilligung des jungen Menschen im Zusammenwirken mit dem Träger der Kinder- und Jugendhilfe – Beratung und Unterstützung für eine Inanspruchnahme der zutreffenden Hilfeart anzubieten. Können die Anspruchsvoraussetzungen auf eine Hilfe nach § 41 SGB VIII nicht unmittelbar geklärt werden, leistet der Träger der Sozialhilfe aufgrund der Unumgänglichkeit des Bedarfs Hilfe nach §§ 67 ff. SGB XII bis zur Klärung des Hilfebedarfs durch den Träger der Kinder- und Jugendhilfe. Ergibt sich in der Klärung die Zuständigkeit des Trägers der Kinder- und Jugendhilfe, übernimmt dieser die Fallverantwortung. Ergibt sich, dass Maßnahmen der Kinder- und Jugendhilfe nicht in Betracht kommen, verbleibt die Leistungspflicht beim Träger der Sozialhilfe. **63**

Wird ein Bedarf nach Hilfe für junge Volljährige erst **nach Vollendung des 21. Lebensjahrs** bekannt, ist bei Vorliegen der Anspruchsvoraussetzungen in jedem Falle Hilfe nach §§ 67 ff. SGB XII zu gewähren. Dabei sind – wie bei allen Leistungsberechtigten dieser Hilfe – geschlechts- und **altersbedingte Besonderheiten** sowie besondere Fähigkeiten und Neigungen der leistungsberechtigten Person zu berücksichtigen (vgl. § 2 Abs. 2 Satz 3 DVO). **64**

In der Regel schließen sich also der Bedarf und damit die Anwendungsbereiche der Hilfe für junge Volljährige (nach § 41 SGB VIII) und der Hilfe nach §§ 67 ff. SGB XII aus. Dennoch kommt es in der Praxis immer wieder zu **Differenzen** zwischen den Trägern der Sozialhilfe und der Kinder- und Jugendhilfe über die Leistungszuständigkeit mit der Folge, dass sich die Gewährung von erforderlichen Hilfen **verzögert**. Ein Grund hierfür liegt in den unterschiedlichen **Hürden** für eine Gewährung und Inanspruchnahme von Hilfe. Für die Gewährung und Annahme einer Hilfe nach §§ 67 ff. SGB XII reicht die Bereitschaft aus, sich auf Maßnahmen einzulassen, die nicht allein auf eine Veränderung der materiellen Lebenssituation (zB die Auszahlung einer Geldleistung oder die Bereitstellung einer Notunterkunft) gerichtet sind, sondern auch eine Bearbeitung der sozialen Schwierigkeiten umfassen. Für eine Hilfe nach § 41 SGB VIII muss der junge Mensch in einer schwierigen individuellen Situation Bereitschaft zeigen, sich auf Hilfen zur **Persönlichkeitsentwicklung** einzulassen. Ein Anspruch besteht, wenn er in der Lage ist, den Bedarf und seine Bereitschaft zur Mitwirkung an dieser Hilfe zu erkennen zu geben. Hieraus resultiert, dass der **Zugang** zu einer Hilfe nach §§ 67 ff. SGB XII leichter ist als zu einer Hilfe nach § 41 SGB VIII. In der kommunalen Praxis kann deshalb die Bearbeitung auf der Einzelfallebene überfordert sein, den gesetzlichen Vorrang der Hilfe **65**

---

86 Deutscher Verein NDV 2016, 111.

nach § 41 SGB VIII zu realisieren. **Kooperationsvereinbarungen** zwischen dem Träger der Sozialhilfe und dem Träger der Kinder- und Jugendhilfe über die Verfahren zur **Klärung** von Anspruchsvoraussetzungen, Leistungsgewährung, Fallübergabe, Gesamtplanung sowie Streitschlichtung können dazu beitragen, **Fehlsteuerungen** zu vermeiden.

66 Die Hilfe nach §§ 67 ff. SGB XII umfasst weiterhin **Hilfen zur Ausbildung** (vgl. § 68 Abs. 1 Satz 1 SGB XII; § 5 DVO). Hierzu gehören Maßnahmen zur Vermeidung eines drohenden **Ausbildungs- oder Arbeitsplatzverlustes**, zum Nachholen eines **Schulabschlusses**, zum Erwerb von auf dem Arbeitsmarkt verwertbaren **Fähigkeiten und Fertigkeiten** sowie zur Ermöglichung einer **Ausbildung** in einem angemessenen Beruf (§ 5 DVO Abs. 2). Mit diesen Regelungen wird dem Umstand Rechnung getragen, dass soziale Schwierigkeiten im Zusammenhang mit der Erlangung oder Sicherung eines Arbeitsplatzes bei jungen Erwachsenen in besonderen sozialen Schwierigkeiten in der Regel nur nachhaltig überwunden oder abgewendet werden können, wenn zugleich Defizite in der Ausbildung überwunden werden.[87]

67 Aufgrund des speziellen **Nachrangs** der Maßnahmen zur Ausbildung, Erlangung und Sicherung eines Arbeitsplatzes (§ 5 Abs. 1 DVO) sind diese im Regelfall durch Leistungen nach den Gesetzen der **Arbeitsförderung** (SGB III) und der **Kinder- und Jugendhilfe** (SGB VIII) zu erbringen. Leistungen der Arbeitsförderung sind vorrangig gegenüber Leistungen der Kinder- und Jugendhilfe. Das heißt allerdings nicht, dass die Leistungspflicht des Trägers der Kinder- und Jugendhilfe in diesem Bereich gänzlich entfallen ist. **Sozialpädagogische Ausbildungs- und Beschäftigungsmaßnahmen** der Jugendsozialarbeit (nach § 13 Abs. 2 SGB VIII) können Leistungen der Arbeitsförderung flankieren oder im Einzelfall an ihre Stelle treten, wenn das Ziel einer Maßnahme der Arbeitsförderung für den jungen Menschen aufgrund persönlicher Hemmnisse oder eines fehlenden Angebots nicht erreichbar ist.

68 Sozialpädagogisch begleitete Ausbildungs- und Beschäftigungsmaßnahmen richten sich an junge Menschen, die zum Ausgleich **sozialer Benachteiligungen** oder zur Überwindung **individueller Beeinträchtigungen** in erhöhtem Maße auf **Unterstützung** angewiesen sind (§ 13 Abs. 1 SGB VIII). Ziel ist die Förderung der schulischen, beruflichen und sozialen Integration. Aufgrund ihrer Zielgruppenbeschreibung und Zielstellung können sie Hilfebedarfe decken, die bei jungen Menschen in der Hilfe nach § 41 SGB VIII oder nach §§ 67 ff. SGB XII auftreten und damit zur Zielerreichung dieser Hilfen beitragen. Die Maßnahmen können – unter Beachtung des Nachrangs (→ Rn. 34 ff.) – als Teil der Hilfe nach § 41 SGB VIII erbracht werden (§ 27 Abs. 3 iVm § 41 Abs. 2 SGB VIII). Vergleichbares gilt für junge Erwachsene, die nach §§ 67 ff. SGB XII leistungsberechtigt sind und einen Bedarf an schulischer, beruflicher und sozialer Integration haben. Wird der Bedarf eines nach §§ 67 ff. SGB XII leistungsberechtigten jungen Menschen an Hilfen zur Ausbildung allerdings weder durch Leistungen der Arbeitsförderung (SGB III) noch der Kinder- und Jugendhilfe (SGB VIII) gedeckt, dann ist dieser durch die Hilfe nach §§ 67 ff. SGB XII decken.[88]

---

87 Im Vergleich zu Erwachsenen, bei denen im späteren Lebensverlauf ein Bedarf Hilfe nach §§ 67 ff. SGB XII auftritt, haben junge Menschen, die im Übergang in das Erwachsenenalter in besonderen sozialen Schwierigkeiten geraten sind, in der Regel wenige oder keine Erfahrungen in einer selbstständigen Lebensführung in gesicherten Lebensverhältnissen sowie keinen Schul- oder Berufsabschluss. Dieses gilt umso mehr, je früher soziale Schwierigkeiten im Lebensverlauf auftreten. Vgl. Schenk (Lit.), 97 ff.

88 Deutscher Verein NDV 2017, 195, 241 (198).

VII. Leistungsberechtigte mit gesundheitlichen Beeinträchtigungen sowie behinderte Leistungsberechtigte

Um das Ziel einer Überwindung der besonderen sozialen Schwierigkeiten zu erreichen, **69** kann es im Einzelfall geboten sein, die leistungsberechtigte Person im Rahmen einer Hilfe nach §§ 67 ff. SGB XII in Hinblick auf eine Inanspruchnahme von Angeboten der **gesundheitlichen Regelversorgung zu beraten und zu unterstützen.**[89] Dies gilt dann, wenn das Versicherungsverhältnis ungeklärt ist,[90] Beitragsschulden bei einer Krankenkasse bestehen[91] oder die leistungsberechtigte Person Schwierigkeiten zeigt, gesundheitliche Angebote in Anspruch zu nehmen. Hierzu ist eine **Vernetzung** mit niedergelassenen Ärztinnen und Ärzten, Psychotherapeutinnen und Psychotherapeuten, mit Kliniken, Sozialpsychiatrischen Diensten und Angeboten der Suchthilfe auf der kommunalen Ebene förderlich.[92]

Aufgrund der erhöhten **Vulnerabilität,** die im Zusammenhang mit besonderen sozialen **70** Schwierigkeiten gegeben ist, sollte bei Leistungsberechtigten der Hilfe nach §§ 67 ff. SGB XII grundsätzlich auch darauf geachtet werden, ob Anzeichen einer (drohenden) **Behinderung** (iSv § 2 Abs. 1 SGB IX) gegeben sind.[93]

Bei einer Behinderung können bei den Rehabilitationsträgern (nach § 6 SGB IX) **Leis-** **71** **tungen zur Rehabilitation und Teilhabe** (nach SGB IX Teil 1) beantragt werden. So ist bei zwanghaftem Konsum von **Alkohol oder anderen Suchtmitteln** die Beantragung einer Suchtrehabilitation (auch „Entwöhnungsbehandlung" genannt) möglich.[94] Liegt bei einer leistungsberechtigten Person der Hilfe nach §§ 67 ff. ein solcher Suchtmittelkonsum vor, kann es geboten sein, im Rahmen der Hilfe nach §§ 67 ff. die **Bereitschaft und Fähigkeit** zu wecken und zu fördern, eine solche Leistung bei einem Rehabilitationsträger zu beantragen und mit Aussicht auf Erfolg in Anspruch zu nehmen, um das Ziel einer Überwindung der besonderen sozialen Schwierigkeiten zu erreichen. Hierzu ist ein **Zusammenwirken** mit Rehabilitationsträgern, Fachkliniken und Suchtberatungsstellen förderlich (vgl. § 68 Abs. 3 SGB XII; → Rn. 80). Aufgrund des **Nachrangs** tritt die Hilfe nach §§ 67 ff. in der Zeit der Rehabilitation zurück, soweit der Hilfebedarf nach §§ 67 ff. durch den leistenden Rehabilitationsträger gedeckt wird. Die Hilfe nach §§ 67 ff. tritt nach Beendigung einer Leistung der Rehabilitation und Teilhabe (wieder) ein, soweit der Bedarf gegeben ist.

Allerdings ist es ausgeschlossen, die Gewährung oder Fortsetzung einer Hilfe nach **72** §§ 67 ff. SGB XII an die Bereitschaft oder Fähigkeit der leistungsberechtigten Person zu binden, Leistungen zur Rehabilitation und Teilhabe zu beantragen und in Anspruch zu nehmen. Wenn und solange eine Leistung zur Rehabilitation und Teilhabe nicht in Betracht kommt, ist ein Suchtmittelkonsum (ebenso wie andere Erkrankungen oder Behinderungen, die nicht festgestellt sind, behandelt oder als Nachteil ausgeglichen werden)

---

89 Zur Deckung des Gesundheitsbedarfs s. Teil III/2, Kapitel 31.
90 Bei nicht Versicherungspflichtigen, die Krankenbehandlung nach § 264 SGB V erhalten, führen Fragen der Kostenerstattung immer wieder zu Rechtsstreitigkeiten zwischen Sozialhilfeträger und Krankenkassen; vgl. LSG BW 12.7.2017 – L 5 KR 2817/15 (Streitfall bei der An- und Abmeldung einer Person, die Leistungen nach §§ 67 ff. SGB XII bezieht).
91 In Deutschland sind alle Personen ohne anderweitige Absicherung im Krankheitsfall verpflichtet, sich in einer privaten oder gesetzlichen Krankenkasse zu versichern (§ 5 SGB V, § 193 Abs. 3 VVG). Tun sie dies nicht, fallen Beitragsschulden aus rückwirkender Beitragspflicht an (§ 256 a SGB V, § 193 Abs. 6 VVG). Das Gesetz zur Beseitigung sozialer Überforderung bei Beitragsschulden in der Krankenversicherung (BGBl. I Nr. 38, 2423) sieht für einzelne Versichertengruppen den Erlass von Beitragsschulden und Säumniszuschlägen vor (bei Meldung bei einer Krankenkasse bis zum – bereits abgelaufenen Stichtag – 31.12.2013) bzw. ihre Ermäßigung (bei Meldung ab dem 1.1.2014 oder später).
92 Deutscher Verein NDV 2014, 337 (339).
93 Zu Hilfen für behinderte Menschen vgl. ausführlich Teil III/3, Kapitel 36.
94 Lenski, Zuständigkeiten, sozialrechtliche Grundlagen und Anspruchsberechtigungen in der Suchthilfe, ArchsozArb 2016, Nr. 1, 14.

Krampe

als **soziale Schwierigkeit** iSv § 67 SGB XII zu werten (→ Rn. 14 ff.). Um das Ziel einer Überwindung der sozialen Schwierigkeiten auch in diesen Fällen zu erreichen, können niedrigschwelligere Hilfen zu einer **Reduktion des Konsums** erforderlich sein, wie sie von Behandlungsansätzen der Zieloffenen Suchtarbeit verfolgt werden.[95]

73   Leistungen der **Eingliederungshilfe** für behinderte Menschen (nach §§ 53 ff. SGB XII, ab 1.1.2020: §§ 90 ff. SGB IX nF)[96] sind gegenüber den Leistungen der Rehabilitation und Teilhabe nach SGB IX Teil 1 **nachrangig** (vgl. § 2 SGB XII);[97] Leistungen der Hilfe nach §§ 67 SGB XII **gehen sie hingegen vor** (vgl. § 67 Satz 2 SGB XII).[98] Liegen **Anhaltspunkte** für eine wesentliche[99] Behinderung vor, ist folglich ein Bedarf nach Leistungen der Eingliederungshilfe zu prüfen und – soweit der Bedarf besteht – ein Zugang zu diesen Leistungen zu ermöglichen und zu fördern. Ein Anhaltspunkt kann beispielsweise gegeben sein, wenn eine Person nach Hilfen fragt, die dem Leistungsspektrum der Eingliederungshilfe entsprechen, und Aussicht besteht, dass die Person an der Erfüllung der Aufgabe der Eingliederungshilfe mitwirkt (§ 53 Abs. 1 Satz 1 SGB XII).[100]

74   Die Hilfe nach §§ 67 ff. SGB XII und nach §§ 53 ff. SGB XII (ab 1.1.2020: nach §§ 90 ff. SGB IX nF) weisen in Hinblick auf Anspruchsvoraussetzungen, Zielstellung und Leistungen (Beeinträchtigung und Ermöglichung einer Teilnahme am Leben in der Gemeinschaft) **Schnittmengen** auf.[101] Gleichzeitig werden unterschiedliche Anforderungen an die **Bedarfsermittlung**[102] und an die **Mitwirkung** der leistungsberechtigten Person gestellt. Deshalb kann es im Einzelfall schwierig sein, den Bedarf und die daraus folgenden Leistungen trennscharf nach den Leistungsgesetzen zu ermitteln. Für diese erhöhten Anforderungen an die Bedarfsermittlung und Leistungsgewährung wurde der Begriff der „**Mehrfachbeeinträchtigung**"[103] eingeführt. Menschen mit Mehrfachbeeinträchtigung sind Personen, bei denen unter den gegebenen gesetzlichen Regelungen sowohl eine wesentliche Behinderung als auch besondere soziale Schwierigkeiten festgestellt werden. Um auch in diesen komplexen Fällen eine zügige und bedarfsdeckende Leistungsgewährung zu gewährleisten, sollten folgende Grundsätze beachtet werden:[104]

1.   Wird ein Bedarf nach Hilfe gemäß §§ 67 ff. SGB XII bekannt, ist die Person – auch wenn Anhaltspunkte für eine Mehrfachbeeinträchtigung vorliegen – nicht auf die Inanspruchnahme einer anderen Leistung zu verweisen. Vielmehr ist der Hilfebedarf

---

95   Körkel, Vom Abstinenzdogma zum Paradigma Zieloffener Suchtarbeit, ArchsozArb 2016, Nr. 1, 40.
96   Im Zuge des schrittweisen Inkrafttretens der Regelungen des Bundesteilhabegesetzes (BTHG) v. 23.12.2016 (BGBl. I, 3234) treten die §§ 53–60 SGB XII zum 1.1.2020 außer Kraft. An ihre Stelle treten die §§ 90–122 SGB IX nF (Art. 70 Abs. 4 BTHG). Weiterhin tritt am 1.1.2023 der § 99 SGB IX nF in Kraft, mit dem der berechtigte Personenkreis für Leistungen der Eingliederungshilfe und die Zugangsvoraussetzungen zu diesen Leistungen neu definiert werden (Art. 25 a, 26 BTHG).
97   Dieser Nachrang wird in dem neuen Eingliederungsrecht, das am 1.1.2020 als Teil 2 des SGB IX nF in Kraft tritt, explizit und neu bekräftigt (§ 91 SGB IX nF).
98   Dies gilt bis zum 31.12.2019. Der am 1.1.2020 in Kraft tretende § 91 SGB IX nF enthält vergleichbare Regelungen zum Nachrang wie die Sozialhilfe (§ 2 SGB XII). Die Vorschriften über die Hilfe nach §§ 67 ff. SGB XII bleiben unberührt (§ 93 Abs. 2 SGB IX nF).
99   Die Vorgabe der „Wesentlichkeit" wird mit dem BTHG in ein „erhebliches Maß" transformiert (Art. 25 a BTHG). Die neue Regelung tritt als § 99 SGB IX nF am 1.1.2023 in Kraft, wenn bis zu diesem Zeitpunkt das entsprechende Bundesgesetz nach Art. 25 a BTHG verkündet wurde (Art. 26 BTHG).
100 Diese Erfolgsaussicht als Anspruchsvoraussetzung ist in § 99 SGB IX nF, der am 1.1.2023 in Kraft tritt, nicht enthalten. Vgl. Fn. 99.
101 Deutscher Verein NDV 2017, 44.
102 Als Zugang zu Leistungen der Eingliederungshilfe ist ein umfassender Gesamtplan zwingend (vgl. §§ 58, 141–145 SGB XII). Eine Hilfe nach §§ 67 ff. SGB XII setzt hingegen nicht einmal einen Antrag voraus, sondern nur die Kenntnis des Trägers vom Bedarf (vgl. § 18 Abs. 1 SGB XII). BSG 15.11.2012 – B 8 SO 22/10 R, Rn. 18 (Hilfe ist nach § 68 Abs. 1 Satz 1 SGB XII auch ohne Verwaltungsverfahren durch Beratung ua möglich).
103 Vgl. BAGüS, Orientierungshilfe zu den Schnittstellen der Eingliederungshilfe nach dem SGB XII zu anderen sozialen Leistungen, Münster 2009. 37 ff.; kritisch dazu Roscher NDV 2015, 613.
104 Vgl. BAGüS (Fn. 103), 3 f.

gemäß §§ 67 ff. SGB XII als Basis für die Leistungsgewährung und eine bedarfsgerechte Zuordnung von Leistungen zu ermitteln.[105] Die Bedarfsermittlung umfasst die Tatbestandsvoraussetzungen „Besondere Lebensverhältnisse" (Ziel: Existenzsicherung), „Soziale Schwierigkeiten" (Ziel: Teilnahme am Leben in der Gemeinschaft") sowie „Selbsthilfekräfte" (Ziel: Stärkung der Selbsthilfe) (→ Rn. 8 ff., 20 ff.). Ein ermittelter Bedarf an Beratung und Unterstützung zur Existenzsicherung ist zeitnah zu decken.

2. Umfasst der ermittelte Hilfebedarf auch (vermutete) behinderungsbedingte Schwierigkeiten, wird ein vorläufiger Gesamtplan erstellt (vgl. § 68 Abs. 1 Satz 2 SGB XII). Der Gesamtplan sollte so gestaltet werden, dass er auch für eine Fallübergabe an einen anderen Leistungsträger genutzt werden kann. Wird eine (drohende) wesentliche Behinderung (iSv § 53 Abs. 1 SGB XII)[106] festgestellt, sind Maßnahmen geboten, um bei der leistungsberechtigten Person die Bereitschaft und Fähigkeit zu wecken und zu fördern, Leistungen nach §§ 53 ff. SGB XII (ab 1.1.2020: nach §§ 90 ff. SGB IX nF) in Anspruch zu nehmen. Sind die Bereitschaft und Fähigkeit vorhanden, steht jedoch kein entsprechendes Angebot nach §§ 53 ff. SGB XII zur Verfügung, sind Maßnahmen erforderlich, die darauf zielen, eine Verschlimmerung der behinderungsbedingten Schwierigkeiten zu vermeiden und die Bereitschaft und Fähigkeiten zum Wechsel in das Angebot der Eingliederungshilfe zu erhalten. Eine Stellungnahme der für die Eingliederungshilfe zuständige Fachabteilung beim Sozialhilfeträger[107] zu dem Gesamtplan wird eingeholt.

3. Wenn die leistungsberechtigte Person in ihrer Bereitschaft und Fähigkeit gefördert werden soll, erforderliche Leistungen der Eingliederungshilfe für Menschen mit Behinderungen in Anspruch zu nehmen, kann eine kombinierte Gewährung von Leistungen beider Hilfearten angezeigt sein. Möglich ist beispielsweise eine zugehende ambulante Eingliederungshilfe für eine Person, die Hilfe nach §§ 67 ff. SGB XII empfängt. Wechselt eine Person von einer Leistung nach §§ 53 ff. SGB XII (ab 1.1.2020: nach §§ 90 ff. SGB IX nF) zu einer Leistung nach §§ 67 ff. SGB XII kann eine (überleitende) ambulante Begleitung nach §§ 67 ff. SGB XII zu diesem Anbieter oder Dienst möglich sein.

4. Häufen sich Fälle, bei denen Leistungen für Rehabilitation und Teilhabe nach SGB IX Teil 1 oder der Eingliederungshilfe nach §§ 53 ff. SGB XII (ab 1.1.2020: nach §§ 90 ff. SGB IX nF) nicht realisiert werden, da Angebote fehlen, konzeptionell nicht auf die Bedarfe von Menschen in besonderen sozialen Schwierigkeiten ausgerichtet sind oder zu hohe Zugangsvoraussetzungen fordern, sollte der Träger der Sozialhilfe im Rahmen seiner allgemeinen Gewährleistungsverpflichtung nach § 5 SGB XII darauf hinwirken, dass ausreichend bedarfsorientierte Leistungsangebote nach §§ 53 ff. SGB XII (ab 1.1.2020: nach §§ 90 ff. SGB IX nF) bereit gestellt werden, die von Menschen in diesen besonderen Lebenssituationen in Anspruch genommen werden können.

---

105 LSG Bln-Bbg 14.2.2008 – L 15 B 292/07 SO ER, SAR 2008, 40 (ist der endgültige Umfang der notwendigen Hilfen nach §§ 67 ff. SGB XII noch nicht geklärt, so ist es nicht gerechtfertigt, die leistungsberechtigte Person auf die Leistungen anderer Einrichtungen zu verweisen).

106 Die Vorgabe der „Wesentlichkeit" wird mit dem BTHG ab 1.1.2023 in ein „erhebliches Maß" transformiert, wenn bis zu diesem Zeitpunkt das entsprechende Bundesgesetz nach Art. 25 a BTHG verkündet wurde. Vgl. Fn. 99.

107 Nach Inkrafttreten des SGB IX Teil 2 (Eingliederungsrecht) am 1.1.2020 bestimmen die Länder die für das neue Eingliederungsrecht zuständigen Träger (§ 94 Abs. 1 SGB IX nF, Art. 26 Abs. 4 Nr. 1 BTHG).

F. Realisierung der Hilfe

I. Gesamtplan

75 Zur Durchführung der Hilfe nach §§ 67 ff. SGB XII ist in „geeigneten" Fällen ein Gesamtplan zu erstellen (§ 68 Abs. 1 Satz 2 SGB XII). Damit trägt der Gesetzgeber dem Umstand Rechnung, dass für Menschen in besonderen sozialen Schwierigkeiten das Zusammentreffen verschiedener **sozialrechtlicher Bedarfslagen** und damit die Erfordernis typisch ist, an der **Schnittstelle** unterschiedlicher Leistungen Hilfe zu leisten. Diesem Unterstützungsbedarf soll durch einen **ganzheitlichen Hilfeansatz** entsprochen werden.

76 Der Gesamtplan dient der Ermittlung des **Bedarfs**, der Konkretisierung der **Zielbestimmung** der Hilfe sowie der Festlegung der erforderlichen **Handlungsschritte und Maßnahmen.** Er ist erforderlich, wenn – als Ausnahmefall – Hilfe nach §§ 67 ff. SGB XII für einen jungen Erwachsenen vor Vollendung des **21. Lebensjahrs** geleistet (§ 2 Abs. 3 Satz 4 DVO, → Rn. 62 f.) oder Hilfe in **stationärer** Form (§ 2 Abs. 3 Satz 4 DVO) erbracht werden soll. Er ist dann geeignet, wenn **andere Stellen** an der Hilfeerbringung beteiligt werden, unterschiedliche Hilfemaßnahmen **ineinandergreifen** sollen oder eine längere **Dauer** der Maßnahmen zu erwarten ist.[108]

77 Einzelheiten zur Erstellung eines Gesamtplans sind in § 2 Abs. 3–5 DVO geregelt. Demnach sind die ermittelten Bedarfe und die erforderlichen Maßnahmen zu benennen und anzugeben, in welchem **Verhältnis** und in welcher **Abfolge** die erforderlichen Maßnahmen realisiert werden sollen. Hierzu ist der Gesamtplan fortzuschreiben. Er ist zu **überprüfen**, wenn es Anhaltspunkte dafür gibt, dass die Hilfe nicht (mehr) zielgerichtet ausgestaltet ist oder die Mitwirkung der leistungsberechtigten Person nicht gegeben ist (§ 2 Abs. 4 DVO). Die leistungsberechtigte Person hat zwar hat **keinen Anspruch** auf die Erstellung eines Gesamtplans. Sie soll aber in allen Phasen nach ihren Fähigkeiten und Kräften an seiner Erstellung und Fortschreibung **beteiligt** werden (§ 2 Abs. 3 Satz 1 DVO).

78 Die **Gesamtverantwortung** für den Gesamtplan trägt der **Sozialhilfeträger** als Träger der Hilfe nach §§ 67 ff. SGB XII. Diese gibt er auch nicht ab, wenn er zu seiner Erstellung mit anderen Leistungsträgern und mit freien Trägern zusammenwirkt. Dies gilt solange, bis die Hilfe beendet oder der Hilfefall an einen anderen, jetzt federführend zuständigen Leistungsträger übergeben wurde.[109]

79 Vom Gesamtplan ist der **individuelle Hilfeplan** zu unterscheiden. Dieser ist Bestandteil des privatrechtlichen Vertragsverhältnisses, das zwischen der leistungsberechtigten Person und dem Leistungserbringer für die Leistungserbringung geschlossen wurde. Der Hilfeplan umfasst die **sozialpädagogischen Maßnahmen.** Er kann Bestandteil des Gesamtplans sein, ist mit diesem aber nicht identisch.

II. Zusammenarbeit mit anderen

80 Aufgrund der unterschiedlichen Maßnahmen, die ggf. in einer Hilfe nach §§ 67 ff. SGB XII zu ergreifen sind, ist eine Zusammenarbeit mit anderen Organisationen unumgänglich, die in diesem Aufgabenbereich tätig sind. Nach § 68 Abs. 3 soll sich diese nicht nur auf die Organisationen erstrecken, die Leistungen nach §§ 67 ff. SGB XII gewähren bzw. erbringen, sondern auch auf solche, die sich weitergehend die „gleichen Aufgaben zum Ziel gesetzt" haben. Die gemeinsamen Aufgaben stellen die **Erreichung der Ziele der Sozialhilfe** dar (→ Rn. 20). Hierzu sollen sich die Tätigkeiten des Träger der Sozialhilfe und der sonst beteiligten Stellen und Vereinigung wirksam ergänzen

---

108 Bieback in: Grube/Wahrendorf SGB XII § 68 Rn. 38.
109 Vgl. Brühl, Gesamtplanung bei der Hilfe nach § 72 BSHG gemäß der Verordnung 2001, NDV 2003, 58.

(§ 68 Abs. 3). Ziel der Zusammenarbeit ist die **Organisation eines Hilfesystems** im Bereich der Hilfe nach §§ 67 ff. SGB XII, das den örtlichen Bedarfen und Gegebenheiten gerecht wird, sich nicht abgrenzt, sondern eingebunden wird in das örtliche Gemeinwesen. Die Verantwortung für die Organisation der erforderlichen Hilfeangebote liegt beim Sozialhilfeträger. Er hat hierzu insbesondere die freien Träger der Wohlfahrtspflege (vgl. § 5 SGB XII), bei Bedarf auch andere Stellen (zB andere Leistungsträger, Vereine, Unternehmungen, Beratungsstellen, Kliniken) einzubeziehen (→ Rn. 71 f. für das Erfordernis der Zusammenarbeit bei Suchtproblematiken).

III. Entwicklungsperspektiven

Die Hilfe nach §§ 67 ff. SGB XII wird in der Fläche unterschiedlich umgesetzt. Dies ergibt sich schon aus der individuellen Ausrichtung der Hilfe auf den Einzelfall. Eine solche Individualisierung der Hilfe erfordert Angebotsstrukturen, die an örtliche Besonderheiten angepasst sind. Gleichwohl gibt es strukturelle Gegebenheiten, die die Erbringung der Hilfe nach §§ 67 ff. SGB XII erschweren: **81**

1. Die sachliche Zuständigkeit für die Hilfe nach §§ 67 ff. SGB XII ist entgegen der Intention des Bundesgesetzgebers (vgl. § 92 Abs. 2 und Abs. 3 Nr. 3 SGB XII) in der Mehrzahl der Bundesländer (ohne die Stadtstaaten) zwischen dem überörtlichen Träger und den örtlichen Trägern der Sozialhilfe geteilt. Die Abgrenzung richtet sich meist nach dem Kriterium ambulanter und stationärer Hilfeerbringung. Die damit verbundene Aufteilung der Finanzierungsverantwortung wirkt dem Aufbau ambulanter Hilfeformen entgegen.[110] In anderen Bundesländern wurde die sachliche Zuständigkeit vollständig auf die örtlichen Sozialhilfeträger verlagert mit der Folge, dass diejenigen Sozialhilfeträger mehr belastet werden, die spezialisierte Angeboten entwickeln und vorhalten.[111]

2. Der Nachranggrundsatz der Hilfe führt dazu, dass andere Leistungsträger in den Hilfeprozess mit einbezogen werden müssen, die ihrer gesetzlichen Aufgabenstellung und ihrer Fachkonzeption nach von sich aus nicht auf die Hilfebedarfe von Menschen in besonderen sozialen Schwierigkeiten ausgerichtet sind. Die Folge ist, dass gerade bei einem Personenkreis mit einem intensiven Unterstützungsbedarf oft die größtmögliche Ballung von Schnittstellen und möglichen Leistungsträgern anzutreffen ist.

3. Die Problematiken verteilter Zuständigkeiten sowie Schnittstellen konfligieren mit der gesetzlichen Forderung, die Hilfe §§ 67 ff. SGB XII auf die Besonderheit und die Bedarfe der einzelnen leistungsberechtigten Person auszurichten.

Eine wenigstens teilweise Überwindung dieser Problematiken ist möglich, wenn **82**

1. in den Bundesländern mit einem (mit-)zuständigen überörtlichen Sozialhilfeträger kooperative Verfahren etabliert werden, die auf eine Stärkung und Bündelung der Durchführungs- und Finanzierungsverantwortung bei den kommunalen Sozialhilfeträgern bei gleichzeitiger Stärkung der Fachaufsicht und Gewährleistungsverantwortung beim überörtlichen Sozialhilfeträger hinwirken,

2. in Bundesländern mit alleiniger kommunaler Zuständigkeit landesseitig Verfahren etabliert werden, die auf eine vergleichbare Leistungsgewährung und -erbringung hinwirken (zB Beratung für Leistungsträger und Leistungserbringer, Erprobung und Verbreitung von Verfahren über Modellprojekte),

---

110 Vgl. Armborst, Die Neuorganisation des überörtlichen Trägers der Sozialhilfe in Niedersachsen im Bereich der Hilfen nach §§ 67 ff. SGB XII, NDV 2012, 256.
111 Für einen Überblick über die Regelungen zur sachlichen Zuständigkeit in den Bundesländern s. Wehrhahn in: jurisPK-SGB XII § 67 Rn. 5–6.

3. in allen Bundesländern dezentrale und niedrigschwellige Beratungsangebote eta-
    bliert werden, die Personen und Haushalte mit Hilfebedarfen, die den besonderen
    Lebensverhältnissen nach §§ 67 ff. SGB XII entsprechen, zu der Bewältigung ihrer
    Lebenssituation beraten und unterstützen und, soweit sie diese nicht selbst lösen
    können, zu spezialisierten Diensten zur Inanspruchnahme individueller Leistungen
    vermitteln und begleiten,

4. Verfahren etabliert werden, mit denen die Koordinatorenrolle der Hilfe nach
    §§ 67 ff. SGB XII im Außenverhältnis zu anderen Leistungsträgern und die persönli-
    che – von einer Hilfegewährung und -erbringung unabhängige – Beratung und Un-
    terstützung der Leistungsberechtigten im Binnenverhältnis gestärkt wird,

5. die vielerorts begonnene Ablösung der Hilfe von stationären Formen der Hilfeer-
    bringung so gestaltet wird, dass stationäre Angebote erforderliche komplementäre
    Funktionen im Hilfesystem erfüllen können.

Kapitel 39: Bestattungskosten

Literaturhinweise: Gaedke, Handbuch des Friedhofs- und Bestattungsrechts, 11. Auflage, 2016; Gotzen, Sozialhilfe im Todesfall, ZfF 2006, 1; ders., Ausgewählte Einzelfragen zu § 74 SGB XII, ZfF 2006, 231; ders., Aktuelle Rechtsprechung zu § 74 SGB XII, ZfF 2008, 40; ders., Zum Verhältnis des sozialhilferechtlichen Nachranggrundsatzes zum Anspruch auf Übernahme von Bestattungskosten nach § 74 SGB XII – der Versuch einer Standortbestimmung, ZfF 2009, 52; ders., Alea iacta est – das Urteil des BSG vom 29.9.2009 zu § 74 SGB XII, ZfF 2010, 25; ders., Aktuelle Rechtsprechung zu § 74 SGB XII, ZfF 2010, 154; ders., Entwicklung der Rechtsprechung zu § 74 SGB XII, ZfF 2011, 105; ders., § 74 SGB XII im Fokus landesverwaltungsgerichtlicher Rechtsprechung, NWVBl. 2011, 376; ders., Entwicklung der Rechtsprechung zu § 74 SGB XII, ZfF 2012, 127; ZfF 2013, 145; ZfF 2014, 97; ZfF 2015, 121; ZfF 2016, 121; ZfF 2018, 121; ders., Zivilrechtliche Ansprüche auf Ersatz von Bestattungskosten, ZfF 2012, 241; ders., Die Sozialbestattung. Leitfaden für die Praxis zur Kostenübernahme nach § 74 SGB XII, 2. Auflage, 2016; Hammel, Zur Übernahme von Bestattungskosten gemäß § 15 BSHG bei einer Antragstellung nach vollzogener Beerdigung, ZfSH/SGB 1998, 606, 643; ders., Das Bestattungsvorsorgevermögen als eine sozialhilferechtlich verwertungsgeschützte Rücklage – Rechtsdiskussion und Anforderungen, ZfSH/SGB 2009, 599; Janda, Bestattungsvorsorgeverträge: praktische Bedeutung, rechtliche Konsequenzen, WiVerw 2018, 36; Loos, Die Sozialhilfe, der Tod und das Recht, Baden-Baden 2004; Paul, Bestattungskosten im Sozialhilferecht, ZfF 1996, 222; ders., Wer ist Verpflichteter im Sinne des § 15 des Bundessozialhilfegesetzes (Bestattungskosten), ZfSH/SGB 2002, 73; ders., Wer ist Verpflichteter im Sinne des § 74 des Sozialgesetzbuch XII (SGB XII) (Bestattungskosten)?, ZfF 2004, 292; ders., Wer ist Verpflichteter im Sinne des § 74 des SGB XII (Teil II) und unter welchen Voraussetzungen kann es ihm nicht zugemutet werden, die Bestattungskosten zu tragen?, ZfF 2006, 103; Ruschemeier, Bestattungskosten nach § 74 SGB XII. Konsistente Ermittlung der Kostentragungspflicht, NDV 2010, 42; Schmitt/Spranger, Sozialbestattung in der Praxis – Die Kostentragung nach § 74 SGB XII, 2014; Spranger, Sozialbestattung heute, 2000; Stelkens/Cohrs, Bestattungspflicht und Bestattungskostenpflicht, NVwZ 2002, 917; Stelkens/Seifert, Die Bestattungspflicht und ihre Durchsetzung: neue und alte Probleme, DVBl. 2008, 1537; Trésoret/Seifert, Die Sozialbestattung nach § 74 SGB XII, LKRZ 2010, 287; Trésoret, Update: die Sozialbestattung nach § 74 SGB XII, WiVerw 2015, 3; Widmann, Zum Kreis der Antragsberechtigten für eine Sozialbestattung nach § 15 BSHG, ZfSH/SGB 2003, 214; ders., Die Sozialbestattung nach den Sozialgesetzbüchern II und XII, ZfSH/SGB 2005, 264; ders., Die Sozialbestattung nach § 74 SGB XII. Familiäre Totenfürsorge und die dazu vorgegebenen Bestattungsfristen im Spannungsfeld zu den fiskalischen Prüfungspflichten der Behörden, ZfSH/SGB 2007, 67; ders., Bestattungspflicht und Bestattungskostentragungspflicht in der höchstrichterlichen Rechtsprechung, MDR 2012, 617; Zeiss, Bestattungskosten mittelloser Personen – Kostenerstattung an Krankenhausträger, ZfSH/SGB 2002, 67.

Rechtsgrundlagen:
SGB XII § 74

Orientierungssätze:

1. Die Übernahme von Bestattungskosten ist eine besondere Sozialhilfeleistung mit spezifischer Bedarfsstruktur.

2. Es besteht ein gebundener Anspruch auf Übernahme der Bestattungskosten, soweit sie erforderlich sind, weil die Tragung der Kosten für den Bestattungsverpflichteten nicht oder nur teilweise zumutbar ist.

3. Anspruchsberechtigte können neben natürlichen Personen, die rechtlich zur Tragung der Bestattungskosten verpflichtet sind, auch entsprechend verpflichtete juristische Personen sein.

4. Bei bestehender Bestattungspflicht ist die rechtliche und soziale Nähe des Verpflichteten zum Verstorbenen bei wirtschaftlicher Leistungsfähigkeit nicht Grund, sondern allenfalls Grenze der Zumutbarkeit der Kostentragungspflicht.

5. Der Nachlass und im Zusammenhang mit dem Tode angefallene Leistungen (zB aus Bestattungsvorsorgeverträgen) sind vorrangig einzusetzen.

6. Aus nichtwirtschaftlichen Gründen ist die Kostentragung nur in eng begrenzten Ausnahmefällen unzumutbar.

7. Zu übernehmen sind die Kosten, die üblicherweise für eine würdige, den örtlichen Gepflogenheiten entsprechende einfache Bestattung anfallen. Der Einzelne kann nicht auf eine Einfachstbestattung verwiesen werden.

A. Funktion und Bedeutung des Kostenübernahmeanspruchs

1 Der Anspruch auf Übernahme der erforderlichen Bestattungskosten ist ein Sozialhilfeanspruch eigener Art,[1] bei dem der Bedarfsträger und das eigentliche Ziel auseinanderfallen. Ziel ist, eine der **Würde eines Verstorbenen entsprechende Bestattung** auch bei mittellosen Personen oder Bestattungsverpflichteten sicherzustellen. Bedarf ist nicht die Bestattung selbst oder deren Durchführung; es geht um die Vermeidung einer unzumutbaren finanziellen Belastung des Bestattungsverpflichteten durch Übernahme von Kosten.[2] Bedarfsträger ist dementsprechend der zur Tragung der Bestattungskosten Verpflichtete. Vielfach dient es mittelbar auch dem Recht auf Totenfürsorge als dem Recht naher Angehöriger, über den Leichnam zu bestimmen und über die Art der Bestattung sowie die letzte Ruhestätte zu entscheiden.[3]

2 Der Sache nach geht es um die nachträgliche Erstattung der Aufwendungen für einen Bedarf, der zwar bei einer Person entsteht, nicht aber dessen Interessen zu dienen bestimmt und in diesem Sinne fremdnützig ist. Die Übernahme von Bestattungskosten reagiert auch darauf, dass nach dem Bestattungsrecht die Bestattungspflicht unabhängig davon besteht, ob der Verpflichtete die Kosten der Bestattung auch selbst aufbringen kann oder dies ihm aus anderem Grunde nicht zumutbar ist. Soweit das Landesbestattungsrecht eine Bestattungspflicht auch juristischen Personen auferlegt, können die Unzumutbarkeit auch sie leistungsberechtigt sein. Dies relativiert neben dem personalen Moment sowohl den strikten Bedarfsdeckungsgrundsatz, der sonst nicht auf die Übernahme von Schulden gegenüber Dritten gerichtet ist, als auch den Kenntnisgrundsatz. Denn als **spezielle Kosten- und Schuldenübernahmeanordnung** bedarf es eines entsprechenden, grundsätzlich nicht fristgebundenen[4] Antrags. Der Kostenübernahme steht daher nicht entgegen, wenn die Bestattung bereits vor Unterrichtung des Sozialhilfeträgers durchgeführt worden ist oder die Kosten vor seiner Entscheidung beglichen worden sind.[5] Die Leistung ist daher zu Recht systematisch den sonstigen Hilfen in anderen Lebenslagen zugeordnet. Mit dem Wegfall des krankenversicherungsrechtlichen Sterbegel-

---

1 BVerwG 5.6.1997 – 5 C 13.96, BVerwGE 105, 51.
2 LSG BW 25.3.2010 – L 7 SO 4476/08, FEVS 62, 214.
3 BVerfG (Kammer) 25.12.2016 – 1 BvR 1380/11, NJW 2017, 947.
4 SchlHLSG 21.7.2008 – L 9 SO 10/07 PKH; HessLSG 28.4.2010 – L 6 SO 135/08; sa Gotzen ZfF 2011, 105 (108).
5 BVerwG 5.6.1997 – 5 C 13.96, BVerwGE 105, 51.

des (§§ 58, 59 SGB V [aF]) zum 1.1.2004 hat die praktische Bedeutung der Übernahme von Bestattungskosten zugenommen.[6]

Systematisch handelt es sich um einen gebundenen Anspruch auf Übernahme der Be-   **3** stattungskosten, soweit sie erforderlich sind, in Fällen, in denen die Tragung der Kosten für den Bestattungsverpflichteten nicht oder nur teilweise zumutbar ist.

B. Anspruchsberechtigter

Träger des Anspruchs ist allein derjenige, der rechtlich vor- oder gleichrangig[7] verpflich-   **4** tet ist, die Bestattungskosten zu tragen.[8] Die (vertragliche oder gesetzliche) Berechtigung oder Pflicht zur Organisation bzw. Durchführung der Bestattung selbst oder die vertragliche Verpflichtung gegenüber dem Bestattungsunternehmen reichen nicht, wenn sie nicht mit der vorgelagerten, anderweitig begründeten **Kostentragungspflicht** verbunden sind.[9] Eine bloß sittliche Bestattungspflicht ohne Rechtspflicht genügt auch bei großer personaler Nähe nicht.[10]

Vorausgesetzt ist eine **Pflicht zur Tragung der Bestattungskosten**. Sie kann folgen zB aus   **5** Vertrag (zB Leibgeding, Altenteil, Heimvertrag),[11] aus dem Familienrecht (§ 1615 m BGB), aus Erbrecht (zB §§ 1968, 2147 BGB) oder aus Unterhaltsrecht (§ 1615 Abs. 2; § 1360 a Abs. 3; § 1361 Abs. 4 S. 3, § 1586 Abs. 1 BGB). Das Bestattungsunternehmen selbst gehört auch bei einem zu Lebzeiten von der verstorbenen Person erteilten Auftrag nicht dazu.[12] Der Nachlasspfleger eines unbekannten Erben kann den Anspruch nicht geltend machen.[13]

Erhebliche Bedeutung hat auch die **Auftragserteilung in Erfüllung einer öffentlich-recht-**   **6** **lichen Bestattungspflicht** nach dem Bestattungsrecht der Länder,[14] die hierzu im Detail unterschiedliche und gegenüber zivilrechtlichen Pflichten unabhängige[15] Regelungen getroffen haben.[16] Eine Erbausschlagung lässt die Verpflichtung aus Unterhalts- oder Bestattungsrecht regelmäßig nicht entfallen.[17] Berechtigter ist nur, wen die Kostentragungspflicht (ganz oder teilweise) rechtlich notwendig, im Verhältnis zu Dritten endgül-

---

6 Gotzen ZfF 2006, 231 (232); zu den vielfältigen Problemen rund um die sog Sozialbestattung sa Gotzen 2016; Schmitt/Spranger 2014; zur umfangreichen Rechtsprechung sa Gotzen ZfF 2011, 105; 2011, 249; 2012, 127; 2012, 241; 2013, 145; 2014, 97; 2014, 223; 2015, 121; 2016, 121; 2018, 121; sa Trésoret/ Seifert SozSich 2012, 433; dies. WiVerw 2015, 3; Widmann MDR 2012, 617: Othmer ZfSH/SGB 2016, 535.
7 LSG BW 25.4.2013 – L 7 SO 5656/11, FEVS 65, 173.
8 BVerwG 5.6.1997 – 5 C 13.96, BVerwGE 105, 58; 22.2.2001 – 5 C 8.00, BVerwGE 114, 57; SchlHLSG 14.3.2006 – L 9 B 65/06 SO ER, ZfSH/SGB 2007, 28; BSG 29.9.2009 – B 8 SO 23/08 R, SozR 4–3500 § 74 Nr. 1.
9 BVerwG 30.5.2002 – 5 C 14.01, BVerwGE 116, 287.
10 BVerwG 13.3.2003 – 5 C 2.02, NJW 2003, 3146; LSG BW 25.2.2016 – L 7 SO 3057/12; LSG Bln-Bbg 25.3.2010 – L 15 SO 305/08; aA Paul ZfF 2004, 292 (294).
11 Bennemann LKRZ 2011, 291; SG Oldenburg 2.12.2014 – S 21 SO 231/09 (vertragliche Übernahme durch Lebensgefährten).
12 LSG NRW 29.7.2009 – L 12 SO 10/08.
13 HessLSG 7.5.2013 – L 6 SO 93/10, FamRZ 2014, 424; sa LSG Bln-Bbg 20.3.2013 – L 23 SO 97/11, FamRZ 2013, 1767.
14 Dazu BVerwG 22.2.2001 – 5 C 8.00, BVerwGE 114, 57; 30.5.2002 – 5 C 14.01, BVerwGE 116, 287; BSG 29.9.2009 – B 8 SO 23/08 R, SozR 4–3500 § 74 Nr. 1; sa HmbLSG 29.9.2006 – L 4 B 390/06 ER SO, ZfSH/SGB 2007, 67; SchlHLSG 14.3.2006 – L 9 B 65/06 SO ER, ZfSH/SGB 2007, 28; Paul ZfF 2006, 103; Widmann ZfSH/SGB 2003, 214; 2007, 67; ders. MDR 2012, 617; allgemein zum Bestattungsrecht sa Gaedke (Lit.).
15 BVerwG 14.10.2010 – 7 B 56.10, ZEV 2011, 91.
16 Greiser/Eicher in: jurisPK-SGB XII § 74 Rn. 40 ff.
17 VG Chemnitz 28.1.2011 – 1 K 900/05, LKV 2011, 187; SG Lüneburg 18.1.2010 – S 22 SO 87/09, SAR 2010, 55; LSG NRW 29.10.2008 – L 12 SO 3/08. Eine Erbausschlagung kann aber auf die Rangfolge bei der öffentlich-rechtlichen Bestattungspflicht einwirken; s. LSG LSA 22.2.2012 – L 8 SO 24/11 B.

tig und damit vorrangig trifft.[18] Dies ist bei einer nach Bestattungsrecht lediglich nachrangig verpflichteten Person[19] auch dann nicht der Fall, wenn sie tatsächlich das Bestattungsunternehmen beauftragt hat.[20] Landesgesetzliche Bestattungspflichten begründen auch ohne ausdrückliche Kostentragungsregelung gesetzesunmittelbar eine öffentlich-rechtliche Kostentragungslast.[21] Der Kostenübernahmeanspruch nach § 74 SGB XII ist bei der Prüfung der Bestattungs(kostentragungs)pflicht und bei der Prüfung zu berücksichtigen, ob die bestattungsrechtliche Inanspruchnahme eine unbillige Härte bedeuten würde.[22]

7   Soweit eine **juristische Person** Kostentragungsverpflichteter ist, kann sie für diese besondere Sozialhilfeleistung auch anspruchsberechtigt sein.[23] Der Fiskus, der lediglich mit dem Nachlass haftet (§ 1975 BGB) und ggf. hieraus die Kosten der Bestattung zu tragen hat,[24] kann als Zwangserbe nicht Verpflichteter sein. Auch der Sozialhilfeträger wird durch § 74 SGB XII nicht selbst allgemein Bestattungspflichtiger.[25] Jedenfalls mangels Unzumutbarkeit scheidet auch ein Anspruch einer hilfsweise bestattungspflichtigen Ordnungsbehörde aus.[26]

C. Anspruchsinhalt

8   Dem Bestattungsverpflichteten steht ein gebundener Anspruch auf **Übernahme der erforderlichen Bestattungskosten** zu, soweit die Kostentragung für ihn unzumutbar ist. Der Anspruch auf „Übernahme" der Bestattungskosten iSv § 74 SGB XII richtet sich auf Zahlung der erforderlichen Bestattungskosten an den Leistungsempfänger, gleich, ob die Forderung des Bestattungsunternehmens bereits beglichen oder aber nur fällig sein sollte; er ist nicht im Sinne eines Schuldbeitritts zur Zahlungsverpflichtung gegenüber dem Bestattungsunternehmen zu verstehen.[27]

I. Zumutbarkeit der Kostentragung

9   Eine Übernahme scheidet aus, soweit dem Verpflichteten die Kostentragung zugemutet werden kann. Die **„Zumutbarkeit"** ist ein (sozial)gerichtlich voll überprüfbarer unbestimmter Rechtsbegriff.[28] Er ist nach Maßgabe der Umstände des Einzelfalles ausfüllungsbedürftig und hat neben der rein quantitativen auch eine qualitative Dimension. Er überlagert die allgemeine sozialhilferechtliche „Bedürftigkeitsprüfung" (§ 19 Abs. 3 SGB XII) (insbes. Einsatz von Einkommen und Vermögen).[29] Bei der Gewichtung der wirtschaftlichen Auswirkungen, die nicht zur Überschuldung oder zur SGB II/SGB XII-Hilfebedürftigkeit des Kostenverpflichteten führen müssen, sind ua die personale Nähe

---

18 BVerwG 13.3.2003 – 5 C 2.02, FEVS 54, 490.
19 Zur „Rangfolge" bei der Bestattungspflicht sa BGH 17.11.2011 – III ZR 53/11, BGHZ 191, 325 (Rückgriffsanspruch des Bestattungsunternehmers nach GoA); sa Widmann MDR 2012, 617.
20 LSG Bln-Bbg 25.3.2010 – L 15 SO 305/08.
21 BSG 29.9.2009 – B 8 SO 23/08 R, SozR 4–3500 § 74 Nr. 1; Gotzen ZfF 2006, 1 (3).
22 VG Gelsenkirchen 10.7.2012 – 14 K 2308/11.
23 BVerwG 29.1.2004 – 5 C 2.03, NJW 2004, 1969 (Krankenhausträger); aA Zeiss ZfSH/SGB 2002, 67 (68); Paul ZfSH/SGB 2002, 73 (78); ders. ZfF 2004, 292.
24 BSG 29.9.2009 – B 8 SO 23/08 R, SozR 4–3500 § 74 Nr. 1.
25 BayVGH 21.6.1993 – 12 B 91.2999, NVwZ 1994, 600.
26 AA BayVGH 21.6.1993 – 12 B 91.2999, NVwZ 1994, 600.
27 BSG 29.9.2009 – B 8 SO 23/08 R, SozR 4–3500 § 74 Nr. 1.
28 SchlHOVG 4.6.1998 – 1 L 18/98, Nord-ÖR 1999, 200; OVG NRW 22.6.1976 – VIII A 1074/75, FEVS 25, 33; OVG NRW 13.2.2004 – 16 A 1160/02, SAR 2004, 92 (Ls.); LSG NRW 30.10.2008 – L 9 SO 22/07, FEVS 60, 524.
29 BSG 29.9.2009 – B 8 SO 23/08 R, SozR 4–3500 § 74 Nr. 1; LSG BW 14.4.2016 – L 7 SO 81/15, ZfSH/SGB 2016, 377; LSG RhPf 21.5.2015 – L 5 SO 102/14, FEVS 67, 188.

und zwischenmenschliche Beziehungen zum Verstorbenen zu berücksichtigen.[30] Je enger das Verwandtschaftsverhältnis (zB Kinder, Geschwister) oder die rechtliche Beziehung (zB Ehe- oder Lebenspartner) war, desto höher ist in der Regel der Einkommens- und Vermögenseinsatz, der zugemutet werden kann.[31] Bei bestehender Bestattungspflicht ist die rechtliche und soziale Nähe des Verpflichteten zum Verstorbenen bei wirtschaftlicher Leistungsfähigkeit nicht Grund, sondern allenfalls Grenze der Zumutbarkeit der Kostentragungspflicht.

Stets zumutbar ist bei nicht ausgeschlagener Erbschaft[32] der **Einsatz des vorhandenen Nachlasses**,[33] ohne dass insoweit dem bestattungspflichtigen Erben gesetzliche Regelungen zur Vermögensschonung (§ 90 Abs. 2, § 102 Abs. 3 SGB XII) zu Gute kommen[34] und ohne dass vorab eine Aufrechnung mit Nachlassverbindlichkeiten erfolgen darf,[35] sowie von Leistungen, die aus Anlass des Todes des Verstorbenen erbracht wurden, etwa von tariflichem[36] oder gesetzlichem Sterbegeld (§§ 63 f. SGB VII; §§ 36, 53 BVG), Zahlungen aus zu Lebzeiten bei Angemessenheit[37] verwertungsgeschützten[38] Bestattungsvorsorgeverträgen, Leistungen aus einer privaten Sterbegeldversicherung, Leistungen eines Bestattungsvereins[39] oder vorrangig geltend zu machenden Schadenersatzansprüchen auf Übernahme der Bestattungskosten (zB nach § 844 Abs. 1 BGB). Bei sonstigen Ansprüchen gegen Dritte, etwa Ausgleichsansprüchen gegen Miterben innerhalb einer Erbengemeinschaft,[40] deren Einkommens- und Vermögensverhältnisse nach Maßgabe der kurzfristigen Realisierungschancen ebenfalls in die Zumutbarkeitsbetrachtung einzustellen sind,[41] oder gegen andere gleichrangig Bestattungsverpflichtete[42] sind Durchsetzungsbemühungen grundsätzlich zumutbar.[43] Der Bestattungsverpflichtete soll aber jedenfalls dann nicht nach § 2 Abs. 1 SGB XII auf Bemühungen zur Realisierung verwiesen werden dürfen, wenn deren Bestehen zweifelhaft und eine gerichtliche Durchsetzung erforderlich ist[44] oder diese mittellos sind.[45] Ein Ausgleichsanspruch darf aber nicht schon wegen der schlichten Weigerung des weiteren Familienmitglieds zur (Teil-)Kostenübernahme als ausgeschlossen gelten und bedarf der einzelfallbezogenen Prüfung der Durchsetzbarkeit, soll der Sozialhilfeträger nicht zum „Ausfallbürgen" bei innerfamiliären Zerwürfnissen werden.[46] Dem Hilfesuchenden kann eine substantiierte Darlegung abverlangt werden, welche konkreten Anstrengungen er unternommen hat, bestehende Ausgleichsansprüche gegenüber anderen Bestattungspflichtigen geltend zu machen und gegebenenfalls zu realisieren;[47] auf bloße Unkenntnis der wirtschaftlichen

10

---

30 BVerwG 29.1.2004 – 5 C 2.93, NJW 2004, 1969.
31 BSG 29.9.2009 – B 8 SO 23/08R, SozR 4–3500 § 74 Nr. 1; HessLSG 6.10.2011 – L 9 SO 226/10, ZfSH/SGB 2012, 39.
32 SG Karlsruhe 30.10.2015 – S 1 SO 1842/15, ZfSH/SGB 2016, 49.
33 OVG NRW 30.10.1997 – 8 A 3515/95, FEVS 48, 446; BayLSG 25.10.2018 – L 8 SO 294/16 (Zumut- und Verwertbarkeit vorausgesetzt).
34 BVerwG 4.2.1999 – 5 B 133.98, FEVS 51, 5; LSG NRW 28.5.2008 – L 20 B 24/08 SO.
35 SG Karlsruhe 19.1.2010 – S 1 SO 5729/08, SAR 2010, 53.
36 LSG Bln-Bbg 13.9.2013 – L 15 SO 26/11.
37 OVG NRW 16.11.2009 – 12 A 1363/09, NWVBl. 2010, 438.
38 BSG 18.3.2008 – B 8/9 b SO 9/06 R, SozR 4–3500 § 90 Nr. 3; Hammel ZfSH/SGB 2009, 599; Licenie-Kierstein Seniorenrecht aktuell 2016, 171; Janda WiVerw 2018, 36.
39 SG Hamburg 14.12.2016 – S 10 SO 222/15.
40 Dazu LSG NRW 7.10.2016 – L 9 SO 414/16 B.
41 OVG NRW 30.10.1997 – 8 A 3515/95; enger OVG RhPf 10.1.2005 – 12 A 11604/04, FEVS 56, 476.
42 SchlHLSG 14.3.2006 – L 9 B 65/06 SO ER, ZfSH/SGB 2007, 28.
43 LSG BW 14.4.2016 – L 7 SO 81/15, ZfSH/SGB 2016, 377; BSG 29.9.2009 – B 8 SO 23/08 R, SozR 4–3500 § 74 Nr. 1.
44 BSG 29.9.2009 – B 8 SO 23/08 R, SozR 4–3500 § 74 Nr. 1.
45 LSG NRW 30.10.2008 – L 9 SO 22/07, FEVS 60, 524.
46 SG Reutlingen 14.11.2013 – S 4 SO 1520/12; LSG BW 14.4.2016 – L 7 SO 81/15, ZfSH/SGB 2016, 377.
47 SG Karlsruhe 28.11.2014 – S 1 SO 903/14, ZfSH/SGB 2015, 159; LSG BW 14.4.2016 – L 7 SO 81/15, ZfSH/SGB 2016, 377.

Verhältnisse gleichrangig Verpflichteter kann sich der Anspruchsteller nicht berufen.[48] Das Durchsetzungsrisiko geht bei Überleitung der zweifelhaften Ansprüche (§ 93 SGB XII) nach Leistung dann auf den Sozialhilfeträger über.[49] Der Sozialhilfeträger darf bei noch nicht durchgeführter Bestattung und zweifelhaften Rückgriffsmöglichkeiten durch eine lediglich anteilige Kostenübernahme nicht eine ordnungsbehördliche Notbeisetzung erzwingen.[50] Kein Kostenübernahmeanspruch besteht indes, wenn ein ebenfalls zur Bestattung verpflichteter Angehöriger (der sogar noch als Erbe vorrangig bestattungspflichtig war), tatsächlich (wenn auch ratenweise) die noch offenen Bestattungskosten abbezahlt.[51]

11 Sind die Bestattungskosten nicht durch den Nachlass gedeckt bzw. die Erbschaft ausgeschlagen oder ist der Kostenpflichtige sonst nicht Erbe, hat der Träger der Sozialhilfe die Zumutbarkeit in **Anlehnung an die Grundsätze über den Einsatz von Einkommen** für die Leistungen nach dem Fünften bis Neunten Kapitel (§§ 85 ff. SGB XII) zu beurteilen.[52] Die Zumutbarkeit des **Vermögenseinsatzes** bestimmt sich dabei nach § 1603 BGB, nicht nach § 90 SGB XII (analog).[53] Wegen der allein den Bestattungsverpflichteten treffenden Kostenpflicht sind die Anrechnung von Einkommen oder Vermögen anderer Personen der Einstands- oder Haushaltsgemeinschaft umstritten.[54] Jedenfalls Einkommen und das Vermögen des vom Bestattungspflichtigen nicht getrennt lebenden Ehegatten ist zu berücksichtigen.[55] Einkommen oberhalb der Einkommensgrenze ist nicht vollständig, sondern nur in angemessenem Umfang einzusetzen. Dem Verpflichteten, der naher Angehöriger des Verstorbenen ist, kann in der Regel zugemutet werden, die von dritter Seite und dem Nachlass nicht gedeckten Kosten der Beerdigung in Höhe von 50 v.H. des die Einkommensgrenze des § 85 SGB XII übersteigenden Betrages aufzubringen.[56] Für einen einzusetzenden Einkommensüberhang gilt jedenfalls § 31 Abs. 2 S. 2 SGB XII nicht entsprechend;[57] es kann an den Rechtsgedanken des § 87 Abs. 3 SGB XII angeknüpft werden.[58] Es kann auch nur eine teilweise Kostenübernahme durch den Träger der Sozialhilfe geboten sein.

12 Bei **Einrichtungen** (zB Krankenhäusern, Pflegeeinrichtungen) kommt für die Zumutbarkeit unabhängig von deren Ertragssituation besondere Bedeutung den Möglichkeiten zu, etwa anfallende Bestattungskosten über das individuell vertraglich vereinbarte Entgelt, die Krankenhauspflegesätze bzw. im Rahmen der Leistungs- und Entgeltvereinbarung zu refinanzieren.[59] Fällt die Beerdigung verstorbener Bewohner nicht in den (vertraglichen) Aufgabenbereich eines Heimes und besteht für die Heimträger keine Mög-

48 SchlHLSG 25.1.2017 – L 9 SO 31/13, SchlHA 2017, 395.
49 Dazu krit. Gotzen ZfF 2010, 25; für weitergehende Durchsetzungsbemühungen noch SG Freiburg 19.6.2008 – S 6 SO 1867/07; SG Bremen 20.8.2009 – S 5 K 4054/08; SchlHLSG 14.3.2006 – L 9 B 65/06 SO ER, ZfSH/SGB 2007, 28.
50 S. Widmann ZfSH/SGB 2007, 67; HmbLSG 29.9.2006 – L 4 B 390/06 ER SO, ZfSH/SGB 2007, 67.
51 LSG BW 18.3.2015 – L 2 SO 5608/13.
52 BSG 29.9.2009 – B 8 SO 23/08 R, SozR 4–3500 § 74 Nr. 1.
53 BayVGH 27.10.2005 – 12 B 03.756, FEVS 57, 372; aA SG Freiburg 19.6.2008 – S 6 SO 1867/07; LSG NRW 28.5.2008 – L 20 B 24/08 SO; VG Bremen 20.8.2009 – S 5 K 3522/08; HessLSG 6.10.2011 – L 9 SO 226/10, FEVS 63, 521; Grube/Wahrendorf SGB XII, 5. Aufl., § 74 SGB XII Rn. 37.
54 S. Greiser/Eicher in: jurisPK-SGB XII § 74 Rn. 68 f.
55 SchlHLSG 9.3.2011 – L 9 SO 19/09; LSG Nds-Brem 20.6.2013 – L 8 SO 365/10; LSG BW 25.2.2016 – L 7 SO 262/15; 25.2.2016 – L 7 SO 2468/13.
56 NdsOVG 8.5.1995 – 12 L 6679/83, NVwZ-RR 1996, 440; weitergehend (100 v.H. des Überhangs) HessVGH 10.2.2004 – 10 UE 2497/03, ZfSH/SGB 2004, 290; 9.5.2018 – L 4 SO 244/16 (zumindest bei deutlich über der Grenze des § 85 SGB XII liegenden Einkommen); Schellhorn/Schellhorn/Hohm SGB XII, 19. Aufl., § 74 Rn. 12.
57 HessVGH 10.2.2004 – 10 UE 2497/03, ZfSH/SGB 2004, 290 (293).
58 SG Itzehoe 15.8.2011 – S 22 SO 10/08.
59 BVerwG 29.1.2004 – 5 C 2.03, BVerwGE 120, 111 (Krankenhausträger); NdsOVG 8.5.1998 – 12 L 108/98, FEVS 49, 263 (Pflegeeinrichtung).

lichkeit, derartige Aufwendungen bei der Bemessung der erhobenen Sätze zu berücksichtigen, ist die Kostentragung unzumutbar.[60] Einem Heimträger, der zugleich überörtlicher Träger der Sozialhilfe ist, ist die Tragung von Bestattungskosten einer mittellosen Person jedenfalls dann grundsätzlich zumutbar, wenn diese fast 45 Jahre in seinen Einrichtungen verbracht hat.[61]

Aus **nichtwirtschaftlichen Gründen** ist die Kostentragung nur in eng begrenzten Ausnahmefällen unzumutbar, wenn die Übernahme der Bestattungskosten für den Pflichtigen als grob unbillig anzusehen ist,[62] zB bei massiven Misshandlungen durch den verstorbenen Ehegatten[63] oder sexuellem Missbrauch des bestattungsverpflichteten Kindes.[64] Hinter dem schweren, vorwerfbaren Fehlverhalten des Verstorbenen gegenüber dem Pflichtigen muss die rechtliche Nähebeziehung vollständig zurücktreten[65] oder das verwandtschaftliche Näheverhältnis sonst endgültig aufgelöst sein.[66] Wegen der nur punktuellen Natur der Bestattungs(kostentragungs)pflicht reichen Gründe iSd §§ 1579, 1611 BGB für sich nicht aus. Bei gestörten Familienverhältnissen kann ein Bestattungsverpflichteter wegen der Möglichkeit der Kostenübernahme durch den Sozialhilfeträger regelmäßig auch nicht die Unzumutbarkeit der Bestattungspflicht und der hieraus folgenden öffentlich-rechtlichen Kostentragungspflicht selbst geltend machen und so die Kostenlast abwenden;[67] die unbedingte öffentlich-rechtliche Bestattungspflicht ist auch sonst grundsätzlich nicht durch zivilrechtliche Ausschlussgründe begrenzt[68] oder in **Härtefällen** einzuschränken.[69]

13

Für die Beurteilung der von diesem offenzulegenden[70] wirtschaftlichen Verhältnisse des Verpflichteten (**Bedürftigkeit**) ist auf die Fälligkeit der Kosten im Verhältnis zum Bestattungsunternehmen abzustellen, wobei die Bedürftigkeit grundsätzlich[71] noch zum Zeitpunkt der Behördenentscheidung soll vorliegen müssen.[72] Sind mehrere Personen gleichrangig bestattungsverpflichtet[73] und haften sie als Gesamtschuldner für die Bestattungskosten, ist die Frage, ob ihnen Bestattungskosten zugemutet werden können, für jeden Verpflichteten gesondert zu prüfen;[74] Anknüpfungspunkt ist dann der nach § 426 BGB zu tragende Teil an den Bestattungskosten.[75]

14

60 SG Gießen 17.1.2017 – S 18 SO 183/14, Sozialrecht aktuell 2017, 114.
61 HessLSG 28.4.2010 – L 6 SO 135/08, ZfSH/SGB 2010, 547.
62 OVG NRW 30.7.2009 – 19 A 448/07, NWVBl. 2010, 186; HessVGH 26.10.2011 – 5 A 1245/11, LKRZ 2012, 56.
63 VG Koblenz 30.6.2004 – 5 K 3706/03.KO, ZfSH/SGB 2004, 558; OVG RhPf 10.1.2005 – 12 A 11605/04, FEVS 56, 476.
64 VG Karlsruhe 16.1.2007 – 11 K 1326/06, BWGZ 2007, 471.
65 HmbLSG 20.11.2014 – L 4 SO 22/12.
66 VG Schleswig 16.10.2014 – 6 A 62/13; die Berufungsentscheidung (SchlHOVG 27.4.2015 – 2 LB 27/14, FamRZ 2016, 851) stellt klar, dass hierfür der bloße Umstand nicht ausreicht, dass sich Familienmitglieder räumlich und emotional voneinander entfernt haben und die traditionellen Beziehungen nicht (mehr) unterhalten worden sind.
67 VGH BW 19.10.2004 – 1 S 681/04, VBlBW 2005, 141; NdsOVG 13.7.2005 – 8 PA 37/05, FEVS 57, 228; OVG Saarl 27.12.2007 – 1 A 40/07, AS RP-SL 35, 353; BayVGH 9.6.2008 – 4 ZB 07.2815; HmbOVG 26.5.2010 – 5 Bf 34/10, NordÖR 2011, 43; VG Neustadt 14.9.2015 – 5 K 282/15.NW; OVG NRW 28.2.2011 – 14 A 451/10, Sozialrecht aktuell 2011, 157; 25.6.2015 – 19 A 488/13, NWVBl. 2016, 68; ThürOVG 23.4.2015 – 3 KO 341/11, ThürVBl. 2016, 193; SächsOVG 9.3.2018 – 3 A 1057/17, SächsVBl. 2018, 225; aA für den Fall vollständig zerrütteter Familienverhältnisse VG Hamburg 16.12.2009 – 9 K 280/09.
68 VG Köln 20.3.2009 – 27 K 183/08; Stelkens/Cohrs NVwZ 2002, 917 (920).
69 VG Chemnitz 28.1.2011 – 1 K 900/05, LKV 2011, 187; Stelkens/Seifert DVBl. 2008, 1537.
70 LSG NRW 26.6.2017 – L 20 SO 46/16.
71 Zu Ausnahmekonstellationen BVerwG 30.4.1992 – 5 C 26.88, BVerwGE 90, 160 (162).
72 BSG 29.9.2009 – B 8 SO 23/08 R, SozR 4–3500 § 74 Nr. 1.
73 OVG Brem 21.10.2014 – 1 A 253/12, NordÖR 2015, 79.
74 SchlHLSG 9.10.2008 – L 9 B 434/08 SO ER, ASR 2009, 178; LSG NRW 29.10.2008 – L 12 SO 3/08.
75 SG Bremen 20.8.2009 – S 5 K 4054/08.

II. Erforderlichkeit

15 Nach dem Bedarfsdeckungsgrundsatz sind die Kosten zu übernehmen, die üblicherweise für eine würdige, den örtlichen Gepflogenheiten entsprechende einfache Bestattung anfallen.[76] Sie sind indes nicht beschränkt auf die Aufwendungen einer von der Ordnungsbehörde im Wege der Ersatzvornahme veranlassten Einfachstbestattung.[77] Nicht erstattungsfähig sind andererseits weitergehende Aufwendungen für eine standesgemäße Beerdigung (§ 1968 BGB).[78] Unerheblich ist, ob die Kosten direkt vom Erstattungssuchenden veranlasst worden sind oder es sich um Kosten einer im Rahmen der Ersatzvornahme durchgeführten Bestattung handelt.[79] Eine Pauschalierung der erforderlichen Bestattungskosten anhand pauschalierend begrenzender Vergütungssätze scheidet jedenfalls dann aus, wenn die tatsächlichen Kosten höher sind;[80] es sind die Angemessenheit der einzeln geltend gemachten Kosten sowie die der Gesamtkosten zu ermitteln.[81] Der Erforderlichkeitsbegriff bezieht sich sowohl auf Art und Umfang der Bestattungsaufwendungen als auch auf die Höhe der Kosten und lässt Raum für eine Überprüfung von Einzelpositionen;[82] bei Kürzungen anhand von Vergleichswerten muss aber sichergestellt sein, dass nicht die jeweils günstigsten Einzelwerte aus „Paketangeboten" örtlicher Bestattungsunternehmen herausgelöst werden. Angemessenen Wünschen des Verstorbenen bzw. Bestattungsverpflichteten nach einer bestimmten Bestattungsart ist regelmäßig und insbesondere dann zu entsprechen, wenn sie den religiösen Bindungen eines Verstorbenen entspringen, der glaubensgebunden gelebt hat.[83] Der Sozialhilfeträger darf nicht generell auf eine etwa kostengünstigere Feuerbestattung[84] oder gar eine anonyme Bestattung[85] verweisen. Der Eindruck eines Armenbegräbnisses bzw. Armengrabes ist zu vermeiden.[86] Was ortsüblich und angemessen ist, bestimmt sich in erster Linie nach den einschlägigen friedhofsrechtlichen Bestimmungen, insbesondere nach der jeweils maßgeblichen Friedhofssatzung.[87]

16 Bestattungskosten sind nach der BSG-Rechtsprechung[88] all die Kosten, die aus öffentlich-rechtlichen Vorschriften resultierend notwendigerweise entstehen, damit die Bestattung überhaupt durchgeführt werden kann oder darf, sowie die, die aus religiösen Gründen unerlässlicher Bestandteil der Bestattung sind, also final auf die Bestattung selbst ausgerichtete Aufwendungen. Die **erforderlichen Kosten** umfassen neben den Aufwendungen für Leichenschau,[89] Leichenbeförderung, Leichengebühren, Trauerfeier auf dem Friedhof (inkl. Anführung des Trauerzuges),[90] Sargträger, Sarg, Kranz, Blumen, das Zurechtmachen der Leiche, die Gebühren für die Grabstätte und die Erstherrich-

---

76 BSG 25.8.2011 – B 8 SO 20/10 R, BSGE 109, 61 = SGb 2012, 421 (mit krit. Anm. Gotzen SGb 2012, 425).
77 BSG 25.8.2011 – B 8 SO 20/10 R, BSGE 109, 61 = SGb 2012, 421 (mit krit. Anm. Gotzen SGb 2012, 425) (unter Aufhebung von LSG RhPf 8.6.2009 – L 2 SO 31/07); HessLSG 20.3.2008 – L 9 SO 20/08 B ER, FEVS 59, 567; OVG NRW 4.3.1996 – 19 A 194/96, NWVBl. 1996, 380.
78 Dazu Wrede ZfF 1991, 128.
79 SchlHLSG 12.6.2015 – L 9 SO 46/12.
80 BSG 25.8.2011 – B 8 SO 20/10 R, BSGE 109, 61 = SGb 2012, 421 (mit krit. Anm. Gotzen SGb 2012, 425).
81 BSG 25.8.2011 – B 8 SO 20/10 R, BSGE 109, 61 = SGb 2012, 421 (mit krit. Anm. Gotzen SGb 2012, 425).
82 LSG RhPf 8.6.2009 – L 2 SO 31/07.
83 VG Hannover 23.4.2004 – 7 A 4014/03, ZfF 2006, 16; zur steigenden Zahl sog „Armenbestattungen" s. Schobin ZSR 2016, 301.
84 Spranger ZfSH/SGB 2000, 323.
85 VG Hannover 16.9.1997 – 3 A 2204/96, info also 1998, 88.
86 VG Hannover 6.6.2000 – A 5028/99, NdsRPfl 2000, 318; HessVGH 10.2.2004 – 10 UE 2497/03.
87 VGH BW 19.12.1990 – 6 S 1639/90, FEVS 41, 318; LSG NRW 30.10.2008 – L 9 SO 22/07, FEVS 60, 524.
88 BSG 25.8.2011 – B 8 SO 20/10 R, FEVS 63, 445; BSG 24.2.2016 – B 8 SO 103/15 B.
89 Inkl. der Aufwendungen für eine nach den Umständen des Einzelfalles erforderliche Leichenkühlung: VG Ansbach 30.11.2016 – AN 4 K 16.01653.
90 VG Ansbach 30.11.2016 – AN 4 K 16.01653.

tung der Grabstätte,[91] bei der auf ein (Urnen)Reihengrab statt eines Wahlgrabes verwiesen werden kann,[92] auch die Aufwendungen für einen einfachen[93] Grabstein,[94] bei einer Urnenbestattung neben den Einäscherungskosten die Träger für die Beisetzung und die Umfassungsurne. Bei richtiger Betrachtung gehören gegen den zu engen BSG-Kostenbegriff zu den erstattungsfähigen Aufwendungen auch die notwendigen Kosten für eine bescheidene Todesanzeige,[95] Danksagungen und – soweit regional weiterhin üblich – die angezeigten kirchlichen und bürgerlichen Feierlichkeiten.[96] Erfasst sind auch Inkasso- oder Zwangsvollstreckungskosten infolge verspäteter Kostenübernahme.[97]

Nach der **Rechtsprechung des BSG**[98] **keine Bestattungskosten** sind Aufwendungen der Angehörigen aus Anlass des Todes (zB Trauerkleidung, Reisekosten zur Teilnahme an der Beerdigungsfeier),[99] die Verlängerung eines bestehenden Grabrechts[100] oder Grabpflegekosten.[101] Überführungskosten, etwa an einen anderen Ort im Inland[102] oder in das Herkunftsland, sind regelmäßig nicht und jedenfalls dann nicht erforderlich, wenn eine dem religiösen Bekenntnis entsprechende Bestattung im Bundesgebiet möglich und nicht unüblich ist.[103] **17**

Nach dem Nachranggrundsatz besteht eine **Obliegenheit zur Kostenbegrenzung.** Sie fordert vom Bestattungsverpflichteten nicht, Ansprüche zweifelhafter Erfolgsaussichten gegen den Friedhofsträger zur Senkung der Grab- oder Beisetzungsgebühren geltend zu machen;[104] ein Sozialhilfeempfänger hat gerade wegen des § 74 SGB XII keinen Anspruch auf Erlass von Friedhofsgebühren gegen den Friedhofsträger, sondern allenfalls einen Stundungsanspruch bis zur Verwirklichung des Übernahmeanspruchs.[105] **18**

D. Verfahren

Der Anspruch ist antragsabhängig. Eine Frist für diesen Antrag ist nicht vorgesehen. Eine Antragstellung binnen angemessener Frist ist auch sonst kein ungeschriebenes Tatbestandsmerkmal der Übernahme.[106] Wird die Kostenübernahme nicht binnen angemessener Frist nach Klärung der Kostentragungspflicht beantragt, sind indes regelmäßig Zweifel an der Unzumutbarkeit ihrer Tragung angezeigt.[107] Der Anspruch kann im Wege des vorläufigen Rechtsschutzes durchgesetzt werden, wenn er hinreichend klar er- **19**

---

91 VGH BW 19.12.1990 – 6 S 1639/90, FEVS 41, 318; LSG NRW 30.10.2008 – L 9 SO 22/07, FEVS 60, 524; HessLSG 10.9.2015 – L 4 SO 225/14.
92 HessLSG 20.3.2008 – L 9 SO 20/08 B ER, FEVS 59, 567.
93 SG Mainz 19.6.2018 – S 11 SO 33/15, ZfSH/SGB 2018, 680 (mit Anmerk. Schaumberg ASR 2019, 34).
94 Vgl. NdsOVG 10.3.1999 – 4 L 2846/98, FEVS 51, 382; LSG NRW 7.10.2016 – L 9 SO 414/16 B (steinernes Grabmal bei jüdisch-orthodoxer Glaubenszugehörigkeit, soweit aus religiösen Gründen veranlasst).
95 VG Göttingen 1.8.2000 – 2 A 2523/97, ZfF 2001, 207; aA HessVGH 10.2.2004 – 10 UE 2497/03, ZfSH/SGB 2004, 290 (für Großstadtregion); VG München 17.9.1998 – M 10 K 97.6060.
96 AA – für ein der Bestattungsfeier nachfolgendes Treffen der Trauernden – VG Düsseldorf 17.10.1986 – 19 K 913/84, ZfSH/SGB 1987, 325; SG Hamburg 14.12.2016 – S 10 SO 222/15.
97 SG Rostock 24.3.2009 – S 8 SO 37/06, ZfF 2010, 62; aA Schlette in: Hauck/Noftz SGB XII § 74 Rn. 16 (Verweis auf Haftungsgrundsätze).
98 BSG 25.8.2011 – B 8 SO 20/10 R, FEVS 63, 445; BSG 24.2.2016 – B 8 SO 103/15 B.
99 Ebenso Schellhorn/Schellhorn/Hohm SGB XII, 19. Aufl., § 74 Rn. 18; hier kommen allenfalls Darlehensleistungen in Betracht, LSG NRW 16.7.2012 – L 20 SO 40/12, FEVS 64, 160.
100 SG Nürnberg 17.12.2010 – S 20 SO 153/10, SAR 2011, 32.
101 LSG NRW 21.9.2006 – L 20 B 63/06 SO NZB, FEVS 58, 215; BSG 24.2.2016 – B 8 SO 103/15 B.
102 HessLSG 20.3.2008 – L 9 SO 20/08 B ER, FEVS 59, 567.
103 HmbOVG 21.2.1992 – Bf IV 44/90, FVES 43, 66; strikter wohl SG Lüneburg 12.5.2011 – S 22 SO 19/09, ZfF 2012, 132 (genereller Ausschluss der Kosten einer Auslandsbestattung).
104 LSG NRW 30.10.2008 – L 9 SO 22/07, FEVS 60, 524.
105 OVG NRW 28.2.2011 – 14 A 451/10, Sozialrecht aktuell 2011, 157; VG Gelsenkirchen 10.7.2012 – 14 K 2307/11.
106 HessLSG 28.4.2010 – L 6 SO 135/08, ZfSH/SGB 2010, 547.
107 Für eine Frist von ein bis zwei Monaten nach dem Todesfall auch SchlHLSG 21.7.2008 – L 9 SO 10/07 PKH.

sichtlich ist und keine Ausgleichsansprüche des Bestattungspflichtigen gegen andere Verpflichtete erkennbar sind,[108]

20 Sachlich und örtlich zuständig ist gemäß § 98 Abs. 3 SGB XII der örtliche **Träger** der Sozialhilfe, der bis zu dem Tode des Leistungsberechtigten **Sozialhilfe gewährte**, ansonsten der Träger des Sterbeortes (nicht Bestattungsortes), und zwar auch dann, wenn die Person in einer Einrichtung verstorben ist.[109] Der **Sterbeort** ist auch dann maßgeblich, wenn der Verstorbene selbst nicht im Sozialhilfebezug stand, wohl aber dessen nicht getrennt lebender Ehegatte[110] oder es sich um einen früheren Leistungsbezieher handelt.[111] Die sachliche und örtliche Zuständigkeit für eine stationäre Leistung an den Verstorbenen umfasst auch die Zuständigkeit für eine Übernahme von Bestattungskosten (§ 97 Abs. 4 SGB XII).

21 Die Zuständigkeit eines inländischen Sozialhilfeträgers bleibt auch dann bestehen, wenn der Bestattungsort außerhalb des Bundesgebietes liegt (zB Seebestattung oder Bestattung im Ausland).[112] Jedenfalls bei Unionsbürgern kommt es nicht darauf an, ob die Bestattung in Deutschland stattfindet.[113] Ein Anspruch auf Übernahme von Beerdigungskosten im Inland kommt auch dann in Betracht, wenn der Bestattungsverpflichtete, der die Beerdigung im Inland veranlasst hat, seinen gewöhnlichen Aufenthalt im Ausland hat.[114] § 24 Abs. 1 Satz 1 SGB XII gilt auch bei § 74 SGB XII und gestattet bei Deutschen mit gewöhnlichen Aufenthalt im Ausland eine Übernahme nur in seltenen Ausnahmefällen.[115]

22 Der antragsabhängige Übernahmeanspruch verjährt nach allgemeinen Grundsätzen (§ 45 Abs. 1 SGB I) in vier Jahren nach Ablauf des Kalenderjahres, in dem sie entstanden sind. Dieser Fristablauf wird nicht schon dadurch unterbrochen oder gehemmt, dass sich der Bestattungspflichtige im verwaltungsgerichtlichen Verfahren gegen die ordnungsrechtliche Bestattungspflicht und die daraus resultierende Pflicht auch zur Kostentragung wendet.[116] Der (möglicherweise) Bestattungspflichtige sollte dann vorsorglich die sozialhilferechtliche Übernahme der Bestattungskosten beantragen.

---

108 LSG LSA 24.7.2017 – L 8 SO 26/17 B ER, Breith 2018, 505.
109 VGH BW 5.9.1995 – 7 S 2029/95, FEVS 46, 243.
110 OVG NRW 13.8.2001 – 12 A 4097/99, FEVS 53, 283.
111 SG Darmstadt 2.2.2017 – S 17 SO 45/15, SAR 2017, 54 (auch keine analoge Anwendung bei Sterbeort im Ausland).
112 AA OVG NRW 20.3.1991 – 8 A 287/89, FVES 42, 27, das bei einer Auslandsbestattung eine Inlandszuständigkeit verneint.
113 EuGH 23.5.1996 – C-237/94, Slg 1996, I-2617 (zu Art. 7 Abs. 2 VO(EWG) 1612/68).
114 LSG NRW 29.6.2007 – L 20 B 10/07 SO, SAR 2007, 110; aA BayLSG 19.11.2009 – L 8 SO 86/09.
115 LSG BW 16.10.2013 – L 2 SO 3798/12, FEVS 65, 518.
116 SG Detmold 23.9.2014 – S 2 SO 12/12.

Teil IV: Sicherung und Herstellung des Nachrangs
Kapitel 40: Nachrang und Verpflichtung Anderer:
Anspruchsübergang und -überleitung

Literaturhinweise: Conradis, Die Systematik der subsidiären Sozialleistungen und die Ausgestaltung des Unterhaltsregresses 1996; Deutscher Verein für öffentliche und private Fürsorge, Empfehlungen für die Heranziehung Unterhaltspflichtiger in der Sozialhilfe (SGB XII), 2008; Günther, Übergang von Unterhaltsansprüchen auf den Träger der Sozialhilfe, NDV 2002, 363; Hänlein, Die Heranziehung Unterhaltspflichtiger bei langwährender Pflegebedürftigkeit Volljähriger nach BSHG und BGB 1992; von Koppenfels-Spies, Die Cessio legis, 2006 (Habil. Münster 2005); Müller, Der Rückgriff gegen Angehörige von Sozialhilfeempfängern, 6. Aufl. 2012; Münder, Vorschläge für die Neugestaltung des Abschnittes 5. Verpflichtungen anderer (§§ 90, 91), in: Arbeitsgruppe BSHG-Reform (Hrsg.), 1991, 81; Münder, Der sozialhilferechtliche Übergang von Ansprüchen gegen zivilrechtliche Unterhaltspflichtige, NJW 2001, 2201; Schellhorn, H., Das Verhältnis von Sozialhilferecht und Unterhaltsrecht am Beispiel der Heranziehung Unterhaltsverpflichteter zu den Sozialhilfeaufwendungen, 1994.

Rechtsgrundlagen:
SGB II § 33
SGB XII §§ 93, 94
SGB IX (F:2020) § 141, § 142 Abs. 3
SGB X §§ 102 bis 114

Orientierungssätze:
1. Haben Leistungsberechtigte Ansprüche gegen Dritte, die nicht laufend erfüllt werden, wird der grundsätzliche Nachrang erbrachter existenzsichernder Leistungen (Kap. 11) in der Grundsicherung für Arbeitsuchende durch § 33 SGB II, in der Sozialhilfe durch §§ 93, 94 SGB XII und in der Eingliederungshilfe durch § 141 SGB IX (F:2020) (wieder)hergestellt.
2. Die Wiederherstellung des Nachrangs erfolgt in der Grundsicherung für Arbeitsuchende (§ 33 SGB II) und in der Sozialhilfe (§§ 94 SGB XII) für Unterhaltsansprüche durch Übergang kraft Gesetzes, in der Sozialhilfe bei sonstigen Ansprüchen (§ 93 SGB XII) und in der Eingliederungshilfe (§ 141 SGB IX [F:2020]) durch Überleitungsverwaltungsakt. In der Eingliederungshilfe gehen daneben Unterhaltsansprüche volljähriger Leistungsberechtigter gegen ihre Eltern in fixer Höhe kraft Gesetzes auf den Eingliederungshilfeträger über (§ 142 Abs. 5 SGB IX [F:2020]).
3. Die Wiederherstellung des Nachrangs bei Unterhaltsansprüchen erfolgt unter Berücksichtigung sozialer Aspekte.
4. Die übergegangenen bzw. übergeleiteten Ansprüche sind erforderlichenfalls vor denjenigen Gerichten durchzusetzen, die für die Ansprüche gegen die Dritten zuständig sind. Dabei haben die angerufenen Gerichte bei übergegangenen Ansprüchen die öffentlich-rechtlichen Voraussetzungen des Übergangs selbst zu prüfen. Bei übergeleiteten Ansprüchen steht hingegen zur Überprüfung der öffentlich-rechtlichen Voraussetzungen der Überleitung der Rechtsweg zu den Gerichten der Sozialgerichtsbarkeit offen.

A. Anspruchsübergang und -überleitung und die Grundsatzbestimmungen der Existenzsicherung

I. Nachranggrundsatz

Die steuerfinanzierten Existenzsicherungsleistungen des SGB II, des SGB XII sowie ab **1** 2020 der Eingliederungshilfe im SGB IX sind grundsätzlich nachrangig gegenüber anderen Leistungen und Ansprüchen. In der **Sozialhilfe** ist der **Nachranggrundsatz** in § 2 SGB XII niedergelegt. In der **Grundsicherung für Arbeitsuchende** lässt sich der Nachrang aus § 3 Abs. 3 Hs. 1 SGB II und § 5 Abs. 1 SGB II ableiten. Auch die **Eingliederungshilfeleistungen** sind nach § 91 SGB IX (F:2020) nachrangig. In allen drei Gesetzen ist vorgesehen, dass auf Rechtsvorschriften beruhende Leistungen Anderer, insbesondere der Träger anderer Sozialleistungen, durch das SGB II nicht berührt werden. Damit wird deutlich: Es verstößt gegen den Nachranggrundsatz, wenn Existenzsicherungsleistungen ohne Rücksicht auf eine mögliche Bedarfsbefriedigung von dritter Seite (Unterhaltsverpflichtete, private Dritte) bezogen werden.

Erfüllen die Dritten die Ansprüche der Leistungsberechtigten, werden ihre Leistungen **2** als Einkommen (hierzu Kapitel 20) oder Vermögen (hierzu Kapitel 21) angerechnet. Allerdings können die Leistungsträger die Leistungsberechtigten ohne Verletzung des verfassungsrechtlichen Anspruchs auf Sicherstellung einer menschenwürdigen Existenz nicht auf Ansprüche verweisen, die nicht oder nicht so rechtzeitig durchgesetzt oder von den Anspruchsverpflichteten nicht so rechtzeitig erfüllt werden können, dass die Bedarfsdeckung der Leistungsberechtigten sichergestellt ist (s. zur Anrechnung nur **bereiter Mittel** → Kap. 20 Rn. 64 ff., 101 f., 227, 229, 236). Damit infolge der Deckung der Bedarfe der Leistungsberechtigten durch die Leistungsträger **keine Entlastung der vorrangig Verpflichteten** eintritt, können die Leistungsträger den Nachrang wiederherstellen. Besonders bedeutsam sind vorrangige Ansprüche gegen andere Sozialleistungsträger und gegen Private, insbesondere Unterhaltspflichtige.

Der Wiederherstellung des Nachrangs dienen verschiedene Instrumente. Ansprüche auf **3** **laufende Sozialleistungen** können nach § 48 SGB I, solche auf laufendes **steuerrechtliches Kindergeld** nach § 74 EStG abgezweigt werden. Bestehen vorrangige **Verpflichtungen anderer Sozialleistungsträger**, die aber (zunächst) nicht erfüllt werden, greifen die **Erstattungsansprüche** der §§ 102 bis 114 SGB X, insbesondere § 104 SGB X (s. hierzu Kapitel 43). Ansprüche gegen Private oder öffentliche Träger, die nicht Sozialleistungsträger sind, gehen kraft Gesetzes über (§ 33 SGB II, § 94 SGB XII) oder können durch

Verwaltungsakt übergeleitet werden (§ 93 SGB XII, § 141 SGB IX [F:2020]). Für alle Sozialleistungsbereiche besteht ein solcher gesetzlicher Anspruchsübergang im Hinblick auf **Ansprüche gegen Arbeitgeber*innen** (§ 115 SGB X) und für **Schadensersatzansprüche** (§ 116 SGB X). Die allgemein-sozialrechtlichen Anspruchsübergänge gehen den spezifisch existenzsicherungsrechtlichen Anspruchsübergängen/-überleitungen vor (§ 33 Abs. 5 SGB II, § 93 Abs. 4, § 94 Abs. 1 S. 5 SGB XII, § 141 Abs. 4 S. 2 SGB IX [F:2020]).

4 Auch andere steuerfinanzierte Leistungssysteme kennen ähnliche Anspruchsübergangs-bzw. Anspruchsüberleitungsregeln, beispielsweise §§ 27 g, 27 h BVG im Rahmen der **Leistungen der Kriegsopferfürsorge**, § 7 Abs. 4 AsylbLG zur Überleitung aller (auch Unterhalts-)Ansprüche für Leistungsberechtigte nach dem **Asylbewerberleistungsgesetz**, § 95 SGB VIII für die **Kinder- und Jugendhilfe**, § 7 UVG für Unterhaltsleistungen nach dem **Unterhaltsvorschussgesetz** und §§ 37, 38 BAföG für Leistungen der **Ausbildungsförderung**.

II. Überblick über Anspruchsübergang und Überleitung in SGB II, SGB XII und SGB IX (F:2020)

5 In der **Grundsicherung für Arbeitsuchende** regelt § 33 SGB II den Übergang von Ansprüchen gegen alle anderen Dritten, die nicht Sozialleistungsträger sind; für Unterhaltsansprüche kennt § 33 Abs. 2 SGB II wegen deren besonderer Bedeutung Sonderregelungen. In der **Sozialhilfe** folgt der Übergang von Unterhaltsansprüchen § 94 SGB XII und die Überleitung aller anderen Ansprüche gegen Dritte, die nicht Sozialleistungsträger sind, § 93 SGB XII. Das SGB IX führt zum 1.1.2020 eine Überleitungsvorschrift in § 141 SGB IX (F:2020) ein. Daneben kennt das SGB IX für eine bestimmte Leistungsart eine Übergangsvorschrift in § 142 Abs. 3 SGB IX (F:2020). Übereinstimmungen und Unterschiede zwischen den Regelungen der Sozialleistungsbereiche ergeben sich aus folgender Tabelle:

Wiederherstellung des Nachrangs durch Übergang oder Überleitung

	im SGB II	im SGB XII		im SGB IX (F:2020)	
Rechtsgrundlagen	§ 33 SGB II	§ 94 SGB XII	§ 93 SGB XII	§ 141 SGB IX (F:2020)	§ 142 Abs. 3 SGB IX (F:2020)
Erfasste Ansprüche					
Generell	alle Arten von Ansprüchen	Unterhaltsansprüche nach bürgerlichem Recht	alle Arten von Ansprüchen	alle Arten von Ansprüchen	Unterhaltsansprüche
Ausnahmen	außer Ansprüche gegen Sozialleistungsträger (§§ 102–114 SGB X) außer Ansprüche gegen Arbeitgeber*innen auf Arbeitsentgelt (§ 33 Abs. 5 SGB II, § 115 SGB X) außer Schadensersatzansprüche (§ 33 Abs. 5 SGB II, § 116 SGB X)	praktisch irrelevant	außer Unterhaltsansprüche nach bürgerlichem Recht (§ 94 SGB XII) außer Ansprüche gegen Sozialleistungsträger (→ §§ 102–114 SGB X) außer Ansprüche gegen Arbeitgeber*innen auf Arbeitsentgelt (§ 93 Abs. 4 SGB XII, § 115 SGB X) außer Schadensersatzansprüche (§ 93 Abs. 4 SGB XII, § 116 SGB X)	außer Unterhaltsansprüche im Leistungsbezug nach § 134 Abs. 4 SGB IX (F:2020) gegen ihre Eltern (§ 142 Abs. 3 SGB IX [F:2020]) außer Ansprüche gegen Sozialleistungsträger (§§ 102–114 SGB X) außer Ansprüche gegen Arbeitgeber*innen auf Arbeitsentgelt (§ 141 Abs. 4 S. 2 SGB IX [F:2020], § 115 SGB X) außer Schadensersatzansprüche (§ 141 Abs. 4 S. 2 SGB IX [F:2020], § 116 SGB X)	

	§ 33 SGB II	§ 94 SGB XII	§ 93 SGB XII	§ 141 SGB IX (F:2020)	§ 142 Abs. 3 SGB IX (F:2020)
Tatbestandsvoraussetzungen					
	Abs. 1 (nicht notwendig rechtmäßiger [str.]) Leistungsbezug	Abs. 1 S. 1 (nicht notwendig rechtmäßiger [str.]) Leistungsbezug	Abs. 1 S. 1 (nicht notwendig rechtmäßiger [str.]) Leistungsbezug	Abs. 1 (nicht notwendig rechtmäßiger [str.]) Leistungsbezug	(nicht notwendig rechtmäßiger [str.]) Leistungsbezug von Leistungen nach § 134 Abs. 4 SGB IX (F:2020)
	Anspruch ...	Unterhaltsanspruch nach bürgerlichem Recht	Anspruch außer Unterhaltsanspruch ...	Anspruch ...	Unterhaltsanspruch ...
	... des/der Leistungsberechtigten	... des/der Leistungsberechtigten	... des/der Leistungsberechtigten	... des/der Leistungsberechtigten	... des/der volljährigen Leistungsberechtigten
			... **oder** bei Leistungen nach dem Fünften bis Neunten Kapitel eines Mitglieds der Einsatzgemeinschaft (Eltern, Lebenspartner*in, eheähnliche/r Lebensgefährt*in) ...	... **oder** bei Minderjährigen der haushaltsangehörigen Elternteile (vgl. § 136 Abs. 1 SGB IX [F:2020]) ...	
				... **oder** des/der Ehegatte*in, Lebenspartner*in des/der Leistungsberechtigten für den/die Leistungsberechtigte/n ...	
	... gegen andere außer Sozialleistungsträger	... gegen andere	... gegen andere außer Sozialleistungsträger	... gegen andere außer Sozialleistungsträger	... gegen seine/ihre Eltern

	§ 33 SGB II	§ 94 SGB XII	§ 93 SGB XII	§ 141 SGB IX (F:2020)	§ 142 Abs. 3 SGB IX (F:2020)
	zeitliche Deckungsgleichheit mit Leistungserbringung kausale Verknüpfung mit Leistungsgewährung ... ... an Anspruchsinhaber*in selbst (S. 1) oder ... an andere Mitglieder der Haushaltsgemeinschaft (S. 2)	zeitliche Deckungsgleichheit mit Leistungserbringung	zeitliche Deckungsgleichheit mit Leistungserbringung **Abs. 1 S. 2** kausale Verknüpfung ... mit Leistungsgewährung an Leistungsberechtigte/n oder ... mit Leistungen nach dem Dritten oder Vierten Kapitel SGB XII an Ehegatten, Lebenspartner*in oder minderjährige Kinder oder ... mit Beitragshöhe bei Erweiterter/Unechter Hilfe	**Abs. 2 S. 2** kausale Verknüpfung ... mit Leistungsgewährung oder ... mit Beitragshöhe	keine
Ausschlüsse/Einschränkungen					
	keine **Abs. 2 S. 2** bei laufender Zahlung **Abs. 2 S. 1 Nr. 1** Anspruchsgegner*in ist Mitglied der Bedarfsgemeinschaft (§ 7 Abs. 3 SGB II)	**Abs. 1 S. 3 Hs. 2** für Leistungen nach dem Vierten Kapitel **Abs. 1 S. 2** bei laufender Zahlung **Abs. 1 S. 3 Hs. 1 Alt. 1** Anspruchsgegner*in ist Mitglied der Einsatzgemeinschaft	keine	keine	keine

§ 33 SGB II	§ 94 SGB XII	§ 93 SGB XII	§ 141 SGB IX (F:2020)	§ 142 Abs. 3 SGB IX (F:2020)
Abs. 2 S. 1 Nr. 2 Anspruchsgegner*in ist mit anspruchsberechtigter Person verwandt und Anspruch wird nicht geltend gemacht, außer (BSt. a) Anspruchsberechtigte/r ist minderjährig außer (BSt. b) Anspruchsberechtigte/r ist unter 25 Jahre vor Abschluss der Erstausbildung	**Abs. 1 S. 3 Hs. 1 Alt. 2** Anspruchsgegner*in und Leistungsberechtigte/r sind im zweiten Grad oder ferner verwandt			
Abs. 2 S. 1 Nr. 3 Anspruchsgegner*in ist Elternteil des/der Anspruchsberechtigten und Anspruchsberechtigte/r ist schwanger (BSt. a) oder Anspruchsberechtigte/r erzieht leibliches Kind bis zur Vollendung des sechsten Lebensjahres (BSt. b)	**Abs. 2 S. 4** Anspruchsgegner*in ist Elternteil oder Kind des/der Anspruchsberechtigten und Anspruchsberechtigte/r ist schwanger oder Anspruchsberechtigte/r erzieht leibliches Kind bis zur Vollendung des sechsten Lebensjahres			
Abs. 2 S. 3 Anspruchsgegner*in würde selbst hilfebe-	**Abs. 3 S. 1 Nr. 1** Anspruchsgegner*in würde selbst hilfebedürftig (SGB XII-Vergleichsberechnung)			

Pattar

	§ 33 SGB II		§ 94 SGB XII	§ 93 SGB XII	§ 141 SGB IX (F:2020)	§ 142 Abs. 3 SGB IX (F:2020)
		dürftig (SGB II-Vergleichsberechnung)	Abs. 3 S. 1 Nr. 2 / Anspruchsübergang wäre besondere Härte			
Rechtsfolgen						
Allgemein	Übergang kraft Gesetzes (Cessio Legis) ...		Übergang kraft Gesetzes (Cessio Legis) ...	Ermessen, Überleitung zu bewirken ...	Ermessen, Überleitung zu bewirken ...	Übergang kraft Gesetzes (Cessio Legis) ...
Umfang	Abs. 1 S. 1 / ... des Anspruchs selbst / ... bis zur Höhe der geleisteten Aufwendungen ... Abs. 1 S. 3 / ... sowie unterhaltsrechtlichen Auskunftsanspruchs (§ 1605 BGB)		Abs. 1 S. 1 / ... des Unterhaltsanspruchs selbst / ... bis zur Höhe der geleisteten Aufwendungen ... Abs. 1 S. 1 / ... sowie des unterhaltsrechtlichen Auskunftsanspruchs (§ 1605 BGB) Abs. 2 / Begrenzung der Übergangshöhe auf fixe Höchstbeträge ... / ... für Ansprüche Volljähriger gegen die Eltern	Abs. 1 S. 1 / ... des Anspruchs selbst / ... bis zur Höhe der geleisteten Aufwendungen ... Abs. 1 S. 3 / ... oder bis zur Höhe eines sonst zu leistenden Beitrags bei Erweiterter/Unechter Hilfe	Abs. 1 / ... des Anspruchs selbst / ... bis zur Höhe der geleisteten Aufwendungen ... Abs. 3 S. 1 / ... oder bis zur Höhe eines sonst zu leistenden Beitrags	... begrenzt auf fixe Höchstbeträge

	§ 33 SGB II	§ 94 SGB XII	§ 93 SGB XII	§ 141 SGB IX (F:2020)	§ 142 Abs. 3 SGB IX (F:2020)
	praktisch nur für Unterhaltsansprüche relevant **Abs. 3 S. 1** Für die Vergangenheit ... ... nach Vorschriften des bürgerlichen Rechts oder ... ab Rechtswahrungsanzeige **Abs. 3 S. 2** Für die Zukunft ... ... wenn Leistungen voraussichtlich für längere Zeit erforderlich: in der bisherigen Höhe	... bei Leistungsberechtigung der Eingliederungshilfe (SGB XII) oder Hilfe zur Pflege **Abs. 4 S. 1** Für die Vergangenheit ... nach den Vorschriften des bürgerlichen Rechts oder ... ab Rechtswahrungsanzeige **Abs. 4 S. 2** Für die Zukunft ... ... wenn Leistungen voraussichtlich für längere Zeit erforderlich: in der bisherigen Höhe			
Form	kraft Gesetzes	kraft Gesetzes	**Abs. 1 S. 1** durch schriftlichen VA	**Abs. 1** durch schriftlichen VA	
Besonderheiten					
	Abs. 4 Rückübertragung möglich	**Abs. 5** Rückübertragung möglich	**Abs. 3** Widerspruch und Anfechtungsklage haben keine aufschiebende Wirkung	**Abs. 4 S. 1** Widerspruch und Anfechtungsklage haben keine aufschiebende Wirkung	keine Rückübertragung möglich

B. Anspruchsübergang im SGB II (§ 33 SGB II)

Für das SGB II enthält § 33 Abs. 1 SGB II zentral den **gesetzlichen Übergang aller An-** **7**
sprüche gegen Dritte, unabhängig von der Rechtsnatur der Ansprüche. Lediglich einzelne Ansprüche sind ausgenommen (hierzu → Rn. 3). § 33 Abs. 2 SGB II enthält Sonderregelungen für Unterhaltsansprüche. Abs. 3 und 4 gelten zwar grundsätzlich für alle
Ansprüche, sind aber praktisch nur bei Unterhaltsansprüchen von Bedeutung.

I. Materielle Voraussetzungen des Anspruchsübergangs nach § 33 Abs. 1 SGB II

1. Tatsächlicher, nicht notwendig rechtmäßiger Bezug von Leistungen zur Sicherung des Lebensunterhaltes – Abs. 1 S. 1

Erste Voraussetzung ist, dass **Leistungen zur Sicherung des Lebensunterhalts** bezogen **8**
werden, wenn diese also **tatsächlich erbracht wurden.** Eine Bewilligung allein reicht
nicht aus.[1] Unerheblich ist, um welche Art Leistung zur Sicherung des Lebensunterhaltes es sich handelt. Lediglich die Leistungen nach § 26 SGB II sollen nicht hierunter fallen.

Es ist streitig, ob die **Leistungsgewährung rechtmäßig** erfolgt sein muss. Dies ist nicht **9**
der Fall, wenn Leistungsberechtigte – zu Unrecht – überhaupt oder **zu hohe Leistungen**
erhalten haben. Ein Teil der Literatur fordert eine rechtmäßige Leistungsgewährung mit
der Begründung, dass die Leistungsträger ansonsten die besonderen Voraussetzungen
der Aufhebungsvorschriften in den §§ 44 ff. SGB X durch die leichteren Anspruchsüber-
gangsvorschriften umgehen könnten.[2] Demgegenüber beruft sich die verwaltungs- und
sozialgerichtliche Rechtsprechung zu § 93 SGB XII und ihr folgend die wohl herrschende Auffassung in der Literatur auf Entscheidungen des BVerwG zum BSHG: Wenn dem
Nachrang der Gewährung von Existenzsicherungsleistungen eine vorrangige Bedeutung
zugemessen wird, besteht bei einer rechtswidrigen Leistungsgewährung erst recht ein
Bedürfnis auf Herstellung des Nachrangs, zumal Belange des/der Anspruchsgegner*in
nicht berührt seien.[3] Diese Auffassung hat die besseren Argumente für sich: §§ 44 ff.
SGB X stellen die Leistungsberechtigten nur so, als hätten sie die Leistungen rechtmäßig
erhalten. In diesen Fällen hätten sie aber dann auch ihre Ansprüche gegen die Dritten
verloren. Auch dann, wenn das angerufene Zivilgericht, vor dem der übergegangene
Anspruch geltend gemacht wird, die gegenteilige Auffassung vertritt, muss es die Recht-
mäßigkeitsprüfung nach dem SGB II wegen des zivilprozessualen **Beibringungs- und**
Verhandlungsgrundsatzes nur dann vornehmen, wenn der/die Beklagte die Rechtswidrigkeit der Leistungserbringung vorträgt (im Einzelnen → Rn. 59 ff.).

Die Leistung muss **endgültig erbracht** worden sein; eine Leistungserbringung als **Darle-** **10**
hen (etwa nach §§ 24 Abs. 1, Abs. 5 SGB II oder anderer Vorschriften) genügt hingegen
nicht.[4] Würden hier Ansprüche gegen Dritte übergehen, würde eine Übersicherung der
SGB II-Leistungsträger eintreten. Die ebenfalls vertretene Gegenansicht,[5] die mit der
Freistellungsmöglichkeit vom Kostenrisiko aus § 33 Abs. 4 SGB II argumentiert, überzeugt hingegen nicht.

---

1 Grote-Seifert in: jurisPK-SGB II § 33 Rn. 36 mwN.
2 Hölzer in: Estelmann SGB II § 33 Rn. 31; Schellhorn in: Schellhorn/Schellhorn/Hohm SGB XII § 93 Rn. 29;
 Decker in: Oestreicher SGB II/SGB XII § 93 Rn. 41.
3 Armbruster in: jurisPK-SGB XII § 93 Rn. 42; Grote-Seifert in: jurisPK-SGB II § 33 Rn. 33 f.; Link in: Eicher/
 Spellbrink SGB II § 33 Rn. 15 a mwN; BVerwG 17.5.1973 – V C 108.72; BVerwG 4.6.1992 – 5 C 57/88;
 HessLSG 1.11.2007 – L 9 SO 79/07 ER; LSG BW 22.7.2010 – L 7 SO 853/09; SG Freiburg 23.6.2008 – S 6
 SO 2234/08 ER; SG Freiburg 20.11.2008 – S 6 SO 2404/08.
4 OLG Düsseldorf 16.3.2016 – II-8 UF 58/14, 8 UF 58/14; OLG Saarland 21.11.2012 – 4 U 377/12; Grote-
 Seifert in: jurisPK-SGB II § 33 Rn. 35.
5 OLG Celle 9.1.2008 – 15 WF 293/07.

2. Zeitliche Deckungsgleichheit

11 Nach § 33 Abs. 1 S. 1 SGB II geht der Anspruch nur „für die Zeit, für die Leistungen erbracht werden", auf den Sozialhilfeträger über. Das bedeutet, dass zwischen dem Anspruch und dem Zeitraum der Hilfeleistung zeitliche Deckungsgleichheit bestehen muss. Entscheidend sind die Zeiträume, für die die Hilfe bewilligt und bestimmt war, nicht die Zeiträume der tatsächlichen Auszahlung.[6] Es kommt auch nicht darauf an, ob die Ansprüche, die übergehen sollen, für diesen Zeitraum bestimmt waren; entscheidend ist, dass sie für den maßgeblichen Zeitraum der Hilfebewilligung schon und noch bestanden.[7] Die gegenteilige Auffassung[8] überzeugt demgegenüber nicht.

3. Kausale Verknüpfung – Abs. 1 S. 1

12 Nachrang besteht nach § 33 Abs. 1 S. 1 letzter Hs. SGB II nur insoweit, als bei rechtzeitiger Leistung des/der vorrangig Verpflichteten Leistungen zur Sicherung des Lebensunterhalts nicht erbracht worden wären. Demnach muss geprüft werden, ob der vorrangige Anspruch, wäre er rechtzeitig erfüllt worden, als Einkommen oder Vermögen anzurechnen gewesen wäre.[9] Damit gehen privilegierte Ansprüche – etwa auf Schmerzensgeld – grundsätzlich nicht über. Allerdings können sich die Erben des/der Leistungsberechtigten nicht mehr auf diesen Schutz berufen.[10]

13 Ebenso wenig geht ein Schenkungsrückforderungsanspruch (§ 528 BGB; hierzu → Rn. 16) über, der auf Rückgabe eines solchen Vermögensgegenstandes gerichtet ist, der bei Rückgabe zum Schonvermögen zählen würde.[11] Dies betrifft in der Praxis in erster Linie die Rückgabe von Grundstücken. Hier ist umstritten, ob die Freistellung auch bei unteilbaren Schenkungsgegenständen wie eben Grundstücken gilt, bei denen der Rückforderungsanspruch als Wertersatz erfüllt wird. Da aber der/die Beschenkte den Rückforderungsanspruch nach seiner Wahl auch durch Rückgabe des ganzen Geschenks erfüllen kann,[12] muss man auch in diesen Fällen vom ganzen Geschenk ausgehen: Wenn das Geschenk bei vollständiger Rückübertragung zum Schonvermögen gehören würde, geht der Rückforderungsanspruch nicht über.[13] Demgegenüber überzeugt die gegenteilige Auffassung[14] nicht, würde sie doch zu einer faktischen Aushebelung von § 12 SGB II führen.[15]

4. Ansprüche gegen einen Anderen

a) Art des Anspruches

14 Gemäß § 33 Abs. 1 S. 2 SGB II gehen auch solche Ansprüche über, die nicht übertragbar, verpfändbar oder pfändbar sind. Strittig ist, ob ein Wohnrecht übergangsfähig ist.[16] Übergangsfähig (bzw. in der Sozialhilfe: überleitungsfähig) sind jedenfalls die aus der

---

6 BGH 20.5.2003 – X ZR 246/02, BGHZ 155, 57; Grote-Siefert in: jurisPK-SGB II § 33 Rn. 46.
7 Grote-Siefert in: jurisPK-SGB II § 33 Rn. 47; HessLSG 17.8.2015 – L 9 AS 618/14; LSG BW 22.1.2008 – L 7 AS 5846/07 ER-B; zu § 90 BSHG: BVerwG 28.10.1999 – 5 C 28/98.
8 OLG Koblenz 21.1.2015 – 9 UF 534/14.
9 Grote-Siefert in: jurisPK-SGB II § 33 Rn. 49 mwN.
10 BVerwG 19.5.2005 – 5 B 106/04.
11 Münder in: LPK-SGB II § 33 Rn. 29; Grote-Siefert in: jurisPK-SGB II § 33 Rn. 49; DH-BA 33.21.
12 BGH 17.12.2009 – Xa ZR 06/09.
13 Grote-Siefert in: jurisPK-SGB II § 33 Rn. 49; OVG NRW 27.4.1987 – 8 A 1750/85; Sebbin ZfF 1989, 145; Germer BW NotZ 1987, 65.
14 BGH 7.11.2006 – ZR 184/04; BGH 17.1.1996 – IV ZR 184/94; BGH 11.3.1994 – V ZR 188/92; BVerwG 25.6.1992 – 5 C 37/88; BGH 29.3.1985 – V ZR 107/84.
15 Ebenso Grote-Seifert in: jurisPK-SGB II § 33 Rn. 49.
16 Ja: OLG Oldenburg 3.5.1994 – 12 U 16/94, FamRZ 1994, 1621; zu § 93 SGB XII: SchlHLSG 10.6.2008 – L 9 B 25/08 SO PKH; nein: OLG Köln 6.2.1995 – 2 W 21/95, FamRZ 1995, 1408; OLG Celle 13.7.1998 – 4 W 129/98, NJW-RR 1999, 10.

Nichtausübung des Wohnrechts den Berechtigten zustehenden Ansprüche (zB ein vertraglicher Zahlungsanspruch als Ausgleich für die Nichtausübung des Wohnrechts, Mieteinnahmen aufgrund der Vermietung des Wohnraums).[17]

Auch künftige Ansprüche können übergehen, solange sie hinreichend bezeichnet werden. So können beispielsweise[18] übergehen Ansprüche aus Altenteilsverträgen,[19] Bereicherungsansprüche nach §§ 812 ff. BGB,[20] Beihilfeansprüche,[21] Entbindungskosten nach § 1615 l BGB,[22] Leibrentenansprüche,[23] Pflichtteilsansprüche,[24] Steuerrückerstattungsansprüche[25] und natürlich Unterhaltsansprüche. **15**

Besonders bedeutsam ist der **Schenkungsrückforderungsanspruch** nach § 528 Abs. 1 BGB. Dieser richtet sich grundsätzlich auf Naturalrückgabe (entsprechend § 812 Abs. 1 S. 1 BGB), bei einem **real unteilbaren Geschenk** (zB Grundstück) hingegen grundsätzlich auf die **wiederkehrende Zahlung** eines der jeweiligen Bedürftigkeit des/der verarmten Schenkers/Schenkerin entsprechenden Wertanteils (§ 818 Abs. 2 BGB) bis zur Erschöpfung des Geschenkwerts. Allerdings ist besonders auf die Kausalität der Nichterfüllung für die Leistungsgewährung zu achten (hierzu → Rn. 13). Der/die Beschenkte kann sich von seiner wiederkehrenden Zahlungspflicht durch Rückgabe des ganzen Geschenks befreien.[26] Nach dem **Tod des Schenkers/der Schenkerin** hat der Leistungsträger den Rückforderungsanspruch nach § 528 BGB dann inne, wenn dieser vor dem Tod auf den SGB II-Leistungsträger übergegangen ist,[27] wenn der Anspruch vom Schenker/der Schenkerin selbst noch geltend gemacht wurde oder ein/e Dritte/r für den Unterhalt des Schenkers/der Schenkerin bis zu seinem Tod in Vorlage getreten ist.[28] Das gilt insbesondere, wenn der/die Schenker*in unterhaltssichernde Leistungen Dritter (zB Leistungen zur Sicherung des Lebensunterhaltes) in Anspruch genommen hat: In diesen Fällen geht der Anspruch aus § 528 BGB nicht mit dem Tod des Schenkers/der Schenkerin unter und ein Übergang bleibt möglich.[29] **16**

b) Verzicht auf den Anspruch

Bei **verzichtbaren Ansprüchen** ist es möglich, den Anspruch durch Vertrag gemäß § 397 BGB zwischen dem Hilfeempfänger und dem Dritten zum Erlöschen zu bringen. **Nach Anspruchsübergang** ist ein solcher **Anspruchsverzicht unwirksam**, weil der/die Leistungsberechtigte dann ja nicht mehr Anspruchsinhaber*in ist.[30] Ein **Anspruchsverzicht vor Übergang** ist **sittenwidrig** und damit nichtig (§ 138 BGB), wenn er in der Absicht erfolgt, dem SGB II-Leistungsträger eine Leistungslast aufzubürden. Das nimmt die Rechtsprechung[31] dann an, **wenn beim Verzicht Bedürftigkeit** des/der Verzichtenden bereits vorlag oder als sicher bevorstehend erkannt wurde, der andere Teil jedoch als leistungsfähig angesehen werden musste und dies den Parteien auch bewusst war. **17**

---

17 BGH 19.1.2007 – V ZR 163/06, FamRZ 2007, 632; ausführlich dazu Conradis/Münder in: LPK-SGB XII § 93 Rn. 18 mwN.
18 Ausführlich auch Conradis/Münder in: LPK-SGB XII § 93 Rn. 26.
19 BayLSG 14.2.2009 – L 11 SO 20/07 (Leibgedingevertrag).
20 HessVGH 17.8.1982 – IX OE 119/78.
21 BVerwG 21.1.1982 – 2 C 46.81.
22 BVerwG 21.9.1989 – 5 C 15.86.
23 HessVGH 10.11.1987 – 9 OE 25/83.
24 BGH 8.12.2004 – IV ZR 223/03.
25 BVerwG 18.2.1999 – 5 C 530/97; LSG BW 22.1.2008 – L 7 AS 5846/07 ER-B.
26 BGH 17.12.2009 – Xa ZR 06/09.
27 BGH 20.12.1985 – V ZR 66/85.
28 BGH 16.9.1993 – V ZR 246/92.
29 So BGH 14.6.1995 – IV ZR 212/94, NJW 1995, 2287 f. mwN, auch abweichender Rspr; BGH 25.4.2001 – X ZR 229/99, NJW 2001, 2084; ausführlich Haarmann 1998, 87 ff.; Eichenhofer NDV 1999, 85.
30 Grote-Seifert in: jurisPK-SGB II § 33 Rn. 79; SG Schwerin 15.6.2010 – S 19 AS 614/08.
31 BGH 17.9.1986 – IV b ZR 59/85; weitere Beispiele bei Nassall in: jurisPK-BGB § 138 Rn. 113.

c) Bestand eines bürgerlich-rechtlichen Unterhaltsanspruchs

18 Auch auf **verzichtbare Unterhaltsansprüche**[32] können die Leistungsberechtigten grundsätzlich **vor dem Übergang** verzichten. Praktisch spielt wegen der nur dort möglichen Wirkung in die Zukunft nur der Verzicht auf nacheheliche Unterhaltsansprüche (§ 1585 c BGB) eine Rolle. Auch dieser Verzicht kann wegen einer mit dem Verzicht verbundenen **Schädigungsabsicht zulasten der Leistungsträger** sittenwidrig und damit nichtig (§ 138 BGB) sein.[33] Maßgeblich für diese Schädigungsabsicht ist grundsätzlich der Zeitpunkt des Verzichts. Deswegen wurde Schädigungsabsicht angenommen, wenn zum Zeitpunkt des Verzichts bereits Bedürftigkeit bestand.[34] Ausgehend von der Disponibilität des Scheidungsfolgenrechts und der Tatsache, dass das geltende Recht keine Pflicht zur Begünstigung der sozialen Leistungsträger kenne, andererseits aber die Ehegatten durch entsprechende Vertragsgestaltung Lasten nicht sozialisieren dürften, hat der BGH klargestellt, dass in den Fällen, in denen bereits bei Eheschließung Bedürftigkeit bestand (und durch Ehevertrag ein entsprechender Ausschluss des Unterhaltsanspruchs vereinbart wurde) gerade keine – zusätzliche – Belastung des Leistungsträgers eintrete und deswegen der Verzicht auf den Unterhaltsanspruch nicht an § 138 BGB scheitere.[35] Ein sittenwidriger Unterhaltsverzicht wird dagegen annehmbar sein, wenn absehbar ist, dass der verzichtende Ehegatte **aufgrund** dieses **Verzichts hilfebedürftig** wird.[36]

19 Auch unabhängig von der Schädigungsabsicht kann ein nachehelicher Unterhaltsverzicht im Rahmen eines Ehevertrages oder einer Scheidungsfolgenvereinbarung **sittenwidrig sein**.[37] Vertragliche Regelungen zu Unterhalt, Güterstand und Versorgungsausgleich sind zwar grundsätzlich möglich. unterläuft die Vereinbarung aber den Schutzzweck der gesetzlichen Regelung – etwa bei einer **einseitigen** und durch die individuelle Gestaltung der ehelichen Lebensverhältnisse **nicht gerechtfertigten Lastenverteilung** – ist Nichtigkeit anzunehmen. Dies ist besonders dann zu vermuten, wenn der **Kernbereich des Scheidungsfolgenrechts** betroffen ist. Dazu zählt[38] der Betreuungs-, Krankheits- und Altersunterhalt (§§ 1570–1572 BGB) sowie der Versorgungsausgleich (da er dem Altersunterhalt entspricht). Allerdings müssen die verschiedenen Elemente einer Scheidungsfolgenvereinbarung in einer Gesamtschau betrachtet werden. Führt die Scheidungsfolgenvereinbarung zu einer **von Anfang an offenkundig einseitigen Lastenverteilung** bei der Scheidung, so sind die entsprechenden Unterhaltsverzichte sittenwidrig. Die Inhaltskontrolle ist nicht nur zugunsten des Unterhaltsberechtigten, sondern im Grundsatz auch zugunsten des unterhaltsverpflichteten Ehegatten vorzunehmen.[39]

20 Auch auf einen wirksamen Unterhaltsverzicht können sich Unterhaltsverpflichtete dann nicht berufen, wenn dies aufgrund einer späteren Entwicklung mit **Treu und Glauben** nicht vereinbar ist (§ 242 BGB).[40] Solche Fälle wurden zB angenommen, wenn nach dem Verzicht in der bisher kinderlosen Ehe ein Kind geboren wurde, die Unterhaltsberechtigte wegen der Kinderbetreuung auf Unterhaltsleistungen angewiesen und das

---

32 Die in § 1360 a Abs. 3, § 1361 Abs. 4 S. 3, § 1614 BGB genannten Unterhaltsansprüche sind zB für die Zukunft unverzichtbar – im Einzelnen Münder/Ernst, Familienrecht, 6. Aufl. 2008, 52 ff.
33 Vgl. Münder NJW 2001, 2202.
34 BGH 9.7.1992 – XII ZR 57/91.
35 BGH 25.10.2006 – XII ZR 144/04.
36 BGH 28.3.2007 – XII ZR 119/04; OLG Frankfurt/M. 21.3.2007 – 6 WF 28/07.
37 Zu den Grenzen eines Unterhaltsverzichts ausführlich BVerfG 6.2.2001 – 1 BvR 12/92, FamRZ 2001, 343 mit Anm. Schwab; vgl. auch Schubert FamRZ 2001, 733 ff.; und die nachfolgenden Entscheidungen des BGH: BGH 11.2.2004 – XII ZR 265/02; BGH 6.10.2004 – XII ZB 110/99; ausführlich BGH 11.2.2004 – XII ZR 265/02
38 BGH 11.2.2004 – XII ZR 265/02.
39 BGH 5.11.2008 – XII ZR 157/06, NJW 2009, 842 ff.
40 ZB OLG Düsseldorf 23.6.1995 – 7 U 189/94; OLG Düsseldorf 8.11.1995 – 5 UF 102/95; OLG Hamm 6.2.1998 – 10 UF 553/96; OLG Koblenz 20.3.2000 – 13 UF 540/99.

Kind behindert ist.[41] Im Unterschied zur Nichtigkeit nach § 138 BGB führt § 242 BGB nur zum zeitweisen Aussetzen des Verzichtes[42] bzw. zur Reduzierung des Unterhalts auf den sogenannten Notbedarf.[43]

5. Höhe des Anspruchsübergangs

Der Anspruchsübergang ist doppelt begrenzt, zum einen durch die Höhe des Anspruchs 21 selbst, zum anderen durch die **Höhe der geleisteten Aufwendungen.** Maximal in dieser Höhe geht er auf die Leistungsträger über. Ist der übergehende Anspruch höher, verbleibt dem/der Anspruchsberechtigten der darüber hinausgehende Betrag (zur Geltendmachung eines nur teilweise übergegangenen Unterhaltsanspruchs vgl. → Rn. 46, 62, 64 ff.).

II. Speziell: Unterhaltsansprüche

1. Überblick über Besonderheiten beim Übergang von Unterhaltsansprüchen

Trotz ähnlicher Zielrichtung – Sicherung des Lebensunterhalts der Unterhalts- bezie- 22 hungsweise Leistungsberechtigten – bestehen **sozialpolitisch gewollte Unterschiede** zwischen dem **gesetzlichen Unterhaltsrecht** und dem Recht der Existenzsicherungssysteme. Diese Unterschiede erklären sich vor allem daraus, dass das Unterhaltsrecht zwangsweise Pflichten unter Privaten regelt und deshalb auch auf die Belange der Unterhaltspflichtigen Rücksicht nehmen muss. Zudem sind die Unterhaltpflichtigen nicht unmittelbar durch die Grundrechte gebunden. Im Sozialrechtsverhältnis sind hingegen Pflichten zwischen öffentlichen Trägern und Privaten geregelt. Bei den den Grundrechten verpflichteten Grundsicherungsträgern ist keine Rücksichtnahme auf persönliche Belange der Träger erforderlich, sodass das Existenzsicherungsrecht stärker allein die soziale Realität der Leistungsberechtigten in den Blick nehmen kann. Wegen dieser Unterschiede müssen in der Rechtsanwendung die beiden Schichten Unterhalts- und Existenzsicherungsrecht stets sauber voneinander getrennt werden (zu den hieraus entstehenden Friktionen → Rn. 25, 32, 39–45). Das gilt an sich für alle übergangsfähigen Ansprüche, ist beim Unterhaltsrecht aber wegen der ähnlichen Zielrichtung besonders herausforderungsvoll. Die Durchsetzung der übergegangenen Unterhaltsansprüche bedarf detaillierter Kenntnisse des bürgerlich-rechtlichen Unterhaltsrechts.[44]

Neben den Besonderheiten, die sich aus den Unterschieden der beiden Rechtsgebieten 23 ergeben, bestehen auch Modifikationen beim existenzsicherungsrechtlichen Übergang von Unterhaltsansprüchen. Diese sind im SGB II in § 33 Abs. 2 SGB II zusammengefasst; auch § 33 Abs. 3 SGB II hat besondere Bedeutung für Unterhaltsansprüche. Weil der Bedarf nach solchen Modifikationen nur dort besteht, greifen sie nur bei **gesetzlichen Unterhaltsansprüchen,** nicht dagegen bei **vertraglich begründeten Unterhaltsansprüchen.**[45]

Die Modifikationen beim Übergang von Unterhaltsansprüchen (tabellarische Übersicht 24 hierzu → Rn. 6) bestehen darin, den Anspruchsübergang in bestimmten Fällen auszuschließen (hierzu sogleich ab → Rn. 25) und angesichts der Unterschiede in der Bedarfs-

---

41 Grundsätzlich BVerfG 6.2.2001 – 1 BvR 12/92.
42 BGH 28.11.1990 – XII ZR 16/90; OLG Celle 11.10.1991 – 10 WF 140/91.
43 OLG Bamberg 7.2.1991 – 2 UF 30/90.
44 Ausführlich dazu und insbesondere zum Komplex von Unterhalt und Sozialleistungen vgl. Göppinger/Wax Rn. 1833; Heiß/Born Kap. 16; Schnitzler § 12; Scholz/Stein Teil L; Wendl/Staudigl § 8; Martiny 2000; Müller 2012.
45 Dies gilt allerdings nicht, wenn es sich nicht um originär-vertraglich begründete Unterhaltsansprüche handelt, sondern lediglich um Modifikationen gesetzlicher Unterhaltsansprüche – BVerwG 27.5.1993 – 5 C 7.91.

bestimmung Belange der privaten Unterhaltspflichtigen bereits beim Anspruchsübergang zu berücksichtigen (→ Rn. 32 ff.). Daneben bestehen wegen der vergleichsweise starken Zeitgebundenheit von Unterhaltsansprüchen Besonderheiten hinsichtlich der Durchsetzbarkeit von Ansprüchen für die Vergangenheit, die im SGB II zwar auf alle Anspruchsübergänge anwendbar sind, praktisch aber nur für Unterhaltsansprüche relevant werden (ab → Rn. 50).

2. Übergangsausschlüsse bei Unterhaltsansprüchen

a) Überblick

25 Die Übergangsausschlüsse lassen sich in verschiedene Gruppen zusammenfassen. Zum einen wird ein Anspruchsübergang ausgeschlossen, wenn der Unterhalt bereits in anderer Weise bei der Bestimmung des existenzsicherungsrechtlichen Anspruchs berücksichtigt wird (→ Rn. 26). Zum anderen wird darauf Rücksicht genommen, dass die Inanspruchnahme von Unterhaltsansprüchen wegen der damit verbundenen Belastungen des unterhaltsrechtlichen Solidarverbandes mit der Gefahr für die Leistungsberechtigten einhergeht, durch die Inanspruchnahme des materiellen Unterhalts die weiteren sozialen Funktionen des Sozialverbands zu verlieren. Das Gesetz löst dieses Dilemma der Leistungsberechtigten, zwischen zwei Übeln – wirtschaftliche oder soziale Armut – wählen zu müssen, dadurch, dass in bestimmten Fällen der Vorrang der Unterhaltsansprüche aufgegeben wird (→ Rn. 6, 29).

b) Übergangsausschluss wegen anderweitiger Herstellung des Nachrangs (§ 33 Abs. 2 S. 1 Nr. 1, Abs. 2 S. 2 SGB II)

26 Nach § 33 Abs. 2 S. 1 Nr. 1 SGB II ist der Übergang bei Unterhaltsverpflichteten ausgeschlossen, die mit dem Unterhaltsberechtigten **in einer Bedarfsgemeinschaft** im Sinne des § 7 Abs. 3 SGB II leben. Innerhalb von Bedarfsgemeinschaften ist die Herstellung des Nachrangs der Existenzsicherungsleistungen in weiterem Umfang als im Unterhaltsrecht bereits über § 9 Abs. 2 SGB II durch Anrechnung von Einkommen und Vermögen hergestellt.

27 Auch bei **laufender Unterhaltszahlung** ist der Übergang des Anspruches gemäß § 33 Abs. 2 S. 2 SGB II ausgeschlossen. Durch die Anrechnung der laufenden Unterhaltszahlung als Einkommen der Leistungsberechtigten nach § 11 SGB II ist auch hier der Nachrang der Existenzsicherungsleistung bereits hergestellt.

28 Soweit der Unterhalt bereits bezahlt ist, ist der Anspruch erfüllt und somit erloschen (§ 362 BGB). Soweit nicht der volle laufende Unterhaltsanspruch erfüllt wird, geht der nicht geleistete Teil des Unterhaltsanspruchs über. Auch dann, wenn die Existenzsicherungsleistung vor dem Unterhalt beim Unterhaltsberechtigten eingeht, greift § 33 Abs. 2 S. 2 SGB II, sodass kein Übergang stattfindet. Die Vorschrift hat hauptsächlich hinsichtlich der Zukunft Bedeutung: Klagen Grundsicherungsträger gemäß § 33 Abs. 3 S. 2 SGB II auf künftige Leistungen, erhält die Vorschrift den Unterhaltspflichtigen die Möglichkeit, befreiend unmittelbar an die Berechtigten zu leisten (vgl. → Rn. 47).

c) Übergangsausschluss mit Rücksicht auf familiäre Solidarität (§ 33 Abs. 2 S. 1 Nr. 2 und 3 SGB II)

29 § 33 Abs. 2 S. 1 Nr. 2 SGB II versucht, das Dilemma der Leistungsberechtigten zu lösen, zulasten der eigenen Existenzsicherung auf die Belastung des familiären Solidarverbands, die die Geltendmachung des Unterhaltsanspruchs darstellt, aus Scham, Angst oder Rücksichtnahme zu verzichten. Dabei bestehen **keine Besonderheiten beim (nach-)ehelichen** oder lebenspartnerschaftlichen **Unterhalt**. Dies erklärt sich daraus, dass die Unterhaltspflicht hier auf einer (jedenfalls ursprünglich) freiwilligen Solidari-

tätsübernahme der Beteiligten füreinander beruht. Ebenfalls keine Besonderheiten bestehen beim **Nichtehelichenunterhalt** nach § 1615 l BGB. Grund hierfür dürfte die Verantwortungsübernahme durch regelmäßig selbst verantwortetes Handeln und die zeitlich und inhaltlich enge Begrenzung dieses Anspruchs sein.

Demgegenüber bestehen Besonderheiten beim **Verwandtenunterhalt**. Der Übergang ist **30** nach § 33 Abs. 2 S. 1 Nr. 2 SGB II ausgeschlossen, wenn Unterhaltsberechtigte ihre Unterhaltsansprüche **nicht geltend machen**.[46] Das Gesetz überlässt also den Leistungsberechtigten die Wahl und lockert insoweit das **Selbsthilfegebot nach § 2 SGB II** und so den **Nachrang** der Existenzsicherung.[47] Als **Gegenausnahme** gilt dieser Übergangsausschluss gemäß § 33 Abs. 2 S. 1 Nr. 2 Hs. 2 SGB II nicht bei **Unterhaltsansprüchen** von Minderjährigen oder bei noch nicht abgeschlossener Erstausbildung – schulischer oder beruflicher[48] – von **unter 25-jährigen Hilfebedürftigen gegen ihre Eltern**. Hintergrund dürfte hier ebenfalls die regelmäßig selbst verantwortete Entscheidung zur Elternschaft sein.

Zur Stärkung der Unabhängigkeit der Leistungsberechtigten von ihren Familien durch **31** Sicherung ihrer wirtschaftlichen Existenz ohne Rückgriff auf die Familie ist nach § 33 Abs. 2 S. 1 Nr. 3 SGB II der Übergang von Unterhaltsansprüchen von Kindern gegenüber ihren Eltern generell ausgeschlossen, wenn das Kind selbst **schwanger** ist (ab Feststehen der Schwangerschaft) oder **sein leibliches Kind bis zur Vollendung von dessen sechsten Lebensjahr betreut**. Ausdrückliche Intention der Vorschrift ist, die Leistungsberechtigten vom wirtschaftlichen Druck der Familien zu befreien, das Kind abzutreiben oder zur Adoption freizugeben. Für die Betreuung maßgeblich ist, dass die Person einen wichtigen Teil der Betreuungsleistungen erbringt und die Hauptverantwortung für die Betreuung trägt. So ist Betreuung zB auch dann gegeben, wenn das Kind in einer Kinderkrippe, einem Kindergarten oder in Tagespflege betreut wird.[49]

3. Einschränkung des Übergangs: Grundsicherungsrechtliche Vergleichsberechnung

Nicht in erster Linie dem Schutz der Leistungsberechtigten, sondern dem der Unter- **32** haltspflichtigen dient demgegenüber § 33 Abs. 2 S. 3 SGB II. Da im Unterhaltsrecht nicht allein auf tatsächliches, sondern auch auf fiktives Einkommen abgestellt wird, ist es möglich, dass Unterhaltspflichtige bei Erfüllung von Unterhaltsansprüchen im Sinne der Existenzsicherungssystem hilfebedürftig würden.[50] Wegen ihrer Grundrechtsbindung auch zugunsten der Unterhaltspflichtigen[51] sind die Grundsicherungsträger gehindert, in solchen Fällen Unterhaltsansprüche geltend zu machen.

Nach dem missglückten Wortlaut von § 33 Abs. 2 S. 3 SGB II geht der Unterhaltsan- **33** spruch nur über, soweit Einkommen und Vermögen der unterhaltspflichtigen Person das nach den §§ 11 bis 12 SGB II zu berücksichtigende Einkommen und Vermögen übersteigt. Diese Vorschrift ist nur von ihrem Sinn und Zweck (hierzu → Rn. 32) her verständlich. Um diesen Zweck zu erfüllen, ist eine **Vergleichsberechnung notwendig**.[52] Weil es innerhalb der gegliederten öffentlich-rechtlichen Systeme stets nur darum geht, Hilfebedürftigkeit innerhalb dieses Systems zu vermeiden, erfolgt diese fiktive Vergleichsberechnung – unabhängig von Aufenthaltsstatus, Erwerbsfähigkeit und Alter der

46 LSG Nds-Brem 22.6.2006 – L 8 AS 165/06 ER.
47 LSG Hmb 28.1.2008 – L 5 B 21/08 ER AS.
48 Im Einzelnen Münder in: LPK-SGB II § 33 Rn. 34.
49 DH-BA 33.26.
50 Vgl. Nachweise dazu bei BGH 23.10.2013 – XII ZB 570/12, Rn. 23.
51 Vgl. BSG 20.6.1984 – 7 RAr 18/83; BGH 2.5.1990 – XII ZR 72/89; BGH 16.6.1993 – XII ZR 6/92; Finke, Bedarf bei der Hilfe zum Lebensunterhalt und unterhaltsrechtlichen Unterhaltsansprüchen 1999, S. 108 mwN.
52 Einhellige Meinung: Silbermann in: Eicher/Luik SGB II § 33 Rn. 51; Grote-Seifert in: jurisPK-SGB II § 33 Rn. 71; Münder in: LPK-SGB II § 33 Rn. 37; Hölzer in: Estelmann § 33 Rn. 80; DH-BA 33.32.

Unterhaltspflichtigen oder vom Vorliegen von Leistungsausschlüssen bei Unterhaltspflichtigen – bei unterhaltsberechtigten Leistungsberechtigten nach dem SGB II entsprechend dem SGB II,[53] bei unterhaltsberechtigten Leistungsberechtigten nach dem SGB XII entsprechend dem SGB XII.

34 Bei der grundsicherungsrechtlichen Vergleichsberechnung ist zu prüfen, wie hoch der hypothetische **Bedarf** auf Leistungen zur Sicherung des Lebensunterhalts ist und wie hoch die hypothetische **Bedürftigkeit** ist. Umstritten ist, ob nur auf die Bedürftigkeit der unterhaltsverpflichteten Person selbst abzustellen ist, oder auch Bedürftigkeit der Mitglieder der Einsatz-/Bedarfsgemeinschaft einzubeziehen ist. **Im SGB XII wurde schon immer weitgehend** die Auffassung vertreten, dass die **Vergleichsrechnung alleine die Bedürftigkeit der Unterhaltsverpflichteten** selbst einbezieht.[54]

35 Diese Position lässt sich nicht auf das SGB II übertragen: Wegen § 9 Abs. 2 S. 3 SGB II gilt bereits (und erst) dann jede einzelne **Person** in einer Bedarfsgemeinschaft als **hilfebedürftig**, wenn der **Gesamtbedarf der Bedarfsgemeinschaft** nicht gedeckt ist. Deshalb muss bei der SGB II-Vergleichsberechnung nicht nur die **Bedürftigkeit** der unterhaltspflichtigen Person selbst, sondern auch diejenige der mit ihr in **Bedarfsgemeinschaft** lebenden Personen berücksichtigt werden.[55] Das bedeutet, dass nicht nur die Bedarfe der mit der unterhaltspflichtigen Person in einer fiktiven Bedarfsgemeinschaft lebenden Personen einzubeziehen sind, sondern auch das **fiktiv zu berücksichtigende**, tatsächlich vorhandene **Einkommen und Vermögen der mit der unterhaltspflichtigen Person in einer fiktiven Bedarfsgemeinschaft lebenden Personen** nach den Regeln des SGB II in die Vergleichsberechnung einbezogen werden muss. Dass durch diese ausgeweitete Vergleichsberechnung Unterhaltspflichtige auch Nachteile gegenüber einer einzelpersonbezogenen Vergleichsberechnung haben, ist vor dem Hintergrund von Sinn und Zweck des Gesetzes hinnehmbar.[56]

36 Die fiktiven **Bedarfe** richten sich nach den gesetzlichen Vorschriften über das Alg II (§§ 19 bis 26 SGB II). Soweit darin eine Begrenzung auf die **Angemessenheit** stattfindet (zB § 22 Abs. 1 S. 1 SGB II) muss bei der fiktiven Bedarfsfeststellung die gegenwärtige Lebenssituation der Unterhaltspflichtigen zugrunde gelegt werden; es darf nicht auf die vergleichbare Lebenssituation mit Leistungsberechtigten abgestellt werden:

37 Die Rücksichtnahme auf die gegenwärtige Lebenssituation der Unterhaltspflichtigen gilt im Rahmen der **Vergleichsberechnung** auch auf der **Bedürftigkeitsseite**. Auch die Bedürftigkeit ist fiktiv nach den Regeln des SGB II zu bestimmen. Soweit allerdings die Vorschriften über den **Einsatz von Einkommen und Vermögen** (§§ 11–12 SGB II, hierzu **Kapitel 20 und 21**) unbestimmte Rechtsbegriffe verwenden, insbesondere auf die Angemessenheit abstellen, ist entgegen der Anordnung in § 12 Abs. 3 S. 2 SGB II nicht auf die Situation „während des Leistungsbezugs", sondern – ähnlich wie bei Leistungsberechtigten nach dem Fünften bis Neunten Kapitel SGB XII – auf die **Lebensumstände der Unterhaltspflichtigen in ihrer gegenwärtigen Situation** abzustellen. Diese unbestimmten Rechtsbegriffe werden bei Unterhaltspflichtigen daher regelmäßig großzügiger als im Grundsicherungsrecht auszulegen sein.

38 Der Schutz durch die **grundsicherungsrechtliche Vergleichsberechnung** besteht unabhängig von **unterhaltsrechtlichen Verschonungsregeln**. Geschont ist der jeweils höhere Be-

---

53 BGH 23.10.2013 – XII ZB 570/12, Rn. 19; BT-Drs 15/1516, S. 62.
54 Vgl. im Einzelnen mit Nachweis der unterschiedlichen Positionen Conradis/Münder in: LPK-SGB XII § 94 Rn. 40.
55 BGH 23.10.2013 – XII ZB 570/12, Rn. 14–24; Fügemann in: Hauck/Noftz SGB II Stand 1/2017 Rn. K129 a; Stotz in: Gagel SGB II/SGB II Rn. 68; Grote-Seifert in: jurisPK-SGB II § 33 Rn. 72; Silbermann in: Eicher/Luik SGB II § 33 Rn. 52; aA die Vorauflage Kap. 40 Rn. 28; Münder in: LPK-SGB II, 5. Aufl. 2013, § 33 Rn. 38; Mrozynski, Grundsicherung und Sozialhilfe, Stand 5/2014, Rn. 32 f.
56 BGH 23.10.2013 – XII ZB 570/12, Rn. 24.

trag: Der Grundsicherungsträger darf weder auf den Teil des Unterhaltsanspruchs zugreifen, der von § 33 Abs. 2 S. 3 SGB II geschützt ist, noch auf den Teil, der durch unterhaltsrechtliche Selbstbehalte (vgl. sogleich → Rn. 39) geschont ist.

4. Einschränkung bei der Geltendmachung des Unterhaltsanspruchs wegen Unterschieden zwischen Unterhaltsanspruch und Leistungen zur Sicherung des Lebensunterhalts

Für die Frage, ob überhaupt Unterhaltsansprüche übergehen, kommt es nicht auf die **39** Höhe des Unterhaltsanspruchs an. Freilich kann der Anspruch nur in dem Umfang übergehen, in dem er konkret tatsächlich besteht. Deswegen sind über die in § 33 Abs. 2 SGB II geregelten Übergangsausschlüsse bzw. -einschränkungen hinaus die **Unterschiede zwischen Unterhalts- und Existenzsicherungsrecht** zu beachten. Diese führen regelmäßig dazu, dass der Unterhaltsanspruch nicht mit dem existenzsicherungsrechtlichen Anspruch deckungsgleich ist. Freilich ist festzuhalten, dass es für den Anspruchsübergang nur darauf ankommt, dass der nach unterhaltsrechtlichen Regeln bestimmte Unterhaltsanspruch zeitgleich und in gleicher Höhe wie der existenzsicherungsrechtliche Anspruch bestanden hat.

a) Unterschiede beim Bedarf

Zivilrechtlich ist nur der gegenwärtige Bedarf abzudecken, es sei denn, es liegen gesetz- **40** lich ausdrücklich spezielle Regelungen vor (wie zB zum Sonderbedarf). Der existenzsicherungsrechtliche Bedarfsbegriff umfasst demgegenüber teils auch unterhaltsrechtlich irrelevante Bedarfe, zB Einmalleistungen für an sich nicht hilfebedürftige Personen nach § 24 Abs. 3 S. 2 SGB II oder die **Schuldenübernahme** nach § 22 Abs. 8 SGB II. Insoweit besteht also unterhaltsrechtlich kein Anspruch, der übergehen könnte.

b) Unterschiede bei der Bedürftigkeit

Auch unterhaltsrechtlich sind zur Minderung der Bedürftigkeit **Einkommen und Vermö- 41 gen** einzusetzen, allerdings ergeben sich auch hier Unterschiede in der Ausgestaltung. So lässt das SGB II bestimmtes Einkommen anrechnungsfrei, das **unterhaltsrechtlich** grundsätzlich **einzusetzen** ist. Das gilt zB für die Grundrente nach dem BVG (§ 11 a Abs. 1 Nr. 2 und 3 SGB II), für Schmerzensgeld (§ 11 a Abs. 2 SGB II)[57] sowie für weitere in §§ 11 a, 11 b SGB II geschonte Einkommensteile. Soweit diese Positionen **unterhaltsrechtlich** grundsätzlich als **Einkommen** zu berücksichtigen sind, mindern sie den Unterhaltsanspruch der Leistungsberechtigten, der infolgedessen mangels Bestehen auch nicht übergehen kann.

Unterhaltsrechtlich muss der **Vermögensstamm** nur selten eingesetzt werden. Selbst in **42** diesen Fällen ergeben sich aber Unterschiede zB hinsichtlich aller in § 12 Abs. 2 SGB II genannten Freibeträge. So mag wegen der grundsicherungsrechtlichen Verschonung dieser Gegenstände Hilfebedürftigkeit im Sinne von § 9 SGB II vorliegen, während **zivilrechtlich** kein Unterhaltsanspruch besteht.[58] Damit sind Leistungen nach dem SGB II zu erbringen, denen kein Unterhaltsanspruch gegenüber steht, der übergehen könnte.

c) Unterschiede wegen der Leistungsfähigkeit der Unterhaltsverpflichteten

Auch die Leistungsfähigkeit der Unterhaltsverpflichteten bestimmt sich nach anderen **43** Regeln als sich die Hilfebedürftigkeit im SGB II bestimmen würde. Insbesondere wird

---

57 Das zivilrechtlich jedoch Einkommen ist: BGH 13.7.1988 – IVb ZR 39/87; BVerwG 18.5.1995 – 5 C 22.93.
58 Zivilrechtlich wird zT ein sog. „Notgroschen" anerkannt, oft in Anlehnung an die frühere Regelung in § 90 SGB XII – 1.600 EUR, das ist aber strittig, vgl. BGH 5.11.1997 – XII ZR 20/96.

unterhaltsrechtlich nicht nur tatsächlich erzieltes, sondern auch **fiktives Einkommen** berücksichtigt.

44 Was den **Einsatz des Einkommens** anbelangt, so ist auf das bereinigte Einkommen abzustellen. Bei **normaler** (nicht gesteigerter) Unterhaltspflicht sind Unterhaltsverpflichtete nur jenseits des angemessenen Eigenbedarfs leistungsfähig und damit unterhaltsverpflichtet. Von dem so zur Verfügung stehenden Einkommen ist bei nicht sozialversicherungspflichtig beschäftigten Unterhaltsverpflichteten grundsätzlich ein Anteil von rund 20 % des Bruttoeinkommens für eine primäre Altersversorgung abziehbar.[59] Beiträge für eine zusätzliche (sekundäre) Altersversorgung werden zu berücksichtigen sein,[60] wobei die Höhe hier noch unklar ist; man wird zumindest von einem Betrag in Höhe des steuerlich zulässigen Sonderausgabenabzuges[61] ausgehen können.[62] Beim – im SGB II nur bedingt relevanten (vgl. → Rn. 30) – **Elternunterhalt** wird eine „maßvolle Erhöhung" des Selbstbehalts für sinnvoll erachtet.[63] Diese Erhöhung gilt auch dann, wenn **Eltern** für ihr lange schon **erwachsenes Kind** wieder auf Unterhalt in Anspruch genommen werden.[64]

45 Auch der **Einsatz von Vermögen** ist bei der Leistungsfähigkeit zu berücksichtigen.[65] Erträge des Vermögens zählen als Einkommen. Grundsätzlich ist auch der Stamm des Vermögens einzusetzen,[66] sofern die Verwertung nicht wegen Unwirtschaftlichkeit unzumutbar wäre.[67] Allerdings wird dem Unterhaltsverpflichteten in gewissem Umfang ein unterhaltsrechtlich nicht einzusetzendes Schonvermögen zur Bildung von Reserven für unvorhersehbare Ausgaben und zur Sicherung bzw. Aufrechterhaltung einer **angemessenen Altersversorgung** – hier akzeptiert der BGH ein Vermögen in der Höhe, wie es mit Aufwendungen in Höhe von 5 % des Bruttoeinkommens im Laufe eines Erwerbslebens angespart werden könnte[68] – zugestanden. Ebenfalls kann die **Verwertung eines selbstgenutzten Eigenheimes** nicht verlangt werden.[69]

III. Rechtsfolgen

1. Anspruchsübergang kraft Gesetzes (Cessio Legis)

46 Soweit die Voraussetzungen vorliegen, gehen die Ansprüche **kraft Gesetzes** auf die Leistungsträger nach dem SGB II über. Im Umfang ist der Übergang auf **die Höhe** der von den Leistungsträgern gemachten **Aufwendungen** begrenzt (**§ 33 Abs. 1 S. 1 SGB II**; hierzu → Rn. 21). Soweit der Anspruch der Leistungsberechtigten höher ist, geht er nicht über, verbleibt also in der Inhaberschaft der Leistungsberechtigten. Der Übergang bewirkt einen **Gläubigerwechsel: Neuer Gläubiger wird der leistende Leistungsträger nach dem SGB II.** Bei zugelassenen kommunalen Trägern ist das jeweils dieser Träger allein. **Gemeinsame Einrichtungen** im Sinne von § 44 b SGB II nehmen die übergegangenen

---

59 Wenn es konkret dafür eingesetzt wird: BGH 19.2.2003 – XII ZR 67/00.
60 BGH 19.3.2003 – XII ZR 123/00.
61 § 10 a Abs. 1 EStG – sog. Riester-Rente.
62 Zum Umfang und zu entsprechenden Rechenbeispielen auf der Basis der einschlägigen BGH-Entscheidung (BGH 28.7.2010 – XII ZR 140/07) vgl. Münder in: LPK-SGB II § 33 Rn. 50 ff.
63 Die Tabellen der OLG sehen entsprechend eine 25 %-ige Erhöhung gegenüber dem gewöhnlichen angemessenen Eigenbedarf vor.
64 OLG Karlsruhe 8.6.1999 – 18 UF 263/98.
65 Ausführlich Person/Gühlstorf ZfF 2009, 73 ff.
66 BGH 21.4.2004 – XII ZR 326/01.
67 OLG Köln 26.6.2002 – 25 UF 303/01.
68 BGH 29.4.2015 – XII ZR 236/14; BGH 30.8.2006 – XII ZR 98/04, juris Rn. 43: ca. 100.000 Euro; im Falle von AG Pankow/Weißensee 5.11.2008 – 17 F 4142/08: 252.065,83 EUR; vgl. auch Person/Gühlstorf ZfF 2009, 73 ff.
69 BGH 19.3.2003 – XII ZR 123/00, BGHZ 154, 247.

Ansprüche nach außen hin als Ganze wahr.[70] Nach innen erfolgt die Aufteilung nach den Vereinbarungen zwischen BA und kommunalen Trägern.

Der Übergang ändert den **Anspruch in seinem Wesen nicht.** Der Leistungsträger nach **47** dem SGB II muss die übergegangenen Ansprüche der Leistungsberechtigten deswegen genauso geltend machen, wie die Leistungsberechtigten sie ohne Übergang hätten geltend machen müssen. Mit dem Übergang verlieren die Leistungsberechtigten die Befugnis, übergegangene Ansprüche (für die Vergangenheit) geltend zu machen. Allerdings geht das **Stammrecht nicht mit über,** sodass die Leistungsberechtigten Gestaltungsrechte (zB Anfechtung) weiterhin ausüben können.[71] Da das **Stammrecht verbleibt** und da bei künftigen Ansprüchen der Übergang unter der aufschiebenden Bedingung der tatsächlichen Leistungsgewährung steht (vgl. → Rn. 55), sind Drittverpflichtete auch nach Übergang berechtigt, die Leistungsberechtigten mit befreiender Wirkung unmittelbar zu befriedigen. Den Berechtigten die Möglichkeit zu nehmen, durch die Realisierung eigener Ansprüche unabhängig von Existenzsicherungsleistungen zu werden, würde auch dem Nachrangprinzip widersprechen.[72]

2. Speziell bei Unterhaltsansprüchen: Auskunftsanspruch

Bei Unterhaltsansprüchen geht, wie § 33 Abs. 1 S. 3 SGB II ausdrücklich anordnet, ne- **48** ben dem eigentlichen Unterhaltsanspruch auch der **unterhaltsrechtliche Auskunftsanspruch** über. Dieser unterhaltsrechtliche Anspruch ergibt sich aus folgenden Vorschriften:

Verwandten-unterhalt	Ehegattenunterhalt[73]		Lebenspartnerunterhalt[74]		Unterhalt für nicht mitein-ander verhei-ratete Eltern-teile
	Getrenntle-bensunterhalt	Nachehelicher Unterhalt	Getrenntle-bensunterhalt	Nachpartner-schaftlicher Unterhalt	
§ 1605 BGB	§ 1605 BGB iVm § 1361 Abs. 4 S. 4 BGB	§ 1580 BGB iVm § 1605 BGB	§ 1605 BGB iVm § 1361 Abs. 4 S. 4 BGB iVm § 12 S. 2 LPartG	§ 1580 BGB iVm § 16 S. 2 LPartG iVm § 1605 BGB	§ 1605 BGB iVm § 1615 l Abs. 3 S. 1 BGB

Auch dieser Anspruch geht nur in dem Umfang über, wie er unterhaltsrechtlich besteht, und muss gleichfalls nach unterhaltsrechtlichen Regeln (Stufenklage) geltend gemacht werden.

Unabhängig von diesem abgeleiteten Anspruch haben die SGB II-Träger gem. § 60 **49** **Abs. 2 S. 1 und 3 SGB II** einen **öffentlich-rechtlichen Auskunftsanspruch**, der durch Verwaltungsakt zu realisieren ist.[75] § 60 Abs. 2 S. 1, 3 SGB II erfasst einen erheblich weiteren Personenkreis, nämlich alle Personen, die gegenüber (potenziell) Leistungsberechtigten nach dem SGB II zu Leistungen egal welcher Art verpflichtet sind, sofern diese Leis-

---

70 OLG Zweibrücken 18.4.2007 – 5 WF 16/07.
71 BGH 28.4.2010 – XII ZR 141/08.
72 BGH 7.10.1981 – IV ZR 598/80; aA OLG Karlsruhe 5.1.1979 – 16 UF 15/78.
73 Unterhaltsansprüche bei bestehender ehelicher Lebensgemeinschaft gehen wegen § 33 Abs. 2 S. 2 Nr. 1 SGB II nicht über, vgl. → Rn. 26 iVm § 7 Abs. 3 Nr. 3 BSt. a SGB II.
74 Unterhaltsansprüche bei bestehender lebenspartnerschaftlicher Lebensgemeinschaft gehen wegen § 33 Abs. 2 S. 2 Nr. 1 SGB II nicht über, vgl. → Rn. 26 iVm § 7 Abs. 3 Nr. 3 BSt. b SGB II.
75 BSG 18.5.1995 – 7 RAr 2/95; BVerwG 21.1.1993 – 5 C 22/90; LSG BW 25.2.2016 – L 7 SO 3734/15; Stachnow-Meyerhoff/G. Becker in: jurisPK-SGB II § 60 Rn. 33; kritisch hierzu Blüggel in: Eicher/Luik § 60 SGB II Rn. 47 f.

tungen die Leistungen nach dem SGB II ausschließen oder mindern würden. Die Auskunftspflicht nach § 60 SGB II besteht nur in den Fällen der Negativevidenz (hierzu → Rn. 97) nicht,[76] also dann, wenn eine Leistungspflicht nach objektivem materiellem Recht offensichtlich ausgeschlossen ist. Da diese Auskunftspflicht nur so weit reicht, wie es zur Aufgabenerfüllung nach dem SGB II erforderlich ist und Verwandtenunterhalt nach § 33 Abs. 2 S. 1 Nr. 2 SGB II abgesehen von Ausnahmefällen nur übergeht, wenn er geltend gemacht wird, kann nach § 60 Abs. 2 SGB II Auskunft über das Einkommen oder Vermögen von potenziell unterhaltspflichtigen Verwandten und ihren Ehegatten/Ehegattinnen oder Lebenspartner*innen nur dann verlangt werden, wenn die Leistungsberechtigten diesen Unterhalt auch geltend gemacht haben.[77]

3. Zeitliche Wirkungen des Übergangs – Vergangenheit, Zukunft

50 Da sich der Rechtscharakter der übergegangenen Ansprüche nicht ändert, folgen auch Untergang und Durchsetzbarkeit dieser Ansprüche den Regeln, nach denen die Ansprüche ursprünglich entstanden sind. Grundsätzlich können daher auch **Ansprüche aus der Vergangenheit** geltend gemacht werden, solange sie noch nicht – etwa durch Erfüllung (§ 362 BGB) – untergegangen sind. So kann etwa ein übergegangener Anspruch auf Zahlung eines Mietzinses für einen in der Vergangenheit liegenden Monat auch später noch geltend gemacht werden.

51 Allerdings gehen insbesondere **Unterhaltsansprüche** sehr schnell durch Zeitablauf unter: Wegen des unterhaltsrechtlichen Grundsatzes *in Praeteritum non vivitur* (in die Vergangenheit hinein wird nicht gelebt) können Unterhaltsansprüche für vergangene Zeiträume nur in Ausnahmefällen geltend gemacht werden.[78] Diese Ausnahmen sind in § 1613 BGB geregelt, auf die je nach Unterhaltsart andere Vorschriften verweisen.

| Verwandten-unterhalt | Ehegattenunterhalt[79] | | Lebenspartnerunterhalt[80] | | Unterhalt für nicht miteinander verheiratete Elternteile |
	Getrenntlebensunterhalt	Nachehelicher Unterhalt	Getrenntlebensunterhalt	Nachpartnerschaftlicher Unterhalt	
§ 1613 BGB	§ 1613 BGB iVm § 1361 Abs. 4 S. 4, § 1360 a Abs. 3 BGB	Für Sonderbedarfe § 1585 b Abs. 1 BGB iVm § 1613 Abs. 2 BGB; im Übrigen § 1585 b Abs. 2 BGB iVm § 1613 Abs. 1 BGB; allgemeine Beschränkung auf 1 Jahr vor Rechtshängig-	§ 1613 BGB iVm § 1361 Abs. 4 S. 4, § 1360 a Abs. 3 BGB iVm § 12 S. 2 LPartG	Für Sonderbedarfe § 1585 b Abs. 1 BGB iVm § 1613 Abs. 2 BGB iVm § 16 S. 2 LPartG; im Übrigen § 1585 b Abs. 2 BGB iVm § 1613 Abs. 1 BGB iVm § 16 S. 2 LPartG;	§ 1613 BGB iVm § 1615 l

---

76 LSG BW 25.2.2016 – L 7 SO 3734/15.
77 AA scheinbar LSG Bln-Bbg 29.1.2008 – L 10 B 2195/07 AS ER.
78 Vgl. Born in: MüKoBGB § 1613 Rn. 3.
79 Unterhaltsansprüche bei bestehender ehelicher Lebensgemeinschaft gehen wegen § 33 Abs. 2 S. 2 Nr. 1 SGB II nicht über, vgl. → Rn. 26 iVm § 7 Abs. 3 Nr. 3 a SGB II.
80 Unterhaltsansprüche bei bestehender lebenspartnerschaftlicher Lebensgemeinschaft gehen wegen § 33 Abs. 2 S. 2 Nr. 1 SGB II nicht über, vgl. → Rn. 26 iVm § 7 Abs. 3 Nr. 3 BSt. b SGB II.

| Verwandten-unterhalt | Ehegattenunterhalt | | Lebenspartnerunterhalt | | Unterhalt für nicht mitein-ander verhei-ratete Eltern-teile |
	Getrenntlebensunterhalt	Nachehelicher Unterhalt	Getrenntlebensunterhalt	Nachpartnerschaftlicher Unterhalt	
		keit (§ 1585 b Abs. 3 BGB)		allgemeine Beschränkung auf 1 Jahr vor Rechtshängigkeit (§ 1585 b Abs. 3 BGB iVm § 16 S. 2 LPartG)	Abs. 3 S. 1[81] BGB

Diese Ausnahmefälle, in denen Unterhalt auch für die Vergangenheit geltend gemacht **52** werden kann, sind:[82]

- **Sonderbedarf** für ein Jahr vor der Rechtshängigkeit (§ 1613 Abs. 2 Nr. 1 BGB),

- **Unterhalt im Allgemeinen zeitlich unbegrenzt**, wenn der/die Berechtigte aus rechtlichen oder tatsächlichen Gründen aus dem Verantwortungsbereich des/der Pflichtigen an der Geltendmachung des Anspruchs gehindert war (§ 1613 Abs. 2 Nr. 2 BGB), soweit keine Einschränkungen wegen unbilliger Härten bestehen (§ 1613 Abs. 3 BGB),

- **Unterhalt im Übrigen** ab dem Ersten des Kalendermonats (§ 1613 Abs. 1 BGB), in dem
  - der/die Verpflichtete zur Auskunftserteilung über Einkommen und Vermögen zum Zwecke der Unterhaltsgeltendmachung aufgefordert worden ist,
  - Schuldnerverzug eingetreten ist oder
  - der Unterhaltsanspruch rechtshängig wurde.

Liegt eine dieser Voraussetzungen für die rückwirkende Geltendmachung zum Zeit- **53** punkt des Anspruchsübergangs bereits vor, weil zB die Leistungsberechtigten selbst Auskunft verlangt haben, wirkt dies auch zugunsten der Leistungsträger, auf die der Unterhaltsanspruch übergeht. Auch können die Leistungsträger die Voraussetzungen des § 1613 Abs. 1 BGB selbst nach den dortigen Regeln herbeiführen.

Daneben räumt § 33 Abs. 3 SGB II für solche kurzlebigen Ansprüche – praktisch nur **54** für **Unterhaltsansprüche** – den Leistungsträgern eine eigene Möglichkeit ein, den Anspruch mit zivilrechtlicher Wirkung zu erhalten: Durch schriftliche **Mitteilung an die Unterhaltsverpflichteten**, dass die Träger den Leistungsberechtigten Existenzsicherungsleistungen erbringen. Diese sogenannte **Rechtswahrungsanzeige** wirkt zivilrechtlich und nicht öffentlich-rechtlich und ist daher kein Verwaltungsakt.[83] Unterhaltsansprüche, die nach ihrem – zivilrechtlich und nicht nach dem SGB X zu bestimmenden – Zugangszeitpunkt entstehen, gehen nicht mehr durch bloßen Zeitablauf unter und können daher noch länger geltend gemacht werden. Zu ihrer Wirksamkeit – mangels VA-Qualität kann die Rechtswahrungsanzeige nicht in Bestandskraft erwachsen[84] – müssen folgende Voraussetzungen erfüllt sein:

---

81 BGH 2.10.2013 – XII ZB 249/12; ebenso Born in: MüKoBGB § 1613 Rn. 60; Budzikiewicz in: Jauernig BGB § 1615 I Rn. 6.
82 Übersicht bei Born in: MüKoBGB § 1613 Rn. 3.
83 Münder in: LPK-SGB II § 33 Rn. 65; Grote-Seifert in: jurisPK-SGB II § 33 Rn. 90; Silbermann in: Eicher/ Luik SGB II § 33 SGB II Rn. 55; OLG Koblenz 12.2.2001 – 13 UF 622/00.
84 Stotz in: Gagel SGB II/III, § 33 SGB II Rn. 71.

- Die Anzeige muss in schriftlicher (ersatzweise echter elektronischer, also mit qualifizierter elektronischer Signatur versehener, § 125 Abs. 3, § 126 a Abs. 1 BGB) Form ergangen und dem/der Unterhaltspflichtigen zugegangen sein,[85]

- Existenzsicherungsleistungen müssen mindestens bereits bewilligt worden sein,[86] nach der wohl herrschenden Meinung müssen sie sogar bereits erbracht worden sein,[87]

- aus der Anzeige muss eindeutig die Tatsache hervorgehen, dass und welche Existenzsicherungsleistungen in welchem Umfang gewährt werden,[88]

- seit dem Zugang darf der Leistungsbezug von denselben Leistungsträgern nicht unterbrochen worden sein, sei es durch (auch nur kurzzeitigen) Wegfall der Hilfebedürftigkeit, sei es durch Wechsel der Zuständigkeit; ist das der Fall, behält die Rechtswahrungsanzeige zwar ihre Wirkung für die vor der Unterbrechung entstandenen Unterhaltsansprüche, nicht jedoch für die später entstehenden.[89]

55 **Künftige Ansprüche**, insbesondere Unterhaltsansprüche, können (noch) nicht übergehen, da nicht feststeht, ob zukünftig die Voraussetzungen für den Übergang gegeben sein werden. Aus Praktikabilitätsgründen ermächtigt § 33 Abs. 3 S. 2 SGB II die Leistungsträger allerdings, auch hinsichtlich künftiger Leistungen bis zur Höhe der bisherigen monatlichen Aufwendungen zu klagen, wenn die SGB II-Leistung voraussichtlich für einen **längeren Zeitraum** erbracht wird. Ein längerer Zeitraum liegt in Anlehnung an die vergleichbare Regelung des § 94 Abs. 4 S. 2 SGB XII bei einem Zeitraum von mehr als sechs Monaten vor.[90]

IV. Durchsetzung der übergegangenen Ansprüche, Rechtsschutz dagegen

1. Geltendmachung gegenüber dem/der Schuldner*in

56 Mit der Rechtswahrungsanzeige werden regelmäßig zugleich die Einkommens- und Vermögensverhältnisse der (mutmaßlichen) Schuldner*innen mit **Anforderung geeigneter Unterlagen** (Verdienstbescheinigungen, Steuerbescheide usw.) abgefragt. Nur so können Übergangsausschlüsse und -einschränkungen berücksichtigt und der übergegangene Betrag berechnet und dann angefordert werden.

57 Unabhängig von ihrer strikten Zeitgebundenheit unterliegen auch Unterhaltsansprüche der zivilrechtlichen **Verjährung** und sind danach nicht mehr durchsetzbar, wenn der/die Pflichtige die Verjährungseinrede erhebt. Gemäß § 197 Abs. 2 BGB verjähren Unterhaltsansprüche in drei Jahren mit dem Schluss des Jahres, in dem der Anspruch entstanden ist und der Gläubiger von den den Anspruch begründenden Tatsachen und der Person des Schuldners Kenntnis erlangt hat oder ohne grobe Fahrlässigkeit hätte Kenntnis erlangen können (§ 191 Abs. 1 BGB).

58 Bereits vor Ablauf der Verjährungsfrist kommt uU die **Verwirkung** des Anspruchs, insbesondere des **rückständigen Unterhalts** in Frage, wenn der Leistungsträger, obwohl er hierzu in der Lage gewesen wäre, (Unterhalts-)Zahlungen längere Zeit nicht geltend gemacht hat (sog. Zeitmoment) und der/die Unterhaltsschuldner*in mit Rücksicht auf im Verhalten des Leistungsträgers liegenden Umständen davon ausgehen durfte, dass er

---

85 Stotz in: Gagel SGB II/III, § 33 SGB II Rn. 71.
86 Silbermann in: Eicher/Luik SGB II § 33 SGB II Rn. 55.
87 Stotz in: Gagel SGB II/III, § 33 SGB II Rn. 70.
88 Stotz in: Gagel SGB II/III, § 33 SGB II Rn. 71; Silbermann in: Eicher/Luik SGB II § 33 SGB II Rn. 55.
89 Silbermann in: Eicher/Luik SGB II § 33 SGB II Rn. 55.
90 Im Einzelnen Conradis/Münder in: LPK-SGB XII § 94 Rn. 83.

Pattar

auch in Zukunft den Anspruch nicht geltend machen würde (sog. Umstandsmoment).[91] Das Zeitmoment mag bei Unterhaltsansprüchen regelmäßig dann erfüllt sein, wenn die Rückstände sich auf Zeitabschnitte beziehen, die **etwas mehr als ein Jahr** zurückliegen,[92] daneben muss aber auch stets das Umstandsmoment erfüllt sein.

2. Gerichtliche Durchsetzung

a) Allgemein

Entsteht über den vom Leistungsträger geforderten Anspruch Streit, muss der Leistungsträger den (behaupteten) Anspruch gerichtlich durchsetzen. Der **Gerichtsweg** richtet sich dabei nach dem Anspruch selbst; das umfasst auch die Prüfung der öffentlich-rechtlichen Voraussetzungen für den Anspruchsübergang (§ 33 Abs. 4 S. 3 SGB II). Die häufig betroffenen Unterhaltsansprüche sind also im **Zivilprozess** geltend zu machen, wo der **Beibringungsgrundsatz** gilt: Jede/r Beteiligte muss jeweils sämtliche Tatsachen vortragen und im Streitfall beweisen, auf die er/sie für ihn/sie günstige Rechtsfolgen herleitet. Denkbar sind aber auch Prozesse vor dem Finanzgericht, wenn es etwa um rückständige Einkommensteuererstattungen geht.   **59**

Die **Klägerseite** (also der **Leistungsträger**) muss vortragen und beweisen,[93]   **60**

■ dass die öffentlich-rechtlichen Voraussetzungen des § 33 SGB II für den Übergang vorliegen (→ Rn. 8 ff.),

■ welchen Umfang die bisher erbrachten Leistungen aufgeschlüsselt nach Zeiträumen und (bei Bedarfsgemeinschaften) nach Personen hatten,

■ dass die tatsächlichen Voraussetzungen für den zivilrechtlichen Anspruch vorliegen, bei **Unterhaltsansprüchen** also,

■ dass Pflichtige/r und Leistungsbezieher*in zum unterhaltspflichtigen Personenkreis gehören,

■ wie hoch der unterhaltsrechtliche (!) Bedarf des/der Leistungsberechtigten und

■ seine/ihre Bedürftigkeit ist,

■ dass der/die Pflichtige leistungsfähig ist und

■ dass er/sie bei einer grundsicherungsrechtlichen Vergleichsberechnung nicht selbst hilfebedürftig würde (→ Rn. 32 ff.),

■ dass die Voraussetzungen für die Geltendmachung von Unterhalt für die Vergangenheit vorliegen (→ Rn. 50 ff.),

■ bei Klage auf künftigen Unterhalt (→ Rn. 55), dass und welche Tatsachen vorliegen, dass voraussichtlich Hilfe auf längere Zeit gewährt werden muss.

Die **Beklagtenseite** (also der/die Unterhalts-, Herausgabe-, Zahlungspflichtige), muss   **61** Tatsachen vortragen und beweisen,

■ die gegen die sozialrechtlichen Voraussetzungen des Übergangs sprechen (→ Rn. 8 ff.),

■ die für einen Ausschluss des Übergangs sprechen (→ Rn. 25 ff.),

■ die gegen den übergegangenen (Unterhalts-)Anspruch selbst sprechen.

---

91 Sog. Umstandsmoment – grundsätzlich BGH 23.10.2002 – XII ZR 266/99, m.Anm. Klinkhammer FamRZ 2002, 1702 ff.; ebenso DH-BA 33.13.
92 Im Fall des BGH 23.10.2002 – XII ZR 266/99, waren es ca. 15 Monate.
93 Im Einzelnen Münder in: LPK-SGB II § 33 Rn. 75.

b) Aktivlegitimation

62 Aktiv legitimiert ist der Leistungsträger, auf den der Anspruch übergegangen ist. Soweit der Übergang reicht, hat der Träger die alleinige Prozessführungsbefugnis (zum Fall der Rückübertragung vgl. → Rn. 64 f.). Die gemeinsame Einrichtung nimmt nach § 44 b SGB II die Aufgaben beider Träger wahr und ist als solche prozessfähig. Geht nur ein Teil des Anspruchs auf den Leistungsträger über, kann die **gleichzeitige Inhaberschaft von Teilansprüchen** zu Doppelprozessen führen, soweit Leistungsträger und Leistungsberechtigte nicht als **Streitgenossen** (§ 60 ZPO)[94] gemeinsam klagen oder der Träger den übergegangenen Teil des Anspruchs rückübertragen hat (vgl. → Rn. 64 f.).

63 Da Ansprüche erst mit Leistungserbringung übergehen, sind bei **Unterhaltsansprüchen für die Zukunft** die **Leistungsberechtigten aktiv legitimiert**; sie bleiben dies wegen § 265 Abs. 2 S. 1 ZPO auch bei einem während der Rechtshängigkeit eintretenden Übergang. Die Leistungsberechtigten können die Ansprüche im eigenen Namen in (gesetzlicher) Prozessstandschaft geltend machen,[95] müssen aber die **Klage** auf Zahlung an die Leistungsträger des SGB II **umstellen**, soweit die Ansprüche bis zur letzten mündlichen Verhandlung übergegangen sind.[96] Bezüglich der (Unterhalts-)Ansprüche, **die nach dem Zeitpunkt der letzten mündlichen Verhandlung** entstehen, bleiben die Berechtigten unbeschränkt klagebefugt und können Leistung an sich verlangen.[97] Dass die Leistungsträger auch auf künftige Leistung klagen können (§ 33 Abs. 3 S. 2 SGB II), ändert hieran nichts.[98]

3. Rückübertragung auf den Leistungsempfänger/Gläubiger

64 Nach § 33 Abs. 4 SGB II können die Leistungsträger übergegangene Ansprüche auf die Leistungsberechtigten rückübertragen. Praktische Bedeutung erlangt dies (fast) ausschließlich bei Unterhaltsansprüchen. Leistungsberechtigte und Leistungsträger schließen eine **einvernehmliche**[99] Vereinbarung über Art und Umfang der Geltendmachung des Anspruches. Es ist streitig, ob Leistungsberechtigte, soweit sie übergegangene und rückübertragene Ansprüche einklagen, **Prozessstandschafter*innen** der SGB II-Leistungsträger sind[100] oder in **eigenem Namen**, wenn auch **treuhänderisch**, eigene Rechte geltend machen.[101] Der Wortlaut und die Entstehungsgeschichte[102] sprechen klar für die – auch vom BGH vertretene – letztgenannte Auffassung: Im Fall der Rückübertragung klagen die Leistungsberechtigten also als Vollrechtsinhaber*innen in eigenem Namen und aus eigenem Recht. Da sie aber das aufgrund des Verfahrens Erlangte in der Vereinbarung mit den Leistungsträgern im Voraus an die Leistungsträger abgetreten haben,[103] müssen sie hinsichtlich des rückübertragenen Teils **auf Gewährung von Unterhalt an sich und Zahlung des Unterhaltsbetrages an die Leistungsträger** klagen.[104]

65 Das Instrument der Rückübertragung ist insbesondere für die Fälle entwickelt worden, in denen der ursprüngliche Anspruch der Leistungsberechtigten nur zum Teil auf die

---

94 Rudnik FamRZ 2005, 1945.
95 HM BGH 14.6.1995 – XII ZR 171/94.
96 BGH 31.5.2000 – XII ZR 119/98.
97 BGH 31.5.2000 – XII ZR 119/98.
98 Im Einzelnen Münder in: LPK-SGB II § 33 Rn. 78 mwN.
99 Stotz in: Gagel SGB II/III § 33 SGB II Rn. 89; zur Vereinbarung Münder NJW 2001, 2209.
100 So Münder in: LPK-SGB II § 33 Rn. 81; Silbermann in: Eicher/Luik SGB II § 33 Rn. 61, beide unter Berufung auf BGH 31.5.2000 – XII ZR 119/98, wo hierzu aber nichts entschieden ist.
101 So Stotz in: Gagel SGB II/III, § 33 SGB II Rn. 91; Grote-Seifert in: jurisPK-SGB II § 33 Rn. 92; zur Parallelvorschrift des § 94 Abs. 5 S. 1 SGB XII Armbruster in: jurisPK-SGB XII § 94 Rn. 202 und auch BGH 2.4.2008 – XII ZB 266/03, juris Rn. 15 sowie BGH 29.8.2012 – XII ZR 154/09, juris Rn. 18.
102 Zu dieser insbesondere Armbruster in: jurisPK-SGB XII § 94 Rn. 202 ff.
103 Armbruster in: jurisPK-SGB XII § 94 Rn. 214.
104 So Armbruster in: jurisPK-SGB XII § 94 Rn. 214; anders Soyka FuR 2012, 656 (657).

Leistungsträger übergegangen ist. In diesen Fällen macht der/die Leistungsberechtigte gegenüber der/dem Schuldner*in zwar beide Teile in einer **einheitlichen Klage** geltend. Trotzdem muss – nicht nur wegen des Antrags (vgl. → Rn. 64) – zwischen dem primären, also nie übergegangenen Teil des Anspruchs und dem übergegangenen, rücküber- tragenen und im Voraus abgetretenen Teil des Anspruchs differenziert vorgetragen wer- den: Zwar unterliegen unterhaltsrechtlich beide Teile denselben Regeln, zur Bestim- mung der Höhe des rückübertragenen Anspruchsteils müssen aber zusätzlich die grund- sicherungsrechtlichen Beschränkungen (→ Rn. 25 ff.) beachtet werden.

In der Rückübertragungsvereinbarung sollten klare Vereinbarungen für den Fall getrof-   **66**
fen werden, dass der/die Leistungsberechtigte im Unterhaltsprozess nur teilweise obsiegt, insbesondere dazu, wer vorrangig vollstrecken darf.

Insoweit die Ansprüche auf die Leistungsberechtigten rückübertragen werden, haben   **67**
diese nach **§ 33 Abs. 4 S. 2 SGB II** gegen die Leistungsträger einen Anspruch auf **Kostenübernahme**, und zwar als Prozesskostenvorschuss; sie haben deshalb insoweit keinen
Anspruch auf Prozess- oder Verfahrenskostenhilfe.[105] Der Höhe nach umfasst der Anspruch die Beratungs- und außergerichtlichen sowie Prozess-Kosten, die nötig wären,
einen Anspruch in der rückübertragenen Höhe in einem eigenen Verfahren geltend zu
machen, auch wenn die Leistungsberechtigten aus prozessökonomischen Gründen weitergehende eigene Ansprüche geltend machen und dadurch Prozesskosten sparen.[106]
Ausdrücklich geregelt werden sollte, wie mit Kostenerstattungsansprüchen des/der An-
spruchsgegners/Anspruchsgegnerin umzugehen ist, falls der/die Leistungsberechtigte
nicht vollständig obsiegt.

4. Veränderungen nach Rechtskraft

Veränderungen können nicht nur während des Prozesses, sondern auch nach Erlangung   **68**
eines vollstreckbaren Titels eintreten, und zwar sowohl bei den Leistungen zur Sicherung des Lebensunterhalts als auch bei den übergegangenen Ansprüchen. Besonders davon betroffen sind Daueransprüche.

Enden die **Leistungen zur Sicherung des Lebensunterhaltes** (teilweise), können Titel, die   **69**
auf Zahlung künftiger Leistungen an die Leistungsträger lauten, gemäß § 727 ZPO auf
die Leistungsberechtigten umgeschrieben werden.[107] Umgekehrt können noch nicht
vollstreckte Titel, welche die Leistungsberechtigten in der Zeit vor dem Leistungsbezug
erlangt haben, bei Beginn des Leistungsbezugs auf die Leistungsträger umgeschrieben
werden.[108]

Treten hingegen beim übergegangenen Anspruch Änderungen auf, beispielsweise eine   **70**
veränderte Leistungsfähigkeit des/der **(Unterhalts-)Verpflichteten** oder ein veränderter
Bedarf des/der Leistungsberechtigten, kann gemäß § 323 ZPO Abänderungsklage erhoben werden. Das Klageverfahren wird, soweit der Anspruch auf die Leistungsträger
übergegangen ist, zwischen dem/der Verpflichteten und den Leistungsträgern geführt;
bei rückübertragenen Ansprüchen allerdings zwischen dem/der Verpflichteten und
dem/der Leistungsberechtigten.

---

105 BGH 2.4.2008 – XII ZB 266/03, NJW 2008, 1950 (1951); Armbruster in: jurisPK-SGB XII § 94 Rn. 216.
106 So wohl Grote-Seifert in: jurisPK-SGB II § 33 SGB II Rn. 92 f.
107 Derleder/Bartels FamRZ 1995, 1117; analog § 727 Abs. 1 ZPO.
108 Grote-Seifert in: jurisPK-SGB II § 33 Rn. 111.

C. Besonderheiten beim Übergang von Unterhaltsansprüchen nach § 94 SGB XII

71 Anders als das Grundsicherungsrecht des SGB II kennt das Sozialhilferecht des SGB XII keine einheitliche Übergangsvorschrift, sondern unterscheidet zwischen **Ansprüchen gegen nach bürgerlichem Recht Unterhaltspflichtige** (§ 94 SGB XII) und **sonstigen Ansprüchen** (§ 93 SGB XII; → Rn. 6): Unterhaltsansprüche gehen wie bei § 33 SGB II kraft Gesetzes auf die Träger der Sozialhilfe über (hierzu sogleich → Rn. 72), während die Sozialhilfeträger alle anderen Ansprüche durch Verwaltungsakt auf sich überleiten müssen (hierzu → Rn. 92).

I. Überblick

72 **§ 94 SGB XII entspricht** – wenig verwunderlich, war § 94 SGB XII doch das Vorbild für § 33 SGB II – in **Struktur** und Inhalt weitgehend **§ 33 SGB II.** Die dennoch bestehenden Unterschiede zwischen den Vorschriften betreffen die Übergangsausschlüsse und die Einschränkungen des Übergangs.

II. Materielle und formelle Voraussetzungen des Übergangs

73 Die **materiellen Voraussetzungen** des Übergangs (Leistungsbezug, zeitliche Deckungsgleichheit, Unterhaltsanspruch, Höhe des übergegangenen Anspruchs, kausale Verknüpfung) sind **inhaltlich identisch** mit den Voraussetzungen des § 33 SGB II (vgl. im Einzelnen → Rn. 8 ff.). **Formelle Voraussetzungen** sind wegen des kraft Gesetzes eintretenden Forderungsübergangs ebenso wenig notwendig wie bei § 33 SGB II.

III. Sozialhilferechtliche Übergangsausschlüsse

74 Teilweise anders als in § 33 SGB II (hierzu → Rn. 25 ff.; Überblick zu den Unterschieden → Rn. 6) sind die Übergangsausschlüsse in § 94 SGB XII geregelt:

75 Zum einen geht der Unterhaltsanspruch nicht über, wenn der Nachrang anderweit gesichert ist. So geht der Unterhaltsanspruch nicht über,

- wenn die unterhaltspflichtige Person zur Einsatzgemeinschaft nach § 19 SGB XII gehört (§ 94 Abs. 1 S. 3 Hs. 1 Alt. 1 SGB XII); dies entspricht § 33 Abs. 2 S. 1 Nr. 1 SGB II (hierzu → Rn. 26) oder

- soweit der Anspruch durch laufende Unterhaltszahlung erfüllt wird (§ 94 Abs. 1 S. 2 SGB XII); dies entspricht § 33 Abs. 2 S. 2 SGB II (hierzu → Rn. 27).

76 Zum zweiten nimmt auch das SGB XII Rücksicht auf innerfamiliäre Solidarität, allerdings teilweise anders als in § 33 SGB II:

77 - Während das SGB II den Anspruchsübergang beim Verwandtenunterhalt mit Ausnahme der Ansprüche von Kindern gegen ihre Eltern davon abhängig macht, dass der Unterhalt geltend gemacht wird (§ 33 Abs. 2 S. 1 Nr. 2 SGB II, hierzu → Rn. 29), schließt § 94 Abs. 1 S. 3 Hs. 1 Alt. 2 SGB XII unabhängig vom Willen der Leistungsberechtigten Unterhaltsansprüche zwischen Verwandten immer dann aus, wenn die unterhaltspflichtige und die leistungsberechtigte Person im zweiten Grad oder ferner verwandt sind.

78 - Speziell für Leistungen nach der Grundsicherung im Alter und bei Erwerbsminderung kennen § 94 Abs. 1 S. 3 Hs. 2 SGB XII und § 43 Abs. 5 SGB XII darüber hinaus einen Übergangsausschluss für Unterhaltsansprüche der Leistungsberechtigten gegen ihre Kinder und gegen ihre Eltern. Ziel dieser Vorschrift ist es, verschämte Al-

tersarmut zu vermeiden, die dadurch entsteht, dass eigentlich Leistungsberechtigte mit Rücksicht auf ihre unterhaltspflichtigen Verwandten keine Leistungen in Anspruch nehmen, sondern lieber unterhalb des grundsicherungsrechtlichen Bedarfs leben. Diese Rücksichtnahme auf die innerfamiliäre Solidarität hat aber Grenzen: Verfügt ein dem/der Leistungsberechtigten unterhaltspflichtiges Kind oder unterhaltspflichtiger Elternteil über ein Jahreseinkommen im Sinne des § 16 SGB IV von mindestens 100.000 Euro, ist der/die Unterhaltsberechtigte gemäß § 43 Abs. 5 S. 3 SGB XII von Leistungen nach dem Vierten Kapitel ausgeschlossen und demnach auf Leistungen nach dem Dritten Kapitel SGB XII verwiesen. Dort gilt § 94 SGB XII ohne Besonderheiten. Der Gesetzgeber geht grundsätzlich von der Vermutung aus, dass Elternteile oder Kinder kein Jahreseinkommen von mindestens 100.000 Euro haben (§ 43 Abs. 5 S. 2 SGB XII). Die zuständigen Träger können von den (potenziell unterhaltsberechtigten) Leistungsberechtigten Angaben verlangen, die Rückschlüsse auf die Einkommensverhältnisse erlauben (§ 43 Abs. 5 S. 4 SGB XII), also zB über den Beruf der Kinder oder Eltern. Liegen hieraus abgeleitet im Einzelfall hinreichende Anhaltspunkte für ein Überschreiten der Jahreseinkommensgrenze von 100.000 Euro vor, sind die unterhaltspflichtigen Kinder oder Elternteile verpflichtet, über die Einkommensverhältnisse Auskunft zu erteilen und auf Verlangen Beweisurkunden vorzulegen (§ 43 Abs. 5 S. 5 und 6 SGB XII). Wird tatsächlich Unterhalt geleistet, findet kein Unterhaltsübergang statt; der tatsächlich gezahlte Unterhalt kann als Einkommen angerechnet werden.[109]

■ Wie in § 33 Abs. 2 S. 1 Nr. 3 SGB II (hierzu → Rn. 31) stärkt § 94 Abs. 1 S. 4 **79** SGB XII die wirtschaftliche Unabhängigkeit von Schwangeren und eigene Kinder erziehenden Personen. Der geschützte Personenkreis – Schwangere und Personen, die ihr leibliches Kind bis zur Vollendung von dessen sechstem Lebensjahr betreuen – ist identisch mit dem in § 33 Abs. 2 S. 1 Nr. 3 SGB II. Weiter gehend als im SGB II werden aber nicht nur Eltern von schutzbedürftigen Kindern von ihren Unterhaltsansprüchen freigestellt, sondern umgekehrt auch Kinder gegenüber ihren Eltern.

IV. Sozialhilferechtliche Einschränkungen des Übergangs von Unterhaltsansprüchen

Neben den vollkommenen Übergangsausschlüssen kennt auch das SGB XII wie das **80** SGB II Einschränkungen des Übergangs. Auch hier ist der Unterhaltsübergang ausgeschlossen, soweit der/die Unterhaltspflichtige dadurch selbst hilfebedürftig würde (§ 94 Abs. 3 S. 1 Nr. 1 SGB XII, hierzu → Rn. 88). Daneben bietet das SGB XII aber auch eine Einschränkung des Unterhaltsübergangs bei Leistungen an behinderte oder pflegebedürftige Kinder (§ 94 Abs. 2 SGB XII, hierzu → Rn. 81) und eine allgemeine Härteregelung in § 94 Abs. 3 S. 1 Nr. 2 SGB XII (hierzu → Rn. 89).

1. Einschränkung des Übergangs bei Leistungen der Eingliederungshilfe für behinderte Menschen und der Hilfe zur Pflege an behinderte oder pflegebedürftige Kinder

Familien, die ein volljähriges behindertes oder pflegebedürftiges Kind haben, sind schon **81** durch diese Behinderung oder Pflegebedürftigkeit ihres Kindes sehr belastet.[110] § 94 Abs. 2 SGB XII reagiert darauf, indem er den Übergang der Unterhaltsansprüche dieser

---

109 Hierzu → Kap. 20 Rn. 247; BSG 25.4.2013 – B 8 SO 21/11 R; BGH 8.7.2015 – XII ZB 56/14; Schoch in: LPK-SGB XII § 43 Rn. 47 mwN; in diese Richtung auch Blüggel in: jurisPK-SGB XII § 43 Rn. 37.
110 Vgl. Armbruster in: jurisPK-SGB XII § 94 Rn. 146; BVerwG 17.6.1993 – 5 C 43/90 noch zu § 91 Abs. 2 Satz 3 BSHG; Gerenkamp in: Mergler/Zink SGB XII § 94 Rn. 62.

volljährigen Kinder gegenüber ihren Eltern auf bestimmte **Höchstbeträge** begrenzt, also deckelt.

82 Geschützt von dieser Deckelung sind Eltern **volljähriger behinderter oder pflegebedürftiger Kinder**, die Leistungen der (bisherigen) Eingliederungshilfe für behinderte Menschen, Leistungen der Hilfe zur Pflege oder Leistungen der Hilfe zum Lebensunterhalt beziehen. Der Begriff der **Pflegebedürftigkeit** knüpft an § 61 a SGB XII an.

83 Behindert im Sinn von § 94 Abs. 2 SGB XII sollen – obwohl die Vorschrift nach ihrem Wortlaut auf § 53 SGB XII als ganzen verweist – nur Personen mit einer wesentlichen Behinderung im Sinne des § 53 Abs. 1 S. 1 SGB XII oder von einer solchen wesentlichen Behinderung bedrohte Personen (§ 53 Abs. 2 SGB XII) sein, nicht jedoch Personen, die nach § 53 Abs. 1 S. 2 SGB XII Ermessensleistungen erhalten können.[111] Das ist jedenfalls für die Fälle, in denen tatsächlich Leistungen der Eingliederungshilfe für behinderte Menschen bezogen werden, nicht ganz einsichtig: Gerade bei Ermessensleistungen hat der Sozialhilfeträger die Wertung getroffen, dass der Einsatz öffentlicher Mittel für diesen konkreten, nicht im Sinne des § 53 Abs. 1 S. 1 SGB XII wesentlich behinderten Menschen gerechtfertigt ist. Zudem liegt auch hier das Bedürfnis nach der vom Gesetzgeber intendierten Entlastung der Eltern gerade in der Situation typischerweise entstehender hoher Kosten[112] vor. Diese Situation entsteht freilich nicht, wenn keine Leistungen der Eingliederungshilfe für behinderte Menschen bezogen werden. Daher sind im Wege der teleologischen Reduktion des Wortlauts neben den Eltern wesentlich behinderter (oder von einer solchen wesentlichen Behinderung bedrohter) volljähriger Kinder im Sinne von § 53 Abs. 1 S. 1 SGB XII nur die Eltern solcher nicht wesentlich behinderter (oder von einer nicht wesentlichen Behinderung bedrohter) volljähriger Kinder durch § 94 Abs. 2 SGB XII geschützt, die Ermessensleistungen der Eingliederungshilfe für behinderte Menschen tatsächlich beziehen.

84 Ab 1.1.2020 verwendet § 94 Abs. 2 SGB XII den Begriff einer „Person, die in erheblichem Maße zur Teilhabe an der Gesellschaft eingeschränkt" ist, und verweist auf § 99 SGB IX. § 99 SGB IX enthält – allerdings erst ab 1.1.2023 – die Definition von Personen, die durch ihre Beeinträchtigungen in Wechselwirkung mit Barrieren „in erheblichem Maße in ihrer Fähigkeit zur Teilhabe an der Gesellschaft eingeschränkt sind". Der Gesetzgeber sieht diese Änderung als von „rein redaktioneller Natur" an.[113] Damit muss § 94 Abs. 2 SGB XII ab 1.1.2020 – nunmehr teleologisch erweiternd – so ausgelegt werden, dass auch in der Zeit vom 1.1.2020 bis zum 31.12.2022 alle Personen umfasst sind, die über § 99 SGB IX (F:2020) die Voraussetzungen von § 53 Abs. 1 S. 1 und Abs. 2 SGB XII (F:2019) erfüllen oder Leistungen wegen § 53 Abs. 1 S. 2 SGB XII (F:2019) tatsächlich beziehen. Ab 1.1.2023 muss § 94 Abs. 2 SGB XII ebenfalls erweiternd so ausgelegt werden, dass nicht nur die in Bezug genommenen Leistungsberechtigten nach § 99 Abs. 1 SGB IX (F:2023), sondern auch die Leistungsberechtigten nach § 99 Abs. 2 SGB IX (F:2023) umfasst sind.

85 Rechtsfolge von § 94 Abs. 2 S. 1 SGB XII ist die Deckelung des Anspruchsübergangs auf eine gesetzlich bezifferte Höhe; dabei werden die Beträge nach § 94 Abs. 1 S. 3 SGB XII gleichzeitig mit und im selben Verhältnis wie das Kindergeld angepasst. Wegen Leistungen nach dem Sechsten (Eingliederungshilfe für behinderte Menschen) und Siebten Kapitel (Hilfe zur Pflege) SGB XII betrug der Deckelungsbetrag ursprünglich 26 Euro monatlich (seit 1.1.2018: 32,75 Euro/seit 1.7.2019: 34,43 Euro). Wegen Leistungen nach dem Dritten Kapitel betrug er ursprünglich 20 Euro monatlich (seit 1.1.2018: 25,19 Euro/seit 1.7.2019: 26,48 Euro). Durch die Deckelung gehen unabhängig davon,

---

111 So wohl Armbruster in: jurisPK-SGB XII § 94 Rn. 147.
112 BVerwG 17.6.1993 – 5 C 43/90, juris Rn. 22.
113 BT-Drs. 18/10523, S. 79 „Zu Nummer 8 Buchstabe m".

wie viele verschiedene Leistungen bezogen werden und ob beide Elternteile leben, höchstens die genannten Beträge über; maximal gingen also ursprünglich 46 Euro an Unterhaltsansprüchen über (seit 1.1.2018: 57,94 Euro/seit 1.7.2019: 60,91 Euro).[114] Wegen Leistungen nach dem Vierten Kapitel sieht § 94 Abs. 2 SGB XII keine Deckelung des Anspruchsübergangs vor – das ist wegen des Übergangsausschlusses in § 43 Abs. 5, § 94 Abs. 1 S. 3 Hs. 2 SGB XII auch nicht nötig (hierzu → Rn. 78).

Ist der tatsächlich bestehende Unterhaltsanspruch niedriger, geht der Unterhaltsan- **86** spruch auch in den Fällen des § 94 Abs. 2 SGB XII nur in der tatsächlich bestehenden Höhe über.[115] Allerdings enthält § 94 Abs. 2 S. 2 SGB XII für diesen **unterhaltsrechtlichen Anspruch** die Vermutung, nach der die Eltern in dieser Höhe leistungsfähig sind, und zwar zu gleichen Teilen. Diese Vermutung führt im Unterhaltsprozess zu einer Beweislastumkehr: Wollen Eltern insgesamt weniger Unterhalt zahlen oder wollen sie aufgrund ihrer unterschiedlichen Leistungsfähigkeit eine andere als kopfteilige Aufteilung entsprechend ihrer tatsächlichen Leistungsfähigkeit[116] erreichen, müssen sie ihre Leistungsfähigkeit bestreiten und die mangelnde beziehungsweise verhältnismäßige Leistungsfähigkeit beweisen.[117]

Schließlich sind insbesondere bei Leistungen der Eingliederungshilfe für behinderte **87** Menschen § 92 Abs. 2, 3, § 92 a SGB XII zu beachten, die den Einkommens- und Vermögenseinsatz für bestimmte Leistungen beschränken (hierzu → Kap. 20 Rn. 292 ff.): Hier schlägt auf den Anspruchsübergang durch, dass Unterhaltsansprüche immer nur insoweit übergehen können, wie der Unterhalt, wäre er laufend gezahlt worden, als Einkommen anzurechnen gewesen wäre.[118]

2. Bei sonst eintretender Hilfebedürftigkeit nach dem SGB XII – Sozialhilferechtliche Vergleichsberechnung

§ 94 Abs. 3 S. 1 Nr. 1 SGB XII **schließt** den **Anspruchsübergang** aus, soweit der/die Un- **88** terhaltsverpflichtete entweder selbst bereits nach dem Dritten oder Vierten Kapitel SGB XII leistungsberechtigt ist oder beim Übergang des Unterhaltsanspruchs würde; dies entspricht der (dort missglückten) Regelung in § 33 Abs. 2 S. 3 SGB II (hierzu → Rn. 32). Die von § 94 Abs. 3 S. 1 Nr. 1 SGB XII vorgeschriebene **Vergleichsberechnung** muss sich im SGB XII freilich nach sozialhilferechtlichen Maßstäben richten.[119] Wegen des „soweit" findet kein Alles-oder-Nichts-Ausschluss statt, sondern eine anteilige Einschränkung des Übergangs.

3. Härteregelung

Anders als das SGB II beinhaltet § 94 Abs. 3 S. 1 Nr. 2 SGB XII eine **Härteregelung**, die **89** für alle Unterhaltsverpflichteten relevant sein kann. Danach ist der Übergang ausgeschlossen, wenn dieser eine **unbillige Härte** bedeuten würde. Ob eine **unbillige Härte** vorliegt, ist gerichtlich voll überprüfbar.[120] Eine unbillige Härte kann nicht in Gründen liegen, die zivilrechtlich eine Inanspruchnahme des/der Unterhaltsverpflichteten aus-

---

114 Armbruster in: jurisPK-SGB XII § 94 Rn. 152, 155, jeweils mwN.
115 Armbruster in: jurisPK-SGB XII § 94 Rn. 152.
116 Vgl. Armbruster in: jurisPK-SGB XII § 94 Rn. 156.
117 Armbruster in: jurisPK-SGB XII § 94 Rn. 157; BGH 18.1.2012 – XI ZR 15/10; BGH 18.7.2012 – XII ZR 91/10.
118 Conradis/Münder in: LPK-SGB XII § 94 Rn. 35.
119 Im Einzelnen Conradis/Münder in: LPK-SGB XII § 94 Rn. 39 ff.; aA Armbruster in: jurisPK-SGB XII § 94 Rn. 175 f.
120 Einhellige Meinung BGH 23.6.2010 – XII ZR 170/08; BGH 15.9.2010 – XII ZR 148/09; OLG Koblenz 27.11.2000 – 13 UF 192/00, FamRZ 2001, 1238.

schließen würde.[121] Vielmehr sind als unbillige Härte darüber hinaus gehende familiäre und soziale Belange zu berücksichtigen.[122] Sie liegt beispielsweise vor, wenn durch den Übergang der Familienfrieden gestört ist oder wenn zwar keine Hilfebedürftigkeit entsteht, aber nicht mehr genügend Mittel für Familienbesuche verbleiben.[123] Daneben liegt eine besondere Härte im Anspruchsübergang immer dann vor, wenn Sozialhilfebedürftigkeit durch ordnungsgemäßes Handeln des Staates und seiner Organe hätte vermieden werden können, etwa bei einer Falschberatung zum Beitrittsrecht zur gesetzlichen Kranken- und Pflegeversicherung,[124] auch wenn diese nicht zu einem sozialrechtlichen Herstellungsanspruch geführt hätte.

V. Einschränkungen wegen Unterschieden zwischen zivilrechtlichem Unterhaltsanspruch und Hilfe zum Lebensunterhalt bzw. Grundsicherung im Alter und bei Erwerbsminderung

90 Wie bei Unterhaltsansprüchen, die nach § 33 SGB II übergehen, ist auch bei Unterhaltsansprüchen, die nach § 94 SGB XII übergehen, streng zwischen den Schichten des Unterhaltsrechts und der sozialhilferechtlichen Übergangsvorschrift zu unterscheiden. Besonderheiten gegenüber dem SGB II (hierzu ab → Rn. 39) ergeben sich vor allem dadurch, dass im SGB XII wegen der Hilfe zur Pflege rechtstatsächlich häufiger Elternunterhalt in Rede steht als im SGB II.

VI. Rechtsfolgen des Übergangs, Realisierung des Unterhaltsanspruchs

91 Auf der Rechtsfolgenseite sind § 33 SGB II (hierzu → Rn. 46) und § 94 SGB XII identisch.

D. Anspruchsüberleitung nach § 93 SGB XII

I. Rechtsnatur

92 Technisch anders als der kraft Gesetzes eintretende Anspruchsübergang nach § 33 SGB II oder § 94 SGB XII für Unterhaltsansprüche ist § 93 SGB XII aufgebaut: Nach dieser Vorschrift kann der Sozialhilfeträger **Ansprüche, die keine Unterhaltsansprüche sind,** durch (gegebenenfalls privatrechtsgestaltenden) Verwaltungsakt[125] auf sich überleiten. Dadurch wird der Rechtsschutz geteilt: Die sozialhilferechtlichen Voraussetzungen können vor den Gerichten der Sozialgerichtsbarkeit überprüft werden, die Voraussetzungen der übergeleiteten Ansprüche vor den für diese Ansprüche zuständigen Gerichten.

II. Materielle und formelle Voraussetzungen der Überleitung

1. Materielle Voraussetzung der Überleitung

93 Die materiellen Voraussetzungen für eine Überleitung nach § 93 SGB XII entsprechen den Voraussetzungen für den kraft Gesetzes eintretenden Anspruchsübergang nach § 33 SGB II bzw. § 94 SGB XII. Es müssen also vorliegen:

---

121 BGH 23.6.2010 – XII ZR 170/08; Armbruster in: jurisPK-SGB XII § 94 Rn. 183.
122 BGH 15.9.2010 – XII ZR 148/09; BGH 12.2.2014 – XII ZB 607/12; Armbruster in: jurisPK-SGB XII § 94 Rn. 183.
123 Beides nach Armbruster in: jurisPK-SGB XII § 94 Rn. 183–185 mN; Nachweise von Einzelbeispielen auch bei Conradis/Münder in: LPK-SGB XII § 94 Rn. 47.
124 Armbruster in: jurisPK-SGB XII § 94 Rn. 186 f.; BGH 17.6.2015 – XII ZB 458/14.
125 BVerwG 27.5.1993 – 5 C 7/91.

■ (nicht notwendig rechtmäßiger [str.]) Leistungsbezug,

■ Anspruch gegen eine/n Andere/n,

■ zeitliche Deckungsgleichheit zwischen Anspruch und Leistungserbringung sowie die

■ kausale Verknüpfung mit der Leistungsgewährung.

Auch im Rahmen von § 93 SGB XII ist umstritten, ob der Leistungsbezug rechtmäßig **94** sein muss. Wie bei § 33 SGB II und § 94 SGB XII (hierzu → Rn. 9) sprechen jedoch die besseren Argumente dafür, die Rechtmäßigkeit des Leistungsbezugs nicht zu verlangen.[126]

Dabei genügt es im Rahmen von § 93 SGB XII, die Überleitung gleichzeitig mit der Leis- **95** tungsbewilligung vorzunehmen.[127]

Anders als bei § 33 SGB II und § 94 SGB XII können nach § 93 SGB XII nicht nur An- **96** sprüche der Leistungsberechtigten selbst übergeleitet werden, sondern bei Leistungen nach dem Fünften bis Neunten Kapitel auch Ansprüche weiterer Personen in der Einsatzgemeinschaft, nämlich der Eltern, des/der nicht dauernd getrennt lebenden Ehegatten/Ehegattin oder Lebenspartners/Lebenspartnerin oder – über § 20 SGB XII – des/der Partners/Partnerin einer eheähnlichen Lebensgemeinschaft.

Unerheblich für die Rechtmäßigkeit der Überleitung ist es, ob der übergeleitete An- **97** spruch tatsächlich und auch in der übergeleiteten Höhe besteht:[128] Es ist lediglich Voraussetzung, dass das Bestehen des Anspruchs nicht nach materiellem Recht offensichtlich ausgeschlossen ist und damit die Überleitungsanzeige selbst erkennbar sinnlos war (**Negativevidenz**).[129] Abgesehen von Einzelfällen muss ein Streit um das Bestehen des Anspruchs selbst also vor den dafür zuständigen Gerichten ausgetragen werden.

Hieraus lässt sich auch ableiten, dass es zur Erfüllung des gesetzlichen Erfordernisses **98** der **hinreichenden Bestimmtheit** nach § 33 SGB X nicht erforderlich ist, den übergeleiteten Anspruch und auch nicht die erbrachten Leistungen zahlenmäßig zu bestimmen.[130] In jedem Fall muss der Wille des Sozialhilfeträgers zur Überleitung zum Ausdruck kommen und der übergeleitete Anspruch eindeutig bestimmbar sein.[131]

2. Formelle Voraussetzungen

Anders als beim gesetzlichen Anspruchsübergang, der keinen Verwaltungsakt erfordert, **99** müssen bei der Überleitung durch Verwaltungsakt auch formelle Voraussetzungen beachtet werden.

Zuständig ist für die Überleitung der Sozialhilfeträger, der die Leistungen gewährt hat, **100** deretwegen die Überleitung erfolgt.

In **verfahrensrechtlicher** Hinsicht ist insbesondere der wegen § 42 S. 2 SGB X besonders **101** bedeutsame § 24 Abs. 1 SGB X zu beachten: Die Überleitung ist sowohl für den/die bisherige/n Anspruchsinhaber*in als auch für den/die Drittschuldner*in **ein belastender Verwaltungsakt.** Insbesondere kann der/die Drittschuldner*in Nachteile dadurch erlangen, dass er/sie mit dem Sozialhilfeträger einen anderen Gläubiger erhält, der die Ansprüche nun auch tatsächlich durchsetzt. Infolgedessen müssen diese beiden Beteiligten

126 So auch Armbruster in: jurisPK-SGB XII § 93 Rn. 41–49. Anders die Vorauflage Rn. 69.
127 Armbruster in: jurisPK-SGB XII § 93 Rn. 39.
128 BSG 25.4.2013 – B 8 SO 104/12 R; BVerwG 5.8.1986 – 5 B 33.86.
129 BSG 25.4.2013 – B 8 SO 104/12 R; LSG NRW 9.11.2005 – L 20 (12) B 38/05 SO ER; BayLSG 14.2.2008 – L 11 SO 20/07; BVerwG 26.11.1969 – V C 54.69; BVerwG 4.6.1992 – 5 C 57.88; BVerwG 27.5.1993 – 5 C 7.91.
130 Armbruster in: jurisPK-SGB XII § 93 Rn. 137–137.2; aA (Bezifferung für bereits erbrachte Leistungen erforderlich) Conradis/Münder in: LPK-SGB XII § 93 Rn. 41; BSG 24.8.1988 – 7 RAr 74/86; LSG NRW 20.12.2012 – L 9 SO 22/09.
131 LSG NRW 20.12.2012 – L 9 SO 22/09.

in jedem Fall **angehört** werden;[132] wird eine fehlende Anhörung nicht rechtzeitig nachgeholt, ist der Verwaltungsakt aufhebbar rechtswidrig. Unklar ist, ob der/die Leistungsberechtigte auch in den Fällen anzuhören ist, in denen der Leistungsträger einen Anspruch eines Dritten – Elternteil, Ehegatt*in, Lebenspartner*in, Lebensgefährt*in auf sich überleitet. Dagegen spricht, dass die Rechtsposition des/der Leistungsberechtigten durch die Überleitung sich in keiner Weise ändert und der/die Leistungsberechtigte auch nicht an diesem Verwaltungsverfahren beteiligt ist. Daher ist eine Anhörung des/der Leistungsberechtigten in diesem Fall nicht erforderlich.

102 § 93 Abs. 1 S. 1 und Abs. 2 S. 1 SGB XII fordern übereinstimmend **Schriftform** für den Überleitungs-Verwaltungsakt. Aus dieser schriftlichen Form folgen weitere Formvorgaben (vgl. §§ 35, 36, 37 Abs. 2, 4 SGB X), insbesondere die Begründungspflicht (die sich auf die wesentlichen Ermessenserwägungen erstreckt) und die Pflicht zur Rechtsbehelfsbelehrung. Die Schriftform kann, wenn der/die Adressat*in hierfür einen Zugang eröffnet hat, durch die elektronische Form ersetzt werden (§ 36 a Abs. 2 SGB I), also Übersendung eines elektronischen Dokuments mit qualifizierter elektronischer Signatur (§ 36 a Abs. 2 S. 2 SGB I) oder durch Versendung einer De-Mail-Nachricht (§ 36 a Abs. 2 S. 4 Nr. 3 SGB I).

103 Die sogenannte Überleitungsanzeige muss als Verwaltungsakt sowohl dem/der bisherigen Anspruchsinhaber*in gegenüber als auch dem/der dritten Schuldner*in gegenüber bekanntgegeben werden (§ 37 SGB X). Er wird nur den Personen gegenüber wirksam, denen er bekanntgegeben wurde (§ 39 SGB X).

III. Ermessensentscheidung

104 Die Entscheidung über die Überleitung steht sowohl dem Grunde als auch dem Umfang nach im Ermessen des Sozialhilfeträgers.[133] Dabei muss der Sozialhilfeträger die Belange aller Betroffenen einstellen, sowohl die des/der bisherigen Anspruchsinhabers/-inhaberin, des/der Schuldners/Schuldnerin[134] und – soweit der/die Leistungsberechtigte nicht der/die bisherige Anspruchsinhaber*in war – des/der bisherigen Leistungsberechtigten.[135]

IV. Rechtsfolgen der Überleitung

105 Als Verwaltungsakt kann die Überleitung auch dann in Bestandskraft erwachsen, wenn sie rechtswidrig war: Sie bleibt nach § 39 SGB X solange wirksam, bis sie aufgehoben worden ist oder sich anderweitig erledigt hat. Dies gilt freilich nicht in den seltenen Fällen der Nichtigkeit. Dadurch sind die anderen Gerichte an die Tatbestandswirkung des Überleitungs-Verwaltungsakts gebunden, solange sie besteht.[136]

106 Zeitlich wirkt die Überleitungsanzeige **ab** dem **Zeitpunkt des Beginns der Hilfegewährung.** Die Überleitung bewirkt gemäß § 93 Abs. 2 S. 1 SGB XII den Übergang nur für die Zeit **ununterbrochener Hilfegewährung.** Als Unterbrechung definiert S. 2 einen Zeitraum von mehr als **zwei Monaten.**

---

132 Conradis/Münder in: LPK-SGB XII § 93 Rn. 39; Armbruster in: jurisPK-SGB XII § 93 Rn. 136; vgl. BSG 2.2.2010 – B 8 SO 17/08 R; so schon BVerwG 27.5.1993 – 5 C 7/91; SächsLSG 11.6.2012 – L 7 SO 22/10 B ER.

133 LSG NRW 20.12.2006 – L 20 B 135/06 SO ER; BayLSG 14.2.2008 – L 11 SO 20/07; OVG Brem 24.2.1020 – S 3 A 169/07.

134 AA BayLSG14.2.2008 – L 11 SO 20/07; BayLSG 11.6.2010 – L 7 SO 22/10 B ER, das meint, diese Belange könnten noch bei der Durchsetzung berücksichtigt werden.

135 Zum Ermessen ausführlich Armbruster in: jurisPK-SGB XII § 93 Rn. 121–126.5.

136 BGH 29.3.1985 – V ZR 107/84.

Im Übrigen hat die Überleitung die gleichen Folgen wie der Übergang (→ Rn. 46): Sie 107
bewirkt eine Gläubigerauswechslung, der Anspruch ändert sich seinem Wesen nach
nicht, das Stammrecht geht nicht mit über.

V. Rechtsschutz gegen die Überleitung

Als Verwaltungsakt ist gegen die Überleitung (je nach Landesrecht Widerspruch und) 108
Anfechtungsklage nach den Regeln des SGG (§ 62 SGB X, § 51 Abs. 1 Nr. 6 a SGG)
statthaft. Als Abweichung von der allgemeinen Regel des § 86 a Abs. 1 SGG ordnet § 93
Abs. 3 SGB XII an, dass Widerspruch und Anfechtungsklage keine aufschiebende Wirkung haben. Im Rechtsmittelverfahren ist nur zu prüfen, ob die Überleitungsanzeige
nach Sozialhilferecht rechtmäßig ist. Sowohl der/die bisherige Anspruchsinhaber*in als
auch der/die Dritte sind (widerspruchs- und) klagebefugt.

Im sozialgerichtlichen Verfahren müssen der/die ursprüngliche Anspruchsinhaber*in 109
bzw. der/die Dritte, der/die nicht selbst klagt, gemäß § 75 Abs. 2 Alt. 1 SGG notwendig
zum Verfahren beigeladen werden.[137]

VI. Durchsetzung des übergeleiteten Anspruchs

Da sich der Anspruch durch die Überleitung nicht verändert (vgl. → Rn. 47), muss der 110
Sozialhilfeträger als neuer Gläubiger den Anspruch in der gleichen Weise durchsetzen,
wie dies der/die bisherige Anspruchsinhaber*in hätte tun müssen. Nach wirksamer
Überleitung ist der **Sozialhilfeträger im Prozess aktiv legitimiert.** Eine Rückübertragung,
wie sie nach § 33 Abs. 4 SGB II bzw. nach § 94 Abs. 5 SGB XII möglich ist, ist in § 93
SGB XII nicht vorgesehen. So lange der Überleitungs-Verwaltungsakt wirkt, muss das
für den übergeleiteten Anspruch zuständige Gericht die Überleitung als wirksam zugrunde legen.

E. Anspruchsüberleitung nach § 141 SGB IX (F:2020)

I. Rechtsnatur

Auch das zum 1.1.2020 in Kraft tretende Eingliederungshilferecht regelt nachrangige 111
Leistungen (§ 91 SGB IX [F:2020]). Der Nachrang wird normalerweise über einen Bei-
trag aus dem Einkommen oder Vermögen hergestellt (§ 92, §§ 135–140 SGB IX
[F:2020]); einsatzpflichtig sind der/die Leistungsberechtigte selbst und bei Minderjähri-
gen deren im Haushalt lebenden Eltern oder Elternteile (§ 136 Abs. 1, § 140 Abs. 1
SGB IX [F:2020]); teils auch die Eltern Volljähriger (§ 138 Abs. 4 SGB IX [F:2020]).
Einkommen und Vermögen der Ehegatt*innen, Lebenspartner*innen oder der eheähnli-
chen Lebensgefährt*innen sind grundsätzlich nicht zu berücksichtigen.

Mit § 141 SGB IX (F:2020) hat der Gesetzgeber für das SGB IX § 93 SGB XII vollum- 112
fänglich übernehmen wollen, soweit sich dieser auf Leistungen nach dem Sechsten Kapitel SGB XII bezog.[138] Im ursprünglichen Gesetzentwurf sollten nur Ansprüche der
Leistungsberechtigten selbst und ihrer Einsatzgemeinschaft (eben die Eltern) übergeleitet werden können. In den Ausschussberatungen wurde § 141 Abs. 1 SGB IX dann um
die Möglichkeit erweitert, auch Ansprüche der Ehegatt*innen und Lebenspartner*innen
„für die antragstellende Person" auf die Eingliederungshilfeträger überzuleiten. Damit
soll dem Eingliederungshilfeträger der Zugriff auch auf Ansprüche ermöglicht werden,
welche der/die Ehegatt*in oder Lebenspartner*in der antragstellenden Person innehat,

---

137 BSG 2.2.2010 – B 8 SO 17/08 R.
138 BT-Drs. 18/9522, S. 304 (Zu § 141).

die aber der antragstellenden Person zugute kommen sollen, etwa Beihilfeansprüche des/der Ehegatt*in/Lebenspartner*in zugunsten des Menschen mit Behinderungen.[139]

113 Das für das Existenzsicherungsrecht völlig neue Nebeneinander der Berücksichtigung des Einkommens des Vorvorjahres einerseits und des aktuellen Vermögens andererseits führt allerdings zu erheblichen Friktionen insbesondere bei der Überleitungsfähigkeit von Ansprüchen.

II. Materielle und formelle Voraussetzungen der Überleitung

1. Materielle Voraussetzung der Überleitung

114 Die materiellen Voraussetzungen der Anspruchsüberleitung entsprechen im SGB IX (F:2020) weitgehend denjenigen in § 93 SGB XII. Es müssen also vorliegen:

- (nicht notwendig rechtmäßiger [str.]) Leistungsbezug,
- Anspruch gegen eine/n Andere/n sowie die
- kausale Verknüpfung mit der Leistungsgewährung.

115 Anders als bei § 93 SGB XII nicht im Gesetzeswortlaut von § 141 Abs. 1 SGB IX (F:2020) enthalten ist die Formulierung „für die Zeit, für die Leistungen erbracht werden". Womöglich will der Gesetzgeber den Eingliederungshilfeträgern mit dieser Aufgabe des Kriteriums der zeitlichen Deckungsgleichheit die Möglichkeit verschaffen, auch Ansprüche überzuleiten, die zu einem höheren zu berücksichtigenden Einkommen im Vorvorjahr der Leistungsgewährung geführt haben würden. Nicht aufgegeben hat er allerdings das Erfordernis, dass der Anspruch kausal mit der Leistungsgewährung verknüpft sein muss: Nach § 141 Abs. 2 SGB IX (F:2020) darf die Überleitung nur insoweit bewirkt werden, als bei rechtzeitiger Leistung des anderen entweder die Leistung nicht erbracht worden wäre oder ein Beitrag aufzubringen wäre.

116 Ein Beitrag aus dem Einkommen wird nach § 136 SGB IX (F:2020) nur erhoben, wenn das Einkommen bestimmte Beträge übersteigt, und zwar in Höhe von monatlich 2 % des diese Beträge übersteigenden Einkommens pro Jahr. Einkommen ist dabei in § 135 SGB IX (F:2020) definiert als die Einkünfte des Vorvorjahres nach § 2 Abs. 2 EStG. Das Vermögen ist hingegen nach § 140 SGB IX zum Zeitpunkt der Leistungsgewährung zugrunde zu legen. Auch hier ist nur einzusetzen, was bestimmte Freigrenzen übersteigt, dieses aber vollständig. Soll der Eingliederungshilfeträger nun einen vor zwei Jahren nicht erfüllten Anspruch überleiten dürfen, weil er, wäre er erfüllt worden, steuerpflichtiges Einkommen dargestellt hätte? Oder soll er den nicht erfüllten Anspruch (nur) als Vermögensgegenstand überleiten dürfen, sofern damit die Vermögensfreigrenze überschritten wird? Im SGB XII stellt sich diese Frage weitaus weniger scharf, da das Einkommen sich während des laufenden Bedarfs in Vermögen umwandelt. Im SGB IX könnte aber ein Nebeneinander der Anrechnung von Einkommen und Vermögen zu einer Doppelanrechnung solcher rückständigen Ansprüche führen. Dies muss unbedingt vermieden werden.

117 Auch die Ansprüche der Ehegatt*innen und Lebenspartner*innen für die Leistungsberechtigten dürfen nur übergeleitet werden, soweit sonst keine Eingliederungshilfeleistungen erbracht worden wären. Da die Ehegatt*innen und Lebenspartner*innen kein Einkommen und kein Vermögen einsetzen müssen, kommt insoweit nur § 91 Abs. 1 SGB IX (F:2020) in Betracht; hiernach erhält Eingliederungshilfe (nur), wer die erforderliche Hilfe nicht von anderen oder von Trägern anderer Sozialleistungen erhält. Hätte die Beihilfestelle oder hätte die Privatversicherung des/der Ehegatten/Ehegattin rechtzeitig geleistet, hätte der Eingliederungshilfeträger nicht einspringen müssen, sodass die

---

139 BT-Drs. 18/10523, S. 66 (Zu Nummer 1 Buchstabe h1).

Ansprüche wohl nach § 141 SGB IX (F:2020) auf den Eingliederungshilfeträger übergehen.

2. Formelle Voraussetzungen

Die formellen Voraussetzungen entsprechen vollständig den bei § 93 SGB XII aufgeführten (→ Rn. 99). **118**

III. Ermessensentscheidung – Rechtsfolgen – Rechtsschutz – Durchsetzung

Rechtsfolgen (→ Rn. 105), Maßstäbe für die Ermessensausübung (→ Rn. 104), Rechtsschutz gegen Überleitungsanzeigen (→ Rn. 108) und die Durchsetzung des übergeleiteten Anspruchs (→ Rn. 110) folgen denselben Kriterien wie bei § 93 SGB XII. **119**

F. Anspruchsübergang nach § 142 Abs. 3 SGB IX (F:2020)

Neben der Anspruchsüberleitung nach § 141 SGB IX (F:2020) kennt § 142 Abs. 3 SGB IX (F:2020) einen Übergang von Unterhaltsansprüchen erwachsener Leistungsberechtigter nach dem SGB IX gegen ihre Eltern. Dieser Anspruchsübergang ist ein Fremdkörper im SGB IX, weil die Eltern volljähriger Leistungsberechtigter überhaupt nicht zur Einsatzgemeinschaft gehören; die Leistungen werden grundsätzlich unabhängig vom Einkommen der Eltern volljähriger Leistungsberechtigter erbracht. Offenbar fordert der Gesetzgeber hier nicht mehr die Kausalität der Nichterbringung des Unterhalts für die Leistungsgewährung oder den Mangel der Beitragsfestsetzung. Der Höhe nach entspricht der Anspruchsübergang kraft Gesetzes § 94 Abs. 2 SGB XII (hierzu → Rn. 81 ff.). **120**

Kapitel 41: Ersatzansprüche

Literaturhinweise: Berlit, SGB II-„Reform" ohne klares Profil – zu einigen Änderungen durch das 9. SGB II-Änderungsgesetz, info also 2016, 195; Berlit, Anmerkung zu LSG Niedersachsen-Bremen, Urteil vom 5.7.2018 – L 6 AS 80/17, info also 2018, 265; Groth/Siebel-Huffmann, Das 9. SGB-II-Änderungsgesetz – Rechtsvereinfachung?, NJW 2016, 3404; Grote-Seifert, Anmerkung zu BSG, Urteil vom 2.11.2012 – B 4 AS 39/12 R, SGb 2013, 658; Guttenberger, Die Reihung und Bewirkung von Aufrechnungen nach Inkrafttreten des 9. SGB II-ÄnderungsG, info also 2016, 57; Hammel, Die Erhebung von Ersatzansprüchen bei sozialwidrigem Verhalten – Wann sind Sozialleistungen rückzahlungspflichtig?, ZfF 2014, 49; Heinz, Zur Rechtslage bei überbezahlten Leistungen für Kinder nach dem SGB II, ZfF 2016, 126; Tapper, Optimierung der Refinanzierung (Rückholung) von Grundsicherungsleistungen durch rechtsbereichsintegrierende Auslegung, SGb 2012, 245; Weber, Kostenerstattung und Kostenersatz bei rechtswidrig oder zu Unrecht gewährter Sozialhilfe nach dem SGB XII, DVP 2010, 278.

Rechtsgrundlagen:
SGB II §§ 34, 34 a
SGB XII §§ 103, 104

Orientierungssätze:

1. Die Möglichkeit des Kostenersatzes bei sozialwidrigem Verhalten folgt dem Gedanken, dass Leistungen zur Sicherung des Lebensunterhalts grundsätzlich ohne Berücksichtigung der Ursache für die Hilfebedürftigkeit erbracht werden, also auch bei schuldhafter Herbeiführung der Hilfebedürftigkeit. Hat die leistungsberechtigte Person die Hilfebedürftigkeit allerdings in missbilligenswerter Weise verursacht, ist eine Heranziehung dieser Person zum Kostenersatz statthaft. Gleichzeitig wird damit die Akzeptanz der im Grundsatz „bedingungslosen" Leistungen der Existenzsicherung gestärkt.

2. Das Verhalten des Hilfeempfängers kann zur Ersatzpflicht führen, wenn er die Hilfebedürftigkeit herbeigeführt hat, aber auch dann, wenn er sie erhöht, aufrechterhält oder nicht verringert.

3. Das Verhalten des Verursachers muss nicht nur schuldhaft, sondern auch „sozialwidrig" sein. Sozialwidrig ist ein Verhalten, das auf die Einschränkung bzw. den Wegfall der Erwerbsfähigkeit oder der Erwerbsmöglichkeit oder die Herbeiführung von Hilfebedürftigkeit bzw. der Leistungserbringung gerichtet ist bzw. hiermit in einem „inneren Zusammenhang" steht oder einen spezifischen Bezug zu anderen nach den Wertungen des SGB II zu missbilligenden Verhaltensweisen aufweist, ohne dass das Verhalten notwendigerweise verwerflich sein muss.

4. § 34 SGB II und § 103 SGB XII beziehen sich nur auf die Ersatzpflicht für rechtmäßig erbrachte Leistungen. § 34 a SGB II und § 104 SGB XII beziehen sich auf die Ersatzpflicht für rechtswidrig erbrachte Leistungen. Durch diese Vorschriften wird die Möglichkeit eröffnet, auch Dritte zum Ersatz heranzuziehen, die die Hilfebedürftigkeit verursacht haben. Verfahren gegen Dritte sind nicht kostenfrei im Sinne des § 183 SGG, sondern kostenpflichtig im Sinne des § 197 a Abs. 1 S. 1 SGG.

Klerks

A. Allgemeines

1   Ersatzansprüche dienen der Wiederherstellung der Nachrangigkeit.[1] Sie bilden eine Ausnahme von dem Grundsatz, dass Fürsorgeleistungen grundsätzlich **unabhängig vom Grund der Entstehung der Hilfebedürftigkeit** erbracht werden. Die Leistungen können allenfalls gekürzt werden, so nach §§ 31 ff. SGB II bzw. nach § 26 SGB XII.[2] Andererseits kann es jedoch gegenüber der Solidargemeinschaft **unbillig** sein, wenn eine Hilfeleistung dem Hilfebedürftigen endgültig verbliebe.[3] In diesem Spannungsverhältnis stehen die Ersatzansprüche, wonach Leistungen zwar gewährt werden, aber unter bestimmten Voraussetzungen ersetzt werden müssen.

2   Voraussetzungen und Folgen sind in den unterschiedlichen existenzsichernden Systemen unterschiedlich geregelt. Im **SGB II** wird zwischen der Erstattung einer rechtmäßig (Ersatzanspruch gem. § 34 SGB II) und einer rechtswidrig erbrachten Leistung (Ersatzanspruch gem. § 34 a SGB II) unterschieden. Daneben sieht § 34 b SGB II die Erstattungspflicht bei Doppelleistungen (dazu → Kap. 43 Rn. 56) und § 34 c SGB II die Ersatzpflicht nach sonstigen Vorschriften vor. Eine nach früherem Recht vorgesehene Schadensersatzpflicht nach § 15 Abs. 3 SGB II aF (bis zum 31.7.2016) ist dagegen gestrichen worden. Bei Leistungen nach dem **3. Kapitel des SGB XII** wird zwischen Ersatzansprüchen nach § 103 SGB XII und nach § 104 SGB XII unterschieden. Bei Leistungen nach dem **4. Kapitel des SGB XII** sieht § 41 Abs. 4 SGB XII sogar einen Leistungsausschluss vor.

B. Lage nach dem SGB II

3   Im **SGB II** bestehen mit § 34 SGB II und § 34 a SGB II zwei Ersatzansprüche nebeneinander. Sie unterscheiden sich vor allem dadurch, dass § 34 SGB II den Ersatz **rechtmäßig** erbrachter Leistungen und § 34 a SGB II den Ersatz **rechtswidrig** erbrachter Leistungen regelt.

I. Ersatzanspruch gem. § 34 SGB II

1. Allgemeines

4   § 34 SGB II ist durch das RBEG[4] zum 1.4.2011 und durch das 9. SGB II-ÄndG[5] zum 1.8.2016 geändert worden. Im konkreten Fall ist das Recht anzuwenden, das zum **Zeitpunkt der Geltendmachung des Ersatzanspruchs** gilt (sog **Geltungszeitraumprinzip**), nicht das zum Zeitpunkt der Handlung geltende Recht.[6]

5   § 34 SGB II ist eine Ausnahme von dem im SGB II geltenden Prinzip, dass die Grundsicherung für Arbeitsuchende ohne Rücksicht auf die Ursache der Hilfebedürftigkeit ge-

---

1   Vgl. Schwitzy in: LPK-SGB II § 34 Rn. 1 unter Verweis auf BVerwG 14.1.1982 – 5 C 70.80, Rn. 9, BVerwGE 64, 318; 23.9.1999 – 5 C 22.99, Rn. 12, BVerwGE 109, 331 (für Ersatzansprüche gem. § 92 a BSHG). Vgl. auch Silbermann in: Eicher/Luik SGB II § 34 Rn. 1 unter Verweis auf BSG 2.11.2012 – B 4 AS 39/12 R, Rn. 18 ff.; Bieback in: Grube/Wahrendorf SGB XII § 103 Rn. 1.
2   Vgl. zu § 26 Abs. 1 SGB XII (Sanktion) → Kap. 23 Rn. 106, zu § 26 Abs. 2 bis 4 SGB XII (Aufrechnung) → Kap. 58 Rn. 20 ff.; vgl. auch BSG 18.3.2008 – B 8/9 b SO 9/06 R, Rn. 23, BSGE 100, 131, das die Wertung des § 26 Abs. 1 S. 1 Nr. 1 SGB XII bei der Beurteilung der Frage mit einbeziehen will, ob ein Härtefall im Sinne des § 90 Abs. 3 SGB XII vorliegt (hier: Bestattungsvorsorge).
3   Vgl. Bieback in: Grube/Wahrendorf SGB XII § 103 Rn. 1; Conradis in: LPK-SGB XII § 103 Rn. 1.
4   Vom 24.3.2011 – BGBl. I S. 453.
5   Vom 26.7.2016 – BGBl. I S. 1824.
6   Vgl. BSG 8.2.2017 – B 14 AS 3/16 R, Rn. 13 ff. zu § 34 SGB II in der Fassung des Gesetzes vom 1.4.2011 und zu Problemen der Rückwirkung. Zum Geltungszeitraumprinzip (Abstellen auf das im Zeitraum des Eintritts der Rechtsfolge geltende Recht) Spellbrink/Eicher, Kasseler Handbuch des Arbeitsförderungsrecht, 2003, § 1 Rn. 12; Stölting in: Eicher/Luik SGB II § 66 Rn. 4.

währt wird.[7] Deshalb sind an das Vorliegen eines solchen Ausnahmefalls hohe Anforderungen zu stellen. Das Bundesverwaltungsgericht[8] hat daher als zusätzliches ungeschriebenes Tatbestandsmerkmal den Begriff des **sozialwidrigen Handelns** eingeführt, der auch in der Rechtsprechung des BSG gilt. Der Ersatzanspruch, der der **Wiederherstellung der Nachrangigkeit** der Leistungen nach dem SGB II dient,[9] hat damit den Charakter eines **quasi-deliktischen Anspruchs**.[10] Der Ersatzanspruch ist nicht dadurch ausgeschlossen, dass eine **Sanktion gem. § 31 Abs. 2 Nr. 1 SGB II** verhängt worden ist, obwohl damit dasselbe Verhalten sanktioniert wird.[11] Dies erscheint konsequent, zumal sich die beiden Rechtsfolgen nicht verstärken.[12] Denn soweit eine Leistung gem. § 31 Abs. 2 Nr. 1 SGB II gemindert wird, reduziert sich auf der anderen Seite der Ersatzanspruch gem. § 34 SGB II.

Parallelvorschrift im SGB XII ist § 103 SGB XII, allerdings mit dem Unterschied, dass **6** § 103 SGB XII alle Personen betrifft, die den Tatbestand des sozialwidrigen Handelns erfüllen, während § 34 SGB II nur alleinstehende Personen über 18 Jahre oder Personen über 18 Jahre in einer Bedarfsgemeinschaft erfasst.[13]

Aus der Abgrenzung zu § 34 a SGB II ergibt sich, dass die Leistungsgewährung **rechtmä-** **7** **ßig** sein muss.[14] Der Ersatz (vollständig) unrechtmäßiger Leistungen kann nur nach § 34 a SGB II bzw. nach §§ 45, 50 SGB X durchgesetzt werden.[15] Die Leistung kann an die ersatzpflichtige Person oder an Personen, die mit ihr in Bedarfsgemeinschaft leben, gewährt worden sein. Damit kann ein **Zwei-Personen-Verhältnis** (zwischen dem Leistungsträger und der ersatzpflichtigen Person), aber auch ein **Drei-Personen-Verhältnis** (zwischen dem Leistungsträger, dem Leistungsempfänger und der ersatzpflichtigen Person) bestehen. Es stellt sich dann die Frage, wie das Verhältnis verschiedener Verpflichtungen zueinander ist. Im **Zwei-Personen-Verhältnis** stellt sich diese Frage etwa bei **vorläufigen Leistungen.** Hier gilt vorrangig der **Erstattungsanspruch gem. § 41 a Abs. 6 SGB II.**[16] Bei der Erstattung **darlehensweise gewährter Leistungen** ergibt sich ein besonderer **Rückzahlungsanspruch gem. § 42 a SGB II.** Der Gesetzgeber sieht im Falle des vorzeitigen Verbrauchs einer einmaligen Einnahme gem. § 11 Abs. 3 S. 4 SGB II die Gewährung eines Darlehens gem. § 24 Abs. 4 S. 2 SGB II (mit der Pflicht zur Rückzahlung) vor mit der Begründung, die Leistungsträger sollen von der Geltendmachung eines Ersatzanspruchs gem. § 34 SGB II entlastet werden.[17] Für eine vorrangige Anwendung des § 34 SGB II mag sprechen, dass der Leistungsträger bei einem Ersatzanspruch mit 30 % (§ 43 Abs. 1 Nr. 2, Abs. 2 S. 1 SGB II) und bei einem Darlehensanspruche mit 10 % der Regelleistungen (§ 42 a Abs. 2 S. 1 SGB II) aufrechnen darf.[18] Durch eine Behandlung als sozialwidriges Verhalten würden aber die speziellen Regelungen zur Rückzahlung von Darlehensleistungen unterlaufen, die die Parteien ohnehin vereinbart hatten. Neben dem Anspruch gem. § 34 SGB II soll der Übergang zivilrechtlicher Ansprüche gem. § 33

---

7 BSG 8.2.2017 – B 14 AS 3/16 R, Rn. 25 unter Verweis auf BSG 2.11.2012 – B 4 AS 39/12 R, Rn. 17 ff.; BSG 16.3.2013 – B 14 AS 55/12 R, Rn. 18.
8 BVerwG 24.7.1976 – V C 41.74, FEVS 24, 397.
9 Vgl. Schwitzky in: LPK-SGB II § 34 Rn. 1 mwN.
10 Vgl. Silbermann in: Eicher/Luik SGB II § 34 Rn. 25 mwN.
11 Vgl. BSG 8.2.2017 – B 14 AS 3/16 R, Rn. 18. Vgl. auch zu § 159 SGB III HessLSG 16.3.2011 – L 7 AS 314/11; Silbermann in: Eicher/Luik SGB II § 34 Rn. 26.
12 Dagegen aber Berlit info also 2016, 195 (202) und Silbermann in: Eicher/Luik SGB II § 34 Rn. 22.
13 Vgl. Schwitzky in: LPK-SGB II § 34 Rn. 3.
14 Offengelassen in BSG 16.4.2013 – B 14 AS 55/12 R, Rn. 26; vgl. dazu Silbermann in: Eicher/Luik SGB II § 34 Rn. 18 mwN. Vgl. zu § 92 a BSHG bereits BVerwG 5. 5.1983 – 5 C 112/81, Rn. 10, BVerwGE 67, 163.
15 Schwitzky in: LPK-SGB II § 34 Rn. 6; Silbermann in: Eicher/Luik SGB II § 34 Rn. 18.
16 Schwitzky in: LPK-SGB II § 34 Rn. 6.
17 Vgl. BT-Drs. 18/8041, 41.
18 Für einen Vorrang des § 34 SGB II Silbermann in: Eicher/Luik SGB II, 4. Aufl., § 34 Rn. 16 mwN.

SGB II und sollen Erstattungsansprüche gem. §§ 102 ff. SGB X statthaft sein.[19] Ein **Drei-Personen-Verhältnis** ist im Fall des § 34 SGB II eher selten. Ist die (rechtmäßige) Leistung endgültig erbracht worden, kann sie gegenüber dem Leistungsempfänger idR nicht zurückgefordert werden. Anders kann dies bei **vorläufigen Leistungen** und bei **Darlehensleistungen** sein. Ein **Gesamtschuldverhältnis** zwischen der ersatzpflichtigen Person und dem Leistungsempfänger besteht nicht. Im Gegensatz zu § 34 a Abs. 4 SGB II trifft § 34 SGB II keine Regelung. Dies spricht dafür, dass § 34 SGB II in diesen Fällen nicht anwendbar ist mit der Folge, dass nur ein Anspruch des Leistungsträgers gegen den Leistungsempfänger besteht. Hierfür spricht auch, dass der Leistungsempfänger ansonsten zu weit entlastet werden könnte.

2. Voraussetzungen des Ersatzanspruchs

8 Voraussetzung für einen Ersatzanspruch ist, dass die ersatzpflichtige Person dem **ersatzpflichtigen Personenkreis** angehört, der **ersatzberechtigte Leistungsträger** den Anspruch geltend macht und die ersatzpflichtige Person eine **ersatzpflichtige Handlung** begeht, die **sozialwidrig** ist, die ersatzpflichtige Person **schuldhaft** und **ohne wichtigen Grund** gehandelt hat und das Verhalten für die Erbringung von Leistungen **kausal** war.

a) Ersatzpflichtiger Personenkreis/ersatzberechtigter Leistungsträger

9 Handelnde Person kann nur eine Person sein, die nach Vollendung des 18. Lebensjahrs die Voraussetzungen für die Gewährung von Leistungen nach dem SGB II an sich oder an Personen, die mit ihr in einer Bedarfsgemeinschaft leben, herbeigeführt hat. Damit muss sie **Beziehern von Leistungen nach dem SGB II** sein und ein bestimmtes **Mindestalter** haben. Mit der Voraussetzung des Leistungsbezugs unterscheidet sich § 34 SGB II von § 103 Abs. 1 SGB XII, wonach auch außenstehende Dritte wie Vermieter oder Arbeitgeber Schuldner des Ersatzanspruchs sein können.[20] Die handelnde Person muss das 18. Lebensjahr im **Zeitpunkt der Handlung** und nicht notwendig im Zeitpunkt der Zahlung der Leistung vollendet haben. Insoweit entspricht § 34 Abs. 1 SGB II § 31 Abs. 2 Nr. 1 SGB II.[21]

10 Gläubiger des Anspruchs sind die Träger der Leistungen nach § 6 d Abs. 1 SGB II, also die Arbeitsgemeinschaften gem. § 44 b Abs. 1 S. 2 SGB II oder die Optionskommunen gem. § 6 a SGB II.[22]

b) Ersatzpflichtige Handlung

11 Zum Kostenersatz ist gem. § 34 Abs. 1 S. 1 SGB II verpflichtet, wer die Gewährung von Leistungen **herbeigeführt** hat. Gem. § 34 Abs. 1 S. 2 SGB II gilt als Herbeiführung von Hilfebedürftigkeit auch die **Erhöhung, Aufrechterhaltung** oder **Nichtverringerung** der Hilfebedürftigkeit. Die Handlung kann durch ein aktives Tun oder durch ein Unterlassen begangen werden.[23]

aa) Herbeiführung

12 Eine **Herbeiführung** der Voraussetzungen für die Gewährung von Leistungen nach dem SGB II liegt nur vor, wenn das Verhalten dazu führt, dass die Voraussetzungen für die

---

19 Schwitzky in: LPK-SGB II, 6. Aufl., § 34 Rn. 4; Tapper SGb 2012, 248. Vgl. zur Abgrenzung von Ersatzansprüchen (sozialwidrig) und dem Übergang von Ansprüchen (bei einem „schlichten" Nichtleistung) BVerwG Urt. v. 24.6.1976 – V C 41.74, Rn. 10, BVerwGE 51, 61.
20 Vgl. Silbermann in: Eicher/Luik SGB II, 4. Aufl., § 34 Rn. 12, 20.
21 Vgl. zu den Unterschieden zwischen § 31 Abs. 2 Nr. 1 SGB II und § 34 Abs. 1 SGB II Berlit in: LPK-SGB II, 6. Aufl., § 31 Rn. 91.
22 Vgl. näher Schwitzky in: LPK-SGB II § 34 Rn. 41; Silbermann in: Eicher/Luik SGB II § 34 Rn. 14.
23 Vgl. Silbermann in: Eicher/Luik SGB II § 34 Rn. 27.

Leistungen geschaffen bzw. bewirkt werden, nicht dagegen schon dann, wenn die Leistungsvoraussetzungen bereits erfüllt sind und die handelnde Person deren Vorliegen nicht beseitigt.[24]

bb) Erhöhung, Aufrechterhaltung, Nichtverringerung

Gem. § 34 Abs. 1 S. 2 SGB II[25] gilt als Herbeiführung auch, wenn die Hilfebedürftigkeit **13** erhöht, aufrechterhalten oder nicht verringert wurde. Es handelt sich – im Gegensatz zur Begründung[26] – nicht um eine Klarstellung, sondern um eine Erweiterung des Anwendungsbereichs des § 34 SGB II.[27] Eine **Erhöhung** der Hilfebedürftigkeit liegt vor, wenn entweder der Bedarf der leistungsberechtigten Person bzw. seiner in Bedarfsgemeinschaft lebenden Personen erhöht oder das anrechnungsfähige Einkommen bzw. Vermögen vermindert wird. Eine **Aufrechterhaltung** der Hilfebedürftigkeit liegt vor, wenn die leistungsberechtigte Person eine Gelegenheit zur Beendigung der Hilfebedürftigkeit zB durch Aufnahme einer Arbeit mit der Möglichkeit der Erzielung bedarfsdeckenden Einkommens nicht wahrnimmt. Eine **Nichtverringerung** der Hilfebedürftigkeit liegt vor, wenn sie eine Gelegenheit zur Veminderung der Hilfebedürftigkeit zB durch Aufnahme einer Arbeit mit der Möglichkeit der Erzielung anrechnungsfähigen Einkommens nicht wahrnimmt.

c) Sozialwidrigkeit

Das Handeln muss zugleich **sozialwidrig** sein. Der Begriff der Sozialwidrigkeit ist durch **14** das Bundesverwaltungsgericht entwickelt worden.[28] Die Kostenersatzpflicht ist auf einen engen deliktsähnlichen Ausnahmetatbestand im Sinne eines **quasi-deliktischen Anspruchs** beschränkt worden, um gewisse Unbilligkeiten auszuschließen, die sich aus ihrer uneingeschränkten Beseitigung ergeben würden. Die Bezeichnung als quasi-deliktischer Anspruch wird damit begründet, dass der Ersatzanspruch von einem schuldhaften Verhalten des Ersatzpflichtigen abhängt. Der Begriff der Sozialwidrigkeit ergänzt das Erfordernis des vorsätzlichen oder grobfahrlässigen Verhaltens.[29]

Vom sozialwidrigen Handeln ist nach der **Rechtsprechung des Bundesverwaltungsge-** **15** **richts** jedes **Verhalten umfasst, das aus Sicht der Solidargemeinschaft**, die die Leistungen aus Steuermitteln finanziert, **zu missbilligen** ist.[30] Dazu zählen Verhaltensweisen, die die Erbringung von Hilfeleistungen zugunsten von unterhaltsberechtigten Angehörigen etwa wegen Arbeitsscheu oder Verschwendungssucht des Unterhaltspflichtigen[31] oder wegen eines strafbaren Verhaltens mit Haft[32] notwendig macht, die Schaffung faktischer Verhältnisse durch eigenmächtiges Verhalten, das den Leistungsträger zur Erbringung von Leistungen zwingt,[33] und die Aufgabe eines Krankenversicherungsschutzes.[34] Die

---

24 Vgl. ausführlich BSG 8.2.2017 – B 14 AS 3/16 R, Rn. 24 f.

25 Eingeführt durch das 9. SGB II-ÄndG (BGBl. I S. 1824) mit Wirkung zum 1.8.2016.

26 BT-Drs. 18/8041, 45.

27 Vgl. Silbermann in: Eicher/Luik SGB II § 34 Rn. 20. BSG 8.2.2017 – B 14 AS 3/16 R, Rn. 26.

28 Vgl. BVerwG 24.6.1976 – V C 41.74, Rn. 8 ff., BVerwGE 51, 61; 14.1.1982 – 5 C 70.80, Rn. 9, BVerwGE 64, 318; 23.9.1999 – 5 C 22/99, Rn. 12, BVerwGE 109, 331; 10.4.2003 – 5 C 4/02, Rn. 16, BVerwGE 118, 109.

29 BVerwG 24.6.1976 – V C 41.74, Rn. 9, BVerwGE 51, 61.

30 BVerwG 14.1.1982 – 5 C 70.80, Rn. 9, BVerwGE 64, 318; 10.4.2003 – 5 C 4/02, Rn. 16, BVerwGE 118, 109.

31 BVerwG 24.6.1976 – V C 41.74, Rn. 9, BVerwGE 51, 61.

32 BVerwG 10.4.2003 – 5 C 4/02, Rn. 16, BVerwGE 118, 109.

33 BVerwG 14.1.1982 – 5 C 70.80, Rn. 10, BVerwGE 64, 318: Eigenmächtige Unterbringung eines Kindes in einer Tagesstätte, wobei sich später ergab, dass ein Wechsel wegen der Eingewöhnung nicht mehr zumutbar war.

34 BVerwG 23.9.1999 – 5 C 22/99, Rn. 13, BVerwGE 109, 331; nach heutiger Rechtslage wäre die Kündigung einer privaten Krankenversicherung nicht mehr möglich, weil eine Pflicht zur Aufrechterhaltung des Krankenversicherungsschutzes besteht, vgl. etwa § 188 Abs. 4 SGB V, § 193 Abs. 3 VVG.

Rechtsprechung des Bundesverwaltungsgerichts ist grundsätzlich auch im Rahmen des § 34 SGB II anwendbar. Dies folgt daraus, dass § 34 SGB II mit der Überschrift „Ersatzansprüche bei sozialwidrigem Verhalten" versehen ist und in der Begründung zu § 34 SGB II auf die Rechtsprechung des Bundesverwaltungsgerichts verwiesen wird.[35] Das BSG wendet die Rechtsprechung des Bundesverwaltungsgerichts weiter an,[36] hat sie aber dahin gehend konkretisiert, dass nur ein Verhalten einschlägig ist, das in seiner **Handlungstendenz auf die Einschränkung bzw. den Wegfall der Erwerbsfähigkeit oder der Erwerbsmöglichkeit oder die Herbeiführung von Hilfebedürftigkeit** bzw. der Leistungserbringung gerichtet ist bzw. hiermit in einem „inneren Zusammenhang" steht oder einen spezifischen Bezug zu anderen nach den Wertungen des SGB II zu missbilligenden Verhaltensweisen aufweist;[37] dagegen kommt es nicht auf die moralische Verwerflichkeit des Verhaltens an.[38] Zum missbilligenden Verhalten zählen Fälle, in denen sich die betroffene Person – ähnlich wie in den Fällen der §§ 52 SGB V, 103 f. SGB VI, 101 SGB VII – unter **Verstoß gegen den Grundsatz der Eigenverantwortung** die Hilfebedürftigkeit nicht abwendet, ferner die in § 31 SGB II genannten Verhaltensweisen.[39] Für die Konkretisierung können auch **Wertungen aus anderen Rechtsgebieten** wie zB aus dem **gesetzlichen Unterhaltsrecht** herangezogen werden.[40] Sozialwidrigkeit im Sinne des § 34 SGB II liegt danach nicht vor, wenn die betroffene Person nur als mittelbare Folge einer Straftat inhaftiert wird und damit den Arbeitsplatz verliert, die nichts mit den Wertungen des SGB II zu tun hat.[41] Ein Verhalten kann nicht als sozialwidrig bezeichnet werden, wenn es durch andere Gesetze gefördert wird oder andere gesetzliche Regelungen für die Hilfebedürftigkeit ausschlaggebend sind.[42]

16 Das geforderte Verhalten des Ersatzpflichtigen steht in einem **Spannungsverhältnis** zur gem. Art. 2 Abs. 1 S. 1 GG gewährleisteten allgemeinen Handlungsfreiheit. Deshalb ist eine **Abwägung** zwischen den **Interessen des Einzelnen und der Allgemeinheit** erforderlich. Diese Abwägung erfolgt teilweise bei der Beurteilung eines Verhaltens als sozialwidrig,[43] teilweise im Rahmen des wichtigen Grunds (→ Rn. 25).

aa) Hilfebezogene Sozialwidrigkeit

17 Die sozialwidrige Herbeiführung der Hilfebedürftigkeit kann sich aus dem (zu schnellen) **Verbrauch von Vermögen** ergeben, so bei Verbrauch von Vermögen in kurzer Zeit durch Rückzahlung von Schulden,[44] bei Verbrauch eines Vermögens von rund 112.000,00 EUR in drei Jahren – mit Ausgabe von Geldern in Höhe von durchschnittlich 2.500,00 EUR monatlich –,[45] bei Renovierung der Wohnung und Kauf von Elektrogeräten[46] oder bei einer bestimmten Art und Weise des Verbrauchs (Verwendung

35 BT-Drs. 661/10, 182; vgl. dazu Silbermann in: Eicher/Luik SGB II § 34 Rn. 26.
36 BSG 2.11.2012 – B 4 AS 39/12 R, Rn. 21; 16.4.2013 – B 14 AS 55/12 R, Rn. 18 f.
37 BSG 2.11.2012 – B 4 AS 39/12 R, Rn. 16, 22; 16.4.2013 – B 14 AS 55/12 R, Rn. 20 f.
38 BSG 2.11.2012 – B 4 AS 39/12 R, Rn. 22.
39 BSG 2.11.2012 – B 4 AS 39/12 R, Rn. 20 f.; 16.4.2013 – B 14 AS 55/12 R, Rn. 22.
40 HessLSG 16.3.2012 – L 7 AS 314/11; Silbermann in: Eicher/Luik SGB II § 34 Rn. 28.
41 Vgl. BSG 2.11.2012 – B 4 AS 39/12 R, Rn. 22: Straftaten gegen die sexuelle Selbstbestimmung und die körperliche Unversehrtheit; 16.4.2013 – B 14 AS 55/12 R, Rn. 23: Drogenhandel.
42 Schwitzky in: LPK-SGB II § 34 Rn. 8; Conradis in: LPK-SGB XII § 103 Rn. 6. Vgl. dazu etwa → Kap. 21 Rn. 64, 66: Anlage bzw. Wiederanlage von Vermögen aus einer geschützten Altersvorsorge § 12 Abs. 2 S. 1 Nr. 2, 3 SGB II in eine geschützte Altersvorsorge gem. § 12 Abs. 2 S. 1 Nr. 2, 3 SGB II.
43 Vgl. etwa SG Freiburg 9.9.2014 – S 7 AS 2007/14, Rn. 28 mwN.
44 Differenzierend zur Schuldentilgung (Einzelfallprüfung) SG Lübeck 23.3.2017 – S 31 SO 256/15, Rn. 22 ff. mwN.
45 LSG BW 15.10.2014 – L 2 SO 2489/14, Rn. 23, info also 2015, 179 zum Ausschluss gem. § 41 Abs. 4 SGB XII; vgl. auch LSG Nds-Brem 12.12.2018 – L 13 AS 111/17 (Verbrauch eines ererbten Vermögens von 200.000 EUR innerhalb von zwei Jahren).
46 SG Braunschweig 23.2.2010 – S 25 AS 1128/08, Rn. 30: Verbrauch von 41.500,00 EUR aus einer Erbschaft innerhalb von zwei Monaten.

von 5.800,00 EUR aus einem Hausverkauf für die Anschaffung von 277 Blue-Ray-Filmen während des laufenden SGB II-Leistungsbezugs).[47] Gegen diese Rechtsprechung ist einzuwenden, dass das Entstehen einer Ersatzpflicht wegen des Betreibens eines „luxuriösen Lebensstils" dazu führen würde, dass die Vorschriften des SGB II schon vor dem Leistungsbezug für Nichtbedürftige gelten würden, was gegen Art. 2 GG verstoßen kann.[48] Erforderlich ist damit die Berücksichtigung der Tatsache, ob der Verbrauch vor oder während des Leistungsbezugs erfolgt und ob es für den Verbrauch einen sachlichen – nicht notwendig nachvollziehbaren – Grund gibt. Dies kann nur jeweils im Einzelfall entschieden werden, weshalb die zitierten Gerichtsentscheidungen jeweils nur Hinweischarakter haben.[49] Der **vorzeitige Verbrauch einmaliger Einnahmen** konnte nach altem Recht als sozialwidrig angesehen werden.[50] Nach neuem Recht ist aber die Anwendung des § 34 SGB II dadurch ausgeschlossen, dass § 24 Abs. 4 S. 2 SGB II die **Gewährung eines Darlehens** vorsieht. Die Schaffung des § 24 Abs. 4 S. 2 SGB II geschah vor dem Hintergrund, dass die Prüfung von Ersatzansprüchen gem. § 34 SGB II entfallen sollte,[51] was so zu verstehen ist, dass § 24 Abs. 4 S. 2 SGB II gegenüber § 34 SGB II lex specialis ist. Nicht sozialwidrig ist die Anlage von Geldern im Ausland und der **Diebstahl eines hohen Bargeldbetrags** aus dem Handschuhfach eines Kraftfahrzeugs.[52] Sozialwidrig kann auch die unterlassene Geltendmachung von Sozialleistungsansprüchen sein.[53]

Daneben kann die **Erhöhung des Bedarfs** (auch eines Dritten) durch häusliche Gewalt und Notwendigkeit des Aufenthalts in einem Frauenhaus[54] und durch Verschweigen des Kindesvaters sozialwidrig sein, wenn dies dazu führt, dass Regressansprüche nicht durchgesetzt werden können.[55] Dagegen kann die Abrechnung eines **zu hohen Bedarfs** nicht zu einer Ersatzpflicht gem. § 34 SGB II führen (Ersatz wegen Unterkunftskosten aufgrund eines zum Schein abgeschlossenen Mietvertrags);[56] hierbei dürfte es sich nicht um rechtmäßige Leistungen, sondern um rechtswidrige Leistungen handeln, deren Erstattung nach Rücknahme gem. §§ 45, 50 SGB X verlangt werden könnte. **18**

Eine sozialwidrige **Aufrechterhaltung** einer bestehenden Hilfebedürftigkeit soll die Aufgabe einer nicht bedarfsdeckenden Beschäftigung, die Ablehnung einer Beschäftigungsaufnahme oder die Weigerung des Wechsels in eine günstigere Steuerklasse sein.[57] Es bestehen aber Zweifel, ob dies mit den von BSG formulierten engen Voraussetzungen für die Annahme der Sozialwidrigkeit in Einklang steht.[58] **19**

bb) Erwerbsbezogene Sozialwidrigkeit

Die **Auflösung eines Ausbildungsverhältnisses** unter Verletzung ausbildungsvertraglicher Pflichten kann sozialwidrig sein,[59] wohingegen die Auflösung aus Gründen der fehlenden Neigung von dem Grundrecht auf freie Berufswahl gedeckt sein dürfte. Bei **Aufgabe eines Berufs** ist zu unterscheiden: Sie kann bei Aufgabe eines Arbeitsplatzes ohne Aus- **20**

---

47 Vgl. LSG Nds-Brem 9.2.2015 – L 11 AS 1352/14 B ER, Rn. 30.
48 So SG Düsseldorf 31.8.2015 – S 35 AS 257/15, Rn. 17.
49 Vgl. dazu auch Conradis in: LPK-SGB XII § 103 Rn. 6.
50 Vgl. BSG 29.11.2012 – B 14 AS 33/12 R, Rn. 17; 12.6.2013 – B 14 AS 73/12 R, Rn. 24 f.; 17.10.2013 – B 14 AS 38/12, Rn. 16 und dazu Silbermann in: Eicher/Luik SGB II § 34 Rn. 44.
51 BT-Drs. 18/8041, 42.
52 LSG NRW 22.6.2017 – L 19 AS 822/16, Rn. 34: Es fehlt die Handlungstendenz, die Hilfebedürftigkeit herbeizuführen.
53 LSG NRW 7.11.2008 – L 20 B 135/08 SO Rn. 5, zu § 103 SGB XII: Unterlassen der Meldung bei dem Arbeitsamt nach einem Säumnis- und Aufhebungsbescheid, um wieder Arbeitslosengeld zu erhalten.
54 Schwitzky in: LPK-SGB II § 34 Rn. 17.
55 Vgl. dazu Schwitzky in: LPK-SGB II § 34 Rn. 16 mwN.
56 So BSG 29.11.2012 – B 14 AS 161/11 R, Rn. 20. Vgl. dazu Silbermann in: Eicher/Luik SGB II § 34 Rn. 44.
57 BT-Drs. 18/8041, 45.
58 Vgl. Silbermann in: Eicher/Luik SGB II § 34 Rn. 22 unter Verweis auf Groth/Siebel-Huffmann NJW 2016, 3404 (3408).
59 Vgl. Silbermann in: Eicher/Luik SGB II § 34 Rn. 45 unter Verweis auf BVerwG 9.8.1993 – 5 B 1/93.

sicht auf einen anderen Arbeitsplatz,[60] bei Eigenkündigung infolge eines Diebstahls zulasten des Arbeitgebers[61] wegen einer arbeitgeberseitigen Kündigung aus wichtigem
Grund[62] sozialwidrig sein, dagegen nicht die Eigenkündigung zur Pflege eines Angehörigen.[63] Hierbei kommt es ua auch darauf an, ob das zur Kündigung führende Fehlverhalten während der Arbeit oder außerhalb der Arbeitszeit geschehen ist. So weist die al-
koholbedingte Fahrt in der Freizeit, die zum Verlust des Führerscheins und damit zur
fristlosen Kündigung des Arbeitsverhältnisses führt, keinen spezifischen Bezug zur Herbeiführung der Hilfebedürftigkeit nach dem SGB II auf und rechtfertigt deshalb keinen
Ersatzanspruch.[64] Die Aufgabe zur Durchführung einer Ausbildung kann sozialwidrig
sein;[65] dies gilt nicht, wenn die Ausbildung der materiellen Besserstellung dienen soll.[66]
Die Nichteinlegung eines Rechtsbehelfs gegen einen rechtswidrigen Sperrzeitbescheid ist
nicht sozialwidrig.[67]

d) Verschulden

21 Die Person muss vorsätzlich oder grob fahrlässig handeln, wobei sich der Vorsatz oder
die grobe Fahrlässigkeit auf das **objektiv sozialwidrige Verhalten**[68] und auf den **Erfolg**
(Eintritt der Mittellosigkeit und Hilfebedürftigkeit) beziehen.[69] **Vorsätzlich** handelt eine
Person dann, wenn sie wissentlich oder willentlich eine Leistungserbringung verursacht
(direkter Vorsatz) und oder diesen Erfolg zwar nicht anstrebt, jedoch als möglich erachtet und billigend in Kauf nimmt (bedingter Vorsatz).[70] Nach der gesetzlichen Definition
des § 45 Abs. 2 S. 3 Nr. 3 SGB X handelt **grob fahrlässig**, wer die im Verkehr erforderliche Sorgfalt in besonders schwerem Maße verletzt hat.

22 Hierzu sind besondere Feststellungen hinsichtlich Kennen oder Kennenmüssen der
Handlungs- oder Unterlassenspflicht, der **Sozialwidrigkeit des Verhaltens** und des **Erfolgs** dieses Verhaltens zu treffen. Dabei gilt auch ein **subjektiver Maßstab**, dh es sind
auch subjektive, in der Individualität des Handelnden begründete Umstände zu berücksichtigen.[71] Es kann nicht ohne Weiteres unterstellt werden, dass jeder Betroffene seine
Verhaltenspflichten kennt oder grob fahrlässig nicht kennt; Maßstab dafür kann zB die

60 LSG NRW 22.4.2013 – L 19 AS 1303/12, Rn. 30 ff.
61 SG Kassel 2.7.2014 – S 6 AS 873/12.
62 LSG Bln-Bbg 19.1.2017 – L 31 AS 1858/16, Rn. 28: Fristlose Kündigung des Arbeitsverhältnisses nach un-
entschuldigtem Fernbleiben vom Arbeitseinsatzort. Nicht dagegen die arbeitgeberseitige Kündigung eines
Ausbildungsvertrags nach mehreren geringfügigen Verspätungen und Streit mit einem Arbeitskollegen, LSG
NRW 25.9.2013 – L 12 AS 283/13, Rn. 20; nicht Verstoß gegen ein Alkoholverbot am Arbeitsplatz, weil
dies die Beendigung des Arbeitsverhältnisses nicht rechtfertigt, BayLSG 21.3.2012 – L 16 AS 616/10,
Rn. 36 f. mwN.
63 LSG Nds-Brem 12.12.2018 – L 13 AS 162/17, Rn. 37, juris: Anwendung des § 10 Abs. 1 Nr. 4 SGB II.
64 LSG Nds-Brem 5.7.2018 – L 6 AS 80/17, Rn. 28, info also 2018, 262 (mit Anmerkung Berlit info also
2018, 263); anders noch die Vorinstanz, vgl. SG Braunschweig 23.11.2016 – S 52 AS 456/16, Rn. 20,
ZFSH/SGB 2017, 180.
65 Silbermann in: Eicher/Luik SGB II § 34 Rn. 45.
66 Silbermann in: Eicher/Luik SGB II § 34 Rn. 45 unter Verweis auf SG Freiburg 7.12.2009 – S 14 AS 4212/08,
Rn. 23 f., NZS 2010, 591 (hier wichtiger Grund bejaht). Vgl. auch LSG Bln-Bbg 4.3.2014 – L 29 AS
814/11, Rn. 45: Beendigung der Tätigkeit als Krankenschwester und Umschulung zur Logopädin ua aus gesundheitlichen Gründen.
67 SG Karlsruhe 14.12.2015 – S 11 AS 1305/15, Rn. 16.
68 BVerwG 24.6.1976 – V C 41.74, Rn. 15, BVerwGE 51, 61; 23.9.1999 – 5 C 22/99, Rn. 12, BVerwGE 109,
331.
69 BVerwG 10.4.2003 – 5 C 4/02, Rn. 16, BVerwGE 118, 109. Das BSG 18.3.2008 – B 8/9 b SO 9/06 R,
Rn. 24, BSGE 100, 131 führt allerdings aus, dass es für den Ersatzanspruch nicht darauf ankommen soll,
dass es der betreffenden Person zielgerichtet um den Erwerb eines Leistungsanspruchs ging; vgl. dazu auch
Klinge in: Hauck/Noftz SGB XII K § 103 Rn. 6.
70 Schwitzky in: LPK-SGB II § 34 Rn. 10.
71 Vgl. Schütze in: v. Wulffen/Schütze SGB X § 45 Rn. 52 mwN. H. Schellhorn in: Schellhorn/Hohm/Scheider
SGB XII § 103 Rn. 4 will in Anlehnung an das Zivilrecht einen objektiven Maßstab anwenden, beachtet dabei aber nicht, dass auch im Zivilrecht bei der groben Fahrlässigkeit ein subjektiver Maßstab anzusetzen ist,
vgl. Grüneberg in: Palandt BGB § 277 Rn. 5 mwN.

allgemeine Bekanntheit einer solchen Pflicht sein.[72] Sozialrechtliche Pflichten und Obliegenheiten sind selbst dann nicht allgemein bekannt, wenn sie schon seit längerer Zeit gesetzlich geregelt sind. Die Behauptung, es könne von einer volljährigen Person grundsätzlich erwartet werden, dass sie die unmittelbaren tatsächlichen und rechtlichen Folgen ihrer Handlungen bedenkt und sie im Falle der Unkenntnis ggf. durch Zusicherung des Sozialleistungsträgers nach § 34 SGB X zu beseitigen versucht,[73] hilft nicht weiter, weil sie voraussetzt, dass die ersatzpflichtige Person ihre Pflichten kennt bzw. grob fahrlässig nicht kennt. Für eine Zurechnung kommt es daher auf die **subjektive Kenntnis** bzw. das **Kennenmüssen** einer Rechtspflicht oder Obliegenheit an.[74] In der Regel treffen die Leistungsträger deshalb im Vorgriff **Belehrungspflichten**, nach denen Betroffene konkret, richtig und vollständig über die Folgen ihres Verhaltens informiert werden müssen;[75] diese Belehrungspflichten bestehen selbst dann, wenn sie im Gesetz nicht vorgesehen sind.[76] Belehrungspflichten durch den Leistungsträger bestehen auch im Rahmen des § 34 SGB II,[77] zumal die Leistungsträger gem. §§ 1 Abs. 3 Nr. 1, 14 Abs. 2 SGB II auch zur Beratung verpflichtet sind, wobei die Aufgabe der Beratung gem. § 14 Abs. 2 S. 2 SGB II insbesondere die Erteilung von Auskunft und Rat zu Selbsthilfeobliegenheiten und Mitwirkungspflichten ist. Damit ist ein Verschulden vor Beginn des Leistungsbezugs generell in besonderer Weise zu prüfen; ein Verschulden während des Leistungsbezugs ist in der Regel nur dann zu bejahen, wenn der erwerbsfähige Leistungsberechtigte – zB bei Ablehnung eines Arbeitsangebots, bei dem der erwerbsfähige Leistungsberechtigte in Arbeit hätte vermittelt werden können – nicht nur über die Rechtsfolgen des § 31 Abs. 1 S. 1 Nr. 2 SGB II, sondern auch des § 34 Abs. 1 SGB II belehrt worden ist.

Das Kennen und Kennenmüssen der **Sozialwidrigkeit** setzt voraus, dass die ersatzpflichtige Person dementsprechende Überlegungen angestellt hat oder hätte anstellen müssen. Dementsprechend ist das Verschulden in einem Einzelfall damit begründet worden, dass der ersatzpflichtigen Person die Position des Leistungsträgers zu einem geltend gemachten Leistungsanspruch bekannt war und sie die zur Ersatzpflicht führende Maßnahme eigenmächtig durchgeführt hat.[78]   **23**

Das Kennen und Kennenmüssen des **Erfolgs** setzt voraus, dass die ersatzpflichtige Person gewusst hat oder hätte wissen müssen, dass das Verhalten zur Mittellosigkeit und Hilfebedürftigkeit führt. Auch hier kann ein Verschulden nicht ohne Weiteres unterstellt werden.   **24**

e) Ohne wichtigen Grund

Der Ersatzanspruch setzt voraus, dass ein wichtiger Grund für das Verhalten nicht besteht. Die Prüfung, ob ein wichtiger Grund vorliegt, muss neben der Prüfung der Sozialwidrigkeit erfolgen,[79] da die Formulierung „ohne wichtigen Grund" ansonsten keine   **25**

---

72 Vgl. zu diesem Aspekt BSG 25.5.2005 – B 11a/11 AL 81/08 R, Rn. 30, BSGE 95, 8.
73 So Schwitzky in: LPK-SGB II § 34 Rn. 8.
74 BSG 25.5.2005 – B 11a/11 AL 81/08 R, Rn. 20, 29, BSGE 95, 8 zur Obliegenheit zur frühzeitigen Arbeitsuchendmeldung – Erforderlichkeit der verschuldeten Kenntnis der Obliegenheit.
75 Vgl. § 31 Abs. 1 S. 1, Abs. 2 Nr. 2 SGB II, § 32 Abs. 1 S. 1 SGB II, § 41 a Abs. 3 S. 3 SGB II.
76 Vgl. BSG 25.5.2005 – B 11a/11 AL 81/08 R, Rn. 22 ff. mwN, BSGE 95, 8.
77 Vgl. SG Freiburg 9.9.2014 – S 7 AS 2007/14, Rn. 37, das im konkreten Fall (Tilgung von Schulden mit einem erlangten Geldbetrag) eine allgemeine Belehrung ausreichen ließ, dass alle Änderungen der Einkommens- und Vermögensverhältnisse mitzuteilen seien.
78 BVerwG 14.1.1982 – 5 C 70.80, Rn. 10, 11, BVerwGE 64, 318: Das Rechtsmittelverfahren hätte abgewartet oder ein Verfahren des vorläufigen Rechtsschutzes eingeleitet werden müssen.
79 BSG 2.11.2012 – B 4 AS 39/12 R; 16.4.2013 – B 14 AS 55/12 R; BayLSG 21.3.2012 – L 16 AS 616/10, Rn. 34.

Funktion hätte.[80] Ein wichtiger Grund kann vorliegen, wenn die leistungsberechtigte Person **vernünftige und aus der Sicht eines objektiven Dritten nachvollziehbare Erwägungen** zu dem konkreten Verhalten hatte.[81] Dabei ist – ähnlich wie in § 31 Abs. 1 S. 2 SGB II oder in § 159 SGB III – im Wege der **Abwägung der Interessen des Betroffenen mit den Belangen der Solidargemeinschaft** zu prüfen, ob ihm ein anderes Verhalten zugemutet werden konnte.[82] Ein wichtiger Grund liegt etwa vor, wenn das Verhalten durch andere Vorschriften der Rechtsordnung gebilligt wird;[83] der Begriff kann auch durch die Zumutbarkeitsregelungen des § 10 SGB II näher konkretisiert werden.[84] Beispiele für das Bestehen eines wichtigen Grundes ist der Verbrauch von Vermögen zur **außerplanmäßigen Tilgung einer Darlehensverbindlichkeit,**[85] die Aufgabe der bisherigen ungelernten Tätigkeit mit dem Ziel, durch den Abschluss einer Berufsausbildung den **eigenen Lebensunterhalt zu sichern oder zu verbessern,**[86] die Aufgabe der bisherigen Tätigkeit nach **Anfeindungen durch Kollegen**[87] oder die Notwendigkeit der Anschaffung einer Erstausstattung nach einem **gescheiterten Selbstmordversuch.**[88]

f) Kausalität

26 Das sozialwidrige Verhalten muss **kausal** zur Erbringung der Leistungen geführt haben. § 34 Abs. 1 S. 1 SGB II erlaubt den Ersatzanspruch hinsichtlich der „deswegen" erbrachten Geld- und Sachleistungen. Die Kausalität soll regelmäßig vorliegen, wenn die erstmalige oder weitere Erbringung von Leistungen als **wahrscheinliche Folge des Verhaltens** anzusehen ist. Ist das sozialwidrige Verhalten **nur einer von mehreren Gründen,** die zur Erbringung der Leistungen führen, liegt eine Kausalität nur vor, wenn das sozialwidrige Verhalten **überwiegt.**[89] Hat das sozialwidrige Verhalten nur zu einer Erhöhung des Leistungsanspruchs geführt, kann nur der höhere Aufwand verlangt werden.[90]

27 Unklar ist allerdings, ob und wann das sozialwidrige Verhalten nicht mehr kausal zur Erbringung der Leistung führt, wann also die Kausalität **endet.** Ist etwa die Beendigung eines Arbeitsverhältnisses als sozialwidrig eingestuft worden, sind alle Leistungen nach dem SGB II „deswegen" erbracht worden; ein Ende der Kausalität könnte nur bei Begründung eines neuen Arbeitsverhältnisses oder dann angenommen werden, wenn das Arbeitsverhältnis (fiktiv) aus anderen als sozialwidrigen Gründen ohnehin geendet hätte. Damit können Ersatzansprüche im Einzelfall über Jahre entstehen.[91] So wird ausgeführt, dass der Anspruch solange besteht, wie die Leistungserbringung kausal auf das sozialwidrige Verhalten zurückzuführen ist, weshalb immer wieder geprüft werden müsse, ob die ursprüngliche Kausalität für den Leistungsbezug durch ein neues anspruchsbegründendes

---

80 Dagegen Grote-Seifert in: jurisPK-SGB II § 34 Rn. 25; Fügemann in: Hauck/Noftz SGB II § 34 Rn. 38 d ff., die die Begriffe Sozialwidrigkeit und wichtiger Grund nicht losgelöst voneinander betrachten wollen.
81 LSG RhPf 26.6.2012 – L 3 AS 159/12, Rn. 37, info also 2013, 77.
82 Silbermann in: Eicher/Luik SGB II § 34 Rn. 29 unter Verweis auf BSG 17.7.1964 – 7 RAr 4/64, Rn. 13, BSGE 21, 205 zu § 80 Abs. 1 AVAVG; 20.4.1977 – 7 RAr 112/75, Rn. 12, BSGE 43, 269 zu § 119 Abs. 1 S. 1 Nr. 1 AFG. Vgl. zu § 92 a BSHG bereits – ohne dass das Fehlen eines wichtigen Grunds Tatbestandsmerkmal war – BVerwG 5.5.1983 – 5 C 112/81, Rn. 14 f., BVerwGE 67, 163.
83 Silbermann in: Eicher/Luik SGB II § 34 Rn. 29.
84 Vgl. Silbermann in: Eicher/Luik SGB II § 34 Rn. 30 mwN. Vgl. dazu jetzt LSG Nds-Brem 5.7.2018 – L 6 AS 80/17, Rn. 37, juris.
85 BSG 16.5.2007 – B 11 b AS 37/06 R, Rn. 43, NZS 2008, 263; nicht dagegen wenn der Leistungsempfänger mithilfe einer Erbschaft nicht das vom Leistungsträger gewährte Darlehen, sondern andere Darlehen tilgt, vgl. SG Braunschweig 23.2.2010 – S 25 AS 1128/08, Rn. 33.
86 SG Freiburg 7.12.2009 – S 14 AS 4212/08, Rn. 23 f., NZS 2010, 591.
87 LSG RhPf 26.6.2012 – L 3 AS 159/12, Rn. 39, info also 2013, 77.
88 SG Düsseldorf 6.11.2009 – S 35 AS 206/07.
89 Schwitzky in: LPK-SGB II § 34 Rn. 9; Silbermann in: Eicher/Luik SGB II § 34 Rn. 36.
90 Schwitzky in: LPK-SGB II § 34 Rn. 9 (vorzeitiger Leistungsbezug, Mehrausgaben bei einem unterlassenen Steuerklassenwechsel).
91 Vgl. BSG 16.4.2013 – B 14 AS 55/12 R, Rn. 21, das von einer grundsätzlich der Höhe nach unbegrenzten Ersatzpflicht ausgeht.

Ereignis durchbrochen werde.[92] Zur **Vermeidung einer Überforderung** der ersatzpflichtigen Person und aus **Verhältnismäßigkeitsgründen** ist eine Begrenzung des Ersatzanspruchs der Höhe und der Dauer nach erforderlich. Hierzu bietet sich die Anwendung des § 34 Abs. 1 S. 6 SGB II an, wonach von der Geltendmachung des Ersatzanspruchs abzusehen ist, soweit sie eine Härte bedeuten würde[93] (dazu → Rn. 33 f.).

3. Rechtsfolge bei Bestehen eines Ersatzanspruchs

a) Zu ersetzende Leistungen

Rechtsfolge des Handelns ist der Ersatz der „deswegen erbrachten Geld- und Sachleistungen". Gem. § 4 Abs. 1 SGB II werden die Leistungen der Grundsicherung für Arbeitsuchende in Form von Dienstleistungen, Geldleistungen und Sachleistungen erbracht (ausführlich → Kap. 15 Rn. 8 ff.). Dass **Geldleistungen** im Rahmen des § 34 SGB II erstattungsfähig waren, war nie problematisch. Dagegen war nach bisheriger Rechtslage umstritten, ob auch **Sachleistungen** erstattungsfähig waren.[94] Durch das 9. SGB-ÄndG ist klargestellt, dass auch Sachleistungen erstattungsfähig sind. Sind sie in Form von Gutscheinen erbracht worden, sind sie gem. § 34 Abs. 1 S. 3 SGB II in Geld zu ersetzen. An der Stelle einer Geldzahlung kann der erwerbsfähige Leistungsberechtigte diese Form der Leistung gem. §§ 34 Abs. 1 S. 4, 40 Abs. 6 S. 2 SGB II auch dadurch ersetzen, dass er den (noch nicht in Anspruch genommenen) Gutschein zurückgibt. **Dienstleistungen** sind dagegen nicht vom Ersatzanspruch umfasst, weil der Wert nicht in Geld eingeschätzt werden kann.[95] Die zu ersetzenden Geld- und Sachleistungen können Leistungen zur Sicherung des Lebensunterhalts nach Kapitel 3 Abschnitt 2 (§ 1 Abs. 3 Nr. 3 SGB II) und Leistungen zur Eingliederung in Arbeit nach Kapitel 3 Abschnitt 1 (§ 1 Abs. 3 Nr. 2 SGB II) sein. Gem. § 34 Abs. 1 S. 5 SGB II umfasst der Ersatzanspruch auch die geleisteten **Beiträge zur Sozialversicherung**. Dies wird damit begründet, dass der Ersatzanspruch nach § 34 SGB II auf die Herstellung der Nachrangigkeit abzielt; deshalb sind sämtliche Leistungen des SGB II und damit auch die Beiträge zur Sozialversicherung als sog Annex-Leistungen vom Ersatzanspruch umfasst.[96]

28

Der Ersatzanspruch umfasst Leistungen an die handelnde Person und an die Personen, die im **Zeitpunkt ihres sozialwidrigen Verhaltens** mit ihr in einer Bedarfsgemeinschaft im Sinne des § 7 Abs. 3 SGB II (dazu → Kap. 18 Rn. 10 ff.) gelebt haben. Dagegen ist nicht unbedingt erforderlich, dass die Bedarfsgemeinschaft nach dem sozialwidrigen Verhalten weiter bestehen muss. Vielmehr kommt es darauf an, ob das sozialwidrige Verhalten auch weiter fortwirkt.[97] So ist der durch eine Auflösung der Bedarfsgemeinschaft durch häusliche Gewalt verursachte Bedarf vom Ersatzanspruch umfasst (dazu → Rn. 18).

29

b) Entstehen, Geltendmachung, Realisierung des Ersatzanspruchs

Der Ersatzanspruch entsteht **kraft Gesetzes**, muss aber noch umgesetzt werden, damit er vollstreckt werden kann. § 34 SGB II regelt die Art der Geltendmachung nicht, sondern spricht – im Zusammenhang mit der Verjährung – in § 34 Abs. 3 S. 2 SGB II von der „Erhebung der Klage" oder dem „Erlass eines Leistungsbescheides". Nach überwiegender Meinung ist die **Geltendmachung durch Verwaltungsakt** zu bevorzugen,[98] wobei

30

---

92 Schwitzky in: LPK-SGB II § 34 Rn. 19.
93 So auch Silbermann in: Eicher/Luik SGB II § 34 Rn. 37.
94 Vgl. dazu Schwitzky in: LPK-SGB II, 5. Aufl., § 34 Rn. 12.
95 Schwitzky in: LPK-SGB II § 34 Rn. 21 unter Verweis auf BT-Drs. 18/8041, 45.
96 Schwitzky in: LPK-SGB II § 34 Rn. 20 unter Verweis auf BT-Drs. 17/3404, 113.
97 Vgl. Schwitzky in: LPK-SGB II § 34 Rn. 23 unter Verweis auf HessLSG 16.3.2012 – L 7 AS 314/11; BayLSG 26.4.2012 – L 7 AS 453/10. Vgl. auch Silbermann in: Eicher/Luik SGB II § 34 Rn. 13.
98 BSG 8.2.2017 – B 14 AS 3/16 R, Rn. 12; 16.4.2013 – B 14 AS 55/12 R, Rn. 12.

dieser Bescheid hinreichend bestimmt im Sinne des § 33 Abs. 1 SGB X sein muss.[99] Für eine Leistungsklage soll das Rechtsschutzbedürfnis fehlen, da der Anspruch durch einen Verwaltungsakt leichter und schneller durchzusetzen ist.[100] Gegen diese Ansicht spricht allerdings, dass der Gesetzgeber die Erhebung einer Leistungsklage und den Erlass eines Verwaltungsakts in § 34 Abs. 3 S. 2 SGB II gleichsetzt.[101] Es ist dabei nicht davon auszugehen, dass sich die Gleichsetzung allein auf die Frage der Unterbrechung der Verjährung bezieht, sondern auch auf die Art der Geltendmachung.

31 Wird der Ersatzanspruch durch Verwaltungsakt geltend gemacht, ist eine **Aufhebung des Bewilligungsbescheids** – im Gegensatz zu Sanktionsbescheiden nach §§ 31 ff. SGB II[102] – nicht notwendig. Die Begründung, der Bewilligungsbescheid verliere mit Erlass des Kostenersatzbescheids seine Wirkung, weil er sich gem. § 39 Abs. 2 SGB X auf andere Weise erledige,[103] ist dagegen nicht überzeugend. Vielmehr sollen die Bewilligungsbescheide gar nicht aufgehoben werden und werden – etwa im Fall der Leistung an Dritte – auch nicht aufgehoben. Vielmehr wird **wegen der rechtmäßig entstandenen und rechtmäßig bleibenden Leistungen** ein Ersatzanspruch geltend gemacht, der unabhängig vom Bewilligungsbescheid besteht. Umstritten ist, ob der Ersatzanspruch (zunächst) **dem Grunde nach geltend gemacht** und später der Höhe nach konkretisiert werden darf. Für eine Feststellung dem Grunde nach soll sprechen, dass dem Betroffenen die Tragweite des Ersatzanspruchs verdeutlicht wird. Allerdings ist ein Anspruch dem Grunde nach weder vollstreckungsfähig, noch hemmt oder unterbricht er die Verjährung.[104] Damit besteht aber weder ein Anlass noch eine Notwendigkeit zur Feststellung der Ersatzpflicht dem Grunde nach.[105] Es ist dem Leistungsträger möglich und zumutbar, den Ersatzanspruch (eventuell mehrmals) innerhalb der Verjährungsfrist durch Leistungsklage bzw. Leistungsbescheid geltend zu machen, wobei klargestellt werden muss, wenn der Ersatzanspruch nur einen Teil des Ersatzanspruchs umfasst.

32 Ein Widerspruch und eine Anfechtungsklage gegen einen Verwaltungsakt haben gem. § 86 a Abs. 1 SGG aufschiebende Wirkung.[106] Ist der Bescheid bestandskräftig, ist die Aufrechnung gem. § 43 Abs. 1 Nr. 2 SGB II statthaft.[107] Die ersatzpflichtige Person kann die Überprüfung gem. § 44 Abs. 2 SGB X,[108] aber auch den Erlass des Ersatzanspruchs gem. § 44 SGB II wegen Unbilligkeit beantragen.[109] Gem. § 43 Abs. 1 Nr. 2 SGB II kann der Leistungsträger mit einem Ersatzanspruch gem. § 34 SGB II gegen laufende Ansprüche auf Geldleistungen zur Sicherung des Lebensunterhalts in Höhe von 30 % **aufrechnen**.

c) Absehen von der Geltendmachung des Ersatzanspruchs bei Vorliegen einer Härte

33 Gem. § 34 Abs. 1 S. 6 SGB II ist von der Geltendmachung eines Ersatzanspruchs abzusehen, soweit sie eine Härte bedeuten würde. Die Geltendmachung ist vom Entstehen des Ersatzanspruchs zu unterscheiden; der Ersatzanspruch entfällt dadurch nicht.[110] Der Begriff der **Härte** ist ein unbestimmter Rechtsbegriff, der der uneingeschränkten gerichtlichen Kontrolle unterliegt. Die Vorschrift, die insoweit § 103 Abs. 1 S. 3 SGB XII ent-

---

99 Schwitzky in: LPK-SGB II § 34 Rn. 36.
100 Schwitzky in: LPK-SGB II § 34 Rn. 36 mwN; Silbermann in: Eicher/Luik SGB II § 34 Rn. 63.
101 So auch Grote-Seifert in: jurisPK-SGB II § 34 Rn. 57, Fn. 85.
102 BSG 29.4.2015 – B 14 AS 19/14 R, Rn. 15 f.
103 Silbermann in: Eicher/Luik SGB II § 34 Rn. 1 unter Verweis auf BSG 2.6.2004 – B 7 AL 56/03 R R, Rn. 13, SozR 4–4300 § 223 Nr. 1; offengelassen in BSG 16.4.2013 – B 14 AS 55/12 R, Rn. 26.
104 Schwitzky in: LPK-SGB II § 34 Rn. 37.
105 So auch SG Oldenburg 14.9.2016 – S 47 AS 422/14.
106 Vgl. näher Schwitzky in: LPK-SGB II § 34 Rn. 43.
107 Schwitzky in: LPK-SGB II § 34 Rn. 37, § 43 Rn. 12.
108 Vgl. Schwitzky in: LPK-SGB II § 34 Rn. 45.
109 Vgl. Schwitzky in: LPK-SGB II § 34 Rn. 46.
110 So Silbermann in: Eicher/Luik SGB II § 34 Rn. 52.

spricht, knüpft daran an, dass ein **atypischer Sachverhalt** vorliegen muss, der eine **Geltendmachung des Ersatzanspruchs unzumutbar oder unbillig** erscheinen lässt. Dies kann etwa dann der Fall sein, wenn sich die Rückzahlung bei einem voraussichtlich niedrigen Einkommen der ersatzpflichtigen Person über einen langen Zeitraum erstrecken würde oder Familienangehörige, insbesondere unterhaltsberechtigte Kinder, mitbetroffen wären.[111] Dazu ist die betroffene Person gem. § 24 SGB X anzuhören und ist der Sachverhalt gem. § 20 SGB X von Amts wegen zu ermitteln.[112] Im Rahmen der Härte ist zu berücksichtigen, dass die nachhaltige Eingliederung in den Arbeitsmarkt und damit die Unabhängigkeit von öffentlichen Leistungen gem. § 1 SGB II nicht durch die Geltendmachung des Ersatzanspruchs konterkariert werden darf;[113] dies soll etwa bei **Strafgefangenen** der Fall sein, wenn anderenfalls die **Resozialisierung** des Ersatzpflichtigen gefährdet würde.[114] Andere Fälle der Härte liegen etwa vor, wenn sich die Geltendmachung auf **Kinder** auswirkt, die mit dem Ersatzpflichtigen zusammenleben.[115] Auch eine Rückzahlung mit einer **Belastung über mehrere Jahre** kann einen Härtefall begründen;[116] allerdings kann die Härte kann auch dadurch gemildert sein, dass die Ersatzforderung nicht in einer Summe, sondern in Raten gezahlt werden muss.[117]

Liegt ein Härtefall vor, ist von der Geltendmachung abzusehen, **soweit** dies eine Härte **34** darstellen würde. Damit ist eine zeitweise oder eine teilweise Begrenzung der Geltendmachung möglich. Die Härtefallregelung kann damit flexibel gehandhabt werden.[118]

d) Erlöschen des Ersatzanspruchs

Der Ersatzanspruch erlischt gem. § 34 Abs. 3 S. 1 SGB II **drei Jahre nach Ablauf des Jah-** **35** **res,** für das die Leistung erbracht worden ist.[119] Damit kommt es nicht mehr auf den **Zeitpunkt der tatsächlichen Leistungserbringung** an; diese Bestimmung galt noch in der Fassung bis zum 31.7.2016. Die neue Fassung des Gesetzes führt zu einer **Vereinheitlichung der Erlöschenszeitpunkte** mit Blick insbesondere auf Sozialversicherungsbeiträge, die gem. § 23 Abs. 2 SGB IV im Folgemonat fällig werden.[120] Dabei gelten gem. § 34 Abs. 3 S. 2 SGB II die Bestimmungen des BGB über die Hemmung (§§ 203 bis 209 BGB), die Ablaufhemmung (§§ 210, 211 BGB), den Neubeginn und die Wirkung der Verjährung (§ 212 BGB [Neubeginn], §§ 214 bis 217 BGB [Wirkung]) sinngemäß. Der Erlass eines Leistungsbescheids[121] steht der Erhebung einer Klage gleich, § 34 Abs. 3 S. 2 Hs. 2 SGB II.

e) Tod des Ersatzpflichtigen

Gem. § 34 Abs. 2 S. 1 SGB II geht eine nach § 34 Abs. 1 SGB II eingetretene Verpflich- **36** tung zum Ersatz der Leistungen auf die Erben über, ist allerdings gem. § 34 Abs. 2 S. 2 SGB II auf den Nachlasswert zum Zeitpunkt des Erbfalls begrenzt. Nachlasswert ist der Wert des bereinigten Nachlasses (= Saldo zwischen dem Aktivvermögen abzüglich der

---

111 Vgl. Klinge in: Hauck/Noftz SGB XII K § 103 Rn. 20.
112 Schwitzky in: LPK-SGB II § 34 Rn. 26.
113 Schwitzky in: LPK-SGB II § 34 Rn. 25.
114 Schwitzky in: LPK-SGB II § 34 Rn. 26.
115 Vgl. Silbermann in: Eicher/Luik SGB II § 34 Rn. 54 unter Verweis auf BVerwG 23.9.1982 – 5 C 109/81, BVerwGE 66, 161.
116 Schwitzky in: LPK-SGB II § 34 Rn. 26.
117 Vgl. BVerwG 24.6.1976 – V C 41.74, Rn. 16, BVerwGE 51, 61.
118 Schwitzky in: LPK-SGB II § 34 Rn. 27.
119 Vgl. zur Unterscheidung von Erlöschen und Verjährung Guttenberger info also 2017, 57 (59).
120 Vgl. Silbermann in: Eicher/Luik SGB II § 34 Rn. 58 unter Verweis auf BT-Drs. 18/8041, 45.
121 Verjährungsunterbrechend wirkt nur ein vollstreckungsfähiger Leistungsbescheid, die bloße Mitteilung oder Feststellung der Ersatzpflicht (sog Grundlagenbescheid) reicht nicht, vgl. Silbermann in: Eicher/Luik SGB II § 34 Rn. 59 mwN.

Nachlassverbindlichkeiten, § 1967 Abs. 2 BGB).[122] Voraussetzung für die Haftung des Erben ist, dass der Anspruch gegen die ersatzpflichtige Person zu deren Lebzeiten entstanden ist, während er noch nicht geltend gemacht worden sein muss.[123] Auf die Härtefallregelung gem. § 34 Abs. 1 S. 6 SGB II soll sich der Erbe nicht berufen können.[124] Dies ist nicht nachvollziehbar: Wenn der Ersatzanspruch auf den Erben übergeht, muss er so übergehen, wie er gegen den Erblasser bestanden hat. Dabei hat die Härtefallregelung eine anspruchsbegrenzende Wirkung, die auch dem Erblasser zugute kommen muss.

II. Ersatzanspruch gem. § 34 a SGB II

1. Allgemeines

37 § 34 a SGB II ist durch das RBEG vom 24.3.2011[125] mit Wirkung zum 1.4.2011 neu eingeführt und durch das 9. SGB II-ÄndG vom 26.7.2016[126] mit Wirkung zum 1.8.2016 geändert worden. § 34 a SGB II soll – wie §§ 33, 34 SGB II – ein Mittel zur **Durchsetzung des Nachrangs** sein.[127] Dagegen spricht aber, dass mit § 34 a SGB II eine persönliche Rückgriffserweiterung auf eine dritte Person außerhalb des die Ersatzpflicht auslösenden Sozialleistungsverhältnisses zwischen Leistungsträger und -empfänger begründet wird.[128] Mit diesem eigenständigen **quasi-deliktischen Haftungsanspruch** für **rechtswidrig erbrachte Leistungen** sollen Haftungslücken in Fällen von Drittverschulden bei der Rückforderung von Leistungen nach dem SGB II geschlossen werden.[129] Im Gegensatz zu § 34 SGB II, bei dem ein Zwei-Personen-Verhältnis zwischen der ersatzpflichtigen Person und dem Leistungsträger besteht (gegen die eventuell begünstigten Dritten bestehen idR keine Ersatzansprüche, weil die Leistungen an sie rechtmäßig waren), besteht im Fall des § 34 a SGB II ein **Drei-Personen-Verhältnis** zwischen der ersatzpflichtigen Person, der begünstigten Person und dem Leistungsträger. Dies führt zu besonderen Überlegungen hinsichtlich der Frage, wie § 34 a SGB II von anderen Rechtsvorschriften abgrenzbar ist. Richtet sich das Verfahren gegen einen Dritten, der nicht zum Personenkreis des § 183 SGG gehört, ist es gem. § 197 a Abs. 1 S. 1 SGG kostenpflichtig.[130]

a) Verhältnis zu §§ 45, 47, 48, 50 SGB X – Gesamtschuld

38 § 48 SGB X ist ebensowenig wie § 47 SGB X[131] neben § 34 a SGB II anwendbar, da § 48 SGB X eine rechtmäßige und § 34 a SGB II eine rechtswidrige Leistungserbringung voraussetzt. Die Vorschriften über die Rücknahme bzw. Aufhebung und Erstattung von Leistungen gem. §§ 45, 50 SGB X sind dagegen bei Erfüllung der Voraussetzungen neben § 34 a SGB II anwendbar[132] und werden durch § 34 a SGB II nicht verdrängt,[133] wenn und soweit die **handelnde Person** bewirkt hat, dass an **dritte Personen** Leistungen **rechtswidrig** gewährt worden sind. Dies ist etwa der Fall, wenn ein Mitglied der Bedarfsgemeinschaft **Einkommen oder Vermögen verschwiegen** hat. Es muss bei jedem

---

122 Ausführlich Schwitzky in: LPK-SGB II § 34 Rn. 30 ff.
123 Silbermann in: Eicher/Luik SGB II § 34 Rn. 55.
124 Schwitzky in: LPK-SGB II § 34 Rn. 28 mwN; Silbermann in: Eicher/Luik SGB II § 34 Rn. 55 mwN.
125 BGBl. I S. 453.
126 BGBl. I S. 1824.
127 Vgl. Böttiger in: Eicher/Luik SGB II § 34 a Rn. 1 mwN.
128 Hölzer in: Estelmann SGB II § 34 a Rn. 2.
129 Schwitzky in: LPK-SGB II § 34 a Rn. 1 unter Verweis auf BT-Drs. 17/3404, 113.
130 Vgl. LSG NRW 21.10.2011 – L 20 SO 373/11 B Rn. 16, zu § 104 SGB XII.
131 Vgl. Schwitzky in: LPK-SGB II § 34 a Rn. 12 mwN; SG Reutlingen 25.9.2012 – S 5 SO 2995/11, Rn. 10, zu § 103 Abs. 1 S. 2 SGB XII.
132 Silbermann in: Eicher/Luik SGB II § 34 a Rn. 21.
133 Schwitzky in: LPK-SGB II § 34 a Rn. 5.

Mitglied der Bedarfsgemeinschaft überprüft werden, ob die Voraussetzungen für eine Rücknahme erfüllt sind, dies ist etwa dann der Fall, wenn das Verschulden der handelnden Person den anderen Mitgliedern der Bedarfsgemeinschaft zuzurechnen ist.[134] In einer solchen Situation **haftet jedes Mitglied** – und damit auch der Verursacher – **anteilig nach seinem Bedarf**.[135] Minderjährige Mitglieder der Bedarfsgemeinschaft haben die Möglichkeit, ihre Haftung bei Eintritt der Volljährigkeit gem. § 1629 a BGB zu begrenzen (→ Kap. 32 Rn. 23). Ist die Rücknahme bzw. Aufhebung von Leistungen gem. §§ 45, 50 SGB X gegenüber dem Verursacher nicht oder nur unvollständig möglich, bietet § 34 a SGB II einen eigenständigen Anwendungsbereich.[136] Anders kann dies sein, wenn auch den begünstigten Dritten ein **eigenes Verschulden an der Leistungserbringung** trifft. In diesem Fall kann sich ergeben, dass die Handlung der ersatzpflichtigen Person hinter dem Verhalten der dritten Person zurücktritt mit der Folge, dass **allein die dritte Person** zur Erstattung verpflichtet ist (→ Rn. 39). Gem. § 34 a Abs. 1 SGB II haften die gem. § 34 a Abs. 1 SGB II verpflichtete Person und die gem. § 50 SGB X verpflichtete Person als **Gesamtschuldner**. Aus diesem Gesamtschuldverhältnis können sich **Interessenkonflikte** bei der Vertretung beider Personen im Sinne des § 356 Abs. 1 StGB (Parteiverrat) ergeben.[137] Denn die Person, die (allein) wegen des zugerechneten Verhaltens der ersatzpflichtigen Person gem. §§ 45, 50 SGB X zahlungspflichtig ist, hat ein Interesse daran, dass dieser Anspruch nicht durchgesetzt und zB gem. § 44 SGB II erlassen wird mit der Folge, dass nur noch der Schuldner gem. § 34 a SGB II haftet. Der Leistungsträger muss beide Ansprüche durchsetzen.[138] Soweit einer der Schuldner die Forderung **befriedigt**, geht der Anspruch gegen die übrigen Gläubiger unter den Voraussetzungen des § 426 Abs. 2 S. 1 BGB auf den befriedigenden Gläubiger über. Ist die **handelnde Person** gleichzeitig die durch die Leistung **begünstigte (einzige) Person**, so kann die Erstattung **nur gem. §§ 45, 50 SGB X** erfolgen, da § 34 a SGB II nur die Erstattung von **Leistungen an Dritte** betrifft.

b) Verhältnis zu § 42 a SGB II

Umstritten ist die Anwendung des § 34 a SGB II dann, wenn die ersatzpflichtige Person die Gewährung eines **rechtswidrigen Darlehens** an einen Dritten herbeigeführt hat. Das Darlehen muss gem. § 42 a SGB II zurückgezahlt werden. Die Anwendung des § 34 a SGB II (neben § 42 a SGB II) wird mit einem bestehenden „Bedürfnis" gerechtfertigt, wobei der Ersatzanspruch gem. § 34 a SGB II dem Tilgungsanspruch vorgehen soll.[139] Der Tilgungsanspruch soll sogar nach § 44 SGB II zu erlassen sein, weil der Leistungsträger seine Leistungen nicht doppelt zurückerlangen dürfe.[140] Dies führte zu einer **nicht gerechtfertigten rechtswidrigen Begünstigung** der dritten Person, die ein rechtswidriges Darlehen nicht zurückerstatten muss; sie stünde sogar besser als eine Person, die rechtmäßig ein Darlehen erhält. Daher ist sorgfältig abzuwägen, ob ein Ersatzanspruch unter Würdigung aller Tatsachen überhaupt gerechtfertigt ist oder ein Darlehenserstattungsanspruch allein ausreicht; dies kann sich zB danach bemessen, welchen **Anteil** die Handlung der ersatzpflichtigen Person bzw. der dritten Person **an der Leistungserbringung** hatte (→ Rn. 38). Sollte ein Anspruch gem. § 34 a SGB II bestehen und

39

---

134 Vgl. Schwitzky in: LPK-SGB II § 34 a Rn. 3; Böttiger in: Eicher/Luik SGB II § 34 a Rn. 2 f.; und → Kap. 32 Rn. 22.
135 Vgl. dazu Schwitzky in: LPK-SGB II § 34 a Rn. 2 und → Kap. 57 Rn. 22.
136 Vgl. Schwitzky in: LPK-SGB II § 34 a Rn. 1; Böttiger in: Eicher/Luik SGB II § 34 a Rn. 9.
137 Vgl. dazu verneinend Henssler, Interessenkonflikte – der Dauerbrenner des Berufsrechts, AnwBl. 2013, 668 (673) (Interessenkonflikte erst bei Regress der Gesamtschuldner gem. § 426 Abs. 1 S. 1 BGB).
138 Böttiger in: Eicher/Luik SGB II § 34 a Rn. 9.
139 Böttiger in: Eicher/Luik SGB II § 34 a Rn. 22; dagegen Cantzler in: Löns/Herold-Tews SGB II § 34 a Rn. 11 mwN.
140 Böttiger in: Eicher/Luik SGB II § 34 a Rn. 22.

zahlt die pflichtige Person die Schuld, muss sie gem. § 426 Abs. 2 S. 1 BGB Inhaber des Anspruchs gegen den Darlehensnehmer werden, wobei die Frage, in welcher Höhe sie von dem Darlehensnehmer einen Anspruch erlangt, nach § 426 Abs. 1 S. 1 BGB richtet. Ein Erlass der Verbindlichkeit durch den Leistungsträger gegenüber einem Schuldner wirkt gem. § 423 BGB idR nur in dem Verhältnis zu diesem Schuldner, nicht dagegen im Verhältnis der Gesamtschuldner untereinander.[141]

c) Verhältnis zu § 41 a SGB II

40 Gem. § 41 a Abs. 2 S. 4 SGB II kann eine rechtswidrige vorläufige Leistung nur für die Zukunft zurückgenommen werden. Die endgültige Leistung wird gem. § 41 a Abs. 6 SGB II bewilligt, wobei Überzahlungen gem. § 41 a Abs. 6 S. 3 SGB II zu erstatten sind. Schon nach der Struktur des § 41 a SGB II ist ein Sachverhalt schwer vorstellbar, der gleichzeitig zu einem Erstattungsanspruch gem. § 41 a SGB II und gem. § 34 a SGB II führt.[142] Dagegen spricht allerdings, dass der Gesetzgeber an Fälle des Zusammentreffens von Ansprüchen gem. § 41 a SGB II und gem. § 34 a SGB II nicht gedacht hat, da in § 34 a Abs. 4 SGB II nur ein Gesamtschuldverhältnis zwischen Erstattungspflichtigen nach § 50 SGB X und dem Empfänger von vorläufigen Leistungen gem. § 41 a SGB II geregelt ist.[143] Die speziellen Regelungen des § 41 a SGB II verdrängen die allgemeine Regelung des § 34 a SGB II.[144]

d) Verhältnis zu §§ 102 ff. SGB X

41 Liegt ein Dreiecksverhältnis mit einem anderen Sozialleistungsträger vor, innerhalb dessen die Leistung gem. §§ 102 ff. SGB X zu erstatten wäre, soll der Erstattungsanspruch des Leistungsträgers nach dem SGB II gegenüber dem vorrangigen Leistungsträger vorrangig zu einem eventuellen Erstattungsanspruch nach § 34 a SGB II bestehen.[145] Dagegen ist jedoch einzuwenden, dass Gegenstand des Erstattungsanspruchs nur rechtmäßig erbrachte Sozialleistungen sein können.[146]

2. Voraussetzungen des Ersatzanspruchs

42 Die Voraussetzungen für den Ersatzanspruch sind im Wesentlichen in § 34 a Abs. 1 S. 1 SGB II umschrieben. Es besteht ein Dreiecksverhältnis zwischen dem Leistungsträger, dem Leistungsempfänger, der eine rechtswidrige Leistung nach dem SGB II von dem Leistungsträger erhält, und der ersatzpflichtigen Person, die die Erbringung der Leistung veranlasst hat.[147] In § 34 a SGB II fehlt – im Gegensatz zu § 34 SGB II – das Merkmal des fehlenden **wichtigen Grundes**. Dies ist konsequent, da es in § 34 SGB II um rechtmäßige Leistungen und in § 34 a SGB II um rechtswidrige Leistungen geht, für deren Gewährung ein wichtiger Grund kaum vorstellbar ist. In § 34 a SGB II fehlt aber auch – im Gegensatz zu § 34 SGB II und zu §§ 104 S. 1 iVm § 103 Abs. 1 S. 3 SGB XII – eine **Härtefallregelung**.[148] Erforderlich wäre eine Harmonisierung in beiden Rechtsgebieten.[149]

---

141 Vgl. Grüneberg in: Palandt BGB § 423 Rn. 3 unter Verweis auf BGH 26.6.2003 – VII ZR 126/02, NJW 2003, 2980 (2981). Gem. § 423 BGB wirkt ein Erlass auch für die übrigen Schuldner, „wenn die Vertragschließenden das ganze Schuldverhältnis aufheben wollten."

142 Vgl. aber Böttiger in: Eicher/Luik SGB II § 34 a Rn. 23, der für maßgeblich allein die schuldhafte Herbeiführung von rechtswidrigen Leistungen an einen Dritten hält.

143 Böttiger in: Eicher/Luik SGB II § 34 a Rn. 23 setzt den Erstattungsanspruch nach § 50 SGB X und nach § 41 a Abs. 6 S. 3 SGB II gleich, ohne auf die Problematik des § 34 a Abs. 4 SGB II einzugehen.

144 Vgl. auch Schwitzky in: LPK-SGB II § 34 a Rn. 8.

145 So Hölzer in: Estelmann SGB II, Rn. 30; Böttiger in: Eicher/Luik SGB II § 34 a Rn. 18 a.

146 Roos in: v. Wulffen/Schütze SGB X § 102 Rn. 5.

147 Vgl. Böttiger in: Eicher/Luik SGB II § 34 a Rn. 8.

148 Böttiger in: Eicher/Luik SGB II § 34 a Rn. 10.

149 Vgl. BSG Urt. v. 19.5.2009 – B 8 SO 7/08 R, Rn. 19 mwN, SozR 4–5910 § 88 Nr. 3.

a) Ersatzpflichtiger Personenkreis

Die ersatzpflichtige Person wird mit „wer" umschrieben. Damit muss sie – im Gegen- **43**
satz zu § 34 SGB II – nicht selbst Leistungen nach dem SGB II beziehen oder Mitglied in
einer Bedarfsgemeinschaft sein. Vielmehr kann dies auch **jede dritte Person** wie zB der
gesetzliche Betreuer der leistungsberechtigten Person[150] sein, so zB ein **Elternteil**, der bewusst Einkommen und Vermögen verschweigt und damit auch rechtswidrige Leistungen an die Kinder verursacht,[151] oder ein **Vermieter**, der bewusst falsche Auskünfte über
die Höhe der Unterkunftskosten gibt und damit die Zahlung rechtswidriger Leistungen
an den erwerbsfähigen Leistungsberechtigten veranlasst;[152] neben diesen Personen können auch **Vormünder, Sorgeberechtigte, Betreuer, Arbeitgeber** und sonstige Personen als
handelnde Personen in Betracht kommen, wenn sie durch ihr Verhalten die Erbringung
rechtswidriger Leistungen nach dem SGB II verursacht haben.[153] Je weiter die ersatzpflichtige Person vom Rechtsverhältnis der leistungsberechtigten Person zum Leistungsträger entfernt ist, desto sorgfältiger ist zu prüfen, ob ihr ein vorsätzliches oder grob
fahrlässiges Verhalten vorgeworfen werden kann (→ Rn. 48). Sogar **minderjährige Personen** können als handelnde Personen in Betracht kommen, da die Altersgrenze des
§ 34 SGB II in § 34 a SGB II nicht gilt.[154] Sie können sich bei Eintritt der Volljährigkeit
nicht auf § 1629 a BGB berufen, da diese Vorschrift nur für das Entstehen von Verbindlichkeiten nach ihnen zurechenbarem Verhalten von Vertretern gilt.[155] Nach einer anderen Ansicht ist die unbegrenzte Haftung eines Minderjährigen verfassungsrechtlich bedenklich, weshalb eine Haftung de lege ferenda geboten sei.[156] Bis dahin soll die Frage
eines Erlasses der Forderung gem. § 44 SGB II geprüft werden.[157]

b) Ersatzberechtigter Leistungsträger

Ersatzberechtigter Leistungsträger ist das Jobcenter gem. § 6 d SGB II, das in Form einer **44**
gemeinsamen Einrichtung gem. § 44 b SGB II und in Form eines zugelassenen kommunalen Trägers gem. § 6 a SGB II auftreten kann.[158]

c) Dritte Person

Die Leistungen müssen an den Dritten zu Unrecht erbracht worden sein.[159] Damit müs- **45**
sen zwei Kriterien vorliegen, nämlich die Erbringung einer **Leistung** an eine **dritte Person**[160] und die **Rechtswidrigkeit** der Erbringung. Eine Leistung ist **erbracht**, wenn der
Leistungserfolg eintritt, also wenn die Sozialleistung als Geld- oder Sachleistung zu-
geht.[161] **Dritte Person** kann nur eine Person sein, die **nach dem SGB II leistungsberechtigt** ist oder zu sein scheint. Es reicht auch – bei rechtswidrig erbrachter Leistung – die
scheinbare Leistungsberechtigung, zB die fehlende Bedürftigkeit und damit das Fehlen
der Voraussetzungen des § 7 Abs. 1 S. 1 SGB II bei einem (scheinbaren) erwerbsfähigen

---

150 Schwitzky in: LPK-SGB II § 34 a Rn. 10; Böttiger in: Eicher/Luik SGB II § 34 a Rn. 12.
151 Vgl. Silbermann in: Eicher/Luik SGB II § 38 Rn. 27 mwN; → Kap. 57 Rn. 8.
152 Böttiger in: Eicher/Luik SGB II § 34 a Rn. 12.
153 Böttiger in: Eicher/Luik SGB II § 34 a Rn. 12.
154 Vgl. BT-Drs. 17/3404, 113; kritisch dazu Böttiger in: Eicher/Luik SGB II § 34 a Rn. 15.
155 Für eine Anwendung des § 1629 a BGB ohne Gründe Hölzer in: Estelmann SGB II § 34 a Rn. 27; Böttiger
    in: Eicher/Luik SGB II § 34 a Rn. 14.
156 Böttiger in: Eicher/Luik SGB II § 34 a Rn. 15.
157 Böttiger in: Eicher/Luik SGB II § 34 a Rn. 15 unter Verweis auf Cantzler in: Löns/Herold-Tews SGB II
    § 34 a Rn. 6.
158 Vgl. näher Böttiger in: Eicher/Luik SGB II § 34 a Rn. 16.
159 Es geht nur um den Ersatz von in der Vergangenheit erbrachten rechtswidrigen Leistungen, Böttiger in: Ei-
    cher/Luik SGB II 34 a Rn. 21 b.
160 Dies ist auch der Fall bei tatsächlicher Leistungserbringung an eine vierte Person, zB an den Vermieter im
    Fall des § 22 Abs. 7 SGB II, weil die dritte Person leistungsberechtigt bleibt, vgl. Böttiger in: Eicher/Luik
    SGB II § 34 a Rn. 21 c.
161 Schwitzky in: LPK-SGB II § 34 a Rn. 16; Böttiger in: Eicher/Luik SGB II § 34 a Rn. 21 a.

Leistungsberechtigten. Die Erbringung ist **rechtswidrig**, wenn sie auf einer unrichtigen Anwendung des Rechts oder aufgrund eines unzutreffenden Sachverhalts beruht und die Begünstigung somit nicht mit der Rechtsordnung übereinstimmt;[162] rechtswidrig ist die Erbringung nicht nur dann, wenn die Rechtswidrigkeit von Anfang an vorliegt, sondern auch dann, wenn sie – etwa aufgrund der Nichtmitteilung einer wesentlichen Änderung gem. § 60 Abs. 1 S. 1 Nr. 2 SGB I – rechtswidrig wird.[163] Eine Rücknahme oder Aufhebung des Bewilligungsbescheids ist – im Gegensatz zum Ersatzanspruch nach § 104 SGB XII – nicht erforderlich.[164]

d) Ersatzpflichtige Handlung

46 Handlung ist das **Herbeiführen** bzw. Verursachen der rechtswidrigen Leistung durch aktives Tun, etwa durch falsche Angaben, oder durch Unterlassen, etwa durch Nichtmitteilung einer wesentlichen Änderung der Verhältnisse gem. § 60 Abs. 1 S. 1 Nr. 2 SGB I.[165] Hierbei ist allerdings zu beachten, dass die Pflichten gem. §§ 60 ff. SGB I nur für Personen gelten, die eine Sozialleistung beantragt haben oder erhalten; damit können sie nicht dritte Personen treffen.[166] Daher ist bei dritten Personen sorgfältig zu prüfen, ob die ihnen zur Last gelegte Handlung den Tatbestand des § 34 a SGB II erfüllt. Der Begriff der Herbeiführung in § 34 a Abs. 1 S. 1 SGB II bezieht sich auf die Leistung, nicht – wie in § 34 Abs. 1 S. 1 SGB II – auf die Voraussetzungen für die Gewährung von Leistungen, weshalb die Unterscheidung von Herbeiführung und Aufrechterhaltung der Hilfebedürftigkeit in § 34 SGB II nicht auf § 34 a SGB II anzuwenden ist. Handlung ist zB die Veranlassung von Leistungen an Kinder durch falsche Angaben zur Identität und der Nationalität.[167]

e) Sozialwidrigkeit?

47 Umstritten ist, ob ein **sozialwidriges Verhalten** erforderlich ist. Der Wortlaut des § 34 a SGB II gibt ebensowenig wie der Wortlaut des § 34 SGB II einen Anhaltspunkt, weshalb es auf Sinn und Zweck der Norm und auf den systematischen Zusammenhang ankommt. Gegen das Erfordernis eines sozialwidrigen Verhaltens wird eingewandt, dass allein schon die **Rechtswidrigkeit der Leistungserbringung** aufgrund eines schuldhaften Verhaltens ausreicht;[168] darin unterscheide sich § 34 a SGB II von § 34 SGB II. Für das Erfordernis eines sozialwidrigen Verhaltens spricht dagegen zu Recht, dass in der Parallelvorschrift des § 104 SGB XII ein sozialwidriges Verhalten gefordert wird.[169] Im Sinne einer Harmonisierung der Tatbestände sollte dies auch für den Anspruch gem. § 34 a SGB II gelten.[170] Hinsichtlich der Fälle des sozialwidrigen Verhaltens wird auf die Ausführungen unter → Rn. 14 ff. verwiesen.

f) Verschulden

48 Die Handlung muss vorsätzlich oder grob fahrlässig erfolgen (→ Rn. 21 ff.). Das Verschulden muss sich auf die **Gewährung von rechtswidrigen Leistungen** nach dem SGB II

---

162 Vgl. Schwitzky in: LPK-SGB II § 34 a Rn. 7.
163 Böttiger in: Eicher/Luik SGB II § 34 a Rn. 19. Es stellt sich allerdings die Frage, ob dadurch eine „Herbeiführung" von Leistungen an Dritte bewirkt werden kann, dazu → Rn. 46.
164 So Schwitzky in: LPK-SGB II § 34 a Rn. 7; Böttiger in: Eicher/Luik SGB II § 34 a Rn. 10, 19, 24 mwN.
165 Vgl. Schwitzky in: LPK-SGB II § 34 a Rn. 11.
166 Vgl. auch LSG NRW 24.5.2012 – L 9 SO 281/11, Rn. 46 f., ZFSH/SGB 2013, 51 zu § 104 SGB XII.
167 BayLSG 17.8.2017 – L 11 AS 451/16, Rn. 19.
168 Vgl. Böttiger in: Eicher/Luik SGB II § 34 a Rn. 20 mwN; Stotz in: Gagel SGB II § 34 a Rn. 33 mwN.
169 Bieback in: Grube/Wahrendorf SGB XII § 104 Rn. 6 mwN.
170 Vgl. auch Knickrehm/Hahn in: Knickrehm/Kreikebohm/Waltermann, 4. Aufl. 2015, SGB II § 34 a Rn. 6. Für die aktuellen Kommentierung lässt Schütze in: Knickrehm/Kreikebohm/Waltermann, 5. Aufl. 2017, SGB II § 34 a Rn. 6 die Rechtswidrigkeit der Leistungserbringung genügen.

beziehen.[171] Die ersatzpflichtige Person muss also die Gewährung der Leistungen an die dritte Person wollen oder aus grober Fahrlässigkeit übersehen haben, dass es zur Gewährung dieser Leistungen kommt. Diese Frage ist umso sorgfältiger zu prüfen, je weiter die ersatzpflichtige Person vom Leistungsverhältnis zwischen der leistungsberechtigten Person und dem Leistungsträger entfernt ist. Das Vorliegen von Vorsatz oder grober Fahrlässigkeit kann nicht bei jeder Handlung ohne weiteres unterstellt werden. Dabei ist zu überlegen, ob die Leistungsträger nicht verpflichtet sind, die betroffenen Personen bereits vor Gewährung der Leistung über die Möglichkeit einer Rückforderung gem. § 34 a SGB II zu beraten.[172]

g) Kausalität

Es muss ein Kausalzusammenhang zwischen dem Verhalten und dem Erhalt der rechtswidrigen Leistungen bestehen. Dies ist schon dann der Fall, wenn der Eintritt **nicht außerhalb aller Wahrscheinlichkeit** liegt. Liegen der Leistungserbringung **mehrere Ursachen** zugrunde, muss das schuldhafte Verhalten die **überwiegende Ursache** für den Erhalt der Leistungen sein.[173] Diese mehreren Ursachen haben insbesondere dann Bedeutung, wenn auch ein Anspruch gegen den begünstigten Dritten gem. §§ 45, 50 SGB X bzw. gem. § 42 a SGB II besteht.[174] In diesem Fall sind die Verursachungsanteile abzuwägen mit der (möglichen) Folge, dass ein Anspruch nur gegen den begünstigten Dritten besteht. Ist die Leistungserbringung allein auf einen **Fehler des Leistungsträgers** zurückzuführen, war das Verhalten der ersatzpflichtigen Person nicht kausal.[175] **49**

3. Rechtsfolge bei Bestehen eines Erstattungsanspruchs

a) Zu ersetzende Leistungen

Der Ersatzanspruch umfasst wie der Ersatzanspruch gem. § 34 SGB II sämtliche erbrachte **Geld- und Sachleistungen des SGB II**, also Leistungen zur Eingliederung in Arbeit, Leistungen zur Sicherung des Lebensunterhalts (jeweils in Form von Geld- und Sachleistungen) und die erbrachten Sozialversicherungsbeiträge (§ 34 a Abs. 1 S. 4 SGB II).[176] Auch die Erbringung von Sachleistungen in Form eines Gutscheins kann ersetzt werden; § 34 a Abs. 1 S. 2, 3 SGB II entspricht § 34 Abs. 1 S. 3, 4 SGB II. Insoweit kann auf die Ausführungen zu § 34 SGB II (→ Rn. 28 ff.) verwiesen werden. Hinsichtlich der geleisteten Beiträge zur Sozialversicherung entspricht § 34 a Abs. 1 S. 4 SGB II der Regelung des § 34 Abs. 1 S. 5 SGB II. Der Verweis auf § 40 Abs. 2 Nr. 5 SGB II ist allerdings verwirrend, weil Beiträge zur Rentenversicherung nicht erbracht werden. **50**

Der Umfang des Anspruchs ist dadurch begrenzt, dass die Leistungserbringung **zu Unrecht** erfolgt sein muss. In diesem Rahmen ist der Ersatzanspruch wie bei § 34 SGB II höhenmäßig nicht begrenzt; eine § 34 Abs. 1 S. 3 SGB II entsprechende Härtefallregelung besteht nicht; es ist allein ein Erlass gem. § 44 SGB II möglich,[177] von dem aus Verhältnismäßigkeitsgrundsätzen auch Gebrauch gemacht werden muss. **51**

Gem. § 34 a Abs. 4 SGB II haften die ersatzpflichtige Person gem. § 34 a Abs. 1 S. 1 SGB II und die erstattungspflichtige Person gem. § 50 SGB X als **Gesamtschuldner**; es gelten ergänzend die §§ 421 ff. BGB. Dies zeigt, dass das Gesetz von einem Nebeneinander von Forderung gegen die rechtswidrig begünstigte Person und Veranlasser ausgeht. Der Leistungsträger kann nach seinem pflichtgemäßen Ermessen entscheiden, von wel- **52**

---

171 Vgl. Böttiger in: Eicher/Luik SGB II § 34 a Rn. 27.
172 Vgl. dazu Conradis in: LPK-SGB XII § 103 Rn. 2.
173 Böttiger in: Eicher/Luik SGB II § 34 a Rn. 31.
174 Vgl. zum Verhältnis von §§ 45, 50 SGB X bzw. § 42 a SGB II zu § 34 a SGB II → Rn. 38 f.
175 Schwitzky in: LPK-SGB II § 34 a Rn. 12.
176 Allerdings mit dem Zusatz „entsprechend § 40 Abs. 2 Nr. 5“.
177 Böttiger in: Eicher/Luik SGB II § 34 a Rn. 34.

chem Schuldner er die Leistung verlangt.[178] Allerdings muss die leistende Person gem. § 426 BGB Gläubiger des Anspruchs gegen den verbliebenen Schuldner werden. Ob und in welcher Höhe eine Ausgleichspflicht besteht, richtet sich nach § 426 Abs. 1 S. 1 BGB.

b) Entstehen, Geltendmachung, Realisierung

53 Der Ersatzanspruch entsteht kraft Gesetzes, muss jedoch durch **Verwaltungsakt** durchgesetzt werden;[179] auch die Erhebung einer Leistungsklage ist möglich[180] (→ Rn. 30). Dem Leistungsträger steht kein Ermessen zu.[181] Vor Erlass des Verwaltungsakts ist der Betroffene gem. § 24 SGB X anzuhören,[182] Widerspruch und Anfechtungsklage gegen den Verwaltungsakt haben gem. § 86 a Abs. 1 S. 1 SGG aufschiebende Wirkung.[183] Nach Rechtskraft des Verwaltungsakts ist eine Überprüfung gem. § 44 SGB X statthaft.[184]

Gem. § 43 Abs. 1 Nr. 2 SGB II kann der Leistungsträger mit einem Ersatzanspruch gem. § 34 a SGB II gegen laufende Anspruch auf Geldleistungen zur Sicherung des Lebensunterhalts in Höhe von 30 % **aufrechnen**.

c) Verjährung

54 Der Gesetzgeber hat kein Erlöschen des Kostenersatzanspruchs – wie in § 34 Abs. 3 S. 1 SGB II – vorgesehen, sondern eine **Verjährungsregelung** gem. § 34 a Abs. 2 SGB II. Der Beginn der Verjährung ist davon abhängig, ob und wie gegen die rechtswidrig begünstigte Person vorgegangen werden kann:

■ Kann gegen die rechtswidrig begünstigte Person die **Erstattung der Leistung gem.** § 50 SGB X verlangt werden,[185] beginnt die Verjährung gem. § 34 a Abs. 2 S. 1 SGB II erst mit **Unanfechtbarkeit des Erstattungsbescheids.** Damit kann sich der Beginn der Verjährung sehr weit in die Zukunft ziehen, wenn sich die rechtswidrig begünstigte Person zunächst gegen den Erstattungsbescheid zur Wehr setzt. Mit dieser Regelung soll ein Gleichklang zu § 50 Abs. 4 SGB X geschaffen werden.[186]

■ Kann gegenüber einer rechtswidrig begünstigten Person ein Verwaltungsakt **nicht** **zurückgenommen** werden,[187] beginnt die Verjährung gem. § 34 a Abs. 1 S. 2 SGB II mit dem Zeitpunkt, ab dem die Behörde Kenntnis von der Rechtswidrigkeit der Leistungserbringung hat.

Nach Beginn der Verjährung gelten die Vorschriften über die Hemmung, die Ablaufhemmung, den Neubeginn und die Wirkung der Verjährung gem. §§ 34 a Abs. 2 S. 3, 34 Abs. 3 S. 2 SGB II entsprechend (→ Rn. 35).

d) Tod des Erstattungspflichtigen

55 Gem. § 34 a Abs. 3 S. 1 SGB II iVm § 34 Abs. 2 SGB II geht der Ersatzanspruch wie der Ersatzanspruch gem. § 34 SGB II auf die **Erben** über, ist aber auch den **Nachlasswert zum Zeitpunkt des Erbfalls begrenzt**; § 34 Abs. 2 SGB II ist entsprechend anwendbar.

---

178 Schwitzky in: LPK-SGB II § 34 a Rn. 25; Simon in: jurisPK-SGB XII § 104 Rn. 32 mwN.
179 Vgl. Schwitzky in: LPK-SGB II § 34 a Rn. 27; Böttiger in: Eicher/Luik SGB II § 34 a Rn. 8.
180 Dagegen etwa Böttiger in: Eicher/Luik SGB II § 34 a Rn. 65.
181 Schwitzky in: LPK-SGB II § 34 a Rn. 14.
182 Schwitzky in: LPK-SGB II § 34 a Rn. 29.
183 Schwitzky in: LPK-SGB II § 34 a Rn. 39.
184 Vgl. Schwitzky in: LPK-SGB II § 34 a Rn. 32.
185 Wozu regelmäßig auch die Rücknahme bzw. Aufhebung des Verwaltungsakts gem. §§ 45, 48 SGB X gehört, es ist aber gem. § 50 Abs. 2 SGB X auch die Erstattung möglich, soweit Leistungen ohne Verwaltungsakt zu Unrecht erbracht worden sind.
186 Vgl. Schwitzky in: LPK-SGB II § 34 a Rn. 17 unter Verweis auf BT-Drs. 17/3404, 113.
187 Schwitzky in: LPK-SGB II § 34 a Rn. 19 nennt als Beispiel Zurechnungsmängel.

Dieser Ersatzanspruch erlischt gem. § 34 a Abs. 3 S. 2 SGB II drei Jahre nach dem Tod der ersatzpflichtigen Person; jedoch gelten gem. §§ 34 a Abs. 3 S. 2 Hs. 2, 34 Abs. 3 S. 2 SGB II die Vorschriften über die Hemmung, Ablaufhemmung, Neubeginn und Wirkung der Verjährung entsprechend. Die Vorschrift des § 34 a Abs. 3 S. 2 SGB II ist wegen der Streichung des § 35 SGB II zum 1.8.2016 notwendig geworden. In der sog Erbenhaftung war in § 35 Abs. 3 S. 1 SGB II die Erlöschensregelung vorgesehen.[188]

C. Lage nach dem SGB XII

Ersatzansprüche richten sich im SGB XII nach § 103 SGB XII und nach § 104 SGB XII, **56** wobei § 103 SGB XII eher § 34 SGB II und § 104 SGB XII eher § 34 a SGB II entspricht. Die Vorschriften unterscheiden sich jedoch in einigen bedeutenden Details. Dies hat den Grund, dass sich § 34 SGB II an § 103 SGB XII lediglich „anlehnen" soll.[189] Das BSG hat sich bisher noch nicht intensiv mit §§ 103, 104 SGB XII befasst.[190] Eine Sonderregelung besteht bei Leistungen nach dem 4. Kapitel des SGB XII. Gem. § 41 Abs. 4 SGB XII besteht ein Leistungsausschluss, wenn die antragstellende Person in denen letzten zehn Jahren die Bedürftigkeit vorsätzlich oder grob fahrlässig herbeigeführt hat.[191] Daneben kann der Leistungsanspruch bei Verminderung von Einkommen und Vermögen gem. § 26 Abs. 1 S. 1 Nr. 1 SGB XII gekürzt werden (→ Kap. 23 Rn. 106 ff.).

I. Allgemeines

1. Ersatzanspruch gem. § 103 SGB XII

Gem. § 103 Abs. 1 S. 1 SGB XII ist zum Ersatz der Kosten der Sozialhilfe verpflichtet, **57** wer nach Vollendung des 18. Lebensjahrs für sich oder andere durch vorsätzliches oder grob fahrlässiges Verhalten die Voraussetzungen für die Leistungen der Sozialhilfe herbeigeführt hat. Diese Vorschrift entspricht – bis auf das Fehlen des **wichtigen Grundes** und die Erweiterung der Handlung auf **Erhöhung, Aufrechterhaltung oder Nichtverringerung** der Leistungen (s. § 34 Abs. 1 S. 2 SGB II) – § 34 Abs. 1 S. 1 SGB II (→ Rn. 9 ff.). Gem. § 103 Abs. 1 S. 2 SGB XII besteht die Ersatzpflicht auch, wer als leistungsberechtigte Person oder als deren Vertreter die Rechtswidrigkeit des der Leistung zu Grunde liegenden Verwaltungsakts kannte oder in Folge grober Fahrlässigkeit nicht kannte; hiermit wird der Kreis der Erstattungspflichtigen in Fällen rechtswidriger Hilfeleistungen erweitert.[192]

Damit gilt die im SGB II vollzogene Trennung der Ersatzpflicht bei rechtmäßigen Leis- **58** tungen (§ 34 SGB II) und bei rechtswidrigen Leistungen (§ 34 a SGB II) im SGB XII nicht so eindeutig; vielmehr kommt es in § 103 Abs. 1 S. 1 SGB XII auf rechtmäßig erbrachte Leistungen und in den Fällen der §§ 103 Abs. 1 S. 2, 104 S. 1 SGB XII auf rechtswidrig erbrachte Leistungen an.

Der Ersatzanspruch erlischt gem. § 103 Abs. 3 S. 1 SGB XII in drei Jahren vom Ablauf **59** des Jahres an, in dem die Leistung erbracht worden ist. Damit entspricht der Ersatzanspruch – auch gem. § 104 SGB XII – der Regelung des § 34 Abs. 3 SGB II; im Gegensatz dazu sieht § 34 a Abs. 2 SGB II nur eine Verjährungsregelung vor.[193]

---

188 Vgl. Schwitzky in: LPK-SGB II § 34 a Rn. 23.
189 Vgl. BSG 2.11.2012 – B 4 AS 39/12 R, Rn. 17, BSGE 112, 135 unter Verweis auf BT-Drs. 15/1516, 62.
190 Vgl. BSG 18.3.2008 – B 8/9 b SO 9/06 R, BSGE 100, 131; 25.8.2011 – B 8 SO 19/10 R.
191 Vgl. dazu BSG 25.8.2011 – B 8 SO 19/10 R, Rn. 19.
192 Vgl. Bieback in: Grube/Wahrendorf SGB XII § 103 Rn. 2.
193 Böttiger in: Eicher/Luik SGB II § 34 a Rn. 10.

2. Ersatzanspruch gem. § 104 SGB XII

60 Gem. § 104 SGB XII ist in entsprechender Anwendung des § 103 SGB XII zum Ersatz der Kosten für zu Unrecht erbrachten Leistungen der Sozialhilfe verpflichtet, wer die Leistungen durch vorsätzliches oder grob fahrlässiges Verhalten herbeigeführt hat. Im Rahmen des § 104 SGB XII ist eine Aufhebung der Leistungsbewilligung erforderlich, im Rahmen des § 34 a Abs. 1 SGB II nicht.[194]

II. Ersatzanspruch gem. § 103 SGB XII

61 § 103 SGB XII enthält zwei voneinander zu trennende Ersatzansprüche: § 103 Abs. 1 S. 1 SGB XII umfasst den Ersatz rechtmäßig erbrachter Leistungen, § 103 Abs. 1 S. 2 SGB XII den Ersatz rechtswidrig erbrachter Leistungen. Im Gegensatz zu § 34 SGB II ist das negative Tatbestandsmerkmal – Fehlen eines wichtigen Grundes – nicht erforderlich.

1. Ersatzanspruch gem. § 103 Abs. 1 S. 1 SGB XII

a) Voraussetzungen des Ersatzanspruchs
aa) Handelnde Person

62 Gem. § 103 Abs. 1 S. 1 SGB XII ist ersatzpflichtig, wer infolge seines sozialwidrigen und schuldhaften Verhaltens Leistungen der Sozialhilfe an sich selbst oder an eine dritte Person herbeigeführt hat. Die handelnde Person muss das 18. Lebensjahr vollendet. Damit muss der Ersatzpflichtige nicht selbst Leistungsempfänger sein wie in § 34 Abs. 1 SGB II.[195] Gem. § 41 Abs. 4 SGB XII hat eine Person keinen Anspruch auf Leistungen nach dem Vierten Kapitel des SGB XII, die in den letzten zehn Jahren die Bedürftigkeit vorsätzlich oder grob fahrlässig herbeigeführt hat. Damit trifft § 41 Abs. 4 SGB XII hinsichtlich der Leistungen nach dem Vierten Kapitel eine Sonderregelung, die der Regelung des § 103 Abs. 1 S. 1 SGB XII vorgeht.

bb) Leistungsempfänger

63 Leistungsempfänger ist entweder die handelnde Person oder eine andere Person. Entscheidend ist nicht, für wen die Leistungen der Sozialhilfe iSd § 8 SGB XII erbracht wurden. Damit kann es sich auch um einen Ersatzanspruch etwa bei schuldhafter Herbeiführung eines Verkehrsunfalls oder einer Straftat handeln, wenn eine dritte Person infolgedessen hilfebedürftig wird.[196]

cc) Gläubiger

64 Gläubiger des Anspruchs ist der Träger der Sozialhilfe gem. § 3 SGB XII.

dd) Handlung

65 Die ersatzpflichtige Person muss die Voraussetzungen für die Leistungen der Sozialhilfe **herbeigeführt** haben. Die Formulierung in § 103 Abs. 1 S. 1 SGB XII ist weitgehend identisch mit dem Wortlaut des § 34 Abs. 1 S. 1 SGB II mit dem Unterschied, dass es dort um Leistungen nach dem SGB II geht. Es gelten die Ausführungen unter → Rn. 12. Der Gesetzgeber hat in § 103 Abs. 1 S. 1 SGB XII nicht – wie in § 34 Abs. 1 S. 2 SGB II – auch die Erhöhung, Aufrechterhaltung oder Nichtverringerung der Hilfebedürftigkeit als ersatzpflichtige Handlung übernommen. Die Leistung an die ersatzpflichtige Person bzw. an die dritte Person muss **rechtmäßig** sein. Rechtswidrige Leistungen sind gem.

194 Böttiger in: Eicher/Luik SGB II § 34 a Rn. 10.
195 Bieback in: Grube/Wahrendorf SGB XII § 103 Rn. 6.
196 Vgl. Klinge in: Hauck/Noftz SGB XII K § 103 Rn. 12.

§ 45 SGB X gegenüber der dritten Person und gem. § 103 Abs. 1 S. 2 SGB XII bzw.
§ 104 SGB XII gegenüber dem Verursacher geltend zu machen.[197]

ee) Sozialwidrig

Das Verhalten muss in objektiver Hinsicht sozialwidrig sein. Hinsichtlich dieser Tatbe- **66**
standsvoraussetzung kann auf die Ausführungen unter → Rn. 14 ff. verwiesen werden.[198] Als Sonderfall des sozialwidrigen Verhaltens ist in § 92 Abs. 2 S. 6 SGB XII der
Fall geregelt, dass eine Person Leistungen der medizinischen Rehabilitation oder Leistungen zur Teilhabe am Arbeitsleben nach dem SGB XII erhält, wenn dies darauf zurückzuführen ist, dass sich die betroffene Person vorsätzlich oder grob fahrlässig nicht
ausreichend versichert hatte.[199]

ff) Verschulden

Wie in § 34 SGB II muss die ersatzpflichtige Person vorsätzlich oder grob fahrlässig **67**
handeln. Hier ist umstritten, ob sich das Verschulden auf das Verhalten und dessen Sozialwidrigkeit[200] oder auch auf die Rechtsfolgen (Gewährung der Sozialhilfeleistungen)[201] beziehen muss. Richtigerweise muss sich das Verschulden auch auf die Rechtsfolgen beziehen (→ Rn. 21 ff.).

gg) Kausalität

Die ersatzpflichtige Person muss die Voraussetzungen für die Leistungen der Sozialhilfe **68**
„durch" ihr Verhalten herbeigeführt haben. Es ist Kausalität zwischen dem Verhalten
und der Leistung der Sozialhilfe sein. Hier wird vom sog **Sozialwidrigkeitszusammen-
hang** gesprochen, der dann vorliegen soll, wenn die Leistung der Sozialhilfe die adäquate Folge des sozialwidrigen Verhaltens ist und noch um Schutzzweck des § 103 SGB XII
umfasst ist.[202] Ob damit ein anderer Kausalitätsmaßstab als in § 34 SGB II gilt, ist unklar. Aus Gründen der Koordinierung der Sozialhilfesysteme sollte ein einheitlicher
Kausalitätsmaßstab gelten.

b) Rechtsfolge des Ersatzanspruchs
aa) Ersatz aller Leistungen

Rechtsfolge ist der Ersatz aller Arten der Sozialhilfeleistungen;[203] es gilt der Katalog des **69**
§ 8 SGB XII. Hiervon sind jedoch die Leistungen nach dem Vierten Kapitel (§§ 41 ff.
SGB XII) ausgenommen, weil für sie gem. § 41 Abs. 4 SGB XII eine Sonderregelung besteht.

bb) Entstehen, Geltendmachung

Der Kostenersatz ist durch Leistungsbescheid oder durch Leistungsklage (arg. § 103 **70**
Abs. 3 S. 3 SGB XII) geltend zu machen. Widerspruch und Anfechtungsklage haben aufschiebende Wirkung.[204] Es gelten die Ausführungen unter → Rn. 30. Eine **Aufrechnung**
ist unter den Voraussetzungen des § 26 Abs. 2 SGB XII statthaft; danach kann der Leis-

---

197 Vgl. Bieback in: Grube/Wahrendorf SGB XII § 103 Rn. 8.
198 Vgl. auch die Rechtsprechungsbeispiele bei Bieback in: Grube/Wahrendorf SGB XII § 103 Rn. 13 ff.; Klinge
     in: Hauck/Noftz SGB XII K § 103 Rn. 8; H. Schellhorn in: Schellhorn/Hohm/Scheider SGB XII § 103
     Rn. 10 ff.
199 Vgl. zur Sozialwidrigkeit bei Unterlassen eines ausreichenden Versicherungsschutzes LSG Bln-Bbg
     29.2.2008 – L 15 B 32/08 SO ER, Rn. 8 ff.; kritisch Conradis in: LPK-SGB XII § 103 Rn. 16.
200 Bieback in: Grube/Wahrendorf SGB XII § 103 Rn. 27.
201 So Baur in: Jahn, SGB II/SGB XII, § 103 Rn. 18.
202 Bieback in: Grube/Wahrendorf SGB XII § 103 Rn. 24 mwN.
203 Bieback in: Grube/Wahrendorf SGB XII § 103 Rn. 39.
204 Vgl. Bieback in: Grube/Wahrendorf SGB XII § 103 Rn. 56 f.

tungsträger bis auf das jeweils Unerlässliche mit eigenen Ansprüchen aufrechnen, wobei diese Aufrechnungsmöglichkeit auf drei Jahre beschränkt ist (→ Kap. 58 Rn. 28).

cc) Absehen im Härtefall

71 Von der Heranziehung kann gem. § 103 Abs. 1 S. 3 SGB XII abgesehen werden, wenn sie eine Härte für den Ersatzpflichtigen darstellen würde. Eine Härte liegt bei atypischen Fallgestaltungen vor, die es rechtfertigen, von der grundsätzlichen Verpflichtung zum Kostenersatz abzuweichen.[205] Im SGB XII ist zudem der Grundsatz der familiengerechten Hilfe (§ 16 SGB XII) zu beachten und zu prüfen, ob die Heranziehung zu einer erheblichen Belastung der familiären Verhältnisse führen würde.[206] Dies ist auch bei Strafgefangenen und -entlassenen stets zu prüfen, weil hier die Resozialisierung nicht gefährdet werden darf.[207] Liegen die Voraussetzungen eines Härtefalls vor, hat der Leistungsträger die Entscheidung, ob und inwieweit von der Heranziehung abgesehen werden kann, nach seinem pflichtgemäßen Ermessen zu treffen.[208]

dd) Übergang auf Erben

72 Gem. § 103 Abs. 2 S. 1 SGB XII geht die Verpflichtung zum Kostenersatz auf die Erben über, sog **unselbstständige Erbenhaftung**.[209] Der Erbe kann diese Ersatzpflicht durch Ausschlagung des Erbes abwenden.[210] Schlägt er nicht aus, hat er dieselben Einwendungen wie die ersatzpflichtige Person etwa hinsichtlich der Sozialwidrigkeit oder des fehlenden Verschuldens oder wegen des Bestehens einer Härte;[211] er haftet nur mit dem Wert des im Zeitpunkt des Erbfalls vorhandenen Nachlasses.[212]

ee) Erlöschen

73 Der Anspruch auf Kostenersatz erlischt gem. § 103 Abs. 3 SGB XII in drei Jahren vom Ablauf des Jahres an, in dem die Leistung erbracht worden ist. Die Vorschrift entspricht in etwa § 34 Abs. 3 SGB II. Im Gegensatz zu § 34 Abs. 3 SGB II, wonach es auf den Ablauf des Jahres ankommt, „für das" die Leistung erbracht worden ist (→ Rn. 35), kommt es in § 103 Abs. 3 SGB XII weiter auf das Jahr an, „in dem" die Leistung erbracht worden ist. Im Hinblick auf eine möglichst weitgehende Harmonisierung der Vorschriften ist die fehlende Angleichung in § 103 Abs. 3 SGB XII bedauerlich. Gem. § 103 Abs. 3 S. 2 SGB XII gelten die Vorschriften des BGB über die Hemmung, die Ablaufhemmung, den Neubeginn und die Wirkung der Verjährung entsprechend. Diese Vorschriften gelten wie bei § 34 Abs. 3 S. 2 SGB II nur für das Erlöschen sinngemäß.

ff) Gesamtschuld

74 Erstattungspflichtige Personen im Sinne des § 50 SGB X und ersatzpflichtige Personen gem. § 103 SGB XII haften gem. § 103 Abs. 4 S. 2 SGB XII als Gesamtschuldner. Der Leistungsträger hat nach pflichtgemäßem Ermessen zu entscheiden, wen er in Anspruch nimmt, wobei das Auswahlermessen nur durch das Willkürverbot und die offenbare Unbilligkeit begrenzt sein soll.[213]

---

205 Bieback in: Grube/Wahrendorf SGB XII § 103 Rn. 42.
206 Vgl. Bieback in: Grube/Wahrendorf SGB XII § 103 Rn. 43.
207 Bieback in: Grube/Wahrendorf SGB XII § 103 Rn. 44.
208 Bieback in: Grube/Wahrendorf SGB XII § 103 Rn. 47; vgl. dort auch zur selbstständigen Erbenhaftung gem. § 102 SGB XII.
209 Bieback in: Grube/Wahrendorf SGB XII § 103 Rn. 48. Die unselbstständige Erbenhaftung unterscheidet sich von der selbstständigen Erbenhaftung dadurch, dass sie an ein Verhalten des Erblassers anknüpft; ein Fall der selbstständigen Erbenhaftung ist § 102 SGB XII.
210 Bieback in: Grube/Wahrendorf SGB XII § 103 Rn. 50.
211 Bieback in: Grube/Wahrendorf SGB XII § 103 Rn. 49.
212 Bieback in: Grube/Wahrendorf SGB XII § 103 Rn. 50.
213 Bieback in: Grube/Wahrendorf SGB XII § 103 Rn. 55.

2. Ersatzanspruch gem. § 103 Abs. 1 S. 2 SGB XII

Gem. § 103 Abs. 1 S. 2 SGB XII ist auch zum Kostenersatz verpflichtet, wer als leis- **75** tungsberechtigte Person oder als deren Vertreter die Rechtswidrigkeit des der Leistung zu Grunde liegenden Verwaltungsakts kannte oder infolge grober Fahrlässigkeit nicht kannte. Diese Vorschrift knüpft an § 45 Abs. 2 S. 3 Nr. 3 SGB X und erweitert die Haftung nicht nur auf den Leistungsempfänger, sondern auch auf dessen Vertreter. Es handelt sich um einen Unterfall des § 104 SGB XII, da es um rechtswidrige Leistungen geht.[214] Er knüpft aber nicht an die Herbeiführung der Sozialhilfe, sondern an die Kenntnis bzw. grob fahrlässige Unkenntnis der Rechtswidrigkeit der Leistung an. Sie kann auch nach Erlass des rechtswidrigen Bescheids anfallen, löst dann aber eine Ersatzpflicht nur für die Zeit seit Kenntnis bzw. grob fahrlässiger Unkenntnis aus.[215] Es besteht Gesamtschuld mit dem Erstattungspflichtigen.[216]

a) Voraussetzungen des § 103 Abs. 1 S. 2 SGB XII

Hinsichtlich der Voraussetzungen und Folgen kann auf die Ausführungen oben zu **76** § 103 Abs. 1 S. 1 SGB XII verwiesen werden; dies gilt für die Ausführungen zum Gläubiger, zur Sozialwidrigkeit, zum Verschulden, zum Fehlen eines wichtigen Grundes und zur Kausalität.

aa) Ersatzpflichtiger

Ersatzpflichtig kann wegen des engen Zusammenhangs mit § 103 Abs. 1 S. 1 SGB XII **77** nur eine Person nach Vollendung des 18. Lebensjahrs sein. Ersatzpflichtig ist ua der Vertreter eines Leistungsempfängers. Ob jemand Vertreter ist, richtet sich nach den zivilrechtlichen Bestimmungen; sie liegt nur im Fall der rechtsgeschäftlichen oder der gesetzlichen Vertretungsbefugnis vor, wobei eine erweiternde Auslegung des Ausdrucks des „Vertreters" nicht zulässig ist.[217] Vertreter können damit etwa Eltern, Vormünder, Sorgerechtsinhaber und rechtsgeschäftlich bestellte Vertreter sein.[218] Ist die ersatzpflichtige Person selbst leistungsberechtigt und Empfänger der Leistungen, besteht eine Konkurrenz zu § 45 Abs. 2 S. 3 Nr. 3 SGB X. Die Vorschrift ist daher unklar. Sollte § 103 Abs. 1 S. 2 SGB XII vorrangig sein, so würde die ersatzpflichtige Person gegenüber anderen Personen, die gem. § 45 Abs. 2 S. 3 Nr. 3 SGB X ersatzpflichtig sind, in ungerechtfertigter Weise privilegiert, da sie nur bei sozialwidrigem Verhalten haften würde. Daher hat § 103 Abs. 1 S. 2 SGB XII neben § 45 Abs. 2 S. 3 Nr. 3 SGB X keine eigenständige Bedeutung, soweit es um den Leistungsempfänger selbst geht. Ist die handelnde Person Vertreter, kann eine Haftung nur angenommen werden, wenn er die Möglichkeit hatte, die Entgegennahme und/oder den Verbrauch der Leistungen zu verhindern. Dies ist nur dann der Fall, wenn er die gewährte Sozialhilfe **selbst verwaltet**.[219]

bb) Leistungsempfänger

Leistungsempfänger ist entweder die leistungsberechtigte Person oder die von der han- **78** delnden Person vertretene Person.

cc) Verhalten

Das Verhalten besteht in Form des **Kennens** oder **Kennenmüssens** der Rechtswidrigkeit **79** des Verwaltungsakts. Hinsichtlich der weiteren Einzelheiten wird auf die Ausführungen unter → Rn. 77 verwiesen.

---

214 Bieback in: Grube/Wahrendorf SGB XII § 103 Rn. 31, 33.
215 H. Schellhorn in: Schellhorn/Hohm/Scheider SGB XII § 103 Rn. 20 mwN.
216 Bieback in: Grube/Wahrendorf SGB XII § 103 Rn. 32.
217 Vgl. LSG NRW 24.5.2012 – L 9 SO 281/11, Rn. 56 ff., ZFSH/SGB 2013, 51.
218 Bieback in: Grube/Wahrendorf SGB XII § 103 Rn. 34.
219 Vgl. Simon in: jurisPK-SGB XII § 103 Rn. 36 mwN.

b) Rechtsfolge des Ersatzanspruchs

80 Es gelten die Ausführungen oben unter → Rn. 69 ff.

III. Ersatzanspruch gem. § 104 SGB XII

81 § 104 SGB XII erweitert wie § 34 a SGB II die Haftung auf solche Personen, deren Verhalten dazu geführt hat, dass dritte Personen eine Leistung unrechtmäßig gewährt wird.[220] Gegen die dritte Person besteht ein Erstattungsanspruch gem. § 50 SGB X, gegen die erstattungspflichtige Person ein Anspruch gem. § 104 SGB XII. Über den Verweis auf § 103 SGB XII wird die Haftung insoweit erweitert, als die dritte Person nicht nur die unterhaltsberechtigten Angehörigen, sondern jede dritte Person sein kann.[221] § 104 SGB XII verzichtet ebenso wie § 34 a SGB II auf das Tatbestandsmerkmal „ohne wichtigen Grund". § 104 SGB XII unterscheidet sich von § 34 a SGB II dadurch, dass § 104 SGB XII auch die unrechtmäßige Leistung an die erstattungspflichtige Person selbst erfasst, die Aufhebung des Bewilligungsbescheids erfordert und dass nach dieser Vorschrift vor Geltendmachung des Anspruchs eine Härte zu prüfen ist.[222]

1. Voraussetzungen des Ersatzanspruchs

a) Handelnde Person/Leistungsempfänger/Leistungsträger

82 **Handelnde Person** kann jede Person nach Vollendung des 18. Lebensjahrs[223] sein, die Leistungen an sich oder an dritte Personen herbeigeführt hat, also zB Ehegatten, Lebenspartner, Vormünder, Sorgerechtsinhaber, Pfleger, Betreuer, Rechtsanwälte.[224] Die Leistungen an sich oder an eine dritte Person ergibt sich durch den Verweis des § 104 S. 1 SGB XII auf § 103 Abs. 1 S. 1 SGB XII. Wird an eine dritte Person geleistet, muss die handelnde Person nicht selbst Leistungsempfänger sein. Eine Altersbegrenzung ist wie in § 34 a SGB II nicht vorgesehen. **Leistungsempfänger** kann die handelnde Person oder eine dritte Person sein. **Leistungsträger** ist der Träger der Sozialhilfe gem. § 3 SGB XII.

b) Herbeiführung von Leistungen

83 Die handelnde Person muss die Leistung **herbeigeführt** haben. Dies kommt vor allem in Betracht, wenn die ersatzpflichtige Person falsche Angaben etwa zum Einkommen und Vermögen oder ihre Mitwirkungspflichten gem. §§ 60 ff. SGB I verletzt hat.[225] Wie in den Fällen des § 34 a SGB II geht es in § 104 S. 1 SGB XII um den Ersatz zu Unrecht erbrachter Leistungen. § 104 S. 1 SGB XII unterscheidet sich aber dadurch, dass auch die Erstattung zu Unrecht erbrachter Leistungen an die handelnde Person verlangt werden können. Ein weiterer Unterschied ergibt sich nach dem Wortlaut: Aus der Formulierung „zu Unrecht erbrachte Leistungen" wird gefolgt, dass dazu die **Aufhebung des Bewilligungsbescheids** erforderlich ist.[226] Dabei muss die Aufhebung zunächst gegenüber dem Leistungsempfänger erfolgen.[227] Ein Widerspruch bzw. eine Klage gegen den Rücknahmebescheid hat aufschiebende Wirkung mit der Folge, dass der Ersatzanspruch nicht geltend gemacht werden kann.[228]

---

220 Bieback in: Grube/Wahrendorf SGB XII § 104 Rn. 1.
221 Bieback in: Grube/Wahrendorf SGB XII § 104 Rn. 2.
222 Schwitzky in: LPK-SGB II § 34 a Rn. 6; Böttiger in: Eicher/Luik SGB II § 34 a Rn. 10; Bieback in: Grube/Wahrendorf SGB XII § 104 Rn. 2 a.
223 Dies folgt aus dem Verweis auf § 103 SGB XII, vgl. Conradis in: LPK-SGB XII § 104 Rn. 4 mwN.
224 Vgl. Bieback in: Grube/Wahrendorf SGB XII § 104 Rn. 4, 5; Conradis in: LPK-SGB XII § 104 Rn. 4.
225 Vgl. Bieback in: Grube/Wahrendorf SGB XII § 104 Rn. 7.
226 Vgl. Bieback in: Grube/Wahrendorf SGB XII § 104 Rn. 3.
227 Bieback in: Grube/Wahrendorf SGB XII § 104 Rn. 4.
228 Vgl. Bieback in: Grube/Wahrendorf SGB XII § 104 Rn. 4 gegen Simon in: jurisPK-SGB XII § 104 Rn. 15.

Das Verhalten muss auch **sozialwidrig** sein.[229] Die handelnde Person muss die Leistun- **84**
gen durch vorsätzliches oder grob fahrlässiges Verhalten herbeigeführt haben. Dies
kann jede dritte Person sein, die die unrechtmäßige Sozialhilfeleistung verursacht hat.[230]
Zwischen dem Verhalten und der Leistungserbringung muss **Kausalität** bestehen. Es ist
auf die Ausführungen unter → Rn. 26 zu verweisen.

2. Rechtsfolgen bei Vorliegen der Voraussetzungen des § 104 SGB XII

Durch den Verweis in § 104 S. 1 SGB XII auf § 103 SGB XII gelten die Bestimmungen **85**
des § 103 SGB XII weitgehend. Die Ersatzpflicht gilt gem. § 103 Abs. 1 S. 1 SGB XII,
die Geltendmachung durch Verwaltungsakt oder Leistungsklage, die Härteregelung des
§ 103 Abs. 1 S. 3 SGB XII gilt auch in § 104 SGB XII,[231] die Erlöschensfrist des § 103
Abs. 3 SGB XII ist entsprechend anwendbar. Allerdings beginnt die Frist nicht mit Ablauf des Jahres, in dem die Leistung erbracht worden ist, sondern abhängig von der Systematik des § 104 SGB XII mit der Rücknahme des rechtswidrigen Bewilligungsbescheids.[232] Gem. § 104 S. 2 SGB XII haften die ersatzpflichtige Person gem. § 104
SGB XII und die erstattungspflichtige Person gem. § 50 SGB X als **Gesamtschuldner**.
Die Regelung des § 103 Abs. 2 SGB XII betreffend die Haftung der Erben gilt ebenso
wie die Möglichkeit der Aufrechnung gem. § 26 Abs. 2 SGB XII.

D. Verfahren

Der Leistungsträger, der den Erstattungsanspruch geltend macht, ist für das Vorliegen **86**
der Anspruchsvoraussetzungen darlegungs- und beweispflichtig. Ein Verweis zB auf
Sperrzeitbescheide der Agentur für Arbeit genügt nicht; im Gerichtsverfahren können
fehlende Ermittlungen nur eingeschränkt nachgeholt werden.[233] Der Ersatzanspruch
entsteht kraft Gesetzes, muss aber durch Leistungsbescheid[234] oder durch Leistungsklage geltend gemacht werden. Der Leistungsbescheid muss hinreichend bestimmt im Sinne
des § 33 SGB X sein, eine Umdeutung ist nicht möglich. Ein Bescheid, mit dem der Ersatzanspruch dem Grunde nach geltend gemacht wird, ist nicht statthaft;[235] es ist dem
Leistungsträger möglich und zumutbar, den Ersatzanspruch im Bescheid zu beziffern.
Widerspruch und Anfechtungsklage haben aufschiebende Wirkung.

E. Praxisrelevanz

In der Vorauflage[236] ist darauf hingewiesen worden, dass unter Geltung des SGB II von **87**
der Möglichkeit der Ersatzforderung wegen eines sozialwidrigen Verhaltens so gut wie
kein Gebrauch gemacht worden ist. Das BSG hatte in mehreren Entscheidungen die
Prüfung der Voraussetzungen eines Ersatzanspruchs gem. § 34 SGB II für erforderlich
gehalten.[237] Inzwischen ist § 34 Abs. 1 S. 1 SGB II mehrfach auch in gerichtlichen Verfahren angewendet worden, wobei das Tatbestandsmerkmal der Sozialwidrigkeit oft
recht großzügig angewendet wird. Durch die Einführung des § 34 Abs. 1 S. 2 SGB II hat

---

229 Vgl. Vgl. Bieback in: Grube/Wahrendorf SGB XII § 104 Rn. 6 mwN.
230 Vgl. Bieback in: Grube/Wahrendorf SGB XII § 104 Rn. 5.
231 Vgl. Bieback in: Grube/Wahrendorf SGB XII § 104 Rn. 8.
232 Vgl. Bieback in: Grube/Wahrendorf SGB XII § 104 Rn. 9 mwN.
233 Vgl. LSG BW 5.6.2018 – L 7 AS 178/16, Rn. 40, juris, Breithaupt 2019, 155.
234 Vgl. BSG 8.2.2017 – B 14 AS 3/16 R, Rn. 12; 16.4.2013 – B 14 55/12 R, Rn. 12.
235 SG Augsburg 20.11.2017 – S 8 AS 1095/17, Rn. 24 ff.; SG Oldenburg 14.9.2016 – S 47 AS 422/14,
     Rn. 24 f., ZFSH/SGB 2017, 53 gegen SG Braunschweig 23.2.2010 – S 25 AS 1128/08, Rn. 29.
236 Vorauflage, Kap. 41 Rn. 40.
237 BSG 17.10.2013 – B 14 AS 38/12 R, Rn. 16; 12.6.2013 – B 14 AS 73/12 R, Rn. 25, NZS 2014, 114;
     29.11.2012 – B 14 AS 33/12 R, Rn. 17 ff., BSGE 112, 229.

sich der Anwendungsbereich des § 34 SGB II wesentlich erweitert, so dass davon auszugehen ist, dass die Ersatzansprüche vor allem gem. § 34 SGB II noch eine größere Bedeutung gewinnen werden. Im Gegensatz dazu sind die §§ 103, 104 SGB XII noch nicht oft Gegenstand gerichtlicher Entscheidungen geworden. Dies kann auch daran liegen, dass sie relativ unübersichtlich sind und im Anwendungsbereich einige Unklarheiten aufweisen.

Kapitel 42: Kostenersatz der Erben

Literaturhinweise: Conradis, Sozialhilferegress: Kostenersatz durch den Erben, § 102 SGB XII, § 35 SGB II, ZEV 2005, 379; Doering-Striening, Vom BSHG zum SGB XII – Bilanz, Probleme, Perspektiven – Erbrecht und SGB XII, VSSR 2009, 93; dies., Der „Zugriff" des Staates – sozialrechtliche Grundlagen, ErbR 2009, 362; dies., Sozialhilferegress bei Erbfall und Schenkung, 2015; Frommeyer, Kostenersatz für erbrachte Sozialhilfeleistungen bei Vorliegen einer Erbengemeinschaft, jM 2014, 278; Schumacher, Kostenersatz für Sozialhilfeleistungen durch Erben, RdLH 2015, 135; Schwabe, Rückzahlung von Sozialhilfe? – Die rechtlichen Rahmenbedingungen zur Rückzahlung von Leistungen nach dem SGB XII, ZfF 2006, 217.

Rechtsgrundlagen:
SGB XII § 102

Orientierungssätze:

1. Die Haftung des Erben stellt den Nachrang wieder her, der durch die Nichtberücksichtigung von Schonvermögen beim Erblasser zu Recht eingeschränkt worden ist. Sie stellt eine Ausnahme von dem Grundsatz dar, dass rechtmäßig erbrachte Leistungen nicht zu erstatten sind.

2. Die Erstattungspflicht wird gegenüber Ehe- und Lebenspartnern, pflegenden Angehörigen und gegenüber solchen Personen nur beschränkt geltend gemacht, für die die Erstattung eine besondere Härte bedeuten würde. Dies kann insbesondere der Fall sein, wenn der Erbe den nicht ihm verwandten Erblasser bis zu seinem Tod gepflegt hat.

3. Die Haftung des Erben erstreckt sich nicht auf Leistungen nach dem Vierten Kapitel des SGB XII und nicht auf Leistungen nach dem SGB II.

A. Allgemeines

I. Gesetzeszweck/Überblick

1 Der Kostenersatz der Erben gem. § 102 SGB XII in Form der **selbstständigen Erbenhaftung** betrifft den Erben als Person. Davon ist die **unselbstständige Erbenhaftung** zu unterscheiden, bei der der Erbe Schuldner eines zu Lebzeiten entstandenen Anspruchs gem. § 103 Abs. 2 SGB XII[1] gegen den Erblasser wird. Die Regelungen über die Erbenhaftung dienen dazu, den Staat teilweise von den Kosten für nachrangig zu erbringende Existenzsicherungsleistungen zu entlasten, indem der **Nachrang** nach dem Tod der leistungsberechtigten Person wieder hergestellt wird. Leistungen nach dem SGB XII werden auch dann gewährt, wenn die leistungsberechtigte Person über Einkommen bzw. über Vermögen verfügt. Dabei kann insbesondere das Vermögen in erheblichem Umfang geschützt sein; dazu kann vor allem ein angemessenes Hausgrundstück gehören (→ Kap. 21 Rn. 88 ff.). Dieser besondere Schutz des Vermögens entfällt mit dem Tod der leistungsberechtigten Person, weil es nicht gerechtfertigt wäre, dass den Erben der leistungsberechtigten Person nur deshalb zulasten der Allgemeinheit Vermögen zuwächst, weil ihr selbst die Verwertung des Vermögens nicht zugemutet worden ist. Dadurch käme es zu einer nicht zu rechtfertigenden Besserstellung gegenüber Erben von leistungsberechtigten Personen, die nicht über geschütztes Vermögen verfügten und es insgesamt hatten einsetzen müssen.[2] Der Kostenersatz durch Erben ist ursprünglich als § 92 c BSHG[3] eingefügt worden. Seit dem 1.1.2005 ist er im Wesentlichen unverändert in § 102 SGB XII geregelt.

II. Regelungen im SGB II

2 In anderen Gesetzen gibt es eine Erbenhaftung nicht. Im SGB II war sie seit dem 1.1.2005 in § 35 SGB II geregelt, wobei der Anwendungsbereich zum 1.4.2011[4] erweitert wurde.[5] § 35 SGB II ist mit Wirkung zum 1.8.2016 **außer Kraft** getreten.[6] Dies wurde damit begründet, dass die Vorschrift aufgrund erheblicher praktischer Probleme nur schwer umsetzbar war, da Leistungsträger nur selten vom Tod zuletzt nicht mehr leistungsberechtigter Personen erfuhren. Dadurch wurde diese Norm nur sporadisch angewendet, wodurch es zu einer unter Gleichheitsgesichtspunkten bedenklichen Anwendung dieser Norm kam.[7]

B. Erbenhaftung im SGB XII

I. Voraussetzungen des Anspruchs

1. Leistungsberechtigte Person, § 102 Abs. 1 S. 1 SGB XII

3 Die leistungsberechtigte Person muss Leistungen der Sozialhilfe erhalten haben. Was Leistungen der Sozialhilfe sind, ergibt sich aus § 8 SGB XII. Aus § 102 Abs. 5 SGB XII

---

1 Im SGB II ergibt sich die unselbstständige Erbenhaftung aus § 34 Abs. 2 SGB II bzw. § 34 a Abs. 3 SGB II, s. dazu → Kap. 41 Rn. 36, 55; die selbstständige Erbenhaftung ist durch Wegfall des § 35 SGB II nicht mehr möglich. Im SGB XII ergibt sich die unselbstständige Erbenhaftung aus § 103 Abs. 2 SGB XII, vgl. Conradis in: LPK-SGB XII § 103 Rn. 22.
2 So die Begründung zu § 92 c BSHG, vgl. BT-Drs. V/3495.
3 Eingeführt durch Zweites Gesetz zur Änderung des Bundessozialhilfegesetzes vom 14.8.1969 – BGBl. I, 1153.
4 Eingefügt durch Gesetz zur Ermittlung von Regelbedarfen und zur Änderung des Zweiten und Zwölften Buches Sozialgesetzbuch (RBEG) vom 24.3.2011 – BGBl. I, 453.
5 Vgl. dazu die Vorauflage Kap. 42 Rn. 6 ff.
6 Durch Neuntes Gesetz zur Änderung des Zweiten Buches Sozialgesetzbuch – Rechtsvereinfachung – sowie zur vorübergehenden Aussetzung der Insolvenzantragspflicht (9. SGB II-ÄndG) vom 26.7.2016 – BGBl. I, 1824.
7 BT-Drs. 18/8041, 47.

ergibt sich, dass Leistungen nach dem Vierten Kapitel des SGB XII (§§ 41 ff. SGB XII) und die vor dem 1.1.1987 entstandenen Kosten der Tuberkulosehilfe von der Haftung ausgenommen sind.

2. Erbe der leistungsberechtigten Person

Ersatzpflichtig sind der **Erbe der leistungsberechtigten Person** und der **Erbe des Ehegat-** **4** **ten bzw. Lebenspartners,** wenn der Ehegatte bzw. Lebenspartner vor der leistungsberechtigten Person verstirbt. Die Haftung des Erben des Ehegatten bzw. des Lebenspartners wird damit begründet, dass gem. §§ 19 Abs. 3, 27 Abs. 2 SGB XII auch Einkommen und Vermögen dieser – nicht leistungsberechtigten – Personen zu berücksichtigen ist, wobei auch die Vorschriften über das Schonvermögen gelten, die nicht den Erben zugutekommen sollen.[8] Beide Ersatztatbestände sind **eigenständig** und können doppelt entstehen.[9]

Grund und Höhe der Ersatzpflicht können aber je nachdem verschieden sein, wer Erbe **5** ist: Ist die **leistungsberechtigte Person Erbe ihres Ehegatten oder Lebenspartners,** ist sie gem. § 102 Abs. 1 S. 4 SGB XII zum Ersatz nicht verpflichtet (→ Rn. 15). Darüberhinaus haftet der Erbe gem. § 102 Abs. 1 S. 3 SGB XII nicht für die Sozialhilfekosten, die während des **Getrenntlebens** der Ehegatten bzw. Lebenspartner entstanden sind (→ Rn. 10).

Wer **Erbe** ist, bestimmt sich nach den Vorschriften des BGB. Die Sozialgerichte haben **6** zu ermitteln, ob eine Erbenstellung vorliegt, dürfen aber von der Erbenstellung aufgrund eines Erbscheins ausgehen, solange er nicht eingezogen ist.[10] Die Erbenstellung kann in der Form einer Alleinerbschaft, des Miterbes (§ 2058 BGB), des (nicht befreiten) Vorerbes (§§ 2100 ff. BGB) oder des Nacherbes bestehen.[11] Schlägt der Erbe das Erbe wirksam aus (§ 1953 BGB), unterliegt er nicht der Haftung.

3. Gläubiger des Ersatzanspruchs

Gläubiger des Ersatzanspruchs ist der Leistungsträger, der die Leistungen der Sozialhilfe **7** erbracht hat. Dies ergibt sich aus dem allgemeinen Rechtsgrundsatz, dass der Erstattungsanspruch als actus contrarius die Kehrseite des Leistungsanspruchs darstellt.[12] Dem Ersatzanspruch soll nicht entgegenstehen, dass der Leistungsträger Ersatzansprüche gegen den Schädiger des Erblassers gem. § 116 SGB X zustehen können.[13]

4. Erbrachte Leistungen, § 102 Abs. 1 S. 2 SGB XII

Der Ersatzanspruch erstreckt sich gem. § 102 Abs. 1 S. 2 SGB XII auf die **Kosten der** **8** **Sozialhilfe.** Umfasst sind die **Leistungen** gem. § 8 SGB XII, wobei aber gem. § 102 Abs. 5 SGB XII die Leistungen der Grundsicherung im Alter und bei Erwerbsminderung gem. §§ 41 ff. SGB XII und die vor dem 1.1.1987 entstandenen Kosten der Tuberkulosehilfe von der Ersatzpflicht ausgenommen sind. Damit sind die Kosten der Hilfe zum Lebensunterhalt, der Hilfe zur Gesundheit, der Eingliederungshilfe für behinderte Men-

---

8 Bieback in: Grube/Wahrendorf SGB XII § 102 Rn. 6.
9 Vgl. BVerwG 10.7.2003 – 5 C 17/02 Rn. 15 ff., BVerwGE 118, 313.
10 Vgl. BSG 23.3.2010 – B 8 SO 2/09 R, Rn. 13; 23.8.2013 – B 8 SO 7/12 R, Rn. 19.
11 Vgl. Doering-Striening, Sozialhilferegress bei Erbfall und Schenkung, § 5 Rn. 196 ff. (S. 320).
12 BSG 23.8.2013 – B 8 SO 7/12 R, Rn. 14.
13 So LSG BW 10.8.2017 – L 7 SO 2293/16, Rn. 49.

schen,[14] der Hilfe zur Pflege, der Hilfe zur Überwindung besonderer sozialer Schwierigkeiten und der Hilfe in anderen Lebenslagen gem. §§ 70 bis 73 SGB XII (ohne § 74 SGB XII) erstattungsfähig.[15]

9 Ungeschriebene Tatbestandsvoraussetzung des Ersatzanspruchs ist die **Rechtmäßigkeit** der Leistungen der Sozialhilfe.[16] Ob die Leistungen rechtmäßig sind, bestimmt sich danach, ob die **materiellrechtlichen Vorschriften** über die Leistungserbringung eingehalten sind, während reine Formverstöße unbeachtlich sind.[17] Ist die Leistung rechtswidrig erbracht worden, ist eine Erstattung nur unter den Voraussetzungen der §§ 45, 50 SGB X möglich[18] (s. dazu Kap. 57).

10 Gem. § 102 Abs. 1 S. 2 SGB XII kommt es nur auf die Kosten der Sozialhilfe an, die innerhalb eines **Zeitraums von zehn Jahren** vor dem Tod des Erblassers entstanden sind. Für die Berechnung der Frist gilt § 26 Abs. 1 SGB X iVm § 188 Abs. 2 BGB. Die Kosten der Sozialhilfe sind nur insoweit erstattungspflichtig, wie sie das **Dreifache des Grundbetrags nach § 85 Abs. 1 Nr. 1 SGB XII** übersteigen. Der Grundbetrag nach § 85 Abs. 1 Nr. 1 SGB XII beläuft sich auf das Zweifache der Regelbedarfsstufe 1, so dass dem Erben ein Betrag in Höhe des **Sechsfachen der Regelbedarfsstufe 1** verbleiben muss.[19] Dieser Betrag darf auch bei Leistungserbringung durch mehrere Erben nur einmal abgezogen werden.[20] Von der Erstattungspflicht sind gem. § 102 Abs. 1 S. 3 SGB XII auch die Sozialhilfekosten ausgenommen, die während des **Getrenntlebens** der Ehegatten bzw. Lebenspartner entstanden sind. Grund für diese Regelung ist, dass für die Zeit des Getrenntlebens keine Einsatzgemeinschaft besteht (§ 27 Abs. 2 S. 2 SGB XII).[21]

II. Rechtsfolge des Anspruchs

1. Ersatzpflicht

11 Der Leistungsträger kann bei Erfüllung der Voraussetzungen vom Erben Kostenersatz fordern. Dagegen kann er Zinsen nicht verlangen.[22]

a) Grundsatz § 102 Abs. 2 S. 1, S. 2 SGB XII

12 Der Erbe haftet gem. § 102 Abs. 2 S. 1 SGB XII mit dem von der leistungsberechtigten Person oder deren Ehegatten bzw. Lebenspartner ererbten Vermögen (dazu näher → Rn. 16). Es spielt keine Rolle, ob der Erblasser das Vermögen bereits zum Zeitpunkt des Leistungsbezugs hatte oder nach dem Leistungsbezug erworben hat.[23]

---

14 Vgl. etwa BayLSG 23.2.2012 – L 8 SO 113/09, Rn. 50. Die Vorschriften gelten jedoch nur noch bis zum 31.12.2019; ab 1.1.2020 gilt das Eingliederungshilferecht gem. §§ 54 ff. SGB XII nicht mehr und ist in §§ 90 ff. SGB IX nicht mehr als Fürsorgeleistung ausgestaltet; vielmehr ist es dann Teil eines „modernen Teilhaberechts", vgl. von Boetticher, Das neue Teilhaberecht, § 4 Rn. 2 (S. 255). Auch in diesem „modernen Teilhaberecht" hat die betroffene Person zwar weiterhin Einkommen und Vermögen einzusetzen; die Art des Einsatzes von Einkommen und Vermögen wird aber gem. § 135 ff. SGB IX, § 140 SGB IX in Form einer neuen (Eigen-)Beitrags-Systematik ausgestaltet , vgl. von Boetticher, Das neue Teilhaberecht, § 4 Rn. 154 ff. (S. 308 ff.) und → Kap. 36 Rn. 69 ff.; vgl. auch → Kap. 20 Rn. 302 ff.; → Kap. 21 Rn. 111 ff.
15 Klinge in: Hauck/Noftz SGB XII K § 102 Rn. 10.
16 BSG 23.3.2010 – B 8 SO 2/09 R, Rn. 16 mwN.
17 BSG 23.3.2010 – B 8 SO 2/09 R, Rn. 17.
18 BSG 23.3.2010 – B 8 SO 2/09 R, Rn. 16; zur Ermittlung der Zeiträume der Rechtmäßigkeit der Leistung vgl. BSG 23.3.2010 – B 8 SO 2/09 R, Rn. 20: Es reicht, dass im Erstattungszeitraum rechtmäßige Leistungen in einer Höhe gewährt worden sind, dass sie die Geltendmachung des Ersatzanspruchs rechtfertigen.
19 Bieback in: Grube/Wahrendorf SGB XII § 102 Rn. 14.
20 Bieback in: Grube/Wahrendorf SGB XII § 102 Rn. 15 mwN.
21 Bieback in: Grube/Wahrendorf SGB XII § 102 Rn. 16.
22 Klinge in: Hauck/Noftz SGB XII K § 102 Rn. 15 mwN.
23 BSG 23.8.2013 – B 8 SO 7/12 R, Rn. 16 ff. (zu § 92 c BSHG).

b) Einschränkungen der Ersatzpflicht

Einschränkungen bzw. der Ausschluss der Ersatzpflicht bestehen ganz oder teilweise 13
hinsichtlich der **Kosten der Sozialhilfe**, bei bestimmten Erbfällen, hinsichtlich der Höhe
des Nachlasses und bei Vorliegen einer besonderen Härte.

aa) Einschränkungen hinsichtlich der Kosten der Sozialhilfe, § 102 Abs. 1 S. 2 SGB XII

Kosten der Sozialhilfe, die länger als zehn Jahre vor dem Erbfall aufgewendet worden 14
sind und unter dem **Dreifachen des Grundbetrags** nach § 85 Abs. 1 SGB XII liegen
(§ 102 Abs. 1 S. 2 SGB XII, dazu → Rn. 10, 16), sind ebenso von der Ersatzpflicht ausgenommen wie Kosten der Sozialhilfe, die während des **Getrenntlebens des Ehegatten
oder Lebenspartners** geleistet worden sind, wenn die leistungsberechtigte Person Erbe
geworden ist (§ 102 Abs. 2 S. 3 SGB XII, dazu → Rn. 10). Dagegen ist die Herausnahme von 56 % der Kosten für Unterkunft aus den ersatzfähigen Kosten der Sozialhilfe
gem. § 105 Abs. 2 SGB XII nicht mehr vorgesehen. Die Vorschrift ist mit Wirkung zum
1.1.2017 gestrichen worden.[24]

bb) Einschränkungen bei bestimmten Erbfällen, § 102 Abs. 1 S. 4 SGB XII

Gem. § 102 Abs. 1 S. 4 SGB XII besteht die Ersatzpflicht nicht, wenn die **leistungsbe-** 15
rechtigte Person Erbe ihres Ehegatten oder Lebenspartners wird. Diese Regelung berücksichtigt die Tatsache, dass das Vermögen nicht aus der Einsatzgemeinschaft „her-
ausvererbt" wird.[25] In diesem Fall kann allerdings der Leistungsanspruch nach dem
SGB XII entfallen, wenn das Vermögen der leistungsberechtigten Person gemeinsam mit
dem ererbten Vermögen insgesamt die Vermögensschongrenzen überschreitet.[26]

cc) Einschränkungen hinsichtlich der Höhe des Nachlasses, § 102 Abs. 2 S. 2 SGB XII

Gem. § 102 Abs. 2 S. 2 SGB XII beschränkt sich die Haftung auf den im Zeitpunkt des 16
Erbfalls vorhandenen Nachlass.[27] Als Wert des Nachlasses ist gem. § 1967 Abs. 2 BGB
das den Erben angefallene **Aktivvermögen abzüglich der Nachlassverbindlichkeiten** zu
verstehen;[28] dazu sind etwa Beerdigungskosten (§ 1968 BGB),[29] Kosten der Nachlass-
verwaltung und -sicherung (§ 1960 BGB) und Kosten der Ermittlung der Nachlassgläu-
biger und der Inventarerrichtung[30] abzuziehen. Dagegen sind ein Nießbrauchsrecht und
Pflichtteilsansprüche nicht abzuziehen, weil sie dem Kostenersatzanspruch des Leistungsträgers im Rang nachgehen.[31] Daneben sind noch die Freibeträge gem. § 102
Abs. 3 Nr. 1, 2 SGB XII abzuziehen (dazu → Rn. 17 ff.). Problematisch sind dagegen
Ansprüche aus Pflegevereinbarungen mit der leistungsberechtigten Person; sie könnten
als Nachlassverbindlichkeit zu einer Beschränkung der Haftung führen. In der Regel
sind solche Ansprüche nicht anzuerkennen, wenn sie von Verwandten geltend gemacht
werden; gem. § 612 Abs. 1 BGB gilt eine Vergütung nur dann als stillschweigend vereinbart, wenn die Dienstleistung den Umständen nach nur gegen eine Vergütung zu erwar-

---

24 Durch Neuntes Gesetz zur Änderung des Zweiten Buches Sozialgesetzbuch – Rechtsvereinfachung – sowie
   zur vorübergehenden Aussetzung der Insolvenzantragspflicht (9. SGB II-ÄndG) vom 26.7.2016 – BGBl. I,
   1824.
25 Conradis in: LPK-SGB XII § 102 Rn. 7.
26 Vgl. Bieback in: Grube/Wahrendorf SGB XII § 102 Rn. 9.
27 Vgl. Klinge in: Hauck/Noftz SGB XII K § 102 Rn. 16.
28 Vgl. LSG NRW 20.7.2017 – L 9 SO 240/16, Rn. 43, 48: Titulierte Forderung gegen den Erblasser einschließlich Kostenfestsetzungsanspruch. Vgl. auch Conradis in: LPK-SGB XII § 102 Rn. 15; Bieback in: Gru-
   be/Wahrendorf SGB XII § 102 Rn. 38.
29 BayLSG 23.2.2012 – L 8 SO 113/09, Rn. 54.
30 Bieback in: Grube/Wahrendorf SGB XII § 102 Rn. 38.
31 SG Karlsruhe 31.8.2012 – S 1 SO 362/12, Rn. 29, ZFSH/SGB 2012, 681.

ten ist.[32] Es liegt aber nahe, die Regelung über die Ausgleichungspflicht bei besonderen Leistungen eines Abkömmlings gem. § 2057 a BGB entsprechend anzuwenden.[33]

dd) Keine Geltendmachung bzw. Beschränkung des Anspruchs auf Kostenersatz, § 102 Abs. 3 SGB XII

17 § 102 Abs. 3 SGB XII enthält mehrere Tatbestände, bei deren Vorliegen der Anspruch auf Kostenersatz nicht geltend zu machen bzw. zu beschränken ist. Der Freibetrag gem. § 102 Abs. 3 Nr. 1 SGB XII ist stets zu gewähren, während die Freibeträge gem. § 102 Abs. 3 Nr. 2, 3 SGB XII auf die persönlichen Umstände abstellen und nur dem Erben zugutekommen, der in seiner Person die jeweiligen Voraussetzungen erfüllt.[34]

(1) Wert des Nachlasses unter dem Dreifachen des Grundbetrags nach § 85 Abs. 1 SGB XII

18 Entsprechend der Regelung des § 102 Abs. 1 S. 2 SGB XII – der sich auf die nicht zu erstattenden Kosten der Sozialhilfe bezieht – ist auch der Nachlass nicht zum Kostenersatz einzusetzen, soweit er unter dem **Dreifachen des Grundbetrags nach § 85 Abs. 1 SGB XII**, also dem Sechsfachen der Regelbedarfsstufe 1 liegt. Maßgebender Zeitpunkt für die Höhe des zu Grunde legenden Grundbetrags nach § 85 Abs. 1 SGB XII ist der Erbfall.[35]

(2) Wert des Nachlasses unter dem Betrag von 15.340 EUR

19 Der Anspruch auf Kostenersatz ist gem. § 102 Abs. 3 Nr. 2 SGB XII nicht geltend zu machen, soweit der Wert des Nachlasses unter dem Betrag von 15.340 EUR liegt, wenn kumulativ die folgenden Voraussetzungen vorliegen:

1. Der Erbe muss **Ehegatte, Lebenspartner oder Verwandter (§ 1589 BGB)** der leistungsberechtigten Person sein.
2. Er muss mit der leistungsberechtigten Person nicht nur vorübergehend bis zu deren Tod in häuslicher Gemeinschaft gelebt haben. Eine **häusliche Gemeinschaft** liegt schon vor, wenn der Erbe mit der leistungsberechtigten Person unter einem gemeinsamen Dach gewohnt hat; das Bestehen einer Haushaltsgemeinschaft iSd § 39 SGB XII ist nicht erforderlich.[36] Sie besteht **nicht nur vorübergehend**, wenn sie auf eine längere Zeit geplant worden ist; eine bestimmte Mindestzeit ist nicht erforderlich.[37] Kurze Unterbrechungen etwa durch Krankenhausaufenthalte führen nicht zur Auflösung der Haushaltsgemeinschaft.
3. Er muss die leistungsberechtigte Person nicht nur vorübergehend bis zu deren Tod gepflegt haben. **Pflege** liegt vor, wenn bei der leistungsberechtigten Person ein Hilfebedarf im Sinne des § 61 Abs. 1 SGB XII bestanden hat, der von dem Erbe im Sinne des § 61 Abs. 4 SGB XII ganz oder teilweise gedeckt worden ist.[38] Die Pflege ist auch dann **bis zum Tod** der leistungsberechtigten Person durchgeführt worden, wenn die leistungsberechtigte Person kurz vor dem Tod wegen einer Verschlechterung des Gesundheitszustands in einem Krankenhaus versorgt werden musste.[39]

---

32 Vgl. dazu ausführlich Doering-Striening, Sozialhilferegress bei Erbfall und Schenkung, § 5 Rn. 237 ff. (S. 332 ff.).
33 So Conradis in: LPK-SGB XII § 102 Rn. 17.
34 Bieback in: Grube/Wahrendorf SGB XII § 102 Rn. 33.
35 BSG 23.3.2010 – B 8 SO 2/09 R, Rn. 26 mwN (zu § 81 Abs. 1 BSHG).
36 Bieback in: Grube/Wahrendorf SGB XII § 102 Rn. 20.
37 Conradis in: LPK-SGB XII § 102 Rn. 12 mwN gegen Bieback in: Grube/Wahrendorf SGB XII § 102 Rn. 22.
38 Bieback in: Grube/Wahrendorf SGB XII § 102 Rn. 21.
39 Klinge in: Hauck/Noftz SGB XII K § 102 Rn. 25 mwN.

(3) Besondere Härte

Gem. § 102 Abs. 3 Nr. 3 SGB XII ist der Anspruch auf Kostenersatz auch nicht geltend 20
zu machen, soweit die Inanspruchnahme des Erben nach der Besonderheit des Einzelfalls eine **besondere Härte** bedeuten würde. Sie liegt nur bei einer auffallenden Atypik
des zu beurteilenden Sachverhalts vor, die es unter Berücksichtigung aller Umstände des
Einzelfalls als unbillig erscheinen lässt, den Erben für den Ersatz der Kosten der Sozialhilfe in Anspruch zu nehmen; die Härte muss besonders gewichtig sein, also objektiv
schwer wiegen.[40] Ein Härtefall kann vorliegen, wenn ein dem § 102 Abs. 3 Nr. 2
SGB XII vergleichbarer Fall vorliegt, also zB eine Person Erbe geworden ist, die bis zum
Tod der leistungsberechtigten Person mit dieser in häuslicher Gemeinschaft gelebt und
sie gepflegt hat, aber nicht mit ihr verwandt ist,[41] die Pflege nicht bis zum Tod durchgeführt werden konnte, weil ein Aufenthalt in einem Pflegeheim notwendig wurde,[42] der
Nachlass für den Erben Schonvermögen wäre[43] oder der Erbe den Wert des Nachlasses
zB durch die Führung eines Schmerzensgeldprozesses über lange Zeit erhöht hat.[44]

**2. Erlöschen der Ersatzpflicht, § 102 Abs. 4 S. 1, Abs. 4 S. 2 SGB XII,
§ 103 Abs. 3 S. 2, 3 SGB XII**

Der Anspruch auf Kostenersatz erlischt gem. § 102 Abs. 4 S. 1 SGB XII drei Jahre nach 21
dem Tod der leistungsberechtigten Person, ihres Ehegatten oder ihres Ehepartners.[45]
Gem. § 102 Abs. 4 S. 2 SGB XII iVm § 103 Abs. 3 S. 2, 3 SGB XII gelten für die Erlöschensfrist die Vorschriften des BGB über die Hemmung, die Ablaufhemmung, den
Neubeginn und die Wirkung der Verjährung sinngemäß. Gem. § 103 Abs. 3 S. 3
SGB XII wird die Erlöschensfrist durch Erlass eines Leistungsbescheids oder die Erhebung einer Klage gehemmt.

3. Verfahren

Der Erbe (Kostenersatzpflichtiger) ist nach § 117 Abs. 1 S. 1 SGB XII verpflichtet, dem 22
Träger der Sozialhilfe über die Einkommens- und Vermögensverhältnisse Auskunft zu
geben. Der Kostenersatz wird durch **Verwaltungsakt** geltend gemacht, der (nur) hinsichtlich der Höhe der Haftungsschuld hinreichend bestimmt im Sinne des § 33 SGB X
sein[46] und dem eine Anhörung gem. § 24 SGB X vorausgehen muss.[47] Ihm steht die
Erhebung der Leistungsklage gleich; dies ergibt sich aus § 103 Abs. 3 S. 3 SGB XII, der
die Leistungsklage als Mittel der Hemmung des Erlöschens ermöglicht.[48] Eine Festsetzung des Kostenersatzes **dem Grunde nach** ist unzulässig, da § 102 Abs. 1 S. 1 SGB XII
nur zum Ersatz „der Kosten der Sozialhilfe" verpflichtet. Gemeint sind damit die be-

---

40 BSG 23.3.2010 – B 8 SO 2/09 R, Rn. 27.
41 BSG 23.3.2010 – B 8 SO 2/09 R, Rn. 27.
42 Vgl. Klinge in: Hauck/Noftz SGB XII K § 102 Rn. 25.
43 BSG 23.3.2010 – B 8 SO 2/09 R, Rn. 28; LSG Nds-Brem 23.2.2017 – L 8 SO 282/13, Rn. 31 (Revision
   beim BSG anhängig unter dem Aktenzeichen B 8 SO 15/17 R); SG Berlin 15.12.2017 – S 195 SO 851/16,
   Rn. 22 (Hausgrundstück, das in der Person des Erben gem. § 12 Abs. 3 Nr. 4 SGB II geschützt ist). Vgl. auch
   Conradis in: LPK-SGB XII § 102 Rn. 4. Dagegen aber zu Unrecht BayLSG 23.2.2012 – L 8 SO 113/09,
   Rn. 60 ff.: kein „postmortales Schonvermögen"; LSG BW 22.12.2010 – L 2 SO 5548/08, Rn. 34,
   ZFSH/SGB 2011, 272; LSG BW 19.10.2016 – L 2 SO 4914/14, Rn. 41.
44 SG Frankfurt/Main 28.11.2008 – S 36 SO 212/05, Rn. 47 ff.: Einräumung eines weiteren Betrags in Höhe
   von 6.000 EUR wegen der Pflege der Erblasserin und des erheblichen Engagements bei der Realisierung des
   Schmerzensgeldanspruchs.
45 Vgl. dazu das Berechnungsbeispiel in SG Aachen 20.4.2012 – S 20 SO 190/11, Rn. 24 ff.
46 Vgl. BSG 23.3.2010 – B 8 SO 2/09 R, Rn. 11; 23.8.2013 – B 8 SO 7/12 R, Rn. 12.
47 Vgl. LSG BW 10.8.2017 – L 7 SO 2293/16, Rn. 34.
48 Vgl. Conradis in: LPK-SGB XII Vor § 102 Rn. 11; dagegen Bieback in: Grube/Wahrendorf SGB XII § 102
   Rn. 44, der eine Leistungsklage wegen der Möglichkeit der Geltendmachung durch Verwaltungsakt für unzulässig hält.

stimmten Kosten der Sozialhilfe.[49] Sind **mehrere Erben** vorhanden, die als Gesamtschuldner haften, kann der Leistungsträger jeden Erben in voller Höhe in Anspruch nehmen, wenn kein Privilegierungstatbestand in der Person eines Erben vorliegt.[50] Allerdings hat er **Ermessen** auszuüben, welchen Erben er in welcher Höhe in Anspruch nimmt, wobei er eine erfolgte Verteilung des Erbes, einen eventuellen Verbrauch des ererbten Vermögens, die Anzahl der Erben, den Wert des Nachlasses, die Höhe des Kostenersatzanspruch, die Relation der beiden Werte zueinander und die Erbquote zu berücksichtigen hat;[51] den entsprechenden Sachverhalt hat er von Amts wegen zu ermitteln.[52] Eine Beiladung der übrigen Erben gem. § 75 Abs. 2 1. Fall SGG ist nicht erforderlich, da die Ersatzpflicht nicht einheitlich, sondern nur gesondert bei jedem einzelnen Erben festgestellt werden kann.[53]

23 Widerspruch und Anfechtungsklage gegen den Leistungsbescheid haben gem. § 86 a Abs. 1 SGG aufschiebende Wirkung. Der Träger der Sozialhilfe kann gem. § 86 a Abs. 2 Nr. 5 SGG bei Bestehen eines genügenden öffentlichen Interesses an der sofortigen Vollziehung die sofortige Vollziehung des Leistungsbescheids anordnen.[54] Ist der Verwaltungsakt bereits rechtskräftig geworden, ist die Überprüfung gem. § 44 SGB X statthaft; dabei kann ua auch überprüft werden, ob der Anspruch bereits erloschen war selbst dann, wenn der Erbe die Zahlungen schon geleistet hatte.[55]

C. Praktische Bedeutung

24 Die praktische Bedeutung des § 102 SGB XII ist hoch, da insbesondere in der **Hilfe zur Pflege** hohe Kosten entstehen können und die Hilfe häufig bis zum Tod der leistungsberechtigten Person geleistet wird. Aus diesem Grund erfahren Sozialleistungsträger schnell vom Tod der leistungsberechtigten Person und können entsprechend schnell einen Kostenersatz geltend machen. Der Anwendungsbereich wird umso größer, je mehr Vermögen die leistungsberechtigten Personen zu Lebzeiten behalten dürfen.

---

49 Für die Statthaftigkeit einer Festsetzung dem Grunde nach Conradis in: LPK-SGB XII Vor § 102 Rn. 12 und Bieback in: Grube/Wahrendorf SGB XII § 102 Rn. 46, die allerdings auch darauf hinweisen, dass dadurch keine Hemmung des Anspruchs eintritt.
50 BSG 23.8.2013 – B 8 SO 7/12 R, Rn. 20.
51 BSG 23.8.2013 – B 8 SO 7/12 R, Rn. 22 ff. Vgl. auch Bieback in: Grube/Wahrendorf SGB XII § 102 Rn. 35 mwN, wonach bei der Inanspruchnahme der Miterben Besonderheiten gelten können, wenn sie die Voraussetzungen für Freibeträge nach § 102 Abs. 3 Nr. 2, Nr. 3 SGB XII erfüllen. Dies soll nicht gelten, wenn jeder Erbe in der Höhe seines Erbanteils in Anspruch genommen wird, LSG RhPf 19.3.2015 – L 5 SO 185/14Rn. 17 f., ZFSH/SGB 2015, 394.
52 BSG 23.8.2013 – B 8 SO 7/12 R, Rn. 25.
53 BSG 23.8.2013 – B 8 SO 7/12 R, Rn. 10.
54 Vgl. dazu Bieback in: Grube/Wahrendorf SGB XII, 5. Aufl., § 102 Rn. 48.
55 Vgl. SG Augsburg 8.5.2014 – S 15 SO 74/13.

Kapitel 43: Erstattungsansprüche zwischen den Leistungsträgern

Literaturhinweise: Bieritz-Harder/Conradis/Thie (Hrsg.), Sozialgesetzbuch XII, Sozialhilfe, Lehr- und Praxiskommentar, 11. Auflage 2018; Deutscher Verein für öffentliche und private Fürsorge, Probleme bei der Gewährung von Zuwendungen im sozialen Bereich und Überlegungen zu ihrer Verbesserung, NDV 1986, 337 ff.; ders., Gutachten vom 13. August 1992 – G 79/92, in: NDV 1992, 337; ders., Vorschlag des Deutschen Vereins zur Neuregelung der Verjährung von Ansprüchen auf Kostenerstattung im BSHG und SGB VIII, NDV 2002, 7 f.; ders., Empfehlungen des Deutschen Vereins zu Hilfeleistungen an von häuslicher Gewalt betroffene Frauen und ihre Kinder insbesondere im Rechtskreis des SGB II, NDV 2008, 365 ff.; ders., Gutachten vom 10. Juni 2009 – G 8/08 – in: NDV 2009, 328 f.; ders., Diskussionspapier des Deutschen Vereins zur Finanzierung von Frauenhäusern, NDV 2010, 369 ff.; Eichhoff, Kostenerstattung in: Deutscher Verein, Fachlexikon, 8. Auflage 2017, S. 526 f.; Erlenkämper/Fichte, Sozialrecht, 5. Auflage 2003; Fichtner/Wenzel, SGB XII – Sozialhilfe mit AsylbLG, 4. Auflage 2009; Mergler/Zink, Handbuch der Grundsicherung und Sozialhilfe, Teil II Sozialhilfe und AsylbLG; Ministerium für Arbeit, Gesundheit und Soziales des Landes Nordrhein-Westfalen (MAGS), Umsetzung des Zweiten Buches Sozialgesetzbuch (SGB II) – Regelung zur Kostenerstattung nach § 36 a SGB II, Erlass vom 7.7.2009 – II B 4–3761; Ministerium für Arbeit, Integration und Soziales des Landes Nordrhein-Westfalen (MAIS), Umsetzung des Zweiten Buches Sozialgesetzbuch (SGB II) – Kostenerstattung nach § 36 a SGB II, Erlass vom 20.4.2012 – II B 4–3761; Schellhorn, W., Expertengespräch „Sozialgesetzbuch", Zweites Referat, S. 77; Schellhorn, W. in: von Maydell/Ruland/Becker (Hrsg.), Sozialrechtshandbuch, 4. Auflage 2008, Zusammenarbeit der Leistungsträger, S. 333, 345 ff.; Schellhorn/Hohm/Schneider, Kommentar zum SGB XII, 19. Auflage 2015; Schuler-Harms/Wieland, Der Rechtsanspruch auf Schutz und Hilfe für von Gewalt betroffene Frauen und deren Kinder, Rechtsgutachten vom 4.6.2012, Hrsg. Der Paritätische Gesamtverband 2012; Zeitler, Ist das Schiedsverfahren nach der Fürsorgerechtsvereinbarung noch zeitgerecht? NDV 1991, 329; ders., Änderungen des Rechts der Sozialhilfe zur örtlichen Zuständigkeit, Kostenerstattung und zum schiedsrichterlichen Verfahren, NDV 1993, 289; ders., Kostenerstattung zwischen den Trägern der Sozialhilfe, NDV 1998, 104 f.

Rechtsgrundlagen:
SGB I § 37
SGB II §§ 6, 6 a, 7, 15, 16, 24, 36 a
SGB VIII §§ 19, 41 f., 86 a bis 86 c, 89 bis 89 f
SGB X 102 bis 114
SGB XII §§ 9, 18, 35, 74, 97 bis 99, 106 bis 114
AG-SGB XII
FGO § 33
SGG § 51
VwGO § 40

Orientierungssätze:

1. Kostenerstattungstatbestände führen einen Belastungsausgleich zwischen dem für die Leistungserbringung zuständigen Träger und dem herbei, der endgültig mit den Kosten belastet werden soll.

2. Um jedem berechtigten Bürger den Zugang zu den ihm zustehenden Sozialleistungen in zeitgemäßer Weise, umfassend und schnell zu ermöglichen, hat der Gesetzgeber vorläufige Leistungspflichten eingeführt. Der für die Kostentragung zuständige Leistungsträger ist in diesen Fällen verpflichtet, dem vorläufig Leistenden die dadurch entstehenden Kosten zu erstatten.

3. Nur rechtmäßig erbrachte Leistungen sind zu erstatten.

4. Kostenerstattungsansprüche bestehen nur personenbezogen, nicht um die Gesamtkosten einer Hilfeeinrichtung zu finanzieren.

5. Die erbrachte Sozialleistung muss auf die gleichartige Befriedigung ein und derselben Bedarfssituation mit der Sozialleistung des erstattungspflichtigen Trägers abzielen und sich zeitlich mit ihr überlagern. Auch muss die Person, die die Leistung erhalten hat, mit der identisch sein, für die die Kosten erstattet werden, wenn auch eine Vielzahl von Einzelregelungen familienbezogene Ausnahmen vorsehen.

6. Mit den Erstattungsansprüchen der Leistungsträger untereinander nach dem SGB X wurde ein geschlossenes System der Erstattungsansprüche geschaffen, mit vier Grundtypen, und zwar des vorläufig leistenden, des nachrangig verpflichteten, des unzuständigen und des Leistungsträgers, dessen Leistungspflicht nachträglich entfallen ist. Zusätzlich werden insbesondere die Rangfolge bei mehreren Erstattungsberechtigten, das Verhältnis von Erstattungsanspruch und Sozialleistungsanspruch, die Rückerstattungspflicht und Nebenansprüche geregelt.

7. Die Regelungen des SGB X, insbesondere über die Erstattungstypen hinausgehende zusätzliche Regelungen, sind in den anderen Büchern des SGB anzuwenden, wenn bei ihnen nichts Abweichendes festgelegt ist.

8. In der Grundsicherung für Arbeitsuchende (SGB II) findet sich lediglich ein Kostenerstattungsanspruch bei Aufenthalt im Frauenhaus. Mit ihm wird die Kostenbelastung von dem die Leistung erbringenden Träger auf den des gewöhnlichen Aufenthaltes vor der Aufnahme verlagert.

9. In der Kinder- und Jugendhilfe (SGB VIII) finden sich etliche Erstattungsansprüche, die einen Ausgleich für die Zuständigkeit nach dem tatsächlichen Aufenthalt zulasten des Trägers des (vorherigen) gewöhnlichen Aufenthaltes sicherstellt, und zwar bei der Inanspruchnahme von Leistungen in Einrichtungen oder weiterer Hilfen.

10. In der Sozialhilfe (SGB XII) findet ein Ausgleich durch Kostenerstattung bei Aufenthalt in einer stationären Einrichtung wie auch zum Vollzug richterlich angeordneter Freiheitsentziehung, bei der Unterbringung von Kindern und Jugendlichen in einer anderen Familie und bei Einreise aus dem Ausland ohne gewöhnlichen Aufenthalt und ohne Geburtsbeziehung im Inland statt.

A. Allgemeines

I. Entwicklung von der Fürsorge über die Sozialhilfe zu den Erstattungsansprüchen der Leistungsträger im Sozialgesetzbuch heute

In der **Geschichte der Fürsorge**[1] und der Sozialhilfe (ab 1962) hat der Gesetzgeber im- **1** mer wieder Regelungen erlassen, die einerseits die Zuständigkeit (s. Kapitel 50) für die Leistungserbringung sinnvoll regeln, andererseits eine **gerechte Kostenbelastung** bewirken sollten. Wurde dies durch Zuständigkeitsregelungen nicht erreicht, sind **Kostenerstattung**statbestände geschaffen worden. Diese folgten den sich wandelnden gesetzgeberischen Vorstellungen: So löste zB die „Abschiebung" eines Fürsorgeempfängers die Kostenerstattungspflicht aus,[2] die im BSHG ab 1962 als „pflichtwidrige Handlung" fortgesetzt wurde, um ab 1994 nun allerdings verschuldensunabhängig bei Umzug[3] weiterzubestehen, bis sie 2005 mit dem Inkrafttreten des SGB XII aufgegeben wurde.[4] Der Verzicht auf weitere Kostenerstattungstatbestände in der Sozialhilfe wurde erkauft durch differenziertere und damit unübersichtlichere Zuständigkeitsregelungen (→ Kap. 50 Rn. 10 ff., 25 ff.).[5]

In vorkonstitutioneller Zeit waren Kostenerstattungsstreitigkeiten nicht den Gerichten **2** übertragen, sondern wurden in Schiedsverfahren entschieden.[6] Mit der Fürsorgerechts-

---

1 Eichhoff, Kostenerstattung in: Deutscher Verein, Fachlexikon, S. 526 f.
2 So schon im Wesentlichen § 17 der Reichsfürsorgepflichtverordnung von 1924.
3 Mit einer zeitlichen Begrenzung auf 2 Jahre nach dem Umzug; dies führte zu einer erheblichen Ausweitung der Kostenerstattungsfälle.
4 Weil dafür im Hinblick auf den in der Hilfe zum Lebensunterhalt verbleibenden Personenkreis der Nichterwerbsfähigen keine Notwendigkeit mehr gesehen wurde, so die BT-Drs. 15/1514, 68, aber auch um die Kostenerstattungsfälle deutlich zu reduzieren, BT-Drs. 15/1514, 53.
5 Siehe Schoch in: LPK-SGB XII § 9 Rn. 1 ff., § 97 Rn. 1 ff.
6 Durch das Bundesamt für Heimatwesen in Berlin, das seit 1871 tätig war und 1939 aufgelöst wurde; dazu Zeitler, NDV 1991, 329; mit einem geschichtlichen Rückblick sowie den Vor- und Nachteilen des Schiedsverfahrens.

vereinbarung[7] wurde dieses Verfahren in der Bundesrepublik Deutschland fortgesetzt, ab 1962 auf Streitigkeiten zwischen Trägern der Sozialhilfe (und auch der Jugendhilfe) angewandt. Wenn dadurch auch der Rechtsweg zu den Verwaltungsgerichten nicht ausgeschlossen war,[8] so verpflichteten sich die Partner der Fürsorgerechtsvereinbarung doch, ihre Erstattungsstreitverfahren ausschließlich über dieses **Schiedsverfahren** abzuwickeln. Nach der Wiedervereinigung sind die neuen Bundesländer der Fürsorgerechtsvereinbarung nicht beigetreten und zunehmend mehr Sozialhilfeträger der alten Bundesländer ausgetreten, so dass die Verwaltungsgerichte zuständig wurden. Seit 2005 sind die **Sozialgerichte zuständig** (§ 114 SGB X mit Ausnahmen, → Rn. 48).

3 Mit dem 1983 eingefügten Dritten Kapitel des **SGB X**[9] wurde im Zweiten Abschnitt (§§ 102 ff. SGB X) durch die „Erstattungsansprüche der Leistungsträger untereinander" ein **geschlossenes System der Erstattungsansprüche** im Bereich der Sozialleistungsverwaltung[10] geschaffen, dessen Regelungen anzuwenden sind, soweit sich aus den übrigen Büchern nichts Abweichendes ergibt (§ 37 S. 1 SGB I).[11] Damit soll gesichert werden, dass der aufgrund des materiellen Sozialrechts verpflichtete Leistungsträger auch dann mit den Kosten der Sozialleistung belastet wird, wenn ein anderer Leistungsträger die Leistung bereits erbracht hat. Darüber hinaus dienen die Regelungen der Vereinfachung und Koordination der Zusammenarbeit.[12]

II. Begriffe: Erstattungsansprüche – Kostenerstattung – Kostenersatz

4 Die unterschiedlichen Formulierungen im Sozialverwaltungsverfahrensrecht im SGB X als „Regelungen zu Erstattungsansprüchen der Leistungsträger untereinander", zu denen im Sozialleistungsrecht des SGB II, VIII und XII als „Kostenerstattung" haben keine unterschiedlichen Inhalte: Geregelt werden finanzielle Ausgleichsverhältnisse der Sozialleistungsträger untereinander,[13] und zwar beschränkt auf Einzelfallhilfe. Die Kosten qualifizierter Fachberatungsstellen, zB in Einrichtungen für Wohnungslose, in Frauenhäusern[14] oder in besonderen Wohnformen für behinderte Menschen sind nicht erstattungsfähig, wenn sie nicht einzelnen Personen zugeordnet werden.[15] Kostenersatz kommt nur dann in Betracht, wenn die Sozialleistungsträger vom Bürger rechtmäßig erbrachte Leistungen zurückfordern (s. Kapitel 41–42).

III. Kostenerstattung und Aufgabenzuständigkeit

5 Die für die Erbringung von Leistungen zuständigen Leistungsträger tragen grundsätzlich auch die Kosten.[16] Durch Kostenerstattungstatbestände werden Ausgleichsregelun-

---

7 Vom 18.9.1947, geändert am 3.9.1949, letzte Fassung vom 26.5.1965.
8 Wenn Antragsgegner bei Anrufung des Verwaltungsgerichts den Einwand der Schiedsvereinbarung nach § 1027 a ZPO nicht erhoben oder wenn beim zuständigen Verwaltungsgericht die Aufhebung eines von der Spruchstelle erlassenen Schiedsspruchs nach § 1041 ZPO beantragt wurde.
9 Artikel I des Gesetzes Sozialgesetzbuch (SGB), BGBl. I, 1450.
10 Die auch in anderen Regelungsbereichen für anwendbar erklärt werden, vgl. für das Kindergeld § 74 Abs. 2 EStG.
11 Dem folgt die Darstellung hier mit den Kostenerstattungsansprüchen des SGB II, VIII, XII, nach denen die §§ 102 ff. SGB X.
12 Böttiger in: LPK-SGB X Vor §§ 102–114 Rn. 6.
13 Anders in der Gesetzlichen Krankenversicherung: § 13 SGB V sieht eine Kostenerstattung an die Versicherten anstelle von Sach- und Dienstleistungen vor; dazu Erlenkämper/Fichte, S. 315.
14 Deutsche Verein NDV 2008, 365 ff.; derselbe 2010, 369, 370 f.; Schoch in: LPK-SGB XII Vor §§ 106 ff. Rn. 2 f.
15 Deutscher Verein NDV 1986, 337, 341; soll die Schaffung oder der Betrieb von Einrichtungen gefördert werden, kommen andere Finanzausgleiche wie Subventionen oder Zuwendungen in Betracht.
16 Unbeschadet von Finanzausgleichen zwischen Bund und Ländern oder anderer Kompensationsregelungen, wie zB die Übernahme der in kommunaler Zuständigkeit erbrachten Kosten der Grundsicherung im Alter und bei Erwerbsminderung (Viertes Kapitel SGB XII) durch den Bund.

gen dafür geschaffen, dass ein Leistungsträger für die Leistungserbringung zuständig ist, der jedoch nicht endgültig mit der Kostentragung belastet werden soll. Dabei sind zwei unterschiedliche Ansätze erkennbar, um einen Kosten- und damit **Belastungsausgleich** herzustellen, und zwar **zwischen** dem

■ **zuständigen Leistungsträger und dem, der die Kosten endgültig tragen** soll (s. für das SGB II → Rn. 49 ff., für das SGB VIII → Rn. 57 f. und für das SGB XII → Rn. 59 ff.) sowie

■ dem **materiell nicht zuständigen Leistungsträger und dem, der die Leistung** tatsächlich (in Eil-, Zweifels- oder Fällen der vorläufigen Leistungspflicht; → Kap. 51 Rn. 4 ff., 20 ff., 32 ff., 47 ff., 53 ff.) **erbracht hat,**

wobei auch beide Gründe nebeneinander zutreffen können.

Die Kompliziertheit des Sozialrechts und das Nebeneinander einer Vielzahl von Leistungsträgern, die zur Erbringung der unterschiedlichsten Leistungen verpflichtet sind, führt dazu, dass Leistungsberechtigte nicht ohne Weiteres erkennen können, wer für die Erfüllung des Anspruchs zuständig ist (s. Kapitel 53). Das Sozialgesetzbuch enthält deshalb Regelungen, um eine rechtzeitige und **wirksame Hilfe bürgernah sicherzustellen**[17] und den Berechtigten den Zugang zu den ihnen zustehenden Leistungen in zeitgemäßer Weise, umfassend und schnell zu ermöglichen.[18] Zum Ausgleich der komplizierten Zuständigkeitsregelungen bestehen Leistungspflichten, um **in Eil- wie in Zweifelsfällen schnell Hilfe** zu leisten. Dadurch fallen bei einem materiell unzuständigen Leistungsträger die Kosten der Leistungserbringung an, die durch **Erstattungsregelungen** dem für die Aufgabe Zuständigen zur endgültigen Kostentragung aufgebürdet werden. Die Erstattungspflicht begründet bzw. verlagert keine Aufgabenzuständigkeit. **6**

Obwohl die Kostenerstattung nur das Verhältnis der Leistungsträger untereinander regelt, hat sie auch eine **Schutzfunktion** für Leistungsberechtigte. Der materiell nicht zuständige Leistungsträger (s. dazu insbesondere §§ 102 ff. SGB X, → Rn. 19 ff.) erbringt Leistungen, um sicherzustellen, dass der Berechtigte die notwendigen, ihm zustehenden Leistungen erhält. Der in Eil- wie in Zweifelsfällen wie auch bei Hilfen in Einrichtungen[19] zuständige Träger wird eher bereit sein, Leistungen zu erbringen und Hilfeeinrichtungen zu schaffen, wenn ihm die aufgewendeten Kosten erstattet werden (dazu → Kap. 50 Rn. 29, 32 ff.). **7**

Der Preis für eine als gerecht empfundene, durch Erstattungsansprüche zu realisierende Kostenzuordnung besteht in zusätzlichem, teilweise **hohem Verwaltungsaufwand**: Neben die Feststellung des Leistungsanspruches des Bürgers tritt die Prüfung und Durchsetzung des Erstattungsanspruchs eines Leistungsträgers gegen einen anderen.[20] **8**

---

17 So sind zB nach § 16 Abs. 1 S. 2 SGB I Anträge auch von nicht zuständigen Leistungsträgern entgegenzunehmen. Sie sind unverzüglich an den zuständigen Leistungsträger weiterzuleiten und gelten als zu dem Zeitpunkt gestellt, in dem der Antrag bei der unzuständigen Stelle gestellt wird.
18 So die vom Gesetzgeber durch § 17 Abs. 1 Nr. 1 SGB I den Leistungsträgern auferlegte Verpflichtung.
19 ZB in einem Frauenhaus (→ Rn. 49 ff.) oder in Alten- und Pflegeheimen (→ Rn. 62 ff.).
20 Und kann in der Praxis dazu führen, dass die knappen Ressourcen für die Durchsetzung von Kostenerstattungsansprüchen eingesetzt werden, wodurch die Möglichkeit der Leistungserbringung an die Bürger tangiert wird.

IV. Zu erstattende Kosten

9 Nur rechtmäßig erbrachte Leistungen werden erstattet.[21] Das gilt auch für Ermessensleistungen. Jede Rechtswidrigkeit der Leistung schließt den Kostenerstattungsanspruch aus, nicht erst Vorsatz oder grobe Fahrlässigkeit.[22] Eine zum Nachteil des Berechtigten unzureichende Leistung gefährdet deshalb den Erstattungsanspruch, wenn sie nicht den Mindestanforderungen der Bedarfsdeckung entspricht, nicht dagegen eine dem Bedarf entsprechende rechtmäßige Hilfe.[23]

10 Der Umfang des Erstattungsanspruches folgt den Regelungen

- des die Leistung erbringenden Trägers
   1. bei vorläufigen Sozialleistungen („nach den für vorleistenden Leistungsträger geltenden Rechtsvorschriften", § 102 Abs. 2 SGB X),
   2. für die Zeit des Aufenthaltes im Frauenhaus (die dort entstehenden Kosten, § 36 a letzter Hs. SGB II),
   3. in der zur Zeit des Tätigwerdens des örtlichen Trägers der Jugendhilfe (die von ihm angewandten Grundsätze, § 89 f Abs. 1 S. 2 SGB VIII),
   4. für die Leistung der Sozialhilfe (die am Aufenthaltsort der Leistungsberechtigten zur Zeit der Leistungserbringung bestehenden Grundsätze, § 110 SGB X).
- des erstattungspflichtigen Leistungsträgers
   1. dessen Verpflichtung nachträglich entfallen ist (§ 103 Abs. 2 SGB X),
   2. bei vorrangig erbrachten Leistungen (§ 104 Abs. 3 SGB X),
   3. bei Leistungen des unzuständigen Trägers (§ 105 Abs. 2 SGB X).

Die Erstattung nach den für die Leistung erbringenden Träger geltenden Regelungen dient dem Zweck, den erstattungsberechtigten Trägern alle erbrachten Leistungen zu erstatten,[24] sie also nicht mit einem finanziellen Nachteil zu belasten.[25] Auch sollen ungeklärte Zuständigkeiten und Kompetenzkonflikte als Folge des gegliederten Sozialleistungssystems (→ Rn. 6 f.) nicht auf Kosten des Leistungsberechtigten zu Verzögerung oder Leistungsverringerung führen.

11 Zu erstatten sind die **Nettoaufwendungen**. Der kostenerstattungsberechtigte (leistende) Träger hat die Interessen des Kostenerstattungspflichtigen dadurch zu wahren,[26] dass er die **Sorgfalt** aufwendet, die er in **eigenen Angelegenheiten** aufwendet, um die Kosten gering zu halten. Dazu gehört auch, dass er zustehende Ersatzleistungen einzieht. Gehen nach der Kostenerstattung noch Ersatzleistungen bei dem Träger ein, der die Leistungen an die Berechtigten erbracht hat, so stehen diese dem Träger zu, der bereits Kostenerstattung geleistet hat, die ihm zurückzuerstatten sind (→ Rn. 45).

12 Auch bei **darlehensweise** geleisteter Hilfe kommt Kostenerstattung in Betracht. Der Träger, der die Hilfe ursprünglich erbracht hat, muss den Rückzahlungsanspruch verfolgen und eingehende Beträge dem Träger zurückerstatten, der Kostenerstattung geleistet hat.

---

21 Siehe §§ 102, 103, 105, jeweils Abs. 2 und § 104 Abs. 3 SGB X; in der Sozialhilfe sind die aufgewendeten Kosten zu erstatten, soweit die Leistung nach § 110 Abs. 1 dem SGB XII entspricht, so auch in der Kinder- und Jugendhilfe § 89 f. SGB VIII; das gilt auch für den Erstattungsanspruch bei Aufenthalt im Frauenhaus nach dem SGB II, wenn es auch dort nicht expressis verbis geregelt ist, siehe Schoch in: LPK-SGB II § 36 a Rn. 10; Ausnahme in → Rn. 89.
22 Anders bei der abweichenden Durchführung nach § 99 iVm länderrechtlicher Bestimmung, → Rn. 88 f.
23 Schoch in: LPK-SGB II § 36 a Rn. 10; derselbe in: LPK-SGB XII § 110 Rn. 5 ff.
24 BT-Drs. 9/95, 24.
25 BSG 8.9.2009 – B 1 KR 9/09 R, Rn. 18 bezogen auf den Anspruch des vorläufig leistenden Leistungsträgers nach § 102 SGB X.
26 Interessenwahrungsgrundsatz, Schellhorn, W. in: Schellhorn/Hohm/Schneider § 110 Rn. 7; Rabe in: Fichtner/Wenzel § 110 Rn. 5; Steimer in: Mergler/Zink § 110 Rn. 14 ff.

V. Sachliche, zeitliche, persönliche Kongruenz

Ein Erstattungsanspruch besteht nur dann, wenn die erbrachte Sozialleistung auf die **13**
gleichartige Befriedigung ein und derselben Bedarfssituation mit der Sozialleistung des
erstattungspflichtigen Trägers abzielt (**sachliche Kongruenz**), sich zeitlich mit ihr überlagert (**zeitliche Kongruenz**) und grundsätzlich Personenidentität (**persönliche Kongruenz**)
besteht.[27]

Die **sachliche Kongruenz** der Befriedigung derselben Bedarfssituation beider Sozialleis- **14**
tungen, verlangt nicht die Einheit des Leistungsgrundes.[28] Wenn allerdings eine Leistung zu einem ausdrücklich genannten Zweck erbracht wird und die vorrangige einem anderen Zweck dient, so sind diese Leistungen nicht als Einkommen zu berücksichtigen.[29] Bei Lebensunterhaltsleistungen reicht es, wenn die erbrachte Leistung in irgendeiner Art dem Lebensunterhalt dient,[30] allerdings nicht im Verhältnis von Sach- und
Dienstleistungen zu Geldleistungen.[31] Bei erziehungsbedingten Aufwendungen der Kinder- und Jugendhilfe (SGB VIII) besteht keine sachliche Kongruenz zwischen den Erziehungsleistungen und den Lebensunterhaltsleistungen.[32]

Zeitliche Kongruenz (Zeitraumidentität)[33] besteht, wenn die erbrachte Leistung sich **15**
zeitlich mit der überschneidet, die der Erstattungsberechtigte hätte erbringen müssen.
Dabei kommt es nicht auf die Auszahlung an, sondern auf die zeitgleiche Bestimmung.

Grundsätzlich muss Personenidentität bestehen, also der Leistungsempfänger der ur- **16**
sprünglichen Sozialleistung muss identisch sein mit der Person des hinzutretenden Leistungsanspruchs (**persönliche Kongruenz**).[34] Nur durch den Bezug auf einzelne Leistungsberechtigte können Mehrfachleistungen verhindert werden.[35] Die Regelung des
§ 104 Abs. 2 SGB X (→ Rn. 27) ebenso wie die des § 34 b SGB II (→ Rn. 56) und § 114
SGB XII (→ Rn. 91) enthalten Ausnahmeregelungen.

B. Erstattungsansprüche der Leistungsträger untereinander (§§ 102 ff. SGB X)

I. Überblick

Mit den Erstattungsansprüchen der Leistungsträger untereinander (§§ 102 ff. SGB X) **17**
wurde ein geschlossenes System der Erstattungsansprüche geschaffen. Die Regelungen
sind anzuwenden, soweit sich aus den übrigen Büchern nichts Abweichendes ergibt (→
Rn. 3). Damit wird der **aufgrund des materiellen Sozialrechts verpflichtete Leistungsträger** dann **mit den Kosten** der Sozialleistung belastet, wenn ein anderer Leistungsträger
die Leistung bereits erbracht hat.

Im SGB X finden sich **vier Grundtypen** der Erstattungsansprüche, und zwar des **18**

■ vorläufig leistenden Leistungsträgers (§ 102 SGB X),

■ Leistungsträgers, dessen Leistungsverpflichtung nachträglich entfallen ist
(§ 103 SGB X),

---

27 Siehe Böttiger in: LPK-SGB X § 102 Rn. 30 ff.; § 103 Rn. 22 ff.; § 104 Rn. 15 ff.
28 BSG 18.12.1986 – 4 a R 1/86, FEVS 36, 303; BSG 14.11.1984 – 1/4 RJ 57/84, BSGE 57, 218.
29 Siehe zur Sozialhilfe § 83 Abs. 1 SGB XII und zur Grundsicherung für Arbeitsuchende § 11 a Abs. 3 SGB II.
30 Wie die Rente aus der Rentenversicherung, so BSG 18.12.1986 – 4 a R 1/86, FEVS 36, 303.
31 BSG 14.11.1984 – 1/4 RJ 57/84, BSGE 57, 218.
32 Böttiger in: LPK-SGB X § 104 Rn. 16.
33 BSG 18.12.1986 – 4 a R 1/86, FEVS 36, 303.
34 BSG 8.8.1990 – 11 AR 79/88, FEVS 41, 255.
35 Böttiger in: LPK-SGB X § 104 Rn. 20.

- nachrangig verpflichteten Leistungsträgers (§ 104 SGB X),
- unzuständigen Leistungsträgers (§ 105 SGB X).

19 Zusätzlich wird

- die **Rangfolge** bei mehreren Erstattungsberechtigten (§ 106 SGB X),
- das Verhältnis von **Erstattungsanspruch und Sozialleistungsanspruch** (§ 107 SGB X),
- **Nebenansprüche** (§§ 108 bis 110 SGB X),
- die **Durchsetzung der Ansprüche** (§§ 111, 113 SGB X),
- der **Rechtsweg** (§ 114 SGB X),
- die **Rückerstattungspflicht** von rechtswidrigen Erstattungen (§ 112 SGB X)

geregelt.

II. Die einzelnen Erstattungsansprüche

1. Vorläufig leistender Leistungsträger (§ 102 SGB X)

20 Hat ein Leistungsträger aufgrund gesetzlicher Vorschriften[36] vorläufig Sozialleistungen erbracht, **ist der zur Leistung verpflichte Leistungsträger erstattungspflichtig** (Abs. 1), und zwar in dem Umfang nach den für den vorleistenden Leistungsträger geltenden Rechtsvorschriften (Abs. 2, → Rn. 10). Besteht ein Anspruch auf Sozialleistungen und ist zwischen mehreren Leistungsträgern streitig, wer zur Leistung verpflichtet ist, kann (muss nach Antrag) der unter ihnen zuerst angegangene Leistungsträger vorläufig Leistungen erbringen, deren Umfang er nach pflichtgemäßem Ermessen bestimmt (§ 43 Abs. 1 Sätze 1, 2 Hs. 1 SGB I). Kein Erstattungsanspruch besteht dann, wenn Leistungen in der irrigen Annahme der eigenen (materiellen) Leistungspflicht erbracht werden.[37]

2. Leistungsträger, dessen Leistungsverpflichtung nachträglich entfallen ist (§ 103 SGB X)

21 Hat ein Leistungsträger Sozialleistungen erbracht und ist der Anspruch auf diese nachträglich ganz oder teilweise entfallen (zB Krankengeld nach dem SGB V, Grundsicherung für Arbeitsuchende nach dem SGB II), **ist der für die entsprechende Leistung zuständige Leistungsträger erstattungspflichtig**, soweit dieser nicht bereits selbst geleistet hat, bevor er von der Leistung des anderen Leistungsträgers Kenntnis erlangt hat (Abs. 1). Damit sind nicht Leistungen erfasst, die zu Unrecht erbracht wurden (dazu Kapitel 57 und bei Unzuständigkeit § 105, → Rn. 28 ff.).

22 Obwohl sich der **Umfang** des Erstattungsanspruchs nach den **für den zuständigen Träger geltenden Rechtsvorschriften** richtet (→ Rn. 10), gilt das gegenüber den Sozialhilfe- und den Jugendhilfeträgern und den Trägern der Kriegsopferfürsorge nur von dem Zeitpunkt an, von dem ihnen bekannt war, dass die Voraussetzungen für ihre Leistungspflicht vorlagen (Abs. 3), dh mit der Leistungserbringung sollen nur akute Notsituationen überbrückt werden.[38] Werden sie für zurückliegende Zeiträume erbracht, soll das nicht durch einen Anspruch auf Erstattung belohnt werden.

---

[36] Siehe § 43 Abs. 1; weitere gesetzliche Regelungen, die zu vorläufigen Leistungen ermächtigen, finden sich in §§ 23 SGB III, 139 SGB VII, 86 d SGB VIII, 32 SGB IX, 1735 RVO.
[37] Dann kommt ggf. einer der nachfolgenden Erstattungstatbestände in Betracht.
[38] BVerwG 19.6.1980 – 5 C 26/79, FEVS 28, 402.

3. Nachrangig verpflichteter Leistungsträger (§ 104 SGB X)

Hat ein nachrangig verpflichteter Leistungsträger Sozialleistungen erbracht, ohne dass **23** die Voraussetzungen von § 103 Abs. 1 SGB X vorliegen, ist der **Leistungsträger erstattungspflichtig, gegen den der Berechtigte vorrangig einen Anspruch hat oder hatte**, soweit der Leistungsträger nicht bereits selbst geleistet hat, bevor er von der Leistung des anderen Leistungsträgers Kenntnis erlangt hat (Abs. 1 S. 1).[39] Der Erstattungsanspruch kommt in Betracht bei Ansprüchen des Berechtigten gegen Rentenversicherungs-, Krankenversicherungsträger, Wohngeldkassen usw, und zwar dann, wenn der nachrangig verpflichtete Leistungsträger (zB der Sozialhilfeträger) die Leistung erbringt, weil sie nicht rechtzeitig von dem vorrangigen Träger erbracht wird.[40]

Hat der vorrangig verpflichtete Leistungsträger allerdings **keine Kenntnis über die Leis- 24 tung des nachrangig Verpflichteten und erfüllt den Anspruch** des Leistungsberechtigten, so besteht kein Erstattungsanspruch, da die Tatbestandsvoraussetzungen nicht erfüllt sind.[41] Leistet der vorrangige Leistungsträger, weil er zB aus organisatorischen Gründen die Leistungserbringung nicht mehr verhindern kann, ist er gleichwohl zur Erstattung verpflichtet.

Nachrangig verpflichtet ist ein Leistungsträger, soweit er bei rechtzeitiger Erfüllung der **25** Leistungsverpflichtung eines anderen Leistungsträgers selbst nicht zur Leistung verpflichtet gewesen wäre (Abs. 1 S. 2). Ein Erstattungsanspruch besteht jedoch nicht, soweit der nachrangig verpflichtete Leistungsträger seine **Leistungen auch bei der Leistung des vorrangig Verpflichteten hätte erbringen müssen** (Abs. 1 S. 3), wenn er also selbst bei rechtzeitiger Zahlung in gleicher Höhe hätte leisten müssen.[42]

Allerdings besteht ein **Erstattungsanspruch auch dann**, wenn von den Trägern der Sozi- **26** alhilfe, der Kriegsopferfürsorge und der Jugendhilfe **Aufwendungsersatz** geltend gemacht oder ein **Kostenbeitrag erhoben werden kann** (Abs. 1 S. 4).

Grundsätzlich muss der Leistungsempfänger und der Berechtigte des vorrangigen An- **27** spruchs dieselbe Person sein (→ Rn. 16: persönliche Kongruenz bzw. Personenidentität). Wenn jedoch von einem nachrangig verpflichteten Leistungsträger für einen Angehörigen Sozialleistungen erbracht worden sind und ein anderer mit Rücksicht auf diesen Angehörigen einen Anspruch auf Sozialleistungen, auch auf besonders bezeichnete Leistungsteile, gegenüber einem vorrangig verpflichteten Leistungsträger hat oder hatte (Abs. 2), besteht gleichwohl ein Erstattungsanspruch. Die Vorschrift **erweitert die Erstattungspflicht auf die Ansprüche eines Angehörigen** des Leistungsberechtigten, soweit deren Realisierung zu einer Verringerung der Leistung des vorrangigen Leistungsträgers geführt hätte (s. auch → Kap. 18 Rn. 18 f., 21 ff., 36 ff., 42 ff., 50 ff.). Die Regelung bezieht sich insbesondere auf Kindergeld und sonstige Leistungen der Familienhilfe, die erkennbar an die Tatsache des Vorhandenseins des Angehörigen, dem Sozialleistungen

---

39 Erstattungsansprüche zwischen institutionell gleichrangigen Sozialleistungsträgern richten sich grundsätzlich nach § 103, diejenigen zwischen verschiedenrangigen grundsätzlich nach § 104, siehe Erlenkämper/Fichte, S. 923 mwN.
40 Unterlässt es ein Sozialleistungsträger, den Erstattungsanspruch rechtzeitig geltend zu machen, kann er das nicht kompensieren, indem er im Hinblick auf die zugeflossene Nachzahlung durch den vorrangig verpflichteten Leistungsträger seinen Bewilligungsbescheid wegen unrechtmäßiger Leistung (hier der Sozialhilfe) rückwirkend zurücknimmt und die Leistung zurück fordert, so BVerwG 21.6.1979 – 5 C 47/78, E 58, 146.
41 Das hat zur Folge, dass doppelte Leistungen erbracht wurden.
42 BSG 28.7.1999 – B 9 VG 6/98 R, FEVS 51, 203, am Beispiel der Beschädigtengrundrente nach dem OEG, die – in entsprechender Anwendung der Regelung des BVG – nicht auf die (heute) nach dem SGB XII zu erbringende Hilfe zum Lebensunterhalt anzurechnen ist.

gewährt worden sind, anknüpfen, aber einem anderen Berechtigten (Eltern, Ehegatten) zustehen.[43]

4. Unzuständiger Leistungsträger (§ 105 SGB X)

28 Hat ein unzuständiger Leistungsträger Sozialleistungen erbracht, ohne dass die Voraussetzungen von § 102 Abs. 1 SGB X vorliegen, ist der **zuständige oder zuständig gewesene Leistungsträger erstattungspflichtig**, soweit dieser nicht bereits selbst geleistet hat, bevor er von der Leistung des anderen Leistungsträgers Kenntnis erhalten hat. § 104 Abs. 2 SGB X gilt entsprechend (→ Rn. 27).

29 Durch die Regelung sollen ungerechtfertigte Vermögensverschiebungen ausgeglichen und nachträglich der Zustand hergestellt werden, der bei ursprünglicher Leistungserbringung durch den zuständigen Träger vorgelegen hätte. Die Anwendung setzt die **endgültige Leistungserbringung durch** einen ursprünglich **unzuständigen Leistungsträger** voraus, während nach § 102 eine Leistung vorläufig erbracht wird. Die Regelung ist problematisch, da unrechtmäßiges Handeln eines Leistungsträgers durch den Erstattungsanspruchs auf einen anderen Leistungsträger abgewälzt wird,[44] aber gleichwohl sinnvoll, wenn die Leistung ausschließlich wegen des Verstoßes gegen Zuständigkeitsregeln, nicht aber materiellrechtlich rechtswidrig ist.

30 Der Erstattungsanspruch besteht gegenüber den **Sozialhilfe- und den Jugendhilfeträgern** (auch den Trägern der Kriegsopferfürsorge) nur **ab dem Zeitpunkt**, zu denen ihnen bekannt war, dass die Voraussetzungen für ihre Leistungspflicht vorlagen (Abs. 3, s. auch → Rn. 22).

III. Die Rangfolge bei mehreren Erstattungsberechtigten (§ 106 SGB X)

31 Treffen **mehrere Erstattungsansprüche** zusammen und reicht der zur Verfügung stehende Betrag zur Befriedigung aller Ansprüche nicht aus, sind sie **entsprechend der Nummernfolge der Erstattungsparagrafen zu befriedigen** (Abs. 1); die Regelung ist nur auf Erstattungsansprüche der §§ 102 bis 105 SGB X und nach den Vorschriften anzuwenden, die sie für anwendbar erklären.[45]

32 Treffen **ranggleiche Ansprüche** zusammen, sind diese **anteilsmäßig zu befriedigen** (Abs. 2 S. 1), dh der einzelne Erstattungsanspruch entsprechend seinem Anteil im Verhältnis zum Gesamtbetrag aller Ansprüche innerhalb derselben Rangposition.

33 Machen **mehrere Leistungsträger Ansprüche nach § 104 SGB X** geltend, ist zuerst derjenige zu befriedigen, der im Verhältnis der nachrangigen Leistungsträger untereinander einen Erstattungsanspruch nach § 104 SGB X hätte (Abs. 2 S. 2), dh hier ist auf die **Rangfolge der Leistungsverpflichtung der Träger untereinander** abzustellen, um das Vorrang-/Nachrangverhältnis der Leistungen der erstattungsberechtigten Träger untereinander herzustellen. Wer in dieser internen Reihenfolge die letzte Stelle einnimmt, also wessen Leistungen subsidiär ist, dh dessen Leistungen allen anderen beteiligten Leistungsträgern ist, wird zuerst befriedigt.[46] Danach sind die Ansprüche der Sozialhilfe (§ 2 Abs. 1 SGB XII) zuerst zu befriedigen. Leistungen für Erwerbsfähige nach dem SGB II gehen denen nach dem SGB XII vor (§ 5 Abs. 2 S. 1 SGB II), Sozialgeld ist nachrangig gegenüber Leistungen der Grundsicherung im Alter und bei Erwerbsminderung nach dem

---

43 Allerdings können laufende Geldleistungen bei Verletzung der Unterhaltspflicht in angemessener Höhe den Eltern oder Kindern des Leistungsberechtigten ausgezahlt werden, wenn er ihnen gegenüber seiner gesetzlichen Unterhaltspflicht nicht nachkommt, § 48 SGB I („Abzweigung").
44 Schellhorn NDV 1983, 77 (80).
45 Wie §§ 21 S. 3, 71 b BVG, § 12 USG; siehe Böttiger in: LPK-SGB X § 106 Rn. 2.
46 Böttiger in: LPK-SGB X § 106 Rn. 7.

Vierten Kapitel SGB XII (§ 19 Abs. 1 S. 2 SGB II). Leistungen der Kinder- und Jugend-hilfe (SGB VIII) gehen den Leistungen des SGB XII vor (Ausnahme § 10 Abs. 2 SGB VIII), anderen Leistungen gehen sie nach. Die Rangfolge ist monatlich durch Ge-genüberstellung der Erstattungsansprüche zu bestimmen (zeitliche Kongruenz bzw. Zeitraumidentität, → Rn. 15).

IV. Das Verhältnis des Erstattungsanspruchs zum Sozialleistungsanspruch (§ 107 SGB X)

Soweit ein **Erstattungsanspruch** besteht, **gilt der Anspruch des Berechtigten** gegen den **34** zur Leistung verpflichteten Leistungsträger **als erfüllt,** bei mehreren verpflichteten Leis-tungsträgern der Anspruch, den der Träger bestimmt, der die Sozialleistung erbracht hat (§ 107 SGB X). Die Erfüllungsfiktion verhindert die Doppelerfüllung des Anspru-ches, den der Berechtigte gegen den materiell verpflichteten Leistungsträger hat. Der Anspruch des Leistungsberechtigten gilt nur dann als erfüllt, wenn wegen der Erbrin-gung der Vorleistung ein Erstattungsanspruch entstanden ist. Es kommt nicht darauf an, ob er geltend gemacht (§ 111 SGB X) oder erfüllt wurde (etwa weil er unter der Ba-gatellgrenze, § 110 Sätze 2, 3, SGB X, liegt oder aus anderen Gründen). Wurde zu Un-recht erstattet, weil ein Erstattungsanspruch nicht bestand, tritt die Erfüllungsfiktion nicht ein.

V. Nebenansprüche (§§ 108 bis 110 SGB X)

Neben den unter → Rn. 31 ff. angeführten Erstattungsansprüchen finden sich **Nebenan-** **35** **sprüche** (in §§ 108 bis 110 SGB X), die nicht nur bei den vorstehenden Erstattungsfäl-len der §§ 102 ff. entstehen können, sondern **auch bei** Erstattungsansprüchen in **ande-ren Büchern** des SGB, soweit sich aus ihnen nichts Abweichendes ergibt (→ Rn. 3).

1. Erstattung in Geld, Verzinsung (§ 108 SGB X)

Sach- und Dienstleistungen sind **in Geld** zu erstatten (Abs. 1), ohne die Erstattungsan- **36** sprüche inhaltlich zu erweitern. Die Höhe des Erstattungsbetrages richtet sich nach den Kosten, die dem Leistungträger bei der konkreten Zurverfügungstellung der Sachleis-tung entstanden sind und bei Dienstleistungen, die für eine derartige Tätigkeit gewöhn-lich zu bezahlen bzw. angemessen sind.[47]

Ein Erstattungsanspruch der Träger der Sozialhilfe,[48] der Kriegsopferfürsorge und der **37** Jugendhilfe ist von anderen Leistungsträgern
1. für die Dauer des Erstattungszeitraumes und
2. für den Zeitraum nach Ablauf des Kalendermonats des vollständigen, den gesamten Erstattungszeitraum umfassenden Erstattungsbetrages beim zuständigen Erstat-tungspflichtigen bis zum Ablauf des Kalendermonats vor der Zahlung

auf Antrag mit **4 % zu verzinsen** (Abs. 2 S. 1).[49]

Die Nrn. 1 und 2 stellen auf verschiedene Verzinsungszeiträume ab; dadurch ergeben **38** sich zwei unabhängige Verzinsungsmöglichkeiten:

- Nach **Nr. 1** umfasst er den der **Erbringung der Sozialleistung an den Berechtigten;** die Verzinsung **beginnt** allerdings frühestens **nach** dem Ablauf von sechs Kalender-

---

47 Böttiger in: LPK-SGB X § 108 Rn. 6 mwN.
48 Auf die Erstattungsansprüche von SGB II-Trägern (→ Rn. 49 ff.) kann die Regelung analog angewandt wer-den, Böttiger in: LPK-SGB X § 108 Rn. 7 mwN.
49 § 44 Abs. 1 und 2 SGB I ist nicht anwendbar, da Erstattungsansprüche zwischen den Sozialleistungsträgern keine Sozialleistungen sind, BSG 2.2.2010 – B 8 SO 22/08 R, Rn. 8.

monaten seit **Eingang des vollständigen Leistungsantrages** beim zuständigen Leistungsträger durch den Leistungsberechtigten; beim Fehlen eines Antrages nach Ablauf eines Monats nach Bekanntgabe der Entscheidung gegenüber dem Leistungsberechtigten (Abs. 2 S. 2). Berechnungsgrundlage für die monatlich zu ermittelnden Zinsbeträge ist die Summe der vor dem einzelnen Zinszeitraum angefallenen Einzelbeträge.[50]

■ Nach **Nr. 2** beginnt die Verzinsung mit dem Ablauf des Kalendermonats nach **Eingang** des vollständigen **Erstattungsantrages** beim **Erstattungsverpflichteten** und endet mit Ablauf des Kalendermonats der Zahlung. Berechnungsgrundlage ist hier der Gesamterstattungsanspruch.

39 **Beispiel:** **Nr. 1:** Erbringung von Sozialhilfe nach dem Vierten Kapitel SGB XII (Grundsicherung im Alter und bei Erwerbsminderung). Der Antrag mit den vollständigen Antragsunterlagen liegt am 1.3. vor, der Verzinsungszeitraum beginnt am 1.10. für die Zeit vom 1.3. bis 31.3. **Nr. 2:** Eingang des vollständigen Erstattungsantrages des Sozialhilfeträgers beim Rentenversicherungsträger am 2.11. Verzinsungszeitraum ab 1.12. Ergebnis: Ab dem 1.12. besteht ein Anspruch auf Verzinsung.[51]

40 **Prozesszinsen** können nicht verlangt werden, da eine dazu ermächtigende ausdrückliche sozialrechtliche Anspruchsgrundlage fehlt.[52]

2. Verwaltungskosten und Auslagen (§ 109 SGB X)

41 **Verwaltungskosten** sind **nicht zu erstatten, Auslagen auf Anforderung**, wenn sie im Einzelfall 200 EUR übersteigen (§ 109 S. 1 SGB X). Zu den Verwaltungskosten zählen alle Aufwendungen, Sach- und Personalkosten, zu den Auslagen die Kosten, die zur Durchführung der Leistung darüber hinaus aufgewendet wurden, insbesondere Gutachterkosten, Telefongebühren, Reisekosten, Porto, Gebühren, die in einem engen sachlichen und zeitlichen Zusammenhang mit der Leistungserbringung gestanden haben.

3. Pauschalierung, Bagatellgrenze (§ 110 SGB X)[53]

42 Anders als nach der Überschrift des § 110 SGB X zu erwarten, enthält die Regelung neben der **Pauschalierung** (S. 1) auch eine **Bagatellgrenze** (S. 2). Mit der Vorschrift soll eine kostensparende Abwicklung der Erstattungsansprüche zwischen den Leistungsträgern erreicht werden.

43 Die Leistungsträger haben ihre Erstattungsansprüche **pauschal** abzugelten, soweit dies **zweckmäßig** ist (**S. 1**). Das bezieht sich auf die Höhe des tatsächlich bestehenden Erstattungsanspruchs. Zweckmäßig ist die Pauschalierung nur, wenn es zu spürbarer Verwaltungsvereinfachung und Kostenersparnis führt oder wenn nach den bisherigen Erfahrungen Zukunftsprognosen über den Umfang und die Häufigkeit bestimmter Erstattungsansprüche in typischen Fällen möglich sind.[54] Pauschalierung setzt eine Vereinbarung durch öffentlich-rechtliche Verträge voraus und damit das Einverständnis der am Erstattungsverhältnis beteiligten Leistungsträger. Sie kann sich auf einen Einzelfall oder

---

50 Böttiger in: LPK-SGB X § 108 Rn. 12 mwN.
51 Für eine zwischen Ende des Erstattungszeitraumes (Nr. 1) und dem Eingang des vollständigen Erstattungsantrages (Nr. 2) liegenden Zeitraum ist keine Verzinsung vorgesehen, siehe Böttiger in: LPK-SGB X § 108 Rn. 9.
52 Auch besteht keine planwidrige Regelungslücke, die durch Analogie geschlossen werden müsste, so BSG 2.2.2010 – B 8 SO 22/08 R, Rn. 9. Es folgt damit der früheren Rechtsprechung des BVerwG nicht; aA Steimer in: Mergler/Zink § 110 Rn. 32.
53 § 110 Abs. 2 SGB X ist auf Erstattungsansprüche der Sozialhilfe anzuwenden, soweit nicht die Bagatellgrenze nach § 110 Abs. 2 SGB XII von 2.560 EUR anzuwenden ist (→ Rn. 83 ff.); so auch Deutscher Verein, Gutachten vom 13.8.1992; aA Zeitler in NDV 1993, 289 (292): Erstattungsfähig sind alle Kosten ohne Rücksicht auf ihre Höhe (also ohne jedwede Bagatellgrenze).
54 Böttiger in: LPK-SGB X § 110 Rn. 5.

auf eine Vielzahl von Fällen als Globalregelungen beziehen[55] und insbesondere bei Auslagenerstattungen (→ Rn. 41) zweckmäßig sein.

Beträgt im Einzelfall ein Erstattungsanspruch voraussichtlich **weniger als 50 EUR**, er- 44
folgt **keine Erstattung** (S. 2). Dabei sind sämtliche Erstattungsbeträge eines konkreten
Einzelfalles zusammenzurechnen.[56]

VI. Rückerstattung (§ 112 SGB X)

Soweit eine **Erstattung zu Unrecht** erfolgt ist, sind die gezahlten Beträge **zurückzuerstat-** 45
ten (§ 112 SGB X). Die Unrechtmäßigkeit der Erstattung kann ursprünglich oder nachträglich eingetreten sein und die Erstattung ganz oder teilweise umfassen. Auf Verschulden kommt es nicht an.[57]

VII. Durchsetzung der Ansprüche, Rechtsweg (§§ 111, 113 f. SGB X)

Der Anspruch auf **Erstattung ist ausgeschlossen,** wenn der Erstattungsberechtigte ihn 46
nicht **spätestens zwölf Monate** nach Ablauf des letzten Tages, für den die Leistung erbracht wurde, **geltend macht** (§ 111 S. 1 SGB X);[58] er kann allerdings schon vor Beginn
der Frist und dem Grunde nach für die Zukunft geltend gemacht werden.[59] Bei wiederkehrenden Sozialleistungen entstehen wegen der in einzelnen Bewilligungsabschnitten
erbrachten Einzelleistungen jeweils gesonderte Erstattungsansprüche, die eigenständig
geltend zu machen sind, da für jeden einzelnen Leistungsabschnitt eigene Ausschluss-
fristen laufen.[60] Der Lauf der Frist beginnt frühestens mit dem Zeitpunkt, zu dem der
erstattungsberechtigte Leistungsträger von der Entscheidung des erstattungspflichtigen
Leistungsträgers über seine Leistungspflicht Kenntnis erlangt hat (§ 111 S. 2 SGB X), dh
mit der konkreten Entscheidung im Verhältnis zum Leistungsberechtigten durch einen
Verwaltungsakt.[61] Es handelt sich um eine materielle Ausschlussfrist mit der Folge, dass
der Erstattungsanspruch erlischt.

Erstattungsansprüche **verjähren in vier Jahren** nach Ablauf des Kalenderjahres, in dem 47
der erstattungsberechtigte Leistungsträger von der Entscheidung des erstattungspflichten
Leistungsträgers über dessen Leistungspflicht Kenntnis erlangt hat,[62] Rückerstattungs-
ansprüche (§ 112 SGB X, → Rn. 45) in vier Jahren nach Ablauf des Kalenderjahres, in
dem die Erstattung zu Unrecht erfolgt ist (§ 113 Abs. 1 SGB X). Im Gegensatz zur vorstehenden materiellrechtlichen Ausschlussfrist begründet der Eintritt der Verjährung ein
Leistungsverweigerungsrecht, das geltend gemacht werden muss. Für die Hemmung, die
Ablaufhemmung, den Neubeginn und die Wirkung der Verjährung gelten die Vorschriften des BGB (§§ 194 ff.) sinngemäß (§ 113 SGB X).[63]

Für den Erstattungsanspruch ist **derselbe Rechtsweg wie für den Anspruch auf Sozial-** 48
leistungen gegeben (§ 114 S. 1 SGB X), dh zu den Sozialgerichten (§ 51 SGG) mit Ausnahme der Kinder- und Jugendhilfe.[64] Maßgebend ist im Fall des § 102 SGB X der An-

---

55 BT-Drs. 9/95, 26.
56 BSG 26.6.1990 – 5 RJ 10/89.
57 Böttiger in: LPK-SGB X § 112 Rn. 3 mwN.
58 Der Wille, rechtssichernd tätig zu werden, muss deutlich erkennbar sein, vorsorgliches Anmelden genügt
    nicht, so BSG 30.6.2009 – B 1 KR 21/08 R, NZS 2010, 150.
59 Böttiger in: LPK-SGB X § 111 Rn. 7 f. mwN.
60 Böttiger in: LPK-SGB X § 111 Rn. 12 f. mwN.
61 Böttiger in: LPK-SGB X § 111 Rn. 25 f. mwN.
62 Zur Sozialhilfe (→ Rn. 86) beginnend mit dem Jahr, in dem er entstanden ist, § 111 Abs. 1 SGB XII.
63 Im Sozialhilfe ebenso, allerdings nach § 111 Abs. 2 SGB X, → Rn. 86.
64 Für sie sind die Verwaltungsgerichte zuständig, § 40 Abs. 1 VwGO, wie auch für die hier nicht behandelte
    Kriegsopferfürsorge und die Ausbildungsförderung; für Kindergeldleistungen die Finanzgerichte, § 33 FGO.

spruch gegen den vorleistenden Leistungsträger und im Fall der §§ 103 bis 105 SGB X der Anspruch gegen den erstattungspflichtigen Leistungsträger.

C. Kostenerstattung in der Grundsicherung für Arbeitsuchende (SGB II)

I. Erstattungspflichtige Träger

49 Sucht eine Frau in einem **Frauenhaus** Zuflucht, ist der kommunale Träger am **bisherigen gewöhnlichen Aufenthaltsort verpflichtet**, dem durch die Aufnahme im Frauenhaus zuständigen kommunalen Träger am Ort des Frauenhauses die Kosten für die Zeit des Aufenthaltes im Frauenhaus zu erstatten (§ 36 a SGB II). Dieser – einzige – Erstattungsanspruch in der Grundsicherung für Arbeitsuchende wurde eingefügt, um eine einseitige Kostenbelastung der kommunalen Träger zu vermeiden,[65] die ein Frauenhaus unterhalten.[66]

50 Der Anspruch ist an die Zuständigkeitsregelung nach dem gewöhnlichen Aufenthalt (→ Kap. 50 Rn. 14 ff.) geknüpft: Der **bislang zuständige Leistungsträger am Ort des bisherigen gewöhnlichen Aufenthalts** ist dann zur Kostenerstattung verpflichtet, wenn er nicht mehr für die Leistung zuständig ist, weil

- am Ort des Frauenhaues ein gewöhnlicher Aufenthalt begründet wird oder
- der bisherige gewöhnliche Aufenthalt aufgegeben und ein neuer gewöhnlicher Aufenthalt nicht feststellbar ist

und dadurch die Zuständigkeit des Trägers am Ort des Frauenhauses begründet wird.[67]

51 Die Kostenerstattungspflicht gilt **nur für Leistungen der kommunalen Träger** (§ 6 Abs. 1 S. 1 Nr. 2 SGB II);[68] auch wenn sie nach § 6 a zugelassen sind, also von der Option dazu Gebrauch gemacht haben. Da für die anderen Leistungen (§ 6 Abs. 1 S. 1 Nr. 1 SGB II) die Bundesagentur zuständig ist, wäre eine auch deren Leistungen umfassende Kostenerstattung unsinnig, da diese lediglich von den örtlichen Agenturen realisiert, aber von der Bundesagentur finanziert wird.

II. Wechsel des Frauenhauses, Geburt eines Kindes

52 Die ursprüngliche **Kostenerstattungspflicht** bleibt **auch bei einem Frauenhauswechsel** bestehen, jedenfalls dann, wenn sich dieser Wechsel im Rahmen des gesamten Fluchtprozesses vollzieht, unbeschadet dessen, ob die Frau am Ort des Frauenhauses einen neuen gewöhnlichen Aufenthalt begründet. Wird der Erstattungsanspruch durch einen Wechsel des Frauenhauses in dem Zuständigkeitsbereich eines anderen kommunalen Trägers begründet, so ist erstattungspflichtig der kommunale Träger, in dem die Frau ihren gewöhnlichen Aufenthalt vor ihrer ersten Zuflucht hatte,[69] und zwar selbst dann, wenn sie schon bei dem Aufenthalt in dem vorigen Frauenhaus oder einem der vorigen einen gewöhnlichen Aufenthalt begründet hatte.[70]

53 Bei der **Geburt eines Kindes** während eines Frauenhausaufenthaltes sind auch die **für das Kind aufgewendeten Kosten von der Kostenerstattung erfasst**. Dies ergibt sich aus

---

65 Trotz des Rechtsanspruchs auf Schutz und Hilfe für von Gewalt betroffene Frauen und deren Kinder (siehe Schuler-Harms/Wieland, Rechtsgutachten vom 4.6.2012) fehlen Frauenhäuser mit ausreichenden Plätzen.
66 Was nach der Ausschussbegründung (BT-Drs. 15/5607, 7) nötig war, da die weit überwiegende Zahl der Frauenhausbewohnerinnen Leistungen nach dem SGB II erhalten können.
67 Dazu Deutscher Verein, Diskussionspapier, NDV 2010, 369 (370 f.), mit dem Hinweis auf die „Kostenerstattungsschwierigkeiten bei der Aufnahme ortsfremder Frauen und ihrer Kinder" im Frauenhaus, sowie Schoch in: LPK-SGB II § 36 a Rn. 6 ff.
68 BT-Drs. 16/1410, 27.
69 LSG NRW 23.2.2010 – L 1 AS 36/09, NDV-RD 2011, 10.
70 LSG BW 21.10.2011 – L 12 AS 3169/10, info also 2012, 86 ff.

dem Ziel der Absicherung der Existenz von Frauenhäusern und der gerechten Lastenverteilung für die Kommunen, die ein Frauenhaus vorhalten.[71]

III. Erstattungsfähige Kosten

Erstattungsfähig sind nur die Kosten, die dem Gesetz entsprechen (s. auch → Rn. 9 ff.), auch wenn eine ausdrückliche Regelung im SGB II fehlt.[72] Nach § 16 a SGB II können die dort angeführten Leistungen zur **Verwirklichung einer ganzheitlichen und umfassenden Betreuung und Unterstützung bei der Eingliederung in Arbeit** einem erwerbsfähigen Leistungsberechtigten erbracht werden, wenn sie erforderlich sind; dazu gehört die psychische, soziale und rechtliche Stabilisierung von Frauen im Frauenhaus. Leistungen im Frauenhaus gewähren nicht nur Schutz, sie dienen auch der Vorbereitung auf die Zeit nach dem Aufenthalt. Dazu gehören „alle Leistungen, die für die Eingliederung des Hilfebedürftigen in das Erwerbsleben erforderlich sind." „Unmaßgeblich ist daher auch, ob es sich bei den betreuten Personen um Menschen handelt, deren psychische Struktur die Teilhabe am sozialen Leben erschwert oder verhindert." „Ebenfalls bedarf es keiner förmlichen Eingliederungsvereinbarung nach § 15 SGB II. Entscheidend ist allein, dass es sich um Leistungen handelt, die mindestens auch dazu dienen, die Eingliederung des Betroffenen in das Erwerbsleben zu fördern."[73] „Der Begriff der psychosozialen Betreuung [...] ist weit auszulegen. Er umfasst nicht nur medizinisch indizierte psychiatrische oder psychotherapeutische Intervention und Betreuung im engeren Sinne, sondern alle Maßnahmen, die zur psychischen und sozialen Stabilisierung der Betroffenen zu dienen bestimmt sind"[74] und auch darüber hinausgehende Betreuungsleistungen.[75]

Zu den erstattungsfähigen Kosten gehören auch die **Kinderbetreuungskosten**, da sie der Eingliederung in das Erwerbsleben dienen (§ 16 a Nr. 1 SGB II). Aus § 7 Abs. 2 Sätze 1 und 2 SGB II ergibt sich, dass Dienstleistungen und Sachleistungen an Personen, die mit dem erwerbsfähigen Leistungsberechtigten in einer Bedarfsgemeinschaft (s. Kapitel 18) leben, dann erbracht werden, wenn dadurch Hemmnisse bei der Eingliederung der erwerbsfähigen Leistungsberechtigten beseitigt oder vermindert werden.[76] Dazu zählen auch die Kosten der Erstausstattung (§ 24 Abs. 3 Nr. 1 SGB II) für die Wohnung, die nach dem Aufenthalt im Frauenhaus bezogen wird; Zielsetzung der Regelung ist es, eine Belastung von Kommunen mit Frauenhäusern zu vermeiden.[77] Eine Begrenzung der Dauer der Kostenerstattung ist nicht vorgesehen.[78]

Nach § 34 b SGB II gelten als **erstattungspflichtige Aufwendungen** auch solche Leistungen zur Sicherung des Lebensunterhalts, die an **nicht getrennt lebende Ehegatten oder Lebenspartner** der leistungsberechtigten Person erbracht wurden sowie an deren **unverheiratete Kinder, die das 25. Lebensjahr noch nicht vollendet haben.** Durch die Fiktion („gelten auch") wird der Erstattungsanspruch auf die Leistungen erweitert, die an diese

54

55

56

71 Gesetzesbegründung, BT-Drs. 15/5908, 8, siehe auch Deutscher Verein, Gutachten vom 10.6.2009, NDV 2009, 328 ff.
72 Schoch in: LPK-SGB II § 36 a Rn. 8.
73 Im Ergebnis so auch MAGS NRW, Erlass vom 7.7.2009.
74 LSG NRW 23.2.2010 – L 1 AS 36/09, NDV-RD 2011, 10.
75 LSG BW 21.10.2011 – L 12 AS 3169/10, info also 2012, 86 ff.: Entlastung durch Unterstützung der Kinder, bei Anträgen und Ämtergängen, gemeinsame Regelung der finanziellen Situation usw., also alle tatsächlich erbrachten Betreuungsleistungen des Frauenhauses im Rahmen des ganzheitlichen Konzeptes.
76 So auch LSG NRW 23.2.2010 – L 1 AS 36/09, NDV-RD 2011, 10.
77 Deshalb ist die Herkunftskommune für die Erstattung zuständig, so Erlass des MAIS NRW vom 7.7.2009.
78 MAGS NRW, Erlass vom 7.7.2009, 4 f., empfiehlt bei begründetem Zweifel an der Dauer, nach 3 Monaten einen Bericht anzufordern; in einem späteren Erlass (MAIS NRW vom 20.4.2012) wird erläutert, dass dies nur dann gelte, wenn bei einer längeren Verweildauer im Einzelfall begründete Zweifel an der Angemessenheit der Aufenthaltsdauer bestehen.

Mitglieder der Einsatzgemeinschaft erbracht werden, und zwar abweichend von der grundsätzlich erforderlichen Personenidentität (persönliche Kongruenz, → Rn. 16).

D. Kostenerstattung in der Kinder- und Jugendhilfe (SGB VIII)[79]

57 Kostenerstattungsregelungen in der Kinder- und Jugendhilfe sind vorgesehen
- wenn ein **gewöhnlicher Aufenthalt** (→ Kap. 50 Rn. 14 ff.) **fehlt** bei Leistungen an Kinder, Jugendliche und Eltern (§ 86 SGB VIII) und an junge Volljährige (§ 86 a SGB VIII) sowie in gemeinsamen Wohnformen für Mütter/Väter und Kinder (§ 86 b SGB VIII) und deshalb der **tatsächliche Aufenthalt für die Zuständigkeit maßgeblich** ist; verpflichtet ist der überörtliche Träger (§ 89 SGB VIII);
- bei **fortdauernder Vollzeitpflege** (§ 86 Abs. 6 SGB VIII) und Hilfe für **junge Volljährige** (§ 41 SGB VIII), wenn die Leistung über die Volljährigkeit hinaus fortgesetzt wird; verpflichtet ist der örtlichen Träger, der zuvor zuständig war oder gewesen wäre (89 a SGB VIII);
- bei **vorläufigen Maßnahmen** zum Schutz von Kindern und Jugendlichen im Rahmen von Inobhutnahme (§ 42); verpflichtet ist der **örtliche Träger**, dessen Zuständigkeit durch den **gewöhnlichen Aufenthalt** begründet wird (§ 89 b SGB VIII);
- bei fortdauernder oder **vorläufiger Leistungsverpflichtung**, wenn die Zuständigkeit wechselt, der bisher örtlich zuständige **Träger** die Leistung (nach § 86 c SGB VIII) fortsetzt; verpflichtet ist der **durch den Wechsel zuständig gewordenen Träger** (§ 89 c SGB VIII);
- bei Leistungen von Jugendhilfe **nach der Einreise**, wenn innerhalb eines Monats nach der Einreise eines jungen Menschen oder eines Leistungsberechtigten nach § 19 SGB VIII (Mütter/Väter und Kinder in gemeinsamen Wohnformen) Jugendhilfe geleistet wird und sich die örtliche Zuständigkeit nach dem tatsächlichen Aufenthalt dieser Person oder nach der Zuweisungsentscheidung der zuständigen Landesbehörde richtet; verpflichtet ist **das Land** (§ 89 d SGB VIII);
- bei Leistungen in einer **Einrichtung, bei einer anderen Familie** oder in sonstiger **Wohnform**, die der Erziehung, Pflege, Betreuung, Behandlung oder dem Strafvollzug dienen; verpflichtet ist **der örtliche Träger**, in dessen Bereich die Person **vor der Aufnahme** den gewöhnlichen Aufenthalt hatte (Schutz der Einrichtungsorte, 89 e SGB VIII).

58 Die aufgewendeten Kosten sind zu erstatten, soweit die Erfüllung der Aufgaben den Vorschriften des SGB VIII entspricht (→ Rn. 9 ff.), allerdings **Kosten unter 1.000 EUR** nur bei vorläufigen Maßnahmen zum Schutz von Kindern und Jugendlichen (§ 89 b SGB VIII), bei fortdauernder oder vorläufiger Leistungsverpflichtung (§ 89 c SGB VIII) und bei Gewährung von Jugendhilfe nach der Einreise (§ 89 d SGB VIII).

E. Kostenerstattung in der Sozialhilfe (SGB XII)

I. Überblick

59 Im SGB XII ist Kostenerstattung vorgesehen bei
- **Aufenthalt in einer stationären Einrichtung** wie auch zum Vollzug richterlich angeordneter Freiheitsentziehung bei
  - **vorläufigem Eintreten,**
  - **fehlendem** oder

---

[79] Die Darstellung beschränkt sich auf eine knappe Zusammenfassung der gesetzlichen Regelungen.

- nicht zu ermittelndem gewöhnlichem Aufenthalt (§ 106 Abs. 1 SGB XII);
- verbleiben in der **Betreuung, Beurlaubung** (§ 106 Abs. 2 SGB XII);
- **Geburt** in einer Einrichtung (§ 98 Abs. 2 S. 4 SGB XII);
- **Verlassen der Einrichtung** (§ 106 Abs. 3 S. 1 und 2 SGB XII);

■ **Unterbringung in einer anderen Familie**; dann ist nach § 107 SGB XII die Kostenerstattungsregelung des § 106 SGB XII entsprechend anzuwenden (s. die vorstehend dargestellten Fälle);

■ **Einreise aus dem Ausland** für **Personen ohne gewöhnlichen Aufenthalt und ohne Geburtsbeziehung im Inland** (§ 108 SGB XII).

Zusätzlich finden sich Regelungen   **60**

■ zum **Ausschluss des gewöhnlichen Aufenthalts** (§ 109 SGB XII),

■ zum **Umfang der Kostenerstattung** (§ 110 SGB XII),

■ zur **Verjährung** (§ 111 SGB XII) sowie

■ zur **Kostenerstattung auf Landesebene** (§ 112 SGB XII); abweichende Durchführung (§ 99 SGB XII iVm länderrechtlicher Bestimmung)

■ zu **Ersatzansprüchen** der Träger der Sozialhilfe **nach sonstigen Vorschriften** (§ 114 SGB XII).

Auch hier gilt, dass nur rechtmäßig erbrachte Leistungen erstattet werden (→ Rn. 9 ff.);   **61** dabei gelten die am Aufenthaltsort der Leistungsberechtigten zur Zeit der Leistungserbringung bestehenden Grundsätze für die Leistung von Sozialhilfe (§ 110 Abs. 1 SGB XII, → Rn. 10) wie auch das Erfordernis der sachlichen, zeitlichen und persönlichen Kongruenz (→ Rn. 13 ff.). Wünschen (s. Kapitel 14 und → Rn. 70 zum Wunsch auf stationäre Leistungen) der Leistungsberechtigten, die sich auf die Gestaltung der Leistung richten, soll entsprochen werden, wenn sie angemessen sind. In der Regel ist Wünschen nicht zu entsprechen, deren Erfüllung mit unverhältnismäßigen Mehrkosten verbunden wäre (§ 9 Abs. 2 SGB XII).

II. Die einzelnen Erstattungsansprüche

1. Kostenerstattung bei Aufenthalt in einer stationären Einrichtung oder im Zusammenhang damit (§ 106 SGB XII)

Unter einer **stationären**[80] **Einrichtung** wird für die Hilfen nach dem SGB XII ein in einer   **62** besonderen Organisationsform unter verantwortlicher Leitung zusammengefasster Bestand an persönlichen und sächlichen Mitteln verstanden, der auf eine gewisse Dauer angelegt und für einen wechselnden Personenkreis bestimmt ist.[81] Dabei kommt es auf eine Vollunterbringung mit **Tag- und Nachtbetreuung** an. Eine dezentrale Unterkunft, in der Personen betreut werden, gehört rechtlich zum Verantwortungsbereich der stationären Einrichtung, wenn sie der Rechts- und Organisationsphäre des Sozialhilfeträgers so zugeordnet ist, dass sie Teil des Einrichtungsganzen ist. Als Aufenthalt in einer stationären Einrichtung gilt **auch**, wenn jemand außerhalb der Einrichtung untergebracht wird, aber in ihrer **Betreuung verbleibt** oder aus ihr **beurlaubt** wird (§ 106 Abs. 2 SGB XII).

Grundsätzlich ist für die stationäre Leistung der Sozialhilfeträger des gewöhnlichen   **63** Aufenthaltsortes vor der Aufnahme zuständig. **Steht** allerdings **der gewöhnliche Aufenthalt nicht fest, fehlt** er oder ist er **nicht zu ermitteln** oder liegt ein **Eilfall vor**, hat der

---

80   Der Begriff meint vollstationär, da er im Gegensatz zu teilstationär und ambulant verwandt wird.
81   BSG 13.7.2010 – B 8 SO 13/09 R, BSGE 106, 264; BVerwG 24.2.1994 – 5 C 17.91, NDV 1994, 430 ff.

Sozialhilfeträger des tatsächlichen Aufenthaltes die Leistung zu erbringen (§ 98 Abs. Abs. 2 SGB XII, → Kap. 50 Rn. 29). Um den Einrichtungsort davor zu bewahren, die Kosten endgültig für diese (ortsfremden) Personen tragen zu müssen, hat der **Sozialhilfeträger des bisherigen gewöhnlichen Aufenthaltsortes** dem des tatsächlichen Aufenthaltsortes (also dem, in dessen örtlichem Bereich sich die Einrichtung befindet) die aufgewendeten Kosten (zur Bagatellgrenze → Rn. 83 ff.) zu erstatten (§ 106 Abs. 1 S. 1 SGB XII), bei **fehlendem** oder nicht zu ermittelndem **gewöhnlichem Aufenthalt** der überörtliche Träger der Sozialhilfe (§ 106 Abs. 1 S. 2 SGB XII).

64 **Kostenerstattung wird bei bzw. nach einer Beurlaubung fortgesetzt.** Voraussetzung dafür ist die weitere Heimbetreuungsbedürftigkeit in einer stationären Einrichtung, wenn es auch an der tatsächlichen Betreuung während der Abwesenheit fehlt. Entscheidend ist, dass mit der **Rückkehr fest gerechnet** wird. Dies ist dann der Fall, wenn die Hilfe weiter erforderlich ist und ein Platz freigehalten wird (ggf. unter Zahlung von Betten- oder Platzgeld). Da eine Höchstdauer für eine Beurlaubung nicht vorgesehen ist, kann ein Anhaltspunkt für deren Ende die Beendigung von Betten- bzw. Platzgeldzahlung sein. Auch die konkrete **Bezeichnung der Maßnahme ist ein Indiz** entweder für Beurlaubung oder für die Kostenerstattung beendende Entlassung. Begriffe wie bedingte oder vorläufige Entlassung, unbefristeter Urlaub, Urlaub mit dem Ziel der **Entlassung**, Entlassung auf Widerruf, deuten auf eine Entlassung und nicht auf eine Beurlaubung hin. Auch wenn eine bedingte oder vorläufige Entlassung usw aus der Einrichtung keine Beurlaubung ist, kann dies jedoch mit dem Verbleiben in der Betreuung der Einrichtung verbunden sein. Dann ist weiter Kostenerstattung zu leisten.

65 Für stationäre Leistungen an **Kinder, die in einer Einrichtung geboren** wurden, ist der gewöhnliche Aufenthalt der Mutter im Zeitpunkt der Aufnahme oder in den zwei Monaten vorher maßgeblich (§ 98 Abs. 2 S. 4 SGB XII). Obwohl eine ausdrückliche Regelung fehlt, kommt eine **Kostenerstattung für das Kind** unter den gleichen Voraussetzungen **wie für die Mutter selbst** in Betracht.[82] Kostenerstattung ist auch zu leisten, wenn das Kind bei einer Unterbringung der Mutter in einer anderen Familie iSv § 107 SGB XII (→ Rn. 71) oder in einer Vollzugseinrichtung geboren wird. Wenn allerdings der **Aufenthalt des Kindes** in der stationären Einrichtung **unterbrochen** wird, so endet der Kostenerstattungsfall. Ob weitere Kosten zu erstatten sind, richtet sich dann nur nach den bei dem Kind vorliegenden Voraussetzungen.

66 **Verlässt die leistungsberechtigte Person die Einrichtung und erhält sie im Bereich** des örtlichen Trägers, in dem die Einrichtung liegt, innerhalb von einem Monat **danach** Leistungen der **Sozialhilfe**, sind die von ihm aufgewendeten Kosten von dem Träger zu erstatten, in dessen Bereich sie ihren gewöhnlichen Aufenthalt vor der Einrichtungsaufnahme hatte; ist ein gewöhnlicher Aufenthalt nicht vorhanden oder nicht zu ermitteln, sind dem örtlichen Träger die Kosten von dem überörtlichen Träger zu erstatten, zu dessen Bereich der überörtliche Träger gehört (§ 106 Abs. 3 Sätze 1, 2 SGB XII). Dadurch wird der Schutz des Einrichtungsortes (auch des Ortes von Strafvollzugsanstalten) durch einen Kostenerstattungsanspruch bei nachfolgenden nicht (voll-)stationären Leistungen, also auf teilstationäre und ambulante, verlängert. Nach Sinn und Zweck der Norm (den Einrichtungsort vor Kosten zu schützen) ist es für den Kostenerstattungsanspruch nicht zwingend, dass die die Einrichtung verlassende Person in der Einrichtung schon **leistungsberechtigt** war; es genügt, wenn in dem Zeitraum eines Monats nach Verlassen der Einrichtung die Leistungsberechtigung entsteht.[83] **Jede Leistung** der Sozialhilfe, deren die leistungsberechtigte Person nach dem Verlassen der Einrichtung bedarf, fällt unter diesen Erstattungstatbestand, also die Hilfen nach dem Dritten bis

---

82 Schoch in: LPK-SGB XII § 98 Rn. 45 ff.
83 HM, siehe Wahrendorf in: Grube/Wahrendorf § 106 Rn. 17; Rabe in: Fichtner/Wenzel § 106 Rn. 19.

dem Neunten Kapitel. Es kommt lediglich darauf an, dass es sich nicht um stationäre Leistungen handelt,[84] weil sonst ein neuer Erstattungsfall begründet würde. Die Leistungsberechtigung muss dem Träger der Sozialhilfe nach § 18 Abs. 1 SGB XII innerhalb eines Monats bekannt geworden (bzw. bei Leistungen der Grundsicherung im Alter und bei Erwerbsminderung beantragt, § 41 Abs. 1 SGB XII, worden) sein. Ob über den Bedarf bereits entschieden wurde oder Leistungen erbracht worden sind, ist ohne Belang.[85]

Die Erstattungspflicht endet, wenn für einen zusammenhängenden Zeitraum von zwei **67** Monaten Leistungen nicht zu erbringen waren (§ 106 Abs. 3 S. 3 vorletzter Hs. SGB XII). Wird zB Hilfe zwar zwei Monate nicht geleistet, wäre sie aber innerhalb dieses Zeitraumes – und sei es nur kurzfristig – zu erbringen gewesen, so wird der Erstattungsfall fortgesetzt, auch bei Leistungen unterhalb der Bagatellgrenze des § 110 Abs. 2 SGB XII (von 2.560 EUR, → Rn. 83 ff.). Die Erstattungspflicht endet spätestens nach Ablauf von zwei Jahren seit dem Verlassen der Einrichtung, wenn diese endgültig verlassen wird, also nachdem Betreuung und ggf. Beurlaubung endet.

Ein Kostenerstattungsanspruch besteht wegen der Kosten, die für den Aufenthalt eines **68** Leistungsberechtigten in einer stationären Einrichtung oder im Zusammenhang hiermit aufgewendet wurden, da die sachliche Zuständigkeit (nach § 97 Abs. 4 SGB XII) für eine stationäre Leistung auch die sachliche Zuständigkeit für Leistungen umfasst, die gleichzeitig nach anderen Kapiteln zu erbringen sind, sowie für Leistungen nach § 74 SGB XII (Bestattungskosten; → Kap. 50 Rn. 11). Damit umfasst die Leistung und damit die Erstattungspflicht die Aufwendungen für den notwendigen Lebensunterhalt, also auch Kleidung[86] und einen angemessen Barbetrag zur persönlichen Verfügung (§ 27 Abs. 2 SGB XII). Ebenso zählen dazu die „Zuführungs- und Rückführungskosten" und alle anderen Sozialhilfeleistungen, einschließlich ambulanter Hilfen wie zB die Kosten der Zahnarztbehandlung. Aber auch eine ‚Bereithaltepauschale' zB bei Beurlaubung oder Krankenhausaufenthalt („Bettengeld") ist erstattungsfähig.

Wird nach der Beendigung des stationären Aufenthalts erneut eine Leistung innerhalb **69** einer Einrichtung notwendig, liegt ein neuer Erstattungsfall vor.

Den angemessenen Wünschen der Leistungsberechtigten soll zwar entsprochen werden **70** (→ Rn. 61), dem Wunsch nach stationärer Leistung allerdings nur, wenn dies nach der Besonderheit des Einzelfalles erforderlich ist, weil anders der Bedarf nicht oder nicht ausreichend gedeckt werden kann. Erforderlich ist eine Heimbetreuungsbedürftigkeit,[87] die dann besteht, wenn eine Person den Schwierigkeiten der Lebensführung außerhalb einer stationären Einrichtung nicht gewachsen ist, sei es aus körperlichen, geistigen, seelischen oder charakterlichen Gegebenheiten, aber auch wenn das soziale Umfeld für eine dann ausreichende Hilfe in ambulanter oder teilstationärer Betreuung fehlt. Es reicht nicht aus, wenn die stationäre Leistung lediglich nützlich und zweckmäßig ist, selbst bei Pflegebedürftigkeit nicht. Wenn die Leistungen erbringende und anschließend Kostenerstattung begehrende Sozialhilfeträger den unbestimmten Rechtsbegriff der Erforderlichkeit von Hilfe in einer Einrichtung anders (weiter) auslegt, als der Kostenerstattungspflichtige, so sind die Kosten gleichwohl zu erstatten, sofern der Leistende den auch von der Rechtsprechung anerkannten Beurteilungsspielraum nicht überschritten

84 Lücking in: Hauck/Noftz SGB XII § 106 Rn. 30 ff.
85 Schoch in: LPK-SGB XII § 106 Rn. 23 f.
86 Diese ist zwar im Regelbedarf enthalten, aus dem der Barbetrag mit dem Teil der persönlichen Bedürfnisse prozentual abgeleitet ist, gleichwohl sind Bekleidung und Wäsche, ggf. weitere erbrachte Leistungen („insbesondere Kleidung", dazu Armborst in: LPK-SGB XII § 27 b Rn. 8 f.) zu erstatten.
87 So ein in Sozialhilfepraxis verwendeter Begriff, siehe Hohm in: Schellhorn/Hohm/Schneider § 98 Rn. 73; W. Schellhorn in: Schellhorn/Hohm/Schneider § 106 Rn. 15.

hat (→ Rn. 9 ff.). Wurde eine danach nicht erforderliche Hilfe in einer stationären Einrichtung erbracht, so besteht kein Erstattungsanspruch.

2. Kostenerstattung bei Unterbringung in einer anderen Familie (§ 107 SGB XII)

71 Der Leistungserbringung in einer stationären Einrichtung steht es gleich, wenn ein **Kind oder ein Jugendlicher in einer anderen Familie** oder bei anderen Personen als bei seinen Eltern oder bei einem Elternteil untergebracht ist und dort Leistungen erhält; auch das begründet einen Kostenerstattungsanspruch (nach § 107 SGB XII). Die Sozialhilfe für das Kind bzw. den Jugendlichen in einer anderen Familie („fremde Pflegestelle") wird bezüglich der Zuständigkeit wie auch der Kostenerstattung so behandelt, als handele es ich um eine stationäre Einrichtung. Hier sind deshalb die vorstehend genannten Kostenerstattungsregelungen anzuwenden, dh **erstattungspflichtig** ist für vorläufige Leistungen

- der örtlich zuständige **Sozialhilfeträger**, in dessen Bereich das Kind oder der Jugendliche seinen **gewöhnlichen Aufenthalt im Zeitpunkt der Aufnahme** in die Einrichtung (hier in die andere Familie) hat oder in den zwei Monaten vor der Aufnahme zuletzt gehabt hat (§ 106 Abs. 1 S. 1 SGB XII);

- in denen ein **gewöhnlicher Aufenthalt nicht vorhanden oder nicht zu ermitteln** ist und für die Leistung ein örtlicher Sozialhilfeträger sachlich zuständig war, **der überörtliche Sozialhilfeträger** (§ 106 Abs. 1 S. 2 SGB XII iVm § 98 Abs. 2 S. 3 und 4 SGB XII).

3. Kostenerstattung bei Einreise aus dem Ausland (§ 108 SGB XII)

72 Der Erstattungsanspruch bei Einreise aus dem Ausland (§ 108 SGB XII) hat besondere Bedeutung für Sozialhilfeträger mit Häfen, Flughäfen, Eisenbahnknotenpunkten uä; er ist allerdings nicht darauf beschränkt.[88] Durch ihn sollen Belastungen ausgeglichen werden, die einen örtlichen Sozialhilfeträger dadurch treffen, dass er Sozialhilfe an **Eingereiste ohne gewöhnlichen Aufenthalt** (weil er mit der Ausreise aufgegeben und im Inland noch nicht begründet wurde; zum gewöhnlichen Aufenthalt → Kap. 50 Rn. 14 ff.) **und** eigene oder **Geburtsbeziehung zu im Inland** lebende Angehörige hat.[89] Bei der Engräumigkeit und den Verkehrsverhältnissen in Deutschland ist die Bestimmung **kaum noch sinnvoll** und verursacht einen unverhältnismäßigen Verwaltungsaufwand.[90]

73 Kommt sowohl ein Kostenerstattungsanspruch bei Aufenthalt in einer **stationären Einrichtung** (nach § 106 SG XII) als **auch bei Einreise aus dem Ausland** (nach § 108 SGB XII) in Betracht, so richtet sich der Erstattungsanspruch nach § 108 SGB XII. Dies ergibt sich aus dem Schutzzweck der Norm, auch handelt es sich um die speziellere Regelung.

74 Reist eine Person, unabhängig davon, ob Deutsche, Ausländer oder Staatenlose, aus dem Ausland ein, die **weder im Ausland noch im Inland einen gewöhnlichen Aufenthalt hat** und setzen innerhalb eines Monats nach ihrer Einreise Leistungen der Sozialhilfe ein, sind die aufgewendeten Kosten von dem von einer Schiedsstelle[91] bestimmten überörtlichen Sozialhilfeträger zu erstatten (Abs. 1 S. 1).

75 Der Kostenerstattungsanspruch ist an folgende **Voraussetzungen** gebunden:

- **Grenzübertritt** durch physisches Überschreiten aus dem Ausland in das Inland. Unerheblich sind die Dauer des Auslandsaufenthaltes und der Grund der Einreise.

---

88 AA W. Schellhorn in: Schellhorn/Hohm/Schneider § 108 Rn. 12.
89 BVerwG 20.2.1992 – 5 C 22/88, NDV 1992, 264, 265.
90 Detaillierter Schoch in: LPK-SGB XII § 108 Rn. 1 ff.
91 Das ist das Bundesverwaltungsamt, soweit die Länder nicht eine andere Schiedsstelle bestimmt haben, § 108 Abs. 2 SGB XII.

- Der Leistungsempfänger hat **keinen gewöhnlichen Aufenthalt** und zwar weder im In- noch im Ausland.

- **Eintritt des Bedarfs an Sozialhilfe.** Bei Asyl suchenden Ausländern iSd §§ 1, 2 AsylbLG kommt eine Kostenerstattung nicht in Betracht, da sie keine Sozialhilfeleistungen erhalten.

- Einsetzen der Leistungen **innerhalb eines Monats** nach der Einreise; der Kostenerstattungsanspruch besteht schon dann, wenn die Leistung einsetzen müsste, weil der Bedarf innerhalb eines Monates nach der Einreise bekannt geworden oder beantragt worden ist.[92] Die Frist berechnet sich nach § 26 SGB X iVm §§ 187 f. BGB (Tag des Übertritts aus dem Ausland 11.4., Ende der Frist 11.5. 24.00 Uhr).

Reist eine Person, auf die diese Voraussetzungen zutreffen, aus dem Ausland ein, so kommt eine Kostenerstattung allerdings (nach Abs. 1 S. 3) **nicht in Betracht**, wenn diese Person   **76**

- im **Inland geboren** ist oder

- bei Einsetzen der Leistung mit einer **im Inland geborenen** Person als **Ehegatte, Lebenspartner, Verwandte oder Verschwägerte** zusammenlebt.

Das gilt auch für ein erst **nach der Einreise geborenes Kind,** wenn es innerhalb der Monatsfrist nach der Einreise geboren wurde und der Sozialhilfe bedarf.

Ein nach der Einreise in Deutschland **erworbener gewöhnlicher Aufenthalt** schließt den Kostenerstattungsanspruch nicht aus. Geschäftsreisende, Grenzpendler, Urlauber oder Kurgäste, die vom Ausland einreisen, haben üblicherweise einen gewöhnlichen Aufenthalt (sei es im In- oder Ausland) und ggf. zu leistende Sozialhilfe für sie fällt deshalb nicht unter die Kostenerstattungsregelung des § 108 SGB XII. Hält sich jemand längere Zeit im Ausland auf, behält seine Wohnung in Deutschland aber bei, so kann davon ausgegangen werden, dass er seinen gewöhnlichen Aufenthalt im Inland nicht aufgegeben hat.   **77**

Leben Ehegatten, Verwandte und Verschwägerte bei Eintritt des Bedarfs an Sozialhilfe zusammen, ist ein **gemeinsamer erstattungspflichtiger Sozialhilfeträger** zu bestimmen (Abs. 1 S. 4).   **78**

Ist ein Sozialhilfeträger zur Erstattung der Kosten für einen Leistungsberechtigten verpflichtet, so hat er auch die **für den Ehegatten oder die minderjährigen Kinder** des Leistungsberechtigten aufgewendeten Kosten zu erstatten, wenn diese Personen später in den Geltungsbereich dieses Gesetzes übertreten und innerhalb eines Monats der Sozialhilfe bedürfen (Abs. 3).   **79**

Die Verpflichtung zur Kostenerstattung fällt weg, wenn dem Leistungsberechtigten für einen zusammenhängenden Zeitraum von **3 Monaten Sozialhilfe nicht zu leisten** war (Abs. 4).   **80**

Eine Kostenerstattungspflicht besteht **nicht für Personen,** deren Unterbringung nach dem Übertritt aus dem Ausland bundesrechtlich oder durch **Vereinbarung zwischen Bund und Ländern** geregelt ist.[93] Ein solcher Fall liegt dann vor, wenn zB Bürgerkriegsflüchtlinge mit dem Verlassen ihres Heimatortes ihren gewöhnlichen Aufenthalt auf unbestimmte Zeit aufgeben.[94]   **81**

---

92 Bekannt geworden nach § 18 Abs. 1 SGB XII für die Sozialhilfe generell; anders bei der Grundsicherung im Alter und bei Erwerbsminderung, die nach § 41 Abs. 1 S. 1 letzter Hs. SGB II beantragt worden sein muss.
93 Siehe auch § 23 SGB XII: Sozialhilfe für Ausländerinnen und Ausländer.
94 Einzelheiten bei Schoch in: LPK-SGB XII § 108 Rn. 28 ff.

III. Ausschluss des gewöhnlichen Aufenthalts (§ 109 SGB XII)

82 Als gewöhnlicher Aufenthalt im Sinne des Zwölften Kapitels (Zuständigkeit; → Kap. 50 Rn. 14 ff.) und des Dreizehnten Kapitels, Zweiter Abschnitt (Kostenerstattung) gelten nicht der Aufenthalt in einer Einrichtung im Sinne von § 98 Abs. 2 SGB XII (Zuständigkeit für stationäre Leistung). Durch diese gesetzliche Fiktion wird ein tatsächlich in der stationären Einrichtung begründeter gewöhnlicher Aufenthalt nicht als solcher behandelt. Das führt dazu, dass der für die Kostenerstattung maßgebliche gewöhnliche Aufenthalt der ist, den der Bewohner der stationären Einrichtung vor der (bei Einrichtungswechsel ersten) Aufnahme in einer Einrichtung hatte. Das gilt auch bei der Unterbringung eines Kindes oder Jugendlichen in einer anderen Familie (nach § 107 SGB XII; → Rn. 71) sowie für Sozialhilfeleistungen in Vollzugsanstalten bei richterlich angeordneter Freiheitsentziehung (nach § 98 Abs. 4 SGB XII).

IV. Umfang der Kostenerstattung (§ 110 SGB XII)

83 Die aufgewendeten Kosten sind nach (§ 110 Abs. 1 SGB XII) zu erstatten, soweit die Leistung dem SGB XII entspricht, also rechtmäßig (→ Rn. 9 ff.) erbracht ist. Abweichend (nach § 37 S. 1 SGB I, → Rn. 3) von der **Bagatellgrenze** des § 110 S. 2 SGB X (weniger als 50 EUR, → Rn. 42 ff.) ist die Bagatellgrenze der **Sozialhilfe auf** Kosten **unter 2.560 EUR** festgelegt, und zwar bezogen auf einen Zeitraum der Leistungserbringung von bis zu **zwölf Monaten** (§ 110 Abs. 2 S. 1 Hs. 1 SGB XII).[95] Dieser Zeitraum beginnt nicht zwingend mit der Leistungserbringung. Ist in den ersten zwölf Monaten der Betrag nicht erreicht, kann dies aber zB in den Monaten 4 bis 15 der Fall sein. Wurde die Bagatellgrenze in dem ersten (bzw. einem späteren) Zwölf-Monats-Zeitraum überschritten, ist für die Erstattung der nachfolgend aufgewendeten Kosten ein erneutes Erreichen der Bagatellgrenze nicht erforderlich.[96] Die Bagatellgrenze gilt nicht in den Fällen einer vorläufigen stationären Leistung nach § 106 Abs. 1, 3 SGB X II, auch iVm § 107 SGB XII,[97] also in Zweifels- und Eilfällen oder bei fehlendem gewöhnlichen Aufenthalt nach § 98 Abs. 2 S. 3 SGB XII (§ 110 Abs. 2 S. 1 letzter Hs. SGB XII; zur Zuständigkeit → Kap. 53 Rn. 29).[98]

84 Die Begrenzung der Bagatellgrenze von 2.560 EUR gilt, wenn die Kosten für die **Mitglieder des Haushalts** im Sinne von § 27 Abs. 2 S. 2 und 3 SGB XII, nämlich

- die nicht getrennt lebenden **Ehegatten oder Lebenspartner** (S. 2) sowie

- bei minderjährigen unverheirateten **Kindern**, die dem Haushalt ihrer Eltern bzw. eines Elternteils angehören und ihren notwendigen Lebensunterhalt nicht sicherstellen können, sie und **ihre Eltern** bzw. der Elternteil (S. 3)[99]

zu erstatten sind, für die Mitglieder des Haushaltes zusammen. Dadurch sind die Partner einer eheähnlichen und partnerschaftsähnlichen Gemeinschaft nicht erfasst[100] und auch nicht alle in einer Wohnung lebenden Personen der Haushaltsgemeinschaft nach § 39 SGB XII.

---

95 Sind die aufgewendeten Kosten höher, ist der Gesamtbetrag zu erstatten, nicht nur der übersteigende Betrag; wie hier Zeitler NDV 1993, 289; aA Steimer in: Mergler/Zink § 110 Rn. 20.
96 BVerwG 19.12.2000 – 5 C 30.99, NDV-RD 2001, 31.
97 AA Steimer in: Mergler/Zink § 110 Rn. 20 bezogen auf § 107.
98 Schoch in: LPK-SGB XII § 110 Rn. 28 mwN; Lücking in: Hauck/Noftz SGB XII § 110 Rn. 8 f.; Steimer in: Mergler/Zink § 110 Rn. 20; Zeitler NDV 1998, 104 (112), bezogen lediglich auf den Fall des fehlenden gewöhnlichen Aufenthalts.
99 Siehe zur Einsatzgemeinschaft insgesamt Kapitel 18.
100 Schoch in: LPK-SGB XII § 110 Rn. 31; OVG Hamburg 20.10.2004 – 4 Bf 405/02, NDV-RD 2005, 8; siehe zur ehe- und partnerschaftsähnlicher Gemeinschaft auch Kapitel 19.

Mit der Regelung wird nicht auf die Leistungen der Hilfe zum Lebensunterhalt, sondern 85
lediglich auf den angeführten Personenkreis verwiesen. Deshalb umfasst die **Bagatell-grenze** alle erstattungsfähigen Kosten der Haushaltsmitglieder.[101]

V. Verjährung (§ 111 SGB XII)

Der Anspruch auf Erstattung der aufgewendeten Kosten verjährt in vier Jahren, begin- 86
nend nach **Ablauf des Kalenderjahres, in dem er entstanden ist** (Abs. 1). Die Regelung
weicht damit von der des § 113 SGB X insoweit ab, als der Beginn der Verjährungsfrist
dort mit dem Ablauf des Kalenderjahres beginnt, in dem der erstattungsberechtigte
Leistungsträger von der Entscheidung des erstattungspflichtigen Leistungsträgers über
dessen Leistungspflicht Kenntnis erlangt hat.[102]

VI. Kostenerstattung auf Landesebene

1. Abweichende Bestimmung (§ 112 SGB XII)

Die Länder können Abweichendes über die Kostenerstattung zwischen den Trägern der 87
Sozialhilfe ihres Bereichs regeln (§ 112 SGB XII). Das lässt nur einen **begrenzten Gestal-tungraum** zu und ist damit kaum von Bedeutung. Regionale Sonderregelungen darüber
hinaus sind nicht erlaubt.[103] Gegenüber Trägern der Sozialhilfe in anderen Bundeslän-dern gelten die bundesrechtlichen Regelungen nach §§ 106 ff. SGB XII.[104] Gebrauch ge-macht haben davon – soweit ersichtlich – das Land Baden-Württemberg in § 10 AG-SGB XII und Hessen in § 7 AG-SGB XII.

2. Abweichende Durchführung (§ 99 SGB XII iVm länderrechtlicher Bestimmung)[105]

Die Länder können bestimmen, dass und inwieweit die **überörtlichen Träger die örtli-** 88
chen Träger der Sozialhilfe und beide ihnen zugehörige **Gemeinden oder Gemeindever-bände zur Durchführung von Aufgaben heranziehen** (§ 99 Abs. 1, 2, jeweils Hs. 1
SGB XII). Von dieser Möglichkeit haben alle Flächenstaaten (in unterschiedlichem Um-fang) durch Ausführungsgesetz (AG-SGB XII) bezogen auf Eilfälle und bei Zuständig-keitszweifeln Gebrauch gemacht (→ Kap. 50 Rn. 41). Daraus ergibt sich die Verpflich-tung des örtlichen Trägers bzw. der Gemeinden für den örtlichen (also den
[Land-]Kreis) die erforderliche Hilfe zu leisten und auch deren Verpflichtung, die aufge-wendeten Kosten zu erstatten.[106]

Der **Umfang der Erstattung** der Aufwendungen aus der Heranziehung wird in den je- 89
weiligen Landesgesetzen geregelt. Nach den AG-SGB XII tragen die Träger der Sozial-hilfe die Kosten für die Aufgaben, die ihnen nach dem SGB XII, einer DVO oder dem
AG-SGB XII obliegen.[107] Werden Aufgaben des

- überörtlichen Trägers der Sozialhilfe durch den örtlichen,
- örtlichen von einer kreisangehörige Gemeinde

101 BSG 24.3.2009 – B 8 SO 34/07, Rn. 11, da dies letztlich auch dem von der Norm verfolgten Ziel der Ver-einfachung nach BT-Drs. 13/3904, 47 zu Nr. 20 b diene; aA Steimer in: Mergler/Zink SGB XII § 110
Rn. 28 und W. Schellhorn in: Schellhorn/Hohm/Schneider § 110 Rn. 25.
102 Ansonsten stimmen die Regelungen mit denen des SGB X überein, auch bezüglich der Hemmung, Ablauf-hemmung, des Neubeginns und der Wirkung der Verjährung, → Rn. 47.
103 Wahrendorf in: Grube/Wahrendorf § 111.
104 So auch W. Schellhorn in: Schellhorn/Hohm/Schneider § 112 Rn. 2.
105 Siehe Schoch in: LPK-SGB XII § 99 Rn. 11 ff.
106 Siehe Schoch in: LPK-SGB XII § 99 Rn. 13 ff.
107 Siehe zB § 5 Abs. 1 AG-SGB XII Hessen; Art. 86 Abs. 1 AGSG BY.

durchgeführt, so hat im ersten Fall der überörtliche Träger der Sozialhilfe dem örtlichen **die aufgewendeten Kosten zu erstatten** und im zweiten Fall der (Land-)Kreis die der kreisangehörigen Gemeinde aufgewendeten Kosten.[108] Das gilt auch, wenn Sozialhilfe **fahrlässig zu Unrecht** erbracht worden ist, da die aufgewendeten Kosten zu erstatten sind (anders bei allen anderen Erstattungsansprüchen, → Rn. 9). Eine Erstattungspflicht besteht **nicht bei** zu Unrecht erbrachten Leistungen (oder bei Dritten nicht geltend gemachten vorrangigen Ansprüchen), soweit dies auf einer **vorsätzlichen oder grobfahrlässigen** Verletzung von Pflichten durch die herangezogene Körperschaft beruht.[109] Dies gilt auch, wenn eine solche ausdrückliche Landesregelung fehlt.[110] Dabei werden die durch die Heranziehung entstehenden **Kosten der Verwaltung** (Sach- und Personalkosten) unterschiedlich behandelt.[111]

VII. Vorrang der Erstattungsansprüche (§ 113 SGB XII)

90 Erstattungsansprüche der Träger **der Sozialhilfe** gegen andere Leistungsträger nach § 104 SGB X **gehen einer Übertragung, Pfändung oder Verpfändung** es Anspruchs **vor,** auch wenn sie vor Entstehen des Erstattungsanspruch erfolgt sind (§ 113 SGB XII). Damit wird den Trägern der Sozialhilfe die Möglichkeit eröffnet, auf Ansprüche zuzugreifen, die ein Leistungsberechtigter gegen einen (im Verhältnis zum Sozialhilfeträger) vorrangigen Leistungsträger hat, und zwar selbst dann, **wenn diese** bereits vor Eintritt des Leistungsfalles der Sozialhilfe **rechtsverbindlich Dritten übertragen, verpfändet oder von diesen rechtmäßig gepfändet** wurden.[112] Ohne diese Regelung hätte ein Gläubiger (zB ein Möbelverkäufer) einen Zugriff auf die der Sozialhilfe gegenüber vorrangige Sozialleistung, zB einer Rente, wenn er seine Forderung als erster geltend gemacht hat.[113]

VIII. Ersatzansprüche[114] der Träger der Sozialhilfe nach sonstigen Vorschriften (§ 114 SGB XII)

91 Nach § 114 SGB XII bestimmt sich das Recht des Trägers der Sozialhilfe, Ersatz seiner Aufwendungen von einem anderen zu verlangen, gegen den die Leistungsberechtigten einen vorrangigen Anspruch haben, nach sonstigen gesetzlichen Vorschriften, die dem § 93 SGB XII (Übergang von Ansprüchen)[115] vorgehen. Durch die Regelung wird der Zugriff auf die Kosten der Leistungen
1. für die Person, die den Anspruch gegen den anderen hat und
2. nach dem Dritten und Vierten Kapitel die gleichzeitig mit der Leistung nach Nr. 1 für den **nicht getrennt lebenden Ehegatten oder Lebenspartner und die minderjährigen unverheirateten Kinder** geleistet wurden,

ermöglicht. Durch die Regelung wird der Übergang des Anspruches zweifach **modifiziert.** Es wird **nicht** vorausgesetzt, dass der Berechtigte der Sozialleistung des anderen Leistungsträgers mit den minderjährigen unverheirateten **Kindern zusammenlebt.** Aller-

---

108 Siehe zB § 5 Abs. 2, 3 AG-SGB XII Hessen; Art. 86 Abs. 2, 3 AGSG BY.
109 Siehe § 5 Abs. 2 AG-SGB XII Nordrhein-Westfalen.
110 So auch Rabe in: Fichtner/Wenzel § 99 Rn. 4.
111 Siehe zB AG-SGB Bayern Art. 86 Abs. 2 S. 2: keine Erstattung; § 6 AG-SGB XII Baden-Württemberg: Soweit keine andere Regelung vereinbart ist, trägt der Landkreis die Verwaltungskosten in Höhe von zwei Dritteln der Personalkosten, die bei dem jeweiligen Landkreis entstehen würden; § 3 Abs. 3 S. 2 AG-SGB XII Brandenburg: pauschale Abgeltung nach Satzungsregelung; § 8 Abs. 3 S. 2 AG-SGB XII Niedersachsen: durch Finanzausgleichsgesetz.
112 BSG 23.5.1995 – 13 J 43/93, NDV-RD 1996, 7.
113 Siehe Schoch in: LPK-SGB XII § 113 Rn. 3.
114 Der Oberbegriff Ersatzansprüche umfasst auch Erstattungsansprüche.
115 Auch die hier insbesondere in Betracht kommenden Erstattungsansprüche des § 104 SGB X gehen § 93 SGB XII vor.

dings müssen die Kinder **minderjährig** sein, so dass die Anwendung des § 36 SGB XII (mit der Inanspruchnahme des Einkommens eines keine Sozialhilfe Beziehenden im Rahmen des Zusammenlebens in einer Wohnung), die nach § 104 SGB X möglich wäre, nicht in Betracht kommt.[116]

---

116   BSG 8.8.1990 – 11 Rar 78/88, FEVS 41, 255.

Teil V: Leistungserbringung
Kapitel 44: Sozialhilfe zwischen Staat und Markt

Literaturhinweise: Boeßenecker/Vilain, Spitzenverbände der freien Wohlfahrtspflege, 2. Auflage 2013; Geis, Die öffentliche Förderung sozialer Selbsthilfe, Baden-Baden 1997; Goll, Die freie Wohlfahrtspflege als eigener Wirtschaftssektor: Theorie und Empirie ihrer Verbände und Einrichtungen, Baden-Baden 1991; Engler, Die Leistungserbringung in den SGB II, III, VIII und XII im Spannungsverhältnis zum europäischen und nationalen Vergaberecht, RsDE 71 (2010), 41 ff.; Frommann, Sozialhilfe nach Vereinbarung, Frankfurt am Main 2002; Mrozynski, Rechtsfragen der Steuerung durch die Sozialleistungsträger beim Abschluss von Verträgen mit den Leistungserbringern und bei der institutionellen Förderung, ZFSH/SGB 2011, 197; Münder, Sozialraumorientierung und das Kinder- und Jugendhilferecht, in: Sozialpädagogisches Institut im SOS-Kinderdorf e.V. (Hrsg.), Sozialraumorientierung auf dem Prüfstand, München 2001, S. 6.; Neumann, Freiheitsgefährdung im kooperativen Sozialstaat, Köln 1992; Neumann, Die institutionelle Förderung als Instrument der Sozialplanung und Steuerung der Leistungserbringer, SDSRV 43 (1998), S. 7; Neumann, Anmerkung zu OLG Hamburg v. 7.12.2007 – 1 Verg 4/07 – zur Einordnung eines sozialhilferechtlichen Leistungserbringungsvertrags als öffentlicher Auftrag oder Dienstleistungskonzession, RsDE 68 (2009), 83 ff; Rogge, Staatliche Finanzkontrolle freier Wohlfahrtspflege, Berlin 2001; Trenk-Hinterberger, Die Rechtsstellung der Leistungserbringer als Subventionsempfänger, SDSRV 43 (1998), S. 33.

Rechtsgrundlagen:

GG Art. 2 Abs. 1, Art. 3 Abs. 1, Art. 4 Abs. 1 und 2, Art. 9 Abs. 1, Art. 12 Abs. 1, Art. 20 Abs. 1, Art. 114 Abs. 2, Art. 140 iVm Art. 137 Abs. 3 und 5 WRV

BHO §§ 44, 91, 104

SGB I § 17 Abs. 3, § 37 S. 2

SGB X §§ 45, 47, § 97 Abs. 1 und 2

SGB XII § 5 Abs. 1–6; § 75 Abs. 2 und 3; § 76 Abs. 2 S. 2

VwGO § 188 S. 2

VwVfG §§ 48, 49

Orientierungssätze:

1. Die Religionsgesellschaften und Verbände der freien Wohlfahrtspflege sind „Träger eigener sozialer Aufgaben", dh sie nehmen nicht abgeleitete staatliche Aufgaben, sei es als Beliehene oder als Verwaltungshelfer, wahr.

2. Die Zusammenarbeit von öffentlichen und freien Trägern setzt voraus, dass die soziale Aufgabe des Staates zugleich eine soziale Aufgabe der freien Träger sein kann.

3. Das Sozialstaatsprinzip richtet kein soziales Aufgabenmonopol der öffentlichen Träger ein, überträgt ihnen aber die Gesamtverantwortung dafür, dass die zur Ausführung von Sozialleistungen erforderlichen sozialen Dienste und Einrichtungen rechtzeitig und ausreichend zur Verfügung stehen und jeder Berechtigte die ihm zustehenden Sozialleistungen in zeitgemäßer Weise, umfassend und schnell erhält.

4. Die Abstimmung der öffentlichen mit den freien Aufgaben sowie der öffentlich-rechtlichen Kompetenzen mit den Rechten der Bürger und der freien Träger erfolgt im sozialrechtlichen Dreiecksverhältnis, dessen Basis der Rechtsanspruch des Bürgers auf Sozialhilfe ist.

5. Der institutionelle Vorrang der freien Träger ist keine Funktionssperre für die Sozialhilfeträger und hat mit einem Subsidiaritätsprinzip im Sinne einer durchgängig abgestuften Zuständigkeit des kleinen vor dem großen, des lokalen vor dem überregionalen Träger nichts gemein. Das Subsidiaritätsprinzip ist kein Verfassungsrechtssatz.

6. Freie und gewerbliche Träger sind im entgeltfinanzierten Einrichtungsbereich gleichgeordnet; § 5 Abs. 3 S. 2 SGB XII (bisher § 10 Abs. 3 S. 2 BSHG) bedarf einer grundrechtskonformen Auslegung.

7. Freie Träger haben Anspruch auf eine ermessensfehlerfreie Entscheidung über eine Förderung, aber keinen Anspruch auf eine bestimmte Art und Höhe der Förderung.

8. Der Konkurrent eines geförderten Trägers kann gegen dessen Förderung mit der Anfechtungsklage vorgehen, wenn er in einem konkreten Konkurrenzverhältnis zu diesem Träger steht und die ungleiche Förderung in die grundrechtlich geschützte Wettbewerbsfreiheit eingreift (negative Konkurrentenklage).

A. Allgemeines

I. Zusammenarbeit der öffentlichen und freien Träger

1. Freie Träger – Rechtsstatus, Rechtsformen

1 § 17 Abs. 3 S. 1 SGB I setzt eine Zusammenarbeit der Leistungsträger, zu denen auch die Sozialhilfeträger und die Träger der Grundsicherung nach dem SGB II gehören, mit gemeinnützigen und freien Einrichtungen und Organisationen voraus. Dabei haben die öffentlichen Träger darauf hinzuwirken, dass sich ihre Tätigkeit und die Tätigkeit der freien Träger zum Wohle der Leistungsempfänger wirksam ergänzen. § 17 Abs. 1 S. 2 SGB II hebt die Träger der freien Wohlfahrtspflege hervor. Die Leistungsträger sollen diese in ihrer Tätigkeit auf dem Gebiet der Grundsicherung angemessen unterstützen. Diese Regelung ist in Anlehnung an die sozialhilferechtliche Ausgestaltung des Zusammenwirkens zwischen freien und öffentlichen Trägern gestaltet. Somit ist davon auszugehen, dass der Begriff der „freien Wohlfahrtspflege" in dem weiten Sinne zu verstehen ist, wie er in der Überschrift des § 5 SGB XII begegnet und sowohl „Kirchen und Religionsgesellschaften des Öffentlichen Rechts" wie auch die „freie Wohlfahrtspflege" im engeren Sinne umfasst.

a) Kirchen und Religionsgesellschaften des öffentlichen Rechts

2 Der Begriff Religionsgesellschaften ist identisch mit dem in Art. 140 GG iVm Art. 137 Abs. 3 WRV verwendeten und meint einen „die Angehörigen eines und desselben Glaubensbekenntnisses ... für ein Gebiet ... zusammenfassenden Verband zu allseitiger Erfüllung der durch das gemeinsame Bekenntnis gestellten Aufgaben".[1] Eine Religionsgesellschaft ist eine „des öffentlichen Rechts", wenn sie eine **Körperschaft des öffentlichen Rechts** im Sinne von Art. 137 Abs. 5 WRV in einer der dort genannten zwei Alternativen ist. Kirchen sind Religionsgesellschaften, so dass ihre gesonderte Nennung im § 5 Abs. 1 SGB XII überflüssig ist.

b) Freie Wohlfahrtspflege

3 **Wohlfahrtspflege** ist nach einer in der Weimarer Republik entwickelten und in § 66 Abs. 2 AO aufgegriffenen Definition die planmäßige, zum Wohl der Allgemeinheit und nicht des Erwerbs wegen ausgeübte vorbeugende oder abhelfende unmittelbare Betreuung von wirtschaftlich, gesundheitlich oder infolge besonderer sozialer Schwierigkeiten bedrängter Personen aller Altersgruppen.[2] Die Ausübung „zum Wohl der Allgemeinheit" darf nicht mit dem geltenden Gemeinnützigkeitsrecht gleich gesetzt werden, auch wenn einzelne seiner Elemente für die Definition verwendet werden können. Wohlfahrtspflege wird zum Wohle der Allgemeinheit ausgeübt, wenn sie nicht auf Gewinnerzielung ausgerichtet, nicht auf Mitglieder des Trägers der betreuenden Einrichtung beschränkt ist und ohne Vorleistung erbracht wird.[3] Selbsthilfeorganisationen sind in dieser Definition eingeschlossen, wenn Selbsthilfe in dem weiteren Sinne verstanden wird,

---

1 Anschütz, Die Verfassung des Deutschen Reichs vom 11. August 1919, 14. Aufl. (1933), Art. 137 Erl. 2 (S. 633).
2 Zur Entwicklung des Begriffs in Literatur und Rechtsprechung Neumann, S. 60–75.
3 Neumann, S. 73 f.

dass auch Träger, die nicht nur Mitglieder betreuen und durchaus staatliche Förderung in Anspruch nehmen, Selbsthilfe leisten.

Frei ist Wohlfahrtspflege, wenn sie nicht von Gebietskörperschaften oder anderen juris- **4** tischen Personen des öffentlichen Rechts[4] ausgeübt wird. Positiv formuliert ist diejenige Wohlfahrtspflege frei, die Träger eigener sozialer Aufgaben, dh in Ansehung dieser Aufgaben Träger grundrechtlicher Freiheit ist.

c) Verein und Verband

Die in sechs Spitzenverbänden zusammengeschlossenen freien Träger sind ganz über- **5** wiegend in privatrechtlichen Rechtsformen organisiert.[5] Der **eingetragene Verein** ist nach wie vor die bevorzugte Rechtsform, wenn auch in neuerer Zeit vermehrt auf die **Gesellschaft mit beschränkter Haftung** zurückgegriffen wird. Die verfasste Kirche wird nur ausnahmsweise selbst karitativ tätig.[6] Solche Ausnahmen sind Kindergärten und gelegentlich noch Pflegedienste, die von **Kirchengemeinden als Körperschaften des öffentlichen Rechts** getragen werden. Im Regelfall werden auch die karitativen Dienste und Einrichtungen von privatrechtlich organisierten Trägern, insbesondere von eingetragenen Vereinen, betrieben. Diese Dienste und Einrichtungen, aber auch Kirchengemeinden als Träger solcher Dienste, sind Mitglieder der landeskirchlichen Diakonischen Werke und der Diözesan-Caritasverbände, die wiederum Mitglied im Diakonischen Werk der Evangelischen Kirche in Deutschland oder im Deutschen Caritasverband sind. Diese Verbände sind im Regelfall ebenfalls in der Rechtsform des eingetragenen Vereins organisiert.[7] Für die nichtkonfessionelle Wohlfahrtspflege gilt Entsprechendes.

Im Unterschied zum § 17 Abs. 1 S. 2 SGB II spricht der § 5 Abs. 1 SGB XII nicht von **6** „Trägern der freien Wohlfahrtspflege", sondern hebt hier die „Verbände der freien Wohlfahrtspflege" hervor. Deshalb ist zu klären, was unter einem „**Verband**" zu verstehen ist. Nach einer älteren, inzwischen aber kaum mehr vertretenen Ansicht sind mit „Verband" ausschließlich die in der Bundesarbeitsgemeinschaft der freien Wohlfahrtspflege zusammengeschlossenen sechs („anerkannten", wie vielfach gesagt wurde) Spitzenverbände gemeint.[8] Diese formelle Definition ist mit den Grundrechten, insbesondere der Vereinigungsfreiheit des Art. 9 Abs. 1 GG unvereinbar. Heute ist weitgehend unumstritten, dass der Verbandsbegriff in einem weiten Sinne zu verstehen ist. Der Begriff erfasst jede Vereinigung, die die Merkmale des materiellen Verbandsbegriffs erfüllt (→ Rn. 7).

Die **materiellen Merkmale des Verbandsbegriffs** sind umstritten. Nach einer Auffassung **7** soll jeder einzelne Träger und jede noch so kleine (Selbsthilfe-) Vereinigung, die Wohlfahrtsleistungen erbringt, ein „Verband der freien Wohlfahrtspflege" sein.[9] Gegen den weiten Verbandsbegriff sprechen die grammatische und systematische Auslegung. Schon das Sprachgefühl sperrt sich gegen die Bezeichnung eines jeden Zusammenschlusses von Menschen als Verband. Das Gesetz selbst differenziert in § 75 Abs. 3 S. 1 SGB XII zwi-

---

4 So die zutreffende Ergänzung von Gitter ZfSH/SGB 1995, 393 (397).
5 Einzelheiten bei Goll, S. 122–131.
6 Zum Folgenden Schmitz-Elsen, Die karitativen Werke und Einrichtungen im Bereich der katholischen Kirche, in: Listl/Pirson (Hrsg.), Handbuch des Staatskirchenrechts der Bundesrepublik Deutschland, Bd. II, 2. Aufl. (1995), S. 789; v. Tiling, Die karitativen Werke und Einrichtungen im Bereich der evangelischen Kirche, ebenda, S. 809.
7 Eine öffentlich-rechtliche Organisationsform hat die Diakonie der Pfälzischen Landeskirche, s. v. Tiling, Die karitativen Werke und Einrichtungen im Bereich der evangelischen Kirche, in: Listl/Pirson (Hrsg.), Handbuch des Staatskirchenrechts der Bundesrepublik Deutschland, Bd. II, 2. Aufl. (1995), S. 809 (825). Zum Sonderfall in der Nordelbischen Kirche Christoph ZevKR 34 (1989), 406 (417).
8 So aber noch Schellhorn BSHG, 16. Aufl. (2002), § 10 Rn. 11. Ein Überblick zum Meinungsstand gibt Giese social management (1992), 37.
9 Geis, S. 140; Münder NDV 1996, 350.

schen dem „Träger der Einrichtung oder seinem Verband" und stellt damit klar, dass ein Träger einem Verband angehören kann, aber nicht selbst Verband ist. Auch die historische Auslegung erzwingt die strikte Unterscheidung zwischen einzelnen Trägern bzw. Vereinen und dem übergreifenden Verband.[10]

8 Ein engeres Verständnis des Verbandsbegriffs zieht die Bundesarbeitsgemeinschaft der freien Wohlfahrtspflege in ihrer Selbstdarstellung heran. Danach sind die Wohlfahrtsverbände „föderalistisch strukturiert".[11] Sie sind also mindestens auf der **Ebene eines Bundeslandes** organisierte Zusammenschlüsse von Einrichtungen und Diensten der freien Wohlfahrtspflege, die ein **Mindestmaß an Organisation** aufweisen. Dabei bieten die (Spitzen)Verbände der freien Wohlfahrtspflege gem. § 1 Abs. 2 der Satzung der Bundesarbeitsgemeinschaft der Freien Wohlfahrtspflege eV grundsätzlich **alle sozialpädagogischen Hilfeformen** an.[12] Partner des Sozialstaats sollen gemäß § 5 SGB XII nur solche Vereinigungen sein, die erstens in der Lage sind, verbandsinterne Einzelinteressen zu bündeln und auszugleichen, und zweitens über eine bestimmte **soziale Mächtigkeit** („Vereinbarungsfähigkeit") verfügen. Die Nomenklatur des § 5 Abs. 1 SGB XII ist deshalb enger als die in § 17 Abs. 3 SGB I angesprochenen „gemeinnützigen und freien Einrichtungen" und geht als speziellere Regelung vor.[13]

d) „Träger eigener sozialer Aufgaben"

9 Die Religionsgesellschaften, Träger und Verbände der freien Wohlfahrtspflege sind **Träger eigener sozialer Aufgaben,** dh sie nehmen nicht etwa abgeleitete staatliche Aufgaben, sei es als Beliehene oder als Verwaltungshelfer, wahr.[14] Die Trägerschaft eigener sozialer Aufgaben beschreibt ihren Rechtsstatus, der in den Grundrechten und im kirchlichen Selbstverwaltungsrecht des Art. 140 GG iVm Art. 137 Abs. 3 WRV verfassungsrechtlich gewährleistet und in § 5 Abs. 2 S. 2 SGB XII als „Selbstständigkeit in Zielsetzung und Durchführung ihrer Aufgaben" bezeichnet ist. Die Träger bestimmen, welche soziale Aufgabe sie als eigene wahrnehmen wollen, sie haben also die **Aufgabendefinitionskompetenz.** Die weitere Feststellung des § 5 Abs. 1 SGB XII, dass die Tätigkeit zur Erfüllung der eigenen Aufgaben durch dieses Gesetz „nicht berührt" werde, besagt lediglich, dass sie nicht Adressaten der sozialhilferechtlichen Regelungen sind, solange sie nur ihre eigenen Aufgaben wahrnehmen. Sobald sie aber mit den Trägern der Sozialhilfe zusammenarbeiten, werden sie sehr wohl „durch dieses Gesetz berührt".

10 Was zum Rechtsstatus der Religionsgesellschaften des öffentlichen Rechts und zu den Verbänden der freien Wohlfahrtspflege gesagt wurde, gilt grundsätzlich für jeden Träger sozialer Dienste und Einrichtungen, der Wohlfahrtspflege ausübt. Denn § 5 Abs. 1 SGB XII reformuliert einen Status, der in den Grundrechten und im Selbstverwaltungsrecht des Art. 137 Abs. 3 WRV gewährleistet ist. Wenn ein Träger die Voraussetzungen des Art. 19 Abs. 3 GG erfüllt, was regelmäßig anzunehmen ist, wird seine Tätigkeit durch Art. 12 Abs. 1 GG und entweder durch Art. 4 Abs. 1 und 2 GG oder durch Art. 2 Abs. 1 GG geschützt. Einzelne Träger der Diakonie oder Caritas werden durch ihre Zuordnung zu einer Religionsgesellschaft geschützt. Kriterien der Zuordnung sind die or-

---

10 Dazu Neumann VSSR 1997, 369 (377–379).

11 http://www.bagfw.de/wir-ueber-uns/freie-wohlfahrtspflege-in-deutschland/.

12 http://www.bagfw.de/wir-ueber-uns/satzung; vgl. hierzu Neumann, S. 75–80.

13 Anders Münder in: LPK-SGB XII, 9. Aufl., § 5 Rn. 8 ua mit Bezug auf Geis, S. 139, der meint, dass § 17 Abs. 3 SGB I den § 10 BSHG „als verbindliche Auslegungsrichtlinie modifizierend überlagert". § 37 S. 2 SGB I, der eine Ausnahme vom Vorrang der „übrigen Bücher" des S. 1 normiert, vermag die Regel „lex posterior derogat legi priori" nicht zu durchbrechen, weil diese Regel eine Ausprägung des Demokratieprinzips ist (vgl. auch → Rn. 83). Der Gesetzgeber hat aber die abweichende Regelung des § 10 BSHG (heute § 5 SGB XII) bei den diversen Änderungen des Leistungserbringungsrechts bestätigt. Deshalb bleibt es bei dem Grundsatz „lex specialis derogat legi generali".

14 Rogge, S. 94 f.; Geis, S. 180 f.; Neumann, S. 54 f.

ganisatorische Verbundenheit mit der Amtskirche, wie sie sich in Aufsichts- und Direktionsrechten und in personellen Verflechtungen zeigt, und die **Wahrnehmung kirchlicher Aufgaben**.[15]

2. Staatliche und freie Aufgaben

a) Kein staatliches Aufgabenmonopol

Nach § 17 Abs. 3 S. 1 SGB I, sowie nach § 5 Abs. 2 S. 1 und 2 SGB XII sollen die Leistungsträger mit den freien Trägern zusammenarbeiten. § 17 Abs. 1 S. 2 SGB II basiert ebenfalls auf diesem Kooperationsmodell.[16] Dabei, also in dieser **Zusammenarbeit**, achten die öffentlichen Träger die Selbstständigkeit der freien Träger in Zielsetzung und Durchführung ihrer Aufgaben (§ 17 Abs. 3 S. 2 SGB I, § 5 Abs. Abs. 2 S. 2 SGB XII). Das Gesetz, das die öffentlichen Träger durchführen sollen, verpflichtet sie zur Wahrnehmung öffentlich-rechtlicher Aufgaben, die in der Zusammenarbeit zu erfüllen sind. **11**

Das beschriebene Modell der Zusammenarbeit wäre nicht zu verwirklichen, wenn das **Sozialstaatsprinzip** dem Staat und seinen Sozialleistungsträgern ein **soziales Aufgabenmonopol** verleihen würde. Das Bundesverfassungsgericht hat im Sozialhilfe-Urteil den scheinbar unvermeidlichen Konflikt zwischen staatlichen und freien Aufgaben durch eine ebenso elegante wie überzeugende Auslegung des Sozialstaatsprinzips verhindert. Dieses Prinzip bestimme nur das Ziel einer gerechten Sozialordnung, also die Aufgabe des Staates, lasse aber für die Erreichung des Ziels, also die Aufgabenerfüllung, alle Wege offen. Folglich stehe es dem Gesetzgeber frei, „zur Erreichung des Zieles auch die Mithilfe privater Wohlfahrtsorganisationen vorzusehen".[17] Ein soziales Aufgabenmonopol des Staates gibt es nicht. **12**

b) Das Bild der konzentrischen Kreise

Das in den §§ 17 Abs. 3 SGB I, 17 Abs. 1 S. 2 SGB II und 5 Abs. 2 SGB XII normierte Modell der Zusammenarbeit setzt weiter voraus, dass die **soziale Aufgabe des Staates** zugleich eine **soziale Aufgabe der freien Träger** sein kann. Ein Konflikt, der zwar im Pflegeversicherungsrecht ausgetragen wurde, aber ebenso gut im Sozialhilferecht hätte eintreten können, weist in den Kern des Problems.[18] Die „Christliche Wissenschaft" ist eine Gemeinschaft von Menschen, die im Krankheitsfall Heilung durch das Gebet suchen und sich vertrauensvoll Gottes Willen unterstellen, die Hilfe der medizinischen Wissenschaft aber ablehnen. Diese Vereinigung betreibt ein Pflegeheim und beantragt bei der Pflegekasse den Abschluss eines Versorgungsvertrages. Der Abschluss wird abgelehnt, da entgegen der gesetzlichen Vorgabe im Pflegeheim nicht unter ständiger Verantwortung einer medizinisch ausgebildeten Pflegefachkraft gemäß dem „allgemein anerkannten Stand medizinisch-pflegerischer Erkenntnisse" gepflegt wird. Die sozialstaatliche und die religiös geprägte freie Aufgabe liegen hier so weit auseinander, dass die Erfüllung der staatlichen Aufgabe durch die Wahrnehmung einer eigenen Aufgabe des freien Trägers unmöglich ist. **13**

Im Sachbereich Wohlfahrtspflege ist das Auseinanderfallen von staatlicher und freier Aufgabe nicht der Regelfall. Denn die karitative Tätigkeit ist in einem Maße professionalisiert, dass in der fachlich-methodischen Arbeit Unterschiede zu weltlicher sozialer Arbeit kaum festzustellen sind. Allerdings würde die Selbstständigkeit der freien Träger **14**

15 BVerfG 11.10.1977 – 1 BvR 96/77, BVerfGE 46, 73 (85); 25.3.1980 – 2 BvR 208/76, BVerfGE 53, 366 (391); 17.2.1981 – 2 BvR 384/78, BVerfGE 57, 220 (242). Kritisch zu dieser Rechtsprechung Wieland Der Staat 25 (1986), 321 (344 f.).
16 Vgl. Neumann/Nielandt, Erbringung von Sozialleistungen, S. 37.
17 BVerfG 18.7.1967 – 2 Bvr 3, 4, 5, 6, 7, 8/62; 2 BvR 139, 140, 334, 335/62, BVerfGE 22, 180 (204).
18 BSG 6.8.1998 – B 3 P 8/97, SozR 3–330 3 73 Nr. 1 = RsDE 43 (1999), 104.

wenig Sinn machen, wenn ihre Aufgaben mit denen des Staates deckungsgleich wären. Regelmäßig ist denn auch die freie Aufgabe **umfassender** als die staatliche. Die Sozialleistung, zu deren Gewährung der Sozialhilfeträger gesetzlich verpflichtet ist, muss in vollem Umfang erbracht werden. Dem freien Träger ist es aber unbenommen, ein „Mehr" zu leisten, das in zusätzlichen Leistungen, aber auch in der besonderen Zuwendung bestehen kann, die karitativen Motiven entspricht und quantitativ nicht messbar ist. Denkt man sich die staatlichen und karitativen Aufgaben als Kreise, dann muss der staatliche Aufgabenkreis vom karitativen Aufgabenkreis **umschlossen** sein.[19]

3. Gesamtverantwortung der öffentlichen Träger

15 Das Sozialstaatsprinzip richtet zwar kein soziales Aufgabenmonopol der öffentlichen Träger ein, überträgt ihnen aber die „**Gesamtverantwortung** dafür, dass ... durch behördliche und freie Tätigkeit das Erforderliche geschieht".[20] Diese Verantwortung meint erstens die Strukturverantwortung,[21] dh die Verantwortung dafür, dass die zur Ausführung von Sozialleistungen erforderlichen sozialen Dienste und Einrichtungen rechtzeitig und ausreichend zur Verfügung stehen. Zweitens bleiben die öffentlichen Träger für die Erfüllung der sozialrechtlichen Aufgaben verantwortlich, dh verantwortlich dafür, dass „jeder Berechtigte die ihm zustehenden Sozialleistungen in zeitgemäßer Weise, umfassend und schnell erhält".[22] Diese Gesamtverantwortung ist eine Aufgabe, aber keine Befugnis. Das rechtsstaatliche Verbot des Schlusses von der Aufgabe auf die Befugnis untersagt dem öffentlichen Träger, unter Berufung auf seine Gesamtverantwortung in die Selbstständigkeit der freien Wohlfahrtspflege einzugreifen. Solche Eingriffe sind nur zulässig, wenn gesetzliche Befugnisnormen wie etwa Ermächtigung zu Wirtschaftlichkeitsprüfungen oder zu Maßnahmen der Qualitätssicherung vorhanden sind. Andernfalls kann der öffentliche Träger seiner Gesamtverantwortung nur durch **Formen des kooperativen Verwaltens**, durch die „hergebrachte und durch Jahrzehnte bewährte Zusammenarbeit von Staat und Verbänden" nachkommen.[23] Die Mittel dieser Zusammenarbeit sind der Vertrag sowie das Geld, also Zuwendungen und Subventionen. *Trute* spricht präzise von „staatlicher Gewährleistungsverantwortung bei eigenständiger privater Aufgabenerfüllung".[24]

---

19 Nicht ganz ohne Süffisanz bezeichnet Meyer, Wettbewerbliche Neuorientierung der Freien Wohlfahrtspflege, (1999), S. 30, diese Verbindung von sozialstaatlicher Sozialarbeit und kirchlichem Sendungsauftrag als „Kuppelproduktion ..., deren beide Outputs – soziale Hilfe und Offenbarung Gottes – dem Hilfeempfänger angeboten und ggf. als Einheit zugeführt werden".

20 BVerfG 18.7.1967 – 2 Bvr 3, 4, 5, 6, 7, 8/62; 2 BvR 139, 140, 334, 335/62, BVerfGE 22, 180 (206).

21 Diese Verantwortung kommt der in der Steuerungsdiskussion geprägten „Gewährleistungsverantwortung" nahe: „Der Staat übernimmt Verantwortung in dem Sinne, dass mithilfe der rechtlich bereitgestellten Strukturen angemessene gesellschaftliche Problemlösungen erreicht werden". Hoffmann-Riem, DÖV 1997, 433 (441 f.); Schuppert, DV 31 (1998), 415 (424 f.). Deckungsgleich sind die Begriffe aber nicht: Strukturverantwortung meint die rechtliche Pflicht des Staates zur Bereitstellung von Strukturen, die vor allem der Erfüllung individualrechtlicher Ansprüche dienen.

22 § 17 Abs. 1 Nr. 1 und 2 SGB I. – Diese Verantwortung ist mit der in der Steuerungsdiskussion verwendeten „Erfüllungsverantwortung" nicht identisch, weil damit die Erfüllung von Aufgaben in eigener Regie des Staates, also im sozialrechtlichen Verständnis die „eigenhändige Leistungserbringung" gemeint ist. Schuppert DV 31 (1998), 415 (423). Nahe kommt hingegen die „Auffangverantwortung", zu der Schuppert sagt: Sie „sitzt auf der Reservebank, solange das Spiel gut läuft, wird aber in dem Moment aktiviert, wenn ein gemeinwohlrelevantes Steuerungsdefizit zu konstatieren ist" (S. 426). Hoffmann-Riem DÖV 1997, 433 (442) bezeichnet die Auffangverantwortung als „latente Erfüllungsverantwortung" des Staates und meint damit die „Möglichkeit unmittelbar ergebnisorientierter Steuerung, wenn und soweit das selbstregulative Handeln Dritter nicht hinreichend zielführend ist".

23 BVerfG 18.7.1967 – 2 Bvr 3, 4, 5, 6, 7, 8/62; 2 BvR 139, 140, 334, 335/62, BVerfGE 22, 180 (200).

24 Trute DVBl. 1996, 950 (953). Zum Vorbehalt hinsichtlich der Gewährleistungsverantwortung s. Fn. 21.

Bieritz-Harder

II. Einordnung in die Strukturprinzipien

1. Rechtsanspruch – Keine Hilfe für die Vergangenheit

Die öffentlichen und die freien Träger stimmen ihre Aufgaben dergestalt ab, dass mit **16** der Wahrnehmung einer eigenen freien Aufgabe zugleich die sozialstaatliche Aufgabe erfüllt wird. Das Bild der konzentrischen Kreise liefert die völlig undramatische Erklärung, warum der Löwenanteil der Einnahmen der freien Träger aus sozialstaatlichen Kassen stammt. Die Abstimmung sowohl der öffentlichen mit den freien Aufgaben als auch der öffentlich-rechtlichen Kompetenzen mit den Rechten der Bürger und der freien Träger erfolgt im **sozialrechtlichen Dreiecksverhältnis**,²⁵ dessen Basis die Rechtsbeziehung zwischen dem Bürger und dem öffentlichen Träger ist. Der Bürger hat einen Rechtsanspruch auf Sozialhilfe gegen den öffentlichen Träger, der die begehrte Leistung durch Verwaltungsakt bewilligt, den leistungserbringenden freien Träger bestimmt und die Übernahme der Kosten der zu erbringenden Leistung erklärt. Der Grundsatz „keine Hilfe für die Vergangenheit" steht einer **Selbstbeschaffung** der Leistung bei einem freien Träger und einer anschließenden Kostenerstattung grundsätzlich entgegen. Wird eine Leistung von einem freien Träger ohne vorherige Kostenübernahmeerklärung erbracht, handelt es sich um eine „Leistung von anderen" im Sinne von § 2 Abs. 1 SGB XII, die der Sozialhilfe vorrangig ist.

2. Wunsch- und Wahlrecht – Leistungserbringungsverträge

Wenn der Leistungsberechtigte einen bestimmten freien Träger auswählt, wird mit der **17** Erklärung der Kostenübernahme zugleich über die **Angemessenheit seines Wunsches** entschieden. Da Inhalt, Umfang und Qualität der zu erbringenden Leistung sowie die dafür zu entrichtende Vergütung nicht in jedem einzelnen Leistungsfall vereinbart werden können, müssen diese und andere Fragen in **übergreifenden Verträgen** zwischen den öffentlichen Trägern und den freien Trägern bzw. deren Verbänden geregelt werden. Für die Träger der Grundsicherung enthält § 17 Abs. 2 SGB II nähere Regelungen zu den Verträgen. Für den Bereich der Sozialhilfe gelten die Regelungen der §§ 75 ff. SGB XII.

3. Würde des Menschen

Die Zusammenarbeit soll gemäß § 17 Abs. 3 S. 1 SGB I und § 5 Abs. 3 S. 1 SGB XII **18** darauf gerichtet sein, dass sich die Tätigkeit der öffentlichen und freien Träger „zum Wohle der Leistungsberechtigten wirksam ergänzen". Was das Wohl des Leistungsberechtigten ist, bestimmt dieser grundsätzlich selbst, und nicht etwa der Sozialhilfeträger „in dessen wohlverstandenem Interesse."²⁶ Denn ein Leben, das der **Würde des Menschen** entspricht, schließt die Selbstverwirklichung nach eigenen Maßstäben ein. Diesem Grundsatz trägt das **Wunsch- und Wahlrecht** des § 9 Abs. 2 SGB XII Rechnung. Das SGB II enthält keine ausdrückliche Regelung zum Wunsch- und Wahlrecht. Hier gilt die allgemeine Regelung des § 33 S. 2 SGB I.²⁷

---

25 Eine Darstellung aus neuerer Zeit bei Brünner, Vergütungsvereinbarungen für Pflegeeinrichtungen nach SGB XI (2001), S. 19–40.
26 So aber BSG 15.11.1983 – 1 RA 33/83, SozR 2200 § 1236 Nr. 43, S. 98 zum vermeintlichen „Einrichtungsbestimmungsrecht" des Rentenversicherungsträgers in der medizinischen Rehabilitation. Eine treffende Kritik dieser Entscheidung bei Krasney, Der Individualisierungsgrundsatz im Rahmen des § 33 SGB I, in: Boecken/Ruland/Steinmeyer (Hrsg.), Sozialrecht und Sozialpolitik in Deutschland und Europa, in: FS v. Maydell (2002), S. 365 (373).
27 Vgl. auch Neumann/Nielandt, Erbringung von Sozialleistungen, S. 33.

4. Vorrang der freien Träger („Subsidiaritätsprinzip")

19 § 5 Abs. 4 SGB XII verpflichtet die Sozialhilfeträger von der Durchführung eigener Maßnahmen abzusehen, wenn die Hilfe im Einzelfall durch die freie Wohlfahrtspflege gewährleistet wird. S. 2 („Dies gilt nicht für die Erbringung von Geldleistungen") ist eine Ausnahme vom **individuellen Vorrang** und stellt klar, dass der Sozialhilfeträger nicht von der Pflicht zur Gewährung von Geldleistungen an den leistungsberechtigten Bürger befreit wird. **Institutionelle Vorrangregelungen** sind in den §§ 17 Abs. 1 S. 1 SGB II und 75 Abs. 2 S. 1 SGB XII enthalten. Danach sollen diese von der Errichtung eigener Einrichtungen abzusehen, soweit geeignete Einrichtungen „anderer Träger" vorhanden sind, ausgebaut oder geschaffen werden können.

20 Die genannten Vorrangregelungen des Sozialhilferechts waren Gegenstand des mit großem weltanschaulichen Aufwand geführten Verfassungsstreits um das **„Subsidiaritätsprinzip"** der 1960er Jahre.[28] Das Bundesverfassungsgericht ging auf das Subsidiaritätsprinzip mit keinem Wort ein, sondern betonte die „hergebrachte und durch Jahrzehnte bewährte Zusammenarbeit von Staat und Verbänden",[29] um mit dem koordinierten Einsatz öffentlicher und privater Mittel den größtmöglichen Erfolg zu erzielen. Der **individuelle Vorrang** gemäß § 8 Abs. 2 S. 2 BSHG (heute § 11 Abs. 5 S. 1 SGB XII) wurde dahin verstanden, dass der Sozialhilfeträger den Ratsuchenden auf die Beratung durch freie Träger hinweisen muss, trotzdem aber in vollem Umfang beratende Tätigkeit in sozialen Angelegenheiten ausüben darf.[30]

21 Der **institutionelle Vorrang** wird durch den „Grundsatz des sinnvollen Einsatzes finanzieller Mittel" entschärft. Der öffentliche Träger muss zunächst prüfen, welche Einrichtungen erforderlich sind und ob sie ausreichend zur Verfügung stehen. Ist das Ergebnis der Prüfung negativ, darf er Einrichtungen selbst schaffen, wenn seine Anregungen und Maßnahmen der Förderung zugunsten der freien Träger nicht greifen oder wenn diese keine angemessene Eigenleistung aufbringen. Keinesfalls ist die Schließung vorhandener öffentlicher Einrichtungen oder die Förderung der Neuerrichtung freier Träger gefordert, wenn öffentliche ausreichend zur Verfügung stehen. Die Förderung darf auch dann unterbleiben, wenn öffentliche Einrichtungen mit bescheidenen Mitteln ausgebaut werden können.[31] Aus dem Vorrang der nichtstaatlichen Träger folgt also keine **Funktionssperre** für die öffentlichen Träger.[32] Der solchermaßen bestimmte und begrenzte Vorrang hat mit einem Subsidiaritätsprinzip im Sinne einer durchgängig abgestuften Zuständigkeit des kleinen vor dem großen, des lokalen vor dem überregionalen Träger nichts gemein. Deshalb gibt es auch keinen Vorrang innerhalb der freien Träger, wonach etwa kleinere und lokale Initiativen vor größeren Verbänden zu fördern wären.[33] Nach dieser pragmatischen Streitschlichtung durch das Bundesverfassungsgericht war die Vorrangregelung in vier Jahrzehnten nur einmal Gegenstand einer Auseinandersetzung, die gerichtlich ausgetragen wurde.[34]

22 Der **Subsidiaritätsgedanke** ist ein sinnvoller sozial- bzw. – wenn man so formulieren will – verfassungspolitischer Grundsatz. Ein Verfassungsrechtssatz ist er aber nicht. Das

---

28 Von den Kritikern wurde geargwöhnt, dass die Formulierung des Subsidiaritätsgedankens in der Sozialenzyklika „Quadragesimo anno" von 1931 für das BSHG und JWG Pate gestanden habe. Der entscheidende Passus der Enzyklika wird zitiert von Münder in: LPK-BSHG, 6. Aufl. (2003), § 10 Rn. 15.

29 BVerfG 18.7.1967 – 2 Bvr 3, 4, 5, 6, 7, 8/62; 2 BvR 139, 140, 334, 335/62, BVerfGE 22, 180 (200).

30 BVerfG 18.7.1967 – 2 Bvr 3, 4, 5, 6, 7, 8/62; 2 BvR 139, 140, 334, 335/62, BVerfGE 22, 180 (208 f.).

31 BVerfG 18.7.1967 – 2 Bvr 3, 4, 5, 6, 7, 8/62; 2 BvR 139, 140, 334, 335/62, BVerfGE 22, 180 (200 f.).

32 Münder in: LPK-SGB XII, 8. Aufl. (2008), § 5 Rn. 19; Rothkegel, Die Strukturprinzipien des Sozialhilferechts (2000), S. 107: „Eine „Deregulierung" auf dem Gebiet der Sozialhilfe als dem Kernbereich staatlicher Daseinsvorsorge kommt schon aus verfassungsrechtlichen Gründen nicht in Betracht".

33 In diese Richtung aber Münder in: LPK-SGB XII, 8. Aufl. (2008), § 5 Rn. 45–49.

34 VG Stade 26.1.1993 – 4 A 161/91, RsDE 35 (1997), 79 (84 f.). Zum Vorrang in der Jugendhilfe NdsOVG 23.3.1998 – 4 L 3057/96, RsDE 43 (1999), 69 (73 f.).

wird in der Literatur immer wieder einmal anders gesehen, wobei die Befürworter durch das Subsidiaritätsprinzip in Art. 3 b Abs. 2 EGV (später Art. 5 Abs. 3 EUV)[35] einen gewissen Auftrieb erhalten hatten. Kennzeichnend für die einschlägige Literatur ist die Diskrepanz zwischen der weit ausholenden Beweisführung und der Kargheit des Ergebnisses.[36] Die von *Herzog* gegen einen Verfassungsrechtssatz „Subsidiarität" vorgetragenen Argumente sind noch immer unwiderlegt. Wer will, mag sie nachlesen.[37]

B. Lage nach dem SGB II

I. Freie und gewerbliche Träger

1. Die alte Vorrangregelung des Sozialhilferechts

Bei der Bestimmung des Verhältnisses zwischen den öffentlichen Leistungsträgern und **23** den freien sowie gewerblichen Trägern, die auf dem Gebiet der Grundsicherung für Arbeitsuchende tätig werden, knüpft der Gesetzgeber deutlich an die Regelungen des Sozialhilferechts an. Zum Verständnis ist es deshalb wichtig, sich die früheren Entwicklungen auf dem Gebiet des Sozialhilferechts zu vergegenwärtigen.

Auf dem Gebiet des Sozialhilferechts führte der Gesetzgeber durch das „Haushaltsge- **24** setz 1984" in § 93 Abs. 2 S. 3 BSHG aF einen **Vorrang der Träger der freien Wohlfahrtspflege** vor den „anderen", dh vor allem den gewerblichen Trägern ein.[38] Den Zweck dieser Regelung erschließt die in den Gesetzesmaterialien wiederholt geäußerte Sorge um eine von den Heimen ausgehende Tendenz zur stationären Hilfe.[39] Diese Tendenz sollte durch die Eindämmung der vermeintlichen **„Sogwirkung"** in die Heime und durch den gleichzeitigen Ausbau ambulanter Hilfen gebrochen werden. Da von freien Trägern erwartet werden könne, dass sie aufgrund ihres Selbstverständnisses an Brennpunkten des sozialen Bedarfs auch dann tätig werden, wenn Kostenfragen noch nicht geklärt sind, und umgekehrt diese Erwartung gewinnorientierten Unternehmen nicht entgegengebracht werden könne, setzte der Gesetzgeber auf die freien Träger.

Die Vorrangklausel war ein **Eingriff in die Berufsfreiheit** der gewerblichen Träger und **25** eine **Ungleichbehandlung** im Verhältnis zu den freien Trägern. Aus dem Zweck der Klausel folgte, dass sie von vornherein nur im Hinblick auf gewerbliche Träger stationärer, nicht aber ambulanter Hilfen ein geeignetes Mittel sein konnte. Die Klausel bedurfte also schon aus diesem Grund einer grundrechtskonformen Auslegung. Außerdem war sie nur für die begrenzte Zeit des beabsichtigten Umbaus der Hilfeangebote für die Zweckerreichung geeignet.[40] In der mehr als zehnjährigen Geschichte ihrer Geltung ist nur eine einschlägige Gerichtsentscheidung bekannt geworden.[41]

2. Gleichordnung im entgeltfinanzierten Einrichtungsbereich

Die Vorrangklausel wurde durch das „Gesetz zur Reform des Sozialhilferechts" vom **26** 23.7.1996 gestrichen.[42] Zugleich erhielt § 93 Abs. 1 S. 1 BSHG die heute geltende Fassung (§ 75 Abs. 2 S. 1 SGB XII). Der § 17 Abs. 1 S. 1 SGB II enthält eine fast wortgleiche Regelung. Damit werden in Ansehung der Neuerrichtung von Einrichtungen und Diens-

---

35 Im AEUV ist keine entsprechende Regelung mehr enthalten.
36 Vgl. Butzer, Fremdlasten in der Sozialversicherung (2001), S. 484: Die Heranziehung des Subsidiaritätsgedankens führe „kaum zu eindeutigen Ergebnissen".
37 Herzog, Der Staat 2 (1963), 399.
38 Gesetz vom 22.12.1983 (BGBl. I, 1532). Das 2. SKWP-Gesetz vom 21.12.1993 (BGBl. I, 2374) übertrug die Regelung in Abs. 6 S. 1.
39 Nachweise bei Neumann, S. 185 f.
40 Zur Verfassungsmäßigkeit des Vorrangs Neumann RsDE 33 (1996), 124 (137).
41 VG Hamburg 9.12.1992 – 8 VG 3130/92, RsDE 24 (1994), 53.
42 BGBl. I, 1088.

ten die freien und gewerblichen Träger gleichgestellt[43] und beide gegenüber öffentlichen Trägern bevorzugt.

27 Der Regierungsentwurf zum „Gesetz zur Reform des Sozialhilferechts" von 1996 war erheblich weitergegangen und hatte in § 10 Abs. 2 BSHG die Pflicht zur Zusammenarbeit auf die „Verbände anderer Träger" erstreckt.[44] Die beabsichtigte Änderung griff mit der Beseitigung des Unterschieds zwischen freier Wohlfahrtspflege und gewerblichen Trägern in § 10 BSHG weit über das Leistungserbringungsrecht hinaus und in das Statusrecht der freien Wohlfahrtspflege ein. Die Selbstständigkeit in Zielsetzung und Durchführung eigener Aufgaben ist auf die freien Träger zugeschnitten, nicht aber auf die gewerblichen, die ein Gewinnerzielungsinteresse, aber kein Interesse an einer Trägerschaft eigener Aufgaben haben. Ihre Freiheit ist in Art. 12 Abs. 1 GG und nicht zugleich im „Grundrecht der freien karitativen Betätigung[45]" und gleich gar nicht in Art. 4 Abs. 1 und 2 GG und im Staatskirchenrecht geschützt. Auch ist es nicht richtig, dass – wovon der Gesetzesentwurf ausging – die Zusammenarbeit zwischen freier und öffentlicher Wohlfahrtspflege sich in der Leistungserbringung nach §§ 75 ff. SGB XII erschöpft. Die freien Träger sind vielfach in **sozialen Brennpunkten** tätig, in denen Kostenfragen noch nicht geklärt sind. Sie können dies tun, weil sie über **Eigenmittel** und **ehrenamtliche Helfer** verfügen. Dagegen bestimmt sich das Engagement der gewerblichen Träger nach dem Verhältnis des eingesetzten Kapitals zum erwarteten Gewinn. Die von der Bundesregierung im Jahre 1995 beabsichtigte Gleichstellung in § 10 Abs. 2 BSHG ignorierte diese Unterschiede und wurde vom Caritasverband zu Recht als Versuch einer **Demontage der sozialpolitischen Stellung der Kirchen und Wohlfahrtsverbände** verstanden.[46] Die Änderung konnte im Ausschuss für Arbeit und Soziales verhindert werden.

28 Für das Gebiet der Grundsicherung erlegt § 18 Abs. 1 SGB II den öffentlichen Leistungsträgern die Pflicht auf, mit allen relevanten Gruppen und Trägern zusammenzuarbeiten und benennt hier „nur" unter anderem die Träger der freien Wohlfahrtspflege. Dennoch gilt auch hier durch § 17 Abs. 1 S. 2 SGB II, dass die Träger der freien Wohlfahrtspflege eine hervorgehobene Stellung einnehmen.

3. Privilegierung freier Träger

29 Gemäß § 17 Abs. 1 S. 2 SGB II und § 5 Abs. 3 S. 2 SGB XII sind die Leistungsträger im Regelfall verpflichtet, die „Träger der freien Wohlfahrtspflege" (SGB II) bzw. die „Verbände der freien Wohlfahrtspflege" (SGB XII) bei ihrer Tätigkeit auf dem Gebiet der Grundsicherung bzw. der Sozialhilfe zu unterstützen. Diese Förderungspflicht bezieht sich auf die freie Wohlfahrtspflege und nicht auf gewerbliche Träger. Der 7. (!) Senat des Bundesverwaltungsgerichts hatte im Jahr 1988 die **Bezuschussung von Investitionskosten** entgeltfinanzierter Altenheime in freier Trägerschaft und damit eine Ungleichbehandlung pauschal mit der besonderen, durch § 10 BSHG bekräftigten und garantierten Stellung der Träger der freien Wohlfahrtspflege gerechtfertigt.[47] Das Bundessozialge-

---

43 So auch Münder in: LPK-SGB XII, 9. Aufl. (2012), § 5 Rn. 21 ff. Zu einem anderen Ergebnis gelangt nur die abzulehnende Auffassung, wonach der Abschluss einer Vereinbarung eine Unterstützung iS von § 5 Abs. 3 S. 2 SGB XII (bisher § 10 Abs. 3 S. 2 BSHG) sei (so VG Hamburg 9.12.1992 – 8 VG 3130/92, RsDE 24 [1994], 53 [56]). Dann wären die freien Träger (Soll-Ermessen) beim Abschluss gegenüber den gewerblichen weiterhin bevorzugt, was der Gesetzgeber gerade nicht gewollt hat. Hierzu näher Neumann, S. 59; Neumann RsDE 68 (2009), 83 ff.; Engler RsDE 71 (2010), 41 ff.; Mrozynski ZFSH/SGB 2011, 197 ff.; Münder in: LPK-SGB XII, 9. Aufl. (2012), § 5 Rn. 31 ff.
44 BT-Drs. 13/2440, 4 (§ 10 Abs. 2).
45 BVerfG 5.8.1966 – 1 BvF 1/61, BverfGE 20, 150 (159).
46 Politische Stellungnahme des Deutschen Caritasverbandes zum Regierungsentwurf eines Gesetzes zur Reform des Sozialhilferechts vom 22.8.1995.
47 BVerwG 27.1.1988 – 7 B 1/88, RsDE 3 (1988), 75 (76 f.). Zur ausschließlichen Beteiligung freier Träger an einem Behindertenfahrdienst s. VGH BW 7.3.1988 – 6 S 2088/86, RsDE 7 (1989), 116.

Bieritz-Harder

richt hat in seiner Rechtsprechung zum Pflegeversicherungsrecht betont, dass bei einer Förderung Wettbewerbsverzerrungen „soweit es geht" zu vermeiden sind.[48] Die Bevorzugung der freien Wohlfahrtspflege ist gerechtfertigt, wenn es um die Förderung von Projekten geht, die nicht entgeltfinanziert sind. Die privilegierte Förderung freier gemeinnütziger Träger in diesem Bereich stellt keine willkürliche Ungleichbehandlung dar. Denn im Unterschied zu gewerblichen Trägern dürfen sie nicht mit Gewinnerzielungsabsichten tätig werden.[49] Die §§ 17 Abs. 1 S. 2 SGB II und 5 Abs. 3 S. 2 SGB XII ist **grundrechtskonform** dahin **auszulegen**, dass bei einer zusätzlichen Subventionierung pflegesatzfinanzierter Einrichtungen eine Differenzierung nach dem Kriterium „gemeinnützig – gewerblich" grundsätzlich nicht rechtfertigungsfähig ist.

II. Institutionelle Förderung der freien Wohlfahrtspflege

1. Begriffsklärungen

Die **institutionelle Förderung** ist ein Begriff des Zuwendungsrechts und bezeichnet Zu- **30** wendungen zur Deckung der gesamten Ausgaben des Empfängers oder eines nicht abgegrenzten Ausgabenteils.[50] Der Gegenbegriff ist die **Projektförderung**, mit der einzelne abgegrenzte Vorhaben finanziert werden;[51] mit dieser Zuwendungsart wird die freie Wohlfahrtspflege überwiegend unterstützt.[52] Der Begriff „institutionelle Förderung" wird – insbesondere im Sozialrecht – auch im Unterschied zur individuellen Förderung verwendet und schließt in diesem weiteren Verständnis die Projektförderung ein. Diesem Verständnis wird hier gefolgt: Institutionelle Förderung wird hier verstanden als Förderung Privater durch Zuwendungen und Subventionen.[53] Dabei wird im Folgenden nicht zwischen Zuwendungen und Subventionen unterschieden, sondern der weite Subventionsbegriff verwendet, der beides umfasst.

Danach sind Subventionen vermögenswerte Leistungen, die ein Träger der öffentlichen Verwaltung ohne marktmäßige Gegenleistung einem Privaten gewährt, um ihn instand zu setzen, einen öffentlichen Zweck zu erfüllen.[54] Ist dieser Zweck durch eine gesteigerte sozialpolitische Intensität geprägt, macht es Sinn, von einer **Sozialsubvention** zu sprechen.[55]

Sozialsubventionen sind keine **Sozialleistungen**.[56] Die Sozialleistung dient der unmittel- **31** baren Befriedigung eines gesetzlich bestimmten individuellen Bedarfs, während die Sozialsubvention das Verhalten des Empfängers beeinflussen und dadurch mittelbar einen sozialpolitisch erwünschten oder sozialrechtlich vorgegebenen Zweck fördern soll.[57]

Sozialsubventionen sind von **Leistungsentgelten** (Pflegesätzen) zu unterscheiden.[58] Sub- **32** ventionen werden ohne marktförmige Gegenleistung gewährt, während Leistungsent-

---

48 BSG 26.1.2006 – B 3 P 6/04 R, SozR4–3300 § 9 Nr. 2; 28.6.2001 – B 3 P 9/00, SozR 3–3300 § 9 Nr. 1.
49 Vgl. SG Schwerin 21.4.2006 – S 9 ER 27/06SO, RsDE 65 (2007), S. 90 ff.; vgl. auch → Rn. 30 ff.
50 Zur Begrifflichkeit Neumann, Freiheitsgefährdung im kooperativen Sozialstaat, 353 ff.; ders. SDSRV 43, 7 (8–10).
51 So Nr. 2.2 der Vorläufigen Verwaltungsvorschriften zu § 23 BHO. Instruktiv zu den Zuwendungsarten und insgesamt zur Finanzkontrolle der freien Wohlfahrtspflege Rogge, S. 149–217.
52 Zu den Gründen für die Favorisierung der Projektfinanzierung instruktiv Trenk-Hinterberger SDSRV 43, 33 (65 f.).
53 Im Zuwendungsrecht werden neben der nur ausnahmsweise zulässigen Vollfinanzierung drei Teilfinanzierungen unterschieden, nämlich die Anteil-, Fehlbedarfs- und Festbetragsfinanzierung. Dazu Rogge, S. 174 f.; Trenk-Hinterberger SDSRV 43, 33 (67–69).
54 Maurer, Allgemeines Verwaltungsrecht, 17. Aufl. (2008), § 17 Rn. 5.
55 Trenk-Hinterberger SDSRV 43, 33 (34).
56 Trenk-Hinterberger SDSRV 43, 33 (36).
57 Prägnant Maurer, Allgemeines Verwaltungsrecht, 17. Aufl. (2008), § 17 Rn. 9: Subvention = Mittel zum Zweck, Sozialleistung = Selbstzweck; Trenk-Hinterberger SDSRV 43, 33 (36).
58 So auch Münder in: LPK-SGB XII, 8. Aufl. (2008), § 5 Rn. 27 f.

gelte die Gegenleistung für die erbrachte Leistung sind. Subventionen sind final ausgerichtet, Leistungsentgelte kausal determiniert. Unmaßgeblich sind die Zahlungsmodalitäten. Entscheidend für die Qualifizierung sind – wie der Bundesfinanzhof richtig feststellt – die Merkmale Gegenleistung und Rechtsanspruch.[59] Subventionen setzen voraus, dass der Empfänger am Subventionszweck ein Eigeninteresse hat, das sich in Eigenleistungen niederschlägt. Leistungsentgelte decken typischerweise die Selbstkosten einer wirtschaftlichen Leistungserbringung in voller Höhe ab. Bei der Erstattung der Kosten der Leistungserbringung sind öffentliche und freie Träger gleichgeordnet, während Subventionen in der Regel durch Verwaltungsakt bewilligt werden.

2. Haushaltsrechtliche Förderung und Förderung nach dem SGB II und SGB XII

a) Förderung auf der Grundlage des Haushaltsgesetzes

33 Für die Förderung der Tätigkeit der freien Träger auf dem Gebiet der Sozialhilfe gibt es **zwei Schienen**, nämlich zum einen die Förderung auf der Grundlage von § 17 Abs. 1 S. 2 SGB II bzw. § 5 Abs. 3 S. 2 SGB XII und zum anderen die Förderung auf der Grundlage von Haushaltsgesetzen. Die letztgenannte Förderschiene ist jedenfalls dann einschlägig, wenn die Förderung durch Träger der öffentlichen Verwaltung erfolgt, die keine Grundsicherungs- bzw. Sozialhilfeträger sind. Das ist bei einer Förderung durch den Bund, die Länder, soweit sie nicht überörtlicher Träger der Sozialhilfe sind, und durch kreisangehörige Gemeinden[60] der Fall. Nach überwiegender, wenn auch nicht unumstrittener Auffassung muss die Vergabe von Subventionen nicht zwingend auf der Grundlage eines Parlamentsgesetzes mit Außenwirkung erfolgen. Vielmehr ist dem **Vorbehalt des Gesetzes** durch jede parlamentarische Willensbildung, insbesondere durch die etatmäßige Bereitstellung der zu vergebenden Mittel, Genüge getan.[61]

b) Förderung auf der Grundlage des SGB II und des SGB XII

34 Die rechtlichen Grundlagen zur Förderung der freien Wohlfahrtspflege im SGB II und SGB XII sind fast wortgleich. Es gibt nur einen Unterschied: Während die Adressaten der Förderung im § 17 Abs. 1 S. 2 „Träger der freien Wohlfahrtspflege" sind, werden im § 5 Abs. 3 S. 2 SGB XII die „Verbände der freien Wohlfahrtspflege" als Adressaten genannt (vgl. aber → Rn. 30). Nach beiden Regelungen sind die zuständigen Sozialleistungsträger im Regelfall verpflichtet, die Träger bzw. Verbände der freien Wohlfahrtspflege in ihrer Tätigkeit auf dem Gebiet der Grundsicherung für Arbeitsuchende bzw. auf dem Gebiet der Sozialhilfe angemessen zu unterstützen. **Unterstützung**, also Hilfe oder Beistand leisten, ist ein Synonym für Förderung.

35 § 17 Abs. 1 S. 2 SGB II ist einschlägig, wenn der Subventionsgeber ein Träger der Grundsicherung für Arbeitsuchende ist,[62] eine **Tätigkeit auf dem Gebiet der Grundsicherung für Arbeitsuchende** gefördert werden soll und der Subventionsempfänger ein

---

59 BFH 6.10.1988 – V R 101/85.

60 Vgl. OVG NRW 24.9.1981 – 8 A 1718/79, NVwZ 1982, 381.

61 So insbesondere die ständige Verwaltungsrechtsprechung. Vgl. ua VGH BW 10.4.2001 – 1 S 245/00, DVBl. 2001, 871: „Die erforderliche gesetzliche Legitimation für die Gewährung von Subventionen ist dann gegeben, wenn im Haushaltsplan als Bestandteil des förmlichen Haushaltsgesetzes entsprechende Mittel eingesetzt sind, innerhalb des Haushaltsplans eine ausreichende Umreißung der Zweckbestimmung dieser Mittel vorgesehen ist und die Vergabe dieser Mittel zu den den betreffenden Verwaltungsinstanzen zugewiesenen verfassungsmäßigen Aufgaben gehört". Zum Meinungsstand in der Literatur Rodi, Die Subventionsrechtsordnung, S. 521; Trenk-Hinterberger SDSRV 43, 33 (46 f.); aus neuerer Zeit vgl. VG des Saarlandes 28.3.2017 – 3 K 448/15.

62 Da zB der Freistaat Bayern kein Träger der Sozialhilfe ist, fand § 10 BSHG auf die Landesförderung sozialpsychiatrischer Dienste der Wohlfahrtspflege keine Anwendung. So BayVGH 25.2.1998 – 19 B 94/3076, RsDE 44 (2000), 87 (90) mit Anm. Goetz. Bestätigt von BVerwG 3.5.1999 – 3 B 91/98, RsDE 47 (2001), 88.

Träger der freien Wohlfahrtspflege ist. Entsprechendes gilt nach § 5 Abs. 3 S. 2 SGB XII für das Gebiet der Sozialhilfe. Nach der Rechtsprechung für den Bereich der Sozialhilfe gilt: Ein freier Träger ist nicht oder allenfalls nur zu einem geringen Teil auf dem Gebiet der Sozialhilfe tätig, wenn seine Tätigkeit ausweislich der Satzung nicht an der Bedürftigkeit der Ratsuchenden, sondern ohne Rücksicht auf die Einkommens- und Vermögenssituation allein am individuellen Beratungsbedarf in Angelegenheiten der Familienplanung ausgerichtet ist.[63] Das Gleiche soll für eine rechtlich orientierte Einzelfallberatung im Umgang mit Behörden gelten, weil sie über die in § 11 Abs. 2 SGB XII genannten sozialen Angelegenheiten hinausgehe.[64] Ein positives Beispiel ist die institutionelle Förderung einer integrativen Kindertagesstätte, wenn dadurch der individuelle, behinderungsbedingte Hilfebedarf tatsächlich gedeckt wird oder gedeckt werden kann.[65]

Der Anwendungsbereich des § 5 Abs. 3 S. 2 SGB XII wäre schmal, wenn er nur die Förderung des Verbandes als juristischer Person, nicht aber der **verbandsangehörigen Träger** und **Unterorganisationen** regeln würde. Die Weitergabe von Förderungsmitteln an Dritte ist im haushaltsrechtlichen Zuwendungsrecht statthaft und wird im Verhältnis des Wohlfahrtsverbands zu den angehörigen Trägern auch häufig praktiziert.[66]   **36**

c) Freie Wahl der Förderungsschienen?

Länder und Gemeinden förderten und fördern freie Träger nicht selten auch dann auf der **Grundlage des Haushaltsrechts,** wenn sie Träger der Sozialhilfe sind und auch die weiteren Voraussetzungen des § 5 Abs. 3 S. 2 SGB XII erfüllt sind. Es lässt sich streiten, ob die Gebietskörperschaften über die Freiheit der Wahl zwischen den beiden Förderschienen verfügen.[67] Jedenfalls gelangen die rechtlichen Bindungen der sozialhilferechtlichen Förderungsnorm auch dann zur Anwendung, wenn die Verwaltung den Weg einer „nicht-gesetzesakzessorischen" Förderung wählt.[68] Denn anders würde das sorgfältig abgestimmte System der Zusammenarbeit und Förderung „durch einen einfachen haushaltstechnischen Trick" unterlaufen.[69] Entsprechendes gilt auch mit Blick auf die Regelung des § 17 Abs. 1 S. 2 SGB II für die Förderung von freien Trägern auf dem Gebiet der Grundsicherung für Arbeitsuchende.   **37**

3. Rechtsformen der Vergabe

a) Erlass und Aufhebung des Bewilligungsbescheids

Sozialsubventionen werden wie Subventionen generell durch einen **Bewilligungsbescheid,** also durch einen begünstigenden Verwaltungsakt vergeben. Nach einer Vergabe auf der Grundlage von § 17 Abs. 1 S. 2 SGB II bzw. § 5 Abs. 3 S. 2 SGB XII erfolgt die **Aufhebung des Bewilligungsbescheids** gemäß §§ 45, 47 SGB X, nach einer Förderung auf der Grundlage des Haushaltsgesetzes gemäß §§ 48, 49 VwVfG. Bei der Rücknahme eines rechtswidrigen Bewilligungsbescheids sind insbesondere die weitreichenden Ver-   **38**

---

63   VG Kassel 29.1.1992 – 3/2 E 292/91, RsDE 27 (1995), 86 (90).
64   BayVGH 19.7.1995 – 12 B 93/1573, BayVGHE 49 (1996), 151 (152). Nicht mehr nachvollziehbar ist das nachgeschobene Argument, eine Beratung von Hilfesuchenden, die sich gegen Maßnahmen eines Sozialhilfeträgers zu Wehr setzen, sei deshalb nicht förderwürdig, weil § 10 Abs. 3 S. 1 BSHG (heute § 5 Abs. 3 S. 1 SGB XII) Zusammenarbeit im Sinne einer Ergänzung, nicht aber im Sinne eines Gegeneinanders verstehe. Eine Zusammenarbeit ohne Konflikte sei kaum denkbar. BVerwG 3.12.1996 – 5 B 193/95 hat die Nichtzulassungsbeschwerde ua deshalb als unbegründet abgewiesen, weil es in der Entscheidung des BayVGH auf die Frage, was eine Tätigkeit auf dem Gebiet der Sozialhilfe sei, letztlich nicht ankomme.
65   BVerwG 29.4.1999 – 5 C 12/98, NDV-RD 1999, 92 (93).
66   Rogge, Wohlfahrtspflege, S. 160 f.; OVG NRW 2.5.1994 – 8 A 3885/93, NVwZ 1996, 610.
67   Zum Meinungsstand Trenk-Hinterberger SDSRV 43, 33 (48 f.); Neumann SDSRV 43, 7 (14).
68   Trenk-Hinterberger SDSRV 43, 33 (48): Durch die Wahl der haushaltsrechtlichen Subventionsschiene dürfen „grundlegende sozialrechtliche Maximen und Bindungen umgangen werden".
69   Geis, S. 216. – Rodi, Die Subventionsrechtsordnung (2000), S. 522 begründet die „Subordination des Haushaltsrechts unter das Verwaltungsgesetz" mit dem Grundsatz der Spezialität.

trauensschutztatbestände in § 45 Abs. 2 SGB X bzw. § 48 Abs. 2 VwVfG zu beachten, die wie negative Tatbestandsmerkmale die Rücknahme zwingend ausschließen.[70] Ist das **Rücknahmeermessen** eröffnet, sind sowohl das öffentliche Interesse an der Herstellung des an sich gebotenen Rechtszustandes als auch die Interessen des betroffenen Begünstigten zu würdigen. Die widerstreitenden Interessen sind mit Blick auf die Auswirkungen der Rücknahme in dem konkret zu entscheidenden Einzelfall unter Beachtung des Übermaßverbotes abzuwägen. Dabei kann auch berücksichtigt werden, dass der Begünstigte sich nicht auf ein schutzwürdiges Vertrauen berufen kann, weil ein Ausschlusstatbestand nach § 45 Abs. 2 S. 3 SGB X bzw. § 48 Abs. 2 S. 3 VwVfG vorliegt. Umgekehrt kann auch dann, wenn Ausschlusstatbestände nicht eingreifen, eine Rücknahme fehlerhaft sein, wenn zugunsten des Begünstigten beachtliche Belange zu berücksichtigen sind, auch wenn sie noch nicht den Grad eines Rücknahmeverbots nach § 48 Abs. 2 S. 1 und 2 VwVfG bzw. § 45 Abs. 2 S. 1 und 2 SGB X erreichen.[71]

39 Die Vorprägung des Rücknahmeermessens durch den Grundsatz der **Wirtschaftlichkeit und Sparsamkeit** der Haushaltsführung entbindet die Behörde nicht davon, entgegenstehende Belange des Subventionsempfängers zu ermitteln und in die Ermessensabwägung einzustellen.[72] Die Ausübung des Ermessens kann nicht vollständig in Verwaltungsvorschriften vorweggenommen werden, da das Widerrufs- und Rücknahmeermessen eine einzelfallbezogene Entscheidung verlangen. Der Vorrang des Gesetzes und § 32 Abs. 3 SGB X bzw. § 36 Abs. 3 VwVfG lassen eine Beseitigung des Abwägungsgebots und eine Minderung des Gewichts des Vertrauensschutzes durch eine Einverständniserklärung des Empfängers nicht zu.[73]

b) Öffentlich-rechtlicher Subventionsvertrag

40 Rechtsprechung und Literatur betrachten zunehmend die Begründung von Subventionsrechtsverhältnissen durch Verwaltungsakt als Regelfall und lassen verwaltungsrechtliche Verträge nur noch ausnahmsweise zu.[74] Zwar kann der öffentliche Träger nach wie vor über das „Ob" der Förderung durch Verwaltungsakt entscheiden und die Abwicklung einer vertraglichen Regelung überlassen. Jedoch ist die **Zweistufen-Lehre** in die Kritik geraten, weil sie einheitliche Lebensverhältnisse wirklichkeitsfremd aufspalte und zu schwer zu bewältigenden Rechtsproblemen führe. Deshalb wird im Subventionsrecht, soweit eine Vergabe durch Vertrag überhaupt noch erwogen wird, der Verzicht auf einen vorgeschalteten Verwaltungsakt favorisiert.[75] Die geforderte „Entscheidung" wäre dann die Abgabe der vertragsbezüglichen Erklärung der Verwaltung.

41 Auf alle Fälle ist die Verwaltung auch beim Abschluss von Verträgen **an das Gesetz gebunden.** Es ist nicht richtig, dass bei der Vergabe durch Vertrag „sozialrechtliche Vorschriften nicht unmittelbar von Bedeutung" seien.[76] Der verfassungsrechtliche **Vorrang des Gesetzes** gilt unabhängig von der Handlungsform und damit auch für das vertragliche Einvernehmen der Verwaltung mit dem Bürger.[77] Der öffentliche Träger darf sich der Bindung an das Sozialrecht auch nicht dadurch entziehen, dass er in das Haushalts-

---

70 OVG NRW 25.11.1996 – 25 A 1950/96, NWVBl. 1997, 297 (298).
71 OVG NRW 25.11.1996 – 25 A 1950/96, NWVBl. 1997, 297 (298).
72 OVG NRW 25.11.1996 – 25 A 1950/96, NWVBl. 1997, 297 (302 f.); NdsOVG 10.4.1984 – 9 A 223/81, NVwZ 1985, 120 (121). Strenger VGH BW 1.2.1983 – 10 S 1346/82, NVwZ 1983, 552 (555): Die genannten Grundsätze schränken den Ermessensspielraum erheblich ein und verbieten einen Verzicht auf den Widerruf von Bescheiden, deren Widerrufbarkeit zweifelsfrei feststeht.
73 OVG NRW 15.6.1984 – 4 A 2306/81, NJW 1985, 1041 (1042). Ausführlich Geis, S. 279 f. – Zum Widerruf wegen Nichterfüllung von Auflagen s. → Rn. 62.
74 Rodi, Die Subventionsrechtsordnung (2000), S. 650 mit Nachweisen.
75 Schlette, Die Verwaltung als Vertragspartner (2000), S. 146 f.
76 Münder, Sozialraumorientierung, S. 71.
77 Schlette, Die Verwaltung als Vertragspartner (2000), S. 81 f.; Gurlit, Verwaltungsvertrag und Gesetz (2000), S. 333–336, beide mit weiteren Nachweisen.

recht „ausweicht". Denn der Gesetzesvorrang bedeutet für die Verwaltung nicht nur ein Abweichungsverbot, sondern auch ein Anwendungsgebot.[78] Dass die freien Träger sich auf Subventionsverträge einlassen, hat vermutlich damit zu tun, dass der Vertrag mehr als der Verwaltungsakt dem Idealbild von der „partnerschaftlichen Zusammenarbeit" mit den öffentlichen Trägern entspricht.[79] Dabei wird vergessen, dass die Regelung durch Vertrag mit Rechtsschutzeinbußen einher gehen kann.[80] Eine Kompensation dieser Einbußen durch größere Einflussmöglichkeit auf den Vertragsinhalt wird häufig durch das Machtgefälle zwischen freien und öffentlichen Trägern verhindert.[81] Deshalb sollte auf den Subventionsvertrag verzichtet werden und die Vergabe durch Bescheid erfolgen.

c) Realakt

Mittel der Förderung ist nicht nur das Geld, sondern auch **reales Handeln** wie Beratung oder logistische Unterstützung. Es wäre wirklichkeitsfremd, solchen Tätigkeiten einen fiktive „Grundverfügung" vorzuschalten, um zum Rechtsregime des Verwaltungsakts zu gelangen.[82] Das ist auch nicht nötig, weil regelmäßig nicht die Vornahme der Tätigkeit, sondern ihre Verweigerung streitbefangen ist. Die Ablehnung einer beantragten Unterstützung durch den öffentlichen Träger kann als Verwaltungsakt qualifiziert werden, weil damit die Regelung verbunden ist, dass kein Anspruch auf die Unterstützung besteht.

42

4. Förderpraxis – die „heimliche duale Finanzierung"

Wie das Sozialhilferecht unterscheidet auch das Recht für das Gebiet der Grundsicherung für Arbeitsuchende zwischen **zwei Arten der Finanzierung**, nämlich zwischen Entgelten für die Erbringung von Leistungen und die Förderung bzw. Subventionierung. Sowohl § 17 Abs. 1 S. 2 SGB II wie auch § 5 Abs. 3 S. 2 SGB XII hat die Förderung von Aktivitäten im Auge, auf die der Leistungsberechtigte grundsätzlich keinen Rechtsanspruch hat. Ein Beispiel für das Gebiet der Grundsicherung für Arbeitsuchende ist die Schuldnerberatung nach § 16 Abs. 2 Nr. 2 SGB II. Beispiele auf dem Gebiet des Sozialhilferechts sind die Straßensozialarbeit, die Beratung und Betreuung ausländischer Arbeitnehmer oder die Förderung der Erholungsfürsorge von alten Menschen.[83] Jedoch ist im Sozialrecht wie bei der Finanzierung von Krankenhäusern oder von Pflegeeinrichtungen auch eine Verbindung der beiden Finanzierungsarten anzutreffen. Bestimmte Kostengruppen werden aus dem Leistungsentgelt herausgenommen und über die institutionelle Förderung finanziert. Diese **„duale Finanzierung"** ist zwar sozialpolitisch umstritten, aber rechtlich unbedenklich, sofern sie gesetzlich angeordnet ist und die verfassungsrechtlichen Vorgaben beachtet werden.

43

Wie das SGB XII kennt auch das SGB II die duale Finanzierung nicht, sondern folgt dem Modell der **monistischen Finanzierung**, wonach alle Kosten im Leistungsentgelt zu vergüten sind. Auf dem Gebiet der Sozialhilfe wurde dennoch seit jeher eine **„heimliche duale Finanzierung"** praktiziert, dh die Investitionskosten (Grundstücke, Baukosten etc) wurden durch öffentliche Subventionen gefördert.[84] Die „heimliche duale Finanzierung" war in Ansehung der Wettbewerbsfreiheit problematisch.

44

---

78 Gurlit, Verwaltungsvertrag und Gesetz (2000), S. 335 f.
79 So W. Schellhorn in: Schellhorn/Schellhorn/Hohm SGB XII, 17. Aufl. (2006), § 5 Rn. 27.
80 Geis, S. 224 f.; Neumann, S. 360.
81 Trenk-Hinterberger SDSRV 43, 33 (61).
82 Geis, S. 226 f.
83 OVG NRW 2.5.1994 – 8 A 3885/93, NVwZ 1996, 610.
84 Neumann, S. 370–379, Münder in: LPK-SGB XII, 8. Aufl. (2008), § 5 Rn. 29.

45 § 76 Abs. 2 S. 2 SGB XII trifft durch das Gebot der Anrechnung von Förderungen aus öffentlichen Mitteln Vorkehrungen gegen die beschriebenen Wettbewerbsverzerrungen.[85] Anrechnung bedeutet zunächst, dass die Vergütungen um den Betrag der Subvention zu kürzen sind. Durch das **Anrechnungsgebot** wird zunächst nur erreicht, dass die geförderten Einrichtungen keinen Vorteil bei der Vergütung haben. In Ansehung der Wettbewerbsverzerrungen ist das Anrechnungsgebot nur dann effektiv, wenn beim Kostenvergleich im Rahmen des Mehrkostenvorbehalts die öffentlichen Zuschüsse auf die Pflegevergütung der geförderten Einrichtungen rechnerisch aufgeschlagen werden. Das Anrechnungsgebot bedarf also einer Ergänzung durch ein Veranschlagungsgebot beim Kostenvergleich.

46 § 76 SGB XII enthält nähere Regelungen zur Ausgestaltung der im § 75 Abs. 3 SGB XII aufgeführten Leistungserbringungsverträgen, die die Leistungsträger mit den Leistungserbringern abzuschließen. § 76 Abs. 2 SGB XII zielt auf die nähere Bestimmung des Inhalts von Vergütungsvereinbarungen nach § 75 Abs. 3 Nr. 2 SGB XII. Der Gesetzgeber hat mit dem § 17 Abs. 2 SGB II eine dem § 75 Abs. 3 SGB XII entsprechende Regelung für das Gebiet der Grundsicherung für Arbeitsuchende aufgenommen. Zwar fehlt eine dem § 76 Abs. 2 SGB XII entsprechende nähere Bestimmung zum Inhalt der im § 17 Abs. 2 S. 1 Nr. 2 SGB II aufgeführten Vergütungsvereinbarungen. Dennoch muss mit Blick auf das Grundrecht der Berufsfreiheit das Gebot der Anrechnung öffentlicher Fördermittel (→ Rn. 45) auch hier gelten.

5. Die Entscheidung über die Vergabe

a) Anspruch auf fehlerfreie Ermessensausübung

47 Ein **Rechtsanspruch auf Förderung** folgt aus § 17 Abs. 1 S. 2 SGB II bzw. § 5 Abs. 3 S. 2 SGB XII nicht.[86] Ein **Anspruch auf eine ermessensfehlerfreie Entscheidung** setzt voraus, dass die Förderung auch dem Interesse des freien Trägers zu dienen bestimmt ist. Bereits aus dem Subventionsbegriff folgt, dass der Private ein eigenes Interesse, das regelmäßig in Eigenleistungen dokumentiert ist,[87] an der Erreichung des geförderten Zwecks hat. Also ist ein Anspruch der freien Träger auf eine ermessensfehlerfreie Ausübung des Ermessens zu bejahen.[88] Zwar bedeutet das „Soll"-Ermessen, dass die Verwaltung nur „unter atypischen Umständen" von der gesollten Handlung abweichen darf, im Regelfall also fördern muss.[89] Zu unterscheiden ist jedoch zwischen dem „Ob" und dem „Wie" der Förderung.[90] Dass das Soll-Ermessen nicht auf Art und Umfang der Förderung bezogen ist, lehrt das Wort „angemessen". Darüber entscheidet der Sozialhilfeträger nach pflichtgemäßem Ermessen, ohne durch die strikte Soll-Bestimmung gebunden zu sein. Das Wort „angemessen" ist hier nicht als ein gerichtlich voll nachprüfbarer unbestimmter Gesetzesbegriff zu verstehen.

---

85 Neumann RsDE 33 (1996), 124 (140–142).

86 Trenk-Hinterberger SDSRV 43, 33 (45 f.); Münder in: LPK-SGB XII, 8. Aufl. (2008), § 5 Rn. 31; W. Schellhorn in: Schellhorn/Schellhorn/Hohm SGB XII, 17. Aufl. (2006), § 5 Rn. 23.

87 Was Eigenleistungen sein können, hat NdsOVG 11.9.1992 – 4 M 3953/92, RsDE 24 (1994), 64 für § 74 Abs. 1 S. 1 Nr. 4 SGB VIII geklärt: Alle eigenen Mittel des Trägers, alle auf dem Kapitalmarkt aufgenommenen Fremdmittel, alle Spenden und sonstige Zuflüsse sowie unentgeltliche Dienstleistungen der Mitarbeiter und Mitglieder.

88 HmbOVG 12.9.1980 – Bf I 9/79, FEVS 31 (1982), 404 (412); VG Stade 26.1.1993 – 4 A 161/91, RsDE 35 (1997), 79 (83).

89 BVerwG 2.7.1992 – 5 C 39.90, BVerwGE 90, 275 (278); 14.1.1982 – 5 C 70.80, BVerwGE 64, 318 (323); 17.8.1978 – 5 C 33.77, BVerwGE 56, 220 (223).

90 Zu dieser Unterscheidung in § 74 Abs. 1 und 3 SGB VIII OVG NRW 15.1.1997 – 16 A 2389/96, RsDE 38 (1998), 87 (88).

Ein Anspruch auf **Förderung in einer bestimmten Höhe** ist durch eine „Ermessensre- **48** duktion auf Null" kaum erreichbar.[91] Selbst das mit § 17 Abs. 1 S. 2 SGB II bzw. § 5 Abs. 2 SGB XII begründete „**Prinzip der Kooperation**" vermag einen solchen Anspruch nicht zu begründen.[92] Zwar führt dieses Prinzip grundsätzlich zu der Notwendigkeit, einschneidende Maßnahmen mit den Subventionsempfängern abzustimmen, um ihrer Arbeit nicht überraschend die Grundlage zu entziehen. Dieser Grundsatz reduziert das Ermessen aber dann nicht auf Null, wenn die Haushaltslage sich unvorhersehbar verschlechtert und die Kürzung der Subvention maßvoll ist.[93]

Das **Vergabeermessen** wird bei der Förderung auf der Grundlage sowohl des Verwal- **49** tungsrechts als auch des Haushaltsrechts durch **Richtlinien** gesteuert. Die Richtlinien entfalten keine Außenwirkungen und begründen keine Rechtsansprüche,[94] erlangen aber über die Verwaltungspraxis[95] und den Gleichheitssatz eine mittelbare Außenwirkung, so dass der Bewerber einen Anspruch auf fehlerfreie Ermessensausübung erlangt.[96]

b) Ermessensfehler

Ein Fall der pflichtwidrigen Nichtausübung des Ermessens (**Ermessensunterschreitung**) **50** liegt vor, wenn der öffentliche Träger einen Förderantrag allein deshalb ablehnt, weil der Antragsteller nicht zu den im Landeshaushaltsgesetz namentlich genannten Subventionsempfängern gehört. Die Nennung entbindet den öffentlichen Träger nämlich nicht von der Pflicht zur Beachtung der Beteiligungsrechte der nicht genannten Träger, weil anders die zwingenden bundesrechtlichen Vorgaben (des hier einschlägigen § 74 SGB VIII) außer Acht gelassen würden.[97]

Ein **Ermessensfehlgebrauch** liegt vor, wenn der öffentliche Träger das Ermessen in einer **51** dem Zweck der Ermächtigung nicht entsprechenden Weise gebraucht, dh sich von sachfremden Erwägungen leiten lässt.[98] Ein Fehlgebrauch ist der Ausschluss von der Förderung, wenn der öffentliche Träger von einem unrichtigen Sachverhalt ausgeht[99] oder seiner Entscheidung sachfremde Erwägungen, für die er „absolut unzuständig" ist, zugrunde legt, wenn er etwa bei der Vergabe weltanschauliche Kontroversen austrägt.[100] Zweckentsprechende Kriterien sind hingegen die Eignung des freien Trägers und die Qualität der sozialen Arbeit, die gefördert werden will,[101] sowie die formale Qualifikation der hauptamtlichen Mitarbeiter.[102] Bei der Förderung von **Selbsthilfeprojekten** liegt ein Ermessensfehlgebrauch nicht schon deshalb vor, weil viele Menschen, möglicherwei-

91 Geis, S. 197 f.
92 VGH BW 10.4.2001 – 1 S 245/00, DVBl. 2001, 871 (872). Diese Wirkung komme selbst der institutionellen Garantie der (konfessionellen) Wohlfahrtspflege in Art. 6 und 87 der Landesverfassung nicht zu.
93 VGH BW 10.4.2001 – 1 S 245/00, DVBl. 2001, 871 (872 f.).
94 OVG NRW 20.5.1994 – 21 A 1623/93, RsDE 28 (1995), 90 (92) mit Anm. Frings.
95 Entscheidend für die Auslösung der mittelbaren Außenrechtswirkung ist nicht das bloße Vorhandensein einer Vergaberichtlinie, sondern deren tatsächliche Anwendung durch die Vergabebehörde. Sehr klar OVG NRW 25.11.1996 – 25 A 1950/96, NWVBl. 1997, 297 (300 f.).
96 BVerwG 26.4.1979 – 5 C 111.79, BVerwGE 58, 45 (47); OVG NRW 18.8.1989 – 5 A 814/88, NJW 1990, 1684.
97 VG Stade 13.11.1996 – 1 A 298/96, RsDE 38 (1998), 98 (102 f.). Zur Vereinbarkeit dieser haushaltsrechtlichen Praxis mit dem Bepackungsverbot Neumann SDSRV 43, 7 (18).
98 Beispiele für sachgerechte Differenzierung bei Trenk-Hinterberger SDSRV 43, 33 (54–56).
99 Zu den Anforderungen des Amtsermittlungsgrundsatzes OVG Bln 8.9.1988 – 3 B 5/87, RsDE 9 (1990), 100 (105) – Staatsknete.
100 VG Kassel 29.1.1992 – 3/2 E 292/91, RsDE 27 (1995), 86 (91 f.).
101 BVerwG 3.12.1996 – 5 B 193/95; OVG Bln 8.9.1988 – 3 B 5/87, RsDE 9 (1990), 100 (105) – Staatsknete; OVG NRW 18.8.1989 – 5 A 814/88, NJW 1990, 1684.
102 BayVGH 19.7.1995 – 12 B 93/1573, BayVGHE 49 (1996), 151 (154).

se sogar eine Mehrheit, den Zweck der Förderung für unnötig, ärgerlich oder geradezu skandalös halten.[103]

52 Eine **Ermessensüberschreitung** liegt vor, wenn der öffentliche Träger die gesetzlichen Grenzen des Ermessens überschreitet. Das ist immer dann der Fall, wenn durch die Entscheidung Grundrechte des Bewerbers verletzt werden. Eine gesetzliche Grenze des Vergabeermessens ist der **Gleichheitssatz**, der die Verwaltung an die einmal gewählten Vergabekriterien bindet.[104] Insbesondere bei einer Förderung nur auf der Grundlage des Haushaltsgesetzes wird vom Gleichheitssatz die Vermeidung staatlicher Willkür in einer rechtsstaatlichen „Grauzone" erwartet.[105] Die durch den Gleichheitssatz bewirkte Kontrolle der Vergabepraxis darf allerdings nicht überschätzt werden. Begrenzte öffentliche Mittel sind nicht nach dem „Gießkannenprinzip", sondern gezielt – unter Bevorzugung einzelner und Benachteiligung anderer Personengruppen – zu verteilen. Den öffentlichen Trägern ist bei der Förderung für die Setzung von Prioritäten ein weiter Entscheidungsspielraum eröffnet.[106] Diese Grenzen werden durch die Berücksichtigung des Anteils der **Eigenleistungen** der Träger, die sich um eine Förderung bewerben, nicht überschritten.[107] Richtet die Verwaltung ein Bewerbungsverfahren ein und verwehrt einem Bewerber bereits den Zugang zu diesem Verfahren, verletzt sie dessen **Recht auf eine faire chancengleiche Behandlung** mit fehlerfreier Ermessensausübung unter Einhaltung des vorgeschriebenen Verfahrens einschließlich der Anhörungs- und Beteiligungsrechte.[108]

53 **Richtlinien**, die das Vergabeermessen der Verwaltung steuern, entfalten keine Außerwirkungen und stellen deshalb keine gesetzliche Grenze des Ermessens dar.[109] Allerdings erlangen sie über die **Verwaltungspraxis** und den **Gleichheitssatz** eine **mittelbare Außenwirkung**. Der Gleichheitssatz wird verletzt und das eingeräumte Ermessen überschritten, wenn die Verwaltung sich grundsätzlich an die Richtlinien hält, in einem Einzelfall aber davon abweicht.[110] Bei einer Förderung auf der Grundlage des Haushaltsplanes besteht der Anspruch auf ermessensfehlerfreie Entscheidung auch dann, wenn die Richtlinie einen Rechtsanspruch ausdrücklich ausschließt. Denn Art. 3 Abs. 1 GG verbürgt eine willkürfreie Vergabepraxis und wirkt nicht als eine gleichsam ersatzweise heranzuziehende Anspruchsnorm.[111] Gehört ein übergangener freier Träger hingegen nicht zum Kreis der im Haushaltsplan Begünstigten, entfällt der Anspruch, weil der Gleichheitssatz keinen Anspruch auf eine rechtswidrige, weil parlamentarisch nicht legitimierte Förderung verschafft.[112]

54 Eine **Änderung der Vergabepraxis** ist zulässig, wenn sie in genereller Weise und aus sachgerechten Gründen erfolgt.[113] Sachgerecht ist die Änderung der Förderungspraxis, wenn die Haushaltslage aufgrund gesunkener Steuereinnahmen und gestiegenem Kostenanteil zur Finanzierung der deutschen Einheit angespannt ist.[114] Gleiches soll gelten,

---

103 VG Ansbach 29.11.1990 – 4 K 88/02053, RsDE 18 (1992), 85 (94) mit Ausführungen zu den Grenzen der staatlichen Kommunalaufsicht.
104 Trenk-Hinterberger SDSRV 43, 33 (56 f.).
105 VG Kassel 29.1.1992 – 3/2 E 292/91, RsDE 27 (1995), 86 (91).
106 BVerfG 18.7.1967 – 2 Bvr 3, 4, 5, 6, 7, 8/62; 2 BvR 139, 140, 334, 335/62, BVerfGE 22, 180 (207 f.).
107 BayVGH 19.7.1995 – 12 B 93/1573, BayVGHE 49 (1996), 151 (154). Zum Anteil der Eigenleistungen als Differenzierungsgrund s. Trenk-Hinterberger SDSRV 43, 33 (54 f.); Münder in: LPK-SGB XII, 8. Aufl. (2008), § 5 Rn. 41.
108 VG Frankfurt 6.10.1988 – VII/V G 2077/88, RsDE 5 (1989), 76 (80) mit Anm. Barabas/Barabas; HessVGH 2.2.1989 – 9 TG 4407/88, RsDE 6 (1989), 110. Ebenso OVG Schleswig 23.1.2001 – 2 L 51/01, RsDE 52 (2003), 106 (107); OVG Bln 14.10.1998 – 6 S 94/98, RsDE 44 (2000), 76 (79).
109 OVG NRW 25.11.1996 – 25 A 1950/96, NWVBl. 1997, 297 (300 f.).
110 OVG NRW 25.11.1996 – 25 A 1950/96, NWVBl. 1997, 297 (300 f.); VG Karlsruhe 9.1.1986 – 6 K 40/85, RsDE 2 (1988), 98 (103).
111 OVG NRW 20.5.1994 – 21 A 1623/93, RsDE 28 (1995), 90 (92 f.) mit Anm. Frings.
112 OVG NRW 24.9.1981 – 8 A 1718/79, NVwZ 1982, 381. § 10 Abs. 3 S. 2 BSHG war nicht einschlägig.
113 BGH 13.10.1986 – NotZ 13/86, NJW 1987, 1329 (1330 f.); BVerwGE (U.) 70, 127 (136).
114 VG Köln 17.8.1994 – 21 K 3175/93, RsDE 29 (1995), 108 (112).

Bieritz-Harder

wenn aufgrund der eingegangenen Förderanträge abzusehen ist, dass die vorhandenen Mittel nicht ausreichen werden.[115] Der maßgebende Zeitpunkt für die Rechtfertigungsfähigkeit einer Ungleichbehandlung wäre demnach nicht der Antrag auf Förderung, sondern die Entscheidung über die Vergabe. Dem wird zu Recht entgegengehalten, dass Gründe des Vertrauensschutzes[116] für den Zeitpunkt der Antragstellung sprechen können.[117]

6. Vergabeermessen und Haushaltsplan

Die Förderung ist grundsätzlich auf den Rahmen der verfügbaren Haushaltsmittel beschränkt. Allerdings berechtigt der **Haushaltsvorbehalt** die Verwaltung nicht, überhaupt keine Mittel für die Förderung freier Träger in den Haushaltsplan einzustellen und die Förderung grundsätzlich zu versagen.[118] Wenn die zur Verfügung stehenden Mittel knapp werden, dürfen die notwendigen Kürzungen nicht nur zulasten eines einzigen Trägers erfolgen.[119] Kein sachlicher Grund für Ungleichbehandlungen ist die **Besitzstandswahrung**.[120] Allerdings soll es zulässig sein, bei der Vergabeentscheidung zu berücksichtigen, dass durch die Einstellung einer begonnenen Förderung die bereits aufgewendeten Haushaltsmittel nachträglich ihren Zweck verfehlen würden.[121] Jedoch hat der Antragsteller nur einen Anspruch auf Beteiligung am Verteilungsverfahren, nicht aber auf eine **Aufstockung**, soweit die Mittel bereits vergeben sind; das gilt sogar im Fall einer Verletzung des Gleichheitssatzes.[122] Denn es muss dem Parlament überlassen bleiben, ob es zur Korrektur eines Verstoßes gegen Art. 3 Abs. 1 GG von einer Subventionierung gänzlich absieht, ob es eine Verteilung der bisher bereitgestellten Mittel unter Einschluss des rechtswidrig ausgeschlossenen Bewerbers vornimmt oder ob es die Mittel aufstockt, um unter Beibehaltung der bisherigen Förderung auch den ausgeschlossenen Bewerber berücksichtigen zu können.[123] Anderes kann gelten, wenn die Verwaltung wie im Fall der Schwangerenkonfliktberatung zur Vorhaltung eines zahlenmäßig ausreichenden und pluralen Angebots an Beratungsstellen gesetzlich verpflichtet ist. Dann darf die Förderung nicht so gestaltet werden, dass der freie Träger das **Risiko der Kapazitätsausnutzung** trägt.[124] Wenn der Haushaltsplan Maßgaben enthält, mit denen ungleiche Grundsätze und Maßstäbe angelegt werden, verstoßen Verteilungsentscheidungen, die diese Maßgaben übernehmen, im Außenverhältnis gegen den Gleichheitssatz.[125]

7. Förderung und Sozialplanung

Zum Verhältnis von **Förderung und Sozialplanung** hat die Rechtsprechung zum Jugendhilferecht zwei Grundsätze entwickelt, die auch für das Gebiet der Grundsicherung für Arbeitsuchende und das Sozialhilferecht gelten, sofern hier mit Sozialplänen gearbeitet wird: Erstens setzt eine Entscheidung über die Förderung eine Sozialplanung nicht voraus, dh die Entscheidung ist nicht bereits deshalb ermessensfehlerhaft, weil kein Plan

115 OVG NRW 20.5.1994 – 21 A 1623/93, RsDE 28 (1995), 90 (94) mit Anm. Frings.
116 Zum Vertrauensschutz s. auch → Rn. 57 ff.
117 VG Köln 3.3.1993 – 8 K 2654/92, RsDE 23 (1994), 88 (92 f.).
118 VG Hannover 10.12.1996 – 9 B 4657/96, RsDE 38 (1998), 91 (93 f.) zu § 74 Abs. 3 S. 1 SGB VIII. Es ist kein Grund erkennbar, warum das nicht auch für § 10 Abs. 3 S. 2 BSHG gelten soll.
119 OVG NRW 5.12.1995 – 16 A 5462/94, NWVBl. 1996, 310 (312).
120 BVerfG 8.4.1987 – 1 BvL 8, 16/84, BVerfGE 75, 40 (72).
121 VG Stade 13.11.1996 – 1 A 298/96, RsDE 38 (1998), 98 (103).
122 OVG Schleswig 23.1.2001 – 2 L 51/01, RsDE 52 (2003), 106 (107).
123 OVG NRW 24.9.1981 – 8 A 1718/79, NVwZ 1982, 381.
124 VG Wiesbaden 20.11.1996 – IV E 1090/94, RsDE 39 (1998), 97 (101 f.).
125 OVG NRW 15.6.2001 – 12 A 3045/99, NDV-RD 2001, 98 (99). Vgl. auch Trenk-Hinterberger SDSRV 43, 33 (53).

vorhanden ist. Zweitens ist eine vorhandene Planung bei der Vergabeentscheidung zu beachten.[126] Wenn der freie Träger in den **Bedarfsplan** aufgenommen ist, wird das Ermessen „in der Regel dahin reduziert, dass eine Förderung erfolgen muss."[127] Ist er nicht berücksichtigt, darf die Förderung aber nicht allein deshalb versagt oder eingestellt werden. Vielmehr ist dann immer noch eine einzelfallbezogene Ermessensentscheidung zu treffen.[128] In das Vergabeermessen ist auch die dem öffentlichen Träger obliegende **Gesamtverantwortung** einzustellen. Diese umfasst sowohl die Pflicht zur Gewährleistung, dass die zur Erfüllung der sozialhilferechtlichen Aufgaben erforderlichen und geeigneten Einrichtungen rechtzeitig und ausreichend zur Verfügung stehen, als auch die Verantwortung für eine Planung, die dafür Sorge trägt, dass die Gewährleistungspflicht erfüllt werden kann.[129]

8. Vertrauensschutz

57 Die freien Träger müssen zur Erfüllung ihrer Aufgaben dauerhafte Verbindlichkeiten eingehen, nämlich Kredite aufnehmen, Mietverträge abschließen und vor allem Mitarbeiter einstellen. Werden Subventionen gestrichen oder gekürzt, geraten sie in eine prekäre Lage.[130] Das **Arbeitsrecht** lässt Vorkehrungen grundsätzlich nicht zu. Denn die Ungewissheit darüber, ob öffentliche Mittel auch in Zukunft zur Verfügung gestellt werden, ist Teil des unternehmerischen Risikos und kein sachlicher Grund für eine Befristung des Arbeitsverhältnisses.[131] Die Einstellung einer institutionellen Förderung kann zwar ein sachlicher Grund für eine **betriebsbedingte Kündigung** sein.[132] Jedoch sind auch dann Kündigungsfristen einzuhalten und Kündigungsschutzbestimmungen zu beachten. Es kommt hinzu, dass die diversen Nebenbestimmungen des Zuwendungsrechts den freien Trägern die **Bildung von Rücklagen** erheblich erschweren.[133]

58 Abhilfe ist vom Subventionsrecht nicht zu erwarten. Denn der allgemeine Grundsatz des Subventionsrechts, dass selbst die jahrelange Förderung in bestimmter Höhe **kein schutzwürdiges Vertrauen** und **keinen Anspruch auf Weitergewährung** begründet,[134] gilt auch für die Sozialsubvention.[135] Anderes gilt, wenn die Verwaltung durch eine Zusage, durch die Veranlassung der Tätigkeit oder durch öffentliche Stellungnahmen einen besonderen Vertrauenstatbestand geschaffen hat.[136] Dann kann dem Subventionsempfän-

---

126 BVerwG 25.4.2002 – 5 C 18.01, BVerwGE 116, 226 (230); BVerwG 30.12.1996 – 5 B 27/96, NDV-RD 1997, 33 f. = FEVS 47 (1997), 529 f.; VGH BW 21.8.2002 – 2 S 2106/00.
127 NdsOVG 12.1.1999 – 4 M 1598/98, RsDE 44 (2000), 81 (84).
128 BVerwG 25.4. 2002 – 5 C 18.01, BVerwGE 116, 226 (231 f.).
129 Instruktiv zur vergleichbaren Problematik im SGB VIII VG Sigmaringen 12.12.2002 – 6 K 2344/00.
130 Trenk-Hinterberger SDSRV 43, 33 (82–86).
131 BAG 8.4.1992 – 7 AZR 135/91, AP Nr. 146 zu § 620 BGB Befristeter Arbeitsvertrag. Bei projektbezogen beschäftigten Arbeitnehmern ist zu differenzieren: BAG 11.12.1991 – 7 AZR 170/91, AP Nr. 145 zu § 620 BGB Befristeter Arbeitsvertrag; BAG 3.12.1982 – 7 AZR 622/80, AP Nr. 72 zu § 620 BGB Befristeter Arbeitsvertrag. – § 14 Abs. 1 Nr. 7 TzBfG hat diese Rechtslage nicht grundsätzlich geändert. Vgl. Meinel/Heyn/Herms, Teilzeit- und Befristungsgesetz (2002), § 14 Rn. 56–59.
132 BAG 20.2.1986 – 2 AZR 212/85, BB 1986, 2129 f. Allerdings ist die Kürzung oder Einstellung der Zuwendung für sich allein noch kein betriebsbedingter Kündigungsgrund. Vielmehr muss der Zuwendungsempfänger entscheiden, ob er den subventionierten Aufgabenbereich mit eigenen oder anderen Mitteln fortführen will.
133 Zuwendungspapier des Deutschen Vereins NDV 1986, 337 (347).
134 BGH 21./22.5.1975 – III ZR 8/72, DÖV 1975, 823 (824); NdsOVG 26.11.1976 – V B 76/76, NJW 1977, 773 f.; VGH BW 12.6.1990 – 10 S 3081/89, NVwZ 1991, 1199; SG Schwerin, 21.4.2006 – S 9 ER 27/06-SO, RsDE 65 (2007), S. 90 ff.
135 VGH BW 10.4.2001 – 1 S 245/00, DVBl. 2001, 871 (873); OVG NRW 5.12.1995 – 16 A 4932/94, NDV-RD 1996, 100 (103); VG Köln 17.8.1994 – 21 K 3175/93, RsDE 29 (1995), 108 (112).
136 VGH BW 10.4.2001 – 1 S 245/00, DVBl. 2001, 871 (873); VGH BW 12.6.1990 – 10 S 3081/89, NVwZ 1991, 1199; NdsOVG 26.11.1976 – V B 76/76, NJW 1977, 773 f.

ger ein **Anspruch auf einen allmählichen Subventionsabbau**[137] oder auf eine rechtzeitige Mitteilung über die beabsichtigte Einstellung der Förderung erwachsen.[138]

Für Aufsehen hat eine Entscheidung des VG Düsseldorf gesorgt, die einem freien Träger **59** einen Anspruch auf **Auslauffinanzierung** einräumt, wenn die Förderung über viele Jahre erfolgte und der Anteil der Förderungsmittel an den Gesamtkosten der Maßnahme den Subventionsgeber als mittelbaren Betreiber erscheinen lässt.[139] Das VG München sieht den Vertrauensschutz verletzt, wenn der Subventionsgeber ohne Einräumung einer **Übergangszeit** die förderungsfähigen Personalkosten nach BAT Bund/Länder festsetzt, nachdem der Subventionsempfänger im Vertrauen auf eine langjährige Vergabepraxis die Verträge mit seinen Bediensteten an den kommunalen Tarif angeglichen hatte.[140]

9. Steuerung durch Nebenbestimmungen

Die Vergabe von Subventionen durch einen begünstigenden Verwaltungsakt ist neben **60** dem Vertrag das bevorzugte Instrument der Sozialhilfeträger zur Umsetzung sozialpolitischer Ziele in Wahrnehmung ihrer **Gesamtverantwortung** für den Sachbereich Wohlfahrtspflege (vgl. → Rn. 15). Die Effektivität dieses Instruments folgt bereits aus der Ermächtigung des Subventionsgebers zum Widerruf des Bewilligungsbescheids mit Wirkung für die Vergangenheit mit der Rechtsfolge der Erstattung der Subvention im Falle einer nicht zweckentsprechenden Verwendung.[141] Die Feinabstimmung des Verhaltens des Empfängers erfolgt durch **Nebenbestimmungen**, die einen Ausweg aus der Alternative Gewährung oder Versagung der Subvention eröffnen, indem sie im Einzelfall sicherstellen, dass die gesetzlichen Voraussetzungen der Vergabe erfüllt werden und der Subventionsbescheid ergehen kann. Beispiele sind sozialplanerische Vorgaben wie die Festlegung regionaler Einzugsbereiche, der Zusammenschluss zu Verbundsystemen sozialer Dienste oder die Pflicht zur Vorhaltung bestimmter Leistungskontingente.[142]

Die Sozialverwaltung hat die Förderung in einer Fülle von **Vergaberichtlinien** geregelt, **61** die als Nebenbestimmungen in den Bewilligungsbescheid aufgenommen werden. Bei der Vergabe von Subventionen durch den Bund und die Länder kommen die „Verwaltungsvorschriften zu § 44 BHO/LHO", die „Allgemeinen Nebenbestimmungen für Zuwendungen zur institutionellen Förderung (ANBest-I)" und die „Allgemeinen Nebenbestimmungen für Zuwendungen zur Projektförderung (ANBest-P)" zur Anwendung. Wird eine Auflage nicht oder nicht rechtzeitig erfüllt, kann der Bewilligungsbescheid widerrufen werden.

Der Widerruf des Bewilligungsbescheids wegen Nichterfüllung einer Auflage setzt deren **62** Rechtmäßigkeit voraus.[143] Das erste Kriterium ist das **Gebot des Sachzusammenhangs**, das die Zweckdienlichkeit der Auflage für den Subventionszweck verlangt. Auflagen ordnen typischerweise für die Erreichung des Zwecks den Einsatz von Mitteln an, die den Subventionsempfänger belasten können. Der dadurch herbeigeführte Rechtsgüterkonflikt ist am Maßstab des **Grundsatzes der Verhältnismäßigkeit** zu beurteilen. Unverhältnismäßig können Auflagen sein, die den Subventionsempfänger verpflichten, dauerhafte rechtliche Verbindlichkeiten einzugehen, während die Förderung aus zwingenden

---

137 NdsOVG 26.11.1976 – V B 76/76, NJW 1977, 773 f.
138 Diese Mitteilung kann eine Amtspflicht sein, deren Verletzung geeignet ist, einen Amtshaftungsanspruch auszulösen. Vgl. BGH 21./22.5.1975 – III ZR 8/72, DÖV 1975, 823 (824).
139 VG Düsseldorf 14.7.1992 – 21 L 2964/92, RsDE 25 (1994), 92 (95 f.).
140 VG München 26.5.1992 – M 16 K 91/1637, RsDE 23 (1994), 95 (100).
141 § 47 Abs. 2 SBG X, § 49 Abs. 3 VwVfG.
142 Vgl. Neumann RsDE 20 (1993), 1.
143 Zur Abgrenzung einer selbstständigen Auflage von einer „Nebenbestimmung", die lediglich den Inhalt des Zuwendungszweck umschreibt OVG NRW 2.5.1994 – 8 A 3885/93, NVwZ 1994, 610.

haushaltsrechtlichen Gründen nicht auf Dauer zugesagt werden kann.[144] Unverhältnismäßig kann auch die Beeinträchtigung der Selbstständigkeit der freien Träger sein, die gemäß § 17 Abs. 3 S. 2 SGB I und § 5 Abs. 2 S. 2 SGB XII auch bei der Zusammenarbeit auf der Grundlage des Subventionsrechts zu beachten ist.[145]

63   Jahrzehntelang wurde über die Vereinbarkeit des **Besserstellungsverbots** der Ziffer 1.3 AnBest-P mit der Selbstständigkeit der freien Wohlfahrtspflege bzw. mit dem kirchlichen Selbstbestimmungsrecht des Art. 140 GG iVm Art. 137 Abs. 3 WRV gestritten.[146] Dieses Verbot sieht vor, dass der Zuwendungsempfänger seine Bediensteten nicht besser als nach BAT des Bundes und der Länder besolden soll. Im Kern ging es in diesem Streit um die doktrinäre Auslegung, wonach ein Verstoß gegen das Besserstellungsverbot zu einer Ablehnung oder Rückforderung der **gesamten Zuwendung** und nicht nur des Differenzbetrags zwischen der staatlichen Vergütungsregelung und der tatsächlichen höheren Vergütung führen sollte.[147] Nachdem die Rechtsprechung dieses Verständnis aufgegeben hat, dürfte der Konflikt beigelegt sein.[148]

10. Finanzkontrolle durch Rechnungshöfe

64   Die Haushaltsordnungen des Bundes und der Länder ermächtigen die **Rechnungshöfe** zur **Finanzkontrolle „bei" den privaten Zuwendungsempfängern.** Diese Kontrolle hat seit den 1980er Jahren wiederholt zu Auseinandersetzungen geführt, die in einigen Gutachten und begleitenden Veröffentlichungen dokumentiert sind.[149] Vor allem die kirchlichen Verbände befürchten, die Finanzkontrolle durch die Rechnungshöfe könne „zu einem Oktroi staatlicher Vorstellungen über ein optimales Verhältnis von Kosten und Nutzen führen, das für eine im kirchlichen Auftrag begründeten Eigengeartetheit keinen Platz mehr lässt."[150]

65   Zunächst ist festzuhalten, dass die Prüfungsermächtigungen der §§ 91 und 104 BHO durch Art. 114 Abs. 2 S. 3 GG **finanzverfassungsrechtlich legitimiert** sind.[151] Prüfungen „bei" Privaten greifen zwar in das Grundrecht der Berufsfreiheit bzw. in die Gewährleistung des selbstständigen Ordnens und Verwaltens eigener Angelegenheiten der Kirchen (Art. 137 Abs. 3 WRV) ein. Die Eingriffe sind jedoch nach Maßgabe des **Verhältnismäßigkeitsgrundsatzes** gerechtfertigt. Eine verbandsinterne Finanzkontrolle ist zwar ein milderes, aber kein gleich geeignetes Mittel, da die Selbstkontrolle niemals so unabhängig wie ein staatlicher Rechnungshof sein kann. Auch die Prüfung durch die Vergabestelle selbst ist kein gleich geeignetes Mittel, weil die Gefahr einer Interessenkoalition zwischen Zuwendungsgeber und -nehmer besteht.[152]

---

144 Beispiel bei Neumann RsDE 20 (1993), 1, (38 f.).

145 Geis, S. 253 f.; Trenk-Hinterberger SDSRV 43, 33 (73 f.).

146 Umfassend Siemes, Die einseitige Festsetzung eines Besserstellungsverbotes im Kinder- und Jugendhilferecht des SGB VIII (1998).

147 Vgl. VG Karlsruhe 9.1.1986 – 6 K 40/85, RsDE 2 (1988), 98 (103). ME verstieß dieses Verständnis gegen den Grundsatz des Interventionsminimums, dh der Eingriff war nicht erforderlich. Neumann, S. 390; Siemes, Die einseitige Festsetzung eines Besserstellungsverbotes im Kinder- und Jugendhilferecht des SGB VIII (1998), S. 139.

148 BayVGH 25.2.1998 – 19 B 94/3076, RsDE 44 (2000), 87 mit Anm. Goetz. Bestätigt von BVerwG 3.5.1999 – 3 B 91/98, RsDE 47 (2001), 88. Vgl. auch VG München 26.5.1992 – M 16 K 91/1637, RsDE 23 (1994), 95; OVG RhPf 7.11.1991 – 12 A 11553/31, RsDE 19 (1992), 95; VGH BW 12.9.1989 – 10 S 1175/89, RsDE 11 (1990), 72.

149 Leisner, Staatliche Rechnungsprüfung Privater unter besonderer Berücksichtigung der Freien Wohlfahrtspflege (1990); ders., Staatliche Rechnungsprüfung kirchlicher Einrichtungen unter besonderer Berücksichtigung der karitativen Tätigkeit (1991); Delbrück ZevKR 40 (1995), 21; Mainusch NVwZ 1994, 736; Brenner NVwZ 1995, 454.

150 Mainusch NVwZ 1994, 736 (739).

151 Rogge, S. 34 ff.; aA Leisner, Staatliche Rechnungsprüfung Privater unter besonderer Berücksichtigung der Freien Wohlfahrtspflege (1990), S. 103–107.

152 Rogge, S. 136–141; aA Delbrück ZevKR 40 (1995), 21 (36 f.).

Bieritz-Harder

Der Blick in das verwaltungsrechtliche Detail lehrt, dass die verwaltungsverfahrens-   66
rechtliche Stellung der Wohlfahrtsverbände und ihrer Träger außerordentlich schwach
ist. Das liegt vor allem daran, dass die hM ihnen den Status von Prüfungsadressaten
vorenthält, weil die Prüfung „bei" Privaten nur der Kontrolle der bewilligenden Verwaltung diene. Dagegen ist einzuwenden, dass auch der Zuwendungsnehmer für die öffentlichen Mittel verantwortlich und insoweit ein **zusätzlicher Bewirtschafter** in der gestuften Verantwortung mehrerer Entscheidungsebenen ist. Mit der Anerkennung der
Wohlfahrtsverbände als **Prüfungsadressaten** wird ihre Rechtsstellung gegenüber den
Rechnungshöfen deutlich gestärkt: Sie können sich besser rechtfertigen und ihnen ist
stets und nicht nur nach pflichtgemäßem Ermessen rechtliches Gehör zu gewähren. Vor
allem werden die Grenzen der Prüfungsbefugnisse klarer abgesteckt.[153]

§ 91 Abs. 2 S. 2 BHO ermächtigt, die Prüfung auf die „sonstige Haushalts- und Wirt-   67
schaftsführung" des Zuwendungsempfängers zu erstrecken, „soweit es der Bundesrechnungshof für notwendig hält". Kriterium der Notwendigkeit ist der Zuwendungsbezug.
Da bei der **institutionellen Förderung** die Mittel der Deckung der gesamten oder eines
nicht abgrenzbaren Teils der Ausgaben dienen, ist die gesamte Tätigkeit des Empfängers
zuwendungsbezogen. Differenzierter ist der Zuwendungsbezug bei der **Projektförderung**
zu bestimmen. Allerdings monieren die Rechnungshöfe bei dieser Zuwendungsart häufig, dass der haushaltsrechtliche Subsidiaritätsgrundsatz nicht hinreichend beachtet werde. Das geschieht vor allem bei der Fehlbedarfsfinanzierung, die von den Rechnungshöfen als wirtschaftlichste Finanzierungsart angesehen wird.

Gerügt wird auch, dass die Wohlfahrtsverbände über beträchtliche **Eigenmittel** verfü-   68
gen, die sie nicht einsetzen würden. Dagegen wendet *Rogge* ein, dass der Subsidiaritätsgrundsatz an die Vergabestelle, aber gerade nicht an den Zuwendungsempfänger gerichtet sei, und deshalb keine Ermächtigung zur Kontrolle der eingesetzten Eigenmittel beim
Empfänger enthalte. Das Argument überzeugt, weil die Bewilligungsbehörde aus sehr
guten Gründen von der Forderung nach dem Einsatz eines maximalen Eigenanteils des
Empfängers absehen kann. Auch ist es den Verbänden nicht zuzumuten, Gewinne aus
bestimmten Geschäftsbereichen in defizitäre Bereiche einzusetzen. Wenn sich also der
Empfänger nur zum Einsatz von Eigenmitteln in einer bestimmten Höhe verpflichtet,
darf der Rechnungshof nicht prüfen, ob „mehr zu holen gewesen wäre".[154]

11. Rechtsschutz

Der Bescheid, mit dem ein Antrag auf Gewährung einer Förderung abgelehnt wird, ist   69
ein Verwaltungsakt, gegen den Widerspruch eingelegt werden kann. Statthafte Klageart
ist die Verpflichtungsklage (**positive Konkurrentenklage**). Die Klagebefugnis folgt aus
dem Anspruch auf ermessensfehlerfreie Entscheidung nach § 5 Abs. 3 S. 2 SGB XII (früher § 10 Abs. 3 S. 2 BSHG). Die Klage ist begründet, wenn das Ermessen fehlerhaft ausgeübt wurde. Abgesehen vom Ausnahmefall einer Ermessensreduktion auf null ist nur
eine Verpflichtung zur Neubescheidung zu erreichen.[155]

Erfolgt die Förderung auf der **Grundlage des Haushaltsrechts**, folgt die Klagebefugnis   70
aus der parlamentarischen Willensäußerung und dem Gleichheitssatz,[156] sofern der
übergangene Bewerber zum Kreis der im Haushaltsgesetz Begünstigten gehört. Denn
Art. 3 Abs. 1 GG gewährt keinen Anspruch auf eine rechtswidrige, weil nicht parlamentarisch legitimierte Förderung. Das Gericht prüft, ob überhaupt eine Verteilung öffentli-

153 Rogge, S. 163–168.
154 Rogge, S. 169–185.
155 Münder in: LPK-SGB XII, 8. Aufl. (2008), § 5 Rn. 42.
156 Erfolgt die Förderung auf der Grundlage des Haushaltsrechts, folgt der Anspruch aus dem Haushaltsgesetz
    und Art. 3 Abs. 1 GG. VG Kassel 29.1.1992 – 3/2 E 292/91, RsDE 27 (1995), 86 (91).

cher Mittel vorgenommen werden darf (Vorbehalt des Gesetzes), ob der Rahmen, der durch die gesetzliche Zweckbestimmung gezogen ist, beachtet wurde oder der Gleichheitssatz verletzt ist.[157]

71 Der Konkurrent eines geförderten Trägers kann gegen dessen Förderung mit der Anfechtungsklage vorgehen, wenn er in einem konkreten Konkurrenzverhältnis zu diesem Träger steht und die ungleiche Förderung in die grundrechtlich geschützte Wettbewerbsfreiheit (Art. 2 Abs. 1, Art. 12 Abs. 1 GG) eingreift (**negative Konkurrentenklage**).[158] Ein Eingriff liegt nicht schon dann vor, wenn durch die Förderung eine Konkurrenz erwächst, die für die eigene Geschäftsführung nachteilig ist. Erst wenn die einseitige Förderung den Wettbewerb verzerrt und die wirtschaftliche Stellung des nicht begünstigten Konkurrenten in unerträglichem Maße und unzumutbar schädigt, liegt ein Eingriff in das Grundrecht vor, der den Abwehranspruch auslöst.[159] Der Unterlassungsanspruch setzt insbesondere voraus, dass der übergangene Träger sich um ein **konkretes Projekt** beworben hat, das durch die Förderung des Konkurrenten gefährdet ist. Fehlt ein solches konkretes Konkurrenzverhältnis, handelt es sich um eine unzulässige Popularklage.[160]

III. Deregulierung?

1. New Public Management (NPM)

72 Die Kommunen stehen unter Kostendruck. Sie erhoffen Abhilfe von einer **Verwaltungsvereinfachung**, die in den 1990er Jahren von der Kommunalen Gemeinschaftsstelle (KGSt) nach einem angelsächsischen Vorbild erarbeitet wurde. Dieses Vorbild ist das **New Public Management (NPM)**, das eine Neuorientierung des öffentlichen Sektors in zwei Richtungen anstrebt. Erstens sollen die öffentlichen Aufgaben auf einen Kernbereich reduziert werden, um den stetigen Anstieg der Staatsausgaben abzubremsen.[161] Zweitens soll der Prozess der Leistungserstellung optimiert werden, indem Organisationsstrukturen der Verwaltung dezentralisiert, Ressorts zusammengelegt und Aufgaben differenziert werden. Ziel ist die Ermöglichung eines Vergleichs mit Anbietern außerhalb der Verwaltung, um eine realitätsnahe Antwort auf die Frage zu finden, ob eine Leistung weiterhin von der Verwaltung selbst oder von privaten Dritten erbracht werden soll.[162]

2. Neues Steuerungsmodell

73 Während das NPM eine Privatisierung öffentlicher Aufgaben im Auge hat, zielt das von der KGSt erarbeitete **Neue Steuerungsmodell (NSM)** eher auf eine Vereinfachung der Verwaltung durch Verbesserung ihres organisatorischen Instrumentariums und ihrer Wirksamkeit.[163] Diese Verbesserung soll durch Zielabsprachen zwischen politischer Führung und Verwaltung in der Form eines eigenen „**Kontraktmanagements**", durch die „**Budgetierung**" der Ressourcen und die Delegation von Verantwortung auf die ein-

157 OVG NRW 24.9.1981 – 8 A 1718/79, NVwZ 1982, 381.
158 Münder in: LPK-SGB XII, 8. Aufl. (2008), § 5 Rn. 43.
159 BVerwG 30.8.1968 – VII C 122.66, BVerwGE 30, 191 (198); 23.3.1982 – 1 C 157.79, BVerwGE 65, 167 (174); 18.4.1985 – 3 C 34.84, BVerwGE 71, 183 (191 f.); BVerwG 1.3.1978 – 7 B 144/76, NJW 1978, 1539 f.; BVerwG 20.7.1983 – 5 B 237/81, NVwZ 1984, 306 (307); BVerwG 21.3.1995 – 1 B 211/94, DVBl. 1996, 152 (153); OVG NRW 22.9.1982 – 4 A 989/81, NVwZ 1984, 522 (524 f.).
160 HmbOVG 19.9.1995 – Bs. IV 6/95, RsDE 36 (1997), 95 (98); HmbOVG 8.2.1994 – Bs.IV 202793, RsDE 27 (1995), 81 (84).
161 Zur Kernaufgabenthese anschaulich Schuppert DÖV 1995, 761 (764 f.).
162 Hitschke, Neue Steuerungsinstrumente der Berliner Verwaltung am Beispiel der sozialrechtlichen Leistungsverträge (2001), S. 17–44; König DÖV 1995, 349 (350 f.).
163 Eine prägnante Darstellung des NSM bei Mrozynski SGB I, 3. Aufl. (2003), § 17 Rn. 30.

zelen „**Dienstleistungsbereiche**" erreicht werden.[164] Die direkte regulative Steuerung soll zugunsten der Stärkung von Elementen indirekter Steuerung wie finanzielle und informationelle Anreize und Belohnungen abgebaut werden;[165] insoweit wird auch von einem „Rückzug des Staates als Wandel von der hierarchischen zur konsensualen Steuerung[166]" gesprochen. Politik und Verwaltungsführung sollen Freiräume für ihre „eigentliche Aufgabe einer strategischen Steuerung" erhalten, das ökonomische Interesse der handelnden Akteure soll zu leistungsfähigeren Strukturen und effektiveren Ergebnissen führen.[167] Vor allem soll das NSM sowohl in der Jugend- als auch in der Sozialhilfe zu Kostensenkungen führen.[168]

Die Neuorganisation wird das Verhältnis der Sozialhilfeträger zu den freien Trägern **74** nicht unberührt lassen. So wird gesagt, die Segnungen des neuen Modells sollten „en passant" auf die Wohlfahrtsverbände übertragen werden.[169] Allerdings ist auch richtig, dass zwischen einer **Übernahme von Marktelementen** und der wertorientierten Verantwortung der Wohlfahrtspflege kein zwingender Gegensatz bestehen muss.[170] Ein Mittel der Übertragung des Modells ist der **Leistungsvertrag** (→ Kap. 48 Rn. 9 f.), dem im Unterschied zu angeblich „input-orientierten Finanzierungsformen" des Vertragsrechts der §§ 75 ff. SGB XII (bisher §§ 93 ff. BSHG) eine „Out-put Orientierung" zugeschrieben wird.[171] Damit ist gemeint, dass Zahlungen der Kommune an freie Träger an Aussagen darüber gebunden werden, „welche Ziele mit den Aktivitäten des freien Trägers verfolgt, welche Standards eingehalten und welche Indikatoren dazu herangezogen werden, sowie welche Leistungen/Produkte dazu zu erbringen sind."[172]

Das NSM ist auf Kritik gestoßen, weil es ökonomische Prinzipien ungebrochen auf die **75** staatliche Verwaltung übertrage. Das **ökonomische System** arbeite nach den Prinzipien Markt, Wettbewerb und Allokation von Eigentumsrechten, das **politisch-administrative System** sei hingegen nach den Prinzipien der Regelbindung, Hierarchie, öffentlicher Zweckbindung und der Rechtmäßigkeit staatlichen Handelns organisiert.[173] Anders formuliert: „Unternehmerisches Handeln zeichnet sich durch den Primärzweck aus, am Marktgeschehen teilzunehmen, um Gewinne zu erzielen. Unternehmen sind rechtlich selbstständige, mit weitreichender Entscheidungsautonomie ausgestattete Organisationen. Kommunale Sozialverwaltungen hingegen sind im demokratischen und sozialen Rechtsstaat an politisch gewollte und gesetzlich geregelte Vorgaben gebunden."[174] Damit ist die Frage gestellt, ob die Aussagen des NSM mit den sozialhilferechtlichen Vorgaben zur Gewährung und Erbringung von Leistungen zu vereinbaren sind, ob also der **Vorrang der Rechtsordnung vor der Zweckordnung** gewahrt ist.[175] Diese Frage soll für ein Konzept, das im Kontext des NSM diskutiert wird und die Förderung der freien Träger unmittelbar betrifft, beantwortet werden.

---

164 Wallerath VerwArch 88 (1997), 1 (6).
165 Hitschke, Neue Steuerungsinstrumente der Berliner Verwaltung am Beispiel der sozialrechtlichen Leistungsverträge (2001), S. 44–62.
166 Schuppert DÖV 1995, 761 (763).
167 Wallerath VerwArch 88 (1997), 1, 7; Backhaus-Maul ZfJ 2000, 161 (163).
168 Papenheim in: LPK-SGB VIII, 3. Aufl. (2006), § 4 Rn. 15 a, befürchtet „Billiglohnbereiche" in der sozialen Arbeit.
169 Backhaus-Maul ZfJ 2000, 161 (164 f.).
170 Stähr RdJB 2000, 159 (165).
171 Mehls NDV 1996, 127 (130).
172 Kommunale Gemeinschaftsstelle für Verwaltungsvereinfachung, Kontraktmanagement zwischen öffentlichen und freien Trägern in der Jugendhilfe, Bericht Nr. 12/1998, S. 11.
173 König DÖV 1995, 349 (354).
174 Backhaus-Maul ZfJ 2000, 161 (163). Vgl. auch Laux DÖV 1993, 523 f.; König DÖV 1995, 349 (356).
175 Wallerath VerwArch 88 (1997), 1 (12).

3. Sozialraumorientierung

a) Bildung von Sozialraumbudgets

76 Dieses Konzept ist die **Sozialraumorientierung**, zu der gesagt wird, sie bündele traditionelle Ansätze der Sozialarbeit wie Gemeinwesenarbeit und lebensweltorientierte Jugendhilfe mit aktuellen Tendenzen im Leistungserbringungsrecht wie Dienstleistungsorientierung und Flexibilisierung sozialer Hilfen.[176] Ihr Kernelement sei das **Sozialraumbudget**, bei dem es sich um einen fixen („gedeckelten") Betrag handele, der für den jeweiligen Sozialraum zur Verfügung gestellt werde und aus dem die Hilfen zu finanzieren seien. Für die Vergabe der Mittel und die Planung der Hilfen würden häufig Steuerungsgremien eingerichtet, die im Verwaltungsorganisationsrecht der Sozial- und Jugendhilfe nicht vorgesehen seien.[177]

b) Kommunalisierung in Hessen

77 Ein Anwendungsfall der Sozialraumorientierung ist die vom Land Hessen entwickelte und in zwei Modellversuchen in der Stadt Kassel und im Landkreis Groß Gerau erprobte **Kommunalisierung der Landesförderung.** Das Land versteht darunter die Bereitstellung eines Budgets für die Kommunen in der Höhe der bisherigen Einzelförderungen der freien Träger. Die Kommunen fügen diesem Budget ihren bisherigen Anteil hinzu. Aus beiden Teilen und ggf. aus Drittmitteln wird ein Gesamtbudget gebildet. Die Aussagen zur Höhe des Budgets verweisen darauf, dass es sich um einen fixen („gedeckelten") Betrag handelt. Über dieses **fixe Gesamtbudget** können die Kommunen im Rahmen der kommunalen Sozialplanung und in Abstimmung mit dem Land verfügen. Diese Verfügung sieht so aus, dass die Kommunen mit den Trägern „nach den gesetzlichen Vorgaben" „Zuwendungs- bzw. Leistungsverträge" abschließen.[178]

c) Budgetierung und Berufsfreiheit

78 Eine staatliche Sozialraumplanung, die für die Erbringung von Sozialleistungen auf wenige (große) Leistungserbringer zurückgreift und unter diesen sozusagen das für die Leistungen vorgesehene Budget ganz bzw. zum größten Teil verteilt, stellt einen Eingriff in die Berufsfreiheit der übergangenen Anbieter sozialer Dienstleistungen dar. Insbesondere kleinere Träger oder Einzelpersonen können durch solche staatlichen Planungen faktisch gehindert sein, die von ihnen angebotenen sozialen Dienstleistungen zu erbringen.[179] Für eine verfassungsrechtliche Rechtfertigung eines solchen Eingriffs in die Berufsfreiheit fehlt es an einer hinreichend bestimmten gesetzlichen Grundlage.[180]

d) Budgetierung von Rechtsansprüchen?

79 Die Positionspapiere zur Kommunalisierung geben keine klare Auskunft, ob die Budgetierung auch Leistungen erfasst, auf die der Bürger einen **Rechtsanspruch** hat. Ansprüche auf Sozialhilfe sind wie alle Sozialleistungsansprüche bei Vorliegen der gesetzlichen Voraussetzungen zu erfüllen, sie lassen sich nicht „budgetieren".[181] Auch ist die **Zuständigkeit der Sozialhilfeträger** ebenso klar und zwingend geregelt wie die **Leistungsabwicklung im sozialhilferechtlichen Dreiecksverhältnis** (→ Kap. 46 Rn. 9). Der sozialhilferechtliche Grundsatz **„Keine Hilfe für die Vergangenheit"** lässt eine **Selbstbeschaffung**

---

176 Münder, S. 9–12.
177 Münder, S. 13–15.
178 Neustrukturierung der Förderung sozialer Hilfen in Hessen. Modellversuch im Landkreis Groß-Gerau/in der Stadt Kassel, März 2002 (HSM-16).
179 Vgl. NdsOVG 10.3.2006 – 4 ME 1/06, RsDE 64 (2007), S. 85 ff.
180 Vgl. OVG Bln 4.4.2005 – OVG 6 S415/04, RsDE 63 (2006), S. 67 ff.
181 Pointiert Münder, S. 30: „Rechtsansprüche sind immer budgetsprengend und damit auch sozialraumbudgetsprengend".

der Leistung mit anschließender Kostenerstattung grundsätzlich nicht zu. Lehnt der Sozialhilfeträger die Bewilligung der Leistung ab, kann der Sozialhilfeberechtigte Widerspruch einlegen und – bei negativer Bescheidung – vor dem Verwaltungsgericht klagen. Es ist also die Rechtsprechung, die in letzter Instanz über den Inhalt und den Umfang des Leistungsrechts entscheidet. Die Kosten der Leistungserbringung werden dem freien Träger vom öffentlichen erstattet. Das Gesetz sieht für die Regelung der den Einzelfall übergreifenden Kostenfragen den Abschluss der diversen Vereinbarungen nach § 75 ff. SGB XII (bisher § 93 ff. BSHG) vor. Diese rechtlich zwingend gebotene Leistungsabwicklung ist unvereinbar mit Vorstellungen, wonach die Verwaltung bei freien Trägern ein budgetiertes Leistungspaket einkauft, das der freie Träger dann dem sozialhilfeberechtigten Bürger zur Verfügung stellt.

e) Vorrang des Sozialrechts

Wenn die Budgetierung sich nur auf solche soziale Angebote und Strukturen beziehen   **80** sollte, auf welche das Gesetz keine subjektiven öffentlichen Rechte einräumt und der Bürger auch keinen Anspruch auf eine ermessensfehlerfreie Entscheidung hat, ist die Förderung der freien Träger angezeigt, die diese Angebote und Strukturen schaffen und vorhalten. Die Beschränkung der Förderung auf die verfügbaren Haushaltmittel, also – wenn man so formulieren will – die **Budgetierung**, ist in diesem Fall zulässig (→ Rn. 55). Die Rechtsstellung der freien Träger ist bei der Förderung zwar schwächer als in der Leistungserbringung im sozialhilferechtlichen Dreiecksverhältnis. Rechtlos sind sie aber keineswegs. Zunächst ist die **Zuständigkeit** und damit auch die **Verantwortlichkeit** geregelt. Die Förderung erfolgt gemäß § 5 Abs. 3 S. 2 SGB XII (bisher § 10 Abs. 3 S. 2 BSHG) durch den zuständigen Träger der Sozialhilfe. Dabei ist zu erinnern, dass die Träger der Sozialhilfe sich der sozialrechtlichen Regelung der Förderung nicht dadurch entziehen können, dass sie die Förderung nach der allgemein üblichen Subventionspraxis allein auf das Haushaltsrecht stützen (→ Rn. 37). Beschreiten sie den Weg einer solchen „**nicht-gesetzesakzessorischen Förderung**", kommen die sozialhilferechtlichen Regelungen und Grundsätze dennoch zur Anwendung.

f) Förderung durch Subventionsvertrag

Subventionen dürfen grundsätzlich auch durch Vertrag vergeben werden. Dabei ist zu   **81** beachten, dass die Verwaltung auch bei der Förderung auf der Grundlage eines Subventionsvertrags **an das Gesetz gebunden** ist (→ Rn. 41). Im Übrigen ist das Förderungsrecht hinreichend flexibel, um eine Verpflichtung der Leistungsanbieter zur Erstellung konkreter Produkte und damit die Umsetzung der vom NSM erhofften Rationalisierungsgewinne zu ermöglichen. Das gilt sowohl für den herkömmlichen Subventionsvertrag als auch für die Bewilligung durch Verwaltungsakt mit Nebenbestimmungen.

4. Kritik am sozialrechtlichen Dreiecksverhältnis

Das Dreiecksverhältnis baut auf den subjektiven Rechten des leistungsberechtigten Bür-   **82** gers auf. Ein Versuch, das Spannungsverhältnis zwischen Rechtsanspruch und sozialer Gestaltung unter der Bedingung knapper Ressourcen aufzulösen, ist die Verflüssigung sozialer Rechte in **wertungsoffene Prinzipien**, die mit konkurrierenden Prinzipien einer optimierenden Sozialgestaltung abzuwägen seien. Dabei soll der Grundsatz der Wirtschaftlichkeit seinen tieferen Sinn als „abwägungsrelevantes Rechtsprinzip" offenbaren.[182] Diese „**Abwägungsprogrammatik**" ist hart am juristischen Zeitgeist formuliert, hat aber mit Rechten im Sinne der Theorie des subjektiven öffentlichen Rechts nur noch wenig zu tun. Denn der Vorteil von Prinzipien ist zugleich ihr unübersehbarer Mangel:

---

182 Luthe, Optimierende Sozialgestaltung (2001), S. 501.

Sie verfügen zwar über ein fast unbeschränktes Beschreibungspotential, geben aber der juristischen Argumentation kaum Strukturen vor, die es erlauben würden, bestimmte Ergebnisse auszuschließen.[183] Die **Kontrollfunktion von Dogmatik** ist demgegenüber deutlich höher zu veranschlagen, weil Abweichungen von ihren Systemen einen erheblichen Begründungsaufwand verlangen, der in der Regel den Umbau des Systems voraussetzt. Dogmatische Systeme abstrahieren vom Einzelfall, so dass unklar bleibt, welche Einzelfälle in Zukunft gemäß der Wertung zu entscheiden sind. Deshalb ist die dogmatische Jurisprudenz der Argumentation mit prinzipiengeleiteten Optimierungsgeboten überlegen, wenn es darum geht, das geltende Recht gegen sozialpolitische Programme zu wahren, die mit der Verheißung von Effektivitätssteigerung bei gleichzeitiger Kostensenkung den sozialpolitischen Stein der Weisen gefunden haben wollen.

83   Eine andere Kritik setzt an der Rechtsstellung der Leistungserbringer an und wertet deren Beziehungen zum Sozialhilfeträger als einen **Auftrag** im Sinne von § 97 Abs. 1 SGB X. Die Unverträglichkeit dieser Wertung mit den § 75 ff. SGB XII (bisher §§ 93 ff. BSHG) liegt auf der Hand. Deshalb wird ein Vorrang der §§ 17 Abs. 3 S. 4 SGB I, 97 Abs. 1 SGB X vor den Normen des Sozialhilferechts unter Berufung auf § 37 S. 2 SGB I behauptet.[184] Was immer auch die Bedeutung dieser gesetzlichen Ausnahme vom Vorrang der besonderen Teile des Sozialgesetzbuchs sein mag, eines vermag diese Vorschrift nicht zu leisten, nämlich die Kollisionsregel „lex posterior derogat legi priori" aufzuheben. Denn diese Regel ist eine **Ausprägung des Demokratieprinzips.** Wenn eine einfache parlamentarische Mehrheit eine spätere Mehrheit binden dürfte, ginge die Gesetzgebungsgewalt nicht mehr vom gegenwärtigen, sondern vom früheren Volke aus.[185] Erlässt also der Gesetzgeber, wie er dies in den §§ 93 ff. BSHG (heute §§ 75 ff. SGB XII) wiederholt getan hat, trotz der in § 37 S. 2 SGB I beabsichtigten Selbstbindung abweichende Regelungen in den besonderen Teilen, gehen diese Abweichungen als spätere, verfassungsgemäß zustande gekommenen Spezialnormen der allgemeinen Regelung vor. Überdies ist § 97 Abs. 1 SGB X keine Ermächtigung, Aufgaben durch Dritte durchführen zu lassen, sondern setzt eine solche Ermächtigung voraus,[186] die es – abgesehen vom Sonderfall des § 5 Abs. 5 SGB XII – nicht gibt. Deshalb ist der normative Gehalt von § 97 Abs. 1 SGB X als gering zu veranschlagen, anders als der von Abs. 2, dessen Anwendung aber § 17 Abs. 3 S. 4 SGB I gerade ausschließt. Und mit dem verfassungsrechtlichen Status der freien Wohlfahrtspflege ist diese Auffassung ohnehin nicht zu vereinbaren.

---

183   Prägnant Poscher, Grundrechte als Abwehrrechte (2003), S. 72–84.
184   Frommann, S. 75–86.
185   Kischel AöR 124 (1999), 174 (206).
186   Scholz in: KassKomm, Stand 1.9.2018, SGB X § 97 Rn. 6; Roos in: v. Wulffen SGB X, 8. Aufl., § 97 Rn. 3.

Kapitel 45: Vereinbarungsrecht

Literaturhinweise: AGJ – Arbeitsgemeinschaft für Kinder- und Jugendhilfe / BAGLJÄ – Bundesarbeitsgemeinschaft Landesjugendämter, Handlungsempfehlungen zum Bundeskinderschutzgesetz – Orientierungsrahmen und erste Hinweise zur Umsetzung, 2012;[1] Bernzen/Grube, Leistungs- und Entgeltvereinbarungen in der Sozialwirtschaft, 2018; Bieback, Leistungserbringungsrecht im SGB II sowie SGB III und SGB XII, NZS 2007, 505 ff.; von Boetticher/Münder, Kinder- und Jugendhilfe und europäischer Binnenmarkt, 2009; von Boetticher, Das neue Teilhaberecht, 2018; Frommann, Sozialhilfe nach Vereinbarung, 2002; Griep/Renn, Die Relevanz von Rahmenverträgen im Sozialleistungserbringungsrecht (am Beispiel SGB XI und BSHG), RsDE 47 (2001), 72; Grube, Rechtscharakter der Zuordnung von Hilfeempfängern zu Gruppen für Hilfeempfänger mit vergleichbarem Hilfebedarf, RsDE 52 (2003), 25; Köbl/Brünner (Hrsg.), Abschied von der Objektförderung?, 2004; Metzler, Modell zur Bildung von Gruppen von Hilfeempfängern mit vergleichbarem Hilfebedarf gemäß § 93 a BSHG, 1998; Mroczynski, Der Leistungserbringungsmarkt zwischen Angebotssteuerung und Budgetierung, ZFSH/SGB 2004, 3; Münder, Finanzierungsstrategien in der Kinder- und Jugendhilfe, in: Sachverständigenkommission 11. Kinder- und Jugendbericht 2002; Münder/von Boetticher, Auswirkungen des Europäischen Beihilferechts auf die Finanzierung der Leistungserbringung im SGB VIII, SGB XI und im BSHG, ZESAR 2004, 15 (Teil I), 65 (Teil II); Neumann, Was kennzeichnet das Leistungserbringungsrecht der Sozialhilfe?, ArchsozArb 2005, 4; Neumann/Nielandt/Philipp, Erbringung von Sozialleistungen nach Vergaberecht?, 2004; Wenzel/Kulenkampf, Wie kann man eine leistungsrechte Vergütung nach §§ 75 ff. SGB XII ermitteln?, NDV 2006, 455.

Rechtsgrundlagen:
SGB II § 17
SGB XII §§ 75 bis 81
SGB I § 17
SGB X §§ 53 bis 61

Orientierungssätze:

1. Das SGB II kennt nur ein rudimentäres Leistungserbringungsrecht, das sich an den Vorgaben des SGB III orientiert und sich zum Teil vom Wortlaut her auf die Formulierungen des SGB XII bezieht.

2. Das Leistungserbringungsrecht des SGB XII beruht wesentlich auf Zulassungs-Vereinbarungen zwischen Leistungsträgern und Leistungserbringern im sozialrechtlichen Dreiecksverhältnis.

3. Der Gesetzgeber versucht im Leistungserbringungsrecht ein nach marktwirtschaftlichen Regularien gestaltetes Wettbewerbssystem mit sozialrechtlichen Grundsätzen zu verbinden. Aus diesem Spannungsfeld ergeben sich Reformbedarfe zur Sicherung der individuellen Bedarfsdeckung, einer konsequenten Vergütungsfinanzierung und unter (nationalen wie gemeinschaftsrechtlichen) Wettbewerbsgesichtspunkten.

4. Die Grundsätze des Leistungsrechts sind im Leistungserbringungsrecht zu beachten.

5. Der Individualisierungsgrundsatz § 9 Abs. 1 SGB XII ist mit der gesetzlich vorgegebenen Pauschalierung und Typisierung des Leistungserbringungsrechts im SGB XII dann vereinbar, wenn das Leistungserbringungsrecht trotz der Pauschalierung die Berücksichtigung individueller Bedarfslagen ermöglicht.

6. Der Abschluss der einrichtungsbezogenen Vereinbarung ist grundsätzlich Voraussetzung für die Vergütungsübernahme; zur Sicherung der individuellen Bedarfsdeckung ist bei nichtvertragsgebundenen Einrichtungen von Vergütungen möglich, wenn dies aufgrund der Besonderheiten des Einzelfalles erforderlich ist.

7. Das Leistungserbringungsrecht der Eingliederungshilfe ist mWv 1.1.2018 ausgelagert in den 2. Teil des SGB IX; Vereinbarungen für Leistungen der Eingliederungshilfe sind bis zum 31.12.2019 „eingefroren", bis dann auch das Leistungsrecht der Eingliederungshilfe ins SGB IX wechselt.

---

1 Abrufbar unter: http://www.bagljae.de/downloads/111_handlungsempfehlungen_bundeskinderschutzge.pdf.

A. Das Leistungserbringungsrecht, das Vereinbarungsrecht, der Vorrang des Leistungsrechts

I. Leistungserbringungsrecht

1 Sofern die **Leistungsträger** (§ 12 SGB I) die Leistungen nicht unmittelbar selbst erbringen, sondern diese – wie im SGB II (§ 17 Abs. 1) bzw. im SGB XII (§ 75 Abs. 2) vorgesehen – grundsätzlich von Einrichtungen und Diensten Dritter, den **Leistungserbringern**, angeboten und diese Einrichtungen und Dienste von den **Leistungsberechtigten** in Anspruch genommen werden, stellt sich vornehmlich die Frage nach der Finanzierung der von den Leistungserbringern gegenüber den Leistungsberechtigten erbrachten Leistungen. Dies ist der im SGB II und SGB XII geregelte Kern des **Leistungserbringungsrechts**.

2 § 17 Abs. 1 SGB II und §§ 75 ff. SGB XII beruhen auf den allgemeinen Bestimmungen für Sozialleistungsträger: Über die Planungsverantwortung des § 95 SGB X hinausgehend haben die Sozialleistungsträger nach § 17 Abs. 1 Nr. 2 SGB I die zur Erfüllung ihrer Aufgaben notwendigen sozialen Dienste und Einrichtungen rechtzeitig und hinreichend vorzuhalten, sie haben diesbezüglich eine **Gewährleistungspflicht**.[2] Aus der Gewährleistungspflicht des Leistungsträgers folgt für die Leistungsberechtigten **kein Rechtsanspruch auf die Schaffung von Einrichtungen**.[3] Der Leistungsberechtigte hat allein einen Rechtsanspruch auf die Erbringung der entsprechenden Sozialleistungen.

3 § 17 Abs. 1 SGB II, § 75 Abs. 2 SGB XII machen deutlich, dass der Gesetzgeber eine **Trennung von Leistungsträger und Leistungserbringer** will. Grundsätzlich soll der Leis-

---

[2] BSG 10.8.2016 – B 14 AS 23/15 R, Rn. 14; LSG BW 22.4.2015 – L 5 R 3908/14, Rn. 60 mwN; Mrozynski SGB I, 5. Aufl. 2014, § 17 Rn. 1; Frommann (Lit.), S. 60 ff.

[3] HM vgl. von Boetticher/Münder in: LPK-SGB XII § 75 Rn. 7; Schellhorn, W. in: Schellhorn/Schellhorn/Hohm SGB XII § 75 Rn. 9.

tungsträger keine eigenen Einrichtungen betreiben. Deutlich formuliert ist dies beim Ausbau und bei der Schaffung von Einrichtungen. Die Formulierung „sollen" bedeutet, dass der Regelfall beim Ausbau und bei der Schaffung von Einrichtungen die Trägerschaft eines anderen, freien Trägers ist, nicht die des Sozialleistungsträgers.[4]

Die vorrangige Trägerschaft von Einrichtungen durch privatrechtlich verfasste Leistungserbringer, sog freier Träger (→ Kap. 44 Rn. 23 ff.), ist jedoch nicht voraussetzungslos. Erforderlich ist, dass die **Einrichtungen geeignet** sind. Das sind sie dann, wenn sie dem Zweck der jeweiligen Hilfe entsprechen und die Gewähr dafür bieten, dass der gegenüber dem Sozialleistungsträger bestehende Individualanspruch des Leistungsberechtigten erfüllt wird[5] (speziell für das SGB XII → Rn. 27). Die Beurteilung (und Auswahl) „geeigneter Einrichtungen" ist nicht in das Belieben des Sozialleistungsträgers gestellt, der Begriff der „geeigneten Einrichtung" ist als unbestimmter Rechtsbegriff gerichtlich überprüfbar.[6]   **4**

Bei der Leistungserbringung durch freie Träger bestehen zwischen den Beteiligten, dh zwischen dem Sozialleistungsträger, den Leistungsberechtigten und den freien Trägern als Leistungserbringer verschiedene Rechtsbeziehungen.[7] Ausgangspunkt im sog **sozialrechtlichen Dreiecksverhältnis** ist zunächst (bei Vorliegen der entsprechenden Tatbestandsvoraussetzungen) ein Rechtsanspruch der **leistungsberechtigten Person** gegen den **Träger der Sozialleistung**, der in der Regel durch einen Bescheid/Verwaltungsakt konkretisiert wird. Diesem Anspruch steht die Verpflichtung des Sozialleistungsträgers gegenüber, die entsprechende Leistung zu erbringen. Maßgeblich für diese Rechtsbeziehungen ist das Leistungsrecht des SGB II bzw. SGB XII, die **Rechtsbeziehungen** sind **öffentlich-rechtlich**. Gegenüber dem Leistungsberechtigten bleibt der **Sozialleistungsträger** zur Deckung des Bedarfes **verpflichtet**, auch wenn die Leistung durch einen freien Träger erbracht wird.   **5**

Nimmt die **leistungsberechtigte Person** zur Deckung des festgestellten Bedarfs die Leistungen von **Einrichtungen oder Diensten** in Anspruch, entstehen **(privat-)rechtliche Beziehungen** zwischen den Bürgern und den Leistungserbringern. Rechtsbasis dafür ist ein (bisweilen stillschweigend/konkludent geschlossener) gegenseitiger Vertrag. Inhalt dieses privatrechtlichen Vertrages sind einerseits Betreuungs-, Hilfe- und Förderungsleistungen, ggf. Unterkunft, Verpflegung usw der Einrichtung und andererseits die Verpflichtung der leistungsberechtigten Person, das dafür erforderliche Entgelt zu bezahlen. Sofern es sich um eine Kombination aus Pflege- und Betreuungsleistungen wegen Alters, Pflegebedarf und/oder Behinderung für Volljährige einerseits und der Überlassung von Wohnraum andererseits handeln, unterliegen diese Vereinbarungen zudem dem Verbraucherschutzrecht des **Wohn- und Betreuungsvertragsgesetzes** (WBVG).   **6**

Zum Dreieck wird dieses Verhältnis durch **vertragliche Beziehungen** zwischen dem **Sozialleistungsträger** und dem **Leistungserbringer**. Rechtsgrundlage dafür sind die Vereinbarungen nach § 17 Abs. 2 SGB II bzw. §§ 75 ff. SGB XII.   **7**

Erfolgt eine Leistungserbringung durch Dritte, so sind für die **Finanzierung** dieser Leistungen verschiedene Möglichkeiten gegeben.[8] Die Finanzierung kann durch **einseitige Regelung** erfolgen, dies ist die klassische Form der **Zuwendung als Sozialsubvention**: Es handelt sich um vermögenswerte Leistungen, die ein Träger der öffentlichen Verwaltung   **8**

---

4 LSG Nds-Brem 28.4.2015 – L 11 AS 255/13, Rn. 25: „Subsidiarität eigener Einrichtungen und Dienste des Leistungsträgers".
5 OVG Hmb 12.9.1980 – Bf I 9/79, FEVS 31, 404; VG Hannover 10.9.1992 – 3 B 3069/92, RsDE 30 (1995), 77 f.
6 OVG Hmb 12.9.1980 – Bf I 9/79, FEVS 31, 413.
7 Ausführlich von Boetticher/Münder in: LPK-SGB XII Vor § 75 Rn. 5 ff.
8 Münder, Finanzierungsstrategien in der Kinder- und Jugendhilfe, in: Sachverständigenkommission 11. Kinder- und Jugendbericht 2002; Rixen ArchSozArb 3/2005, 106 ff.

an eine Stelle außerhalb der Verwaltung ohne rechtliche Verpflichtung und ohne marktförmige Gegenleistung gewährt, um den Empfänger in die Lage zu versetzen, einen bestimmten Zweck zu erfüllen. Möglich ist dies nur dann, wenn hierfür eine gesetzliche Grundlage (im SGB II: § 17 Abs. 1 S. 2; im SGB XII: § 5 Abs. 3 S. 2) existiert. Bei der Zuwendung sind insbesondere die einschlägigen **Bestimmungen des Haushaltsrechts** in § 14 HGrG und in §§ 23, 24 BHO/LHO maßgebend. Unter wettbewerblichen Gesichtspunkten von besonderer Bedeutung ist in diesem Zusammenhang das europäische Unionsrecht: Hiernach sind staatliche Beihilfen[9] gem. Art. 106 Abs. 1 AEUV verboten, die nicht allen (potenziellen) Unternehmen zugutekommen (können) und den grenzüberschreitenden Dienstleistungsverkehr beeinträchtigen können. Sie bedürfen der ausdrücklichen Genehmigung durch die EU-Kommission (sog Notifikationsverfahren).[10]

9 **Zweiseitige Rechtsbeziehungen** liegen dann vor, wenn es sich um **synallagmatische Verträge** handelt, also Leistung und Gegenleistung im gegenseitigen Abhängigkeitsverhältnis stehen. Neben möglichen spezialgesetzlichen Bestimmungen (für die Möglichkeiten im SGB XII vgl. hier unter → Rn. 26 ff.) sind hier vornehmlich Vorschriften des Vergaberechts nach §§ 97 ff. GWB sowie haushaltsrechtliche Bestimmungen zu beachten. Oft konzentriert sich die Auseinandersetzung darauf, inwiefern die nach § 30 HGrG grundsätzlich vorgeschriebene Ausschreibung notwendig ist.[11]

10 Leistungserbringung und deren Finanzierung zur Erfüllung von Rechtsansprüchen auf Sozialleistungen hat idR auf der Basis des **sog sozialrechtlichen Dreiecksverhältnisses** zu erfolgen. Hier existieren **Vereinbarungen zwischen Leistungsträgern und Leistungserbringern**. Sie sind zT ausdrücklich gesetzlich vorgeschrieben, zB in §§ 78 a ff. SGB VIII,[12] in §§ 123 ff. SGB IX, in §§ 71 ff. SGB XI und in §§ 75 ff. SGB XII.[13]

II. Vereinbarungsrecht

11 Sofern solche sozialrechtlichen Dreiecksverhältnisse vorliegen, sieht der Gesetzgeber zur Ausfüllung solcher Rechtsverhältnisse grundsätzlich das Vereinbarungsrecht auf der Ebene zwischen Leistungsträgern und Leistungserbringern vor. Im Einzelnen trifft er jedoch keine gesetzlichen Regelungen zum Inhalt der Leistungserbringung, sondern er setzt auf die **Vereinbarungen zwischen Leistungsträgern und Leistungserbringern**. Gesetzlich ist regelmäßig nur der Rahmen vorgegeben, so insbesondere über welche Gegenstände Vereinbarungen abzuschließen sind: über den Inhalt, Umfang und Qualität der Leistungen (sog **Leistungsvereinbarung**), über die Vergütung (sog **Vergütungsvereinbarung**), die für das SGB II und das SGB XII dahin gehend genauer benannt werden, dass sie sich aus Pauschalen und Beträgen für einzelne Leistungsbereiche zusammen zu setzen haben (SGB XII), bzw. zusammensetzen können (SGB II) und sog **Prüfungsvereinbarungen** für die Prüfung der Wirtschaftlichkeit und der Qualität der Leistungen. In Folge der Reform des Vereinbarungsrechts des SGB XII durch das Bundesteilhabegesetz entfällt die Pflicht zum Abschluss von Prüfungsvereinbarungen mWv 1.1.2020 zugunsten eines anlassbezogenen Prüfungsrechts des Sozialhilfeträgers.[14] Hinsichtlich der Vergütung ergeben sich aus diesen Vereinbarungen keine unmittelbaren Ansprüche der Leistungserbringer auf Bezahlung, sondern erst dann, wenn leistungsberechtigte Perso-

---

9 Zu einem ersten Überblick über wettbewerbsrechtliche Fragen sowie zu den Voraussetzungen, die vorliegen müssten, damit von einer Beihilfe gesprochen werden kann, vgl. Münder in: LPK-SGB XII § 5 Rn. 44 ff.; von Boetticher/Münder in: LPK-SGB XII § 75 Rn. 23 ff.; Münder in: LPK-SGB II § 17 Rn. 9.
10 Ausführlich dazu am Beispiel der Kinder- und Jugendhilfe von Boetticher/Münder, S. 52 f.
11 Münder/von Boetticher 2004; Neumann/Nieland/Philipp 2004; von Boetticher/Münder, S. 70 f.; Glahs Sozialrecht aktuell 2007, 224; Schröder VergabeR 2007, 418 ff.
12 Dazu von Boetticher/Münder ua in: FK-SGB VIII Vor § 78 a Rn. 3 ff.
13 Ausführlich von Boetticher/Münder in: LPK-SGB XII Vor § 75 Rn. 10 ff., § 75 Rn. 24 ff., § 76 Rn. 4 ff.
14 BT-Drs. 18/9522, 338.

nen deren jeweiligen Dienst oder deren jeweilige Einrichtung in Anspruch nehmen (→ Rn. 26 ff.).

Das Vereinbarungsrecht ist im **SGB II** und im **SGB XII ganz unterschiedlich** ausgeprägt.   **12**
Während das SGB XII für die Leistungserbringung in Einrichtungen das Vereinbarungs-recht grundsätzlich faktisch zwingend vorsieht (→ Rn. 26) und vielfach Einzelheiten re-gelt (→ Rn. 27), stellt sich im SGB II schon die Frage, ob überhaupt das Vereinbarungs-recht zur Anwendung kommt, und wenn ja, in welchem Umfang (→ Rn. 17 ff.). Somit kennt nur das SGB XII ein ausführlicheres Vereinbarungsrecht.

III. Vorrang des Leistungsrechts

Die allgemeinen Vorschriften (§§ 1 bis 5 SGB II) bzw. die Grundsätze der Leistungen   **13**
(§§ 8 bis 16 SGB XII) scheinen sich wesentlich auf das Leistungsrecht zu beziehen, für das Leistungserbringungsrecht scheinen sie keine große Bedeutung zu haben. Das stimmt zumindest für das detaillierter geregelte Vereinbarungsrecht im SGB XII nicht. Vornehmlich zwei Prinzipien sind durch das Vereinbarungsrecht der §§ 75 ff. SGB XII tangiert: der **Bedarfsdeckungsgrundsatz** und der **Individualisierungsgrundsatz** (vgl. Ka-pitel 9). Durch diese Grundsätze soll sichergestellt werden, dass jede leistungsberechtig-te Person die für ihre individuelle Situation benötigten Leistungen bedarfsdeckend er-hält. Das Vereinbarungsrecht des SGB XII dagegen ist durch **Generalisierungen, Typisie-rungen** und **Pauschalbildungen** gekennzeichnet. Deutlich wird dies im Vergütungsrecht. Hier sind sowohl Unterkunft und Verpflegung (sog Grundpauschale) als auch die ein-zelnen Maßnahmen und Betreuungsleistungen (sog Maßnahmepauschalen) nach Pau-schalen zu vergüten (im Einzelnen → Rn. 32 ff.). Die Maßnahmepauschalen sind nach Gruppen für Leistungsberechtigte mit vergleichbarem Bedarf zu kalkulieren. Die Gene-ralisierung und Pauschalierung durch Hilfebedarfsgruppen dient dabei der Verwal-tungsvereinfachung, dürfen jedoch den Grundsatz der individuellen Bedarfsdeckung nicht relativieren. Deutlich wird dies durch die Vorgabe in § 75 Abs. 2 Satz 2 SGB XII, dass Vereinbarungen nur mit solchen Leistungserbringern zu schließen sind, die die Ein-haltung des Grundsatzes des § 9 Abs. 1 SGB XII sicherstellen können.

Rechtsdogmatisch lassen sich der Bedarfsdeckungs- und Individualisierungsgrundsatz   **14**
mit den §§ 75 ff. SGB XII vereinbaren, ob dies auch rechtspraktisch stets geschieht, ist offen. Die **rechtsdogmatische Vereinbarkeit** ergibt sich daraus, dass die pauschalieren-den Vorgaben nur **Kalkulationsgrundlagen für die Leistungserbringung** sind und keine Auswirkungen auf die Leistungen selbst haben. Hinter dem Gedanken der Pauschalie-rung steckt die durch die Praxis durchaus begründete Annahme, dass der Bedarf der Leistungsberechtigten (im Grunde genommen täglich, ggf. sogar stündlich) schwankend ist, dass aber durch die über die Pauschalen zur Verfügung gestellte Leistungsmenge ins-gesamt die schwankenden individuellen Bedarfe der Leistungsberechtigten abgedeckt werden. Damit wird es der Einrichtung ermöglicht, durch die Gesamtheit der einzelnen Pauschalen für alle Leistungsberechtigten eine bedarfsgerechte Leistung zu erbringen. So liegt dem Regelungssystem der §§ 75 ff. SGB XII die **Vermutung der Bedarfsdeckung** zu Grunde. Geht diese Erwartung nicht auf, wird also der konkrete Bedarf eines Leis-tungsberechtigten in der Einrichtung nicht gedeckt, so besteht der Anspruch der leis-tungsberechtigten Person gegen den Leistungsträger auf Erbringung einer bedarfsge-rechten Leistung weiter.[15]

Das ist im System des Vereinbarungsrechts auch möglich. Zum einen verbietet das Sys-   **15**
tem des Vereinbarungsrechts nicht, dass über die (allgemeinen) Maßnahmenpauschalen hinaus **spezifische Zusatzleistungen** vereinbart werden. Außerdem ist es möglich, in je-

---

15 LSG BW 25.6.2015 – L 7 SO 1447/11, Rn. 78.

weilig konkreten festgestellten individuellen Bedarfssituationen hierauf ausgerichtete **individuelle Zusatzleistungen** zu vereinbaren. Des Weiteren muss dem Gedanken der individuellen Bedarfsdeckung dadurch Rechnung getragen werden, dass dann, wenn durch die (Maßnahmen-)Pauschale der individuelle Bedarf nicht gedeckt ist, **gesonderte Maßnahmen** vereinbart und Leistungen erbracht werden. Nicht das Leistungserbringungsrecht setzt die Vorgaben, sondern das **Leistungsrecht determiniert das Leistungserbringungsrecht.**

16 Schließlich erlaubt § 75 Abs. 4 SGB XII die Vergütungsübernahme für Leistungen, die in **nicht vereinbarungsgebundenen** Einrichtungen erbracht werden. Damit ist es möglich, individuellen Bedarfen, die durch Angebote vereinbarungsgebundener Einrichtungen (noch) nicht abgedeckt werden, gerecht zu werden. Damit ist das Vereinbarungsrecht kein geschlossenes System, es erlaubt durch die Bildung spezifischer Gruppen, durch Zusatzleistungen und Vergütungsübernahme auch in nicht vereinbarungsgebundenen Einrichtungen die Beachtung des Bedarfsdeckungs- und Individualisierungsgrundsatzes.

B. Das Leistungserbringungs- und Vereinbarungsrecht im SGB II

I. Ausgangslage

17 Das Leistungserbringungs- und damit auch das Vereinbarungsrecht ist im SGB II nur rudimentär und zum Teil unübersichtlich ausgebildet. Zentrum ist § 17 SGB II. Dessen Abs. 1 S. 1 trifft zunächst die Grundaussage, dass die Leistungsträger **eigene Einrichtungen und Dienste nicht schaffen sollen**, wenn solche von Dritten in Anspruch genommen werden können. Die Formulierung geht davon aus, dass Leistungsträgerschaft und Leistungserbringung regelmäßig auseinander fallen (→ Rn. 3). Eine Definition der Einrichtungen und Dienste findet sich im SGB II nicht. In Anlehnung an § 75 Abs. 1 SGB XII bzw. § 13 Abs. 2 SGB XII sind Einrichtungen als stationäre oder teilstationäre Einrichtungen anzusehen. Dienste sind Angebote, die der ambulanten Förderung und Unterstützung dienen. Da in § 17 Abs. 1 S. 1 SGB II zwischen Einrichtungen und Dienste nicht unterschieden wird, ist eine scharfe Abgrenzung zwischen diesen beiden Begriffen nicht erforderlich. Die Begriffe sind vielmehr weit auszulegen und erstrecken sich auf „alle persönlichen und sächlichen Mittel, die auf eine gewisse Dauer angelegt und organisatorisch strukturiert sind".[16] Anforderungen an den Träger, also die natürliche oder juristische Person des privaten oder des öffentlichen Rechts, die die Einrichtung bzw. den Dienst errichtet hat, betreibt und rechtlich für sie verantwortlich ist, stellt das Gesetz jenseits der „Geeignetheit" nicht. Insbesondere muss es sich **nicht um gemeinnützige Träger** handeln, es können **auch privat-gewerbliche Träger** sein. Auch Einzelpersonen kommen in Betracht, sofern eine organisatorische Struktur der Tätigkeit vorhanden ist.[17]

II. SGB III-Anforderungen und Vereinbarungen

18 **Kontrovers** wird erörtert, ob im SGB II die Beschaffung von Leistungen durch die Sozialleistungsträger auf der Basis eines (mit Wettbewerbs- und Vergaberecht verbundenen) zweiseitigen Vertragsverhältnisses oder auf der Basis des sozialrechtlichen Dreiecksverhältnisses zu erfolgen hat.[18] Nach **§ 17 Abs. 1 Nr. 2 SGB II** sind die Leistungsträger verpflichtet, die zur Ausführung der Sozialleistung erforderlichen Dienste und Einrichtungen zur Verfügung zu stellen. Wie dieses Ziel durch die Leistungsträger erreicht wird,

---

16 LSG Nds-Brem 28.4.2015 – L 11 AS 255/13, Rn. 25 mwN.
17 LSG Nds-Brem 28.4.2015 – L 11 AS 255/13, Rn. 25 mwN: Rechtsanwalt als privater Schuldnerberater.
18 Dazu Brünner neue caritas 11/2007, 21 ff.; Bieback NZS 2007, 505 ff.

schreibt der Gesetzgeber für den Sozialrechtsbereich nicht generell vor. Damit sind grundsätzlich beide Modelle, die der zweiseitigen Finanzierung[19] und auch die Finanzierung auf der Basis des sozialrechtlichen Dreiecksverhältnisses möglich[20] – es sei denn, es wird spezialgesetzlich durch den Gesetzgeber eine ganz bestimmte Finanzierungsform vorgeschrieben. Eine solche ausdrückliche Regelung sieht § 17 SGB II für die Leistungserbringung nach dem SGB II nicht vor, vielmehr sind zwei Möglichkeiten vorgesehen:

- Zunächst verweist er im ersten Teil des Abs. 2 S. 1 darauf, ob für die infrage stehenden Leistungen Anforderungen nach dem SGB III formuliert sind.

- Falls es im SGB III keine Anforderungen gibt, gilt der zweite Satzteil des Abs. 2 S. 1: Zu einer Vergütung sind die Leistungsträger des SGB II nur dann verpflichtet, falls Vereinbarungen vorliegen.

1. SGB III-Anforderungen

Die Gesetzesbegründung geht davon aus, dass dann, wenn Dritte Leistungen nach dem SGB III erbringen, keine Vereinbarungen erforderlich sind.[21] Dies ist nicht nachvollziehbar, denn dann ergäbe die Formulierung keinen Sinn. Der **Sinn des § 17 Abs. 2 SGB II** liegt darin, dass Vereinbarungen dann abzuschließen sind, wenn die Leistung (insbesondere hinsichtlich ihres Inhalts und ihres Umfangs) sich nicht aus Gesetz (SGB III) selbst erschließen lässt und damit die Leistung auch nicht hinreichende Grundlage für ein Entgelt mit den die Leistung erbringenden Dritten werden kann. In diesen Fällen soll durch Vereinbarungen zwischen den Leistungsträgern und den Dritten die rechtliche Grundlage dafür geschaffen werden, dass die Leistung hinsichtlich ihres Inhalts, ihres Umfangs und der Qualität bestimmt wird und damit die Grundlage für die Vergütung abgeben kann. Somit sind **Anforderungen, denen die Leistung entsprechen muss,** dann vorhanden, wenn sich aus den im SGB III beschriebenen Zielen, Zwecken, Leistungsvoraussetzungen inhaltliche Vorgaben ergeben oder entwickeln lassen, die eine Bemessungsgrundlage für die Finanzierung der Leistungen abgeben.

Insofern sind die **einzelnen Bestimmungen des SGB III,** die durch § 16 Abs. 1 SGB II in Bezug genommen werden, hinsichtlich ihrer Ziele, Zwecke, Voraussetzungen und Maßnahmen hinsichtlich der Frage, ob sich hieraus hinreichende Vorgaben (hinsichtlich Inhalt und Umfang) für die Leistungen – und darauf beruhend für eine Finanzierung – ergeben, zu prüfen.[22] Bei einer solchen Prüfung der verschiedenen Eingliederungsmaßnahmen ergibt sich, dass im SGB III meist hinsichtlich der einzelnen Eingliederungsmaßnahmen Anforderungen geregelt sind, denen die Leistung bei einer Leistungserbringung durch Dritte entsprechen muss. Allerdings hat die Tatsache, dass Anforderungen, denen die Leistung entsprechen muss, im SGB III geregelt sind, **keine unmittelbaren Folgen für die Art der Finanzierung,** denn das SGB II enthält (anders als zB in § 75 SGB XII; → Rn. 26 f.) keine grundsätzliche und generelle Regelung für das Leistungserbringungsrecht. Für das SGB II folgt daraus, dass dort, wo keine ausdrückliche Festlegung der Finanzierung im SGB III erfolgt,[23] aus Sicht des SGB II alle Finanzierungsvarianten (→ Rn. 8 ff.) möglich sind, dh von der einseitigen Zuwendung über den auszuschreibenden zweiseitigen Vertrag bis zur Finanzierungsabwicklung auf der Basis des sozialrechtlichen Dreiecksverhältnisses.

19

20

---

19 Auch zT als „Einkaufsmodell" bezeichnet – vgl. Neumann/Nielandt/Philipp (Lit.) S. 30.
20 So Münder in: LPK-SGB II § 17 Rn. 23; ebenfalls Rixen ArchSozArb 3/2005, 106 (110).
21 BT-Drs. 15/1516, 55.
22 Ausführlich dazu die Prüfung bei Münder in: LPK-SGB II § 17 Rn. 26 ff.
23 So zu Recht Bieback NZS 2007, 508 ff. Nur in Ausnahmefällen schreibt das SGB III zwingend ein Vergabeverfahren vor (so in § 45 Abs. 3, § 131 a Abs. 2, SGB III).

2. Vereinbarungen

21 Dort, wo für die nach dem SGB III zu erbringenden Eingliederungsleistungen keine Anforderungen existieren, sowie für die in §§ 16 a, 16 d, 16 f, 16 h SGB II geregelten Dienstleistungen bei der Leistungserbringung durch Dritte, ist der **Anwendungsbereich des § 17 Abs. 2 S. 1, 2. Satzteil SGB II** eröffnet.

22 Bei **§ 16 a SGB II** handelt es sich um Aufgaben, die von den kommunalen Trägern zu erbringen sind. Die dort genannten Eingliederungsleistungen sind im **SGB VIII, SGB XI** bzw. im **SGB XII** geregelt. Bei der Leistungserbringung durch Dritte sehen diese einschlägigen **Fachgesetze** idR zum Teil **spezialgesetzliche Regelungen** vor.[24] Damit bleibt als **Anwendungsbereich** für die Vereinbarungen nach Abs. 2 nur §§ 16 d, 16 f, 16 h SGB II sowie die Leistungen, für die im SGB III keine entsprechenden Anforderungen existieren.[25] In diesen Fällen wird die **Leistungserbringung durch Dritte** von Bedeutung sein. Hierfür gibt es keine spezialgesetzlichen Bestimmungen, bei der Leistungserbringung durch Dritte **sind deswegen Vereinbarungen abzuschließen**, die insbesondere Aussagen zu **Inhalt, Umfang und Qualität der Leistungen**, sowie zur Vergütung beinhalten müssen, wobei sich die **Vergütung** aus Pauschalen und Beträgen für einzelne Leistungsbereiche zusammensetzen kann. Überdies muss in den Vereinbarungen eine Regelung zur **Prüfung der Wirtschaftlichkeit und Qualität** der Leistungen enthalten sein. In Ermangelung einer näheren gesetzlichen Detaillierung hängt die Frage der im Einzelfall zu regelnden Standards von der jeweiligen Leistung ab.[26]

23 § 17 Abs. 2 S. 1 SGB II spricht nur von „**Vereinbarungen**", „Leistungen" und „Vergütung", weswegen nicht nur die Finanzierung über Zuwendungen durch Verwaltungsakt ausgeschlossen ist,[27] sondern auch die durch Zuwendungsvertrag. Ausgeschlossen sind damit auch einseitige Regelungen zB durch Beschluss eines Stadtrates.[28] Unter den Begriff der Vereinbarungen fallen somit **zweiseitige Austauschverträge**, aber auch Verträge auf der Basis des **sozialrechtlichen Dreiecksverhältnisses**. Zwischen diesen beiden Arten von Vereinbarungen trifft § 17 Abs. 2 S. 1 SGB II keine Entscheidung; er schreibt keine der beiden Modelle rechtlich verbindlich vor, weder das sozialrechtliche Dreiecksverhältnis,[29] noch zweiseitige Verträge.[30] Die Parteien der Vereinbarungen sind frei in ihrer Entscheidung, wie sie den Leistungserbringungsprozess gestalten, sie können eine der beiden Varianten wählen.[31]

24 Dass **beide Vertragsvarianten möglich** sind, ergibt sich vornehmlich daraus, dass wichtige Strukturelemente einer leistungserbringungsrechtlichen Abwicklung auf der Basis des sozialrechtlichen Dreiecksverhältnisses[32] fehlen: Die Stellung der Leistungsberechtigten (der Angelpunkt des sozialrechtlichen Dreiecksverhältnisses) ist im SGB II nicht in der Weise ausgeprägt, wie in den Gesetzen, die die Leistungsabwicklung, ausgehend vom sozialrechtlichen Dreiecksverhältnis, gestalten. Zudem hat der Gesetzgeber weder im SGB II eine Konkretisierung der Vereinbarungen wie in § 76 SGB XII vorgenommen, noch eine Verordnungsermächtigung wie in § 18 Abs. 5 SGB II vorgesehen.[33] Zweiseiti-

---

24 Das ist insbesondere relevant im SGB VIII bei der Betreuung minderjähriger Kinder und bei der Betreuung von Kindern mit Behinderung – im Einzelnen vgl. Münder in: LPK-SGB II § 17 Rn. 32.
25 Dazu vgl. im Einzelnen Münder in: LPK-SGB II § 17 Rn. 28, 29, 31, 32.
26 LSG BW 8.5.2015 – L 12 AS 1955/14, Rn. 74.
27 So BSG 10.8.2016 – B 14 AS 23/15 R, Rn. 12.
28 LSG NRW 24.11.2016 – L 6 AS 736/16, Rn. 45 ff.
29 So aber Neumann/Nielandt/Philipp, S. 36.
30 Und damit verbunden das Vergaberecht – so aber Luthe in: Hauck/Noftz/Voelzke SGB II § 17 Rn. 51.
31 BSG 10.8.2016 – B 14 AS 23/15 R, Rn. 15 ff.; Rixen in: Eicher SGB II § 17 Rn. 3; Schröder VergabeR 2007, 418 ff.; letztlich auch Brünner neue caritas 11/2007, 21 ff.; Glahs Sozialrecht aktuell 2007, 224 ff.; Bieback NZS 20007, 512 f.; ausführlich Münder Sozialrecht aktuell 2007, 212 f.
32 Im Einzelnen dazu Kommentierung von Boetticher/Münder in: LPK-SGB XII § 75 Rn. 1 ff.
33 LSG BW 8.5.2015 – L 12 AS 1955/14, Rn. 74.

ge Verträge bedeuten, dass die Leistungsträger sich die für die Leistungserbringung erforderlichen Leistungen bei Dritten besorgen (sog Einkaufsmodell). Wegen der notwendigen Beachtung haushaltsrechtlicher wie vergaberechtlicher Vorschriften wird hier in vielen Fällen – bei Vorliegen der Voraussetzungen – ein Vergabeverfahren gemäß den Vorgaben der §§ 97 ff. GWB erforderlich sein, wobei die Vergabe von öffentlichen Aufträgen über soziale und andere besondere Dienstleistungen gemäß § 130 GWB weniger strengen Verfahrensanforderungen untersteht. Die Verträge auf der Basis des **sozialrechtlichen Dreiecksverhältnisses** sind Verträge, mit denen Anbieter für die Leistungserbringung zugelassen werden. Dies stellt keinen ausschreibungspflichtigen Auftrag iSd § 103 GWB dar, denn die Entscheidung über die Inanspruchnahme der Angebote von Leistungserbringern fällt erst anschließend, in der Regel durch die Wahl durch die leistungsberechtigten Personen (Wunsch- und Wahlrecht nach § 33 Satz 2 SGB I) bzw. die Zuweisung durch den Leistungsträger.

Ob ein **Anspruch auf Abschluss einer Vereinbarung** seitens des leistungserbringenden **25** Dritten besteht, hängt vom Charakter der zu schließenden Vereinbarung ab. Bei einem **zweiseitigen Vertrag** besteht **kein Anspruch** auf Abschluss eines Vertrages; bei solchen zweiseitigen Verträgen sind jedoch bei Vorliegen der Voraussetzungen die haushaltsrechtlichen und vergaberechtlichen Anforderungen an die Vergabe von Verträgen zu beachten. Ein Anspruch auf Vereinbarungsabschluss besteht erst nach Erteilung des Zuschlages auf das bzw. die wirtschaftlichste(n) Angebot(e) nach § 127 GWB. Bei einem **Vertrag im Rahmen des sozialrechtlichen Dreiecksverhältnisses** bedeutet der Vereinbarungsabschluss noch nicht, dass Leistungen erbracht und Vergütungen zu zahlen sind, sondern nur, dass der entsprechende Dritte als Anbieter von Leistungen zugelassen ist. Hier sind die Bestimmungen auch im Interesse der leistungsanbietenden Dritten. Damit haben diese ein subjektiv-öffentliches Recht auf eine **Entscheidung nach pflichtgemäßem Ermessen** über den Abschluss einer Vereinbarung.[34] Die Ermessensausübung hat sich – neben der Beachtung des Gleichheitsgrundsatzes – an den **Kriterien des § 17 SGB II** zu orientieren. Erforderlich sind Leistungsfähigkeit, Sparsamkeit und Wirtschaftlichkeit bei der Leistungserbringung. Andere Kriterien dürfen die Leistungsträger in ihre Ermessensentscheidung nicht einfließen lassen, insbesondere ist **kein Kriterium**, ob ein entsprechender **Bedarf** vorliegt.[35] Liegen diese Voraussetzungen vor, so handelt es sich um einen zur Leistungserbringung geeigneten Dritten. In diesen Fällen liegt eine **Ermessensreduzierung auf Null** vor, es besteht ein Quasi-Anspruch auf Abschluss einer entsprechenden Vereinbarung. Die gegenteilige Auffassung, die unter Verweis auf die vertragliche Vertragsfreiheit ein Abschlussermessen bezüglich eines „besser geeigneten" Leistungserbringers annimmt,[36] verkennt, dass in § 17 Abs. 2 SGB II eine Selektion nach dem Grad der Geeignetheit nicht angelegt ist. Der Abschluss der Vereinbarung bewirkt gerade noch keine Erbringung und Vergütung von Leistungen, sondern nur die generelle Zulassung eines nachgewiesenermaßen geeigneten Leistungserbringers, der zudem unter dem Schutz der Unternehmensfreiheit des Art. 12 Abs. 1 GG steht. Dessen Inanspruchnahme erfolgt erst durch die Wahl durch die leistungsberechtigten Personen. Dem Leistungsträger verbleibt die Möglichkeit der Prüfung der Wirtschaftlichkeit und Qualität auf Grundlage der getroffenen Vereinbarung. **Ohne** Abschluss einer **Vereinbarung** besteht **keine Vergütungspflicht**, mit der Folge, dass eine gleichwohl gezahlte Vergütung rechtswidrig[37] und somit ohne Rechtsgrund geleistet worden ist.

---

34 LSG Nds-Brem 28.4.2015 – L 11 AS 255/13, Rn. 46 f. Zu einschlägigen Entscheidungen und Abhandlungen vgl. die Ausführungen zu §§ 75 ff. SGB XII unter → Rn. 25 ff. Wegen des rudimentären Charakters des Vereinbarungsrechts im SGB II gibt es dazu im SGB II bisher faktisch keine entwickelte Rechtsdogmatik.
35 So auch LSG Nds-Brem 28.4.2015 – L 11 AS 255/13, Rn. 50.
36 LSG Nds-Brem 28.4.2015 – L 11 AS 255/13, Rn. 48 mwN.
37 LSG NRW 16.2.2017 – L 7 AS 1299/15, Rn. 32.

C. Das Vereinbarungsrecht des SGB XII

I. Einrichtungsbezogene Vereinbarungen als Voraussetzung der Vergütungsübernahme

1. Allgemeines

a) Allgemeine Vorgaben

26 Für die Übernahme der Vergütung bei der Leistungserbringung von Trägern von Einrichtungen und Diensten sind die nach § 75 Abs. 3 S. 1 SGB XII abzuschließenden **einrichtungsbezogenen Vereinbarungen** maßgeblich (zur Bedeutung der Landes-Rahmenvereinbarungen sowie von Bundesempfehlungen gemäß § 79 SGB XII [bzw. ab 2020: § 80 SGB XII] → Rn. 58, 60). Unter den Vereinbarungsbegriff fällt nicht die (einseitige) Zuwendungsförderung, auch dann nicht, wenn es sich um einen Zuwendungsvertrag handelt, da hier keine Vereinbarung über die Vergütung vorliegt, sondern eine Förderung/Zuwendung (→ Rn. 21). Die Vereinbarungen nach § 75 Abs. 3 SGB XII sind **öffentlich-rechtlicher Natur**,[38] weil der Kern der Vereinbarungen im Kontext der Erfüllung von Rechtsansprüchen der Leistungsberechtigten steht. Nur ausnahmsweise können einzelne Klauseln (zB Bindung privater Heimträger bei der Preisgestaltung gegenüber privaten Dritten) inhaltlich dem Privatrecht zugeordnet werden, etwa bei Selbstzahlern oder wenn Vertragsbestimmungen wettbewerbsrechtlichen Beurteilungen (durch die Kartellsenate) unterzogen werden.[39] Da es sich um gleichberechtigte Vertragsparteien handelt, sind die Verträge **koordinationsrechtlicher Art iSv § 53 Abs. 1 S. 1 SGB X**.[40]

27 **Allgemeine Vorgaben** für die Vereinbarungen finden sich in §§ 75, 77 und 78 SGB XII. Danach müssen die Vereinbarungen den Grundsätzen der Wirtschaftlichkeit, Sparsamkeit und Leistungsfähigkeit entsprechen. **Wirtschaftlichkeit** bedeutet, dass die zu erbringende Leistung mit dem geringsten Mitteleinsatz (sog Minimalprinzip) bzw. mit dem vorhandenen Mitteleinsatz möglichst optimal (sog Maximalprinzip) erreicht wird. Aus der Sicht der Leistungserbringer bedeutet Wirtschaftlichkeit, dass von ihnen keine Verhaltensweise verlangt werden kann, die dazu führt, dass die Einrichtung perspektivisch mit Verlust arbeiten muss.[41] **Sparsamkeit** bedeutet ebenfalls, dass die zu erfüllende Aufgabe mit einem möglichst geringen Mitteleinsatz erbracht werden soll; eine eigenständige inhaltliche Bedeutung gegenüber der Wirtschaftlichkeit hat dieser Begriff jedoch nicht.[42] Die **Leistungsfähigkeit** beinhaltet, dass die Einrichtung in hinreichendem Umfang finanzielle Mittel erhalten muss, um geeignete Leistungen erbringen zu können.[43] Wirtschaftlichkeit, Sparsamkeit und Leistungsfähigkeit sind **unbestimmte Rechtsbegriffe**, Auslegung und Anwendung dieser Begriffe kann von den Gerichten voll überprüft werden.[44] Zu beachten ist jedoch, dass die Schiedsstellen bei den von ihnen zu prüfen-

---

38 BGH 12.11.1991 – KZR 22/90, BGHZ 116, 339 ff.; BVerwG 30.9.1993 – 5 C 41/91, BVerwGE 94, 202 ff.
39 BGH 7.7.1992 – KZR 15/91, BGHZ 119, 93 ff.; BGH 5.7.2001 – III ZR 310/00, BGHZ 148, 233 ff. = FamRZ 2001, 1361 ff.
40 LSG NRW 29.9.2008 – L 20 SO 92/06, Breithaupt 2009, 653 ff.; BayVGH 24.11.2004 – 12 CE 04.2057, BayVBl. 2005, 246 ff.
41 Von Boetticher/Münder in: LPK-SGB XII § 75 Rn. 28; zu der Kalkulation der Entgelte auf der Basis von Kostenartenrechnung, zum Einschluss eines sog Wagniszuschlages speziell für das SGB XI vgl. Iffland RsDE H 74 (2013), 1 (6 ff.).
42 BSG 7.10.2015 – B 8 SO 21/14 R, Rn. 17 mwN, BSGE 120, 51 ff.; Anmerkung Schweigler RdLH 2016, 81 f.
43 LSG BW 18. 7.2013 – L 7 SO 2513/09 KL.
44 BVerwG 1.12.1998 – 5 C 17/97, BVerwGE 108, 47 ff. = FEVS 49, 337 ff.; BVerwG 30.12.1998 – 5 B 26/98, FEVS 49, 485 ff.

den Vergütungsvereinbarungen eine Einschätzungsprärogative haben (→ Kap. 62 Rn. 14).[45]

Die Auslegung dieser unbestimmten Rechtsbegriffe wird unter dem Stichwort **externer** **28** **Vergleich** erörtert. Ausgehend insbesondere von der Formulierung des jetzigen Abs. 2 S. 10 stellte die Rechtsprechung des BVerwG darauf ab, dass die verlangte Gesamtvergütung[46] nach einem sog externen Vergleich nicht höher ist als die Vergütungen anderer Leistungserbringer für vergleichbare Leistungen.[47] Für die Berechnung der Entgelte sind Inhalt, Umfang und Qualität, nicht hingegen die Gestehungskosten der Leistung der jeweiligen Einrichtung maßgeblich.[48] Solange sich die Gesamtvergütung innerhalb der Bandbreite vergleichbarer Einrichtungen bewegt, ist es auch möglich, dass Leistungserbringer einen kalkulatorischen Gewinn ansetzen.[49] Dem externen Vergleich hatte sich die Rechtsprechung des BSG zunächst für das SGB XI angeschlossen,[50] in Entscheidungen von 2009 allerdings für das SGB XI modifiziert:[51] Danach ist – für das **SGB XI** – zunächst in einem ersten Prüfungsschritt plausibel und nachvollziehbar durch die Einrichtung darzulegen, wie hoch die internen Gestehungskosten seien (sog interner Vergleich). In einem zweiten Prüfungsschritt findet der externe Vergleich der Vergütung mit anderen Einrichtungen statt: Stets als leistungsgerecht anzusehen sind Entgelte, die im unteren Drittel vergleichbarer Entgelte liegen, oberhalb des unteren Drittels seien sie dann als leistungsgerecht zu betrachten, sofern sie auf einem nachvollziehbar prognostizierten höheren Aufwand beruhen, etwa aufgrund von **Tariflöhnen** oder sonstigen ortsüblichen Arbeitsvergütungen,[52] regionaler Kostenfaktoren oder spezieller Arbeitsansätze, und dieser im Einzelfall wirtschaftlich angemessen sei. Begründet wird dies mit gesetzlichen Veränderungen im SGB XI.

Die **zum SGB XI** entwickelten Grundsätze lassen sich aufgrund von **Unterschieden** zwi- **29** schen dem **SGB XI** und dem **SGB XII** in den gesetzlichen Vorgaben und in den Strukturen des jeweiligen Leistungsgesetzes nicht ohne Weiteres auf **das SGB XII** übertragen; eine Orientierung daran sei jedoch nicht zu beanstanden.[53] Dem ist nur mit Einschränkungen zuzustimmen. So enthält das SGB XII weder Ausführungen etwa zur wirtschaftlichen Betriebsführung oder zu entsprechenden Dokumentationskosten wie § 84 SGB XI, noch eine gesetzliche Pflicht wie in § 85 Abs. 3 SGB XI zur Vorlage von Unterlagen und Nachweisen dieser Kosten.[54] Da das Leistungserbringungsrecht des SGB XII zwar in Anlehnung an dasjenige des SGB V und des SGB XI ausgestaltet, letzteres aber nicht in vollem Umfang übernommen worden ist,[55] kommt angesichts der bewusst selektiven Übernahme nur einzelner Elemente ins SGB XII ein analoger Rück-

---

45 BSG 7.10.2015 – B 8 SO 21/14 R, Rn. 12, BSGE 120, 51 ff.; BVerwG 28.2.2002 – 5 C 25.01, E 116, 78.
46 Wenzel/Kulenkampff NDV 2006, 455 (460).
47 BVerwG 1.12.1998 – 5 C 17.97, BVerwGE 108, 47 ff.
48 BVerwG 1.12.1998 – 5 C 17.97, Rn. 16.
49 SächsLSG 1.4.2015 – L 8 SO 87/12 KL, Rn. 50: „[...] muss die Vergütung dem Einrichtungsträger aber auch die Möglichkeit bieten, Gewinne zu erzielen, die ihm als Überschuss verbleiben können;" BVerwG 1.12.1998 – 5 C 29.97, BVerwGE 108, 56.
50 BSG 14.12.2000 – B 3 P 19/00 R, BVerwGE 87, 199 (203).
51 BSG 29.1.2009 – B 3 P 7/08 R, BSGE 102, 227 ff.; BSG 17.12.2009 – B 3 P 3/08 R.
52 BSG 7.10.2015 – B 8 SO 21/14 R, Rn. 19 mwN, BSGE 120, 51 ff.; Anmerkung Schweigler RdLH 2016, 81 f.; SächsLSG 10.6.2015 – L 8 SO 58/14 KL, Rn. 37 ff.
53 LSG Bln-Bbg 2.8.2017 – L 15 SO 26/16 KL WA, Rn. 61; BSG 7.10.2015 – B 8 SO 21/14 R, Rn. 16 (bezüglich der Herangehensweise einer Schiedsstelle), BSGE 120, 51 ff.; vgl. auch von Boetticher/Münder in: LPK-SGB XII § 75 Rn. 27 f.
54 LSG Nds-Brem 26.6.2014 – L 8 SO 395/10 KL, Rn. 55; LSG Nds-Brem 26.6.2014 – L 8 SO 349/10, Rn. 72.
55 BSG 28.10.2008 – B 8 SO 22/07 R, Rn. 15 ff.

griff auf das SGB XI nicht in Betracht.[56] Somit besteht im SGB XII **keine gesetzliche Grundlage für einen** vorgeschalteten **internen Vergleich** als ersten Prüfschritt.[57] Ohne eine solche gesetzliche Schrankenbestimmung ist der Eingriff in die durch Art. 12 Abs. 1 GG geschützte unternehmerische Freiheit in Gestalt des Verlangens zur Offenlegung der eigenen kalkulatorischen Grundlagen gegenüber dem Vertragspartner nicht zu rechtfertigen.[58] Vorgeschrieben ist in § 75 Abs. 2 Satz 10 lediglich ein **externer Vergleich** mit vergleichbaren Einrichtungen. Ergibt sich aufgrund des externen Vergleichs, dass das verlangte Entgelt das durchschnittliche Entgelt vergleichbarer Einrichtungen nicht übersteigt, bedarf es somit **keines Nachweises der internen Gestehungskosten.** Die Wirtschaftlichkeit des Leistungsangebotes ist schon durch den Abgleich mit den Marktpreisen vergleichbarer Einrichtungen gewährleistet. Nur wenn das verlangte Entgelt über dem Durchschnitt liegt, ist der Nachweis der internen Gestehungskosten insoweit erforderlich, um die Überschreitung des Durchschnitts plausibel zu machen. Dabei sind **Tariflöhne** oder sonstige ortsübliche Arbeitsvergütungen **immer als wirtschaftlich** anzusehen, der Verweis auf kostengünstigere Leistungsangebote mit nicht-tariflicher oder sonst üblicher Vergütung unzulässig.[59] Darüber hinaus kommt der Nachweis der internen Gestehungskosten dann in Betracht, wenn kein vergleichbares Angebot vorhanden ist;[60] denn in diesen Fällen fehlt es mangels externen Vergleichs an anderweitigen Verfahren zur Prüfung der Wirtschaftlichkeit, Sparsamkeit und Leistungsfähigkeit.[61] Hauptprobleme bleiben damit nach wie vor die Vergleichbarkeit und die dafür maßgeblichen Parameter wie zB Angebots-, Belegungsstruktur, Vereinbarungszeiträume, Umfang der einzubeziehenden vergleichbaren Angebote usw. Diesbezüglich ist es Aufgabe des Sozialhilfeträgers, Standards zur Gewährleistung der Vergleichbarkeit zu entwickeln; er darf diese Prüfung nicht auf die ehrenamtlich besetzte Schiedsstelle abwälzen.[62] Für die Zeit **ab 2020** wird der **externe Vergleich** und die Wirtschaftlichkeit von Tariflöhnen in § 75 Abs. 2 SGB XII **festgeschrieben** (→ Rn. 62 ff.).[63]

b) Geeignetheit des Personals

30 Obwohl das Vertragsrecht des SGB XII insgesamt durch das BTHG zum 1.1.2020 vollständig neu bekannt gemacht wird,[64] sind die Regelungen in § 75 Abs. 2 S. 3–9 zum Ausschluss ungeeigneter Personen bereits vorab „zur Gewährleistung eines umfassenden Schutzes von Menschen mit Behinderung"[65] in Kraft gesetzt worden. Die Regelungen sind dabei nicht beschränkt auf Leistungserbringer der Eingliederungshilfe, sondern gelten für alle Träger von Diensten und Einrichtungen, die Leistungen nach dem SGB XII erbringen bzw. erbringen wollen, zB Hilfe zur Pflege nach dem 7. Kapitel

---

56 LSG NRW 21.4.2016 – L 9 SO 226/14, Rn. 39 bezogen auf einen direkten Zahlungsanspruch eines Heimträgers gestützt auf § 72 Abs. 4 Satz 3 SGB XI iVm § 82 Abs. 1 Satz 1 Nr. 1 SGB XI und § 84 Abs. 2 Satz 2 SGB XI.
57 In dieser Richtung auch LSG Nds-Brem 26.6.2014 – L 8 SO 395/10 KL, Rn. 55 und LSG Nds-Brem 26.6.2014 – L 8 SO 349/10, Rn. 74: „Investitionskosten sind deshalb im Geltungsbereich des SGB XII *in erster Linie* im Rahmen eines externen Vergleichs zu ermitteln" (Hervorhebung vom Verfasser); ebenso LSG Nds-Brem 26.6.2014 – L 8 SO 356/12, Rn, 48. AA LSG Hmb 20.10.2016 – L 4 SO 54/14 KL, Rn. 46 ff.; LSG Bln-Bbg 18.8.2016 – L 23 SO 187/14 KL, Rn. 69; LSG RhPf 28.1.2016 – L 1 SO 62/15 KL, Rn. 26; ThürLSG 12.3.2014 – L 8 SO 1034/13 KL, Rn. 45; BayLSG 24.4.2013 – L 8 SO 18/12 KL, Rn. 51; LSG NRW 28.5.2015 – L 9 SO 417/13 KL, Rn. 52; SächsLSG 10.6.2015 – L 8 SO 58/14 KL, Rn. 35.
58 AA Das SächsLSG 1.4.2015 – L 8 SO 87/12 KL, Rn. 55.
59 BSG 7.10.2015 – B 8 SO 21/14 R, Rn. 19 mwN, BSGE 120, 51 ff.
60 Vgl. LSG Nds-Brem 26.6.2014 – L 8 SO 395/10 KL, Rn. 59.
61 Vgl. LSG Bln-Bbg 17.12.2015 – L 23 SO 309/15 B ER, Rn. 49.
62 BSG 7.10.2015 – B 8 SO 21/14 R, Rn. 23, BSGE 120, 51 ff.
63 Vgl. von Boetticher 2018, § 3 Rn. 368 ff. zur Parallelregelung des § 124 Abs. 1 SGB IX.
64 Durch Art. 13 Nr. 25 BTHG, BGBl. I 2016, 3322 f.
65 BT-Drs. 18/9522, 329.

SGB XII. Die Regelungen bleiben auch nach dem Wechsel der Eingliederungshilfe in das SGB IX zum 1.1.2020 im neuen Vertragsrecht des SGB XII bestehen.[66]

Um als zur Erbringung von Leistungen geeignet eingestuft zu werden, dürfen Leistungs- **31** erbringer keine Personen einsetzen, die wegen einer der in § 75 Abs. 2 Satz 3 SGB XII genannten **Straftaten gegen die sexuelle und persönliche Selbstbestimmung** rechtskräftig verurteilt worden sind. Der Katalog der Straftatbestände ist deckungsgleich mit demjenigen in § 124 Abs. 2 SGB IX[67] und weist große Überschneidung mit demjenigen in § 72 a SGB VIII auf, der dort zum Schutz von jungen Menschen in der Kinder- und Jugendhilfe vorgesehen ist. Ebenso wie Kinder und Jugendliche können auch volljährige Menschen mit erheblichem Hilfe- und Unterstützungsbedarf in einem besonderen Abhängigkeits- und Vertrauensverhältnis zum Betreuungspersonal stehen und sind daher vor Missbrauch zu schützen.

Der **Tätigkeitsausschluss** wegen einschlägiger Vorstrafen gilt nicht nur für hauptamtli- **32** ches Personal,[68] sondern auch für **dauerhaft** eingesetzte **ehrenamtliche Personen**, die in Wahrnehmung ihrer Aufgaben **Kontakt mit Leistungsberechtigten** haben. Das Ehrenamt beinhaltet, dass es sich um Personen handelt, die unentgeltlich tätig werden, also allenfalls eine Übungsleiter- oder Ehrenamtspauschale oder eine vergleichbare Aufwandsentschädigung erhalten. Ausgeschlossen sind Ehrenamtliche mit einschlägigen Vorstrafen nur, wenn ihre Aufgabenstellung darauf hinausläuft, dass sie mit Leistungsberechtigten in Kontakt kommen. Dadurch erfasst die Regelung alle Tätigkeiten über die Betreuungsarbeit im engeren Sinne hinaus, die mit einer Kontaktaufnahme verbunden sind.[69] Bezüglich des **Begriffs der Dauerhaftigkeit** kann es dabei nicht allein auf die absolute Dauer der ehrenamtlichen Tätigkeit ankommen, sondern darauf, ob die Tätigkeit nach **Art, Intensität und Dauer** geeignet ist, ein Abhängigkeits- und/ oder Vertrauensverhältnis aufzubauen.[70] Dies kann zum Beispiel bereits bei einer zeitlich kurzen, aber intensiven Reisebegleitung der Fall sein.[71] Zur Abgrenzung kann man sich an den Kriterien orientieren, die von der Arbeitsgemeinschaft für Kinder- und Jugendhilfe 2012 zusammen mit der Bundesarbeitsgemeinschaft der Landesjugendämter in den Handlungsempfehlungen zum Bundeskinderschutzgesetz zu § 72 a Abs. 3 und 4 SGB VIII erarbeitet worden sind.[72]

Der Nachweis der Eignung ist von den haupt- wie den ehrenamtlich tätigen Personen **33** durch die Vorlage eines **erweiterten Führungszeugnisses** iSd § 30 a Abs. 1 BZRG vor ihrer **Einstellung bzw. der Aufnahme der Tätigkeit** zu erbringen.[73] Zur Sicherstellung der Aktualität des Führungszeugnisses sollte dieses bei Vorlage **nicht älter als drei Monate** sein.[74] Bzgl. der geforderten **Überprüfung** in regelmäßigen Abständen ist in Anlehnung an die Kinder- und Jugendhilfe ein Zeitraum von **mindestens drei bis höchstens fünf Jahren** zu empfehlen.[75] Da das Führungszeugnis sensible persönliche Daten enthält, machen die Sätze 5–9 des Abs. 2 dezidierte Vorgaben zum **Datenschutz**, nämlich

---

66 S. § 75 Abs. 2 SGB XII idF durch Art. 13 Nr. 25 BTHG, BGBl. I 2016, 3322.
67 Allerdings wird im SGB IX die Eignung von weiteren qualitativen Anforderungen an das fach- und Betreuungspersonal abhängig gemacht. Vgl. von Boetticher 2018, § 3 Rn. 375 ff.
68 Zu diesbezüglichen Abgrenzungsfragen s. Axmann RdLh 2017, 62 f.
69 Vgl. insoweit Schindler in FK-SGB VIII § 72 a Rn. 20 bzgl. der Kinder- und Jugendhilfe.
70 Schindler in FK-SGB VIII § 72 a Rn. 20 f. unter Verweis auf BT-Drs. 17/6256, 25.
71 Deutscher Verein 2012, S. 12.
72 AGJ/BAGLJÄ (2012) S. 30.
73 Die Erstellung eines erweiterten Führungszeugnisses kostet 13 EUR; auf Nachweis, dass dies für eine ehrenamtliche Tätigkeit benötigt wird, ist es kostenfrei; s. https://www.bundesjustizamt.de/DE/SharedDocs/Publikationen/BZR/Merkblatt_Gebuehrenbefreiung.pdf?__blob=publicationFile&v.=11.
74 https://www.bundesjustizamt.de/DE/Themen/Buergerdienste/BZR/Inland/FAQ_node.html#faq5504782.
75 Bundesamt für Justiz (2017): Merkblatt zur Erhebung von Gebühren für das Führungszeugnis (Stand: 31. März 2017), S. 1; abrufbar unter: https://www.bundesjustizamt.de/DE/SharedDocs/Publikationen/BZR/Merkblatt_Gebuehrenbefreiung.pdf?__blob=publicationFile&v.=11.

unter welchen Umständen welche Daten wie lange gespeichert, genutzt und verarbeitet werden dürfen, wie sie gegen den Zugriff durch Unbefugte zu sichern und wann sie zu löschen sind. Eine Veränderung oder Nutzung des Datensatzes ist nur zum Zwecke der Prüfung der Eignung einer Person zulässig, etwa im Rahmen einer Regelüberprüfung der Eignung alle drei bis fünf Jahre.

c) Anspruch auf Abschluss von Vereinbarungen

34 Da gemäß § 75 Abs. 2 S. 2, 10 SGB XII grundsätzlich davon ausgegangen wird, dass Vereinbarungen abzuschließen sind, sind die Bestimmungen auch im Interesse der Einrichtungsträger. Damit haben sie ein subjektiv-öffentliches Recht auf eine **Entscheidung nach pflichtgemäßem Ermessen** über den Abschluss einer Vereinbarung.[76] Die Ermessensausübung der Träger der Sozialhilfe hat sich – neben der Beachtung des Gleichheitsgrundsatzes – an den gesetzlichen Kriterien des § 75 SGB XII zu orientieren. Erforderlich ist die **Geeignetheit der Einrichtung**.[77] § 75 Abs. 2 S. 10 SGB XII (ab 2020: § 75 Abs. 3 SGB XII) verpflichtet den Sozialhilfeträger unter mehreren in gleichem Maße geeigneten Einrichtungen/Diensten vorrangig mit den Trägern Vereinbarungen abzuschließen, deren **Vergütung** bei gleichem Inhalt, Umfang und Qualität der Leistung **nicht höher** als die anderer Träger ist. Für das Verhältnis von Vergütung und Leistungsinhalt sind in der Praxis unterschiedliche Ansätze der Beschreibung entwickelt worden.[78] Die ausdrückliche Betonung, dass die verlangte Vergütung nicht höher ist als die anderer Träger, bedeutet, dass auf einen **Vergütungsvergleich zwischen verschiedenen Trägern** abzustellen ist. **Damit** ist letztlich, ebenso wie bei der Berücksichtigung des Aspekts der Sparsamkeit nach § 75 Abs. 3 S. 2 SGB XII (→ Rn. 27 f.) auf den **externen Vergleich** abzustellen.[79] **Kein Kriterium** für die Ermessensentscheidung ist hingegen die Tatsache, ob ein entsprechender **Bedarf** vorliegt. Bedarfsgesichtspunkte können nicht zur Verweigerung eines Vertragsabschlusses herangezogen werden.[80] Liegen die genannten Kriterien vor, so handelt es sich um eine zur Leistungserbringung geeignete Einrichtung im Sinne des § 75 Abs. 2 S. 2 SGB XII. In diesem Falle ist eine **Ermessenreduzierung auf Null** gegeben, es besteht dann ein Anspruch auf Abschluss einer entsprechenden Vereinbarung; insgesamt kommt die Regelung damit einem **Rechtsanspruch auf Zulassung** sehr nahe.

2. Leistungsvereinbarung

35 Die Leistungsvereinbarung ist in § 75 Abs. 3 S. 1 Nr. 1 SGB XII angesprochen (ab 2020: § 76 Abs. 1 Nr. 1 SGB XII), ihre detaillierte Ausformulierung erfolgt in § 76 Abs. 1 SGB XII (ab 2020: § 76 Abs. 2 SGB XII). In ihr sind die **wesentlichen Leistungsmerkmale** festzulegen. Das sind die Parameter, die die konkrete Leistung qualitativ und quantitativ bestimmen. Diese wesentlichen Leistungsmerkmale müssen dabei so hinreichend ausgestaltet werden, dass sie rechtlich überprüfbar sind. Da die Leistungsvereinbarung die kalkulatorische Grundlage für die Vergütungsvereinbarung ist, bezieht sich die Kon-

---

76 So hM vgl. BVerwG 30.9.1993 – 5 C 41.91, BVerwGE 94, 202, 205; BVerwG 1.12.1998 – 5 C 29.97, BVerwGE 108, 56; zur früheren Rechtsprechung der Verwaltungsgerichte vgl. von Boetticher/Münder in: LPK-SGB XII § 75 Rn. 17; LSG BW 13.7.2006 – L 7 SO 1902/06 ER-B, Sozialrecht aktuell 2006, 168 (172 f.); HessLSG 20.6.2005 – L 7 SO 2/05 ER-B, FEVS 57 (2006), 153 (155); OVG Hmb 11.4.2008 – 4 Bf 83/07.Z, RsDE 69 (2009), 64 f.; ausführlich Neumann RsDE 31 (1996), 51 ff. mwN.

77 LSG BW 13.7.2006 – L 7 SO 1902/06 ER-B, Sozialrecht aktuell 2006, 168 (172 f.).

78 ZB allgemeine Leistungsbeschreibung mit Bezugnahmen auf gesetzliche Vorgaben oder mehr ausdifferenzierte Hilfebedarfs- und Leistungsangebotsbeschreibungen.

79 Münder RsDE 38 (1998), 69 ff.

80 BSG 7.10.2015 – B 8 SO 19/14 R, Rn. 22; LSG NRW 27.6.2011 – L 9 SO 294/11 B ER, Rn. 9; LSG BW 13.7.2006 – L 7 SO 1902/06 ER-B, Sozialrecht aktuell 2006, 168 (172 ff.); BVerwG 30.9.1993 – 5 C 41.91, BVerwGE 94, 202.

von Boetticher/Münder

kretisierung insbesondere auf die Umsetzbarkeit in entsprechende Vergütungsbestand-
teile, deswegen müssen die Leistungsangebote auch so hinreichend konkretisiert sein,
dass eine externe Vergleichbarkeit der Leistungen möglich ist.[81] § 76 Abs. 1 S. 1
SGB XII nennt die Merkmale, die der Gesetzgeber selbst als wesentliche Merkmale ansieht. Bezüglich des zu betreuenden **Personenkreises** ist erforderlich, dass eine detaillierte Konkretisierung stattfindet, denn angesichts der unterschiedlichen Bedarfslagen werden in vielen Einrichtungen für unterschiedliche Personengruppen Leistungen angeboten. Bezugspunkt sind dabei nicht die individuellen Bedarfslagen einzelner konkreter
Personen, sondern die für vergleichbare Bedarfsgruppen zu erbringenden Dienst- und
Sachleistungen.[82] Die Notwendigkeit einer entsprechenden Differenzierung ergibt sich
letztlich auch daraus, dass die Vergütung der Maßnahmepauschalen nach Leistungsberechtigten mit vergleichbaren Hilfebedarfen zu kalkulieren ist (→ Rn. 39 ff.). Nach § 76
Abs. 1 S. 3 SGB XII müssen die Leistungsvereinbarungen ausreichend, zweckmäßig und
wirtschaftlich sein. Diese Begriffe lehnen sich an § 75 Abs. 3 S. 2 SGB XII an, es handelt
sich um **unbestimmte Rechtsbegriffe**, sie sind in vollem Umfang gerichtlich überprüfbar.
Da die Leistungsvereinbarungen noch bis zum 31.12.2019 nicht schiedsfähig sind (→
Kap. 62 Rn. 6), wird die Auslegung dieser Begriffe von den Sozialgerichten vorgenommen. Ab Inkrafttreten der Neufassung des Leistungserbringungsrechts zum 1.1.2020
sind sowohl die Leistungs- als auch die Vergütungsvereinbarung schiedsfähig,[83] so dass
die Schiedsstelle auch darüber zu entscheiden hat, ob Leistungsvereinbarungen ausreichend, zweckmäßig und wirtschaftlich sind.

In der Leistungsvereinbarung ist eine dem § 76 Abs. 1 S. 2 SGB XII entsprechende **Auf-** **36**
nahmeverpflichtung aufzunehmen. Inhaltlich nimmt dies darauf Bezug, dass der Sozialhilfeträger durch Abschluss entsprechender Vereinbarungen seiner ihm gemäß § 17
Abs. 1 Nr. 2 SGB I obliegenden Gewährleistungsverpflichtung nachkommt und durch
die Aufnahme einer entsprechenden Regelung erreicht, dass Leistungsberechtigte zu den
in den Vereinbarungen beschriebenen Leistungen und Entgelten in die Einrichtung aufgenommen werden. Unter diesen Voraussetzungen besteht ein Kontrahierungszwang
des Leistungserbringers bezüglich des zivilrechtlichen Heim- und/oder Betreuungsvertrages mit der leistungsberechtigten Person, wenn der Leistungsträger dieser den Leistungserbringer benannt bzw. zugewiesen hat. Da bei Abschluss der Leistungsvereinbarung allerdings keine konkreten Leistungsempfänger im Blick der Vertragspartner stehen, ist hieraus kein Anspruch des einzelnen Leistungsberechtigten auf Aufnahme in
einer bestimmten Einrichtung ableitbar. Ab dem 1.1.2020 besteht gemäß § 75 Abs. 4
SGB XII nF die Aufnahmeverpflichtung kraft Gesetzes mit Abschluss der schriftlichen
Vereinbarung, so dass es einer entsprechenden Vertragsklausel nicht mehr bedarf.

3. Vergütungsvereinbarung

Am umfangreichsten sind die Vergütungsvereinbarungen geregelt. Kernbereich ist § 76 **37**
Abs. 2 SGB XII (ab 2020: § 76 Abs. 3 SGB XII). Hier wird festgelegt, dass als **Mindes-**
tinhalt der Vergütungsvereinbarung Festlegungen über die Grundpauschale, die Maßnahmepauschale und den Investitionsbetrag enthalten sein müssen. **Pauschale** ist das
durchgängig einheitliche Entgelt für jeden Leistungsberechtigten einer Einrichtung
(Grundpauschale) bzw. einer Maßnahme (Maßnahmepauschale). Der (Investitions-)**Be-**
trag dagegen ist das individuelle, jeweils unterschiedliche Entgelt für die jeweiligen Anlagen und Ausstattungen einer Einrichtung. Zum Teil wird aus dem Begriff Pauschale

81 LSG BW 13.11.1006 – L 7 SO 2998/06 ER-B, RsDE 65 (2007), 85 ff.
82 Vgl. LSG BW 13.11.1006 – L 7 SO 2998/06 ER-B, RsDE 65 (2007), 85 ff.
83 BT-Drs. 18/9522, 341.

gefolgert, dass Pauschalen einrichtungsübergreifend zu vereinbaren wären.[84] Aus dem Gesetz folgt dies nicht zwingend;[85] hieraus folgt nur, dass bei den Pauschalen nicht auf den jeweils individuellen Hilfebedarf eines Leistungsberechtigten abzustellen ist.[86]

38 Die **Grundpauschale** umfasst **Unterkunft und Verpflegung**. Eine detaillierte Aufschlüsselung findet dazu meist in den Landesrahmenverträgen (→ Rn. 67 ff.) statt. Danach gehört hierzu insbesondere die Bereitstellung, Möblierung und Ausgestaltung der Gemeinschaftsräume, des individuellen Wohnraums, die Bereitstellung der Mahlzeiten, die Reinigung und Wartung der Räume, die Ver- und Entsorgung mit Energie, Wasser usw sowie anteilige Kosten für Leitung und Verwaltung.

39 Die **Maßnahmepauschale** ist nach Gruppen für Leistungsberechtigte mit vergleichbarem Hilfebedarf zu kalkulieren. Damit ist das schwierigste Problem der Vergütungsvereinbarungen angesprochen. Die **Bundesempfehlungen** (BE) (→ Rn. 71) sind den Weg gegangen,[87] dass sie sogenannte Leistungstypen gebildet haben (§ 5 BE). Die Unterschiede zwischen den einzelnen **Leistungstypen** sind **qualitativ**, dh es werden typische Bedarfslagen von Gruppen von Leistungsberechtigten unterscheiden, zu deren Deckung ein bestimmtes Bündel von Maßnahmen erforderlich ist. Innerhalb eines Leistungstyps wird nach dem **quantitativen Bedarf** von Leistungsberechtigten unterschieden. Hierfür sieht § 6 BE vor, dass **Gruppen von Leistungsberechtigten mit vergleichbarem Hilfebedarf** gebildet werden. Dieser „Lösung", als qualitative Differenzierung Leistungstypen zu bilden und Hilfebedarfsgruppen (HBG) für quantitative Unterschiede innerhalb eines Leistungstyps vorzusehen, sind die Landesrahmenvereinbarungen und schließlich die einrichtungsbezogenen Vereinbarungen weitgehend gefolgt.

40 Damit bleibt zu lösen, wie die quantitative Differenzierung nach Gruppen von Leistungsberechtigten vorgenommen werden kann. Die Praxis verwendet hier bei geistig und körperlich Behinderten weitgehend das von Metzler entwickelte **Begutachtungsverfahren**.[88] Die **Zuordnung der Leistungsberechtigten** ist abhängig von den sich aus dem Begutachtungsverfahren ergebenden Werten. Der rechtsdogmatische Charakter der Zuordnung ist strittig: Sofern sie allein als Mittel zur Kalkulation der Leistungsvergütung angesehen wird, hat sie rechtlich keine Außenwirkung.[89] Da aber durch die Zuordnung die Konkretisierung des Bedarfs erfolgt und die Zuordnung eine konkrete, einen individuellen Einzelfall treffende Regelung ist, ist sie dem Leistungsberechtigten gegenüber ein **Verwaltungsakt**.[90]

41 Der **Investitionsbetrag** umfasst die betriebsnotwendigen Anlagen und ihre Ausstattung. Der Investitionsbetrag wird regelmäßig in Form von Investitionsfolgekosten (insbesondere Abschreibungen) festgelegt, was zur Folge hat, dass er sich entsprechend der Fortschreibung der Abschreibungssätze ggf. jährlich ändert, weswegen der Investitionsbetrag (und mit ihm letztlich die gesamte Vergütungsvereinbarung) in kürzeren Zeitabständen neu zu vereinbaren ist. Nach § 76 S. 4 SGB XII (ab 2020: § 77 a Abs. 2 SGB IX)

84 Glück, Sicherung von Qualität und Leistungsfähigkeit der Wohnungslosenhilfe bei der Umsetzung der §§ 93 ff. BSHG, BSHW, Wohnungslos 1997, 112; Vigener NDV 1997, 62.
85 So auch Eichhorn/Mezger, 17.
86 LSG BW 13.11.2006 – L 7 SO 2998/06 ER-B, RsDE 65 (2007), 85 ff.
87 Darstellung bei Schoepffer, Einrichtungen und Dienste, in: Deutscher Verein für öffentliche und private Fürsorge (Hrsg.) 1999, 153 f.; Grube RsDE 52 (2003), 25 (33).
88 Metzler 1998; vgl. auch Schubert, Die Umsetzung der §§ 93 ff. BSHG – Risiko oder Chance, NDV 2000, 264 ff.; Krüger/Kruckenberg NDV 2000, 193 ff.
89 BSG 2.2.2010 – B 8 SO 20/08 R, FEVS 61 (2010), 534 (537); SG Berlin 14.11.2008 – S 90 SO 1237/06; BayLSG 15.11.2007 – L 11 SO 46/06, Sozialrecht aktuell 2008, 116 f.
90 So auch Vigener NDV 1997, 63; ausführlich zur Begründung vgl. von Boetticher/Münder in: LPK-SGB XII § 76 Rn. 22; Grube RsDE 52 (2003), 25 (35); Schellhorn, W. in: Schellhorn/Schellhorn/Hohm SGB XII § 76 Rn. 18; Brünner/Philipp RsDE 67 (2008), 1 (17); Baur in: Mergler/Zink § 76 Rn. 22; Flint in: Grube/Wahrendorf § 76 Rn. 32.

ist eine Erhöhung der Vergütung aufgrund von **Investitionsmaßnahmen** nur möglich, wenn der Träger der Sozialhilfe der Investitionsmaßnahme vorher zugestimmt hat. Die Zustimmung liegt im Ermessen des Trägers der Sozialhilfe.[91] Eine Reduzierung seines Ermessens auf Null dahin gehend, dass dem Grunde nach zuzustimmen ist, liegt etwa dann vor, wenn aufgrund ordnungsrechtlicher Vorschriften (Baurecht, Heimrecht usw) Investitionen vorgenommen werden müssen. Zur Zustimmung einer Erhöhung des Investitionsbetrages wegen Investitionsmaßnahmen ist der Sozialhilfeträger nur dann verpflichtet, wenn er der Maßnahme (ab 2020 ergänzend: „dem Grund und der Höhe nach") zuvor zugestimmt hat; dh im Übrigen hat er über eine Zustimmung nach pflichtgemäßem Ermessen zu entscheiden.

Vor der Neuregelung des Leistungserbringungsrechts wurde insbesondere der Erwerb/der Bau von Einrichtungen mittels Zuwendungen finanziert, die laufenden Kosten über Pflegesätze, es existierte eine duale Finanzierung. Die Finanzierung von Investitionskosten über Zuwendungen wirkt für die gesamte Zeit der getätigten Investitionen, so dass es beim Übergang in das neue System erforderlich war, dies zu berücksichtigen. Deswegen schreibt § 76 Abs. 2 S. 2 SGB XII (ab 2020: § 76 Abs. 3 S. 2 SGB XII) vor, dass die **Förderung** aus öffentlichen Mitteln bei der Berechnung der Entgelte, insbesondere der Investitionsbeträge, **zu berücksichtigen** ist. Falls trotz der zum 1.1.1999 eingeführten wettbewerblichen Vergütungsfinanzierung, mit der eine **duale Finanzierung** (Zuwendungen/Subventionen für die Investitionen, Pflegesätze für die laufenden Kosten) nicht mehr kompatibel ist,[92] dennoch eine Förderung privat-gemeinnütziger Träger stattfindet, so ist dies entsprechend zu berücksichtigen. **42**

4. Wirtschaftlichkeit und Qualität – Prüfungsvereinbarungen

§ 76 Abs. 3 SGB XII sieht Vereinbarungen über die Grundsätze und Maßstäbe der **Wirtschaftlichkeit** und der **Qualitätssicherung** vor, sowie Vereinbarungen über Inhalt und Verfahren zur Durchführung von Wirtschaftlichkeits- und Qualitätsprüfungen. Vereinbarungen über Grundsätze und Maßstäbe der Qualität und der Qualitätsprüfung finden sich regelmäßig im Rahmen der Leistungsvereinbarungen. Die Vereinbarungen über das Verfahren zur Durchführung von Wirtschaftlichkeitsprüfungen sind systemwidrig. Denn die abzuschließenden Vereinbarungen müssen (§ 75 Abs. 3 S. 2 SGB XII, § 76 Abs. 1 S. 3 SGB XII) wirtschaftlich sein, ansonsten ist ein Vereinbarungsabschluss nicht möglich. Wenn dann die Leistungen qualitativ und quantitativ in der vereinbarten Weise mit der vereinbarten Vergütung erbracht werden, ergibt sich systemlogisch, dass die Leistungserbringung wirtschaftlich war.[93] **43**

Schwerpunkt sind demgemäß die Verfahren zur **Qualitätsprüfung**. Die Qualitätsprüfungen haben das Ziel, sicherzustellen, dass eine Leistungserbringung in der vereinbarten Qualität stattfindet. Damit beinhalten die Qualitätsprüfungen Elemente eines „**Sozialverbraucherschutzes**". Das Gesetz macht keine Vorgaben für die Qualitätsprüfungsverfahren. So ist die Praxis ganz unterschiedlich: es gibt einerseits mehr oder weniger **regelmäßige** Prüfungen, andererseits **anlassbezogene** Prüfungen. Sinnvoll ist es, in den Vereinbarungen hierzu Aussagen zu treffen. Ausgehend vom Gedanken des „Sozialverbraucherschutzes" formuliert § 76 Abs. 3 S. 2 SGB XII, dass die **Ergebnisse der Prüfung** den **Leistungsempfängern** mitzuteilen sind. **44**

---

91 VGH BW 21.11.2006 – 12 S 153/06, Sozialrecht aktuell 2007, 24 f.
92 Aber auch deswegen, weil die Förderung von Einrichtungen gemäß § 5 Abs. Abs. 3 SGB XII regelmäßig nur bei privat-gemeinnützigen Einrichtungen sozialhilferechtlich möglich ist (→ Kap. 44 Rn. 29), §§ 75 ff. SGB XII aber alle Anbieter, auch die privat-gewerblichen zulässt (→ Rn. 17).
93 Landesrahmenverträge und Einzelvereinbarungen unterstellen deswegen häufig die Wirtschaftlichkeit der Leistungen, wenn und so lange die Einrichtung die vereinbarten Leistungen in der vereinbarten Qualität mit dem vereinbarten Entgelt erbringt, so auch § 25 Abs. 1 BE.

45 Für die Zeit **ab 2020 entfällt der Abschluss** der einrichtungsbezogenen **Prüfvereinbarung**. Stattdessen sind die Grundsätze und Maßstäbe für die Wirtschaftlichkeit und die Qualitätssicherung einschließlich der Wirksamkeit der Leistungen sowie Inhalt und Verfahren zur Durchführung von Wirtschaftlichkeits- und Qualitätsprüfungen gemäß § 80 Abs. 1 Nr. 4 SGB XII nF ausschließlich im Landesrahmenvertrag zu vereinbaren. Zudem werden anlassbezogene Wirtschaftlichkeits- und Qualitätsprüfungen durch den Sozialhilfeträger gemäß § 78 Abs. 1 SGB XII idF ab 2020 zur Pflicht. Werden dabei Verstöße gegen vertragliche und/oder gesetzliche Verpflichtungen festgestellt, wird neben der außerordentlichen Kündigung in § 79 a SGB XII idF ab 2020 die weniger einschneidende Maßnahme einer Kürzung der Vergütung als Sanktion in § 79 SGB XII idF ab 2020 eingeführt.[94]

5. Vereinbarungszeitraum, Geltungsdauer

46 § 77 Abs. 1 S. 1 SGB XII (ab 2020: § 75 Abs. 1 S. 5 SGB XII) legt fest, dass die Vereinbarungen für einen **zukünftigen Zeitraum** abzuschließen sind. Mit der sog **Prospektivität** wollte der Gesetzgeber erreichen, dass die sog **nachträgliche Spitzabrechnung** auf der Grundlage von Selbstkostenblättern nicht mehr stattfindet.[95] Deswegen wurde auch die ausdrückliche Formulierung, dass ein **nachträglicher Ausgleich** unzulässig ist, aufgenommen. Mit der flankierenden Formulierung des § 77 Abs. 2 S. 3 SGB XII (ab 2020: § 77 Abs. 3 S. 5 SGB XII), wonach auch eine zeitlich zurückwirkende Vereinbarung unzulässig ist, ist klar, dass Vergütungsvereinbarungen ausschließlich prospektiv abgeschlossen werden müssen. Der BSG-Rechtsprechung zur Folge liegt jedoch dann kein Verstoß gegen das Gebot der Prospektivität vor, wenn Verhandlungen über zukünftige Vereinbarungszeiträume rechtzeitig vor dem Ende einer Vereinbarung begonnen wurden, jedoch erst nach deren Auslaufen abgeschlossen werden und der Beginn der neuen Vereinbarung rückwirkend auf einen Zeitpunkt während der Verhandlungen – etwa unmittelbar an die bisherige, inzwischen ausgelaufene Vereinbarung anschließend – festgelegt wird.[96] Mit der Neufassung des § 77 Abs. 3 S. 5 SGB XII ab 1.1.2020 soll der Gesetzesbegründung zur Folge entgegen der BSG-Rechtsprechung klargestellt werden, dass „in keinem Fall ein rückwirkendes Inkrafttreten einer Vereinbarung oder Festsetzung der Schiedsstelle zulässig ist."[97]

47 Der Begriff **Vereinbarungszeitraum** lässt zu, dass für alle drei Vereinbarungen unterschiedliche Zeiträume festgelegt werden.[98] Leistungsvereinbarungen und Prüfungsvereinbarungen (nur noch bis 2020, → Rn. 45) werden in der Regel für längere Zeiträume abgeschlossen, Vergütungsvereinbarungen dagegen für kürzere Zeiträume. Damit haben es die Vertragsparteien in der Hand, die **Laufzeit der Vergütungsvereinbarungen** zeitlich so zu vereinbaren, dass zB neue Tarifabschlüsse und andere Kostensteigerungen, auf die sie keinen Einfluss haben (wie zB Energiekosten), zeitnah berücksichtigt werden können. **Beendet** werden die Vereinbarungen durch den in dem Vertrag geregelten Ablauf des Vereinbarungszeitraums, durch eine ordentliche Kündigung gemäß den vertraglichen Vereinbarungen oder durch eine außerordentliche Kündigung (→ Rn. 48). Bei **Vergütungsvereinbarungen** gilt gemäß § 77 Abs. 2 S. 4 SGB XII (ab 2020: § 77 a Abs. 4 SGB XII), dass diese nach Ablauf des Vereinbarungszeitraumes **weiter gelten**, bis zum Inkrafttreten neuer Vereinbarungen.

---

94 Art. 13 Nr. 25 BTHG, BGBl. I 2016, S. 3324 f.; vgl. von Boetticher (2018) § 3 Rn. 406 ff. zur Parallelregelung in §§ 129, 130 SGB IX.
95 BT-Drs. 12/5510, 11 zum damaligen § 93 BSHG.
96 BSG 23.7.2014 – B 8 SO 2/13 R, Rn. 16, BSGE 116, 227 ff.; BSG 28.10.2008 – B 8 SO 22/07 R, BSGE 102, 1 (9).
97 BT-Drs. 18/9522, 342.
98 Neumann RsDE 63 (2006), 32 (36).

§ 78 SGB XII (ab 2020: § 79 a Abs. 4 SGB XII) regelt die **außerordentliche Kündigung** **48** bei groben Vertragsverletzungen gegenüber den Leistungsempfängern und den Kostenträgern. Die Entscheidung über die Kündigung ist vom Sozialhilfeträger nach pflichtgemäßem **Ermessen** zu treffen. Besonderes Gewicht kommt bei der Ermessensausübung dem Verhältnismäßigkeitsgrundsatz zu, da die außerordentliche Kündigung der Vereinbarungen in die Berufsfreiheit des Leistungserbringers nach Art. 12 Abs. 1 GG eingreift. Die Kündigung kommt einem faktischen Berufsverbot gleich, denn in Ermangelung einer größeren Anzahl von Selbstzahlern für Leistungen iSd Kapitel 5–9 SGB XII fällt mit der Kündigung die einzige bzw. hauptsächliche Wirtschaftsgrundlage des Leistungserbringers weg. IdR wird der Kündigung daher gemäß § 58 Abs. 2 SGB X iVm § 314 Abs. 2 BGB eine Abmahnung bzw. eine Fristsetzung zur Abhilfe der pflichtwidrigen Umstände vorausgehen müssen, es sei denn, dass die sofortige Kündigung aufgrund besonderer Umstände, wie zB besonders gravierender Rechtsgutverletzung, gerechtfertigt ist. Als milderes Mittel gegenüber der außerordentlichen Kündigung wird mit Wirkung **ab dem 1.1.2020** in § 79 SGB XII bei mangelhafter Leistungserbringung eine **verpflichtende Kürzung der Vergütung** vorgeschrieben. Dabei ist die Höhe des Kürzungsbetrages einvernehmlich festzulegen, im Streitfall durch die Schiedsstelle zu bestimmen.[99]

Die fristlose Kündigung hat schriftlich zu erfolgen. Voraussetzung ist eine grobe Pflicht- **49** verletzung des Leistungserbringers. Regelbeispiele dafür im Gesetz sind, wenn Leistungsberechtigte durch die Pflichtverletzungen zu Schaden kommen, gravierende Mängel bei der Leistungserbringung festgestellt werden, dem Leistungserbringer die Betriebserlaubnis entzogen oder der Weiterbetrieb untersagt worden ist oder er nicht erbrachte Leistungen abgerechnet hat. Sonstige Pflichtverletzungen müssen der Schwere nach mit den Regelbeispielen vergleichbar sein, um eine außerordentlichen Kündigung rechtfertigen zu können. Im Kern bedeutet das, dass die Pflichtverletzung des Leistungserbringers die Erbringung bedarfsdeckender Leistungen gefährdet oder verhindert.[100] Da die tarifliche Bezahlung der Mitarbeiter des Leistungserbringers regelmäßig nicht in den Vereinbarungen zwischen Leistungsberechtigten und Leistungserbringer aufgenommen wird, ist sie auch keine gegenüber dem Leistungsberechtigten bestehende Pflicht, so dass Verstöße dagegen keine fristlose Kündigung rechtfertigen.[101] Auch der Einsatz von weniger Personal als in der Leistungsvereinbarung vereinbart rechtfertigt keine Kündigung, solange die Betreuung und Versorgung der Leistungsberechtigten der vereinbarten Art, dem Umfang und der Qualität entsprechen.[102]

In Fällen, in denen das Festhalten am Vertrag nach dem im Zivilrecht entwickelten In- **50** stitut des Wegfalls der Geschäftsgrundlage nicht zumutbar ist, eröffnet der Verweis auf § 59 SGB X eine Vertragsanpassung bzw. Kündigung, wenn Grundlagen des Vertrages gänzlich entfallen bzw. sich gravierend ändern. Durch **Kündigung** können die Vereinbarungen beendet werden, sofern ein ordentliches Kündigungsrecht vereinbart wurde. Ansonsten gilt der Gedanke zum zivilrechtlichen Dauerschuldverhältnis, wonach ein unbefristetes Dauerschuldverhältnis durch Kündigung beendet werden kann.[103]

Damit ist die Situation denkbar, dass von den drei vorgesehenen Vereinbarungen nicht **51** in allen Zeiträumen alle drei Vereinbarungen bestandskräftig sind. Nur für den Ablauf der Vergütungsvereinbarung enthält § 77 Abs. 2 S. 4 SGB XII eine Fortgeltungsregelung. Da die Sozialhilfeträger zur Übernahme der Vergütung nur verpflichtet sind, wenn ge-

---

99 Vgl. von Boetticher (2018) § 3 Rn. 406 zu der Parallelregelung in § 129 SGB IX.
100 HessLSG 14.3.2014 – L 4 SO 221/13 B ER, Rn. 79.
101 HessLSG 14.3.2014 – L 4 SO 221/13 B ER, Rn. 77 f.
102 LSG Bln-Bbg 24.11.2016 – L 15 SO 243/14 KL, Rn. 46.
103 In diese Richtung BVerwG 29.12.2000 – 5 B 171/99, RsDE 50 (2002), 78 ff.

mäß § 75 Abs. 3 S. 1 SGB II alle drei Vereinbarungen vorliegen, kann es hier zu rechtlichen Komplikationen kommen(→ Rn. 57).

6. Zuständigkeit

52 **Vertragspartner** der einrichtungsbezogenen Vereinbarungen sind nach § 77 Abs. 1 S. 2 SGB II auf der einen Seite die **Träger der Einrichtungen/Dienste.** S. 2 wurde durch das Gesetz zur Änderung des Zwölften Buches Sozialgesetzbuch und anderer Gesetze vom 2.12.2006[104] mit Wirkung vom 7.12.2006 eingefügt und damit Regelungen über die Vertragspartner und die Zuständigkeit der Vertragspartner getroffen. Als spätere Regelung („lex posterior") geht dieser S. 2 damit auch der Formulierung des § 75 Abs. 3 S. 1 vor, der noch davon ausging, dass auch der „Verband" des Einrichtungsträgers entsprechende Vereinbarungen abschließen kann: Dies ist seit dem 7.12.2006 nicht mehr möglich. Für die Zeit ab 1.1.2020 löst § 75 Abs. 1 S. 2 SGB XII diesen Widerspruch dahin gehend auf, dass auch der Verband (wieder) eine einrichtungsbezogene Vereinbarung abschließen kann, soweit er eine entsprechende Vollmacht iSd § 167 BGB nachweist. Auf Seiten der Leistungsträger ist (je nach sachlicher Zuständigkeit – § 97) der **Sozialhilfeträger** des Sitzes der Einrichtung zuständig. Der Begriff **„Sitz der Einrichtung"** ist auslegungsbedürftig. Zwar ist der Begriff „Sitz" ein Rechtsbegriff, der gemäß § 58 Abs. 2 SGB X iVm § 24 BGB in Entsprechung zum Wohnsitz einer natürlichen Person den Sitz einer juristischen Person regelt, wodurch auf den Sitz-Ort des Trägers der Einrichtung verwiesen würde. Nach Sinn und Zweck des Abs. 1 Satz 2 kommt es jedoch nicht auf den Sitz des Trägers an,[105] der uU in einem anderen Zuständigkeitsbezirk oder in einem anderen Bundesland liegen kann, sondern auf die **örtliche Belegenheit der Einrichtung.** Denn die Vereinbarung soll mit demjenigen Sozialhilfeträger geschlossen werden, der die örtlichen Verhältnisse kennt und die notwendigen Kenntnisse besitzt, um die Plausibilität und die Angemessenheit der geforderten Vergütungen beurteilen zu können.[106] Diese Auslegung entspricht der vergleichbaren Regelung im § 78 e Abs. 1 Satz 1 SGB VIII, wo vom „Bereich" der Einrichtung die Rede ist, der sich ebenfalls auf den realen räumlichen Bereich der jeweiligen Einrichtung bezieht.[107] Würde hingegen auf den Rechtssitz des Trägers abgestellt, müsste bei Trägern mit Einrichtungen an mehreren Orten ein Sozialhilfeträger die Vereinbarungen abschließen, der je weniger mit den örtlichen Verhältnissen vertraut ist, desto weiter der Rechtssitz und der Ort der Einrichtung auseinanderliegen, und der idR nicht für die Mehrzahl der Leistungsberechtigten zuständig ist, die die Einrichtung nach § 9 Abs. 2 SGB XII möglichst wohnortnah in Anspruch nehmen.

53 **Sachlich zuständig** ist der **örtliche Träger der Sozialhilfe** gemäß der Allgemeinzuständigkeit nach § 97 Abs. 1 SGB XII, sofern keine davon abweichende landesrechtliche Regelung getroffen worden ist. Diese muss sich ausdrücklich auf den Vereinbarungsabschlusses beziehen; abweichende Bestimmungen hinsichtlich der Leistungszuständigkeit sind insoweit nicht einschlägig, denn der Vertragsschluss ist keine Leistung.[108] Die gesetzlich festgelegte sachliche und örtliche Zuständigkeit zum Abschluss der Vereinbarungen steht weder zur Disposition der Parteien der einrichtungsbezogenen Vereinbarungen noch ist sie als möglicher Regelungskomplex eines Rahmenvertrags genannt.[109]

---

104 BGBl. I, 2670.
105 BSG 7.10.2015 – B 8 SO 1/14 R, Rn. 13, SozR 4–3500 § 77 Nr. 2.
106 BSG 8.3.2017 – B 8 SO 20/15 R, Rn. 17, SozR 4–3500 § 77 Nr. 3; BSG 7.10.2015 – B 8 SO 1/14 R, Rn. 13, SozR 4–3500 § 77 Nr. 2; BVerwG 4.8.2006 – 5 C 13/05, BVerwGE 126, 295 ff.
107 Münder in: FK-SGB VIII § 78 e Rn. 2.
108 BSG 13.7.2017 – B 8 SO 21/15 R, Rn. 13 f. mwN; BSG 8.3.2017 – B 8 SO 20/15 R, Rn. 18, SozR 4–3500 § 77 Nr. 3.
109 BSG 13.7.2017 – B 8 SO 21/15 R, Rn. 17; BSG 8.3.2017 – B 8 SO 20/15 R, Rn. 21.

Vereinbarungen, die unter Verstoß gegen formelles Recht zustande gekommen sind, sind nach § 58 Abs. 2 SGB X iVm § 134 BGB nichtig.[110] Aus einer nichtigen Vereinbarung folgt jedoch nicht die Befugnis des Sozialhilfeträgers, die Höhe der Vergütung einseitig festzusetzen; vielmehr ist diese anhand der Vorgaben des § 75 Abs. 4 zu bestimmen (→ Rn. 62 ff.). Die abgeschlossenen Vereinbarungen sind nicht nur für den zuständigen Sozialhilfeträger, sondern **für alle Sozialhilfeträger bindend**, unabhängig davon, ob sie dem vereinbarenden Träger gleichgeordnet sind hinsichtlich der örtlichen bzw. überörtlichen Trägerschaft, oder ob sie im gleichen Bezirk wie dieser liegen.[111] Aufgrund dieser Wirkungserstreckung auf andere als die am Vertrag unmittelbar Beteiligten sind die drei Vereinbarungen nach § 75 Abs. 3 SGB XII ihrer Rechtsnatur nach sog **Normverträge**.[112] Mitwirkungsrechte haben andere Sozialhilfeträger nicht, auch ist insoweit weder ein Landesrechtsvorbehalt vorgesehen wie in § 78 e Abs. 1 SGB VIII noch eine Pflicht zur Anhörung eines anderen Leistungsträgers, der für die Gewährung der überwiegenden Leistungen in der Einrichtung zuständig ist, wie in § 78 e Abs. 2 SGB VIII. Bei umfangreicherer Inanspruchnahme durch Leistungsberechtigte aus anderen Zuständigkeitsbereichen wird es aber sinnvoll sein, entsprechend dem Zusammenarbeitsgebot nach § 86 SGB X mit den zuständigen Sozialhilfeträgern inhaltlich in Kontakt zu treten.

7. Sonderregelungen für zugelassene Pflegeeinrichtungen

In vielen Einrichtungen, in denen sich Leistungsberechtigte nach dem **SGB XII** befinden, **54** befinden sich zugleich Pflegebedürftige nach dem **SGB XI**. Durch § 75 Abs. 5 SGB XII (ab 2020: § 76 a SGB XII) wird die **Einheitlichkeit der Vergütungen** nach dem SGB XII und dem SGB XI sichergestellt. Die Vergütungen des SGB XI umfassen gemäß § 82 SGB XI die Pflegevergütung für die Pflegeleistungen sowie das Entgelt für Unterkunft und Verpflegung, hinzukommen Investitionskosten. Letztere werden bei zugelassenen Pflegeeinrichtungen durch Landesmittel nach § 9 SGB XI gefördert, nicht dadurch gedeckte Investitionskosten kann die Einrichtung gemäß § 82 Abs. 3 SGB XI von den Pflegebedürftigen verlangen, bedarf dazu jedoch der Zustimmung der obersten Landesbehörde. Pflegeeinrichtungen, die nicht nach Landesrecht gefördert werden, können ihre Investitionsaufwendungen unmittelbar den Pflegebedürftigen in Rechnung stellen, ohne dass sie hierzu die Zustimmung der zuständigen Landesbehörde brauchen, hier besteht nur eine Mitteilungspflicht – § 82 Abs. 4 SGB XI. Unter den Anwendungsbereich der Pflegevergütungen nach dem SGB XI fallen außerdem nicht die in § 71 Abs. 4 SGB XI genannten stationären Behinderteneinrichtungen. Insofern gilt es den Grundsatz der Einheitlichkeit der Vergütungen nur für die Bereiche zu sichern, in denen Vereinbarungen nach SGB XI abzuschließen sind. Aus dem Grundsatz der einheitlichen Vergütung des § 75 Abs. 5 SGB XII fallen somit die in § 71 Abs. 4 SGB XI genannten Behinderteneinrichtungen und die Fälle, in denen die Investitionskosten nicht nach Landesrecht gefördert werden, heraus,[113] sowie die Fälle, in denen der Sozialhilfeträger weitergehende Leistungen erbringt (§ 61 SGB XII).

Bei nicht geförderten Einrichtungen[114] ist gemäß § 75 Abs. 5 S. 3 SGB XII Vorausset- **55** zung für die Übernahme von Investitionsaufwendungen zuvor der Abschluss entspre-

---

110 BSG 13.7.2017 – B 8 SO 21/15 R, Rn. 18 f. mwN; BSG 8.3.2017 – B 8 SO 20/15 R, Rn. 21, SozR 4–3500 § 77 Nr. 3.
111 LSG NRW 8.6.2015 – L 20 SO 473/12, Rn. 60, NZS 2015, 747.
112 BSG 13.7.2017 – B 8 SO 21/15 R, Rn. 18 mwN.
113 BVerwG 20.9.2001 – 5 B 54.01, FEVS 53, 504.
114 BVerwG 20.9.2001 – 5 B 54/01, RsDE 54 (2003), 81: maßgeblich ist allein, ob die Einrichtung tatsächlich nicht gefördert wird.

chender Vereinbarungen nach den §§ 75 ff.[115] Diese zusätzliche Investitionskostenvereinbarung soll zum einen den Sozialhilfeträger vor der Übernahme überhöhter Aufwendungen schützen, dient aber zum anderen auch dem wirtschaftlichen Interesse des Einrichtungsträgers, eine Refinanzierung getätigter Investitionen zu erreichen.[116] Welche entsprechende Vereinbarung(en) zwischen dem Träger der Pflegeeinrichtung und dem Sozialhilfeträger genau geschlossen werden muss bzw. müssen, geht aus dem Wortlaut des Abs. 5 Satz 3 nicht eindeutig hervor. Einerseits wird die Pflicht zur Übernahme der Investitionskosten davon abhängig gemacht, dass *„hierüber* entsprechende Vereinbarungen nach dem 10. Kapitel getroffen worden sind" (Hervorhebung vom Verf.), was für nur eine separate Investitionskostenvereinbarung spricht. Andererseits wird aber von Vereinbarungen im Plural gesprochen, was neben einer Vergütungsvereinbarung über die Investitionskosten auch für eine Leistungs- und eine Prüfvereinbarung spricht.[117] Allerdings können zB Leistungsvereinbarungen durch eine ausdrückliche inhaltliche Bezugnahme auf die Vorschriften des SGB XI so hinreichend bestimmt sein, dass sie einer Leistungsvereinbarung im Sinne des Abs. 3 Satz 1 Nr. 1 entsprechen.[118] Sofern der Abschluss einer Leistungs- und einer Prüfvereinbarung zwischen den Parteien nicht strittig ist, sind diese zudem nicht zwingende Voraussetzung für die Verhandlung über eine Investitionskostenvereinbarung und die Anrufung der Schiedsstelle im Fall des Scheiterns dieser Verhandlungen.[119] Da die Investitionskostenvereinbarung Bestandteil einer Vergütungsvereinbarung iSd § 76 Abs. 2 SGB XII ist, ist sie auch schiedsfähig nach § 77 Abs. 1 SGB XII.[120] Aufgrund des Verweises auf die Vereinbarungen nach §§ 75 ff. muss auch die Investitionskostenvereinbarungen den Anforderungen der Wirtschaftlichkeit, Sparsamkeit und Leistungsfähigkeit genügen.[121] Zugleich besteht auch hier ein Anspruch auf pflichtgemäße Entscheidung über den Abschluss einer Vereinbarung (→ Rn. 34).[122]

56 Im Übrigen ist der Sozialhilfeträger gemäß § 75 Abs. 5 S. 1 SGB XII an die für die Leistungen und die Vergütungen **nach dem SGB XI getroffenen Vereinbarungen gebunden.**[123] Der Sozialhilfeträger ist gemäß § 85 Abs. 2 S. 1 SGB XI grundsätzlich am Pflegesatzverfahren beteiligt, es sei denn, dass weniger als 5% der jährlichen Berechnungstage der Pflegeeinrichtung auf den Sozialhilfeträger als Kostenträger entfallen. Ist er mit dem Ergebnis der Pflegesatzverhandlungen nicht einverstanden und wurde er gemäß § 85 Abs. 4 S. 1 SGB XI überstimmt, kann er nach § 85 Abs. 5 S. 2 SGB XI die Vereinbarung angreifen und überprüfen lassen, tut er dies nicht, so gilt die Pflegesatzvereinbarung. Ruft er die Schiedsstelle an, so gilt die Entscheidung der Schiedsstelle nach § 85 Abs. 6 SGB XI. Ein auf diese Weise festgestellter Pflegesatz gilt für alle Kostenträger, auch für die Pflegekassen, so dass dadurch wiederum die einheitliche Geltung des Pflegesatzes für alle Kostenträger gewahrt ist.[124]

---

115 SG Oldenburg 22.10.2009 – S 21 SO 287/05.
116 BSG 13.7.2017 – B 8 SO 11/15 R, Rn. 18; BSG 7.10.2015 – B 8 SO 19/14 R, Rn. 17; BVerwG 20.9.2001 – 5 B 54/01, FEVS 53, 504.
117 Ebenso zweifelnd BSG 7.10.2015 – B 8 SO 19/14 R, Rn. 15.
118 ThürOVG 10.12.2003 – 3 EO 819/02, 10, PflR 2004, 467–472.
119 BSG 7.10.2015 – B 8 SO 19/14 R, Rn. 15.
120 BSG 13.7.2017 – B 8 SO 11/15 R, Rn. 17.
121 BSG 7.10.2015 – B 8 SO 19/14 R, Rn. 18.
122 OVG NRW 26.4.2004 – 12 A 858/03, NDV-RD 2005, 15 f.
123 NdsOVG 26.4.2001 – 12 L 3008/00, FEVS 53, 31, 34 f.
124 Offen ist die Frage, wie die Situation ist, wenn der Sozialhilfeträger deswegen, weil weniger als 5% der jährlichen Berechnungstage auf ihn als Kostenträger entfallen, nicht am Pflegesatzverfahren beteiligt ist. Um mögliche Unsicherheiten auszuräumen ist es empfehlenswert, auch in diesen Fällen den Sozialhilfeträger auf jeden Fall am Pflegesatzverfahren nach § 85 SGB XI zu beteiligen. Unklar ist auch, ob hier möglicherweise die Regelung des § 75 Abs. 5 S. 2 SGB XII zur Anwendung kommt – vgl. dazu Schellhorn, W. in: Schellhorn/Schellhorn/Hohm SGB XII § 75 Rn. 63, sowie Neumann in: Hauck/Noftz SGB XII § 75 Rn. 45, wobei allerdings der Grundsatz der Einheitlichkeit der Vergütungen gegen die Anwendung spricht.

II. Die Vergütungsübernahme bei vertragsgebundenen Einrichtungen

Die in § 75 Abs. 3 S. 1 SGB XII (ab 2020: § 75 Abs. 1 S. 1 SGB XII) vorgesehene Übernahme der Vergütung durch den Träger der Sozialhilfe setzt entsprechend dem sozialhilferechtlichen Dreiecksverhältnis (→ Rn. 5) Folgendes voraus: **57**

■ den Abschluss der in § 75 Abs. 3 SGB XII genannten drei Vereinbarungen,

■ die sozialhilferechtliche Berechtigung des Leistungsberechtigten und

■ die privatrechtliche (regelmäßig vertragliche) Verpflichtung des Leistungsberechtigten gegenüber der leistungserbringenden Einrichtung.[125]

Mit **Abs. 3** hat der Gesetzgeber zum Ausdruck gebracht, dass eine Vergütungsübernahme **grundsätzlich nur und vorrangig** auf der Grundlage der drei **Vereinbarungen** erfolgen kann.[126] Liegt nur eine dieser Vereinbarungen nicht vor, so mangelt es an der entsprechenden Voraussetzung. Für die Vergütungsvereinbarung gilt allerdings nach § 77 Abs. 2 S. 4 SGB XII, dass nach Ablauf des Vereinbarungszeitraums die vereinbarte oder festgesetzte Vergütung bis zum Inkrafttreten einer neuen Vergütung weiter gilt. Damit kann das Fehlen der Leistungsvereinbarung bzw. Prüfungsvereinbarung (zB durch Auslauf oder Kündigung) zum Problem werden, denn in diesen Fällen ist nach dem Wortlaut des § 75 Abs. 3 S. 1 SGB XII die Übernahme des Entgeltes nicht möglich.[127]

Der Weg über § 75 Abs. 4 SGB XII, also über „nicht vereinbarungsgebundene Einrichtungen" (→ Rn. 61 ff.) zu einer Lösung zu kommen, ist regelmäßig aufgrund der ausdrücklichen Bindung der Vergütungsübernahme an den Abschluss der drei Vereinbarungen versperrt. Damit kann § 75 Abs. 4 SGB XII nur Anwendung finden, wenn hinsichtlich einer Einrichtung entweder der Abschluss einer Vereinbarung gar nicht angestrebt war oder erkennbar ist, dass eine Vereinbarung (sei es in direkten Verhandlungen oder sei es mithilfe einer Schiedsstellenentscheidung) endgültig nicht mehr zu Stande kommen wird.[128] **58**

§ 75 Abs. 3 S. 1 SGB XII trifft keine ausdrückliche Aussage darüber, wer **Inhaber des Anspruchs auf Entgeltübernahme** ist. Der Anspruch auf Entgeltübernahme beruht auf dem sozialhilferechtlichen Dreiecksverhältnis und hier auf der Achse Leistungsberechtigter – Leistungserbringer: Aufgrund der in diesem Verhältnis vorliegenden privatrechtlichen Vereinbarungen besteht ein Entgeltanspruch des Leistungserbringers gegenüber dem Leistungsberechtigten,[129] der Leistungsberechtigte ist verpflichtet, diesen Anspruch zu erfüllen. Somit ist es naheliegend, dass der Leistungsberechtigte den Anspruch auf Übernahme des Entgeltes hat. Das **BSG** geht seit seiner Entscheidung vom 28.10.2008[130] davon aus, dass der Sozialhilfeträger die ihm gegenüber der leistungsberechtigten Person obliegende Leistung **nicht als Geldleistung**, sondern als **Sachleistung** schulde und in Gestalt einer sog **Sachleistungsverschaffung** gewähre; die Übernahme der Vergütung im Verwaltungsakt erfolgt gegenüber der leistungsberechtigten Person mit Drittwirkung gegenüber dem Leistungserbringer.[131] Diese Rechtsprechung hat nicht **59**

---

125 Vgl. HessLSG 19.3.2008 – L 9 SO 1/08 B ER, FEVS 60 (2009), 329 ff.
126 BVerwG 4.8.2006 – 5 C 13/05, E 126, 295; NdsOVG 3.1.2007 – 4 LC 318/06; LSG Nds-Brem 24.5.2007 – L 8 SO 156/06.
127 So dezidiert BayVGH 12.9.2005 – 12 CE 05.1725, ZFSH/SGB 2006, 151 ff. = RsDE 63 (2006), 81 ff.; mit ausführlicher Kritik hieran Neumann RsDE 63 (2006), 32, 48.
128 BVerwG 4.8.2006 – 5 C 13/05, E 126, 295.
129 So zB LSG Nds 24.5.2007 – L 8 SO 156/06, RsDE 67 (2008), 82 ff. –; klarer ist insofern die Formulierung des § 78 b Abs. 1 SGB VIII, der von der Übernahme des Entgeltes gegenüber den Leistungsberechtigten spricht.
130 BSG – B 8 SO 22/07 R, Rn. 18, E 102, 1 ff.; im Ergebnis ebenso in den Parallelentscheidungen 19/07, 20/07, 21/07, 24/07, 27/07 und 28/07.
131 Coseriu Sozialrecht aktuell 2012, 99 ff.

überraschenderweise Kritik erfahren,[132] nicht zuletzt deswegen, weil die Entscheidung eine **Entmündigung des Leistungsberechtigten** bedeuten kann, der insofern nur noch formal Bestandteil des sozialrechtlichen Dreiecksverhältnisses ist, während in der ökonomisch relevanten Frage der Entgeltzahlung unmittelbare Rechtsbeziehungen zwischen den Leistungserbringern und den Leistungsträgern entstehen würden.

60 Inzwischen hat das BSG in ständiger Rechtsprechung klargestellt, dass der Anspruch des Leistungserbringers nicht allein schon durch die Vereinbarung mit dem Sozialhilfeträger und der Leistungserbringung gegenüber einem Leistungsberechtigten entsteht, sondern sich erst durch eine entsprechende **Erklärung des Sozialhilfeträgers** ergibt.[133] Eine solche ist – wie im Fall der og BSG-Entscheidungen – oft im Bewilligungsbescheid des Sozialhilfeträgers enthalten, regelmäßig in Gestalt eines privatrechtlichen **Schuldbeitritts** zur privatrechtlichen Zahlungsverpflichtung des leistungsberechtigten Bürgers.[134] Dass die Erklärung in einem öffentlich-rechtlichen Verwaltungsakt enthalten ist, ändert nichts daran, dass es sich nach wie vor um eine zivilrechtliche Forderung des Leistungserbringers gegen den Leistungsberechtigten handelt.[135] Ein unmittelbarer Anspruch des Leistungserbringers gänzlich unabhängig vom zivilrechtlichen Zahlungsanspruch kann sich nur aus einer ausdrücklichen (öffentlich-rechtlichen) Kostenzusage unmittelbar gegenüber dem Leistungserbringer ergeben, die dann als abstraktes **Schuldanerkenntnis** des Sozialhilfeträgers ein eigenständiges, öffentlich-rechtliches Schuldverhältnis begründet.[136] Somit kommt es entscheidend jeweils auf die Auslegung im Einzelfall an. Der Schuldbeitritt ist rechtlich eng verbunden mit der gesetzlichen Verpflichtung des Trägers der Sozialhilfe zur Bedarfsdeckung gegenüber dem Leistungsberechtigten. Er ist somit **akzessorischer** Natur[137] mit der Folge, dass ein direkter Anspruch des Leistungserbringers gegen den Sozialhilfeträger auf Übernahme der Vergütung nur dann und nur insoweit besteht, als der Leistungserbringer eine zivilrechtliche Forderung gegenüber der leistungsberechtigten Person hat,[138] die von deren Anspruch auf Sozialhilfeleistungen gegen den Sozialhilfeträger gedeckt ist.[139] Grundsätzlich wirken bestehende Einreden wie zB die Verjährung eines zivilrechtlichen Anspruches nach § 194 BGB somit auch im Verhältnis zwischen dem Leistungserbringer und dem Sozialhilfeträger nach dessen Schuldbeitritt.[140] Angesichts der zivilrechtlichen Charakters des Anspruches ist dabei von der dreijährigen Verjährungsfrist des § 195 BGB auszugehen und nicht von der für sozialrechtliche Ansprüche geltende vierjährige Frist nach § 45 SGB I.[141] Eine Berufung auf eine Verjährung ist nach § 242 BGB jedoch wegen Treuwidrigkeit unzulässig, wenn die Verjährung deswegen eingetreten ist, weil die leistungsberechtigte Person den

---

132 Vgl. zB Plagemann SGb 2010, 161 ff.; Welke NDV 2009, 456 (458); Dillmann 2011, 121 f.; G DV NDV 2012, 598 f.

133 BSG 18.3.2014 – B 8 SF 2/13 R, Rn. 7; BSG 2.2.2010 – B 8 SO 20/08 R, FEVS 61, 534 ff.; BSG 28.10.2008 – B 8 SO 22/07 R, Rn. 27, BSGE 102, 1 ff.; aA Ladage SGb 2013, 553 ff.

134 LSG NRW 20.12.2013 – L 20 SO 163/13 B; BayLSG 26.11.2012 – L 18 SO 173/12 B; LSG Bln-Bbg 28.6.2012 – L 15 SO 254/08.

135 Coseriu Sozialrecht aktuell 2012, 101; aA LG Bielefeld 23.8.2012 – 2 O 70/12, Sozialrecht aktuell 2013, 82 f. mit Anm. Gerlach.

136 BSG 30.9.2014 – B 8 SF 1/14 R, Rn. 10; BSG 18.3.2014 – B 8 SF 2/13 R, Rn. 7.

137 So schon BVerwG 4.8.2006 – 5 C 13.05, FEVS 58, 197 (202); LSG RhPf 18.2.2011 – L 1 SO 33/09, ZFSH/SGB 2011, 354 ff.; BayLSG 22.11.2012 – L 8 SO 92/08, Rn. 56 f.; LSG BW 22.10.2013 – L 7 SO 3102/13 ER-B.

138 LSG LSA 10.11.2016 – L 8 SO 48/15, Rn. 33; LSG NRW 21.4.2016 – L 9 SO 226/14, Rn. 38; LSG BW 25.6.2015 – L 7 SO 1447/11, Rn. 68; BSG 25.9.2014 – B 8 SO 8/13 R, Rn. 15 ff.

139 LSG BW 17.2.2016 – L 2 SO 2697/15, Rn. 37; LSG BW 25.6.2015 – L 7 SO 1447/11, Rn. 61; SchlHLSG 12.6.2015 – L 9 SO 47/12, Rn. 51.

140 LSG Nds-Brem 20.8.2015 – L 8 SO 75/11, Rn. 55.

141 LSG Nds-Brem 20.8.2015 – L 8 SO 75/11, Rn. 57; aA LSG RhPf 18.2.2011 – L 1 SO 33/09, Rn. 36.

Schuldbeitritt erst auf gerichtlichem Wege erstreiten musste.[142] Die Bindungswirkung des Schuldbeitritts besteht, solange und soweit wie der Gewährungsbescheid im Grundverhältnis nicht zurückgenommen, widerrufen, anderweitig aufgehoben oder durch Zeitablauf oder auf andere Weise erledigt ist.[143] Wird dieser Verwaltungsakt gemäß den Regeln der §§ 44 ff. SGB X auch mit Wirkung für die Vergangenheit aufgehoben, besteht ein **bereicherungsrechtlicher Rückforderungsanspruch** des Sozialhilfeträgers gegen den Leistungserbringer gemäß § 812 Abs. 1 Satz 2 Alt. 1 BGB.[144] Angesichts der noch nicht endgültig geklärten Fragen sollte wegen des Schriftformerfordernisses im Falle eines Schuldanerkenntnisses nach § 781 BGB eine Erklärung stets in schriftlicher Form erfolgen. Dies gilt auf erst recht für die Begründung eines eigenen öffentlich-rechtlichen Schuldverhältnisses durch ein abstraktes Schuldanerkenntnis, da öffentlich-rechtliche Verträge gemäß § 56 SGB X immer der Schriftform genügen müssen.

Für die Zeit ab dem 1.1.2020 wird diese **Systematik** der Vergütungsübernahme durch **Einführung eines eigenen gesetzlichen Zahlungsanspruches** des Leistungserbringers gegen den Leistungsträger in § 75 Abs. 6 SGB XII idF 2020 **durchbrochen**. In der Gesetzesbegründung zum BTHG wird dazu lediglich ausgeführt, dass ein klarstellender Regelungsbedarf bestünde[145] und dadurch die gängige Praxis der Direktzahlung vom Leistungsträger an den Leistungserbringer abgebildet werden soll.[146] Eine systematische Begründung für dieses **gesetzlich generalisierte Schuldanerkenntnisses** fehlt ebenso wie die Erläuterung der Aussage, dass dies sachgerecht sei.[147] Das Gegenteil ist wohl der Fall, denn mit diesem direkten Zahlungsanspruches wird die Rechtsbeziehung zwischen Leistungsträger und Leistungserbringer in die **Nähe eines entgeltlichen öffentlichen Auftrages** iSd § 98 GWB gerückt.[148] Auch wenn es aufgrund der Akzessorietät (→ Rn. 34) nach wie vor der Inanspruchnahme des Leistungserbringers durch eine leistungsberechtigte Person bedarf, um den Zahlungsanspruch zu begründen, so bekommen die Leistungs- und Vergütungsvereinbarungen die Züge eines **ausschreibungspflichtigen Rahmenvereinbarungen** nach § 103 Abs. 5 GWB. Durch diese Änderung im Vertragsrecht des SGB XII wird somit das Verhältnis des sozialrechtlichen Dreiecksverhältnisses zum europäischen Vergaberecht ohne Not zur Diskussion gestellt.[149]

61

III. Vergütungsübernahme bei nicht vereinbarungsgebundenen Einrichtungen

Auch wenn § 75 SGB XII von einem umfassenden Vereinbarungssystem ausgeht, ist es denkbar, dass noch keine Vereinbarungen vorliegen (zB bei neuen Einrichtungen), der Abschluss einer Vereinbarung gar nicht angestrebt wird oder die Verhandlungen erkennbar endgültig gescheitert sind. Hier ist unter den Voraussetzungen des § 75 Abs. 4 SGB XII (ab 2020: § 75 Abs. 5 SGB XII) eine Vergütungsübernahme möglich. Dies darf jedoch nicht zur „Umgehung" der Regelung des § 75 Abs. 3 SGB XII führen, so dass insbesondere § 75 Abs. 4 SGB XII nicht zur Anwendung kommen kann, wenn Verhandlungen noch laufen. Infrage kommt die Vergütungsübernahme auf dieser Grundlage aber auch bei vorhandenen Vereinbarungen für Vertragsergänzungen und -erweiterungen, wenn die Verhandlungen darüber endgültig gescheitert sind, jedoch regelmäßig

62

---

142 BSG 13.7.2017 – B 8 SO 1/16 R, Rn. 33. Vgl. auch die besondere Konstellation in LSG Nds-Brem 20.8.2015 – L 8 SO 75/11, Rn. 64.
143 BGH 31.3.2016 – III ZR 267/15, Rn. 25, BGHZ 209, 316 ff.
144 BGH 31.3.2016 – III ZR 267/15, Rn. 24 f., BGHZ 209, 316 ff.
145 BT-Drs. 18/9954, 67.
146 BT-Drs. 18/9522, 293.
147 BT-Drs. 18/9522, 293; vgl. Grube Sozialrecht aktuell 2017, 123.
148 Von Boetticher (2018) § 3 Rn. 349; Grube Sozialrecht aktuell 2017, 123, sieht in dem Zahlungsanspruch des § 123 Abs. 6 SGB IX „eine Art Gegenleistung aus der Vergütungsvereinbarung".
149 Von Boetticher (2018) § 3 Rn. 349.

nicht zur Finanzierung anderer als der vereinbarten Leistungen ohne gesonderte Verhandlungen.[150] Denn der Leistungserbringer soll sein Leistungsangebot nicht außerhalb der Vereinbarungstrias erweitern können, welche das Erfüllungsverhältnis zwischen ihm und der leistungsberechtigten Person modifiziert; das Anstreben einer Ergänzungsvereinbarung mit dem Sozialhilfeträger verlangt insoweit nichts Unzumutbares von ihm.[151] Eine Ausnahme hat jedoch aufgrund des **Bedarfsdeckungsgrundsatzes** für den Zeitraum zu gelten, von dem an die leistungsberechtigte Person einen zusätzlichen Bedarf entwickelt bis zum Abschluss einer Zusatzvereinbarung bzw. einer entsprechenden Schiedsstellenentscheidung, sofern dieser Zusatzbedarf über dasjenige hinausgeht, was der Leistungserbringer im Rahmen der Leistungsvereinbarung und des Betreuungsvertrages zu leisten versprochen hat.[152] Insbesondere in Einrichtungen, in denen das WBVG zur Anwendung kommt, ist der Leistungserbringer gemäß § 8 Abs. 1 WBVG dazu verpflichtet, die zur Bedarfsdeckung erforderlichen Leistungen anzubieten, soweit er dies nicht auf der Grundlage des § 8 Abs. 4 WBVG wirksam ausgeschlossen hat. Die erforderliche Zusatzvereinbarung nach § 75 Abs. 3 ist gemäß § 77 Abs. 1 Satz 1 aber nur für einen künftigen Zeitraum abzuschließen und gilt daher gemäß § 77 Abs. 2 Satz 1 frühestens ab dem Tag des Abschlusses der Vereinbarung bzw. dem Tag der Antragsstellung bei der Schiedsstelle. Verneinte man die Vergütungsübernahme für diese Zwischenzeit, setzte man beim Leistungserbringer den Anreiz, den Zusatzbedarf nicht zu decken. Dadurch käme der Sozialhilfeträger seiner Pflicht zur Bedarfsdeckung aus dem Grundverhältnis nicht nach und der ungedeckte Bedarf der leistungsberechtigten Person drohte sich ggf. zu verschlimmern. Zudem ist auf Grundlage des Abs. 4 die Vergütung auch dann zu übernehmen, wenn zwar Vereinbarungen nach Abs. 3 vorgelegen haben, diese sich aber als nichtig herausstellen, zB wenn sie vom unzuständigen Träger der Sozialhilfe abgeschlossen worden waren.[153]

63 Für eine Vergütungsübernahme nach § 75 Abs. 4 ist **Voraussetzung**, dass **Besonderheiten des Einzelfalles** vorliegen. Das verbietet generalisierende Aussagen. Denkbar ist zB dass sich ein Leistungsberechtigter bereits in einer nichtvertragsgebundenen Einrichtung befindet, dass die Leistungserbringung aufgrund der besonderen Situation des Leistungsberechtigten (zB wohnortnahe Bedarfsdeckung) in den nichtvertragsgebundenen Diensten/Einrichtungen sachlich erforderlich ist, der festgestellte Bedarf anderweitig nicht gedeckt werden kann.[154] Weiterhin erforderlich ist, dass ein **Leistungsangebot** entsprechend dem § 76 SGB XII vorgelegt wird und der Einrichtungsträger sich schriftlich verpflichtet, entsprechend diesem Leistungsangebot die Leistungen zu erbringen. Damit muss das Leistungsangebot insbesondere die Voraussetzungen des § 76 Abs. 1 S. 1 SGB XII erfüllen. Außerdem müssen entsprechend § 76 Abs. 1 S. 3 SGB XII die Leistungen ausreichend zweckmäßig, wirtschaftlich sein und dürfen das Maß des Notwendigen nicht überschreiten.

64 Inhalt und Umfang der **Rechtsfolgen** werden durch § 75 Abs. 4 S. 3 bis 6 SGB XII weitgehend entsprechend den vergleichbaren vertraglichen Vereinbarungen geregelt. So wird hinsichtlich der **Vergütung** auf die Vergütungen anderer, lokaler, regionaler Einrichtungen mit vergleichbaren Leistungen verwiesen. Da in der Realität von Spannweiten auszugehen ist, stellt die durchschnittliche Gesamtvergütung vergleichbarer Leistungen die

---

150 LSG NRW 11.1.2016 – L 20 SO 132/13, Rn. 80; LSG NRW 28.5.2015 – L 9 SO 231/12, Rn. 100 mwN.
151 SächsLSG 23.6.2015 – L 8 SO 8/15 B ER, Rn. 27.
152 Vgl. aber LSG Bln-Bbg 18.6.2015 – L 23 SO 239/13, Rn. 42 ff., wonach die notwendige 1:1 Betreuung von der vorhandenen Leistungsvereinbarung erfasst und der Leistungserbringer vertraglich zur Deckung des Bedarfs verpflichtet sei; für § 75 Abs. 4 sei kein Raum, da ja Vereinbarungen nach § 75 Abs. 3 Vereinbarungen geschlossen seien, aaO, Rn. 50.
153 BSG 8.3.2017 – B 8 SO 20/15 R, Rn. 22.
154 LSG Bln-Bbg 17.12.2015 – L 23 SO 309/15 B ER, Rn. 42; LSG Bln-Bbg 11.12.2007 – L 23 B 249/07 SO ER, FEVS 60, 11 ff.

entsprechende Orientierungsvorgabe dar. In die Ermittlung einzubeziehen sind die Vergütung vergleichbarer Leistungen am Ort des nicht vertragsgebundenen Leistungsangebotes „oder in seiner nächsten Umgebung". Dies legt nahe, den Einzugsbereich für vergleichbare Leistungsangebote danach zu bemessen, inwieweit die Leistungsangebote aus Sicht der Leistungsberechtigten eine **zumutbare Alternative** darstellen können.[155] Dh bei ambulanten und teilstationären Leistungsangeboten ist der Radius angesichts häufig zurückzulegender Fahrwege enger zu ziehen als bei stationären Einrichtungen. **Anspruchsinhaber** der Vergütungsübernahme ist wie bei § 75 Abs. 3 SGB XII (→ Rn. 50 f.) der Leistungsberechtigte. Der Sozialhilfeträger darf die Vergütung (nur) in der vergleichbaren Höhe übernehmen. Damit hat er Ermessen, das er entsprechend den allgemeinen Grundsätzen über die Ermessensausübung wahrzunehmen hat, wobei insbesondere die Ziele des SGB XII zu berücksichtigen sind, so dass dann, wenn ein festgestellter Bedarf nicht in einer vereinbarungsgebundenen Einrichtung befriedigt werden kann, das Bedarfsdeckungsprinzip zu berücksichtigen ist.[156] Wird eine Vergütung in vergleichbarer Höhe verlangt, so ist das Ermessen des Sozialhilfeträgers regelmäßig auf Null reduziert, der Leistungsberechtigte hat einen Anspruch auf Übernahme der vergleichbaren Vergütung.

Um Wirtschaftlichkeits- und Qualitätsprüfungen auch bei der Vergütung vertragsloser Leistungserbringer zu ermöglichen, ordnet **Abs. 4 Satz 4** die **entsprechende Geltung** von Prüfungsvereinbarungen vergleichbarer Einrichtungen an. Bezüglich der zu berücksichtigenden Einrichtungen hat insoweit das gleiche zu gelten wie für die Bildung der durchschnittlichen Vergütung (→ Rn. 64). Unklar ist jedoch, wie vorzugehen ist, wenn insoweit unterschiedliche Maßstäbe und/oder Verfahrensweisen vereinbart sein sollten, die sich nicht einheitlich „entsprechend" anwenden lassen. Es liegt in diesem Fall nahe, dass sich der Sozialhilfeträger mit dem Leistungserbringer abstimmt, welche dieser vorzufindenden Vereinbarungen ihrer Rechtsbeziehung zugrunde liegen soll. Gemäß Abs. 4 Satz 5 ist die Einrichtungen bei der Durchführung von Prüfungen über Inhalt und Umfang dieser Prüfungen zu unterrichten. Die Anordnung der entsprechenden Anwendung des Abs. 5 gemäß Abs. 4 Satz 6 bewirkt, dass sich auch bei vertragslosen Leistungserbringern, die zugelassene Pflegeeinrichtung iSd § 72 SGB XI sind, Art, Inhalt, Umfang und Vergütung der Pflegeleistungen nach den Vorgaben des Leistungserbringungsrechts des SGB XI richten. An dem 1.1.2020 entfällt diese Problematik, da ab diesem Zeitpunkt keine Prüfvereinbarungen mehr geschlossen werden, sondern gemäß § 78 SGB XII nF durch anlassbezogene Wirtschaftlichkeits- und Qualitätsprüfungen ersetzt werden. **65**

IV. Rahmenverträge, Bundesempfehlungen

Maßgeblich für die Leistungserbringung sind die einrichtungsbezogenen Vereinbarungen, die sehr unterschiedlich sein können. Um eine gewisse überschaubare und vereinheitlichende Verwaltungspraxis zu ermöglichen, sollen die einrichtungsbezogenen Vereinbarungen vorstrukturiert werden durch Rahmenverträge auf Landesebene (LRV) und durch Bundesempfehlungen (BE). **66**

1. Rahmenverträge auf Landesebene

§ 79 Abs. 1 SGB XII (ab 2020: § 80 Abs. 1 SGB XII) sieht den Abschluss von **Rahmenverträgen auf Landesebene (LRV)** vor. Der Abschluss ist nicht obligatorisch, kommt ein Abschluss jedoch nicht zustande, kann nach § 81 Abs. 1 SGB XII die Landesregierung **67**

155 Von Boetticher (2018) § 3 Rn. 371.
156 LSG Bln-Bbg aaO.

stattdessen eine Rechtsverordnung erlassen (→ Rn. 70). Es liegen für alle Bundesländer LRV vor.[157] Die LRV sind **öffentlich-rechtliche Verträge**. Die **Vertragsparteien** sind in § 79 Abs. 1 S. 1 und 2 SGB XII genannt: die Leistungsträger, die überörtlichen Träger der Sozialhilfe und die durch die kommunalen Spitzenverbände auf Landesebene[158] repräsentierten örtlichen Träger der Sozialhilfe, sowie die Leistungserbringer, dh die Vereinigungen der Träger der Einrichtungen, wozu auch die privat-gewerblichen Leistungserbringer gehören. Für die kirchlichen/religionsgemeinschaftlichen und die privat-gemeinnützigen Leistungserbringer ermöglicht § 79 Abs. 1 S. 2 SGB XII eine Vertretung durch den jeweiligen Verband.

68 Die LRV sind gemäß § 79 Abs. 1 S. 1 SGB XII **gemeinsam und einheitlich** abzuschließen. Durch den Begriff einheitlich wird klargestellt, dass die Leistungsträger keine unterschiedlichen LRV, zB einerseits mit den privat-gemeinnützigen und andererseits mit den privat-gewerblichen Trägern abschließen können. Der **Inhalt** der LRV ist in § 79 Abs. 1 S. 1 und 3 SGB XII nur sehr allgemein angesprochen.[159] Bei den Vergütungsvereinbarungen geht es insbesondere darum, welche Kostenarten und Kostenbestandteile den jeweiligen Pauschalen (Maßnahme- oder Grundpauschale) zugeordnet werden. Bei den Maßnahmepauschalen steht im Mittelpunkt die Bildung von Gruppen mit vergleichbarem Hilfebedarf und die Ausdifferenzierung entsprechender Gruppen (→ Rn. 39). Für die Prüfungsvereinbarung enthält § 79 Abs. 1 SGB XII selbst keine Vorgaben, er erwähnt sie nur.

69 **Als Verträge binden die LRV nur die vertragsschließenden Parteien,**[160] eine allgemeine Verbindlichkeitsklausel wie zB in § 75 Abs. 1 S. 4 SGB XI ist nicht vorgesehen.[161] **Bindung für die Einrichtung** kann nur dann entstehen, wenn die jeweilige Vertragspartei des LRV die Einrichtung entsprechend vertreten kann. Dies kann zB durch einschlägige Satzungsbestimmungen oder durch eine ausdrückliche Bevollmächtigung gemäß §§ 164 ff. BGB erfolgen. Sind die Vertragsparteien der einrichtungsbezogenen Einzelvereinbarungen (seien es die Einrichtungen, seien es die Sozialhilfeträger) nicht durch die Vertragsparteien des LRV vertreten, so wird der Inhalt des LRV für sie nur dadurch rechtlich verbindlich, dass die Vertragsparteien der Einzelvereinbarung den Inhalt des LRV zum Inhalt der Einzelvereinbarung machen, zB durch ausdrückliche Inbezugnahme im Einzelvertrag. Ein übliches Verfahren ist die in den Bestimmungen der LRV vorgesehene **Beitrittsregelung**. Dh, dass es sich bei den LRV um **keine Normverträge** handelt.

70 Mit der zum 1.1.2005 eingeführten **Verordnungsermächtigung des § 81 Abs. 1 SGB XII** (ab 2020: § 80 Abs. 4 SGB XII) wurde der Druck auf den Abschluss der LRV erhöht – eine nicht unproblematische Vorschrift. Denn die LRV sind von besonderer Bedeutung im stationären Bereich, hier sind gemäß § 97 Abs. 3 SGB XII grundsätzlich die überörtlichen Träger zuständig, die nach § 3 Abs. 3 SGB XII von den Ländern bestimmt werden; in einer Vielzahl von Fällen haben die Länder sich selbst zum überörtlichen Träger bestimmt. Im Konzept des § 79 SGB XII sind die überörtlichen Träger – gleichberechtigte – Verhandlungspartner. § 81 Abs. 1 SGB XII räumt ihnen somit die Möglichkeit ein, ggf. einseitig ihre Position durchsetzen zu können.

---

157 Vgl. http://www.bagfw.de/qualitaet/gesetze/landesrahmenvertraege-nach-79-sgb-xii/ (4.1.2018).

158 Jeweiliger Landesverband des Deutschen Städtetages, jeweiliger Landkreisverband des Deutschen Landkreistags und der jeweilige Städte- und Gemeindebund.

159 Detaillierte Darstellung bei von Boetticher/Münder in: LPK-SGB XII § 79 Rn. 7 ff.

160 Sie haben also keinen normsetzenden Charakter oder normative Wirkung, so zu Recht Fakhreshafaei, Rechtscharakter und Verbindlichkeit der Landesrahmenverträge nach § 93 d Abs. 2 BSHG, RsDE 52 (2003), 3 (18 ff.); Flint in: Grube/Wahrendorf § 79 Rn. 5.

161 Allerdings ist der Gesetzgeber möglicherweise davon ausgegangen, vgl. BT-Drs. 13/2440, 30.

2. Bundesempfehlungen

§ 79 Abs. 2 SGB XII sieht **Empfehlungen zum Inhalt der Landesrahmenverträge** auf **71** Bundesebene vor. Diese **Bundesempfehlungen** (BE) traten zum 1.1.1999 in Kraft,[162] waren jedoch bis zum 31.12.2000 befristet. Folgeempfehlungen sind seitdem nicht mehr zustande gekommen. Gleichwohl orientiert sich die Mehrzahl der LRV an der Grundstruktur der damaligen BE, so dass sie auch weiterhin faktische Wirkung entfalten. Neben einem allgemeinen Teil (§§ 1 bis 6 BE) treffen die BE Empfehlungen für die Leistungsvereinbarungen (§§ 7 bis 14 BE), Schwerpunkt sind die Empfehlungen zu den Vergütungsvereinbarungen (§§ 15 bis 23 BE) mit Ausführungen jeweils zu den Grundpauschalen, den Maßnahmepauschalen, dem Investitionsbetrag und insbesondere den Kalkulationsgrundlagen. Dem schließen sich Empfehlungen zu den abzuschließenden Prüfungsvereinbarungen an (§§ 24 bis 29 BE).

V. Rechtsschutz

Der **Rechtsschutz** ist hinsichtlich der Vereinbarungen **unterschiedlich.** Während bei der **72** Vergütungsvereinbarung § 77 SGB XII ein **Schiedsstellenverfahren** vorsieht, ist bei den Leistungs- und Prüfungsvereinbarungen **unmittelbar** der Weg zu den **Sozialgerichten** gegeben. Die Darstellung der Einzelheiten des Schiedsstellenverfahrens und der gerichtlichen Kontrolle erfolgen gesondert in Kapitel 62.

D. Veränderungsbedarf

An einer **Typisierung und Pauschalierung** kommt eine auf Massenverwaltung angelegte **73** Leistungserbringung in der Sozialhilfe nicht vorbei. Darin liegen aber auch Probleme. So wird (wie auch die BE und viele LVR zeigen) bei den Vereinbarungen weitgehend von den konkret vorhandenen Angeboten ausgegangen, es findet eine **Orientierung an der existierenden Infrastruktur** statt, es wird der status quo (mit dem Bemühen die Veränderungen so gering wie möglich zu halten) in das System der Vereinbarungen „übersetzt".[163] Durch die Pauschalierung kann die Abdeckung spezifischer, individueller Bedarfslagen und die Weiterentwicklung von Leistungen, insbesondere die Entwicklung innovativer Ansätze gefährdet sein.[164] Zwar behindert das Vereinbarungsrecht die Berücksichtigung individueller Bedarfslagen, sowie die **Entwicklung neuer Angebote** grundsätzlich nicht, es hat Öffnungsformulierungen, die es erlauben, sowohl spezifische individuelle Bedarfslagen, wie die Entwicklung neuer Ansätze zu berücksichtigen (→ Rn. 13 ff.). Es ist jedoch die Rechtstatsächlichkeit genau zu beobachten, inwiefern diese grundsätzlich vorhandenen Möglichkeiten auch genutzt werden.

Das gegenwärtige Leistungserbringungsrecht enthält marktwirtschaftliche Elemente in **74** einem sozialrechtlichen Ordnungsrahmen. Ob diese Zwischenlage auf Dauer zukunftsträchtig ist, kann bezweifelt werden. Es wird kein Zurück zum korporatistischen Arrangement zwischen den öffentlichen Leistungsträgern und den privat(-gemeinnützigen) Anbietern geben.[165] Aber auch eine stärkere Marktorientierung ist nicht voraussetzungslos. Insbesondere ist sicherzustellen, dass die **Rechte der Leistungsberechtigten gesichert** werden. Akteure im System des Vereinbarungsrechts sind nur die Leistungsträger und die Leistungserbringer, die Leistungsberechtigten sind in keiner Weise betei-

---

162 Baur, Die Bundesempfehlungen nach § 93 Abs. 3 BSHG zu den Leistungs-, Vergütungs- und Prüfungsrahmenverträgen auf Länderebene, NDV 1999, 392 ff.
163 Ausführlich Frommann, S. 90 ff.
164 Vgl. auch Bieritz-Harder, 2003, 41, 43.
165 Münder neue praxis 1998, 3.

ligt.[166] Die Rechte der Leistungsberechtigten werden zurzeit nur indirekt über die Leistungs- und die Qualitätsvereinbarungen berücksichtigt. Als **Sozialverbraucherschutz** ist dies nicht die einzige Möglichkeit, hier könnten durch entsprechende Schutzrechte ebenfalls Sicherungen eingebaut werden.[167] Allerdings wurde mit der Reform des Vertragsrechts durch das BTHG mit Wirkung ab dem 1.1.2020 eher der gegenteilige Weg eingeschlagen: So wird dem Leistungserbringer künftig durch § 75 Abs. 6 SGB XII ein direkter Zahlungsanspruch gegen den Sozialhilfeträger eingeräumt, ohne den bisherigen „Umweg" über erforderlichen Schuldbeitritt des Sozialhilfeträgers zum Zahlungsanspruch gegen die leistungsberechtigte Person. Dadurch wird die leistungsberechtigte Person, deren Bedarfe und deren damit einhergehender sozialrechtlicher Leistungsanspruch eigentlich Ausgangspunkt des sozialleistungsrechtlichen Dreiecks, weiter an den Rand statt ins Zentrum des Geschehens gedrängt.

75 Die **Zukunftsträchtigkeit des Systems** erscheint auch unter **wettbewerbsrechtlichen Gesichtspunkten** unsicher.[168] So rückt der ab 2020 bestehende unmittelbare Zahlungsanspruch des Leistungserbringers gegen den Sozialhilfeträger in § 75 Abs. 6 SGB XII dieses Rechtsverhältnis in die Nähe einer Rahmenvereinbarung nach § 103 Abs. 5 GWB, mit der Folge, dass diese Verträge ausschreibungspflichtig iSd des Vergaberechts werden könnten.[169] Die gesetzliche Festschreibung des externen Vergleiches mit der Vorgabe in § 75 Abs. 2 SGB XII idF ab 2020, dass ein Marktzugang grundsätzlich nur demjenigen Leistungserbringer zu gewähren ist, dessen Entgelte im unteren Drittel der vorzufindenden Preisspektrums zu verorten sind, wird zu einer Abwärtsspirale bei den Preisen und zu einer Konsolidierung auf niedrigem Niveau führen. Das mag im Interesse der Leistungs- und Kostenträger liegen, dürfte aber schwerlich zugleich einen Qualitätswettbewerb nach oben anregen – und somit die Versorgung der Leistungsberechtigten jedenfalls nicht verbessern. Die Gefahr der Wettbewerbsverzerrung zugunsten privat-gemeinnütziger Anbieter gegenüber den privat-gewerblichen Anbietern insbesondere aufgrund steuerrechtlicher Vorteile ist hinlänglich bekannt.[170] Bisher hat es deswegen jedoch weder unter nationalen wettbewerbsrechtlichen Gesichtspunkten[171] durchgreifende Beanstandungen geben, noch unter **gemeinschaftsrechtlichen Gesichtspunkten.** Allerdings bleibt die Unsicherheit, ob nicht das Europäische Wettbewerbsrechts, insbesondere das Verbot staatlicher Beihilfen zugunsten nur bestimmter Unternehmen eines Tages nicht doch auf das Vertragsrecht der SGB XII zur Anwendung kommt.

166 Und würden aufgrund der Rechtsprechung des BSG zur Übernahme des Entgelts (→ Rn. 51), wonach der Anspruch unmittelbar auch den Leistungserbringern zustehe, die Leistungsberechtigten zur nur noch rechtlich notwendigen, faktisch jedoch entbehrlichen „Restgröße" machen.
167 Wie es etwa zT durch heimrechtliche Bestimmungen oder in Bereichen der Pflege mit dem Pflegequalitätssicherungsgesetz geschieht.
168 Eine umfassende Darstellung wettbewerbsrechtlicher Gesichtspunkte sowohl in Bezug auf das nationale Recht wie auf das europäische Gemeinschaftsrecht findet sich für die Leistungserbringung im Kinder- und Jugendhilferecht, die mit dem Vereinbarungssystem der §§ 78 a ff. SGB VIII in weiten Teilen dem Vereinbarungssystem des SGB XII entspricht, bei von Boetticher/Münder 2009.
169 Vgl. von Boetticher (2018) § 3 Rn. 349 zur Parallelregelung des § 123 Abs. 6 SGB IX.
170 Ausführlich von Boetticher 2003, 18 ff.; Münder/von Boetticher ZESAR 2004, 15, 65.
171 Dazu Frommann, S. 108 ff.

Kapitel 46: Sozialer Markt und Wettbewerbsrecht

Literaturhinweise: Becker, EU-Beihilfenrecht und soziale Dienstleistungen, NZS 2016, 169; Bieback, Die Stellung der Sozialleistungserbringer im Marktrecht der EG, RsDE 49 (2001), 1; ders., Leistungserbringungsrecht im SGB II sowie SGB III und XII, Insbesondere die Verpflichtung zum Einsatz des Vergaberechts, NZS 2007, 505; Brünner, Ausschreibungspflicht für soziale Dienstleistungen?, Archiv für Wissenschaft und Praxis der sozialen Arbeit 2005, 70; Dörr, Die vergaberechtliche Einbindung der freien Wohlfahrtspflege, RdJB 2002, 349; Engler, Die Leistungserbringung in den Sozialgesetzbüchern II, III, VIII und XII im Spannungsverhältnis zum europäischen und nationalen Vergaberecht, Baden-Baden 2010; Gerner, Die neue EU-Richtlinie über die öffentliche Auftragsvergabe im Bereich sozialer Dienstleistungen und deren Umsetzung in nationales Recht, NZS 2016, 492; Glahs/Rafii, Das Verhältnis des neuen Kartellvergaberechts zur Leistungserbringung nach den Sozialgesetzbüchern II, VIII und XII, SRa 2016, 169; Grohs, Modernisierung kommunaler Sozialpolitik, Wiesbaden 2010; ders., Die Umsetzung des Neuen Steuerungsmodells – eine empirische Bestandsaufnahme, in: Hagn (Hrsg.), Modernisierung der kommunalen Sozialverwaltung, 2012, 103; Ipsen, Soziale Dienstleistungen und EG-Recht, Berlin 1997; Isensee, Gemeinnützigkeit und Europäisches Gemeinschaftsrecht, in: Jachmann (Hrsg.), Gemeinnützigkeit, Köln 2003, S. 93; Luthe, Die Vergabe sozialer Dienstleistungen nach § 130 GWB, SGb 2016, 489; Mrozynski, Leistungsverträge zwischen hoheitlicher Steuerung und privatrechtlichem Wettbewerb, RsDE 47 (2001), 29; Mrozynski, Rechtsfragen der Steuerung der Sozialleistungsträger beim Abschluss von Verträgen mit Leistungserbringern und bei der institutionellen Förderung, ZFSH 2011, 197; Neumann, Die Diakonie im sparbeflissenen Sozialstaat, ZevKR 2006, 374; Neumann/Bieritz-Harder, Vergabe öffentlicher Aufträge in der Sozial- und Jugendhilfe?, RsDE 48 (2001), 1; Sen, Wettbewerb im sozialrechtlichen Dreiecksverhältnis und Ausschreibung nach EU-Vergaberecht, Sozialrecht aktuell 2017, 90; Trott zu Solz, Die Kostenübernahme- und Pflegesatzvereinbarung in Heimen, Bonn 1989; von Boetticher/Münder, Rechtliche Fragen sozialer Dienste – zentrale Entwicklungen und Eckpunkte der Diskussion, in: Evers (Hrsg.), Handbuch Soziale Dienste 2011, 206.

Rechtsgrundlagen:
GWB §§ 98 f., 103, 105
AEUV Art. 106, 107
SGB II § 17
SGB XII § 5 Abs. 3 S. 2, § 75 ff.

Orientierungssätze:
1. Auf Vereinbarungen nach den §§ 17 Abs. 2 SGB II und 75 ff. SGB XII findet das Vergaberecht keine Anwendung. Soweit das SGB II und das SGB XII für den Abschluss von sog. Leistungsverträgen Raum lassen, unterliegen diese Verträge dem Vergaberecht.
2. Entgeltfinanzierte freie Träger sind beim Einkauf von Waren, Bau- oder Dienstleistungen keine funktionalen Auftraggeber im Sinne von § 99 Nr. 2 GWB, da ihr Gründungszweck nicht die Erfüllung von Allgemeinwohlaufgaben ist und Leistungsentgelte keine Finanzhilfen „ohne spezifische Gegenleistung" sind.
3. Freie Träger sind als Subventionsempfänger Auftraggeber im Sinne von § 99 Nr. 4 GWB, soweit der Auftrag den jeweiligen Schwellenwert überschreitet. Das gilt auch für kirchliche Träger mit Körperschaftsstatus.
4. Das Beihilfeverbot des Art. 107 Abs. 1 AEUV findet auf die Subventionierung freier Träger keine Anwendung, da diese Träger keine Unternehmen im Sinne des europäischen Wettbewerbsrechts sind.

A. Anwendbarkeit des Vergaberechts auf Verträge zwischen Leistungsträgern und Leistungserbringern

I. Freie Träger als Bieter und Auftragnehmer

1. Problemaufriss

1 Es ist zu beobachten, dass Sozialleistungsträger bei der Organisation sozialer Dienstleistungen immer öfter Ausschreibungs- bzw. Vergabeverfahren einsetzen.[1] In der Literatur trifft man auf Forderungen, auch mit Blick auf die Leistungen nach dem SGB XII wettbewerbliche Vergabeverfahren als Mittel zu nutzen, um den „unkoordinierbaren Wildwuchs(es) von Anbietern" einzudämmen.[2] Bereits in den 1980er Jahren gab es vereinzelte Stimmen, die die Pflegesatzvereinbarungen des Sozialhilferechts als „Beschaffungsgeschäfte" werteten und das **Vergaberecht** anwenden wollten.[3] Diese Position erhielt in den 90er Jahren des 20. Jahrhunderts im Zusammenhang mit der Einführung des

---

1 Vgl. Frings, Tagungsbericht zum 16. Rechtsforum 2017, Sozialrecht aktuell 2017, 209.
2 Vgl. Luthe SGb 2016, 489 (494).
3 Trott zu Solz (Lit.), 20–27.

„Neuen Steuerungsmodells" (NSM) in den Kommunalverwaltungen weiteren Auftrieb. Mithilfe des NSM sollten die Verwaltungen durch Einführung betriebswirtschaftlicher Elemente modernisiert und neu strukturiert werden. Auslöser der „Modernisierungsbestrebungen" war die angespannte Finanzlage der Kommunen Anfang der 90er Jahre. Vor diesem Hintergrund entwickelte die „Kommunale Gemeinschaftsstelle für Verwaltungsvereinfachung" in Anlehnung an das im angelsächsischen Raum wurzelnde Konzept des New-Public-Management das „Neue Steuerungsmodell" für die (Kommunal-)Verwaltungen der Bundesrepublik. Fachverantwortung und Finanzverantwortung sollten in den Kommunalverwaltungen miteinander verknüpft werden. Dies sollte ua eine bessere Effektivität und Effizienz des Mitteleinsatzes sichern. Im Bereich der sozialen Dienstleistungen wurde eines der Mittel des NSM, das Kontraktmanagement, in das Verhältnis zwischen den Fachverwaltungseinheiten der Sozialleistungsträger und den Leistungserbringern hinein verlängert, um auch die freien Träger als Leistungserbringer auf die Output-Orientierung zu verpflichten.[4] Im Bereich der Jugendhilfe führte diese Entwicklung später hinein in die Sozialraumdiskussion. Die Idee hinter der Sozialraumdiskussion war und ist, für einzelne soziale Dienstleistungen innerhalb von Sozialräumen Kontingente mit Zuordnung von Finanzbudgets festzulegen, die man bestimmten Leistungserbringern zuweist.[5] Diese betriebswirtschaftliche Organisation und Umformung der Sozialleistungsbereiche eröffnete zugleich die Diskussion über die Anwendung des (europäischen) Wettbewerbs- und Vergaberechts. Bereits Anfang der 2000er Jahre wurde die öffentliche **Ausschreibung von allen Vereinbarungen** zwischen Leistungsträgern und Leistungserbringern gefordert, weil es sich hierbei um eine Vergabe öffentlicher Aufträge handele.[6]

Im Jahr 2014 wurden die **EU-Vergaberichtlinien** unter Berücksichtigung der Besonder- **2** heiten bei sozialen Dienstleistungen neu gefasst. Im vorliegenden Zusammenhang sind die Richtlinie zur Vergabe öffentlicher Aufträge (Richtlinie 2014/24/EU) und die neu hinzugekommene Richtlinie zur Vergabe von Konzessionen (Richtlinie 2014/23/EU) relevant. Der Bundesgesetzgeber hat die Vorgaben der neuen europäischen Vergaberichtlinien durch Art. 1 des Gesetzes zur Modernisierung des Vergaberechts v. 17.2.2016[7] und die Verordnung zur Modernisierung des Vergaberechts v. 12.4.2016[8] „eins zu eins" umgesetzt. Über den Anwendungsbereich des Vergaberechts entscheiden **drei gesetzliche Zentralbegriffe**, nämlich der öffentliche Auftraggeber, der öffentliche Auftrag bzw. die Konzession und der Schwellenwert. Die Zuordnung zum ersten Zentralbegriff – **öffentlicher Auftraggeber** – ist unproblematisch. Zuständige Leistungsträger für Leistungen nach dem SGB II sind die Bundesagentur für Arbeit, die kreisfreien Gemeinden und die Landkreise (§ 6 SGB II) sowie die Optionskommunen (§ 6 a SGB II). Träger der Sozialhilfe sind ebenfalls Gemeinden und Kreise sowie die Länder (§ 97 SGB XII iVm Landesrecht). Kommunen, Landkreise und Länder sind Gebietskörperschaften und gehören somit zu den Auftraggebern iSd § 99 Nr. 1 GWB. Die Bundesagentur für Arbeit ist gem. § 367 Abs. 1 SGB III eine rechtsfähige bundesunmittelbare Körperschaft des Öffentlichen Rechts und unterfällt dem Begriff des öffentlichen Auftraggebers iSd § 99 Nr. 2 GWB.[9] Der zweite Zentralbegriff ist der **öffentliche Auftrag** bzw. **die Konzession**. Liegt ein öffentlicher Auftrag oder eine Konzession iSd vergaberechtlichen Regelungen vor, entscheiden die **Schwellenwerte**, ob das Vergaberecht des GWB oder die haushaltsrecht-

---

4 Vgl. hierzu näher Grohs (2009), S. 61 ff.
5 Vgl. hierzu näher Grohs (2009), S. 71.
6 Luthe NDV 2001, 247 (254–256); Krölls NDV 2000, 56 (57 f.); relativierend ders. NDV 2000, 209 (210 f.).
7 BGBl. 2016 I, 203.
8 BGBl. 2016 I, 624.
9 Vgl. mit Bezug auf die Vorgängerregelung des § 98 GWB näher Neumann/Nielandt/Philipp; Erbringung von Sozialleistungen, S. 53 ff.

lichen Vorschriften anzuwenden sind. In beiden Fällen kommt es auf den Begriff des öffentlichen Auftrags an.

2. Vereinbarungen nach den Regelungen der §§ 17 Abs. 2 SGB II und 75 ff. SGB XII als öffentliche Aufträge?

a) Privat- oder öffentlich-rechtlicher Vertrag?

3   In der Literatur wurde der **öffentliche Auftrag** in der Vergangenheit zum Teil als ein „privatrechtlicher Vertrag" definiert,[10] womit Beschaffungsvorgänge auf der Grundlage öffentlich-rechtlicher Verträge von vornherein aus dem Anwendungsbereich des Vergaberechts ausgeschlossen wären. Die Regelungen des § 17 Abs. 2 SGB II zu Vereinbarungen zwischen den Grundsicherungsträgern und den Leistungserbringern sind nach dem Vorbild der §§ 75 ff. SGB XII gebildet worden. Die Vereinbarungen nach §§ 75 ff. SGB XII sind nach gefestigter Rechtsprechung keine privatrechtlichen, sondern öffentlich-rechtliche Verträge.[11] Somit wäre das Vergaberecht von vornherein nicht anwendbar. Allerdings hat sich diese Literaturmeinung nicht durchgesetzt. Die Anwendbarkeit der vergaberechtlichen Regelung hängt also nicht zwingend von der Rechtsnatur der Vereinbarung ab.[12]

b) Exklusive Auswahl eines Leistungsanbieters

4   Der Europäische Gerichtshof hat bereits zu den Vorgängerregelungen der gegenwärtig geltenden Vergaberichtlinien in seiner Rechtsprechung deutlich gemacht, dass ein öffentlicher Auftrag nur vorliegt, wenn ein öffentlicher Auftraggeber einzelne Bewerber auswählt und damit zugleich andere Bewerber von der Leistungserbringung ausschließt. Ohne solche selektive Auswahlentscheidungen stellt der Abschluss eines Vertrages mit einem Leistungserbringer keinen öffentlichen Auftrag iSd Vergaberechts dar („Open-House-Modell").[13] Im Erwägungsgrund 114 der Richtlinie 2014/24/EU haben das Europäische Parlament und der Rat der Europäischen Union klargestellt, dass die Mitgliedstaaten entscheiden können, ob sie „soziale Dienstleistungen in einer Weise (...) organisieren, die nicht mit der Vergabe öffentlicher Aufträge verbunden ist, beispielsweise (...) durch Erteilung von Lizenzen oder Genehmigungen – ohne Beschränkung oder Festsetzung von Quoten – für alle Wirtschaftsteilnehmer, die die vom öffentlichen Auftraggeber vorab festgelegten Bedingungen erfüllen."[14] Daraus schließt auch der Bundesgesetzgeber, dass die Regelungen des Vergaberechts auf Verträge von Sozialleistungsträgern mit Leistungserbringern im Rahmen eines sozialrechtlichen Dreiecksverhältnisses, das als **einfaches Zulassungssystem** ausgestaltet wurde, nicht anwendbar ist. Das gilt insbesondere für die Verträge nach den Regelungen der §§ 17 Abs. 2 SGB II, 75 ff. SGB XII (→ Rn. 9).[15]

c) Entgeltlichkeit

5   § 103 Abs. 1 GWB definiert öffentliche Aufträge als „entgeltliche Verträge zwischen öffentlichen Auftraggebern (...) und Unternehmen über die Beschaffung von Leistungen,

---

10   Bechtold, GWB, 3. Aufl. (2002), § 99 Rn. 1; Thieme/Correll DVBl. 1999, 884 (885); Dreher DB 1998, 2579 (2587).

11   BGH 12.11.1991 – KZR 12/90, RsDE 18 (1992), 97 (100); BVerwG 30.9.1993 – 5 C 41.91, BVerwGE 94, 202 (204) = RsDE 25 (1994), 70 (71 f.).

12   EuGH 12.7.2001 – Rs. C-399/98, Slg 2001, I-5435 (Ordine degli Architetti), Rn. 73 mit dem knappen Hinweis, dass in einigen Mitgliedstaaten die Vergabe generell durch einen verwaltungsrechtlichen Vertrag erfolgt, der dem öffentlichen Recht unterliegt. – Dörr RdJB 2002, 349 (364) in Fn. 92 meint, dass diese Wertung auch in der deutschen Literatur „inzwischen hM" ist.

13   Vgl. EuGH 2.6.2016 – C-410/14, NZS 2016, 441; vgl. dazu Gaßner NZS 2016, 767.

14   Amtsblatt der Europäischen Union 28.3.2014 L094/65.

15   Vgl. BT-Drs. 18/6281, 73.

die die Lieferung von Waren, die Ausführung von Bauleistungen oder die Erbringung von Dienstleistungen zum Gegenstand haben". Begriffsmerkmal ist also die **Entgeltlichkeit** eines bestimmten Vertragsgegenstandes. Das Entgelt muss zwar nicht notwendig in Geld bestehen, aber in einer Vergütung, die einen Geldwert darstellen kann.[16] In der Rechtsprechung des EuGH zur Entgeltlichkeit als Begriffsmerkmal der Dienstleistung im Sinne von ex-Art. 50 EG-Vertrag (jetzt Art. 57 AEUV) wird gesagt, dass das Entgelt „die wirtschaftliche Gegenleistung für die betreffende Leistung darstellt", wobei „die Gegenleistung in der Regel zwischen dem Erbringer und dem Empfänger der Leistung vereinbart wird".[17] Der öffentliche Auftrag ist also ein **Vertrag, der Leistung und Gegenleistung synallagmatisch verknüpft**. Gegenstand der Vereinbarungen nach den §§ 17 Abs. 2 SGB II, 75 ff. SGB XII ist jedoch nicht die Beschaffung von Dienstleistungen gegen ein Entgelt als Gegenleistung, sondern die Klärung der Bedingungen für die Leistungsabwicklung im sozialrechtlichen Dreiecksverhältnis (→ Rn. 9).[18] „Beschafft" wird die Sozialleistung erst durch den Bewilligungsbescheid, also einen begünstigenden Verwaltungsakt, dessen Adressat die leistungsberechtigte Person ist. Ob einer der zur Leistungserbringung zugelassenen Leistungserbringer tatsächlich einen Auftrag erhält, hängt zudem von der Auswahlentscheidung der leistungsberechtigten Person ab. Durch die Verträge nach den §§ 75 ff. SGB XII, § 17 Abs. 2 SGB II wird weder ein Auftrag durch den Sozialleistungsträger erteilt noch entsteht ein Entgeltanspruch der Leistungserbringer gegenüber dem Sozialleistungsträger.[19]

d) Rahmenvereinbarung

Nach § 103 Abs. 5 Satz 2 GWB sind für die Vergabe von Rahmenvereinbarungen die **6** Regelungen zur Vergabe öffentlicher Aufträge anwendbar. **Rahmenvereinbarungen** sind nach § 103 Abs. 5 Satz 1 GWB Vereinbarungen, die dazu dienen, die Bedingungen für die öffentlichen Aufträge, die während eines bestimmten Zeitraums vergeben werden sollen, festzulegen. In einer Rahmenvereinbarung werden also keine verbindlichen Abnahmepflichten begründet, sondern lediglich entsprechende Optionen eingeräumt.[20] Auf den ersten Blick weist dieser Vereinbarungstypus eine gewisse Ähnlichkeit mit den Vereinbarungen nach den §§ 17 Abs. 2 SGB II, 75 ff. SGB XII auf.[21] Es gibt aber einen entscheidenden Unterschied: Die Rahmenvereinbarungen setzen einen geschlossenen Teilnehmerkreis voraus.[22] Der Kreis der Vertragspartner der Leistungsträger für Verträge iSd §§ 17 Abs. 2 SGB II, 75 ff. SGB XII bleibt aber offen (→ Rn. 9). Darüber hinaus hat die Zuordnung zu diesem Vereinbarungstypus allenfalls dann Rechtsfolgen, wenn die Regelung der Erbringung der einzelnen Sozialleistung ein **Einzelauftrag im vergaberechtlichen Sinne** wäre. Dann nämlich müsste nicht dieser Einzelauftrag, sondern nur der Rahmenvertrag ausgeschrieben werden.

Als ein solcher Einzelauftrag könnte die sog **Kostenzusage**, die der Leistungsträger dem **7** Leistungserbringer erteilt, gewertet werden. Dabei handelt es sich im Regelfall um eine Kopie des Bewilligungsbescheids (also der Kostenübernahmeerklärung), die der Leistungsträger mit oder ohne Begleitbrief dem Leistungserbringer zustellt.[23] Die rechtliche

---

16 Boesen, Vergaberecht (2000), § 99 Rn. 57; Bechtold, GWB, 3. Aufl. (2002), § 99 Rn. 2.
17 EuGH 12.7.2001 – Rs. 263/83, Slg 1988, I-5365, (Humbel und Edel), Rn. 17.
18 Vgl. hierzu auch Bieback NZS 2007, 505 (510); DV NDV 2006, 570 (575).
19 Vgl. auch Glahs/Raffi (Lit.), 173; Neumann in Hauck/Noftz SGB XII § 75 Rn. 62.
20 Boesen, Vergaberecht (2000), § 97 Rn. 37–45.
21 Der EuGH ordnete Verträge zur „Integrierten Versorgung" im Recht der GKV dem Typ der Rahmenvereinbarung zu, vgl. EuGH 11.6.2009 – C 300/07 (Hans & Christophorus Oymanns GbR/AOK Rheinland/Hamburg), NJW 2009, 2427 (2431).
22 Vgl. Kingreen, kritische Anmerkung zum Urteil des EuGH 11.6.2009 – C 300/07 (Hans & Christophorus Oymanns GbR/AOK Rheinland/Hamburg), NJW 2009 2417 (2418).
23 Zur Darstellung und Wertung dieses Verwaltungsvorgangs Neumann, Freiheitsgefährdung im kooperativen Sozialstaat (1992), S. 136–141.

Wertung dieses Vorgangs ist umstritten. In der Literatur ist die Ansicht anzutreffen, dass der Leistungsträger mit diesem Schreiben der Schuld des Hilfeempfängers gegenüber dem Leistungserbringer aus dem – im Regelfall erst noch abzuschließenden – Vertrag beitrete, es sich also um einen Schuldbeitritt (auch Schuldmitübernahme oder kumulative Schuldübernahme genannt) handele.[24] Nach der neueren Rechtsprechung des BSG wird der Bewilligungsbescheid des Sozialhilfeträgers an die leistungsberechtigte Person als Verwaltungsakt mit Drittwirkung betrachtet. Mit diesem Bescheid werde zum einen der leistungsberechtigten Person gegenüber die Übernahme der Kosten bewilligt, zugleich aber der Schuldbeitritt zur Schuld der leistungsberechtigten Person gegenüber dem Leistungserbringer vollzogen.[25] Leistungsberechtigte und Sozialhilfeträger werden dadurch zu Gesamtschuldnern (§§ 421 ff. BGB) desjenigen Leistungserbringers, mit dem die leistungsberechtigte Person einen Vertrag schließt. Danach ist die „Kostenzusage" gerade kein gegenseitiger entgeltlicher Vertrag, der Leistung und Gegenleistung synallagmatisch verknüpft. Denn der Leistungserbringer verpflichtet sich im Vertrag mit der leistungsberechtigten Person zur Erbringung jener Leistung, über deren Kosten die „Kostenzusage" eine verbindliche Regelung trifft. Die Rechtsprechung zum Sozialhilferecht bindet die Selbstverpflichtung des Sozialhilfeträgers gegenüber dem Leistungserbringer streng an den im Bewilligungsbescheid geregelten Sozialhilfeanspruch, so dass der Zahlungsanspruch erlischt, sobald die gesetzlichen Voraussetzungen der Hilfegewährung nicht mehr vorliegen.[26] Der Grundsatz der **Akzessorietät der Kostenzusage** macht einmal mehr deutlich, dass das Basisverhältnis im Dreieck sozialleistungsberechtigter Bürger – Sozialleistungsträger – Leistungserbringer die Beziehung zwischen Bürger und Leistungsträger ist und das Leistungserbringungsrecht der Erfüllung des Leistungsanspruchs dient.[27] Deshalb ist die Kostenzusage kein öffentlicher Auftrag und die Leistungserbringungsvereinbarung keine Rahmenvereinbarung im vergaberechtlichen Sinne.

3. Vereinbarungen nach den Regelungen der §§ 17 Abs. 2 SGB II und 75 ff. SGB XII als Dienstleistungskonzessionen?

8 Seit der Neufassung der europäischen Vergaberechtsregelungen gelten mit Blick auf die Vergabe von Konzessionen die Regelungen der Richtlinie 2014/23/EU.[28] Auch diese Regelungen finden sich inhaltsgleich im GWB wieder. Nach § 105 Abs. 1 Nr. 2 GWB sind Dienstleistungskonzessionen „entgeltliche Verträge, mit denen ein oder mehrere Konzessionsgeber ein oder mehrere Unternehmen (...) mit der Erbringung oder der Verwaltung von Dienstleistungen betrauen." Nach § 105 Abs. 2 GWB geht das Betriebsrisiko auf den Konzessionsnehmer über. Verträge zwischen Sozialleistungsträgern und Leistungserbringern werden in der Literatur zum Teil auch als Verträge über die Vergabe von Konzessionen gewertet.[29] Hinsichtlich des Verwertungsrisikos ist die Situation bei Dienstleistungskonzessionen und bei Vereinbarungen nach den §§ 17 Abs. 2 SGB II, 75 ff. SGB XII vergleichbar: Bei freien Trägern ist das Verwertungsrisiko das Risiko der Unterbelegung. Leistungserbringungsverträge sind keine Belegungsverträge, mit denen die Auslastung der Einrichtung zugesagt wird. Freie Träger erzielen auch ähnlich wie

24 Schmitt, Leistungserbringung durch Dritte im Sozialrecht (1990), S. 440–446; Lenz ZfSH/SGB 1986, 203 (206 f.); Giese ZfF 1984, 93 (97).
25 Vgl. BSG 18.11.2014 – B 8 SO 23/13 R.
26 Zum Sozialhilferecht OVG NRW 8.12.1994 – 24 A 3212/92, RsDE 34 (1996), 91; VG Stuttgart 3.2.1999 – 12. K 7327/97, RsDE 46 (2000), 101. Zum Jugendhilferecht OVG NRW 19.7.1990 – 8 A 616/88, RsDE 15 (1990), 69; vgl. auch OLG NRW 11.8.1989 – 26 U 54/89, RsDE 12 (1991), 105.
27 Vgl. auch Bieback NZS 2007, 505 (510 f.).
28 Amtsblatt der Europäischen Union 28.3.2014 L094/1.
29 Vgl. zB Meysen/Reiß/Beckmann/Schindler SRa 2015, 56 (58); nicht ganz deutlich Glahs/Rafii NZS 2016, 169 (173).

Konzessionäre ihre Vergütung über den Benutzer der Leistung. Allerdings wird ihnen das Entgelt nicht vom Sozialleistungsberechtigten, sondern vom Leistungsträger ausgezahlt. Wenn – wie in der Praxis hin und wieder gefordert – die Sozialleistungsträger die übernommenen Kosten der Leistung an den Leistungsberechtigten auszahlen würden, der dann das Entgelt an den Leistungserbringer zahlt, wäre ein weiteres Merkmal einer Konzession erfüllt.[30] Es gibt aber Unterschiede: Bei der Erteilung einer **Konzession** würde der Leistungsträger einem **ausgewählten Leistungserbringer** das **ausschließliche Recht** der Durchführung von bestimmten Dienstleistungen übertragen. Andere Bewerber würden somit von der Leistungserbringung ausgeschlossen. Im Gegensatz dazu soll mit den Vereinbarungen nach den §§ 17 Abs. 2 SGB II, 75 ff. SGB XII eine gewisse Angebotsvielfalt erreicht werden. Der Abschluss eines Leistungserbringungsvertrages darf vom Sozialleistungsträger nicht wegen fehlenden Bedarfs verweigert werden.[31] Im Erwägungsgrund 13 der Richtlinie 2014/23/EU haben das Europäische Parlament und der Rat der Europäischen Union wiederum (→ Rn. 4) klargestellt, dass „Regelungen, nach denen ohne gezielte Auswahl alle Wirtschaftsteilnehmer, die bestimmte Voraussetzungen erfüllen, berechtigt sind (…) nicht als Konzessionen gelten".[32] In den Erwägungen Nr. 13 heißt es weiter: „Derartige Systeme beruhen typischerweise auf der Entscheidung einer Behörde, mit der transparente und nichtdiskriminierende Voraussetzungen für den kontinuierlichen Zugang von Wirtschaftsteilnehmern zur Erbringung bestimmter Dienstleistungen, wie soziale Dienstleistungen, festgelegt werden, wobei den Kunden die Wahl zwischen den Anbietern freisteht." Verträge die nach den Regelungen der §§ 17 Abs. 2 SGB II, 75 ff. SGB XII im Rahmen solcher sozialrechtlicher Dreiecksverhältnisse abgeschlossenen werden, die allen geeigneten Leistungsanbietern offen stehen, stellen somit keine Konzessionen iSd (europäischen) Vergaberechts dar.

4. Zulassungsverträge eigener Art

Die Vereinbarungen iSd §§ 17 Abs. 2 SGB II, 75 Abs. 3 SGB XII sind weder öffentliche **9** Aufträge iSd § 103 GWB noch Dienstleistungskonzessionen iSd § 105, sondern Verträge eigener Art für die nach den Erwägungsgründen 114 zur Richtlinie 2014/24/EU und 13 zur Richtlinie 2014/23/EU (→ Rn. 4, 8) die Regelungen des Vergaberechts nicht anwendbar sind. Leistungserbringungsverträge iSd §§ 17 Abs. 2 SGB II, 75 Abs. 3 SGB XII sind Mittel zur Schaffung einer ausreichenden und bedarfsgerechten Versorgungsstruktur. Dabei haben die Sozialleistungsträger auf eine Angebotsvielfalt zu achten, um dem Wunsch- und Wahlrecht leistungsberechtigter Personen Rechnung tragen zu können. Jeder einzelne Leistungserbringer, mit dem eine Vereinbarung abgeschlossen worden ist, erhält das Recht, sich an diesem System der Leistungserbringung zu beteiligen. Und jeder potenzielle Leistungserbringer, der den Abschluss solcher Verträge mit dem Sozialleistungsträger anstrebt, hat einen Anspruch auf ermessensfehlerfreie Entscheidung über den Abschluss des Vertrages. Erfüllt er die Kriterien in gleicher Weise wie bereits vertragsgebundene Leistungserbringer, so verdichtet sich das Ermessen des Leistungsträgers auf nur eine rechtlich zulässige Entscheidung: Abschluss des Vertrages. Insofern hat jeder Bewerber in gleicher Weise und damit zugleich einen diskriminierungsfreien Zugang

---

30 Deshalb wertet *Dörr* trotz dieser Abweichung die Leistungserbringungsverträge der Sozial- und Jugendhilfe als „besondere Form der Konzessionsvergabe ...", in welcher die Kostenzusage des staatlichen Leistungsträgers das Verwertungsrecht des Konzessionärs ausfüllt" (Dörr RdJB 2002, 349 [365]; vgl. auch Meyer RsDE 68 [2009], 17 [24]).

31 Vgl. Brünner, Ausschreibung von Leistungen der Schuldnerberatung nach SGB XII?, NDV 2008, 285 (288); Neumann, Anmerkung zum Beschluss des OLG Hamburg 7.12.2007 – 1 Verg 4/07, RsDE 68 (2009), 76 (84); gegen eine direkte Anwendung der Regelung für Dienstleistungskonzessionen (Art. 17 RL 2004/18/ EG), dennoch mit Betonung der Ähnlichkeit zwischen Dienstleistungskonzessionen und Leistungserbringungsvereinbarungen auch Bieback NZS 2007, 505 (511).

32 Amtsblatt der Europäischen Union 28.3.2014 L094/1.

zur Erbringung sozialer Dienstleistungen nach den Regelungen des SGB II und des SGB XII.

5. Der „echte Leistungsvertrag"

10 Der Streit um die Anwendbarkeit des Vergaberechts hat sich am sog **Leistungsvertrag** entzündet. Ein Teil der Literatur versteht unter Leistungsverträgen die Vereinbarungen nach §§ 17 Abs. 2 SGB II, 75 ff. SGB XII.[33] In der Praxis werden unter dieser Bezeichnung gelegentlich Subventionsverträge abgeschlossen.[34] Nach Meinung der Protagonisten dieses Vertragstypus soll der Leistungsvertrag aber weder ein Subventionsvertrag sein noch zu den Verträgen nach §§ 17 Abs. 2 SGB II, 75 ff. SGB XII gehören,[35] von denen er gern durch die Bezeichnung „echter Leistungsvertrag" unterschieden wird. Er ist eine Erfindung der Berliner Senatsverwaltung für Finanzen aus der ersten Hälfte der 1990er Jahren und sollte eine **dritte Finanzierungsschiene** neben der Entgeltfinanzierung und Subventionierung eröffnen.[36] Die freien Träger strebten damals die Ablösung der systemwidrigen Zuwendungsfinanzierung durch Leistungsentgelte an. Die rechtlich gebotenen Verträge nach § 93 Abs. 2 BSHG aF wollte man nicht abschließen, da die Verhandlungen als zählflüssig, das Verfahren als aufwändig und der wirtschaftliche Effekt als gering angesehen wurden.[37] Der Leistungsvertrag sollte ein privatrechtlicher Vertrag sein, der dem Sozialrecht entzogen ist und nur dem Vergaberecht untersteht. Dabei ist zu bedenken, dass das Vergaberecht damals in Ansehung der Rechte der Bieter zahnlos war. Das ist mit dem neuen Vergaberecht grundlegend anders geworden. Deshalb wird bereits eine „Flucht zurück ins öffentliche Recht" propagiert.[38] Der Leistungsvertrag ist eine **Konstruktion zur Gesetzesumgehung.**

11 Der Leistungsvertrag lebt von der Unbestimmtheit seines Gegenstandes und von der daran geknüpften Erwartung seiner beliebigen Einsetzbarkeit anstelle der sozialrechtlichen Vertragsnomenklatur. Ihm liegt die Vorstellung zugrunde, die Verwaltung könne damit Leistungskontingente **ausschreiben und „einkaufen".** Ein Vorteil wird darin gesehen, dass soziale Aufgaben für eine bestimmte Zeit an ausgewählte einzelne Träger vergeben werden können, also eine **exklusive Leistungserbringung** möglich wird.[39] Dazu ist festzuhalten: Wenn der Leistungsträger subventionieren will, ist er an die gesetzlichen Vorgaben gebunden und zwar auch dann, wenn die Vergabe durch Subventionsvertrag erfolgen soll. Wenn es sich um Leistungen handelt, auf die ein Rechtsanspruch besteht, unterliegt er den strikten Regelungen des leistungs- und leistungserbringungsrechtlichen Regimes. Dazu gehört auch der Anspruch des freien Trägers auf ermessenfehlerfreie Entscheidung über den Abschluss der Verträge nach §§ 17 Abs. 2 SGB II, 75 ff. SGB XII.[40] Diese Bindungen bestehen auch dann ungeschmälert fort, wenn der Sozialhilfeträger **Leistungskontingente**[41] durch Leistungsvertrag erworben hat. Er manövriert

---

33 Stähr RdJB 2000, 159 zu den Verträgen nach §§ 78 a ff. SGB VIII. Götz RsDE 44 (2000), 12 (15) nennt die Vereinbarung nach § 93 BSHG als ein Beispiel für einen Leistungsvertrag, hält also daneben weiter Leistungsverträge für möglich (S. 20).

34 Nachweise bei Hitschke, Neue Steuerungsinstrumente der Berliner Verwaltung am Beispiel der sozialrechtlichen Leistungsverträge (2001), S. 341. S. auch → Kap. 44 Rn. 77 zur Kommunalisierung in Hessen: „Zuwendungs- bzw. Leistungsverträge".

35 Schellhorn, BSHG, 16. Aufl. (2002), § 10 Rn. 20 c; Mrozynski RsDE 47 (2001), 29 (30); Opitz RsDE 44 (2000), 23 (28 f.).

36 Zum Folgenden Neumann/Bieritz-Harder RsDE 48 (2001), 1 (17–19).

37 Mehls NDV 1996, 127 (130).

38 Vgl. Opitz RsDE 44 (2000), 23 (29 f.).

39 Münder, Sozialraumorientierung und das Kinder- und Jugendhilferecht, in: Sozialpädagogisches Institut im SOS-Kinderdorf eV (Hrsg.), Sozialraumorientierung auf dem Prüfstand (2001), S. 6 (14); Sauter NDV 2002, 290 (293 f.): „Hoflieferanten".

40 Vgl. zum Sozialhilferecht auch Bieback NZS 2007, 505 (508).

41 Zum Begriff der Leistungskontingente vergl. Engler RsdE 2010 (71), 41 (42 ff.).

sich dann in eine Situation, in der er öffentliche Mittel doppelt einsetzen, also verschwenden muss, wenn er weiterhin rechtmäßig handeln will.[42]

a) Ausnahmen auf dem Gebiet der Grundsicherung für Arbeitsuchende

Gemäß § 17 Abs. 2 S. 1 SGB II sind die Leistungsträger auf dem Gebiet der Grundsicherung für Arbeitsuchende für die Gestaltung ihrer Rechtsbeziehungen zu den Leistungserbringern an die Leistungserbringungsverträge gebunden, falls im SGB III „keine Anforderungen geregelt" sind. § 16 Abs. 1 SGB II verweist auf Leistungen nach dem SGB III, die als Eingliederungsleistungen nach dem SGB II in Betracht kommen können. Die im Folgenden aufgeführten Regelungen des SGB II finden über § 16 Abs. 1 S. 1 SGB II Eingang in den Bereich des SGB II. Nach § 45 Abs. 3 SGB III **kann** die Agentur für Arbeit Dritte mit Maßnahmen zur Aktivierung und beruflichen Eingliederung iSd § 45 Abs. 1 SGB III nach den Regelungen des Vergaberechts beauftragen. Die Entscheidung darüber, ob Leistungserbringer mittels echter Leistungsverträge beauftragt werden sollen, oder ob eine ausreichende Angebotsstruktur von Leistungserbringern im Rahmen von nicht selektiven Zulassungsverträgen (sozialrechtliches Dreiecksverhältnis) geschaffen werden soll, liegt nach dem Wortlaut des § 45 Abs. 3 SGB III („kann") im Ermessen der Bundesagentur für Arbeit.[43] § 131 a Abs. 2 SGB III enthält eine Experimentierklausel, nach der die Agenturen für Arbeit Dritte in einem wettbewerblichen Vergabeverfahren mit der Durchführung von Maßnahmen zum Erwerb von Grundkompetenzen im Rahmen der beruflichen Weiterbildung nach § 81 Abs. 3 a SGB III und mit Maßnahmen, die eine betriebliche Weiterbildung iSd § 81 Abs. 2 Nr. 2, Halbsatz 2 SGB III begleitend unterstützen, beauftragen können. Diese Experimentierklausel gilt bis zum 31.12.2020. § 16 Abs. 3 a SGB II enthält eine spezielle Ermächtigung für die Agenturen für Arbeit, berufliche Weiterbildungsmaßnahmen nach den Regelungen des Vergaberechts zu vergeben. Aber auch diese Regelung verpflichtet die Agenturen für Arbeit nicht zur selektiven Auswahl einzelner Leistungserbringer, sondern stellt die Entscheidung über die Beauftragung im Rahmen des Vergaberechts oder die Rekrutierung von Leistungserbringern im Rahmen des sozialrechtlichen Dreiecksverhältnisses (ohne Selektion) in das Ermessen der Agenturen für Arbeit. **12**

b) Ausnahmen im Sozialhilferecht

Das Sozialhilferecht lässt für originäre Gegenstände von Leistungsverträgen so gut wie keinen Raum. Immerhin wird in der Literatur als ein Beispiel die Schaffung von Stadtteilzentren genannt;[44] nehmen wir an, dass dieser Komplex sozialrechtlich nicht geregelt ist. Die Vergabe des Leistungskontingents „Schaffung eines Stadtteilzentrums" wäre ein **öffentlicher Auftrag** im Sinne von § 103 GWB, auf den bei Erreichung oder Überschreitung der Schwellenwerte das Vergaberecht der §§ 97 ff. GWB anzuwenden ist. Denn der Leistungsvertrag, durch den die Vergabe erfolgt, ist ein entgeltlicher Vertrag, der Leistung und Gegenleistung synallagmatisch verknüpft. Die vergebende Gebietskörperschaft ist ein öffentlicher Auftraggeber nach § 99 Nr. 1 GWB. Dass der Leistungsvertrag aufgrund seines Vertragsgegenstandes möglicherweise ein öffentlich-rechtlicher ist, steht der Qualifikation als Auftrag grundsätzlich nicht entgegen (→ Rn. 3). Also kommt das **Vergaberecht des GWB** zur Anwendung.[45] **13**

---

42 Neumann/Bieritz-Harder RsDE 48 (2001), 1 (20–23).
43 Kritisch zur Vergabe selektiver Leistungsverträge durch die Agenturen für Arbeit Bieback in: Gagel/Knickrehm/Deinert, SGB II/SGB III, Stand März 2017, § 45 Rn. 265 ff.
44 Mrozynski RsDE 47 (2001), 29 (33).
45 Dörr RdJB 2002, 349 (365); Neumann/Bieritz-Harder RsDE 48 (2001), 1 (19); Mrozynski RsDE 47 (2001), 29 (37). Ebenso das Ergebnis der Tagung: Vergaberecht und freie Wohlfahrtspflege, BldW 2001, 30.

14 Nach der ausdrücklichen Klarstellung, dass Verträge, die zwischen Leistungsträgern und Leistungserbringern nach dem Grundmodell des sozialrechtlichen Dreiecksverhältnisses ohne Bedarfsprüfung geschlossen werden, weder als öffentliche Aufträge noch als Dienstleistungskonzessionen iSd Vergaberechts anzusehen sind, trifft man in der Literatur zum Teil auf die Ansicht, die Anwendung des Vergaberechts und damit die Wahl des echten Leistungsvertrags sei den Leistungsträgern (Sozialhilfeträgern) solange nicht verboten, solange das Gesetz dies nicht ausdrücklich untersage.[46] Dem ist Folgendes entgegenzuhalten: Die Wahl des echten Leistungsvertrags und damit die Anwendung des Vergaberechts zielt auf die Zulassung nur einzelner weniger Anbieter sozialer Dienstleistungen, soweit der Bedarf es jeweils erfordert. Damit zielt die Wahl des echten Leistungsvertrags zugleich auf den Ausschluss aller anderen (freien) Träger von der Leistungserbringung. Die Nichtzulassung eines geeigneten (freien) Trägers zur Leistungserbringung stellt einen intensiven Eingriff in das Grundrecht auf Berufsfreiheit aus Art. 12 GG dar. Ein solcher Grundrechtseingriff lässt sich verfassungsrechtlich nur rechtfertigen, wenn eine hinreichend bestimmte gesetzliche Grundlage existiert.[47] Das SGB XII enthält keine solche hinreichend bestimmte gesetzliche Grundlage. Das Fehlen eines ausdrücklichen Verbots zur Wahl des echten Leistungsvertrags und damit zur Anwendung des Vergaberechts kann nicht gleichgesetzt werden mit dem Vorhandensein einer klaren gesetzlichen Regelung, die einen solchen Eingriff in das Grundrecht der Berufsfreiheit zulassen würde.

c) Anwendung der Gemeindehaushaltsordnung

15 Wenn das zu vergebende Leistungskontingent unterhalb der Schwellenwerte liegt, ist die jeweilige **Gemeindehaushaltsordnung** des Landes zu beachten (vgl. zB § 28 Nds. KomHKVO), die grundsätzlich eine Ausschreibung und die Anwendbarkeit vergaberechtlicher Regelungen vorschreibt. Bei einer Verletzung dieser Pflichten können übergangene Bieter Schadensersatzansprüche aus § 823 Abs. 2 BGB und aus der Verletzung eines vertragsähnlichen Vertrauensverhältnisses aus dem konkreten Ausschreibungsverfahren zustehen.[48] Zu beachten ist auch, dass die Grundfreiheiten und das Diskriminierungsverbot des europäischen Primärrechts bei Aufträgen unterhalb der Schwellenwerte die Entscheidung über die Zulassung zum Vergabeverfahren und die Entscheidungskriterien beeinflussen.[49] Alles in allem hat der „echte Leistungsvertrag", mit dem doch die Bindungen des Sozialrechts umgangen werden sollten, die rechtlichen Bindungen „potenziert".[50] Auch aus diesem Grund sollte die unglückliche Erfindung rasch beerdigt werden.

II. Freie Träger als Auftraggeber

1. Funktionaler Auftraggeber

16 Das Vergaberecht könnte für freie Träger auch beim **Einkauf** von Waren, Bau- oder Dienstleistungen relevant werden. Bei Einkäufen unterhalb der Schwellenwerte scheidet eine vergaberechtliche Bindung allerdings von vornherein aus, da das Haushaltsrecht ausschließlich den Staat und seine öffentlich-rechtlichen Untergliederungen verpflichtet. Bei Einkäufen oberhalb der Schwellenwerte könnte das Vergaberecht aufgrund von § 99 Nr. 2 GWB zum Zuge kommen. Danach sind öffentliche Auftraggeber auch solche

---

46 Vgl. Luthe SGb 2016, 489.
47 Vgl. hierzu Neumann, Freiheitsgefährdung, 174 mwN.
48 Müller-Wrede in: Ingenstau/Korbion, Verdingungsordnung für Bauleistungen, 14. Aufl. 2001, § 100 GWB Rn. 2.
49 Pietzcker, Die Zweiteilung des Vergaberechts (2001), S. 71–79.
50 Mrozynski RsDE 47 (2001), 29 (42).

juristische Personen des öffentlichen und des privaten Rechts, die zu dem besonderen Zweck gegründet wurden, im **Allgemeininteresse liegende Aufgaben** nichtgewerblicher Art zu erfüllen, wenn staatliche Stellen sie durch Beteiligung oder auf sonstige Weise überwiegend finanzieren.

Von den drei zentralen Merkmalen eigene Rechtspersönlichkeit, Verfolgung eines besonderen **Gründungszwecks** und **Beherrschung durch den Staat** sind die zwei letztgenannten nicht erfüllt.[51] Freie Träger sind zwar dem Allgemeinwohl verpflichtete Rechtsträger. Jedoch ist die Wahrnehmung der Allgemeinwohlaufgabe nicht ihr spezifischer Gründungszweck. Denn sie sind Träger eigener sozialer Aufgaben (→ Kap. 44 Rn. 9 f.), ihr Gründungszweck ist die Erfüllung dieser Aufgaben, was bei religiösen Einrichtungen besonders deutlich wird.[52] Letzte Zweifel beseitigt der Sachverhalt, dass zahlreiche soziale Einrichtungen zu einer Zeit gegründet wurden, als die von ihnen wahrgenommenen eigenen Aufgaben noch nicht zugleich sozialstaatliche Aufgaben waren. Das zweite Merkmal ist also nicht erfüllt. **17**

Obwohl die freien Träger ihre Arbeit ganz überwiegend mit staatlichen Mitteln finanzieren, lässt sich damit nur höchst ausnahmsweise die vom dritten Merkmal geforderte besondere **Staatsnähe** begründen.[53] Denn nur solche Zahlungen, „die als Finanzhilfe **ohne spezifische Gegenleistung** die Tätigkeiten der betreffenden Einrichtung finanzieren oder unterstützen",[54] gelten als öffentliche Finanzierung im Sinne des europäischen Vergaberechts und damit auch von § 99 Nr. 2 GWB. Da das Leistungsentgelt (Pflegesatz) die Gegenleistung für erbrachte Leistungen ist, sind alle entgeltfinanzierten Einrichtungen keine öffentlichen Auftraggeber. Bei den Trägern, die überwiegend staatlich subventioniert werden, scheitert die Qualifikation als Auftraggeber jedenfalls am zweiten Merkmal. **18**

2. Auftraggeber als Subventionsempfänger

Freie Träger sind bei der Vergabe von Aufträgen über dem Schwellenwert Auftraggeber im Sinne von § 99 Nr. 4 GWB, wenn sie **für Baumaßnahmen staatliche Mittel erhalten**, mit denen das Vorhaben zu mehr als 50 % finanziert wird. Sinn dieser Vorschrift, die Art. 13 der Richtlinie 2014/24/EU[55] umsetzt, ist die Gewährleistung, dass das Vergaberecht auch dann eingehalten wird, wenn der Staat Aufträge nicht aus eigenen Mitteln vergibt, sondern die Mittel an Dritte weiterreicht, damit diese die Aufträge vergeben. **19**

§ 99 Nr. 4 GWB bezieht die Vergabepflicht auf privatrechtliche Träger und auf juristische Personen des öffentlichen Rechts. Auch Kirchengemeinden als Körperschaften des öffentlichen Rechts wären nach dem Wortlaut der Regelung Auftraggeber als Subventionsempfänger.[56] Hinzuzufügen ist, dass der kirchliche Körperschaftsstatus **kein öffentlich-rechtlicher Gesamtstatus** in dem Sinne ist, dass das gesamte Wirken einer solchen Körperschaft dem öffentlichen Recht unterliegt. Vielmehr verfügen die Religionsgemeinschaften mit Körperschaftsstatus nur dann über öffentlich-rechtliche Handlungsformen und Befugnisse, wenn sie damit durch Normen des staatlichen Rechts beliehen sind.[57] Andernfalls handeln sie als juristische Personen des Privatrechts und sind Grundrechtsträger. Da die karitative Tätigkeit keine staatlich zugewiesene Befugnis, **20**

---

51 Dörr RdJB 2002, 349 (354–358).
52 Heinig, Öffentlich-rechtliche Religionsgesellschaften (2003), S. 454.
53 Dörr RdJB 2002, 349 (358 f.).
54 EuGH 3.10.2000 – Rs. C-380/98, Slg 2000, I-8035 (University of Cambridge), Rn. 21.
55 Amtsblatt der Europäischen Union 28.3.2014 L094/65.
56 So Tagungsbericht, Vergaberecht und freie Wohlfahrtspflege, BldW 2001, 30 (31 f.); Dörr RdJB 2002, 349 (360 f.) mit Nachweisen zum Meinungsstand in Fn. 72.
57 Jeand'Heur/Korioth, Grundzüge des Staatskirchenrechts (2000), Rn. 222; Schlink NVwZ 1987, 635 (636). Allerdings ist dieses Verständnis des Körperschaftsstatus nicht unumstritten.

sondern eine eigene Aufgabe ist, sind kirchliche Träger mit Körperschaftsstatus **Auftraggeber**.[58]

21 Bei Aufträgen **unter dem Schwellenwert** begründet das Haushaltsrecht keine Vergabepflicht der freien Träger (→ Rn. 14). Allerdings können Subventionsbescheide und Subventionsverträge regelmäßig die Anwendung der vergaberechtlichen Regelungen vorsehen, wenn die Subvention eine bestimmte Höhe erreicht (in der Vergangenheit regelmäßig bei Subventionen, die 25.000 Euro überstiegen).[59]

B. Europäisches Beihilfenrecht und Förderung

I. Sachlicher Anwendungsbereich des Beihilfeverbots

22 In der Literatur wird über die Anwendbarkeit des europäischen Wettbewerbsrechts der Art. 101 ff. AEUV auf die **Träger der freien Wohlfahrtspflege** gestritten.[60] Dabei geht es auch um die Vereinbarkeit von gesetzlichen Regelungen wie § 5 Abs. 3 S. 2 SGB XII und § 17 Abs. 1 S. 2 SGB II, die die Förderung dieser Träger regeln, mit dem Beihilfentatbestand des Art. 107 Abs. 1 AEUV (vgl. auch → Kap. 34 Rn. 33 ff.).

23 Art. 107 Abs. 1 AEUV untersagt die Gewährung von staatlichen Beihilfen, die durch die Begünstigung von Unternehmen den Wettbewerb verfälschen oder zu verfälschen drohen. Die Anwendbarkeit des Beihilfeverbots auf soziale Dienstleistungen freier Träger könnte bereits infolge einer **Bereichsausnahme**, nämlich der Zuständigkeit der Mitgliedstaaten für die Sozialpolitik, ausgeschlossen sein.[61] Der Europäische Gerichtshof betont jedoch in ständiger Rechtsprechung, dass die Mitgliedstaaten bei der Ausübung ihres Rechts zur Ausgestaltung der Systeme der sozialen Sicherheit das Gemeinschaftsrecht zu beachten haben.[62] Das Wettbewerbsrecht soll nur dann unanwendbar sein, wenn dies der Vertrag wie bei der Landwirtschaft und dem militärischen Beschaffungswesen ausdrücklich anordnet, was er beim Sozialsektor aber nicht getan hat.[63]

1. Begriff der Beihilfe

24 Der **Begriff der Beihilfe** ist weiter als der Begriff der Subvention. Er umfasst nicht nur positive Leistungen wie Subventionen, sondern auch Maßnahmen, die in unterschiedlicher Form die Belastungen vermeiden, die ein Unternehmen normalerweise zu tragen hat und die somit zwar keine Subventionen im strengen Sinne des Wortes darstellen, diesen aber nach Art und Wirklichkeit gleichstehen.[64] Soziale Subventionen führen zu einer Entlastung der geförderten Einrichtungen, können also Beihilfen sein. Der Beihilfe unterfallen **positive wie negative Leistungen**, also auch die Verschonung von Abgaben. Deshalb können Steuervergünstigungen gemeinnütziger Unternehmen Beihilfen sein.[65] Die Befreiung gemeinnütziger Einrichtungen von der **Körperschaftssteuer** ist jedoch kei-

---

58 So im Ergebnis auch Heinig, Öffentlich-rechtliche Religionsgesellschaften (2003), S. 455 f.
59 Nachweise und Einzelheiten bei Dörr RdJB 2002, 349 (362); Tagungsbericht, Vergaberecht und freie Wohlfahrtspflege, BldW 2001, 30 (32 f.).
60 Ipsen; Schulte Sozialrecht Aktuell Heft 2/2001, 31; Luthe SGb 2000, 505 und 585; Siemes Sozialrecht Aktuell Heft 3/1999, 2; Benicke ZfSH/SGB 1998, 22; ders. EuZW 1996, 165.
61 So Ipsen, S. 52.
62 EuGH 12.7.2001 – Rs. C-157/99 (Smits und Peerbooms), NJW 2001, 3391, Rn. 46; EuGH 28.4.1998 – Rs. C-158/96 (Kohll), RsDE 41 (1999), 63, Rn. 19. Durch die Anwendung des Wettbewerbsrechts kann jedoch die Zuständigkeit der Mitgliedstaaten weitgehend eingeschränkt werden. So zu Recht Pietzcker, Das schwierige Verhältnis von Sozialrecht und Wettbewerbsrecht, in: Boecken/Ruland/Steinmeyer (Hrsg.), Sozialrecht und Sozialpolitik in Deutschland und Europa, in: FS v. Maydell (2002), S. 531 (537).
63 Hänlein NZS 2000, 165 (167).
64 Cremer in: Calliess/Ruffert (Hrsg.), Kommentar zu EUV/AEUV, 4. Aufl. (2011), Art. 107 AEUV Rn. 10 mit Nachweisen.
65 Isensee, Gemeinnützigkeit, S. 115.

ne Beihilfe, weil aus der Natur des Steuersystems folgt, dass diese Einrichtungen von der Gewinnbesteuerung befreit sind, weil sie keinen Gewinn erzielen können.[66] **Spenden** sind keine Beihilfen und werden dies auch nicht infolge des Abzugs als Sonderausgabe. Denn das einkommensteuerliche Spendenprivileg kommt unmittelbar dem Spender zugute, nicht dem Empfänger, der daraus nur den mittelbaren Nutzen zieht, dass sich seine Chancen auf Einwerbung von Spenden verbessern.[67]

In einem Urteil aus dem Jahr 2001 hat der Europäische Gerichtshof entschieden, dass **25** Vorteile, die einer Gruppe von Unternehmen gewährt werden, um eine **gemeinwirtschaftliche Pflicht** zu erfüllen, dann keine Begünstigungen und somit auch **keine Beihilfen** sind, wenn die Vorteile nicht die zusätzlichen Kosten übersteigen, die den Unternehmen durch die Erfüllung der gemeinwirtschaftlichen Pflicht entstehen.[68] In seinem Altmark Trans-Urteil v. Juli 2003 hat der europäische Gerichtshof hierzu nähere Kriterien entwickelt.[69] Danach muss das begünstigte Unternehmen **erstens** tatsächlich mit der Erfüllung einer klar definierten gemeinwirtschaftlichen Verpflichtung **betraut** sein. Der staatliche Betrauungsakt kann auch durch Vertrag erfolgen.[70] **Zweitens** müssen die Parameter, anhand deren der Ausgleich berechnet wird, zuvor objektiv und transparent aufgestellt werden. **Drittens** darf der Ausgleich nicht über das hinausgehen, was erforderlich ist, um die Kosten der Erfüllung der gemeinwirtschaftlichen Aufgabe zu decken. **Viertens** ist die Höhe des erforderlichen Ausgleichs auf der Grundlage einer Analyse der Kosten zu bestimmen, die ein durchschnittliches, gut geführtes Unternehmen bei der Erfüllung dieser Verpflichtung hätte. Die letztgenannte Voraussetzung gilt nur, wenn die Auswahl des Unternehmens nicht im Rahmen eines Verfahrens zur Vergabe öffentlicher Aufträge erfolgte. Nur wenn diese Voraussetzungen erfüllt sind, handelt es sich bei den Ausgleichsleistungen nicht um Beihilfen iSd EU-Rechts.

2. Freistellungsbeschlüsse

Sind die ersten drei der im Altmark Trans-Urteil des EuGH aufgeführten Kriterien (→ **26** Rn. 25) erfüllt, fehlt es aber an der Erfüllung des letzten Kriteriums, so stellen die gewährten Ausgleichsleistungen Beihilfen iSd Unionsrechts dar. Für solche Beihilfen im Zusammenhang mit der Erbringung von Dienstleistungen von allgemeinem wirtschaftlichen Interesse (DAWI) hatte die Europäische Kommission – in Anknüpfung an die genannte Rechtsprechung des EuGH – im Jahr 2005 zum Einen eine „Freistellungsentscheidung" vom Beihilfenverbot des Art. 106 Abs. 2 AEUV,[71] zum Anderen einen Gemeinschaftsrahmen für staatliche Beihilfen als Ausgleich für die Erbringung öffentlicher Dienstleistungen beschlossen[72] (sog Monti-Paket).[73] Um für den gesamten Bereich des Beihilferechts mit Blick auf Dienstleistungen von allgemeinem wirtschaftlichem Interesse einen handhabbareren und klareren Rahmen zu schaffen, überarbeitete die Kommis-

---

66 Isensee, Gemeinnützigkeit, S. 117 f.
67 Isensee, Gemeinnützigkeit, S. 116. AA Luthe SGb 2000, 585 (588).
68 EuGH 22.11.2001 – Rs. C-53/00 (Ferring), NVwZ 2002, 193 (194), Rn. 29. Instruktiv Bartosch NVwZ 2002, 174; vgl. auch Entscheidung der Kommission v. 28.11.2005 über die Anwendung von Art. 86 Abs. 2 EG-Vertrag auf staatliche Beihilfen, die bestimmten mit der Erbringung von Dienstleistungen von allgemeinem wirtschaftlichen Interesse betrauten Unternehmen als Ausgleich gewährt werden (2005/842/EG), Amtsbl. EU 29.11.2005, L 312/67, Rn. 4 f.
69 EuGH 24.7.2003 – Rs. C-280/00 (Altmark Trans), NDV-RD 2003, 91 (94), Rn. 85–93. Bestätigt in EuGH 27.11.2003 – Rs. C-34/01 bis C-38/01 (Enirisorse), Rn. 31–40.
70 Vgl. Cremer in: Calliess/Ruffert, EUV/AEUV Art. 107 Rn. 20.
71 Entscheidung der Kommission v. 28.11.2005 über die Anwendung von Art. 86 Abs. 2 EG-Vertrag auf staatliche Beihilfen, die bestimmten mit der Erbringung von Dienstleistungen von allgemeinem wirtschaftlichen Interesse betrauten Unternehmen als Ausgleich gewährt werden (2005/842/EG), Amtsbl. EU 29.11.2005 L 312/67.
72 Amtsblatt der Europäischen Union v. 29.11.2005 C 297/4.
73 Vgl. Calliess/Ruffert/Cremer, 5. Aufl. 2016, AEUV Art. 107 Rn. 24.

sion die Regelungen und erließ zum Jahr 2012 das sogenannte Alumnia-Paket.[74] Dieses umfasst eine Mitteilung über die Anwendung der Beihilfevorschriften auf Ausgleichsleistungen für die Erbringung von Dienstleistungen von allgemeinem wirtschaftlichen Interesse,[75] den neuen Freistellungsbeschluss v. 20.12.2011,[76] den Rahmen der Europäischen Union für staatliche Beihilfen in Form von Ausgleichsleistungen für die Erbringung öffentlicher Dienstleistungen[77] und eine De-minimis-Verordnung für DAWI (→ Rn. 27). Der seit 2012 geltende Freistellungsbeschluss erfasst in seinem Art. 2 Abs. 1 b) alle Beihilfen in Form von Ausgleichsleistungen bis zu 15 Mio. EUR pro Jahr für sozialen Dienstleistungen von allgemeinem wirtschaftlichen Interesse zur Deckung des sozialen Bedarfs. Die Regelung führt beispielhaft folgende Arten sozialer Dienstleistungen auf: Gesundheitsdienste, Langzeitpflege, Kinderbetreuung, Leistungen zur Eingliederung in den Arbeitsmarkt. Die sozialen Dienstleistungen auf der Grundlage der Regelungen des SGB II und des SGB XII fallen somit unter den Anwendungsbereich des Freistellungsbeschlusses 2012/21/EU. Beihilfen, die unter den Freistellungsbeschluss fallen, sind nach Art. 106 Abs. 2 AEUV als mit dem Binnenmarkt vereinbar einzustufen und von der Anmeldepflicht nach Art. 108 Abs. 3 AEUV befreit. Voraussetzung ist allerdings, dass die ersten drei Kriterien der Altmark Trans-Entscheidung (→ Rn. 25) erfüllt sind.

3. De-minimis-Ausnahmen

27 Mit der Verordnung (EU) Nr. 360/2012 v. 25.4.2012 über die Anwendung der Art. 107 und 108 AEUV auf De-minimis-Beihilfen an Unternehmen, die Dienstleistungen von allgemeinem wirtschaftlichen Interesse erbringen,[78] hat die Europäische Kommission für Dienstleistungen von allgemeinem wirtschaftlichen Interesse (DAWI) iSv Art. 106 Abs. 2 AEUV Höchstbeträge festgesetzt, deren Unterschreitung dazu führt, dass die Beihilfen aus dem Anwendungsbereich des § 107 Abs. 1 AEUV herausfallen. Zu den DAWI gehören alle Aktivitäten zur Daseinsvorsorge und damit auch alle Sozialdienstleistungen auf der Grundlage der Regelungen des SGB II und des SGB XII (→ Rn. 26). Die Europäische Kommission geht davon aus, dass mit Blick auf Unternehmen (→ Rn. 28), die Dienstleistungen von allgemeinem wirtschaftlichen Interesse erbringen, Beihilfen, die in einem Zeitraum von drei Steuerjahren 500.000 Euro nicht überschreiten, nicht dazu führen, dass der Handel zwischen den Mitgliedstaaten beeinträchtigt bzw. der Wettbewerb verfälscht werden kann.[79] Die Regelung gilt gem. Art. 2 Abs. 4 Satz 1 der Verordnung nur für solche Beihilfen, „deren Bruttosubventionsäquivalent im Voraus genau berechnet werden kann" (sogenannte „transparente Beihilfen"). Art. 2 Abs. 4 Satz 2 der Verordnung führt beispielhaft Beihilfeformen auf, die nicht unter die Anwendung der De-minimis-Ausnahmeregelung fallen.

74 Vgl. hierzu Calliess/Ruffert/Cremer, 5. Aufl. 2016, AEUV Art. 107 Rn. 25.
75 Amtsblatt der Europäischen Kommission v. 11.1.2012 C 8/4.
76 Beschluss der Kommission v. 20.12.2011 über die Anwendung von Art. 106 Abs. 2 AEUV auf staatliche Beihilfen in Form von Ausgleichsleistungen zugunsten bestimmter Unternehmen, die mit der Erbringung von Dienstleistungen von allgemeinem wirtschaftlichen Interesse betraut sind (2012/21/EU), Amtsblatt der Europäischen Union v. 11.1.2012 L 7/3.
77 Amtsblatt der Europäischen Union v. 11.1.2012 C 8/15
78 Amtsblatt der Europäischen Union v. 26.4.2012 L 114/8.
79 Vgl. die allgemeine Erwägung Nr. 4 der Verordnung (EU) Nr. 360/2012.

II. Persönlicher Anwendungsbereich des Beihilfeverbots

1. Funktionaler Unternehmensbegriff

a) „Aufgabe mit ausschließlich sozialem Charakter"

Nach dem vom EuGH entwickelten **funktionalen Unternehmensbegriff** ist Unterneh- 28
men jede eine **wirtschaftliche Tätigkeit** ausübende Einheit unabhängig von ihrer Rechtsform und der Art ihrer Finanzierung.[80] Auf die Absicht einer Gewinnerzielung kommt
es grundsätzlich nicht an.[81] Eine wirtschaftliche Tätigkeit ist jede Tätigkeit, die darin
besteht, **Güter oder Dienstleistungen auf einem bestimmten Markt anzubieten.**[82] Die
Rechtsprechung zu sozialen Versicherungsträgern verneint die Unternehmenseigenschaft, wenn die Beiträge und Leistungen sowie das Verhältnis der Beiträge zu den Leistungen nach den Kriterien der sozialen Solidarität ausgestaltet sind, die Versicherung
einer umfassenden staatlichen Aufsicht unterliegt und Versicherungszwang besteht.[83]
Das übergreifende Merkmal ist die „Aufgabe mit ausschließlich sozialem Charakter".[84]
Wer eine solche Aufgabe erfüllt, ist kein Unternehmen. Soziale Einrichtungen, die keine
Leistungsentgelte erheben und als Träger allgemeiner sozialer Initiativen gefördert werden, erfüllen eine ausschließlich soziale Aufgabe und sind keine Unternehmen.[85] Das
kann auch nicht anders sein, weil die Förderung Eigenleistungen und damit ein eigenes
Interesse an der Erfüllung der sozialen Aufgabe voraussetzt.

b) Dienstleistungen „auf einem Markt"

Bei entgeltfinanzierten Einrichtungen und Diensten ist zu klären, ob sie Dienstleistun- 29
gen auf einem **Markt** anbieten. In den Leistungsbereichen der Grundsicherung für Arbeitsuchende und der Sozialhilfe ist die zentrale Bedingung für einen vollkommenen
Markt nicht erfüllt: Entscheider, Zahler und Nutzer der Leistung stimmen in den meisten Fällen nicht überein.[86] Da der Leistungsberechtigte die Leistung in der Regel nicht
selbst bezahlt,[87] besteht die Gefahr, dass er und der Leistungserbringer zulasten des
Leistungsträgers den Konsum bis zur Sättigungsgrenze ausdehnen. Die Ökonomen bezeichnen dieses angebotsinduzierte Phänomen als „**moral hazard**".[88] Deshalb werden
Sozialleistungen nach dem SGB II und dem SGB XII weder an einem Markt angeboten

---

80 EuGH 12.9.2000 – Rs. C-180/98 bis C-184/98 (Pavlov ua), Slg 2000, I-6451 Rn. 74; 21.9.1999 –
Rs. C-219/97 (Bokken), Slg 1999, I-6125 Rn. 67; 16.11.1995 – Rs. C-244/94 (Fédération française),
Slg 1995, I-4013 Rn. 14; 17.2.1993 – Rs. C-159/91 und C-160/91 (Poucet und Pistre), Slg 1993, I-637
Rn. 17; 23.4.1991 – Rs. C-41/90 (Höfner und Elsner), Slg 1991, I-1979 Rn. 21.
81 EuGH 16.11.1995 – Rs. C-244/94 (Fédération française), Slg 1995, I-4013, Rn. 21.
82 EuGH 12.9.2000 – Rs. C-180/98 bis C-184/98 (Pavlov ua), Slg 2000, I-6451 Rn. 75; 18.6.1998 –
Rs. C-35/96 (Kommission/Italien), Slg 1998, I-3851 Rn. 36; 16.6.1987 – Rs. 118/85 (Kommission/Italien),
Slg 1987, 2599, Rn. 7. Zusammenfassend Axer NZS 2002, 57 (62): „Als wirtschaftliche Tätigkeit ist jedes
auf Angebot und Nachfrage von Waren und Dienstleistungen gerichtete marktbezogene Verhalten anzusehen, selbst wenn es in öffentlich-rechtlichen Formen erfolgt". – In einigen Entscheidungen der 1990er Jahre
wird der Unternehmensbegriff definiert, ohne die wirtschaftliche Tätigkeit als einen Marktvorgang zu bestimmen: EuGH 16.11.1995 – Rs. C-244/94 (Fédération française), Slg 1995, I-4013, Rn. 14; 17.2.1993 –
Rs. C-159/91 und C-160/91 (Poucet und Pistre), Slg 1993, I-637 Rn. 17; 23.4.1991 – Rs. C-41/90 (Höfner
und Elsner), Slg 1991, I-1979 Rn. 21.
83 EuGH 22.1.2002 – Rs. C-218/00 (INAIL), RsDE 52 (2002), 93 Rn. 37–46 mit Anm. Bieback; 17.2.1993 –
Rs. C-159/91 und C-160/91 (Poucet und Pistre), Slg 1993, I-637 Rn. 8–20. Vgl. auch EuGH 21.9.1999 –
Rs. C-219/97 (Bokken) Slg 1999, I-6125 Rn. 68, 75.
84 EuGH 17.2.1993 – Rs. C-159/91 und C-160/91 (Poucet und Pistre), Slg 1993, I-637 Rn. 18.
85 So im Ergebnis auch Eichenhofer SDSRV 43 (1997), 105 (115).
86 Bröcheler, Vertrags- und Kalkulationsgrundlagen für Vergütungsvereinbarungen aus Leistungserbringersicht,
in: Köbl/Brünner (Hrsg.), Die Vergütung von Einrichtungen und Diensten nach SGB XI und BSHG (2001),
S. 61 (62).
87 Darauf stellt für die Leistungserbringung im Sozialrecht zu Recht ab OVG Lüneburg 30.11.1999 –
4 L 3515799, NDV-RD 2000, 31 (34).
88 Wasem MedR 2000, 472 (475) mit Nachweisen aus der angelsächsischen Literatur; vgl. auch Bieback NZS
2007, 505 (506).

noch auf einem Markt nachgefragt, sondern vom Leistungsberechtigten beim Leistungsträger „beantragt" und von diesem durch die Erklärung der Vergütungsübernahme, also durch einen begünstigenden **Verwaltungsakt** bewilligt. Die Berechtigung zur Erbringung von Leistungen setzt grundsätzlich eine Zulassung durch den Abschluss einer Vereinbarung voraus (§ 17 Abs. 2 SGB II, § 75 Abs. 3 und 4 SGB XII), wobei für die Zulassung freier und gewerblicher Träger die gleiche Rechtslage gilt. Die Leistungsentgelte sind keine Preise, die sich durch Angebot und Nachfrage bilden, sondern werden zwischen den Sozialleistungsträgern und den Leistungserbringern vereinbart oder im Bereich des Sozialhilferechts – was immer häufiger der Fall ist – von **Schiedsstellen durch Verwaltungsakt festgesetzt.** Der Leistungsbereich des SGB II und des SGB XII wird auch nicht dadurch zu einem Markt, dass gewerbliche Träger als Leistungserbringer zugelassen sind. Diese Träger unterliegen dem gleichen öffentlich-rechtlichen Regime wie die freien; auch sie bedürfen grundsätzlich einer Zulassung, müssen das Entgelt aushandeln bzw. die Festsetzung bei der Schiedsstelle beantragen.[89] Die Gesetze des Marktes sind mit einigen Strukturprinzipien der Sozialhilfe wie dem Bedarfsdeckungsgrundsatz, der staatlichen Qualitätssicherung und der Gesamtverantwortung des Staates für die Sicherung des Existenzminimums unvereinbar.[90]

30 Gänzlich unerheblich ist, dass einige Leistungserbringer dazu übergehen, Managementsysteme einzuführen, Personalpolitik zu betreiben und die Einrichtungen nach Controlling-Grundsätzen zu führen[91] oder ihre Selbstdarstellung in eine **marktorientierte Terminologie** zu kleiden.[92] Zwar hat der Gesetzgeber in das Leistungserbringungsrecht Elemente eingebaut, die den Wettbewerb zwischen und innerhalb der Trägergruppen verstärken (prospektive Pflegesätze, Beseitigung des Vorrangs freier Träger). Doch hat der Gesetzgeber gleichzeitig das öffentlich-rechtliche Regime verschärft und ein **geschlossenes System der Leistungserbringung** errichtet, das hoheitliche Züge trägt.[93]

c) Kriterium Verwendung, nicht Beschaffung

31 Der Bundesgerichtshof als Hüter des nationalen Wettbewerbsrechts ist in Sachen „Sozialhilfe und Markt" ein unverdächtiger Zeuge: „Es geht hier nicht um den Zugriff des Trägers der Sozialhilfe auf einem durch Angebot und Nachfrage regulierten freien Markt, auf dem er sich die zur Erfüllung seiner öffentlich-rechtlichen Verpflichtung benötigte Leistung durch einen privatrechtlichen Vertrag beschafft. Abgesehen davon, dass im Bereich von Sozialhilfeeinrichtungen **kein durch Angebot und Nachfrage regulierter Markt** besteht, ... waren und sind die Rechtsbeziehungen zwischen den öffentlich-rechtlichen Trägern der Sozialhilfe und den privaten Trägern von Sozialhilfeeinrichtungen stets auf eine Zusammenarbeit bei der Bewältigung der gemeinsamen Aufgabe angelegt, Hilfsbedürftige unterzubringen und zu versorgen".[94] Diese Sätze wurden zu einem § 93 BSHG geschrieben, der zwei Absätze hatte, während heute die Strukturen der Leistungserbringung im SGB XII in sieben umfangreichen Einzelvorschriften dicht und hart geregelt sind. Die Quintessenz dieser Sätze lautet, dass der Sozialhilfeträger und die freien und gewerblichen Träger gemeinsam eine soziale Aufgabe erfüllen, in den

---

89 Wie deutlich der Unterschied zwischen dem sozialstaatlichen Leistungssystem und einem Markt ist, zeigt die Forderung der gewerblichen Träger nach Anerkennung eines Unternehmerlohns in der Pflegevergütung. Vgl. BVerwG 1.12.1998 – 5 C 29/197, RsDE 42 (1999), 96 mit weiteren Nachweisen in der Anmerkung der Redaktion.

90 Rothkegel, Unvereinbarkeiten im neuen Vergütungsvereinbarungsrecht, in: Köbl/Brünner (Hrsg.), Die Vergütung von Einrichtungen und Diensten nach SGB XI und BSHG (2001), S. 84 (86), der allerdings vorsichtiger („nur bedingt vereinbar") formuliert.

91 AA Münder/Boetticher, Gemeinnützigkeit und Gemeinschaftsrecht (2003), S. 17.

92 Beispiel bei Kunkel NDV 2002, 253.

93 Darauf stellt Bieback RsDE 49 (2001), 1 (19 f.) ab.

94 BGH 12.11.1991 – KZR 12/90, RsDE 18 (1992), 97 (101).

Worten des Europäischen Gerichtshofs eine „**Aufgabe mit ausschließlich sozialem Charakter**". Die gilt auch für den Bereich des SGB II. Die Tatsache, dass der § 17 SGB II wiederum nur zwei Absätze hat, steht dem nicht entgegen. Dass der Bundesgerichtshof das Thema „Sozialhilfe und Markt" auf den Punkt gebracht hat, bestätigt eine Entscheidung aus Luxemburg, die zwar nicht zum Beihilfenrecht, aber immerhin zum Wettbewerbsrecht ergangen ist. Bei der Qualifizierung einer Tätigkeit als einer wirtschaftlichen sei nicht auf die Beschaffung der Güter, sondern auf den **Zweck ihrer Verwendung** abzustellen. Werde ein Gut, das hier sogar auf einem Markt beschafft wurde, für eine rein soziale Tätigkeit verwendet, handele es sich nicht um eine wirtschaftliche Tätigkeit.[95] Freie, aber auch gewerbliche Träger entgeltfinanzierter Einrichtungen der Sozialhilfe sind keine Unternehmen im Sinne von Art. 107 Abs. 1 AEUV, da sie nicht auf einem Markt Dienstleistungen anbieten.[96]

2. Ergebnis

Art. 107 Abs. 1 AEUV ist nicht anwendbar, da der persönliche Schutzbereich („Unternehmen") nicht eröffnet ist. Damit wird nicht bestritten, dass die Subventionierung durchaus geeignet ist, den Wettbewerb unter den entgeltfinanzierten Einrichtungen zu verfälschen, da die Position der begünstigten freien Einrichtungen im Verhältnis zu den gewerblichen spürbar verbessert sein kann (→ Kap. 44 Rn. 23 ff.).[97] Nicht alles, was nach nationalem Recht bedenklich oder unzulässig ist, fällt aber in den Anwendungsbereich des Gemeinschaftsrechts. **32**

III. Beeinträchtigung und Rechtfertigung

Die neuere Rechtsprechung des Europäischen Gerichtshofs hat zu Sozialleistungsträgern Merkmale des Unternehmensbegriffs entwickelt, die, übertragen auf soziale Einrichtungen, deren Unternehmenseigenschaft ausschließen. Allerdings hat in dieser Rechtsprechung der Unternehmensbegriff „beträchtliche Dynamik, aber **keine klaren Konturen** gewonnen[98]". Ein Beleg für diese Dynamik ist der Schlussantrag des Generalanwalts Jacobs in Sachen „Festbeträge", der die Unternehmenseigenschaft der deutschen gesetzlichen Krankenkassen mit kaum mehr nachvollziehbaren Argumenten bejaht.[99] Auch in der deutschen Rechtsprechung der Sozialgerichte bestehen Tendenzen, den Unternehmensbegriff für freie Träger als Leistungserbringer im Bereich des SGB XII zu bejahen.[100] Deshalb werden höchst hilfsweise die weiteren Tatbestandsmerkmale des Beihilfeverbots kurz erörtert. **33**

---

95 EuG (Erste Instanz) 4.3.2003 – Rs. T-319/99 (FENIN), RsDE 54 (2003), 75 (Rn. 36 f.) mit Anmerkung Bieback.
96 AA Luthe NDV 2001, 247 (250); Kunkel NDV 2002, 253. – Der EuGH hat entschieden, dass die Festsetzung von Festbeträgen für Arznei- und Hilfsmitteln durch die deutschen Krankenkassen nach dem SGB V mit dem Gemeinschaftsrecht vereinbar ist, weil die Krankenkassen bei der Festsetzung auch im Verhältnis zu den Leistungserbringern keine Unternehmen im wettbewerbsrechtlichen Sinne sind. Bemerkenswert an der Begründung ist, dass die deutschen Krankenkassen nicht deshalb dem Wettbewerbsrecht unterworfen werden, weil sie untereinander in Wettbewerb stehen. Denn dieser Wettbewerb ist ein „öffentlich-rechtlicher", der zur Steigerung der Effizienz bei der Erfüllung der sozialen Aufgabe und dem Fortbestand des deutschen Systems der sozialen Sicherheit dient. Damit wird die in der deutschen Literatur anzutreffende Gleichsetzung „Wettbewerb = Markt" ausdrücklich verworfen. EuGH 16.3.2004 – Rs. C-264/01 ua, insbes. Rn. 56, 61 mit Anmerkung Bieback RsDE 2004, Heft 56, 53 ff.
97 Cremer in: Calliess/Ruffert (Hrsg.), Kommentar zu EUV/AEUV, 4. Aufl. (2011), Art. 107 AEUV Rn. 25 f.
98 Pietzcker, Das schwierige Verhältnis von Sozialrecht und Wettbewerbsrecht, in: Boecken/Ruland/Steinmeyer (Hrsg.), Sozialrecht und Sozialpolitik in Deutschland und Europa, in: FS v. Maydell (2002), S. 531 (538). Diese scharfe Kritik ist nach EuGH 16.3.2004 – Rs. C-264/01 ua (Festbeträge) deutlich zu relativieren.
99 Schlussanträge des Generalanwalts v. 22.5.2003 – Rs. C-264/01 ua, insbesondere Rn. 38, 40, 41.
100 Vgl. SG Schwerin 21.4.2006 – S 9 ER 27/06 SO, RsDE 65 (2007), 90 ff.

1. Wettbewerbsverfälschung und Beeinträchtigung des Handels zwischen Mitgliedstaaten

34 Sozialsubventionen sind generell geeignet, den **Wettbewerb zu verfälschen**, da die Position des begünstigten Trägers im Verhältnis zu konkurrierenden Anbietern spürbar verbessert wird. Allerdings ist zu beachten, dass das Anrechnungsgebot des § 76 Abs. 2 S. 2 SGB XII solche Verfälschungen gerade verhindern soll. Es müsste also, etwa am erwähnten Beispiel der Selbstzahler, konkret nachgewiesen werden, dass trotz dieser Regelung der Wettbewerb verfälscht wird.

35 Nicht recht nachvollziehbar ist, wie dadurch der „**Handel zwischen Mitgliedstaaten**" beeinträchtigt werden soll. Soziale Einrichtungen bieten ihre Dienstleistungen im Allgemeinen beschränkt auf einen lokalen oder regionalen Bereich an. In der Literatur wird die Möglichkeit einer Handelsbeeinträchtigung mit dem Hinweis bejaht, dass jedenfalls in innergemeinschaftlichen Grenzregionen personenbezogene soziale Dienste nicht mehr an Landesgrenzen halt machen würden.[101] Wenn das zutrifft, wäre nicht auszuschließen, dass die zusätzliche Subventionierung sozialhilfefinanzierter Einrichtungen die Voraussetzungen des Verbotstatbestandes des Art. 107 Abs. 1 AEUV erfüllt.

2. Rechtfertigung

36 Die Rechtfertigungsnorm des Art. 106 Abs. 2 AEUV ist auch auf Art. 107 ff. AEUV anwendbar, da das Beihilferecht Teil des Wettbewerbsrechts ist.[102] Danach gelten für Unternehmen, die mit Dienstleistungen von allgemeinem wirtschaftlichem Interesse betraut sind, die Wettbewerbsregeln nur dann, wenn die Anwendung dieser Vorschriften die **Erfüllung der ihnen übertragenen besonderen Aufgabe nicht rechtlich oder tatsächlich verhindert.** Diese Ausnahmevorschrift hat in der neueren Rechtsprechung eine deutliche Ausdehnung des Anwendungsbereichs erfahren.[103] So reicht eine bloße Behinderung aus, ja es genügt, dass die Erfüllung der übertragenen Aufgabe gefährdet ist.[104] Das ist bereits dann der Fall, wenn die Subvention erforderlich ist, um die im allgemeinen Interesse liegende Aufgabe zu „wirtschaftlich tragbaren Bedingungen" zu ermöglichen.[105] Zu Recht weist *Bieback* darauf hin, dass bei der gerichtlichen Kontrolle der Gefahrenprognose die **Kompetenz der Mitgliedstaaten für die Sozialpolitik** zu beachten ist, die Mitgliedstaaten also einen erheblichen Entscheidungsspielraum haben.[106] Deshalb lässt sich gut vertreten, dass die Anwendung des Beihilfeverbots im Krankenhauswesen[107] und wohl auch in der Pflegeversicherung die mit der „dualen Finanzierung" verfolgten planerischen Ziele erheblich behindern würde. Das Sozialhilferecht kennt jedoch gerade keine duale Finanzierung mit vergleichbaren Zielen. Hier würde das Beihilfeverbot die Erfüllung der sozialhilferechtlichen Aufgabe nicht behindern, sondern umgekehrt sogar fördern. Die Beeinträchtigung des Wettbewerbs durch Beihilfen wäre also – ihr Nachweis unterstellt – nicht gerechtfertigt.

101 Benicke, EuZW 1996, 165 (171). Beispiele für die Gestaltung einer grenzüberschreitenden Erbringung ambulanter Leistungen bei v. Renesse VSSR 2001, 359 (383).
102 Bieback RsDE 49 (2001), 1 (33). Dörr/Haus JuS 2001, 313 (318), sprechen von einem „globalen Rechtfertigungstatbestand".
103 Axer NZS 2002, 57 (63).
104 EuGH 21.9.1999 – Rs. C-67/97 (Albany) Slg 1999, I-5751, Rn. 107; 21.9.1999 – Rs. C-219/97 (Bokken) I-6125, Rn. 97; 23.10.1997 – Rs. C-159/94 (Kommission/Frankreich) Slg 1997, I-5815, Rn. 95.
105 EuGH 23.10.1997 – Rs. C-159/94 (Kommission/Frankreich) Slg 1997, I-5815, Rn. 96.
106 Bieback RsDE 49 (2001), 1 (35).
107 EuGH 12.7.2001 – Rs. C-157/99 (Smits-Geraets und Peerbooms), NJW 2001, 3391 (Rn. 76–79): Rechtfertigung eines Eingriffs in die Dienstleistungsfreiheit mit dem Erfordernis der Planbarkeit des niederländischen Krankenhauswesens, sofern die Planung ein ausreichendes und ausgewogenes Angebot qualitativ hochwertiger Krankenhausversorgung gewährleisten und jede Verschwendung finanzieller, technischer und menschlicher Ressourcen verhindern soll.

Kapitel 47: Antragsprinzip, Antragstellung, Kenntnisgrundsatz

Literaturhinweise: Bienert, Zur Stellung von Anträgen auf Alg I und Alg II, info also 2014, 167; Blüggel, Grundsicherung nach dem SGB II: Ohne Antrag keine Leistungen, SozSich 2009, 193; Gutzler, Das Meistbegünstigungsprinzip im Sozialrecht, ASR 2012, 144; Hammel, Das Antragserfordernis nach § 37 SGB II – ein schwieriges Problemfeld, SozR aktuell, 2013, 229; Mrozynski, Die Zukunft des Kenntnisgrundsatzes in der Sozialhilfe, ZFSH/SGB 2007, 463; Sartorius, Der Antrag im Sozialrecht, ASR 2014, 147; Weinreich, Die Antragstellung gemäß § 37 SGB II und ihre Rechtsfolgen, NZS 2012, 612.

Rechtsgrundlagen:

SGB II §§ 31 a Abs. 3 S. 1, 37, 38, 77 Abs. 8

SGB XII §§ 11, 18, 34 a, 37 Abs. 1, 44

SGB I §§ 16, 17, 36

SGB X §§ 11, 28

Orientierungssätze:

1. Eines Antrags bedarf es, um Leistungen nach dem SGB II sowie im SGB XII Leistungen für Bildung und Teilhabe, für ergänzende Darlehen und solche der Grundsicherung im Alter und bei Erwerbsminderung zu erhalten. Von Amts wegen erbracht werden die übrigen Leistungen nach dem SGB XII sowie diejenigen nach dem Asylbewerberleistungsgesetz.

2. Bei dem Antrag handelt es sich um eine einseitige, empfangsbedürftige öffentlich-rechtliche Willenserklärung, für die Formerfordernisse idR nicht bestehen. Die Bestimmungen des BGB über Willenserklärungen sind ebenso analog anwendbar wie die Vorschriften über die Auslegung nach §§ 133, 157 BGB.

3. Bei der Antragstellung ist Vertretung, die innerhalb der Bedarfsgemeinschaft des SGB II vermutet wird, möglich. Für Minderjährige ab Vollendung des 15. Lebensjahres besteht eine gesetzlich angeordnete sozialrechtliche Handlungsfähigkeit.

4. Eine Leistungserbringung für die Zeit vor notwendiger Antragstellung beim (zuständigen) Träger ist außerhalb der gesetzlich normierten Rückwirkung grundsätzlich ausgeschlossen, aber im Einzelfall nach Maßgabe der Vorschriften der § 16 Abs. 2 SGB I, § 27 SGB X, § 28 SGB X und aufgrund des sozialrechtlichen Herstellungsanspruchs geboten, um den Grundrechten der Betroffenen Rechnung zu tragen.

5. Soweit das Amtsprinzip für Leistungen der Sozialhilfe gilt, ist auf das Bekanntwerden der gesetzlichen Leistungsvoraussetzungen abzustellen. Bei der Auslegung dieser Voraussetzung ist die gesetzgeberische Intention zu verwirklichen, den Schutz der Leistungsberechtigten durch einen niedrigschwelligen Zugang zu gewährleisten und damit deren Anspruch auf ein menschenwürdiges Existenzminimum zu realisieren.

A. Einleitung

1 Existenzsichernde Leistungen nach dem SGB II und XII sind zum Teil antragsabhängig, teilweise erfolgen sie von Amts wegen bzw. ab dem Zeitpunkt, zu dem der Leistungsträger Kenntnis von der Hilfebedürftigkeit erlangt.[1] Nach § 37 Abs. 1 S. 1 SGB II werden Leistungen der **Grundsicherung für Arbeitsuchende** nur auf Antrag erbracht.[2] Das Antragserfordernis bezieht sich grundsätzlich auf alle Leistungen dieser Grundsicherung und zwar – insoweit anders als im SGB III, § 323 Abs. 1 S. 3 SGB III – auch auf Eingliederungsleistungen nach § 16 Abs. 1 SGB II.[3] Auch der **Mehrbedarf** nach § 21 Abs. 4 oder 5 SGB II wird von dem Antrag erfasst,[4] zu dessen weiterer **Reichweite** im Hinblick auf das Spektrum der SGB II-Leistungen → Rn. 7 f. Zu beantragen sind im Sozialhilferecht ferner gemäß § 41 Abs. 1 S. 1 SGB XII die Leistungen der **Grundsicherung im Alter und bei Erwerbsminderung,** solche für **Bildung und Teilhabe** (vgl. §§ 34, 34 a Abs. 1 S. 1 SGB XII) und **ergänzende Darlehen** nach § 37 Abs. 1 SGB XII. Auf diese Teile des SGB XII und auf das SGB II beziehen sich die nachfolgenden Ausführungen zu B.

2 Die übrigen Leistungen der Sozialhilfe, also sowohl die **Hilfe zum Lebensunterhalt,** als auch Hilfen in **unterschiedlichen Lebenslagen** nach den Kapiteln 5 bis 9 des SGB XII setzen – ohne dass es eines Antrags bedarf – ein, sobald **Kenntnis** des **Leistungsträgers** darüber besteht, dass die Voraussetzungen für die Hilfegewährung vorliegen, § 18 Abs. 1 SGB XII (hierzu → Rn. 42). In der Praxis werden auch diese Ansprüche überwiegend durch **Antrag** geltend gemacht. Geschieht dies, so wird hierdurch **Kenntnis** vermittelt. Von Amts wegen zu erbringen sind ferner die Leistungen nach dem **Asylbewerberleistungsgesetz.**

3 Auch ohne Antragstellung des Leistungsberechtigten bzw. ohne Kenntnis des Sozialhilfeträgers sind die an die Berechtigten iRd **Nothilfe** (§ 25 SGB XII) erbrachten Leistungen Dritter zu erstatten. Der Grundgedanke der Norm, die Hilfsbereitschaft Dritter im Interesse in Not geratener Menschen durch Gewährleistung eines leistungsfähigen Schuldners zu erhalten und zu stärken, greift auch bei Sachverhalten im Bereich des SGB II ein, also auch für Fälle der Nothilfe **zugunsten von SGB-II-Leistungsempfängern,** wenn diese einen Antrag auf Leistungen nach dem SGB II nicht gestellt haben.[5]

---

1 Zu Sozialversicherungsleistungen auf Antrag oder von Amts wegen vgl. § 19 SGB IV und § 323 Abs. 1 S. 3 SGB III.
2 Vgl. für den Kinderzuschlag nach § 6 a BKGG: § 5 Abs. 3 S. 1 BKGG.
3 Da § 37 SGB II eine von § 323 SGB III abweichende Regelung enthält, ist auch § 324 Abs. 1 SGB III nicht anwendbar, vgl. SächsLSG 8.10.2009 – L 3 AS 288708, Rn. 38 ff.
4 Silbermann in: Eicher/Luik SGB II § 37 Rn. 38 mwN.
5 BSG 19.5.2009 – B 8 SO 4/08 R, Rn. 14 mwN, ferner Schoch in: LPK-SGB XII § 25 Rn. 14.

B. Antragsabhängige Leistungen (SGB II und Viertes Kapitel SGB XII)

I. Bedeutung, Inhalt und Form des Antrags

1. Bedeutung des Antrags

Der Antrag ist eine einseitige, **empfangsbedürftige öffentlich-rechtliche Willenserklä-**   **4**
rung, die auf den Erlass eines die eigenen Rechte berührenden Verwaltungsaktes abzielt.
Der Antrag setzt einmal das Verwaltungsverfahren in Gang (anwendbar sind §§ 8 ff.
SGB X), er kann, wie im Rahmen von § 37 Abs. 1 SGB II, zudem konstitutive Wirkung
haben[6] oder für die Bildungs- und Teilhabeleistungen im SGB XII (§ 34 a Abs. 1 S. 1
SGB XII) sowie bei der Grundsicherung gem. § 41 ff. SGB XII gar materiellrechtliche
Anspruchsvoraussetzung sein.[7] Der Antrag verpflichtet Leistungsträger, das Bestehen
des Leistungsanspruchs zu prüfen und zu bescheiden.[8] Gem. § 20 Abs. 3 SGB X ist es
untersagt, Anträge im Hinblick auf (etwaige) Unzulässigkeit oder Unbegründetheit
nicht entgegenzunehmen. Wegschicken ist rechtswidrig![9] Nur wer einen Antrag stellt,
auch in vielleicht zunächst zweifelhaft erscheinenden Fällen – und sich nicht „abwim-
meln" lässt – kann dann ggf. später über einen Antrag nach § 44 Abs. 1 SGB X Leistungen für die **Vergangenheit** erlangen. Der Zeitpunkt der Antragstellung ist ferner entscheidend für die Abgrenzung zwischen Einkommen und Vermögen im SGB II.[10]

Wegen der Regelung in § 37 Abs. 2 S. 1 SGB II aF wurde die Leistung bei einer Antrag-   **5**
stellung im **Laufe eines Kalendermonats** gem. § 41 Abs. 1 S. 3 SGB II nur **anteilig** erbracht. Seit dem 1.4.2011 bestimmt § 37 Abs. 2 S. 2 SGB II, dass der Antrag auf Leistungen zur Sicherung des Lebensunterhalts auf den **Ersten des Monats zurückwirkt**. Mit
dieser Änderung wollte der Gesetzgeber sicherstellen, dass Einnahmen, die im gesamten
Antragsmonat vor Antragstellung zufließen, als Einkommen bei der Berechnung des
Leistungsanspruchs berücksichtigt werden können. Bisher wurde der vor Antragstellung
im laufenden Monat zugeflossene Betrag als Vermögen angesehen.[11] Ferner regelt § 37
Abs. 2 S. 3 SGB II mit Wirkung ab 1.8.2013, dass der Leistungsantrag für die Bedarfe
nach § 28 Abs. 7 SGB II – und zwar nur diese – auf den **aktuellen Bewilligungszeitraum**
nach § 41 Abs. 3 SGB II **zurückwirkt**, soweit daneben andere Leistungen zur Sicherung
des Lebensunterhalts (s. hierzu die Aufzählung in § 19 SGB II) erbracht werden. Ebenfalls auf den **Beginn des Monats** zurück wirkt die Antragstellung – bzw. die Mitteilung
von Änderungen, die sich zugunsten der Leistungsempfänger auswirken – bei der
Grundsicherung im Alter und bei **Erwerbsminderung**, wenn die Voraussetzungen des
§ 41 SGB XII innerhalb dieses Kalendermonats erfüllt werden (§ 44 Abs. 2 S. 1
SGB XII). **Rückwirkung** hatten gem. § 77 Abs. 8 SGB II und § 131 Abs. 2 SGB XII aF
bis zum 30.6.2011 gestellte Anträge auf Leistungen für Bedarfe der Bildung und Teilhabe – mit Ausnahme der persönlichen Schulbedarfs. Eine Erleichterung bei in **ausländischer Sprache** verfassten Anträgen sieht § 19 Abs. 2 SGB X vor.

Die Regelungen des **BGB** über Willenserklärungen sind auf den Antrag **analog** anwend-   **6**
bar, so hinsichtlich des Zugangs (§ 130 BGB, zum Widerruf s. § 130 Abs. 1 S. 2 BGB),
der Anfechtung wegen Täuschung, Irrtums und Drohung (§§ 119,123 BGB) oder der
Umdeutung (§ 140 BGB).[12] Den Leistungsberechtigten steht es grundsätzlich frei, einen

---

6 BSG 16.5.2012 – B 4 AS 186/11 R, Rn. 15 und 2.4.2014 – B 4 AS 29/13, Rn. 12.
7 Dies ergibt sich daraus, dass der Antrag hier gesetzessystematisch als Anspruchsvoraussetzung ausgestaltet ist, s. zu § 41 SGB XII Thie in: LPK-SGB XII § 41 Rn. 16, ebenso Schneider in: Schellhorn/Schellhorn/Hohm SGB XII § 41 Rn. 20.
8 S. etwa BSG 16.5.2012 – B 4 AS 166/11 R, Rn. 15, hierzu Frerichs, jurisPR-SozR 20/13 Anm. 2
9 Striebinger in Gagel SGB II/SGB III, § 37 SGB II Rn. 57.
10 Vgl. BSG 28.10.2014 – B 14 AS 36/13 R, Rn. 18 ff., hierzu Olthaus in: jurisPR-SozR 22/2015 Anm. 1, ferner → Kap. 20 Rn. 36 f.
11 Vgl. BSG 30.7.2008 – B 14/7 b AS 12/07 R.
12 Mrozynski SGB I § 16 Rn. 4.

bereits gestellten Antrag **zurückzunehmen,** um nicht dem Regime des SGB II oder des SGB XII zu unterfallen. **Nicht zulässig** ist hingegen eine nachträgliche Beschränkung des Antrags, wenn dadurch die **materiellrechtlichen Leistungsvoraussetzungen** innerhalb des Antragmonats zugunsten der Antragsteller **verändert** werden sollen.[13]

2. Inhalt des Antrags

7 Zur Bestimmung dessen, was von dem gestellten Antrag umfasst wird, ist dieser gem. §§ 133, 157 BGB analog **auszulegen.** Der Leistungsträger darf nicht nur auf den Wortlaut der Erklärung abstellen, sondern hat nach § 2 Abs. 2 Hs. 2 SGB I davon auszugehen, dass die Berechtigten alle die Leistungen begehren, die ihnen den größten Nutzen bringen können, unabhängig davon, welche Antragsvordrucke sie hierfür benutzen oder welche Ausdrücke sie gewählt haben (**„Meistbegünstigungsprinzip").**[14] Dies gilt in **besonderer Weise** im Bereich der **existenzsichernden Leistungen,** da die Abgrenzungsregelungen für Leistungen nach dem SGB II und dem SGB XII für Laien nur schwer durchschaubar sind.[15] So schloss ein Antrag auf Leistungen zur Sicherung des Lebensunterhalts nach der Rechtsprechung, die zu der bis zum 31.12.2010 geltenden Gesetzesfassung ergangen ist (s. aber nunmehr § 37 Abs. 1 S. 2 SGB II und → Rn. 8), regelmäßig alle diese Leistungen ein, auch einmalige Sonderbedarfe nach § 23 SGB II.[16] Eine sachliche und zeitliche Konkretisierung der von der Antragstellung umfassten Bedarfe konnte auch zu einem späteren Zeitpunkt, so während des Bewilligungsabschnitts, vorgenommen werden.[17] Diese Rechtsprechung ist auch auf die Mehrbedarfe nach § 21 SGB II anzuwenden,[18] auch auf denjenigen nach Abs. 6 der Norm.[19] Das sog Meistbegünstigungsprinzip erlaubt es auch, einen Erstattungsantrag als Widerspruch auszulegen.[20]

8 Seit dem **1.1.2011** bestimmt jedoch § 37 Abs. 1 S. 2 SGB II, dass Leistungen nach § 24 Abs. 1 (Darlehen) und Abs. 3 (Erstausstattungen etc) SGB II ebenso **gesondert zu beantragen** sind, wie Bedarfe nach § 28 Abs. 2 SGB II (Aufwendungen für Schulausflüge, mehrtägige Klassenfahrten etc) und § 28 Abs. 4 bis 7 SGB II (Aufwendungen für Schülerbeförderung, Lernförderung, gemeinschaftliche Mittagsverpflegung und mtl. 10 EUR für Teilhabe am sozialen und kulturellen Leben). Damit wird der bisherigen, in → Rn. 7 aufgeführten Rechtsprechung zu der Frage, welche Leistungen vom Antrag erfasst werden, teilweise der Boden entzogen. Zur Begründung dieser Änderung hat der Gesetzgeber darauf abgehoben, die Leistungsträger sollten der Notwendigkeit enthoben werden, nachträglich feststellen zu müssen, ob in der Vergangenheit entsprechende Bedarfe dem Grunde und der Höhe nach tatsächlich bestanden. Rücksichtnahme gegenüber den **Belangen der Verwaltung** hat hierbei **Vorrang** gegenüber der gesetzlichen Verpflichtung zur möglichst umfassenden Gewährung der Rechte der Berechtigten (so § 2 Abs. 2 SGB I). Mit Wirkung ab 1. Juli 2019 hat das Starke-Familien-Gesetz vom 29. April 2019[21] § 37 Abs. 1 Satz 2 SGB II dahingehend geändert, dass eine gesonderte Antragstellung nur noch für die Lernförderung (§ 28 Abs. 5 SGB II) erforderlich ist. In der Regel **gesondert**

---

13 BSG 24.5.2015 – B 4 AS 22/14 R, Rn. 21 ff., hierzu Harks in: jurisPR-SozR 25/2015 Anm. 1.
14 Vgl. BSG 26.8.2008 – B 8/9 b SO 18/07 R, Rn. 22, SGb 2009, 620 (622) mAnm Löcher; BSG 23.3.2010 – B 4 AS 62/09 R, Rn. 14; ferner Silbermann in: Eicher/Luik SGB II § 37 Rn. 30; Gutzler, (Lit.) und für das Rentenrecht: BSG 29.11.2007 – B 13 R 44/07 R. Hinsichtlich der auch prozessualen Konsequenzen des Meistbegünstigungsprinzips s. ferner BSG 7.11.2006 – B 7 b AS 8/06 R, Rn. 11.
15 BSG 26.8.2008 – B 8/9 b SO 18/07 R; BSG 10.5.2011 – B 4 KG 1/10 R.
16 BSG 23.3.2010 – B 14 AS 6/09 R, Rn. 15; s. hierzu Reichel in: jurisPR-SozR 20/2010 Anm. 2; ferner BSG 19.8.2010 – B 14 AS 10/09 R, Rn. 24.
17 BSG 22.3.2010 – B 4 AS 62/09 R, Rn. 14, bei später fällig werdendem Bedarf nach Vorlage einer Heiz- und Betriebskostennachforderung.
18 BSG 24.2.2011 – B 14 AS 49/10 R, Rn. 20.
19 LSG NRW 12.1.2011 – L 19 AS 2126/10 B ER, Rn. 9.
20 BSG 10.11.2011 – B 8 SO 18/10 R.
21 BGBl. I, 530.

zu beantragen sind ferner die Schuldenübernahme[22] (§ 22 Abs. 8 SGB II) und Eingliederungsleistungen[23] (§§ 16 ff. SGB II).

Seit 1.4.2011 sind schließlich **Sachleistungen** oder **geldwerte Leistungen** nach sanktionsbedingter **Minderung** des **Arbeitslosengelds II** um mehr als 30% des nach § 20 maßgeblichen Regelbedarfs nur auf Antrag zu erbringen, § 31 a Abs. 3 S. 1 SGB II, während nach früherer Rechtslage der Leistungsträger die Entscheidung von Amts wegen zu treffen hatte.[24] Vor dem Hintergrund der verfassungsrechtlichen Dimension der Sanktionierung sind an die Antragstellung in diesem Fall keine hohen Anforderungen zu stellen, ein **Antrag** ist weiterhin **entbehrlich**, wenn **minderjährige Kinder** im Haushalt leben (vgl. auch § 31 a Abs. 3 S. 2 SGB II).[25] **9**

Generell nicht erfasst vom gesonderten Antragserfordernis nach § 37 Abs. 1 S. 2 SGB II waren bisher Leistungen und Bedarfe, die erst **während eines Bewilligungsabschnitts** entstehen. In diesen Fällen lag eine Änderung in den tatsächlichen und rechtlichen Verhältnissen iSv **§ 48 Abs. 1 S. 2 Nr. 1 SGB X** zugunsten der Leistungsberechtigten vor. Auf eine (gesonderte) Antragstellung kommt es dann für das Entstehen dieses Anspruchs nicht an.[26] Nach der zum 1.1.2011 eingetretenen Rechtsänderung gilt dies nur noch, wenn solche Bedarfe entstehen, die nicht nach § 37 Abs. 1 S. 2 SGB II gesondert zu beantragen sind. **10**

Gleiches (kein Erfordernis gesonderter Antragstellung) gilt im SGB XII: § 44 Abs. 1 S. 2 und S. 3 SGB XII bildet keine gegenüber § 48 SGB X Abs. 1 S. 2 Nr. 1 eigenständige Regelung.[27]

Der Meistbegünstigungsgrundsatz (→ Rn. 7) gilt grundsätzlich ebenso für den Antrag beim **unzuständigen Leistungsträger** nach § 16 Abs. 2 S. 2 SGB I, und zwar auch dann, wenn es sich etwa bei den „eigentlich" begehrten Leistungen um solche aus dem Bereich des **Sozialhilferechts**[28] handelt. Somit ist ein Antrag umfassend, dh auf alle nach Lage des Falls in Betracht kommenden Leistungen hin zu prüfen. So kann ein Antrag auf Arbeitslosengeld nach dem SGB III zugleich als Antrag auf Arbeitslosengeld II ausgelegt werden,[29] ein Antrag auf Arbeitslosengeld II auch als Antrag auf Gewährung von Sozialhilfe und umgekehrt[30] und ein Antrag auf Kindergeldzuschlag nach § 5 Abs. 3 Satz 1 BKGG als solcher auf Leistungen nach dem SGB II.[31] Soll ein Antrag auf Alg (SGB II) als Antrag auf Alg (SGB III) gewertet werden, so besteht die Schwierigkeit, dass für letzteren Anspruch als **konstitutive Voraussetzung** die **persönliche Arbeitslosmeldung**[32] bei der zuständigen Agentur nach § 141 Abs. 1 SGB III erforderlich ist.[33] Ob beim Fehlen dieser Meldung die **Geschäftsanweisung der BA** Nr. 2.2 zu § 141 SGB III helfen kann – danach ist der Tag, an dem der Kunde persönlich bei dem örtlich zuständigen SGB II Träger vorgesprochen und den Eintritt der Arbeitslosigkeit angezeigt hat, als der Tag der persönlichen Arbeitslosmeldung nach § 141 SGB III anzuerkennen, **11**

---

22 BSG 17.6.2010 – B 14 AS 58/09 R, Rn. 14.
23 So BT-Drs. 17/3404, 114.
24 Vgl. zur früheren Rechtslage Berlit in: LPK-SGB II, 3. Aufl., § 31 Rn. 106 f.
25 Knickrehm/Hahn in: Eicher/Luik SGB II § 31 a Rn. 37 und 41.
26 BSG 19.10.2010 – B 14 AS 36/09 R, Rn. 15; s. auch BSG 22.3.2010 – B 4 AS 62/09 R, Rn. 14.
27 BSG 10.11.2011 – B 8 SO 18/10 R.
28 BSG 26.8.2008 – B 8/9 b SO 18/07 R, SGb 2009, 620 (622 f.) mAnm Löcher.
29 Vgl. Link in: Eicher/Luik SGB II § 37 Rn. 27; dies gilt nicht, wenn sich der Antrag ausdrücklich auf Arbeitslosengeld nach dem SGB III beschränkt, vgl. BSG 19.10.2010 – B 14 AS 16/09 R, Rn. 18 und 2.4.2014 – B 4 AS 29/13 R, hierzu Luik in: jurisPR-SozR 4/2015 Anm. 1.
30 BSG 26.8.2008 – B 8/9 b SO 18/07 R und BSG 2.12.2014 – B 14 AS 66/13 R, Rn. 25; ferner Silbermann in: Eicher/Luik SGB II § 37 Rn. 33.
31 BSG 10.5.2011 – B 4 KG 1/10 R, Rn. 26 zu § 6 a BKKG aF.
32 Dies gilt auch dann, wenn eine Meldung gem. § 141 Abs. 1 S. 3 SGB III durch einen Vertreter erfolgt, BSG 23.10.2014 – B 11 AL 7/14 R.
33 S. näher Silbermann in: Eicher/Luik SGB II § 37 Rn. 32, ferner Bienert (Lit.),167 f.

wenn der SGB II Träger nicht auf dieses Erfordernis hingewiesen hat und daraufhin die Arbeitslosmeldung verspätet erfolgte – erscheint zweifelhaft.[34]

12 Ein allgemeiner Antrag auf Arbeitslosengeld II umfasst nicht „automatisch" auch **Eingliederungsleistungen** nach § 16 SGB II Dies ergibt sich daraus, dass angesichts des umfangreichen Leistungskatalogs des § 16 SGB II der Antrag hinreichend bestimmt sein muss, damit klar wird, welche Leistung beansprucht wird. Allerdings bestehen auch insoweit Beratungsobliegenheiten der Leistungsträger, deren Verletzung zu einem Herstellungsanspruch führen kann.[35] Der allgemeine Antrag nach § 37 Abs. 1 S. 1 SGB II erstreckt sich ebenfalls nicht auf den Antrag auf Übernahme von Mietschulden nach § 22 Abs. 8 SGB II.[36]

3. Formfragen

13 **Formerfordernisse** für die Antragstellung bestehen idR nicht, vgl. § 9 SGB X.[37] Auch (fern)mündlich gestellte Anträge und solche in elektronischer Form (E-Mail)[38] reichen aus. Da Schriftform nicht vorgeschrieben ist, ist auch ein nicht unterschriebener Antrag wirksam. Auch eine Antragstellung durch **konkludentes Verhalten** kommt in Betracht.[39] Allerdings soll der Antrag auf Zustimmung zur Ortsabwesenheit nach § 7 Abs. 4 a SGB II nicht konkludent einen Antrag auf Fortzahlung von Alg II für den während der Ortsabwesenheit beginnenden neuen Bewilligungszeitraum umfassen.[40]

14 Insbesondere hängt eine wirksame Antragstellung nicht von einer Verpflichtung ab, bestimmte **Antragsvordrucke** zu benutzen (§ 60 Abs. 2 SGB I). Somit darf die Behörde nicht formlose Anträge oder unvollständig ausgefüllte Antragsvordrucke zurückweisen. Dies verstieße gegen die Pflicht zur Informationsentgegennahme gemäß § 20 Abs. 3 SGB X. Davon zu unterscheiden ist die Frage, welche Auswirkungen im Rahmen von **Mitwirkungspflichten** (s. nur § 60 Abs. 1 S. 1 Nr. 1 u. 3 SGB I) die unterbliebene Vorlage von benötigten Unterlagen oder Nachweise nach sich zieht.[41] Die Verletzung von Mitwirkungspflichten kann Sanktionen gem. § 66 SGB I auslösen, sie führt aber zu keinen Nachteilen hinsichtlich der Wirkung des einmal – wirksam – gestellten Antrags.[42]

15 Die Leistungsträger sind zudem verpflichtet, darauf hinzuwirken, dass unverzüglich **klare und sachdienliche Anträge** gestellt und **unvollständige Angaben ergänzt** werden, § 16 Abs. 3 SGB I. Damit ist die gelegentlich zu beobachtende Praxis von Leistungsträgern unvereinbar, (vermeintlich) unvollständig ausgefüllte Anträge nicht anzunehmen[43] oder Anträge erst im Rahmen eines später stattfindenden Beratungsgesprächs entgegenzunehmen.[44] Solches Verhalten verstößt zudem gegen die **Gewährleistungspflicht** nach § 17 Abs. 1 Nr. 1 SGB I. Den Berechtigten ist vielmehr gleichsam der Weg „hin zur Leis-

---

34 S. Bienert (Lit.) 168.
35 S. Silbermann in Eicher/Luik SGB II § 37 Rn. 39.
36 BSG 17.6.2010 – B 14 AS 58/09 R, Rn. 14.
37 Es gibt aber Ausnahmen, so §§ 9 BKGG, 7 BEEG, 46 Abs. 1 BafÖG.
38 S. hierzu LSG NRW 14.9.2017 – L 19 AS 360/17.
39 VGH Kassel NVwZ 1985, 499 für den Fall eines Antrags auf Mutterschaftsurlaub.
40 BSG 16.5.2012 – B 4 AS 166/11 R, Rn. 20.
41 Zu deren Grenzen bei der Weigerung, von einer Behörde vorgelegte Formulare auszufüllen, s. HessLSG 27.3.2013 – L 6 AS 400/12 B ER.
42 BSG 28.10.2009 – B 14 AS 56/08 R.
43 S. Hammel (Lit.), 231.
44 Blüggel SozSich 2009, 193 (195).

tung zu weisen".[45] Eine Verletzung dieser Pflichten[46] kann zu einem Herstellungsanspruch führen.[47]

Anträge sind grundsätzlich in **deutscher Sprache** zu stellen, bzw. abzufassen, § 19 Abs. 1 S. 1 SGB X. Werden durch der deutschen Sprache nicht Kundige Anträge[48] gestellt, soll die Behörde, wenn sie den Inhalt nicht versteht, die Antragsteller zur Vorlage einer **Übersetzung** auffordern, § 19 Abs. 2 S. 1 SGB X. Geschieht dies nicht, kann die Behörde eine Übersetzung beschaffen und für die hierbei entstehenden **Aufwendungen** Ersatz verlangen (§ 19 Abs. 2 S. 3 SGB X), wenn von letzterem nicht im Hinblick auf die Umstände des Einzelfalls abzusehen ist.[49] Zur Fristwahrung und Rechtswirkung eines in ausländischer Sprache gestellten Antrags s. ferner § 19 Abs. 4 SGB X. Gem. § 30 Abs. 2 SGB I ist allerdings der **Vorbehalt** abweichender Regelungen des **supranationalen Rechts** und von **zwischenstaatlichen Vereinbarungen** zu beachten. Aus dem Recht der Europäischen Union (vgl. Art. 76 Abs. 7 VO (EG) Nr. 883/2004) folgt, dass die Sprachen der Mitgliedsstaaten, die gem. Art. 342 AEUV als Amtssprachen der Unionsorgane anerkannt sind, der deutschen gleichzustellen sind.[50]

II. Vertretung; sozialrechtliche Handlungsfähigkeit

1. Vertretung

Gewillkürte Vertretung bei der Antragstellung ist möglich, gem. § 13 Abs. 1 S. 3 SGB X **17** ist eine Vollmacht – ggf. nachträglich – auf Verlangen vorzulegen. § 38 SGB II regelt die **Vertretung der Bedarfsgemeinschaft** (§ 7 Abs. 3 SGB II). Soweit Anhaltspunkte nicht entgegenstehen, wird **vermutet**, dass der erwerbsfähige Leistungsberechtigte bevollmächtigt ist, Leistungen nach dem SGB II auch für die mit ihm in einer Bedarfsgemeinschaft lebenden Personen zu beantragen und entgegenzunehmen, § 38 Abs. 1 S. 1 SGB II. Leben mehrere erwerbsfähige Hilfebedürftige in einer Bedarfsgemeinschaft, gilt diese Vermutung zugunsten desjenigen, der die Leistungen beantragt, § 38 Abs. 1 S. 2 SGB II. Es handelt sich hierbei um gewillkürte – nicht um gesetzliche – Stellvertretung, die Normen der §§ 164 ff. BGB sind anwendbar.[51]

Inhaltlich erfasst die Vermutung alle Verfahrenshandlungen, die mit der Antragstellung **18** und der Entgegennahme der Leistungen zusammenhängen und der Verfolgung des Antrags dienen, auch die Einleitung des **Widerspruchs**, nicht aber die Klageerhebung.[52] Für diese gilt allerdings die **gerichtliche Vertretungsbefugnis** von Familienangehörigen (iSv § 15 AO bzw. § 11 LPartG) nach § 73 Abs. 2 S. 2 Nr. 2 SGG.

Eine – nicht nur vermutete – **Vertretungsberechtigung** für den **umgangsberechtigten El-** **19** **ternteil** bei Leistungen an Kinder im Rahmen der Ausübung des Umgangsrechts (während dessen Dauer) sieht seit dem 1.1.2011 § 38 Abs. 2 SGB II vor. Es handelt sich hier-

---

45   BSG 20.6.1984 – 7 Rar 18/83, BSGE 57, 62.
46   Vgl. nur Mitteilungsblatt Nr. 34 des Deutschen Sozialrechtsverbands (Internetseite) Nr. 34 vom Mai 2011, wo auf S. 5 ein von Udsching beim Deutschen Richtertag 2011 gehaltenes Referat über „Praktische Probleme mit Hartz IV" zusammengefasst wird. Dort ist von einem „gänzlich unzulänglichen Verwaltungsvollzug" sowie von „häufig erschreckende(r) Qualität der Fallbearbeitung" infolge „unzulänglich qualifizierten Personals" die Rede, was zu einem „signifikanten Vertrauensverlust" bei den Betroffenen geführt habe.
47   Zum Herstellungsanspruch siehe unten Kapitel 58.
48   Erfasst werden nur schriftliche Anträge. Bei mündlicher Antragstellung ist der Leistungsträger gem. § 14 SGB I verpflichtet, auf die für eine Übersetzung erforderliche Schriftform hinzuweisen.
49   Böttiger in: LPK-SGB X § 19 Rn. 18 unter Hinweis auf BT-Drs. 8/2034, 32 zu § 19.
50   So im Ergebnis auch Mutschler in: KassKomm SGB X § 19 Rn. 12.
51   Vgl. Samartzis ZfF 2009, 156 (158) mwN.
52   BSG 7.11.2006 – B 7 b AS 8/06 R, Rn. 29 u. 2.7.2009 – B 14 AS 54/08 R, Rn. 22; ferner Schoch in: LPK-SGB II § 38 Rn. 20.

bei um Fallgestaltungen, bei denen die Rechtsprechung von einer **temporären Bedarfs-gemeinschaft** ausgeht.[53]

§ 38 SGB II ist allerdings **keine** über die Vermutung einer Bevollmächtigung **hinausge-hende "Zurechnung"** von Handlungen einer Person zu anderen Personen zu entneh-men, etwa hinsichtlich der tatbestandlichen Voraussetzungen des § 45 SGB X.[54] Eine der Regelung in § 38 SGB II entsprechende Vermutung kennt zudem **weder das SGB XII, noch das AsylblG,** wo es den Begriff der Bedarfsgemeinschaft nicht gibt.[55]

2. Sozialrechtliche Handlungsfähigkeit

20 Ein wirksam gestellter Antrag setzt **Handlungsfähigkeit** iSd § 11 SGB X voraus. Gem. § 11 Abs. 1 Nr. 1 SGB X gelten im Wesentlichen die Grundsätze des BGB über **Ge-schäftsfähigkeit.** Betreute iSd §§ 1896 ff. BGB sind geschäftsfähig, bei der Betreuung mit **Einwilligungsvorbehalt** (§ 1903 BGB) ist die sozialrechtliche Handlungsfähigkeit nach Maßgabe des § 11 Abs. 2 SGB X eingeschränkt. Der Einwilligungsvorbehalt be-steht nach § 1903 Abs. 1 S. 1 BGB im **Umfang des Aufgabenbereichs** des Betreuers, so dass insoweit nur der Betreuer antragsbefugt ist.

21 Anträge auf Sozialleistungen kann bereits stellen, wer das **15. Lebensjahr vollendet** hat, § 36 Abs. 1 S. 1 SGB I,[56] wobei der Leistungsträger dann den gesetzlichen Vertreter un-terrichten muss (§ 36 Abs. 1 S. 2 SGB I). Diese Handlungsfähigkeit besteht nach § 36 Abs. 2 S. 1 SGB I aber nicht, wenn der gesetzliche Vertreter durch schriftliche Erklärung gegenüber dem Leistungsträger die Handlungsfähigkeit des Minderjährigen einge-schränkt hat. Überdies bedarf die Rücknahme von Anträgen, der Verzicht auf Sozial-leistungen und die Entgegennahme von Darlehen stets der Zustimmung des gesetzlichen Vertreters, § 36 Abs. 2 S. 2 SGB I.

22 Die in § 36 Abs. 1 S. 1 SGB I geregelte besondere **sozialrechtliche Handlungsfähigkeit** verdrängt in ihrem sachlichen Geltungsbereich die Befugnisse des gesetzlichen Vertreters nicht.[57] Demnach können Eltern auch bei (bewusster oder unbewusster) Untätigkeit ihrer minderjährigen Kinder kraft ihrer gesetzlichen Vertretungsmacht uneingeschränkt Sozialleistungsanträge stellen. Soweit die gesetzlichen Vertreter die rechtzeitige Antrag-stellung einer Sozialleistung unterlassen haben, muss sich der Berechtigte die dadurch verursachten Folgen entsprechend der in § 27 Abs. 1 S. 2 SGB X getroffenen Regelung sowie den zu § 67 Abs. 1 S. 2 SGG von der Rechtsprechung entwickelten Grundsätzen zurechnen lassen.[58] Von diesen kann im Einzelfall abgewichen werden, wenn dies der Schutzzweck des Leistungsgesetzes gebietet.[59]

III. Zugang des Antrags/Nachweis des Zugangs

23 Unter "Antragstellung" iSd § 37 Abs. 2 S. 1 SGB II ist **Antragseingang** beim Leistungs-träger gemeint. Der **Beweis** (iS der **objektiven Beweislast**) für den Eingang und dessen Zeitpunkt obliegt als Voraussetzung für die Leistungsgewährung dem Antragsteller. Ein sicherer Nachweis lässt sich nur führen, wenn der Antrag

---

53 Vgl. etwa BSG 2.7.2009 – B 14 AS 54/08 R.
54 BSG 7.7.2011 – B 14 AS 144/10 R.
55 BSG 24.3.2009 – B 8 AY 10/07 R, Rn. 19.
56 Dann besteht Prozessfähigkeit nach § 71 Abs. 2 SGG.
57 BSG 28.4.2005 – B 9a/9 VG 17/04 R, NJW 2005, 2574, dort mwN, auch zu der vertretenen gegenteiligen Auffassung.
58 BSG 28.4.2005 – B 9a/9 VG 17/04 R, NJW 2005, 2574 mwN.
59 BSG 28.4.2005 – B 9a/9 VG 17/04 R, NJW 2005, 2574 mwN, hinsichtlich eines Anspruchs auf Opferent-schädigung nach sexuellem Missbrauch in der Familie, siehe aber auch BSG 30.9.2009 – B 9 VG 3/08 R.

- mittels (Einwurf)Einschreibens versandt oder

- persönlich abgegeben und quittiert oder

- in den Briefkasten des Leistungsträgers in Anwesenheit eines später als Zeugen dies bestätigenden Dritten eingeworfen

wurde.

In der Praxis dürfte es mit der Antragstellung durch **Telefax** wenig Schwierigkeiten geben, wenn das Sendeprotokoll mit „OK-Vermerk" und die dem Antragsteller von seinem Telekommunikationsunternehmen überlassene Abrechnung mit Auflistung der Einzelverbindungen vorliegt. Der Empfänger kann sich dann nicht auf bloßes Bestreiten des Zugangs beschränken, im Rahmen seiner sekundären Darlegungslast wird er sich vielmehr ua dazu äußern müssen, welches Gerät er an der fraglichen Gegenstelle betreibt, ob die Verbindung im Speicher enthalten ist, ob und in welcher Weise er ein Empfangsjournal führt und dieses ggf. vorlegen.[60] Als unsicherer erscheint die – prinzipiell mögliche – Antragstellung mittels **E-Mail**.[61] **24**

IV. Zeitliche Dauer der Antragstellung und Notwendigkeit eines Folgeantrages

Gemäß § 41 Abs. 3 S. 1 SGB II sollen die Leistungen grundsätzlich jeweils für 12 Monate bewilligt werden, unter den Voraussetzungen von S. 2 aber nur für 6 Monate. § 44 Abs. 3 S. 1 SGB XII sieht vor, dass die Leistungen in der Regel für 12 Monate erfolgen, eine Verkürzung auf 6 Monate ist nach dem zum 1.7.2017 eingeführte Abs. 3 S. 2 möglich. Bei der Frage, ob nach Ablauf der Bewilligungszeiträume Leistungen nur nach neuem Antrag bezahlt werden, ist wie folgt zu differenzieren: **25**

Im Bereich des **SGB II** ist ein **Folgeantrag erforderlich**.[62]

Jedenfalls wird der Grundsicherungsträger aber gehalten sein, den Leistungsberechtigten rechtzeitig vor Ablauf des Bewilligungszeitraums auf das bevorstehende Erlöschen der Wirkung des Antrags und auf das Erfordernis einer erneuten Antragstellung hinzuweisen. Bei einem Verstoß gegen diese Pflicht kann die rechtzeitige Antragstellung im Rahmen des **sozialrechtlichen Herstellungsanspruchs** fingiert werden.[63] **26**

Im Rahmen der **Grundsicherung** im **Alter und bei Erwerbsminderung** (§§ 41 ff. SGB XII) hat das BSG entschieden, nach Ablauf des Bewilligungsantrages seien die Leistungen auch **ohne Folgeantrag** weiterzubewilligen, wenn die gesetzlichen Voraussetzungen fortbestehen, was die Behörden von Amts wegen zu ermitteln haben.[64] Das BSG begründet dies aus Wortlaut, Entstehungsgeschichte sowie Sinn und Zweck der Normen. Die Entscheidung ist ergangen zu den Vorschriften der §§ 1 und 6 GSiG, die wortgleich in § 41 Abs. 1 und § 44 Abs. 1 S. 1 SGB XII übernommen wurden. Insofern kann die Entscheidung auch auf die jetzige Rechtslage übertragen werden. Da bei den **Bildungs- und Teilhabeleistungen des SGB XII** solche Besonderheiten nicht bestehen, dürfte hier ein Folgeantrag notwendig sein. **27**

Eine erneute Antragstellung ist ferner sowohl im SGB II als auch im SGB XII dann erforderlich, wenn der ursprüngliche Bewilligungsbescheid **zurückgenommen, widerrufen** oder **anderweitig aufgehoben** wurde, vgl. § 39 Abs. 2 SGB X. **28**

---

60 BGH 19.2.2014 – IV ZR 163/13, Rn. 30.
61 S. hierzu LSG NRW 14.9.2017 – L 19 AS 360/17, zusammenfassend zur Bewertung einer Antragstellung durch einfachen Brief, Telefax oder E-Mail: Blüggel SozSich 2009, 193 (194 f.) mwN.
62 BSG 18.1.2011 – B 4 AS 99/10 R und 29/10 R.
63 BSG 18.1.2011 – B 4 AS 29/10 R, Rn. 13 f.; s. auch Blüggel Soziale Sicherheit 2009, 193 (196) u. Striebinger in: Gagel SGB II/SGB III § 37 SGB II Rn. 67 ff.
64 BSG 29.9.2009 – B 8 SO 13/08 R.

29 Im Übrigen hält die verfahrensrechtliche Wirkung des Antrags solange an, bis über diesen **bestandskräftig** (§ 77 SGG) **entschieden** ist, auch bei einem zunächst ablehnenden Bescheid. Zwischenzeitlich eintretende Änderungen der Anspruchsvoraussetzungen – etwa der Bedürftigkeit – sind im Hinblick auf die Wirkung des Antrags unerheblich, was etwa zur Folge hat, dass bei einer Klage gegen eine Leistungsablehnung streitgegenständlich der gesamte Bewilligungszeitraum bis zum Abschluss der letzten mündlichen Verhandlung in der Tatsacheninstanz ist.[65] Die **Verletzung von Mitwirkungspflichten** (verzögerte Abgabe des ausgefüllten Antragsformulars) kann Sanktionen nach § 66 SGB I nach sich ziehen. Sie hindert aber nicht, dass ggf. dann später gem. § 67 SGB I Leistungen ab dem Zeitpunkt der wirksamen Antragstellung zu erbringen sind, auch im Bereich der Grundsicherung nach §§ 41 SGB XII.[66] IÜ hat das Bundessozialgericht entschieden, dass ein durch formlose Antragstellung begründeter Leistungsanspruch nicht durch bloße Untätigkeit bzw. Nichtausfüllen eines Antragsvordrucks verwirkt wird[67] (vgl. auch § 8 SGB X).

V. Antragstellung bei der unzuständigen Behörde

30 Bei der Grundsicherung für Arbeitsuchende ist der Antrag beim sachlich und örtlich **zuständigen** (§§ 6–6 b, 44 b, 36 SGB II) Leistungsträger zu stellen, § 16 Abs. 1 S. 1 SGB I.[68] Im Sozialhilferecht regeln §§ 98 ff. SGB XII die örtliche Zuständigkeit. **Wirksam** ist jedoch gem. § 16 Abs. 1 S. 2 SGB I ebenso eine Antragstellung bei **unzuständigen** Trägern und Gemeinden. § 16 Abs. 2 S. 1 SGB I verpflichtet den unzuständigen Leistungsträger zur unverzüglichen **Weiterleitung** des Antrags an den zuständigen Träger, damit, so Sinn und Zweck der Norm, der Einzelne mit seinem Begehren nach Sozialleistungen gerade nicht an Zuständigkeitsabgrenzungen innerhalb der gegliederten Sozialverwaltung scheitert.[69] Hierbei sind Leistungen – hinsichtlich deren Umfangs gilt der in → Rn. 7 erwähnte „Meistbegünstigungsgrundsatz" – dann bereits ab dem **Zugang** der Antragstellung bei dem **unzuständigen** Träger zu erbringen, § 16 Abs. 2 S. 2 SGB I.

31 Während § 16 SGB I sowohl sachlich, örtlich und funktionell unzuständige Leistungsträger umfasst, also auch andere Sozialleistungsträger iS von §§ 18–29 SGB I, geht bei der Sozialhilfe der Wortlaut des § 18 Abs. 2 SGB XII für die **Kenntnis** von **engeren Voraussetzungen** aus, als dort nur die örtlich unzuständigen Sozialhilfeträger erfasst werden (hierzu → Rn. 46). Für **antragsabhängige Leistungen** der Sozialhilfe[70] steht gleichwohl einer unmittelbaren Anwendung von § 16 Abs. 2 SGB I nichts im Wege.[71]

VI. Rückwirkende Leistungserbringung

1. Grundsatz

32 Sowohl im Bereich des **SGB II** als auch im **SGB XII** bei Leistungen für Bildung und Teilhabe und solchen der Grundsicherung im Alter und bei Erwerbsminderung hat der Antrag **konstitutive Wirkung** bzw. ist in § 34 a Abs. 1 S. 1 SGB XII und § 44 Abs. 1 S. 1 SGB XII materiellrechtliche Anspruchsvoraussetzung (→ Rn. 4): Leistungen können grundsätzlich nur nach einem Antrag erbracht werden, der demnach für das Einsetzen

---

65 BSG 7.5.2009 – B 14 AS 35/08 R, Rn. 15; vgl. auch LSG BW 27.9.2011 – L 13 AS 4950/10, ZFSH/SGB 2012, 91 (94).
66 Arg. aus BSG 16.10.2007 – B 8/9 b SO 8/06 R und 26.8.2008 – B 8 SO 26/07 R; zustimmend Pattar NZS 2010, 7.
67 BSG 28.10.2009 – B 14 AS 56/08 R.
68 Bei fristgebundenen Anträgen siehe für den Bereich der EU auch § 81 S. 1 VO (EG) Nr. 883/2004.
69 BSG 26.8.2008 – B 8/9 b SO 18/07 R.
70 Zu den übrigen Leistungen der Sozialhilfe insoweit → Rn. 42 ff.
71 Rothkegel in: Rothkegel 2005, Teil IV, Kapitel 1, Rn. 16 und Armborst in: LPK-SGB XII § 18 Rn. 16.

der Leistungen maßgeblich ist.[72] Die Leistungserbringung für die Zeit vor der Antragstellung schließt § 37 Abs. 2 S. 1 SGB II aus, wobei einmal die (eingeschränkte) Rückwirkung in § 37 Abs. 2 S. 2 SGB II zu beachten ist, die sich auf alle Leistungen zum Lebensunterhalt (Kapitel 3 Abschnitt 2) des SGB II bezieht. Mit Wirkung seit 1.8.2013 bestimmt § 37 Abs. 2 Satz 3 SGB II, dass der Antrag auf Leistungen für **soziokulturelle Teilhabe** nach § 27 Abs. 7 SGB II auf den **Beginn des aktuellen Bewilligungszeitraums** (dieser beträgt seit der zum 1.8.2016 geltenden Neufassung des § 41 Abs. 3 SGB II **regelmäßig ein Jahr**) zurückwirkt, soweit daneben andere Leistungen zur Sicherung des Lebensunterhalts für einen laufenden Bewilligungszeitraum erbracht, Teilhabeleistungen demnach nicht isoliert beantragt werden. Zur beschränkten Rückwirkung der Antragstellung im Rahmen der **Grundsicherung im Alter** und bei **Erwerbsminderung** siehe § 44 Abs. 2 S. 1 SGB XII und ferner → Rn. 34.

Rückwirkung sah ferner § 37 Abs. 2 S. 2 SGB II aF vor bei einer versuchten Antragstellung **außerhalb der Öffnungszeiten.** Für die Anwendung dieser Norm war nicht entscheidend, ob der zuständige Leistungsträger an dem Tag nicht geöffnet hatte, an dem die Anspruchsvoraussetzungen erstmals vorlagen. Ausreichend war, wenn der Berechtigte schlüssig vortrug, er habe den Antrag schon früher stellen wollen, habe dies wegen fehlender Dienstbereitschaft nicht tun können.[73] Bezogen auf die in § 37 Abs. 2 S. 2 SGB II aF angeordnete Rückwirkung werden aber durch die Novellierung die Fälle nicht erfasst, in denen die Antragsstellung am Monatsende wegen fehlender Dienstbereitschaft unterblieben ist. Insoweit sollte die bisherige Regelung im Rahmen einer „Lückenfüllung" fortgelten.[74] **33**

Im **SGB XII** findet sich zwar keine Norm, die Leistungen vor der (soweit erforderlich) Antragstellung explizit ausschließt. Da der Antrag hier materiellrechtliche Voraussetzung des Anspruchs ist, sind iRd §§ 41 ff. SGB XII bei Erstbewilligung Leistungen für die Vergangenheit nur im Rahmen des § 44 Abs. 2 S. 1 SGB XII zu erbringen, soweit nicht die Sonderregelung – Erstbewilligung nach altersbedingter Beendigung von Arbeitslosengeld II/Sozialgeld – in § 44 Abs. 3 S. 3 SGB XII eingreift, die einen nahtlosen Übergang der Leistungen vorsieht. Hinsichtlich der Bedarfe für Bildung und Teilhabe nach § 34 SGB XII fehlt es insoweit an einer gesonderten Regelung. § 44 Abs. 2 S. 1 SGB XII sollte analog angewandt werden. **34**

Da grundsätzlich **keine Leistungen vor Antragstellung** erbracht werden, ist die rechtzeitige Stellung des Antrags von entscheidender Bedeutung. Allerdings kann sich bei **Beratungsfehlern** der Leistungsträger eine **Rückwirkung** des Antrags über das Institut des sozialrechtlichen Herstellungsanspruchs ebenso ergeben, wie i.R. der Anwendung von § 28 SGBX und (evtl.) durch Wiedereinsetzung in den vorigen Stand (§ 27 SGB X; → Rn. 36 ff.). Ferner ist die Rückwirkung nach § 16 Abs. 2 SGB I (**Antragstellung** bei einer **unzuständigen Behörde**) zu erwähnen (→ Rn. 40) und auch der Umstand, dass diese Vorschrift auch bei **antragsabhängigen** Leistungen des **Sozialhilferechts** anwendbar ist. **35**

2. Wiederholte Antragstellung, § 28 SGB X

Die Anwendung von § 28 SGB X[75] kann eine rückwirkende Leistungsgewährung ermöglichen. Diese Norm bezweckt, Nachteile zu vermeiden, wenn zunächst in – letztlich erfolgloser – Erwartung der Leistung eines Leistungsträgers eine Antragstellung bei **36**

---

72 Vgl. für den Kinderzuschlag nach § 6 a BKGG: § 5 Abs. 3 S. 1 BKGG.
73 Wagner in: jurisPK-SGB II, 2. Aufl. 2007, § 37 Rn. 30 mwN.
74 Zur Rechtsanwendung im Lückenbereich s. Rüthers/Fischer, Rechtstheorie, 5. Aufl. 2011, § 23.
75 Die im Bereich des SGB II – wenn auch nur mit Einschränkung – möglich ist, vgl. § 40 Abs. 7 SGB II; gleiches gilt für die antragsabhängigen Leistungen der Sozialhilfe, vgl. bereits Rothkegel in: Rothkegel 2005 Teil IV Kapitel 6; im Übrigen → Rn. 44 f.

einem anderen Leistungsträger unterblieben ist. Sie erweist sich als eine **besondere Art** der **Wiedereinsetzung** in den vorigen Stand, sie erlaubt eine Nachholung eines zunächst versäumten Antrags.

37 Nach näherer Maßgabe von § 28 S. 1 SGB X wirkt ein nachgeholter Antrag auf Arbeitslosengeld II bzw. Sozialhilfe bis zu einem Jahr zurück, wenn ein Hilfebedürftiger von der Stellung eines Antrags bisher abgesehen hat, weil er einen Anspruch auf eine andere Sozialleistung geltend gemacht hat – dies kann auch im Rahmen eines Antrags nach § 44 SGB X geschehen[76] – und diese Leistung versagt oder zu erstatten ist. Diese Rückwirkung tritt nach § 28 S. 2 SGB X auch dann ein, wenn der rechtzeitige Antrag auf eine andere Leistung aus Unkenntnis über deren Anspruchsvoraussetzungen unterlassen wurde und die zweite Leistung gegenüber der ersten, wenn diese erbracht worden wäre, nachrangig gewesen wäre. Voraussetzung für die Anwendung beider Sätze des § 28 SGB X ist die **vollständige** Versagung oder Erstattung der beantragten Sozialleistung. Wird hingegen Arbeitslosengeld I erbracht, ist dieses jedoch nicht zur Bedarfsdeckung ausreichend, so kann der rückwirkende Anspruch auf weitere Sozialleistungen nicht auf § 28 SGB X gestützt werden.[77]

38 Voraussetzung ist in der **Sozialhilfe**, dass der Antrag innerhalb der gesetzlich normierten (§ 28 S. 1 SGB X) Frist von **sechs Monaten** nach Ablauf des Monats gestellt worden ist, in dem die Ablehnung oder Erstattung der anderen Leistung bindend geworden ist. Umstritten ist, ob die Vorschrift auch in den Fällen anzuwenden ist, wenn der **Antrag** zunächst aufgrund seiner Aussichtslosigkeit **zurückgenommen** wurde. Im Ergebnis ist dies zu bejahen, weil § 28 SGB X bezweckt, den zu schützen, der durch ergebnislose Antragstellung davon abgehalten wird, eine andere Leistung rechtzeitig zu beantragen.[78]

39 Für den Bereich des **SGB II** gilt aber: In Abweichung von dieser allgemeinen Regelung in § 28 S. 1 SGB X ist gemäß § 40 Abs. 7 SGB II der Antrag bereits unverzüglich,[79] also ohne schuldhaftes[80] Zögern (§ 121 Abs. 1 S. 1 BGB), nach Ablauf des Monats, in dem die Ablehnung oder Erstattung der anderen Leistung bindend geworden ist, nachzuholen. Die gleiche Regelung findet sich für den **Kinderzuschlag** in § 5 Abs. 3 S. 3 BKGG.

3. Wiedereinsetzung in den vorigen Stand

40 Ob einer verspäteten Antragstellung im SGB II oder SGB XII mit dem Antrag auf **Wiedereinsetzung in den vorigen Stand** (§ 27 SGB X; hierzu unten Teil VI Kapitel 56) begegnet werden kann, ist zweifelhaft: Zwar dürfte weder § 37 SGB II noch §§ 34 a Abs. 1 und 41 Abs. 1 SGB XII eine Frist – zu definieren als abgrenzbare, bestimmte oder bestimmbare Zeitspanne zwischen zwei oder mehreren Zeitpunkten[81] – enthalten.[82] Andererseits hat das BVerwG in dem durch die Norm des § 27 Abs. 2 WoGG geregelten Beginn des Bewilligungszeitraums eine gesetzliche Frist iSd § 27 Abs. 1 SGB X gesehen,[83] wenn auch im Ergebnis eine Wiedereinsetzung wegen Verfristung (§ 27 Abs. 3 SGB X) abgelehnt wurde. Ebenso soll nach der Rechtsprechung des BSG eine Wiedereinsetzung grundsätzlich in Betracht kommen bei Versäumen der Antragsfrist in § 99 Abs. 2 SGB VI,[84] bei der Frist von Art. 3 Abs. 2 S. 1 BayLErzGG,[85] § 4 Abs. 2 S. 3

---

76 BSG 19.10.2010 – B 14 AS 16/09 R, Rn. 23.
77 BSG 2.4.2014 – B 4 AS 29/13 R, Rn. 23, s. zu dieser Entscheidung: Luik jurisPR-SozR 4/2015 Anm. 1.
78 Timme in: LPK-SGB X § 28 Rn. 6 mwN.
79 Unklar ist, wie die Frist konkret zu berechnen ist; Conradis in: LPK-SGB II § 40 Rn. 24.
80 Hier gilt, wie im Sozialrecht üblich, ein subjektiver Maßstab, Greiser in: Eicher/Luik SGB II § 40 Rn. 160.
81 Timme in: LPK-SGB X § 27 Rn. 5 mwN.
82 So, im Hinblick auf § 15 Abs. 1 BAföG: BVerwG 23.6.1993 – 11 C 16.92, Buchholz 436.36 § 46 BAföG Nr. 15; ablehnend nunmehr BSG 18.1.2011 – B 4 AS 99/10 R.
83 BVerwG 18.4.1997 – 8 C 38/95, NJW 1997, 2966.
84 BSG 6.5.2010 – B 13 R 44/09 R, Rn. 21.
85 BSG 2.2.2006 – B 10 EG 9/05 R, Rn. 13.

BErzGG aF[86] und bei der Rentenantragstellung nach § 115 Abs. 1 S. 1 SGB VI.[87] Wenn der 4. Senat des BSG in seiner Entscheidung vom 18.1.2011[88] darauf abhebt, § 37 SGB II lege keine Frist fest, sondern regele lediglich das Verhältnis zwischen Leistungsbeginn und Antragstellung und der Ausschluss der Leistungsgewährung vor dem Tag (nunmehr: vor dem Monat) der Antragstellung und sei nicht als materiellrechtliche Ausschlussfrist zu qualifizieren, so überzeugt dies nicht vor dem Hintergrund, dass dem Antrag nach § 37 SGB II **konstitutive Wirkung** zukommen soll.[89] Es bleibt unklar, wieso die Qualifizierung als materiellrechtliche Ausschlussfrist einerseits[90] und die Annahme einer „nur" konstitutiven Wirkung andererseits die getroffene Unterscheidung rechtfertigen soll. Auch verfahrensrechtliche Fristen sollen eine **materiellrechtliche Leistungsausschlussregelung** enthalten. Zudem hat die Differenzierung und die hieran geknüpfte Konsequenz wegen der **Wechselwirkung** zwischen Verfahrensrecht und materiellem Recht[91] nur eingeschränkte Überzeugungskraft. Die Streitfrage verliert im Einzelfall uU an Brisanz, wenn man die gesetzliche Wiedereinsetzungsregelung in § 27 SGB X und das richterrechtliche Institut des sozialrechtlichen Herstellungsanspruchs als **nebeneinander anwendbar** ansieht.[92]

4. Beratungsfehler – Herstellungsanspruch

Soweit **Fehler** von Leistungsträgern – nicht nur von denen, die für die begehrte Leistung zuständig sind, sondern auch bei zurechenbarem, fehlerhaftem Verwaltungshandeln anderer Stellen[93] – bei der **Aufklärung und Beratung**[94] von Antragstellern dazu führen, dass Anträge nicht oder verspätet gestellt werden, kann bei Anwendung des **sozialrechtlichen Herstellungsanspruchs** unter Umständen eine (frühere) Antragstellung fingiert werden.[95] Die allgemeine Beratungspflicht ergibt sich aus § 14 SGB I, die Norm ist auch bei den existenzsichernden Leistungen anwendbar, wobei seit dem 1.8.2016 dieser allgemeine Beratungsanspruch in § 1 Abs. 3 iVm § 14 Abs. 2 SGB II normiert und damit konkretisiert wird; weitere Beratungspflichten können sich aus § 16 a SGB II herleiten (vgl. näher Kapitel 17). Eine Verpflichtung der Leistungsträger, auf unverzügliche, klare und sachdienliche Anträge hinzuwirken, enthält § 16 Abs. 3 SGB I. Eine spezielle Beratungsverpflichtung im Hinblick auf die Bildungs- und Teilhabeleistungen für Kinder und Jugendliche enthält § 4 Abs. 2 SGB II. Zum Anspruch auf Beratung und Unterstützung in der Sozialhilfe s. § 11 SGB XII.

41

---

86 BSG 23.1.2008 – B 10 EG 6/07 R, SGb 2009, 54.
87 BSG 6.5.2010 – B 13 R 44/09 R, Rn. 21.
88 BSG B 4 AS 99/10 R, Rn. 23.
89 BT-Drs. 15/1516, 62 zu § 37.
90 Auch hierüber bestehen Meinungsverschiedenheiten, so spricht zB Mrozynski dem Rentenantrag eine materiellrechtliche Funktion ab, SGB I § 16 Rn. 1.
91 S. etwa Wallerath in: SRH, Teil 2, § 11 Rn. 3 mwN.
92 So BSG 6.5.2010 – B 13 R 44/09 R, Rn. 26; ferner BSG 2.2.2006 – B 10 EG 9/05 R, SGb 2006, 759 mit Anm. Timme; aA BVerwG 18.4.1997 – 8 C 38/95, NJW 1997, 2966 und einzelne Senate des BSG, vgl. Nachweise zum Meinungsstand innerhalb des BSG in: BSG 2.2.2006 – B 10 EG 9/05 R, SGb 2006, 759, Rn. 20, S. 761.
93 Etwa von Trägern der Rentenversicherung, § 109 a SGB VI, § 46 SGB XII; s. ferner unter dem Gesichtspunkt der Amtspflichtverletzung (§ 839 Abs. 1 S. 1 BGB iVm Art. 34 S. 1 GG) BGH 2.8.2018 – III ZR 466/16, info also 2018, 277; hierzu Wenner SozSich 2018, 388.
94 Vgl. (für den Bereich der Sozialversicherung) hierzu die weitgehenden Anforderungen, die das BSG an das Behördenhandeln stellt, 12.12.2007 – B 12 AL 1/06 R; ferner BSG 18.1.2011 – B 4 AS 29/10 R.
95 BSG 27.3.2007 – B 13 R 58/06 R u. zum SGB II BSG 31.10.2007 – B 14/11 b AS 63/06 R, Rn. 14 f. und 18.1.2011 – B 4 AS 29/10 R. Zu Auskunfts- und Beratungspflichten im Zusammenhang mit der Antragstellung im SGB II siehe ferner Striebinger in: Gagel, SGB II/SGB III, § 37 SGB II Rn. 67 ff. mwN. Zum sozialrechtlichen Herstellungsanspruch s. Kapitel 58.

C. Nach dem Kenntnisgrundsatz zu erbringende Leistungen

I. Kenntnisgrundsatz

1. Einsetzen der Hilfe

42 Nach § 18 Abs. 1 SGB XII setzt Sozialhilfe – mit den in §§ 41 Abs. 1, 34 a Abs. 1 S. 1 SGB XII bestimmten Ausnahmen – ein, sobald dem Träger der Sozialhilfe (§ 3 Abs. 1 SGB XII) oder den von ihm beauftragten Stellen (§ 3 Abs. 2 S. 2 SGB II) **bekannt** wird, dass die Voraussetzungen für die Leistung vorliegen. Entscheidend ist demnach, dass die Hilfeleistung nicht von einem Antrag abhängt, sondern nur von dem Bekanntwerden der gesetzlichen Leistungsvoraussetzungen (Kenntnisgrundsatz). Diese Regelung, die schon in § 5 BSHG enthalten war, sollte einen möglichst **niedrigschwelligen Zugang** zur Sozialhilfe gewährleisten und diese strukturell befähigen, verdeckter Armut zu begegnen[96] und trägt der überragenden sozialpolitischen Bedeutung Rechnung, die einem vom Staat getragenen untersten Auffangnetz sozialer Sicherung (was das BSHG bis zum 31.12.2004 war) zukommt.[97] Bei der Frage, wie das Tatbestandsmerkmal „Kenntnis" zu verstehen ist, sollte auf den „Kern" des Amtsgrundsatzes abgestellt werden, der es ist, den **Zugang** zu Leistungen der Sozialhilfe zu **erleichtern**;[98] es ist demnach nicht die vorrangige Aufgabe des § 18 SGB XII, Leistungen für die Vergangenheit auszuschließen.[99]

43 Soweit das Amtsprinzip eingreift, dürfen Träger der Sozialhilfe nicht zuwarten, bis Leistungsberechtigte auf sie zukommen; das durch § 18 SGB XII begründete Sozialhilferechtsverhältnis kann etwa in einer Weise fortwirken, dass Sozialhilfeträger den **früheren Sozialhilfefall** weiter im **Blickfeld behalten** müssen. So kann nach der Ablehnung von Sozialhilfe wegen verbliebener Zweifel am Hilfebedarf oder an der Hilfebedürftigkeit eine kurzfristige Wiedervorlage der Akten zur erneuten Überprüfung der Anspruchsvoraussetzungen geboten sein.[100] Das Bundessozialgericht lässt es im Hinblick auf den Schutzzweck der Norm des § 18 SGB XII genügen, dass die Notwendigkeit der Hilfe dargetan oder sonstwie erkennbar sei, wobei dann die weitere Sachverhaltsaufklärung dem Leistungsträger – auch unter Berücksichtigung seiner sich aus § 11 Abs. 1 und Abs. 2 S. 1 SGB XII ergebenden Beratungs- und Unterstützungspflicht – obliege.[101] Kenntnis im Rechtssinn hat der Sozialhilfeträger etwa bei einem laufenden Leistungsfall auch bezogen auf das Ausmaß eines bereits bekannten Bedarfs, so dass zum Beispiel **Pflegeleistungen** auch dann nachträglich zu erbringen sind, wenn einer **Erhöhung des Ausmaßes** der Pflegebedürftigkeit nicht gesondert mitgeteilt wird; mit einer Verschlechterung des Gesundheitszustandes und damit einer Erhöhung des Pflegebedarfs ist also gewissermaßen immer zu rechnen.[102]

2. Kenntniserlangung durch Antrag/Kenntnis komplexer Tatsachen

44 In der Regel wird im Rahmen der Sozialhilfe – auch außerhalb der Antragsleistungen – ein Leistungsantrag gestellt. In diesem Fall vermittelt der Antrag der Behörde die Kennt-

---

96 BSG 26.8.2008 – B 8/9 b SO 18/07 R, SGb 2009, 620 mAnm Löcher, Rn. 23.
97 Rothkegel in: Rothkegel, 2005, Teil II Kap. 4 Rn. 2.
98 Vgl. ausführlich Mrozynski ZFSH/SGB 2007, 463.
99 BSG 10.11.2011 – B 8 SO 18/10 R, unter Hinweis auf BSG SozR 4–3500 § 18 Nr. 1 Rn. 24.
100 Rothkegel in: Rothkegel, 2005, Teil II Kap. 4 Rn. 3 u. Teil IV Kap. 1 Rn. 5 f.
101 BSG 20.4.2016 – B 8 SO 5/15 R, SGb 2017, 155 mAnm Grube, Rn. 11 und 16 mwN.
102 BSG 20.4.2016 – B 8 SO 5/15 R, SGb 2017, 155 mAnm Grube, Rn. 11 mwN; s. auch bereits BSG 10.11.2011 – B 8 SO 18/10 R und nunmehr BSG 28.8.2018 – B 8 SO 9/17 R: Die für das Einsetzen der Sozialhilfe erforderliche Kenntnis wird nicht erst durch die spezifische Kenntnis von dem finanziellen Bedarf, sondern bereits durch die Kenntnis von der Bedarfslage vermittelt.

nis von dem Sozialhilfefall iSv § 18 Abs. 1 SGB XII, nicht etwa erst die Antragsbegründung mit überprüfbaren Angaben tatsächlicher Art.

Dieses Ergebnis ist deshalb gerechtfertigt, weil der **Kenntnisgrundsatz**, wie oben ausgeführt, ja gerade eine **Besserstellung** des Leistungsberechtigten gegenüber dem Antragsprinzip bewirken soll. *Rothkegel* hat bereits vor Erlass der einschlägigen Rechtsprechung des BSG ausgeführt, nur eine solche Sichtweise trage auf verfahrensrechtlicher Ebene der Ungleichgewichtigkeit der Stellung von Bürgerinnen und Bürger im Verwaltungsverfahren Rechnung.[103]

Fraglich kann sein, zu welchem **Zeitpunkt** leistungserhebliche Kenntnis besteht, wenn **45** bei **komplexen Tatsachen** Feststellungen zu treffen sind, ob eine kostenaufwendige Ernährung (Mehrbedarf nach § 30 Abs. 5 SGB XII) erforderlich ist. Im SGB II wirkt sich die Verfahrensdauer nicht zulasten der Leistungsberechtigten aus, der Leistungsantrag wirkt nach § 37 Abs. 2 S. 2 SGB II auf den Ersten des Monats zurück. Zur Vermeidung **ungerechtfertigter Wertungsunterschiede** und wegen der mit dem Kenntnisgrundsatz beabsichtigten Zugangserleichterung ist Kenntnisverschaffung iSd SGB XII **entsprechend dem Antrag** zu behandeln.[104]

3. Unzuständiger Träger

Streitig kann der Zeitpunkt des Einsetzens der Hilfe sein, wenn Kenntnis (nur) bei **46** einem nicht zuständigen Träger besteht. Nach § 18 Abs. 2 S. 1 SGB XII sind, wenn einem unzuständigen Sozialhilfeträger oder einer nicht zuständigen Gemeinde im Einzelfall bekannt wird, dass Sozialhilfe beansprucht wird, die darüber bekannten Umstände dem zuständigen Träger oder der von ihm beauftragten Stelle unverzüglich mitzuteilen und vorhandene Unterlagen zu übersenden. Ergeben sich hieraus die Voraussetzungen für die Leistung, so ist für das **Einsetzen der Hilfe** – hinsichtlich deren Umfangs gilt der in → Rn. 7 erwähnte „**Meistbegünstigungsgrundsatz**" – die **Kenntnis** der **nicht zuständigen Stelle** maßgeblich, § 18 Abs. 2 S. 2 SGB XII. Diese Rechtsfolge tritt auch dann ein, wenn die Kenntnis durch einen – nicht erforderlichen – Antrag bei einem **anderen Träger** als den in § 18 Abs. 2 SGB XII genannten vermittelt wird, insoweit greift § 16 Abs. 2 SGB I ein, dessen Anwendung durch § 18 Abs. 2 SGB XII nicht ausgeschlossen wird.[105]

Auch die nicht antragsabhängigen Leistungen der Sozialhilfe sind – wenn der Hilfebe- **47** darf noch besteht – unter den Voraussetzungen des § **28 SGB X** (hierzu → Rn. 36 ff.) **rückwirkend** zu erbringen. Hierüber besteht heute Einigkeit.[106]

II. Nacheinander von Kenntnis- und Antragsprinzip; vorrangige Leistungen

Die Einführung des Antragsprinzips in der Sozialhilfe für die Grundsicherungsleistun- **48** gen nach § 41 ff. SGB XII ist offenbar finanzpolitisch motiviert. Zu kritisieren und kaum verständlich ist dies vor dem Hintergrund der Zielrichtung des Kenntnisprinzips, verdeckte Armut und insbesondere bei alten Menschen sog verschämte Altersarmut zu vermeiden.[107] Allerdings können Berechtigte, die keinen Antrag gestellt haben, über deren Hilfebedürftigkeit aber Kenntnis im Sinne des § 18 SGB XII besteht, Hilfe zum Le-

---

103 Rothkegel, 2005, Teil IV Kap. 1 Rn. 4.
104 Mrozynski SGb 2007, 463 (466 ff.); im Ergebnis ähnlich Rothkegel, Sozialhilferecht, 2005, Teil II Kap. 4 Rn. 12 und BSG 20.4.2016 – B 8 SO 5/15 R, SGb 2017, 155 mAnm Grube, Rn. 11.
105 BSG 26.8.2008 – B 8/9 b SO 18/07 R, Rn. 22, SGb 2009, 620 (622 f.) mAnm Löcher, unter Hinweis auf den Schutzzweck der Norm.
106 BSG 19.10.2010 – B 14 AS 16/09 R, zum früheren Meinungsstand siehe Rothkegel in: Rothkegel, 2005, Teil IV Kap. 5.
107 Rothkegel, 2005, Teil II Kap. 4 Rn. 15 und Tänzer info also 2003, 243.

bensunterhalt nach §§ 27 ff. SGB XII trotz des Wortlauts von § 19 Abs. 2 S. 2 SGB XII – wonach die Leistungen der Grundsicherung im Alter und bei Erwerbsminderung der Hilfe zum Lebensunterhalt nach dem Dritten Kapitel des SGB XII vorgehen – erhalten: Die Bestimmung des § 19 Abs. 2 Satz 2 SGB XII schließt Leistungen zur Hilfe zum Lebensunterhalt nach §§ 27 ff. SGB XII nur und soweit aus, als Grundsicherungsleistungen nach §§ 41 ff. SGB XII tatsächlich gewährt werden, nicht bereits dann, wenn und soweit solche Leistungen nur dem Grunde nach in Betracht kommen.[108] Dies hat zur Konsequenz ein mögliches Nacheinander von Hilfe zum Lebensunterhalt und Grundsicherung nach dem SGB XII bei ein- und denselben Leistungsberechtigten und damit zu einem Nacheinander von Amts- und Antragsprinzip.[109]

49 § 21 Abs. 1 S. 1 SGB XII bestimmt einen allgemeinen Ausschluss für Leistungen zum Lebensunterhalt nach dem SGB XII für Leistungsberechtigte nach dem SGB II. Aus § 5 Abs. 2 SGB II folgt hingegen, dass dies nur gilt hinsichtlich der Leistungen nach dem Dritten Kapitel des SGB XII. Leistungen nach dessen 4. Kapitel (§§ 41 ff. SGB XII) sind jedoch gegenüber dem Sozialgeld (§ 23 SGB II) vorrangig.[110] Hinsichtlich des Leistungsausschlusses im SGB XII reicht es aus, dass die Berechtigung, Leistungen nach dem SGB II in Anspruch zu nehmen, **dem Grunde nach** besteht. **Bedeutungslos** ist es insoweit, ob ein entsprechender **Antrag** nach § 37 SGB II – der nicht anspruchsbegründend ist – gestellt wurde.[111]

---

108 BSG 29.9.2009 – B 8 SO 13/08 R, Rn. 16, ferner bereits Münder, Wünsche der Wissenschaft an die sozialgerichtliche Rechtsprechung zur Sozialhilfe, SGb 2006, 186 (189 f.).

109 Münder, Wünsche der Wissenschaft an die sozialgerichtliche Rechtsprechung zur Sozialhilfe, SGb 2006, 186 (190).

110 Zur Begründung dieser – nicht notwendigen – unterschiedlichen Formulierung s. Knickrehm/Hahn in: Eicher/Luik SGB II § 5 Rn. 18.

111 Knickrehm/Hahn in: Eicher/Luik SGB II § 5 Rn. 19; Thie in: LPK-SGB XII § 21 Rn. 6.

Kapitel 48: Mitwirkungspflichten

Literaturhinweise: Armborst, Verfahrensfragen zur Auskunftspflicht nichtehelicher Partner, info also 2007, 147 f.; Bieresborn, Sozialdatenschutz nach Inkrafttreten der EU-Datenschutzgrundverordnung, NZS 2017, 887 ff., 926 ff., NZS 2018, 10 ff.; Blüggel, Die Mitwirkung des Arbeitsuchenden bei der Sachverhaltsaufklärung, SGb 2007, 336 ff.; Klerks, Die allgemeinen Mitwirkungspflichten im Sozialrechtsverhältnis, ASR 2012, 178 ff.; Sommer, Die Mitwirkungspflichten des Leistungsberechtigten nach §§ 60 ff. SGB I, ZFSFH SGB 2010, 278 ff.; Wallerath, Herstellungsanspruch in der Sozialhilfe?, NDV 1998, 65 ff.

Rechtsgrundlagen:

SGB I §§ 60 ff.

SGB II § 4, § 41 a, §§ 56 ff.

SGB X §§ 20, 21, 67 ff.

SGB XII § 11

AsylbLG §§ 9, 1 a

Orientierungssätze:

1. Mitwirkungspflichten sind Obliegenheiten und begründen weder einen Erfüllungs- noch einen Schadenersatzanspruch.

2. Grenzen für die Mitwirkungspflichten ergeben sich nicht nur aus den allgemeinen Regelungen des SGB I, sondern finden sich ebenso in den datenschutzrechtlichen Bestimmungen des SGB X und der europäischen Datenschutzgrundverordnung (DSGV).

3. Die Bestimmungen der §§ 60 ff. SGB I über die Mitwirkungspflichten finden in der Grundsicherung für Arbeitsuchende Anwendung.

4. Die Sanktionierung fehlender Mitwirkung nach § 31 SGB II geht der Versagung oder Entziehung der Leistung nach § 66 SGB I als speziellere Regelung vor.

5. Die fehlende Bereitschaft, im Arbeitsbereich einer Werkstatt für behinderte Menschen zu arbeiten, ist keine fehlende Mitwirkung im Sinne der §§ 60 ff. SGB I.

6. Für Leistungsberechtigte nach dem AsylbLG gelten die Mitwirkungspflichten nach § 60 ff. SGB I mit der Ergänzung, dass die Leistungsberechtigten die Abnahme von Fingerabdrücken zu dulden haben, wenn dies zur Prüfung ihrer Identität erforderlich ist.

A. Allgemeines

1 Das Sozialverwaltungsrecht kennt neben dem in § 20 SGB X geregelten **Untersuchungsgrundsatz** Pflichten des Hilfesuchenden, an der Aufklärung der für die Bewilligung der Leistung erforderlichen Tatsachen mitzuwirken. Die Mitwirkungspflichten beginnen mit der Antragstellung.[1] Zur vollständigen Ermittlung des Sachverhalts sind die Mitarbeiter der Sozialleistungsträger auf die Mitwirkung der Antragsteller und Leistungsbezieher angewiesen. Die Mitwirkungspflichten grenzen die Offizialmaxime (Amtsermittlungsgrundsatz) ein. Sie sind rechtsdogmatisch keine echten Rechtspflichten, sondern **Obliegenheiten**.[2] Den Obliegenheiten ist immanent, dass sie weder einen Erfüllungsanspruch noch einen Schadensersatzanspruch begründen. Sie können, im Gegensatz zu den echten Rechtspflichten, nicht mit Verwaltungszwang durchgesetzt werden. Die Nichterfüllung kann lediglich zu einem Rechtsnachteil führen.[3] Die Mitwirkungspflichten bzw. Mitwirkungsobliegenheiten ergeben sich bereits aus dem Zehnten Buch Sozialgesetzbuch (SGB X). Spezielle Mitwirkungspflichten regelt das SGB I in den §§ 60 ff. Weitere spezielle Mitwirkungspflichten und -obliegenheiten finden sich in den Besonderen Teilen des Sozialgesetzbuchs (zB § 59 SGB II).

I. Mitwirkungspflichten im SGB X

2 Obwohl die Mitwirkungspflichten im SGB X nicht ausdrücklich geregelt sind, lassen sie sich bereits aus § 20 SGB X erkennen. Die **Ermittlungspflicht** der Behörde findet ihre Grenze dort, wo eine weitere Aufklärung des Sachverhalts der Mitwirkung der Beteiligten bedarf.[4] In § 21 Abs. 2 SGB X wird diese Annahme bestätigt. Dem Gesetzeswortlaut nach „... sollen die Beteiligten bei der Ermittlung des Sachverhaltes mitwirken ...". Die Grenzen der Mitwirkungspflicht nach § 21 Abs. 2 SGB X wiederum ergeben sich aus S. 3. Eine über die Mitwirkung an der Ermittlung des Sachverhalts hinausgehende Verpflichtung des Hilfesuchenden, insbesondere das persönliche Erscheinen oder eine Pflicht zur Aussage, besteht nur aufgrund einer besonderen Rechtsvorschrift.

3 Auch die Mitwirkungspflicht nach § 21 Abs. 2 SGB X ist lediglich eine Obliegenheit.[5] Das SGB X kennt daher bei der Nichterfüllung der Mitwirkungspflicht keine Zwangsmittel; der Hilfesuchende darf nicht gezwungen werden, seine Stellung im Verwaltungsverfahren zu verschlechtern. Dennoch bleibt eine fehlende Mitwirkung nicht folgenlos. Die Behörde kann die Verweigerung der Mitwirkung in ihre Beweiswürdigung einbeziehen und zu dem Schluss kommen, dass sie die Leistung mangels Aufklärung des erforderlichen Sachverhalts nicht erbringen muss.[6]

---

1 Klerks ASR 2012, 178 (182).
2 Vgl. BSG 19.9.2008 – B 14 AS 45/07 R, NDV-RD 2009, 59 ff.; BSG 19.2.2009 – B 4 AS 10/08 R; Blüggel in: Eicher/Luik SGB II, 4. Aufl. 2017, Vor §§ 56–62 Rn. 4; Blüggel SGb 2007, 336 (336).
3 LSG BW 1.2.2007 – L 7 SO 4267/05, NZS 2007, 433.
4 Siefert in: von Wulffen SGB X, 8. Aufl. 2014, § 20 Rn. 8; Wündrich SGb 2009, 267 (269).
5 Siefert in: von Wulffen SGB X, 8. Aufl. 2014, § 21 Rn. 20.
6 Siefert in: von Wulffen SGB X, 8. Aufl. 2014, § 21 Rn. 20.

II. Mitwirkungspflichten im SGB I

1. Obliegenheiten im Einzelnen

Für Leistungsberechtigte können nach dem SGB I Mitwirkungspflichten (**Obliegenhei-** **4**
ten!) zur Angabe von Tatsachen (§ 60 SGB I), zum persönlichen Erscheinen (§ 61
SGB I), zur Duldung von ärztlichen und psychologischen Untersuchungen (62 SGB I)
und zu Leistungen zur Teilhabe am Arbeitsleben (§ 64 SGB I) bestehen.

a) Angabe von Tatsachen

Nach § 60 SGB I muss, wer Sozialleistungen beantragt oder erhält oder zur Erstattung **5**
verpflichtet ist, alle **Tatsachen angeben,** die für die Leistung erheblich sind, und auf Verlangen des zuständigen Leistungsträgers der Erteilung der erforderlichen Auskünfte
durch Dritte zustimmen. Ferner muss er Änderungen in den Verhältnissen, die für die
Leistung erheblich sind oder über die im Zusammenhang mit der Leistung Erklärungen
abgegeben worden sind, unverzüglich mitteilen sowie Beweismittel bezeichnen und auf
Verlangen des zuständigen Leistungsträgers Beweisurkunden vorlegen oder ihrer Vorlage zustimmen. Diese Mitwirkungspflicht betrifft alle Sozialleistungen einschließlich der
Beratung und Auskunft. Für die Grundsicherung für Arbeitsuchende ist die Vorschrift
des § 60 SGB I von Bedeutung, wenn es um die Vorlage von Kontoauszügen geht (siehe
unten → Rn. 29).

b) Persönliches Erscheinen

Nach § 61 SGB I soll, wer Sozialleistungen beantragt oder erhält, auf Verlangen des zu- **6**
ständigen Leistungsträgers zur mündlichen Erörterung des Antrags oder zur Vornahme
anderer für die Entscheidung über die Leistung notwendiger Maßnahmen persönlich erscheinen. Eine Vertretung ist in diesem Fall unzulässig.[7] Die Anordnung zum persönlichen Erscheinen steht im Ermessen der Leistungsbehörde, wobei dem zur Mitwirkung
Aufgeforderten eindeutig, klar und unmissverständlich erkennbar gemacht werden
muss, was tatsächlich und rechtlich von ihm verlangt wird und welche Folgen ihm bei
unterlassenem Erscheinen drohen.[8]

c) Untersuchungspflicht

§ 62 SGB I regelt die **Untersuchungspflicht.** Wer Sozialleistungen beantragt oder erhält, **7**
soll sich auf Verlangen des zuständigen Leistungsträgers ärztlichen und psychologischen
Untersuchungsmaßnahmen unterziehen, soweit diese für die Entscheidung über die
Leistung erforderlich sind. Auch die Anwendung dieser Vorschrift steht im Ermessen
der Leistungsbehörde. Die Aufforderung der Leistungsbehörde nach § 63 SGB I, sich
einer **Heilbehandlung** zu unterziehen, kann nur an denjenigen adressiert werden, der
wegen Krankheit oder Behinderung Sozialleistungen beantragt oder erhält und wenn zu
erwarten ist, dass die Heilbehandlung eine Besserung seines Gesundheitszustands herbeiführen oder eine Verschlechterung verhindern wird.[9]

d) Teilhabe am Arbeitsleben

Im Ermessen des Leistungsträgers steht auch, von demjenigen, der wegen Minderung **8**
der Erwerbsfähigkeit oder wegen Arbeitslosigkeit Sozialleistungen beantragt oder erhält, zu verlangen, an **berufsfördernden Maßnahmen** teilzunehmen, § 64 SGB I. Das gilt
nur, wenn bei angemessener Berücksichtigung seiner beruflichen Neigung und seiner
Leistungsfähigkeit zu erwarten ist, dass sie seine Erwerbs- oder Vermittlungsfähigkeit

---

7 AA, wenn der Leistungsträger zustimmt: Sommer ZFSH SGB 2010, 278 (282).
8 BSG 20.3.1980 – 7 RAr 21/79.
9 Dazu vgl. Sommer ZFSH SGB 2010, 278 (283 ff.).

auf Dauer fördern oder erhalten werden. Ihre Konkretisierung findet diese Mitwirkungspflicht im Zweiten Buch Sozialgesetzbuch (Eingliederungsvereinbarung, Selbsthilfegrundsatz).

2. Grenzen der Mitwirkungspflichten

a) Übermaßverbot

9 Die Mitwirkungspflichten bestehen in den **Grenzen** des § 65 SGB I. Hierin kommt das **Übermaßverbot** zum Ausdruck, welches sich durch das gesamte Sozialleistungssystem zieht.[10] Die dem Hilfebedürftigen bei seiner Existenzsicherung entstehenden Pflichten dürfen zum einen seine verfassungsrechtlich geschützten Rechte nicht unverhältnismäßig einschränken und zum anderen nicht die Offizialmaxime nach § 20 SGB X unterlaufen. Allerdings kann die Verletzung der Mitwirkungsobliegenheit zur Begrenzung der Amtsermittlungspflicht führen.[11]

b) Verhältnismäßigkeit

10 Nach § 65 Abs. 1 SGB I bestehen Mitwirkungspflichten nicht, soweit ihre Erfüllung in keinem angemessenen Verhältnis zu der Sozialleistung stehen (Ziff. 1), ihre Erfüllung dem Betroffenen aus einem wichtigem Grund nicht zugemutet werden kann (Ziff. 2) oder der Leistungsträger mit geringem Aufwand die erforderlichen Kenntnisse selbst beschaffen kann (Ziff. 3). Diese Ausschlusstatbestände sind **von Amts wegen** zu berücksichtigen.[12] Die in § 65 Abs. 2 SGB I benannten Ablehnungsgründe sind hingegen nicht von Amts wegen zu berücksichtigen und erfordern ein **Tätigwerden** des Hilfesuchenden.[13] Behandlungen und Untersuchungen können danach abgelehnt werden, wenn ein Schaden für Leben oder Gesundheit nicht mit hoher Wahrscheinlichkeit ausgeschlossen werden kann (Ziff. 1). Hier kommt das Grundrecht auf Leben und körperliche Unversehrtheit nach Art. 2 Abs. 2 GG zum Ausdruck. Dabei ist insbesondere an riskante Operationen zu denken, die außer Verhältnis zum bewirkenden Heilerfolg stehen.[14] Ein Ablehnungsgrund liegt auch vor, wenn die Behandlungen oder Untersuchungen mit erheblichen Schmerzen verbunden sind (Ziff. 2). Der Begriff „erheblich" ist ein gerichtlich voll überprüfbarer unbestimmter Rechtsbegriff.

c) Datenschutz

11 Die Mitwirkungspflichten sind durch **datenschutzrechtliche Bestimmungen** begrenzt, vgl. § 35 Abs. 2 SGB I iVm DSGVO[15] iVm §§ 67 ff. SGB X.[16] Die Auskunftspflicht besteht nicht, wenn die Kenntnis der personenbezogenen Daten zur Erfüllung der Aufgabe der erhebenden Stelle nicht **erforderlich** sind, § 67 a SGB X. Insbesondere die in § 67 Abs. 12 SGB X genannten besonderen Arten personenbezogener Daten sind nicht für die Entscheidung über die Leistung erforderlich.[17] Dazu zählen unter anderem die rassische und ethnische Herkunft, politische Meinungen und die Gesundheit (vgl. Kap. 52).

---

10 Mrozynski SGB I, 5. Aufl. 2014, § 65 Rn. 1; Blüggel in: Eicher/Luik SGB II, 4. Aufl. 2017, Vor §§ 56–62 Rn. 36.
11 LSG BW 1.2.2007 – L 7 SO 4267/05, NZS 2007, 433.
12 Mrozynski SGB I, 5. Aufl. 2014, § 65 Rn. 5.
13 Mrozynski SGB I, 5. Aufl. 2014, § 65 Rn. 5.
14 Mrozynski SGB I, 5. Aufl. 2014, § 65 Rn. 19; die ungefährliche Operation eines Bauchnabelbruchs ist kein Ablehnungsgrund: BSGE 34, 255 (257).
15 Ab 25. Mai 2018 ist die EU-Datenschutzgrundverordnung unmittelbar geltendes Recht, EU 2016/679. Der nationale Gesetzgeber hat auch die Vorschriften des SGB X zum Datenschutz neu gefasst: Gesetz zur Änderung des Bundesversorgungsgesetzes und anderer Vorschriften vom 17.7.2017, BGBl. I, 2541 ff.; vgl. Biereborn NZS 2017, 887 ff.
16 LSG BW 13.10.2010 – L 3 AS 1173/10.
17 BSG 19.9.2008 – B 14 AS 45/07 R, NDV-RD 2009, 59; BSG 19.2.2009 – B 4 AS 10/08 R.

3. Rechtsfolgen

a) Fehlende Vollstreckbarkeit

Das SGB I kennt **keine Zwangsmittel,** die Befolgung der Mitwirkungspflichten durchzu- **12** setzen. Dem liegt die rechtliche Charakterisierung der Mitwirkungspflichten als Oblie- genheit zugrunde. Ähnlich wie bei zivilrechtlichen Obliegenheiten hat die Nichterfül- lung lediglich einen Rechtsnachteil für den Hilfebedürftigen zur Folge.[18] Die Mitwir- kung ist auch nicht einklagbar[19] oder vollstreckbar.[20] In den besonderen Teilen des So- zialgesetzbuches ist mitunter eine andere Rechtsfolge geregelt (zB Sanktion nach § 31 Abs. 2 SGB II bei Nichterscheinen beim SGB II-Träger nach § 59 SGB II).

b) Versagung oder Entziehung

Das SGB I bestimmt als Folgen fehlender Mitwirkung die **Versagung oder Entziehung 13** der Leistung (§ 66 SGB I). „Versagung" meint die Nichtgewährung einer beantragten oder von Amts wegen zu erbringenden Leistung.[21] Die Leistungseinstellung bei einer be- reits bewilligten Dauerleistung nennt man „Entziehen".[22] § 66 SGB I findet nur Anwen- dung, wenn eine Mitwirkungspflicht verletzt wird, die tatbestandlich von §§ 60 bis 62, 65 SGB I erfasst ist.[23] Zudem muss vor Versagung oder Entzug der Betroffene auf die Folgen fehlender Mitwirkung **schriftlich hingewiesen** werden und ihm eine **angemessene Frist** zur Mitwirkung gesetzt worden sein, § 66 Abs. 3 SGB I. Der Hinweis darf sich nicht auf die Wiederholung des Gesetzeswortlauts oder Belehrungen allgemeiner Art be- schränken.[24] In der Rechtsfolgenbelehrung muss jedoch nicht schon das Ausmaß der konkret beabsichtigten Versagung bzw. die konkret beabsichtigte Entscheidung ab- schließend angegeben werden.[25] Die Versagung und Entziehung der Leistung sind Ver- waltungsakte, § 31 S. 1 SGB X, und können nur mit Wirkung für die Zukunft erfol- gen.[26] § 66 SGB I stellt eine Sonderregelung für die Leistungsbehörden dar, wonach sie Leistungen lediglich aus verfahrensrechtlichen Gründen ablehnen können.[27] Die fehlen- de Mitwirkung im Rahmen eines leistungsauslösenden Antrags begründet nicht das Recht des Sozialleistungsträgers, sich auf Verwirkung zu berufen.[28]

c) Nachgeholte Mitwirkung

Wird die Mitwirkung nachgeholt, kann der Leistungsträger die Versagungs- oder Ent- **14** ziehungsentscheidung nach § 66 Abs. 1 SGB I aufheben. Die nachgeholte Mitwirkung ändert nichts an der Rechtmäßigkeit eines Versagungsbescheides.[29] Die Erfüllung der Mitwirkungspflicht führt nicht zwingend zur Leistungsbewilligung, denn es sind auf- grund der Mitwirkung nunmehr die weiteren Leistungsvoraussetzungen zu prüfen.[30] Soweit der Leistungsberechtigte die Leistungserbringung auch für die Vergangenheit wünscht, ist nach § 67 SGB I zu entscheiden. Danach kann der Leistungsträger, wenn

---

18 Mrozynski SGB I, 5. Aufl. 2014, § 60 Rn. 2.
19 Mrozynski SGB I, 5. Aufl. 2014, § 60 Rn. 2.
20 VG Stuttgart 21.10.2010 – 11 K 3128/10.
21 Reinhardt in: Krahmer SGB I, 3. Aufl. 2014, § 66 Rn. 6; VG Stuttgart 21.10.2010 – 11 K 3128/10.
22 Reinhardt in: Krahmer SGB I, 3. Aufl. 2014, § 66 Rn. 6.
23 Die Vorlage sämtlicher Nachweise, die einen Antrag auf Entlassung aus dem Beamtenverhältnis belegen, ist keine von §§ 60 ff. SGB I erfasste Mitwirkungspflicht, so dass § 66 SGB I nicht anwendbar ist: vgl. HessLSG 27.12.2010 – L 9 AS 612/10 B ER; Mrozynski SGB I § 66 Rn. 11.
24 BSG 20.3.1980 – 7 Rar 21/79.
25 LSG Nds-Brem 23.9.2015 – L 13 AS 170/13.
26 Dörr/Francke, Sozialverwaltungsrecht, Kap. 11 Rn. 101.
27 LSG Nds-Brem 14.1.2010 – L 13 AS 412/09 B ER.
28 BSG 28.10.2009 – B 14 AS 56/08 R.
29 LSG LSA 22.12.2010 – L 5 AS 374/10 B ER.
30 Mrozynski SGB I, 5. Aufl. 2014, § 66 Rn. 26.

die Leistungsvoraussetzungen vorliegen, die Sozialleistungen nachträglich ganz oder teilweise erbringen, § 67 SGB I (Ermessen).

Die Anwendbarkeit des § 67 SGB I in der Sozialhilfe ist im Hinblick auf die Entscheidung des Bundessozialgerichts zur Anwendbarkeit des § 44 SGB X in der Sozialhilfe zumindest denkbar.[31] Beispielsweise kann die Leistungsversagung Auswirkungen in die Gegenwart haben (Entstehen von Schulden). Sein Ermessen hat der Leistungsträger bei dieser Entscheidung im Sinne von § 2 Abs. 2 SGB I dahin gehend auszuüben, dass er die sozialen Rechte des Sozialgesetzbuches beachtet und sicherstellt, dass diese Rechte möglichst weitgehend verwirklicht werden.

B. Mitwirkungspflichten im SGB II

I. Grundsätze

15 Die Mitwirkungspflichten im SGB II werden wie die im SGB I und SGB X als **Obliegenheiten** verstanden. Sie sind in den §§ 56 ff. SGB II geregelt und konkretisieren die im allgemeinen Teil geregelten Mitwirkungspflichten.

16 Die Mitwirkungsobliegenheiten des SGB I gelten **neben** denen des SGB II.[32] Das **Verhältnis der allgemeinen Mitwirkungsvorschriften** des SGB I zu den besonderen Mitwirkungsvorschriften in den übrigen Büchern des Sozialgesetzbuches bestimmt sich grundsätzlich nach § 37 S. 1 SGB I (Vorbehalt abweichender Regelungen). Danach gelten die Regelungen der besonderen Teile des Sozialgesetzbuches gegenüber denen des Allgemeinen Teils vorrangig, soweit sie etwas Abweichendes regeln. Das trifft für die Mitwirkungspflichten des SGB II nur zum Teil zu. Zwar sind die Tatbestände im SGB II teilweise konkreter als die des SGB I gefasst. In ihrer Rechtsfolge würden sie jedoch ohne Anwendbarkeit der Mitwirkungspflichten des SGB I unter Umständen ins Leere laufen, da das SGB II vereinzelt an die Nichterfüllung keine Rechtsfolgen für die Leistungsentscheidung knüpft (vgl. Anzeige- und Bescheinigungspflicht bei Arbeitsunfähigkeit, § 56 SGB II).

II. Mitwirkungspflichten der erwerbsfähigen Hilfebedürftigen

1. Einschlägige Normen

17 Die Mitwirkungspflichten sind in den §§ 56–61 SGB II geregelt. Neben den im SGB I normierten Mitwirkungspflichten hat der Leistungsberechtigte eine Anzeige- und Bescheinigungspflicht bei Arbeitsunfähigkeit (§ 56 SGB II), eine Vorlagepflicht (§ 58 Abs. 2 SGB II),[33] eine Meldepflicht (§ 59 SGB II iVm §§ 309, 310 SGB III) sowie Auskunftspflichten als Teilnehmer an Maßnahmen zur Eingliederung (§ 61 Abs. 2 SGB II).

2. Anzeige Arbeitsunfähigkeit und Meldepflicht

18 Erwerbsfähige Hilfebedürftige müssen ihre **Arbeitsunfähigkeit** gemäß § 56 SGB II anzeigen und bescheinigen lassen. Der Begriff Arbeitsunfähigkeit ist im Gesetz nicht definiert. Wer arbeitsunfähig ist, kann noch immer erwerbsfähig im Sinne von § 8 SGB II und damit leistungsberechtigt sein. Arbeitsunfähigkeit in der gesetzlichen Krankenversicherung meint das Unvermögen, die zuletzt ausgeübte oder eine ähnlich geartete Tätigkeit (zumindest für eine gewisse Dauer) weiter ausüben zu können. Die Arbeitsunfähig-

---

31 Vgl. BSG 29.9.2009 – B 8 SO 16/08 R; gegen die Anwendbarkeit von § 67 SGB I in der Sozialhilfe: Mrozynski SGB I, 5. Aufl. 2014, § 67 Rn. 1.

32 BSG 19.9.2008 – B 14 AS 45/07 R, NDV-RD 2009, 59; BSG 19.2.2009 – B 4 AS 10/08 R; LSG LSA 12.1.2009 – L 5 B 284/08 AS ER; SG Bremen 24.2.2010 – S 18 AS 286/10 ER; aA LSG LSA 20.2.2009 – L 5 B 376/08 AS ER, für den Fall der psychologischen Untersuchung nach § 59 SGB II.

33 Zur Vorlagepflicht eines Personalausweises vgl. SG Bremen 24.2.2010 – S 18 AS 286/10 ER.

keit bezieht sich nicht auf den allgemeinen Arbeitsmarkt.[34] § 56 SGB II erfasst nicht die Meldung als arbeitsuchend.[35] Sozialgeldempfänger sind nicht zur Anzeige verpflichtet.[36] Wer laufende Leistungen beantragt und Arbeitsentgelt bezieht, ist nach § 58 Abs. 2 **19** SGB II verpflichtet, seinem Arbeitgeber einen Vordruck auszuhändigen, damit dieser gegenüber dem Leistungsträger die Höhe des Arbeitsentgelts bescheinigen kann – **Vorlagepflicht.**

Der erwerbsfähige Hilfebedürftige hat eine **allgemeine Meldepflicht** sowie eine besonde- **20** re Meldepflicht bei Wechsel der Zuständigkeit. Die allgemeine Meldepflicht beinhaltet, dass sich jeder erwerbsfähige Hilfebedürftige während der Dauer des Leistungsanspruchs nach Aufforderung persönlich zu melden oder zu einer ärztlichen oder psychologischen Untersuchung zu erscheinen hat (§ 59 SGB II iVm § 309 SGB III).[37]

3. Grundsatz des Forderns

Der **Grundsatz des Forderns** nach § 2 SGB II stellt keine über die im SGB I geregelte **21** hinausgehende Mitwirkungspflicht dar.[38] Der Grundsatz des Forderns beinhaltet, dass erwerbsfähige Hilfebedürftige alle Möglichkeiten zur Verringerung oder Beendigung ihrer Hilfebedürftigkeit ausschöpfen und aktiv an allen Eingliederungsmaßnahmen teilnehmen müssen. Dieser Grundsatz ist viel zu allgemein gefasst, um daraus konkrete Mitwirkungspflichten abzuleiten. Nach § 31 SGB I können Pflichten nur begründet werden, soweit ein Gesetz diese vorschreibt oder zulässt. Die Mitwirkungspflichten greifen in den grundrechtlichen Schutzbereich der erwerbsfähigen Hilfebedürftigen ein. Insbesondere sind die allgemeine Handlungsfreiheit sowie das vom allgemeinen Persönlichkeitsrecht umfasste Recht auf informationelle Selbstbestimmung, Art. 2 Abs. 1 GG, betroffen. Ein Eingriff in die **Grundrechte** bedarf der gesetzlichen Grundlage, die den Anforderungen des Bestimmtheitsgrundsatzes nach Art. 103 GG genügen muss. Diese Anforderungen erfüllt § 2 SGB II nicht, will man darin eine Mitwirkungspflicht sehen. Der Auffassung, aus dem Grundsatz des Forderns im Sinne von § 2 SGB II ergebe sich die Mitwirkungspflicht für Antragsteller, einen Rentenantrag als vorrangige Leistung zu stellen,[39] kann nicht gefolgt werden. Dazu sei auf § 12 a SGB II verwiesen.[40] Danach sind Hilfebedürftige verpflichtet, vorrangige Leistungen anderer Sozialleistungsträger in Anspruch zu nehmen. Eines Rückgriffs auf § 2 SGB II bedarf es in diesem Fall somit nicht.

4. Eingliederungsvereinbarung

Mitwirkungspflichten können im Rahmen einer **Eingliederungsvereinbarung** in Form **22** eines öffentlich-rechtlichen Vertrages oder als Verwaltungsakt festgelegt werden.[41] Dabei handelt es sich nicht um bloße Obliegenheiten, sondern um echte vertragliche Pflichten, deren Nichterfüllung nach § 31 SGB II sanktioniert werden können. Allerdings ist darauf zu achten, dass die gesetzlich geregelten bzw. bewusst nicht geregelten Mitwirkungsobliegenheiten nicht im Wege einer Eingliederungsvereinbarung umgangen werden. Daher gelten mindestens die Grenzen der Mitwirkungsobliegenheiten aus § 65 SGB I (→ Rn. 9).

---

34 Blüggel in: Eicher/Luik SGB II, 4. Aufl. 2017, § 8 Rn. 10.
35 LSG LSA 12.1.2009 – L 5 B 284/08 AS ER.
36 Birk in: LPK-SGB II, 5. Aufl. 2013, § 56 Rn. 2.
37 Vgl. LSG LSA 20.2.2009 – L 5 B 376/08 AS ER, für den Fall der psychologischen Untersuchung nach § 59 SGB II.
38 AA Kador in: Eicher/Luik SGB II, 4. Aufl. 2017, § 2 Rn. 1; offen gelassen: BSG 19.9.2008 – B 14 AS 45/07 R, NDV-RD 2009, 59.
39 Vgl. Kador in: Eicher/Luik SGB II, 4. Aufl. 2017, § 2 Rn. 1.
40 § 12 a SGB II wurde mit dem „Siebten Gesetz zur Änderung des Dritten Buches Sozialgesetzbuch und anderer Gesetze" v. 11.4.2008 (BGBl. I, 681) eingeführt. Die Regelung trat rückwirkend zum 1.1.2008 in Kraft.
41 Vgl. LSG NRW 12.3.2009 – L 7 B 414/08 AS; zum einstweiligen Rechtsschutz gegen einen Eingliederungsverwaltungsakt: LSG Bln-Bbg 6.11.2017 – L 18 AS 2232/17 B ER.

III. Mitwirkungspflichten Dritter

23 Arbeitgeber und Auftraggeber sind zur Auskunft, vor allem über das Ende und den Grund der Beendigung des Beschäftigungsverhältnisses verpflichtet (§ 57 SGB II). Es besteht zudem eine unverzügliche Bescheinigungspflicht über die Höhe des Verdienstes sowie die Art und Dauer der Tätigkeit (§ 58 SGB II). Im Zusammenhang mit der Prüfung der Hilfebedürftigkeit sind Mitglieder der Bedarfsgemeinschaft sowie Banken, Versicherungen und sonstige Institutionen zur Auskunft über Einkommen und Vermögen des Antragstellers bzw. Leistungsempfängers verpflichtet (§ 60 SGB II).[42]

IV. Rechtsfolgen

24 Die Verletzung der Mitwirkungsobliegenheit führt grundsätzlich zur **Begrenzung der Amtsermittlung**.[43] Die Rechtsfolgen, soweit das SGB II keine regelt, ergeben sich aus § 66 SGB I.[44]

25 § 66 SGB I ist von § 31 SGB II abzugrenzen. Mitunter enthält das SGB II speziellere Mitwirkungspflichten, bei deren Nichteinhaltung die Rechtsfolgen im SGB II und speziell in § 31 SGB II geregelt sind. Das betrifft beispielsweise den Verstoß gegen eine Eingliederungsvereinbarung oder die Untersuchungspflicht nach § 59 SGB II iVm § 309 SGB III. Kommt ein Mitwirkungsverpflichteter der Untersuchungspflicht nicht nach, so ergeben sich die Rechtsfolgen aus § 31 SGB II. Eines Rückgriffs auf die allgemeinen Regeln des § 66 SGB I (Entziehung der Leistung) bedarf es nicht und dürfte wegen der unterschiedlichen Regelungsziele dieser Vorschriften auch ausgeschlossen sein.[45] § 31 SGB II sieht eine stufenweise Sanktionierung der unterlassenen Mitwirkungspflicht vor. Eine fehlende Mitwirkung kann hingegen nach § 66 SGB I jederzeit nachgeholt werden. Eine nachgeholte Mitwirkung ist für die Rechtmäßigkeit des **Versagungsbescheides** nicht von Belang und wirkt sich allenfalls auf die künftigen Entscheidungen des Leistungsträgers und im Rahmen von § 67 SGB I (Leistungserbringung für die Vergangenheit nach Ermessen) aus.[46]

Nach § 37 SGB I gelten die Vorschriften des SGB I (ergänzend), soweit sich aus den übrigen Büchern des Sozialgesetzbuches nichts Abweichendes ergibt.[47] Dazu hat das Bundessozialgericht 2008 entschieden: „… Da im SGB II insgesamt die Verletzung von Mitwirkungsobliegenheiten nur sehr rudimentär geregelt ist, stellt § 66 SGB I wegen des generellen Vorbehalts des § 37 S. 1 SGB I eine Grundnorm dar, die insofern auch im Rahmen der Grundsicherung für Arbeitsuchende anwendbar bleibt …“.[48] Dann aber gelten auch die in § 65 SGB I geregelten **Grenzen** der Mitwirkungspflicht und sind als solche zu beachten (→ Rn. 9 ff.).

26 Mitunter wird im Bereich der Grundsicherung für Arbeitsuchende von der Möglichkeit der **Leistungsentziehung** nach § 66 SGB I Gebrauch gemacht.[49] Legt ein Leistungsemp-

---

42 LSG BW 13.10.2010 – L 3 AS 1173/10: Verwertbarkeit von Aussagen Dritter im Rahmen des Sozialdatenschutzes.

43 Von Wulffen in: von Wulffen SGB X, 8. Aufl. 2014, § 20 Rn. 6; LSG BW 1.2.2007 – L 7 SO 4267/05, NZS 2007, 433 (nur Leitsätze).

44 Blüggel in: Eicher/Luik SGB II, 4. Aufl. 2017, Vor §§ 56–62 Rn. 11.

45 So LSG LSA 20.2.2009 – L 5 B 376/08 AS ER; SG Bremen 1.10.2010 – S 18 AS 1928/10 ER; LSG LSA 20.2.2009 – L 5 B 376/08 AS ER; Berlit info also 2009, 10 (18); Mrozynski SGB I, 5. Aufl. 2014, § 66 Rn. 36; aA wohl LSG BW 8.4.2010 – L 7 AS 304/10 ER-B; BSG 9.11.2010 – B 4 AS 27/10 R: hier keine Abgrenzung von § 31 SGB II zu § 66 SGB I vorgenommen.

46 LSG LSA 22.12.2010 – L 5 AS 374/10 B ER.

47 BSG 19.9.2008 – B 14 AS 45/07 R, NDV-RD 2009, 59; LSG LSA 12.1.2009 – L 5 B 284/08 AS ER.

48 BSG 19.9.2008 – B 14 AS 45/07 R, NDV-RD 2009, 59.

49 BayLSG 6.9.2010 – L 11 AS 397/10 B ER: Verwertungsbemühungen der Eigentumswohnung und des Ladenlokals sind nachzuweisen; BayLSG 11.8.2010 – L 16 AS 387/10 B ER: Einkommen ist vollständig nachzuweisen; LSG Nds-Brem 14.1.2010 – L 13 AS 412/09 B ER; LSG LSA 19.1.2011 – L 5 AS 452/10 B ER.

fänger beispielsweise nicht alle angeforderten Unterlagen bezüglich seines Einkommens vor und geht die Leistungsbehörde davon aus, ihr wurden Angaben vorenthalten, entzieht sie die Leistungen wegen fehlender Mitwirkung nach § 66 SGB I.[50] Die Vorgehensweise scheint dann gerechtfertigt, wenn die Leistungsbehörde keine anderen Ermittlungsmöglichkeiten als die Erfüllung der Mitwirkungspflichten hat und dem öffentlichen Interesse an der sparsamen Verwendung von Steuermitteln klar der Vorrang einzuräumen ist. Dann aber ist zumindest bei Bedarfsgemeinschaften zu beachten, dass der Entziehungsbescheid gegenüber allen Mitgliedern der Bedarfsgemeinschaft zu ergehen hat. § 38 SGB II gilt in diesem Fall der Leistungsentziehung nicht.[51] Die Sozialleistungen dürfen wegen fehlender Mitwirkung nur entzogen werden, nachdem der Leistungsberechtigte auf diese Folge schriftlich hingewiesen worden ist und seiner Mitwirkungspflicht nicht innerhalb einer ihm gesetzten angemessenen Frist nachgekommen ist, § 66 Abs. 3 SGB I.[52]

Besondere Rechtsfolgen sind im SGB II für die Mitwirkungspflichten Dritter geregelt. **27** Eine Verletzung dieser (echten) Pflichten begründet einen Schadenersatzanspruch (§ 62 SGB II) oder führt zu einem Bußgeld wegen einer Ordnungswidrigkeit (§ 63 SGB II).

V. Einzelfälle

1. Hausbesuche

Der Leistungsumfang der Grundsicherung für Arbeitsuchende richtet sich nach dem **28** Einkommen und Vermögen aller in einer Bedarfsgemeinschaft lebenden Personen. Der zuständige SGB II-Träger muss daher feststellen, ob bei zusammenlebenden Personen Indizien vorliegen, dass ein wechselseitiger Wille für ein Zusammenleben vorhanden ist (§ 7 Abs. 3 a SGB II). Aufschluss darüber können **Hausbesuche** geben. Mit dem Gesetz zur Fortentwicklung der Grundsicherung für Arbeitsuchende[53] hat der Gesetzgeber zwar eine Rechtsgrundlage für einen **Außendienst** zur Bekämpfung des Leistungsmissbrauchs geschaffen (§ 6 Abs. 1 S. 2 Hs. 2 SGB II), der Sachverhalte prüfen soll, die nicht nach Aktenlage beurteilt werden können.[54] Dies legitimiert den SGB II-Träger allerdings nicht zum Betreten von Wohnraum. Betretensrechte sind im SGB II nicht normiert.[55] Das grundgesetzlich geschützte Recht auf Unverletzlichkeit des Wohnraums schützt den Hilfebedürftigen vor dem Betreten seiner Wohnung durch Mitarbeiter von SGB II-Stellen. Er muss einen Hausbesuch nicht dulden.[56] Eine Mitwirkungspflicht besteht zwar insoweit nicht. Dazu fehlt es im Hinblick auf die Unverletzlichkeit des Wohnraums nach Art. 13 GG an einer gesetzlichen Ermächtigung.[57] Die Verweigerung eines Hausbesuchs führt jedoch faktisch zu einem Rechtsnachteil, wenn der Hilfebedürftige jegliche Mitwirkung verweigert und Tatsachen zur Hilfebedürftigkeit nicht festgestellt werden können, was im Rahmen eines Hausbesuchs möglich gewesen wäre.[58] Die Behörde kann dann die Leistung kürzen bzw. versagen.

---

50 Vgl. BayLSG 11.8.2010 – L 16 AS 387/10 B ER.
51 Vgl. BayLSG 11.8.2010 – L 16 AS 387/10 B ER.
52 Vgl. LSG BW 8.4.2010 – L 7 AS 304/10 ER-B; BSG 1.6.2006 – B 7 a AL 26/05 R.
53 Gesetz v. 20.7.2006; BGBl. I, 1706.
54 Blüggel in: Eicher/Luik SGB II, 4. Aufl. 2017, Vor §§ 56–62 Rn. 15; vgl. BT-Drs. 16/1410, 18; Steck/Kossens NZS 2006, 462 (465).
55 Vgl. Weißenberger in: Eicher/Luik SGB II, 4. Aufl. 2017, § 6 Rn. 30.
56 LSG LSA 22.4.2005 – L 2 B 9/05 AS ER, NZS 2006, 262; Krodel NZS 2007, 20 (22); Weißenberger in: Eicher/Luik SGB II, 4. Aufl. 2017, § 6 Rn. 31; Blüggel in: Eicher/Luik SGB II, 4. Aufl. 2017, Vor §§ 56–62 Rn. 15; Blüggel SGb 2007, 336 (338).
57 Vgl. BVerfGE 51, 97 (106); LSG Bln-Bbg 29.12.2017 – L 31 AS 2248/17 B ER.
58 LSG Nds-Brem 8.11.2017 – L 13 AS 37/15; LSG Bln-Bbg 29.12.2017 – L 31 AS 2248/17 B ER; HessLSG 21.6.2013 – L 9 AS 103/13 B ER.

2. Kontoauszüge

29 Leistungsberechtigt ist, wer nicht nur erwerbsfähig im Sinne von § 8 SGB II, sondern auch hilfebedürftig ist. Hilfebedürftig nach § 9 Abs. 1 SGB II ist, wer seinen Lebensunterhalt, seine Eingliederung in Arbeit und den Lebensunterhalt der mit ihm in einer Bedarfsgemeinschaft lebenden Personen nicht oder nicht ausreichend aus seinem eigenen Einkommen und Vermögen finanzieren kann. Die zuständige Stelle kann die Hilfebedürftigkeit am besten anhand der Kontobewegungen feststellen und verlangt regelmäßig die **Vorlage der Kontoauszüge**; in der Regel der letzten drei Monate.[59]

30 Eine **Rechtsgrundlage** für die Vorlage von Kontoauszügen existiert im SGB II nicht. Sie ergibt sich jedoch aus § 60 Abs. 1 Nr. 3 SGB I. Danach hat, wer Sozialleistungen beantragt, Beweismittel zu bezeichnen und auf Verlangen des zuständigen Leistungsträgers Beweisurkunden vorzulegen oder ihrer Vorlage zuzustimmen. Ein Kontoauszug enthält Daten, die Aufschluss geben über das Datum, die Höhe, den Absender bzw. Empfänger und meist auch den Grund der Ein- bzw. Ausgänge von Zahlungen. Bei einem Kontoauszug handelt es sich mithin um eine Beweisurkunde im Sinne von § 60 Abs. 1 Nr. 3 SGB I.[60] Die Mitwirkungspflichten des SGB I gelten auch im Rahmen des SGB II (→ Rn. 16).[61]

31 Die Vorlage der Kontoauszüge muss in einem angemessenen Verhältnis zur beanspruchten Sozialleistung stehen. Das ist nicht der Fall, wenn sich der Leistungsträger die Informationen mit geringem Aufwand selbst beschaffen kann. Dies ist beim Nachweis von Einkommen und Vermögen des Antragstellers bzw. Sozialleistungsbeziehers regelmäßig nicht der Fall. Nur der Leistungsempfänger selbst kann am besten Aufschluss über seine Einkommens- und Vermögensverhältnisse geben. Das Bundessozialgericht unterstreicht, dass es im Rahmen eines aus Steuermitteln finanzierten Fürsorgesystems, das strikt an die Hilfebedürftigkeit anknüpft, keine unzumutbare und unangemessene Aufforderung darstellt, Auskunft über die Kontenbewegungen durch Vorlage von Kontoauszügen zu geben.[62] Die Vorlage der Kontoauszüge kann **ohne vorherigen Verdacht auf Leistungsmissbrauch** gefordert werden.[63]

32 Die Bekämpfung des Leistungsmissbrauchs findet ihre Grenzen in den datenschutzrechtlichen Bestimmungen. Die besonderen **Datenschutznormen** des SGB II (§§ 50 f. SGB II) schränken die Mitwirkungspflichten nicht ein. Zwar dürfen im Hinblick auf das Recht auf informationelle Selbstbestimmung nach § 51 b SGB II weitere Daten nicht erhoben werden.[64] Allerdings ist die Kontrolle von Einkommen und Vermögen der Leistungsempfänger mittels Vorlage von Kontoauszügen von der Ermächtigungsgrundlage nach § 51 b Abs. 1 S. 1 Nr. 1 iVm § 51 b Abs. 2 Nr. 3 SGB II erfasst. Jedoch gebietet der Rechtsgedanke des § 67 SGB X, dass der Empfänger von Sozialleistungen nicht alle Angaben offen legen muss, dh dass gewisse Angaben in den vorgelegten Kontoauszügen

---

59 Drei Monate sind in jedem Fall ein angemessener Zeitraum. Die Vorlage von Kontoauszügen für zwölf zurückliegende Monate kann den Eingriff in das allgemeine Persönlichkeitsrecht und das Recht auf informationelle Selbstbestimmung nur rechtfertigen, wenn ein konkreter Verdacht des Leistungsmissbrauchs gegeben ist. Das Bundesverfassungsgericht hatte eine Verfassungsbeschwerde wegen der Vorlagepflicht von Kontoauszügen nicht angenommen – vgl. BVerfG 13.8.2009 – 1 BvR 1737/9 (Nichtannahmebeschluss).

60 BSG 19.9.2008 – B 14 AS 45/07 R, NDV-RD 2009, 59 = BSGE 101, 260 ff.; BSG 19.2.2009 – B 4 AS 10/08 R; BayLSG 14.11.2017 – L 11 AS 368/17; vgl. Blüggel in: Eicher/Luik SGB II, 4. Aufl. 2017, Vor §§ 56–62 Rn. 32.

61 Vgl. BSG 19.9.2008 – B 14 AS 45/07 R, NDV-RD 2009, 59; BSG 19.2.2009 – B 4 AS 10/08 R.

62 BSG 19.9.2008 – B 14 AS 45/07, NDV-RD 2009, 59 = BSGE 101, 260 ff.

63 BSG 19.9.2008 – B 14 AS 45/07, NDV-RD 2009, 59 = BSGE 101, 260; Blüggel in: Eicher/Luik SGB II, 4. Aufl. 2017, Vor §§ 56–62 Rn. 32; aA HessLSG 22.8.2005 – L 7 AS 32/05 ER.

64 BT-Drs. 15/2997, 25; Harich in: Eicher/Luik SGB II, 4. Aufl. 2017, § 51 b Rn. 5.

geschwärzt werden dürfen (→ Rn. 11).[65] Geschützt ist nach Auffassung des Bundessozialgerichts nur die Geheimhaltung des Verwendungszwecks und der Empfänger der Überweisung – nicht jedoch die Höhe. Die Behörde kann – bei auffälliger Häufung oder Höhe der Beträge – im Einzelfall entscheiden, ob sie nicht doch ausnahmsweise eine Offenlegung der bislang geschwärzten Adressaten fordert.[66]

3. Auskunftspflicht eheähnlicher Partner

Der Gesetzgeber hat im SGB II eine Rechtsgrundlage geschaffen, die dem Träger der **33** Grundsicherung für Arbeitsuchende ermöglicht, direkt beim Partner der antragstellenden Person Auskünfte einholen, soweit sie zur Ermittlung des Leistungsanspruchs erforderlich sind (§ 60 Abs. 4 SGB II).[67] Das Maß der Erforderlichkeit richtet sich nach den Tatbestandsvoraussetzungen des geltend gemachten Anspruchs.[68]

Voraussetzung für den Auskunftsanspruch des SGB II-Trägers ist neben dem Antrag auf **34** Leistungen das Bestehen einer **Partnerschaft** im Sinne von § 60 Abs. 4 SGB II iVm § 7 Abs. 3 SGB II. Nur derjenige, der mit einem Antragsteller in einer Bedarfsgemeinschaft lebt, ist Partner im Sinne von § 60 Abs. 4 SGB II und damit auskunftspflichtig.[69] Daher erfordert die Prüfung eines Auskunftsanspruchs zunächst eine Prüfung der Voraussetzungen für das Vorliegen einer Bedarfsgemeinschaft.[70] Eine Auskunft kann der SGB II-Leistungsträger dann nicht (mehr) verlangen, wenn die Partnerschaft zum Zeitpunkt des Auskunftsverlangens nicht mehr besteht.[71] Anders als nach § 60 Abs. 2 SGB II, der einen Auskunftsanspruch gegen Unterhaltspflichtige regelt und der Prüfung von Unterhaltsverpflichtungen im Hinblick auf deren gerichtliche Durchsetzung oder Erstattung nach § 33 SGB II,[72] ist nur der (eheähnliche oder lebenspartnerschaftsähnliche) Partner auskunftspflichtig, der nicht dauernd vom Antragsteller getrennt lebt. Ein Auskunftsersuchen nach § 60 Abs. 4 SGB II kann später nicht auf § 60 Abs. 2 SGB II gestützt werden. Einer Umdeutung nach § 43 SGB X stehen die unterschiedlichen Zielsetzungen beider Regelungen entgegen.[73]

Eine Zustimmung der antragstellenden Person ist nach dem Wortlaut des § 60 Abs. 4 **35** SGB II nicht erforderlich.[74] Eine solche ist auch nicht aus § 60 Abs. 1 S. 1 Nr. 1 SGB I ableitbar. Wegen der spezielleren Regelung in § 60 Abs. 4 SGB II tritt die Regelung des § 60 Abs. 1 S. 1 Nr. 1 SGB I im Sinne von § 37 SGB I zurück. Eine Zustimmung der antragstellenden Person sollte jedoch im Hinblick auf das personelle Selbstbestimmungsrecht des Betroffenen eingeholt werden, da der Dritte persönliche Lebenssachverhalte offenbart.[75]

Der zuständige Leistungsträger kann seinen Auskunftsanspruch gegen den Dritten **36** durch Verwaltungsakt konkretisieren und diesen im Wege der Verwaltungsvollstre-

65 BSG 19.9.2008 – B 14 AS 45/07, NDV-RD 2009, 5 = BSGE 101, 260 ff.; BayLSG 14.11.2017 – L 11 AS 368/17; eine ggf. rechtswidrige Anforderung von ungeschwärzten Kontoauszügen ist unbeachtlich, wenn der Leistungsbezieher sich nicht auf eine Verletzung des Sozialdatenschutzes beruft und generell die Vorlage von Kontoauszügen verweigert: LSG LSA 19.1.2011 – L 5 AS 452/10 B ER.
66 BSG 19.9.2008 – B 14 AS 45/07, NDV-RD 2009, 59 = BSGE 101, 260 ff.
67 Vgl. BSG 1.7.2009 – B 4 AS 78/08 R.
68 Sommer ZFSFH SGB 2010, 278 (282).
69 BSG 24.2.2011 – B 14 AS 87/09 R; LSG LSA 27.3.2014 – L 2 AS 877/12; SchlHLSG 13.6.2013 – L 13/AS 83/10; Blüggel in: Eicher/Luik SGB II, 4. Aufl. 2017, § 60 Rn. 29.
70 Vgl. Armborst info also 2007, 147 (148).
71 BSG 24.2.2011 – B 14 AS 87/09 R.
72 Vgl. LSG Bln-Bbg 24.4.2009 – L 32 AS 1865/08; BSG 24.2.2011 – B 14 AS 87/09 R.
73 BSG 24.2.2011 – B 14 AS 87/09 R.
74 Armborst info also 2007, 147 (148); LSG Bln-Bbg 3.5.2007 – L 28 B 598/07 AS ER, info also 2007, 176 ff.; Steinmeyer in: Gagel SGB II/SGB III § 60 Rn. 48; aA Schoch in: LPK-SGB II § 60 Rn. 8.
75 Schoch in: LPK-SGB II § 60 Rn. 8.

ckung durchsetzen,[76] denn die Auskunftspflicht Dritter ist keine bloße Obliegenheit, sondern eine echte Rechtspflicht.[77]

4. Vorläufige Leistungen

37 Seit dem 1.8.2016 richtet sich die vorläufige Leistungsgewährung nach § 41 a SGB II.[78] Im Rahmen der endgültigen Leistungsgewährung hat der Gesetzgeber in Abs. 3 Mitwirkungspflichten geregelt. Die leistungsberechtigte Person und die mit ihr in der Bedarfsgemeinschaft lebenden Personen sind nach Ablauf des Bewilligungszeitraums verpflichtet, die von den Trägern der Grundsicherung zum Erlass einer abschließenden Entscheidung geforderten leistungserheblichen Tatsachen nachzuweisen. Die §§ 60, 61, 65, 65 a SGB I gelten entsprechend. Mithin stehen die Obliegenheiten nach § 41 Abs. 3 SGB II neben den allgemeinen Mitwirkungspflichten nach §§ 60 ff. SGB II. In den Voraussetzungen hätte es die Regelung (weiterer) Mitwirkungspflichten in § 41 a SGB II zwar nicht bedurft. Denn auch die Mitwirkungspflichten nach §§ 60 ff. SGB II gelten über das Ende der Leistungsgewährung hinaus.[79] Allerdings unterscheidet sich die Mitwirkungspflicht nach § 41 a Abs. 3 Satz 2 SGB II von den übrigen Mitwirkungspflichten des SGB I hinsichtlich der Rechtsfolge. Während die Leistungsversagung wegen fehlender Mitwirkung nach § 66 SGB I eine Ermessensentscheidung abverlangt, ist die „Versagung" nach § 41 a Abs. 3 Satz 4 SGB II (für die übrigen Kalendermonate ohne Bedarfsnachweis) eine gebundene Entscheidung. Die Leistung kann anders als nach § 66 SGB I auch dann versagt werden, wenn ein Dritter seiner Mitwirkungsobliegenheit nicht nachkommt.[80] Sinn und Zweck dieser Regelung ist die beabsichtigte Rechtsvereinfachung.[81] Die Mitwirkungspflichten können bis zur letzten mündlichen Verhandlung nachgeholt, und dabei insbesondere können weitere Unterlagen für die Berechnung des Leistungsanspruchs nachgereicht werden.[82]

C. Mitwirkungspflichten im SGB XII

38 In der Sozialhilfe werden spezielle Mitwirkungspflichten der Leistungsberechtigten in § 11 Abs. 3 S. 2 bis 4 SGB XII genannt. Danach sollten Leistungsberechtigte der Sozialhilfe, soweit sie einer Tätigkeit nachgehen können, die Unterstützungsangebote des Leistungsträgers wahrnehmen. Zudem sollten sie eine zumutbare Tätigkeit aufnehmen oder an einer erforderlichen Maßnahme teilnehmen, wenn sie mit dem dadurch erzielten Einkommen, ihre Hilfebedürftigkeit beenden können. Mangels näherer Ausgestaltung der Mitwirkungspflichten, die auch im SGB XII als **Obliegenheiten** verstanden werden, richten sich die Mitwirkungspflichten der Sozialhilfeberechtigten und deren Folgen und Grenzen nach den allgemeinen Regelungen der §§ 60 ff. SGB I.[83] So ist beispielsweise ein Leistungsberechtigter der Grundsicherung im Alter (ebenso wie ein Leistungsberechtigter der Grundsicherung für Arbeitsuchende) zur lückenlosen Vorlage sämtlicher Kontoauszüge der letzten drei Monate verpflichtet.[84] Die Grenzen der Mit-

---

76 LSG Bln-Bbg 3.5.2007 – L 28 B 598/07 AS ER; LSG Nds-Brem 20.4.2007 – L 13 AS 40/07 ER, info also 2007, 175 f.

77 Blüggel in: Eicher/Luik SGB II, 4. Aufl. 2017, § 60 Rn. 7; LSG Bln-Bbg 3.5.2007 – L 28 B 598/07 AS ER, info also 2007, 176 ff.

78 Gesetz zur Änderung des Zweiten Buches Sozialgesetzbuch – Rechtsvereinfachung vom 26.7.2016, BGBl. I, 1824.

79 Klerks ASR 2012, 178 (183); Kemper in Eicher/Luik SGB II, 4. Aufl. 2017, § 41 a Rn. 44.

80 Kemper in Eicher/Luik SGB II, 4. Aufl. 2017, § 41 a Rn. 44.

81 BT-Drs. 18/8041, 13 f.; 51 ff.

82 Entschieden für das Nachreichen von Unterlagen bis zum Abschluss des Widerspruchsverfahrens: BSG 12.9.2018 – B 4 AS 39/17.

83 Berlit in: LPK-SGB XII, 10. Aufl. 2015, § 11 Rn. 6.

84 Vgl. LSG NRW 16.2.2009 – L 20 SO 5/07.

wirkung ergeben sich aus § 11 Abs. 4 SGB XII und aus § 65 SGB I sowie aus dem Recht auf informationelle Selbstbestimmung (vgl. §§ 67 ff. SGB X, → Rn. 11). Die Leistungsversagung für die Zukunft gilt nur solange die Mitwirkungspflicht nachgeholt wird. Bei Nachholung der Mitwirkungspflicht kann im Einzelfall unter Ausübung des Ermessens eine Leistungserbringung auch für die Vergangenheit nach § 67 SGB I in Betracht kommen, wenn es sich nicht um eine bloße Entschädigung handelt und die Leistungsversagung oder -entziehung Auswirkungen in die Gegenwart entfaltet.[85]

Die Verweigerung einer Tätigkeit im Arbeitsbereich einer **Werkstatt für behinderte** **39** **Menschen** (WfbM) begründet keine Versagungsentscheidung wegen Verletzung einer Mitwirkungspflicht.[86] Zwar sieht § 64 SGB I als Mitwirkungspflicht die Teilnahme an Leistungen zur Teilhabe am Arbeitsleben vor. Eine Mitwirkungspflicht besteht jedoch auch nur dann, wenn zu erwarten ist, dass die Leistung zur Teilhabe am Arbeitsleben die Erwerbs- oder Vermittlungsfähigkeit (in den ersten Arbeitsmarkt) auf Dauer fördern oder erhalten wird. Leistungen zur Teilhabe am Arbeitsleben werden für SGB XII Leistungsbezieher nach § 140 SGB XII erbracht.[87] Die Leistungen für die Tätigkeit in einer Werkstatt für behinderte Menschen sind im Neunten Buch Sozialgesetzbuch (Rehabilitation und Teilhabe von Menschen mit Behinderungen – SGB IX) dem Kapitel 10 „Leistungen zur Teilhabe am Arbeitsleben" zugeordnet. Während die Leistungen für den Eingangs- und Bildungsbereich der WfbM nach § 57 SGB IX nF eine Wiederherstellung der Leistungsfähigkeit für den ersten Arbeitsmarkt erreichen sollen oder die Eignung für eine Weiterbeschäftigung in einer WfbM festgestellt werden soll, setzen die nach § 58 SGB IX nF geregelten Leistungen für den Arbeitsbereich einer WfbM einen anderen Schwerpunkt. Der Arbeitsbereich ist für behinderte Menschen vorgesehen, bei denen wegen Art oder Schwere der Behinderung eine Beschäftigung auf dem allgemeinen Arbeitsmarkt einschließlich einer Beschäftigung in einem Inklusionsbetrieb nicht oder noch nicht (wieder) in Betracht kommt und (noch) ein Mindestmaß wirtschaftlich verwertbarer Arbeitsleistung erbracht werden kann. Die Leistungen im Arbeitsbereich sind auf die Aufnahme, Ausübung und Sicherung einer der Eignung und Neigung des Menschen mit Behinderungen entsprechenden Beschäftigung, die Teilnahme an arbeitsbegleitenden Maßnahmen zur Erhaltung und Verbesserung der im Berufsbildungsbereich erworbenen Leistungsfähigkeit und zur Weiterentwicklung der Persönlichkeit sowie die Förderung des Übergangs auf den allgemeinen Arbeitsmarkt durch geeignete Maßnahmen gerichtet. Wenn mithin nach den Besonderheiten des Einzelfalls der Betroffene im Arbeitsbereich einer WfbM tätig ist, weil er nicht in der Lage ist, einer Erwerbstätigkeit zur Deckung seines existenzsichernden Bedarfs nachzugehen, dient diese Leistung (im Arbeitsbereich der WfbM) gerade nicht der Förderung und Erhaltung der Erwerbsfähigkeit im Sinne des § 64 SGB I. § 64 SGB I kann mithin für diesen Personenkreis nicht herangezogen werden.

D. Mitwirkungspflichten im AsylblLG

Leistungsberechtigte nach dem Asylbewerberleistungsgesetz (AsylblLG) haben wie ande- **40** re Sozialleistungsbezieher Mitwirkungsobliegenheiten. Dabei gelten die in §§ 60 ff. SGB I geregelten Mitwirkungspflichten, § 9 Abs. 3 AsylblLG. Daneben nimmt das AsylblLG Bezug auf die im Asylgesetz geregelten Mitwirkungspflichten. Kommt der

---

85 Vgl. BSG 29.9.2009 – B 8 SO 16/08 R zu § 44 SGB X; aA Mrozynski SGB I § 67 Rn. 1.
86 So aber ohne Einschränkung auf die einzelnen Bereiche der WfbM auch Wendt RdLH 2006, 173; aA BayLSG 27.6.2006 – L 11 SO 3/06 (ohne Differenzierung zwischen den Tätigkeitsbereichen in einer Werkstatt für behinderte Menschen).
87 Bis zum Inkrafttreten des zweiten Teils des SGB IX in der Fassung des BTHG vom 23.12.2016 (BGBl. I, 3234) gilt § 140 SGB XII, mithin bis zum 31.12.2019.

Leistungsberechtigte denen in § 15 Abs. 2 Nr. 4 (Vorlage des Pass) und Nr. 5 (Vorlage von Unterlagen für die Erfüllung der Aufgaben nach dem Asylgesetz) geregelten Mitwirkungspflichten nicht nach, wird sein Leistungsanspruch nach § 1 a AsylbLG eingeschränkt. Indirekt ist in § 1 a Abs. 3 AsylbLG die Obliegenheit geregelt, dass der Asylbewerberleistungsberechtigte Termine zur erforderlichen Antragstellung bei der zuständigen Außenstelle des Bundesamts für Migration und Flüchtlinge wahrzunehmen hat und Angaben zur Feststellung seiner Identität oder Staatsangehörigkeit nicht verweigern darf. Seit dem 27.2.2019 haben Antragsteller auch die Abnahme von Fingerabdrücken zu dulden, § 9 Abs. 3.[88] Die Regelung trat an dem Tag in Kraft, an dem das Bundesministerium für Arbeit und Soziales im Bundesgesetzblatt bekannt gegeben hat, dass nach entsprechender Feststellung des Bundesministeriums des Innern die technischen Voraussetzungen der Ausstattung für die nach § 10 des Asylbewerberleistungsgesetzes zuständigen Behörden mit Geräten zur Überprüfung der Identität mittels Fingerabdruckdaten geschaffen sind.[89]

E. Mitwirkungspflichten im sozialgerichtlichen Verfahren

41 Auch das Sozialgerichtsgesetz (SGG) kennt Mitwirkungspflichten – die sogenannten **prozessualen Mitwirkungspflichten**. Sie ergeben sich aus § 103 Abs. 1 S. 1 Hs. 2 SGG und begrenzen den Amtsermittlungsgrundsatz. Die Beteiligten sind danach zur Mitwirkung bei der Erforschung des Sachverhalts verpflichtet. Die Mitwirkungspflicht besteht immer dann, wenn das Gericht den Sachverhalt ohne Mitwirkung der Beteiligten nicht oder nicht selbstständig erforschen kann.[90] Auf diese prozessuale Mitwirkungspflicht verweisen die Sozialgerichte in jüngster Zeit insbesondere, wenn der kommunale Leistungsträger sein schlüssiges Konzept für die Prüfung der Angemessenheit der Unterkunftskosten vorlegen soll.[91] Entscheidet der Leistungsträger ohne eine hinreichende Datengrundlage über die Angemessenheit der Unterkunftskosten nach § 22 SGB II, sollte er im Rahmen seiner prozessualen Mitwirkungspflicht nach § 103 Abs. 1 S. 1 Hs. 2 SGG gehalten sein, dem Gericht eine möglichst zuverlässige Entscheidungsgrundlage zu verschaffen und ggf. eine unterbliebene Datenerhebung und -aufbereitung nachzuholen.

42 Dem Einzelnen steht der Rechtsweg zu den Sozialgerichten für die Frage offen, ob eine Mitwirkungspflicht besteht.[92] Zulässige Klageart ist die Feststellungsklage nach § 55 SGG. Der Grundsatz der Subsidiarität, dass die Feststellungsklage gegenüber der Leistungs- und Verpflichtungsklage nachrangig ist,[93] steht dem Feststellungsantrag nicht entgegen. Aus Gründen der Prozesswirtschaftlichkeit kann die Klärung des Umfangs der Mitwirkungsobliegenheit ein Feststellungsinteresse begründen. Den Rechtsweg gegen einen auf fehlender Mitwirkung begründeten Versagungsbescheid muss der Betroffene nicht zwingend vorrangig beschreiten. Das Feststellungsbegehren kann eine Klärung für zukünftige Bewilligungszeiträume bewirken.

---

88 Gesetz zur Änderung des Bundesversorgungsgesetzes und anderer Gesetze vom 17.7.2017, BGBl. I, 2541 (2542).
89 Bekanntgabe vom 25.2.2019, BGBl. I, 162.
90 BSG 3.6.2004 – B 11 AL 75/03 R, NZS 2005, 333 (334); B. Schmidt in: Meyer-Ladewig/Keller/Leitherer/ Schmidt SGG, 12. Aufl. 2017, § 103 Rn. 14 ff.
91 BSG 17.12.2009 – B 4 AS 50/09 R, NZS 2010, 640 (642); BSG 22.9.2009 – B 4 AS 18/09 R; BSG 17.12.2009 – B 4 AS 27/09 R; SG Frankfurt (Oder) 2.9.2010 – S 21 AS 375/10; SG Kassel 7.12.2010 – S 6 AS 734/10.
92 BSG 28.3.2013 – B 4 AS 42/12 R.
93 BSG 30.10.1980 – 8 a RU 96/79.

Teil VI: Verwaltungsverfahren

Teil VI/1: Allgemeine Grundsätze

Kapitel 49: Datenschutz und Existenzsicherung

Literaturhinweise: Bieresborn, Aktuelle Probleme des Sozialdatenschutzes in systematischer Darstellung, ZFSH/SGB 2010, 199–211; Bieresborn, Datenschutz bei sozialrichterlicher Tätigkeit, SGb 2010, 501–509, 575–581; Bieresborn, Sozialdatenschutz nach Inkrafttreten der EU-Datenschutzgrundverordnung – Anpassungen des nationalen Sozialdatenschutzes an das europäische Recht, NZS 2017, 887–892, 926–933, 2018, 10–16; Bieresborn/Giesberts-Kaminski, Auswirkungen der EU-Datenschutz-Grundverordnung und der Anpassungsgesetze auf die Sozialgerichtsbarkeit, SGb 2018, 449–455, 530–540, 609–617; Binne, Das neue Recht des Sozialdatenschutzes, NZS 1995, 97–109; Deutscher Verein für öffentliche und private Fürsorge, Hinweise des Deutschen Vereins zur Datenübermittlung bei Beratungsleistungen (SGB II und SGB XII), NDV 2011, 204–210; Deutsches Institut für Jugend und Familie, Gutachten zum Datenübermittlung zwischen Fachkräften mit Aufgaben nach dem SGB II und dem UVG, JAmt 2011, 27–29; Elsaeßer, Das neue europäische Datenschutzrecht aus Sicht der Sozialgerichte, SGb 2018, 279–284; Freund/Shagdar, Sozialdatenschutz – europäisch? Sozialdatenschutzrecht im Lichte der Datenschutz-Grundverordnung, SGb 2018, 195–205 und SGb 2018, 267–279; Hammel, Sozialhilfedetektive, Starnberg 2000; Hammel, Möglichkeiten und Grenzen des Einsatzes von „Sozial(hilfe)detektiven" durch Sozialhilfeträger, ZFSH/SGB 1999, 451–460, 538–546; Hirschboeck, Sozialhilfemißbrauch in Deutschland aus juristischer Sicht (Diss. jur. Freiburg 2004), Berlin 2004; Hoffmann, Einwilligung der betroffenen Person als Legitimationsgrundlage eines datenverarbeitenden Vorgangs im Sozialrecht nach dem Inkrafttreten der DSGVO, NZS 2017, 807–812; Kunkel, Sanktionen bei Verletzung des Sozialdatenschutzes, ZfSH/SGB 1990, 337–345; Kunkel, Missbrauchskontrolle oder Kontrollmissbrauch in der Sozialhilfe, NVwZ 1995, 21–24; Kunkel, Ist das Sozialgeheimnis justizfest?, ZfSH/SGB 2000, 643–649; Kunkel, Datenschutz und Verwertung von Kenntnissen im Unterhaltsprozess, FPR 2002, 520–522; Kunkel, Anzeige- und Auskunftspflicht, Zeugnisverweigerungsrecht und Datenschutz bei Straftaten an Kindern, StV 2002, 333–336; Kunkel, Sozialdatenschutz nach der EU-Datenschutzgrundverordnung – Eine Einführung, Kehler Diskussionspapiere Nr. 2018-01; Landesbeauftragter für den Datenschutz in Baden-Württemberg, 18. Tätigkeitsbericht 1997, zitiert aus info also 1998, 53; Marschner, Anmerkung zum Urteil des BSG vom 19.9.2008 – B 14 AS 45/07 R, SGb 2009, 670–672; v. Lewinski, Europäisierung des Datenschutzrechts. Umsetzungsspielraum des deutschen Gesetzgebers und Entscheidungskompetenz des BVerfG, DuD 2012, 564–570; Martens, Anwendungsbereich des Entwurfs der Datenschutz-Grundverordnung im öffentlichen Bereich, PinG 2015, 213–219; Roßnagel, Gesetzgebung im Rahmen der Datenschutz-Grundverordnung, DuD 2017, 277–281; Schantz, Die Datenschutz-Grundverordnung – Beginn einer neuen Zeitrechnung im Datenschutzrecht, NJW 2016, 1841–1904; Schoch, Datenschutz in der Sozialhilfe und der Grundsicherung für Arbeitsuchende, ZFSH/SGB 2005, 67–75; Schoch, Sozialrechtsberatung und Rechtsdurchsetzung, ZFSH/SGB 2006, 206–216; Schweigler, Datenschutz- und verfassungsrechtliche Grenzen der Überprüfung von E-Commerce-Aktivitäten durch die Jobcenter, SGb 2015, 77–82; Stahlmann, Sozialdatenschutz bei Eingliederung nach dem SGB II. Rechte der Betroffenen bei Profiling, Tests, ergänzenden Hilfen und Mitteilungen zwischen Maßnahmeträgern und Sozialleistungsträgern, info also 2006, 10–17, 61–65; Wenzel, Schutz der Vertraulichkeit der Beratung durch verfassungsrechtliche, datenschutzrechtliche und strafrechtliche Schranken – am Beispiel der §§ 16 a, 61 SGB II, info also 2009, 248–255; Wolff, Die Geltung des Sozialgeheimnisses für das sozialgerichtliche Verfahren, NZS 2011, 161–166; Wilmers-Rauschert, Datenschutz in der freien Jugend- und Sozialhilfe, 2004 (Diss. jur. Tübingen 2003).

Rechtsgrundlagen:
EU-GrRCh Art. 8 Abs. 1
EU-DSGVO
GG Art. 1, 2
SGB I §§ 35, 37, 60–66
SGB II §§ 50 bis 52 a, 57 f., 60 f.
SGB II-Datenerhebungs V
GrSiDatenabgleich V
SGB X §§ 20 f., 25, 67–85 a
SGB XII §§ 116 bis 120
SozhiDatenabgleich V

Orientierungssätze:
1. Ausgangspunkt für den Sozialdatenschutz ist auf Unionsebene das Grundrecht auf Schutz personenbezogener Daten aus der EU-Grundrechtecharta und im deutschen Recht daneben das Recht auf informationelle Selbstbestimmung als Teil des allgemeinen Persönlichkeitsrechts, nach dem jeder Mensch selbst bestimmen kann, wann und innerhalb welcher Grenzen persönliche Lebenssachverhalte offenbart werden.
2. Das Unions-Grundrecht kann mit einer gesetzlich geregelten, legitimen Grundlage eingeschränkt werden. Das deutsche Grundrecht auf informationelle Selbstbestimmung kann nach nationalem Recht auf gesetzlicher Grundlage eingeschränkt werden. Schranken-Schranke ist jeweils der Verhältnismäßigkeitsgrundsatz.
3. Sozialdaten – das sind personenbezogene Daten, die von einer in § 35 SGB I genannten Stelle im Hinblick auf ihre Aufgaben nach dem SGB verarbeitet werden – dürfen nach § 35 Abs. 2 SGB I nur nach den Vorschriften des Zweiten Kapitels SGB X, der übrigen Bücher des SGB und der EU-DSGVO verarbeitet werden (Sozialgeheimnis).
4. Daran sind nicht nur die Sozialleistungsträger, sondern alle Stellen gebunden, denen Sozialdaten übermittelt werden (§ 78 SGB X).
5. Für die Verarbeitung von Sozialdaten gelten das Erforderlichkeitsprinzip, der Zweckbindungsgrundsatz und das Transparenzgebot.
6. Verdeckte Ermittlungen sind im Sozialleistungsbereich unzulässig; der automatisierte Datenabgleich ist jedenfalls für den Bereich des SGB II – trotz anderslautender BSG-Rechtsprechung – verfassungswidrig.
7. Sozialdaten, die unter Verletzung des Sozialgeheimnisses erlangt worden sind, unterliegen einem Verwertungsverbot; daneben bestehen Berichtigungs-, Schadensersatz-, Löschungs- und Sperrungsansprüche.

A. Überblick über die Rechtsgrundlagen für den Sozialdatenschutz

I. Grundlage des Datenschutzes in Deutschland: Grundrecht auf informationelle Selbstbestimmung

Ausgangspunkt für jegliche Betrachtung des Datenschutzes in Deutschland war seit dem **1**
Volkszählungsurteil des Bundesverfassungsgerichts vom 15.12.1983[1] das **Grundrecht
auf informationelle Selbstbestimmung.**[2] Dieses leitet sich aus dem in Art. 2 Abs. 1 in
Verbindung mit Art. 1 Abs. 1 GG gewährleisteten **allgemeinen Persönlichkeitsrecht** ab.[3]
Das Gericht weist vor dem Hintergrund der Möglichkeiten der modernen Datenverarbeitung auf die Gefahren für die Entscheidungs- und Handlungsfreiheit der Einzelnen
hin: „Wer nicht mit hinreichender Sicherheit überschauen kann, welche ihn betreffende
Informationen in bestimmten Bereichen seiner sozialen Umwelt bekannt sind, und wer
das Wissen möglicher Kommunikationspartner nicht einigermaßen abzuschätzen vermag, kann in seiner Freiheit wesentlich gehemmt werden, aus eigener Selbstbestimmung
zu planen und zu entscheiden."[4] Dieses **Grundrecht auf informationelle Selbstbestimmung** gewährleistet die **Befugnis** der Einzelnen, „grundsätzlich selbst zu entscheiden,
wann und innerhalb welcher Grenzen persönliche Lebenssachverhalte offenbart werden",[5] „grundsätzlich **selbst über** die **Preisgabe** und **Verwendung** [ihrer] persönlichen

---

1 BVerfG 15.12.1983 – 1 BvR 209, 269, 362, 420, 440 und 484/83.
2 Zwar hatte es bereits zuvor Gesetze zum Datenschutz gegeben. So besteht das Hessische Datenschutzgesetz
(vom 7.10.1970, heGVBl. 1970 I, S. 625) bereits seit 13.10.1970, das Bundesdatenschutzgesetz (BDSG, vom
27.1.1977, BGBl. 1977 I, 201) immerhin seit 1.1.1978 und die Regelung des Sozialgeheimnisses (§ 35 SGB I
vom 11.12.1975 [BGBl. 1975 I, 3015]), damals noch unter der Überschrift „Geheimhaltung", sowie die be-
reichsspezifischen Sozialdatenschutznormen des SGB X (Zweites Kapitel [§§ 67–85] SGB X vom 18.8.1980
[BGBl. 1980 I, 1469]) seit 1.1.1976 beziehungsweise 1.1.1981. Das Bundesverfassungsgericht sah diese Regelungen jedoch nur als „Maßnahmen zum Schutz der Betroffenen [...], die in die verfassungsrechtlich gebotene
Richtung weisen" (BVerfG 15.12.1983 – 1 BvR 209, 269, 362, 420, 440 und 484/83, Rn. 154). – Einen
Überblick über wichtige Stationen in der Entwicklung des Datenschutzrechts bietet Kunkel, Jugendhilferecht,
6. Aufl., Baden-Baden 2010, Rn. 310.
3 BVerfG 15.12.1983 – 1 BvR 209, 269, 362, 420, 440 und 484/83, Rn. 145–149.
4 BVerfG 15.12.1983 – 1 BvR 209, 269, 362, 420, 440 und 484/83, Rn. 147.
5 BVerfG 15.12.1983 – 1 BvR 209, 269, 362, 420, 440 und 484/83, Rn. 146.

Daten zu bestimmen".[6] Wegen der Möglichkeiten der modernen Datenverarbeitung zur Verknüpfung vieler Daten gibt es heute kein „belangloses" Datum mehr.[7]

2 Das **Recht auf informationelle Selbstbestimmung kann** allerdings – wie alle auf Art. 2 Abs. 1 GG beruhenden Grundrechte – **auf einer** formell verfassungsmäßigen, klar und eindeutig formulierten **gesetzlichen Grundlage eingeschränkt werden**; dabei ist der **Grundsatz der Verhältnismäßigkeit** zu beachten.[8] Für die Erhebung und Verarbeitung **individualisierter, nicht anonymisierter Daten** fordert das Bundesverfassungsgericht, dass der Gesetzgeber den **Verwendungszweck** bereichsspezifisch und **präzise bestimmt** und dass die **Angaben** hierfür **geeignet und erforderlich** sind. Dies sei regelmäßig für intime Angaben und Selbstbezichtigungen nicht möglich. Eine **Sammlung** nicht anonymisierter Daten **auf Vorrat**[9] zu unbestimmten oder noch nicht bestimmbaren Zwecken ist **unzulässig.** Schließlich muss einer Zweckentfremdung durch **Weitergabe- und Verwertungsverbote** entgegengewirkt werden; Aufklärungs-, Auskunfts- und Löschungspflichten sowie die Beteiligung unabhängiger Datenschutzbeauftragter seien wesentlich.[10]

3 Aus diesen Vorgaben folgen als wesentliche Grundprinzipien des Datenschutzes[11] das **Erforderlichkeitsprinzip,**[12] aus dem sich die Grundsätze der **Datenvermeidung** und der **Datensparsamkeit**[13] ableiten lassen, der **Zweckbindungsgrundsatz**[14] und das **Transparenzgebot**[15] mit dem Prinzip **der Datenerhebung bei der betroffenen Person.**

II. Unionsrechtliche Grundlagen für den Datenschutz

4 Angesichts der Herausforderungen, welche sich für den Datenschutz durch Globalisierung und rasche technologische Entwicklung ergeben,[16] und zur Gewährleistung des freien Verkehrs personenbezogener Daten zwischen den Mitgliedstaaten[17] hat auch die Europäische Union Regelungen zum Datenschutz erlassen. Höchstrangig ist dabei das in Art. 8 EUGRCharta niedergelegte Grundrecht auf Schutz personenbezogener Daten. Diese EUGRCharta gilt zwar grundsätzlich nur für das Handeln der Organe der Union und für die Organe der Mitgliedstaaten nur dann, wenn sie Unionsrecht anwenden (Art. 51 EUGRCharta). Da allerdings inzwischen das Datenschutzrecht weitgehend unionsrechtlich geregelt ist, greift dieses Unions-Grundrecht bei der Anwendung des Datenschutzrechts stets. Dieses Unions-Grundrecht hat einen ähnlichen Schutzbereich wie das deutsche Recht auf informationelle Selbstbestimmung, hat aber klarer definierte Schranken- und Schranken-Schranken-Bestimmungen: Personenbezogene Daten dürfen

---

6 BVerfG 15.12.1983 – 1 BvR 209, 269, 362, 420, 440 und 484/83, Rn. 149.
7 BVerfG 15.12.1983 – 1 BvR 209, 269, 362, 420, 440 und 484/83, Rn. 152.
8 Zu den Schranken des Grundrechts BVerfG 15.12.1983 – 1 BvR 209, 269, 362, 420, 440 und 484/83, Rn. 150 f., zu den Schranken-Schranken Rn. 152–166.
9 Deshalb war das sogenannte ELENA-Verfahren (§§ 95–103 SGB IV in der bis 2.12.2011 geltenden Fassung; aufgehoben durch Gesetz vom 23.11.2011, BGBl. 2011 I, 2298; zur geplanten Aufhebung Erklärung des Bundesdatenschutzbeauftragten Nr. 26/2011 [www.bfdi.bund.de]; zur zwischenzeitlich erfolgten Datenlöschung Erklärung des Bundesdatenschutzbeauftragten Nr. 9/2012 [www.bfdi.bund.de]) problematisch: Bei einer zentralen staatlichen Stelle (zu den weniger hohen Hürden, wenn die Daten nicht zentral, sondern gestreut gespeichert werden: BVerfG 2.3.2010 – 1 BvR 256, 263 und 586/08, Rn. 213–219) wurden, im Hinblick auf später möglicherweise – teils, etwa bei Beamtinnen und Beamten, mit sehr geringer Wahrscheinlichkeit – auftretende Erfordernisse große Mengen an Daten erhoben und gespeichert, teils mit erheblicher Grundrechtsrelevanz.
10 Zum Ganzen BVerfG 15.12.1983 – 1 BvR 209, 269, 362, 420, 440 und 484/83, Rn. 152–157.
11 Hierzu Krahmer in: LPK-SGB I § 35 Rn. 6 und Lenze in: LPK-SGB II, Vor §§ 50 ff. Rn. 12.
12 Vgl. §§ 67 a Abs. 1 S. 1, 67 c Abs. 1 S. 1, 69 Abs. 1, 70, 71 Abs. 1 und 2, 72 Abs. 1, 73 Abs. 1, 74 S. 1, 75 SGB X.
13 Vgl. § 78 b SGB X.
14 Vgl. §§ 67 Abs. 3 S. 1, Abs. 5 S. 1, 67 c, 78 Abs. 1 S. 1 SGB X.
15 Vgl. §§ 67 Abs. 2 S. 1, Abs. 5, 83 a SGB X.
16 Vgl. Erwägungsgrund 6 VO (EU) 2016/679.
17 Erwägungsgrund 3 VO (EU) 2016/679; vgl. bereits Erwägungsgrund 3, 5, 7, 8 RL 95/46/EG.

hiernach nur nach Treu und Glauben für festgelegte Zwecke und mit Einwilligung der betroffenen Person oder auf einer sonstigen gesetzliche geregelten legitimen Grundlage verarbeitet werden (Art. 8 Abs. 2 S. 1 EUGRCharta). Darüber hinaus ist ausdrücklich geregelt, dass jede Person das Recht hat, Auskunft über die sie betreffenden erhobenen Daten zu erhalten und die Berichtigung der Daten zu erwirken (Art. 8 Abs. 2 S. 2 EU-GRCharta) und dass die Einhaltung der Vorschriften von einer unabhängigen Stelle überwacht wird (Art. 8 Abs. 3 EUGRCharta).

Bereits vor Inkrafttreten der EUGRCharta[18] hatte Unionsrecht den Datenschutz stark **5** geprägt. Die **Datenschutz-Richtlinie 95/46/EG**[19] sah **unionsweite Mindeststandards** vor, namentlich die **Zweckbindung** und die **Erforderlichkeit** (Art. 6 f.), den **besonderen Schutz** von **Daten** über die **rassische und ethnische Herkunft, politische Meinungen, religiöse** oder **philosophische Überzeugungen** oder die **Gewerkschaftszugehörigkeit** sowie über **Gesundheit** oder **Sexualleben** (Art. 8), **Informationspflichten** und **Auskunftsrechte** (Art. 10–12), **Widerspruchsrechte** (Art. 15), Vorkehrungen für die **Datensicherheit** (Art. 16 f.), Hürden für die **automatisierte Datenverarbeitung** (Art. 18–21), Rechtsfolgen bei Verletzungen der Standards (Art. 22–24), Regelungen für die **Übermittlung** von Daten **in Drittstaaten** (Art. 25 f.) und die **Einrichtung von Kontrollstellen** (Art. 28–30).

Seit 25.5.2018 gilt als unionsweite Regelung des Datenschutzes die VO (EU) **6** 2016/679,[20] die sogenannte Datenschutz-Grundverordnung.[21] Die Verordnung hat zum Ziel, dass die Grundrechte und Grundfreiheiten, insbesondere das Recht auf Schutz personenbezogener Daten natürlicher Personen ungeachtet ihrer Staatsangehörigkeit und ihres Aufenthaltsorts gewahrt bleiben. Sie soll zur Vollendung eines Raums der Freiheit, der Sicherheit und des Rechts und einer Wirtschaftsunion, zum wirtschaftlichen und sozialen Fortschritt, zur Stärkung und zum Zusammenwachsen der Volkswirtschaften innerhalb des Binnenmarkts sowie zum Wohlergehen natürlicher Personen beitragen.[22]

Die Verordnung regelt neben unionsweit einheitlichen **Begriffen** (Art. 4) **Grundsätze für** **7** **die Datenverarbeitung** (Art. 5), insbesondere für die Rechtmäßigkeit der Verarbeitung (Art. 6), die Wirksamkeit der Einwilligung (Art. 7 f.) und spezifische Daten (Art. 9–11), **Rechte der Betroffenen** bei der Datenverarbeitung (Art. 12–23), Vorgaben für die technische Gestaltung der eigenen und der Auftragsdatenverarbeitung (Art. 24–43), Vorschriften für die **Datenübermittlung** ins Drittausland **außerhalb der Union** (Art. 44–50), die **Einrichtung unabhängiger Datenschutz-Aufsichtsbehörden** (Art. 51–76) und Beschwerde-, Rechtsschutz- und Schadensersatzrechte von Betroffenen (Art. 77–84). Spezielle Regelungen für besondere Fälle (Art. 85–91) beschließen den Verordnungstext vor der Ermächtigung zum Erlass von delegierten und Durchführungsrechtsakten (Art. 92 f.) und den Schlussbestimmungen (Art. 94–99).

Die Datenverarbeitungsgrundsätze der EUDSGVO entsprechen dabei weitgehend denen **8** des deutschen Rechts: **Rechtmäßigkeit, Verarbeitung nach Treu und Glauben, Transpa-**

---

18 Die heute gültige EU-Grundrechtecharta vom 12.12.2007 (ABl. EU C 303 vom 14.12.2007, S. 1) ist zum 1.12.2009 in Kraft getreten.
19 Richtlinie 95/46/EG des Europäischen Parlaments und des Rates vom 24.10.1995 zum Schutz natürlicher Personen bei der Verarbeitung personenbezogener Daten und zum freien Datenverkehr (ABl. EG L 281 v. 23.11.1995, S. 31), zul. geä. d. VO (EG) Nr. 1882/2003 vom 29.9.2003 (ABl. EU L 284 v. 31.10.2003, S. 1). Im Wesentlichen umgesetzt durch Gesetz zur Änderung des Bundesdatenschutzgesetzes und anderer Gesetze vom 18.5.2001 (BGBl. 2001 I, 904, ber. 2002 I, S. 2252), in Kraft seit 23.5.2001 – Zur Datenschutzrichtlinie auch Krahmer in: LPK-SGB I § 35 Rn. 7.
20 Verordnung (EU) 2016/679 des Europäischen Parlamentes und des Rates zum Schutz natürlicher Personen bei der Verarbeitung personenbezogener Daten, zum freien Datenverkehr und zur Aufhebung der Richtlinie 95/46/EG vom 27.4.2016 (ABl. EU L 119/1 v. 4.5.2016, berichtigt ABl. EU L 314/72 v. 22.11.2016).
21 Nach ihrem Art. 99 ist die VO (EU) 2016/679 bereits im Mai 2016 in Kraft getreten, gilt aber erst seit dem 25.5.2018.
22 Erwägungsgrund 2 VO (EU) 2016/679.

renz, **Zweckbindung**, **Datenminimierung**, **Richtigkeit**, **Speicherbegrenzung**, **Integrität** **und Vertraulichkeit** sowie **Rechenschaftspflicht** sind in Art. 5 EUDSGVO niedergelegt.

9 Allerdings ist der sachliche Anwendungsbereich der EUDSGVO eingeschränkt: Gemäß Art. 2 Abs. 1 EUDSGVO gilt diese sachlich nur für die ganz oder teilweise automatisierte Verarbeitung personenbezogener Daten sowie für die nichtautomatisierte Verarbeitung personenbezogener Daten, die in einem Dateisystem gespeichert sind oder gespeichert werden sollen. Sie findet damit im Gegenschluss keine Anwendung auf die nichtautomatisierte Verarbeitung personenbezogener Daten, die nicht in einem Dateisystem gespeichert sind oder gespeichert werden sollen. Darüber hinaus findet die Verordnung nach Art. 2 Abs. 2 EUDSGVO keine Anwendung für Tätigkeiten, die dem Unionsrecht nicht unterfallen, im Bereich der Gemeinsamen Außen- und Sicherheitspolitik der Mitgliedstaaten, für private Datenverarbeitung im persönlichen Bereich und für Strafverfolgung und Herstellung der öffentlichen Sicherheit.

10 Unproblematisch dem Anwendungsbereich der EUDSGVO unterfallen damit Daten, die in einer elektronischen Akte gespeichert sind oder gespeichert werden sollen, weil es sich dabei um eine (teilweise) automatisierte Datenverarbeitung handelt,[23] jedenfalls wenn man die bis Mai 2018 gegolten habende Definition des Begriffs „automatisierte Verarbeitung" heranzieht: Nach § 67 Abs. 3 SGB X in der bis 24.5.2018 geltenden Fassung war „automatisiert" die Datenverarbeitung, die unter Einsatz von Datenverarbeitungsanlagen durchgeführt wird. Anhaltspunkte dafür, dass der Verordnungsgeber einen anderen Automatisierungsbegriff zugrunde legen wollte, bestehen nicht.

11 Dagegen kommt es bei der nichtautomatisierten Datenverarbeitung, also der herkömmlichen Verarbeitung der Sozialdaten in Papierakten, darauf an, ob die Daten in einem **Dateisystem** gespeichert sind oder werden sollen. Dateisystem ist nach der Begriffsdefinition in Art. 4 Nr. 6 EUDSGVO jede strukturierte Sammlung personenbezogener Daten, die nach bestimmten Kriterien zugänglich sind, unabhängig davon, ob diese Sammlung zentral, dezentral oder nach funktionalen oder geografischen Gesichtspunkten geführt wird; damit entspricht der Begriff dem bisherigen Dateibegriff.[24] Wie sich aus Erwägungsgrund 15 zur EUDSGVO ergibt, fallen damit Akten oder Aktensammlungen sowie ihre Deckblätter, die nicht nach bestimmten Kriterien geordnet sind, nicht in den Anwendungsbereich der Verordnung. Dabei war die deutsche Literatur bei der Auslegung des Vorgängerbegriffs zum heutigen Begriff „Dateisystem", der Datei, mehrheitlich eher restriktiv: Eine Datei lag hiernach nur dann vor, wenn eine Akte nach Datenart strukturiert organisiert war, sodass durch diese Struktur auf die einzelnen Daten leicht zugegriffen werden konnte.[25] Insbesondere hatte der BGH entschieden, dass ein als Freitext verfasstes sozialmedizinisches Gutachten ebenso wie eine rein chronologisch sortierte sozialgerichtliche Akte mangels strukturierter Organisation nicht als Datei anzusehen war.[26] Das bisherige Verständnis des früheren Begriffs „Datei" ist auf den neuen, identisch definierten Begriff „Dateisystem" übertragbar, sodass die **EUDSGVO für die nichtautomatisierte Datenverarbeitung in gewöhnlichen**, chronologisch geführten **Papierakten nicht unmittelbar gilt**. Allerdings erklärt (→ Rn. 15) § 35 SGB I die EUDSGVO für das Sozialdatenschutzrecht allgemein für anwendbar.

---

23 Martens PInG 2015, 213 (219).
24 Bieresborn NZS 2017, 887 (890).
25 Martens PInG 2015, 213 (217) m. zahlr. Nachw. zur Literatur. – Anders hingegen Diering/Seidel in LPK-SGB X, 4. Aufl. 2016, § 67 Rn. 9, die annahmen, dass Akten der Leistungsträger regelmäßig einen geordneten und gleichartigen Zugang ermöglichen würden und daher eine Datei annehmen wollten.
26 BGH 29.11.2016 – VI ZR 530/15, Rn. 24; Freund/Shagdar SGb 2018, 195 (199); Bieresborn NZS 2017, 887 (891); bereits zuvor Martens PInG 2015, 213 (217).

Neben der Datenschutz-Grundverordnung (EUDSGVO) bestehen weitere unionsrechtli- **12** che Regelungen zum Datenschutz,[27] die jedoch wenig oder kaum spezifischen Bezug zum Datenschutz haben.

III. Verhältnis von Unionsrecht zu nationalem Recht im Datenschutz

Die **EUDSGVO gilt** als Verordnung **unmittelbar** in allen Mitgliedstaaten der Union;[28] **13** sie bedarf keines nationalen Umsetzungsakts. In ihrem sachlichen und räumlichen Anwendungsbereich verdrängt sie nationales Recht. Wegen des unionsrechtlichen Wiederholungsverbots[29] dürfen selbst gleich lautende nationale Vorschriften nicht bestehen bleiben.[30] Daher ergeben sich seit Inkrafttreten der EUDSGVO die datenschutzrechtlichen Begriffe und die Datenverarbeitungsgrundsätze unionsweit einheitlich unmittelbar aus der DSGVO selbst. Damit steht auch fest, dass zur Auslegung dieser unionsweit einheitlich geregelten Begriffe und der Datenverarbeitungsgrundsätze letztverbindlich nur der EuGH berufen ist.[31]

Allerdings kennt die EUDSGVO insbesondere bei der Datenverarbeitung durch öffentli- **14** che Stellen Öffnungsklauseln, welche Konkretisierungen des Datenschutzrechts durch mitgliedstaatliches Recht ermöglichen oder sogar vorschreiben.[32] Soweit die EUDSGVO hingegen keine Öffnungsklausel enthält, sind die Regelungen der EUDSGVO abschließend; mitgliedstaatliches Recht darf nicht, auch nicht zugunsten der Betroffenen,[33] von der EUDSGVO abweichen. Der deutsche Gesetzgeber hat von diesen Öffnungsklauseln – insbesondere im Sozialdatenschutzrecht – weitgehend Gebrauch gemacht und das Sozialdatenschutzrecht weitgehend an die EUDSGVO angepasst; nur im Bereich der Kinder- und Jugendhilfe liegt noch keine Anpassung vor. Solange er sich im Rahmen dieser Öffnungsklauseln hält, darf der mitgliedstaatliche (hier: deutsche) Gesetzgeber auch eigene Begriffe bilden.

Darüber hinaus gilt der **Vorrang** des Unionsrechts und damit auch der EUDSGVO **nur** **15** **insoweit**, wie das **Unionsrecht sachlich anwendbar ist** (→ Rn. 9–11). Der Vorrang gilt daher beispielsweise nicht für das nicht automatisierte Verarbeiten von Daten in herkömmlichen, lediglich chronologisch sortierten Akten oder für die Datenverarbeitung in Straf- und Gefahrenabwehrverfahren. Allerdings erklärt § 35 Abs. 2 S. 2 SGB I die **EU-DSGVO über ihren sachlichen Anwendungsbereich hinaus auch für jegliche Verarbeitung von Sozialdaten** außerhalb des sachlichen Anwendungsbereichs der EUDSGVO für anwendbar. Weil der Anwendungsbefehl für die EUDSGVO in diesen Fällen ausschließlich auf mitgliedstaatlichem Recht beruht, dürfte die EUDSGVO insoweit als mitgliedstaatliches Recht anzuwenden sein. Damit gilt für die Verarbeitung von Sozialdaten –

---

27 Zu nennen sind die **Datenschutzrichtlinie für elektronische Kommunikation** (Richtlinie 2002/58/EG des Europäischen Parlaments und des Rates vom 12.7.2002 über die Verarbeitung personenbezogener Daten und den Schutz der Privatsphäre in der elektronischen Kommunikation, ABl. EG L 201 v. 31.7.2002, S. 37), zul. geä. d. RL 2009/136/EG v. 25.11.2009 (ABl. EU L 337 v. 18.12.2009, S. 11), die **Richtlinie über die Vorratsspeicherung von Daten** (Richtlinie 2006/24/EG des Europäischen Parlaments und des Rates vom 15.3.2006 über die Vorratsspeicherung von Daten, die bei der Bereitstellung öffentlich zugänglicher elektronischer Kommunikationsdienste oder öffentlicher Kommunikationsnetze erzeugt oder verarbeitet werden, und zur Änderung der Richtlinie 2002/58/EG, ABl. EU L 105 v. 13.4.2006, S. 54) und die **Transparenzverordnung** (Verordnung [EG] Nr. 1049/2001 des Europäischen Parlaments und des Rates vom 30.5.2001 über den Zugang der Öffentlichkeit zu Dokumenten des Europäischen Parlaments, des Rates und der Kommission, ABl. EG L 145 v. 31.5.2001, S. 43).
28 Vgl. Art. 288 Abs. 2 AEUV; Bieresborn NZS 2017, 887.
29 EuGH 7.2.1973 – C-39/72 (Kommission ./. Italien); EuGH, 31.1.1978 – C-94/77 (Zerbone); Bieresborn NZS 2017, 887 (888).
30 Bieresborn NZS 2017, 887 (888 f.).
31 Bieresborn NZS 2017, 10 (16).
32 Bieresborn NZS 2017, 887 (888); Freund/Shagdar SGb 2018, 195 (197).
33 EuGH 24.11.2017 – Rs. C-468/10 (ASNEF); Freund/Shagdar SGb 2018, 195 (197).

teils unmittelbar, teils über den Anwendungsbefehl des § 35 Abs. 2 S. 2 SGB I – stets die EUDSGVO, konkretisiert und ergänzt durch die Regelungen im SGB.[34]

16 Da Unionsrecht sämtlichem mitgliedstaatlichem Recht einschließlich des Verfassungsrechts vorgeht, können Unionsrechtsakte – unbeschadet der Frage, ob der Unionsrechtsakt sich innerhalb der Grenzen der Ermächtigung der Union durch die Mitgliedstaaten hält[35] – nicht am Maßstab des deutschen Grundrechts auf informationelle Selbstbestimmung, sondern nur am Unionsgrundrecht auf Schutz personenbezogener Daten aus der EUGRCharta gemessen werden. In zwei Situationen allerdings müssen sich diese Vorschriften neben dem Unionsgrundrecht außerdem noch am deutschen Grundrecht auf informationelle Selbstbestimmung messen lassen: Zum einen dort, wo der deutsche Gesetzgeber im Rahmen seiner in der EUDSGVO eingeräumten Kompetenzen zur Konkretisierung und Ergänzung tätig geworden ist,[36] zum anderen dort, wo der deutsche Gesetzgeber kraft autonomer Entscheidung die EUDSGVO auch auf solche Datenverarbeitungsvorgänge für anwendbar erklärt hat, die nicht dem sachlichen Anwendungsbereich der EUDSGVO unterfallen (s. hierzu → Rn. 15).

IV. Überblick über die einfachrechtlichen Grundlagen des Datenschutzes innerhalb Deutschlands[37]

17 Der Überblick über die Rechtslage wird dadurch noch komplizierter, dass auch das deutsche Datenschutzrecht nach Ebenen und Bereichen gespalten ist. Die allgemeine bundesrechtliche Rechtsgrundlage stellt das **Bundesdatenschutzgesetz (BDSG)**[38] dar. Das **BDSG gilt** nach seinem § 1 Abs. 1 zwar **umfassend** für die Verarbeitung personenbezogener Daten durch **öffentliche** und **private Stellen.** Seine Geltung ist allerdings in zweifacher Hinsicht eingeschränkt.

18 Zum einen gilt es nach § 1 Abs. 1 S. 1 Nr. 2 BDSG nicht für die Verarbeitung personenbezogener Daten durch **öffentliche Stellen der Länder,** soweit der Datenschutz durch Landesgesetz geregelt ist; daher **gehen** in der Regel[39] die **Landesdatenschutzgesetze**[40]

---

34 Freund/Shagdar SGb 2018, 195 (199 f.).

35 Hierzu Bieresborn NZS 2017, 887.

36 Ähnlich Bieresborn NZW 2017, 887, der aber insoweit wohl nur das Recht auf informationelle Selbstbestimmung als Maßstab ansieht.

37 Zum Verhältnis der verschiedenen Normschichten zueinander Seidel, § 6. Sozialdatenschutz, in: Fichte/Plagemann/Waschull (Hrsg.), Sozialverwaltungsverfahrensrecht, 360–383, Rn. 8–13; Kunkel in: LPK-SGB VIII § 61 Rn 2; Kunkel, Datenschutz und Verwertung von Kenntnissen im Unterhaltsprozess, FPR 2002, 520 (521); Krahmer in: LPK-SGB I § 35 Rn 5.

38 Zuletzt neu bekannt gemacht am 14.1.2003 (BGBl. 2003 I, 66), danach zul. geä. d. Gesetz v. 14.8.2009 (BGBl. 2009 I, 2814).

39 Teilweise erfassen die Landesdatenschutzgesetze nicht alle öffentlichen Stellen der Länder, insbesondere die Gerichte (Bieresborn ZFSH/SGB 2010, 193 [210]); in diesen Fällen bleibt es bei der Geltung des BDSG.

40 **BB:** Gesetz zum Schutz personenbezogener Daten im Land Brandenburg (Brandenburgisches Datenschutzgesetz – BbgDSG) vom 8.5.2018 (bbGVBl. I/18, Nr. 7 S. 1); **BE:** Gesetz zum Schutz personenbezogener Daten in der Berliner Verwaltung (Berliner Datenschutzgesetz – BlnDSG) vom 13.6.2018 (beGVBl. 2018, S. 418); **BW:** Landesdatenschutzgesetz (LDSG) vom 12.6.2018 (bwGBl. 2018, S. 173); **BY:** Bayerisches Datenschutzgesetz (BayDSG) vom 15.5.2018 (byGVBl. 2018, S. 230); **HB:** Bremisches Ausführungsgesetz zur EU-Datenschutz-Grundverordnung (BremDSGVOAG) vom 8.5.2018 (hbGBl. 2018, 131); **HE:** Hessisches Datenschutz- und Informationsfreiheitsgesetz (HDSIG) vom 3.5.2018 (heGVBl. 2018 I, 82), zul. geä. d. Gesetz v. 12.9.2018 (heGVBl. 2018 I, 570); **HH:** Hamburgisches Datenschutzgesetz (HmbDSG) vom 18.5.2018 (hhGVBl. 2018, 145); **MV:** Datenschutzgesetz für das Land Mecklenburg-Vorpommern (Landesdatenschutzgesetz – DSG M-V) vom 22.5.2018 (mvGVOBl. 2018, 193); **NI:** Niedersächsisches Datenschutzgesetz (NDSG) vom 16.5.2018 (niGVBl. 2018, 66); **NW:** Datenschutzgesetz Nordrhein-Westfalen (DSG NRW) vom 17.5.2018 (nwGV. 2018, 244); **RP:** Landesdatenschutzgesetz (LDSG) vom 8.5.2018 (rpGVBl. 2018, 93); **SH:** Schleswig-Holsteinisches Gesetz zum Schutz personenbezogener Daten (Landesdatenschutzgesetz –

vor. Zum anderen gehen nach § 1 Abs. 2 BDSG **bereichsspezifische bundesrechtliche Regelungen** den Vorschriften des BDSG vor.[41] Beim **Sozialdatenschutz** gelten deshalb **bundeseinheitlich** vor allem **§ 35 SGB I** und **§§ 67 bis 85 a SGB X**. Innerhalb des SGB kommen **Sondervorschriften** zum Sozialdatenschutz in den **besonderen Teilen des SGB** hinzu. Um ein Aushöhlen des Sozialgeheimnisses durch materiellrechtliche Vorschriften zu vermeiden, nimmt § 37 S. 2 SGB I das Sozialgeheimnis von dem grundsätzlichen Vorrang der besonderen Teile vor SGB I und SGB X aus. Allerdings erlaubt § 35 Abs. 2 S. 1 SGB I in der jüngsten Fassung Abweichungen vom Sozialgeheimnis durch das Zweite Kapitel des Zehnten Buches und die „übrigen Bücher des SGB". Vergegenwärtigt man sich den Zweck der Vorbehaltsvorschrift, können Abweichungen der besonderen Teile vom allgemeinen Sozialdatenschutzrecht (auch außerhalb der „Bücher des SGB") dann akzeptiert werden, wenn sie ausdrücklich oder durch ihre systematische Stellung Bezug auf das Sozialdatenschutzrecht nehmen.[42] Für die **Existenzsicherung** betrifft dies die §§ 50 bis 52 a, 57, 60 f. SGB II und §§ 116 bis 118 SGB XII.

Der Vorrang reicht dabei nur so weit, wie diese Regelungen selbst reichen.[43] So gelten für die Ausführung des **AsylbLG** ergänzend zur EUDSGVO die **Landesdatenschutzsetze**, weil das AsylbLG kein besonderer Teil des SGB und die Träger keine Sozialleistungsträger sind.[44]   **19**

Flankiert wird das Datenschutzrecht auch durch **strafrechtliche Normen**, vor allem **§ 203 StGB**. Zum einen stellen § 203 Abs. 2 und 2 a StGB die Verletzung des Sozialgeheimnisses durch Amtsträger oder Datenschutzbeauftragte unter Strafe und verstärken es so. Zum anderen bedrohen § 203 Abs. 1 und 3 StGB **unabhängig vom Datenschutzrecht** die Verletzung der **Schweigepflicht bestimmter Berufsgruppen** – auch innerhalb einer Behörde – mit Strafe.[45] Über § 76 Abs. 1 SGB X wirken diese Verschwiegenheitspflichten auf das Sozialdatenschutzrecht zurück: Hiernach dürfen Daten, die von einer in § 203 Abs. 1 und 3 StGB genannten Person zugänglich gemacht worden sind, **nur dann übermittelt** werden, wenn auch diese Person das dürfte.   **20**

LDSG) vom 2.5.2018 (shGVOBl. 2018, 162); **SL:** Saarländisches Datenschutzgesetz vom 16.5.2018 (slABl. 2008, 254); **SN:** Gesetz zum Schutz der informationellen Selbstbestimmung im Freistaat Sachsen (Sächsisches Datenschutzgesetz – SächsDSG) v. 25.8.2003 (snGVBl. 2003, 330), zul. geä. d. Gesetz v. 26.4.2018 (snGVBl. 2018, 198); **ST:** Gesetz zum Schutz personenbezogener Daten der Bürger (Datenschutzgesetz Sachsen-Anhalt – DSG-LSA) vom 12.3.1992 (stGVBl. 1992, 152), zul. neu bekannt gemacht am 13.1.2016 (stGVBl. 2016, 24, 25), zul. geä. d. Gesetz v. 21.2.2018 (stGVBl. 2018, 10); **TH:** Thüringer Datenschutzgesetz (ThürDSG)vom 6.6.2018 (thGVBl. 2018, 229). – s. auch die Linksammlung https://www .datenschutz.de/category/grundlagen-datenschutz/gesetze-und-verordnungen/.

41 Treten verschiedene bereichsspezifische Regelungen zueinander in Konkurrenz, ist die im Einzelfall strengere Norm anzuwenden (so auch Seidel, in: Fichte/Plagemann/Waschull [Hrsg.], Sozialverwaltungsverfahrensrecht, § 6, Rn 11 f). Zum Verhältnis der verschiedenen Datenschutznormen zueinander auch DIJuF, JAmt 2012, 26 (27 f.).

42 Ähnlich Mrozynski in: Mrozynski SGB I § 37 Rn. 1. Strenger (Abweichungen nur, soweit §§ 67 bis 85 a SGB X selbst Abweichungen erlauben [„Fenster öffnen"]) Kunkel in: LPK-SGB VIII § 61 Rn. 8. Unklar Seewald in: KassKomm SGB I § 35 Rn. 3 a. Anders die wohl überwiegende Meinung, die bei nicht durch Auslegung auflösbaren Kollisionen eine allgemeine Anwendung der Lex-posterior-Regel (und damit eben doch ein Aushöhlen des Sozialdatenschutzes) für möglich hält, etwa Lenze in: LPK-SGB II Vor §§ 50 ff. Rn 6; weitere Nachweise bei Kunkel in: LPK-SGB VIII § 61 Rn. 8.

43 Krahmer in: LPK-SGB I § 35 Rn. 5.

44 Ebenso Kunkel, Das Asylbewerberleistungsgesetz in Konkurrenz mit Sozialleistungsgesetzen, NVwZ 1994, 352 (354).

45 Zum Verhältnis von § 203 StGB zum Sozialgeheimnis Kunkel in: LPK-SGB VIII § 61 Rn. 13–16; Mrozynski in: Mrozynski SGB I § 35 Rn. 4–7.

B. Ausgangspunkt für den Sozialdatenschutz: Das Sozialgeheimnis (§ 35 SGB I)

I. Einführung

21 Ausgangspunkt für den **Sozialdatenschutz** ist das in § 35 SGB I geregelte **Sozialgeheimnis**. Hiernach hat jeder Anspruch darauf, dass die ihn betreffenden **Sozialdaten** von den **Leistungsträgern** nicht **unbefugt verarbeitet** werden. Dies umfasst nach § 35 Abs. 1 S. 2 SGB I die Verpflichtung, auch innerhalb des Leistungsträgers sicherzustellen, dass Sozialdaten nur Befugten zugänglich sind und nur an diese weitergegeben werden. Dabei stellt § 35 Abs. 2 S. 1 SGB I klar, dass die Vorschriften des Zweiten Kapitels des SGB X (§§ 67–85 a SGB X) und der übrigen Bücher des SGB die Verarbeitung von Sozialdaten abschließend regeln, soweit nicht die EUDSGVO unmittelbar anwendbar ist. § 35 Abs. 2 S. 2 SGB I erklärt die EUDSGVO **darüber hinaus** auch auf die Verarbeitung von Sozialdaten (und ihnen gleichgestellte Daten) im Übrigen, also außerhalb des sachlichen Anwendungsbereichs der EUDSGVO, für anwendbar. Damit kann festgehalten werden: Wie weit das **Sozialgeheimnis** reicht und ob in das Sozialgeheimnis eingegriffen werden darf, regeln einheitlich die **EUDSGVO, das Zweite Kapitel SGB X und die ergänzenden Regelungen in den übrigen Büchern des SGB**, und zwar entweder unmittelbar kraft eigenen Geltungsanspruchs der EUDSGVO oder über die Ausweitung des Sozialgeheimnisses in § 35 Abs. 2 S. 2 SGB I kraft Anwendungsbefehls des deutschen Gesetzgebers.

Zunächst ist daher zu klären, wer überhaupt an das Sozialgeheimnis gebunden ist (sogleich ab → Rn. 22) und was Gegenstand des Sozialgeheimnisses ist (→ Rn. 25).

II. Sozialgeheimnispflichtige

22 Als originäre Sozialgeheimnispflichtige bindet § 35 Abs. 1 S. 1 SGB I die **Leistungsträger**, also die in §§ 18–29 SGB I genannten Körperschaften, Anstalten und Behörden (§ 12 SGB I). In der **Grundsicherung für Arbeitsuchende** sind dies die Bundesagentur für Arbeit, die kreisfreien Städte und die Kreise (§ 19 a Abs. 2 SGB I), in der **Sozialhilfe** die Kreise und kreisfreien Städte, die überörtlichen Träger der Sozialhilfe sowie die Gesundheitsämter (§ 28 Abs. 2 SGB I) und in der **Eingliederungshilfe** die durch Landesrecht bestimmten Behörden[46] (§ 28 a Abs. 2 SGB I). **Daneben** verpflichtet § 35 Abs. 1 S. 4 SGB I **weitere Stellen** auf das Sozialgeheimnis, unter anderem (im Einzelnen s. dort) die Verbände der Leistungsträger und Arbeitsgemeinschaften, die im SGB genannten öffentlich-rechtlichen Vereinigungen und gemeinsame Servicestellen sowie die Behörden, welche Aufsichts-, Kontroll- oder Disziplinarbefugnisse ausüben, eine Rechnungsprüfung oder Organisationsuntersuchung durchführen (§ 67 c Abs. 3 S. 1 SGB X).

23 **Andere** private oder öffentliche **Stellen** – freie Träger, Leistungserbringer,[47] sonstige private Dritte, Rechtsanwält*innen, auch andere Behörden und Gerichte – sind **nicht originär** an das Sozialgeheimnis **gebunden**. Allerdings weitet § 78 Abs. 1 S. 3 SGB X die **Geltung des Sozialgeheimnisses** auf Personen oder Stellen **aus**, denen Sozialdaten übermittelt worden sind: Sie haben die Daten **im selben Umfang** geheim zu halten wie die in § 35 SGB I genannten Stellen. Insoweit gilt auch für diese Stellen das Sozialdatenschutzrecht. **Private sind** spätestens bei der Übermittlung ausdrücklich hierauf **hinzuweisen** (§ 78 Abs. 2 SGB X). Für die Justiz gelten nach § 78 Abs. 3 und 4 SGB X leichte Modifikationen.

---

46 In BW beispielsweise die Stadt- und Landkreise als Träger der Eingliederungshilfe (§ 1 Abs. 1 bwAGSGB IX).

47 BSG 10.12.2008 – B 6 KA 37/07 R, Rn. 23.

Beschäftigte bei allen Sozialgeheimnispflichtigen haben das Sozialgeheimnis auch nach   24
Beendigung ihrer Tätigkeit zu wahren (§ 35 Abs. 1 S. 5 SGB I).

III. Gegenstand des Sozialgeheimnisses: Schutz von Sozialdaten (§ 67 SGB X)

Gegenstand des Sozialgeheimnisses sind **Sozialdaten**. Das sind nach § 67 Abs. 2 S. 1   25
SGB X personenbezogene Daten, die von einer in § 35 SGB I genannten Stelle (→
Rn. 22) im Hinblick auf ihre Aufgaben nach dem SGB erhoben, verarbeitet oder genutzt werden. Ob es sich bei einem Datum um ein personenbezogenes Datum handelt,
ist nicht im SGB X, sondern unionsweit in der EUDSGVO geregelt: Nach Art. 4 Nr. 1
EUDSGVO sind **personenbezogene Daten** alle Informationen, die sich auf eine identifi-
zierte oder identifizierbare **natürliche Person** (**betroffene Person**) beziehen. Unerheblich
ist, ob diese Daten extern fixiert sind[48] und ob sie bereits allgemein bekannt sind.[49] Als
identifizierbar wird nach Art. 4 Nr. 1 Halbs. 2 EUDSGVO eine solche natürliche Person
angesehen, die direkt oder indirekt, insbesondere mittels Zuordnung zur einer Kennung
wie einem Namen, zu einer Kennnummer, zu Standortdaten, zu einer Online-Kennung
oder zu einem oder mehreren besonderen Merkmalen, die Ausdruck der physischen,
physiologischen, genetischen, psychischen, wirtschaftlichen, kulturellen oder sozialen
Identität dieser natürlichen Person sind, identifiziert werden kann.

Damit können unter anderem Sozialdaten sein: (Aktuelle und frühere) **Namen**, Geburts-   26
datum und -ort, Staatsangehörigkeit, Versicherungsnummer,[50] Familienstand, Namen
usw von (früheren) Ehegatten, Lebenspartnern, Kindern oder Eltern sowie Arbeitgebern, Anschrift und Telefonnummer, (früherer, aktueller oder zukünftiger) Aufenthaltsort, aber auch das **äußere Erscheinungsbild**, ein Foto, auf dem die betroffene Person abgebildet ist, Einkommensverhältnisse, Vermögensverhältnisse, Krankheiten, **Sozialleistungsbezug als solcher**,[51] Höhe des Sozialleistungsbezuges, Tatsache und Zeitpunkt des
Vorsprechens bei der Behörde,[52] Bekanntsein bei der Behörde, Wahrnehmungen anderer
Personen (Alkoholgeruch, Besuch bestimmter Örtlichkeiten) über die betroffene Person.
Nach einer teils umstrittenen Rechtsprechung waren **Werturteile** vor Inkrafttreten der
EUDSGVO **keine Sozialdaten**, wohl aber die diesen zugrunde liegenden Tatsachen.[53]
Die **Tatsache, dass** über eine betroffene Person ein **Werturteil** bestimmten Inhalts **abge-
geben** worden ist, war jedoch auch hiernach jedenfalls ein **Sozialdatum**. Ob diese
Rechtsprechung auch unter Geltung der EUDSGVO aufrecht erhalten werden kann, ist
infrage gestellt worden;[54] jedenfalls können hierüber letztgültig nunmehr nicht mehr die
nationalen Gerichte alleine entscheiden, sondern nur der EuGH.[55]

Zum **Sozialdatum** werden die Verhältnisse **erst dann, wenn** sie von einer originär sozial-   27
geheimnispflichtigen Stelle **verarbeitet werden**. Voraussetzung ist aber **nicht, dass** die betroffene Person an dem (Verwaltungs-)Verfahren oder Vorgang, in dessen Rahmen die
Verarbeitung erfolgt, (formell) **beteiligt ist**.[56] So sind auch der Name von Informant*innen,[57] die Einkommensverhältnisse von Haushaltsangehörigen (vgl. § 9 Abs. 5 SGB II/

---

48 Kunkel in: LPK-SGB VIII § 61 Rn 21.
49 Krahmer in: LPK-SGB I § 35 Rn 8.
50 Das darin enthaltene Geburtsdatum soll kein Sozialdatum sein: BSG 21.2.1996 – 5 RJ 12/95.
51 BVerwG 23.6.1994 – 5 C 16/92 (Bezeichnung „Sozialleistung" auf Überweisungsträger).
52 LG Berlin 13.9.1982 – (553/504)64 LS 96/81 (Ns) (25/82).
53 LSG Bln 12.2.2003 – L 10 AL 87/02, Rn. 14; LSG Nds-Brem 25.9.2003 – L 8 AL 233/03, Rn. 33; beide
    unter Berufung auf BGH 23. 2. 1999 – VI ZR 140/98, Rn 11–17. – Für die Sozialdateneigenschaft von Ver-
    mutungen und Wertungen dagegen: Kunkel in: LPK-SGB VIII § 61 Rn. 21; Seidel in: Fichte/Plagemann/
    Waschull (Hrsg.), Sozialverwaltungsverfahrensrecht, § 6 Rn. 17.
54 Bieresborn NZS 2017, 887 (889, bei Fußnote 32).
55 Darauf weist auch hin Bieresborn NZS 2017, 887 (889).
56 Krahmer in: LPK-SGB I § 35 Rn. 11; Kunkel in: LPK-SGB VIII § 61 Rn. 21 f.
57 BVerwG 4.9.2003 – 5 C 48/02; Kunkel in: LPK-SGB VIII § 61 Rn. 21.

§ 39 SGB XII) oder der Name des/der Vermieters/Vermieterin geschützt. Von einem Sozialdatum können daher auch mehrere Personen betroffen sein.[58] Das **Sozialgeheimnis wirkt über den Tod** der betroffenen Person **hinaus.** Nach § 35 Abs. 5 SGB I ist allerdings die Verwendung der Sozialdaten Verstorbener erleichtert möglich; die fehlende Erwähnung der besonderen Teile des SGB in dieser Vorschrift dürfte ein gesetzgeberisches Versehen sein.

28   Durch die EUDSGVO wegen ihrer wesensmäßig besonderen Sensibilität hinsichtlich der Grundrechte und Grundfreiheiten[59] besonders geschützt sind[60] **besondere Kategorien personenbezogener Daten.** Hierunter fallen nach Art. 9 Abs. 1 EUDSGVO personenbezogene Daten,

- aus denen die **rassische**[61] und **ethnische Herkunft,**

- **politische Meinungen,**

- **religiöse** oder **weltanschauliche Überzeugungen** oder

- die **Gewerkschaftszugehörigkeit**

hervorgeht, sowie

- **genetische Daten** – das sind nach Art. 4 Nr. 13 EUDSGVO personenbezogene Daten zu den ererbten oder erworbenen genetischen Eigenschaften einer natürlichen Person, die eindeutige Informationen über die Physiologie oder die Gesundheit dieser natürlichen Person liefern und insbesondere aus der Analyse einer biologischen Probe der betreffenden natürlichen Person gewonnen wurden –,

- **biometrische Daten** – das sind nach Art. 4 Nr. 14 EUDSGVO mit speziellen technischen Verfahren gewonnene personenbezogene Daten zu den physischen, physiologischen oder verhaltenstypischen Merkmalen einer natürlichen Person, die die eindeutige Identifizierung dieser natürlichen Person ermöglichen oder bestätigen, wie Gesichtsbilder oder daktyloskopische Daten – zur eindeutigen Identifizierung einer natürlichen Person,

- **Gesundheitsdaten** – das sind nach Art. 4 Nr. 15 EUDSGVO personenbezogene Daten, die sich auf die körperliche oder geistige Gesundheit einer natürlichen Person, einschließlich der Erbringung von Gesundheitsdienstleistungen, beziehen und aus denen Informationen über deren Gesundheitszustand hervorgehen – und

- Daten zum **Sexualleben** oder der **sexuellen Orientierung.**

Für die Existenzsicherungssysteme relevant sind dabei vor allem Gesundheitsdaten und in der Grundsicherung für Arbeitsuchende im Rahmen der Leistungen zur Eingliederung in Arbeit Daten etwa über eine Partei-, Kirchen- oder Gewerkschaftszugehörigkeit. Aber auch die Angabe, mit wem eine Person Ehe oder Lebenspartnerschaft oder eine eheähnliche Lebensgemeinschaft führt, gehört hierher, weil sie Rückschlüsse auf die sexuelle Orientierung zulässt.

29   Einzelangaben **juristischer Personen** sind **keine Sozialdaten.** § 35 Abs. 4 SGB I erweitert das Sozialgeheimnis aber auf **Betriebs- und Geschäftsgeheimnisse,** die von Leistungsträgern erhoben oder verwendet werden. Dies sind nach § 67 Abs. 2 S. 2 SGB X alle **betriebs- oder geschäftsbezogenen Daten,** auch von juristischen Personen, die **Geheimnischarakter** haben. Ein Geheimnischarakter liegt vor, wenn die Angabe tatsächlich und nach dem Willen der Betriebsinhaber nur einem eng begrenzten Personenkreis bekannt

---

58   Kunkel in: Kunkel, LPK-SGB VIII § 61 Rn 22.
59   Erwägungsgrund 51 VO (EU) 2016/679.
60   So schon zuvor wegen Art. 8 RL 95/46/EG.
61   Damit ist kein Bekenntnis zu Theorien verbunden, welche die Existenz verschiedener Rassen zu belegen versuchen; Erwägungsgrund 51 VO (EU) 2016/679.

ist und ein berechtigtes, schützenswertes Interesse an ihrer Geheimhaltung besteht.[62] Hierher gehören etwa Betriebsstrukturen, Verfahrensarten, die Lohnhöhe und die Anzahl der Beschäftigten.[63]

IV. Reichweite des Sozialgeheimnisses

Andere Vorschriften, insbesondere solche des Verwaltungsverfahrensrechts, **können** den   30 **Sozialdatenschutz nicht verdrängen:** Nach § 37 S. 3 SGB I geht das Zweite (Sozialdatenschutz-)Kapitel dem Ersten (Sozialverwaltungsverfahrens-)Kapitel des SGB X vor, soweit sich die Ermittlung des Sachverhalts auf Sozialdaten erstreckt. Damit stellt der **Sozialdatenschutz** eine **Schranke** für die Amtshilfe (§§ 3, 4 SGB X), aber auch **für die Akteneinsicht** (§ 25 SGB X) und die Pflicht zur Aktenvorlage an ein Gericht dar: Dürfen Sozialdaten nicht übermittelt werden, müssen sie nach einem Gesetz[64] beziehungsweise wegen der berechtigten Interessen dritter Personen[65] geheim gehalten werden; die ersuchte Behörde ist **insoweit weder** zur **Amtshilfe noch** zur Gewährung von **Akteneinsicht** noch zur Aktenvorlage an ein Gericht verpflichtet. Ist in einem sozialgerichtlichen Verfahren streitig, ob der Sozialdatenschutz der Aktenvorlage an das Sozialgericht entgegensteht, entscheidet hierüber analog § 99 Abs. 2 VwGO das nächsthöhere Gericht **in Camera.**[66] Dies gilt auch in einem Klageverfahren um Gewährung von Akteneinsicht, soweit das Sozialgericht die Akte zur Entscheidung benötigt.

Auch über die **Mitwirkungspflichten** (§§ 60 bis 66 SGB I) kann der Sozialdatenschutz   31 nicht umgangen werden. Soweit ein Sozialdatum nicht oder nur mit Einwilligung der betroffenen Person erhoben werden darf, besteht auch keine Pflicht, dieses Datum mitzuteilen. Die Sozialleistungsträger können daher Leistungen nicht deshalb nach § 66 SGB I versagen. Sie können sie aber mangels Nachweises einer Voraussetzung ablehnen.

Eine weitere Sicherung enthält § 35 Abs. 3 SGB I. Danach besteht, soweit eine Über-   32 mittlung von Sozialdaten nicht zulässig ist, keine Auskunftspflicht, keine Zeugnispflicht und keine Pflicht zur Vorlegung oder Auslieferung von Schriftstücken, nicht automatisierten Dateisystemen und automatisiert verarbeiteten Sozialdaten. Damit kann (und muss!) eine Aussage zu solchen Fragen selbst bei Vorliegen einer Aussagegenehmigung[67] verweigert werden.[68]

C. Die verschiedenen Eingriffsmöglichkeiten in das Sozialgeheimnis

I. Überblick und Definitionen

Wann eine Verarbeitung von Sozialdaten zulässig ist, bestimmt sich nach der EUDS-   33 GVO, §§ 67 bis 85 a SGB X und modifizierenden Normen in den besonderen Teilen des SGB.

---

62 Bieresborn in: v. Wulffen/Schütze SGB X § 67 Rn. 14; Binne, Das neue Recht des Sozialdatenschutzes, NZS 1995, 97 (99).
63 Weitere Beispiele bei Bieresborn in: v. Wulffen/Schütze SGB X § 67 Rn. 14 f.
64 Vgl. § 4 Abs. 2 S. 1 Nr. 1 und S. 2 SGB X, § 119 Abs. 1 SGG, § 99 Abs. 1 VwGO.
65 Vgl. § 25 Abs. 3 SGB X.
66 Keller in: Meyer-Ladewig/Keller/Leitherer/Schmidt SGG § 119 Rn. 5 d; Bieresborn ZFSH/SGB 2010, 193 (206).
67 Die allerdings in diesen Fällen nicht erteilt werden sollte, Krahmer in: LPK-SGB I § 35 Rn. 21.
68 Ausführlich Kunkel in: LPK-SGB VIII § 61 Rn. 219–228; Kunkel FPR 2002, 520; Kunkel, Anzeige- und Auskunftspflicht, Zeugnisverweigerungsrecht und Datenschutz bei Straftaten an Kindern, StV 2002, 333–336; Wolff, Die Geltung des Sozialgeheimnisses für das sozialgerichtliche Verfahren, NZS 2011, 161 (161 f.); LG Saarbrücken 19.3.2007 – 4 Qs 12/07 I; LG Saarbrücken 11.4.2002 – 1 Qs 12/02; LG Berlin 19.2.1992 – 507 Qs 4/92. AA hingegen LG Trier 19.1.2000 – 2 a Qs 2/00.

34 Ausgangspunkt sind – entweder wegen ihrer originären oder wegen der in § 35 SGB I angeordneten Geltung – die in Art. 5 EUDSGVO niedergelegten **Datenverarbeitungsgrundsätze**. Hiernach muss die Datenverarbeitung zunächst rechtmäßig sein (Art. 5 Abs. 1 BSt. a EUDSGVO), was sich nach Art. 6 EUDSGVO richtet. Zum einen regelt die EUDSGVO selbst einige Rechtfertigungstatbestände, namentlich unter anderem

- eine Einwilligung (Art. 6 Abs. 1 BSt. a EUDSGVO; inhaltliche und formelle Vorgaben: Art. 7, 8 EUDSGVO),

- das Erfordernis der Verarbeitung zum Schutz lebenswichtiger Interessen der betroffenen oder einer dritten Person (Art. 6 Abs. 1 BSt. d EUDSGVO) den Mitgliedstaaten die Aufstellung spezifischerer Anforderungen und die präzisere Bestimmung der Maßnahmen im Rahmen einer rechtmäßigen Datenverarbeitung.

Daneben erlaubt

- Art. 6 Abs. 2 EUDSGVO den Mitgliedstaaten die Aufstellung spezifischerer Anforderungen und die präzisere Bestimmung der Maßnahmen im Rahmen einer rechtmäßigen Datenverarbeitung und

- Art. 6 Abs. 3 EUDSGVO die Aufstellung mitgliedstaatlicher Rechtsgrundlagen, die eine Datenverarbeitung nach Art. 6 Abs. 1 BSt. c und e EUDSGVO rechtfertigt;

beide Öffnungsklauseln gelten unter anderem für eine Datenverarbeitung zur Erfüllung einer Aufgabe, die im öffentlichen Interesse liegt oder die in Ausübung öffentlicher Gewalt erfolgt (Art. 6 Abs. 1 BSt. e EUDSGVO). Auch gilt unionsweit der **Zweckbindungsgrundsatz** (Art. 5 Abs. 1 BSt. b EUDSGVO), von dem ebenfalls durch mitgliedstaatliches Recht abgewichen werden kann (Art. 6 Abs. 4 EUDSGVO).

35 Systematisch ähnliche, aber strengere Maßstäbe gelten für die Verarbeitung besonderer Kategorien personenbezogener Daten in Art. 9 EUDSGVO: Auch hier rechtfertigen eine – freilich ausdrückliche – Einwilligung eine Datenverarbeitung, soweit diese nicht durch Unions- oder mitgliedstaatliches Recht ausgeschlossen ist (Art. 9 Abs. 2 BSt. a EUDSGVO), ebenso wie der Schutz lebenswichtiger Interessen (Art. 9 Abs. 2 BSt. c EUDSGVO) oder unions- oder mitgliedstaatliche Rechtsvorschriften zur Erfüllung eines erheblichen öffentlichen Interesses oder ähnlicher Aufgaben (Art. 9 Abs. 2 BSt. b, g, h und i sowie Art. 9 Abs. 3, 4 EUDSGVO) eine Datenverarbeitung.

36 Dabei enthalten Art. 4 EUDSGVO und ergänzend § 67 SGB X zunächst **Begriffsbestimmungen** (hierzu → Rn. 37), danach folgen im SGB X die Regelungen der Voraussetzungen für eine rechtmäßige Erhebung (§ 67 a SGB X; hierzu → Rn. 38) und danach sonstige Verarbeitung (§ 67 b SGB X; hierzu → Rn. 49) von Sozialdaten.

37 Seit Inkrafttreten der EUDSGVO gibt es nur noch einen einheitlichen Oberbegriff für alle Formen des Umgangs mit Sozialdaten: Die **Verarbeitung von Sozialdaten**. Diese umfasst nach Art. 4 Nr. 2 EUDSGVO jeden mit oder ohne Hilfe automatisierter Verfahren ausgeführten Vorgang oder jede solche Vorgangsreihe im Zusammenhang mit personenbezogenen Daten wie das **Erheben**, das **Erfassen**, die **Organisation**, das **Ordnen**, die **Speicherung**, die **Anpassung** oder **Veränderung**, die **Offenlegung durch Übermittlung**, **Verbreitung oder eine andere Form der Bereitstellung**, den **Abgleich** oder die **Verknüpfung**, die **Einschränkung**, das **Löschen** oder die **Vernichtung**. Bis auf die Einschränkung der Verarbeitung (definiert in Art. 4 Nr. 3 EUDSGVO) sind diese Begriffe weder in der EUDSGVO noch im deutschen Recht[69] definiert. Lediglich die Abgrenzung von Übermittlung und Nutzung lässt sich aus § 67 d Abs. 1 SGB X indirekt ableiten:[70] Der Gesetzgeber regelt dort unter der Überschrift „Übermittlungsgrundsätze" die Verantwor-

---

69 Obwohl das möglich gewesen wäre; Bieresborn NZS 2017, 887 (890).
70 Bieresborn NZS 2017, 887 (890).

tung für die Bekanntgabe der Sozialdaten durch Weitergabe *an einen Dritten* oder durch die Einsichtnahme oder den Abruf *eines Dritten* von zur Einsicht oder zum Abruf bereitgehaltenen Daten; daraus lässt sich im Umkehrschluss ableiten, dass dieselben Vorgänge *innerhalb des Verantwortlichen* als „Nutzen" zu verstehen sind.

II. Das Erheben von Sozialdaten (§ 67 a SGB X)

1. Form des Erhebens

Erheben, also das Beschaffen von Daten über die betroffene Person (so die frühere Definition in § 67 Abs. 5 SGB X aF, die bis zur Prägung einer Definition durch den EuGH zur Orientierung herangezogen werden kann), liegt nur dann vor, wenn der Verantwortliche zielgerichtet vorgeht,[71] etwa durch Befragen in einem Formular oder in einem Gespräch, durch Anfordern von Unterlagen, aber auch durch Beobachten (bei einem Hausbesuch,[72] durch eine Observation,[73] bei einem Besuch der Behörde oder einer sachverständigen Person), Fotografieren oder Untersuchen.[74] In jedem Fall muss der Verantwortliche beim Erheben über den durch § 67 a Abs. 1 S. 3 SGB X in Bezug genommenen § 22 Abs. 2 BDSG angemessene und spezifische Maßnahmen zur Wahrung der Interessen der betroffenen Person anwenden.   **38**

2. Erforderlichkeit der Sozialdatenerhebung

Zulässig ist das Erheben von Sozialdaten durch sozialgeheimnispflichtige Stellen – auch und gerade dann, wenn keine (gegebenenfalls hinsichtlich besonderer Kategorien personenbezogener Daten ausdrückliche) Einwilligung der betroffenen Person vorliegt, welche die Sozialdatenerhebung nach Art. 6 Abs. 1 BSt. a bzw. Art. 9 Abs. 2 BSt. a EUDS-GVO rechtfertigt –, **wenn** ihre **Kenntnis** zur **Erfüllung einer Aufgabe** der erhebenden Stelle[75] **nach dem SGB** erforderlich ist (§ 67 a Abs. 1 S. 1 SGB X); dies gilt auch für besondere Kategorien personenbezogener Daten (§ 67 a Abs. 1 S. 2 SGB X). Insbesondere, aber nicht nur bei letzteren ist zu beachten, dass nach § 35 Abs. 2 a SGB I die Verpflichtung zur Wahrung gesetzlicher Geheimhaltungspflichten oder von Berufs- oder besonderen Amtsgeheimnissen durch die Vorschriften zum Sozialdatenschutz unberührt bleiben, sodass etwa für die Erhebung von Daten bei Ärzt*innen zusätzlich eine Schweigepflichtentbindungserklärung erforderlich ist. Zu den Aufgaben nach dem SGB gehören gemäß § 67 Abs. 3 SGB X auch Aufgaben aufgrund von Verordnungen oder über- und zwischenstaatlicher Regelungen im Bereich der sozialen Sicherheit. Erforderlich ist die Kenntnis einer Angabe, wenn sie „notwendig ist, um die gestellte Aufgabe rechtmäßig, vollständig und in angemessener Zeit erfüllen zu können".[76] Sie muss benötigt werden, um den **Lebenssachverhalt** unter ein Tatbestandsmerkmal der anzuwendenden Norm **zu subsumieren**.[77] So ist es für die Erteilung einer Bescheinigung, dass kein Leistungsanspruch nach dem SGB II besteht, ausreichend, Einkommen nachzuweisen, welches die   **39**

---

71 Kunkel in: LPK-SGB VIII § 61 Rn. 57; Bieresborn in: v. Wulffen/Schütze SGB X § 67 Rn. 23. Anders dagegen (auch ungebetener Hinweis ist „Erheben"): BVerwG 4.9.2003 – 5 C 48/02, Rn. 29.
72 Anders unzutreffend (Hausbesuch ist kein Erheben, sondern dient der Bestätigung der Angaben des Betroffenen) SG Koblenz 30.5.2007 – S 2 AS 595/06 m. insoweit abl. Anm. Luthe, jurisPR-SozR 14/2007 Anm. 3; Bieresborn in: v. Wulffen/Schütze SGB X § 67 Rn. 23.
73 LSG NRW 8.6.2011 – L 12 AS 201/11 B ER; BayLSG 25.1.2008 – L 7 AS 72/07; Bieresborn in: v. Wulffen/Schütze SGB X § 67 Rn. 23.
74 Beispiele teils nach Kunkel in: LPK-SGB VIII § 61 Rn. 57, und Bieresborn in: v. Wulffen/Schütze SGB X § 67 Rn. 23.
75 Im Bereich des SGB II wird dies auch auf Aufgaben der jeweils anderen Träger ausgeweitet (§ 51 b SGB II).
76 BSG 28.11.2002 – B 7/1 A 2/00 R, Rn. 26 mwN; Bieresborn in: v. Wulffen/Schütze SGB X § 67 a Rn. 4.
77 Deshalb waren die ursprünglich verwendeten Antragsformulare für Arbeitslosengeld II teilweise unzulässig, vgl. 20. Tätigkeitsbericht des Bundesdatenschutzbeauftragten, Nr. 16.1.2 und 21. Tätigkeitsbericht des Bundesdatenschutzbeauftragten, Nr. 13.5.2.

Hilfebedürftigkeit beseitigt; Angaben über noch weitergehendes Einkommen oder Vermögen sind nicht erforderlich.

40 Häufig diskutiert ist die Zulässigkeit der Datenerhebung im Rahmen eines **Hausbesuchs**: Nach zutreffender Meinung besteht **keine Pflicht** einer antragstellenden Person, einen **Hausbesuch zu dulden**, auch nicht im Rahmen von §§ 60–66 SGB I.[78] Das hindert jedoch nicht eine Datenerhebung bei einem **Hausbesuch mit Einwilligung**[79] der betroffenen Person. Diese Einwilligung, deren Wirksamkeit sich nach den Art. 7 und 8 EUDS-GVO richtet, darf freilich nicht durch unzulässigen Druck oder Täuschung erwirkt werden; insbesondere muss klargestellt werden, dass eine Einlasspflicht nicht besteht.[80] Auch ein unangemeldeter Hausbesuch ist dann möglich.[81] Allerdings begibt sich eine antragstellende Person durch die Verweigerung des Hausbesuchs eines Beweismittels: Bleiben – mit oder ohne Hausbesuch – Zweifel etwa an der Hilfebedürftigkeit, führen diese wegen des im Sozialrecht geltenden Grundsatzes von der objektiven Beweislast zu einer materiellrechtlichen Ablehnung des Antrags.[82] Wegen dieser Beweislastverteilung liegt es im Sozialrecht im Interesse der betroffenen Person, der Behörde bestimmte Erkenntnismöglichkeiten zu verschaffen. Deshalb dürfte die (rechtlich unverbindliche) Vermutung des Verordnungsgebers, wonach in Fällen eines klaren Ungleichgewichts zwischen den Beteiligten, insbesondere dann, wenn der Betroffene eine Behörde ist, die Freiwilligkeit einer Einwilligung unwahrscheinlich sei und deshalb nicht als Rechtsgrundlage ausreichen soll[83], im Existenzsicherungsrecht wohl nicht greifen.[84]

41 Ebenfalls viel diskutiert ist die Pflicht zur **Vorlage von Kontoauszügen**. Inzwischen haben die beiden SGB II-Senate des Bundessozialgerichts entschieden, dass jedenfalls die **Vorlage grundsätzlich ungeschwärzter Kontoauszüge** der vergangenen **drei Monate** zu den **Mitwirkungspflichten** nach den §§ 60–66 SGB I gehört.[85] Sie stützen ihre Auffassung auf die **Sanktionsmöglichkeiten** bei Einkommens- und Vermögensminderungen sowie unwirtschaftlichem Verhalten (§ 31 Abs. 2 Nr. 1 u. 2 SGB II).[86] Erlaubt ist nur, die Empfänger*innen – nicht die Höhe – solcher Abgänge zu schwärzen, die Rückschlüsse

---

78 Hirschboeck, Sozialhilfemißbrauch in Deutschland aus juristischer Sicht. Berlin 2004. Diss. jur., Freiburg 2004, S. 140–144 mN (der allerdings selbst [S. 168–174] §§ 20, 21 SGB X nicht für eine ausreichende Ermächtigungsgrundlage für Hausbesuche hält); Luthe, jurisPR-SozR 14/2007 Anm. 3.

79 Richtigerweise ergibt sich die Möglichkeit, Sozialdaten mit Einwilligung der betroffenen Person zu erheben, aus § 67a Abs. 2 S. 1 SGB X, der die Mitwirkung der betroffenen Person als Normalfall vorsieht, Kunkel in: LPK-SGB VIII § 61 Rn. 69, Hirschboeck, Sozialhilfemißbrauch in Deutschland aus juristischer Sicht, S. 151; zweifelnd BSG 10.12.2008 – B 6 KA 37/07 R, Rn. 35; die Zweifel zu Recht zurückweisend Bieresborn in: v. Wulffen/Schütze SGB X § 67a Rn. 5.

80 Berlit, Wirtschaftliche Hilfebedürftigkeit im SGB II in der neueren Rechtsprechung, NZS 2009, 537 (538); Hirschboeck, Sozialhilfemißbrauch in Deutschland aus juristischer Sicht, S. 175 mN.

81 Berlit, Wirtschaftliche Hilfebedürftigkeit im SGB II in der neueren Rechtsprechung, NZS 2009, 537 (538); Hirschboeck, Sozialhilfemißbrauch in Deutschland aus juristischer Sicht, S. 175–179 mN; Luthe, jurisPR-SozR 14/2007 Anm. 3.

82 So auch Hirschboeck, Sozialhilfemißbrauch in Deutschland aus juristischer Sicht, S. 142–144 mN; Luthe, jurisPR-SozR 14/2007 Anm. 3.

83 Erwägungsgrund 43 VO (EU) 2016/679.

84 In diese Richtung („[...] kann eine Einwilligung [... eine Erhebung ...] legitimieren, wenn dies [den] Interessen [der betroffenen Person] dient.") wohl auch Hoffmann NZS 2017, 807 (812). Zweifel an der Absolutheit der Annahme eines Ungleichgewichts äußert auch Bieresborn NZS 2017, 926 (930).

85 BSG 19.9.2008 – B 14 AS 45/07 R, BSGE 101, 260–268; BSG 19.2.2009 – B 4 AS 10/08 R. – Ebenso teilweise bereits zuvor SG Dresden 1.3.2006 – S 34 AS 274/06 ER; SG Reutlingen 9.1.2007 – S 2 AS 1073/06; SG Reutlingen 21.5.2007 – S 12 AS 654/07; BayLSG 10.8.2007 – L 7 AS 190/07; LSG NRW 11.10.2007 – L 7 B 235/07 AS ER; LSG BW 3.1.2008 – L 8 AS 5486/07 ER-B (m. insoweit zust., aber wegen der Verneinung von § 66 SGB I inkonsequenter Anm. Klaus, jurisPR-SozR 4/2008 Anm. 2); LSG NRW 3.3.2010 – L 12 AS 15/08. – Anders dagegen HessLSG 22.8.2005 – L 7 AS 32/05 ER; SG Freiburg 12.10.2005 – S 4 AS 4006/05 ER; SG Bayreuth 27.2.2006 – S 8 AS 34/06 ER; SG Detmold 7.9.2006 – S 21 AS 133/06 ER; für Folgeantrag: LSG Nds-Brem 12.7.2007 – L 6 AS 378/07 ER.

86 BSG, 19.9.2008 – B 14 AS 45/07 R, Rn 16; BSG, 19.2.2009 – B 4 AS 10/08 R, Rn 20. Zu denken wäre auch an Kostenersatzansprüche, § 34 SGB II/§ 103 SGB XII.

auf besondere Kategorien personenbezogener Daten (Art. 9 Abs. 1 EUDSGVO, → Rn. 28) erlauben,[87] etwa Zahlungen an Parteien, Gewerkschaften und Religionsgemeinschaften, aber auch an Apotheken und Sexshops.[88] Bei Zahlungseingängen dürfen hingegen keine Schwärzungen vorgenommen werden.

3. Betroffenenerhebung

Nach § 67 a Abs. 2 S. 1 SGB X sind Sozialdaten grundsätzlich **bei der betroffenen Per****son** zu erheben. Sie ist dabei grundsätzlich **über** den **Verarbeitungszweck und** die Identität des **Verantwortlichen** sowie die Kontaktdaten von dessen Datenschutzbeauftragten zu **unterrichten** (Art. 13 Abs. 1 EUDSGVO), außerdem über Aufbewahrungsfristen und Rechte der betroffenen Person (Art. 13 Abs. 2 EUDSGVO). Werden die erhobenen Daten übermittelt, sieht Art. 13 Abs. 1 BSt. e EUDSGVO zudem die Pflicht vor, über die Empfänger oder Kategorien von Empfängern zu unterrichten. Diese Informationspflichten gelten zum einen nicht, wenn die betroffene Person bereits über diese Informationen verfügt (Art. 13 Abs. 4 EUDSGVO). Zum anderen schränkt § 82 SGB X die Mitteilungspflicht über Empfänger erheblich weiter ein:[89] Betroffene Personen müssen nur dann informiert werden,

- wenn sie mit der Nutzung oder Übermittlung an bestimmte Kategorien von Empfängern nicht rechnen mussten,
- wenn es sich nicht um eine Speicherung, Veränderung, Nutzung, Übermittlung, Einschränkung der Verarbeitung oder Löschung von Sozialdaten innerhalb einer in § 35 SGB I genannten Stelle handelt oder
- wenn es sich bei den Stellen, an die übermittelt wird, nicht um eine Kategorie von in § 35 SGB I genannten Stellen handelt.

42

Ohne Mitwirkung der Betroffenen dürfen Sozialdaten nur ausnahmsweise in den in § 67 a Abs. 2 S. 2 SGB X genannten Fällen erhoben werden. Für die Erhebung **bei ande****ren Sozialgeheimnispflichtigen** – Rentenversicherung, Krankenkasse –[90] ist es erforderlich, dass die andere Stelle die Sozialdaten **befugt** an die erhebende Stelle **übermitteln** kann **und die Betroffenenerhebung** einen **unverhältnismäßigen Aufwand** erfordern würde (Nr. 1). **Bei anderen Personen** (Arbeitgeber, Vermieter, Angehörige, Nachbarn) und Stellen (Dienstherr, Bank, Versicherung, andere Behörde) muss die **Erhebung** entweder **durch Rechtsvorschrift zugelassen** oder ausdrücklich vorgeschrieben sein (Nr. 2 Buchst. a), **oder** die **Aufgabenerfüllung erfordert** ihrer Art nach eine **Datenerhebung bei Dritten oder** bedeutet einen **unverhältnismäßigen Aufwand** (Nr. 2 Buchst. b). Stets ist zudem Voraussetzung, dass **keine Anhaltspunkte** für die **Beeinträchtigung überwiegen****der schutzwürdiger Interessen** der Betroffenen bestehen. Zu Recht hat das Bundessozialgericht darauf hingewiesen, dass eine Datenerhebung bei Dritten zum Zwecke der Feststellung der Anspruchsvoraussetzungen für eine von den Betroffenen begehrte Leistung ohne deren Einwilligung niemals gerechtfertigt sein kann, auch dann nicht, wenn sonst Beweislosigkeit droht.[91] Freilich kann die Verweigerung der Einwilligung zur Versagung (§ 60 Abs. 1 S. 1 Nr. 1, § 66 Abs. 1 SGB I), eine Beweislosigkeit zur materiellrechtlichen Ablehnung der Leistung führen (→ Rn. 40 f.).

43

---

87 BSG, 19. 9. 2008 – B 14 AS 45/07 R, Rn 24.
88 A. A., weil die bloße Überweisung an einen Sexversandshop noch keinen unmittelbaren Rückschluss auf das Sexualleben zulasse: Berlit, Wirtschaftliche Hilfebedürftigkeit im SGB II in der neueren Rechtsprechung, NZS 2009, 537, 538.
89 Hierzu Bieresborn, NZS 2018, 10, 11.
90 Oder bei den in § 69 Abs. 2 SGB X genannten Gleichgestellten.
91 BSG 25.1.2012 – B 14 AS 65/11 R, Rn. 39.

44 Daten müssen **ihrer Art nach** bei Dritten erhoben werden, wenn die Behörde sonst keine Möglichkeit zur Aufgabenerfüllung hätte. So dürfen zur Herstellung des Nachrangs (vgl. §§ 33–34 a SGB II/§§ 93 f., 103 f. SGB XII) Namen und Anschriften potenziell Unterhalts- oder Kostenersatzpflichtiger (= betroffene Personen) bei den Leistungsberechtigten erhoben werden. Auch eine Überprüfung zweifelhafter Angaben der Betroffenen muss in einem Verfahren nach §§ 45, 48 SGB X ihrer Art nach bei Dritten erfolgen. **Durch Rechtsvorschrift zugelassen** oder vorgeschrieben ist die Erhebung bei Dritten zum Beispiel durch die **Auskunftspflichten** in §§ 57, 60 und 61 SGB II sowie § 117 SGB XII. Auch in diesen Fällen dürfen bei den Dritten nur die **erforderlichen** Daten, sowohl der leistungsberechtigten wie der auskunftspflichtigen Person erhoben werden. Steht etwa schon vor Befragung des Vaters fest, dass ein Unterhaltsanspruch unter keinem denkbaren Gesichtspunkt in Betracht kommt, dürfen über ihn keine weiteren Daten erhoben werden.[92] Hierher gehört auch § 52 a Abs. 1 SGB II,[93] wonach die Agentur für Arbeit zur Bekämpfung von Leistungsmissbrauch[94] bei dem Zentralen Fahrzeugregister, dem Melderegister und dem Ausländerzentralregister Auskunft über bestimmte Daten einholen kann.

45 Für die Beurteilung, ob ein **unverhältnismäßiger Aufwand** vorliegt, sind die Auffindbarkeit des Datums sowie der Zeit- und Kostenaufwand für die betroffene Person und die Dritten ins Verhältnis zu setzen,[95] für die vorzunehmende Abwägung zwischen den schutzwürdigen Interessen der betroffenen Person und des Leistungsträgers[96] sind eine etwaige Rufschädigung oder möglicherweise entstehende berufliche Nachteile zu berücksichtigen.[97] In jedem Fall ist der betroffenen Person **vor der Befragung Dritter** Gelegenheit zu geben, die erforderlichen Angaben **selbst** zu machen.[98] Der/die **Vermieter*in** darf nicht ohne Mitwirkung der betroffenen Person nach dem Vorliegen einer eheähnlichen Lebensgemeinschaft[99] oder nach im Mietverhältnis getätigten Zahlungen[100] befragt werden.

46 Anders als die offene Befragung der antragstellenden Person oder Dritter sind **verdeckte Ermittlungen**, etwa heimliches Beobachten oder Befragen von Dritten unter Verschweigen der Identität als Sozialamtsmitarbeiter*in **grundsätzlich unzulässig**. Dass sie regelmäßig mit einem intensiven Eingriff in das Recht auf informationelle Selbstbestimmung einhergehen, lässt sich an den entsprechenden Ermächtigungsgrundlagen (zB § 163 f StPO) ablesen. Im Sozialverwaltungsverfahrensrecht des SGB fehlen solche Normen.[101] Dennoch wollen zwei Landessozialgerichte[102] die Erhebung von Sozialdaten durch verdeckte Ermittlungen für eine Übergangszeit akzeptieren, solange sie sich auf „punktuelle Verstöße" ohne Beeinträchtigung weiterer Grundrechte beschränkt. Sie **verkennen** damit die **Schwere des Grundrechtseingriffs**, den ein Vergleich mit § 163 f StPO offenbart:

---

92 In diese Richtung zu § 117 SGB XII LSG NRW 14.9.2009 – L 20 SO 96/08 und LSG NRW 1.9.2010 – L 12 SO 61/09, wenn auch in beiden konkreten Fällen verneint.
93 Lenze in: LPK-SGB II § 52 a Rn. 2.
94 Kritisch zur vom Gesetzeswortlaut eingeräumten Möglichkeit anlassloser Nachfragen Gemeinsame Erklärung des Bundesbeauftragten und aller außer des hessischen Landesbeauftragten für den Datenschutz, 21. Tätigkeitsbericht (2005/2006) des Bundesbeauftragten für den Datenschutz und die Informationsfreiheit, BT-Drucks. 16/4950, S. 140 f.
95 Bieresborn in: v. Wulffen/Schütze SGB X § 67 a Rn. 8.
96 Bieresborn in: v. Wulffen/Schütze SGB X § 67 a Rn. 8.
97 So die erste Auflage dieses Werks, Rn. 1999.
98 Zu den Anforderungen BSG 25.1.2012 – B 14 AS 65/11 R, Rn. 36 f.
99 SG Düsseldorf 23.11.2005 – S 35 AS 343/05 ER.
100 BSG 25.1.2012 – B 14 AS 65/11 R.
101 BayLSG 25.1.2008 – L 7 AS 72/07, Rn 38–43; LSG NRW 8.6.2011 – L 12 AS 201/11 B ER, Rn. 10; Hirschboeck, Sozialhilfemißbrauch in Deutschland aus juristischer Sicht, S. 136 f. mwN; Bieresborn ZFSH/SGB 2010, 193 (204).
102 BayLSG 25.1.2008 – L 7 AS 72/07, Rn. 44–48; LSG NRW 8.6.2011 – L 12 AS 201/11 B ER, Rn. 10.

Dort sind planmäßig angelegte Observationen an mehr als zwei Tagen (längerfristige Observation) nur bei Straftaten von erheblicher Bedeutung und nur auf richterliche Anordnung zulässig. In einem der Fälle bestand wohl vor der Observation noch nicht einmal ein Verdacht auf einen Sozialleistungsbetrug – übrigens keine Straftat von erheblicher Bedeutung –, dennoch hielt das Gericht eine Observierung an 21 Tagen nicht für einen erheblichen Grundrechtseingriff. **Diese Rechtsprechung ist daher abzulehnen.**[103] Als **absoluter Ausnahmefall** mag bei Verdacht auf einen erheblichen Sozialleistungsmissbrauch eine verdeckte Ermittlung dann zulässig sein, wenn durch eine punktuelle, kurzfristige Observation die notwendig mit der offenen Befragung Dritter verbundene Übermittlung von Sozialdaten vermieden wird **und** überwiegende Interessen der betroffenen Person nicht entgegenstehen.[104]

Hat eine **Erhebung bei Dritten** stattgefunden, ist die **betroffene Person** hiervon nach Art. 14 EUDSGVO grundsätzlich zu **unterrichten.** Zusätzlich zu den Ausnahmen nach Art. 14 Abs. 5 EUDSGVO (betroffene Person verfügt bereits über die Informationen; Erteilung der Informationen ist unmöglich oder erfordert einen unverhältnismäßigen Aufwand; Rechtsvorschriften verbieten die Offenlegung; es besteht ein Berufsgeheimnis) regelt § 82 a SGB X enge Ausnahmen von dieser Informationspflicht. Hinsichtlich der Informationspflicht bezüglich Empfängern und Kategorien von Empfängern bei Übermittlung der Sozialdaten erklärt § 82 a Abs. 4 SGB X § 82 Abs. 1 SGB X für entsprechend anwendbar. **47**

Schließlich ist der über § 16 SGB II bei den Leistungen zur Eingliederung in Arbeit anwendbare § 41 S. 2 SGB III zu erwähnen, welcher eine **Erhebung** der **Zugehörigkeit zu einer Gewerkschaft, Partei, Religionsgemeinschaft** oder vergleichbaren Vereinigung ausschließlich **bei der betroffenen Person** erlaubt. **48**

III. Die Verarbeitung von Sozialdaten im Übrigen

Die **allgemeinen Voraussetzungen** für die **Verarbeitung** von Sozialdaten im Übrigen sind in § 67 b SGB X geregelt. Danach dürfen Sozialdaten nur dann **verarbeitet** – also gespeichert, verändert, gesperrt, gelöscht oder genutzt (→ Rn. 37) – werden, soweit eine **Rechtsvorschrift des SGB** dies **erlaubt** oder anordnet; daneben besteht weiter die Möglichkeit der **Einwilligung** durch die betroffene Person (Art. 6 Abs. 1 BSt. a, Art. 9 Abs. 2 BSt. b EUDSGVO). **49**

Die allgemeinen Datenverarbeitungsvoraussetzungen gelten gemäß § 67 b Abs. 1 S. 2 SGB X ausdrücklich auch für die Verarbeitung von **besonderen Kategorien personenbezogener Daten** (→ Rn. 28). Von diesen besonderen Kategorien personenbezogener Daten stellt § 67 d Abs. 1 S. 3 SGB X (nur) die Übermittlung von **biometrischen, genetischen oder Gesundheitsdaten** unter besonderen Schutz (s. sogleich → Rn. 52). **50**

IV. Die Übermittlung von Sozialdaten als besonders intensive Form der Datenverarbeitung

Weil die Sozialdaten bei der **Übermittlung** aus dem Innenbereich des Verantwortlichen hinaus gegeben werden (vgl. die aus § 67 d Abs. 1 S. 1 SGB X folgende Begriffsbestimmung), stellt sie die **intensivste Verarbeitungsform** dar. Sie ist – außer bei Einwilligung **51**

---

103 Ebenso Bieresborn ZFSH/SGB 2010, 193 (204).
104 Hirschboeck, Sozialhilfemißbrauch in Deutschland aus juristischer Sicht, S. 136 f. unter Berufung auf den baden-württembergischen Landesdatenschutzbeauftragten, info also 1998, 53 (54); Hammel, Möglichkeiten und Grenzen des Einsatzes von „Sozial(hilfe)detektiven" durch Sozialhilfeträger, ZfSH/SGB 1999, 451–460, 538–546, 541.

der betroffenen Person – nur zulässig, soweit eine **Übermittlungsbefugnis** vorliegt. Eine solche Befugnis kann sich ergeben aus

- Art. 6 EUDSGVO, insbesondere
  - einer Einwilligung (Art. 6 Abs. 1 BSt. a EUDSGVO),
  - der Erforderlichkeit zum Schutz lebenswichtiger Interessen (Art. 6 Abs. 1 BSt. c EUDSGVO), oder
- einer der Übermittlungsbefugnisse des SGB X oder einer anderen Vorschrift des SGB, die aus Platzgründen nur ausgewählt vorgestellt werden können.

Die Verantwortung für die Zulässigkeit der Übermittlung trägt die übermittelnde Stelle, die ersuchende Stelle für die Richtigkeit ihrer Angaben (§ 67 d Abs. 1 SGB X).

52 Dies gilt grundsätzlich auch für **besondere Kategorien personenbezogener Daten** (→ Rn. 28), für die statt der Übermittlungsbefugnisse des Art. 6 EUDSGVO die des Art. 9 Abs. 2 EUDSGVO gelten. Von diesen besonderen Kategorien personenbezogener Daten stellt § 67 d Abs. 1 S. 3 SGB X (nur) die **Übermittlung** von **biometrischen, genetischen oder Gesundheitsdaten** unter besonderen Schutz: Diese Daten dürfen nur[105] übermittelt werden

- bei Vorliegen einer (ausdrücklichen) Einwilligung (Art. 9 Abs. 2 BSt. a EUDS-GVO),[106]
- zum Schutz lebenswichtiger Interessen der betroffenen Person oder einer anderen natürlichen Person, sofern die betroffene Person aus körperlichen oder rechtlichen Gründen außerstande ist, ihre Einwilligung zu erteilen (Art. 9 Abs. 2 BSt. c EUDS-GVO)[107] oder
- bei Vorliegen einer Übermittlungsbefugnis nach den §§ 68 bis 77 SGB X oder einer anderen Rechtsvorschrift des SGB.

53 § 67 d Abs. 2 SGB X **weitet** die **Übermittlungsbefugnisse** für Akten erheblich **aus:** Sind mit Sozialdaten, die übermittelt werden dürfen, weitere Sozialdaten der betroffenen oder einer dritten Person so verbunden, dass eine Trennung nicht oder nur mit unzumutbarem Aufwand möglich ist, dürfen auch diese Sozialdaten übermittelt werden, wenn schützenswerte Geheimhaltungsinteressen der Betroffenen oder eines Dritten nicht überwiegen. In keinem Fall dürfen diese weiteren Daten verändert oder von der Empfängerstelle genutzt werden. Diese Vorschrift **verdrängt nicht** § 76 SGB X (hierzu bereits → Rn. 20), so dass insbesondere **von Ärztinnen und Ärzten** überlassene Daten trotz des **Aktenübersendungsprivilegs** des § 67 d Abs. 2 SGB X **grundsätzlich nur** bei Vorliegen einer **Schweigepflichtentbindungserklärung** mit übermittelt werden dürfen.

54 Die **praktisch wichtigsten** Übermittlungsbefugnisse enthält § 69 Abs. 1 SGB X. Danach dürfen Sozialdaten übermittelt werden

1. für die Erfüllung der Zwecke, für die sie erhoben worden sind (Alt. 1),

   oder für die Erfüllung einer gesetzlichen Aufgabe der übermittelnden Stelle nach dem SGB (Alt. 2)

   oder einer solchen Aufgabe des Dritten, an den die Daten übermittelt werden, wenn der Dritte selbst eine in § 35 SGB I genannte Stelle ist (Alt. 3),

2. für die Durchführung eines mit der Erfüllung einer Aufgabe nach Nummer 1 zusammenhängenden gerichtlichen Verfahrens einschließlich eines Strafverfahrens oder

---

105 Bieresborn NZS 2017, 926 (928).
106 Mangels Erwähnung von Art. 9 Abs. 2 BSt. a EUDSGVO in § 67 b Abs. 2 S. 3 SGB X; Bieresborn NZS 2017, 926 (928).
107 Mangels Erwähnung von Art. 9 Abs. 2 BSt. c EUDSGVO in § 67 b Abs. 2 S. 3 SGB X.

Pattar

3. für die Richtigstellung unwahrer Tatsachenbehauptungen der betroffenen Person im Zusammenhang mit einem Verfahren über die Erbringung von Sozialleistungen; die Übermittlung bedarf der vorherigen Genehmigung durch die zuständige oberste Landesbehörde.

§ 69 Abs. 1 Nr. 1 Alt. 1 SGB X erlaubt es, in einem Bescheid über Leistungen nach dem SGB II auch das Einkommen einer anderen Person der Bedarfsgemeinschaft mitzuteilen oder in den Fällen von § 22 Abs. 7 SGB II dem Vermieter die Tatsache des Leistungsbezuges zu übermitteln. Nach § 69 Abs. 1 Nr. 1 Alt. 2 SGB X darf ein anderer Sozialleistungsträger den Trägern der Grundsicherung oder der Sozialhilfe die Höhe des dortigen Leistungsbezuges übermitteln. § 69 Abs. 1 Nr. 2 SGB X erlaubt der Behörde die Vorlage der Akten an das Sozialgericht. Eine Übermittlung an die Staatsanwaltschaft ist aber hiernach nur für ein im Zusammenhang mit der Aufgabenerfüllung nach dem SGB stehendes Strafverfahren möglich, etwa wegen Sozialleistungsbetrugs.

Für andere Strafverfahren sehen §§ 68 und 73 SGB X Übermittlungsbefugnisse vor. So **55** können nach § 68 Abs. 1 SGB X **Standarddaten**[108] – Name, Vorname, Geburtsdatum und -ort, derzeitige Anschrift, derzeitiger und künftiger Aufenthaltsort der betroffenen Person sowie Namen und Anschriften derzeitiger Arbeitgeber – zur Erfüllung von **Aufgaben der Polizeibehörden**, der **Staatsanwaltschaften und Gerichte**, der **Behörden der Gefahrenabwehr**, der **Justizvollzugsanstalten**, wenn das Ersuchen noch nicht länger als sechs Monate zurückliegt; hierüber hat nach Abs. 2 grundsätzlich der Leiter oder die Leiterin der ersuchten Stelle zu entscheiden. Damit kann zB das Jobcenter auf Ersuchen der Polizei über den Vorsprachetermin einer gesuchten Person informieren. Bei einer Rasterfahndung gilt § 68 Abs. 3 SGB X. Zur **Durchführung eines Strafverfahrens** wegen eines Verbrechens oder einer sonstigen Straftat von erheblicher Bedeutung können nach § 73 SGB X auf richterliche Anordnung alle, bei „unerheblichen" Straftaten nur bestimmte Sozialdaten übermittelt werden.

Speziell für die Grundsicherung für Arbeitsuchende sieht § 50 SGB II vor, dass sich Bun- **56** desagentur für Arbeit, (zugelassene) kommunale Träger und die für die Bekämpfung von Leistungsmissbrauch und illegaler Beschäftigung zuständigen Stellen gegenseitig Sozialdaten übermitteln sollen, soweit dies zur Erfüllung ihrer Aufgaben nach dem SGB II oder SGB III erforderlich ist. Damit wird die Übermittlung dieser Daten im Regelfall zur Pflicht. Die gemeinsamen Einrichtungen müssen außerdem nach § 50 Abs. 3 SGB II auf von der Bundesagentur für Arbeit zentral verwaltete Verfahren der Informationstechnik zurückgreifen. Darüber hinaus darf die Agentur für Arbeit den Wohngeldstellen nach § 52 a Abs. 2 SGB II Daten der Leistungsberechtigten übermitteln.

V. Insbesondere: Der Datenabgleich nach § 52 SGB II/§ 118 SGB XII

§ 52 SGB II und § 118 SGB XII sehen jeweils einen automatisierten Datenabgleich zur **57** Vermeidung rechtswidriger Inanspruchnahme von Sozialleistungen vor. Die Bundesagentur für Arbeit und die zugelassenen kommunalen Träger müssen, die Träger der Sozialhilfe können hiernach Daten anderer Sozialleistungsträger und insbesondere des Bundeszentralamts für Steuern erheben und diesen Stellen zur Durchführung des Datenabgleichs bestimmte Identifikationsdaten übermitteln. Jedenfalls § 52 SGB II ist vor dem Hintergrund der neueren Rechtsprechung des Bundesverfassungsgerichts **verfassungswidrig**, sind doch routinemäßige oder anlasslose Ermittlungen hiernach verfassungsrechtlich nicht zulässig.[109] Das BSG sieht dies freilich anders,[110] ohne jedoch auf diese

---

108 Begriff nach Kunkel in: LPK-SGB VIII § 61 Rn. 25.
109 BVerfG 13.6.2007 – 1 BvR 1550/03, 2357/04 und 603/05, Rn. 144.
110 BSG 24.4.2015 – B 4 AS 39/14 R.

Frage gerade der Anlasslosigkeit einzugehen. § 118 SGB XII dürfte dagegen gerade noch haltbar sein, da er den Trägern – anders als § 52 SGB II – Ermessen einräumt.[111]

VI. Die Speicherung, Veränderung und Nutzung von Sozialdaten zu anderen Zwecken

58   Die gesetzliche Ermächtigung für die übrigen Verarbeitungsformen (Speicherung, Veränderung und Nutzung zu anderen Zwecken) findet sich in **§ 67 c SGB X**. Nach dessen **Abs. 1** ist die **Speicherung, Veränderung oder Nutzung** – insbesondere die Weitergabe innerhalb des Verantwortlichen (arg. e § 67 d Abs. 1 S. 1 SGB X) – von Sozialdaten **zulässig, wenn** es **zur Erfüllung der** in der Zuständigkeit der verantwortlichen Stelle liegenden gesetzlichen **Aufgaben erforderlich ist und** für die **Zwecke erfolgt, für die sie erhoben** oder – bei fehlender Erhebung – gespeichert worden sind. Eine **Zweckänderung** ist nach § 67 c Abs. 2 SGB X zulässig, **wenn** die **Daten für** die Erfüllung einer **anderen Aufgabe** erforderlich sind oder die Speicherung, Veränderung oder Nutzung zu **Forschungszwecken** erfolgt; daneben ist eine Zweckänderung bei Vorliegen einer Einwilligung (Art. 6 Abs. 1 BSt. a EUDSGVO) oder zum Schutz lebenswichtiger Interessen möglich (Art. 6 Abs. 1 BSt. c EUDSGVO).

D. Schutz der Sozialdaten durch organisatorische Vorkehrungen

59   Art. 25 EUDSGVO enthält Vorgaben für **technische und organisatorische Vorkehrungen** zum Datenschutz. Danach haben die Verantwortlichen geeignete technische und organisatorische Maßnahmen zu treffen, die sicherstellen, dass durch Voreinstellung grundsätzlich nur personenbezogene Daten, deren Verarbeitung für den jeweiligen bestimmten Verarbeitungszweck erforderlich ist, verarbeitet werden. Diese Verpflichtung gilt für die Menge der erhobenen personenbezogenen Daten, den Umfang ihrer Verarbeitung, ihre Speicherfrist und ihre Zugänglichkeit. Da die EUDSGVO im Bereich des Sozialgeheimnisses wegen des Anwendungsbefehls in § 35 Abs. 2 S. 2 SGB I auch für die nicht automatisierte Verarbeitung von Daten gilt, muss die Vorschrift auch auf Papierakten entsprechend angewendet werden. Zudem folgt aus § 35 Abs. 1 S. 2 SGB I die Pflicht, die Sozialdaten in- und außerhalb des Sozialleistungsträgers geheim zu halten. Die organisatorischen Vorkehrungen betreffen beispielsweise die **räumliche Gestaltung der Amtsräume** und die **Abläufe innerhalb der datenverarbeitenden Stelle:** Daten dürfen nicht auf dem Flur, in Großraumbüros oder am Telefon in einer Weise erhoben oder mitgeteilt werden, dass Unbefugte davon Kenntnis erlangen.[112] Computermonitore müssen so aufgestellt sein, dass Unbefugte keinen Einblick haben. Rechner müssen gegen unbefugten Zugriff geschützt sein. (Papier-)Akten müssen bei Verlassen der Dienstzimmer – auch im verschlossenen Dienstzimmer (Putzkräfte!) – weggeschlossen, der Transport von Akten innerhalb der Behörde so organisiert werden, dass Unbefugte keine Kenntnis erlangen können.[113] **Datenverarbeitungssysteme** haben sich daran zu orientieren, keine oder möglichst wenige Daten zu erheben, zu verarbeiten oder zu nutzen. Es muss **auch innerhalb der Behörde** sichergestellt sein, dass **nur Befugte** Zugang zu Sozialdaten haben (§ 35 Abs. 1 S. 2 SGB I).[114] Sozialdaten dürfen per **E-Mail** oder **Telefax**, nur übermittelt werden, wenn sichergestellt ist, dass beim Übermittlungsvorgang Unbe-

---

111   Etwas vorsichtiger Lenze in: LPK-SGB II § 52 Rn. 8.
112   Allerdings ist eine Einwilligung der Betroffenen möglich, § 67 b Abs. 1 S. 1 letzte Alt. SGB X.
113   Beispiele zum Teil nach Kunkel in: LPK-SGB VIII § 61 Rn. 219–228.
114   Zu den unzureichenden Vorkehrungen bei dem von den Grundsicherungsträgern verwendeten Computerprogramm „A2LL" 20. Tätigkeitsbericht des Bundesdatenschutzbeauftragten, Nr. 16.1.3 und 21. Tätigkeitsbericht des Bundesdatenschutzbeauftragten, Nr. 13.5.3.

fugte keine Kenntnis erlangen können.[115] Für die Verarbeitung von besonderen Kategorien personenbezogener Daten erklären § 67 a Abs. 1 S. 3 SGB X und § 67 b Abs. 1 S. 4 SGB X jeweils § 22 Abs. 2 BDSG für entsprechend anwendbar, der angemessene und spezifische Schutzmaßnahmen vorsieht. Schließlich gehört zu den Organisationspflichten jeder Stelle auch die Bestellung eines oder einer Datenschutzbeauftragten (Art. 37 EUDSGVO § 81 Abs. 4 S. 1 SGB X iVm §§ 4–7 BDSG).

Zu den organisatorischen Vorkehrungen gehört, dass **grundsätzlich nur der zuständige** **60** **Leistungsträger selbst** Sozialdaten erheben, verarbeiten und nutzen darf. Allerdings erlaubt Art. 28 EUDSGVO, konkretisiert durch § 80 SGB X, **andere Stellen** damit zu **beauftragen**, sofern der Datenschutz beim Auftragnehmer den für den Auftraggeber geltenden Anforderungen genügt (Art. 28 Abs. 1 EUDSGVO). Der Auftragnehmer muss seinen Sitz im Inland, in einem anderen Staat der Union oder einem gleichgestellten Staat (§ 35 Abs. 7 SGB I) haben oder es muss ein Angemessenheitsbeschluss nach der EUDSGVO vorliegen (§ 80 Abs. 2 SGB X). Der **Auftraggeber bleibt** für die Einhaltung des Datenschutzes **verantwortlich** und den Ansprüchen auf Schadensersatz, Auskunft, Berichtigung und Löschung ausgesetzt (Rechenschaftspflicht; Art. 5 Abs. 2 EUDSGVO). Eine **nicht-öffentliche Stelle**, etwa ein privates Rechenzentrum, dürfen nach § 80 Abs. 3 SGB X nur beauftragt werden, wenn sonst Störungen im Betriebsablauf auftreten können oder die Arbeiten erheblich kostengünstiger durchgeführt werden können. **Grundsätzlich** muss der **überwiegende Teil des Datenbestandes bei** einer **öffentlichen Stelle** verbleiben. Bei der Grundsicherung für Arbeitsuchende dürfen die Träger unter denselben Voraussetzungen jedoch nicht-öffentliche Auftragnehmer mit der Erhebung, Verarbeitung und Nutzung auch ihres gesamten Datenbestandes beauftragen (§ 51 SGB II).[116] Die den Trägern hierdurch eingeräumte Möglichkeit, private Call-Center oder Detekteien mit der Datenerhebung zu beauftragen, stößt zu Recht auf Bedenken.[117]

E. Rechte der Einzelnen zur Vermeidung von Verletzungen des Sozialgeheimnisses

Art. 15 EUDSGVO, konkretisiert durch § 83 SGB X, sieht einen **Auskunftsanspruch** **61** vor:[118] Die betroffene Person hat hiernach einen Anspruch auf eine Bestätigung darüber, ob personenbezogene Daten verarbeitet werden, und wenn ja, für welche Zwecke welche Kategorien von Daten verarbeitet werden, gegenüber welchen Empfängern oder Kategorien von Empfängern die Daten offengelegt worden sind oder offengelegt werden, die geplante Dauer der Speicherung, das Bestehen eines Berichtigungs-, Löschungs- und Beschwerderechts, die Herkunft der Daten und das Bestehen einer automatisierten Entscheidungsfindung. Allerdings ist dieser Anspruch in § 83 SGB X teils erheblich eingeschränkt. So unterbleibt die Auskunftserteilung, wenn ihr ihrerseits der Sozialdatenschutz – etwa bei Angaben über Informanten – entgegensteht (§ 83 Abs. 1 Nr. 1 SGB X iVm § 82 a Abs. 1 Nr. 2 SGB X); Einschränkungen bestehen auch, wenn es um nicht automatisiert gespeicherte Sozialdaten geht. Gegen die Ablehnung der Auskunft kann der oder die Datenschutzbeauftragte angerufen werden (§ 83 Abs. 4 SGB X).

---

115 Für das Fax (allerdings außerhalb des Sozialdatenschutzes) OLG Nürnberg 26.11.1991 – 1 U 2547/91; Kunkel in: LPK-SGB VIII § 61 Rn. 48. Zu Zweifeln an einer Datenerhebung per Telefon auch 20. Tätigkeitsbericht des Bundesdatenschutzbeauftragten, Nr. 16.1 f. und 21. Tätigkeitsbericht des Bundesdatenschutzbeauftragten, Nr. 13.5.1.

116 Durch § 51 SGB II wird § 80 Abs. 5 SGB X insgesamt verdrängt, Lenze in: LPK-SGB II § 51 Rn. 5–8.

117 S. Gemeinsame Erklärung des Bundesbeauftragten und aller außer des hessischen Landesbeauftragten für den Datenschutz, 21. Tätigkeitsbericht (2005/2006) des Bundesbeauftragten für den Datenschutz und die Informationsfreiheit, BT-Drucks. 16/4950, S. 140 f.

118 Zur Reichweite und zum Verhältnis dieses Auskunftsanspruchs zu speziellen Auskunftsansprüchen LSG NRW 20.5.2010 – L 5 KR 153/09.

62 Sind Sozialdaten unrichtig, sind sie nach Art. 16 EUDSGVO, konkretisiert durch § 84 Abs. 2 SGB X, **zu berichtigen;** die betroffene Person hat hierauf einen **Anspruch.**[119] Lässt sich weder die Richtigkeit noch die Unrichtigkeit feststellen, ist dies in geeigneter Weise festzuhalten (Art. 18 Abs. 1 BSt. a EUDSGVO, konkretisiert durch § 84 Abs. 2 SGB X); die Daten dürfen nur mit einem Hinweis hierauf verarbeitet werden.

63 Grundsätzlich hat jede betroffene Person nach Art. 21 EUDSGVO das Recht, aus Gründen, die sich aus ihrer besonderen Situation ergeben, jederzeit gegen die Verarbeitung sie betreffender personenbezogener Daten aufgrund von Art. 6 Abs. 1 BSt. e oder f EUDSGVO Widerspruch einzulegen; dies hat zur Folge, dass die Daten dann grundsätzlich nicht mehr verarbeitet werden dürfen. Dieses Widerspruchsrecht wird aber durch § 84 Abs. 5 SGB X für die Fälle außer Kraft gesetzt, dass für eine Datenverarbeitung einer öffentlichen Stelle ein zwingendes öffentliches Interesse besteht, das die Interessen der betroffenen Person überwiegt, oder eine Rechtsvorschrift zur Verarbeitung von Sozialdaten verpflichtet.

64 Sind **Sozialdaten** in **unzulässiger** Weise **gespeichert** worden **oder** ist ihre **Kenntnis** zur rechtmäßigen Erfüllung der Aufgaben der speichernden Stelle **nicht mehr erforderlich,**[120] sind sie gemäß Art. 17 EUDSGVO, konkretisiert durch § 84 Abs. 1 und 4 SGB X zu **löschen.** Dies gilt nach Art. 17 Abs. 3 EUDSGVO insbesondere nicht, wenn die Daten zu Archivzwecken, aus Gründen des öffentlichen Interesses im Bereich der Gesundheit oder zur Geltendmachung, Ausübung oder Verteidigung von Rechtsansprüchen weiter gespeichert werden sollen. § 84 Abs. 1 SGB X weitet die Ausnahmen – mit der Gegenausnahme der rechtswidrigen Datenverarbeitung – auf die Fälle des unverhältnismäßigen Aufwandes aus, § 84 Abs. 4 SGB X verschafft satzungsmäßigen oder vertraglichen Aufbewahrungsfristen Vorrang vor der Löschung. Statt der Löschung ist in bestimmten Fällen die Verarbeitung der Daten einzuschränken (Art. 18 EUDSGVO, konkretisiert durch § 84 Abs. 2 und 3 SGB X); hierauf besteht ein Anspruch.[121] Diese Fälle sind beispielsweise die Annahme, dass schutzwürdige Interessen der betroffenen Person durch eine Löschung betroffen würden (§ 84 Abs. 3 SGB X) oder sich die Richtigkeit oder Unrichtigkeit eines Datums nicht feststellen lässt.

F. Folgen der Verletzung des Sozialgeheimnisses

I. Melde- und Auskunftspflichten

65 Ist es zu einer Verletzung des Schutzes personenbezogener Daten gekommen, meldet der Verantwortliche dies gemäß Art. 33 EUDSGVO außer in Bagatellfällen unverzüglich und möglichst innerhalb von 72 Stunden nach Bekanntwerden der zuständigen Aufsichtsbehörde – dem/der Bundes- beziehungsweise Landesdatenschutzbeauftragten (§ 81 SGB X) – und gemäß § 83 a SGB X darüber hinaus auch der Rechts- oder Fachaufsichtsbehörde. Darüber hinaus benachrichtigt der Verantwortliche nach Art. 34 EUDSGVO auch die betroffene Person, wenn die Verletzung des Schutzes personenbezogener Daten voraussichtlich ein hohes Risiko für die persönlichen Rechte und Freiheiten einer natürlichen Person zur Folge hat.

---

119 Bieresborn in: v. Wulffen/Schütze SGB X § 84 Rn. 3.
120 Die Revisionen zu der Frage, ob für gespeicherte Kontoauszüge nach Ablauf des Bewilligungszeitraums ein Löschungsanspruch besteht, hat das BSG (nach Verneinung durch die Vorinstanzen) als unzulässig verworfen; BSG 8.3.2017 – B 4 AS 449/16 B und BSG 21.2.2017 – B 4 AS 379/16 B.
121 Bieresborn in: v. Wulffen/Schütze SGB X § 84 Rn. 6.

II. Verwertungsverbot der unrechtmäßig erlangten Daten (§ 78 SGB X, § 35 SGB I)

Für Sozialdaten, die unrechtmäßig erlangt worden sind, besteht in Verwaltungs- und **66** Gerichtsverfahren ein **Verwertungsverbot.**

Ausdrücklich geregelt und vollständig anerkannt ist dies für **unbefugt an nicht originär** **67** **Sozialgeheimnispflichtige übermittelte** Sozialdaten: Nach § 78 Abs. 1 S. 1 SGB X dürfen diese Personen oder Stellen die Sozialdaten nur zu dem Zweck verarbeiten oder nutzen, zu dem sie ihnen befugt übermittelt worden sind. Unbefugt übermittelte Sozialdaten dürfen deshalb auch in einem Strafverfahren nicht verwertet werden.[122]

Für sonst, also **von Sozialgeheimnispflichtigen selbst** durch **rechtswidrige Erhebung,** **68** Verarbeitung (insbesondere Übermittlung) oder Nutzung erlangte Sozialdaten ergibt sich ein allgemeines **Verwertungsverbot unmittelbar aus** § 35 SGB I: Das Sozialgeheimnis regelt abschließend, wie und unter welchen Voraussetzungen ein Sozialdatum ohne Verletzung des Rechts auf informationelle Selbstbestimmung erlangt werden kann. Sind diese Voraussetzungen nicht erfüllt, darf das Sozialdatum nicht genutzt, also auch nicht verwertet werden.[123] Dasselbe gilt, wenn die sozialgeheimnispflichtige Stelle das Sozialdatum zwar befugt erlangt hat, es aber überhaupt nur unter Verletzung des Persönlichkeitsrechts offenbar wurde (Beispiel: Unaufgeforderter Hinweis des Arbeitgebers über den Inhalt illegal mitgehörter Telefonate oder illegal mitgelesener E-Mails).[124] Zweifel hieran,[125] die vor allem mit strafprozessualen Entscheidungen begründet werden, vermögen nicht zu überzeugen: Zwar kommt der Vermeidung von Sozialleistungsmissbrauch eine hohe Bedeutung zu, sie lässt sich jedoch nicht mit der Bedeutung der Verfolgung von Straftaten vergleichen.

Das **Verwertungsverbot ändert** allerdings **nichts an** dem im Sozialverwaltungs- und -ge- **69** richtsverfahren geltenden Grundsatz von der objektiven **Beweislast: Bestehen** – unabhängig von dem unverwertbaren Sozialdatum – **Zweifel** an der Leistungsberechtigung, insbesondere der Hilfebedürftigkeit, können die **Leistungen nicht bewilligt** werden.[126]

Ungeklärt ist derzeit, ob im Sinne einer **Fernwirkung** auch mittelbar erlangte Beweis- **70** mittel von dem Verwertungsverbot umfasst sind. Das Bundessozialgericht hat dies zunächst bejaht,[127] äußerte jüngst aber wieder Zweifel.[128] Richtig sein dürfte: Hätte das mittelbar erlangte Beweismittel auch rechtmäßig erlangt werden können, ist es verwertbar, sonst nicht.

III. Schadensersatzanspruch (Art. 82 EUDSGVO)

Art. 82 EUDSGVO sieht einen unionsrechtlichen Schadensersatzanspruch der betroffe- **71** nen Person vor, wenn ihr wegen eines Verstoßes gegen die EUDSGVO ein materieller oder immaterieller Schaden entstanden ist. Der Verantwortliche oder der Auftragsverarbeiter (→ Rn. 73) können sich nach Art. 82 Abs. 3 EUDSGVO BDSG exkulpieren,

---

122 LG Berlin 13.9.1982 – (553/504)64 LS 96/81 (Ns) (25/82), NDV 1983, 151; Kunkel, Ist das Sozialgeheimnis justizfest?, ZfSH/SGB 2000, 643–649; Bieresborn in: v. Wulffen/Schütze SGB X § 78 Rn. 4.
123 Bieresborn in: v. Wulffen/Schütze SGB X § 78 Rn. 4 mwN; Kunkel, Sanktionen bei Verletzung des Sozialdatenschutzes, ZFSH/SGB 1990, 337 (338); SG Düsseldorf 23.11.2005 – S 35 AS 343/05 ER, ArbuR 2006, 33, Rn. 23–27. So – trotz der anklingenden Zweifel – auch BSG 5.2.2008 – B 2 U 8/07 R, BSGE 100, 25–43 (= NZS 2009, 99–107), Rn. 53 f. und BSG 18.1.2011 – B 2 U 5/10 R, SozR 4-2700 § 200 Nr. 3, Rn. 35.
124 Vgl BVerfG 19.12.1991 – 1 BvR 382/85, NJW 1992, 815–816.
125 BayLSG 25.1.2008 – L 7 AS 72/07. Ablehnend auch Bieresborn ZFSH/SGB 2010, 193 (204).
126 Vgl. BSG 25.1.2012 – B 14 AS 65/11 R, SozR 4-1200 § 35 Nr. 4, Rn. 39.
127 BSG 5.2.2008 – B 2 U 8/07 R, BSGE 100, 25, Rn. 63.
128 BSG 18.1.2011 – B 2 U 5/10 R, SozR 4-2700 § 200 Nr. 3, Rn. 36. – Keine Fernwirkung nimmt an LSG BW 28.10.2011 – L 8 U 5734/10, UV-Recht aktuell 2012, 271–288, Rn. 58.

wenn sie nachweisen, dass sie in keinerlei Hinsicht für den Umstand, durch den der Schaden eingetreten ist, verantwortlich sind.

72 Der Umfang des Anspruchs muss sich am Ziel des Schadensersatzanspruchs orientieren. Dieses besteht darin, dass die betroffene Person einen vollständigen und wirksamen Schadensersatz erhält.[129] Mangels näherer Vorschriften im Unionsrecht können §§ 249 ff. BGB einschließlich der Vorschriften über den immateriellen Schaden zur Orientierung herangezogen werden; letztlich entscheiden kann hierüber aber nur der EuGH.

73 Der Schadensersatzanspruch richtet sich gemäß Art. 82 Abs. 2 EUDSGVO sowohl gegen den **Verantwortlichen** als auch gegen den **Auftragsverarbeiter**. Bei der Grundsicherung für Arbeitsuchende ist außerhalb zugelassener kommunaler Träger gemäß § 50 Abs. 2 SGB II die gemeinsame Einrichtung Verantwortlicher; sie wird gemeinsam von der Bundesagentur für Arbeit und dem jeweiligen kommunalen Träger getragen (§ 44 b SGB II). Lässt sich bei einem solchen – oder einem anderen – Fall **mehrerer Träger** oder mehrerer Haftender nicht feststellen, in wessen Verantwortungsbereich die Verletzung fällt, haften alle in Betracht kommenden Träger gemäß Art. 82 Abs. 4 EUDSGVO als eine Art **Gesamtschuldner** und haben untereinander einen Ausgleichsanspruch aus Art. 82 Abs. 5 EUDSGVO.

74 Neben diesen in Art. 82 EUDSGVO normierten unionsrechtlichen Schadensersatzansprüchen kann außerdem ein Amtshaftungsanspruch aus Art. 34 GG, § 839 BGB nach deutschem Recht bestehen;[130] weitergehende Schadensersatzansprüche nach Unions- oder mitgliedstaatlichem Recht sollen durch Art. 82 EUDSGVO unberührt bleiben.[131] Die verletzte Amtspflicht – die Pflicht zur Wahrung des Sozialgeheimnisses aus § 35 SGB I – dient dabei dem Schutz der Betroffenen. Dieser Amtshaftungsanspruch setzt allerdings – vom/von der Anspruchsteller*in nachzuweisendes – Verschulden voraus.

IV. Bußgeld- und Strafvorschriften

75 Die Verletzung des Sozialdatenschutzes – auch des über § 78 SGB X verlängerten Sozialdatenschutzes (→ Rn 23)! – ist nach §§ 85 und 85 a SGB X, die auf §§ 41, 42 BDSG verweisen, bußgeld- und strafbewehrt. Die Besonderheit besteht dabei darin, dass §§ 41 und 42 BDSG ihrerseits auf Art. 83 und 84 EUDSGVO verweisen, welche die Ordnungswidrigkeiten- und Straftatbestände sowie bei Ordnungswidrigkeiten die zu verhängenden Geldbußen näher bestimmen. Darüber hinaus machen sich nach § 203 Abs. 2 StGB Amtsträger[132] strafbar, die **Privatgeheimnisse unbefugt**, also insbesondere ohne Übermittlungsbefugnis, **offenbaren**. Auch in diesen Fällen kann aber ein strafrechtlicher Rechtfertigungsgrund, etwa Notstand oder eine nicht formgerechte Einwilligung, vorliegen.

V. Anrufung des oder der Bundes- oder Landesbeauftragten für den Datenschutz

76 Weiter kann sich nach § 81 Abs. 1 SGB X jede Person, die der Ansicht ist, bei der Erhebung, Verarbeitung oder Nutzung ihrer personenbezogenen Sozialdaten **in ihren Rech-**

---

129 Erwägungsgrund 146 VO (EU) 2016/679; vgl. auch Art. 82 Abs. 4 a.E. EUDSGVO.
130 So noch zur Rechtslage vor Inkrafttreten der EUDSGVO Seidel in: LPK-SGB X, 4. Aufl. 2016, § 82 Rn. 8; DIJuF, JAmt 2012, 26 (28).
131 Erwägungsgrund 146 VO (EU) 2016/679.
132 Nach der Definition des § 11 Abs. 1 Nr. 2 StGB ist Amtsträger, wer nach deutschem Recht Beamter oder Richter ist, in einem sonstigen öffentlich-rechtlichen Amtsverhältnis steht oder sonst dazu bestellt ist, bei einer Behörde oder bei einer sonstigen Stelle oder in deren Auftrag Aufgaben der öffentlichen Verwaltung unbeschadet der zur Aufgabenerfüllung gewählten Organisationsform wahrzunehmen. Damit sind alle Mitarbeiterinnen und Mitarbeiter von Sozialleistungsträgern automatisch Amtsträger.

ten verletzt zu sein, an die **Datenschutzbeauftragten** als die nach Art. 51 ff. EUDSGVO eingerichteten Aufsichtsbehörden wenden. Die Zuständigkeit von Bundes- oder Landesdatenschutzbeauftragten hängt von der öffentlichen Stelle ab, der die Rechtsverletzung vorgeworfen wird: Handelt es sich um eine öffentliche Stelle des Bundes, ist der/die Bundesbeauftragte für den Datenschutz zuständig (§ 81 Abs. 1 Nr. 1 SGB X), bei öffentlichen Stellen eines Landes, die nach dem jeweiligen Landesrecht zuständige Stelle (§ 81 Abs. 1 Nr. 2 SGB X), in der Regel der/die Landesdatenschutzbeauftragte. Der/die Bundesdatenschutzbeauftragte kann auch dann angerufen werden, wenn Leistungsträger **Arbeitsgemeinschaften** oder Verbände in **privatrechtlicher** Form errichten oder Einrichtungen so betreiben:[133] Sie gelten gemäß § 81 Abs. 3 SGB X bei einer gewissen Bundesbeteiligung als öffentliche Stellen des Bundes. Für privatrechtlich betriebene Einrichtungen oder Verbände ohne Bundesbeteiligung trifft das SGB X keine Regelung.[134]

Im Bereich der **Grundsicherung für Arbeitsuchende** unterliegen die nach § 44 b SGB II 77 von der Bundesagentur für Arbeit und dem jeweiligen kommunalen Träger gebildeten **gemeinsamen Einrichtungen** gemäß § 50 Abs. 4 S. 3 SGB II in jedem Fall der Kontrolle des/der **Bundesdatenschutzbeauftragten**. Bei zugelassenen **kommunalen Trägern** bleibt der/die **Landesdatenschutzbeauftragte** zuständig.

Wegen der **Kompetenzen** der unabhängigen[135] Datenschutzbeauftragten verweist § 81 78 Abs. 2 SGB X auf §§ 14 bis 16 BDSG beziehungsweise die Landesdatenschutzgesetze.[136] Sie bestehen in der Kontrolle sowie der Beanstandung festgestellter Verstöße (§ 16 BDSG) gegenüber der obersten Behörde, bei Selbstverwaltungskörperschaften auch gegenüber der Aufsichtsbehörde. Zu ihren Aufgaben gehört schließlich auch die Berichterstattung (Art. 59 EUDSGVO). Die Datenschutzberichte[137] zeigen Jahr um Jahr das fortbestehende Bedürfnis nach Datenschutz und seiner Kontrolle plakativ auf.

VI. Gerichtliche Feststellung der Sozialgeheimnisverletzung

Neben der Anrufung des oder der Datenschutzbeauftragten ist schließlich – unter den 79 Voraussetzungen von § 55 SGG und unter Beachtung der Subsidiarität – auch eine Klage auf Feststellung der Sozialgeheimnisverletzung zu den Gerichten der Sozialgerichtsbarkeit zulässig.[138] Das in § 55 SGG geforderte berechtigte Interesse an der alsbaldigen Feststellung liegt beispielsweise dann vor, wenn eine Wiederholung der Sozialgeheimnisverletzung zu befürchten ist (Wiederholungsgefahr).[139] Dies ist nicht nur während des Leistungsbezugs, sondern so lange anzunehmen, wie noch Sozialdaten bei der zuständigen Stelle gespeichert sind. Das Feststellungsinteresse liegt aber auch in den übrigen Fallgruppen vor, in denen ein Fortsetzungsfeststellungsinteresse angenommen werden könnte.[140] Weil eine Sozialgeheimnisverletzung stets zugleich das allgemeine Persönlich-

---

133 Dies ist der Gesetzeszweck von § 81 Abs. 3 SGB X: Gesetzentwurf der Bundesregierung eines Gesetzes zur Änderung von Vorschriften des Sozialgesetzbuchs über den Schutz der Sozialdaten sowie zur Änderung anderer Vorschriften (Zweites Gesetz zur Änderung des Sozialgesetzbuchs – 2. SGBÄndG), BR-Drucks. 243/93, S. 120 (zu Abs. 3).
134 Einrichtungen ohne Beteiligung des Bundes können nicht öffentliche Stellen des Bundes sein: Bericht des Ausschusses für Arbeit und Sozialordnung (11. Ausschuß) zu dem Gesetzentwurf der Bundesregierung – Drucksache 12/5187 – eines Gesetzes zur Änderung von Vorschriften des Sozialgesetzbuchs über den Schutz der Sozialdaten sowie zur Änderung anderer Vorschriften (Zweites Gesetz zur Änderung des Sozialgesetzbuchs – 2. SGBÄndG), BT-Drucks. 12/6334, S. 12.
135 Die Datenschutzbeauftragten sind in Ausübung ihres Amtes unabhängig und nur dem Gesetz unterworfen (zB § 10 Abs. 1 BDSG, § 21 Abs. 1 bwLDSG). Wegen Art. 52 EUDSGVO müssen sie dies auch sein.
136 ZB in Baden-Württemberg §§ 20–27 bwLDSG.
137 Für den/die Bundesbeauftragte/n beispielsweise unter http://www.bfdi.bund.de/DE/Infothek/Taetigkeitsberichte/taetigkeitsberichte-node.html.
138 BSG 25.1.2012 – B 14 AS 65/11 R, SozR 4-1200 § 35 Nr. 4, Rn. 10 f.
139 BSG 25.1.2012 – B 14 AS 65/11 R, SozR 4-1200 § 35 Nr. 4, Rn. 11.
140 Vgl. Keller in: Meyer-Ladewig/Keller/Leitherer/Schmidt SGG § 55 Rn. 15 b.

keitsrecht verletzt, liegt auch nach Löschung der Sozialdaten die Annahme eines Rehabilitationsinteresses sehr nahe. Lediglich soweit die Feststellung lediglich der Vorbereitung eines weiteren Prozesses dient, steht der Zulässigkeit die Subsidiarität der Feststellungsklage entgegen.[141]

---

141 Vgl. Keller in: Meyer-Ladewig/Keller/Leitherer/Schmidt SGG § 55 Rn. 15 b f.

Kapitel 50: Zuständigkeiten in der Existenzsicherung

Literaturhinweise: Deutscher Verein für öffentliche und private Fürsorge, Probleme bei der Gewährung von Zuwendungen im sozialen Bereich und Überlegungen zu ihrer Verbesserung, NDV 1986, 337 ff.; Kröhmer in: Deutscher Verein für öffentliche und private Fürsorge (Hrsg.), Fachlexikon der sozialen Arbeit, 8. Aufl. 2017; S. 1011; Fasselt/Schellhorn (Hrsg.), Handbuch Sozialrechtsberatung, 3. Aufl. 2011; Hammel, Zuständigkeitsprobleme beim ambulant betreuten Wohnen – Ein Beitrag zur Auslegung und Anwendung des § 98 Abs. 5 SGB XII, ZfSH/SGB 2008, 67 ff.; Krahmer/Trenk-Hinterberger (Hrsg.), LPK-SGB I, 3. Aufl. 2014; Münder (Hrsg.), LPK-SGB II, 6. Aufl. 2017; Renn/Schoch/Löcher/Wendtland, Grundsicherung für Arbeitsuchende (SGB II), Das Sozialleistungsrecht für erwerbsfähige leistungsberechtigte Personen, 4. Aufl. 2018; Schoch, Zur Feststellung der Erwerbsfähigkeit nach dem SGB II und der Erwerbsminderung nach dem Vierten Kapitel SGB II, Teil I NDV 2006, 512 ff., Teil II NDV 2006, 545 ff; Wolthusen, Der angemessene Barbetrag in stationären Einrichtungen der Sozialhilfe nach § 27 b Abs. 2 SGB XII für Leistungsberechtigte bis zu Vollendung des 18. Lebensjahres, ZfF 2012, 121 ff.

Rechtsgrundlagen:
GG Art. 28
SGB I §§ 16, 30, 43
SGB II §§ 6, 6 a, 6 d, 16 a, 17 ff., 24, 27 ff., 36, 44, 44 b, 64
SGB VI § 43
SGB VIII §§ 2 ff., 69, 85 ff.
SGB IX § 14
SGB X § 2
SGB XII §§ 3, 5, 18, 21, 23 ff., 97 ff., 108
AsylVfG §§ 47 f.

Orientierungssätze:

1. Für die Erfüllung der Leistungsansprüche der Bürger ist es notwendig, Institutionen dafür zuständig zu machen und für die Leistungsberechtigten festzulegen, an welche Institution sie ihre Ansprüche richten müssen. Diese Festlegung ist für die Leistungsträger verbindlich. Der Bundesgesetzgeber legt grundsätzlich die Zuständigkeit fest, überlässt aber häufig die konkrete Zuordnung dem Landesgesetzgeber.

2. Die Zuständigkeit wird in die sachliche, nämlich welche Art von Leistungsträger im Verwaltungsaufbau die Aufgabe erledigen muss, und in die örtliche unterschieden, nämlich welcher Sozialleistungsträger bei mehreren sachlich zuständigen Trägern konkret verpflichtet ist, die Entscheidung zu treffen.

3. In der Grundsicherung für Arbeitsuchende ist die Bundesagentur für Arbeit zuständig, soweit nicht die kreisfreien Städte und Kreise (kommunale Träger) zuständig sind oder – anstelle der Bundesagentur – die für deren Aufgaben zugelassenen kommunalen Träger. In der öffentlichen Jugendhilfe werden die Träger durch Landesrecht bestimmt. Jeder örtliche Träger errichtet ein Jugendamt, jeder überörtliche ein Landesjugendamt. In der Sozialhilfe sind die örtlichen Träger, nämlich die kreisfreien Städte und die Kreise (soweit nicht nach Landesrecht etwas anderes bestimmt wird) zuständig und andererseits die überörtlichen, die durch die Länder bestimmt werden den.

4. Grundsätzlich ist der bürgernähere Leistungsträger zuständig.
   – In der Grundsicherung für Arbeitsuchende ist neben den Kommunen die in örtliche Agenturen untergliederte Bundesagentur für Arbeit zuständig. In den Jobcentern nehmen beide die Aufgaben einheitlich wahr, soweit nicht der Kommune insgesamt übertragen worden sind.
   – In der Kinder- und Jugendhilfe besteht eine Zuständigkeitsvermutung zugunsten des örtlichen Trägers, soweit nicht der überörtliche Träger – im Wesentlichen für Koordinierungs- und Beratungsaufgaben – sachlich zuständig ist.

– In der Sozialhilfe ist grundsätzlich der örtliche Träger zuständig. Soweit wie möglich sind abgestimmte ‚Hilfen aus einer Hand' anzubieten. Die Länder bestimmen grundsätzlich die sachliche Zuständigkeit, ansonsten sieht das SGB XII Regelungen vor, die die Zuständigkeit des überörtlichen Trägers dann vorsehen, wenn sie zur Erreichung von höherer Fachlichkeit und damit der Wirksamkeit der Leistungserbringung führt.

5. Damit der Leistungsanspruch des Bürgers nicht an Zuständigkeitsproblemen scheitert, sieht der Gesetzgeber einige zusätzliche Regelungen, insbesondere auch bei Zweifels- und Notfällen, vor.

A. Allgemeines

1 **Zuständigkeitsregelungen** sind Bestandteil der Ordnung des allgemeinen Staats- und Verwaltungsaufbaus. Die für die Erbringung von Leistungen zuständigen Leistungsträger tragen grundsätzlich auch die Kosten.[1] Für die Erfüllung der unterschiedlichsten Leistungsansprüche der Bürger werden Leistungsträger verpflichtet, diese Ansprüche zu erfüllen und für die Leistungsberechtigten festzulegen, an welche Behörde sie ihre Ansprüche richten müssen. Sie **sind für die Leistungsträger verbindlich**, dürfen von ihnen weder geändert, eingeschränkt oder ausgeweitet werden.[2] Das Sozialgesetzbuch regelt mit seinen einzelnen Büchern die Zuständigkeit für Leistungen mit unterschiedlichen Zielsetzungen, bei – auch länderspezifisch – uneinheitlichem Behördenaufbau. Dadurch werden die Leistungen in verschiedensten Lebenslagen von einer Vielzahl von Leistungsträgern erbracht. Um zu verhindern, dass Leistungsberechtigte an Zuständigkeitsproblemen scheitern, sieht der Gesetzgeber Regelungen zur Antragstellung bei einem unzuständigen Leistungsträger, zur Zuständigkeitsklärung und zur Leistungspflicht bei Zuständigkeitszweifeln und Notfällen vor (→ Rn. 30 ff.).

2 Bei der Erbringung von Sozialleistungen handelt es sich um **hoheitliche Aufgaben**, die zur Erledigung **öffentlich-rechtlichen Trägern** zugewiesen werden; sie haben dadurch die Gesamtverantwortung für die Erbringung der Leistungen und nicht andere, wie zB die Verbände der freien Wohlfahrtspflege. Die Wahrnehmung der Aufgaben durch andere als die zuständigen Leistungsträger ist nur zulässig, wenn es dazu eine ausdrückliche ge-

---

1 Unbeschadet des Finanzausgleichs zwischen Bund und Ländern, der Subventionen oder Zuwendungen (siehe Deutscher Verein, NDV 1986, 337 ff.) bzw. der Erstattung zwischen den Leistungsträgern (Kapitel 43).
2 Schoch in: LPK-SGB XII § 3 Rn. 1 f.

setzliche Ermächtigung gibt. Für die Sozialhilfe siehe dazu §§ 5 Abs. 5, 99 SGB XII, für die Jugendhilfe §§ 3 ff. SGB VIII und für die Grundsicherung für Arbeitsuchende § 6 Abs. 1 S. 2 SGB II.

Durch die **sachliche Zuständigkeit** wird festgelegt, welche Art von Leistungsträger im   **3** Verwaltungsaufbau die Aufgabe erledigen muss. In der **Grundsicherung für Arbeitsuchende** ist das die Bundesagentur für Arbeit (Bundesagentur), soweit nicht die kreisfreien Städte und Kreise (kommunale Träger) zuständig sind (§ 6 SGB II) oder anstelle der Bundesagentur die für deren Aufgaben zugelassenen kommunalen Träger (§ 6 a SGB II). In der öffentlichen **Jugendhilfe** werden die Träger durch Landesrecht bestimmt; jeder örtliche Träger errichtet ein Jugendamt, jeder überörtliche ein Landesjugendamt, wobei die jeweiligen Träger, auch wenn sie verschiedenen Ländern angehören, zur Durchführung einzelner Aufgaben gemeinsame Einrichtungen und Dienste errichten können (§ 69 SGB VIII). In der **Sozialhilfe** sind das einerseits die örtlichen Träger, nämlich die kreisfreien Städte und die Kreise (soweit nicht nach Landesrecht etwas anderes bestimmt wird) und andererseits die überörtlichen, die durch die Länder bestimmt werden (§ 3 SGB XII).

Durch die **örtliche Zuständigkeit** wird festgelegt, welcher Sozialleistungsträger bei einer   **4** Mehr- oder Vielzahl gleichermaßen sachlich zuständiger Träger dazu verpflichtet und berechtigt ist, die Entscheidung im konkreten Einzelfall zu treffen.

B. Sachliche Zuständigkeit

I. Grundsicherung für Arbeitsuchende (SGB II)

Grundsätzlich ist für die Leistungen die **Bundesagentur** zuständig (§ 6 Abs. 1 S. 1 Nr. 1   **5** SGB II), soweit nicht die kreisfreien Städte und Kreise (kommunale Träger) zuständig sind (§ 6 Abs. 1 S. 1 Nr. 2 SGB II). Auf Antrag können kommunale Träger zugelassen werden, alle Leistungen zu erbringen (§ 6 a Abs. 3 SGB II), also auch für die, die ansonsten der Bundesagentur zugewiesen sind, wenn die im Einzelnen in § 6 a Abs. 2 SGB II genannten Voraussetzungen vorliegen (**zugelassene kommunale Träger**).[3] Ausgenommen davon sind die Aufgaben nach § 44 b SGB II (als gemeinsame Einrichtung), § 48 b SGB II (Zielvereinbarung), § 50 SGB II (Datenübermittlung), § 51 a SGB II (Erhebung, Verarbeitung und Nutzung von Sozialdaten durch nichtöffentliche Stellen), § 51 b SGB II (Datenerhebung und -verarbeitung durch die Träger der Grundsicherung für Arbeitsuchende), § 53 SGB II (Statistik und Übermittlung statistischer Daten), § 55 SGB II (Wirkungsforschung), § 56 Abs. 2 SGB II (Erstattung der Gutachtenkosten an die Krankenkassen), § 64 SGB II (Zuständigkeit für die Bekämpfung von Leistungsmissbrauch) und § 65 d SGB II (Übermittlung von Daten).

Ohne eine solche Zulassung sind die **kommunalen Träger** zuständig für   **6**
- die Betreuung minderjähriger oder behinderter Kinder oder die häusliche Pflege von Angehörigen (§ 16 a Nr. 1 SGB II),
- die Schuldnerberatung (§ 16 a Nr. 2 SGB II),
- die psychosoziale Betreuung (§ 16 a Nr. 3 SGB II),
- die Suchtberatung (§ 16 a Nr. 4 SGB II),
- das Arbeitslosengeld II und Sozialgeld, soweit es für Unterkunft und Heizung geleistet wird (§ 22 SGB II),
- die Erstausstattung für die Wohnung einschließlich Haushaltsgeräten (§ 24 Abs. 3 S. 1 Nr. 1 SGB II),

---

3 S. Münder in: LPK-SGB II § 6 a Rn. 11, 16 ff.

- die Erstausstattung für Bekleidung und bei Schwangerschaft und Geburt (§ 24 Abs. 3 S. 1 Nr. 2 SGB II),

- den Zuschuss zu angemessener Aufwendung für Unterkunft und Heizung bei Auszubildenden, die Berufsausbildungsbeihilfe oder Ausbildungsgeld nach dem SGB III oder Leistungen nach dem BAföG (§ 27 Abs. 3 SGB II),

- Leistungen für Bildung und Teilhabe (§ 28 SGB II),

soweit nicht nach Landesrecht andere Träger bestimmt sind.

7 Wenn der kommunale Träger nicht zugelassen ist, die Aufgabe insgesamt durchzuführen, bilden die Träger im Gebiet jedes kommunalen Trägers zur einheitlichen Durchführung der Grundsicherung eine **gemeinsame Einrichtung**, die die Aufgaben sowohl der Bundesagentur wie des kommunalen Trägers wahrnimmt (§ 44 b Abs. 1, 2 SGB II). Sowohl die gemeinsame Einrichtung als auch die zugelassenen kommunalen Träger führen die Bezeichnung **Jobcenter** (§ 6 d SGB II).

II. Kinder- und Jugendhilfe (SGB VIII)

8 Die Jugendhilfe ist gekennzeichnet durch die Vielfalt von Trägern unterschiedlicher Wertorientierung (§ 3 Abs. 1 Hs. 1 SGB VIII). Die Träger der öffentlichen Jugendhilfe werden durch Landesrecht bestimmt. Für die Wahrnehmung der Aufgaben errichtet jeder örtliche Träger ein Jugendamt, jeder überörtliche ein Landesjugendamt (§ 69 Abs. 1, 3 SGB VIII). In der Kinder- und Jugendhilfe besteht eine Zuständigkeitsvermutung zugunsten des **örtlichen Trägers**, der immer zuständig ist, soweit nicht der überörtliche Träger sachlich zuständig ist (§ 85 Abs. 1 SGB VIII).

9 Der überörtliche Träger ist nach § 85 Abs. 2 SGB VIII sachlich zuständig für die

- **Beratung der örtlichen Träger** und die Entwicklung von **Empfehlungen** zur Erfüllung der Aufgaben nach dem SGB VIII,

- Förderung der **Zusammenarbeit** zwischen den örtlichen Trägern und den anerkannten **Trägern der freien Jugendhilfe**, insbesondere bei der Planung und Sicherstellung eines bedarfsgerechten Angebots an Hilfen zur Erziehung, Eingliederungshilfen für seelisch behinderte Kinder und Jugendliche und Hilfen für junge Volljährige,

- **Anregung und Förderung von Einrichtungen, Diensten und Veranstaltungen** sowie deren Schaffung und Betrieb, soweit sie den örtlichen Bedarf übersteigen; dazu gehören insbesondere Einrichtungen, die eine Schul- oder Berufsausbildung anbieten, sowie Jugendbildungsstätten,

- Planung, Anregung, Förderung und Durchführung von **Modellvorhaben** zur Weiterentwicklung der Jugendhilfe,

- **Beratung der örtlichen Träger bei der Gewährung von Hilfen** nach den §§ 32 bis 35 a SGB VIII (Erziehung in einer Tagesgruppe, Vollzeitpflege, Heimerziehung, sonstige betreute Wohnform, intensive sozialpädagogische Einzelbetreuung, Eingliederungshilfe für seelisch behinderte Kinder und Jugendliche) insbesondere bei der Auswahl einer Einrichtung oder der Vermittlung einer Pflegeperson in schwierigen Einzelfällen,

- Wahrnehmung der Aufgaben zum **Schutz von Kindern und Jugendlichen in Einrichtungen** (§§ 45 bis 48 a SGB VIII: Erlaubnis für den Betrieb einer Einrichtung, örtliche Prüfung, Meldepflichten, Tätigkeitsuntersagung, sonstige betreute Wohnform),

- **Beratung** der Träger von Einrichtungen während der **Planung und Betriebsführung**,

- **Fortbildung** von Mitarbeitern der Jugendhilfe,

- Gewährung von Leistungen an **Deutsche im Ausland,** soweit es sich nicht um die Fortsetzung einer bereits im Inland gewährten Leistung handelt,

- Erteilung der Erlaubnis zur Übernahme von **Pflegschaften oder Vormundschaften** durch einen rechtsfähigen Verein.

Die Aufgaben nach Nr. 3, 4, 7 und 8 können für den örtlichen Bereich auch vom örtlichen Träger wahrgenommen werden.

III. Sozialhilfe (SGB XII)

Die Sozialhilfe wird von örtlichen und überörtlichen Trägern geleistet; die **örtlichen** **10** **Träger sind die kreisfreien Städte und Kreise,** soweit nicht nach Landesrecht etwas anderes bestimmt wird. Die **Länder bestimmen die überörtlichen** Träger (§ 3 SGB XII). Das (Landes-)Sozialamt ist eine Behörde des **Sozialhilfeträgers.**[4] Danach ist die jeweilige juristische Person in ihrer Gesamtheit der Sozialhilfeträger. Da die Sozialhilfe (mit Ausnahme der Grundsicherung im Alter und bei Erwerbsminderung) einsetzt, sobald dem zuständigen Sozialhilfeträger bekannt wird, dass die Voraussetzungen für die Leistungen vorliegen, reicht es aus, wenn dies einer Stelle innerhalb der Gesamtkörperschaft bekannt wird (Grundsatz der Einheit der Verwaltung); das muss nicht das Sozialamt sein.

Sachlich zuständig ist der örtliche Träger, soweit nicht der überörtliche Träger der **Sozi-** **11** **alhilfe** sachlich zuständig ist (§ 97 Abs. 1 SGB XII);[5] damit ist grundsätzlich der **bürgernähere** (also der örtliche) Sozialhilfeträger sachlich zuständig, um im Interesse des Leistungsberechtigten eine schnelle und effektive Beseitigung der gegenwärtigen Notlage zu ermöglichen.[6] Zwar wird die sachliche Zuständigkeit des überörtlichen Trägers der Sozialhilfe nach Landesrecht bestimmt, dabei soll allerdings berücksichtigt werden, dass so weit wie möglich für Leistungen im Sinne von § 8 Nr. 1 bis 6 SGB XII jeweils eine **einheitliche sachliche Zuständigkeit** gegeben ist (so § 97 Abs. 2 SGB XII), also für die

- Nr. 1: Hilfe zum Lebensunterhalt (§§ 27 bis 40 SGB XII),

- Nr. 2: Grundsicherung im Alter und bei Erwerbsminderung (§§ 41 bis 46 a SGB XII),

- Nr. 3: Hilfen zur Gesundheit (§§ 47 bis 52 SGB XII),

- Nr. 4: Eingliederungshilfe für behinderte Menschen (§§ 53 bis 60 SGB XII; die Eingliederungshilfe ist ab 1.1.2020 im SGB IX geregelt),

- Nr. 5: Hilfe zur Pflege (§§ 61 bis 66 SGB XII),

- Nr. 6: Hilfe zur Überwindung besonderer sozialer Schwierigkeiten (§§ 67 bis 69 SGB XII).

Die Zuständigkeit (nach § 97 Abs. 4 SGB XII) für eine stationäre Leistung umfasst auch die sachliche Zuständigkeit für Leistungen, die gleichzeitig nach anderen Kapiteln zu erbringen sind, sowie für Leistungen nach § 74 SGB XII (Bestattungskosten). Dadurch sollen die vielen **Schnittstellen** zwischen den örtlichen und überörtlichen Trägern **beseitigt** werden, damit die Leistungen aus einer Hand erbracht werden und insbesondere keine Differenzierungen zwischen ambulanten, teilstationären und stationären Leistun-

---

4 Interne organisatorische Fragen werden durch das SGB XII nicht berührt. Es ist zB zulässig, Aufgaben durch das Gesundheitsamt wahrnehmen zu lassen, wie dies teilweise bei der vorbeugenden Gesundheitshilfe (§ 47) geschieht.

5 Vermutung der Allzuständigkeit, so Krömer, Zuständigkeit in: Deutscher Verein, Fachlexikon, S. 1011.

6 BVerwG 23.6.1994 – V C 26/92, NDV 1995, 169 (170).

gen entstehen, um für die Leistungsberechtigten die Transparenz behördlicher Zuständigkeiten zu erleichtern.[7]

12 Soweit Landesrecht[8] keine Bestimmung der Zuständigkeit enthält, ist (nach § 97 Abs. 3 SGB XII) der überörtliche Träger der Sozialhilfe sachlich zuständig für

- Leistungen der Eingliederungshilfe für behinderte Menschen (§§ 53 bis 60 SGB XII; die Eingliederungshilfe ist ab 1.1.2020 im SGB IX geregelt),
- Leistungen der Hilfe zur Pflege (§§ 61 bis 66 SGB XII),
- Leistungen der Hilfe zur Überwindung besonderer sozialer Schwierigkeiten (§§ 67 bis 69 SGB XII),
- Leistungen der Blindenhilfe (§ 72 SGB XII).

Dies dient der **Sicherung einer wirksamen Hilfe** für den Fall, dass der Landesgesetzgeber keine Länderregelung erlässt.

C. Örtliche Zuständigkeit

I. Grundsicherung für Arbeitsuchende (SGB II)

13 Leistungen erhalten Personen, die ihren gewöhnlichen Aufenthalt und damit ihren Lebensmittelpunkt in Deutschland haben (§ 7 Abs. 1 Nr. 4 SGB II). Für die Leistungen der Grundsicherung nach § 6 Abs. 1 Nr. 1 SGB II ist die **Agentur für Arbeit** zuständig, in deren Bezirk die erwerbsfähige leistungsberechtigte Person ihren gewöhnlichen Aufenthalt hat. Für die Leistungen der Grundsicherung nach § 6 Abs. 1 Nr. 2 SGB II ist der **kommunale Träger** zuständig, in dessen Gebiet die erwerbsfähige leistungsberechtigte Person ihren **gewöhnlichen Aufenthalt** hat (§ 36 SGB II).

14 Der **gewöhnliche Aufenthalt** wird dort begründet, wo sich jemand unter Umständen aufhält, die erkennen lassen, dass er an diesem Ort oder in diesem Gebiet **nicht nur vorübergehend verweilt** (§ 30 Abs. 3 S. 2 SGB I).[9] Ob ein Leistungsberechtigter einen gewöhnlichen Aufenthalt begründet hat, ist in erster Linie nach seinen objektiven Lebensumständen und einem zeitlichen Element („nicht nur vorübergehend") zu bestimmen. Erst in zweiter Linie können auch subjektive Vorstellungen der Leistungsberechtigten berücksichtigt werden.[10] Eine Person begründet dann den gewöhnlichen Aufenthalt, wenn sie den Willen hat, diesen Ort bzw. dieses Gebiet bis auf weiteres (zukunftsoffen), also nicht nur vorübergehend oder besuchsweise, zum Mittelpunkt der Lebensbeziehungen zu machen (subjektives Merkmal) und diesen Willen auch verwirklicht (objektives Merkmal).

15 Zu den **objektiven Merkmalen** zählt die tatsächliche Verwirklichung des Willens, nicht nur vorübergehend an diesem Ort bzw. in diesem Gebiet zu verweilen.[11] Die Beurteilung hat dabei in einer Vorausschau zu erfolgen, wobei allerdings ein bisheriger längerer Aufenthalt ein Indiz für einen gewöhnlichen Aufenthalt sein kann.[12] Der zusätzlichen Annahme des BVerwG,[13] dass die dafür erforderliche Verfestigung der Lebensverhältnisse an dem betreffenden Ort nicht nur auf Dauer angelegt sein, sondern auch eine entsprechende Dauer erlangt haben muss, wird nicht geteilt, da ansonsten der gewöhnliche Aufenthalt immer nur nach einer Verfestigung der Verhältnisse in der Rückschau

---

7 So BT-Drs. 15/1514, 67.
8 Siehe zum angemessenen Barbetrag zur persönlichen Verfügung in Einrichtungen für Personen, die das 18. Lebensjahr noch nicht vollendet haben, Wolthusen ZfF 2012, 121 (122).
9 BVerwG 18.3.1999 – 5 C 11/98, NDV-RD 1999, 73.
10 NdsOVG 12.4.2000 – 4 L 4035/99, NDV-RD 2000, 73.
11 BVerwG 31.8.1995 – 5 C 11.94, NDV-RD 1996, 18.
12 Timme in: LPK-SGB I § 30 Rn. 8.
13 BVerwG 31.8.1995 – 5 C 11.94, NDV-RD 1996, 18.

festgestellt werden könnte. Ein objektives Merkmal ist eine eigene Wohnung, die zwar nicht erforderlich, aber ein starkes Indiz für einen gewöhnlichen Aufenthalt ist. Allerdings genügt zur Begründung eines gewöhnlichen Aufenthaltes schon eine irgendwie geartete Behausungsmöglichkeit.[14] Wenn jedoch abgeschlossene Räume fehlen, es sich um eine Unterkunft handelt, die zur Begründung eines vorläufigen Lebensmittelpunktes ersichtlich nicht bestimmt und geeignet ist – etwa bei der Unterbringung in einer Turnhalle –, kann der Fall vorliegen, dass ein gewöhnlicher Aufenthalt nicht begründet wird. Eine rechtsgeschäftsähnliche Handlung ist nicht Voraussetzung, die neben der tatsächlichen Niederlassung einen Wohnsitzbegründungswillen voraussetzt.[15] Ein Spätaussiedler kann auch in einem Übergangswohnheim einen gewöhnlichen Aufenthalt begründen, wenn er dort ,im Sinne eines zukunftsoffenen Aufenthalts ,bis auf weiteres' verbleibt".[16] Nach diesem rechtlichen Maßstab kann der auf einen Tag beschränkte Aufenthalt eines Leistungsberechtigten bei seiner Mutter nicht als gewöhnlicher Aufenthalt gewertet, insbesondere nicht von einem zukunftsoffenen Verbleib außerhalb eines Heims ausgegangen werden.[17] Das trifft auch für Asylbewerber in einer Aufnahmeeinrichtung nach §§ 47 f. AsylVfG zu, weil dieser Aufenthalt schon kraft Gesetzes auf einen Verbleib ,bis zu sechs Wochen, längstens aber bis zu drei Monaten' angelegt ist.[18]

Beim **subjektiven Merkmal** kommt es auf die Absichten und Vorstellungen des Leistungsberechtigten an; dazu zählt auch die Freiwilligkeit des Aufenthaltes, so dass entscheidend nicht nur das tatsächliche Verweilen an einem Ort ist. Dem fehlenden Willen zur Aufgabe des bisherigen gewöhnlichen Aufenthalts kommt dabei nicht die allein entscheidende Bedeutung zu (zB im Falle der Zwangsräumung einer Wohnung oder eines Gefängnisaufenthaltes oder der Flucht in ein Frauenhaus).[19] Ausschlaggebend für das subjektive Merkmal ist allerdings der Wille, einen neuen Mittelpunkt der Lebensbeziehungen in einem anderen Ort oder Gebiet nicht nur vorübergehend zu begründen. Wenn die subjektiven Merkmale durch die objektiven überlagert werden (zB weil bei widersprüchlichen oder unplausiblen Erklärungen der Leistungsberechtigte eher von Hoffnungen als von realisierbaren Möglichkeiten ausgegangen ist), so kommt den objektiven Merkmalen die entscheidende Bedeutung zu.[20] Ein Wohnsitz umfasst nicht automatisch als ein Mehr zum gewöhnlichen Aufenthalt diesen immer mit.[21] Allerdings wird in der Regel jemand dort seinen gewöhnlichen Aufenthalt haben, wo er auch seinen Wohnsitz hat.[22]   **16**

Hält sich ein **Leistungsberechtigter nicht ständig im Bezirk/Gebiet eines Grundsicherungsträgers** auf, so ist zu prüfen, ob er dort gleichwohl einen gewöhnlichen Aufenthalt begründet hat. Wenn sich ein **Ausländer**[23] oder ein aus dem Ausland stammender Deutscher Teile des Jahres in Deutschland aufhält und Teile des Jahres in seinem Geburtsland, so ist für den jeweiligen Aufenthaltszeitraum zu prüfen, ob ein gewöhnlicher Aufenthalt begründet wird. Durch Urlaubsfahrten in das Ausland (aber auch innerhalb Deutschlands) wird der gewöhnliche Aufenthalt nicht aufgegeben. Besitzt ein Ausländer   **17**

---

14 So ThürOVG 1.7.1997 – 2 KO 38/96, NDV-RD 1998, 13 (14).
15 NdsOVG 1.3.1999 – 4 L 2545/97, NDV-RD 1999, 81.
16 BVerwG 18.3.1999 – 5 C 11/98, NDV-RD 1999, 73 (74).
17 BVerwG 18.5.2000 – 5 C 27/99, NDV-RD 2000, 103 (104).
18 OVG LSA 13.9.1999 – A 3 S 638/98.
19 Siehe Schoch in: LPK-SGB II § 36 a Rn. 4, 6.
20 NdsOVG 12.4.2000 – 4 L 4035/99, NDV-RD 2000, 73.
21 Unzutreffend insoweit, dass zuständig „für das Erbringen von Leistungen nach diesem Buch die Agentur für Arbeit ist, in deren Bezirk der erwerbsfähige Hilfebedürftige seinen **Wohnsitz** oder gewöhnlichen Aufenthalt hat", so aber BT-Drs. 15/1516, 62.
22 So pragmatisch die Durchführungshinweise der Bundesagentur 36.2. Unzutreffend ist allerdings, dass „der gewöhnliche Aufenthalt" nur dann „maßgeblich ist", wenn „der Antrag nicht bei dem für den Wohnsitz zuständigen Träger gestellt wird".
23 Siehe aber die Ausschlussregelung des § 7 Abs. 1 S. 2 SGB II; Korte/Thie in: LPK-SGB II § 7 Rn. 23 ff.

in Deutschland eine Wohnung, die er bewohnt und dort auch gemeldet ist, so ist dies ein starker Hinweis auf einen gewöhnlichen Aufenthalt. Wohnt ein Leistungsberechtigter bei Angehörigen, ohne dort einen eigenen Raum für sich zu haben, hat er also keine eigene Wohnung in Deutschland, aber im Ausland, so kann dies ein Hinweis darauf sein, dass er hier keinen gewöhnlichen Aufenthalt hat. Wenn ein Leistungsberechtigter regelmäßig mehrere Monate im Jahr in Deutschland lebt und den Rest des Jahres im Ausland, so ist im Einzelfall zu prüfen, ob für die Zeiträume des Aufenthalts in Deutschland dadurch schon ein gewöhnlicher Aufenthalt und in dem Bezirk/Gebiet des Aufenthaltes damit die Zuständigkeit begründet wird.

18 Bei Leistungen an Frauen in **Frauenhäusern**, die sich in einem anderen Bezirk/Gebiet befinden als an dem (bisherigen) gewöhnliche Aufenthalt, kommt es für die Zuständigkeit nach wie vor darauf an, ob der gewöhnliche Aufenthalt beibehalten oder an dem Ort des Frauenhauses ein neuer gewöhnlicher Aufenthalt begründet wird oder ob er nicht feststellbar ist.[24]

19 Für **Straf- und Untersuchungsgefangene** ist der Anstaltsort regelmäßig der Ort des gewöhnlichen Aufenthaltes, soweit die Inhaftierung nicht als nur vorübergehender Aufenthalt bewertet werden kann. Auf das subjektive Merkmal, also den Willen, hier den Lebensmittelpunkt zu begründen, ist in diesen Fällen nicht abzustellen.[25]

20 Bei einem **Wechsel des gewöhnlichen Aufenthaltes** bleibt der SGB II-Leistungsträger des bisherigen gewöhnlichen Aufenthaltes für eine zu diesem Zeitpunkt **fällige Forderung** örtlich zuständig.[26]

21 Bei Leistungen an Minderjährige, die während der **Ausübung des Umgangsrechtes** für einen kurzen Zeitraum beansprucht werden, ist der Träger zuständig, an dem die umgangsberechtigte Person ihren gewöhnlichen Aufenthalt hat (§ 36 Abs. 1 S. 3 SGB II). Die Vorschrift ist dann relevant, wenn die umgangsberechtigte Person und die dazugehörigen Kinder nicht an einem Ort wohnen und unterschiedliche Jobcenter zuständig sind. Damit ändert sich die Zuständigkeit jeweils beim Wechseln der Mitgliedschaft in der Bedarfsgemeinschaft (→ Kap. 18 Rn. 16), der das Kind angehört, unbeschadet dessen, ob das Kind jeweils dort seinen gewöhnlichen Aufenthalt hat. Die Erwerbsfähigkeit des minderjährigen Kindes begründet keine davon abweichende Zuständigkeit, sondern erst die Volljährigkeit.[27]

22 Kann ein gewöhnlicher Aufenthalt nicht festgestellt werden, so ist der Träger zuständig, in dessen Bereich sich der erwerbsfähige Leistungsberechtigte **tatsächlich aufhält** (§ 36 Abs. 1 S. 4 SGB II). Dadurch wird vermieden, dass erwerbsfähige Personen allein wegen eines nicht zu ermittelnden wie auch bei einem fehlenden gewöhnlichen Aufenthalt aus dem Leistungsbezug ausgeschlossen sind. Bei Zweifeln muss ausermittelt werden, ob ein gewöhnlicher Aufenthalt festzustellen ist.[28] **Wohnungslosigkeit** schließt nicht von den Leistungen des SGB II aus, auch dann nicht, wenn sie ihren Schwerpunkt darin hat, in Arbeit einzugliedern; durch solche Lebensumstände sollen Menschen nicht aus dem Grundsatz des Förderns und Forderns ausgeschlossen sein.[29]

24 Insbesondere weil er aufgegeben worden ist, siehe Schoch in: LPK-SGB II § 36 a Rn. 4, 6 f.
25 Zum Leistungsausschluss siehe Korte/Thie in: LPK-SGB II § 7 Rn. 119 ff.
26 BVerwG 4.2.1988 – 5 C 89/85, NDV 1988, 282, zur Sozialhilfe, hier bezogen auf eine Heizkostenpauschale, die im Verhältnis zum tatsächlichen Verbrauch zu niedrig festgesetzt war und dadurch eine Nachzahlung nach Wegzug begründete.
27 Gesetzesbegründung, BT-Drs. 17/3404, 114.
28 Die anderslautende Gesetzesbegründung (BT-Drs. 16/1410, 27), dass sich im Zweifel die örtliche Zuständigkeit am tatsächlichen Aufenthalt orientieren muss, ist mit dem eindeutigen Wortlaut der Norm nicht zu vereinbaren.
29 So die Gesetzesbegründung, BT-Drs. 16/1410, 27.

Schoch

Erhalten nichterwerbsfähige Personen Leistungen für **Bildung und Teilhabe** (§ 28 **23**
SGB II), die im Haushalt mit Personen zusammenleben, mit denen sie nur deshalb **keine
Bedarfsgemeinschaft bilden**, weil diese aufgrund des zu berücksichtigenden Einkommens und Vermögens selbst nicht leistungsberechtigt[30] sind, so ist auf sie die Zuständigkeitsregelung nach dem gewöhnlichen Aufenthalt (→ Rn. 13 ff.) bzw. dem tatsächlichen
Aufenthalt (→ Rn. 22) anzuwenden.[31]

Leistungen für Schulausflüge (§ 28 Abs. 2 Satz 1 Nr. 1 SGB II) können gesammelt für
Schülerinnen und Schüle an einer Schule ausgezahlt werden, wenn die Schule

1. dies bei dem örtlich zuständigen kommunalen Träger (§ 36 Abs. 3 SGB II) beantragt,

2. die Leistungen für die leistungsberechtigten Schülerinnen und Schüler verauslagt
   und

3. sich die Leistungsberechtigung von den Leistungsberechtigten nachweisen lässt.

Zuständig ist dann (nach § 29 Abs. 6 SGB II) der kommunale Träger, in dessen Gebiet
die Schule liegt. Diese Zuständigkeit umfasst auch Leistungen an Schülerinnen und
Schüler, für die im Übrigen ein anderer kommunaler Träger zuständig ist oder wäre.

II. Kinder- und Jugendhilfe (SGB VIII)

Die Zuständigkeit folgt dem Schutz von Ehe und Familie und dem natürlichen Recht **24**
der Eltern zur Erziehung ihrer Kinder (Art. 6 GG), in dem sie grundsätzlich an den örtlichen Träger des gewöhnlichen Aufenthalts (→ Rn. 13 ff.) der Eltern oder des sorgeberechtigten Elternteils von Kindern und Jugendliche geknüpft ist. Wenn Eltern verschiedene oder keinen gewöhnlichen Aufenthalt haben, ist der Träger des tatsächlichen Aufenthalts zuständig. Den unterschiedlichen Lebenskonstellationen folgt eine Vielzahl von
Zuständigkeitsregelungen, die den Bezug zwischen Eltern bzw. Elternteilen und Kind
aufrecht erhalten wollen (§ 86 SGB VIII).[32] Bei dauerhaftem Leben des Kindes oder Jugendlichen bei einer Pflegeperson kommt es auf deren gewöhnlichen Aufenthalt an
(§ 86 Abs. 6 SGB VIII). Bei jungen Volljährigen richtet sich die Zuständigkeit nach deren gewöhnlichem bzw. tatsächlichem Aufenthalt (§ 86 a SGB VIII).

III. Sozialhilfe (SGB XII)

In der **Regel** ist örtlich der Sozialhilfeträger zuständig, in dessen Bereich sich die nach- **25**
fragende Person **tatsächlich aufhält** (§ 98 Abs. 1 S. 1 SGB XII).

Für Leistungen der **Grundsicherung** im Alter und bei Erwerbsminderung ist der Träger **26**
der Sozialhilfe örtlich zuständig, in dessen Bereich der **gewöhnliche Aufenthaltsort** (→
Rn. 13 ff.) des Leistungsberechtigten liegt (§ 98 Abs. 1 S. 2 SGB XII).

Die Zuständigkeit nach dem tatsächlichen Aufenthalt bzw. dem gewöhnlichen Aufent- **27**
halt (→ Rn. 13 ff.) **bleibt** bis zur Beendigung der Leistung auch **bestehen**, wenn sie **außerhalb des Bereichs** des örtlich zuständigen Trägers **erbracht** wird (§ 98 Abs. 1 S. 3
SGB XII). Wenn der Anspruch des Leistungsberechtigten durch den nach dem Aufenthaltsort zuständigen Leistungsträger nicht erfüllt werden kann, dies aber im Zuständigkeitsbereich eines anderen Trägers möglich ist, kann dadurch die Notlage schnell und

---

30 Ihnen wird ein eigenständiger Anspruch auf Leistungen für Bildung und Teilhabe nach § 7 Abs. 2 S. 3 zuerkannt.
31 BT-Drs. 17/3404, 114.
32 Zu Asyl suchenden Kindern und Jugendlichen siehe § 86 Abs. 7 SGB VIII.

effektiv beseitigt werden.[33] Die Zuständigkeit endet, wenn sie von dem auswärtig Hilfe leistenden Träger beendet wird. Dies ist jederzeit möglich, selbst wenn der Hilfebedarf fortbesteht.[34]

28 Für **stationäre Leistungen** ist der Sozialhilfeträger örtlich zuständig, in dessen Bereich die Leistungsberechtigten ihren **gewöhnlichen Aufenthalt im Zeitpunkt der Aufnahme** in die Einrichtung haben oder in den zwei Monaten vor der Aufnahme zuletzt gehabt haben (§ 98 Abs. 2 S. 1 SGB XII).

29 Wenn bei einer begehrten **stationären Leistung** nicht innerhalb von vier Wochen feststeht, ob oder[35] wo der gewöhnliche Aufenthalt begründet worden ist (**Zweifelsfall**) oder ein gewöhnlicher Aufenthaltsort nicht vorhanden oder nicht zu ermitteln ist oder ein **Eilfall** vorliegt, dann hat der (örtlich zuständige) Sozialhilfeträger des gewöhnlichen Aufenthaltsortes des Leistungsberechtigten über die Leistung unverzüglich zu entscheiden und sie vorläufig zu erbringen (§ 98 Abs. 2 S. 3 SGB XII).

D. Weitere Zuständigkeitsregelungen

I. Allgemeiner Teil (SGB I), Verwaltungsverfahren (SGB X), bei Rehabilitation und Teilhabe behinderter Menschen (SGB IX)

30 Die „Lebenslagen und Problemlagen"[36] einer Person und mehr noch einer (zusammenlebenden) Familie (siehe Kapitel 18) berechtigen häufig auf mehrere Leistungen eines oder mehrerer Bücher, für die verschiedene Leistungsträger zuständig sein können. Um Rechtssicherheit[37] in diesem ‚Paragrafen- und Gesetzesdickicht' zu gewährleisten, sehen sowohl der Allgemeine Teil (**SGB I**), das Sozialverwaltungsverfahren (**SGB X**) sowie die Rehabilitation und Teilhabe behinderter Menschen Regelungen (**SGB IX**) vor, die den Zugang zu den Sozialleistungen **für die Leistungsberechtigten möglichst einfach gestalten sollen.**[38]

31 So sind zwar **Anträge** beim zuständigen Sozialleistungsträger zu stellen, die allerdings **auch bei allen anderen Leistungsträgern**, den Gemeinden und bei Personen, die sich im Ausland aufhalten, auch bei der amtlichen Vertretung Deutschlands im Ausland gestellt werden können (§ 16 Abs. 1 SGB I).[39] Der Antrag gilt (nach § 16 Abs. 2 SGB I) als zu diesem Zeitpunkt als gestellt. Das gilt auch für die antragsunabhängige Sozialhilfe, wenn einem anderen Sozialleistungsträger bekannt wird, dass Sozialhilfe beansprucht wird.[40]

32 Besteht ein Anspruch auf Sozialleistungen und ist **streitig, wer zur Leistung verpflichtet ist,** kann der unter ihnen **zuerst angegangene Leistungsträger** vorläufig Leistungen er-

---

33 Die Regelung kann nur auf ambulante und teilstationäre Hilfen angewandt werden, zB bei „offenen" Kuren, ambulanter Krankenbehandlung oder auswärtiger Pflege bei einer Person, die außerhalb wohnt, siehe Schoch in: LPK-SGB XII § 98 Rn. 18.
34 BVerwG 20.9.2001 – 5 C 6.01, NDV-RD 2002, 35 (36).
35 Bei der Gesetzesformulierung ist das dort verwendete „und" missverständlich, siehe Schoch in: LPK-SGB XII § 87 Rn. 38.
36 Siehe dazu Fasselt/Schellhorn (Hrsg.), Handbuch Sozialrechtsberatung, 3. Aufl. 2011; in Teil II wird nach der Darstellung der Leistungsgesetze in Teil I auf diese eingegangen.
37 So – neben anderen Zielen – die Absicht bei der Schaffung des Sozialgesetzbuches, siehe BT-Drs. 9/95.
38 So zB die Verpflichtung der Leistungsträger, allgemein verständliche Antragsvordrucke zu verwenden, § 17 Abs. 1 Nr. 1 SGB I.
39 Dadurch ergibt sich deren Zuständigkeit zur Antragsannahme. Sie sind unverzüglich an den zuständigen Leistungsträger weiterzuleiten; bei antragsabhängigen Leistungen gelten sie zu dem Zeitpunkt als gestellt, in dem sie bei der unzuständigen Stelle eingegangen sind (§ 16 Abs. 2 SGB I).
40 Zur antragsunabhängigen Sozialhilfe → Kap. 47 Rn. 47 und BSG 26.8.2008 – B 8/9 b SO 18/07 R, Rn. 22, SGb 2009, 620 (622 f.).

bringen; er hat sie zu erbringen, wenn der Berechtigte es beantragt (§ 43 Abs. 1 S. 1, 2 SGB I; zur Kostenerstattung auch → Kap. 43 Rn. 20).

Bezogen auf die **örtliche Zuständigkeit** regelt **§ 2 SGB X**,[41] **33**

■ dass bei einer **anfänglichen Zuständigkeitskonkurrenz** mehrerer Behörden die entscheidet, die zuerst mit der Sache befasst worden ist, es sei denn, die Aufsichtsbehörde bestimmt die örtliche Zuständigkeit (**Abs. 1**);[42]

■ dass bei einem **nachfolgenden Zuständigkeitskonflikt**, durch den sich im Lauf des Verwaltungsverfahrens die die Zuständigkeit begründenden Umstände ändern, die bisher zuständige Behörde das Verwaltungsverfahren fortführen kann, wenn dies unter Wahrung der Interessen der Beteiligten der einfachen und zweckmäßigen Durchführung des Verfahrens dient und die nunmehr zuständige Behörde zustimmt (**Abs. 2**);[43]

■ die fortgesetzte Leistungserbringung des **unzuständig gewordenen Leistungsträgers** bis zur Fortsetzung durch die nunmehr zuständige Behörde (**Abs. 3**);[44]

■ dass für **unaufschiebbare Maßnahmen** bei Gefahr im Verzug jede (auch sachlich unzuständige) Behörde zuständig ist, in deren Bezirk der Anlass für die Amtshandlung hervortritt (**Abs. 4**).[45]

Unter der Überschrift **Leistender Rehabilitationsträger** bestimmt § 14 SGB IX, dass der **34** Rehabilitationsträger, bei dem Leistungen zur Teilhabe beantragt werden, **innerhalb von zwei Wochen** feststellt, ob er zuständig ist. Stellt er fest, dass er nicht zuständig ist, leitet er den Antrag unverzüglich dem nach seiner Auffassung zuständigen **Rehabilitationsträger** zu. Wird der Antrag nicht weitergeleitet, stellt der Rehabilitationsträger den Bedarf unverzüglich fest. Muss dafür die Ursache der Behinderung geklärt werden und ist das in der Frist von zwei Wochen nicht möglich, wird der Antrag unverzüglich dem Rehabilitationsträger zugeleitet, der die Leistung ohne Rücksicht auf die Ursache erbringt. Wird der Antrag nicht weitergeleitet, stellt der Rehabilitationsträger den Bedarf unverzüglich fest und entscheidet innerhalb von drei Wochen nach Antragseingang.[46]

---

41 Die Regelung ist anzuwenden, soweit sich aus den übrigen Büchern des SGB nichts Abweichendes ergibt, § 37 S. 1 SGB I.

42 Die praktische Bedeutung dürfte gering sein, so Waschull in: LPK-SGB X, 3. Aufl. 2011, § 2 Rn. 2, der die Regelung bei bedürftigen Wohnungslosen für anwendbar hält, wenn unter Sozialämtern der tatsächliche oder auch der gewöhnliche Aufenthalt (§ 98 Abs. 1) streitig ist; nach Mayer in: Oestreicher SGB II § 36 Rn. 28 ist sie anwendbar, wenn mehrere gewöhnliche Aufenthalte begründet wurden; aA Link in: Eicher/Spellbrink, 2. Aufl. 2008, § 36 Rn. 24, der davon ausgeht, dass es auf den Schwerpunkt der Lebensbeziehungen ankomme.

43 Breitkreuz in: LPK-SGB X, 5. Aufl. 2019, § 2 Rn. 9 hält sie auf den Fall für anwendbar, wenn die Behörde gerade in den Fall eingearbeitet ist und insbesondere Eilbedürftigkeit im Bereich des SGB II und XII vorliegt.

44 Die Regelung unterscheidet sich von der des Abs. 2 dadurch, dass es nicht um einen Kompetenzwechsel während des Verwaltungsverfahrens, sondern während des Leistungsbezugs geht, es sich also um die Pflicht zur kompetenzwidrigen Fortsetzung der Leistungserbringung durch die unzuständig gewordene Behörde handelt, so Waschull in: LPK-SGB X, 3. Aufl. 2011, § 2 Rn. 10; praktische Bedeutung dürfte sie nur bei einer (institutionellen) Änderung der örtlichen Behördenzuständigkeit, zB durch eine territoriale Neuordnung der Kommunen (Gebietsreform) haben oder wenn sich eine andere Zuständigkeit durch Rechtsänderung ergibt.

45 Es handelt sich um eine Notkompetenz, die nach Breitkreuz in: LPK-SGB X, 5. Aufl. 2019, § 2 Rn. 14 in der Praxis eher bedeutungslos ist.

46 Das gilt dann, wenn für die Feststellung des Rehabilitationsbedarfs kein Gutachten erforderlich ist. Dadurch soll die Rehabilitation so schnell wie möglich beginnen, ohne dass eine ungeklärte Zuständigkeit dies verhindert. Siehe im Detail die komplexen Regelungen des § 14 insgesamt.

II. Grundsicherung für Arbeitsuchende (SGB II)

35 Zu ihrer Unterstützung können die Grundsicherungsträger **Dritte** mit der Wahrnehmung von Aufgaben **beauftragen;** sie sollen einen **Außendienst** zu Bekämpfung von Leistungsmissbrauch einrichten (§ 6 Abs. 1 S. 2 SGB II).

36 Von der Wahrnehmung von **Aufgaben durch Dritte** (§ 6 Abs. 1 S. 2 Hs. 1 SGB II)[47] machen die Leistungsträger häufig im Bereich der **Dienstleistungen** Gebrauch; nähere Regelungen zur Inanspruchnahme finden sich in § 17 SGB II.

37 Im „Gewand" einer Aufgabenzuweisung werden die Träger der Grundsicherung im Rahmen einer Sollvorschrift verfassungsrechtlich bedenklich dazu verpflichtet, einen **Außendienst zur Bekämpfung von Leistungsmissbrauch** einzurichten (§ 6 Abs. 1 S. 2 Hs. 2 SGB II); damit wird in das Recht der kommunalen Selbstverwaltung (Art. 28 Abs. 2 GG) eingegriffen, zu dem auch die Organisationshoheit gehört, jedenfalls immer dann, wenn ein zugelassener kommunaler Träger zuständig ist.[48] Der Außendienst soll nach der Gesetzesbegründung[49] Sachverhalte überprüfen, die nicht allein aufgrund der Aktenlage beurteilt werden können, und zwar ob eigenes Einkommen und Vermögen oder solches von Mitgliedern der Bedarfsgemeinschaft (→ Kap. 18 Rn. 11) vorhanden ist. Trotz der Überschrift „Zuständigkeit und Zusammenarbeit mit anderen Behörden" enthält § 64 SGB II im Zehnten Kapitel „Bekämpfung von Leistungsmissbrauch" zwar eine präventive Vorschrift, regelt aber keine Zuständigkeit für die Leistungsträger.[50]

38 Die **Agenturen für Arbeit arbeiten** bei der Erbringung von Leistungen zur Eingliederung in Arbeit unter Berücksichtigung ihrer Aufgaben nach dem SGB III **mit den Beteiligten** des örtlichen Arbeitsmarktes, insbesondere den Gemeinden, den Kreisen und Bezirken, den Trägern der freien Wohlfahrtspflege, den Vertretern der Arbeitgeber und Arbeitnehmerinnen und Arbeitnehmer sowie den Kammern und berufsständischen Organisationen **zusammen,** um die gleichmäßige oder gemeinsame Durchführung von Maßnahmen zu beraten oder zu sichern und Leistungsmissbrauch zu verhindern oder aufzudecken. Die örtlichen Träger der Sozialhilfe, die kommunalen wie die zugelassenen kommunalen Träger sind verpflichtet, mit den Agenturen für Arbeit zusammenzuarbeiten (§ 18 Abs. 1, 2 a SGB II).

39 Die Agenturen für Arbeit sollen mit Gemeinden, Kreisen und Bezirken auf deren Verlangen **Vereinbarungen über das Erbringen von Leistungen** zur Eingliederung nach dem SGB II mit Ausnahme der originären Leistungen der Agenturen nach dem SGB III (§ 16 Abs. 1 SGB II) schließen, wenn sie den durch eine Rechtsverordnung festgelegten Mindestanforderungen entsprechen (§ 18 Abs. 3 SGB II). Beziehen erwerbsfähige Leistungsberechtige auch Leistungen der Arbeitsförderung, so sind die **SGB II-Leistungsträger** verpflichtet, mit den dafür zuständigen Dienststellen der **Bundesagentur** eng **zusammenzuarbeiten** (§ 18 a SGB II). Ein Kooperationsausschuss koordiniert die Umsetzung der Grundsicherung auf Landesebene (§ 18 b SGB II). Der Bund-Länder-Ausschuss beobachtet und berät in zentralen Fragen der Umsetzung, ein örtlicher Beirat berät bei der Auswahl und Gestaltung der Eingliederungsinstrumente und -maßnahmen (§ 18 c SGB II).

40 Die Agentur für Arbeit ist für die Feststellung zuständig, **ob die oder der Arbeitsuchende erwerbsfähig ist.** Der Entscheidung können 1. der kommunale Träger, 2. ein anderer Träger, der bei voller Erwerbsminderung zuständig wäre, oder die Krankenkasse, die

---

47 Als Leistungserbringer, so die üblicher Weise verwendete Formulierung im Sozialrecht.
48 Münder in: LPK-SGB II § 6 Rn. 13 geht davon aus, dass mit der Formulierung „sollen" solchen Bedenken Rechnung getragen werden kann; diese Auffassung wird vom Verf. nicht geteilt, da die Sollvorschrift die Leistungsträger regelmäßig verpflichtet.
49 BT-Drs. 16/1410, 45.
50 Thie in: LPK-SGB II § 64 Rn. 1.

bei Erwerbsfähigkeit Leistungen der Krankenversicherung zu erbringen hätte, widersprechen (§ 44 a Abs. 1 SGB II).[51] Dieses Verfahren setzt die Beantragung von Leistungen der Grundsicherung nach dem SGB II voraus.[52]

III. Sozialhilfe (SGB XII)

1. Feststellung der Erwerbsminderung

Wird ein Antrag auf Leistungen der Grundsicherung (im Alter und) bei Erwerbsminderung gestellt, folgt das Feststellungsverfahren, § 45 SGB XII.[53] Der Träger der **Sozialhilfe** für die Leistungsberechnung nach dem Dritten (Hilfe zum Lebensunterhalt) oder Vierten Kapitel (Grundsicherung im Alter und bei Erwerbsminderung) ist an die **Feststellung** einer vollen Erwerbsminderung des Rentenversicherungsträgers (§ 43 Abs. 2 S. 2 SGB VI) **gebunden.**   41

2. Heranziehung von kreisangehörigen Gemeinden oder Gemeindeverbänden

Die Länder können bestimmen, dass und inwieweit die **überörtlichen Träger die örtlichen** Träger der Sozialhilfe und beide ihnen zugehörige **Gemeinden oder Gemeindeverbände zur Durchführung von Aufgaben** nach dem SGB XII **heranziehen** und ihnen dabei Weisungen erteilen können (§ 99 Abs. 1, 2 jeweils Hs. 1 SGB XII); örtliche Träger bzw. die Gemeinden, Gemeindeverbände werden dadurch beauftragte Stellen (§ 18 Abs. 1 SGB XII). Wegen des Prinzips der möglichst bürgernahen Hilfe haben alle Flächenstaaten (in unterschiedlichem Umfang) durch Ausführungsgesetz (AG-SGB XII) davon Gebrauch gemacht. Damit setzt einerseits zu dem Zeitpunkt des Bekanntwerdens der Voraussetzung für die Leistung[54] bzw. der Antragstellung[55] die Leistung ein. Andererseits ergibt sich daraus die Verpflichtung des örtlichen Trägers bzw. der Gemeinden für den überörtlichen (also den [Land-]Kreis) die erforderliche Hilfe zu gewähren,[56] wenn   42

- zwischen dem örtlichen oder überörtlichen Träger der Sozialhilfe streitig ist, wer sachlich zuständig ist (**Zweifelszuständigkeit**), oder

- der örtliche bzw. der überörtliche Träger der Sozialhilfe nicht rechtzeitig tätig werden kann, die Leistungserbringung aber keinen Aufschub duldet (**Eilzuständigkeit**).[57]

3. Unterkunftssicherungsleistungen für Erwerbsfähige

Erwerbsfähige Leistungsberechtigte oder deren Angehörige erhalten nach dem SGB II zwar keine Leistungen zum Lebensunterhalt, abweichend davon können sie als nicht Hilfebedürftige (nach § 21 S. 2 SGB XII) Leistungen zur **Sicherung der Unterkunft durch Schuldenübernahme** oder Behebung einer vergleichbaren Notlage erhalten, soweit dies gerechtfertigt ist; als Sollleistung, wenn sie zusätzlich dadurch notwendig ist, weil sonst Wohnungslosigkeit einzutreten droht.   43

---

51 Im Einzelnen Korte in: LPK-SGB II § 44 a Rn. 5 ff.
52 Bei einem Antrag auf Leistungen der Grundsicherung nach dem Vierten Kapitel SGB XII → Rn. 41.
53 Über den Antrag ist zu entscheiden, eine Verweisung auf einen anderen Leistungsträger, zB nach dem SGB II, ist unzulässig, siehe Schoch NDV 2006, 512 ff. (514, 545); ders. in: LPK-SGB XII § 44 Rn. 19; so auch Korte in: LPK-SGB II § 44 a Rn. 6.
54 Und diese nachgefragt werden, so die Formulierung in § 39 S. 1 SGB XII.
55 Bei Leistungen der Grundsicherung im Alter und bei Erwerbsminderung, § 18 Abs. 1 iVm § 44 Abs. 1 SGB XII.
56 Es handelt sich insoweit um die lex specialis für die Grundsicherung im Alter und bei Erwerbsminderung; zu der Regelung in § 2 SGB X → Rn. 33.
57 Siehe Schoch in: LPK-SGB XII § 99 Rn. 3 ff.

4. Für einzelne Leistungen

44 Für Sozialhilfe an Ausländerinnen und **Ausländer**, die sich einer ausländerrechtlichen räumlichen Beschränkung zuwider in Teilen des Bundesgebiets aufhalten, oder – bei einer räumlich nicht beschränkten Aufenthaltsbefugnis – außerhalb des Landes der Aufenthaltsbefugnis, ist der Träger des **tatsächlichen Aufenthaltsortes** zuständig; er darf allerdings nur die nach dem Umständen unabweisbar gebotene Leistung erbringen (§ 23 Abs. 5 SGB XII).[58]

45 Zuständig für Leistungen der Sozialhilfe an **Deutsche im Ausland** ist der überörtliche Träger der Sozialhilfe, in dessen Bereich die antragstellende Person **geboren** ist. Liegt der Geburtsort im Ausland oder ist er nicht zu ermitteln, wird der örtlich zuständige Träger von einer Schiedsstelle (Bundesverwaltungsamt nach § 108 Abs. 2 SGB XII) bestimmt (§ 24 Abs. 4 S. 2 und 3 SGB XII).[59]

46 Für Hilfen an Personen, die sich in Einrichtungen zum Vollzug richterlich angeordneter **Freiheitsentziehung** aufhalten oder aufgehalten haben, gelten (für die **örtliche** Zuständigkeit) die Absätze 1 und 2 des § 98 SGB XII nach Abs. 4. Das bedeutet, dass auf sie die unter → Rn. 25 ff. dargestellten Regelungen anzuwenden sind.[60]

47 Für Leistungen nach dem Sechsten bis Achten Kapitel des SGB XII an Personen, die Leistungen in Formen **ambulanter betreuter Wohnmöglichkeiten** (§ 55 Abs. 2 Nr. 6 SGB XII) erhalten, ist der Träger der Sozialhilfe **örtlich** zuständig, der vor Eintritt in diese Wohnform zuletzt örtlich zuständig war oder gewesen wäre (§ 98 Abs. 5 SGB XII).

48 Für die Erstattung der Leistung des **Nothelfers** in einem Eilfall,[61] die an den Leistungsberechtigten bei rechtzeitigem Einsetzen vom Sozialhilfeträger zu erbringen gewesen wäre,[62] findet sich keine ausdrückliche Zuständigkeitsregelung (siehe § 25 SGB XII). Es handelt sich um einen Anspruch sui generis, der aber zur Grundlage den Sozialhilfebedarf des Leistungsberechtigten hat. Zuständig ist der Sozialhilfeträger, der **bei rechtzeitigem Einsetzen** der Sozialhilfe **die Leistung** an den Berechtigten **erbracht haben würde**.[63]

49 Für die Übernahme von **Bestattungskosten** (§ 74 SGB XII) in einer stationären Einrichtung ist **sachlich** der Sozialhilfeträger zuständig, der bis zum Tod der leistungsberechtigten Person Sozialhilfe geleistet hat (§ 97 Abs. 4 letzter Hs. SGB XII); das gilt auch für die **örtliche** Zuständigkeit (§ 98 Abs. 3 SGB XII; auch → Rn. 11). In Fällen, in denen keine Sozialhilfe erbracht wurde, ist der örtliche Sozialhilfeträger sachlich (§ 97 Abs. 1 SGB XII) und örtlich der zuständig, in dessen Bereich der **Sterbeort** liegt (§ 98 Abs. 3 letzter Hs. SGB XII).

50 Die überörtlichen Träger sollen, insbesondere bei **verbreiteten Krankheiten**, zur Weiterentwicklung von Leistungen der Sozialhilfe beitragen. Hierfür können sie die erforderlichen Einrichtungen schaffen oder fördern; sie sind also insoweit **sachlich** zuständig (§ 97 Abs. 5 SGB XII).

---

58 S. 2 findet keine Anwendung, dh dem Ausländer sind auch die einem Deutschen zustehenden Leistungen zu erbringen, wenn der Ausländer im Bundesgebiet die Rechtsstellung eines ausländischen Flüchtlings genießt oder der Wechsel in ein anderes Land zur Wahrnehmung der Rechte zum Schutz der Ehe und Familie nach Art. 6 GG oder aus vergleichbar wichtigen Gründen gerechtfertigt ist (§ 23 Abs. 5 S. 6 SGB XII).
59 Weiter im Detail geht § 24 Abs. 5 SGB XII: „Leben Ehegatten oder Lebenspartner, Verwandte und Verschwägerte bei Einsetzen der Sozialhilfe zusammen, richtet sich die örtliche Zuständigkeit nach der ältesten Person von ihnen, die im Inland geboren ist. Ist keine dieser Personen im Inland geboren, ist ein gemeinsamer örtlich zuständiger Träger nach Abs. 4 zu bestimmen. Die Zuständigkeit bleibt bestehen, solange eine der Personen nach S. 1 der Sozialhilfe bedarf."
60 Siehe dazu im Detail Schoch in: LPK-SGB XII § 98 Rn. 54 ff.
61 Schoch in: LPK-SGB XII § 25 Rn. 1 ff.
62 Hauptanwendungsfall in der Praxis ist die Kranken(haus)behandlung, die einsetzt, bevor dem Sozialhilfeträger die Leistungsberechtigung bekannt geworden ist.
63 So auch BVerwG 6.4.1995 – 5 C 12/93, BVerwGE 98, 132.

Kapitel 51: Vorläufige Leistungen

Literaturhinweise: Conradis/Klerks, Probleme der vorläufigen Entscheidung bei existenzsichernden Leistungen, info also 2018, 147; Formann, Die vorläufige Bewilligung von Leistungen nach dem 9. SGB II-ÄndG, SGb 2016, 615; Geiger, Der vorläufige Verwaltungsakt nach § 41 a SGB II – Wie ist Einkommen vorläufig und endgültig anzurechnen?; Hederich, Erbringung von vorläufigen Leistungen in der Sozialhilfe, NDV 1990, 364; Heilemann, Vorläufige Leistungen im Sozialrecht, SGb 1992, 442; Krodel, Sozialgerichtliche Eilverfahren und Existenzsicherung – Beispiele aus der Rechtsprechung, NZS 2007, 20; Leopold, Die vorläufige Bewilligung von Leistungen im Rahmen des SGB II, info also 2008, 104; Rein, Die Änderungen in der Sozialhilfe durch das Gesetz zur Ermittlung von Regelbedarfen – ein erster Überblick, ZFSH SGB 2017, 371; Schwabe, Verfahrens- und materiell-rechtliche Änderungen im Bereich der Grundsicherung im Alter und bei voller Erwerbsminderung nach dem 4. Kapitel SGB XII ab dem 1.7.2017, ZfF 2017, 101.

Rechtsgrundlagen:
SGB I §§ 42, 43
SGB II § 41 a
SGB XII §§ 44 a, 98 Abs. 2 S. 3

Orientierungssätze:
1. Vorläufige Leistungen sollen die Existenzsicherung auf schnelle und effektive Weise gewährleisten.
2. Sowohl bei der Grundsicherung für Arbeitsuchende als auch in der Sozialhilfe können vorläufige Leistungen auch nach den Vorschriften des SGB I erbracht werden, soweit sie nicht nachrangig sind.
3. Bei Zuständigkeitskonflikten zweier Leistungsträger tritt in der Regel der Träger der Grundsicherung für Arbeitsuchende in Vorleistung.
4. Die vorläufige Leistungsgewährung unterliegt der gerichtlichen Kontrolle.

A. Allgemeines – Vorläufige Leistungen – Vorrang schneller und effektiver Hilfe

1 Existenzsichernde Leistungen können vorläufig gewährt werden. Dadurch kann der Lebensunterhalt der leistungsberechtigten Person gesichert und die Verwaltung entlastet werden. Man unterscheidet zwischen **Vorschussleistungen, vorläufigen Leistungen und Vorwegzahlungen**. Rechtsvorschriften, die Leistungen zu einem Zeitpunkt ermöglichen, zu dem deren materielle Voraussetzungen noch nicht (endgültig) feststehen, haben für ein Leistungssystem besonders große Bedeutung. Sie bieten ein „Auffangnetz" an sozialer Sicherheit. Die staatliche Aufgabe, **schnelle und effektive (Notfall-) Hilfe** zu gewährleisten, kann im Sozialstaat prinzipiellen Vorrang vor dem rechtsstaatlichen Erfordernis größtmöglicher Vergewisserung über die Anspruchsberechtigung Hilfesuchender und über die Leistungszuständigkeit der um Hilfe angegangenen staatlichen Stelle beanspruchen.[1] Vorweg-, Vorschuss- und vorläufige Leistungen ermöglichen es, der **Dringlichkeit eines Hilfefalles** durch eine zügige – wenn auch in der Regel nur auf Vorläufigkeit angelegte – Leistung abzuhelfen. Zusammen mit den behördlichen Rechtspflichten zur **Beratung** des Hilfesuchenden (vgl. § 14 SGB I, § 4 SGB II, § 10 Abs. 2 SGB XII; → Kap. 17 Rn. 28 ff.)[2] und zur **Unterrichtung des zuständigen Sozialleistungsträgers** (vgl. § 16 Abs. 2 S. 1 SGB I, § 18 Abs. 2 S. 1 SGB XII) sowie mit den allgemeinen Aufklärungs- und Auskunftspflichten (§§ 13, 15 Abs. 2 SGB I) begründen sie die Pflicht aller Träger existenzsichernder Leistungen, „darauf hinzuwirken, dass **jeder Berechtigte die ihm zustehenden Sozialleistungen in zeitgemäßer Weise, umfassend und schnell erhält**" (§ 17 Abs. 1 Nr. 1 SGB I).[3] Angesichts dessen sollten die Vorschriften über die Erbringung vorläufiger Leistungen bei der Grundsicherung für Arbeitsuchende und in der Sozialhilfe „nicht restriktiv ausgelegt (werden)".[4]

2 „Vorläufige Leistungen" der Grundsicherung für Arbeitsuchende und der Sozialhilfe sind aus der Sicht ihrer Träger „Vorleistungen" und aus der Sicht ihres Empfängers in der Regel Vollleistungen. „Vorweg-" und „Vorschussleistungen" sind dagegen meistens

---

1 Ähnlich Hederich NDV 1990, 364 (366), jedoch nur bezogen auf Zuständigkeitskonflikte.
2 Siehe dazu Hederich NDV 1990, 364 (366).
3 Vgl. auch BVerwGE 91, 177; Leopold info also 2008, 104 (104).
4 So Hederich NDV 1990, 364 (365).

Teilleistungen und stehen unter dem Vorbehalt ihrer Anrechnung auf den vollen Leistungsanspruch (vgl. § 42 Abs. 2 S. 1 SGB I). Nur insoweit haben sie, auch wenn sie durch einen unzuständigen Leistungsträger erbracht werden, Erfüllungswirkung (vgl. die Erfüllungsfiktion des § 107 Abs. 1 SGB X).

Die nicht gesetzlich geregelte, aber vom Bundessozialgericht anerkannte Möglichkeit **3** der „**Vorwegzahlung**" beinhaltet auch dann eine im Ermessen des zuständigen Trägers stehende, vorläufige Leistungsberechtigung, wenn der Anspruch noch nicht feststeht.[5] Davon kann der Leistungsträger abweichend von § 42 SGB I Gebrauch machen. Die dogmatische Einordnung der Vorwegzahlung ist nicht abschließend geklärt. Teilweise wird sie als Nebenbestimmung, teilweise als Analogie zu § 42 SGB I verstanden.[6] Im Bereich der Grundsicherung für Arbeitsuchende und der Grundsicherung im Alter und bei Erwerbsminderung bedarf es jedenfalls keines Rückgriffs auf das Instrument der Vorwegzahlung, da durch die ausdrücklichen Regelung in § 41 a SGB II bzw. § 44 a SGB XII die Möglichkeit der vorläufigen Leistungsgewährung eingeräumt wird, ohne dass der Anspruch bereits besteht (siehe sogleich).[7]

B. Lage nach dem SGB II

I. § 41 a SGB II (vorläufige Entscheidung)

§ 41 a SGB II regelt die **vorläufige Entscheidung** für Leistungen der Grundsicherung für **4** Arbeitsuchende. Die Vorschrift ist zum 1.8.2016 in Kraft getreten.[8] Davor bestand die Möglichkeit der vorläufigen Leistungsgewährung über eine Verweisungsvorschrift in das SGB III, § 40 Abs. 2 Nr. 1 SGB II iVm § 328 SGB III. Neben dem Vorteil einer schnellen Entscheidung über die Leistungsgewährung liegt ein weiterer Vorteil der vorläufigen Entscheidung darin, dass die unter Vorläufigkeitsvorbehalt stehende Verfügung beseitigt werden kann, ohne dass die üblichen Einschränkungen der Rücknahme- und Erstattungsregelungen aus §§ 45, 48 SGB X (zB Vertrauensschutz) beachtet werden müssen.[9] Dabei findet § 41 a Abs. 3 SGB II auf Bewilligungszeiträume, die vor dem 1.8.2016 beendet waren, keine Anwendung.[10]

1. Anwendungsbereich

a) Geld- und Sachleistungen

Während § 40 Abs. 2 Nr. 1 SGB II iVm § 328 SGB III nur für Geldleistungen und nicht **5** für Sach- oder Dienstleistungen galt, ist nunmehr nach § 41 a SGB II sowohl über Geld- als auch Sachleistungen vorläufig zu entscheiden. Die **vorläufige Ablehnung** einer Leistung ist nicht von § 41 a SGB II erfasst.[11] Dies ergibt sich bereits aus dem Wortlaut in Abs. 1 Satz 1 („Erbringung").

b) Konkurrenz

§ 41 a SGB II gilt **nicht** bei einem **Zuständigkeitsstreit zwischen verschiedenen Sozialleis-** **6** **tungsträgern**. In diesem Fall ist auf § 43 SGB I zurückzugreifen, soweit nicht ein Verfahren nach § 44 a SGB II durchgeführt wird. Ein Anwendungsvorrang von § 41 a SGB II

---

5 Vgl. Mrozynski SGB I § 42 Rn. 29.
6 Vgl. Schmidt-De Caluwe NZS 2001, 241 (242).
7 Kemper in: Eicher/Luik SGB II, 4. Aufl. 2017, § 41 Rn. 10; Leopold info also 2008, 104 (105).
8 Art. 4 Abs. 1 Neuntes Gesetz zur Änderung des Zweiten Buches Sozialgesetzbuch – Rechtsvereinfachung – sowie zur vorübergehenden Aussetzung der Insolvenzantragspflicht v. 26.7.2016, BGBl. I, 1824.
9 Schmidt-De Caluwe NZS 2001, 240 (241); Kemper in: Eicher/Luik SGB II, 4. Aufl. 2017, § 41 a Rn. 5; BSG 28.11.2007 – B 11 a AL 47/06; LSG BW 28.9.2017 – L 7 AS 374/15.
10 BSG 12.9.2018 – B 4 AS 39/17 R.
11 Kemper in: Eicher/Luik SGB II, 4. Aufl. 2017, § 41 Rn. 9.

gegenüber § 43 SGB I im Sinne von § 37 SGB I besteht insoweit nicht. Ein solcher besteht jedoch gegenüber § 42 SGB I (dazu sogleich).[12]

2. Anspruchsvoraussetzungen

a) Anwendungsfälle

7 § 41 a SGB II ermöglicht dem zuständigen Träger der Grundsicherung für Arbeitsuchende eine vorläufige Entscheidung über die Leistung. Dieser entscheidet **in vier Fällen** vorläufig: erstens, wenn zur Feststellung des Anspruchs auf Geld- und Sachleistungen voraussichtlich längere Zeit erforderlich ist und die Voraussetzungen für den Anspruch mit hinreichender Wahrscheinlichkeit vorliegen (§ 41 a Abs. 1 S. 1 Nr. 1 SGB II). Zweitens, wenn ein Anspruch auf Geld- und Sachleistung dem Grunde nach besteht und zur Feststellung seiner Höhe voraussichtlich längere Zeit erforderlich ist (§ 41 a Abs. 1 S. 1 Nr. 2 SGB II). Drittens, wenn die Leistung von einer Vorschrift abhängt, die beim Bundesverfassungsgericht oder dem Gerichtshof der Europäischen Union Gegenstand des Verfahrens einer Prüfung der Vereinbarkeit mit höherrangigem Recht ist (§ 41 a Abs. 7 S. 1 Nr. 1 SGB II) und viertens, wenn die entscheidungserhebliche Rechtsfrage von grundsätzlicher Bedeutung und Gegenstand eines Verfahrens beim Bundessozialgericht ist (§ 41 a Abs. 7 S. 1 Nr. 2 SGB II).

b) Ungewissheit

8 Über die Voraussetzungen eines Anspruchs auf Geld- oder Sachleistungen muss eine tatsächliche **Ungewissheit** bestehen. Diese kann sich auf den Grund, die Höhe, die Dauer oder den Beginn der Leistung sowie auf anspruchsvernichtende oder anspruchshemmende Einwendungen beziehen. Die bloße Möglichkeit einer zukünftigen Änderung des Einkommens genügt nicht.[13]

c) Prüfzeitraum

9 Die in § 41 a Abs. 1 Satz 1 SGB II gewählte Formulierung „voraussichtlich längere Zeit" ist ein gerichtlich voll überprüfbarer, unbestimmter Rechtsbegriff. Feste Zeitgrenzen lassen sich dabei jedoch nicht festlegen. Es ist auf die Umstände des Einzelfalls abzustellen.[14]

d) Antrag

10 Ein Antrag auf vorläufige Leistungen ist nicht zwingende Voraussetzung für diese Leistungserbringung. Zwar werden Leistungen nach dem SGB II nur auf Antrag erbracht. Das ergibt sich aus § 37 Abs. 1 S. 1 SGB II. Diese Vorschrift bezieht sich aber nur auf die endgültige behördliche Leistungserbringungsentscheidung und nicht auf vorläufige.[15]

---

12 Kemper in: Eicher/Luik SGB II, 4. Aufl. 2017, § 41 Rn. 9; Schmidt-De Caluwe NZS 2001, 240 (245); aA Leopold info also 2008, 104 (106): § 42 SGB I ist anzuwenden, wenn Anspruch besteht. Von den Sozialgerichten wurde unter der alten Rechtslage das Verhältnis von § 40 Abs. 2 Nr. 1 SGB II zu § 42 SGB I teilweise nicht thematisiert und § 42 SGB I angewendet: vgl. LSG Bln-Bbg 28.5.2008 – L 20 B 1125/07 AS bzw. 19.2.2007 – L 20 B 1125/07 AS; LSG NRW 17.12.2007 – L 19 B 31/07 AS; SG Leipzig 25.3.2008 – S 19 AS 731/08 ER.
13 BSG 2.6.2004 – B 7 AL 58/03 R; Kemper in: Eicher/Luik SGB II, 4. Aufl. 2017, § 41 a Rn. 11; SG Leipzig 18.11.2016 – S 22 AS 2885/16 ER; SG Freiburg 28.11.2016 – S 19 AS 4524/16 ER.
14 Kemper in: Eicher/Luik SGB II, 4. Aufl. 2017, § 41 a Rn. 11.
15 Kemper in: Eicher/Luik SGB II, 4. Aufl. 2017, § 41 Rn. 18.

e) Erkennbarkeit

Die Vorläufigkeit der Entscheidung muss aus dem Bescheid **erkennbar sein,** § 41 a **11** Abs. 2 S. 2 SGB II.[16] Zudem muss auch der Grund der Vorläufigkeit im Bescheid deutlich angegeben werden.[17] Bestehen an der Vorläufigkeit Zweifel, gehen sie zulasten der Behörde. Eine Rücknahme kann dann nur noch nach den Voraussetzungen der §§ 45, 48 SGB X (zB Vertrauensschutz) erfolgen. Vorläufige Leistungen können hingegen ohne Beachtung eines Vertrauenstatbestandes und der kurzen Verjährungsfristen zurückgenommen werden.[18] Die Vorläufigkeit kann sich anders als noch nach § 328 SGB III nicht nur auf einen Verfügungsteil beziehen, zB Leistungen für Unterkunft und Heizung.[19] Hingegen kann eine Änderung der weiterhin vorläufigen Leistungsgewährung nur nach den Voraussetzungen der §§ 44, 45, 48 SGB X ohne Saldierungsmöglichkeit erfolgen.

3. Rechtsfolgen

a) Ermessen

Der Grundsicherungsträger hat bei der Entscheidung über die vorläufige Leistungser- **12** bringung ein **Auswahlermessen.**[20] Er kann über den Inhalt der Geld- und Sachleistungen entscheiden. Die Entscheidung ist auf Ermessensfehler durch die Gerichte voll überprüfbar. Ein **Entschließungsermessen** besteht hingegen grundsätzlich nicht. Liegen die Voraussetzungen des § 41 a Abs. 1 S. 1 SGB II vor, sind die Grundsicherungsträger verpflichtet, vorläufig Leistungen zu gewähren (gebundene Entscheidung). Ein Entschließungsermessen besteht nur in den Fällen nach Abs. 7.[21] Ermessen wird dann eingeräumt, wenn eine rechtliche Ungewissheit besteht, beispielsweise wenn eine entscheidungserhebliche Rechtsfrage beim Bundesverfassungsgericht oder beim Bundessozialgericht anhängig ist. Eine Ermessensreduzierung auf Null ist nicht allein wegen der existenzsichernden Zielrichtung der Leistungen anzunehmen.[22]

b) Höhe der vorläufigen Leistung

Die vorläufige Leistungsgewährung erfolgt gegenüber der Bedarfsgemeinschaft mit all **13** ihren Mitgliedern, § 41 a Abs. 1 S. 2 SGB II. Selbst wenn die Höhe des Leistungsanspruchs nur für ein Mitglied der Bedarfsgemeinschaft nicht festzustellen wäre, kann für die übrigen Mitglieder keine endgültige Leistungserbringung stattfinden. Diese Regelung folgt aus dem Prinzip der horizontalen Bedarfsberechnung.

Den Umstand, der zu einer noch nicht abschließend möglichen Leistungsentscheidung **14** führt, darf der Leistungsberechtigte nicht selbst zu **vertreten** haben, § 41 a Abs. 1 S. 3 SGB II. Wegen der Leistungserbringung an eine Bedarfsgemeinschaft wird das Verhalten eines Mitglieds den anderen zugerechnet werden müssen.

Für die Festlegung der Höhe der vorläufigen Leistungen ist der bis dahin feststehende **15** Hilfebedarf zu berücksichtigen. Ein **vorsorglicher Abschlag** darf nicht vorgenommen werden, denn die Höhe der vorläufigen Leistungen muss die **Existenz sichern** können.[23]

---

16 Kemper in: Eicher/Luik SGB II, 4. Aufl. 2017, § 41 a Rn. 22.
17 SG Berlin 5.2.2009 S – 106 AS 30130/07 (alte Rechtslage).
18 LSG Bln-Bbg 18.2.2009 – L 20 B 1537/08 AS PKH; LSG BW 28.9.2017 – L 7 AS 374/15.
19 BT-Drs. 18/8041, S. 52; aA Formann SGb 2016, 615 (616); offen gelassen: Conradis/Klerks info also 2018, 147 (148).
20 SG Berlin 5.2.2009 – S 106 AS 30130/07; LSG Bln-Bbg 2.8.2017 – L 5 AS 1357/17 B ER, L 5 AS 1358/17 B ER PKH (Auswahlermessen auch bei Ermessensreduzierung auf Null bei Absatz 7); Kemper in: Eicher/ Luik SGB II, 4. Aufl. 2017, § 41 a Rn. 14.
21 Zur Ermessensreduzierung auf Null, insbesondere bei Leistungen für Ausländer vgl. BayLSG 2.8.2017 – L 8 SO 130/17 B ER; LSG Bln-Bbg 2.8.2017 – L 5 AS 1357/17 B ER, L 5 AS 1358/17 B ER PKH.
22 BayLSG 2.8.2017 – L 8 SO 130/17 B ER.
23 BSG 6.4.2011 – B 4 AS 119/10 R; Kemper in: Eicher/Luik SGB II, 4. Aufl. 2017, § 41 a Rn. 14.

Dabei haben die Grundsicherungsträger eine **Prognoseentscheidung** zu treffen, die gerichtlich voll überprüfbar ist. Das Auswahlermessen besteht eingeschränkt hinsichtlich der Höhe der Leistungen. Der Ermessensspielraum bezieht sich darauf, ob bei der Höhe des anzurechnenden Einkommens die Absetzbeträge nach § 11 b Abs. 1 S. 1 Nr. 6 SGB II (Freibeträge bei Erwerbstätigkeit) ganz oder teilweise unberücksichtigt bleiben.[24]

4. Endgültige Festsetzung

16 Bei **unrichtiger oder teilweise unrichtiger vorläufiger Entscheidung** ergeht ein endgültiger Verwaltungsakt mit einer ungünstigeren Regelung. Er ersetzt – ohne dass der Leistungsberechtigte einen Vertrauensschutz genießt – die vorläufige Verfügung endgültig und vollumfänglich, da die Behörde an die günstigere vorläufige und nicht der wahren Rechtslage entsprechende Entscheidung nicht gebunden ist.[25] Überzahlte Leistungen können angerechnet werden. Ist eine Anrechnung nicht möglich, beispielsweise weil eine Leistungspflicht nicht oder nur teilweise besteht, sind die vorläufig gezahlten Leistungen zu erstatten, § 41 a Abs. 6 S. 3 SGB II. Ein Ermessen besteht nicht.[26]

17 Die endgültige Festsetzung der Leistungen erfolgt bei einer Überzahlung von Amts wegen. Kommen die Leistungsberechtigten ihrer Nachweis- oder Auskunftspflicht bis zur abschließenden Entscheidung nicht, nicht vollständig oder trotz angemessener Fristsetzung und schriftlicher Belehrung über die Rechtsfolgen nicht fristgemäß nach, setzen die SGB II-Träger den Leistungsanspruch für diejenigen Kalendermonate nur in der Höhe abschließend fest, in welcher seine Voraussetzungen ganz oder teilweise nachgewiesen wurden. Für die übrigen Kalendermonate wird festgestellt, dass ein Leistungsanspruch nicht besteht. Bis zum Abschluss des Widerspruchsverfahrens können die erforderlichen Unterlagen nachgereicht werden (→ Kap. 48 Rn. 37).[27] Das Nachreichen von Unterlagen dürfte aber auch während des Klageverfahrens möglich sein. Ergeht innerhalb eines Jahres nach Ablauf des Bewilligungszeitraums keine abschließende Entscheidung, gelten die vorläufig bewilligten Leistungen als endgültig erbracht, § 41 a Abs. 5 S. 1 SGB II. Diese **Festsetzungsfiktion** ist nicht auf die Bewilligungszeiträume, die vor Inkrafttreten des § 41 a SGB II zum 1.8.2016 beendet waren, anwendbar.[28] Diese Fiktion greift nicht, wenn die leistungsberechtigte Person innerhalb eines Jahres die abschließende Entscheidung beantragt hat oder die Überzahlung aus einem anderen Grund als den im Bescheid über die Vorläufigkeit angegebenen eingetreten ist. In letzterem Fall hat der Leistungsträger längstens zehn Jahre seit Bekanntgabe der vorläufigen Leistungsentscheidung Zeit, die Leistungen endgültig festzusetzen.[29] Die Fiktion gilt nicht für Leistungen, die nach Abs. 7 vorläufig gewährt worden sind. Das ergibt sich aus der Verweisung in § 41 a Abs. 7 Satz 2 SGB II, die Abs. 5 nicht einbezieht.

18 Bei der endgültigen Festsetzung ist als Einkommen ein monatliches **Durchschnittseinkommen** zugrunde zu legen, es sei denn, dass der Leistungsanspruch teilweise nicht bestand oder in einem Monat weggefallen ist, oder wenn die leistungsberechtigte Person

---

24 SG Leipzig 18.11.2016 – S 22 AS 2885/16 ER; SG Freiburg 28.11.2016 – S 19 AS 4524/16 ER; aA kein Auswahlermessen: Kemper in: Eicher/Luik SGB II, 4. Aufl. 2017, § 41 a Rn. 14, wobei die Entscheidung über die Berücksichtigung der Absetzbeträge nach § 11 b Abs. 1 S. 1 Nr. 6 SGB II einem Auswahlermessen entspricht.

25 Kemper in: Eicher/Luik SGB II, 4. Aufl. 2017, § 41 a Rn. 37; BSG 15.12.2011 – B 10 EG 1/11 R; LSG Bln-Bbg 20.4.2017 – L 32 AS 1945/15.

26 Kemper in: Eicher/Luik SGB II, 4. Aufl. 2017, § 41 a Rn. 74.

27 BSG 12.9.2018 – B 4 AS 39/17 R; Conradis/Klerks info also 2018, 147 (148).

28 SG Berlin 25.9.2017 – S 179 AS 6737/17; SG Dresden 11.1.2018 – S 52 AS 4077/17; SG Chemnitz 19.7.2017 – S 35 AS 651/17; aA SG Augsburg 12.3.2018 – S 8 AS 95/18.

29 Krit. wegen eines zehnjährigen Ausschlusses des Vertrauensschutzes: Groth/Siebel-Huffmann NJW 2016, 3404 (3409); die Fiktion entfällt auch bei zwischenzeitlicher gerichtlicher Aufhebung der Festsetzung: SG Berlin 13.11.2017 – S 61 AS 4057/17, bestätigt durch BSG 12.9.2018 – B 14 AS 4/18 R.

eine Entscheidung auf Grundlage des tatsächlichen monatlichen Einkommens beantragt hat. Das zu berücksichtigende Durchschnittseinkommen umfasst jede Art von Einkommen, und nicht nur schwankendes Erwerbseinkommen.[30] Dies kann zu nicht sachgerechten Ergebnissen führen. Beispielsweise kann bei der Berücksichtigung einer Einmaleinnahme bei der Bildung des Durchschnittseinkommens, zB Steuerrückerstattung, ein Leistungsanspruch für den gesamten Bewilligungszeitraum entfallen, anstatt für nur einen Monat. Daher wird mitunter vertreten, nur für das schwankende Einkommen den Durchschnitt zu bilden.[31]

Eine einschränkende Anwendung der Regelung über die Bildung des Durchschnittseinkommens sollte zumindest dahin gehend erfolgen, dass diese nur für die Fälle Anwendung findet, bei denen wegen des noch nicht sicher feststehenden Einkommens die Leistungen nur vorläufig erbracht werden. Hingegen sollte kein Durchschnittseinkommen zu bilden sein, wenn Leistungen aus einem anderen Grund vorläufig erbracht werden, beispielsweise weil die Höhe der Aufwendungen für Unterkunft und Heizung noch nicht feststeht.[32] **19**

II. § 42 SGB I (Vorschüsse)

§ 42 SGB I regelt die Zahlung von Vorschüssen, wenn die Zuständigkeit des Leistungsträgers und der Anspruchsgrund feststehen und für die Feststellung der Anspruchshöhe voraussichtlich längere Zeit erforderlich ist.[33] Die **Anwendbarkeit** von § 42 SGB I für die Grundsicherung für Arbeitsuchende ist durch die speziellere Regelung des § 41 a SGB II **grundsätzlich ausgeschlossen**.[34] Das folgt aus § 37 SGB I. **20**

III. § 43 SGB I (Vorläufige Leistungen)

Im Gegensatz zu § 42 SGB I regelt § 43 SGB I die Gewährung vorläufiger Leistungen, wenn zwar der Anspruchsgrund und die Anspruchshöhe feststehen, aber die Zuständigkeit des Leistungsträgers ungeklärt ist. Es muss ein **negativer Kompetenzkonflikt** vorliegen, dh sämtliche Leistungsträger müssen ihre Zuständigkeit verneinen. **21**

1. Anwendungsbereich

Gegenüber § 41 a SGB II geht § 43 SGB I in seinem Anwendungsbereich vor,[35] da das Regelungsziel des § 43 SGB I (Leistung bei Vorliegen eines negativen Kompetenzkonflikts) ein anderes ist als das des § 41 a SGB II (vorläufige Leistung bei Verfahrensverzug). **22**

§ 43 SGB I erfasst die vorläufige Gewährung von „Sozialleistungen". Darunter sind die Leistungen im Sinne von § 11 **SGB I** zu verstehen.[36] Die Vorschrift erfasst neben Geld- und Sachleistungen **auch Dienstleistungen** wie persönliche Hilfen.[37] Sie gilt auch im Verhältnis zwischen Trägern der Grundsicherung untereinander. Im Bereich der Grundsicherung für Arbeitsuchende findet § 43 SGB I neben § 44 a Abs. 1 S. 7 SGB II aber nur **23**

30 SG Berlin 15.6.2018 – S 37 AS 153/18; Conradis in: LPK-SGB II, 6. Aufl. 2017, § 41 a Rn. 15; wohl aA Kemper in: Eicher/Luik SGB II, 4. Aufl. 2017, § 41 a Rn. 54; Geiger NZS 2017, 139 (143).
31 Geiger NZS 2017, 139 (143).
32 Formann SGb 2016, 615 (618); Geiger NZS 2017, 139 (143); aA Conradis/Klerks info also 2018, 147 (149).
33 Breitkreuz Sozialrecht aktuell 2008, 210 (211).
34 Conradis in: LPK-SGB II, 6. Aufl. 2017, § 41 a Rn. 2; Lilge SGB I, 4. Aufl. 2016, § 42 Rn. 10; Schmidt-De Caluwe NZS 2001, 241 (245); Groth/Siebel-Huffmann NJW 2016, 3404 (3408); aA Leopold info also 2008, 104 (106) und einschränkend Mrozynski SGB I, 5. Aufl. 2014, § 42 Rn. 9 ff.
35 Leopold info also 2008, 104 (105).
36 AA Hederich NDV 1990, 364 (368).
37 Leopold info also 2008, 104 (104); Timme in: LPK-SGB I, 3. Aufl. 2014, § 43 Rn. 8.

begrenzt Anwendung. Der Gesetzgeber hat im Falle eines Streits zwischen den Trägern über die Erwerbsfähigkeit oder die Hilfebedürftigkeit geregelt, dass Leistungen zu erbringen sind, um eine Nahtlosigkeit zu gewährleisten. Dann sind Leistungen endgültig zu gewähren. Eine Vorläufigkeit der Leistungsgewährung ist nicht vorgesehen. § 44 a SGB II führt dennoch nicht gänzlich zu einem Ausschluss des § 43 SGB I aufgrund des Spezialitätsgrundsatzes.[38] Beispielsweise können bei Vorliegen eines negativen Kompetenzkonflikts andere als Geldleistungen- und Sachleistungen, mithin Dienstleistungen, vorläufig zugesprochen werden. Bei entsprechender Antragstellung muss sogar vorläufig bewilligt werden. Kein Anwendungsfall des § 44 a SGB II und damit ein Fall des § 43 SGB I ist der Zuständigkeitsstreit zwischen den SGB II-, SGB XII- und AsylbLG-Trägern für Leistungen an Ausländer. Im Vordergrund steht hier nicht die Frage der Erwerbs- und Hilfebedürftigkeit im Sinne der §§ 8, 9, 44 a SGB II, sondern der gesetzliche Leistungsausschluss nach § 7 Abs. 3 SGB II.[39] § 44 a SGB II findet zudem keine Anwendung bei der Feststellung der rechtlichen Erwerbsfähigkeit nach § 8 Abs. 2 SGB II.[40]

2. Anspruchsvoraussetzungen

a) Leistungsträger

24 Der Anspruch richtet sich gegen den **„zuerst angegangenen"** Leistungsträger. Dies ist der Leistungsträger, der vom Antragsteller (mündlich oder schriftlich) zuerst mit dem Hilfebegehren befasst wird.[41] Nur er ist zu Vorleistungen ermächtigt. § 43 SGB I kann nicht ergänzend dahin ausgelegt werden, dass bei Säumigkeit des zur Vorleistung verpflichteten (zuerst angegangenen) Leistungsträgers ein anderer Leistungsträger berechtigt sei, freiwillig in Vorleistung zu treten.[42] Als angegangen gilt ein Leistungsträger auch, der von einem Sachverhalt in Kenntnis gesetzt wurde, der ihn nach § 18 Nr. 1 SGB X verpflichtet, von Amts wegen tätig zu werden.[43]

b) Zuständigkeit

25 Die **Zuständigkeit** der Leistungsträger muss **ungeklärt** sein.[44] Die Vorschrift betrifft sowohl die örtliche als auch die sachliche Zuständigkeit.[45] In den Zuständigkeitsstreit muss auch der in Anspruch genommene (zuerst angegangene) Leistungsträger einbezogen werden. § 43 SGB I ermächtigt **nicht** zu **Vorleistungen eines Leistungsträgers,** wenn der zuständige Leistungsträger säumig ist oder Leistungen (sei es auch rechtswidrig) ablehnt;[46] das gilt erst recht, wenn der zuerst angegangene Leistungsträger offensichtlich unzuständig ist.

c) Anwendungsausschluss

26 Der zuerst **angegangene Träger** muss als **„Leistungsträger" für die beantragten Maßnahmen ihrer Art nach unzweifelhaft zuständig sein können.** § 43 SGB I ist nicht anwendbar – sei es auch nur zur vorläufigen Erbringung von Sozialleistungen durch den zuerst angegangenen Leistungsträger –, wenn dieser für solche Leistungen von vornherein nicht zuständig ist. Beispielsweise hat der Träger der Grundsicherung für Arbeit-

---

38 Blüggel in: Eicher/Luik SGB II, 4. Aufl. 2017, § 44 a Rn. 64; Korte in: LPK-SGB II, 6. Aufl. 2017, § 44 a Rn. 24; aA Leopold info also 2008, 104 (105).
39 Vgl. BayLSG 23.7.2018 – L 7 AS 692/18 B ER (ohne Prüfung der Voraussetzungen des § 43 SGB I).
40 Blüggel in: Eicher/Luik SGB II, 4. Aufl. 2017, § 44 a Rn. 16.
41 BVerwGE 91, 177; Timme in: LPK-SGB I, 3. Aufl. 2014, § 43 Rn. 10.
42 Vgl. BVerwG 12.9.1991 – 5 C 41.86.
43 Timme in: LPK-SGB I, 3. Aufl. 2014, § 43 Rn. 10.
44 Vgl. BVerwGE 89, 81 (84).
45 Vgl. BVerwGE 91, 177 zur Jugendhilfe.
46 Timme in: LPK-SGB I, 3. Aufl. 2014, § 43 Rn. 10.

suchende Leistungen der Grundsicherung im Alter und bei Erwerbsminderung nicht zu erbringen.

d) Anspruchsausschluss

Der **Hilfeanspruch** muss, abgesehen von der Passivlegitimation des Anspruchsgegners, **27** bestehen und **unzweifelhaft** sein.[47] Ein Anspruch besteht, wenn er entstanden und fällig ist und ihm keine Einwendungen entgegenstehen. § 43 SGB I greift daher nicht ein, wenn zB die **Bedürftigkeit** (anrechenbares Einkommen, einzusetzendes Vermögen usw) **ungeklärt** ist. Hinsichtlich des **Bedarfs** muss (lediglich) feststehen, dass er seiner Art nach das Eintreten der Hilfe notwendig machen kann; insofern ist eine nähere Spezifizierung nicht erforderlich. Steht der Anspruch nicht fest, ist auf § 44 a SGB II zurückzugreifen.

3. Rechtsfolgen

a) Ermessen

Liegen die Anspruchsvoraussetzungen vor, können vorläufige Leistungen erbracht wer- **28** den. Diese stehen nicht unter Widerrufsvorbehalt (§ 47 Abs. 1 Nr. 2 SGB X).

b) Antrag

Die Erbringung vorläufiger Leistungen nach § 43 SGB I steht im Ermessen der zuständi- **29** gen Behörde, solange kein Antrag auf vorläufige Leistungsgewährung gestellt wurde. Ein **Rechtsanspruch** auf vorläufige Leistung besteht nur bei **Antragstellung** (§ 43 Abs. 1 S. 2 SGB I). Das Hilfebegehren muss aber nicht rechtlich spezifiziert werden.[48]

c) Ermessensleistung

Die Ermächtigung zu vorläufigen Leistungen aus § 43 SGB I kann im Hinblick auf die **30** erforderliche Existenzsicherung nicht auch Leistungen betreffen, die ausschließlich im **Ermessen des anderen Leistungsträgers** stehen; denn die Vorschrift setzt voraus, dass ein „Anspruch" auf Sozialleistungen besteht.[49] Das ist in aller Regel bei im Ermessen stehenden Leistungen nicht der Fall, weil bei unklarer Zuständigkeit nicht feststeht, welche Verwaltungspraxis zugrunde gelegt werden soll.[50] Bei Ermessensleistungen kommt eine Leistung nach § 43 SGB I allenfalls dann in Betracht, wenn nur der Leistungsumfang im Ermessen des Leistungsträgers steht (und der Anspruch dem Grunde nach besteht) sowie bei Ermessensreduktion auf Null.[51]

d) Umfang

Das **Ermessen** des Leistungsträgers, den **Umfang** seiner vorläufigen Leistung zu bestim- **31** men, ist nach Maßgabe des Bedarfsdeckungsgrundsatzes (vgl. Kapitel 9) eingeschränkt.

C. Lage nach dem SGB XII, AsylbLG

Die Gewährung vorläufiger Leistungen in der Sozialhilfe richtete sich im Wesentlichen **32** nach den allgemeinen Regelungen des Ersten Buches Sozialgesetzbuch. Für Leistungen nach dem Vierten Kapitel SGB XII (Grundsicherung im Alter und bei Erwerbsminde-

---

47 ZB auch Heilemann SGb 1992, 442 (443); Lilge SGB I, 4. Aufl. 2016, § 43 Rn. 17.
48 Vgl. BVerwGE 91, 177.
49 Vgl. dazu zB Lilge SGB I, 4. Aufl. 2016, § 43 Rn. 18 mit Einschränkungen; aA Mrozynski SGB I, 5. Aufl. 2014, § 43 Rn. 17.
50 Lilge SGB I, 4. Aufl. 2016, § 43 Rn. 18.
51 LSG NRW 27.10.2016 – L 7 AS 920/16 B ER; Weitergehend: Lilge SGB I, 4. Aufl. 2016, § 43 Rn. 19: bei Soll-Vorschrift und Einigkeit der beteiligten Leistungsträger über eine Leistungserbringung.

rung) hat der Gesetzgeber die Regelung des § 44 a SGB XII (vorläufige Entscheidung) eingeführt.[52] Sie ist eine mit § 41 a SGB II vergleichbare Vorschrift. Für die übrigen Kapitel, insbesondere die Leistungen nach dem Dritten Kapitel (Hilfe zum Lebensunterhalt) und bis zur Überführung der Eingliederungsvorschriften in den Zweiten Teil SGB IX auch für Leistungen nach dem Sechsten Kapitel (Eingliederungshilfe), findet § 44 a SGB XII keine Anwendung. Vorläufige Leistungen werden nach den allgemeinen Vorschriften §§ 42, 43 SGB I gewährt. Soweit die Regelungen bereits oben für die Grundsicherung für Arbeitsuchende dargestellt wurden, werden nachstehend jeweils nur die abweichenden Voraussetzungen und Rechtsfolgen beschrieben.

I. § 44 a SGB XII (vorläufige Entscheidung)

33 Die Regelung entspricht inhaltlich der des § 41 a SGB II. Abweichend dazu gilt die Vorschrift nur für Geld- und nicht für Sachleistungen. Sie kann nur in **zwei Fällen** Anwendung finden: Erstens, wenn zur Feststellung des Anspruchs auf **Geldleistungen** voraussichtlich längere Zeit erforderlich ist und die Voraussetzungen für den Anspruch mit hinreichender Wahrscheinlichkeit vorliegen (§ 44 a Abs. 1 Nr. 1 SGB XII). Zweitens, wenn ein Anspruch auf Geldleistung dem Grunde nach besteht und zur Feststellung seiner Höhe voraussichtlich längere Zeit erforderlich ist (§ 44 a Abs. 1 Nr. 2 SGB XII). Für alle anderen Fälle ist auf § 42 SGB I zurückzugreifen.

34 § 44 a SGB XII räumt dem Leistungsträger die Möglichkeit ein, bereits vor Ablauf des Bewilligungszeitraums eine endgültige Entscheidung für die Monate zu treffen, für die die Höhe des Anspruchs feststeht oder künftig kein Anspruch bestehen wird, wenn die vorläufigen Leistungen hierfür noch nicht erbracht wurden, § 44 a Abs. 4 SGB XII. Vertrauensschutz besteht nicht.[53] Ein Durchschnittseinkommen wie bei § 41 a SGB II ist nicht zu bilden. Vielmehr wird nach § 44 a Abs. 7 Satz 2 SGB XII das Saldierungsverfahren angewendet.[54] Das bedeutet, dass der Anspruch für jeden Kalendermonat berechnet wird. Sodann werden die für einzelne Monate noch nachzuzahlenden Leistungen auf die für andere Monate entstandenen Überzahlungen angerechnet.

II. § 42 SGB I (Vorschüsse)

35 § 42 SGB I regelt die Gewährung von Vorschüssen bei Vorliegen der Leistungsvoraussetzungen dem Grunde nach und bei bekannter Zuständigkeit des Leistungsträgers. Allein für die Ermittlung der Anspruchshöhe muss ein längerer Zeitraum erforderlich sein.

1. Anwendungsbereich

a) Anwendbarkeit

36 Die Anwendbarkeit der Vorschrift auch auf antragsunabhängige Sozialhilfeleistungen ist, obwohl ein Rechtsanspruch auf Vorschusszahlung nach § 42 Abs. 1 S. 2 SGB I einen (entsprechenden) Antrag voraussetzt, nicht durch § 37 SGB I ausgeschlossen.

b) Geldleistungen

37 § 42 SGB I ist auf vorschussweise **Geldleistungen** beschränkt, weil er voraussetzt, dass ein „Anspruch auf Geldleistungen" (dem Grunde nach) besteht. Die Regelung des § 42

---

52 Gesetz zur Ermittlung von Regelbedarfen sowie zur Änderung des Zweiten oder Zwölften Buches Sozialgesetzes vom 22.12.2016, BGBl. I, 3159.
53 Conradis in: LPK-SGB II, 6. Aufl. 2017, § 44 a Rn. 11; Rein ZFSH SGB 2017, 371 (387); Schwabe ZfF 2017, 101 (101); Wahrendorf in: Grube/Wahrendorf SGB XII, 6. Aufl. 2018, § 44 a Rn. 24.
54 Schwabe ZfF 2017, 101 (106); Wahrendorf in: Grube/Wahrendorf SGB XII, 6. Aufl. 2018, § 44 a Rn. 24; kritisch Conradis/Klerks info also 2018, 147 (152).

SGB I ist abschließend und gilt nicht für andere Sozialleistungen im Sinne von § 17 SGB I (so aber § 43 SGB I).[55] Auf Sach- und Dienstleistungen kann § 42 SGB I nicht – auch nicht im Wege der Analogie – angewendet werden.[56] Um einen dringenden Bedarf an Sozialhilfe decken zu können, genügt in der Regel ein Vorschuss an Geldleistungen.

2. Anspruchsvoraussetzungen

a) Zuständigkeit

Der Anspruch ist gegen den zuständigen Leistungsträger gerichtet. Dessen **Zuständig-** 38 **keit** darf also **nicht zweifelhaft** sein. Bei Streit über die Zuständigkeit der Träger gilt § 43 SGB I (bzw. § 44 a SGB II).

b) Ermessensleistung

Ein Anspruch auf **vorschussweise Geldleistungen** besteht nicht, wenn der Sozialhilfeträ- 39 ger im Rahmen seines Ermessens (§ 17 Abs. 2 SGB XII) zB Sachleistungen anbietet und der Hilfebedarf hierdurch zeitgerecht gedeckt werden kann. Das Ermessen wird jedoch durch das **Wunsch- und Wahlrecht der leistungsberechtigten Person** (§ 9 Abs. 2 SGB XII)[57] geleitet.

c) Anspruch

Der Anspruch auf Eintreten der Sozialleistung muss dem Grunde nach bestehen, dh es 40 müssen unstreitig alle Anspruchsvoraussetzungen (also bspw. auch die Zuständigkeit des angegangenen Sozialhilfeträgers) erfüllt sein, soweit von ihnen nicht auch die Anspruchshöhe abhängt. Die Problematik, die sich ergeben kann, wenn die Höhe eines Sozialleistungsanspruchs zB wegen anrechenbaren Einkommens **gegen Null** geht,[58] besteht nicht im Sozialhilferecht, da hier Bedürftigkeit materielle Leistungsvoraussetzung ist (vgl. § 2 Abs. 1 SGB XII: „Sozialhilfe erhält nicht, wer ...“; § 19 Abs. 1 S. 1 SGB XII: „Hilfe ... ist Personen zu leisten, die ...“). Wenn dem Hilfebedarf Einkommen in gleicher Höhe anrechenbar gegenübersteht, entfällt ein Anspruch auf Sozialhilfe schon dem Grunde nach. Bei der einkommensabhängigen Sozialhilfe besteht der Anspruch dem Grunde nach, wenn die Einkommensvoraussetzungen nach §§ 85 SGB XII ermittelt sind. Steht die Mindesthöhe fest, kann ein Vorschuss gewährt werden.[59] Der dem Grunde nach bestehende (Haupt-) Leistungsanspruch muss dabei nicht fällig sein.[60] Die Fälligkeit des Hauptanspruchs ergibt sich weder aus dem Gesetz noch ist sie im Hinblick auf die Existenzsicherung durch vorläufige Leistungsgewährung geboten.

Vor Entstehen und Fälligkeit des Anspruchs sind nach § 42 SGB I keine Vorschüsse zu 41 zahlen.[61] Denkbar ist jedoch eine **Vorwegzahlung**, wie sie von der Rechtsprechung des Bundessozialgerichts entwickelt wurde (→ Rn. 3), deren dogmatische Begründung allerdings unklar ist.[62]

d) Prüfzeit

Die Feststellung der Anspruchshöhe muss „voraussichtlich längere Zeit“ (unbestimmter 42 Rechtsbegriff) erfordern. Diese Voraussetzung ist immer schon dann erfüllt, wenn dem

---

55 Lilge SGB I, 4. Aufl. 2016, § 42 Rn. 27; Mrozynski SGB II, 5. Aufl. 2014, § 42 Rn. 4.
56 Krahmer in: LPK-SGB I, 3. Aufl. 2014, § 42 Rn. 6.
57 Dazu ausführlich Kapitel 3.
58 S. dazu zB Heilemann SGb 1992, 442.
59 Krahmer/Markovic in: LPK-SGB I, 3. Aufl. 2014, § 42 Rn. 7. An einer praktischen Bedeutung in der Sozialhilfe aufgrund der erforderlichen und oft streitigen Einkommensermittlung zweifelt Mrozynski SGB I, 5. Aufl. 2014, § 42 Rn. 1.
60 Mrozynski SGB I, 5. Aufl. 2014, § 42 Rn. 8; aA Lilge SGB I, 4. Aufl. 2016, § 42 Rn. 21.
61 Lilge SGB I, 4. Aufl. 2016, § 42 Rn. 23.
62 Vgl. Mrozynski SGB I, 5. Aufl. 2014, § 42 Rn. 29; Schmidt-DeCaluwe NZS 2001, 240 (242).

Hilfesuchenden angesichts seines Hilfebedarfs nicht zuzumuten ist, die Feststellung der Anspruchshöhe abzuwarten, also **Dringlichkeit einer Vorschusszahlung** besteht. Eine allgemeine Zeitangabe lässt sich aus dem Gesetz nicht ableiten und ist abhängig vom Einzelfall.

e) Leistungszeit

43 Aus der Anordnung in § 42 Abs. 1 S. 2 SGB I, dass die Vorschusszahlung „**spätestens nach Ablauf eines Kalendermonats nach Eingang des Antrags**" beginnt, ist auf die Vorstellung des Gesetzgebers zu schließen, dass von einer „voraussichtlich längeren Zeit" für die Feststellung der Höhe eines Anspruchs auf Sozialleistungen im Allgemeinen dann auszugehen ist, wenn die Feststellung der Anspruchshöhe nicht innerhalb dieses Zeitraums zu erwarten ist. Eine solche Zeitgrenze („spätestens") lässt darauf schließen, dass ein Anspruch auf Vorschusszahlung **schon früher** entsteht. In der Sozialhilfe wird dies häufig – abhängig von Art und Dringlichkeit des Bedarfs – der Fall sein.

3. Rechtsfolgen

a) Ermessen

44 Die Vorschussgewährung – die Frage, ob und in welcher Höhe der Leistungsträger zahlt – steht im **Ermessen** des zuständigen Sozialleistungsträgers. Dabei muss er § 39 Abs. 1 S. 1 SGB I beachten, wonach der zuständige Leistungsträger sein Ermessen entsprechend dem Zweck der Ermächtigung auszuüben und die gesetzlichen Grenzen des Ermessens einzuhalten hat. Es besteht jedoch ein Anspruch auf pflichtgemäße Ausübung des Ermessens (§ 39 Abs. 1 S. 2 SGB I).

b) Antrag

45 Der Leistungsträger ist zur Vorschussgewährung **verpflichtet (gebundene Entscheidung)**, wenn der Hilfebedürftige einen Antrag gestellt hat und die Voraussetzungen des § 42 SGB I vorliegen. Ein Anspruch auf Vorschusszahlung ist antragsabhängig, obwohl der Sozialhilfe das Antragsprinzip in der Regel fremd ist. „Antrag" ist in diesem Zusammenhang der **Antrag auf die Vorschusszahlung** (Vorausleistung), nicht ein (im Anwendungsbereich des Amtsermittlungsprinzips nicht erforderlicher) Antrag auf die Leistung in der gesamten dem Hilfebedürftigen zustehenden Höhe. Der Anspruch nach § 42 Abs. 1 S. 2 SGB I kann auch den schon **in der Vergangenheit** – ab Kenntnis des Sozialhilfeträgers im Sinne von § 18 SGB XII – **angefallenen Teil** des dem Grunde nach feststehenden Anspruchs erfassen (zB zur Deckung von Selbstbeschaffungsschulden). Der Kenntnisgrundsatz steht einem auf den Zeitpunkt der Kenntnis des Bedarfs dem Grunde, rückbezogenen Anspruch auf Vorschusszahlung trotz dessen Antragsabhängigkeit nicht entgegen.

c) Erstattung

46 Die Vorschüsse sind auf die zustehende Leistung anzurechnen (§ 42 Abs. 2 S. 1 SGB I). Soweit sie diese übersteigen, sind sie vom Leistungsempfänger zu erstatten (§ 42 Abs. 2 S. 2 SGB I).

III. § 43 SGB I (vorläufige Leistungen)

47 § 43 SGB I regelt die Gewährung vorläufiger Leistungen, wenn die Zuständigkeit des Leistungsträgers unklar ist, hingegen der Anspruchsgrund und die Anspruchshöhe feststehen.

1. Anwendungsbereich

§ 43 SGB I ist auch in der Sozialhilfe anwendbar. Zu den Einzelheiten der Regelung sei **48** nach oben verwiesen (→ Rn. 21 ff.).

2. Besonderheiten der Anwendung von § 43 SGB I in der Sozialhilfe

a) Anwendbarkeit

Soweit Sozialhilfe geleistet werden muss, weil vorrangige Sozialleistungen ausbleiben, **49** ist ihre Rechtsgrundlage nicht § 43 SGB I, sondern die jeweils einschlägige Anspruchsnorm des SGB XII; die Hilfe ist nicht „vorläufig", sondern reguläre Sozialhilfe; uU kann sie als Darlehen gewährt werden (§ 38 Abs. 1 SGB XII). Sobald sich seine Unzuständigkeit herausgestellt hat, ist der zuerst angegangene Sozialhilfeträger nach § 18 Abs. 2 SGB XII verpflichtet, den zuständigen Träger über die ihm bekannten Umstände des Falles unverzüglich zu unterrichten.

b) Zuständigkeit

In der Sozialhilfe kann nach **Landesrecht** der **für den tatsächlichen Aufenthaltsort des** **50** **Hilfesuchenden zuständige örtliche Sozialhilfeträger zu Eilmaßnahmen** verpflichtet sein, solange die sachliche Zuständigkeit des örtlichen oder überörtlichen Trägers nicht feststeht oder der überörtliche Träger nicht rechtzeitig tätig werden kann. Dazu können die kreisangehörigen Gemeinden am Ort des tatsächlichen Aufenthalts verpflichtet sein, wenn der örtlich zuständige Träger nicht rechtzeitig tätig werden kann. Solche landesrechtlichen Regelungen begründen eine sachliche „Notzuständigkeit" des Sozialhilfeträgers am Ort des tatsächlichen Aufenthalts und konkurrieren nicht mit vergleichbarem Bundesrecht (zB der Regelung der örtlichen Zuständigkeit durch § 98 Abs. 2 S. 3 SGB XII). Die Zuständigkeit für vorläufige Leistungen nach § 43 SGB I bleibt von landesrechtlichen Zuständigkeiten zu Vorleistungen daher unberührt. Der **Hilfesuchende hat** somit in Eilfällen **die Wahl**, sich wegen vorläufiger Leistungen aufgrund Landesrechts an den für seinen tatsächlichen Aufenthaltsort zuständigen örtlichen Sozialhilfeträger oder an eine andere Stelle (aus dem Kreis des § 18 Abs. 2 SGB XII) zu wenden.

c) Antrag

Ein **Rechtsanspruch** auf vorläufige Leistung besteht nach § 43 Abs. 1 S. 2 SGB I nur bei **51** **Antragstellung.** Der Sozialhilfeträger muss jedoch sein **Ermessen** nach § 43 Abs. 1 S. 1 SGB I zugunsten einer vorläufigen Leistungsbewilligung in den Fällen ausüben, in denen die **Sozialhilfe ohne Antrag** nach § 18 SGB XII einsetzt. Danach setzt die Sozialhilfe ein, sobald dem Träger der Sozialhilfe bekannt wird, dass die Voraussetzungen für die Leistung vorliegen. Von diesem Prinzip als Ausfluss des **Fürsorgegedankens**[63] sind die Leistungen der Grundsicherung im Alter und bei Erwerbsminderung nach dem Vierten Kapitel SGB XII (§§ 41–46 SGB XII) ausgenommen, weil diese generell nur auf Antrag gewährt werden.[64]

d) Kostenerstattung

Der Nachrang der Sozialhilfe wird durch die **Erstattungsregelung** nach § 102 SGB X **52** hergestellt.

---

63 Armborst in: LPK-SGB XII, 11. Aufl. 2018, § 18 Rn. 1.
64 In der Sozialhilfe existieren weitere Normen, nach denen Leistungen nur auf Antrag gewährt werden, zB das trägerübergreifende Budget nach § 57 SGB XII.

IV. § 98 Abs. 2 S. 3 SGB XII (Vorläufige Leistungen im Eilfall)

1. Anwendungsbereich

53 § 98 Abs. 2 S. 3 SGB XII regelt die vorläufige Leistungsgewährung bei **stationären Hilfen** (dh Hilfen in einer Anstalt, einem Heim oder einer gleichartigen Einrichtung).

2. Anspruchsvoraussetzungen

a) Aufenthaltsort

54 Der Anspruch richtet sich gegen den für den **tatsächlichen Aufenthaltsort des Hilfesuchenden** zuständigen Sozialhilfeträger.

b) Zuständigkeit

55 Die reguläre örtliche **Zuständigkeit** muss wegen **Ungewissheit** über den **gewöhnlichen Aufenthalt** (§ 30 Abs. 3 S. 2 SGB I) des Hilfesuchenden **unklar** sein, ein gewöhnlicher Aufenthalt fehlen (Nichtsesshafte) oder ein **Eilfall** vorliegen (Unaufschiebbarkeit). Der für den tatsächlichen Aufenthaltsort zuständige Sozialhilfeträger ist daher nach § 98 Abs. 2 S. 3 SGB XII **nicht nur in Eilfällen** zum vorläufigen Eintreten verpflichtet.

c) Frist

56 Steht der gewöhnliche Aufenthalt nicht innerhalb von vier Wochen fest, hat der Sozialhilfeträger vorläufige Leistungen zu erbringen. Aus der Formulierung „innerhalb" geht hervor, dass der Sozialhilfeträger auch vor Ablauf der **4-Wochen-Frist** vorläufig Leistungen erbringen kann und mit der Leistungserbringung nicht bis zum letzten Tag warten muss.

3. Rechtsfolgen

a) Vorläufigkeit

57 „**Vorläufig eintreten**" bedeutet nicht Leistung unter Widerrufsvorbehalt (§ 47 Abs. 1 Nr. 2 SGB X), sondern Vorläufigkeit im Sinne von § 102 Abs. 1 SGB X.

b) Kostenerstattung

58 Die **Erstattung** der aufgewendeten Kosten **im Verhältnis zwischen den Trägern der Sozialhilfe** regelt § 106 Abs. 1 SGB XII.

V. § 10 a AsylbLG

59 Bei der Leistungserbringung nach dem Asylbewerberleistungsgesetz (AsylbLG) ist eine vorläufige Leistungserbringung ebenfalls denkbar. Diese erfolgt nach den allgemeinen Vorschriften des SGB I. Die Möglichkeit einer vorläufigen Leistungserbringung ist in § 10 a Abs. 2 S. 3 AsylbLG für Leistungen in Einrichtungen zur Krankenbehandlung und anderen Maßnahmen vorgesehen. Hierbei handelt es sich aber nicht um eine eigenständige Anspruchsnorm, sondern um eine Zuständigkeitsregelung. Danach hat in Eilfällen, wenn der gewöhnliche Aufenthalt nicht feststellbar ist, die ursprünglich zuständige Behörde unverzüglich über die Leistung zu entscheiden und vorläufig einzutreten.[65]

D. Verfahren

60 Gegen die Ablehnung vorläufiger Leistungen kann Widerspruch bei der SGB II- oder SGB XII-Stelle eingelegt werden. Bleibt das Widerspruchsverfahren erfolglos, kann Kla-

---

65 Birk in: LPK-SGB XII, 11. Aufl. 2018, AsylbLG § 10 a Rn. 6.

ge beim Sozialgericht erhoben werden. Wendet sich der Betroffene gegen eine Ablehnung vorläufiger Leistungen nach § 41 a SGB II ist die kombinierte Anfechtungs- und Verpflichtungsklage die statthafte Klageart.[66] Ergeht zwischenzeitlich ein endgültiger Bescheid, so wird dieser automatisch Gegenstand eines Widerspruchs- bzw. Klageverfahrens, §§ 86, 96 SGG. Der vorläufige Verwaltungsakt ist ein aliud gegenüber der endgültigen Leistung, deren Bewilligung keine Bindungswirkung für die endgültige Leistung entscheidet.[67] Er erledigt sich gemäß § 39 Abs. 2 SGB X auf sonstige Weise. Gegen die Ablehnung vorläufiger Leistungen ist dann allenfalls noch eine Fortsetzungsfeststellungsklage denkbar, da bezüglich der Vorläufigkeit der Entscheidung die Beschwer entfallen ist.[68] Bei der Festsetzungsfiktion nach § 41 a Abs. 5 Satz 1 SGB II ist ohne einen bekanntgegebenen Bescheid die Berechnung der Klagefrist problematisch. Die Frist dürfte aber gerade auch wegen Fehlens einer Rechtsmittelbelehrung ein Jahr betragen und mit Eintritt der Fiktion beginnen.

Gegen einen vorläufigen Bewilligungsbescheid nach § 41 a SGB II, § 44 a SGB XII, §§ 42, 43 SGB I steht der Rechtsweg offen, wenn höhere vorläufige Leistungen begehrt werden. Das Rechtsschutzbedürfnis ist gegeben. Eine endgültige Entscheidung der Leistungsbehörde muss nicht abgewartet werden.[69] Für die grundsätzliche Zulässigkeit einer Klage gegen einen vorläufigen Bewilligungsbescheid spricht die mögliche Beschwer aufgrund zu wenig bewilligter Leistungen und die damit verbundene **potenzielle Gefährdung der Existenzsicherung** des Leistungsberechtigten. Der Leistungsträger darf Leistungen nicht in zu geringem Umfang bewilligen, ohne einer gerichtlichen Kontrolle ausgesetzt zu sein. **61**

Setzt der SGB II-Leistungsträger die Leistung bei fehlender oder unzureichender Mitwirkung nach § 41 a Abs. 3 Satz 3 SGB II bzw. der SGB XII-Leistungsträger nach § 44 a Abs. 5 Satz 4 SGB XII fest, kann der Leistungsberechtigte seine Mitwirkungshandlung im gerichtlichen Verfahren nachholen.[70] Dies entspricht der Garantie der grundgesetzlich unabdingbaren Existenzgrundsicherungsrechte. Eine Verwaltungsvereinfachung findet dadurch statt, dass die Behörde nicht mehr – wie bei einer Versagung nach § 66 SGB I – in einem weiteren Verwaltungsverfahren eine erstmalige materiellrechtliche Leistungsentscheidung treffen muss. Vielmehr kann in dem Verfahren nach § 41 a SGB II bei Nachholung der Mitwirkungshandlung im selben Verfahren auch materiellrechtlich über den Leistungsanspruch durchentschieden werden. Eine isolierte Anfechtungsklage dürfte dem Rechtsbegehren nicht entsprechen. Vielmehr ist die kombinierte Anfechtungs- und Leistungsklage nach § 54 Abs. 1 S. 1, Abs. 4 SGG die statthafte Klageart.[71] Die Nachholung der Mitwirkungspflicht erst im Laufe des gerichtlichen Verfahrens dürfte dann aber Ausdruck im Rahmen der Kostenentscheidung nach § 193 SGG finden. Die Erstattungsbescheide werden nicht von § 39 Nr. 1 SGB II erfasst und haben damit aufschiebende Wirkung (Kapitel 60, Klageverfahren).[72] **62**

Bei Untätigkeit der Behörde kann eine Untätigkeitsklage unter den Voraussetzungen des § 88 SGG erhoben werden. In Eilfällen ist ein Antrag auf Erlass einer einstweiligen Anordnung nach § 86 b Abs. 2 SGG denkbar (Kapitel 61, Vorläufiger Rechtsschutz). **63**

---

66   AA Leopold info also 2008, 104 (108): nur Anfechtungsklage.
67   Vgl. BSG 12.9.2018 – B 4 AS 39/17 R.
68   Kemper in: Eicher/Luik SGB II, 4. Aufl. 2017, § 41 Rn. 32.
69   BSG 6.4.2011 – B 4 AS 119/10 R.
70   BSG 12.9.2018 – B 4 AS 39/17 R (bis zum Abschluss des Widerspruchsverfahrens); SG Leipzig 29.5.2018 – S 7 AS 2665/17; SG Dresden 11.1.2018 – S 52 AS 4328/17; aA SG Osnabrück 14.3.2018 – S 24 AS 713/17.
71   Vgl. ua BSG 12.9.2018 – B 4 AS 39/17 R.
72   Greiser in: Eicher/Luik SGB II, 4. Aufl. 2017, § 39 Rn. 20; LSG BW 26.11.2015 – L 7 AS 4389/15 ER-B.

Kapitel 52: Übertragung und Pfändung von existenzsichernden Leistungen

Literaturhinweise: Ahrens, Das neue Pfändungsschutzkonto, NJW 2010, 2001; Becker, Mängelbeseitigung beim Kontopfändungsschutz, NJW 2011, 1317; Bultmann, Auszahlung an Dritte: Abtretung, Pfändung, Aufrechnung und Abzweigung, MAH Sozialrecht § 39; Elling, Abtretung von Sozialleistungen, NZS 2000, 281; Richter, Aktuelles zum SGB I – der Schutz von Sozialleistungen bei der Kontopfändung, info also 2012, 147; Singer, Das neue Pfändungsschutzkonto, ZAP Fach 14, 613; Waltermann, Übertragung, Verpfändung und Pfändung von Sozialleistungen, SRH, 6. Aufl. 2018, § 7 Rn. 90 ff.; ders. Aufrechnung und Verrechnung, ebd. Rn. 131 ff.; Weinhold, Das neue Pfändungsschutzkonto, NDV 2010, 251.

Rechtsgrundlagen:
SGB I §§ 48, 53, 54, 55 aF
SGB II § 42 Abs. 4
SGB XII § 17 Abs. 1 S. 2
ZPO §§ 835 Abs. 3 u. 4, 850 c, 850 d, 850 f, 850 k, 850 l

Orientierungssätze:

1. Die Rechtsordnung hat zu vermeiden, dass Hilfebedarf im Sinne des SGB II / SGB XII deshalb eintritt, weil Ansprüche auf Sozialleistungen von den Berechtigten übertragen oder verpfändet werden.

2. Der Schutz des Grundrechts auf ein menschenwürdiges Existenzminimum muss gegenüber Vollstreckungsmaßnahmen gewahrt sein, ebenso bei Aufrechnung und Verrechnung.

3. Das Pfändungsschutzkonto bewirkt – ggf auch rückwirkend – bei der Kontenpfändung einen „automatisch" vom kontoführenden Kreditinstitut zu beachtenden Vollstreckungsschutz, der nicht mehr von einem Schuldnerantrag abhängig ist.

A. Einleitung

1   Der Bedarf für existenzsichernde Leistungen nach SGB II/SGB XII kann trotz ausreichenden Einkommens in Form von anderen Sozialleistungen einmal dadurch entstehen, dass Ansprüche auf diese **von den Berechtigten** selbst übertragen (dh **abgetreten,**

§§ 398 ff. BGB) oder verpfändet (§§ 1273 ff. BGB) werden. Zum anderen ist eine Schmälerung der durch existenzsichernde Leistungen vermittelten bescheidenen finanziellen Absicherung dadurch denkbar, dass **Gläubiger** der Hilfebedürftigen gegen diese durch **Pfändung oder Aufrechnung** (§§ 387 ff. BGB) vorgehen (zu Aufrechnung und Verrechnung s. Kap. 60). Der Schutz des menschenwürdigen **Existenzminimums** muss jedoch bei allen diesen Zugriffen gewährleistet sein.[1] Dies gilt bei Ansprüchen auf Sozialleistungen wegen § 46 Abs. 2 SGB I auch dann, wenn die Berechtigten zB zunächst einer rechtlich unzulässigen Aufrechnung zugestimmt haben.[2]

Nicht nur Gläubigern, sondern auch **Leistungsträgern** ist die Möglichkeit eingeräumt, **2** mit **Erstattungs-** oder **Ersatzansprüchen** gegen Ansprüche von Leistungsberechtigten auf Geldleistungen **aufzurechnen bzw. zu verrechnen.**[3] Bei der Verrechnung fehlt es im Gegensatz zur Aufrechnung an dem Merkmal der Gegenseitigkeit der Ansprüche, da es um Ansprüche eines anderen Leistungsträgers geht. Während bei den allgemeinen Vorschriften zur Aufrechnung/Verrechnung in §§ 51, 52 SGB I gesichert ist, dass hierbei das Existenzminimum der Berechtigten gewahrt bleibt,[4] lassen die besonderen Vorschriften im **SGB II** (§ 42 a Abs. 2 SGB II, Aufrechnung bei Darlehen, § 43 Aufrechnung mit Erstattungs- und Ersatzansprüchen, § 65 e Verrechnung) und im **SGB XII** (§§ 26 Abs. 2–4, 37 Abs. 4) sogar eine **Unterschreitung** des verfassungsrechtlich geschützten **Existenzminimums** zu, was – insbesondere bei der Regelung in § 42 a Abs. 2 SGB II[5] – kritisch zu bewerten ist.[6] Nach Auffassung des BSG[7] ist die **Unterdeckung** existenznotwendiger Bedarfe **zu vermeiden**, zumal bei der Aufrechnung mit einem Mietkautionsdarlehen, weil die Mietkaution nicht in die Bemessung des Regelbedarfs eingeflossen ist und ihre Tilgung längere Zeit dauern kann. Das Gericht verweist zur Vermeidung einer solchen Unterdeckung im Einzelfall verschiedene Instrumente im SGB II, wie die abweichend von der Soll-Regelung in § 22 Abs. 6 Satz 3 SGB II mögliche Erbringung der **Mietkaution als Zuschuss,** die **zeitliche Aufrechnungsbegrenzung** auf 3 Jahre in entsprechender Anwendung von § 43 Abs. 4 SGB II oder ein **Erlass** bzw. **Teilerlass** des Darlehens nach § 44 SGB II. Zur Aufrechnung siehe näher Kap. 60.

Ansprüche auf **Sozialhilfe** können nicht übertragen, verpfändet oder gepfändet werden, **3** § 17 Abs. 1 S. 2 SGB XII. Eine entsprechende Regelung besteht seit dem 1.8.2016 in § 42 Abs. 4 SGB II für die Leistungen der Grundsicherung für Arbeitsuchende nach dem **SGB II**. Letztere konnten zuvor grundsätzlich übertragen/verpfändet (§ 53 Abs. 3 SGB I) und gepfändet (§ 54 Abs. 4 SGB I, s. aber auch die dort in Abs. 3 aufgeführten unpfändbaren Ansprüche, hierzu → Rn. 10) werden. Allerdings war Schuldnern bei Pfändungen – jedoch nur **auf Antrag** – der **notwendige Lebensunterhalt** auch nach dem SGB XII bzw. dem **SGB II** zu belassen, § 850 f Abs. 1 lit. a ZPO. Die Einschränkung des § 805 f Abs. 1 ZPO letzter Hs. („wenn" … „überwiegende Belange des Gläubigers nicht entgegenstehen") dürfte insoweit bedeutungslos sein, da nach der Entscheidung des Bundesgerichtshofs vom 13.10.2011 selbst im Rahmen der Vollstreckung wegen einer Forderung aus einer **vorsätzlich begangenen unerlaubten Handlung** der hierbei von § 850 f

---

1 Vgl. bereits Kohte, Praktische Fragen der Sozialleistungspfändung, NJW 1992, 393, ferner Stöber in: Zöller ZPO, 30. Aufl. 2014, § 850 i Rn. 6 ff.
2 BSG 22.3.2012 – B 4 AS 26/10 R, Rn. 19 f.
3 Zur Rechtsnatur von Aufrechnung/Verrechnung und die sich hieraus ergebenden Auswirkungen vgl. Waltermann (Lit.) § 7 Rn. 137 mwN und Bultmann (Lit.) Rn. 59 ff.; BSG (GS) 31.8.2011 – GS 2/10.
4 Regelmäßig bereits durch Anwendung von § 51 Abs. 1 SGB I iVm § 54 Abs. 4 SGB I und § 850 c ZPO, BSG 22.3.2012 – B 4 AS 26/10 R, Rn. 15.
5 Vgl. Hölzer info also 2011, 159 (163) und SG Berlin 30.9.2011 – S 37 AS 2431/11 ER; siehe aber nunmehr BSG 28.11.2018 – 14 AS 31/17 R, hierzu Wenner SoSi plus 2/2019, 1, das die Aufrechnung der Regelleistung mit **Mietkautionsdarlehen** grundsätzlich billigt.
6 Kemper in: Eicher/Luik SGB II § 42 a Rn. 17 und BSG 13.12.2016 – B 4 AS 14/15 R und Groth jurisPR-SozR 20/17 Anm. 2.
7 28.11.2018 – B 14 AS 31/17 R, hierzu Wenner SoSi plus 2/2019, 1.

Abs. 2 ZPO geschützte **notwendige Unterhalt** des Schuldners das Arbeitslosengeld II einschließt.[8] Gleiches gilt bei Pfändung wegen Unterhaltsansprüchen, auch § 850 d Abs. 1 ZPO belässt dem Schuldner den „notwendigen Unterhalt".

4 Die Regelungen zur Übertragbarkeit und Pfändung von Sozialleistungen gehen von der Anerkennung deren grundsätzlicher **Verkehrsfähigkeit** – wie Arbeitseinkommen – und deren Vermögensqualität aus.[9] Während aber Arbeitseinkommen nach ökonomischer Sichtweise ein Äquivalent für die geleistete Arbeit darstellt, besteht selbst in der Sozialversicherung das aus dem **Äquivalenzprinzip** herrührende Versicherungssystem nur **eingeschränkt**, neben dem Steuer-Transfer-System.[10] So deckt bei grundsätzlicher Annahme von Verkehrsfähigkeit der Sozialleistungen auch die Solidargemeinschaft nach den Vorschriften der §§ 53, 54 SGB I bei Gläubigern bestehende Schulden, was vor allem im Hinblick auf den in § 1 SGB I postulierten Auftrag des Sozialgesetzbuchs problematisch ist.[11]

B. Übertragung und Verpfändung

5 Anders als Ansprüche auf Dienst- und Sachleistungen (§ 53 Abs. 1 SGB I) können Ansprüche auf **Geldleistungen** nach § 53 Abs. 2 SGB I übertragen und verpfändet werden, § 42 Abs. 4 SGB II (seit dem 1.8.2016 in Kraft) lässt nur die Abtretung zu. Praktische Bedeutung hat die hier nicht weiter zu behandelnde Verpfändung – anders als die Pfändung nach §§ 54, 55 SGB I (→ Rn. 10 ff.) – nicht. Das Institut der Sicherungsabtretung hat sie als Sicherungsmittel weitgehend ersetzt.[12]

6 Der Abtretungsvertrag zwischen dem bisherigen privaten Gläubiger und dem neuen Gläubiger ist nach der Rechtsprechung des BSG als **öffentlich-rechtlicher Vertrag** iSd § 53 Abs. 1 S. 1 SGB X (für den, wie sich aus dem insoweit „beredten Schweigen" des § 53 SGB I schließen lässt, das **Schriftformerfordernis** in § 56 SGB X nicht gilt)[13] anzusehen: Entscheidend für die rechtliche Qualifizierung ist der **Gegenstand** der Vereinbarung, es ist demnach unerheblich, dass die Vertragspartner Privatpersonen sind.[14] Soweit – wie das häufig geschieht – Abtretungen in Form von **Allgemeinen Geschäftsbedingungen** (§ 305 BGB) erfolgen, müssen diese einer Inhaltskontrolle nach §§ 307 ff. BGB standhalten.[15]

I. Laufende Geldleistungen zur Sicherung des Lebensunterhalts

7 Ansprüche auf **laufende Geldleistungen,** die der **Sicherung** des **Lebensunterhalts** zu dienen bestimmt sind, können – abgesehen von den unten darzustellenden Voraussetzungen des § 53 Abs. 2 SGB I – nach § 53 Abs. 3 SGB I übertragen werden, soweit sie den für **Arbeitseinkommen** geltenden unpfändbaren Betrag übersteigen.[16] Der hiernach zulässige Umfang einer Übertragung / Abtretung richtet sich demnach nach den Vorschriften der §§ 850 ff. ZPO, insbesondere nach § 850 c und § 850 d ZPO, eine weitergehende Abtretung ist nach § 58 Abs. 1 SGB X iVm §§ 134, 139 BGB unwirksam.

8 Fraglich kann sein, ob durch die Beschränkung des Verweises in § 53 Abs. 3 SGB I auf die Pfändungsgrenzen bei Arbeitseinkommen lediglich die §§ 850 c und 850 d ZPO an-

---

8   BGH 25.11.2010 – VII ZB 111/09, ZFSH/SGB 2011, 90, Rn. 13 ff. und 13.10.2011 – VII ZB 7/11, Rn. 11.
9   Waltermann (Lit.), Rn. 90.
10 S. etwa Schmähl, Ökonomische Grundlagen sozialer Sicherung, SHR, 5. Aufl. 2012, § 4 Rn. 34 f.
11 So Mrozynski SGB I § 53 Rn. 1.
12 Waltermann (Lit.), Rn. 92 mwN.
13 BSG 15.6.2010 – B 2 U 26/09 R, Rn. 23 ff.
14 So bereits BSG 27.11.1991 – 4 RA 80/90, Rn. 20 und BSG 15.6.2010 – B 2 U 26/09 R, Rn. 23 ff.
15 Siehe hierzu bereits unter Geltung des AGBGB, Elling NZS 2000, 281 (282 ff.).
16 Nicht jedoch im Bereich der Sozialhilfe, vgl. § 17 Abs. 1 S. 2 SGB XII, s. bereits → Rn. 3.

gewendet werden können, oder ebenso zB die Vorschrift des § 850 f ZPO, durch deren Abs. 1 lit. a – allerdings nur auf Antrag – ein nach **SGB XII oder SGB II zu bestimmender Bedarf** auch dann zu belassen ist, wenn dieser Betrag die Pfändungsfreigrenze nach § 850 c ZPO übersteigt.[17] Die Frage ist zu bejahen,[18] wohl auch im Hinblick auf die Entscheidung des Bundesverfassungsgerichts vom 9.2.2010[19] und die dort hervorgehobene Bedeutung des Grundrechts auf ein menschenwürdiges Existenzminimum.[20] Einen nach dieser Norm zu belassenden **höheren Freibetrag** hat der Schuldner ggf. beim **Vollstreckungsgericht** zu beantragen. Nur diesem, nicht den Sozialgerichten, steht eine entsprechende Befugnis zu.[21]

II. Übrige Geldleistungen

§ 53 Abs. 2 SGB I gestattet unter den dort normierten Voraussetzungen für Ansprüche **9** auf **alle laufenden und einmaligen Geldleistungen ohne Höhenbegrenzung** die Möglichkeit einer Abtretung,

- im Falle der **Vorleistung** eines **Dritten** etwa durch Darlehen im Vorgriff auf fällig gewordene Sozialleistungen oder an den Leistungsberechtigten gemachte Aufwendungen, um ihm eine angemessene Lebensführung zu ermöglichen, Nr. 1, und

- wenn der zuständige Leistungsträger **feststellt**, dass die Übertragung im **wohlverstandenen Interesse**[22] des Berechtigten liegt, etwa bei einer Abtretung an den Vermieter in Höhe der Mietkosten zur Sicherung des Unterhalts, Nr. 2.

Bei der Feststellung des „wohlverstandenen Interesses" – ein unbestimmter Rechtsbegriff, der voller gerichtlicher Überprüfung unterliegt – handelt es sich um einen **Verwaltungsakt**; bis zu der erfolgten Feststellung ist die Abtretung schwebend unwirksam.[23]

C. Pfändung

I. Allgemeines

Unpfändbar sind neben den Leistungen der Sozialhilfe (§ 17 Abs. 1 S. 2 SGB XII) und **10** der Grundsicherung für Arbeitsuchende (§ 42 Abs. 4 SGB II) Ansprüche auf Dienst- und Sachleistungen (§ 54 Abs. 1 SGB I) und die in § 54 Abs. 3 SGB I aufgezählten Geldleistungen, vor allem Erziehungs-, Mutterschafts-, Wohngeld sowie Geldleistungen, die bezwecken, den durch einen Körper- oder Gesundheitsschaden bedingten Mehraufwand auszugleichen. Zu letzteren zählt eine **Verletztenrente aus der gesetzlichen Unfallversicherung** nicht, diese kann demnach als laufende Geldleistung insgesamt wie Arbeitseinkommen gepfändet werden.[24] **Geldleistungen für Kinder** (iSv § 48 Abs. 1 S. 2 SGB I) können nach näherer Maßgabe von § 54 Abs. 5 SGB I nur wegen gesetzlicher Unterhaltsansprüche eines Kindes gepfändet werden.

Einmalige Geldleistungen können nur gepfändet werden, soweit dies nach Maßgabe der **11** in § 54 Abs. 2 angeführten Aspekte – die nicht abschließend sind – der **Billigkeit** entspricht. Für **laufende** Geldleistungen bestimmt § 54 Abs. 4 SGB I die Pfändbarkeit entsprechender **Arbeitseinkommen**. In Bezug genommen werden damit die Vorschriften der

---

17 Zum Meinungsstand siehe Waltermann (Lit.), Rn. 100 mwN.
18 Bultmann (Lit.), Rn. 15 mwN in Fn. 28.
19 BVerfG 9.2.2010 – 1 BvL 1/09 ua; ferner BGH 13.10.2011 – VII ZB 7/11, wo auf diese Entscheidung im Hinblick auf den Vollstreckungsschutz nach § 850 f Abs. 2 in Rn. 11 ausdrücklich abgehoben wird.
20 Zur Bedeutung dieses Grundrechts im Vollstreckungsrecht s. auch BGH 24.1.2018 – VII ZB 21/17 Rn. 11.
21 Mrozynski SGB I § 53 Rn. 40 mwN.
22 Beispiele finden sich bei Bultmann (Lit.), Rn. 19 mwN.
23 Vgl. Waltermann (Lit.), Rn. 96 f.
24 BGH 20.10.2016 – IX ZB 66/15, NJW 2017, 959.

§§ 850 ff. ZPO. Leistungen zum **Regelbedarf** nach den Bestimmungen des SGB II sind – aber ggf. nur auf Antrag – **stets unpfändbar**, nach § 805 f Abs. 1 lit. a ZPO, ferner auch bei Pfändungen wegen Unterhaltsansprüchen nach § 850 d ZPO und wegen einer Forderung aus einer vorsätzlich begangenen unerlaubten Handlung nach § 850 f Abs. 2 ZPO (s. bereits → Rn. 3).[25] Unpfändbar ist die Entschädigung für Mehraufwendungen nach § 16 d Abs. 7 SGB II.[26]

12   Soweit wegen privater Forderungen vollstreckt wird, sind die Bestimmungen der §§ 828 ff. ZPO anwendbar. Zu beachten ist, dass vor Erlass eines vom Gläubiger beantragten Pfändungs- und Überweisungsbeschlusses der Schuldner grundsätzlich nicht zu hören ist (§ 834 ZPO). Das hatte bislang[27] zur Konsequenz, dass effektiver Vollstreckungsschutz etwa bei der besonders praxisrelevanten Kontenpfändung im Allgemeinen nur durch **Eigenaktivitäten** des **Schuldners** zu erreichen war, und zwar durch Einlegen einer Erinnerung nach § 766 ZPO und zusätzlich durch Antrag auf Erlass einer einstweiligen Anordnung nach § 732 Abs. 2 ZPO (→ Rn 17 ff.). Der Pfändungsschutz für **Kindergeld** richtete sich noch bis zum 31.12.2011 nach § 76 a EStG.

II. Insbesondere: Kontenpfändung

13   Von besonderer praktischer **Bedeutung** ist die Kontenpfändung, weil nach § 47 SGB I Sozialleistungen regelmäßig überwiesen werden. Insgesamt soll es in Deutschland monatlich bis zu 350.000 Kontenpfändungen kommen.[28] Die Zahl solcher Pfändungen dürfte tendenziell weiter zunehmen, nachdem der Gesetzgeber seit dem 19.6.2016 jedem Verbraucher aus einem EU-Mitgliedsstaat mit rechtmäßigem Aufenthalt in Deutschland ein Recht auf Zugang zu einem Zahlungskonto (Basiskonto = Konto auf Guthabenbasis) eingeräumt hat, dessen Führung als P-Konto verlangt werden kann.[29] Im Kontopfändungsschutz sind seit dem 1.7.2010 erhebliche Änderungen eingetreten. Zwar bestanden noch bis zum 31.12.2011 die bisherigen Schutzsysteme für Arbeitseinkommen (§ 850 k ZPO), Sozialleistungen (§ 55 SGB I aF) und Kindergeld (§ 76 a EStG) weiter,[30] sie wurden aber ergänzt durch das neue **Pfändungsschutzkonto** (künftig: P-Konto), § 850 k ZPO. Dieses bezweckt, den Betroffenen ohne aufwändiges, gerichtliches Verfahren das **sozialrechtliche Existenzminimum** bei bargellosem Zahlungsverkehr unabhängig von der Art ihrer Einkünfte und deren Regelmäßigkeit zu sichern.[31] Allein über das P-Konto erfolgt der Pfändungsschutz seit dem 1.1.2012.

1. Rechtslage bis zum 31.12.2011: Pfändungsschutz nach § 55 SGB I aF

14   Die Norm bezweckte, den Pfändungsschutz, der bis zur Überweisung/Auszahlung nach § 54 SGB I gewährt ist, aufrechtzuerhalten, da das Schutzbedürfnis des Leistungsempfängers unverändert fortbesteht.

a) Befristete Unpfändbarkeit

15   Wurde eine Geldleistung[32] auf das Konto des Berechtigten bei einem Kreditinstitut überwiesen, war die Forderung, die durch die Gutschrift entsteht, für die **Dauer von 14**

---

25 BGH 25.11.2010 – VII ZB 111/09, ZFSH/SGB 2011, 90, Rn. 13 ff. und 13.10.2011 – VII ZB 7/11, Rn. 11.
26 Bultmann (Lit.), Rn. 43.
27 Zur Rechtslage seit dem 1.7.2010 s. → Rn. 20 ff.
28 BT-Drs. 16/7615, 10.
29 § 38 Abs. 1 S. 3 des Gesetzes zur Umsetzung der EU-Richtlinie über die Vergleichbarkeit von Zahlungskontoentgelten, den Wechsel von Zahlungskonten sowie den Zugang zu Zahlungskonten mit grundlegenden Funktionen (ZahlungskontenG) v. 11.4.2016, BGBl. I, S. 720.
30 Sie treten dann außer Kraft.
31 Becker in: Musielak/Voit ZPO, 14. Aufl. 2017, § 850 k Rn. 1 mwN.
32 Dies sind alle Sozialleistungen, § 11 SGB I.

Tagen seit der Gutschrift der Überweisung **unpfändbar**, § 51 Abs. 1 S. 1 SGB I. Bis zum 30.6.2010 betrug die Schutzfrist nur 7 Tage. Eine innerhalb der Schutzfrist ausgesprochene Pfändung wurde erst mit Ablauf der Schutzfrist wirksam, § 51 Abs. 1 S. 2 SGB I. Geldleistung iSd § 55 SGB I war auch die **Mehraufwandentschädigung** nach § 16 d S. 2 SGB II ("Ein-Euro-Job").[33]

Innerhalb des 14-Tage-Zeitraums konnte der Schuldner über die auf seinem Konto be-   **16** findliche Geldleistung **unbeschränkt verfügen**. Er hatte ggf. gemäß § 55 Abs. 2 SGB I die Tatsache des Erhalts einer Sozialleistung nachzuweisen.

b) Weitergehender Pfändungsschutz auf Schuldnerantrag

Nach Ablauf der Schutzfrist wurde Guthaben aus **einmaligen Geldleistungen** pfändbar,   **17** soweit nicht Vollstreckungsschutz nach § 835 Abs. 3 S. 2 ZPO andauerte. Guthaben aus **laufenden Geldleistungen** war nach § 55 Abs. 4 SGB I nach Ablauf von 14 Tagen seit der Gutschrift insoweit nicht der Pfändung unterworfen, als der Betrag den unpfändbaren Teil der Leistung für die Zeit von der Pfändung bis zum nächsten Zahlungstermin entsprach. Zur Ermittlung des Betrages, der diesem verlängerten Pfändungsschutz unterfällt, war zunächst der unpfändbare Betrag (§ 55 Abs. 4 SGB I, §§ 850 ff. ZPO) zu ermitteln. Sodann war zu prüfen, wieviel hiervon auf den Zeitraum vom Tag der Pfändung bis zum nächsten Bezugstermin entfällt.

Der Pfändungsschutz nach § 55 Abs. 4 SGB I war **nicht von Amts wegen** zu berücksich-   **18** tigen, vielmehr war der Schuldner gehalten, den Schutz durch **Erinnerung** nach § 766 ZPO gegenüber dem Vollstreckungsgericht (§ 828 ZPO) geltend zu machen, regelmäßig zusätzlich durch einen ergänzenden Antrag auf **einstweiligen Rechtsschutz** (§ 732 Abs. 2 ZPO). Vollstreckungsrechtlich zugunsten des Schuldners anwendbar war hierbei § 850 l ZPO,[34] der im wesentlichen der Vorschrift des § 850 k in der bis zum 30.6.2010 geltenden Fassung entsprach.

Vollstreckungsschutz nach § 55 SGB I bestand dann nicht, wenn der Schuldner bereits   **19** ein P-Konto besaß, § 850 l Abs. 4 ZPO. Als Antrag auf Vollstreckungsschutz nach § 850 l ZPO war jedes Begehren des Schuldners **auszulegen**, mit dem er sich gegen die Kontopfändung wandte. Eine Bezifferung war nicht erforderlich.[35] Der Antrag war nicht fristgebunden, da aber eine Überweisung an den Gläubiger ab 4 Wochen nach der Zustellung des Überweisungsbeschlusses an den Drittschuldner überwiesen werden konnte (§ 835 Abs. 3 S. 2 ZPO), bedurfte es einer **schnellen Reaktion**, da der Antrag jedenfalls vor Beendigung des Vollstreckungsverfahrens gestellt werden musste.[36] War mit gleichbleibenden Leistungen zu rechnen, konnten Anträge auch für längere Zeit im Voraus gestellt werden.[37]

2. Pfändungsschutzkonto (P-Konto)

Der Gesetzgeber hat den Pfändungsschutz für Kontoguthaben seit dem 1.7.2010 durch   **20** das Gesetz zur Reform des Pfändungsschutzes vom 7.7.2009[38] wesentlich geändert. **Kernpunkt der Reform** ist das neue P-Konto nach § 850 k ZPO nF. Dieses hat den bisher durch das Antragsprinzip bestimmten Schuldnerschutz durch einen "automatisch" vom kontoführenden Kreditinstitut zu beachtenden **Vollstreckungsschutz** abgelöst. Während, wie oben unter → Rn. 15 f. dargestellt, der bisherige Schutz für eine Über-

---

33   BSG NJW 2009, 2478 (2479) u. Ahrens in: Prütting/Gerlein ZPO, 3. Aufl. 2011, § 850 k aF Rn. 11 mwN.
34   BGH NJW 2007, 604, Rn. 18 u. NJW 2008, 1678, Rn. 10.
35   BHGZ 194, 298, 310.
36   Vgl. Ahrens in: Prütting/Gerlein ZPO, 3. Aufl. 2011, § 850 k aF Rn. 15.
37   Vgl. Ahrens in: Prütting/Gerlein ZPO, 3. Aufl. 2011, § 850 k aF Rn. 15.
38   BGBl. I, 1707.

gangsphase noch galt, wird seit dem 1.1.2012 der Kontopfändungsschutz **allein** durch das **P-Konto** realisiert. Hierüber hatten die Kreditinstitute die Inhaber der bei ihnen geführten Konten in Textform (§ 126 b BGB) bis spätestens zum 30.11.2011 zu unterrichten, § 38 EG ZPO. Schuldner, die es unterlassen, ein P-Konto einzurichten, können nur ausnahmsweise Vollstreckungsschutz nach § 765 a ZPO erlangen.[39] Beim P-Konto **entfällt** die bisherige **Unterscheidung** zwischen Sozialleistungen und sonstigen Gutschriften. Geschützt sind sämtliche Arten von Einkünften. Es ist für den Vollstreckungsschutz grundsätzlich allein darauf abzustellen, ob das Guthaben auf dem Konto höher ist, als die anzusetzenden Freibeträge. Seit dem 18.1.2017 ist die Kontenpfändung – allerdings nur in Form einer vorläufigen Sicherungsmaßnahme – innerhalb der EU **grenzüberschreitend** möglich.[40]

a) P-Konto durch Einrichtung/Umwandlung

21 Als P-Konto, das im Mittelpunkt des aktuellen Kontopfändungsschutzes steht, kann bei einem Kreditinstitut (§ 1 Abs. 1 KWG) lediglich ein **Giro-Konto** – kein Tagesgeld- oder Sparkonto – eingerichtet werden, sei es als **Ersteinrichtung** – eine gesetzliche Grundlage für einen Anspruch auf die Einrichtung eines Giro-Kontos besteht nunmehr, → Rn. 13[41] – oder durch einen nicht beschränkbaren Anspruch (§ 850 k Abs. 7 S. 2 ZPO) auf **Umwandlung** eines bestehenden Kontos. Da P-Konten allerdings nur als **Einzelkonten** geführt werden können, nicht als Gemeinschaftskonten, ist ggf. auch insoweit eine Änderung vorzunehmen. Eine natürliche Person darf nur ein P-Konto unterhalten, § 850 k Abs. 8 S. 1 ZPO. Veranlasst der Schuldner Zahlungen auf das Konto eines Dritten („Kontoleihe"), so besteht dort kein Pfändungsschutz nach § 850 k ZPO, der Dritte ist auch nicht nach anderen Vorschriften gegenüber Zwangsvollstreckungsmaßnahmen des Gläubigers geschützt.[42]

22 Wichtig für den Schuldnerschutz ist, dass er nach § 850 k Abs. 7 S. 2 ZPO **jederzeit** die **Umwandlung** verlangen kann, und zwar nach S. 3 der Vorschrift auch, nachdem die Pfändung erfolgt ist (mit einer Einrichtungsfrist von 4 Geschäftstagen), also in einer Situation, in der ein Bedürfnis für den Kontopfändungsschutz erstmals eintritt. Die Umstellung ist auch dann möglich, wenn das bisherige Konto im Soll geführt wird. Der durch das Pfändungsschutzkonto realisierte Pfändungsschutz **wirkt** nach § 850 k Abs. 1 S. 4 ZPO auf die ausgebrachte Pfändung **zurück**, wenn das Konto innerhalb einer **vierwöchigen Frist** nach Zustellung des Überweisungsbeschlusses an den Drittschuldner umgewandelt wird. Diese Bestimmung harmonisiert den Kontopfändungsschutz mit der vierwöchigen Auszahlungssperre nach § 835 Abs. 3 S. 2 ZPO. Die Umwandlung eines Girokontos in ein P-Konto ist aber auch **mehr als vier Wochen** nach Zustellung des Pfändung- und Überweisungsbeschlusses an den Drittschuldner **für die Zukunft** möglich, wobei gemäß § 850 k Abs. 7 S. 3 ZPO der Schutz erst zum Beginn des vierten Geschäftstags nach dem Antrag des Schuldners auf Umwandlung eintritt.[43]

23 Der Gesetzgeber ist davon ausgegangen, die Kreditwirtschaft werde den Zugang ihrer Kunden zu Pfändungsschutzkonten nicht erschweren und für deren Führung keinen höheren Betrag verlangen, als für ein allgemeines Gehaltskonto.[44] Die Realität sieht jedoch bisweilen anders aus, manche Banken verlangen für die Führung des P-Kontos hö-

---

39 Becker in: Musielak/Voit ZPO § 850 k Rn. 1 b mwN.
40 EU-VO 655/2014.
41 Allerdings sahen die Sparkassengesetze vieler Länder bereits früher einen Kontrahierungszwang vor, vgl. insofern Arens NJW 2010, 2001 (2002) in Fußnote 9.
42 BVerfG 29.5.2015 – 1 BvR 163/15, NJW 2015 3083.
43 BVerfG 25.8.2014 – 1 BvR 2243714, NJW 2014, 3771 Rn. 9.
44 BT-Drs. 16/7615, 17.

here Gebühren.[45] Dies regelnde, in Allgemeinen Geschäftsbestimmungen verwendete Klauseln verstoßen gegen § 307 Abs. 1 BGB und sind **unwirksam.**[46]

b) Umfang des Pfändungsschutzes

aa) Grundfreibetrag:

Das P-Konto gewährt einen automatisierten Basispfändungsschutz in Höhe eines **24** **Grundfreibetrages** iHv derzeit (seit 1.7.2017) **1.133,80 EUR**[47] (§§ 850 k Abs. 1 S. 1, 850 c Abs. 1 S. 2 ZPO), der regelmäßig **anzupassen** ist (§§ 850 k Abs. 1 S. 1 iVm § 850 c Abs. 2 a ZPO). Bei der Erfüllung **gesetzlicher Unterhaltspflichten** – allerdings **nicht** bei freiwillig bezahltem oder in einer sozialrechtlichen Bedarfsgemeinschaft nach § 7 Abs. 3 Nr. 3 c SGB II (Kap. 19) entrichteten Unterhalt[48] – durch die Schuldner sieht § 850 k Abs. 2 S. 1 ZPO eine Erhöhung des Freibetrags um weitere unpfändbaren Beträge (**Aufstockungsbeträge**) vor, deren Berechtigung gegenüber dem Kreditinstitut nach § 850 k Abs. 5 S. 2 ZPO nachzuweisen ist (→ Rn. 26 f.). Gewährleistet ist so, dass Schuldner jeweils bis zum Ende des Kalendermonats über Guthaben in Höhe des für ihn geltenden, individuellen Freibetrages verfügen können. Von dem Freibetrag werden sowohl die Einnahmen erfasst, die zum Zeitpunkt der Pfändung bereits bestanden, als auch solche, die nach der Pfändung eingegangen sind.[49]

Gehen auf dem Konto **höhere Zahlungen** ein – und hat nicht das Kreditinstitut einen höheren Freibetrag gem. § 850 Abs. 5 S. 2 ZPO zu gewähren (→ Rn. 27) – bedarf es zur Realisierung eines **weitergehenden Pfändungsschutzes** – ggf. nach § 850 f ZPO – wie bisher eines beim Vollstreckungsgericht zu stellenden Antrages (§ 850 k Abs. 4 ZPO). Hierbei hat das Vollstreckungsgericht dem aus Art. 1 Abs. 1 iVm Art. 20 folgenden **Grundrecht** auf Gewährung eines **menschenwürdigen Existenzminimums** Rechnung zu tragen: So sind dann, wenn Leistungen zur Sicherung des Lebensunterhalt nach dem SGB II für **rückliegende Zeiträume nachgezahlt** werden, bei der Bemessung des pfändungsfreien Betrages gem. § 850 k Abs. 4 ZPO die nachgezahlten Beträge den **Leistungszeiträumen zuzurechnen**, für die sie gezahlt werden; es ergibt sich dann kein pfändbarer Betrag, wenn die der Nachzahlungsbetrag die Summe der jeweiligen monatlichen Freibeträge nach § 850 c ZPO nicht übersteigt.[50]

Dem Schuldner steht für jeden Monat der **volle Freibetrag** zu, und zwar unbeschadet **25** des Umstandes, zu welchem Zeitpunkt in diesem Monat die Pfändung erfolgte, die zeitanteiligen Berechnungsformeln in § 55 Abs. 4 SGB I bzw. § 850 k Abs. 1 aF ZPO wurden nicht übernommen.

Beispiel: Die Zustellung des Überweisungsbeschlusses an die Bank erfolgt am 28.10., das Giro-Konto wird zum 18.11. umgewandelt. Für die Monate Oktober und November fällt jeweils der volle Freibetrag an.

Ist das Arbeitseinkommen des Schuldners gepfändet und wird auf ein P-Konto vom Arbeitgeber nur der unpfändbare Betrag in wechselnder Höhe (zB wegen Überstundenvergütung) bezahlt, so ist der Überweisungsbetrag in voller Höhe vom Vollstreckungsgericht gem. § 850 Abs. 4 ZPO pauschal freizustellen und damit dem Konto pfändungs-

---

45 Langenbahn, Pfändungsschutz für Girokonten erlischt 2012, neue caritas 2012, 21 (23), ferner die Mitteilung der Verbraucherzentrale NRW in NJW-aktuell 49/2011, 12 und Richter (Lit.), 149.
46 BGH 16.7.2013 – XI ZR 260/12, NJW 2013, 3163 Rn. 20, ferner Becker in: Musielak/Voit ZPO § 850 k Rn. 7 a mwN.
47 Pfändungsfreigrenzenbekanntmachung 2017 v. 28.3.2017, BGBl. I, 750.
48 BGH 19.10.2017 – IX ZB 100/16, NJW 2018, 954.
49 Becker in: Musielak/Voit ZPO § 850 k Rn. 2 mwN.
50 BGH 24.1.2018 – VII ZB 21/17, Rn. 10 ff.

frei gutschreiben.[51] Zum Schutz des Freibetrages auch im **Folgemonat** s. § 850 k Abs. 1 S. 2 iVm § 835 Abs. 4 S. 1 ZPO und → Rn. 28.

bb) Erhöhte Freibeträge/erweiterter Pfändungsschutz

26 Häufig erweist sich der auf den Grundfreibetrag beschränkte Pfändungsschutz als unzureichend, etwa dann, wenn Schuldner **Unterhaltspflichten** erfüllen. So sieht § 850 k Abs. 2 ZPO vor, dass ohne Beteiligung des Vollstreckungsgerichts ein erhöhter Freibetrag einzuräumen ist, wenn Schuldner

■ Unterhalt aufgrund gesetzlicher Verpflichtung gewähren (Nr. 1 a) oder

■ Geldleistungen nach dem SGB II bzw. nach dem SGB XII für mit ihnen in Bedarfsgemeinschaft (§ 7SGB II) oder in Einsatzgemeinschaft nach §§ 19, 20, 36 S. 1, 43 SGB XII lebenden Personen entgegennehmen, denen sie nicht aufgrund gesetzlicher Vorschriften zum Unterhalt verpflichtet sind (Nr. 1 b).

Der weitere Freibetrag beträgt derzeit (seit 1.7.2017) in diesen Fällen

■ für die **erste** unterhaltsberechtigte Person bzw. das Mitglied einer Bedarfsgemeinschaft etc **426,71 EUR,**

■ für die **zweite bis fünfte** Person jeweils 237,73 EUR (§ 850 c Abs. 1 S. 1 ZPO).

§ 850 k Abs. 2 Nr. 2 ZPO bestimmt ferner die **Unpfändbarkeit** von **einmaligen Geldleistungen** nach § 54 Abs. 2 SGB I sowie von Geldleistungen zum Ausgleich des durch Körper- und Gesundheitsschäden bedingten **Mehraufwands** nach § 54 Abs. 3 Nr. 3 SGB I. Schließlich sind vor einer Pfändung geschützt **Kindergeld** und andere Geldleistungen für Kinder (s. § 48 Abs. 1 S. 2 SGB I), § 850 c Abs. 2 Nr. 3 ZPO.

cc) Nachweisverfahren

27 Ohne besonderen Nachweis durch die Schuldner haben die Kreditinstitute in Höhe des Mindestfreibetrages nach § 850 k Abs. 1 S. 1 ZPO Leistung zu erbringen, etwa bei Barabhebungen, Überweisungen etc Die Berechtigung der Aufstockungsbeträge nach § 850 k Abs. 2 ZPO haben Schuldner gegenüber dem Kreditinstitut nach § 850 k Abs. 5 S. 2 ZPO in einem formalisierten **Nachweisverfahren** zu erbringen. Der Infodienst Schuldnerberatung hat hierzu Musterbescheinigungen erstellt, die ggf. vom Arbeitgeber, Sozialleistungsträger – gegenüber Sozialhilfeträgern folgt ein hierauf bestehender Anspruch aus § 11 SGB XII, gegenüber Leistungsträgern nach dem SGB II jedenfalls aus § 14 SGB I evtl. auch aus entsprechender Anwendung von § 11 SGB XII (vgl. näher Kap. 17) – und Familienkasse auszufüllen ist.[52] Kann der Schuldner den Nachweis gem. § 850 k Abs. 5 S. 2 ZPO nicht erbringen, so kann auf seinen **Antrag** hin das **Vollstreckungsgericht** den Vollstreckungsschutz gewähren, § 850 k Abs. 5 S. 4 ZPO. **Pfänden** allerdings **Gläubiger** wegen der in § 850 d ZPO bezeichneten **Unterhaltsansprüche bevorrechtigt**, besteht zugunsten der Schuldner nicht der automatische Pfändungsschutz nach § 850 k Abs. 1 und 2 ZPO, das Vollstreckungsgericht bestimmt vielmehr dann auf Antrag des privilegierten Gläubigers als Freibetrag den notwendigen Selbstbehalt der Schuldner nach Maßgabe des § 850 d ZPO, siehe § 850 k Abs. 3 ZPO.

dd) Übertragung unverbrauchten Guthabens

28 § 850 k Abs. 5 S. 1 ZPO gestattet es dem Schuldner, über das pfändungsfreie Guthaben im Rahmen der vertraglichen Vereinbarungen zu verfügen. Wird der monatliche individuelle Freibetrag nicht ausgeschöpft, so ist dieser auch noch **im Folgemonat geschützt**, § 850 k Abs. 1 S. 2 ZPO iVm § 835 Abs. 4 S. 1 ZPO. Unverbrauchtes Guthaben wird

---

51 BGH 10.11.2011 – VII ZB 64/10, NJW 2012, 79 – Rn. 8–10.
52 Im Internet abrufbar unter: www.infodienst-schuldnerberatung.de/neue-bescheinigungen-des-sozialrechtlichen-existenzminimums-nach-sgb-ii-und-sgb-xii.

auf den **Folgemonat** übertragen und ist dann zusätzlich zum dann neu anfallenden Freibetrag pfändungsfrei, § 850 k Abs. 1 S. 3 ZPO. Verfügen Kontoinhaber nur über einen Teil ihres Guthabens auf dem Konto, das sich zusammensetzt aus im laufenden Monat gutgeschriebenen Beträgen und aus Guthaben aus dem Vormonat, das nach § 850 k Abs. 1 S. 3 ZPO nicht von der Pfändung erfasst wird, so ist die Verfügung zunächst auf das pfändungsfreie Guthaben aus dem Vormonat anzurechnen.[53] **Maximal kann der doppelte Freibetrag auf einem P-Konto angespart** werden.[54] Werden allerdings Sozialleistungen überwiesen, die **für den Folgemonat** bestimmt sind, sind diese nicht nur in dem dem Zuflussmonat folgenden Monat geschützt, sondern auch noch in dem **übernächsten Monat nach Zahlungseingang**, soweit Schuldner diese Guthaben noch nicht verbraucht haben; dies setzt nicht die Ausschöpfung des Freibetrages im Zuflussmonat voraus.[55] Heben Inhaber eines Pfändungsschutzkontos von diesem am letzten Tag des Monats (einem Samstag) an einem Bankautomaten des kontoführenden Instituts einen Betrag ab, der das Guthaben nicht übersteigt, so haben sie an diesem Tag iSv § 850 k Abs. 1 S. 1 und 3 ZPO über ihr Guthaben verfügt, auch wenn das Kreditinstitut die Buchung auf dem Konto erst am darauffolgenden Montag vornimmt.[56] Eine vom Schuldner jedoch **nur versuchte**, aber von dem Kreditinstitut **irrtümlich nicht ausgeführte Überweisung** stellt jedoch **keine Verfügung** in diesem Sinne dar und hindert eine Überweisung an den Gläubiger nicht.[57]

III. Vollstreckungsschutz für Bargeld

Der Vollstreckungsschutz nach § 55 SGB I aF erstreckte sich nach dessen Abs. 4 gleichermaßen auch auf die (Sach-)Pfändung von **Bargeld**. Wird in Bargeld durch den Gerichtsvollzieher vollstreckt (§ 808 ZPO), so ist entsprechend § 811 Nr. 8 ZPO (diese Vorschrift ist seit dem 1.1.2012 einschlägig) auch dieses nur beschränkt pfändbar (was auch nach § 55 Abs. 4 SGB I aF bis zum 31.12.2011 galt). Dies betrifft etwa den Fall, dass der Schuldner den Betrag iH der überwiesenen Geldleistung **abgehoben** oder – zB als Vorschuss – in **bar ausbezahlt** bekommen hat. Es kommt hierbei nur darauf an, dass Bargeld bei dem Empfänger von laufenden Geldleistungen **vorgefunden** wird, nicht darauf, dass der Barbetrag von dieser Geldleistung herrührt.[58] Hinsichtlich der Sachpfändung von Bargeld durch den Gerichtsvollzieher hat sich die Rechtslage durch die Einführung des P-Konto – das ja die Forderungspfändung betrifft – nicht geändert. Verstöße des Gerichtsvollziehers bei der Pfändung können mit der **Erinnerung** (§ 766 ZPO) beim nach § 764 Abs. 2 ZPO zuständigen Vollstreckungsgericht geltend gemacht werden.

29

---

53 BGH 17.10.2017 – XI ZR 419/15, NJW 2018, 299.
54 Zum Pfändungsschutz im Folgemonat s. näher Becker in: Musielak/Voit ZPO § 850 k Rn. 2 a und 2 b mwN.
55 BGH 4.12.2014 – IX ZR 115/14, Rn. 12 und LG Saarbrücken 26.10.2018 – 1 S 3/18, ASR 2019, 37.
56 BGH 17.10.2017 – XI ZR 419/15, NJW 2018, 299.
57 BGH 17.10.2017 – IX ZR 3/17; es besteht aber dann ein Erstattungsanspruch des Schuldners gegen das Kreditinstitut, § 675 f Abs. 1 S. 2 BGB.
58 Mrozynski SGB I § 55 Rn. 20 und Stöber in: Zöller ZPO § 811 Rn. 32.

Kapitel 53: Widerspruchsverfahren

Rechtsgrundlagen:
SGB II § 39
SGB X §§ 41 Abs. 3, 62, 63
SGB XII §§ 93 Abs. 3, 116
SGG §§ 77–86 a

Orientierungssätze:
1. Im Widerspruchsverfahren ist der angegriffene Verwaltungsakt vollständig im Hinblick auf die Recht- und Zweckmäßigkeit zu überprüfen. Diese Überprüfungen führen bei existenzsichernden Leistungen häufig zu einem Erfolg.
2. Bei Widersprüchen gegen Verwaltungsakte, die eine Leistung auf Dauer betrifft, ist die differenzierte Regelung im Hinblick auf den Umfang des zu überprüfenden Zeitraums zu beachten, auch auf die Unterschiede zwischen Leistungen nach dem SGB II und SGB XII.
3. Ein Widerspruch hat bei Leistungen nach dem SGB XII grundsätzlich aufschiebende Wirkung, während im SGB II Einschränkungen vorgesehen sind.

A. Übersicht

1 Mit der Bekanntgabe des Verwaltungsaktes wird er wirksam (§ 39 Abs. 1 S. 1 SGB X). Er erwächst in dauernde **Bestandskraft**, solange und soweit er nicht zurückgenommen, widerrufen, aufgehoben oder durch Zeitablauf oder auf andere Weise erledigt ist, § 39 Abs. 2 SGB X oder er nicht mit einem form- und fristgerechten Rechtsbehelf angegriffen wird. Dieser Rechtsbehelf ist regelmäßig der Widerspruch. Nur ausnahmsweise kann und muss gegen einen Verwaltungsakt bei existenzsichernden Leistungen sofort die Klage eingereicht werden: Sofern der Rechtsweg zum Verwaltungsgericht geht und in einem Bundesland eine entsprechende gesetzliche Regelung erfolgt ist, § 78 Abs. 1 Nr. 1 SGG.

2 Für das Widerspruchsverfahren verweist § 62 SGB X auf das SGG, wenn der Sozialrechtsweg gegeben ist. Dies ist für Leistungen nach dem SGB II, SGB XII und dem AsylbLG der Fall. In §§ 77 bis 86 b SGG sind die Regelungen über das Widerspruchsverfahren (dort als Vorverfahren bezeichnet) enthalten. Ergänzende Regelungen zum Ausschluss der aufschiebenden Wirkung eines Widerspruchs finden sich in § 39 SGB II.

3 Eine Besonderheit des Widerspruchsverfahrens bei Leistungen nach dem SGB XII stellt das Erfordernis dar, **sozial erfahrene Dritte** beratend zu beteiligen, wenn ein Widerspruch gegen die Ablehnung von Leistungen nach dem SGB XII oder die Festsetzung

ihrer Art und Höhe zurückgewiesen werden soll (§ 116 Abs. 2 SGB XII). Hier kann jedoch Landesrecht Abweichendes bestimmen (→ Rn. 31 f.).

B. Einzelheiten

I. Statthaftigkeit des Widerspruchs

Nur gegen **Verwaltungsakte** im Sinne des § 31 SGB X kann Widerspruch eingelegt werden. Liegt kein solcher Verwaltungsakt vor, ist ein Widerspruch nicht möglich und die Behörde muss nicht über einen zu Unrecht eingelegten Widerspruch entscheiden. Hinweise, Auskünfte, Belehrungen etc stellen keinen Verwaltungsakt dar, auch wenn fälschlich eine Rechtbehelfsbelehrung erfolgt ist. Kein Verwaltungsakt ist die sog **Kostensenkungsaufforderung** nach § 22 Abs. 1 SGB II und § 35 Abs. 2 SGB XII. Eine Eingliederungsvereinbarung nach § 15 SGB II ist kein Verwaltungsakt, wenn sie mit dem Leistungsberechtigten vereinbart wurde. Der Rechtsschutz hiergegen ist nur durch eine Feststellungsklage möglich.[1] Die Zusicherung bzw. Ablehnung einer Zusicherung zu einem geplanten Umzug nach § 22 Abs. 4 und 5 SGB II stellt einen Verwaltungsakt dar; anders verhält es sich wohl bei der Zustimmung, die in § 35 Abs. 2 SGB XII bei einem Umzugswunsch einzuholen ist.[2]

II. Form

Für die Form schreibt § 84 Abs. 1 S. 1 SGG die **Schriftform oder die Niederschrift** bei der Stelle, die den Verwaltungsakt erlassen hat, vor. Ein nur mündlich erhobener Widerspruch ist unwirksam, auch wenn er gegen einen nur mündlich bekannt gegebenen Verwaltungsakt erhoben wird. Für eine wirksame Niederschrift in diesem Sinn ist die Aufnahme eines Protokolls bei persönlicher Anwesenheit des Widerspruchsführers erforderlich; eine Unterschrift von diesem ist nicht notwendig.[3] Weist indessen ein Behördenmitarbeiter nicht darauf hin, dass der mündlich erklärte Widerspruch unwirksam ist, aber die Möglichkeit bestünde, den Widerspruch zur Niederschrift bei der Behörde wirksam zu erheben, wird dies nach Ablauf der Widerspruchsfrist einen Antrag auf Wiedereinsetzung in die Frist (§ 67 SGG, vgl. Kap. 54) zugunsten des Betroffenen rechtfertigen. Für die Einhaltung der Schriftform ist nicht zwingend erforderlich, dass eine Unterschrift erfolgt. Es muss sich jedoch eindeutig erkennen lassen, dass das Schriftstück vom Widerspruchsführer bzw. seinem Rechtsanwalt stammt.[4] Der Widerspruch kann per Telefax, nicht hingegen per E-mail erhoben werden.

III. Frist

Die Widerspruchsfrist von **einem Monat** ab Bekanntgabe des Verwaltungsaktes beginnt nur dann zu laufen, wenn der Adressat über den zulässigen Rechtsbehelf, die Behörde, bei der er anzubringen ist, sowie deren Sitz und die einzuhaltende Frist schriftlich belehrt worden ist (§ 66 Abs. 1 SGG). Ohne eine diesen Anforderungen entsprechende Rechtsbehelfsbelehrung gilt für die Erhebung des Widerspruches eine Jahresfrist ab Bekanntgabe des Verwaltungsaktes (§ 66 Abs. 2 SGG). Ist eine schriftliche Belehrung erfolgt, dass ein Rechtsbehelf nicht gegeben sei (§ 66 Abs. 2 S. 1 SGG), ist die Erhebung des Widerspruchs bis zur Grenze der Verwirkung zeitlich unbeschränkt zulässig. Wird die Widerspruchsfrist **versäumt**, weil jemand ohne Verschulden an der Einhaltung der

4

5

6

---

1 Berlit in: LPK-SGB II § 15 Rn. 72.
2 Vgl. hierzu: Berlit in: LPK-SGB XII § 35 Rn. 90.
3 Binder in: HK-SGG § 84 Rn. 4.
4 Binder in: HK-SGG § 84 Rn. 4; Schmidt in: Meyer-Ladewig/Keller/Leitherer/Schmidt SGG § 84 Rn. 3.

Frist gehindert war, kann bei der Behörde, die den Bescheid erlassen hat, die **Wiedereinsetzung** in den vorigen Stand beantragt werden.

7 **Fehlt** einem Verwaltungsakt die erforderliche **Begründung** oder ist die erforderliche **Anhörung** eines Beteiligten vor Erlass des Verwaltungsaktes unterblieben und ist dadurch versäumt worden, rechtzeitig Widerspruch einzulegen, gilt die Versäumung der Frist als nicht verschuldet, § 41 Abs. 3 SGB X. Es kann dann Wiedereinsetzung beantragt werden, innerhalb von 14 Tagen seit dem Zeitpunkt der Nachholung der unterlassenen Verfahrenshandlung. Eine Frist gibt es, bezogen auf den Verwaltungsakt, nicht. Wird eine Begründung, die erforderlich war, erst nach einigen Jahren – zB auf Anforderung – nachgeholt, kann nun innerhalb von 14 Tagen Wiedereinsetzung beantragt und Widerspruch eingelegt werden. Bei Bescheiden nach dem SGB II erfolgt häufig – zum Teil systematisch – keine erforderliche Begründung. So ist bei den Leistungsbescheiden nach dem SGB II bisher nicht erkennbar, wie sich die Höhe der Unterkunftskosten zusammensetzt, auch wenn ein Teil der Kosten nicht übernommen wird. Nur auf Anforderung wird mitgeteilt, ob und aus welchem Grund ein Teil der Kosten nicht übernommen wird.

8 Die **Monatsfrist** beginnt mit dem Tag nach der Zustellung oder anderweitigen Bekanntgabe und endet mit Ablauf desjenigen Tages des nächsten Monats, welcher nach der Zahl dem Tage entspricht, in dem der Zeitpunkt der Zustellung oder Bekanntgabe erfolgte, § 64 Abs. 2 SGG. Bei einer Bekanntgabe am 10. April endet mithin die Frist am 10.5., und zwar um 24 Uhr. Hat ein Monat, in dem die Frist endet, weniger Tage, endet die Frist am Monatsende, § 64 Abs. 2 S. 2 SGG. Die Monatsfrist im Hinblick auf eine Bekanntgabe am 31.1. endet mithin am 28.2. (bzw. im Schaltjahr am 29.2.). Fällt das Fristende auf einen Sonnabend, Sonntag oder gesetzlichem Feiertag, endet die Frist mit Ablauf des nächsten Werktags, § 64 Abs. 3 SGG. Diese Regelung gilt jedoch nicht für den Fristbeginn: Dieser kann durchaus ein Sonnabend, Sonntag oder Feiertag sein.[5]

9 Bei Zustellungen ist zu beachten, dass ein Schreiben mit dem dritten Tag nach Aufgabe zur Post als zugegangen gilt, § 37 Abs. 2 SGB X. Die Jobcenter berufen sich in der Regel darauf, dass an dem Datum, welches auf dem Bescheid steht, das Schreiben abgesandt sei. Dies trifft nicht immer zu: Einerseits findet sich manchmal in der Akte handschriftlich ein anderes Datum; zum anderen verschicken die Jobcenter zuweilen die Bescheide sehr viel später, besonders wenn eine Vielzahl von Bescheiden aufgrund einer gesetzlichen Änderung geändert werden muss.[6] Sofern nicht feststeht, dass der Verwaltungsakt zugegangen ist, hat die Behörde dessen Zugang nachzuweisen, § 37 Abs. 2 S. 2 SGB X.

IV. Zuständigkeit für die Bearbeitung des Widerspruchs

10 Zuständig für das Widerspruchsverfahren ist zunächst die Behörde, die den Verwaltungsakt erlassen hat. Bei ihr ist der Widerspruch zu erheben (§ 84 Abs. 1 S. 1 SGG). In Angelegenheiten nach dem SGB II ist der zuständige Träger, der den Verwaltungsakt erlassen hat, auch für den Erlass des Widerspruchs zuständig (§ 85 Abs. 2 S. 2 SGG). Im Übrigen kann die Behörde, die den Verwaltungsakt erlassen hat, dem Widerspruch abhelfen, wenn sie ihn für begründet hält (§ 85 Abs. 1 SGG). Andernfalls entscheidet die nächst höhere Behörde (§ 85 Abs. 2 Nr. 1 SGG).

---

5 BSG 6.5.2010 – B 14 AS 12/09 R, NZS 2011, 477.
6 So wurden im März/April 2011 aufgrund der Neuberechnung der Regelbedarfe rückwirkend zum 1.1.2011 die Bescheide zum Teil zwei bis drei Wochen später versandt als an dem Tag, der auf dem Bescheid angegeben war.

V. Aufschiebende Wirkung des Widerspruchs

Ein Widerspruch hat – unabhängig davon, ob er zulässig oder begründet ist – grund- **11**
sätzlich gemäß § 86 a Abs. 1 S. 1 SGG **aufschiebende Wirkung**, dh, dass der angegriffene Verwaltungsakt nicht vollzogen werden und auch nicht Bestandskraft erlangen kann.
Diese vollstreckungshemmende Wirkung ist vor allem bei belastenden Verwaltungsakten von Bedeutung, weil der Adressat so die Möglichkeit hat, von der Vollziehung einer
Maßnahme solange verschont zu bleiben, bis deren Rechtmäßigkeit im Vorverfahren
und erforderlichenfalls im gerichtlichen Verfahren überprüft worden ist. Will die Behörde diese Wirkung des Widerspruches vermeiden oder sie überwinden, hat sie die Möglichkeit, die sofortige Vollziehung des Verwaltungsaktes anzuordnen (§ 86 a
Abs. 2 Nr. 5 SGG). Die Anordnung des Sofortvollzugs ist aber nur dann zulässig, wenn
ein besonderes Interesse an der sofortigen Vollziehung besteht, das über das allgemeine
Interesse am Vollzug eines Verwaltungsaktes hinausgehen und auch schriftlich begründet werden muss.

Im SGB XII ist die aufschiebende Wirkung lediglich gegen Verwaltungsakte ausge- **12**
schlossen, die den Übergang eines Anspruchs bewirken. Die früher in § 39 Nr. 2 SGB II
enthaltene ebensolche Vorschrift ist inzwischen gestrichen worden, da im SGB II die
Überleitung durch Verwaltungsakt beseitigt wurde. Denn in § 33 SGB II ist nunmehr
der gesetzliche Übergang für alle Ansprüche vorgesehen.

In § 39 SGB II sind **einige Fälle** geregelt, in denen **keine aufschiebende Wirkung** eintritt. **13**
Da als Grundsatz die aufschiebende Wirkung von Widerspruch und Klage in § 86 a
Abs. 1 SGG vorgesehen ist, handelt es sich rechtssystematisch um Ausnahmen, die nicht
erweiternd ausgelegt werden können. In allen Fällen, in denen die Ausnahmen nicht
greifen, verbleibt es daher bei der allgemeinen Regel.

In § 39 Nr. 1 SGB II sind verschiedene Arten von Verwaltungsakten zusammengefasst, **14**
bei denen der Widerspruch keine aufschiebende Wirkung hat. Von besonderer Bedeutung ist die Regelung, dass bei **Entzug oder Verminderung der Leistungen** die aufschiebende Wirkung entfällt. Die Verwendung der Begriffe macht deutlich, dass die Aufhebungsvorschriften der §§ 45 ff. SGB X gemeint sind. Damit ist die Vorschrift auch auf
die Rückforderung für die Vergangenheit anzuwenden. Weiterhin sind Sanktionsbescheide nach § 31 a SGB II erfasst, da diese die Minderung oder den Wegfall einer Leistung feststellen.

Zu den in § 39 Nr. 1 SGB II genannten Leistungen der Eingliederung in Arbeit gehören **15**
sämtliche Leistungen, die nach §§ 16 ff. SGB II bewilligt werden können. Bei den Pflichten bei der Eingliederung in Arbeit ist ein Verwaltungsakt nach § 15 Abs. 1 S. 6 SGB II
gemeint, der die Regelungen einer Eingliederungsvereinbarung bestimmt, sofern diese
nicht zustande gekommen ist. Leistungen und Pflichten, die in einer vereinbarten Eingliederungsvereinbarung enthalten sind, werden nicht erfasst, da es sich nicht um Verwaltungsakte handelt.

Nach § 39 Nr. 2 SGB II entfällt die aufschiebende Wirkung ebenfalls bei einem Verwal- **16**
tungsakt, mit dem zur **Beantragung einer vorrangigen Leistung** aufgefordert wird. Nach
§ 5 Abs. 3 SGB II kann der Sozialleistungsträger eine vorrangige Sozialleistung geltend
machen, wenn der Hilfebedürftige dies trotz Aufforderung unterlässt. Durch diese Regelung soll vermieden werden, dass keine Verzögerung durch einen Widerspruch eintritt. Nach der Gesetzesbegründung[7] soll mit dieser Regelung verhindert werden, dass
der Hilfebedürftige durch Einlegung von Rechtsmitteln die Inanspruchnahme vorrangiger Leistungen durch den Sozialleistungsträger vereitelt.

---

7 BT-Drs. 16/10810.

17 § 39 Nr. 3 SGB II betrifft die **Meldeaufforderung** nach § 59 SGB II. Diese ist ein Verwaltungsakt, so dass durch Einlegung eines Widerspruchs die Möglichkeit bestünde, die Erfüllung der Meldpflicht zu verzögern bzw. sich ihr wegen Zeitablauf zu entziehen. Dies wird durch die Regelung verhindert. Im Hinblick auf die oft kurzen Fristen wird der Rechtsschutz gegen eine rechtswidrige Meldeaufforderung dadurch erheblich erschwert.

18 Die Vorschrift des § 39 SGB II stellt eine Beschränkung des Rechtsschutzes dar und darf daher nicht erweiternd ausgelegt werden. Daher werden weitere Ansprüche des Sozialleistungsträgers nicht erfasst. So kann ein Bescheid, mit dem ein Darlehen zurückgefordert wird, nicht als Rücknahme einer Leistung angesehen werden; damit hat auch ein Widerspruch gegen einen Darlehensbescheid (§ 42 a SGB II) aufschiebende Wirkung. Weiterhin wurde durch die zum 1.1.2011 erfolgte Neufassung klargestellt, dass ein Widerspruch gegen einen Erstattungsbescheid nach § 50 SGB X aufschiebende Wirkung hat.[8]

19 Ebenfalls nicht erfasst von § 39 Nr. 1 SGB II ist ein Widerspruch gegen eine **Aufrechnung** nach § 43 SGB II oder nach § 42 a Abs. 2 SGB II im Hinblick auf eine Darlehensrückforderung. Bei der Aufrechnung handelt es sich zwar faktisch um eine Kürzung von Leistungen, die Aufrechnungserklärung selbst ist jedoch kein Verwaltungsakt über Leistungen der Grundsicherung für Arbeitsuchende,[9] sondern ein Instrument eigener Art. Allerdings besteht für den Leistungsträger auch hier die Möglichkeit, nach § 86 a Abs. 2 Nr. 5 SGG die sofortige Vollziehung anzuordnen, wenn die Voraussetzungen dafür gegeben sind. Dieselben Gesichtspunkte gelten bei einer **Abzweigung nach § 48 SGB I**, so dass auch hier der Widerspruch aufschiebende Wirkung hat.[10] Die Neufassung bestätigt diese Auffassung durch die genaue Benennung der Fallgestaltungen.

20 Noch nicht abschließend geklärt ist die Frage, ob § 39 SGB II einen Verwaltungsakt erfasst, mit dem wegen mangelnder Mitwirkung die Leistung versagt wird. Da es sich nicht um einen Bescheid über die Bewilligung von Leistungen handelt, sondern diese Regelung quasi vorgeschaltet ist und bei einer gerichtlichen Entscheidung nicht über die Leistungsgewährung entschieden wird, fällt dieser Bescheid nicht unter diese Vorschrift.[11] Ebenso wenig entfällt die aufschiebende Wirkung eines Widerspruchs gegen ein Auskunftsersuchen nach § 60 Abs. 4 SGB I.[12]

21 Keine aufschiebende Wirkung hat ein Widerspruch in den Fällen, in denen die **Sozialhilfe eingestellt** wird, ohne dass dies die Aufhebung eines Bewilligungsbescheides erfordert. Wird nämlich die Weitergewährung der Hilfe für die Zukunft lediglich angekündigt und nicht durch einen (Dauer-)Verwaltungsakt geregelt, stellt die Einstellung der Hilfe für den bevorstehenden Monat die Ablehnung der Hilfegewährung und nicht den Entzug einer durch Verwaltungsakt eingeräumten Rechtsposition dar. Ein daraufhin erhobener (Verpflichtungs-)Widerspruch hat keine aufschiebende Wirkung, weil er auf die Erlangung einer Rechtsposition und nicht auf deren Verteidigung gerichtet ist. Ähnlich verhält es sich mit einer Kürzung der Leistungen gemäß § 26 Abs. 1 SGB XII, weil bei Vorliegen der Tatbestandsvoraussetzungen der Hilfeanspruch teilweise entfällt und die Kürzung rechtlich als eine auf Ermessen beruhende Entscheidung des Trägers der Sozialhilfe über einen Sozialhilfeanspruch anzusehen ist.

---

8 BT-Drs. 16/10910.
9 Ebenso Greiser in: Eicher/Luik SGB II § 39 Rn. 20; Pilz in: Gagel SGB II § 39 Rn. 19; LSG Bln-Bbg 30.7.2007 – L 28 B 1953/07 AS ER.
10 SG Oldenburg 15.7.2005 – S 47 AS 397/05 ER, info also 2005, 221; LSG RhPf 17.1.2006 – L 3 ER 128/05 AS, NZS 2006, 542; ebenso Greiser in: Eicher/Luik SGB II § 39 Rn. 20; Mayer in: Oestreicher SGB II § 39 Rn. 42.
11 HessLSG 27.12.2010 – L 9 AS 612/10 B ER; BayLSG 12.4.2012 – L 7 AS 222/12 B ER, NZS 2012, 720 (Leitsatz); zum Streitstand Hengelhaupt in: Hauck/Noftz SGB II § 39 Rn. 118 ff.
12 LSG LSA 13.4.2010 – L 5 AS 69/10 B ER.

VI. Beschwer; Rechtsschutzbedürfnis

Für die Zulässigkeit eines Widerspruchs ist außer der Erfüllung der formalen Voraussetzungen das Vorliegen einer **Beschwer** erforderlich. Ist der Widerspruchsführer durch einen Verwaltungsakt gar nicht benachteiligt oder beeinträchtigt, kann er auch nicht verlangen, dass sich die Behörde mit seinem Rechtsbehelf befasst. Eine Beschwer liegt immer vor, wenn ein belastender Verwaltungsakt vorliegt. Sie ist aber auch dann gegeben, wenn ein Antrag teilweise abgelehnt wird. Dies gilt etwa, wenn beispielsweise eine beantragte Leistung nicht als Zuschuss sondern als Darlehen gewährt wird. In diesem Fall wird mit der Bewilligung des Darlehens gleichzeitig in jedem Fall konkludent der Antrag auf zuschussweise Hilfegewährung abgelehnt. Durch diesen Teil des Bescheides wird der Antragsteller beschwert, der deswegen insoweit Widerspruch erheben kann. Wird gegen den Bescheid insoweit nicht rechtzeitig Widerspruch erhoben, erwächst er hinsichtlich dieser Ablehnung in Bestandskraft. **22**

Eine Beschwer in diesem Sinn liegt auch nicht vor, wenn lediglich die **Begründung** oder bestimmte Aussagen im Verwaltungsakt angegriffen werden. Denn entscheidend für die Beschwer ist allein die getroffene Regelung. Dies gilt auch, wenn in einem Bescheid für mehrere Personen einer Bedarfsgemeinschaft im SGB II die Aufteilung der Leistungen fehlerhaft erfolgt, jedoch der Gesamtbetrag zutreffend ist. Wird hingegen eine Leistung nach dem SGB XII bewilligt und geltend gemacht, dass eine Leistung nach dem SGB II zusteht, liegt eine Beschwer vor, da die Folgewirkungen weitreichend sein können, so dass schon bei der Bescheiderteilung eine Überprüfung stattfinden kann. **23**

Schließlich hängt die Zulässigkeit des Widerspruches auch davon ab, dass der Widerspruchsführer weiterhin ein Rechtsschutzbedürfnis hat. Ein solches kann beispielsweise dann fehlen, wenn sich sein Antrag erledigt hat (beispielsweise die Teilnahme an einer Maßnahme wegen Zeitablaufes nicht mehr möglich ist). **24**

VII. Gegenstand des Widerspruchsverfahrens

Der rechtliche Schwebezustand, in dem sich der Verwaltungsakt während des Widerspruchsverfahrens befindet, führt dazu, dass die Behörde die getroffene Regelung insgesamt nochmal auf ihre Recht- und Zweckmäßigkeit überprüfen muss. Daraus resultiert nicht nur die Möglichkeit, Verfahrens- und Formfehler zu heilen (zB fehlende Begründung oder unterbliebene Anhörung), zu beheben (§ 41 Abs. 1 und 2 SGB X), sondern auch die Rechtsfolge insgesamt oder teilweise anders zu regeln als mit dem angegriffenen Verwaltungsakt geschehen. **25**

1. Zeitraum, über den entschieden wird

Welcher **Zeitraum** vom Widerspruchsverfahren erfasst ist, entscheidet sich bei Verwaltungsakten, die eine dauernde Leistung regeln, nach deren Inhalt. Hierbei ist einerseits zu unterscheiden, ob Leistungen vollständig abgelehnt wurden oder nur teilweise und zum anderen nach der Zugehörigkeit zum SGB II oder SGB XII, wobei hier zu differenzieren ist nach Verwaltungsakten nach dem 4. Kapitel und den übrigen Kapiteln. Bei Rückforderungsbescheiden kann nur eine Überprüfung des Zeitraums erfolgen, der im Ausgangsbescheid konkret bezüglich der Rückforderung genannt ist. **26**

Wird eine Leistung **vollständig abgelehnt**, ist Gegenstand des Widerspruchsverfahrens der gesamte Zeitraum bis zu dem Monat, in dem der Widerspruchsbescheid ergeht. Dies gilt, auch wenn der Bewilligungszeitraum nach § 41 SGB II oder § 44 Abs. 1 S. 1 SGB XII schon überschritten ist. **27**

Wird eine Leistung teilweise abgelehnt, ist Überprüfungszeitraum lediglich die Dauer des **Bewilligungszeitraums**, der nach § 41 Abs. 3 S. 1 SGB II und nach § 44 Abs. 3 S. 1 **28**

SGB XII regelmäßig zwölf Kalendermonate beträgt. Auch wenn die Leistung aus demselben Grund wie im angegriffenen Bescheid in der Zeit nach Ablauf des Bewilligungszeitraums abgelehnt wird – zB werden die Unterkunftskosten nicht in voller Höhe übernommen –, wird im Widerspruchsverfahren nur über die Höhe der Leistung im Bewilligungszeitraum entschieden.[13]

29 Bei Sozialhilfeleistungen nach dem 3. Kapitel des SGB XII oder bei Leistungen nach den Fünften bis Neunten Kapiteln des SGB XII werden häufig keine Bescheide mit Dauerwirkung erlassen, sondern quasi monatlich neu entschieden. Einen festgelegten Bewilligungszeitraum gibt es insofern nicht. Daher gilt, dass der gesamte Zeitraum bis zu dem Monat, in dem der Widerspruchsbescheid bekannt gegeben wird, Gegenstand des Widerspruchsverfahrens ist.

2. Einbeziehung weiterer Bescheide

30 Nach § 86 SGG werden Verwaltungsakte, die während des Vorverfahrens den angegriffenen Verwaltungsakt abändern, Gegenstand des Widerspruchsverfahrens. Dies gilt auch für Aufhebungs- und Rückforderungsbescheide, da auch diese die Höhe der Leistung im Bewilligungszeitraum regeln.[14] Ein Widerspruch gegen einen solchen ändernden Bescheid ist daher unzulässig. Allerdings wird häufig von den Sozialleistungsträgern bei der Rechtsbehelfsbelehrung diese Rechtsfolge nicht beachtet, sondern zu Unrecht mitgeteilt, dass gegen den Verwaltungsakt ein Widerspruch eingelegt werden kann. Durch eine solche unzutreffende Belehrung wird der Widerspruch nicht zulässig. Wurde in Verkennung der Rechtslage wegen der unzutreffenden Rechtsbehelfsbelehrung Widerspruch eingelegt, kann sich dies nur bei der Kostenregelung auswirken, wenn nach Klärung der Rechtslage der Widerspruch zurückgenommen wird. Auch eine abschließende Entscheidung nach § 41 a Abs. 3 SGB II oder § 44 a Abs. 5 SGB XII ersetzt den zunächst ergangenen vorläufigen Bescheid, so dass er nach § 86 SGG in das Widerspruchsverfahren einbezogen wird.[15] Auch Bescheide für Folgezeiträume, die bis zum Ende des Widerspruchsverfahrens ergehen, werden Gegenstand des Widerspruchsverfahrens,[16] dies gilt jedoch nicht für die Einbeziehung von Bescheiden im Klageverfahren nach § 96 SGG.

VIII. Beteiligung sozial erfahrener Dritter

31 Nur im SGB XII ist im § 116 SGB XII die Beteiligung sozial erfahrener dritter Personen vorgesehen. Mit dieser Vorschrift werden Personen, die nicht Teil der Verwaltung sind, in Entscheidungen einbezogen, die entweder im Bereich der Sozialhilfe allgemeine Bedeutung haben oder die Gewährung von Sozialhilfe im Einzelfall betreffen. Ob hierin das verfassungsrechtliche Postulat der **Teilhabe und Teilnahme** der Bürger am staatlichen Geschehen zum Ausdruck kommt,[17] erscheint zweifelhaft, da zum einen die Form der Beteiligung nur sehr schwach ausgeprägt ist und zum anderen eine mangelnde Beteiligung kaum Konsequenzen hat. Durch die Einbeziehung sozial erfahrener Personen sollen Erfahrungen in der Sozialarbeit in die Entscheidungen einfließen.[18]

32 Die Vorschrift regelt nicht näher die Art und Weise der Beteiligung, die verfahrensrechtliche Stellung, die Anzahl, das Verfahren und die Berufung und die Qualifikation der

---

13 Für die folgenden Bewilligungszeiträume ist daher gesondert Widerspruch einzulegen; bei Versäumnis ist ggf. ein Antrag nach § 44 SGB X zu stellen.
14 BSG 23.8.2011 – B 14 AS 165/10 R, NDV-RD 2012, 29.
15 BSG 5.7.2017 – B 14 AS 36/16 R, SozR 4–1500 § 86 Nr. 3.
16 BSG 14.4.2011 – B 8/9 b SO 12/06 R, BSGE 108, 123.
17 Schoch ZfSH/SGB 1995, 569 (570).
18 BVerwG 2.6.1965 – V C 63/64, NDV 1965, 342.

sozial erfahrenen Personen. Dies ist damit der **Landesgesetzgebung** überlassen. In einigen Ländern gibt es ausführlichere Regelungen, einige Länder haben nur einzelne Punkte näher bestimmt.[19] Zumeist finden sich die einschlägigen Vorschriften in den Ausführungsgesetzen der Länder zum BSHG (AG-BSHG), zum Teil auch in untergesetzlichen Regelungen. Aufgrund der Befugnis, dass Landesrecht **Abweichendes** bestimmen kann, können die Anhörung nach Abs. 1 und die Beteiligung nach Abs. 2 ganz abgeschafft werden. Bisher wurden abweichende Regelungen in zehn Bundesländern eingeführt.[20] Aufgrund der Möglichkeit, durch Landesrecht Abweichendes zu bestimmen, hat die Vorschrift erheblich an Bedeutung verloren.

IX. Widerspruchsbescheid

Ein Widerspruchsbescheid muss erlassen werden, falls sich der Widerspruch nicht anderweitig erledigt hat. Der Sozialleistungsträger darf nicht unterstellen, dass der Widerspruchsführer mit einer Erledigung einverstanden ist, wenn er auf ein Schreiben nicht reagiert. Eine **Erledigung** ist hingegen anzunehmen, wenn gegen einen vorläufigen Bescheid Widerspruch eingelegt wurde und sodann ein endgültiger Bescheid ergeht. **33**

Hält der Sozialleistungsträger den Widerspruch für begründet, ist dem Widerspruch abzuhelfen (§ 85 Abs. 1 SGB X). Rechtlich bedeutet dies, dass die Regelung im angegriffenen Bescheid geändert wird. Geschieht dies nicht ausdrücklich in einem entsprechenden Bescheid, sondern erfolgt etwa einfach eine Bewilligung, bedarf es der Auslegung, ob damit konkludent eine der Bewilligung zugrunde liegende Abhilfeentscheidung bekannt gegeben werden soll. In einem solchen Falle besteht indessen Anspruch auf einen schriftlichen Verwaltungsakt, der hinreichend bestimmt und begründet ist, da nur so nachvollziehbar wird, ob und in welchem Umfang eine Abhilfe erfolgt ist. Wird im anhängigen Rechtsbehelfsverfahren der angegriffene fehlerhafte Ausgangsbescheid durch einen rechtmäßigen Bescheid ersetzt (in dem zB Ermessen korrekt ausgeübt ist) kann das Widerspruchsverfahren vom Widerspruchsführer für erledigt erklärt und, da der Widerspruch insoweit Erfolg hatte, gemäß § 63 Abs. 1 SGB X eine Kostenentscheidung zu seinen Gunsten verlangt werden. **34**

Wird dem Widerspruch ganz oder teilweise nicht abgeholfen, ist ein Widerspruchsbescheid zu erlassen. Dieser ist zu begründen, mit einer Rechtsbehelfsbelehrung zu versehen und bekannt zu geben, § 85 Abs. 3 SGG. **35**

Schließlich ist im Widerspruchsbescheid auch eine Regelung über die **Kosten** des Widerspruchsverfahrens zu treffen. Da für das Widerspruchsverfahren bei der Behörde weder Gebühren noch Auslagen erhoben werden (§ 64 Abs. 1 SGB X), betrifft die Kostenentscheidung in Angelegenheiten der Existenzsicherung nur die Kosten, die dem Widerspruchsführer selbst entstanden sind (§ 63 SGB X). Für die Grundentscheidung, ob die Kosten erstattet werden, kommt es wie im gerichtlichen Verfahren auf den Erfolg des Rechtsbehelfs an. Soweit der Widerspruch erfolgreich ist, hat der Träger der Sozialhilfe die Kosten zu erstatten (§ 63 Abs. 1 S. 1 SGB X). Den Umfang der Erstattung setzt die Behörde auf Antrag durch eine gesonderte Entscheidung fest (§ 63 Abs. 3 SGB X). Im Gegensatz zu der Kostengrundentscheidung, die eine unselbstständige Nebenentscheidung zum Widerspruchsbescheid darstellt, handelt es sich bei der Entscheidung über den Betrag der zu erstattenden Aufwendungen um einen selbstständigen Verwaltungsakt, der seinerseits durch einen Widerspruch angegriffen und im Klagverfahren über- **36**

---

19 Vgl. hierzu Schellhorn in: Schellhorn/Schellhorn/Hohm SGB XII § 116 Rn. 17 f.; Schoch ZfSH/SGB 1995, 569.

20 Vgl. Conradis in: LPK-SGB XII § 116 Rn. 4 sowie die Übersicht von Schoch ZfF 2006, 175 mit Ergänzung ZfF 2006, 234.

prüft werden kann. Maßstab für die Höhe der Erstattung ist das Erfordernis der Notwendigkeit der Aufwendungen für eine zweckentsprechende Rechtsverfolgung. Voraussetzung für eine Erstattung ist ferner, dass tatsächlich Aufwendungen vorliegen.

37 Wichtigster Anwendungsfall für die Kostenerstattung sind die **Gebühren und Auslagen für einen Rechtsanwalt.** Sollen diese erstattet werden, bedarf es außer der Kostengrundentscheidung noch einer Entscheidung über die Notwendigkeit der Hinzuziehung eines Rechtsanwalts (§ 63 Abs. 2 SGB X). Für die Frage nach der Notwendigkeit einen Rechtsanwalt hinzuzuziehen, bietet die Einschätzung eine Hilfe, wie sich ein vernünftiger Bürge mit gleichem Bildungs- und Erfahrungsstand bei der gegebenen Sach- und Rechtslage verhalten würde.[21] Ein Kriterium kann hierbei sein, ob es zur Begründung des Widerspruchs einer rechtlichen Bewertung bedarf. Handelt es sich letztlich nur darum, unrichtige Tatsachen richtig zu stellen, ist die Hinzuziehung eines Rechtsanwaltes in der Regel nicht notwendig. Bleibt der Widerspruch ohne Erfolg, muss der Widerspruchsführer die Rechtsanwaltskosten selbst tragen, sofern keine Beratungshilfe bewilligt wird.[22]

---

21 Freischmidt in: Hauck/Noftz SGB X/1, 2 § 63 Rn. 8 mwN.
22 Ausführlich zur Beratungshilfe in Angelegenheiten, vor allem auch für Tätigkeiten im Hinblick auf das SGB: Zuck NZS 2012, 441.

Conradis

Kapitel 54: Wiedereinsetzung in den vorigen Stand

Literaturhinweise: Herold-Tews/Merkel, Der Sozialgerichtsprozess, 7. Auflage 2017; Marschner, Wiedereinsetzung in den vorigen Stand im sozialrechtlichen Verwaltungsverfahren, ZAP Fach 18, 543; Müller, Typische Fehler bei der Wiedereinsetzung in den vorigen Stand, NJW 1993, 681; Prickel, Fristen, Termine und Wiedereinsetzung, SGb 1998, 93.

Rechtsgrundlagen:
SGB X § 27, § 28, § 41 Abs. 3
SGG § 67

Orientierungssätze:

1. Die Wiedereinsetzung in den vorigen Stand ermöglicht das Nachholen von solchen Handlungen, die während der durch gesetzliche Fristen bestimmten zeitlichen Begrenzung ohne Verschulden des Betroffenen – Verschulden eines Vertreters wird zugerechnet – nicht vorgenommen wurden.

2. Für gesetzliche verfahrens- und materiellrechtliche Fristen gilt § 27 SGB X, für gesetzliche Verfahrensfristen außerhalb des Verwaltungsverfahrens § 67 SGG. Besondere Vorschriften zur Wiedereinsetzung finden sich in § 41 Abs. 3 SGB X (Versäumung der Rechtsbehelfsfrist nach Verfahrens- und Formfehlern) und in § 28 SGB X (nachholende Antragstellung bei antragsabhängigen Leistungen).

3. Die Wiedereinsetzung bedarf in der Regel eines fristgebundenen Antrages. Zugleich ist regelmäßig die versäumte Handlung nachzuholen. Grundsätzlich kann Wiedereinsetzung nach einem Jahr seit dem Ende der versäumten Frist nicht mehr beantragt werden. Neben dem unterschiedlichen Anwendungsbereich bestehen wenige inhaltliche Abweichungen zwischen § 27 SGB X und § 67 SGG.

4. Ist im Einzelfall die Wiedereinsetzung (etwa wegen Verschuldens des Anspruchstellers) nicht möglich, so kann das erstrebte Ziel unter dem rechtlichen Aspekt des sozialrechtlichen Herstellungsanspruchs erreicht werden, wenn dessen Voraussetzungen erfüllt sind. Beide Institute sind nebeneinander anwendbar.

Mit dem Institut der Wiedereinsetzung in den vorigen Stand (im Sozialrecht normativ 1 ausgeprägt durch § 27 SGB X, § 67 SGG) soll das **Nachholen** von solchen Rechtshandlungen ermöglicht werden, die während der durch gesetzliche Fristen bestimmten zeitlichen Begrenzung **ohne Verschulden des Betroffenen** nicht vorgenommen wurden.[1] Die weitgehend identischen Regelungen für das Verwaltungs- und das Gerichtsverfahren (zu Abweichungen → Rn. 21) dienen der Verwirklichung von **Einzelfallgerechtigkeit** – unter Abwägen mit dem Erfordernis der Rechtssicherheit –, der verfassungsrechtlichen **Rechtsschutzgarantie** (Art. 20 Abs. 3, 19 Abs. 4 GG) und der rechtsstaatlichen Anforderung an die den Grundsatz auf **rechtliches Gehör** (Art. 103 Abs. 1 GG) gewährleistenden Verfahrensgestaltung. Bei der Anwendung und Auslegung der gesetzlichen Vor-

---

[1] Mutschler in: KassKomm, Stand 09/2017, SGB X § 27 Rn. 2.

schriften, die die Wiedereinsetzung regeln, dürfen die Anforderungen nicht überspannt werden.[2] Im Zweifel verdient diejenige Interpretation den Vorzug, die dem Anliegen der Bürger Rechnung trägt.[3] Eine spezielle Wiedereinsetzungsregelung enthält § 28 **SGB X** (zu weiteren Ausführungen insoweit → Kap. 47 Rn. 36 ff.). Diese Norm ermöglicht die **Nachholung** einer für den Leistungserhalt erforderlichen **Antragstellung**.[4] Hinsichtlich der existenzsichernden Leistungen gelten aber gem. § 40 Abs. 7 SGB II und § 5 Abs. 3 S. 3 BKGG[5] **verkürzte Nachholungsfristen** (zu weiteren Ausführungen insoweit → Kap. 47 Rn. 39). Zu der Sondervorschrift des § 41 Abs. 3 SGB X → Rn. 17 f. Ein **erfolgloser** Wiedereinsetzungsantrag kann als Antrag nach § 44 SGB X ausgelegt werden.

Da nach Auffassung des Bundessozialgerichts[6] die Antragsfrist des § 37 SGB II aF nicht als gesetzliche Frist iSv § 27 SGB X angesehen wurde – die Rechtslage hat sich insoweit durch die Neufassung nicht geändert – und die Entscheidung zu §§ 41 Abs. 1 S. 1 iVm 44 Abs. 1 S. 2 SGB XII zu dieser Frage nicht abweichend ausfallen dürfte, besteht auf dem Gebiet der **existenzsichernden Leistungen** für § 27 SGB X kein erheblicher Anwendungsbereich. Anders verhält es sich in Bezug auf § 41 Abs. 3 SGB X und § 67 SGG. Aus systematischen Gründen wird die Darstellung der Wiedereinsetzung nach § 27 SGB X vorangestellt.

A. Wiedereinsetzung in den vorigen Stand nach § 27 SGB X

2 Eine Wiedereinsetzung im **Verwaltungsverfahren** ist nach § 27 SGB X zu gewähren, wenn ohne Verschulden eine gesetzliche Frist (verfahrens- oder materiellrechtlicher[7] Art) versäumt ist und (grundsätzlich) ein entsprechender Antrag gestellt wurde. Ferner darf die Wiedereinsetzung nicht wegen Zeitablaufs oder durch Rechtsvorschrift ausgeschlossen sein. Liegen bei einer auf Pflichtverletzung eines Leistungsträgers beruhenden Fristversäumnis die tatbestandlichen Voraussetzungen für die Anwendung des § 27 SGB X nicht vor (etwa wegen Verschulden des Antragstellers), so kann uU auf den **sozialrechtlichen Herstellungsanspruch** zurückgegriffen werden; beide Institute sind **nebeneinander anwendbar** (→ Rn. 22).

Zur Abgrenzung: Nach § 67 SGG kann Wiedereinsetzung in den vorigen Stand bei Versäumung einer **gesetzlichen Verfahrensfrist** (außerhalb des Verwaltungsverfahrens) gewährt werden. Unter einer solchen ist die in einem Gesetz geregelte, zeitliche Grenze zu verstehen, innerhalb derer ein Beteiligter eine Prozesshandlung, wenn sie zulässig sein soll, vornehmen muss.[8] Insbesondere zählen hierzu Fristen für Rechtsbehelfe etwa für das Widerspruchsverfahren (§ 84 Abs. 1 SGB X; § 84 Abs. 2 S. 3 SGG verweist auf § 67 SGG),[9] für die Nichtzulassungsbeschwerde (§ 145 Abs. 1 SGG [Zulassung der Berufung],[10] § 160 a Abs. 1 SGG [Zulassung der Revision][11]), Beschwerde (§ 173 SGG),[12] Berufung (§ 151 Abs. 1 SGG),[13] Revision (§ 164 Abs. 1 SGG),[14] für die Begründung ei-

---

2 Ständige Rechtsprechung des BVerfG, s. nur 25.11.1994 – 2 BvR 852/93, NJW 1995; 2.9.2002 – 1 BvR 476/01, NJW 2002, 3692, Rn. 10; 4.5.2004 – 1 BvR 1892/03, Rn. 11, NJW 2004, 2887, jeweils mwN.
3 BVerfG 2.9.2002 – 1 BvR 476/01, NJW 2002, 3692, Rn. 10 mwN.
4 Vgl. zur Anwendung im SGB II BSG 19.10.2010 – B 14 AS 16/09 R, Rn. 20 ff., SozR 4-4200 § 37 Nr. 3.
5 Geändert durch Starke-Familien-Gesetz v. 29.4.2019, BGBl. I S. 530; bis 30.6.2019: § 6 a Abs. 2 S. 5 BKGG.
6 BSG 18.1.2011 – B 4 AS 99/10 R, Rn. 23, SozR 4-4200 § 37 Nr. 5.
7 BSG 23.1.2008 – B 10 EG 6/07 R, Rn. 12, SGb 2009, 54, zu § 4 Abs. 2 S. 3 BErzGG aF (jetzt § 7 Abs. 1 S. 2 BEEG).
8 HK-SGG/Littmann, 5. Aufl. 2017, § 67 Rn. 4.
9 Vgl. SG Marburg 8.9.2010 – S 12 KA 903/09, Rn. 21.
10 Vgl. SächsLSG 26.6.2017 – L 3 AL 86/16 NZB, Rn. 11 ff.
11 Vgl. BSG 9.5.2018 – B 12 KR 26/18 B, Rn. 10, NJW 2018, 2222 (2223).
12 Vgl. BayLSG 4.6.2018 – L 11 AS 363/18 B ER, Rn. 6 ff.
13 Vgl. LSG BW 22.9.2016 – L 6 VG 1977/15, Rn. 23 ff.
14 Vgl. BSG 5.12.2017 – B 12 P 2/16, Rn. 7 f.

nes Rechtsmittels (§ 160 a Abs. 2 SGG [Zulassung der Revision],[15] § 164 Abs. 2 SGG [Revision][16]), Beibringung der Zustimmungserklärung zur Sprungrevision (§ 161 Abs. 1 SGG)[17] und der Wiedereinsetzungsantrag selbst nach § 67 Abs. 2 SGG.[18] Keine gesetzliche Fristen iSv § 67 SGG sind **richterliche Fristen**, mit Ausnahme der in § 92 Abs. 2 S. 3 SGG bestimmten Frist und der Widerrufsfristen für einen gerichtlichen Vergleich.[19]

I. Gesetzliche Fristen

Anders als bei der prozessualen Wiedereinsetzungsvorschrift des § 67 Abs. 1 SGG, die auf die Versäumung einer gesetzlichen „Verfahrensfrist" – eine solche ist auch die Widerspruchsfrist, § 84 Abs. 2 S. 3 SGG – abstellt, lässt § 27 SGB X die Versäumung jeder gesetzlichen Frist genügen, also Fristen, die durch förmliches Gesetz, Rechtsverordnung oder Satzung normiert sind.[20] Bei der Frist kann es sich um eine verfahrensrechtliche Frist handeln. Aber auch die Versäumung einer **materiellrechtlichen** Frist kann Gegenstand eines Wiedereinsetzungsantrags sein. Für solche Fristen ist die Wiedereinsetzung allerdings unzulässig, wenn sie ausdrücklich ausgeschlossen ist (vgl. auch § 27 Abs. 5 SGB X, dazu → Rn. 16) oder wenn sich durch Auslegung nach dem Zweck der jeweiligen Fristbestimmung und der ihr zugrundeliegenden Interessenabwägung ergibt, dass es sich um eine materiellrechtliche Ausschlussfrist handelt.[21] Eine solche Ausschlussfrist stellt etwa § 102 Abs. 2 SGG dar.[22]

Eine Frist bezeichnet einen abgegrenzten, also bestimmten oder jedenfalls bestimmbaren Zeitraum,[23] wobei sich die Bestimmung auf einen Zeitpunkt oder einen Zeitraum beziehen kann.[24] Gesetzliche Fristen im Sinne der Wiedereinsetzungsvorschriften sind Fristen, die kraft Gesetzes ohne behördliche Festsetzung allein aufgrund eines bestimmten Ereignisses zu laufen beginnen und deren Dauer das Gesetz bestimmt.[25]

Für den **Fristbeginn** und den **Fristablauf** im Verwaltungsverfahren verweist § 26 Abs. 1 SGB X auf die Vorschriften der §§ 187 (Fristbeginn, ergänzt durch § 26 Abs. 2 SGB X für behördliche Fristen) bzw. 188 BGB (Fristende). Sonderregelungen für den Fristablauf an **Wochenenden und Feiertagen** enthalten § 193 BGB und § 26 Abs. 3 und 4 SGB X. § 26 Abs. 3 S. 1 SGB X dehnt den Anwendungsbereich von § 193 BGB auf alle Fristen des SGB aus. Bei der **Leistungserbringung** durch eine Behörde für einen **bestimmten Zeitraum** regelt § 26 Abs. 4 SGB X (abweichend von Abs. 3 S. 1), dass dieser Zeitraum auch dann mit dem Ablauf des letzten Tages endet, wenn dieser auf einen Sonntag, gesetzlichen Feiertag oder Sonnabend fällt. Im Rahmen von § 67 SGG (Verfahrensfristen) gelten über § 202 SGG insoweit die Bestimmungen der §§ 221 ff. ZPO.

Auch sog **gleitende Fristen** des materiellen Sozialrechts, die bestimmen, dass für die Verwirklichung eines Anspruchs dieser innerhalb einer bestimmten Frist zu beantragen ist (vgl. etwa § 4 Abs. 2 S. 3 BErzGG aF, § 7 Abs. 1 S. 2 BEEG, § 25 Abs. 2 WoGG), unter-

15 Vgl. BSG 28.6.2018 – B 1 KR 59/17 B, Rn. 4 ff.
16 Vgl. BSG 14.12.2010 – B 10 EG 4/10 R, Rn. 8 ff.
17 Vgl. BSG 2.3.1994 – 1 RK 58/93, Rn. 9, SozR 3–1500 § 137 Nr. 1.
18 HK-SGG/Littmann, 5. Aufl. 2017, § 67 Rn. 4.
19 Keller in: Meyer-Ladewig/Keller/Leitherer/Schmidt SGG § 67 Rn. 2 c u. 2 d.
20 Vgl. Siefert in: v. Wulffen/Schütze SGB X § 26 Rn. 4.
21 Vgl. BSG 25.10.1988 – 12 RK 22/87, Rn. 18 ff., BSGE 64, 153 (156); BSG 16.12.1999 – B 14 EG 3/98 R, Rn. 28, BSGE 85, 231 (239).
22 Vgl. LSG NW 22.1.2016 – L 19 AS 1863/15 B, Rn. 13 mwN auch zur abweichenden Ansicht.
23 RG Urt. v. 8.6.1928 – III 426/27, RGZ 120, 355 (362).
24 Vgl. LSG BW 11.7.2012 – L 2 SO 3706/11, Rn. 22, ZFSH/SGB 2012, 605.
25 BVerwG 18.4.1997 – 8 C 38/95, Rn. 10, NJW 1997, 2966 (2967).

fallen dem Anwendungsbereich von § 27 Abs. 1 SGB X.[26] Ebenso sind grundsätzlich die Vorschriften über die Wiedereinsetzung anwendbar bei verspäteter Stellung eines **Rentenantrags** nach § 115 Abs. 1 S. 1 SGB VI.[27] Nach Ansicht des BSG soll eine Wiedereinsetzung bei Versäumung eines **Leistungsantrags nach § 37 SGB II aF** nicht statthaft sein (§ 27 SGB X gilt nicht).[28] Zur Kritik an dieser Entscheidung → Kap. 47 Rn. 40. Die Streitfrage verliert an Brisanz, wenn die unterbliebene Antragstellung auf einem rechtswidrigen Behördenverhalten beruht und der sozialrechtliche Herstellungsanspruch auch in solchen Fallgestaltungen anwendbar ist,[29] siehe hierzu näher unten → Rn. 22 f.[30]

II. Fristgebundener Antrag

6 Grundsätzlich wird Wiedereinsetzung nach § 27 Abs. 1 S. 1 SGB X nur **auf Antrag** gewährt,[31] wobei wegen der Nichtförmlichkeit des Verwaltungsverfahrens (§ 9 SGB X; → Kap. 47 Rn. 13) keine übertriebenen Anforderungen an das Bestehen eines Antrags zu stellen sind; es reicht, dass aus dem Vorbringen des Antragstellers erkennbar wird, dass er eine gesetzliche Frist ohne Verschulden versäumt hat und ein bestimmtes Begehren weiter verfolgt.[32] Holt er die versäumte Handlung nach, ist nach § 27 Abs. 2 S. 3 SGB X ein Antrag nicht erforderlich, → Rn. 7. Die Regelung entspricht insoweit § 67 Abs. 1 SGG. Der Antrag ist **fristgebunden** und nach § 27 Abs. 2 S. 1 SGB X innerhalb einer Frist von zwei Wochen (bzw. nach § 67 Abs. 2 S. 1 SGG innerhalb einer Frist von einem Monat) nach Wegfall des Hindernisses (etwa: Rückkehr aus dem Krankenhaus) zu stellen, zugleich ist die versäumte Handlung (etwa Antrag auf Leistung) vorzunehmen, § 27 Abs. 2 S. 3 SGB X (bzw. § 67 Abs. 2 S. 3 SGG). Auch hinsichtlich der Versäumung der Antragsfrist kann Wiedereinsetzung beantragt werden.[33] Die Tatsachen zur **Begründung** des Wiedereinsetzungsantrages sind ebenfalls innerhalb dieser Frist beizubringen[34] und gem. § 27 Abs. 2 S. 2 SGB X bei der Antragstellung oder später im Verfahren über den Antrag (hierzu → Rn. 18) **glaubhaft zu machen**, etwa durch eidesstattliche Versicherung, § 23 SGB X. Geschieht das nicht, sind die Voraussetzungen der Wiederaufnahme von Amts wegen zu ermitteln.[35] Die Glaubhaftmachung ist in § 67 Abs. 2 S. 2 SGG als Sollvorschrift ausgestaltet.

7 Nach § 27 Abs. 2 S. 3 SGB X (so auch § 67 Abs. 2 S. 4 SGG) kann der Antrag auch durch Nachholen der **versäumten Handlung ersetzt** werden.[36] Dann muss Wiedereinsetzung allerdings nicht wie nach § 27 Abs. 1 S. 1 SGB X gewährt werden, sondern steht nach Abs. 2 S. 4 der Vorschrift („kann") im **Ermessen** der Behörde (bzw. des Gerichts bei der Vorschrift des § 67 Abs. 2 S. 4 SGG).

Allerdings dürfte jede andere Entscheidung als die Gewährung der Einsetzung ermessensfehlerhaft sein, wenn der Behörde die Gründe für die Fristversäumung bekannt sind oder in ihrem Verantwortungsbereich liegen und der Wiedereinsetzung keine Allge-

26 So BSG 23.1.2008 – B 10 EG 6/07 R, Rn. 12, SGb 2009, 54 mit Anm. Köhler zu § 4 Abs. 2 S. 3 BErzGG und BVerwG 18.4.1997 – 8 C 38/95, NJW 1997, 2966; aA: BVerwG 23.10.1993 – 11 C 16/92, zu § 15 Abs. 1 BAföG.
27 BSG 6.5.2010 – B 13 R 44/09 R, Rn. 21, SozR 4–1200 § 14 Nr. 13.
28 BSG 18.1.2011 – B 4 AS 99/10 R, Rn. 23, SozR 4–4200 § 37 Nr. 5.
29 Vgl. dazu BSG 18.1.2011 – B 4 AS 29/10 R, Rn. 12 ff., SozR 4–1200 § 14 Nr. 15.
30 Allgemeine Meinung, etwa BSG 6.5.2010 – B 13 R 44/09 R, Rn. 26 mwN, SozR 4–1200 § 14 Nr. 13.
31 S. etwa BSG 2.7.2007 – B 2 U 41/07 R, der auch stillschweigend gestellt werden kann, BGH 5.4.2011 – VII ZB 81/10, Rn. 13.
32 Siefert in: v. Wulffen/Schütze SGB X § 27 Rn. 31.
33 BVerwG 18.4.1997 – 8 C 38/95, NJW 1997, 2966 (2970).
34 Prickel (Lit.), 95.
35 Mutschler in: KassKomm, Stand 03/2018, SGB X § 27 Rn. 15.
36 Vgl. etwa SchlHLSG 1.7.2010 – L 5 KR 46/09, Rn. 18, Breithaupt 2010, 1095.

meininteressen entgegenstehen (Ermessensreduzierung auf Null).[37] Gleiches gilt hinsichtlich § 67 Abs. 2 S. 4 SGG.[38]

III. Ausschluss der Wiedereinsetzung

Ausgeschlossen ist die Wiedereinsetzung bei **Verschulden**, grundsätzlich nach Ablauf der **8** **Jahresfrist** nach § 27 Abs. 3 SGB X oder dann, wenn sich der Ausschluss aus einer **Rechtsvorschrift** ergibt, § 27 Abs. 5 SGB X.

1. Verschulden

Nur wenn jemand **ohne Verschulden** verhindert war, eine gesetzliche Frist einzuhalten, **9** ist ihm auf Antrag nach § 27 Abs. 1 S. 1 SGB X (§ 67 Abs. 1 SGG) Wiedereinsetzung in den vorigen Stand zu gewähren. Verschulden wird üblicher Weise definiert als die Außerachtlassung der Sorgfalt, die einem im Verwaltungsverfahren gewissenhaft Handelnden nach den gesamten Umständen des jeweiligen Falles zuzumuten ist.[39] Aus den bereits oben in der Einleitung genannten Gründen sind insoweit **keine übertriebenen Anforderungen** zu stellen, auch wegen der ja generell gegebenen Möglichkeit einer erneuten Antragstellung nach § 44 SGB X.[40] Unverschuldet ist ein Fristversäumnis ua dann, wenn es zumindest **auch** auf Fehlern beruht, die im **Verantwortungsbereich** der Verwaltungsbehörden/Gerichte bei der Wahrnehmung der ihnen obliegenden Fürsorgepflicht begründet sind.[41]

Bei der Prüfung des Verschuldens gilt nicht ein objektiver, sondern ein **subjektiver** Maßstab, wobei insbesondere der Geisteszustand, das Alter, der Bildungsgrad und die Geschäftsgewandtheit der handelnden Person zu berücksichtigen ist.[42] **10**

Die Rechtsprechung zu der Frage, wann von Verschulden auszugehen ist, ist sehr **kasu-** **11** **istisch**.[43] Besteht das Verschulden in einer falschen Adressierung des Schreibens – das an eine **unzuständige** Behörde oder ein unzuständiges Gericht gerichtet wird –, so ist, wenn dann eine pflichtwidrige Weiterleitung unterbleibt (für das Verwaltungsverfahren vgl. § 16 Abs. 2 S. 1 SGB I), eine Wiedereinsetzung grundsätzlich möglich.[44] **Fällt das Hindernis**, eine fristwahrende Handlung vorzunehmen, noch **vor Ablauf** dieser **Frist** weg, kann Wiederaufnahme trotz Fristüberschreitung gewährt werden, wenn im konkreten Fall eine **Überlegungsfrist** benötigt wurde.[45] Verschulden schließt iÜ die Wiedereinsetzung nur aus, soweit es für die Fristversäumnis **ursächlich** war.[46]

Auch wenn nach allgemeinen Grundsätzen ein Verschulden anzunehmen ist, fehlt ein **12** **Zurechnungszusammenhang**, wenn die Fristversäumung (auch) auf Fehlern des Gerichts beruht; es bestehen uU – insbesondere bei offenkundigen Versehen – **prozessuale Fürsorgepflichten** der Gerichte, die Beteiligten oder ihre Bevollmächtigten vor den fristbezogenen Folgen eines bereits begangenen Fehlers zu bewahren.[47]

---

37 Siefert in: v. Wulffen/Schütze SGB X § 27 Rn. 38 mwN.
38 Keller in: Meyer-Ladewig/Keller/Leitherer/Schmidt SGG § 67 Rn. 10.
39 Mutschler in: KassKomm, Stand 03/2018, SGB X § 27 Rn. 7; Beispiele bei Prickel (Lit.) 94 f.
40 Vgl. auch Mutschler in: KassKomm, Stand 03/2018, SGB X § 27 Rn. 7.
41 Vgl. hierzu, bei Fehlern des Gerichts, BSG 6.10.2011 – B 14 AS 65/11 B, NJW 2012, 1469, Rn. 8 mwN, siehe auch → Rn. 12.
42 BSG 16.3.2016 – B 9 V 6/15 R, Rn. 19, SozR 4–3100 § 60 Nr. 7.
43 Vgl. etwa die Übersichten in Mutschler in: KassKomm, Stand 03/2018, SGB X § 27 Rn. 7 ff.; Siefert in: v. Wulffen/Schütze SGB X, 8. Aufl., § 27 Rn. 15 ff.
44 So bereits BSG 10.12.1974 (großer Senat) – GS 2/73, BSGE 38, 248, ferner BVerfG 2.9.2002 – 1 BvR 476/01, NJW 2002, 3692; zusammenfassend Mrozynski SGB I § 16 Rn. 26.
45 Heße in: BeckOK SozR, Stand 03/2018, SGB X § 27 Rn. 15; dagegen Mutschler in: KassKomm, Stand 03/2018, SGB X § 27 Rn. 14.
46 S. hierzu Keller in: Meyer-Ladewig/Keller/Leitherer/Schmidt SGG § 67 Rn. 3 mwN.
47 Keller in: Meyer-Ladewig/Keller/Leitherer/Schmidt SGG § 67 Rn. 4 a–4 e.

13 Das **Verschulden eines Vertreters**[48] (s. §§ 13 u. 15 SGB X) ist dem Vertretenen zuzurechnen, § 27 Abs. 1 S. 2 SGB X.[49] Diese Zurechnung erfolgt bei der durch Rechtsgeschäft oder Gesetz[50] begründeten Vertretung. Die Zurechnung eines Handelns einer Person, die der Betroffene nicht beauftragt oder zur Abgabe bestimmter Erklärungen bevollmächtigt hat, sondern denen nur Vorbereitungshandlungen obliegen (sog **funktionale Vertreter**), beruht auf dem allgemeinen Rechtsgedanken, dass sich niemand einer im Außenverhältnis obliegenden Verantwortung durch Übertragung von Aufgaben an dritte Personen entledigen kann.[51] Nicht zuzurechnen ist allerdings das Verschulden des Ehegatten, der ein Schriftstück iRd **Ersatzzustellung** (§ 178 ZPO) entgegennimmt.[52] Wenn der Vertreter **rechtskundig** ist, gilt ihm gegenüber ein strengerer Maßstab als bei dem Vertretenen, weil, wie oben bereits ausgeführt, auf subjektive Gegebenheiten abzustellen ist.[53] Der Regelungsinhalt der Norm des § 38 Abs. 1 SGB II beschränkt sich auf die Vermutung der Vertretung innerhalb der Bedarfsgemeinschaft nach § 7 Abs. 3 SGB II. Die Vorschrift erlaubt nicht etwa die „Zurechnung" von Verschulden innerhalb der Mitglieder einer Bedarfsgemeinschaft.[54]

14 Die Fristversäumung kann auch auf sorgfaltswidrigem Verhalten von **Hilfspersonen** beruhen, die nicht vertretungsbefugt sind und die der Betroffene oder sein Bevollmächtigter eingeschaltet hat. Maßgeblich ist hier darauf abzustellen, ob hinsichtlich der **Auswahl** und der **Überwachung** der Hilfsperson kein schuldhaftes Verhalten vorliegt und bei einer Einschaltung durch einen Prozessbevollmächtigten zusätzlich, ob die Hilfsperson ausreichend **geschult** und **unterrichtet** worden ist.[55]

2. Ablauf der Jahresfrist

15 Grundsätzlich kann die Wiedereinsetzung **nach einem Jahr** seit dem Ende der versäumten Frist nicht mehr beantragt oder die versäumte Handlung nicht mehr nachgeholt werden, § 27 Abs. 3 S. 1 Hs. 1 SGB X. Ausnahmsweise gilt dies nach dem zweiten Halbsatz der Vorschrift nicht, wenn die Nachholung wegen **höherer Gewalt** – also jedes Geschehens, das auch durch die größtmögliche, von dem Betroffenen unter seiner Lage, Bildung und Erfahrung vernünftigerweise zu erwartende und zumutbare Sorgfalt nicht abgewendet werden konnte[56] – unmöglich war, wobei auch insoweit **subjektive Kriterien** gelten.[57] Entsprechend lautet die gesetzliche Bestimmung des § 67 Abs. 3 SGG. Unabwendbar in diesem Sinne ist die Fristversäumnis insbesondere, wenn sie durch eine **falsche** oder **irreführende Auskunft** oder **Belehrung** oder sonst durch ein rechts- oder treuwidriges Verhalten der Verwaltungsbehörde verursacht wird. Das bringt bereits das Gesetz selbst zum Ausdruck, wenn es in § 66 Abs. 2 SGG der höheren Gewalt dem Fall gleichstellt, dass fälschlich eine schriftliche Belehrung dahin erfolgt, ein Rechtsbehelf sei nicht gegeben. Der darin zum Ausdruck gekommene Rechtsgedanke ist auf vergleichba-

---

48 Vgl. zum Verschulden eines Rechtsanwalts BSG 27.5.2008 – B 2 U 5/07 R, Rn. 14 ff., SozR 4–1500 § 67 Nr. 6 mAnm Keller ASR 2009, 25.
49 Zum Organisationsverschulden des Prozessbevollmächtigten bei unrichtiger Fristeintragung s. etwa BSG 27.5.2008 – B 2 U 5/07 R mit Anm. Keller in: jurisPR-SozR 1/2009 Anm. 6. Vgl. zur Pflicht zur Organisation einer wirksamen Ausgangskontrolle bei Nutzung des elektronischen Rechtsverkehrs BayLSG 3.1.2018 – L 17 U 298/17, Rn. 12.
50 Vgl. etwa BSG 16.3.2016 – B 9 V 6/15 R, Rn. 19, SozR 4–3100 § 60 Nr. 7.
51 BSG 23.1.2008 – B 10 EG 6/07 R, SGb 2009, 54 mAnm Köhler.
52 LSG NRW 20.1.2011 – L 7 AS 887/10 B, Rn. 9 mwN.
53 BSG 23.1.2008 – B 10 EG 6/07 R, Rn. 16, SozR 4–7833 § 4 Nr. 1 mAnm Köhler.
54 BSG 7.7.2011 – B 14 AS 144/10, Rn. 16 und → Kap. 47 Rn. 20.
55 Siefert in: v. Wulffen/Schütze SGB X, 8. Aufl., § 27 Rn. 29 mwN.
56 BSG 25.3.2003 – B 1 KR 36/01 R, Rn. 17, BSGE 91, 39 zu § 67 Abs. 3.
57 BSG 2.2.2006 – B 10 EG 9/09 R, SGb 2006, 759 mAnm Timme, S. 760 unter Hinweis auf BSG SozR 3–3100 § 60 Nr. 3.

re Konstellationen, wie bei der Wiedereinsetzung, zu übertragen.[58] Gleiche Grundsätze gelten im Rahmen von § 67 SGG.[59]

3. Ausschluss durch Rechtsvorschrift

Schließlich ist die Wiedereinsetzung nach § 27 Abs. 5 SGB X unzulässig, wenn sich aus einer Rechtsvorschrift ergibt, dass sie ausgeschlossen ist („absolut wirkende Ausschlussfrist"). Eine solche Regelung, die bei § 67 SGG fehlt, ist sowohl in Form einer ausdrücklichen Anordnung innerhalb der jeweiligen Fristenregelung möglich als auch – insbesondere bei älteren Gesetzen – dadurch, dass sich ein solcher durch Auslegung von **Ziel und Zweck** der jeweiligen **Fristbestimmung** und der ihr zugrundeliegenden Interessenabwägung ergibt.[60] Ein Ausschluss tritt jedoch nur ein, wenn die Regelung „mit der Frist steht und fällt",[61] im Zweifel ist die Wiedereinsetzung zulässig.[62] Unanwendbar ist die Wiedereinsetzung etwa bei Verjährungsfristen.

16

IV. Erleichterte Wiedereinsetzung bei Verfahrens- und Formfehlern (§ 41 Abs. 3 SGB X)

Fehlt einem Verwaltungsakt die notwendige **Begründung** (§ 35 SGB X) oder ist die erforderliche **Anhörung** (§ 24 SGB X) eines Beteiligten vor Erlass des Verwaltungsaktes unterblieben und ist hierdurch (Kausalitätserfordernis)[63] die rechtzeitige Anfechtung des Verwaltungsaktes versäumt worden, gilt die Versäumung der **Rechtsbehelfsfrist** gem. § 41 Abs. 3 S. 1 SGB X. Insoweit werden hinsichtlich des **Widerspruchsverfahrens** – anwendbar ist hier über § 84 Abs. 2 S. 3 SGG die Norm des § 67 SGG – die Konsequenzen der vorstehend erwähnten Formfehler für die Wiedereinsetzung gegenüber dem allgemeinen Grundsatz zum Erfordernis fehlenden Verschuldens modifiziert. Gem. § 41 Abs. 3 S. 2 SGB X beginnt mit dem Nachholen der unterbliebenen Verfahrenshandlung die zweiwöchige Wiedereinsetzungsfrist des § 27 Abs. 2 S. 1 SGB X, hierzu → Rn. 6.

17

Diese Vorschrift ist in Verfahren, die **existenzsichernde Leistungen** betreffen, bedeutsam. Häufig sind Bescheide der Jobcenter nicht oder nicht ausreichend begründet, etwa wegen der nur teilweisen Übernahme des Wohnbedarfs. Mittels der Anwendung von § 41 Abs. 3 SGB X können in solchen Fällen uU selbst für länger zurückliegende Zeiten nach einem erfolgreichen Widerspruch Leistungen erlangt werden, auch über den durch § 44 SGB X iVm § 40 Abs. 1 S. 2 SGB II gezogenen zeitlichen Rahmen hinaus. Der Ausschluss der Wiedereinsetzung wegen Ablauf der Jahresfrist (§ 67 Abs. 3 SGG, entspricht § 27 Abs. 3 SGB X, hierzu → Rn. 15) dürfte hier regelmäßig nicht eintreten, da die durch eine nicht begründete Mitteilung der Behörde ausgelöste Fristüberschreitung allein der **Sphäre des Leistungsträgers** zuzurechnen und als „höhere Gewalt" anzusehen ist.[64]

---

58 BSG 25.3.2003 – B 1 KR 36/01 R, BSGE 91, 39.
59 BSG 6.10.2011 – B 14 AS 65/11 B, NJW 2012, 1469, Rn. 10 mwN.
60 Vgl. BSG 23.1.2008 – B 10 EG 6/07 R, Rn. 13, SozR 4–7833 § 4 Nr. 1.
61 Vgl. BSG 4.9.2013 – B 12 AL 2/12 R, Rn. 18 mwN, SozR 4–4300 § 28 a Nr. 5.
62 Vgl. BSG 25.10.1988 – 12 RK 22/87, Rn. 23, 25, BSGE 64, 156 (158 f.).
63 Die Kausalität liegt bereits dann vor, wenn nicht auszuschließen ist, dass der Rechtsbehelf bei ordnungsgemäßem Verfahren eingelegt worden wäre, vgl. Steinwedel in: KassKomm, Stand 03/2018, SGB X § 41 Rn. 30.
64 Zum Begriff der höheren Gewalt in § 67 Abs. 3 SGG s. Keller in: Meyer-Ladewig/Keller/Leitherer/Schmidt SGG § 67 Rn. 14 a mwN und BSG 6.10.2011 – B 14 AS 63/11 B, NJW 2012, 1469.

V. Verfahrensablauf

18 Über den Antrag auf Wiedereinsetzung entscheidet die Behörde, die über die versäumte Handlung zu befinden hat. Es gelten die **allgemeinen Verfahrensgrundsätze**, insbesondere § 20 SGB X. Der Amtsermittlungsgrundsatz kommt insbesondere dann zum Tragen, wenn den Antragstellern die im Gesetz vorgesehene Glaubhaftmachung nicht möglich ist. Regelmäßig wird zusammen mit der Hauptsacheentscheidung auch eine Regelung über die Wiedereinsetzung getroffen, § 27 Abs. 4 SGB X. Eine ablehnende Entscheidung kann der Betroffene mit Widerspruch und dann ggf. gerichtlich anfechten.

B. Abweichungen bei der Wiedereinsetzung nach § 67 SGG

19 Über den Wiedereinsetzungsantrag hat das zur Entscheidung über die versäumte Rechtshandlung berufene Gericht **ausdrücklich** zu entscheiden (§ 67 Abs. 4 S. 1 SGG), eine nur stillschweigend gewährte Wiedereinsetzung ist nicht möglich.[65] Ein bewilligender Beschluss ist **unanfechtbar**, § 67 Abs. 4 S. 2 SGG. Da § 84 Abs. 2 S. 3 SGG hinsichtlich des Widerspruchsverfahrens ua auf § 67 SGG verweist, dürften die Sozialgerichte nicht befugt sein, eine von der Widerspruchsbehörde bewilligte Wiedereinsetzung zu ändern.[66]

20 Wiedereinsetzung nach § 67 SGG ist insbesondere dann zu gewähren, wenn Beteiligte wegen ihrer **Mittellosigkeit** an der Einlegung eines Rechtsmittels gehindert sind. Allerdings muss der **PKH-Antrag** innerhalb der Rechtsbehelfsfrist (ggf. auch erst kurz vor Ablauf der Frist) ordnungsgemäß eingereicht sein, unter Verwendung eines Vordrucks nach § 117 Abs. 4 ZPO. Bei **Bewilligung oder Ablehnung** von PKH ist Wiedereinsetzung zu bewilligen, wenn mit einer Ablehnung des Gesuchs wegen fehlender Bedürftigkeit nicht zu rechnen war. **Unerheblich** ist, ob in dem Verfahren **Kosten** entstehen, ein **Vertretungszwang** besteht und die Einschaltung eines **Anwalts notwendig** ist.[67] Bei der **Nichtzulassungsbeschwerde** nach § 160 a SGG gilt: Ist nach einem vorgeschalteten PKH-Antrag sowohl die Einlegungsfrist (§ 160 a Abs. 1 S. 2 SGG) als auch die Begründungsfrist (§ 160 a Abs. 2 S. 1 SGG) versäumt, so ist Wiedereinsetzung zu gewähren und es steht eine Frist von einem Monat seit Zustellung des bewilligenden Beschlusses zur Verfügung, um die Nichtzulassungsbeschwerde zu begründen.[68]

21 Grundsätzlich kann hinsichtlich der tatbestandlichen Voraussetzungen der Norm auf obige Ausführungen zu § 27 SGB X (→ Rn. 2 ff.) verwiesen werden. Allerdings gelten neben dem unterschiedlichen Anwendungsbereich folgende **inhaltliche Abweichungen**:

- Da nach § 27 SGB X die Wiedereinsetzung innerhalb von zwei Wochen zu beantragen ist, beträgt die entsprechende **Frist** in § 67 Abs. 2 S. 1 SGG einen Monat.

- Nach § 27 Abs. 2 SGB X „sind" die Tatsachen zur Begründung des Antrags **glaubhaft** zu machen, § 67 Abs. 2 S. 2 SGG sieht vor, dass dies nur geschehen „soll".

- Die Regelung des § 27 Abs. 5 SGB X – **Ausschluss der Wiedereinsetzung** durch Rechtsvorschrift – fehlt in § 67 SGG.

- Ein **scheinbarer Unterschied** besteht insoweit, als nur § 27 Abs. 1 S. 2 SGB X bestimmt, dass das Verschulden eines Vertreters dem Vertretenen zuzurechnen ist, eine entsprechende Bestimmung aber in § 67 SGG fehlt. Denn die Zurechnung des Verschuldens eines Vertreters ergibt sich aus anderen Vorschriften, nämlich für Prozessbevollmächtigte aus § 73 Abs. 6 S. 6 SGG iVm § 85 Abs. 2 ZPO, für gesetzliche Ver-

---

65 BSG 2.7.2007 – B 2 U 41/07 B, Rn. 3, SozR 4–1500 § 67 Nr. 4; hierzu Reyels in: jurisPR-SozR 20/2007, Anm. 6.
66 Vgl. Schmidt in: Meyer-Ladewig/Keller/Leitherer/Schmidt SGG § 84 Rn. 8 a mwN.
67 Vgl. dazu Schmidt in: Meyer-Ladewig/Keller/Leitherer/Schmidt SGG § 73 a Rn. 5 d, 5 e mwN.
68 Vgl. BSG 25.10.2011 – B 13 R 251/11 B, Rn. 6 mwN.

treter aus § 202 S. 1 SGG iVm § 51 Abs. 2 ZPO und für sonstige Vertreter aus § 72 SGG.[69]

C. Sozialrechtlicher Herstellungsanspruch/§ 44 SGB X

Wenn im Verwaltungsverfahren nach Maßgabe obiger (→ Rn. 2 ff.) Ausführungen Wiedereinsetzung nicht zu erreichen ist – etwa wegen Versäumen der Jahresfrist (§ 27 Abs. 3 SGB X) oder wegen eines Ausschlusses nach § 27 Abs. 5 SGB X – bleibt zu prüfen, ob dem Fristablauf mit dem Institut des **sozialrechtlichen Herstellungsanspruchs** (hierzu näher Kapitel 56) begegnet werden kann. Nach der Rechtsprechung des BSG ist das Institut des sozialrechtlichen Herstellungsanspruchs neben § 27 SGB X anwendbar.[70] Damit grenzt sich das BSG von der Rechtsprechung des BVerwG ab.[71] In den Wiedereinsetzungsregeln des § 27 SGB X wird keine abschließende Entscheidung des Gesetzgebers über die in einer verspäteten Antragstellung liegenden Folgen von Pflichtverletzungen der Verwaltung vorgenommen. Die Anwendungsbereiche beider Rechtsinstitute sind allerdings **nicht deckungsgleich.** Der Herstellungsanspruch ist hinsichtlich seiner rechtlichen Voraussetzungen einerseits **enger** als § 27 SGB X, weil er nur Fristversäumnisse erfasst, die auf **Behördenfehlern** beruhen, andererseits **weiter**, weil er nicht fristgebunden und unabhängig von (jedenfalls fahrlässigem) Mitverschulden der Leistungsberechtigten ist. **22**

Unabhängig von den Wiedereinsetzungsvorschriften – auch für diejenige nach § 67 SGG – besteht der Anspruch der Leistungsberechtigten auf Rücknahme rechtswidriger, belastender Verwaltungsakte nach Maßgabe von **§ 44 SGB X** (hierzu näher Kapitel 55). In dem Anwendungsbereich dieser Norm ist der **sozialrechtliche Herstellungsanspruch ausgeschlossen,** und zwar sowohl dann, wenn das behördliche Fehlverhalten bereits durch den Anspruch nach § 44 SGB X erfasst wird als auch bei Fristversäumnissen im Rechtsmittelverfahren. **23**

---

69 Vgl. Keller in: Meyer-Ladewig/Keller/Leitherer/Schmidt SGG, 12. Aufl., § 67 Rn. 3 e.
70 Vgl. BSG 2.2.2006 – B 10 EG 9/05 R, Rn. 19, SGb 2006, 759 mAnm Timme mwN hinsichtlich der früheren abweichenden Ansicht anderer Senate des BSG. Vgl. auch BSG 10.10.2013 – B 13 R 91/11 R, Rn. 28, SozR 4-2600 § 249 b Nr. 1.
71 Vgl. BVerwG 18.4.1997 – 8 C 38/95, Rn. 7 ff., NJW 1997, 2966.

Teil VI/2: Korrektur von Verwaltungsentscheidungen

Kapitel 55: Änderungen zugunsten des Betroffenen (§§ 44, 48 SGB X)

Literaturhinweise: Conradis, Die Durchbrechung bestandskräftiger belastender Verwaltungsakte – insbesondere § 44 SGB X, ASR 2010, 249; Ehmann, Verwaltungsakte mit Dauerwirkung im Sozialhilferecht, 1999; Hochheim, Das Ende des Gegenwärtigkeitsprinzips in der Sozialhilfe?, NZS 2009, 24; Hochheim, § 44 und das Gegenwärtigkeitsprinzip in der Sozialhilfe, NZS 2010, 303; Körner, Das Sozialrecht hilft bei Fehlern – § 44 SGB X, ASR 2018, 178; Pattar, Nochmals: Das Ende des Gegenwärtigkeitsprinzips in der Sozialhilfe?, NZS 2010, 7; Rothkegel, Zur Anwendbarkeit von § 44 SGB X im Sozialhilferecht, ZFSH/SGB 2002, 8.

Rechtsgrundlagen:
SGB II § 40
SGB XII § 116 a
SGB X §§ 44, 48

Orientierungssätze:

1. Im Sozialverwaltungsverfahrensrecht werden durch §§ 44, 48 SGB X begrenzte Möglichkeiten eröffnet, nachträglich Leistungen zu erhalten, die zu Unrecht nicht erbracht worden sind. Für existenzsichernde Leistungen sind – gegenüber sonstigen Sozialleistungen – einige Abweichungen gesetzlich vorgesehen.

2. Das Wiederaufgreifen eines rechtswidrigen Bescheides nach § 44 SGB X ist auch im Sozialhilferecht grundsätzlich möglich und dort nicht durch entgegenstehende Strukturprinzipien ausgeschlossen.

3. Rückwirkend können nach §§ 44, 48 SGB X Leistungen bis vier Jahre vor dem Jahr der Antragstellung erbracht werden. Im SGB II, SGB XII und AsylbLG ist dieser Zeitraum für Bescheide nach § 44 SGB X auf ein Jahr vor Antragstellung verkürzt worden; dies dürfte verfassungsrechtlich nicht zu beanstanden sein.

4. Die Regelungen in §§ 44, 48 SGB X sind nur dann abweichend für existenzsichernde Leistungen anzuwenden, wenn die nachträgliche Bewilligung der Leistung für einen konkreten Bedarf nicht mehr möglich ist, weil der Bedarf nicht in Anspruch genommen wurde. Weitere Einschränkungen der Anwendung sind nicht gerechtfertigt, insbesondere muss bei der Durchsetzung des Anspruchs nicht mehr eine aktuelle Hilfsbedürftigkeit bestehen.

5. Die Möglichkeit der nachträglichen Leistungsgewährung trägt dazu bei, die existenzsichernden Ansprüche zu realisieren und kann damit zur Existenzsicherung der Leistungsberechtigten beitragen.

A. Allgemeines

Das Sozialverwaltungsverfahren enthält Vorschriften, die es ermöglichen, **bestandskräf-** **1** **tige Verwaltungsakte** unter bestimmten Voraussetzungen **abzuändern.** Dies ist einerseits zulasten der Betroffenen möglich (vgl. Kap. 57), doch quasi spiegelbildlich auch zugunsten der Leistungsempfänger. Grundsätzlich enthalten die §§ 39 ff. SGB X ein abgeschlossenes System der Möglichkeiten, in die Bestandskraft von Verwaltungsakten einzugreifen,[1] jedoch mit dem in § 37 SGB I enthaltenen Vorbehalt, dass abweichende Regelungen in den einzelnen Büchern des Sozialgesetzbuchs vorgehen. Dementsprechend finden sich eine Vielzahl von ergänzenden Vorschriften, im Hinblick auf die existenzsichernden Leistungen besonders im SGB II.

Zum Bundessozialhilfegesetz wurde von der Rechtsprechung und der überwiegenden **2** Literatur die Auffassung vertreten, dass eine Änderung zugunsten der Betroffenen nur in sehr geringem Umfang möglich ist. Soweit es um eine Änderung nach § 48 Abs. 1 SGB X ging, wurde die Anwendung der Vorschrift mit der Begründung abgelehnt, dass in der Sozialhilfe in der Regel keine Verwaltungsakte mit Dauerwirkung erlassen würden. Die Möglichkeit, nachträglich Leistungen aufgrund einer Änderung nach § 44 Abs. 1 SGB X zu erlangen, wurde mit dem Argument abgelehnt, es widerspräche den Strukturprinzipien des Sozialhilferechts, nachträglich noch Leistungen zu bewilligen; die Sozialhilfe solle eine gegenwärtige Notlage beheben, so dass eine spätere Bedarfserfüllung quasi nicht möglich sei.[2]

Nachdem das BSG in seiner ersten Entscheidung zur Anwendung von § 44 SGB X diese **3** Auffassung des BVerwG abgelehnt hat,[3] wurde dieser Auffassung zum Teil energisch widersprochen.[4] Aufgrund der gesetzlichen Lage seit dem 1.1.2011 ist die Rechtslage nunmehr dem Grunde nach eindeutig. Ob und welche Abweichungen bei der Anwendung vorzunehmen sind, muss aus den jeweiligen einzelnen gesetzlichen Regelungen entnommen werden, kann sich jedoch nicht auf – angebliche – Grundsätze oder Strukturprinzipien stützen.

B. Änderung zugunsten der Betroffenen nach § 48 Abs. 1 SGB X für die Vergangenheit

I. Grundsätzliche Anwendung

Nach § 48 Abs. 1 Nr. 1 SGB X ist ein Verwaltungsakt mit Dauerwirkung aufzuheben **4** bzw. abzuändern mit Wirkung für die Zukunft (= ab Bescheiderteilung), wenn sich die tatsächlichen oder rechtlichen Verhältnisse ändern; für die Vergangenheit soll er aufgehoben werden. Nach S. 2 gilt bei Anrechnung von Einkommen und Vermögen rückwirkend der Beginn des Anrechnungszeitraums. In der Praxis wird die Änderung/Aufhebung **meist zulasten der Betroffenen** vorgenommen. Die Vorschrift gilt jedoch in gleichem Maße zugunsten der Betroffenen, allerdings findet dies bisher kaum Niederschlag in den Abhandlungen zu der Anwendung von § 48 SGB X im SGB II[5] und SGB XII.[6]

---

1 BVerwGE 91, 13 (16); 99, 114 (119).
2 BVerwGE 58, 68, 71. Der damalige Meinungsstand wird ausführlich dargestellt von Rothkegel/Geiger in: Sozialhilferecht, Teil IV Kap. 6, Rn. 5 ff.
3 BSG 16. 10. 2007 – B 8/9 b SO 8/06 R, NZS 2008, 558.
4 Vgl. Hochheim NZS 2009, 24; 2010, 302; Pattar NZS 2010, 7.
5 Von Udsching/Link SGb 2007, 513 wird diese Möglichkeit unter dem Thema: Aufhebung von Leistungsbescheiden im SGB II, noch nicht einmal erwähnt.
6 In dem Kapitel über die Anwendbarkeit von §§ 44 ff. in der Sozialhilfe von Rothkegel/Grieger, Sozialhilfe, Teil IV Kap. 6 wird lediglich in Rn. 67 mit einem Satz die Regelung erwähnt.

5 Diese Vorschrift kann nur angewendet werden, wenn es sich um einen **Verwaltungsakt mit Dauerwirkung** handelt. Dies ist bei den Leistungen nach dem SGB II der Fall, ebenso bei der Grundsicherung nach dem 4. Kapitel des SGB XII, während nach bisher herrschender Meinung die Sozialhilfegewährung nach dem 3. Kapitel des SGB XII keinen Dauerverwaltungsakt darstellte.[7] Nach der seit Inkrafttreten der SGB II und SGB XII ergangenen Rechtsprechung ist jetzt davon auszugehen, dass grundsätzlich die Existenz von Verwaltungsakten mit Dauerwirkung in der Sozialhilfe nicht mehr in Abrede gestellt wird (→ Rn. 20 ff.).

6 Liegt ein Verwaltungsakt mit Dauerwirkung vor und fällt angerechnetes Einkommen oder Vermögen weg, kann mithin grundsätzlich rückwirkend eine Änderung verlangt werden. Dies ist **zeitlich unbeschränkt** möglich. **Leistungen** können jedoch nachträglich nur für einen Zeitraum von **vier Jahren** beansprucht werden, da § 48 Abs. 4 SGB X auf § 44 Abs. 4 SGB X verweist. Während nach § 48 Abs. 1 S. 1 SGB X Änderungen zwingend für die Zukunft zu berücksichtigen sind, gilt dies für rückwirkend zu erbringende Leistungen nur eingeschränkt: Nach § 48 Abs. 1 S. 2 SGB X **soll** mit Wirkung vom Zeitpunkt der Änderung der Verhältnisse der Verwaltungsakt in den dort genannten Fällen erfolgen, wobei nach Nr. 1 der Fall der Änderung zugunsten des Betroffenen genannt ist. Damit ist in **atypischen Fällen eine Ermessensentscheidung** vorzunehmen.[8]

7 Das BSG hat mit einer Entscheidung vom 22.3.2010[9] deutlich gemacht, dass § 48 SGB **Abs. 1 X weitergehend anzuwenden** ist, als dies bis dahin in der Praxis der Fall war. Das BSG betrachtet die Fälligkeit einer Nebenkostenabrechnung als Erhöhung der Unterkunftskosten in dem Fälligkeitsmonat, so dass bezüglich der Unterkunftskosten eine Änderung nach § 48 SGB X eintritt. Dies hat zur Folge, dass es nicht erforderlich ist, einen Antrag auf Übernahme einer solchen Nebenkostenabrechnung zu stellen; entsprechend kann es sich auch nicht um eine Schuldverpflichtung handeln. Der Behörde muss lediglich bekannt gemacht werden, dass sich die Unterkunftskosten in diesem Monat geändert haben.

8 § 48 Abs. 2 SGB X enthält eine Sonderregelung bei Änderung der Rechtsprechung. Führt dies zu einer Änderung mit Wirkung nur ab Entscheidung des Gerichts – zB wegen neuer tatsächlicher Grundlagen oder einer neuen Norm in einem anderen Gesetz – so gilt diese Vorschrift. In allen anderen Fällen, besonders wenn die Rechtslage klargestellt wird, wie sie auch früher galt, gilt § 44 SGB X. Der Anwendungsbereich des § 44 Abs. 1 SGB X wird nicht verdrängt.[10]

II. Besonderheit im SGB II

9 Während grundsätzlich die Änderung für die Vergangenheit als Soll-Vorschrift ausgestaltet ist (→ Rn. 6), ist nach § 40 Abs. 2 Nr. 3 SGB II die Vorschrift des § 330 Abs. 3 S. 1 SGB III entsprechend anzuwenden, wonach die **Änderung zwingend** erfolgt. Zwar ist in der Praxis diese Regelung vor allem dann von Bedeutung ist, wenn sich herausstellt, dass Einkommen erzielt wird, welches nicht berücksichtigt worden ist. In derselben Weise ist damit auch zwingend eine nachträgliche Änderung vorzunehmen, wenn zB Einkommen – ganz oder teilweise – weggefallen ist, welches zunächst berücksichtigt wurde. Für vorläufige Bescheide besteht nach § 41 a Abs. 2 Satz 4 SGB II die Einschränkung, dass nur eine Änderung für die Zukunft vorzunehmen ist.

---

7 Vgl. die Darstellung von: Armborst in: LPK-SGB XII Anh. Verfahren Rn. 30 ff.
8 Vgl. Schütze in: v. Wulffen SGB X § 48 Rn. 20 ff.
9 BSG 22.3.2010 – B 4 AS 62/09 R.
10 Schütze in: v. Wulffen SGB X § 48 Rn. 16.

III. Bedeutung für die Sozialhilfe

Voraussetzung für die Anwendung des § 48 Abs. 1 SGB X ist, dass die Abänderung eines Verwaltungsaktes mit Dauerwirkung erfolgen soll. Während der Geltung des BSHG wurde bezweifelt, ob diese Vorschrift angewandt werden könne; denn nach dieser Auffassung gab es in der Sozialhilfe nur ausnahmsweise Dauerverwaltungsakte.[11] Schon während der Geltung des BSHG war diese Auffassung nicht zutreffend.[12] Es wurde daher schon verbreitet die Auffassung vertreten, dass § 48 SGB XII grundsätzlich auch im Sozialhilferecht anzuwenden ist.[13] **10**

Seit der Geltung des SGB XII ist von Folgendem auszugehen: Für Kap. 3 und Kap. 5 bis 9 besteht keine gesetzlich bestimmte Wirkungsdauer von Verwaltungsakten, die Leistungen zusprechen. Daher muss im Einzelnen aus dem Inhalt des Bescheides entnommen werden, für welchen Zeitraum die Regelung erfolgen soll. Sofern nicht ausnahmsweise einmalige Leistungen zu bewilligen sind (vor allem nach § 31 SGB XII), werden diese in der Regel mindestens für einen Kalendermonat bewilligt, faktisch aber häufig auch fortlaufend für mehrere Monate. Fällt zB ein zuvor bezogenes Einkommen während des Kalendermonats weg und war dies bei der Bescheiderteilung nicht bekannt, handelt es sich um eine Änderung der tatsächlichen Verhältnisse während der Dauer des Verwaltungsaktes, der bezogen auf den Kalendermonat ein solcher mit Dauerwirkung ist.[14] **11**

Gegen die uneingeschränkte Anwendung des § 48 Abs. 1 SGB XII kann eingewandt werden, dass damit Leistungen für die Vergangenheit bewilligt und damit Grundsätze des Sozialhilferechts verletzt würden (hierzu → Rn. 30 f.). Daneben könnte der in § 18 Abs. 1 SGB XII enthaltene **Kenntnisgrundsatz** gegen die Vornahme einer nachträglichen Änderung sprechen. Insoweit ist folgende Differenzierung vorzunehmen: Ändern sich die tatsächlichen Verhältnisse in der Weise, dass ein erhöhter Bedarf eintritt, der vorher nicht bestand (zB Mehrbedarf wegen Schwangerschaft, § 31 Abs. 1 Nr. 2 SGB XII), kann eine Änderung erst ab Kenntnis des Sozialhilfeträgers verlangt werden.[15] Ist hingegen der Bedarf als solcher bekannt und ändern sich die tatsächlichen Verhältnisse lediglich im Hinblick auf deren konkrete Ausgestaltung (es wurde zB der höhere Bedarf aufgrund des Erreichens einer höheren Altersstufe versehentlich nicht berücksichtigt), ist die Kenntnis im Sinne des § 18 Abs. 1 SGB XII vorhanden, so dass eine nachträgliche Leistung erfolgen muss. **12**

IV. Besonderheit bei der Grundsicherung im Alter und bei Erwerbsminderung

Die grundsätzliche Anwendung des § 48 Abs. 1 SGB X ist nicht zweifelhaft, zumal nach § 44 Abs. 3 S. 1 SGB XII die Leistungen ausdrücklich als Dauerverwaltungsakt für in der Regel 12 Monate bewilligt werden. Für die Änderung von begünstigenden Verwaltungsakten sah § 44 Abs. 1 S. 2 SGB XII eine **Modifizierung** vor, die mit Wirkung zum 1.7.2017 entfallen ist. **13**

---

11 Zum damaligen Meinungsstand, vgl. Rothkegel/Grieger in: Sozialhilferecht, Teil IV Kap. 6 Rn. 43 ff.
12 Umfassend hierzu Ehmann, S. 48 ff.
13 Gutachten des DV, NDV 2003, 74.
14 Ebenso schon Rothkegel/Grieger in: Sozialhilfe Teil IV Kap. 6 Rn. 63.
15 Für den Fall der erhöhten Pflegebedürftigkeit, die dem Sozialhilfeträger nicht bekannt war: OVG NRW 5.12.2000 – 22 A 5487/99, FEVS 52, 320.

C. Wiederaufgreifen nach § 44 SGB X

I. Allgemeines

14 **Nur Bescheide** – auch konkludente – können überprüft werden. Wurde kein Antrag gestellt oder von der Behörde ein Antrag nicht aufgenommen, kommt § 44 SGB X nicht in Betracht, sondern nur ein sozialrechtlicher Herstellungsanspruch (vgl. Kap. 56) oder ein Anspruch aus Amtspflichtverletzung. Über den Wortlaut hinaus gilt die Vorschrift auch bei Aufhebungs- und Rückforderungsbescheiden,[16] also letztlich bei allen belastenden Bescheiden. Allerdings soll in diesen Fällen nicht ausreichen, dass der Bescheid formell rechtswidrig war, sondern es soll darauf ankommen, ob die Leistung materiell zustand.[17]

15 Wird ein Antrag nach § 44 SGB X gestellt, besteht Anspruch auf Erteilung eines Bescheides, auch wenn die Behörde keinen Grund sieht, eine neue Entscheidung zu treffen. Werden keine erheblichen neuen Tatsachen oder rechtliche Ausführungen vorgetragen, kann sich die Behörde jedoch schlicht auf die Bestandskraft des früher erlassenen Verwaltungsaktes berufen. Ein Antrag auf Überprüfung nach § 44 SGB X ist jederzeit – auch zusätzlich zu anderen Rechtsbehelfen – möglich, auch nach bestandskräftigen Gerichtsentscheidungen – uU selbst nach früherer Beendigung eines Verfahrens durch Vergleich – und grundsätzlich für einen unbegrenzten Zeitraum zurück. Leistungen können jedoch nur für bis zu vier Jahre vor Beginn der Antragstellung verlangt werden, § 44 Abs. 4 S. 1 bis 3 SGB X. Diese Frist kann gem. § 37 SGB I verkürzt werden, dies ist in einzelnen Sozialgesetzen erfolgt,[18] wie auch zum 1.1.2011 im SGB II und SGB XII (→ Rn. 23).

16 Ein unzulässiger (verspäteter) Widerspruch kann zugleich als Antrag nach § 44 SGB X gewertet werden.[19] Gerade im Hinblick auf den kurzen Zeitraum, für den Leistungen nachbewilligt werden können, ist in der Regel davon auszugehen, dass ein unzulässiger Widerspruch – oder auch eine verspätete Klage – als ein solcher Antrag anzusehen ist.

17 Die Überprüfung eines Verwaltungsaktes nach § 44 SGB X erfolgt in derselben Weise wie sonst auch; der Verwaltungsakt ist aufzuheben, wenn sich die Rechtswidrigkeit herausstellt, es gibt insoweit keine Besonderheiten. Allerdings ist die objektive Beweislast zu beachten: Lässt sich ein Sachverhalt nicht aufklären, trägt derjenige den Nachteil, der sich auf die Tatsache der Fehlerhaftigkeit des früheren Bescheids beruft.

18 Soweit im Übrigen die Voraussetzungen des § 44 SGB I vorliegen, sind die Leistungen nachträglich zu **verzinsen,** und zwar nicht erst ab Antrag auf Neubescheidung, sondern bereits seit Erlass des ursprünglichen ablehnenden Bescheides.[20]

19 § 44 SGB X gilt nur, soweit in einzelnen Sozialgesetzen nichts anderes bestimmt ist, da gemäß § 37 SGB I der grundsätzliche Vorbehalt gilt, dass sich nichts Abweichendes aus den übrigen Büchern des SGB ergibt. Solche abweichende Vorschriften können sich aus ausdrücklichen Regelungen ergeben, außerdem nach früherer Auffassung zum Sozialhilferecht auch aus „Strukturprinzipien" dieses Rechtsgebiets, die nach der Rechtsprechung des BVerwG die Anwendung des § 44 SGB X auf das Leistungsrecht ausschlossen.[21] Eine Einschränkung wurde lediglich für den Kostenersatz vorgenommen, wobei jedoch nur § 44 Abs. 2 SGB X anzuwenden, also eine Entscheidung im Wege des Ermes-

---

16 BVerwGE 87, 103.
17 Vgl. Schütze in: v. Wulffen SGB X § 44 Rn. 17.
18 Im Wohngeldrecht auf zwei Jahre, § 31 WoGG; im Kindergeldrecht ist für die Überprüfung Ermessen eingeräumt worden, § 11 Abs. 4 BKGG.
19 BSG 5.11.1997 – Breithaupt 1998, 606.
20 BSG SozR 1200 § 44 Nr. 4.
21 BVerwGE 66, 90.

sens zu treffen war.[22] Diese Berufung auf Strukturprinzipien, die zu einer Abweichung von § 37 SGB I führen sollen, wurde schon seit langem kritisiert.[23] Erst mit der Ablösung des BSHG durch die neuen Leistungsgesetze SGB II und SGB XII hat sich die Rechtsprechung entscheidend geändert.

II. Rechtsentwicklung seit Geltung des SGB II und SGB XII

Schon die gesetzlichen Regelungen in den neuen Leistungsgesetzen deuteten darauf hin, **20** dass § 44 SGB X auch bei den existenzsichernden Leistungen anzuwenden ist. So fanden sich – teilweise etwas versteckt – Regelungen, die auf § 44 SGB X Bezug nahmen: In § 40 Abs. 1 Nr. 1 SGB II in der seit dem 1.1.2005 geltenden Fassung (seit dem 1.1.2011: § 40 Abs. 2 Nr. 2 SGB II) wird auf § 330 Abs. 1 SGB III verwiesen, der eine Abweichung von § 44 SGB X in den dort bestimmten Fällen vorsieht (→ Rn. 24). In den Vorschriften über den Kostenersatz heißt es in § 103 Abs. 4 SGB XII, dass §§ 44 bis 50 SGB X unberührt bleiben. Im AsylbLG ist in § 9 Abs. 3 AsylbLG ausdrücklich geregelt, dass die §§ 44 bis 50 SGB X entsprechend anzuwenden sind. Lediglich bei der Kriegsopferfürsorge findet sich kein Hinweis auf § 44 SGB X.

Das **BSG** hat zunächst entschieden, dass § 44 SGB X auf die Grundsicherung im Alter **21** und bei Erwerbsminderung, 4. Kap. SGB XII anzuwenden ist.[24] Ebenfalls für das AsylbLG wurde die Anwendung positiv entschieden,[25] vor allem auch im Hinblick auf § 9 Abs. 3 AsylbLG. Für das Kap. 3 des SGB XII – Hilfe zum Lebensunterhalt – hatte das BSG schon in der Entscheidung vom 16.10.2007 angedeutet, dass § 44 SGB X grundsätzlich für den Bereich der gesamten Sozialhilfe gilt. Im Urteil vom 29.9.2009[26] hat das BSG nochmals die grundsätzliche Anwendung von § 44 SGB X auf die Sozialhilfe bestätigt. Von Inkrafttreten des SGB II an war unstrittig, dass § 44 SGB X auf dieses Leistungssystem anzuwenden ist. Die Rechtsprechung musste nur über Detailfragen entscheiden.

Ein vorläufiges Ende der Entwicklung ergibt sich durch die zum 1.1.2011 erfolgten Än- **22** derungen. Nun weisen ausdrücklich sowohl § 40 Abs. 1 S. 2 SGB II als auch § 116 a SGB XII auf die Anwendbarkeit von § 44 SGB X hin. Damit dürfte die langjährige Diskussion über die grundsätzliche Geltung dieser Vorschrift ein Ende gefunden haben. Allerdings ist noch nicht abschließend geklärt, ob sich aus der Qualität der existenzsichernden Leistungen gewisse Modifikationen bei der Anwendung ergeben (→ Rn. 30 f.).

III. Besonderheiten im SGB II

§ 40 Abs. 1 S. 2 SGB II **verkürzt** den Zeitraum, für den aufgrund einer Überprüfung **23** nach § 44 SGB X eine Leistung erbracht werden muss, **auf ein Jahr;** damit kann eine nachträgliche Leistung nur für das laufende und das vorhergehende Kalenderjahr erfolgen. Als Begründung für die Abweichung gegenüber anderen Sozialleistungen wird angegeben, das SGB II – diese Begründung gilt auch für das SGB XII – solle in besonderem Maße die Deckung gegenwärtiger Bedarfe bewirken und daher sei eine kürzere Frist

---

22 BVerwG 5.10.1999 – 5 C 27/98, NDV-RD 2000, 7.
23 Vgl. zur Forderung auf uneingeschränkte Anwendung des SGB X in der Sozialhilfe: Conradis in: Vorschläge zur Fortentwicklung des Sozialhilferechts, 1991, S. 98 ff. Zur Rechtsentwicklung auch: Rothkegel/Grieger, Sozialhilferecht, Teil IV Kap. 6.
24 BSG 16.10.2007 – B 8/9 b SO 8/06 R, FEVS 59, 337.
25 BSG 17.6.2008 – B AY 5/07 R, FEVS 60, 248.
26 BSG 29.9.2009 – B 8 SO 16/08 R, FEVS 61, 376.

sach- und interessengerecht. Außerdem trage diese kurze Frist zur Entlastung der Leistungträger und Sozialgerichte bei.[27]

24 **§ 40 Abs. 2 Nr. 2 SGB II nimmt** eine **Abweichung** von § 44 SGB X in der Weise vor, indem auf die entsprechende Anwendung von § 330 Abs. 1 SGB III verwiesen wird. Diese Norm trifft eine Sonderregelung für zwei Fälle: Liegen die Voraussetzungen des § 44 Abs. 1 S. 1 SGB X vor, weil der Verwaltungsakt auf einer Rechtsnorm beruht, die nach Erlass des Verwaltungsaktes für unvereinbar mit dem Grundgesetz erklärt wurde oder in ständiger Rechtsprechung anders als durch die Leistungsträger ausgelegt worden ist, so kann zwar eine Überprüfung nach § 44 SGB X erfolgen, jedoch nur mit Wirkung für die Zeit nach der Entscheidung des BVerfG oder nach dem Entstehen der ständigen Rechtsprechung. Dies bedeutet, dass der rechtswidrige Verwaltungsakt für die Vergangenheit bestehen bleibt und der Betroffene von einer Änderung der Rechtsprechung zu seinen Gunsten nur sehr eingeschränkt profitiert, da eine fehlerhafte Auslegung des Sozialleistungsträgers und damit eine letztlich fehlerhafte Verwaltungsentscheidung bis zum Entstehen einer ständigen Rechtsprechung bzw. einer Entscheidung des BVerfG für den Sozialleistungsträger ohne Folgen bleibt. Im Ergebnis wird damit den finanziellen Interessen des Sozialleistungsträgers der Vorrang eingeräumt.[28]

25 Die Anwendung der Norm erweist sich als schwierig, weil es keine klare Definition des Begriffs „ständige Rechtsprechung" gibt. Möglich ist auch, dass bereits die Entscheidung eines Revisionsgerichts ausreicht, dass eine ständige Rechtsprechung begründet wird.[29] Soweit es um die Änderung der Rechtsprechung zu den Kosten der Unterkunft geht, greift diese Vorschrift nach Auffassung des BSG ebenfalls, da diese Vorschrift auch für kommunale Träger anzuwenden ist.[30] Auch für den Leistungsbereich der kommunalen Träger gilt die Vorschrift jedoch nur, soweit eine bundeseinheitliche Verwaltungspraxis bestanden hat. Dies war im Hinblick auf die Änderung der Rechtsprechung zu den Kosten der Warmwasserbereitung[31] nicht der Fall.[32] Ebenfalls wurde vom BSG[33] keine einheitliche Verwaltungspraxis gesehen bei dem notwendigen Inhalt von Kostensenkungsaufforderungen im Hinblick auf die Unterkunftskosten.

26 Die in § 330 Abs. 1 SGB III enthaltene Einschränkung ist in § 40 Abs. 2 Nr. 2 SGB II erweitert worden auf die Höhe der Unterkunftskosten, sofern eine Satzung nach Maßgabe von § 22 a SGB II erlassen wurde. Über die Gültigkeit einer solchen Satzung entscheidet das LSG (§ 29 Abs. 2 Nr. 4 SGG). Eine Überprüfung nach § 44 SGB X ist auf die Zeit nach der Entscheidung des LSG beschränkt.

IV. Besonderheiten in der Sozialhilfe

27 Ebenso wie im SGB II (→ Rn. 23) ist auch durch § 116 a SGB XII bestimmt, dass Leistungen nur für das vergangene und laufende Jahr beansprucht werden können, wenn im Übrigen die Voraussetzungen des § 44 SGB X vorliegen. Ob in der Sozialhilfe bei der Anwendung des § 44 SGB X Abweichungen gegenüber dem SGB II aufgrund der Besonderheiten dieses Leistungssystems vorgenommen werden müssen, erscheint zweifelhaft. Zwar hat das BSG in seiner Entscheidung vom 16.10.2007[34] Einschränkungen insofern vorgenommen, als für einen zurückliegenden Zeitraum Leistungen nur erbracht werden

---

27 BT-Drs. 17/3404, 114.
28 Vor in: Spellbrink/Eicher Kasseler Handbuch § 31 Rn. 14.
29 BSG 29.6.2000 – B 11 AL 99/99 R, SozR 3–4100 § 152 Nr. 10.
30 BSG 15.12.2010 – B 14 AS 61/09 R.
31 BSG 27.2.2008 – B 14/11 b AS 14/07 R, FEVS 59, 537.
32 BSG 15.12.2010 – B 14 AS 61/09 R.
33 BSG 1.6.2010 – B 4 AS 78/09 R.
34 BSG 16.10.2007 – B 8/9 b SO 8/06 R, FEVS 59, 337.

müssen, wenn sie noch einen (fortbestehenden) Bedarf decken können. Während dies bei pauschalierten Leistungen angenommen wird,[35] sei dies bei anderen Bedarfslagen nur dann der Fall, wenn im Wege der Selbsthilfe – zB durch Verwendung von Schonvermögen – der Bedarf gedeckt wurde.[36]

Die Rechtsprechung des BSG ist zT kritisiert worden. Manche Autoren befürchten, dass das von ihnen hochgehaltene Prinzip der Gegenwärtigkeit in der Sozialhilfe damit beseitigt wird.[37] Es ist jedoch davon auszugehen, dass mit der Rechtsprechung des BSG die unselige Rechtsprechung des BVerwG zu § 44 SGB X endgültig der Vergangenheit angehört und nur noch in Detailfragen zu klären ist, wann eine nachträgliche Leistungsgewährung in Betracht kommt oder mangels fortbestehenden Bedarfs ausgeschlossen ist. **28**

V. Geltung in der Kriegsopferfürsorge

Eine ausdrückliche Regelung zur Anwendung des § 44 SGB X findet sich im Recht der Kriegsopferfürsorge nicht. Da nach § 67 Nr. 7 SGB I das BVG als besonderer Teil des Sozialgesetzbuches gilt, ist das SGB X und damit § 44 SGB X anzuwenden. Allerdings ist zur Rechtsanwendung die Verwaltungsgerichtsbarkeit zuständig, die der Anwendung – genau wie in der Sozialhilfe – sehr skeptisch gegenüber stand. Es wäre jedoch nicht verständlich, wenn in diesem Rechtsgebiet, welches sogar in § 25 Abs. 2 BVG eine „Wohlwollensklausel" enthält,[38] weiterhin diese für die Betroffenen günstige Vorschrift nicht angewandt wird.[39] **29**

D. Differenzierte Anwendung von §§ 44, 48 SGB X?

Auch wenn nun feststeht, dass grundsätzlich auch bei existenzsichernden Leistungen eine Überprüfung und Nachbewilligung nach Maßgabe der §§ 44, 48 SGB X erfolgen muss, kann die Anwendung der Normen im Einzelfall dazu führen, dass eine Nachbewilligung nicht mehr in Betracht kommt. Dies ist vor allem der Fall, wenn es um einen Anspruch geht, dessen Erfüllung nicht mehr möglich ist. Insoweit entspricht die Rechtslage der eines gerichtlichen Verfahrens: Werden zB Kosten des Umgangsrechts nach § 21 Abs. 6 SGB II geltend gemacht und konnten die Besuche nicht stattfinden, kann eine Leistung für diese Kosten nicht mehr beansprucht werden.[40] Werden hingegen pauschalierte Leistungen geltend gemacht, die typisierend von einer Bedarfsdeckung ausgehen und nicht nur der Befriedigung eines aktuellen Bedarfs dienen, sind Leistungen nachzuzahlen.[41] **30**

Soweit das BSG für die Sozialhilfe eine nachträgliche Leistung nicht zuerkennen wollte, wenn zum Zeitpunkt der Geltendmachung kein weiterer Bedarf besteht, weil keine Hilfsbedürftigkeit mehr besteht,[42] konnte dem nicht gefolgt werden.[43] Eine stichhaltige Begründung hierfür fehlte. Auch bei der gerichtlichen Durchsetzung eines Anspruchs auf existenzsichernde Leistungen kann die Klage nicht mit der Begründung abgewiesen werden, dass jetzt keine Hilfebedürftigkeit mehr besteht. Eine andere Beurteilung ist bei **31**

---

35 Das LSG NRW 25.2.2008 – 20 SO 31/07, info also 2008, 129 vertrat bereits die Auffassung, dass § 44 SGB X auf Leistungen nach dem 3. Kap. SGB XII jedenfalls dann anwendbar ist, wenn es um pauschalierte Leistungen (Mehrbedarfszuschlag) geht.
36 Zur Rechtsprechung des BSG vgl. Bogun info also 2010, 108.
37 Hochheim NZS 2009, 24; Pattar NZS 2010, 7; Hochheim NZS 2010, 302.
38 Grube in: Knickrehm, Gesamtes Soziales Entschädigungsrecht, § 25 BVG Rn. 4.
39 Ähnlich Grube in: Knickrehm, Gesamtes Entschädigungsrecht, Vor § 25 BVG Rn. 10.
40 Im gerichtlichen Verfahren kommt eine Umstellung auf eine Fortsetzungsfeststellungsklage in Betracht, Conradis in: LPK-SGB II Anh. Verfahren Rn. 101.
41 BSG 26.8.2008 – B 8 SO 26/07.
42 BSG 26.8.2008 – B 8 SO 26/07.
43 Kritisch auch Pattar NZS 2010, 7 (10).

einem Anspruch nach § 44 SGB X nicht gerechtfertigt. Es hinge sonst von einem zeitlichen Zufall ab, ob ein Anspruch durchgesetzt werden kann oder nicht.

32 Da seit dem 1.1.2011 die Geltung von § 44 SGB X im SGB II und SGB XII vom Gesetzgeber angeordnet worden ist, kann erwartet werden, dass auch die Rechtsprechung keine weiteren Einschränkungen vornimmt. Das BSG hat die letztgenannte Einschränkung für das SGB II inzwischen dahin gehend entschieden, dass die Hilfebedürftigkeit nicht weiterbestehen muss.[44] Es kann damit gerechnet werden, dass auch der für die Sozialhilfe zuständige 8. Senat diese Auffassung übernehmen wird. Ohne diese Einschränkung sind §§ 44, 48 SGB X grundsätzlich geeignet, die Existenzsicherung auch dann – nachträglich – sicherzustellen, wenn ein Sozialleistungsträger zunächst Leistungen zu Unrecht nicht bewilligt hat.

---

44 BSG 4.4.2017 – B 4 AS 6/16 R.

Kapitel 56: Sozialrechtlicher Herstellungsanspruch

Literaturhinweise: Gagel, Der Herstellungsanspruch, SGb 2000, 517; Grötschel, Der (sozial-rechtliche) Herstellungsanspruch, Diss. Münster 2015;[1] Kreikebohm/von Koch in: SRH, § 6 Rn 65 ff.; Lang in: MAH SozR, S. 1454 ff.; Schmitz, Die Anwendbarkeit des sozialrechtlichen Herstellungsanspruchs im Sozialhilferecht, ZFSH/SGB 2006, 393; Seewald in: KassKomm SGB I vor §§ 38–47 Rn 120 ff.

Orientierungssätze:

1. Angesichts des im öffentlichen Recht nur unzureichend und lückenhaft normierten Haftungssystems hat bei sozialrechtlichen Leistungsansprüchen der von der Rechtsprechung des BSG entwickelte sozialrechtliche Herstellungsanspruch als Korrektiv für Folgen von Verwaltungsfehlern erhebliche Bedeutung.

2. Der Anspruch ist gegeben, wenn ein objektiv rechtswidriges Verhalten eines Sozialleistungsträgers zu einer hierauf (wesentlich) beruhenden nachteiligen Disposition der Berechtigten, die bei diesen einen Schaden hervorruft, und die Nachteilssituation durch verwaltungskonformes Handeln ausgeglichen werden kann.

3. Der Herstellungsanspruch zielt auf die Herstellung des Zustands ab, der ohne die Pflichtverletzung bestehen würde (Grundsatz der Naturalrestitution), idR nicht auf Schadensersatz durch Geldleistung.

4. Die Anwendbarkeit des Herstellungsanspruchs auch bei Verwaltungsfehlern im Zusammenhang mit Leistungen des SGB II und SGB XII ist inzwischen anerkannt und dient im Einzelfall dazu, die Existenzsicherung zu effektuieren.

A. Einleitung

Da das Haftungssystem des Öffentlichen Rechts (Amtshaftung, Folgenbeseitigung, Öffentlich-rechtlicher Schadensersatzanspruch etc), jedenfalls bezogen auf sozialrechtliche Leistungsansprüche, nur unzureichend und lückenhaft geregelt ist – so ist der im allgemeinen Verwaltungsrecht für die Eingriffsverwaltung entwickelte **Folgenbeseitigungsanspruch**[2] auf die Herstellung des Status quo ante gerichtet und hilft dem nicht, der Leistungsansprüche durchsetzen will –, hat das BSG im Wege der **richterlichen Rechtsfortbildung** im Jahre 1962 diesen besonderen Haftungstatbestand auf dem Gebiet des Sozialrechts entwickelt.[3]

1

---

1 Zugang zur pdf-Datei über die Internetseite: miami.uni-muenster.de.
2 Seewald in: KassKomm SGB I vor §§ 38–47 Rn. 105 ff.
3 14.6.1962 – 4 RJ 75/60, SozR Nr. 3 zu § 1233 RVO und vor allem: BSG 18.12.1975 – 12 RJ 88/75, BSGE 41, 126; zur Entwicklung s. auch Krasney ZAP 1996, Fach 18, 449 (455 f.).

2 Der Herstellungsanspruch ist ein **Korrektiv** für **Folgen von Verwaltungsfehlern**: Fehlerhafte Verwaltungsentscheidungen können (auch) mit Wirkung für die Vergangenheit korrigiert werden und die Sozialleistungsberechtigten gelangen so zu ihrem Recht, wenn dies durch ausdrücklich im Gesetz geregelte Anspruchsnormen nicht möglich ist.[4] Seine **dogmatische Herleitung** ist **umstritten**, den hiermit verbundenen Fragen soll hier nicht nachgegangen werden.[5] Gerichtet ist der Anspruch auf die Verpflichtung der Verwaltung, die negativen Folgen, die für den Betroffenen eingetreten sind, dadurch auszugleichen, dass er hinsichtlich seiner Leistungsansprüche so gestellt wird, wie dies der Fall gewesen wäre, wenn er in seinem Handeln nicht durch einen Verwaltungsfehler beeinflusst worden wäre.[6] Die **Verwaltungsgerichtsbarkeit** hat für ihre Rechtsprechungszuständigkeit im Bereich des materiellen Sozialrechts lange Zeit gegenüber dem Institut des Herstellungsanspruchs eine skeptische bis ablehnende Haltung eingenommen,[7] sie nähert sich aber offenbar nunmehr der Rechtsprechung der Sozialgerichtsbarkeit an.[8]

3 Der Herstellungsanspruch soll nur subsidiär eingreifen, also dann nicht, wenn die begehrte Rechtsfolge bereits durch eine ausdrücklich im Gesetz geregelte Anspruchsnorm erfüllt werden kann.[9] Letzteres ist der Fall, wenn entweder die Folgen einer Pflichtverletzung eines Leistungsträgers bei der Erfüllung seiner Aufgaben nach dem SGB im Gesetz weder speziell geregelt, noch darin in anderer Weise, etwa durch Härteklauseln oder Fiktionen konzeptionell mit bedacht sind.[10]

B. Voraussetzungen

4 **Voraussetzungen** des Herstellungsanspruchs sind:

- ein objektiv rechtswidriges, nicht notwendig schuldhaftes, Verhalten eines Sozialleistungsträgers, zum Beispiel durch Erteilung einer falschen Auskunft;
- eine darauf (wesentlich) beruhende, nachteilige Disposition des Berechtigten, Beispiele: Eine unterbliebene oder verspätete Antragstellung, Rücknahme von Anträgen, unterbliebene Mitwirkungshandlungen nach §§ 60 ff. SGB I;
- das Verhalten der Behörde und die Disposition des Bürgers führen bei diesem zu einem Schaden, etwa in dem Verlust einer Sozialleistung wegen Versäumnis der Antragsfrist;
- es muss die rechtliche Möglichkeit bestehen, die Nachteilssituation durch verwaltungskonformes Handeln, also durch eine rechtlich zulässige Amtshandlung auszugleichen.[11]

I. Objektive (Beratungs)Pflichtverletzung des Leistungsträgers/Fehlverhalten Dritter

5 Erforderlich ist die objektive Pflichtverletzung einer gegenüber dem Bürger bestehenden Pflicht. Häufig löst, auch bei existenzsichernden Leistungen, fehlerhafte, unvollständige

---

4 Vgl. näher Brandts in: Richter/Doering-Striening, Grundlagen des Sozialrechts, 2009, § 3 Rn. 103 ff.; ferner Gagel (Lit.), 517 ff.
5 Zu Einordnung und Begründung des Herstellungsanspruchs ausführlich Grötschel (Lit.), 330 ff.; ferner Brandts in: Richter/Doering-Striening, Grundlagen des Sozialrechts, 2009, § 3 Rn. 107 mwN.
6 Gagel (Lit.), 518.
7 BVerwG E 79, 192 (194) und BVerwG 18.4.1997 – 8 C 38.95, zum Wohngeldrecht; ferner Brandts in: Richter/Doering-Striening, Grundlagen des Sozialrechts, 2009, § 3 Rn. 107 u. Rothkegel, Sozialhilferecht, Teil IV Kap. 3 Rn. 9.
8 BVerwG 30.6.2011 – 3 C 36/10, Rn. 16 f., NJW 2012, 168; hierzu Liebler, jurisPR-VerwR 21/2011 Anm. 5, wegen Ausgleichsleistungen nach § 8 BerRehaG.
9 Vgl. etwa BSG 15.12.1994 – B 4 RA 64/93 R, Rn. 18.
10 S. ferner Seewald (Lit.), Rn. 219 ff.; näher zu Konkurrenzen → Rn. 21 ff.
11 Brandts in: Richter/Doering-Striening, Grundlagen des Sozialrechts, 2009, § 3 Rn. 110 ff.

oder unterlassene Beratung Herstellungsansprüche aus. Nach § 14 S. 1 SGB I besteht
ein Anspruch auf Beratung – sowohl im Einzelfall, als auch bei sog Gruppenberatung[12]
– nach diesem Gesetzbuch, dh, hinsichtlich der sozialen Rechte nach dem Sozialgesetzbuch. Beratungspflichten statuieren auch das **SGB II** und das **SGB XII**: Verstärkt seit
dem 1.8.2016 statuieren im SGB II § 1 Abs. 3 Nr. 1, § 4 Abs. 2 S. 1, § 14 Abs. 2, ferner
§ 16 a umfangreiche Beratungs- (und Betreuungs)pflichten, deren Verletzung zur Anwendung des Herstellungsanspruchs führen kann.[13] § 11 Abs. 1 SGB XII normiert zugunsten der Leistungsberechtigten hinsichtlich aller Leistungen nach dem SGB XII – insoweit umfassender als nach früherem Recht § 17 BSHG – einen Anspruch auf Beratung,[14] der in § 11 Abs. 2 SGB XII gegenüber dem bisherigen Recht zudem stärker konkretisiert wird. Von der Anwendung des Herstellungsanspruchs ist somit auch im Sozialhilferecht auszugehen.[15] Ausführungen zum Herstellungsanspruch im **Arbeitsförde-**
rungsrecht finden sich bei *Söhngen*.[16] Eingehend wird der Anspruch auf Beratung im
Existenzsicherungsrecht in Kapitel 17 behandelt.

Der Anspruch auf **Beratung** ist nicht davon abhängig, dass bereits ein Antrag gestellt ist   **6**
oder unmittelbar bevorsteht. Es hängt von den besonderen Umständen des Einzelfalls
ab, welchen notwendigen **Umfang** die Beratung aufweisen muss. Zu informieren haben
die Leistungsträger auch **über ausdrücklich gestellte Fragen hinaus**, wenn sich dies offensichtlich als zweckmäßig aufdrängt, zB bei naheliegenden bzw. klar zu Tage tretenden **Gestaltungsmöglichkeiten**, die ein verständiger Versicherter/Leistungsberechtigter
wahrnehmen würde, wenn sie ihm bekannt wäre.[17] Ob solche Pflichten bestehen, ist allein nach **objektiven Gesichtspunkten** zu beurteilen und jedenfalls dann zu bejahen,
wenn jene im Gesetz ausdrücklich geregelt sind.[18]

In einer Entscheidung zur Beratungspflicht von Behörden im Bereich der Sozialversiche-   **7**
rung hat das BSG ausgeführt, geboten sei im Hinblick auf ein immer komplizierter wer-
dendes soziales Leistungssystem in einem Sozialrechtsverhältnis nicht nur die Beantwortung von Fragen oder die Entsprechung der Bitte um Beratung, sondern darüber hinaus
die **aufmerksame Prüfung** des Sachverhalts durch den jeweiligen Sachbearbeiter, ob Anlass besteht, die Betroffenen auch unaufgefordert auf Gestaltungsmöglichkeiten oder
Nachteile hinzuweisen, die sich mit ihren Anliegen verbinden.[19] Entsprechendes hat für
die existenzsichernden Leistungen zu gelten.

Auch eine Pflichtverletzung **anderer Behörden** als die Leistungsträger kann einen Her-   **8**
stellungsanspruch begründen.[20] Das ist etwa der Fall bei einer **arbeitsteiligen** oder **funk-**
tionellen Einbindung der fehlerhaft handelnden Behörde in die Organisation der anderen[21] (was zB zwischen der Agentur für Arbeit und dem Job-Center der Fall sein kann[22]
insbesondere bei Zusammenarbeit in einer gemeinsamen Einrichtung nach § 44 b

---

12 S. hierzu BSG 5.9.2006 – B 7 AL 70/05 R.
13 S. aus der Rechtsprechung nur BSG 24.4.2015 – B 4 AS 22/14 R, NJW 2015, 3803 mwN und aus der Kom-
    mentarliteratur Münder in: LPK-SGB II § 4 Rn. 5 und 11. Zur (entsprechenden) Rechtslage vor dem
    1.8.2016 s. etwa Greiser in: Eicher/SGB II, 3. Aufl., § 14 Rn. 12 mwN. Zu Defiziten bei der Beratung im
    Jobcenter s. die Beiträge in Heft 4/2014, Archiv für Wissenschaft und Praxis der sozialen Arbeit.
14 Berlit in: LPK-SGB XII § 11 Rn. 3 ff. mwN.
15 Berlit in: LPK-SGB XII § 11 Rn. 5, so wohl auch das BSG 27.5.2014 – B 8 SO 26/12 R, Rn. 33.
16 Berchtold/Richter (Hrsg.), Prozesse in Sozialsachen, § 17 Rn. 20 ff.
17 BSG 24.4.2015 – B 4 AS 22/14 R, Rn. 27, NJW 2015, 3803 und aktuell BGH 2.8.2018 – III ZR 466/16,
    info also 2018, 277 u. Anm. Wenner SozSich 2018, 388; ferner Seewald (Lit.) § 14 SGB I Rn. 10 ff., 26.
18 BSG 31.10.2007 – 14 B 14/11 b AS 63/06 R, SGb 2008, 610 mit Anm. Ladage.
19 12.12.2007 – B 12 AL 1/06 R, Rn. 16 und BGH 2.8.2018 – III ZR 466/16, info also 2018, 277 u. Anm.
    Wenner SozSich 2018, 388; s. ferner zur Verpflichtung zur sog Spontanberatung, auch zu den Grenzen
    BSG 28.9.2010 – B 1 KR 31/09 R, Rn. 19 ff. mwN.
20 Vgl. Brandts in: Richter/Doering-Striening, Grundlagen des Sozialrechts 2009, 123 f.
21 Näheres mit Rechtsprechungsnachweisen bei Seewald (Lit.), Rn. 183 ff. und Kreikebohm/von Koch (Lit.),
    Rn. 86 ff.
22 LSG Bln-Bbg 12.4.2006 – L 10 B 134/06 AS ER, Rn. 12.

SGB II).[23] An einer solchen Einbindung fehlt es etwa beim Verfahren auf Feststellung einer Behinderung nach § 69 SGB IX aF – jetzt § 152 SGB IX – beim Versorgungsamt im Hinblick auf das Leistungsverfahren des SGB XII.[24] Eine Zurechnung ist auch dann möglich, wenn sich aufgrund eines konkreten Verwaltungskontakts zwischen dem Bürger und einem Leistungsträger für diesen erkennbar ein **zwingender sozialrechtlicher Beratungsbedarf** für einen Leistungsbereich außerhalb seiner eigenen Zuständigkeit ergibt.[25]

II. Nachteils- oder Schadenseintritt

9   Das fehlerhafte Verhalten der Behörde muss zu einem wirtschaftlichen Schaden geführt haben, der etwa in dem (Teil)**Verlust** von **Ansprüchen** oder zu einer **verzögerten Gewährung** von Leistungen geführt hat. Ein solcher Schadenseintritt liegt etwa darin, dass ein erforderlicher Leistungsantrag nicht oder erst später gestellt wird oder Ansprüche wegen einer durch den Leistungsträger verursachten rechtlichen Fehleinschätzung nicht weiter betrieben werden.

III. Kausalität/Mitverschulden

10 Der Schaden des Leistungsberechtigten muss kausal auf die Pflichtverletzung der Behörde zurückzuführen sein. Dies ist nach allgemeinen Grundsätzen zum Kausalzusammenhang im Sozialrecht dann der Fall, wenn das Behördenverhalten eine wesentliche, dh **zumindest gleichwertige Bedingung** für den eingetretenen Schaden ist.[26] Dies gilt auch im Rahmen des Herstellungsanspruchs.[27] Eine andere Ursache, die die Kausalität des Behördenhandelns für den Schadenseintritt entfallen lassen kann, ist das Verhalten/**Mitverschulden** – es gilt ein subjektiver Verschuldensmaßstab – der Bürger. Die Herstellung des sozialen Rechts kann nicht verlangt werden, wenn sie die entscheidende Bedingung für seinen sozialrechtlichen Nachteil selbst gesetzt haben, wie bei vorsätzlichem oder grob fahrlässigem – anders bei einfacher Fahrlässigkeit – Verhalten.[28] So hat das Bundessozialgericht im Fall eines vom **SGB II-Leistungsträger veranlassten Umzugs** entschieden, dass der bei Nutzung des Transportfahrzeugs entstandene Schaden und die hieraus resultierende Forderung des Autovermieters nicht zu einem Freistellungsanspruch des Schädigers über den Herstellungsanspruch wegen eines Beratungsfehlers führe, da der konkret eingetretene Schaden auf das **Fehlverhalten im Straßenverkehr** zurückzuführen sei und die Möglichkeit fehle, den Zustand nachträglich herzustellen, der ohne die Pflichtverletzung (fehlerhafte Beratung) eingetreten wäre.[29] Ein Verschulden gesetzlicher Vertreter und von Erfüllungsgehilfen kann nach § 278 BGB zugerechnet werden.[30]

---

23 LSG Bln-Bbg 29.7.2008 – L 14 B 818/08 AS ER.
24 BSG 10.11.2011 – B 8 SO 12/10 R, Rn. 31 zum Mehrbedarf nach § 30 Abs. 1 Nr. 2 SGB XII.
25 BSG 6.5.2010 – B 13 R 44/09 R, Rn. 35 mwN und BGH 2.8.2018 – III ZR 466/16, info also 2018, 277 u. Anm. Wenner SozSich 2018, 388.
26 BSG 6.3.2003 – B 4 RA 38/02 R, NZS 2004, 149.
27 BSG 6.3.2003 – B 4 RA 38/02 R, NZS 2004, 149; zustimmend Brandts in: Richter/Doering-Striening, Grundlagen des Sozialrechts, 2009, § 3 Rn. 128.
28 BSG 6.3.2003 – B 4 RA 38/02 R, NZS 2004, 149 und Brandts in: Richter/Doering-Striening, Grundlagen des Sozialrechts, 2009, § 3 Rn. 129 mwN.
29 6.10.2010 – B 14 AS 152/10 R, Rn. 21 f.
30 BSG 11.12.2002 – B 10 LW 14/01, Rn. 28 ff. und Grötschel (Lit.), 35 mwN.

IV. Rechtsfolgen

Der sozialrechtliche Herstellungsanspruch zielt auf die Vornahme einer Handlung zur **11** Herstellung einer sozialrechtlichen Position iS desjenigen Zustands ab, der ohne die Pflichtverletzung bestehen würde (Grundsatz der **Naturalrestitution**),[31] und ist (grundsätzlich) nicht auf Entschädigung in Geld gerichtet.[32] Allerdings führt die sozialrechtliche Naturalrestitution überwiegend zu einer Geldzahlung. Der entscheidende Unterschied liegt in der Funktion/Rechtsqualität, die der jeweiligen Geldzahlung zukommt: Maßgeblich ist, ob es sich bei der beanspruchten Leistung in Geld um eine Amtshandlung handelt.[33] Die Herstellung ist unter tatsächlichem Aspekt in den Fällen unproblematisch, in denen der Berechtigte durch fehlerhaftes Verhalten der Behörde veranlasst war, durch eigenes Handeln einen Nachteil herbeizuführen. Oftmals liegt jedoch der Sachverhalt komplexer und es stellt sich die Frage, ob auch eine zusätzlich erforderliche Disposition der Bürger (zB Antragstellung) fingiert werden kann, um die Anspruchsvoraussetzungen zu komplettieren. Grundsätzlich sind auf Seiten der Behörde nur solche Sachverhalte herstellbar, die ihrer Verfügungsmacht unterfallen und dem sozialrechtlichen **Verwaltungsverfahren zuzurechnen** sind.[34] Dies ist etwa nicht der Fall, wenn es um das Nachholen bzw. die Fiktion einer in der **Gestaltungsmacht** des **Bürgers** liegenden **vertraglichen Disposition** geht.[35] Auf Seiten der Bürger gilt demnach, dass als deren Beitrag zur Komplettierung der Anspruchsvoraussetzungen nur **rechtsgestaltende Handlungen** in Betracht kommen, die dem **Verwaltungsverfahren zuzuordnen** sind, wie etwa die (rechtzeitige) Stellung oder Rücknahme von Anträgen oder Mitwirkungshandlungen nach §§ 60–64 SGB I.[36]

Auch im Hinblick auf diese zusätzlichen Handlungen bedarf es stets eines Kausalzusammenhangs iSd **Wesentlichkeitstheorie** (→ Rn. 10.) zwischen dem Fehlverhalten der Behörde und den zunächst unterlassenen Handlungen. Nach der Rechtsprechung sollen grundsätzlich nicht fingiert werden können Anzeigen von Umständen tatsächlicher Art, wie der Arbeitslosmeldung oder Eigenschaften des Berechtigten (wie Verfügbarkeit im Arbeitsförderungsrecht).[37] Es soll ferner kein Anspruch auf **Verzinsung** einer rückwirkend im Wege des Herstellungsanspruchs gewährten Rente bestehen.[38] **12**

In rechtlicher Hinsicht gilt, dass die begehrte Amtshandlung der Behörde grundsätzlich **13** im Gesetz vorgesehen und **ihrer Art nach zulässig** sein muss.[39] Hierbei stellt die Rechtsprechung nicht etwa auf den Akt der Leistungsbewilligung ab, sondern auf die **Ersetzung** der vom Leistungsberechtigten versäumten – und von ihm nachzuholenden – Disposition. Der Herstellungsanspruch darf nicht zu Ergebnissen führen, die mit dem Gesetz nicht übereinstimmen. Dabei geht es nicht um die Rechtmäßigkeit der jeweiligen Amtshandlung als Mittel zur Herstellung des gewünschten Zustandes, sondern um die-

---

31 Vgl. nur BSG 27.1.2000 – B 12 KR 10/99 R, Rn. 16.
32 BSG 20.10.2010 – B 13 R 15/10 R, Rn. 39: Ablehnung eines Kostenerstattungsanspruchs für ein überflüssiges Widerspruchsverfahren nach fehlerhafter Rechtsmittelbelehrung.
33 Grötschel (Lit.), 41 f.
34 BSG 15.5.1985 – 7 RAr 103/83, NZA 1986, 38; Brandts in: Richter/Doering-Striening, Grundlagen des Sozialrechts, 2009, § 3 Rn. 37; ferner zusammenhängend zu den Grenzen des Herstellungsanspruchs, Schmitz (Lit.), 396 ff.
35 BSG 15.4.2008 – B 14 AS 27/07 R, Rn. 40 (zu fehlender Vereinbarung nach § 168 Abs. 3 VVG), s. auch → Rn. 14.
36 Brandts in: Richter/Doering-Striening, Grundlagen des Sozialrechts, 2009, § 3 Rn. 138 mwN.
37 Brandts in: Richter/Doering-Striening, Grundlagen des Sozialrechts, 2009, § 3 Rn. 140 mwN.
38 So LSG BW 20.1.2016 – L 4 R 12/15; hierzu Steinwedel jurisPR-SozR 17/2016 Anm. 2.
39 Vgl. näher mit weiteren Beispielen Brandts in: Richter/Doering-Striening, Grundlagen des Sozialrechts, 2009, § 3 Rn. 142 ff. und Seewald (Lit.), Rn. 192 ff.

sen **Zustand selbst,** also um das Ziel, das durch die Amtshandlung herbeigeführt werden soll.[40]

14 Der Herstellungsanspruch ist etwa darauf gerichtet, die nachgeholte Handlung des Berechtigten als rechtzeitig gelten zu lassen und den eingetretenen Zeitablauf durch eine Fiktion als ungeschehen zu betrachten.[41] Begehrt wird hier die nachträgliche Vornahme der ursprünglich zustehenden Amtshandlung, als **Surrogat** des **primären Leistungsanspruchs** und nicht ein (sekundärer) Schadensersatzanspruch. Fingiert werden können jedoch auch andere rechtsgestaltende Handlungen wie die Rücknahme eines Antrags oder das Verschieben des Datums eines Antrags.[42] Nicht ersetzt werden kann nach Meinung des BSG im Rahmen des Herstellungsanspruchs die vertragliche Vereinbarung zwischen Versicherungsnehmer und Versicherer nach § 168 Abs. 3 VVG über einen **Ausschluss der Verwertbarkeit** einer **Lebensversicherung** vor dem Eintritt in den Ruhestand, vgl. zur rechtlichen Relevanz den Vermögensfreibetrag in § 12 Abs. 2 S. 1 Nr. 3 SGB II.[43] Wenn hiernach ein Herstellungsanspruch nicht gegeben ist, kann uU ein **Schadensersatzanspruch** nach § 839 BGB iVm Art. 34 GG begründet sein (s. hierzu → Rn. 25).

15 Hinsichtlich der im SGB II – und für einen Teil der Leistungen im SGB XII – erforderlichen Antragstellung gilt: Da hier der Antrag (auch) materielle Bedeutung hat (näher → Kap. 47 Rn. 32), kann dieser über den Herstellungsanspruch nachgeholt bzw. fingiert werden, so dass der Anspruch grundsätzlich entsteht.[44] **Zeitlich** wird die **Rückwirkung** des Herstellungsanspruchs nach jedenfalls nach Auffassung des 13. Senats des BSG entsprechend der Regelung in § 44 Abs. 4 SGB X auf **vier Jahre** beschränkt.[45] Der 13. Senat weicht nach seiner Auffassung nicht iSv § 41 Abs. 2 SGG von der Rechtsprechung des 4. Senats ab, so dass eine Vorlage an den Großen Senat des BSG nicht in Betracht komme.[46] *Schütze*[47] spricht sich dafür aus, jedenfalls in **besonders gelagerten Ausnahmefällen** bei entsprechender Anwendung der Ausschlussfrist des § 44 Abs. 4 SGB X zu einem **längeren Zeitlauf** zu gelangen.

V. Keine grundsätzlichen Einschränkungen bei existenzsichernden Leistungen

16 Bereits wegen der stärkeren Betonung von Beratung in SGB II und SGB XII (→ Rn. 5), ferner aufgrund des Gebots **effektiven Rechtsschutzes** ist die frühere, skeptische bis ablehnende Haltung des Bundesverwaltungsgerichts gegenüber der Anwendung des Herstellungsanspruchs auf dem Rechtsgebiet der Sozialhilfe[48] überholt (bereits → Rn. 5).[49] Die Rechtsprechung des Bundessozialgerichts geht nicht nur davon aus, dass über den sozialrechtlichen Herstellungsanspruch die Stellung von Leistungsanträgen im SGB II fingiert werden kann.[50] Auch bei anderen Fallgestaltungen werden die Voraussetzungen

---

40 BSG 28.9.2010 – B 1 KR 31/09 R, Rn. 25 mwN. Näher zu den Grenzen der Herstellungspflicht Grötschel (Lit.), 80 ff., dort auch Kritik an der bisherigen Rechtsprechung des BSG S. 101 ff.
41 Ladage, Anm. zu BSG 31.10.2007 – 14 B 14/11 b AS 63/06 R, SGb 2008, 613 (614).
42 Brandts in: Richter/Doering-Striening, Grundlagen des Sozialrechts, 2009, § 3 Rn. 138.
43 BSG 16.12.2008 – B 4 AS 77/08 B, Rn. 7; s. auch oben → Rn. 12.
44 Brandts in: Richter/Doering-Striening, Grundlagen des Sozialrechts, 2009, § 3 Rn. 143 mwN.
45 Etwa BSG 24.4.2014 – B 13 R 23/13 R; ebenso Steinwedel in: KassKomm SGB X § 44 Rn. 53; aA, wenn die Herstellung eine Erstfeststellung betrifft, ist der 4. Senat des BSG 6.3.2003 – B 4 RA 38/02 R, NZS 2004, 149, allerdings mit dem Hinweis, dass dann die Verjährungsvorschrift des § 45 SGB I eingreift; ferner BSG 26.6.2007 – B 4 R 19/07 R.
46 BSG 24.4.2014 – B 13 R 23/13 R, Rn. 22 f.
47 Von Wulffen/Schütze SGBX § 44 Rn. 33.
48 Vgl. hierzu Rothkegel, 2005, Teil IV Kapitel 3.
49 Ferner Schmitz (Lit.), 398 ff.
50 BSG 18.1.2011 – B 4 AS 29/10 R.

des Herstellungsanspruchs geprüft, ohne Einwendungen grundsätzlicher Art zu erheben.[51]

Gleiches – Leistungen für die Vergangenheit – gilt nach der Rechtsprechung und Literatur auch im Bereich des SGB XII.[52] Bei **antragsunabhängigen** Leistungen ist entscheidend auf die **Kenntnis** des Sozialhilfeträgers abzustellen. Solange trotz Kenntnis die Bedarfsdeckung unterblieben ist, handelt es sich bei den noch ausstehenden Leistungen bereits nicht um solche für die Vergangenheit, sie sind, ggf. außerhalb des (subsidiären) Herstellungsanspruchs, noch zu erbringen.[53] **17**

Mit der Einführung der Grundsicherung für Arbeitsuchende im SBG II und der Neufassung des BSHG im SGB XII hat sich der Gesetzgeber im Existenzsicherungsrecht vom früheren Gegenwärtigkeitsprinzip bzw. der Zeitgebundenheit der Sozialhilfe – wonach menschenwürdiges Leben rückwirkend nicht hergestellt werden könne und Sozialhilfe keine Entschädigung für erlittene Hilfebedürftigkeit sein dürfe[54] – in vielfacher Weise abgewendet.[55] Durchgreifende Gründe, den Herstellungsanspruch im Existenzsicherungsrecht einzuschränken oder gar auszuschließen, bestehen nicht (mehr). **18**

Die Rechtsprechung des BSG zur Anwendung des § 44 SGB X in der Sozialhilfe[56] steht diesem Ergebnis nicht entgegen. Den Vorrang des effektiven Rechtsschutzes hat das BSG im Hinblick auf spezifische Gesichtspunkte bei der Anwendung des § 44 SGB X teilweise zurücktreten lassen. Zur Begründung hat es vor allem darauf abgehoben, **effektiver Rechtsschutz** werde regelmäßig durch Rechtsbehelfe gegen die erlassenen Bescheide verwirklicht. § 44 SGB X diene „nur"[57] der **materiellen Gerechtigkeit** zugunsten des Bürgers auf Kosten der Bindungswirkung von zu seinen Ungunsten ergangenen Verwaltungsakten. Das Gebot materieller Gerechtigkeit verlange unter Berücksichtigung sozialhilferechtlicher Grundsätze – § 44 Abs. 4 SGB X spreche von den „Vorschriften der besonderen Teile dieses Gesetzbuches" und ermögliche, den Besonderheiten des jeweiligen Leistungsrechts Rechnung zu tragen – nicht, einem früheren Sozialhilfebedürftigen eine Leistung zu gewähren, die dieser nicht mehr benötigt. **19**

Diese Überlegungen sind im Rahmen der Anwendungen des Herstellungsanspruchs, bei dem es nicht um die Beseitigung der Bindungswirkung früher ergangener Verwaltungsakte geht, nicht einschlägig. Ausgeschlossen soll es lediglich sein, dass Sozialhilfeleistungen als Entschädigung für unterlassene Hilfe eingesetzt werden.[58] **20**

C. Konkurrenzen/Subsidiarität des Herstellungsanspruchs

Vor dem Hintergrund, dass der Herstellungsanspruch nur subsidiär eingreifen soll (→ Rn. 3), sind Konkurrenzen zu bestehenden gesetzlichen Vorschriften[59] zu klären. **21**

---

51 Vgl. nur BSG 31.10.2007 – B 14/11 B AS 63/06 R, SGb 2008, 610 mit Anmerkung Ladage; ferner 15.4.2008 – B 14 AS 27/07 R u. 16.12.2008 – B 4 AS 77/08 B, Rn. 7.
52 S. etwa LSG BW 8.9.2007 – L 7 SO 1680/07, Rn. 41; LSG NRW 1.9.2010 – L 12 SO 36/09, Rn. 28; W. Schellhorn in: Schellhorn/Schellhorn/Hohm SGB XII § 11 Rn. 27, ferner die Ausführungen zu → Rn. 5.
53 Mrozynski SGB I § 14 Rn. 51.
54 BVerwGE 60, 236 (237 f.); Pattar NZS 2010, 7 (9).
55 S. näher Pattar NZS 2010, 7 ff.
56 So 29.9.2009 – B 8 SO 16/08 R, SGb 2010, 608 mit Anm. Dörr, S. 610, s. ferner die Ausführungen und Rechtsprechungsnachweise bei Schütze in: von Wulffen/Schütze SGB X § 44 Rn. 48.
57 So das BSG wörtlich, 29.9.2009 – B 8 SO 16/08 R, Rn. 15, SGb 2010, 608 mit Anm. Dörr, S. 610.
58 Schütze in: von Wulffen/Schütze SGB X § 44 Rn. 48.
59 Hier beschränkt auf Verfahrensregelungen, die im Hinblick auf existenzsichernde Leistungen relevant sein können.

I. Wiedereinsetzung in den vorigen Stand, § 27 SGB X

22 Bei einer verspäteten Antragstellung, die auf einer Pflichtverletzung des Leistungsträgers beruht, ist der Herstellungsanspruch nicht deshalb ausgeschlossen, weil die gesetzliche Regelung der Wiedereinsetzung in den vorigen Stand nach § 27 SGB X besteht.[60] Beide Institute sind vielmehr **nebeneinander anwendbar**, was insbesondere dann von Bedeutung ist, wenn § 27 SGB X im Einzelfall wegen Verschuldens des Berechtigten – das den Herstellungsanspruch nicht unbedingt ausschließt (→ Rn. 10) – oder wegen Ablauf der dort normieren Fristen nicht anwendbar ist.

II. Wiederholte Antragstellung, § 28 SGB X

23 Als eine besondere Art der Wiedereinsetzung ermöglicht die Bestimmung des § 28 SGB X unter den dort genannten Voraussetzungen, einen Antrag ohne Rechtsnachteile nachzuholen. Gegenüber dieser Norm ist der Herstellungsanspruch als richterrechtlich entwickeltes Rechtsinstitut, das eine Regelungslücke voraussetzt, subsidiär, soweit die in § 28 SGB X bestimmte Rückwirkung der nachgeholten Antragstellung zu einer Leistungsgewährung führt, wie sie den Berechtigten bei frühzeitiger Antragstellung zustanden.[61] Kann der Antrag nicht mehr mit diesem Ergebnis nachgeholt werden, ist das Anliegen der Betroffenen ergänzend unter dem Aspekt der **Wiedereinsetzung** (§ 27 SGB X) zu prüfen, daneben kommt ggf. ein **Herstellungsanspruch** in Betracht.[62] Zu beachten ist, dass § 40 Abs. 7 SGB II und § 5 Abs. 3 S. 3 BKGG **Sonderregelungen** enthalten, die für die Leistungsberechtigten nachteilig von § 28 SGB X abweichen.

III. Zugunstenantrag, § 44 SGB X

24 § 44 SGB X enthält für die Rücknahme eines rechtswidrigen, nicht begünstigenden Verwaltungsakts eine **Sonderregelung** – im Existenzsicherungsrecht nur **eingeschränkt** anwendbar, s. § 40 Abs. 1 und 3 SGB II und § 116 a SGB XII –, die in ihrem Anwendungsbereich den sozialrechtlichen Herstellungsanspruch verdrängt. Die Vorschrift geht grundsätzlich als lex spezialis vor, es sei denn, dass ein Nachteil eintritt, der über § 44 SGB X nicht ausgeglichen werden kann.[63] Hinsichtlich der Anwendung von § 44 Abs. 4 SGB X auf den Herstellungsanspruch wird auf obige Ausführungen in → Rn. 15 verwiesen. Wegen möglicher Auswirkungen der Rechtsprechung des BSG zur Anwendung des § 44 SGB X in der Sozialhilfe auf das Geltendmachen von Ansprüchen für die Vergangenheit i.R.d. Herstellungsanspruchs siehe → Rn. 19.

IV. Amtshaftungsanspruch nach § 839 BGB, Art. 34 GG

25 In der Regel dürfte es **zweckmäßig** sein, den Schadensausgleich mittels des **Herstellungsanspruchs** zu realisieren, soweit dies rechtlich möglich ist. Ein Amtshaftungsanspruch kommt allerdings auch in diesem Fall in Betracht. Insbesondere ist der Ausschluss in § 839 Abs. 1 S. 2 BGB nicht einschlägig, weil diese Bestimmung sich nur auf Anspruchsgegner außerhalb des Staates bzw. öffentlich-rechtlicher Körperschaften (Art. 34 GG) bezieht (Einheitlichkeit der öffentlichen Hand).[64] Aus den oben (→ Rn. 13 ff.) angegebenen Gründen gibt es Konstellationen, in denen ein Verstoß gegen Beratungspflichten

---

60 BSG 2.2.2006 – B 10 EG 9/05 R, SGb 2006, 759 mAnm Timme; BSG 6.5.2010 – B 13 R 44/09 R, Rn. 26; BSG 16.5.2012 – B 4 AS 166/11; BSG 4.9.2013 – B 12 AL 2/12 R, NZS 2014, 196; s. ferner Siefert in: von Wulffen/Schütze SGB X § 27 Rn. 4.
61 BSG 19.9.2010 – B 14 AS 16/09 R, Rn. 30.
62 Mutschler in: KassKomm SGB X § 28 Rn. 5 a.
63 BSG 23.7.1986 – 1 RA 31/85, BSGE 60, 158 und Schütze in: von Wulffen/Schütze SGB X § 44 Rn. 33.
64 Palandt/Sprau BGB § 839 Rn. 55 ff.

nur iR eines Amtshaftungsanspruchs begegnet werden kann, siehe etwa BGH v. 2.8.2018.[65] Die „Schwäche" des Amtshaftungsanspruchs besteht in Folgendem:[66]

- Den funktionell zuständigen Zivilgerichten fehlt regelmäßig die Sachnähe zu dem sozialrechtlich determinierten Komplex.

- Die Anwendung des Zivilprozessrechts (ua des „Beibringungsgrundsatzes", wonach das Gericht seiner Entscheidung nur das Tatsachenmaterial zu Grunde legen darf, das von den Parteien vorgetragen ist)[67] kann im Vergleich zum sozialgerichtlichen Verfahren zu beweisrechtlichen Schwierigkeiten führen.

- Für den beim Landgericht beginnenden Instanzenzug besteht Anwaltszwang, § 78 ZPO. Es fallen Gerichtskosten an und es besteht im Unterliegensfall ein Kostenerstattungsanspruch nach § 91 ZPO.

- Der Verweis auf die Amtshaftung orientiert sich an der im sozialen Rechtsstaat überholten Vorstellung des „Dulde und Liquidiere", während der Herstellungsanspruch auf die Herstellung des Zustandes gerichtet ist, der sich bei pflichtgemäßem Verhalten des Leistungsträgers ergäbe.

Die Geltendmachung des sozialrechtlichen Herstellungsanspruchs durch Klage vor dem Sozialgericht unterbricht die Verjährung (§ 204 BGB) des Amtshaftungsanspruchs, der auf dasselbe Fehlverhalten des Leistungsträgers gestützt wird.[68] Antragsteller, die mit dem Herstellungsanspruch bei der Sozialgerichtsbarkeit gescheitert sind, können unbeschadet dieses Umstandes beim Zivilgericht Amtshaftungsansprüche einklagen. Die Rechtskraft der Entscheidung über den Herstellungsanspruch steht dem nicht entgegen.[69] Die Ausschlussfrist des § 44 Abs. 4 SGB X hat für das private Schadensrecht keine Bedeutung.

65 BGH 2.8.2018 – III ZR 466/16, info also 2018, 277 und Anm. Wenner SozSich 2018, 388.
66 S. Olbertz, Der sozialrechtliche Herstellungsanspruch im Verwaltungsrecht, Diss. 1995, S. 7.
67 S. etwa Greger in: Zöller ZPO vor § 128 Rn. 10.
68 BGH 11.2.1988 – III ZR 221/86, NJW 1988, 1776 zu § 209 Abs. 1 BGB aF.
69 BGH 6.2.1997 – III ZR 241/95, VersR 1997, 745; s. ferner von Koch NZS 1998, 167. BVerwG E 60, 236 (237 f.); siehe auch Pattar NZS 2010, 7 (9).

Kapitel 57: Rücknahme, Aufhebung und Rückforderung

Literaturhinweise: Heinz, Zur Korrektur behördlicher Entscheidungen nach dem SGB X und zu verfahrensrechtlichen Besonderheiten im Existenzsicherungsrecht – zugleich eine Anmerkung zu BSG, Urteil vom 29.9.2009, B SO 16/08 R –, ZfF 2012, 25; Schoch, Rückforderungen und Aufrechnungen in der Grundsicherung für Arbeitsuchende (SGB II), der Sozialhilfe (SGB XII) und dem Sozialverwaltungsverfahren (SGB X), ZfF 2008, 241; Schwabe, Rückzahlung von „Hartz IV"? – Die rechtlichen Rahmenbedingungen zur Rückforderung von Leistungen nach dem SGB II, ZfF 2006, 145; Udsching/Link, Aufhebung von Leistungsbescheiden im SGB II, SGb 2007, 513.

Rechtsgrundlagen:
SGB II § 40 Abs. 1–3
SGB X §§ 45, 48, 50, 115, 116
SGB XII §§ 19 Abs. 5, 26, 105 Abs. 1

Orientierungssätze:
1. Die komplexen Bedürftigkeitsregelungen im SGB II führen zu einer erheblichen praktischen Relevanz der Regelungen über die Aufhebung von Verwaltungsakten und Erstattung von Leistungen nach den Vorschriften des SGB X.
2. Die speziellen Verfahrensvorschriften des § 40 SGB II führen zu wichtigen Abweichungen von den Regelungen der §§ 45 ff. SGB X, die sich nachteilig für die Leistungsberechtigten auswirken.
3. Durch die Sonderregelung in § 40 SGB II für Aufhebung von Verwaltungsakten nach § 48 SGB X müssen Leistungsberechtigte immer – auch in atypischen Fällen – Leistungen erstatten, auch wenn sie die Überzahlung nicht verschuldet haben.
4. Die Rückzahlungsverpflichtungen bei abschließenden Entscheidungen nach vorhergegangenen vorläufigen Bescheiden im SGB II und im 4. Kapitel SGB XII bestehen ebenfalls ohne jeglichen Vertrauensschutz.
5. Da im SGB XII – außer bei vorläufigen Bescheiden im 4. Kapitel – keine speziellen Regelungen über die Aufhebung von Verwaltungsakten enthalten sind, gelten hier §§ 45 ff. SGB X ohne Abweichungen.
6. Rechtsmittel gegen Aufhebungs- und Erstattungsbescheide der SGB II Träger haben häufig wegen formaler Fehler, insbesondere der mangelnden Bestimmtheit oder Individualisierung, Erfolg.

A. Allgemeines

Die Aufhebungs- bzw. Rückforderungsansprüche sollen den Nachranggrundsatz in den Fällen wieder herstellen, in denen zunächst Leistungen erbracht wurden, diese aber dem Leistungsempfänger nicht zustehen, weil sie zu Unrecht erbracht wurden. Ist die Leistung zu Unrecht erbracht worden oder ist eine Änderung eingetreten, stellen hierfür die Regelungen der §§ 45 ff. SGB X ein **geschlossenes System** der Aufhebung und der Erstattung zu Unrecht erbrachter Leistungen dar. Andere Rechtsgrundlagen kommen nicht in Betracht.[1] Hierbei ist zu unterscheiden zwischen Aufhebung bzw. Rückforderung nach §§ 45, 48 SGB X einerseits und der Erstattung nach § 50 SGB X andererseits. Es handelt sich um verschiedene inhaltliche Regelungen, die zwar meistens in einem Bescheid enthalten sind, jedoch auch gesondert geregelt werden können. **1**

Ein Erstattungsanspruch nach § 50 Abs. 1 SGB X setzt zwingend voraus, dass ein zugrunde liegender Verwaltungsakt aufgehoben worden ist. Bei der Aufhebung von Bescheiden ist zu unterscheiden zwischen solchen, die von Anfang rechtswidrig waren und solchen, die zunächst rechtmäßig ergangen sind, deren Regelungsgehalt jedoch wegen einer späteren Änderung der tatsächlichen oder rechtlichen Verhältnisse rechtswidrig geworden ist. Gemeinsam ist beiden Ansprüchen, dass nur **rechtswidrig gewährte Leistungen** zurückgefordert werden können. **2**

Keine Anwendung finden die Vorschriften über die Aufhebung und Erstattung in solchen Fällen, in denen der Grundsicherungsträger als nachrangig verpflichteter Träger vorgeleistet hat. Bewilligt ein vorrangig verpflichteter Träger im Nachhinein Leistungen für den Zeitraum, für den Leistungen nach dem SGB II oder SGB XII gewährt wurden, entsteht ein Erstattungsanspruch nach §§ 102 ff. SGB X. Die Erfüllungsfiktion des § 107 SGB X führt dazu, dass der vorleistende Träger Befriedigung ausschließlich beim vorrangig verpflichteten Träger suchen darf und gegenüber dem Leistungsempfänger keine Erstattungsansprüche nach § 50 iVm §§ 45, 48 SGB X geltend machen kann.[2] Dieser Grundsatz wird in der Praxis des SGB II häufig zu wenig beachtet. **3**

In § 40 SGB II in Verbindung mit § 330 SGB III finden sich verschiedene Regelungen, die eine Ergänzung der §§ 45 ff. SGB X darstellen. Es handelt sich – bis auf § 40 Abs. 4 SGB II, der die Erstattung betrifft – ausnahmslos um Vorschriften, die für die Leistungsberechtigten ungünstiger sind. Im SGB XII sind keine speziellen Regelungen enthalten. § 7 b AsylbLG ist eine Regelung, die dem § 40 Abs. 4 SGB II entspricht, mithin ebenfalls nur die Erstattung betrifft. **4**

B. Rechtslage nach dem SGB II

I. Rücknahme nach § 45 SGB X

§ 45 SGB X regelt die Rücknahme von **(von Anfang an) rechtswidrigen** begünstigenden Verwaltungsakten. Sie können aufgehoben werden, bevor und nachdem sie unanfechtbar geworden sind. Von Bedeutung ist die Rücknahme nach § 45 SGB X von Leistungen nach dem SGB II in den Fällen, in denen die Bewilligung von vornherein rechtswidrig war, da der Leistungsempfänger bereits im Zeitpunkt der Bewilligung beispielsweise über verwertbares Vermögen verfügte, mit einem solventen Partner in Bedarfsgemeinschaft lebte oder zB aufgrund Altersrentenbezugs oder stationärer Unterbringung vom Leistungsbezug des SGB II ausgeschlossen war. **5**

---

1 § 34 a SGB II richtet sich an Dritte, so dass es sich hierbei um eine Vorschrift handelt, die nicht die Leistungsberechtigten betrifft, vgl. Schwitzky in: LPK-SGB II § 34 a Rn. 5.
2 Udsching/Link SGb 2009, 513 (518).

6 Diese Rücknahme ist nur unter engen Ausnahmen zulässig. Grundsätzlich soll sich der Bürger auf die Rechtmäßigkeit und die Bestandskraft einer für ihn positiven Entscheidung verlassen können. Die Rücknahme ist daher nur zulässig, wenn der Leistungsempfänger sich ausnahmsweise nicht auf **Vertrauensschutz** berufen kann. Die Beweislast für die Rechtswidrigkeit des Ausgangsbescheides trägt der Leistungsträger. Nach § 45 Abs. 2 S. 1 SGB X ist die Rücknahme des Bewilligungsbescheides daher grundsätzlich ausgeschlossen, wenn und soweit der Betroffene schutzwürdig auf seinen Bestand vertrauen konnte. Nicht schutzwürdig ist das Vertrauen, wenn das öffentliche Interesse an der Aufhebung des Verwaltungsaktes das Interesse des Begünstigten an seinem Bestand überwiegt. Das öffentliche Interesse an der Aufhebung rechtfertigt sich aus dem Grundsatz der Rechtmäßigkeit der Verwaltung aus Art. 20 Abs. 3 GG und dem Gebot rechtmäßigen Verwaltungshandelns.

7 Vom **schutzwürdigen** Vertrauen des Bürgers ist in der Regel dann auszugehen, wenn der Begünstigte die Leistungen verbraucht hat oder eine Vermögensdisposition getroffen hat (§ 45 Abs. 2 S. 2 SGB X). Auf der anderen Seite kann sich der Begünstigte schon von vornherein nicht auf Vertrauensschutz berufen, wenn dies ihm aus subjektiven Gründen nicht zuzugestehen ist (§ 45 Abs. 2 S. 3 SGB X). Dies gilt, wenn er die Begünstigung durch **arglistige Täuschung, Drohung oder Bestechung** erwirkt hat, oder der Verwaltungsakt auf Angaben beruht, die er vorsätzlich oder grob fahrlässig in wesentlicher Beziehung unrichtig oder unvollständig gemacht hat oder er die Rechtswidrigkeit des Verwaltungsaktes kannte oder infolge grober Fahrlässigkeit nicht kannte. Im SGB II spielen dabei insbesondere die Fälle **unrichtiger und unvollständiger Angaben** eine Rolle, wobei im Einzelfall immer wieder im Streit steht, zu welchen Angaben der Leistungsempfänger bzw. Antragsteller verpflichtet war und ob das Verschweigen der Angaben diesem auch subjektiv vorgeworfen werden kann.

8 Dabei ist zu beachten, dass die **subjektive Vorwerfbarkeit bei jedem einzelnen Leistungsempfänger** vorliegen muss. Nicht ausreichend ist das Verschulden des Vertreters der Bedarfsgemeinschaft. Eine Zurechnung über § 38 SGB II findet nicht statt.[3] Eine Wissenszurechnung kommt nur bei gewillkürter (§ 13 SGB X) bzw. gesetzlicher Vertretung (§ 1629 BGB) nach § 166 bzw. § 278 BGB in Betracht.

9 Der SGB II-Bescheid ist ein **Verwaltungsakt mit Dauerwirkung**, so dass auch die Einschränkungen des § 45 Abs. 3 SGB X zu beachten sind, insbesondere die zeitliche Einschränkung, dass dieser nur bis zu **zwei Jahren** nach seiner Bekanntgabe zurückgenommen werden darf. Bis zu zehn Jahren darf er jedoch in den Fällen zurückgenommen werden, in denen der Adressat die Rechtswidrigkeit kannte oder infolge grober Fahrlässigkeit nicht kannte.

10 Die Rücknahme eines rechtswidrigen begünstigenden Verwaltungsaktes spielt im Rahmen des SGB II weniger für die Zukunft als viel häufiger für die Vergangenheit eine Rolle (da sich die Umstände, aus denen sich die Rechtswidrigkeit von Anfang an ergab, häufig erst im Nachhinein herausstellen). Für die **Vergangenheit** kann die Bewilligung allerdings nur dann aufgehoben werden, wenn die Voraussetzungen für einen Wegfall des Vertrauensschutzes vorliegen und wenn die Jahresfrist (nach Kenntniserlangung der zugrunde liegenden Tatsachen) des § 45 Abs. 4 S. 2 SGB X eingehalten wird.

11 Die Rücknahme eines Verwaltungsaktes nach § 45 SGB X steht grundsätzlich im **Ermessen** der Behörde. Fehlende Ermessensausübung führt zur Rechtswidrigkeit und Aufhebung des Bescheides. Nach der **Sonderregelung** des § 40 Abs. 2 Nr. 3 SGB II in Verbindung mit § 330 Abs. 2 SGB III ist Ermessen nicht auszuüben, wenn die Voraussetzungen

---

3 Udsching/Link SGb 2009, 513 (517).

des § 45 Abs. 2 S. 3 SGB X vorliegen. In diesen Fällen hat zwingend eine Rücknahme zu erfolgen. In den übrigen Fällen hingegen muss Ermessen ausgeübt werden.

Ein Sonderproblem stellt die Rücknahme dar, wenn **Vermögen zu Unrecht nicht berücksichtigt wurde** und dieses niedriger ist als die Leistungen, die vom Sozialleistungsträger geleistet wurden. So wurde in einem vor kurzem entschiedenen Fall des LSG BW[4] ein Betrag von ca. 11.000 EUR zurückverlangt, obwohl das zu verwertende Vermögen lediglich ca. 3.000 EUR betrug. Da eine Ermessensentscheidung bei einer Entscheidung nach § 48 SGB X ausgeschlossen, ist kommt eine Begrenzung der Rückforderung auf den Vermögensbetrag von 3.000 EUR nur dann in Betracht, wenn es sich um einen Fall des § 45 SGB X handelt und eine besondere Härte des Vermögenseinsatzes angenommen wird.[5] Allerdings hat das BSG nunmehr ausdrücklich entschieden,[6] dass eine Begrenzung der Rückforderung auf den ursprünglich einzusetzenden Vermögenswert nicht möglich ist. In solchen Fällen sei aber daran zu denken, ob ein Erlass (vgl. Kap. 59) in Betracht kommt.

II. Aufhebung nach § 48 SGB X

Häufiger als nach § 45 SGB X werden jedoch im Bereich des SGB II Bewilligungsbescheide nach § 48 SGB X aufgehoben. Dies ist für die Wirkung für die Zukunft immer möglich, wenn sich in den **tatsächlichen oder rechtlichen Verhältnissen** eine wesentliche Änderung ergibt, beispielsweise eine zuvor leistungsberechtigte Person nach dem SGB II während des laufenden Bewilligungsabschnittes ein Studium aufnimmt oder Einkommen bezogen wird, welches bei der Bescheiderteilung noch nicht bekannt war. Soweit es um Änderungen zugunsten des Betroffenen geht, wird auf die Darstellung in Kap. 55 verwiesen.

Unter engeren Voraussetzungen wirkt die Veränderung der rechtlichen und tatsächlichen Verhältnisse auch in die Vergangenheit zurück. Auf den **Zeitpunkt der Änderung** ist abzustellen, wenn der Betroffene einer durch Rechtsvorschrift obliegenden **Pflicht zur Mitteilung** wesentlicher für ihn nachteiliger Änderungen der Verhältnisse vorsätzlich oder grob fahrlässig nicht nachgekommen ist (problematisch stellen sich dabei die Fälle dar, in denen dem Leistungsberechtigten nicht bewusst sein muss, dass eine Änderung der Verhältnisse leistungsrechtliche Konsequenzen hat wie etwa der vorübergehende Aufenthalt in einer stationären Einrichtung) oder nach Antragstellung oder Erlass des Verwaltungsaktes Einkommen und Vermögen erzielt worden ist, das zum Wegfall oder zur Minderung des Anspruchs geführt haben würde oder der Betroffene wusste oder grob fahrlässig nicht wusste, dass der Anspruch kraft Gesetzes zum Ruhen gekommen oder teilweise weggefallen ist, § 48 Abs. 1 S. 2 SGB X. Soweit nachträglich Einkommen oder Vermögen erzielt wurde, welches den Anspruch mindert oder ausschließt, kommt es hingegen nicht auf ein etwaiges Verschulden des Betroffenen an.

Eine Abweichung von § 48 SGB X regelt § 40 Abs. 2 Nr. 3 SGB II in Verbindung mit § 330 Abs. 3 S. 1 SGB III. Zwar soll in der Regel nach § 48 SGB X eine Aufhebung auch für die Vergangenheit ab Änderungszeitpunkt erfolgen, doch bei sog atypischen Fällen besteht insoweit Ermessen der Verwaltung. § 330 Abs. 3 S. 1 SGB III schränkt insoweit die Rechte der Betroffenen ein, dass bei diesen Fällen auch in atypischen Fällen eine Ermessensausübung ausscheidet und auf jeden Fall eine gebundene Entscheidung des Leistungsträgers zu erfolgen hat. Damit kann zB auch bei Überzahlungen, die allein durch

4 LSG BW 22.7.2011 – L 12 AS 4994/10, info also 2011, 223.
5 So Berlit, Anm. zu der Entscheidung LSG BW 22.7.2011, info also 2011, 225.
6 BSG 25.4.2018 – B 4 AS 29/17 R.

den Leistungsträger verschuldet sind, eine Rückzahlung verlangt werden. In Härtefällen kommt nur ein Erlass nach § 44 SGB II (vgl. Kap. 59) in Betracht.

16 Die unterschiedlichen Regelungen ergeben folgende Konsequenz: Erfolgte **ohne Verschulden** des Leistungsberechtigten eine länger dauernde Überzahlung, so kann nur eine Aufhebung für den Zeitraum vorgenommen werden, der von § 48 SGB X erfasst wird, also eine Änderung während des Bewilligungszeitraums. Im Hinblick auf Folgebescheide greift hingegen § 45 SGB X ein, weil bei Erlass dieser Bescheide die Überzahlung schon vorhanden war. Damit ist für diese nachfolgenden Zeiträume Ermessen auszuüben.

III. Anforderungen an die Aufhebungsbescheide

1. Jahresfrist

17 Die Behörde kann einen Verwaltungsakt für die Vergangenheit nur **innerhalb eines Jahres** seit Kenntnis der Tatsachen zurücknehmen, welche die Rücknahme eines rechtswidrigen begünstigenden Verwaltungsaktes für die Vergangenheit rechtfertigen. Dies gilt für beide Fälle (vgl. § 48 Abs. 4 in Verbindung mit § 45 Abs. 4 SGB X).

2. Formale Voraussetzungen

18 Der Aufhebungsbescheid ist ein belastender Verwaltungsakt, der die formellen Voraussetzungen der §§ 31 ff. SGB X erfüllen muss. Wenn ein erlassener Bewilligungsbescheid nicht unter Beachtung dieser Voraussetzungen (Anhörung gem. § 24 SGB X, Begründung gem. § 35 SGB X) aufgehoben worden ist, ist eine Leistungseinstellung vor Ablauf der ursprünglichen Befristung rechtswidrig. Ob materiellrechtlich tatsächlich ein Alg II-Anspruch besteht, ist bis zur Aufhebung des Bewilligungsbescheides unerheblich für die weitere Leistungsverpflichtung.[7]

19 Der nachträgliche Einkommenszufluss bei nur einem Mitglied der BG führt wegen der **prozentualen Anrechnung** des Einkommens auf alle Mitglieder der Bedarfsgemeinschaft dazu, dass gegenüber allen Aufhebungs- und Erstattungsbescheide ergehen müssen.

3. Bestimmtheitsgebot

20 Gemäß § 33 Abs. 1 SGB X muss ein Verwaltungsakt inhaltlich hinreichend bestimmt sein, was insbesondere den Adressaten und den Verfügungssatz betrifft. Hierbei handelt es sich um eine **Ausprägung** des aus Art. 20 Abs. 3 GG folgenden **Rechtsstaatsprinzips**, das der Rechtssicherheit und Rechtsklarheit dient. Zur hinreichenden Bestimmtheit muss eine behördliche Entscheidung so eindeutig formuliert sein, dass sich ohne Rückfrage ergibt, für wen was wie geregelt wird. Gegenstand, Ziel und Regelungsgehalt der Entscheidung müssen demgemäß für den Adressaten so eindeutig und vollständig sein, dass er sein Handeln danach ausrichten und die rechtlichen Konsequenzen der Entscheidung in vollem Umfange abschätzen kann.[8] Maßstab für die Auslegung des Verwaltungsaktes ist die **Sicht eines verständigen Empfängers**, der als Beteiligter die Zusammenhänge berücksichtigt, welche die Behörde nach ihrem wirklichen Willen in ihre Entscheidung einbezogen hat, wobei Unklarheiten zulasten der Behörde gehen.[9] Entscheidend ist nicht die Bestimmtheit und Klarheit der Begründung, es kommt allein auf die Bestimmtheit des Verfügungssatzes an.[10]

---

7   Schwabe ZfF 2006, 145; für das SGB II besteht jedoch auch die Möglichkeit der vorläufigen Leistungseinstellung nach § 331 SGB III.
8   LSG Bln-Bbg 10.1.2008 – L 25 B 1646/07 AS PKH.
9   BSG 14.8.1996 – 13 RJ 9/95, SozR 3–1200 § 42 Nr. 6 mwN.
10 BSG 16.5.2012 – B 4 AS 154/11 R.

Für einen hinreichend bestimmten **Aufhebungs- und Erstattungsbescheid im Rahmen** 21
des SGB II ist erforderlich, dass er alle von der Aufhebung betroffenen Bewilligungsbescheide unter Bezeichnung der genauen Leistungszeiträume angibt. Das BSG[11] hält es
jedoch für ausreichend, dass auch Bescheide, die aufgehoben werden sollen, jedoch
nicht genannt wurden, dann von einem Aufhebungsbescheid umfasst sind, wenn aus
dem Empfängerhorizont aufgrund des angegebenen Zeitraums und der Begründung keine Zweifel bestehen, welche Bescheide aufgehoben werden sollen. Weiterhin müssen die
zur Berechnung der Erstattungsforderung zugrunde gelegten, einzelnen Beträge (Regelleistung, Kosten der Unterkunft, Sozialversicherungsbeiträge) getrennt nach den Mitgliedern der Bedarfsgemeinschaft aufgeführt werden.[12] Fehlt es an der Bestimmtheit,
kann keine Korrektur nach § 42 SGB X erfolgen, weil es sich hierbei nicht um einen
Form- oder Verfahrensfehler handelt.

4. Individualisierung

Ein besonderes Problem bei existenzsichernden Leistungen ergibt sich aus der Tatsache, 22
dass häufig eine Aufhebung gegenüber mehreren Personen der Bedarfsgemeinschaft geltend gemacht wird. Damit stellen sich besondere Anforderungen bei der Individualisierung. Eine Rückforderung kann nur **gegen das Bedarfsgemeinschaftsmitglied** gerichtet
werden, das in seiner Person die in den §§ 45, 48 SGB X genannten Voraussetzungen
erfüllt. Das **Rückabwicklungsverhältnis** von Leistungen, die Mitgliedern der Bedarfsgemeinschaft zu Unrecht gewährt wurden, **ist das „Spiegelbild"** des Leistungsverhältnisses.[13] Damit entspricht das Rückabwicklungsverhältnis dem individuellen Leistungsverhältnis im Rahmen des SGB II, wonach nicht die Bedarfsgemeinschaft als solche, sondern die einzelnen Mitglieder der Bedarfsgemeinschaft Anspruchsinhaber sind.[14]

Ein **Rückforderungsbescheid**, der sich pauschal an die **ganze Bedarfsgemeinschaft** rich- 23
tet, ist inhaltlich **nicht hinreichend individualisiert**. Gegenüber jedem Mitglied der Bedarfsgemeinschaft muss daher ein rechtlich gesonderter Aufhebungs- und Erstattungsbescheid ergehen. Eine Vertretungsbefugnis oder -vermutung nach § 38 SGB II besteht
insoweit nicht. Es besteht auch keine „Gesamtschuld" der Bedarfsgemeinschaft für die
Erstattungsforderung.[15]

Dies bedeutet auch, dass die **Anhörung nach § 24 SGB X** jedem Mitglied der Bedarfsge- 24
meinschaft gegenüber erfolgen muss, bei Minderjährigen sind die gesetzlichen Vertreter
anzuhören (§§ 36 Abs. 2 SGB I).[16] Auch die **Bekanntgabe** nach § 37 muss jedem Mitglied der Bedarfsgemeinschaft gegenüber erfolgen, die Bekanntgabe gegenüber dem Vertreter der Bedarfsgemeinschaft reicht nicht aus.[17] Bei Minderjährigen muss Bekanntgabe dem gesetzlichen Vertreter gegenüber erfolgen.[18] Schließlich müssen auch die Voraussetzungen bezüglich des Verschuldens bei den einzelnen Personen vorliegen, soweit
es in § 45 SGB X auf das Verschulden ankommt. Handelt es sich um minderjährige Kinder, wird ihnen das Verschulden der Eltern zugerechnet.[19] Im Hinblick auf volljährige
Mitglieder einer Bedarfsgemeinschaft ist eine solche Zurechnung jedoch nicht möglich.[20]

---

11 BSG 25.10.2017 – B 14 AS 9/17 R.
12 LSG Nds-Brem 16.12.2009 – L 9 AS 477/98, ZfF 2012, 177.
13 SchlHLSG 13.11.2008 – L 6 AS 16/07; Spellbrink NZS 2007, 121 (124); Udsching/Link SGb 2009, 513
   (514).
14 Grundlegend BSG 7.11.2006 – B 7 b AS 8/06 R, NDV-RD 2007, 3.
15 LSG Bln-Bbg 25.8.2006 – L 5 B 549/06, BeckRS 2006, 43834.
16 BSG 7.7.2011 – B 14 AS 144/10 R, FEVS 63, 341.
17 Udsching/Link SGb 2009, 513 (516).
18 LSG Bln-Bbg 25.8.2006 – L 5 B 549/06, BeckRS 2006, 43834.
19 Zu beachten ist die Haftungsbeschränkung nach § 1629 a BGB, → Kap. 32 Rn. 23.
20 Udsching/Link SGb 2009, 513 (517); LSG Hmb 20.10.2011 – L 5 AS 87/08, NDV-RD 2012, 39.

IV. Erstattungsbescheid nach § 50 SGB X

1. Festsetzung durch Verwaltungsakt

25 Nach § 50 Abs. 3 S. 1 SGB X ist die zu erstattende Leistung durch einen Rückforderungsbescheid festzusetzen. Auch dieser muss nach § 33 SGB X hinreichend bestimmt und individualisiert sein. Der zu erstattende Betrag muss beziffert sein. Dieser kann mit dem **Aufhebungsbescheid** nach § 45 bzw. § 48 SGB X **verbunden** werden.

2. Verjährung

26 Der Erstattungsanspruch verjährt **vier Jahre** nach Ablauf des Kalenderjahres, in dem der Verwaltungsakt, der die Erstattung feststellt, unanfechtbar geworden ist, § 50 Abs. 4 SGB X. Für die Hemmung, die Ablaufhemmung, den Neubeginn und die Wirkung der Verjährung gelten die Vorschriften des BGB entsprechend, § 50 Abs. 4 S. 2 SGB X.

3. Besonderheit bei abschließender Festsetzung

27 Sofern nach einem zunächst vorläufigen Bescheid später eine abschließende Festsetzung erfolgt, werden Guthaben und Überzahlungen verrechnet, §§ 41 a Abs. 6 SGB II, 44 a Abs. 7 SGB XII.

4. Rückforderungen von Leistungen ohne Verwaltungsakt

28 Nach § 50 Abs. 2 SGB X können auch zu Unrecht gezahlte Leistungen zurückgefordert werden, die ohne einen zugrunde liegenden Verwaltungsakt, also durch schlichtes Verwaltungshandeln erbracht wurden. Anders als nach Abs. 1 stehen solche Rückforderungen jedoch im **Ermessen** der Behörde. Die Schutzzwecke, insbesondere der Vertrauensschutz und die Jahresfrist der §§ 45 und 48 SGB X gelten entsprechend. Fraglich ist, ob § 40 Abs. 2 Nr. 3 SGB II in Verbindung mit § 330 Abs. 2 SGB III entsprechend anzuwenden ist,[21] da sich der Wortlaut nur auf Verwaltungsakte bezieht. § 50 Abs. 2 SGB X ist auch für solche Fälle von Bedeutung, in denen der Leistungsträger durch das Sozialgericht im Rahmen einer **einstweiligen Anordnung** (§ 86 b Abs. 2 SGG) zum vorläufigen Eintreten verpflichtet wurde, diese Entscheidung aber im Beschwerdeverfahren vom Landessozialgericht aufgehoben wird. Die aufgrund der einstweiligen Anordnung geleisteten Zahlungen sind dann gegebenenfalls nach § 50 Abs. 2 SGB X zu erstatten.

V. Erstattung von Beiträgen zur Kranken- und Pflegeversicherung

29 Hat eine Person zu Unrecht Leistungen nach dem SGB II erhalten, wurden auch die Beiträge zur Sozialversicherung zu Unrecht erbracht. Die Mitgliedschaft erlischt jedoch nicht rückwirkend, sondern durch die Verweisung ins SGB III wird ermöglicht, dass die Beiträge vom Leistungsempfänger zurückgefordert werden können. Das gilt aber nur, wenn **auch die Hauptleistung** (die Leistungen zur Sicherung des Lebensunterhalts) zurückgefordert wird. Der Träger der Grundsicherung kann, da der Leistungsempfänger versichert bleibt, vom Sozialversicherungsträger keine Beiträge zurückverlangen. Stattdessen sieht § 40 Abs. 2 Nr. 5 SGB II in Verbindung mit § 335 SGB III vor, dass der Hilfeempfänger die Leistungen zu erstatten hat.[22]

---

21 Dies wurde vom BSG verneint: BSG 23.8.2011 – B 14 AS 169/11 R.
22 Zu den auf der anteiligen Hilfebedürftigkeit beruhenden Schwierigkeiten bei der Rückabwicklung s. Conradis in: LPK-SGB II § 40 Rn. 22.

C. Rechtslage im SGB XII und AsylbLG

I. Keine Sonderregelung

Das SGB XII und das AsylbLG enthalten – mit Ausnahme von § 44 a SGB XII (→ Rn. 27) – keine Sonderregelungen für Aufhebung und Rückforderung, sondern lediglich eine Norm, die sich auf die Erstattung von Leistungen bezieht. Sofern Leistungen der Grundsicherung im Alter und bei Erwerbsminderung nach dem Vierten Kapitel des SGB XII aufgehoben werden, sind in der Regel keine Besonderheiten zu beachten, da die Leistungen fast ausschließlich mittels Dauerverwaltungsakten bewilligt werden. Sofern es um Aufhebung und Rückforderung von Leistungen nach dem 3. Kapitel des SGB XII geht, wird meistens eine Aufhebung nach § 45 SGB X erfolgen, da diese Leistungen in der Regel nicht als Dauerverwaltungsakt, sondern quasi monatlich neu bewilligt wird. Ändern sich die Verhältnisse, muss für die Zukunft mithin keine Aufhebung nach § 48 SGB X vorgenommen werden, sondern es ist ein neuer Verwaltungsakt zu erlassen, durch den die Leistung geändert wird.

30

II. Aufhebung bei nachträglicher Feststellung von Vermögen

Auch in der Sozialhilfe erfolgt nicht selten eine Aufhebung, wenn nachträglich Vermögen festgestellt wird, welches über dem Schonvermögen liegt und dazu geführt hätte, dass in der Vergangenheit keine oder nur geringere Leistungen bewilligt worden wären. Problematisch ist der Fall, dass das anzurechnende Vermögen niedriger ist als die Sozialhilfe, die insgesamt seit der Existenz des Vermögens bewilligt wurde. Es wird die Auffassung vertreten, dass jeden Monat ein zu hohes Vermögen vorhanden war, so dass jeweils kein Leistungsanspruch bestand.[23] Dieses Ergebnis erscheint jedoch sehr formalistisch zu sein. Da der Betroffene durch die Entscheidung der Behörde so gestellt werden soll, wie dies bei richtiger Verfahrensweise geschehen wird, ist bei einer Ermessensentscheidung nach § 45 SGB X in der Regel der Rückforderungsbetrag auf den Betrag zu reduzieren, der als Vermögen eingesetzt hätte werden müssen.[24] Da es im SGB XII – anders als in § 40 SGB II – keine Einschränkungen der Ermessensausübung bei Rückforderungen gibt, können hiermit angemessene Ergebnisse erzielt werden. Jedoch wird ein fiktiver Vermögensverbrauch nicht als eine zulässige Konstruktion angesehen.[25]

31

---

23 BSG 20.9.2012 – B 8 SO 20/11 R.
24 VGH BW 12.11.1997 – 6 S 1137/96, FEVS 48, 178; NdsOVG 30.9.2004 – 12 LC 201/04.
25 BSG 20.9.2012 – B 8 SO 20/11 R.

Kapitel 58: Durchsetzung der Rückzahlung (inkl. Aufrechnung)

Literaturhinweise: Blüggel/Wagner, Schulden im SGB II, NZS 2018, 677; Hammel, Die Darlehensbestimmung in § 42 a SGB II – (k)eine Erledigung früherer Problemstellungen? NDV 2012, 343; Hölzer, Darlehen und Aufrechnung im SGB II nach der Gesetzesreform 2011, info also 2011, 159, 210; Nguyen, Keine monatliche Aufrechnung bei Mietkautionsdarlehen, SGb 2017, 202.

Rechtsgrundlagen:
SGB I § 51
SGB II §§ 42 a, 43
SGB XII § 26 Abs. 2–4, § 44 b

Orientierungssätze:
1. Die Aufrechnungsregelungen im SGB II und SGB XII stellen einen erheblichen Eingriff in das Existenzminimum der Leistungsberechtigten dar, da ihnen für einen Zeitraum von bis zu drei Jahren ein Leben mit einem Bedarf von bis zu 30 % unterhalb des Regelbedarfs zugemutet wird. Nur durch eine verfassungskonforme Verwaltungspraxis lassen sich unzumutbare Einschränkungen vermeiden.
2. Überdies ist die zeitlich unbegrenzte Aufrechnung von Rückzahlungsansprüchen aus Darlehen im SGB II für eine längere Dauer verfassungsrechtlich bedenklich, vor allem, wenn es sich um Leistungen handelt, die zum Bedarf gehören, jedoch nur als Darlehen erbracht werden, insbesondere bei Mietkautionen.

A. Allgemeines

1 Die Sozialleistungsträger können aufgrund einer Vielzahl von Gründen einen Anspruch auf Rückzahlung von Leistungen gegen den Leistungsempfänger haben. Die Leistungen können rechtmäßig geleistet sein, wie beim Kostenersatz (Kap. 41 und 42) oder bei der Bewilligung als Darlehen. Es kann auch ein Rückforderungsanspruch bestehen, weil Leistungen zu Unrecht gezahlt worden sind, wobei diese auf Verschulden des Leistungsempfängers beruhen kann oder es ergibt sich eine Rückzahlungspflicht ohne dessen Verschulden (Kap. 57). Steht fest, dass eine Rückzahlung zu leisten ist, kann der Sozialleistungsträger versuchen, seinen Anspruch gegen den Verpflichteten durchzusetzen. Sofern der Verpflichtete nicht (mehr) im Leistungsbezug steht, gelten die allgemeinen Vorschriften der Vollstreckung zugunsten der öffentlichen Hand.

Besondere Regelungen sind jedoch erforderlich, wenn der Leistungsträger Rückforde- **2** rungsansprüche **gegen Empfänger von existenzsichernden Leistungen** durchsetzen will, denn hierbei wird in das Existenzminimum eingegriffen und es ist erforderlich, dass die Existenzsicherung – auf einem niedrigeren Niveau – gewahrt bleibt. Sofern keine besondere Regelung erfolgt ist, wie im AsylbLG, gilt der Grundsatz des § 51 SGB I: Eine Aufrechnung ist nach § 51 Abs. 2 SGB I nicht möglich, wenn der Leistungsberechtigte dadurch hilfebedürftig im Sinne des SGB II oder SGB XII wird. Sofern keine abweichenden Regelungen existieren, ist damit eine Aufrechnung praktisch nicht möglich, wie für Leistungsempfänger nach dem AsylbLG. Dasselbe gilt für Leistungsempfänger der Kriegsopferfürsorge. Weder im BVG noch im Gesetz über das Verwaltungsverfahren der Kriegsopferversorgung gibt es eine spezielle Regelung.

In das SGB II und das SGB XII sind **Sonderregelungen** für die Aufrechnung bei Rückfor- **3** derungsansprüchen aufgenommen worden, außerdem in § 42 a SGB II eine umfangreiche Vorschrift über die Aufrechnung von Rückzahlungsansprüchen aus Darlehen. Im SGB XII finden sich in § 37 SGB XII zwei Regungen für die Rückzahlung aus Darlehen in speziellen Fällen, sowie in § 44 b SGB XII eine Regelung für Erstattungsansprüche nach § 44 a SGB XII. Da es sich bei der Aufrechnung, die bis zu einem Umfang von bis zu 30 % des Regelbedarfs möglich ist, um einen erheblichen Eingriff in die Existenzsicherung handelt, bestehen bei der Anwendung dieser Bestimmungen verfassungsrechtliche Probleme, die verfassungskonforme Einschränkungen erfordern.

Ob die Aufrechnung als **Verwaltungsakt** zu qualifizieren ist oder lediglich als eine öf- **4** fentlich-rechtliche Willenserklärung, war früher umstritten.[1] In der Praxis und in der Rechtsprechung wurde die Aufrechnung fast durchgängig als Verwaltungsakt betrachtet. Durch die Bestimmung in § 43 Abs. 4 S. 1 SGB II und § 42 a Abs. 2 S. 2 SGB II ist nunmehr für das SGB II festgelegt, dass die Aufrechnung durch einen Verwaltungsakt erfolgen muss. Zwar ist eine solche Bestimmung in § 26 SGB XII für die Aufrechnung nach dem SGB XII nicht aufgenommen worden, es wäre aber nicht sinnvoll oder verständlich, hier etwas anderes anzunehmen.[2] In § 44 b Abs. 3 S. 1 SGB XII ist ebenfalls bestimmt, dass die Aufrechnung durch Verwaltungsakt erfolgt. Dies hat zur Folge, dass die Vorschriften des SGB X über Bescheiderteilung und der Rechtsschutz gegen Verwaltungsakte anzuwenden sind. So ist es erforderlich, dass dem Betroffenen vor Erlass des Aufrechnungsbescheides rechtliches Gehör gewährt wird, sofern mit einem Betrag von mindestens 70 EUR aufgerechnet wird, § 24 SGB Nr. 7 SGB X. Die Aufrechnung ist schriftlich zu erklären, so dass der Bescheid zu begründen ist (§ 35 SGB X).

B. Aufrechnung im SGB II von Rückforderungsansprüchen

Nach § 43 SGB II kann umfassend mit **Erstattungs- und Ersatzansprüchen** aufgerechnet **5** werden, wobei es sich nach Abs. 1 Nr. 1 um solche handelt, die auf einer Aufhebung und Rückforderung beruhen sowie nach Abs. 1 Nr. 2 um Ersatzansprüche. Die Aufrechnung ist nur möglich, soweit ein Rückforderungs- oder Ersatzbescheid vorliegt. Dieser muss vollstreckbar, also entweder **bestandskräftig oder sofort vollziehbar** sein. Da ein Widerspruch gegen Bescheide über Erstattungs- und Ersatzansprüche aufschiebende Wirkung hat, ist eine Aufrechnung nicht zulässig, falls ein Widerspruch eingelegt bzw. ein gerichtliches Verfahren durchgeführt wird, solange keine rechtskräftige Entscheidung vorliegt. Grundsätzlich kann auch mit Ansprüchen, die zeitlich schon lange zurückliegen, aufgerechnet werden. Da jedoch nur mit Ansprüchen aus dem SGB II aufge-

---

1 Zum Meinungsstand vgl. die Nachweise bei Hengelhaupt in: Hauck/Noftz SGB II § 43 Rn. 147.
2 Conradis in: LPK-SGB XII § 26 Rn. 23.

rechnet werden kann, kommen nur Ansprüche in Betracht, die seit dem 1.1.2005 entstanden sind.

I. Erstattungsansprüche – § 43 Abs. 1 Nr. 1, 3, 4 SGB II

6 In § 43 Abs. 1 Nr. 1, 3, 4 SGB II sind abschließend die Erstattungsansprüche aufgezählt, mit denen aufgerechnet werden kann. Eine Aufrechnung bei anderen Erstattungsansprüchen kommt nicht in Betracht. Die Frage, ob eine Aufrechnung durchgeführt wird, steht im Ermessen des Leistungsträgers, während der Umfang der Aufrechnung nach § 43 SGB II festgesetzt ist.

7 Die größte Bedeutung haben für die Aufrechnung **Erstattungsansprüche nach § 50 SGB X**, die in **Nr. 1** genannt sind. Diese ergehen, soweit Verwaltungsakte nach § 45 oder § 48 SGB X aufgehoben werden. Eine Aufrechnung ist unabhängig davon möglich, ob und in welchem Maß die Aufhebung durch den Leistungsempfänger verschuldet wurde; das Verschulden kann nur in Fällen nach § 45 SGB X für die Höhe der Aufrechnung von Bedeutung sein.

8 In **Nr. 3** ist der durch das 9. SGBIIÄndG in § 34 b eingeführte Erstattungsanspruch aufgenommen worden. Dieser entsteht, wenn ein anderer Leistungsträger in Unkenntnis der Leistungen des Jobcenters geleistet hat und dadurch eine **Doppelleistung** erfolgt ist.

9 Die Erstattungsansprüche nach **Nr. 4** entstehen als Folge der Regelung über die **vorläufigen Bescheide**. In der bis zum 1.8.2016 geltenden Fassung waren sie von Nr. 1 erfasst; insoweit ist eine Übergangsregelung in § 80 Abs. 3 enthalten. Eine Erstattung in Folge der abschließenden Bearbeitung von zunächst vorläufigen Entscheidungen ist nach § 41 a Abs. 6 Satz 3 SGB II vorgesehen, wenn die Berechnung eine Überzahlung ergibt. Im Übrigen ist eine Aufrechnung im Hinblick auf zunächst vorläufig geleistete Zahlungen nicht möglich.

II. Ersatzansprüche – § 43 Abs. 1 Nr. 2 SGB II

10 Die Aufrechnungsmöglichkeit von Ersatzansprüchen nach § 34 SGB II und § 34 a SGB II betrifft die Rückforderung von Leistungen, die erbracht werden mussten, obwohl sozialwidriges Verhalten vorliegt oder nach § 34 a SGB II zu Unrecht bewilligt wurden. Da nach § 34 Abs. 1 S. 2 SGB II in der Regel von der Geltendmachung des Ersatzanspruchs abgesehen werden soll, solange die Grundsicherung bezogen wird, kommt eine Aufrechnung in erster Linie bei einem Ersatzanspruch nach § 34 a in Betracht.

III. Umfang der Aufrechnung

11 Die **Höhe der Aufrechnung** ist zwingend festgesetzt, steht mithin nicht mehr im Ermessen des Sozialleistungsträgers. Bei Erstattungsansprüchen nach §§ 45, 48 SGB X – bis auf die Ausnahme nach § 48 Abs. 1 S. 2 SGB X – sowie bei den Ersatzansprüchen nach §§ 34, 34 a SGB II wird in Höhe von 30 % des für den Leistungsberechtigten maßgebenden Regelbedarfs aufgerechnet, in allen anderen Fällen in Höhe von 10 %. § 43 Abs. 2 S. 1 SGB II, § 48 Abs. 1 S. 2 SGB X regeln den Fall, dass nachträglich Einkommen oder Vermögen anzurechnen ist, ohne dass hierbei Verschulden des Leistungsberechtigten vorliegen muss. Fallen mehrere Aufrechnungen zusammen, beträgt der Höchstsatz der Aufrechnung 30 %. Es kann mithin nie mehr als 30 % des maßgebenden Regelbedarfs aufgerechnet werden. Derselbe Höchstbetrag gilt nach § 43 Abs. 3 S. 1 SGB II, wenn eine Aufrechnung nach § 43 SGB II mit der Aufrechnung einer Darlehensrückforderung nach § 42 a SGB II zusammenfällt.

IV. Dauer der Aufrechnung

Die Aufrechnungsmöglichkeit ist auf **drei Jahre** beschränkt, § 43 Abs. 4 S. 2 SGB II. Die **12** Frist beginnt mit dem Monat, der der Bestandskraft der Entscheidung nach § 43 Abs. 1 SGB II folgt. Sie gilt für jede Aufrechnung, so dass der Zeitraum von Aufrechnungen länger als drei Jahre dauern kann. Allerdings kann mit einem Rückforderungsanspruch insgesamt nur bis höchstens drei Jahre aufgerechnet werden, dann ist auch später keine weitere Aufrechnung möglich. Nach der Regelung des § 43 Abs. 4 S. 3 SGB II verlängert sich die Aufrechnungsmöglichkeit für die Zeiten, in denen eine Aufrechnung nicht vollziehbar ist. Da der Zeitraum nach § 43 Abs. 4 S. 2 SGB II mit der Bestandskraft des Bescheides über die Erstattungs- bzw. Ersatzansprüche beginnt, ist der Fall gemeint, dass durch Rechtsbehelfe gegen die Aufrechnung diese nicht vollziehbar ist. Damit wird bei einem erfolglosen Rechtsbehelf gegen die Aufrechnung lediglich eine zeitliche Verschiebung erreicht. Bei einer Entscheidung über eine Aufrechnung muss kein Endzeitpunkt bestimmt werden.[3] Denn das Eintreten des Endzeitpunktes lässt sich nicht bei Beginn der Aufrechnung absehen, da durch das Zusammentreffen mit einer anderen Aufrechnung oder einer Minderung der Zeitpunkt verschoben werden kann. Auch kann die Aufrechnung vor Ablauf der längstmöglichen Dauer vorzeitig beendet werden, da es sich um einen Dauerverwaltungsakt handelt und daher bei einer wesentlichen Änderung im Sinne des § 48 SGB X die Aufrechnung für die Zukunft aufzuheben ist.[4] Dies ist denkbar insbesondere bei einer Aufrechnung in Höhe von 30 %, die – wenn sie nicht als verfassungswidrig angesehen wird (→ Rn. 13) – verfassungswidrig werden kann, wenn die Aufrechnung zu lange dauert und damit der Lebensunterhalt auf Dauer zu sehr eingeschränkt wird.

Die **zwingende Aufrechnung** einerseits in Höhe von 30 % bei vorwerfbarem Verhalten **13** und in Höhe von 10 % bei **nicht vorwerfbarer Überzahlung** ist verfassungsrechtlich bedenklich, da die Leistungsberechtigten gezwungen sind, für längere Zeit mit Geldleistungen unterhalb des **Existenzminimums** zu leben. Schon die frühere Fassung war verfassungsrechtlich bedenklich.[5] Das BSG hat jedoch keine verfassungsrechtlichen Bedenken,[6] Härten können nur insoweit durch die Ermessensausübung berücksichtigt werden, dass die Aufrechnung unterbleibt. Dies dürfte bei einer Entscheidung über eine Aufrechnung gegenüber minderjährigen Kindern in der Regel anzunehmen sein. Hierbei ist zu berücksichtigen, dass bei Erstattungsansprüchen die Haftungsbeschränkung des § 1629 a BGB grundsätzlich entsprechend anwendbar ist.[7] Nach § 1629 a BGB haftet in solchen Fällen ein Kind nur mit dem Vermögen, über welches es bei Vollendung des 18. Lebensjahres verfügt. Da minderjährige Kinder meist keine Möglichkeit haben, die Reduzierung des Regelbedarfs durch Entnahme aus einem Schonvermögen oder durch Erwerbseinkommen auszugleichen, ist eine Aufrechnung gegenüber Minderjährigen auch aus diesen Gründen nicht mit deren Recht auf Existenzsicherung vereinbar. Bei einer Aufrechnung gegenüber Volljährigen dürfte in den Fällen, in denen kein weiteres Einkommen oder Schonvermögen zur Verfügung steht, eine verfassungswidrige Unterschreitung des Existenzminimums vorliegen. Dies gilt schon bei einer Aufrechnung von 10 %, da diese erfolgt, obwohl der Leistungsberechtigte sich korrekt verhalten hat und damit eine für ihn nicht vermeidbare Reduzierung der laufenden Leistungen eintritt. Eine Aufrechnung von 30 % über einen längeren Zeitraum lässt sich grundsätzlich nicht rechtfertigen, weil hierdurch das soziokulturelle Existenzminimum für die Dauer

---

3 BSG 9.3.2016 – B 14 AS 20/15 R.
4 BSG 9.3.2016 – B 14 AS 20/15 R, Rn. 42.
5 Eicher in: Eicher/Spellbrink SGB II, 2. Aufl., § 43 Rn. 13.
6 BSG 9.3.2016 – B 14 AS 20/15, FEVS 68, 115.
7 BSG 7.7.2011 – B 14 AS 153/10 R.

bis zu drei Jahren erheblich eingeschränkt wird. Bei der Ermessensbetätigung des Sozialleistungsträgers muss dies berücksichtigt werden, wenn geltend gemacht wird, dass auf längere Zeit lediglich das Existenzminimum zur Verfügung steht und mit keinen Änderungen durch Freibeträge oder Schonvermögen gerechnet werden kann.[8]

C. Aufrechnung im SGB II von Rückzahlungsansprüchen aus Darlehen

14 Durch das RBEGuSGBII,SGBXIIÄndG wurde in § 42 a SGB II eine umfassende Regelung über die Bewilligung und die Rückzahlung von Darlehen geschaffen. In § 42 a Abs. 2 bis 6 SGB II wird im Einzelnen vorgeschrieben, unter welchen **Bedingungen** die Rückzahlung der Darlehen erfolgen soll. Neben der **Fälligkeit** der Rückzahlung wird die **Aufrechnung** mit laufenden Leistungen sowie das **Verfahren** bei mehreren Darlehen geregelt. Die Systematik der Vorschriften ist etwas unübersichtlich.

15 Bis auf die beiden in § 42 a Abs. 2 S. 3 SGB II genannten Darlehen können sämtliche Darlehensrückforderungen aufgerechnet werden. Es sind mithin von der Aufrechnung folgende Darlehen erfasst: das für eine **Kaution** bewilligte Darlehen, ein Darlehen für die Übernahme von **Schulden von Unterkunftskosten** sowie Darlehen, welche wegen eines **unabweisbaren Bedarfs** oder wegen eines **zu erwartenden Einkommens** für einen Monat bewilligt werden. Soweit es um die Aufrechnung von **Mietkautionsdarlehen** geht, wurde teilweise die Auffassung vertreten, dass diese nicht aufgerechnet werden dürfen.[9] Das BSG[10] hat entschieden, dass auch bei einer Mietkaution die Aufrechnung dem Grunde nach zulässig ist.

16 § 42 a Abs. 2 S. 1 SGB II enthält die zwingende Vorschrift, dass Leistungen, die als Darlehen bewilligt werden, mit 10 % des maßgebendes Regelbedarfs **sofort aufgerechnet** werden, nämlich ab dem Monat, der auf die Auszahlung folgt. Die Aufrechnung steht nicht im Ermessen des Sozialleistungsträgers und ist auch der Höhe nach festgelegt. Eine **zeitliche Begrenzung** ist – im Gegensatz zur Aufrechnung nach § 43 SGB II – **nicht** vorgesehen. Das bedeutet, dass zB ein Alleinstehender, dessen Mietschulden in Höhe von 1500 EUR übernommen werden, für die Dauer von drei Jahren mit einem Betrag von 10 % unterhalb des Existenzminimums leben muss. Da ein Ansparen mit solchen geringen Mitteln kaum möglich ist, kann sich der Zwang ergeben, noch weitere Darlehen, zB für eine Kaution oder unabweisbaren Bedarf in Anspruch zu nehmen, so dass sich die Dauer des Lebens mit Mitteln unterhalb des Existenzminimums verlängert.

17 Im Hinblick auf diese Konsequenzen hat das SG Berlin[11] eine Aufrechnung über die Dauer von 23 Monaten zur Tilgung eines Mietkautionsdarlehens als unzulässig angesehen. Allerdings ist die Begründung, dass die Kaution nicht als Darlehen hätte bewilligt werden dürfen, problematisch, da damit die Soll-Regelung des § 22 Abs. 6 SGB II ausgehebelt wird, denn es handelt sich hierbei um einen atypischen Fall.[12] Allerdings ist es dogmatisch problematisch, die Aufrechnung, gegen die verschiedentlich **verfassungsrechtliche Bedenken** geäußert werden,[13] auf andere Weise zu verhindern. Der Weg über einen Erlass[14] erscheint nicht ausreichend, da ein Erlass nur im Ausnahmefall verlangt werden kann.

---

8 Hölzer info also 2011, 210 (211).
9 Zum Meinungsstand Nguyen SGb 2017, 202; Blüggel/Wagner NZS 2018, 677 (681).
10 BSG 28.11.2018 – B 14 AS 31/17 R.
11 SG Berlin 30.9.2011 – S 37 S 24431/11 ER, info also 2011, 275.
12 Vgl. die Bedenken von Weth, Anmerkung info also 2011, 276.
13 Hölzer info also 2011, 159 (163); Hengelhaupt in: Hauck/Noftz SGB II § 42 a Rn. 30; aA: Hammel NDV 2012, 343.
14 Bender in: Gagel SGB II § 42 a Rn. 25; hierzu aber BSG 28.11.2018 – B 14 AS 31/17 R.

Fällt die Aufrechnung einer Darlehensrückzahlung mit einer Aufrechnung nach § 43 **18** SGB II zusammen, dürfen diese zusammen nach §§ 42 a Abs. 2 S. 3, 43 Abs. 3 S. 1 SGB II nicht den Höchstbetrag einer Aufrechnung nach § 43 Abs. 2 S. 2 SGB II von 30 % übersteigen.

Die Aufrechnung ist schriftlich durch einen **Verwaltungsakt** zu erklären (§ 42 a Abs. 2 **19** S. 2 SGB XII). Dieser kann mit dem Bescheid über die Bewilligung des Darlehens verbunden werden. Da ein Widerspruch – und Klage – gegen eine Aufrechnung aufschiebende Wirkung hat, kann durch Einlegung eines Rechtsbehelfs erreicht werden, dass die Aufrechnung zunächst nicht durchgeführt wird.[15] Es gelten dieselben Regelungen wie bei der Aufrechnung nach § 43 SGB II.

D. Aufrechnung im SGB XII von Rückforderungsansprüchen

Die Aufrechnung von Rückforderungsansprüchen ist – außer nunmehr in § 44 b **20** SGB XII – in § 26 Abs. 2–4 SGB XII ähnlich geregelt wie im SGB II. Daher werden nachfolgend vor allem die Unterschiede dargestellt. Übereinstimmend mit dem SGB II ist zum einen bestimmt, dass im Wege des Ermessens zu entscheiden ist, ob eine Aufrechnung durchgeführt wird. Weiterhin ist in gleicher Weise geregelt, dass die Aufrechnung nur für eine Dauer von drei Jahren durchgeführt werden darf.

I. Ansprüche auf Erstattung und Kostenersatz

Als Erstattungsansprüche kommen nur Rückforderungsansprüche nach §§ 45, 48, 50 **21** SGB X in Betracht. Die Aufrechnung ist nur möglich, soweit die leistungsberechtigte Person durch vorsätzlich oder grob fahrlässig unrichtige oder unvollständige Angaben oder durch pflichtwidriges Unterlassen die zu Unrecht erbrachten Leistungen veranlasst hat, § 26 Abs. 2 S. 1 SGB XII. Grundsätzlich kann auch mit Ersatzansprüchen aufgerechnet werden, die zeitlich schon lange zurückliegen, also noch unter Geltung des BSHG entstanden sind. Ist der Rückforderungsbescheid jedoch mehr als 10 Jahre zuvor erlassen worden, ist im Einzelfall Verwirkung denkbar.

Die zu Unrecht erhaltene Sozialhilfe muss der Hilfeempfänger vorsätzlich oder grob **22** fahrlässig durch unrichtige oder unvollständige Angaben veranlasst haben. Es wird inhaltlich die Bestimmung des § 45 Abs. 2 S. 3 Nr. 2 SGB X wiederholt, so dass bei Vorliegen eines Erstattungsbescheides, der sich auf diese Bestimmung stützt, in der Regel die Aufrechnung möglich ist. Hat der Hilfeempfänger lediglich pflichtwidrig unterlassen, eine Änderung iSd § 60 Abs. 1 Nr. 2 SGB I mitzuteilen, steht dies dem positiven Tun gleich. Nicht zulässig ist hingegen eine Aufrechnung in den Fällen des § 45 Abs. 2 S. 3 Nr. 3 SGB X, wenn der Hilfeempfänger die Rechtswidrigkeit der Leistung nicht bewirkt hat, sondern lediglich kannte oder infolge grober Fahrlässigkeit nicht kannte. Die Aufrechnung mit Ansprüchen nach §§ 103 SGB XII und 104 SGB XII aus Kostenersatz entsprechen den Regelungen im SGB II.

II. Doppelte Leistung

Sind Leistungen des Trägers der Sozialhilfe für Miete, Energieversorgung o.ä. erbracht, **23** aber vom Hilfesuchenden zweckentfremdet verwendet worden, und sind insoweit zur Vermeidung von Obdachlosigkeit oder einer Stromsperre Schulden nach § 36 Abs. 1 SGB XII übernommen worden, kann nach § 26 Abs. 3 SGB XII eine Aufrechnung nach Maßgabe der Grenzen des § 26 Abs. 2 SGB XII ebenfalls erfolgen. Die Schuldenüber-

---

15 LSG Halle 27.12.2011 – L 5 AS 473/11 B ER, NDV-RD 2012, 52.

nahme muss im Darlehenswege erfolgt sein, weil sonst kein aufrechenbarer Anspruch des Trägers der Sozialhilfe bestünde. Nicht angewandt werden kann diese Vorschrift bei Darlehen, die nach § 37 Abs. 1 SGB XII bewilligt wurden, da in § 37 Abs. 4 SGB XII eine spezielle Regelung enthalten ist, in welcher Form solche Darlehen zurückgeführt werden.

III. Nicht erfasste Rückforderungsansprüche

24 Andere Rückforderungsansprüche können nicht zur Aufrechnung gestellt werden. Dies galt insbesondere für Ansprüche nach § 105 SGB XII. Grund dürfte sein, dass nach dieser Vorschrift ein Rückforderungsanspruch auch ohne Verschulden des Hilfesuchenden bestehen kann,[16] während die Aufrechnung faktisch eine Sanktion ist, die Verschulden voraussetzt.

25 Ebenfalls ist eine Aufrechnung aufgrund eines Erstattungsanspruchs nach § 48 SGB X im SGB XII – also bei Verwaltungsakten mit Dauerwirkung – häufig nicht möglich. Zwar sind solche Dauerverwaltungsakte auch in der Sozialhilfe bekannt und grundsätzlich kommt in solchen Fällen ein Erstattungsanspruch nach § 48 Abs. 1 SGB X in Betracht (vgl. Kap. 57). Voraussetzung für eine Abänderung nach § 48 SGB X ist jedoch der Eintritt einer Änderung, die nicht darauf beruhen muss, dass unrichtige oder unvollständige Angaben gemacht wurden, so dass zB im Falle des Erzielens von Einkommen (§ 48 Abs. 1 S. 2 Nr. 3 SGB X) die Voraussetzung des § 26 SGB XII nicht gegeben sind. Nur wenn in besonderen Einzelfällen neben den Voraussetzungen des § 48 SGB X noch das weitere Erfordernis – nämlich vorsätzlich oder grob fahrlässig unrichtige oder unvollständige Angaben – hinzukommt, ist eine Aufrechnung im SGB II möglich.

IV. Umfang der Aufrechnung

26 Die Höhe der Aufrechnung ist nur unbestimmt dahin gehend geregelt, dass sie bis auf das zum Lebensunterhalt Unerlässliche erfolgen kann. Bei diesem aus § 25 a BSHG übernommenen Begriff wird von der Praxis, Rechtsprechung und Literatur eine Kürzung von etwa **25 % des Regelbedarfs** als möglich erachtet,[17] so dass eine Übernahme dieses Betrages naheliegend erscheint. Als äußerste Grenze erscheint 30 %, da dieser Prozentsatz in § 43 SGB II für die Aufrechnung als Höchstsatz bestimmt ist und eine unterschiedliche Regelung gegenüber dem SGB II nicht gerechtfertigt ist. Richtig erscheint es jedoch, hinsichtlich der Höhe der Kürzung unter Berücksichtigung der Regelung des § 39 a SGB XII, bei der für die Einschränkung der Leistung eine Kürzung von bis zu 25 % vorgeschrieben ist, auch bei der Aufrechnung eine Reduzierung nur bis zu dieser Grenze zuzulassen.[18]

27 Da Mehrbedarfszuschläge Teil der Hilfe zum Lebensunterhalt sind, ist auch insoweit eine Aufrechnung denkbar. Doch ist hierbei genau zu prüfen, inwieweit durch die Mehrbedarfszuschläge ein realer Bedarf abgedeckt werden soll – dies ist sicher bei Mehrbedarf nach § 30 Abs. 5 SGB XII (Krankenkostzulage) anzunehmen –, oder ob lediglich – evtl. teilweise – pauschal eine bestimmte Bedarfslage berücksichtigt wird.

28 Die Aufrechnungsmöglichkeit ist gemäß § 26 Abs. 2 S. 2 SGB XII auf die **Dauer von drei Jahren** beschränkt; da die Aufrechnung ins pflichtgemäße Ermessen gestellt ist, ist auch zu prüfen, ob eine kürzere als die mögliche dreijährige Aufrechnung zweckdienlich ist.

---

16 Conradis in: LPK-SGB XII § 105 Rn. 3.
17 Nachweise bei Streichsbier in: Grube/Wahrendorf SGB XII § 26 Rn. 18.
18 Ebenso Streichsbier in: Grube/Wahrendorf SGB XII § 26 Rn. 4, 18.

Fällt eine Rückzahlung eines Darlehens nach § 37 Abs. 2 SGB XII mit einer Aufrech-   **29**
nung zusammen, muss die Aufrechnung zurücktreten, also um den Betrag der Einbehaltung nach § 37 Abs. 2 – in der Regel 5 % des Regelbedarfs – gemindert werden. Die
Einbehaltung geht vor, da hierdurch ein gegenwärtiger Bedarf nach § 37 Abs. 1 SGB XII
erbracht werden kann. Der Eintritt einer Einbehaltung stellt eine Änderung nach § 48
SGB X dar, die auch noch nachträglich geltend gemacht werden kann, falls sie bei der
Aufrechnung nicht einbezogen wurde.

V. Durchführung der Aufrechnung

Die Aufrechnung regelt den Sozialhilfefall für die Dauer bis zu drei Jahren, es handelt   **30**
sich daher um einen Verwaltungsakt mit Dauerwirkung. Ein Widerspruch erfasst mithin den gesamten Zeitraum der Aufrechnung, also bis zu drei Jahren.

Ein Widerspruch gegen den Bescheid über die Aufrechnung hat aufschiebende Wirkung   **31**
(→ Kap. 54 Rn. 11 ff.) mit der Folge, dass bis zur Bestandskraft der Entscheidung über
den Widerspruch keine Kürzung der Sozialhilfezahlungen vorgenommen werden darf.
In der Praxis wird daher manchmal die sofortige Vollziehung angeordnet, wodurch die
aufschiebende Wirkung des Widerspruchs entfällt. Hiergegen ist Rechtsschutz durch
einen Antrag beim SG möglich.

Eine Aufrechnung ist nur zulässig, die in entsprechender Anwendung des § 387 BGB   **32**
fällig ist. Ist zB im Rückforderungsbescheid der Zusatz enthalten, dass die Rückzahlungsverpflichtung erst nach Beendigung der Sozialhilfebedürftigkeit beginnt, so handelt
es sich um eine Stundung, die die Fälligkeit für die Dauer des Sozialhilfebezugs beseitigt
hat.[19]

E. Aufrechnung im SGB XII von Rückzahlungsansprüchen aus Darlehen

Eine allgemeine Regelung über die Aufrechnung von Rückzahlungen von Darlehen ist   **33**
in das SGB XII nicht aufgenommen werden. Soweit nicht einzelne Bestimmungen eine
Aufrechnung erlauben, ist eine Aufrechnung bzw. Einbehaltung nicht zulässig.

Soweit Darlehen nach § 37 Abs. 1 SGB XII bewilligt werden, können diese nach § 37   **34**
Abs. 4 S. 1 SGB XII bis zur Höhe von jeweils 5 % der Regelbedarfsstufe 1 einbehalten
werden. Es handelt sich um eine Aufrechnung, die einen Verwaltungsakt darstellt und
mit Widerspruch – der aufschiebende Wirkung hat – angegriffen werden kann.[20] Für
Darlehen nach § 37 Abs. 2 SGB XII, die für Zuzahlungen nach § 62 SGB V erbracht
werden, ist in § 37 Abs. 4 S. SGB XII bestimmt, dass die Rückzahlung des Darlehens
in gleichen Teilbeträgen über das ganze Kalenderjahr erfolgt.

F. Aufrechnung nach § 44 b SGB XII

Die Vorschrift ist durch Art. 3 a des Gesetzes vom 22.12.2016[21] eingeführt worden und   **35**
regelt im Anschluss an § 44 a SGB XII die Möglichkeit der **Aufrechnung** im Hinblick
auf Erstattungsforderungen, die sich aus § 44 a Abs. 7 XII ergeben. Insofern handelt es
sich um eine spezielle Vorschrift im Verhältnis zu § 26 Abs. 2. Zusätzlich ist in Abs. 4
erstmals im SGB XII eine Vorschrift über eine **Verrechnung** aufgenommen worden, die
nur für Leistungen gilt, die nach dem 4. Kap. SGB XII bewilligt werden. Es kann nur
mit einem Erstattungsanspruch nach § 44 a Abs. 7, der bestandskräftig ist, aufgerechnet

---

19   BayVGH FEVS 46, 116 (119).
20   Armborst in: LPK-SGB XII § 37 Rn. 16.
21   BGBl. I, 3159.

werden. Da solche Ansprüche entstehen können, ohne dass ein schuldhaftes Verhalten des Betroffenen vorliegt, ist diese Sonderregelung geschaffen worden, die vor allem im Hinblick auf die Höhe der Aufrechnung für die Betroffenen günstiger ist als die Aufrechnung nach § 26.

36 Die Besonderheit zeigt sich bei der Höhe der Aufrechnung, die hier **immer 5 %** der maßgebenden Regelbedarfsstufe beträgt, während nach § 26 SGB XII die Aufrechnung in der Höhe von etwa 25 % der Regelbedarfsstufen möglich ist. Die Höhe ist offensichtlich in Anlehnung an die Regelung bei der Rückzahlung von Darlehen, § 37 Abs. 4 SGB XII, bestimmt worden, wonach eine Einbehaltung bis 5 % erfolgen kann. Die **Dauer** der Aufrechnung ist auf drei Jahre beschränkt, wobei hier, deutlicher als in § 26, der Zeitraum bestimmt ist, wann die drei Jahre ablaufen, nämlich nach Ablauf des Monats, in dem die Bestandskraft des Monats des Erstattungsbescheides eingetreten ist. Versäumt der Leistungsträger, sofort nach Bestandskraft die Aufrechnung zu erklären, vermindert sich der Zeitraum der Aufrechnung entsprechend. Die Aufrechnung kann nur einmalig für drei Jahre durchgeführt werden, so dass im Hinblick auf die Höhe der Aufrechnung derzeit **Gesamtbeträge** bis zu 432 Euro (Stufe 6) bzw. 748,80 Euro (Stufe 1) möglich sind.

37 Mit § 44 b Abs. 3 ist erstmals eine **Verrechnung** in das SGB XII aufgenommen worden, die nur für die Erstattungsansprüche nach § 44 a Abs. 7 SGB XII angewandt werden kann. Es handelt sich im Prinzip um eine Aufrechnung, bei der es allein an der Gegenseitigkeit der Forderung fehlt.[22] Die Möglichkeit der Verrechnung ist in § 52 SGB I vorgesehen, insoweit handelt es sich um eine Modifikation, wobei die Verrechnungsgrenzen des § 51 Abs. 2 SGB I – wonach nur mit pfändbare Ansprüchen verrechnet werden kann – aufgehoben werden.[23] Die Verrechnung ist im selben Umfang wie die in Abs. 1 bis 3 geregelte Aufrechnung möglich.

---

22 Kemper in: Eicher/Luik § 65 e Rn. 2.
23 Berlit in: LPK-SGB II § 65 e Rn. 1.

Kapitel 59: Erlass von Ansprüchen

Rechtsgrundlagen:
SGB II § 44
SGB IV § 76 Abs. 2
BHO § 59
LHO-BW § 59

Orientierungssätze:

1. Der Erlass von Forderungen ist im SGB II geregelt in dessen § 44. Für das SGB XII gilt bei dem Erlass von Forderungen Landesrecht.

2. Der Erlass einer Forderung hat zu erfolgen bei Unbilligkeit der Einziehung bzw dann, wenn diese zu einer besonderen Härte führen würde. Grundsätzlich steht die Entscheidung im Ermessen der Verwaltungsbehörde. Es besteht ein subjektiv öffentliches Recht auf eine fehlerfreie Ermessensentscheidung.

3. Ein Erlass ist zum einen gerechtfertigt, wenn persönliche Härtegründe bestehen, was insbesondere der Fall ist, wenn die Einziehung der Forderung sich wirtschaftlich existenzgefährdend oder existenzvernichtend auswirken würde.

4. Ferner kann ein Erlass wegen sachlicher Unbilligkeit gerechtfertigt sein, wenn die Forderungseinziehung den Wertungen des Gesetzes zuwider liefe.

5. Richtet sich der Erlass gegen einen Rückforderungsbescheid, so ist über den Erlass grundsätzlich erst nach Bestandskraft des Rückforderungsbescheids zu entscheiden. Anderes gilt, wenn bereits zum Zeitpunkt der Erstellung des Rückforderungsbescheids Anhaltspunkte dafür bestehen, dass eine unbillige Härte vorliegt und/oder ein entsprechender Antrag auf Erlass gestellt wurde.

A. Einführung/Praktische Relevanz

Die zum Erlass von Forderungen ermächtigenden Normen berechtigen Leistungsträger, auf fällige Forderungen zu verzichten. So können individuelle, rechtliche und tatsächliche besondere Gegebenheiten berücksichtigt und ggf. Einzelfallgerechtigkeit verwirklicht werden.[1]

Die **praktische Bedeutung** des Erlasses von Ansprüchen der Leistungsträger erschließt sich etwa aus folgenden Sachverhalten:

- Leistungsträger des SGB II oder des SGB XII machen nach rechtmäßiger **Rücknahme** bzw. **Aufhebung** von Bescheiden (§§ 45, 48 SGB X – ohne dass es auf ein Verschulden des Leistungsempfängers ankommen muss, § 48 Abs. 1 S. 2 Nr. 3 SGB X) als deren Konsequenz Rückforderungen nach § 50 Abs. 1 SGB X geltend (im Bereich des SGB II mit der in § 40 Abs. 2 SGB II angeordneten Modifizierung);

1

---

1 BSG 9.2.1995 – 7 RAr 78/93.

- es handelt sich um die **Rückzahlungen** von **Darlehen**, die zB nach § 24 Abs. 1 SGB II[2] – zur Rückzahlung, ggf. durch Aufrechnung, siehe § 42 a SGB II[3] – oder etwa nach §§ 37 Abs. 1 u. 2, 38 Abs. 1 SGB XII bewilligt wurden;

- es stehen **Rückforderungen** von Leistungen an, die ein Leistungsträger zunächst im Hinblick auf eine gerichtliche Entscheidung erbringt, wenn diese aber später aufgehoben/geändert wird und nach § 50 Abs. 2 S. 1 SGB X (teilweise) zu erstatten sind;

- ferner kann es um **vorläufige Leistungen** (§ 41 a Abs. 6 SGB III; § 44 a Abs. 7 SGB XII)[4] gehen, die im Nachhinein zu erstatten sind.

Darüber hinaus kommen auch Ansprüche in Betracht, die sich nicht gegen den Leistungsempfänger richten, sondern **gegen Dritte**, vgl. im SGB II §§ 33, 35 SGB II, im SGB XII §§ 102 ff. SGB XII, ferner Ersatzansprüche nach § 34 SGB II.[5] Der Hinweis auf die Möglichkeit, einen Erlassantrag zu stellen, kann nicht argumentativ dazu eingesetzt werden – etwa im Hinblick auf den Nachrang der Sozialhilfe, § 2 Abs. 1 SGB XII – eine Bedarfsdeckung abzulehnen.[6]

B. Einschlägige Rechtsnormen

2 Im **SGB II** dürfen Leistungsträger Ansprüche erlassen, wenn deren Einziehung nach Lage des einzelnen Falles **unbillig** wäre, § 44 SGB II. ZT haben die SGB II-Leistungsträger **Verwaltungsvereinbarungen** mit der **Bundesagentur für Arbeit** abgeschlossen, die letztere zur Einziehung der Forderungen und auch zur Entscheidung über Erlassanträge berechtigen sollen. Seit dem 1.1.2011 ist dies in § 44 b Abs. 4 SGB II vorgesehen. Für die Zeit davor bestand jedoch für eine solche Aufgabenübertragung keine Rechtsgrundlage, so dass gegen die Festsetzung von Mahngebühren (Verwaltungsakt nach § 31 SGB X) durch die Bundesagentur für Arbeit erfolgreich mit Widerspruch/Anfechtungsklage vorgegangen werden konnte.[7] Einen Forderungserlass aus Billigkeitsgründen und zur Entlastung der Jobcenter sieht bei der Erstattung von Leistungen für **Bildung und Teilhabe** § 40 Abs. 6 S. 3 SGB II vor.

3 Die Erlassentscheidung ergeht von Amts wegen oder auf Antrag, sie ist als Verwaltungsakt iS von § 31 SGB X zu qualifizieren.[8] Die Voraussetzungen für einen Erlass sind in § 44 SGB II genauso geregelt, wie für den Bereich der Sozialversicherung und der Arbeitslosenversicherung in § 76 Abs. 1 Nr. 3 SGB IV. Diese Bestimmung gilt für das SGB II nicht, § 1 SGB IV. Für **andere Leistungsträger**, auf die das SGB IV nach dessen § 1 ebenso nicht anwendbar ist, und die **nicht dem Landesrecht unterfallen**, gilt hinsichtlich des Erlasses die der Anforderung von § 31 Abs. 2 Nr. 3 Haushaltsgrundsätzegesetz[9] – HGrG – entsprechende Vorschrift in § 59 Abs. 1 Nr. 3 der Haushaltsordnung des Bundes[10] (BHO), aus der sich wiederum die entsprechenden Erlassvorschriften des Landesrechts in deren Haushaltsordnungen herleiten.

4 Hinsichtlich Rückforderungen durch Leistungsträger nach dem **SGB XII** gilt für den Erlass **Landesrecht**, in Baden-Württemberg die Landeshaushaltsordnung v. 19.10.1971. Diese bestimmt in § 59 Abs. 1 Nr. 3, dass Ansprüche nur erlassen werden dürfen, wenn

---

2 S. die Übersicht zu allen im SGB II möglichen Darlehen bei Conradis in: LPK-SGB II § 42 a Rn. 21.

3 Zur verfassungsrechtlichen Problematik SG Berlin 30.9.2011 – S 37 AS 24431/11 ER.

4 § 43 SGB I ist im SGB XII anwendbar, s. etwa Mrozynski SGB I § 43 Rn. 20 mwN.

5 Conradis in: LPK-SGB II § 44 Rn. 3 f.

6 OVG NRW 28.2.2011 – 14 A 451/10, Sozialrecht aktuell 2011, 157.

7 BSG 26.5.2011 – B 14 AS 54710 R.

8 Kemper in: Eicher/Luik § 44 Rn. 20.

9 19.8.1969, BGBl. I 1969, 1273.

10 19.8.1969, BGBl. I 1969, 1284.

die Einziehung nach Lage des einzelnen Falles für den Anspruchsgegner eine **besondere Härte** bedeuten würde.

Auch § 59 Abs. 1 Nr. 3 BHO räumt nicht nur eine verwaltungsinterne, gerichtlich un- **5** überprüfbare Befugnis ein, sondern hat – wie § 44 SGB II – „außenrechtliche" Wirkung, die Verwaltungsentscheidung ist gerichtlich nachprüfbar.[11] Entsprechendes muss für die gleichlautenden landesrechtlichen Bestimmungen gelten. § 31 Abs. 2 Nr. 3 HGrG und § 59 BHO bzw. § 59 LHO-BW sprechen hinsichtlich des Erlasses von dem Erfordernis „besondere Härte". Sachliche Unterschiede zu der Formulierung in § 44 SGB II dürften nicht bestehen.[12] Auch § 76 SGB IV statuierte früher für den Erlass das Erfordernis der „besonderen Härte" und sollte nach der Entstehungsgeschichte eine den § 31 Abs. 2 HGrG, § 59 Abs. 1 BHO ähnliche Norm sein.[13] Die jetzige Formulierung in § 76 SGB IV geht auf das zweite SGB-Änderungsgesetz zurück und erfolgte in Anlehnung an § 227 Abs. 1 AO.

Für Personen, die keinen anderweitigen Anspruch auf Absicherung im Krankheitsfall **6** haben, besteht seit dem 1.4.2007 **Versicherungspflicht** in der gesetzlichen Kranken- (§ 5 Abs. 1 Nr. 13 SGB V) und Pflegeversicherung (§ 20 Abs. 1 S. 2 Nr. 12 SGB XI). Hierbei handelt es sich häufig um Menschen, die leistungsberechtigt im SGB II oder SGB XII sind, dort aber ihre Ansprüche zunächst nicht geltend machen. Stellt sich später die rückwirkende (§ 186 Abs. 11 S. 3 SGB V) Versicherungspflicht heraus, so hat dies eine **Nacherhebung** mit Beiträgen zur Folge. Gem. § 186 Abs. 11 S. 4 SGB V haben die Krankenkassen in ihren Satzungen ua die Möglichkeit eines **Erlasses** der **rückständigen Beiträge** vorzusehen, wenn der Versicherte unverschuldet das Vorliegen der Voraussetzungen der Versicherungspflicht verspätet angezeigt hat.

C. Ermessensentscheidung

Aus dem Wortlaut der Vorschriften nach § 44 SGB II und der Bestimmungen in § 59 **7** Abs. 1 BHO bzw. dem Landesrecht, ergibt sich durch die Verwendung der Worte „dürfen" bzw. „darf", dass es sich bei der Entscheidung des Leistungsträgers um eine **Ermessensentscheidung** (vgl. § 39 SGB I, § 35 SGB X) handelt, die verknüpft ist mit dem unbestimmten Rechtsbegriff Unbilligkeit bzw. besondere Härte. Nach der Rechtsprechung des Gemeinsamen Senats der Obersten Gerichtshöfe des Bundes zu § 227 AO umfasst das Ermessen auch den Begriff der Unbilligkeit und bestimmt zugleich Inhalt und Grenzen der pflichtgemäßen Ermessensausübung; der Begriff der Unbilligkeit ist an das Ermessen der Behörde gekoppelt, es hat eine einheitliche Ermessensentscheidung zu ergehen.[14] Auf eine entsprechende Entscheidung besteht ein **Anspruch** im Sinne eines subjektiven öffentlichen Rechts.[15]

Zu **überprüfen** ist durch die Gerichte, ob überhaupt eine **Ermessensentscheidung** im **8** Sinne einer Gewichtung einander entgegenstehender Belange getroffen wurde. Ferner hat sie sich darauf zu erstrecken, ob der entscheidungserhebliche Sachverhalt vollständig festgestellt und berücksichtigt wurde. Schließlich müssen die vom Leistungsträger zugrunde gelegten Erwägungen zur Frage der Unbilligkeit/besonderen Härte die Entscheidung tragen und dürfen **keine Ermessensfehler** aufweisen.[16]

---

11 BSG 9.2.1995 – 7 RAr 78/93.
12 BSG 26.6.1990 – 3 RK 31/88, und 9.2.1995 – 7 Rar 78/93, SozR 3–4427 § 5 Nr. 1.
13 BT-Drs. 7/4122, 37.
14 GmSOGB 19.10.1971 – GmS – OGB 3/70, BVerwGE 39, 355.
15 BSG 26.6.1990 – 3 RK 31/88.
16 BSG 9.2.1995 – 7 R Ar 78/93; s. auch Burkiczak in: jurisPK-SGB II § 44 Rn. 16 und Mrozynski SGB I § 39 Rn. 27 ff. (Ermessensausübung), Rn. 34 ff. (Ermessensfehler).

D. Unbilligkeit, besondere Härte der Einziehung

9 Abzuwägen sind bei der Entscheidung zwischen den schutzwürdigen Interessen der öffentlichen Hand, die gehalten ist, finanzielle Mittel bestimmungsgemäß zu verwenden, und denen des Betroffenen. Bei der Abwägung sind **alle Umstände des Einzelfalles** mit einzubeziehen, neben den persönlichen und wirtschaftlichen Verhältnissen des Schuldners auch dessen (Grad des) Verschulden(s).[17] Einzufließen haben in die Entscheidung ferner Aspekte des materiellen Rechts. Nach anderer Formulierung setzt Erlass Erlassbedürftigkeit- und Würdigkeit voraus.[18]

I. Persönliche Gründe

10 Unbilligkeit bzw. besondere Härte ist aus **persönlichen Gründen** dann anzunehmen, wenn durch die Einziehung der Forderung der notwendige Lebensunterhalt des Schuldners gefährdet würde, sie sich also wirtschaftlich existenzgefährdend oder existenzvernichtend auswirken würde.[19] In den angegebenen Entscheidungen stellte das BSG darauf ab, dass die Erstattung den Leistungsempfänger sozialhilfebedürftig machen oder einen höheren Anspruch auf Sozialhilfe auslösen würde. Entsprechendes hat zu gelten, wenn die Erstattung (höheren) Hilfebedarf im SGB II auslöste. Auch nicht existenzgefährdende Notlagen, die nicht nur kurzfristig bestehen, können als unbillige Härte anzusehen sein.[20]

II. Sachliche Gründe; Beispiele im SGB II/SGB XII

11 Bei mangelnder Leistungsfähigkeit ist weiter zu prüfen, ob **sachliche Unbilligkeit** besteht. Dies ist der Fall, wenn die Einziehung gesetzlichen Wertungen zuwiderliefe.[21] Dies ist im SGB II etwa der Fall, wenn die Forderung des Leistungsträgers auf dessen **Mitverschulden** bei der Entstehung eines Erstattungsanspruchs beruht, das wegen § 40 Abs. 2 Nr. 3 SGB II iVm § 330 Abs. 2, Abs. 3 S. 1 SGB III bei der Erstattungspflicht nicht berücksichtigt werden kann.[22] Gleiches gilt, soweit der unredliche Leistungsempfänger bei der Rückzahlung gem. § 40 Abs. 2 S. 2 SGB II nicht i.H. des **entgangenen Wohngeldanspruchs** verschont und somit über das SGB-II Leistungssystem hinaus sanktioniert wird.[23]

12 Durch einen Erlass kann möglichen verfassungswidrigen Bedarfsunterdeckungen durch **Darlehenstilgung** begegnet werden, jedoch regelmäßig erst nachträglich, also nicht mit der Darlehensgewährung verbunden.[24] Erst recht verlangt die jetzige **starre aus „Vereinfachungsgründen" eingeführte**[25] Regelung bei der Darlehenstilgung (vgl. insbesondere die in § 42 a Abs. 2 SGB II angeordnete **Aufrechnung**) als **Korrektiv** die Anwendung von § 44 SGB II, um verfassungswidrige Notlagen abzuwenden.[26] Erhalten Leistungsempfänger während des Hilfebezugs nach dem SGB II oder SGB XII **ungerechtfertigt Einkommen** von einem anderen Leistungsträger, das später zurückzuzahlen ist, so erfolgt

---

17 Von Boetticher in: jurisPK-SGB IV § 76 Rn. 32.
18 Meyer in: Oestreicher SGB II § 44 Rn. 25 f.
19 BSG 12.9.1984 – 4 RJ 79/83, BSGE 57, 138 u. 15.5.1985 – 5 B/1 RJ 34/84, SozR 1500 § 154 Nr. 8 zu § 76 SGB IV; Burkiczak in: jurisPK-SGB II § 44 Rn. 18.
20 BVerfG 23.1.1990 – 1 BvL 44/86.
21 Kemper in: Eicher/Luik § 44 Rn. 12.
22 Kemper in: Eicher/Luik § 44 Rn. 13.
23 Geiger, Leitfaden zum Arbeitslosengeld II, 2012, 785 f.
24 So bereits BSG 7.11.2006 – B 7 b AS 14/06, BSGE 92, 242 und nunmehr BSG 10.5.2011 – B 4 AS 11/10 R, Rn. 19.
25 BT-Drs. 17/3404, 191.
26 Geiger, Leitfaden zum Arbeitslosengeld II, 2012, 785 f.; zur verfassungsrechtlichen Problematik auch SG Berlin 30.9.2011 – S 37 AS 24431/11 ER; vgl. auch BSG 28.11.2018 – B 14 AS 31/17 R.

gleichwohl eine **Einkommensanrechnung** nach Maßgabe der einschlägigen Normen. Einer späteren **Rückforderung** der unrechtmäßig bezogenen Leistung durch den weiteren Träger ist dann durch **Erlass** zu begegnen.[27]

Bei der Anwendung im Rahmen des § 44 SGB II bietet der Erlass im Übrigen die Möglichkeit, verfassungsrechtlich zweifelhafte Ergebnisse zu vermeiden.[28] Bei Rückforderungsansprüchen gegenüber **Minderjährigen** ist deren in § 1629 a Abs. 1 BGB bestimmte **Haftungsbeschränkung** zu beachten.[29]   **13**

Im SGB XII sind Erlassanträge in vielen Fällen entbehrlich, da die Regelungen über Rückzahlungen **wesentlich flexibler** ausgestaltet sind (vgl. bei Aufrechnung §§ 26 Abs. 2, 37 Abs. 2 SGB XII). Bei Darlehen nach § 38 SGB XII kommt uU eine Umwandlung in einen nicht zurückzahlbaren Zuschuss in Betracht.[30]   **14**

Verneint wird zT die sachliche Unbilligkeit, wenn ein **schuldhaftes Verhalten** vorliegt, das – in eindeutiger Weise – gegen die Interessen der Allgemeinheit verstößt.[31] Diese Auffassung begegnet Bedenken, da sie einen **Wertungswiderspruch** zu den Erstattungsvorschriften wegen (qualifiziert) schuldhafter Herbeiführung der Bedarfslage in § 34 SGB II, § 103 SGB XII darstellt. Auch dort sind Härteerwägungen anzustellen, § 34 Abs. 1 S. 3 SGB II, § 103 Abs. 1 S. 3 SGB XII.   **15**

Die Grundentscheidung über den Anspruch soll grundsätzlich im Rahmen der Entscheidung über den Erlass nicht auf seine Rechtmäßigkeit zu überprüfen sein; Ausnahmen hiervon sind zulässig bei einer offensichtlich unrichtigen Grundentscheidung, wenn es dem Betroffenen nicht möglich oder zumutbar war, hiergegen vorzugehen.[32]

Ergänzend ist darauf hinzuweisen, dass manchmal eher ein Erlass bei einem anderen Sozialleistungsträger in Betracht kommt als der Erlass von Leistungen nach dem SGB II oder SGB XII. Dies ist dann der Fall, wenn eine Sozialleistung zurückgefordert wird, die als Einkommen beim SGB II oder SGB XII berücksichtigt wurde, ohne dass der Betroffene die Zahlung und Rückforderung dieser vorrangigen Leistung verursacht hat. Nicht selten geschieht dies beim Kindergeld,[33] kann aber auch beim Wohngeld, Kinderzuschlag, Arbeitslosengeld I vorkommen. Eine rückwirkende Nachzahlung von Leistungen nach dem SGB II ist nicht möglich, auch wenn von vornherein feststeht, dass die Rückzahlung der vorrangigen Leistung vorzunehmen war.[34] Es bleibt dann nur die Möglichkeit des Erlasses, die bei dem jeweiligen Leistungsträger zu beantragen ist.[35]   **16**

E. Verfahrensfragen

I. Zeitpunkt der Erlassentscheidung

Nach der neueren Rechtsprechung des BSG ist der Leistungsträger **nicht verpflichtet**, mit einem Rückzahlungsanspruch **zugleich** über dessen **Erlass** zu entscheiden.[36] In der Praxis warten die Leistungsträger regelmäßig mit der Entscheidung über den Erlassan-   **17**

---

27 BSG 23.8.2011 – B 14 AS 165/10 R, Rn. 26.
28 So zutreffend Kemper in: Eicher/Luik § 44 Rn. 10.
29 So schon Conradis in: LPK-SGB II, 3. Aufl. 2009, § 44 Rn. 5; vgl. jetzt BSG 7.7.2011 – B 14 AS 153/10 R, und Greiser/Stölting, Kinder mit beschränkter Haftung?, ZFSH/SGB 2011, 309.
30 H. Schellhorn in: Schellhorn/Schellhorn/Hohm SGB XII § 38 Rn. 17.
31 Fichte in: Fichte/Plagemann/Waschull, Sozialverwaltungsverfahrensrecht, § 3 Rn. 114; ferner Plagemann in: MAH SozR § 12 Rn. 52.
32 Burkiczak in: jurisPK-SGB II, 3. Aufl. 2012, § 44 Rn. 14 mwN; siehe auch LSG BW 16.12.2005 – L 8 AL 4537/04.
33 Hierzu: Bilsdorfer NJW 2012, 3706.
34 BSG 23.8.2011 – B 14 AS 44/08.
35 BSG 23.8.2011 – B 14 AS 44/08, Rn. 26.
36 BSG 2.6.2004 – B 7 AL 56/03 R, NZS 2005, 497 (499) mwN; anders aber BSG 15.5.1985 – 5 B/1 RJ 34/84, SozR 1500, § 154 Nr. 8 zu § 76 SGB IV bei Rückforderung einer „Urteilsrente".

trag ab, bis der Rückforderungsbescheid bestandskräftig ist. Zu Recht wird darauf hingewiesen,[37] diese Auffassung könne nur als Grundsatz gelten, aber nicht in dem Fall, dass bei Erlass des Rückforderungsbescheids bereits **Anhaltspunkte** für eine **unbillige Härte** bestehen und/oder **ein entsprechender Antrag** auf Erlass **gestellt** worden ist. Liegen diese Voraussetzungen vor, so wäre die Verfolgung des Erstattungsanspruchs als dolose und **unzulässige Rechtsausübung** anzusehen, weil dann kein Ermessen des Leistungsträgers mehr gegeben ist und dieser zum Erlass der Erstattungsschuld verpflichtet sei.

II. Amtsermittlung

18 Über den Forderungserlass ist nicht nur auf Antrag des Anspruchsgegners zu entscheiden, vielmehr hat der Leistungsträger die Anwendung der Vorschrift **von Amts wegen** zu prüfen, soweit entsprechende Anhaltspunkte bestehen.[38] Der Anspruchsgegner, dessen Interessen durch den Erlass berührt werden, hat einen Anspruch darauf, dass der Leistungsträger das ihm eingeräumte **Ermessen fehlerfrei ausübt** und ihm gegenüber gem. § 35 Abs. 1 S. 3 SGB X begründet.

III. Gerichtliche Überprüfung

19 Die Entscheidung kann **sozialgerichtlich überprüft** werden. Die richtige Klageart ist die **Anfechtungs- und Verpflichtungsklage**, § 54 Abs. 1 S. 1 SGG. In Eilfällen kann ein Antrag auf **einstweiligen Rechtsschutz** nach § 86 b Abs. 2 SGG in Betracht kommen, vorrangig jedoch der Antrag auf Anordnung der aufschiebenden Wirkung ggf. verbunden mit Auflagen (§ 86 b Abs. 1 S. 3 SGG).[39] Bei **Ermessensleistungen** kann, wenn nicht ausnahmsweise eine Reduzierung des Ermessens „auf Null" eintritt,[40] nicht zum Erlass des abgelehnten Verwaltungsakts verurteilt werden. Es ist vielmehr nur der Erlass eines **Bescheidungsurteils** nach § 131 Abs. 3 SGG möglich, der Erlass eines Verpflichtungsurteils nur dann, wenn im Einzelfall kein Ermessen besteht.

20 Der maßgebliche **Beurteilungszeitraum** für das Vorliegen persönlicher und sachlicher Unbilligkeitsgründe soll der der letzten Verwaltungsentscheidung sein, weil die Rechtmäßigkeit der Ermessenausübung nur von Tatsachen und Verhältnissen abhängen kann, die im Zeitpunkt der Behördenentscheidung vorgelegen haben.[41] Demnach wird nach allgemeinen Grundsätzen[42] auf den Zeitpunkt der letzten mündlichen Verhandlung abzustellen sein, wenn im konkreten Fall Ermessen nicht bestand.

F. Stundung, Niederschlagung

21 In §§ 59 Abs. 1 Nr. 1 u. Nr. 2 BHO bzw. in dem entsprechenden Landesrecht ist auch die Möglichkeit der Stundung bzw. Niederschlagung einer Forderung geregelt, ebenso in § 76 Abs. 2 Nr. 1 u. 2 SGB IV. Für die Stundung ist maßgeblich, ob die sofortige Einziehung mit erheblichen Härten verbunden ist. Zu einer Niederschlagung kommt es, wenn feststeht, dass die Einziehung keinen Erfolg haben wird, oder wenn die Kosten der Einziehung außer Verhältnis zur Höhe des Anspruchs stehen. Hierbei handelt es

---

37 Kemper in: Eicher/Luik § 44 Rn. 19.
38 Str., zur Sicherheit sollte ein Antrag gestellt werden, vgl. von Boetticher in: jurisPK-SGB IV, 2. Aufl. 2011, § 76 Rn. 16 mwN.
39 Plagemann in: MAH SozR § 12 Rn. 56.
40 Zu entsprechenden Fallgestaltungen s. etwa BSG 18.8.2005 – B 7a/7 AL 66/04 R und 6.4.2006 – B 7 a AL 20/05 R.
41 BSG 9.2.1995 – 7 R Ar 78/93; ferner LSG BW 16.12.2005 – L 8 AL 4537/04.
42 S. nur Groß/Castendiek in: HK-SGG, 5. Aufl., § 54 Rn. 47 mwN.

sich um eine verwaltungsinterne Maßnahme, die nicht dem Interesse des Einzelnen dient[43] und nicht zum Erlöschen des Anspruchs führt.

Auch im SGB II kommt eine Stundung bzw. Niederschlagung von Forderungen in Betracht als „minus" gegenüber dem in § 44 SGB II enthaltenen Erlass.[44]

---

43 Es besteht keine Klagebefugnis gegen die Ablehnung der Niederschlagung, OVG NRW 28.2.2011 – 14 A 451/10, Sozialrecht aktuell 2011, 157 (160) mwN.
44 Burkiczak in: jurisPK-SGB II, 3. Aufl. 2012, § 44 Rn. 25; Conradis in: LPK-SGB II § 44 Rn. 8.

Literaturhinweise: Berchtold/Richter (Hrsg.), Prozesse in Sozialsachen, 2. Auflage, Baden-Baden, 2016; Berlit, Eingliederungsvereinbarungen nach dem SGB II – Rechtsrahmen und Rechtsschutz, Sozialrecht aktuell, 2006, S. 41–50; Bienert, Der Gerichtsbescheid nach § 105 des Sozialgerichtsgesetzes, SGb 2014, 365; ders., Zum Wert des Beschwerdegegenstandes nach § 144 Abs. 1 Satz 1 Nr. 1 SGG, NZS 2017, 727; Bürck, Vollstreckung im Sozialrecht, DAngVers 1990, 445; Hauck, Die Erledigungserklärung im sozialgerichtlichen Verfahren, SGb 2004, 407; Heilemann, Die Zwangsvollstreckung gegen Behörden aus Grund- und Bescheidungsurteilen, SGb 1994, 636; Krasney/Udsching/Groth, Handbuch des sozialgerichtlichen Verfahrens, 7. Auflage, Berlin 2016; Leitherer, Das Sozialgerichtsverfahren zwischen Beschleunigungsmaxime und Beteiligtenfreundlichkeit, in Bender/Eicher (Hrsg.), Sozialrecht – eine Terra incognita, Festschrift 50 Jahre saarländische Sozialgerichtsbarkeit, Saarbrücken 2009; Leopold, § 106 a SGG – Inhalt und Grenzen der Präklusionsregelung im sozialgerichtlichen Verfahren, ZFSH/SGB 2008, 332; ders., Die Klagerücknahmefikion gemäß § 102 Abs. 2 SGG, SGb 2009, 458; Roller, Erste Erfahrungen mit den Änderungen des SGG durch das Gesetz zur Änderung des Sozialgerichtsgesetzes und des Arbeitsgerichtsgesetzes vom 26.3.2008, NZS 2009, 252; Schneider, Die Vollstreckung sozialgerichtlicher Urteile gegen die Jobcenter, info also 2012, 243; Spellbrink, Die Bedarfsgemeinschaft gemäß § 7 SGB II eine Fehlkonstruktion?, NZS 2007, 121.

Rechtsgrundlagen:
SGG §§ 51–201 ua

Orientierungssätze:
1. Die wesentlichen Vorschriften für Klageverfahren im Bereich der Existenzsicherung finden sich im SGG. Durch konkrete Verweisung oder über § 202 SGG sind aber auch Regelungen anderer Verfahrensordnungen anwendbar.
2. Grundsätzlich bestimmt im Bereich der Grundsicherung für Arbeitsuchende der von der Behörde in dem angegriffenen Bescheid beschiedene Leistungszeitraum den Gegenstand des Verfahrens. Besonderheiten können sich aber aus §§ 86/96 SGG ergeben.
3. In Fällen der vollständigen Leistungsablehnung erstreckt sich der streitgegenständliche Zeitraum von der Antragstellung bis zum Termin zur mündlichen Verhandlung, es sei denn, es ist vorher ein neuer Leistungsantrag gestellt worden.
4. Im Bereich der Grundsicherung für Arbeitsuchende ändert das Institut der Bedarfsgemeinschaft nichts daran, dass jedem Mitglied individuelle Leistungsansprüche gegen den Leistungsträger zustehen, die es ggf. selbst geltend machen muss.
5. Für die Beurteilung der Berufungsfähigkeit ist im Hinblick auf den Gesichtspunkt der laufenden bzw wiederkehrenden Leistungen auf die Regelung des § 41 Abs. 3 SGB II bzw § 44 Abs. 3 SGB XII abzustellen.

A. Allgemeines/Überblick

Die rechtlichen **Grundlagen** für die Abwicklung von Klageverfahren, die Leistungen zur   **1**
Existenzsicherung betreffen, finden sich überwiegend im SGG. Seit dem 1.1.2005 sind
die Sozialgerichte gem. § 51 Abs. 1 Nr. 4 a SGG für die Entscheidung in Angelegenheiten der Grundsicherung für Arbeitsuchende und gem. § 51 Abs. 1 Nr. 6 a SGG für die
Entscheidung in Angelegenheiten der Sozialhilfe und des Asylbewerberleistungsgesetzes
zuständig.[1]

Bestimmungen über den **Rechtsweg**, die örtliche **Zuständigkeit** und die **Klagearten** sind   **2**
dem fünften Abschnitt des ersten Teiles des SGG (§§ 51–59 SGG) zu entnehmen. Im
zweiten Teil (§§ 60–201 SGG) befinden sich die Vorschriften zu dem **Verfahren** einschließlich Kosten und Vollstreckung. Gegenstand des zweiten Teiles sind auch die Regelungen über den **vorläufigen Rechtsschutz** (dazu Kapitel 61). Die Vorschriften des
SGG sind nicht abschließend. Bestimmungen anderer Verfahrensordnungen sind heranzuziehen, wenn auf diese ausdrücklich verwiesen wird. So verweist § 73 a Abs. 1 S. 1
SGG auf die Vorschriften der ZPO über die **Prozesskostenhilfe** und § 197 a SGG auf die
Vorschriften des **GKG** sowie der VwGO. Gem. § 202 SGG sind die Vorschriften des
GVG und der **ZPO** entsprechend anwendbar, soweit das SGG keine **Bestimmungen
über das Verfahren** enthält.

B. Gegenstand des Klageverfahrens

Der Gegenstand des Verfahrens wird grundsätzlich durch das **Klagebegehren**, das der   **3**
Kläger im Rahmen seiner **Klageschrift** bezeichnen muss (vgl. § 92 SGG), bestimmt. Bei
der Auslegung des Klagebegehrens gilt der **Meistbegünstigungsgrundsatz**,[2] wonach das
im Verwaltungs- und Gerichtsverfahren geäußerte Begehren unter allen denkbaren
rechtlichen Gesichtspunkten überprüft wird.[3] Ist ein **Vorverfahren** (syn. Widerspruchsverfahren, vgl. dazu Kapitel 53) durchgeführt worden, ist Gegenstand der Klage der ur-

---

1 Eingefügt durch Siebentes Gesetz zur Änderung des Sozialgerichtsgesetzes (7. SGGÄndG) vom 9.12.2004 –
   BGBl. I S. 3302.
2 Hierzu zB BSG 10.11.2011 – B 8 SO 18/10 R, Rn. 13 und 16.2.2012 – B 4 AS 14/11 R, Rn. 19, beide mwN.
3 Vgl. etwa BSG 30.10.2013 – B 7 AY 7/12 mwN.

sprüngliche Verwaltungsakt in der Gestalt, die er durch den Widerspruchsbescheid gefunden hat. Im Bereich der existenzsichernden Leistungen kommen vor allem die folgenden Klageverfahren vor: In **Leistungsstreitigkeiten** begehren die Kläger von dem Leistungsträger (höhere) laufende Leistungen. In **Anfechtungsstreitigkeiten** wehren sie sich gegen Eingriffe in Form zB von **Sanktionsbescheiden** oder von **Aufhebungs- und Erstattungsbescheiden**.

I. Folgebescheide

4 Ergehen in einem anschließenden Klageverfahren weitere Bescheide, die den ursprünglich angefochtenen Verwaltungsakt **abändern** oder **ersetzen**, werden auch diese Folgebescheide gem. § 96 SGG nur dann **Gegenstand** des Klageverfahrens, wenn er nach Erlass des Widerspruchsbescheids ergangen ist (→ Kap. 53 Rn. 30 zur Parallelvorschrift des § 86 SGG im Widerspruchsverfahren). Durch die Verwendung des Wortpaars „nur dann" wollte der Gesetzgeber die Anwendung des § 96 Abs. 1 SGG in der Rechtsprechung einschränken.[4] Dies hat zur Folge, dass auch die Rechtmäßigkeit dieser Folgebescheide im Rahmen des laufenden Verfahrens mit zu überprüfen ist; und zwar auch dann, wenn dieser nicht gesondert angefochten wurde. Werden während des Klageverfahrens auf einen weiteren Antrag Leistungen abgelehnt oder für einen Teil des streitigen Zeitraums bewilligt und im Übrigen weiter abgelehnt, wird dieser Bescheid gem. § 96 SGG Gegenstand des Klageverfahrens.[5] Dies gilt auch für **„überlappende"** Leistungsbescheide.[6] Dagegen werden Leistungsbescheide für **angrenzende Leistungszeiträume** nicht Gegenstand eines laufenden Verfahrens, weil sie die ursprüngliche Entscheidung weder abändern noch ersetzen. Auch eine analoge Anwendung des § 86 SGG soll nicht möglich sein.[7] **Abweichend** dazu vertritt der für den Bereich des SGB XII und des AsylbLG zuständige 8. Senat des BSG die Auffassung, dass ausdrückliche oder konkludente Bescheide, die Folgezeiträume betreffen, jedenfalls für die Zeit bis zum Erlass des Widerspruchsbescheids – in analoger Anwendung des § 86 SGG – Gegenstand des Widerspruchsbescheids werden.[8] Wird ein vorläufiger Bescheid durch einen endgültigen Bescheid ersetzt, erledigt sich der vorläufige Bescheid gem. § 39 Abs. 2 SGB X und wird der endgültige Bescheid Gegenstand des laufenden Klageverfahrens.[9] Wird gegen einen zeitlich nicht beschränkten Dauerverwaltungsakt eine Klage auf (höhere) Leistungen erhoben und ergeht dann ein Aufhebungsbescheid, mit dem die streitgegenständlichen Leistungen entzogen werden, wird dieser Bescheid gem. § 96 Abs. 1 SGG Gegenstand des Verfahrens.[10]

II. Zeitliche Grenze der Überprüfung

5 Betrifft die Klage eine auf Dauer gerichtete Leistung, stellt sich die Frage, welcher **Zeitraum** Gegenstand der gerichtlichen Prüfung ist. **Grundsätzlich** beschränkt sie sich auf den Leistungszeitraum, auf den die Behörde ihren angefochtenen Bescheid erstreckt hat. Lehnt die Behörde den Antrag eines Betroffenen auf eine Dauerleistung jedoch vollständig ab – sei es, weil sie ihn nicht für bedürftig hält, sei es, weil sie andere Leistungsvor-

---

4 Vgl. dazu Bienert NZS 2011, 732.
5 Vgl. BSG 17.8.2017 – B 5 R 248/16 B (Rentenverfahren).
6 Beispiel: Es läuft ein Klageverfahren betreffend die Monate Januar bis Juni eines Jahres, während des Klageverfahrens erlässt der Leistungsträger einen Leistungsbescheid für die Monate Mai bis Oktober desselben Jahres.
7 BSG 23.11.2006 – B 11 b AS 3/06 R; 6.9.2007 – B 14/7 b AS 30/06 R.
8 BSG 17.6.2008 – B 8 AY 11/07 R; 9.12.2016 – B 8 SO 14/15 R mwN.
9 BSG 5.7.2017 – B 14 AS 36/16 R zu § 86 SGG.
10 BSG 9.12.2016 – B 8 SO 1/15 R.

aussetzungen nicht als erfüllt ansieht – ist Gegenstand der Entscheidung in zeitlicher Hinsicht grundsätzlich der Zeitraum ab **Antragstellung** bis zur **mündlichen Verhandlung** des Gerichts.[11] Die materiellrechtliche Regelung des § 41 Abs. 3 SGB II (regelmäßiger Bewilligungszeitraum ein Jahr, abweichender Bewilligungszeitraum in bestimmten Fällen sechs Monate) ist auf das Verfahrensrecht nicht übertragbar. Der Betroffene muss daher auch nicht zwangsläufig während des laufenden Verfahrens einen neuen Leistungsantrag stellen. Stellt er aber einen neuen Antrag, wird der Zeitraum, über den in dem laufenden Verfahren betreffend die **vollständige Leistungsablehnung** eine Entscheidung getroffen werden kann, hierdurch auf den Zeitpunkt dieses Antrages begrenzt.[12]

Diese Grundsätze stehen im Widerspruch zu der insbesondere unter dem Gesichtspunkt **6** des **Gegenwärtigkeitsprinzipes** entwickelten Rechtsprechung der Verwaltungsgerichte zur Sozialhilfe, wonach es in Streitigkeiten betreffend die (vollständige) Ablehnung von Leistungen auf den Zeitpunkt der letzten **Verwaltungsentscheidung** ankam.[13] Dieser Rechtsprechung ist das Bundessozialgericht auch in sozialhilferechtlichen Angelegenheiten aus prozessökonomischen Gründen nicht gefolgt.[14]

III. Inhalt der Überprüfung

Was den Inhalt der Überprüfung bei sog „Höhenstreitigkeiten"[15] angeht, sind im Bereich **7** der Grundsicherung für Arbeitsuchende grundsätzlich alle **Leistungsvoraussetzungen** von Amts wegen dem Grunde und der Höhe nach **vollständig** zu überprüfen. Es ist aber grundsätzlich statthaft, den Streitgegenstand zu beschränken, wobei für die Beschränkung des Streitgegenstands die folgenden Regelungen gelten: Liegt ein rechtlich **abtrennbarer Verfügungssatz** vor, kann über ihn gesondert entschieden werden; dies ist etwa hinsichtlich der Leistungen für **Unterkunft und Heizung** gem. § 22 SGB II[16] oder für **Teilhabe** gem. § 28 Abs. 7 SGB II[17] der Fall. Dagegen können die Leistungen zur Sicherung des Lebensunterhalts iSd SGB II nicht in unterschiedliche Streitgegenstände aufgespalten werden.[18] Dies gilt auch für **Teilanerkenntnisse**, weil gem. § 101 Abs. 2 SGG nur (Teil-)Ansprüche anerkannt werden können.[19] Dagegen ist die Regelung hinsichtlich unselbstständiger Teilelemente eines Leistungsanspruchs (zB Heizkosten oder anzurechnendes Einkommen) durch einen **Teilvergleich** statthaft.[20]

Abweichend zu den vorstehend dargestellten Grundsätzen hält das BSG im Bereich der **8** **Sozialhilfe** nach dem SGB XII die einzelnen Leistungsbestandteile – also insbesondere die **Sonderbedarfe** nach den §§ 30 ff. XII für **abtrennbar**, so dass im Verwaltungs- und Klageverfahren isoliert über sie entschieden werden kann.[21]

Im Hinblick auf Verfahren, die auf die Erlangung (höherer) laufender Geldleistungen im **9** Bereich der Grundsicherung für Arbeitsuchende gerichtet sind, ist darauf hinzuweisen, dass Gegenstand solcher Verfahren unabhängig von dem geäußerten Begehren der Be-

---

11 BSG 13.7.2017 – B 4 AS 17/16 R mwN (ständige Rechtsprechung).
12 BSG 1.6.2010 – B 4 AS 67/09 R mwN; 11.12.2007 – B 8/9 b SO 12/06.
13 Vgl. dazu Grube in: Grube/Wahrendorf SGB XII Einleitung Rn. 139 ff. mwN.
14 BSG 11.12.2007 – B8/9 b SO 12/06.
15 Höhenstreitigkeiten sind Verfahren, in denen der Betroffene zwar grundsätzlich Leistungen erhält, ihm nach seiner Auffassung aber höhere Leistungen zustehen.
16 BSG 7.11.2006 – B 7 b AS 8/06 R; BSG 4.6.2014 – B 14 AS 42/13 R; 3.12.2015 – B 4 AS 49/14 R; BSG 10.11.2011 – B 8 SO 18/10 R mwN.
17 BSG 10.9.2013 – B 4 AS 12/13 R. Zu § 28 Abs. 7 SGB II idF des Starke-Familien-Gesetzes v. 29.4.2019, BGBl. I S. 530, → Kap. 27 Rn. 45.
18 BSG 12.12.2013 – B 4 AS 6/13 R (Mehrbedarfe gem. § 21 SGB II).
19 BSG 20.9.2012 – B 4 SO 4/11 R mwN.
20 BSG 20.9.2012 – B 8 SO 4/11 R mwN.
21 BSG 26.8.2008 – B 8/9 b SO 10/06 R; 19.5.2009 – B 8 SO 8/08 R.

teiligten auf der Grundlage der Rechtsprechung des BSG grundsätzlich immer nur die **individuellen Leistungsansprüche** der einzelnen Mitglieder der Bedarfsgemeinschaft sind und nicht ein Leistungsanspruch der **Bedarfsgemeinschaft** als solcher, weil die gesetzlichen Regelungen im SGB II auch nur individuelle Leistungen vorsehen und die Bedarfsgemeinschaft nicht über eine **Rechtspersönlichkeit** verfügt.[22] Bei den Leistungen nach dem 3. und 4. Kapitel des SGB XII ist dies ohnehin unproblematisch, weil das SGB XII das Konstrukt der Bedarfsgemeinschaft nicht kennt.

C. Klagearten

10 Das Gesetz stellt den Rechtsuchenden neben den in §§ 54 und 55 SGG genannten Klagearten die Möglichkeit der Erhebung einer Untätigkeitsklage gem. § 88 SGG, einer Normenkontrollklage gem. § 55 a SGG oder eine Klage wegen überlanger Verfahrensdauer gem. § 198 GVG zur Verfügung. Gem. §§ 278 Abs. 5, 278 a SGG besteht auch die Möglichkeit, ein Mediationsverfahren vor einem nicht entscheidungsbefugten Güterichter mit dem Ziel der einverständlichen Beilegung des Rechtsstreits durchzuführen (→ Rn. 26).

I. Anfechtungsklage (§ 54 Abs. 1 S. 1 1. Var. SGG)

11 Gem. § 54 Abs. 1 S. 1 1. Var. SGG kann mit der (reinen) Anfechtungsklage die **Aufhebung** oder **Änderung** eines belastenden Verwaltungsakts geltend gemacht werden. Dies gilt etwa für die Klage gegen einen Bescheid, mit dem die Minderung des Anspruchs auf Arbeitslosengeld II aufgrund einer (angeblichen) Pflichtverletzung festgestellt wird,[23] gegen die Versagung einer Sozialleistung wegen fehlender Mitwirkung,[24] gegen einen Aufhebungs- und Erstattungsbescheid[25] bzw. einen Rücknahme- und Erstattungsbescheid,[26] gegen einen Ersatzanspruch gem. § 34 SGB II[27] oder gegen eine Aufrechnung.[28] Diese Klageart ist also insbesondere einschlägig, wenn sich ein Kläger gegen einen in einer Verwaltungsentscheidung enthaltenen **Eingriff** wendet.

12 Mit einer (kombinierten) Anfechtungs- und Verpflichtungsklage gem. §§ 54 Abs. 1 S. 1 1. und 2 Var., 56 SGG wird die Aufhebung (zB Ablehnung der Gewährung höherer Leistungen) und der Erlass eines (begünstigenden) Verwaltungsakts (zB Verpflichtung zur Gewährung höherer Leistungen) begehrt.[29] Sie ist auch statthaft, wenn der Kläger die Gewährung eines Zuschusses anstelle eines Darlehens anstrebt.[30] Wendet sich der Kläger gegen die Versagung von Leistungen aufgrund einer (angeblichen) Verletzung der Mitwirkungspflicht, kann eine **kombinierte Anfechtungs- und Leistungsklage** bzw. **unechte Leistungsklage** gem. § 54 Abs. 4 SGG erhoben werden,[31] ebenfalls bei Klage auf Erstattung selbstbeschaffter Leistungen.[32]

---

22 BSG 7.11.2006 – B 7 b AS 8/06 R; 9.1.2017 – B 14 AS 330/16 B, ständige Rechtsprechung.
23 BSG 29.4.2015 – B 14 AS 19/14 R.
24 BSG 25.2.2013 – B 14 AS 133/12 B; aber auch → Rn. 12.
25 HessLSG 12.1.2014 – L 6 AS 491/11.
26 ThürLSG 13.4.2016 – L 4 AS 1503/13.
27 LSG NRW 22.6.2017 – L 19 AS 822/16.
28 SG Berlin 17.3.2015 – S 173 AS 23394/14.
29 Vgl. etwa BSG 8.2.2017 – B 14 AS 22/16 R mwN.
30 BSG 12.10.2016 – B 4 AS 4/16 R mwN.
31 BSG 1.7.2009 – B 4 AS 78/08 R.
32 BSG 10.8.2016 – B 14 AS 58/15 R (Kosten für Umstellung des Telefon- und Internetanschluss bei Umzug).

II. Verpflichtungsklage (§ 54 Abs. 1 S. 1 2. Var. SGG)

Die **Verpflichtungsklage** ist statthaft, wenn Betroffene das Ziel verfolgen, die Behörde **13** zum Erlass eines bestimmten zuvor abgelehnten Verwaltungsaktes verurteilen zu lassen. Im Bereich der existenzsichernden Leistungen ist der **Anwendungsbereich** für Verpflichtungsklagen **gering**, da es meistens um die Gewährung von laufenden Leistungen geht. Auf die laufenden Leistungen nach § 19 SGB II besteht bei Vorliegen der tatbestandlichen Voraussetzungen ein Rechtsanspruch, so dass die Bewilligung laufender Leistungen im Rahmen von § 54 Abs. 4 SGG geltend zu machen ist.[33] Für die Erhebung einer (kombinierten Anfechtungs- und) Verpflichtungsklage ist Raum, wenn es um den Erlass eines **Ermessensverwaltungsaktes** geht[34] (dazu auch → Rn. 42). Dies ist regelmäßig bei den Leistungen zur **Eingliederung** nach § 16 SGB II der Fall.

III. Leistungsklage (§ 54 Abs. 4 und 5 SGG)

Mit der eher selten vorkommenden (**echten**) **Leistungsklage** (§ 54 Abs. 5 SGG) kann ein **14** Betroffener die Verurteilung der Behörde zu einer bestimmten Leistung erreichen, die nicht in dem Erlass eines Verwaltungsaktes besteht bzw. von einem solchen abhängt. Sie kommt etwa bei der Geltendmachung eines öffentlich-rechtlichen Erstattungsanspruchs[35] oder dann zur Anwendung, wenn im Verfahren nach § 44 SGB X ein Aufhebungs- und Erstattungsbescheid aufgehoben wurde, aber der Leistungsträger die bereits erhaltene Zahlung noch nicht wieder zurückgezahlt hat.[36]

Die (**unechte**) **Leistungsklage** nach § 54 Abs. 4 SGG kommt dagegen in Kombination **15** mit der Anfechtungsklage angewandt (→ Rn. 12).

IV. Feststellungsklage/Fortsetzungsfeststellungsklage

Die **Feststellungsklage** nach § 55 SGG kann auf die Feststellung des Bestehens oder **16** Nichtbestehens eines **Rechtsverhältnisses**, der Zuständigkeit eines Versicherungsträgers, der Folge eines Arbeitsunfalles bzw. einer Berufskrankheit und der Nichtigkeit eines Verwaltungsaktes gerichtet sein. Im Existenzsicherungsrecht ist die Bedeutung der Feststellungsklage eher gering. Gegenstand kann auch die Feststellung einzelner Beziehungen oder Berechtigungen aus einem umfassenden Rechtsverhältnis sein; sie ist jedoch nur statthaft, wenn anzunehmen ist, dass durch sie der (zukünftige) Streit der Beteiligten insgesamt bereinigt wird.[37] Dies kann der Fall bei der Feststellung sein, dass eine **Obliegenheit zur Senkung der Unterkunftskosten** (nach einer Kostensenkungsaufforderung) nicht besteht,[38] hinsichtlich des **Umfangs von Mitwirkungspflichten**,[39] insbesondere des **Inhalts einer Eingliederungsvereinbarung**[40] oder hinsichtlich der **Zuständigkeit des richtigen Leistungsträgers**.[41] Die Feststellungsklage ist **subsidiär**, dh sie ist nur statthaft, wenn das Begehren nicht durch **Gestaltungsklage** (Anfechtungs- oder Feststellungsklage) oder Leistungsklage verfolgt werden kann oder hätte verfolgt werden können.[42]

---

33 Keller in: Meyer-Ladewig/Keller/Leitherer/Schmidt SGG § 54 Rn. 20 a.
34 Keller in: Meyer-Ladewig/Keller/Leitherer/Schmidt SGG § 54 Rn. 20 b.
35 BSG 13.4.2011 – B 14 AS 101/10 R.
36 BSG 13.2.2014 – B 4 AS 19/13 R.
37 BSG 15.6.2016 – B 4 AS 45/15 R.
38 BSG 15.6.2016 – B 4 AS 36/15 R.
39 BSG 28.3.2013 – B 4 AS 42/12 R.
40 BSG 22.9.2009 – B 4 AS 13/09 R.
41 BSG 6.9.2007 – B 14/7 b AS 16/07R; → Rn. 39.
42 BSG 29.11.1995 – 3 RK 33/94.

17 Die in § 131 Abs. 1 S. 3 SGG genannte **Fortsetzungsfeststellungsklage** kommt zur Anwendung, wenn sich ein angefochtener Verwaltungsakt während des Gerichtsverfahrens **erledigt**, dh von ihm keine Rechtswirkungen mehr ausgehen oder in der Verpflichtungssituation der begehrte Verwaltungsakt erlassen wird bzw. für ihn aus anderen Gründen für den Betroffenen kein Bedürfnis mehr besteht.[43] Auch auf ein erledigtes reines Leistungsbegehren finden die Grundsätze der Fortsetzungsfeststellungsklage **entsprechende Anwendung.**[44] Da im Bereich der existenzsichernden Leistungen fast immer eine schnelle und abschließende Klärung der Ansprüche notwendig ist, bleibt für die Fortsetzungsfeststellungsklage kaum Raum. In den meisten Fällen fehlt es an einem für die Zulässigkeit erforderlichen besonderen Feststellungsinteresse (→ Rn. 39 f.).[45]

V. Normenkontrollklage

18 Zur Überprüfung von **Satzungen** zur Bestimmung der Angemessenheit von Aufwendungen für Unterkunft und Heizung gem. § 22 a SGB II kann bei dem zuständigen Landessozialgericht (§ 29 Abs. 2 Nr. 4 SGG) ein **Normenkontrollverfahren** gem. § 55 a SGG eingeleitet werden, in dem die Gültigkeit der Satzung überprüft wird. Die praktische Bedeutung ist eher gering. Entscheidungen liegen aus den Bundesländern Schleswig-Holstein[46] und Berlin[47] vor.

VI. Untätigkeitsklage (§ 88 SGG)

19 Mit der Untätigkeitsklage gibt das SGG den Betroffenen ein Instrument an die Hand, mit dem sie auf einen „säumigen" **Leistungsträger** Druck zum Erlass eines Bescheides (Abs. 1) oder Widerspruchsbescheides (Abs. 2) ausüben können. Die Untätigkeitsklage ist im Sozialrecht schwach ausgeprägt, da sie erst sechs Monate nach einem Leistungsantrag und erst drei Monate nach einem Widerspruch statthaft ist; im Verwaltungsrecht gilt gem. § 75 VwGO eine Frist von jeweils drei Monaten. Diese langen Fristen sichern das materiellrechtliche **Beschleunigungsgebot** gem. § 17 Abs. 1 Nr. 1 SGB I[48] verfahrensrechtlich nur unzureichend ab. Die Klageverfahren nach § 88 SGG treten im Bereich der Grundsicherung für Arbeitsuchende gehäuft auf. Dies ist jedenfalls zum Teil auf die **Komplexität des SGB II**, auf die **hohe Belastung** und teilweise **unzureichende Personalausstattung** der Leistungsträger zurückzuführen. Die Notwendigkeit von Untätigkeitsklagen sind Anzeichen für ein Systemversagen bei der Durchsetzung von Rechten, das eine besondere Beobachtung der weiteren Entwicklung erforderlich macht.[49]

20 Nach st. Rspr. des BSG[50] ist die Untätigkeitsklage gem. § 88 SGG nur auf die **Bescheidung** eines (Leistungs-)Antrags oder eines Widerspruchs gerichtet (sog **„echte" Untätigkeitsklage**), also auf ein Tätigwerden der Behörde. Im Gegensatz zu anderen Verfahrensordnungen (etwa gem. § 75 VwGO oder gem. § 46 FGO) kann mit der Untätigkeitsklage nicht der Erlass eines Verwaltungsakts mit einem bestimmten Inhalt begehrt werden.[51]

21 Die Untätigkeitsklage ist erst zulässig, wenn der in Abs. 1 und Abs. 2 jeweils bezeichnete Zeitraum verstrichen ist (sog **Sperrfrist**). Begründet ist die Untätigkeitsklage, wenn

---

43 Krasney/Udsching/Groth (Lit.), IV, Rn. 102.
44 Str. Keller in: Meyer-Ladewig/Keller/Leitherer/Schmidt SGG § 131 Rn. 7 c.
45 Vgl. Keller in: Meyer-Ladewig/Keller/Leitherer/Schmidt SGG § 131 Rn. 10.
46 SchlHLSG 30.5.2016 – L 11 AS 39/14 NK.
47 BSG 4.6.2014 – B 14 AS 53/13 R.
48 Vgl. dazu Körner in: KassKomm, Stand 03/2018, SGB I § 17 Rn. 35.
49 Vgl. dazu auch Klerks info also 2016, 51 (54 f.).
50 BSG 16.10.2014 – B 13 R 282/14 B mwN.
51 Schmidt in: Meyer-Ladewig/Keller/Leitherer/Schmidt SGG § 88 Rn. 9 ff.

die Behörde „ohne zureichenden Grund" innerhalb der Sperrfrist nicht entschieden hat. Ob ein solcher zureichender Grund vorlag oder nicht, ist eine Frage, die anhand des jeweiligen Einzelfalles zu entscheiden ist.[52] Dabei sind die Garantie des effektiven Rechtsschutzes nach Art. 19 Abs. 4 GG und des Rechts auf Entscheidung innerhalb einer angemessenen Frist gem. Art. 6 Abs. 1 EMRK zu berücksichtigen.[53] Vor diesem Hintergrund bedarf die Nichtentscheidung innerhalb der gesetzlichen Fristen einer **besonderen Begründung** wie zB eine vorübergehende besondere Belastung, eine besondere Schwierigkeit des konkreten Sachverhalts, eine Vielzahl von Verfahren dieses Antragstellers oä.[54]

IdR kann der Antragsteller die Untätigkeitsklage nach Ablauf der Frist erheben; eine gesonderte Aufforderung ist nicht erforderlich, kann aber im Einzelfall empfehlenswert sein. Die Leistungsträger berufen sich im Prozess teilweise darauf, dass ihnen ein Antrag oder ein Widerspruch nicht vorliegt. Aus diesem Grund sollte der Eingang des Antrags bzw. des Widerspruchs zB durch einen Telefaxbericht belegt werden.

Sofern ein **zureichender Grund** für die mangelnde Bescheidung gegeben war, ergibt sich **22** das weitere Vorgehen aus § 88 Abs. 1 S. 2 SGG, dh das Gericht setzt der Behörde eine **(angemessene) Frist**, die nachträglich noch verlängert werden kann, innerhalb der die Behörde die Entscheidung zu erlassen hat. Für den Fall, dass ein zureichender Grund nicht vorlag, die Behörde also untätig gewesen ist, verurteilt das Gericht die Behörde zur Bescheidung (§ 131 Abs. 3 SGG).

Einer solchen Entscheidung des Gerichts bedarf es aber in der Regel nicht. Der Druck, **23** der schon allein durch die Erhebung der Untätigkeitsklage auf die Behörde ausgeübt wird, führt dazu, dass der (Widerspruchs-)Bescheid fast immer zeitnah nach Klageeingang erlassen wird. War die Klage innerhalb der Sperrfrist erhoben, führt dies zur materiellen **Erledigung** der Untätigkeitsklage, da die Klage – wie oben dargestellt – nur auf die Bescheidung als solche gerichtet war.[55] Dies gilt unabhängig davon, ob dem Antrag bzw. dem Widerspruch inhaltlich entsprochen wurde oder nicht.

Wurde dem Antrag oder dem Widerspruch durch die Behörde nicht entsprochen bzw. **24** **abgeholfen**, kann der Kläger die Klage gemäß § 99 Abs. 1 SGG in eine Anfechtungs- oder Verpflichtungsklage **umstellen**. Hierbei ist aber zu beachten, dass die jeweiligen **Anfechtungsfristen** (Widerspruchs- bzw. Klagefrist – §§ 84, 87 SGG) einzuhalten sind.[56] In der Praxis wird hiervon in der Regel kein Gebrauch gemacht, sondern die Untätigkeitsklage nach Erlass des – negativen – (Widerspruchs-)Bescheides für erledigt erklärt und das materielle Leistungsbegehren durch parallele Einleitung des Widerspruchs- bzw. Klageverfahrens geltend gemacht. Über die Frage, ob die Untätigkeitsklage zulässig und/oder begründet gewesen ist, ist anschließend ggf. im Rahmen einer Entscheidung nach § 193 SGG über die **Kostentragung** für die Untätigkeitsklage zu entscheiden (→ Rn. 57).

VII. Klage wegen überlanger Verfahrensdauer

Durch Gesetz vom 24.11.2011[57] ermöglicht der Gesetzgeber mit §§ 198 ff. GVG die **25** Geltendmachung eines verschuldensunabhängigen **Entschädigungsanspruchs gegen den Staat** in Fällen eines **überlangen Gerichtsverfahrens**, die gem. § 202 SGG auch im sozialgerichtlichen Verfahren gelten. Damit soll eine Rechtsschutzlücke geschlossen und den

52 Zu Einzelfällen vgl. BSG 8.12.1993 – 14 a RKa 1/93; LSG Bln-Bbg 28.8.2007 – L 25 B 846/07 AS; LSG NRW 9.9.2004 – L 10 B 16/04 SB; LSG NRW 11.2.2003 – L 7 B 10/03 SB.
53 Vgl. Schmidt in: Meyer-Ladewig/Keller/Leitherer/Schmidt SGG § 88 Rn. 7 a.
54 Vgl. Schmidt in: Meyer-Ladewig/Keller/Leitherer/Schmidt SGG § 88 Rn. 7 a mwN.
55 LSG NRW 5.5.2008 – L 19 B 24/08 AS mwN.
56 Vgl. Schmidt in: Meyer-Ladewig/Keller/Leitherer/Schmidt SGG § 88 Rn. 12, 13 mwN.
57 BGBl. I S. 2302.

Anforderungen des GG und der EMRK in der Auslegung durch den EGMR Rechnung getragen werden.[58] Die Klage wegen überlanger Verfahrensdauer hat auch in Verfahren des Existenzsicherungsrechts eine Bedeutung.[59] Eine **unangemessen lange Dauer** ist idR erst nach einer Vorbereitungs- und Bedenkzeit des Gerichts von 12 Monaten anzunehmen.[60] Der Kläger muss gem. § 198 Abs. 3 S. 1 GVG eine **Verzögerungsrüge** erheben, mit der er bei dem mit der Sache befassten Gericht die Dauer des Verfahrens rügt. Sie kann gem. § 198 Abs. 3 S. 2 GVG erst erhoben werden, wenn Anlass zur Besorgnis besteht, dass das Verfahren nicht in einer angemessenen Zeit abgeschlossen wird. Die Entschädigungsklage kann gem. § 198 Abs. 5 S. 1 GVG frühestens sechs Monate nach Erhebung der Verzögerungsrüge und muss gem. § 198 Abs. 5 S. 2 GVG **spätestens sechs Monate nach Rechtskraft der Entscheidung**, die das Verfahren beendet, oder einer anderen Erledigung des Verfahrens erhoben werden. Die Klage ist gem. § 94 S. 2 SGG erst mit Zustellung der Klage rechtshängig. Dazu müssen die Gerichtskosten eingezahlt werden, § 12 a GKG. Gem. § 198 Abs. 2 S. 2, 3 GVG beträgt die Entschädigung 1200 EUR für jedes Jahr der Verzögerung, wobei dieser Betrag gem. § 198 Abs. 2 S. 4 GVG bei Unbilligkeit nach den Umständen des Einzelfalls erhöht oder vermindert werden kann. Die Forderung kann mit Zinsen in Höhe von fünf Prozentpunkten über dem Basiszinssatz ab Rechtshängigkeit verzinst werden.[61] Noch nicht geklärt ist, ob die Entschädigung als Einkommen iSd §§ 11 ff. SGB II anzurechnen ist (→ Kap. 20 Rn. 114).

VIII. Mediation und Güterichter

26 Gem. § 202 Abs. 1 S. 1 SGG[62] sind die Regelungen des § 278 Abs. 5 ZPO und des § 278 a ZPO im Sozialgerichtsverfahren entsprechend anwendbar. Danach kann das Gericht gem. § 278 a ZPO eine **Mediation oder ein anderes Verfahren der außergerichtlichen Konfliktbeilegung** vorschlagen; entscheiden sich die Parteien zur Durchführung, ordnet das Gericht das Ruhen des Verfahrens an. Gem. § 278 Abs. 5 ZPO wird das Verfahren der Konfliktbeilegung durch einen hierfür bestimmten und nicht entscheidungsbefugten Richter (**Güterichter**) verwiesen, der alle Methoden der Konfliktbeilegung einschließlich der Mediation einsetzen kann. Das Verfahren der außergerichtlichen Konfliktbeilegung kommt in Betracht, wenn die Parteien einverstanden sind und Aussichten auf eine Einigung bestehen. Zu überlegen ist der Einsatz eines solchen Verfahrens vor allem bei umfangreicheren Rechtsstreitigkeiten oder Altverfahren, wobei im Mediationsverfahren auch die Möglichkeit besteht, eine über den einzelnen Streitgegenstand hinausgehende Lösung zu finden.[63] Das Verfahren ist gerichtskostenfrei, gesonderte Rechtsanwaltskosten fallen nicht an, weil gem. §§ 15 Abs. 1, 19 Abs. 1 S. 2 Nr. 2 RVG die gesamte Tätigkeit im Verfahren vor dem Güterichter entgolten wird. Jedoch können im Rahmen des Güteverfahrens zB eine Terminsgebühr oder eine Einigungsgebühr entstehen.[64]

---

58 Schmidt in: Meyer-Ladewig/Keller/Leitherer/Schmidt SGG § 202 Rn. 202 unter Verweis auf BT-Drs. 17/3802, 15 ff.
59 Vgl. zu den Einzelheiten auch Conradis in: LPK-SGB II Anhang Verfahren Rn. 78 ff.
60 BSG 3.9.2014 – B 10 ÜG 9/13 R.
61 BSG 3.9.2014 – B 10 ÜG 2/14 R.
62 Geändert durch Gesetz vom 21.7.2012, BGBl. I S. 1577.
63 Schmidt in: Meyer-Ladewig/Keller/Leitherer/Schmidt SGG § 202 Rn. 8.
64 Schmidt in: Meyer-Ladewig/Keller/Leitherer/Schmidt SGG § 202 Rn. 14.

D. Zulässigkeitsvoraussetzungen

Für die Zulässigkeit einer Klage müssen verschiedene allgemeine oder ggf. besondere **27** Prozessvoraussetzungen erfüllt sein.[65] Von Bedeutung sind regelmäßig insbesondere:

I. Klagebefugnis

Eine Klage ist nur zulässig, wenn nach dem Vortrag des Betroffenen zumindest die **28** **Möglichkeit** besteht, dass er in eigenen Rechten verletzt ist. Nur dann ist er klagebefugt.

Die Klagebefugnis kann insbesondere dann problematisch sein, wenn eine **Bedarfsge-** **29** **meinschaft** klagt. Die Bedarfsgemeinschaft selbst ist nicht klagebefugt, sondern nur jedes einzelne Mitglied der Bedarfsgemeinschaft, das jeweils einen eigenen **individuellen Leistungsanspruch** geltend macht. Auch eine Klage eines Mitglieds der Bedarfsgemeinschaft für alle anderen Mitglieder in Form einer **Prozessstandschaft** ist unzulässig, da die Vertretungsregel des § 38 SGB II nur für das Verwaltungsverfahren gilt.[66] Sind daher Ansprüche aller Mitglieder einer Bedarfsgemeinschaft betroffen – werden also zB höhere Unterkunftskosten geltend gemacht –, müssen alle Mitglieder der Bedarfsgemeinschaft **innerhalb der Klagefrist** Klage erheben. Ist dies nicht der Fall, so muss ein Anspruch eines nicht benannten Mitglieds der Bedarfsgemeinschaft verneint werden.[67] Eine großzügige Handhabung bei der Auslegung von Klageanträgen hat das BSG nur für eine begrenzte Übergangszeit bis zum 30.6.2007 zugelassen.[68]

In Fällen, in denen **minderjährige Kinder** (zeitweise) in Bedarfsgemeinschaft mit ande- **30** ren Personen – insbesondere nur einem Elternteil – leben, kann sich das Problem ergeben, ob und ggf. in welchem Umfang die Einwilligung des/eines sorgeberechtigten Elternteils zur Klageerhebung notwendig ist.[69]

II. Beteiligtenfähigkeit

Unter Beteiligtenfähigkeit versteht man die Fähigkeit als Kläger, Beklagter oder Beigela- **31** dener an einem Prozess teilnehmen zu können. Sie hat im materiellen Recht ihre Entsprechung in der **Rechtsfähigkeit**. Beteiligtenfähig sind nach § 70 SGG für den Bereich der Sozialgerichtsbarkeit natürliche und juristische Personen (Nr. 1), nichtrechtsfähige Personenvereinigungen (Nr. 2), Behörden, sofern Landesrecht dies bestimmt (Nr. 3) und gemeinsame Entscheidungsgremien von Leistungserbringern und Krankenkassen oder Pflegekassen (Nr. 4).

Die Beteiligtenfähigkeit von Leistungsempfängern bzw. von einzelnen Personen, die **32** existenzsichernde Leistungen geltend machen, ist unproblematisch nach § 70 Nr. 1 SGG gegeben. Im Bereich der Grundsicherung für Arbeitsuchende ist die **Bedarfsgemeinschaft** aus den unter → Rn. 29 genannten Gründen, nicht – auch nicht nach § 70 Nr. 2 SGG – beteiligtenfähig. Als problematisch wurde die Frage angesehen, ob bzw. nach welcher Regelung die **Arbeitsgemeinschaften** im Sinne des § 44 b SGB II in der bis zum 31.12.2010 gültigen Fassung (aF) beteiligtenfähig sein konnten. Nach der Entscheidung des BVerfG,[70] wonach die Organisationsstruktur der Arbeitsgemeinschaften im Sinne des § 44 b SGB II (aF) mit dem Grundsatz der **Gewaltenteilung** unvereinbar und deswegen **verfassungswidrig** war, ist es mit der Einfügung von Art. 91 e GG zu einer Änderung des Grundgesetzes gekommen. Auf dieser Grundlage hat der Gesetzgeber inzwi-

---

65 Keller in: Meyer-Ladewig/Keller/Leitherer/Schmidt SGG vor § 51 Rn. 14 ff.
66 Vgl. grundlegend BSG 7.11.2006 – B 7 b AS 8/06 R.
67 Vgl. etwa LSG Bln-Bbg 15.3.2017 – L 18 AS 232/16.
68 BSG 7.11.2006 – B 7 b AS 8/06 R.
69 Dazu BSG 2.7.2009 – B 14 AS 54/08 R.
70 BVerfG 20.12.2007 – 2 BvR 2433/04.

schen mit § 44 b SGB II in der seit dem 1.1.2011 gültigen Fassung eine verfassungskonforme Neuregelung für gemeinsame Einrichtungen (sog Jobcenter) getroffen. Diese sind nach § 70 Nr. 1 SGG beteiligtenfähig.[71]

III. Vorverfahren (§§ 78 ff. SGG)

33 Eine Anfechtungs- und Verpflichtungsklage ist nach § 78 SGG nur zulässig, wenn – abgesehen von den dort genannten Ausnahmefällen – vorher ein Vorverfahren/Widerspruchsverfahren durchgeführt und mit einem **Widerspruchsbescheid** abgeschlossen wurde. Den Widerspruchsbescheid erlässt in Angelegenheiten der Grundsicherung für Arbeitsuchende die **Behörde**, die den Ausgangsbescheid erlassen hat (§ 85 Abs. 2 S. 2 SGG). Wenn es sich um eine **Optionskommune** handelt, ist für die Erteilung des Widerspruchsbescheides aber der Kreis zuständig (vgl. § 6 Abs. 2 S. 1 SGB II). Die Einzelheiten des Widerspruchsverfahrens sind in den §§ 83–86 a SGG geregelt (vgl. zum Widerspruchsverfahren Kapitel 53).

Nach § 116 Abs. 2 SGB XII sind im Rahmen des Vorverfahrens in der Sozialhilfe vorbehaltlich abweichender landesrechtlicher Regelungen **sozialerfahrene Personen** beratend zu beteiligen.[72]

34 Wenn während oder auch **nach Abschluss** des Vorverfahrens ein **Bescheid** ergeht, der den ursprünglich zur Überprüfung gestellten Bescheid „abändert oder ersetzt", kann dies Auswirkungen auf den Gegenstand der Prüfung haben. Ein Bescheid, der den angegriffenen Bescheid während des Vorverfahrens abändert, wird gem. § 86 SGG Gegenstand des Widerspruchsverfahrens (→ Kap. 53 Rn. 30). Ergeht er nach Klageerhebung, wird er unter den Voraussetzungen des § 96 Abs. 1 SGG Gegenstand des Klageverfahrens (→ Rn. 4). Ein Bescheid, der nach Abschluss des Vorverfahrens,[73] aber vor Beginn des Klageverfahrens ergeht, muss durch Widerspruch gesondert angefochten werden.[74]

IV. Klagefrist

35 Für die Anfechtungs- und Verpflichtungsklage bestimmt § 87 SGG, dass die Klage binnen **eines Monats**[75] (nicht: vier Wochen) nach **Bekanntgabe** des Verwaltungsaktes zu erheben ist. Bei Verfahren, die die Existenzsicherung betreffen, setzt in der Regel die Bekanntgabe des Widerspruchsbescheides die Klagefrist in Lauf (§ 87 Abs. 2 SGG).

36 Die Einzelheiten der Bekanntgabe sind in § 37 SGB X geregelt, wobei gem. § 37 Abs. 2 a SGB X[76] Besonderheiten hinsichtlich der Bekanntgabe **elektronischer Verwaltungsakte** gelten. Die Klagefrist ist nicht nur dann gewahrt, wenn die Klage innerhalb der Frist **schriftlich** oder **zur Niederschrift** des Urkundsbeamten der Geschäftsstelle bei der zuständigen Sozialgericht erhoben wird (§ 90 SGG), sondern auch dann, wenn sie innerhalb der Frist an ein anderes Sozialgericht oder eine **sonstige** inländische **Behörde** bzw. einen Versicherungsträger gelangt (§ 91 Abs. 1 SGG). Unter den Voraussetzungen der § 65 a SGG kann eine **Klage auch elektronisch eingereicht** werden.[77]

37 Für die **Untätigkeitsklage** gibt es keine Klagefrist im eigentlichen Sinne. Sie ist allerdings erst nach Ablauf der sog **Sperrfrist** zulässig (→ Rn. 21).

---

71 BSG 18.1.2011 – B 4 AS 90/10 R.
72 Vgl. zur Zuständigkeit in der Sozialhilfe im Übrigen §§ 3, 97 ff. SGB XII.
73 Ergehen des Widerspruchsbescheids gem. § 85 Abs. 2, Abs. 3 SGG, vgl. Schmidt in: Meyer-Ladewig/Keller/Leitherer/Schmidt SGG § 85 Rn. 7 b.
74 Vgl. Schmidt in: Meyer-Ladewig/Keller/Leitherer/Schmidt SGG § 86 Rn. 2 a.
75 Vgl. zur Fristberechnung gem. § 64 Abs. 2 SGG → Kap. 53 Rn. 8.
76 Eingefügt durch Gesetz vom 18.7.2016 – BGBl. I S. 1679.
77 Vgl. Keller in: Meyer-Ladewig/Keller/Leitherer/Schmidt SGG § 65 a Rn. 5 a.

Wenn die Klagefrist versäumt wurde, ist die Klage nur zulässig, wenn die Voraussetzun- **38**
gen für eine **Wiedereinsetzung** in den vorigen Stand gem. § 67 SGG erfüllt sind (→ Kap.
54 Rn. 2 ff.). Sofern eine Wiedereinsetzung in den vorigen Stand nicht möglich ist, kann
die bestandskräftig gewordene Entscheidung allerdings im Rahmen eines Antrages nach
§ 44 SGB X noch einmal überprüft werden. § 44 Abs. 4 S. 1 SGB X gilt im Bereich der
existenzsichernden Leistungen jedoch nur eingeschränkt. **Rückwirkende Leistungen**
können nur für einen Zeitraum von einem Jahr erlangt werden (§ 40 Abs. 1 SGB II,
§ 116 a SGB XII; → Kap. 55 Rn. 14 ff.).

V. Feststellungsinteresse

Eine Feststellungsklage im Sinne des § 55 SGG ist nur zulässig, wenn der Kläger ein **39**
eigenes berechtigtes Interesse an der baldigen Feststellung hat. Ein solches berechtigtes
Interesse muss nicht ein rechtliches Interesse sein, sondern kann jedes als schutzwürdig
anzuerkennende Interesse wirtschaftlicher oder ideeller Art sein.[78] Ein Feststellungsinteresse kann etwa im Falle der Ermittlung des zuständigen Leistungsträgers,[79] der Feststellung eines zukünftig anfallenden Bedarfs und des daraus folgenden Leistungsanspruchs,[80] des Umfangs von Mitwirkungspflichten[81] und der Obliegenheit zur Senkung
der Unterkunftskosten[82] bestehen. Ein Feststellungsinteresse liegt dagegen idR nicht vor,
wenn eine Gestaltungsklage erhoben werden kann (**Subsidiarität der Feststellungsklage**).[83] Die Rechtsprechung ist bei der Bejahung eines Fortsetzungsfeststellungsinteresses
eher zurückhaltend.

Auch für die Fortsetzungsfeststellungsklage ist ein besonderes Feststellungsinteresse er- **40**
forderlich, wobei ein durch die Sachlage vernünftigerweise gerechtfertigtes Interesse
rechtlicher, wirtschaftlicher oder ideeller Natur genügt; es wird von der Rechtsprechung
in der Regel angenommen, wenn Wiederholungsgefahr gegeben ist oder ein sog Rehabi-
litations- oder Präjudizinteresse besteht.[84] Ein berechtigtes Interesse an der Feststellung
der Rechtswidrigkeit eines erledigten Verwaltungsaktes unter dem Gesichtspunkt der
Wiederholungsgefahr setzt die hinreichend konkrete Gefahr voraus, dass in naher Zukunft oder doch in absehbarer Zeit unter im Wesentlichen unveränderten tatsächlichen
oder rechtlichen Umständen ein gleichartiger Verwaltungsakt ergehen wird. Sie kann
bei wiederholten (rechtswidrigen) Meldeaufforderungen[85] oder bei vorläufigen Zah-
lungseinstellungen gem. §§ 40 Abs. 2 Nr. 4 SGB II, 331 SGB III bestehen;[86] früher kam
sie in Betracht, wenn der Leistungsträger mehrfach hintereinander gleichlautende Ein-
gliederungsverwaltungsakte gem. § 15 SGB II erließ.[87] Nach Änderung der Rechtslage
ab 1.8.2016 soll diese Wiederholungsgefahr nicht mehr bestehen, weil dadurch nicht
mehr die Gefahr besteht, dass ein Eingliederungsverwaltungsakt gleichen Inhalts wiederholt wird.[88] Eine Wiederholungsgefahr wäre aber weiterhin dann denkbar, wenn der
Leistungsträger die gesetzlichen Vorgaben für einen Eingliederungsverwaltungsakt (wiederholt) nicht einhält. Ein **Rehabilitationsinteresse** ist zu bejahen, wenn die begehrte

---

78 Keller in: Meyer-Ladewig/Keller/Leitherer/Schmidt SGG § 55 Rn. 15 a mwN.
79 ZB bei der Frage, ob Erwerbsfähigkeit oder ein Leistungsausschluss gem. § 7 Abs. 4 SGB II besteht, vgl. BSG
   6.9.2007 – B 14/7 b AS 16/07 B.
80 BSG 8.3.2017 – B 8 SO 2/16 R.
81 BSG 28.3.2013 – B 4 AS 42/12 R.
82 BSG 15.6.2016 – B 4 AS 36/15 R (im Sinne nur einer „Ultima Ratio").
83 BSG 12.10.2016 – B 4 AS 37/15 R; s. dort auch zu Ausnahmen von diesem Grundsatz.
84 Keller in: Meyer-Ladewig/Keller/Leitherer/Schmidt SGG § 131 Rn. 10 a mwN.
85 Terminierung der Meldeaufforderungen so, dass ein Auftreten von Beiständen verhindert wird, vgl.
   HessLSG 22.6.2007 – L 9 B 68/06 AS.
86 LSG LSA 24.11.2010 – L 2 AS 121/10 B.
87 So noch LSG BW 8.11.2016 – L 9 AS 4164/15.
88 Vgl. BayLSG 24.4.2017 – L 7 AS 571/16.

Feststellung, dass der Verwaltungsakt rechtswidrig ist, als Genugtuung und/oder zur Rehabilitation erforderlich ist, weil der Verwaltungsakt diskriminierenden Charakter hatte und sich aus ihm eine Beeinträchtigung des Persönlichkeitsrechts des Betroffenen ergibt. **Präjudizialität** liegt vor, wenn die Entscheidung in einem anderen streitigen Rechtsverhältnis, wie beispielsweise für Schadenersatz- oder Entschädigungsansprüche, bedeutsam sein kann.

E. Begründetheit

41 Die Klage ist in der Anfechtungs- und Verpflichtungssituation begründet, wenn der Erlass des Bescheides oder dessen Unterlassung rechtswidrig gewesen ist und dies den Kläger **beschwert**, dh in seinen **Rechten verletzt** (§ 54 Abs. 2 S. 1 SGG). In der Leistungs- oder Feststellungssituation ist die Klage begründet, wenn die Anspruchsvoraussetzungen für die Leistung erfüllt sind oder das Rechtsverhältnis besteht bzw. nicht besteht (zur Begründetheit der Untätigkeitsklage → Rn. 21).

I. Ermessensentscheidungen

42 Im Rahmen der Begründetheitsprüfung kommt es oftmals auf die Frage an, ob die Behörde ihr Ermessen (zutreffend) ausgeübt hat (zu Ermessensentscheidungen → Kap. 13 Rn. 11 ff.). Die Gerichte überprüfen die Entscheidungen der Behörde darauf, ob sie ihr Ermessen überhaupt ausgeübt hat (Ermessensnichtgebrauch), ob sie die gesetzlichen Grenzen des Ermessens zu eng eingeschätzt (Ermessensunterschreitung) oder überschritten und eine im Gesetz nicht vorgesehene Rechtsfolge gesetzt hat (Ermessensüberschreitung), oder ob sie von dem Ermessen in einer dem Zweck der Ermächtigung nicht entsprechenden Weise Gebrauch gemacht hat (Ermessensfehlgebrauch).[89] Dies ist insbesondere bei Leistungen zur Eingliederung in Arbeit (§§ 3 Abs. 1 S. 1, 14 bis 18 d SGB II) der Fall. Hat die Behörde ihr Ermessen nicht oder außerhalb eines gewissen Rahmens nicht richtig ausgeübt, liegt ein **Ermessensfehler** vor, der allein bereits die Klage begründet macht (§ 54 Abs. 2 S. 2 SGG). Das Gericht kann die Behörde dann aber in der Regel nicht zur Gewährung der begehrten Maßnahme, sondern nur zum Erlass einer ermessensfehlerfreien Entscheidung („**Bescheidungsurteil**") verurteilen (§ 131 Abs. 3 SGG). Eine Verurteilung zur Gewährung der begehrten Maßnahme/Leistung selbst ist nur möglich, wenn keine andere rechtmäßige Entscheidung denkbar ist (sog „**Ermessensreduzierung auf Null**").

II. Maßgeblicher Beurteilungszeitpunkt

43 Im Einzelfall kann es problematisch sein, auf welchen Zeitpunkt für die Entscheidung des Falles maßgebend abzustellen ist. Damit korrespondiert die Frage, was überhaupt **Gegenstand** des Klageverfahrens ist (dazu → Rn. 3 ff.). Es ist danach zu differenzieren, welche **Klageart** einschlägig ist.[90] Bei Leistungs- und Verpflichtungsklagen ist – auch wenn sie mit Anfechtungsklagen kombiniert sind – grundsätzlich auf den Zeitpunkt der letzten **mündlichen Verhandlung** abzustellen.[91] Bei Anfechtungsklagen kommt es auf den Zeitpunkt der (letzten) **Verwaltungsentscheidung** an.[92] Bei diesen Festlegungen handelt es sich aber nur um Faustregeln,[93] die im Einzelfall eine Abweichung gebieten. Ent-

---

89 Vgl. dazu umfassend BSG 29.4.2015 – B 14 AS 19/14 R, Rn. 35 ff.; allgemein Keller in: Meyer-Ladewig/Keller/Leitherer/Schmidt SGG § 54 Rn. 27.

90 Keller in: Meyer-Ladewig/Keller/Leitherer/Schmidt SGG § 54 Rn. 32 ff.

91 Keller in: Meyer-Ladewig/Keller/Leitherer/Schmidt SGG § 54 Rn. 34 mwN.

92 Keller in: Meyer-Ladewig/Keller/Leitherer/Schmidt SGG § 54 Rn. 33 mwN.

93 BSG 23.6.2016 – B 14 AS 4/15 R.

scheidend kommt es auf die materiellrechtliche Situation an.[94] So ist bei noch nicht vollzogenen Verwaltungsakten und Verwaltungsakten mit Dauerwirkung auf den Zeitpunkt der letzten mündlichen Verhandlung vor dem Tatsachengericht abzustellen[95] mit der Wirkung, dass nachträgliche Änderungen noch zu berücksichtigen sind.[96]

Für die im Bereich der Existenzsicherung am Häufigsten auftretenden Fallgestaltungen **44** der Leistungsablehnung bzw. **Höhenstreitigkeiten** kommt es damit für die Beurteilung der Sach- und Rechtslage auf den gesamten streitbefangenen Zeitraum an (dazu schon → Rn. 5). Bei **Aufhebungs- oder Entziehungsbescheiden**, die keine Dauerverwaltungsakte sind,[97] ist demgegenüber der Zeitpunkt der letzten Verwaltungsentscheidung – also in der Regel der Zeitpunkt des Erlasses des Widerspruchsbescheides – maßgebend.

F. Verfahrensgrundsätze

Sobald das Verfahren eingeleitet, also die Klage erhoben wurde, obliegt der weitere **45** Fortgang im Wesentlichen dem Gericht. Hinweise, Ermittlungen, Zustellungen, Ladungen und die Festsetzung von Terminen erfolgen **von Amts wegen** (sog Amtsbetrieb).[98] Unter dem Gesichtspunkt der sog **Konzentrationsmaxime** gibt das Gesetz dabei das Ziel vor, alle Maßnahmen zu treffen, die notwendig sind, um den Rechtsstreit möglichst in einer mündlichen Verhandlung zu erledigen (§ 106 Abs. 2 SGG).

Dabei gilt der **Untersuchungsgrundsatz** (§ 103 SGG), das heißt, das Gericht hat den **46** Sachverhalt selbst zu erforschen, wobei die Beteiligten heranzuziehen sind. Das Gericht ist an deren Vorbringen und **Beweisanträge** allerdings nicht gebunden. Es kann also hinter den Beweisanregungen der Beteiligten zurückbleiben, aber auch darüber hinaus gehen.

Das Ausmaß der Ermittlungen steht im pflichtgemäßen **Ermessen** des Gerichts. Es rich- **47** tet sich nach dem im **Einzelfall** geltend gemachten Anspruch und dem Gegenvortrag der Beklagtenseite. Dabei muss das Gericht von sich aus alle geeigneten Ermittlungen durchführen, um die entscheidungserheblichen Tatsachen aufzuklären. Andererseits muss nicht nach Tatsachen geforscht werden, für deren Bestehen es nach den Umständen des Einzelfalles keine Anhaltspunkte gibt.[99]

Nach § 103 S. 1 Hs. 2 SGG obliegt es den Beteiligten an den Ermittlungsmaßnahmen **48** des Gerichts mitzuwirken.[100] Hierzu können sie aber – insbesondere die Klägerseite – nicht gezwungen werden. **Fehlende Mitwirkung** entbeht das Gericht auch nicht von seiner Pflicht zur Amtsermittlung. Es muss weiterhin alle **Ermittlungsmöglichkeiten** ausschöpfen, die sich ihm auch ohne Mitwirkung des Beteiligten eröffnen.[101] § 106 a SGG[102] enthält allerdings eine sog **Präklusionsregelung**. Danach kann das Gericht der Klägerseite unter Fristsetzung auferlegen, bestimmte Tatsachen oder Beweismittel zu benennen bzw. vorzulegen. Nach Ablauf der Frist eingereichte Erklärungen oder Beweismittel kann das Gericht zurückweisen, wenn die Verspätung nicht genügend entschuldigt wird oder ihre Zulassung die Erledigung des Rechtsstreites **verzögern** würde.

---

94 Keller in: Meyer-Ladewig/Keller/Leitherer/Schmidt SGG § 54 Rn. 33.
95 BSG 23.6.2016 – B 14 AS 4/15 R.
96 Vgl. Keller in: Meyer-Ladewig/Keller/Leitherer/Schmidt SGG § 54 Rn. 33 a.
97 Keller in: Meyer-Ladewig/Keller/Leitherer/Schmidt SGG § 54 Rn. 33 a mwN.
98 Keller in: Meyer-Ladewig/Keller/Leitherer/Schmidt SGG Vor § 60 Rn. 3 a.
99 Schmidt in: Meyer-Ladewig/Keller/Leitherer/Schmidt SGG Vor § 60 Rn. 4, 4 a.
100 Vgl. zur Mitwirkungspflicht des Leistungsträgers bei der Feststellung der Angemessenheit der Unterkunftskosten BSG 12.12.2013 – B 4 AS 87/12 R mwN.
101 Kolmetz in: Jansen SGG § 103 Rn. 10.
102 Eingefügt durch Gesetz vom 26.3.2008 – BGBl. I S. 444 zum 1.4.2008.

49 Verstößt das Gericht gegen den Untersuchungsgrundsatz, stellt dies einen auch revisionsrechtlich relevanten **Verfahrensfehler** dar. Die Anforderungen hierfür sind aber relativ hoch. Der Untersuchungsgrundsatz ist erst verletzt, wenn das Gericht Ermittlungen unterlässt, zu denen es sich auf der Grundlage seiner eigenen Rechtsauffassung hätte gedrängt fühlen müssen.[103] Bei Verletzung des Untersuchungsgrundsatzes liegt ein Verfahrensfehler vor, der zur Zulassung der Berufung gem. § 144 Abs. 2 Nr. 3 SGG führen kann. Für die Zulassung der Revision ist aber gem. § 160 Abs. 2 Nr. 3 SGG zusätzlich erforderlich, dass das LSG einem Beweisantrag der Partei ohne hinreichende Begründung nicht gefolgt ist.[104]

50 Darin wie das Gericht im Rahmen von § 103 SGG den Sachverhalt von Amts wegen aufklären will, ist es nur wenigen Beschränkungen unterworfen. § 106 Abs. 3 SGG gibt lediglich Beispiele dafür, von welchen Mitteln zur Sachverhaltsaufklärung es Gebrauch machen kann. Es ist insbesondere nicht an die klassischen **Beweismittel** (Augenschein, Zeuge, Sachverständiger, Urkunde) gebunden.[105] Den Ablauf der Beweiserhebung hat das SGG im Wesentlichen an die Vorschriften der ZPO angelehnt (vgl. §§ 106 Abs. 4, 116, 118 SGG). Eine Besonderheit des sozialgerichtlichen Verfahrens stellt die Regelung des § 109 SGG dar, wonach bei medizinischen Fragestellungen auf Antrag des betroffenen Klägers ein **bestimmter Arzt** gerichtlich gehört (also in der Regel ein Gutachten bei ihm eingeholt) werden muss. Hierfür muss der Betroffene jedoch in der Regel zunächst die Kosten vorschießen. Wenn das Gutachten zur Aufklärung beigetragen hat, werden die Kosten nach Abschluss des Verfahrens durch gesondert zu beantragenden Beschluss auf die Landeskasse übernommen (vgl. § 109 Abs. 1 S. 2 SGG). Ihrem Wortlaut nach ist die Regelung im Bereich der existenzsichernden Leistungen nicht anwendbar. Man kann aber über eine entsprechende oder analoge Anwendung nachdenken. Entscheidungen zu dieser Thematik sind – soweit erkennbar – nicht veröffentlicht worden.

51 Neben den dargestellten Verfahrensprinzipien stellt die Erfüllung des Anspruches auf Gewährung **rechtlichen Gehörs** aus Art. 103 GG, der insbesondere in den Regelungen der §§ 62, 127 und 128 Abs. 2 SGG seine Ausprägung gefunden hat, einen wesentlichen Grundsatz des sozialgerichtlichen Verfahrens dar.[106]

G. Ende des Klageverfahrens

52 Das Verfahren in der Hauptsache kann zwischen den Beteiligten, ohne dass das Gericht hierauf Einfluss nehmen könnte, unstreitig beendet werden. Kommt es hierzu nicht, sieht das Gesetz verschiedene Möglichkeiten der streitigen Beendigung des Verfahrens, dh durch eine Entscheidung des Gerichts vor.

I. Unstreitige Verfahrensbeendigung

53 Neben einer Entscheidung durch Urteil (§ 125 SGG) nennt das SGG ausdrücklich verschiedene Möglichkeiten der unstreitigen Beilegung eines Rechtsstreites. So können die Beteiligten nach § 101 Abs. 1 SGG einen **Vergleich** schließen, also eine bestehende Ungewissheit durch gegenseitiges Nachgeben beseitigen (vgl. § 779 BGB). Gemeint ist damit nur der gerichtliche Vergleich, der nach § 199 Abs. 1 Nr. 3 SGG auch **Vollstre-**

---

103 Schmidt in: Meyer-Ladewig/Keller/Leitherer/Schmidt SGG § 103 Rn. 20 mwN; vgl. auch BSG 16.5.2007 – B 11 b AS 37/06 B (eheähnliche Gemeinschaft); BSG 22.11.2011 – B 4 AS 138/10 R (kostenaufwendige Ernährung); BSG 27.9.2011 – B 4 AS 202/10 R (Wohnungserstausstattung).

104 Schmidt in: Meyer-Ladewig/Keller/Leitherer/Schmidt SGG § 103 Rn. 20 mwN; BSG 16.5.2007 – B 11 b AS 37/06 B zur Verletzung der Aufklärungspflicht im Zusammenhang mit § 7 Abs. 3 Nr. 3 c SGB II (eheähnliche Gemeinschaft).

105 Vgl. Schmidt in: Meyer-Ladewig/Keller/Leitherer/Schmidt SGG § 103 Rn. 12 b.

106 Dazu im Einzelnen Keller in: Meyer-Ladewig/Keller/Leitherer/Schmidt SGG § 62 Rn. 1 ff.

ckungstitel ist. Die Beteiligten sind aber nicht gehindert, sich schriftsätzlich oder auch ohne Kenntnis des Gerichts vergleichsweise zu einigen. Zur Beendigung des Verfahrens bedarf es dann aber noch einer gesonderten Erklärung der Beteiligten, zB in Form einer **Klagerücknahme** oder einer **Erledigungserklärung.**[107] Aus § 101 Abs. 2 SGG ergibt sich, dass der Rechtsstreit auch durch ein **Anerkenntnis** beendet werden kann; dazu ist aber erforderlich, dass die Klägerseite erklärt, dass sie das Anerkenntnis annimmt. Schließlich kann die Klägerseite in jeder Lage des Verfahrens bis zur Rechtskraft des Urteils die Klage durch Erklärung gegenüber dem Gericht zurücknehmen, was unmittelbar zur Erledigung des Rechtsstreites in der Hauptsache führt (§ 102 Abs. 2 SGG). Gemäß § 102 Abs. 2 SGG in der Fassung des Gesetzes vom 25.3.2008[108] gilt die Klage als zurückgenommen, wenn ein Kläger das Verfahren trotz Aufforderung des Gerichts länger als drei Monate nicht betreibt. Die Fiktion der Klagerücknahme knüpft an den objektivierbaren Umstand der Untätigkeit des Klägers an und setzt weiter voraus, dass für das Gericht objektive Anhaltspunkte dafür bestehen, der Kläger habe das Rechtsschutzinteresse an dem Rechtsstreit verloren.[109] Ein **Nichtbetreiben** kann vorliegen, wenn der Kläger zB die Klage nicht begründet oder konkrete Ermittlungsanfragen des Gerichts nicht beantwortet. Wegen der weitreichenden Folgen der **Klagerücknahmefiktion** ist für die Annahme der Voraussetzungen ein eher strenger Maßstab anzulegen. Die Regelung des § 102 Abs. 2 SGG ist auch im Berufungsverfahren anwendbar und führt dort ebenfalls zur fiktiven Klagerücknahme – nicht zur Rücknahme der Berufung.[110]

II. Streitige Verfahrensbeendigung

Wird das Verfahren nicht durch eine der dargestellten Möglichkeiten unstreitig beendet, **54** entscheidet das Gericht (die Kammer oder in der Berufungsinstanz der Senat)[111] grundsätzlich durch **Urteil;** und zwar in der Regel nach einer mündlichen Verhandlung (§ 124 Abs. 1 SGG). Unter den Voraussetzungen des § 130 Abs. 1 bzw. Abs. 2 SGG kann auch ein **Grund-** bzw. ein **Zwischenurteil** erlassen werden. Mit Einverständnis der Beteiligten kann das Gericht aber auch durch Urteil **ohne mündliche Verhandlung** entscheiden. Wenn eine Sache keine besonderen Schwierigkeiten tatsächlicher oder rechtlicher Art aufweist und der Sachverhalt geklärt ist, kann das erstinstanzliche Gericht nach Anhörung der Beteiligten auch durch **Gerichtsbescheid** entscheiden (§§ 105, 153 Abs. 1 SGG). Dabei handelt es sich um eine Entscheidung im schriftlichen Verfahren ohne ehrenamtliche Richter, der Urteilswirkung zukommt (§ 105 Abs. 3 SGG).

Im Berufungsrechtszug kann der Senat die **Berufung durch Beschluss,** dh nur durch die **55** Berufsrichter ohne Mitwirkung der ehrenamtlichen Richter – § 12 Abs. 1 S. 2 SGG –, als unzulässig verwerfen (§ 158 SGG) oder als unbegründet zurückweisen (§ 153 Abs. 4 SGG). Letzteres ist aber nur möglich, wenn die Berufsrichter die Berufung einstimmig für unbegründet halten. § 153 Abs. 4 SGG gilt nicht für Fälle, in denen erstinstanzlich durch Gerichtsbescheid (§ 105 SGG) entschieden wurde. In solchen Fällen ist eine Anwendung von § 153 Abs. 5 SGG möglich, wonach die Berufung auf den **Berichterstatter** übertragen werden kann, der dann im Einverständnis mit den Beteiligten (§ 155 Abs. 3 und 4 SGG) auch ohne sie nach mündlicher Verhandlung entscheidet.

---

107 Hauck (Lit.) 407 ff.
108 BGBl. I S. 444.
109 BSG 4.4.2017 – B 4 AS 2/16 R.
110 BSG 1.7.2010 – B 13 R 58/09 R; Leopold (Lit. II) 462 f.
111 Zur Besetzung der Kammern und Senate vgl. §§ 12, 33, 38 SGG.

III. Nebenentscheidungen

56 Im Zusammenhang mit dem Abschluss des Verfahrens ist regelmäßig noch die Frage zu klären, ob bzw. in welchem Umfang Beteiligte Kostenerstattung verlangen können oder Kosten zu tragen haben.

1. Entscheidung nach § 193 SGG

57 In den Fällen des § 183 SGG, dh in Verfahren, an denen ein Versicherter, Leistungsempfänger bzw. dessen Hinterbliebener oder Sonderrechtsnachfolger sowie im Schwerbehindertenrecht ein Behinderter im Sinne des § 2 Abs. 1 S. 1 SGB IX als Kläger oder Beklagter beteiligt ist, wird nur über die zur zweckentsprechenden Rechtsverfolgung oder Rechtsverteidigung notwendigen Aufwendungen der Beteiligten, die sog **außergerichtlichen Kosten** (§ 193 Abs. 2 SGG) entschieden. **Gerichtskosten** fallen in diesen Verfahren nicht an (vgl. aber unten → Rn. 58 bei Verfahren nach § 197 a SGG und → Rn. 59 zur Anwendung des § 192 SGG). Die Regelung des § 183 SGG ist bereits anwendbar, wenn es in dem Rechtsstreit gerade um die benannte Rechtsposition (zB Versicherteneigenschaft oder Leistungsrecht) geht.

2. Entscheidung nach § 197 a SGG

58 Wenn keiner der Beteiligten die **Privilegierung** des § 183 SGG für sich in Anspruch nehmen kann, richtet sich die gerichtliche Entscheidung nach § 197 a SGG, der seinerseits wiederum die §§ 184 bis 195 SGG suspendiert und stattdessen die Vorschriften des GKG und der §§ 154 bis 162 VwGO für anwendbar erklärt. Das heißt, dass für die Kostengrundentscheidung die vorgenannten Regelungen der VwGO gelten und auch **Gerichtskosten** anfallen. Dies gilt zB bei einer Klage wegen überlanger Verfahrensdauer (→ Rn. 25).

3. Verschuldenskosten (§ 192 SGG)

59 In Fällen der schuldhaften **Verfahrensverzögerung** – unnötige Vertagung eines Termins oder Verursachung der Anberaumung eines neuen Termins zur mündlichen Verhandlung – sowie bei missbräuchlicher Fortführung des Klageverfahrens trotz Aussichtslosigkeit des Begehrens kann das Gericht einem Beteiligten unter den in § 192 SGG genannten weiteren Voraussetzungen nach seinem **Ermessen** die Kosten auferlegen, die durch das **schuldhafte Verhalten** entstanden sind. Dazu gehören insbesondere Kosten bei einer **rechtsmissbräuchlichen Rechtsverfolgung oder -verteidigung** gem. § 192 Abs. 1 S. 1 Nr. 2 SGG. Ein missbräuchliches Verhalten liegt erst vor, wenn die Weiterverfolgung des Rechtsstreits offensichtlich aussichtslos ist, der Beteiligte ein hohes Maß an Uneinsichtigkeit zeigt und/oder das Gericht etwa durch einen falschen Vortrag in die Irre geführt hat.[112] Das missbräuchliche Verhalten kann die klagende Partei, aber auch die beklagte Behörde betreffen.[113] Die Regelung des § 192 SGG ist keine Strafvorschrift, sondern eine **Schadensersatzregelung**. Daraus folgt, dass der Beteiligte schriftlich darüber belehrt werden muss, dass er sich in einem ansonsten kostenfreien Gerichtsverfahren ausnahmsweise „schadensersatzpflichtig" machen könnte, weil er den Prozess „mutwillig" fortführt.[114]

---

112 Schmidt in: Meyer-Ladewig/Keller/Leitherer/Schmidt SGG § 192 Rn. 9 ff.
113 Vgl. dazu SG Duisburg 5.3.2018 – S 33 AS 4282/17 ER (info also 2018, 226) mit Anm. Klerks info also 2018, 228 (zu weiteren Fällen der Missbräuchlichkeit und zur Höhe der Kosten).
114 BSG 12.12.2013 – B 4 AS 17/13 R.

4. Form der Entscheidung

Ergeht eine streitige Entscheidung, beurteilt das Gericht darin gleichzeitig **von Amts we-** **60** **gen** die Frage der Kostentragung dem Grunde nach und ggf. auch der Verschuldenskosten von Amts wegen. Dies gilt auch, wenn es zu einer unstreitigen Beilegung des Rechtsstreites kommt; in den Verfahren nach § 193 SGG aber nur auf Antrag eines Beteiligten (§ 193 Abs. 1 S. 3 SGG).

H. Rechtsmittel

Das SGG sieht in Klageverfahren grundsätzlich drei Rechtsmittel vor; die Berufung, die **61** Revision und die Nichtzulassungsbeschwerde.

I. Berufung

Die Berufung findet grundsätzlich statt gegen Urteile und Gerichtsbescheide der Sozial- **62** gerichte (§§ 143, 105 Abs. 2 S. 1 SGG); also die genannten Entscheidungen in **erster In-** **stanz.** Die Berufung führt zu einer umfassenden Prüfung des erstinstanzlichen Urteils durch das Landessozialgericht sowohl in **tatsächlicher** als auch in **rechtlicher** Hinsicht. In der Berufungsinstanz wird nicht nur geprüft, ob die Ursprungsentscheidung rechtlich zutreffend ist. Es können auch **weitere Beweise** erhoben werden. Die Berufung ist aber **nicht unbeschränkt** zulässig, sondern nur dann, wenn es in der Sache um einen (Streit-)Wert von mehr als 750,00 EUR bzw. bei **Erstattungsstreitigkeiten** um einen solchen von mehr als 10.000,00 EUR geht oder um eine **wiederkehrende** oder **laufende** **Geldleistung** von mehr als einem Jahr (§ 144 Abs. 1 SGG). Was die Prüfung der Berufungsfähigkeit unter Zugrundelegung des zuletzt genannten Aspektes angeht, ist im Bereich der Grundsicherung für Arbeitsuchende maßgebend auf die Regelung des § 41 Abs. 3 S. 1, 2 SGB II, dh den dort genannten Zwölf- bzw. Sechsmonatszeitraum abzustellen.[115] Im Bereich der Grundsicherung nach dem 4. Kapitel des SGB XII ist insoweit die Vorschrift des § 44 Abs. 3 S. 1 SGB XII, dh der dort genannte **zwölfmonatige Bewilligungszeitraum** relevant.[116] Handelt es sich um eine Klage, die nicht auf eine Geld-, Dienst- oder Sachleistung gerichtet ist, kommt es auf einen Streitwert nicht an. Dies ist zB bei Rechtsschutz gegen eine Meldeaufforderung der Fall.[117]

Abgesehen von den genannten Fällen ist die Berufung nur zulässig, wenn das Sozialge- **63** richt die Berufung in dem Urteil ausdrücklich zulässt. In welchen Fällen die **Zulassung** zu erfolgen hat, ergibt sich aus § 144 Abs. 2 SGG (grundsätzliche Bedeutung der Rechtssache, Abweichung von einer Entscheidung eines der in § 144 Abs. 2 Nr. 2 SGG genannten Gerichte, Verfahrensmangel).

II. Revision

Die Revision zum Bundessozialgericht findet grundsätzlich nur statt, wenn das Landes- **64** sozialgericht unabhängig von dem Wert, um den es in dem Verfahren geht, in seinem Urteil die Revision **zugelassen** hat (§ 160 Abs. 1 SGG). Die Voraussetzungen, unter denen die Revision zuzulassen ist, ergeben sich aus § 160 Abs. 2 SGG (grundsätzliche Bedeutung der Rechtssache, Abweichung von einer Entscheidung eines der in § 160 Abs. 2 Nr. 2 SGG genannten Gerichte, Verfahrensmangel).

---

115 BSG 27.10.2016 – B 4 AS 269/16 B mwN zu § 41 SGB II aF (Sechsmonatszeitraum); vgl. allgemein zur Berechnung des Streitgegenstands Bienert NZS 2017, 727.
116 LSG Nds-Brem 29.9.2008 – L 8 SO 80/08 ER.
117 ThürLSG 20.6.2016 – L 9 AS 318/16 B; dagegen LSG NRW 29.1.2015 – L 7 AS 1306/14.

65 Einen Ausnahmefall regelt § 161 SGG. Danach kann auch ein Urteil des Sozialgerichts erster Instanz unmittelbar mit der Revision angefochten, also zur Überprüfung des Bundessozialgerichts gestellt werden, wenn das Sozialgericht dies ausdrücklich zulässt („**Sprungrevision**"). Da dies zur Auslassung einer **Tatsacheninstanz** führt, kann die Sprungrevision nur zugelassen werden, wenn der Gegner zustimmt (§ 161 Abs. 1 S. 1 SGG).

66 Das Bundessozialgericht prüft stets nur, ob das zur Überprüfung gestellte Urteil im Einklang mit den materiellrechtlichen und verfahrensrechtlichen Bestimmungen des Bundesrechts ergangen ist (§ 162 SGG). Es findet also nur eine **reine Rechtsprüfung** statt.

III. Nichtzulassungsbeschwerde

67 Lässt das Sozialgericht die Berufung oder das Landessozialgericht die Revision nicht zu, kann der Betroffene dagegen mit der Nichtzulassungsbeschwerde vorgehen (§§ 145, 160 a SGG). Nach Einlegung der Nichtzulassungsbeschwerde prüft das Landessozialgericht bzw. das Bundessozialgericht, ob das Sozialgericht bzw. das Landessozialgericht die Berufung bzw. die Revision hätte zulassen müssen, dh ob die Voraussetzungen des § 144 Abs. 2 SGG bzw. § 160 Abs. 2 SGG vorliegen. Hierüber ergeht eine Entscheidung durch **Beschluss**. Bei negativer Entscheidung wird das **Urteil** des Sozialgerichts bzw. des Landessozialgerichts **rechtskräftig** (§§ 145 Abs. 4 S. 4, 160 a Abs. 4 S. 3 SGG). Bei positiver Entscheidung des Landessozialgerichts wird das **Verfahren** als Berufungsverfahren **fortgesetzt** (§ 145 Abs. 5 S. 1 SGG). Der gesonderten Einlegung einer Berufung bedarf es dann also nicht. Die positive Entscheidung des Bundessozialgerichts über die Nichtzulassungsbeschwerde setzt demgegenüber nur die **Revisionsfrist** in Gang, § 160 a Abs. 4 S. 4 SGG. Der Betroffene muss daher noch gesondert Revision einlegen (§ 164 Abs. 1 SGG) und sie begründen (§ 164 Abs. 2 SGG).

I. Vollstreckung

68 Die Vorschriften über die Vollstreckung im sozialgerichtlichen Verfahren und damit auch für den Bereich der Existenzsicherung finden sich in §§ 198–201 SGG. Hieraus ergibt sich **kein geschlossenes System** der Vollstreckung im sozialgerichtlichen Verfahren. Die Vorschriften enthalten lediglich einige **Sonderbestimmungen**. Im Übrigen gelangen durch **Verweisung** die Regelungen anderer **Vollstreckungsgesetze**, insbesondere der ZPO, dem VwVG und der AO, zur Anwendung.

69 So erklärt § 198 SGG für die Vollstreckung allgemein die Regelungen des Achten Buches der ZPO (§§ 704–959 ZPO) für entsprechend anwendbar. Ausgenommen sind jedoch die Regelungen zur **vorläufigen Vollstreckbarkeit** (§ 198 Abs. 2 SGG), also die §§ 708–720 a ZPO sowie zur sofortigen Beschwerde (§ 198 Abs. 3 SGG). An die Stelle der **sofortigen Beschwerde** (§ 793 ZPO) treten die Regelungen für die **Beschwerde** nach dem SGG (§§ 172–177 SGG). Die Vorschriften der ZPO können ohnehin nur eingreifen, wenn das SGG keine eigene besondere Regelung trifft.[118] Für die Vollstreckung der Leistungsträger erklärt § 200 SGG die Regelungen des VwVG (Bund) für entsprechend anwendbar, so dass insoweit die Vollstreckung nach der ZPO nicht erfolgt. Eine Sondervorschrift außerhalb des 2. Unterabschnitts des 4. Abschnitts des 2. Teils des SGG (§ 197 b SGG) erklärt für beim BSG angefallene Kosten- und Gebührenforderungen die JVKostO bzw. die JBeitrO für anwendbar.

---

118 § 198 Abs. 1 SGG „..., soweit ...".

Die Verweisungslösung mit selektiven Sondervorschriften führt zu einer wenig durch- **70** schaubaren, unbefriedigenden Systematik, die **überarbeitungswürdig** ist.[119]

I. Allgemeines

Grundsätzlich kommt die Vollstreckung für alle Seiten, dh vorrangig die **Leistungsträger** **71** und die **Hilfebedürftigen** ggf. aber auch für am Rechtsstreit beteiligte **Dritte** in Betracht. Was die Vollstreckung zugunsten eines Leistungsträgers angeht, ist jedoch zu differenzieren. Sofern es um die **Vollstreckung** aus einem (ggf. im Anschluss an ein gerichtliches Verfahren) bestandskräftigen **Verwaltungsakt** (zB Aufhebungs- und Erstattungsbescheid) geht, erfolgt die Vollstreckung nicht nach den genannten Regelungen, sondern nach § 66 SGB X iVm den Vorschriften der VwVG′e des Bundes oder der Länder bzw. der ZPO (vgl. § 66 Abs. 1 bis 3 einerseits und § 66 Abs. 4 SGB X andererseits).

Dies sind die quantitativ weitaus häufigsten Fälle der Vollstreckung von Leistungsträ- **72** gern. Es sind aber auch Fälle denkbar, in denen Leistungsträger nach den Regelungen des SGG zu vollstrecken haben (zB aus **gerichtlichen Vergleichen**).

1. Voraussetzungen der Zwangsvollstreckung

Nach den allgemeinen Regeln kann die Vollstreckung grundsätzlich erst erfolgen, wenn **73** drei Voraussetzungen erfüllt sind. Es muss ein vollstreckungsfähiger **Titel** vorliegen, der mit einer **Vollstreckungsklausel** versehen ist (sog vollstreckbare Ausfertigung). Die vollstreckbare Ausfertigung muss dem Vollstreckungsschuldner **zugestellt** sein.

Bei der Vollstreckung gegen einen Leistungsträger ist die Erteilung einer Vollstreckungs- **74** klausel gem. §§ 198 SGG, 750 ZPO grundsätzlich erforderlich. Ausnahmsweise – bei Vollstreckung nach § 201 SGG[120] und bei Vollstreckung aus einstweiligen Anordnungen[121] – ist aber eine Vollstreckungsklausel nicht erforderlich.

Die Titel, aus denen eine Vollstreckung im sozialgerichtlichen Verfahren erfolgen kann, **75** sind in § 199 Abs. 1 **enumerativ** und abschließend **aufgeführt**. Gerichtliche Entscheidungen im Sinne von § 199 Abs. 1 Nr. 1 SGG haben einen vollstreckbaren Inhalt, wenn es sich um Leistungs-, Verpflichtungs- oder Bescheidungsurteile bzw. Gerichtsbescheide oder Beschlüsse mit entsprechendem Inhalt handelt.[122] Ob aus **Grundurteilen** iSv § 130 SGG vollstreckt werden oder ggf. nach § **201 SGG analog** vorgegangen werden kann, wird uneinheitlich beantwortet[123] (hierzu auch → Rn. 86). Aus klageabweisenden Urteilen, Gerichtsbescheiden oder Beschlüssen kann abgesehen von der Kostenentscheidung ebenso wenig vollstreckt werden wie aus Feststellungs- oder Gestaltungsentscheidungen (zB stattgebende Entscheidung auf eine Anfechtungsklage).

Eine zu vollstreckende gerichtliche Entscheidung (§ 199 Abs. 1 Nr. 1 und 2 SGG) muss **76** nicht rechtskräftig sein. Es reicht, wenn das gegen sie eingelegte Rechtsmittel keine **aufschiebende Wirkung** hat (hierzu auch → Rn. 82 sowie zu Besonderheiten des einstweiligen Rechtsschutzes → Kap. 61 Rn. 55). Bei Durchführung der Vollstreckung **vor Rechtskraft** der Entscheidung geht der Vollstreckungsgläubiger jedoch das **Risiko** ein, bei Abänderung der Entscheidung im Rechtsmittelverfahren, das im Wege der Vollstreckung im Ergebnis zu Unrecht erlangte wieder **herausgeben** zu müssen.

---

119 Schmidt in: Meyer-Ladewig/Keller/Leitherer/Schmidt SGG § 198 Rn. 2 mwN.
120 Schneider info also 2012, 243 (248); SG Fulda 5.9.2012 – S 4 U 8/06 mwN.
121 Schmidt in: Meyer-Ladewig/Keller/Leitherer/Schmidt SGG § 199 Rn. 3 e.
122 Zu Einzelheiten vgl. Erkelenz in: Jansen SGG § 199 Rn. 15 f. mwN; Heilmann (Lit.).
123 Schmidt in: Meyer-Ladewig/Keller/Leitherer/Schmidt SGG § 198 Rn. 3 a, § 201 Rn. 2 mwN; LSG BW 27.4.2007 – L 8 AS 1503/07 ER.

2. Zuständigkeiten

77 Die **Vollstreckungsklausel** bzw. die vollstreckbare Ausfertigung wird von dem Urkunds-beamten des Gerichts des ersten Rechtszuges oder, wenn der Rechtsstreit bereits in einer höheren Instanz anhängig ist, von dem Urkundsbeamten der Geschäftsstelle dieses Gerichtes erteilt (§ 724 Abs. 2 ZPO).

78 Im Übrigen ist **Vollstreckungsgericht** grundsätzlich das **Amtsgericht**, in dessen Bezirk die Vollstreckung stattgefunden hat oder stattfinden soll (§ 764 ZPO). Dies gilt jedoch nur für Fälle der Vollstreckung nach der ZPO und nicht für Vollstreckungen für oder gegen die öffentliche Hand nach §§ 200/201 SGG. In den Fällen der §§ 200 f. SGG ist zuständig das Sozialgericht, das im ersten Rechtszug entschieden hat.[124] Im Übrigen ist das **Sozialgericht** auch für Verfahren in der Vollstreckung zuständig, die nicht dem Voll-streckungsgericht, sondern dem **Prozessgericht** zugewiesen sind.[125] Dies gilt beispiels-weise für Rechtsbehelfe wie die Vollstreckungsabwehrklage (§ 767 ZPO) oder die sog Klauselerinnerung (§ 732 ZPO).

79 Zur Zuständigkeit für eine Entscheidung nach § 199 Abs. 2 SGG (s. u. II.).

3. Rechtsbehelfe in der Zwangsvollstreckung

80 Im Rahmen der Vollstreckung nach der ZPO gelten die dortigen Rechtsbehelfe, nämlich ua die Klauselerinnerung (§ 732 ZPO), die Erinnerung gegen die Art und Weise der Zwangsvollstreckung (§ 766 ZPO), die Vollstreckungsabwehrklage (§ 767 ZPO) oder die Klage gegen eine Vollstreckungsklausel (§ 768 ZPO), wobei zum Teil **streitig** ist, welches Gericht für den jeweiligen Rechtsbehelf **zuständig** ist (→ Rn. 79).

81 Gegen Entscheidungen des Amtsgerichts als Vollstreckungsgericht kann **sofortige Be-schwerde** eingelegt werden (§ 793 ZPO). Für Entscheidungen der Sozialgerichte gelten die Regelungen der §§ 172–177 SGG (§ 198 Abs. 3 SGG).

II. Aussetzung der Vollstreckung (§ 199 Abs. 2 SGG)

82 Grundsätzlich haben Rechtsmittel im sozialgerichtlichen Verfahren keine **aufschiebende Wirkung** (vgl. aber im Einzelnen: §§ 154, 175 SGG sowie § 39 SGB II, hierzu auch → Kap. 61 Rn. 9 ff.). Von Ausnahmefällen abgesehen kann also auch vor Rechtskraft einer gerichtlichen Entscheidung hieraus vollstreckt werden (→ Rn. 76). Im Bereich der existenzsichernden Leistungen ist die **Ausnahmeregelung** des § 154 Abs. 2 SGG ihrem Wortlaut nach nicht anwendbar. Ob im Hinblick auf das offensichtliche **Versäumnis** des Gesetzgebers, eine Anpassung der Vorschrift vorzunehmen, eine entsprechende oder **analoge Anwendung** in Betracht kommt, ist umstritten, wird von der Rechtsprechung aber inzwischen überwiegend verneint.[126]

83 Für den Fall, dass keine aufschiebende Wirkung eintritt, gibt § 199 Abs. 2 SGG dem (potenziellen) Vollstreckungsschuldner (im Bereich der Existenzsicherung in der Regel dem Leistungsträger) die Möglichkeit, sich mit einem Antrag auf Erlass einer **einstweili-gen Anordnung** an das Gericht zu wenden, bei dem das Rechtsmittel anhängig ist. Die Regelung ist vor dem Hintergrund zu sehen, dass § 198 Abs. 2 SGG die Anwendung der Regelungen der ZPO über die vorläufige Vollstreckbarkeit ausschließt. Das Rechtsmit-

---

124 Schmidt in: Meyer-Ladewig/Keller/Leitherer/Schmidt SGG § 201 Rn. 4; Erkelenz in: Jansen SGG § 198 Rn. 24.

125 Zu Einzelheiten: Schmidt in: Meyer-Ladewig/Keller/Leitherer/Schmidt SGG § 198 Rn. 5 ff. und Erkelenz in: Jansen SGG § 198 Rn. 24.

126 Bejahend: LSG Bln-Bbg 20.4.2010 – L 10 AS 386/10 Rn. 3 mwN; Frehse in: Jansen SGG § 154 Rn. 9; ver-neinend: Keller in: Meyer-Ladewig/Keller/Leitherer/Schmidt SGG § 154 Rn. 3; BSG 8.12.2009 – B 8 SO 17/09 R; SächsLSG 31.8.2010 – L 7 AS 512/10 Rn. 4; LSG Nds-Brem 3.9.2009 – L 7 AS 919/09 B Rn. 14; LSG Bln-Bbg 3.6.2013 – L 25 AS 1267/13 ER, jeweils mwN.

telgericht kann die Aussetzung der Vollstreckung und damit im Ergebnis die aufschiebende Wirkung des Rechtsmittels anordnen.

Im Rahmen dieser Entscheidung ist nach ganz überwiegender Meinung insbesondere **84** eine **Abwägung der Interessen** des Vollstreckungsgläubigers und des Vollstreckungsschuldners unter Berücksichtigung der **Erfolgsaussichten** des Rechtsmittels vorzunehmen, wobei die zu berücksichtigenden Kriterien zum Teil unterschiedlich gewichtet werden und damit der Maßstab für die **Aussetzungsentscheidung** unterschiedlich angelegt wird.[127] Im Existenzsicherungsrecht kann Anträgen gem. § 199 Abs. 2 SGG nur ausnahmsweise stattgegeben werden.[128]

Die **Entscheidung** über die einstweilige Aussetzung der Vollstreckung trifft in der Regel **85** der **Vorsitzende** des Spruchkörpers, der über das Rechtsmittel zu entscheiden hat, alleine.[129]

III. Vollstreckung aus Verpflichtungsurteilen (§ 201 SGG)

Für die Durchsetzung von Verpflichtungsurteilen im Sinne von § 131 SGG trifft § 201 **86** SGG eine **Sonderregelung**, die gemäß § 198 Abs. 1 SGG den Regelungen der ZPO grundsätzlich vorgeht. Gemeint sind hiermit jedoch nur Entscheidungen ggf. auch im einstweiligen Rechtsschutz, mit denen dem Leistungsträger eine Verpflichtung zum Handeln auferlegt wird.[130]

In diesen Fällen ist beim (Sozial-)Gericht (des ersten Rechtszuges) ein **Antrag** auf An- **87** drohung bzw. Festsetzung eines **Zwangsgeldes** bis zu 1000 EUR gegen den Leistungsträger zu stellen, wobei das Zwangsgeld gem. § 201 Abs. 1 SGG wiederholt festgesetzt werden kann.

Ein Vorgehen nach § 201 SGG kommt auch bei Verurteilung von Leistungsträgern dem **88** Grunde nach (§ 130 SGG) in Betracht[131] (hierzu auch → Rn. 75).

Die **Beitreibung** des Zwangsgeldes erfolgt ggf. über die Vorschriften der VwVG'e **89** (§§ 201 Abs. 2 iVm 200 SGG).

---

127 Zu Einzelheiten vgl. Erkelenz in: Jansen SGG § 199 Rn. 20 ff.; Schmidt in: Meyer-Ladewig/Keller/Leitherer/Schmidt SGG § 199 Rn. 8 beide mwN; SächsLSG 31.8.2010 – L 7 AS 512/10 Rn. 6; BayLSG 8.2.2006 – L 10 AS 17/06 ER; LSG BW 26.1.2006 – L 8 AS 403/06 ER.
128 BVerfG 4.8.2016 – 1 BvR 380/16 mwN.
129 BSG 8.12.2009 – B 8 SO 17/09 R, Rn. 12.
130 Erkelenz in: Jansen SGG § 201 Rn. 2 f.; HessLSG 19.1.2007 – L 7 AS 10/07 ER.
131 Erkelenz in: Jansen SGG § 201 Rn. 4 mwN; LSG Nds-Brem 3.9.2009 – L 7 AS 919/09 B Rn. 12 mwN.

Kapitel 61: Vorläufiger Rechtsschutz

Literaturhinweise: Berchtold/Richter (Hrsg.), Prozesse in Sozialsachen, 2. Aufl., Baden-Baden, 2016; Burkiczak, BVerfG stellt klar – Summarische Prüfung auch im Eilverfahren wegen Grundsicherungsleistungen zulässig, SGb 2015, 151; Geiger, Verlust des Rechtsschutzes durch Vertrauen auf rechtsstaatliches Handeln? – Zur sachgerechten Anwendung der Vollstreckungsfrist in SGB II/SGB XII-Eilverfahren, info also 2007, 243; Hannappel, Umfang und Grenzen summarischer Prüfung im sozialgerichtlichen Verfahren, SGb 2008, 85; Hölzer, Der einstweilige Rechtsschutz bei Streitigkeiten nach dem SGB II – Bilanz und Perspektiven der sozialgerichtlichen Rechtsprechung, info also 2010, 99; Klerks, Vorläufiger gerichtlicher Rechtsschutz bei Streitigkeiten über Unterkunftskosten, info also 2014, 195; Krasney/Udsching/Groth, Handbuch des sozialgerichtlichen Verfahrens, 7. Aufl. 2016; Krodel/Feldbaum, Das sozialgerichtliche Eilverfahren, 4. Auf. 2017 (Krodel I); ders., Maßstab der Eilentscheidung und Existenzsicherung, NZS 2006, 637 (Krodel II); ders., Die sozialgerichtliche Eilentscheidung zwischen Subsumtion und Abwägung, NZS 2009, 18 (Krodel III); ders., Eilrechtsschutz in der sozialgerichtlichen und anwaltlichen Praxis – hier: Regelungsanordnung, NZS 2014, 653; ders., Eilrechtsschutz in der sozialgerichtlichen und anwaltlichen Praxis hier: Anfechtungssachen, NZS 2014, 681; Merold, Das sozialgerichtliche Eilverfahren unter besonderer Berücksichtigung der Bedarfe nach § 22 SGB II, ASR 2016, 184; Schneider, Die Vollstreckung sozialgerichtlicher Urteile gegen die Jobcenter (gemeinsame Einrichtungen), info also 2012, 243; Spellbrink, Einstweiliger Rechtsschutz in Grundsicherungsstreitigkeiten nach dem SGB II, Sozialrecht aktuell, 2007, 1; Wündrich, Vorläufiger Rechtsschutz im sozialgerichtlichen Verfahren im Bereich des SGB II, SGb 2009, 206, 267.

Rechtsgrundlagen:
SGG §§ 86 a, 86 b
ZPO §§ 920, 921, 923, 926, 928, 929 Abs. 1, 3, 930–932, 938, 939, 945

Orientierungssätze:

1. Der vorläufige Rechtsschutz hat für die Betroffenen im Bereich des Existenzsicherungsrechts wegen der durch Art. 19 Abs. 4 GG statuierten Garantie effektiven Rechtsschutzes besondere Bedeutung.

2. Sowohl in Anfechtungs- als auch in Vornahmesachen haben bei der Prüfung der Begründetheit von Eilanträgen im Bereich der Existenzsicherung die Gerichte die staatliche Pflicht zur Sicherstellung einer menschenwürdigen Existenz und die Garantie des effektiven Rechtsschutzes zu berücksichtigen.

3. Beim Erlass einer einstweiligen Anordnung ist für die Beurteilung der Sach- und Rechtslage auf den Zeitpunkt der gerichtlichen Entscheidung abzustellen.

A. Allgemeines/Überblick

Der Begriff des vorläufigen Rechtsschutzes[1] umschreibt die möglichen Maßnahmen, die **1** Bürgern im Rahmen des gerichtlichen Rechtsschutzssystems zur Verfügung stehen, um den Vollzug behördlicher Eingriffsmaßnahmen herauszuschieben oder um eine Behörde zu einer bestimmten Handlung insbesondere der Erbringung einer Leistung zu veranlassen, bevor hierüber in einem Hauptsacheverfahren eine Entscheidung getroffen worden ist bzw. getroffen werden kann. Vorläufiger Rechtsschutz wird nur dann bzw. in dem Umfang zur Verfügung gestellt, wie „einfacher" gerichtlicher Rechtsschutz, dh im Rahmen eines Klageverfahrens nicht ausreichend wäre, um einer möglichen Rechtsbeeinträchtigung entgegen zu treten. Der vorläufige Rechtsschutz steht damit in besonderer Nähe zu dem Grundrecht auf Gewährung **effektiven Rechtsschutzes** aus Art. 19 Abs. 4 GG.

Den Vorschriften des vorläufigen Rechtsschutzes kommt besonders auf dem Gebiet des **2** Existenzsicherungsrechts eine **besondere Bedeutung** zu. Teilweise wird sogar davon gesprochen, dass die beiden wesentlichen Regelungsmaterien der Existenzsicherung, die Angelegenheiten der Sozialhilfe und die Angelegenheiten der Grundsicherung für Arbeitsuchende, zu einer „neuen Rechtskultur des vorläufigen Rechtsschutzes" im SGG geführt hätten.[2] Die besondere Bedeutung wird dadurch belegt, dass das BVerfG bereits wenige Monate nach der grundlegenden Änderung und Neuordnung des Rechts der Existenzsicherung im Zweiten und Zwölften Buch des Sozialgesetzbuches (SGB II/XII) zum 1.1.2005 mit seiner Entscheidung vom 12.5.2005[3] wesentliche Vorgaben dafür gemacht hat, welchen Anforderungen der Eilrechtsschutz im Bereich der Existenzsicherung von Verfassungs wegen genügen muss. In der Praxis führen Verfahren des vorläufigen Rechtsschutzes auch vielfach zu einer endgültigen Klärung der Angelegenheit, weil die Leistungsträger in begründeten Fällen eine Hauptsacheentscheidung zugunsten des erwerbsfähigen Leistungsberechtigten treffen und damit eine endgültige Regelung treffen.

Was die Arten des vorläufigen Rechtsschutzes angeht, ist zu differenzieren zwischen Eil- **3** rechtsschutz in **Anfechtungssachen** (§§ 86 a, 86 b Abs. 1 SGG) und **Vornahmesachen** (§ 86 b Abs. 2 SGG iVm §§ 920 ff. ZPO).

B. Vorläufiger Rechtsschutz in Anfechtungssachen (§§ 86 a, 86 b Abs. 1 SGG)

In der Anfechtungssituation hat die Behörde bereits einen Verwaltungsakt erlassen, ge- **4** gen den sich der Betroffene mit seinem Widerspruch und später mit der Anfechtungsklage wehren muss. Die Eilentscheidung in Anfechtungssachen betrifft immer die Frage, ob dem Widerspruch oder der ggf. bereits anhängigen Klage **aufschiebende Wirkung** zukommt, dh ob die Behörde ihren Bescheid bereits vollziehen darf oder ob es einstweilen (bis zum Abschluss des Widerspruchs- oder des Klageverfahrens) bei dem bisherigen Zustand bleiben soll.

---

1 Syn.: einstweiliger Rechtsschutz, Eilverfahren.
2 Spellbrink (Lit.) S. 1 mwN; ähnlich Hölzer (Lit.) S. 99 und Wündrich (Lit.) S. 206/276.
3 1 BvR 569/05. Vgl. zur weiteren verfassungsgerechtlichen Rechtsprechung Burkiczak (Lit.) und BVerfG 1.8.2017 – 1 BvR 1910/12 zum vorläufigen Rechtsschutz bzgl. Grundsicherungsleistungen für Unterkunft und Heizung; dazu → Rn. 38 ff.

I. Ausgangslage (§ 86 a SGG)

5 Die Ausgangslage ergibt sich insoweit aus § 86 a SGG. Danach (§ 86 a Abs. 1 S. 1 SGG) haben Widerspruch und Anfechtungsklage grundsätzlich aufschiebende Wirkung.

6 Die aufschiebende Wirkung eines Widerspruchs oder einer bereits erhobenen Anfechtungsklage entfällt jedoch in den in § 86 a Abs. 2 SGG genannten Fällen. Im Existenzsicherungsrecht ist § 86 a Abs. 2 Nr. 4 SGG von besonderer Bedeutung, wonach die aufschiebende Wirkung in anderen durch Bundesgesetz vorgeschriebenen Fällen entfällt. Gem. § 39 SGB II haben Widerspruch und Anfechtungsklage in den dort bezeichneten Fällen keine aufschiebende Wirkung (→ Kap. 53 Rn. 11 ff.); hierzu gehören va Aufhebungs- und Rücknahmebescheide,[4] aber auch Sanktionsbescheide gem. §§ 31 ff. SGB II.[5] Hierzu näher → Rn. 13.

7 Daneben entfällt die aufschiebende Wirkung nach § 86 a Abs. 2 Nr. 5 SGG, wenn die Behörde, die den Verwaltungsakt erlassen oder über den Widerspruch zu entscheiden hat, die sofortige Vollziehung anordnet. Nach § 86 a Abs. 3 S. 1 SGG kann die Behörde, die die im Streit stehende Regelung erlassen bzw. über den Widerspruch zu entscheiden hat, in den oben dargestellten Fällen, in denen der Widerspruch keine aufschiebende Wirkung hat, die sofortige Vollziehung des Bescheides ganz oder teilweise **aussetzen**. Der Betroffene hat die Möglichkeit, sich mit einem entsprechenden Antrag an die Behörde zu wenden. Dies kann gegenüber dem gerichtlichen Rechtsschutz der schnellere und zweckmäßigere Weg sein. Daher ist zu empfehlen, vor Einleitung eines gerichtlichen Verfahrens gegenüber der Behörde einen Antrag auf Aussetzung der Vollziehung zu stellen. Ein Antrag gegenüber der Behörde ist aber keine Voraussetzung für einen statthaften Antrag auf eine gerichtliche Entscheidung (→ Rn. 14).

II. Gerichtlicher Rechtsschutz in Anfechtungssachen (§ 86 b Abs. 1 SGG)

1. Zulässigkeitsfragen

a) Statthaftigkeit

8 Ein Antrag an das Gericht auf Gewährung von Eilrechtsschutz ist nach § 86 b Abs. 1 S. 1 SGG statthaft, wenn es um die vorläufige Abwehr der **Rechtsbeeinträchtigung** geht, die durch die sofortige Vollziehbarkeit eines noch nicht bestandskräftigen Verwaltungsaktes droht.[6] § 86 b Abs. 1 S. 1 SGG sieht dabei verschiedene Möglichkeiten vor, wie das Gericht die sofortige Vollziehung regeln kann.

9 Nach § 86 b Abs. 1 S. 1 Nr. 1 SGG kann es die **sofortige Vollziehung** in den Fällen, in denen Widerspruch oder Anfechtungsklage aufschiebende Wirkung haben, **ganz oder teilweise anordnen**. Davon sind beispielsweise Fälle erfasst, in denen ein Dritter ein Interesse an der Vollziehung der Entscheidung hat, dem Widerspruch oder der Klage aber nach § 86 a Abs. 1 S. 1 SGG **aufschiebende Wirkung** zukommt.

10 Haben Widerspruch oder Anfechtungsklage keine aufschiebende Wirkung (in den Fällen des § 86 a Abs. 2 SGG), kann das Gericht nach § 86 b Abs. 1 S. 1 Nr. 2 SGG die **aufschiebende Wirkung ganz oder teilweise anordnen**.

11 Hat die Behörde ihrerseits gemäß § 86 a Abs. 3 S. 1 SGG die **sofortige Vollziehung** eines Bescheides **ausgesetzt**, gibt § 86 b Abs. 1 S. 1 Nr. 3 SGG dem Gericht die Möglichkeit, die **sofortige Vollziehung** ganz oder teilweise wieder **herzustellen**. Auch hier sind wiederum vorrangig Fallgestaltungen denkbar, in denen ein Dritter ein Interesse an der Vollziehung der Verwaltungsentscheidung hat.

---

4 Vgl. dazu etwa LSG NRW 23.11.2009 – 19 B 262/09 AS (§ 48 SGB X).
5 Vgl. dazu etwa LSG BW 31.7.2006 – L 13 AS 1709/06 ER-B.
6 Krodel I (Lit.), A Rn. 10.

Nicht gesetzlich geregelt, aber praktisch durchaus relevant ist der Fall, dass dem Wider- **12** spruch oder der Klage zwar von Gesetzes wegen aufschiebende Wirkung zukommt, die Behörde diese aufschiebende Wirkung aber nicht beachtet, dh die Verwaltungsentscheidung dennoch vollzieht, oder die aufschiebende Wirkung zwischen den Beteiligten zweifelhaft ist. In diesen Fällen kann der Betroffene eine gerichtliche Entscheidung beantragen, in der das Gericht in **entsprechender Anwendung des § 86 a Abs. 1 SGG** durch deklaratorischen Beschluss feststellt, dass der Widerspruch aufschiebende Wirkung hat.[7]

Im SGB II ergibt sich aus § 86 a Abs. 2 Nr. 4 SGG iVm § 39 SGB II, in welchen Fällen **13** Widerspruch und Anfechtungsklage keine aufschiebende Wirkung haben. Dies gilt gem. § 39 Nr. 1 SGB II für Verwaltungsakte, in denen Leistungen der Grundsicherung für Arbeitsuchende **aufgehoben, zurückgenommen, widerrufen** (Fälle der §§ 45 bis 48 SGB X),[8] **entzogen** (Fälle des § 66 SGB I),[9] die **Pflichtverletzung und die Minderung des Leistungsanspruchs** festgestellt werden (Fälle der §§ 31 ff. SGB II),[10] **Leistungen zur Eingliederung in Arbeit** oder **Pflichten** erwerbsfähiger Leistungsberechtigter bei der **Eingliederung in Arbeit** geregelt werden (zB Eingliederungsverwaltungsakt gem. § 15 Abs. 3 S. 3 SGB II),[11] gem. § 39 Nr. 2 SGB II für Verwaltungsakte, mit denen zur **Beantragung einer vorrangigen Leistung aufgefordert** wird (Fall des § 5 Abs. 3 SGB II)[12] und gem. § 39 Nr. 3 SGB II für Verwaltungsakte, mit denen zur **persönlichen Meldung bei der Agentur für Arbeit aufgefordert** wird (Fall des § 59 SGB II iVm § 309 SGB III).[13] Von der Regelung des § 39 SGB II sind dagegen Ersatzansprüche gem. §§ 34 f. SGB II,[14] Erstattungsbescheide gem. § 50 SGB X,[15] Aufrechnungsbescheide gem. §§ 43, 42 a Abs. 2 SGB II oder Abzweigungsbescheide gem. § 48 SGB I nicht erfasst, sodass Widerspruch und Klage aufschiebende Wirkung haben.[16]

b) Rechtsschutzbedürfnis

Der Antrag eines Betroffenen auf Anordnung der aufschiebenden Wirkung (§ 86 b **14** Abs. 1 S. 1 Nr. 2 SGG) kann wegen eines mangelnden Rechtsschutzbedürfnisses unzulässig sein, wenn er sich vorher nicht mit einem Antrag auf **Aussetzung der Vollziehung** (§ 86 b Abs. 3 S. 1 SGG) an die Behörde gewandt hat.[17] In jedem Fall kann dies bei einer Erledigung des Verfahrens ohne gerichtliche Entscheidung zu kostenrechtlichen Nachteilen führen, da das Gericht im Rahmen des § 193 Abs. 1 S. 3 SGG auch zu berücksichtigen hat, ob die Behörde Veranlassung zur Durchführung des Rechtsstreits gegeben hat.[18]

Die Klageerhebung ist ausdrücklich nicht Voraussetzung für die Zulässigkeit eines An- **15** trages nach § 86 b Abs. 1 SGG (vgl. § 86 b Abs. 3 SGG). Ausreichend aber auch denkgesetzlich notwendig ist, dass ein **Widerspruch** bereits eingelegt wurde, da es sonst keinen

---

7 SächsLSG 31.8.2016 – L 3 AS 633/16 B ER mwN.
8 Vgl. zur Rechtslage vor dem 1.1.2009 Vorauflage Kap. 61 Rn. 13. Zu §§ 45, 48 SGB X → Kap. 57 Rn. 5 ff.
9 Eingefügt durch Gesetz vom 26.7.2016 – BGBl. I, 1824; dazu gehören nicht die Fälle der Versagung von Leistungen gem. § 66 SGB I, vgl. Greiser in: Eicher/Luik SGB II § 39 Rn. 19 mwN. Zu § 66 SGB I → Kap. 48 Rn. 4 ff.
10 Zu §§ 31 ff. SGB II → Kap. 23 Rn. 23 ff.
11 Zu § 15 Abs. 3 S. 3 SGB II → Kap. 16 Rn. 35.
12 Zu § 5 Abs. 3 SGB II → Kap. 12 Rn. 71, → Kap. 53 Rn. 16.
13 Zur Meldeaufforderung → Kap. 23 Rn. 71.
14 Zu §§ 34, 34 a SGB II → Kap. 41 Rn. 4 ff., 37 ff.
15 Zu § 50 SGB X → Kap. 57 Rn. 25 ff.
16 Vgl. Conradis in: LPK-SGB II § 39 Rn. 11 ff.; → Kap. 53 Rn. 11.
17 Vgl. BVerfG 14.3.2018 – 1 BvR 300/18; gegen die Notwendigkeit einer vorherigen Kontaktaufnahme mit der Behörde LSG NRW 23.11.2009 – L 19 B 262/09 AS mwN.
18 LSG NRW 14.4.2008 – L 7 B 311/07 AS.

Rechtsbehelf gibt, dem aufschiebende Wirkung im Hinblick auf die Verwaltungsentscheidung zugemessen werden könnte.[19]

16 Für die Behörde gibt es in der Regel kein **Rechtsschutzbedürfnis** zur Stellung eines Antrages nach § 86 b Abs. 1 S. 1 Nr. 1 SGG, weil sie nach § 86 a Abs. 2 Nr. 5 SGG (dazu → Rn. 7) die Möglichkeit hat, die sofortige Vollziehung anzuordnen.[20]

2. Begründetheit[21]

17 §§ 86 a f. SGG enthalten hinsichtlich der **Begründetheitsprüfung** in Anfechtungssachen – anders bei den Vornahmesachen (dazu → Rn. 42 ff.) – keine Vorgaben.[22]

18 Einigkeit besteht jedenfalls wohl darin, dass bei allen Verfahren nach § 86 b Abs. 1 S. 1 SGG in der Begründetheitsprüfung eine Abwägung stattfinden muss zwischen dem **Vollzugsinteresse**, das die Behörde bzw. die Allgemeinheit an der Umsetzung der getroffenen Entscheidung hat, mit dem **Aufschubinteresse** des Adressaten der Entscheidung.[23]

19 Diese Abwägung kann entweder in mehr oder weniger allgemeiner Form[24] oder angelehnt an den einzigen Hinweis, den das Gesetz in § 86 a Abs. 3 S. 2 SGG für die **Abwägungsentscheidung** der Behörde in den Fällen des § 86 a Abs. 2 Nr. 1 SGG gibt, ausgehend von den Erfolgsaussichten des Verfahrens in der Hauptsache erfolgen: Je größer die Erfolgsaussichten sind, umso geringere Anforderungen sind an das Aussetzungsinteresse zu stellen. Umgekehrt sind die Anforderungen an die Erfolgsaussichten umso geringer, je schwerer die behördliche Maßnahme wirkt.[25]

20 Unabhängig von dem gewählten Prüfungsschema sind im Hinblick auf die aus Art. 19 Abs. 4 GG abgeleitete **Sicherungs- und Rechtsschutzfunktion** des Eilverfahrens in die Abwägung stets einzustellen, die **Erfolgsaussichten** in der Hauptsache, die bis zu einer Entscheidung in der Hauptsache drohenden Rechtsverletzungen und das öffentliche Interesse an dem Vollzug der Verwaltungsentscheidung.[26] Umstände, die für die Gewichtung der genannten Abwägungsbelange bedeutsam werden können, sind ua **Grundrechtsbeeinträchtigungen** des Antragstellers und die Beachtung des Verhältnismäßigkeitsgrundsatzes.[27] Hier finden auch die Vorgaben Eingang, die das BVerfG in seinem Beschluss vom 12.5.2005[28] gemacht hat.[29] Häufig spielt dabei eine Rolle, ob sich die Vollziehung des Bescheides in Anbetracht der wirtschaftlichen Verhältnisse des Betroffenen als **unbillige Härte** darstellt und inwieweit es die der Verwaltungsentscheidung zugrunde liegende gesetzliche Regelung erfordert, dem Bescheid sofortige Geltung zu verschaffen. Im Bereich der Existenzsicherung wird dies beispielsweise im Rahmen von Sanktionsentscheidungen nach § 31 SGB II relevant.[30]

21 Wenn eine **abschließende Prüfung** der Rechtmäßigkeit der Verwaltungsentscheidung möglich ist, sich also feststellen lässt, ob das Verfahren in der Hauptsache offensichtlich aussichtsreich oder aussichtslos ist, spricht auch aus verfassungsrechtlicher Sicht nichts dagegen, die übrigen Abwägungsgesichtspunkte hintanzustellen und eine Entscheidung allein auf dieser Grundlage zu treffen.[31]

---

19 Wündrich (Lit.) S. 207.
20 Frehse in: Jansen SGG § 86 b Rn. 4.
21 Im Einzelnen dazu Krodel I (Lit.) B Rn. 185 ff.
22 Eine Ausnahme stellt § 86 a Abs. 3 S. 2 SGG für Fälle gem. § 86 a Abs. 2 Nr. 1 SGG dar.
23 Vgl. etwa BayLSG 24.3.2016 – L 7 AS 140/16 B ER.
24 Krodel I (Lit.) B Rn. 186 mwN.
25 Wündrich (Lit.) S. 209; Keller in: Meyer-Ladewig/Keller/Leitherer/Schmidt SGG § 86 b Rn. 12 e ff. mwN.
26 Krodel I, (Lit.) B Rn. 198 ff.
27 Keller in: Meyer-Ladewig/Keller/Leitherer/Schmidt SGG § 86 b Rn. 12 g mwN.
28 1 BvR 569/05.
29 Dazu im Einzelnen Krodel II, (Lit.) S. 637 ff.
30 LSG BW – L 7 AS 1398/08 ER-B; Wündrich (Lit.) S. 208.
31 Krodel I, (Lit.) B Rn. 220.

Maßgeblicher Zeitpunkt für die Beurteilung der Sach- und Rechtslage ist in allen Ver **22** fahren nach § 86 b Abs. 1 SGG der Zeitpunkt der gerichtlichen Entscheidung.[32] Sowohl die Behörde als auch die Betroffenen haben die Möglichkeit, bei Änderung der Umstände jederzeit einen Antrag an das Gericht zu stellen, das seine Entscheidung daraufhin ändern oder wieder aufheben kann (§ 86 b Abs. 1 S. 4 SGG).

3. Inhalt der Entscheidung

Das Gericht ordnet mit seiner Entscheidung die aufschiebende Wirkung bzw. die sofor **23** tige Vollziehung an (§ 86 b Abs. 1 S. 1 Nr. 1 und 2 SGG) oder stellt die sofortige Vollziehung wieder her (§ 86 b Abs. 1 S. 1 Nr. 3 SGG). In den Fällen einer **analogen Anwendung** des § 86 b Abs. 1 SGG (→ Rn. 12) stellt es die aufschiebende Wirkung fest.

Der Beschluss des Gerichts, mit dem die aufschiebende Wirkung angeordnet wird, hat **24** grundsätzlich **Rückwirkung**. In die Zukunft gerichtet gilt die Anordnung bis zum Eintritt der Unanfechtbarkeit der Entscheidung in der Hauptsache. Danach wird sie automatisch gegenstandslos.[33] Das Gericht hat im Rahmen des ihm eingeräumten **Ermessens** aber die Möglichkeit, den Zeitpunkt des Beginns und/oder des Endes der Anordnung der aufschiebenden Wirkung abweichend festzulegen.[34]

Ist der Verwaltungsakt im Zeitpunkt der Anordnung oder Feststellung der aufschieben **25** den Wirkung durch das Gericht von der Behörde **schon vollzogen** oder von dem Betroffenen **bereits befolgt** worden, kann das Gericht die Aufhebung der Vollziehung anordnen (§ 86 b Abs. 1 S. 2 SGG). Es handelt sich hierbei um einen gesetzlich geregelten Fall des **Folgenbeseitigungsanspruches**. Liegen die Voraussetzungen des § 86 b Abs. 1 S. 1 Nr. 2 SGG vor, kann das Gericht anordnen, dass die Behörde die bisher schon erfolgten Vollziehungshandlungen bzw. deren unmittelbaren Folgen rückgängig zu machen hat.

C. Vorläufiger Rechtsschutz in Vornahmesachen – „einstweilige Anordnung" (§ 86 b Abs. 2 SGG)

Der Rechtsschutz in Vornahmesachen – in Form der **einstweiligen Anordnung** – richtet **26** sich nach § 86 b Abs. 2 SGG, wobei gem. § 86 b Abs. 2 S. 4 SGG Vorschriften zur Regelung des einstweiligen Rechtsschutzes im Zivilprozess entsprechend gelten.

I. Zulässigkeitsfragen

1. Statthaftigkeit

Der Antrag auf Erlass einer einstweiligen Anordnung ist statthaft, wenn zur Verfolgung **27** des Begehrens in der Hauptsache eine **andere Klageart** als die Anfechtungsklage einschlägig ist (zu den möglichen Klagearten in der Hauptsache → Kap. 60 Rn. 10 ff.). Dies ergibt sich aus der Formulierung in § 86 b Abs. 2 S. 1 SGG: „Soweit ein Fall des Absatzes 1 nicht vorliegt, ...".

Ebenso wie die Parallelvorschrift in der VwGO sieht § 86 b Abs. 2 SGG den Erlass einer **28** einstweiligen Anordnung zur Sicherung eines bestehenden Zustandes (sog **Sicherungsanordnung** – § 86 b Abs. 2 S. 1 SGG) oder zur Erweiterung einer bereits bestehenden Rechtsposition (sog **Regelungsanordnung** – § 86 b Abs. 2 S. 2 SGG) vor. Die Unterscheidung ist insofern nicht von großer Bedeutung, als die Voraussetzungen für den Erlass einer Sicherungs- bzw. Regelungsanordnung im Wesentlichen identisch sind.[35]

---

32 Krodel I, (Lit.) B Rn. 271; Keller in: Meyer-Ladewig/Keller/Leitherer/Schmidt SGG § 86 b Rn. 18 mwN.
33 Keller in: Meyer-Ladewig/Keller/Leitherer/Schmidt SGG § 86 b Rn. 19 mwN.
34 Vgl. Keller in: Meyer-Ladewig/Keller/Leitherer/Schmidt SGG § 86 b SGG Rn. 19 mwN.
35 Vgl. auch Keller in: Meyer-Ladewig/Keller/Leitherer/Schmidt SGG § 86 b Rn. 25.

2. Rechtsschutzbedürfnis

29 Anders als im Bereich der Anfechtungssachen ist es für die Zulässigkeit eines Eilantrages in Vornahmesachen grundsätzlich erforderlich, dass der Betroffene sein Begehren zuvor erfolglos bei der Behörde geltend gemacht hat.[36] Andernfalls soll der Antrag mangels Rechtsschutzbedürfnis **unzulässig** sein.

30 Diese Sicht berücksichtigt nicht ausreichend die Interessen der Parteien des Verfahrens. Es mag sein, dass die Behörden nicht durch einen Antrag auf Erlass einer einstweiligen Anordnung überrascht werden, sondern die Möglichkeit einer eigenen Entscheidung haben sollen. Allerdings ist auch zu beobachten, dass Behörden solche Aufforderungen in einer Vielzahl von Fällen überhaupt nicht beantworten.[37] In einer solchen Situation stellt die vorherige Aufforderung eine nutzlose Förmelei dar, die von Antragstellern nicht abgefordert werden darf. Daneben ist eine vorherige Geltendmachung dann nicht zumutbar, wenn die Angelegenheit besonders eilbedürftig ist und der Betroffene sich deswegen **vorher** nicht mehr an die Behörde wenden kann.

31 Wie bei der Gewährung von vorläufigem Rechtsschutz in Anfechtungssachen ist es auch bei Verfahren nach § 86 b Abs. 2 SGG nicht notwendig, dass schon ein **Klageverfahren anhängig** ist (§ 86 b Abs. 2 SGG).

II. Begründetheit
1. Allgemeines

32 Die Einzelheiten der Prüfung eines Antrages auf Erlass einer einstweiligen Anordnung nach § 86 b Abs. 2 SGG sind dogmatisch **umstritten**.[38] Auch von den Gerichten wird die Einzelfallprüfung, sowohl was den Inhalt als auch was die Intensität angeht, höchst unterschiedlich gehandhabt. **Einigkeit** herrscht jedoch dahin gehend, dass eine einstweilige Anordnung nur dann zu erlassen ist, wenn das Vorliegen eines **Anordnungsanspruches** und eines **Anordnungsgrundes** glaubhaft gemacht ist[39] (§ 86 b Abs. 2 S. 4 SGG iVm § 920 ZPO). Die Einzelheiten der Prüfung haben sich dabei an den Vorgaben des BVerfG auszurichten.[40]

2. Anordnungsanspruch

33 Im Rahmen des Anordnungsanspruches findet eine Prüfung der materiellen Rechtslage und damit der **Erfolgsaussichten** in der Hauptsache statt. Ein Anordnungsanspruch wird als erfüllt angesehen, wenn es **überwiegend wahrscheinlich** ist, dass dem Betroffenen der geltend gemachte Anspruch tatsächlich zusteht.[41] Droht allerdings eine schwere Grundrechtsverletzung wie etwa im Bereich der Grundsicherung, reicht uU auch die bloße Möglichkeit eines Erfolgs in der Hauptsache aus.[42]

3. Anordnungsgrund

34 Ein Anordnungsgrund setzt bei der **Sicherungsanordnung** die Gefahr einer Rechtsvereitelung oder Erschwerung der Rechtsverwirklichung durch eine Veränderung des bestehenden Zustands und bei der **Regelungsanordnung** die Notwendigkeit zur Abwendung

---

36 Wündrich (Lit.) S. 268 mwN; LSG NRW 1.3.2006 – L 20 B 7/06 AS; Keller in: Meyer-Ladewig/Keller/Leitherer/Schmidt SGG § 86 b Rn. 26 b mwN; aA Hölzer (Lit.) S. 102.
37 Vgl. dazu Klerks info also 2016, 51 (53 ff.).
38 Krodel I (Lit.) C Rn. 302 ff.
39 Krodel I (Lit.) C Rn. 333 ff.; Wündrich (Lit.) S. 267; Frehse in: Jansen SGG § 86 b Rn. 64.
40 Wündrich (Lit.) S. 268; Spellbrink (Lit.) S. 1 ff.; Krodel III, S. 21–23.
41 Krodel III, S. 21.
42 Krodel in: Berchtold/Richter (Lit.) Kap. 5 Rn. 80.

wesentlicher Nachteile voraus.[43] Regelmäßig kann es sich dabei nur um die Sicherung eines gegenwärtigen Zustands handeln. Ein Anordnungsgrund dürfte dagegen fehlen, wenn sich der Antrag auf existenzsichernde Leistungen für Zeiträume der Vergangenheit richtet.[44]

Auf die Prüfung und das Vorliegen der Voraussetzungen eines Anordnungsgrundes **35** kann auch dann **nicht verzichtet** werden, wenn die Erfolgsaussichten in der Hauptsache und damit ein Anordnungsanspruch ganz **offensichtlich gegeben** ist.[45] Denn der Erlass einer einstweiligen Anordnung ist nur dann gerechtfertigt, wenn es dem Betroffenen nicht zugemutet werden kann, seine Rechte im Rahmen eines Hauptsacheverfahrens durchzusetzen.

Bei Verfahren auf Erlass einer einstweiligen Anordnung zur Gewährung laufender exis- **36** tenzsichernder Leistungen kann fraglich sein, ob diesbezüglich ein Anordnungsgrund schon vorliegt, wenn geltend gemacht wird, dass die **Leistung** nur in **geringem Umfang** gekürzt gezahlt wird. Bei einem **Bagatellbetrag** liegt eine Eilbedürftigkeit nicht vor. Schwierig zu beurteilen ist allerdings die Frage, wann es nur um einen Bagatellbetrag geht. Gerade im Existenzsicherungsrecht können auch kleinere Beiträge einen notwendigen Bedarf darstellen[46] (dazu auch → Rn. 46).[47]

4. Verfassungsrechtlicher Prüfungsmaßstab

Hinsichtlich der existenzsichernden Leistungen hat das Bundesverfassungsgericht in **37** mehreren Entscheidungen unter dem Gesichtspunkt der **Effektivität des gerichtlichen Rechtsschutzes** gem. Art. 19 Abs. 4 GG besondere Anforderungen an das Verfahren des vorläufigen Rechtsschutzes formuliert. Allgemein gilt, dass der Rechtsschutzanspruch umso stärker ist, je schwerwiegender die auferlegte Belastung ist und je mehr die Maßnahmen der Verwaltung zu unabänderlichen Ergebnissen führen.[48] Allerdings sind die Gerichte in Fällen, in denen sie sich an den Erfolgsaussichten der Hauptsache orientieren wollen, nicht nur zur summarischen, sondern zur **abschließenden Prüfung der Sach- und Rechtslage** verpflichtet; hierbei dürfen sie die Anforderungen an die **Glaubhaftmachung** nicht überspannen, sondern haben sich am Rechtsschutzziel zu orientieren und auch den Amtsermittlungsgrundsatz zu beachten;[49] hierbei treffen die Antragsteller aber auch Mitwirkungspflichten;[50] auch ist es möglich, dass die Prüfung zulasten der Antragsteller ausgeht.[51] Ist dem Gericht eine vollständige Aufklärung der Sach- und Rechtslage im Eilverfahren nicht möglich, hat es anhand einer **Folgenabwägung** zu entscheiden; hierbei sind insbesondere grundrechtliche Belange zu berücksichtigen.[52]

5. Unterkunfts-, Umzugs- und Energiekosten

Wegen der besonderen Bedeutung, die die Unterkunft und die Energieversorgung für die **38** Existenzsicherung haben, ist in diesem Bereich das **Konfliktpotenzial** zwischen den Betroffenen und den Leistungsträgern besonders **groß**, was sich auch in der Menge der

---

43 Keller in: Meyer-Ladewig/Keller/Leitherer/Schmidt SGG § 86 b Rn. 27 a.
44 LSG LSA 30.3.2016 – L 4 AS 65/16 B ER.
45 Keller in: Meyer-Ladewig/Keller/Leitherer/Schmidt SGG § 86 b Rn. 29 mwN.
46 Vgl. dazu Keller in: Meyer-Ladewig/Keller/Leitherer/Schmidt SGG § 86 b Rn. 29 a.
47 BayLSG 2.3.2009 – L 11 B 746/08; LSG NRW 19.9.2007 – L 7 B 215/07 AS ER; LSG NRW 12.11.2008 – L 7 B 310/08 AS ER.
48 Vgl. Keller in: Meyer-Ladewig/Keller/Leitherer/Schmidt SGG § 86 b Rn. 2 a mwN.
49 BVerfG 12.5.2005 – 1 BvR 569/05.
50 BVerfG 1.2.2010 – 1 BvR 20/10.
51 BVerfG 6.8.2014 – 1 BvR 1453/12.
52 BVerfG 12.5.2005 – 1 BvR 569/05.

diesbezüglich anfallenden Verfahren im einstweiligen Rechtsschutz – im Wesentlichen nach § 86 b Abs. 2 S. 2 SGG – widerspiegelt. Dabei gibt es einige **Problemschwerpunkte**.

39 Die Frage, ob und in welchen Fällen ein Anordnungsgrund auf Gewährung von Unterkunftskosten besteht, ist in der Rechtsprechung umstritten. ZT wird ein Anordnungsgrund erst dann anerkannt, wenn bereits eine Räumungsklage erhoben worden ist; hierbei wird geltend gemacht, dass die fristlose Kündigung gem. § 543 Abs. 2 S. 1 Nr. 3 BGB noch durch Nachzahlung der Miete innerhalb von zwei Monaten nach Rechtshängigkeit der Räumungsklage gem. § 569 Abs. 3 Nr. 2 BGB beseitigt werden kann und dass die ordentliche Kündigung gem. § 573 Abs. 2 Nr. 2 BGB deshalb unwirksam sein könne, weil im Rahmen der Verschuldensprüfung zu berücksichtigen sei, dass die Nichtzahlung uU auf den Leistungsträger zurückzuführen sei und daher den Mieter entlaste.[53] Das Bundesverfassungsgericht[54] sieht darin eine Verletzung des Grundrechts auf effektiven Rechtsschutz gem. Art. 19 Abs. 4 GG. Die Fachgerichte haben vielmehr zu prüfen, ob ein wesentlicher Nachteil im konkreten Einzelfall vorliegt.[55] Hierbei ist auch zu bedenken, dass durch einen späteren Rechtsschutz weitere Prozesse – mietrechtliche Zahlungs- und Räumungsklagen – geradezu provoziert werden, was nicht im Sinne des Rechtsfriedens sein kann. Manche Leistungsträger reagieren auf außergerichtliche Schreiben gar nicht, weshalb der gerichtliche Rechtsschutz oft die einzige Möglichkeit darstellt, überhaupt eine Äußerung des Leistungsträgers zu erhalten.

40 Der Anspruch auf Erteilung einer **Zusicherung** gem. § 22 Abs. 4 SGB II oder gem. § 22 Abs. 6 S. 1, 2 SGB II kann verfolgt werden, solange eine konkret zu beziehende Wohnung in Aussicht steht und der **Umzug** noch nicht erfolgt ist.[56] Hinsichtlich der **Zusicherung** gem. § 22 Abs. 4 SGB II ist zu beachten, dass sie grundsätzlich auf eine endgültige Zusicherung abzielt; dies ist aber im vorläufigen Rechtsschutz auch unter Berücksichtigung des effektiven Rechtsschutzes nur dann möglich, wenn zwingende Gründe eine solche Entscheidung gebieten.[57] Machen aber Vermieter die Anmietung einer Wohnung von der Zusicherung des Leistungsträgers abhängig, kann durch eine Verweigerung des gerichtlichen Rechtsschutzes ein Recht der Antragsteller dauerhaft vereitelt werden, da der Rechtsstreit jeweils dann erledigt ist, wenn die Wohnung anderweitig vermietet worden ist. Hier muss jedenfalls dann ein zwingender Grund für eine Entscheidung gesehen werden, wenn sich Antragsteller wiederholt und vergeblich um eine Zusicherung bemüht haben und die Voraussetzungen für eine Zusicherung vorliegen. Dagegen können Gerichte über die **Zusicherung** zur Übernahme von **Kosten für einen Umzug und eine Mietkaution** gem. § 22 Abs. 6 SGB II aufgrund einer Folgenabwägung entscheiden, weil eine Gewährung von Geldleistungen später wieder rückgängig gemacht werden kann.[58] Für eine besondere Eilbedürftigkeit der Zusicherung einer Mietkaution kann sprechen, dass Vermieter die Anmietung von der Sicherung des Anspruchs auf Zahlung der Mietkaution abhängig machen.[59]

41 Ein Anspruch auf Übernahme von **Schulden** für **Energielieferungen** und Unterkunftskosten gem. § 22 Abs. 8 SGB II soll nur dann bestehen, wenn Selbsthilfeversuche des Antragstellers zur Lösung der Problematik vergeblich waren; hierzu sollen etwa eine Einigung mit dem Stromerzeuger oder ein Wechsel des Stromanbieters gehören.[60] Es ist

---

53 Vgl. dazu etwa Merold ASR 2016, 184 ff. mwN; Klerks info also 2014, 195 ff. mwN.
54 BVerfG 1.8.2017 – 1 BvR 1910/12.
55 Vgl. BVerfG 1.8.2017 – 1 BvR 1910/12.
56 Vgl. etwa LSG Bln-Bbg 25.2.2010 – L 19 AS 151/10 B ER; vgl. betreffend ein Hauptsacheverfahren BSG 6.4.2011 – B 4 AS 5/10 R.
57 Vgl. LSG LSA 29.6.2017 – L 5 AS 413/17 B ER.
58 Vgl. SchlHLSG 9.10.2014 – L 6 AS 181/14 B ER.
59 Vgl. LSG Bln-Bbg 24.3.2010 – L 10 AS 216/10 B ER; BSG 6.4.2011 – B 4 AS 5/10 R.
60 BayLSG 22.6.2017 – L 7 AS 329/17 B ER; LSG NRW 23.12.2015 – L 2 AS 2028/15 B ER mwN.

Klerks/Ottersbach

aber fraglich, ob damit nicht die Anforderungen an den Zugang zum vorläufigen Rechtsschutz überspannt werden. Solche umfassenden ausdauernden Bemühungen insbesondere um einen neuen Stromanbieter können Gerichte nicht ohne Weiteres von einem Antragsteller erwarten. Vielmehr sind die Leistungsträger im Rahmen ihrer Beratungspflicht gem. § 14 Abs. 2 S. 2 SGB II gehalten, die Antragsteller bei der ersten Vorsprache auf diese Möglichkeiten konkret hinzuweisen. Erfolgt eine solche Beratung nicht, können die Gerichte fehlende Bemühungen nicht zum Nachteil der Antragsteller verwenden.

III. Inhalt der Entscheidung

Anders als in Anfechtungssachen, bei denen der Inhalt der Entscheidung durch die prozessuale Konstellation und das Gesetz vorgegeben ist, stellen sich bei den Entscheidungen in Vornahmesachen diesbezüglich verschiedene Fragen, die insbesondere den **Beginn** und das **Ende** der zu treffenden Anordnung und deren Verhältnis zur Entscheidung in der Hauptsache betreffen.[61] **42**

Ein Problem, das sich gerade im Bereich von Verfahren um den Erlass von Regelungsanordnungen im Bereich der Leistungen nach dem SGB II bzw. dem SGB XII stellt, ist, dass oftmals (zB bei der Bewilligung von laufenden Leistungen, Umzugsbeihilfen – § 22 Abs. 6 SGB II, 35 Abs. 2 S. 5 SGB XII – oder Erstausstattung – § 24 Abs. 3 SGB II, § 31 Abs. 1 SGB XII) mit der Entscheidung im Eilverfahren zwangsläufig die Entscheidung in der **Hauptsache** ganz oder zumindest teilweise **vorweg genommen** wird. Im Eilverfahren wird dann nicht nur einstweiliger oder vorläufiger, sondern endgültiger Rechtsschutz gewährt, was beispielsweise unter dem Gesichtspunkt der **Bestandskraft** und **Vollstreckbarkeit** der Entscheidungen und der Beteiligung ehrenamtlicher Richter nicht unproblematisch ist.[62] Es besteht für das Gericht im Rahmen des ihm bei seiner Entscheidung eingeräumten Ermessens[63] allerdings die Möglichkeit, die einstweilige Anordnung mit **Nebenbestimmungen** (zB Pflicht zur Sicherheitsleistung) zu versehen, oder deren Dauer zu begrenzen. Allerdings muss auch eine Vorwegnahme der Hauptsache in Kauf genommen werden, wenn die Leistung anders nicht gewährt werden kann und sie zur Wahrung effektiven Rechtsschutzes bei drohender schwerwiegender und irreparabler Beeinträchtigung grundrechtlich geschützter Rechtsgüter zulässig ist.[64] **43**

Wenn es um die Gewährung laufender Leistungen geht, kann die Leistung theoretisch ab Antragstellung bei dem Leistungsträger, ab dem Zeitpunkt des Eingangs des Eilantrages bei Gericht oder ab dem Zeitpunkt der Entscheidung des Gerichts zuerkannt werden.[65] Vorzugswürdig ist es, in der Regel die Leistung **ab Antragstellung bei Gericht** zuzusprechen.[66] Dies trägt dem Grundsatz Rechnung, dass im Eilverfahren nur eine **gegenwärtige Notlage** beseitigt werden soll und wirkt einer **Vorwegnahme** der Entscheidung in der Hauptsache entgegen. Bei einem Beginn der einstweiligen Anordnung erst mit dem Entscheidungszeitpunkt des Gerichts würde dem Betroffenen unverschuldet der Zeitraum, den das Gericht für die Prüfung bis zur Entscheidung benötigt, angelastet. Nur ausnahmsweise kann einstweiliger Rechtsschutz auch rückwirkend, dh für die Zeit **vor Antragstellung** bei Gericht gewährt werden, wenn die Nichtgewährung von So- **44**

---

61 Dazu Wündrich (Lit.) S. 270–272.
62 Spellbrink (Lit.) S. 3.
63 Dazu Krodel I (Lit.), Rn. 401 ff.
64 SächsLSG 26.10.2015 – L 7 AS 932/15 B ER.
65 Wündrich (Lit.) S. 270 f; Grube in: Grube/Wahrendorf, SGB XII, Einl. Rn. 127 mwN; Spellbrink (Lit.) S. 3.
66 Frehse in: Jansen SGG § 86 b Rn. 102; BayLSG 12.5.2010 – L 11 AS 42/10 B ER.

zialleistungen einen **fortwährenden Nachteil** begründet, der so ausgeglichen werden kann.[67]

45 Was den **Zeitraum** angeht, für den die Leistung in die Zukunft gerichtet zugesprochen werden kann, sind die Regelungen der §§ 41 Abs. 3 SGB II bzw. 44 Abs. 3 SGB XII zu beachten, wonach Leistungen idR für ein Jahr bewilligt werden. Über diese Zeiträume hinausgehend darf die Leistung in keinem Fall vorläufig zuerkannt werden, weil der Betroffene sonst im einstweiligen Rechtsschutz sogar mehr erhielte, als er im Hauptsacheverfahren erstreiten könnte. IdR bestimmen die Gerichte im Rahmen des ihnen eingeräumten Ermessens einen kürzeren Zeitraum als den Regelbewilligungszeitraum.[68]

46 Vereinzelt wird die Auffassung vertreten, dass Leistungen zur Sicherung des Lebensunterhalts im vorläufigen Rechtsschutz nicht in vollem Umfang, sondern nur gekürzt ausgezahlt werden; die Kürzung zB um 30 %[69] wird damit gerechtfertigt, dass damit eine vollständige Vorwegnahme der Hauptsache vermieden werden soll. Hieraus ergeben sich aber Probleme aufgrund der Grundrechtsrelevanz der existenzsichernden Leistungen.[70] Zwar hat das BVerfG eine solche Praxis in der Entscheidung vom 12.5.2005 gebilligt.[71] In der Entscheidung vom 23.7.2014[72] hat es allerdings darauf hingewiesen, dass der existenzsichernde Regelbedarf so bemessen sein muss, dass Unterdeckungen intern ausgeglichen oder durch Ansparen gedeckt werden können. Diese Erwägungen sind auch im Rahmen des vorläufigen Rechtsschutzes von Bedeutung, weil die Gewährung nur abgesenkter Regelleistungen die Gefahr der Unterdeckung des Lebensunterhalts in sich birgt.

D. Verfahren/Sonstiges

I. Glaubhaftmachung/Beweislastverteilung

47 Im Verfahren des einstweiligen Rechtsschutzes gilt ebenso wie in Hauptsacheverfahren der **Untersuchungsgrundsatz** gem. § 103 SGG, wobei die Beteiligten allerdings gem. §§ 103 S. 1 Hs. 2, 106 Abs. 1, 112 Abs. 2 SGG **Mitwirkungspflichten** treffen. Diese Mitwirkungspflichten haben im Verfahren des vorläufigen Rechtsschutzes eine besondere Bedeutung, weil der zu einer Entscheidung erforderliche Sachverhalt anderenfalls uU nicht in angemessener Zeit aufklärbar ist.[73]

48 In Vornahmesachen sieht das Gesetz in diesem Zusammenhang für die Überzeugungsbildung des Gerichts eine **Beweiserleichterung** insoweit vor, als es ausreicht, dass die für den Anordnungsanspruch bzw. den Anordnungsgrund maßgebenden Tatsachen im Sinne des § 920 Abs. 2 ZPO glaubhaft gemacht werden (vgl. § 86 b Abs. 2 S. 4 SGG). **Glaubhaftmachung** heißt Herbeiführung der überwiegenden Wahrscheinlichkeit.[74] Hierfür ist es in der Regel ausreichend aber auch notwendig, dass die tatsächlichen Umstände **benannt**, erreichbare Unterlagen **vorgelegt** und die Richtigkeit der Angaben **eidesstattlich** durch den Betroffenen **versichert** wird. Das Gericht hat aber die Möglichkeit und ist unter Berücksichtigung der Komplexität bzw. Schwierigkeit der Sache in Abwägung mit der Dringlichkeit im Einzelfall sogar gehalten, selbst weitere Ermittlun-

---

67 Frehse in: Jansen SGG § 86 b Rn. 101 mwN; Keller in: Meyer-Ladewig/Keller/Leitherer/Schmidt SGG § 86 b Rn. 35 a mwN; HessLSG 14.7.2011 – L 7 AS 107/11 B ER.
68 Vgl. Keller in: Meyer-Ladewig/Keller/Leitherer/Schmidt SGG § 86 b Rn. 35 b mwN.
69 Vgl. etwa BayLSG 22.6.2017 – L 7 AS 329/17 B ER.
70 Vgl. auch Keller in: Meyer-Ladewig/Keller/Leitherer/Schmidt SGG § 86 b Rn. 35 d mwN.
71 BVerfG 12.5.2005 – 1 BvR 569/05.
72 BVerfG 23.7.2014 – 1 BvL 10/12 ua.
73 Vgl. Krodel in: Berchtold/Richter (Lit.), Kap. 5 Rn. 39.
74 Krodel I (Lit.) C Rn. 347.

gen anzustellen, dh insbesondere weitere Unterlagen beizuziehen oder Beweis zu erheben.

In Anfechtungssachen gilt der Verweis auf die Regelung des § 920 Abs. 2 ZPO nicht. **49** Die Regelung kann aber entweder entsprechend herangezogen oder der Grad der zu fordernden Wahrscheinlichkeit von der Gewichtung der einzelnen Abwägungsbelange abhängig gemacht werden.

Im Hinblick auf den verfassungsrechtlichen Prüfungsmaßstab (→ Rn. 37) ist ohnehin **50** jedenfalls in den dort genannten Fällen bei der Prüfung die **volle Überzeugung** des Gerichts erforderlich, wobei eine an Sicherheit grenzende Wahrscheinlichkeit als ausreichend angesehen wird. Soll die aufschiebende Wirkung angeordnet werden, muss das Gericht davon überzeugt sein, dass die Interessen des Antragstellers an der aufschiebenden Wirkung gegenüber den öffentlichen Interessen an der sofortigen Vollziehung überwiegen. Umgekehrt ist der Antrag abzulehnen, wenn das Gericht von einem Überwiegen der öffentlichen Interessen überzeugt ist.[75]

II. Form der Entscheidung

Das Gericht entscheidet in Verfahren um die Gewährung vorläufigen Rechtsschutzes **51** durch **Beschluss** (vgl. § 142 SGG). Der Beschluss ergeht normalerweise im schriftlichen Verfahren ohne Beteiligung der ehrenamtlichen Richter. Das Gericht kann aber auch mit **ehrenamtlichen Richtern** entscheiden.

III. Rechtsmittel

Gegen den Beschluss des Sozialgerichts ist grundsätzlich die **Beschwerde** zum Landessozialgericht statthaft (§ 172 SGG), die gem. § 173 SGG innerhalb einer Frist von einem Monat nach Bekanntgabe der Entscheidung einzulegen ist. Grundsätzlich kann nicht nur der Antragsteller, sondern auch die Behörde Beschwerde einlegen – die Behörde auch dann, wenn sie (zur Vermeidung der Zwangsvollstreckung) einer einstweiligen Anordnung bereits nachgekommen ist.[76] Die Beschwerde ist nach § 172 Abs. 3 Nr. 1 SGG aber dann **nicht statthaft**, wenn in der Hauptsache die **Berufung** nicht ohne Zulassung **zulässig** wäre. Nach § 144 Abs. 1 S. 1 Nr. 1 SGG bedarf die Berufung der Zulassung, wenn die Klage eine Geld-, Dienst- oder Sachleistung bzw. einen hierauf gerichteten Verwaltungsakt betrifft und **der Wert** des Beschwerdegegenstandes 750,00 EUR nicht übersteigt (zu Einzelheiten der Berechnung des **Beschwerdewertes** insbesondere betreffend laufende Leistungen nach dem SGB II und SGB XII → Kap. 60 Rn. 62). Eine Zulassung der Beschwerde in Eilverfahren wegen grundsätzlicher Bedeutung der Angelegenheit ist nicht möglich, weil eine abschließende Klärung grundsätzlicher Rechtsfragen nur im **Instanzenzug** der Hauptsache geboten und vorgesehen ist.[77] Jedoch wird vorgeschlagen, in bestimmten Fällen mit einem nur geringen Wert im Antrag auf Erlass einer einstweiligen Anordnung Leistungen für die Dauer von mehr als einem Jahr zu beantragen.[78] In einem solchen Fall kommt es gem. § 144 Abs. 1 S. 2 SGG nicht auf einen (geringen) Streitwert an. Im Rahmen der Beschwerde kann das Landessozialgericht selbst in der Sache entscheiden, aber auch den Rechtsstreit gem. § 159 SGG an das Sozialgericht zurückverweisen.[79] Von dieser Möglichkeit sollte allerdings nur zurückhaltend Ge-

---

75 Vgl. Krodel in: Berchtold/Richter (Lit.), Kap. 5 Rn. 42 (S. 205).
76 Keller in: Meyer-Ladewig/Keller/Leitherer/Schmidt SGG § 86 b Rn. 47 mwN; Wündrich (Lit.) S. 275 mwN für die Gegenansicht.
77 BayLSG 16.12.2016 – L 7 AS 851/16 B ER; kritisch dazu Hölzer (Lit.) S. 100 mwN.
78 Conradis in: LPK-SGB II, 6. Aufl., Anhang Verfahren Rn. 145.
79 So BayLSG 11.4.2016 – L 16 AS 203/16 B ER.

brauch gemacht werden, weil dies idR zu einer weiteren zeitlichen Verzögerung der Entscheidung führt.

53 Die Beschwerde hat keine **aufschiebende Wirkung** (§ 175 SGG). Das LSG trifft eine eigene originäre Entscheidung über die in der Beschwerdeinstanz gestellten Anträge. Im Normalfall ist die Ausgangsentscheidung des SG in vollem Umfang zur Überprüfung durch das LSG gestellt. Das LSG entscheidet **endgültig** (§ 177 SGG).

IV. Änderung

54 Auf Antrag der Beteiligten kann das Gericht (auch) **nach Rechtskraft** des Beschlusses diesen im Falle einer Änderung der Verhältnisse gem. § 86 b Abs. 1 S. 4 SGG wieder **abändern**.[80] Sinn dieser Vorschrift ist insbesondere die Berücksichtigung einer **Änderung der Sach- oder Rechtslage** nach Eintritt der Rechtskraft des Beschlusses.[81] Zwar betrifft § 86 b Abs. 1 S. 4 SGG nach seiner Stellung im Gesetz nur Anfechtungssachen.[82] Jedoch ist eine Abänderung auch in Vornahmesachen unter dem Aspekt der Effektivität des Rechtsschutzes gem. Art. 19 Abs. 4 GG statthaft.[83] Bei ursprünglich vollständiger Ablehnung des Eilantrages handelt es sich jedoch um ein **neues Antragsverfahren**.[84] Ein solches neues Antragsverfahren ist statthaft.

V. Vollstreckung[85]

55 Hinsichtlich der Frage, ob und wie Entscheidungen der Gerichte zugunsten der Antragsteller[86] vollstreckt werden können, ist zwischen Anfechtungs- und Vornahmesachen zu unterscheiden. In **Anfechtungssachen** hat die Entscheidung gem. § 86 b Abs. 1 S. 1 SGG rechtsgestaltende Wirkung und bedarf keiner Vollstreckung.[87] Dagegen hat die Entscheidung nach § 86 a Abs. 1 S. 2 SGG einen vollstreckungsfähigen Inhalt.[88] Geht es um eine **Vornahmesache**, kann sich der Antragsteller grundsätzlich darauf verlassen, dass sich der zuständige **Leistungsträger** als juristische Person des öffentlichen Rechts wegen der in Art. 20 Abs. 3 GG verankerten Bindung an Gesetz und Recht auch ohne Vollstreckungsdruck **gesetzestreu** verhält und die Leistung, zu der er verurteilt wurde, zeitnah erbringt. Dies schließt es aber nicht aus, dass im Einzelfall doch eine Vollstreckung erforderlich ist. Nach alter Rechtslage musste die einstweilige Anordnung gem. § 86 b Abs. 2 S. 4 SGG iVm § 929 Abs. 2 ZPO innerhalb eines Monats vollzogen werden, da sie anderenfalls unzulässig wurde.[89] Dies gilt seit dem 25.10.2013 nicht mehr.[90] Gleichwohl kann die Durchführung der Vollstreckung aus Gründen der Sicherung des Ergebnisses geboten sein. Hierbei sind je nach Entscheidungstenor unterschiedliche Vollstreckungsmöglichkeiten gegeben: Hat das Gericht den Leistungsträger zu einer Leistung dem Grunde nach verpflichtet, wobei dem Leistungsträger die Bestimmung im Einzelnen überlassen bleibt, erfolgt die Vollstreckung durch Stellung eines Antrags nach § 201 SGG (Androhung und Festsetzung eines Zwangsgeldes). Die vor Festsetzung zu setzen-

---

80 Keller in: Meyer-Ladewig/Keller/Leitherer/Schmidt SGG § 86 b Rn. 45 mwN; Wündrich (Lit.) S. 274; ablehnend: Plagemann/Schafhausen, jurisPR-SozR 13/2008 Anm. 4.
81 Vgl. Krodel in: Berchtold/Richter, (Lit.) Kap. 5 Rn. 92 (S. 232).
82 Krodel in: Berchtold/Richter, (Lit.), Kap. 5 Rn. 92 (S. 232).
83 Keller in: Meyer-Ladewig/Keller/Leitherer/Schmidt SGG § 86 b Rn. 45 mwN.
84 Keller in: Meyer-Ladewig/Keller/Leitherer/Schmidt SGG § 86 b Rn. 45/45 a mwN.
85 Zum allgemeinen Vorgehen bei der Vollstreckung, Wündrich (Lit.) S. 276.
86 Bei Entscheidungen zulasten des Antragsteller stellt sich die Frage der Vollstreckbarkeit nicht.
87 Vgl. Keller in: Meyer-Ladewig/Keller/Leitherer/Schmidt SGG § 86 a Rn. 22 a.
88 Vgl. Keller in: Meyer-Ladewig/Keller/Leitherer/Schmidt SGG § 86 a Rn. 22 a mwN.
89 Vgl. zur alten Rechtslage Geiger info also 2007, 243.
90 Der Verweis auf § 929 Abs. 2 ZPO ist durch Gesetz vom 19.10.2013 (BGBl. I, 3836) gestrichen worden, vgl. Keller in: Meyer-Ladewig/Keller/Leitherer/Schmidt SGG § 86 b Rn. 46.

de Frist sollte bei existenzsichernden Leistungen kurz angesetzt werden.[91] Hat die Entscheidung einen vollstreckungsfähigen Inhalt (zB Verpflichtung zur Zahlung eines konkret bezifferten Geldbetrags), richtet sich die Zwangsvollstreckung nach § 198 Abs. 1 SGG iVm den Vorschriften der ZPO.[92] Die aufgrund der Vollstreckung erlangten Leistungen werden nur **vorläufig** erbracht. Stellt sich im Hauptsacheverfahren heraus, dass ein Anspruch auf die Leistung nicht bestand, hat der Leistungsträger gegen den Antragsteller einen **Erstattungsanspruch** entsprechend § 50 Abs. 2 SGB X.[93]

---

91 Groth NJW 2007, 2294 (2297).
92 Vgl. dazu im Einzelnen Schneider (Lit.).
93 Vgl. Keller in: Meyer-Ladewig/Keller/Leitherer/Schmidt SGG § 86 b Rn. 22 mwN; BSG 13.12.2016 – B 1 KR 1/16 R.

Kapitel 62: Vereinbarungsrecht und gerichtliche Kontrolle

Literaturhinweise: v. Boetticher/Tammen, Die Schiedsstelle nach dem Bundessozialhilfegesetz: Vertragshilfe oder hoheitliche Schlichtung?, RsDE 54 (2003), 28 ff.; Gottlieb, Schiedsstelle-Anrufung-Entscheidungsfreiraum, SGb 2017, 104; Gottlieb/Krüger, Vorschläge zur rechtlichen Harmonisierung der Schiedsstellenverfahren nach §§ 76 SGB XI und 80 SGB XII, NDV 2013, 571; Grube, Vergütungsvereinbarung – Schiedsstellenverfahren – Anfechtung des Schiedsspruchs, RP-Rehabilitation 2016, Nr. 3, 18; Hasenberg/Lutz/Felske, Der sozialrechtliche und betriebswirtschaftliche Weg zu Leistungs- und Vergütungsvereinbarungen, NDV 2015, 425; Kuhlenkampff/Wenzel, Wie kann man eine leistungsgerechte Vergütung nach den §§ 75 ff. SGB XII durchsetzen?, NDV 2008, 125 ff.; Laffert, Sozialgerichtliche Kontrolle von Schiedsstellenentscheidungen unter besonderer Berücksichtigung der Schiedsstelle nach den §§ 76 SGB XI und 80 SGB XII 2006; Laffert, Der Beurteilungsspielraum in Bezug auf Entscheidungen der Schiedsstellen nach § 76 SGB IX und 80 SGB XII, RsDE 64 (2007), 27 ff.; Nankza, Rechte und Pflichten der Schiedsstelle im Leistungserbringungsrecht, RdLH 2018, 27; Pattar, Sozialhilferechtliches Dreiecksverhältnis – Rechtsbeziehungen zwischen Hilfebedürftigen, Sozialhilfeträgern und Einrichtungsträgern, SRa 2012 85; Philipp, Refinanzierung von Tariflöhnen in Einrichtungen der Eingliederungshilfe, SRa 2016, 111; Plantholz, Schiedsverfahren in der Sozialhilfe, SRa 2012, 145; Rasch, Wirtschaftlichkeit der Investitionskosten bei Pacht und Leasing: landesrechtliche Förderhöchstbeträge kein zulässiger Maßstab, NZS 2018, 74; Rabe, Das Schiedsstellenverfahren nach dem SGB XII, SRa 2012, 146; Rasch, Externer Vergleich kann überregionale Vergleichsprüfung erfordern, RdLH 2016, 133; Schnapp (Hrsg.), Handbuch des sozialrechtlichen Schiedsverfahrens, Systematische Gesamtdarstellung der unterschiedlichen Rechtsbereiche mit Beispielen und Mustern 2004; Schumacher, Kündigung einer Leistungs- und Vergütungsvereinbarung wegen Neukalkulation der personellen Ausstattung, RdLH 2017, 89; Timm, Rückwirkende Festsetzung von Vergütungen und Investitionskosten durch die Schiedsstelle, GuP 2015, 75.

Rechtsgrundlagen:
SGB XII §§ 75 ff., § 77, §§ 80, 81
SGB X §§ 8 ff.
SGB XI § 85 Abs. 6; § 76
SGG §§ 51 ff.

Orientierungssätze:

1. Da das SGB II kein entwickeltes Vereinbarungsrecht kennt, kommt für den (möglichen) Abschluss von Vereinbarungen und deren Auslegung das allgemeine sozialgerichtliche Verfahren zur Anwendung.

2. Bei den Vereinbarungen nach §§ 75 ff. SGB XII ist bis 2020 nur für Vergütungsvereinbarungen ein Schiedsstellenverfahren vorgesehen, bei Leistungs- und Prüfungsvereinbarungen gilt das allgemeine sozialgerichtliche Verfahren.

3. Die Tätigkeit dieser Schiedsstellen besitzt Doppelcharakter, in dem Elemente hoheitlichen Handelns und vertragshelfender Tätigkeit zusammenfließen.

4. Die Schiedsstelle muss sich bei ihrer Entscheidung innerhalb der von den Parteien gestellten Anträge bewegen, die hinreichend konkret sein müssen, um Grundlage für einen Schiedsspruch sein zu können.

5. Der Schiedsspruch ergeht in Form eines Verwaltungsaktes; strebt eine der Parteien eine vom Schiedsspruch abweichende Vergütungsvereinbarung an, so ist eine isolierte Anfechtungsklage zu erheben.

6. Bei seiner Entscheidung hat das Gericht die Einschätzungsprärogative der Schiedsstelle zu berücksichtigen.

7. Hebt das Sozialgericht den Spruch der Schiedsstelle auf, hat die Schiedsstelle erneut unter Beachtung der Rechtsauffassung des Gerichts zu entscheiden, wobei ihr abermals eine Einschätzungsprärogative zukommt.

A. Allgemeines, gerichtliche Kontrolle bei § 17 SGB II

Die gerichtliche Kontrolle von Vereinbarungen, die nach § 17 SGB II möglich, nach §§ 75 ff. SGB XII verbindlich vorgeschrieben sind (→ Kap. 45 Rn. 72), ist unterschiedlich. Da das SGB II kein entwickeltes Vereinbarungsrecht kennt (→ Kap. 45 Rn. 17), ist das allgemeine sozialgerichtliche Verfahren maßgeblich. Auf Abschluss der in § 17 Abs. 2 SGB II Vereinbarungen besteht bei **gegenseitigen Leistungsverträgen** kein Rechtsanspruch, deswegen gibt es kein Rechtsmittel gerichtet auf den Abschluss einer Vereinbarung.[1] Handelt es sich um einen Vertrag im **sozialrechtlichen Dreiecksverhältnis** (zu den Unterschieden → Kap. 45 Rn. 5 ff.), ist der Weg zu den Sozialgerichten gegeben. Da bei Nichtabschluss einer solchen Vereinbarung im sozialrechtlichen Dreiecksverhältnis für den Leistungserbringer faktisch keine Möglichkeit besteht, Leistungen anzubieten, hat er ein Rechtsschutzinteresse. Klageart ist die allgemeine Leistungsklage auf Abschluss einer entsprechenden Vereinbarung[2] oder die subsidiäre Feststellungsklage, wenn der Leistungserbringer lediglich die Pflicht des Leistungsträgers auf Abschluss einer Vereinbarung feststellen lassen will. **1**

B. Die gerichtliche Kontrolle der Vereinbarungen nach §§ 75 ff. SGB XII

Die gerichtliche Kontrolle der in §§ 75 ff. SGB XII genannten **Leistungs-, Vergütungs- und Prüfungsvereinbarungen** ist unterschiedlich. Eine Besonderheit stellt das **Schiedsstellenverfahren** dar. Bei der gerichtlichen Kontrolle der Vereinbarungen ist zu unterscheiden zwischen **2**

- der Kontrolle bezüglich nicht zustande gekommener Vergütungsvereinbarungen mit dem damit verbundenen Schiedsstellenverfahren,

---

1 Gegebenenfalls kann, wenn Vorschriften des haushaltsrechtlichen oder wettbewerbsrechtlichen Vergaberechts zu beachten sind und deren Verletzung in Frage kommt, ein wettbewerbsrechtliches Verfahren nach §§ 155 ff. GWB eingeleitet werden.
2 LSG Nds-Brem 28.4.2015 – L 11 AS 255/13, Rn. 19 mwN.

■ der Kontrolle bezüglich nicht zustande gekommener Leistungs- und Prüfungsvereinbarungen, wofür es bis zum 31.12.2019 keine spezialgesetzlichen Sonderregelungen gibt – hier gilt das allgemeine sozialgerichtliche Verfahren – und

■ der Kontrolle bezüglich der Durchsetzung von Ansprüchen, Abwehr von Ansprüchen auf der Grundlage der Vereinbarungen, hier gibt es ebenfalls keine Sonderregelungen, es gilt die allgemeine sozialgerichtliche Kontrolle.

Für die Zeit ab dem 1.1.2020 endet der unterschiedliche Rechtsschutz bezüglich der drei Vereinbarungen, da mit der Neufassung des Vereinbarungsrechts des SGB XII durch das BTHG[3] die Leistungsvereinbarung in das Schiedsverfahren einbezogen wird,[4] wohingegen die Prüfungsvereinbarung entfällt und ein anlassbezogenes Prüfungsrecht ersetzt wird.[5]

I. Vergütungsvereinbarung und Schiedsstellenverfahren

1. Die Schiedsstelle

3   Die Organisations- und Verfahrensvorschriften für die Schiedsstelle sind in § 80 SGB XII (ab 2020: § 81 Abs. 1–4 SGB XII) geregelt, jedoch ist gemäß § 81 Abs. 2 SGB XII (ab 2020: § 81 Abs. 5 SGB XII) auch vieles durch **Landesrechtsverordnung** zu regeln.[6] In jedem Bundesland ist mindestens eine Schiedsstelle errichtet,[7] die grundsätzlich für alle in ihren Zuständigkeitsbereich fallenden Angelegenheiten zuständig ist.

4   Die Mitglieder der Schiedsstelle sind **ehrenamtlich** tätig. Aus § 80 Abs. 2 SGB XII ergibt sich, dass zwischen den Mitgliedern der Einrichtungsträger und den Mitgliedern der öffentlichen Träger **Parität** zu bestehen hat. Zu den Trägereinrichtungen gehören privatgemeinnützige und privat-gewerbliche Einrichtungen. Sofern Einrichtungen in Trägerschaft von Trägern der Sozialhilfe stehen, ist bei der Zusammensetzung der Schiedsstelle darauf zu achten, dass auch in diesen Fällen zwischen den (verwaltungsrechtlich) privaten Leistungserbringern und den Trägern der Sozialhilfe Parität besteht.[8] Die vorherige Beteiligung an Vergütungsverhandlungen eines Mitgliedes der Schiedsstelle führt nicht zum Ausschluss vom Schiedsverfahren wegen Befangenheit, da die Mitglieder vorgeschriebener Maßen aus dem Kreis der Beteiligten kommen, dabei aber gemäß § 80 Abs. 3 Satz 2 SGB XII **nicht an Weisungen gebunden** sind.[9] Bezüglich des Vorsitzes geht das Gesetz vom Konsens zwischen den Beteiligten aus. Falls keine Einigung zustande kommt, greift das in § 80 Abs. 2 S. 1 5 SGB XII beschriebene Verfahren. Die **Entscheidungen** der Schiedsstelle werden mit Mehrheit der – nach der jeweiligen Rechtsverordnung vorgesehenen, nicht nur der anwesenden – Mitglieder getroffen; falls sich keine Mehrheit ergibt, entscheidet das Votum der vorsitzenden Person. Bei dem Schiedsverfahren handelt es sich nicht um eine mediative Schlichtung, sondern um ein Instrument

---

3   Bundesteilhabegesetz vom 26.12.2016, BGBl. I 2016, S. 3322 ff.
4   BT-Drs. 18/9522, 341.
5   BT-Drs. 18/9522, 340.
6   Zu verschiedenen Einzelheiten vgl. Armborst in: Schnapp Rn. 479 ff. Übersicht der verschiedenen landesrechtlichen Schiedsstellenverordnungen bei von Boetticher/Münder in: LPK-SGB XII § 81 Rn. 4.
7   Zum einen gibt es in Nordrhein-Westfalen gemäß § 1 Abs. 1 SchVO NW zwei Schiedsstellen, eine bei der Bezirksregierung Köln für die Regierungsbezirke Köln und Düsseldorf und eine bei der Bezirksregierung Münster für die Regierungsbezirke Münster, Detmold und Arnsberg. Zum anderen gibt es in Bayern gemäß § 101 Abs. 2 ASVG Bayern eine Spruchkammer für Altenhilfe und sonstige Angelegenheiten der Sozialhilfe und eine Spruchkammer für Angelegenheiten der Behindertenhilfe.
8   Ansonsten führt die Mitwirkung einer Person der kommunalen Träger auf Seiten der Einrichtungsträger zur Rechtswidrigkeit des Schiedsspruchs – SG Gelsenkirchen 2.8.2010 – S 8 SO 99/07, Sozialrecht aktuell 2010, 241 ff.
9   BSG 7.10.2015 – B 8 SO 1/14 R, Rn. 14.

der hoheitlichen **Zwangsschlichtung**, bei dem der Vertragsinhalt einseitig durch Schiedsspruch festsetzt wird.[10]

Auch bezüglich des **Verfahrens** der Schiedsstelle enthalten §§ 77 und 80 SGB XII nur 5
wenige Vorgaben. Gemäß § 77 Abs. 1 S. 3 SGB XII hat die Schiedsstelle **unverzüglich** zu entscheiden. Zur Ermittlung der angemessenen Vergütung für eine Leistung bzw. einen Leistungstyp kann sich sie Schiedsstelle am sog externen Vergleich (→ Kap. 45 Rn. 28 f.) orientieren, ist zu dessen Anwendung aber nicht gezwungen.[11] Der Zeitpunkt des Inkrafttretens des Schiedsspruches wird von der Schiedsstelle festgesetzt. Fehlt eine explizite zeitliche Bestimmung, ist maßgeblich für das Inkrafttreten der Zeitpunkt der Antragstellung gemäß § 76 Abs. 2 Satz 2 SGB XII. Sofern in den Landesverordnungen nach § 81 Abs. 2 SGB XII das Verfahren nicht oder nur zum Teil geregelt ist, ist ergänzend auf die Grundsätze zurückzugreifen, die im SGB X bzw. im Verwaltungsverfahrensgesetz oder in gerichtlichen Verfahrensordnungen positiv rechtlich geregelt sind.[12]

2. Voraussetzungen für die Anrufung der Schiedsstelle

Die Schiedsstelle kann angerufen werden, wenn es sich um Uneinigkeit bezüglich der 6
Vergütungsvereinbarungen handelt (§ 77 Abs. 1 S. 3 SGB XII). Bei Pflegeeinrichtungen zählen hierzu auch die Investitionskostenvereinbarungen nach § 75 Abs. 5 SGB XII, dh bei pflegebedürftigen Personen unterhalb des Pflegegrades 1, falls kein Versorgungsvertrag mit der Pflegekasse besteht, bei über die Pflichtleistung der Pflegekassen hinausgehenden Leistungen und bei gesondert berechenbaren Investitionskosten nach § 82 Abs. 4 SGB XI. Ab dem 1.1.2020 kann die Schiedsstelle zu allen strittigen Punkten der Verhandlungen angerufen werden gemäß § 77 Abs. 2 S. 1 SGB XII nF. Ab diesem Zeitpunkt sind also auch die Gegenstände der Leistungsvereinbarung schiedsfähig.

Es müssen **6 Wochen** seit der **schriftlichen Aufforderung** zu Verhandlungen durch eine 7
Partei abgelaufen sein (ab 2020: drei Monate gemäß § 77 Abs. 2 S. 1 SGB XII nF) und der Antrag einer Partei vorliegen. Durch den Antrag wird der Verhandlungs- und Streitgegenstand konkretisiert. Der Antrag an die Schiedsstelle muss „schiedsstellenentscheidungsfähig" sein, also so konkret, dass es der Schiedsstelle möglich ist, ggf. eine entsprechende konkrete Entscheidung zu fällen. **Weitere Voraussetzungen** sind nach dem Gesetzeswortlaut **nicht erforderlich**. Selbst die tatsächliche Durchführung von Vertragsverhandlungen ist keine ausdrückliche Voraussetzung, um einen Antrag auf Entscheidung der Schiedsstelle stellen zu können.[13] Faktische Voraussetzung ist allerdings das Vorliegen einer Leistungs- und einer Prüfungsvereinbarung, die Grundlage für die Festsetzung der Vergütung sind. Da diese (noch bis 2020) nicht schiedsfähig sind, müssen diese im Konfliktfall zunächst auf dem Sozialgerichtsweg erstritten werden (→ Rn. 15 f.).[14]

3. Rechtscharakter der Schiedsstellentätigkeit

Die **Schiedsstelle** ist **Behörde** iSd §§ 1 Abs. 2 und 31 SGB X und ihr Handeln dement- 8
sprechend hoheitlich, mit der Folge, dass ihre vertragsgestaltenden Entscheidungen **Verwaltungsakte** sind.[15] Angesichts der vertragshelfenden Tätigkeit der Schiedsstelle han-

10 SächsLSG 10.6.2015 – L 8 SO 58/14 KL, Rn. 40.
11 BSG 7.10.2015 – B 8 SO 21/14 R, Rn. 74, BSGE 120, 51.
12 Armborst in: Schnapp Rn. 502 ff.; Weiteres zu Organisation und Verfahren bei Münder in: LPK-SGB XII § 80 Rn. 3 ff.
13 LSG Hmb 20.10.2016 – L 4 SO 54/14 KL, Rn. 42 mwN.
14 Von Boetticher/Münder in: LPK-SGB XII § 77 Rn. 5.
15 BSG 13.7.2017 – B 8 SO 11/15 R, Rn. 16; BSG 23.7.2014 – B 8 SO 2/13 R, Rn. 9 ff., BSGE 116, 227 ff.; Jaritz/Eicher in: jurisPK-SGB XII § 77 Rn. 71 ff.; Neumann in: Hauck/Noftz SGB XII § 77 Rn. 17; Flint in: Grube/Wahrendorf SGB XII § 80 Rn. 10; Schellhorn in: Schellhorn ua SGB XII § 80 Rn. 7.

delt es sich um ein **hoheitliches Vertragshilfeorgan**, deren rechtsgestaltende, vertragser-
gänzende Funktion sich allein von den Rechten der Vereinbarungsparteien ableitet.[16]

9 Es fließen also **beide Elemente – hoheitliches Handeln und vertragshelfende Tätigkeit –**
zusammen: Es handelt sich im Grunde genommen um eine „Zwangs"-Vertragshilfe.
Denn das Schiedsstellenverfahren ist nicht Ausdruck einer von den Vertragsparteien
freiwillig vereinbarten Lösung. Gerade für die Leistungserbringer bedeutet es wegen der
wirtschaftlichen Notwendigkeit, entsprechende Entgeltvereinbarungen abgeschlossen zu
haben, dass sie sich bei Dissens dem Verfahren unterwerfen müssen, wenn sie zu einer
Vergütungsvereinbarung kommen wollen.[17] Damit sind Lösungen, die entweder allein
auf den hoheitlichen Aspekt oder allein auf den vertragshelfenden Aspekt abstellen,
nicht geeignet, der rechtlichen Problematik gerecht zu werden.[18] Der Doppelcharakter
der Schiedsstelle[19] spiegelt sich auch in dem Maßstab für die Sachverhaltsermittlung
durch die Schiedsstelle wider: Zwar unterliegt sie als hoheitliche Stelle der Pflicht zur
Ermittlung von Amts wegen nach § 20 SGB X, jedoch sind ihre Mitglieder gemäß § 80
Abs. 3 Satz 1 ehrenamtlich tätig und die Schiedsstelle hat keinen Verwaltungsunterbau
für Zuarbeiten. Eine umfassende Amtsermittlungspflicht würde die Möglichkeiten der
Schiedsstelle überstrapazieren und das Gebot der unverzüglichen Entscheidung nach
§ 77 Abs. 1 Satz 3 konterkarieren; die Ermittlungspflicht ist dementsprechend durch **besondere Mitwirkungspflichten der Beteiligten** relativiert.[20] Sofern relevante Sachver-
haltspunkte nicht hinreichend geklärt sind, sind die Vertragsparteien von der Schiedsstelle durch die Erteilung von Auflagen zu weiterer Darlegung und Substantiierung aufzufordern.[21]

4. Entscheidung der Schiedsstelle

10 Nach § 77 Abs. 1 S. 3 SGB XII entscheidet die Schiedsstelle unverzüglich über **Gegenstände, über die keine Einigung erreicht werden konnte**. Diese Formulierung verdeutlicht den vertragshelfenden Charakter der Schiedsstelle. Alle Elemente einer Vergütungsvereinbarung, bezüglich deren die Vertragsparteien bereits eine einvernehmliche
Regelung getroffen haben oder die aus anderen Gründen nicht oder nicht mehr umstritten sind, hat die Schiedsstelle ihrem Schiedsspruch ohne eigene Prüfung zugrunde zu legen.[22]

11 Entsprechend ihres vertragshelfenden Charakters wird der **Umfang der Entscheidungskompetenz** der Schiedsstelle vom Vorbringen der Parteien bestimmt. Diese bestimmen
durch ihre Anträge nicht nur den Gegenstand des Schiedsstellenverfahrens, sondern
auch die Reichweite der Schiedsstellenentscheidung und die Verfahrensgestaltung (Dis-
positionsmaxime der Parteien).[23] Da die Schiedsstelle ihr Mandat nur von den Verhandlungsparteien ableitet, ist sie mittelbar auch an rechtskräftige Urteile gebunden, die zwischen den Verhandlungsparteien ergangen sind.[24] Bei ihrer Entscheidung darf deshalb
die Schiedsstelle ohne Einverständnis der Parteien nicht über die von den Parteien gestellten Anträge hinausgehen, sondern muss sich in deren Rahmen bewegen.

---

16 BSG 23.7.2014 – B 8 SO 2/13 R, Rn. 9, BSGE 116, 227 ff.
17 Zu Recht BVerwG 1.12.1998 – 5 C 17.97, E 108, 50.
18 Weiterentwicklungsvorschlägen für eine rechtliche Ausgestaltung vgl. Gottlieb/Krüger NDV 2013, 571 und
die Vorschläge der Vorsitzenden und Geschäftsstellenleiter der Schiedsstelle NDV 2006, 302 ff.
19 Dazu SächsLSG 1.4.2015 – L 8 SO 86/12 KL, Rn. 25 mwN.
20 So auch BSG 7.10.2015 – B 8 SO 21/14 R, Rn. 20, BSGE 120, 51 ff.
21 LSG Bln-Bbg 30.9.2015 – L 15 SO 308/14 KL, Rn. 58.
22 LSG Nds-Brem 26.6.2014 – L 8 SO 349/10, Rn. 55 mwN.
23 BSG 23.7.2014 – B 8 SO 2/13 R, Rn. 9; so schon Plantholz/Rochon RsDE 45 (2000), 36; aA noch BayLSG
24.11.2011 – L 8 SO 135/10 KL, RdLH 2012, 24 f.; SächsLSG 10.6.2015 – L 8 SO 58/14 KL, Rn. 49; Neumann in: Hauck/Noftz SGB XII § 77 Rn. 13.
24 BSG 7.10.2015 – B 8 SO 19/14 R, Rn. 23 mwN.

5. Rechtsschutz gegen die Entscheidung der Schiedsstelle

a) Rechtsweg

Nach § 77 Abs. 1 S. 4 SGB XII ist der **Rechtsweg zu den Sozialgerichten** gegeben. Ge- **12**
mäß § 77 Abs. 1 S. 5 SGB XII ist die Klage gegen die **jeweils andere Vertragspartei** zu
richten. Sofern es sich um eine Klage des Leistungserbringers gegen den Sozialhilfeträger handelt, ist dies unproblematisch. Die Regelung gilt aber auch für den Fall, dass der
Sozialhilfeträger gegen den privaten Leistungserbringer klagt (etwa weil er mit der von
der Schiedsstelle festgelegten Vergütung nicht einverstanden ist). Hier hat der Sozialhilfeträger den privaten Leistungserbringer vor den Sozialgerichten zu verklagen – eine auf
den ersten Blick irritierende Vorstellung, deren Notwendigkeit sich daraus ergibt, dass
die Klage mit der Vergütungsvereinbarung den Abschluss eines öffentlich-rechtlichen
Vertrages anstrebt. Nach § 77 Abs. 1 S. 6 SGB XII bedarf es auch **keines Vorverfahrens,**
insofern „ersetzt" das Verfahren vor der Schiedsstelle das ansonsten gegen Verwaltungsakte übliche Widerspruchsverfahren. **Sachlich zuständig** für jede Art von Klagen
gegen den Schiedsspruch ist das **LSG** gemäß § 29 Abs. 2 Nr. 1 SGG. Die **örtliche Zuständigkeit** ist hingegen nicht gesetzlich geregelt. In Ermangelung einer spezielleren Regelung ist davon auszugehen, dass immer das **LSG am Sitz des Leistungserbringers** örtlich zuständig ist; klagt dieser gegen den Schiedsspruch folgt dies aus § 57 Abs. 1 Satz 1
SGG, klagt hingegen der Träger der Sozialhilfe als Körperschaft des öffentlichen Rechts,
folgt dies aus § 57 Abs. 1 Satz 2 SGG.[25]

b) Klageart

Richtige Klageart gegen den Schiedsspruch ist die isolierte Anfechtungsklage,[26] da die **13**
Entscheidung der Schiedsstelle ein Verwaltungsakt ist. Da die Klage nicht gegen die
Schiedsstelle, sondern gegen die andere Vertragspartei zu richten ist, scheidet sowohl
eine kombinierte Anfechtungs- und Verpflichtungsklage als auch eine Anfechtungs- und
Leistungsklage aus.[27]

c) Umfang der gerichtlichen Überprüfung

Da die Schiedsstellenentscheidung nicht ausschließlich Vertragsausfüllung ist, ist die ge- **14**
richtliche Kontrolldichte nicht soweit zurückgenommen, dass eine Überprüfung der
Schiedsstellenentscheidung beschränkt wäre auf die Fälle der offenbaren Unbilligkeit
(vgl. § 319 BGB). Da die Schiedsstellenentscheidung aber auch keine klassische einseitige hoheitliche Regelung ist, ist die Überprüfung nicht so eng, dass vom Grundsatz der
vollständigen gerichtlichen Überprüfung ausgegangen werden kann. Insofern hat die
Schiedsstelle hinsichtlich der unbestimmten Rechtsbegriffe – insbesondere die der Wirtschaftlichkeit, Sparsamkeit und Leistungsfähigkeit – eine **Einschätzungsprärogative.**[28]
Es unterliegt der gerichtlichen Überprüfung, ob die materiellrechtlichen Vorgaben des
Entgeltvereinbarungsrechts beachtet wurden, der Sachverhalt und die widerstreitenden
Interessen der Vertragsparteien hinreichend ermittelt wurde, ein faires und willkürfreies
Verfahren unter Gewährung des rechtlichen Gehörs stattgefunden hat, vertretbare Bewertungen vorgenommen wurden und eine hinreichende Begründung für die Entschei-

---

25 AA Jaritz/Eicher in: jurisPK-SGB XII § 77 Rn. 78, demzufolge es maßgeblich auf den Sitz der klagenden Vertragspartei ankommen soll.
26 BSG 13.7.2017 – B 8 SO 21/15 R, Rn. 10; SächsLSG 1.4.2015 – L 8 SO 86/12 KL, Rn. 25; LSG BW
5.10.2011 – L 2 SO 5659/08 KL; BayLSG 3.5.2012 – L 18 SO 230/09 KL, RdL 2012, 132 f.; LSG MV
6.9.2012 – L 9 SO 5/11 KL; LSG Hmb 30.10.2012 – L 4 SO 33/10 KL.
27 BSG 23.7.2014 – B 8 SO 2/13 R, Rn. 12; für eine Anfechtungs- und Verpflichtungsklage noch BayVGH
6.4.2001 – 12 B 00.2019; Baur in: Mergler/Zink § 77 Rn. 23; Armborst RsDE Nr. 33 (1996), 15.
28 BSG 7.10.2015 – B 8 SO 21/14 R, Rn. 12, BSGE 120, 51 ff.; BVerwG 1.12.1998 – 5 C 17.97, BVerwGE
108, 47; BVerwG 28.2.2002 – 5 C 25.01, BVerwGE 116, 78.

dung vorliegt.[29] Wird der Schiedsspruch im Gerichtsverfahren rechtskräftig aufgehoben, ist damit automatisch das Schiedsverfahren wieder eröffnet.[30] Gegen den erneuten Schiedsspruch steht wiederum der Rechtsweg offen. Die Gefahr einer „Endlosschleife"[31] ist jedoch dadurch gebannt, dass die Schiedsstelle zwar als Nichtbeteiligte des Klageverfahrens nicht unmittelbar an das Urteil gebunden ist, jedoch mittelbar, da ihre Entscheidungskompetenz begrenzt wird durch diejenige der Vertragsparteien, für die das Urteil bindend ist.[32]

II. Gerichtliche Kontrolle der Leistungs- und Prüfungsvereinbarungen

1. Hinsichtlich des Abschlusses von Leistungs- und Prüfungsvereinbarungen

15 Bezüglich dieser Vereinbarungen enthalten die §§ 75 ff. SGB XII (bis zum 31.1.2019) keine spezifischen Regelungen. Der Versuch der Schiedsstelle, für den Abschluss von Leistungs- und Prüfungsvereinbarungen eine Erstzuständigkeit mittels einer Vorfragenkompetenz einzuräumen, ist untauglich und rechtsdogmatisch nicht haltbar.[33] Da es sich bei diesen Vereinbarungen um öffentlich-rechtliche, koordinationsrechtliche Verträge handelt (→ Kap. 45 Rn. 26), ist der Rechtsweg zu den **Sozialgerichten** gegeben. Voraussetzung für die Eröffnung des Sozialrechtsweges ist die Tatsache, dass der Abschluss einer Vereinbarung abgelehnt wurde. Die Ablehnung des Abschlusses einer Vereinbarung ist eine rechtsgeschäftliche Willenserklärung gegenüber einem gleichrangigen Verhandlungspartner. Damit bedarf es **keines Vorverfahrens**. Richtige Klageart ist die **allgemeine Leistungsklage** auf Abschluss einer bestimmten Vereinbarung[34] oder die **subsidiäre Feststellungsklage**, wenn der Einrichtungsträger lediglich die Pflicht des Sozialhilfeträgers zum Abschluss einer der o.a. Vereinbarungen feststellen[35] lassen will, ggf. auch eine **Untätigkeitsklage** nach § 88 SGG.[36] Ab dem 1.1.2020 erledigt sich der unterschiedliche Rechtsschutz bezüglich der unterschiedlichen Vereinbarungen. Ab diesem Zeitpunkt kann die Schiedsstelle bezüglich aller Punkte angerufen werden, die in den Verhandlungen strittig geblieben sind (§ 77 Abs. 2 S. 1 SGB XII idF ab 2020). Prüfungsvereinbarungen sind ab diesem Zeitpunkt nicht mehr zu schließen; an ihre Stelle tritt ein anlassbezogenes Prüfrecht (→ Kap. 45 Rn. 45).

2. Bei Klage aus den Vereinbarungen

16 Der typische Fall einer Klage auf der Grundlage abgeschlossener Vereinbarungen wird die Klage auf Übernahme der Vergütung sein.[37] Allein der Abschluss der Vereinbarun-

---

29 BSG 7.10.2015 – B 8 SO 21/14, Rn. 12, BSGE 120, 51 ff.; LSG NRW 28.5.2015 – L 9 SO 417/13 KL, Rn. 50 f. mwN; Kulenkampff/Wenzel NDV 2008, 125 (129); LSG NRW 29.9.2008 – L 20 SO 92/06, Breithaupt 2009, 653; HessLSG 25.2.2011 – L 7 SO 237/10 KL, RdL 2011, 73 f.
30 LSG Bln-Bbg 5.12.2013 – L 23 SO 38/10 KL (bestätigt durch BSG 7.10.2015 – B 8 SO 1/14 R); LSG MV 6.9.2012 – L 9 SO 11/10 und L 9 SO 5/11 KL; LSG MV 30.8.2012 – L 9 SO 1/10; BayLSG 3.5.2012 – L 18 SO 230/09 KL (im Kern bestätigt durch BSG 23.7.2014 – B 8 SO 2/13 R); BayLSG 25.1.2012 – L 8 SO 89/09 KL; BayLSG 24.11.2011 – L 8 SO 135/10 KL und L 8 SO 223/09 KL; LSG BW 5.10.2011 – L 2 SO 5659/08 KL; LSG Hmb 30.10.2012 – L 4 SO 33/10 KL; SG Hildesheim 28.9.2010 – S 34 SO 252/05; SG Oldenburg 22.10.2009 – S 21 SO 287/05; BVerwG 28.2.2002 – 5 C 25/01, BVerwGE 116, 78; OVG Lüneburg 20.8.2008 – 4 LC 93/07.
31 Vgl. dazu Boetticher/Tammen RsDE 54 (2003), 44.
32 BSG 7.10.2015 – B 8 SO 19/14 R, Rn. 23 mwN; BSG 23.7.2014 – B 8 SO 3/13 R, Rn. 14, BSGE 116, 233 ff.
33 HessLSG 18.7.2006 – L 7 SO 16/06 ER, NDV-RD 2006, 110 ff.; NdsOVG 4.7.2008 – 4 LA 115/06, ZFSH/SGB 2008, 484 ff.
34 SächsOVG 26.10.2010 – 4 A 280/08.
35 OVG Hmb 11.4.2008 – 4 f. 83/07 Z, RsDE 69 (2008), 64 ff.
36 LSG BW 22.9.2005 – L 7 SO 3421/05 ER-B, FEVS 57 (2006), 322 (324).
37 Zu der Auseinandersetzung, wer Anspruchsinhaber hinsichtlich der Übernahme der Vergütung ist, der leistungsberechtigte Sozialhilfeempfänger oder der Leistungserbringer → Kap. 45 Rn. 59 f.

gen nach § 75 Abs. 3 SGB XII begründet noch keinen Zahlungsanspruch des Leistungs-erbringers gegen den Leistungträger, sondern bewirkt, dass er zu erbringende Leistungen gegenüber dem Leistungsträger zu den vereinbarten Bedingungen abrechnen kann. Wurden Leistungen erbracht, steht dem Leistungserbringer zunächst aufgrund des privatrechtlichen Dienstleistungsvertrages (→ Kap. 45 Rn. 6) ein Zahlungsanspruch gegen die leistungsberechtigte Person zu. Diese wiederum hat ihrerseits einen Anspruch auf Übernahme des Entgeltes gegen den Sozialhilfeträger (→ Kap. 45 Rn. 5). Bei einem Streit zwischen einer leistungsberechtigten Person und dem Sozialhilfeträger über das „Ob" der Vergütungsübernahme im Grundverhältnis des sozialrechtlichen Dreiecks, wenn also der Träger der Sozialhilfe die Erklärung der Kostenübernahme abgelehnt hat, handelt sich um eine öffentlich-rechtliche Rechtsstreitigkeit, für die der **Sozialrechtsweg** gemäß § 51 Abs. 1 Nr. 6 a SGG eröffnet ist. Sofern Leistungen bewilligt wurden und es konkret um die Übernahme bestehender Zahlungsverpflichtungen geht, ist der Leistungserbringer notwendig iSd § 75 Abs. 2 Alt. 1 SGG beizuladen.[38] Die Ablehnung der konkreten Kostenübernahme ist ein Verwaltungsakt, so dass zunächst das Vorverfahren (Widerspruch) durchzuführen ist.[39] Die richtige Klageart ist die **Verpflichtungsklage**, da das Begehren der leistungsberechtigten Person dahin geht, dass der Träger der Sozialhilfe die aufgrund der zivilrechtlichen Verpflichtung dem Leistungserbringer zu zahlende Vergütung übernimmt, also den Schuldbeitritt zu dem zivilrechtlichen Vertrag erklärt. Der Leistungserbringer selber ist hinsichtlich umfassenderer Leistungen für die leistungsberechtigte Person nicht klagebefugt,[40] es sei denn, er lässt sich den Anspruch der leistungsberechtigten Person abtreten oder aber deren Anspruch ist nach deren Tod wegen bereits erbrachter Leistungen als Sonderrechtsnachfolge im Wege des gesetzlichen Forderungsüberganges nach § 19 Abs. 6 auf den (teil-)stationären Leistungserbringer übergegangen; eine entsprechende Anwendung dieses Forderungsüberganges auf ambulante Dienste ist jedoch ausgeschlossen.[41]

Verlangt der **Leistungserbringer Zahlung der Vergütung**, so ist für den Rechtsweg der **17** Rechtsgrund des Verlangens maßgeblich. Handelt es sich um einen **Schuldbeitritt** zur privatrechtlichen Schuld des Leistungsberechtigten aufgrund der Kostenübernahmeerklärung des Sozialhilfeträgers (→ Kap. 45 Rn. 60), ist der Weg zu den **Zivilgerichten** gegeben, da der Schuldbeitritt zivilrechtlicher Natur ist.[42] Wird das Zahlungsverlangen auf ein **abstraktes Schuldanerkenntnis** des Sozialhilfeträgers gestützt (→ Kap. 45 Rn. 61), so ist der Weg zu den **Sozialgerichten** gegeben, da das abstrakte Schuldanerkenntnis im öffentlich-rechtlichen Sozialhilferecht wurzelt. Spielen möglicherweise beide Rechtsgründe eine Rolle, so ist § 17 Abs. 2 Satz 1 GVG zu beachten, so dass bei Beschreiten des Rechtsweges zu den Sozialgerichten, zB bei Berufung auf ein Schuldanerkenntnis, das Verfahren insgesamt vor den Sozialgerichten abzuwickeln ist.[43] Der in § 75 Abs. 6 SGB XII idF ab 2020 vorgesehene eigenständige direkte Zahlungsanspruch des Leistungserbringers gegen den Leistungsträger ist ebenfalls öffentlich-rechtlicher Natur, so dass darauf begründete Rechtsstreitigkeiten auch in die Zuständigkeit der Sozialgerichtsbarkeit fallen.[44]

---

38 BSG 20.4.2016 – B 8 SO 20/14, Rn. 13; BSG 28.10.2008 – B 8 SO 22/07 R, E 102, 1 ff.; BSG 2.2.2010 – B 8 SO 20/08 R, FEVS 61, 534 ff.
39 LPK-SGB XII Anhang Verfahren Rn. 52 ff.
40 LSG BW 25.6.2015 – L 7 SO 1447/11, Rn. 61 bezüglich fehlender Berufungsbefugnis des Leistungserbringers nach notwendiger Beiladung im Ausgangsrechtsstreit. AA SchlHLSG 12.6.2015 – L 9 SO 47/12, Rn. 47, demzufolge eine allgemeine Leistungsklage zwar zulässig, aber unbegründet sei.
41 BSG 13.7.2010 – B 8 SO 13/09 R, Rn. 11 ff., BSGE 106, 264.
42 BayLSG 26.11.2012 – L 18 SO 172/12 B; SG Berlin 24.9.2012 – S 90 SO 1227/12, RdL 1013, 82–83.
43 LSG NRW 23.9.2013 – L 20 SO 394/12; LSG NRW 20.12.2013 – L 20 SO 163/13 B; LSG Bln-Bbg 11.11.2013 – L 15 SO 295/12 B.
44 BT-Drs. 18/9522, 293.

Kapitel 63: Rechtsschutz vor den europäischen Gerichten

Literaturhinweise: Eichenhofer, Der sozialrechtliche Gehalt der EMRK, in: Festschrift für Renate Jäger, Grundrecht und Solidarität, 2011, 625; Jarras, Bedeutung der EU-Rechtsschutzgewährleistung für nationale und EU-Gerichte, NJW 2011, 1393; Karpenstein/Eckart, Neue Verfahrensordnung vor dem EuGH: Änderungen für die anwaltliche Praxis, AnwBl 2013, 249; Latzel/Streinz, Das richtige Vorabentscheidungsverfahren, NJOZ 2013, 97; Meyer-Ladewig/Petzold, 50 Jahre EGMR, NJW 2009, 3749; Nußberger, Das Sozialrecht der internationalen Organisationen, SRH, 5. Aufl. 2012, § 34; von Raumer, Wozu braucht Deutschland einen EGMR – wenn es ein BVerfG hat? AnwBl 2011, 195; Rödel, Die Menschenrechtsbeschwerde beim Europäischen Gerichtshof für Menschenrechte, ZAP, Fach 25, S. 241; Rudolf, Die neue europäische Grundrechtsarchitektur – Auftrag für Anwälte, AnwBl. 2011, 153; Rudolf/von Raumer, Die Beschwerde vor dem EGMR, in: Anwaltschaft für Menschenrechte und Vielfalt, Schriftenreihe AnwBl. Bd. 4 (2014), 29; Wägenbaur, Zugang und Verfahren vor dem EuG, EuGH und EGMR – Chancen und Risiken vor europäischen Gerichten, ZAP, Fach 25, S. 201.

Rechtsgrundlagen:

AEUV Art. 267
VerfO EuGH v. 29.9.2012 nebst praktischen Anweisungen im Anhang
EMRK Art. 2, 6 14, 34–36, Zusatzprotokoll zur EMRK Art. 1
VerfO EGMR v. 14.11.2016

Orientierungssätze:

1. Der ständig zunehmende Einfluss des Europarechts auf den Rechtsalltag zwingt dazu, sich mit dem Aufgabenbereich und der Verfahrensweise der europäischen Gerichte vertraut zu machen.

2. Von besonderer Bedeutung ist das Vorabentscheidungsverfahren, durch das der hierfür zuständige Europäische Gerichtshof (EuGH) seine Aufgabe erfüllt, abstrakte Rechtsfragen zu klären und so seine Letztentscheidungsbefugnis in der Materie Europarecht durchzusetzen.

3. Über die Vorlage zum EuGH entscheiden die nationalen Gerichte unter dem Gesichtspunkt der Entscheidungserheblichkeit. Während den Instanzgerichten hierbei ein Beurteilungsspielraum zusteht, ist das letztinstanzliche Gericht zur Vorlage verpflichtet. Ein Verstoß hiergegen stellt einen Entzug des gesetzlichen Richters dar (Art. 101 Abs. 1 S. 2 GG).

4. Die Europäische Menschenrechtskonvention (EMRK) ist ein völkerrechtlicher Vertrag, der in Deutschland den Rang eines innerstaatlichen (Bundes-)Gesetzes hat, dessen Einhaltung vor den deutschen Gerichten geltend gemacht werden kann. Bundesgesetze sind im Einklang mit der EMRK auszulegen, wobei den Entscheidungen des Europäischen Gerichtshofs für Menschenrechte (EGMR) besonderes Gewicht zukommt.

5. Die jedermann offenstehende Individualbeschwerde an den EGMR ist subsidiär, sie kann grundsätzlich erst nach Erschöpfung aller innerstaatlichen Rechtsbehelfe (einschließlich Anhörungsrüge/Verfassungsbeschwerde) eingelegt werden. Solche Beschwerden als Konsequenz von Konventionsverletzungen sind auch denkbar im Zusammenhang mit der Nichtgewähr existenzsichernder Leistungen.

A. Einleitung

Die zunehmende Bedeutung und der Stellenwert des Europarechts als supranationale **1** Rechtsordnung, die mit den mitgliedschaftlichen Rechtsordnungen eng verflochten ist und in diese hineinwirkt, im Deutschen Rechtsalltag[1] – gerade auch im Sozialrecht –[2] macht es notwendig, sich mit dem durch die europäischen Gerichte vermittelten Rechtsschutz zu befassen. Deren Aufgaben lassen sich ohne einen vorherigen Blick auf die insoweit einschlägige Rechtsmaterie Europarecht nicht verstehen. Das Europarecht im engeren Sinne bildete als sog Primärrecht (→ Rn. 3) zunächst das Recht der Europäischen Gemeinschaften – Gemeinschaftsrecht genannt – dh der Europäischen Gemeinschaft (früher: Europäische Wirtschaftsgemeinschaft) und der Europäischen Atomgemeinschaft. Die europäischen Gründungsverträge wurden dann ua durch den Vertrag über die Europäische Union vom 7.2.1992 (EUV) nebst Änderungen fortgeschrieben. Am 1.12.2009 ist der **Vertrag von Lissabon** in Kraft getreten.[3] Zum Europarecht im engeren Sinne zählt ferner das sog Sekundärrecht (→ Rn. 6). Im weiteren Sinne zum Europarecht gehört das Recht der zwischenstaatlichen Übereinkommen, wie die Europäische Menschenrechtskonvention – EMRK – (→ Rn. 10 und 25 ff.), sowie das europäische Fürsorgeabkommen und die Europäische Sozialcharta (zu beiden → Rn. 11).

Europäisches Sozialrecht ist nicht zu verstehen als eigenständige, neben das Recht der **2** Mitgliedsstaaten stehende Rechtsordnung, sondern es knüpft an das Sozialrecht der Mitgliedsstaaten an, überwiegend (nur) in Form einer „Koordinierung", nur zu einem kleinen Teil auch als „Harmonisierung".[4]

Hinweis: Die Verknüpfung des (koordinierenden) Sozialrechts mit der Freizügigkeit und der weitgehende Verzicht auf harmonisierende Regelung haben historische Gründe. Im Mittelpunkt des **EWG-Vertrages** stand das Ziel der **wirtschaftlichen Integration**, was mit einer **Unterordnung** des **Sozialrechts** unter die ökonomischen Prämissen einherging. Sozialrecht ist nur dort erwünscht und verwirklicht, wo es zu der ökonomischen Zielrichtung des EWG-Vertrages beiträgt.[5] Wenn auch das Europäische Sozialrecht demnach zwar vorrangig koordinierend angelegt ist, so sind jedenfalls in Teilbereichen Bestrebungen zur **Harmonisierung** der verschiedenen **nationalen Sozialrechtsordnungen** vorhanden:

Beispiele: Art. 153 Abs. 2 b AEUV erlaubt es, zu den in Abs. 1 der Vorschrift genannten Regelungsmaterien (wie Gesundheitsschutz, soziale Sicherheit und sozialer Schutz von Arbeitnehmern) **Mindeststandards** zu erlassen. Ferner sieht der **Europäische Sozialfonds** (Art. 162–164 AEUV) die Vergabe von Mitteln an die Mitgliedstaaten zu ihrer nationalen Beschäftigungspolitik vor. Schließlich ergibt sich aus dem **Gleichbehandlungsgebot** von Männern und Frauen (Art. 19, 157 AEUV) eine Tendenz zur Harmonisierung.

---

1 S. nur den Vorlagebeschluss des BVerfG an den EuGH hinsichtlich der Vereinbarkeit des Ankaufs von Staatsanleihen durch die EZB mit EU-Recht v. 14.1.2014 – 2 BvR 2728/13, NJW 2014, 907.
2 Vgl. hierzu die umfassende Übersicht von Schulte, SRH Kap. 33; vom supranationalen Sozialrecht zu unterscheiden ist das nationale Recht grenzüberschreitender Sachverhalte, s. insoweit Steinmeyer, SRH Kap. 32.
3 ABl. 2007 Nr. C306/01 vom 17.12.2007.
4 S. nur Eichenhofer, Sozialrecht der EU, S. 26 f.
5 Fuchs EuSozR I Rn. 18.

I. Europäisches Primär- und Sekundärrecht

3 Der Vertrag von Lissabon enthält als europäisches **Primärrecht** (zur Abgrenzung zum Sekundärrecht → Rn. 6) den Vertrag über die europäische Union (EUV) – zu dem weiterhin die insgesamt 37 Protokolle des Lissabon-Vertrages gehören – und den bisherigen Vertrag zur Gründung der europäischen Gemeinschaft (EGV), der nunmehr als „Vertrag über die Arbeitsweise der Europäischen Union (AEUV)" bezeichnet ist. Gemäß Art. 1 Abs. 3 AEUV stehen beide Verträge gleichrangig nebeneinander. Gem. Art. 1 EUV löst die **Europäische Union** – ausgestattet mit eigener Rechtspersönlichkeit in Art. 47 EUV – die zuvor so bezeichnete Europäische Gemeinschaft ab. Zum Primärrecht zählen sodann auch die ungeschriebenen allgemeinen Rechtsgrundsätze, wie die rechtsstaatlichen Prinzipien,[6] sowie die Europäischen Grundrechte, v.a. nach der Grundrechtscharta (→ Rn. 9).

4 Primärrechtlich ist seit dem Inkrafttreten des Lissabon-Vertrages der **Grundrechtsschutz** geregelt. Dieser beruht einmal auf der Charta der Grundrechte der EU (hierzu → Rn. 9) in der Fassung vom 12.12.2007,[7] die den Verträgen rechtlich gleichgestellt wird (Art. 6 Abs. 1 S. 1 EUV), sowie den ungeschriebenen Unionsgrundrechten, die daneben als allgemeine Rechtsgrundsätze des Unionsrechts gemäß Art. 6 Abs. 3 EUV fortgelten.[8] Die Ausgestaltung der Europäischen Union (auch) als **Rechtsgemeinschaft** wird durch Art. 47 der Grundrechtscharta hervorgehoben.[9] Unmittelbar anwendbares Primärrecht in den Mitgliedsstaaten sind die **vier europäischen Grundfreiheiten**, der freie Warenverkehr (Art. 34, 35 AEUV),[10] der freie Personenverkehr in Form der Arbeitnehmerfreizügigkeit (Art. 45 ff. AEUV)[11] und der Niederlassungsfreiheit (Art. 49 ff. AEUV), die Dienstleistungsfreiheit (Art. 56, 57 AEUV)[12] und die Kapitalverkehrsfreiheit. Nach der Rechtsprechung des EuGH leitet sich aus der **Unionsbürgerschaft** (Art. 20, 21 AEUV) und dem (auch für das Sozialrecht relevante) **Diskriminierungsverbot** (Art. 18 AEUV) eine **weitere Grundfreiheit** ab, die wirksam werden soll, wenn die anderen Grundfreiheiten nicht einschlägig sind.[13]

5 Um im Sozialrecht der **Gefahr** entgegenzuwirken, dass in Folge der Inanspruchnahme grenzüberschreitender Freizügigkeit die durch Verbindung zu einem bestimmten Staat vermittelten **Sozialleistungsansprüche** und **Anwartschaften eingebüßt** oder **vorenthalten** werden, spricht Art. 48 AEUV im zweiten Halbsatz des ersten Satzes die wichtigsten Vorgaben an:

■ **Zusammenrechnung** aller in den EU-Staaten zurückgelegten Versicherungszeiten,

■ **Zahlung** der Leistungen an Personen in einen **anderen EU-Staat** als den Wohnstaat.

6 Das Gemeinschaftsrecht enthält neben dem oben erwähnten Primärrecht das sog **Sekundärrecht** (die von den Unionsorganen – vor allem gemäß Art. 288 AEUV – erlassenen Rechtsakte wie **Verordnungen** und **Richtlinien**). Bei Ersteren handelt es sich als „Standardform der EG-Gesetzgebung"[14] um abstrakt-generelle Regelungen mit unmittelbarer

6 Scheuing in Schulze/Zuleeg, Europarecht, § 6 Rn. 7 ff.; s. nunmehr Art. 2 Abs. 1 AEUV.
7 ABL Nr. C303, 1, BGBl. II 2008, 65.
8 BVerfG Urt. v. 30.6.2009 – 2 BvE 2/08 ua, NJW 2009, 2267.
9 Vgl. hierzu näher Jarras NJW 2011, 1393.
10 Zur Bedeutung im Krankenversicherungsrecht s. EuGH 28.4.1998 – C-158/96 und C-120/95, „Kohll und Decker".
11 Siehe etwa EuGH 13.12.2012 – C-379/11, zur unzulässigen Anknüpfung an das Wohnsitzerfordernis bei der Gewährung einer Beihilfe an Arbeitgeber zur Einstellung von Arbeitslosen, ferner die Rechtsprechung des EuGH zum Sozialrecht im Jahre 2013 von Fuchs NZS 2014, 121 unter II.
12 S. etwa für die Krankenversicherung EuGH 12.7.2001 – C-157/99 und EuGH 13.5.2003 – C-385/99.
13 Urt. v. 8.3.2011 – C-34/09, NJW 2011, 2033 mit Anm. Hailbronner/Thym NJW 2011, 2008; ferner EuGH Urt. v. 5.5.2011 – C-206/10, jurisPR-SozR 16/2011, Anm. 1, Stähler.
14 König in Schulze/Zuleeg, Europarecht, § 2 Rn. 26.

Geltung und Anwendbarkeit. Richtlinien sind hingegen gemäß Art. 288 Abs. 3 AEUV – nur – für die Mitgliedsstaaten im Hinblick auf das verfolgte Ziel verbindlich, überlassen ihnen aber bei der Umsetzung Handlungsspielraum. Eine unmittelbare Wirkung auch gegenüber Einzelnen kann ihnen jedoch zukommen, wenn ein Mitgliedsstaat die Richtlinien nicht fristgerecht oder ordnungsgemäß umgesetzt hat,[15] oder wenn sich auch vor der fristgerechten Umsetzung der Inhalt einer Richtlinie aus primärrechtlichen Grundsätzen ableiten lässt.[16]

Das für das **Sozialrecht bedeutsame** sekundäre Unionsrecht enthält vor allem die Verordnung zur Koordinierung der Systeme der sozialen Sicherheit (als Nachfolgeregelung der sog **Wanderarbeitnehmerverordnung** VO (EWG) Nr. 1408/71 nebst Durchführungsverordnung VO (EWG) 574/72),[17] (VO 883/2004, sowie Durchführungsverordnung 987 /2009). Dort finden sich insbesondere Bestimmungen für den Fall, dass sich der **Wohnort** der Berechtigten und der **Sitz** des zuständigen **Leistungsträgers** in **verschiedenen Mitgliedsländern** befinden und ferner dafür, wie ausländische Sachverhalte für einen Leistungsanspruch im Inland zu regeln sind. Die Bestimmungen sollen es ermöglichen, ohne Sorge um Nachteile in der sozialen Sicherheit von dem Freizügigkeitsrecht Gebrauch zu machen und verhindern gleichzeitig **Doppelversicherungen** und eine **ungerechtfertigte Kumulierung** von Sozialleistungen aus mehreren Staaten. Ferner ist zu erwähnen die Verordnung über die Freizügigkeit der Arbeitnehmer innerhalb der Gemeinschaft (VO 1612/68), ua mit der für das Sozialrecht zentralen Bedeutung in Art. 7 Abs. 2, wonach Arbeitnehmern aus anderen Mitgliedsstaaten die gleichen sozialen und steuerlichen Vergünstigungen zustehen sollen wie inländischen Arbeitnehmern.

7

Ua die Bedeutung des Europarechts für die existenzsichernden Leistungen, insbesondere für den Anspruch auf **Arbeitslosengeld II** und den in § 7 Abs. 1 S. 2–7 SGB II normierten Leistungsausschluss für EU-Bürger, hat die Rechtsprechung des EuGH in den letzten Jahren wiederholt beschäftigt.[18] Von Leistungen nach dem SGB II ausgeschlossene Ausländer können allerdings aus verfassungsrechtlichen Gründen nach § 23 Abs. 1 S. 3 SGB XII – jedenfalls in der bis zum 28.12.2016 geltenden Fassung – Zugang zu den Leistungen für den Lebensunterhalt haben.[19]

8

II. Grundrechtscharta

Von besonderer Bedeutung ist seit Inkrafttreten des Vertrags von Lissabon (1.12.2009), dass im Vertrag über die Europäische Union die in der **Grundrechtscharta** (GrCh) der Europäischen Union normierten Freiheiten und Grundrechte anerkannt werden, Art. 6 Abs. 1 EUV.[20] Zu diesen gehören auch die in Titel IV der Charta unter der Bezeichnung „Solidarität" zusammengefassten sozialen Grundrechte. Zu verweisen ist v.a. auf Art. 34 (Recht auf soziale Sicherheit und soziale Unterstützung) und auf Art. 35 (Recht auf Zugang zur Gesundheitsvorsorge und auf ärztliche Versorgung). Auch wenn eine Einschränkung durch Art. 51 Abs. 2 GrCh erfolgt[21] und das in Art. 34 Abs. 3 GrCh postulierte Recht auf eine soziale Unterstützung nur als **objektivrechtliche** Garantie von

9

---

15 König in: Schulze/Zuleeg, Europarecht, § 2 Rn. 99.
16 EuGH 22.11.2005 – C-144/04, NZA 2005, 1345.
17 S. Janda in: NK-SGB III, 6. Aufl. 2107, Europäisches Sozialrecht, S. 2107 ff.; ferner Eichenhofer SGb 2010, 185.
18 S. etwa Padé JM 15, 16; Padé JM 15, 414; Nguyen JM 16, 283; Devetzi/Janda ZESAR 2017, 197, jeweils mwN ausführlich Greiser/Ascher VSSR 2016, 61 sowie Kapitel 2.
19 BSG 30.8.2017 – B 14 AS 31/16 R, SGb 2018, 101 mit Anm. Eichenhofer, 105.
20 Ein Überblick zum Grundrechtskatalog findet sich etwa bei Oppermann/Classen/Nettesheim, Europarecht, § 17 Rn. 46 ff.
21 Riedel in: Meyer (Hrsg.), Charta der Grundrechte der Europäischen Union (EuGRCh), 3. Aufl. 2011, vor Titel IV Rn. 36.

Sozialhilfeleistungen zu verstehen sein sollte,[22] so wird zurecht aufgrund von unverkennbaren Leistungs- und Erfüllungsverpflichtungen der Gemeinschaft aus Mindeststandards, gleichheitsbegründeten Schutzaufträgen und sozialen Förderungspflichten von einem **„Quantensprung"** in der sich herausstellenden Verantwortungsverteilung zwischen EU, Mitgliedsstaaten und Zivilgesellschaft für soziale Sicherung in der EU gesprochen.[23] Eine „europäische Grundrechtsbeschwerde" existiert allerdings derzeit nicht.[24] Obwohl die Charta nach § 51 Abs. 1 GrCh für die Mitgliedstaaten ausschließlich bei der Durchführung des Rechts der Union gilt, hat inzwischen die EuGH entschieden, dass jede mitgliedsstaatliche Maßnahme im Geltungsbereich des EU-Rechts an den EU-Grundrechten zu messen ist.[25]

III. Europäische Menschenrechtskonvention/Sozialcharta/Fürsorgeabkommen

10 Zum Europäischen Recht im weiteren Sinne (zur Begrifflichkeit → Rn. 1) gehört das Recht der zwischenstaatlichen Übereinkommen in Europa und außerhalb der EU. Insbesondere ist hier – gerade im Hinblick auf den dort eingeräumten Individualrechtsschutz – die **Europäische Menschenrechtskonvention (EMRK)**[26] **von Bedeutung,** für die der Europäische Gerichtshof für Menschenrechte (EGMR),[27] mit Sitz in Straßburg, zuständig ist. Art. 6 Abs. 3 EUV bestimmt, dass die Grundrechte, wie sie in der EMRK gewährleistet sind und wie sie sich aus den gemeinsamen Verfassungsüberlieferungen der Mitgliedsstaaten ergeben, als allgemeine Grundsätze des Unionsrechts anzusehen sind. Art. 6 Abs. 2 EUV ermächtigt und verpflichtet die Europäische Union zudem, der Konvention beizutreten. Beide Regelungen verstärken die Bedeutung der EMRK. Solange der Beitritt zur EMRK nicht erfolgt ist, sind deren Garantien für das Handeln der Union nicht unmittelbar bindend, Regelungen des Vertragsrechts der EU sind jedoch als Akte der Vertragsstaaten der EMRK der Kontrolle durch den EGMR unterworfen.[28] Über das europäische Recht erfahren auch die internationalen Menschenrechte im Rechtsalltag zunehmende Bedeutung.[29]

11 Auch die **Europäische Sozialcharta** (ESC) der EU v. 18.10.1961 bildet nach Art. 151 AEUV eine normative Grundlage für das Handeln der EU (→ Kap. 2 Rn. 6). Inhaltlich bemerkenswert ist ua, dass in Art. 30 der seit 1999 in Kraft befindlichen[30] revidierten Fassung der ESC ein Recht auf Schutz gegen **Armut** und **sozialen Ausschluss** besteht. Über die Einhaltung der Grundsätze der Charta entscheidet nach Art. 25 kein Gericht, sondern ein Sachverständigenausschuss. Wenn dieser Beanstandungen erhebt, kann nach Art. 29 das Ministerkomitee des Europarates Empfehlungen zur Abhilfe an den betroffenen Mitgliedsstaat richten. Schließlich ist das vom Europarat ausgearbeitete, multilaterale **Europäische Fürsorgeabkommen** zu erwähnen (→ Kap. 2 Rn. 7). Dieses stand in der Vergangenheit dem in § 7 Abs. 1 S. 2 Nr. 2 SGB II normierten Anspruchs-

---

22 Vgl. Riedel in: Meyer EuGRCh, 3. Aufl. 2011, Art. 34 Rn. 21.
23 Pitschas, Europäisches Sozial- und Gesundheitsrecht „nach Lissabon", NZS 2010, 179.
24 Eser in: Meyer EuGRCh, 3. Aufl. 2011, Art. 47 Rn. 15 mwN.
25 Urt. 26.2.2013 – C-617/10, NJW 2013, 1415 mit krit. Anm. Rabe NJW 2013, 1407. Kritik deutet auch das BVerfG an, 24.4.2013 – 1 BvR 1215/07, NJW 2013, 1499, Rn. 91. Zum Anwendungsbereichs der GrCh, auch zu seinen Grenzen, s. ferner EuGH 10.7.2014 – C-198/13, NZA 2014, 1325 und v. 5.2.2015 – C-117/14, NZA 2015, 349. Näher zum Europäischen Grundrechtsschutz Lenaerts AnwBl 2014, 772 und Masing AnwBl 2014, 786.
26 Ein völkerrechtlicher Vertrag, vgl. Grabenwarter, Europäische Menschenrechtskonvention, 4. Aufl. 2009, 1 ff.; diesem kommt nach Art. 59 Abs. 1 S. 1 GG der Rang eines (einfachen) Bundesgesetzes zu.
27 Zur Fundstellenverzeichnis des EGMR für deutschsprachige Texte findet sich unter www.egmr.org.
28 Oppermann/Classen/Nettesheim, Europarecht, § 17 Rn. 96 mwN; zum Verhältnis zwischen EuGH und EGMR s. näher Meyer-Ladewig, EMRK, Art. 1 Rn. 11–13.
29 Vgl. etwa die Berichte vom DAV-Forum Menschenrechte, das im November 2013 in Berlin stattfand in AnwBl 2014, 388 ff.
30 Aber von Deutschland noch nicht ratifiziert ist.

ausschluss entgegen.[31] Dies dürfte nicht mehr gelten, nachdem die Bundesregierung am 19.12.2011 einen **Vorbehalt** zu dem Abkommen erklärt hat,[32] der vom BSG als wirksam angesehen wird.[33] Dieser Vorbehalt gilt jedoch nicht für den Bereich des SGB XII. Ob der dort seit dem 29.12.2016 in § 23 Abs. 3 angeordnete Leistungsausschluss auch für Personen gilt, die dem Schutzbereich des Fürsorgeabkommens unterfallen, ist fraglich.[34]

B. Verfahren vor dem EuGH

I. Allgemeines

Art. 2 Abs. 1 AEUV erwähnt den Grundsatz der „**Rechtsstaatlichkeit**" als eines der **12** Prinzipien, auf denen die Union bisher bereits beruhte und das durch Art. 47 Grundrechtscharta nunmehr normiert ist. Nach Art. 19 EUV sichert der Gerichtshof der Europäischen Union – dieser umfasst den Gerichtshof, das Gericht (früher genannt Gericht 1. Instanz; Art. 256 AEUV) und die Fachgerichte (Art. 257 AEUV) – die Wahrung des Rechts bei der Auslegung und Anwendung der Verträge. Im Rahmen dieser Übersicht wird lediglich eingegangen auf das in Art. 267 AEUV geregelte **Vorabentscheidungsverfahren**, das in die Zuständigkeit des Gerichtshofs fällt. Die in Art. 263 Abs. 4 AEUV mit Wirkung ab 1.12.2009 neu geregelte **Individualklage für private Kläger** – zuständig ist nach Art. 256 AEUV das Gericht – hat im Bereich des Sozialrechts keinen Anwendungsbereich.[35] Die weiteren Zuständigkeiten der Europäischen Gerichte ergeben sich für **Vertragsverletzungsverfahren**[36] (Art. 258 f. AEUV), die **Nichtigkeitsklage**[37] (Art. 263 f. AEUV), die **Untätigkeitsklage** (Art. 265 f. AEUV) sowie für weitere in Art. 268 ff. AEUV bestimmte Angelegenheiten.

II. Insbesondere: Vorabentscheidungsverfahren

1. Grundsätze

Von großer praktischer Bedeutung für die Durchsetzung des Unionsrechts in den Mit- **13** gliedsländern ist das **Vorabentscheidungsverfahren**, Art. 267 AEUV.[38] Dieses wird in den einzelnen Mitgliedsstaaten unterschiedlich in Anspruch genommen.[39] Berechtigt zur Vorlage sind nach Art. 267 Abs. 2 AEUV allein **mitgliedstaatliche Gerichte**. Der Begriff des Gerichts ist hierbei unionsrechtlich zu bestimmen.[40] Gegenstand des Verfahrens sind nach Abs. 1 der Norm **ausschließlich** Fragen:

- nach der **Auslegung** des **EU-Vertrages**, also des primären Unionsrechts (Abs. 1 lit. a.) und

- nach der **Gültigkeit** und der **Auslegung** von **Handlungen** der **Organe** der Gemeinschaft und der Europäischen Zentralbank (Abs. 1 lit. b, hierunter fällt ua das gesamte Sekundärrecht).

31 BSG 19.10.2010 – B 14 AS 23/10 R; s. Härich jurisPR-SozR 15/2011, Anm. 1.
32 Bekanntmachung v. 31.1.2012, BGBl. II, 144, Korrektur durch Bekanntmachung v. 3.4.2012, BGBl. II, 470.
33 Urt. v. 12.12.2013 – B 4 AS 9/13 R, Rn. 23.
34 Verneinend etwa LSG BW Urt. v. 31.7.2017 – L 7 SO 2557/17 ER-B, info also 2017, 225 mwN.
35 Für einen künftig weitergehenden Anwendungsbereich der Individualbeschwerde plädiert etwa Ewert AnwBl 2013, 486.
36 Zum Verhältnis zum Vorabentscheidungsverfahren s. Broberg/Fenger, Das Vorabentscheidungsverfahren vor dem EuGH, 2014, 192.
37 Zum Verhältnis zum Vorabentscheidungsverfahren s. Broberg/Fenger, Das Vorabentscheidungsverfahren vor dem EuGH, 2014, 193 ff.
38 Hierzu: Latzel/Streinz NJOZ 2013, 97.
39 S. näher Broberg/Fenger, Das Vorabentscheidungsverfahren vor dem EuGH, 45 ff.
40 Thiele, Europäisches Prozessrecht, § 9 Rn. 7 ff.

Im Rahmen eines Vorabentscheidungsverfahrens sind Fragen über die **Gültigkeit** primären Gemeinschaftsrechts und zur **Auslegung** des nationalen Rechts, einschließlich der Fragen zur **Vereinbarkeit** dieses Rechts mit Gemeinschaftsrecht **unzulässig**, weil insoweit nach Art. 267 AEUV keine Entscheidungskompetenz des EuGH besteht.[41] Ggf. kann der EuGH solche Fragen sachgerecht **umformulieren**.[42]

14 Durch die ihm eingeräumte Kompetenz soll der EuGH in die Lage versetzt werden, abstrakte Rechtsfragen zu klären und so seine Letztentscheidungsbefugnis in der Materie Europarecht durchzusetzen. Neben der Wahrung der **Rechtseinheit** innerhalb der EU dient dieses Verfahren auch dem **Individualschutz**: Wenn das Ziel dieses Verfahrens die Vereinbarkeit des nationalen Rechts mit dem Gemeinschaftsrecht – und im Falle der Unvereinbarkeit die Bestimmung des unmittelbar anwendenden Gemeinschaftsrechts – ist, so haben die Gemeinschaftsbürger die Möglichkeit, sich gegen vertragswidriges Handeln ihres Mitgliedsstaates zu wehren und das Gemeinschaftsrecht vor den nationalen Gerichten über das Vorabentscheidungsverfahren zu realisieren.[43] Da auch dieses Verfahren von Art. 47 GRC umfasst wird, darf dessen Anwendungsbereich nicht eng bestimmt werden.[44]

15 Die Vorlage an den EuGH ist nur dann vorzunehmen, wenn die vom nationalen Gericht zu treffende Entscheidung des Rechtsstreits im Ergebnis von der Antwort des Gerichtshofs abhängt (**Entscheidungserheblichkeit**). Ob dies so ist, haben grundsätzlich die nationalen Gerichte zu beurteilen.[45] Der diesen hinsichtlich der Frage der Vorlage zustehende **Spielraum** („kann ... vorlegen") ändert aber nichts daran, dass ggf. der zu entscheidende Fall rechtlich und tatsächlich hinreichend präzise darzulegen und aufzubereiten ist, damit eine sachgerechte Antwort möglich wird.[46]

16 Zur Vorlage **verpflichtet** ist jedenfalls das **letztinstanzliche Gericht**,[47] Art. 267 Abs. 3 AEUV. Ein Verstoß hiergegen stellt einen Entzug des gesetzlichen Richters dar (Art. 101 Abs. 1 S. 2 GG) und kann mittels der Verfassungsbeschwerde gerügt werden. Zieht ein letztinstanzliches Gericht eine Vorlage trotz der – seiner Auffassung nach bestehenden – Entscheidungserheblichkeit der gemeinschaftsrechtlichen Frage überhaupt nicht in Erwägung, obwohl es selbst Zweifel hinsichtlich der richtigen Beantwortung der Fragen hat, so ist das Absehen der Vorlagepflicht nach Art. 267 AEUV verfassungswidrig.[48] Gleiches gilt, wenn das letztinstanzliche Gericht die maßgebliche Rechtsfrage in der Rechtsprechung des EuGH als geklärt ansieht, obwohl diese Auffassung in der von ihm herangezogenen Rechtsprechung des EuGH keine Stütze findet.[49] Eine Verletzung der Vorlagepflicht wird bei **willkürlichem Handeln** zu bejahen sein, also dann wenn ein letztinstanzliches Gericht eine Vorlage trotz der seiner Auffassung nach bestehenden Entscheidungserheblichkeit einer Frage des Gemeinschaftsrechts überhaupt nicht in Erwägung zieht, obwohl es selbst an der Richtigkeit seiner Antwort zweifelt, bewusst von der Rechtsprechung des EuGH zu entscheidungserheblichen Fragen abweicht ohne vorzulegen und eine Frage des Gemeinschaftsrechts noch nicht eindeutig geklärt ist und das

---

41 S. näher Broberg/Fenger, Das Vorabentscheidungsverfahren vor dem EuGH, 131 ff.
42 Classen in Schulze/Zuleeg, Europarecht, § 4 Rn. 72 mwN in Fn. 109.
43 Borchart in: Fuchs EuSozR Teil 12 Rn. 4.
44 Jarras NJW 2011, 1393 (1396).
45 Ausnahmen bestehen, wenn offensichtlich kein Zusammenhang bestehen kann oder wenn hypothetische Fälle vorgelegt werden. Bei solchen Gegebenheiten kann der EuGH die Vorlage ablehnen, Thiele, Europäisches Prozessrecht § 9 Rn. 41 f.
46 BAG 20.11.2001 – 1 AZR 97/01, NZA 2002, 992 (995).
47 Entscheidend darauf abzuheben ist, dass gegen die Entscheidung im konkreten Fall kein Rechtsmittel mehr zulässig ist, BVerfG 13.6.1997 – 1 BvR 21/02, 95, NJW 1997, 2512.
48 BVerfG 25.2.2010 – 1 BvR 230–09, NZA 2010, 439 unter Aufhebung von BAG vom 21.5.2008, NZA 2008, 753.
49 Vgl. BVerwG 26.1.2011 – NVwZ 2011, 569, aufgehoben durch BVerfG 24.10.2011 – 1 BvR 1103/11, NZA 2012, 202; s. nunmehr in gleicher Sache BVerwG 1.2.2012 – 8 C 24/11, NJW 2012, 1018.

Gericht den ihm bei der Frage der Vorlage zukommenden Beurteilungsspielraum in unvertretbarer Weise gehandhabt hat.[50]

UU kann eine Individualbeschwerde an den EGMR in Betracht kommen, etwa wegen Verstoßes gegen **Art. 6 Abs. 1 EMRK (Recht auf ein faires Verfahren)**.[51] Die Verletzung der Vorlagepflicht kann ferner zu einem **Vertragsverletzungsverfahren (Art. 258 AEUV)** gegen den betreffenden Staat führen.[52] Schließlich kann, aber nur ausnahmsweise, bei willkürlicher Nichtvorlage ein **individueller Schadensersatzanspruch** gegen den Mitgliedstaat bestehen, wenn sich später herausstellt, dass die Entscheidung eines letztinstanzlichen Gerichts gegen Art. 267 AEUV verstoßen hat.[53]

Das Bundesverfassungsgericht hat durch Beschluss vom 4.10.2011[54] die **Vorlagepflicht** **17** der **Instanzgerichte** an den EuGH erweitert. Eine Vorlage nach Art. 100 Abs. 1 S. 1 GG an das BVerfG ist hiernach unzulässig, wenn das vorlegende Gericht nicht geklärt hat, ob das von ihm als verfassungswidrig beurteilte Gesetz, das Recht der Europäischen Union umsetzt und aufgrund eines dem nationalen Gesetzgeber durch das Unionsrecht eingeräumten Gestaltungsspielraums transferiert wurde. Ggf. hat das vorlegende Gericht zur Klärung dieser Frage auch dann ein Vorabentscheidungsverfahren einzuleiten, wenn es nicht ein letztinstanzliches Gericht ist. Das Bundesverfassungsgericht hat ferner entschieden, dass auch im (hier verwaltungsgerichtlichen) **Eilverfahren** der Umstand, dass **voraussichtlich** im **Hauptverfahren** eine **Vorlage** zu erfolgen hat, bedeutsam ist: Eine Ablehnung des Eilantrags kann dann vor Art. 19 Abs. 4 GG nur Bestand haben, wenn dieser Umstand in die **Abwägung** des **Interesses der Antragsteller einbezogen** wird.[55]

2. Konsequenz/Sanktion bei Nichtvorlage

Soweit **keine Vorlagepflicht** besteht, ist es Sache der Prozessbevollmächtigten, ggf. das **18** Gericht von der Notwendigkeit oder Zweckmäßigkeit einer Vorlage zu überzeugen. Es bietet sich hierbei an, die entsprechenden Hinweise des EuGH heranzuziehen.[56] Eine Verpflichtung der Gerichte, entsprechende Anregungen förmlich zu bescheiden, besteht allerdings nicht.

Wenn Gerichte der Sozialgerichtsbarkeit bei Urteilen, die der Zulassung der Berufung **19** bedürfen, diese nicht zulassen (§ 144 SGG) und in Urteilen die Revision nicht zulassen, dürfte für diese Gerichte eine **Vorlagepflicht** nach Art. 267 Abs. 3 AEUV dann bestehen, wenn eine Beschwerde gegen die Nichtzulassung der Berufung (§ 145 SGG) bzw. der Revision (§ 160 a SGG) ersichtlich nicht in Betracht kommt.[57] Im Rahmen einer Nichtzulassungsbeschwerde nach § 155 SGG bzw. § 160 a SGG kann die **grundsätzliche Bedeutung** der Rechtssache (Zulassungsgrund nach § 144 Abs. 2 Nr. 1 und § 160 Abs. 2 Nr. 1 SGG) auch darin liegen, dass zur Entscheidung über relevantes Gemeinschaftsrecht der EG voraussichtlich eine Vorabentscheidung des EuGH einzuholen sein wird.[58]

50 S. nur BVerfG 29.4.2014 – 2 BvR 1572/10, NJW 2014, 2489; 10.12.2014 – 2 BvR 1549/07, NZA 2015, 375 sowie 19.12.2017 – 2 BvR 424/17, AnwBl 2018, 171, alle mwN. S. auch Bäcker, Altes und Neues zum EuGH als gesetzlichem Richter, NJW 2011, 270.
51 Vgl. Latzel/Streinz NJOZ 2013, 97 (99) mwN in Fn. 49 und Broberg/Fenger, Das Vorabentscheidungsverfahren vor dem EuGH, 241 f.
52 Broberg/Fenger, Das Vorabentscheidungsverfahren vor dem EuGH, 240 f.
53 Broberg/Fenger, Das Vorabentscheidungsverfahren vor dem EuGH, 239 f. mwN.
54 1 Bvl 3/08; vgl. hierzu Steinhauff jurisPR-SteuerR 49/2011 Anm. 2.
55 Stattgebender Kammerbeschluss v. 17.1.2017 – 2 BvR 2013/16.
56 ABl. v. 11.6.2005 – C 143/1 (www.curia.europa.eu).
57 BVerfG 13.6.1997 – 1 BvR 21/02–95, NJW 1997, 2512 in dem Fall, dass ein LAG die Revision an das BAG nicht zuließ.
58 Krasney/Udsching, Handbuch des sozialgerichtlichen Verfahrens, 6. Aufl. 2011, IX Rn. 62 zur Nichtzulassungsbeschwerde nach § 160 a SGG.

Wenn willkürlich die Vorlagepflicht verletzt wird, sollte ggf. „zweigleisig" verfahren werden: Einmal ist zur Fristwahrung Verfassungsbeschwerde einzulegen und gleichzeitig ist zu versuchen, mittels der Nichtzulassungsbeschwerde eine Zulassung der Berufung bzw. der Revision zu erreichen. Besteht lediglich eine **Vorlageberechtigung** nach Art. 267 Abs. 2 AEUV, scheidet die Annahme von willkürlichem Verhalten aus, da dieses einen Verstoß gegen Handlungspflichten voraussetzt, die hier gerade nicht gegeben sind.

Umstritten ist, ob alternativ oder kumulativ auch **Anhörungsrüge** (§ 178 a SGG) oder **Gegenvorstellung** möglich sind.[59]

Wenn ein erheblicher Teil der Gerichte sowie das maßgebliche letztinstanzliche Gericht in einer bestimmten Rechtsfrage gegen die Vorlagepflicht verstößt, kann dies ein **Vertragsverletzungsverfahren** durch die Kommission nach Art. 258 AEUV auslösen.

3. Verfahrensgang; Inhalt der Entscheidung

20 Für das Verfahren vor dem EuGH gilt die **Verfahrensordnung des Gerichtshofs** v. 25.9.2012 nebst praktischen Anweisungen für die Parteien vor dem Gerichtshof im Anhang.[60] Ferner ist zu beachten das Protokoll über die **Satzung des Gerichtshofs**, in der sich Normen zum Verfahren vor dem Gerichtshof aus Art. 19 ff. dieser Satzung ergeben.[61] Im Vorabentscheidungsverfahren können sich die Beteiligten des Ausgangsverfahrens sowie alle Organe der EU und Mitgliedstaaten äußern, Art. 23 Satzung EuGH. Diese Möglichkeit sollte auch wahrgenommen werden, um zu Auslegungsfragen Stellung zu beziehen und – vor allem – unklare Vorlagefragen richtig zu stellen. Die **Frist** beträgt 2 Monate ab Zustellung des Vorlagebeschlusses, Art. 23 Abs. 2 Satzung EuGH.

Die **Vertretung** richtet sich nach den Bestimmungen im nationalen Gerichtsverfahren: Anwaltszwang besteht also nur, soweit dies vor dem vorlegenden Gericht angeordnet ist, Art. 97Abs. 3 VerfO EuGH, was im Sozialrecht nur bei Verfahren vor dem Bundessozialgericht der Fall ist, § 73 Abs. 4 SGG. Praktische Hinweise des CCBE (Ständige Delegation des Rates der Europäischen Anwaltschaften) finden sich im Internet.[62]

Der EuGH kann in schriftlichen Verfahren (Art. 57 VerfO EuGH) oder aufgrund **mündlicher Verhandlung** entscheiden (Art. 76 ff. VerfO EuGH). Die größere Bedeutung hat das schriftliche Verfahren, da die Durchführung der mündlichen Verhandlung, anders als nach der früheren Verfahrensordnung (Art. 104 § 3 VerfO aF), regelmäßig in dem Ermessen des Gerichts steht (Art. 76 Abs. 2 VerfO EuGH), es sei denn, Beteiligte, die nicht am schriftlichen Verfahren teilgenommen haben, stellen einen mit Gründen versehen Antrag auf mündliche Verhandlung (§ 76 Abs. 3 VerfO EuGH).

Da die Stellungnahmen der Beteiligten nahezu zeitgleich innerhalb derselben Frist abzugeben sind, besteht keine Gelegenheit zur schriftlichen Erwiderung auf den Vortrag anderer Beteiligter. Aus Anwaltssicht kann es sich empfehlen, sich im eigenen Schriftsatz mit den zu erwartenden Gegenargumenten auseinander zu setzen.[63]

59 S. Latzel/Streinz NJOZ 2013, 97 (99) mwN in Fn. 38.
60 ABl. EU Nr. L 265/1; abgedruckt in der Textsammlung Sartorius II unter der Ordnungsnummer 250. Änderungen für die anwaltliche Praxis beschreiben Karpenstein/Eckart AnwBl 2013, 249. Für das Gericht (früher: Gericht 1. Instanz) besteht eine eigene Verfahrensordnung, Abdruck in der Textsammlung Sartorius II Nr. 252.
61 Abgedruckt in der Textsammlung Sartorius II unter Ordnungsnummer 245.
62 http://anwaltverein.de/downloads/praxis/Leitfaden.pdf; dort auch Angaben zur Internetseite des EuGH mit Hinweisen für Prozessvertreter, s. hierzu auch Latzel/Streinz NJOZ 2013, 97, Fn. 7.
63 S. Latzel/Streinz NJOZ 2013, 97 (107) mwN.

Die durchschnittliche Verfahrensdauer beträgt 16 Monate.[64] Hinsichtlich der Möglich- **21**
keiten eines beschleunigten Entscheidungserlasses gilt:[65]

Bei **besonderer** Dringlichkeit, was angenommen wird bei der Gefahr einer irreparablen
Verschlechterung des Eltern-Kind-Verhältnisses oder wenn eine Haftfortdauer von der
Entscheidung abhängig, steht das **Eilvorabentscheidungsverfahren** – durchschnittliche
Verfahrensdauer nur 2 Monate – nach Art. 107 ff. VerfO EuGH zur Verfügung. Ist eine
rasche Vorabentscheidung geboten, ohne dass die engen Voraussetzungen nach
Art. 107 ff. VerfO EuGH gegeben sind, kann ein **beschleunigtes Verfahren** nach
Art. 105 f. VerfO EuGH in Betracht kommen. Sind auch die zuletzt erwähnten Voraus-
setzungen nicht erfüllt, kann noch eine **vorrangige Entscheidung** nach Art. 53 Abs. 3
VerfO EuGH ergehen.

Die Entscheidungen erfolgen regelmäßig durch **Urteil**, Art. 87 f. VerfO EuGH. In **Evi-
denzfällen** kann durch **Beschluss** entschieden werden, Art. 99 VerfO EuGH.

Das Vorabentscheidungsverfahren ist **gerichtskostenfrei**, Art. 143 VerfO EuGH. Die **22**
Entscheidung über die **außergerichtlichen** Kosten des Verfahrens ist Sache des vorlegenden Gerichts, Art. 102 VerfO EuGH. Die **Erstattungsfähigkeit** dieser Kosten richtet sich
demnach nach dem nationalen Kostenrecht. In Deutschland bestimmt sich bei der Vertretung durch Anwälte das Anwaltshonorar nach § 38 RVG bzw. nach den dort verwie-
senen Vorschriften des Vergütungsverzeichnisses. In sozialgerichtlichen Verfahren, in
denen das GKG nicht gilt, fallen bei der Vertretung vor dem EuGH die Gebührentatbe-
stände Nr. 3212 VV für die Verfahrensgebühr sowie die Terminsgebühr nach Vergü-
tungsverzeichnis Nr. 3213 an.[66] Die **Rechtsschutzversicherungen** kommen für Anwaltskosten, die durch Tätigkeit beim EuGH entstehen, grundsätzlich **nicht** auf.[67] **Prozesskostenhilfe** – nebst anwaltlicher Beiordnung – kann allgemein in Klageverfahren vor
dem EuGH nach Art. 115 ff. VerfO EuGH bewilligt werden. Ist durch das vorlegende
Gericht bereits Prozesskostenhilfe bewilligt und ein Rechtsanwalt beigeordnet worden,
so umfasst die Bewilligung grundsätzlich die Vertretung im Vorabentscheidungsverfahren, wenn kein wichtiger Grund für eine Entpflichtung besteht.[68]

Zu beachten ist, dass der EuGH lediglich über die Gültigkeit und die Auslegung des Ge- **23**
meinschaftsrechts entscheidet, aber nicht über den Ausgangsrechtsstreit. Vielmehr hat
das **nationale Gericht** das Verfahren nach Ergehen der Entscheidung des EuGH weiterzuführen. Legt das nationale Gericht vor, wird das bei ihm anhängige Verfahren gleichzeitig **ausgesetzt** (§ 114 Abs. 2 SGG analog). Eine Beschwerde gegen den Vorlagebeschluss ist ausgeschlossen.[69] Die Urteile des EuGH wirken zunächst inter partes, darüber hinaus kommt ihnen auch (zumindest faktische) Erga-Omnes-Wirkung zu.[70] Die
nationalen Gerichte haben die Urteile nach Art. 267 AEUV iVm Art. 4 Abs. 3 EUV zu
befolgen. Sieht sich das vorlegende Gericht durch die Entscheidung nicht ausreichend
unterrichtet, kann der EuGH in derselben Sache **erneut angerufen** werden, Art. 104
Abs. 2 VerfO EuGH.

Hinweis: Auch wenn es dem EuGH nicht obliegt, im Rahmen des Verfahrens nach
Art. 267 AEUV über die Vereinbarkeit nationaler Rechtsvorschriften mit dem Gemeinschaftsrecht zu befinden, so ist der Gerichtshof gleichwohl befugt, dem nationalen Gericht **Hinweise** zur **Auslegung** des Gemeinschaftsrechts zu geben, die es diesem ermög-

---

64 Latzel/Streinz NJOZ 2013, 97 (106) mwN.
65 S. zum nachfolgenden Latzel/Streinz NJOZ 2013, 97 (107 f.) mwN.
66 Mayer in: Mayer/Kroiß RVG § 38 Rn. 16. Dort wird auch die Auffassung vertreten, wegen der Bedeutung
   der Angelegenheit dürfte in der Regel die Ausschöpfung des Beitragsrahmens gerechtfertigt sein.
67 § 3 Abs. 3 b ARB 1994, 1998 und 2005.
68 BGH 16.1.2014 – IX ZR 265/12, NJW 2014, 1539.
69 Leitherer in: Meyer-Ladewig/Keller/Leitherer/Schmidt SGG § 41 Rn. 27.
70 Latzel/Streinz NJOZ 2013, 97 (108) mwN.

licht, über die Frage der Vereinbarkeit nationaler Rechtsvorschriften mit dem Gemeinschaftsrecht zu entscheiden.[71]

Urteile werden mit der **Verkündung rechtskräftig** (Art. 91 Abs. 1 VerfO EuGH, **Beschlüsse** mit dem Tag der **Zustellung**, Art. 91 Abs. 2 VerfO EuGH) und grundsätzlich **ex tunc wirksam**. Zur Vermeidung von Härten kann der Gerichtshof jedoch die Rückwirkung einschränken.[72]

C. Verfahren vor dem Europäischen Gerichtshof für Menschenrechte (EGMR)

24 Die **Europäische Menschenrechtskonvention** (EMRK) ist ein **völkerrechtlicher Vertrag**, der nach der Ratifizierung am 4.11.1950 durch die Vertragsstaaten verbindlich wurde und in Deutschland den Rang eines innerstaatlichen (Bundes)Gesetzes hat, also unmittelbar anwendbar ist und auch vor den deutschen Gerichten geltend gemacht werden kann. Die Konvention wird durch bisher 14 in Kraft getretene Zusatzprotokolle (ZP) ergänzt. Ein 15. ZP vom 24.6.2013, das ua Verschärfungen der Verfahrensregelungen enthält, ist noch nicht in Kraft.[73] Bundesgesetze sind im Einklang mit der EMRK auszulegen, wobei den Entscheidungen des EGMR besonderes Gewicht zukommt.[74] Zwar steht die EMRK innerstaatlich als Bundesgesetz im Rang unter dem Grundgesetz. Sie ist jedoch als **Auslegungshilfe** bei der Interpretation der Grundrechte und rechtsstaatlichen Grundsätze des Grundgesetzes heranzuziehen, allerdings nicht iS einer schematischen Parallelisierung der Aussagen des Grundgesetzes mit denen der EMRK, sondern durch ein Aufnehmen von Wertungen, soweit dies methodisch vertretbar und mit den Vorgaben des Grundgesetzes vereinbar ist.[75] Gem. Art. 6 Abs. 2 EUV ist die Union verpflichtet, der EMRK beizutreten. Der in Art. 6 Abs. 3 EUV enthaltene Verweis auf die EMRK gebietet es einem nationalem Gericht nicht, im Fall eines Widerspruchs zwischen einer Regelung des nationalen Rechts und der Konvention die Bestimmungen der Konvention **unmittelbar anzuwenden** und die mit dieser unvereinbare nationale Norm unangewendet zu lassen.[76]

Hinweis: Bedeutsam ist im Hinblick auf den Schutz der Menschenrechte, dass der EGMR die EMRK als lebendiges Instrument (living instrument) versteht und bei seiner Rechtsprechung den **gewandelten** wirtschaftlichen und sozialen **Verhältnissen** und ethischen **Auffassungen** Rechnung trägt. Dies führte in der Praxis bei Einzelfragen zu der Entwicklung eines strengeren Prüfungsmaßstabes, um den Menschenrechtsschutz stetig fortzuentwickeln.[77]

I. Individualbeschwerde; Subsidiarität; Rechtsverletzung

25 Einziges Entscheidungsorgan für Beschwerden – in Form der Staatenbeschwerde (Art. 33 EMRK) oder als **Individualbeschwerde**, auf die nachfolgend allein eingegangen wird (Art. 34 EMRK) – ist der EGMR mit Sitz in Straßburg. Es handelt sich hierbei um einen **ständigen** Gerichtshof (Art. 19 S. 2 EMRK), den jeder Vertragsstaat mit je einem

---

71 StRspr., s. etwa EuGH 19.9.2006 – C-506/04 (Graham J. Wilson/Ordre des avocats du barreau de Luxembourg), NJW 2006, 3697.
72 Bsp: EuGH 10.2.2000 – Rs. C-50/96 (Deutsche Telekom/Schröder), NZA 2000, 313.
73 Follmar-Otto AnwBl 2014, 307 (308) unter III 3. und Meyer-Ladewig/Nettesheim/von Raumer EMRK Einl. Rn. 7, 11.
74 BVerfG 14.10.2004 – 2 BvR 1481/04, NJW 2004, 3407 (3409).
75 BVerfG 20.6.2012 – 2 BvR 1048/11, NJW 2012, 3357, Rn. 91 mwN und nunmehr BVerfG 12.6.2018 – 2 BvR 1738/12 ua, unter C I 3, NJW 2018, 2695, hierzu Haug NJW 2018, 2674.
76 EuGH 24.4.2012 – C-571/10, BeckRS 2012, 80757.
77 Meyer-Ladewig/Nettesheim/von Raumer EMRK Einleitung Rn. 5 und Oppermann/Classen/Nettesheim, Europarecht, § 17 Rn. 17 mwN.

Richter beschickt (Art. 20 EMRK). Entschieden wird gem. Art. 26 Abs. 1 EMRK durch Einzelrichter (aber nur im Rahmen der von Art. 27 EMRK eingeräumten Befugnisse), Ausschüsse mit 3 Richtern (Art. 28 EMRK) die gem. Art. 27 Abs. 1 S. 2 EMRK von den Kammern gebildet werden, Kammern mit 7 Richtern und durch die 17 Richter umfassende Große Kammer. Für das Verfahren vor dem Gericht gilt die zum 1.7.2014 in Kraft getretene **Verfahrensordnung**.[78] Der internationale Menschenrechtsschutz ist **subsidiär** ausgestaltet. Nach Art. 35 Abs. 1 EMRK kann der Gerichtshof grundsätzlich erst nach Erschöpfung aller innerstaatlichen Rechtsbehelfe (einschließlich Verfassungsbeschwerde) tätig werden und nur innerhalb einer **Frist** von 6 Monaten (die nach dem 15. ZP auf 4 Monate herabgesetzt werden soll) nach der endgültigen innerstaatlichen Entscheidung. Im Sozialgerichtsverfahren muss ggf. auch die Anhörungsrüge nach § 178 a SGG zuvor erhoben worden sein.[79] Rechtsbehelfe, die allerdings keine Erfolgsaussicht haben und aussichtslos sind, brauchen nicht eingelegt zu werden.[80] Bei überlanger Verfahrensdauer greift vorrangig die **Verzögerungsrüge** und der hierauf gestützte etwaige Schadensersatzanspruch ein, § 198 Abs. 3 und Abs. 2 GVG.

Eine Beschwerde nach Art. 34 EMRK kann nur einlegen, wer behaupten kann, in einem **26** der in der Konvention anerkannten Rechte verletzt zu sein, was voraussetzt, dass der Beschwerdeführer **unmittelbar** von der umstrittenen **Maßnahme oder Unterlassung betroffen** ist. Ein allgemeines Beschwerderecht gegen konventionswidrige Rechtsvorschriften, ohne von ihren Auswirkungen unmittelbar betroffen zu sein, existiert nicht.[81] Die Befugnis, nach Art. 34 EMRK vorzugehen, besteht nicht nur gegenüber Handlungen der Mitgliedstaaten, sondern wegen des nach Art. 6 Abs. 2 EUV vorgesehenen Beitritts der Union zur Europäischen Menschrechtskonvention auch gegenüber **Handlungen der Unionsbehörden**. Die Individualbeschwerde nach Art. 34 EMRK steht den in Art. 1 so erwähnten „allen Personen" zu: Natürlichen Personen, nichtstaatlichen Organisationen oder Personengruppen. Zu letzteren gehören die juristischen Personen des Privatrechts, wie zB nach deutschem Recht eine AG und GmbH. Entscheidend ist, ob die in der Konvention und durch die derzeit 14 Zusatzprotokolle gewährten Rechte verletzt sind. Die Wahrung der Menschenrechte innerhalb der Konventionsstaaten ist eine Aufgabe, die sich immer wieder neu stellt. Nicht nur Stichworte wie die Sicherungsverwahrung[82] oder die Abschiebung von Asylbewerbern belegen dies auch für die Situation in Deutschland.[83]

UU sind von einer Individualbeschwerde **dritte Personen** betroffen, wenn das Beschwerdeverfahren einen **Streit zwischen Privatpersonen** als Ursprung hat, der Unterlegene die Beschwerde erhebt und die obsiegende Partei beim Verfahren am EGMR nicht mehr beteiligt ist.[84]

Die Konvention und die Zusatzprotokolle enthalten vorrangig **Abwehrrechte**. **27**

Beispiele:

- Schutz des Lebens (Art. 2 EMRK),
- das Verbot der Todesstrafe (Art. 1, 6. ZP),

---

78 Abgedruckt in der Textsammlung Sartorius II unter Nr. 137.
79 Meyer-Ladewig/Nettesheim/von Raumer EMRK Art. 35 Rn. 12.
80 Meyer-Ladewig/Nettesheim/von Raumer EMRK Art. 35 Rn. 11.
81 EGMR 8.10.2013 – 17292/13, NJW 2013, 2705.
82 S. nur EGMR 26.6.2012 – 3300/10; ferner BVerfG 20.6.2012 – 2 BvR 1048/12, NJW 2012, 3357 und 6.2.2013 – 2 BvR 2122/11, 2 BvR 2705/11.
83 V. Raumer (Lit.) AnwBl 2011, 195: 2010 gab es 28 Verurteilungen der BRD wegen Verletzungen der EMRK.
84 Vgl. hierzu Art. 36 Abs. 2 EMRK und → Rn. 33.

- Verbot der Sklaverei und der Zwangsarbeit (Art. 4),[85]

- Garantie von Freiheit und Sicherheit (Art. 5 EMRK),

- Recht auf Achtung des Privat- und Familienlebens (Art. 8 EMRK),

- Gedanken-, Gewissens- und Religionsfreiheit (Art. 9 EMRK),

- Freiheit der Meinungsäußerung (Art. 10 EMRK),

- Versammlungs- und Vereinigungsfreiheit (Art. 11 EMRK).

Wie im Grundgesetz finden sich in der EMRK und in den Protokollen keine originär oder derivativ auf staatliche Leistung gerichteten (Teilhabe-)Rechte, abgesehen von dem Recht auf Bildung (Art. 2 des 1. ZP), das jedoch restriktiv ausgelegt wird.[86] Allerdings werden in bestimmten Fällen aus einzelnen Abwehrrechten staatliche **Schutzpflichten** abgeleitet, die die Konventionsstaaten nicht nur zu einem Unterlassen, sondern auch zu einem **positiven Tun** verpflichten.[87]

Bedeutsam sind schließlich die von der EMRK gewährten **Verfahrensgarantien**. Diese sind Ausdruck der besonderen Betonung der Bedeutung des Verfahrens für den Schutz materieller Rechte. Art. 6 EMRK, der das Recht auf ein **faires Verfahren** garantiert, wird im Rahmen von Individualbeschwerden am häufigsten beanstandet[88] und war immer wieder erfolgreich, zB auch im Hinblick auf eine **überlange Verfahrensdauer** beim BVerfG.[89] Bei überlanger Verfahrensdauer greift nunmehr vorrangig die **Verzögerungsrüge** und der hierauf gestützte etwaige Schadensersatzanspruch ein, § 198 Abs. 3 und Abs. 2 GVG.[90]

28 Auf dem Gebiet des Sozialrechts kommen Verstöße gegen die Konvention und die Zusatzprotokolle etwa bei folgenden Gestaltungen in Betracht:

- Das Recht auf Leben nach Art. 2 EMRK umfasst die Pflicht sicherzustellen, dass Personen das für den **Lebensunterhalt absolut Notwendige** zur Verfügung steht.[91]

- Art. 14 EMRK (Diskriminierungsverbot) kann etwa verletzt sein, wenn Leistungen in einer Notlage aufgrund der **Nationalität** des Hilfebedürftigen verweigert werden.[92] Als einen Verstoß gegen Art. 14 iVm Art. 8 EMRK (Recht auf Achtung des Privat- und Familienlebens) hat es der EGMR angesehen, dass einem Ausländer kein Kindergeld bezahlt wurde.[93] Auch die Nichtgewährung von Sozialleistungen wie dem Erziehungsgeld können gegen das durch Art. 8 EMRK geschützte Rechtsgut verstoßen.[94]

- Der **Schutz des Eigentums** nach Art. 1 des Zusatzprotokolls Nr. 1 zur EMRK erstreckt sich auf **alle Sozialleistungen**, ohne dass hierfür die Errichtung eigener Beiträge Voraussetzung ist.[95] Bemerkenswert ist hierbei, dass der Gerichtshof sozial-

85 Bei Ausbeutung einer 15-jährigen Afrikanerin als Haushaltshilfe in Frankreich, EGMR 26.7.2005 – 73316/01 (Siliandin/Frankreich), NJW 2007, 41.
86 Oppermann/Classen/Nettesheim, Europarecht, § 17 Rn. 81.
87 Beispiele bei Kleine-Cosack § 13 Rn. 7 und Meyer-Ladewig/Nettesheim/von Raumer EMRK Art. 2 Rn. 10, Art. 3 Rn. 7 ff.
88 Im Kalenderjahr 2015 betrafen 34 % der vom EGMR erlassenen Urteile die Vorschrift des Art. 6, im gesamten Zeitraum 1959–2015 waren es 55 %, Meyer-Ladewig/Nettesheim/von Raumer EMRK Art. 6 Rn. 1.
89 Kleine-Cosack § 13 Rn. 9 mwN.
90 Zum Entschädigungsanspruch wegen überlanger Verfahrensdauer im Sozialrecht s. etwa BSG 3.9.2014 – B 10 ÜG 2/14 R, B 10 ÜG 12/13 R und B 10 ÜG 2/13 R.
91 Meyer-Ladewig/Nettesheim/von Raumer EMRK Art. 2 Rn. 11; s. ferner zu Kilger, Menschenrechte: Nicht alles was glänzt ist Gold, AnwBl 2011, 175 und Prantl, Die Eiszeit der Menschenrechte, AnwBl 2011, 179.
92 Meyer-Ladewig/Nettesheim/von Raumer EMRK Art. 14 Rn. 29 mwN.
93 25.10.2005 – 58453/00 (Niedzwiecki/Deutschland) und 59140/00 (Okpisz/Deutschland), NVwZ 2006, 917.
94 Nußberger, SRH § 34 Rn. 79 mwN.
95 Grabenwarter, EMRK, 4. Aufl. 2009, Rn. 5 und Nußberger, SRH § 34 Rn. 73 beide mwN.

rechtliche Rechtsansprüche der **Eigentumsgarantie** unterstellt, wobei der Umstand von **Eigenleistungen unerheblich** ist. Die Rechtsprechung erscheint konsequent, da auch beim Schutz des Eigentums nicht berücksichtigt wird, ob und inwieweit dieses durch eigene Leistungen erworben worden ist.[96]

■ **Verfahrensrechtlich:** Art. 6 EMRK gibt ua ein Recht darauf, dass **zivilrechtliche Ansprüche** vor einem unabhängigen Gericht in einem fairen Verfahren innerhalb angemessener Frist verhandelt werden. Der Gerichtshof verlässt bei der Interpretation des Begriffs „zivile Rechte" das herkömmliche Verständnis nationaler Rechtsordnungen zur Abgrenzung zwischen öffentlichen und privaten Rechten. Auch auf Sozialversicherungsrecht gestützte Ansprüche und selbst **Fürsorgeleistungen** können im Hinblick auf auch privatrechtliche Elemente – wie das Bestehen eines subjektiven, vermögenswerten Rechts – in den Schutzbereich von Art. 6 EMRK fallen.[97] Das Recht auf ein faires Verfahren nach Art. 6 EMRK beinhaltet auch den Anspruch auf Rechtsschutz „in **angemessener Frist**", wobei hierbei im Rahmen einer flexiblen Abwägung der Umstände des Einzelfalls zu entscheiden ist, wann der hinzunehmende richterliche Zeitbedarf in eine pflichtwidrige Verzögerung des Rechtsstreits umschlägt.[98]

Der Rechtsprechung des EGMR liegt eine besondere Interpretation des **Freiheitsbegriffs** zugrunde. Freiheit wird verstanden im Sinne real existierender Handlungsmöglichkeiten und Entwicklungschancen. Diese Einsicht in die sozialrechtliche Dimension der bürgerlichen Menschenrechte verbietet es, sozialrechtliche Institutionen als „Zwangsversicherungen", „Freiheitsbeschränkungen" oder „Soziallasten" misszuverstehen.[99] Da die bürgerlichen Menschenrechte auf einen umfassend ausgestalteten und effektiven Sozialstaat ausgerichtet und angewiesen sind, werden durch den Sozialstaat bürgerliche Freiheiten erst originär geschaffen.[100]   **29**

Die Vergangenheit hat gezeigt, dass aus verschiedenen Gründen, die Individualbeschwerde zum EGMR auch **nach erfolgloser Anrufung** des BVerfG ins Kalkül zu ziehen ist: **30**

■ Wenn staatliche Gerichte, einschließlich des BVerfG, Grund- und Menschenrechte nur unzureichend gewahrt haben,[101]

■ wenn eigentlich begründete Verfassungsbeschwerden wegen § 93 a Abs. 2 BVerfGG nicht zur Entscheidung angenommen werden,[102]

■ bei Menschenrechtsverstößen durch das BVerfG, zB durch überlange Verfahrensdauer (Verstoß gegen Art. 6 Abs. 1 EMRK).[103]

---

96 Nußberger, SRH, 5. Aufl. 2012, § 34 Rn. 74.
97 Nußberger, SRH, 5. Aufl. 2012, § 34 Rn. 62 ff. mwN.
98 S. etwa EGMR 5.3.2009 – 7634/05 und EGMR 30.3.2010 – 54188/07; ferner Remus, Verzögerte Amtstätigkeit des Richters, NJW 2012, 1403 (1404).
99 Eichenhofer, Der sozialrechtliche Gehalt der EMRK, in: FS für Renate Jäger, Grundrecht und Solidarität, 2011, 625, 638.
100 Eichenhofer, Der sozialrechtliche Gehalt der EMRK, in: FS für Renate Jäger, Grundrecht und Solidarität, 2011, 625, 638. Hierzu bereits grundlegend Lorenz v. Stein, Geschichte der sozialen Bewegung ..., Bd. 3, 104: „Die Freiheit ist eine wirkliche erst in dem, der die Bedingungen derselben, den Besitz der materiellen und geistigen Güter, als Voraussetzung der Selbstbestimmung, besitzt", zitiert nach Böckenförde, Recht, Staat, Freiheit, 1991, S. 234 f.
101 EGMR 8.11.2012 – 30804/07; hierzu Lampe jurisPR-StrafR 5/2013, Anm. 1; ferner Kleine-Cosack § 1 Rn. 23 ff. mwN.
102 Kleine-Cosack § 1 Rn. 30 ff. mwN.
103 EGMR 8.1.2004 – 47169/99 (Voggenreiter/Deutschland), NJW 2005, 41; s. auch Kleine-Cosack § 1 Rn. 25 mwN.

II. Verfahrensgang

31 Der Weg zu einer zulässigen Individualbeschwerde vor dem EGMR birgt manche Fehlerquelle.[104] Das Verfahren ist in einer gesonderten Verfahrensordnung[105] geregelt. Hinsichtlich der Verfahrenseinleitung bestimmt Art. 47 VerfO EGMR den Inhalt der Individualbeschwerde.[106] Für die Erhebung der Beschwerde, die – befristet: **innerhalb von derzeit noch 6 Monaten** (eine Verkürzung der Frist auf 4 Monate ist im 15. ZP vorgesehen) nach der endgültigen innerstaatlichen Entscheidung, Art. 35 Abs. 1 EMRK – durch den Beschwerdeführer persönlich erfolgen kann (Art. 36 Abs. 1 VerfO EGMR), ist ein **Formblatt** zu verwenden (derzeit mit Stand 1/2014; andere Vordrucke dürfen nicht benutzt werden, Art. 47 Abs. 1 VerfO EGMR), das ebenso wie ein vom EGMR herausgegebenes **Merkblatt** schriftlich oder über das Internet – dort findet sich auch ein in deutscher Sprache abgefasster Leitfaden zu den Zulässigkeitsvoraussetzungen[107] – angefordert werden kann.[108] Das Beschwerdeformular ist vollständig ausgefüllt mit allen wesentlichen Dokumenten – Kopien aller einschlägigen Unterlagen sind beizufügen, Art. 47 Abs. 1lit. h VerfO EGMR – versehen einschließlich einer unterschriebenen Vollmacht im Falle einer Vertretung einzureichen und vom Beschwerdeführer oder seinem Vertreter zu unterzeichnen. Der Ergänzungsschriftsatz darf 20 Seiten nicht überschreiten. Eine Abfassung **in deutscher Sprache** ist möglich, Art. 34 Abs. 2 VerfO EGMR. Innerhalb der Frist des Art. 35 Abs. 1 EMRK müssen **alle Voraussetzungen** von Art. 47 VerfO EGMR erfüllt sein. Eine **Vertretung** durch Anwälte ist nach der Einlegung der Beschwerde für das weitere Verfahren regelmäßig erforderlich (Art. 36 Abs. 2 bis 4 VerfO EGMR). Ein Prüfungsschema zu den Zulässigkeitsvoraussetzungen einer Beschwerde findet sich bei Rudolf/von Raumer.[109]

Bei der Einlegung der Individualbeschwerde prüft das Gericht nur die Tatsachen, die in der Beschwerde vorgetragen werden. Dementsprechend ist auf **erschöpfende Darlegung** zu achten. Vorzutragen und durch Unterlagen zu belegen ist insbesondere auch die Erschöpfung der innerstaatlichen Rechtsbehelfe und die Einhaltung der Sechs-Monats-Frist, § 47 Abs. 2 lit. a VerfO EGMR. Die Nichteinhaltung der Verpflichtungen aus Art. 47 Abs. 1 u. Abs. 2 VerfO EGMR kann dazu führen, dass die Beschwerde vom Gerichtshof nicht sachlich geprüft wird.

32 Bei **Unzulässigkeit** der Beschwerde nach Art. 35 EMRK kann bereits der Einzelrichter eine entsprechende Entscheidung treffen, ebenfalls dann, wenn aus den in Art. 37 genannten Gründen eine Beschwerde in dem Register des Gerichtshofs **zu streichen** ist (Art. 27 Abs. 1 EMRK); anderenfalls übermittelt er die Beschwerde zur weiteren Prüfung an einen Ausschuss oder eine Kammer (Art. 27 Abs. 3 EMRK). Nach Weitergabe entscheiden diese Spruchkörper über die **Zulässigkeit und Begründetheit** der Beschwerde, vgl. Art. 28 EMRK (Ausschüsse) und Art. 29 EMRK (Kammern). Der Großen Kammer[110] obliegt die **Fortbildung** und **Einheitlichkeit** der Rechtsprechung des Gerichtshofs, an sie ist ggf. nach Art. 30 EGMR das Verfahren von der Kammer abzugeben, nach näherer Maßgabe von Art. 43 EMRK kann nach einem Kammerurteil von jeder Partei die große Kammer angerufen werden.

---

104 Hinweise, wie solche vermieden werden können, finden sich etwa bei Henke AnwBl 2015, 53.
105 Derzeit mit Stand 1.7.2014, abgedruckt in der Textsammlung Sartorius II unter der Ordnungsnummer 137.
106 S. hierzu Rudolf/von Raumer (Lit.), S. 40.
107 www.echr.coe.int.
108 An den Kanzler des EuGH für Menschenrechte, Europarat, F-67075 Strasbourg-Cedex, Internet: www.coe int/T/D/Menschenrechtsgerichtshof.
109 (Lit.), S. 35.
110 Zum Verfahren vor der Großen Kammer s. Art. 71 ff. VerfO EGMR.

In der Regel entscheidet der EGMR im **schriftlichem Verfahren**, nur in seltenen Fällen wird **mündlich** verhandelt.[111] Soweit eine mündliche Verhandlung[112] stattfindet, ist diese **öffentlich** (Art. 63 Abs. 1 VerfO EGMR), regelmäßig besteht dann **Vertretungszwang** (Art. 36 Abs. 2 und 3 VerfO EGMR). Anstelle durch Urteil kann das Verfahren auch durch **Vergleich** einvernehmlich beendet werden, Art. 35 EMRK, Art. 62 VerfO EGMR.

Regelungen über **einstweilige Anordnungen** enthält die EMRK nicht. Der EGMR kann jedoch gem. Art. 39 VerfO den Parteien vorläufige Maßnahmen empfehlen. In den weitaus meisten Fällen, in denen dies bisher geschah, betrafen sie die Auslieferung oder Abschiebung von Ausländern.[113]

Eine **Wiederaufnahme** des Verfahrens ist unter den Voraussetzungen des Art. 80 EMRK möglich.

Gerichtskosten entstehen durch das Einlegen der Beschwerde nicht, Art. 50 EMRK. Für 33
Anwaltshonorare und andere notwendige Auslagen kann **Prozesskostenhilfe** gewährt werden, Art. 100 ff. VerfO EGMR. Nach Art. 36 Abs. 2 EMRK können ua **dritte Personen** zum Verfahren herangezogen werden, was praktisch wird, wenn das Beschwerdeverfahren einen Streit zwischen Privatpersonen als Ursprung hat, der Unterlegene die Beschwerde erhebt und die obsiegende Partei beim Verfahren am EGMR nicht mehr beteiligt ist.[114] Die Gewährung von Prozesskostenhilfe scheidet hier aus. In Deutschland haben solche Drittbetroffenen ggf. Anspruch auf **Kostenhilfe** aus der **Bundeskasse**, der Fahrt- und Aufenthaltskosten und andere notwendige Auslagen, auch des Rechtsbeistands, umfasst.[115] Nach § 3 Abs. 3 b ARB 2005 und später werden von **Rechtsschutzversicherern** Anwaltskosten nicht geschuldet.

III. Entschädigung auf Antrag

Stellt der Gerichtshof fest, dass die Konvention oder die Protokolle verletzt worden sind 34
und gestattet das innerstaatliche Recht der Vertragsstaaten nur eine **unvollkommene Wiedergutmachung** für die Verletzungsfolgen, so spricht der Gerichtshof der verletzten Partei eine gerechte **Entschädigung** – allerdings nur **auf Antrag**, Art. 60 Abs. 1 VerfO EGMR – zu, wenn dies notwendig ist (Art. 41 EMRK). Die zuletzt erwähnte Bestimmung ist in der Praxis von großer Bedeutung.

Erstattet werden können **materielle** und **immaterielle** Schäden,[116] soweit diese eindeutig durch die festgestellte Konventionsverletzung **verursacht** wurden.[117]

Die Entschädigung nach Art. 41 EMRK kann auch **Gerichtskosten, Auslagen** und **An-** 35
waltskosten umfassen, ferner Reise- und Übersetzungskosten.[118] Bei den Anwaltskosten

111 Meyer-Ladewig/Nettesheim/von Raumer EMRK Einleitung Rn. 51.

112 Zum Verfahren in der mündlichen Verhandlung s. Art. 63 ff. VerfO EGMR.

113 Meyer-Ladewig/Nettesheim/von Raumer EMRK Einleitung Rn. 58 mwN.

114 Vgl. EGMR 24.6.2004 – 59320/00, NJW 2004, 2647, Caroline v. Hannover/Deutschland.

115 S. EGMR-KostenhilfeG, BGBl. 2013, I 829.

116 Beispiele für letztere bei Meyer-Ladewig/Nettesheim/von Raumer EMRK Art. 41 Rn. 24; s. ferner: EGMR 28.6.2012 – 3300/10 (Sicherheitsverwahrung in Deutschland), 19.7.2012 – 497/09 (Ablehnung der beantragten Erlaubnis zum Erwerb einer tödlichen Medikamentendosis für den assistierten Suizid), 25.9.2012 – 33783/09 (Verweigerung des Rechts des Kindes auf Kenntnis seiner Abstammung), 12.11.2013 – 5786/08, NJE 2014, 607 (Verstoß gegen das Recht auf Achtung des Privat- und Familienlebens, Art. 8 EMRK) und 17.4.2014 – 5709/09, NJW 2014, 3105 (Verstoß gegen Meinungsfreiheit, Art. 10 EMRK).

117 Was bei Verfahrensgarantien nach Art. 5 und 6 EMRK nur selten festzustellen sein wird, hier gelten insoweit Besonderheiten, Meyer-Ladewig/Nettesheim/von Raumer EMRK Art. 41 Rn. 14 ff. Allerdings hat das Gericht durch Urt. v. 30.3.2010 – 54188/07 bei einer Verfahrensdauer von 18 Jahren durch drei Instanzen für die Durchsetzung eines Schadensersatzanspruchs wegen Verletzung von Art. 13 EMRK der Klägerin einen Anspruch auf immateriellen Schaden über 20.000 EUR zugesprochen.

118 Beispiel bei Meyer-Ladewig/Nettesheim/von Raumer EMRK Art. 41 Rn. 30 ff., für Kostenerstattung in „deutschen Fällen", Rn. 35.

bilden die nationalen Vergütungsvorschriften lediglich einen Orientierungsrahmen. Eine Abrechnung nach **Zeithonorar** ist grundsätzlich möglich. Der EGMR spricht je nach Arbeitsaufwand Anwaltshonorar oft in der Größenordnung zwischen 1.500 und 4.000 EUR zu, in besonderen Fällen aber auch weit mehr.[119]

IV. Verbindlichkeit und Umsetzung der Urteile

36 Die Konventionsstaaten sind nach Art. 46 Abs. 1 EMRK dazu verpflichtet, die gegen sie gerichteten Urteile – die grundsätzlich **Feststellungsurteile**[120] sind, es obliegt dem EGMR nicht, angegriffenen Entscheidungen aufzuheben – zu befolgen. Urteile des EGMR werden nach Art. 42, 44 EMRK – unterschieden wird zwischen Urteilen der Kammer und der großen Kammer – (formell) **rechtskräftig** und dann nach Art. 46 EMRK verbindlich und insoweit **materiell rechtskräftig**. Gegenstand der **Bindungswirkung** ist die Feststellung, dass der Staat gegen die Konvention verstoßen hat oder nicht. Liegt eine Verletzung vor, so ist der Staat gehalten, den vor der Verletzung bestehenden Zustand möglichst wieder herzustellen. Eine fortdauernde Verletzung ist zu beenden.[121]

Dies bedeutet:

- Kann einer **konventionswidrigen Rechtsvorschrift** nicht durch völkerrechtsfreundliche Auslegung abgeholfen werden, muss der Gesetzgeber tätig werden.

- War ein **Verwaltungsakt konventionswidrig**, hat die Behörde ihn unter Anwendung des VwVfG aufzuheben. Eine konventionswidrige Verwaltungspraxis ist zu ändern.

- Bei einer **Konventionsverletzung durch Urteil** verpflichten allerdings weder die EMRK noch das GG dazu, eine Wiederaufnahme zu ermöglichen, die nach deutschem Recht bei einer Verletzung der EMRK nur im Strafverfahren nach § 359 Nr. 26 StPO zulässig ist. Die in dem Urteil des EGMR ausgesprochenen Verpflichtungen sind von allen Trägern öffentlicher Gewalt zu beachten, auch von den Gerichten.[122]

Der Vertragsstaat ist grundsätzlich in der **Wahl der Mittel** frei, mit denen er seiner Verpflichtung aus dem Urteil gem. Art. 46 Abs. 1 EMRK erfüllen will. Auch die **Gerichte** sind gehalten, bei ihren Entscheidungen die Urteile des EGMR zu beachten. Allerdings soll dies nach der Rechtsprechung des Bundesverfassungsgerichts nicht uneingeschränkt gelten.[123]

37 Das Ministerkomitee **überwacht** die **Durchführung** der Entscheidungen, Art. 46 Abs. 2 EMRK. Die Konventionsstaaten sind gehalten, auch hinsichtlich der Durchführung von Urteilen des Gerichtshofs ihre Justiz so zu organisieren, dass sie den **Anforderungen** der Konvention **entspricht**. Geschieht das nicht, und ist es deshalb dem Betroffenen nicht möglich, die beanstandete Verletzung der Konvention wieder gutzumachen, so kann eine **erneute Verletzung** der Konvention gegeben sein.[124] Eine eigene **Prüfungskompe**-

---

119 Mehr als 26.000 EUR, EGMR 26.7.2007 – 73316/01 (Siliadin/Frankreich), NJW 2007, 41; EGMR 22.1.2008 – 4346/02 (E.B./Frankreich), NJW 2009, 3637.

120 Anders etwa als, soweit eine Entschädigung nach Art. 41 EMRK zugesprochen wird, zu weiteren Ausnahmen Meyer-Ladewig/Nettesheim/von Raumer EMRK Art. 46 Rn. 5 ff.

121 EGMR 26.2.2004 – 74969/01 (Görgülü/Deutschland), NJW 2004, 3397 und v. 8.4.2004 – 11057/02 (Haase/Deutschland), NJW 2004, 3401.

122 BVerfG 11.10.1985 – 2 BvR 336/85, NJW 1986, 1425 (1427); BVerfG 14.10.2004 – 2 BvR 1481/04, NJW 2004, 3407 und Meyer-Ladewig/Nettesheim/von Raumer EMRK Art. 46 Rn. 27 ff.

123 BVerfG 14.10.2004 – 2 BvR 1481/04, NJW 2004, 3407; vgl. hierzu Meyer-Ladewig/Nettesheim/von Raumer EMRK Art. 46 Rn. 31 ff. mwN.

124 EGMR 30.6.2009 – 32772/02 (Verein g. T./Schweiz), NJW 2010, 3699 im Falle eines aus zu formalistischen Gründen abgelehnten Wiederaufnahmeverfahrens.

tenz darüber, ob ein Staat die nach einem Urteil erforderlichen Maßnahmen ergreift, hat der Gerichtshof nicht; zuständig ist nach Art. 46 Abs. 2 EMRK das **Ministerkomitee.**[125]

---

[125] EGMR 6.7.2010 – 5980/07 (Ö./. Türkei), NJW 2010, 3703; zum Verfahren vor dem Ministerkomitee s. Meyer-Ladewig/Nettesheim/von Raumer EMRK Art. 46 Rn. 44 ff.

Stichwortverzeichnis

Fette Zahlen bezeichnen die Kapitel, magere die Randnummern.

- Voraussetzungen   29 126 f.
Zuwendungen
- der freien Wohlfahrtspflege
  20 121 f.
- private   20 123 ff.
Zwangsarbeit   29 83

Zwangsbetreuung   14 12
Zweckbestimmte Einnahmen   20 242,
277
Zweckbestimmte Leistungen   20 118
Zweckwidrige Verwendung   9 84